ENCYCLOPÉDIE THÉOLOGIQUE,

OU

SÉRIE DE DICTIONNAIRES SUR TOUTES LES PARTIES DE LA SCIENCE RELIGIEUSE,

OFFRANT EN FRANÇAIS, ET PAR ORDRE ALPHABÉTIQUE,

LA PLUS CLAIRE, LA PLUS FACILE, LA PLUS COMMODE, LA PLUS VARIÉE
ET LA PLUS COMPLÈTE DES THÉOLOGIES.

CES DICTIONNAIRES SONT CEUX

D'ÉCRITURE SAINTE, — DE PHILOLOGIE SACRÉE, — DE LITURGIE, — DE DROIT CANON, —
DES HÉRÉSIES, DES SCHISMES, DES LIVRES JANSÉNISTES, DES PROPOSITIONS ET DES LIVRES CONDAMNÉS,
— DES CONCILES, — DES CÉRÉMONIES ET DES RITES, —
DE CAS DE CONSCIENCE, — DES ORDRES RELIGIEUX (HOMMES ET FEMMES), — DES DIVERSES RELIGIONS, —
DE GÉOGRAPHIE SACRÉE ET ECCLÉSIASTIQUE, — DE THÉOLOGIE MORALE, ASCÉTIQUE ET MYSTIQUE,
— DE THÉOLOGIE DOGMATIQUE, CANONIQUE, LITURGIQUE, DISCIPLINAIRE ET POLÉMIQUE,
— DE JURISPRUDENCE CIVILE-ECCLÉSIASTIQUE,
— DES PASSIONS, DES VERTUS ET DES VICES, — D'HAGIOGRAPHIE, — DES PÈLERINAGES RELIGIEUX, —
D'ASTRONOMIE, DE PHYSIQUE ET DE MÉTÉOROLOGIE RELIGIEUSES, —
D'ICONOGRAPHIE CHRÉTIENNE, — DE CHIMIE ET DE MINÉRALOGIE RELIGIEUSES, — DE DIPLOMATIQUE CHRÉTIENNE, —
DES SCIENCES OCCULTES, — DE GÉOLOGIE ET DE CHRONOLOGIE CHRÉTIENNES.

PUBLIÉE

PAR M. L'ABBÉ MIGNE,

ÉDITEUR DE LA BIBLIOTHÈQUE UNIVERSELLE DU CLERGÉ,

OU

DES COURS COMPLETS SUR CHAQUE BRANCHE DE LA SCIENCE ECCLÉSIASTIQUE.

PRIX : 6 FR. LE VOL. POUR LE SOUSCRIPTEUR A LA COLLECTION ENTIÈRE, 7 FR., 8 FR., ET MÊME 10 FR. POUR LE
SOUSCRIPTEUR A TEL OU TEL DICTIONNAIRE PARTICULIER.

52 VOLUMES, PRIX : 312 FRANCS

TOME TREIZIÈME.

DICTIONNAIRE DES CONCILES

TOME PREMIER.

2 VOLUMES, PRIX : 14 FRANCS.

S'IMPRIME ET SE VEND CHEZ J.-P. MIGNE, ÉDITEUR,
AUX ATELIERS CATHOLIQUES, RUE D'AMBOISE, AU PETIT-MONTROUGE,
BARRIÈRE D'ENFER DE PARIS.

1847

Imprimerie MIGNE, au Petit-Montrouge.

DICTIONNAIRE

UNIVERSEL ET COMPLET

DES CONCILES

TANT GÉNÉRAUX QUE PARTICULIERS,

DES PRINCIPAUX SYNODES DIOCÉSAINS,

ET

DES AUTRES ASSEMBLÉES ECCLÉSIASTIQUES LES PLUS REMARQUABLES,

COMPOSÉ

SUR LES GRANDES COLLECTIONS DE CONCILES LES PLUS ESTIMÉES, ET A L'AIDE DES TRAVAUX
DE D. CEILLIER, DU P. RICHARD, DES AUTEURS DE L'HISTOIRE DE L'ÉGLISE GALLICANE,
ET DES AUTRES HISTOIRES DE L'ÉGLISE LES PLUS CÉLÈBRES, SOIT ANCIENNES
SOIT MODERNES, SOIT FRANÇAISES SOIT ÉTRANGÈRES ;

RÉDIGÉ

PAR M. L'ABBÉ AD.-CH. PELTIER,

AUTEUR DE M. LAMENNAIS RÉFUTÉ PAR LUI-MÊME, ET DE LA DÉFENSE DE L'ORDRE SURNATUREL ;

PUBLIÉ

PAR M. L'ABBÉ MIGNE,

ÉDITEUR DE LA BIBLIOTHÈQUE UNIVERSELLE DU CLERGÉ,

OU

DES COURS COMPLETS SUR CHAQUE BRANCHE DE LA SCIENCE ECCLÉSIASTIQUE.

TOME PREMIER.

2 VOLUMES, PRIX : 14 FRANCS.

S'IMPRIME ET SE VEND CHEZ J.-P. MIGNE, EDITEUR,
AUX ATELIERS CATHOLIQUES, RUE D'AMBOISE, AU PETIT-MONTROUGE,
BARRIÈRE D'ENFER DE PARIS.

1847.

DICTIONNAIRE DES CONCILES.

A

ABRINCATENSE (*Concilium*), l'an 1172. *Voy.* Avranches

ACCLECHENSE (*Concilium*). *Voy.* Acleth.

ACHAIE (Concile d'), l'an 196 ou 197. *Voy.* Corinthe, mêmes années.

ACHAIE (Concile d'), tenu l'an 250, contre les valésiens ou eunuques, qui enseignaient que l'homme ne peut se sauver s'il ne se fait eunuque. *Baluz. in Collect., ex Prædestinato, l.* I, *c.* xxxvii.

Valens, philosophe d'Arabie et chef des sectaires condamnés dans ce concile, était dans l'erreur de croire que la concupiscence agit sur l'homme avec tant de violence qu'il ne saurait lui résister, même avec le secours de la grâce; et, sur ce faux principe, il enseignait que l'homme ne peut se sauver, s'il n'est eunuque. De là les valésiens faisaient eunuques, de gré ou de force, non-seulement ceux qui embrassaient leur secte, mais encore les étrangers qu'ils rencontraient, ou qu'ils recevaient chez eux ; et, après cette opération, ils permettaient à leurs disciples de manger de toutes sortes de viandes, ce qu'ils leur défendaient auparavant. Ils prenaient le nom de *Gnotistes*, ou de sages et de voyants, à cause de leur prétendue sagesse : c'est ce qui a donné occasion de les confondre avec les gnostiques carpocratiens, qui avaient pris le même nom, quoique leur doctrine ne fût qu'un fatras d'absurdités.

Le recueil connu sous le titre de Canons des Apôtres réprouve en ces termes la pratique de se faire eunuque : *Si quis abscidit semetipsum, id est, si quis amputavit sibi virilia, non fiat clericus; quia sui ipsius homicida est, et Dei conditionis inimicus.* Can. 22. *Si quis, clericus fuerit, absciderit semetipsum, omnino damnetur; quia sui ipsius est homicida.* Can. 23. *Laicus semetipsum abscindens, annis tribus communione privetur, quia vitæ suæ insidiator exstitit.* Can. 24.

Nous lisons aussi dans les actes du concile de Nicée, can. 1 : *Si quis in ægritudine, vel a medicis sectus est, vel a barbaris castratus, placuit ut iste permaneat in clero; si quis autem sanus se ipsum abscidit, hic, etiamsi est in clero, cessare debet, et ex hoc nullum talem oportet ordinari. Sicut autem de his, qui vel affectaverint hæc, vel ausi sunt se ipsos abscindere, hæc quæ diximus statuta sunt; ita si qui, vel a barbaris, vel a dominis suis eunuchi facti sunt, et probabilis vitæ sunt, tales hos suscipit ecclesiastica regula in clerum.*

« Ce fut à l'occasion des eunuques ou valésiens que le concile de Nicée fit le neuvième canon, qui défend de recevoir dans le clergé ceux qui se mutilent eux-mêmes, dit l'abbé Pluquet dans son *Dictionnaire des Hérésies*, t. II, p. 34. Il y a deux fautes dans cette assertion, dit le P. Richard, *Anal. des Conc.*, t. III, p. 808. La première est d'attribuer au neuvième canon de ce concile le règlement du premier. La seconde consiste à dire que ce fut à l'occasion des eunuques ou valésiens que le concile de Nicée fit ce règlement. Ce fut, poursuit le P. Richard, à l'occasion de Léonce, évêque d'Antioche et grand fauteur des Ariens, dont saint Athanase parle en ces termes, dans sa lettre aux solitaires : *Leontius ille castratus, quem ne sub laici quidem specie ad communionem admitti oportuit, eo quod se ipsum abscidit, ut libere cum Eustolia quadam dormiret, revera quidem ejus conjuge, virgine autem dicta.* Théodoret parle ainsi de ce même Léonce : *Antiochiæ vero post Stephanum Flaccilli successorem, qui Ecclesiæ ejectus fuerat, Leontius episcopatum obtinuit contra Nicænos canones eum honorem sortitus, erat enim eunuchus, suaque manu seipsum absciderat. Lib. II Hist. c.* xxiv. »

Nous demanderons à notre tour au P. Richard, qui rapporte lui-même cet extrait de l'évêque de Cyr, si c'est à l'occasion du fait de Léonce que le concile de Nicée a publié son premier canon, comment Léonce a été ordonné évêque en mépris des canons du concile de Nicée? D. Ceillier nous paraît plus près de la vérité, lorsqu'il dit, dans son *Hist. des aut. sacrés et ecclés.*, t. IV, p. 588, et en s'appuyant lui-même sur un autre passage de Théodoret, *l.* II, *Hist. c.* xix, que ce fut en vertu du canon de Nicée que Léonce fut déposé de la prêtrise, comme ce fut en mépris de ce même canon que l'empereur Constance l'éleva quelque temps après sur le siège d'Antioche. Mais Léonce n'a pas pu être déposé de la prêtrise en vertu d'un canon de Nicée, à moins d'avoir agi contre la prescription du concile de Nicée ; et les lois ne devant jamais avoir d'effet rétroactif, il faut dire que l'action de Léonce a été postérieure au canon porté par le concile de Nicée, si c'est en vertu de ce décret qu'il a été déposé. Mais alors ce

DICTIONNAIRE DES CONCILES. I.

n'est donc pas son action qui a donné occasion à l'émission de ce décret. Voy. *les Conférences Ecclésiast.* de Duguet, t. II, p. 285. L'opinion du P. Richard, que nous venons de réfuter, avait été soutenue avant lui, quoique moins affirmativement, par le savant Cabassut, *Notit. Concil. ad Nic. Can. I.*

ACHAIE (Concile d'), vers l'an 360 ou 362. « Il fut décidé dans ce concile, composé des évêques de la province, qu'on recevrait tous ceux qui reviendraient de l'arianisme, pourvu qu'ils fissent profession de la foi de Nicée; et qu'ils anathématisassent nommément la doctrine impie d'Euzoïus et d'Eudoxe, qui mettaient le Fils de Dieu au rang des créatures. » Voilà ce que dit D. Ceillier (t. V, p. 584). Il avait dit plus haut (p. 570) que ce concile, où se seraient trouvés vingt-cinq évêques, ne nous est connu que par le *Prædestinatus*, écrivain, ajoutait-il, fort suspect.

ACHILLA (Concile d'), *Achillanum*, l'an 197, tenu par l'évêque Sotas assisté de douze autres des contrées voisines de l'ancienne Bysance. On y condamna Théodote le Corroyeur, qui niait la divinité de Jésus-Christ, ainsi que Montan, et avec ce dernier Maximille, cette prophétesse d'erreurs et de mensonges, qui, prenant l'Esprit-Saint pour celui-là même qui l'avait séduite, débitait au gré de ses caprices, et à la demande de son disciple et de son maître à la fois, la chimérique doctrine des huit cent soixante-dix-huit Eons. Voy. le *Dictionnaire des Hérésies*.

ACLETH (Concile d') *Acclechense*, en Angleterre, l'an 788. Il est fait mention de ce concile dans un vieux manuscrit de la bibliothèque de Cambridge, qui a pour titre : *De Tempore regum Britannorum*; mais on n'a rien de ses actes. Labb., t. VII.

ACQS (Concile d'); Voy. Aix en Provence.

ADANA (Concile d'), en Arménie, l'an 1316. Ce concile fut convoqué par les soins du roi Oscin, prince dévoué à l'Eglise romaine; et il fut présidé par Constantin, archevêque de Césarée, c'est-à-dire, d'Erivan, et patriarche de toute l'Arménie. Trois autres archevêques y assistèrent, savoir, Jean de Tarse, Constantin de Sise, et Jean de Daron; et il s'y trouva de plus quatorze évêques, avec d'autres chefs de communautés ecclésiastiques qualifiés de *magistri* par Galanus; enfin quelques seigneurs y furent aussi présents. On y décida qu'à l'avenir on mêlerait de l'eau avec le vin en célébrant le saint sacrifice; qu'on ferait la fête de Noël le 25 décembre, en la distinguant de celle du Baptême de Notre-Seigneur, ou de l'Epiphanie, célébrée le 6 janvier; qu'on ferait aussi la fête de l'Annonciation le 25 de mars, ainsi que celle de la Purification le 2 de février, l'Assomption le 15 août, et l'Exaltation de la sainte Croix le 14 septembre. On dit anathème à Eutychès, et l'on confessa qu'il y a deux natures en Jésus-Christ. Le concile déclara enfin que l'on jeûnerait rigoureusement à l'avenir les veilles de Pâques, de Noël et de l'Epiphanie. *Galanus, Hist. eccl. Armen.*

La fête de Noël, séparée de l'Epiphanie, n'a commencé à être connue en Orient que vers la fin du quatrième siècle, comme on le voit par une homélie de saint Jean Chrysostome, et divers passages de saint Basile et de saint Grégoire de Nazianze ; et il paraît par le concile dont nous venons de rapporter les actes, que la discipline des Eglises orientales ne fut jamais bien uniforme sur ce point.

ADERBOURN (Concile près de l'), *Aderburnense*, l'an 705. Il est fait mention de ce concile dans la charte des donations qui furent faites au monastère de Malmesbury, et à deux autres, par saint Adelme, évêque de Schirburry. La rivière près de laquelle se tint le concile est nommée Nordre, ou Noddorus, dans la charte du roi Athelstan : on l'appelle aujourd'hui Aderbourn. *Mansi*, t. I, col. 525.

ADRIA (Synode diocésain d') *Adriensis*, tenu le 17 septembre 1592, dans l'église cathédrale, par Laurent Laureti, évêque d'Adria, qui y porta entre autres les statuts suivants :

Chaque curé avertira son peuple, au commencement de l'avent et du carême, de l'obligation de dénoncer à l'évêque ou à l'inquisiteur, sous peine d'excommunication, les hérétiques et les gens suspects d'hérésie. On recommandera pareillement de dénoncer les blasphémateurs, soit à l'évêque, soit au magistrat séculier, conformément aux prescriptions du concile de Latran, tenu sous Léon X.

Aucun prédicateur ne sera admis à annoncer la parole de Dieu, s'il n'a fait auparavant sa profession de foi entre les mains de l'évêque ou du vicaire général.

On ne permettra que dans le cas d'une grave nécessité, dont l'évêque sera juge, les transports de fardeaux, faits à l'aide de chariots ou de bêtes de somme; les jours de fêtes.

On ne permettra point aux comédiens et aux bateleurs d'exercer leur sordide métier en ces mêmes jours, ni les jours de vigiles, ni les vendredis, surtout pendant les heures de l'office divin.

Chaque curé prêchera son peuple par lui-même, à l'office de la messe, tous les jours de fêtes. En avent et en carême, ce sera un prédicateur que nommera l'évêque, qui s'acquittera de cette fonction.

On érigera autant que possible, dans chaque paroisse, une école ou une confrérie de la doctrine chrétienne, pour les enfants des deux sexes, que leurs maîtres et maîtresses conduiront, tous les dimanches, au catéchisme de l'église paroissiale.

Nous enjoignons, sous les peines qu'il nous plaira de déterminer, à tous les clercs qui ne seront pas encore parvenus au sacerdoce, de se livrer à ce saint emploi, toutes les fois qu'ils en seront requis par les curés.

On ne célébrera la messe, les jours de fêtes, dans les oratoires ou les chapelles particulières, qu'après qu'aura été achevée la messe paroissiale.

On ne fera ni marché, ni danse, on ne traitera d'aucune affaire publique à la porte d'une église.

Nous défendons aux femmes et aux filles nubiles d'entrer dans une église, sans avoir la tête voilée.

On sera à jeun, autant que possible, tant pour administrer un sacrement quelconque, que pour le recevoir, nonobstant la coutume contraire, qui serait plutôt un abus.

On écrira distinctement, sur les registres, si les enfants baptisés sont issus ou non de mariages légitimes.

On ne donnera pas la confirmation à un enfant qui ne serait pas encore dans sa septième année.

Les curés auront des registres où seront inscrits les noms des personnes confirmées.

Les femmes ne seront admises à l'église que le jour pendant les prières des quarante heures, et elles s'y tiendront séparées des hommes, si cela peut se faire commodément.

Les autels dont la table est de bois, sont interdits.

Les prêtres se confesseront au moins une fois par semaine.

Ils seront toujours revêtus du surplis et de l'étole, dans l'administration du sacrement de pénitence, soit à l'église, soit dans les maisons des infirmes.

On n'interrompra, sous aucun prétexte, la tenue des conférences ecclésiastiques, qui se feront toujours dans les églises paroissiales.

L'évêque punira sévèrement le curé qui, par sa négligence, laissera un malade mourir sans avoir reçu l'extrême-onction.

Les clercs, dans les ordres mineurs, communieront au moins tous les mois, sous peine de perdre leur privilége clérical ; les sous-diacres et les diacres tous les dimanches, ou du moins tous les quinze jours. Ils n'assisteront point aux comédies ni aux spectacles, aux danses ni aux jeux publics. Ils ne se livreront à aucun exercice de chasse, et ne se permettront aucune espèce de jeux, si ce n'est les échecs et la petite paume, encore ne devront-ils y vaquer que les jours ouvriers, et hors de la vue des laïques. Ils porteront la tonsure plus ou moins grande, selon leur ordre. Nous leur défendons à tous de porter des anneaux à leurs doigts, à moins qu'ils ne soient élevés à quelque dignité qui leur en permette l'usage. Leurs chaussures ne seront ni de soie, ni de velours, mais simplement de cuir.

Les clercs et les prêtres de la campagne, lorsqu'ils viendront à la ville, ne paraîtront jamais en habit court et avec le chapeau, devant leur évêque, mais toujours en soutane et avec le bonnet (*bireto*) romain.

Suivent des règlements pour les confréries, les hôpitaux et les monts-de-piété. *Decreta condita in syn. diœc. Adriæ, Ravennæ*, 1594.

ADRIA (Synode diocésain d'), tenu à Rovigo, le 1er septembre de l'an 1594. Le même prélat y publia de nouveaux décrets, dont voici quelques-uns :

On n'admettra les adultes à recevoir la confirmation qu'après qu'ils se seront confessés. On n'y admettra personne d'un diocèse étranger, à moins d'une permission par écrit de son propre évêque.

Aucun tabernacle, soit de bois, soit de quelque autre matière, ne sera placé sur un autel sans que l'évêque l'ait auparavant bénit.

Les curés avertiront les médecins de s'abstenir de visiter les malades, trois jours après leur maladie commencée, conformément à la bulle de Pie V, si ceux-ci ne leur montrent un billet de leur confesseur, qui témoigne qu'ils ont été confessés.

Les cimetières seront exactement fermés, et l'on n'y fera paître aucun animal. On n'y laissera croître ni herbes, ni arbres, ni broussailles. *Ibid.*

ADRIA (Synode diocésain d'), tenu le 24 mai 1657, par Boniface Alliardi, évêque de ce diocèse. Les statuts de ce synode sont divisés en trois parties. Dans la première, on recommande le respect de la croix, des reliques et des images des saints ; l'observation des fêtes et des jeûnes, le catéchisme à faire tous les dimanches, et la parole de Dieu à prêcher de même aux fidèles. On défend aux clercs la cohabitation avec les femmes, à moins que ce ne soient des parentes du premier ou du second degré, ou des servantes âgées pour le moins de quarante-cinq ans. Les clercs ne sortiront point de leurs maisons après la deuxième heure de la nuit, sans nécessité, ni sans se faire accompagner, autant que possible ; ils ne donneront point à des personnes du sexe des leçons de chant ou de musique, de lecture ou d'écriture, à moins d'une permission expresse de l'évêque ou de son vicaire général. Les chanoines ne quitteront point le chœur plusieurs à la fois, pour s'en aller dire la messe : on ne leur permettra pas facilement de s'absenter pendant l'avent, le carême et dans les octaves de la Pentecôte et de la Fête-Dieu, ainsi que le jour de la fête des apôtres saint Pierre et saint Paul. Les curés n'omettront les vêpres aucun jour de fête, et ils les diront aux heures marquées, à haute voix et avec chant. Ils auront auprès d'eux quatre registres, écrits dans un ordre alphabétique, à savoir : des registres de baptêmes, de sépultures, de confirmations et de mariages ; ils visiteront leurs paroissiens malades, même sans y avoir été invités. Ils feront exactement sonner l'*Angelus*, le matin, à midi et le soir, ainsi que la prière pour les morts, à la première heure de la nuit. Ils prendront l'étole violette pour entendre les confessions. Ils feront à leurs propres frais la sépulture des pauvres. Ils ne demanderont eux-mêmes rien pour les enterrements qu'ils feront, et ils ne feront difficulté de les faire, sous aucun prétexte de cette espèce, mais si, après l'enterrement fait, les héritiers refusent les aumônes accoutumées, les curés auront recours au vicaire général.

Dans la deuxième partie des statuts, on s'occupa des séminaires, des églises, des processions, des vicaires forains, des chapelains, des examinateurs synodaux, des religieuses et de leurs confesseurs ordinaires et extraordinaires, des prémices, des dîmes et des legs pieux.

La troisième partie a pour objet les sacrements. *Synod. diœc. prima, Venetiis*, 1664;

ADRUMETE (Concile d') en Afrique, l'an 394. On ne sait rien de ce concile, si ce n'est qu'Aurèle de Carthage y députa quelques évêques de sa province. *Baronius ad hunc an. n.* 32.

ÆNHAMENSE (*Concilium*). *Voy.* ENHAM.

AFRIQUE (Conciles d'), années 215 et 217. *Voy.* CARTHAGE, mêmes années.

AFRIQUE (Concile d'), vers l'an 240. *Voy.* LAMBÈSE.

AFRIQUE (Concile d'), l'an 249. Les Pères de ce concile, présidés par saint Cyprien, défendirent aux ecclésiastiques, conformément au décret du concile de Carthage de l'an 217, les tutelles testamentaires, afin qu'ils ne fussent point détournés de leurs fonctions, et qu'ils pussent y vaquer nuit et jour. Et Géminius Victor ayant nommé pour tuteur testamentaire le prêtre Géminius Faustin, les évêques déclarèrent que l'on ne ferait ni oblation ni prière pour le repos de son âme, parce que, dirent-ils, celui-là ne mérite pas d'être nommé à l'autel dans la prière des prêtres, qui a voulu détourner les prêtres de l'autel ; car il est écrit : *Celui qui s'est enrôlé au service de Dieu ne s'embarrasse point dans les affaires séculières, mais il ne s'occupe qu'à plaire à celui à qui il s'est donné* (II *Tim.* II, 4). *S. Cypr. Ep.* 65.

AFRIQUE (Concile d'), l'an 251. Saint Cyprien tint ce concile avec soixante-dix évêques qui, après avoir célébré les fêtes de Pâques chacun chez eux, s'étaient réunis à Carthage pour régler les affaires de l'Eglise. Les prêtres et les diacres y furent aussi admis, sans y avoir pour cela la qualité de juges. Pendant qu'ils étaient assemblés, le saint évêque de Carthage reçut une lettre du pape saint Corneille, qui lui notifiait son élection. Le parti de Novatien, opposé à Corneille, écrivit aussi, et envoya un libelle plein d'aigreur, qui accusait Corneille et ses prêtres de crimes aussi énormes que mal prouvés. Saint Cyprien lut la lettre de Corneille en présence du clergé et de tout le peuple, et fit connaître l'ordination de ce saint pape à tout le monde. Pour le libelle diffamatoire des autres, il le crut indigne d'être lu dans l'assemblée des fidèles. Cependant il envoya deux évêques à Rome, de l'avis de ses autres collègues, pour y recueillir des témoignages authentiques, interroger ceux qui avaient assisté à l'ordination, et travailler en même temps à la réunion des esprits. Dans l'intervalle, saint Cyprien et son concile ayant connu par les lettres et les émissaires de Novatien, que les schismatiques avaient poussé l'audace jusqu'à faire un autre évêque, ils refusèrent la communion à leurs envoyés. Quelque temps après, deux autres évêques africains, qui avaient assisté à l'ordination de Corneille, étant revenus à Rome, et ayant fait connaître comment tout s'était passé, les évêques du concile, qui reçurent une relation uniforme de leurs deux envoyés, notifièrent, chacun dans leur diocèse, l'élection du pape. C'est ainsi que saint Cyprien explique leur conduite et la sienne au pape lui-même. On voit par ses lettres qu'ils suspendirent, non pas leur jugement sur cette affaire, mais seulement la promulgation officielle de ce jugement.

Dans ce même concile de Carthage, on examina la cause de Félicissime et des cinq prêtres qui l'avaient suivi. Il paraît même que le concile commença par là, et que les autres affaires ne furent réglées qu'ensuite. Ces cinq prêtres, mécontents de saint Cyprien, à l'élection duquel ils s'étaient opposés, s'étaient séparés de leur évêque pour se joindre à Félicissime, que Novat, autre prêtre de l'Eglise de Carthage et principal fauteur de ce schisme, avait fait ordonner pour son diacre. Déjà saint Cyprien, en punition de leur révolte, les avait par deux fois différentes séparés les uns et les autres de sa communion. Mais quand ils surent le concile assemblé, ils eurent encore l'audace de s'y présenter pour se justifier. On les y admit, et on leur donna le loisir de dire leurs raisons. Convaincus, outre leur schisme, de plusieurs crimes énormes, ils furent condamnés par le concile, et excommuniés : Félicissime, comme auteur du schisme, voleur des biens de l'Eglise, corrupteur de vierges et de femmes mariées, déjà excommunié par son évêque ; Novat, en particulier, convaincu d'hérésie et de perfidie, allait être examiné sur plusieurs autres crimes dont il était accusé, entre autres d'avoir volé les veuves, dépouillé les orphelins, détourné les deniers de l'Eglise, laissé mourir de faim son père, sans prendre soin même de sa sépulture, et d'avoir fait avorter sa femme (car il était marié sans doute avant d'avoir été ordonné prêtre), en lui donnant un coup de pied dans l'état de grossesse où elle se trouvait ; il n'avait plus à attendre que de se voir condamné sur tous ces faits énormes, lorsqu'il sortit secrètement de Carthage, pour prévenir sa condamnation, qui n'en fut pas moins prononcée par tous les évêques. Ceux-ci donnèrent avis au pape Corneille de ce qu'ils venaient de faire touchant Félicissime et les cinq prêtres de son parti ; mais cette lettre n'est pas venue jusqu'à nous.

Après que l'affaire des schismatiques eut été jugée, on mit en délibération celle des tombés, c'est-à-dire, de ceux qui avaient apostasié, au moins extérieurement, dans la persécution : et, pour ne rien précipiter dans une matière aussi importante, on discuta longtemps les passages de l'Ecriture qui pouvaient être allégués de part et d'autre, et l'on finit par décider que les libellatiques, c'est-à-dire, ceux qui avaient accepté des billets portant qu'ils avaient apostasié, s'ils avaient embrassé la pénitence aussitôt après leur chute, seraient admis dès lors à la communion ; que ceux qui avaient sacrifié seraient traités plus sévèrement, sans qu'on leur ôtât néanmoins l'espérance du pardon, de peur que le désespoir ne les rendît pires, et ne les portât à retourner au siècle pour y vivre en païens, ou à se jeter parmi les hérétiques et les schismatiques ; qu'on les tiendrait longtemps dans la pénitence, et une pénitence pleine, afin qu'ils tâchassent d'obtenir par leurs larmes la miséricorde de Dieu; qu'on examinerait les diverses circonstances des fautes de chaque coupable, leurs intentions, leurs engagements, pour régler sur cela la durée de la pénitence; car on ne doutait pas qu'on ne dût traiter avec beaucoup d'indulgence ceux qui, après avoir longtemps résisté à de violentes tortures, n'avaient été abattus, que parce qu'on ne leur accordait pas la grâce de mourir; on jugeait que trois années de larmes et de pénitence suffisaient pour les faire admettre à la communion. Afin de régler comment il fallait se conduire dans cet examen, on dressa plusieurs articles sur les divers cas qui se présentaient. On ordonna d'accorder la communion, en danger de mort, à ceux dont la pénitence avait commencé dans l'état de santé; mais de la refuser, même à la mort, à ceux qui attendraient pour la demander qu'ils fussent tombés malades. Quant aux évêques et aux autres ministres de l'Eglise, qui avaient sacrifié, ou qui avaient témoigné par des billets qu'ils l'avaient fait, les Pères du concile décidèrent qu'ils pourraient être admis à faire pénitence, à condition néanmoins qu'ils seraient absolument exclus du sacerdoce et de toutes fonctions ecclésiastiques. On voit par cette dernière disposition, aussi bien que par plusieurs autres faits semblables que fait valoir Noël Alexandre (*Hist. eccl. sæc. tert. p. 95, edit. Venet.*), que, dans les trois premiers siècles, les évêques et les prêtres pouvaient être soumis à la pénitence publique, quoique cela ait été défendu dans les siècles postérieurs.

Ces canons furent envoyés au pape saint Corneille, qui les approuva dans un concile tenu à Rome au mois d'octobre de la même année. Par la même occasion, saint Cyprien écrivit aux confesseurs de Rome qui avaient pris part au schisme de Novatien; mais il ordonna de lire auparavant au pape les lettres qu'il leur écrivait, et de ne les leur remettre, qu'autant que le pape le jugerait à propos, de peur qu'on ne lui fît dire autre chose que ce qu'il disait effectivement.

On lut aussi dans ce concile la lettre de l'évêque Fidus, qui les avertissait qu'un autre évêque, nommé Thérape, avait accordé la paix au prêtre Victor, qui était tombé dans la persécution, sans qu'il eût fait une pénitence pleine et entière, comme on venait de l'ordonner, sans que le peuple l'eût demandé, ni même qu'on en eût rien su, et sans y avoir été contraint ni par le danger de mort ou par quelqu'autre nécessité. Le concile, qui resta assemblé très-longtemps, comme l'a prouvé le P. Pagi, trouva fort mauvais qu'on eût sitôt enfreint son règlement de pénitence. Toutefois, après une mûre délibération, les évêques se contentèrent d'adresser une réprimande à Thérape, et de l'avertir d'en user autrement pour la suite; mais ils ne crurent pas que la paix, une fois accordée par un évêque, de quelque manière qu'elle l'eût été, dût être retirée. Nous verrons le concile de l'année d'après étendre à tous les pénitents l'indulgence de Thérape envers Victor : tant il est vrai que les canons pénitentiaux, dont ceux de ce concile sont des premiers, ont rarement été appliqués dans toute leur rigueur. Le même Fidus avait proposé une question plus importante sur les enfants nouveau-nés, ne croyant pas qu'on pût les baptiser avant le huitième jour, suivant la loi de la circoncision. Tous les évêques du concile déclarèrent que Dieu n'a point égard aux âges, non plus qu'aux personnes, et que la circoncision n'était qu'une image du mystère de Jésus-Christ. Ils concluent donc que les évêques ne devaient refuser la miséricorde et la grâce de Dieu à aucun enfant, ni perdre aucune âme, autant qu'il était en eux. La raison qu'ils en donnèrent est très-remarquable : « Si les plus grands pécheurs venant à la foi, dirent-ils dans la lettre écrite en leur nom par saint Cyprien, reçoivent le baptême avec la rémission des péchés, combien moins doit-on le refuser à un enfant qui vient de naître, et qui n'a point péché, si ce n'est en tant qu'il est né d'Adam selon la chair, et que, par sa première naissance, il a contracté la contagion de l'ancienne mort? Il doit avoir un accès d'autant plus facile à la rémission des péchés, que ce ne sont pas ses péchés propres, mais ceux d'autrui qui lui sont remis. » *S. Cypr. ep.* 59, et 41, 42, 55, 57.

Novat, dont il a été parlé au commencement de cet article, faisait profession de recevoir les tombés, en les exemptant des rigueurs de la pénitence, et avait fait schisme avec saint Cyprien, pour avoir été blâmé par lui de son excès d'indulgence. Novatien, qu'il faut se bien garder de confondre avec Novat, tant pour la personne que pour les opinions, donnait dans l'excès opposé, et refusait à l'Eglise le pouvoir d'absoudre du crime d'idolâtrie, et par suite de tous les autres commis après le baptême. Cependant, Novat, après avoir quitté l'Afrique pour se rendre à Rome, se rangea du parti de Novatien, et devint novatien lui-même. C'est sans doute pour cela qu'ils ont été confondus l'un avec l'autre par Eusèbe, saint Epiphane et Théodoret.

AFRIQUE (Concile d'), l'an 252. Au commencement de cette année, six évêques d'Afrique, assemblés à Capse pour l'ordination d'un évêque, avaient consulté saint Cyprien au sujet de trois chrétiens, nommés Ninus, Clémentien et Florus qui, après avoir confessé le nom de Jésus-Christ et surmonté la violence des tourments en présence du peuple, avaient succombé à de nouveaux supplices que leur avait fait subir le proconsul. Ces évêques demandaient si l'on pouvait les admettre à la communion, en considération de la pénitence qu'ils n'avaient cessé de faire pendant trois ans depuis leur chute. Saint Cyprien leur répondit, conformément à ce qui avait été décidé dans le concile de l'année précédente, qu'on ne devait pas refuser le pardon à ces personnes; que leurs mérites précédents servaient d'excuse à la faiblesse de leur chair, vaincue par de longs combats; mais que, puisqu'ils souhaitaient qu'il traitât cette affaire avec plusieurs de ses collègues, il attendait que tous se fussent rendus auprès de lui à la suite des fêtes de Pâques. Ils s'y rendirent en effet vers ce temps-là, suivant la coutume, et au nombre de quarante-et-un, ou peut-être soixante-six, selon l'observation de D. Ceillier, qui attribue à ce concile la décision relative à l'évêque Thérape, que nous avons rapportée nous-même avec M. Rohrbacher au concile précédent. Quoi qu'il en soit, la cause des trois chrétiens de Capse y fut sans doute proposée et traitée favorablement, puisqu'on étendit à tous les pénitents ce jugement de miséricorde.

La raison qu'on eut de modérer dans le concile de cette année le décret de l'année précédente, qui n'avait accordé la paix qu'aux pénitents qui, avant leur pénitence accomplie, tombaient dangereusement malades, fut l'approche de la persécution de Gallus, dont plusieurs évêques avaient été avertis par des visions et des révélations fréquentes.

Nous avons encore la lettre que saint Cyprien écrivit au pape saint Corneille, au nom du concile, dans laquelle il lui rend raison de ce changement de discipline. « Comme nous prévoyons, lui dit-il, que le temps d'une seconde persécution approche, et que nous sommes avertis par de fréquentes visions de nous tenir prêts pour le combat, d'y préparer par nos exhortations le peuple que la divine bonté nous a commis, et de rassembler tous les soldats de Jésus-Christ dans le camp du Seigneur, nous avons trouvé à propos, dans une nécessité si pressante, de donner la paix à ceux qui ne sont point sortis de l'Eglise, et n'ont fait autre chose depuis le moment de leur chute que de faire pénitence. Il était raisonnable sans doute de prolonger les épreuves, quand la tranquillité publique permettait ces délais. Mais maintenant ce n'est pas à des mourants qu'il s'agit de donner la communion, mais à des gens qui doivent être pleins de vie, pour ne pas se trouver comme désarmés en allant au combat, et qui ont besoin d'être munis par la réception du corps et du sang de Jésus-Christ, et de se mettre à couvert de l'invasion de l'ennemi, en se rassasiant de cette divine nourriture, qui n'est faite que pour servir de soutien à ceux qui la reçoivent. Comment en effet les porterons-nous à répandre leur sang pour la confession du nom de Jésus-Christ, si, lorsqu'ils sont sur le point d'entrer en combat, nous leur refusons le sang de Jésus-Christ? Leur accorder la paix, ce n'est pas les énerver par les délices, mais les armer pour la guerre. » *S. Cypr. ep.* 57.

L'hérétique Privat, qui avait été évêque de Lambèse, mais déposé et condamné pour des crimes atroces par la sentence de quatre-vingt-dix évêques d'Afrique (*Voy.* LAMBÈSE), et noté par les lettres de Fabien et de Donat, vint se présenter à ce concile de Carthage, disant qu'il voulait se justifier. Il s'était fait accompagner du faux évêque Félix, qu'il avait ordonné depuis sa déposition, de Jovin et de Maxime, condamnés par neuf évêques pour divers crimes, et de nouveau excommuniés par le concile d'Afrique ou de Carthage de l'an 251; mais on ne voulut pas lui accorder audience : ce qui fut cause qu'il ordonna un faux évêque à Carthage, savoir Fortunat, l'un des cinq prêtres de la faction de Félicissime, qui, l'année précédente, avaient été chassés de l'Eglise et excommuniés par les évêques d'Afrique. *S. Cypr. ep.* 59.

Le P. Richard a supposé un autre concile d'Afrique ou de Carthage, tenu, dit-il, l'an 253, et dans lequel aurait été traitée l'affaire de l'évêque Thérape. Il se serait épargné cette supposition, en faveur de laquelle il ne cite d'autre garant que le P. Hardouin, s'il eût fait réflexion avec D. Ceillier (*Hist. des aut. sacr. t.* III, *p.* 588), qu'on ne peut mettre la lettre synodale des évêques d'Afrique à Fidus au plus tard qu'en 252, et avant qu'ils eussent fait le décret de l'indulgence générale accordée dans le concile de cette année à tous ceux qui la demandaient. Il est évident que ce décret, s'il eût été connu de l'évêque Fidus, eût rendu inutile sa réclamation.

AFRIQUE (Conciles d'), années 253 ou 254, 254, 255, et 256 *bis*. *Voy.* CARTHAGE, mêmes années.

AFRIQUE (Concile d'), *Africanum*, vers l'an 262 (selon le P. Richard, quoique S. Cyprien soit mort en 258). Saint Jérôme, dans son Dialogue contre les Lucifériens, nous apprend que les mêmes évêques, *illi ipsi episcopi*, qui, dans un concile d'Afrique, avaient d'abord jugé avec saint Cyprien qu'il fallait rebaptiser les hérétiques, portèrent un nouveau jugement tout contraire dans un autre concile. *Hard. t.* I. RICH. Ce qui fait présumer au scholiaste de saint Jérôme, conformément à l'opinion de saint Augustin et à celle du V. Bède (*l.* VIII, *q.* 5), que saint Cyprien lui-même s'est rétracté avant sa mort, aussi bien que ses autres collègues. *S. Hieron. in Lucif. c.* VIII; *S. Aug. ad Vinc. ep.* 93, *n.* 38; *de Bapt. l.* II, *n.* 4.

AFRIQUE (Concile d'), l'an 304; *Voy.* ALUTA.

AFRIQUE (Concile d'), l'an 349, sous Gratus, évêque de Carthage.

Ce concile est un concile général de toute l'Afrique; d'où vient que c'est par erreur qu'il est nommé provincial dans les éditions vulgaires qui en ont été faites. On le compte pour le premier de Carthage, non qu'il ne s'y en soit tenu beaucoup d'autres auparavant, particulièrement sous saint Cyprien, mais parce que c'est le plus ancien concile orthodoxe et approuvé, de tous ceux qui s'y sont tenus, dont nous ayons des canons. C'est aussi le plus ancien dont les canons aient servi à composer le code des canons de l'Eglise d'Afrique. Il se tint du temps du pape Jules Ier, comme le porte le titre, et lorsque la réunion des donatistes à l'Eglise catholique, procurée par l'empereur Constant, était toute récente, c'est-à-dire, en 348, ou 349 au plus tard. Gratus, évêque de Carthage, y présida, et l'on y fit quatorze canons.

L'évêque de Carthage, s'étant assis avec ses collègues, commença ainsi : « Grâce à Dieu tout-puissant, et à Jésus-Christ, qui a fini les mauvais schismes et a regardé son Eglise, pour réunir en son sein tous ses membres dispersés, a inspiré au très-religieux empereur Constant le dessein de la réunion, et l'a exécuté par ses serviteurs Paul et Macaire (officiers de l'empereur), dignes ministres d'un si saint ouvrage.

« Dieu ayant donc voulu que nous célébrassions des conciles dans nos diverses provinces pour obtenir cette unité, et qu'en ce jour nous nous trouvassions rassemblés de toute l'Afrique en cette ville de Carthage, pour traiter de concert les articles nécessaires, et régler toutes choses par rapport à ce temps de réunion, sans toutefois nous écarter des commandements de Dieu et des divines Ecritures, en sorte qu'il ne soit rien statué de trop dur pour le temps, et que Carthage conserve la vigueur de la loi. » L'évêque Gratus continua en ces termes, en proposant la matière du premier canon : « Donc, s'il vous plaît, traitons d'abord l'article de la rebaptisation ; sur quoi je prie vos Saintetés de dire ce qu'elles pensent de celui qui est descendu dans l'eau, a été interrogé sur la Trinité selon la foi de l'Evangile et la doctrine des apôtres, et a fait une bonne confession de ce qu'il croit au sujet de Dieu et de la résurrection de Jésus-Christ ; est-il permis de l'interroger de nouveau en la même foi, et de le baptiser de nouveau ? » Tous les évêques dirent : « A Dieu ne plaise, à Dieu ne plaise ; cela est trop éloigné de la pureté de la foi et de la discipline catholique : nous statuons que les rebaptisations ne sont pas permises. » L'évêque Gratus reprit en bénissant Dieu, qui lui faisait la grâce de vivre en un temps où il était permis de proposer la discipline ecclésiastique dans sa pureté. Il remarqua que la matière de la rebaptisation était d'autant plus importante, qu'elle servait principalement de voile à la rage schismatique, et que, par le tempérament qu'on y apportait, la vigueur de la loi et l'autorité de la foi étaient maintenues. Les donatistes ne faisaient tant de maux aux catholiques, que parce qu'ils ne les regardaient pas comme baptisés, fondés sur le système de saint Cyprien, qu'ils entendaient en leur faveur, que l'Eglise seule a le vrai baptême. Par une semblable conséquence, on était en droit de les rebaptiser eux-mêmes lorsqu'ils rentraient dans l'Eglise catholique, ce qu'eût pu les rebuter ; et voilà pourquoi ce canon, qui défend de rebaptiser ceux qui ont reçu le baptême dans la foi de la sainte Trinité, est appelé un tempérament qui accommode leur intérêt avec la loi de ne pas recevoir indifféremment tout baptême donné hors de l'Eglise. Les prélats d'Afrique en vinrent donc à ce juste milieu, qui est le seul et véritable système, cent-cinquante ans ou environ après qu'il avait été altéré par Agrippin.

Les autres canons, comme nous l'avons dit, sont au nombre de treize. Le deuxième défend de profaner la dignité des martyrs, en honorant comme tels ceux qui s'étaient précipités, ou tués d'une autre manière, par folie, et à qui l'Eglise n'accorde la sépulture que par compassion, et à plus forte raison ceux qui se tuent par désespoir ou par malice.

Ce canon est contre les donatistes, qui se tuaient volontairement eux-mêmes, ou se faisaient tuer par les autres, afin d'avoir les honneurs et la gloire du martyre parmi ceux de leur secte. Il fallait prémunir contre cet abus les peuples nouvellement réunis.

Le 3e et le 4e renouvellent les défenses déjà faites aux clercs, en tant de conciles, d'habiter avec des femmes, et on l'étend à toutes les personnes de l'un et de l'autre sexe qui ont embrassé la continence, même dans la viduité ; leur défendant d'habiter avec des personnes étrangères, ni même de les visiter. La raison qu'ils rendent de ce règlement, « c'est qu'il faut, disent-ils, fuir toutes les occasions du péché, ôter tout soupçon, et empêcher les pièges dont la subtilité du diable se sert pour prendre les âmes simples, qui ne sont pas sur leurs gardes, sous prétexte de charité et d'amour pour son prochain. »

Le 5e. « L'évêque Privat remontre qu'il ne doit point être permis à un évêque de recevoir le clerc d'un autre évêque, sans que celui-ci en ait obtenu la permission de son évêque, et qu'il ne doit point non plus ordonner un laïque d'un autre diocèse, sans le consentement de son évêque. » L'évêque Gratus répondit que c'était là le vrai moyen de conserver la paix, et qu'il se souvenait qu'au concile de Sardique, où il avait assisté, on avait fait un pareil règlement.

Le 6e défend aux clercs de se charger de l'intendance des maisons et du maniement des affaires séculières, suivant la règle de saint Paul, qui dit : « Que celui qui s'est enrôlé au service de Dieu, ne doit point s'embarrasser dans les affaires séculières. »

Dans le 7e canon, on étendit aux laïques la défense de communiquer avec le peuple d'un autre diocèse, sans les lettres de son évêque, pour empêcher les artifices de ceux qui, fuyant la communion de l'un, étaient admis par surprise à celle d'un autre.

Par le 8e, on défend d'ordonner ceux qui sont intendants et gens d'affaires, ou même tuteurs, exerçant leur tutelle en personne, jusqu'à ce que les affaires soient finies, et les comptes rendus, de peur que, s'ils étaient ordonnés plus tôt, l'Eglise n'en reçût du déshonneur.

Le 9e fait défense aux laïques d'employer les clercs à être leurs receveurs, ou à tenir leurs comptes.

Le 10° défend aux évêques d'entreprendre les uns sur les autres.

Le 11e ordonne de réprimer l'orgueil des clercs qui ne sont pas soumis à leurs supérieurs ; mais il veut que, pour les juger, on admette un certain nombre d'évêques ; trois pour un diacre, six pour un prêtre, et douze pour un évêque.

Le 12ᵉ porte qu'Antigone, évêque de Madaure, se plaignit d'un autre évêque nommé *Optantius*. Ils avaient divisé leurs diocèses, d'un commun consentement, dont il y avait des actes signés de leurs mains : néanmoins Optantius ne laissait pas de visiter le peuple d'Antigone, et de se l'attirer. Le concile ordonna que le traité subsisterait et serait observé.

Le 13ᵉ renouvelle la défense faite aux clercs de prêter à usure, comme étant un péché condamnable, même dans les laïques, et contraire aux prophètes et à l'Évangile.

Le 14ᵉ enjoint l'observation de ces règlements, sous peine d'excommunication pour les laïques, et de déposition pour les clercs. *Reg.*, tom. III; *Lab.*, tom. II; *Hard.*, tom. I.

AFRIQUE (Concile d'), l'an 369. Ce concile, dont on ignore le lieu précis, mais qui était composé de soixante-dix évêques, déposa Chronope de l'épiscopat. Chronope appela de cette sentence à un magistrat séculier nommé Claude, qui était proconsul d'Afrique en 369, ce qui porte à croire que Chronope était évêque dans la même province; et de ce magistrat, il en appela encore à un autre, contrairement à la disposition des lois. Ce fut à ce sujet que l'empereur Valentinien publia une loi datée du 9 juillet 369, qui déclare que l'évêque Chronope sera contraint de payer une amende, pour avoir mal appelé de la sentence d'un concile; et que cette amende, au lieu d'être adjugée au fisc, sera distribuée aux pauvres. C'est tout ce que l'on sait de ce concile; on n'est pas même bien certain qu'il ait été tenu en Afrique. Baluze semble croire qu'il fut plutôt tenu en Italie. *Cod. Theodos.*, t. IV, *cod.* IX, *tit.* 36.

AFRIQUE (Concile d'), l'an 393. *Voy.* HIPPONE, même année.

AFRIQUE (Conciles d'), années 397, 398, 400 et 401. *Voy.* CARTHAGE, mêmes années.

AFRIQUE (Concile d'), l'an 402. *Voy.* MILÈVE, même année.

AFRIQUE (Conciles d'), années 403, 404, 405, 407, 408, 409, et 410. *Voy.* CARTHAGE, mêmes années.

AFRIQUE (Conciles d'), années 418, 419, 426, 525, 534 ou 535 et 550. *Voy.* CARTHAGE, mêmes années.

AFRIQUE (Conférence tenue en), l'an 645, au mois de juillet, entre Pyrrhus, patriarche de Constantinople, et saint Maxime, abbé de Chrysopolis près de Chalcédoine, alors réfugié en Afrique. Le patriarche Pyrrhus, sorti de Constantinople, étant venu en Afrique, le patrice Grégoire, gouverneur de la province, engagea le saint défenseur de la foi à soutenir contre lui une conférence publique. Elle se tint en effet, en présence du gouverneur lui-même, des évêques et de plusieurs personnes considérables. Nous allons en rapporter quelques extraits, parce qu'en même temps que la présence des évêques d'Afrique donne à cette conférence un caractère, pour ainsi parler, conciliaire, elle nous présente une claire exposition et la réfutation la plus solide du monothélisme, dont il sera plus d'une fois question dans cet ouvrage.

Pyrrhus commença en ces termes : Quel mal vous avons-nous fait, seigneur abbé Maxime, mon prédécesseur (Sergius) et moi, pour que vous nous décriiez partout, en nous rendant suspects d'hérésie? Et qui vous a plus honoré et plus respecté que nous, avant même que nous vous connussions de visage? Maxime répondit : Puisque Dieu nous entend, j'avoue, pour me servir de vos paroles, que personne ne m'a plus honoré et respecté que vous; mais comme vous avez rejeté la croyance des chrétiens, j'ai dû craindre de préférer à la vérité la conservation de vos bonnes grâces. Eh! en quoi, dit Pyrrhus, avons-nous rejeté la croyance chrétienne? C'est, dit Maxime, en ce que vous attribuez une seule volonté à la divinité du Christ et à son humanité, et que, non contents de garder pour vous cette opinion, vous avez essayé d'en empoisonner toute l'Église par l'ecthèse de nouvelle fabrique que vous lui avez proposée. Pyrrhus reprit : Quoi donc! en admettant une seule volonté, trouvez-vous qu'on s'écarte de la doctrine des chrétiens? Sans doute, dit Maxime; car quoi de plus contraire à la piété que de dire : Celui qui a fait tout de rien, qui conserve et gouverne tout, a, par une seule et même volonté, désiré de manger et de boire, passé d'un lieu à un autre, et fait toutes les autres choses qui démontrent la réalité de son incarnation?

Pyrrhus demanda : Le Christ est-il un, ou non? Il est un, répondit Maxime. Si donc il est un, ajouta Pyrrhus, il voulait comme une seule personne, et par conséquent il avait une seule volonté. Maxime répondit : Quand on avance une proposition sans en distinguer le sens, on ne fait que confondre et embrouiller la question, ce qui n'est pas raisonnable. Dites-moi donc : le Christ, puisqu'il est un, n'est-il que Dieu, ou n'est-il qu'homme, ou bien est-il Dieu et homme tout ensemble? Sans doute, répondit Pyrrhus, il est Dieu et homme tout à la fois. Maxime reprit alors : Puisqu'il est par nature Dieu et homme, voulait-il comme Dieu et comme homme en même temps, ou seulement comme Christ? S'il voulait comme Dieu et comme homme, il est clair qu'il voulait en deux manières, et non pas en une seule, quoiqu'il soit un lui-même; car le Christ n'étant autre chose que les deux natures qui le composent et qui le forment, il est évident que, malgré son unité personnelle, il voulait et agissait conformément à chacune de ses natures, puisqu'elles ont chacune leur principe d'action propre, et conséquemment leur volonté. Mais, si le Christ voulait et agissait conformément à ses natures, et s'il y a en lui deux natures, il faut de toute nécessité qu'il y ait en lui deux volontés, aussi bien que deux principes d'action : car de même que la dualité de ses natures, comprise comme elle doit l'être, ne le divise point en lui-même, mais fait voir seulement que leur union laisse toujours subsister leur différence;

ainsi en est-il de ses deux volontés et des deux principes d'action qui conviennent respectivement à ses deux natures. Il est impossible, objecta Pyrrhus, que deux volontés et deux principes d'action n'impliquent pas deux agents ou deux personnes. C'est bien là le sophisme, répliqua Maxime, que le caprice, plutôt que la raison, vous a dicté dans vos écrits ; car supposé une fois que le nombre des volontés implique un pareil nombre de personnes, il faudra dire réciproquement que le nombre des personnes implique un pareil nombre de volontés ; et, d'après votre manière de raisonner, on trouvera avec Sabellius que, puisqu'il n'y a en Dieu qu'une volonté, il n'y a aussi en lui qu'une personne ; ou avec Arius, que puisqu'il y a en Dieu trois personnes, il y a aussi en lui trois volontés, et par là même trois natures, puisque, selon les règles posées par les Pères, la différence des natures est une conséquence nécessaire de la différence des volontés. Pyrrhus dit encore : Il est impossible que deux volontés subsistent sans contrariété dans une même personne. S'il est impossible, répliqua Maxime, que deux volontés subsistent sans contrariété dans une même personne, il est donc possible selon vous qu'elles y soient en contrariété ; et si cela est possible, dès lors vous m'avouez qu'il peut y avoir deux volontés en une seule personne, tout en prétendant, qu'il y aura opposition de l'une à l'autre. Il nous reste donc à rechercher quelle sera la cause de cette lutte. Direz-vous que ce sera la nature de la volonté même, ou que ce sera le péché qui en sera la cause ? Mais si c'est la nature de la volonté même qui en est la cause, comme nous ne reconnaissons que Dieu pour auteur de cette volonté, Dieu sera donc selon vous l'auteur de cette contrariété. Mais si c'est le péché seul qui en puisse être la cause, comme il n'y a point de péché dans le Dieu fait homme, il n'a pu y avoir non plus aucune contrariété dans les volontés de ces deux natures : car la cause étant ôtée, l'effet cesse par là même.

Après quelques autres objections, que Maxime résolut avec la même lucidité, Pyrrhus convaincu abjura son erreur, et demanda qu'il lui fût permis d'aller à Rome présenter le formulaire de sa rétractation. Cette demande lui fut accordée, et il tint parole. Dans le formulaire qu'il présenta au pape, il condamnait, avec l'*Ecthèse*, tout ce que lui et ses prédécesseurs avaient fait contre la foi orthodoxe. Toutefois cette conversion ne fut pas de longue durée, et, séduit apparemment par l'espérance d'être rappelé à Constantinople, il revint à professer l'erreur qu'il avait quittée. *Labb.*, *t.* V.

AFRIQUE (Concile d'), l'an 646. A la suite de la conférence rapportée dans l'article précédent, et qui tourna si glorieusement, comme on l'a vu, au triomphe de la vérité, les évêques d'Afrique condamnèrent le monothélisme dans quatre conciles, qu'ils assemblèrent cette année en Numidie, en Mauritanie, dans la Bysacène et dans la Province proconsulaire dont la capitale était Carthage. Les trois primats, Colomb de Numidie, Réparat de Mauritanie et Etienne de la Bysacène écrivirent conjointement une lettre synodale au pape Théodore, au nom de tous les évêques de leurs provinces, où ils se plaignaient de la publication de l'Ecthèse. Ils adressèrent une autre lettre à Paul, patriarche de Constantinople, pour le presser de rejeter cette nouveauté, et une troisième à l'empereur, qu'ils conjuraient de faire cesser le scandale de la nouvelle doctrine, et de contraindre Paul à se conformer à la foi de l'Eglise entière. Cette lettre est souscrite par Etienne, primat de la Bysacène, et par quarante-deux autres évêques. La lettre des trois primats à Paul de Constantinople est perdue ; mais nous avons celle que Probus, évêque de Carthage, lui écrivit avec soixante-huit autres évêques, et dans laquelle, après avoir condamné l'ecthèse, ils déclarent de concert qu'ils reconnaissent en Jésus-Christ deux natures et deux volontés qui y sont inhérentes, comme l'Eglise l'enseigne et l'a toujours enseigné. Ils appuient leur sentiment de plusieurs passages des Pères, et particulièrement de saint Ambroise et de saint Augustin. Parmi les évêques qui souscrivirent cette lettre, on ne voit pas celui de Carthage, apparemment parce que le siége était vacant par la mort ou la déposition de Fortunius, qui avait embrassé le parti des monothélites. Victor, qui fut ordonné évêque de cette ville au mois de juillet de la même année 646, envoya la lettre synodale au pape Théodore, qu'il priait avec beaucoup d'instance de remédier aux maux que causait le monothélisme, en opposant à cette erreur l'autorité de ses décrets. *Labb.*, t. VI.

AGATHE DES GOTHS (Synode diocésain de Sainte-), province de Bénévent, tenu en octobre 1585, à Argenti, par Félicien, évêque du diocèse. Dans le dessein de réprimer plus efficacement le concubinage parmi les prêtres de son diocèse, l'évêque leur fit la défense d'avoir avec eux, même une mère, une tante ou une sœur, à moins d'en avoir reçu de lui une permission spéciale. Les autres statuts de ce synode sont assez semblables à ceux d'Adria. *Constitutiones et statuta pro civitate et diœcesi S. Agathæ Goth.; Romæ*, 1588.

AGATHE DES GOTHS (Synode diocésain de Sainte-), tenu en avril 1587, à Argenti, par le même prélat. Il y renouvela la permission, déjà donnée par lui précédemment, de vendre le dimanche, hors du temps de la messe, les choses nécessaires à la vie ou à la santé. Il y déclara de plus que tous les fidèles de son diocèse qui auraient communié à Pâques dans son église cathédrale auraient par là même satisfait au précepte annuel. Défense, même à un curé, de confesser des étrangers sans l'agrément, ou de leurs propres curés, ou de l'évêque. L'âge de la première communion est fixé à quatorze ans pour les garçons et à douze pour les enfants de l'autre sexe. Quant à la confession, on y appellera les enfants du moment qu'ils auront atteint l'âge de cinq ans. Nous ne trouvons rien de plus remarquable dans le reste des statuts de ce synode. *Ibid*

AGATHE DES GOTHS (Synode diocésain de Sainte-), tenu dans la cathédrale, en août 1681, par Jacques Circi de Montréal, évêque du diocèse. Ce prélat y publia des statuts fort nombreux, et rangés sous soixante-sept titres principaux; dont chacun est ensuite divisé en plusieurs chapitres. C'est un rituel complet, que nous nous bornons pour cette raison à indiquer au lecteur curieux. Le mandement épiscopal, placé en tête de ces règlements, fait voir que ce synode était le troisième tenu par cet évêque. *Synodus diœc. Agathensis*, *Romœ*, 1682.

AGAUNE (concile d'), *Agaunense*, l'an 515. Saint Sigismond, fils du roi Gondebaud, ayant abjuré l'hérésie arienne, dont les Bourguignons faisaient profession, entreprit, pour donner des marques de sa piété, de bâtir à Agaune, ou Saint-Maurice en Valais, une église plus magnifique que celle où reposaient déjà les reliques des saints martyrs d'Agaune. Il augmenta aussi le monastère, dans le dessein d'y mettre un plus grand nombre de moines. L'église se trouvant achevée sous le consulat de Florentius et d'Anthemius c'est-à-dire, en 515, ce prince assembla, pour en faire la dédicace, soixante évêques, tant du royaume de Bourgogne que des provinces voisines, et autant de comtes ou grands seigneurs pour y assister. Quoique le nom de saint Avite de Vienne ne se trouve pas dans la relation de ce qui se passa dans le concile, il est néanmoins certain qu'il y prononça un discours dont il nous reste le titre seul. Des autres évêques qui s'y trouvèrent, nous ne connaissons que saint Viventiole de Lyon, Maxime de Genève, Théodore de Sion et Victor de Grenoble. L'assemblée dura seize jours, depuis le 30 d'avril jusqu'au 15 de mai, pendant lesquels on fit divers règlements pour la disposition du monastère. Le plus remarquable fut, qu'il y aurait une psalmodie perpétuelle, et qu'à cet effet neuf bandes de moines se succéderaient l'une à l'autre, pour chanter les offices de la nuit et du jour. C'est pourquoi on les dispense du travail des mains, qui était en usage dans les autres monastères. Ceux qui contestent l'authenticité de l'acte contenant la relation de ce qui se passa dans ce concile, alléguent, pour preuve de sa fausseté, ce qui y est dit de cette psalmodie perpétuelle, soutenant que l'usage n'en était point établi en Occident, et qu'il n'avait lieu qu'en Orient, dans les monastères des Acémètes. Mais on voit par plusieurs anciens monuments, que la psalmodie perpétuelle prit son commencement en Occident, par le monastère d'Agaune, que ce fut à l'imitation de ce qui s'y pratiquait à cet égard que sainte Salaberge choisit dans le monastère de filles qu'elle fonda à Laon, trois cents religieuses environ, qu'elle distribua par bandes, et qu'elle destina à chanter jour et nuit les louanges de Dieu ; que saint Amé,

qui avait été tiré du monastère d'Agaune, établit aussi sept bandes de vierges dans le monastère de saint Romaric, pour y chanter, sans discontinuation jour et nuit, l'office divin, et que Dagobert institua la même pratique dans la basilique de Saint-Denis, et cela, à l'exemple du monastère d'Agaune, ainsi que le rapporte Frédégaire. Dans la même assemblée, Hymnemond fut élu abbé d'Agaune ; et il fut arrêté que lui et ses successeurs s'instruiraient avec soin de la science des livres saints, et qu'ils en feraient faire des copies pour l'instruction des moines. Il fut dit encore qu'à l'avenir si quelqu'un entreprenait de donner atteinte aux règlements de l'assemblée, l'abbé recourrait au Saint-Siége pour en obtenir justice. On trouve à la fin des actes de ce concile, qui ont été donnés dans le quatrième tome de la Gaule chrétienne, dans les Conciles du P. Labbe, et dans l'écrit intitulé, *Les Masures de l'Ile-Barbe*, la donation que le roi Sigismond fit au monastère d'Agaune, pour fournir à la subsistance des moines, à l'entretien des luminaires, et aux autres besoins de l'église et de la maison. Les moines d'Agaune avaient un même réfectoire, un même dortoir, un même chauffoir. Leurs vêtements et leur nourriture étaient laissés à la discrétion de l'abbé. D. Ceillier, XV. V. l'art. suivant.

AGAUNE (Concile d'), l'an 523. La psalmodie continuelle établie dans ce monastère est confirmée par le roi Sigismond, neuf évêques et neuf comtes, le 14 mai. » L'*Art de vér. les dates* ne fait mention que de ce concile, et non de celui de l'an 515 ci-dessus.

Le P. Richard corrige en ces termes, tome V, ce qu'il avait dit, au tome I de l'*Analyse*, du concile d'Agaune: « Nous avons placé ce concile en 515, d'après le P. Labbe et D. Mabillon (il devait dire surtout, d'après D. Ceillier, qu'il avait copié littéralement), fondés sur la chronique de Marius d'Avranches, selon laquelle ce concile s'est tenu dans l'année du consulat de Florentius et d'Anthémius, qui répond à l'an 515. Mais le P. Pagi le met en 523, parce qu'il est postérieur à la mort de Sigeric, fils de Sigismond, roi de Bourgogne, arrivée en 522, et qu'il a précédé la prise de ce roi, en 523, par Clodomir, roi d'Orléans : ce qui paraît plus vraisemblable, selon le docte bénédictin, auteur de l'ouvrage intitulé : *Eclaircissement de plusieurs points de l'histoire ancienne de France et de Bourgogne.* »

AGAUNE (Concile d'), l'an 888. Ce concile, composé d'évêques et de grands, élut et couronna roi de la Bourgogne transjurane, après la déposition de Charles le Gros, Rodolfe Welf, comte de cette province, fils de Conrad II. Son royaume était compris entre le Jura, le Rhône et la Reuss. Avec Louis le Débonnaire était morte l'unité de l'empire Carlovingien : déjà, vers l'an 831, Aznar, comte de la Marche de Navarre, s'était rendu indépendant de l'empereur, et depuis ce temps les Basques ultérieurs, c'est-à-dire, d'au delà des Pyrénées, ne faisaient plus partie de l'empire. En 879 Boson avait détaché la Bourgogne cisjurane. La déposition et la mort de Charles le Gros, en 888, furent l'occasion du dernier démembrement de l'empire. La France eut pour roi Eudes, fils de Robert le Fort, duc de France et comte de Paris ; l'Italie fut disputée entre Gui, duc de Spolète, et Béranger, duc de Frioul ; et la Germanie reconnut Arnoul de Carinthie, fils naturel de Carloman de Bavière, élu roi à la diète de Tribur. On observera aisément que cette assemblée d'évêques et de grands tenue à Saint-Maurice, ou Agaune, pour l'élection d'un roitelet, ne mérite que fort improprement le nom de concile.

AGDE (Concile d'), AGATHENSE, l'an 506, le 11 septembre. Alaric, roi des Visigoths en Espagne, quoique arien, permit aux évêques catholiques de ses Etats, qui s'étendaient sur l'Aquitaine et la Gaule Narbonnaise, de s'assembler en la ville d'Agde. Ils s'y trouvèrent au nombre de quatre-vingt-quatre, de diverses provinces qui étaient sous la domination de ce prince, dit D. Ceillier, peut-être, par une erreur d'impression. Le P. Longueval, dans son *Histoire de l'Eglise gallicane*, n'en met que vingt-quatre, dit le P. Richard ; Noël-Alexandre, trente-cinq, dans son *Historia ecclesiastica* ; et M. Rohrbacher, trente-cinq aussi, mais en y comprenant les députés de dix absents, ce qui revient à peu près au nombre marqué par le savant jésuite. Saint Césaire, évêque d'Arles, présida à cette assemblée. Les autres évêques les plus connus sont saint Cyprien de Bordeaux, Tétradius de Bourges, Héraclien de Toulouse, saint Quintien de Rhodez, saint Galactoire de Béarn ou de Lescar, où il est révéré comme martyr, ayant été mis à mort par les ariens ; Gralus d'Oleron, à qui l'on donne la qualité de *bienheureux* ; saint Glycérius ou Luzier de Conserans, dont on fait la fête le 7 août ; Sophronius d'Agde ; Pierre, qui prend le titre d'évêque du Palais, apparemment, dit le P. Richard, parce qu'il y avait dans le palais du roi Alaric un évêque pour les courtisans catholiques, comme il y en avait un pour les ariens. Cela paraît plus vraisemblable à cet auteur que ce que disait M. de Valois. Celui-ci conjecturait que Pierre, évêque du Palais, était l'évêque même de Limoges, qui aurait pris le nom d'*évêque du Palais*, parce qu'il aurait fait sa demeure à Palais, lieu situé près de Limoges, comme les évêques de Séez se sont nommés quelquefois évêques d'Hiesmes (*Oximenses*), et ceux de Chartres, de *Châteaudun* (*Dunenses*). Mais, outre qu'on ne trouve pas cet évêque dans les catalogues des évêques de Limoges, il est certain que Rurice occupait alors ce siège, comme on le voit par une de ses lettres, adressée à saint Césaire d'Arles, dans laquelle il s'excuse de se trouver au concile d'Agde, en 506, à cause des infirmités de sa vieillesse. Dix évêques, n'ayant pu s'y rendre, envoyèrent des députés, dont quelques-uns étaient prêtres et les autres diacres. Ils s'assemblèrent, le 11 septembre de l'an 506, dans l'église de Saint-André, où l'on conservait des reliques de cet apôtre. Après les prières pour le roi Alaric, qu'on nomme *un prince très-pieux*, tout arien qu'il était, par une expression de pur style, on fit la lecture des anciens canons, et l'on en dressa quarante-sept

Le 1er ordonne que les bigames, ou ceux qui avaient épousé des veuves, soit qu'ils fussent prêtres ou diacres, conservent le titre de leur ordre, sans pouvoir toutefois en faire les fonctions, le concile voulant bien, par commisération, les laisser jouir du degré d'honneur qu'ils avaient alors, et dérogeant à tout ce que les autres conciles pouvaient avoir décerné de contraire sur ce sujet.

Le 2e ordonne que les clercs désobéissants soient punis par l'évêque, et que s'il s'en trouvait qui, enflés d'orgueil, méprissent la communion, négligeassent d'assister à l'église, et d'y faire leurs fonctions, ils soient effacés de la matricule, et réduits à la communion étrangère, c'est-à-dire, à celle des clercs étrangers, à qui l'on accordait un rang au-dessus des laïques, mais au-dessous des clercs de l'église, de même degré dans la hiérarchie Les PP. ajoutèrent que s'ils venaient à se corriger et à faire pénitence de leurs fautes, ils seraient remis dans la matricule de l'église, et rétablis dans leurs grades. On nommait *matricule* le catalogue où étaient inscrits les noms des clercs qui avaient part aux rétributions de l'église, et ceux des pauvres qu'elle nourrissait. « C'est de ce mot que tire son origine le nom de *marguillier*. » *Thom., manuscr. inédit*.

Le 3e ordonne que si les évêques, ne gardant aucune modération, ont excommunié des personnes innocentes, ou seulement coupables de quelques fautes légères, et ne veulent pas les recevoir, quoique ces personnes le demandent avec instance, ils soient avertis de le faire par les évêques voisins qui, en cas de refus, seront autorisés à accorder la communion aux excommuniés, jusqu'à la tenue d'un concile, de peur que venant à mourir, ils n'augmentent le péché de celui qui les a excommuniés.

Le 4e excommunie, comme meurtriers des pauvres, les clercs ou les laïques qui retiennent les legs pieux, ainsi que l'a ordonné le concile (c'est celui de Vaison, en 442)

Le 5e. « Le clerc qui aura volé l'église, sera réduit à la communion étrangère, c'est-à-dire, comme on vient de l'expliquer, qu'il sera censé n'être plus du clergé de cette église. »

Le 6e déclare que les oblations faites à l'évêque par des étrangers doivent être regardées comme appartenant à l'église, étant à présumer que ceux qui donnent le font pour le salut de leur âme, et parce qu'il est juste que, comme l'évêque jouit de ce que l'on donne à l'église, de même ce qui est donné à l'évêque appartienne à l'église. Il en excepte les choses données en *fidéi-commis*, soit à l'évêque, soit à l'église.

Le 7e défend aux évêques d'aliéner les

maisons, les esclaves et les vases de l'église, si ce n'est que le besoin ou l'utilité de l'église oblige de les vendre ou de les donner en usufruit; ce qui sera prouvé en présence de deux ou trois évêques voisins, et attesté par leur souscription; permis toutefois à l'évêque d'affranchir les esclaves qui ont bien servi l'église, sans que ses successeurs puissent les remettre dans l'esclavage, et de leur donner quelque chose en les affranchissant, pourvu que la valeur n'excède pas la somme de vingt sous d'or, soit terre, vigne ou maison. Quant aux choses de petit revenu, et peu utiles à l'église, le concile laisse au pouvoir de l'évêque d'en disposer en faveur des étrangers ou des clercs.

Le 8e ordonne que si un clerc abandonne ses fonctions, et se retire auprès d'un juge séculier pour éviter la sévérité de la discipline, il soit excommunié avec celui qui lui aura accordé sa protection.

Le 9e recommande l'observation des décrets des papes Innocent et Sirice, contre les prêtres et les diacres qui, après leur ordination, ne vivent pas en continence avec leurs femmes. Il rapporte, à cette occasion, les endroits des lettres de ces deux papes, qui regardent le célibat des ministres de l'autel. Il n'est pas encore mention des sous-diacres dans ces décrétales.

Le 10e et le 11e défendent à tous les clercs d'avoir chez eux d'autres femmes que leurs mères, leurs sœurs, leurs filles et leurs nièces, et d'avoir des servantes ou des affranchies qui demeurent dans la même maison.

Le 12e ordonne très-expressément à tous les fidèles de jeûner, excepté les dimanches, tout le carême, et même les samedis. (C'est que, dans les églises d'Orient on ne jeûnait pas les samedis, et il paraît que c'était l'usage des Goths venus d'Orient.)

Le 13e. « On expliquera publiquement le symbole aux compétents, dans toutes les églises le même jour, c'est-à-dire, huit jours avant Pâques. » (On nommait *compétents* les catéchumènes qu'on jugeait être en état de recevoir le baptême.)

Le 14e. « Dans la consécration des autels, l'onction du chrême ne suffit pas : il faut encore la bénédiction sacerdotale, c'est-à-dire, celle de l'évêque. »

Le 15e enjoint aux pénitents, dans le temps qu'ils demandent la pénitence, de recevoir l'imposition des mains de l'évêque, et de recevoir aussi de sa main un cilice sur la tête, selon la coutume générale. Il ajoute, qu'en cas que les pénitents refusent de couper leurs cheveux, de changer d'habits, et de faire de dignes fruits de pénitence, ils seront rejetés du nombre des pénitents. Pour ce qui est des jeunes gens, le concile ne veut pas qu'on leur accorde aisément la pénitence, à cause de la fragilité de leur âge (a); mais il veut qu'on accorde le viatique à tous ceux qui se trouvent en danger de mort, c'est-à-dire, l'absolution.

On voit ici la pratique de la pénitence publique. On l'imposait communément au commencement du carême; et, le jeudi saint, on donnait l'absolution à ceux qu'on en croyait dignes. Réginon, qui vivait à la fin du neuvième siècle, et au commencement du dixième, décrit ainsi les cérémonies qui s'observaient de son temps pour l'imposition de la pénitence publique : « Le premier jour de carême, tous ceux qui ont reçu, ou qui doivent recevoir la pénitence se présentent à l'évêque, à la porte de l'église, nu-pieds, couverts de sacs, et le visage prosterné contre terre. L'évêque, accompagné des doyens, des archiprêtres des paroisses, et des témoins, c'est-à-dire, des prêtres des pénitents, qui doivent les examiner avec soin, leur impose une pénitence proportionnée à leurs péchés; après quoi, il les introduit dans l'église; et, prosterné en terre avec son clergé, il récite pour eux les sept psaumes de la pénitence. Ensuite, selon les canons, il leur impose les mains, leur jette de l'eau bénite, leur met des cendres sur la tête, et la leur enveloppe d'un cilice. Enfin il leur déclare que, comme Adam a été chassé du paradis, il faut qu'ils soient chassés de l'église, et donne ordre à ses ministres de les chasser. Le clergé les met hors de l'église, en chantant ce répons : *Vous mangerez votre pain à la sueur de votre front.* » Réginon, *de Discipl. eccl. edit. Baluz.* p. 135. Les cendres qu'on reçoit maintenant le premier jour de carême, au lieu de cilice, et l'absoute qu'on fait le jeudi saint, sont des vestiges de cette observance.

Le 16e et le 17e. « On ne doit pas ordonner diacre celui qui n'a pas atteint l'âge de vingt-cinq ans, ni prêtre ou évêque, celui qui n'a pas atteint l'âge de trente; et, avant d'ordonner ceux qui sont mariés, il faut avoir le consentement de leurs femmes, et ne les ordonner qu'après qu'ils s'en seront séparés de demeure, et qu'ils auront promis la continence, aussi bien qu'elles. »

Le 18e. « Les laïques qui ne communient pas à Noël, à Pâques et à la Pentecôte, ne doivent pas être réputés catholiques (b). »

Le 19e. « On ne donnera pas le voile aux religieuses, avant l'âge de quarante ans, quelque éprouvées que soient leurs mœurs (c). »

Le 20e. « L'archidiacre doit tondre, malgré eux, les clercs qui portent les cheveux longs. Ils ne doivent non plus porter que des habits et des chaussures convenables à la sainteté de leur état (d). »

(a) La pénitence ne s'accordait pas facilement aux jeunes gens : 1° parce qu'elle ne se donnait qu'une fois, et qu'il y avait danger qu'ils ne retombassent dans leur crime; 2° parce que le pénitent devait garder la continence au moins durant le temps de sa pénitence. *Thomassin, manuscr. inéd. sur le Conc.*

(b) On voit par ce canon combien la dévotion des fidèles était refroidie, et qu'au lieu que la communion était si fréquente dans les premiers siècles, il fallût ordonner qu'on communie trois fois l'année, à Noël, à Pâques et à la Pentecôte. *Thomass., ibid.* Le pape saint Fabien avait prescrit la même chose longtemps avant le concile d'Agde. *Cabass. notis concil.*

(c) Ce canon se doit entendre des diaconesses. *Thom. ibid.*

(d) Il (le 20e canon) ordonne aux clercs de porter les cheveux courts, et d'être modestes en leurs habits et leurs

Le 21e. « Si quelqu'un veut avoir un oratoire particulier dans sa terre, on lui permet d'y faire dire la messe, pour la commodité de sa famille. Mais il faut célébrer Pâques, Noël, l'Epiphanie, l'Ascension, la Pentecôte et les autres jours solennels dans les villes ou dans les paroisses; et ceux qui dans ces jours solennels diraient la messe, ou feraient l'office dans ces oratoires particuliers sans la permission de l'évêque, seraient excommuniés (a). »

Le 22e. On renouvelle les anciens canons qui défendent aux clercs d'aliéner, en quelque façon que ce soit, les biens de l'église, dont on leur a accordé l'usufruit. On déclare nulle la vente ou la donation qu'ils en auront faite : on les oblige d'indemniser l'église de leurs propres biens, s'ils en ont, et on les prive de la communion. (Ces biens ecclésiastiques, dont on cédait l'usufruit à des clercs, étaient ce qu'on a depuis nommé *bénéfices*.)

Le 23e défend à l'évêque de préférer, pour les dignités ecclésiastiques, les jeunes clercs aux anciens, si ce n'est que quelqu'un d'entre eux méritât d'être humilié, pour sa désobéissance aux ordres de l'évêque. On lui laisse toutefois le pouvoir de choisir pour archidiacre celui qu'il en trouvera le plus capable, supposé que le plus ancien des clercs ne soit pas en état de remplir les devoirs de cet office.

Le 24e renouvelle le neuvième et le dixième canons du concile de Vaison, de l'an 442, touchant les enfants exposés.

Le 25e excommunie les personnes mariées, qui se sont séparées, sans avoir auparavant prouvé, en présence de l'évêque de la province, qu'elles ont des raisons légitimes de dissoudre leur mariage.

Le 26e excommunie les clercs qui suppriment ou qui livrent les titres des biens de l'église, de même que ceux qui les ont sollicités de les leur livrer.

Le 27e défend de bâtir de nouveaux monastères, sans la permission de l'évêque, et d'ordonner les moines vagabonds dans les villes ou dans les paroisses de la campagne, excepté ceux à qui l'abbé aura rendu un témoignage avantageux. Il défend aussi à un abbé de recevoir un moine d'un autre monastère sans la permission de son supérieur, voulant que ce moine soit renvoyé au monastère d'où il est sorti. Il ajoute que, s'il est nécessaire d'élever un moine à la cléricature, l'évêque ne pourra le faire que du consentement de l'abbé.

Le 28e ordonne d'éloigner les monastères des filles de ceux des hommes, pour éviter les tentations du démon et les mauvais discours des hommes.

Le 29e veut que l'Eglise prenne, s'il est nécessaire, la défense de ceux qui ont été légitimement affranchis par leurs maîtres.

Le 30e dit que, comme il est à propos de garder l'uniformité dans la célébration de l'office divin, après les antiennes, les prêtres et les évêques diront des collectes; que l'on chantera tous les jours les hymnes du matin et du soir (b); qu'à la fin des offices, après les hymnes, on dira des capitules tirés des psaumes, et qu'après la collecte ou la prière du soir, le peuple sera renvoyé avec la bénédiction de l'évêque. (On voit par là que l'office divin était composé dès lors d'antiennes, de collectes ou d'oraisons, d'hymnes et de capitules.) On nomma d'abord *antienne*, ou *antiphone*, les psaumes ou les hymnes chantés à deux chœurs. Ensuite on restreignit ce terme à signifier un verset qu'on chantait avant le psaume, et tiré le plus souvent du psaume même.

Le 31e. « Les ennemis, qui refusent de se réconcilier, doivent d'abord être avertis par les prêtres. S'ils ne suivent pas leurs avis, ils seront excommuniés. »

Le 32e. « Un clerc ne peut citer personne devant un juge laïque sans la permission de l'évêque. S'il y est cité, il peut répondre; mais il ne doit pas intenter d'accusation en matière criminelle. Le laïque qui injustement et calomnieusement oblige un clerc de plaider devant un juge laïque, sera excommunié (c). »

Le 33e. « Si l'évêque, n'ayant ni enfant ni neveu, fait hériter de ses biens un autre que l'église, on reprendra tout ce qu'il a donné du bien qui provenait de l'église. S'il a des enfants, ils indemniseront l'église sur le

---

chaussures. Il y a apparence que, quand il dit : *Quæ religionem decent*, il fait allusion aux moines, étant certain que la tonsure des clercs et leur habit long et noir sont venus des moines. Ce qui montre qu'on ne doit pas mettre tant de différence entre les clercs et les moines, qu'on l'a communément, car ils n'ont fait autrefois qu'un corps. Saint Basile, saint Ambroise, saint Eusèbe de Verceil et saint Augustin les mirent ensemble, et ils faisaient vivre leur clergé comme les moines : d'où viennent les Chanoines réguliers de saint Augustin.

Dans les premiers siècles, les clercs ne pouvaient pas avoir d'habits particuliers, ni se distinguer par la tonsure des autres hommes : c'eût été s'exposer à la persécution et à la mort en se faisant connaître. Ils n'ont commencé à prendre un habit particulier que depuis la paix de l'Eglise. Nous ne voyons pas qu'il soit encore parlé de *couronne* dans tous les canons qui ordonnent la modestie aux clercs. Que si l'on voit en divers conciles précédents que des évêques soient priés par leur couronne, *per coronam vestram*, ce n'est point obligé nous de croire qu'ils en eussent effectivement; car, de même qu'ils étaient appelés oints, *uncti*, quoiqu'ils ne reçussent aucune onction dans leur sacre, ainsi ce mot de couronne ne signifiait que l'éminence de leur dignité et la majesté de leur souverain sacerdoce. Thomass. *manusc. inéd. sur les Conc.*

(a) Etablissement des chapelles particulières à la campagne, où l'on peut dire la messe tous les jours, excepté dans les grandes solennités, où il faut aller à la paroisse. Remarquez, 1o comme ils parlent des capitales : *In quibus legitimus et ordinarius est conventus*; 2o quelles sont les grandes solennités : Pâques, Noël, l'Epiphanie, l'Ascension, la Pentecôte, la fête de saint Jean-Baptiste. Il n'y a point de fête de la Vierge marquée. *Ibid.* Il est cependant assez probable que la fête de l'Annonciation est d'institution apostolique, qu'on peut penser la même chose de la Purification, et que l'Assomption et la Nativité précèdent le sixième siècle. *Benoît XIV, de Festis B. M.*

(b) *Hymni matutini vel vespertini. Hymni matutini* signifient les Laudes qui se disent à la pointe du jour, les messes : les unes qui se disaient le matin, les jours qu'on ne jeûnait pas; les autres qui se disaient le soir, les jours de station et de jeûne entier. *Thom. ibid.*

(c) Un clerc ne peut plaider devant un tribunal séculier en qualité de demandeur, mais seulement pour se défendre. Cela marque la décadence des immunités accordées à l'Eglise par Constantin, et que Valentinien 1er avait diminuées par son édit. *Thom. ibid.*

bien qu'il leur a laissé, du tort qu'il lui a fait. »

Le 34°. « On éprouvera les Juifs, pendant huit mois, parmi les catéchumènes, avant de les baptiser; mais en cas de danger de mort, on les baptisera avant ce temps. » Il arrivait souvent que les Juifs convertis retournaient à leur vomissement.

Le 35°. « Les évêques qui, étant invités par le métropolitain au concile ou à l'ordination d'un évêque, refuseront de s'y trouver sans raison de maladie ou d'un ordre du roi, seront, jusqu'au premier concile, privés de la communion de l'Eglise. »

Le 36°. « Tous les clercs qui servent fidèlement, doivent, selon les canons, recevoir des évêques le salaire de leurs travaux. » C'était l'ancien usage: mais on commençait dès lors à donner à quelques clercs des fonds en usufruit, comme on a pu le voir par le 22° canon.

Les cinq canons suivants sont tirés presqu'en mêmes termes du concile de Vannes. On y excommunie les homicides et les faux témoins; on renouvelle les défenses aux clercs et aux moines, de voyager sans la permission et les lettres de leurs évêques; aux prêtres, aux diacres et aux sous-diacres de se trouver aux festins des noces, et à tous les clercs et laïques de manger avec les juifs. On recommande surtout aux ecclésiastiques d'éviter l'ivrognerie, sous peine de punition corporelle, ou d'être excommuniés trente jours.

Le 42° défend aux clercs et aux laïques de s'adonner aux augures et à ce qu'on nomme *les sorts des saints. Voyez* le sixième canon du concile de Vannes, de l'an 465.

Le 43° défend d'ordonner des pénitents. Les prêtres ou les diacres qui ont été ainsi ordonnés par ignorance, ne feront pas les fonctions de leur ministère.

Le 44°. « Il n'est nullement permis aux prêtres de bénir le peuple ou un pénitent dans l'église. » Il s'agit ici de la bénédiction solennelle, réservée à l'évêque.

Le 45° et le 46°. « Il est permis aux évêques d'aliéner, pour de bonnes raisons et sans le consentement des autres évêques, les petites terres, les petits vignobles et autres biens moins considérables de leurs églises. Ils pourront aussi disposer des esclaves fugitifs. »

Le 47°. « Il est ordonné très-expressément à tous les laïques d'assister le dimanche à la messe entière, et de n'en sortir qu'après que l'évêque aura béni le peuple. Ceux qui y manqueront, seront réprimandés publiquement par l'évêque. » (Les prêtres ne donnaient pas encore la bénédiction à la messe. Cette bénédiction s'entendre de la solennelle, qui se donne encore dans quelques églises les jours de grandes fêtes, avant la communion. Il y a : *Totas missas teneri*; ce mot se prend souvent pour toutes sortes d'offices divins, mais particulièrement pour celui de la messe.)

Il y a vingt-cinq autres canons qui sont cités par Gratien, comme étant du concile

(a) Il faut entendre, en présence de l'évêque. *Thom. ibid.*

d'Agde; mais ces canons sont presque tous tirés du concile d'Epaone, et ne se trouvent point dans les plus anciens manuscrits, avec ceux du concile d'Agde. On les a imprimés dans les *Conciles d'Espagne*, après le dix-septième concile de Tolède. Il est donc inutile de les rapporter ici. Le P. Pagi, à l'an 506 dit que le P. Sirmond a trouvé quarante-huit canons, dans les anciens manuscrits du concile d'Agde. Le P. Sirmond marque qu'il n'en a trouvé que quarante-sept. *Reg.* tom. X; *Lab.* tom. IV; *Hard.* tom. II.

AGDE (Syn. diocés. d'), l'an 1537. Ce synode se trouve cité dans le *Gallia Christiana*, t. VI, col. 251. Nous en ignorons les détails.

AGEN (Syn. diocés. d'), l'an 1547. *Voy.* S. ETIENNE D'AGEN.

AGEN (Synodes diocésains d') de l'an 1666 à 1673. C'est à la suite de ces divers synodes que l'évêque d'Agen publia ses *Statuts et règlements synodaux*. On y trouve prescrit pour toutes les églises du diocèse, le chant de vêpres et de complies à tous les jours de dimanches et de fêtes. Nous n'y voyons rien de plus remarquable, si ce n'est des règlements déjà rapportés ou que nous rapporterons ailleurs.

AGEREN (Synode d'), le 15 janvier 1285. Ageren était primitivement une abbaye, puis un archiprêtré d'Espagne, qui dépendait immédiatement du pape, et n'était censé d'aucun diocèse. Pierre, abbé d'Ageren, dans ce synode, fit un statut pour fixer au lundi d'après le dimanche de Quasimodo l'époque du synode de chaque année. Il traça en même temps des règles pour la célébration de l'office divin, conformément à celles de l'Eglise romaine, et s'éleva contre divers abus. *Constit. synod. veteris et novæ abbat., nunc archipr. Agerensis, Barcinone*, 1648.

AGEREN (Synode d'), le 5 novembre 1333. Hugues, abbé d'Ageren, transporta à ce jour l'époque de chaque synode, et voulut qu'on ne les tînt à l'avenir que de deux ans en deux ans. Il fit quelques règlements pour recommander aux clercs la modestie dans leurs habits, et leur défendre les jeux de hasard. Il ordonna la résidence aux curés sous certaines amendes.

AGEREN (Synode d'), le 5 novembre 1334. Le même abbé prescrivit dans ce nouveau synode de célébrer l'office divin suivant le rit de l'Eglise romaine.

AGEREN (Synode d'), le 5 avril 1339. François, abbé d'Ageren, y fit une ordonnance pour citer personnellement ceux qui étaient obligés de se rendre au synode. Il marqua les cas de conscience qui lui étaient réservés. Il ordonna à tous les curés de venir tous les ans à son église recevoir le chrême nouveau.

AGEREN (Synode d'), le 14 juin 1409. Vincent, abbé d'Ageren, porta dans ce synode de fortes peines contre les clercs concubinaires. Il prescrivit de nouveau la résidence aux bénéficiers.

AGEREN (Synode d'), l'an 1579. Jérôme de Cardona, dernier abbé d'Ageren, y prescrivit la profession de foi du pape Pie IV.

AGEREN (Synode d'), le 12 juillet 1605. Antoine Puigvert, archiprêtre d'Ageren, y défendit aux clercs engagés dans les ordres sacrés de servir de parrains au baptême ou à la confirmation, et aux prêtres nouvellement ordonnés de se donner des parrains laïques à leurs premières messes.

AGEREN (Synode d'), le 15 mai 1612. Jérôme Rovre, archiprêtre d'Ageren, y intima l'obligation à ses prêtres de se rendre au synode, en quelque moment qu'ils y fussent appelés. Il publia de nouvelles peines contre les clercs concubinaires, et contre ceux qui auraient dans leurs maisons des femmes d'un âge suspect. Il porta de nouvelles peines contre les clercs non résidants, et contre les curés qui n'instruiraient pas leurs paroissiens. Il défendit l'abus des danses et des parrains laïques aux premières messes des prêtres.

AGEREN (Synode d'), l'an 1623 et 1628, par l'archiprêtre André Pujol.

AGEREN (Synode d'), le 15 mai 1626. Jérôme, archiprêtre d'Ageren, y fit une ordonnance concernant les excommunications.

AGEREN (Synode d'), l'an 1629. André Pujol, archiprêtre d'Ageren, y fit quelques nouveaux règlements.

AGEREN (Synode d'), l'an 1639, par l'archiprêtre François Broqueta.

AGEREN (Synode d'), l'an 1644, par l'archiprêtre Jean Fort, pour le maintien de sa juridiction.

AGEREN (Synode d'), le 15 juillet 1648. Jean Fort, archiprêtre, renouvela dans ce synode l'ordonnance de l'abbé Pierre, du 15 janvier 1285.

AGHOVANS (Concile des). *V.* IBÉRIE.

AGNANINUM (*Concilium*). *V.* ANAGNI.

AGRIGENTINÆ (*Synodi*). *V.* GIRGENTI.

AGRIPPINENSIA (*Concilia*). *V.* COLOGNE.

AICHSTÆDT (Synode d'), *Eichstedtense seu Eystettense*, l'an 1354. Aichstædt était autrefois un monastère de bénédictins, fondé vers l'an 840 par saint Willibald, dans un lieu rempli de chênes. Il s'y forma dans la suite une ville appelée Aichstædt, du mot *Aich*, qui veut dire un chêne. Le synode dont il s'agit fut tenu par Berthold, burgrave de Nuremberg et évêque du lieu, qui, entre autres statuts, ordonna la célébration de la fête de la sainte lance et des saints clous, établie par le pape Innocent VI, dont il fixa la solennité au vendredi après le dimanche de *Quasimodo*. *Conc. Germ.*, t. IV.

AICHSTÆDT (Synode d'), l'an 1364. Dans ce nouveau synode diocésain, l'évêque Berthold, pour obvier à la cupidité des séculiers, qui envahissaient les biens des ecclésiastiques décédés, fit une loi aux ecclésiastiques de disposer par testament, et en présence de témoins, de tous leurs biens meubles et immeubles; faute de cette formalité, l'évêque aura le droit, d'après la coutume suivie par ses prédécesseurs, de disposer lui-même comme il le jugera convenable des biens de l'ecclésiastique laissés sans testament. *Conc. Germ.*, t. IV.

AICHSTÆDT (Synode d'), l'an 1447. Jean Martin, évêque d'Aichstædt, tint ce synode diocésain, dans lequel il renouvela les statuts de ses prédécesseurs, et recommanda en particulier aux prédicateurs l'interprétation en langue vulgaire de l'Ecriture, tant de l'Ancien que du Nouveau Testament, et l'explication des dix commandements à faire chaque année.

AICHSTÆDT (Synode d'), l'an 1453. Jean d'Aych, évêque d'Aichstædt, statua dans ce synode que le peuple se tiendrait à deux pas au moins de distance du prêtre qui célébrerait les saints mystères; qu'il y aurait toujours de la lumière devant le saint Sacrement, et que les hommes seraient dans les églises séparés des femmes. *Conc. Germ.*, t. V.

AICHSTÆDT (Synode d'), l'an 1465. Guillaume de Richenau, évêque d'Aichstædt, tint ce synode, dans lequel il renouvela et développa en même temps les statuts de l'an 1447. *Conc. Germ.*, t. V.

AICHSTÆDT (Synode d'), l'an 1484, tenu par le même prélat que le précédent, et pour un semblable objet. *Conc. Germ.*, t. V.

AICHSTÆDT (Synode d'), l'an 1700. Jean Martin d'Eib, évêque d'Aichstædt, tint ce synode diocésain le 10 novembre. Il y statua, entre autres règlements, que les fiançailles célébrées à l'insu de l'évêque, n'en seraient pas moins valides, du moment où les deux parties y auraient donné leur consentement; que les curés ne pourraient pas s'absenter de leurs paroisses plus de deux jours et une nuit sans la permission de leur doyen; qu'on établirait la confrérie du Rosaire, pour porter les fidèles à fréquenter les sacrements de Pénitence et d'Eucharistie; que les ecclésiastiques s'interdiraient, autant que possible, l'usage de la pipe. *Conc. Germ.*, t. X.

AICHSTÆDT (Synode d'), l'an 1713. Jean Antoine de Knebel de Katzenelenbogen, évêque d'Aichstædt, tint ce synode le 13 avril. Il interdit absolument l'usage des perruques aux prêtres à l'autel pendant l'été, et le défendit même pour l'hiver, à moins d'une permission particulière. Il défendit de même aux prêtres de dire la messe en bottes, et de paraître en public autrement qu'en manteau. Il ne permit qu'aux docteurs et aux licenciés de porter des collets et des manchettes de soie. Il prescrivit aux prêtres chargés du soin des âmes d'écrire leurs sermons, pour pouvoir les montrer au besoin. *C. Germ.*, t. X.

AIRE (Synode d'). *V.* TURSAN.

AIRIAC (Concile d') ou AIRY, *Airiacense seu Airiacum*, l'an 1020 ou environ.

Airiac, ou Airy, ou Aris, est un château du diocèse d'Auxerre en Bourgogne. Il s'y tint un concile dont la date est incertaine. Lebeuf le place en 1015; Mansi en 1022 ou 1023 : nous suivons les collections ordinaires, qui le mettent en 1020. Leutheric, archevêque de Sens, y présida; le roi Robert y assista, et l'on y traita de la paix avec le duc de Bourgogne. Lebeuf croit que ce fut à ce concile que commença la coutume qui s'établit dans le XIe siècle, d'apporter aux conciles les châsses des saints; Mansi cependant la fait remonter jusqu'au milieu du neuvième siecle. *Labb.*, t. IX; *Hard.*, t. VI; *Mansi*, tom. I, col. 1245.

AIX (Concile d') en Provence, *Aquense seu ad Aquas Sextias*, l'an 1112. On y fit trois canons, dont le premier ordonne que l'archevêque d'Aix perçoive la quatrième partie de tous les revenus de son archevêché. *Edit. Venet. sola*, t. XII.

AIX (Concile d'), l'an 1374, sur la discipline. *Tabl. chronol.*

AIX (Autres conciles et synodes d'). *V.* PROVENCE.

AIX (Concile provincial d'), l'an 1612. Paul Hurault de l'Hôpital, archevêque d'Aix, convoqua ce concile au sujet du livre de la *Puissance ecclésiastique et civile* d'Edmond Richer. Cet ouvrage y fut censuré, comme il l'avait été déjà cette même année dans le concile provincial de Sens; et l'auteur, rentrant enfin en lui-même, donna, le 7 décembre 1629, une déclaration faite par écrit et devant témoins, par laquelle il condamnait son livre et les propositions qu'il contenait de contraires à l'Église romaine.

AIX (Synode diocésain d'), le 4 mai 1672. Jérôme Grimaldi, cardinal archevêque d'Aix, publia dans ce synode, et sous cette même date, les statuts synodaux de son diocèse. Ces statuts ont particulièrement pour objet les devoirs des ecclésiastiques et l'administration des sacrements. Nous y lisons : « Tous les curés et autres prêtres employés à administrer les sacrements garderont fort exactement, dans l'administration d'iceux, les rubriques du Rituel Romain, qu'ils auront soin de lire souvent et de les bien apprendre pour s'y conformer dans les occasions. » L'Église d'Aix est toujours demeurée fidèle à cette loi. Il y est dit encore : « Défendons les parrains et marraines, les offrandes et les festins des messes nouvelles. » Les statuts sont suivis de la liste des cas réservés, de celle des canons pénitentiaux, des avis de saint Charles aux confesseurs, d'une ordonnance de saint Charles et d'un extrait du règlement fait par les évêques de France, dans les assemblées du clergé de 1625, 1635 et 1645, touchant l'obligation qu'il y a d'assister à sa paroisse. *Les ordonn. synod. pour le dioc. d'Aix.*

AIX (Synode ou assemblée métropolitaine d'), l'an 1838. A cette assemblée, dont on ignore le principal objet, se trouvèrent réunis auprès de Mgr Bernet, archevêque de cette métropole, nos seigneurs les évêques de Marseille, d'Ajaccio, de Fréjus, de Gap et de Belley. Ces six prélats convinrent de demander au Pape, pour tous leurs diocésains, la permission d'ajouter l'épithète *immaculata* au mot *conceptione* dans la préface de la fête de la Conception de la sainte Vierge; ce qu'ils obtinrent par un indult que leur adressa Grégoire XVI. Le reste des délibérations de cette assemblée, qui dura cinq jours, est demeuré secret jusqu'à présent.

AIX-LA-CHAPELLE (d'), *Aquis granense, Capitulare*, Capitulaire, l'an 789. « On a sous cette date, dit M. de Mas Latrie, un recueil de 37 capitulaires donnés par Charlemagne, presque tous sur la discipline ecclésiastique. Le concile de Soissons les nomme synodaux; ils sont tirés en grande partie des canons orientaux et des décrets des papes. »

Pour nous, ce que nous avons trouvé sous la date 789, tant dans le P. Labbe que dans la collection des conciles de Germanie, c'est, non pas trente-sept capitulaires, mais un capitulaire composé 1° de cinquante-neuf capitules, tous extraits des plus anciens conciles, tels que ceux de Nicée, de Chalcédoine, de Gangres, de Laodicée, de Néocésarée, de Carthage, etc., ou des Canons des Apôtres ; 2° de vingt-trois autres capitules, fondés la plupart sur des textes de la Bible; 3° de seize capitules concernant spécialement la discipline monastique; 4° enfin, de vingt et un capitules, relatifs quelques-uns au gouvernement de l'Etat, mais la plupart à celui de l'Eglise. On recommande, dans ces derniers, de suivre l'usage de Rome dans l'administration du baptême, et jusque dans la forme ou le port des chaussures : *De calceamentis secundum Romanum usum*, y est-il porté. On y intime l'ordre à tous de se rendre à l'église les jours de dimanches et de fêtes, et l'on y défend aux laïques d'engager les prêtres à dire la messe dans leurs maisons particulières. Voilà ce que nous avons trouvé sous la date 789. Si le concile de Soissons de l'an 853 qualifie ce capitulaire de synodal, c'est peut-être parce que, dans sa principale partie, ce n'est qu'un recueil de décrets synodaux, quoiqu'il ne soit nullement invraisemblable que ce recueil même est l'ouvrage d'évêques rassemblés pour ce travail dans le palais de Charlemagne.

AIX-LA-CHAPELLE (Concile et Capitulaire d'), l'an 797. La Chronique abrégée du P. Duchesne (Tom. II, *Scriptor. Franciæ*) fait mention d'un concile convoqué par les soins de Charlemagne, et composé d'évêques, d'abbés et de moines, où il fut question des règles à donner à un couvent dit de Saint-Paul : *Cœnobium S. Pauli qualiter constituere debeat*. M. de Mas Latrie entend par ces mots que le concile s'occupa de la construction du monastère de Saint-Paul à Rome ; nous ne savons sur quel fondement.

On peut rapporter à ce concile les deux capitulaires de Charlemagne touchant la Saxe, qui contiennent, le premier trente-trois articles, et le second onze autres articles ou capitules, dont la plupart regardent l'affermissement de cette Église naissante. En voici les principaux : Les églises que l'on construit actuellement en Saxe seront honorées pour le moins autant, et pour ne pas dire plus, que ne l'étaient les temples des idoles. Elles serviront d'asile à ceux qui s'y réfugieront ; ils y demeureront en paix jusqu'à ce qu'ils se présentent à l'assemblée pour être jugés ; et pour l'honneur de Dieu et de ses saints, ainsi que par respect pour l'Eglise, on ne les condamnera ni à la mort, ni à la mutilation. Défense, sous peine de mort, de brûler une église, d'y entrer par force, ou d'en enlever quelque objet. Même peine contre quiconque aura tué un évêque, un prêtre ou un diacre (c'est-à-dire que ces crimes ne pouvaient être rachetés, comme les autres l'étaient, suivant les lois des Germains). Défense, sous la même peine, de sacrifier un homme au démon, de brûler un homme ou une femme comme sorciers, d'en manger ou d'en faire manger la chair, sur la supposition que ces sorciers eux-mêmes mangent les hommes. Défense de brûler les corps morts, suivant l'usage des païens; de manger de la chair en carême, au mépris de la religion chrétienne: toutefois, le prêtre examinera si ce n'est pas par nécessité que quelqu'un en aurait mangé. Tous ces crimes sont punis de mort. On condamne aussi à mort tout Saxon qui, se cachant dans la multitude, dédaignera de venir au baptême, et quiconque conspire avec les païens contre les chrétiens. Mais ce qui peut faire croire que ces lois si sévères avaient principalement pour but d'intimider les Barbares et de procurer leur conversion, c'est qu'il est dit que quiconque, n'ayant commis ces crimes qu'en secret, aura recours de lui-même au prêtre, s'en confessera et se soumettra à la pénitence, sera préservé de la peine de mort, sur le témoignage que le prêtre lui aura rendu.

On fera baptiser tous les enfants dans l'année, sous peine de grosse amende. Les mariages illicites seront de même réprimés. On portera les corps des Saxons, morts chrétiens, aux cimetières des églises, et non aux tombeaux des païens. Ceux qui auront fait des vœux à des fontaines ou à des arbres, ou mangé en l'honneur des démons, paieront une amende, ou, s'ils n'ont pas de quoi, seront donnés à l'église en qualité de serfs, jusqu'à ce qu'ils l'aient acquittée. Les devins et les sorciers seront de même donnés aux églises et aux prêtres. On donnera à chaque église une cour ou métairie avec deux manses, c'est-à-dire deux maisons de serfs, et des terres pour les nourrir, et cent-vingt hommes libres, autant qu'on pourra en compter de fois, contribueront à donner à l'église un homme et une femme de condition servile. On paiera à l'église la dîme de tout, même de ce qui appartient au fisc. On ne tiendra aucune assemblée séculière les dimanches et les fêtes, si ce n'est par grande nécessité; mais tous se réuniront à l'église pour entendre la parole de Dieu, s'appliquer à la prière et à l'exercice des bonnes œuvres. *Baluz.* I, p. 251; *Labb.* VII, col. 1131.

Charlemagne, dit le P. Alexandre, ne s'attribuait point l'autorité de faire des lois ecclésiastiques, mais seulement le pouvoir d'en procurer l'exécution; il ne publiait point ses capitulaires sans le conseil des évêques; et, à l'égard des prêtres et des moines, s'il faisait quelquefois l'office de moniteur, jamais il ne s'arrogeait le droit de leur imposer des lois; le seul titre dont il se faisait gloire, ou qu'il ambitionnait, était d'être appelé l'humble défenseur et le bras droit, mais non le chef, de la sainte Eglise de Dieu. *Nat. Alex. Hist. Eccl. octavi sæc. synop.* c. 7, *art.* 7.

AIX-LA-CHAPELLE (Concile d'), l'an 799. Félix d'Urgel, n'ayant pu se déterminer à abjurer son hérésie, ni dans un concile qui fut tenu à Rome pour ce sujet cette même année, ni dans un autre concile qui se tint à Urgel, les évêques qui composaient ce dernier concile, l'engagèrent efficacement à venir défendre sa cause à celui qui se tint à Aix-la-Chapelle, l'an 799, où Charlemagne avait célébré la fête de Pâques. Félix s'étant donc rendu au concile, l'empereur l'obligea de disputer avec Alcuin, en présence des évêques assemblés. La dispute dura depuis le lundi jusqu'au samedi. Tous les assistants jugèrent Félix vaincu : il fut le seul à ne pas convenir de sa défaite. Alors le concile, voyant son opiniâtreté, le condamna et le déposa de l'épiscopat. Cette humiliation l'ayant fait rentrer en lui-même, il reconnut avec larmes qu'il avait erré, et se rétracta dans les termes les plus clairs et les plus humbles. Il écrivit une confession de foi, en forme de lettre adressée aux prêtres, aux diacres et aux autres fidèles de son église : il se nomme dans l'inscription *Félix, autrefois évêque, quoique indigne.* Il expose la manière dont les évêques, envoyés par le roi Charles, l'avaient engagé à se rendre à Aix-la-Chapelle; la liberté qu'on lui avait accordée de défendre son sentiment; la douceur avec laquelle les évêques du concile l'avaient traité; la force des raisons par lesquelles ils l'avaient convaincu : il raconte encore ce qui s'était passé dans le concile de Rome, en présence du pape Léon III et de cinquante-sept évêques. Puis il dit que, convaincu par la force de la vérité, et du consentement de l'Eglise universelle, il y revient de tout son cœur, et prend Dieu à témoin de la sincérité de sa conversion. En conséquence, il promet de ne plus croire ni enseigner que Jésus-Christ, selon la chair, soit Fils de Dieu adoptif ou nuncupatif, mais de croire, conformément à la doctrine des saints Pères, qu'en l'une et l'autre nature, il est vraiment le Fils unique de Dieu, par l'union personnelle qui s'est faite des deux natures, divine et humaine, dans le sein même de la sainte Vierge. Il exhorte le clergé et le peuple d'Urgel à embrasser cette doctrine avec l'Eglise universelle, à implorer pour lui la miséricorde de Dieu, et à faire cesser le scandale qu'il avait causé parmi les fidèles par ses erreurs. Il reconnut qu'elles n'étaient point éloignées de celles de Nestorius qui ne croyait Jésus-Christ qu'un pur homme. *D. Ceillier.*

AIX-LA-CHAPELLE (Concile d'), l'an 802. L'empereur Charlemagne fit tenir ce concile, ou cette assemblée générale, au mois de novembre de l'an 802. Saint Paulin, évêque d'Aquilée, y présida en qualité de légat du pape Léon III, et non pas d'Adrien I, comme on lit dans quelques exemplaires. Les évêques avec leurs prêtres et leurs diacres, les abbés avec les moines qui les accompagnaient, et l'empereur avec les ducs et les comtes, conférèrent séparément les uns des autres, et formèrent comme trois assemblées. Les évêques lurent, par ordre de l'empereur, un recueil de tous les canons, et promirent de les observer. Les abbés lurent la règle de saint Benoît, pour en faire le modèle de la réforme : enfin l'empereur fit lire les lois des divers peuples de ses États. Ensuite, ayant vu le résultat de ces trois assemblées, il ordonna qu'on réformât, selon les canons, les abus qui régnaient parmi les laïques, dans le clergé et dans les monastères; que les chanoines vécussent selon les canons, et les moines, selon la règle de saint Benoît. Les évêques, dans leur assemblée particulière, dressèrent un capitulaire en vingt-deux articles, pour la conduite des prêtres chargés du soin des paroisses. En voici les principales dispositions:

I et II. «Tous les prêtres prieront continuellement pour la conservation et la prospérité de l'empereur, pour les princes ses fils, et les princesses ses filles, aussi bien que pour l'évêque diocésain.»

III et IV. «Chaque prêtre aura soin de tenir propre son église, et d'instruire son peuple les fêtes et dimanches.»

VII. «On fera trois parts des dîmes : la première, pour l'entretien de l'église ; la seconde, pour les pauvres et les pèlerins ; et la troisième, pour les prêtres.»

XII et XIII. «Aucun prêtre n'exigera rien pour l'administration du baptême et des autres sacrements ; et tous demeureront dans l'église pour laquelle ils ont été ordonnés.»

XV, XVI, XVIII et XIX. «Défense aux prêtres de demeurer avec des femmes; de se faire caution; de plaider à des tribunaux laïques; de porter des armes; d'entrer dans les cabarets, et de jurer.»

XXI et XXII. «Chaque prêtre aura soin d'imposer une pénitence convenable à ceux qui lui confessent leurs péchés, et de ne point laisser mourir les malades, sans leur avoir administré le Viatique.»

Ce capitulaire est nommé dans le titre *Capitulare episcoporum*, parce qu'il fut dressé par les évêques, pour la conduite des prêtres confiés à leurs soins. Mais il y a lieu de croire que l'empereur y joignit son autorité, pour en assurer l'exécution. On rapporte à la même assemblée d'Aix-la-Chapelle un autre capitulaire qui ne traite que d'affaires ecclésiastiques, et qui est divisé en sept articles. Par le premier, Charlemagne s'engage à ne point diviser les biens des églises, qui paraissaient trop riches, ainsi que quelques laïques avaient proposé de faire. Par le second, il consent à ce que l'élection des évêques soit faite par le clergé et par le peuple ; et, par le troisième, il se déclare le protecteur des biens ecclésiastiques, et défend de les usurper. Les trois suivants contiennent les plaintes formées contre les chorévêques, et le décret rendu contre eux. L'empereur y dit, qu'ayant été souvent fatigué des remontrances faites contre les chorévêques, il en a envoyé l'archevêque Arnon au pape Léon, pour le consulter sur cette affaire; que la réponse du pape portait que les chorévêques n'avaient le pouvoir ni d'ordonner des prêtres, des diacres et des sous-diacres, ni de dédier des églises, consacrer des vierges, donner la confirmation, ou faire aucune fonction épiscopale ; et que tout ce qu'ils avaient prétendu faire par attentat devait être fait de nouveau par des évêques légitimes, sans crainte de réitérer ce qui était nul; que le pape avait ordonné de condamner tous les chorévêques, et de les envoyer en exil, en trouvant bon néanmoins que les évêques les traitassent plus doucement, et qu'on les mît au rang des prêtres, à condition de n'entreprendre à l'avenir aucune fonction épiscopale, sous peine de déposition. C'est, ajoute l'empereur, ce qui a été ordonné au concile tenu à Ratisbonne, par l'autorité apostolique; et on y a déclaré que les chorévêques n'étaient point évêques, parce qu'ils n'avaient été ordonnés ni pour un siège épiscopal, ni par trois évêques. Nous avons donc, continue ce prince, ordonné, de l'avis du pape Léon, de tous nos évêques et nos autres sujets, qu'aucun chorévêque ne pourra donner la confirmation; ordonner des prêtres, des diacres ou des sous-diacres; donner le voile à des vierges; faire le saint chrême; consacrer des églises ou des autels, ou donner la bénédiction au peuple à la messe publique; le tout, sous peine de nullité et de déposition de tout rang ecclésiastique pour les chorévêques, parce que toutes ces fonctions sont épiscopales, et que les chorévêques ne sont que prêtres. C'est pourquoi les évêques confirmeront ou ordonneront de nouveau ceux à qui les chorévêques auront imposé les mains, et ainsi du reste, sans craindre de réitérer les sacrements ; parce qu'il est écrit que l'on ne doit point regarder comme réitéré, ce que l'on prouve n'avoir point été fait. Malgré des ordres si précis, les chorévêques subsistèrent encore longtemps en France. On trouve, vers le milieu du neuvième siècle, Ricbolde, chorévêque de Reims ; Vitaüs, chorévêque de Cambrai, et Engelram, chorévêque de Langres. L'abus était que ces chorévêques, qui n'avaient communément que l'ordre de prêtrise, s'arrogeaient quelquefois toutes les fonctions épiscopales. C'est la raison pour laquelle on déclara nulles les ordinations qu'ils faisaient. Le septième article traite de la manière dont un prêtre accusé devait se justifier, et de la qualité des témoins et des accusateurs. Il est ordonné que si l'accusateur est tel que les canons le demandent, et qu'il prouve, en présence des évêques, par un nombre suffisant de témoins dignes de foi, le crime dont il accuse un prêtre, celui-ci sera condamné canoniquement; mais que, si l'accusateur ne prouve point, il sera lui-même jugé canoniquement.

Ce capitulaire est daté de l'an 803. Mais l'assemblée générale, ou le concile convoqué à Aix-la-Chapelle au mois de novembre de l'année précédente, durait encore, comme le prouve un ancien manuscrit, qui porte que ce capitulaire fut fait dans le grand concile d'Aix-la-Chapelle, où présida Paulin d'Aquilée en qualité de légat du saint-siège :

Factum in magna synodo, quando Paulinus patriarcha Aquileiensis vices apostolicæ sedis tenuit in Aquis. Man. Remense apud Baluz. t. I, p. 379. *C Germ.; D. Ceill. hist. des aut.*

AIX-LA-CHAPELLE. (Concile d'), l'an 809. Ce concile se tint au mois de novembre, touchant la question agitée entre les grecs et les latins de la procession du Saint-Esprit, savoir si le Saint-Esprit procède du Fils comme du Père. Baronius croyait cependant qu'on n'avait disputé dans le concile que de l'addition faite au symbole de Constantinople du mot *Filioque*, addition qui avait été adoptée en France, mais que repoussait encore l'Eglise de Rome, quoique d'accord avec la France sur le fond de la chose. Le P. Pagi a prouvé, contre le savant cardinal, qu'on y agita de plus la question même de la procession du Saint-Esprit. Et en effet, les lettres de Charlemagne au pape Léon III, le livre de Théodulphe d'Orléans et celui d'Alcuin, n'ont pas pour objet seulement de justifier l'addition d'un mot au symbole, mais de prouver la vérité de la doctrine même. A la suite de ce concile, Charlemagne députa, vers le saint-siége, Bernaire, évêque de Worms, et Adélard, abbé de Corbie, qui eurent avec le pape une conférence que nous rapporterons en son lieu. *Voy.* ROME, l'an 809.

AIX-LA-CHAPELLE (Concile d'), l'an 812. L'archevêque de Mayence, assisté de trois évêques appelés avec lui par Charlemagne, y rétablit la paix ou la concorde, qui avait été troublée momentanément dans le monastère de Fulde. *Duchesne*, t. III, *Script. Franc.*

AIX-LA-CHAPELLE (Assemblée d'), l'an 813. A la suite des cinq conciles qui furent assemblés dans les Gaules l'an 813, par ordre de Charlemagne, les évêques, qui y avaient assisté, en adressèrent les canons à ce prince, pour le prier d'en procurer l'exécution. Afin d'y mettre le plus de solennité possible, le grand empereur convoqua cette assemblée générale, à Aix-la-Chapelle, au mois de septembre de la même année, et il y publia un capitulaire de vingt-huit articles, dont les vingt-six premiers résument ceux des canons des cinq conciles dont l'exécution avait besoin de la puissance temporelle. Le vingt-septième porte de plus que l'on s'informera s'il est vrai qu'en Austrasie (a) des prêtres révèlent, pour de l'argent, les confessions que peuvent leur faire des personnes qui ont volé, et qu'on se serve d'un tel moyen pour découvrir les voleurs. Ce règlement est remarquable, puisqu'il fait voir combien était jugé inviolable, alors comme aujourd'hui, le secret de la confession. On informera aussi, ajoute le dernier article, contre ceux qui, sous prétexte du droit nommé *faida*, excitent du trouble et des émeutes les dimanches et les fêtes, aussi bien que les jours ouvriers : ce qu'il faut entièrement empêcher. On appelait *faida*, en allemand, *fehde*, le droit qu'avaient, chez les anciens Germains, les parents d'un homme tué, de venger sa mort par celle du meurtrier. Labb. VII. *Voy.* ARLES, REIMS, MAYENCE, TOURS et CHALONS-SUR-SAÔNE, même année.

AIX-LA-CHAPELLE (Concile d'), *Aquis-Granense*, l'an 816.

L'empereur Louis le Débonnaire convoqua ce concile, où les évêques se trouvèrent au mois de septembre de cette année 816. L'empereur les exhorta à dresser une règle pour les chanoinés, et fournit à cet effet les livres nécessaires. Amalaire, prêtre de l'église de Metz, fut chargé de la commission; mais il se borna aux extraits des Pères et des conciles. Les évêques d'Aix-la-Chapelle achevèrent le reste de la règle, ou plutôt des règles; car il y en a deux, une pour les chanoines et une pour les religieuses chanoinesses.

La première est composée de cent quarante-cinq articles, dont les cent treize premiers ne sont que les extraits faits par Amalaire, touchant les devoirs des évêques et des clercs. Ces extraits finissent par les deux sermons de saint Augustin sur la vie commune, et ensuite commencent les règlements qui sont proprement de ce concile.

On y combat, premièrement (canon 114), l'erreur populaire d'après laquelle les préceptes de l'Évangile ne seraient que pour les moines et les clercs. On fait voir que la voie étroite est la seule qui mène à la vie, et que personne n'y peut arriver que par cette voie; qu'ainsi les laïques comme les clercs et les moines doivent y marcher, s'ils veulent être heureux dans la vie future. C'est ce qu'on prouve par plusieurs passages de l'Ecriture et par les promesses que chaque chrétien fait dans le baptême, de renoncer à Satan, à ses pompes et à ses œuvres.

C. 115. « Il est permis aux chanoines de porter du linge, de manger de la chair, de donner et de recevoir, d'avoir des biens en propre; mais non pas aux moines, qui font une profession particulière de renoncer à tout. »

C. 116. « Les biens de l'Eglise étant les vœux des fidèles, le prix des péchés, le patrimoine des pauvres, ceux qui en ont l'administration doivent en prendre beaucoup de soin, sans en rien détourner à leur propre usage. »

C. 117. « Les cloîtres, où les chanoines doivent loger, seront exactement fermés; en sorte qu'il ne soit permis à aucun d'y entrer ou d'en sortir que par la porte. Il y aura, dans l'intérieur, des dortoirs, des réfectoires, des celliers et tous les autres lieux nécessaires à ceux qui vivent en commun. »

C. 118. « Les supérieurs auront grand soin de proportionner le nombre des chanoines au service et aux revenus des églises; de peur que, si, par vanité, ils en assemblaient un trop grand nombre, ils ne pussent suffire aux autres dépenses, ni aux besoins mêmes des chanoines qui, ne recevant pas les appointements nécessaires, deviendraient vagabonds et déréglés dans leurs mœurs. »

C. 119. « Les nobles seront admis dans le clergé, sans exclusion des personnes qui sont, ou de basse condition, ou de la famille de l'Eglise, qui en seront trouvés dignes,

---

(a) Le P. Richard a traduit, en Autriche. C'est peut-être une faute d'impression.

puisqu'il n'y a point en Dieu d'acception de personne. »

C. 120. « Les clercs, qui ont à la fois du patrimoine et des biens de l'Eglise par concession de l'évêque, ne recevront que la nourriture et une partie des aumônes. Ceux qui n'ont ni biens qu'ils tiennent de l'Eglise, ni patrimoine, et qui sont d'une grande utilité à l'Eglise, auront la nourriture et le vêtement, avec une partie des aumônes. Quant aux autres enfin qui n'ont, pas plus que les seconds, de patrimoine ou de biens de l'Eglise, les prélats auront soin pareillement de pourvoir à tous leurs besoins. »

C. 121, 122 et 123. « Tous les chanoines recevront la même quantité de boisson et de nourriture, sans aucune acception de personne; communément ils auront par jour quatre livres de vin, c'est-à-dire, dit le P. Richard, environ trois chopines, mesure de Paris; et, s'il n'y a point de vignes dans la province, on leur donnera trois livres de bière et une livre de vin. »

C. 124. « Les chanoines auront soin d'orner leur âme des vertus qui conviennent, et de ne point déshonorer la dignité de la religion, par des excès de propreté et de parure dans leurs habits. Mais ils éviteront aussi l'extrémité opposée de saleté et de négligence. »

C. 125. « Ils ne porteront point de cucules, qui est l'habit des moines, le bon ordre voulant que chacun porte l'habit de son état, et réglé par l'Eglise. »

C. 126 et 131. « Ils seront assidus à toutes les heures de l'office, soit de jour, soit de nuit; et, aussitôt qu'ils entendront le son de la cloche, ils accourront à l'église avec modestie et révérence. »

C. 132. « Ils se comporteront à l'église, comme étant en la présence de Dieu et des anges, qu'on doit croire être particulièrement présents dans le lieu où l'on célèbre les mystères du corps et du sang de Jésus-Christ. »

C. 133. « Soit qu'ils lisent, qu'ils chantent ou qu'ils psalmodient, ils s'appliqueront plus à édifier le peuple qu'à tirer vanité de la mélodie de leur voix; et on choisira, pour lire et pour chanter, ceux qui pourront le mieux remplir ces fonctions. »

C. 134. « Ceux qui négligeront d'assister aux heures canoniales, de venir à la conférence, de faire ce qui leur est commandé par leurs supérieurs, de se trouver à la table aux temps marqués, qui seront sortis du cloître, auront couché hors du dortoir sans permission ou sans une nécessité inévitable, seront avertis jusqu'à trois fois; s'ils ne tiennent compte de ces avertissements, on les blâmera publiquement; et, s'ils persévèrent dans leurs déréglements, on les réduira, pour toute nourriture, au pain et à l'eau; ensuite, on leur donnera la discipline, si l'âge et la condition le permettent : sinon on se contentera de les séparer de la communauté et de les obliger au jeûne. Enfin, s'ils deviennent incorrigibles, on les enfermera dans une prison bâtie à cet effet dans le cloître; puis on les présentera à l'évêque, pour être condamnés canoniquement. »

C. 135. « A l'égard des enfants et des jeunes clercs que l'on nourrit ou qu'on élève dans la communauté, les supérieurs les feront loger dans une chambre du cloître, sous la conduite d'un vieillard d'une vertu éprouvée. S'il les néglige, on en mettra un autre à sa place, après l'avoir repris sévèrement. »

C. 136. « Les offices du jour étant finis, tous les chanoines iront à complies, après quoi ils se rendront au dortoir, où ils se coucheront, chacun séparément. Il y aura, pendant toute la nuit, une lampe allumée dans le dortoir. »

C. 137. « Les chantres auront grand soin de ne pas souiller leurs talents par des vices honteux, mais plutôt de les honorer par leur humilité, leur chasteté, leur sobriété et enfin par toutes sortes de vertus. On choisira quelques-uns des anciens, pour être présents, à certaines heures, à l'école des chantres, et empêcher que ceux qui doivent apprendre à chanter, ne perdent leur temps en choses inutiles. »

C. 138. « Les prélats de l'église choisiront des personnes de bonnes mœurs, pour partager avec eux le soin des communautés qui leur sont confiées, sans avoir égard au rang qu'ils tiennent dans la communauté, ni à leur âge, mais seulement à leur mérite personnel. »

C. 139. « Les prévôts (præpositi) donneront promptement, et avec une grande charité, tout ce qu'ils doivent donner aux frères. »

C. 140. « Le prélat nommera un cellerier ou procureur, d'une vie irréprochable; homme craignant Dieu, sage, vigilant, actif, humble, et qui ne soit ni avare, ni prodigue. »

C. 141. « Les évêques, se souvenant de ce que Jésus-Christ dit dans l'Evangile : *J'ai été étranger, et vous m'avez logé*, établiront, à l'exemple de leurs prédécesseurs, un hôpital, pour recevoir les pauvres en aussi grand nombre que les revenus de l'église pourront le comporter. Les chanoines y donneront la dîme de leurs fruits, même des oblations; et un d'entre eux sera choisi, tant pour recevoir les pauvres et les étrangers, que pour gérer le temporel de l'hôpital. Si les clercs ne peuvent en tout temps laver les pieds des pauvres, ils le feront du moins en carême : c'est pourquoi l'hôpital sera situé de façon qu'ils puissent y aller aisément. » C'est là, comme on le croit, l'origine des hôpitaux fondés près des églises cathédrales, et gouvernés par des chanoines. »

C. 142. « Le prélat aura soin qu'il y ait des maisons particulières dans le cloître, pour les infirmes et les vieillards qui n'en auront point à eux; les frères iront les visiter et les consoler, et ils y seront entretenus des subsides de l'église. »

C. 143. « Le prélat choisira pour portier quelqu'un d'entre les chanoines, d'une probité reconnue, qui ne laissera entrer ni sortir personne sans congé ; et, après complies, portera les clefs au supérieur. »

C. 144. « Les femmes ne pourront entrer dans le cloître, ni, à plus forte raison, y manger ou s'y reposer ; et aucun des chanoines ne leur parlera sans témoins.

C. 145. Le dernier chapitre de cette règle est une exhortation générale à la pratique des bonnes œuvres et à la fuite des vices ; et, en même temps, une récapitulation de ce qui est prescrit dans les articles précédents. »

Règle des Chanoinesses

La règle des chanoinesses ou religieuses, puisqu'elles étaient engagées par vœu de chasteté, contient vingt-huit canons ou articles. Les six premiers ne sont que des extraits des lettres de saint Jérôme à Eustochie, à Démétriade et à Furia ; de la lettre de saint Cyprien, intitulée, *De la Conduite des vierges* ; du discours de saint Césaire, adressé aux religieuses, et de celui de saint Athanase aux épouses de Jésus-Christ. Les autres contiennent à peu près les mêmes règlements que la règle des chanoines, autant que le permet la différence du sexe.

C. 7. « Les abbesses se souviendront qu'elles ne sont constituées par le Seigneur au-dessus des autres, qu'afin qu'elles leur servent de modèles par la régularité de leur vie ; qu'elles veillent sur leur conduite ; qu'elles corrigent leurs défauts et qu'elles fournissent à leurs besoins temporels et spirituels. Elles ne doivent employer qu'un certain temps aux affaires du monastère, mais en donner beaucoup à la prière, à la lecture et aux autres pratiques de piété. Si les besoins de la communauté les obligent de parler à des séculiers, elles le feront avec gravité et modestie, en présence de deux ou trois sœurs. »

C. 8. « Elles ne recevront dans le monastère que des filles recommandables par la probité de leurs mœurs, et ne leur permettront de s'engager par le vœu de continence, qu'après leur avoir lu la règle, les avoir éprouvées, et leur avoir fourni les moyens de s'instruire de leurs obligations. »

C. 9. « Elles auront soin que les postulantes disposent tellement de leurs biens, qu'elles n'en soient point inquiétées après leur entrée dans le monastère. Que, si quelqu'une des religieuses donne son bien à l'église, sans s'en réserver même l'usufruit, elle sera entretenue suffisamment des revenus de l'église. Si elle veut conserver son bien, elle le pourra ; mais à condition de passer procuration, par acte public, à un parent ou à un ami, pour l'administrer et défendre ses droits en justice. »

C. 10. « Les religieuses doivent se souvenir qu'étant engagées par le vœu de chasteté, elles sont dans l'obligation de demeurer toujours dans le monastère, et d'y servir le Seigneur de toute la capacité de leur âme et de leur corps ; qu'il ne leur sert de rien de voiler leur corps, si elles souillent leur âme par l'affection au péché, et si elles se permet-

tent ce qui est défendu : qu'elles évitent donc l'oisiveté, les distractions et tous les autres vices ; qu'elles s'occupent successivement du chant des psaumes, du travail des mains et de saintes lectures. Elles coucheront toutes dans un même dortoir, chacune dans un lit séparé. Elles mangeront ensemble dans le même réfectoire, si ce n'est qu'elles en soient empêchées par la maladie ou par la faiblesse de l'âge. On lira pendant leur repas, qu'elles prendront en silence, tenant leur esprit appliqué à la lecture. Chaque jour elles iront à la conférence, où on lira quelque livre d'édification. Si quelqu'une se trouve en faute, elle en sera punie selon sa culpabilité. Celles qui seront de condition noble ne se préféreront point à celles dont l'extraction n'a rien de relevé. Il en sera de même de celles qui ont plus de vertu ou de savoir, se souvenant que c'est un don qu'elles ont reçu de Dieu, à qui elles doivent en rendre grâces, au lieu de s'en élever.

C. 11. « La clôture de leur monastère sera si exacte, que personne ne puisse y entrer ni en sortir que par la porte. »

C. 12 et 13. « Il n'y aura entre elles aucune distinction pour le boire et le manger. On donnera à chacune trois livres de pain par jour, et trois livres de vin, s'il est commun dans le lieu. Dans les temps de stérilité, elles n'auront que deux livres de vin, ou même une. On suppléera au surplus par la bière. Elles mangeront de la chair, du poisson, des herbes et des légumes, si toutefois il est possible d'en avoir, ce qui est remis à la discrétion de l'abbesse. On leur fournira de la laine et du lin, pour faire elles-mêmes leurs habits, à l'exception des malades et des infirmes qui n'ont pas la force de travailler à ces sortes d'ouvrages. Leurs habits extérieurs étaient noirs.

C. 14. « Les abbesses s'appliqueront surtout à donner de saints exemples à leurs religieuses, à arracher de leurs cœurs tous les vices, et à y planter toutes les vertus. Elles leur apprendront à éviter l'orgueil, l'avarice, l'envie, les haines, la médisance, les murmures, les bouffonneries, les vains discours et les autres choses semblables qui conduisent à leur perte ceux qui s'y laissent aller. Elles leur enseigneront, au contraire, à pratiquer la charité, l'humilité, la patience, la chasteté, la sobriété, la bénignité, l'obéissance, la douceur et enfin toutes les autres vertus qui doivent faire l'exercice assidu de ceux qui tendent à la patrie céleste. »

C. 15. « Les religieuses se rendront avec ferveur à l'église, au premier son de la cloche, pour y réciter les heures canoniales, et n'y feront rien qui ne réponde à la sainteté du lieu. »

C. 16. « Les religieuses doivent s'exercer spécialement à la prière de l'esprit et du cœur. »

C. 17. « Les religieuses se retireront en silence dans le dortoir, après complies, et ne s'amuseront point à parler ou à faire le moindre bruit. »

C. 18. « Les abbesses ne dissimuleront

point les vices de leurs religieuses ; elles les corrigeront plutôt et en couperont jusqu'à la racine. »

C. 19. « Les abbesses éviteront en particulier, de même que leurs inférieures, toute familiarité et tout entretien non nécessaire avec les hommes. »

C. 20. « L'abbesse nommera trois ou quatre chanoinesses, d'une vertu reconnue, en présence desquelles les autres pourront parler aux hommes qui leur apportent les choses nécessaires. »

C. 21. « Il est permis aux chanoinesses d'avoir des servantes laïques ; mais on doit veiller à ce que ces servantes, qui ont la permission d'aller en ville, n'en rapportent pas dans le monastère, des airs mondains qui soient une occasion de chute à leurs maîtresses. »

C. 22. « On recommande particulièrement l'éducation des jeunes filles qui reçoivent l'instruction dans les monastères ; et on propose pour modèle de l'éducation chrétienne qu'on doit leur donner, celle que saint Jérôme prescrit dans sa lettre à Læta. »

C. 23. « On recommande le soin des religieuses malades ou âgées. »

C. 24 et 25. « Les abbesses doivent partager le poids du gouvernement avec quelques religieuses d'une vertu éprouvée. »

C. 26. « On choisira pour portières, des religieuses âgées et d'une vertu éminente. »

C. 27. Les prêtres, qui doivent dire la messe aux chanoinesses, auront leur demeure proche la communauté, et ils n'y entreront que pour célébrer les saints mystères. Il y aura, pendant la messe et l'office, un voile qui cachera les chanoinesses. Si quelqu'une veut se confesser, elle le fera dans l'église, afin qu'elle soit vue par les autres. On pourra confesser les infirmes dans leurs chambres ; mais le prêtre aura avec lui un diacre et un sous-diacre témoins de ses actions. »

C. 28. « On établira un hôpital proche le monastère ; et, dans l'intérieur du monastère, il y aura un lieu destiné pour recevoir les pauvres femmes, afin que les chanoinesses puissent du moins, en carême, leur laver les pieds. » Les religieuses employaient, pour l'entretien de cet hôpital, la dîme des oblations qu'on faisait à leur monastère.

L'empereur envoya un exemplaire de ces deux règles aux métropolitains, avec une lettre circulaire, par laquelle il leur ordonne de tenir une assemblée des évêques et des autres prélats de leurs provinces, d'y faire lire ces règles, d'en donner des copies exactes à chaque communauté de chanoines et de chanoinesses, et de veiller à ce qu'elles y soient observées. Il s'est conservé trois exemplaires de cette lettre, adressée à trois métropolitains, savoir : à Sicaire de Bordeaux, à Magnus de Sens, et à Arnon de Salzbourg. *Hist. des aut. sacr. et eccl.*

AIX-LA-CHAPELLE (Assemblée nationale et Chapitre d'), l'an 817. Josué, abbé de Saint-Vincent sur le Vulturne, qui assista lui-même à cette mémorable assemblée, dit dans sa Chronique : Alors l'empereur (Louis le Débonnaire) fit en faveur du bienheureux pape Pascal un pacte de constitution et de confirmation, qu'il sanctionna de sa propre signature et de celles de ses trois fils, et l'envoya audit pape par Théodore, nomenclateur de la sainte Eglise romaine ; il y fit encore souscrire dix évêques, huit abbés, quinze comtes, un bibliothécaire, un mansionnaire et un huissier. Ces caractères conviennent de tout point au décret suivant, qui contient la confirmation faite par l'empereur des biens du saint-siège, et que nous croyons devoir rapporter ici, tant à cause de son caractère ecclésiastique et en quelque sorte synodal, qu'à cause de son importance.

« Au nom du Seigneur Dieu tout-puissant, Père, Fils et Saint-Esprit. Moi, Louis, empereur auguste, assure et concède, par ce pacte de confirmation, à vous bienheureux Pierre, prince des apôtres, et par vous, à votre vicaire le seigneur Pascal, souverain pontife et pape universel, et à ses successeurs à perpétuité, comme depuis vos prédécesseurs jusqu'à présent vous avez tenu et disposé en votre puissance et souveraineté, la ville de Rome et son duché, ses faubourgs, villages, territoires de montagnes et ports de mer, cités, châteaux, bourgs et hameaux. Du côté de la Toscane : Porto, Centumcelle, Céré, Bléda, Maturanum, Sutri, Népi, Château-Galisse, Horta, Polimartium, Amélia, Todi, Pérouse avec ses trois îles, et toutes les frontières appartenant aux dites villes. De même, du côté de la Campanie, Ségni, Anagni, Férentino, Alatri, Patricum, Frisilim avec toutes les frontières de la Campanie. »

Dans cette première partie du décret, Louis ne fait que garantir et assurer à Pascal la ville de Rome et son duché, comme les papes ses prédécesseurs l'avaient possédée jusqu'alors, non par la donation de Pépin ou de Charlemagne, où il n'en est pas question, mais par le fait du temps et des circonstances, et par la volonté des peuples. De toutes les villes mentionnées ici, il n'y a que celle de Narni que Pépin ait dit avoir rendue au duché de Rome, par la raison que les Lombards l'en avaient détachée et incorporée au duché de Spolète. Quant au duché de Rome lui-même, nulle part il n'est dit que, soit Pépin, soit Charlemagne, en ait fait donation à l'Eglise romaine, attendu qu'elle le possédait dès auparavant. Louis ne fait que reconnaître et garantir cette souveraineté antérieure des souverains pontifes. Le décret continue :

« Pareillement, l'exarchat de Ravenne dans son intégrité, avec les villes, bourgs et châteaux que le roi Pépin et notre père, l'empereur Charles, ont autrefois restitués par acte de donation au bienheureux apôtre Pierre et à vos prédécesseurs, savoir : Ravenne et l'Emilie, Bobio, Césène, Forlimpopoli, Forli, Faenza, Imola, Bologne, Ferrare, Comachio, Adria, Gabel avec tous les territoires et les îles de rivière et de mer qui appartiennent à ces villes. De plus, la Pentapole, à savoir Rimini, Pesaro, Fauō, Sinigaglia, Ancône, etc, avec toutes les terres qui leur appartiennent. De même, le territoire de Sabine dans son intégrité, comme il est écrit dans la donation de notre père l'empereur Charles, et suivant les limites réglées par les abbés Ithérius et Magenaire. *Item*, du côté de la Toscane des Lombards, le château Félicité, Orviète, etc. (et les îles de Corse, de Sardaigne et de Sicile), avec tous les territoires, côtes et ports appartenant aux susdites îles et cités. *Item*, du côté de la Campanie, Sora, Arces, Aquinum, Arpino, Téano et Capoue, et les territoires qui appartiennent à votre puissance et domaine. Tel est le patrimoine de Bénevent et de Salerne, le patrimoine de la Calabre inférieure et supérieure, le patrimoine de Naples, ainsi que les patrimoines qui se trouvent quelque part dans notre royaume et empire. Toutes ces provinces, villes, cités, bourgs, châteaux, villages et territoires, ainsi que patrimoines, nous les confirmons à votre Église, bienheureux apôtre Pierre, et par vous à votre vicaire, notre père spirituel, le seigneur Pascal, notre souverain pontife et pape universel, ainsi qu'à ses successeurs jusqu'à la fin du monde, afin qu'ils les détiennent en leur droit, principauté et souveraineté. »

Dans cette seconde partie de son diplôme, Louis rappelle et confirme les donations de Pépin et de Charlemagne, dont on trouve le détail dans les *Vies des papes* d'Anastase et dans les *Lettres pontificales du Code Carolin*. Pour ce qui est des îles de Corse, de Sardaigne et de Sicile, comprises dans une parenthèse, que quelques-uns regardent comme une interpolation, on sait, par une lettre de Léon III, que la Corse, où l'Église romaine avait depuis longtemps des patrimoines, lui avait été donnée par Charlemagne (*Labb*. VII, col. 1121). De plus, dès le temps de saint Grégoire le Grand, l'Église romaine avait des patrimoines considérables en Sardaigne et en Sicile. Louis ne dit point qu'il les donne ou qu'il les possède, mais qu'il en reconnaît et en confirme le droit au souverain pontife. Finalement, dans tout son diplôme, il ne donne pas un pouce de terre au saint-siège; il ne fait que lui reconnaître et lui garantir ses États et ses droits antérieurs: précaution très-utile, à cause des révolutions qui pouvaient survenir.

Louis confirme ensuite les donations particulières, les cens, pensions, redevances annuelles, que son aïeul Pepin et son père Charlemagne avaient assignées à l'Église de saint Pierre, sur les duchés de Toscane et de Spolète : sauf en tout, dit-il, notre domination sur ces mêmes duchés. Il ajoute que, pour les réfugiés des États de l'Église romaine, il ne les accueillera que pour intercéder en leur faveur, si leur faute est pardonnable, ou pour leur faire rendre justice, s'ils ont été opprimés par les puissants; quant aux criminels, il les arrêtera et les remettra en la puissance du pape.

Enfin, conclut-il, lorsque Dieu appellera de ce monde le pontife de ce très-saint siège, nul de notre royaume, franc ou lombard, ni aucun autre de nos sujets, n'aura la permission de contrarier les Romains, soit publiquement, soit secrètement, ni de faire l'élection; nul ne se permettra de faire du mal à qui que ce soit dans les villes et territoires qui appartiennent à l'Église de saint Pierre. Mais les Romains donneront, avec toute vénération et sans aucun trouble, une sépulture honorable à leur pontife; et celui que, par l'inspiration divine et l'intercession du bienheureux Pierre, tous les Romains auront élu au pontificat, d'un commun accord et sans aucune promesse, ils pourront sans difficulté ni contradiction, le consacrer suivant l'usage canonique. Quand il aura été sacré, on nous enverra des légats, à nous ou à nos successeurs les rois des Francs, pour renouveler l'amitié, la charité et la paix réciproques, comme c'était la coutume de le faire aux temps de Charles, notre bisaïeul de pieuse mémoire, de notre aïeul Pepin et de l'empereur Charles, notre père. »

Tel est le fameux diplôme de l'empereur Louis. Comme on le voit, il ne renferme rien de nouveau ni d'insolite : il ne fait que confirmer ce qui existait. Aussi ne voyons-nous pas pourquoi des critiques modernes se sont donné tant de peines pour le révoquer en doute. Pagi, entre autres, se contredit lui-même. Sur l'année 787, il le donne pour authentique; sur l'année 817, il le déclare aussi apocryphe que la donation de Constantin. Il se trompe même sur le titre, quand il l'appelle une donation; car ce n'en est pas une, mais un pacte de confirmation, ou une confirmation du pacte, comme le disent les auteurs contemporains.

C'est dans cette même assemblée d'Aix-la-Chapelle, que l'empereur Louis partagea l'empire des Francs entre ses trois fils, Lothaire, Louis et Pepin. Il donna à son fils aîné le titre d'empereur, et à ses deux autres fils, deux parties de ses États : à Pepin, l'Aquitaine, la Gascogne, le Languedoc, le pays de Nevers et celui d'Autun ; à Louis, la Bavière, la Carinthie, la Bohême, le pays des Avares et celui des Slaves à l'orient de la Bavière.

Enfin, le dixième de juillet, plusieurs abbés firent dans cette assemblée une espèce de charte pour l'état monastique, qui fut depuis observée presque à l'égal de la règle de saint Benoît. Le chef de ces abbés, le principal auteur de cette réforme, était saint Benoît d'Aniane; car Louis, qui l'avait déjà pris en affection du temps qu'il était roi d'Aquitaine, le fit venir en France après la mort de Charlemagne, et lui donna en Alsace le monastère de Maur ou Marmoutier, près de Saverne, où il mit plusieurs moines de son observance, tirés d'Aniane. Mais, comme ce lieu était encore trop éloigné d'Aix-la-Chapelle, qui était la résidence ordinaire de l'empereur, et que l'abbé Benoît lui était nécessaire pour plusieurs affaires, il l'obligea de se substituer dans son monastère un autre abbé, et de se rendre auprès de lui avec quelques-uns de ses moines.

Après avoir longtemps conféré ensemble, les abbés présents à Aix-la-Chapelle avec Benoît trouvèrent que la principale cause du relâchement de la discipline monastique était la diversité des observances sur plusieurs points particuliers. On crut donc que le plus sûr était d'établir une discipline uniforme, par des constitutions qui expliquassent la règle dans tous ses détails; et c'est ce qu'on fit par ce règlement d'Aix-la-Chapelle, ordinairement divisé en quatre-vingts capitules, dont voici les plus remarquables.

1. « Les abbés, à leur retour, liront la règle de saint Benoît tout entière; et, après qu'ils en auront bien compris le sens, ils la feront observer par leurs moines. »

2. « Tous les moines qui en auront la facilité, l'apprendront par cœur. »

3 et 4. « Ils feront l'office suivant cette règle; ils travailleront de leurs mains à la cuisine, à la boulangerie et aux autres offices; et laveront leurs habits en un temps convenable. »

5. « Ils ne se recoucheront jamais après matines, à moins qu'ils ne se soient levés avant l'heure accoutumée. »

6. « Ils ne se feront raser en carême que le samedi saint. Pendant le reste de l'année, ils seront rasés tous les quinze jours. »

7. « Le prieur pourra leur permettre l'usage du bain. »

8, 10 et 78. « Les moines, excepté les malades, ne mangeront point de volaille, ni dans le monastère, ni hors du monastère, en aucun temps, si ce n'est à Noël et à Pâques, quatre jours seulement, quand le monastère aura de quoi en fournir. Ils ne mangeront ni fruits, ni salades, hors des repas. »

11. « Il n'y aura pas un temps réglé pour saigner les moines : le besoin en décidera; et alors on donnera, le soir, de l'extraordinaire à celui qui aura été saigné. Il y a dans le texte *specialis consolatio*. On nommait *consolation* le petit repas ou la collation qu'on accordait quelquefois le soir aux malades. On ne laissa pas dans la suite de marquer, dans les calendriers des bréviaires monastiques, un jour chaque mois, pour saigner les moines; et ce jour s'est appelé *dies æger*, ou *dies minutionis*, c'est-à-dire, *le jour malade*, ou *le jour de la saignée*.

12. « Lorsqu'il sera nécessaire, à cause du travail, et lorsqu'on dit l'office des morts, on donnera à boire aux moines, même en carême, après le repas, au soir, et avant la leçon de complies. »

Voilà l'origine de la collation du soir aux jours de jeûne, où l'on se contentait d'abord de boire sans manger.

13. « Quand un moine sera repris par son prieur, il dira *mea culpa*, se prosternera à ses pieds, et demandera pardon; ensuite, s'étant levé par ordre du prieur, il lui répondra avec humilité. »

14. « Quelque faute que les moines aient commise, ils ne seront pas fouettés nus en présence des autres. »

15 et 16. « Les moines n'iront pas en voyage sans avoir un compagnon. Ils ne seront point parrains, et ne donneront point le baiser aux femmes en les saluant. »

18 et 19. « Les jours de jeûne ordinaire, c'est-à-dire, du mercredi et du vendredi, leur travail sera plus léger. En carême, ils travailleront jusqu'à none ; puis, la messe étant finie, ils prendront leur repas. »

20. « Leurs habits ne seront ni vils ni précieux, mais d'une honnête médiocrité. »

21 et 22. « On leur donnera deux sergettes, c'est-à-dire deux chemises de serge ; deux tuniques ou habits de dessous ; deux cucules ou même trois, pour servir dans le monastère; deux chapes pour le dehors, deux paires de fémoraux ou caleçons, deux paires de souliers; pour la nuit, des gants en été, des moufles en hiver; un froc ou habit de dessus, deux pelisses ou robes fourrées, pendantes jusqu'aux talons; des bandes dont ils se ceindront les cuisses, surtout en voyage; deux paires de pantoufles pour la nuit en été, et des socs pour l'hiver, c'est-à-dire des galoches ou des sabots; du savon pour laver leurs habits. Il y aura toujours de la graisse dans la nourriture des moines, excepté le vendredi, vingt jours avant Noël, et depuis le dimanche de la Quinquagésime jusqu'à Pâques. (L'usage de la graisse était permis aux moines en France, parce que l'huile y était très-rare. On voit aussi par ce règlement, qu'on ne faisait pas encore maigre le samedi.) On leur donnera double mesure de bière, s'il n'y a pas de quoi leur donner du vin. »

Il y a dans le texte *rocus*, pour exprimer le froc. Et, en effet, quelques-uns ont cru que le mot de *froc* a été formé de celui de *roc*, *rocus* ou *roccus*. Mais il est plus naturel de le faire dériver de *floccus* ou *froccus*, qui était un habit des moines et des paysans.

23 et 24. « Ils se laveront les pieds les uns aux autres, en carême comme dans un autre temps. Le jeudi saint, l'abbé lavera et baisera les pieds de ses religieux, et ensuite il leur servira à boire. »

Le lavement des pieds est appelé, dans ces règlements et ailleurs, *mandatum*, parce que, pendant que l'on faisait cette action d'humilité et de charité, on chantait les paroles de Jésus-Christ : *Mandatum novum do vobis*, etc. Ainsi, *mandatum facere* signifie laver les pieds à quelqu'un. Pour ce qui est de donner à boire le jeudi saint à ceux dont on a lavé les pieds, c'est un usage qui subsiste encore en bien des églises.

25. « Les abbés se contenteront de la portion des moines ; ils seront vêtus et couchés de même, et travailleront comme eux, s'ils ne sont occupés plus utilement. »

26. « Ils ne mangeront point avec les hôtes à la porte du monastère, mais dans le réfectoire, et pourront, à leur considération, augmenter les portions des frères. »

27. » Ils n'iront que rarement et dans la nécessité visiter les métairies, et n'y laisseront point des moines pour les garder. »

28. « La lecture se fera au réfectoire, à la première et à la seconde table. » Celle-ci

était pour les lecteurs et serviteurs de la première table.

31. « Le prévôt sera tiré d'entre les moines ; il aura la principale autorité après l'abbé, tant au dedans qu'au dehors du monastère. »

34 et 35. « L'entrée du monastère ne sera point facilement accordée à un novice; pour éprouver sa vocation, on lui fera servir les hôtes, dans leur appartement, pendant quelques jours. Il commettra à ses parents l'administration de ses biens, dont il disposera, suivant la règle, après l'année de probation. Il ne recevra la tonsure monacale, et ne prendra l'habit qu'en faisant son vœu d'obéissance. Après la profession, il aura trois jours la tête et le visage couverts de la cuculle. »

Il paraît que ce qu'on nomme ici *la cuculle* n'est autre chose que le scapulaire des moines, qui sert à couvrir la tête et les épaules, et qui est quelquefois appelé *cuculle* et quelquefois *scapulaire*. On voulait faire entendre aux jeunes profès, par cette cérémonie, qu'ils doivent désormais avoir les yeux fermés aux choses de la terre, et se regarder comme morts au monde.

36 et 37. « Les enfants qu'on destine à la vie religieuse seront offerts à l'autel par le père et la mère au temps de l'offertoire. Les parents feront la demande pour l'enfant, en présence de témoins laïques ; et, quand il sera en âge, il la confirmera. Les enfants ainsi offerts ne mangeront pas de chair, si ce n'est pour cause d'infirmité. »

40. « Les moines qui seront enfermés pour crimes auront une chambre à feu et quelque endroit proche, où ils pourront travailler à ce qu'on leur ordonnera. »

44. « Les abbés pourront avoir des celles, c'est-à-dire de petits monastères de moines ou de chanoines, pourvu qu'il n'y ait pas moins de six religieux ou de six chanoines qui vivent ensemble dans ces celles. » Voilà l'origine des prieurés dépendant des monastères.

46. « Il n'y aura d'école dans le monastère que pour les enfants qui y ont été offerts. » Ce qui doit s'entendre apparemment des écoles intérieures, puisqu'en plusieurs monastères il y en avait d'extérieures et de publiques.

47. « On jeûnera au pain et à l'eau le vendredi saint. »

49. « On distribuera aux pauvres la dîme de tout ce qui est donné, tant à l'église qu'aux moines.

54. « On nommera les supérieurs *nonnes*, *nonni*. Ce mot de *nonnes* est un terme de respect qui nous vient des moines d'Égypte. »

57. « La livre de pain pèsera, avant d'être cuite, trente sous, c'est-à-dire une livre et demie, ou dix-huit onces, et seize onces après la cuisson. »

Vingt sous, à douze deniers par sou, pesaient une livre, et par conséquent, trente sous pesaient une livre et demie.

62 et 67. « L'abbé, le prévôt et le doyen, quoiqu'ils ne soient pas prêtres, donneront la bénédiction aux lecteurs, qui la recevront debout. »

68. « On distribuera au réfectoire les eulogies, c'est-à-dire les pains offerts à l'autel et non consacrés, et la distribution s'en fera par les prêtres. »

69. « Au chapitre, on lira d'abord le martyrologe, puis la règle, ou quelque homélie.

74. « A la messe, on sera debout au *Sanctus*, et à genoux au *Pater*. » Il n'y avait encore alors d'autre élévation à la messe que celle de l'hostie avec le calice, immédiatement avant le *Pater*.

75. « On ne recevra personne pour de l'argent dans les monastères. »

Ces règlements furent adoptés non-seulement dans les monastères de France, mais jusqu'en Italie ; et l'auteur de la *Chronique du Mont-Cassin*, qui en parle, quoiqu'il n'en compte alors que soixante-douze, dit qu'ils furent observés par les moines d'Occident, comme la règle même de saint Benoît. L'empereur chargea saint Benoît d'Aniane, et Arnoul, abbé de Noirmoutier, de faire la visite de tous les monastères de son empire, et de régler la discipline suivant ces nouveaux statuts. *Baluz.* t. I, *p.* 791 *et seq.*, *Labb.* VII, col. 1505; *M. Rohrbacher; D. Ceillier.*

AIX-LA-CHAPELLE (Concile d'), l'an 818. L'empereur Louis le Débonnaire ordonna la tenue de ce concile pour procéder contre plusieurs évêques qui avaient pris contre lui le parti de son neveu Bernard, roi d'Italie. Anselme de Milan, Wulfold de Crémone et le célèbre Théodulphe d'Orléans, furent déposés sous ce prétexte et relégués dans des monastères. Théodulphe nia constamment qu'il fût coupable du crime dont il était accusé, comme on le voit par les vers suivants qu'il écrivit à Moduin, évêque d'Autun :

Culpa facit sævum confessa perire latronem ;
Non est confessus præsul, et ecce perit.
Non ibi testis inest, judex nec idoneus ullus,
Non aliquod crimen ipse ego fassus eram.
Esto, forem fassus ; cujus censura valeret
Dedere judicii congrua frena mihi ?
Solius illud opus Romani præsulis exstat,
Cujus ego accepi pallia sancta manu.

Théodulphe fut envoyé en prison à Angers, et ce fut là qu'il composa l'hymne *Gloria, laus et honor*, qui se chante encore dans toute l'Église romaine à la procession des Rameaux, et qui valut, dit-on, à son auteur sa mise en liberté.

AIX-LA-CHAPELLE (Grande assemblée d'), tenue en 819, où Louis le Débonnaire entendit les rapports des *missi dominici*, qu'il avait envoyés dans les provinces, pour connaître l'état de l'Église et pourvoir à ses besoins.

AIX-LA-CHAPELLE (Concile d'), l'an 825. Les Pères du concile de Paris qui se tint au mois de novembre de cette année, ayant envoyé les actes de leur concile à l'empereur Louis le Débonnaire, qui se trouvait à Aix-la-Chapelle, ce prince les fit examiner dans un autre concile qui fut tenu le six décembre et qu'on peut regarder comme une suite de celui de Paris. On envoya deux évêques à Rome, qui remirent les actes du concile au pape Eugène II. *Voy.* PARIS, l'an 825.

AIX-LA-CHAPELLE (Assemblée d'), l'an 828. Dans cette assemblée, convoquée par l'empereur, et qui fut nationale, on chercha les causes des maux de l'Etat, et les moyens d'y remédier. L'abbé Vala de Corbie, vénérable par sa naissance, son âge et son mérite, y parla fortement et se plaignit de ce que les deux puissances, l'ecclésiastique et la séculière, entreprenaient l'une sur l'autre; que l'empereur quittait souvent ses devoirs pour s'appliquer aux affaires de la religion qui ne le regardaient point, et que les évêques s'occupaient aux affaires temporelles; qu'on abusait des biens consacrés à Dieu, et qu'on les donnait à des séculiers, malgré les défenses et les anathèmes de l'Eglise. Il parla aussi contre les chapelains du palais ou clercs attachés à la cour, qui n'étaient ni moines vivant selon la règle, ni clercs soumis à un évêque, et ne servaient que par intérêt ou par ambition : car il soutenait que tout chrétien devait être, ou chanoine, c'est-à-dire clerc observant les canons, ou moine, ou laïque; autrement, disait-il, il est sans chef, et par conséquent hérétique acéphale. Le résultat de cette assemblée fut que l'empereur ordonna quatre conciles, qui se tinrent effectivement l'année suivante. *Voy.* LYON, MAYENCE, PARIS et TOULOUSE, l'an 829.

AIX-LA-CHAPELLE (Concile d'), l'an 831. L'impératrice Judith y fut déclarée innocente des accusations formées contre elle, et il fut décidé que saint Anschaire, moine de Corbie, qui l'an 826 avait été en mission dans le Danemarck, serait ordonné archevêque de Hambourg; ce qui fut exécuté sur-le-champ, et Anschaire reçut son ordination de Drogon, évêque de Metz, assisté des autres Pères du concile. *Conc. Germ.* t. II.

AIX-LA-CHAPELLE (Concile d'), l'an 836. Au mois de février de l'an 836, les évêques s'assemblèrent à Aix-la-Chapelle par ordre de l'empereur Louis, qui proposa lui-même les matières qu'ils avaient à traiter. Comme elles regardaient les devoirs des ministres de l'Eglise et ceux des princes temporels, on partagea en deux parties, divisées elles-mêmes en plusieurs chapitres, les décrets de ce concile, connu sous le nom de second concile d'Aix-la-Chapelle. Ils ne contiennent rien de nouveau : ce sont que les anciens canons que l'on tâcha de remettre en vigueur.

La première partie contient deux ou plutôt trois chapitres. Le premier proprement dit traite de ce que les évêques doivent faire, et le second, de ce qu'ils doivent savoir. En voici quelques articles.

1. « Défense de briguer l'épiscopat par des présents ou tout autre moyen. »

3 et 4. « Un évêque doit exercer l'hospitalité; et, quelque part qu'il se trouve, il doit recevoir et nourrir les pauvres. Il doit aussi éviter les disputes et les procès. »

6. « On déposera les évêques sujets au vice honteux de l'ivrognerie. »

Sur ce qu'un évêque doit savoir, on marque les dogmes de la religion, l'Ecriture sainte, les remèdes des péchés, les canons et le Pastoral de saint Grégoire.

Le second ou plutôt troisième chapitre contient des règlements pour la conduite des clercs inférieurs et pour celle des moines et des religieuses.

1. « Les abbés, tant ceux des chanoines que ceux des moines, doivent être soumis aux évêques. »

2 et 3. « Les moines ne doivent pas s'ingérer dans les affaires ecclésiastiques ou séculières, sans la permission de l'évêque. Ils doivent encore moins mépriser l'évêque diocésain, comme font quelques-uns d'eux. »

5. « Les prêtres qui président aux églises, c'est-à-dire les curés, auront soin que les enfants ne meurent pas sans baptême; qu'ils reçoivent la confirmation de l'évêque, et apprennent l'oraison dominicale et le symbole. Ils doivent veiller sur la conduite de tous leurs paroissiens. Si quelqu'un tombe malade, ils auront soin qu'il se confesse et reçoive l'extrême-onction. Si la maladie tourne à la mort, ils feront sur le malade la recommandation de l'âme; ils lui donneront l'eucharistie et, après sa mort, la sépulture chrétienne. » On donnait donc alors l'extrême-onction avant le viatique; et, pour la donner, on n'attendait pas un danger évident.

La deuxième partie du second concile d'Aix-la-Chapelle traite, sous le titre de chapitre troisième, des devoirs du roi, de ceux des princes ses enfants, et de ses ministres. En voici les principaux articles.

1. « Le glorieux nom de *roi* ne convient qu'à ceux qui gouvernent avec bonté et justice. Un prince cruel et injuste ne mérite que le nom odieux de *tyran*. »

2. « Un roi est surtout établi pour gouverner le peuple de Dieu selon l'équité, pour entretenir la paix et être le protecteur des églises et des serviteurs de Dieu. »

9. « Nous avertissons votre Grandeur, disent les évêques à l'empereur, de faire un bon choix des pasteurs qui doivent gouverner les églises; car autrement vous aviliriez le clergé et vous mettriez la religion en péril. »

10. « Nous vous recommandons la même attention pour le choix des abbés ou des abbesses. C'est de quoi vous répondrez spécialement. »

11 et 12. « Efforcez-vous aussi de faire un choix judicieux des ministres avec lesquels vous partagez le fardeau du gouvernement. Choisissez-en qui craignent Dieu, qui donnent bon exemple, et qui travaillent de concert à procurer, selon la volonté de Dieu, la splendeur de l'Etat, votre gloire et le bien de tout le peuple. Veillez surtout à ce qu'il n'y ait entre eux ni jalousie, ni dissension. »

13. « Appliquez-vous aussi à entretenir la paix et la concorde entre les princes vos enfants, et donnez-leur les avis que David donnait à Salomon son fils, ou Tobie au sien. »

17. « Nous supplions aussi votre clémence de laisser les ecclésiastiques tranquilles du-

rant le saint temps de carême, à moins d'une nécessité pressante. » Les évêques parlent des expéditions militaires ou des assemblées qu'on indiquait quelquefois en carême.

22. « On devrait recevoir le corps du Seigneur tous les dimanches : c'est pourquoi il faut, autant que la raison le permettra, corriger la coutume contraire, de peur qu'en s'éloignant des sacrements, on ne s'éloigne aussi du salut. »

On peut considérer, comme une suite de cette seconde partie du concile d'Aix-la-Chapelle, un écrit divisé en trois livres, et adressé par les Pères du concile à Pepin, roi d'Aquitaine, pour l'obliger à la restitution des biens ecclésiastiques, que lui et les seigneurs de son royaume avaient usurpés, et que l'empereur, son père, lui avait déjà donné l'ordre de restituer en 834. Saint Aldric, du Mans, et Erchanrad, de Paris, lui avaient aussi porté, au nom de leurs confrères, une exhortation que nous n'avons plus. Mais dans les trois livres qui nous restent, ils traitèrent à fond la matière des biens ecclésiastiques, et s'attachèrent à répondre à cette objection des séculiers : Quel mal y a-t-il de nous servir de ces biens dans nos besoins ? Ils sont inutiles à Dieu lui-même, qui a créé pour notre usage tout ce qui est sur la terre. Les évêques montrèrent par toute la suite des Ecritures, que, dès le commencement du monde, les saints avaient fait à Dieu des sacrifices et des offrandes qui lui étaient agréables ; qu'il avait même ordonné par sa loi de lui en faire ; qu'il avait approuvé les vœux par lesquels on lui consacrait des fonds de terre, en donnant aux prêtres tout ce qu'on lui consacrait ; qu'il avait puni sévèrement ceux qui avaient négligé ce devoir, ou profané et pillé les choses saintes ; enfin, que les mêmes règles subsistaient dans la loi nouvelle. Ce travail remarquable du concile d'Aix-la-Chapelle mérite, dit M. Rohrbacher, d'être consulté sur ces matières. Le succès en fut heureux ; le roi Pepin se rendit aux exhortations de son père et des évêques, et fit expédier des lettres pour la restitution de tous les biens usurpés. *Labb.* VII ; *M. Rohrb.; D. Ceillier.*

AIX-LA-CHAPELLE (Concile d'), l'an 837, et non 838, comme le marque à tort le P. Richard. Ce concile s'assembla le 30 avril, et se proposa pour objet de juger le différend de saint Aldric, évêque du Mans, et l'abbaye d'Anisole ou de Saint-Calais, qui se prétendait exempte de sa juridiction. Le concile décida en faveur de l'évêque, et l'empereur Louis ordonna aux moines d'Anisole de reconnaître son autorité. Mais, quelque solennelle qu'eût été cette décision, elle fut annulée quelques années après dans les conciles ou assemblées de Bonneuil, *Justensi conventu* et de Verberie, comme l'a prouvé Baluze dans sa nouvelle collection des Conciles. *Concil. Germ.* II.

AIX-LA-CHAPELLE (Concile d'), l'an 842. Ce concile eut pour objet le royaume de Lothaire en France. Les évêques ordonnèrent qu'il serait partagé entre les rois Louis et Charles le Chauve, lesquels promettraient de le gouverner selon la volonté de Dieu, et non comme Lothaire l'avait gouverné. *D. Mabillon; l'Art de vérifier les dates.*

AIX-LA-CHAPELLE (Conciles d'), l'an 860. Il y eut deux conciles, en cette année, à Aix-la-Chapelle ; l'un, le 9 janvier, dans lequel la reine Thietberge, femme de Lothaire, se crut obligée, pour sauver sa vie, de s'avouer coupable d'un crime, dont elle pouvait être tout à fait innocente ; l'autre, à la mi-février de la même année, où la même princesse fit encore le même aveu au roi, aux évêques et à quelques seigneurs. On la renferma dans un monastère, d'où elle s'échappa. *R.* XXII ; *L.* VIII ; *H.* V.

AIX-LA-CHAPELLE (Concile d'), l'an 862. Le roi Lothaire, voulant faire déclarer nul son mariage avec Thietberge, fille du comte Boson, qu'il avait épousée en 856, et qu'il avait quittée l'année suivante, fit assembler ce concile le 28 d'avril 862. Huit évêques y assistèrent : Gonthier, de Cologne ; Theutgaud, de Trèves ; Adventius, de Metz ; Atton, de Verdun ; Arnoul, de Toul ; Francon, de Tongres ; Hangaire, d'Utrecht, et Ratold, de Strasbourg. Lothaire leur présenta sa requête, et les pria de décider sur le parti qu'il avait à prendre. Deux évêques furent chargés d'examiner le fond de la question, qui était de savoir si un homme, ayant quitté sa femme, peut en épouser une autre du vivant de la première. Ils opinèrent que, selon l'Evangile, un mari ne peut quitter sa femme que pour cause d'adultère ; et que, l'ayant quittée dans ce cas, il ne peut en épouser une autre, sans tomber lui-même dans l'adultère ; que, dans le fait présent, il n'y avait point de raison à Lothaire de répudier Thietberge, parce que le crime qu'on lui imputait avait été commis avant son mariage avec le roi ; que ce mariage ne pouvait non plus être cassé par raison d'inceste, puisque Lothaire et Thietberge n'étaient point parents : d'où ils conclurent que le mariage devait subsister. Sans s'arrêter à cet avis, qui était conforme aux règles de l'Eglise, le concile déclara nul le mariage de Lothaire avec Thietberge, et permit à ce prince d'en contracter un nouveau. Ces évêques se fondaient sur le quatrième canon du concile de Lérida, en 524, qui est le même que le soixante et unième du concile d'Agde, où il est dit que ceux qui commettent un inceste, seront excommuniés, tant qu'ils demeureront dans ce mariage illicite. Mais ils ne faisaient pas attention que Thietberge n'avait jamais épousé Hubert son frère, avec lequel on supposait qu'elle avait eu un mauvais commerce dans sa jeunesse, et qu'ainsi ce canon n'avait point trait à la question. Le passage, qu'ils citèrent sous le nom de *S. Ambroise,* ne leur était pas plus favorable : il porte que la nécessité de garder la continence, après la séparation pour cause d'adultère, n'est pas réciproque et ne regarde point le mari, mais la femme. Ce passage, comme on le voit, suppose clairement une séparation pour cause d'adultère commis pendant le mariage ; ce qui ne pouvait s'appliquer à Thietberge.

En conséquence du jugement de ce concile, le roi Lothaire épousa solennellement Valdrade, et la fit couronner reine.

Saint Adon, archevêque de Vienne, fut le premier qui informa le saint-siége de la conduite de Lothaire et de la connivence des évêques de son royaume. Il le fit par manière de consultation, en demandant s'il était permis à un homme, après avoir épousé une femme et consommé le mariage avec elle, de la quitter et d'en épouser une autre, ou de tenir une concubine à sa place, parce qu'on aurait reconnu qu'elle avait été corrompue par un autre homme avant son mariage. Le pape répondit qu'il désapprouvait entièrement une pareille conduite, et que, conformément à la prescription de l'Evangile, il ne permettrait jamais à cet homme de prendre une autre femme, ou de tenir une concubine, à la place de celle qu'il aurait épousée, quand même il aurait ignoré avant son mariage qu'elle eût été corrompue par un autre homme. *D. Ceillier.*

AIX-LA-CHAPELLE (Synode d'), l'an 898. Zuendebold, roi de Lorraine, y ordonna, de l'avis des évêques et des seigneurs, la restitution de l'abbaye de Saint-Servais d'Utrecht, que le comte Réginaire avait usurpée sur Ratbode, archevêque de Trèves. *Conc. Germ.* II.

AIX-LA-CHAPELLE (Concile d'), l'an 992. On y fit défense de célébrer des noces pendant l'Avent, depuis la Septuagésime jusqu'à Pâques, et pendant les quatorze jours qui précèdent la Saint-Jean. *Conc. Germ.* II.

AIX-LA-CHAPELLE (Concile d'), l'an 1000. Ce concile eut pour objet de déterminer Giselaire, archevêque de Magdebourg et en même temps évêque de Merzbourg, à faire renonciation de l'un de ses deux sièges. Giselaire ne voulait renoncer ni à l'un ni à l'autre; mais enfin, poussé à bout par les raisons du légat et des évêques présents au concile, il eut pour dernière ressource de demander que son affaire fût jugée dans le concile général le plus prochain. Il réussit par cet expédient à garder toujours les deux évêchés. *Conc. Germ.* II.

AIX-LA-CHAPELLE (Concile d'), l'an 1022 ou 1023, pour terminer le différend élevé entre Pélegrin, archevêque de Cologne, et Durand, évêque de Liége, au sujet du monastère de Borcet, qui fut adjugé à l'évêque de Liége. *Labb.* IX.

AIX-LA-CHAPELLE (Assemblée d'), l'an 1037. L'église de S.-Servais de Maestricht y fut déclarée par l'empereur Henri IV, du consentement des évêques et des seigneurs présents, exempte de toute autre juridiction que de celle de l'empereur lui-même pour le temporel, et de celle du pape pour le spirituel. *Conc. Germ.* III.

AIX-LA-CHAPELLE (Assemblée d'), l'an 1132. Le roi Lothaire, du consentement des légats, des évêques et des seigneurs présents, y déclara l'église de Saint-Servais d'Utrecht chapitre impérial, et par conséquent ayant la prééminence sur l'église de Sainte-Marie de la même ville, qui n'aurait plus d'autre privilége que celui d'être le lieu de réunion des assemblées synodales. *Conc. Germ.* III.

AIX-LA-CHAPELLE (Assemblée ecclésiastique d'), l'an 1166. Dans cette assemblée schismatique, à laquelle présida l'empereur Frédéric I, avec l'agrément et l'autorisation de l'anti-pape Pascal III, on éleva de terre, par manière de canonisation, le corps de l'empereur Charlemagne. Cet acte particulier n'a jamais été, que nous sachions, ni approuvé, ni improuvé des papes légitimes. C'est à partir de cette époque, dit le savant éditeur des Conciles de Germanie, qu'on fait à Aix-la-Chapelle, avec l'autorisation de l'archevêque de Cologne, la fête de cet empereur, comme d'un saint, tandis qu'auparavant on se bornait à dire pour son âme des messes de *Requiem. Conc. Germ.* t. III.

AIX-LA-CHAPELLE (Assemblée d'), l'an 1198. Cette assemblée, composée d'évêques et de seigneurs, nomma Otton de Saxe roi de Germanie, à la place de Henri VI, qui venait de mourir. Le nouveau roi jura en particulier de respecter et de maintenir les droits de la sainte Eglise romaine et de toutes les églises. Les électeurs, et à leur tête l'archevêque de Cologne, écrivirent au pape Innocent III, pour qu'il daignât reconnaître et couronner empereur le prince qu'ils venaient d'élire. *Conc. Germ.* III.

AJACCIO (Synodes diocésains d'), tenus, le premier l'an 1617, et le second l'année suivante, par Fabiano Giustiniani, évêque de ce diocèse. Ce prélat publia, à la suite de ces deux synodes, des constitutions ecclésiastiques, en langue italienne, où il détaille séparément les obligations des laïques et des clercs : celles des premiers, par rapport aux sacrements et aux commandements de Dieu et de l'Eglise ; et celles des seconds, selon leur rang de simples clercs, de bénéficiers, de chanoines, de vicaires généraux ou forains, et de prélats visiteurs. Puis, viennent des règles pour la convocation et la tenue des synodes. Enfin, des règlements sont tracés aux séminaristes et à leurs directeurs. *Constitutioni eccles. d'Ajaccio, Viterbo*, 1620.

AJACCIO (Synode d'), l'an 1673. A la suite de ce synode, l'évêque Jean-Grégoire Ardizzoni publia des décrets synodaux, qui sont comme l'abrégé, quant aux devoirs des clercs, des constitutions de son prédécesseur. Le prélat y recommande à la fin les conférences ecclésiastiques, dont il paraît borner le nombre à quatre par année. *Decreti synod. d'Ajaccio, Genova*, 1679.

ALBA (Synode diocésain d'), *Albensis*, l'an 1645, le 15 mai. Paul Brice de Braida, évêque d'Alba, qui tint ce synode, y dressa cinquante-huit constitutions, dont la 1re punit de trois mois de prison quiconque aura mal parlé de l'évêque, et de six mois, toute parole dite témérairement contre le souverain pontife. La 2e impose l'obligation à tous les prédicateurs, bénéficiers, maîtres d'école et autres, de faire, avant d'entrer dans leurs emplois, la profession de foi prescrite par Pie IV. La 3e recommande le bréviaire romain, et la 19e le nouveau, missel romain. Par cette dernière, il est de plus défendu aux mères et aux nourrices de coucher avec elles des enfants au-dessous d'un an, sous peine de payer une amende de douze écus d'or, et de vingt-cinq, si les enfants viennent à être étouffés. Les femmes, y est-il dit encore, n'entreront à l'église qu'avec la tête voilée; et on ne les admettra pas autrement pour la confession et la communion, ainsi que pour tenir des enfants sur les fonts baptismaux. La 24° interdit aux clercs l'usage de porter des moustaches, les habits séculiers, les comédies, les danses et la chasse; elle donne pour mesure de la rétribution des messes journalières ce qu'il faut à un prêtre pour vivre pendant un jour. La 32° met à la charge des communes les grosses réparations des cimetières et des clochers, et les modiques réparations à la charge des curés. La 36° déclare les droits et les biens ecclésiastiques non susceptibles d'être vendus ni même d'être affermés à long bail. La 37° défend aux bénéficiers d'en vendre les fruits au détriment de leurs successeurs. La 34° exige le consentement de l'évêque, donné par écrit, pour l'érection des confréries. Le reste est peu important.

A la fin des constitutions se trouve un catalogue des évêques d'Alba, qui fait remonter l'origine de cette église jusqu'à saint Denis, disciple de saint Eusèbe de Verceil, et mort dans l'exil où il avait suivi son maître. *Constit. S. Alb. eccl., Taurini*, 1646.

ALBAN (Concile de saint-) ou Verlam-Caster, l'an 430. Ce concile fut assemblé par saint Germain, évêque d'Auxerre, et saint Loup, de Troyes. Les évêques réunis y condamnèrent d'une voix unanime Pélage et Agricola, l'un de ses disciples, qui avait infecté des erreurs de son maître la foi des Anglais. C'est le premier concile tenu dans la Grande-Bretagne. *Lab.* III.

ALBAN (Concile de Saint-), l'an 1213 Etienne de Langton, archevêque de Cantorbéry, tint ce concile au mois de juillet. Le roi Jean s'y réconcilia avec les prélats et les barons, en jurant d'observer les lois de saint Edouard, et celles de Henri I. *Angl.* I.

ALBAN (Autres conciles et synodes de Saint-). *V.* SAINT-ALBAN.

ALBANECTENSIA (*Concilia*) *V.* SENLIS.

ALBANIE (Concile provincial ou national d'), *Albanense*, l'an 1703. Le pape Clément XI avait donné l'ordre à Monseigneur Vincent Zmajevich, archevêque d'Antibari et primat du royaume de Servie, de visiter les églises de la province d'Albanie. Ce prélat s'étant mis en devoir de remplir cette commission, assembla un concile provincial ou national dans l'église de Saint-Jean-Baptiste de Merchigne, au diocèse d'Alexiow, le second dimanche après l'Epiphanie de l'année 1703. Les décrets de ce concile se divisent en quatre parties; en voici le sommaire:

Première partie.

C. 1. On commence par prescrire une formule de profession de foi.

2. On défend d'admettre à la participation des sacrements les chrétiens apostats qui auraient embrassé le mahométisme, à moins qu'ils ne fassent abjuration et se conduisent en catholiques aux yeux de tous.

3. Ceux qui, sans avoir apostasié dans les formes, font semblant d'avoir abandonné la religion chrétienne en vivant à la manière des Turcs, doivent être exclus de la participation aux sacrements, jusqu'à ce qu'ils viennent à faire profession publique de la foi chrétienne, toutes les fois que l'occasion s'en présentera pour eux.

4. Personne ne doit cacher sa foi, ou répondre en termes équivoques à un juge investi de l'autorité publique; mais on doit alors confesser sa foi sans détour, dût-il en coûter la vie.

5. Les curés doivent s'occuper avec zèle d'apprendre à la jeunesse les principes de la foi.

6. Les évêques et les curés ne doivent pas négliger l'office de la prédication, mais montrer aux peuples que le salut ne peut être assuré que dans la religion catholique.

7. Les fêtes de l'office romain doivent s'observer suivant le calendrier grégorien, et non d'après celui des grecs schismatiques; les curés doivent les annoncer le dimanche au prône de la messe, et faire en sorte que tous en soient instruits.

8. Les jeûnes et les abstinences doivent de même s'observer selon l'usage de Rome.

9. Anathème à quiconque dira qu'on n'est tenu à pratiquer l'abstinence quadragésimale dans toute sa rigueur, que de sept ans en sept ans.

10. Les parjures doivent être sévèrement réprimés.

Deuxième partie.

1. Quand on administre les sacrements, on doit observer religieusement et avec soin, sans rien ajouter ni retrancher, les cérémonies prescrites par le rituel romain.

2. La funeste coutume des schismatiques, de ne faire baptiser les enfants que par des prêtres dans les cas même les plus pressants, ne doit pas être imitée. Des prêtres catholiques doivent bien se garder de baptiser fictivement les enfants turcs, en omettant quelque chose d'essentiel dans la matière ou dans la forme, sous prétexte de préserver ces enfants de maladies contagieuses.

3. On ne doit admettre, comme parrains à la confirmation, ni turcs, ni schismatiques.

4. La mauvaise coutume de ne pas se confesser avant seize ou dix-huit ans, et celle des curés de ne pas inviter leurs paroissiens à le faire, même à l'heure de la mort, doivent être absolument changées.

5. Dans les pays de la domination turque, pour ne pas exposer la sainte Eucharistie aux insultes des infidèles, le prêtre, qui la porte aux malades, doit cacher son étole sous ses habits, et suspendre à son cou ou sur son sein, à l'aide de cordons, le ciboire renfermé dans un sac ou dans une bourse, il ne doit jamais aller seul, mais se faire ac-

compagner, à défaut de clerc, au moins de quelque fidèle.

6. Les évêques doivent reprendre sévèrement les curés qui négligent d'administrer l'extrême-onction.

7. N'admettre aux ordres que des sujets capables, et qui s'y soient disposés par une retraite de huit jours.

8. On doit suivre, dans la célébration du mariage, les règles prescrites par le concile de Trente.

9. Les concubinaires, non plus que les personnes qui contractent des alliances avec les Turcs, ne doivent être admis aux sacrements.

Troisième partie.

1. Les évêques doivent s'acquitter de leur charge selon les canons.

2. Visiter leur diocèse entier au moins tous les deux ans.

3. En faire connaître l'état à la sacrée congrégation de la Propagande.

4, 5 et 6. Dans ces chapitres, on fixe les limites de divers diocèses de la province.

7. Les familles qui passent d'un diocèse dans un autre, doivent suivre les lois de celui où elles se trouvent avoir leur domicile.

8. Toutes les églises doivent être exactement fermées après la célébration des offices, de crainte qu'elles ne deviennent comme des cavernes de voleurs, et qu'elles ne soient souillées par les Turcs ou par les animaux.

9. Les autels mis à découvert par la fureur des infidèles doivent avoir au moins une enceinte en pierres ou en boiserie, d'une grandeur proportionnée à celle de l'église détruite, pour n'être pas trop exposés à la profanation. On ne doit point célébrer les saints mystères dans le voisinage d'un cimetière turc; mais il faut que l'autel en soit éloigné au moins de quarante pas.

10. Dans les jours consacrés au culte divin, les curés doivent célébrer dans leurs églises paroissiales, pourvu que ces églises aient au moins un voile ou une draperie qui les couvre; mais si ce voile se trouve déchiré, et que l'église soit tout entière en ruines, on ne doit y célébrer les saints mystères qu'autant que le ciel est serein et le temps calme; s'il fait de la pluie ou du vent, la messe devra se dire dans un appartement décent de la maison curiale.

11. Les curés doivent tenir registre exact des vases et des linges sacrés, et en rendre un compte fidèle à l'époque des visites diocésaines.

12. La sépulture ecclésiastique doit être refusée aux pécheurs publics qui meurent sans se reconnaître.

Quatrième partie.

1. On recommande aux curés de s'appliquer à connaître leurs paroissiens; de porter l'habit ecclésiastique, au moins quant à la couleur, autant que le permet l'impiété musulmane; d'avoir les cheveux courts, sans toutefois se raser la tête, et de porter la tonsure; de ne point aller à l'autel sans la soutane; de garder la résidence; de réciter le bréviaire romain; de fuir les repas, l'incontinence et les affaires séculières; de se confesser au moins une fois le mois; de ne point recourir à l'appui des Turcs pour s'installer dans les paroisses.

2. Si un curé tombe malade et devient incapable de vaquer à ses fonctions, on doit lui donner un collaborateur, avec lequel il partagera ses revenus. Dans le cas où la paroisse ne pourrait nourrir à la fois deux prêtres, les autres curés et l'évêque à leur tête se cotiseront eux-mêmes pour venir au secours.

3, 4 et 5. Les élèves de la Propagande, leurs cours achevés, doivent se mettre à la disposition des évêques pour aller partout où il semblera bon à ceux-ci de les appeler. Les prêtres missionnaires ne doivent point voyager à cheval, ni exercer la médecine ou la chirurgie; quoique toujours prêts à servir les évêques, ils n'auront pas besoin de leur autorisation spéciale pour prêcher ou pour confesser.

6. Les ambassadeurs des princes chrétiens seront instamment suppliés d'intercéder auprès de la Porte en faveur des chrétiens de la Servie et de l'Albanie opprimées. *Schram.*

ALBANO (Synode diocésain d'), tenu en mai 1687, dans l'église cathédrale, par Flavio Chigi, cardinal, évêque d'Albane. Ce synode eut trois sessions, célébrées dans trois jours consécutifs. Les statuts qui y furent publiés ne contiennent rien de remarquable. On trouve à la fin la condamnation de la pratique d'oraison usitée par les quiétistes. *Synod. Alban. Romæ*, 1689.

ALBENGA (Synode diocésain d'), *Albinganensis*, l'an 1571, 7 et 8 juin. Dans ce synode, l'évêque Jean-Thomas Pinelli publia sous vingt-neuf titres divers, des règlements très-utiles en particulier sur les sacrements. Il veut que le sacrement de la pénitence ne s'administre qu'avec le surplis et l'étole; que les enfants, pour être admis à la communion, sachent les mystères de la foi, et au moins l'oraison dominicale, la salutation angélique, le symbole des apôtres et les préceptes du décalogue, et qu'ils aient l'intelligence de ce que contient le sacrement de l'eucharistie, et des dispositions avec lesquelles ils doivent le recevoir; que, le jeudi saint, tous les prêtres et autres clercs de chaque paroisse reçoivent la communion du curé, et qu'aucune autre ne célèbre la messe ce jour-là qu'en cas de nécessité, avec la permission du curé, et dans l'église paroissiale seulement, qu'on ne garde l'eucharistie dans aucune chapelle, pour y être adorée, ni dans aucune autre église que la paroissiale, excepté dans les églises des réguliers; que l'on s'abstienne, pendant les offices, de faire usage du tabac, ou de'n offrir aux autres; que les pauvres s'abstiennent également de demander la charité dans les églises; qu'aucun oratoire ne soit élevé de nouveau sans la permission de l'évêque, qui s'informera avant tout si cet oratoire est doté de revenus suffisants. *Constitutiones et decr.*

edita in syn. diœces. Sanct. Albing. eccles.

ALBENGA (Synode. diocésain d'), *Albenganensis*, l'an 1583, 1ᵉʳ décembre. Les constitutions de ce synode qui fut tenu par Luc Flisco, comte de Lavania et évêque d'Albenga, sont comprises sous quarante-deux titres, subdivisés en chapitres pour la plupart. On y défend l'usage de la Bible et même des autres livres écrits en langue vulgaire, à moins de la permission du curé ou du confesseur. On défend, sous peine de vingt-cinq ducats d'or, pour une première fois, tout blasphème contre Dieu, Jésus-Christ ou la sainte Vierge. On recommande de donner à baiser aux offrandes une image de la croix ou de quelque saint, plutôt que la patène qui sert au sacrifice : les hommes et les femmes ne s'y présenteront qu'éloignés des degrés de l'autel. On fait un devoir de déférer à l'évêque les pécheurs publics, pour qu'ils reçoivent de lui la pénitence convenable. Les femmes ne se présenteront point fardées à la sainte table, ni avec des habillements trop précieux. Nous supprimons le reste comme peu important. *Constitut. editæ a Luca, Genuæ,* 1584.

ALBENGA (Synode diocésain d'), l'an 1618, premiers jours de décembre. Ce synode, tenu par Vincent Landinelli, eut trois sessions. On y fit un grand nombre de constitutions rangées sous trente-neuf titres, qu'il serait trop long de rapporter. *Constit. et decr. condita in prima syn. Albinganensi.*

ALBENGA (Synode diocésain d'), l'an 1671, 7 et 8 juin. L'évêque Jean-Thomas Pinelli y publia des constitutions sous vingt-neuf titres; elles sont conformes à celles des synodes précédents. *Const. et decr. in syn.*

ALBI (Concile d'), l'an 1255 et non 1254, comme le suppose la collection de Labbe. Ce qui prouve qu'on doit le mettre en 1255, c'est qu'il est postérieur à la mort du pape Innocent IV; arrivée le 7 décembre 1254, puisque le trente-cinquième canon qualifie ce pape *de bonne mémoire.* Ainsi, c'est au carême de l'an 1255 que nous devons le rapporter, quoiqu'il porte la date 1254, suivant l'ancienne manière de commencer l'année.

Ce fut Zoën, évêque d'Avignon et légat du saint-siége, qui tint ce concile avec grand nombre d'évêques des provinces de Narbonne, de Bourges et de Bordeaux. Le principal but de ce concile était de renouveler les décrets de celui de Toulouse, tenu l'an 1229, et des autres qui y ont rapport. Cela forme soixante et onze canons, qu'il serait inutile de répéter. *Labb.* XI ; *D. Vaissette.*

ALBI (Synodes diocésains d'). V. SAINTE-CÉCILE.

ALBON (Concile d'). V. EPAONE.

ALCALA (Concile d') de Hénarez, *Complutense,* l'an 1325. D. Juan d'Aragon, archevêque de Tolède, tint ce concile le 11 décembre. On y renouvela quelques règlements de discipline, qui ordonnent aux clercs de produire leurs lettres de promotion aux ordres, et qui leur défendent les cheveux longs et toute affectation de propreté dans leurs chaussures, habits, etc. *D'Aguirre,* tome V.

ALCALA (Concile d'), l'an 1326. Le même archevêque tint ce concile, le 25 juin, auquel assistèrent trois évêques, avec les députés de trois absents : il y publia deux capitules, par l'un desquels il fit défense à ses suffragants d'ordonner un évêque sans la permission du métropolitain, dans le second, il confirma le règlement du concile de Pegnafiel, tenu sous Gonsalve, son prédécesseur, touchant les immunités ecclésiastiques. *Ibid.*

ALCALA (Concile d'), l'an 1333. Simon de Luna, archevêque de Tolède, tint ce concile, qui eut pour but la défense des libertés de l'Eglise. *D'Aguirre, t.* III, *p.* 584.

ALCALA (Concile d'), l'an 1347. V. TOLÈDE, même année.

ALCALA (Concile d'), l'an 1379. Pierre Tenario, archevêque de Tolède, tint ce concile, qui fut national, en 1379, ou peut-être l'année précédente, pour savoir auquel des deux papes, d'Urbain VI ou de Clément VII, on rendrait obéissance. Il paraît que la chose resta pour lors indécise.

ALCALA (Synode d'), en 1400 et 1479. V. TOLÈDE, même année.

ALERIA (Synode diocésain d'), l'an 1571, mois d'avril. Les constitutions de ce synode, tenu par l'évêque Alexandre Sauli, sont divisées en quatre parties. La première a pour objet la vie des clercs; on leur défend de porter des armes, d'aller au bal, à la comédie. Dans la seconde, qui traite des sacrements, on recommande de lire la messe avec soin avant d'aller la célébrer. La troisième traite de l'entretien des églises et du soin des sépultures. Les églises seront blanchies, autant que possible; les fenêtres en seront assez élevées pour que les voleurs, soit de jour, soit de nuit, ne puissent y pénétrer par ce moyen. On ensevelira les morts dans les cimetières, et non dans les églises ; les enterrements ne se feront ni pendant la messe, ni après l'*Ave Maria* (l'*Angelus*). On ne fera ni pactes ni marchés à l'occasion de sépultures; mais, l'enterrement étant fait, les parents du défunt auront soin de se conformer aux louables coutumes pour l'offrande qu'il faudra faire à l'Eglise. *Constitut. del Vescovato d'Aleria, in Genova,* 1571.

ALERIA (Synodes diocésains d'), tenus en 1652 et 1653. *Voy.* CAMPOLORO.

ALET (Synode diocésain d'). les 20 et 21 mai 1670. Nicolas Pavillon, évêque d'Alet, connu par son opposition aux constitutions d'Innocent X et d'Alexandre VII au sujet du livre de Jansénius, publia dans ce synode des statuts synodaux qui étaient le résultat des synodes tenus dans ce diocèse depuis l'année 1640. *Stat. synod. du dioc. d'Alet, Tolose.*

ALEXANDRIE (Conciles d'), l'an 223 selon Baluze, ou 231 selon les auteurs de l'*Art de vérifier les dates.* Démétrius, évêque d'Alexandrie, assembla un premier concile, composé d'évêques et de quelques prêtres, pour juger Origène, dont quelques opinions, et peut-être aussi les talents supérieurs, avaient excité, soit la défiance, soit l'envie; ajoutons aussi que l'évêque d'Alexandrie, mécontent de ce qu'il avait été ordonné prêtre en Palestine sans son aveu, profita de l'excès de zèle qui l'avait porté à se faire eunuque, pour se plaindre de l'irrégularité de son ordination. Il fut décidé qu'Origène cesserait d'enseigner et qu'il sortirait d'Alexandrie; mais on ne le déposa pas pour cette fois du sacerdoce. Démétrius alors, peu content de cette décision qu'il trouvait trop indulgente, assembla un nouveau concile, où il le déposa et l'excommunia, en faisant souscrire sa sentence par les évêques qui se trouvaient présents. Toute la terre, dit saint Jérôme, consentit à ce décret, excepté les évêques de la Palestine, de l'Arabie, de la Phénicie et de l'Achaïe, auxquels il faut joindre, selon toute vraisemblance, ceux de la Cappadoce. Origène prévint apparemment sa condamnation par la fuite. Avant de sortir d'Alexandrie, il disposa de sa chaire des catéchèses en faveur d'Héraclas, le plus ancien de ses disciples, et trouva une retraite à Césarée en Palestine, où Théoctiste, qui en était évêque, et qui l'avait précédemment ordonné prêtre, l'accueillit avec beaucoup d'honneur et lui confia à lui seul le soin d'interpréter les Ecritures. Origène continua ainsi à Césarée les mêmes fonctions qu'il avait exercées à Alexandrie. Quant à son innocence ou à sa culpabilité sur les points dont il fut accusé, c'est encore un problème. S'il est difficile de le disculper de plusieurs erreurs dans la foi, on aime à penser de ce grand homme que du moins ses intentions ont toujours été pures, et qu'il est mort en confesseur de Jésus-Christ, après avoir souffert en martyr.

ALEXANDRIE (Concile d'), l'an 235. *Voy.* ÉGYPTE, même année.

ALEXANDRIE (Concile d'), l'an 259. Fabricius met en cette année un concile tenu contre Novat. *Fabricius, in Synod. veter.*

ALEXANDRIE (Conciles d'), l'an 263. Il se tint cette année deux conciles à Alexandrie, sous l'évêque Denys. Le premier condamna Sabellius, et dans le second, furent condamnés Népotien, évêque d'Egypte, et Cérinthe, millénaires, qui soutenaient de plus la nécessité des sacrifices sanglants. *Ex veteri Synodico, apud Fabric.*, t. II, p. 292. Labb., tom. I.

ALEXANDRIE (Concile d'), l'an 300, ou 301 selon D. Ceillier, ou 306 selon Baronius. Mélèce donna occasion à ce concile par sa mauvaise conduite. Il était évêque de Lycopolis, ville d'Egypte dans la Thébaïde. Mais ayant été convaincu d'avoir renoncé à la foi, d'avoir sacrifié aux idoles, et de beaucoup d'autres crimes, comme le rapporte saint Athanase, il obligea saint Pierre, évêque d'Alexandrie, à le déposer dans une assemblée d'évêques. C'est tout ce que nous savons de ce concile, dont les actes ne sont pas venus jusqu'à nous. Mélèce ne se soumit point à cette sentence; mais il se fit chef de parti et forma un schisme qui eut de fâcheuses suites. Ses sectateurs furent appelés méléciens. *Athanas. Apolog. contra Arianos; Theo-*doret. *Hist. eccl. l.* I, c. 8; *Socrat. Hist. eccl. l.* I, c. 6. *Voy.* NICÉE, l'an 325.

ALEXANDRIE (Concile d'), l'an 315 selon le P. Labbe, ou 320 selon Noël-Alexandre. Ce fut le premier des conciles assemblés contre Arius. Arius, natif de la Libye Cyrénaïque, ou peut-être d'Alexandrie même, avait suivi quelque temps le schisme des méléciens. Il l'abandonna pour se réconcilier à l'Eglise, et fut ordonné diacre par saint Pierre, évêque d'Alexandrie. Mais bientôt il se fit chasser de l'Eglise de nouveau, parce qu'il continuait à blâmer l'évêque d'exclure les méléciens de sa communion. Arius trouva grâce auprès d'Achillas, successeur de saint Pierre, qui l'ordonna prêtre et le chargea d'expliquer au peuple les divines Ecritures, en lui confiant le soin de l'Eglise de Baucale, l'une des principales d'Alexandrie. Ce fut dans ce poste honorable qu'Arius, se trouvant piqué de ce que saint Alexandre lui avait été préféré pour succéder à Achillas, à la mort de celui-ci arrivée en 313, accusa de sabellianisme son nouvel évêque, et, en lui imputant une hérésie qu'il rejetait, devint hérétique lui-même. Le premier concile que saint Alexandre assembla contre lui était composé de près de cent évêques et d'un grand nombre de prêtres. Arius y ayant comparu, on l'interrogea sur sa doctrine et sur les erreurs qu'on lui reprochait. Mais, loin de les désavouer, il soutint impudemment que Dieu n'a pas toujours été Père; que le Verbe a été tiré du néant, qu'il est la créature et l'ouvrage du Père; que le Fils n'est point semblable au Père selon sa substance: qu'il n'est ni le véritable Verbe de Dieu ni sa véritable Sagesse, ayant été créé par le Verbe et la Sagesse qui sont en Dieu; que de sa nature il est sujet au changement comme les autres créatures raisonnables; qu'il est différent et séparé de la substance de Dieu; que le Père est invisible et ineffable au Fils; que le Fils ne connaît pas même sa propre substance telle qu'elle est, parce qu'il n'a été fait que pour nous et pour être comme l'instrument dont Dieu s'est servi pour nous créer, en sorte qu'il n'aurait point été si nous n'avions été créés nous-mêmes; que le Verbe est capable de changement par sa nature, et que ce n'est que par son libre arbitre qu'il est demeuré bon; que Dieu, prévoyant qu'il en serait ainsi, s'est hâté de lui donner la gloire qu'il a méritée par sa vertu; que Jésus-Christ n'est pas vrai Dieu, ou qu'il n'est appelé Dieu que par participation comme les autres. A ces blasphèmes et d'autres semblables qui firent frémir l'assemblée, les Pères du concile frappèrent d'anathème Arius et ses sectateurs, qu'ils déclarèrent séparés de l'Eglise comme de la foi catholique. Du nombre de ses partisans étaient deux évêques, Second, de Ptolémaïde dans la Pentapole, et Théonas, de Marmarique; sept prêtres et onze diacres, tous désignés par leurs noms propres dans l'histoire de Sozomène. Le concile excommunia encore plusieurs autres personnes du parti d'Arius, dont quelques-uns sont nommés dans saint Athanase. Saint

Epiphane met de ce nombre sept cents vierges et quantité de laïques; mais saint Alexandre, qui devait être mieux informé, ne comptait dans le parti d'Arius qu'un petit nombre de femmes chargées de crimes. On croit que ce fut dans ce concile que les ariens, interrogés si le Verbe de Dieu pouvait changer comme le diable l'avait fait, n'eurent pas honte de répondre qu'il le pouvait, parce qu'il était d'une nature sujette au changement. Ceux qui comptent d'autres conciles tenus à Alexandrie avant 324 contre Arius, comprennent apparemment sous ce nom de simples synodes ou des réunions de simples prêtres présidés également par saint Alexandre, et rassemblés, soit d'Alexandrie seulement, soit de la Maréote, contre les divers partis qui divisaient alors cette Eglise. *Sozom. Hist. l.* I, c. 15; *Theod. Hist. l.* I, c. 3; *Socrat. Hist. l.* I, c. 6; *Athanas. t.* I.

ALEXANDRIE (Concile d'), l'an 324. L'empereur Constantin qu'Eusèbe de Nicomédie avait prévenu contre saint Alexandre, envoya Osius à Alexandrie, non-seulement pour apaiser les troubles élevés à l'occasion d'Arius, mais aussi pour y terminer les divisions qui existaient entre les Églises au sujet de la pâque, que quelques-uns célébraient, comme les Juifs, le quatorze de la lune de mars, au lieu de la remettre, comme c'est l'usage partout aujourd'hui, au dimanche suivant. Osius assembla à cet effet dans cette ville un concile de plusieurs évêques, que Baronius appelle général, trompé par une traduction défectueuse du texte de saint Athanase, où l'on voit rendu par *in generali concilio* ce qu'il fallait rendre, comme on l'a fait dans les nouvelles éditions, par *in communi synodo*. La cause des colluthiens y fut aussi examinée. Colluthe, auteur de cette secte, prêtre d'Alexandrie, et chargé du soin d'une des églises de cette ville, s'était séparé de son saint évêque, sous le faux prétexte que ce dernier n'avait pas agi avec assez de vigueur contre Arius; et il faisait pour cette raison des assemblées à part. Il ajouta l'hérésie au schisme; prétendant, comme les manichéens, que Dieu ne saurait être l'auteur des maux qui affligent les hommes. Enfin, quoiqu'il ne fût point revêtu du caractère épiscopal, il eut la témérité d'ordonner des prêtres, et entre autres le fameux Ischyras. Le concile se moquant de son épiscopat imaginaire, le fit rentrer dans son état de prêtre, et obligea tous ceux à qui il avait imposé les mains à reprendre le rang qu'ils avaient auparavant, en voulant bien leur permettre d'être reçus en cette qualité à la communion de l'Eglise. Ce fut ainsi que le schisme de Colluthe se trouva étouffé presque dès sa naissance. La question de la pâque ne fut point terminée dans ce concile, non plus que celle d'Arius, et Osius fut obligé de s'en retourner sans avoir apaisé les troubles qui agitaient l'Église d'Alexandrie. Il paraît, par ce que dit Socrate, qu'Osius proposa dans ce concile la distinction de la substance et de l'hypostase, à dessein de renverser l'hérésie de Sabellius. Mais, se-

lon cet historien, l'examen que l'on fit alors de ces deux termes servit bientôt à exciter de nouvelles difficultés. Philostorge raconte que saint Alexandre, s'étant rencontré à Nicomédie avec Osius, y fit décider que le Fils de Dieu est de même substance que le Père. Mais cet historien a sans doute été mal informé et a confondu le concile de Bithynie ou de Nicomédie, dans lequel l'erreur d'Arius fut canonisée, et la vérité catholique condamnée par deux cent cinquante évêques, comme l'écrit Nicétas, avec celui qu'Osius tint à Alexandrie lorsqu'il y fut envoyé par l'empereur. Car quelle aparence que saint Alexandre ait eu assez d'autorité à un concile assemblé dans la ville même dont Eusèbe était évêque, pour y faire prononcer une semblable décision? *Sozom. l.* 1, c. 16; *S Athanas. t.* I; *Socrat. l.* III, c. 7; *Philost. l.* I, c. 7; *D. Ceillier*.

ALEXANDRIE (Concile d'), l'an 326 (Mansi met ce concile à l'an 328). Cinq mois après la tenue du concile de Nicée, saint Alexandre, se voyant près de mourir, choisit saint Athanase pour son successeur dans l'église d'Alexandrie, suivant l'ordre que Dieu lui en avait donné. Le clergé et toute la ville furent témoins de ce choix. Athanase était alors absent, soit qu'il se fût enfui pour se dérober à son élection, soit pour quelque autre raison qui nous est inconnue. Un autre Athanase, qui était présent, ayant entendu saint Alexandre appeler Athanase, répondit lui-même; mais le saint vieillard ne lui dit mot, faisant voir par là que c'était un autre qu'il avait appelé. Il appela encore Athanase, et répéta ce nom plusieurs fois. Celui qui était présent se tut alors; on comprit de qui le saint évêque parlait, et il ajouta comme par un esprit prophétique : Athanase, tu penses avoir échappé; mais tu n'échapperas pas. En effet, la mort d'Alexandre étant survenue peu de temps après, et les évêques de la province s'étant rassemblés avec tout le peuple catholique de la ville pour lui nommer un successeur, ils choisirent unanimement Athanase, et on le sacra évêque, non de nuit et en cachette, comme le dit faussement Philostorge, mais en présence et aux acclamations de toute l'assemblée. On met cette ordination vers le milieu ou à la fin de l'année 326, c'est-à-dire quelques mois après la mort de saint Alexandre, et ce sentiment paraît assez probable; car saint Cyrille donne à saint Athanase quarante-six ans d'épiscopat, et on les trouve entiers, si on les compte depuis le milieu de l'an 326 jusqu'au 2 mai de l'an 373, qui est l'époque à laquelle il mourut. *Théodoret. l.* II, c. 26; *Athanas. Apolog. contr. Arian.; Sozom. l.* II, c. 17.

ALEXANDRIE (Concile d'), l'an 339 selon le P. Labbe, ou 340 selon Pagi. Eusèbe de Nicomédie et ses partisans, profitant de l'accès qu'ils avaient trouvé auprès de l'empereur Constance, le suivirent à Antioche où ils tinrent un conciliabule, à la suite duquel ils firent ordonner évêque d'Alexandrie, à la place d'Athanase déjà déposé par eux au conciliabule de Tyr, un prêtre arien d'Alexandrie nommé Piste, quoique chassé de l'Eglise depuis longtemps par saint Alexandre et par le concile de Nicée. Ils écrivirent en même temps au pape Jules contre saint Athanase, et chargèrent un prêtre et deux diacres de lui porter leur lettre, avec les autres pièces dont ils prétendaient l'appuyer. Dans la crainte donc que le parti arien ne vînt à se fortifier dans Alexandrie, saint Athanase y assembla un concile d'environ cent évêques, ou tout au moins de quatre-vingts, des provinces d'Egypte, de Thébaïde et de Libye, pour pourvoir avec eux au salut de son église. Tous se réunirent à prendre hautement la défense de leur patriarche; et ils composèrent à cet effet une excellente lettre, qu'ils adressèrent à tous les évêques de l'Eglise catholique, et envoyèrent en particulier au pape Jules par les prêtres de l'église d'Alexandrie. Ils représentaient dans cette lettre les diverses persécutions que les ariens avaient fait souffrir à saint Athanase, l'injustice de leur haine, qui n'avait d'autre motif que son zèle contre l'erreur, la fausseté des crimes dont ils l'accusaient, et l'évidence de ceux dont ils étaient eux-mêmes chargés. Ils joignirent à leurs lettres diverses pièces justificatives de ce qu'ils avançaient, à savoir les procès de ceux que le gouverneur d'Egypte avait fait punir, avant qu'Athanase fût de retour de son exil; la lettre que Constantin avait écrite à ce saint évêque, après s'être assuré qu'Arsène, dont les ariens lui avaient reproché le meurtre, était en vie; celle d'Alexandre, évêque de Thessalonique; la rétractation d'Ischyras; les protestations du clergé de l'Egypte et de la Maréote; les attestations de divers évêques d'Egypte et de Libye, qui prouvaient que saint Athanase avait fidèlement distribué le blé des veuves; la lettre des eusébiens en faveur des ariens, c'est-à-dire apparemment celle du conciliabule de Jérusalem pour le rétablissement d'Arius et de ses partisans. Toutes ces pièces servirent beaucoup pour la justification de saint Athanase, dans le concile que le pape tint à Rome, en réponse à celui d'Alexandrie. *Athanas. Apolog. contra Arianos.*

ALEXANDRIE (Concile d'), l'an 349 ou 350. Saint Athanase étant rentré à Alexandrie après sa justification au concile de Sardique, y assembla les évêques d'Egypte, qui donnèrent leur assentiment à ce qui s'était fait au concile de Sardique, et depuis à celui de Jérusalem. *Socrat. l.* II, *c.* 26.

ALEXANDRIE (Concile d'), l'an 362. Ce concile fut assemblé sous l'empire de Julien, et lorsque la mort de Georges, évêque intrus d'Alexandrie, que les païens avaient massacré, eut permis à saint Athanase de remonter encore une fois sur son siège. Il ne s'y trouva que vingt et un évêques, mais tous recommandables par la pureté de leur foi et la sainteté de leur vie. On y remarquait entre les autres saint Astère, évêque de Pétra en Arabie, et surtout saint Eusèbe, évêque de Verceil, qui, profitant de la liberté accordée par Julien, revenait de la Thébaïde, où il avait été relégué, pour rentrer dans son diocèse. Il paraît même par une vie manuscrite de saint Eusèbe, conservée dans son église de Verceil et attribuée à saint Honorat, son successeur, qu'il parut dans ce concile en qualité de légat du pape Libère, qui lui aurait commis cette fonction conjointement avec son collègue Lucifer de Cagliari, exilé comme lui en Thébaïde, et comme lui, sortant de son exil; mais Lucifer se contenta d'y envoyer deux de ses diacres, Hérennius et Agapet, et non un seul, comme le dit à tort M. Rohrbacher; et pour lui-même, il prit le chemin d'Antioche, dans le dessein, prétendait-il, d'y apaiser les troubles : on sait qu'il ne réussit au contraire, par sa précipitation, qu'à les augmenter, en ordonnant évêque le prêtre Paulin, chef du parti des eustathiens. Ce dernier avait député aussi au concile deux diacres, chargés d'y représenter l'église d'Antioche; et l'on ne voit pas que saint Mélèce, chef de l'autre parti catholique d'Antioche, quoiqu'il fût de retour de son exil comme les autres, y ait envoyé quelqu'un de sa part. Enfin, il vint au concile quelques moines, députés par un certain évêque nommé Apollinaire, que l'on croit être celui qui fut depuis hérésiarque, mais dont la mauvaise doctrine n'était apparemment pas connue alors.

Les évêques du concile s'appliquèrent d'abord à chercher les moyens de remettre la tranquillité dans l'Eglise, et à réparer les troubles que l'hérésie arienne y avait causés. Il y en eut qui, par zèle pour la foi, furent d'avis de n'admettre aux fonctions du sacerdoce aucun de ceux qui avaient communié, de quelque manière que ce fût, avec les ariens : et ils poussèrent ce zèle si loin, qu'ils opinèrent à ce qu'on les déposât, et qu'on ordonnât en leur place de nouveaux évêques. On tenta de le faire; mais ceux à qui leur conscience ne reprochait rien, et qui n'avaient pas consenti à l'hérésie arienne, avaient peine à se laisser déposer. Les peuples qui aimaient leurs pasteurs se soulevèrent partout contre ceux qui voulurent les en priver, et ils furent sur le point de les poursuivre à coups de pierres et de les tuer. D'autres voulaient que ces évêques se contentassent de la communion de leur Eglise, comme quelques-uns avaient fait depuis leur chute. Mais si l'on eût suivi cet avis, c'aurait été diviser l'Eglise, et exposer ces évêques, ainsi maltraités, à devenir effectivement ariens. Il fallut donc prendre un autre parti et condescendre un peu à la faiblesse de ceux qui étaient tombés, et se courber pour relever ceux qui étaient abattus. Cet avis fut ouvert par les autres évêques du concile, qui considérèrent qu'ils ne devaient pas s'attribuer à eux seuls le royaume du ciel, comme leur appartenant à cause de la pureté de leur foi, et qu'ils y entreraient d'autant plus glorieusement, qu'ils seraient accompagnés d'un plus grand nombre de personnes. Ils opinèrent donc à retrancher de la communion les auteurs de la perfidie arienne, mais à ne pas la refuser à ceux qui l'abjureraient pour embrasser la foi et les ordonnances des Pères. Ils crurent devoir en user à l'égard des évêques qui retournaient à l'unité, avec la même indulgence que celle dont le père de famille usa envers l'enfant prodigue, qui, après avoir dissipé dans la débauche tout le bien que son père lui avait donné, fut non-seulement reçu de lui à son retour, mais jugé digne d'être admis à ses tendres embrassements, de recevoir un anneau comme gage de sa foi, et d'être revêtu d'une robe : toutes circonstances qui figuraient les marques d'honneur de l'épiscopat. Cet avis, qui était fondé sur l'autorité de l'Evangile, fut approuvé par le concile.

Il y fut donc ordonné que l'on pardonnerait aux chefs du parti hérétique, s'ils renonçaient à l'erreur; mais qu'on ne leur donnerait point de place dans le clergé, parce qu'ils ne pouvaient alléguer la surprise pour excuse; que ceux-là, au contraire, obtiendraient le pardon et conserveraient leur rang dans l'Eglise, en y faisant profession de la foi de Nicée, qui n'avaient pas été défenseurs de l'impiété arienne, mais à qui l'on avait fait violence, et qui n'avaient cédé que pour un temps, dans la crainte qu'on ne mît à leur place des hérétiques qui corrompissent la foi des Eglises. Le concile, en faisant ce règlement, ne croyait pas, dit saint Jérôme, que ceux qui avaient été hérétiques pussent être évêques; mais il regardait comme constant que ceux qu'il recevait n'avaient jamais été hérétiques. C'est ainsi, ajoute ce Père, que l'on secourut un grand nombre de personnes qui allaient périr par le poison de l'arianisme; et un conseil si salutaire arracha le monde des dents du serpent infernal. L'Eglise avait coutume d'en agir ainsi quand il était question de tirer des peuples entiers du schisme et de l'hérésie. Lucifer désapprouva ce qu'on avait fait dans le concile, mais il perdit bientôt après la lumière de la charité, et tomba dans les ténèbres du schisme : il se trouva seul opposant à un décret si sage, qui fut reçu unanimement dans toutes les provinces.

Tout l'Occident en effet se conforma à la décision du concile d'Alexandrie. Elle fut envoyée à Rome, et approuvée par l'Eglise romaine. Ce concile commit saint Astère et quelques autres pour l'exécution de son décret dans l'Orient, et saint Eusèbe dans l'Occident. Aussitôt qu'il y fut rendu public, on vit les évêques qui avaient consenti à la perfidie arienne se repentir de leur faute et rentrer dans l'Eglise catholique, condamnant ce qu'ils avaient cru, ou ce qu'ils avaient semblé croire. Ils prenaient à témoin le corps de Notre-Seigneur, et tout ce qu'il y a de plus saint dans l'Eglise, qu'ils n'avaient soupçonné aucun mal dans la profession de foi qu'ils avaient signée à Rimini. Nous avons cru, disaient-ils, que le sens s'accordait avec les paroles; et dans l'Eglise de Dieu, où se trouve la simplicité et la confession pure et sincère, nous n'avons pas craint que l'on pût cacher dans le fond du cœur autre chose que ce que l'on prononçait des lèvres. La bonne opinion que nous avions des méchants nous a trompés : nous n'avons pas cru que les prêtres de Jésus-Christ combattissent contre Jésus-Christ. Ces évêques parlaient ainsi en pleurant et en protestant qu'ils étaient prêts à condamner ce qu'ils avaient signé, avec tous les blasphèmes des ariens. Un repentir aussi sincère était digne de pardon. Aussi l'Eglise, qui doit avoir des entrailles de miséricorde, et pardonner volontiers à ses enfants, lorsqu'ils se sont corrigés et affermis dans la piété, reçut dans son sein maternel ces évêques, comme son divin chef lui-même reçut Pierre, après qu'averti par le chant du coq, il eut pleuré son reniement, ou comme il le reçut encore après que Paul l'eut repris de sa dissimulation.

Le concile ayant réglé ce qui regardait la réconciliation des évêques tombés dans l'arianisme, traita pleinement l'article de la divinité du Saint-Esprit, et condamna ceux qui, en le mettant au nombre des créatures, prétendaient néanmoins professer la foi de Nicée, et renoncer à l'erreur des ariens. Il déclara donc qu'il ne fallait point séparer le Saint-Esprit de la substance de Jésus-Christ, ni diviser la Trinité en y admettant quelque chose de créé, d'inférieur ou de postérieur ; mais croire que le Saint-Esprit a la même substance et la même divinité que le Père et le Fils. Le concile avait, ce semble, en vue l'hérésie de Macédonius. En effet, Vigile de Tapse dit en termes exprès que les évêques qui s'assemblèrent à Alexandrie avec saint Athanase et saint Eusèbe de Verceil, composèrent contre Macédonius une règle de foi touchant la divinité du Saint-Esprit; et cet hérésiarque, s'appuyant de l'autorité du concile de Nicée, qui n'avait pas exprimé en termes formels cet article de foi, les accusa d'avoir introduit des nouveautés et des impiétés.

On examina ensuite dans le concile la question des termes de *substance* et d'*hypostase*, et on la traita même par écrit. Ce qui occasionna cette discussion, ce furent les différents sens que les Grecs et les Latins donnaient au terme d'*hypostase*. Les Grecs, qui lui donnaient la même signification que nous faisons aujourd'hui, reconnaissaient trois hypostases ou personnes dans la Trinité, de crainte de tomber dans l'hérésie de Sabellius, qui disait que Dieu est un en hypostase, et que, selon les diverses circonstances, il paraît dans l'Ecriture tantôt comme Père, tantôt comme Fils, et quelquefois comme Saint-Esprit. Les Latins, au contraire, qui prenaient les termes d'*hypostase* et de *substance* comme signifiant la même chose, croyaient qu'on ne pouvait dire qu'il y eût en Dieu trois hypostases, sans tomber dans l'impiété des ariens. La question avait déjà été agitée autrefois dans un concile d'Alexandrie, mais on n'en avait fait aucune mention dans celui de Nicée, et l'on s'y était contenté d'anathématiser ceux qui disaient que le Fils est d'une autre substance que le Père, comme on le voit par le symbole qui y fut dressé. Mais la dispute s'étant échauffée depuis, les esprits s'aigrirent à un tel point que l'univers se vit en danger de périr pour quelques syllabes. Saint Athanase, témoin oculaire de ces désordres, crut qu'il était de son devoir d'y apporter remède : et il y était d'autant plus propre, qu'outre la langue grecque, il possédait la latine. Il assembla donc ceux qui s'étaient divisés au sujet des hypostases, et les pria conjointement avec les autres Pères du concile, de ne rien demander au delà de la foi de Nicée. Puis, examinant le sentiment de ceux qui admettaient en Dieu trois hypostases, il leur demanda si, prenant ces termes dans le sens des ariens, ils voulaient comme eux qu'il y eût en Dieu des hypostases divisées, étrangères l'une à l'autre, de diverse substance, dont chacune subsistât par elle-même, de la même manière que les enfants des hommes et les productions des autres créatures; s'ils disaient trois substances différentes, comme sont l'or, l'argent et le cuivre; ou, avec d'autres hérétiques, trois principes et trois Dieux. Ils répondirent qu'ils ne disaient rien de semblable, et qu'ils n'en avaient jamais eu la pensée. Comment l'entendez-vous donc, reprirent les Pères du concile ? et pourquoi vous servez-vous de ces paroles? Ils dirent : Parce que nous croyons que la sainte Trinité n'est pas seulement Trinité de nom, mais qu'elle est et subsiste véritablement: nous savons que le Père est et subsiste véritablement, que le Fils est et subsiste véritablement, et que le Saint-Esprit existe et subsiste : nous n'avons point dit trois Dieux ni trois principes, et nous ne souffririons pas qu'on le dît ou qu'on le pensât : nous connaissons la sainte Trinité, mais une seule divinité, un seul principe, le Fils consubstantiel au Père, comme nos pères ont dit; le Saint-Esprit ni créature, ni étranger, mais propre et inséparable de la substance du Fils et du Père. Le concile approuva cette explication des trois hypostases. Après quoi il demanda à ceux qui n'en admettaient qu'une, s'ils n'étaient point dans les sentiments de Sabellius, anéantissant, comme il l'avait fait, le Fils et le Saint-Esprit, et disant avec lui que le Fils est sans substance, et le Saint-Esprit sans subsistance. Ils assurèrent qu'ils ne l'avaient jamais dit ni pensé; mais, ajoutèrent-ils, nous prenons le mot d'hypostase dans le même sens que celui de substance, et nous croyons qu'il n'y a qu'une hypostase, parce que le Fils est de la substance du Père, et que ce n'est qu'une seule et même nature : car nous croyons qu'il n'y a qu'une divinité et une nature divine, et non pas une nature du Père, dont la nature du Fils et du Saint-Esprit soit différente. Les deux partis, ayant ainsi expliqué leurs sentiments, se réunirent et anathématisèrent Arius, Sabellius, Paul de Samosate, Valentin, Basilide et Manès; confessant de concert, par la grâce de Dieu, que la foi de Nicée était la meilleure et la plus exacte ; qu'il fallait à l'avenir s'en contenter, et se servir des mêmes paroles qu'on y avait employées. Toutefois saint Athanase leur permit d'user chacun du terme d'hypostase dans le sens qu'ils étaient convenus de l'entendre. C'est, après Dieu, à ce saint que l'on donne la gloire de cette réunion; et ce qu'il fit pour y parvenir a paru plus considérable que ni son exil, ni les travaux de ses fuites, qui lui ont néanmoins fait tant d'honneur.

On traita aussi dans le concile du mystère de l'Incarnation, et l'on y condamna l'hérésie qu'Apollinaire, évêque de Laodicée, commençait à répandre secrètement, et qu'il enseigna depuis ouvertement. Il y avait déjà eu, dans le concile, quelque dispute sur ce sujet; mais ceux qui l'avaient excitée, ayant expliqué leurs sentiments, tombèrent d'accord que l'on ne devait pas mettre Jésus-Christ seulement au rang des prophètes, ni le regarder que comme un saint homme venu à la fin des siècles. Car il est dit simplement des prophètes : *Que la parole de Dieu leur a été adressée*. Mais il est dit de Jésus-Christ : *Que le Verbe a été fait chair;* et qu'étant dans la forme de Dieu, il a pris la forme d'esclave ; qu'*il s'est fait homme*, et qu'*il est né de la Vierge Marie*, selon la chair, à cause de nous ; et qu'ainsi le genre humain entièrement et parfaitement délivré du péché par lui, est introduit dans le royaume des cieux. Ils confessèrent aussi, que le Sauveur n'avait pas eu un corps sans âme, sans sentiment ou sans pensée, et que cela n'est pas possible; puisqu'il ne nous a pas seulement procuré le salut du corps, mais aussi de l'âme, et qu'étant vrai Fils unique de Dieu, il est devenu Fils de l'homme, le premier d'entre ses frères : c'est pourquoi le Fils de Dieu qui était avant Abraham n'est pas autre que celui qui est venu depuis Abraham: celui qui a ressuscité Lazare n'est pas autre que celui qui demandait où on l'avait mis : c'était le même qui demandait comme homme où on l'avait mis, qui le ressuscitait comme Dieu : c'était le même qui, en tant qu'homme, prenait de la salive de sa bouche, et qui, par l'esprit, en tant que Fils de Dieu, guérissait l'aveugle-né ; qui souffrait en sa chair, ainsi que le dit saint Pierre, et qui, comme Dieu, ouvrait les sépulcres et ressuscitait les morts. Ce fut en ce sens que l'on convint d'expliquer ce qui est dit de Jésus-Christ dans l'Evangile. Au reste, quand les évêques du concile dirent que le Verbe, en se faisant homme, avait pris non-seulement un corps, mais aussi une âme, ils n'avancèrent pas une nouvelle doctrine, et ne firent qu'expliquer l'ancienne tradition de l'Eglise, les premiers Pères ayant enseigné unanimement, et comme une vérité généralement reçue, que le Verbe, en se faisant homme, a pris une âme.

On remarque que saint Athanase lut dans le concile l'Apologie qu'il avait faite longtemps auparavant pour justifier sa fuite contre les calomnies de Léonce d'Antioche, de Narcisse de Néroniade, de Georges de Laodicée et des autres ariens. Les évêques, pour ne manquer en rien à ce qui était de leur ministère, auraient souhaité aller eux-mêmes à Antioche rétablir la paix et l'union entre les deux partis catholiques : mais ne l'ayant pu à cause des affaires pressantes de leurs Églises, ils en donnèrent la commission à saint Eusèbe de Verceil et à saint Astère de Pétra en Arabie. Ils les chargèrent en même temps d'une lettre écrite au nom du concile, et adressée à Lucifer de Cagliari, à Cymace de Palte et à Anatole d'Eubée. Elle s'adressait encore à saint Eusèbe et à saint Astère, quoique présents au concile, parce que cette lettre leur servait d'instruction. Nous l'avons parmi les œuvres de saint Athanase ; et on ne doute pas qu'il ne l'ait écrite lui-même au nom de tous. Ils y témoignent leur joie de ce que plusieurs d'entre les ariens souhaitaient de rentrer dans la communion de l'Église ; ils exhortent les évêques à qui ils écrivent à recevoir tous ceux qui voudront avoir la paix avec eux, particulièrement ceux qui s'assemblent dans la Palée, c'est-à-dire, les méléciens ; à attirer aussi ceux qui quittent le parti des ariens, et à les recevoir avec une douceur et une bonté paternelle, les unissant au parti de Paulin, sans exiger d'eux autre chose que de confesser la foi de Nicée, et d'anathématiser l'hérésie arienne, ceux qui disent que le Saint-Esprit est créature, et les erreurs de Sabellius, de Paul de Samosate, de Valentin, de Basilide et de Manès. Ils déclarent qu'il n'en faut pas davantage pour lever tous les soupçons sur la foi, et que ceux du parti de Paulin, c'est-à-dire les eustathiens, ne doivent rien exiger de plus. Ils leur recommandent surtout de ne pas souffrir que l'on produise l'écrit que quelques-uns faisaient passer mal à propos pour une confession de foi du concile de Sardique : car on n'y avait rien écrit touchant la foi ; quoique quelques-uns l'eussent demandé, et eussent fait tous leurs efforts pour l'obtenir, prétendant qu'il manquait quelque chose à la doctrine de Nicée. Les Pères de Sardique avaient rejeté cette demande avec indignation, non-seulement parce qu'ils trouvaient la confession de foi faite à Nicée suffisante ; mais parce qu'ils craignaient que s'ils en faisaient une seconde, celle de Nicée ne passât pour imparfaite, et que cela ne donnât lieu aux amateurs de nouveautés d'écrire souvent touchant la foi, et de faire sur cette matière de nouvelles décisions. Les Pères du concile d'Alexandrie rapportent ensuite ce qu'ils ont fait touchant les questions de l'hypostase et de l'incarnation, et comment, en faisant expliquer ceux qui parlaient différemment sur ces matières, ils les ont trouvés dans les mêmes sentiments. Ils exhortent ceux à qui ils écrivent à en user de même, à recevoir à la paix tous ceux qui donneront de semblables explications aux paroles contestées, à rejeter les autres comme suspects ; et en général à porter tous les catholiques à fuir les disputes de mots et à conserver l'union par tous les moyens possibles. Ils finissent leur lettre par ces paroles : Lisez ceci publiquement dans le lieu où vous avez coutume de vous assembler ; car il est juste que l'on y fasse la réunion de ceux qui voudront accepter la paix : ensuite on tiendra les assemblées dans le lieu dont tout le peuple conviendra en votre présence, et l'on y chantera tous ensemble les louanges de Dieu.

Saint Athanase et les autres évêques présents au concile souscrivirent à cette lettre, et après eux les deux diacres de Lucifer et les deux de Paulin. Saint Eusèbe de Verceil souscrivit en latin, et confirma par sa souscription tous les articles qui sont traités dans cette lettre. Cartère, évêque d'Antarade, que saint Athanase met au rang des confesseurs, et Paulin d'Antioche y souscrivirent, lorsqu'on la leur eut apportée d'Alexandrie. Et comme ce dernier était accusé de sabellianisme, il donna à saint Athanase une confession de foi pour s'en justifier, conçue en ces termes : Moi, Paulin, je crois, comme j'ai appris à le faire, un Père subsistant, parfait ; un Fils subsistant, parfait, et le Saint-Esprit subsistant, parfait : c'est pourquoi j'approuve l'explication des trois hypostases, et d'une hypostase ou substance, écrite ci-dessus ; car l'on doit croire et confesser la Trinité dans une seule divinité. Quant à l'incarnation du Verbe qui s'est faite pour nous, je crois, comme il est écrit plus haut, que le Verbe a été fait chair, selon que le dit saint Jean, non qu'il ait souffert du changement, comme disent les impies ; mais il s'est fait homme pour nous, il a été engendré de la sainte Vierge Marie et du Saint-Esprit. J'anathématise donc ceux qui rejettent la foi de Nicée, et qui ne confessent pas que le Fils est de la substance du Père, et consubstantiel au Père ; j'anathématise aussi ceux qui disent que le Saint-Esprit est une créature faite par le Fils ; et je dis anathème à Sabellius, à Photin et à toutes les hérésies. Je souscris à la foi de Nicée et à tout ce qui est écrit ci-dessus.

Outre la lettre synodale dont nous venons de parler, il paraît que le concile d'Alexandrie en avait écrit d'autres, mais elles ne sont pas venues jusqu'à nous. *Hieron. l. Adv. Lucifer.* ; *Rufin. l. I, c. 28 et 29. Athanas. ep. ad Rufinian. et ad Antioch; D. Ceillier.*

ALEXANDRIE (Concile d'), l'an 364. *Voy.* ÉGYPTE.

ALEXANDRIE (Concile d'), vers l'an 370. Saint Athanase, ayant été informé par le pape saint Damase de ce qui venait de se faire au concile de Rome contre Ursace et Valens, assembla les évêques d'Égypte et de Libye, au nombre d'environ quatre-vingt-dix, et remercia le pape au nom de tous. Dans cette même lettre, il exprima au pape son étonnement de ce qu'Auxence n'avait point encore été déposé du siége de Milan et chassé de l'Église. Le pape eut égard à cette réclamation des évêques d'Égypte, et Auxence fut excommunié avec ses adhérents dans le concile qui se tint à Rome bientôt après.

Saint Athanase écrivit de même, au nom

du concile, aux évêques d'Afrique, pour les fortifier contre ceux qui, sous prétexte de l'obscurité du mot *consubstantiel*, voulaient faire valoir le concile de Rimini au préjudice du concile de Nicée. Il fit voir que le concile de Rimini, tant qu'il avait été libre, n'avait rien voulu ajouter à celui de Nicée, qu'il avait même excommunié Ursace, Valens, Eudoxe et Auxence; mais il s'applique particulièrement à relever l'autorité du concile de Nicée. Il montre que les ariens n'en ont tenu aucun qui lui soit comparable ; qu'il était composé de trois cent-dix-huit évêques, assemblés de toutes les parties du monde ; que ses décrets ont été reçus partout, même chez les Indiens et les autres peuples barbares où le christianisme avait pénétré ; qu'il n'en était pas de même des conciles tenus par les ariens, où il ne s'était trouvé qu'un petit nombre d'évêques, et dont les décrets n'avaient pas même eu l'approbation de leurs propres auteurs, puisque, dans les derniers qu'ils avaient assemblés, ils avaient révoqué ce qu'ils avaient dit dans les premiers, changeant et ajoutant selon leur caprice à ce qu'ils avaient établi d'abord. Cette lettre du saint patriarche, ou du concile au nom duquel il l'écrivait, eut pour effet d'affermir dans la foi de la Trinité l'Eglise d'Afrique, aussi bien que tout le reste de l'Occident. *Athanas., t. II, p.* 291.

ALEXANDRIE (Concile d'), l'an 399.

On met en 399, au plus tard en 401, le concile qui se tint à Alexandrie au sujet d'Origène : les actes en sont perdus, et il ne nous reste que quelques fragments de la lettre synodale que le patriarche Théophile eut soin de publier partout. Les expressions y sont proportionnées à l'amertume du zèle de cet évêque. A l'entendre, Origène était comme l'abomination de la désolation au milieu de la véritable Eglise : il avait possédé la dignité du sacerdoce de la même manière que Judas avait eu celle de l'apostolat ; il était tombé du ciel comme un éclair, ainsi que le diable son père ; c'était un loup ravissant couvert d'une peau trompeuse pour la perte des âmes. Néanmoins, dans les fragments que nous avons de la lettre synodale, on ne reproche à Origène que l'erreur touchant la préexistence des âmes ; et il y a tout lieu de croire que cette lettre ne lui en attribuait pas d'autres ; puisque Justinien, qui nous a conservé ces fragments, et qui n'a rien négligé pour faire paraître Origène coupable, n'en a pas inséré un plus grand nombre dans sa lettre à Ménas. Dans cette lettre synodale, les Pères d'Alexandrie disent qu'Origène commençant à troubler l'Eglise par les blasphèmes dont il remplissait ses homélies, le bienheureux Héraclas, qui vivait alors, fit voir, en arrachant cette ivraie du milieu du bon grain, avec quel soin il cultivait le champ de l'Eglise, et combien il avait de zèle pour la vérité. Ainsi paraissent-ils avoir cru qu'Héraclas avait été le premier condamné Origène. Mais ni Eusèbe ni saint Jérôme ne disent rien de semblable. Il paraît au contraire qu'Héraclas, qui avait été disciple d'Origène pendant trente ans, et qui avait reçu de lui la chaire des catéchismes, lui témoigna toujours beaucoup d'affection, de même que saint Denys, autre disciple d'Origène. Photius ne dit point que ce fut Héraclas, mais Démétrius qui déposa Origène du sacerdoce, lui défendit d'enseigner dans Alexandrie, l'obligea d'en sortir et l'excommunia. Le concile d'Alexandrie, après avoir condamné les erreurs d'Origène, condamna encore sa personne, et défendit en général la lecture de ses ouvrages. Voici ce qu'en dit Posthumien dans Sulpice Sévère : « Le vent nous ayant été favorable, nous arrivâmes le septième jour à Alexandrie, où il se passait des contestations honteuses entre les évêques et les solitaires, sur ce que les évêques avaient défendu en divers synodes, non-seulement de lire, mais même de garder aucun des livres d'Origène. Il était en réputation d'avoir excellemment bien traité ce qui regarde l'Ecriture sainte. Mais les évêques assuraient qu'il y avait parmi cela quelques erreurs, et ceux qui le défendaient, n'osant les soutenir, disaient qu'elles y avaient été mêlées malicieusement par des hérétiques ; et qu'il n'était pas raisonnable, parce qu'il se rencontrait ainsi des choses qui méritaient d'être reprises, de condamner tout le reste, vu surtout qu'en lisant ses ouvrages, il était facile d'en faire le discernement; qu'après tout il ne fallait pas s'étonner de ce que la malice des hérétiques s'était glissée dans des ouvrages écrits depuis peu, puisqu'elle avait bien osé altérer en quelques endroits les vérités de l'Evangile. Les évêques d'autre part, soutenant avec fermeté le contraire, usaient de leur autorité pour condamner généralement tous les écrits de cet auteur, tant bons que mauvais, et l'auteur même ; et, pour contraindre les fidèles à se soumettre à cette condamnation, ils ajoutaient que puisqu'il y avait plus de livres qu'il n'en faut d'approuvés par l'Eglise, on devait rejeter entièrement une lecture qui pouvait plus nuire aux simples que profiter aux habiles. Je lus quelques-uns de ces livres avec grande attention, et y trouvai plusieurs choses qui me plurent fort ; mais j'y en remarquai quelques-unes où indubitablement il errait, et que ses défenseurs soutiennent avoir été falsifiées ; et je ne saurais assez admirer comment un même esprit a pu être si différent de lui-même, que nul, depuis les apôtres, ne l'ayant égalé dans les choses où il suit les sentiments de l'Eglise, nul n'est tombé en des erreurs plus monstrueuses dans celles où il ne condamne si justement. Les évêques ayant fait extraire de ses livres plusieurs endroits qui sans doute sont contraires à la foi catholique, il y en avait un entre autres qui faisait horreur, où il disait que comme Notre-Seigneur Jésus-Christ s'était revêtu d'un corps mortel pour racheter l'homme, avait été attaché à la croix pour son salut, et avait souffert la mort pour lui acquérir l'éternité, il viendrait de la même manière racheter le diable, parce que c'était une chose convenable à sa bonté, qu'après avoir relevé l'homme de sa chute, il relevât aussi l'ange de la sienne. Les évêques faisant voir cela et d'autres choses semblables, l'animosité des deux partis produisit un si grand trouble, que l'autorité épiscopale ne suffisant plus pour l'apaiser, on commit, par un très-dangereux exemple, pour régler la discipline de l'Eglise, le gouverneur d'Alexandrie, qui par la terreur qu'il donna aux solitaires, les écarta et les fit fuir de tous côtés ; les déclarations qu'il publia contre eux ne leur permettant pas de trouver de sûreté ni de s'arrêter en aucun lieu. Je ne pouvais assez m'étonner de ce que Jérôme, qui est un homme très-catholique et très-intelligent dans les saintes Ecritures, ayant, à ce que l'on croit, suivi autrefois les opinions d'Origène, soit maintenant celui qui condamne plus qu'aucun autre généralement tous ses écrits. Je ne suis pas assez hardi pour juger témérairement de personne, et je sais qu'on tenait que des hommes très-excellents et très-doctes, étaient partagés dans cette dispute. Mais soit que le sentiment de ceux qui défendaient Origène fût un égarement et une erreur, comme je le crois, ou une hérésie, ainsi que d'autres l'estiment, non-seulement il n'a pu être réprimé par plusieurs condamnations des évêques, mais il n'eût pu même se répandre, comme il a fait, s'il ne se fût accru et fortifié par cette contestation. Lors donc que je vins, comme j'ai dit, à Alexandrie, je trouvai cette ville dans l'agitation et dans le trouble. L'évêque de cette grande ville nous reçut avec assez de bonté et mieux que je ne l'espérais, et tâcha de me retenir auprès de lui ; mais je ne pus me résoudre à m'arrêter en un lieu où le mécontentement de la disgrâce toute récente que mes frères y avaient reçue était encore dans sa première chaleur. Car bien qu'il semble qu'ils dussent obéir aux évêques, il ne fallait pas cependant, pour un tel sujet, affliger un si grand nombre de personnes qui vivent dans la foi de Jésus-Christ, et moins encore que ce fussent des évêques qui les affligeassent de la sorte. » On peut rapporter au même concile d'Alexandrie les lettres de divers évêques contre Origène et ses sectateurs, que saint Jérôme dit, en l'an 401, avoir traduites depuis peu. *D. Ceill. t.* X.

ALEXANDRIE (1" Concile d') de l'an 430, au commencement de février. Dès l'an 429, saint Cyrille avait écrit à Nestorius pour essayer de le retirer par la douceur du précipice où il se jetait, lui représentant avec bonté le scandale et les maux que causaient partout les discours qui paraissaient sous son nom. Dans le synode dont il s'agit ici, et que nous rapportons sur la foi de Tillemont, à la suite de l'auteur de l'*Art de vérifier les dates*, il lui écrivit une seconde lettre où, après lui avoir marqué qu'il était averti des calomnies que l'on répandait contre lui, et qu'il en connaissait les auteurs, il l'exhortait comme son frère à corriger sa doctrine et à faire cesser le scandale, en s'attachant aux sentiments des Pères. Il exposait aussi dans cette lettre la règle de la foi, d'une manière très-claire et exempte de toute équivoque. Cette lettre n'eut pas plus de succès que la première Nestorius n'y répondit qu'avec fierté, et en soutenant opiniâtrément sa doctrine et ses expressions ordinaires.

ALEXANDRIE (2" Concile d') de l'an 0. vers le mois d'avril. Saint Cyrille voyant qu'il n'y avait aucun lieu d'espérer de faire revenir Nestorius par de simples exhortations, pensa, comme beaucoup d'autres orientaux, qu'il était temps de se déclarer ouvertement pour la vérité ; mais auparavant il assembla dans son église les évêques de l'Egypte, auxquels il communiqua les lettres qu'il avait écrites à Nestorius, et celles qu'il en avait reçues. Tout le concile fut d'avis que Cyrille écrivît au pape pour lui représenter l'état où était l'affaire de Nestorius, et combien il était nécessaire d'en arrêter les suites. Conformément à cet avis, il écrivit au pape Célestin une lettre où il lui rendit compte de tout ce qui s'était passé, de sa lettre aux solitaires, de ses deux lettres à Nestorius, et de la nécessité qui l'avait engagé à s'opposer à lui. Voici en quels termes il y exposa l'obligation où il était d'en écrire au pape : « Si l'on pouvait, sans encourir de blâme ni se rendre suspect, garder le silence et ne point informer votre piété par écrit de toutes les choses qu'on agite, surtout dans des choses aussi nécessaires, où la foi est en péril, je me dirais à moi-même : il vaut mieux se taire, et se tenir tranquille. Mais puisque Dieu exige de la vigilance de notre part en ces sortes de choses, et que la longue coutume des Eglises nous engage à les communiquer à Votre Sainteté, c'est une absolue nécessité pour moi de vous écrire. » Il déclare qu'il n'a encore rien écrit de cette affaire à aucun autre évêque, et marque ainsi l'état de Constantinople : « Maintenant le peuple ne s'assemble plus avec Nestorius, sinon quelque peu des plus légers et de ses flatteurs ; presque tous les moines et leurs archimandrites, et beaucoup de sénateurs ne vont point aux assemblées, crainte de blesser leur foi. Votre Sainteté doit savoir que tous les évêques d'Orient sont d'accord avec nous, que tous sont choqués et affligés, principalement les évêques de Macédoine. Il le sait bien ; mais seul il se croit plus sage que tous. Nous n'avons pas voulu rompre ouvertement de communion avec lui, avant d'avoir communiqué ces choses à Votre Sainteté. Daignez donc nous tracer notre règle de conduite et nous dire s'il faut encore communiquer avec lui, ou lui dénoncer nettement que tout le monde l'abandonne, s'il persiste dans ses opinions. Mais il faut que la sentence de Votre Sainteté soit portée aux évêques de Macédoine et d'Orient. Ce sera leur donner l'occasion qu'ils désirent de s'affermir dans l'unité de sentiments, et de venir au secours de la foi attaquée. Et afin de mieux instruire Votre Sainteté de ce que dit et pense Nestorius, comme de ce qu'ont dit et pensé nos saints et vénérables Pères, j'envoie les livres où les passages sont marqués, après les avoir fait traduire comme il m'a été possible à Alexandrie. Je vous envoie aussi les lettres que j'ai écrites. »

Cette lettre fut portée au pape par le diacre Possidonius, qui fut aussi chargé d'une instruction où était résumée avec précision toute la doctrine de Nestorius. (*Labb. t.* III).

ALEXANDRIE (3e Concile d') de l'an 430, le 3 novembre. Saint Cyrille, en exécution de la commission que le pape lui avait donnée, assembla les évêques d'Egypte à Alexandrie, le 3 novembre 430. Les deux premières lettres qu'il avait écrites à Nestorius y furent approuvées; il lui en écrivit une troisième au nom de ce concile et de celui de Rome, présidé par le très-saint pape Célestin, pour lui servir comme de troisième et dernière monition, lui déclarant que si, dans le terme fixé par le pape, c'est-à-dire dans dix jours après la réception de cette lettre, il ne renonce à ses erreurs, ils ne veulent plus avoir de communion avec lui, et ne le tiendront plus pour évêque, et que dès à présent ils sont en communion avec les clercs et les laïques qu'il a déposés ou excommuniés (a).

« Au reste, ajoutent-ils, il ne suffira pas que vous professiez le symbole de Nicée; car, ou vous ne l'entendez pas, ou vous lui donnez des interprétations violentes : mais il est nécessaire que vous anathématisiez par écrit tous les mauvais sentiments que vous avez eus jusqu'ici, et dont vous avez imbu les autres; que vous promettiez avec serment de croire et d'enseigner à l'avenir ce que nous croyons tous, nous et tous les évêques d'Occident et d'Orient, et tous ceux qui conduisent les peuples. A l'égard des lettres qui vous ont été écrites par l'Eglise d'Alexandrie, le saint concile de Rome et nous tous nous sommes convenus qu'elles sont orthodoxes et sans erreur. »

Saint Cyrille rapporte ensuite avec détail les articles de doctrine que Nestorius devait embrasser et enseigner, aussi bien que les termes dont il devait s'abstenir. Il propose les premiers par les paroles mêmes du symbole de Nicée; et comme les erreurs de Nestorius attaquaient principalement le mystère de l'incarnation, il en donne une explication très-ample et très-exacte, conforme en tout à ce qu'il en avait déjà dit dans ses lettres précédentes. Il tire entre autres cette preuve de l'Eucharistie : « Nous annonçons la mort de Jésus-Christ, et nous confessons sa résurrection et son ascension en célébrant dans les églises le sacrifice non sanglant; ainsi nous nous approchons des eulogies mystiques, et nous sommes sanctifiés en participant à la chair sacrée et au précieux sang de Jésus-Christ, le sauveur de nous tous. Nous ne la recevons pas comme une chair commune, à Dieu ne plaise, ni comme la chair d'un homme sanctifié et uni au Verbe par son mérite, ou en qui la divinité ait simplement habité; mais comme vraiment vivifiante et personnelle au Verbe lui-même. Car comme il est la vie substantielle en tant que Dieu, sa chair, avec laquelle il s'est uni, est devenue elle-même principe de vie. Encore donc qu'il nous dise : Si vous ne mangez la chair *du Fils de l'Homme, et si vous ne buvez son sang*, nous ne devons pas croire pour cela que sa chair soit celle d'un homme de même condition que nous (car comment la chair d'un homme serait-elle vivifiante de sa nature?); mais la chair de celui qui s'est fait et appelé le Fils de l'Homme à cause de nous. »

Saint Cyrille fait voir que les deux natures, quoique différentes, étant unies personnellement en Jésus-Christ, il est un, et non pas deux : comme l'homme lui-même est un, quoique composé d'un corps et d'une âme de natures différentes. Il rapporte quelques passages de l'Ecriture, qui marquent en Jésus-Christ deux natures bien distinctes, et prouve par d'autres que ces deux natures sont hypostatiquement unies en lui. La conclusion qu'il en tire est, que la sainte Vierge ayant engendré corporellement le Verbe de Dieu, elle doit être appelée mère de Dieu : non que le Verbe ait tiré de la chair le commencement de son existence, puisqu'au commencement il était, et que le Verbe était Dieu, et que le Verbe était en Dieu, qu'il est le créateur des siècles, co-éternel au Père, et auteur de tout ce qui existe; mais parce que s'étant hypostatiquement uni la nature humaine, il a pris dans le sein de la Vierge une naissance charnelle. C'est là, ajoute-t-il, ce que nous avons appris des saints apôtres et évangélistes, de toutes les Ecritures divinement inspirées, et du véridique témoignage de tous les saints Pères. C'est à cette doctrine que vous devez souscrire avec nous, d'un parfait accord et sans aucun détour.

Saint Cyrille lui déclare ensuite, dans douze anathématismes, les erreurs qu'il devait condamner, s'il voulait être tenu pour catholique. Il choisit pour cela quelques-unes des propositions énoncées par Nestorius.

1. Si quelqu'un ne confesse pas que l'Emmanuel est véritablement Dieu, et la sainte Vierge mère de Dieu par cela même, puisqu'elle a engendré selon la chair le Verbe de Dieu fait chair; qu'il soit anathème.

2. Si quelqu'un ne confesse pas que le Verbe, qui procède de Dieu le Père, est hypostatiquement uni à la chair, et ne fait qu'un Christ avec sa propre chair, Dieu et homme tout à la fois; qu'il soit anathème.

3. Si quelqu'un divise les hypostases du Christ après l'union des deux natures, ne les supposant unies l'une à l'autre qu'en dignité, c'est-à-dire en autorité et en puissance, et non par une union physique; qu'il soit anathème.

4. Si quelqu'un rapporte à deux personnes ou à deux hypostases distinctes, ce que les évangélistes et les apôtres rapportent avoir été dit de Jésus-Christ, soit par les saints, soit par lui-même, et en applique une partie à l'homme considéré séparément d'avec le Verbe de Dieu, et l'autre partie

---

(a) M. Rohrbacher a traduit ce dernier passage de la manière que voici : « Dès lors ils communiqueront avec les « clercs et les laïques qu' l avait déposés ou excommuniés. »

Mais il y a dans le texte : Ἔσαι δὲ τοῖς παρὰ τῆς σῆς εὐλαβείας καχοχυμιμένοις διὰ τὴν πίστιν, ἢ ἀποιτεθεῖσι λαϊκοῖς τε καὶ κληρικοῖς, κοινωνοὶ πάντες ἐσμέν. Labb. *t.* III, *col.* 598.

au Verbe de Dieu séparé de l'homme ; qu'il soit anathème.

5. Si quelqu'un dit que Jésus-Christ est un homme qui porte Dieu, et non pas plutôt un Dieu véritable, Fils unique de Dieu par sa nature, le Verbe fait chair, devenu semblable à nous par la chair et par le sang ; qu'il soit anathème.

6. Si quelqu'un ose dire que le Verbe procédant de Dieu le Père est le Dieu ou le maître du Christ, au lieu de le reconnaître Dieu et homme tout à la fois, puisque le Verbe s'est fait chair selon les Ecritures ; qu'il soit anathème.

7. Si quelqu'un dit que Jésus, en tant qu'homme, a été conduit par le Verbe de Dieu, et revêtu de la gloire qui convient au Fils unique, comme s'il était lui-même une personne différente ; qu'il soit anathème.

8. Si quelqu'un ose dire que l'homme que le Verbe a élevé à lui doit être adoré, glorifié et appelé Dieu avec lui, comme avec une personne que lui-même ; car en disant *avec*, on donne à penser cette dualité ; au lieu d'honorer l'Emmanuel par une seule adoration, et de lui rendre un seul hommage, comme au Verbe fait chair ; qu'il soit anathème.

9. Si quelqu'un dit que notre unique Seigneur Jésus-Christ a été glorifié par l'Esprit-Saint, comme ayant reçu de lui une vertu qu'il n'avait pas de lui-même, pour chasser les esprits impurs et opérer des miracles sur les hommes, au lieu de dire que l'esprit par lequel il accomplissait ces prodiges était le sien propre ; qu'il soit anathème.

10. La divine Ecriture enseigne que le Christ est devenu le pontife et l'apôtre de notre foi, et qu'il s'est offert pour nous à Dieu le Père en odeur de suavité. Si donc quelqu'un dit que ce n'est pas le Verbe de Dieu lui-même qui est devenu notre pontife et notre apôtre, quand il s'est fait chair et qu'il a pris notre ressemblance, mais un homme né de femme et autre que le Verbe ; ou si quelqu'un dit qu'il a offert pour lui-même son sacrifice, au lieu de l'offrir pour nous seuls, puisque, ne connaissant pas le péché, il n'avait pas besoin de sacrifice ; qu'il soit anathème.

11. Si quelqu'un refuse de confesser que la chair de notre Seigneur est vivifiante, comme étant la chair du Verbe lui-même Fils de Dieu, mais la considère comme la chair d'une personne autre que le Verbe, unie seulement au Verbe par l'excellence de son mérite, ou comme un temple dans lequel le Verbe divin a daigné habiter, au lieu de la considérer comme la chair du Verbe qui a la vertu de tout vivifier, et vivifiante, ainsi que nous l'avons dit, par cela même ; qu'il soit anathème.

12. Si quelqu'un ne confesse pas que le Verbe de Dieu a souffert selon la chair, a été crucifié selon la chair, a enduré la mort selon la chair, et est devenu le premier-né d'entre les morts, en tant qu'il est la vie et qu'il la donne comme Dieu ; qu'il soit anathème.

Voilà les douze célèbres anathématismes de saint Cyrille, dirigés contre les propositions hérétiques que Nestorius avait avancées. La lettre synodale qui les contient fut remise à Nestorius, à Constantinople, le 30 novembre, signée de la main de saint Cyrille. Elle fut accompagnée de deux autres lettres, l'une au clergé et au peuple de Constantinople, l'autre aux abbés des monastères de la même ville, par lesquelles saint Cyrille leur témoigne, au nom du synode, qu'il a attendu jusqu'à la dernière extrémité pour en venir à ce fâcheux remède de l'excommunication, et les exhorte tous à demeurer fermes dans la foi, et à communiquer librement avec ceux que Nestorius avait excommuniés. Pour porter ces lettres, ainsi que celles du pape saint Célestin à Nestorius, on députa quatre évêques d'Egypte. *Labb. t.* III.

ALEXANDRIE (Conciliabule d'), l'an 449. Dans ce conciliabule, composé d'environ quatre-vingt-dix évêques, le patriarche Dioscore, qui y présidait, eut la témérité, non seulement de confirmer ce qu'il venait de faire au conciliabule d'Ephèse, mais encore de porter une sentence d'excommunication contre le pape saint Léon, son supérieur et son chef, de lui comme de toute l'Eglise. Quoique les évêques présents eussent déjà adhéré dans le conciliabule précédent aux autres actes de Dioscore, en faveur d'Eutychès et contre saint Flavien, il n'y en eut cependant que dix qui, tout en larmes et comme malgré eux, purent être amenés à souscrire à la sentence d'excommunication intentée contre le pontife romain, tant était profonde la vénération qu'inspirait aux hérétiques mêmes la grandeur et la sublimité du trône apostolique. *Labb.* III.

ALEXANDRIE (Concile d'), vers l'an 451. Protère, qui avait été substitué à Dioscore dans le siége patriarcal d'Alexandrie, assembla ce concile pour ramener à la foi catholique et réconcilier à l'Eglise ceux qui se trouvaient excommuniés, pour leur attachement à l'hérésie d'Eutychès ou à la cause de Dioscore. Ceux-ci ayant obstinément refusé de se rendre, l'empereur les condamna à l'exil. *Labb.* IV.

ALEXANDRIE (Conciliabule d'), vers l'an 457. Timothée, évêque intrus d'Alexandrie, ayant encore les mains teintes du sang du saint patriarche Protère, qu'il venait de faire répandre, assembla ce conciliabule, composé de quelques évêques, où il eut l'insolence d'anathématiser le concile de Chalcédoine. *Labb.* IV, *ex lib. Synodico*

ALEXANDRIE (Conciliabule d'), l'an 477, tenu par Timothée Elure, patriarche eutychien d'Alexandrie : on y rejeta le concile de Chalcédoine. *Lib. Synod.*

ALEXANDRIE (Synode d'), l'an 482. Ce synode eut pour objet de placer sur le siége d'Alexandrie, Jean de Tabenne, à la place du patriarche Solophaciole, qui venait de mourir. Ce choix déplut à l'empereur Zénon, et Pierre Monge, que ce prince avait précédemment exilé, fut installé, en vertu de son Hénotique, sur le siége patriarcal. Le nouveau patriarche eutychien assembla bientôt un conciliabule, où le concile de Chalcédoine fut anathématisé. *Lib. Synod.*

ALEXANDRIE (Conciliabule d'), l'an 484. Dans cette assemblée d'évêques eutychiens, Pierre le Foulon anathématisa de nouveau le concile de Chalcédoine, et mit sur le siége d'Hiéropolis un certain Xénaias qui n'était pas même baptisé. *Ibid.*

ALEXANDRIE (Concile d'), l'an 485. Ce concile fut assemblé d'après l'ordre du pape saint Félix II, et présidé par Quintinien, évêque de la ville des Arculiens. Pierre le Foulon y fut déposé. *Ibid.*

ALEXANDRIE (Concile d'), l'an 581. Ce concile est mal à propos dit d'*Antioche* dans l'édition des Conciles donnée à Venise, puisqu'il fut tenu à Alexandrie par saint Euloge, patriarche de cette ville, si connu par sa science et sa piété. *Mansi, Suppl. t I, col. 153.*

ALEXANDRIE (Concile d'), l'an 589. Ce concile fut assemblé à l'occasion du ỳ 15 du c. XVIII du Deutéronome, conçu en ces termes : *Prophetam de gente tua et de fratribus tuis, sicut me, suscitabit tibi Dominus Deus tuus : ipsum audies.* Les Juifs appliquaient ce passage à Josué, et les Samaritains à un certain Dosithée, contemporain de Simon le Magicien. Saint Euloge, patriarche d'Alexandrie, ayant été choisi pour arbitre de la dispute, assembla plusieurs savants évêques. Il examina la chose avec eux; et, après un mûr examen, ils décidèrent tous ensemble que ce passage ne pouvait s'entendre que de Jésus-Christ. On lit dans les éditions de Photius, que ce concile se tint la 7ᵉ année de *Marcien* : il faut lire, de *Maurice. Edit. Venet. tom. VI; l'Art de vérifier les dates, pag. 185.*

ALEXANDRIE (Conciliabule d'), vers l'an 630. Cyrus, patriarche intrus d'Alexandrie y dressa neuf canons dans le sens du monothélisme, qu'il envoya à Sergius de Constantinople, fauteur de la même hérésie. *Labb. V, ex lib. Synod.*

ALEXANDRIE (Concile d'), l'an 879. Ce concile fut tenu pour approuver le rétablissement de Photius sur le siége de Constantinople. La lettre synodale de ce concile, adressée à Photius et à l'empereur Basile, fut lue en présence des légats du pape Jean VIII, dans le concile de Constantinople de la même année. *Mansi, t. I. col. 1029.*

ALGARVE (Synode d'), le 14 janvier 1554. L'évêque D. Juan de Ogelo y publia un corps de statuts, qu'il rangea sous 26 titres : ils ont tous pour objet l'administration des sacrements, ou des points de discipline. *Constituiçoens do Bispado do Algarve. Bibl. roy. B. 1611.*

ALLEMAGNE (Concile d'), l'an 358. *Voy.* GERMANIE.

ALLEMAGNE (Concile d'), l'an 742. Ce fut Carloman, duc et prince des Français, qui assembla ce concile, le 21 d'avril 742. Il s'y trouva sept évêques de ses états ; savoir : saint Boniface de Mayence, Burchard de Virtsbourg, Regenfrid de Cologne, Wintan de Burobourg, Vilebrard d'Aichstadt, Dadon d'Utrecht et Eddan de Strasbourg. Son dessein, dans la convocation de cette assemblée, était de concerter les moyens de rétablir la loi de Dieu et la discipline ecclésiastique, et d'empêcher les fidèles d'être trompés par de faux prêtres, comme ils l'avaient été auparavant. A cet effet, le concile fit seize canons que d'autres réduisent à sept, tels qu'ils se trouvent dans la Collection du P. Labbe, et dans les Capitulaires donnés par Baluze.

Le 1ᵉʳ confirme les évêques établis par l'archevêque Boniface, qui est qualifié légat de saint Pierre ; ensuite il ordonne que l'on tiendra, tous les ans, en présence du prince, un concile pour la réformation des mœurs et de la discipline, et pour le rétablissement des droits de l'Eglise ; que l'on rendra aux églises les biens qui leur ont été ôtés ; que les mauvais prêtres, les diacres et les autres clercs débauchés ne percevront rien des revenus ecclésiastiques, qu'au contraire ils seront dégradés et mis en pénitence.

Le 2ᵉ défend aux clercs de porter des armes, de combattre et d'aller à la guerre contre l'ennemi, si ce n'est qu'ils aient été choisis pour y célébrer la messe et porter les reliques des saints ; c'est-à-dire un ou deux évêques avec leurs chapelains et leurs prêtres. Toutefois, chaque commandant pourra mener un prêtre pour juger ceux qui confesseront leurs péchés, et leur donner des pénitences. Le même canon défend aux clercs de chasser ou de courir les bois avec des chiens, ou d'avoir des éperviers ou des faucons.

Le 3ᵉ ordonne aux curés d'être soumis à leur évêque, et de lui rendre, tous les ans en carême, compte de leur foi et de toutes les fonctions de leur ministère ; d'être toujours prêts à le recevoir avec le peuple assemblé, quand, suivant les canons, il fera la visite de son diocèse pour donner la confirmation ; et que, le jeudi-saint, ils recevront de lui le nouveau chrême.

Le 4ᵉ défend d'admettre au ministère les évêques et les prêtres inconnus, de quelque part qu'ils viennent, avant l'approbation de l'évêque diocésain ou de son synode.

Le 5ᵉ ordonne aux évêques de purger de toutes les superstitions païennes le peuple de Dieu, en s'aidant pour cela du secours des comtes, défenseurs de leurs églises.

Le 6ᵉ porte que les personnes de l'un et de l'autre sexe consacrées à Dieu, qui, du jour de la date du concile, tomberont dans la fornication, seront mises en prison pour faire pénitence au pain et à l'eau ; que si c'est un prêtre, il y demeurera deux ans après avoir été fouetté jusqu'au sang, et que l'évêque pourra augmenter la peine ; que si c'est un clerc ou un moine, après avoir été fouetté trois fois, il demeurera en prison ; que l'on fera subir la même pénitence aux religieuses voilées, et qu'on leur rasera la tête. On voit par là que ce n'était pas encore l'usage de raser les religieuses en leur donnant l'habit.

Le 7ᵉ défend aux prêtres et aux diacres de

porter des manteaux ou saies semblables à ceux des laïques, et veut qu'ils portent des chasubles, habits ordinaires des ecclésiastiques pour ces temps-là. Il ordonne aux moines et aux religieuses de faire observer dans leurs monastères la règle de saint Benoît. *Holstenius, ex cod. Palatino Bibl. Vaticanæ.*

ALLEMAGNE (Concile d'), l'an 744. *Voy.* GERMANIE, même année.

ALLEMAGNE (Concile d'), l'an 745. Saint Boniface, depuis archevêque de Mayence, présida à ce concile, comme légat du saint-siége. On y examina plusieurs clercs hérétiques séduits par Adelbert et Clément, et on déposa Gévilieb de Mayence qui avait commis un homicide. *Labb.* VI.

ALLEMAGNE (Concile d'), l'an 747. Saint Boniface, archevêque de Mayence, assembla ce concile par ordre de Carloman. On y reçut les quatre conciles généraux. *Pagi, ad hunc ann.*

ALLEMAGNE (Concile d'), l'an 841. Ce concile fut tenu en présence des rois Louis de Germanie et Charles le Chauve. On y décida que la victoire remportée à Fontenai sur l'empereur Lothaire par ses frères, était le jugement de Dieu, et l'on y décerna un temps de prières, avec un jeûne de trois jours, pour tous ceux qui étaient morts de part et d'autre dans cette bataille. D. Ceillier met ce concile à Fontenai même. *Concil. Germ. t.* II.

ALLEMAGNE (Concile d'), l'an 1022. On ne sait au juste ni le lieu, ni l'objet de ce concile : ce que l'on en sait par le témoignage de l'annaliste et du chronographe saxons, c'est qu'il fut composé d'un grand nombre d'évêques, et que l'empereur Henri II y assista. On ne doit pas le confondre par conséquent avec le concile de Sélingstadt, tenu, comme le dit le P. Solier dans ses *Acta Sanctorum*, le 14 juillet, puisque l'empereur était encore à Lucques le 25 juillet de l'an 1022, comme on le voit par l'un de ses diplômes, et qu'il ne put conséquemment se trouver au concile de Sélingstadt, qui se tint le 11 août. Mais le concile dont il s'agit ici pourrait bien être celui qui se tint la même année à Aix-la-Chapelle, en présence de l'empereur. Il s'y agit de terminer le différend de Pélegrin, archevêque de Cologne, et de Durand, évêque de Liége, touchant le monastère de Burcel, qui fut adjugé au dernier.

ALLEMAGNE (Concile d'), l'an 1047. Ce concile fut convoqué par l'Empereur Henri III, contre les simoniaques. *Edit. Venet. t.* II; *et Conc. German. t.* III.

ALLEMAGNE (Concile d'), l'an 1225, contre la simonie. *Mansi, t.* II, *col.* 919. *Baluz. Conc. Gall. Narb.*

ALNE (Concile d'), l'an 709. Saint Egwin, évêque de Worchester, obtint la convocation de ce concile, auquel assistèrent Britwal, archevêque de Cantorbery, et saint Wilfrid, archevêque d'York. On y confirma l'érection du monastère d'Evesham, dans lequel saint Egwin mit des bénédictins. *Angl.* I.

ALTHEIM (Concile d'), *Altaheimense*, l'an 916. Ce concile se tint le 20 septembre, en présence de l'empereur Conrad, et fut présidé par un légat du pape Anastase III.

On y fit les canons suivants

1° et 2° Ceux qui communiquent avec les excommuniés, porteront eux-mêmes la peine de l'excommunication.

3° Les évêques ou les prêtres seront un sujet d'édification pour les peuples; ainsi que les diacres et tout le clergé, à moins qu'ils ne veuillent être déposés.

4° Aucun évêque ne communiquera avec les excommuniés.

5° Les évêques qui auront été appelés au synode, et qui refuseront de s'y rendre, seront déposés jusqu'à ce qu'ils viennent rendre compte de leur refus.

6° Les évêques qui auront été appelés au saint concile, et qui refuseront ou d'y paraître, ou d'y envoyer des substituts, seront fortement réprimandés, et obligés de rendre raison de leur refus; et s'ils s'obstinent de nouveau, ils seront interdits jusqu'à ce qu'ils aillent à Rome auprès du pape et de la sainte Eglise, porter leurs excuses.

7° Un clerc qui aura quitté son église, et un serviteur son maître, seront privés l'un et l'autre de la communion jusqu'à ce qu'ils retournent, celui-là à son église, et celui-ci à son maître.

8° Un esclave que son maître aura affranchi, qu'il aura instruit et promu jusqu'au sacerdoce, et qui refusera ensuite de remplir son devoir, sera privé de la communion jusqu'à ce qu'il rende ce qu'il doit à son bienfaiteur. Mais, s'il arrive qu'il persévère dans son opiniâtreté, il sera accusé auprès de l'évêque qui l'a ordonné, pour qu'il soit dégradé. *Conc. Germ. tom.* II.

ALTHEIM (Concile d'), l'an 931. On y fit trente-sept capitules que nous n'avons plus.

ALTINO (Concile d'), *Altinense*, l'an 802. Jean, doge de Venise, ayant précipité du haut d'une tour Jean, patriarche de Grado, saint Paulin, patriarche d'Aquilée, convoqua le concile d'Altino pour implorer le secours de Charlemagne contre le doge de Venise. On y traita aussi des matières de foi et de discipline. Mansi place ce concile en 803, et Madrisi, éditeur des *OEuvres de saint Paulin d'Aquilée*, en 804. *Reu.* XX; *Labb.* VII; *Angl.* I.

ALTISSIODORENSIA (*Concilia*). *Voyez* AUXERRE.

ALUTA (Concile d'), en Afrique, dans la province consulaire, l'an 334. Il s'y trouva un grand nombre d'évêques, de prêtres et de diacres, et l'on y fit ce décret contre les traditeurs des livres saints : Si quelqu'un communique avec les traditeurs, il n'aura point de part avec nous dans le royaume céleste. *Hard. t.* I.

AMALPHI (Synode diocésain d'), l'an 1594, 12 et 13 janvier. L'invocation mise en tête des décrets de ce synode est singulière; la voici : *In nomine Dei, Beatæ Mariæ, et divi Andreæ.* Malgré la singularité de ce titre, ce synode, que présida l'archevêque Jules Rossini da Maurata, n'en fit pas moins d'excellents règlements, en particulier celui pour les prêtres de s'abstenir de tout pacte pour des messes, à célébrer, mais d'accepter simplement les aumônes que leur offrent pieusement les fidèles. *Constitutioni et decr. da Giulio Rossini.*

AMALPHI (Concile d'), *Amalphitanum*, l'an 1597. Jules Rossini, archevêque d'Amalphi, ville archiépiscopale d'Italie dans la province citérieure du royaume de Naples, assembla ce concile provincial le 8 mai, sous le pontificat du pape Clément VIII. On y reçut le concile de Trente, et on y fit un grand nombre de règlements de discipline contenus sous divers chapitres. Ils ont pour objet les matières qui sont traitées dans les autres conciles. Nous remarquerons seulement quelques règlements qui sont propres au concile d'Amalphi, ou qui ne sont pas si communs ni si répétés dans les autres conciles. Par exemple, dans le chapitre des livres prohibés, il est dit que les héritiers d'un défunt ou ses exécuteurs testamentaires ne pourront vendre, ni aliéner en aucune sorte les livres qu'il aura laissés, sans la permission de l'évêque, auquel on sera tenu d'en donner une liste fidèle. Il est dit aussi que les évêques choisiront des personnes habiles pour visiter très-souvent les boutiques des libraires, et en faire enlever tous les livres défendus. On lit dans le chapitre de la prédication, que l'évêque doit y assister avec tout le clergé de la ville, et que les hommes doivent l'entendre séparément des femmes. On lit dans le chapitre de la leçon théologique, qu'on fera deux fois la semaine sans y manquer une leçon sur les cas de conscience dans la cathédrale, à laquelle tous les confesseurs, et tous les prêtres qui ont charge d'âmes, seront obligés d'assister, même sous peine de privation du pouvoir de confesser et de leur office à charge d'âmes. Il est dit dans le chapitre des écoles, qu'on ne soutiendra aucune thèse en public, qui n'ait été vue et approuvée par l'évêque. Dans le chapitre de la célébration de la messe, il est dit que les prêtres se confesseront tous les jours avant de la dire, et qu'ils ne la diront, autant qu'il sera possible, qu'avec du vin blanc, à cause que par la négligence de certains prêtres, les purificatoires et les corporaux se trouvent si sales et si dégoûtants qu'ils font horreur, lorsqu'on célèbre avec du vin rouge. On ne dira point la messe sans qu'il y ait deux cierges de cire allumés, et on lavera toutes les semaines les calices dont on s'est servi pour la dire, après quoi on jettera l'eau dans la piscine. On n'admettra personne à dire sa première messe, sans qu'il ait subi l'examen sur les cérémonies de la messe; et s'il manque à quelques-unes, il sera suspens pendant six mois du ministère de l'autel, et puni à la volonté de l'évêque.

Dans le chapitre des jeûnes, il est dit que les évêques puniront les médecins qui se montrent trop faciles à accorder la dispense du jeûne ou de l'abstinence, de même que ceux qui cuisent ou qui préparent, de quelque manière que ce soit, des mets défendus les jours de jeûne.

Dans le chapitre intitulé : *Du culte et de la vénération des saintes églises*, on ordonne qu'il y ait toujours trois nappes sur l'autel, dont une descendra jusqu'à terre, et les deux autres couvriront toute la table de l'autel, en sorte qu'elles fassent deux nappes distinctes, et séparées l'une de l'autre, et non pas une seule pliée en deux. Le bénitier sera de marbre ou d'une pierre solide. On ne le placera point au dehors, mais au dedans de l'église, à l'entrée et à la droite, jamais à la gauche de ceux qui entrent dans l'église. Il y aura toujours un aspersoir de soie et non d'éponge attaché au bénitier. On ne se servira point des son des cloches pour des usages profanes, ni pour avertir des peines qu'on va faire souffrir aux criminels. On sonnera la grosse cloche à l'élévation de la grand'messe, pour avertir les absents de communier spirituellement; et à une heure après minuit, on sonnera à trois reprises, afin d'avertir les chrétiens de prier pour les fidèles défunts.

Dans l'un des chapitres sur le baptême, on condamne un abus qui consistait à envoyer des gants, ou de l'eau bénite, qu'on appelait de *compaternité*, dans la croyance que l'on contractait une affinité spirituelle avec ceux auxquels on envoyait ces gants ou cette eau bénite.

Dans les chapitres touchant le sacrement de l'eucharistie, on ordonne qu'elle sera conservée dans le tabernacle du maître-autel, ou dans un autre lieu décent, et qu'on n'y placera aucun autre vaisseau avec celui qui renferme le corps de Notre-Seigneur, qu'on aura soin de renouveler au moins tous les quinze jours. On veut aussi qu'il y ait toujours une lampe ardente, non à côté, mais devant le milieu de l'endroit où il sera déposé.

Dans le chapitre de la pénitence, on défend de confesser les personnes du sexe hors de l'église, ni avant le lever, ni après le coucher du soleil.

Dans le chapitre des sépultures, on défend sous peine d'excommunication, d'exiger quoi que ce soit pour l'enterrement, non plus que pour l'administration des sacrements. On défend aussi d'enterrer personne avant le jour, ni pendant la nuit, et après le coucher du soleil. On défend enfin de souffrir aux funérailles les femmes qu'on appelle *pleureuses*, et on ordonne aux clercs de laisser là l'enterrement, si ces sortes de femmes refusent de se taire et de s'en aller. On veut qu'on enterre les prêtres avec leur aube.

Dans le chapitre intitulé : *De la vie des évêques*, il est dit que leur vertu ne doit pas être moins éminente que leur dignité; qu'ils doivent aimer leurs diocésains comme leurs frères et leurs enfants; et lors même qu'ils sont contraints de les punir, il faut toujours qu'ils tempèrent la sévérité du châtiment, par la douceur de la tendresse et de la compassion. Il n'y aura rien dans leur façon de vivre qui sente le luxe, la pompe, la vanité;

mais tout y respirera la simplicité, la gravité, la modération, la piété, la tempérance, la frugalité, etc. Ils seront empressés à secourir et à protéger les pauvres et tous les misérables. Ils résideront près de leurs cathédrales, pour veiller de là continuellement sur leurs troupeaux et les servir personnellement. Ils en feront aussi la visite, en parcourant leurs diocèses, pour en bannir les abus. Ils écouteront et recevront avec bonté tous ceux qui auront recours à eux, et surtout les pauvres et les malheureux.

Dans le chapitre *des Vicaires forains*, on établit que leur office consistait à veiller sur tous les clercs de leurs districts, et particulièrement sur les curés, et à les assembler une fois le mois, pour corriger et régler tout ce qui en aura besoin.

Dans le chapitre des chanoines, on veut qu'ils célèbrent très-souvent le sacrifice de la messe, qu'ils soient assidus au chœur, pour y chanter l'office divin par eux-mêmes, et n'en sortir qu'après qu'il sera fini.

Quant aux clercs en général, chanoines et autres, ils auront toujours l'habit extérieur, qui descendra jusqu'aux talons, soit de jour, soit de nuit, soit dans le diocèse, soit hors de ses limites. Ils ne se trouveront à aucun spectacle profane, ni à aucun jeu de hasard, ne fût-ce que pour voir jouer, et sans jouer eux-mêmes.

On lit dans le chapitre *du Sacristain*, qu'il doit bannir de la sacristie les discours vains et profanes, les cris, le bruit, les disputes, les altercations, et qu'il n'y doit pas souffrir les laïques. Il aura soin de tenir dans une grande propreté les calices, les patènes, les corporaux, les palles, les essuie-mains, les burettes, qui seront toujours de verre, etc.

Il est dit dans le chapitre du maître des cérémonies, que tous seront obligés de lui obéir, même les chanoines constitués en dignités, dans ce qui concerne son office.

On veut qu'il n'y ait rien de profane ou de lascif dans la musique et dans les orgues, et qu'on ne souffre point d'autres instruments pour l'office divin, sans la permission de l'évêque.

On lit, entre autres, les règlements qui suivent, dans le chapitre des monastères de filles.

Quand quelqu'un y entrera, on sonnera la clochette, afin que les religieuses se retirent dans leurs cellules ou ailleurs, de façon qu'elles ne puissent être aperçues par celui qui est entré. On ne veut pas que les religieuses parlent aux personnes du dehors, si ce n'est en présence de l'abbesse, ou d'une religieuse députée par elle, et cela dans un parloir à double grille, couverte d'une toile noire. On leur défend d'avoir des servantes, autres que des sœurs converses, et seulement pour la communauté en général, et non pour les religieuses en particulier. Elles coucheront toutes dans un dortoir fermé à clef, et n'auront dans leurs cellules ni peinture, ni tableau profane, mais seulement des images de Jésus-Christ et des saints. Elles porteront l'habit conforme à leur règle, et jamais elles ne prendront un habit séculier d'homme ou de femme, par récréation ou sous quelque autre prétexte que ce soit. Elles porteront les cheveux très-courts, ne serviront point à l'autel, n'auront pas de chiens, éviteront la curiosité et les discours inutiles, et feront paraître dans toute leur conduite beaucoup de ferveur, de piété, de religion, de modestie, de douceur, d'obéissance, de patience, de prudence, de gravité, etc. *Mansi*, *t.* V.

AMALPHI (Synode diocésain d'), l'an 1639, 18 octobre. L'archevêque Ange Pico y fit nombre de règlements compris sous 54 titres. Il y recommanda spécialement de ne s'écarter en rien des rites et des cérémonies que prescrit le rituel romain. Cette simple observation nous dispense d'entrer dans un plus grand détail. *Decreta synodi diœc. Amalphitanæ*, *Romæ*, 1640.

AMBAS-AQUAS (*Concilium inter*). Voyez TREMEAIGUES.

AMBRESBIRE (Concile d'), *Ambresbiriense*, l'an 977. Ambresbire ou Saint-Ambroise est un lieu du diocèse de Winchestre. On y tint un concile l'an 977, dont il ne reste que le nom; mais on croit qu'il eut le même objet que celui de Calne. *Voy*. ce mot. RICH.

AMELIA (Synode diocésain d'), *Amerina*, l'an 1595. L'évêque Antoine-Marie Gratien tint ce synode, le premier qui ait eu lieu dans ce diocèse après une interruption de trente années, pour mettre à exécution les décrets du concile de Trente. Il y recommanda à son clergé le maintien de la foi, la dénonciation des hérétiques, la vigilance à observer par rapport aux livres défendus; il marqua aux prédicateurs les vices à signaler, les vertus à prêcher au peuple; il rappela l'ancien usage de ne permettre à qui que ce soit de prêcher dans une ville où l'évêque prêche en même temps; il remit sous les yeux le cérémonial à garder dans la prédication : « Si c'est, dit-il, le curé qui doit monter en chaire, et qu'il dise en même temps la messe, il déposera sa chasuble immédiatement après l'évangile, et il se couvrira la tête. S'il aime mieux parler de l'autel même, il ne quittera rien, mais il se tournera du côté de l'épître, et parlera debout et la tête découverte. Si ce n'est pas lui qui dit la messe, il prêchera en chaire, revêtu du surplis et de l'étole. Tout autre prêtre que le curé ne devra jamais prêcher de l'autel.

Le prélat traça ensuite des règles fort étendues pour l'administration des sacrements. Il voulut en particulier que les deux sexes fussent séparés dans la réception de l'eucharistie; il abandonna au libre jugement des parents et des confesseurs l'âge précis où les enfants pourraient se présenter pour la recevoir, se bornant à défendre en général d'en recevoir qui n'eussent pas encore l'usage de la raison. Il imposa à tous les fidèles qui rempliraient le devoir pascal l'obligation de ne se présenter qu'avec des billets où leurs noms seraient écrits, et qu'ils laisseraient entre les mains des curés. Il exhorta les magistrats à ne jamais ordonner le supplice des criminels le jour même où ceux-ci auraient reçu la sainte eucharistie. Il voulut que devant tous les autels où l'on garderait le saint sacrement, il y eût toujours une lampe allumée, ou même plusieurs, si les facultés de l'église pouvaient le permettre.

Par rapport au sacrement de pénitence, il défendit aux confesseurs d'absoudre sans son autorisation, ou de réduire à la pénitence secrète, des pécheurs qui auraient mérité la pénitence publique. Il régla que l'imposition de la pénitence précéderait d'ordinaire l'absolution, attendu, ajouta-t-il, que dans le cas où l'on suivrait l'ordre inverse, le pénitent, une fois absous, pourrait se refuser à faire la pénitence qui lui serait alors imposée.

Quant à l'extrême-onction, il veut qu'elle soit administrée avec le pouce, et non pas seulement avec une spatule. Pour le sacrement de l'ordre, il exige un titre, soit patrimonial, soit bénéficial.

Nous ne nous étendrons pas davantage sur le reste, qui comprend tout un volume *petit in-folio*, où il y a peu de parties de la discipline ecclésiastique qui ne soient traitées dans un grand détail, et en même temps avec beaucoup de sagesse. Nous regrettons particulièrement de ne pouvoir citer les règlements relatifs aux écoles de paroisse, et ceux qui concernent les filles publiques. *Diœc. syn. Amerina, Venetiis*, 1597.

AMIENS (Synode diocésain d'), le mercredi d'après la Saint-Luc de l'an 1546, sous François de Pisseleu. Ce prélat y fit défense à ses prêtres de paraître en public sans l'habit et même le chapeau (ou le capuchon) ecclésiastique (*sine caputiis ecclesiasticum designantibus statum*), de se porter pour avocats d'autres causes que des leurs propres, ou de celles qui seraient communes à tout le clergé, ou à moins que ce ne fût pour soutenir les intérêts de personnes misérables qui ne pourraient aisément trouver des défenseurs. Il défendit, sous peine d'excommunication, de lire ou de garder des livres de la secte luthérienne. Il interdit strictement aux sages-femmes et autres de baptiser un enfant dont la mère viendrait à mourir au moment de le mettre au jour, tant qu'aucun membre de cet enfant ne paraîtrait hors du sein maternel. Il exigea de tous les prêtres de son diocèse, fussent-ils religieux, qu'ils fussent approuvés de lui ou de son vicaire pour pouvoir prêcher la parole de Dieu ou entendre les confessions.

AMIENS (Synode général d'). Le 5 octobre 1662, François Faure, évêque d'Amiens, tint ce synode, et y publia une collection de statuts. « Les curés n'omettront jamais, y est-il dit, de faire le catéchisme entre vêpres et complies, ou à quelque autre heure commode, en quoi ils ne se serviront pas d'un discours continu, mais interrogeront la jeunesse sur les points de la leçon qu'ils auront prescrite, et expliqueront brièvement et clairement chaque mystère ou vérité, de manière que les plus simples en puissent profiter..... Pareillement, outre les jours de dimanches, ils observeront la même forme ou manière de catéchiser trois fois la semaine pendant le saint temps de carême, pour disposer à la sainte communion, non-seulement les enfants qui n'en ont point encore approché, mais encore ceux qui ont déjà participé aux divins mystères avec trop peu de connaissance. » Les maîtres et maîtresses d'école feront tout au moins deux fois la semaine leçon du catéchisme, et inspireront aux enfants, autant qu'il leur sera possible, les sentiments de l'amour et de la crainte de Dieu : et afin qu'en un âge si susceptible de diverses impressions, ils soient mieux formés en la piété chrétienne, nous défendons sous peine d'excommunication à toutes personnes de s'immiscer dans l'exercice de l'instruction de la jeunesse sans qu'auparavant on n'ait examiné leur religion, leurs mœurs et leur capacité ; et aux lieux où il y aura des maîtres et des maîtresses, les garçons et les filles ne pourront être admis à la même école, ni les maîtres tenir des filles, ni les maîtresses des garçons, à peine d'excommunication qui sera encourue actuellement et de fait par la simple transgression de notre ordonnance, et sans nouvelle sentence ; et au regard des lieux où il ne peut y avoir différentes écoles pour les différents sexes, nous enjoignons aux maîtres ou aux maîtresses de les ranger et séparer si bien, qu'il n'y ait point de communication qui puisse donner occasion à quelque corruption. Ordonnons très-expressément aux curés d'y veiller. » *Stat. synod. du dioc. d'Amiens*, 1662.

AMIENS (Syn.dioc.d'), l'an 1696 V. PICARDIE.

ANAGNI (Concile d'), *Anagninum*, l'an 1160. Le pape Alexandre III ayant été forcé de quitter Rome, tint ce concile, assisté des évêques et des cardinaux de sa suite. Il y excommunia solennellement l'empereur Frédéric, et déclara absous de leur serment tous ceux qui lui avaient juré fidélité. Mansi, qui met ce concile en 1161, ajoute que Hugues, abbé de Cluny, y fut déposé comme schismatique. *Mansi, tom. II, col.* 531.

ANAGNI (Synode diocésain d'), l'an 1596, 4 et 5 mars. Les décrets de ce synode, qui fut tenu par Gaspar Vivien Urbinati, évêque d'Anagni, sont compris en 51 chapitres. Nous remarquons en particulier celui qui traite des écoles. « On aura égard, y est-il dit, dans le choix des maîtres, moins encore à leur science qu'à leur religion et à leur piété, parce que de là dépend le salut des enfants, la pureté de leur vie et la moralité des peuples. » *Constitutiones eccl. Anagnignæ, Romæ*, 1597.

ANAZARBE (Conciliabule d'), en Cilicie, l'an 431. L'évêque Maxime, de concert avec plusieurs autres nouvellement arrivés de Chalcédoine, y confirma la peine de déposition, prononcée contre saint Cyrille d'Alexandrie dans le faux concile de Tarse, et déclara excommuniés ceux qui communiqueraient avec lui. *Synod.* c. 113.

ANAZARBE (Concile d'), *Anazarbicum*, l'an 435. Dans ce concile, plusieurs évêques, à l'exemple de Théodoret, se réunirent à Jean d'Antioche. ALLETZ.

ANCYRE (Concile d'), *Ancyranum*, l'an 273. Il y eut un concile sur la discipline à Ancyre en Galatie, l'an 273, si l'on en croit Pithou. Le même auteur en met un autre sur le même objet à Ancyre en Coelé-Syrie, l'an 277. *Pithou, in collect.* RICH.

ANCYRE (Concile d') en Galatie, *Ancyranum*, l'an 314. L'empereur Maximin Daïa, le dernier persécuteur des chrétiens, étant mort à Tarse en Cilicie, vers le mois d'août de l'an 313, l'Église d'Orient assembla divers conciles, soit pour ramener dans son sein, en leur imposant des pénitences convenables, ceux que la crainte des tourments avait fait tomber durant la persécution, soit pour rétablir les mœurs des chrétiens. Un des premiers fut celui d'Ancyre, capitale de la Galatie, dont les canons regardent, pour la plupart, la pénitence de ceux qui étaient tombés pendant la persécution. On croit qu'il se tint l'an 314. Il est au moins certain qu'il fut tenu avant l'an 319, puisque Vital d'Antioche, qui est nommé le premier dans les souscriptions, comme président du concile, mourut cette année-là. Le concile s'assembla dans le cours de la cinquantaine de Pâques, qui est un des temps marqués par les canons des apôtres (*Can. apost.* 38) pour les deux assemblées que les évêques devaient faire chaque année ; et il s'y trouva des évêques non-seulement de la Galatie, mais aussi de la Cilicie, de l'Hellespont, du Pont, appelé *Polémoniaque*, de la Bythinie, de la Lycaonie, de la Phrygie, de la Pisidie, de la Pamphilie, de la Cappadoce, et même de la Syrie, de la Palestine et de la grande Arménie ; en sorte qu'il pouvait passer pour un concile général de l'Orient. On ne trouve dans les souscriptions que dix-huit évêques au plus, presque toujours un pour chaque province ; ce qui donne lieu de croire ou qu'on n'en avait député qu'un ou deux de chaque province, ou que l'on n'a mis que les principaux dans les souscriptions ; car elles ne sont pas originales. Les plus connus sont Vital d'Antioche qui est nommé le premier comme président du concile, Marcel d'Ancyre, Loup de Tarse, Saint Basile d'Amasée, Narcysse de Néroniade, Léonce de Césarée en Cappadoce, Longin de Néocésarée dans le Pont, Pierre d'Icone en Lycaonie, Amphion d'Epiphanie dans la Cilicie. On y voit aussi Agricolaus qualifié différemment selon les différentes traductions de ces souscriptions. Dans celle que Justel nous a donnée, il est appelé évêque de Césarée ; ce que le Synodique et Zonare expliquent de Césarée en Cappadoce, et c'est peut-être la meilleure leçon, puisqu'Eusèbe de Césarée ne compte pas Agricolaus entre ses prédécesseurs. Au contraire la version d'Isidore appelle Agricolaus évêque de Césarée en Palestine, et fait assister au concile un évêque de Césarée en Cappadoce, nommé Léonce, dont la traduction de Justel ne parle point. Il y a encore cette différence entre cette traduction et celle d'Isidore, que la première ne marque que treize souscriptions, et qu'elle place Marcel d'Ancyre le second, immédiatement après Vital ; au lieu que la seconde en marque dix-huit, et met Marcel le troisième : ce qui ne paraît pas convenable, puisque le concile se tenait dans sa ville épiscopale. Aucune de ces souscriptions ne se trouve, soit dans le texte grec, soit dans Denys le Petit ; et ce qui montre qu'Isidore s'est donné une grande liberté en les rapportant, c'est qu'il parle de la division des provinces de Galatie, de Cappadoce et de Cilicie, comme si elle eût eu lieu dès le temps du concile d'Ancyre, quoiqu'elle ne se soit faite que longtemps après, vers l'an 370, ou même depuis. Aussi cette division n'est point marquée dans la traduction de Justel, ni dans celle de Pithou, tirées toutes les deux de très-anciens manuscrits. Marcel, par exemple, y est appelé simplement évêque d'Ancyre, et ainsi des autres, au lieu que, dans Isidore, on descend dans le détail du lieu où était située la ville épiscopale de chaque évêque. Marcel y est dit évêque d'Ancyre, et Philadelphe de Juliopole dans la première Galatie ; Léonce, évêque de Césarée, dans la première Cappadoce ; Amphion, évêque d'Epiphanie, dans la seconde Cilicie. Il y a même de la variété pour le nombre de ces souscriptions dans les différentes éditions de la traduction d'Isidore. Celles de Paris, en 1525 et 1535, n'en marquent que douze, et mettent Marcel d'Ancyre le premier. Il y en a dix-huit dans l'édition des Conciles du Père Labbe.

Le concile d'Ancyre fit vingt-cinq canons, dont plusieurs regardent ceux qui étaient tombés pendant la persécution de Maximin Daïa (a).

Le 1ᵉʳ est touchant les prêtres qui, s'étant laissés aller à sacrifier aux idoles, touchés ensuite de douleur, étaient revenus au combat de bonne foi et sans artifice ; car il arrivait quelquefois que ce retour au combat n'était qu'un retour feint et simulé, comme, lorsqu'après avoir sacrifié, on convenait avec les magistrats, à prix d'argent, que l'on se présenterait, ou qu'on se laisserait conduire de nouveau devant eux, et qu'ils feraient semblant de tourmenter ceux qui se présenteraient ou qui se laisseraient conduire de la sorte. Le concile ordonne, dans ce premier canon, que les prêtres qui sont tombés dans la persécution, et qui sont ensuite revenus au combat sans fraude et sans collusion, seront conservés dans l'honneur de leur ordre, et le droit d'être assis dans l'église auprès de

---

(a) Le P. Thomassin, pense que ce fut plutôt à la suite de la persécution de Licinius que ce concile s'assembla, aussi bien que ceux de Laodicée et de Néocésarée. *Manu.c. inéd.*

l'évêque, mais qu'il ne leur sera pas permis d'offrir, ni de prêcher, ni de faire aucune fonction sacerdotale.

Il faut remarquer que la disposition de ce canon, par rapport aux prêtres tombés, est un adoucissement de l'ancienne discipline, puisque, selon les règles de l'ancienne discipline, les prêtres tombés pendant la persécution étaient déposés, quoiqu'ils se fussent relevés par une généreuse confession.

La 2ᵉ ordonne la même peine, et fait aussi la même grâce aux diacres qui sont tombés dans le même crime, et qui ont depuis confessé Jésus-Christ. On ne les prive point de l'honneur du diaconat, mais seulement de l'exercice des fonctions sacrées attachées à leur ordre, savoir, de porter à l'autel, ou de présenter au prêtre ou à l'évêque la matière du sacrifice et de l'oblation, et d'élever souvent la voix au milieu des saints mystères, pour indiquer au peuple l'ordre de la liturgie, et l'avertir, soit de prier, soit de se mettre à genoux, soit de se relever, soit de se préparer à la communion, soit de sortir, etc. ; ce que le canon exprime par le mot *prædicare*. Ce canon laisse néanmoins la liberté à l'évêque d'user d'une plus grande indulgence, ou d'une plus grande sévérité, selon la ferveur ou la tiédeur de la pénitence.

Le 3ᵉ déclare que ceux qui se sont enfuis pour éviter la persécution, et qui, dans leur fuite, ont été pris ou livrés par leurs domestiques, qui ont perdu leurs biens, souffert les tourments ou la prison; à qui l'on a mis, par force, de l'encens dans les mains, ou des viandes immolées dans la bouche, tandis qu'ils criaient qu'ils étaient chrétiens, et qui ont depuis témoigné leur douleur de ce qui leur était arrivé, par leur habit et leur manière de vivre; ceux-là, étant exempts de péché, ne doivent pas être privés de la communion; et, si quelqu'un les en a privés par ignorance ou par trop d'exactitude, qu'ils soient reçus sans délai, les clercs comme les laïques.

Le 4ᵉ ordonne que ceux qui, après avoir sacrifié par contrainte aux idoles, ont encore mangé à la table où l'on sert des viandes immolées, s'ils y ont été en habit de fête, en témoignant de la joie, seront, pendant un an, au rang des auditeurs et des catéchumènes; prosternés pendant trois ans; deux autres années, participant seulement aux prières, mais sans y offrir ni communier; après quoi ils seront reçus à la communion parfaite.

Il y a surtout quatre choses dignes de remarque dans ce canon : 1° l'ordre des divers degrés de la pénitence ; 2° la sévérité de l'ancienne discipline; 3° les longues préparations nécessaires pour parvenir au bonheur de la communion ; 4° la coutume qui s'observait alors de différer l'absolution aux pécheurs, jusqu'à ce qu'ils eussent accompli la pénitence qui leur avait été imposée.

Le 5ᵉ met au rang des prosternés pendant trois ans ceux qui ont assisté aux festins profanes en habit de deuil, et n'y ont mangé qu'avec un visage triste, et fondant en larmes, pendant tout le repas, et veut qu'ils soient admis aux prières, sans offrir. Que s'ils n'avaient point mangé, il fallait qu'ils demeurassent parmi les prosternés pendant deux ans, un an seulement admis aux prières; et, au bout de trois ans, ils avaient la communion parfaite. Mais il était au pouvoir de l'évêque d'allonger ou d'abréger ce temps, selon la ferveur plus ou moins grande des pénitents, et eu égard à la vie qu'ils avaient menée avant leur chute.

Le 6ᵉ regarde ceux qui ont sacrifié aux idoles, craignant les supplices ou la perte de leurs biens, et qui, pendant la célébration de ce concile, demandaient à faire pénitence : le saint concile veut qu'on les mette au nombre des écoutants jusqu'au grand jour, c'est-à-dire au jour de Pâques; qu'ils soient ensuite trois ans suppliants; qu'ensuite ils assistent aux prières, sans offrir, pendant deux ans; après quoi, on les admettra à la communion. Il veut néanmoins qu'en cas de danger de mort, on les secoure, et qu'on ne les prive pas de leur viatique.

Le 7ᵉ enjoint à ceux qui ont assisté aux festins des idoles, mais qui y ont porté des viandes, ne voulant pas manger de celles qu'on y présentait, deux ans de pénitence, et laisse le pouvoir aux évêques d'examiner leur conduite pour les admettre plus tôt à la communion, ou la leur différer.

Le 8ᵉ ordonne que ceux qui ont sacrifié deux ou trois fois, ayant cédé à la violence qu'on leur a faite, soient quatre ans dans le degré de prosternation, deux ans sans offrir, et que, le septième, ils soient faits participants de la communion.

Le 9ᵉ veut que ceux qui non-seulement ont apostasié, mais y ont contraint leurs frères, ou ont été cause qu'on les y a contraints, soient trois ans auditeurs, six ans prosternés, un an sans offrir, dix ans en tout en pénitence, pendant lesquels on examinera leur vie.

Le 10ᵉ ordonne que les diacres qui, à leur ordination, ont protesté qu'ils prétendaient se marier, s'ils l'ont fait ensuite, demeureront dans le ministère, puisque l'évêque le leur a permis. Que, s'ils n'ont rien dit dans leur ordination, et se marient ensuite, ils seront privés du ministère.

Il paraît par ce canon qu'il y avait dès lors une loi générale qui ordonnait la continence aux diacres, mais que l'évêque pouvait en dispenser, et qu'il était censé en dispenser en effet, quand celui que l'on ordonnait diacre protestait, dans son ordination, qu'il voulait se marier. On doit observer néanmoins que cette discipline, touchant la permission de se marier, par rapport aux diacres qui avaient déclaré, dans leur ordination, qu'ils ne pouvaient garder la continence, était particulière à l'Église d'Ancyre, et non admise dans les autres Églises, comme le remarquent Balsamon, Zonare et les autres interprètes des canons grecs, et qu'on le voit par le sixième canon du concile *in Trullo*, qui ordonne de déposer les prêtres, les diacres et les sous-diacres qui se marieront après leur ordination (a).

Le 11e porte que, s'il arrive que des filles soient enlevées après leurs fiançailles, elles soient rendues à leurs fiancés, quand bien même les ravisseurs en auraient abusé.

Le 12e veut que l'on puisse ordonner ceux qui ont sacrifié aux idoles avant d'être baptisés, parce que le baptême qu'ils ont reçu les a purifiés de toute sorte de crimes.

Denys le Petit intitule ce canon : *De his qui, cum catechumeni essent, idolis immolaverunt*, pour faire voir qu'il ne s'agit point ici de tous ceux qui ont sacrifié avant le baptême, puisqu'on n'avait jamais douté dans l'Église que les idolâtres qui avaient sacrifié avant d'être admis au nombre des catéchumènes, ne pussent être ordonnés après le baptême. Il ne s'agit donc, dans ce canon, que des seuls catéchumènes qui avaient immolé aux idoles durant leur catéchuménat. On doutait s'ils n'avaient point contracté d'irrégularité en sacrifiant. La raison de douter était que, quoiqu'ils ne fussent point encore baptisés, ils paraissaient néanmoins soumis aux lois de l'Église. Le concile décide qu'ils ne sont point irréguliers et qu'ils peuvent être admis aux ordres.

Le 13e déclare qu'il n'est pas permis aux chorévêques d'ordonner des prêtres ou des diacres, ni aux prêtres de la ville de rien commander, ni rien faire dans leurs paroisses, outre ce qu'ils ont coutume de faire, sans l'ordre ou la permission par écrit de l'évêque.

C'est la première fois qu'il est parlé de chorévêques. Ce terme signifie proprement un *évêque rural*, un *évêque de village*, un *évêque de la contrée ou du territoire qui dépend de la cité*. Isidore, dans sa traduction, les nomme *vicaires des évêques*, parce que les évêques leur donnaient une grande partie de leur autorité pour la campagne, et qu'ils y faisaient la plupart des fonctions épiscopales. C'est une question de savoir si les chorévêques étaient vraiment évêques en vertu de leur ordination. Le sentiment le plus commun est que les chorévêques, pour l'ordinaire, n'étaient que de simples prêtres, qui n'avaient ni l'ordination, ni l'autorité épiscopale, mais qui faisaient seulement quelques fonctions épiscopales dans les bourgades où les évêques les envoyaient. Il y avait cependant des églises où les chorévêques étaient vraiment évêques, en vertu de leur ordination, et d'autres où ils l'avaient comme par accident ; tels étaient ceux qu'on avait ordonnés évêques dans l'hérésie, et qu'on faisait souvent chorévêques lorsqu'ils

revenaient à l'Église : tels étaient aussi les évêques chassés de leurs sièges.

Le 14e ordonne aux prêtres et aux diacres qui s'abstenaient de manger de la viande, de ne le pas faire par mépris, comme si la viande était immonde. Il leur enjoint ensuite de la toucher et de manger des herbes cuites avec elle, pour montrer que, s'ils s'en abstiennent, ce n'est point qu'ils l'aient en horreur, ni qu'ils la regardent comme mauvaise ; que, s'ils n'obéissent pas, il veut qu'on les dépose.

Cette ordonnance du concile est une sage précaution contre les ébionites, les manichéens et quelques autres hérétiques, qui condamnaient comme mauvais l'usage de la viande, de crainte que les fidèles ne fussent portés à croire que les prêtres et les diacres dont il est parlé dans ce canon voulussent favoriser les erreurs de ces hérétiques. L'usage de la viande n'est donc pas mauvais en soi, quoiqu'il y ait du mérite de s'en abstenir par un esprit de pénitence ou par devoir, quand l'Église l'ordonne.

Le 15e déclare que si, pendant la vacance du siège épiscopal, les prêtres constitués économes des biens de l'Église vendent quelque chose de ce qui lui appartient, il sera au pouvoir de l'évêque élu de casser le contrat ou de recevoir le prix de la vente qu'ils en ont faite.

Le 16e ordonne que ceux qui ont commis des péchés contre nature, si c'est avant l'âge de vingt ans, seront quinze ans prosternés et cinq ans sans offrir. S'ils sont tombés dans les mêmes péchés après l'âge de vingt ans, et étant mariés, ils seront vingt-cinq ans prosternés et cinq ans sans offrir. S'ils ont péché après l'âge de cinquante ans, étant mariés, ils n'auront la communion qu'à la fin de la vie.

Le 17e déclare que si, par ces sortes de péchés, ils ont contracté des maladies honteuses que le concile appelle *lèpre*, on les séparera de toute communication avec les pénitents qu'ils pourraient infecter de leurs ordures, en leur assignant un endroit particulier pour accomplir leur pénitence, hors de l'enceinte de l'église, où ils étaient exposés à la pluie et aux autres injures de l'air : en sorte qu'ils n'étaient pas seulement chassés de l'église, mais encore du porche de l'église. Tertullien (*De Pudicitia, cap.* 4) remarque que, de son temps, on ne souffrait sous aucun toit de l'église ceux qui étaient coupables de ces sortes d'impuretés. Le texte grec de ce canon appelle ces pénitents lépreux, *Hiemantes*, parce qu'ils étaient obligés de demeurer à l'air, afin que leur mauvaise odeur ne pût nuire à personne (b).

Le 18e porte que, si quelqu'un, étant or-

(a) 10e canon. « Rien, ce me semble, ne fait mieux connaître la tradition de l'Église Romaine, et la correction ou le changement qu'elle fit au dixième canon du concile d'Ancyre, lorsqu'elle le mit dans le Code dont elle se servait, et dont il est le onzième canon. Car, au lieu que, selon le grec et toutes les versions, les diacres qui protestent dans le temps de leur ordination qu'ils ne sont pas résolus de vivre dans la continence, conservent leur dignité et la

liberté du mariage, *Maneant in ministerio, propterea quod his episcopus licentiam dederit*, l'Église Romaine substitua à ces paroles celles-ci : *Si ad nuptias convenerint, maneant in clero tantum, et a ministerio abjiciantur.* » Dumuel, *Confér. eccl:* t. II, XLe diss. sur le 10e canon du conc. d'Ancyre, p. 147.

(b) Denys le Petit a traduit le mot grec χειμαζομενους par *Eos qui spiritu periclitantur immundo*, c'est-à-dire qu'il a...

donné évêque, n'est pas reçu par le peuple auquel il est destiné, et veut s'emparer d'un autre diocèse, et y exciter des séditions contre l'évêque établi, il sera séparé de la communion. S'il veut prendre séance parmi les prêtres, comme il l'avait avant qu'il fût ordonné évêque, on lui laissera cet honneur; mais s'il y excite des séditions contre l'évêque, il sera privé même de l'honneur de la prêtrise, et excommunié.

Pour entendre ce canon, il faut savoir qu'il arrivait souvent, dans les premiers siècles, que des évêques ordonnés pour un diocèse fussent rejetés par le peuple de ce diocèse, parce que, selon la discipline de ce temps-là, le peuple concourait à l'élection de son évêque. Il arrivait souvent aussi que les évêques, rejetés par les peuples pour lesquels ils avaient été ordonnés, troublaient ces églises ou bien d'autres, et excitaient des séditions contre les évêques qui les gouvernaient, à dessein de les faire chasser pour prendre leur place. C'est contre ces évêques turbulents et séditieux que fut fait le canon dont il s'agit.

Le 19e soumet à la même peine que les bigames, les vierges qui, au mépris de leur profession, ont violé le vœu de virginité, et défend aussi aux vierges de loger avec des hommes, sous le nom de *sœurs*. On appelle *bigames* ceux qui, après la mort de leurs épouses, convolent à de secondes noces. Quoique l'Eglise n'ait jamais condamné les secondes noces ni les suivantes, elle les a néanmoins toujours regardées de mauvais œil et comme des marques d'incontinence; d'où vient qu'elle soumettait autrefois les bigames à la pénitence, qui n'était réglée que par la coutume. Il paraît, par saint Basile (*Epist. Can.* 2, can. 18) qu'on les recevait après un an de séparation. C'est cette même peine des bigames que ce canon impose aux vierges adultères.

Le 20e ordonne que celui qui aura commis un adultère, ou souffert que sa femme le commette, fera sept ans de pénitence, en passant par les quatre degrés ordinaires des pleureurs, des écoutants, de la prostration et de la consistance. La femme adultère ne passait pas par les trois premiers de ces degrés; mais, tout le temps qu'elle aurait dû y demeurer, elle le passait dans le degré de la consistance, où l'on était seulement privé de l'offrande et de la communion. Comme plusieurs s'y mettaient souvent par piété et par humilité, les adultères ne pouvaient être découvertes par cette sorte de pénitence qui leur était commune avec beaucoup de personnes innocentes.

C'est ainsi que D. Ceillier lit ce canon dans le IIIe tome de son Histoire des auteurs ecclésiastiques, page 720; mais il y a une autre leçon qui paraît plus vraisemblable : c'est celle qui entend ce canon de celui qui épouse une femme répudiée par son mari pour cause d'adultère; d'où vient que Denys le Petit ne

dit pas, *cujus uxor adulterata est*, mais *cujus uxor adultera fuerit*, et qu'il pose ainsi le titre de ce canon : *De his qui adulteras habent uxores, vel si ipsi adulteri comprobentur.* Ce canon doit donc s'entendre d'un homme qui épouse une femme répudiée pour cause d'adultère, du vivant de son mari, et qui par là se rend en quelque sorte coupable lui-même d'adultère. Si l'on dit qu'une pénitence de sept années paraît trop douce pour ce mari adultère, puisque l'Eglise punissait autrefois ce crime de quinze années de pénitence, on répond que le concile en a agi ainsi, parce que les lois civiles permettaient la dissolution du mariage, même quant au lien, pour cause d'adultère, et que les catholiques mêmes ne savaient point encore certainement si la loi évangélique défendait cette dissolution de mariage, quant au lien, en pareil cas. Au reste, il paraît par ce canon, que les Pères du concile d'Ancyre supposent cette indissolubilité du mariage. Il paraît aussi que les degrés de la pénitence étaient déjà fixés dès lors.

Le 21e dit qu'anciennement on différait jusqu'à la mort l'absolution aux femmes qui, après être tombées dans la fornication, pour faire périr le fruit de leurs débauches, se faisaient avorter; mais que, voulant adoucir la rigueur de cette discipline, il fixe leur pénitence à dix ans, qu'elles passeront dans les degrés ordinaires.

Le 22e ordonne que celui qui aura commis un homicide volontaire, demeurera jusqu'à la mort dans la prostration, qui était le degré de la pénitence laborieuse et humiliante, et ne recevra la communion qu'à la fin de la vie. Il y avait des églises où ceux qui avaient commis un homicide volontaire, ne recevaient point la communion, même à la mort, comme le prouve le P. Morin, dans son traité de l'Administration du sacrement de pénitence, l. IX, c. 19.

Le 23e déclare que l'ancienne discipline de l'Eglise ordonnait sept ans de pénitence à ceux qui avaient commis un homicide involontaire, mais que, pour user de condescendance envers eux, il les réduit à cinq années.

Le concile ne dit pas ce qu'il entend par un homicide volontaire et par celui qui est involontaire; mais saint Grégoire de Nysse l'explique dans sa lettre canonique à Létoius, où il dit que l'homicide volontaire est celui qui a été concerté et commis à dessein; et l'involontaire, celui qu'un homme, qui s'appliquait à une autre chose, a commis par hasard et sans dessein.

Le 24e dit que ceux qui suivent les superstitions des païens, et consultent les devins, ou introduisent ces sortes de gens chez eux pour découvrir ou faire des maléfices, seront cinq ans en pénitence, savoir, trois ans prosternés et deux ans sans offrir.

Le 25e et dernier canon est la solution d'un cas de conscience qu'on avait proposé au concile. Il s'agissait d'un homme qui avait

---

tendu par ce mot les énergumènes, comme l'explique le P. Alexandre. Cette interprétation n'est pas approuvée du savant dominicain; Mansi cependant l'a trouvée appuyée par de très-anciens manuscrits. *Vid. Nat. Alex. Hist eccl. edit. Venet. t. IV, p.* 262.

été fiancé avec une femme, et qui ensuite abusa de la sœur de cette femme, la viola et la rendit grosse. Cet homme ayant depuis épousé sa fiancée, la sœur de celle-ci, qui avait été corrompue, se pendit de dépit. Le concile ordonne que tous ceux qui ont été complices de ces trois crimes, de fornication, de mariage incestueux, et d'homicide, feront dix ans de pénitence, en passant par les degrés ordinaires.

Trois choses sont à remarquer dans tous ces canons, dit Noël Alexandre : la première, c'est qu'il y avait divers degrés de pénitence institués antérieurement au concile d'Ancyre, et que les pécheurs avaient à parcourir pendant le temps que prescrivait l'Église; la seconde, que les évêques étaient laissés maîtres, dans la plupart des cas, de modérer la pénitence ou de l'abréger, en ayant égard à la ferveur des pénitents; la troisième, que les Pères du concile d'Ancyre ne refusaient la communion à personne au moment de la mort. Le concile d'Arles de l'an 314 s'est montré plus rigoureux sur ce dernier point.

Les auteurs ne se sont pas toujours accordés sur le nombre des canons du concile d'Ancyre, les uns en comptant vingt-cinq, et les autres seulement vingt-quatre. Cette différence vient de ce que quelques-uns divisent le quatrième canon de ce concile, d'autres le vingt-deuxième, tandis que nous n'avons divisé ni l'un ni l'autre. Gratien ajoute un canon qui ne se trouve ni dans les manuscrits ni dans les imprimés, comme l'ont remarqué les correcteurs romains; et on l'attribue au pape saint Damase (*Décret. part.* II, cons. 26. q. 5, c. 11), de même qu'un autre canon touchant l'homicide, que l'on a joint aux canons du concile d'Ancyre dans l'édition du P. Labbe. *Labb.* I; *Hard.* I; *Reg.* II; *Anal. des Conc.*

ANCYRE (Conciliabule d'), l'an 358, ou 359, selon Mansi. Ce prétendu concile ne fut composé que de douze évêques semi-ariens, ayant à leur tête Basile d'Ancyre. Ils condamnèrent les anoméens, et en écrivirent aux évêques de leur parti une lettre que nous avons encore. Ils firent aussi une nouvelle exposition de foi, renfermée en dix-huit anathématismes, dans laquelle, en établissant que le Fils est semblable au Père en substance, ils nient qu'il soit de la même substance, et condamnent le mot *consubstantiel* : c'est ce qui leur fit donner le nom de *semi-ariens* ou *demi-ariens*. Le P. Richard soutient à tort que le pape Libère souscrivit, par l'ordre de l'empereur Constance; à cette fausse confession de foi. Nous n'en voyons de trace nulle part, si ce n'est qu'on lui a imputé d'avoir souscrit à la troisième formule de Sirmich, rédigée, comme nous allons le dire, dans le sens, non des dix-huit, mais de douze des dix-huit anathématismes du faux concile d'Ancyre, et c'est bien assez que ce pontife, confesseur de la foi, ait été accusé d'avoir souscrit à une formule arienne ou semi-arienne, autre accusation dont nous le défendrons en son lieu. Le P. Alexandre rapporte dans son histoire que les dix-huit anathématismes du concile semi-arien furent envoyés à Constance, qui se trouvait alors à Sirmich, et que ce fut là le motif qui détermina cet empereur à réprouver la deuxième formule de Sirmich par un édit solennel, et à en faire composer une troisième, conforme à la doctrine contenue dans les anathématismes, par Marc, évêque d'Aréthuse, et quelques autres évêques qui étaient à la suite du prince. Il aurait dû dire qu'on ne présenta à l'empereur que douze des dix-huit anathématismes, en supprimant ceux où était condamnée l'expression de *consubstantialité*. N. Alex. *Hist. eccl. t. IV*, p. 238, edit. *Venet.*

ANCYRE (Conciliabule d'), l'an 375. Les ariens, depuis la mort de Constance, s'étaient fait un protecteur dans la personne de Démosthènes, vicaire du préfet du prétoire dans le Pont et la Cappadoce. Il était chrétien, mais fort ignorant, ami des hérétiques, et plein d'aversion pour les catholiques. Quoiqu'il ne comprît rien aux affaires de l'Église, il ne laissait pas d'en vouloir juger; et sans appeler les évêques catholiques pour apprendre d'eux la vérité, il recevait les accusations que les ennemis de la paix formaient contre eux, se mettant peu en peine des formalités qu'il convenait d'observer dans ces sortes de jugements. Toutefois, il était bien aise de se servir de l'autorité et du nom des évêques, pour couvrir ses mauvaises actions. Ce fut pour cela qu'il assembla à Ancyre en Galatie, au milieu de l'hiver de l'an 375, un concile d'évêques ariens Il y fit déposer Hypsius, et mettre en sa place Cédicius, surnommé de Parnasse, qui embrassa aussitôt la communion de Basilide, évêque de Gangres en Paphlagonie, qui était un arien déclaré Cédicius était disciple d'Evippius, évêque de Galatie, et il s'était joint à lui, ainsi qu'à Anysius, que saint Basile qualifie de misérable valet, pour persécuter les églises de la Cappadoce. Hypsius, qui fut déposé, était, semble-t-il à D. Ceillier, évêque d'Ancyre même où se tenait le conciliabule. Eustathe de Sébaste se trouva dans cette assemblée, et communiqua avec les ariens.

Saint Grégoire de Nysse fut accusé dans le même soi-disant concile par un homme de vile condition, nommé Philocharis, d'avoir détourné quelque argent de son église; à quoi on ajouta que son ordination avait été faite contre les règles. Démosthènes envoya donc des soldats, avec ordre de le lui amener prisonnier. Le saint dut céder à la violence; mais s'étant trouvé attaqué d'un mal de reins, et ne pouvant obtenir des soldats aucun soulagement, il s'échappa de leurs mains, et abandonna le pays.

ANDEGAVENSIA (Concilia). V. ANGERS.

ANDELOT (Assemblée d'), *Andelaensis*, au diocèse de Langres, l'an 587. Cette assemblée d'évêques et de grands conseilla et confirma la paix entre Childebert, roi d'Austrasie, et sa mère Brunehaut, d'un côté, et Gontran, roi de Bourgogne, de l'autre. *Labb.* V.

ANDRÉ (Concile national de Saint-), l'an 1487. Ce fut un concile général de l'Écosse, mais dont on n'a point les actes. *Angl.* III.

ANDREA (Concile de Sainte-Marie d'), en Sardaigne, l'an 1205. Riccus, archevêque de Cagliari, tint ce concile au sujet de quelques cens que les moines du prieuré de Murchi refusaient de payer. *Mansi, t.* II, *col.* 789.

ANDRIA (Synode diocésain d'), *Andriensis*, décembre 1582, sous Luc-Antoine Resta. Ce synode eut trois séances; on y exigea, comme dans tous les autres de cette époque, la profession de foi prescrite par Pie IV. *Constit. ed. in diœc. syn. Andriensi, Cupertini,* 1584.

ANGARE (Conciliabule d'), vers l'an 391 ou 393. *Voy.* SANGARE, l'an 393.

ANGE DES LOMBARDS (Synode diocésain de Saint-), le 2 septembre 1651. Fr. Ignace Ciantes, évêque diocésain, y publia trente-quatre chapitres de règlements. Nous remarquons en particulier le vingt-cinquième chapitre, où il dit que les chanoines dans les cathédrales, et les autres prêtres dans leurs églises, garderont, au chœur et dans les processions, l'habit propre de leur ordre, sous peine d'être réputés absents et d'être punis en conséquence. Tous les chanoines, y est-il dit encore, obéiront au chantre et au maître des cérémonies, en ce qui regarde leur office, sous peine de dix livres de cire pour chaque désobéissance. *Constit. et decreta in diœc. synodo S. Angeli Lombardorum, Romæ,* 1652.

ANGERS (Concile d'), *Andegavense*, l'an 453. Sous le consulat d'Opilion, c'est-à-dire en 453, il se tint, le 4 octobre, un concile à Angers, où assistèrent sept évêques. Ils étaient venus en cette ville pour l'ordination de Thalassius. C'était à Eustochius de Tours à présider à cette assemblée; mais il déféra cet honneur à Léon de Bourges, qu'il avait engagé à s'y rendre. Thalassius est nommé le dernier, apparemment comme le plus jeune. Ces évêques, avant de se séparer, firent quelques règlements, au nombre de douze, pour le rétablissement de la discipline.

Le premier défend aux clercs de résister à un jugement rendu par leurs évêques; de s'adresser sans leur aveu aux juges séculiers; de passer d'un lieu à un autre, sans leur permission, ou de voyager sans lettre de recommandation de leur part (a).

Ce canon, quant à sa première partie, n'est que l'abrégé d'une lettre que les évêques Léon de Bourges, Victeur du Mans et Eustochius de Tours avaient écrite quelque temps auparavant à Sarmation, à Cariatton et à Didier, évêques, et aux prêtres de la troisième Lyonnaise, c'est-à-dire, de la province de Tours. Quoique cette lettre ne fût souscrite que de trois évêques, elle avait néanmoins été composée de l'avis de plusieurs autres. Il paraît même, par un manuscrit de Reims, que les souscriptions étaient plus nombreuses; et que c'était le résultat de quelque concile des Gaules dont nous ne savons pas le lieu. On lit à la fin de cette lettre, que les ecclésiastiques qui, dans leurs différends, s'adresseront de leurs évêques au juge laïque sans le consentement de leurs évêques seront privés de leurs grades et de leurs offices; et que lors même qu'ils auront quelque difficulté avec les laïques, ils demanderont d'abord à être jugés par leurs évêques; mais que si leur partie veut aller devant le juge séculier, alors l'évêque permettra aux clercs de comparaître devant ce tribunal.

Le second canon du concile d'Angers avertit les diacres de déférer aux prêtres avec toute sorte d'humilité.

Le troisième défend les violences et les mutilations de membres.

Par le quatrième, il est défendu, sous peine d'interdit, aux ecclésiastiques de fréquenter des femmes étrangères, c'est-à-dire, comme il y est expliqué, toutes celles qui leur sont moins proches que des tantes. On y déclare encore excommuniés ceux qui auront aidé à livrer ou à prendre des villes; en sorte qu'ils ne pourront ni participer aux sacrements, ni même être admis à manger avec les autres fidèles dans les repas ordinaires.

Le cinquième soumet à la même peine les pénitents qui abandonnent la pénitence, et les vierges consacrées à Dieu qui sont volontairement tombées dans le crime (b).

Il est dit dans le sixième que tous ceux-là seront privés de la communion, qui épousent des femmes dont le mari est encore vivant, les séparations les plus légitimes ne donnant point la liberté de contracter de nouveaux mariages.

Il semble que le septième sépare de l'Eglise les clercs qui quittent leur état pour passer à la milice séculière, ou pour vivre en laïques (c).

Le huitième regarde les moines vagabonds, c'est-à-dire, ceux qui après s'être consacrés à Dieu dans un monastère, en sortaient pour aller courir par les provinces, sans y être obligés par aucune affaire ni aucune nécessité, et sans être munis de lettres qui les au-

---

(a) 1ᵉʳ canon. Il maintient la juridiction des évêques sur les clercs. Constant avait accordé aux évêques de juger toutes les causes des clercs même civiles, sans que les juges séculiers s'en pussent mêler. Valentinien Iᵉʳ avait diminué depuis cette grande autorité, et ordonné que pour les causes civiles les clercs seraient jugés par les magistrats de l'empereur, sans qu'ils eussent aucun privilège pour les affaires de cette nature. Les évêques ne pouvaient empêcher absolument l'effet de l'édit de l'empereur; mais ils trouvèrent un tempérament pour conserver au moins en apparence leur autorité. Ce fut d'ordonner aux clercs de ne point comparaître en jugement devant les magistrats séculiers sans leur permission : *Neque inconsultis sacerdotibus suis sæcularia judicia expetere.* Thomassin, *Man. inéd. sur les Conc.*

(b) 5ᵉ canon. Quand une fois on avait commencé les pénitences, soit que ce fût pour des crimes considérables, ou que ce fût pour des fautes légères, ou même par dévotion, on était contraint de les faire entières, et on ne pouvait les laisser imparfaites. On voit même que dans le huitième siècle, on forçait à main armée les pénitents d'achever leur pénitence. *Thomassin, ibid.*

(c) 7ᵉ canon. Un clerc qui s'est une fois engagé à l'Eglise ne peut plus retourner au siècle : on le force de demeurer dans l'état ecclésiastique; et il est bien remarquable que ce canon parle en général, et qu'il ne distingue pas les clercs mineurs des majeurs. Nous avons encore à présent un reste de cet ancien esprit de l'Eglise; car, quand on donne les quatre mineurs, l'évêque exige de ceux qui les prennent le dessein de persévérer dans l'état qu'ils embrassent : et, quoique cela ne les oblige pas absolument, ils ne doivent pas néanmoins changer de résolution sans des raisons fortes et légitimes. *Ibid.*

torisassent à ces voyages. Au cas qu'ils ne se corrigent point après avoir été avertis, le concile veut qu'ils soient privés de la communion.

Le neuvième défend aux évêques d'ordonner des clercs d'un autre diocèse, sans le consentement de l'évêque diocésain.

Le dixième excommunie tous les clercs qui refusent de s'acquitter des fonctions de leur ordre, à moins qu'ils ne prouvent que l'on n'a pas été en droit de les ordonner. Le texte de ce canon est fort embarrassé : le père Sirmond croit que la dernière partie doit s'entendre en ce sens, que l'on ne doit excommunier personne, qu'après l'avoir bien convaincu du crime qui mérite l'excommunication.

Il est ordonné dans le onzième, qu'entre les personnes mariées que l'on admet à la prêtrise ou au diaconat, on ne prenne que ceux qui n'ont eu qu'une femme et qui l'ont épousée vierge. Le douzième accorde la pénitence et le pardon à tous ceux qui auront confessé leurs fautes et qui se seront convertis ; remettant néanmoins ce pardon à la prudence de l'évêque, qui le leur accordera après qu'ils auront fait pénitence (a). Le concile ajoute que ceux qui négligeront d'observer ces ordonnances, en seront punis, et qu'il sera permis à leurs confrères de s'élever contre eux.

ANGERS (Concile d'), vers l'an 530. Ce ne fut pas autre chose qu'une réunion fraternelle entre S. Melaine de Rennes, qui y célébra la messe dans l'église de Notre-Dame, S. Aubin d'Angers, S. Victor du Mans, S. Marse de Nantes, et un évêque de Coutances.

ANGERS (Concile d'), l'an 1062, par Hugues, archevêque de Besançon, Eusèbe, évêque d'Angers, Wilgrin du Mans, et Quiriace de Nantes. Il se tint dans la chapelle de Saint-Sauveur d'Angers, à l'occasion de la dédicace qu'en firent ces prélats, et fut indiqué par le comte Foulques le Réchin. On y condamna l'hérésie de Bérenger. *Bouquet, Script. Rer. Francic. t. XI, p. 528 et 529.* C'est à Angers, dont il était archidiacre, que Bérenger de Tours, précurseur de Calvin et de Muncer, commença à dogmatiser. On montre encore aujourd'hui, dans l'enceinte de l'ancienne église de Saint Laurent, à Angers, les débris de la chaire du haut de laquelle notre novateur débitait à de pauvres écoliers ses dogmes impies. C'est pour cela que, jusqu'à l'époque de la révolution, l'usage s'était maintenu à Angers d'aller tous les ans en procession à cette église, le jour de la fête du Saint-Sacrement, y faire amende

(a) 12e canon. Il faut accorder facilement la pénitence à ceux qui la demandent. Cette coutume s'était introduite dans l'Église depuis Novat. Le concile ne parle que de la pénitence, et non de l'absolution : et en effet, l'absolution se différait dans l'Occident jusqu'à la fin de la pénitence ; et cette discipline s'est toujours gardée dans l'Église jusqu'au douzième siècle. Pour l'Orient, on accordait l'absolution immédiatement après la confession, sans attendre que le pénitent eût fait la satisfaction qu'on lui imposait. Ce qui peut servir à justifier la pratique présente de l'É-

honorable dans la forme la plus solennelle.

ANGERS (Concile d'), entre l'an 1157 et l'an 1161. Josse, archevêque de Tours, tint ce concile dans le chapitre de Saint-Aubin.

ANGERS (Synode diocésain de), vers l'an 1240. Les statuts synodaux du diocèse d'Angers, publiés par Henry Arnauld, évêque de cette ville, d'après le manuscrit original de l'un de ses prédécesseurs, commencent par des instructions fort remarquables qui, selon toute apparence, ont été le résultat d'un ou de plusieurs synodes tenus depuis le quatrième concile général de Latran qui y est cité, et avant l'année 1240, époque de la mort de l'évêque Guillaume de Beaumont, sous lequel ils furent célébrés.

Le dimanche d'avant le Synode, y est-il dit au début, les prêtres qui n'ont pas de chapelains dans leurs paroisses, avertiront publiquement à l'église leurs paroissiens, de leur faire connaître les infirmes qu'ils auraient à visiter ; et ils feront cette visite le lendemain, ou avant de se rendre au synode, quand même ils ne seraient pas demandés, en faisant tout ce qui est nécessaire pour le salut des âmes ; et pour le ministère ordinaire, ils se concerteront avec les chapelains voisins qui resteront à la garde des églises.

Tous les prêtres, et principalement ceux qui ont charge d'âmes, seront tenus de se rendre au synode ; et s'ils sont retenus par une indispensable nécessité, ils enverront à leur place leur chapelain ou leur clerc : sur la route ils se comporteront honnêtement, n'entreront que dans des maisons honnêtes, et s'y conduiront avec circonspection, de peur que l'état clérical ne soit déshonoré aux yeux du peuple : les absents auront soin de faire connaître à l'archiprêtre, comme celui-ci à l'évêque, les causes de leur absence. Les prêtres entreront au synode dès le matin, étant encore à jeun et vêtus du surplis et de l'étole. Au premier son de la cloche, tous entreront ainsi dans la grande église avec leurs étoles et leurs surplis, tenant chacun en main le livre synodal ; les vicaires et les autres, avec leurs surplis seulement ; les abbés porteront des chapes de soie.

Suivent les instructions ordinaires concernant les sacrements. « Si un enfant a été ondoyé au foyer, le prêtre lui suppléera les cérémonies du baptême, en supprimant toutefois les exorcismes. S'il doute que le baptême ait été légitimement administré, il fera tout sans omettre rien, et dira en plongeant l'enfant dans l'eau : *Si tu non es baptizatus, ego baptizo te in nomine Patris, et Filii et Spiritus sancti. Amen.* On n'admettra pas plus de trois parrains pour lever un enfant des fonts. »

glise latine, qui est toute pareille en ce point à la pratique orientale, mais infiniment différente d'ailleurs, en ce que la satisfaction s'est toujours faite selon la sévérité des anciens canons chez les Grecs, et que parmi nous il ne reste depuis quelques siècles que l'apparence de la satisfaction. *Ibid.* Les vrais pénitents parmi nous, mieux encore que chez les Grecs, font une pénitence réelle et sévère ; seulement elle leur est imposée avec ménagement par le confesseur.

« Lorsque l'évêque viendra dans une paroisse, les prêtres avertiront le peuple à deux ou trois lieues à la ronde, pour que tous se rendent auprès de l'évêque, pour entendre sa parole, ou lui demander ses avis; eux-mêmes se présenteront avec le peuple ayant la croix en tête; les adultes qui devront être confirmés se confesseront auparavant s'ils en ont le temps, et porteront avec eux des bandeaux de bonne largeur et d'une longueur suffisante; ils recevront ce sacrement à jeun, autant que possible, et ce jour-là les prêtres diront la messe de très-grand matin. »

« Personne ne dira la messe deux fois dans un jour, si ce n'est pour un enterrement ou pour une grande solennité (*in die solemni vel quadragesimali*). Le célébrant ne prendra point alors le vin de l'ablution, mais il le donnera à quelque ministre qui soit en état de grâce, où il le versera dans la piscine. »

« On ne donnera point aux enfants d'hosties non consacrées, à moins que ce ne soit à Pâques et en place de pain bénit. »

« Nous ne trouvons dans le catalogue sacré que dix préfaces qu'on doive admettre, savoir les préfaces de Pâques : *Te quidem*; de l'Ascension : *Qui post resurrectionem*; de la Pentecôte : *Qui ascendens*; de la Trinité : *Qui cum unigenito*; de la Vierge : *Et te in veneratione*; de la Croix : *Qui salutem*; des Apôtres : *Te, Domine, suppliciter*; de la Nativité de Notre-Seigneur : *Quia per incarnati*; de l'Epiphanie : *Quia cum unigenitus*; du Carême : *Qui corporali*. »

« Il serait à propos de dire debout l'office canonique, surtout les jours de fêtes. »

« On ne célébrera point sur un autel dont la table aurait été remuée ou aurait éprouvé une fracture énorme, jusqu'à ce que l'autel soit raffermi et consacré de nouveau. »

« Les prêtres ordonneront à toutes les personnes qui ont l'âge d'observer les jeûnes prescrits dans le Carême, aux Quatre-Temps, aux veilles de Noël, de l'Assomption, de la Nativité de saint Jean, des apôtres saint Pierre et saint Paul, de saint Matthieu, des saints Simon et Jude, de saint André, de saint Laurent, de la Toussaint, à la Saint-Marc et aux trois jours des Rogations. Si quelqu'un de ces jeûnes tombe le dimanche, il sera anticipé le samedi de devant. Il est défendu, sous peine d'excommunication, de manger de la viande le premier dimanche de carême » (le carême ne commençait encore alors que ce jour-là).

Chaque prêtre confessera ses péchés, au moins une fois l'an, à l'évêque ou au pénitencier. On pourra cependant, d'une année à l'autre, se confesser, autant de fois qu'on le voudra, à d'autres prêtres. Les clercs qui ne sont pas encore dans les ordres ne s'adresseront qu'à des pénitenciers discrets, de crainte d'être ordonnés irrégulièrement par l'effet de l'ignorance de quelque confesseur.

« Le prêtre qui se sera enivré par surprise fera pénitence pendant sept jours au pain et à l'eau; si c'est par négligence de son devoir, pendant quinze; si c'est par mépris, pendant quarante, ou pendant trente si c'est un diacre. Si quelqu'un vomit le jour où il aura communié, il encourra une plus forte peine. » *Statuts du dioc. d'Angers*.

ANGERS (Synodes diocésains d'), entre l'an 1240 et 1260, sous Michel Avis ou Loiseau. « Les prêtres empêcheront les bouchers, dans les endroits peu considérables, d'exercer leur métier le dimanche pendant la messe.

« Nous ordonnons que les causes ecclésiastiques soient traitées ecclésiastiquement, et non à la manière des affaires séculières. » *Ibid*.

ANGERS (Synodes diocésains d'), sous Nicolas Gellant, de l'an 1261 à l'an 1290. Sous cet évêque, et de même sous ses successeurs jusqu'au milieu du dix-septième siècle, il se tint habituellement à Angers deux synodes diocésains chaque année : le premier, le lundi de la Pentecôte, et le second, le jour de la Saint-Luc. Nous ne rapporterons ici que les plus remarquables.

Synode de la Saint-Luc, 1261. On y fit défense d'engager un missel ou un calice; ordre de réprimer les moines vagabonds.

Synode de la Pentecôte, 1262. « Les moines ne sortiront point de leurs monastères pour assister à des funérailles. On ne purifiera point des femmes le jour de leurs noces. »

Synode de la Saint-Luc, même année. « Tous les doyens et archiprêtres garderont des copies de tous les statuts synodaux, et auront soin de les faire observer. »

Synode de la Pentecôte, 1263. Obligation aux visiteurs de faire la visite par eux-mêmes. Défense de donner le jour de Pâques des hosties non consacrées en guise de pain bénit.

Synode de la Pentecôte, 1265. Défense de ratifier les contrats passés entre des juifs et des chrétiens.

Synode de la Saint-Luc, même année. On défend la chasse bruyante et l'entrée des cabarets aux ecclésiastiques et aux religieux.

Synode de la Pentecôte, 1266. On soumettra tous les testaments ou legs tant soit peu considérables, soit à l'évêque, soit à son official.

Synode de la Pentecôte, 1269. On n'imposera aucune taxe pour des mariages, ni pour des sépultures, ni pour des relevailles.

ANGERS (Concile d'), l'an 1269. Ce concile fit deux canons seulement : le premier, contre ceux qui empêchent qu'on ne fasse des legs aux églises, l'autre, pour empêcher les clercs de faire l'office d'avocats dans les causes séculières. *Labb. t. XI. Hard. t. VIII*.

Synode de la Pentecôte, 1270. Avant d'admettre une femme à la bénédiction des relevailles, on s'informera si elle est admissible, ou si c'est par un mauvais commerce qu'elle est devenue mère.

Synode de la Saint-Luc, même année. L'évêque accorde 20 jours d'indulgences à ceux qui feront cortège au saint sacrement quand on le portera à des malades.

Synode de la Saint-Luc, 1271. Défense d'ordonner des processions (ou des pénitences) publiques sans l'autorisation de l'évêque.

Synode de la Saint-Luc, 1272. Ordre de sonner immédiatement avant l'élévation, plutôt qu'après.

Synode de la Saint-Luc, 1273 Défense aux diacres d'entendre les confessions, si ce n'est en cas de nécessité. On n'inhumera aucun laïque dans le sanctuaire ou dans le chœur d'une église, s'il n'est fondateur de cette église ou héritier de fondateur.

Synode de la Pentecôte, 1274. «Les prêtres feront abstinence de viande depuis le soir du dimanche d'avant les Cendres jusqu'à Pâques».

Synode de la Saint-Luc, 1277. «L'office de Matines, comme celui de Vêpres, sera chanté dans tous les prieurés et dans toutes les églises paroissiales chaque jour de dimanche et de fête».

ANGERS (Concile d'), l'an 1279. Jean de Montsoreau, archevêque de Tours, tint ce concile le dimanche après la Saint-Luc, et y publia cinq capitules.

Le 1er excommunie ceux qui appellent les ecclésiastiques, pour des affaires personnelles, par-devant les juges séculiers.

Le 2e défend aux officiers des évêques de rien exiger et même de rien recevoir pour sceller les lettres d'ordination, et cela sous peine de suspense pour les clercs qui sont dans les ordres sacrés, ou d'excommunication pour les laïques et les clercs qui n'ont que les ordres mineurs.

Le 3e excommunie ceux qui mettent en terre sainte les corps que l'Eglise défend d'y mettre, et leurs fauteurs.

Le 4e prive les bénéficiers excommuniés du revenu de leurs bénéfices pour tout le temps où ils sont excommuniés, et ordonne qu'ils soient dépouillés des bénéfices mêmes s'ils demeurent plus d'une année dans l'excommunication.

Le 5e déclare que les évêques ont le pouvoir de lever les censures portées dans ce concile. Anal des Conc.

ANGERS (Synodes diocésains d'), sous Guillaume Lemaire, de l'an 1291 à l'an 1314.

Synode de la Saint-Luc, 1292. Défense aux barbiers d'exercer leur état les jours de dimanche, et aux meuniers de le faire de même depuis le samedi soir jusqu'au dimanche soir.

Synode de la Pentecôte, 1294. «On enverra un clerc de chaque paroisse demander le chrême à l'évêque, tous les ans avant le jour de Pâques. On administrera l'extrême onction avec zèle et sans rien exiger».

Synode de la Saint-Luc, 1314. «On fera à l'avenir l'octave de la fête de tous les saints.» Ibid.

ANGERS (Synode diocésain d'), sous Foulques de Matefelon, le jour de la Saint-Luc, 1328. On y fit défense aux clercs des églises paroissiales, sous peine d'excommunication, d'exercer l'office de procureurs. Ibid.

ANGERS (Concile d'), l'an 1365. Simon Renoul, archevêque de Tours, tint ce concile avec ses suffragants le 12 mars, et y publia trente-quatre statuts de discipline.

Les quatre premiers regardent les jugements ecclésiastiques. Quelques-uns, à la faveur des rescrits apostoliques, traînaient l'accusé à des tribunaux fort éloignés. Il fut dit dans le concile que le terme n'excéderait jamais deux journées de chemin, ou vingt-quatre lieues, pour les diocèses de Tours et d'Angers; pour ceux du Mans et de la Bretagne, vingt lieues; et comme on altérait quelquefois les rescrits de la cour de Rome, ou qu'on en supposait de faux, il fut statué qu'on les montrerait dans l'original même, visés et approuvés par l'ordinaire.

Les cinq statuts suivants touchent la matière des bénéfices. Défense à ceux qui les obtiennent en cour de Rome de tenir cachée l'acceptation qu'ils en font, et de différer la prise de possession au delà de six mois. Ordre aux collateurs ecclésiastiques, tant séculiers que réguliers, de rendre publique, dans les six mois, la collation qu'ils auront faite, et de ne nommer que des personnes qui soient en âge de recevoir dans l'an le sous-diaconat au moins, si la qualité des bénéfices exige les ordres sacrés.

Le 10e et le 11e traitent des archidiacres. On défend à ceux qui examinent les curés de rien prendre pour l'expédition du visa ou pour le sceau. On accorde généralement aux archidiacres cinquante ou cent sous à la mort de chaque curé pour le droit de lit : cinquante sous si la cure porte cinquante livres de décime, et cent sous si elle porte cent livres.

Le 12e et le 13e défendent aux ecclésiastiques de porter des souliers à long bec, des habits ouverts par en haut ou trop courts. Il est dit que leurs habits doivent descendre au moins jusqu'au genou.

Le 14e et le 15e sont des règlements pour la récitation de l'office des morts et de la sainte Vierge. Défense à tous les prêtres, en vertu de la sainte obéissance, de dire la messe des morts sans en avoir dit auparavant l'office. Ordre aux curés de dire l'office des morts tous les jours de férie; et à tous les chapitres, tant séculiers que réguliers, de chanter tous les jours l'office de la sainte Vierge, excepté les grandes fêtes, l'avent et les jours où l'on fait de Beata.

Le 16e statut défend, en vertu de la sainte obéissance et sous la menace du jugement de Dieu, à toute personne ecclésiastique, même aux évêques, de se faire servir à table, en quelque temps que ce soit, plus de deux plats. On excepte le cas de la réception d'un prince ou de quelque autre personne de grande considération.

Le 17e et le 18e recommandent la résidence aux curés, sous peine de perdre leurs revenus s'ils s'absentent pendant un mois, et d'être privés de leurs bénéfices s'ils sont absents pendant six mois. Même ordre aux chanoines, sous peine de perdre les distributions, s'ils n'assistent pas aux heures depuis le premier psaume, et à la messe depuis la première oraison jusqu'à la fin.

Le 19e et le 20e ordonnent aux moines de Saint-Benoît de porter des robes longues, larges et fermées, et aux chanoines réguliers d'avoir des surplis à l'église et ailleurs. On interdit aux uns et aux autres les habits courts.

Le 21e défend à ceux qui donnent les provisions pour les aumôneries, léproseries, hôpitaux et hôtels-dieu, de rien prendre pour l'expédition des lettres ou pour le sceau.

Le 22e condamne l'usage du beurre et du lait pendant le carême; le concile en fait un cas réservé aux évêques.

Les huit articles suivants roulent sur l'immunité ecclésiastique. On renouvelle les peines et les censures contre tous ceux qui molestent les clercs, soit dans leurs biens, soit dans leurs personnes. C'est une répétition des canons publiés dans une infinité de conciles toujours mal observés.

Le 30e excommunie les concubinaires et les adultères notoires.

Le 31e recommande de publier dans le mois la sentence d'excommunication portée par le juge ecclésiastique.

Le 32e dit qu'il faudra publier les statuts de ce concile tous les ans à perpétuité, pendant cinq dimanches, savoir : le premier de l'avent, le premier du carême, celui de la passion, celui de la Trinité et celui d'après l'Assomption de la sainte Vierge.

Le 33e avertit ceux à qui les évêques auront accordé de faire dire la messe dans leurs maisons ou chapelles particulières, qu'il y a six dimanches de l'année où il ne sera permis qu'au curé ou à quelque prêtre de sa part de célébrer dans ces chapelles. Les dimanches désignés par le statut sont les mêmes que ci-dessus; on y ajoute celui d'après l'Epiphanie.

Le 34e accorde à chaque évêque, pour son diocèse, le pouvoir d'absoudre des censures publiées dans le concile. *Reg. Lab. tom. XI; Hard. tom. VIII; Anal. des Conc.*

ANGERS (Synode d'), l'an 425; *V.* SAINT-MAURICE D'ANGERS.

ANGERS (Concile d') ou de Tours, l'an 1448. Jean Bernardi, archevêque de Tours, assembla son concile provincial à Angers, le 17 juillet 1448, et y fit les dix-sept décrets qui suivent.

1. Ceux qui auront obtenu des rescrits apostoliques ne traîneront point leurs parties au delà d'une journée hors du diocèse.

2. Ceux qui auront été pourvus de quelques dignités dans les chapitres seront tenus de prendre les ordres sacrés, au moins le sous-diaconat, dans l'année, sous peine de perdre leurs bénéfices.

3. Les prêtres réciteront l'office des morts, au moins à trois leçons, les jours qui ne sont pas solennels, surtout quand ils diront une messe des morts.

4. Les clercs qui ne résident point et qui n'assistent pas à tous les offices depuis le commencement jusqu'à la fin, auxquels ils sont tenus d'assister, seront privés des distributions quotidiennes.

5. Les clercs garderont le silence dans le chœur, et n'y diront point l'office deux à deux, excepté les prélats des églises.

6. On s'abstiendra des jeux défendus et des fêtes qu'on appelle *des fous*, sous peine d'être puni par les supérieurs.

7. Les prédicateurs n'affecteront point de faire dresser des échafauds pour y prêcher ; et ils éviteront les grands éclats, les cris excessifs en prêchant.

8. Défense aux abbés ou prieurs qui ont des prieurés dans leur dépendance, de les dépouiller à la mort des titulaires.

9. On règle le droit de visite des évêques, des archidiacres, archiprêtres, doyens et autres personnes ecclésiastiques, et on décharge les biens et les personnes d'église de toutes sortes de taxes.

10. On séparera de la communion les concubinaires qui auront été avertis canoniquement.

11. On sera obligé de faire fulminer, dans l'espace d'un mois, sous peine de vingt sous d'amende, l'excommunication qu'on aura portée contre quelqu'un.

12. Ceux qui contractent des mariages clandestins, ou qui font des charivaris, encourent l'excommunication *ipso facto*.

13. Même peine contre les usurpateurs des biens, de la juridiction, des immunités de l'Eglise, et contre leurs fauteurs.

14. Défense de porter des reliques pour gagner de l'argent.

15. Les indulgences accordées par le saint-siège seront annoncées par le recteur de l'église ou par quelque autre personne savante, connue et de bonnes mœurs.

16. On publiera de temps en temps les ordonnances de ce concile.

17. L'évêque diocésain aura le pouvoir d'absoudre des censures portées par le concile provincial. *Reg. tome XXXIV; Lab. tome XIII; Hard. tome IX. Anal. des Conc.*

ANGERS (Synode diocésain d'), sous Jean de Rely, à la Saint-Luc 1493. Ce prélat publia dans ce synode les statuts des synodes précédents, en y faisant des corrections et quelques additions nouvelles. *Ibid.*

ANGERS (Synodes diocésains d'), sous François de Rohan, à la Saint-Luc 1503. Défense y fut faite aux femmes de se placer dans le chœur ou dans l'intérieur de la balustrade des églises.

A la Saint-Luc 1504. « On n'admettra des vicaires dans les paroisses qu'après qu'ils auront été présentés à l'évêque et qu'il les aura agréés. Tous les chefs de famille seront obligés d'assister tous les dimanches à la grand'messe de leur paroisse. »

A la Pentecôte 1523. Défense de danser dans les cimetières et d'y laisser paître des animaux.

ANGERS (Synodes diocésains d'), sous Jean Olivier, de l'an 1533 à l'an 1539.

Synode de la Pentecôte 1533. « Les recteurs des églises sont tenus de révéler à l'official les péchés notoires et qui peuvent être un sujet de scandale pour leurs paroissiens. On rappelle aux curés et aux chapelains l'obligation de la résidence et du service divin. »

Synode de la Saint-Luc, même année.

« Après en avoir délibéré avec nos vénérables frères, les abbés de Saint-Aubin, de Bourgueil, de Saint-Serge, de Saint-Nicolas et de Toussaints, nous statuons et ordonnons que toutes les fois à l'avenir qu'aux supplications ou aux processions publiques, notre grande église d'Angers, qui est la mère de toutes les autres églises de notre diocèse, sera rencontrée par d'autres églises inférieures ou moindres, ou par des troupes de moines, celles-ci cessent aussitôt leurs chants, jusqu'à ce que ladite grande église soit passée. »

Synode de la Saint-Luc 1534. Défense de publier aucun nouveau miracle, d'élever, sous ce prétexte, des autels ou des chapelles, de favoriser les concours de peuple pour cet objet, avant que l'évêque ait examiné l'affaire et donné sa décision. On rappelle à cette occasion les décrets du dernier concile de Sens ou de Paris.

Dans celui de la Pentecôte 1537, l'évêque publia le statut suivant : « Nous avons eu avis de plusieurs endroits, qu'aucuns ecclésiastiques, oublieux de la dignité de leur ordre, se pourvoient pardevant des juges séculiers ès causes dont la connaissance et le jugement sont du for ecclésiastique. A ces causes, conformément aux Décrets des Conciles et la disposition du droit commun, nous faisons défenses ausdits ecclésiastiques, désormais ausdites causes de se pourvoir pardevant lesdits juges séculiers, sur les peines portées par lesdits canons. »

Synode de la Saint-Luc 1537. L'évêque y prononça la dégradation du prêtre Jean de Riviers, coupable entre autres crimes de la mort violente de Jean de Lépine, curé de Luigné. Assisté de Gaston Olivier, grand archidiacre, de Jacques Olivier, archidiacre d'Outre-Maine, de René Valin, pénitencier et official de l'église d'Angers, l'évêque enleva premièrement au prêtre criminel le calice et la patène d'entre ses mains, puis lui racla avec un couteau le pouce et l'index de chaque main, ensuite le dépouilla de la tunique et de la chasuble sacerdotale, successivement de la dalmatique de diacre et de sous-diacre, de l'étole, du manipule, de l'aube, de l'amict, du surplis et généralement de tous les habits sacrés, lui ôta des mains l'un après l'autre tous les livres sacrés, depuis celui des messes jusqu'à celui des exorcismes, lui rasa la tête par lui-même et par le barbier, pour ôter toute trace de tonsure cléricale, et enfin lui fit revêtir l'habit laïque ; après quoi, il le livra au juge criminel, en demandant toutefois, pour le coupable, exemption de la peine de mort ou de mutilation.

ANGERS (Synodes diocésains d'), sous Gabriel Bouvery, depuis l'an 1540 jusqu'à l'an 1565.

Synode de la Saint-Luc 1540. Défense aux curés et aux vicaires, sous peine de suspense, de retenir quelque chose des offrandes faites pour la confrérie de Saint-René. Obligation à tous de dénoncer les individus suspects de luthéranisme.

Synode de la Pentecôte 1541. « Tous les ecclésiastiques de la ville et du diocèse d'Angers seront tenus de faire des recherches sur les livres enseignés dans les écoles, et en feront la dénonciation à l'évêque, si ces livres se trouvent suspects d'hérésie. »

Synode de la Saint-Luc 1542. « Les curés et prieurs auront soin que les portes de leurs églises soient fermées après le service divin terminé, et n'en confieront les clefs qu'à leurs vicaires ou à des chapelains fidèles. »

Synode de la Pentecôte 1543. Obligation de renouveler le premier dimanche de chaque mois l'hostie qu'on garde dans le tabernacle.

Synode de la Saint-Luc 1543. On y adopta le décret de la faculté de théologie de l'université de Paris, de l'année précédente, contre les erreurs du temps. On en recommandera de même l'observation dans plusieurs des synodes qui vont suivre.

Synode de la Saint-Luc 1547. Défense aux clercs de porter des chemises à collerettes, et de faire usage de chausses bouffantes.

Synode de la Pentecôte 1554. Défense aux curés d'admettre des prêtres à dire la messe avant que ceux-ci se soient confessés.

Synode de la Pentecôte 1558. Défense aux curés de se constituer fermiers ou vicaires temporels d'une église paroissiale.

Synode de la Saint-Luc 1564. « Tout prêtre sera tenu de dire la messe tous les dimanches, aux fêtes solennelles et à toutes les fêtes de la sainte Vierge. »

Les prêtres et les bénéficiers ne paraîtront en public qu'avec la barette ronde (*bireta rotunda*), la tonsure convenable et l'habit ecclésiastique (*vestes talares*), sous peine d'excommunication *latæ sententiæ*.

ANGERS (Concile d'), l'an 1583. *Voy.* TOURS, même année.

ANGERS (Synode diocésain d'), à la Pentecôte 1586, sous Guillaume Ruzé. « De l'autorité du révérend père en Dieu monseigneur l'évêque d'Angers, il est défendu à tous curez, chapelains, vicaires et autres, de quelque qualité qu'ils soient, de jouer, ni faire ou permettre de jouer aucunes farces, scènes, comédies ou autres jeux en leurs églises, cimetières ou autres lieux saints, spécialement aux jours de fêtes, que préalablement lesdites farces, comédies, scènes ou histoires, si aucunes on veut jouer, n'ayent été communiquées ou approuvées par monseigneur le révérend évêque ou ses vicaires. »

ANGERS (Synodes diocésains d'), sous Charles Miron, de l'an 1588 à l'an 1622.

Synode de la Saint-Luc 1588. « On administrera les sacrements selon la tradition de l'Eglise apostolique et romaine. »

Synode de la Saint-Luc 1594. « On reprendra l'usage qui avait été interrompu, de prier au prône pour le roi très-chrétien. Les recteurs procureront à leurs paroisses, autant qu'il leur sera possible, des maîtres d'école, pour enseigner à la jeunesse l'alphabet, les premiers principes de grammaire, le catéchisme et le chant, et avertiront leurs paroissiens de leur fournir la subsistance selon leurs moyens respectifs. Ceux qui seront pour recevoir les ordres devront être publiés trois fois dans l'église de leur paroisse. »

Synode de la Pentecôte 1595. « Comme ainsi soit que l'ennemy mortel du genre humain tâche toujours, par une ruse qui luy est ordinaire de suggérer és esprits des hommes, sous espérance de quelque bien, des choses desquelles les beaux et saints commencemens se changent par après en malheureux et méchants effets ; entre les autres celle-cy n'est pas à mépriser, que par certaine coûtume dé long-temps observée en quelques endroits de notre diocese, et principalement és-paroisses qui sont sous les doyennez de Craon et de Candé, le jour de la feste de la Circoncision de Notre Seigneur, qui est le premier jour de l'an, et autres ensuivans, les jeunes gens d'icelles paroisses de l'un et de l'autre sexe vont par les Eglises et maisons faire certaine queste qu'ils appellent *Aguillanneuf*, les deniers de laquelle ils promettent employer en un cierge en l'honneur de Notre-Dame, ou du Patron de leur paroisse ; toutefois nous sommes avertis que sous ombre de quelque peu de bien il s'y commet beaucoup de scandales : Car outre que lesdits deniers et autres choses provenantes de ladite queste, ils n'en employent pas la dixième partie à l'honneur de l'Eglise, ains consument quasi tout un banquets, yvrongneries et autres débauches ; l'un d'entr'eux qu'ils appellent leur *follet*, sous ce nom prend la liberté, et ceux qui l'accompagnent aussi, de faire et dire en l'Eglise et autres lieux des choses qui ne peuvent estre honnestement proférées, écrites ny écoutées, mesme jusqu'à s'adresser souvent avec une insolence grande au Prêtre qui est à l'Autel, et contre-faire par diverses singeries les saintes cérémonies de la Messe, et autres observées en l'Eglise : et sous couleur dudit Aguillanneuf, prennent et dérobent és maisons où ils entrent tout ce que bon leur semble, dont on n'ose se plaindre, et ne peut on les empescher, pour ce qu'ils portent bastons et armes offensives ; et outre ce que dessus font, une infinité d'autres scandales. Ce qu'étant venu à nostre connoissance par les remontrances et plaintes qui nous en ont esté faites par aucuns Ecclésiastiques et autres, désirans pour le dû de nostre charge remedier à tel désordre, considerant que Nostre Seigneur chassa bien rudement et à coups de foüet ceux qui dans le temple vendoient et achetoient les choses nécessaires pour les sacrifices, tant s'en faut qu'ils fissent telles méchancetez que ceux-cy, leurs reprochant que de la maison d'oraison ils en avoient fait une taniere et retraite de voleurs. A l'exemple d'icelui, poussez de son Esprit et de l'autorité qu'il luy a plû nous donner, nous deffendons tres-expressement à toutes personnes, tant de l'un que de l'autre sexe, et de quelque qualité et condition qu'ils soient, sur peine d'excommunication, de faire doresnavant ladite queste de l'Aguillanneuf en l'Eglise ny en la maniere que dessus, ni faire assemblées pour icelle plus grandes que de deux ou de trois personnes pour le plus, qui à ce faire seront accompagnez de l'un des Procureurs de fabrice, ou de quelque autre personne d'âge, ne voulant qu'autrement ils fassent ladite Aguillanneuf. »

Synode de la Saint-Luc 1595. « D'autant que les lettres de querimonies, monitoires et aggraves qui ont coûtume d'être baillées, afin de revelation d'aucuns faits, ou pour biens perdus, soustraits et dérobez, ont été cy-devant trop facilement expediées au scandale de plusieurs et au mépris de l'autorité de l'Eglise ; et que de ce on vient à les contemner plûtost qu'à les craindre, et en vient plus de détruction que de salut. Nous en suivant les saints Conciles, deffendons qu'il y ait plus personne, fors ledit seigneur reverend Evesque, ou sous son autorité le venerable Official qui décerne lesdits monitoires et aggraves.... Et d'autant qu'au prône qui se fait après l'offertoire du saint sacrifice de la Messe on ne doit parler que de choses saintes et spirituelles, deffendons ausdits Curez et Vicaires de faire en leurs dits prônes aucunes publications de choses profanes. »

Synode de la Saint-Luc 1600. « Les Curez et Vicaires avertiront leurs paroissiens d'apprendre et faire apprendre distinctement à leurs enfans l'Oraison dominicale, la salutation Angelique, les articles de la Foy et les commandemens de Dieu, tant en François qu'en Latin. Enjoignons ausdits Curés et Vicaires d'avertir souvent leurs paroissiens que deffenses leur sont faites de nostre autorité d'assister aux presches, prieres et autres actes de la religion prétendue réformée, sur peine d'excommunication. »

Synode de la Pentecôte 1605. Le détail y fut fait des cas réservés à l'évêque.

Synode de la Saint-Luc 1615. « Pour empescher l'insolence et irrévérence qui se commet en plusieurs Eglises de ce diocese la nuict de la feste des Trépassez, par personnes qui s'y retirent sous pretexte de sonner les cloches, enjoignons aux Curez des dites Eglises d'empescher ladite sonnerie incontinent après neuf heures du soir, et à cette fin faire tenir les portes desdites Eglises fermées jusqu'à cinq heures du matin. »

ANGERS (Synode diocésain d'), sous Guillaume Fouquet de la Varenne, à la Saint-Luc de l'an 1617. Le zélé prélat publia des statuts en grand nombre, et tous fort instructifs, sur les sacremens, le service divin et les devoirs des chanoines, des curés et des autres prêtres, des reguliers et des religieuses. Sur le sacrement de baptême, on y remarque en particulier ceux-ci : « Pour oster cet erreur pernicieux d'aucuns qui croyent le baptesme ne valoir s'il n'est administré par main de Prêtre, Nous deffendons de rebaptiser en aucune façon ceux qu'ils sçauront avoir été légitimement baptisez par les Sages femmes ou autres personnes laïques, déclarant estre besoin seulement en ce cas de suppléer à l'endroit des baptisez les exorcismes, onctions et autres prieres et ceremonies baptismales qui auraient été obmises.... Deffendons à toutes personnes sur peine d'excommunication de porter les enfans nouvellement baptisez aux tavernes, ny les y engager, ou à l'occasion du baptesme y aller boire, et faire débauches.... »

« Deffendons à tous Curez, Vicaires et autres faisant fonction curiale de baptiser les enfans qui ne seront de leurs paroisses, sinon quand il y aura péril de mort imminent.... »

Sur le service divin. « Deffendons d'introduire ny chanter au service divin sous quelque pretexte que ce soit aucunes formes de prieres particulieres, hors celles contenuës és livres de l'office tenu en chacune Eglise. »

Sur les devoirs des prêtres. « Leur faisons deffenses de ne retirer dans leurs Presbyteres ou logis aucunes femmes pour servantes, si elles ne sont de bonnes vie et réputation, et n'ont atteint l'âge de cinquante ans. Ny aucunes autres femmes si elles n'étoient leurs mères, sœurs, tantes ou niepces, sur les peines de droit. »

ANGERS (Synodes diocésains d'), sous Henry Arnauld, de l'an 1651 à l'an 1679.

Synode de la Pentecôte 1651. Le prélat, sévère observateur des canons, insiste dans ce premier synode sur le devoir de la résidence pour tous les clercs bénéficiers, et souvent dans les synodes suivants, comme dans tout son épiscopat, on le verra revenir sur cette importante matière. Il fit en même temps des statuts contre les mariages clandestins et contre les concubinaires publics. A partir de l'épiscopat de Henry Arnauld, les synodes ne se tinrent plus à Angers qu'une fois chaque année ; encore furent-ils quelquefois interrompus.

Synode de la Pentecôte 1652. Le prélat y expliqua la défense qu'il avait faite aux clercs, dans le précédent synode, de boire ou de manger dans des cabarets.

Synode de la Pentecôte 1654. « Nous ordonnons qu'à la diligence des Curez et des Procureurs de fabrique il sera mis au-dessus des fonts baptismaux un ciel ou dais de toile blanche à une hauteur convenable, lequel sera blanchi aussi souvent qu'il sera jugé nécessaire, et que leurs bassins seront couverts d'une table de bois bien jointe; comme aussi qu'ils seront nettoyez souvent. » Que la coûtume de sonner l'*Ave Maria* le matin, à midi et le soir, qui est si ancienne et si pieuse, soit rétablie dans les lieux où elle a été discontinuée... Que dans toutes les paroisses de notre diocèse tous les Dimanches de l'année à la première Messe les curez ou autres ecclésiastiques députez par eux, lisent au peuple en Latin et en François l'Oraison dominicale, la salutation Angélique, le Symbole des Apostres et le *Confiteor*, ausquels ils ajouteront les Commandemens de Dieu et de l'Eglise... Les cimetières étant des lieux saints, nous défendons d'y tendre le linge pour le faire seicher, y jouer à la paulme, à la boulle, danser, y boire, y faire paistre les animaux, y tenir foires, marchez, ou y étaler marchandises, etc.

Synode de la Pentecôte 1655. « La distribution du pain bénit se fera tous les dimanches à la grande Messe... Chacun des fidelles demeurera dans l'Eglise durant la grande Messe jusques à ce que le Prestre ait donné la bénédiction, et nous défendons à tous les paroissiens de s'arrester sous le porche de l'Eglise et dans le Cimetière durant ou après le service divin... Nous enjoignons aux Curés de désabuser les simples qui seroient dans cette erreur que pour gagner les Indulgences il soit absolument nécessaire de donner de l'argent. »

Synode de la Pentecôte 1657. « Nous enjoignons à tous nos Curez de lire souvent dans leurs prônes notre ordonnance contre les blasphémateurs (du 6 août 1655). »

Synode de la Pentecôte 1663. « Que les Curez se souviennent que quand ils ont des malades dans leurs paroisses, il ne leur suffit pas pour s'acquitter de ce qu'ils leur doivent de leur administrer les sacremens ; mais qu'ils sont encore obligez de les visiter souvent pour les consoler dans leurs maux et leur enseigner les moyens d'en faire un bon usage en les souffrant avec patience pour l'amour de Dieu. »

Synode de la Pentecôte 1667. « Nous défendons à tous Curez, Vicaires et autres Supérieurs des Eglises de notre diocèse, de mener leurs processions en aucun lieu plus éloigné de l'Eglise paroissiale que d'une lieue, et aux Procureurs de fabrique de traiter les Ecclésiastiques qui auront assisté ausdites processions. »

Synode de la Pentecôte 1668. L'évêque y renouvela la défense des abus pratiqués aux assemblées de guilanleu ou de guy l'an neuf (*Voy.* plus haut, Synode de la Pentecôte 1595).

Synode de la Pentecôte 1676. « Nous déclarons qu'aux jours de festes qui arriveront durant la moisson et les vendanges et autres tems de récolte nos diocesains après avoir entendu la sainte Messe pourront, en cas de nécessité, travailler à la recolte des fruits, et faire toutes les œuvres serviles necessaires pour en éviter la perte, après neanmoins en avoir obtenu permission de leurs Curez, auxquels nous donnons la faculté de l'accorder en jugeant des raisons qu'il y aura de le faire. »

« Aux Messes où se fera l'offrande, on presentera aux laïques le dos de la Patène à baiser suivant la pratique ordinaire de l'Eglise.

La distribution des saintes Huiles étant une des fonctions de nos Archiprêtres et Doyens ruraux, les Curez les doivent prendre d'eux. »

Synode de la Pentecôte 1677. « Nous conjurons les ecclésiastiques qui sont dans les lieux où il n'y a point d'Ecole fondée, et dont le temps n'est pas entièrement occupé pour le soin des âmes, d'en donner une partie à l'instruction des enfans. »

Synode de la Pentecôte 1678. « Les Prêtres

soit Chapelains ou simples habituez, les Diacres et les Soudiacres vacqueront à l'instruction et feront le catechisme lorsque les Curez auront besoin de leur secours, ce qu'ils feront avec ordre en partageant entre eux le Troupeau, en sorte que chacun en instruise une partie selon la distribution qu'en feront les Curez. »

Synode de la Pentecôte 1679. « Nous défendons à tous Curez et autres Superieurs des Eglises de faire porter la croix dans les processions et autres ceremonies publiques par autre que par un Ecclésiastique... »

ANGLETERRE (Concile d'), l'an 465. *Voy.* BRETAGNE, même année.

1. ANGLETERRE (Concile d'), *Anglicanum*, l'an 604 ou environ. *Voy.* WORCHESTRE.
2. ANGLETERRE (Concile d'), l'an 664. *Voy.* PHARE.
3. ANGLETERRE (Concile d'), l'an 680. *Voy.* HAPFELD.
4. ANGLETERRE (Concile d'), l'an 692. *Voy.* BRETAGNE.

ANGLETERRE (Concile d'), l'an 701. Ce concile se tint sous le roi Alfred et sous la présidence de Berthold, archevêque de Cantorbery. On y dressa de nouvelles embûches à saint Wilfrid, archevêque d'York, qui en appela au pape Jean VI, et triompha ainsi de la malice de ses ennemis. *Labb.* VI, *Anglic.* I.

ANGLETERRE (Concile d'), l'an 756. Cuthbert, archevêque de Cantorbery, tint ce concile ; on y ordonna que la fête de saint Boniface, archevêque de Mayence, serait célébrée dans toute l'Angleterre le 5 juin. Ce saint apôtre avait été massacré, avec cinquante-deux de ses compagnons, en prêchant la foi à Dockum en Frise, l'an 754. *Edit. Venet.*, tom. VIII. *Anal des Conc.*

ANGLETERRE (Concile d'), assemblé vers l'an 892, par les soins du roi Edouard, et présidé par Plegmon, archevêque de Cantorbery, à l'effet d'obtenir la levée de l'interdit jeté par le pape Formose sur le roi et sur toute l'Angleterre, et de mettre fin au veuvage de sept églises restées sans évêques depuis plusieurs années. SCHRAM.

ANGLETERRE (Conciles d'), sur la fin du neuvième siècle, et vers l'an 895. Il s'en tint plusieurs composés d'évêques d'une grande vertu, qui s'élevaient avec force contre les déréglements des princes, et savaient les réprimer par les peines canoniques. On ignore les années précises de ces conciles. *Pagi, ad an.* 895, n. 6.

ANGLETERRE (Concile d'), l'an 905. Le pape Formose ayant écrit à Edouard, roi d'Angleterre, des lettres pleines de menaces, s'il ne faisait élire des évêques dans les églises qui en manquaient, le prince convoqua un concile à cet effet. Plegmon, archevêque de Cantorbéry, y présida, et l'on mit des évêques dans tous les sièges vacants. *Angl.* I.

ANGLETERRE (Concile d'), l'an 969. L'archevêque saint Dunstan convoqua ce concile par l'ordre du pape Jean XIII, et ce fut un concile général de l'Angleterre. Le roi Edgar y fit de vives plaintes sur les déréglements des clercs ; et le concile arrêta que tous les chanoines, les prêtres, les diacres et les sousdiacres garderaient la continence ou quitteraient leurs églises. On commit l'exécution de ce décret à saint Dunstan et aux deux évêques nommés par le roi, celui de Worchestre et celui de Winchestre, qui furent avec saint Dunstan les restaurateurs de la discipline monastique en Angleterre. *Angl.* I.

ANGLETERRE (Concile d'), l'an 1072. Ce concile se tint à Windsor, en présence du roi Guillaume et de la reine Mathilde, son épouse. La primatie y fut confirmée à Lanfranc, archevêque de Cantorbery, sur Thomas, archevêque d'York, qui la lui disputait. *Angl.* I. RICHARD. *V.* LONDRES, même année.

ANGLETERRE (Concile général d'), l'an 1075. Lanfranc, archevêque de Cantorbery, présida à ce concile. Il y fut décidé que les femmes et les vierges qui s'étaient réfugiées dans les monastères et y avaient pris le voile pour se mettre à couvert des insultes des Normands, pourraient retourner au siècle. *Ibid.*

ANGLETERRE (Concile d'), l'an 1085. Cette assemblée d'évêques, d'abbés et de barons, servilement dévoués au roi Guillaume le Roux, et devant lesquels le primat d'Angleterre eut à comparaître en qualité d'accusé, était au fond un parlement plutôt qu'un concile. *Voy. S. Anselme*, par le comte de Montalembert.

ANGLETERRE (Concile d'), l'an 1167. Les évêques y délibérèrent de poursuivre saint Thomas, archevêque de Cantorbery, devant le pape.

ANGLETERRE (Concile d'), l'an 1183. L'objet de ce concile fut de demander des secours d'argent pour le pape. *Anglic.*, p 183, *Richard*.

ANGLETERRE (Concile d'), l'an 1188, tenu auprès de Gaintington, au sujet d'une nouvelle croisade. SCHRAM.

ANGLETERRE (Concile d'), l'an 1269. Wilkins et Mansi mettent deux conciles tenus cette année, l'un à Londres et l'autre à Cantorbery, où, après bien des plaintes, les évêques consentirent à accorder des subsides au roi. RICH.

ANGLETERRE (Concile d'), l'an 1341. *Voy.* LONDRES 1342.

ANGOULÊME (Concile d'), *Engolismense*, l'an 1117. Ce concile fut tenu au sujet d'une dispute entre les religieux de l'abbaye de Rédon et ceux de Quimperlé, en basse Bretagne, touchant un lieu appelé Belle-Isle, qui avait été donné à l'abbaye de Quimperlé, dès sa fondation, par Alaix, comte de Cornouailles, son fondateur, et que les papes saint Léon IX et saint Grégoire VII avaient transféré à l'abbaye de Rédon. Gérard, évêque d'Angoulême, et légat du saint-siége, qui présida à ce concile, ordonna que l'abbaye de Rédon restituerait Belle-Isle à celle de Quimperlé, sous peine d'excommunication. *Mansi*, tom. II, col. 319.

ANGOULÊME (Concile d'), tenu l'an 1118, pour la confirmation de l'archevêque de

Tours et de deux autres évêques. *Labb.* X, *Hard.* VII. RICH.

ANGOULÊME (Concile d'), tenu l'an 1170, pour une donation faite à l'abbaye de Saint-Amand-de-Boisse. *Ibid.*

ANICIENSIA (Concilia). Voy. PUY EN VÉLAI.

ANSE (Concile d'), *Ansanum, Ansense,* l'an 994. Anse est une petite ville à quatre lieues en deçà de Lyon. Burchard, archevêque de Lyon, et dix autres prélats y tinrent ce concile, et y confirmèrent, à la demande de saint Odilon, abbé de Cluni, les possessions de cette abbaye. On y institua aussi, ou l'on y rétablit des chanoines dans l'église de Saint-Roman. Ensuite on fit neuf statuts de discipline, dont le 2e ordonne de renouveler tous les dimanches les saintes hosties qu'on garde à l'église.

Le 7e défend de travailler le samedi après none, et le 8e ordonne aux laïques de faire abstinence le mercredi, de jeûner le vendredi, et d'entendre la messe le lundi, le mercredi et le vendredi, s'ils le peuvent. Les éditions des Conciles en mettent deux à Anse, l'un en 990, l'autre en 994, mais mal; on n'en doit mettre qu'un, celui de l'an 994, comme le prouve Mansi, tom. I, col. 1197, par les raisons suivantes : 1° L'inscription du concile de l'an 990 est fausse, puisqu'on lui assigne l'indiction II, qui est celle de l'an 989; 2° Les Pères du concile d'Anse témoignent qu'ils ont appris avec douleur la mort de saint Maguel, qui ne mourut qu'en 994, comme l'a fait voir le P. Pagi, *à l'an* 993. Enfin Ledbald, évêque de Mâcon, successeur de Milon, est compté parmi les Pères du concile d'Anse, et Milon parmi ceux du concile de Reims de l'an 991. Le concile d'Anse auquel assista Ledbald ne peut donc pas être un prétendu concile qui se serait tenu l'an 990.

ANSE (Concile d'), l'an 1025. Les archevêques de Lyon, de Vienne, de Tarantaise, et neuf évêques, se trouvèrent à ce concile, qui fut tenu dans l'église de Saint-Romain. Gauslin, évêque de Mâcon, se plaignit de ce que Bouchard, archevêque de Vienne, avait, contre les canons, ordonné des moines dans le monastère de Cluny, qui était du diocèse de Mâcon. L'archevêque donna pour garant de ces ordinations l'abbé Odilon, qui était présent avec quelques-uns de ses moines. L'abbé produisit un privilége de Rome, qui lui permettait d'appeler quel évêque il voudrait pour ordonner ses religieux, aussi bien que pour la dédicace des églises dépendantes de son monastère. On lut les canons de Chalcédoine et autres, qui soumettent les abbés et les moines aux évêques diocésains, et qui défendent à un évêque de faire dans un autre diocèse, ni ordinations, ni consécrations, sans la permission de l'ordinaire; d'où les évêques du concile inférèrent que le privilége allégué, étant formellement contraire à ces canons, il devait être regardé comme nul; qu'ainsi l'abbé Odilon n'était pas un garant suffisant du procédé de l'archevêque de Vienne. Celui-ci n'ayant rien à répliquer,

fit des excuses à l'évêque de Mâcon, et lui promit, par manière de satisfaction, de fournir chaque année l'huile d'olive nécessaire pour la confection du saint chrême. Cependant le jugement du concile n'eut lieu que pour un temps : les souverains pontifes, nommément Jean XIX, Urbain II et Calixte II, confirmèrent le privilége de l'abbaye de Cluny; et, dans un concile de Reims, on reconnut qu'il était au pouvoir de l'abbé de faire ordonner ses moines par quelque évêque que ce fût. *Hard.* VI. *Richard.*

ANSE (Concile d'), l'an 1070. Achard, évêque de Châlons-sur-Saône, donna dans ce concile, ou immédiatement après, une charte datée du 17 janvier, le 10e de la lune, indiction VIII : ce qui prouve que dans ces contrées on commençait alors l'année à Noël ou au premier de janvier. Cette charte a pour objet une donation faite à l'abbaye de l'Ile-Barbe. *L.* IX; *H.* VI.

ANSE (Concile d'), l'an 1076, par le légat Hugues de Die, sur la discipline. *Labb. t.* X.

ANSE (Concile d'), l'an 1100. Hugues, archevêque de Lyon et légat du saint-siége, tint ce concile avec trois autres archevêques et huit évêques, et y demanda un subside pour les frais du voyage qu'il devait faire à Jérusalem avec la permission du pape. On excommunia dans ce concile ceux qui, ayant pris la croix pour l'expédition de la terre sainte, négligeaient d'accomplir leur vœu. Si ce concile, comme nous le présumons, est le même que celui désigné sous le nom de *Concilium ad Portum Ansillæ,* on y décida de plus que le B. Robert, premier abbé de Citeaux, serait rendu aux moines de Molême.

ANSE (Concile d'), l'an 1112. Joceran, ou Gauceran, archevêque de Lyon, convoqua ce concile au sujet des investitures; mais il est douteux s'il fut assemblé en effet, parce que les évêques de la province de Sens ne voulurent point s'y trouver, à cause qu'ils ne reconnaissaient pas la juridiction de l'archevêque de Lyon, qui les y avait appelés. *Lab.* X; *H.* VI.

ANSILLÆ (*Concilium ad Portum*), l'an 1099 ou environ. *Voyez* ANSE, l'an 1100.

ANTIOCHE (Conciliabule d') de Carie, *Antiochenum Cariæ,* l'an 367. Les évêques macédoniens, c'est-à-dire, partisans de Macédonius, composèrent ce faux concile. Ils y témoignèrent du zèle pour la réunion des Eglises; mais ils rejetèrent le mot de *consubstantiel,* et arrêtèrent que l'on s'en tiendrait à la confession de foi du concile de la Dédicace d'Antioche (de l'an 341), confirmée à Séleucie, qu'ils soutenaient être l'ouvrage du martyr saint Lucien. *Labb.* II; *Hard.* I.

ANTIOCHE (Concile d') de Syrie, *Antiochenum Syriæ,* vers l'an 57. On attribue aux apôtres un concile que l'on prétend avoir été tenu à Antioche; et on en rapporte même quelques canons. Turrien les a abrégés et réduits à neuf. On les croit tirés d'un manuscrit très-ancien, où il est dit que le martyr Pamphile les avait trouvés dans la bibliothèque d'Origène. Dans le premier il est ordonné que ceux qui croient en Jésus-Christ, et qu'on appelle *Galiléens*, seront, dans la suite, nommés *chrétiens*. Le second défend de donner la circoncision à ceux qui ont reçu le baptême. Le troisième ordonne de recevoir tous ceux qui veulent embrasser le christianisme, de quelque nation qu'ils soient. Le quatrième défend l'avarice et les gains injustes. Le cinquième défend aux chrétiens la gourmandise, les théâtres et les jurements. Le sixième défend les bouffonneries, les blasphèmes et les usages des païens. Le septième renouvelle l'ordonnance de Jérusalem, au sujet des cérémonies légales. Le huitième traite des images de Notre-Seigneur Jésus-Christ et de ses serviteurs, et veut qu'on les substitue à la place des idoles. Le neuvième défend le choix des viandes à la façon des Juifs.

Quoique les compilateurs des conciles admettent ce concile d'Antioche, et qu'il soit cité dans le second concile de Nicée, les savants le croient supposé, pour plusieurs raisons très-graves ; car 1° il n'est fait mention de ce concile, ni dans les Actes des apôtres, ni dans les anciens Pères, ni dans aucun monument de l'antiquité, qui soit venu jusqu'à nous, jusqu'au second concile de Nicée, en l'an 787, qui en cite un canon pour le culte des images ; ou plutôt c'est Grégoire, évêque de Pessinunte, qui cite ce canon sur un *on dit*, et non en assurant qu'il soit véritablement des apôtres (*Concil. Nicæn.* II, act. 1, p. 63, *t*. IV *Concil*.) : *Gregorius, reverendissimus episcopus Pisinuntesium, dixit: In synodo sanctorum Apostolorum quæ apud Antiochiam congregata dicitur,* etc. 2° Il y a beaucoup de monuments apocryphes cités dans ce concile. 3° Les neuf canons, qu'on en rapporte, sont cités fort différemment par les compilateurs des conciles, comme Turrien, Baronius et Binius. 4° Il y a dans ces canons beaucoup de choses fausses et absurdes. Il y est dit dans le premier, que les chrétiens étaient appelés *Galiléens*, nom qui ne leur a été donné que par les païens, en raillant, et encore très-rarement, jusqu'à ce que, vers le milieu du quatrième siècle, Julien l'Apostat, qui aimait à insulter à notre Sauveur sous ce nom, en fit une loi pour le rendre commun à tous les chrétiens. Il n'est nullement vraisemblable que les apôtres aient ordonné de mettre l'image de Jésus-Christ en la place des idoles, dans un temps où le christianisme ne faisait que de naître, et où l'on n'avait pas encore eu l'occasion de consacrer au vrai Dieu les temples des idoles. Origène nous apprend (*Origen. contra Celsum, lib.* VII) que, cent cinquante ans après la mort des apôtres, les chrétiens n'avaient point encore d'images de Dieu, et ne voulaient pas même qu'on limitât par des figures la forme d'un Être invisible et immatériel. Le terme de *théandrique*, mis dans un de ces canons pour signifier *les deux natures*, n'était guère en usage dans le siècle des apôtres, ni dans les trois suivants. Le premier qui l'ait employé est l'auteur des écrits qui portent le nom de saint Denys l'Aréopagite (*a*). Enfin, dans le dernier canon, la synagogue est appelée *Belluina*, terme insultant et bien éloigné de la douceur et de la piété des apôtres, qui témoignaient la vénération qu'ils avaient pour elle, en recevant ses cérémonies.

Il est encore fait mention d'un concile des apôtres à Antioche, dans une épître décrétale du pape Innocent I (*Epist. ad Alex. ep.*); mais il est visible qu'il y a faute dans le texte, de même que dans Origène, qui, dans son huitième livre contre Celse, met à Antioche le concile que les apôtres tinrent à Jérusalem.

Le cardinal Sfondrate, dans son *Innocentia vindicata*, cite un concile des apôtres, où il dit que la conception immaculée de la sainte Vierge a été définie. D'autres veulent, avec Génébrard (*Chronographiæ lib.* III, p. 370, *editio Lugdunensis, anno* 1609), que les apôtres se soient assemblés exprès en concile pour composer le symbole qui porte leur nom, les canons et les constitutions apostoliques, et pour célébrer les funérailles de la sainte Vierge.

Le P. Jérôme Romand de la Higuera, connu quelquefois sous le nom emprunté de *Flavius Dexter*, parle de deux conciles tenus par les disciples de saint Jacques le Majeur, l'un à Elvire, l'an 57; l'autre à Chéronèse en Espagne, l'an 60 de Jésus-Christ. Mais, l'Histoire ecclésiastique ne faisant aucune mention de ces conciles, on doit les rejeter.

ANTIOCHE (Concile d'), *Antiochenum*, en Syrie, l'an 253. Saint Corneille donna avis de ce qui avait été arrêté dans le concile de Rome de l'an 251 contre Novatien aux autres églises avec lesquelles il était en communion, mais en particulier à celle d'Antioche ou à Fabius, qui en était évêque. La raison qu'il eut de se conduire ainsi, c'est que ce dernier penchait un peu pour Novatien, et qu'il y avait encore d'autres personnes à Antioche qui favorisaient le parti de ce schismatique et qui travaillaient à l'y établir. Mais cette lettre de Corneille, ni celle que saint Denys d'Alexandrie écrivit à Fabius pour le détourner de la doctrine et du parti de Novatien, n'eurent point l'effet qu'on devait en espérer, et on fut obligé d'indiquer un concile à Antioche pour prévenir la division qui aurait pu se communiquer de cette ville dans tout l'Orient. Saint Denys d'Alexandrie fut prié de s'y trouver par Hélène de Tarse et ceux qui étaient avec lui, par Firmilien, évêque de Césarée en Cappadoce, et par Théoctiste de Césarée en Palestine. Fabius étant mort sur ces entrefaites, l'an 252, après avoir gouverné l'Église d'Antioche environ deux ans, sa mort rompit apparemment le dessein qu'on avait d'y tenir un concile. Il est au moins vraisemblable que, s'il se tint, ce ne fut que plusieurs années après, puisque l'hérésie novatienne ne fut rejetée universelle-

---

(*a*) M. l'abbé Darboy, dans la traduction qu'il a donnée des écrits de saint Denys l'Aréopagite, a prouvé qu'ils étaient véritablement de ce père, contemporain des apôtres.

ment dans l'Orient que sous le pontificat du pape saint Etienne en 255 ou 256, et que la paix n'y fut rétablie qu'en ce temps-là. Le Synodique met un concile à Antioche sous Démétrien, successeur immédiat de Fabius; mais sur quelle preuve? *D. Ceillier.*

Cette considération n'a pas empêché le P. Richard d'admettre l'existence de ce concile, tenu, à ce qu'il prétend d'après Baluze, l'an 253, et dans lequel, dit-il, l'évêque d'Antioche, qu'il appelle Démétrius, aurait déposé Novat. Est-ce Novat de Carthage dont il s'agit? Comment un prêtre de Carthage aurait-il pu être déposé par un évêque d'Antioche?

ANTIOCHE (Conciles d'), l'an 264 et suiv. Paul de Samosate ayant succédé à Démétrien dans le siège épiscopal d'Antioche, le déshonora également par le dérèglement de ses mœurs et par l'impiété de sa doctrine. Il enseignait que Jésus-Christ était un pur homme, né de la terre, qui n'avait rien de plus que les autres, (ce qu'Ebion, Artemas et les théodotiens avaient dit avant lui;) qu'il n'était pas avant Marie, et qu'il avait reçu d'elle le commencement de son être. Il confessait néanmoins qu'il avait en lui le Verbe, la Sagesse et la Lumière, mais par opération et par habitation, et non par une union personnelle. C'est pourquoi il admettait en Jésus-Christ deux hypostases, deux personnes, deux Christs et deux Fils, dont l'un était Fils de Dieu par sa nature, coéternel au Père, n'étant selon lui que le Père même; l'autre, Fils de David, n'était Christ qu'en un sens impropre, et, né dans le temps, n'avait reçu le titre de Dieu que par la bonté de Dieu, et seulement parce qu'il servait de demeure au Père. Il soutenait encore que le Père, le Fils et le Saint-Esprit n'étaient qu'un seul Dieu, c'est-à-dire, une seule personne; que le Verbe et le Saint-Esprit étaient dans le Père, mais sans existence personnelle, de la même manière que la raison est dans l'homme: et c'est en ce sens qu'il disait que le Fils est consubstantiel au Père, en ôtant la propriété et la distinction des personnes en Dieu. Toutefois il ne tombait pas tout à fait dans l'erreur de Noët et de Sabellius, qui enseignaient que le Père s'était fait homme et avait souffert la mort; mais il disait que le Verbe étant descendu, avait tout opéré et était ensuite retourné vers le Père. Philastre lui attribue d'avoir judaïsé et enseigné que la circoncision était nécessaire; ce qui ne paraît fondé que sur la complaisance qu'on remarqua dans Paul de Samosate pour Zénobie, femme d'Odénat, prince de Palmyre, laquelle était juive, au moins de sentiments. Mais saint Epiphane et saint Chrysostome rendent témoignage à Paul et à ses disciples de n'avoir observé ni la circoncision, ni le sabbat, ni aucune des cérémonies judaïques. On croit avec plus de fondement qu'il changeait la forme du baptême usitée dans l'Eglise, puisque le concile de Nicée statua dans la suite que l'on baptiserait ceux d'entre ses disciples qui reviendraient à l'Eglise. Pour s'opposer au progrès que tant d'erreurs faisaient dans la ville d'Antioche, les évêques d'Orient s'assemblèrent en concile, la douzième année du règne de Gallien, la 264° de Jésus-Christ. Les principaux évêques de ce concile furent: Firmilien de Césarée en Cappadoce, saint Grégoire Thaumaturge et son frère Athénodore, Hélène de Tarse en Cilicie, Nicomas d'Icone, Hyménée de Jérusalem, Théotecne de Césarée en Palestine, Maxime de Bostre et plusieurs autres évêques, sans compter les prêtres et les diacres. Saint Denys d'Alexandrie y fut invité, mais il s'en excusa sur ses infirmités et sur son grand âge, et se contenta de marquer son sentiment touchant les contestations présentes, dans une lettre adressée à l'Eglise d'Antioche, où il ne daigna pas même saluer Paul de Samosate qui en était évêque. Il y a apparence que Firmilien présida à ce concile qui passe pour le premier d'Antioche, et qu'il en fut l'âme, comme de celui que l'on tint quelque temps après contre le même hérésiarque.

Car les évêques n'ayant pu réussir à le convaincre dans cette première assemblée, ils en tinrent une seconde au même lieu, où il est marqué que Firmilien condamna et rejeta absolument les nouveaux dogmes de Paul de Samosate; et que cet hérétique promit de corriger ses erreurs. L'évêque trompé différa de rendre sa sentence, dans l'espérance que cette affaire pourrait se terminer sans faire d'éclat qui scandalisât les infidèles. *D. Ceillier.*

ANTIOCHE (Concile d'), l'an 270. L'affaire de Paul de Samosate ne se termina ni par un, ni par deux conciles, comme parle Ruffin après Eusèbe, qui se contente de marquer en général que les évêques s'assemblèrent plusieurs fois en différents temps contre Paul de Samosate, et qu'ils conférèrent chaque fois avec lui pour le convaincre de ses erreurs et l'engager à les quitter. Il fallut donc convoquer un troisième concile. Paul de Samosate ne tint pas les promesses qu'il avait faites de se corriger, et le bruit de ses nouveaux égarements se répandit bientôt de toutes parts. Les évêques ne se hâtèrent pas toutefois de le séparer de la communion de l'Eglise. Ils lui écrivirent pour tâcher de le ramener; mais voyant qu'il persévérait opiniâtrement dans ses mauvais sentiments, ils se rassemblèrent pour la troisième fois à Antioche, sur la fin de l'an 269. Saint Firmilien, qui s'était mis en marche pour s'y trouver, tomba malade à Tarse et y mourut. Mais Hélène, évêque de cette ville, Hyménée de Jérusalem, Théotecne de Césarée en Palestine, Maxime de Bostre, Nicomas d'Icone, s'y rendirent avec plusieurs autres évêques au nombre de soixante-dix, selon saint Athanase, ou de quatre-vingts, selon saint Hilaire et Facundus, et enfin de cent quatre-vingts, selon qu'il est porté dans la requête du diacre Basile aux empereurs Théodose et Valentinien. Hélène de Tarse est nommé le premier dans la lettre synodale de ce concile, ce qui prouve qu'il y présida. Les prêtres et les diacres qui y assistèrent sont nommés les derniers. Entre ces prêtres était un nommé Malchion, homme très-savant et grand philosophe, qui, après avoir enseigné la rhétorique et les autres sciences humaines avec beaucoup de réputation à Antioche, y avait été élevé à la prêtrise à cause de la pureté de sa foi. Comme les Pères du concile n'en connaissaient point de plus propre pour convaincre Paul de Samosate et développer ses artifices, ils le chargèrent d'entrer en conférence avec lui. Des notaires écrivirent tout ce qui se dit de part et d'autre dans cette dispute ; et les actes s'en conservaient encore du temps d'Eusèbe et de saint Jérôme ; mais il ne nous en reste aujourd'hui que quelques fragments, que l'on trouve dans les écrits de Léonce de Byzance et de Pierre diacre. Paul étant convaincu, fut déposé et excommunié par le concile, et on élut en sa place Domnus, fils de Démétrien, qui avait gouverné avec beaucoup de sagesse l'Eglise d'Antioche, avant que Paul en fût évêque. Comme celui-ci refusait de se soumettre au jugement rendu contre lui, et qu'il voulait se maintenir dans la maison épiscopale, les évêques eurent recours à l'empereur Aurélien, qui ordonna que la maison épiscopale fût cédée à celui à qui l'adjugeraient les évêques d'Italie et l'évêque de Rome, c'est-à-dire, à Domnus. Ainsi Paul fut honteusement chassé par l'autorité du magistrat séculier et celle de l'empereur, qui jugea comme aurait pu le faire un empereur chrétien.

Avant de s'en retourner dans leurs églises, les évêques du concile crurent devoir notifier à tout le monde la condamnation de Paul. La lettre synodale fut écrite par Malchion au nom de tous les évêques, des prêtres et des diacres, et de toute l'Eglise d'Antioche et des lieux circonvoisins. Elle était adressée en général à tous les évêques, prêtres, diacres, et à l'Eglise universelle ; mais nommément au pape saint Denys et à Maxime d'Alexandrie, comme évêques des deux premiers sièges. On l'envoya dans toutes les provinces : elle contenait en substance ce qui s'était passé soit dans ce concile, soit dans les deux précédents, touchant Paul de Samosate et son hérésie, et la manière dont il y avait été convaincu. Parlant du dérèglement de ses mœurs, ils disaient : Il était pauvre avant d'être évêque et n'avait point de bien qu'il eût hérité de ses parents, ou gagné par quelque profession réglée : maintenant il possède des richesses immenses, qu'il a acquises par des sacriléges, par des demandes injustes et des concussions qu'il exerce sur les frères, se faisant un profit de leurs pertes ; car il se fait payer les secours qu'il leur promet ; il les trompe et abuse de la facilité que l'on trouve en ceux qui ont des affaires et qui donnent tout pour en être délivrés (a). Il ne regarde la religion que comme un moyen de gagner. D'ailleurs il est plein de vanité et imite les dignités séculières : il aime mieux le nom de ducénaire (b) que celui d'évêque. Il marche avec faste dans la place, il lit des lettres et y répond publiquement en marchant. Il est environné d'une grande troupe de gens qui marchent devant et après, comme des gardes ; son arrogance attire l'envie et la haine contre la foi. Dans les assemblées ecclésiastiques il emploie des artifices de théâtre pour frapper l'imagination et s'attirer de la gloire, en étonnant les simples. Il s'est dressé un tribunal et un trône élevé, qui n'est point tel que le doit avoir un disciple de Jésus-Christ. Il a un cabinet secret comme les magistrats séculiers, et lui donne le même nom. En parlant au peuple, il frappe de la main sur sa cuisse, et des pieds sur son tribunal. Il se fâche contre ceux qui ne le louent pas, qui ne secouent pas leurs mouchoirs comme dans les théâtres, qui ne crient pas et ne se lèvent pas comme font ceux de son parti, hommes et femmes, qui l'écoutent de cette manière indécente. Il reprend et maltraite ceux qui écoutent avec ordre et modestie comme étant dans la maison de Dieu. Il s'emporte aussi contre les évêques défunts, les déchirant en public et parlant avantageusement de lui-même comme un sophiste et un charlatan, plutôt que comme un évêque. Il a supprimé les cantiques composés en l'honneur de Notre-Seigneur Jésus-Christ, comme étant nouveaux et faits par des auteurs modernes ; cependant il en fait chanter par des femmes à l'honneur de lui-même au milieu de l'église, le grand jour de Pâques, ce qui fait horreur à entendre ; et il permet à ses flatteurs, soit évêques des villes et des villages voisins (c), soit prêtres, de tenir le même langage en parlant au peuple. Il ne veut pas confesser que le Fils de Dieu est venu du ciel ; mais ceux qui le louent dans leurs cantiques et dans leurs sermons, disent qu'il est lui-même un ange descendu du ciel, et il ne leur impose pas silence ; il souffre qu'on le dise même en sa présence, l'insolent qu'il est ! Que dirons-nous de ses femmes sous-introduites, comme on les nomme à Antioche, et de celles de ses prêtres et de ses diacres, dont il couvre les péchés, quoiqu'il les connaisse et qu'il les en ait convaincus ? Mais il veut les tenir dans sa dépendance par la crainte, et les empêcher de l'accuser. Il les a même enrichis, afin de se faire aimer de ceux qui sont intéressés. Nous savons, nos chers frères, que l'évêque et tout le clergé doit donner au peuple l'exemple de toutes sortes de bonnes œuvres, et nous n'ignorons pas combien il y en a qui sont tombés pour avoir eu des femmes avec eux ; combien ont été soupçonnés ? Ainsi, quand on lui accorderait qu'il ne fait rien de déshonnête, il devait du moins craindre le soupçon que produit une telle conduite, de peur de scandaliser quel-

(a) Comme les évêques étaient les arbitres ordinaires entre les chrétiens, c'était une matière de concussion à ceux qui étaient intéressés. Fleury, Hist. eccl., lib. VIII, num. 4.

(b) Les ducénaires étaient des officiers de finances à deux cents sesterces de gages, chargés du recouvrement des tributs, et sous ce prétexte ils cherchaient les chrétiens, pour en tirer de l'argent dans le temps de la persécution. Fleury, Hist. eccl., liv. VII, num. 23.

(c) Par ces évêques des villages, on peut entendre des chorévêques. Fleury, Hist. ecclés. liv. VIII, num. 3.

qu'un ou de lui donner mauvais exemple. Car comment pourrait il reprendre un autre ou l'avertir de ne point fréquenter une femme de peur de broncher, comme il est écrit, lui qui en a déjà renvoyé une et en retient deux avec lui, qui sont bien faites et dans la fleur de leur âge, et qu'il mène partout où il va, vivant délicieusement et mangeant avec excès? Tous en gémissent en secret; mais ils craignent tellement sa puissance et sa tyrannie, qu'ils n'osent l'accuser. On pourrait juger sur tout cela un homme qui serait des nôtres et qui tiendrait la foi catholique; mais nous croyons n'avoir aucun compte à demander à celui qui a renoncé à nos mystères, et qui se fait gloire de l'infâme hérésie d'Artémas. Ensuite les Pères du concile marquent la déposition de Paul de Samosate et l'élection de Domnus, et ajoutent: Nous vous le faisons savoir, afin que vous lui écriviez et que vous receviez ses lettres de communion. Pour Paul de Samosate, qu'il écrive à Artémas, et que les sectateurs d'Artémas communiquent avec lui.

Comme Eusèbe n'a pas rapporté en entier la lettre synodale du concile d'Antioche contre Paul de Samosate, et qu'il n'en a donné presque que les endroits propres à faire connaître le caractère d'esprit et les mœurs de cet hérésiarque, on ne doit pas être surpris si l'on n'y trouve rien touchant la condamnation du terme *consubstantiel*. Mais il est certain que ce terme fut rejeté dans cette lettre par les Pères d'Antioche, comme on le voit dans saint Athanase, qui remarque, et avec lui saint Basile et saint Hilaire, que le mot de *consubstantiel* fut rejeté dans le concile d'Antioche d'une manière qui ne regardait en rien la croyance que le concile de Nicée a expliquée depuis par ce terme. On ne le condamna, selon ces Pères, qu'à cause de l'abus que Paul de Samosate en faisait, prétendant que de ce terme il s'ensuivait que la substance divine est comme coupée en deux parties, dont l'une est le Père, et l'autre est le Fils, et que, par conséquent, il y a eu quelque substance divine antérieure au Père et au Fils, qui a été ensuite partagée en deux. Selon saint Hilaire, Paul de Samosate abusait de ce terme dans un sens opposé à celui que nous venons de marquer; comme il niait la distinction des personnes en Dieu, et qu'il n'en reconnaissait aucune autre que le Père, il se servait du terme *consubstantiel* pour exprimer son erreur. Les Pères du concile d'Antioche rejetèrent ce terme en ces deux sens, et pour marquer clairement la distinction des personnes du Père et du Fils, ils réglèrent qu'au lieu de dire que le Fils est consubstantiel à son Père, on dirait qu'il est d'une semblable substance, le mot de *semblable* marquant clairement une distinction de personnes. Du reste, tout leur soin fut de montrer, contre Paul de Samosate, que le Fils était avant toutes choses, et qu'il n'avait pas été fait Dieu d'entre les hommes; qu'étant Dieu, il s'était revêtu de la forme d'esclave, et qu'étant Verbe, il avait été fait chair.

Le concile d'Antioche envoya avec sa lettre celle que saint Denys d'Alexandrie avait écrite quelques années auparavant contre Paul de Samosate, et y joignirent divers mémoires qui servaient à faire connaître les impiétés de cet hérétique. Tous les évêques du monde suivirent le jugement rendu contre lui à Antioche, et le séparèrent de leur communion. La lettre adressée à saint Denys, de la part du concile, fut rendue à Félix, qui venait de lui succéder; et on croit que ce fut à cette occasion que ce dernier écrivit une lettre à Maxime et au clergé d'Alexandrie, où il condamnait en ces termes l'hérésie de Paul de Samosate: Nous croyons en Notre-Seigneur Jésus-Christ, né de la Vierge Marie; nous croyons que lui-même est le Fils éternel de Dieu et le Verbe, et non pas un homme que Dieu ait pris, en sorte que cet homme soit un autre que lui. Car le Fils de Dieu étant Dieu parfait, a été fait homme parfait, étant incarné de la Vierge. C'est tout ce qui nous reste de cette lettre, qui est citée par saint Cyrille d'Alexandrie et par le concile d'Éphèse. *D. Ceillier*, IV.

ANTIOCHE (Conciliabule d'), l'an 331, ou vers l'an 327, selon Mansi. Ce conciliabule fut assemblé par les évêques ariens et quelques autres, il est vrai, qui n'avaient aucune part à leur faction, et ne connaissaient pas leur mauvais dessein. Saint Eustathe, évêque d'Antioche, y fut déposé comme adultère, sur la fausse accusation d'une femme publique, que les ariens avaient gagnée par argent. Les évêques catholiques s'opposèrent à une sentence si injuste, ce qui n'empêcha pas qu'il ne fût relégué à Philippes en Macédoine. *Theodoret. l.* I, c. 20.

ANTIOCHE (Concile d'), l'an 332. Selon la conjecture des frères Ballerini, ce concile, composé des évêques du patriarcat d'Antioche, se réunit pour procéder à l'élection d'un nouveau patriarche, à la place de saint Eustathe, qui était mort dans son exil. Ce fut dans ce concile, ajoutent les frères Ballerini, que furent dressés les vingt-cinq canons attribués communément au concile de la Dédicace, auquel assistèrent quatre-vingt-dix évêques, dont plusieurs étaient du Pont et de la Thrace, quoique ces canons eux-mêmes ne portent les souscriptions que de vingt-neuf et quelques évêques, dont aucun n'appartient à l'une ou à l'autre de ces deux provinces. Parmi les évêques souscripteurs se trouvent saint Jacques de Nisibe, qui mourut en 338, comme l'a démontré Assemani, et qui, par conséquent, n'a pu se trouver au concile de la Dédicace, tenu trois ans après; Théodore de Laodicée, qui, dès l'an 335, avait été remplacé dans son siège par un autre, nommé Georges, comme le prouve la souscription de ce dernier au concile de Tyr; enfin Anatole d'Émèse, qui n'a pu se trouver en cette qualité au concile de la Dédicace, puisque c'était Eusèbe, dit d'Émèse, qui occupait ce siège à l'époque de ce concile, où il fut question de lui pour le faire monter à la place de saint Athanase sur le siège d'Alexandrie. Il faut donc que le concile, au quel souscrivirent ces évêques ait précédé de plusieurs années celui de la Dédicace, tenu l'an 341. Un autre motif qui porte à le croire, c'est qu'aucun évêque d'Antioche ne paraît dans les souscriptions ; le siège d'Antioche était donc vacant. Enfin, le premier canon de ce concile d'Antioche dit assez clairement que le concile se tint du vivant de Constantin, et le titre même paraît supposer qu'on était alors en paix ; toutes circonstances qui ne sauraient convenir au concile de la Dédicace. Nous allons donc rapporter ici ces vingt-cinq canons du concile d'Antioche, quel que puisse être d'ailleurs ce concile, et qui ont été loués comme de saints et vénérables décrets par le concile de Chalcédoine, act. 4, par le pape Zacharie dans sa lettre à Pépin, et par Léon IV dans son concile de Rome.

Le premier de ces canons, qui est une confirmation du décret de Nicée, touchant le jour de la célébration de la fête de Pâques, prononce la peine d'excommunication contre les laïques qui s'opiniâtreront à le violer. Quant aux évêques, aux prêtres et aux diacres qui seront dans le même cas, le concile ordonne de les déposer et de les priver de leurs dignités. Les mêmes peines sont étendues à ceux qui communiqueront avec les coupables.

On voit, par ce canon, que les diacres partageaient les fonctions hiérarchiques, puisqu'il les met au rang des évêques et des prêtres qui gouvernent l'Eglise : *Qui præesse noscuntur Ecclesiæ*.

Le 2e condamne ceux qui, venant à l'église pour y entendre les Ecritures, refusaient par un esprit de désobéissance, ou par quelque autre mauvais principe, de prier avec le peuple, et de recevoir l'eucharistie avec les autres. Il ordonne qu'ils seront chassés de l'église, jusqu'à ce qu'ils confessent leur péché, qu'ils supplient pour en obtenir le pardon, et qu'ils montrent des fruits de pénitence. Il défend aussi de communiquer avec les excommuniés, sous peine aux clercs d'encourir aussi l'excommunication ; et il ne veut pas qu'on s'assemble dans les maisons pour prier avec ceux qui ne prient pas avec l'Eglise.

On croit, dit le P. Richard d'après Fleury, que ces deux canons pourraient bien avoir été faits à l'occasion des audiens schismatiques, qui avaient commencé en même temps que les ariens ; car ils faisaient la Pâque avec les Juifs, sans se soucier de l'ordonnance du concile de Nicée. Ils ne priaient point avec ceux qui n'étaient pas de leur secte, et prétendaient remettre les péchés par une simple cérémonie, sans observer le temps prescrit pour la pénitence, suivant les lois de l'Eglise. Le P. Alexandre croit avec quelque vraisemblance que ce même canon a été dirigé contre les eustathiens, c'est-à-dire contre les fidèles mêmes d'Antioche, qui, depuis l'exil et la mort de saint Eustathe, leur évêque, refusaient de communiquer avec ceux qu'ils jugeaient complices de la violence commise contre leur saint pasteur par le parti arien.

Le 3e canon suspend de leurs fonctions les ecclésiastiques qui, ayant quitté leur église pour aller servir dans une autre, refusent de revenir, surtout lorsqu'ils sont rappelés par leur propre évêque ; ajoutant que, s'ils persévèrent dans leur désobéissance, ils seront déposés, sans espérance d'être rétablis ; et que l'évêque qui les recevra, sera puni par le concile comme infracteur des lois de l'Eglise.

Le 4e porte que, si un évêque déposé par un concile, ou un prêtre, ou un diacre déposé par son évêque, ose s'ingérer dans le ministère, pour servir comme auparavant, il n'aura plus d'espérance d'être rétabli dans un autre concile, et ses défenses ne seront plus écoutées ; même tous ceux qui communiqueront avec lui, sachant sa condamnation, seront chassés de l'Eglise.

Le 5e : « Si un prêtre ou un diacre, au mépris de son évêque, se sépare de l'Eglise, tient une assemblée à part et érige un autel (a), et refuse d'obéir à l'évêque, étant rappelé une et deux fois, qu'il soit déposé absolument, sans espérance d'être rétabli. S'il continue de troubler l'Eglise, qu'il soit réprimé par la puissance extérieure, comme séditieux. » (C'est ce que nous appelons aujourd'hui implorer le secours du bras séculier.)

Le 6e ordonne que celui qui aura été excommunié par son évêque ne pourra être reçu à la communion par les autres, à moins qu'il n'ait été réconcilié à son évêque, ou qu'il ne se soit justifié devant un concile qui aura prononcé une sentence d'absolution en sa faveur ; et ce réglement, ajoute-t-on, regarde non-seulement les laïques, mais les prêtres, les diacres, et généralement tous les clercs, tous les ministres inscrits dans le catalogue ou la matricule de l'Eglise ; ce que Denys le Petit exprime par ces mots latins : *Omnes qui sub regula esse monstrantur*.

Le 7e défend de recevoir aucun étranger sans lettres de paix, c'est-à-dire qui portent témoignage qu'il n'est point séparé de la communion de l'Eglise.

Le 8e défend aux prêtres de la campagne, c'est-à-dire aux curés, de donner des *lettres canoniques*, ou *formées*, que l'on donnait aux clercs qui faisaient de longs voyages, pour qu'ils fussent admis à l'exercice de leurs fonctions. Il leur permet néanmoins d'écrire aux évêques voisins des *lettres simples*, ainsi nommées, parce qu'elles ne contenaient qu'un simple témoignage de la vie et de l'ordination des clercs auxquels on les accordait. Enfin il permet aux chorévêques qui sont sans reproche de donner des lettres de paix, c'est-à-dire des lettres générales.

Ce canon revient à la pratique présente de

(a) Cette parole dont on se sert souvent dans les canons, *dresser autel contre autel*, est venue de ce qu'anciennement, à cause du petit nombre des fidèles, il n'y avait qu'une église en chaque ville et un autel en chaque église Car s'il y eût eu plusieurs églises et plusieurs autels, on ne se fût jamais servi de cette phrase. *Thomass. Manusc. inéd.*

l'Eglise, qui permet aux curés de donner aux clercs des lettres testimoniales.

Le 9ᵉ canon donne à l'évêque de la ville capitale de chaque province le droit de métropolitain, qu'il explique en cette manière : « Les évêques de chaque province doivent savoir que l'évêque de la métropole prend aussi le soin de toute sa province, parce que tous ceux qui ont des affaires viennent à la métropole de tous côtés; c'est pourquoi l'on a jugé qu'il devait les précéder en honneur, et que les autres ne devaient rien faire de considérable sans lui, suivant l'ancienne règle observée par nos pères. Chaque évêque n'a de pouvoir que sur son diocèse, et il le doit gouverner selon sa conscience. Il peut ordonner des prêtres et des diacres, et juger les affaires particulières; mais il ne fera rien au-delà sans l'avis du métropolitain, ni le métropolitain, sans l'avis des autres évêques de province. »

On voit par ce canon, qui a beaucoup de rapport au trente-quatrième canon des apôtres, 1° que la métropole ecclésiastique était attachée à la métropole civile; 2° que les grandes affaires qui regardaient toute la province ne se traitaient point sans la participation du métropolitain; 3° que chaque évêque était maître dans son diocèse (a).

Le 10ᵉ regarde les chorévêques, et veut que, quand même ils auraient reçu l'ordination épiscopale par l'imposition des mains, ils se renferment dans les bornes de leur pouvoir, et se contentent de gouverner les églises qui leur sont soumises. Il leur permet d'ordonner des lecteurs, des sous-diacres et des exorcistes ; mais non pas des prêtres, ou des diacres, sans l'évêque de la ville dont ils dépendent. Enfin il dit que le chorévêque doit être ordonné par l'évêque de la ville. Il suit évidemment de ce canon, dit le P. Alexandre, qu'il y avait des chorévêques qui recevaient le caractère épiscopal.

Le 11ᵉ défend aux évêques et autres clercs, à peine de déposition et de privation de la communion, d'aller à la cour sans le consentement et les lettres des évêques de la province, surtout du métropolitain ; que si leurs affaires les obligent d'aller trouver l'empereur, ils le pourront, de l'avis et avec les lettres du métropolitain et des comprovinciaux.

Le 12ᵉ déclare indigne du pardon, et sans espérance de rétablissement, un prêtre ou un diacre déposé par son évêque, ou un évêque déposé par un concile, qui se sera adressé à l'empereur pour être rétabli, au lieu de s'adresser pour cet effet, à un concile plus nombreux (b).

Socrate et Sozomène nous apprennent que saint Jean Chrysostome fut déposé en vertu de ce canon, par les évêques devant lesquels Eudoxie, femme de l'empereur Arcade, l'avait fait citer. Ces évêques lui objectèrent qu'il méritait d'être déposé de nouveau parce qu'après l'avoir été une première fois, il était rentré dans son église sans s'être justifié devant un concile plus nombreux que celui qui l'avait condamné ; et ils n'eurent aucun égard aux défenses du saint, qui répliquait que, depuis sa déposition, soixante-cinq évêques, qui avaient communiqué avec lui, avaient jugé qu'il pouvait rentrer dans son église; et que le canon qu'on lui objectait n'était point de l'Eglise catholique, mais des ariens qui l'avaient dressé contre saint Athanase qui, après avoir été déposé par leur conciliabule de Tyr, avait été rétabli par Constantin le jeune, sans jugement d'un autre synode : c'est ce qui a fait croire à quelques auteurs que le canon du concile d'Antioche, dont on se servait pour déposer saint Chrysostome, était différent de celui-ci, par la raison que, s'il eût été dressé par les ariens, l'Eglise ne l'aurait point reçu parmi ses vrais canons, et c'est le sentiment que nous adoptons nous-mêmes, à moins de dire avec les frères Ballerini que saint Chrysostome confondit alors par erreur le concile catholique où ce canon aurait été dressé avec le concile de la Dédicace où dominaient les ariens.

Le 13ᵉ canon défend à un évêque, sous peine de nullité et de déposition, de faire des ordinations ou quelques affaires ecclésiastiques dans un autre diocèse, à moins qu'il n'y soit appelé par les lettres du métropolitain et des autres évêques de la province.

Le 14ᵉ ordonne qu'en cas que les évêques d'une province soient partagés sur le jugement d'un évêque accusé, en sorte que les uns le jugent innocent, les autres coupables, le métropolitain en appellera quelques-uns de la province voisine pour juger et décider l'affaire.

Le 15ᵉ ordonne que si un évêque est condamné tout d'une voix par ses comprovinciaux, il ne pourra plus être jugé par d'autres, et que ce jugement aura son entier effet.

Ce canon est comme le supplément du

(a) On rend raison pourquoi l'évêque de la métropole doit avoir soin de toute la province. C'est parce qu'il se fait dans cette ville un grand concours de peuple pour traiter des affaires séculières ; et, pour la même raison, on doit s'y assembler pour tenir les synodes provinciaux et pour traiter des affaires ecclésiastiques. En quoi l'on voit que l'Eglise a accommodé son gouvernement au gouvernement civil, et qu'elle a mis de simples évêchés dans les petites villes, et de grands dans les villes considérables.

Le canon semble dire que le métropolitain tire sa grandeur de la ville où il fait sa résidence. De là, les hérétiques prennent occasion de déclamer contre la grandeur du pape, et de dire que la grande autorité qu'il a ne vient que de ce que saint Pierre établit son siège dans la capitale du monde. Nous répondons à cela que la prééminence du pape vient immédiatement de Jésus-Christ; qu'elle est formellement établie dans l'Ecriture sainte, et que saint Pierre n'était pas moins considérable dans Jérusalem, ou dans Antioche, que dans Rome : quelque part qu'il allât, il portait sa primauté avec lui. Il est bien vrai que saint Pierre, dans l'établissement de son siège, a eu égard à la commodité du peuple, et l'a plutôt établie à Rome qu'autre part, parce que la grandeur de cette ville était conforme à la grandeur de son autorité. *Thomassin, ibid.*

(b) On défend ici les appels comme d'abus : et quoique l'Eglise les tolère, elle ne les approuve pas, comme les juges séculiers n'approuvent pas qu'on en appelle des sentences qu'ils ont rendues aux juges ecclésiastiques. *Thomassin, ibid.* Cette raison que donne le P. Thomassin ne vaut que comme un excellent argument *ad hominem*.

précédent. On avait réglé dans le précédent, de même que dans ceux de Nicée et plusieurs autres, que les évêques seraient jugés définitivement dans le concile de leur province, et qu'en cas de partage des voix, on appellerait quelques évêques de la province voisine. On décida dans celui-ci que, si un évêque est condamné tout d'une voix, le jugement aura son entier effet, sans qu'il puisse être infirmé ni par les évêques de la province voisine ni par un concile plus nombreux. C'est ainsi que ce canon doit s'entendre selon quelques auteurs, qui ajoutent que saint Jean Chrysostome et le pape Innocent Ier l'ont rejeté, comme ayant encore été fait par les ariens, en haine de saint Athanase. D'autres disent que ce canon n'exclut pas l'appel à un concile plus nombreux, mais seulement la convocation des évêques de la province voisine, dans le cas dont il s'agit (a).

Le 16e veut qu'un évêque qui, n'ayant point d'évêché, usurpe un siége vacant, sans l'autorité d'un concile légitime, soit chassé de l'église dont il s'est emparé, quand même tout le peuple de cette église le choisirait pour évêque. Ce canon ajoute que le concile légitime ou entier est celui où le métropolitain de la province est présent.

Le 17e déclare excommunié un évêque qui refuse d'aller servir l'église pour laquelle il a été ordonné, jusqu'à ce qu'il obéisse, ou que le concile de la province en ait disposé autrement.

Le 18e dit que si ce n'est pas par sa faute que l'évêque ne va pas à son église, mais parce que le peuple de cette église ne veut pas le recevoir, ou pour quelque autre cause semblable, il jouira de l'honneur et des fonctions de l'épiscopat dans l'église où il demeurera, à condition qu'il ne la troub'era point, en se mêlant des affaires qui la regardent, et qu'il attendra tranquillement ce que le concile de la province trouvera bon d'ordonner de lui.

Le 19e : « L'évêque ne sera ordonné que dans un concile, en la présence du métropolitain et de tous les évêques de la province, que le métropolitain doit convoquer par ses lettres. Le mieux est qu'ils s'y trouvent tous ; mais si cela est difficile, du moins que la plus grande partie soit présente, ou donne son consentement par lettres ou autrement, sans quoi l'ordination n'aura aucune force. Mais si elle est faite selon cette règle, et que quelques-uns s'y opposent par opiniâtreté, la pluralité des suffrages l'emportera. »

Ce canon est conforme au quatrième de Nicée, touchant la forme de l'élection et de l'ordination de l'évêque. Il faut seulement observer que, quand il déclare qu'une ordination qui se ferait contre la forme qu'il prescrit n'aurait ni force ni valeur, cela ne veut pas dire qu'une telle ordination serait *nulle*, *invalide*, et que le sujet ordonné ne recevrait pas le caractère épiscopal ; cela veut dire *illicite*, *illégitime*, et que l'évêque serait suspendu des fonctions de l'épiscopat, comme ayant été illégitimement, quoique non invalidement ordonné.

Le 20e dit que l'on tiendra tous les ans deux conciles de la province pour les besoins de l'Eglise et la décision des différends, le premier, dans la semaine d'après Pâques ; le second aux ides d'octobre, c'est-à-dire le quinzième de ce mois (b). Les prêtres, les diacres et tous ceux qui croyaient avoir reçu quelque tort, pouvaient avoir recours à ces conciles, et on devait leur y rendre justice ; mais il n'était pas permis d'en assembler de particuliers sans les métropolitains.

Le 21e ne veut pas qu'un évêque passe d'un évêché à un autre, soit en s'y ingérant volontairement, soit en cédant à la violence du peuple, ou à la nécessité imposée par les évêques : il est ordonné au contraire qu'il demeurera dans l'église qu'il a reçue de Dieu la première pour son partage.

On voit par ce canon, de même que par le quinzième de Nicée, et par le premier de Sardique, combien les transmigrations d'un évêché à un autre étaient odieuses autrefois.

Le 22e défend à un évêque de rien entreprendre, ni de faire aucune ordination dans le diocèse d'un autre, sans sa permission : autrement, ce qu'il aura fait n'aura ni force ni valeur.

Le 23e défend à un évêque de se donner un successeur, même à la mort, et déclare nulle toute nomination faite en cette manière, voulant que, conformément à la règle de l'Eglise, on n'élève à l'épiscopat que celui qui, après le décès du dernier, en sera trouvé digne par le jugement des évêques assemblés en concile.

Le vingt-quatrième pourvoit à la conservation du temporel des églises en ces termes : « Que les biens de l'église lui soient conservés avec tout le soin et toute la fidélité possible, devant Dieu qui voit et juge tout. Ils doivent être gouvernés avec le jugement et l'autorité de l'évêque, à qui tout le peuple et les âmes des fidèles sont confiés. Ce qui appartient à l'église doit être connu particulièrement aux prêtres et aux diacres qui sont autour de lui, et rien ne leur doit être caché, en sorte que, si l'évêque vient à décéder, on sache clairement ce qui appartient à l'église, afin que rien n'en soit perdu ni dissipé, et que les biens particuliers de l'évêque ne soient point embarrassés sous prétexte des affaires de l'église ; car il est juste, devant Dieu et devant les hommes, de laisser les propres biens de l'évêque à ceux pour lesquels il en aura disposé, et de garder à l'église ce qui est à elle. Il ne faut qu'elle souffre aucun dommage ni que son intérêt soit un prétexte pour confisquer les biens de l'évêque, embarrasser d'affaires ceux qui

---

(a) Ce canon est extrêmement rude : c'est pourquoi il fut cassé dans le concile de Sardique. *Thomassin*, *ibid*.

(b) On a appliqué depuis aux synodes diocésains la règle prescrite ici pour les conciles provinciaux. Les statuts synodaux du diocèse d'Angers, publiés par H. Arnaud, dé-

montrent en effet que l'usage de tenir le synode diocésain deux fois chaque année, à la Pentecôte et à la Saint-Luc, s'est maintenu, au moins dans ce diocèse, l'espace de plusieurs siècles. ÉDIT.

lui appartiennent, et rendre sa mémoire odieuse. »

On voit, par ce canon, que la différence que nous mettons entre les biens d'église et les biens patrimoniaux ou propres des ecclésiastiques, est connue depuis très-longtemps. On voit aussi que, selon l'ancienne discipline, les prêtres et les diacres de la ville épiscopale, qui étaient autour de l'évêque, c'est-à-dire qui étaient dits attachés et comme inhérents à sa chaire, représentaient le sénat de l'église, qui la gouvernait sous l'autorité de l'évêque, et qui en prenait soin durant la vacance du siége épiscopal. C'est à ce sénat des prêtres et des diacres qu'ont succédé les chapitres des églises cathédrales.

Le 25e canon prescrit les règles qu'on doit observer dans l'usage des biens de l'Église. Il en laisse la disposition à l'évêque pour les dispenser à tous ceux qui en ont besoin, de concert avec les prêtres et les diacres, et d'en prendre lui-même pour ses besoins, s'il en a besoin en effet, et pour ceux des frères à qui il fait l'hospitalité, en sorte qu'ils ne manquent de rien. Le canon ajoute que si l'évêque, ne se contentant pas de ce qui lui est nécessaire, tourne les biens de l'église à son usage particulier sans la participation des prêtres et des diacres, donnant l'autorité à ses domestiques, à ses parents, à ses frères ou à ses enfants, de manière que les affaires de l'église en soient secrètement endommagées, il en rendra compte au concile de la province. Que si d'ailleurs l'évêque ou les prêtres sont en mauvaise réputation, comme détournant à leur profit les biens de l'Église, en sorte que les pauvres en souffrent et que la religion en soit décriée, ils seront aussi corrigés suivant le jugement du concile.

Ce canon semble n'accorder à l'évêque, et par conséquent aux autres clercs, l'usage des biens de l'église qu'en cas qu'ils en aient besoin et ne puissent subsister d'ailleurs; mais il établit bien clairement que les clercs ne sont point les maîtres des revenus provenant de leurs bénéfices ou de leurs honoraires, et qu'ils doivent les employer en œuvres pies, loin de les dissiper follement.

Quelques auteurs (*Natal. Alex. sæc.* IV, *diss.* 25; *Tillem. tom.* VI, *p.* 755; *Hermant, Vie de S. Athanase, tom.* I, *p.* 715) croient que ces canons ont été faits dans divers conciles d'Antioche, et attribués mal à propos à celui de l'an 341. Ils se fondent 1° sur la conformité du treizième et du vingt-deuxième canon, qui ne semblent pas avoir été faits dans un même concile, parce qu'ils contiennent la même chose et ne diffèrent que dans les termes; ils disent : 2° qu'il n'y a point d'apparence que les hérétiques, tels que les ariens, aient dressé des canons qui prescrivent des règles de conduite si pures et si sévères, comme sont ceux qui défendent aux évêques d'aller à la cour et de passer d'un siège à un autre. Mais la conformité entre le treizième et le vingt-deuxième canon n'est point assez parfaite pour que l'on puisse attribuer ces deux canons à des conciles différents, puisque, malgré leur conformité, il y a cependant une différence essentielle entre eux. Il s'agit, dans le treizième, d'un diocèse vacant par mort, et dans le vingt-deuxième, d'un diocèse actuellement rempli; d'où vient que le treizième défend à un évêque de faire aucunes fonctions dans ce diocèse, ainsi vacant par mort, sans les lettres du métropolitain et de ses comprovinciaux, parce qu'ils tiennent la place de l'évêque mort; au lieu que, pour faire les fonctions épiscopales dans un diocèse actuellement rempli, il n'est besoin que de la permission de l'évêque de ce diocèse.

Quant à la pureté de la doctrine renfermée dans les canons d'Antioche, la difficulté qui en résulte dans le sentiment qui les attribue au concile de la Dédicace disparaît complètement dans celui que nous avons adopté nous-même, puisqu'alors ce ne seraient pas des ariens, mais des évêques très-catholiques, et même de très-grands saints, tels que saint Jacques de Nisibe, qui seraient les auteurs de ces décrets. *Ballerini, in append. ad opera S. Leonis M. Voy.* ANTIOCHE, l'an 341.

ANTIOCHE, l'an 339. Les eusébiens tinrent ce faux concile dans le dessein d'établir leur parti. Le résultat en fut que Pistus, ce prêtre de la Maréote, chassé de l'Église, comme arien, par saint Alexandre, fut ordonné évêque d'Alexandrie en la place de saint Athanase; mais tous les évêques catholiques lui crièrent anathème, et il ne put monter sur le siège pour lequel on l'avait ordonné. (*S. Athanasius, Apolog. contra Arianos, et Epist. encycl. ad Episcopos*).

ANTIOCHE, l'an 341. L'église magnifique que le grand Constantin avait commencée à Antioche, vers l'an 331, ayant été achevée dix ans après, l'empereur Constance, qui voulut en faire la dédicace, assembla pour cet effet un grand nombre d'évêques. Car depuis que la paix avait été rendue à l'Église, on avait coutume de célébrer ces sortes de cérémonies avec beaucoup de pompe et de magnificence, et il s'y trouvait toujours beaucoup d'évêques. Il en vint quatre-vingt-dix-sept à celle-ci, au rapport de saint Hilaire, ou du moins quatre-vingt-dix selon saint Athanase, dont la plupart étaient catholiques. Les autres, au nombre de quarante, étaient ariens. Ceux-ci avaient à leur tête Eusèbe de Nicomédie, ou plutôt de Constantinople, Dianée de Césarée en Cappadoce, Flaccille d'Antioche, Théodore d'Héraclée, Narcisse de Néroniade, Macédonius de Mopsueste, Maris de Chalcédoine. Acace de Césarée en Palestine, Patrophile de Scythopolis, Eudoxe de Germanicie en Syrie, Georges de Laodicée en Syrie, et Théophrone de Tyane en Cappadoce. Les provinces dont les évêques s'assemblèrent étaient la Syrie, la Phénicie, la Palestine, l'Arabie, la Mésopotamie, la Cilicie, l'Isaurie, la Cappadoce, la Bithynie et la Thrace. Un des plus illustres d'entre les catholiques qui se trouvèrent à cette cérémonie, était saint Jacques de Nisibe, selon les collecteurs des conciles; mais nous avons prouvé, à l'article ANTIO-

CHR, l'an 332, d'après les documents fournis par Assemani, que saint Jacques de Nisibe n'a pu y être, étant mort trois années avant ce concile. Saint Maxime de Jérusalem ne voulut point y venir, se souvenant de la manière dont il avait été surpris à Tyr pour souscrire à la condamnation de S. Athanase. Il n'y vint aucun évêque d'Italie ni du reste de l'Occident, ni personne de la part du pape Jules, quoiqu'il y ait un canon, dit Socrate, qui défend aux Églises de faire aucune loi sans le consentement de l'évêque de Rome. Mais Constance y était présent en personne. Les eusébiens, qui ne cherchaient que des occasions de persécuter saint Athanase, se saisirent de celle-ci pour tenir un concile, ne doutant pas que, s'ils venaient à bout d'y communiquer avec les évêques orthodoxes, il ne leur fût facile après cela de le chasser de son siége.

Ils affectèrent donc de paraître eux-mêmes orthodoxes, et dressèrent à cet effet une formule de foi que nous avons encore, et qui est conçue en ces termes : « Nous n'avons point été les sectateurs d'Arius : comment suivrions-nous un prêtre, étant évêques ? Nous n'avons reçu aucune profession de foi que celle qui a été proposée dès le commencement ; mais nous avons examiné et éprouvé sa foi, et nous l'avons reçu plutôt que nous ne l'avons suivi. Vous le verrez par ce que nous allons dire : nous avons appris dès le commencement à croire en un seul Dieu souverain, créateur et conservateur de toutes les choses intelligibles et sensibles ; en un seul Fils unique de Dieu, subsistant avant tous les siècles, et coexistant au Père qui l'a engendré ; par qui ont été faites toutes les choses visibles et invisibles ; qui, dans les derniers jours, est descendu selon le bon plaisir du Père, a pris chair de la sainte Vierge, et a accompli toute la volonté de son Père ; a souffert, est ressuscité, est retourné au ciel, est assis à la droite du Père, et doit venir juger les vivants et les morts ; qui demeure Roi et Dieu dans tous les siècles. Nous croyons aussi au Saint-Esprit, et s'il faut l'ajouter, nous croyons encore la résurrection de la chair et la vie éternelle. » Ils envoyèrent aussi cette formule dans une lettre à tous les évêques, en chaque ville, et il y a lieu de croire qu'elle contenta au moins ceux qui se trouvaient au concile d'Antioche, puisqu'on ne voit pas qu'ils aient refusé de communiquer avec eux, ni qu'ils l'aient rejetée. Aussi n'y avait-on employé que les termes de l'Écriture, et on n'y avait mis que ce qui était avoué de part et d'autre ; mais le terme de *consubstantiel* ne s'y trouvait pas, et le but des eusébiens n'était autre que d'accoutumer les peuples à ne plus lire ce terme dans leur symbole, et à leur faire avaler, sous des mots tirés de l'Écriture, le poison de leur erreur.

Les eusébiens ayant ainsi condamné l'hérésie dont ils étaient accusés, il n'en fut point question dans le concile, d'autant plus qu'elle avait déjà été condamnée dans Arius, et rejetée avec anathème. Mais comme un des évêques présents, qu'on croit être Marcel d'Ancyre, se trouva soupçonné de renouveler l'erreur de Sabellius, on proposa, pour le condamner, une profession de foi composée autrefois par le martyr saint Lucien, et qu'on disait avoir été trouvée écrite de sa main. L'existence et la distinction des trois personnes y étaient clairement exprimées sous les termes de trois hypostases ; et, quoiqu'au jugement de saint Hilaire, la divinité du Fils n'y fût pas proposée d'une manière si expresse, parce que ce saint martyr l'avait dressée avant la naissance de l'hérésie arienne, elle y était néanmoins si bien marquée, que les ariens s'y trouvaient condamnés. C'est saint Hilaire même qui fait cette remarque, et il la fonde sur les propres paroles de cette formule, où nous lisons : « Que le Verbe est Dieu de Dieu, tout de tout, parfait de parfait, un seul d'un seul, Roi de Roi, Seigneur de Seigneur, Verbe vivant, sagesse, vie, lumière véritable, immuable, inaltérable, image invariable de la divinité, de l'essence, de la puissance, de la volonté et de la gloire du Père, par qui toutes choses ont été faites, et en qui toutes choses subsistent. » Saint Athanase trouvait ces termes équivalents au *consubstantiel*, et reprochait à Acace et à Eudoxe de ce qu'ayant souscrit à cette formule, ils refusaient de dire le Fils consubstantiel et semblable en substance à son Père. C'est cette formule de Lucien que l'on appelle proprement la formule d'Antioche ou de la Dédicace. Tous les évêques du concile l'approuvèrent, n'ayant en vue que la condamnation de l'erreur qui enseignait que les trois personnes étaient seulement trois noms attribués au Père.

Néanmoins, comme sa longueur la rendait moins intelligible, Théophrone, évêque de Tyane en Cappadoce, en proposa une autre plus courte, mais qui n'était pas moins obscure, en ces termes : « Dieu sait, et je le prends à témoin sur mon âme, que je crois en Dieu Père tout-puissant, créateur de l'univers, de qui est tout ; et en son Fils unique, Dieu Verbe, puissance et sagesse, Notre-Seigneur Jésus-Christ, par qui est tout, engendré du Père avant les siècles, Dieu parfait de Dieu parfait, qui est en Dieu en hypostase ; et qui dans les derniers jours est descendu et né de la Vierge selon les Écritures, qui viendra encore une fois avec gloire et puissance juger les vivants et les morts, et qui demeure dans tous les siècles ; et au Saint-Esprit, le consolateur, l'esprit de vérité, que Dieu par ses prophètes a promis d'envoyer à ses disciples, et a envoyé en effet. Que si quelqu'un enseigne ou pense quelque chose contre cette foi, qu'il soit anathème : soit qu'il tienne l'opinion de Marcel d'Ancyre, ou de Sabellius, ou de Paul de Samosate, qu'il soit anathème, lui et tous ceux qui communiquent avec lui. » Tous les évêques reçurent cette formule, et y souscrivirent. Elle est plus expresse que la précédente pour la divinité du Verbe, qu'elle appelle Dieu parfait, et qu'elle dit être en Dieu en hypostase, c'est-à-dire, subsister par lui-même: mais elle ne le dit point consubstantiel au Père.

On lit dans Cassien une autre formule de foi d'un concile d'Antioche; mais comme le Fils y est dit consubstantiel au Père, il n'y a pas lieu de douter qu'elle n'ait été faite en un autre temps que les trois dont nous venons de parler. Le concile fit peut-être aussi les vingt-cinq canons de discipline que nous avons rapportés à l'an 332, et qui, dès avant le concile de Chalcédoine, avaient place dans le code des canons de l'Eglise. Ce fut sous l'autorité de ce code qu'on en cita plusieurs dans ce concile, et ils y furent reçus; depuis ce temps-là ils ont été en vigueur dans l'Eglise, et on les a insérés dans toutes les collections des canons ecclésiastiques. *Voy.* ANTIOCHE, l'an 332.

Malgré les raisons qui militent en faveur de l'opinion d'Assemani, nous serons peut-être plus près de la vérité si nous disons que le concile de la Dédicace ayant été composé d'évêques catholiques pour la plupart, les vingt-cinq canons qu'on lui attribue communément lui appartiennent, en ce sens du moins qu'il les a tous promulgués et réunis en un seul corps, quoiqu'une partie de ces canons ou peut-être la totalité, en eût déjà été faite dans les conciles précédents. En suivant ce dernier sentiment, qui est assez général, nous dirons donc ici que, quoique les eusébiens, qui, selon Pallade, étaient au nombre de quarante, aient eu beaucoup d'autorité dans le concile d'Antioche, à la faveur de Constance, ils ne s'en servirent néanmoins que pour opprimer saint Athanase et ceux de son parti. Quant aux matières de la foi, nous avons vu qu'ils affectèrent de paraître catholiques en tout, et qu'ils n'admirent que le terme de *consubstantiel*, ils souscrivirent à une formule qui, selon la remarque de saint Athanase, renfermait implicitement la foi de la *consubstantialité*. Ils avaient moins d'intérêt à s'opposer aux décrets que les évêques catholiques, qui se trouvaient en plus grand nombre qu'eux dans ce concile, proposèrent pour le règlement de la discipline. N'était-il pas avantageux à leur dessein, qu'on y ordonnât, par exemple, qu'un évêque déposé par un concile, et qui depuis sa déposition aurait osé s'ingérer dans le ministère, ne dût plus être rétabli, puisque dans la suite ils se prévalurent de l'autorité de ce canon, qu'ils avaient néanmoins corrompu et altéré, pour chasser saint Athanase de son église? N'était-il pas de l'intérêt d'Eusèbe de Constantinople d'applaudir au canon qui défendait aux évêques d'aller à la cour? Il savait que saint Athanase, en se sauvant de Tyr, s'était adressé à l'empereur, et qu'il avait pensé par ses remontrances réitérées, renverser toute la cabale des eusébiens: ainsi il avait à craindre que quelques autres évêques du nombre des catholiques ne tentassent la même chose. Pour lui, il ne souffrait rien de la sévérité de ce canon, étant évêque de la ville où les empereurs faisaient leur résidence. Que s'il ne s'opposa point au décret qui défend la translation des évêques, c'est qu'il crut ne pas le devoir faire, étant apparemment bien aise qu'après avoir satisfait son ambition, l'on mît des bornes à celle des autres. On pourrait encore objecter que le pape Innocent 1er, et saint Chrysostome ont rejeté le 4e et le 12e de ces canons, comme ayant été composés par des ariens. Mais cette objection tombe d'elle-même, quand on compare le contenu de ces deux canons avec celui dont parlent le pape Innocent et saint Chrysostome. Le canon qu'ils rejettent dit en termes exprès qu'un évêque ou un prêtre déposé, *soit justement*, *soit injustement*, qui osera sans le jugement *d'un synode*, rentrer dans son église, en sera chassé pour toujours, sans pouvoir plus être admis à prouver son innocence. Or on ne trouve rien de semblable, ni dans le 4e ni dans le 12e canon d'Antioche. Il n'y est question que d'un évêque que l'on suppose déposé pour de bonnes raisons, et non de celui qui l'aurait été injustement; et il y est ordonné qu'il se pourvoira, non en général devant un autre concile, mais *devant un plus grand* concile, au lieu de s'adresser à l'empereur. Quelque rapport donc qu'ait ce canon avec le 4e et le 12e d'Antioche, il est néanmoins essentiellement différent, et il ne pourra jamais passer pour être du nombre des vingt-cinq que nous avons rapportés plus haut, et qui dans la suite ont été cités avec éloge, soit dans les conciles, soit par les souverains pontifes. Pallade l'attribue expressément aux quarante ariens qui assistaient au concile d'Antioche: et nous ne doutons pas que ce ne soit celui-là même qu'ils forgèrent dans leur conciliabule, pour procéder plus sûrement à la condamnation de saint Athanase, comme Socrate l'a remarqué.

Les évêques, conclut D. Ceillier, envoyèrent ces vingt-cinq canons dans toutes les provinces, accompagnés d'une lettre synodale, dans laquelle ils priaient les évêques de les confirmer par leur consentement, dans la confiance qu'ils avaient de n'avoir rien statué que par l'inspiration de l'esprit de Dieu. Parmi les évêques qui souscrivirent à cette épître synodale, il y a un Théodore de Laodicée qui, étant mort dès l'an 335, ne peut s'être trouvé au concile d'Antioche de l'an 341. Mais on convient qu'au lieu de Théodore, il faut lire Georges, comme on le lit dans Sozomène. Ces sortes de fautes ne sont pas rares dans les souscriptions des conciles. Telle fut la fin de celui d'Antioche, qui avait été assemblé sous le consulat de Marcellin et de Probin, indiction quatorzième, dans les commencements de l'année 341.

ANTIOCHE (Conciliabule d'), l'an 341 et 342. Après que les évêques orthodoxes eurent réglé ce qui regardait la foi et la discipline, ils s'en retournèrent à leurs églises. Mais les eusébiens, qui avaient d'autres desseins, demeurèrent à Antioche pour les exécuter, assurés de trouver auprès de Constance tous les secours dont ils avaient besoin. Il s'agissait de faire condamner de nouveau saint Athanase, et de le chasser pour toujours de son siège. Ils forgèrent à cet effet le canon dont nous venons de parler, et qui jusque-là avait été inconnu à tout le monde, en la manière qu'ils le proposèrent, et prétendirent qu'Athanase y avait contrevenu, puisque, ayant été déposé à Tyr, il était rentré dans son siége, sans avoir auparavant été absous dans un concile. Ils renouvelèrent aussi contre lui les vieilles accusations qu'ils avaient proposées à Tyr, et y ajoutèrent les meurtres et les désordres, qu'on prétendait avoir été causés à Alexandrie par son retour. Comme ils étaient accusateurs et juges en même temps, ils le condamnèrent, et pressèrent l'ordination d'un autre évêque à Alexandrie. Eusèbe de Constantinople proposa Eusèbe, depuis évêque d'Émèse, homme de naissance et de savoir. Mais celui-ci, craignant d'encourir la haine du peuple d'Alexandrie, dont il savait qu'Athanase était extrêmement aimé, refusa le parti qu'on lui offrait. Sur son refus, les eusébiens proposèrent Grégoire, surnommé de Cappadoce, du pays où il était né, l'ordonnèrent évêque, et le mirent à main armée sur le siège d'Alexandrie, quelques jours avant la fête de Pâques. Saint Athanase voyant les excès que l'on avait commis en cette occasion, se déroba à son peuple et s'embarqua pour aller à Rome, assister au concile qui s'y devait tenir.

ANTIOCHE (Conciliabule d'), l'an 345, ou 344 selon Mansi. Les eusébiens, comme s'ils se fussent repentis de tout ce qu'ils avaient fait jusqu'alors, dressèrent, dans cette assemblée, une nouvelle formule de foi, qui, à cause de sa longueur, fut nommée *macrostiche*, ou à longues lignes. On la trouve, aussi bien que les autres, dans saint Athanase et dans Socrate. Elle est formée presque tout entière des paroles de l'Écriture ; et on y fait profession de croire que Jésus-Christ est Dieu de Dieu, et qu'il est semblable en toutes choses à son Père. Mais on n'y parle jamais de *substance*, ni de *consubstantiel*. On dit anathème à ceux qui osent avancer que le Fils n'est pas Dieu, ou qu'il a été tiré du néant, ou qu'il y a eu un temps où il n'était point. Marcel d'Ancyre, que les eusébiens accusaient de sabellianisme, y est condamné nommément, de même que Photin, dont l'hérésie allait à nier la Trinité et la distinction des personnes divines, soutenant, en parlant du Verbe de Dieu, qu'il n'avait point de substance propre, et qu'il était en Dieu, tantôt comme parole proférée, tantôt comme parole conçue. A la fin de cette formule, les eusébiens disaient qu'ils avaient été obligés de s'y étendre beaucoup, non par vanité, mais afin de faire connaître à tout l'Occident la pureté de leur foi, et les calomnies de leurs adversaires. *Athanas. de Synodis* ; *Sozom. l.* III, c. 11. *D. Ceillier*, IV.

ANTIOCHE (Concile d'), l'an 348, ou 345 selon Mansi. L'empereur Constant, voulant faire exécuter le jugement du concile de Sardique et rétablir les évêques injustement déposés, députa à Constance, son frère, Vincent de Capoue et Euphratas de Cologne, avec un officier nommé Salien, chargé d'une lettre où il lui déclarait avec fermeté qu'il irait lui-même au besoin les rétablir à main armée. Le bruit de cette députation alarma les ariens, et surtout Étienne, évêque intrus d'Antioche et déposé par le concile de Sardique. Pour en empêcher l'effet, il résolut, de concert avec un jeune libertin, nommé Onagre, de flétrir la réputation des deux envoyés de Constant. Dès leur arrivée, il fit introduire dans leur chambre une courtisane, à qui les portes furent ouvertes par un domestique de la maison. Euphratas, s'éveillant au bruit qu'elle fit en entrant, n'eut pas plutôt entendu la voix d'une femme, qu'il fit une exclamation de surprise et de frayeur, en invoquant le nom de Jésus-Christ. La courtisane, étonnée elle-même de voir un vieillard qui lui parut être un évêque, fit aussitôt un grand cri, et se plaignit d'avoir été jouée. Onagre survint alors avec plusieurs de ses compagnons de débauche, qui, s'efforçant en vain de la faire taire, se mirent à crier de leur côté qu'ils avaient trouvé les évêques avec une femme publique. Tous les gens de la maison accoururent à ce tumulte, et pendant qu'ils s'empressaient de fermer les portes, Onagre parvint à se sauver, mais on arrêta sept de ses compagnons avec la courtisane. Le lendemain, les deux évêques se rendirent au palais avec Salien, pour demander justice de cette infamie. Constance fit aussitôt appliquer les prisonniers à la question pour découvrir l'origine et les auteurs du complot ; il fit également saisir Onagre et comparaître la maîtresse de la courtisane, et il fut constaté par toutes les dépositions que cette trame odieuse avait été ourdie par les ordres d'Étienne. On le remit donc entre les mains des évêques qui se trouvaient réunis à Antioche, et qui le déposèrent, en fulminant contre lui une sentence d'excommunication. Tel fut le résultat de cette assemblée, décorée du nom de concile par Mansi, *t.* III, *col.* 94.

ANTIOCHE (Conciliabule d'), l'an 354, ou 356 selon Mansi. « Trente évêques ariens composaient ce concile. Saint Athanase y fut déposé, et Georges, homme de la lie du peuple, mis à sa place. » Voilà ce que dit M. Roisselet de Sauclières.

ANTIOCHE (Conciliabule d'), l'an 358, ou 356 selon Mansi. Eudoxe, ayant envahi le siège d'Antioche, où l'hérésie arienne dominait depuis longtemps, y tint cette assemblée d'évêques de son parti, où il fit recevoir la seconde formule de Sirmich. Acace de Césarée et Uranius de Tyr s'y trouvèrent présents avec les autres.

ANTIOCHE (Concile d'), l'an 361. L'empereur Constance, se trouvant à Antioche au retour de la guerre contre les Perses, y assembla un concile pour avancer l'affaire de l'arianisme, dont il était continuellement occupé. Son dessein était d'y faire condamner également la consubstantialité et la différence de substance ; mais les évêques assemblés lui représentèrent qu'avant toutes choses il fallait pourvoir l'église d'Antioche d'un pasteur, ajoutant qu'après qu'on en aurait élu un, on traiterait les matières de la foi. Ce siége qui, depuis que les eusébiens en avaient chassé saint Eustathe en 331, avait été rempli par divers intrus, était vacant, et recherché de plusieurs personnes, qui mettaient tout en œuvre pour s'y établir. Le clergé et le peuple étaient divisés dans la foi; et chacun travaillait à se donner un évêque de son parti, ce qui causait de grandes dissensions et beaucoup de désordres dans la ville. Mais enfin les suffrages se réunirent en faveur de saint Mélèce. Les ariens le croyant de leur sentiment, le demandèrent à l'empereur, dans l'espérance de fortifier leur parti par son moyen, parce qu'il était fort éloquent; et les catholiques y consentirent d'autant plus volontiers qu'ils connaissaient mieux que les ariens la pureté de la foi et des mœurs de Mélèce. Le décret de son élection fut donc signé de tout le monde, et mis entre les mains d'Eusèbe de Samosate, très-connu alors par son zèle à défendre la vérité. Saint Mélèce avait déjà été choisi et ordonné évêque de Sébaste en Arménie, après la déposition d'Eustathe; mais l'indocilité de son peuple l'avait obligé à se retirer à Bérée, pour y vivre dans le repos et la retraite. Il y était encore lorsqu'il apprit qu'on l'avait élu évêque d'Antioche, et il en partit aussitôt pour se rendre en cette ville, selon l'ordre de l'empereur. Le clergé et le peuple allèrent au devant de lui; les ariens et les eustathiens, c'est-à-dire, ceux de la communion de Paulin, y allèrent aussi : les uns dans le dessein de voir un homme dont la réputation faisait déjà beaucoup de bruit; les autres pour voir quel parti il prendrait, et si, comme on le disait, il se déclarerait pour la foi de Nicée. Les Juifs mêmes et les païens y accoururent, curieux de connaître quel était ce fameux Mélèce. Son église, qui le vit alors pour la première fois, crut voir en son visage l'image de Dieu. Elle admira cette fontaine de charité qui coulait continuellement de sa bouche, cette grâce répandue sur ses lèvres, cette humilité profonde qui l'avait fait monter au plus haut degré de perfection : elle vit avec respect en sa personne la douceur de David, la prudence de Salomon, la bonté de Moïse, la perfection de Samuel, la chasteté de Joseph, la sagesse de Daniel, le zèle du grand Élie, la pureté de saint Jean, la charité de saint Paul, en un mot l'assemblage de toutes les vertus.

Après que saint Mélèce eut été installé dans la chaire épiscopale d'Antioche, il fit, selon la coutume, un discours dont l'empereur même lui avait déterminé la matière. C'était d'expliquer le fameux passage des Proverbes, où on lisait, suivant la version des Septante : *Le Seigneur m'a créée dès le commencement de ses voies pour ses ouvrages.* D'autres évêques l'expliquèrent aussi par ordre de ce prince, qui, pour rendre leurs explications plus exactes, voulut qu'elles fussent rédigées en notes par d'habiles écrivains, en même temps qu'on les prononçait. Georges de Laodicée expliqua le premier ce passage, et répandit, en l'expliquant, tout le venin de son hérésie. Acace de Césarée suivit, et donna une explication qui tenait le milieu entre l'hérésie arienne et la doctrine catholique. Saint Mélèce parla le troisième, et fit voir dans son discours quelle était la règle de la foi orthodoxe, pesant tellement ses paroles dans la balance de la vérité, qu'il évita de trop dire, et de ne pas dire assez. Toutefois il ne se servit point du terme de *consubstantiel*, ni de *substance*, mais seulement de *semblable*. Nous avons son discours en entier; il semble qu'il le prononça en présence de l'empereur Constance; tout le monde y applaudit, et pria saint Mélèce de donner en peu de mots ce qu'il croyait touchant la foi. Le saint, montrant d'abord trois de ses doigts, en ferma deux, ensuite, n'en laissant qu'un d'étendu, il dit ces paroles que Théodoret appelle admirables : *Nous concevons trois choses comme si nous ne parlions qu'à une.* La pureté de sa foi causa une grande joie parmi les catholiques; mais les ariens, après avoir tout employé pour l'obliger à changer de sentiment, voyant qu'il demeurait inébranlable, l'accusèrent devant l'empereur de partager l'erreur de Sabellius, et d'avoir reçu à sa communion des prêtres déposés par Eudoxe, son prédécesseur. Ce prince, aussi changeant que l'Euripe, comme le dit Théodoret, se laissa aller aux sollicitations des ariens, et fit chasser saint Mélèce d'Antioche, trente jours tout au plus depuis qu'il y était entré. Il eut sa patrie pour lieu de son exil, c'est-à-dire, Mélitène en Arménie. Pendant le peu de temps qu'il fut à Antioche, il purgea cette ville de l'hérésie, retrancha du corps de l'Église les membres pourris et incurables, et lui rendit une santé parfaite.

Euzoïus, l'un des plus fameux disciples d'Arius, et qui avait été déposé avec lui, et privé des fonctions du diaconat par saint Alexandre, fut mis à la place de saint Mélèce. Comme il était alors à Alexandrie, Constance le fit venir, et ordonna aux évêques de lui imposer les mains. Son ordination fut un nouveau sujet de division dans l'église d'Antioche. Les méléciens, qui étaient la plus saine partie du peuple, se séparèrent des ariens, et s'assemblèrent dans l'église des Apôtres qu'on appelait la Palée ou la Vieille, soit qu'elle fût la plus ancienne église de la ville, soit qu'elle fût située dans le quartier qui portait le nom de la ville vieille, comme la cathédrale d'Alexandrie se nommait la Césarée, du nom du quartier où elle était. Il y avait plus de trente ans qu'ils souffraient en patience les mauvais traitements des ariens, espérant toujours que les affaires changeraient de face. Mais lorsqu'ils virent leurs impiétés s'accroître à mesure de leur pouvoir, et qu'Euzoïus prenait la place de saint Mélèce, ils se crurent obligés de rompre entièrement avec eux. Ils auraient voulu s'unir de communion avec les eustathiens, avec qui ils avaient une même croyance; mais ceux-ci le refusèrent, sous prétexte que saint Mélèce avait été ordonné par les ariens, et que ceux de son parti avaient reçu d'eux le baptême. Ainsi les catholiques mêmes étaient divisés en deux partis à Antioche, dont l'un avait le nom de méléciens, l'autre d'eustathiens. *D. Ceill.*, V.

ANTIOCHE (Conciliabule d'), l'an 361. La même année 361, sous le consulat de Taurus et de Florentius, les acaciens s'assemblèrent une seconde fois à Antioche, mais en plus petit nombre que dans le concile précédent. L'empereur était encore à Antioche, et Euzoius en occupait le siége épiscopal. On y agita de nouveau des questions plusieurs fois décidées, et on y convint qu'il fallait ôter le mot de *semblable* de la formule qui avait été publiée à Rimini et à Constantinople. Les choses furent encore poussées plus loin ; et les acaciens, croyant ne devoir plus dissimuler leurs sentiments, soutinrent dans un nouveau formulaire qu'ils dressèrent, que le Fils était tout à fait dissemblable au Père, qu'il ne lui était semblable en aucune sorte, ni en substance, ni même en volonté, disant, avec Arius et Aétius, qu'il était tiré du néant. Ce formulaire, qui était le plus impie de tous, n'est pas venu jusqu'à nous. Après cette démarche, ils reçurent sans peine ceux qui faisaient profession ouverte de l'arianisme, et ils leur donnèrent des églises, afin, dit saint Athanase, qu'ils publiassent leurs impiétés avec plus d'assurance et d'autorité. Toutefois ils avaient dit dans leur formulaire, que le Fils était Dieu de Dieu ; et comme on leur demandait comment cela s'accordait avec tout le reste, ils répondaient que le Fils était de Dieu, comme saint Paul le dit de toutes les créatures. C'est pour cette raison qu'ils ajoutaient dans le formulaire : *Selon les Ecritures*. Georges de Laodicée était l'auteur de cette vaine subtilité : et comme il n'était pas fort habile, il ignorait en quel sens Origène avait autrefois expliqué cet endroit de saint Paul, *Toutes choses sont de Dieu*. C'est ce que remarque Socrate, qui ajoute que les acaciens, rougissant de se voir moqués et condamnés de tout le monde, furent enfin dans leur conciliabule le même formulaire qu'ils avaient approuvé à Constantinople, et se retirèrent chacun chez soi. Saint Athanase dit que l'impiété des acaciens leur fit donner le nom d'*anoméens* et d'*exoudousiens* par ceux qui défendaient dans Antioche la doctrine du *consubstantiel*, parce qu'ils disaient que le Fils était tiré du néant. *D. Ceillier*, V.

ANTIOCHE (Conciliabule d'), l'an 362. Les macédoniens, c'est-à-dire, les partisans de l'hérésie de Macédonius s'assemblèrent à Antioche, au nombre de neuf évêques de leur parti. Euzouis, l'un d'entre eux, était alors évêque de cette ville. Ce fut dans ce concile, qu'il avait assemblé à la prière réitérée d'Eudoxe, qu'il fit absoudre Aétius de la sentence qui avait autrefois été portée contre lui. On y leva aussi le délai qui avait été donné à Serras pour signer la condamnation d'Aétius et la lettre des évêques d'Occident. Quelque temps après, Léonce, évêque de Tripoli, Théodule de Chérétapes, Serras, Théophile, Héliodore et plusieurs autres, qui n'avaient signé ni la condamnation d'Aétius, ni la lettre des occidentaux, ordonnèrent Aétius évêque de Constantinople. Il avait été envoyé en exil par Constance, et rappelé par Julien l'Apostat, qui non-seulement lui écrivit une lettre très-obligeante, par laquelle il le priait de venir le trouver, mais lui donna encore une terre auprès de Mitylène dans l'île de Lesbos. *Julian. ep.* 31; *Philost. l.* IX, *c.* 4. *D. Ceillier*, V.

ANTIOCHE (Concile d'), l'an 363. Les macédoniens présentèrent une requête à l'empereur Jovien qu'ils cherchaient à engager dans leur parti, en le priant de confirmer ce qui avait été fait à Rimini et à Séleucie. L'empereur ne répondit à leur requête qu'en témoignant qu'il haïssait les disputes, qu'il aimait ceux qui prenaient le parti de l'union et de la concorde, et qu'il préférait la doctrine de la consubstantialité à toutes les autres. Acace de Césarée en Palestine, dont la foi se réglait sur celle des princes, ayant eu connaissance de la réponse de Jovien, entra en conférence avec saint Mélèce, qu'il savait être dans l'estime de l'empereur, et embrassa la foi de la consubstantialité. Cela se fit dans un concile assemblé à Antioche en 363. Vingt-sept évêques s'y trouvèrent, dont les principaux étaient saint Mélèce d'Antioche, saint Eusèbe de Samosate, Acace de Césarée, Eutychius d'Eleuthéropolis, Isacoce de l'Arménie majeure, Tite de Bostres en Arabie, saint Pélage de Laodicée en Syrie, Irénion de Gaze et Anatole de Bérée. Athanase et deux autres évêques n'y assistèrent que par des prêtres qu'ils y avaient envoyés. Ce qui nous reste de ce concile est une lettre synodale adressée à l'empereur Jovien, conçue en ces termes :

« Nous savons que le premier et le principal soin de votre piété est d'établir la paix et la concorde dans l'Eglise : nous n'ignorons pas non plus que, comme vous l'avez fort bien jugé, cette paix ne peut être établie que sur le fondement de la foi orthodoxe. Ainsi, pour qu'on ne croie pas que nous soyons du nombre de ceux qui corrompent la doctrine de la vérité, nous déclarons à votre piété que nous embrassons et tenons inviolablement la foi du saint concile qui a été autrefois assemblé à Nicée : car pour le mot de *consubstantiel*, qui paraissait nouveau et extraordinaire à quelques-uns, il a été sainement interprété par les Pères du concile, à savoir en ce sens que le Fils est engendré de la substance du Père, et qu'il est semblable au Père dans sa substance, et non comme s'il s'était passé quelque chose de passionné dans cette génération ineffable, ou que les Pères eussent pris ce mot de substance, τὸ ὄνομα τῆς οὐσίας, dans quelque autre sens particulier à la langue grecque, puisqu'ils n'ont eu pour but que de repousser ce qu'Arius a osé dire de Jésus-Christ, qu'il est tiré du néant : blasphème que les anoméens, qui se sont élevés depuis peu, répètent encore avec une plus grande impudence, pour rompre la paix de l'Eglise. C'est pourquoi nous avons joint une copie de la profession de foi dressée par les évêques assemblés à Nicée, que nous embrassons tous. » Les termes de *semblable en substance*, adoptés par les Pères de ce concile, fournirent au parti opposé à celui de saint Mélèce une occasion de blâmer leur doctrine, comme favorisant les demi-ariens ou les macédoniens. Toutefois les mêmes termes ont été reçus comme bons par saint Athanase et saint Hilaire, quoique non suffisants pour expliquer parfaitement la génération du Verbe. Saint Jérôme accuse aussi les Pères d'Antioche d'avoir rejeté la consubstantialité, et établi l'erreur des macédoniens. L'auteur du petit écrit intitulé, *Réfutation de l'hypocrisie de Mélèce et d'Eusèbe de Samosate* ne leur est pas plus favorable. Mais Socrate dit formellement qu'ils embrassèrent d'un commun accord la doctrine de la consubstantialité, et qu'ils confirmèrent la foi de Nicée. Ils le disent eux-mêmes dans leur lettre synodale que nous venons de rapporter; seulement ils donnent au terme de *consubstantiel* une explication qui n'est pas tout à fait conforme à l'idée qu'en avaient les Pères de Nicée. Mais leur explication quoique insuffisante, n'a rien que de catholique. Ils ne pensaient pas si sainement du Saint-Esprit; au moins quelques-uns d'entre eux blasphémèrent contre lui en le mettant au rang des créatures, comme l'a remarqué saint Epiphane. Mais on ne doit pas compter saint Mélèce parmi ceux qui pensaient de la sorte, puisque le même saint Epiphane témoigne que le peuple d'Antioche attaché au parti de saint Mélèce, n'était pas moins orthodoxe sur la troisième personne de la Trinité que sur la seconde, et qu'il confessait la consubstantialité du Père, du Fils et du Saint-Esprit dans trois hypostases. On ne peut non plus douter que saint Eusèbe de Samosate, saint Pélage de Laodicée, saint Irénion de Gaze, Athanase d'Ancyre et Tite de Bostres n'aient eu sur tous ces points des sentiments catholiques. Pour ce qui est d'Acace de Césarée et quelques autres, ils pouvaient bien n'avoir signé le Symbole de Nicée que par un motif de politique. C'étaient des gens qui, selon que Thémistius le leur reprocha en présence de l'empereur Jovien, adoraient la pourpre plutôt que Dieu, qui changeaient comme l'Euripe, qui coule tantôt d'un côté, tantôt d'un autre. *Athanas. l. de Synod.* n° 41 : *Hilar. l. de Synod.*; *Socrat. l.* III, *c.* 25; *D. Ceillier*, V.

ANTIOCHE (Concile d'), l'an 379. Saint Grégoire de Nysse nous apprend, dans sa lettre au moine Olympius, que les évêques orthodoxes de l'Eglise d'Orient, ayant été rappelés de l'exil et rétablis sur leurs sièges par l'édit de Gratien, tinrent un concile à Antioche, neuf mois après la mort de saint Basile, c'est-à-dire au mois d'octobre de l'an 379. On ne peut guère douter que le principal motif de cette assemblée, à laquelle assistèrent cent quarante-six évêques, n'ait été de donner la paix à l'Eglise de cette ville, ni que saint Mélèce n'y ait été confirmé dans sa dignité, puisqu'il se trouve le premier dans les souscriptions, comme ayant été apparemment le chef et le président de cette assemblée. Elle était composée de cent quarante-six évêques, du nombre desquels étaient saint Grégoire de Nysse, saint Eusèbe de Samosate, saint Pélage de Laodicée, Zénon de Tyr, saint Euloge d'Edesse, Bernace de Malle en Cilicie, et Diodore de Tarse; les autres ne sont pas connus.

Quoique ce concile ait été assemblé de tout l'Orient, et l'un des plus illustres qui se soient tenus dans l'Eglise, il ne nous en reste rien. Ce qu'on en sait seulement, c'est que l'on y reçut et signa la lettre synodale ou l'exposition de foi du concile de Rome tenu sous saint Damase en 378, qui autorisait la foi de l'Eglise sur la Trinité, en particulier sur la divinité du Saint-Esprit, et condamnait les erreurs d'Apollinaire. On conjecture avec assez de fondement que les signatures des Orientaux furent envoyées à Rome, puisqu'il est dit que l'original s'en conservait dans les archives de l'Eglise romaine. Outre l'approbation que le concile d'Antioche donna à la lettre synodale de celui de Rome, il confirma encore les dogmes contenus dans cette lettre par un écrit ou tome qu'il composa, et qui est cité dans l'Epître synodale du concile de Constantinople de l'année 382, aussi bien que dans l'Histoire de Théodoret. Le Synodique ajoute que les Pères d'Antioche envoyèrent ce tome, ou, comme il l'appelle, cette divine exposition de foi au pape Damase et aux autres évêques d'Occident, et que Marcel d'Ancyre, Photin et Apollinaire s'y trouvaient anathématisés.

En voici quelques extraits : « Comme, depuis le concile de Nicée, quelques-uns, par une erreur qui a pris racine, ont osé dire de leur bouche sacrilège que le Saint-Esprit a été fait par le Fils, nous anathématisons tous ceux qui ne confessent pas avec une entière sincérité que le Saint-Esprit a une même puissance et une même substance avec le Père et le Fils. Nous anathématisons aussi ceux qui disent faussement avec Sabellius que le Père et le Fils sont le même. Nous anathématisons Arius et Eunomius, qui, avec la même impiété, quoique en termes différents, affirment que le Fils et le Saint-Esprit sont des créatures. Nous anathématisons les macédoniens, qui sont une branche de l'arianisme, qui conservent tout le venin après en avoir répudié le nom. Nous anathématisons Photin, qui, renouvelant l'hérésie d'Ebion, ne reconnaît Jésus-Christ que sous la qualité de fils de la vierge Marie. Nous anathématisons ceux qui affirment l'existence de deux fils, l'un antérieur à tous les siècles, l'autre qui n'existe que depuis sa conception dans le sein de la Vierge. Nous anathématisons ceux qui disent que le Verbe de Dieu uni à la chair lui a tenu lieu d'une âme raisonnable et intelligente, comme s'il ne s'était uni qu'à la chair, et non pas aussi à une âme raisonnable telle que les nôtres, le péché mis à part. Nous anathématisons ceux qui soutiennent que le Verbe n'est qu'improprement le fils de Dieu, ou qu'il est séparé du Père, ou qu'il est sans substance, ou qu'il aura une fin.

« Quant à ceux qui passent d'une Eglise à une autre, nous les séparons de notre communion pour tout le temps qu'ils ne seront pas rentrés dans la ville où ils avaient d'abord été établis. Si, à la place de celui qui a quitté son siége, un autre vient à être ordonné de son vivant, celui a quitté doit être privé de la dignité du sacerdoce jusqu'à ce que celui qui a pris sa place repose dans le Seigneur.

« Si quelqu'un ne confesse pas que le Fils et le Saint-Esprit sont de toute éternité aussi bien que le Père, qu'il soit anathème.

« Si quelqu'un ne confesse pas que le Fils est né du Père, c'est-à-dire de sa divine substance, qu'il soit anathème.

« Si quelqu'un ne confesse pas que le Fils de Dieu est vrai Dieu aussi bien que le Père, qu'il peut tout, qu'il connaît tout, et est égal au Père, qu'il soit anathème.

« Si quelqu'un dit que le Fils de Dieu fait chair, lorsqu'il était sur la terre, n'était pas avec son Père dans les cieux, qu'il soit anathème.

« Si quelqu'un dit que le Fils de Dieu a souffert sur la croix en tant que Dieu, et que ce n'est pas plutôt la chair avec l'âme, qu'il s'était unie en prenant la forme d'esclave, comme dit l'Ecriture, qu'il soit anathème.

« Si quelqu'un ne confesse pas qu'il est assis à la droite de Dieu dans la chair qu'il a prise, et que c'est dans cette même chair qu'il viendra juger les vivants et les morts, qu'il soit anathème. »

On croit que ce fut dans ce concile que saint Grégoire de Nysse reçut la commission d'aller visiter les Eglises d'Arabie et d'y corriger quelques abus qui s'y étaient glissés. Il promit aussi d'aller à Jérusalem, qui n'en était pas loin, pour travailler à y rétablir la paix. Mais il ne fit ces deux voyages que l'année d'après le concile d'Antioche, c'est-à-dire en 380. *Labb.* II ; *D. Ceill.* V *et* VIII.

ANTIOCHE (Concile d'), vers l'an 383 ou 390. Flavien, évêque d'Antioche, tint ce concile avec trois de ses collègues et trente prêtres ou diacres, contre l'hérésie des massaliens, qui faisait des ravages dans cette partie de l'Asie. Il refusa la pénitence à Adelphius et à ses partisans, qui entretenaient des relations avec ces hérétiques.

Les massaliens ou messaliens, anciens sectaires, étaient ainsi nommés d'un mot syriaque qui signifie *prière*, parce qu'ils croyaient qu'il fallait toujours être en prière. Saint Epiphane distingue deux sortes de messaliens : les anciens et les nouveaux. Les anciens, selon lui, étaient païens et n'avaient rien de commun ni avec les chrétiens ni avec les Juifs ; ils reconnaissaient plusieurs dieux et n'en adoraient qu'un seul, qu'ils appelaient le *Tout-Puissant.*

Les nouveaux messaliens, qui étaient chrétiens, commencèrent à paraître vers l'an 261, sous le règne de Constance, selon saint Epiphane, ou sous Valentinien, selon Théodoret. Saint Epiphane, qui avait été témoin de leur naissance et de leurs progrès, les fait venir de Mésopotamie, et dit que de là ils se répandirent *jusqu'à Antioche*. Le même Père observe qu'il y avait des femmes parmi eux : ce qui suffit pour détruire l'opinion de ceux qui prétendent qu'ils étaient tous moines.

Les erreurs des messaliens consistaient à dire que chacun tirait de ses ancêtres un démon qui possédait son âme depuis le moment de sa naissance, et le portait toujours au mal ; que le baptême était inutile, parce qu'il ne pouvait chasser ce démon ; que la prière seule pouvait le chasser, et que, quand il était hors de l'âme, le Saint-Esprit y descendait pour la délivrer entièrement du penchant au mal et pour délivrer aussi le corps de tous les mouvements des passions : en sorte que l'on n'avait plus besoin de jeûnes ni d'aucune autre espèce de mortifications ; que l'on connaissait clairement l'avenir et que l'on voyait la Trinité des yeux du corps ; que l'on pouvait arriver à une vertu assez consommée pour ne plus commettre de péchés, et égaler la divinité quant à la perfection de la science et de la vertu ; que le travail des mains est non-seulement inutile, mais encore mauvais, et que la seule prière suffit pour le salut ; que l'usage des sacrements ne fait ni bien ni mal ; que la croix, les églises, les autels et la sainte Vierge ne méritent que le mépris ; qu'il y a deux âmes dans chaque homme, l'une stupide et imbécile, l'autre céleste et capable de voir la sainte Trinité des yeux du corps même.

Les messaliens furent condamnés dans le concile de Side, sous saint Amphiloque ; dans le concile d'Antioche que nous venons de rapporter, dans un autre concile d'Orient, de l'an 427, dont Photius parle, sans le nommer, dans sa Bibliothèque, et dans le concile œcuménique d'Ephèse, en 431. *D. des Conc.* IV.

ANTIOCHE (Concile d'), l'an 388 ou 389. L'empereur Théodose, ayant dessein de ruiner l'idolâtrie jusqu'aux fondements, défendit non-seulement le culte des idoles partout son empire, mais il ordonna encore de détruire leurs temples. Saint Marcel, évêque d'Apamée, fut le premier des évêques qui, en conséquence de cette loi, abattit les temples qui étaient dans sa ville. C'était un homme d'une vertu singulière, tout brûlant de zèle pour la gloire de Dieu. Il avait succédé à Jean, qui assista au concile de Constantinople en 381. Le préfet d'Orient, nommé Cynégius, étant venu à Apamée avec deux tribuns et quelques soldats, entreprit de faire démolir le temple de Jupiter, qui était d'une vaste étendue, embelli de quantité d'ornements, et dont les pierres étaient liées avec du fer et du plomb. Mais l'entreprise lui ayant paru au-dessus des forces humaines, Marcel, qui s'aperçut de sa défiance, lui conseilla de passer en quelque autre ville pour l'exécution de la même loi. Pour lui, il se mit à prier Dieu de lui fournir quelque moyen de démolir cet édifice. Le lendemain matin, un homme qui n'était ni maçon ni charpentier, mais simple manœuvre, se présenta à lui et promit d'abattre ce temple très-aisément, pourvu qu'il lui donnât seulement ce qu'on paie à deux ouvriers pour leur journée. L'évêque le lui promit : et voici comment s'y prit ce manœuvre. Le temple était bâti sur une hauteur, et accompagné, des quatre côtés, d'une galerie qui y était jointe, et dont les colonnes, aussi hautes que le temple, avaient chacune seize coudées; la pierre en était si dure, qu'à peine le fer pouvait l'entamer. Le manœuvre creusa la terre autour de trois de ces colonnes, en étaya les fondements avec du bois d'olivier et y mit le feu ; mais il ne put le faire brûler, et il parut un démon, comme un fantôme noir, qui empêchait l'effet du feu. Après avoir tenté plusieurs fois inutilement de l'allumer, il en avertit l'évêque, qui reposait sur le midi. Marcel courut aussitôt à l'église, fit apporter de l'eau dans un vase et la mit sous l'autel ; puis, le visage prosterné sur le pavé, il pria Dieu d'arrêter la puissance du démon, afin qu'il cessât de séduire les infidèles. Sa prière finie, il fit le signe de la croix sur l'eau, et commanda à un diacre plein de foi et de zèle, nommé Equitius, de courir promptement en arroser le bois et y mettre le feu. Le diacre obéit à l'ordre de son évêque ; et aussitôt le démon, ne pouvant résister à la force de cette eau, prit la fuite; et elle servit comme d'huile pour allumer le feu, qui consuma le bois en un instant. Les trois colonnes n'étant plus soutenues tombèrent à terre et en entraînèrent douze autres par leur chute, avec le côté du temple qui y tenait. Le bruit que cet édifice fit en tombant retentit par toute la ville et attira à ce spectacle tout le peuple, qui se mit à louer Dieu. Saint Marcel démolit de même les autres temples, tant des villes que de la campagne, persuadé qu'il serait difficile autrement de détourner les peuples de l'idolâtrie. Ayant appris qu'il y en avait un à Aulone, qui est un canton du territoire d'Apamée, il s'y en alla avec des soldats et des gladiateurs : car les païens défendaient leurs temples et faisaient souvent venir, pour les garder, des Galiléens et des habitants du mont Liban. Le saint évêque, étant arrivé près du temple, se tint hors de la portée du trait, parce qu'ayant mal aux pieds, il ne pouvait ni combattre ni fuir. Pendant que les gens de guerre étaient occupés à l'attaque du temple, quelques païens s'étant aperçus que l'évêque était seul, sortirent par l'endroit qui n'était pas attaqué, surprirent Marcel, et, l'ayant jeté dans le feu, le firent mourir. On ne connut pas d'abord les auteurs de sa mort ; mais comme ils furent découverts depuis, les enfants de saint Marcel voulaient s'en venger. Le concile de la province assemblé à Antioche les en empêcha, en leur représentant qu'il n'était pas juste de poursuivre la punition d'une mort dont il fallait plutôt rendre grâces à Dieu. L'Église l'honore au nombre des martyrs. Pendant sa vie, il avait entretenu commerce de lettres avec eux : apparemment avec saint Eusèbe de Samosate et avec les autres qui souffrirent sous Valens. D. C., V.

On sent assez que la décision de ce concile d'Antioche ne doit pas être prise au pied de la lettre. Quoique la violence exercée par les païens contre saint Marcel ait procuré un martyr de plus à l'Église, elle n'en était pas moins un meurtre digne d'être réprimé par la justice humaine. Mais les évêques établis juges de cette action, et dans une cause qu'ils pouvaient regarder comme leur étant personnelle, donnèrent la preuve de leur modération et d'une mansuétude vraiment évangélique, en pardonnant aux meurtriers comme le martyr lui-même leur aurait pardonné.

ANTIOCHE (Concile d'), l'an 418 ou 424. Ce concile fut tenu par Théodote, évêque d'Antioche, contre les erreurs de Pélage. Voilà, dit le P. Richard, ce qu'il y a de certain sur ce concile; mais il est incertain si ce fut l'an 418 qu'il se tint, comme le prétend le P. Mansi, ou seulement l'an 424, comme l'a cru l'éditeur de la Collection des Conciles du P. Labbe, imprimée à Venise. Cette dernière date s'accorde mieux avec le sentiment du P. Pagi et des autres qui soutiennent que Théodote ne monta sur le siége d'Antioche que l'an 420 ou même 421, après la mort d'Alexandre, qui n'arriva selon eux qu'en 420. Oriens Christ. t. II, p. 679.

ANTIOCHE (Concile d'), l'an 431 ou 432, non approuvé, tenu par Jean, évêque de cette ville. Théodoret et les autres Orientaux, partisans de Nestorius, y prononcèrent une troisième sentence de déposition contre saint Cyrille d'Alexandrie. Ils suspendirent aussi de leur communion Rabbula, évêque d'Édesse, et défendirent aux évêques de l'Osroène de communiquer avec lui, jusqu'à ce qu'il eût été appelé et examiné juridiquement : c'est que cet évêque, après avoir suivi d'abord le parti de Jean d'Antioche, avait reconnu la doctrine de saint Cyrille pour la seule véritable. Le concile écrivit ensuite à l'empereur que les évêques, les ecclésiastiques et les peuples du comté d'Orient étant unis dans la défense de la foi de Nicée, et ayant tous en horreur les anathématismes de saint Cyrille, qu'ils soutenaient y être contraires, il le priait de les faire condamner de tout le monde. D. Ceill. Hist. des aut. eccl., t. XIII, p. 764.

ANTIOCHE (Conciles d'), l'an 435 ou 436, et 440. Le premier de ces conciles fut assemblé de toutes les provinces d'Orient. Jean, patriarche d'Antioche, y présida, et les Pères du concile écrivirent trois lettres synodales en faveur de Théodore de Mopsueste, dont ils prirent la défense ; l'une à l'empereur Théodose le Jeune, l'autre à saint Cyrille d'Alexandrie, et la troisième à Proclus de Constantinople.

Le P. Mansi prétend qu'il faut reconnaître deux conciles tenus à Antioche pour la cause et la défense de Théodore de Mopsueste, l'un en 435, et l'autre en 440. Il dit donc que Jean d'Antioche assembla un concile dans cette ville, sitôt qu'il eut reçu l'ouvrage que Proclus de Constantinople lui avait envoyé touchant Théodore de Mopsueste : c'est le concile de l'an 435 ou 436. Quelques moines d'Arménie ayant ensuite apporté à Constantinople quelques extraits du livre de Théodore de Mopsueste, qui y causèrent beaucoup de troubles, ainsi que dans tout l'Orient que ces moines parcouraient, Jean d'Antioche assembla un autre concile différent du premier : c'est celui de l'an 440, auquel on doit attribuer les trois lettres synodales dont nous venons de parler. Mansi fonde son opinion sur l'*Histoire abrégée des Nestoriens et des Eutychiens*, composée par Libérat, diacre de Carthage, connue sous le nom de *Liberati Breviarium*, et sur la Chronologie ou Chronique de Théophane. *Mansi, Suppl. t.* I, col. 319. *Anal. des Conc.* V.

ANTIOCHE (Concile d'), l'an 445. Domnus, patriarche d'Antioche, convoqua ce concile de toutes les provinces d'Orient, à l'occasion des plaintes faites contre Athanase, évêque de Perrha, ville épiscopale de l'Euphrate, au diocèse d'Antioche, sous la métropole d'Hiéropolis. Athanase, ayant été accusé de divers crimes et n'ayant pas voulu comparaître devant les Pères du concile, fut déclaré coupable des crimes dont on l'accusait, et déposé. On mit Sabinien à sa place. Dioscore, patriarche d'Alexandrie et défenseur d'Eutychès, rétablit Athanase sur son siége, et l'on voit sa souscription à la sixième action du concile de Chalcédoine; mais, dans la quatorzième action du même concile, auquel Sabinien eut recours, il fut décidé qu'Athanase resterait déposé et que Sabinien reprendrait sa place. *Oriens Christ., t.* II, p. 943.

ANTIOCHE (Concile d'), après les fêtes de Pâques de l'an 448. Ibas, évêque d'Edesse, devenu fameux par sa lettre à Maris, qui fit dans la suite beaucoup de bruit, fut accusé de nestorianisme par quatre prêtres de son clergé, Samuel, Syrus, Elogius et Maras, à l'instigation d'Eutychès et d'un évêque voisin. L'accusation étant portée devant le patriarche d'Antioche, Domnus tint un concile nombreux pour le juger; mais comme Samuel et Cyrus ne jugèrent pas à propos de comparaître et qu'ils s'enfuirent à Constantinople, ils furent déposés de la prêtrise et leur accusation déclarée calomnieuse. Les deux autres accusateurs, Eulogius et Maras, furent seulement séparés de la communion d'Ibas.

ANTIOCHE (Concile d'), l'an 472. On y déposa Pierre le Foulon, qui avait usurpé le siége d'Antioche l'année précédente 471, et qui y avait assemblé un faux concile dans lequel on fit au trisagion l'addition impie : *Qui crucifixus es pro nobis*, qui, venant à la suite d'une invocation à la sainte Trinité, faisait supposer naturellement que la passion devait s'attribuer à la nature divine. Ce Pierre le Foulon était zélé partisan des hérétiques *monophysites*, ainsi nommés de ce qu'ils n'admettaient qu'une nature en Jésus-Christ, et qui condamnaient, comme nestoriennes, les expressions autorisées par le concile de Chalcédoine. *Reg.* IX; *Labb.* IV; *Hard.* II. *Anal. des Conc.* V.

ANTIOCHE (Concile d'), l'an 478. Zénon, ayant réduit en son pouvoir le tyran Basilisque, fit assembler un concile à Antioche, où l'on confirma les définitions du concile de Chalcédoine et l'on prononça anathème contre Pierre le Foulon. On punit d'exil cet intrus et l'on mit à sa place un saint personnage nommé Etienne, qui ne tarda pas à passer à une vie plus heureuse, et fut remplacé sur le siége d'Antioche par un autre personnage de même nom. *Schram.*

ANTIOCHE (Deux conciles d'), l'an 482. Etienne, évêque d'Antioche, ayant été tué en 482 par les eutychiens, l'empereur Zénon chargea Acace de Constantinople de lui trouver un successeur. Le choix du patriarche tomba sur Calendion. Mais les évêques de l'Orient à leur tour, ayant su l'affaire, ordonnèrent, dans un concile provincial, Jean Codonat évêque d'Antioche. Calendion partit pour Antioche après avoir reçu à Constantinople la consécration épiscopale, et prouva la légitimité de son ordination devant un concile assemblé; puis il écrivit, avec l'agrément de tout le concile, au pape Simplice, qui ratifia son élection; et alors, pour consoler Codonat de sa défaite, son rival fit monter lui-même sur le siége de Tyr. *Pagi; Schram.*

ANTIOCHE (Concile d'), non reconnu, l'an 508. C'est de ce concile que Flavien d'Antioche écrivit une grande lettre synodale par laquelle il déclarait recevoir les conciles de Nicée, de Constantinople et d'Ephèse, sans parler de celui de Chalcédoine. *All.*

ANTIOCHE (Concile d'), l'an 542. Ce concile fut assemblé par Ephrem d'Antioche. On y condamna les erreurs d'Origène, qui causaient du trouble dans l'Eglise. *Roiss. de Saucl.*

ANTIOCHE (Concile d'), l'an 879. On approuva dans ce concile le rétablissement de Photius sur le siége de Constantinople. La lettre synodale, adressée à Photius et à l'empereur Basile, fut lue en présence des légats du pape Jean VIII dans le concile de Constantinople de la même année. *Mansi, Suppl. t.* I, col. 1029; *Anal. des Conc.* V.

ANTIOCHE (Concile d'), l'an 1136. Ce concile fut tenu contre Raoul, patriarche intrus de cette ville. *Anal. des Conc.* V.

ANTIOCHE (Concile d'), l'an 1141. Le légat Albéric tint ce concile, assisté des évêques de Syrie. On y déposa le patriarche Raoul, et l'on mit à sa place sur le siége d'Antioche Aimeri, qui en était doyen. On trouve ce concile à l'an 1142 dans les collections ordinaires. *Guill. de Tyr, l.* V. *Ibid.*

ANTIOCHE (Concile d'), l'an 1203. Dans ce concile, Pierre, cardinal-légat, lança un interdit contre les arméniens. *Schram.*

ANTIOCHE (Syn. d'), l'an 1806. V. SAINTE-MARIE D'A.

ANVERS (Synode d'), *Antwerpiensis*, l'an 1576, sous François de Son, le premier qui ait été sacré évêque d'Anvers. Ce prélat y publia des statuts fort sévères pour le maintien de la discipline dans son diocèse. Voici les plus remarquables :

Titre 1ᵉʳ, C. 2. Les prêtres n'administreront aucun sacrement sans le surplis et l'étole, afin de ne pas paraître faire peu de cas de ce que les laïques doivent recevoir avec le plus grand respect. C. 4. Nous défendons de rien changer, de rien omettre comme de rien ajouter aux cérémonies usitées de l'Eglise, surtout en ce qui concerne la forme des sacrements.

T. 2, C. 3. Nous requérons de tous les magistrats de notre diocèse d'obliger toutes les sages-femmes à fournir une caution suffisante pour subir une amende toutes les fois que, sans le consentement du curé, elles auront tardé plus de vingt-quatre heures de présenter un enfant au baptême. Si l'obstacle vient des parents ou d'autres personnes, elles seront obligées sous serment à en faire la dénonciation au pasteur local. C. 5. Les sages-femmes seront tenues de faire renouveler leur autorisation à la Saint-Jean de chaque année. C. 8. Hors les cas exprimés par le droit, personne ne baptisera ailleurs que sur les fonts consacrés pour cet usage. C. 9. Comme il a été établi dans le concile de Malines qu'on observera l'antique usage de la bénédiction des femmes après leurs couches, nous ordonnons que le curé ou le gardien prenne les noms de ces personnes, en marquant sur le registre de l'église le jour où elles se seront présentées.

T. 4, C. 8. Afin de diminuer le scandale que présentent les filles prostituées, et de retenir par la honte ceux qui les fréquentent, nous requérons des magistrats de ne les tolérer que dans des quartiers abandonnés et dans de certaines limites, en décernant de fortes peines à ceux qui les entretiendraient ou leur prêteraient leurs maisons partout ailleurs.

T. 7, C. 4. Les curés ne s'absenteront pas plus de huit jours de leurs paroisses sans le consentement de leur doyen rural. C. 13. Nous voulons qu'il y ait une lumière continuellement allumée devant le Saint-Sacrement, excepté la nuit à cause des voleurs, sous peine d'amende à payer par le sacristain (*a matricularia*), s'il y va de sa négligence, ou par les maîtres de la fabrique (*a magistris fabricæ*), s'ils ne procurent pas l'huile ou la cire nécessaire.

T. 8, C. 1. Tous les prêtres chargés de la prédication, avant de prêcher leurs sermons au peuple, auront soin de les écrire, au moins quant à leurs principaux chefs, en suivant l'ordre des semaines de l'année; et cela non sur des feuilles volantes, mais sur des cahiers qu'ils puissent nous exhiber dans le cours de nos visites.

T. 9, C. 2. Les clercs qui répugneront à se raser la barbe devront se la couper néanmoins, de manière à ce qu'il ne leur en reste que la trace pour ainsi dire. C. 16. Si un clerc s'est vu une fois obligé de congédier une femme pour soupçon d'incontinence, il ne devra plus la hanter ni la rappeler à sa maison ou à son service, sous la peine marquée au chapitre 6 de la XXIᵉ session du concile de Trente.

T. 11, C. 1. Les curés veilleront avec un grand soin à ce qu'il ne se commette point d'observances superstitieuses, dans la manière de faire des aumônes en certain nombre et en certaine quantité, de porter à certains jours des cartes, des amulettes, des anneaux, des images avec certains caractères, ou de vouloir obtenir par d'autres moyens arbitraires quelconques des effets qu'ils ne sont point naturellement destinés à produire. C. 2. Nous enjoignons à nos curés de nous dénoncer à nous-même ceux de leurs paroissiens qui, infatués par le démon, se porteraient pour devins. C. 3. Nous prions tous les magistrats de ne pas même en tolérer le nom dans l'étendue de la contrée, et de bannir tous ceux qui prétendent deviner les choses secrètes ou futures, en même temps que de punir sévèrement tous ceux qui les consultent.

T. 12, C. 1. Aucun maître d'école ne sera admis sans le consentement exprès du doyen rural, qui prendra l'avis du curé. C. 2. Les maîtres seront tenus d'amener à confesse tous leurs écoliers aux fêtes de Pâques et de Noël, après leur avoir toutefois appris à se confesser selon leur portée, et à se préparer respectueusement à la sainte communion. C. 3. Ils ne leur feront lire que des livres approuvés par le doyen, ou du moins par le curé. C. 4. Les notables chargés du soin des pauvres paieront aux maîtres d'école pour l'enfant d'un pauvre la moitié de ce que paient les riches pour chacun de leurs enfants. C. 6. Les enfants ne seront renvoyés de l'école, chaque soir, qu'après avoir récité, avec une sorte de chant ou de mesure, le *Pater*, l'*Ave*, le *Credo*, et les dix commandements dans la langue maternelle. *Conc. German. t.* VII.

ANVERS (Synode diocésain d'), l'an 1610, sous Jean le Mire, qui y publia des statuts encore plus étendus que ceux du synode précédent, dont ils ne sont guère que le développement. Nous nous bornerons à en rapporter quelques-uns.

Titre 1ᵉʳ, Chap. 5. Tous les enfants, depuis l'âge de six ans jusqu'à quinze, seront obligés de venir au catéchisme, sous peine d'amende pour leurs parents ou ceux qui les ont sous leur garde. C. 12. Les curés doivent rappeler souvent à leurs paroissiens qu'ils ne peuvent éviter d'avoir des rapports avec les hérétiques, qu'ils doivent s'abstenir de disputer avec eux touchant la religion; car, outre que la chose parle assez d'elle-même, les constitutions des souverains pontifes (*C. Quicumque, de Vitand. Hær. et de Nat. et Gr.*, c. 25) et les édits des princes le défendent; que si les hérétiques veulent disputer avec eux, ils leur répondent que ce n'est pas leur affaire, mais celle des pasteurs et des docteurs, et que la leur propre est de prier pour leur salut, suivant le conseil salutaire ou le commandement que donne l'Apôtre à Timothée : *Noli contendere verbis*, etc.

T. 2, C. 4. Dans l'absence du pasteur, celui qui lui sert de second, ou même un simple chapelain dans le cas de nécessité, pourra administrer les sacrements aux paroissiens, le mariage excepté.

T. 3, C. 4. Les pasteurs n'admettront point à remplir l'office de parrains ceux qui sont dans un état d'ivresse, ni les hérétiques ou les gens suspects d'hérésie, ni les personnes scandaleuses, ni les enfants trop jeunes, ou qui ignorent les principes de la foi. C. 8. On ne présentera point à l'église avec solennité les enfants nés d'un commerce illégitime ; on ne fera point à leurs mères la cérémonie des relevailles.

T. 5, C. 5. On suspendra les aumônes aux pauvres qui ne pourront présenter la preuve de leur confession annuelle. C. 10. Les pasteurs ne renverront jamais la confession des infirmes au moment où ils leur porteront le saint sacrement, si ce n'est dans un cas de nécessité, ou bien lorsque la réconciliation du malade ne demande qu'un temps très-court. C. 12. Les confesseurs demanderont à leurs pénitents si les titres dont ils se servent pour retirer de l'intérêt de leur argent prêté, en assurant leur capital, sont véritables, ou si ce n'est qu'une usure palliée ; et ils ne les absoudront, dans ce dernier cas, qu'après qu'ils auront restitué leurs usures, ou pour la première fois, promis du moins cette restitution. On se pénétrera à cette fin de la doctrine contenue dans la bulle *Exsecrabilis avaritiæ*, de Sixte V, promulguée en Flandre par ordre de Paul V.

T. 8, C. 2. Les pasteurs ne souffriront jamais que personne, quelque pauvre qu'il soit, soit enterré sans la présence d'un prêtre, et surtout sans les cérémonies marquées dans le Pastoral.

T. 10, C. 7. Les pasteurs rappelleront souvent en chaire qu'outre la loi naturelle et divine, il y a des prescriptions ecclésiastiques qui défendent aux fidèles de contracter mariage avec les hérétiques.

T. 11, C. 5. Les pasteurs ne diront rien en chaire qui puisse les faire soupçonner de garder de l'exaspération contre des particuliers. C. 5. On suivra dans tout le diocèse l'ordre du missel romain. C. 10. Il y aura dans chaque église une chaire, d'où le pasteur, portant le bonnet carré et le surplis, ou l'aube, avec l'étole, annoncera à son peuple la parole de Dieu.

T. 12, C. 3. On reprendra peu à peu l'usage de chanter les vêpres, interrompu dans beaucoup de paroisses.

T. 13, C. 6. Nous défendons de vendre publiquement des œufs en carême avant le mercredi-saint.

T. 16, C. 11. Nous exhortons les pasteurs à avoir un soin particulier des pauvres, soit en les aidant, s'ils le peuvent, de leurs biens, soit en les recommandant aux personnes riches de leurs paroisses. *Conc. Germ.*, VII.

ANVERS (Synode diocésain d'), l'an 1643. L'évêque Gaspar Nème y publia de nouveaux statuts dans le sens des précédents. Voici les principaux.

T. 1er, C. 1. On fera dans chaque paroisse le catéchisme toutes les semaines, sans jamais s'en dispenser sous prétexte d'un trop petit nombre d'enfants. C. 7. L'expérience ayant prouvé qu'on retire peu de fruit des conférences avec les hérétiques, on ne s'en chargera point sans nécessité, ni, si ces conférences sont publiques, sans notre permission spéciale.

T. 3, C. 4. Nous défendons, sous peine de quatre florins d'amende, de baptiser un enfant d'une paroisse étrangère sans nécessité et sans le consentement du curé de cette paroisse. C. 9. Les curés dénonceront les femmes qui ne se seront pas présentées pour se purifier après leurs couches.

T. 5, C. 7. Nous défendons les trop longs entretiens avec les femmes dans le confessional, aussi bien que les invitations qu'on leur ferait de se confesser trop souvent ; on les engagera plutôt à amender sérieusement leur vie, et à mettre entre leurs confessions le même intervalle que celui qui est fixé à la plupart même des religieuses. C. 8. Les confesseurs ne se serviront point de la connaissance qu'ils auront acquise dans la confession. C. 9. C'est un abus intolérable, qu'on s'oublie au point de rapporter même à table ce qu'on a entendu en confession, ou la manière dont se confessent quelques personnes, et d'ajouter que c'est arrivé en tel jour. C 10. Les confesseurs n'engageront point les pénitents à ne se confesser qu'à eux ; ils leur défendront même de faire à cet égard des promesses ou des vœux.

T. 7, C. 19. Il y aura toujours un crucifix sur l'autel pendant le temps de la messe, et l'on observera à l'avenir, aussi exactement que possible, les cérémonies romaines, tant dans la célébration de la messe que dans tout le reste de l'office divin.

T. 8, C. 4. Les pasteurs visiteront dans la maladie les enfants mêmes qui n'ont pas fait leur première communion, surtout s'ils approchent de l'âge de puberté, et qu'ils soient en danger de mort.

T. 10, C. 10. Les curés n'assisteront point aux mariages d'hérétiques, quand même il n'y aurait que l'un des époux à l'être.

T. 12, C. 2. Le prêtre, qui dit la messe, ne doit point quitter l'autel pour aider le chantre, et il ne doit chanter de l'autel même que ce qui lui est indiqué par son office de célébrant. C. 5. La bénédiction de l'eau se fera tous les dimanches, excepté le dimanche de Pâques et celui de la Pentecôte, où l'on doit se servir de l'eau bénite la veille.

T. 17, C. 3. Il ne convient point aux pasteurs de jouer publiquement avec des laïques. C. 6. Le prêtre qui aura abusé de l'Ecriture sainte, contre la défense du concile de Trente, encourra une peine sévère.

T. 19, C. 2. On enseignera à l'avenir le chant d'église dans les écoles de paroisses.

ANVERS (Synode d'), le 2 mars 1680. Jean Ferdinand de Beughem, évêque de la ville, traça dans ce synode à son clergé les devoirs de la vie pastorale. *Conc. Germ.* X.

APAMIENSIA (*Concilia*). Voy. PAMIERS.

APT (Concile d'), *Aptense*, l'an 1365. Les

évêques des trois provinces d'Arles, d'Embrun et d'Aix, composèrent ce concile, qui se tint le 13 mai. On y fit les vingt-neuf statuts suivants :

1. On dira dans chaque paroisse, une fois la semaine, et un jour qui ne sera pas fête, une messe du Saint-Esprit ou de la sainte Vierge à la volonté du curé, pour le pape et pour l'Église universelle : ceux qui y assisteront, étant contrits et confessés, gagneront quarante jours d'indulgences.

2. Ceux qui se mettront à genoux à ces mots du *Credo : Qui propter nos homines*, etc., en gagneront vingt. Même indulgence pour ceux qui fléchiront les genoux à ces mots : *Gratias agamus Domino Deo nostro*.

3. On exhorte à dire une messe des morts tous les lundis qu'il n'y aura point de fêtes ; et lorsqu'il y en aura, on accorde vingt jours d'indulgence aux prêtres qui diront une messe des morts après celle de la fête, et aux fidèles qui l'entendront.

4. Indulgence de quarante jours pour ceux qui vont prier à leurs cathédrales les jours de la nativité, de la résurrection et de l'ascension de Notre-Seigneur, le jour de la Pentecôte, des quatre principales fêtes de la sainte Vierge, etc.

5. Tout évêque qui officiera pontificalement dans son diocèse pourra accorder, pour ce jour-là, quarante jours d'indulgence, et autant, toutes les fois qu'il prêchera dans un autre diocèse, avec la permission de l'ordinaire.

6. Tous les évêques résideront en personne dans leurs villes épiscopales, du moins pendant l'avent et le carême, y diront la messe, y prêcheront, y confesseront et s'acquitteront de tous les devoirs attachés à la charge pastorale.

7. Aucun évêque n'aura ni bouffons ni chiens, ni oiseaux de chasse ; puisque ce serait une chose souverainement détestable de donner aux chiens le pain des pauvres.

8. Les domestiques et autres officiers des évêques seront vêtus modestement.

9. Ceux qui sont tenus de faire les visites du diocèse ne recevront point d'argent pour les faire, ni pour se dispenser de les faire, comme il arrive quelquefois.

10. Les métropolitains et leurs suffragants se contenteront de quatre florins pour leur droit de visite.

11. Défense de vendre aux laïques les revenus provenant des choses spirituelles.

12. Les ordinaires contraindront par les censures et les autres remèdes du droit, d'observer les commandements de Dieu, de garder les jours de fêtes, d'entendre la messe et le sermon les dimanches.

13. Défense de tenir des foires ou des marchés les jours de dimanches et de fêtes.

14. Les ordinaires obligeront le peuple à observer les statuts provinciaux et diocésains, en employant, s'il le faut, les censures de l'Église.

15. L'ordinaire procédera contre ceux qui ne remplissent pas le devoir pascal.

16. L'ordinaire emploiera les mêmes remèdes, pour faire rentrer les excommuniés en eux-mêmes.

17. Les ordinaires ou leurs officiaux feront arrêter tous les religieux, exempts ou non exempts, qui ne porteront pas l'habit de leur ordre, ou qui le porteront indécemment.

18. Tous ceux qui sont chargés de recevoir les legs ou les aumônes dans les églises ou autres lieux pies, en rendront compte tous les ans au curé ou au vicaire perpétuel du lieu, ou à tout autre que l'ordinaire députera pour recevoir ces sortes de comptes.

19. L'ordinaire examinera une fois l'an les lettres des quêteurs apostoliques.

20. Les évêques feront publier une fois l'an, dans leurs synodes diocésains, les statuts dressés dans le concile de Saint-Ruf ; et pour certains statuts en particulier, tels que celui qui commence par ces mots : *Item quia curati*, etc. on les publiera six dimanches consécutifs dans les paroisses.

21. Il y aura vingt jours d'indulgences pour ceux qui, étant contrits et confessés, entendront la messe de la sainte Vierge tous les samedis.

22. Quand un excommunié pour dettes sera mort dans son excommunication, les créanciers qui l'ont fait excommunier ne continueront pas, comme il arrive, à faire continuer la publication de son excommunication.

23. On observera le statut du concile de Saint-Ruf, touchant les Juifs.

24. On n'enterrera personne dans un autre cimetière que celui de la paroisse sans en avertir le curé.

25. On ne dispensera pas facilement des bans de mariage ; et quand on en dispensera, on n'exigera rien pour la dispense.

26. On appliquera aux usages pies, les amendes pécuniaires imposées aux excommuniés qui reviennent au giron de l'Église.

27. Les vicaires généraux pourront absoudre les évêques excommuniés, interdits et suspens, pourvu qu'il n'y ait point de fraude et de malice.

28. Les évêques pourront accorder les dispenses et les absolutions non réservées à leurs supérieurs. *D. Martene, Thesauri tom. IV. Ana. des Conc.* V.

AQUAPENDENTE (Synode diocésain d'), 9 et 10 mai 1660. Nicolas Léti, évêque du diocèse, y confirma l'érection d'un mont-de-piété. Les statuts de ce synode sont renfermés en cinquante et un chapitres, dont le 10e défend de construire aucune église, ni même aucun autel, sans l'agrément de l'évêque ; le 14e ordonne que les cloches d'églises, avant d'être montées, soient bénites par l'évêque ; le 28e défend aux maîtres d'enseigner sans l'autorisation de l'évêque ; le 46e recommande aux diverses églises du diocèse l'exactitude à envoyer tous les ans à l'évêque le montant de la taxe connue sous le nom de *cathédratique* ; le 49e défend aux prêtres, sous de fortes peines d'engager quelqu'un par serment ou par promesse à choisir leurs églises (ou paroisses) pour le lieu de sa sépulture. *Constitut. et decreta ex diœc. synodo Aquapenden.*, Romæ, 1665.

AQUAPENDENTE (2e Synode diocésain d'), tenu par l'évêque Nicolas Léti, le 23 mai 1666. L'objet de ce nouveau synode fut d'expliquer plusieurs dispositions du synode précédent. Il y est dit que les confesseurs, tant séculiers que réguliers, qui ne sont pas curés, n'entendront les confessions des malades qu'avec la permission du curé, excepté dans les cas de nécessité ; que les curés de leur côté se montreront faciles à accorder cette permission. On y déclare usuraires les contrats où l'on reçoit quelque chose au-delà du capital en palliant le prêt ; l'augmentation du prix des marchandises pour délai de paiement ; la perception des fruits d'un bien reçu en gage dont on ne tiendrait pas compte en les ajoutant au capital; le contrat de réméré sous certaines conditions, etc. *Constitut. sec. diœc. synodi Aquavenden.*, Romæ, 1667.

AQUILÉE (Concile d'), *Aquileiense*, l'an 381. Il n'y avait pas longtemps que le concile de Constantinople avait fini ses séances, lorsque l'empereur Gratien en assembla un à Aquilée. Ce prince l'avait convoqué dès le commencement de l'an 379, et peut-être même sur la fin de l'an 378, lorsqu'il était encore le maître de l'Orient ; mais quelques difficultés survenues l'obligèrent à le différer jusqu'au mois de septembre de l'année 381. Pallade, évêque de l'Illyrie, donna occasion à ce concile. Quoique fort attaché à la doctrine des ariens, et uni avec Ursace et Valens, il avait coutume de dire qu'il n'était pas arien, qu'il ne savait qui était Arius, et qu'il ne suivait pas ses erreurs : on ne laissait pas de le traiter d'arien. Il en fit des plaintes à l'empereur Gratien lorsqu'il était à Sirmich, et le pria d'assembler un concile de toutes les provinces de l'empire, et d'y convoquer les évêques d'Orient, qu'il prétendait être de son parti. Les évêques catholiques demandaient que Gratien fût lui-même l'arbitre de la dispute ; mais il le refusa, croyant devoir la renvoyer au jugement des évêques, qu'il regardait comme les véritables interprètes des Ecritures. Ainsi il ordonna que les évêques de chaque diocèse se trouveraient à Aquilée, et assura Pallade qu'il y avait aussi convoqué les Orientaux. Il changea néanmoins de sentiment dans la suite, à la persuasion de saint Ambroise. Ce saint évêque, qui s'était dès lors rendu recommandable par son savoir et ses vertus, représenta à ce prince qu'il n'était pas raisonnable que pour un petit nombre de personnes dont il s'agissait, on engageât dans de pénibles voyages un grand nombre d'évêques ; que lui et les autres évêques d'Italie suffisaient pour répondre à toutes les difficultés que l'on pourrait faire. Gratien écrivit donc une seconde lettre de convocation, adressée à saint Valérien d'Aquilée, par laquelle il révoquait l'ordre général

qu'il avait donné aux évêques de se trouver en cette ville, déclarant en même temps qu'il serait libre à tout le monde d'y venir, mais qu'on n'y contraindrait personne.

Les évêques d'Orient n'y vinrent pas ; mais il y en eut de presque toutes les provinces d'Occident, soit en personne, soit par des députés, excepté de l'Espagne. Il n'y vint non plus aucun député de la part du pape, ni du vicariat de Rome : peut-être à cause de certains chefs d'accusations que l'on formait alors contre Damase, qui obligèrent le concile d'écrire en sa faveur. Les évêques du vicariat d'Italie étaient saint Ambroise de Milan, saint Valérien d'Aquilée, saint Eusèbe de Bologne, Limène de Verceil, saint Sabin de Plaisance, Abondance de Trente, saint Philastre de Brescc, Maxime d'Emone, saint Bassien de Lodi, Héliodore d'Altino dans la Marche Trévisane, Evence ou Juvence de Pavie, Exupérance de Tortone et Diogène de Gênes. Anème, chef de l'Eglise de l'Illyric, s'y trouva aussi et y rendit témoignage de la foi de toute sa province. Il était accompagné de Constance de Sciscie et de Félix de Jadre ou Zara, sur la côte de Dalmatie. L'Eg'ise Gallicane y envoya des députés, savoir : saint Just de Lyon, pour les Gaules appelées Chevelues ; Constance d'Orange et Procule de Marseille, pour les provinces de Vienne et de Narbonne, auxquels se joignirent Théodore d'Octodure ou Martigny, Domnin de Grenoble et Amance de Nice. Les évêques d'Afrique envoyèrent en leur nom Félix et Numidius, qui dans les souscriptions ne prennent ni titre ni qualité. Evagre, prêtre, souscrivit après eux comme légat, sans marquer de quelle province il était envoyé. On trouve après lui les noms de neuf personnes aussi sans titre et sans qualité, mais qui étaient apparemment évêques, puisqu'au commencement des actes du concile ils sont indistinctement qualifiés évêques avec ceux dont nous venons de parler. Leurs noms étaient Artème, Almachius, Janvier, Jovin, Macédonius, Cassien, Marcelle, Eustache et Maxime. Chromace, alors prêtre et depuis évêque d'Aquilée, signa le dernier. Le nombre de ceux qui assistèrent à ce concile fut de trente-cinq, dont trente-trois étaient évêques et deux prêtres. Un diacre nommé Sabinien lut dans le concile le rescrit de l'empereur et les autres pièces dont la lecture parut nécessaire à l'assemblée. De tous les évêques ariens, il n'y en eut que deux qui s'y rendirent, Pallade et Secondien, avec un prêtre nommé Attale, disciple de Valens, évêque de Pettau en Illyrie.

Saint Ambroise eut la principale part à tout ce qui se passa dans ce concile. Ce fut lui qui demanda que l'on en rédigeât les actes par écrit, et qui recueillit les voix pour en former la conclusion ; qui déclara aux évêques les intentions de l'empereur ; qui interrogea Pallade sur sa doctrine ; qui répondit à ses difficultés ; qui réfuta ses erreurs. Les autres évêques parlèrent peu. Ces prérogatives étaient dues à saint Ambroise, tant par rapport à son mérite personnel, qu'à cause de la dignité de son siége auquel était attachée la qualité de métropolitain du vicariat d'Italie, dont Milan était la capitale ; il ne présida pas néanmoins au concile, et il n'y tint que le second rang, soit qu'il eût cédé par respect la première place à saint Valérien, à cause de son grand âge, soit qu'il fût convenable que, le concile se tenant à Aquilée, la présidence en fût accordée à celui qui était évêque de cette ville.

Les évêques catholiques et ariens étant arrivés à Aquilée, n'y tinrent pas d'abord le concile ; mais saint Ambroise eut avec les deux évêques ariens des conférences particulières, dans le dessein de les ramener à la saine doctrine. Il n'en vint pas à bout, et Pallade même, l'un de ces deux évêques, demanda le trentième jour d'août que l'on tînt l'assemblée, promettant de s'y trouver. Il en marqua même le temps et le lieu ; deux jours après il réitéra ses instances. Les catholiques acceptèrent ses offres avec joie ; et sans attendre les autres évêques qui auraient pu encore venir, le concile s'assembla le troisième des nones de septembre, c'est-à-dire, le troisième du même mois, qui était un vendredi. L'assemblée se tint dans l'église d'Aquilée ; et tous les évêques étant assis, savoir, Valérien, Ambroise, Eusèbe, Limène et les autres que nous avons nommés ci-dessus, l'évêque Ambroise dit : Nous avons longtemps parlé sans actes, mais puisque Pallade et Secondien nous frappent les oreilles de tant de blasphèmes qu'on aura peine à le croire, et de peur qu'ils n'usent de quelque artifice pour nier ensuite ce qu'ils ont dit, quoique l'on ne puisse douter du témoignage de tant d'évêques, il est bon que l'on fasse des actes : vous devez donc, saints évêques, déclarer si vous le voulez. Tous les évêques dirent : Nous le voulons. On lut ensuite le rescrit de l'empereur Gratien à saint Valérien d'Aquilée pour la convocation du concile, puis saint Ambroise dit : Voilà ce que l'empereur a ordonné : il n'a pas voulu faire tort aux évêques, il les a déclarés interprètes des Ecritures et arbitres de cette dispute ; ainsi, puisque nous sommes assemblés en concile, répondez à ce qui vous est proposé : la lettre d'Arius a été lue ; on va encore la lire, si vous voulez. Dès le commencement elle contient des blasphèmes, elle dit que le Père seul est éternel : si vous croyez que le Fils de Dieu ne soit pas éternel, prouvez-le comme vous voudrez : si vous croyez cette proposition condamnable, condamnez-la ; l'Evangile est présent, et saint Paul et toutes les Ecritures : prouvez par quoi il vous plaira que le Fils de Dieu n'est pas éternel. Pallade dit : Vous avez fait en sorte que le concile ne fût pas général, comme on voit par la lettre de l'empereur que vous avez produite ; nous ne pouvons répondre en l'absence de nos confrères. Saint Ambroise dit : Qui sont vos confrères ? Les évêques orientaux, dit Pallade. Saint Ambroise dit : Pendant ce temps là, puisque dans les temps passés l'usage des conciles a été que les Orientaux tinssent le leur en Orient, et les Occidentaux en Occident, nous qui sommes en Occident, nous sommes assemblés à Aquilée suivant l'ordre de l'empereur ; enfin le préfet d'Italie a même déclaré par ses lettres, que les Orientaux y pouvaient venir, s'ils voulaient ; mais parce qu'ils savaient la coutume que j'ai marquée, ils n'ont pas voulu venir. Pallade dit : Notre empereur Gratien a ordonné aux Orientaux de venir ; le niez-vous ? il nous l'a dit lui-même. Il l'a bien ordonné, dit saint Ambroise, puisqu'il ne l'a pas défendu. Pallade dit : C'est par vos sollicitations que vous les avez empêchés de venir, sous prétexte d'un faux ordre, et vous avez éloigné le concile.

Saint Ambroise dit : Il ne faut point s'écarter plus longtemps, répondez maintenant : Arius a-t-il bien dit que le Père seul est éternel ? L'a-t-il dit selon les Ecritures, ou non ? Pallade dit : Je ne vous réponds pas. Constance, évêque d'Orange, dit : Vous ne répondez pas après avoir blasphémé si longtemps ? Il parlait des blasphèmes que Pallade et Secondien avaient vomis dans la dispute précédente avant qu'on écrivît les actes. Eusèbe, évêque de Bologne, ajouta : Vous devez déclarer simplement votre foi ; si un païen vous demandait comment vous croyez en Jésus-Christ, vous ne devriez pas rougir de le confesser. Sabin, évêque de Plaisance, dit : C'est vous qui nous avez pressés de nous assembler aujourd'hui, sans attendre le reste de nos frères qui pouvaient venir ; ainsi il ne vous est pas libre de reculer ; dites-vous que le Christ soit créé, ou que le Fils de Dieu soit éternel ? Pallade dit : Nous vous avons dit que nous viendrions pour vous convaincre d'avoir eu tort de surprendre l'empereur. Il se rejeta encore sur l'absence des Orientaux. Laissons les Orientaux, dit saint Ambroise ; je demande aujourd'hui votre sentiment ; on a lu la lettre d'Arius ; vous dites que vous n'êtes point arien : ou condamnez Arius, ou le défendez. Pallade chicanant toujours sur ce que les Orientaux n'étaient pas venus, et sur la validité du concile, saint Ambroise dit : On a condamné tout d'une voix celui qui disait que le Fils n'est pas éternel : Arius l'a dit, Pallade le suit, ne voulant pas condamner Arius ; voyez donc s'il faut approuver son opinion, et s'il parle selon l'Ecriture ou contre l'Ecriture ; car nous lisons : *La vertu éternelle de Dieu et sa divinité* (*Rom.* I, 20) : et encore : *Jésus-Christ est la vertu de Dieu* (I *Cor.* I, 8) ; donc, si la vertu de Dieu est éternelle, Jésus-Christ est éternel. Saint Eusèbe de Bologne dit : C'est là notre foi, c'est la doctrine catholique ; anathème à qui ne le dit pas. Tous les évêques dirent anathème. Pallade dit qu'il ne connaissait point Arius ; et comme on le pressait de condamner ses erreurs, il répondit : Je ne parle point hors d'un concile légitime. Saint Ambroise lui dit : Faites-vous difficulté de condamner Arius, après que Dieu même l'a condamné ? Et continuant de demander les avis, il s'adressa aux députés des Gaulois. Constance, évêque d'Orange, et l'un de ces députés, dit : Nous avons toujours condamné cette impiété, et nous condamnons encore, non-seulement Arius, mais quiconque ne dit pas que le Fils de Dieu est éternel. Saint Ambroise demanda l'avis de saint Just en particulier, comme député d'une autre partie de la Gaule, et saint Just répondit : Pour qui ne confesse pas le Fils de Dieu coéternel au Père, qu'il soit anathème. Tous les évêques dirent anathème. Saint Ambroise demanda aussi l'avis des députés d'Afrique, et l'évêque Félix répondit au nom de tous, qu'ils avaient déjà condamné et qu'ils condamnaient encore quiconque osait nier que le Fils de Dieu soit éternel et coéternel au Père. Anéméus, comme évêque de Sirmium capitale de l'Illyrie, prononça le même anathème.

Après avoir établi l'éternité du Fils de Dieu, on passa, suivant l'ordre de la lettre d'Arius, à sa divinité. Saint Ambroise dit donc à Pallade : Condamnez encore celui qui dit que le Fils n'est pas vrai Dieu. Pallade dit : Qui est-ce qui dit que le Fils n'est pas vrai Dieu? Saint Ambroise dit : Arius l'a dit. Pallade : Puisque l'Apôtre dit que *Jésus-Christ est Dieu par-dessus tout*, quelqu'un peut-il nier qu'il soit vrai Fils de Dieu? Saint Ambroise dit : Afin que vous sachiez combien simplement nous cherchons la vérité, voyez, vous dites ce que je dis moi-même, mais vous n'en dites que la moitié ; car en parlant ainsi, vous semblez ne dire qu'il soit vrai Dieu : si donc vous confessez simplement que le Fils de Dieu est vrai Dieu, dites ces paroles dans le même ordre où je les avance. Pallade dit : Je vous parle selon les Ecritures : je dis que le Seigneur est vrai Fils de Dieu. Saint Ambroise répliqua : Dites-vous que le Fils de Dieu est vrai Seigneur? Pallade dit : Puisque je dis qu'il est vrai Fils, que faut-il de plus? Saint Ambroise dit : Je ne demande pas seulement que vous disiez qu'il est vrai Fils, mais que le Fils de Dieu est vrai Seigneur. Saint Eusèbe de Bologne dit : Il est vrai Fils de Dieu selon la foi catholique. Pallade dit : Il est vrai Fils de Dieu, et ajouta : Je confesse aussi une vraie divinité. On le pressa de déclarer si c'était la divinité du Fils ou seulement du Père ; mais il n'en voulut rien faire. Ce qui obligea saint Ambroise et les autres évêques catholiques de prononcer anathème à celui qui ne dira point que le Christ Fils de Dieu est vrai Seigneur.

On examina ensuite ces paroles de la lettre d'Arius : Le Père seul possède l'immortalité ; et quoique Pallade n'osât nier ouvertement que Jésus-Christ fût immortel selon sa génération divine, il s'expliqua sur ce point avec tant d'ambiguité et d'embarras, que saint Ambroise et les autres évêques du concile furent obligés de dire anathème à celui qui n'explique pas librement sa foi. Pallade dissimula moins son sentiment sur la sagesse du Fils. Arius avait dit dans sa lettre : Le Père est sage par lui-même, mais le Fils n'est pas sage. Pallade dit à peu près la même chose ; car quoiqu'il avouât que le Fils de Dieu est la Sagesse, il ne voulut jamais dire qu'il est sage, quelque instance qu'on lui en fît. Saint Eusèbe dit donc anathème à qui nie que le Fils de Dieu soit sage. Tous les évêques dirent anathème. On interrogea aussi Secondien sur cet article ; mais il ne voulut pas répondre un seul mot. Comme Arius avait écrit que le Père seul est bon, on demanda à Pallade s'il était de même sentiment? Il avoua que le Fils était bon. On lui demanda s'il était bon comme les hommes sont bons, ou comme Dieu ; mais comme il ne voulut pas s'expliquer sur ce point, les évêques dirent anathème à qui ne confesse pas que le Fils de Dieu est un Dieu bon. Pallade refusa aussi de reconnaître que le Fils de Dieu est le puissant Seigneur, se contentant d'avouer qu'il est puissant. Ce qui obligea le concile de dire anathème à qui nie que le Christ soit le Seigneur puissant.

On continua à lire la lettre d'Arius, et on examina cette parole : Que le Père est le juge de tous. Pallade confessa que le Père avait donné au Fils le pouvoir de juger. Le lui a-t-il donné, dit saint Ambroise, par grâce ou par nature? car on le donne aussi aux hommes. Pallade dit : Dites-vous que le Père est le plus grand, ou non? Saint Ambroise voyant qu'il voulait détourner la dispute par cet incident, qui était le plus fort des ariens, lui dit : Je vous répondrai après. Mais comme Pallade s'opiniâtrait à ne vouloir pas répondre, si on ne lui répondait sur cet article, saint Eusèbe de Bologne dit : Selon la divinité le Fils est égal au Père : vous voyez dans l'Evangile que les Juifs le persécutaient, parce qu'il disait que Dieu était son Père, se faisant égal à Dieu : ce que les impies ont confessé en le persécutant, nous autres fidèles nous ne pouvons le nier. Saint Ambroise ajouta : Vous lisez ailleurs : *Etant en la forme de Dieu, il n'a pas cru que ce fût une usurpation d'être égal à Dieu ; mais il s'est anéanti en prenant la forme d'esclave.* Voyez vous comment il est égal en la forme de Dieu? En quoi donc est-il moindre? Selon la forme d'esclave, non selon celle de Dieu. Saint Eusèbe dit : Comme étant en la forme d'esclave, il n'a pu être au-dessus de l'esclave, ainsi étant en la forme de Dieu, il n'a pu être au-dessous de Dieu. Saint Ambroise dit : Ou dites que selon la divinité le Fils de Dieu est moindre. Pallade dit : Le père est plus grand. Selon la chair, dit saint Ambroise. Pallade dit : *Celui qui m'a envoyé est plus grand que moi* ; la chair est-elle envoyée ou le Fils de Dieu? Saint Ambroise dit : Vous voilà convaincu aujourd'hui de falsifier les Ecritures, car il est écrit : *Le Père est plus grand que moi*, et non pas : *celui qui m'a envoyé est plus grand que moi*. Pallade dit : Le Père est plus grand. Saint Ambroise dit : Anathème à celui qui ajoute ou diminue aux divines Ecritures. Tous les évêques dirent anathème. Après quelques autres contestations sur ces paroles : *Le Père est plus grand*, Pallade se leva et voulut sortir, parce que, dit l'évêque Sabin, il se sentait vaincu par la force des témoignages de l'Ecriture qu'on avait allégués contre lui ; néanmoins il demeura, et les Pères du concile voyant qu'il continuait à défendre l'erreur, dirent anathème à qui nie que le Fils soit égal au Père selon la divinité. Pallade, continuant à soutenir que le Fils est moindre, dit : Le Fils est soumis au Père, il garde les commandements du Père ; et sans vouloir distinguer l'humanité de la divinité, comme l'en pressait saint Ambroise, il soutint opiniâtrement que le Père était plus grand ; à quoi il ajouta qu'il ne voulait ni répondre aux évêques qui étaient présents, ni les reconnaître pour juges. Saint Ambroise dit : Quand on lisait les impiétés d'Arius, on a aussi condamné la vôtre qui y était conforme : il vous a plu au milieu de la lecture de proposer ce que vous vouliez ; on vous a répondu comment le Fils a dit que le Père est plus grand, savoir selon la chair qu'il a prise : vous avez aussi proposé que le Fils de Dieu est soumis au Père, et on vous a répondu qu'il l'est selon la chair, non selon la divinité : vous avez notre déclaration : écoutez maintenant le reste ; puisqu'on vous a répondu, répondez à ce qu'on va lire. Pallade dit : Je ne vous réponds point, parce que tout ce que j'ai dit n'a point été écrit : on n'écrit que vos paroles : je ne vous réponds point. Saint Ambroise dit : Vous voyez que l'on écrit tout : enfin ce qui est écrit ne suffit que trop pour vous convaincre d'impiété. Pallade demanda qu'on fît venir des écrivains de son parti ; et quand de l'avis de Sabin, évêque de Plaisance, on le lui eut accordé, il dit : Je vous répondrai dans un concile général. Saint Ambroise s'adressa au prêtre Attale, qui était aussi de la faction des ariens, et le pressa de déclarer s'il n'avait pas souscrit au concile de Nicée. Attale refusant de répondre, Sabin dit : Nous sommes témoins qu'Attale a souscrit au concile de Nicée et qu'il ne veut pas répondre. Saint Ambroise fit continuer la lecture de la lettre d'Arius, et dit à Pallade : Je vous ai répondu sur le *plus grand* et sur le *soumis* au Père : répondez-moi à votre tour. Pallade dit : Je ne vous répondrai point, s'il ne vient des auditeurs après le dimanche. Saint Ambroise le pressa de dire s'il croyait que Jésus-Christ fût créé, et s'il a été un temps qu'il ne fût pas. Mais Pallade s'obstina à ne point répondre, qu'il n'y eût des auditeurs et des écrivains de part et d'autre.

Quels auditeurs demandez-vous, dit saint Ambroise ? Pallade dit : Il y a ici plusieurs personnes constituées en dignité. Saint Ambroise dit : Les évêques (a) doivent juger les laïques, et non pas être jugés par eux. Toutefois il lui demanda encore quels juges il voulait. Pallade dit : Qu'on fasse venir des auditeurs. Le prêtre Chromace dit que sans préjudice du jugement des évêques, on était prêt à écouter dans le concile quiconque voulait prendre le parti de Pallade. Saint Ambroise ajouta : Nous rougissons de ce que celui qui se prétend évêque veut être jugé par des laïques ; et il mérite encore en cela d'être condamné, outre les impiétés dont il est convaincu : ainsi je prononce qu'il est indigne du sacerdoce, qu'il en doit être privé, et un catholique être ordonné à sa place.

Tous les évêques dirent : Anathème à Pallade. Saint Ambroise prenant ensuite les suffrages de chacun en particulier, saint Valérien donna le sien le premier en ces termes : Il me semble que celui qui défend Arius est arien ; celui qui ne condamne pas ses blasphèmes est blasphémateur lui-même : c'est pourquoi je suis d'avis qu'il soit retranché de la compagnie des évêques. Pallade, voyant bien qu'il allait être déposé, fit semblant de s'en moquer et dit qu'il ne répondrait que dans un concile où se trouveraient les évêques d'Orient. Anémius, évêque de Sirmich, dit son avis en second lieu, et déclara avec tous les autres que Pallade était arien, et devait être déposé de l'épiscopat. Après qu'il eut été condamné unanimement, comme le concile voulait savoir distinctement le sentiment de Secondien, saint Ambroise lui demanda s'il reconnaissait que le Fils de Dieu fût véritablement Dieu. Mais jamais il ne voulut dire autre chose, sinon qu'il est vrai Fils unique de Dieu, et non pas qu'il est vrai Dieu, cette proposition n'étant point, disait-il, dans l'Ecriture. Il fut donc déposé du sacerdoce, et condamné comme Pallade et le prêtre Attale. Telle fut l'issue de la dispute qui dura depuis le point du jour jusqu'à la septième heure, c'est-à-dire, une heure après midi.

Le concile d'Aquilée écrivit ensuite plusieurs lettres, dont quatre sont venues jusqu'à nous. La première est adressée aux évêques de Gaule des provinces de Vienne et de Narbonne, pour les remercier de ce qu'elles avaient envoyé des députés, et leur rendre compte de la condamnation de Pallade et de Secondien. Le concile écrivit sans doute de semblables lettres aux autres provinces qui avaient député saint Just, et à celle d'Afrique dont Félix était député ; mais nous ne les avons pas, et peut-être n'y eut-il qu'une lettre circulaire pour toutes les provinces qui avaient envoyé des députés au concile. La seconde lettre est aux empereurs Gratien, Valentinien et Théodose, pour les remercier d'avoir assemblé le concile, leur en apprendre le succès, et les prier d'en faire exécuter les décrets, en envoyant ordre aux juges des lieux, de faire sortir les évêques déposés des villes de leur résidence, et de faire mettre à leurs places des évêques catholiques par les députés du concile. On leur fait dans cette lettre un détail des détours, des chicanes et des blasphèmes de Pallade, de Secondien et d'Attale, qui leur avaient attiré l'anathème. Après quoi les évêques ajoutent, en parlant de Julien Valens, maître d'Attale : Bien qu'il fût très-proche, il a évité le concile, de peur de rendre compte de sa patrie renversée et de ses citoyens trahis : on dit même qu'il a osé paraître devant l'armée romaine habillé en Goth, avec un collier et un bracelet comme les païens, en profanant son sacerdoce : ce qui sans doute est un sacrilège non-seulement dans un prêtre, mais dans quelque chrétien que ce soit. Ils demandent aux em-

---

(a) *Sacerdotes de laicis iudicare debent, non laici de sacerdotibus.* Ambros. pag. 800.

pereurs que Valens soit chassé de Milan, où il n'excitait que du trouble, et renvoyé chez lui ; qu'ils écoutent favorablement les députés du concile ; qu'ils les renvoyent promptement après leur avoir accordé leurs demandes ; enfin, qu'en exécution d'une loi faite précédemment, il soit défendu aux photiniens de continuer les assemblées qu'ils tenaient à Sirmich.

La troisième lettre est adressée aux trois empereurs Gratien, Valentinien et Théodose, suivant l'usage des Romains, mais elle était proprement pour Gratien, ainsi que la précédente, parce qu'il gouvernait seul l'Occident durant la minorité de Valentinien, son frère. Le concile l'écrivit à l'occasion des troubles qu'Ursin excitait dans l'Eglise romaine. Cet antipape, quoique banni à Cologne, troublait néanmoins la ville de Rome par les lettres qu'il y envoyait et par les cabales d'un nommé Paschasin, qui faisait tous ses efforts pour soulever les païens et les gens perdus. Il faisait en même temps entendre à Gratien des choses qui blessaient la pudeur, et qui étaient également indignes d'être proférées par un évêque, et entendues par un empereur tel que Gratien. Il le sollicitait continuellement et l'importunait même au milieu des guerres, pour tâcher de le surprendre ; et lui représentant sans cesse des choses honteuses, apparemment le crime d'adultère dont on accusait le pape Damase, il s'efforçait d'obtenir non-seulement d'être rappelé de l'exil, mais même d'être établi évêque en la place de Damase. Les évêques du concile d'Aquilée voyant donc que cette affaire était capable de mettre le trouble dans toute l'Eglise, prièrent l'empereur de ne plus écouter Ursin et de résister avec fermeté à toutes ses importunités, alléguant pour l'y engager qu'il avait favorisé les ariens, tenu des assemblées secrètes avec eux, et voulu troubler l'Eglise romaine, capitale de tout l'empire, d'où le droit de la communion (a) se répand sur toutes les autres Eglises.

Dans la quatrième lettre adressée aussi aux trois empereurs, mais particulièrement à Théodose, les évêques du concile d'Aquilée leur rendent grâces de ce qu'ils ont rendu la paix à l'Eglise en la délivrant de l'oppression des ariens, surtout en Orient ; ils leur promettent en reconnaissance d'un si grand bienfait, qu'outre les prières qui se font tous les jours dans les églises pour la prospérité de leur empire, ils en feront ensemble de particulières pour leur salut. Mais ils se plaignent en même temps de la persécution que l'on faisait souffrir à Paulin d'Antioche, qui avait toujours été dans leur communion, et à Timothée, évêque d'Alexandrie ; demandant que pour remédier à ces désordres, il plût aux empereurs d'ordonner que l'on assemblât à Alexandrie un concile de tous les évêques catholiques, afin qu'ils décidassent entre eux à qui l'on devait accorder la communion, et avec qui il fallait la garder ;

(a) Tamen totius orbis Romani caput Romanam Ecclesiam atque illam sacrosanctam apostolorum fidem, ne turbari sineret obsecranda fuit clementia vestra ; inde enim

c'est-à-dire, ou avec Paulin, depuis longtemps évêque d'Antioche, ou avec Flavien, qui avait été ordonné évêque de la même ville après la mort de saint Mélèce. Ils ne nomment pas Flavien dans leur lettre, et peut-être ne savaient-ils qu'en général que l'on avait choisi un évêque pour l'église d'Antioche. On ne sait quelle était la difficulté touchant Timothée, ni s'il avait quelque compétiteur dans l'épiscopat d'Alexandrie, dont il n'était en possession que depuis peu de temps, ayant succédé à Pierre son frère, mort le 14 février de cette année 381. *D. Ceill.*

AQUILÉE (Conciliabule d'), vers l'an 557. Ce concile réprouvé fut tenu par Paulin, archevêque d'Aquilée. On y condamna le dernier concile œcuménique de Constantinople, et l'on se sépara de ceux qui le recevaient, sans même en excepter le pape.

Ce schisme fut embrassé d'abord par les évêques de Vénétie, d'Istrie et de Ligurie, c'est-à-dire par les suffragants d'Aquilée et de Milan. Le pape Pélage Ier leur adressa une lettre où il leur représentait qu'en se séparant du saint-siège ils s'excluaient eux-mêmes de la communion de l'Eglise ; et après leur avoir déclaré qu'il recevait les quatre conciles généraux et la lettre de saint Léon à Flavien, il les exhortait, s'il leur restait quelques scrupules, à venir le trouver pour obtenir quelques éclaircissements. Et comme il vit que ses exhortations ne produisaient aucun effet, il eut recours à l'autorité du général Narsès pour réprimer les schismatiques. « Ne vous arrêtez pas, dit-il, aux vains discours de ceux qui représentent comme une persécution la conduite de l'Eglise quand elle réprime les méchants et les empêche de perdre les bons. On ne persécute que quand on contraint à mal faire ; autrement il faudrait abolir toutes les lois divines et humaines qui ordonnent la punition des crimes. Que le schisme soit un mal et qu'il doive être réprimé par la puissance même extérieure, c'est une chose constante d'après l'Ecriture et les canons. Or, quiconque se sépare des siéges apostoliques, est incontestablement dans le schisme. Si les évêques de ces provinces avaient quelques difficultés sur le jugement du concile tenu à Constantinople, ils devaient, comme cela s'est pratiqué, adresser au saint-siége les premiers d'entre eux, pour donner leurs raisons et écouter les nôtres, au lieu de fermer leurs yeux à la lumière et de déchirer l'Eglise. Ne craignez donc pas d'envoyer à l'empereur, sous bonne escorte, ainsi que nous l'avons demandé, ceux qui font des entreprises schismatiques. Il y a mille exemples qui montrent que les puissances doivent les punir non-seulement par l'exil, mais par la confiscation des biens et par de rudes prisons. » Mais les schismatiques excommunièrent Narsès dont le pape stimula en vain le zèle.

Ce fut pendant ce schisme, qui dura un siècle, que les évêques d'Aquilée prirent le titre de patriarches, qu'ils ont porté jusqu'au milieu du siècle dernier.

AQUILÉE (Concile d'), l'an 698. Ce con-

in omnes venerandæ communionis jura dimanant. *Pag.* 311.

cile se trouve dénaturé dans les collections ordinaires, puisqu'il n'y figure que comme un conciliabule de quelques évêques schismatiques, qui rejetaient le concile de Chalcédoine, pour avoir condamné les trois chapitres ; tandis qu'il faut le regarder au contraire comme un légitime concile, qui, sur les remontrances du pape Sergius, renonça unanimement au schisme qui tenait les évêques d'Istrie séparés de l'Eglise romaine depuis le pape Pélage Ier, monté sur le siége de saint Pierre en l'année 555. C'est ce qu'on peut voir dans Bède, *lib. de sex Ætatibus*, et dans *Zanetti, del regno de Longobard*. *Rich.*

AQUILÉE (Concile d'), l'an 791 ou 796. *Voyez* FRIOUL, même année.

AQUILÉE (Concile d'), l'an 1007 ou environ. Jean, patriarche d'Aquilée, tint ce concile avec ses suffragants, pour approuver l'érection d'un évêché à Bamberg. Le roi saint Henri, qui devint ensuite empereur, souhaitait ardemment cette érection. Henri ou Harzelin, évêque du Wirtzbourg, s'y opposa d'abord ; mais il ne tarda pas à se rendre aux désirs du monarque, et les lettres qui attestaient son consentement avec les actes du concile de Francfort, tenu à ce sujet en cette année 1007, furent envoyés à tous les évêques des États du prince. Jean d'Aquilée n'eut pas plutôt reçu ces pièces, qu'il assembla les évêques de sa province, et ratifia avec eux tout ce qui avait été fait au concile de Francfort, en adressant une lettre synodique à Henri, évêque de Wirtzbourg. *Mansi, t. I, col. 1223. Richard.*

AQUILÉE (Concile d'), l'an 1015. Ce concile eut pour objet la confirmation de la donation faite par Jean, patriarche d'Aquilée, aux chanoines de Saint-Etienne de Forli. *Mansi, t. I, col. 1229. Richard.*

AQUILÉE (Concile d'), l'an 1181. Valderic ou Ulric, archevêque d'Aquilée et légat du saint-siége, tint ce concile pour faire embrasser la vie commune à ses chanoines.

AQUILÉE (Concile d'), l'an 1184. Contre les incendiaires et les sacriléges

AQUILÉE (Concile d'), l'an 1216. Le patriarche Volcher y leva l'excommunication portée contre le comte de Goritz, qui avait ravagé la terre de Farra. *Schram.*

AQUILÉE (Concile d'), l'an 1282. Raymond, patriarche d'Aquilée, tint ce concile le 14 décembre ; il y fit, de concert avec ses suffragants, les règlements qui suivent :

1. On fera la fête des saints martyrs Hermachore et Fortunat, pères et patrons de l'Eglise d'Aquilée. On en fera aussi mémoire à matines et à vêpres tous les jours de férie.

2. On célébrera l'office divin avec dévotion, suivant l'usage pratiqué jusqu'à présent.

3. Les clercs vivront conformément aux règles qui leur ont été prescrites par le révérend Père et Frère latin Malebranca, évêque d'Ostie et de Vélétri, et légat du saint-siége. On appelle ce légat Père et Frère, parce qu'il était de l'ordre de saint Dominique. Le pape Nicolas III, son oncle, le fit cardinal et légat dans toute l'Emilie, la Toscane, etc.

4. On excommuniera tous ceux qui maltraitent les ecclésiastiques.

5. Aucun évêque ne donnera la tonsure à un sujet d'un autre diocèse, sans lettres dimissoires de son propre évêque.

6. On excommuniera tous les contempteurs des anciens canons, statuts, règlements de l'église d'Aquilée.

7. Même peine contre tous ceux qui envahissent les biens et les droits de l'Eglise.

8. Défense de donner la sépulture des fidèles aux excommuniés, sous peine de suspense d'office et de bénéfice pour ceux qui la donneraient.

9. Tous les suffragants de l'église d'Aquilée viendront la visiter une fois l'an, selon le serment qu'ils en ont fait.

10. Chaque suffragant aura les présents statuts. *P. de Rubeis, Monum. eccl. Aquil., c. 19 ; Mansi, t. III, col. 73 et seq. Richard.*

AQUILÉE (Concile d'), l'an 1307. Ottoboni, patriarche d'Aquilée, tint ce concile le 30 et le 31 janvier. On y fit une constitution sur la discipline que nous n'avons plus. Pagan Turrian, évêque de Padoue, y appela au saint-siége du refus qu'on lui faisait de lui accorder la première place après le patriarche. *De Rubeis, in Monum. Eccl. Aquil.; Mansi, t. III, col. 279. Richard.*

AQUILÉE (Concile d'), l'an 1311. Ce concile fut assemblé pour aviser aux frais du voyage des prélats qui devaient aller au concile de Vienne en Dauphiné.

AQUILÉE (Concile d'), l'an 1339. Bertrand, patriarche d'Aquilée, assembla au mois d'avril 1339 ce concile de toute sa province. On y porta les décrets suivants, dont plusieurs paraissent d'une extrême rigueur.

1. La fête des saints martyrs Hermagore et Fortunat sera célébrée avec solennité dans toute la province d'Aquilée, et l'on fera mémoire de ces deux saints les jours de simple férie.

2. Les offices divins se feront avec respect et dévotion.

3. On observera les constitutions portées par le légat du saint-siége.

4. On soumettra aux peines canoniques ceux qui attenteraient à la vie ou à la liberté du patriarche d'Aquilée ou d'un évêque suffragant de la province.

5 et 8. On sévira de même contre ceux qui porteraient atteinte aux droits ou aux biens ecclésiastiques.

6. Tous les prêtres sont obligés, sous peine d'excommunication, de s'informer de chacun de leurs pénitents s'ils payent les dîmes et les autres cens ecclésiastiques, et leur refuser l'absolution tant qu'ils n'auraient pas acquitté cette charge.

7. Tout suffragant du patriarcat d'Aquilée doit visiter chaque année l'Eglise de la métropole.

9. Tous les évêques et les autres supérieurs visiteront chacun de leurs monastères et y établiront la réforme dans les six mois qui suivront la promulgation de cette constitution.

10. Les clercs qui vivraient dans un concu-

binage public perdraient leurs bénéfices par le fait même.

11. Les évêques et autres prélats s'adjoindront des pénitenciers, soit religieux, soit séculiers, prudents et discrets, pour confesser et absoudre, ou renvoyer au siége apostolique les pénitents qu'ils ne peuvent entendre eux-mêmes; et les prélats détermineront dans leurs synodes les cas qui devront leur être réservés.

12. Les prélats s'abstiendront d'accorder plus d'une année d'indulgence à la dédicace d'une église, et plus de quarante jours à son anniversaire, aussi bien que lorsqu'il s'agit de la construction d'une église, ou de celle d'un pont, ou de quelque autre bonne œuvre, sous peine d'être privés pendant un mois du pouvoir d'accorder des indulgences.

13. On n'admettra pas plus d'une personne, soit homme, soit femme, en qualité de parrain ou de marraine, tant pour le baptême que pour la confirmation.

14. Aucun mariage ne sera contracté à l'avenir que les bans n'aient été publiés à l'Eglise.

Le 15° et le 16° article ont pour objet de réprimer les usuriers; le 17°, celui d'assurer l'exécution des legs pieux.

18. L'Eucharistie et les saintes huiles seront enfermées sous clef dans un lieu propre et décent; l'office divin, tant de jour que de nuit, se fera avec zèle et dévotion.

19. Tous les prêtres, séculiers et religieux, n'entendront les confessions des personnes du sexe que dans un lieu d'où ils puissent être aperçus aussi bien que leurs pénitentes, même en cas de maladie, autant que le permet la nature du lieu.

20. On portera la communion aux infirmes avec toute sorte de respect dans un vase convenable, en ayant égard au temps et au lieu.

21. Les évêques n'exigeront rien pour l'administration du sacrement de confirmation.

22. Aucun évêque étranger n'exercera les fonctions pontificales, s'il ne produit des lettres scellées du sceau de son métropolitain et de cinq autres évêques.

23. Aucun religieux apostat de son ordre ne sera admis dans une église, ni ne pourra célébrer.

24. Les fidèles ne coucheront point avec eux des enfants qui n'auraient pas encore deux ans, de crainte d'être exposés à les étouffer.

25. Tout évêque peut informer de la mort ou de la captivité d'un prélat.

26. Le patriarche peut procéder contre tous les envahisseurs des biens de l'Eglise dans toute l'étendue de son patriarcat.

27. Les suffragants peuvent absoudre des sentences portées par les conciles provinciaux.

28. Tout suffragant, et son vicaire général avec lui, est juge compétent des crimes commis contre les personnes ou les biens ecclésiastiques dans les limites de son diocèse.

29. Le concile provincial s'assemblera tous les deux ans, et le lendemain de la fête de l'évangéliste saint Marc, fondateur de l'Eglise d'Aquilée.

30. A la mort du patriarche, chaque suffragant fera célébrer un service solennel et dire soixante messes pour le repos de son âme; il y aura de même un service et trente messes que chaque suffragant fera dire pour l'âme de l'un de ses collègues qui viendrait à mourir. *Schram.*

AQUILÉE (Concile d'), l'an 1409. *Voy.* UDINE.

AQUILÉE (Synode d'), l'an 1595. François Barbaro, patriarche d'Aquilée, y publia des constitutions synodales pour son clergé. *Constit. Synod. Eccl. Aquil. Venise,* 1596.

AQUILÉE (Concile d'), l'an 1596. François Barbaro, patriarche d'Aquilée, tint ce concile provincial avec ses suffragants. On y fit dix-neuf chapitres de règlements conformes à ceux des conciles précédents, dont voici le sommaire:

1. On fera sa profession de foi comme le prescrit le concile de Trente.

2. Pour obéir à ce même concile, on établira un lecteur d'Ecriture sainte, à qui son évêque marquera le lieu, le jour, l'heure et le sujet de ses leçons, en lui accordant toutefois trois mois de vacances. Il y aura aussi des leçons d'Ecriture sainte établies dans les monastères et jusque chez les chartreux.

3. On renouvelle les statuts donnés précédemment touchant la prédication de la parole de Dieu; on ordonne en outre que les évêques enverront des prédicateurs particuliers aux peuples vivant dans les bois.

4. Dans les lieux où l'on se sert d'un bréviaire et d'un missel composés en langue illyrienne, on fera revoir et corriger ces livres par des personnes pieuses et instruites, habiles en particulier dans cette langue. Il serait à désirer cependant qu'on y introduisît l'usage du bréviaire et du missel romains, aussi bien que du rituel des sacrements.

5. On prescrit d'annoncer les vigiles et les jeûnes dès le soir qui les précède, par le son des cloches.

6 et 7. On recommande la résidence aux curés, aux chanoines et aux bénéficiers.

8, 9 et 10. On renouvelle les décrets du concile de Trente et des autres, relatifs à l'élection des évêques, à la collation des cures, aux dignités, aux canonicats et aux bénéfices simples.

Les chap. 11, 12, 13 et 14 ont pour objet la régularité de vie qui convient aux clercs, l'érection des séminaires, la visite des paroisses et la sanctification des fêtes.

15. Les reliquaires doivent avoir pour couvercles des tableaux qui représentent l'image ou les actions des saints dont ils contiennent les précieux restes. Il doit y avoir, autant que possible, une lampe toujours allumée devant eux. Si ces reliques ne consistent que dans des fragments fort petits, il faut les envelopper dans des morceaux de soie de la couleur avec laquelle se célèbre l'office du saint. Mais on ne doit jamais porter les reliques aux processions du saint sacrement.

16. La clef du tabernacle où l'on conserve les saintes espèces doit être dorée, ou du moins d'un métal éclatant, avec un ruban de soie rouge, mêlée de fils d'or, qui y soit attaché. On ne mettra point de croix de bois sur les tombeaux, pour ne pas les exposer à la profanation.

17. Ceux qui ont des charges à acquitter envers l'Eglise, sont déclarés inhabiles à administrer ses biens.

18. On renouvelle les décrets des conciles précédents pour ce qui regarde les vicaires forains.

19. Dans les monastères de filles où l'on s'occupe de l'instruction de l'enfance, l'école sera séparée des cellules des religieuses, et tenue à part par l'une d'entre elles. *Schram*.

AQUISGRANENSIA. *Voy.* AIX-LA-CHAPELLE.

AQUITAINE (Concile d'), *Aquitanicum*, l'an 863. Ce concile, dont on ignore le lieu précis, fut tenu sous la présidence des légats du pape Nicolas Ier, pour obliger Etienne, comte d'Auvergne, à faire satisfaction à Sigon, son évêque, qu'il avait chassé de son siége. *Schram*.

AQUITAINE (Conciles d'), l'an 1034. Il se tint cette année plusieurs conciles dans cette province pour le rétablissement de la paix, pour le maintien de la foi, pour porter les peuples à reconnaître la bonté de Dieu, et les détourner de leurs désordres par le souvenir des maux passés. *Pagi*.

ARABIE (Concile d'), *Arabicum*, l'an 243. *Voy.* BOSTRA, même année.

ARABIE (Concile d'), *Arabicum*, l'an 249 ou 246 selon les auteurs de l'*Art de vérif. les dates*. Cette année, qui était la quatrième de l'empire de Philippe, et la onzième du pontificat de Fabien, il y eut un concile en Arabie, composé d'un bon nombre d'évêques. Il fut assemblé contre quelques hérétiques arabes, qui enseignaient que l'âme meurt avec le corps, et qu'elle ressuscitera un jour avec lui. Origène se trouva à ce concile et réfuta ces hérétiques avec tant de force et de solidité, qu'il les fit revenir de leurs erreurs. *Euseb. l. VI, c. 31*.

ARAGON (Conciles d'); *Voy.* PEGNA et PERPIGNAN.

ARAGONENSE (Concilium). Voy. PEGNA.

ARANDA (Concile d'), l'an 1473. *Voy.* TOLÈDE, même année.

ARAUSIACA (Concilia) seu Arausicana. Voy. ORANGE.

ARBOGEN (Concile d'), *Arbogense*, l'an 1396. Henri, archevêque d'Upsal, en Suède, tint ce concile provincial avec ses suffragants, le dimanche de carême *Lætare*. On y fit les statuts suivants :

1. Tout prêtre qui bénira les mariages dans les temps défendus par le droit, sera privé de son office, et encourra l'irrégularité réservée au saint-siége.

2. Défense aux laïques, de quelque condition qu'ils soient, de se présenter à l'église pour recevoir la bénédiction nuptiale quelques semaines avant les temps prohibés par le droit, et cela dans l'intention de célébrer les noces, et de vivre conjugalement avec leurs épouses. Défense aussi aux prêtres de bénir ces sortes de mariages.

3. Chaque année bissextile il y aura deux jours entre la fête de la Chaire de saint Pierre à Antioche et celle de saint Matthias.

4. Celui qui aura commis un homicide le dimanche, s'abstiendra de manger de la chair toute sa vie, le dimanche; celui qui l'aura commis le vendredi, s'abstiendra de poisson tous les vendredis de sa vie, et celui qui l'aura commis le samedi, s'abstiendra de laitage tous les samedis, tant qu'il vivra, sans que l'évêque puisse l'en dispenser : *Qui dominica die homicidium perpetraverit, eadem die a carnibus; qui vero sexta feria, a piscibus; qui autem die sabbati, a lacticiniis eisdem diebus perpetuo abstinebit.*

L'auteur de l'*Art de vérifier les dates*, a donc mal rendu ce règlement de discipline, par pure inattention sans doute, en disant que le quatrième canon *condamne celui qui aura commis un meurtre le dimanche, à s'abstenir de chair toute sa vie; celui qui l'aura commis un vendredi, à ne jamais manger de poisson; celui qui l'aura commis un samedi, à s'abstenir perpétuellement de laitage.* Il est clair que le texte latin condamne le meurtrier, non à s'abstenir tous les jours de chair, ou de poisson, ou de laitage, pendant toute sa vie, mais seulement le jour anniversaire du meurtre commis, ou tout au plus, tous les dimanches, ou tous les vendredis, ou tous les samedis de l'année; car le canon n'est pas assez net, pour qu'on ne puisse l'entendre en l'un ou l'autre de ces deux sens.

5. On ne donnera pas la sépulture des fidèles aux pirates, aux ravisseurs, aux incendiaires, aux voleurs de grands chemins, aux oppresseurs des pauvres, ni aux violateurs des immunités de l'Eglise, à moins qu'ils n'aient satisfait avant de mourir, ou donné de bonnes cautions solides.

6. On fera le 7 d'octobre une fête solennelle de sainte Brigitte, notre patronne.

7. On n'admettra à la célébration des offices divins aucun prêtre d'un autre diocèse, à moins qu'il n'ait une permission expresse et spéciale de son évêque ou de son official.

8. Aucun évêque ou autre prélat ne conférera l'exercice de sa juridiction à quelque laïque que ce puisse être.

9. Chaque cathédrale aura les statuts du cardinal de Sabine, et l'évêque les fera lire une fois l'an dans un synode de ses chanoines et de ses autres ecclésiastiques. Il aura soin aussi de les faire observer de tout son pouvoir. Chaque doyen rural en fera de même dans tout son district.

10. Pour veiller à la conservation des actes originaux des priviléges de l'Eglise, ils seront transcrits sur un registre dans toutes les cathédrales; d'où l'on pourra en tirer des copies dans le besoin. *Mansi, tom. III, ex mss. biblioth. publ. Upsal.* n° 19; *A. des Conc.* V.

ARCULIANUM (*Concilium*), l'an 485. Nous lisons dans la nouvelle *Somme des Conciles* de Carranza, augmentée par Schram : Bea-

tus igitur Felix, Romæ veteris episcopus, c m ab orthodoxis Orientis episcopis Petri Fullonis impietatem cognovisset, per Quintianum Arculianorum (in patriarchatu Antiocheno) episcopum, divinam et sanctam convocans synodum, Fullonem deponendum curavit. Le P. Alexandre (*Hist. eccl. t.* V, *p.* 92) révoque en doute l'authenticité de ce concile

ARDMACHENSE (*Concil.*). V. ARMACH.

ARELATENSIA (*Concilia*). *Voy.* ARLES.

ARGENTI (Synodes d'), années 1585 et 1587. *Voy.* SAINTE-AGATHE DES-GOTHS, mêmes années.

ARGENTINENSES (*Synodi*). *Voy.* STRASBOURG.

ARIMINENSIA (*Concilia*). *Voy.* RIMINI.

ARLAS (Conciles d'). *Voy.* ROUSSILLON.

ARLES (1er Concile d'), l'an 314. Le pape Miltiade et les autres évêques du concile de Rome rendirent compte à l'empereur du jugement qu'ils avaient prononcé en faveur de Cécilien, et lui envoyèrent les actes de ce qui s'était passé en cette occasion. Ils lui firent savoir aussi que les accusateurs de Cécilien étaient aussitôt retournés en Afrique. Donat des Cases-Noires en avait obtenu la permission, à condition de ne point aller à Carthage, et un nommé Philumène, qui sollicitait l'empereur pour lui, fit aussi que, pour le bien de la paix, Cécilien resterait à Bresce en Italie. Il y resta en effet ; mais ayant appris que Donat était allé à Carthage contre sa parole, il y revint aussi en diligence veiller à la garde de son troupeau. Pendant leur absence, on avait envoyé en Afrique deux évêques, Eunome et Olympe, pour déclarer où était l'Eglise catholique. Ils demeurèrent quarante jours à Carthage, et déclarèrent que l'Eglise catholique était celle qui était répandue par tout le monde, et que le jugement rendu à Rome par les dix-neuf évêques ne pouvait être infirmé. Ainsi ils communiquèrent avec le clergé de Cécilien. Les donatistes ne se rendirent pas pour cela, et le jugement du concile de Rome si juridique et si capable de rétablir la paix et d'éteindre tout ce qu'il y avait de contention, d'animosité et d'opiniâtreté de leur part, ne mit pas fin à leur schisme. Ils revinrent à l'empereur, se plaignant de ce qu'on avait mal jugé, et que l'affaire n'avait pas été vue, mais décidée avec précipitation par un petit nombre d'évêques, qui s'étaient enfermés. Le motif qu'ils avaient de se plaindre que la cause n'eût pas été pleinement discutée, était l'affaire de Félix d'Aptonge, dont le concile de Rome n'avait pas voulu prendre connaissance.

Constantin écrivit donc à Vérin, vicaire du préfet du prétoire en Afrique, pour informer touchant le fait dont Félix était accusé. Vérin étant malade, Eden, proconsul d'Afrique, exécuta l'ordre et interrogea tous ceux qu'il était nécessaire d'interroger. Il fit comparaître devant lui Supérius centenier, Cécilien magistrat de la ville, Saturnin qui avait été préfet de la police d'Aptonge dans le temps qu'on persécutait les chrétiens pour leur faire livrer les saintes Ecritures, Calibe le Jeune, qui occupait actuellement cette place, et Solon, valet de ville du même lieu, afin que sur leurs témoignages, et par les actes de magistrature qu'ils avaient en main, on pût découvrir si Félix ordinateur de Cécilien avait livré les livres sacrés aux païens pour les faire brûler. Félix, après une recherche des plus sévères, et dont nous avons encore la plus grande partie des actes, fut reconnu parfaitement innocent.

Pour ôter tout prétexte de plainte aux donatistes, qui continuaient de dire que le concile de Rome n'avait pas été assez nombreux, l'empereur résolut d'en assembler un plus grand, et dans les Gaules, comme ils le souhaitaient : non, dit saint Augustin, que cela fût nécessaire, mais parce qu'il ne put se défendre de leur importunité, et qu'il voulait avoir de quoi fermer la bouche à leur impudence. Il indiqua ce concile, avec l'agrément du pape, en la ville d'Arles pour le premier d'août de l'an 314, et écrivit à Ablave ou Elèphe, vicaire d'Afrique, qui était chrétien, que ne voyant point d'autre moyen pour assoupir les divisions, que de faire venir à Arles Cécilien et quelques-uns de ses adversaires, il eût à les envoyer en diligence avec ceux que chacun des deux partis voudrait choisir, et d'autres évêques de toutes les provinces d'Afrique ; savoir de la proconsulaire, de la Bysacène, de celle de Tripoli, des Numidies et des Mauritanies. Il lui ordonna par la même lettre de leur fournir les voitures publiques, et à chaque évêque un brevet de voiture, sur lequel on les devait défrayer de toutes choses dans les endroits où il faudrait passer, et de les avertir qu'avant de partir, ils missent un tel ordre à leurs églises, que pendant leur absence la discipline y fût observée, et qu'il n'y arrivât ni trouble ni dispute. Constantin écrivit aussi aux évêques touchant le concile qui devait se tenir à Arles, et nous avons encore celle qu'il adressa à Chrestus, évêque de Syracuse en Sicile, par laquelle il lui mande de prendre une voiture publique par l'ordre de Latronien, correcteur de Sicile, avec deux personnes du second ordre à son choix, et trois valets pour le servir en chemin. Chrestus, au lieu de deux prêtres, ne mena avec lui qu'un diacre nommé Florus. Le pape saint Sylvestre, qui occupait le saint-siège depuis le 31 janvier de cette année 314, ne jugea pas à propos de s'y rendre ; mais il se contenta d'y envoyer ses légats.

L'ouverture s'en fit au jour que l'empereur avait nommé, c'est-à-dire, le premier août 314. Il s'y trouva des évêques de tous les côtés du monde où s'étendait l'empire de Constantin ; des Gaules, de l'Afrique, de l'Italie, de la Sicile, de la Sardaigne, de l'Espagne et du pays des Bretons. Les Gaulois étaient en plus grand nombre que les autres. On en voit seize nommés dans les souscriptions, dont trois avaient assisté au concile de Rome. Il y en a peu des autres provinces, et en tout on n'en connaît que trente-six, tant des Gaules que d'ailleurs : ce qui donne lieu de juger qu'il y a du vide dans ces souscriptions; car il n'est pas croyable qu'il en soit venu si peu de tant d'endroits différents, et pour un sujet d'une aussi grande importance. L'abbé Cumin, qui vivait au septième siècle, et Adon au neuvième, comptent jusqu'à six cents évêques dans ce concile. On en trouve autant dans deux manuscrits, l'un de Lyon, l'autre de Corbie, cités par le père Sirmond, et à la tête de la lettre synodale au pape Sylvestre que D. Coustant a vue dans un manuscrit très-ancien de l'abbaye de Murbach au diocèse de Bâle, et qu'il a fait imprimer dans son recueil des Epîtres décretales. Baronius réduit ce nombre à deux cents, fondé sur un passage de saint Augustin (*Contra ep. Parmen. c.* 5), suivant l'ancienne édition, qui marquait deux cents évêques, non dans le concile d'Arles, comme l'a cru ce savant cardinal, mais dans celui de Rome sous le pape Milliade. On lit tout autrement cet endroit dans la nouvelle édition des œuvres de ce Père, et il n'y est question ni du nombre des évêques qui assistèrent au concile d'Arles, ni de ceux qui se trouvèrent à celui de Rome; mais de l'obstination des donatistes, qui n'avaient pas voulu acquiescer au jugement rendu contre eux dans l'affaire de Cécilien. Marin d'Arles est nommé le premier dans la lettre synodale du concile, et on croit, dit D. Ceillier, qu'il y présida; toutefois, Baudouin a prouvé, dit Marchetti, que ce fut plutôt le pape Sylvestre qui y présida par ses légats. Les plus remarquables d'entre les autres sont Agrèce de Trèves, Protère de Capoue, Vocius de Lyon, saint Vère de Vienne, Grégoire de Porto, saint Rétice d'Autun, Imbétause de Reims, saint Mirocle de Milan, saint Materne de Cologne, Libère de Mérida en Espagne, Chrestus de Syracuse, Avilien de Rouen, Oriental de Bordeaux, Quintaise de Cagliari, Orèse de Marseille, Mamertin d'Eause ou de Toulouse, selon d'autres, et Cécilien de Carthage. Les prêtres Claudien et Vite, et les diacres Eugène et Cyriaque y assistèrent aussi de la part du pape saint Sylvestre, et deux autres prêtres au nom de l'évêque d'Ostie. Quelques-uns de ces évêques ne se trouvent point dans les souscriptions, mais seulement dans la lettre synodale, et il y en a de nommés dans la lettre synodale qui ne le sont pas dans les souscriptions. Constantin ne put assister à ce concile, parce qu'il était occupé à se préparer à la guerre contre Licinius, qu'il défit dans la bataille de Cibales donnée le huit d'octobre de cette année. S'il y eût assisté, comme quelques-uns l'ont cru, les donatistes auraient-ils osé se plaindre à lui du jugement qu'on y rendit; et les Pères du concile auraient-ils oublié de le remarquer dans leur lettre synodale au pape Sylvestre?

Il ne nous reste rien des actes de ce concile, et tout ce que nous en savons, c'est que l'affaire de Cécilien, évêque de Carthage, y fut examinée avec encore plus de soin qu'elle ne l'avait été à Rome. Les donatistes avancèrent contre lui deux chefs d'accusation: l'un, qu'étant encore diacre, il était allé par ordre de Mensurius, son évêque, à la porte de la prison avec des fouets et des gens armés, pour empêcher qu'on apportât à manger aux martyrs qui y étaient enfermés; l'autre, qu'il avait été ordonné évêque par des traditeurs, et nommément par Félix d'Aptonge. Mais comme ils ne donnèrent aucune preuve de ces accusations, les évêques du concile déclarèrent Cécilien innocent, et condamnèrent ses accusateurs. C'est ce que nous lisons dans leur lettre synodale, où ils marquent en ces termes ce qui regarde la cause de Cécilien : « Nous avons eu affaire à des hommes tout à fait déraisonnables, ennemis de la tradition et capables de renverser la religion chrétienne. Mais l'autorité présente de notre Dieu, la tradition et la règle de la vérité s'est tellement opposée à eux, qu'ils se sont trouvés hors d'état de rien dire, soit pour soutenir leurs entreprises, soit pour accuser les autres, n'ayant aucune preuve de tout ce qu'ils avançaient. Ils ont donc été condamnés, autant par le jugement de Dieu que par celui de l'Eglise, qui comme une bonne mère reconnaît ses enfants, et voit avec joie les preuves de leur innocence. » Ils ajoutent, en s'adressant au pape : « Plût à Dieu, notre cher frère, que vous eussiez trouvé à propos d'assister vous-même à ce grand spectacle! jugeant avec nous, leur condamnation en eût été plus sévère et notre joie plus grande : mais vous ne pouvez quitter ces lieux où les apôtres président chaque jour, et où leur sang rend continuellement gloire à Dieu. »

Après le jugement de la cause de Cécilien, les évêques du concile, avant de se séparer, firent divers règlements, qu'ils envoyèrent au pape, afin d'en obtenir la confirmation.

Le 1ᵉʳ ordonne que la fête de Pâques soit observée par toute la terre en un même jour, et que le pape, selon la coutume, écrive des lettres à tous, pour leur en faire savoir le jour, c'est-à-dire à tous les évêques d'Occident; car, pour ceux d'Orient, il était d'usage que l'évêque d'Alexandrie leur fît savoir en quel jour ils devaient célébrer la Pâque (*a*).

Le 2ᵉ enjoint aux ministres de l'Eglise de résider dans les lieux pour lesquels ils ont été ordonnés.

L'obligation qu'ont les clercs de demeurer attachés à l'église où ils ont reçu l'ordination, est établie sur le douzième et le treizième canon apostolique, qui ne sont pas moins sévères que le second et le vingt-unième du concile d'Arles sur le même sujet. Le concile de Nicée renouvela aussi les anciennes règles de l'Eglise sur ce point, dans son seizième canon, sous peine d'excommunication pour les clercs contumaces, qui refuseraient de retourner à leurs églises. Les

---

(*a*) Ce canon fait voir le respect qu'on avait pour l'Eglise romaine sur laquelle on voulait se régler dans une chose si importante. Il montre encore la grandeur du pape, puisqu'il avait le soin d'avertir tous les fidèles du jour où la Pâque devait être solennisée. *Thomass. manuscr. inédit.*

conciles d'Antioche, de Chalcédoine, de Carthage et une infinité d'autres firent les mêmes règlements; et cet accord prouve l'importance de ce devoir. Cependant, quelque obligés que soient les clercs de demeurer attachés à l'église pour laquelle ils ont été ordonnés, il peut y avoir des raisons légitimes, qui les dispensent de cette loi générale, et l'antiquité nous en fournit plus d'un exemple. C'est ainsi que le saint prêtre Numidique fut associé par saint Cyprien au clergé de Carthage, dont il n'était pas auparavant. C'est ainsi encore que saint Ambroise associa saint Paulin à son clergé, quoiqu'il eût été ordonné à Barcelone, et qu'il ne demeurât point à Milan. Mais ce sont des exceptions à la loi générale, qui doivent être rares et fondées, non sur l'inquiétude ou l'ambition et la cupidité des ministres qui demandent à changer de place, mais sur le besoin réel et la nécessité, ou au moins l'utilité et le plus grand bien des églises où on les envoie.

Le 3e retranche de la communion les soldats qui quittent les armes durant la paix : *De his qui arma projiciunt in pace, placuit abstineri eos a communione.*

Surius, dans l'édition de ce concile, remarque qu'il avait lu dans un ancien manuscrit, *in bello*, au lieu d'*in pace*; et Yves de Chartres, qui rapporte le même canon, avait lu dans un autre exemplaire, *in prælio*. En suivant cette leçon, on entend assez facilement ce canon. Il signifie que les PP. du concile excommunient les lâches déserteurs qui quittent les armes, pendant la guerre ou le combat. Le P. Sirmond, dans ses notes posthumes sur le concile d'Arles, prétend que ces paroles, *arma projiciunt*, signifient la même chose que *arma conjiciunt*, et entend ce canon des homicides qui attaquent en pleine paix leurs ennemis particuliers. Ce sens paraît forcé. M. de l'Aubespine entend ce canon de la paix de l'Eglise, et l'explique en ce sens : « Qu'on excommunie les soldats qui quittent les armes durant la paix de l'Eglise,» c'est-à-dire, qui abandonnent la milice et renoncent au service, parce que les raisons qui rendaient le métier de la guerre si dangereux sous les princes païens, ne subsistaient plus sous un empereur chrétien, tel que Constantin, qui venait de donner la paix à l'Eglise, et qu'il était même à craindre que, si les soldats chrétiens venaient à quitter son service, cela ne ralentît le zèle que ce prince témoignait pour la religion.

Le 4e et le 5e privent de la communion les fidèles qui conduiront des chariots dans le cirque, de même que les gens de théâtre, tant qu'ils demeureront dans ces professions.

Le premier de ces canons appelle *agitatores* ceux qui conduisent des chevaux et des chariots dans le cirque; et ce sont les mêmes que le concile d'Elvire appelle *aurigas*. Pour ceux que ce cinquième canon appelle *theatricos*, ce sont absolument tous ceux qui montaient sur le théâtre, et qui étaient appelés *scenici, mimi, histriones, pantomimi*.

On voit, par ces deux canons et par beaucoup d'autres semblables, que tous ceux qui font profession de divertir le peuple par les spectacles ont toujours été regardés comme indignes de la communion des fidèles, et que l'Eglise a toujours interdit à tous les fidèles l'assistance aux spectacles, quels qu'ils fussent. Il y en avait de quatre sortes chez les Grecs et les Romains, savoir, le cirque, l'arène ou l'amphithéâtre, le théâtre ou l'orchestre, et le stade ou le xyste. On voyait dans le cirque des courses de chevaux attelés quatre de front à chaque chariot. Dans l'amphithéâtre, on voyait des combats de gladiateurs qui s'entretuaient, ou d'hommes contre des bêtes, ou de certaines bêtes contre d'autres. Le théâtre n'était pas seulement destiné aux tragédies et aux pièces comiques; on y donnait encore des ballets, des concerts de voix et d'instruments : on y représentait des comédies muettes et toutes de postures ; on y voyait quelquefois des charlatans et des danseurs de corde. Le stade était destiné aux exercices de la course, de la lutte et du javelot. Ce sont ces quatre sortes de spectacles que l'Eglise a toujours interdites aux fidèles.

Tertullien en parle dans le chapitre 38 de son Apologie pour les chrétiens et dans beaucoup d'autres endroits de ses écrits. Les Pères du concile d'Arles séparent donc de la communion tous ceux qui font métier de divertir le peuple par des spectacles; et la pratique de l'Eglise sur ce point était si constante et si universelle, que saint Augustin s'en sert dans le livre de la Foi et des œuvres, pour détromper ceux qui croyaient qu'on devait recevoir au baptême tous ceux qui le demandaient, sans examiner s'ils avaient d'autres dispositions qu'une foi commencée : *Quasi nescio ubi peregrinentur*, dit-il, *quando meretrices et histriones, et quilibet alii publicæ turpidinis professores, nisi solutis aut disruptis talibus vinculis, ad christiana sacramenta non permittuntur accedere. Cap.* 18, *n.* 33.

Il n'en faudrait pas davantage pour prouver que l'Eglise a toujours interdit les spectacles aux fidèles, puisque, si ceux qui les représentent sont impurs et retranchés de la communion de l'Eglise, ceux qui y assistent et les autorisent par leur présence ne peuvent manquer d'être coupables, selon cette maxime de l'Apôtre, que « ceux qui consentent au mal méritent la peine de ceux qui le font,» (*ad Rom.* I, *vers.* 32); et cette autre de saint Cyprien, (*De Spectacul.* p. 340.), « Qu'on ne peut jamais autoriser par sa présence ce qu'on est obligé de condamner comme injuste. » *Prohibuit spectari quod prohibet geri.* C'était aussi le raisonnement de Tertullien contre les infidèles, qui regardaient le soin que les chrétiens avaient d'éviter les spectacles comme une timidité superstitieuse : *Ipsi auctores et administratores spectaculorum*, dit-il, *quadrigarios, scenicos, xysticos, arenarios illos amantissimos . . . damnant ignominia, arcentes curia, rostris, senatu, equite, cæterisque honoribus omnibus, simul ac or-*

namentis quibusdam. Quanta perversitas! Amant quos mulctant... artem magnificant, artificem notant. (*De Spectacul.*, cap. 22.)

Le 6e veut qu'on impose les mains à ceux qui, étant malades, veulent embrasser la foi, c'est-à-dire qu'on les fasse catéchumènes, sans attendre qu'ils soient guéris pour venir à l'église recevoir l'imposition des mains, ou qu'ils soient en danger de mort (*a*).

Le 7e ordonne que les fidèles qui seront élevés aux charges publiques, même à des gouvernements, prendront des lettres de leur évêque diocésain, pour marquer qu'ils sont dans la communion de l'Eglise catholique; que l'évêque du lieu où ils exerceront leurs emplois prendra soin d'eux, et pourra, s'ils tombent en quelques fautes, les séparer de la communion.

Pour entendre ce canon, qui est très-remarquable, il faut d'abord se rappeler que les chrétiens qui passaient d'une province à une autre ne pouvaient être admis à la société des fidèles, ni à la participation des sacrements, s'ils n'apportaient des lettres de communion de l'évêque du lieu où ils étaient connus; et, comme les gouverneurs des provinces étaient ordinairement d'un autre pays que celui dont on les faisait gouverneurs, le concile ordonne qu'ils ne partiront point sans ces sortes de lettres, et enjoint en même temps aux évêques des lieux où ils feront leur résidence de veiller sur leur conduite, et de les séparer de la communion de l'Eglise s'ils font des fautes qui méritent cette peine. Ce canon, tout sévère qu'il paraît, est un adoucissement de la pratique plus sévère, selon laquelle l'Eglise excluait en général tous les magistrats de la participation des saints mystères, pendant le temps que durait leur magistrature, comme le prouve le cinquante-sixième canon du concile d'Elvire.

Les raisons de cette discipline étaient, 1° l'aversion que l'Eglise avait pour les charges et les dignités éclatantes de l'empire; 2° son amour pour la vie obscure, humble et tranquille; 3° les moyens bas qu'il fallait ordinairement employer pour parvenir aux dignités et aux magistratures; 4° la nécessité presque inévitable d'y commettre des injustices, en suivant des lois et des usages contraires aux règles de l'Evangile; 5° le danger qu'il y avait que les magistrats ne prissent part aux sacrifices profanes, dont ils étaient eux-mêmes chargés, et à l'entretien desquels ils étaient obligés par leur état; 6° l'obligation où ils étaient de donner au peuple des spectacles condamnés par l'Eglise et contraires à l'innocence des mœurs. Les magistrats ne pouvaient guère se dispenser non plus de porter des couronnes dans les cérémonies publiques, comme un ancien auteur, nommé *Claude Saturnin* l'avait fait voir dans un traité des Couronnes, cit. par Tertullien dans le chapitre 7 de son livre de la Couronne du soldat; et cet usage ne plaisait point à l'Eglise, ou parce qu'il ressentait l'idolâtrie, ou parce qu'il paraissait contraire à l'humilité chrétienne.

Cependant l'Eglise a toujours respecté les magistrats et ceux qui possédaient quelques dignités de l'empire; et elle admettait avec joie à ses mystères les plus saints ceux qui se conservaient purs de toutes les souillures du siècle, et qui n'usaient de leur autorité que pour faire régner la piété. Le pape Innocent Ier nous apprend, dans sa lettre à Exupère, que tel avait été le sentiment de tous les anciens évêques; et c'est sans aucune raison que Tertullien a prétendu, dans son livre de l'Idolâtrie, qu'un magistrat ne pouvait en conscience user de son autorité contre les coupables, ni faire aucun édit pour le bon ordre de l'Etat, ni seulement prendre les marques de la magistrature, qui étaient en ce temps-là les faisceaux et la pourpre, sous prétexte que Jésus-Christ n'a point été vêtu de pourpre, et n'a point fait porter devant lui les faisceaux et les haches romaines.

Le 8e (*b*) ordonne, touchant les Africains qui ont coutume de rebaptiser les hérétiques, que, si quelqu'un quitte l'hérésie et revient à l'Eglise, on l'interrogera sur le symbole, et que, si l'on connaît qu'il a été baptisé au nom du Père, et du Fils, et du Saint-Esprit, on lui imposera seulement les mains, afin qu'il reçoive le Saint-Esprit; mais, si, étant interrogé, il ne reconnaît pas la Trinité, on le baptisera.

Pour bien éclaircir ce canon, il faut savoir quels sont les hérétiques qui ont réitéré le baptême; qui sont ceux qui en ont changé l'invocation et la prière; quelle est l'origine de l'imposition des mains; qu'est-ce que l'imposition des mains avec laquelle on réconciliait à l'Eglise les hérétiques.

Les novatiens, les donatistes et les ariens rebaptisaient ceux qui avaient déjà reçu dans l'Eglise catholique une naissance spirituelle. Les eunomiens, qui étaient de tous les ariens les plus impies, ne rebaptisaient pas seulement les catholiques, mais encore les ariens qui passaient dans leur parti; et quelques lucifériens, ou tout au moins Hilaire diacre, l'un des chefs du parti, grand ennemi des ariens, prétendaient qu'on ne pouvait recevoir ceux qui avaient été souillés de leur hérésie que par un second baptême : c'est pour cela que saint Jérôme, dans son Dialogue contre les lucifériens, l'appelle *le nouveau Deucalion de l'Univers*.

Les hérétiques, qui ont changé l'invoca-

(*a*) L'imposition des mains dont il est parlé dans ce canon se peut expliquer, ou de la confirmation, ou de la réception au catéchuménat. *V.* le 39e canon du concile d'Elvire. *Thomassin*, manuscr. inéd.

(*b*) Voici comme on lit ce canon dans les anciennes éditions : *De Arianis, qui propria lege utuntur, ut rebaptizentur, placuit. Si ad Ecclesiam aliqui de hac hæresi venerint, interrogent eos nostræ fidei sacerdotes symbolum,* etc. Il y a plusieurs fautes dans le texte de ce canon 1° Au lieu de *Arianis*, il faut mettre *Afris*; car les Ariens n'étaient pas encore, et de plus ils n'avaient pas coutume de rebaptiser ceux qui entraient dans leur parti. 2° Il faut lire *rebaptizent*, et non pas *rebaptizentur*; autrement le canon n'a point de sens. 3° Il faut ôter le mot *hac* qui est joint à *hæresi*. Voilà les trois fautes que le père Sirmond a trouvées dans ce canon, et qu'il a corrigées dans l'impression qu'il a fait faire des conciles de France. *Thomassin*, manuscr. inéd.

tion et la prière dans le baptême, sont les paulianistes, les photiniens, une partie des montanistes et les eunomiens.

L'imposition des mains est venue des Juifs aux chrétiens, et a passé de l'Ancien Testament dans le Nouveau. En effet Dieu ordonne à Moïse d'établir Josué à sa place, et de lui communiquer son pouvoir et son autorité par l'imposition des mains. (*Num. cap.* XXVII, 19, 20). C'est sur ce modèle que les apôtres donnèrent aux premiers diacres une partie de leur pouvoir, *Orantes imposuerunt eis manus;* que les prophètes et les docteurs qui étaient à Antioche associèrent, par l'ordre de Dieu, Paul et Barnabé aux travaux de l'apostolat, et que saint Paul remplit Timothée de la grâce du sacerdoce. Les Juifs imposaient encore les mains, quand ils voulaient guérir miraculeusement quelqu'un, ou le bénir, ou attirer sur lui le secours de Dieu. C'était aussi la coutume parmi les Juifs, que les témoins qui avaient déposé contre un criminel condamné à mort sur leur déposition missent les mains sur la tête de ce malheureux, comme il paraît par l'histoire de Susanne (*Daniel* XIII. 34, 40). Cette coutume n'a point passé chez les chrétiens; et au lieu de cette funeste imposition des mains, qui était suivie de la mort parmi les Juifs, l'Eglise ancienne avait la salutaire imposition des mains, appelée *in pœnitentiam*, qui faisait entrer le pécheur dans les exercices de la pénitence destinés à lui rendre la justice avec la vie, et qui était toujours accompagnée de la prière.

On réconciliait donc les hérétiques à l'Eglise par l'imposition des mains; et, pour savoir ce que c'était que cette imposition des mains, il faut distinguer la discipline des différentes Eglises.

1. Il paraît par les lettres de saint Denys d'Alexandrie et de saint Cyprien au pape Etienne, que l'Eglise romaine recevait les hérétiques baptisés dans l'hérésie, par la simple imposition des mains, accompagnée de la récitation des prières de la confirmation sans leur donner le saint chrême, et sans réitérer le sacrement, et que cette imposition des mains était appelée, pour cette raison, *impositio manus in Spiritum.* Cela se prouve aussi par le pape Innocent I, qui s'explique en ces termes au chapitre 8 de sa 2ᵉ lettre, n. 11 : *Ut venientes a Novatianis vel Montensibus, per manus tantum impositionem suscipiantur; quia quamvis ab hæreticis, tamen in Christi nomine sunt baptizati.*

2. L'Eglise d'Afrique, après qu'elle eut quitté sa première coutume de réitérer les sacrements donnés dans l'hérésie, suivit exactement l'usage de l'Eglise romaine, et n'employa que l'imposition des mains pour réconcilier les hérétiques, ne touchant ni au baptême, ni à la confirmation, ni à l'ordination, comme nous l'apprenons de saint Optat et de saint Augustin.

3. Les Eglises d'Orient recevaient par l'onction du chrême tous les hérétiques dont elles ne réitéraient point le baptême, comme il paraît clairement par le septième canon du concile de Laodicée, et par la discussion exacte que fait saint Basile, dans sa lettre 188, de toutes les espèces de communions hérétiques. « La première espèce, dit ce saint, comprend ceux qui ont abandonné la foi de l'Eglise dans un point capital, comme les valentiniens, les marcionites, les montanistes; et ces gens-là ne peuvent être admis que par un nouveau baptême. La seconde espèce comprend tous ceux qui ne sont séparés que pour des points dont l'Eglise, absolument parlant, est maîtresse, et qui ne sont point essentiels, *propter ecclesiasticas quasdam causas et quæstiones,* comme les novatiens, les encratites, les apotactites. et les hydroparastes ; et la coutume ancienne était aussi de rebaptiser tous ces gens-là. Mais, pour conserver la paix avec quelques Eglises, on peut, si l'on veut, ne pas les rebaptiser; auquel cas, il ne faut pas manquer à les oindre du saint chrême : *Omni autem ratione statuatur, ut ii qui ab illorum baptismo veniunt, ungantur coram fidelibus videlicet, et ita demum ad mysteria accedant.* La dernière espèce, que saint Basile appelle *illegitimos conventus*, ne comprend que ceux qui, ayant reçu les sacrements dans l'Eglise catholique, s'en étaient depuis séparés, ou par ambition, ou par désobéissance; et il dit que c'est une ancienne tradition de les recevoir par la seule pénitence : *Justa pœnitentia et animadversione emendatos, rursus Ecclesiæ conjungere.* Le second concile général, qui est le premier de Constantinople, règle la chose comme saint Basile.

4. C'était une coutume presque générale par toutes les Gaules, dans le cinquième siècle, de recevoir les hérétiques par le sacrement de confirmation, comme on le voit par le premier canon du 1ᵉʳ concile d'Orange, et par le seizième canon du 2ᵉ concile d'Arles. La discipline de l'Espagne était la même que celle de la France. Saint Isidore de Séville (*Lib. II de Offic., cap. 24, p. 411*), prescrit en ces termes la manière générale de recevoir tous les hérétiques qui ont reçu le baptême au nom des personnes divines : *Hæretici, si tamen in Patris, et Filii, et Spiritus sancti attestatione docentur baptisma suscepisse, non iterum sunt baptizandi, sed solo chrismate et manus impositione purgandi sunt.*

On peut donc entendre ce huitième canon du 1ᵉʳ concile d'Arles, ou du sacrement de confirmation, c'est ainsi que l'a entendu le P. Sirmond dans ses notes sur ce concile, ou d'une simple imposition des mains, purement cérémonielle et non sacramentelle.

Le 9ᵉ canon est conçu en ces termes : *De his qui confessorum litteras afferunt, placuit ut sublatis eis litteris, accipiant communicatorias.*

Ce canon doit s'entendre dans le même sens que le vingt-cinquième canon du concile d'Elvire, puisqu'il parle du même abus; qu'il y apporte le même remède, et qu'il est conçu presque dans les mêmes termes. *Voyez* ce vingt-cinquième canon d'Elvire.

Le 10e veut qu'on exhorte les maris chrétiens, qui surprennent leurs femmes en adultère, à ne point prendre d'autres femmes du vivant des premières, quoique les lois civiles leur permissent de le faire.

Le 11e veut qu'on sépare, pour quelque temps, de la communion les filles chrétiennes qui épousent des gentils (a).

Le 12e prive de la communion les clercs usuriers.

Le 13e ordonne que l'on chasse du clergé ceux que l'on prouvera, par des actes publics, avoir livré les saintes Écritures, ou les vases sacrés, ou avoir donné les noms de leurs frères; mais il veut en même temps que ceux qu'ils auront ordonnés, demeurent dans leur état. Il défend aussi d'avoir égard à ces accusations, si elles ne sont prouvées par des actes publics.

Le 14e prive de la communion jusqu'à la mort ceux qui accusent faussement leurs frères, parce que, suivant l'Écriture, il ne faut pas laisser un faux témoin impuni.

Le 15e déclare abusif le droit que les diacres s'arrogeaient, en beaucoup d'endroits, d'offrir le sacrifice (b).

La première et la principale cause de la témérité des diacres, qui prétendaient avoir le droit d'offrir le sacrifice de l'Eucharistie, est qu'anciennement ils avaient des cures à gouverner, aussi bien que les prêtres, comme il paraît par le soixante-dix-septième canon du concile d'Elvire.

Le 16e ordonne que ceux qui auront été séparés de la communion en un endroit, pour quelque crime, ne pourront rentrer dans la communion qu'au même lieu où ils en ont été privés (c).

Le 17e défend à un évêque d'entreprendre sur les droits de son confrère; et le 18e enjoint aux diacres de porter du respect aux prêtres.

Les diacres ne se contentèrent pas de s'arroger le droit d'offrir le sacrifice de la messe, ils portèrent encore l'ambition jusqu'à s'élever au-dessus des prêtres, sous prétexte des services continuels qu'ils rendaient à l'évêque durant la célébration des saints mystères, mettant les dons sur l'autel, approchant de plus près de la victime, avertissant quand il fallait prier, psalmodier, s'approcher, etc.

Le 19e veut que si un évêque étranger vient dans une ville, on lui donne place pour offrir le saint sacrifice, c'est-à-dire que l'évêque du lieu doit, par honneur, lui céder son droit, pour cette fois, ainsi que le pape Anicet en usa envers saint Polycarpe.

Le 20e porte qu'un évêque sera ordonné par sept autres ou tout au moins par trois; et jamais par un.

On remarque des traces de ce point de discipline dans la première Epître de saint Paul à Timothée, où cet apôtre parle ainsi à son disciple : *Noli negligere gratiam quæ in te est, quæ data est tibi per prophetiam cum impositione manuum presbyterii.* Et en effet, saint Jean Chrysostome entend par cette assemblée des anciens celle des évêques qui avaient, avec saint Paul, consacré Timothée.

Le 21e défend aux prêtres et aux diacres de quitter les églises auxquelles ils sont attachés par leur ordination; que, s'ils font autrement, il veut qu'on les dépose.

Le 22e regarde ceux qui, ayant renoncé à la foi, ne font pas pénitence, mais attendent qu'ils soient malades pour avoir recours à l'Église et demander l'absolution : le concile veut qu'on la leur refuse alors, et qu'on ne la leur accorde qu'en cas qu'ils reviennent en santé, et qu'ils fassent de dignes fruits de pénitence.

Les apostats dont il s'agit dans ce canon étaient ceux qui avaient abandonné l'Église, et vécu dans le mépris de ses lois, pour ne suivre d'autres règles que leurs passions. La communion qu'ils demandaient à la mort, était la réconciliation ou l'absolution sacramentelle de leurs crimes. Le concile leur refuse cette grâce; et, quoique cette discipline soit fort sévère, il n'est pas moins vrai qu'elle a été en vigueur dans les premiers siècles de l'Église, comme le prouvent

---

(a) Ce canon prouve manifestement que la disparité de culte n'était pas à cette époque un empêchement dirimant pour le mariage : 1° puisqu'on ne casse pas le mariage qu'une fille fidèle contracte avec un gentil; 2° puisqu'on se contente de la séparer quelque temps de la communion, ce qui eût été une peine trop douce, au cas qu'il y eût eu concubinage entre elle et ce gentil. *Thom., ibid.*

(b) Cette audace procédait de cinq ou six causes : 1° De ce que les diacres avaient la conduite de certaines paroisses dans lesquelles ils baptisaient et prêchaient. 2° De l'ancienne manière de dire la messe; car alors on n'en disait qu'une que l'évêque célébrait : les prêtres et les diacres, revêtus de leurs habits *pontificaux*, y assistaient avec pompe. Quand il n'y avait point d'évêque, c'était au prêtre à la dire. Ainsi le diacre s'imaginait pouvoir se donner cette liberté en l'absence du prêtre. 3° Les diacres parmi les Grecs disaient une partie de la messe; de là vient qu'ils appelaient ces prières τὰ διακονικά, *prières diaconales*; c'est comme dans l'office où il y a certaines prières, dont le célébrant dit un verset, et les assistants en disent un autre pour lui répondre. Ainsi en est-il du diacre : entre que, quand le prêtre veut dire une oraison, le diacre en avertit le peuple, et lui enseigne les motifs pour lesquels il doit faire cette oraison. C'est là une circonstance qui pouvait avoir donné lieu à l'ambition des diacres. 4° Le diacre à présent n'a garde d'attenter à dire la messe; car on lui fait connaître son pouvoir par les instruments qu'on lui donne. Mais anciennement dans l'Église latine, comme il est encore d'usage dans la grecque, on les ordonnait par la seule imposition des mains, de même que l'évêque et le prêtre. Ainsi cette uniformité d'ordination pouvait autoriser les prétentions des diacres, quoiqu'elles fussent injustes. Il est dit dans un des conciles de Carthage qu'on ne donnait point d'instruments dans l'ordination des diacres, *qui ordinabantur ad sacerdotium*. 5° Les diacres imposaient les mains aux pénitents publics avec l'évêque, comme le témoigne saint Cyprien, et peut-être confirmaient-ils. 6° Ils avaient place dans le sanctuaire; les sous-diacres et autres clercs n'y entraient point du tout : cet avantage était réservé à l'évêque, au prêtre et au diacre, lesquels y étaient même ordonnés, au lieu qu'on ordonnait les autres dans la sacristie, ou du moins hors du sanctuaire. Ces circonstances bien pesées font connaître que la témérité des diacres n'était pas sans fondement. 7° Les diacres avaient la distribution du corps et du sang de Jésus-Christ; cela pouvait leur faire croire aussi qu'ils le pouvaient consacrer. *Thom. ibid.*

(c) *A communione separantur.* Ces mots s'entendent de ces gens qui sont mis en pénitence, et ce canon défend qu'ils ne doivent être réconciliés que par ceux qui les ont séparés de la communion. La raison est qu'en ces temps un pénitent ne pouvait être absous, qu'on ne sût auparavant qu'il avait pratiqué toutes les austérités qui lui avaient été marquées. *Thom. ibid.*

saint Cyprien dans sa lettre 52⁰ à Antonien, le 46ᵉ canon du concile d'Elvire et le pape saint Célestin I, dans sa seconde lettre aux évêques des provinces de Vienne et de Narbonne. Cette discipline si sévère, qui d'ailleurs n'a jamais été générale, comme le prouvent à leur tour les canons du concile d'Ancyre, s'adoucit peu à peu dans la suite, et comme par degrés. Saint Augustin paraît avoir été l'une des principales causes de cet adoucissement à l'égard des mourants. Il traite cette question *lib. I de Conjug. adult. c. 28, n. 35 (a).*

Tels sont les canons du concile d'Arles, le plus illustre qu'on eût vu jusqu'alors dans l'Eglise, et le plus respectable, soit pour l'importance des matières qui y furent traitées, soit pour le nombre des évêques qui s'y trouvèrent de toutes les provinces d'Occident et de tout le pays qui était soumis à Constantin. Un concile tenu en la même ville l'an 452 l'appelle le *grand Concile.* Et on ne peut douter qu'il n'ait eu un grand nom dans l'Eglise, particulièrement chez les Africains intéressés à en faire valoir l'autorité contre les donatistes qui y furent condamnés, après une longue discussion de leurs différends avec Cécilien. Saint Optat ne parle point de ce concile, ce qui est assez surprenant, dit D. Ceillier *(b)*; mais il en est souvent parlé dans saint Augustin : et le huitième canon qui y fut fait contre ceux qui rebaptisaient les hérétiques, et auquel les Africains se soumirent, nous porte à croire, ajoute D. Ceillier, que c'est de ce concile que parle ce saint, lorsqu'il dit que la question du baptême avait été finie par un concile plénier de toute la terre et de toute l'Eglise, tenu avant sa naissance, où la difficulté avait été discutée et examinée avec soin. « Quelques-uns veulent, poursuit le docte bénédictin, que ce concile plénier ait été le concile de Nicée. Mais comment rapporter au concile de Nicée tout ce que saint Augustin dit du concile plénier qu'il ne nomme point? Comment prouvera-t-on qu'on y porta l'affaire du baptême des hérétiques, qu'elle y fut soigneusement examinée et discutée entre les deux partis, et enfin terminée, puisque Cécilien est le seul des évêques d'Afrique qu'on sache y avoir assisté? Il est vrai que dans le concile de Nicée il fut question du baptême des paulianistes, c'est-à-dire, de ceux qui suivaient les erreurs de Paul de Samosate, qu'on y déclara qu'il était nul, et qu'il fallait absolument les rebaptiser. Mais peut-on conclure de là que ce concile ait terminé la question du baptême agitée depuis si longtemps en Afrique, comme saint Augustin l'assure du concile plénier *(c)*? Ce que dit saint Jérôme *(Dial. adv. Lucif.)*, que le concile de Nicée reçut le baptême de tous les hérétiques, à la réserve de celui de Paul de Samosate et de ses sectateurs, n'est qu'une conséquence que ce Père paraît avoir tirée du dix-neuvième canon de ce concile *(d)*, et ne peut être apporté en preuve.

«En effet, si la question du baptême de tous les hérétiques, excepté les paulianistes, avait été décidée dans le concile de Nicée, les évêques d'Orient n'auraient pas dû ignorer cette décision *(e)*; néanmoins il est certain que depuis le concile, de grandes Eglises en Orient continuèrent à rebaptiser les hérétiques, comme elles avaient fait auparavant. Saint Athanase, qui était plus au fait que personne de ce qui s'était passé à Nicée, et qui en a défendu la foi avec autant de zèle que de lumières, soutenait longtemps après que la validité *(f)* du baptême dépendait de la pureté de la foi de ceux qui le conféraient : car il rejette non seulement le baptême donné par les ariens, mais aussi celui des autres hérétiques, parce qu'encore qu'ils le donnassent au nom des personnes de la Trinité, leur foi ne s'accordait point avec les

---

(a) Dans les souscriptions il est à remarquer qu'il y a des lecteurs et des exorcistes qui signent, et qui, sans doute, étaient députés à la place des évêques. Cela est tout à fait digne d'attention, parce qu'ordinairement ce sont des prêtres et des diacres à qui l'on donne ces sortes d'emplois. De plus, celui qui est lecteur n'est pas exorciste. En effet, on ne donnait pas anciennement ces deux ordres à une même personne : car on ne les donnait qu'afin qu'ils fussent exercés; or malaisément un seul peut-il exercer l'un et l'autre. *Thom., ibid.*

(b) Nous n'avons en entier que sept livres de saint Optat contre les Donatistes. Les fragments retrouvés dont nous avons parlé plus haut, et qui font voir que le pape saint Sylvestre présida au concile d'Arles par ses légats, démontrent en même temps que saint Optat n'a pas ignoré l'existence de ce concile.

(c) De deux choses l'une : ou c'est le concile de Nicée qui a terminé la question du baptême agitée en Afrique, comme saint Augustin l'assure du concile plénier, ou c'est le concile d'Arles. Si c'est le concile de Nicée, c'est donc lui que saint Augustin appelle concile plénier; si c'est le concile d'Arles, comment, après ce concile, les églises de Jérusalem et de Césarée pouvaient-elles conserver la pratique, que D. Ceillier leur reproche plus loin, de rebaptiser les hérétiques, comme si la question n'eût pas encore été terminée?

(d) Ce que dit saint Jérôme n'est pas une conséquence qu'il ait tirée seulement du dix-neuvième canon, où le concile rejette le baptême des paulianistes, mais la conséquence qu'il devait tirer de ce même canon combiné avec le huitième, où le concile admet comme valide le baptême des novatiens.

(e) Les évêques d'Orient, tels que saint Cyrille et saint Basile, n'auraient pas dû ignorer davantage la décision du concile d'Arles portée depuis un demi-siècle, si, comme l'admet plus loin D Ceillier, le concile d'Arles avait été œcuménique.

(f) Non pas la validité, mais la légitimité ou la sainteté du baptême pour les adultes, ce qui est bien différent. Voici son texte, tel qu'il est rapporté par D. Ceillier lui-même : « Qui fieri potest ut prorsus vacuus ac inutilis non sit baptismus qui ab illis [Arianis] datur. In quo quidem insit religionis simulatio, sed revera nihil ad pietatem valeat conferre? Nec enim Ariani in Patris et Filii nomine dant baptismum, sed in nomine creatoris ac rei creatæ, effectoris et rei factæ. Und ˙ quemadmodum res creata alia est a Filio, ita baptismus alius est, etiam si nomen Patris et Filii, ut præcipit scriptura, proferre assimulent. Non enim qui dicit, Domine, ille etiam dat, sed is tantum qui cum nomine rectam quoque habet fidem... Itaque multæ quoque aliæ hæreses nomina tantum pronuntiant : verum cum recte non sentiant, uti dictum est, nec sanam habeant fidem, inutilis est aqua quam donant, quippe cui desit pietas; ita ut quemcumque illi asperserint, impietate fœdetur potius quam redimatur... Sic Manichæi, Phryges, et Samosatensis discipuli, quamvis proferunt nomina, nihilominus sunt hæretici.» *Athan. Orat. 2, contra Arianos, pag. 510, tom. 1.* Il suit donc simplement de ces paroles que les ariens et les autres étaient hérétiques, quoiqu'ils nommassent les trois personnes de la sainte Trinité, et que leur baptême était illicite, *quippe cui desit pietas,* et inutile pour les adultes quant à l'effet de les sanctifier; mais non qu'il fût nul ou qu'il dût être toujours réitéré.

paroles qu'ils prononçaient. Saint Epiphane, parlant de certains catholiques qui rebaptisaient les ariens, se contente de les taxer de téméraires, et la raison qu'il donne de l'irrégularité en ce point, c'est qu'aucun concile général n'avait encore rien décidé là-dessus (a). Ce saint aurait-il parlé ainsi, s'il avait su qu'au concile de Nicée on eût reconnu pour valide le baptême des hérétiques? C'était la coutume de l'Eglise de Jérusalem, du temps de saint Cyrille, de rebaptiser les hérétiques, et on y comptait pour rien le baptême qu'ils avaient reçu dans l'hérésie (b). Saint Basile marque clairement que dans l'Eglise de Césarée on rebaptisait les encratites, les saccophores et les apotactites, nonobstant, ajoute-t-il, la coutume contraire des Eglises de Rome et d'Icone. Enfin ce qui montre que ce n'est point du concile de Nicée, mais de celui d'Arles qu'il s'agit dans saint Augustin, c'est que ce Père n'a jamais combattu les donatistes par l'autorité expresse du concile de Nicée (c), mais souvent par celui d'Arles; qu'on voit dans ce dernier un décret formel pour recevoir tout baptême des hérétiques donné en la foi de la Trinité; décret qui regarde bien particulièrement les Africains, à qui il s'adresse, et qu'il nomme seuls, comme ayant sur cet article un usage contraire à celui des autres Eglises, et décret qu'on ne peut douter avoir été précédé d'une ample et exacte discussion, vu le nombre des évêques d'Afrique qui étaient dans ce concile, et à l'égard desquels il fallait de fortes raisons pour l'emporter sur leur coutume. N'est-ce pas là l'idée d'un concile où la question du baptême avait été finie après que les difficultés y eurent été discutées et examinées avec soin?

« La seule objection que l'on peut faire, c'est sur le titre de plénier ou d'universel que saint Augustin attribue au concile qu'il ne nomme point. Or on peut montrer que ce Père a donné ce même titre au concile d'Arles. C'est dans sa lettre quarante-troisième, où ayant dit que les donatistes, après avoir été condamnés dans le concile de Rome, pouvaient encore en appeler à un concile général de toute la terre, où l'affaire de Cécilien fût discutée de nouveau avec ceux mêmes qui l'avaient jugée, et la sentence des juges cassée, au cas qu'ils l'eussent mal rendue; il ajoute que ces schismatiques, au lieu d'avoir recours à ce moyen, s'adressèrent à Constantin, aimant mieux s'en rapporter à son jugement qu'à celui des évêques; mais que ce prince, pour les mettre une bonne fois à la raison, indiqua le concile d'Arles. Par cette manière de parler, saint Augustin insinue assez clairement qu'il n'entendait qu'une même chose par le concile général auquel les donatistes auraient dû appeler ensuite de leur condamnation à Rome, et par le concile d'Arles, qui suivit en effet cette condamnation, et où assistèrent plusieurs évêques de ceux qui avaient jugé à Rome l'affaire de Cécilien. Que si l'on prétend que saint Augustin n'a pu qualifier de concile plénier celui d'Arles, où il ne se trouva que des évêques d'Occident, nous répondrons que, suivant les termes de la lettre de Constantin, le concile d'Arles fut convoqué d'une infinité d'endroits; que suivant le second concile qui se tint en la même ville, il s'y était trouvé des évêques de tous les côtés du monde; et que, quand il ne s'y en serait trouvé que des provinces d'Occident, ce qui n'est pas certain, le consentement que toute la terre a donné au jugement qui y fut rendu contre les donatistes, suffisait pour que ce Père lui donnât le nom de plénier, comme on a donné celui d'œcuménique au premier concile de Constantinople, quoiqu'il ne fût composé que d'Orientaux, mais dont l'Occident adopta les décisions. »

Ce que nous avons laissé dire à D. Ceillier, pour prouver, d'après Sirmond et Launoy, que le concile plénier dont parle saint Augustin est le concile d'Arles, a été réfuté d'avance par Nicolaï, dans la discussion qu'il eut avec Launoy, et par le P. Noël Alexandre, dans une dissertation spéciale de son Histoire ecclésiastique (*Tom. IV, p. 173, édit. de Mansi*). Nous renvoyons à ces deux auteurs. Nous ferons remarquer seulement qu'il y a une contradiction visible dans ce que dit D. Ceillier, que le concile d'Arles était le concile général de toute la terre dont parle saint Augustin, et ce qu'il soutient d'un autre côté, que, même depuis le concile de Nicée, on rebaptisait les hérétiques dans une partie des Eglises d'Orient; Comment ne s'est-il pas aperçu qu'en infirmant le décret porté par le concile de Nicée contre les donatistes, il a par là même dépouillé le concile d'Arles de son prétendu caractère d'œcuménicité? Au reste, il est facile d'expliquer la discipline objectée par D. Ceillier de l'Eglise de Jérusalem, du temps de saint Cyrille, et de l'Eglise de Césarée, du temps de saint Basile, à l'égard du baptême de certains hérétiques, regardé comme nul par ces Eglises; c'est qu'apparemment les hérétiques dont il s'agissait étaient au moins soupçonnés d'altérer la forme du sacrement de baptême, comme les paulianistes, ou disciples de Paul de Samosate, que le concile de Nicée lui-même prescrivit de rebaptiser, et les protestants de nos jours, que nous baptisons sous condition lorsqu'ils reviennent à l'Eglise catholique. *Hist. des aut. sacr. III; Hist. eccl. IV.*

ARLES (Conciliabule d'). L'an 353, ou 354 selon Mansi, Vincent, évêque de Capoue, Marcel de Campanie et quelques autres légats du pape Libère, vinrent trouver Constance dans les Gaules, où il s'était rendu

---

(a) Aucun concile général ne l'avait encore décidé en termes exprès : on pouvait seulement l'inférer, par voie de conséquence, du 8e et du 19e canon du concile général de Nicée.

(b) La question relative à certaines Eglises d'Orient, des temps de saint Cyrille et de saint Basile, est fort controversée et des plus obscures. *Vid. Nat. Alex. Hist. Eccl.* t. IV, p. 171 et seq., et la note de Mansi, ibid. p. 173.

(c) Dire, comme D. Ceillier, que saint Augustin n'a jamais combattu les donatistes par le concile de Nicée, c'est tout simplement supposer ce qui est en question, puisque la question est précisément de savoir si le concile plénier dont il parle est le concile de Nicée.

après la mort de l'usurpateur Magnence. Dominé par Valens et par les autres ariens qui étaient à sa suite, il venait d'assembler un conciliabule à Arles pour faire condamner saint Athanase, après avoir eu soin de publier un édit portant peine d'exil contre ceux qui refuseraient de souscrire à cette condamnation. Les catholiques demandèrent que l'on s'occupât des matières de foi avant de délibérer sur des accusations personnelles; et Vincent de Capoue alla même jusqu'à promettre par écrit, pour le bien de la paix, de se conformer au désir de l'empereur, si l'on voulait préalablement condamner l'hérésie d'Arius. Mais Valens et les Orientaux repoussèrent cette proposition, et, à force de menaces, d'injures et de mauvais traitements, ils arrachèrent au légat Vincent la condamnation du saint docteur. Son exemple entraîna la plupart des autres évêques; toutefois il ne tarda pas à réparer le scandale de cette chute. Saint Paulin de Trèves, qui résista constamment, fut exilé en Phrygie, où il mourut, après cinq années de souffrances, l'an 358.

Ce concile d'ariens condamna également Photin et Marcel d'Ancyre, selon le témoignage de Sulpice Sévère.

ARLES (2ᵉ conc. d'), *Arelatense*, l'an 443. On n'est point d'accord sur l'année de la tenue de ce concile. Les uns le mettent à l'an 443, et les autres à l'an 451 ou 452. Ceux qui le placent à l'an 443 se fondent sur ce qu'on lit dans la Vie de saint Hilaire d'Arles, que Célidoine ou Quélidoine fut déposé de l'épiscopat, en 444, parce que, contre la défense des canons, il avait été ordonné évêque après avoir épousé une veuve; or, on ne connaît point d'autres canons qui ordonnent de déposer ceux qui auraient été élevés à l'épiscopat après avoir épousé une veuve, que le quarante-cinquième du second concile d'Arles. C'est donc de ce canon qu'il fut question dans la procédure contre Célidoine. Ce concile ne fut pas composé seulement des évêques dépendants de la métropole d'Arles, il s'y en trouva de diverses provinces, comme on le voit dans les décrets qui concernent les métropolitains. Le concile de Vaison, de l'an 442, y est cité nommément. On ne connaît point les évêques qui y assistèrent. Quant aux canons que l'on y fit, il y en a des exemplaires, tels que ceux de Pithou et du Vatican, qui n'en contiennent que vingt-cinq, d'autres trente-trois: tels sont les exemplaires de Corbie, de Lyon, etc. Celui de Reims en contient cinquante-six, presque tous tirés des conciles de Nicée, du premier d'Arles, de Vaison et d'Orange.

Le 1ᵉʳ déclare qu'on ne doit point choisir un néophyte, pour l'ordonner diacre ou prêtre.

Le 2ᵉ défend d'élever au sacerdoce aucune personne mariée, si elle ne renonce à l'usage du mariage, en promettant de garder la continence, ce qu'il appelle conversion : *Nisi præmissa fuerit conversio*.

Le 3ᵉ défend, sous peine d'excommunication, aux diacres, aux prêtres et aux évêques, d'avoir dans leurs maisons d'autres femmes que leurs grand'mères, leurs mères, leurs sœurs, leurs filles, leurs nièces ou leurs propres femmes *converties*, c'est-à-dire leurs femmes qui aient promis de garder la continence (*a*).

Le 4ᵉ défend aux diacres, aux prêtres et aux évêques d'instruire dans leurs chambres de jeunes filles libres ou esclaves.

Le 5ᵉ renouvelle le quatrième canon du concile de Nicée, touchant l'ordination des évêques.

Le 6ᵉ déclare qu'un évêque ordonné sans la participation du métropolitain ne doit point être censé évêque, selon le grand concile (le concile de Nicée, *can*. 6).

Le 7ᵉ interdit l'entrée du clergé à ceux qui se mutilent, sous prétexte qu'ils ne peuvent résister aux tentations de la chair.

Le 8ᵉ ordonne à celui qui reçoit une personne excommuniée, d'en rendre compte au concile.

Le 9ᵉ fait défense de recevoir un novatien à la communion, s'il n'abjure son erreur, et ne donne des marques de sa pénitence.

Le 10ᵉ porte que ceux qui sont tombés volontairement, et qui ont renoncé à la foi dans la persécution, feront sept ans de pénitence, selon le onzième canon du concile de Nicée.

Ce onzième canon du concile de Nicée, que l'on cite ici, enjoint douze ans de pénitence à ceux qui sont volontairement tombés dans la persécution. D'où vient donc que les Pères du deuxième concile d'Arles n'en imposent que sept, en se fondant néanmoins sur le onzième canon de Nicée, qui en impose douze ? C'est qu'ils ont suivi la version de Rufin (*Lib*. II *de Hist*., *cap*. 6), qui traduit le onzième canon du concile de Nicée comme il est dit dans le dixième du second concile d'Arles.

Le 11ᵉ ne condamne qu'à cinq ans de pénitence ceux que les supplices ont obligés de renoncer à la foi.

Ce qui donnait lieu à ces canons, c'est que tout l'Occident était plein de barbares, partie ariens et partie païens, qui ravageaient l'empire.

Le 12ᵉ porte que ceux qui sont morts en pénitence seront admis à la communion, et qu'on recevra leur oblation après leur mort.

La communion dont il s'agit dans ce canon, c'est l'union, la communion au corps des fidèles, ou la société parfaite avec les fidèles, qui faisait que l'Eglise recevait les oblations de ceux qui les lui présentaient ou les lui faisaient présenter, et les offrait à

(*a*) Par ce canon, il paraît qu'un clerc, même majeur, qui était marié, était bien obligé de garder la continence avec sa femme, mais non pas à la mettre hors de sa maison, où elle pouvait habiter avec lui, mais comme une religieuse, et dans une espèce d'habit de moniale. Ce canon parle des femmes avec qui les clercs peuvent demeurer, et met de ce nombre celles avec qui ils étaient mariés, *conversam uxorem*, et sert par conséquent à expliquer le concile de Nicée. *Thomass*. *manuscr*. *inédit*.

Dieu en son nom. Cette espèce de communion était plus estimée que la simple communion ou la réconciliation : l'Eglise pouvait la rendre aux morts, et elle leur était utile, puisque ç'aurait été inutilement qu'elle la leur aurait rendue, s'ils n'en eussent retiré aucun avantage.

Le 13e défend aux ecclésiastiques de quitter leurs Eglises, sous quelque prétexte que ce soit ; et s'il se trouve que quelqu'un, demeurant dans une autre Eglise, soit ordonné par l'évêque de cette Eglise, malgré son évêque, cette ordination sera nulle. C'est la disposition du quinzième et du seizième canon du concile de Nicée.

Le 14e renouvelle aussi le dix-septième canon du concile de Nicée, et le troisième du concile de Chalcédoine, qui défendent aux clercs, sous peine de déposition ou d'excommunication, d'exercer l'usure ou le négoce, et de se faire fermiers.

Le 15e défend aux diacres, sous peine de déposition, de s'asseoir parmi les prêtres dans le sanctuaire ou la salle secrète de l'église, et d'administrer le corps de Jésus-Christ en leur présence.

Ce canon est le dix-huitième du concile de Nicée, non pas tel qu'il est dans le texte grec de ce concile, mais tel qu'il est dans la version de Rufin. Le concile de Nicée ne défend pas aux diacres de donner l'Eucharistie au peuple en présence des prêtres ; il leur défend seulement de la donner aux prêtres mêmes. Nous voyons, par la seconde apologie de saint Justin, que l'office des diacres était de distribuer l'Eucharistie aux présents, dans les assemblées de l'Eglise, et de la porter aux absents. Dans la suite, le quatrième concile de Carthage, can. 38, restreignit ce pouvoir des diacres, en disant qu'ils ne donneraient l'Eucharistie au peuple, en présence du prêtre, que par son ordre et en cas de besoin.

Le 16e et le 17e : « On doit baptiser les photiniens ou les paulianistes, selon les statuts des Pères. Mais les bonosiaques ou bonosiens doivent être reçus par l'onction du chrême et l'imposition des mains, parce qu'ils sont baptisés, aussi bien que les ariens, au nom de la Trinité. »

Ces statuts des Pères sont le dix-neuvième canon du concile de Nicée, dont celui-ci est tiré, mais selon la fausse traduction de Rufin, puisque le concile de Nicée ne parle point et ne pouvait parler des photiniens, qui n'étaient point encore connus du temps de ce concile de Nicée, lequel ne nomme que les paulianistes, disciples de Paul de Samosate, qui ne regardaient Jésus-Christ que comme un pur homme. Photin, évêque de Sirmium, ayant depuis embrassé l'erreur des paulianistes, ceux-ci furent plus souvent appelés *Photiniens*. Saint Grégoire, *epist.* 63, dit qu'il faut aussi baptiser les bonosiens. Il faut donc qu'ils aient ajouté dans la suite, à leurs erreurs celles des photiniens ; ce qu'ils n'avaient pas encore fait du temps de ce concile, puisqu'il juge valide leur baptême.

Le 18e et le 19e : « C'est à l'évêque d'Arles d'assembler le concile comme il le juge à propos. Ceux que quelque infirmité empêche de s'y rendre doivent y envoyer des députés, et les autres doivent s'y rendre, sous peine d'excommunication. »

Le concile d'Orange avait ordonné par son dernier canon, que chaque concile indiquerait le concile suivant ; et l'on ordonne ici que ce sera l'évêque d'Arles qui indiquera les conciles à son gré.

Le 20e renouvelle l'excommunication portée par le quatrième et le cinquième canon du premier concile d'Arles, contre les comédiens et les conducteurs de chars dans les jeux publics.

Le 21e sépare aussi de la communion les pénitents qui se marient ou qui ont des commerces suspects.

Ce canon doit s'entendre des hommes et des femmes soumis à la pénitence publique, qui se remariaient après la mort de l'une des parties (a).

Le 22e : « On n'imposera la pénitence publique aux personnes mariées que de leur consentement mutuel. » (C'est qu'elle obligeait à la continence.)

Le 23e : « Un évêque qui souffre, par négligence, que les infidèles allument des flambeaux dans son territoire, et révèrent des arbres, des fontaines ou des pierres, est coupable du sacrilège. Le seigneur du lieu, ou celui qui ordonne ces superstitions, s'ils ne se corrigent, après avoir été avertis, seront retranchés de la communion. »

Le 24e ordonne que ceux qui accusent faussement leurs frères de crimes capitaux seront privés de la communion jusqu'à la fin de leur vie, s'ils ne font une pénitence proportionnée à la grandeur de leur péché, selon qu'il a été statué dans le grand concile (le premier concile d'Arles, can. 14).

Le 25e déclare que les moines apostats qui ne veulent point se mettre en pénitence ne recevront point la communion, qu'ils ne l'aient faite, et ne seront jamais admis dans le clergé.

Le 26e : « Les hérétiques en danger de mort qui veulent se convertir, si l'évêque n'y est pas, seront réconciliés par un prêtre, avec l'onction du chrême. »

Ce canon et les dix-neuf suivants sont les mêmes que ceux du premier concile d'Orange. Il y a seulement cette différence entre ces deux conciles, par rapport au quarante-cinquième canon, qu'au lieu que le concile d'Orange n'avait défendu d'élever au-dessus du sous-diaconat que ceux qui auraient eu deux femmes, celui d'Arles y ajouta ceux qui auraient épousé une veuve. Le concile de Valence, en 474, voulut même que l'on déposât ceux qui auraient été ordonnés de la sorte.

(a) Ce canon est très-sévère contre les pénitents. En quelques Eglises, les pécheurs, même après leur pénitence achevée ne pouvaient plus se marier, aller à la guerre, prendre des emplois civils, etc. Il semble que ce canon veuille insinuer cela. *Thomass. manuscr. inéd.*

Les 47°, 48° et 51° sont les quatrième, cinquième et dixième du concile de Vaison.

Le 49° déclare que si quelqu'un est privé de la communion par l'autorité sacerdotale, c'est-à-dire épiscopale, il doit être privé du commerce et de la fréquentation du peuple, aussi bien que du clergé, comme l'ont ordonné les anciens.

Le 50° : « On ne doit pas permettre à ceux qui ont des inimitiés publiques de se trouver à l'église avec les fidèles, jusqu'à ce qu'ils se soient réconciliés. »

Le 52° ordonne que les filles qui, ayant voué à Dieu leur virginité, se marient après l'âge de vingt-cinq ans, seront excommuniées avec leurs maris ; mais néanmoins il veut qu'on leur accorde la pénitence lorsque les uns et les autres la demandent.

Le 53° dit que si un esclave se tue lui-même, son maître n'en sera point responsable.

Le 54° ordonne que pour exclure des élections la vénalité et la brigue, les évêques nommeront trois personnes, d'entre lesquelles le clergé et le peuple de la ville pourront choisir leur évêque.

On voit, par cette nouvelle manière de procéder à l'élection d'un évêque, que les abus obligeaient déjà l'Église du cinquième siècle à restreindre le droit des élections. L'empereur Justinien ordonna depuis la même chose (*Cod. de Episc. et Cleric. leg. 42*), avec cette différence qu'il veut que ce soit le peuple qui désigne les trois personnes, dont il choisira ensuite la meilleure pour l'élever à l'épiscopat.

Le 55° porte que, si quelque laïque se retire vers l'évêque d'un autre diocèse pour se faire instruire des devoirs de la religion, il appartiendra à celui qui l'aura instruit, et pourra en recevoir l'ordination.

Le 56° : « Les métropolitains n'entreprendront rien contre le grand concile. »

C'est ainsi qu'on nomme dans le 6° canon le concile de Nicée, et dans le 24° le premier concile d'Arles. Mais ici c'est le second concile d'Arles qui se donne, ce semble, à lui-même le titre de grand, parce qu'il était national, ou du moins de plusieurs provinces. *Lub. IV. Anal. des Conc.*

ARLES (Concile d'), 3° selon Sirmond, l'an 455 ou 461. Ce concile fut tenu, le 30 décembre, dans le chœur de l'église d'Arles, en 455 ou en 461 au plus tard. Ce fut Ravennius, évêque de cette ville, qui l'assembla et qui y présida, quoique saint Rustique de Narbonne, qui y assista, fût plus ancien métropolitain que lui. Il s'y trouva en tout treize évêques, dont la plupart avaient été moines à Lérins. Les autres évêques dont on connaît les sièges sont : Nectaire de Digne, Florus de Saint-Paul-Trois-Châteaux, Constance d'Uzès, Asclépius d'Apt ; Maxime, qui peut être celui de Riez ou celui d'Avignon ; Chrysante, qu'on croit être Chrysaphe de Sisteron. Le sujet de la convocation de ce concile fut le différend survenu entre Théodore, évêque de Fréjus, et Fauste, abbé de Lérins, touchant la juridiction. Théodore ayant voulu pousser plus loin que n'avait fait Léonce, son prédécesseur, ses droits sur l'abbaye de Lérins, qui était de son diocèse, l'abbé Fauste s'y opposa fortement et fut interdit de ses fonctions par Théodore, ce qui causa un grand scandale. Les évêques ordonnèrent que Théodore serait prié de recevoir les satisfactions que lui ferait l'abbé Fauste, et de le renvoyer au plus tôt à la conduite de son monastère. Mais on régla que cet évêque ne s'arrogerait pas d'autres droits sur le monastère que ceux que Léonce, son prédécesseur, s'était attribués, c'est-à-dire que les clercs et les ministres de l'autel ne seraient ordonnés que par lui ou par celui à qui il en donnerait la charge ; que ce serait à lui de donner le saint chrême au monastère, d'y confirmer les néophytes, et que l'on ne recevrait pas dans le monastère à la communion et au saint ministère, des clercs étrangers, sans l'ordre de l'évêque, mais que tous les moines qui n'étaient pas dans les ordres seraient seulement soumis à l'abbé chargé de les gouverner. Ce règlement servit, dans la suite, comme de modèle aux privilèges qui furent accordés aux moines par les évêques. C'est ainsi que le concile d'Arles termina la contestation qui troublait la paix du monastère de Lérins. Nous avons encore la lettre que Ravenne écrivit à ses collègues pour les inviter à cette assemblée. Elle est suivie, dans le Recueil des Conciles, de la lettre synodique où l'affaire qu'ils avaient à examiner est rapportée en abrégé. *Reg. tom. VIII ; Labb. tom. IV ; Hard. tom. II ; Anal. des Conc. I.*

ARLES (Concile d'), l'an 463. Saint Mamert, évêque de Vienne en Dauphiné, ayant sacré Marcel évêque de la ville de Die, qu'il croyait dépendre de sa métropole, le pape saint Hilaire, à qui Gundéric, roi des Bourguignons, s'en était plaint, renvoya la connaissance de cette affaire à Léonce d'Arles, pour la terminer dans un concile. Le concile assemblé ayant donné son avis, le pape Hilaire ordonna que l'évêque de Die, qui avait été ordonné par saint Mamert, fut confirmé par l'évêque d'Arles, et qu'à l'avenir l'évêque de Vienne s'abstînt de faire des ordinations hors de sa province.

ARLES (Concile d'), vers l'an 475. L'occasion de ce concile fut un prêtre de Provence, nommé Lucide, qui répandait diverses erreurs sur la prédestination et la grâce. Fauste, évêque de Riez, ayant essayé en vain de le ramener par la persuasion et par une lettre fort étendue où il réfutait ses erreurs, Léonce d'Arles assembla dans cette ville un concile à ce sujet, qu'on met ordinairement en 475. Il s'y trouva trente évêques, entre autres : Euphrone d'Autun, Mamert de Vienne, Patient de Lyon, Fauste de Riez, Gratus de Marseille, Crocus de Nîmes, Basile d'Aix, et Jean de Châlons-sur-Saône. Lucide s'y rendit, rétracta sa doctrine et embrassa celle de Fauste. Non content de prononcer les anathèmes portés dans la lettre de Fauste, il en ajouta contre d'autres propositions que Fauste ne lui avait pas marquées d'abord. Il adressa sa rétractation à Léonce, évêque d'Arles, et aux autres évêques du concile, déclarant que, suivant ce qui y avait été arrêté, il condamnait : 1° celui qui dit qu'il ne faut pas joindre le travail de l'obéissance humaine à la grâce de Dieu; 2° celui qui enseigne que depuis la chute du premier homme le libre arbitre est entièrement éteint; 3° celui qui assure que Jésus-Christ notre Sauveur n'est pas mort pour tous les hommes; 4° celui qui ose avancer que la prescience de Dieu pousse violemment les hommes à la mort, et que ceux qui périssent, périssent par la volonté de Dieu; 5° celui qui dit que ceux qui pèchent après avoir été légitimement baptisés, meurent en Adam; 6° celui qui veut que les uns soient destinés à la mort, les autres prédestinés à la vie; 7° celui qui prétend que depuis Adam jusqu'à Jésus-Christ, nul d'entre les gentils espérant en la venue de Jésus-Christ n'a été sauvé par la première grâce de Dieu, c'est-à-dire par la loi de nature, parce que tous ont perdu le libre arbitre en Adam; 8° celui qui croit que les patriarches et les prophètes, ou quelques-uns des plus grands saints, ont habité dans le paradis même avant le temps de la rédemption par Jésus-Christ. Dans quelques exemplaires il y a encore un anathème contre ceux qui soutiennent qu'il n'y a ni feux ni enfers pour punir les coupables en l'autre vie. Lucide, après avoir détesté toutes ces propositions comme impies et sacriléges, en ajouta de contraires dans lesquelles il déclare : 1° qu'il confesse tellement la grâce de Dieu, qu'il joint toujours à cette grâce l'effort et le travail de l'homme; 2° qu'il reconnaît que la liberté de la volonté humaine n'est point éteinte ni détruite, mais seulement affaiblie et diminuée; en sorte que celui qui est sauvé a été en danger de périr, et que celui qui périt a pu être sauvé; 3° que Jésus-Christ, notre Dieu et notre Sauveur, a offert, en ce qui tient aux richesses de sa bonté, le prix de sa mort pour tous les hommes; 4° qu'il ne veut pas que personne périsse, puisqu'il est le sauveur de tous, surtout des fidèles, et qu'il est riche envers tous ceux qui l'invoquent; 5° que Jésus-Christ est venu pour le salut des impies et de ceux qui ont été damnés sans qu'il le voulût; 6° que par rapport à l'ordre des siècles, sous la loi de nature que Dieu a gravée dans le cœur de tous les hommes, il y en a eu de sauvés par la foi et l'espérance qu'ils ont eues dans l'avénement de Jésus-Christ; 7° qu'aucun n'a pu être délivré du péché originel que par le mérite de son sang précieux. Il ajoute, dans une huitième proposition, qu'il croit le feu de l'enfer et les flammes éternelles préparés à ceux qui ont persévéré dans des péchés capitaux. Il finit sa rétractation en ces termes : « Pères saints et apostoliques, priez pour moi. Je, Lucide, prêtre, ai signé cette lettre de ma propre main. Je confesse la doctrine qui y est établie, et je condamne celle qui y est condamnée. » Fauste eut sans doute beaucoup de part à la rétractation de Lucide,

mais il ne nous apprend pas comment elle fut reçue par les évêques présents.

Ce n'est que par Fauste de Riez que nous connaissons l'existence de ce concile, dont ne parle pas Gennade lui-même, auteur contemporain; mais ce n'est pas une raison pour révoquer en doute, comme l'ont fait, outre Jansénius et ses partisans, Cabassut (*Notit. Concil.*) et Thomassin lui-même (*Dissert. 13 in Conc.*). Quel est l'historien à qui il ne soit rien échappé des choses qui se sont passées de son temps? Fauste a parlé de ce concile et de celui de Lyon assemblé pour le même sujet, dans sa lettre à Léonce, évêque d'Arles, et de la difficulté qui y avait donné occasion. A qui persuadera-t-on qu'un évêque en réputation de piété, et d'un âge avancé, ait tenté d'en imposer à un de ses confrères sur la tenue de deux conciles, à l'un desquels il aurait présidé en qualité de métropolitain, et dont l'autre ne pouvait lui être inconnu? Personne ne doute qu'il ne se soit tenu un concile à Toulouse en 506 ou 507 : cependant il n'est connu que par une lettre de saint Césaire.

Léonce chargea l'évêque de Riez de recueillir ce qui s'était fait dans le concile touchant la matière de la prédestination, et de le rédiger par écrit, afin qu'on eût de quoi réfuter l'erreur de ceux qui tombaient dans des excès sur ce sujet. Fauste s'acquitta avec plaisir d'une commission si honorable. Il composa un ouvrage, divisé en deux livres, sur la grâce et le libre arbitre; mais la haine d'une hérésie qu'il combattait le fit donner dans l'écueil opposé, et l'on s'aperçoit aisément, par la lecture de ces deux livres, qu'il ne reconnaît pas la nécessité d'une grâce prévenante pour le commencement de chaque bonne action. Cet ouvrage de Fauste a été mis dans les livres apocryphes par le décret du pape Gélase de l'an 496. *Hist. des aut. sacr. XV.*

ARLES (Concile d'), l'an 524. Ce concile, que l'on compte avec Sirmond pour le 4e concile d'Arles, ou avec Cabassut pour le 3e, fut assemblé à l'occasion de la dédicace de l'église de la sainte Vierge, le 6 juin, dans la 1re année du pontificat de Jean I, et la 32e du règne de Théodoric, en Italie. Saint Césaire, évêque d'Arles, présida à ce concile, assisté de douze évêques, de trois prêtres et d'un autre député, nommé Eumétérius, qui ne prend point d'autre qualité que celle d'envoyé de Gallican, son évêque. On y fit quatre canons, tous très-remarquables.

Le 1er porte qu'on ne doit point ordonner de diacres avant l'âge de vingt-cinq ans, ni d'évêques ou de prêtres avant l'âge de trente ans, et que celui que l'on ordonnera doit avoir quitté depuis quelque temps la vie du monde.

Le 2e, qu'on ne conférera l'épiscopat, la prêtrise ou le diaconat à un laïque, qu'un an après sa conversion (*a*).

Le 3e défend, suivant les anciens canons, d'ordonner des pénitents ou des bigames, sous peine, pour l'évêque qui se permet-

---

(*a*) « Ce canon marque une espèce de dispense du droit commun pour donner les ordres *per saltum*, mais qui suppose une nécessité absolue et un besoin extraordinaire de l'Église. » *Thomass. manuscr. inédit.*

trait, d'être interdit pendant une année de célébrer des messes, et, s'il enfreint cette défense, d'être exclu de la communion de tous ses collègues (a).

Le 4e prive de la communion les clercs vagabonds, aussi bien que ceux qui les reçoivent ou les protégent contre leurs évêques.

ARLES (5e Concile d'), l'an 554. Sapaudus, évêque d'Arles, assisté de onze évêques et des députés de huit autres, tous de la province d'Arles, ou de la seconde Narbonnaise et des Alpes maritimes, tint ce concile le 29 juin. On y fit sept canons.

I. « Les évêques de la province n'offriront des pains offerts pour le sacrifice, que selon la forme qui est en usage dans l'Eglise d'Arles. »

Ce canon peut s'entendre de deux manières. 1° On peut l'expliquer de la figure des pains offerts pour le sacrifice, laquelle devait être uniforme dans toute la province : ils étaient communément ronds et marqués d'une croix. 2° On peut croire que le concile parle de la manière de ranger sur l'autel les pains qui étaient offerts pour être consacrés. Plusieurs Eglises avaient sur ce point différents usages : le plus commun était de les ranger en croix ; mais ces croix mêmes formaient diverses figures.

II. « Les monastères seront soumis à la correction de l'évêque diocésain. »

III. « Défense aux abbés de faire de longs voyages, et de s'absenter longtemps de leurs monastères, sous peine d'être punis par l'évêque, selon les canons. »

IV. « Défense aux prêtres de déposer un diacre ou un sous-diacre à l'insu de l'évêque. »

V. « Les évêques prendront soin des monastères de filles situés dans leurs diocèses, et tiendront la main à ce que les abbesses ne fassent rien contre la règle. »

VI. « Défense aux clercs de détériorer les biens d'église dont ils ont l'usage, sous peine de la discipline pour les jeunes clercs, (c'est-à-dire pour ceux d'un degré inférieur à celui des sous-diacres) ; et pour les autres, sous peine d'être traités comme meurtriers des pauvres. »

VII. « Défense à un évêque d'ordonner un clerc d'un autre diocèse sans une lettre de son propre évêque, sous peine, s'il l'a fait sciemment, d'être privé de la communion pendant trois mois ; et le clerc qui aura reçu de lui l'ordination sera déposé. » *Labb.* V.

ARLES (Concile d'), l'an 813. Charlemagne avait envoyé, en 811, une lettre circulaire à tous les métropolitains de son royaume, pour les prier de lui faire savoir comment eux et leurs suffragants instruisaient les prêtres et les peuples touchant le baptême et les cérémonies qui le précèdent et l'accompagnent. Cette lettre occasionna plusieurs traités. Deux ans après, il assembla un parlement à Aix-la-Chapelle, où il arrêta que l'on tiendrait cinq conciles dans les principales métropoles de ses Etats, à Arles, à Mayence, à Reims, à Tours et à Châlons-sur-Saône, et que les décrets lui en seraient remis. Ces cinq conciles se tinrent la même année. Les règlements que l'on y fit ont rapport à la lettre circulaire envoyée à tous les métropolitains deux ans auparavant. Le concile d'Arles se tint le 10 mai, dans l'église de Saint-Etienne. Jean, qui en était archevêque, y présida avec Nébridius de Narbonne ; ils se qualifient l'un et l'autre d'envoyés de leur très-glorieux et très-pieux prince. On y fit vingt-six canons.

Le 1er contient une profession de foi, avec l'addition *ex Patre et Filio*.

Le 2e ordonne une assemblée générale dans l'église, pour y chanter des messes et faire des prières pour le roi Charles et la famille royale.

Le 3e porte que chaque archevêque exhortera ses suffragants à se mettre en état, par l'étude de l'Ecriture sainte, de bien instruire les prêtres et les peuples sur le baptême et sur tous les mystères de la foi ; parce que l'ignorance étant la mère de toutes les erreurs, elle ne doit pas se trouver dans les prêtres, qui sont chargés de l'instruction des autres. Il faut donc qu'ils sachent, et l'Ecriture sainte, et les canons ; et que, tandis qu'ils enseignent les peuples, ils les édifient par leur bonne conduite.

Le 4e et le 5e portent que les laïques, c'est-à-dire les patrons, ne pourront chasser des églises les curés à qui les évêques en ont confié le soin, ni en mettre d'autres, sans le jugement de leur propre évêque ; et qu'ils ne pourront non plus exiger des présents, pour confier à des prêtres le soin de quelques églises, parce qu'il arrive souvent que la cupidité des laïques les engage à présenter des ministres indignes des fonctions sacerdotales.

Le 6e veut que chaque évêque ait soin que les chanoines et les moines vivent chacun selon leur institut.

Le 7e ordonne que l'on choisira des hommes de bonnes mœurs et d'un âge avancé, pour le service des monastères de filles ; que les prêtres qui y iront célébrer la messe en sortiront aussitôt qu'elle sera finie ; qu'aucun clerc ni moine jeune n'aura accès dans ces monastères, si ce n'est à raison de parenté.

On voit par ce canon que les églises des religieuses étaient encore alors dans l'intérieur de leurs monastères.

Le 8e porte que, dans les monastères de chanoines, de moines ou de religieuses, on ne recevra qu'autant de personnes que la maison pourra communément en entretenir.

Le 9e, que chacun offrira, de son propre travail, les dîmes et les prémices à Dieu.

Le 10e, que l'on doit prêcher la parole de

(a) « Ce canon porte une peine nouvelle, qui est une suspension de la célébration de la messe pour un temps ; et en cas que les évêques dont il s'agit ici ne déferent pas à la peine, ils sont punis de la petite excommunication (ou de la privation de la communion) avec les autres évêques. Aujourd'hui un évêque serait irrégulier et incapable de toute fonction, même dans son diocèse, et même obligé à se faire réhabiliter. » *Thomass. ibid.* Par le mot de messe, *missas facere*, il faut peut-être entendre ici toute espèce d'office de l'Eglise.

Dieu, non-seulement dans les cités, c'est-à-dire dans les grandes villes, mais encore dans toutes les paroisses.

Le 11e, que l'on séparera tous ceux qui ont contracté des mariages incestueux, en leur faisant d'ailleurs subir la peine portée par les anciens canons.

Les 12e et 13e, que chacun contribuera, de son côté, à entretenir la paix entre les évêques, les comtes, les clercs, les moines et tout le peuple; qu'à cet effet, les comtes, les juges et tout le peuple obéiront à l'évêque, et qu'ils agiront de concert pour le maintien de la justice.

Le 14e, qu'en temps de famine ou de quelque autre nécessité, chacun nourrira, selon ses facultés, ceux qui lui appartiennent.

Le 15e, que les mesures et les poids seront partout égaux et justes.

Le 16e, que l'on ne tiendra point de marchés les jours de dimanche; qu'on n'y plaidera point non plus; et que, s'abstenant de toutes œuvres serviles et de la campagne, chacun ne s'occupera que du culte de Dieu ou des choses qui y ont du rapport.

Le 17e, que chaque évêque fera, une fois l'année, la visite de son diocèse, et prendra la protection des pauvres opprimés, en employant même l'autorité de la puissance royale pour réprimer ceux qu'il n'aurait pu fléchir par ses prières et ses remontrances.

Le 18e, que les prêtres garderont sous la clef le saint chrême, et ne donneront à personne, sous prétexte de médecine, parce que c'est un genre de sacrement que d'autres que les prêtres ne doivent point toucher.

Le concile de Mayence et celui de Tours ajoutent que plusieurs sont persuadés que les malfaiteurs qui se sont frottés du saint chrême, ou qui en ont bu, ne peuvent jamais être découverts, quelque recherche qu'on en fasse : d'où il arrivait que ceux qui étaient coupables de quelque crime tâchaient d'avoir du saint chrême. C'est une des raisons pour lesquelles on ordonna qu'il fût gardé sous la clef.

Le 19e dit que les parents doivent instruire leurs enfants, et les parrains leurs filleuls; ceux-là, parce qu'ils les ont engendrés; et ceux-ci, parce qu'ils répondent pour eux.

Le 20e conserve aux anciennes églises leurs dîmes et les autres biens dont elles sont en possession.

Le 21e veut que, pour ce qui regarde la sépulture des morts dans les basiliques, on s'en tienne aux ordonnances des anciens Pères.

Le 22e défend de tenir des plaids publics et séculiers dans les parvis des églises et dans les églises mêmes.

Le 23e porte que les personnes puissantes, comme les comtes, les vicaires, les juges, les centeniers, n'achèteront les biens des pauvres que publiquement, en présence du comte et des plus nobles de la cité.

Le 24e ordonne à chaque évêque de veiller sur les prêtres et les diacres de son diocèse, d'obliger les clercs fugitifs de retourner vers leur propre évêque, et de les rendre à ceux qui les répéteront.

Le 25e : « Si quelqu'un possède en bénéfice, c'est-à-dire en usufruit, les biens d'une église, il contribuera non-seulement aux réparations, mais encore à la construction d'une nouvelle église, s'il en est besoin. »

Le 26e : « Ceux qui sont convaincus d'un crime public doivent en faire une pénitence publique, suivant les canons. »

« Voilà, disent les évêques de ce concile d'Arles, les articles de réforme que nous avons marqués en peu de mots, pour être présentés à l'empereur. Nous le prions, si quelque chose y manque, de l'ajouter, et si quelque autre ne convient pas, de la corriger; mais s'il y a dans ces articles des règlements sages et utiles, nous le conjurons de les faire exécuter. » *Anal. des Conc.* I.

ARLES (Concile d'), vers l'an 1035. *Voyez* AQUITAINE, même année.

ARLES (Concile d'), l'an 1059. Ce concile fut tenu par les légats du pape Nicolas II. Bérenger, vicomte de Narbonne, y présenta une requête contre Guifred, archevêque de Narbonne, qui l'avait injustement excommunié. Le P. Labbe et M. Baluze placent ce concile en 1056; le P. Mansi le met environ l'an 1055, par la raison, dit-il, que Bérenger, portant sa plainte au concile de Toulouse de l'an 1056, comme le croit M. Baluze, témoigne qu'il avait appelé de l'injuste sentence de Guifred au concile d'Arles, lequel avait été tenu conséquemment avant l'an 1056, ou du moins au commencement de cette année. Mais les doctes bénédictins, auteurs de l'*Histoire du Languedoc*, détruisent cette raison et quelques autres, dans la note 35 du IIe tome, en disant que si Bérenger porta sa plainte au concile de Toulouse, ce fut à celui qui se tint dans cette ville vers l'an 1060, et nullement à celui de l'an 1056; car il est certain que cette plainte est postérieure à l'an 1058, puisqu'il y est fait mention du soin qu'eut Guifred de transférer dans sa cathédrale les corps des saints Just et Pastor; translation qui ne se fit que l'an 1058, suivant une chronique du XIIe siècle et l'ancien nécrologe de l'Eglise de Narbonne, cité par Catel. *Anal. des Conc.* V.

ARLES (Concile d'), l'an 1205. Le légat Pierre de Castelnau tint ce concile, où il fit quelques règlements pour l'Eglise d'Arles. Il y condamna à diverses peines ou à la perte de leurs privilèges, les chanoines qui frapperaient leurs confrères, soit en les attaquant, soit même en se défendant, au lieu de se dérober par la fuite, ou de souffrir avec patience à l'exemple de Notre-Seigneur. Tous les chanoines, l'un après l'autre, signèrent la promesse d'observer ce règlement. A ce concile assistèrent, outre le légat, les évêques de Marseille, de Cavaillon, d'Orange, de Carpentras, de Vaison, les abbés de quatre monastères, les prévôts des églises d'Avignon, de Marseille, de Pignerol, d'Orange et de Vaison, et l'archidiacre de Trois-Châteaux qui représentait son évêque.

ARLES (Concile d'), l'an 1211. Ce concile

fut tenu peu de temps après celui de Narbonne de la même année, qui l'avait été au commencement de janvier. On y proposa au comte de Toulouse des conditions de paix qui lui parurent si exorbitantes, qu'il protesta aimer mieux mourir que de les accepter. Sur son refus, le concile l'excommunia et disposa de ses domaines en faveur du premier occupant. *D. Vaissette.*

ARLES (Concile d'), l'an 1234. Jean Baussan ou de Baux, archevêque d'Arles, tint ce concile de sa province le 10 de juillet, et y publia les vingt-quatre canons suivants :

1. On ordonne l'exécution des canons du concile quatrième général de Latran.
2. Les évêques prêcheront eux-mêmes la parole de Dieu dans leurs diocèses, et la feront prêcher par des personnes de mérite.
3. Les évêques emploieront les exhortations et même les censures, pour obliger les seigneurs et les officiers de justice d'exterminer les hérétiques de leur dépendance.
4. On publiera l'excommunication tous les dimanches contre les hérétiques et leurs fauteurs.
5. On établira dans chaque paroisse un prêtre et deux laïques pour inquisiteurs.
6. Les hérétiques que l'on aura convaincus seront mis dans une prison perpétuelle; et on livrera au bras séculier ceux qui ne voudront pas se convertir.
7. et 8. On observera la paix.
9. On ne souffrira point de confréries ou de sociétés non approuvées de l'Eglise.
10. On ne donnera point l'absolution à ceux qui sont excommuniés pour avoir fait quelque tort qu'ils ne l'aient réparé.
11. Les corps et les os de ceux que l'on découvrira après leur mort avoir été hérétiques, seront déterrés.
12. On ne donnera point de bénéfices à des laïques.
13. L'excommunication doit être précédée d'une monition; et si les excommuniés ne se font absoudre dans le mois, ils ne recevront l'absolution qu'en payant cinquante sous pour chaque mois, depuis le temps de leur excommunication.
14. Les évêques veilleront à la réforme des mœurs de leurs diocésains.
15. On excommuniera tous les dimanches les usuriers, les adultères publics, les devins et les sorciers.
16. Les Juifs et les Juives porteront une marque sur leur habit, pour les distinguer des chrétiens.
17. Les privilégiés doivent obéir aux sentences des prélats et à leurs censures, sans quoi on pourra refuser de leur rendre justice.
18. Tous les évêques de la province doivent défendre fortement les droits de régale de l'église de Saint-Trophime d'Arles.
19. Chaque église de campagne doit avoir son curé, ou du moins être desservie par l'ordre de l'évêque.
20. Les évêques et les autres prélats ayant charge d'âmes procéderont, selon les formes canoniques, dans les affaires qui regardent les dîmes, les legs, les chapelles et les autres droits ecclésiastiques.
21. Défense de faire un testament sans la présence du curé.
22. Défense de lever de nouveaux impôts.
23. Anathème contre ceux qui traiteront des dîmes et des autres droits de l'église avec des religieux, sans l'autorité de l'évêque.
24. Aucun évêque ne pourra dépouiller un ecclésiastique de son bénéfice, sans connaissance de cause. *Anal. des Conc.*

ARLES (Concile d'), l'an 1236, sur la discipline. *Gall. Christ. t.* I, *col.* 568.

ARLES (Concile d'), l'an 1246, sur la discipline, indiqué par Hardouin, *t.* XI.

ARLES (Concile d'), *Arelatense*, l'an 1260. Florent ou Florentin, archevêque d'Arles, tint ce concile avec les évêques de sa province, dans un lieu que nous ignorons aujourd'hui; car il ne fut point tenu à Arles même. On y fit dix-sept canons.

La préface de ces canons s'étend sur la doctrine des joachimites. Elle commence par un bel éloge de la voie d'examen dans les questions de foi pour former un jugement conciliaire; «examen où, sur la délibération des anciens Pères et des saints évêques, on recherche et l'on définit contre les frivoles raisonnements des faux sages, quelle est la doctrine puisée ordinairement dans le sein du premier pasteur descendu du ciel, et répandue dans le monde par ses apôtres. Ce sont ces examens et ces jugements de conciles qui forment la tradition, ou plutôt la suite immuable des traditions de l'Eglise. On a mis ce moyen en usage aussi souvent que les schismes et les hérésies ont fait naître la nécessité d'en arrêter le cours. Par là, on en a découvert le faible. On a condamné et proscrit les nouveautés contraires à la saine doctrine.»

On expose ensuite la doctrine des joachimites, qui imaginaient divers ternaires selon leurs extravagantes idées. Au premier et souverain ternaire de la sainte Trinité, ils en joignaient d'autres uniquement tirés de leur fantaisie. Le premier des gens mariés, sous le règne du Père, c'est l'état de l'Ancien Testament; le second, celui des clercs sous le Fils; et le troisième, celui des moines sous le Saint-Esprit. Ils ajoutaient un autre ternaire consacré selon les trois lois, la mosaïque, la chrétienne et celle qu'ils appelaient de l'*Evangile éternel*. Ils donnaient le premier au Père, le second au Fils, et le troisième au Saint-Esprit. Ce troisième temps, qu'ils appelaient *le temps de la plus grande grâce et de la vérité révélée*, devait commencer après l'an 1260, et durer jusqu'à la fin du monde. Ce troisième temps était entièrement pour l'esprit, pour la vérité, ou pour l'unité dégagée de l'ombre et du voile des sacrements, en sorte qu'il n'y avait plus de rédemption par Jésus-Christ, plus de sacrements dans l'Eglise, plus de figures, plus de signes. Doctrine que tout chrétien doit abhorrer, dit le concile, puisque la foi nous enseigne que les sacrements sont des images visibles d'une grâce invisible; images sous lesquelles le Fils de Dieu a promis de demeurer constamment avec nous jusqu'à la fin du monde. Il condamne ensuite le livre de l'*Evangile éternel*, où ces erreurs sont renfermées, et tous les commentaires et écrits qui lui sont tombés entre les mains sur cette matière. Tel est le premier canon du concile.

Le 2e ordonne aux curés d'instruire leurs paroissiens de la nécessité du baptême, et de la manière de le conférer dans un cas urgent.

Le 3e porte que ceux qui administrent et ceux qui reçoivent le sacrement de confirmation doivent être à jeun, excepté les enfants à la mamelle et les cas de nécessité.

Le 4e défend de contracter mariage sans l'autorité de l'Eglise.

Le 5e ordonne qu'il y aura au moins des vicaires perpétuels dans toutes les églises paroissiales.

Le 6e fixe la fête de la Trinité au dimanche de l'octave de la Pentecôte.

Le 7e défend de se servir dans les églises de torches de bois, et ordonne qu'on se servira de torches de cire.

Le 8e défend aux Juifs de marcher en chapes et en tuniques, ou d'avoir rien dans l'habit de commun avec les prêtres, et leur ordonne de se distinguer des chrétiens par quelques marques.

Le 9e défend aux clercs bénéficiers de faire l'office d'avocat devant les tribunaux laïques, si ce n'est en faveur de l'Eglise, des pauvres, des veuves ou des orphelins.

Le 10e défend aux moines et aux chanoines réguliers de recevoir aucun salaire pour leur prédication, soit de leur auditoire même, soit des magistrats en place dans les villes et dans les bourgs; et cela sous peine de suspense.

Le 11e recommande aux chanoines réguliers quelques points de régularité pour remplir la règle de leur père saint Augustin; par exemple, s'ils se portent bien, qu'ils mangent au réfectoire en Avent et en d'autres temps que le texte marquait (il est défectueux en cet endroit). Ordre de porter à cheval l'habit clos uniforme et régulier; de se servir de selle blanche ou de futaine, sans caparaçon. Les contrevenants seront privés de la table commune pendant huit jours, et mangeront alors, assis à terre, ce qu'on voudra bien leur donner.

Le 12e corrige l'abus que les chevaliers de Saint-Jean-de-Jérusalem et les chevaliers du Temple faisaient de leurs privilèges, lorsque, dans les démêlés que les clercs de leurs amis avaient avec les prélats, ils leur donnaient les marques et les livrées de l'ordre de Saint-Jean ou du Temple, pour les soustraire, par ce moyen, à la correction des ordinaires. Malgré ces signes, le concile déclare que les prélats peuvent punir ces clercs insolents par le droit commun.

Le 13e ordonne que l'on établisse dans les hôpitaux des personnes religieuses pour en avoir soin.

Le 14e porte qu'on n'ajoutera point foi aux actes par lesquels l'évêque emprunte de l'argent, qu'ils ne soient scellés de son sceau.

Le 15e défend aux religieux d'admettre des laïques dans leurs églises les dimanches et les fêtes, et de prêcher dans le temps des offices de paroisse.

Le 16e porte que les pénitenciers envoyés dans les paroisses pour absoudre des cas réservés, n'entendront des confessions que pour ces cas, et renverront pour les autres aux curés.

C'était la coutume autrefois d'envoyer, pendant le carême, dans les villes et les villages, des pénitenciers missionnaires, c'est-à-dire, des prêtres qui avaient le pouvoir d'absoudre des cas réservés aux évêques; ce qui donnait occasion à plusieurs d'éluder l'obligation où ils étaient de se confesser à leurs curés, en disant qu'ils s'étaient confessés de tous leurs péchés à ces pénitenciers missionnaires. Pour parer à cet inconvénient, et empêcher l'infraction du précepte de la confession annuelle au propre prêtre, c'est-à-dire au curé, le concile d'Arles statua que les pénitenciers envoyés dans les paroisses pour absoudre des cas réservés, n'entendraient des confessions que pour cas réservés, et renverraient pour les autres aux curés. *Inhibemus*, dit le concile, *ne confessores hujusmodi qui mittuntur solummodo ad prædicta (casus reservatos) per villas et parochias diæcesis discurrentes, generalibus parochianorum confessionibus audiendis se occupent, nisi de mandato prælati et curati licentia; sed eos ad proprios remittant sacerdotes, et a casibus pro quibus mittuntur pœnitentes absolvant; nec ipsi parochiani mandatum de confitendo saltem semel in anno propriis sacerdotibus simulatorie et dolose se gaudeant evasisse.* « Mais ce statut, dit le P. Richard, offre une difficulté qui n'est pas petite, puisqu'il en résulte qu'on peut partager sa confession en déclarant une partie de ses péchés à un prêtre, et l'autre partie à un autre prêtre; ce qui est faux, tant parce qu'on ne peut recevoir l'absolution d'un péché mortel, sans qu'on la reçoive de tous les autres, n'étant pas possible qu'on soit ami et ennemi de Dieu en même temps, que parce que le confesseur qui n'aurait entendu qu'une partie des péchés, ne pourrait prononcer la forme de l'absolution qui renferme le pardon de tous les péchés.

« Les PP. Fontenay et Brumoi, jésuites, continuateurs de l'Histoire de l'Eglise gallicane, élude la difficulté en disant que les « pénitenciers missionnaires ne devaient confesser que ceux qui avaient encouru les « cas réservés. » Mais il est évident que cette traduction est infidèle et insuffisante, puisqu'elle ne rend point le texte, qui dit positivement que les pénitenciers n'absoudront que des cas réservés, et renverront pour les autres aux propres prêtres. Il paraît donc qu'on ne peut se dispenser d'avouer que les Pères du concile d'Arles se sont trompés, et n'ont point fait assez d'attention à l'impossibilité qu'il y a de diviser la confession (a). »

(a) Quoi qu'en dise le P. Richard, l'explication des savants jésuites est admissible, et ne fait pas violence au texte.

Le 17° et dernier canon défend de poursuivre à main armée ou par voie de fait les droits qu'on prétend sur les bénéfices, avant que le juge ecclésiastique, à qui seul il appartient d'en connaître, ait prononcé. *Anal. des Conc.* II.

ARLES (Conciles de la province d'), l'an 1270 et 1279. *Voy.* AVIGNON, mêmes années.

ARLES (Concile d'), *Arelatense*, l'an 1275. Bertrand de Saint-Martin, archevêque d'Arles, tint ce concile, où l'on fit vingt-deux canons.

Les quatre premiers ont été perdus. Ceux qui suivent jusqu'au douzième, ne font que renouveler les canons des conciles précédents, touchant l'obligation que les évêques ont de faire observer les sentences portées par leurs confrères, l'inventaire des biens des églises et des hôpitaux, la défense de vendre ou d'engager les meubles de l'Eglise sans la permission de l'évêque, et d'engager personne à se faire enterrer hors de sa paroisse, l'ordre de passer les testaments en présence des curés, et de les faire exécuteurs d'un legs pieux.

Le 12° contient les vœux réservés au pape, qui ont l'hérésie, la simonie, l'inobservation de l'excommunication ou de l'interdit, l'ordination *per saltum*, ou sans permission de son évêque ; l'incendie, le contact de l'eucharistie ou du saint chrême pour en faire un mauvais usage, l'homicide, le sacrilége, les incestes avec sa mère, sa sœur, sa parente, la sœur de son frère, une religieuse ; le violement d'une fille, le péché de luxure commis dans l'église, le péché contre nature, la supposition d'un enfant ou l'avortement.

Le 13° contient les cas réservés aux évêques ou à leurs pénitenciers, qui sont le faux témoignage, un mariage contracté par une personne qui s'est engagée par serment à en épouser une autre; l'assistance aux offices divins, malgré les avertissements du curé, avant d'avoir été absous de la sentence d'excommunication ou d'interdit que l'on avait encourue; la célébration de l'office dans un lieu interdit ; la sépulture donnée à des excommuniés, ou dans un cimetière interdit; l'usurpation et la rétention des dîmes ou des choses laissées par testament. Il est défendu aux prêtres de donner l'absolution de ces cas, si ce n'est que ceux qu'ils confessent soient à l'article de la mort, ou hors d'état d'aller trouver l'évêque ou son pénitencier.

Le 14° et le 15° défendent aux clercs d'acheter du blé ou du vin, pour le revendre, afin d'y gagner.

Le 16° ordonne qu'il y ait des calices d'argent dans toutes les églises.

Le 17°, que l'on rétablisse les églises de la campagne et les maisons qui en dépendent.

Le 18°, que l'on dénonce excommuniés, tous les dimanches, les usuriers et les adultères.

Le 19°, que les curés écrivent sur un registre les noms de ceux qui s'approchent du sacrement de pénitence pendant le carême; et qu'après Pâques, ils déferent à l'évêque ceux qui ne se sont point confessés; et, que, s'il y a des religieux qui confessent dans la paroisse, ils donnent aux curés les noms de ceux qu'ils auront confessés.

Le 20°, qu'on ne mette point en terre sainte ceux qui mourront sans s'être confessés dans l'année à leurs curés.

Le 21°, que les curés entendent les confessions des malades, ou qu'ils donnent permission à des prêtres séculiers ou à des religieux de les entendre.

Le 22° défend aux curés de quitter leurs églises pour passer à d'autres, avant d'avoir rendu compte à leur évêque de leur conduite. *Lab. in Append.*; et *Hard., tome* VIII.

ARLES (Conciles d'), l'an 1279 et 1282. *Voyez* AVIGNON, mêmes années.

ARLES (Concile de la province d'), l'an 1288. *Voyez* LILLE, même année.

ARLES (Synode diocésain d'). *V.* PROVENCE.

ARMACH (Concile d') en Irlande, *Armachanum*, l'an 1171. Le roi Henri II ordonna à tous les prélats d'Irlande de se trouver à ce concile. On y mit en liberté tous les Anglais qui se trouvaient réduits en esclavage dans l'Irlande. *Reg.* XXVII; *Lab.* X; *Hard.* VII; *Angl.* I.

ARMÉNIE (Concile d'), l'an 435. Les nestoriens avaient réussi à introduire en Arménie et dans les royaumes voisins, sous des titres trompeurs, les livres de Théodore de Mopsueste et de Diodore de Tarse, qui renfermaient tout le venin de la doctrine de leur maître, mais qu'ils faisaient passer pour des livres orthodoxes et purement opposés à l'erreur d'Apollinaire. A l'ombre de ce prétexte, ils avaient eu l'adresse de répandre dans tous ces pays des traductions de ces ouvrages en langue syriaque, en langue arménienne, et en langue persane. Les évêques Acace de Mélitène, Rabula d'Edesse et quelques autres, s'étant aperçus du piége tendu à leurs peuples, s'assemblèrent en concile pour condamner ces livres impies, et ils invitèrent Proclus de Constantinople et Jean d'Antioche à prendre la même mesure. *Breviar. Liberati c.* 10; *Galan. Hist. Arm. c.* 8.

ARMÉNIE (Concile d'), l'an 1342, 1344 ou 1345. Le patriarche Mekitar, six archevêques et vingt-deux évêques, tinrent ce concile en présence de Constantin, roi de la Petite Arménie, au sujet des erreurs dont l'église d'Arménie était accusée. Le concile composa un écrit dans lequel il se justifiait sur 117 chefs d'accusation. Les nonces apostoliques portèrent cet écrit au pape Clément VI, qui n'en fut pas pleinement satisfait, et renvoya de nouveaux nonces, en 1346, aux prélats arméniens, pour les inviter à s'expliquer sur certains articles, auxquels ils n'avaient point répondu, ce qu'ils firent dans un second écrit, qui fut porté à Rome, vers l'an 1350. Le pape avait chargé ces nonces de présenter aux Arméniens tous les articles de foi et toutes les traditions de l'Eglise romaine. Ils se soumirent à tout, comme il paraît par le second écrit qui fut porté à Rome *Martene, ex mss. cod. Bibl. Reg. vet. mon* t VII; *Mansi, Suppl.*, t. III; *et in Raynald. ad ann.* 1342 *et* 1345.

ARMORIQUE, *Armoricanum.* Voy. PETITE BRETAGNE.

ARNEBORCH (Concile d'), dans le Brandebourg, *Arneborchiense*, l'an 1005. Le roi Henri II se trouva à ce concile. On y défendit de contracter des noces contraires à la bienséance, de vendre les chrétiens aux gentils, et de violer les lois de la justice. *Conc. Germ. tom.* III.

ARRAGON (Concile d'). Voy. ARAGON.

ARRAS (Synode d'), *Atrebatense*, l'an 1025. Gérard, évêque d'Arras et de Cambrai, tint ce synode au sujet de quelques hérétiques que l'on découvrit à Arras. Il se les fit amener, les interrogea sur leur doctrine, et les voyant tous dans l'erreur, il les fit mettre en prison, où il les retint pendant trois jours, ordonnant aux clercs et aux moines un jeûne et des prières pour leur conversion. Les ayant fait venir une seconde fois à l'église, au jour de dimanche, il leur demanda, en présence du clergé et du peuple, quelle était leur croyance et l'auteur de leur secte. Ils répondirent que c'était un nommé Gandulphe, d'Italie; qu'ils avaient appris de lui à ne reconnaître d'autre Ecriture que l'Evangile et les écrits des apôtres; que la doctrine de l'Evangile consistait à quitter le monde, à réprimer les désirs de la chair, à vivre du travail des mains et à ne faire tort à personne; que, pourvu qu'on observât ces préceptes, le baptême n'était point nécessaire pour le salut. Ils ne faisaient pas plus de cas de l'eucharistie et de la pénitence, rejetaient le mariage et ne reconnaissaient pour saints que les apôtres et les martyrs. L'évêque Gérard ayant réfuté ces erreurs, les sectaires convertis les anathématisèrent et souscrivirent à la profession de foi qui leur fut présentée, en reconnaissant qu'on les avait abusés.

La profession de foi qu'on leur fit souscrire porte, sur l'eucharistie, que c'est la même chair qui est née de la Vierge, qui a souffert sur la croix, qui est sortie du tombeau, qui s'est enlevée au ciel, qui est à la droite du Père dans la gloire. *Hard.* VI; *Mabill. Annal. l.* LV, n. 63.

ARRAS (Synode d'), l'an 1090. Gérard II, évêque d'Arras et de Cambrai, y termina un différend qui s'était élevé entre les chanoines de l'église d'Arras et les moines de Saint-Vaast, au sujet de deux chapelles dont ils se disputaient la possession. *Conc. German.*

ARRAS (Synode d'), tenu le 21 octobre de l'an 1097, par l'évêque Lambert, assisté de son archidiacre, de cinq abbés de monastères, enfin du prévôt, du doyen, de l'écolâtre et du chantre de la cathédrale de Notre-Dame d'Arras. L'évêque y confirma les privilèges accordés par ses prédécesseurs à l'abbé et aux moines du Mont-Saint-Eloi, et affranchit un autre monastère (*Arroasianorum*) de toute autre juridiction que de la sienne, en octroyant à ses moines la faculté d'élire eux-mêmes leur abbé, et le pouvoir à celui-ci de réconcilier les lieux pollués. *Conc. Germ.*

ARRAS (Synode d'), le 13 octobre 1098.

Dans ce nouveau synode, le même prélat établit une association entre la cathédrale d'Arras et l'abbaye de Saint-Vaast. *Ibid.*

ARRAS (Synode d'), le 16 octobre 1101, sous le même prélat. *Ibid.*

ARRAS (Concile d'), l'an 1128. On y arrêta que les religieuses du monastère de Saint-Jean-de-Laon céderaient leur couvent à des moines qui prendraient leur place. *Conc. tom.* XII. *Schram.*

ARRAS (Synode d'), le 27 septembre 1138. Dans ce synode, l'évêque Alvise remplaça les clercs séculiers par des chanoines réguliers de l'ordre de Saint-Augustin, dans l'abbaye de Saint-Amand de Marœul. *Ibid.*

ARRAS (Conseil d'), l'an 1183. Guillaume, archevêque de Reims, assisté de Philippe, comte de Flandre (la chronique n'en nomme pas d'autres), y condamna aux flammes plusieurs, tant nobles que roturiers, clercs, militaires, paysans, vierges, veuves et femmes mariées, comme coupables de l'hérésie des patarins, et confisqua leurs biens au profit de l'évêque et du prince. On sait que ces hérétiques, par les troubles qu'ils excitaient et les violences qu'ils commettaient, n'étaient pas moins à craindre pour l'Etat que pour l'Eglise. Il est donc bien permis de voir dans cette condamnation un fait purement politique, dont nous sommes loin cependant d'approuver la rigueur. *Conc. Germ. tom.* III.

ARRAS (Synode d'), l'an 1354. Il y fut enjoint à tous les prêtres de ne se présenter au synode qu'avec des exemplaires des statuts synodaux, dont on leur recommanda la lecture. *Conc. Germ. tom.* VIII, *p.* 307.

ARRAS (Synode d'), l'an 1355, sur la régularité prescrite aux clercs. *Ibid., p.* 308.

ARRAS (Synode d'), l'an 1364. On y recommanda aux confesseurs de ne pas se contenter de prononcer sur leurs pénitents la forme déprécative, *Absolutionem et remissionem omnium peccatorum tuorum tribuat,* etc., qui n'a pas la vertu de conférer seule le sacrement de pénitence, mais d'y joindre les paroles mêmes de l'absolution, qui seules peuvent rendre le pénitent, d'attrit qu'il était, contrit devant Dieu et véritablement justifié. *Ibid.*

ARRAS (Synode d'), l'an 1375. L'évêque Pierre Masoëz y publia une constitution contre les clercs et les laïques qui négligeaient le précepte de la confession annuelle. *Ibid., p.* 309.

ARRAS (Synode d'), l'an 1410. Martin Porée, évêque d'Arras, y recommanda l'observation d'un ancien statut qui prescrivait de renouveler de huit jours en huit jours les espèces eucharistiques. *Ibid., p.* 300.

ARRAS (Synode d'), l'an 1570. L'évêque François Richardot y publia de nombreux statuts, parmi lesquels nous remarquons les suivants :

T. XII. c. 16. « On nous a rapporté que certains curés louaient en secret les terres de leurs bénéfices, et à si bas prix, qu'ils n'ont plus ensuite de revenus suffisants. Nous ordonnons en conséquence que ces locations se rassent toujours à une enchère publique et en présence du doyen rural »

T. XIV, c. 1. « On observera exactement pour le culte et l'office divin tout ce qui a été prescrit par le concile de Trente et par celui de Cambrai, c. 2. Nous voulons que la messe et les vêpres soient célébrées à des heures fixes, la messe à huit heures en été, et à neuf heures en hiver, les vêpres à deux heures en toute saison. »

T. XVI, c. 3. « Les prêtres ne passeront point à des églises voisines pour profiter des messes à dire pour des défunts, à moins d'y être appelés par le pasteur ou par ceux qui président aux funérailles. » *Conc. Germ. t.* VIII.

ARRAS (autres Synodes d'). *Voy.* NOTRE-DAME d'Arras.

ARSINOÉ (Conférence d'), vers l'an 255. On peut mettre au rang des conciles la conférence que saint Denys d'Alexandrie eut dans le canton d'Arsinoé, vers l'an 255, au sujet des erreurs que Népos, qui pouvait en avoir été évêque, y avait répandues. Elles consistaient à dire, avec les millénaires, que Jésus-Christ régnerait sur la terre pendant mille ans, et que durant ce temps les saints jouiraient de tous les plaisirs du corps. Népos, prévenu de ces bas sentiments, qu'il croyait faussement être ceux de saint Jean dans l'Apocalypse, expliquait d'une manière toute charnelle et toute juive les promesses de Jésus-Christ touchant la félicité de l'autre vie ; mais, comme il s'était fait une grande réputation en Egypte par la grandeur de sa foi, par son ardeur pour le travail et par son application à l'étude des divines Ecritures, il inspira aisément ses erreurs à un grand nombre de personnes, en sorte que, même après sa mort, des Eglises entières en demeurèrent infectées et faisaient schisme avec celles qui tenaient à la saine doctrine. Pour remédier à ce désordre, saint Denys d'Alexandrie se transporta à Arsinoé, où ayant fait assembler les prêtres et les docteurs qui instruisaient les fidèles dispersés dans les villages, il les exhorta à examiner avec lui la matière qui les divisait. Ils y consentirent, et saint Denys passa avec eux trois jours de suite, depuis le matin jusqu'au soir, à examiner et à réfuter les raisons sur lesquelles ils s'appuyaient et qu'ils tiraient principalement d'un livre de Népos intitulé : *La Réfutation des Allégoristes.* Là j'admirai extraordinairement, dit saint Denys, la solidité de ces frères, leur amour pour la vérité, leur facilité à me suivre, leur intelligence ; avec quel ordre et quelle douceur nous faisions les questions et les objections ; comment nous convenions de plusieurs points sans vouloir soutenir en toute manière et avec contention ce que nous avions une fois jugé vrai, si nous le trouvions tel en effet, et sans éluder les objections. Nous faisions bien nos efforts pour appuyer nos sentiments ; mais s'ils étaient détruits par quelque bonne raison, nous en changions, et n'avions point honte de l'avouer ; nous recevions sans dissimulation et avec des cœurs simples devant Dieu, ce qui était établi par des preuves certaines et par les saintes Ecritures. Enfin, Coracion, qui était le chef et le docteur de cette opinion, nous protesta, en présence de tous les frères, qu'il ne s'y arrêterait plus, qu'il ne l'enseignerait, n'en parlerait ni n'en ferait aucune mention, et tous les frères qui étaient présents se réjouirent de cette conformité de sentiments. Saint Denys parle de Népos avec éloge ; et quoique cet homme fût dans des sentiments qui n'étaient pas orthodoxes, il ne laisse pas de témoigner du respect pour sa mémoire, ce qui fournit un fondement bien légitime de douter qu'il ait, assemblé contre cet évêque un concile à Alexandrie, et qu'il l'y ait condamné après sa mort, et déposé, comme le dit le Synodique (*Apud Justel.*, p. 1172, *t.* II). Saint Fulgence (*Pro Fide cathol. ad Petrum*) semble en faire un hérétique, et dit que l'on donnait à ceux qui étaient venus de lui le nom de népotiens. *D. Ceillier.*

ARULENSE. Voyez TUJULES et ARLES en Roussillon.

ARVERNENSIA. Voyez CLERMONT.

ASCHAFFENBOURG (Concile d'), l'an 1282. Dans ce concile, dont les actes ne nous sont pas parvenus, plusieurs des évêques présents accordèrent des indulgences aux fidèles qui visiteraient ou qui aideraient de leurs aumônes les églises de divers monastères. *Conc. Germ.*

ASCHAFFENBOURG (Concile d'), l'an 1292. Gérard d'Epstein, archevêque de Mayence, assisté de six de ses suffragants et des députés des cinq autres, avec plusieurs abbés, tint ce concile provincial le quatorze septembre, ou le dix-sept des calendes d'octobre (et non le dix-sept octobre, comme l'a écrit par surprise le P. Richard). On y fit vingt-cinq décrets, dont voici les principaux :

1. On déclare hérétiques ceux qui oseraient soutenir qu'un prêtre en état de péché mortel ne peut ni consacrer ni absoudre validement.

2. Le prêtre doit être en surplis pour conférer le baptême, l'eucharistie et l'extrême-onction, et se faire accompagner d'un clerc en rochet. Il ne doit point célébrer sans avoir avec lui un ministre qui sache lire et chanter *Conc. de Tolède.*

3. Les sacrements doivent être administrés gratuitement. *Conc. de Tours.*

4. Les supérieurs de monastères recevront avec bonté les religieux ou les religieuses qui, ayant apostasié, demanderaient à être reçus de nouveau ; ils ne mettront à leur rentrée aucune condition onéreuse, et pourvoiront libéralement à leur vêtement et à leur nourriture, tout en leur faisant subir le châtiment que prescrit la règle.

5. Toute personne à qui les lois accordent la faculté de tester, sera libre de faire des legs pieux, de manière toutefois à ce que ses légitimes héritiers n'aient pas droit de se plaindre, et l'opposition que l'on prétendrait y mettre sera punie de l'excommunication et de l'interdit.

6. Les vicaires placés dans les paroisses par l'évêque ou par l'archidiacre ne pourront être renvoyés par leurs pasteurs, à

moins que ceux-ci ne veuillent gouverner leurs églises par eux-mêmes, ou qu'ils ne puissent alléguer des raisons qui méritent d'être écoutées.

7. Les revenus de toute paroisse vacante seront recueillis par deux prêtres, qui les remettront au successeur sans en rien réserver.

8. Celui qui aura été pourvu d'un bénéfice sans le consentement de l'évêque, perdra son bénéfice, et le patron, clerc ou laïque, le droit d'y nommer pour cette fois.

9. Les laïques qui violeraient un interdit dans la sépulture donnée aux morts, seraient excommuniés *ipso facto*, sans que l'excommunication puisse être levée par un autre que par le métropolitain.

10. Ceux qui feraient des promesses à des laïques pour avoir leur voix dans les élections, seraient excommuniés et cesseraient d'être éligibles.

12. Les chanoines garderont à leur prélat tous les égards prescrits par la coutume, autrement ils ne pourront plus toucher les fruits de leur prébende, et seront exclus du chapitre.

13. Un chanoine coupable d'injures qu'il aurait dites à un autre chanoine, sera privé du quart de ses revenus; si c'est son prélat qu'il injurie, il en perdra la moitié.

18. On déclare de nulle valeur tout règlement comme tout usage contraire aux libertés de l'Eglise.

19. On n'imposera aux églises ni aux ecclésiastiques aucun impôt, aucune taxe, aucune corvée.

20. On n'apportera aucune entrave, que réprouvent les canons, à l'exercice de la juridiction ecclésiastique.

21. On n'établira dans les villes aucun nouveau droit de taxe sur les denrées. *C. Germ.*

ASCHAFFENBOURG (Conciles d'), 1310 et 1328. Dans le dernier de ces deux conciles on décida de nouveau que l'état de péché mortel dans le ministre des sacrements d'eucharistie et de pénitence n'ôte rien à leur validité pour ceux qui les reçoivent, et l'on renouvela les peines portées par les canons contre les personnes coupables de blasphème ou de sortilège. *Conc. Germ.*

ASCHAFFENBOURG. (Concile d'), l'an 1455. Thierri d'Erback, archevêque de Trèves, tint ce concile avec ses suffragants, le 15 juin, contre les hussites. *Conc. Germ.*

ASCHEIM (Concile d'), l'an 761. Le P. Forster, abbé de Saint-Emmeran, a publié en 1763 les actes d'un concile tenu à Ascheim, en Bavière, près de Munich. *Lenglet du Fresnoy.*

ASCOLI (Synode diocésain d'), *Asculana*, l'an 1626, sous l'évêque Sigismond Donat. Des statuts y furent publiés sur diverses parties de la discipline ecclésiastique. *Constit. et decr. edita in diœc. syn. Asculana, Romæ,*1626.

ASIE (Concile d') ou d'Ephèse, l'an 197 ou 198. Ce concile fut composé de tous les évêques de l'Asie mineure et de quelques provinces voisines, assemblées à Ephèse l'an 197 ou 198. Polycrate, évêque de cette ville, y présida et décida qu'il fallait continuer à faire la Pâque le quatorzième de la lune de mars, sans attendre au dimanche suivant. La lettre synodique, qui fut dressée par Polycrate et envoyée au pape Victor, indigna tellement ce pontife, qu'il excommunia les Asiatiques et condamna leur concile (*Baluzius in nova Collect. ex Euseb. lib. V Hist. cap. 23*)

ASIE (Concile d'), dont on ignore la date. Il fut tenu par l'évêque Plasmas, assisté de quatorze de ses collègues. On s'y soumit à la décision du pape saint Victor pour la célébration de la Pâque. *Ex lib. Synod.*

ASIE (Concile d'), vers l'an 245. Ce concile fut célébré, peut-être à Ephèse, par les évêques de l'Asie, et l'on y condamna l'hérétique Noët, qui prétendait, au rapport de saint Epiphane, que comme il n'y a qu'un Dieu, ce Dieu est celui-là même qui est né et qui a souffert. Les partisans de cette erreur, selon laquelle les mystères de notre salut auraient été accomplis dans la personne du Père, ont été appelés dans la suite patripassiens.

ASILLE. *Voyez* ATTILLI.

ASTI (1er Synode diocésain d'), *Hastensis*, sous l'évêque Panigarola, le 30 août 1588. L'évêque, en sa qualité de seigneur temporel, y publia un avertissement sévère contre les bandits. *Decreti della prima sinodo, Asti,* 1589.

ASTI (3e Synode diocésain d'), sous Jean Etienne Agatia, l'an 1605. Défense d'entendre les confessions des femmes dans les sacristies, ou ailleurs qu'à l'église même. *Synod. diœc. Ast. tertia Asti,* 1605.

ASTORGA (Concile d'), *Asturicense*, l'an 445 ou 446. Les actes que saint Léon avait fait dresser contre les manichéens étant passés jusqu'en Espagne, les évêques travaillèrent à son exemple à découvrir ceux de cette secte qui y demeuraient cachés. On en trouva plusieurs dans la ville d'Astorga, qui furent poursuivis devant Idace et Turibius. Ces deux évêques les ayant examinés et convaincus, envoyèrent les procès-verbaux de leurs enquêtes à Antonin, évêque de Mérida. Celui-ci avait déjà fait arrêter Pascentius, l'un des manichéens qui s'étaient sauvés de Rome. Antonin le fit chasser de la Lusitanie vers l'an 447. On ne peut guère douter qu'il n'ait aussi chassé et banni les autres manichéens qui avaient comparu devant Idace et Turibius. Idace appelle *Gestes épiscopaux contre les manichéens,* ce que l'on fit contre eux à Astorga. Ce qui a fait conjecturer qu'il s'était tenu alors un concile dans cette ville. *D. Ceillier.*

ASTORGA (Concile d'), *Asturicense*, l'an 946 ou 947. Ce concile fut tenu en présence de Ramire II, roi de Léon, le premier septembre. On y fit quelques règlements de discipline, qui sont perdus, ainsi que les autres actes de ce concile, dont il ne nous reste que la mémoire dans une charte de l'Eglise d'Astorga. *Ferréras, tom. III, pag. 60.*

ASTORGA (Synodes d'), vers l'an 1595. L'évêque D. Pedro de Rojas publia cette année trente-trois constitutions fort étendues, qui résument les statuts portés dans les précédents synodes de ce diocèse. *Constitutiones synodales del Obisb. de Astòrga.*

ATREBATENSES (*Synodi*). *Voy.* ARRAS.

ATRI (Synodes diocésains d'). *Voy.* ADRIA.

ATTIGNY (Concile d'), *Attiniense*, l'an 765. Ce concile fut tenu à Attigny-sur-Aisne, dans le diocèse de Reims. Il ne nous en reste que les noms de vingt-sept évêques qui y assistèrent, et une promesse réciproque qu'ils se firent, que, lorsque l'un d'eux viendrait à mourir, chacun des autres ferait dire cent fois le psautier, et célébrer cent messes par ses prêtres, en s'obligeant lui-même à en dire trente. *Conventus*, disent les Pères Labbe et Hardouin, *hoc anno* (765) *apud Attiniacum villam habiti meminerunt plerique, sed in eo quid actum sit nemo prodit.* On voit par là combien est ridicule l'imagination de Voltaire, qui ne craint pas d'avancer dans le chapitre 5 de son *Histoire générale*, que la confession auriculaire fut expressément commandée pour la première fois par les canons du concile d'Attigny.

ATTIGNY (Concile d'), l'an 822. Ce concile est remarquable en ce que l'empereur Louis le Débonnaire s'y soumit à une pénitence publique, pour avoir laissé périr Bernard, roi d'Italie, son neveu, condamné par une diète à avoir les yeux crevés, et pour avoir fait tonsurer malgré eux ses trois jeunes frères, Hugues, Drogon et Théodoric, avec lesquels il se réconcilia. Il y confirma aussi la règle des chanoines et celle des moines, qui avaient été faites à Aix-la-Chapelle. *Labb.* VIII.

ATTIGNY (Concile d'), l'an 834 ou 835, assemblé par l'ordre de Louis le Débonnaire. On s'y occupa de la réforme de divers abus et de la restitution des biens enlevés à l'Eglise.

ATTIGNY (Concile d'), l'an 865. Ce concile fut assemblé par les soins d'Arsène, évêque d'Orta, et légat du pape Nicolas en France. Il obligea le roi Lothaire de quitter Valdrade, sa concubine, pour reprendre Thietberge, son épouse. Dans ce même concile, Rothade de Soissons fut reconnu pour innocent et reçu comme évêque. *Mansi*, tom. I, col. 993.

ATTIGNY (Concile d'), l'an 870. Le roi Charles, mécontent de la conduite de son fils Carloman, à qui il avait fait donner la tonsure cléricale dès son bas âge, assembla ce concile au mois de mai, pour le faire juger par des évêques en sa qualité de clerc. Il se trouva à cette assemblée trente évêques de dix provinces, avec six archevêques : Hincmar de Reims, Rémy de Lyon, Harduic de Besançon , Wulfade de Bourges, Frotaire de Bordeaux et Bertulfe de Trèves. Carloman, convaincu du crime de conjuration contre le roi son père, et de beaucoup d'autres crimes, fut privé des abbayes qu'il possédait en grand nombre et mis en prison à Senlis. Hincmar de Laon, accusé, dans le même concile, de désobéissance envers le roi et envers son oncle, qui était en même temps son métropolitain, évita la sentence dont il était menacé, en donnant un libelle par lequel il déclarait qu'à l'avenir il serait fidèle et obéissant au roi Charles, suivant son ministère, comme un vassal doit l'être à son seigneur, et un évêque à son roi ; qu'il obéirait aussi à Hincmar, son métropolitain, selon les canons et les décrets du Saint-Siége. Au moyen de ce libelle, qu'il souscrivit devant tout le monde, le roi et l'archevêque lui donnèrent le baiser de paix.

ATTILLI (Concile d'), *Attilianum*, l'an 902. Attilli ou Asille, Asillan, comme l'appelle l'auteur de *l'Art de vérifier les dates*, est un village du territoire de la ville de Narbonne. Rostaing, archevêque d'Arles, et Arnuste, archevêque de Narbonne, assistés de leurs comprovinciaux, y tinrent un concile en 902, où l'on décida par l'examen du jugement, c'est-à-dire par l'épreuve du feu et de l'eau, un différend entre Terbaldus, prêtre titré ou curé de Sainte-Marie de Vic, surnommée l'église de Quarante, et le diacre Thierri, qui voulait assujettir cette église à celle de Sainte-Eulalie de Cruzi. Terbaldus subit l'épreuve, en sortit sain et sauf, et gagna son procès. L'église de Sainte-Marie de Vic, surnommée de Quarante, est ainsi appelée de ce qu'elle est dédiée sous l'invocation de la sainte Vierge et de quarante martyrs qui y sont inhumés. C'était dans les premiers temps une église paroissiale ; puis ce fut une abbaye d'hommes sous la règle de saint Augustin, et qui appartenait aux chanoines réguliers de la congrégation de France. Elle commença à être église canoniale ou cénobiale au plus tard vers l'an 961; puisque Raimond premier, comte de Bourgogne et marquis de Languedoc, dans son *Testament*, daté de cette année, nomme l'église de Quarante parmi les églises canoniales ou cénobiales auxquelles il fait des legs. Le concile d'Attilli confirma aussi les donations faites au monastère de Saint-Etienne de Dijon et les priviléges de celui de Charlieu au diocèse de Mâcon. *Edit. Venet. tom.* XI ; *Martene, Anecdot. nov. tom.* IV, *col.* 69 ; *Gall. Christ. tom.* VI, *pag.* 192 ; *Spicil. tom.* I, p. 520.

AUCH (Concile d'), l'an 1031. Ce concile n'eut rien de bien important. On y rétablit seulement un abbé dans sa dignité qui lui avait été enlevée. *Mansi, Suppl. t.* l.

AUCH (Concile d'), *Auscense*, seu *Auscitanum*, l'an 1068. Le cardinal Hugues le Blanc, en revenant de sa légation d'Espagne, tint un concile à Auch, avec l'archevêque Austind, ses suffragants, les abbés et les seigneurs de toute la Gascogne. On y fit divers règlements, dont le plus remarquable fut que toutes les églises du pays paieraient à la cathédrale le quart de leurs dîmes. Mais Raymond, abbé de Saint-Orient, ayant remontré que les églises dépendantes de son monastère n'avaient jamais payé de dîmes à la cathédrale, tout le concile confirma cette exemption en l'honneur de saint Orient, un des plus célèbres archevêques d'Auch, et patron de la ville comme de l'abbaye. La même exemption fut accordée à plusieurs autres églises dénommées dans les actes du concile. *Labb.* IX.

AUCH (Concile d'), l'an 1279. On y défendit les droits de l'évêque et de l'église de

Bazas, contre le sénéchal de Gascogne. *Hard.* VIII.

AUCH (Concile d'), *Auscitanum*, l'an 1300. On célébra un concile dans la province d'Auch, mais on ignore le lieu où il fut assemblé ; nous en avons treize canons.

Le 1er lance l'excommunication contre ceux qui empêchent la liberté des élections et des postulations.

Le 2e et le 3e défendent de s'emparer des biens des ecclésiastiques décédés, et aux évêques et aux autres personnes qui ont la garde des églises vacantes, de retenir aucune partie des revenus ; et leur ordonne de les conserver pour ceux qu'on y nommera.

Le 4e et le 5e déclarent les intrus déchus du droit qu'ils pouvaient avoir aux bénéfices qu'ils ont occupés par violence.

Le 6e déclare excommuniés les patrons qui exigent quelque chose de ceux qu'ils présentent à un bénéfice.

Le 7e ordonne qu'on paiera une portion congrue aux curés ou autres desservants des cures.

Le 8e excommunie les personnes qui font naître des empêchements touchant la possession des bénéfices-cures.

Le 9e accorde sept années d'études à ceux qui sont pourvus de bénéfices.

Le 10e défend de prendre une cure, quand on n'a pas dessein de se faire ordonner prêtre dans l'an.

Le 11e défend la pluralité des bénéfices à charge d'âmes.

Le 12e porte que les évêques ne donneront point la tonsure à des enfants, à des gens mariés, à des personnes qui ne savent pas lire, ni à des personnes d'un autre diocèse, sans la permission de l'évêque diocésain.

Le 13e fait défense de donner une cure à des personnes qui n'ont pas l'âge de vingt-cinq ans. *Labb. tom.* XI; *Hard. tom.* VIII.

AUCH (Concile d'), l'an 1308. Le 26 de novembre de l'an 1308, Amanieu, archevêque d'Auch, tint un second concile des évêques de sa province à Auch, dans lequel on publia six canons.

Le 1er ordonne aux ecclésiastiques de défendre fortement les droits de leurs offices ou de leurs bénéfices.

Le 2e, que tous les chanoines des églises cathédrales feront l'office tour à tour, chacun une semaine.

Le 3e excommunie les usuriers.

Le 4e fait défense aux abbés de partager entre eux et leurs moines les biens qui doivent être communs, ou de leur donner des pensions, et veut que tous les moines mangent dans un même réfectoire, et couchent dans un même dortoir.

Le 5e défend de donner des pensions à des religieux, et principalement aux mendiants qui passent dans d'autres ordres.

Le dernier confirme les précédents statuts.

AUCH (Conciles d'), l'an 1315 et 1329. *Voyez* NOGARET et MARCIAC, mêmes années.

AUCH (Concile d'), l'an 1324. L'archevêque Guillaume de Flavacourt y définit, dans une constitution synodale, les cas de conscience qui lui seraient réservés. *Batl.*

AUCH (Concile d'), l'an 1326. V. MARCIAC.

AUCH (Concile d'), l'an 1364, sur la discipline. *Gall. Christ. t.* I, col. 995.

AUCH (Synodes d'). *Voy.* VASCONENSIS.

AUDOMARENSES (*Synodi*). *Voy.* SAINT-OMER.

AUGSBOURG (Concile d'), *Augustanum*, l'an 742. *Voy.* ALLEMAGNE.

AUGSBOURG (Concile d'), *Augustanum*, l'an 952. Le septième d'août de l'an 952, qui était le seizième du règne d'Othon en Germanie, ce prince fit assembler ce concile pour travailler au rétablissement de la discipline. Il s'y trouva plusieurs évêques lombards, avec ceux de Germanie, qui avaient à leur tête quatre métropolitains : Fridéric de Mayence, Hérold de Salzbourg, Manassès de Milan, et Pierre de Ravenne. Le plus connu d'entre les évêques était saint Uldaric, évêque d'Augsbourg même. Le roi s'y trouva ; et l'archevêque de Mayence publia onze canons, du consentement de l'assemblée.

1. On défend à tous les clercs, depuis l'évêque jusqu'aux sous-diacres inclusivement, de se marier, sous peine d'excommunication.

2. On renouvelle la défense faite dans un concile de Tolède aux ecclésiastiques, de s'occuper de la chasse et d'avoir à cet effet des chiens et des oiseaux de proie, sous peine de privation de leurs fonctions.

3. On menace de déposition les évêques, les prêtres et les diacres, qui, étant avertis de ne point jouer aux jeux de hasard, continueront de le faire.

4. On défend à tous les clercs d'avoir chez eux des femmes sous-introduites ; et, au cas qu'il en aurait quelqu'une dont la réputation fût suspecte, le concile permet à l'évêque de la faire fustiger et de lui couper les cheveux ; voulant que, si la puissance séculière s'y oppose, on emploie l'autorité du roi.

5. Ceux qui renoncent au monde pour embrasser l'état monastique, ne sortiront point du monastère sans la permission de l'abbé ; et ils y vaqueront au jeûne et à la prière.

6. On met les monastères sous la conduite des évêques diocésains, avec pouvoir d'y corriger au plus tôt ce qui méritera de l'être.

7. Les évêques, au lieu d'empêcher leurs clercs de se faire moines, pour mener une vie plus austère, exhorteront à la persévérance ceux qui auront déjà pris ce parti.

8. Ils en useront de même à l'égard des filles qui se sont faites volontairement religieuses.

9. Défense aux patrons laïques d'ôter, sans le consentement de l'évêque, à un prêtre, l'église dont il a été canoniquement pourvu.

10. Toutes les dîmes seront sous la puissance de l'évêque.

11. Non-seulement les évêques, les prêtres, les diacres et les sous-diacres vivront dans le célibat, mais on obligera encore les

autres clercs à la continence, quand ils seront parvenus à un âge un peu avancé (*Anal. des Conc.* II.

AUGSBOURG (Conc. d'), l'an 1062. *V.* OSBON.

AUGSBOURG (Synode d'), *Augustanum*, l'an 1119. Il est fait mention de ce synode, qu'assembla l'évêque de cette ville, Christophe de Stadion, dans la *Hiérarchie d'Augsbourg* de Corbinien Rhamm.

AUGSBOURG (Synode d'), l'an 1135. L'évêque Walther y confirma la fondation récente du couvent de Kaysheim. *Conc. Germ. t.* III.

AUGSBOURG (Syn. d'), l'an 1154. L'évêque y régla une affaire débattue entre l'église d'Aichan et l'abbesse du monastère de Keubach. *Ib.*

AUGSBOURG (Assemblée mixte d'), l'an 1207. Eckbert, évêque de Bamberg, s'y purgea, en présence des principaux seigneurs d'Allemagne, de l'accusation de révolte contre le légitime souverain. *Ibid.*

AUGSBOURG (Concile ou Synode d'), l'an 1377. Nous n'avons point les actes de ce synode, tenu par Burcard, évêque d'Augsbourg. *Conc. Germ. t.* IV.

AUGSBOURG (Synode d'), tenu à Laving, l'an 1414. Dans ce synode, Anselme de Nenningen, nommé évêque d'Augsbourg à la majorité des suffrages, lança l'interdit contre sa ville épiscopale, qui reconnaissait pour son évêque Frédéric de Graffenegg, nommé par l'empereur Sigismond, et confirmé par Jean XXIII. Le pape Martin V, en 1421, rejeta les prétentions de l'un et de l'autre. *Conc. Germ. t.* V.

AUGSBOURG (Concile d'), l'an 1548. Othon, cardinal du titre de sainte Balbine, et évêque d'Augsbourg, tint ce concile le 12 novembre, pour la réforme du clergé sous le pontificat du pape Paul III. On y fit les statuts qui suivent :

1. Tous les pasteurs n'oublieront rien pour confirmer leur troupeau dans la croyance et la pratique de tout ce qu'enseigne l'Eglise catholique.

2. On punira les transgresseurs des canons et des constitutions synodales.

3. On n'élira pour évêque d'Augsbourg qu'un sujet qui sera prêtre ou qui promettra de se faire promouvoir à la prêtrise sans délai.

4. On n'admettra personne à aucune dignité, ou charge d'âmes, ou enfin à quelque bénéfice que ce soit, même sous prétexte de coadjutorerie ou de résignation, sans notre approbation précédée de l'examen ; et cela sous peine d'expulsion des bénéfices autrement impétrés.

5. On n'ordonnera personne que sous des certificats en bonne et due forme, de ses mœurs et de sa foi.

6. On n'admettra point les prêtres et les moines étrangers à la prédication et à la célébration des offices divins, à moins qu'ils ne produisent des lettres formées de leurs supérieurs.

7. Les archidiacres et les doyens ruraux publieront et feront observer ces statuts synodaux dans les lieux de leur dépendance.

8. Les curés instruiront leurs paroissiens de tout ce qui concerne la foi et la religion ; ils leur administreront les sacrements, leur apprendront la grâce et les avantages qu'ils renferment. On ne choisira pour les cures que des hommes graves, doctes et propres pour conduire les âmes ; et les grands-vicaires ne manqueront pas de faire tous les ans des informations sur leur vie et leurs mœurs.

9. Le doyen contiendra dans le devoir tous les ecclésiastiques qui lui sont soumis, surtout par ses bons exemples ; il punira, selon toute l'étendue de son pouvoir, les ivrognes, les joueurs, les fornicateurs, etc.

10. Tout le clergé portera la couronne, la tonsure, l'habit long. Il aura une table frugale et un grand éloignement de toute affaire profane et séculière.

11. Quiconque a plusieurs bénéfices sera obligé de s'en démettre dans l'espace d'un an, et de se contenter d'un seul, sans que les dispenses apostoliques puissent l'autoriser à en retenir plusieurs, à moins qu'elles n'aient été jugées valables par l'ordinaire.

12. On obligera tous les monastères à vivre selon la règle dont ils ont fait profession. On réparera, autant qu'il sera possible, les monastères ruinés ou abandonnés.

13. Personne ne prêchera sans l'admission de l'ordinaire, et tous les prédicateurs expliqueront l'Evangile et toute l'Ecriture sainte au sens des saints Pères, et non à leur propre sens. Ils n'avanceront rien de profane, de fabuleux, de suspect dans leurs sermons ; mais ils prêcheront une doctrine saine et qui soit à la portée de leurs auditeurs. Ils exalteront la miséricorde, la bonté et l'amour de Dieu envers les hommes, sans préjudice de sa justice. Ils recommanderont l'aumône, les satisfactions convenables, toutes les œuvres de piété

14. On fera l'office divin selon le rit qu'on a reçu des anciens.

15. On suivra de même les anciens rites dans l'administration des sacrements, et l'on instruira le peuple de tout ce qui s'y passe.

16. On n'omettra point sans nécessité les cérémonies et les prières usitées dans l'administration du baptême, et les pasteurs auront grand soin d'en expliquer la signification au peuple. On ne recevra, pour faire l'office de parrains et de marraines, que des personnes âgées, instruites et capables d'instruire elles-mêmes les enfants qu'elles tiennent sur les fonts baptismaux, lorsqu'ils seront susceptibles d'instructions

17. Les pasteurs ne manqueront pas non plus d'instruire leurs paroissiens sur tout ce qui concerne le sacrement de confirmation.

18. On dira le canon de la messe à voix basse, excepté l'oraison dominicale, le souhait de la paix, l'oraison ou collecte, et la dernière salutation adressée au peuple. Quant au reste de la messe, on le dira d'une voix haute et intelligible. Les prêtres éviteront la précipitation et aussi une lenteur excessive en disant la messe. On ne touchera sur l'orgue que des airs pieux et dé-

vots, et l'on bannira sévèrement de l'église tout chant et toute musique lascifs et profanes. On ne chantera à l'élévation de l'hostie que des antiennes ou motets propres au sacrifice; et il serait encore beaucoup mieux de ne point chanter du tout, et de se contenter d'adorer et de contempler, dans un profond silence, Jésus-Christ présent sur l'autel. On portera la paix aux assistants les jours solennels, selon l'usage observé jusqu'ici. On gardera le viatique pour les infirmes dans un lieu décent, et toujours éclairé d'un cierge ou d'une lampe ; et quand on le portera aux malades, on prendra toujours deux hosties consacrées, de peur que le peuple n'adore au retour un vaisseau vide du corps de Jésus-Christ. S'il arrivait qu'on eût oublié de prendre deux hosties, on ne portera point de lumière au retour, et on ne tintera pas la clochette.

19. Tous les curés publieront dans leurs églises le canon *Omnis utriusque sexus*, tous les dimanches de carême.

20. Le prêtre qui donnera l'extrême-onction exhortera le malade au mépris de la terre, à l'espérance des biens du ciel, à la confiance dans la miséricorde de Jésus-Christ; et au retour il engagera les assistants à prier pour le malade, en pensant à la fragilité de la vie.

21. Les prêtres ne béniront les mariages que dans l'église seulement, et après les trois publications des bans. Ils avertiront les parties qui veulent contracter, de suivre les conseils de leurs parents et de leurs amis, plutôt que leurs propres penchants, et de se préparer au mariage par le jeûne et la prière, à l'exemple de Tobie.

22. Le curé ne s'avisera jamais de pactiser pour l'administration des sacrements ou des choses sacramentelles ; mais il les donnera sur-le-champ, toutes les fois qu'on les lui demandera, sauf à lui à recourir à qui de droit pour faire observer les coutumes louables en pareil cas.

23. On consacrera ou l'on bénira tout ce qui a coutume de l'être, prélats, vierges, églises, autels, etc.

24. On gardera les fêtes du diocèse, selon l'usage.

25. Tous les curés, après le sermon du dimanche, réciteront l'oraison dominicale, la salutation angélique, le symbole des apôtres et les préceptes du décalogue, assez distinctement et assez lentement pour que le peuple puisse les répéter avec eux, les apprendre et les retenir.

26. Personne n'ira aux écoles ou collèges suspects de schisme et d'hérésie.

27. On conservera les hôpitaux, et on n'en convertira point les revenus en d'autres usages.

28. On invite les princes, les comtes, les barons, tous les grands à prêter secours au clergé pour faire observer les règlements du concile, et le peuple à respecter le clergé, à entendre la messe les fêtes et dimanches jusqu'à la fin, à écouter le sermon en silence, à garder les jeûnes ; les abstinences, les cérémonies, tous les commandements de l'Eglise, à éviter la lecture des mauvais livres et la vue des peintures lascives, à lire les divines Ecritures, les écrits des Pères, les vies des saints et des hommes illustres, et à n'avoir que des tableaux propres à inspirer la religion, la piété, la vertu, l'amour de la patrie.

29. On n'omettra rien pour que les visites épiscopales ne soient pas sans fruit.

30. On respectera et on observera les censures de l'Eglise.

31. Tous les diocésains, clercs, religieux et laïques, prieront pour le pape, l'empereur, etc.

32. On fera subir les peines canoniques aux transgresseurs de ces canons.

33. On tiendra les synodes diocésains tous les ans, et toutes les fois qu'il en sera besoin. *Lab.* XIV. *Anal. des Conc.* II.

AUGSBOURG (Synode diocésain d'), tenu l'an 1567 par le célèbre Otton Truchsès, cardinal, évêque d'Augsbourg. Cet illustre prélat y publia des statuts synodaux divisés en quatre parties.

Dans la 1re il traite de la foi, insiste sur la nécessité d'en faire une profession publique et sincère, et de prendre pour unique règle les enseignements de la sainte Eglise romaine, à laquelle l'Allemagne entière est redevable de la connaissance de Jésus-Christ et du vrai christianisme. Il enjoint en conséquence à tous les prélats, à tous les clercs bénéficiers, à tous les professeurs de collèges et à tous les maîtres d'écoles, de souscrire, avant d'entrer dans leurs emplois, à la profession de foi prescrite par Pie IV. Il défend la lecture de tous les livres réprouvés par la commission nommée au concile de Trente, et en général de tous ceux qui seraient composés par des hérétiques, ou qui seraient impurs ou diffamatoires. Il recommande aux prêtres chargés d'annoncer la parole divine de ne point expliquer l'Evangile et les saintes Ecritures d'après leur interprétation particulière, mais d'après le sentiment commun des Pères et de l'Eglise catholique. Il recommande l'observation des fêtes et des jeûnes, dont il donne le catalogue, le culte des reliques et l'invocation des saints, le soin d'inculquer aux enfants et aux simples le symbole des apôtres, l'oraison dominicale et le décalogue.

Dans la 2e partie le savant prélat traite avec détail du culte divin et de tous les sacrements. Que l'on observe un rit uniforme dans les offices divins et les heures canoniques, en n'exceptant que les fêtes particulières de quelques saints, et que les moindres églises se modèlent sur notre église cathédrale, la mère et la maîtresse des autres. On prendra bien garde d'omettre aucune des cérémonies usitées dans l'administration des sacrements, et d'en introduire ou d'en recevoir de nouvelles sans notre permission expresse. En entrant au chœur on commencera par fléchir le genou devant Notre-Seigneur, présent dans l'adorable eucharistie; on se tiendra ensuite à sa place, occupé à chanter les louanges de Dieu et à l'honorer non-seulement des lèvres, mais en esprit et en vérité. On s'interdira toute promenade et toute conversation dans les temples, surtout pendant l'office divin. On usera de sobriété dans l'emploi des orgues, et on proscrira les airs lascifs, ou qui manqueraient de simplicité ou de gravité. Le *Gloria*, la Préface, le *Sanctus* et l'*Agnus Dei* doivent être chantés tout entiers sans mélange d'instruments.

On apportera au plus tôt à l'église les enfants ondoyés par des laïques. On ne baptisera ni juifs, ni enfants de juifs, si ce n'est en danger de mort, sans notre permission particulière. A moins d'une grave nécessité, on ne baptisera que dans le lieu saint, et à la vue des fidèles, les enfants, soit des pauvres, soit des riches. On obligera les femmes nouvellement accouchées à venir à l'église, pour leur première sortie, demander la bénédiction du prêtre. On aura un registre où l'on conservera les noms de tous les confirmés. Il y aura une lampe qui brûlera nuit et jour devant le saint sacrement. On ne portera point le saint sacrement dans les campagnes pour bénir l'air ou les fruits de la terre. Les fidèles et les prêtres eux-mêmes qui ne célèbrent pas ne devront communier que sous l'espèce du pain. Il y aura toujours un répondant de messe pour assister le prêtre qui célèbre. Celui-ci prononcera à haute et intelligible voix la confession des péchés, l'Evangile et autres parties semblables; mais il dira à basse voix, et sans être entendu, l'un et l'autre canon, comme il est indiqué dans notre missel. Il parcourra les yeux, avant de la commencer, la messe qu'il doit dire. Quand elle sera finie, il ne s'empressera pas de sortir aussitôt; mais après avoir quitté ses ornements, il restera quelque temps occupé à faire son action de grâces. On réprimera sévèrement l'abus qui s'est introduit dans beaucoup de lieux d'omettre ou d'interrompre le chant du Symbole, de la Préface ou de l'Oraison dominicale. Il ne convient pas de chanter, au moment de l'élévation, des antiennes ou des morceaux de musique, au lieu de respecter le silence que commande en ce moment, aux clercs comme aux fidèles, le mystère qui s'accomplit. Pour entendre les confessions, il faudra être revêtu du surplis et de l'étole. On ne donnera l'extrême-onction ni aux enfants, ni aux personnes atteintes de folie ou frappées d'imbécillité.

La 3ᵉ et la 4ᵉ partie des statuts ont pour objet la vie des clercs, les bénéfices, les devoirs des curés et des doyens, les hôpitaux, la réparation des églises, le droit de patronage, les écoles et l'éducation des jeunes clercs, les constitutions et les rescrits, la tenue des synodes, la juridiction ecclésiastique et ses degrés, la répression de la simonie et de l'usure, l'excommunication et les autres peines ecclésiastiques. *Conc. Germ. t.* VII.

AUGSBOURG (Synode d'), l'an 1610. L'évêque Henri de Knorigen publia dans ce synode de nouveaux statuts, encore plus développés que les précédents, et tracés sur un lan semblable. On doit, y est-il dit, s'appliquer à détruire cette fausse persuasion, qu'il ne faut recevoir que ce qui se trouve écrit dans la parole de Dieu. C'est là le principal fondement de l'erreur des sectaires, réfutée par saint Paul autant de fois qu'il a recommandé les traditions non écrites. « Qu'on ne dise la messe, est-il statué ailleurs, que sur le missel romain, et que l'on observe, sans s'en écarter en rien, les cérémonies qui y sont prescrites. » Au chapitre des sépultures, il est ainsi ordonné : « Si l'on enterre quelques corps dans des églises, il faut que les tombeaux soient placés de manière à ne gêner en rien l'office divin, et qu'ils soient assez profonds pour ne causer aucune infection. » *Conc. Germ. t.* IX.

AUGUSTODUNENSIA (*Conc.*). *V.* AUTUN.

AURELIANENSIA (*Concil.*). *V.* ORLÉANS.

AURILLAC (Concile d') en Auvergne, *Aureliacense*, l'an 1276 ou 1278, contre les exemptions, par Guy, archevêque de Bourges, *Martène. Thes. t.* IV.

AURILLAC (Concile d'), l'an 1294, sur la discipline, par Simon, archevêque de Bourges. *Thes. anecd. t.* IV.

AUSÈDE (Concile d'), *Ausidinense*, près de Saint-Pons, diocèse de Narbonne, l'an 937. On y confirme la donation de l'abbaye de Saint-Pons de Thomières, faite en 936, et on y renouvelle l'anathème contre ceux qui violeraient ses priviléges. Ce concile n'est mentionné dans aucune collection. *D. Vaiss.*

AUSONE (Concile du Vic d'), *Ausonense*, dans la province de Narbonne, l'an 1027. Trois évêques seulement s'y trouvèrent. On en ignore les détails. D'Aguir., *t.* III.

AUSONE (Concile du Vic d'), l'an 1058. On y régla les conditions de la Trêve de Dieu. *Ib.*

AUSTRALIE (Synode d'). *Voyez* SAINTE-MARIE D'A.

AUTUN (Concile d'), *Augustodunense*, l'an 590, convoqué par Gontran, sur l'affaire de Tetradia. *Voy.* GÉVAUDAN, autre concile tenu la même année et sur le même sujet.

AUTUN (Concile d'), l'an 670. Ce fut saint Léger, évêque d'Autun, qui assembla ce concile, ou, comme il est appelé dans la collection de Labbe, ce synode diocésain, l'an 670, suivant l'opinion commune, et non pas en 666 ou en 676, comme quelques-uns le prétendent. Il nous en reste quelques statuts, mais il est visible qu'il en manque plusieurs, puisqu'on passe du premier au cinquième, du sixième au huitième, du huitième au dixième, et du dixième au quatorzième, selon Delalande, et au quinzième selon les plus anciennes collections, où le quatorzième manque absolument.

Le 1ᵉʳ porte que les abbés et les moines ne posséderont rien en propre, et que les moines recevront de l'abbé leur habillement et leur nourriture.

Le 5ᵉ, qu'aucun d'eux n'acceptera de compaternité, c'est-à-dire, sans doute, ne se portera pour parrain au baptême ou à la confirmation de quelque personne.

Le 6ᵉ, qu'ils ne se répandront pas dans les villes, à moins que ce ne soit pour l'intérêt de leur monastère ; et qu'alors ils se présenteront à l'archidiacre avec des lettres de leur abbé.

Le 8e, qu'ils seront soumis à leur abbé et à leur prévôt.

Le 10e, qu'ils n'auront aucune familiarité avec les femmes du dehors, sous peine de traitements rigoureux, et qu'ils ne permettront à aucune personne du sexe l'entrée du monastère.

La suite de ce dixième canon est plutôt un canon différent, mais sans chiffre. Il y est dit qu'aucun abbé ne retiendra dans son monastère un moine sorti d'un autre monastère, mais qu'on renverra les moines vagabonds à leurs propres abbés, pour recevoir de ceux-ci le châtiment qu'ils méritent.

Nous rapporterons à part le canon dit quatorzième dans la collection de Delalande, comme hors de sa place par les sujets qu'il traite. On y déclare indignes d'habiter parmi les catholiques les séculiers qui n'auront pas communié aux fêtes de Noël, de Pâques et de la Pentecôte. Il y est ensuite dit que les prêtres qui célébreront le saint sacrifice, ou qui feront quelque office divin l'estomac chargé de nourriture, ou la tête appesantie par le vin, encourront la déposition. Enfin il y est défendu aux femmes d'approcher de l'autel. Ce prétendu quatorzième canon ne serait-il pas mieux divisé en trois canons différents?

Le canon dit quinzième revient à s'occuper des moines, mais il n'a aucune proportion par sa longueur avec les précédents. Il est surtout remarquable en ce qu'il est le premier, dans l'ordre des temps, qui recommande aux abbés et aux moines l'observation de la règle de saint Benoît, dont il fait le plus digne éloge. « Si tous les articles, y est-il dit, en sont observés fidèlement, le nombre des moines s'augmentera par la grâce de Dieu, et le monde lui-même, assisté de leurs prières continuelles, sera à l'abri de toute contagion. » Le reste du canon est une explication détaillée des vertus qui conviennent particulièrement à l'état monastique, et des peines spirituelles, ou même corporelles, y sont portées contre les abbés et les moines qui enfreindront quelqu'une de ces règles. Il semble donc que ce concile n'a été qu'un synode d'abbés, dont les statuts ont été confirmés, ou même dictés, par saint Léger.

Outre les canons que nous venons de rapporter, il en est un autre mis à la tête de tous dans une collection de l'ancienne bibliothèque de Saint-Bénigne de Dijon, et quelque part ailleurs, et qui recommande en ces termes le symbole des apôtres et celui de saint Athanase : « Si quelque prêtre, diacre, sous-diacre ou clerc, ne professe pas, ou ne sait pas exactement le symbole (*irreprehensibiliter non recensuerit*) inspiré par le Saint-Esprit aux apôtres qui nous l'ont transmis, aussi bien que la foi du saint évêque Athanase, qu'il soit condamné par l'évêque.» Ce canon, dit le R. P. Pitra, dans son *Histoire de saint Léger*, n'aurait-il pas été dressé contre le monothélisme, qui cherchait à cette époque à se répandre dans les Gaules, et qui trouvait d'avance sa condamnation dans le symbole de saint Athanase? Nous abandonnons cette conjecture à de plus savants que nous. *Labb.* VI. V. de plus *l'Hist. de S. Léger*.

AUTUN (Concile d'), l'an 1055 : sur Robert, duc de Bourgogne. *D. Mab. Annal.* IV.

AUTUN (Concile d'), l'an 1061 : sur la discipline. *Pagi*.

AUTUN (Conc. d'), l'an 1065. Robert, duc de Bourgogne, qui ravageait le pays et vexait les évêques, fut ramené dans ce concile à des sentiments pacifiques par Hugues, abbé de Cluny.

AUTUN (Concile d'), l'an 1077, en présence du légat Hugues de Die, et par ordre du pape. Manassès de Reims, accusé de simonie et d'usurpation de cet archevêché, y fut suspendu de ses fonctions. Le légat interdit les archevêques de Tours, de Sens, de Besançon et l'évêque de Chartres, pour ne s'être point trouvés à ce concile. Les prélats s'étant soumis, saint Grégoire VII les releva par sa lettre du 9 mars de l'année suivante.

AUTUN (Concile d'), l'an 1094. Trente-deux évêques et un grand nombre d'abbés s'y trouvèrent, sous la présidence de Hugues, archevêque de Lyon. *Rituel du dioc. d'Autun*, 1833.

AUTUN (Concile d'), l'an 1094, ou même année que le précédent. Ce fut dans l'un de ces deux conciles qu'on renouvela l'excommunication contre l'empereur Henri et l'antipape Guibert, et qu'on excommunia Philippe Ier, roi de France, qui s'était marié avec Bertrade du vivant de son épouse légitime. *Ibid.*

AUTUN (Synode diocésain d'), *Hœduensis*, vers l'an 1530. Jacques Hurault, évêque d'Autun, publia des constitutions synodales pour son diocèse. Il y autorisa les curés et les prêtres à se choisir les confesseurs qu'ils voudraient, en donnant à ceux-ci le pouvoir de les absoudre de tous leurs péchés, excepté les cas réservés au saint-siège ou à l'évêque. *Constit. synod. diœc. Hœduensis*.

AUTUN (autres Synodes d'). *Voyez* HÆDUENSES *Syn.*

AUVERGNE (Concile d'), l'an 590. *Voy.* GÉVAUDAN, même année.

AUXERENSIS (Synodus). V oy. OSSERO.

AUXERRE (Syn. d') *Altissiodorense*, vers l'an 585. Quoique ce synode se trouve daté, dans quelques exemplaires, de la première année du pontificat de Pélage II, et de la dix-septième du règne de Chilpéric, c'est-à-dire de l'an 578, il paraît certain qu'il ne se tint qu'en 585, quelque temps après le second de Mâcon. La preuve en est que ce concile ou plutôt ce synode d'Auxerre, fut assemblé pour la notification et l'exécution des canons du second concile de Mâcon, auxquels Aunacaire ou Aunaire avait souscrit, en qualité d'évêque d'Auxerre. Aussi son concile ou synode ne fut composé que d'abbés, de prêtres et de diacres de son diocèse, auxquels il était de sa charge de notifier les règlements qui s'étaient faits dans le concile de Mâcon, et de les leur faire observer. Il y en ajouta d'autres pour le maintien de la discipline ecclésiastique et monastique, et pour la réforme de certaines superstitions qui étaient des restes du paganisme, le tout au nombre de quarante-cinq.

1er. « Défense d'observer le premier jour de janvier à la manière des païens, en se déguisant en vaches ou en cerfs, et en se donnant des étrennes diaboliques ; mais on peut, ce jour-là, se rendre service les uns aux autres, comme dans tout autre jour de l'année. »

Il y a dans le texte : *Vetula, aut cervolo facere*. *Vetula* est souvent écrit dans les anciens livres pour *vitula*, et *vitula* signifie une génisse ou une vache. Les païens et quelques mauvais chrétiens faisaient, le premier jour de janvier, des mascarades qui consistaient à prendre la figure de divers animaux, et nommément du cerf et de la vache. C'est ce que défend le concile, et c'est à cause des superstitions que, dans un ancien ordre romain, on trouve au premier jour de janvier une messe pour demander à Dieu l'extirpation de l'idolâtrie : *Ad prohibendum ab idolis*. Un ancien pénitentiel, tiré d'un manuscrit d'Angers, marque trois ans de pénitence pour ces ridicules mascarades : *Si quis kalendis Januarii in vitula vel cervolo vadet, tribus annis pœniteat*. Quant aux étrennes diaboliques dont il est parlé dans ce canon, elles consistaient dans des tables chargées de viandes que chacun mettait à sa porte, le premier jour de janvier, pour les passants. Mais, pour le reste, on n'osait rien prêter à son voisin ce jour-là, pas même lui donner du feu.

2e. « Tous les prêtres, avant l'Epiphanie, enverront savoir quel jour commence le carême, et l'annonceront au peuple le jour de l'Epiphanie. »

3e. « Il n'est pas permis de s'assembler dans des maisons particulières, pour célébrer les veilles des fêtes, ni d'acquitter des vœux à des buissons, à des arbres ou à des fontaines, ou de faire des figures de pieds et d'hommes avec du linge. Mais si quelqu'un a fait un vœu, qu'il l'accomplisse dans l'église, en donnant aux pauvres écrits sur la matricule ce qu'il a voué. »

Il y a dans le texte : *Non licet compensos in domibus propriis, nec pervigilias in festivitatibus sanctorum facere*. Le P. le Cointe a tranché la difficulté, en mettant dans le texte *conventus*, sans avertir qu'on lit *compensos*; mais en y laissant ce terme, il n'est point facile de déterminer au juste ce qu'il signifie. Quelques-uns entendent par là les assemblées que les femmes faisaient le soir, pour filer ensemble. *Pensum* est en effet la tâche de line qu'on donnait aux femmes pour filer. Ainsi *compensum* ou *compensos facere* pourrait signifier *faire ensemble sa tâche, filer ensemble*. D'autres croient que *compensum* est une offrande ainsi nommée parce que plusieurs y contribuaient. Il y a aussi dans le texte et dans toutes les éditions, *pede et homine lineo*, d'où vient qu'on a traduit *des figures de pieds et d'hommes avec du linge*. Mais Fleury a lu *ligneo*, puisqu'il a traduit *des pieds de bois*.

4e. « Il est défendu de consulter les sorciers, les augures, les devins, les sorts des saints, ou les divinations (qu'on exerçait) avec du bois ou du pain. »

5e. « Il faut absolument empêcher les veilles en l'honneur de saint Martin. » (C'est sans doute parce que les réjouissances que l'on y faisait avaient dégénéré en abus.)

6e. « Les prêtres iront chercher le saint chrême après la mi-carême ; et ceux qui ne pourront y aller eux-mêmes y enverront leur archidiacre ou leur archisous-diacre. Ils le porteront respectueusement, comme on fait les reliques des saints, dans un vase destiné à cet usage, et enveloppé d'un linge. »

Ce canon semble marquer que le saint chrême se faisait alors à la mi-carême dans l'Eglise d'Auxerre. Le premier concile de Tolède déclare que l'évêque peut le faire quelque jour que ce soit. Cependant l'Eglise, depuis longtemps, paraît avoir choisi le jeudi saint pour cette cérémonie. L'évêque disait autrefois ce jour-là trois messes, qui sont rapportées dans d'anciens sacramentaires : la première, pour la réconciliation des pénitents ; la seconde, pour la bénédiction du chrême ; et la troisième, du jour, laquelle se disait le soir en mémoire de la cène.

7e. « A la mi-mai, tous les prêtres viendront dans la ville au synode, et tous les abbés, le premier jour de novembre. »

8e. « Défense d'offrir à l'autel du vin assaisonné de miel, ou toute autre boisson que du vin même. »

9e. « Il faut empêcher les laïques de danser dans l'église, d'y faire chanter des chansons à des filles, ou d'y donner des festins. »

10e. « Défense de dire en un jour deux messes sur le même autel. Un prêtre surtout ne doit pas dire la messe sur un autel le même jour que l'évêque l'y aura dite. »

11e. « Défense de boire et de manger la veille de Pâques, après minuit. Il faut la célébrer, comme la veille de Noël et des autres solennités, jusqu'à la deuxième heure, c'est-à-dire jusqu'à environ sept heures du matin. »

12e et 13e. « Défense de donner l'eucharistie, ou le baiser aux morts, d'envelopper leurs corps des voiles qui servent à l'autel. Il n'est pas même permis aux diacres de s'envelopper les épaules de ces voiles. »

On donnait quelquefois l'eucharistie aux morts, ou du moins on l'enfermait avec eux dans le tombeau. Ce qui fut défendu par le troisième concile de Carthage et par celui de Constantinople *m. Trullo*.

14e, 15e et 16e. « Défense d'enterrer dans un baptistère, de mettre un mort sur un mort, c'est-à-dire, d'enterrer l'un sur l'autre dans le même tombeau ; d'atteler les bœufs le dimanche, ou de faire d'autres travaux que ceux qui sont marqués par les canons. »

17e. « On ne recevra pas d'offrande pour ceux qui se sont procuré volontairement la mort. »

18e. « On ne baptisera qu'à Pâques, même les enfants, excepté dans le danger de mort. »

19e. « Il n'est pas permis aux prêtres, aux diacres et aux sous-diacres d'officier à la messe, ni même d'y assister, s'ils ne sont à jeun. » (C'est que tous les ministres de l'autel communiaient alors avec le célébrant.)

20°. « Si l'archiprêtre n'avertit pas l'évêque ou l'archidiacre des fautes qu'il saura avoir été commises contre la continence, par les prêtres, les diacres et les sous-diacres, il demeurera excommunié un an, et les coupables seront déposés. »

21° et 22°. « Défense aux prêtres, aux diacres et aux sous-diacres de connaître charnellement les femmes qu'ils avaient épousées avant leur ordination; et à la veuve d'un prêtre, d'un diacre, ou d'un sous-diacre, de se remarier. »

23°. « Si un moine commet un adultère, ou un larcin, ou possède quelque chose en propriété, l'abbé qui ne le châtiera pas, ou qui ne le déférera pas à l'évêque, ou à l'archidiacre, sera enfermé un an dans un autre monastère, pour y faire pénitence. » (Le terme d'*adultère* se prend souvent pour la simple fornication, ou pour l'inceste.)

24° et 25°. « Défense aux abbés et aux moines d'aller aux noces et d'être parrains.»

26°. « L'abbé qui permettra à une femme d'entrer dans son monastère sera enfermé trois mois dans un autre monastère, pour y jeûner au pain et à l'eau. »

27°, 28°, 29°, 30°, 31° et 32°. « Il n'est permis à qui que ce soit d'épouser sa belle-mère, ni sa belle-fille, ni la veuve de son frère ou de son oncle, ni la sœur de sa femme défunte, non plus qu'une cousine germaine, ou issue de germain. »

33° et 34°. « Défense aux prêtres et aux diacres d'assister à un jugement de mort, ou à la torture des criminels. »

35°. « Défense à tout clerc d'appeler un de ses confrères devant un juge séculier. »

36° et 37°. « Il n'est pas permis aux femmes de recevoir l'eucharistie dans la main nue, ou de toucher à la palle du Seigneur, c'est-à-dire au corporal. »

Ce canon fait voir qu'on recevait encore en ce temps-là l'eucharistie dans la main, que les hommes avaient nue, et les femmes couvertes d'un linge blanc, appelé *dominical*.

38° et 39°. « Défense, sous peine d'excommunication, de communiquer avec un excommunié, sans la permission de celui qui l'aura excommunié. »

40°. « Il n'est pas permis aux prêtres et aux diacres de chanter ou de danser dans un festin. »

41°. « Il ne leur est pas permis non plus d'accuser quelqu'un; mais, s'ils ont quelque affaire, ils prieront leurs parents, ou d'autres séculiers, de s'en charger. »

42°. « Les femmes, quand elles communient, doivent avoir leur dominical. Celle qui ne l'aura pas attendra au dimanche suivant à communier. »

Les auteurs sont partagés sur le terme de *dominical*. Les uns l'entendent d'un linge blanc que les femmes tenaient sur la main pour y recevoir l'eucharistie, et les autres d'un voile qu'elles portaient sur la tête, les jours de dimanche, pour approcher de l'eucharistie avec plus de modestie et de respect. Saint Augustin, *serm.* 152, *de Tempore*, parlant du dominical, s'exprime ainsi : *Omnes viri, quando communicare desiderant, lavent manus, et omnes mulieres nitida exhibeant linteamina, ubi corpus Christi accipiant.* D'un autre côté, nous voyons quelque ancien livre pénitentiel où il est dit : *Si mulier communicans dominicale suum super caput non habuerit, usque ad alium diem dominicum non communicet.* Il semble qu'on peut concilier ces deux opinions, et les autorités sur lesquelles on les appuie, en disant : 1° que le terme de *dominical* était commun au linge que les femmes tenaient sur la main, pour y recevoir l'eucharistie, et au voile qu'elles portaient sur la tête; 2° que ce voile pouvait leur servir à deux fins, et pour couvrir leur tête, et pour y faire reposer le corps de Jésus-Christ, en tenant un bout de ce voile dans la main, pour y recevoir l'eucharistie; et alors ce voile aurait été doublement nommé *dominical*; 3° que les usages étant différents dans les différentes églises, on pouvait nommer *dominical*, dans certaines églises, le linge sur lequel les femmes recevaient l'eucharistie, et dans d'autres le voile dont elles se couvraient la tête pour communier. Il paraît donc assez vraisemblable que ce quarante-deuxième canon du synode d'Auxerre doit s'entendre d'un voile que les femmes doivent avoir sur la tête pour communier, puisqu'il avait déjà parlé, dans le trente-sixième canon, du linge qu'elles devaient avoir sur la main pour cet effet, en disant qu'il n'est pas permis aux femmes de recevoir l'eucharistie dans la main nue.

43°. « Un juge, ou quelque autre laïque que ce soit, qui fera quelque chose au préjudice d'un clerc, sans l'aveu de l'évêque, ou de l'archidiacre, ou de l'archiprêtre, sera un an excommunié. »

44°. « Les laïques qui, par contumace, refuseront d'écouter les avertissements de leur archiprêtre seront excommuniés, et de plus payeront l'amende que le roi a ordonnée. » *Anal. des Conc.*

45°. « Quiconque ne gardera pas ces statuts, ou négligera d'avertir l'évêque de leur infraction, sera excommunié pendant une année. » *Anal. des Conc.*

AUXERRE (Synode d'), l'an 695 ou 696. Scobilion, évêque d'Auxerre, étant mort vers l'an 695, Thétrique fut tiré du monastère de Saint-Germain pour lui succéder. Dès la première année de son épiscopat, il assembla un synode où il régla de quelle manière les abbés et les archiprêtres des diverses églises de son diocèse, devaient venir faire l'office dans l'église cathédrale de Saint-Étienne : ce qui fait voir que le clergé n'en était pas assez nombreux pour y faire l'office pendant l'année. Les moines de Saint-Germain commençaient la première semaine de janvier; la seconde était pour le clergé de Saint-Amâtre; ainsi des autres, marqués pour chaque mois, si ce n'est pour celui de septembre, où il n'y a point de communauté désignée, apparemment à cause des vacances pour les vendanges. Chacun recevait, pendant sa semaine, la rétribution nécessaire de l'économe de l'église : mais ceux qui venaient trop tard, ou qui s'acquittaient négligemment de l'office, étaient privés de vin pendant un certain temps. Si le cellerier, ou le vidame qui gouvernait la maison de l'évêque manquait de fournir ce qui était dû, on l'enfermait dans un monastère pour faire pénitence pendant six mois. *D. Ceillier*, XIX.

AUXERRE (Concile d'), l'an 841. *V.* Toury.

AUXERRE (Concile d'), l'an 1033, au sujet de la paix. *Rer. gall. scriptores*, XI.

AUXERRE (Synode diocésain d'), le 3 mai 1552, sous François de Danville. Ce prélat y publia des statuts divisés en deux parties. La première se compose de cinquante-trois canons, dont le dixième défend aux curés de tenir des bénéfices à ferme; le vingt et unième permet de dire plus d'une messe en un jour, en cas d'un enterrement imprévu qu'il y aurait à faire, pourvu que le célébrant n'ait pas pris d'ablutions à la première des deux messes, et qu'il soit resté à jeun; le quarante et unième et le suivant recommandent l'éducation chrétienne des enfants, et prescrivent aux archidiacres l'examen des instituteurs. La seconde partie donne des règles pour l'administration des sacrements. *Stat. synod. diœc. Antissiodor., Parisiis*, 1552.

AUXERRE (Synode diocésain d'), le 9 mai 1674. Nicolas Colbert, évêque d'Auxerre, y publia des ordonnances synodales sur les devoirs des curés et la répression de divers abus : « Pour éviter, y est-il dit, tous les inconvénients qui peuvent arriver de la demeure des femmes et filles avec les ecclésiastiques, nous les exhortons de n'en avoir aucune chez eux, excepté leurs mères, propres sœurs et propres tantes. Si néanmoins quelque grande raison demande qu'ils en aient quelques autres, nous leur enjoignons, sous les peines de droit, de n'en avoir ni recevoir aucune, soit en qualité de servante, soit en qualité de journalière, et sous quelque prétexte que ce soit, qui ne soit au moins âgée de cinquante-cinq ans, de bonnes mœurs et de bonne réputation. Que, s'ils en ont de plus jeunes ou de suspectes, nous leur ordonnons de les mettre dehors dans un mois après la publication des présentes ordonnances. » A la suite de ces ordonnances, le prélat fit imprimer les avis de saint Charles aux confesseurs. *Ordonn. syn. d'Auxerre.*

AUXERRE (autres Synodes d'). *Voy.* Saint-Étienne d'Auxerre.

AVELLINO (Synode diocésain d'), le 28 mai 1654 sous Laurent Pollicino. On y fit un long règlement pour le cérémonial à observer dans les synodes. *Synod. diœc. celebrata Avelleni, manuscr.*

AVERSE (Synode diocésain d'), l'an 1594. L'évêque Pierre Ursini, dans les constitutions qu'il fit dresser de ce synode, rappela à ses prêtres qu'il avait, de leur commun consentement, prescrit l'abandon d'usages particuliers à son Eglise, quoiqu'ils datassent de trois siècles, pour adopter le bréviaire et le missel romains. Il ordonna qu'à l'avenir le synode diocésain s'assemblât chaque année, conformément au décret du concile de Trente. *Constitutiones Petri Ursini, Romæ*, 1596.

AVERSE (Synode diocésain d'), le 2 juin 1619, sous Charles Carafe. Les règlements publiés dans ce synode font la matière de 39 chapitres. Le 26e prescrit aux maîtres de musique admis dans les églises d'y faire entendre distinctement les paroles de l'office même, et de s'y abstenir de toute musique profane et surtout lascive. Le 22e contient la défense faite aux distributeurs des saintes huiles de rien recevoir pour prix de cette distribution, pas même de ce qu'on leur offrirait spontanément. Le 27e interdit aux femmes de paraître à l'église, et principalement à la sainte table, autrement que la tête couverte de quelque voile. Le 30e prescrit aux confesseurs de ne s'acquitter de leur fonction que revêtus du surplis et de l'étole violette, excepté toutefois le cas de nécessité. *Constitut. diœc. synod., Olmütz*, 1621.

AVIGNON (Conc. d'), *Avenionense*, an 1060, sur l'église de Sisteron. *Bouche, Hist. de Prov.*

AVIGNON (Concile d'), l'an 1080 ou 1060. Le cardinal Hugues, évêque de Die et légat du Saint-Siége, tint ce concile. Achard, usurpateur du siége d'Arles, y fut déposé, et Gibelin élu à sa place. Lantelme y fut aussi élu archevêque d'Embrun; Hugues, évêque de Grenoble, et Didier, évêque de Cavaillon : le légat les mena à Rome, où ils furent sacrés par le pape saint Grégoire VII. *Labb.*, t. X.

AVIGNON (Concile d'), l'an 1209. Hugues, évêque de Riez, et Milon, notaire du pape Innocent III, tous deux légats du saint-siège, tinrent ce concile, assistés des archevêques de Vienne, d'Arles, d'Embrun et d'Aix, de vingt évêques, de plusieurs abbés et autres prélats. On y fit les vingt et un canons qui suivent :

1. Les évêques prêcheront plus souvent et plus soigneusement qu'à l'ordinaire dans leurs diocèses ; et, lorsqu'il sera expédient, ils emploieront au ministère de la parole des personnes sages et discrètes.

2. Dans le besoin, les évêques useront des censures ecclésiastiques pour obliger les seigneurs laïques à prêter serment de chasser les hérétiques, d'ôter aux juifs toutes sortes de charges.

3. On excommuniera, aux jours de dimanche et de fêtes, tous les usuriers en général, et en particulier ceux qui, après trois monitions, s'opiniâtreront à continuer leurs usures.

4. Les juifs seront contraints, sous la même peine, de restituer aux chrétiens ce qu'ils en auront exigé par usure ; et on les empêchera de travailler les dimanches, et de manger de la chair les jours d'abstinence.

5. Le payement des dîmes étant d'obligation et imprescriptible, on emploiera, s'il est besoin, les censures de l'Eglise pour y contraindre les laïques et autres personnes par qui elles sont dues ; et aucun évêque ni clerc ne pourront les aliéner à perpétuité en faveur des laïques.

6. Défense aux seigneurs laïques et ecclésiastiques, sous peine d'excommunication et d'interdit sur leurs terres, d'y établir des péages et impôts injustes, si ce n'est qu'ils

en aient obtenu la permission des rois ou des empereurs.

7 et 8. Il est défendu, sous pareille peine, aux laïques d'exiger des clercs la taille et autres impôts, et de s'emparer des biens des évêques ou des ecclésiastiques après leur mort. On leur défend encore de se mêler de l'élection d'un évêque ou du pasteur d'une église, d'empêcher la liberté de cette élection, et d'extorquer, sous quelque prétexte que ce soit, une partie des revenus annuels des maisons religieuses et des ecclésiastiques.

9. Les châteaux et fortifications que l'on avait, en quelques endroits, joints aux églises, étant devenus des retraites de voleurs et des lieux d'abomination, le concile ordonne de les démolir, à l'exception des fortifications nécessaires pour repousser les païens.

10. On confirme les lois déjà faites pour l'observation de la paix et de la trêve; et l'on condamne, en même temps, les Aragonais, les Barbansons et autres qui la troublaient, en les excommuniant comme hérétiques, de même que leurs protecteurs.

11. Les juges ecclésiastiques termineront promptement et avec fermeté les causes portées à leurs tribunaux, et ne seront pas si faciles à lever les sentences d'excommunication et d'interdit.

12. En se conformant à une décrétale d'Innocent III, le concile défend de lever l'excommunication portée pour quelque dommage, avant que l'excommunié ait prêté serment de réparer le tort. Il décide la même chose à l'égard de celui qui aura été excommunié, pour avoir fait défaut en jugement, disant qu'il ne pourra être absous qu'après avoir fait serment de s'y présenter.

13. Pour réprimer la facilité du parjure, il réserve au pape l'absolution de ceux qui seront convaincus de ce crime, ou qui l'auront commis publiquement. Il renvoie de même au pape les sacriléges et les incendiaires; et ordonne qu'un clerc, coupable de quelques-uns de ces crimes, sera en outre privé de ses fonctions et de son bénéfice.

14. On renouvelle le décret du troisième concile de Latran, qui oblige les collateurs à pourvoir aux églises dans les six mois.

15. On défend aux évêques, aux abbés et autres supérieurs, de permettre aux moines la propriété de quelque chose, puisque le pape lui-même ne peut la leur accorder, ainsi que l'a déclaré Innocent III.

16. On ordonne aux évêques d'excommunier ceux qui exercent des violences et prennent les gens de force.

17. Défense de faire dans les églises des réjouissances scandaleuses aux vigiles des saints.

18. Les moines auront la tonsure et l'habit conformes à leur état; leurs robes seront d'une étoffe simple, de couleur modeste, et avec des manches d'une même couleur. Les clercs séculiers, surtout ceux qui sont dans les ordres sacrés, auront une couronne convenable à leur état, et des habits fermés, qui ne seront ni de soie, ni de couleur rouge ou verte.

19. Les clercs recevront les ordres sacrés lorsque leur évêque le jugera à propos, et ils ne feront point la fonction d'avocat devant les juges laïques.

20. En punition du meurtre du légat Pierre de Castelnau, et de Geoffroi, chanoine de Genève, on exclut de tout bénéfice ecclésiastique tous les parents de leurs meurtriers jusqu'à la troisième génération.

21. On enjoint à tous les prêtres de faire observer les ordonnances précédentes. *Anal. des Conc.* II.

AVIGNON (Concile d'), l'an 1210. Le légat Milon, qui présida à ce concile peu de temps avant de mourir, y excommunia les Toulousains pour n'avoir pas chassé les hérétiques de leur ville. Sponde ajoute que ce concile fut convoqué à l'occasion de ce que le comte Raymond, violant la parole qu'il avait donnée, ne cessait d'opprimer ses sujets par des impôts exorbitants. Le concile lui défendit, sous peine d'excommunication, de continuer ses exactions. Mais ce souverain n'ayant point eu égard à cette défense, le légat Thédise, qui avait succédé à Milon, l'excommunia réellement cette même année dans un autre concile qu'il tint à Saint-Gilles. *Bail.*

AVIGNON (Concile d'), *Avenionense*, l'an 1270. Bertrand de Malferrat, archevêque d'Arles, tint ce concile provincial le 15 de juillet, et y publia huit canons.

1. Ceux qui aliènent les biens de l'église sans le consentement de l'évêque diocésain seront contraints par les censures ecclésiastiques d'annuler ces contrats.

2. L'argent légué pour être employé selon que les exécuteurs testamentaires le jugeront à propos sera appliqué aux œuvres pies, de l'avis néanmoins et du consentement des évêques.

3. L'archevêque et ses suffragants s'aideront mutuellement pour publier et faire exécuter leurs statuts.

4. Ceux qui sont pourvus de bénéfices à charge d'âmes se feront ordonner prêtres dans l'année, à l'exception des archidiacres, auxquels il suffit d'être diacres.

5. Les dépenses faites pour recevoir les légats et les nonces du pape doivent être payées à frais communs par toutes les Eglises du diocèse.

6. Les évêques et les chapitres donneront des revenus suffisants aux ecclésiastiques établis dans les personnats ou dignités.

7. Les clercs qui ont recours à l'autorité séculière contre leur évêque seront excommuniés; et, s'ils méprisent l'excommunication, on les privera de leurs bénéfices.

8. Les clercs qui auront notablement blessé par paroles ou autrement un évêque, un prévôt, ou toute autre personne constituée en dignité, ne pourront avoir aucun bénéfice dans leur église qu'après leur avoir fait satisfaction. *Anal. des Conc.* II.

AVIGNON (Concile d'), l'an 1279. Bertrand de Saint-Martin, archevêque d'Arles, qui fut depuis cardinal-évêque de Porto, tint ce concile de sa province le 17 mai, et y fit quinze règlements de discipline.

Le 1er et le 2e contiennent des censures

portées contre ceux qui s'emparent des biens ecclésiastiques.

Le 3e permet aux évêques qui ont reçu quelque outrage de porter des sentences, même hors de leurs territoires, contre ceux qui les ont outragés; et ordonne à tous les ecclésiastiques de la province d'Arles de garder ces sortes de sentences, parce qu'en ce cas, disent les Pères du concile, toute la province d'Arles est du territoire de chacun de ces évêques, jusqu'à ce que le coupable ait fait une satisfaction convenable.

Le 4e ordonne d'excommunier ceux qui ne veulent pas remettre à la juridiction ecclésiastique les clercs dont ils se sont saisis; et si, après avoir été dénoncés publiquement par trois monitions, ils ne veulent pas obéir, on mettra en interdit la ville et tous les autres lieux où ces clercs seront détenus.

Le 5e défend, sous peine d'excommunication encourue par le seul fait, à toutes personnes ecclésiastiques ou séculières de persuader ou de faire persuader à quelqu'un de se faire inhumer hors de sa paroisse.

Le 6e ordonne l'observation des divers canons faits en différents temps contre les juifs, tels que ceux qui leur prescrivent de porter des marques qui les fassent connaître, de s'abstenir de manger publiquement de la chair en carême, de saluer avec respect le saint sacrement quand ils le rencontrent, etc.

Le 7e et le 8e renouvellent les canons du concile de Bourges de l'an 1226 contre ceux qui gênent la liberté de la juridiction ecclésiastique.

Le 9e défend aux réguliers et aux séculiers exempts de recevoir aux sacrements ou à la sépulture les excommuniés, les individus nommément interdits et les usuriers publics.

Le 10e renouvelle le décret du concile de Valence de l'an 1248, qui prive les excommuniés des charges publiques.

Le 11e prononce l'excommunication contre ceux qui élisent les excommuniés ou les reçoivent à quelque charge publique.

Le 12e et le 13e défendent aux clercs de se mêler de négoce et d'affaires séculières.

Le 14e défend, sous peine d'excommunication, de supprimer les testaments.

Le 15e ordonne que dans deux mois on publie ces statuts dans toutes les églises de la province d'Arles. *Ibid.*

AVIGNON (Concile d'), l'an 1282. Bertrand de Saint-Martin, archevêque d'Arles, tint ce nouveau concile avec ses suffragants, et y publia onze canons.

Le 1er porte sentence d'excommunication contre les usuriers qui vendent plus cher leurs denrées ou marchandises, sous prétexte qu'ils les vendent à crédit.

Le 2e ordonne des prières pour l'église.

Le 3e défend d'aliéner les biens d'église sans le consentement de l'évêque.

Le 4e veut que tous les prélats et tous les bénéficiers de la province d'Arles constituent des procureurs à frais communs, pour soutenir les causes des ecclésiastiques que l'on fatigue en les traduisant par-devant différents juges.

Le 5e oblige tous les paroissiens à assister tous les dimanches et toutes les fêtes solennelles à la messe de paroisse, et à recevoir de la main de leurs curés la sainte eucharistie, au moins à Pâques et à la Pentecôte.

Le 6e défend aux privilégiés et aux exempts d'enfreindre les censures des ordinaires.

Le 7e excommunie ceux qui porteront des affaires spirituelles et ecclésiastiques à des tribunaux séculiers.

Le 8e déclare nulles toutes associations et confréries qui n'ont que l'approbation des lois civiles, et qui sont interdites par les canons.

Le 9e porte que les privilégiés peuvent être excommuniés hors du lieu de leur exemption, si leurs privilèges ne les exemptent formellement de cette excommunication.

Le 10e veut que personne ne fasse de testament sans que le curé soit présent, afin que le testateur puisse observer les règles de la justice, et faire marcher les restitutions qu'il pourrait avoir à faire, avant les legs pieux ou autres.

Le 11e et dernier ordonne d'observer un statut de l'autre concile d'Avignon, mais qu'on ignore, à cause que ce canon est imparfait. *Labb., t. XI. Anal. des Conc. II.*

AVIGNON (Concile d'), l'an 1326. Ce concile fut tenu, le 18 de juin de l'an 1326, dans le monastère de Saint-Ruf, par les archevêques d'Arles, d'Aix et d'Embrun, avec plusieurs de leurs suffragants et députés des chapitres. On y dressa cinquante-neuf canons pour le rétablissement de la discipline.

1. On célébrera tous les samedis une messe *de Beata*, à moins que ce jour ne soit occupé par une fête de neuf leçons, auquel cas on dira cette messe dans une férie vacante de la semaine. Ceux qui y assisteront gagneront dix jours d'indulgence, c'est-à-dire, une remise de dix jours de la pénitence qui leur aura été enjointe, pourvu qu'ils se soient confessés dans un véritable esprit de pénitence.

2. Ceux qui accompagneront dévotement le saint sacrement quand on le porte aux malades, tant de jour que de nuit, gagneront dix jours d'indulgence. S'ils l'accompagnent de jour avec un luminaire, ils gagneront vingt jours; et s'ils l'accompagnent la nuit, ils en gagneront trente. Ils gagneront aussi les mêmes indulgences en l'envoyant accompagner par d'autres avec des luminaires.

3. Ceux qui prieront pour le pape gagneront dix jours d'indulgence.

4. Ceux qui inclineront dévotement la tête quand on prononce le nom de Jésus gagneront dix jours d'indulgence.

5. Il est ordonné de fermer à la clef les fonts baptismaux.

6. Les sentences portées par un évêque contre quelqu'un de ses diocésains seront confirmées par le métropolitain, et tous les évêques de la province les feront observer.

7. On excommunie ceux qui mépriseront les censures ecclésiastiques, à moins qu'ils

ne viennent à résipiscence dans trois jours; et on soumet à l'interdit le lieu où ces excès auront été commis. Si un clerc bénéficier est coupable d'une semblable faute, outre la peine lancée contre le laïque; qu'il encourt, le concile le prive, *ipso facto*, de tout bénéfice ou dignité, et le déclare inhabile et indigne d'obtenir jamais aucun office dans le clergé.

Ce canon est contre ceux qui, pour se moquer des prêtres et des prélats dans la publication des censures, les contrefaisaient en allumant des chandelles qu'ils éteignaient ensuite, en dérision des cierges qu'on éteignait dans la publication des censures : *Adulterinum presbyteri vel prælati contingentes officium :* ce que Fleury a mal rendu en disant que ces excommuniés supposaient que les prêtres ou les prélats qui avaient porté les censures *étaient coupables d'adultère*.

8. Ceux qui inquiéteront les ecclésiastiques touchant la juridiction mixte dont ils sont en possession, jusqu'à les obliger d'en représenter les titres, seront excommuniés.

9. On défend, sous peine d'excommunication, aux juges civils de faire comparaître les ecclésiastiques devant leurs tribunaux.

10. Défense aux clercs de s'adresser aux juges séculiers pour demander justice contre d'autres clercs, sous peine de perdre leur droit et d'être suspens de tout bénéfice ecclésiastique, jusqu'à ce qu'ils aient pleinement satisfait selon que leur supérieur le jugera à propos.

11, 12, 13, 14 et 15. On renouvelle les lois portées contre ceux qui s'emparent des biens d'église ou qui retiennent prisonniers les personnes ecclésiastiques.

16. Défense d'admettre les excommuniés à aucune charge publique, sous peine d'excommunication pour ceux qui les y auront admis et d'interdit ecclésiastique pour la ville et l'endroit où le fait se sera passé.

17 et 18. On lance l'excommunication contre les empoisonneurs et contre ceux qui vendent du poison ; et on les renvoie au saint-siége pour être absous. Et si c'est un clerc bénéficier, il est privé de son bénéfice, *ipso facto*, dégradé et livré au bras séculier.

19. Les exempts qui abusent de leurs priviléges seront frappés d'anathème.

20. Les curés seront présents aux testaments de leurs paroissiens, et les évêques auront la distribution des restitutions incertaines.

21. Avant de distribuer les legs, on sera obligé d'appeler les évêques, afin que tout se fasse dans l'ordre : la coutume ou le droit les autorise en cela.

22. On traite des cas réservés à l'évêque.

23. On soumet à l'anathème les clercs qui porteront des causes devant des juges extraordinaires, sous prétexte de donation, de cession, etc.

24. Excommunication contre ceux qui s'empareront des biens d'une église vacante, à moins qu'ils n'aient ce droit par un privilége ou par la coutume.

25. Défense, sous peine d'excommunication, aux ecclésiastiques qui ont du crédit auprès des princes, de leur donner des conseils contre les libertés de l'Église.

26. Tout clerc bénéficier qui aura des offices temporels sera suspens de son bénéfice, et on interdira l'entrée de l'église à celui qui n'a pas de bénéfice.

27. Ceux qui auront choisi leur sépulture chez les religieux seront enterrés chez eux, à condition qu'on portera le corps à l'église paroissiale, suivant la coutume.

28. On déclare nulle la collation d'un bénéfice faite à condition d'un nouveau cens ou d'augmentation de l'ancien.

29. Les moines qui desservent des églises seront tenus de présenter dans six mois, à l'évêque, des vicaires perpétuels pour les desservir.

30. Défense aux patrons qui n'ont que le droit de présentation aux bénéfices de les conférer de plein droit.

31. Ceux qu'on présente pour des bénéfices seront institués par l'évêque.

32 et 33. Les biens et les personnes ecclésiastiques seront exempts de tailles et d'impositions.

34. Les laïques n'empêcheront point les ecclésiastiques d'enlever des blés hors de leurs terres.

35. Défense aux seigneurs, sous peine d'excommunication, d'empêcher les curés de percevoir les dîmes.

36. On défend aux laïques, sous de grièves peines, de se mêler de faire des règlements touchant les dîmes, les enterrements et les oblations, au préjudice des coutumes et des libertés de l'Eglise.

37. On condamne absolument toutes sortes d'associations et de confréries qui se font pour de mauvais desseins ; mais on approuve en même temps celles qui sont établies en l'honneur de Dieu, de la Vierge et des saints, pour le soulagement des pauvres.

38 et 39. On défend étroitement aux ecclésiastiques de fortifier leurs églises et de porter des armes.

40. Les évêques, leurs officiaux ou leurs grands vicaires seront obligés d'absoudre des cas réservés leurs diocésains, quand ils s'adresseront à eux pour cela.

41. Les seigneurs et juges séculiers, à la réquisition des ecclésiastiques, se serviront de leur autorité et des peines temporelles pour obliger les excommuniés de recevoir l'absolution et de rentrer dans le sein de l'Eglise.

42 et 43. On porte des censures contre ceux qui empêcheront que les ecclésiastiques n'exercent librement leur juridiction.

44. Ceux qui maltraiteront les officiers de l'évêque seront excommuniés.

45. On déclare que les amendes des clercs appartiennent à l'église, et qu'ils n'y seront point condamnés par le juge séculier.

46. On permet aux évêques des trois provinces de bénir le peuple dans les lieux où ils se trouveront, à l'exception des villes mé-

tropolitaines et du lieu où l'évêque diocésain sera présent.

47. Les sentences portées par un évêque seront publiées et observées par ses confrères.

48. Ceux qui sortiront de leur diocèse pour contracter des mariages clandestins hors de leur paroisse, sans la permission de leur curé, seront excommuniés *ipso facto*.

49. On frappe d'anathème ceux qui abuseront des rescrits des papes.

50. Personne ne traitera des dîmes ou des droits des paroisses sans l'autorité de l'évêque.

51. Les bénéficiers n'aliéneront point les biens de leurs bénéfices sans le consentement de l'évêque, si ce n'est en donnant un fonds inutile à bail emphytéotique.

52. Celui qui quitte un bénéfice sera obligé de laisser dans la maison autant de fruits qu'il en faudra pour nourrir son successeur jusqu'à la nouvelle récolte.

53. Tous les bénéficiers feront un inventaire authentique de tous les biens meubles et immeubles de leurs bénéfices.

54. On renouvelle les lois des conciles précédents touchant les testaments.

55. On révoque les statuts et ordonnances contraires aux anciennes coutumes qui sont raisonnables et approuvées.

56. On ordonne que la répartition des frais nécessaires pour les légats et nonces du saint-siége sera faite également sur les villes et diocèses.

57. Les juifs auront une marque particulière qui les fasse connaître, et paieront à l'Eglise une rétribution pour les dîmes et oblations des maisons et des biens qu'ils possèdent.

58. Les interdits portés par ces canons seront exécutés quand l'ordinaire, son official ou son grand vicaire l'ordonneront.

59. Les évêques pourront dispenser des règlements de ce concile et absoudre les transgresseurs, si ce n'est dans les cas réservés au saint-siége. *Labb., tom. XI; Hard., tom. VIII.*

Les décrets du concile dont nous venons de parler furent renouvelés, répétés et confirmés dans un autre concile des trois mêmes provinces, tenu au même endroit, l'an 1337, avec quelques autres nouveaux qu'on y a ajoutés; car ce dernier concile contient soixante et dix articles. Les nouveaux sont :

Le 4e, qui ordonne, en exécution du canon *Omnis utriusque sexus*, que les curés ne donneront permission à personne de recevoir ou d'administrer le sacrement de l'eucharistie hors de leurs paroisses.

Le 5e, qui enjoint aux clercs bénéficiers qui sont dans les ordres sacrés de s'abstenir de viande le samedi, si ce n'est qu'ils en aient besoin, ce qu'on laisse à leur conscience, ou en cas que le jour de Noël arrive ce jour-là; et ce, sous peine d'être exclus pendant un mois de l'entrée de l'église : on n'y ordonne point la même chose pour les laïques.

Le 8e, qui porte que l'on n'étendra point les censures ecclésiastiques au delà des bornes, en exerçant contre les excommuniés de nouvelles inventions : comme de faire jeter des pierres contre leurs maisons, d'y porter une bière, d'y faire venir un prêtre en habits sacerdotaux, etc.

Le 15e, que ceux qui tiennent des biens des églises seront tenus d'en faire leur déclaration.

Le 18e et le 19e, contre ceux qui empêchent l'exécution de la juridiction ecclésiastique, ou qui s'emparent des biens d'église.

Le 27e et le 28e, qui concernent les cédules des dettes.

Le 38e, qui défend aux clercs de tenir hôtellerie ou marché.

Le 41e et le 42e, qui amplifient les canons touchant les habits des clercs.

Les 48e, 49e et 50e, qui regardent les distributions qu'on fait aux chanoines.

Le 51e, qui ordonne que ceux qui ont des dignités ecclésiastiques ou des bénéfices se fassent promouvoir, dans un temps donné, aux ordres que ces bénéfices requièrent.

Et le 59e, qui défend de se servir des juifs pour médecins. *Ibid.*

AVIGNON (Concile d'), l'an 1327, tenu par le pape Jean XXII contre l'antipape Pierre de Corbière, dit Lenglet du Fresnoy. Mais il y a ici nécessairement une erreur, puisque le schisme de Pierre de Corbière n'éclata qu'en 1328.

AVIGNON (Concile d'), l'an 1334, sur les dîmes. *Gall. Christ. t. II, col. 1165.*

AVIGNON (Synode d'), l'an 1337, sous l'évêque Jean, qui y obligea tous les ecclésiastiques à prendre l'office romain.

AVIGNON (Concile d'), l'an 1441, sur les mœurs.

AVIGNON (Concile d'), l'an 1457. Pierre, cardinal de Foix, de l'ordre des Frères mineurs, archevêque d'Arles et légat d'Avignon, tint ce concile le 7 de septembre. On y confirma ce qui s'était fait en la 36e session du concile de Bâle, touchant l'opinion de l'immaculée conception de la sainte Vierge; on y défendit, sous peine d'excommunication, de prêcher le contraire; on ne permit pas même d'en disputer en public, et l'on enjoignit encore aux curés de publier le décret qui contenait ces dispositions. *Labb. XIII; Hard. X.*

AVIGNON (Concile d'), l'an 1509, sur la discipline. *Martène, Thes. t. IV.*

AVIGNON (Concile d'), l'an 1569, sur la discipline.

AVIGNON (Concile d'), l'an 1594. François-Marie Taruggi, archevêque d'Avignon et depuis cardinal, tint ce concile avec les évêques de sa province. On y publia soixante-quatre règlements de discipline conformes à ceux des autres conciles. On y peut remarquer que les parrains et les marraines des enfants confirmés ne doivent rien leur donner non plus qu'à leurs parents, de peur que ce ne soit un motif pour ces enfants de recevoir plusieurs fois la confirmation; qu'on ne doit point bénir les secondes noces; qu'on dira toujours la messe du jour, autant qu'il sera possible, et qu'on ne dira jamais que sept ou tout au plus neuf collectes à la messe; que ce sera toujours un clerc qui la servira, et non pas un laïque, s'il est possible; que les vaisseaux dans lesquels on mettra le vin et l'eau pour dire la messe seront de verre, et non d'étain; qu'il y aura toujours deux cierges allumés devant les reliques exposées; qu'on ne mènera point de chiens à l'église; que les femmes ne présenteront ni gâteaux ni fleurs à ceux qui entrent à l'église, comme elles ont coutume de le faire en certains jours de fêtes; que les prêtres seront tenus de dire la messe au moins tous les jours de dimanches et de fêtes, et que les autres clercs l'entendront tous les jours.

AVIGNON (Synode d'), l'an 1606, sur la discipline. *Gall. Christ. t.* I, *col.* 836.

AVIGNON (autres Synodes d'). *Voy. VINDAUSCENSES.*

AVIGNON (Concile d'), l'an 1668, sur la discipline. *Gall. Christ. t.* I, *col.* 838.

AVIGNON (Concile d'), le 28 octobre 1725. M. de Gonteri, archevêque de cette ville, l'avait convoqué, à l'exemple (*Voy.* ROME, l'an 1725) et sur les ordres de Benoît XIII, qui aurait désiré que le concile qu'il venait de tenir à Rome eût encouragé à ouvrir de pareilles assemblées dans toutes les métropoles. Il y eut, à ce qu'il paraît, une conférence préliminaire des évêques de la province d'Avignon dans le monastère de Saint-Martial de Gentilino, et on y prépara sans doute les matières qui devaient faire l'objet du concile. Il s'ouvrit, au jour indiqué, dans l'église métropolitaine d'Avignon. Les décrets en furent publiés, et ils roulent sur les devoirs des pasteurs, sur l'observance des fêtes, sur l'administration des sacrements et sur des objets de discipline ecclésiastique. On y condamne quelques abus, et l'on y prend des mesures pour les prévenir. Il y a, comme dans le concile romain, un chapitre particulier pour prescrire l'adhésion à la bulle de Clément XI contre le livre des *Réflexions morales*. Il y a aussi des règlements pour maintenir la pureté de la foi, pour proscrire les mauvais livres, et pour préserver les fidèles de la séduction des hétérodoxes. Les décrets sont rendus au nom de l'archevêque métropolitain, et sont signés en outre des trois évêques ses suffragants, les évêques de Carpentras, de Cavaillon et de Vaison. Il s'y trouva avec ces prélats vingt-trois prêtres et théologiens, presque tous français. La clôture s'en fit le 1er novembre. Benoît XIII en approuva les actes par son bref du 25 février 1728. *Mém. pour servir à l'hist. eccl. pendant le dix-huitième siècle, t.* II.

AVRANCHES (Réunion d'évêques à), l'an 1121, pour la dédicace de la cathédrale. *Bessin.*

AVRANCHES (Concile d'), *Abrincatense*, l'an 1172. Théoduin et Albert, cardinaux et légats du saint-siége, présidèrent à ce concile, où se trouvèrent les évêques et les abbés de la Normandie. Henri II, roi d'Angleterre, y reçut l'absolution des légats, après avoir juré sur les saints Evangiles qu'il n'avait contribué en rien à la mort de Thomas, archevêque de Cantorbéry, et qu'il avait cassé les coutumes illicites introduites par lui-même en Angleterre. Le concile publia ensuite les douze canons suivants:

1er et 2e. « Défense de donner à des enfants des bénéfices à charge d'âmes et aux enfants des prêtres les églises de leurs pères. »

3e. « Les laïques ne prendront rien des oblations. »

4e et 5e. « On ne donnera point d'églises à desservir à des vicaires annuels; mais on obligera les curés des paroisses qui le peuvent porter d'avoir un vicaire. »

6e et 7e. « Défense d'ordonner des prêtres sans titre certain, et de donner des églises à ferme. »

8e. « Le prêtre qui dessert une église aura au moins le tiers des dîmes. »

9e. « Ceux qui possèdent des dîmes par droit héréditaire peuvent les donner à un clerc, à condition qu'après lui elles retourneront à l'église. »

10e « Le mari ou la femme ne pourra entrer en religion, l'autre restant dans le monde, s'ils n'ont passé l'âge d'user de leur mariage. »

11e. « On conseille aux fidèles, et principalement aux ecclésiastiques et aux chevaliers (*militibus*), l'abstinence et le jeûne de l'Avent. »

12e. « Les clercs n'exerceront point d'offices séculiers, sous peine d'être exclus des bénéfices. » *Bessin, Conc. Norm.*

AVRANCHES (Synodes d'). *V.* NORMANDIE.

B

BACANCELD (Concile de), *Bacanceldense*, l'an 692 ou 694. Bacanceld, ou Bacenceld, ou Beccanceld, est un lieu d'Angleterre au comté de Kent. Witred, roi de Kent, qui monta sur le trône l'an 692 ou 694, fit aussitôt assembler un concile nombreux à Bacanceld, où il assista en personne avec saint Britoualde, archevêque de Cantorbéry, Tobie, évêque de Rochester, beaucoup d'abbés, d'abbesses, de prêtres, de diacres et de seigneurs. Il y fut question de la réparation des églises du comté de Kent. Le roi y parla avec dignité, et promit solennellement la conservation de la liberté et de l'immunité des églises et des monastères. *Angl.* I; *Mansi, tom.* I, *col.* 519.

BACANCELD (Concile de), l'an 796 ou 798. Quenulfe, roi de Mercie en Angleterre, assista à ce concile, qui fut présidé par Athelard, archevêque de Cantorbéry, sous le pape saint Léon III. On y défendit aux laïques d'usurper les biens des églises; et dix-sept évêques, avec quelques abbés, souscrivirent à ce décret. *Mansi, t.* I, *col.* 739.

BADAJOZ (Synode de), 1er février 1671. L'évêque Fr. de Royas et de Mendoza, qui tint ce synode, y publia des constitutions divisées en cinq livres, mais sans beaucoup d'ordre. *Constituciones promulgadas.*

BAGAIA (Conciliabule de) en Numidie.

l'an 394. Primien, évêque donatiste de Carthage, ayant été déposé par d'autres donatistes dans leur conciliabule de Cabarsussi, alla trouver les évêques de son parti, qui s'assemblèrent en conséquence dans la ville de Bagaïa, le 8 des calendes de mai, sous le troisième consulat d'Arcade et le second d'Honorius, c'est-à-dire, l'an 394, le vingt-quatrième d'avril. Il se trouva à cette assemblée trois cent-dix évêques; et c'est apparemment ce grand nombre qui lui a fait donner par les donatistes la qualité de concile plénier, quelque irrégulier qu'il eût été dans sa convocation et dans les autres formalités; car on n'y en observa aucune. Primien, qui ne se tenait point pour condamné, prit le second rang parmi les évêques, et s'assit avec eux, non comme un accusé, mais comme un juge très-innocent. Sur les plaintes qu'il fit au concile que Maximien et ses adhérents avaient fait schisme, et élevé autel contre autel, les évêques entrèrent dans une telle indignation, que quoique Maximien fût absent, ils ne voulurent pas différer d'un moment sa condamnation. Éméritus, évêque de Césarée en Mauritanie, dicta sa sentence en ces termes : « Comme, par la volonté de Dieu tout-puissant et de son Christ, nous tenions le concile dans la cité de Bagaïa, il a plu au Saint-Esprit, qui est en nous, d'assurer une paix perpétuelle et de retrancher les schismes sacriléges. » Et ensuite : « Maximien rival de la foi, adultère de la vérité, ennemi de l'Église notre mère, ministre de Coré, Dathan et Abiron, a été rejeté du sein de la paix par la foudre de notre sentence. » Ils condamnèrent aussi nommément les douze évêques qui avaient ordonné Maximien évêque de Carthage, et en général tous les clercs qui s'étaient trouvés présents à son ordination. Quant aux autres évêques qui ne lui avaient pas imposé les mains, et n'avaient pas assisté à son ordination, ils leur accordèrent un délai de huit mois pour se réunir à eux; c'est-à-dire, depuis le vingt-quatre d'avril jusqu'au vingt-cinq de décembre; voulant qu'après ce jour ils ne fussent plus recevables et demeurassent condamnés, sans pouvoir espérer de pardon ni de rentrer dans leur communion que par la pénitence. Mais ils déclarèrent que ceux qui se réuniraient dans le terme des huit mois, seraient reçus dans leur rang et dans leur dignité. Tel fut le prétendu concile de Bagaïa. On ne voit pas qu'il se soit fait de la part de ceux qui le composaient aucune démarche pour y inviter Maximien, ni aucun des évêques de son parti. *August. l.* III *et* IV, *cont. Crescon.*; *l.* II, *cont. epist. Parmen.* D. *Ceillier.* V.

BAJOCENSES (Synodi). Voy. BAYEUX.
BAJOARIÆ (Concilia.) Voy. BAVIÈRE.
BALE (Conciliabule de), *Basileense*, l'an 1061. Cette assemblée ne fut d'abord qu'une diète qui se tint au mois d'octobre, après la mort du pape Nicolas II, et qui se convertit ensuite en concile ou plutôt en conciliabule. L'impératrice Agnès, ayant appris qu'Anselme de Badage, milanais, évêque de Lucques, avait été couronné pape, sous le nom d'Alexandre II, le 30 septembre 1061, sans attendre le consentement du roi Henri IV, son fils, engagea les évêques de Lombardie qui se trouvaient à la diète à élire pape Cadalus ou Cadaloüs, évêque de Parme, homme de très-mauvaises mœurs, qui prit le nom d'Honorius. Cette élection se fit le 28 octobre. *Conc. Germ., t.* III. *Anal. des Conc.* V.

BALE (Concile de), commencé le 3 mars 1431. D'après une bulle de Martin V, ce concile devait s'ouvrir le 3 mars 1431, si toutefois il s'y trouvait un nombre suffisant de prélats. Le premier février de la même année, le même pape nomma Julien Césarini cardinal de Saint-Ange et légat en Allemagne, pour y présider en son nom. Mais Martin V mourut le 20 du même mois, et eut pour successeur Eugène IV, élu le 3 mars suivant. Le nouveau pape confirma la légation du cardinal Julien en Allemagne, l'étendit même à la Hongrie, la Pologne et la Bohême; puis, le dernier jour de mai, il lui adressa une lettre, où il lui dit entre autres choses : « Le pape Martin vous a enjoint de présider au concile qui doit se célébrer à Bâle, s'il s'y trouve un assez grand nombre de prélats pour le tenir. Or nous avons appris que jusqu'ici il y en est venu peu ou point, en sorte qu'il n'est pas nécessaire d'y envoyer un autre légat. C'est pourquoi nous voulons que, lorsque l'affaire de Bohême sera finie, comme on espère qu'elle le sera bientôt, vous preniez le chemin de Bâle, et que vous vous y conduisiez suivant les ordres que vous avez reçus au concile de Constance. » En conséquence de cet ordre, le cardinal Julien envoya à Bâle deux délégués, savoir : Jean de Polémar, chapelain du pape et auditeur de son palais, et Jean de Raguse, docteur en théologie de la faculté de Paris, et procureur général de l'ordre des Frères prêcheurs. Ces deux délégués arrivèrent à Bâle le 19 juillet 1431.

Le jour indiqué par le défunt pape Martin V, pour l'ouverture du concile, fut précisément celui où son successeur, Eugène IV, fut élu à Rome; mais ce jour-là pas un seul évêque n'était encore arrivé à Bâle, et un abbé, celui de Vézelai, du diocèse d'Autun, tint seul la séance, dont il prit acte le lendemain, en présence des chanoines de cette Église, ainsi que des opérations qu'il y avait faites.

Jean de Polémar et Jean de Raguse, arrivés à Bâle le 19 juillet, ouvrirent à leur tour, le concile quatre jours après. Ils s'y trouvèrent eux deux, avec l'abbé de Vézelai, deux députés de l'université de Paris, et quelques ecclésiastiques de Bâle sans aucun évêque. En conséquence ils déclarèrent que le saint concile général de Bâle était légitimement assemblé et ouvert; ils eurent cependant la pudeur de ne pas donner encore le nom de sessions à leurs assemblées.

Le cardinal Julien était à Bâle vers la mi-septembre; car le 19 du même mois, il en écrivit une lettre circulaire à l'archevêque de Reims et à d'autres métropolitains pour les presser, eux et leurs suffragants, de venir au concile. C'est qu'en effet il n'y venait personne. Dans la congrégation du 26 septembre, où il promulgua les règlements sur la manière de tenir le concile, on dit qu'il n'y avait que trois évêques et sept abbés, dix prélats en tout. Aussi le 7 octobre écrivit-il de nouvelles lettres au roi de France et au duc de Bourgogne pour les prier d'envoyer leurs ambassadeurs, aux évêques d'Allemagne pour les presser de venir sans délai et sans pompe, aux abbés et aux prélats du diocèse de Bâle pour leur reprocher leur négligence et les menacer des peines les plus sévères, s'ils ne venaient assister à une solennité du concile, qui devait avoir lieu le 13 du mois.

Le cardinal Julien, touché de cette solitude, envoya au pape un chanoine de Besançon, nommé Jean Beaupère, pour lui rendre compte de l'état du concile. C'était le même Jean Beaupère, docteur de l'université de Paris, du parti anglais, qui avait figuré dans le procès de Jeanne d'Arc. Ce député fut entendu par Eugène IV, en consistoire. On apprit de lui que le clergé d'Allemagne était dans un état déplorable ; que l'hérésie des hussites faisait de très-grands progrès dans les divers États de l'empire ; que le mauvais exemple des sectaires avait inspiré aux habitants de Bâle beaucoup de mépris pour les ecclésiastiques ; que cette ville n'était pas un lieu tranquille, tant à cause des semences d'erreurs qui s'y étaient répandues, que parce qu'on y était exposé aux hostilités qui commençaient entre le duc d'Autriche et celui de Bourgogne ; qu'en conséquence il était arrivé très-peu de prélats, seulement trois évêques et sept abbés. Le chanoine Beaupère, qui détailla ces fâcheuses nouvelles en présence du pape et des cardinaux, avait la qualité d'envoyé du légat et du concile de Bâle ; par conséquent son témoignage était revêtu de la plus grande autorité qu'on pût désirer dans l'affaire présente. On verra bientôt l'importance de cette observation.

Un événement très-heureux pour l'Église était le désir que les Grecs témoignaient alors de se réunir avec l'Église romaine et les Latins ; mais cela faisait encore une sorte de contre-temps pour le concile de Bâle, parce que l'empereur et le patriarche de Constantinople voulaient que l'union se consommât dans un concile qui serait célébré en Italie, et le pape et son conseil souhaitaient que ce fût à Bologne. Or, comme on ne pouvait célébrer en même temps deux conciles œcuméniques, il s'ensuivait que celui de Bâle devait être dissous ou transféré, afin de concourir ensuite à la solennité d'une assemblée nombreuse, dans le lieu où les Grecs seraient convenus de se rendre. La mesure était d'autant plus opportune, que, comme nous le verrons ailleurs (*Voy.* FLORENCE, l'an 1439), la réunion des Grecs devait être suivie de celle des Arméniens, des Jacobites, des Éthiopiens, des Syriens, des Nestoriens, des Maronites et des Chaldéens.

Ces considérations firent bientôt la matière d'une bulle que le pape adressa au cardinal Julien, pour lui ordonner de dissoudre le concile, s'il subsistait encore, et d'en indiquer un nouveau dans la ville de Bologne, qu'il entendait présider lui-même, dix-huit mois après la dissolution du premier. Cette bulle est du 12 novembre 1431, dit M. Rohrbacher, d'après le savant auteur de l'*Histoire de l'Église gallicane*. Dans la collection de Labbe, et dans l'Histoire ecclésiastique de Noël-Alexandre, elle se trouve datée du 12 février de la même année ; mais c'est une erreur évidente. Nous serions plutôt porté à croire qu'il faudrait lire *le 12 décembre*.

Quelques jours après, le pape ayant appris que le cardinal légat et les prélats de Bâle avaient invité les hussites de Bohême à venir conférer sur les points controversés entre eux et les catholiques, ce fut dans la cour romaine un nouveau motif d'opposition contre le concile ; car il semblait dangereux qu'une cause décidée par le concile de Constance et par les bulles apostoliques fût remise en délibération, et l'on craignit qu'il n'y eût une sorte d'inconséquence à ouvrir des conférences de religion avec des gens qu'on avait poursuivis jusqu'alors par les armes spirituelles et temporelles. Eugène IV crut donc devoir porter le dernier coup au concile de Bâle, en le déclarant dissous et transféré à Bologne. Cela fit l'objet d'une autre bulle, en date du 18 décembre, et adressée à tous les fidèles.

Le pape fit porter les deux bulles à Bâle par l'évêque de Parenzo, trésorier de la chambre apostolique. C'était vers le commencement de 1432. Le cardinal Julien, frappé de ce coup, ne laissa pas de témoigner d'abord son obéissance. Il déclara qu'il ne pouvait plus faire les fonctions de président, puisque le pape transférait le concile ; mais persuadé en même temps qu'il était du bien de l'Église que l'assemblée de Bâle continuât, il écrivit à Eugène une lettre extrêmement forte, quoique respectueuse, pour l'engager à se désister de la résolution énoncée dans ses bulles. On ne peut rien ajouter à la multitude et à l'énergie des motifs qu'il proposait. La bonne réputation du pontife, l'intérêt de la religion en Bohême, l'attente de l'empereur et des autres souverains, les égards dus aux décrets de Constance et de Sienne, aux bulles de Martin V et à celles d'Eugène lui-même, tout cela formait une exhortation pressante en faveur du concile déjà commencé. Le motif principal est l'état déplorable de l'Allemagne, qu'il lui semblait plus important de prémunir contre l'hérésie de la Bohême, que de travailler à la réunion des Grecs, qui avaient si souvent trompé l'attente de l'Église romaine.

Comme le cardinal Julien était un homme modeste et réservé dans ses démarches, le savant Henri de Sponde et d'autres ont de la peine à se persuader qu'une lettre aussi véhémente soit son ouvrage.

1re Session. Cependant le concile de Bâle avait tenu sa première session le 14 décembre. On avait réglé, dans des congrégations préliminaires, l'ordre qui serait observé durant tout le concile, par rapport à l'examen et à la décision des affaires. On y distingua les nations comme dans le concile de Constance, et l'on y détermina qu'il y aurait une nation d'Italie, une de France, une de Germanie et une d'Espagne; qu'on formerait de même un tribunal, appelé *députation*, et composé d'un nombre égal de personnes, soit prélats, soit simples docteurs; que chaque tribunal ou députation tiendrait les assemblées particulières dans un lieu séparé, avec son président, son promoteur et ses autres officiers; qu'outre cela, on créerait un bureau de douze personnes, trois de chaque députation, pour juger si les affaires méritaient d'être proposées, ou s'il fallait les rejeter; que quand une affaire aurait été décidée par une députation, à la pluralité des voix, on la porterait au tribunal des trois autres députations; qu'après le jugement de ces trois députations, le président de tout le concile proposerait la même question dans l'assemblée générale qui devait se tenir toutes les semaines; qu'enfin, si cette assemblée approuvait la décision, on en ferait un décret qui serait publié avec appareil dans la session suivante.

Dans la première session, qui se tint le 14 décembre (avant qu'on eût pu recevoir du pape la lettre de dissolution du concile), le cardinal Julien fit un discours dans lequel il exhorta les Pères à mener une vie pure et sainte, à avoir une charité sincère les uns pour les autres, et à travailler pour les intérêts de l'Eglise. On lut le décret du concile de Constance touchant la célébration des conciles, la bulle de convocation de Martin V, par laquelle il nommait le cardinal Julien pour président du concile de Bâle, et la lettre du pape Eugène IV à ce même cardinal sur ce sujet. On exposa six motifs de la convocation du concile: 1° pour extirper les hérésies; 2° réunir tout le peuple chrétien à l'Eglise catholique; 3° donner des instructions sur les vérités de la foi; 4° apaiser les guerres entre les princes chrétiens; 5° réformer l'Eglise dans son chef et dans ses membres; 6° rétablir autant qu'il était possible l'ancienne discipline de l'Eglise. On renouvela les décrets du concile de Constance contre ceux qui troubleraient le concile par des intrigues secrètes ou par une violence ouverte, et contre ceux qui se retireraient sans avoir fait part de leurs raisons. Enfin le concile fit un décret portant que le saint concile de Bâle était légitimement assemblé, et que tous les prélats devaient s'y rendre.

Dans l'intervalle de la première à la deuxième session, comme on fut informé que le pape Eugène avait dessein de dissoudre le concile, on travailla aux moyens de l'empêcher. Les évêques de France s'assemblèrent à Bourges, et exposèrent au roi Charles VII que, comme le concile était légitimement convoqué à Bâle, ils le suppliaient d'envoyer ses ambassadeurs au pape, afin de l'engager à continuer ce concile et à permettre aux prélats de son royaume de s'y rendre; ce qui leur fut accordé.

Au mois de janvier 1432, les prélats de Bâle envoyèrent une solennelle ambassade à Rome, pour supplier le pape de révoquer son décret de dissolution. Le bon sens et les convenances les plus vulgaires demandaient que jusqu'à la réponse du pape les prélats s'abstinssent de tout ce qui pouvait envenimer l'affaire. C'est le contraire qu'ils firent. Dans le temps même qu'ils envoyaient une ambassade au pape, ils adressaient à tous les fidèles des lettres synodales, pour notifier à tout l'univers qu'ils étaient déterminés à continuer leurs séances envers et contre tous. Le cardinal Julien ne scella point ces lettres, parce que, sur la lettre qu'il avait reçue du pape pour dissoudre le concile, il s'était démis de la charge de président; ce fut Philbert, évêque de Coutances en Normandie, qui apposa le sceau, et ce prélat normand fut aussi le chef du concile dans la seconde session célébrée le 15 février, avant qu'on eût reçu aucune réponse du pape.

II° *Session.* Il avait été spécifié dans la bulle de convocation, que le concile n'aurait lieu que quand il se trouverait un nombre et un concours de prélats convenable et suffisant. Or le 15 février 1432 il s'y trouvait en tout quatorze prélats, tant évêques qu'abbés. Eh bien! le même jour ces quatorze prélats entrèrent avec solennité dans l'église cathédrale de Bâle, et y publièrent leurs décrets en ces termes:

« Le très-saint concile général de Bâle, légitimement assemblé dans le Saint-Esprit, pour la gloire de Dieu, l'extirpation des hérésies et des erreurs, la réformation de l'Eglise dans son chef et dans ses membres, la pacification des princes chrétiens, déclare, définit et ordonne ce qui suit:

« Premièrement, que ce saint concile de Bâle, suivant les décrets faits à Constance et à Sienne, et conformément aux bulles de la chaire apostolique, est légitimement et dûment commencé et assemblé dans cette même ville de Bâle; et afin qu'on ne doute point de son autorité, on insère ici deux déclarations de celui de Constance: la première, où il est dit que le concile général, assemblé légitimement dans le Saint-Esprit et représentant l'Eglise militante, tient immédiatement de Jésus-Christ une puissance à laquelle toute personne, de quelque état et de quelque dignité qu'elle soit, même papale, doit obéir en ce qui regarde la foi, l'extirpation du schisme et la réformation de l'Eglise, tant dans le chef que dans les membres; la seconde porte que toute personne, même de dignité papale, qui refuserait d'obéir aux décrets de ce saint concile (de Constance) et de tout autre concile général légitimement assemblé, sera punie comme il convient, en implorant même contre elle les moyens de droit, s'il est nécessaire.

« En conséquence, poursuivent les quatorze prélats, ce saint concile de Bâle, actuellement assemblé légitimement dans le Saint-Esprit, pour les causes ci-dessus exprimées, décerne et déclare qu'il ne peut être dissous, ni transféré, ni différé par qui que ce soit, non pas même par le pape, sans la délibération et le consentement du concile même; qu'aucun de ceux qui sont au concile ou y seront dans la suite ne peut en être rappelé ni empêché d'y venir par qui que ce soit, pas même par le pape, sous aucun prétexte, et quand ce serait pour aller en cour de Rome, à moins que le saint concile n'y donne son approbation; que toutes les censures, privations et autres voies de contrainte qu'on pourrait employer pour séparer du concile ceux qui y sont déjà présents, ou pour empêcher les autres de s'y rendre, seront nulles; que le concile les déclare telles et les met à néant; faisant défenses très-expresses à quiconque de s'éloigner de la ville de Bâle avant la fin du concile, si ce n'est pour une cause raisonnable qui sera soumise à l'examen des députés de l'assemblée, avec obligation en outre à ceux dont les raisons auront été trouvées légitimes de nommer à leur place quelqu'un qui les représente. »

Pour se fortifier de plus en plus contre le pape, les quatorze prélats de Bâle écrivirent au roi de France Charles VII, à l'empereur Sigismond et à d'autres princes, qu'ils sauront engager plus ou moins dans leurs intérêts.

IIIe *Session*. Enhardis par ce succès, ils renouvelèrent dans la troisième session, qu'ils tinrent le 29 avril 1432, le décret de la supériorité du concile sur le pape, et ajoutèrent une monition juridique, par laquelle ils sommaient le pape de venir au concile, ou d'y envoyer quelqu'un de sa part, dans l'espace de trois mois. Ils intimaient à tous les cardinaux l'ordre de s'y rendre en personne, avec menace de procéder contre le pape et contre eux, s'ils ne se conformaient aux intentions du concile. C'est la première fois qu'on trouve dans l'histoire ecclésiastique tous les membres du sacré collége sommés de venir à un concile général.

Le même décret s'adressait à tous les prélats du monde chrétien, à tous les généraux d'ordre et à tous les inquisiteurs; il ordonnait outre cela, en vertu de la sainte obéissance et sous peine d'excommunication, à toutes personnes, soit ecclésiastiques, soit séculières, même à l'empereur et aux rois, de faire signifier la présente monition au pape et aux cardinaux, supposé toutefois que l'accès en cour de Rome ne parût pas dangereux ni incommode.

IVe *Session*. La quatrième session, en date du 20 juin, prévint de plus d'un mois le terme qu'on avait donné au pape et aux cardinaux; aussi les prélats de Bâle, qui pouvaient alors être une vingtaine, ne les déclarèrent-ils pas encore contumaces; mais ils n'en firent pas moins plusieurs décrets sur le gouvernement de la cour pontificale. Ils déclarèrent donc que, comme le pape se trouvait alors malade, s'il venait à mourir, l'élection du successeur se ferait à Bâle; que le pape ne pourrait faire aucune promotion de cardinaux durant le concile; que les prélats et les officiers de la cour romaine ne pourraient être empêchés de venir au concile, quelque emploi, devoir ou office qui les attachât au pape. Enfin, ce qui passe toute croyance, les quinze ou vingt prélats de Bâle, non contents de faire des règlements factieux, allèrent jusqu'à usurper le gouvernement des domaines temporels du saint-siége. Eugène IV avait nommé son frère pour gouverner Avignon et le comtat Venaissin. Les habitants n'en furent pas contents, et en portèrent des plaintes au pape. Là-dessus les prélats de Bâle s'avisèrent de donner cette légation à un cardinal espagnol. Pour réprimer cette usurpation manifeste, le pape nomma légat de ce patrimoine le cardinal Pierre de Foix qui mit les rebelles en déroute, et gouverna les peuples avec tant de satisfaction de leur part, qu'on l'appelait communément *le bon légat*.

Ce fut dans la quatrième session que l'assemblée de Bâle donna un sauf-conduit aux Bohémiens, conformément à la demande qu'ils en avaient faite, pour se rendre au concile en tel nombre qu'ils voudraient, pourvu qu'ils fussent au-dessous de deux cents : on leur accorda à cet égard une entière sûreté.

Ve *Session*. Les entreprises des prélats de Bâle contre le pape Eugène IV en annonçaient de plus violentes encore. Dans leur cinquième session, qui se tint le 9 août, ils ne firent que des règlements sur la manière de traiter les causes de la foi; mais peu de jours après vint à Bâle un camérier du pape, nommé Jean Dupré, avec la qualité de nonce apostolique, pour proposer des moyens de conciliation concertés avec l'empereur. Non-seulement il ne fut pas écouté, mais il fut mis en prison et chargé de chaînes. Cette première députation fut suivie d'une autre plus considérable, composée de quatre nonces, qui étaient les archevêques de Colocza et de Tarente, l'évêque de Maguelone et un auditeur du sacré palais; ils protestèrent contre l'incarcération et la détention dans les fers du nonce précédent, mais ils eurent bien de la peine à obtenir des passe-ports assez rassurants pour eux-mêmes. Admis enfin à l'audience des prélats de Bâle, après bien des plaintes et des protestations, ils entamèrent, le vingt-deuxième août, une apologie dans les formes en faveur du pape, leur maître : ce furent les deux archevêques qui parlèrent. Celui de Colocza le fit d'une manière plus générale que son collègue. Prenant pour texte ces paroles de saint Paul : *Qu'il n'y ait point de schisme dans le corps*, il disait aux prélats de Bâle : « Mes Pères, qu'il n'y ait point de schisme dans le corps, si vous désirez extirper l'ivraie de l'hérésie. Qu'il n'y ait point de schisme dans le corps, si vous cherchez à réformer la vie ecclésiastique. Qu'il n'y ait point de schisme dans le corps, si vous avez à cœur d'apaiser les esprits hostiles des princes. » Après avoir posé des principes si justes et si clairs, il montre que les conciles généraux avaient toujours été assemblés du consentement des pontifes romains; que les hussites seraient beaucoup moins portés à se soumettre au concile, quand ils le verraient séparé du chef de l'Eglise; que la réunion des Grecs méritait bien qu'on songeât à leur donner un lieu commode où ils pussent s'aboucher avec les Latins; qu'au reste la vie irréprochable et exemplaire du pape Eugène, son zèle ardent pour l'extirpation des hérésies et pour la réformation, persuadaient assez, sans aucune preuve, qu'il n'avait point cherché à éluder la célébration d'un concile. Des réflexions aussi sages n'étaient pas moins sagement exprimées.

L'archevêque de Tarente s'expliqua d'une manière encore plus précise. Il dit que le pape n'avait dissous le concile que parce qu'on lui avait fait connaître qu'il y avait trop peu de prélats à Bâle; que cette dissolution n'était après tout qu'une translation de Bâle à Bologne, lieu bien plus propre à la réunion des Grecs, et même à la réduction des hussites, qui seraient d'autant plus portés à se soumettre, qu'ils se trouveraient plus près de la personne du souverain pontife; que le pape n'avait pu voir d'un œil indifférent le danger auquel on exposait la foi, en offrant aux hérétiques de Bohême de conférer avec eux, afin de porter après cela un jugement définitif sur ce qui devait être cru et tenu dans l'Eglise; qu'il était évident que ces promesses rappelaient à un nouvel examen ce qui avait été décidé dans le concile de Constance, et rendaient problématique la croyance des fidèles. Le nonce représentait ensuite aux prélats de l'assemblée l'esprit d'opposition qu'ils avaient témoigné pour les droites intentions du saint-père; comment quelques-uns d'entre eux s'étaient hâtés de se rendre à Bâle, précisément à cause que le pape avait fait une autre convocation; comment ils s'abusaient eux-mêmes en s'attachant à ce système de contradiction et de querelle, puisqu'il est du ressort de la puissance apostolique de convoquer les conciles et de les confirmer. Il raisonnait enfin sur les deux points qui faisaient l'objet de la controverse, savoir : le changement de lieu et le délai apporté au concile. Il offrait de la part du pape quelque ville que ce fût des terres de l'Eglise, avec une pleine et entière cession de la souveraineté durant la tenue du concile, et pour le temps de sa durée, il laissait les prélats maîtres absolus de le réduire à telles bornes qu'il leur plairait.

Le concile répondit à ce discours dans une autre congrégation, qui fut accordée aux nonces en forme d'audience le 3 septembre suivant. Le fond de cette réponse, qui fut très-longue, se réduisait à relever l'autorité du concile au-dessus de celle du pape, ou à mettre en principe, ce qu'il fallait prouver, à donner à cette réunion de quelques prélats, désavoués de leur chef, la qualité de concile universel, et à conjurer le souverain pontife de se rendre aux désirs de ses sujets révoltés. Les prélats expliquaient dans un sens favorable les offres faites par eux aux hussites; ils montraient assez bien qu'il est permis d'entendre des hérétiques dans un concile, de les instruire charitablement, de traiter avec eux dans un esprit de paix; mais ils déguisaient un peu l'objection qu'avait faite l'archevêque de Tarente sur ces paroles du concile aux Bohémiens : *Venez avec confiance, on écoutera vos raisons, et le Saint-Esprit lui-même décidera ce qu'il faut croire et tenir dans l'Eglise.* Il paraît en effet que ces promesses étaient exprimées d'une manière trop forte, et qui, prise à la lettre, aurait donné atteinte aux définitions déjà portées contre la doctrine des hussites. Mais enfin ce n'était qu'un mot qui avait échappé au secrétaire du concile, démenti d'ailleurs par l'attachement notoire des prélats à toutes les décisions du concile de Constance, et l'explication qu'ils en donnaient dans leur mémoire pouvait rassurer le pape sur leurs véritables sentiments par rapport aux décrets antérieurs qui touchaient la même matière.

VI° *Session.* Les discussions où l'on était entré par rapport à la conduite réciproque du pape et du concile de Bâle ne retardèrent point les procédures de cette assemblée. Dans la sixième session, en date du 6 septembre, les promoteurs, Nicolas Lami et Hugues Bérard, tous deux français et membres de la faculté de théologie de Paris, requirent qu'on déclarât la contumace du pape et des cardinaux. L'assemblée députa les évêques de Périgueux et de Ratisbonne pour faire les trois citations canoniques; mais l'évêque de Maguelone et l'archevêque de Tarente, deux des nonces du pape, demandèrent si instamment un délai pour leur maître, que l'assemblée ne passa pas outre ce jour-là; et, à l'égard des cardinaux, quelques docteurs présents à la session s'offrirent de présenter des excuses légitimes de leur part; ce qui fut accepté au nom de l'assemblée par les évêques de Frisingue et de Belley, qui en avaient la commission.

A cette session on compta trente-deux prélats, tant évêques qu'abbés, avec deux cardinaux, savoir : Dominique Capranica, cardinal par la grâce de l'assemblée de Bâle; le cardinal Branda de Castiglione, brouillé avec le pape pour des querelles particulières. Voici comme Æneas Sylvius, plus tard le pape Pie II, parle de ces deux personnages, ainsi que de quelques autres qui suivirent leur exemple les années suivantes. Il expose l'état où il trouva les choses quand il arriva lui-même à l'assemblée. « Il y avait à Bâle quelques cardinaux qui s'étaient échappés de la cour romaine et qui, n'étant pas bien avec le pape, critiquaient ouvertement sa conduite et ses mœurs. D'autres officiers du pape s'y rendaient tous les jours, et comme la multitude est portée à la médisance, comme elle se plaît à blâmer ceux qui gouvernent, tout ce peuple de courtisans déchirait en mille manières différentes la réputation de son ancien maître. Pour nous, qui étions jeunes, qui sortions tout récemment de notre patrie, qui n'avions rien vu, nous prenions pour des vérités tout ce qui se disait, et nous ne pouvions aimer le pape Eugêne, en voyant que tant de personnes illustres le jugeaient indigne du pontificat. Il y avait aussi là des députés de la célèbre école de Paris; il y avait des docteurs de Cologne et des autres universités d'Allemagne, et tous, d'un commun accord, exaltaient jusqu'aux nues l'autorité du concile général. Il se trouvait peu de personnes qui osassent parler de la puissance du pontife romain; tous ceux qui parlaient en public flattaient les opinions de la multitude. »

Il dit plus bas que quand il se fut trouvé longtemps après avec des gens pacifiques et qui gardaient la neutralité entre le concile et le pape, il apprit des anecdotes qu'il ne savait pas auparavant; par exemple, que le pape Eugène avait été accusé de bien des choses dont il n'était pas coupable, et que les cardinaux qui étaient venus à Bâle avaient noirci ce bon pape et ce saint homme, à cause de leurs animosités particulières. « Mais dans la suite, ajoute-t-il, ils retournèrent tous vers lui, et ils lui demandèrent pardon de leur faute (a). »

De tous les cardinaux présents au concile quand Pie II, alors Æneas Sylvius, y arriva, celui dont il dit le plus de bien est Julien Césarini, cardinal de Saint-Ange. Il avait cessé de présider après les premières bulles données par Eugène pour transférer le concile à Bologne; mais son ardeur n'en était pas plus ralentie, et il la témoigna encore par une lettre au pape, datée du cinquième de juin de cette année 1432. C'était après une ambassade envoyée aux hussites et après les promesses qu'ils avaient données de se rendre au concile; c'était depuis les résolutions prises par les évêques français dans l'assemblée de Bourges. Le cardinal faisait valoir ses raisons, il avertissait le pape que le nombre des prélats s'augmentait tous les jours à Bâle; il lui répétait encore que le concile s'appuyait entièrement sur les définitions de celui de Constance, dont on ne pouvait soupçonner l'autorité sans donner atteinte au pontificat de Martin V et d'Eugène lui-même. Il rappelait les jugements de rigueur que les Pères de Constance avaient portés contre Jean XXIII et Benoît XIII, l'un et l'autre privés du pontificat, le premier à cause de sa mauvaise conduite, et le second à cause de son obstination dans le schisme. Mais comme ces remontrances et ces exemples se présentaient sous des dehors sinistres, le cardinal finissait ainsi sa lettre : « Je dis cela, très-saint père, avec tout le déplaisir possible, et si Votre Sainteté voyait le fond de mon cœur, elle me saurait gré de mon excès de charité, elle me regarderait comme son fils bien-aimé. » — Le même cardinal Julien condamna depuis tout ce qu'il avait pensé ou écrit contre la conduite du pape Eugène. On a le détail de sa rétractation dans la bulle du pape Pie II (b).

Pour achever ce qui concerne la sixième session du concile de Bâle, nous devons remarquer qu'elle ne fut encore présidée que par l'évêque de Coutances, et il paraît même que le cardinal (c) Julien Césarini, dont nous venons de parler, s'excusa d'y prendre part : on en juge ainsi, parce que son nom ne se trouve point avec celui des autres cardinaux Branda Castiglione et Dominique Capranica; mais, trois jours après, si nous en croyons un manuscrit, Césarini reprit la présidence, à condition toutefois de se retirer quand il le jugerait à propos.

VIIe *Session.* On ne s'aperçut point à Bâle que la présence de ce légat eût adouci les opérations du concile par rapport à Eugène IV. Comme ce pape était souvent malade, les prélats de Bâle s'occupaient beaucoup de l'idée d'un conclave futur. Ainsi ils réglèrent, le 6 de novembre, dans la septième session, que, si le pape venait à mourir durant le concile, les cardinaux ne s'assembleraient qu'au bout de soixante jours, et l'on ajouta que les bénéfices des cardinaux qui agiraient contre les règles de ce conclave futur seraient dévolus à la collation des ordinaires, non au saint-siége.

VIIIe *Session.* Dans la huitième session, 18 décembre, les prélats de Bâle portèrent des coups plus directs au pape. Ils lui donnèrent soixante jours pour révoquer les bulles par lesquelles il transférait le concile, et il était dit qu'après ce terme on procéderait contre lui, selon l'inspiration du Saint-Esprit, et en usant de tous les moyens que le droit divin et humain pouvait suggérer. On lui défendait, durant ces soixante jours, de conférer aucun bénéfice en vue de dissoudre ou traverser le concile, et cela sous peine de nullité. On ordonnait aux cardinaux et aux autres officiers de la cour romaine de s'en retirer vingt jours après le terme donné au pape. On renouvelait la citation déjà faite aux autres prélats de la chrétienté, de se rendre à Bâle. On mettait tous les bénéfices de ceux du concile sous la protection de cette assemblée, avec défense au pape de les déclarer impétrables ou de les donner à d'autres. On lui ôtait même la liberté d'établir aucuns nouveaux impôts sur les terres de l'église ou d'aliéner la moindre partie de ces biens; et enfin défenses étaient faites à toutes personnes, même au pape, à l'empereur et aux rois, de reconnaître aucun autre concile, soit à Bologne, soit ailleurs, parce qu'il ne peut y avoir, disent les prélats de Bâle, deux conciles œcuméniques en même temps. Ainsi finit l'année 1432, avec toutes

---

(a) *Pius II, in bulla retract.*
(b) *Hist. de l'Eglise gallic.*, t.XLVII.
(c) Le P. Pagi et le continuateur de Fleury comptent le cardinal Julien parmi les prélats qui prirent part à cette session. Raynaldi et Sponde le suppriment avec plus de fondement; car les actes disent seulement, *Assistentibus dominis legato Placentino et Firmano cardd.* Or on ne voit là que deux personnes, savoir : Castiglione, évêque de Plaisance, et Capranica, évêque de Fermo. L'un et l'autre est appelé légat, parce que le premier l'était en Lombardie, et le second l'avait été à Parme et dans le duché de Spolette. Nous ne savons ce que le continuateur de Fleury a voulu dire, en nommant Capranica le prince surnommé Firmin, du lieu du gouvernement de son église. Cette église était Fermo, qu'il gouvernait en qualité d'évêque; pour le terme de prince, il nous est ici entièrement inconnu.

les apparences d'une rupture prochaine entre les prélats de Bâle et le chef de l'Eglise universelle.

Eugène IV fit de nouvelles tentatives pour prévenir cette rupture. Il nomma quatre nonces, dont l'évêque de Cervia en Romagne était le plus considérable, et il minuta toute la suite de leurs démarches dans des instructions dont voici l'abrégé. « Si l'on peut persuader aux prélats du concile de le transférer à Bologne, c'est ce qu'il y aura de mieux et de plus convenable aux intérêts de l'Eglise. Si les hussites refusent de se rendre en Italie, on pourra traiter avec eux à Bâle, et se rendre ensuite à Bologne pour les autres affaires à discuter dans le concile. Si cette dernière ville n'est pas agréée des prélats eux-mêmes, on les laissera maîtres d'en choisir une autre en Italie, pourvu que ce soit hors des terres du duc de Milan, actuellement ennemi du saint-siége. Si la translation du concile en Italie est tout à fait rejetée, on pourra choisir douze prélats qui, de concert avec les électeurs de l'Empire et les ambassadeurs des princes, jugeront s'il faut continuer le concile à Bâle ou dans quelque ville d'Allemagne. Si ce compromis est refusé, les nonces de Sa Sainteté, de concert avec les évêques de l'assemblée, décideront la question. Si l'on s'en tient à rester à Bâle, on ne s'y occupera que des hussites et de la pacification des Etats de la chrétienté; on n'y parlera point d'articles de réforme. Si l'on s'accorde à faire choix d'une autre ville que de Bâle pour y tenir le concile, il sera permis d'y traiter de la réforme, pourvu qu'on n'y entame les articles importants que lorsqu'il y aura rassemblés soixante-quinze prélats du rang des patriarches, des archevêques et des évêques. Mais, préalablement à toutes ces dispositions, et quel que soit le résultat des délibérations de l'assemblée, on révoquera les procédures faites de part et d'autre, c'est-à-dire celles du concile contre le pape, et celles du pape contre le concile. » Telles furent les combinaisons qu'avait concertées Eugène IV, et qu'il rappela dans plusieurs bulles de la fin de décembre 1432 et du commencement de l'année suivante (a).

Les députés des Bohémiens, étant arrivés à Bâle, présentèrent au concile, le 16 janvier 1433, quatre articles par lesquels ils demandèrent : 1° d'avoir la liberté d'administrer à tous les fidèles le sacrement de l'eucharistie sous les deux espèces du pain et du vin, comme une pratique utile; 2° que tous les fidèles, sans distinction de prêtres et de laïques, eussent le droit de punir les transgressions contre la loi de Dieu; 3° que la prédication de l'Evangile appartînt à tout le monde, sans dépendance de la part des prélats et des supérieurs; 4° qu'il ne fût permis au clergé, sous la loi de grâce, d'exercer aucun droit sur les biens temporels. Ensuite ils prétendirent que tous leurs différends avec les catholiques se réduisaient à ces quatre points, et que, si on leur permettait de les observer, ils étaient prêts à s'unir à l'Eglise et à se soumettre à tous les supérieurs légitimes. Ces diverses demandes furent discutées pendant près d'un mois par les prélats à qui elles étaient faites; et le parti qu'ils prirent à la fin fut d'envoyer une commission en Bohème, en mettant à la tête de cette troupe l'évêque de Coutances, le même qui dans les dernières sessions avait présidé au concile.

IX° *Session.* Cependant les prélats poussaient de plus en plus leur entreprise contre le chef de l'Eglise. Ainsi, dans la neuvième session, 22 janvier 1433, on déclara nul tout ce qu'il aurait fait ou qu'il pourrait faire au désavantage de l'empereur; et ce prince, qui était alors à Sienne, fut reconnu protecteur du concile; le duc de Bavière était comme vice-protecteur en l'absence de Sigismond.

X° *Session.* Le 19 février, dans la dixième session, où l'on compta quarante-six prélats, les promoteurs requirent que la contumace d'Eugène fût déclarée, et le concile nomma des commissaires pour voir s'il convenait de faire cette déclaration.

XI° *Session.* Dans la session onzième, 27 avril, la célébration des conciles généraux fut recommandée au point même de menacer de suspense et de déposition le pape, s'il s'y opposait. Défenses étaient faites à toutes personnes, principalement au pape, de dissoudre, proroger ou transférer un concile général, quel qu'il fût, à moins que le concile n'y consentît; et ces règles universelles s'appliquant ensuite au pape Eugène, on cassait tous les actes faits ou à faire dans la vue d'empêcher les prélats de la cour romaine de se rendre à Bâle.

XII° *Session.* Les décrets de la douzième session, 13 juillet, ordonnaient au pape, sous peine de suspense, de révoquer ses premières bulles dans l'espace de soixante jours, et de reconnaître que le concile avait été légitime depuis son commencement. Cet acte, dans l'idée des prélats de Bâle, tenait lieu de troisième monition adressée à Eugène, qui y est peint comme un pontife « scandaleux et qui paraît vouloir détruire l'Eglise. » Ce sont les termes dont se servit le secrétaire de l'assemblée. On trouve, à la suite de cette procédure, l'abolition de toutes les réserves et le rétablissement des élections, avec la manière de les pratiquer dans les chapitres et dans les abbayes.

XIII° *Session.* La treizième session, 11 septembre, fut employée à entendre le réquisitoire des promoteurs sur la contumace du pape. Il était question de le déclarer suspens, et l'évêque de Lectoure avait déjà commencé à lire le décret, lorsque deux des envoyés d'Eugène incidentèrent sur la forme, alléguant pour raison que les soixante jours donnés au pape pour révoquer ses bulles n'étaient point expirés. Le duc de Bavière et les magistrats de Bâle avaient déjà intercédé pour la même cause, et le résultat de la délibération fut qu'on accorderait au pape un délai de trente jours.

XIV° *Session.* Enfin, dans la quatorzième session, qui eut lieu le 14 novembre et où se trouva l'empereur, on étendit encore le ter-

(a) Martène, t. VIII, p. 551 et seqq.

me à trois mois, et ce fut Sigismond qui obtint cette prorogation, sous la clause toutefois qu'Eugène adhérerait après ce temps-là au concile, et qu'il révoquerait tous les décrets publiés en son nom contre cette assemblée, révocation qui se ferait selon les formules dont on récita le modèle en présence de l'empereur et de tous les prélats. Et tel est en peu de mots tout l'ordre des sessions et des procédures qui y furent faites durant cette année 1433, toujours à dessein d'obtenir du pape la révocation de ses bulles et la confirmation du concile.

Voici maintenant de quelle manière, dans l'intervalle des sessions, les mêmes prélats reçurent les offres du chef de l'Église. Ses quatre nonces, avec les instructions conciliantes que nous avons vues, parurent dans une congrégation générale, le 7 mars, et ils haranguèrent vivement en faveur du pape, dont ils expliquaient les droites intentions dans tout ce qu'il avait fait jusqu'alors par rapport au concile. Ils détaillèrent ensuite les divers tempéraments qu'ils étaient chargés de proposer pour concilier tous les intérêts, et ils ajoutèrent qu'au reste tous les ordres qu'ils avaient du pape n'empêchaient pas que ce pontife « ne leur eût recommandé très-instamment d'obéir au concile. »

A ce langage si plein d'égards les prélats de Bâle ne répondirent que par des paroles de hauteur et d'empire. Les promoteurs dirent aux nonces que le pape n'avait point été en droit de dissoudre ni de transférer le concile; que cette assemblée tenant immédiatement sa puissance de Dieu même, le pape devait obéir à ses décrets; qu'on ne pouvait accepter aucun des tempéraments proposés par le pape, sans blesser l'autorité supérieure qui est dans le concile général; et qu'il n'était pas non plus de la dignité du concile de révoquer ce qu'il avait fait pour le maintien de ses droits.

Cependant le chef de l'Église avait fait plus encore pour ramener la paix. Le 14 février 1433, il donna une bulle qui portait en substance que la plupart des raisons qui empêchaient la tenue du concile de Bâle ayant cessé, le pape révoquait et annulait les décrets qu'il avait publiés dans un sens contraire; que son intention était présentement qu'il fût tenu dans la ville de Bâle, et qu'on y travaillât à l'extirpation de l'hérésie des Bohémiens et au rétablissement de la paix parmi les fidèles. Eugène IV envoya cette bulle à l'empereur Sigismond, qui en fut si content, qu'il l'adressa lui-même au concile, en l'avertissant de se conduire de manière à ne pas exposer l'Église aux malheurs d'un schisme. Cet avis plut d'autant moins aux prélats de Bâle, qu'il leur était plus approprié; ils en témoignèrent leur mécontentement à Sigismond, et ils lui marquèrent que le Saint-Esprit, au nom de qui ils étaient assemblés, n'était pas un esprit de discorde et de schisme. Et bientôt on les verra eux-mêmes faire un schisme et un antipape; ce qui prouve du moins quel esprit les faisait agir.

Quant à la bulle du pape, ils alléguèrent qu'elle ne répondait point aux intentions du concile; et en la parcourant depuis le titre et l'adresse jusqu'à la conclusion, ils prétendirent y remarquer un très-grand nombre d'articles qu'on ne pouvait admettre.

1° La bulle, faisant l'histoire de la convocation du concile de Bâle, disait que le cardinal Julien avait reçu ordre de le célébrer, *s'il trouvait dans cette ville un nombre convenable de prélats;* et les prélats de Bâle se récrièrent sur cet article, prétendant, aussi bien que le cardinal de Saint-Ange, que l'ordre de présider au concile lui avait été donné sans condition. Cependant on trouve cette condition manifestement énoncée dans le bref d'Eugène IV au cardinal de Saint-Ange.

2° La même bulle indiquait les principales raisons qui avaient porté le pape à dissoudre le concile : c'étaient les inconvénients exprimés dans le rapport de Jean Beaupère, envoyé du légat et des prélats eux-mêmes. Les prélats trouvaient fort mauvais que le pape osât leur citer encore le rapport de leur propre envoyé, que jamais cependant ils ne voulurent désavouer.

3° Le pape marquait dans son décret que, les empêchements du concile ayant cessé, *il allait envoyer quatre légats pour le célébrer;* et ces mots révoltèrent extrêmement les prélats; car, disaient-ils, le pape ne reconnaîtra donc le concile que du moment de l'arrivée de ses légats, et il tiendra pour nul tout ce qui s'est fait jusqu'ici dans les sessions; ce qui détruit manifestement l'autorité de cette assemblée et de tous les autres conciles généraux, surtout de celui de Constance, qui a décidé que le concile général tient son autorité immédiatement de Dieu.

4° Eugène ne parlait dans sa bulle que de l'extirpation de l'hérésie des Bohémiens et de la pacification des princes chrétiens. D'où les prélats concluaient encore qu'il avait voulu exclure des délibérations de l'assemblée l'article essentiel de la réforme de l'Église. A la vérité, dans une autre bulle du 1er mai, le pape avait chargé ses quatre légats de travailler avec le concile à la réforme de l'Église dans tous ses membres; mais cela ne contentait point les prélats de l'assemblée; car ils craignaient que, par cette disposition, les légats ne fussent seuls arbitres de la réforme à ordonner; que le concile ne fût réduit à donner simplement ses conseils sur cet article; que, si les légats ne voulaient point approuver certains décrets relatifs à cette matière, le concile ne pût pas l'emporter sur eux, et qu'ainsi son autorité suprême ne parût dégradée ou avilie. On se plaignait aussi que le pape eût parlé de réforme par rapport aux membres, sans faire mention du chef même de l'Église; expression consacrée par le concile de Constance, et dont l'omission ne pouvait être tolérée. Voilà, en abrégé, quelle fut la révision sévère de la bulle du 14 février 1433.

Indigné de la résistance de ces prélats et de leurs décrets publiés contre sa personne, Eugène IV prit à son tour le ton de l'empire, et dans une bulle du 29 juillet, il cassa tout ce qui avait été fait à Bâle au delà des trois articles qu'il permettait d'y traiter, savoir : L'extirpation des hérésies, la pacification des princes chrétiens et la réforme de l'Eglise. Mais cet éclat n'eut point de suites, et, trois jours après, pressé de plus en plus par l'empereur Sigismond, le chef de l'Eglise donna une autre bulle où il disait : « Nous voulons bien et nous sommes contents que le concile de Bâle ait été continué, et qu'il continue encore, comme depuis son ouverture. Nous révoquons tout ce qui a été fait par nous pour le dissoudre et le transférer. Nous adhérons à ce concile purement et simplement, et nous avons intention de le favoriser de tout notre pouvoir, à condition toutefois que nos légats seront admis à y présider et qu'on y révoquera tout ce qui a été fait contre nous, notre autorité, notre liberté et contre nos cardinaux ou quiconque s'est attaché à nos intérêts. » La date est du 1er août; et, le 13 du même mois, le pape chargea l'archevêque de Spalatro, l'évêque de Cervia et l'abbé d'un monastère d'Italie, de recevoir à Bâle la révocation des décrets contraires à l'autorité apostolique, en révoquant aussi, de leur côté, et au nom du saint-siége, tout ce que le pape avait fait contre le concile.

Il était en quelque sorte dans la destinée d'Eugène IV, que toutes ses bulles éprouvassent des contradictions. Celle du premier août avait été faite sous les yeux de l'empereur, qui en avait paru fort content, et avait même dit au pape qu'il en faisait plus qu'il ne devait. Cependant, durant son voyage de Rome à Bâle, ce prince renvoya au pape pour le prier de faire un changement dans son décret, et d'y mettre : *Nous décernons et nous déclarons*, au lieu de *nous voulons bien et nous sommes content*. Eugène témoigna au doge de Venise, son ami et son confident, que cette substitution de termes était quelque chose de considérable, et que ses adversaires pourraient en abuser, pour entreprendre de soumettre la puissance du siége apostolique à celle du concile : « Soumission, ajoutait-il, qu'on n'a jamais exigée de nos prédécesseurs, et à laquelle nous ne voudrions jamais consentir, quand même on nous menacerait de nous faire mourir. »

Comme il fallait cependant contenter l'empereur, et ne pas révolter les partisans du concile, le pape accepta la formule : *Nous décernons et nous déclarons*, au lieu de *nous voulons bien et nous sommes content*; mais toujours à condition que le concile révoquerait tous les actes publiés contre Eugène et ses adhérents.

Une des pièces qui, avec raison, indignait le plus ce pontife, était la sommation qu'on lui faisait dans la douzième session d'adhérer au concile dans soixante jours, sous peine d'être déclaré suspens de ses fonctions. A cette menace schismatique, il opposa une bulle en date du 13 septembre, où il cassait tout ce qui avait été réglé dans cette session.

Eugène IV essuyait alors des embarras, des inquiétudes et des chagrins de toutes les espèces : poussé par les entreprises militaires du duc de Milan; en butte aux révoltes des Bolonais; ajourné par les prélats de Bâle; abandonné par plusieurs de ses cardinaux; exhorté avec une sorte d'empire par l'empereur; avec cela presque toujours malade; on ne peut guère imaginer de situation plus triste pour la première personne de l'Eglise; et le comble des honneurs était par rapport à lui un fardeau bien pesant.

Cependant, à force de négociations, la réconciliation s'avança sur la fin de cette année 1433; et les préliminaires de la paix étaient comme arrêtés, quand on tint la quatorzième session, où le terme de trois mois fut accordé au pape pour adhérer au concile. L'empereur était à Bâle depuis le onzième d'octobre. Dès le lendemain de son arrivée, il avait présenté au concile la bulle du 1er août. On l'expliqua, on la modifia, on la réduisit à des formules qu'on imagina plus favorables au concile que l'énoncé du pape; mais la bulle même fit toujours le fond de ces modèles proposés par le concile. Enfin, suivant les actes publiés par Augustin Patrice, chanoine de Sienne, qui avait travaillé d'après des manuscrits conservés précieusement à Bâle, l'accord se fit entre les prélats du concile et le pape Eugène, de manière que les légats du saint-siége furent admis à présider, et que tout ce qui s'était fait par le concile contre le pape, et par le pape contre le concile, fut révoqué. Dans les actes de la seizième session, cette bulle d'Eugène IV n'est pas complète; on n'en a inséré que la première partie : la révocation de ce qu'il avait fait contre l'assemblée de Bâle.

Quoique les princes fussent portés généralement pour cette assemblée, ils étaient loin d'approuver ses entreprises contre le pape, surtout quand elle osa le menacer de suspense, s'il n'adhérait dans l'espace de soixante jours. Dans le fait, si vingt ou trente prélats en opposition avec le chef de l'Eglise peuvent se dire le concile général, les états généraux de la chrétienté, l'Eglise universelle, et, par suite, régenter le pape, lui prescrire d'un jour à l'autre des lois nouvelles, le menacer, le suspendre, le déposer comme un ministre révocable à leur gré, à plus forte raison vingt ou trente députés pourront-ils se dire les états généraux d'une nation, le parlement, la représentation nationale, et, par suite, régenter, suspendre, déposer, bannir ou tuer les empereurs et les rois. Aussi, le 20 août 1433, le roi de France Charles VII écrivit-il aux prélats de Bâle, pour leur témoigner l'effroi que lui causaient leurs attentats contre le souverain pontife de l'Eglise universelle, et pour les prier avec instance de ne pas pousser les choses si loin. Les autres princes de l'Europe pensèrent de même. Les monuments du temps, qu'on peut voir dans la grande collection du bénédictin Martène, signalent à cet égard le mécontentement de l'empereur, du roi d'Angleterre, des électeurs de l'empire, du doge de Venise, du duc de Bourgogne et du duc de Savoie.

Les dix sessions, de la quinzième à la

vingt-cinquième, sont ce qu'on appelle quelquefois le beau temps du concile de Bâle; beau en comparaison de ce qui précède et de ce qui suivra; car, en soi, jamais cette assemblée n'a rien eu de vraiment beau, ni de complétement honorable; jamais elle n'a su se défaire de son mauvais levain d'insubordination, de discorde et de schisme, entretenu par une érudition indigeste et sophistique, pire que l'ignorance. Dans les dix sessions dont il est parlé, le principal devait être de cimenter, par de bons procédés, la réconciliation qu'on avait eu tant de peine à conclure. Nous allons voir si l'assemblée ne fit pas précisément l'opposé.

XVe *Session.* Elle se tint, comme la précédente, en présence de l'empereur. On y fit plusieurs règlements pour la convocation des conciles provinciaux et des synodes diocésains : on décida qu'on tiendrait ces derniers deux fois par an ou au moins une, et les premiers tous les trois ans, excepté l'année où l'on assemblerait un concile général; que l'on y exhorterait tous les prêtres à mener une vie conforme à la sainteté de leur état, à instruire le peuple tous les dimanches et fêtes, à lire les statuts synodaux sur la manière d'administrer les sacrements; que l'on s'informerait de la vie et des mœurs du clergé, etc.

XVIe *Session.* La seizième session, tenue le 5 février 1434, fut l'époque de la réconciliation du pape et des prélats de l'assemblée, qui devint ainsi, pour la forme du moins, un concile vraiment canonique. Eugène IV avait nommé, pour y présider, cinq cardinaux : Julien Césarini, cardinal de Saint-Ange; Jourdain des Ursins, cardinal de Sainte-Sabine; Pierre de Foix, cardinal d'Albane; le bienheureux Nicolas Albergati, cardinal de Sainte-Croix; Angelotto Fosco, cardinal de Saint-Marc, avec l'archevêque de Tarente, l'évêque de Padoue et l'abbé de Sainte-Justine de cette dernière ville, pour remplacer les cardinaux qui pourraient ne pas s'y trouver.

Ces présidents ne furent admis par le concile que le 24 avril 1434, dans une congrégation générale, et l'on y détermina qu'ils feraient serment de donner leur avis selon les règles de la conscience, de tenir secrets les suffrages, de ne point s'éloigner de Bâle sans le consentement des députés des nations, de travailler pour l'honneur et la conservation du concile, surtout de maintenir ses décrets, et en particulier ceux du concile de Constance, touchant l'autorité des conciles généraux, au-dessus même de celle du pape, en ce qui concerne la foi, l'extirpation du schisme et la réforme de l'Eglise, tant dans le chef que dans les membres; on indiquait par là les décrets fameux de la quatrième et de la cinquième session.

Le serment qu'on exigea des légats du pape Eugène n'était qu'en leur privé nom, comme les actes le disent expressément. Le docteur Turrecremata, qui était au concile et qui fut depuis cardinal, dit qu'ils le firent comme particuliers, et non comme nonces apostoliques, qu'ils protestèrent même en cette qualité contre l'engagement auquel on voulait les astreindre (*a*).

XVIIe *Session.* La dix-septième session, qui fut tenue le 26 avril, manifesta encor davantage les intentions du concile par rapport aux légats; car ils ne furent reçus à présider qu'à condition qu'ils n'auraient aucune juridiction coactive, qu'ils garderaient la manière de procéder observée jusque-là dans le concile pour les congrégations générales, les députations, la façon de prendre les suffrages et de publier les décrets. Il fut réglé que le premier des présidents qui se trouverait aux assemblées ferait cette publication, et que, si aucun des présidents ne voulait la faire, ce soin regarderait le prélat qui aurait la première place après eux. On arrêta aussi que tous les actes seraient expédiés au nom et sous le sceau du concile.

XVIIIe *Session.* Après avoir ainsi réglementé l'autorité des légats du pape, le concile de Bâle crut pouvoir établir sa propre autorité par rapport au pape lui-même. Dans la dix-huitième session, tenue le 26 juin, il répéta et confirma pour la quatrième ou cinquième fois les décrets de Constance, touchant la supériorité du concile général sur le souverain pontife, en ce qui regarde la foi, l'extirpation du schisme et la réforme de l'Eglise.

Pour appuyer cette doctrine, le patriarche d'Antioche, qui était français et de l'école de Paris, présenta à la même session un ouvrage qu'il avait composé et répandu quelques mois auparavant. C'était un tissu de mauvaises raisons, d'interprétations arbitraires de l'Ecriture et de textes apocryphes de Gratien, ou de fausses histoires. Nous n'en citerons que le trait suivant, qui fera juger des autres : « Il est clair, dit le patriarche, que le concile général a plus d'autorité que le pape. Car l'apôtre saint Pierre, qui fut le premier pape après Jésus-Christ, voyant approcher le temps de sa mort, choisit Clément pour lui succéder sur le siége apostolique; mais le concile général des apôtres, représentant l'Eglise universelle, crut que cette élection de Clément, faite par saint Pierre, ne convenait point au bon gouvernement de l'Eglise; il la réprouva par manière de réforme; et il ordonna pour le souverain pontifical, d'abord saint Lin et ensuite saint Clet : ce qui fut approuvé de toute l'Eglise. » Le patriarche d'Antioche cite en preuve les *Chroniques de saint Clément*, ouvrage totalement apocryphe, aussi bien que l'histoire qu'il rapporte. Et telle était l'érudition de nos doctes controversistes du concile de Bâle.

Cette assemblée elle-même allait par une autre route. Elle faisait des décrets et des canons, ou bien elle renouvelait ceux de Constance, comme on vient de le voir dans sa dix-huitième session. Des actes manuscrits témoignent que les légats du pape ne voulurent point ce jour-là prendre part au concile : il faut en excepter apparemment le cardinal de Saint-Ange, Julien Césarini, qui était tout dévoué pour lors aux intérêts de l'assemblée.

(*a*) Labbe, t. XIII.

XIX· Session. La dix-neuvième session, tenue le septième de septembre 1434, roula en grande partie sur la réunion des Grecs. Ceux-ci avaient d'abord agréé l'Italie pour y consommer l'union, et le pape souhaitait qu'on s'assemblât à Bologne. Mais ce projet ne réussit point, parce que l'empereur Jean Paléologue aimait mieux se rendre à Ancône. Alors le pape, pour terminer quelque chose à cet égard, fit passer à Constantinople un de ses secrétaires, nommé Christophe Garatoni, homme entendu et fidèle : c'était au mois de juillet 1433.

L'envoyé, ayant été souvent admis à l'audience de l'empereur, trouva que ce prince, toujours très-zélé pour l'union, n'était cependant plus si porté pour le voyage d'Italie, mais qu'il avait imaginé d'assembler à Constantinople un concile général de l'Eglise grecque, où présideraient les légats du pape et où l'on entamerait des conférences sur les points contestés entre les deux partis. Sur ces entrefaites, les prélats de Bâle, qui n'ignoraient pas les négociations du pape auprès de Paléologue, voulurent gagner ce prince et lui envoyèrent l'évêque de Sude, avec Albert de Crispis, religieux augustin, pour conférer des moyens d'éteindre le schisme. Cette députation fit plaisir aux Grecs, qui ne cherchaient qu'à être assurés d'un plus grand concert de l'Eglise latine, afin d'en tirer des avantages plus grands, soit pour l'union, soit pour la défense de l'empire attaqué par les Turcs.

Paléologue à son tour députa, au printemps de cette année 1434, trois ambassadeurs titrés pour traiter avec les prélats de Bâle. Albert de Crispis les accompagnait ; ils prirent leur chemin par la Hongrie ; ils souffrirent beaucoup durant le voyage ; enfin ils arrivèrent au concile sur la fin de juillet. On les reçut avec honneur, et, dans les congrégations où ils furent admis, on discuta toutes les propositions qu'ils avaient à faire de la part de leur maître.

Cependant le secrétaire pontifical, Christophe Garatoni, était aussi retourné en Italie, et il avait exposé au pape l'empressement de l'empereur pour tenir le concile à Constantinople. Eugène IV crut ce moyen utile à l'union, parce que l'assemblée des Grecs ne pouvait manquer d'être nombreuse, si elle était convoquée dans la ville impériale. Or, cette multitude de prélats orientaux qui signeraient tous ensemble le traité, devait porter le dernier coup au schisme ; au lieu que, s'il ne passait en Occident que quelques députés de l'église grecque, il était à craindre que le gros de la nation ne persistât dans ses préventions contre l'Eglise romaine, lors même que les députés auraient consenti à l'union. L'événement justifia dans la suite ces réflexions du pape Eugène IV ; alors ce n'étaient que des conjectures, mais elles le déterminèrent cependant à renvoyer son secrétaire à Constantinople, pour conclure avec l'empereur et le patriarche le projet du concile général de l'Eglise grecque. Le retour de Garatoni à Constantinople se trouve daté du mois de juillet 1434. C'était le temps auquel les ambassadeurs grecs envoyés au concile tinrent leurs conférences avec les prélats de Bâle. Dès que le pape sut qu'ils étaient arrivés, il donna avis à ses légats de ce qu'il traitait à Constantinople par l'entremise de Garatoni, afin que le concile ne s'engageât point dans des projets contraires : c'est précisément ce qui arriva.

Après bien des discussions avec les Grecs, on tint donc cette dix-neuvième session du concile, et il y fut décidé que l'Eglise d'Occident ferait la dépense du voyage de l'empereur, du patriarche et de leur suite ; que pour le lieu où serait assemblé le concile général des deux Eglises, les envoyés de Constantinople tâcheraient de faire agréer la ville de Bâle à leur maître, et que, s'il ne l'approuvait pas, le concile accepterait l'endroit qui plairait le plus à ce prince. Les autres articles qu'on régla dans cette session regardaient la conversion des Juifs et le rétablissement des langues savantes dans les universités.

XX· Session. Dans la vingtième session qui est du 22 janvier 1435, on fit quelques règlements utiles, particulièrement contre le concubinage des clercs. Fleury dit à ce sujet : « Ces remèdes étaient faibles pour un si grand mal, qui n'a été détruit que par d'autres plus efficaces, employés depuis cent-cinq ans : l'institution des séminaires, les instructions données aux jeunes clercs, tant sur la doctrine que sur les mœurs, les examens et le choix pour les ordinations et la collation des bénéfices. Enfin on ne voit plus ce scandale public du quinzième siècle, et si quelques ecclésiastiques ne sont pas fidèles à leurs vœux, ils s'en cachent tant qu'ils peuvent. »

Mais ce qui manqua toujours au concile de Bâle, même dans ses meilleurs moments, c'est la sagesse pratique des affaires, c'est la prudente lenteur qui ne précipite rien : on n'y voit qu'une ardeur indiscrète de réformer à tort et à travers, au risque de remplacer certains abus par des abus plus grands encore. La cause en tenait, entre autres, à la composition même du concile. Ce qui y dominait, ce n'étaient pas les évêques, seuls juges de droit dans ces assemblées, mais une multitude d'ecclésiastiques du second ordre, venus de toutes parts, des professeurs scolastiques de Paris et d'ailleurs, qui, ne voyant les choses que de bas en haut, voulaient tout brouiller suivant leurs idées étroites et indigestes, ne fût-ce que pour taquiner tout ce qui était au-dessus d'eux.

XXI· Session. Ainsi, dans la vingt-unième session, neuf juin, on proposa d'abolir les annates, déports (a), premiers fruits, menus services et autres redevances qui allaient au pape ou à des prélats inférieurs, sous prétexte de collation, d'institution, de confirmation, d'investiture, en matière de bénéfices, dignités ecclésiastiques ou ordres sacrés.

L'archevêque de Tarente et l'évêque de Padoue, légats du pape, s'y opposèrent, disant qu'il était injuste de causer un si grand

(a) Pour l'explication de ce mot, V. l'art. ROUEN, l'an 1545.

préjudice à l'Église romaine, sans avoir consulté le saint-siége; que l'institution des annates était ancienne; que tout le clergé avait consenti à les payer; qu'on n'avait fait aucun changement à cet égard dans plusieurs conciles qui s'étaient tenus depuis leur établissement; que c'était, après tout, la ressource unique du souverain pontife et de sa cour; que, sans cette espèce de subside, la dignité du pape serait avilie; qu'il n'aurait ni le moyen d'envoyer des légats, ni la puissance de résister aux hérétiques, ni la facilité d'aider les princes et les prélats dépouillés de leurs dignités. Les légats concluaient qu'il fallait abandonner l'idée de ce décret, ou tout au moins chercher, de concert avec le pape, un dédommagement pour la cour romaine.

Il se trouva, dans les assemblées préliminaires à la séance publique, plusieurs personnes considérables qui approuvaient ces remontrances; mais la multitude y était contraire, et le cardinal Julien se joignant à elle, le décret passa malgré les oppositions des deux autres légats apostoliques.

On défendit donc totalement la perception de ces sortes de taxes ou redevances. On menaça les contrevenants d'employer contre eux les peines marquées par les canons contre les simoniaques; on déclara nuls tous les engagements pris à cet égard; et, comme pour mettre le comble à de mauvais procédés, le concile ajouta que, si le pape donnait atteinte à la disposition précédente, il fallait le déférer au concile général. Voilà ce que le concile de Bâle décrétaient contre le pape le neuf juin 1434.

Le pape, de son côté, qui n'en savait encore rien, leur écrivit, le vingt-deux du même mois, une lettre d'amitié paternelle. Il leur assure qu'il ne reste dans son esprit aucun nuage à l'occasion des querelles précédentes. « C'était, dit-il, une dispute sur la forme et les moyens, non sur la fin même, que l'on voulait également de part et d'autre; cela ressemblait à la division qui se mit entre saint Paul et saint Barnabé, quoique le zèle de l'Évangile les animât l'un et l'autre. Nous avons souhaité la paix et la réformation de l'Église. C'est pour cela que nous avons cédé à vos empressements, que nous nous sommes conformés à vos décrets... Nous le répétons encore aujourd'hui volontiers : notre dessein, notre désir est de vous aimer comme nos enfants, de vous honorer comme nos frères, d'être liés avec vous par les nœuds d'une ardente charité, et nous comptons que vous serez aussi les mêmes à notre égard; que vous témoignerez votre fidélité et votre dévoûment parfait au saint siége apostolique. »

Le reste de la lettre est un détail des persécutions que les Romains, poussés par le duc de Milan, qui se disait le vicaire du concile de Bâle en Italie, avaient faites depuis peu à la cour romaine. Elle avait eu bien de la peine à s'échapper de leurs mains; elle s'était retirée à Pise, puis à Florence, où elle était alors. Et ce fut là que le concile envoya aussi les cardinaux Nicolas Albergati et Jean de Cervantes, pour pacifier les troubles d'Italie. On prétend toutefois que le cardinal Albergati, qui avait à Bâle la qualité de premier légat du saint-siége, ne fut envoyé que parce qu'il était trop zélé pour la dignité du pape, et que les prélats du concile le trouvaient toujours opposé à leurs desseins. Ce qui est assez probable; car le bienheureux Nicolas Albergati était à la fois un très-saint et très-savant homme.

Cependant le concile de Bâle envoya au pape deux députés lui signifier ses décrets touchant le rétablissement des élections et l'abolition des annates. L'un d'eux, Jean Bachenstein, docteur en droit canon, fit, en présence du pape, un discours très-véhément sur cela, et se plaignit fort que les ordonnances du concile ne fussent pas observées en cour de Rome. Cette harangue est datée du 14 juillet 1433. Eugène promit en peu de mots d'y faire réponse par ses nonces. Il envoya à Bâle le général des camaldules et un auditeur de son palais, qui se plaignirent à leur tour de la conduite du concile par rapport à trois ou quatre articles. Par exemple, on y avait résolu de faire publier partout des indulgences, et d'appliquer l'argent qui en reviendrait à la réunion des Grecs; or, le pape représentait par ses nonces que cette manière de lever des subsides était fort contraire à l'esprit de l'Église, fort dangereuse et toute propre à rendre le clergé odieux, s'il arrivait que l'affaire des Grecs ne réussît point, comme on devait toujours s'en méfier. Les prélats du concile avaient aboli les annates et les autres redevances qui allaient à la chambre apostolique : sur cela, les envoyés du pape disaient qu'il fallait consulter le saint-siége auparavant; qu'il eût été à propos d'attendre des temps plus tranquilles, et où le patrimoine de l'Église ne serait pas envahi par ses ennemis; qu'on devait du moins assigner préalablement d'autres moyens de subsistance à la cour romaine, et que la promesse de les assigner n'était pas suffisante, puisqu'elle n'aurait lieu que pour un temps futur, au lieu que l'abolition des annates était actuelle.

« Cette remontrance n'était pas sans fondement, observe Favre, et il y a lieu de s'étonner que les Pères de Bâle aient fait ce décret sans avoir pris aucune mesure avec le pape, et n'aient pas prévu qu'il n'y obéirait point, et que c'était rompre avec lui de nouveau, comme il ne manqua pas d'arriver (a). »

Enfin le concile avait fait faire de grands reproches au pape sur ce qu'il attirait encore une infinité de causes à son tribunal, malgré les défenses du concile. Les envoyés du pape répondirent que ces causes venaient au saint-siége par une infinité de circonstances qu'on ne pouvait prévoir, que le saint-père en diminuait le nombre autant qu'il pouvait; qu'il en faisait de même à l'égard des élections; mais qu'après tout, il y avait

(a) Fleury, l. CII, n. 70.

bien plus à se récrier contre la multitude des affaires grandes et petites, générales et particulières, que le concile rappelait à lui; qu'il suffisait d'être *incorporé* au concile pour avoir droit d'y plaider ou d'y demander des grâces; que plusieurs s'y faisaient *incorporer* pour jouir de ces avantages, au détriment de leurs parties, et uniquement par attention sur leurs propres intérêts.

Le concile répliqua aux envoyés du pape par la bouche du cardinal Julien. Il s'étendit beaucoup sur les annates, sans les remplacer autrement que par des promesses; mais il ne toucha point l'article de la multitude des affaires qui se traitaient à Bâle. Dans le fait, il y avait de si grands excès sur cela, que les plus graves d'entre les prélats étaient les premiers à en témoigner leur mécontentement. L'empereur Sigismond lui-même se plaignit du peu d'égards qu'on avait eu pour lui à Bâle, et de l'étendue trop grande qu'on donnait aux occupations du concile. Il spécifia surtout certaines causes que les prélats avaient entamées, quoiqu'elles regardassent plutôt la puissance impériale que celle de l'Eglise. Par rapport à la France, le concile se réduisait un peu plus dans les affaires ecclésiastiques; mais on lui en porta un si grand nombre, qu'on ne sait comment il pouvait ou voulait satisfaire à tant de discussions.

Depuis plus de quatre ans que le concile de Bâle était assemblé, il n'avait encore porté aucun décret dogmatique. Tout le temps s'y passait à harceler le pape, à multiplier les règlements de discipline, à discuter une infinité d'affaires de toute espèce; on eût dit qu'il voulait absorber toute l'administration de l'Eglise et de l'empire, et se transformer en parlement perpétuel. Jamais on n'avait vu un concile si long, ni faisant tant de bruit et si peu de fruit.

XXIIe *Session.* Enfin, dans sa vingt-deuxième session, le vingtième d'octobre 1433, il commença à fulminer des anathèmes, et ce fut contre un livre pernicieux, dont on faisait auteur l'archevêque de Nazareth, Augustin de Rome, auparavant général des ermites de St.-Augustin. Cet ouvrage, fruit méprisable d'une fausse métaphysique, contenait, entre autres propositions, que Jésus-Christ pèche toujours et qu'il a toujours péché dans les fidèles qui sont ses membres; que les seuls élus, destinés à régner éternellement dans le ciel, sont les membres de Jésus-Christ; que la dénomination de membres de Jésus-Christ doit être donnée selon la prescience; que l'Eglise, composée des membres de Jésus-Christ, comprend les seuls élus; que la nature humaine en Jésus-Christ est véritablement Jésus-Christ; qu'elle est la personne de Jésus-Christ; qu'elle est Dieu naturellement et proprement; que Jésus-Christ, selon sa volonté créée, aime autant la nature humaine, unie à la personne divine, qu'il aime la nature divine; que comme deux personnes dans la Trinité sont également aimables, ainsi les deux natures en Jésus-Christ sont également aimables, à cause de la personne qui est commune; que l'âme de Jésus-Christ voit Dieu aussi clairement et aussi parfaitement que Dieu se voit lui-même. Toutes ces propositions furent condamnées comme erronées dans la foi: on épargna la personne de l'auteur, parce qu'il s'était soumis au jugement de l'Eglise (a); et, afin que ces fausses opinions ne fissent aucun progrès parmi les ecclésiastiques de France, on envoya le décret de condamnation à l'université de Paris.

XXIIIe *Session.* Dans la session suivante, vingt-cinq mars 1436, les prélats de Bâle reprirent leur habitude de vouloir régenter le pape et l'Eglise romaine. Ils déterminèrent, par de nouveaux règlements, l'ordre et la police des conclaves; les qualités de ceux qui seraient choisis pour remplir le saint siége; la profession de foi et les serments qu'on exigerait d'eux; le soin qu'il faudrait prendre de les avertir tous les ans des plus essentiels de leurs devoirs. Ils fixèrent le nombre des cardinaux à vingt-quatre. Ce doivent être, dit le décret, des sujets choisis dans les divers Etats de la chrétienté, des hommes sages, éclairés, expérimentés dans les affaires de l'Eglise, très-rarement des parents de rois ou de souverains, jamais des neveux de papes ou de cardinaux. Enfin les actes nous présentent encore des ordonnances pour rétablir les élections et pour condamner les réserves.

XXIVe *Session.* La vingt-quatrième session, dix-huit avril 1436, ramena l'affaire de la réunion des Grecs. Aussitôt après la dix-neuvième session, septième de septembre 1434, le concile envoya au pape un chanoine d'Orléans, nommé Simon Fréron, pour lui faire part de ses décrets et le prier d'y donner son approbation; car, chose remarquable, c'était un point expressément stipulé par les ambassadeurs de l'empereur Jean Paléologue. Le pape témoigna sa surprise, de ce qu'une affaire de cette importance eût été terminée sans son aveu; il s'en plaignit même au concile, lui témoignant toutefois que si l'union pouvait réussir de la manière qu'on avait imaginée à Bâle, il y consentait volontiers. La lettre d'Eugène, datée du quinze novembre 1434, est d'une modération qui marque combien il avait à cœur de ménager cette assemblée.

Cependant, avant la fin de la même année, le secrétaire pontifical, Christophe Garatoni, que le pape avait député à Constantinople au mois de juillet précédent, repassa en Italie avec quelques envoyés munis de pleins pouvoirs de l'empereur des Grecs, pour terminer, en présence du pape, le projet du concile de Constantinople; et comme ces nouveaux ambassadeurs pensaient bien que leur négociation serait contraire à ce qui aurait été décidé à Bâle, décision qu'ils ne connaissaient pas encore, ils mandèrent promptement aux trois seigneurs de leur nation, qui étaient à Bâle, de casser les con-

---

(a) On trouve cependant ailleurs que ce même auteur appela au pape du jugement du concile. *Voy. Ampliss. Collect. VIII*, p. 953.

ventions faites avec le concile, parce que le pape et l'empereur avaient pris d'autres mesures.

Ces seconds députés, venus récemment de Constantinople, passèrent eux-mêmes à Bâle quelques mois après, et le pape leur associa le même Garatoni, son secrétaire, pour exposer au concile tout ce qui avait été réglé avec Jean Paléologue. C'était une déférence que le pape témoignait aux prélats de Bâle, et une attention nécessaire pour concilier les diverses conclusions qu'on avait prises dans cette affaire extrêmement compliquée. Mais le concile fit savoir à Eugène IV, par une lettre du cinq mai 1435, qu'il n'approuvait point le projet d'une assemblée à Constantinople, et qu'il voulait s'en tenir à ce qui avait été conclu dans la dix-neuvième session. Sur cela, le pape prit le parti d'envoyer encore à Constantinople pour informer l'empereur de l'embarras qui s'était formé dans la négociation. L'envoyé, qui était toujours le secrétaire pontifical Garatoni, avait ordre de proposer à l'empereur la célébration d'un concile en Italie, et le pape promettait de s'y rendre en personne, si l'on convenait d'un lieu sûr et commode. L'empereur fut ébranlé de ces propositions; après bien des conférences, il les accepta; on ne parla plus du concile de Constantinople, et les attentions se tournèrent à convenir du lieu qui sourirait le plus aux deux partis.

Dans le même temps arrivèrent à Constantinople trois envoyés du concile de Bâle, tous trois de l'université de Paris. Ils eurent audience de l'empereur le vingt-cinq novembre 1435, et lui présentèrent les articles conclus depuis peu dans le concile, quoique non publiés, encore en pleine session; c'étaient des assurances générales de la part des prélats de Bâle de concourir à l'union des deux Eglises. Ils offraient tous les sauf-conduits nécessaires pour le transport de l'empereur et de ses évêques; et le terme était marqué au mois de mai 1437. Il n'était encore rien dit du lieu où se traiteraient les affaires: c'était toutefois la question essentielle.

L'empereur et le patriarche répondirent par des lettres datées du lendemain vingt-six novembre. Ils témoignaient toujours un grand désir de l'union; ils consentaient à la traiter en Occident; mais ils demandaient que le lieu des conférences entre les prélats des deux Eglises fût un port de mer, afin que l'empereur, sa cour et ses évêques, pussent s'y rendre plus promptement, plus commodément, et qu'ils fussent moins éloignés de Constantinople, toujours inquiétée par les courses des Turcs.

Ces lettres furent apportées à Bâle par un des envoyés du concile, et il était chargé de déclarer aux prélats que, nonobstant ce qu'ils avaient réglé dans leur dix-neuvième session, touchant le lieu où se ferait l'union, les Grecs étaient résolus de n'en accepter aucun qui ne fût maritime.

Il faut se souvenir ici qu'on n'avait déterminé aucun endroit particulier dans cette dix-neuvième session; que la plupart des villes dont on était convenu ne sont point voisines de la mer, et que celle d'Avignon n'y est point nommée. Tout cela doit être remarqué pour la suite de ce concile.

XXIV⁰ *Session.* Au retour de son député, le concile célébra sa vingt-quatrième session, le quatorze avril 1436. Il ne s'y trouva, dit-on, que vingt-trois prélats, dont dix seulement étaient évêques. Cette assemblée ne laissa pas de faire des règlements considérables. Elle ratifia les promesses faites à l'empereur de Constantinople; elle publia des indulgences en faveur de la réunion qu'on méditait avec les Grecs. Il était dit dans le décret, que quiconque fournirait pour cette bonne œuvre la valeur de ce qu'il dépensait par semaine pour sa subsistance, et qui joindrait à cela les bonnes œuvres ordinaires, confession, communion, prières vocales et quelques jeûnes, obtiendrait une fois durant sa vie, et une autre fois à l'heure de sa mort, la rémission entière de ses péchés.

Le concile accordait des pouvoirs très-amples aux confesseurs à cet égard, il étendait le temps des indulgences à deux années, et réglait la manière de percevoir l'argent des fidèles, afin qu'il ne s'y glissât aucune fraude ni soupçon de mauvaise foi ou de supercherie.

Ce décret éprouva des difficultés infinies, et les légats du saint-siége, à la tête des principaux d'entre les prélats, ne voulurent jamais y consentir. Ils savaient les intentions du pape, qui s'était toujours opposé à cette manière de subvenir aux besoins actuels de l'Eglise. Eugène IV éleva la voix encore plus haut quand il apprit le résultat de la vingt-quatrième session. Il fit repartir les cardinaux de Sainte-Croix et de Saint-Pierre-aux-Liens qu'il avait retenus longtemps auprès de sa personne, et il leur ordonna de remontrer aux prélats les inconvénients de cette publication d'indulgences. Il paraît par les monuments qui nous restent de cette controverse, que le pape refusait au concile le droit d'accorder des indulgences plénières : c'est qu'il considérait cette assemblée dans l'état où elle se trouvait alors, c'est-à-dire privée du consentement des légats du saint-siége, contredite positivement en ceci par le pape, et réduite à un très-petit nombre d'évêques.

Quoi qu'il en soit, les auteurs du décret se défendirent par un mémoire qui fut lu dans une congrégation générale, en présence des deux cardinaux, porteurs des ordres du pape; et tous leurs raisonnements prouvaient fort bien que le concile œcuménique pouvait accorder des indulgences plénières; mais la question était de savoir si celui de Bâle, vu la contradiction et l'opposition de tant de têtes si considérables, pouvait passer alors pour œcuménique. Au reste, l'assemblée de Bâle a toujours tourné dans le même cercle vicieux.

Cependant le pape, voyant croître de plus

en plus l'ardeur des prélats de Bâle, résolut d'envoyer dans toutes les cours des nonces pour informer les princes de ce qui s'était passé depuis le commencement du concile jusqu'alors, c'est-à-dire jusqu'au premier de juin 1436 ; car c'est le terme que le pape indiquait lui-même.

Il reprochait aux prélats de Bâle d'avoir dégradé en quelque sorte les légats du saint-siége par les modifications mises à leurs pouvoirs; de s'être établis et confessés corps acéphale, en déclarant que, si les légats ne voulaient pas publier les décrets, on se passerait de leur ministère, et que la publication se ferait par le premier prélat qui serait placé après eux ; d'avoir renouvelé et pris dans un sens étranger deux décrets du concile de Constance; soumettant, disait-il, par là le souverain Pontife à la correction du concile ; ce qui n'a jamais été reconnu des fidèles, ni enseigné par les docteurs : ce qui d'ailleurs serait d'un mauvais exemple pour les princes ; car il s'ensuivrait qu'ils sont aussi soumis aux états généraux de leurs principautés.

Le pape se plaignait encore des décrets émanés du concile pour l'abolition des annates, et il observait que cette assemblée se contredisait elle-même, puisque l'on voyait partout ses collecteurs et ses agens exiger les annates, et les appliquer au profit du concile. Il condamnait de même tout ce qui avait été réglé à Bâle sur l'ordre des conclaves, l'élection des papes, le nombre des cardinaux, l'extinction des réserves. Il réprouvait surtout les nouvelles indulgences accordées dans la vingt-quatrième session, malgré les remontrances des prélats les plus distingués. Il détaillait la multitude des affaires dont le concile se surchargeait ; provision de bénéfices, confirmations d'assemblées capitulaires, établissements de commendes, pouvoirs de confesser et d'absoudre des censures, canonisations de saints, dispenses en matière d'ordres, d'irrégularités, de mariage, etc. Ce n'est encore que la moindre partie des objets dont le mémoire fait mention.

Le pape souffrait aussi impatiemment que le concile se fût donné un sceau particulier ; qu'il rappelât à lui des causes jugées par le saint-siége ; qu'il eût supprimé dans la célébration de la messe l'oraison que toute l'Eglise dit pour le pape ; qu'il eût accordé le droit de suffrage et de voix définitive à d'autres qu'aux prélats. « Ce qui est, disait-il, contre la pratique ancienne des conciles, où les évêques seuls, représentant leurs diocèses, souscrivaient aux décrets ; et si l'on a un peu plus étendu ce droit de suffrage dans le concile de Constance, c'est qu'on voulait obtenir plus promptement l'extirpation du schisme; mais les prélats de Bâle abusent de cet exemple par leur manière de terminer tout au moyen de ce qu'ils appellent les députations ; car souvent ceux qui composent ces tribunaux sont les plus minces sujets et les moins titrés de toute l'assemblée. »

Le mémoire exposait ensuite tout ce que le pape avait fait pour entretenir la paix avec ceux de Bâle : comment il avait remis à leur décision l'affaire de la réunion des deux Eglises, quoique, avant eux, il fût convenu avec l'empereur de Constantinople d'un moyen plus court et plus facile que tout ce qu'on avait imaginé depuis dans le concile ; comment il avait offert pour cette affaire des sommes suffisantes, si l'on voulait convenir à l'amiable du lieu où on recevrait les Grecs ; comment il n'avait jamais cherché qu'à faire du bien a x membres du concile, soit en leur conférant des bénéfices, soit en accordant pour eux toute sorte de pouvoirs aux pénitenciers subalternes, par rapport à l'absolution des crimes et des censures.

Enfin, après des plaintes très-vives sur ce que les cardinaux de Sainte-Croix et de Saint-Pierre-aux-Liens avaient été si mal reçus par le concile, le pape déterminait à ses nonces ce qu'ils avaient à dire dans toutes les cours.

Leur principale fonction devait être d'engager les princes à rappeler de Bâle leurs ambassadeurs et leurs évêques, afin de procéder ensuite à un concile moins tumultueux. Il y avait des remontrances particulières pour les principaux d'entre les souverains : par exemple, ordre aux envoyés de faire ressouvenir l'empereur du serment qu'il avait fait de protéger le pape et l'Eglise romaine ; et, pour le roi de France, on le priera, disait le mémoire, de considérer combien ses prédécesseurs ont eu à cœur la gloire du saint-siége ; combien de fois ils ont procuré un asile sûr et honorable dans leurs Etats aux souverains pontifes persécutés ; combien de mouvements ils se sont donnés pour ménager l'extirpation du dernier schisme.

L'objet capital des prélats de Bâle était toujours la réunion des Grecs ; il fallait nommer incessamment un lieu propre à les recevoir. On voulait leur faire agréer la ville de Bâle, et les Grecs excluaient positivement cet endroit. On leur proposait encore Avignon, ou quelque autre ville en Savoie. Avignon n'était point marqué dans le traité conclu avec les envoyés de Paléologue. Il y était mention de la Savoie ; mais il paraît que les prélats affectionnaient beaucoup plus Avignon.

Sur ces entrefaites, arriva une ambassade de Constantinople ; et Jean Dissipati, qui en était le chef, se plaignit fort dans une audience du quinze de janvier 1437, qu'on eût choisi des endroits qui n'étaient point contenus dans les actes de la dix-neuvième session du concile. C'était d'Avignon qu'il voulait parler ; il exclut encore la ville de Bâle ; il dit que sous le nom de Savoie, on avait entendu une ville qui serait de la domination du duc de Savoie, mais située en Italie, et non au delà des Alpes. Il demanda qu'on assignât un lieu qui fût agréable au pape, commode pour eux et avantageux à l'union. « Eh quoi ! dit-il, tandis que notre empereur, notre patriarche, nos prélats passent la mer et viennent de loin, vous refuserez de faire un voyage de sept à huit jours pour réconcilier les deux Eglises! » Ce voyage de sept ou huit jours indiquait le temps qui serait nécessaire pour se rendre en quelque ville d'Italie, voisine de la mer, et à la bienséance des Grecs. L'orateur finit par des protestations authentiques contre tout ce que les prélats pourraient décerner au désavantage de l'empereur de Constantinople et de l'église grecque. Vous seuls, ajoutait-il, serez coupables du mauvais succès de cette négociation, si vous n'entrez un peu plus dans les intérêts de ceux qui nous ont envoyés.

Ces remontrances firent naître bien des altercations dans le concile. Les uns voulaient qu'on s'en tînt à la ville d'Avignon ; les légats du pape et les plus considérables d'entre les prélats ne jugeaient pas à propos de consentir à ce choix. Les légats proposèrent ou Florence ou Udine dans le Frioul, ou quelque autre ville d'Italie, selon qu'il avait été réglé par la dix-neuvième session. Ils étaient appuyés dans leur demande par les ambassadeurs des princes. Ceux du roi de France, Charles VII, avaient des ordres très-précis pour faire accepter dans le concile un lieu dont le pape et les Grecs fussent contents. Le roi préférait même la ville de Florence à tous les autres endroits qu'on proposait, et le pape en fit des remerciements à ce monarque.

Les partisans de l'opinion contraire faisaient le plus grand nombre; mais c'était, dit Augustin Patrice, la vile populace du concile. Il entend par là tout ce qu'il y avait de moins titré et de moins habile parmi les prélats de Bâle. Il dit même que, pour grossir le nombre, on admit aux assemblées une multitude d'ecclésiastiques de la campagne, et de bas officiers attachés au service des prélats. Le cardinal Aleman, archevêque d'Arles, était à la tête de ce parti, et dès là il se mit en possession de cette grande autorité qu'il conserva durant le reste du concile. C'était un homme pieux, austère, mais d'un esprit borné, d'une érudition indigeste, et surtout prévenu et piqué contre le pape Eugène IV, parce qu'il n'en avait pas obtenu la dignité de camerlingue. Au contraire, le cardinal de Saint-Ange, Julien Césarini, jusque-là si opposé au pape, se retourna de son côté, et ne voulut plus souffrir qu'on portât des coups à l'autorité de ce pontife.

XXVe *Session*. La vingt-cinquième session manifesta les sentiments divers qui agitaient le concile ; elle fut tenue le 7 mai 1437. L'assemblée ne pouvant s'accorder sur le lieu qu'on assignerait aux Grecs, la délibération aboutit à deux décrets. Le premier avait pour auteurs les légats du pape et les plus graves d'entre les prélats. Il y était dit que l'affaire des Grecs se traiterait à Florence ou à Udine dans le Frioul, ou dans quelque autre ville commode en Italie, et que la levée des décimes ne se ferait point avant que l'empereur et le patriarche de Constantinople fussent arrivés au lieu du concile, de peur qu'on ne soupçonnât de la séduction si l'on percevait des sommes d'argent, et que le projet ensuite ne réussît pas, comme cela pouvait arriver.

Ce décret, dit Æneas Sylvius, paraissait le plus équitable; mais il n'était pas soutenu du plus grand nombre des Pères. En effet, la multitude, présidée par le cardinal d'Arles, décida que le concile des deux Eglises serait tenu à Bâle ou à Avignon, ou en Savoie ; que l'imposition des décimes serait faite au plus tôt ; que ceux d'Avignon pourraient envoyer des collecteurs pour les lever jusqu'à la concurrence de soixante-dix mille florins, dont ils avaient déjà avancé une partie ; que les évêques de Viseu, de Lubec, de Parme, de Lausanne, iraient prendre les Grecs à Constantinople, et que ceux-ci seraient obligés de se laisser conduire dans quelqu'un des trois endroits qu'on vient de nommer.

Tout ceci, comme on voit, formait déjà une rupture éclatante dans le concile : elle parut encore davantage, lorsqu'il s'agit de sceller les décrets de la session ; car chaque parti voulait que les sceaux fussent apposés à ce qu'il avait décerné, et qu'ils ne le fussent point à ce qui avait été décerné par la faction opposée. Sur cela, les présidents imaginèrent un moyen de conciliation : c'était de nommer trois commissaires pour juger le différend. Le choix tomba sur le cardinal de Saint-Pierre-aux-Liens (Jean de Cervantes, Espagnol), sur Nicolas Tudeschi, archevêque de Palerme, et sur l'évêque de Burgos. Si nous en croyons les actes d'Augustin Patrice, ces commissaires firent sceller le décret publié par les légats et par les prélats attachés au pape ; si l'on ajoute foi au traité qui porte le nom de l'archevêque de Palerme, ils firent sceller la définition du parti déclaré contre Eugène IV, et le décret des autres ne fut scellé que par une fourberie insigne, dont l'archevêque de Tarente, un des légats du pape, était l'inventeur, et deux ou trois ecclésiastiques du second ordre se firent les exécuteurs, en forçant le coffre où le sceau du concile était gardé. Il est impossible de démêler la vérité sur cet article, comme sur beaucoup d'autres, parce que les intérêts divers ont altéré bien des actes qui concernent les faits que nous traitons. Il faut toutefois observer quelques circonstances dont on ne peut douter. Premièrement, les actes d'Augustin Patrice furent conservés très-précieusement à Bâle, jusqu'au temps où l'ecclésiastique de Bâle les trouva et les publia, c'est-à-dire jusqu'à l'an 1480, et il assure qu'il les donne avec une entière fidélité. Secondement, ces actes avaient été rassemblés d'abord par Jean de Ségovie, espagnol fort attaché au parti des prélats de Bâle contre Eugène : d'où l'on peut conclure, ce semble, qu'il ne s'y est glissé, pour le fond, aucun trait trop favorable à ce pontife. Troisièmement, dans le cas présent, l'archevêque de Palerme fait faire au cardinal de Saint-Pierre-aux-Liens un personnage qui ne s'accorde guère avec les autres monuments de l'histoire. Ce cardinal était le premier des légats du pape, et en même temps le premier des commissaires. En qualité de légat, il s'était hautement déclaré pour l'assignation d'une ville à la bienséance des Grecs et du pape. En qualité de commissaire, on le représente comme très-opposé à ce sentiment et à l'acte qu'on en avait publié dans la session; on lui fait même apposer le sceau à un décret tout contraire, c'est-à-dire à celui qui était émané du cardinal d'Arles et de ses partisans. Conçoit-on bien que la même tête ait rassemblé des pensées si contradictoires? Enfin, ce Jean Tudeschi, archevêque de Palerme, qui était aussi un des commissaires, et qu'on nous donne pour l'auteur du traité sur le concile de Bâle, doit passer pour un témoin très-suspect dans toutes les relations qui touchent les affaires présentes. A la vérité, ce fut un des plus grands canonistes de son temps; mais il déshonorait ses lumières par une ambition extrême, par un caractère tout de politique, de flatterie et d'artifices. Il avait le titre d'ambassadeur d'Aragon au concile : quand le roi son maître s'accordait avec la cour romaine, l'archevêque défendait le pape devant l'assemblée de Bâle. Quand le roi d'Aragon croyait avoir raison de se plaindre d'Eugène IV, le même prélat élevait la voix contre ce pontife; et ce fut dans un de ces moments de brouillerie qu'il accepta le chapeau de cardinal, dont l'antipape Félix V le gratifia.

Quoi qu'il en soit de ces discussions de critique ou de controverse, il est certain que les ambassadeurs des Grecs approuvèrent fort le décret des légats; ils en demandèrent la confirmation au pape, et Eugène le la donna par une bulle datée de Bologne le 29 juin 1437. Dès lors tout se suivit régulièrement de ce côté. Le concile s'ouvrit à Ferrare le 8 janvier 1438, dix mois après que l'empereur et le patriarche de Constantinople, avec les autres évêques grecs et tous les gens de leur suite, y furent arrivés; et bientôt après, la peste ayant obligé les Pères à quitter cette ville, le concile fut transféré à Florence, où il se continua avec activité.

XXVI° *Session*. A Bâle au contraire tout alla de mal en pis. On reprit contre Eugène la voie des menaces, des procédures, des anathèmes, et la querelle fut poussée jusqu'aux dernières extrémités. Dès la vingt-sixième session, tenue le 31 juillet 1437, on publia un décret par lequel le pape et les cardinaux étaient cités à comparaître en personne ou par procureur dans l'espace de soixante jours. Cet acte contient une longue énumération des entreprises irrégulières dont on accusait Eugène.

XXVII° *Session*. Dans la vingt-septième session, datée du 26 septembre suivant, on cassa la nomination au cardinalat du patriarche d'Alexandrie Jean Vitelleschi; et la raison de cette démarche fut qu'il avait été réglé dans une des sessions que le pape ne ferait aucuns cardinaux durant la célébration du concile. Un autre décret de ce même jour défendait au pape d'aliéner la ville d'Avignon et le comtat Venaissin.

XXVIII° *Session*. Le premier jour d'octobre de la même année, le terme de l'ajournement publié contre le pape et la cour romaine étant expiré, on tint la vingt-huitième session, où Eugène IV fut déclaré contumace; mais le pape publia ce jour-là même sa bulle *Doctoris gentium*, par laquelle le concile était transféré de Bâle à Ferrare.

XXIX° *Session*, 12 octobre. On ordonna la suppression de cette bulle, donnée pour la translation du concile. Ce fut après cette session, selon quelques-uns, que le cardinal Julien, qui, depuis les sessions précédentes, n'avait cessé de protester contre les opérations de ses collègues, se retira du concile pour n'y plus reparaître.

XXX° *Session*, 23 décembre. On n'y fit qu'un décret en faveur de la communion sous une seule espèce; décret beaucoup moins fort que celui de Constance touchant la même matière, puisqu'au lieu que celui-ci portait la peine d'excommunication contre les prêtres qui communieraient de simples fidèles sous les deux espèces, les prélats de Bâle se bornent à déclarer dans le leur qu'il n'est permis à personne de changer la coutume introduite sur ce point dans l'Eglise.

XXXI° *Session*, 24 janvier 1438. On fit trois décrets, dont le premier porte que les causes seront toutes terminées sur les lieux, à l'exception des causes majeures. Le deuxième révoque toutes les grâces expectatives, et contient d'autres règlements dont il n'est pas besoin de faire le détail. Par le troisième, Eugène fut déclaré suspens de toutes ses fonctions, au temporel comme au spirituel. On avertissait les rois, les princes et tous les ecclésiastiques de ne plus lui rendre obéissance. Tout cet acte est semé de termes durs contre le pontife : c'était une méthode passée en style, sous la plume de ces prélats et de ces docteurs. Le cardinal d'Arles présidait alors l'assemblée, ce qu'il continua de faire depuis : les autres cardinaux s'étaient réunis au pape.

XXXII° *Session*, 24 mars. Comme le concile de Ferrare venait d'être ouvert avec les solennités ordinaires, et qu'il commençait à délibérer sur la réunion des Grecs, les prélats de Bâle employèrent leur trente-deuxième session à fulminer de nouveaux anathèmes contre cette assemblée, qu'ils traitaient de *conventicule schismatique*.

Le 16 octobre 1438, on commença d'entendre les témoins contre Eugène. Cette information roulait sur son gouvernement et sur ses mœurs; mais comme on craignit que la matière ne fût pas assez abondante pour autoriser une sentence de déposition, on dressa un mémoire contenant huit articles, selon lesquels le pape devait être examiné et jugé. Il plut au concile, dit le P. Alexandre, d'appeler ces articles des vérités de foi; et l'on y disait que le concile général est au-dessus du pape; qu'il ne peut être dissous, ni transféré, ni prorogé, à moins que les Pères n'y consentent; que celui qui contredit ces vérités est hérétique; que le pape Eugène a contredit ces vérités, la première fois qu'il a voulu dissoudre et transférer le concile; que par les avis du concile il a rétracté cette erreur; mais qu'il y est retombé depuis, en voulant une seconde fois dissoudre et transférer le concile ; que persistant dans sa résolution, malgré les monitions du concile, et tenant même un *conciliabule* à Ferrare, il se déclare contumace, opiniâtre et relaps.

Ces huit propositions furent agitées avec une vivacité infinie par les prélats réunis en congrégation, et l'on disputa en conséquence sur les qualifications que méritait le pape. Il y eut trois avis à cet égard : les uns prétendaient qu'il était hérétique ; les autres, qu'il n'était pas seulement hérétique, mais encore opiniâtre et relaps ; enfin un troisième parti, qui était le moins nombreux, quoique le plus sage, soutenait qu'Eugène ne méritait aucun de ces reproches.

XXXIIIe *Session*, 16 mai 1439. On ne compta dans cette trente-troisième session que vingt prélats, tant évêques qu'abbés : mais en récompense, on y vit plus de quatre cents ecclésiastiques du second ordre, sans compter que le cardinal d'Arles, voulant concilier de la vénération à l'assemblée, fit apporter toutes les reliques de la ville, et les mit à la place des évêques absents. « Ce qui inspira, dit Æneas Sylvius, tant de dévotion, que les bonnes gens qui furent témoins de ce spectacle fondaient en larmes et priaient Dieu très-ardemment de protéger son Église. » Ces *bonnes gens* ne savaient apparemment pas que Jésus-Christ a donné au pape et aux évêques, et non aux châsses des saints le pouvoir de terminer les questions de la foi ; mais le cardinal d'Arles, qui ne pouvait ignorer ce principe, profitait de tout pour arriver à son but, et il crut en effet y être parvenu dans cette session, en faisant publier le décret déjà minuté dans les congrégations précédentes. Il était conçu en ces termes : « Le saint concile de Bâle déclare et définit ce qui suit : 1° C'est une vérité de foi catholique, que le concile général, représentant l'Église universelle, a une autorité supérieure à tout individu, même au pape, en ce qui concerne la foi, l'extirpation du schisme et la réforme de l'Église dans son chef et dans ses membres. 2° C'est une vérité de foi catholique, que le pape ne peut en aucune façon dissoudre, ni transférer, ni proroger le concile général, représentant l'Église universelle, à moins que ce concile lui-même n'y consente. 3° On doit regarder comme hérétique quiconque contredit les deux vérités précédentes. » Et voilà tout le résultat de cette session trente-troisième, où tout se passa, dit Æneas Sylvius, avec beaucoup de paix, d'ordre et de silence.

XXXIVe *Session*. Le 25 du mois de juin, le conciliabule tint sa trente-quatrième session, où le pape Eugène fut déposé, comme *désobéissant, opiniâtre, rebelle, violateur des canons, perturbateur de l'unité ecclésiastique, scandaleux, simoniaque, parjure, incorrigible, schismatique, hérétique, endurci, dissipateur des biens de l'Église, pernicieux et damnable*. Le décret défendait à tout le monde de le reconnaître désormais pour pape, et déclarait les contrevenants déchus par le seul fait de toutes leurs dignités, soit ecclésiastiques, soit séculières, *fussent-ils évêques, archevêques, patriarches, cardinaux, rois ou empereurs*. Or tout ceci était statué par une assemblée où l'on comptait trente-neuf prélats, dont il n'y avait que sept ou huit qui fussent évêques ; et si l'on en croit le cardinal Turrecremata, ils étaient tous notés par quelque endroit, qui devait les faire récuser dans un jugement bien réglé. « Nous apprenons aussi de saint Antonin, dit le P. Alexandre, que quelques-uns de ceux qui déposèrent Eugène IV avaient été privés de leurs dignités par ce pontife à cause de leurs crimes. Enfin, pour porter cette sentence de déposition, ils n'étaient que sept ou huit évêques, tandis que les canons en demandent douze pour la déposition d'un simple évêque. » Cette réflexion fut faite, dans le temps même, par tous les théologiens restés fidèles à Eugène, et en particulier par Nicolas de Cusa, qui fut un de ses nonces à la diète de Mayence en 1441.

XXXVe *Session*, 10 juillet. On y déclara que l'assemblée continuerait ses fonctions, et que, dans le terme de soixante jours, à compter du moment de la déposition d'Eugène, on procéderait à l'élection d'un souverain pontife.

XXXVIe *Session*, 17 octobre. On y définit que la doctrine de la conception immaculée de la sainte Vierge est pieuse, conforme au culte de l'Église, à la foi catholique, à la raison et à l'Écriture sainte ; qu'elle doit être approuvée, tenue et embrassée par tous les catholiques, et que désormais il ne sera plus permis à personne de prêcher et d'enseigner le contraire. Les prélats dressèrent ensuite une prétendue apologie de leur conduite, pour servir de réponse au décret que le pape Eugène avait rendu contre eux.

XXXVIIe *Session*, 24 (a) octobre. On y détermina que toutes les protestations, oppositions et autres empêchements qu'on aurait mis ou qu'on mettrait à la future élection seraient nuls, quand même ils viendraient de la part de l'empereur, des rois, des cardinaux, des évêques, et en général de quelque personne que ce fût ; que les décrets publiés dans le concile pour l'élection des papes seraient gardés ponctuellement ; que le conclave prochain serait composé du cardinal d'Arles et de trente-deux autres électeurs ; qu'ils communieraient tous et feraient les serments avant d'y entrer ; que celui-là serait reconnu pape, qui aurait les deux tiers des voix ; que l'élu jurerait de garder la foi catholique, les décrets des conciles généraux, et en particulier ceux de Constance et de Bâle ; qu'on empêcherait la mauvaise coutume de piller la maison et les biens du pontife élu et des électeurs ; qu'enfin durant le conclave toutes sortes d'affaires seraient suspendues, hors l'audience ordinaire de la chambre apostolique.

XXXVIIIe *Session*. Le 30 octobre, on tint la trente-huitième session, où l'on publia trois décrets : le premier, pour condamner la dernière bulle d'Eugène ; le second, pour expliquer et limiter un règlement publié dans le concile touchant les élections ; le troisième

---

(a) Le continuateur de Fleury, et après lui le P. Richard, se sont mépris en la plaçant le 28.

enfin, pour confirmer le choix des trente-trois électeurs. Puis, après que les électeurs, dont douze seulement avaient le caractère épiscopal, eurent prêté le serment, on chanta le *Te Deum*, et tout de suite on se mit en marche pour aller au conclave.

C'était une grande maison, destinée auparavant à donner le bal. On la sanctifia, dit plaisamment Æneas Sylvius, par l'élection d'un pape. Il y avait des salles hautes et basses; on les partagea en des cellules, qui se trouvèrent fort inégales pour la commodité et la situation. C'était naturellement au cardinal d'Arles et aux évêques électeurs qu'il appartenait de choisir; mais, dans ce concile de Bâle, on avait accoutumé les simples prêtres à une sorte d'égalité dont ils se prévalurent en cette occasion. A leur demande, on tira les cellules au sort; la première et la meilleure échut à un simple prêtre, et la dernière et la plus incommode à un évêque, qui fut celui de Tortose.

Le conclave dura cinq jours, et le 5 novembre, Amédée, duc de Savoie, ayant obtenu vingt-six voix au cinquième tour de scrutin, fut déclaré pape. Il avait été marié, et la vie qu'il menait, disent quelques-uns, à Ripaille, n'était guère une préparation au souverain pontificat.

XXXIX° *Session*, 17 novembre. On confirma l'élection, et le 3 décembre suivant, on nomma une ambassade pour aller offrir la tiare au duc de Savoie. Après quelques essais de résistance, le prince acquiesça et prit le nom de Félix V, quoiqu'il eût d'abord souhaité garder le sien. Il ne se rendit à Bâle que le 24 juin 1440, et il y fut sacré et couronné le 24 juillet suivant.

XL° *Session*, 26 février 1440. On y confirma l'élection d'Amédée, et on excommunia tous ceux qui ne le reconnaîtraient pas pour pape.

XLI° *Session*, 23 juillet. On condamna la sentence du pape Eugène, qui avait frappé d'interdit Félix et ses partisans.

XLII° *Session*, 4 août. On permit au prétendu pape d'exiger, pendant les cinq premières années de son pontificat, le cinquième du revenu des bénéfices, et le dixième les cinq suivantes, et l'on travailla à le faire reconnaître par les princes séculiers. Mais, malgré tous ces efforts, il n'eut jamais dans son obédience que la Savoie, les Suisses, la ville de Bâle, celle de Strasbourg, Albert de Bavière prince de Munich, quelques villes en Saxe et quelques universités. D'autres princes, qui voulaient bien reconnaître le concile de Bâle, n'adhéraient cependant point à Félix. L'empereur Frédéric d'Autriche fit comme la plupart des princes d'Allemagne, et embrassa la neutralité; en sorte, toutefois, que, dans l'Empire, Eugène passait toujours pour vrai pape, quoiqu'on ne voulût rien statuer sur le démêlé qu'il avait avec le concile. Tout le reste de la chrétienté, sans excepter la France, s'attacha de plus en plus à l'obédience d'Eugène.

XLIII° *Session*, 1er juillet 1441. On fit un décret pour ordonner la célébration de la fête de la Visitation de la sainte Vierge, solennité déjà instituée par Boniface IX sur le plan qu'avait imaginé avant lui le pape Urbain VI. Pour assurer apparemment le succès de ce décret, on n'y fit aucune mention du prétendu pape Félix V.

XLIV° *Session*, 9 août 1442. On déclara nul tout ce qui avait été entrepris, ou le serait dans la suite, contre les biens ou la personne de ceux qui avaient assisté au *concile*.

XLV° *Session*, 16 mai 1443. On y arrêta que, dans trois ans, on célébrerait dans la ville de Lyon un concile général, qui serait la continuation de celui de Bâle, et les prélats se séparèrent après cette session. Ce concile, vrai ou faux, dura donc douze ans, c'est-à-dire, depuis le 19 mai 1431 jusqu'à pareil mois de l'an 1443, et six ans jusqu'à la vingt-cinquième session.

On compte, dit le P. Richard, jusqu'à cinq opinions différentes parmi les théologiens et les canonistes, touchant l'œcuménicité du concile de Bâle. Les uns le tiennent tout entier pour œcuménique; les autres le rejettent absolument et dans toutes ses parties, parce que le pape Eugène IV ordonna qu'il serait dissous aussitôt après la première session, et qu'il révoqua les pouvoirs qu'il avait donnés au cardinal Julien d'y présider à sa place. Il en est qui croient que ce concile est œcuménique, au moins jusqu'à la seizième session, dans laquelle Eugène IV, par ses lettres datées du 18 des calendes de janvier de l'an 1433, déclare que le concile général de Bâle, légitimement commencé, a été légitimement continué depuis son commencement, comme s'il n'eût jamais été dissous : *Generale concilium Basileense legitime inchoatum, a tempore prædictæ inchoationis suæ legitime continuatum fuisse..... perinde ac si nulla dissolutio facta fuisset.* Le pape ajoute qu'il révoque et annule les trois bulles qu'il avait données pour la dissolution du concile, et qu'il le respecte comme un concile vraiment général : *Sacrum generale concilium Basileense pure et simpliciter et cum affectu ac omni devotione et favore.* Il en est d'autres qui poussent l'œcuménicité du concile de Bâle jusqu'à la vingt-cinquième session, où vit naître la division parmi les Pères, et d'autres enfin qui la reculent jusqu'à la translation du concile à Ferrare. C'est cette opinion qui a été adoptée par le P. Alexandre, et après lui par le P. Richard.

Mansi a démontré sans peine l'inconséquence de ces trois dernières opinions, ou du moins de la dernière. « Si nous disions avec Noël-Alexandre, observe ce savant prélat, que le concile est supérieur au pape, nous aurions tort d'inférer qu'il a perdu sa prérogative, de ce qu'Eugène, en le transférant à Ferrare, a cessé de le reconnaître. Une fois que le pape est tenu pour inférieur au concile et dépendant de ses décisions, il ne peut lui-même rien faire contre lui ni surtout lui ôter son autorité.» (*Hist. eccl.* t. IX, p. 496.)

Marchetti réfute à son tour le janséniste Fabre, continuateur de l'*Histoire ecclésiastique* de Fleury, et défenseur zélé de la prémière opinion. « Demandons, dit-il, à notre historien, non qu'il prouve, puisque ce n'est pas sa coutume, mais qu'il dise simplement si l'assemblée de Bâle est un concile œcuménique. Oui sûrement, répond-il aussitôt sans aucune restriction, le saint concile œcuménique et général de Bâle. Bien plus, il s'écrie d'un ton magistral (*l.* CVI, *n.* 6) que les siècles qui ont suivi et ceux qui ont précédé le concile ne nous fournissent pas d'exemples d'une plus grande exactitude ni d'une plus grande liberté. Parlerait-on autrement de ces conciles, que saint Grégoire le Grand voulait qu'on reçût comme les quatre Évangiles? Mais était-il œcuménique seulement jusqu'à la 16° ou tout au plus jusqu'à la 25° session, comme l'ont prétendu les plus zélés défenseurs de ce synode? Non, sûrement, dit notre historien, même après ces sessions, même après la 32° (après laquelle on approuva la Pragmatique), même jusqu'à la fin, c'est toujours *le concile de Bâle, les pères de Bâle*. Mais Eugène IV avait transféré ailleurs le concile, révoqué les pouvoirs du cardinal Julien, donné différentes bulles contre les Pères réunis... Tout cela n'y fait rien. Mais, après la 30° session de Bâle, commença le concile de Ferrare, qui fut bientôt transféré à Florence; et ce concile est indubitablement œcuménique tout entier, comme le prouve Noël-Alexandre (*Sæc.* XV, *diss.* 10, *art.* 1, *n.* 6). Les Pères de Bâle et de Florence s'anathématisaient mutuellement, jusque-là que notre téméraire continuateur dit avec son Dupin que le concile de Bâle et celui de Florence (dont il ne fait qu'un fagot), finirent plutôt lassés du combat que vaincus (*l.* CIX, *n.* 57). Or, comment l'Église universelle, qui est essentiellement une, peut-elle être représentée en même temps par deux conciles opposés, et qui reconnaissent deux différents chefs? Plusieurs articles définis par ceux de Bâle sont condamnés comme hérétiques par Eugène IV, *sacro approbante concilio*, et cela détruit l'infaillibilité de l'un ou de l'autre synode. Mais notre historien ne comprend rien à toutes ces difficultés ni à mille autres qu'on pourrait opposer, parce que ce n'est pas là son affaire. Il lui suffit que le concile de Bâle soit œcuménique; du reste, *stat pro ratione voluntas.* »

Le savant prélat répond avec la même habileté aux partisans des trois dernières opinions : « Les défenseurs de l'œcuménicité de Bâle sont plus adroits, poursuit-il, en s'attachant fortement à l'approbation que le saint-siége a donnée à ce concile. Mais l'adhésion d'Eugène IV fut toujours conditionnelle, puisqu'il mettait pour bases fondamentales qu'on reçût ses légats et qu'on abolît tous les décrets portés contre sa personne, son autorité et sa liberté, contre le saint-siége, etc. Toutes les conditions auxquelles Eugène avait restreint son adhésion au synode de Bâle y furent détruites et violées; ainsi personne n'osera dire qu'Eugène ait approuvé ces décrets, dont il exige la destruction pour condition de son approbation même. Le fameux Jean Launoy s'est efforcé de trouver une approbation authentique du concile de Bâle, et en grand homme qu'il était, il a su la trouver là où personne ne l'avait jamais vue. Écoutez, la voici dans la première partie de la dernière lettre de cet auteur : *Alexander septimus*, dit-il, *multa commendatione ornavit academias quæ sententiam immaculatæ conceptionis Deiparæ defensant: inter insignes et magni nominis academias est Parisiensis; Parisiensis a Basileensi synodo eam doctrinam accepit : ergo* (écoutez cet *ergo*) *ergo concilium Basileense Alexander approbat*. Voilà qui est beau! quelle force de raisonnement! Il n'y a que les préjugés des Italiens qui les empêchent d'en saisir la beauté. Eux seuls peuvent s'étonner qu'un homme qui peut parler une seule fois de la sorte soit ensuite admis dans le catalogue des hommes célèbres. Launoy tire par un puéril paralogisme une conséquence générale; et d'après des prémisses qui sont toutes particulières et qui n'ont rapport qu'au seul point de la conception, il conclut en faveur de toute la doctrine du synode. Pour nous, nous déduisons de ces efforts, que même les Launoy comprennent le vide que laisse aux décrets d'un concile le manque de l'approbation romaine, bien loin de reconnaître que l'on puisse croire de bonne foi qu'ils aient toute leur force, lors même qu'ils sont faits malgré le pape, comme le continuateur a rêvé l'avoir démontré. » *Critique de l'Hist. eccl. de Fleury*, t. II, p. 157 *et suiv.; Annal. des Conciles; M. Rohrbacher, Hist. univ. de l'Égl. cath.*, t. XXI.

BALGENCIAZENSIA (Concilia) Voy. BEAUGENCY.

BALTIMORE (Synode diocésain de), le 7 novembre 1791, sous Jean Carroll, premier évêque de Baltimore. La prudence du vertueux prélat, égale à son zèle, ne lui permit pas de rien régler d'important dans son église nouvellement formée, sans le conseil des prêtres ou des missionnaires, ses collaborateurs. Il réunit donc autour de lui les principaux membres de son clergé, à savoir : son vicaire général, ayant juridiction sur tout le diocèse; ses deux autres vicaires généraux, du nord et du midi; le supérieur de son séminaire et seize autres prêtres dont on ne marque pas les titres, et il fit, de concert avec eux, les statuts, dont voici les plus remarquables,

1. On rebaptisera sous condition ceux dont on n'aura pas la certitude morale qu'ils soient validement baptisés, et en particulier ceux qui en cas de nécessité auraient été baptisés par des sages-femmes hérétiques ou même par des femmes catholiques, à moins qu'on n'ait aucun lieu d'asseoir un doute prudent sur la validité de leur acte. Toutefois on se gardera bien de rebaptiser indifféremment quiconque n'aura pas reçu le baptême d'un prêtre, de crainte d'encourir la peine d'irrégularité portée par le pape Alexandre III.

3. Quand des hérétiques validement baptisés se convertiront à la foi, on ne doit pas exiger qu'ils se fassent suppléer les cérémonies du baptême.

6. On fera choix dans chaque congrégation de deux ou de trois hommes des plus recommandables par leur vertu et par leur rang, pour faire la collecte des offrandes tous les jours de dimanche et de fête, après l'évangile de la messe.

7. Le produit de ces offrandes, selon l'antique usage de l'Eglise, sera, s'il en est besoin, divisé en trois parts : la première, pour la subsistance du prêtre; la seconde, pour le soulagement des pauvres, et la troisième, pour la fabrique de l'église. Si cependant on trouve quelque autre moyen de pourvoir aux besoins, tant des pauvres que des ministres du sanctuaire, on emploiera le produit des offrandes tout entier à l'achat des vases sacrés et des autres choses indispensables au culte, à la réparation des églises ou à leur édification dans d'autres lieux mieux situés.

8. On évitera, en recevant des honoraires de messes, tout soupçon d'avarice ou de simonie; ces sortes d'offrandes ne seront ni tellement fortes, qu'elles réduisent à la gêne ceux qui les font, ni tellement faibles, qu'elles fassent considérer comme vil et de nul prix le ministère sacerdotal par les gens peu instruits.

10. On avertira les enfants, qu'on prépare à leur première communion, de faire auparavant la confession générale de toute leur vie précédente. On ne leur fera pas attendre cette communion jusqu'à un âge trop avancé, et cependant il ne suffira pas, pour qu'on les y admette, qu'ils aient simplement l'usage de la raison; mais on attendra qu'ils en aient acquis le parfait usage.

12. Nous défendons, sous peine de suspense, à tout prêtre, de quitter sa congrégation pour entrer dans une autre, à moins qu'il n'en ait obtenu de nous la permission.

15. On n'admettra personne au sacrement de mariage, qui ne sache la doctrine chrétienne et les principaux mystères de la foi. Quant à ceux qui ne sauraient rien apprendre par cœur, on se bornera à leur inculquer, suivant les prescriptions d'un concile de Lima, l'existence d'un Dieu et d'une autre vie, la trinité des personnes divines, l'incarnation du Fils de Dieu et sa naissance de la vierge Marie, sa passion et sa mort, sa résurrection et sa gloire; la nécessité d'avoir foi en Jésus-Christ pour obtenir le salut, la vertu des sacrements, et en particulier du baptême et de la pénitence, et l'obligation de garder tous les commandements de Dieu et de l'Eglise, qui se résument dans l'amour de Dieu par-dessus tout, et celui du prochain comme de soi-même.

16. On empêchera, autant que possible, les mariages des catholiques avec des hérétiques; on exigera du moins que l'époux hérétique promette devant témoins de ne pas apporter d'obstacle à ce que tous les enfants qui naîtront soient élevés catholiquement. Mais si celui-ci refuse de faire cette promesse, et qu'on ait lieu de craindre que les époux n'aillent plutôt contracter mariage devant un ministre de la secte, le prêtre catholique devra par prudence leur permettre de contracter plutôt devant lui, pourvu toutefois qu'ils n'aient pas entre eux d'autres empêchements. On ne donnera point à ces mariages la bénédiction marquée au rituel romain.

17. Dans les congrégations où il y a quelque clergé ou même des laïques qui sachent le chant, on chantera tous les dimanches les litanies de Lorette, puis l'aspersion, puis la messe avec prône; et dans la soirée, les vêpres avec la bénédiction du saint sacrement, et enfin le catéchisme. On fera bien d'entremêler aux offices des hymnes ou des prières dans la langue du pays.

18. Mais dans celles où le prêtre se trouve seul pour tout faire, celui-ci se contentera de réciter les litanies de Lorette, de faire l'aspersion et de dire la messe avec le prône; à la suite de la messe, il fera réciter à tous les assistants, dans leur langue maternelle, l'oraison dominicale, la salutation angélique, le symbole des apôtres et les actes de foi, d'espérance et de charité; après quoi, il congédiera l'assemblée, en ne retenant que les enfants et autres personnes manquant d'instruction, pour leur apprendre les principaux articles de la foi.

19. Nous avons mis notre diocèse sous le patronage de la sainte Vierge Marie, et nous nous souvenons avec reconnaissance que c'est le jour de l'Assomption que nous avons été sacré premier évêque de Baltimore. Nous ordonnons en conséquence que le dimanche dans l'octave de l'Assomption, ou l'Assomption même, si elle tombe le dimanche, soit célébrée comme la principale fête de ce diocèse.

20. Nous accordons aux pasteurs des diverses congrégations le pouvoir de dispenser du précepte de l'Eglise les marchands et les artisans qui, à cause des hérétiques qui travaillent le dimanche, et avec lesquels ils se trouvent mêlés, ne pourraient observer rigoureusement le précepte sans nuire considérablement à leurs affaires. Ces personnes néanmoins se feront toujours un devoir d'entendre la messe, à moins qu'elles ne puissent le faire sans un grave dommage.

22. Nous défendons aux clercs d'habiter avec des femmes suspectes ou qui n'aient pas quarante ans accomplis.

24. On réservera à notre jugement la question de la sépulture des personnes décédées sans sacrements. Si cependant le pasteur se trouve à une distance trop grande de nous, il pourra de lui-même décider la chose, en se souvenant toutefois que le but que se propose l'Eglise dans le refus de la sépulture est de contenir les vivants dans le devoir, plutôt que de punir les morts, pour qui elle ne cesse d'offrir à Dieu ses prières.

BALTIMORE (Conférence épiscopale à), l'an 1810. L'archevêque de Baltimore, Monseigneur Carroll, l'évêque de Gortyne, son coadjuteur, et les évêques de Philadelphie, de Boston et de Bardstown, nouvellement ordonnés, composaient cette réunion. Ces prélats y convinrent de n'admettre aux sacrements les personnes connues pour appartenir à la société des francs-maçons, que sous la promesse qu'elles feraient de ne plus fréquenter les loges et de renoncer absolument aux sociétés secrètes.

BALTIMORE (1er Concile provincial de), l'an 1829. Nous prendrons à peu près tout ce que nous avons à dire de ce concile dans d'excellents articles de D. Guéranger, publiés par M. le rédacteur de l'*Auxiliaire catholique*.

Au mois de décembre de l'an 1828, Mgr Jacques Whitfield, archevêque de Baltimore, adressa à ses suffragants la lettre de convocation pour le concile qui devait se tenir en sa métropole le 1er jour d'octobre 1829. Une invitation de prendre part à cette assemblée fut adressée aussi à l'évêque de Saint-Louis, administrateur de la Nouvelle-Orléans, soumis immédiatement au saint-siège, mais exerçant la juridiction ecclésiastique dans la république des Etats-Unis, et par conséquent intéressé, sous plusieurs rapports, à prendre part aux décisions du concile.

Le 30 septembre 1829, tous les prélats, à l'exception des évêques de New-York et de Mobile, absents pour un voyage entrepris en Europe, se trouvèrent réunis à Baltimore. L'ordre de séance fut déterminé, suivant l'usage, d'après l'ancienneté dans l'épiscopat; et après le métropolitain siégèrent NN. SS. Benoit-Joseph Flaget, évêque de Bardstown; Jean England, évêque de Charlestown; Edouard Fenwick, évêque de Cincinnati; Joseph Rosati, évêque de Saint-Louis et administrateur de la Nouvelle-Orléans; Benoît Fenwick, évêque de Boston; Mgr Guillaume Matthews, vicaire apostolique de Philadelphie, y eut aussi voix délibérative; mais il ne paraît pas qu'il y ait eu voix décisive, tant parce que le caractère épiscopal lui manquait, que parce que dans les souscriptions il signa simplement *subscripsi*, au lieu que les autres prélats ajoutèrent, chacun pour soi, *definiens subscripsi*.

La résolution préalable que prirent les Pères du concile, avant l'ouverture des sessions, fut celle de ne publier, par la voie de la presse, aucun des décrets, avant qu'ils fussent approuvés par le saint-siège. On arrêta ensuite que, du 4 au 10 octobre, l'un des prélats célèbrerait, chaque jour, dans l'ordre de séance, la messe solennelle, et que les évêques de Charlestown et de Boston y prêcheraient le peuple alternativement. Enfin, l'archevêque, de l'avis du concile, désigna pour promoteur l'évêque de Boston; pour secrétaire, M. Edouard Damphoux, licencié en la faculté de théologie de Baltimore, auquel fut adjoint M. François Kenrick; pour maître des cérémonies, M. Jean Chanche, et pour chantres MM. François Lhomme et Jean Baudanne.

Les Pères admirent à prendre part à leurs délibérations, avec voix simplement consultative, le R. P. François Dzierozynski, provincial de la société de Jésus aux Etats-Unis; M. Joseph Carrière, visiteur de la compagnie de Saint-Sulpice; MM. Jean Tessier, vicaire général, Louis Deluol, supérieur du séminaire, et Edouard Damphoux, en qualité de théologiens de l'Eglise de Baltimore; et MM. François Kenrick, Simon Bruté, Louis de Barth, Auguste Jean-Jean, Antoine Blanc et Michel Wheeler, comme théologiens de chacun des prélats des autres sièges.

Le concile s'ouvrit le 4 octobre et dura huit jours; il eut trois sessions, douze conférences publiques et autant de secrètes. On y fit trente-huit canons, et avant de clore le concile, les Pères adressèrent au pape une lettre synodale, où ils lui rendirent compte de la situation de leurs églises, en demandant sa confirmation apostolique pour leurs décrets. Cette confirmation fut accordée, avec quelques légères modifications dans la rédaction des canons, par le souverain pontife, le 26 septembre de l'année suivante.

1. « Nous avertissons, disent les Pères dans leur premier décret, tous les prêtres établis dans ces diocèses, de se souvenir de la promesse émise dans leur ordination, et de ne jamais refuser aucune mission désignée par l'évêque, si, au jugement de celui-ci, ces prêtres peuvent y trouver des ressources suffisantes à l'honnête entretien de leur vie, sans que la charge soit trop pesante pour leurs forces et leur santé. Toutefois, nous ne voulons rien innover à l'égard de ceux qui obtiendraient des bénéfices-cures, dont nous ne connaissons qu'un seul dans ces provinces; comme aussi nous ne prétendons en rien déroger aux privilèges accordés aux religieux par le saint-siège. »

Les évêques dans ce canon, et d'après l'observation qui leur en fut faite par la congrégation romaine de la Propagande, consacrent le principe de l'inamovibilité des bénéfices-cures; mais ils prennent en même temps les mesures nécessaires à l'administration des églises dans un pays qui n'était encore, pour la plus grande partie, qu'à l'état de mission.

La réserve qu'ils font ensuite à l'égard des privilèges des religieux est fondée sur l'essence même des corporations de cette espèce, qui, tout en employant leurs sujets au service des églises, sous la juridiction des ordinaires, ne pourraient aliéner leurs droits sur eux sans compromettre tout le bien qui résulte de l'exacte observation de leurs principes constitutifs, et sans altérer plus ou moins l'heureuse influence de leur action.

2. « Nous statuons et déclarons que tout prêtre ordonné pour une partie quelconque de cette province, est tenu, en vertu de la promesse faite dans son ordination, à rester dans le même diocèse et à obéir à son prélat; jusqu'à ce qu'il ait été congédié canoniquement. Nous statuons encore que tout prêtre incorporé à quelque diocèse suivant

les formes est astreint à la même obligation. Par ces statuts nous ne voulons pas mettre obstacle à l'exécution des principes clairement exposés par Benoît XIV (Const. 25, tom. II de son Bullaire, *Ex quo dilectus*), au sujet des prêtres qui veulent passer dans quelque ordre religieux. »

Quel que soit le besoin de prêtres pour l'exercice du saint ministère dans l'Amérique du Nord, les Pères du concile n'en consacrent pas moins le droit imprescriptible et fondé pour tout chrétien (fût-il prêtre) sur l'essence même du christianisme, d'embrasser l'état religieux. Une abnégation si pleine de courage a porté bonheur à ces églises nouvelles, et les prochains conciles de Baltimore ne se composeront plus simplement de sept évêques et d'un vicaire apostolique, comme celui qui nous occupe ici, mais on y verra le nombre s'accroître sans interruption et dans une progression ravissante. Il en sera de même du clergé séculier du second ordre, en même temps que des congrégations régulières.

3. « Nous exhortons instamment tous les prélats de cette province à ne pas concéder la faculté d'exercer le saint ministère à un prêtre étranger, s'il ne présente les lettres testimoniales ou dimissoriales garanties par l'autorité du prélat auquel il se trouvait en dernier lieu soumis. Toutefois nous n'entendons pas déroger par ce décret aux priviléges accordés par le saint-siége à quelques sociétés religieuses et aux missionnaires apostoliques. »

Cette réserve expresse, faite par le concile en faveur des réguliers, témoigne d'une manière authentique que les lettres d'obédience suffisent pour accréditer dans toute l'Eglise, auprès des évêques, les religieux qui en sont porteurs.

4. « Nous statuons et déclarons que chaque prélat, aussitôt qu'il le pourra commodément, devra désigner, pour chacun des lieux dont les besoins exigeront plusieurs prêtres, un seul pasteur, auquel il pourra adjoindre un aide ou plusieurs, selon qu'il lui paraîtra expédient. Quant aux lieux dans lesquels aucune disposition spéciale n'aurait été prise, nous ordonnons que le prêtre qui, le premier, après ce décret porté, aura été désigné par l'ordinaire pour remplir cette charge, soit considéré comme le pasteur, et que les autres prêtres, députés après lui, soient tenus pour ses aides, jusqu'à ce que le prélat lui-même en ait avisé autrement. »

En 1829, les évêques sentent déjà la nécessité de tracer les premiers linéaments des paroisses, et d'assigner un chef local au clergé des diverses églises desservies par plusieurs prêtres. Il n'y a plus qu'un pas de cette mesure à la création de cures proprement dites.

5. « Comme souvent les *trustees* laïques ont abusé des droits que leur a attribués la puissance civile, au grand détriment de la religion et au scandale des fidèles, nous désirons fortement que désormais aucune église ne soit érigée ou consacrée, qu'elle n'ait été, toutes les fois que cela pourra se faire, cédée par acte écrit à l'évêque dans le diocèse duquel elle doit être bâtie pour le culte divin et l'utilité des fidèles ; sauf encore les priviléges des réguliers, suivant ce qui est ordonné par le droit canon et les constitutions des pontifes romains. »

Les entreprises des *trustees*, ou marguilliers des églises, ont causé de grands scandales aux Etats-Unis, et menaçaient de plus en plus la liberté de l'Eglise. Les Pères du concile n'ont trouvé d'autre moyen d'y mettre un terme que d'assigner aux évêques, autant que possible, par les voies légales, la propriété des édifices religieux. Mais cette disposition ne pouvait s'appliquer aux églises des réguliers, qui sont la propriété de leur ordre, garantie par le droit commun, et sur laquelle d'ailleurs les *trustees* ne pouvaient s'attribuer des droits.

6. « Nous conformant aux lettres apostoliques de Pie VII, de Léon XII et de la sacrée congrégation, nous déclarons par ce décret, que le droit que prétendent avoir certains laïques d'instituer ou de renvoyer les pasteurs répugne absolument à la doctrine et à la discipline de l'Eglise ; et, de plus, qu'aucun droit de patronage, de quelque genre que ce soit, que reconnaissent les canons, n'appartient maintenant à aucune personne ou corporation laïque, à aucune assemblée de marguilliers ou autres dans cette province. Nous déclarons encore que les émoluments ou redevances qui ont coutume d'être fournis par les fidèles, soit pour les places qu'ils occupent dans les églises, soit pour les services rendus aux églises ou aux missions par les prêtres, soit pour acheter un fonds de terre destiné à la construction d'une église, soit même pour bâtir une église, ne donnent aucun droit reconnu par les sacrés canons.

7. « De plus, nous pressons vivement tous les prélats de cette province de priver sur-le-champ de leurs pouvoirs, ou de suspendre de toute fonction sacrée, jusqu'à entière pénitence et satisfaction, tout clerc qui aurait été en quelque manière l'auteur ou le fauteur de semblable usurpation ; le tout selon ce qui a été statué par les Pères du concile de Trente.

8. « En outre, si une population, ou congrégation, ou une assemblée de *trustees*, ou d'autres encore viennent à tenter, par quelque moyen, de retenir dans une église quelconque, contre la volonté du prélat, un prêtre non approuvé, ou privé de ses pouvoirs, ou suspens et non réhabilité par le supérieur légitime ; ou encore si cette congrégation ou cette assemblée de *trustees* cause quelque peine dans l'accomplissement de ses fonctions à un prêtre exerçant le saint ministère avec l'approbation de son prélat ; ou si elle lui enlève ou retient les secours accoutumés et nécessaires à l'entretien de la vie, nous pressons vivement les prélats d'interdire cette église jusqu'à ce qu'il soit apporté remède à un si grand mal, lorsque tous les autres moyens paraîtront inutiles.

Nous exhortons encore tous les prélats de cette province à rappeler et à inculquer très-souvent aux administrateurs des biens temporels, qui seraient destinés à des usages ecclésiastiques et pieux, les décrets portés très-saintement sur ce sujet par le concile de Trente (*c. Sess.* 22, 2, *de Reform.*), et à ne rien négliger pour en procurer l'exécution. »

Ce canon est un monument de la liberté de l'Eglise dans tout pays où la législation civile, comme aux Etats-Unis et en Belgique, ne s'arroge point le droit de recevoir ou de rejeter les dispositions de l'autorité spirituelle. Les Pères de Baltimore pressent l'exécution des décrets du concile de Trente sur les biens ecclésiastiques avec plus de liberté que ne l'auraient pu faire, il y a un siècle, les évêques de France, entravés qu'ils étaient par ce qu'on appelait *les libertés de l'Eglise gallicane.*

9. « Nous statuons que la version de Douai (de la Bible), reçue dans toutes les Eglises dont les fidèles parlent la langue anglaise, soit entièrement conservée. Toutefois les évêques auront soin que toutes les éditions nouvelles, tant du Nouveau Testament que de l'Ancien, de la version de Douai, soient faites désormais très-correctement, d'après un exemplaire soigneusement examiné et désigné par eux, et avec des annotations prises seulement dans les ouvrages des saints Pères ou du moins d'écrivains doctes et catholiques. »

Il serait grandement à désirer que les catholiques de France possédassent aussi une version complète des saintes Ecritures en langue vulgaire, approuvée par l'autorité compétente. Les fidèles de ce pays ignorent, pour la plupart, les dispositions de l'Eglise sur cette importante matière ; et des versions de la Bible publiées par des auteurs hétérodoxes, par des traducteurs systématiques ou même par les sociétés bibliques, des versions non-seulement sans notes, mais tronquées et remplies d'erreurs, circulent de toutes parts et exposent la foi des fidèles à plus d'un péril.

10. « Désirant vivement que, dans notre province, on observe, autant qu'il sera possible, les salutaires dispositions du rituel romain, comme étant appuyées sur l'exemple de la vénérable antiquité et sur l'autorité du siége apostolique, nous enjoignons à tous les prêtres qui habitent cette province, de s'appliquer à observer exactement les règles du rituel. »

La nécessité d'établir l'unité de pratique dans les Eglises de l'Amérique du Nord conduit naturellement les Pères du concile à abonder dans le sens de l'unité liturgique. La pratique fidèle des prescriptions du rituel romain réunira dans un même faisceau toutes les églises de la province de Baltimore, et les joindra fortement avec l'Eglise de Rome et avec toutes celles qui suivent son rit.

Les canons suivants, jusqu'au dernier, ne sont guère que des dispositions réglementaires, appropriées à la situation actuelle de l'Eglise dans ces pays ; et plusieurs même

ne font que reproduire certaines règles du rituel romain pour l'administration des sacrements. Nous nous bornerons donc à citer ceux qui présentent quelque chose de particulier.

17. « Nous pensons que les enfants des non-catholiques, quand les parents nous les apportent, doivent être baptisés toutes les fois qu'il y a un espoir probable qu'ils seront élevés catholiquement ; mais il faut veiller à ce que ces enfants n'aient que des parrains ou des marraines qui soient catholiques. Les prêtres se souviendront qu'à l'article de la mort, chaque fois que l'occasion s'en présentera, tous les enfants non-seulement peuvent, mais doivent être baptisés. »

Nous ne ferons aucune réflexion sur ce canon, qui est fondé sur les principes de la plus saine théologie ; nous remarquerons seulement, à son occasion, le grand avantage que l'on trouve à suivre le rituel romain dans ce qu'il établit au sujet des parrains et des marraines. Pour chaque enfant ou adulte à baptiser, il n'exige qu'un parrain ou une marraine, et non pas l'un et l'autre à la fois. Outre l'avantage de restreindre les cas de parenté spirituelle, la difficulté de trouver des parrains vraiment catholiques et qui puissent répondre pour la foi du baptisé se trouve diminuée de moitié.

26. « Nous avertissons les pasteurs des âmes de se souvenir de leur devoir et d'employer toute leur sollicitude à disposer convenablement les fidèles qui veulent recevoir le sacrement de mariage, qu'ils ne se croient pas exempts de péché s'ils unissent témérairement des époux manifestement indignes. »

27. « Tous les prêtres doivent avoir soin de se servir de la soutane et du surplis dans toute fonction sacrée ; nous leur recommandons même vivement de porter constamment la soutane autant que faire se pourra ; que si des circonstances particulières ne leur permettent pas de s'en revêtir, nous leur enjoignons expressément de n'user que de vêtements convenables à leur ordre, c'est-à-dire de couleur noire, sans ornements inutiles et entièrement éloignés des vanités mondaines. »

La question du costume, toujours si importante, se présente à son tour dans cette organisation extérieure d'une Eglise et d'un clergé tout entiers. Il y a ici une grande leçon pour certaines provinces de la catholicité, dans lesquelles la gravité du costume ecclésiastique a disparu. Le canon suivant n'est pas moins remarquable.

28. « Les prêtres éviteront avec soin tout jeu défendu ; ils s'abstiendront même de tous jeux quelconques, quoiqu'ils ne dussent servir qu'à leur récréation, s'il peut en résulter du scandale. »

31. « Nous statuons qu'il sera composé, d'après des auteurs approuvés, un livre de cérémonies conforme au rituel romain, et qui sera soumis au jugement du saint-siége, afin que les prêtres et tous les clercs, dans cette province, possèdent parfaitement et observent les rites de l'Eglise universelle. Nous voulons qu'on place à la tête de ce livre

l'explication des mêmes rites, afin que les fidèles puissent assister aux saints offices avec plus d'intelligence et d'édification. »

Le besoin de l'unité dans les cérémonies se fait tout aussitôt sentir dès qu'il s'agit de constituer l'Eglise dans un pays, et qu'on veut la maintenir dans la dignité convenable à l'égard des fidèles et aussi des hétérodoxes; mais cette unité ne saurait être durable, si l'on ne prend le moyen adopté par les Pères de Baltimore, l'approbation des livres liturgiques par le saint-siége.

32. « Attendu que l'uniformité, même dans les plus petites choses, a toujours semblé l'objet des désirs de l'Eglise, nous ordonnons que le surplis soit modeste, décent et convenable aux fonctions sacrées. Nous ordonnons pareillement que le bonnet, lorsqu'il semblera bon à chaque évêque d'en introduire l'usage dans son diocèse, soit conforme au bonnet romain. »

Cette disposition, relative à la forme du bonnet de chœur, est remarquable par son rapport avec les mesures prises en France sur le même objet par un si grand nombre d'évêques depuis dix ans.

33. « On travaillera à la composition d'un catéchisme qui, étant mis en rapport avec les circonstances spéciales de cette province, présentera la doctrine catholique exposée dans le catéchisme du cardinal Bellarmin, et qui, après l'approbation du saint-siége, sera publié pour l'usage commun des catholiques. Les évêques avertiront les fidèles de s'abstenir des livres de prières répandus çà et là sans l'approbation de l'ordinaire, et qui ont été publiés par toute espèce de personnes. »

C'est en effet un grave inconvénient que la diversité des catéchismes dans les diocèses d'un même pays, et plus encore d'une même province ecclésiastique. Les Pères du concile ne trouvent pas de meilleur moyen pour s'en garantir que d'adopter, comme base d'un catéchisme universel, l'admirable *Doctrine chrétienne* de Bellarmin, ce chef-d'œuvre de simplicité et de clarté; mais comme l'œuvre du vénérable cardinal réclame dans le pays quelques additions pour être complètement utile aux fidèles, le catéchisme ainsi remanié ne paraîtra qu'avec l'approbation du saint-siége, et cette confirmation lui donnera l'autorité et la solidité qui manquent à tout ce qui ne l'a pas reçue.

34. « Attendu qu'un grand nombre de jeunes gens nés de parents catholiques, surtout dans la classe pauvre, ont été et sont encore exposés, en beaucoup de lieux de cette province, à un grand péril de perdre la foi, ou à la corruption de leurs mœurs, par suite de la disette de maîtres à qui l'on puisse confier sûrement une charge aussi importante, nous jugeons tout à fait nécessaire d'établir des écoles dans lesquelles les jeunes gens soient instruits des principes de la foi et des mœurs, en même temps qu'ils recevront l'enseignement littéraire. »

L'éducation de la jeunesse catholique, dans l'Amérique du Nord aussi bien qu'en Europe et ailleurs, est et sera toujours un des premiers objets de la sollicitude des évêques. Il ne leur est pas possible d'être indifférents à l'enseignement des principes de la foi et des mœurs. Ceux qui comptent sur un désistement de leur part dans cette question n'ont jamais compris le christianisme.

35. « Comme il n'est pas rare de rencontrer dans les livres qui sont le plus employés dans les écoles, beaucoup de choses qui attaquent les principes de notre foi, une exposition fausse de nos dogmes, et jusqu'à la falsification des faits historiques, en sorte que l'esprit des enfants se trouve imbu d'erreurs, au grand détriment des âmes, le zèle de la religion, la véritable éducation de la jeunesse et l'honneur même des Etats-Unis d'Amérique demandent qu'il soit apporté quelque remède à un si grand mal. Par ce motif, nous ordonnons qu'il soit publié au plus tôt, pour l'usage des écoles, des livres complètement purgés d'erreurs, approuvés par le jugement des évêques, et qui ne contiennent rien qui puisse exciter contre la foi catholique de la haine ou de l'envie. »

On ne saurait trop admirer le zèle actif des Pères de Baltimore. Dans leurs canons, ils ne se contentent jamais de signaler les besoins : ils se mettent tout aussitôt en devoir d'y appliquer le remède. Les livres en usage dans les écoles sont-ils mauvais et dangereux ? Les évêques s'imposent le devoir d'en faire composer de bons. On les voit sur tous les points à la fois ouvrir et diriger l'action. Le canon suivant, ou le 36e, nous les montre occupés à fonder, conformément aux désirs du saint-siége, une association pour la propagation des bons livres. Marchant toujours dans la même voie, nous les verrons bientôt employer leur zèle à la fondation de plusieurs journaux catholiques, et quelques-uns d'entre eux en assumer personnellement la rédaction. Dieu a béni leurs efforts, et depuis 1829, la partie du champ que le Père de famille a commise à leurs soins a rendu au centuple la semence qu'ils lui avaient confiée. *L'Auxiliaire cathol.*, t. I, p. 197 *et suiv.*, 323 *et suiv.*, et t. II, p. 6 *et suiv.*

BALTIMORE (2e Concile provincial de), en octobre 1833. Ce nouveau concile, qui fut présidé comme le premier par Mgr Withfield, et auquel se trouvèrent tous les évêques des Etats-Unis d'Amérique, à l'exception de Mgr Flaget, évêque de Bardstown, qui ne put s'y rendre à cause de ses infirmités, et de l'évêque de Philadelphie qu'avait remplacé son coadjuteur, eut trois sessions, dont la première eut lieu le 20 octobre, et la dernière le 27. Mgr David, coadjuteur de Mgr Flaget, y fut admis, après discussion, à avoir voix délibérative et à donner son jugement aussi bien que les titulaires. Mgr Kenrick, coadjuteur de Philadelphie, y eut de même voix définitive. Le concile porta onze décrets.

Par le 1er, on fut d'avis de demander au pape l'érection d'un nouvel évêché, dont le siège serait à Vincennes, dans l'Indiana.

Par le 2e, on arrêta de demander au saint-siège la suppression du siége de Richmond, pour réunir toute la province de la Virginie à l'archidiocèse de Baltimore.

Par le 3e, on soumit à la Propagande le tracé des limites des divers diocèses.

Par le 4e, on décida que le choix des évêques, pour les siéges qui viendraient à vaquer, se ferait d'après l'avis des conciles provinciaux, ou si le concile tardait trop à s'assembler, par les suffrages combinés du métropolitain et des suffragants, que chacun enverrait à la Propagande. On statua en même temps que chaque évêque désignerait de son vivant, sur deux bulletins adressés tant à l'archevêque qu'à son collègue le plus voisin, et qu'il garderait jusqu'à sa mort scellés dans son portefeuille, les trois sujets qu'il jugerait les plus capables de lui succéder; et que ce premier choix, transmis à tous les évêques par le métropolitain avec les modifications qu'il trouverait convenables, servirait comme de base ou du moins comme de degré au choix définitif.

« On ne donnera un coadjuteur à un évêque que d'après son consentement, à moins que ses collègues, avec l'approbation du saint-siége, ne le jugent incapable de gouverner. L'évêque qui voudra un coadjuteur en fera lui-même le choix, avec l'assentiment de ses collègues, en désignant trois sujets, dont les noms seront transmis à l'archevêque et aux autres évêques, et enfin à la Propagande. »

Par le 5e et le 6e décret, on supplie le saint-siége de confier aux jésuites la mission des Indiens placés hors du territoire des Etats-Unis.

Le reste consiste dans des dispositions purement locales, qu'il serait inutile de rapporter. L'évêque de Charlestown, Mgr England, fut l'orateur de cette assemblée. Ce fut lui qui prononça le discours d'ouverture et celui de clôture. *Conc. Prov. Baltim.*, 1842.

BALTIMORE (3e Concile provincial de), en avril 1837. Ce concile eut trois sessions, comme le précédent : la première se tint le seize avril, et la dernière le vingt-trois. Mgr Samuel Eccleston, nouvel archevêque de Baltimore, y présida, assisté de neuf évêques titulaires ou coadjuteurs des Etats-Unis. Mgr Kenrick y prononça un discours à la première session, et Mgr England aux deux autres (il n'avait pu se trouver à l'ouverture de l'assemblée). On y fit deux décrets, dont le plus important est celui qui défend, sous les peines portées par le droit, d'avoir recours aux tribunaux séculiers pour des causes purement ecclésiastiques. Les évêques y demandèrent au saint-siége, par deux autres décrets, la dispense pour leurs diocésains de chômer le lundi de Pâques et celui de la Pentecôte, et de jeûner le mercredi et le vendredi de chaque semaine de l'Avent. Les statuts de ce concile, modifiés par la Propagande dans quelques-uns de leurs énoncés, obtinrent, ainsi que les précédents, l'approbation du saint-siége. *Ibid.*

BALTIMORE (4e Concile provincial de), mai 1840. Ce concile, présidé par Mgr Eccleston, et auquel se trouva Mgr de Forbin-Jan son, évêque de Nancy, avec onze autres évêques des Etats-Unis, eut trois sessions, dont la première se tint le 17 mai, et la dernière le 24. On y fit onze décrets, pour lesquels, du consentement de tous les prélats, l'évêque de Nancy eut voix décisive comme tous les autres.

1. On défendit de nouveau les mariages mixtes, ou s'il y avait quelquefois nécessité de les tolérer, on prescrivit d'exiger, comme condition indispensable, que tous les enfants qui en naîtraient fussent élevés dans la religion catholique. Les prêtres qui auront à assister à ces sortes de mariages ne devront y paraître revêtus d'aucun ornement sacré.

2. « Celui-là seul aura les droits de pasteur sur une paroisse ou une congrégation, qui en aura reçu le titre de son évêque. »

3. « Dans les paroisses où il y a plusieurs prêtres, c'est à l'évêque à régler auxquels de ces prêtres doivent revenir les oblations faites par les fidèles à l'occasion des baptêmes et des mariages. »

4. « Les curés interdiront les sacrements aux cabaretiers qui fomenteront le libertinage, surtout le dimanche. »

5. « Le concile approuve et confirme les sociétés dites de tempérance, où l'on prend l'engagement de s'abstenir de toute boisson enivrante. »

6. « On recommande aux pasteurs d'apporter une particulière vigilance à ce que les enfants des écoles ne fassent usage ni de traductions protestantes de la Bible, ni de cantiques ou de prières propres à quelque secte, et de recourir même au besoin, pour empêcher ce malheur, à l'autorité publique. »

7. On rappelle à tous les prêtres le devoir de refuser l'absolution à quiconque serait membre d'une société secrète.

8. « Les évêques prendront tous les moyens qui seront en leur pouvoir et que leur suggérera la prudence, pour assurer la conservation et le fidèle emploi des biens ecclésiastiques. »

9. « Ils tiendront un état exact de leur clergé. »

Le 10e chapitre reproduit les paroles mêmes du concile de Trente, sess. 22, c. 1 de la Réformation, touchant les clercs, et par le 11e, les prélats indiquent le prochain concile pour le 4e dimanche après Pâques de l'an 1843.

Avant de porter ces décrets, les Pères du concile avaient, dans leur 2e session, tenue le 20 mai, voté une lettre de félicitation aux évêques de Cologne et de Posen, Clement-Auguste de Droste de Vischering et Martin de Dunin, pour l'intrépidité de leur zèle à défendre les droits de l'Eglise et les persécutions qu'ils avaient subies. Cette lettre était l'ouvrage de Mgr Rosati, évêque de Saint-Louis, et elle est digne, comme ce qui en faisait le sujet, des plus beaux siècles de l'Eglise. Dans une de leurs conférences, tenue le 22 mai, ils avaient aussi rédigé une lettre de remerciment, adressée à la société Léopoldine d'Autriche, pour tous les secours qu'ils en avaient reçus. Le jour de la clôture, ils écrivirent au saint-siège pour obtenir, en faveur de leurs diocésains, la dispense à perpétuité de l'abstinence du samedi. Le saint-siége, dans sa réponse en date du 22 novembre, la leur accorda seulement pour vingt années, à partir de l'expiration de l'indult de dix ans de dispense qu'il leur avait déjà accordé précédemment sur cet objet.

Les évêques s'occupèrent encore de quelques fêtes à ajouter au calendrier de leurs églises, et le saint-siége fit droit à leur demande sur ce dernier point comme sur le reste. Il leur permit en particulier de faire l'office du Saint-Sacrement et celui de la Conception de la sainte Vierge, sous le rit semi-double, tous les jeudis et les samedis de l'année, concession qui avait déjà été faite par Pie VI au diocèse de Baltimore et à quelques autres, même pour les quatre-temps, l'avent et le carême. Ce fait prouve l'ignorance de certains partisans de liturgies nationales, qui ont accusé d'innovation dans la liturgie romaine la concession d'un semblable privilége faite au diocèse de Langres dans ces dernières années. *Ibid.*

BALTIMORE (5° Concile provincial de), au mois de mai 1843, par l'archevêque de Baltimore et ses suffragants. On y traita, comme dans les précédents, de la foi, des mœurs et de la discipline ecclésiastique. En terminant les travaux du concile, les Pères adressèrent une lettre à MM. les membres de la *Propagation de la foi*, pour les remercier des dons que cette œuvre avait procurés à leurs églises. Ils écrivirent aussi, avant de se séparer, une *Instruction pastorale* au clergé et aux fidèles des Etats-Unis, pour leur recommander de nouveau les sociétés de tempérance, l'indissolubilité du lien conjugal et le respect dû à l'autorité ecclésiastique selon les degrés de la hiérarchie, et leur faire part de la multiplication dans ces contrées des siéges épiscopaux, dont le nombre était déjà, et depuis quelques années seulement, porté à dix-sept, de l'extension que prenaient toutes les bonnes œuvres, des prières qu'ils leur demandaient pour la conversion de l'Angleterre, enfin des merveilleux résultats des travaux de la société de Jésus parmi les sauvages de leurs frontières.

BALTIMORE (6° Concile provincial de), l'an 1846. Les actes de ce dernier concile, attendant pour être publiés l'approbation définitive du saint-siége, auquel ils ont été religieusement soumis aussi bien que les précédents, nous sommes forcé de n'en faire qu'une simple mention.

BAMBERG (Concile de), *Babenbergense*, l'an 1012, tenu à l'occasion de la dédicace de la cathédrale de cette ville. Jean, patriarche d'Aquilée, y présida, assisté de plus de trente évêques. Le roi de Germanie, Henri II, y porta ses plaintes contre Triédric, évêque de Metz, qui l'avait accusé par lettres auprès du pape. Gevehard, évêque de Ratisbonne, y fut réprimandé pour ses profusions, à son tour, par son primat, l'archevêque de Salzbourg. Le concile fit restituer à Ditmar son diocèse de Merzbourg, que Gisler avait usurpé avec la participation de l'archevêque de Magdebourg. Ces divers points furent traités avec beaucoup de sagesse et de prudence, au rapport de Ditmar lui-même qui prit part à ce concile. *Schram, t. II.*

BAMBERG (Concile de), l'an 1020. Le pape Benoît VIII, en présence de soixante-douze évêques, y confirma à l'Eglise de Bamberg le privilége que lui avaient accordé ses prédécesseurs, Jean XVIII et Serge IV, de ne dépendre d'aucun archevêque ou d'aucun autre supérieur ecclésiastique que du pontife romain. L'empereur Henri II s'y engagea à donner chaque année à saint Pierre et à ses successeurs un cheval blanc avec son harnais et cent marcs d'argent. Le pape fit de plus la dédicace de l'église Saint-Etienne, le 24 d'avril, sur la demande de l'impératrice Cunégonde. Schram. Muratori a prouvé que ce concile fut tenu en effet l'an 1020, et non l'an 1019, comme le prétendait le P. Pagi. *Anal. des Conc. V.*

BAMBERG (Concile de), l'an 1052. Adalberon, évêque de Wirzbourg, convaincu d'empiétement sur l'Eglise de Bamberg, y fit satisfaction à l'évêque, en promettant de respecter à l'avenir ses droits et son territoire. Le pape saint Léon IX tint ce concile en personne, assisté du cardinal Humbert, de deux archevêques et d'un grand nombre d'évêques, de prêtres et de seigneurs, à la tête desquels se trouvait l'empereur Henri III, et confirma de nouveau tous les priviléges de l'Eglise de Bamberg. Il accorda en outre aux chanoines de l'église cathédrale l'usage de la mitre en certaines fêtes de l'année.

BAMBERG (Synode diocésain de), l'an 1058, tenu par Gonthaire, évêque de Bamberg. On y assigna les limites réciproques du diocèse de Wirtzbourg et de celui de Bamberg, pour la perception des dîmes. *Conc. Germ., t. III.*

BAMBERG (Synode diocésain de), l'an 1087, sous l'évêque Robert. Même objet que le précédent. *Ibid.*

BAMBERG (Assemblée de), l'an 1135. Les évêques réunis, ayant à leur tête l'archevêque de Mayence, y réconcilièrent le duc de Souabe avec l'empereur. *Ibid.*

BAMBERG (Synode de), l'an 1150. L'archevêque de Salzbourg et l'évêque de Bamberg y tentèrent inutilement d'accorder les moines de Biburgen avec leur abbé. Ils s'y occupèrent aussi de la doctrine de Géraud ou Gerohus, abbé de Reichersperg, sur la gloire de l'homme élevé jusqu'à Dieu et recevant en lui une nouvelle naissance. Un certain Folmar, suspect lui-même de ne pas croire à la présence réelle, accusait de plus ce savant abbé de confondre ensemble les deux natures de Jésus-Christ, en soutenant que Notre-Seigneur devait être adoré dans son humanité comme dans sa divinité. La doctrine de Géraud fut jugée irrépréhensible, et Folmar, qui l'accusait, rejeté avec mépris. *Conc. Germ. t. III.*

BAMBERG (Synode de), l'an 1196. Thimon, évêque de Bamberg, tint cette assemblée, où il avait convoqué un grand nombre d'abbés, de membres de son clergé et d'évêques ses comprovinciaux : il y fut question de réparer les brèches de la discipline. *Conc. Germ.* X.

BAMBERG (Synode de), l'an 1242. Henri, élu depuis trois ans évêque de Bamberg, mais n'ayant pu encore obtenir sa confirmation du pape, à cause de la guerre qui empêchait toute communication avec lui, tint ce synode pour pourvoir aux besoins de cette église. *Conc. Germ. t.* III.

BAMBERG (Synode de), l'an 1491. Henri Gros de Trockau, évêque de Bamberg, y publia les statuts qui ont servi depuis de règle à son diocèse. Nous y remarquons les suivants.

T. 5. Nous condamnons l'erreur de quelques-uns qui regardent comme valide l'extrême-onction conférée par deux prêtres à la fois, dont l'un ferait les onctions, et l'autre prononcerait les paroles. Nous défendons à l'avenir cet abus sous peine de suspense.

T. 9. Aucun prêtre déjà chargé d'une paroisse ne se chargera d'en administrer en même temps une autre comme un mercenaire, à moins de notre permission spéciale.

T. 28. Quoique tout chrétien soit obligé de faire à Dieu quelque offrande aux messes solennelles, nous déclarons par les présentes que tous nos diocésains sont tenus de faire spécialement ces offrandes aux quatre grandes fêtes de l'année, qui sont Noël, Pâques, la Pentecôte et l'Assomption.

T. 33. Nous défendons d'exiger le moindre présent, soit pour l'administration d'un sacrement, soit pour une sépulture. Nous n'interdisons pas cependant aux prêtres de contraindre ceux de leurs paroissiens, qui refuseraient de se conformer aux louables coutumes introduites à cet égard, à payer ce dont l'usage a fait une loi, après que les sacrements ont été administrés ou que la sépulture a été célébrée.

Nous défendons aux prêtres nouvellement ordonnés de faire des festins et surtout des danses, à l'occasion de leurs premières messes, et d'inviter à leurs repas, donnés à cette occasion, plus de dix personnes, qui toutes doivent être de leur sexe, sans recevoir d'autres présents que les offrandes qui leur auraient été faites à l'autel.

T. 34. Il ne faut pas rebaptiser un enfant qu'un laïque aurait baptisé déjà, en disant par simplicité et sans intention d'introduire une erreur : *Je te baptise au nom du saint Père, et du saint Fils, et du Saint-Esprit. Conc. Germ. t.* V.

BARBASTRO (Synodes diocésains de). L'évêché de Barbastro, en Espagne, fut établi, ou du moins rétabli l'an 1572, par le saint pape Pie V. Les évêques qui s'y succédèrent y tinrent divers synodes diocésains. D. Felipe de Urries, premier évêque de ce siége, assembla un synode le 17 avril 1575. D. Miguel Cercito, son successeur immédiat, en tint un autre le 18 mai 1586. D. Juan Moriz, quatrième évêque, assembla le sien le 22 décembre 1604. D. Geronimo Bautista de la Nuza,

qui fut le cinquième, célébra le sien le 9 avril 1617. D. Petro Paulazza, qui succéda à ce dernier, en tint un autre le 29 avril 1623. D. Alonzo Requesens, septième évêque, convoqua un synode le 12 juillet 1626. D. Diego Chueca, qui fut le neuvième, en tint un autre le 8 mai 1645. D. Miguel de Escartin, lui succéda et tint un nouveau synode le 11 mai 1648. D. Diégo Antonio Frances de Urruligoyti, onzième évêque, tint un autre synode le 20 octobre 1656. D. Inigo Royo, qui fut le douzième, tint le sien les 15 et 16 mai 1674, et fit imprimer, à la suite de ce synode, un livre de constitutions synodales pour son diocèse. Les limites que nous nous sommes tracées ne nous permettent guère d'entrer dans un long détail sur ces constitutions, qui ne nous offrent d'ailleurs rien de particulier. *Constitut. sunod. de Barbastro, Zaragoça.*

BARCELONE (Concile de), *Barcinonense*, l'an 540. Sept évêques de la province s'étant assemblés à Barcelone, vers l'an 540, y firent les dix règlements qui suivent.

1er. « On chantera le psaume cinquantième avant le cantique. »

2e. « On donnera la bénédiction aux fidèles, à l'office du matin, de même qu'à celui du soir. »

On trouve le même règlement dans le trentième canon du concile d'Agde. M. de l'Aubespine croit qu'on fit ce règlement, parce qu'il y avait lieu de douter s'il n'était point plus à propos de se contenter de bénir les fidèles à la messe, et au soir, lorsqu'on les renvoyait, pour ne plus revenir, ce jour-là, à l'église, que de les bénir à l'office du matin, après lequel ils devaient revenir ; la raison de douter était que de remettre la bénédiction des fidèles à l'office du soir paraissait plus conforme à l'exemple de Jésus-Christ qui laissa sa bénédiction et sa paix à ses disciples, en les quittant pour aller au ciel.

3e. « Il ne sera permis à aucun clerc de laisser croître ses cheveux, ni de raser sa barbe. »

Dans d'autres conciles d'Espagne, tels que celui de Coyança tenu l'an 1050, il est ordonné aux clercs de raser leur barbe ; et peut-être que ce troisième canon du concile de Barcelone ordonne la même chose aux clercs. Il n'y a pas même de doute, si l'on s'en tient à l'ancien manuscrit de Lucques, où on lit ainsi ce troisième canon : *Nullus clericorum comam nutriat, vel barbam, sed radat.*

4e. « Défense aux diacres de s'asseoir dans l'assemblée des prêtres. »

5e. « Les prêtres diront les collectes en l'absence de l'évêque. »

6e et 7e. « Les hommes qui seront mis en pénitence auront la tête rasée, et porteront un habit religieux, passant leur vie dans les jeûnes et dans la prière. Ils n'assisteront point aux festins, ne feront aucun commerce, se contentant de vivre frugalement dans leurs propres maisons. »

8e. « Ceux qui demanderont la pénitence étant en maladie, la recevront de l'évêque, à la charge que, s'ils reviennent en santé, ils mèneront la vie des pénitents, sans qu'il soit néanmoins nécessaire de leur imposer les mains de nouveau, et qu'ils demeureront séparés de la communion, jusqu'à ce que l'évêque ait approuvé leur conduite. »

9°. « On donnera la bénédiction du viatique à ceux qui sont en danger. »

On lit dans les collections ordinaires, *beatificam benedictionem*; mais on lit dans d'autres, et mieux, à notre avis, *viaticam benedictionem*.

10°. « A l'égard des moines, on observera ce qui a été prescrit pour eux, dans le concile de Chalcédoine. » *Ibid.* et d'Aguirre, *Concil. Hispan. tom.* III, *pay.* 165 *et seq.* Mansi, *tom.* I *Supplementi ad collect. Labbean. Concil. pag.* 419.

BARCELONE (Concile de), *Barcinonense*, l'an 599. Ce concile fut tenu le premier jour de novembre de l'an 599, le quatorzième du roi Récarède, par suite, comme le prétend Carranza, d'un ordre donné par le pape saint Grégoire pour l'extirpation du vice de simonie dans ces provinces. Asiatique, archevêque de Tarragone, y présida, assisté de onze évêques qui y firent quatre canons.

Le 1er défend aux évêques de rien prendre pour l'ordination, qui est appelée *benedictio subdiaconii vel presbyterii*. Ce terme de *bénédiction*, qui se prend ici pour *l'ordination*, sert à expliquer le premier canon du concile de Saragosse de l'an 592, où il est dit que les prêtres ariens qui retournent à l'Eglise catholique recevront la *bénédiction*, avant de pouvoir faire les fonctions du sacerdoce.

Le 2e défend aussi aux évêques de rien prendre pour le prix de la liqueur du saint chrême qu'ils donnent aux prêtres pour confirmer les néophytes.

Il paraît, par ce canon, que les prêtres d'Espagne donnaient aussi la confirmation aux néophytes, ce qu'ils ne pouvaient faire que comme ministres extraordinaires de ce sacrement, et avec la permission du saint-siége. Nous voyons en effet que le pape saint Grégoire donna la même permission, dans le même siècle, aux prêtres de Sardaigne.

Le 3e défend d'élever les laïques à l'épiscopat, même par ordre du roi, s'ils n'ont observé auparavant les interstices marqués par les canons, passé par les degrés du ministère ecclésiastique, et donné des preuves de la régularité de leurs mœurs. Il ajoute que le clergé et le peuple choisiront deux ou trois sujets pour les présenter au métropolitain et aux évêques de la province, qui consacreront celui des trois sur qui le sort tombera; et que cette manière de décider du mérite de la personne sera précédée d'un jeûne.

Le 4e ordonne d'excommunier et d'exclure de la compagnie des fidèles, sans avoir la consolation de parler à personne, les vierges consacrées à Dieu et les pénitents de l'un et de l'autre sexe qui se seront mariés, même les femmes qui, ayant été enlevées, ne se seront pas séparées de leurs ravisseurs.

BARCELONE (Concile de), l'an 906. Idalcaire, évêque d'Ausone, y réclama contre le tribut que l'archevêque de Narbonne avait imposé à son église, en exigeant qu'il lui fût payé chaque année une livre d'argent. Cette prétention de l'archevêque de Narbonne avait pour prétexte la juridiction que ses prédécesseurs avaient exercée autrefois sur le diocèse d'Ausone, privé d'évêque pendant plusieurs années par suite de la destruction de la ville d'Ausone par les Sarrasins. Le concile eut égard à la réclamation de l'évêque Idalcaire, et l'année suivante, son église fut affranchie de ce tribut dans le concile tenu au couvent de Saint-Tibère dans le diocèse d'Agde. *Carranza.*

BARCELONE (Concile de), l'an 1009. On y confirma des donations faites à l'Eglise de Barcelone. *T.* XI, *Conc.*

BARCELONE (Concile de), l'an 1054. Ce concile fut tenu contre les usurpateurs des biens de l'Eglise. *Lab.* IX; *Hard.* VI.

BARCELONE (Concile de), l'an 1058. Ce concile fut tenu à l'occasion de la dédicace d'une église de Barcelone, et présidé par Guifred, archevêque de Narbonne, qui comprenait alors ce diocèse dans sa province. On y lut l'acte par lequel Halus, duc de Denia et des îles Baléares, se rangeait, à l'exemple de son père Mugehid, sous la juridiction de l'évêque de Barcelone.

BARCELONE (Concile de), l'an 1064. Le cardinal Hugues le Blanc, légat du pape Alexandre II, tint ce concile, qui rappela aux clercs le précepte de la continence. On y parla aussi de quitter le rit gothique pour le romain ; et les uns disent que cette sentence fut exécutée, et d'autres, qu'elle n'eut point d'exécution. *Pagi*, à l'an 1064. Alexandre II fut reconnu dans le concile, d'un concert unanime, pour légitime pontife, et Cadaloüs condamné comme antipape. *D'Aguir.* III. *Anal. des Conc.* V.

BARCELONE (Concile de), l'an 1339. Ce concile fut présidé par le cardinal de Rhodes, légat apostolique en Espagne, au mois de juillet, en présence de Dom Pèdre IV, dit le Cérémonieux, et de la reine Marie, son épouse. L'objet du concile fut de fournir des subsides à ce prince. *D'Aguire.*

BARCELONE (Concile de), l'an 1387. Ce concile fut convoqué en faveur de Pierre de Lune, qui se portait pour pape sous le nom de Benoît XIII, et eut pour effet de soumettre à son obédience une grande partie de l'Espagne. *Mariana, de rebus Hisp. l.* XVII, *c.* 2.

BARI (Concile de), *Barense*, l'an 1098. Le pape Urbain II, à la tête de 183 évêques, tint ce concile le premier octobre. Saint Anselme, archevêque de Cantorbéry, qui s'était rendu à Rome, y prouva avec tant de force que le Saint-Esprit procède du Père et du Fils, qu'on y prononça anathème contre tous ceux qui le nieraient. Le même saint empêcha par ses prières, que l'on excommuniât le roi d'Angleterre, son persécuteur. Loup Protospara et le chronographe de Bari mettent ce concile en 1099, parce qu'ils commençaient l'année le premier septembre, comme les Grecs qui se trouvaient à ce concile, dont l'objet était leur réunion avec les Latins. Les collecteurs ordinaires le mettent en 1097. *R.* XXVI; *L.* X; *H.* VII.

BARI (Synode diocésain de), le 28 décembre 1607. L'archevêque Dèce Caraccioli y publia un corps de constitutions divisées en quatre livres : le premier donne les règles de la convocation et de la tenue des synodes de ce diocèse, rappelle les principes de la doctrine chrétienne, et contient l'énumération des fêtes. Le second livre traite des sacrements, et surtout de celui de l'ordre et de ses divers degrés. Le troisième représente les devoirs des chanoines, des prêtres et des clercs de l'église métropolitaine, des religieuses et des femmes converties, des confréries de personnes laïques, des archiprêtres et des curés. Le quatrième livre traite des autres dignitaires et officiers de l'église. A l'article des funérailles, il défend aux clercs (*l.* III) de faire aucun pacte, et même aucune demande à l'occasion de sépultures ou d'anniversaires qui puissent les rendre suspects de simonie ou d'avarice. Il n'en fait pas moins un devoir aux fidèles d'observer sur ce point les pieuses coutumes, et de donner caution, s'il est nécessaire, pour les droits qu'ils auront à payer conformément aux usages reçus. « Le curé enterrera aux frais de l'Église les personnes qui ne laissent rien, ou presque rien, à leur mort. Les clercs engagés dans les ordres sacrés seront portés à l'église revêtus des ornements de leur ordre, et enterrés avec leur aube. On ne fera point servir à la pompe des funérailles les mêmes ornements qu'on emploie à la décoration des autels ; mais il y aura un drap mortuaire commun pour tout le monde, qu'on prêtera gratuitement. » *Constitut. editæ in diœc. synodo Barensi*, 1611.

BARI (Synode diocésain de), le 13 février 1624, sous Ascagne Gesualdi, patriarche de Constantinople et archevêque de Bari. Ce prélat imposa dans ce synode, comme son prédécesseur l'avait déjà fait dans le sien, la profession de foi de Pie IV. Il y condamna diverses superstitions, telles que la chiromancie, les vaines observances. Il y défendit aux prêtres, sous peine d'excommunication, outre les peines portées contre les faussaires, de rien insérer dans les actes de baptême qui soit contraire à la vérité, quand même ils le feraient par de bons motifs. *Synod. diœc. Barensis, Romæ*, 1625.

BARI (Synode diocésain de), tenu par l'archevêque Didasco Sersali, le 18 août 1678. Les statuts de ce synode sont compris en trente et un chapitres, dont voici un extrait : « Personne ne se chargera de la fonction de maître d'école qu'il n'ait été approuvé pour cet office par l'archevêque ou son vicaire général. Aucun prêtre ne se couvrira la tête à l'autel pendant la messe, pas même hors du canon. On fait un devoir à toutes les églises du diocèse de faire un service à la mort de chaque archevêque, et l'on réprime l'abus de promener dans les rues des villes les corps des personnes décédées, au lieu de les porter au cimetière par le chemin le plus court. » *Tertia diœc. syn. Bar., Macerate,* 1659.

BASILEENSIA (*Concil.*) *Voy.* BALE.

SAINT-BASLE. *Voy.* REIMS.

BASSÈGE (Assemblée de), *Bassegiense,* l'an 1228 : assemblée d'évêques et de grands, ouverte à Bassège, transférée à Meaux, et terminée à Paris. Raymond, comte de Toulouse, y fit la paix avec l'Église et avec saint Louis par un traité signé à Paris. *Lenglet du Fresnoy.*

BATH (Concile de), *Bathonense,* l'an 973. On y sacra Edouard, roi d'Angleterre. *Anglic.*

BAULME-LEZ SISTERON (Synode de), l'an 1588. *Voy.* GAP, même année.

BAVIÈRE (Concile de), *in Bajoaria, loco incerto,* l'an 740, tenu par saint Boniface, sur la recommandation du pape Grégoire III. Selon Eckart, les évêques d'Augsbourg, de Spire, de Constance, de Besançon, et trois autres, assistèrent à ce concile. *Conc. Germ. t.* I.

BAVIÈRE (Concile de), l'an 772. *Voy.* DINGELFIND.

BAVIÈRE (Concile de), *in Ottinga,* l'an 903. Ce concile eut pour objet une donation faite par l'empereur Louis III au monastère de Saint-Emmeran, avec l'approbation de l'archevêque de Salzbourg et de cinq autres évêques. *Conc. Germ., t.* II. *p.* 584.

BAVIÈRE (Concile de), *in Holtzekiricha Bavariæ,* l'an 906. L'empereur Louis III y renouvela le privilège dont jouissait l'Église de Frisingue de se choisir à elle-même son évêque. Six prélats intervinrent à cet acte solennel. *Conc. Germ., t.* II, *p.* 585.

BAYEUX (Synode diocésain de), *Bajocensis,* vers l'an 1300. Ce synode, le dernier dans l'ordre des temps que le P. Cossart, continuateur du P. Labbe, ait jugé à propos d'insérer dans sa collection, présente dans ses statuts ou capitules, au nombre de cent-treize, un tableau presque complet de la discipline du treizième siècle, ou du suivant. Nous nous bornerons à en relever les parties les plus saillantes.

1. « Le dimanche ou le samedi qui précédera le synode, les prêtres qui n'ont pas de chapelains s'informeront publiquement à l'église s'il n'y a pas quelques malades dans la paroisse ; et s'il s'en trouve, ils les visiteront sans être même demandés, et pourvoiront, autant qu'il sera en eux, au salut de leurs âmes : ce qui ne les empêchera pas de recommander ces malades, avant de partir, aux chapelains des autres églises. »

2. « Tous les prêtres seront obligés à se rendre au synode, mais surtout ceux qui ont charge d'âmes ; et s'ils ne peuvent y venir, ils s'y feront représenter par leur chapelain ou par un clerc. Ils informeront le doyen des causes de leur absence, et le doyen en instruira l'évêque. »

3. « Les prêtres entreront au synode étant à jeun, et vêtus de leurs surplis avec leurs étoles ; s'ils sont simples vicaires, ils paraîtront sans étoles. Les abbés porteront des chapes de soie. Tous entreront dans l'église sans se faire attendre, aussitôt que les clo-

ches auront donné le signal de l'ouverture du synode. »

4. « Si un enfant se trouve avoir été baptisé au foyer dans la forme voulue, le prêtre suppléera sur lui, devant la porte de l'église, ce qui aura été omis, savoir : le sel qu'il lui mettra dans la bouche et l'onction qu'il lui fera sur les oreilles avec sa salive ; mais il ne prononcera point d'exorcismes, et arrivé aux fonts, il fera tout ce qui a coutume d'être fait, l'immersion exceptée (le baptême par immersion était donc encore usité à cette époque). S'il est douteux que la forme des paroles ait été bien appliquée à l'enfant baptisé, le prêtre alors n'omettra rien, et en plongeant l'enfant dans les fonts, il dira : *Si tu non es baptizatus, ego baptizo te in nomine Patris, et Filii, et Spiritus sancti. Amen.* Pour retirer l'enfant des fonts, on n'admettra que trois parrains ou marraines. »

5. « Les prêtres, prévenus que l'évêque devra venir prêcher dans un lieu, en avertiront le peuple de leur mieux, à deux ou trois lieues à la ronde ; et tous ceux qui le pourront commodément viendront pour entendre le sermon de l'évêque, surtout s'ils ont besoin de lui demander conseil. Les adultes qui auront à être confirmés se confesseront auparavant, s'ils ont le temps de le faire, et porteront avec eux des bandelettes larges, propres et d'une longueur suffisante. Ils ne recevront ce sacrement qu'à jeun, autant que possible, et les prêtres ne diront point la messe ce jour-là, à moins de le faire de très-grand matin. »

6. « On aura soin que l'hostie du saint sacrifice soit entière, fraîche et ferme, sans fractures ni trous, et parfaitement ronde ; que le vin ne soit point aigret, et que l'eau ne soit pas non plus oubliée. Si cet oubli avait été commis, on le réparerait aussitôt et sans scandale, autant que possible. Si l'on ne s'apercevait qu'après la consécration qu'on n'aurait mis ni vin ni eau, on garderait avec respect l'hostie seule consacrée ; puis on ferait une nouvelle consécration avec une autre hostie, en recommençant le canon de la messe à *Te igitur*, etc., et après la communion, le prêtre prendrait l'hostie la première consacrée. »

10. « Nous défendons fortement et strictement de donner (pendant la messe) le marbre (ou la paix) à baiser à plus de deux femmes, après qu'on a reçu la paix du prêtre. »

12. « Que les prêtres ne manquent point à renouveler chaque semaine l'eucharistie et l'eau bénite, pour que ces saints objets ne puissent inspirer ni indévotion ni dégoût. »

13. « Que personne ne prétexte de nécessité pour dire la messe avant d'avoir récité matines et prime. »

14. « On brûlera dans la sacristie les linges trop vieux qui auront servi à nettoyer le calice. »

15. « Que personne n'ose dire deux fois la messe en un jour, excepté à Noël, ou avec double introït, si ce n'est dans une grande nécessité, comme pour un enterrement, ou dans un jour solennel, tel que ceux de carême, ou même le jour de Pâques. Quand on aura à dire une seconde messe, on ne prendra point l'ablution de la première, mais on la donnera à quelqu'un d'une conscience pure. »

16. « Nous défendons aux prêtres de donner des hosties consacrées aux enfants au-dessous de sept ans. »

17. « On ne permettra point aux gens mariés de servir à l'autel, ou de lire l'épître ; et personne ne le fera qu'en surplis, ou en chape fermée pardevant. »

18. « Nous ne trouvons dans le catalogue sacré que les neuf préfaces suivantes qu'il soit permis de dire : celle de Pâques, celle de l'Ascension, celle de la Pentecôte, la quatrième aux fêtes de la sainte Vierge, la cinquième aux fêtes de la Sainte-Croix, la sixième des apôtres, la septième celle de Noël, la huitième celle de l'Epiphanie, et la neuvième celle du carême. » Cet ordre, observé dans les préfaces, indique assez clairement que c'était à Pâques que commençait à cette époque l'année ecclésiastique.

20. « Il est défendu à un prêtre de célébrer sur un autel dont la table aura été remuée, ou aura éprouvé une fracture énorme, à moins d'une réparation convenable faite à cet autel, et d'une nouvelle consécration. On ne célébrera pas non plus sur une pierre portative qui n'aura point été fixée. Les burettes pour le vin et l'eau seront sans fracture, n'importe qu'elles soient de verre, d'étain ou d'argent. »

21. « Les piscines et les fonts seront exactement fermés à clef. Il y aura, près de l'autel, au moins trois manutergos, l'un pour le premier lavement des mains, le second après l'évangile, le troisième après la communion. Un quatrième pendra au missel pour servir de mouchoir au prêtre en cas de besoin. »

39. « Si des laïques concubinaires refusent de se séparer de leurs concubines, on leur interdira, après une troisième monition, l'entrée de l'église. »

40. « On ne montrera point hors de leurs châsses les reliques des saints, et on ne les mettra pas non plus en vente. »

45. « On n'engagera, que du consentement de l'évêque, les ornements d'église. »

46. « Les prêtres avertiront souvent leurs paroissiens de faire instruire soigneusement ceux de leurs enfants qu'ils destinent à la cléricature, et de leur faire fréquenter avec assiduité les écoles, parce qu'on ne doit point admettre les gens illettrés aux bénéfices ecclésiastiques. »

56. « Les prêtres répéteront souvent aux laïques la défense de faire leurs testaments hors de la présence d'un prêtre, à moins que ce ne soit en cas de nécessité. »

68. « On ne doit pas ignorer qu'il est permis maintenant de contracter mariage à partir du cinquième degré de parenté ou d'affinité. »

68. « Nous avertissons les prêtres de ne point enjoindre à leurs pénitents de faire dire des messes pour leurs péchés. »

88 et 90. « Défense aux prieurs et aux abbés de contracter des emprunts au delà d'une certaine somme. »

94. « Nous ordonnons à tous nos subordonnés, tant ordinaires que délégués, de s'abstenir de lancer des excommunications générales, mais de ne rendre passibles d'une excommunication que ceux qui seront en particulier coupables. »

96. « Nous défendons aux moines et autres personnes d'église de porter devant un juge séculier des causes qui ne doivent être traitées, comme c'est l'usage, que dans les tribunaux ecclésiastiques, à moins d'avoir reçu de nous, à cet égard, une permission spéciale. »

99. « Nous voulons que les curés titulaires, qui ont à leur place des vicaires perpétuels dans leurs églises, s'adonnent principalement à l'étude de la théologie; à moins que, pour quelque cause juste et raisonnable, nous ne jugions à propos de les en dispenser. »

105. « Nous défendons aux moines et aux clercs d'exercer quelque commerce dans la vue du gain. »

108. « Nous enjoignons strictement à tous les prêtres, et particulièrement à ceux qui ont charge d'âmes, de se confesser au moins une fois chaque année, soit à nous, soit à notre pénitencier. » *S. Conc.* XI.

BAYEUX (autres Synodes de). *Voy.* NORMANDIE.

BAZAS (Concile de), *Vasatense*, l'an 351, contre l'hérésie des ariens. *Conc. Gall.*

BAZAS (Concile de), l'an 529. *Gall. Christ.* t. I, col. 393.

BAZAS (Concile de), l'an 1181. *D. Vaissette, Hist. du Lang., t.* III.

BEAUGENCY (Concile de), *Balgenciacense*, au diocèse d'Orléans, l'an 1104. Richard, évêque d'Albane et légat du saint-siége, tint ce concile le 30 juillet, avec plusieurs évêques, en présence du roi Philippe et de Bertrade, qui promirent de se séparer, et ne furent pas néanmoins absous de l'excommunication lancée contre eux par Hugues, légat du pape Urbain II, et par ce pape lui-même. *Labb.* X. *Anal. des Conc.* V.

BEAUGENCY (Concile de), l'an 1151 ou 1152. Ce concile se tint le 18 mars, touchant le mariage du roi Louis VII avec Éléonore, fille et héritière de Guillaume X, duc d'Aquitaine. Après l'audition des témoins qui déposèrent de la parenté du roi avec la reine, leur mariage fut déclaré nul du consentement des parties, par les évêques. Parmi les anciens chroniqueurs, les uns placent ce concile en 1151, les autres en 1152; cela vient de ce que les premiers commençaient l'année à Pâques, et les seconds à Noël ou au premier janvier. Binius dit que le concile de Beaugency s'est tenu à *Floridi*, trompé par ce mot de *Floridi*, qui marque que ce concile fut tenu quelques jours avant le dimanche des Rameaux, que nous appelons Pâques fleuries : *Die martis ante Festum Paschalis floridi. Reg.* XXVII; *Lab.* X; *Hard.* VII. *Anal. des Conc.* V.

BEAULIEU (Conc. de). *V.* LIMOGES, an 1031.

BEAUNE (Concile de), l'an 1020. *Lenglet du Fresnoy, Hist. des évêques d'Auxerre.*

BEAUVAIS (Concile de), *Bellovacense*, l'an 845. Le roi Charles convoqua ce concile au mois d'avril de l'an 845. Les évêques des deux provinces de Reims et de Sens y assistèrent, et élurent archevêque de Reims Hincmar, issu d'une ancienne noblesse et parent de Bernard, comte de Toulouse. Ensuite ils firent huit règlements, que le roi Charles promit d'observer, et d'étendre à toutes les Églises de son royaume. Les évêques s'engagèrent de leur côté à remplir fidèlement ce qu'ils promettaient au roi dans ces huit articles.

Les évêques demandaient au roi Charles, par le premier, de leur conserver, comme avaient fait ses prédécesseurs, toute l'autorité que leur attribuaient les canons; par le second, de ne point permettre que des évêques fussent déshonorés pour quelque faute passée; par le troisième, de leur faire restituer, à eux et à leurs églises, ce qu'on leur avait enlevé, soit sous son règne, soit sous les règnes précédents; par le quatrième, de révoquer les ordres illégitimes qu'il pourrait avoir donnés touchant les choses qui appartenaient aux églises, et de n'en plus intimer de semblables à l'avenir; par le cinquième, de supprimer toutes les mauvaises coutumes et les exactions introduites de son temps dans les églises, et de les rétablir dans la liberté dont elles jouissaient sous le règne de Louis le Débonnaire, son père; par le sixième, d'en prendre la défense contre ceux qui voudraient les opprimer; par le septième, de confirmer les priviléges que son père et lui avaient accordés aux églises; par le huitième, que s'il arrivait que eux-mêmes contrevinssent par un effet de la malice humaine, et non par malice, à ces règlements, cette faute fût corrigée d'un commun avis.

Le concile de Meaux de la même année, qui rapporte les règlements de celui-ci de Beauvais, ne dit rien des deux premiers; mais il en ajoute quatre qui ne se trouvent point dans les huit précédents; un, entre autres, qui tend à faire déclarer nulles les aliénations et les commutations qu'on ferait des biens d'une église pendant la vacance du siége.

BEAUVAIS (Concile de), *Bellovacense*, l'an 1114. Conon, cardinal et légat, assisté des évêques de trois provinces, tint ce concile le 6 décembre. On y excommunia l'empereur Henri V; on y renouvela plusieurs décrets des derniers papes, touchant la conservation des biens ecclésiastiques et les autres points de discipline les plus nécessaires alors. On y parla aussi de quelques hérétiques que le peuple brûla à Soissons, sans attendre le jugement des ecclésiastiques, craignant qu'il ne fût trop doux; et on remit à délibérer au concile tenu l'année suivante à Soissons, sur saint Godefroi, qui avait quitté son évêché d'Amiens pour se retirer à la Chartreuse. *R.* XXVI; *L.* X; *H.* VII. *L'art de vérifier les dates, pag.* 211.

BEAUVAIS (Conc. de), vers l'an 1120. Le légat Conon tint ce concile avec les évêques de trois provinces, depuis le 18 jusqu'au 29 octobre. On y canonisa saint Arnoul de Soissons. On ignore le reste de ce qui s'y passa. *Lab.* X ; *Hard.* VII.

BEAUVAIS (Concile de), l'an 1124. Une chronique de Maillezais marque qu'il se tint c tte année un concile dans chacune des villes de Chartres, de Beauvais et de Vienne ; elle n'en indique pas l'objet.*Rer.gall.scr*, XII.

BEAUVAIS (Concile de), l'an 1161. Ce concile, composé des évêques de la partie de la Normandie soumise immédiatement au roi de France, s'assembla par les soins du roi Louis le Jeune, pour reconnaître le pape Alexandre III, et rejeter l'antipape Victor. Le concile de Neufmarché, qui se tint la même année et pour le même objet, réunit de son côté les évêques de la partie soumise au roi d'Angleterre. *Labb.* X.

BEAUVAIS (Synode diocésain de), l'an 1531. Charles de Villiers, évêque de Beauvais, tint ce synode avec son clergé ; il y publia des constitutions synodales, dont une a pour objet les confréries, qu'il défend d'ériger sans son agrément. Les autres concernent les sacrements, la vie cléricale, les quêtes, les testaments et les sépultures. *Constit. synod. civ. Belvacensis.*

BEAUVAIS (Synodes diocésains de), vers l'an 1646. Les résultats en furent publiés dans le courant de cette année, sous la forme de *statuts synodaux*, par Augustin Potier, évêque et comte de Beauvais. Le détail peut en être consulté au besoin. *Voy. Stat. synod. de mess. Aug. Potier.*

BEAUVAIS (Synode de), le 8 juillet 1699, sous le cardinal Toussaint de Forbin-Janson, évêque de cette ville. Il y publia des statuts, dont le titre 1er, *De l'instruction*, contient en particulier les articles suivants :

« Seront tenus les curés et vicaires de faire dans l'église le catéchisme au peuple et aux enfants, chaque dimanche, hors le temps de la récolte, et trois fois la semaine pendant le carême. Les exhortons à faire de pareilles instructions publiques, certains jours de la semaine, pendant l'Avent. Leur défendons d'instruire les filles en particulier.

« Les catéchismes ne seront pas faits par eux, en forme de discours continus ; mais par des demandes aisées. Ils en diront la réponse aux enfants, et ils la leur feront répéter deux ou trois fois, et plus, s'il est besoin.

« Personne ne sera admis à faire fonction de maître ou de maîtresse d'école, ou de clerc d'église, dans les villes et à la campagne, si auparavant il n'a été approuvé par nous ou nos officiers, et provisoirement par le curé de la paroisse.

« Enjoignons à tous prêtres de notre diocèse, et particulièrement aux curés et vicaires, d'avoir au moins une Bible, le concile de Trente, le Catéchisme Romain, et les statuts synodaux de notre diocèse. »

Le titre 15, *Des devoirs des ecclésiastiques*, contient ce qui suit : « Deffendons aux ecclésiastiques constituez dans les ordres sacrez, sous peine de suspense, d'aller à la chasse avec armes à feu. Leur deffendons aussi de jouer dans les places et jardins publics.

« Deffendons aux prêtres de prendre du tabac par la bouche, avant de célébrer la messe. »

« Tous les curés, séculiers et réguliers, vicaires, prêtres et autres ecclésiastiques, seront exacts à assister aux conférences du lieu qui leur a été assigné, et y apporteront leurs avis par écrit, dans un mémoire qu'ils donneront au président ou secrétaire, pour l'aider à dresser le résultat. »

Le reste est de la même sagesse. *Statuts de Mgr. le cardinal de Janson F., Beauvais*, 1700.

BEAUVAIS (autres Synodes de). *V.* SAINT-ETIENNE DE BEAUVAIS.

BEC (Synode du). *Voy.* NORMANDIE.

BECANCELDE, Becandel ou Becanelde. *Voy.* BACANCELD.

BELLEY (Synode de). *Voy.* SAINTE-MARIE DE BELLEY.

BELLOCENSE (Concilium). *V.* LIMOGES, l'an 1031.

BELLOVACENSIA (Conc.). *V.* BEAUVAIS.

BELLUNE (Synode diocésain de), 27 et 28 avril 1629. L'évêque Jean Delphini, qui tint ce synode, y publia des statuts sur les sujets ordinaires de ces assemblées.

BÉNÉVENT (Concile de), *Beneventanum*, l'an 1059. Le pape Nicolas II tint ce concile. Le moine Albert et le comte Raffrède y restituèrent, en présence du pape, au monastère de Saint-Vincent de la ville de Valherara, sous la métropole de Bénévent, la celle de Sainte-Marie *in Cavietano* ou *Cajetano*, dont ils s'étaient emparés. *Mansi, t.* I, *col.* 1131.

BÉNÉVENT (Concile de), l'an 1061, pour les droits de quelques abbayes. *Reg.* XXV ; *Labb.* IX ; *Hard.* VI.

BÉNÉVENT (Concile provincial de), l'an 1062, sous la présidence de l'archevêque Uldaric. On y discuta un différend qui s'était élevé entre l'évêque de Draconar et l'abbé de Sainte-Sophie, au sujet d'une église sur laquelle l'un et l'autre prétendaient avoir des droits.

BÉNÉVENT (Concile de), l'an 1075. Ce concile se tint en faveur de l'abbaye de Sainte-Sophie. *Reg.* XXVI ; *Labb.* X ; *Hard.* VI.

BÉNÉVENT (Concile de), l'an 1087. Le pape Victor III tint ce concile au mois d'août, et y excommunia Guibert, son rival. Il porta la même sentence contre Hugues de Lyon et Richard, abbé de Marseille, l'un et l'autre partisans de l'antipape. Il condamna enfin les investitures, sous peine d'excommunication, avec le consentement de tout le concile.

BÉNÉVENT (Concile de), l'an 1091. Urbain II assembla ce concile le premier d'avril : il y renouvela les condamnations portées contre l'antipape Guibert, et y fit les quatre canons suivants :

1. Défense d'élire un évêque, à moins qu'il ne soit diacre ou prêtre. Quant aux sous-diacres, ils ne pourront être promus à l'épiscopat que très-rarement, et avec la permission du saint-siège.

2. Les chapelains nommés et payés par

les laïques, sans le consentement de l'évêque, seront suspendus de toutes leurs fonctions.

3. Défense de recevoir des clercs d'un autre diocèse, s'ils n'ont des lettres de recommandation de leur évêque.

4. Défense aux laïques de manger de la viande le jour des Cendres, et ordre à tous les fidèles de recevoir les cendres ce jour-là. On défend aussi de célébrer des mariages depuis la Septuagésime jusqu'à l'octave de la Pentecôte, et depuis le premier dimanche de l'Avent jusqu'à l'octave de l'Epiphanie. *Reg.* XXVI; *Labb.* X; *Hard.* VI.

BÉNÉVENT (Concile de), l'an 1108. Le pape Pascal II tint ce concile touchant les investitures et le luxe des habits des clercs. Il déclara excommuniés, et le clerc qui recevrait un bénéfice ecclésiastique de la main d'un séculier, et le séculier lui-même. *Reg.* XXVI; *Labb.* X; *Hard.* VII.

BÉNÉVENT (Concile de), l'an 1113. Le pape Pascal II tint ce concile en faveur de l'abbaye du Mont-Cassin. Mansi croit que ce fut aussi dans ce concile qu'il donna sa bulle adressée aux chevaliers de Malte, par laquelle il met leur hôpital de Jérusalem sous la protection du siège apostolique. *Mansi*, II, col. 279.

BÉNÉVENT (Concile de), l'an 1117. Le pape Pascal II tint ce concile au mois d'avril, et y excommunia Maurice Bourdin, archevêque de Brague, son légat, pour avoir couronné l'empereur Henri V à Rome, tandis que le pape était au Mont-Cassin, d'où il avait envoyé ce légat à Rome pour traiter de la paix avec Henri. *Reg.* XXVI; *Labb.* X; *Hard.* VII.

BÉNÉVENT (Concile de), l'an 1119. L'archevêque Landulfe tint ce concile le 10 mars, et y anathématisa ceux qui ravageaient le pays et dépouillaient les églises. *Labb.* X; *Hard.* VII; *Pagi, ad hunc annum.*

BÉNÉVENT (Concile de), l'an 1331. Monalde, archevêque de Bénévent, tint ce concile à la tête de sa province. Il y publia soixante-treize articles de décrets, dont les douze premiers sont perdus; voici ce que les autres contiennent de plus remarquable :

C. 18. On ne doit rien mettre dans les testaments qui tende à frustrer qui que ce soit de sa part légitime.

C. 24. Les dispenses accordées à des bénéficiers de résider dans leurs bénéfices sont révoquées, à l'exception de celles qu'auraient obtenues des clercs attachés au service du pape, d'un cardinal ou de l'archevêque.

C. 40. Les personnes chargées de régler les messes ou de les distribuer ne doivent pas en donner plus de sept à dire à un prêtre chaque semaine.

C. 41. Si des biens se trouvent légués pour la célébration de certaines messes, on doit, dans le délai d'un mois, en mettre en possession le prêtre chargé de les dire.

C. 54. Les pauvres défunts doivent être enterrés dans le cimetière de l'église paroissiale aux frais du curé du lieu.

C. 60. Les clercs ne doivent point se charger de l'office de parrains sans la permission de l'évêque, si ce n'est pour des proches, mais non au delà du quatrième degré de parenté. On admettra un seul parrain, tant pour le baptême que pour la confirmation.

C. 62. Tout recteur de paroisse est tenu de dire la messe, de célébrer les offices et d'instruire le peuple, dans l'église qu'il dessert, tous les dimanches.

C. 68. Les paroissiens doivent assister aux offices divins dans leurs églises paroissiales tous les dimanches et les jours de fêtes, et ceux qui déserteront ces jours-là leur paroisse pour aller dans d'autres n'y seront point admis par les curés. *Synod. s. Ben. Ecc.*

BÉNÉVENT (Concile provincial de), l'an 1374. L'archevêque Hugues Guidardi, qui y présida, y réunit en un corps les constitutions, tant provinciales que synodales, déjà portées par ses prédécesseurs. *Synodicon S. Benev. Eccl. p. 77.*

BÉNÉVENT (Concile de), l'an 1378. Hugues II, archevêque de Bénévent, tint ce concile provincial, dans lequel il renouvela les statuts de ses prédécesseurs. *T. XV Conc. Append.*

BÉNÉVENT (Concile de), l'an 1470. Corrade Capycius, archevêque de Bénévent, tint ce concile de sa province, le 24 août 1470, et publia les règlements qui suivent :

1. « Les clercs ne doivent point se mettre au service des laïques, ni se charger du soin de leurs affaires temporelles; autrement, et s'ils viennent à tomber dans des embarras financiers, l'église n'aura point à les secourir. »

2. « Les clercs qui feront valoir du bien à ferme, ou qui prendront des emplois de greffiers ou d'officiers subalternes sous la dépendance de magistrats séculiers, seront exclus du ministère ecclésiastique. »

3. « Aucun moine, aucun religieux, ne doit accepter l'office de parrain. »

4. « Défense, sous peine d'excommunication, à quelque individu que ce soit, d'entrer processionnellement dans une paroisse sans la permission du recteur qui la gouverne. »

5. « Défense, sous la même peine, à tout prêtre de bénir un mariage en secondes noces, à moins que ce ne soit dans les paroisses où l'usage en a fait une loi. »

6. « Les enfants de deux personnes entre lesquelles il y aurait compaternité ne peuvent, sous peine d'excommunication et de nullité, contracter mariage avec la personne qui aurait donné lieu à la compaternité. »

Il s'agit ici de la parenté spirituelle, qui n'est plus un empêchement de mariage depuis le concile de Trente que pour les parrains ou les marraines à l'égard des personnes dont ils sont les parrains, et de leurs pères ou de leurs mères, et non à l'égard d'autres personnes, quelque liées qu'elles soient avec les premières par les liens du sang.

7. « Le lien de compaternité ne se contracte que dans les sacrements de baptême et de confirmation. »

8. « Le concile de la province de Bénévent se rassemblera tous les ans, à la métropole, la veille de la fête de Saint-Barthélemy. »

9. « Chaque évêque est obligé, sous peine d'excommunication et d'une amende d'un ducat, d'avoir entre ses mains un exemplaire des constitutions synodales, avec défense de le prêter à qui que ce soit. »

10. « Chacun doit avoir les présents règlements, munis du sceau épiscopal, dans le délai d'un mois, à partir du jour de leur date. » *Conc. t.* XIX.

BÉNÉVENT (8 concile provincial de), l'an 1545, sous l'archevêque Jean Casa. On y publia en 68 chapitres de nouvelles constitutions, dont les principales sont dirigées contre les blasphèmes, les sortilèges, l'usure et la pluralité des bénéfices. *Synod. S. Benev. Eccl.*, p. 309.

BÉNÉVENT (9e concile provincial de), l'an 1567. sous la présidence du cardinal-archevêque Jacques Sabelli. Ce concile eut sept sessions; on trouve dans la première une longue et curieuse énumération des erreurs des Grecs. *Ibid.*, p. 311.

BÉNÉVENT (Synode diocésain de), l'an 1567. Jacques Sabelli, cardinal-archevêque de Bénévent, abrogea par les constitutions qu'il publia dans ce synode d'anciennes constitutions du chapitre de sa cathédrale, qui attribuaient à l'archidiacre, au primicier et à quelques autres dignitaires des droits exorbitants, et d'après lesquels le consentement du chapitre était requis pour que l'archevêque pût confirmer et consacrer des évêques, des abbés ou des prieurs. *Constitutiones editæ in diœc. syn. Beneventana, Romæ*, 1567.

BÉNÉVENT (10e concile provincial de), l'an 1571, présidé par le même. On y dressa 39 chapitres de règlements. *Ibid.*; p. 373.

BÉNÉVENT (Synode diocésain de), l'an 1594. Les statuts de ce synode, publiés par l'archevêque Maximilien de Palumbaria, contiennent une liste remarquable d'anciens canons pénitentiaux. On y lit de plus la défense faite aux curés et autres recteurs d'églises de publier des indulgences, sous quelque prétexte qu'elles aient été accordées, avant qu'elles soient vues par l'archevêque ou son vicaire général. On ne jouera sur les orgues que des hymnes ou des cantiques sacrés. On ne gravera sur les cloches rien de profane, mais simplement une croix ou l'image de quelque saint; on ne les montera dans les clochers, qu'après qu'elles auront été bénites par l'archevêque ou par son délégué. *Constitut. editæ in diœc. syn. Benev., Romæ*, 1605.

BÉNÉVENT (11e concile provincial de), l'an 1599, présidé par l'archevêque Maximilien de Palumbaria. On y publia de nouveaux règlements de discipline fort étendus. *Ibid.*, p. 384.

BÉNÉVENT (12e concile provincial de), l'an 1656. sous Jean-Baptiste Foppa. On y publia d'autres règlements de discipline encore plus étendus que les précédents. *Ibid.*, p. 465.

BÉNÉVENT (13e concile provincial de), l'an 1693, sous le cardinal-archevêque Vincent-Marie. Les statuts provinciaux, publiés par ce concile sous 54 titres, divisés eux-mêmes en des chapitres nombreux, attestent par le soin de leur rédaction combien était florissante à cette époque, la discipline de l'Eglise dans cette province. *Ibid.*, p. 605.

BENINGDON (Concile de), *Benningdonense*, l'an 851. Ce concile fut tenu le 27 mars, au royaume de Mercie en Angleterre, par Céolnath, archevêque de Cantorbéry, en présence de Bertulfe roi des Merciens. Les moines de Croyland s'étant plaints des torts que les Danois avaient faits à leur monastère, Bertulfe leur donna de très-bonnes terres pour les réparer, et leur accorda en outre un ample et magnifique privilége. *Reg.* XXI; *Labb.* VIII; *Hard.* IV; *Anglic.* I.

BENOIT-SUR-LOIRE (Assemblée mixte de Saint-), *Floriacensis conventus*, l'an 1107. Ce fut une assemblée d'évêques, d'abbés et de grands, en présence de Louis le Gros, dans laquelle le corps de saint Benoît fut retiré de terre et placé dans la nouvelle église qui venait d'être construite.

BENOIT-SUR-LOIRE (Concile de Saint-), l'an 1110. Dans ce concile, tenu par le légat Richard, évêque d'Albano, on excommunia ceux qui se rendraient coupables de vexations envers l'Eglise de Mauriac.

BERGAME (Concile de), *Bergamense*, l'an 1311. Gaston Turriani, archevêque de Milan, tint ce concile le 5 juillet. On y publia une constitution divisée en trente-quatre rubriques sur la discipline, dans lesquelles on recommande, avec une infinité d'autres conciles, la décence, la simplicité et la modestie aux clercs. On leur défend les habits de soie ou rayés de différentes couleurs, les boutons d'argent ou de tout autre métal, etc. *Edit. Venet. t.* XV. *V.* MILAN, même année.

BERGAME (Synode diocésain de), l'an 1613. l'évêque Jean Emus y publia trente-deux décrets. Par le onzième il défendit sous peine de suspense de confier les vases des saintes huiles et du chrême à d'autres qu'à des clercs engagés dans les ordres sacrés. Par le dix-septième il recommanda à ses prêtres de tenir tous les mois leurs conférences. *Synod. diœc prima, Bergami*, 1615.

BERGAME (Synode diocésain de), 4 mai 1628. L'évêque Augustin Prioli y publia de nouveaux statuts, rangés sous grand nombre de titres, et divisés en six parties. *Constit. et decreta, Bergami*, 1623.

BERGAMSTÈDE (Concile de), *Bergamstedense*, l'an 696. Britouald, archevêque de Cantorbéry, assisté de Gybmond, évêque de Rochester, et de différents ordres ecclésiastiques de la nation, présida à ce concile. Witherède, roi de Kent, y assista aussi, accompagné de plusieurs seigneurs. On y fit vingt-huit canons, qui peuvent être regardés comme des lois, puisque les deux puissances y concoururent, et qu'on y ordonna également des punitions temporelles et spirituelles contre ceux qui en négligeraient l'observation. Ces canons portent dans quelques manuscrits le titre de *Jugement*, ou *Loi du roi Witherède*.

Il y est dit, can. 1ᵉʳ, que l'église jouira de ses droits, de ses revenus et de ses pensions, qu'on fera des prières pour le roi, et qu'on obéira volontiers à ses ordres. »

2ᵉ. « L'amende pour contravention aux lois de l'Église sera de cinquante sous, comme pour l'infraction des droits du roi. »

3ᵉ 4ᵉ 5ᵉ et 6ᵉ. « Les adultères laïques seront mis en pénitence et excommuniés. S'ils sont étrangers, on les chassera du pays; les nobles convaincus de ce crime payeront une amende de cent sous, et les paysans de cinquante; que si un ecclésiastique tombe dans cette faute et qu'il s'en corrige, il pourra demeurer dans les fonctions de son ministère, pourvu qu'il n'ait pas différé malicieusement de donner le baptême, et qu'il ne soit pas ivrogne. »

8ᵉ et 9ᵉ. « On permet à un tonsuré qui ne garde pas sa règle, c'est-à-dire à un moine, de passer ailleurs, pourvu qu'il trouve quelqu'un qui le reçoive; et à un esclave affranchi devant l'autel, de jouir de la liberté, avec pouvoir de succéder comme les personnes libres. »

10ᵉ 11ᵉ 12ᵉ 13ᵉ et 14ᵉ. « Défenses, sous une amende pécuniaire ou une punition corporelle, de travailler ou de voyager les jours de dimanche. Mêmes peines contre ceux qui offrent quelque chose aux démons. »

15ᵉ et 16ᵉ. « Si le maître donne de la viande à son esclave un jour de jeûne, l'esclave sera mis en liberté; mais, si l'esclave en mange de lui-même, il payera une amende de six sous, ou sera puni de verges. »

17ᵉ. « La parole de l'évêque et du roi vaudra pour un serment. »

18ᵉ. « Les abbés accusés et interrogés feront, comme les prêtres et les diacres, serment devant l'autel, en ces termes: Je dis la vérité en Jésus-Christ et je ne mens point. »

19ᵉ. « Les autres clercs prendront avec eux quatre personnes pour se purger par serment, qu'ils feront la tête baissée, une main sur l'autel, et l'autre levée. »

20ᵉ. « Les étrangers se purgeront seuls, en faisant serment sur l'autel. »

21ᵉ. « Les païens se présenteront avec quatre personnes, et feront serment en leur présence, la tête baissée devant l'autel. »

22ᵉ. « L'Église connaîtra des causes de ceux qui appartiennent à l'évêque. »

23ᵉ. « Si quelqu'un accuse un esclave de l'église, son maître pourra le purger par son seul serment, pourvu que cet esclave ait reçu l'eucharistie; mais, s'il ne l'a jamais reçue, il sera obligé de donner caution, ou de se soumettre à la peine du fouet. » Les autres canons prescrivent des peines contre les voleurs, les vagabonds, etc. *Reg. t.* XVII; *Lab. t.* VI; *Hard. t.* III; *Anglic. t.* I.

BERNI (Concile de), *Brennacense*, près de Compiègne, et non de Braisnes en Soissonnais, l'an 580. Ce concile fut occasionné par une accusation que Leudaste, comte de Tours, avait portée contre saint Grégoire, son évêque: il l'accusait de vouloir livrer la ville de Tours à Childebert, roi d'Austrasie, et d'avoir mal parlé de la reine Frédégonde, en disant qu'elle avait un mauvais commerce avec Bertran, évêque de Bordeaux. Mais tout cela n'était qu'une calomnie du comte, auquel on avait ôté le gouvernement de la ville, sur les remontrances de saint Grégoire, qui s'était plaint avec raison des ravages qu'il avait faits dans les églises. Le concile de Berni examina cette affaire: le saint pasteur fit le serment solennel qu'il était innocent du crime qu'on lui imputait, et le concile lui rendit justice, en même temps qu'il porta la sentence d'excommunication contre son calomniateur. Outre les évêques de Neustrie, qui composèrent ce concile, ceux de plusieurs cités méridionales conquises sur le royaume d'Austrasie, et entre autres celui d'Albi, s'étaient fait un devoir de s'y rendre; quoiqu'ils eussent été convoqués à Soissons, ce fut à Berni, domaine du roi Chilpéric, qu'ils se réunirent, à cause de l'effervescence qu'avaient produite à Soissons les poursuites intentées contre un évêque aimé du peuple. *Reg.* XII; *Labb.* V; *Hard.* III; *Art de vérif. les dates; Aug. Thierry, Nouvelles Lettres sur l'hist. de France,* 5ᵉ *lettre*.

BÉRYTE (Concile de), l'an 448. Ce concile, que l'on doit plutôt appeler un jugement ecclésiastique, se tint au mois de septembre 448, à Béryte, ville épiscopale de la première Phénicie, au diocèse d'Antioche, sous la métropole de Tyr. Ibas, évêque d'Edesse, y fut déclaré orthodoxe, et jugé digne de rentrer dans son Eglise. On trouve les actes de ce concile, ou plutôt de ce jugement ecclésiastique, dans l'action X du concile de Chalcédoine. Le P. Pagi et le cardinal Noris croient que cette assemblée est de l'an 449. *Mansi, Suppl. t.* I, col. 323.

BÉSALU (Concile de), *Bisuldinense*, l'an 1077. Amé, légat du pape et évêque d'Oléron, trois autres évêques et plusieurs abbés se trouvèrent à ce concile, qui fut célébré le 6 décembre, au château de Bésalu en Catalogne. Guifred, archevêque de Narbonne, y fut déposé avec six abbés, pour crime de simonie. *Edit. Venet.*

BESANÇON (Concile de), *Bisuntinum*, l'an 444. Saint Hilaire d'Arles, qui prenait la qualité de primat des Gaules, assembla ce concile, dans lequel Célidoine ou Quelidoine fut déposé pour deux irrégularités: l'une, pour avoir autrefois épousé une veuve; l'autre, parce qu'ayant exercé quelque charge de judicature il avait condamné des personnes à mort. Baronius, le P. Quesnel et le P. Papebrok ont cru que ce Quelidoine était un évêque de la Viennoise; M. de Marca et divers autres savants ont soutenu au contraire qu'il était évêque de Besançon, et même métropolitain. Quoi qu'il en soit, Quelidoine appela de la sentence du concile au pape saint Léon Iᵉʳ, qui cassa dans un autre concile, tenu à Rome, tout ce que saint Hilaire avait fait contre Quelidoine, et rétablit ce dernier dans son siège. Outre cette affaire, le concile ordonna que les prêtres recevraient chaque année le saint chrême, à l'époque de Pâques, de l'évêque le plus voisin. Au reste il n'est pas certain que ce concile ait été tenu à Besançon : les éditeurs des conciles et M. Fleury ne le disent pas. *Tillemont, Histoire ecclés., tom.* XV.

BESANÇON (Synode de), l'an 1041. Hugues, archevêque de Besançon, confirma dans ce synode les donations faites à l'abbaye de Murbach, à l'occasion de la dédicace d'une église dépendante de ce monastère. *Conc. Germ.*, t. III.

BESANÇON (Concile de), l'an 1124, près des murs de Besançon, dans une plaine qu'arrose le Doubs, pour le même objet que celui de Langres tenu l'an 1116. *Voy.* LANGRES, l'an 1116.

BESANÇON (Conciliabule de), l'an 1162. L'antipape Octavien, qui se disait Victor IV, se trouvait présent à cette assemblée, convoquée par l'empereur pour le faire reconnaître ; mais ses efforts eurent peu de succès. Waldemar, roi de Danemark, se conformant à l'avis de l'évêque de Roschild qui l'avait accompagné, se retira avec lui sans prendre part au schisme. Le roi de France vint la nuit uniquement à cause du serment qu'en avait fait le comte de Champagne, et il ne fut pas plutôt arrivé, qu'il rebroussa chemin en se lavant les mains dans l'eau du fleuve. Le conciliabule se tenait à Léone, sur la Saône, dans le diocèse de Besançon. *Conc. Germ.*, t. III.

BESANÇON (Concile provincial de), l'an 1282, présidé par le métropolitain Odon de Rougemont. On y déclara excommuniés tous ceux qui auraient donné conseil ou assistance pour frapper un clerc. *Stat. synod. Bisunt. diœc., an.* 1575, p. 192.

BESANÇON (Synode de), l'an 1480. L'archevêque Charles de Neufchâtel y publia sept statuts concernant la vie cléricale. Le 4ᵉ défend aux clercs de porter des armes : ce statut se trouve répété dans les synodes subséquents de 1573 et de 1648. Le 5ᵉ leur recommande de vivre chastement, et d'éviter la fréquentation des femmes suspectes. Le 6ᵉ leur interdit les spectacles. Le dernier défend les marchés et les procédures judiciaires, soit dans les églises, soit auprès. *Conc. Germ.*, t. V.

BESANÇON (Synode de), l'an 1481. Le même archevêque publia dans ce nouveau synode deux statuts : l'un, pour recommander aux curés de ne point permettre de quêtes dans leurs églises sans son autorisation ou celle de son vicaire général ; l'autre, pour maintenir le privilége du for ecclésiastique. *Ibid.*

BESANÇON (Synode de), l'an 1569. Claude de la Baume, archevêque de Besançon, y publia une ordonnance au sujet des églises polluées. *Stat. synod. Bisunt. diœc.*

BESANÇON (Concile provincial de), l'an 1571. Ce concile, présidé par Claude de la Baume, archevêque de Besançon et depuis cardinal, eut pour principal objet la promulgation du concile de Trente, qui n'avait pas encore été publié dans cette province. L'archevêque, qui avait essuyé à ce sujet de graves réprimandes de la part du saint pape Pie V, sut réparer sa conduite passée, en proposant à son clergé, en présence du concile assemblé de sa province, les statuts synodaux de ses prédécesseurs, modifiés d'après la nouvelle discipline établie par le dernier concile général. Les statuts synodaux de Besançon furent imprimés alors pour la première fois : ils ont été reproduits depuis dans la collection des conciles d'Allemagne, où on peut les voir en entier, *t.* VIII, de la page 1 à la page 224 ; outre qu'il en a été publié une nouvelle édition, augmentée d'articles nouveaux, par François-Joseph de Grammont, archevêque de Besançon, dans son synode diocésain, tenu l'an 1707. Les statuts synodaux de Besançon de l'an 1571 avaient besoin d'être réformés ; les décisions n'en sont pas toujours conformes au sentiment commun des théologiens.

BESANÇON (Concile provincial de), l'an 1648. Claude d'Achey, coadjuteur et depuis archevêque de Besançon, qui tint ce concile, y fit recevoir la bulle *In eminenti* du pape Urbain VIII, portant condamnation du livre de Jansénius. La constitution synodale, qui est la seule pièce qui nous reste de ce concile, prescrit en outre à tous ceux qui voudraient entrer dans un bénéfice à charge d'âmes la signature du formulaire conformément aux ordres du pape Innocent X, et interdit à tous les fidèles la lecture du livre de la Fréquente Communion.

BESANÇON (Synodes de), de l'an 1480 à l'an 1679. Les statuts de ces divers synodes ont été analysés, comme on l'a dit tout à l'heure, et réduits en un seul corps d'ouvrage, par Antoine-Pierre de Grammont, archevêque de Besançon, qui les publia pour son diocèse, le 15 octobre 1680. Ces statuts sont rangés sous 31 titres principaux.

Titre 1ᵉʳ. Du Synode. On le célébrera deux fois l'année. Six abbés du diocèse, les quatre archidiacres et tous les doyens ruraux sont tenus de s'y rendre. Ces derniers présenteront au synode la liste des bénéficiers et celle des excommuniés, des hérétiques et des clercs incorrigibles. Au retour du synode, ils convoqueront à leur tour les curés de leurs doyennés respectifs. *Synodes des années* 1480, 1559, 1560 et 1573.

T. 2. De la Vie cléricale. On recommande aux clercs la décence et la modestie dans leur habillement, l'usage habituel de la soutane, le renouvellement de la tonsure, la barbe rase et les cheveux courts. On leur défend l'entrée des cabarets et le métier de cabaretiers, toute espèce de commerce, si ce n'est la vente du surplus des fruits de leurs bénéfices ; on leur interdit de même de se faire les hommes d'affaires des séculiers. On leur défend de porter des armes, d'avoir des anneaux à leurs doigts, d'admettre chez eux des femmes suspectes, d'avoir chez eux des enfants qu'on pourrait soupçonner de leur appartenir, de fréquenter les spectacles ou d'en donner eux-mêmes, de saluer les personnes du sexe à la manière des laïques, de se rendre spectateurs de duels ou de semblables luttes, et de l'exécution des criminels ; de se mêler aux jeux publics, et de nourrir des chiens de chasse. *Synodes de* 1480, 1573, 1588, 1589, 1648, 1664, 1669, 1673, 1675, 1676, 1677, 1678, 1679, 1674, 1481, 1656, 1590, 1593 et 1658.

T. 3. **Des Doyens ruraux ou des Archiprêtres.** Les doyens garderont la résidence, donneront les noms des curés et ceux des paroisses vacantes, feront eux-mêmes la distribution des saintes huiles, et transmettront les mandements de l'archevêque; indiqueront au vicaire général, avant la tenue des synodes, les réformes et les règlements à faire, et se conduiront en tout comme les modèles des autres prêtres. *Synodes de* 1648, 1665, 1631, 1573, 1618, 1605, 1640 et 1645.

T. 4. **Des Curés et de leurs Paroissiens.** Avant de promouvoir quelqu'un à une cure, on l'examinera selon le décret du concile de Trente. Tous les prêtres à charge d'âme sont tenus à la résidence. A la mort d'un curé, le curé le plus voisin sera chargé de la paroisse vacante, jusqu'à ce qu'elle soit pourvue d'un administrateur. Un curé ne prendra point de vicaires, qui ne soient approuvés. Les curés garderont la clef de leurs tabernacles et des vases sacrés. Aucun ne se permettra de faire des exorcismes sans y être autorisé. Ils ne pourront dire deux messes en un même jour que les jours d'obligation et le jour de la Commémoration de tous les trépassés, et dans deux églises, dont l'une soit annexe de l'autre, à moins qu'ils n'aient aussi à remplacer un confrère malade ou absent pour quelque cause canonique. Ils ne souffriront point leurs paroissiens disputer en matière de foi. Ceux-ci n'enverront leurs enfants qu'à des écoles tenues par des catholiques. Les voyageurs doivent obéir aux règlements de la paroisse où ils se trouvent. *Synodes de* 1573, 1588, 1663, 1599, 1648, 1658, 1600, 1659, 1650, 1645, 1592, 1655, 1603, 1657, 1669, 1679, 1646, 1604, 1597, 1590.

T. 5. **Des Familiers et des Chapelains.** Les familiers (espèce de congréganistes) ne feront point de pactes intéressés, ne donneront point de repas, n'admettront parmi leurs membres que des personnes qui sachent le chant; ils assisteront aux offices de l'Eglise en habit de chœur. *Synodes de* 1573, 1607, 1646, 1648, 1650, 1658.

T. 6. **Des Religieux et des Religieuses.** Obligation pour les uns et les autres de garder la clôture. Ils n'entreront en religion qu'avec la permission de l'évêque. Les religieux n'exerceront aucune fonction dans les paroisses sans le consentement des curés. *Synodes de* 1573, 1650.

T. 7. **Des Recteurs des hôpitaux.** Ils procureront à leurs administrés les secours spirituels. Le droit de visiter les hôpitaux appartient à l'ordinaire. *Synode de* 1573.

T. 8. **Des Quêteurs et des Ermites.** Les quêteurs ne se permettront aucune quête sans le consentement de l'ordinaire. On ne devra pas souffrir plus de deux ermites mener ensemble la vie commune. *Statuts de* 1481, 1647, 1653, 1648, 1669, 1605, 1656, 1666.

T. 9. **Des Recteurs et des Maîtres d'écoles.** Ils se proposeront avant tout de former leurs élèves à la piété, ne se serviront que de livres approuvés, mèneront eux-mêmes les enfants aux offices. Ils ne se serviront que des livres usités dans les collèges des universités catholiques. Ils mèneront eux-mêmes leurs écoliers à l'église tous les jours de fête, et veilleront à ce qu'ils se confessent aux fêtes solennelles. *Statuts de* 1573 et 1666.

T. 10. **De l'Administration et de la Réception des sacrements.** On observera ponctuellement les cérémonies prescrites par l'Eglise. On ne refusera point les sacrements pour manque de payement des droits curiaux. *Statuts de* 1560, 1573, 1645, 1664 et 1679.

T. 11. **Du Baptême.** On ne baptisera point, même sous prétexte de résurrection miraculeuse, les enfants morts-nés. On n'admettra point d'hérétiques pour parrains, ni des enfants au-dessous de sept ans, ni des religieux, ni des ecclésiastiques, à moins qu'ils ne soient parents. On remettra au curé de la paroisse de la naissance des enfants les noms de ceux qui auront été baptisés dans une autre. Défense aux mères et aux nourrices de coucher avec elles les enfants au-dessous d'un an. *Statuts de* 1573, 1592, 1593, 1604, 1609, 1614, 1630, 1646, 1651, 1556, 1660, 1661, 1669, 1670, 1671, 1676.

T. 12 et 13. **De la Confirmation et de l'Eucharistie.** On ne recevra point ces sacrements sans s'être confessé. On aura le visage découvert pour communier et après la communion reçue. On ne présentera point le calice aux laïques. On renouvellera tous les mois les hosties consacrées. Il y aura une lampe continuellement allumée devant le saint sacrement. *Statuts de* 1573, 1604, 1614, 1651, 1653, 1658, 1659, 1660, 1664, 1666, 1669.

T. 14. **De la Pénitence.** Toute espèce de juridiction spirituelle n'emporte pas avec soi l'approbation pour entendre les confessions. Les curés, mais non les vicaires, peuvent entendre les confessions dans tout le diocèse. On ne recevra point la confession des péchés dont on aura été soi-même complice. Les médecins ne visiteront les malades une troisième fois qu'après que ceux-ci seront confessés. On n'imposera à personne, pour pénitence, l'obligation de faire dire des messes. *Statuts de* 1560, 1573, 1590, 1609, 1614, 1627, 1630, 1640, 1648, 1661, 1669, 1670, 1678.

T. 15. **de l'Extrême-Onction.** On ne donnera ce sacrement qu'aux personnes âgées de plus de quatorze ans. On omettra l'onction de la poitrine sur les femmes. *Statuts de* 1573, 1660.

T. 16. **De l'Ordre.** Aucun évêque de la province n'exercera les fonctions de sa dignité, et ne conférera les ordres, sans l'agrément du métropolitain. On n'admettra aux ordres, même mineurs, que ceux qui auront déjà passé quelque temps dans un séminaire. *Statuts* de 1560, 1573, 1588, 1613, 1621, 1666, 1669.

T. 17. Du Mariage. Défense, sous peine de suspense, de marier des personnes de paroisses étrangères sans le consentement de leurs curés. Les époux ne se permettront ni festins ni danses le jour même de la célébration de leur mariage. L'usage de leur frapper la tête, lorsqu'ils sont sous le voile, sera sévèrement prohibé. On exhortera les jeunes gens à ne pas contracter mariage sans le consentement de leurs parents. *Statuts de* 1560, 1573, 1590, 1597, 1600, 1604, 1614, 1633, 1646, 1648, 1653, 1655, 1665, 1669, 1678.

T. 18. Des divins Offices. On ne chantera point d'autre office que celui du bréviaire diocésain. On ne lira point, ni on ne récitera d'office en particulier pendant qu'on célébrera la messe ou qu'on chantera au chœur l'office accoutumé ; mais on sortira plutôt du chœur, pour prier en secret. On n'exécutera sur les orgues que des chants religieux. On ne fera aucune annonce profane au milieu des divins offices. Tout le clergé devra assister aux processions générales depuis le commencement jusqu'à la fin, et chaque famille devra s'y faire représenter au moins par quelqu'un de ses membres. *Statuts de* 1560, 1573, 1590, 1591, 1614, 1643, 1645, 1646, 1647, 1669, 1673.

T. 19. De la Célébration des messes. On devra toujours s'y servir du livre, quelque instruit qu'on puisse être. On n'y paraîtra qu'avec la tonsure. On ne fera point de pactes intéressés pour les célébrer. On ne s'y couvrira point la tête d'une calotte sans la permission de l'ordinaire, mais jamais pendant le canon. On abolira l'usage des calices d'étain. Les corporaux seront de lin et non de soie, parce que c'est dans un linceuil de cette espèce que Notre-Seigneur a été enseveli. Les vêtements sacerdotaux devront avoir été bénis par l'évêque. Les prêtres se revêtiront des ornements sacrés dans la sacristie, au lieu de le faire à l'autel. Les prêtres éviteront de célébrer plusieurs messes en même temps les uns que les autres. *Statuts de* 1488, 1573, 1588, 1592, 1600, 1603, 1640, 1641, 1645, 1648.

T. 20. Des Sermons et des Prédicateurs. Les curés instruiront leurs peuples tous les dimanches de leurs principaux devoirs. On ne rapportera point en chaire les arguments des hérétiques. Les prédicateurs ne monteront point en chaire sans l'agrément des curés, à qui ils devront montrer les pouvoirs qu'ils auront reçus de l'ordinaire. *Statuts de* 1573, 1614, 1652.

T. 21. Du Prône et du Catéchisme. On fera l'annonce au prône des anniversaires et des fondations. On soumettra à des peines ceux qui, pendant le prône, sortiront de l'église. Les doyens ruraux dénonceront au vicaire général les curés qui négligeront le catéchisme. *Statuts de* 1560, 1593, 1599, 1640, 1645, 1647, 1648, 1655, 1656, 1657, 1660, 1661, 1664, 1676, 1677, 1678.

T. 22. De la Profession de foi. Tous les ecclésiastiques promus à quelque dignité, à quelque bénéfice, ou à quelque charge, tous les docteurs, professeurs, maîtres d'école et imprimeurs, seront tenus de faire la profession de leur foi dans la forme prescrite par Pie IV. *Statuts de* 1573, 1588.

T. 23. Des Livres concernant la religion. Personne, pas même de l'état religieux, ne lira sans permission des traductions de la Bible. Sont défendus les livres de magie, les livres anonymes et non approuvés, ceux des hérétiques, et particulièrement celui de Jansénius. *Statuts de* 1572, 1573, 1627, 1632, 1648, 1671.

T. 24. De la Célébration des fêtes. L'archevêque Pierre de Grammont déclare d'obligation pour son diocèse la fête de saint Louis. Les jeux publics seront interdits les jours de fêtes patronales. Défense de faire un précepte de s'abstenir des œuvres serviles le samedi au soir, à moins qu'on ne célèbre ce jour-là quelque fête. *Statuts de* 1573, 1588, 1589, 1591, 1594, 1614, 1645, 1646, 1664, 1679.

T. 25. Des Jours de jeûnes et d'abstinence. Défense de jeûner le jour du dimanche, et de faire gras le samedi entre Noël et la Purification, sous prétexte que la chose est permise dans d'autres diocèses. *Statuts de* 1560, 1603.

T. 26. Du Culte des saints, des images et des reliques. On ne gravera point sur le pavé des églises l'image de la croix. On n'exposera point de reliques, ni on ne publiera de nouveaux miracles sans le consentement de l'ordinaire. *Statuts de* 1560, 1573, 1603, 1611, 1645, 1650.

T. 27. Des Eglises, des Autels et des Cimetières. On ne dira point la messe dans des églises qui tombent en ruines, ni à des autels fracturés. On ne se permettra ni de manger dans les églises, ni d'y demander l'aumône ; les danses, les spectacles et en général les assemblées séculières seront interdites autour de ces lieux. *Statuts de* 1573, 1588, 1589, 1600, 1603, 1604, 1614, 1627, 1641, 1645, 1648, 1651, 1657, 1661, 1671, 1676, 1680.

T. 28. Des Sépultures et des Services. Les corps qu'on voudra enterrer hors de la paroisse, devront auparavant être présentés à l'église paroissiale. Défense d'enterrer pendant la nuit. Les curés garderont un registre des personnes décédées. *Statuts de* 1573, 1590, 1646, 1652, 1658.

T. 29. Des Fabriques et des Confréries. Les marguilliers rendront compte au curé ou au doyen des revenus de la fabrique. Les confréries non autorisées par l'ordinaire seront abolies. Chaque confrérie aura des statuts, et ses revenus ne seront appliqués qu'à des usages pieux. *Statuts de* 1573, 1599, 1604, 1614, 1631, 1649, 1666, 1677.

T. 30. De la Résidence, et 31ᵉ des Jugements et des Peines. On défend aux clercs de plaider contre d'autres clercs devant des juges séculiers. *Statuts de* 1480, 1481, 1573, 1589, 1594, 1596, 1600, 1647, 1653, 1660,

1661, 1670. *Statuta seu Decreta synod. Bisunt. diœc., Bisuntii*, 1680.

BESANÇON (Synode diocésain de), l'an 1707, sous François-Joseph de Grammont. Il y fut publié 31 nouveaux statuts, dont le premier eut pour objet de réduire à un seul, au lieu de deux par année, les synodes diocésains qui se tiendraient désormais ; on en fixa l'époque au mardi avant la Pentecôte. Les autres statuts ne présentent rien de particulier. *Conc. Germ.* X.

BETH-BOTEN (Concile de), l'an 793. Ce fut Cyriaque, patriarche des jacobites, qui assembla ce faux concile, pour terminer la question qui s'était élevée parmi les jacobites touchant ces paroles, qu'on lit dans la liturgie syriaque, à la fraction de l'hostie : *Panem cœlestem frangimus in nomine Patris, et Filii, et Spiritus sancti*. Les uns disaient que ces paroles étaient orthodoxes, et qu'il fallait les conserver ; les autres soutenaient le contraire, disant que c'était la même chose que si l'on disait que le pain céleste est distingué du Verbe et du Fils de Dieu. Le résultat fut qu'on laisserait les paroles dans la liturgie, selon l'ancienne coutume. Beth-Boten est dans le pays de Haran en Mésopotamie. *Ibid.*

BETH-LAPET. *Voy.* LAPET.

BETHLEHEM (Concile de), l'an 1672. *Voy.* l'art. JÉRUSALEM, même année.

BEVERLEY (Concile de) en Angleterre, le 23 juillet 1261. Ce concile s'assembla pour le même sujet que celui de Londres (*Voy.* ce mot) de la même année.

BEZIERS (Conciliabule de), *Biterrense*, l'an 356, ou 355 selon Mansi. La persécution s'étant de nouveau élevée contre les catholiques à la suite du concile de Milan, saint Hilaire de Poitiers et d'autres évêques gaulois proscrivirent par un décret composé de concert les personnes de Saturnin, évêque d'Arles, d'Ursace de Singidon, et de Valens de Murse, déclarant excommuniés ceux qui, après avoir été avertis, communiqueraient encore avec ces suppôts de l'hérésie. Saturnin irrité assembla, avec l'appui de l'empereur Constance, un concile à Béziers, où saint Hilaire, craignant que les ariens n'abusassent de la simplicité de plus d'un évêque orthodoxe, en faisant un épouvantail de l'*Omousion*, présenta un écrit qui mettait au grand jour les équivoques et les blasphèmes de ces hérétiques. Mais les évêques ariens empêchèrent la lecture de cet écrit, et Saturnin, ayant prévenu l'empereur par une fausse relation de ce qui s'était passé, obtint un ordre impérial qui reléguait saint Hilaire en Phrygie, avec Phodanius, évêque de Toulouse. Telle est l'histoire en abrégé de ce concile, ou plutôt de ce conciliabule. *S. Hil. adv. Const.*

BEZIERS (Concile de), l'an 1090, sur les biens de l'Eglise. *Martenne Thesauri*, t. IV.

BEZIERS (Concile de), l'an 1234. Gauthier de Marvis, évêque de Tournai et légat du saint-siège, tint ce concile et y publia les vingt-six règlements suivants.

1. On excommuniera tous les dimanches les hérétiques et leurs fauteurs.

2. Tout homme pourra arrêter en tout lieu un hérétique pour le présenter à l'évêque.

3. Les fauteurs des hérétiques ne pourront acheter de bailliages.

4. Les hérétiques convertis qui ne voudront point porter deux croix, selon l'ordre de l'évêque, seront traités comme des hérétiques, et leurs biens confisqués.

5. Les prêtres observeront soigneusement les décrets du concile de Toulouse contre les hérétiques et contre ceux qui n'assisteront pas à l'office divin.

6. On examinera la capacité et les mœurs de ceux qu'on élève aux ordres sacrés ; et l'on n'en admettra point qui n'aient un titre patrimonial de cent sols tournois.

7. On ne donnera la tonsure qu'à ceux qui savent lire et chanter, qui sont enfants de personnes libres, et nés en légitime mariage, si ce n'est que l'évêque du lieu donne dispense pour de bonnes raisons.

8. Défense aux évêques d'exiger de ceux qu'ils ordonnent, des serments qu'ils ne les inquiéteront point, eux ni leurs successeurs, au sujet du titre patrimonial qu'ils apportent pour recevoir les ordres.

9. Les évêques auront soin de nommer des archidiacres zélés et capables de prêcher le clergé et le peuple.

10. On lira les constitutions du concile quatrième général de Latran contre ceux qui excommunient injustement.

11. Les patrons, tant ecclésiastiques que laïques, présenteront aux évêques, avant la fête de tous les saints, des curés ou des vicaires perpétuels, qui soient capables et de bonnes mœurs, en leur assignant une portion congrue sur les revenus des églises auxquelles ils seront attachés.

12. Ceux qui ont des bénéfices à charge d'âmes seront contraints, par la privation de leurs revenus, de prendre les ordres au plus tôt. Que, si une cure est unie à une prébende ou à une dignité, celui qui en est pourvu, mettra à sa place dans la cure un vicaire perpétuel à qui il donnera une portion congrue ; et chaque église paroissiale aura un prêtre perpétuel qui la desservira perpétuellement.

13. On observera les constitutions faites dans le concile quatrième général de Latran, touchant la vie et les mœurs des clercs. Ils ne porteront point d'armes, si ce n'est peut-être en temps de guerre. Les chanoines séculiers qui ne sont pas dans les ordres sacrés ne seront point assis dans les hautes chaires du chœur, et n'auront point de voix en chapitre.

14. On défend aux moines de violer la règle de saint Benoît, sous peine de damnation, et en particulier de rien posséder en propre.

15. L'abbé et les moines porteront des habits vils et grossiers, selon la règle de saint Benoît.

16. Les chanoines réguliers auront aussi des habits blancs ou noirs, d'une étoffe de laine peu recherchée.

17. Les cloîtres seront fermés, de sorte que les laïques n'y entrent point sans nécessité, si ce n'est dans les enterrements et les processions.

18. On fera tous les jours la lecture pendant la table. On tiendra aussi tous les jours le chapitre pour la proclamation et la correction des fautes. Il y aura sermon les fêtes principales.

19. Les moines qui ne sont chargés d'aucun office particulier, resteront dans le cloître depuis l'heure du chapitre jusqu'à Tierce, et n'en sortiront point sans la permission du supérieur.

20. On fera une distribution aux pauvres au moins une fois la semaine.

21. Les supérieurs auront soin d'établir dans chaque monastère un maître de grammaire, régulier ou séculier.

22. Les laïques ne donneront pas leurs biens aux monastères dans la vue d'avoir des bénéfices. Ceux qui les ont par ces voies, en seront dépouillés; et ceux qui les donnent ainsi, seront privés de leur droit d'en disposer pour cette fois, et ce droit sera dévolu à l'évêque diocésain. Ni l'abbé, ni le prieur, ni tout autre moine, ne pourra posséder le prieuré d'un autre monastère, à moins qu'il n'y soit appelé par une élection canonique.

23. On ne vendra point de vin dans l'intérieur d'un monastère, et l'on n'y fera point entrer des personnes d'une profession qui ne soit pas honnête.

24. Aucune église ne recevra des laïques de mauvaises mœurs, en qualité d'oblats, pour posséder des prébendes ou les revenus de ces prébendes.

25. On ne souffrira point qu'un moine soit seul dans un prieuré; mais il y en aura toujours trois ou quatre, et l'on n'y enverra point de moines déréglés.

26. On obligera tous ceux qui ont atteint l'âge de quatorze ans de jurer qu'ils observeront la paix. *Anal. des Conc.*

BÉZIERS (Concile de), l'an 1243. Les archevêques de Narbonne et d'Arles, assistés de dix évêques et de plusieurs abbés, tinrent ce concile le 18 avril. Raymond, comte de Toulouse, y protesta contre l'excommunication dont l'avaient frappé les deux inquisiteurs dominicains, frère Ferrier et frère Raymond-Guillaume, malgré l'appel qu'il avait interjeté au saint-siège de leurs procédures. On ignore la décision du concile. *Gall. Christ. t.* VI; *Instr. pag.* 155; *D. Vaissette, t.* III, *pag.* 441.

BÉZIERS (Concile de), l'an 1246. Guillaume, archevêque de Narbonne, tint ce concile avec les évêques de sa province: il y publia quarante-six règlements de discipline, recueillis des conciles précédents, et particulièrement du concile quatrième général de Latran, de celui de Narbonne de l'an 1227, et de celui d'Avignon. Les pères du concile y donnèrent aussi, en trente-sept articles, sous le nom de *Conseils*, des instructions aux frères prêcheurs, sur la manière dont ceux-ci devaient s'acquitter de leur emploi, en procédant contre les hérétiques. Les canons de ce concile les plus remarquables sont les suivants : C. 22e : Les chanoines séculiers n'auront de stalle au chœur, et de voix au chapitre, qu'autant qu'ils seront dans les ordres sacrés. C. 32e : Les puissances séculières ne doivent point envahir les biens des laïques, qui les trouveraient excommuniés pour quelque outrage fait à des clercs. C. 43e : Défense à tout chrétien, sous peine d'excommunication, de recourir, en cas de maladie, à des médecins juifs. *T.* XIV *Conc.*

BÉZIERS (Concile de), l'an 1255. Guillaume, archevêque de Narbonne, tint ce concile avec ses suffragants. Il s'y trouva aussi beaucoup d'abbés, de barons et de chevaliers du pays. Les évêques y furent invités à prêter main-forte pour reprendre le château de Querbus sur les hérétiques. Le roi saint Louis y fit lire aussi trente-deux statuts ayant pour objet la réformation des mœurs, qui furent tous approuvés par l'assemblée.

Les neufs premiers regardent les sénéchaux, baillis et autres officiers. On les oblige de prêter un serment public de ne faire aucun gain illicite; de rendre à tous également une justice exacte; de ne recevoir directement ni indirectement aucun présent, si ce n'est quelques dons de civilité, comme choses comestibles, dont la valeur ne passe pas dix sols parisis; de ne point souffrir qu'on fasse des largesses à qui que ce soit de leur famille ou de leurs domestiques; de ne rien donner aux officiers supérieurs, etc.

Le 10e ordonne à ces mêmes officiers de s'abstenir de toute parole peu respectueuse envers Dieu, sa bienheureuse Mère, et les saints.

Le 11e défend à tous officiers d'acheter aucune terre dans le lieu de leur juridiction, tant qu'ils sont en charge, sans la permission du roi.

Le 12e interdit aux mêmes officiers et à toute leur maison les mariages avec les personnes de leur sénéchaussée ou bailliage, sans la permission du roi.

Le 13e attribue au roi seul le droit de permettre les gîtes et procurations dans les monastères.

Le 14e explique les articles douze et treize, et y met une exception.

Le 15e et les huit suivants tendent à empêcher que les provinces ne soient surchargées par une multitude de bas officiers, ou vexées par les malversations de ceux qui sont à la tête de la justice.

Le 23e renouvelle les statuts déjà publiés pour mettre un frein aux impiétés et aux usures des Juifs.

Le 24e défend les jeux de hasard, et singulièrement les académies de dés; il en prohibe même la fabrique et le négoce.

Le 25e interdit les cabarets à tout autre qu'aux voyageurs.

Le 26e veut qu'on ne souffre ni femme ni fille de mauvaise vie, soit dans les campagnes, soit dans les lieux habités; mais, qu'après les monitions faites, on saisisse tout ce qu'elles ont, et que celui qui sciemment leur aura loué sa maison, en paye au bailli du lieu le revenu d'une année.

Le 27e et les deux suivants regardent les usures des Juifs; et l'on y appelle usure tout ce qui est au delà du capital.

Le 30e défend d'employer les chevaux des particuliers, si ce n'est pour le service du roi, lorsque les chevaux de louage ordinaires ne suffisent pas. On doit même en ce cas épargner les chevaux des marchands, des passants, des pauvres, et ne s'adresser qu'aux riches.

Le 31e le défend même pour le roi, à moins d'un ordre exprès de lui, si les chevaux appartiennent à des personnes d'église.

Le 32e déclare que sur tous ces points, le roi se réserve une pleine puissance d'expliquer, changer, corriger, ajouter, retrancher ce qu'il jugerait convenable. *Ibid.* et *Baluz. in Concil. Gall. Narbon.*

BEZIERS (Concile de), l'an 1279. Pierre de Montbrun, archevêque de Narbonne, tint ce concile avec sept de ses suffragants, le 4 mai. On y ordonna que l'archevêque de Narbonne irait en France au prochain parlement, pour se plaindre, au nom de la province, des entreprises anciennes et nouvelles touchant les fiefs, les alleux, le service de guerre, et demander la conservation des libertés, des exemptions et des autres priviléges dont leurs églises étaient en possession. Le nom de France était, à cette époque, pris dans la signification restreinte de la province de l'île de France. *Lab.* XI; *Hard.* VIII; *Baluz., Conc. Gall. Narb.*

BEZIERS (Concile de), l'an 1280. On y défendit aux clercs plusieurs métiers vils. Il reste encore de ce concile deux lettres adressées à l'archevêque de Narbonne : l'une par l'évêque d'Elne (en Roussillon), son suffragant, dans laquelle l'évêque dit que, ne pouvant se rendre au concile, il envoie son remplaçant ; l'autre est du chapitre d'Elne, qui recommande au concile son député.

BEZIERS (Concile de), l'an 1299. Gilles Aycelin, archevêque de Narbonne, tint ce concile le 29 octobre. On y députa au roi Philippe le Bel touchant un différend temporel entre l'archevêque et le vicomte de Narbonne. Baluze remarque qu'il y avait depuis longtemps une dispute entre les archevêques et les vicomtes de Narbonne, les archevêques prétendant que les vicomtes devaient leur être soumis. L'affaire fut portée alors, non-seulement au roi Philippe le Bel, mais encore au pape Boniface VIII. Benoît XI, successeur de Boniface, la décida en faveur des archevêques de Narbonne. C'est ce que nous apprend Raynaldi, qui ajoute qu'on fit dans le concile de Béziers un décret pour faire célébrer la fête de saint Louis, roi de France, sous le rit d'une fête double. Dom Martène attribue aussi à ce concile huit règlements de discipline, trouvés dans les archives de l'église de Carcassonne, et non vingt-et-un règlements comme le dit Richard, qui les a confondus avec ceux de l'an 1310. *Thesaur. t.* IV.

BEZIERS (Concile de), l'an 1304, pour la levée des dîmes dans les provinces de Narbonne et de Lyon. *Gall. Chr. t.* VI, *col.* 343.

BEZIERS (Concile de), l'an 1310. Gilles Aycelin, archevêque de Narbonne, tint ce concile avec ses suffragants. On y fit les règlements qui suivent :

1. On observera la constitution du pape Boniface VIII, au sujet de ceux à qui l'on doit donner la tonsure, et on ne la donnera qu'à ceux qui voudront entrer dans le clergé par esprit de piété, qui seront exempts de toute irrégularité, et qui auront la science convenable.

2. On ne donnera pas non plus les quatre moindres à quiconque ne saura pas lire le psautier, les épîtres, les leçons, les exorcismes, ni chanter les antiennes et les vêpres.

3. Les sous-diacres sauront lire, chanter, et un peu de grammaire. Ils auront aussi, comme tous les autres promus aux ordres, des lettres testimoniales de leur ordination.

4. Les diacres sauront lire et expliquer les épîtres, homélies et évangiles.

5. On n'élèvera au sacerdoce que ceux qui seront en état d'édifier et d'instruire les peuples par leurs mœurs et leur science.

6. On gardera les interstices entre les différents ordres.

7. Un évêque n'enverra personne pour être ordonné dans un autre diocèse, à moins qu'il ne l'ait jugé digne de l'ordination, après un mûr examen, ni sans lettres testimoniales de sa capacité.

8. Tous ceux qui contractent des mariages clandestins, ou qui bénissent ces sortes de mariages, ou qui les procurent, les approuvent, les conseillent, les favorisent en quelque manière que ce soit, seront excommuniés *ipso facto.*

9. Tous les parjures et les faux témoins seront excommuniés solennellement.

10. Défense aux ecclésiastiques de refuser la sépulture ou la bénédiction du mariage à ceux qui ne veulent pas leur donner ou leur assurer l'honoraire accoutumé pour ces sortes de fonctions.

11. On n'admettra aucun prêtre étranger à gouverner une paroisse, ou même à dire la messe, à moins qu'il n'ait des lettres dimissoires de son évêque ou de ses vicaires généraux.

12. Les curés résideront dans leurs paroisses, pour y remplir, comme il convient, toutes leurs fonctions de pasteurs.

13. Aucuns prêtres et aucuns religieux ne pourront pratiquer la chirurgie ni la médecine sous peine d'interdit.

14. Même peine contre les bénéficiers qui vendent pour de l'argent les revenus de leurs bénéfices, sans une permission spéciale de l'évêque.

15. Même peine contre ceux qui exposent en vente des choses non comestibles, les jours de dimanches et de fêtes.

16. Ordre aux curés d'avertir leurs paroissiens de se conformer au précédent statut, touchant les choses vénales, et de ne point ouvrir non plus leurs boutiques ni labora-

toires, et de s'abstenir des œuvres serviles, les jours de fêtes.

17. Les curés avertiront encore leurs paroissiens qu'on procédera contre les excommuniés comme étant suspects d'hérésie, s'ils ne se font absoudre dans quinze jours ou un mois au plus tard.

18. Les curés chasseront publiquement de l'église ceux de leurs paroissiens qui seront manifestement convaincus d'avoir passé un an et un mois sans délivrer les legs pieux auxquels ils sont tenus.

19. Quand un excommunié refuse de sortir de l'église, le prêtre célébrant, qui l'en a averti, doit laisser la messe s'il n'a pas encore commencé le canon. S'il l'a commencé, il doit poursuivre la messe jusqu'à la communion inclusivement; mais tous les assistants doivent sortir, excepté un ou deux clercs qui doivent rester pour servir le prêtre. Celui-ci, ayant communié, quittera l'autel et l'église sans achever la messe.

20. Le peuple n'évitera un excommunié, que quand l'excommunié aura confessé son crime devant le prêtre et plusieurs témoins, ou que la renommée publique l'attestera, ou que le prêtre l'aura vu de façon qu'il puisse le prouver, ou que le juge d'église lui aura ordonné d'éviter l'excommunié.

21. Excommunication majeure contre tous ceux qui font célébrer la messe ou les autres offices divins dans des lieux interdits, et qui y reçoivent et, à plus forte raison, qui font avertir les excommuniés de s'y trouver. *Martene, Thesauri nov. Anecdot. t. IV, p. 225.*

BEZIERS (Synode de), l'an 1315. *Gall. Christ. t. VI, col.* 994.

BEZIERS (Concile de), l'an 1317. *Gall. Chr. t. VI, col.* 149.

BEZIERS (Concile de), l'an 1320. On y fit un décret contre les Juifs. *Gall. Chr. t. IV, col.* 347.

BEZIERS (Synode de), l'an 1326. *Gall. Chr. col.* 604 *t. VI.*

BEZIERS (Synode de), l'an 1342. *Gall. Chr. t. VI, col.* 382.

BEZIERS (Concile de), l'an 1351. Pierre de la Jugie, archevêque de Narbonne, tint ce concile le 7 novembre 1351, avec les évêques, abbés, doyens et prieurs de sa province. On y publia douze canons de discipline, dont dix sont répétés, presque mot à mot, des conciles tenus à Avignon en 1326 et 1337.

I. On recommande d'incliner la tête en prononçant le saint nom de Jésus. Indulgence de dix jours pour chaque fois qu'on l'inclinera avec respect dans la récitation de l'office divin.

II. Les curés exhorteront les fidèles à accompagner le saint sacrement, quand on le porte aux malades. Indulgence de dix jours pour ceux qui l'accompagneront de jour ou de nuit; de vingt jours s'ils l'accompagnent avec de la lumière pendant le jour; et de trente s'ils l'accompagnent avec de la lumière pendant la nuit. Même indulgence à ceux qui enverront des flambeaux pour être portés de leur part.

III. Indulgence de douze jours à ceux qui prieront à la messe pour le pape, pour le roi et pour les prélats de la province.

IV. Ordre aux curés et aux vicaires de fermer à clef les fonts baptismaux, et de les tenir propres.

V. Excommunication contre les particuliers, et interdit contre les communautés qui auront usurpé les biens de l'église, s'ils ne font satisfaction dans l'espace de six jours.

VI. Défense, sous peine d'excommunication, aux curés de permettre à leurs paroissiens de recevoir la communion, ou à qui que ce soit de l'administrer au temps de Pâques ailleurs que dans les paroisses et dans les lieux où les curés ont coutume de faire leurs fonctions : on excepte le cas de maladie. Les prélats sont aussi avertis de n'accorder que pour de bonnes raisons la permission de communier en ce temps-là hors de la paroisse.

VII. On exhorte les clercs bénéficiers et dans les ordres sacrés, à garder l'abstinence du samedi. (Dans le second concile d'Avignon, c'était un statut, sous peine d'être exclu, pendant un mois, de l'entrée de l'église. On voit que l'abstinence du samedi n'était pas encore passée en loi pour tous les fidèles.)

VIII. On renouvelle les peines portées contre ceux qui osent excommunier les supérieurs par qui ils ont été frappés de censures.

IX. On défend toute violence contre les porteurs ou exécuteurs des actes de la juridiction ecclésiastique.

X. Ordre de faire les testaments en présence du curé, ou du moins de lui donner connaissance de ce qui y est contenu.

XI. Les bénéficiers, qui entreront dans l'église sans être en habit décent, paieront douze deniers d'amende. Les chanoines seront privés, pour la même faute, des distributions manuelles de ce jour-là.

XII. Les confesseurs écriront les noms de ceux qu'ils confessent, afin qu'on puisse s'assurer si le précepte de la confession annuelle a été observé. Si quelqu'un se confesse à un autre prêtre approuvé pour entendre les confessions, on lui enjoint, sous peine d'être privé de l'entrée de l'église pendant sa vie, et de la sépulture ecclésiastique après sa mort, de certifier, une fois l'année, à son propre prêtre, qu'il s'est confessé. *Ibid. et Baluz., in Concil. Gall. Narbon. et Martene, Thesaur. t. IV.*

BEZIERS (Synode de), l'an 1369. *Gall. Chr. t. VI, col.* 847.

BEZIERS (Concile de), l'an 1370. *Ibid.* L'un et l'autre par l'archevêque Hugues de la Jugie.

BEZIERS (Synode de), l'an 1375. *Gall. Chr. t. VI, col.* 352.

BEZIERS (Concile de), l'an 1409, contre ceux qui usurpaient les biens de l'Eglise, ou qui empêchaient le cours de sa juridiction. *Mas L.*

BEZIERS (Concile de), l'an 1426, par l'évêque Guillaume de Montjoie. Il y apporta un tempérament à la constitution de son prédécesseur, qui défendait la chasse, sous peine d'excommunication, les dimanches et les fêtes, en permettant cet exercice les dimanches, mais seulement après la messe paroissiale. *Gall. Chr. t.* VI, *col.* 357.

BÉZIERS (Synode de). *Voy.* SAINTE-MARIE DE BÉZIERS.

BISULDINENSE ou *BISULDUNENSE* (*Concilium*). *Voy.* BESALU.

BISUNTINA (*Concilia*). *Voy.* BESANÇON.

BITERRENSIA (*Concilia*). *Voy.* BÉZIERS.

BITHYNIE (Concile de), non reconnu, tenu pour Arius, l'an 323. Eusèbe de Nicomédie et ceux de son parti, offensés de ce que saint Alexandre, évêque d'Alexandrie, ne voulait point recevoir Arius, conçurent une haine violente contre ce saint évêque et contre Athanase, son diacre; ils assemblèrent donc un concile en Bithynie, et écrivirent à tous les évêques du monde de communiquer avec les ariens, qu'ils donnaient pour avoir des sentiments orthodoxes. *Sozom. l.* I, *c.* 15.

BITONTO (Synode diocésain de), l'an 1579, sous Corneille Musso, évêque de cette ville. Ce synode vint à la suite d'une visite pastorale, et eut plusieurs séances. Le prélat y publia nombre de canons, entremêlés de discours, sur presque tous les points de la discipline ecclésiastique. *Synod. Bituntina, Venetiis,* 1579.

BITONTO (Synode de), 5, 6 et 7 avril 1682. François-Antoine Galli d'Austrimont, évêque de Bitonto, y publia des constitutions divisées en quatre parties, et précédées du résumé des trois séances. *Constit. synod. Bitunt.*

BITURICENSIA (*Concilia*). *Voy.* BOURGES.

BLAQUERNE. V. CONSTANTINOPLE, an 1283.

BOIS-LE-DUC (Synodes diocésains de), *Buscoducenses. Voy.* PAYS-BAS.

BOISSE (Concile de), *Buxiense*, l'an 1170, pour la dédicace de l'église de l'abbaye de Saint-Amand de Boisse, au diocèse d'Angoulême.

BOLOGNE (Concile de), l'an 1310. *Voy.* RAVENNE.

BOLOGNE en Italie (Concile de), *Boloniense,* l'an 1317, par Rainald, archevêque de Ravennes, et huit évêques, ses suffragants. On y fit vingt-deux articles de règlements, qui furent publiés le vingt-sept octobre. On s'y plaint, entre autres abus, que la vie licencieuse et l'extérieur scandaleux du clergé le rendent méprisable au peuple, et excitent celui-ci à usurper les biens et les droits de l'église. On défend donc aux ecclésiastiques de porter des armes, d'entrer dans des lieux de débauche, de loger des personnes suspectes, et on prescrit en général la forme et la qualité de leurs habits. On défend de dire des messes basses pendant la grand'messe dans la même église, pour éviter le mouvement et le bruit de ceux qui vont les entendre. *T.* XI *Conc. p.* 1655.

BOLOGNE (Synode de), l'an 1535. L'évêque de Sébaste, vicaire général du cardinal Campège, administrateur perpétuel et prince de Bologne, publia en cette année un corps de statuts synodaux. *Constitutiones synodales Bononien.*

BOLOGNE (1er Synode diocésain de) tenu par le cardinal Jérôme Colonne, archevêque de Bologne, le 8 juin 1634. Les décrets synodaux publiés par ce prélat sont distribués en deux parties : la première traite des sacrements, la seconde, des reliques et des images, des fêtes, des jeûnes, des indulgences, de celle des quarante heures en particulier, de la discipline à garder dans le chœur, du respect dû aux églises, de leur immunité, des oratoires, des confréries, des divers genres d'oblations, des sépultures, des hôpitaux, des monts-de-piété, des quêtes et des processions. *Prima synod.*

BOLOGNE (Synode diocésain de), 17, 18 et 19 juin 1698, sous le cardinal Jacques Boncompagno. Ce prélat y publia quatre livres de constitutions synodales, le 1er sur la foi, le 2e sur les sacrements, le 3e sur la vie des clercs, et le 4e sur divers points particuliers. *Synod. diœc. Bonon.,* 1699.

BOLONIENSIA. Voy. BOULOGNE.

BONN (Congrès de), l'an 921. Charles le Simple, roi de France, avait fait irruption en Lorraine au commencement du règne de Henri l'Oiseleur, et ayant mis le siège devant Worms, avait essayé d'agrandir ses États de ces nouvelles provinces; mais ayant été battu par Henri, et chassé de la Lorraine, il voyait sa fortune tout autrement changée. C'est pourquoi il traita de la paix avec l'empereur son rival dans le congrès de Bonn, où se trouvèrent deux archevêques, trois évêques et dix comtes du parti de Charles; l'archevêque de Mayence, cinq autres évêques et onze comtes du parti d'Henri. Les deux princes se jurèrent l'un et l'autre de vivre désormais en bonne amitié. *Conc. Germ. t.* II, *p.* 598.

BONN (Concile de), l'an 942. L'empereur Othon, après avoir célébré à Francfort la fête de Noël, réunit au château de Bonn un concile de vingt-deux évêques, dont les actes sont perdus.

BONNEUIL (Concile de) ou BONOEUIL, *apud villam Bonoilum,* ou *Bonogisilum,* ou *Bonogelum,* village près de la Marne, dans le diocèse de Meaux, à trois lieues de Paris. Le premier concile qui s'y tint, l'an 618, défendit de faire un laïque archiprêtre, à moins que l'évêque ne le jugeât nécessaire, à cause du mérite de sa personne, pour la consolation de l'Église. Un canon porte : Si des personnes de condition libre se sont vendues, et qu'elles s'offrent à rendre la somme pour laquelle elles se sont vendues, on doit la recevoir et leur rendre la liberté; si, parmi de telles personnes, le mari a une femme ou la femme un mari de condition libre, leurs enfants seront libres. Le concile défend de célébrer dans les monastères des baptêmes, des messes de morts, ou d'y enterrer des laïques, si ce n'est avec la permission de l'évêque. Il dégrade le prêtre ou le diacre qui se marieraient. Il défend de destituer sans raison les archiprêtres et les archidiacres.

BONNEUIL (Concile de), l'an 855. Ce concile se tint le 25 août, et eut pour objet les différends de l'évêque du Mans avec l'abbaye d'Anisole ou de Saint Calais. Amaury, archevêque de Tours, Venilon de Sens, Hincmar de Reims, Paul de Rouen, vingt-trois évêques et treize abbés y assistèrent. Ce concile est daté : *Anno Incarnationis DCCCLV, Karoli regis XVI, indict.* I, *die 3 kal. septembr* Les dates ne s'accordent pas. Le P. Mabillon prétend qu'il faut lire *Indict.* III Mansi soutient au contraire que l'erreur est dans l'année de l'Incarnation, qui doit être, selon lui, DCCCLIII, et cela sur le fondement que Charles ayant commencé à régner en 837, la 16e année de son règne tombe en 853. Mais ce fondement est ruineux, puisqu'il faut distinguer quatre différentes époques du règne de ce prince, dont la principale et la plus commune est celle de 840, après la mort de son père Louis le Débonnaire, arrivée la même année, le 20 juin. Or, en comptant le règne de Charles le Chauve du mois de juin 840, il en avait commencé la 16e année lors du concile de Bonneuil en 855. *Mansi, t.* I, *col.* 933 ; *L'Art de vérifier les dates, pag.* 194 *et* 539.

BONONIENSIA (*Concilia*). *Voy.* BOLOGNE.

BORDEAUX (Concile de), *Burdigalense*, l'an 384 ou 385.

Maxime, ayant été élevé à l'empire, après la mort de Gratien, arrivée à Lyon vers l'an 384, établit le siége de son empire à Trèves. Il n'y fut pas plutôt entré victorieux, qu'Idace, évêque de Mérida, grand défenseur de la foi de l'Eglise contre les priscillianistes, lui présenta un mémoire contre Priscillien et ses partisans. Maxime indiqua un concile à Bordeaux, où Instantius et Priscillien furent conduits par ses ordres, avec tous ceux de leurs disciples qu'on put découvrir. On permit aux accusés de se justifier. Instantius parla le premier, et fut déclaré indigne de l'épiscopat par le concile. Priscillien, prévoyant bien qu'il ne serait pas traité plus favorablement, en appela à l'empereur, et le concile déféra à son appel. Ainsi Priscillien et ceux qui étaient accusés avec lui furent menés à Maxime, suivis d'Idace et d'Ithace, leurs accusateurs. Saint Martin, qui se trouvait alors à Trèves, pressait Ithace de se désister de cette accusation ; mais cet évêque, qui était un homme audacieux, qui aimait la bonne chère, et qui traitait de priscillianistes tous ceux qu'il voyait adonnés aux jeûnes et à l'abstinence, osa intenter cette accusation contre le saint lui-même. Saint Martin méprisa ces calomnies, et s'adressa à l'empereur, en le suppliant d'épargner le sang des coupables. Maxime eut pour lors égard aux remontrances de saint Martin ; mais, après que ce saint prélat fut parti de Trèves, ce prince, ayant de nouveau fait examiner l'affaire de Priscillien, à la poursuite d'Ithace et à la persuasion des évêques Magnus et Rufus, fit exécuter à mort Priscillien, et plusieurs autres de la même secte, après les avoir convaincus de plusieurs infamies, en deux audiences. On ne sait pas le nombre des évêques de Gaule et d'Espagne qui se trouvèrent à ce concile. *Reg. t.* III; *Lab. t,* II; *Hard. t.* I.

BORDEAUX (Concile de), tenu l'an 670, en présence du comte Loup, par les métropolitains de Bourges, de Bordeaux et d'Eause (Auch), assistés de leurs comprovinciaux. On s'y occupa du rétablissement de la paix dans le royaume, et de la réformation de la discipline. Le comte Loup était vraisemblablement un seigneur envoyé pour faire reconnaître Childéric à la place de Thierry III, qu'on venait de détrôner. D. Vaissette et d'autres critiques mettent ce concile à l'an 673, fondés sur l'inscription du manuscrit de l'Eglise d'Albi, qui contient cette date; mais l'*Art de vérifier les dates* montre que cette inscription ne donne que l'époque du recouvrement du manuscrit, après un incendie de la ville, et que le concile, tenu dans un diocèse de Neustrie pour la stabilité du règne de Childéric, *pro stabilitate regni*, doit avoir été célébré l'an 670, c'est-à-dire la première année de son élévation sur le trône de Neustrie.

BORDEAUX (Concile de), l'an 1068, en faveur du monastère de la Trinité de Vendôme. *Martene, Thesaur. t.* IV.

BORDEAUX (Concile de), l'an 1078. Dans ce concile, dit Schram, l'archevêque Gosselin adjugea l'église de Notre-Dame de Solac à l'abbé de Sainte-Croix de Bordeaux.

BORDEAUX (Conciles de), rapportés à l'an 1079 et à l'an 1080 par le P. Richard. Nous ne doutons pas qu'il n'y ait ici confusion de dates, et que le nombre des conciles de Bordeaux de cette époque ne se trouve augmenté outre mesure. Jean Chanut ne parle que de trois conciles tenus pour la province de Bordeaux pendant l'épiscopat de Gosselin ; encore le concile de Saint-Maixent et celui de Saintes en font-ils les deux tiers. Aimé, évêque d'Oléron, et Hugues de Die, tous deux légats du saint-siége, présidèrent à ces deux conciles prétendus, ou, pour mieux dire, à l'unique concile dont il puisse être question dans cet article. Il s'y trouva plusieurs évêques, des abbés et des clercs. Guillaume, comte de Poitiers et duc de toute l'Aquitaine, s'y présenta et demanda qu'il lui fût permis de fonder un monastère où l'on fît des prières pour son salut. On lui donna pour cela une église du diocèse de Saintes, où reposait le corps de l'évêque saint Eutrope ; et l'on y mit des moines de Cluny deux ans après.

L'Anonyme de Maillezais parle de ce concile dans sa Chronique sur l'année 1080, et dit que Bérenger y rendit compte de sa doctrine, et que Hugues, abbé de Saint-Léger, y fut déposé. Les auteurs bénédictins du *Recueil des historiens de France* en parlent aussi à l'occasion de Bérenger ; mais ils le rapportent à l'an 1079. *Rer. Franc. Scriptor., t.* XI.

BORDEAUX (Concile de), l'an 1088. *Voy.* SAINTES, même année.

BORDEAUX (Concile de), l'an 1093. Le monastère de Saint-Caprais y fut rendu aux moines de Fleury. *Mansi, supp. t.* II.

BORDEAUX (Concile de), l'an 1098. Aimé, archevêque de Bordeaux, tint ce concile avec l'archevêque d'Auch et plusieurs autres prélats et abbés. On y adjugea l'église de Saint-Pierre de Mareistais à l'abbé de Saint-Jean *de Angeriaco*, contre celui de Saint-Maixent. *Gall. Christ. t.* II, *p.* 276 ; *Mansi, t.* II, *col.* 153.

BORDEAUX (Concile de), l'an 1128. *Baluz. Miscell. t.* I.

BORDEAUX (Concile de), l'an 1137, sur la discipline. *Martene, in Collect. t.*VII.

BORDEAUX (Concile de), l'an 1149, au sujet des erreurs de Gilbert de la Porée. *Gall. Chr. t.* II, *col.* 911.

BORDEAUX (Concile de), l'an 1215. On y fit un accord entre le chevalier Gaillard d'Autorne et l'abbé du monastère de Sainte-Croix. *Gall. Chr. t.* II, *col.* 862.

BORDEAUX (Concile de), l'an 1255. Ce concile, qui n'est proprement qu'un synode du clergé de Bordeaux, fut tenu le 13 d'avril 1255, par Gérard de Malemort, archevêque de cette ville, qui y publia les statuts suivants :

1. Les clercs qui ont des églises y feront leur résidence, et se présenteront dans les temps marqués pour recevoir les ordres, sous peine de privation de leurs bénéfices.

2 et 3. Les curés et autres prêtres ne souffriront point de quêteurs dans leurs églises, sans ordre de l'archevêque ou du saint-siége ; ils ne recevront point non plus de clercs étrangers sans la permission de l'évêque.

4. On n'exécutera point les lettres émanées du saint-siége, quand une grande partie du temps prescrit sera écoulée.

5. On ne donnera point d'hosties consacrées aux enfants le jour de Pâques, mais seulement du pain bénit.

6. Les curés écriront dans leurs missels l'inventaire des biens de leurs églises, et ne pourront les aliéner sans le consentement de l'évêque.

7. Les prêtres ne donneront point les reliques aux laïques pour jurer dessus, dans les temps où il est défendu de jurer sur les Évangiles, pour tout autre sujet que pour la paix. Or ces temps où il est défendu de jurer sur les Évangiles, si ce n'est pour la paix, sont depuis la Septuagésime jusqu'à Pâques, depuis le commencement de l'Avent jusqu'à l'octave de l'Épiphanie, pendant les Rogations et tous les dimanches de l'année.

8. Les prêtres n'entreprendront aucun procès devant les juges laïques, si ce n'est du consentement de l'évêque.

9. On ne tirera plus les reliques hors de leurs châsses ; et on ne les exposera point en vente. On n'en honorera point de nouvelles sans approbation du pape.

10. Les clercs ne connaîtront et ne jugeront point des causes criminelles.

11. On ne donnera point l'absolution aux excommuniés à l'article de la mort, qu'ils n'aient satisfait à leurs parties, ou qu'ils ne donnent caution de le faire. Ceux qui les absoudront autrement en seront responsables.

12. On ne plaidera point dans les cloîtres des religieuses, à peine d'interdit.

13. Les laïques qui possèdent ou qui tiennent les dîmes, seront excommuniés et privés de la sépulture ecclésiastique.

14. Ce statut et les suivants jusqu'au 25e regardent aussi les dîmes, les novales ou les prémices : on déclare que les novales appartiennent aux curés. On défend d'engager ou d'aliéner les dîmes ; et, outre les dîmes, on veut que les laïques paient encore le droit de prémice, qui est la trentième, la quarantième ou la cinquantième partie.

25. On prive de la sépulture ecclésiastique les laïques qui ne veulent pas payer à leurs curés les droits qui leur sont dus.

26. Défense de rien exiger pour l'administration des sacrements ou la collation des bénéfices.

27. Les seigneurs confisqueront, sous peine d'excommunication, les biens des laïques excommuniés qui entrent dans l'église malgré les prêtres, et troublent l'office divin.

28. Ceux qui demeurent quarante jours dans l'excommunication, paieront une amende de neuf livres.

Les confrères, de quelques confrérie que ce soit, ne recevront personne dans leur société sans l'exprès consentement de leur chapelain.

30. Ils ne feront point non plus de nouveaux statuts, et ne choisiront point de chef sans le consentement du curé. *Anal. des Conc.* II.

BORDEAUX (Concile de), l'an 1260. Il y fut question de lever des troupes contre les Tartares répandus dans la terre sainte et dans la Hongrie. *Martene, Vet. Monum. t.* VII, *p.* 168 ; *Mansi, t.* II, *col.* 1238.

BORDEAUX (Concile de), l'an 1262. Pierre de Roncevaux, archevêque de Bordeaux, tint ce concile, et y fit les sept statuts suivants :

1. Les excommuniés demeureront dans l'excommunication, jusqu'à ce qu'ils aient reçu des lettres d'absolution de leur évêque.

2. Ceux qui demeureront excommuniés pendant un an seront censés hérétiques.

3. Un curé ne donnera point la sépulture au paroissien d'un autre.

4. Les curés exhorteront ceux qui sont en âge de se présenter pour recevoir la confirmation, dans le temps de la visite des évêques.

5. Ceux qui contracteront des mariages clandestins, les ministres et les témoins seront excommuniés et suspens de leurs offices et bénéfices. Les mariages sont censés clandestins, quand ils ne sont pas faits par le propre curé ou pasteur du mari ou de la femme, du consentement de l'autre.

6. Chaque curé aura dans sa paroisse une liste des excommuniés.

7. L'absolution de l'excommunication ne pourra être donnée que par le juge qui aura porté l'excommunication ; et, si l'excommunié vient à mourir, on demandera après sa mort l'absolution à ce juge.

BORDEAUX (Concile de), l'an 1583. Antoine le Prevost de Sansac, archevêque de Bordeaux, tint ce concile avec ses suffragants. On y fit trente-six décrets semblables à ceux qui se tinrent vers le même temps dans les autres provinces du pays de France. Le chapitre IV impose, conformément au décret du concile de Trente, l'usage du bréviaire et du missel romains pour tous les offices tant privés que publics, et abolit dans toute la province tout autre bréviaire ou missel. Le quatorzième recommande de n'admettre à faire valoir le titre patrimonial que les sujets qui peuvent se rendre utiles à l'Eglise. Le seizième ordonne que le sacre des évêques se fera dans l'église pour laquelle ils auront été élus, ou du moins autant que possible dans la même province. Le vingtième enjoint à tous les curés de lire au peuple, les dimanches et les fêtes, des homélies accommodées à l'office du jour, et que l'évêque ait approuvées. Le vingt et unième défend aux clercs le jeu de cartes, l'usage des chemisettes et les broderies.

Le chapitre vingt-neuf, touchant l'usure et les contrats illicites, entre dans un grand détail sur les contrats usuraires et les moyens qu'on emploie pour pallier l'usure. Il y a un chapitre sur les séminaires, qui contient neuf articles.

Le 1er porte que les séminaires seront bâtis dans un lieu spacieux et le plus près qu'il sera possible de la cathédrale; qu'il y aura une chapelle où les séminaristes s'assembleront tous les jours pour y entendre la messe et faire oraison, un dortoir commun et des infirmeries pour les malades.

Le 2e réserve à l'évêque l'admission des clercs dans le séminaire. On n'admettra pas même à l'examen ceux qui auraient quelque difformité notable, ou qui seraient mutilés; et, pour les autres, on les examinera sur leur naissance, leurs mœurs, leurs inclinations et leur capacité : on rejettera tous ceux qui seront reconnus ineptes pour les lettres ou pour la piété; et on fera jurer les autres qu'ils ne quitteront point l'état ecclésiastique, qu'ils obéiront aux supérieurs du séminaire, et qu'ils en observeront les statuts.

3. Le supérieur et les autres prêtres du séminaire seront des hommes choisis, graves, prudents, ornés de toutes les vertus, et propres à les inspirer par leurs discours et leurs exemples.

4. Les économes et les procureurs des séminaires seront intelligents, exacts, vigilants, fidèles et consciencieux.

5. Les séminaristes, instruits qu'ils doivent se proposer, avant tout le reste, la piété et la religion, se lèveront tous les jours à quatre heures, feront une demi-heure d'oraison dans la chapelle, et y réciteront le petit office de la sainte Vierge. Ils réciteront le soir les litanies tous ensemble avant de se coucher, et feront l'examen de conscience. Ils se confesseront et communieront tous les mois. L'un d'eux fera la lecture durant le repas.

6. Les séminaristes sortiront toujours deux à deux ensemble, et jamais sans la permission du supérieur. Ils n'écriront et ne recevront point de lettres qui ne passent par ses mains. Ils ne mangeront et ne coucheront point hors le séminaire. Ils ne se toucheront point les uns les autres, même par manière de jeu et de divertissement. Ils seront graves, modestes et garderont toujours le silence, excepté pendant les deux heures de récréation qu'on leur accorde, l'une après dîner, et l'autre après souper.

7. Ils ne liront que des livres conformes à leur état; et ils ignoreront jusqu'au nom des livres impudiques. Ils s'exerceront plus particulièrement dans la partie de la théologie qui regarde la décision des cas de conscience, et à faire de petits discours, selon leur portée, pendant le repas.

8. Quoique les supérieurs des séminaires doivent aimer leurs séminaristes comme des enfants qu'ils engendrent à Jésus-Christ, et les exciter au bien, plutôt par le motif de l'amour que par celui de la crainte, il faut néanmoins qu'ils soient inexorables quand il s'agit d'empêcher que le désordre ne s'introduise dans leurs séminaires, et qu'ils chassent sans miséricorde les séminaristes qui pourraient nuire aux autres, tels que sont les paresseux, les désobéissants, les insolents ou les effrontés, les menteurs, les médisants, les murmurateurs, les indévots, les dissipés qui violent à tout moment les règlements du séminaire, les railleurs, les impudiques.

9. Toutes les fois qu'on fera l'ordination, le supérieur du séminaire donnera à l'évêque les noms de ceux de ses séminaristes qui pourront être promus à quelque ordre à raison de leur âge, de leur piété et de leur science. *Anal. des Conc.* II.

BORDEAUX (Synode diocésain de), le 18 avril 1600. Défense y fut faite de célébrer sans permission, ou de dire des messes privées, et ordre y fut donné de ne se servir que de bréviaires, missels, graduels et manuels réformés selon l'ordonnance du concile de Trente. *Ordonn. et constit. synodales, Bordeaux,* 1686.

BORDEAUX (Synode de), le 15 avril 1603. Défense de dire des messes sèches aux sépultures des morts. *Ibid.*

BORDEAUX (Synode de), le 6 août 1603. « Les prêtres arrivans en ce diocèze seront renvoyez au séminaire des ordinans chés les prêtres de la mission, pour savoir s'ils célèbrent selon le saint concile de Trente. » *Ibid.*

BORDEAUX (Synode de), le 9 juillet 1604. *Ibid.*

BORDEAUX (Synode de), le 18 avril 1606. « Défendons aux femmes de s'approcher des autels et de les baiser, et à toutes autres personnes de s'y appuyer. »

BORDEAUX (Synode de), le 22 avril 1608. « Obligation d'assister, au moins de trois dimanches l'un, à la messe de paroisse.

« Est enjoint aux curés qui n'ont logis et maison en leur bénéfice, de poursuivre leurs paroissiens pour le bâtiment de leurs maisons presbytérales. » *Ibid.*

BORDEAUX (Synode de), le 21 octobre 1608. *Ibid.*

BORDEAUX (Synode de), 5 et 6 mai 1609. Les chasubles, surplis et autres ornements seront faits suivant l'usage de l'Eglise romaine; les dites chasubles ayant la croix par devant, et non par derrière. *Ibid.*

BORDEAUX (Synode de), le 18 avril 1611. « Ordonnons que ci-après, avant qu'on fasse faire aucuns ornements d'église, on s'adressera premièrement à nos aumôniers qui enseigneront la forme, comme ils doivent être faits.

« Ordonnons que désormais les curés feront porter la croix aux processions par des personnes ecclésiastiques, à peine d'être multés. » *Ibid.*

BORDEAUX (Synode de), le 23 avril 1612. « Exhortons tous les curés et vicaires à leur devoir et à l'étude, d'éviter la multitude des casuistes; et prendre la somme de Tolet et se gouverner selon icelle. » *Ibid.*

BORDEAUX (Synode de), le 29 juin 1615. « Avons défendu et défendons à tous pères et mères, et à toutes autres personnes de contracter ni faire aucune alliance de mariage avec les hérétiques appelés de la religion prétendue réformée, sous peine d'excommunication. »

BORDEAUX (Synode de), le 28 août 1615. Les messes ne devront se dire que l'une après l'autre dans chaque église. *Ibid.*

BORDEAUX (Synode de), le 25 octobre 1622. Ordre aux laïques de choisir une autre heure que celle de l'issue de la messe pour le baptême de leurs enfants, et de ne pas se dispenser d'assister à la messe sous de pareils prétextes. *Ibid.*

BORDEAUX (Synode de), le 12 avril 1623. On ne fera point de procession d'une paroisse à une autre sans avoir auparavant célébré la messe. *Ibid.*

BORDEAUX (Synode de), le 24 octobre 1623. « Nous ordonnons à tous curés et vicaires, en cas qu'ils n'eussent personne pour les assister, les samedis, vigiles, dimanches et fêtes, de dire vêpres, de se trouver à l'église et après le son accoutumé de la cloche, lire et prononcer tout haut les vêpres dudit jour, soit qu'il n'y ait personne, soit que le peuple y assiste. » *Ibid.*

BORDEAUX (Concile de), l'an 1624. Le cardinal de Sourdis, archevêque de Bordeaux, tint ce concile au mois de septembre. Les évêques, ses suffragants, y assistèrent avec plusieurs chanoines, députés de leurs corps, et plusieurs docteurs en théologie. On y publia un grand nombre de canons renfermés en vingt-deux chapitres.

PREMIER CHAPITRE.
De la Profession de Foi.

Ce chapitre contient la formule de la profession de foi prescrite par le concile de Trente et par la constitution de Pie IV. Il contient en outre douze canons qui portent que les prédicateurs, les pasteurs, les bénéficiers, les professeurs, les maîtres d'écoles, les imprimeurs seront tenus de faire cette profession de foi, et d'en laisser à l'ordinaire un acte authentique signé de leur main.

II. *De la Propagation de la Foi.*
1. Les évêques choisiront autant de zélés prédicateurs que les besoins de leurs diocèses en exigeront pour déraciner les erreurs et les vices.
2. Ils auront soin de leur procurer les choses nécessaires à la vie.
3. Ils les choisiront parmi les prêtres séculiers et réguliers.

III. *Des Offices divins.*
1. Tous les curés et autres ecclésiastiques garderont l'uniformité dans la récitation de l'office divin et l'administration des sacrements, et s'en tiendront au rituel de Paul V.
2. Les prêtres seront purs comme les anges, pour célébrer la messe; et ils observeront tout ce qui est ordonné dans le précédent concile de Bordeaux à cet égard.
3 et 4. Aucun prêtre ne dira sa messe particulière pendant la messe solennelle, et tous avertiront le peuple de l'obligation où il est d'assister à la messe et aux offices de paroisse les jours de dimanches et de fêtes.
5. On ne fera point d'annonces touchant les choses temporelles dans l'église; il sera seulement permis de les faire en dehors, quand le peuple en sortira.
6. Les prêtres séculiers ou réguliers ne se choisiront plus ni père ni mère, ni parrain ni marraine, quand ils diront leur première messe.
7. On ne souffrira ni bruit, ni causeries, ni promenades, ni danses, ni jeux, ni représentation, ni mendiants dans les églises.
8. Les laïques ne toucheront point les autels, et les femmes ne se placeront point dans les sièges des prêtres.
9. On ne bâtira point de maison attenante aux murs de l'église; et l'on en bannira, de même que des cimetières, tout ce qui tiendra du négoce et du bruit du barreau.
10. Les évêques auront soin de vérifier toutes les reliques de leurs diocèses, d'en tenir registre, de les faire renfermer dans des châsses décentes, et exposer à la vénération des fidèles.
11. La consécration des calices n'appartient qu'à l'évêque.

IV. *Des Fêtes.*
1, 2, 3 et 4. On ne tiendra ni foires ni marchés les jours de fêtes. Les curés y liront et y expliqueront en chaire la vie des saints qu'on célébrera ces jours-là. Les évêques interdiront les confréries qu'ils ne pourront réformer. Ils feront faire par des personnes habiles le Propre des saints de leurs diocèses.

V. *Des Sacrements.*
1. On observera les rubriques touchant la manière de donner le baptême; et les curés, aussi bien que les prédicateurs, apprendront souvent au peuple la forme nécessaire pour l'administrer validement.
2. Ils ne manqueront pas non plus d'instruire le peuple sur tout ce qu'il doit savoir du sacrement de confirmation, et d'exhorter les pères et mères, les maîtres et les maîtresses à la faire recevoir à leurs enfants et à leurs domestiques.
3. Les curés, les prédicateurs et les confesseurs avertiront les fidèles, surtout au commencement du carême, de l'obligation où ils sont de se confesser à Pâques, à leurs

propres curés, et de communier à leurs paroisses.

4. Ils les avertiront aussi d'accompagner, avec un profond respect, le saint viatique, quand on le portera aux malades, et de prier pour eux.

5. Les évêques montreront du zèle pour l'établissement des confréries qui ont pour objet d'accompagner de la sorte le très-saint sacrement.

6 et 7. Personne n'administrera le sacrement de pénitence, sans l'approbation de l'évêque; et l'on observera là-dessus la bulle, *Inscrutabili Dei Providentia*, de Grégoire XV.

8. Les curés et les prédicateurs avertiront souvent les fidèles de s'approcher de la pénitence dans une disposition d'esprit et de corps qui marque leur humilité. Ils ne confesseront pas ceux qui refuseront de mettre bas leurs armes; et ils reprendront fortement les femmes qui se fardent et qui se chargent de vaines parures.

9, 10 et 11. Les évêques auront soin d'obliger au devoir pascal les mendiants qui se tiennent aux portes des églises. Ils établiront des pénitenciers dans leurs cathédrales. Ils empêcheront de confesser pendant la nuit et avant l'aurore.

12. On observera ce qui a été prescrit dans le concile précédent, touchant l'extrême-onction.

VI. *De l'Ordre.*

Ce chapitre contient douze canons touchant les différents ordres et les qualités des ordinands, que les Pères du concile de Bordeaux déclarent avoir tirés des conciles précédents, et qu'il serait inutile, par conséquent, de répéter ici. Nous observerons seulement que le douzième canon défend, sous peine d'interdit, aux chapitres qui succèdent à la juridiction de l'évêque pendant la vacance du siège épiscopal, de donner, avant un an, des dimissoires pour se faire ordonner, à tous autres qu'à ceux qui sont nécessités de se faire promouvoir aux ordres, à raison des bénéfices qu'ils ont déjà ou qu'ils sont sur le point d'avoir.

VII. *Du Mariage.*

Ce chapitre contient sept canons, que les Pères de Bordeaux déclarent aussi avoir tirés des autres conciles: *Placuit nobis eadem quæ a sanctis canonibus et sacrorum conciliorum decretis de hac re sunt constituta, innovare.*

VIII. *Des Evêques.*

Les onze canons renfermés dans ce chapitre se réduisent à avertir les évêques de l'obligation où ils sont d'être les modèles, les pères et les pasteurs de leurs diocésains, par la simplicité de leurs meubles, la frugalité de leur table, le détachement de leurs parents qu'ils ne doivent point enrichir, leur charité envers les pauvres, les veuves, les orphelins, les prisonniers et tous les misérables, qu'ils doivent consoler, défendre, soulager, aider en toute manière, leur assiduité à prêcher, à exhorter, à reprendre avec une douceur mêlée de fermeté, à confesser, notamment pendant le carême, et à visiter leurs diocèses.

IX. *Des Chanoines et des Chapitres des cathédrales et des collégiales.*

Les quinze canons compris sous ce chapitre ne sont qu'un renouvellement de ceux des autres conciles sur cette matière.

X. *Des Curés.*

Il y a huit canons dans ce chapitre, qui, de même que les canons des conciles précédents, recommandent aux curés le soin d'instruire, d'édifier leurs paroissiens, de leur administrer les sacrements, de conserver les biens de l'Eglise. Ils ajoutent que les ordinaires érigeront de nouvelles paroisses, même malgré les curés, dans les endroits où les paroissiens ne pourront se rendre, sans une grande incommodité, dans les paroisses déjà établies, pour y recevoir les sacrements et y entendre l'office divin.

XI. *De la Résidence des pasteurs.*

Les six canons de ce chapitre roulent sur la nécessité de la résidence des pasteurs, et sur les peines portées par le droit contre les non résidents. Quiconque prétend à un bénéfice qui demande résidence, doit commencer par prêter serment entre les mains de l'évêque et des autres collateurs, qu'il y résidera continuellement.

XII. *De la Prédication de la parole de Dieu.*

Personne ne prêchera sans une approbation, par écrit, de l'évêque. Tous les prédicateurs seront recommandables par leur science et leurs vertus; instruits des divers sens de l'Ecriture, des traditions apostoliques, des ouvrages des Pères. Les curés qui n'auront pas le talent de prêcher, se contenteront de lire en chaire le catéchisme du concile de Trente, et d'apprendre à leurs paroissiens les vertus qu'ils doivent pratiquer, et les vices qu'ils sont obligés de fuir. Les prédicateurs s'attacheront principalement à expliquer l'Evangile, le symbole, l'oraison dominicale, la salutation angélique, le décalogue, les sacrements, les cérémonies, les mystères des fêtes solennelles et les devoirs propres à chaque état. Ils ne fixeront point le temps de l'avènement de l'Antechrist, ni du jugement dernier. Ils ne proposeront point de faux miracles ni rien d'apocryphe. Ils ne s'appliqueront point non plus à faire des discours ornés et recherchés; ils s'attacheront à parler d'une manière propre à déraciner les vices. Tel est le précis des onze canons du douzième chapitre.

XIII. *De la Vie et honnêteté des clercs.*

Ce chapitre composé de sept canons ajoute quelque chose aux canons antérieurs sur cette matière. Il est dit, dans le premier canon, qu'un prêtre étranger qui viendra dans un diocèse pour y demeurer plus d'un mois, sera attaché à une paroisse pour y dire la messe, sans qu'il lui soit libre de la dire ailleurs, afin que le curé de cette paroisse puisse rendre compte de sa conduite à l'évêque. Le troisième canon défend aux curés d'être parrains de leurs paroissiens, et exhorte les autres prêtres à ne l'être que de leurs parents ou alliés.

XIV. *De ceux qui doivent être promus aux bénéfices.*

Ce chapitre renouvelle, en trois canons, les anciens statuts touchant l'examen de ceux auxquels on doit conférer des bénéfices.

XV. *De la Simonie et de la Confidence.*

Ce chapitre renouvelle et aggrave, en cinq canons, les peines portées par tant de conciles et de papes contre les simoniaques et les confidentiaires.

XVI. *Des Séminaires.*

Ce chapitre ordonne l'exécution du décret d'un précédent concile de Bordeaux, touchant l'érection des séminaires.

XVII. *Des monastères.*

Ce chapitre contient cinq canons. Il est dit, dans le premier, que les réguliers curés, et autres qui ont des bénéfices à charges d'âmes, sont obligés d'y résider. Il est dit, dans le second, que les abbés et autres qui ont le privilége de porter la mitre et la crosse, n'en peuvent user que dans l'enceinte de leurs monastères. Le troisième porte que les religieux vagabonds seront punis par les évêques des lieux où on les trouvera; le quatrième, que les évêques termineront les disputes touchant la préséance, qui pourront s'élever dans le clergé séculier et régulier; le cinquième, qu'on ne pourra fonder ni couvent, ni église, ni collége, ni congrégation séculière ou régulière, sans le consentement de l'évêque.

XVIII. *Des Prieurés et des Chapelles.*

Les huit canons de ce chapitre ont pour objet les visites que les évêques doivent faire des prieurés et des chapelles, afin d'y mettre tout dans l'ordre.

XIX. *Des Religieuses.*

Ce chapitre renouvelle, en cinq canons, les anciens règlements touchant la clôture des religieuses, l'examen des postulantes et la peine de l'excommunication portée contre ceux et celles qui forceront une fille ou une veuve à se faire religieuse, ou qui les en empêchent, lorsqu'elles en ont la volonté.

XX. *Des Sépultures.*

Les six canons de ce chapitre sont les mêmes en substance que ceux des autres conciles touchant les sépultures dans les églises et les cimetières.

XXI. *De la Visite.*

Ce chapitre, composé de quatre canons, ordonne qu'on exécute fidèlement ceux du précédent concile de Bordeaux, touchant les visites des évêques, des archidiacres et des autres à qui ce droit appartient. Il y est ajouté, dans le premier canon, que les évêques visiteront tous les ans les couvents qui ne sont point en congrégations, et même ceux qui y sont, lorsqu'on n'y observera aucunement la règle.

BORDEAUX (Synode de), l'an 1627. *Ordonn. et constit. syn., Bordeaux,* 1686.

BORDEAUX (Syn. de), le 12 avril 1633. *Ibid.*

BORDEAUX (Syn. de), le 8 avril 1636. « Défendons aux curés de cette ville et diocèse, de laisser célébrer dans leurs églises les prêtres qui quittent leurs grands rabats ès sacristies. »

BORDEAUX (Synode de), le 20 avril 1638. On y défendit certaines superstitions judaïques. *Ibid.*

BORDEAUX (Synode de), l'an 1684.

BORDEAUX (Synode de), le 8 avril 1704, sous Armand de Bésons, archevêque de cette ville. Ce prélat y publia plusieurs statuts sur les sacrements. *Ordonn. syn. du dioc. de Bordeaux,* 1704.

BORDEAUX (autres Synodes de). *V.* SAINT-ANDRÉ DE BORDEAUX.

BORGO-SAN-DONINO (Synode diocésain de), *Burgensis,* le 20 mai 1624. L'évêque Alphonse Puteas tint ce synode où il fit divers statuts. *Synod. diœc. Burg.*

BORGO-SAN-DONINO (Synode diocésain de), *Burgensis,* sous Alexandre Pallavicini, les 4, 5 et 6 juin 1663. A la suite de ce synode, le prélat publia un corps de constitutions synodales, que nous regrettons de ne pouvoir analyser en entier. Il y rappelle à toutes les églises de son diocèse qui possèdent des fonts baptismaux l'obligation de lui payer chaque année le droit cathédratique. Il fait un devoir à tous les prêtres de la ville épiscopale d'assister tous les mois à la conférence dite des Cas de conscience, et aux autres prêtres de son diocèse de se rassembler de même tous les mois suivant l'ordre qu'ils en recevront des vicaires forains. « On proposera, dit-il, deux cas de conscience pour le moins dans chaque conférence. Après que ceux qui auront été désignés pour répondre auront donné leur sentiment, un théologien choisi par l'évêque donnera une décision claire et précise; et si cette décision même souffre quelque difficulté, chacun pourra, sous l'agrément de l'évêque, proposer ses objections et ses doutes, à condition de ne pas insister après la deuxième, ou tout au plus la troisième réponse que le théologien lui aura faite; ou s'il n'est pas encore satisfait, il pourra, s'il le veut, après la conférence, prendre à part le théologien et se faire éclaircir le cas en particulier. » *Synod. diœc. Burgensis.*

BORGOLI (Concile de), *Borgolio,* l'an 1322. Ce concile commença d'abord à Borgoli, il fut ensuite transféré à Valence dans le Milanais, le 14 mars, par Richard, archevêque de Milan. Ce concile déclara hérétique Matthieu Visconti, et l'excommunia. *Edit. Venet. t.* XV.

BOSTRA (Concile de), *Bostrense,* l'an 242 ou 243. Bostra ou Philadelphie, en Arabie, est le même lieu que le prophète Isaïe nomme Botron. Origène assista au concile qui se tint dans cette ville, et disputa fortement contre Bérylle qui en était évêque, et qui était tombé dans l'hérésie de Théodore le Corroyeur. Il eut le bonheur de le ramener à la saine doctrine. Il ne nous reste rien des actes de ce concile. *Lab. et Hard. t.* I.

BOULOGNE-sur-Mer (Concile de), *Bononiense,* l'an 1264. Le cardinal Gui Fulcodi ou de Foulques, qui fut depuis pape sous le nom de Clément IV, tint ce concile avec quelques évêques d'Angleterre, qu'il avait mandés à Boulogne, parce qu'il n'avait pu aborder en Angleterre, où il était envoyé par le pape Urbain IV, pour y réconcilier le roi Henri III avec ses barons. Ceux-ci ayant été jugés coupables par le concile de Boulogne, le légat prononça contre eux une sentence d'excommunication, et chargea les prélats anglais de la fulminer à leur retour en Angleterre. Le continuateur de Matthieu Paris met ce concile en 1265; mais Urbain IV était mort dès le 21 octobre 1264, et le cardinal Foulquois lui succéda le 5 février de l'an 1265, sous le nom de Clément IV.

BOULOGNE (Synode de). *Voy.* NOTRE-DAME DE BOULOGNE.

BOURG-DÉOLS (Concile de), *in monasterio S. Gildæ Dolensi*, l'an 1128, par Girard, évêque d'Angoulême et légat du saint-siége. *Ex chron. Kemperl.*

BOURGES (Concile de), *Bituricense*, l'an 454, pour l'élection de Simplice. *Labb.*, *t.* IV.

BOURGES (Concile de), l'an 472. Ce concile fut tenu par Agrécius de Sens, métropolitain de la province voisine, par saint Sidoine, évêque de Clermont, et quelques autres, pour l'élection d'un évêque. Le peuple ayant remis son droit d'élection à saint Sidoine seul, le saint nomma Simplice, qui est honoré lui-même comme saint par l'Église de Bourges, le premier jour de mars. *Lab.* IV.

BOURGES (Conc. prov. de), l'an 648, tenu par Wolfendus, successeur de saint Sulpice.

BOURGES (Concile de), l'an 767. On ignore ce qui se passa dans ce concile, assemblé du reste par l'ordre de Pépin.

BOURGES (Concile de), l'an 769, indiqué par Hardouin, t. I.

BOURGES (Concile de), l'an 842. Ce concile, présidé par Rodulfe, métropolitain de la province, approuva la déposition d'Ebbon, du siége de Reims qu'il occupait. *Hincmar. ep.* 23.

BOURGES (Concile de), *Bituricense*, vers 1031. Ce concile de Bourges, dont il est parlé dans les actes de celui de Limoges, fut assemblé le premier novembre de l'an 1031, par Aimon, successeur de Gauslin dans cet archevêché.

Les évêques du Puy, de Clermont, de Mende, d'Albi et de Cahors, y assistèrent et y firent les 25 canons qui suivent.

1. On ne fera plus mémoire de saint Martial, docteur d'Aquitaine, entre les confesseurs, mais entre les apôtres, dans tous les diocèses de la première province d'Aquitaine, suivant qu'il a été réglé par le saint-siége et par les anciens Pères. Il y avait là-dessus une lettre de Jean XIX: on en fit lecture.

2. On renouvellera les hosties consacrées, tous les dimanches.

3. Défense aux évêques de recevoir aucun présent pour les ordinations; et à leurs officiers, de rien prendre pour écrire les noms de ceux qui sont proposés pour l'ordination.

4. Aucun ne sera nommé à un archidiaconé, qu'il ne soit diacre.

5. Les prêtres, les diacres, les sous-diacres, n'auront ni femmes ni concubines. Ceux qui en ont les quitteront au plus tôt; et ceux qui ne voudront pas s'en séparer seront interdits de leurs fonctions, et n'auront plus que le rang de lecteurs ou de chantres.

6. Les évêques n'ordonneront plus de sous-diacre, qu'il ne promette à Dieu, devant l'autel, de n'avoir ni femme ni concubine, et de renvoyer celle qu'il pourrait avoir au moment de son ordination.

7. Tous ceux qui seront employés aux fonctions ecclésiastiques, porteront la tonsure et auront la barbe rase.

8. On n'admettra point dans le clergé les enfants des prêtres, des diacres ou des sous-diacres; et ceux qui sont actuellement clercs ne pourront être promus aux ordres sacrés.

9. Les serfs ou esclaves ne seront point reçus dans le clergé, qu'ils n'aient obtenu de leurs maîtres une entière liberté, en présence de témoins dignes de foi.

10. On ne regardera point comme enfants d'ecclésiastiques ceux qui sont nés d'eux après qu'ils ont quitté l'état ecclésiastique et qu'ils sont rentrés dans celui des laïques.

11. Les évêques déclareront, dans le temps de l'ordination, qu'ils ne veulent ordonner ni les enfants des prêtres, des diacres, des sous-diacres, ni les esclaves qui n'ont pas été mis en liberté; et si par surprise ils en ordonnent quelqu'un, et qu'il vienne à être connu, l'archidiacre le déposera, comme ayant été ordonné illicitement.

12. On n'exigera rien pour le baptême, la pénitence, la sépulture; mais on pourra recevoir ce que les fidèles offriront volontairement.

13. On accorde aux prêtres les offrandes et les luminaires qu'on leur présente; mais on veut que le cierge pascal reste dans l'église pour éclairer l'autel.

14. Défense de mettre sur l'autel les draps qui ont servi à couvrir les morts.

15. Défense de faire des voitures le dimanche, soit par charroi, soit par bêtes de somme, sinon par charité, pour la crainte des ennemis ou en grande nécessité.

16. Celui qui aura quitté sa femme légitime, hors le cas d'adultère, n'en prendra point une autre tant que la première vivra; et il en sera de même de la femme qui aura quitté son mari: ils doivent se réconcilier.

17 et 18. Personne n'épousera sa parente jusqu'au sixième ou septième degré, ni la femme de son parent, parce que le mari et la femme unis légitimement sont une même chair.

19 et 20. Personne ne donnera sa fille en mariage à un prêtre, à un diacre, à un sous-diacre ou à quelqu'un de leurs enfants, et n'épousera la fille d'aucun d'eux.

21 et 22. Défense aux laïques de prendre droit de fiefs sur les prêtres, pour les biens ecclésiastiques que l'on appelait *fiefs presbytéraux*, et de mettre des prêtres dans leur église, sans l'approbation de l'évêque.

23. Les clercs qui quitteront la cléricature seront séparés des autres clercs.

24. Si un moine quitte son habit, il sera privé de la communion de l'Église jusqu'à ce qu'il le reprenne; et si l'abbé ne veut pas le

recevoir, il demeurera avec des clercs, dans l'église ou dans un monastère, en habit de moine, et en observant la règle.

25. Les chanoines ni les moines ne passeront pas d'une église ou d'un monastère à un autre, sans la permission de l'évêque ou de l'abbé.

Ces canons sont suivis d'une déclaration de l'archevêque Aimon, portant ordre de donner à saint Martial la qualité d'apôtre dans tous les offices de l'Eglise. *Anal. des Conc.*

BOURGES (Concile de), l'an 1034. *Voy.* AQUITAINE.

BOURGES (Concile de), l'an 1040, pour l'abbaye de Saint-Sulpice. *Gall. Chr. t.* II, col. 31.

BOURGES (Concile de), l'an 1081. *Voy.* ISSOUDUN.

BOURGES, l'an 1145; assemblée mixte, tenue dans cette ville le jour de Noël. Le roi Louis le Jeune y fit connaître aux évêques et aux barons la résolution où il était de se croiser. C'était la coutume alors qu'aux fêtes solennelles nos rois se fissent couronner par l'évêque ou le métropolitain du diocèse où ils se trouvaient. Comme l'archevêque de Bourges était absent du concile l'archevêque de Reims fit la cérémonie.

BOURGES (Concile de), l'an 1213. On ne sait autre chose de ce concile, sinon que l'archevêque de Bordeaux, ayant refusé de s'y trouver, fut suspendu de ses fonctions de métropolitain. *Mansi, t.* II, col. 845.

BOURGES (Concile de), l'an 1214. Ce concile fut tenu par Manassé, évêque d'Orléans, et Guillaume d'Auxerre, chargés l'un et l'autre par le siège apostolique de corriger et de réformer dans l'Eglise de Bourges tout ce qui avait besoin de correction et de réforme, et de réprimer les contradicteurs par la force des censures, sans qu'on eût à appeler de leurs sentences. *Mansi, t.* II *Suppl.*

BOURGES (Concile de), l'an 1215. Ce concile fut convoqué par le cardinal Robert Courçon, légat du saint-siège, mais il ne se tint point, ou du moins il n'a pas laissé de traces. *La Porte du Theil.*

BOURGES (Concile de), l'an 1225. Le légat Romain, assisté d'environ cent évêques de France, tint ce concile le 30 novembre. Raymond, comte de Toulouse, et Amauri de Montfort, qui prétendait l'être par la donation du pape Innocent III et celle du roi Philippe Auguste, faite à son père Simon de Montfort et à lui, plaidèrent leur cause, qui demeura indécise.

BOURGES (Concile provincial de), l'an 1228. Ce concile fut convoqué par Simon de Sully, archevêque de cette ville. L'archevêque de Bordeaux y fut appelé comme les autres prélats de l'Aquitaine; mais comme il refusa de s'y rendre, l'archevêque de Bourges, en sa qualité de primat, le suspendit de ses fonctions. *Labb.* XI, *ex Patriarchio Biturie.*

BOURGES (Concile de), l'an 1239. On y décréta une expédition contre les Albigeois et d'autres hérétiques rebelles. *Mansi, t.* II, *Suppl.*

BOURGES (Concile de), l'an 1276. Simon, cardinal du titre de Sainte-Cécile, légat du saint-siège, tint ce concile, où il publia les seize statuts suivants pour le rétablissement de la discipline et la liberté de l'Eglise.

1. Ceux qui troublent la liberté des élections sont excommuniés *ipso facto.* Si ce sont des clercs séculiers ou réguliers, ils perdront en outre leurs bénéfices, dignités, offices, et seront à jamais inhabiles à tous autres. Si ce sont des laïques, leur famille sera de plus soumise à l'interdit, et leur postérité inhabile à toute prébende, dignité, personnat, bénéfice ecclésiastique, jusqu'à la quatrième génération inclusivement.

2. Les juges délégués garderont dans leurs citations les formalités prescrites par la cour de Rome.

3. Les mêmes délégués n'exigeront et ne recevront rien pour l'absolution des censures; et cela, sous peine d'excommunication encourue par le seul fait.

4. Les évêques ne se rendront pas faciles à recevoir les plaintes des moines contre leurs abbés, surtout quand il s'agira de la correction monastique, puisque ces murmurateurs n'ont souvent d'autre but que de courir le monde et d'énerver la discipline régulière.

5. Les laïques qui troublent la juridiction ecclésiastique seront soumis aux censures de l'Eglise.

6. On dénoncera publiquement excommuniés ceux qui obligeront, par force ou par menaces, les juges ecclésiastiques à les absoudre des censures qu'ils auront encourues.

7. Même peine contre les magistrats séculiers qui contraignent les ecclésiastiques de plaider à leur tribunal pour des causes purement personnelles.

8. On ne doit point admettre de prescription en fait de dîmes; et les évêques excommunieront ceux qui auront empêché les personnes à qui elles sont dues de les recevoir.

9. Ceux qui empêchent l'exécution des testaments faits selon les saints canons, seront excommuniés, s'ils ne se désistent huit jours après qu'on les aura avertis.

10. Même peine contre ceux qui imposent de nouveaux droits, ou qui étendent les anciens sur les ecclésiastiques et sur les biens qui leur appartiennent.

11. Même peine contre ceux qui font des ordonnances contraires aux libertés de l'Eglise et aux anciennes coutumes approuvées.

12. Ceux qui violent les immunités de l'Eglise, qui blessent ou tuent les personnes réfugiées dans les lieux d'asile, ou leur font quelque autre violence, seront excommuniés et privés des bénéfices et des fiefs qu'ils pourraient tenir de l'Eglise.

13. Ceux qui troublent la juridiction ecclésiastique, en quelque manière que ce soit, seront excommuniés.

14. Comme les Juifs abusent de la simplicité de quelques chrétiens pour les séduire et

les entraîner dans l'erreur, ils ne pourront demeurer ailleurs que dans les villes, les châteaux et les autres lieux marquants.

15. Défense aux exempts ou privilégiés d'admettre avec connaissance les excommuniés publics et les usuriers aux sacrements, et de leur accorder la sépulture.

16. Ceux qui veulent se saisir des actes judiciaires ecclésiastiques, ou maltraitent les personnes qui les mettent à exécution, seront excommuniés par le seul fait. *Anal. des Conc.* II.

BOURGES (Concile de), l'an 1280. On y défendit aux clercs plusieurs métiers vils. Ce concile est rapporté à l'an 1279 dans le *Traité de l'étude des conciles*, 1re part., c. 3, n. 1.

BOURGES (Concile de), *Bituricense*, l'an 1286. Simon de Beaulieu, archevêque de Bourges, tint ce concile provincial le 17 de septembre, et y renouvela, en trente-cinq articles, les constitutions de ses prédécesseurs.

1. Les juges ecclésiastiques procéderont avec toute sorte de précaution et de prudence dans les jugements des causes matrimoniales. Ils casseront les mariages nuls sans aucun respect humain; et les curés auront soin d'avertir les évêques ou leurs officiaux, des mariages défendus qu'ils sauront avoir été faits dans leurs paroisses.

2. On ne pourra se marier qu'en face de l'Église, après la publication des bans, et alors seulement qu'on aura atteint l'âge légitime.

3. Les juges ecclésiastiques ne connaîtront point des causes de mariages, ni d'autres causes majeures telles que le sacrilège, hors du ressort de leur juridiction, à moins qu'ils n'y soient autorisés par une coutume ancienne, légitimement prescrite et dûment approuvée, ou qu'ils n'en aient reçu la commission par celui qui a droit de la donner.

4. Les archidiacres n'auront point d'officiaux hors des villes.

5. Les curés seront privés des revenus de leurs cures, jusqu'à ce qu'ils soient ordonnés prêtres.

6. Un clerc étranger ne sera point admis à confesser, à prêcher, ni à donner les sacrements, s'il n'est approuvé de l'ordinaire.

7. Les archiprêtres seront obligés de chasser toutes les femmes suspectes qui demeurent chez les ecclésiastiques, dans toute l'étendue de leurs archiprêtrés.

8. Les clercs bénéficiers ou prêtres qui garderont leurs bâtards chez eux seront punis au gré de l'évêque, ainsi que ceux qui trafiquent publiquement, ou qui fréquentent les cabarets, ou qui jouent aux jeux de hasard.

9. Ceux qui demeurent un an excommuniés seront privés de leurs bénéfices.

10. Les curés auront les noms des excommuniés, et les dénonceront publiquement dans leurs églises, tous les jours de dimanches et de fêtes, jusqu'à ce qu'il leur conste évidemment qu'ils ont été absous.

11. Tous les curés auront en langue vulgaire la constitution *Quicumque*, de Grégoire X, dans le concile de Lyon; et celle *Cum juris utilitas*, de Simon, légat du saint-siége, faite au concile de Bourges, touchant la juridiction ecclésiastique (*Voyez* le concile de l'an 1276). Ils liront, au moins une fois le mois, ces deux constitutions, et les expliqueront au peuple.

12. On observera la décrétale de Grégoire X, qui commence, *Quia nonnulli*, extr. *de Rescriptis*, et qui condamne ceux qui, ayant obtenu des lettres apostoliques sous leur nom, les cèdent à d'autres qui portent le même nom, et qui en abusent pour fatiguer et citer en jugement ceux qu'il leur plaît d'y appeler.

13. Tous les fidèles se confesseront au moins une fois l'an, et recevront le viatique à Pâques, sous peine d'être privés de la sépulture ecclésiastique à leur mort.

14. On ordonne aux curés, sous peine d'excommunication, d'avoir et d'exécuter la constitution d'Innocent III, au quatrième concile de Latran, *Omnis utriusque sexus*; celle de Clément IV, *Quidam temere sentientes*; et celle de Martin IV, *Ad fructus uberes*, qui donne aux frères mineurs le pouvoir de prêcher et de confesser.

15. Les curés observeront ceux qui communiquent avec les excommuniés, et ils enverront leurs noms à l'évêque ou à l'official.

16. Défense d'absoudre un homme excommunié par son évêque ou de le mettre en terre sainte.

17. Même défense par rapport aux usuriers publics qui sont aussi excommuniés. Les curés doivent déclarer publiquement, tous les dimanches, que ces usuriers ne peuvent faire de testaments, à moins qu'ils n'aient restitué ou donné caution pour cela.

18 et 19. Les religieux observeront leur règle et n'auront rien en propre, même avec la permission de l'abbé, qui serait nulle en ce cas.

20. Le prieur ne pourra emprunter plus de soixante sols tournois, sans la permission de son abbé.

21 et 22. On ôtera de l'église les coffres et les autres choses profanes. On n'y fera point de danses.

23. On n'enverra point de moines dans les prieurés de campagne, qui ne soient âgés de vingt ans.

24. Les femmes ne demeureront point dans les maisons religieuses.

25. Les religieux qui recevront les dîmes de la main des laïques, et les laïques qui les leur donneront sans une cause juste et raisonnable, seront excommuniés.

26. Les évêques puniront les abbés et les prieurs conventuels qui dépouillent les prieurés pendant la vacance, à moins qu'ils n'y laissent tout ce qui est nécessaire pour la desserte jusqu'à la prochaine récolte.

27. On renouvelle le canon septième du concile de Tours, de l'an 1236, contre ceux qui cachent les testaments.

28. Les exécuteurs testamentaires ne pourront rien acheter ni retenir des biens du testateur, si ce n'est ce que le testateur lui aurait expressément légué, pourvu que les juges y consentent.

29. Les évêques tiendront la main à l'exécution des testaments, si les exécuteurs sont négligents à le faire.

30. Les testaments seront reçus par le curé.

31. On procédera, selon les canons, contre ceux qui négligent de se faire relever de l'excommunication ; et on aura recours au bras séculier pour les y obliger.

32. Les évêques puniront ceux qui n'observent pas les fêtes.

33. Les suffragants et leurs juges déféreront humblement aux appels, et n'inquiéteront point les parties appelantes de leurs jugements.

34. L'official de Bourges, non plus que les autres juges de cet archevêché, n'empêcheront pas la juridiction des évêques suffragants, ni des autres juges d'église, sous peine d'être privés de l'entrée de l'église pendant un mois.

35. Tous les évêques, leurs officiaux et les autres juges ordinaires feront exécuter, quand ils en seront requis, les sentences rendues contre ceux qui donnent atteinte à la juridiction ecclésiastique. *Anal. des Conc.*

BOURGES (Concile provincial de), l'an 1312, où l'on reçoit le concile de Vienne. *Lenglet du Fresnoy.*

BOURGES (Concile provincial de), l'an 1336. Ce concile fut tenu sous Fulcran de la Rochechouart, archevêque de Bourges, le 17 d'octobre. On y fit quatorze statuts.

1. Les religieux observeront les décrétales qui les concernent.

2. Les clercs mariés qui ne portent ni la tonsure ni l'habit clérical seront punis par l'ordinaire.

3. Les prêtres qui ont charge d'âmes, diront la messe au moins une fois ou deux le mois.

4. Les clercs qui sont dans les ordres sacrés et les religieux s'abstiendront du trafic et des autres affaires séculières, sous peine d'excommunication.

5. Ceux qui abuseront des lettres apostoliques seront suspens, si ce sont des collèges ou des couvents, et excommuniés, si ce sont des particuliers.

6. Les religieuses ne mangeront point hors de leur enclos, si ce n'est dans le cas de nécessité ou avec la permission du supérieur.

7. Les clercs ni les religieux ne citeront pas les ecclésiastiques à comparaître devant les cours séculières, hors les cas permis par le droit ; et cela, sous peine d'excommunication encourue par le seul fait.

8. Les prélats qui recevront des religieux ou des religieuses avec la condition expresse que ces religieux ou ces religieuses demeureront, pendant un certain temps après leur réception, chez leurs amis, seront punis comme simoniaques.

DICTIONNAIRE DES CONCILES. I.

9. Les officiaux exécuteront réciproquement leurs lettres, *Derogamus*, ou *In juris subsidium.*

10. Défense, sous peine d'excommunication, aux clercs et aux religieux, d'avoir chez eux ou ailleurs des concubines ou d'autres femmes suspectes.

11. Défense aux clercs, sous la même peine, de citer ou de faire citer d'autres clercs à comparaître devant les tribunaux séculiers, pour quelque crime que ce soit.

12 et 13. Ceux qui violent la juridiction et la liberté de l'Eglise, seront excommuniés et privés de la sépulture ecclésiastique, sans qu'ils puissent être absous que par l'évêque ou par son official, ou par un commissaire député *ad hoc.*

14. Les suffragants feront publier ces statuts dans leurs synodes. *Bessin, in Conc. Normann.*

BOURGES (Concile de), l'an 1415, sur l'imposition du vin.

BOURGES (Assemblée du clergé de France à), l'an 1432. Il y eut à Bourges, le 26 février, une assemblée du clergé de France, du moins des provinces qui étaient alors soumises au roi Charles VII. C'était ce prince qui avait convoqué les prélats, et ceux-ci lui donnèrent les conseils qu'ils crurent les meilleurs pour la conjoncture présente. Ils savaient les raisons dont on se servait pour autoriser le concile de Bâle, l'intérêt qu'y prenait l'Allemagne, l'espérance de ramener les hussites, le besoin qu'on avait de réforme dans les divers états du clergé ; mais ils n'ignoraient pas non plus les attentions qu'on devait avoir pour l'autorité du pape, ils respectaient ses bulles et les motifs qui y étaient énoncés. Ils prirent donc le parti de faire dresser un acte sous le titre et la forme d'*Avis au roi.* Il y est dit, en substance, que le concile de Bâle était une œuvre sainte et nécessaire dans les circonstances où se trouvait l'Eglise ; que la gloire de Dieu demandait qu'on le continuât ; que, sans cela, l'hérésie des Bohémiens deviendrait un incendie universel, et que déjà même on en ressentait des atteintes dans quelques cantons du royaume, surtout en Dauphiné, où les montagnards avaient fait des collectes pour soutenir la révolte des hussites ; que le roi, marchant sur les traces de ses ancêtres, devait prévenir les troubles qui menaçaient le concile ; qu'il serait à propos d'envoyer une solennelle ambassade au pape, pour le prier de favoriser cette assemblée ; qu'outre cela Sa Majesté était très-instamment suppliée d'écrire à l'empereur, et aux ducs de Savoie et de Milan, pour demander leur protection en faveur des Français qui voudraient aller au concile, et pour les prier de ne pas permettre qu'on entreprît rien contre le pape et la cour romaine qui pût leur causer de l'indignation, et les porter à vouloir différer, suspendre ou changer le concile : ce qui entraînerait la perte de tous les heureux effets qu'on en espérait, ce qui ferait croître les hérésies et la corruption des mœurs, avec

12

l'offense de Dieu et le danger du peuple chrétien.

Le mémoire finissait par demander l'agrément du roi, pour que les évêques de l'Église gallicane pussent aller au concile. On priait aussi ce prince d'envoyer promptement des ambassadeurs à Bâle pour y annoncer les démarches faites auprès du pape, et l'on consentait à payer la quatrième partie d'une décime pour les frais de tous ces voyages, et de ces négociations.

Le continuateur de Fleury se trompe en rapportant cette assemblée à l'an 1431, et en la plaçant avant la première session du concile de Bâle : elle ne fut tenue qu'en 1432, après les deux premières sessions. *Hist. de l'Egl. Gallic. l. XLVII.*

BOURGES (Assemblée de), l'an 1438. Le roi Charles VII tint cette assemblée, au mois de juillet 1438, et il y assista en personne avec le dauphin, son fils, depuis Louis XI, plusieurs princes du sang et d'autres seigneurs, avec un grand nombre d'évêques et de docteurs. Les députés du pape Eugène IV et ceux des prélats de Bâle y furent entendus les uns après les autres. Le résultat de cette assemblée de Bourges fut une ordonnance en vingt-trois articles que l'on nomma pragmatique-sanction, d'un nom introduit sous les anciens empereurs.

On y adopta, sauf quelques modifications, la plupart des décrets de Bâle, entre autres le décret relatif à la prétendue supériorité des conciles généraux. Quant aux autres articles, ils se réduisent principalement aux propositions suivantes : Les élections canoniques seront observées, et le pape ne pourra plus réserver les évêchés et les autres bénéfices électifs. Les grâces expectatives seront abolies ; les gradués seront préférés aux autres dans la collation des bénéfices, et, pour cet effet, ils feront insinuer leurs degrés pendant le carême. Toutes les causes ecclésiastiques des provinces à quatre journées de Rome seront terminées sur les lieux mêmes, hors les causes majeures et celles des Églises qui dépendent immédiatement du saint-siège. Dans les appels, on gardera l'ordre des tribunaux. Jamais on n'appellera au pape, sans passer auparavant par les tribunaux intermédiaires. Si quelqu'un, se croyant lésé par un tribunal immédiatement dépendant du pape, porte son appel au saint-siège, le pape nommera des juges choisis sur les lieux mêmes, à moins qu'il n'y ait de grandes raisons d'évoquer tout à fait la cause à Rome. Les appellations frivoles sont punies. On règle la célébration de l'office divin, et on défend les spectacles dans les églises. On s'applique à réprimer ou à prévenir le concubinage, surtout dans les clercs. On condamne l'abus des censures ecclésiastiques, et on déclare que personne n'est obligé d'éviter les excommuniés s'ils ne sont nommément dénoncés ou bien que la censure ne soit si notoire, qu'on ne puisse ni la nier ni l'excuser. Voilà les principales matières de la pragmatique-sanction de Bourges. Elle fut enregistrée au parlement de Paris le treize juillet de l'année suivante 1439 ; mais le roi en ordonna l'exécution du jour même de sa date, 7 juillet 1438.

La pragmatique-sanction déplut souverainement au pape Eugène IV et à Pie II son successeur ; et pour se conformer à la volonté du saint-siège, Louis XI l'abolit par un acte exprès. Il est vrai que Louis XII la rétablit dans la suite ; mais François Ier, qui lui succéda, la fit disparaître pour toujours, en lui substituant son concordat, qui eut du moins le consentement du saint-siège.

« La pragmatique-sanction de Bourges avait un petit défaut, dit ironiquement M. Rohrbacher : elle était radicalement nulle ; car tout contrat est nul, qui n'est point consenti par les deux parties contractantes. Or, la pragmatique était un contrat entre les Églises de France et le pape pour régler les rapports mutuels de part et d'autre. Le consentement du pape y était donc absolument nécessaire, d'autant plus qu'il était le supérieur ; car, dût-on admettre qu'un concile général est supérieur au pape, l'assemblée de Bourges n'était certainement pas un concile général. Aussi le premier usage qu'elle fit de sa pragmatique, fut d'y manquer, et heureusement. Dans ses premiers articles, elle avait reconnu le concile de Bâle pour œcuménique et pour supérieur au pape Eugène IV, avec obligation à toute personne (et au pape lui-même) d'obéir à ses décrets. Or, l'année suivante, 1439, le concile de Bâle dépose Eugène IV, et lui substitue Félix V, avec obligation à toute personne, sous peine d'anathème, de rejeter le premier et de se soumettre au second. Cependant la France ne fait ni l'un ni l'autre ; elle continue à reconnaître Eugène IV, et *se moque* du pape de Ripaille et de Bâle, comme elle le déclara dans une nouvelle assemblée de Bourges, en 1440. C'est qu'au-dessus de certaines lois, que les hommes écrivent sur des chiffons de papier avec une plume d'oie et de la liqueur noire, ils portent en eux-mêmes une autre loi écrite de la main de Dieu, et qui est le bon sens. Heureuses les nations qui ne s'écartent jamais de cette loi vivante et commune, ou qui du moins savent y revenir promptement!» *Hist. univ. de l'Egl. cath., t. LXXXII ; Hist. de l'Egl. gall. l. XLVII.*

BOURGES (Assemblée d'), depuis le 26 août 1440 jusqu'au 11 septembre, où se trouvèrent les députés du pape Eugène et ceux de l'assemblée de Bâle. Les députés du pape ne purent obtenir à Bourges la reconnaissance du concile de Ferrare ni l'abolition de la pragmatique-sanction qu'ils demandaient ; les envoyés de Bâle n'obtinrent pas davantage la reconnaissance d'Amédée de Savoie, que l'assemblée de Bâle avait eu la prétention de faire pape sous le nom de Félix V.

BOURGES (Conc. de), l'an 1528. Ce concile provincial fut tenu au mois de mars de l'an 1528, à l'occasion de l'hérésie de Luther. François de Tournon, alors archevêque de Bourges, y présida, assisté des évêques, des abbés, prieurs et députés des chapitres de sa province.

On imposa pour deux ans sur tous les

bénéfices, exempts et non exempts, ceux même de Saint-Jean-de-Jérusalem, sur toutes les communautés et fabriques, des décimes sur le pied des derniers, payables de six mois en six mois, et même plus tôt s'il était nécessaire, à commencer à la Saint-Michel, pour payer la rançon de François, dauphin de France, et de Henri, duc d'Orléans, que François Ier, leur père, avait laissés en ôtage à Madrid, lorsqu'il en sortit de prison. On fit aussi dans ce concile, pour la réformation des mœurs et la discipline ecclésiastique, les règlements suivants:

Le premier porte que l'hérésie de Luther ayant été condamnée par le saint-siège, elle serait aussi condamnée dans les temps et dans les lieux que les évêques jugeraient à propos, mais d'une manière générale, et sans en spécifier les erreurs, à moins qu'il ne se trouvât des lieux où quelques-unes de ces erreurs auraient été répandues, parce qu'alors on y condamnerait ces erreurs particulières.

Le second, que les curés seront obligés de dénoncer à l'évêque ceux de leurs paroissiens qu'ils sauraient être infectés des erreurs de Luther et de ceux de sa secte, comme aussi de déclarer à l'évêque ceux qu'ils sauront se mêler de sortilèges et de magie, pour être punis.

Le troisième défend à toutes personnes de vendre, imprimer et garder les livres où serait répandue l'hérésie de Luther et de ceux de sa secte, sous peine d'être mis en prison, en cas de contravention, un mois après la publication de l'ordonnance de ce concile, ou sous quelque autre peine arbitraire; et enjoint à tous les particuliers qui auront de ces sortes de livres, de les remettre entre les mains de l'évêque ou de ses grands-vicaires.

Le quatrième porte qu'il ne sera pas permis de vendre ni d'acheter les livres sacrés, traduits en français depuis huit ans, qu'ils n'aient été revus par les ordinaires des lieux.

Le cinquième ordonne que les quêteurs ne pourront prêcher ni publier des indulgences ni autre chose, sans une permission et une approbation par écrit de l'évêque; et que les curés qui souffriront de tels abus seront punis, aussi bien que les quêteurs: qu'on ne permettra point aussi à des prédicateurs étrangers, de quelque ordre qu'ils soient, de prêcher sans une approbation de l'ordinaire.

Le sixième, que les curés expliqueront à leurs peuples, les dimanches, dans leurs prônes, les commandements de Dieu, l'évangile ou l'épître du jour, ou leur diront quelque chose pour la connaissance des fautes et des vertus; qu'ils pourront même lire le livre de Gerson traduit en français, intitulé, *Livre des trois parties;* et que, pour employer plus de temps à l'instruction, ils abrégeront les prières ordinaires et les autres qui ne seront pas nécessaires.

Le septième, que les statuts synodaux seront traduits en français, et les discours synodaux composés de manière à ce que tout le monde les puisse comprendre; tous les clercs seront obligés d'assister au synode diocésain.

Le huitième fait défense aux clercs et au peuple de se promener dans l'église pendant le service divin, ou pendant la prédication et la publication des mandements.

Le neuvième ordonne que, suivant le concile de Constance, il se tiendra tous les trois ans un concile provincial, et que les évêques feront tous les ans leurs visites.

Le dixième, qu'il sera fait perquisition et punition des blasphémateurs.

Le onzième, que les curés exhorteront leurs peuples à se mettre à genoux pendant quelque temps, lorsqu'ils entendront sonner l'élévation de l'eucharistie.

Le douzième enjoint aux curés de ne pas souffrir qu'on fasse certaines choses ridicules qui se pratiquent dans l'administration des sacrements de baptême et de mariage, et fait défense aux pénitents de découvrir les pénitences qui leur auront été imposées par leur confesseur, et au confesseur celles qu'il aura imposées, et ce qui lui aura été dit en confession.

Le treizième ordonne que le statut du concile de Constance et de la pragmatique-sanction, touchant la résidence des chanoines et des autres ministres de l'Eglise, sera observé, aussi bien que ce qui est ordonné touchant l'office divin, la psalmodie et les pauses dans le chant.

Le quatorzième, que dorénavant l'on n'affermera point les amendes ni le droit de sceau des évêques.

Le quinzième, que les imprimeurs ou libraires n'imprimeront point les livres d'église sans la permission de l'évêque.

Le seizième, qu'on n'érigera point de confréries sans le consentement de l'ordinaire, et qu'on ne fera plus de festins ni de danses à l'occasion de ces confréries, ni de contrats usuraires.

Le dix-septième, que les évêques réduiront le nombre des fêtes, selon qu'ils le jugeront à propos.

Le dix-huitième, que les maîtres d'école ne liront point à leurs écoliers des livres qui les puissent éloigner du culte divin et des cérémonies de l'Eglise.

Le dix-neuvième, que les curés visiteront leurs paroisses au moins une fois l'an, et principalement dans le temps de Pâques, sans néanmoins toucher aux exemptions des priviléges.

Le vingtième, que les ordinaires n'accorderont point de dimissoires sans avoir examiné et trouvé capables ceux qui les demandent: que ceux qui auront été ordonnés sans dimissoires seront suspens autant de temps que l'ordinaire le jugera à propos, et punis corporellement, s'ils sont trouvés incapables; et qu'on n'accordera de dimissoires qu'à ceux qui auront un bénéfice ou un titre patrimonial.

Le vingt et unième, que les évêques ne permettront point à ceux qui ont charge d'âmes de quitter leur troupeau pour aller desservir d'autres bénéfices.

Le vingt-deuxième, qu'ils ne permettront point non plus aux religieuses de sortir de leur monastère, et obligeront celles qui sont dehors d'y rentrer.

Le vingt-troisième, qu'ils obligeront pareillement les religieux qui vivent hors de leur cloître d'y rentrer, et d'y vivre conformément à leur institut.

Il fut résolu, dans la même assemblée, que l'on ferait de très-humbles remontrances au roi, sur les entreprises que les juges laïques faisaient sur la juridiction et la liberté des ecclésiastiques; et elle fit dresser les décrets suivants pour la réforme de la juridiction ecclésiastique.

Le premier porte que l'on n'accordera point de monitoires, qu'il ne s'agisse au moins d'un intérêt de plus de deux cents livres pour l'impétrant.

Le second, que, dans les monitoires et réaggraves donnés contre ceux qui participent à l'action, la femme, les enfants, et les serviteurs ou servantes n'y seront point compris.

Le troisième, que les praticiens ecclésiastiques, notaires, greffiers, procureurs, et autres, ne pourront procéder par voie d'excommunication, pour les salaires qui leur seront dus par les parties; mais seulement par la voie d'interdit de l'entrée de l'église, jusqu'à ce que les juges en aient ordonné autrement, après avoir connu la contumace des débiteurs.

Le quatrième, qu'on n'accordera point de lettres d'excommunication sur la première contumace, mais seulement d'interdit d'entrée de l'église, si ce n'est que les ordinaires jugent que l'on en doit user autrement par rapport à la diversité des lieux et des coutumes.

Le cinquième, qu'afin que les juges métropolitains puissent rendre la justice, les suffragants ou leurs officiaux feront leurs informations et enquêtes en latin et en français, ou du moins en une langue qui soit intelligible dans la métropole.

Il y a encore deux règlements de ce concile, l'un par lequel il est ordonné que les curés et les autres bénéficiers à charge d'âmes résideront dans leurs bénéfices, et qu'on ne pourra leur accorder de lettres de dispenses d'y résider, ni d'y instituer des vicaires sans connaissance de cause. L'autre, par lequel il est ordonné que les cimetières, pour en empêcher la pollution et la profanation, seront clos le plus tôt que faire se pourra, et au plus tard trois ans après la publication des règlements de ce concile; et que, si ceux qui en doivent avoir soin négligent de le faire, ils seront punis par l'ordinaire. *Lab.*, *t.* XIV; *Hard.*, *t.* IX. *Anal. des Conc.*

BOURGES (Concile de), l'an 1584. Renaud de Beaune, archevêque de Bourges, tint ce concile avec ses suffragants, au mois de septembre. On y publia un grand nombre de canons compris sous quarante-six titres, et tirés des conciles précédents, particulièrement de celui de Trente. Voici les plus remarquables.

Au titre I. Du Culte divin. C. 3. Défense de chanter ou de prier au milieu des offices en langue vulgaire, sans que personne soit excepté de cette défense, que le prédicateur chargé d'exciter le peuple à la dévotion par ses discours. C. 9. Si quelques églises ont suivi jusqu'ici le vieil office romain, elles seront tenues d'adopter la réforme qui en a été faite conformément au décret du concile de Trente. C. 11. Les anciennes cérémonies des divers diocèses ne doivent pas être répudiées ni changées, sans l'avis de l'évêque.

Au titre II. De la Foi. C. 5. Les hérétiques qui reviennent à l'Eglise doivent faire abjuration de leur hérésie, soit en public, soit en particulier, en présence de l'évêque ou de son grand vicaire, d'un notaire et de quelques témoins : ils feront profession de la foi catholique, et en signeront l'acte de leur propre main; faute de cette formalité, on ne leur administrera pas les sacrements, si ce n'est à l'article de la mort.

Au titre IV. De l'Abus de la presse. C. 4. Il y aura, au secrétariat de chaque évêché, un index des livres défendus, qui sera montré d'année en année aux libraires et aux imprimeurs, de crainte qu'ils ne répandent par erreur des livres improuvés, ou que le peuple ne garde par ignorance des livres défendus.

Au titre V. De la Séparation d'avec les hérétiques. C. 1. Les fidèles éviteront la société des hérétiques, leurs alliances, leurs commerces et leurs festins. C. 2. On n'accordera aux hérétiques l'entrée des églises que pour le moment de l'instruction; on refusera à leurs cadavres la sépulture chrétienne. C. 3. Défense à tout catholique d'assister aux assemblées des hérétiques : si un clerc s'en rend coupable, il sera déposé; si c'est un laïque, il sera traité comme sacrilège.

Au titre VII. Des Pèlerinages. C. 1. Un clerc n'ira jamais en pèlerinage, à moins d'en avoir obtenu la permission de l'évêque ou de son grand vicaire. C. 2. Ceux qui vont en pèlerinage seront obligés, avant de se mettre en route, de s'approcher du tribunal de la pénitence et de recevoir le sacrement de l'eucharistie. C. 3. On ne visitera point les saints lieux par motif de récréation ou de curiosité, mais dans la vue de réformer ses mœurs, ou d'acquitter un vœu qu'on aurait fait.

Au titre XII. De la Célébration de l'office divin. C. 8. Il faudra supprimer l'abus de donner la rétribution du jour entier à ceux qui n'assistent à l'office que d'une partie du jour : ceux-là seuls ont droit à la rétribution entière, qui portent le poids du jour et de la chaleur, en fréquentant assidûment le chœur de l'église.

Au titre XIV. Des Enfants de chœur. C. 1. On choisira pour le chœur des enfants capables, d'un âge convenable, qui ne soient point estropiés, ni valétudinaires, qui aient une bonne voix, et qui soient nés de légitime mariage. C. 2. Ils auront pour directeur un clerc qui soit d'une vie irréprochable et dans les ordres sacrés; qui n'ait pour les enfants ni trop d'indulgence, ni trop de sévérité, de crainte qu'il ne les décourage dans le service de l'Eglise; qui n'abuse point de leur docilité pour faire ses propres commissions ; qui soit exercé au chant et aux cérémonies de l'Eglise ; qui s'applique à leur instruction et ne les perde jamais de vue. Il prendra avec eux ses repas, et s'occupera de leurs corps comme de leurs âmes; il veillera à ce qu'ils aient le nécessaire, aura l'œil ouvert sur leur vestiaire : il ne leur permettra point de s'absenter sous prétexte d'aller voir des parents ou des amis, ou de faire valoir leurs voix : il les conduira à l'église, et les ramènera à des heures fixes, et ne les laissera jamais sortir sans les faire accompagner ; il leur accordera les récréations dont ils auront besoin. C. 3. Outre le chant, les enfants auront des heures destinées à l'étude de l'écriture et de la langue latine, dont les leçons leur seront données aux frais du chapitre, afin que, devenus grands, ils se rendent plus utiles à l'Eglise, et que celle-ci ne soit pas forcée, faute de bons sujets, d'admettre des chantres malhabiles et qui trop souvent scandalisent les fidèles. C. 4. Les chapitres des églises au service desquels seront attachés ces enfants, pourvoiront à leur entretien et à leurs études, à mesure qu'ils avanceront en âge ; ce seront toujours les plus dignes que l'on choisira parmi eux pour les emplois qui viendront à vaquer. C. 5. Les enfants de chœur n'usurperont point les sièges des chanoines ou des prêtres, même pour s'acquitter de leur chant, et ne prendront point d'ornements pontificaux à la fête des Saints-Innocents, pour ne pas prêter à rire aux assistants.

Au titre XV. Des Ornements d'église. Chaque chanoine récemment promu témoignera sa reconnaissance envers Dieu et l'Eglise, en faisant l'offrande d'une chape ou d'une chasuble, dont le prix sera fixé par le chapitre.

Au titre XX. De la Confirmation. C. 2. Que personne ne prétende que l'institution de ce sacrement vienne d'un autre que de Jésus-Christ. C. 6. Les nouveaux confirmés porteront au front un bandeau, qu'ils continueront de porter pendant trois jours, en mémoire du sacrement qu'ils auront reçu; après que leurs fronts auront été essuyés par un prêtre, leurs bandeaux seront brûlés dans le vestiaire, et on en gardera les cendres pour le commencement du carême.

BOURGES (Synode de). *V.* SAINT-ETIENNE DE BOURGES.

BOURGOGNE (Concile de), l'an 868. *Voy.* GAULES.

BOURGOGNE (Concile de), lieu incertain, sur les confins de la Bourgogne, l'an 955. Ce concile excommunia le comte Isoard, qui retenait des domaines de l'abbaye de Saint-Symphorien.

BOURGUEIL (Concile de), l'an 1154. Bourgueil, *Burgolium* ou *Burgulium*, petite ville de France dans l'ancien Anjou, aujourd'hui chef-lieu de canton dans le diocèse de Tours, possédait une célèbre abbaye de l'ordre de Saint-Benoît. Engelbaud, archevêque de Tours, y tint ce concile avec ses suffragants pour les affaires de sa province. *Martene, Anecd. t.* III; *Mansi, t.* III, *col.* 495.

BRAGUE (Concile de), *Bracarense*, l'an 411. Le P. Labbe rapporte les actes de ce concile, publiés pour la première fois à Lisbonne, en 1699, par un bernardin nommé Bernard de Brito. Le P. Hardouin les rapporte aussi, mais sans dissimuler les doutes qu'on élève sur leur intégrité, avec une note en tête, où l'on voit que Jean-Baptiste Perez, chanoine de Tolède, les croit supposés. Le cardinal d'Aguirre consent à admettre l'existence de ce concile, pourvu qu'on ne lui donne pas une autorité semblable à celle des conciles reçus de tout le monde, et transmis sans interruption depuis les premiers siècles. Les actes de ce concile ont en effet, du moins en partie, l'air d'une pièce supposée, et fabriquée depuis que l'on s'est persuadé en Espagne que saint Jacques, apôtre, y était venu prêcher l'Evangile, c'est-à-dire, depuis le douzième siècle. Le langage en est bas, et contre les règles de la latinité. On y lit que les évêques s'assemblèrent dans une église qui portait le nom de *Sainte-Marie;* ce qui paraît peu conforme à la commune opinion où l'on est que la première église de la Vierge a été celle d'Ephèse, où se tint le concile de l'an 431. Pour signifier cette église, les actes emploient le terme de *Fanum*, contre l'usage général des chrétiens qui, laissant ce terme aux païens, pour désigner le lieu de leurs assemblées, se servaient des noms d'*église*, de *basilique*, ou de quelques autres semblables, lorsqu'ils parlaient des lieux destinés aux exercices publics de la vraie religion. On attribue à ce concile une profession de foi qu'on devait opposer aux Vandales et aux Suèves, qui ravageaient alors l'Espagne, dont les uns étaient ariens, les autres idolâtres. « Qu'était-il besoin, dit D. Ceillier, d'une nouvelle profession de foi? Les Pères de ce concile n'avaient-ils pas celle de Nicée et de Constantinople? Et s'ils en voulaient faire une nouvelle, pourquoi n'y disaient-ils rien sur l'incarnation contre les hérésies d'Apollinaire et de Priscillien, qui avaient alors tant de cours en Espagne? » On a joint aux actes une lettre d'Arisbert, adressée à Samérius, archidiacre de Brague, où il lui témoigne sa douleur sur le ravage que faisaient les Vandales, tant dans Brague que dans plusieurs villes de la Galice, et les Alains dans la Lusitanie. Il dit qu'il lui envoie les décrets touchant la foi, qu'il lui avait demandés, et qu'il est lui-même dans une continuelle attente de souffrir comme les autres de la part de ces barbares. On ne sait de quels décrets il veut parler. Si c'étaient ceux du concile de Brague, comment Samérius, qui en était archidiacre, ne les avait-il pas? et comment Arisbert les lui envoyait-il, puisqu'il ne savait où il était caché? Voici ce qu'ils contiennent de plus remarquable.

Pancratien (métropolitain de Brague) dit : Je crois en Dieu, un, véritable, éternel, non engendré, qui ne procède de personne, créateur du ciel et de la terre, et de tout ce qu'ils contiennent, et en un Verbe engendré du Père avant les temps, Dieu de Dieu véritable, de la même substance que le Père, sans lequel rien n'a été fait, et par qui toutes choses ont été créées; et au Saint-Esprit qui procède du Père et du Verbe, un en divinité avec eux, qui a parlé par la bouche des prophètes, qui s'est reposé sur les apôtres, et qui a rempli Marie, mère du Christ. Je crois que dans cette trinité il n'y a ni plus grand ni plus petit, ni antérieur ni postérieur, mais une seule divinité en trois personnes égales. Je condamne, excommunie et anathématise ous ceux qui pensent le contraire. Je crois que les dieux des nations sont des démons; que notre Dieu est un en trois personnes, et un en essence; qu'il a créé de terre Adam, notre père, et tiré Eve de son côté; qu'il a détruit le monde par les eaux, donné la loi à Moïse, et que dans les derniers temps il nous a visités par son Fils, qui est né de la race de David selon la chair. A chaque article les évêques répondaient : Nous croyons ainsi. Après cette profession de foi, Pancratien demanda ce que l'on ferait des reliques des saints. Elipand de Coïmbre dit : Nous ne pourrons tous les sauver de la même manière; que chacun les cache décemment, et nous envoie la relation des lieux et des cavernes où on les aura mises, de peur qu'on ne les oublie avec le temps. Tous les évêques approuvèrent cet avis, La seule relique dont Pancratien fasse une mention particulière est celle de Pierre de Rates, qu'il dit avoir été envoyée en Galice par saint Jacques, parent du Seigneur, pour y prêcher l'Evangile. D'autres attribuent la conversion de l'Espagne à saint Jacques, frère de saint Jean; en quoi ils ne sont pas mieux fondés, puisque cet apôtre fut mis à mort par Hérode Agrippa en 44, et que saint Paul, dont l'emploi était de porter l'Evangile où il n'avait pas encore été prêché, se proposait (*Rom.* XV, 20, 22) en 58 de le porter en Espagne. *Hist. des aut. sacrés*, XII.

BRAGUE (Concile dit 1er de), l'an 561 selon D'Aguirre, ou 563 selon Baronius, ou 560 selon Carranza et le P. Pagi. L'an 563, dit le P. Richard, dans la troisième année du règne d'Ariamir, Lucrétius, archevêque de Brague, assisté de sept autres évêques, tint un concile dans cette ville, où, en présence de tout le clergé, après avoir proposé les motifs de la convocation du concile, qui étaient de maintenir les décrets de la foi catholique contre les restes des priscillianistes, et de réformer les abus qui pouvaient s'être glissés dans le ministère clérical, ou dans le service de Dieu, il fit lire la lettre de saint Léon à Turibius et aux évêques de Galice, et celle du concile de Galice à Baleonius contre les priscillianistes; puis les canons de discipline des conciles tant généraux que particuliers, auxquels on en ajouta vingt-deux autres.

C. 1. Si quelqu'un, au lieu de confesser avec l'Eglise catholique trois personnes consubstantielles, prétend avec Sabellius et Priscillien qu'il n'y a qu'une personne en Dieu, en sorte que le Père soit le Fils, et que le Fils soit la même personne que le Saint-Esprit; qu'il soit anathème.

C. 2. Si quelqu'un introduit des noms de divinité autres que la Trinité, en disant que la divinité elle-même est Trinité, comme l'ont prétendu les gnostiques et Priscillien; qu'il soit anathème.

C. 3. Si quelqu'un soutient, à l'exemple de Photin et de Paul de Samosate, que le Fils de Dieu Notre-Seigneur n'était pas avant de venir au monde de la sainte Vierge; qu'il soit anathème.

C. 4. Si quelqu'un n'honore qu'hypocritement la naissance du Christ selon la chair, en jeûnant ce jour-là, aussi bien que le dimanche, comme s'il était faux que le Christ a pris notre nature, comme l'ont nié Cerdon, Marcion, Manichée et Priscillien; qu'il soit anathème.

C. 5. Si quelqu'un dit que les âmes humaines et les esprits célestes sont des émanations de la substance divine, comme l'ont prétendu Manichée et Priscillien; qu'il soit anathème.

C. 6. Si quelqu'un prétend, avec Priscillien, que les âmes humaines ont péché dans le ciel, et que c'est pour cela qu'elles ont été envoyées dans nos corps; qu'il soit anathème.

C. 7. Si quelqu'un nie que le diable ait été créé bon, et que sa nature soit l'ouvrage de Dieu, et qu'il aime mieux soutenir, avec Manichée et Priscillien, que cet esprit mauvais est sorti des ténèbres, sans auteur de son existence, sans autre principe que lui-même; qu'il soit anathème.

C. 8. Si quelqu'un prétend, comme Priscillien, que le diable a fait certaines créatures immondes, et qu'il crée par sa propre vertu les tonnerres, les foudres, les tempêtes et les sécheresses ; qu'il soit anathème.

C. 9. Si quelqu'un croit, avec les païens et Priscillien, que l'âme et le corps de l'homme sont fatalement assujettis au cours des astres; qu'il soit anathème.

C. 10. Si quelqu'un prétend, avec Priscillien, que les douze constellations s'émanent dans l'âme et le corps de chaque homme et qu'elles représentent les patriarches; qu'il soit anathème.

C. 11. Si quelqu'un, suivant l'exemple de Manichée et de Priscillien, condamne le mariage, et a horreur de la génération des enfants; qu'il soit anathème.

C. 12. Si quelqu'un dit, avec Manichée et Priscillien, que nos corps sont l'ouvrage du diable, que c'est lui qui les a formés dans le sein de nos mères, et que par conséquent il n'y aura point de résurrection de la chair; qu'il soit anathème.

C. 13. Si quelqu'un, au lieu de rapporter à Dieu la création de la chair, l'attribue aux mauvais anges, avec Manichée et Priscillien; qu'il soit anathème.

C. 14. Si quelqu'un, partageant la doctrine de Manichée et de Priscillien, regarde comme impures les viandes que Dieu a créées pour notre nourriture, et qu'ainsi il n'ose goûter des légumes même cuits avec de la viande; qu'il soit anathème.

C. 15. Si quelque clerc ou quelque moine, suivant les erremens de Priscillien et de sa secte, se permet de cohabiter avec des femmes autres que sa mère, ou sa sœur, ou ses plus proches parentes; qu'il soit anathème.

C. 16. Si quelqu'un, à l'exemple des priscillianistes, prétend célébrer la fête de la dernière cène par des messes des morts dites dès l'heure de tierce, et sans être à jeun, au lieu de messes dites à jeun et seulement après None; qu'il soit anathème.

C. 17. Si quelqu'un lit les Ecritures corrompues par Priscillien, ou les traités que composa Dictinius avant sa conversion, sous les noms des patriarches, des prophètes et des apôtres, en y mêlant ses erreurs; qu'il soit anathème.

Ce sont là les canons portés par le concile de Brague contre les priscillianistes. Viennent ensuite les canons relatifs à la discipline du clergé.

C. 18, ou 1er de discipline. L'on observera partout le même ordre dans la psalmodie, soit pour les offices du matin, soit pour ceux du soir, sans y mêler les coutumes des monastères.

C. 19. Aux vigiles des jours solennels, et aux messes, on récitera les mêmes leçons dans l'église.

C. 20. Les évêques, de même que les prêtres, salueront le peuple en disant : *Que le Seigneur soit avec vous;* à quoi le peuple répondra : *Et avec votre esprit,* selon la pratique de tout l'Orient, fondée sur la tradition apostolique, et non pas à la manière des priscillianistes.

Il y a deux remarques à faire sur ce canon. La première est que les priscillianistes ne se contentaient pas de saluer le peuple une fois seulement par ces paroles : « La paix soit avec vous, » dans la célébration de la messe, mais encore dans tous les autres endroits où l'on dit : « Le Seigneur soit avec vous. » La seconde est qu'il y a une faute dans ce canon, et qu'au lieu de lire de *l'Orient*, il faut lire de *l'Occident*; la raison en est qu'en Orient on ne dit point à la messe : « Que le Seigneur soit avec vous, » mais que les évêques et les prêtres disent tous : *Pax omnibus* : « Que la paix soit avec tout le monde, » comme on peut le voir dans les liturgies de saint Basile, et de saint Chrysostome, et dans saint Cyrille d'Alexandrie, *lib.* XII *in Joan.*

C. 21 et 22. On suivra, dans l'administration du baptême et dans la célébration de la messe, la forme établie par Profuturus, évêque de Brague, et approuvée par le saint-siége.

C. 23. En conservant dans les assemblées le premier rang au métropolitain, les autres évêques se placeront selon le temps de leur ordination.

C. 24. On fera trois portions égales des biens de l'église, l'une pour l'évêque, l'autre pour les clercs, la troisième pour les réparations ou pour les luminaires de l'église.

C. 25. Il ne sera pas permis aux évêques d'ordonner les clercs d'un autre évêque, sans sa permission par écrit.

C. 26. Les diacres porteront leur étole sur l'épaule, et ne la cacheront plus sous la tunique, afin qu'ils soient distingués des sous-diacres.

C. 27. Aucun des lecteurs ne pourra porter les vases sacrés, si l'évêque ne l'a ordonné sous-diacre.

C. 28. Les lecteurs ne porteront point d'habit séculier, en chantant dans l'église, ni de longs cheveux, comme les gentils.

On voit par ce canon que les clercs portaient dès lors dans l'église des habits différents de ceux qu'ils portaient hors de l'église, et dans le commerce ordinaire de la vie. On a traduit le mot latin *granos*, qui est dans le texte, par de longs cheveux que l'on appelait en latin *grani*, dit Ducange, parce qu'on les coupait en rond chez les Goths, et que par là ils imitaient en quelque sorte la forme des grains. D'autres croient néanmoins que par le terme de *granos* il faut entendre la partie de la barbe qui est au-dessous des narines. *Barbam non decurtent, nec rasorio granones, seu granos radunt,* disent les anciens statuts des chartreux, en parlant des frères convers.

C. 29. On ne chantera dans l'église aucune poésie, hors les psaumes et les Ecritures saintes de l'Ancien et du Nouveau Testament, comme l'ordonnent les saints canons.

C. 30. Les laïques, soit hommes, soit femmes, n'entreront point dans le sanctuaire pour communier, cela n'étant permis, selon les canons, qu'aux seuls clercs.

Le sanctuaire des églises était autrefois caché par un voile qui en défendait l'entrée aux laïques; et l'on avait tant de respect pour l'église tout entière, qu'on n'osait y cracher.

C. 31. Les clercs qui ne mangent point de viande mangeront au moins des herbes cuites avec la viande, pour éviter tout soupçon d'être priscillianistes.

C. 32. Celui qui communiquera avec un excommunié pour crime ou pour hérésie, encourra lui-même l'excommunication, comme le portent les anciens canons.

C. 33. On ne donnera point la sépulture ecclésiastique, c'est-à-dire celle qui se fait au chant des psaumes, à ceux qui se seront tués eux-mêmes, soit en s'empoisonnant, soit en se précipitant, soit en se pendant, ou de quelqu'autre manière, ni à ceux qui auront été punis de mort pour leurs crimes. On ne fera pas non plus mémoire d'eux dans l'oblation.

C. 34. On observera la même chose à l'égard des catéchumènes morts sans baptême, l'usage contraire ne s'étant introduit que par l'ignorance des canons.

Ce canon, qui défend de prier à la messe pour les catéchumènes morts sans baptême, n'est pas sans difficulté, quoique saint Jean Chrysostome et saint Augustin semblent le favoriser. Saint Jean Chrysostome, dans sa troisième homélie sur l'Epître aux Philippiens, après avoir dit que le sacrifice de la messe profite aux défunts, ajoute : *Atque id* quidem de his qui in fide discesserunt; catechumeni vero neque hac dignantur consolatione, sed omni auxilio sunt destituti. Saint Augustin parle en ces termes, au chapitre 2 du premier livre de l'Ame et de son origine : *Nulla ratione conceditur, ut pro non baptizatis cujuslibet œtatis hominibus offeratur sacrificium corporis et sanguinis Christi.* Mais on oppose à ces deux autorités celle du pape InnocentIII, qui dit le contraire, cap. *Apostolicam, de Presbyt. non baptiz.*, et cap. *Debitum, de Baptismo,* et celle de saint Ambroise, qui, dans l'oraison funèbre de l'empereur Valentinien, mort catéchumène, parle ainsi de ce prince et de Gratien, *Omnibus vos oblationibus frequentabo. Quis prohibebit innoxios nominare? Quis vetabit commendationis prosecutione complecti?*

C. 35. On n'enterrera personne dans les églises, mais au dehors et autour des murs; car, si les villes ont le privilège qu'on ne puisse enterrer les morts dans l'enceinte de leurs murailles, à plus forte raison doit-on observer la même chose dans les églises, à cause du respect qui est dû aux corps des saints martyrs qui y sont renfermés.

C'est de cet usage d'enterrer les morts autour des murs des églises, qu'est venu celui de bâtir des chapelles autour des églises, et qui a commencé au sixième siècle. Les anciennes églises n'avaient point de chapelles, comme on le voit encore aujourd'hui par celles de Saint-Paul, de Saint-Jean de Latran, et de Saint-Laurent, à Rome, qui sont fort anciennes, et qui n'ont point de chapelles. On commença donc à enterrer les morts autour des murs des églises, sous des voûtes qui étaient en dehors, et dont insensiblement on fit des chapelles, telles que nous les voyons aujourd'hui dans nos églises d'Occident; car celles d'Orient n'en ont point encore. Quant à ce que le canon ajoute qu'il n'était pas permis d'enterrer les morts dans l'enceinte des murailles des villes, c'était une loi des douze tables, conçue en ces termes : *In Urbe ne sepelito neque urito.* Onuphre, *lib. de Ritu sepeliendi,* rapporte néanmoins plusieurs exemples qui prouvent qu'on enterrait autrefois dans les églises; mais ce n'était qu'en vertu de priviléges accordés aux fondateurs, que l'on permettait d'enterrer dans la nef, et non dans le sanctuaire, ni dans le chœur, place réservée aux prêtres et aux martyrs.

C. 36. Défense aux prêtres de bénir le chrême des églises, et de consacrer des autels, sous peine d'être déposés de leur office.

C. 37. Défense d'élever personne au sacerdoce, qu'il n'ait fait, pendant un an, l'office de lecteur, et passé par les degrés de sous-diacre et de diacre, conformément aux anciens canons; n'étant point permis d'enseigner avant d'avoir appris.

C. 38. Ce que les fidèles offrent pour les morts, ou pour quelque autre dévotion, sera mis à part par un des clercs, et ensuite partagé entre tout le clergé, une fois ou deux l'année, pour éviter les murmures qui naîtraient de l'inégalité des distributions, dans le cas où on donnerait à chacun ce qui aurait été offert dans sa semaine.

C. 39. Défense de violer les canons qui ont été faits, ou qui ont été lus dans ce concile, sous peine de dégradation. *Conc. Hisp. t. II.*

BRAGUE (Concile de), l'an 572. Le premier jour des calendes de juin, dans la deuxième année du règne de Miron, saint Martin de Dume, devenu archevêque de Brague, tint un concile des deux provinces de Galice, c'est-à-dire de Brague et de Lugo. On le compte pour le second de Brague, quoique, outre celui de l'an 411, que plusieurs croient, il est vrai, supposé, il y ait celui de l'an 563, qui passe pour le second dans la collection de Labbe, et plusieurs autres sans aucun doute, mais dont il ne nous reste pas de monuments certains. Le concile dont nous nous occupons ici est le premier à l'inscription duquel on ait employé la formule *Regnante Christo*, quoiqu'elle fût depuis longtemps usitée dans d'autres actes. Le saint-siège était alors vacant par la mort du pape Jean III, si l'on ajoute foi à la suite de l'inscription de ce concile. Mais il faut qu'il y ait faute ou dans cette inscription ou dans le jour de la tenue de cette assemblée, puisque, selon le Pontifical, le pape Jean ne fut enterré que le 13 juillet de cette année 572. Le concile était composé de l'archevêque, qui y présida, et de douze évêques, six de chaque province. On lut d'abord les actes du concile précédent, où saint Martin avait assisté, puis le passage de la 1re Epître de saint Pierre, où cet apôtre marque les devoirs des pasteurs; et, après que tous les évêques présents eurent promis d'obéir, avec la grâce de Dieu, à ces divins préceptes, on fit dix canons nouveaux pour le maintien de la discipline.

Le 1er porte que les évêques, dans les visites qu'ils feront des églises, examineront les clercs et instruiront les peuples.

Le 2e, que l'évêque, dans sa visite, ne prendra pour son droit honoraire, nommé cathédratique, que deux sols d'or, et qu'il n'exigera point la troisième partie des offrandes, qui doit être employée pour le luminaire et les réparations; qu'il ne pourra exiger aucune œuvre servile des clercs des paroisses.

Le 3e enjoint aux évêques de faire gratuitement les ordinations, et de n'ordonner les clercs qu'après un sérieux examen, et sur le témoignage de plusieurs.

Le 4e défend aux évêques de prendre à l'avenir le tiers du sou, que l'on avait exigé jusqu'alors pour le saint chrême, sous prétexte du peu de baume qui y entrait, de peur qu'ils ne paraissent vendre les dons du Saint-Esprit.

Le 5e leur défend aussi d'exiger quoi que ce soit des fondateurs pour la consécration des églises : ils doivent seulement prendre garde à ce qu'elles soient dotées suffisamment, et en vertu de quelque acte passé par écrit; parce qu'il y aurait de l'imprudence à consacrer une église sans revenus, soit pour les desservants, soit pour le luminaire.

Le 6° dit que si quelqu'un prétend fonder une église à la charge de partager les oblations avec les clercs, aucun évêque ne la consacrera, comme étant fondée plutôt par intérêt que par dévotion : cet abus avait lieu dans quelques endroits.

Le 7° défend aux prêtres de rien exiger pour le baptême, et leur permet seulement de prendre ce qui leur sera offert volontairement.

Ce canon fut dressé pour remédier à un abus qui régnait dès lors parmi les prêtres, et dont la suite était quelquefois la perte éternelle des enfants qui mouraient sans être baptisés. Il arrivait trop souvent que des prêtres mercenaires différaient de baptiser les enfants des pauvres qui n'avaient rien à leur donner, ou même qu'ils refusaient absolument le baptême à ces sortes d'enfants.

Le 8° excommunie celui qui ne pourra prouver, par deux ou trois témoins, l'accusation qu'il aura faite envers un clerc d'être tombé dans la fornication.

Le 9° charge le métropolitain de dénoncer aux évêques le jour de la pâque, à la fin du concile; et chaque évêque, de l'annoncer au peuple le jour de Noël après l'évangile, afin que personne n'ignore le commencement du carême. Les trois premiers jours, les églises voisines s'assemblaient et faisaient des processions ou prières publiques. Le troisième jour, on célébrait la messe à trois ou quatre heures après midi, à la fin de laquelle on avertissait le peuple d'observer le jeûne, et d'amener, au milieu du carême, les enfants qui devaient être baptisés, pour être auparavant purifiés par les exorcismes.

Le 10° canon condamne la pratique de certains prêtres infectés de l'hérésie des priscillianistes qui disaient des messes pour les morts après avoir déjeuné; et ordonne que, si quelque prêtre à l'avenir fait quelque chose de semblable, il sera privé de son office, et déposé par son propre évêque. A la suite de ces dix canons, on en a mis cinq autres tirés de divers conciles de Brague, par Garcias Loaisa : les quatre premiers se trouvent dans Burchard, et le cinquième, dans Ives de Chartres. On y ordonne d'amener les catéchumènes à l'église, vingt jours avant Pâques; d'excommunier ceux qui, étant avertis de s'abstenir de certaines superstitions païennes, continuent à les pratiquer; de dégrader le prêtre qui aura aliéné quelques meubles précieux dépendants de son titre; de mettre trois mois en pénitence ceux qui auront fait des danses devant les églises, masqué leur visage ou changé l'habit de leur sexe; d'obliger à restitution ceux qui, par négligence, ont détérioré les biens de l'église, ou occasionné leur perte. *Ibid.*

BRAGUE (Concile de), l'an 675. Ce concile fut assemblé la même année, et sous le même roi que le onzième de Tolède (*Voyez* ce mot). Les évêques, au nombre de huit, dont Léodecilius, surnommé Julien, est le premier, y firent neuf canons.

Le 1er commence par une profession de foi conforme au symbole de Nicée, avec l'addition de la procession du Saint-Esprit, tant du Père que du Fils. Les évêques y font observer ensuite qu'il s'était glissé un grand nombre d'abus dans la discipline ecclésiastique, savoir, que quelques-uns offraient du lait, d'autres des grappes de raisin au lieu de vin, et qu'il y en avait qui donnaient l'eucharistie au peuple après l'avoir trempée dans du vin, comme si cela était nécessaire pour l'intégrité de la communion; que quelques prêtres se servaient des vases sacrés pour boire et pour manger dans leurs repas ordinaires; que d'autres, sans égard à la coutume de l'Eglise, célébraient la messe sans étole; que quelques-uns, dans les solennités des martyrs, se mettant des reliques au cou, se faisaient porter en procession sur des chaises par des diacres revêtus d'aubes; que la plupart des évêques demeuraient avec des femmes, sans avoir de témoins de leur conduite; que quelques-uns d'entre eux traitaient des personnes honorables, et leurs propres frères, d'une manière indigne, en les faisant déchirer à coups de fouet; enfin, qu'ils exigeaient de l'argent pour leurs ordinations : ce sont tous ces abus que le concile proscrit dans les canons suivants.

Le 2° défend d'offrir au sacrifice du lait au lieu de vin, ou des grappes de raisin, ou de donner l'eucharistie trempée dans du vin; ce qui est contre l'institution, où Notre-Seigneur a donné séparément le pain et le vin. On n'offrira donc autre chose au saint sacrifice que du pain et du vin mêlé d'eau, suivant la décision des anciens conciles.

Le 3° défend de boire ou de manger, aux repas ordinaires, dans les vases sacrés, et d'employer à des usages profanes, de vendre ou de donner les voiles et les ornements de l'église; le tout sous peine d'excommunication, si c'est un laïque qui contrevient à ce règlement, et de déposition, si c'est un clerc ou un religieux.

L'Eglise avait déjà, dans ce temps-là, des vases d'or et d'argent, que les prêtres ne rougissaient point de faire servir dans leurs repas ordinaires : il fallait même que ces vases destinés au service divin, fussent beaucoup plus grands que ceux d'aujourd'hui; puisque les prêtres, dont on condamne ici la conduite, se servaient des patènes en guise de plats. Il fallait aussi que ces patènes fussent de la même forme que les plats ordinaires, puisque autrement ceux en qui il serait resté le moindre sentiment de religion et de foi auraient eu horreur de toucher à des vases sur lesquels auraient reposé le corps et le sang adorables de Jésus-Christ.

Le 4° défend aux prêtres de célébrer la messe sans avoir l'étole sur les deux épaules, et croisée sur la poitrine en la manière qu'ils l'ont portée au jour de leur ordination, afin de porter sur leur poitrine le signe de la croix.

Le 5° défend aux ecclésiastiques, de quel

que rang qu'ils soient, de demeurer avec des femmes, sans témoins de leur probité, si ce n'est avec leur mère seule.

Le 6e ordonne que les diacres seront chargés de porter sur leurs épaules les reliques des martyrs enfermées dans une châsse; et que si l'évêque veut les porter lui-même, il marchera de son pied avec le peuple, sans se faire porter par les diacres.

C'est ainsi que l'on a coutume de traduire ce canon : il paraît néanmoins que, par les reliques dont il parle, il faut entendre, non les ossements des martyrs, mais le corps même de Jésus-Christ, qui est souvent appelé *relique sacrée*, dans l'Eucologe des Grecs et ailleurs. On n'aura point de peine d'adopter ce sentiment, pour peu que l'on réfléchisse à l'usage ancien de célébrer le sacrifice de la messe, et à la teneur du canon même dont il s'agit ici. On mettait anciennement deux particules du corps de Jésus-Christ dans le calice, en récitant ces paroles de la messe, *hæc commixtio*, etc. L'une qui était restée du sacrifice précédent, l'autre qui était du sacrifice du jour, et que l'on mettait avec la précédente, dans le calice, pour faire entendre que ces deux particules jointes ensemble, ne formaient qu'un seul et même sacrifice.

L'évêque célébrant allait prendre la première particule à une chapelle de l'église ou de la maison épiscopale dans laquelle on la conservait, et la portait dans une boîte ou dans un ciboire à l'autel, les jours de dimanches et de fêtes; et, comme les abus se glissent partout, il y eut des évêques qui se firent porter par les diacres, en portant eux-mêmes cette particule de l'hostie dans une boîte attaché au cou, *appensis collo reliquiis*, comme il est dit dans le titre du canon. Or il paraît, par la teneur de ce canon, qu'il faut l'entendre des particules de l'hostie consacrée ou du corps même de Jésus-Christ, et non des ossements des martyrs; car, 1° ce canon débute ainsi : *Bona quidem res est, divina sacerdotibus contrectare mysteria*. Il parle donc des divins mystères, et non des reliques des martyrs, qu'on ne peut appeler *divins mystères* ; 2° ce canon ne dit jamais *reliquias martyrum*, mais simplement *reliquias*; 3° il appelle *arca Dei*, le vaisseau dans lequel on porte ces reliques, ce qui ne peut s'entendre que du ciboire qui renferme le corps de Jésus-Christ; 4° il ajoute que si l'évêque veut porter lui-même les *saintes reliques de Dieu*, il les portera en suivant le peuple à pied : *Quod si etiam episcopus reliquias per se deportare elegerit, non ipse a diaconibus in sellulis vectabitur; sed potius pedisequa eo una cum populis progressione procedente, ad conventicula sanctarum ecclesiarum sanctæ Dei reliquiæ per eumdem episcopum portabuntur*. Est-il vraisemblable qu'un évêque eût pu et voulu porter lui seul des reliques de saints, enfermées dans des châsses souvent fort pesantes?

Le 7e défend aux évêques de faire frapper indiscrètement à coups de fouet les prêtres, les abbés et les diacres, sous peine d'excommunication et d'exil; ces sortes de châtiments ne devant avoir lieu que pour des fautes mortelles.

Le 8e défend la simonie sous peine de déposition, tant à l'égard de celui qui a donné les ordres, que de celui qui les a reçus, ainsi qu'il a été ordonné par le second canon de Chalcédoine.

Le 9e fait défense aux évêques d'avoir plus de soin de leur propre patrimoine que de celui de l'Eglise; et, s'il arrive qu'ils augmentent leurs propres revenus, soit aux dépens de ceux de l'Eglise, soit en les négligeant, ils seront obligés de l'indemniser à leurs frais. *Reg. t.* XV; *Labb. t.* VI; *Hard. t.* III; *D'Aguirre, Conc. Hisp. t.* II.

BRAGUE (Concile provincial de), l'an 1565. Le cardinal d'Aguirre fait mention de ce concile (*Collect. max. Conc. Hisp.*, t. IV, p. 121), sur la foi de Sponde (an. 1565, n. 22); mais il ne put, malgré toutes ses recherches, parvenir à s'en procurer les actes. Nous n'avons pas dû aspirer à être plus heureux que le savant cardinal.

BRAINE (Concile de), *Brennacense*. *Voy.* BERNI.

BRANDEBOURG (Concile de), l'an 1001. *Voy.* POLDEN.

BRANDEBOURG (Concile de), l'an 1005. *Voy.* ARNEBORG.

BRANDEBOURG (Synode de), *Brandenburgensis*, l'an 1380. On y fit 28 statuts. *Postdamii quinta essentia, n.* 87; *Bibliot. Brandenb. Kürsters*, p. 3.

BRANDEBOURG (Synode de), l'an 1512, tenu par l'évêque Jérôme Schultet, sous l'épiscopat duquel Luther commença à dogmatiser. *Lenz. Hist. diplom. Brandeburg*.

BRANDORFORD (Concile de), en Angleterre, *Brandorfordiense*, l'an 964. Dans ce concile, le roi Edgar révoqua plusieurs actes de son frère Edwin contraires à la liberté de l'Eglise, rendit aux églises et aux monastères les biens qui leur avaient été enlevés, et rappela de l'exil saint Dunstan, qui depuis fut élevé à l'archevêché de Cantorbéry. *Schram*.

BRÊME (Concile de), l'an 1266. Gui, légat du saint-siège, tint ce concile, où il fit plusieurs sages règlements pour remédier aux désordres les plus communs de l'époque, tels que les usurpations de biens ecclésiastiques, les violences et les meurtres, et les mariages contractés dans les degrés prohibés. *Conc. Germ.* X.

BRÊME (Synode de), l'an 1284. Giselbert, archevêque de Brême, y confirma les biens et les priviléges de l'Eglise de Sainte-Marie du faubourg de Stadt. *Conc. Germ.* X.

BRÊME (Concile de), l'an 1292. Giselbert, archevêque de Brême, assisté de trois évêques, tint ce concile, le 17 mars, contre ceux qui mettent la main sur les évêques ou sur les chanoines. Il y porta de plus la défense, pour tous les membres du clergé, de recevoir chez eux les clercs vagabonds, et surtout les clercs engagés dans les ordres sacrés qui laisseraient l'habit clérical pour porter le costume laïque.

BRÊME (Synode général de), tenu l'an 1328 par l'archevêque Burchard, qui y prescrivit la résidence aux clercs bénéficiers, sous peine d'excommunication. *Conc. Germ. t. IV.*

BRÊME (Synode de), vers l'an 1350, sous l'archevêque Godefroi, qui y publia dix règlements. Par les trois premiers, les paroisses sont tenues de fournir à leurs curés des logements convenables. Par le 4°, le curé est investi du droit de déposer le sonneur de son église, et de le remplacer par un autre, s'il le juge à propos. Les six derniers règlements déterminent les obligations des jurés des églises, c'est-à-dire des marguilliers, qu'on appelait ainsi à cette époque, et les droits des curés par rapport aux oblations qui se faisaient. *Lambecius l. III Rerum Hamburg.*

BRENNACENSE (Concilium); Voyez BERNI.

BRESCIA (Synode diocésain de), le 4 novembre 1574. L'évêque Dominique Bollani y publia des statuts, qui ont pour objet les devoirs de la résidence, du soin des âmes, de la pratique des bonnes œuvres, de la prédication et de l'instruction chrétienne, l'entretien des églises et en particulier de l'église cathédrale, la bonne administration des sacrements, le désintéressement avec lequel doivent se faire les sépultures, les formes à observer au tribunal de l'évêque, les vicaires forains, enfin les religieux de l'un et de l'autre sexe. *Constitutiones Bollani.*

BRESCIA (Synodes de), vers l'an 1614. Marin Georges, successeur de Bollani, publia en cette année un corps de constitutions, présentant l'ensemble des règlements qu'il renouvela ou qu'il fit lui-même dans les synodes tenus par lui jusqu'à cette époque. *Constitutiones ad usum Cl Brix.*

BRESLAU (Concile de), *Wratislaviense,* l'an 1248. Jacques de Liége, archidiacre et légat, tint ce concile. On y accorda au pape le cinquième des revenus du clergé de Pologne pour trois ans. On y permit de plus aux Polonais l'usage de la viande jusqu'au mercredi de la Quinquagésime. Ils s'en abstenaient depuis le dimanche de la Septuagésime avant cette dispense. *Labb.* XI; *Hard.* VIII; *l'Art de vérifier les dates,* p. 22.

BRESLAU (Concile de), l'an 1267. Le cardinal Gui tint ce concile le jour de la Purification de la sainte Vierge, pour procurer des secours à la Terre-Sainte. *Hard. t. VIII.*

BRESLAU (Synode de), l'an 1290, le 31 août. L'évêque Thomas y détermina les cas de conscience qui lui étaient réservés. *Lunig. Contin. II Spicil. eccl.*

BRESLAU (Synode de), même année. L'évêque y lança une excommunication contre des brigands qui l'avaient attaqué dans une de ses tournées, blessé jusqu'au sang, et dépouillé, lui et sa suite. *Ibid.*

BRESLAU (Synode de), l'an 1305, sous l'évêque Henri. Ce prélat y dressa six statuts, dirigés principalement contre ceux qui demeuraient dans l'excommunication pendant plus d'une année, sans se mettre en peine de s'en faire relever. *Conc. Germ. t. IV.*

BRESLAU (Synode de), l'an 1331, sous l'évêque Nanker. Ce prélat y prescrivit la résidence, et défendit la pluralité des bénéfices. *Lunig. Contin. II Spicil. eccl.*

BRESLAU (Autre synode de), même année. Le même évêque fit un statut contre ceux qui frappaient les clercs ou les molestaient dans l'exécution de jugements ecclésiastiques; un autre contre ceux qui profanaient les dimanches et les fêtes, au lieu de les célébrer, comme il le dit, d'un soir à l'autre; un dernier enfin contre ceux qui violaient quelque interdit. *Ibid.*

BRESLAU (Synode de), l'an 1416, par l'évêque Wenceslas, qui y publia vingt articles de règlements; il y défend aux clercs le concubinage, l'entrée des cabarets, l'exposition arbitraire ou trop fréquente de l'eucharistie, les pratiques simoniaques dans l'administration des sacrements; il veut que toutes les églises de son diocèse se conforment pour le chant des offices aux usages de son église cathédrale; que les mariages soient toujours précédés de la publication des bans, qu'un ravisseur ne puisse épouser la personne qu'il a ravie, s'il ne l'a auparavant remise en liberté; que les immunités des églises soient respectées; que le clergé soit inspecté par l'archidiacre; enfin, il promet 40 jours d'indulgences aux personnes qui accompagneront le saint sacrement, lorsqu'on le portera aux malades. *Conc. Germ. t. IV.*

BRESLAU (Synode de), l'an 1446. L'évêque Conrad y publia de nombreux statuts, où il prescrit aux clercs la tonsure et la modestie dans les habillements; la fuite des cabarets, des jeux, l'éloignement des personnes suspectes, surtout de sexe différent; il leur défend la chirurgie, les jugements en matière criminelle, le port des armes, les pratiques simoniaques; il leur rappelle les cas qui lui sont réservés, ceux qui sont réservés au pape, et leur met sous les yeux une liste détaillée des principaux canons pénitentiaux. *Ibid.*

BRESLAU (Synode de), l'an 1473, sous l'évêque Rodolphe. Il y renouvela les statuts de ses prédécesseurs, et traça les règles à observer dans la célébration des synodes. *Ibid.*

BRESLAU (Synode de), l'an 1475. Le même évêque y fit divers règlements pour le maintien de la discipline ecclésiastique. *Ibid.*

BRESLAU (Synode de), l'an 1496, sous l'évêque Jean de Roth; il y reçut les plaintes de quelques-uns de son clergé, et porta remède à quelques abus. *Ibid.*

BRESLAU (Synode de), l'an 1497. Le même prélat y prescrivit à son clergé l'uniformité de cérémonies dans la célébration de l'office divin, l'observation des fêtes des apôtres saint Pierre et saint Paul, et le respect des censures ecclésiastiques. *Ibid.*

BRESLAU (Synode de), l'an 1509. L'évêque Jean Thurzo y recommanda à son clergé la lecture des statuts de la province et du diocèse. *Conc. Germ. t. V.*

BRESLAU (Synode de), l'an 1580, sous l'évêque Martin Gertsmann. Ce prélat recommanda dans ce synode l'observation des décrets du concile de Trente et de ceux du dernier concile provincial de Pétricovie. Il y publia en outre de nouveaux statuts pour le maintien de la discipline. *Conc. Germ. t.* VII.

BRESLAU (Synode de), l'an 1592. André Jerin, évêque de Breslau, publia dans ce synode de nombreux statuts pour la conservation de la foi, la décence du culte divin, l'entretien des églises et des autels, la bonne administration des sacrements, la conformité des cérémonies de chaque église avec la métropole. Il défendit de chanter dans les églises avant et après le sermon, d'autres cantiques que ceux qu'il aurait approuvés, et prescrivit à tout son clergé séculier l'usage du bréviaire romain. *Conc. Germ. t.* VIII.

BRETAGNE (Concile de la Grande-), l'an 446 ou 449. *V.* VERLAM-CASTER, mêmes années.

BRETAGNE (Synode de), l'an 512. *Voyez* LANDAFF.

BRETAGNE (Concile de), l'an 519. Ce concile, composé de tous les évêques de la partie de la Bretagne soumise au roi Arthur, fut présidé par saint David, et eut pour objet d'extirper les derniers restes de l'hérésie pélagienne. *Labb.* IV.

BRETAGNE (Concile de la Grande-), l'an 692. Ce concile fut composé de presque tous les évêques d'Angleterre, et convoqué par le roi Ina, pour réunir les Bretons avec les Saxons, qui, quoique chrétiens les uns et les autres, ne laissaient pas de différer en plusieurs usages, comme sur la pâque, etc. *Bède, Pagi.*

BRETAGNE (Concile de la Petite-), environ l'an 555. On ne connaît ce concile que par saint Grégoire de Tours, qui dit que Maclou, évêque de Vannes, y fut excommunié. *Grég. de Tours, l.* IV, *c.* 4.

BRETAGNE (Concile de), l'an 848. Noménoi ou Noménoé, duc de Bretagne, fit assembler ce concile, sur ce que les évêques de ce duché n'ordonnaient sans exiger de l'argent, ni prêtres, ni diacres. On envoya 2 évêques à Rome pour consulter Léon IV. *Voy.* REDON.

BRETAGNE (Concile de), l'an 1079. Le légat Amé, évêque d'Oléron, tint ce concile. On s'y opposa à l'abus qui régnait en basse Bretagne, d'absoudre les pécheurs publics qui persévéraient dans leurs crimes.

BREVI (Concile de), dans le pays de Galles, l'an 519. Ce concile fut assemblé contre les pélagiens et composé des évêques, des abbés et d'un grand nombre de moines du pays. Le concile voyant qu'il n'avançait pas dans l'extinction du pélagianisme, à cause de l'entêtement de ceux qui en étaient infectés, fit une députation à saint David, qui jouissait d'une grande réputation de science et de sainteté. S'étant rendu à l'assemblée, il y parla avec tant de lumière, de force et de succès, que tous les pélagiens qui l'entendirent abjurèrent l'erreur sur-le-champ, et qu'il fut unanimement proclamé évêque et métropolitain de tout le pays de Galles : d'où vient que les successeurs de saint David dans le siège de la ville épiscopale du même nom, ont disputé longtemps la dignité de métropolitain à l'archevêque de Cantorbéry. *Anglic. tom.* I.

BRIEUC (Synode de Saint-), l'an 1233. *Voy.* NORMANDIE.

BRIEUC (Synode de Saint-), l'an 1722. Nous trouvons ce synode cité dans les statuts de Saint-Brieuc, imprimés par l'ordre de Pierre Guillaume de la Vieuxville, évêque de Saint-Brieuc. *Stat. du dioc. de S. Brieuc, Rennes,* 1723.

BRINDES (Synodes de), tenus sous Jean de Saint-Etienne. Le premier et le second de ces synodes n'ont point de dates. On y traita, en cinq sessions, de la foi et des moyens de la conserver, des sacrements, du culte divin, des vicaires généraux et forains, des titulaires de chapitre, des vertus des clercs, et des vices à extirper parmi le peuple.

Le 3e synode s'assembla le 10 septembre 1615. On y traita de la vigilance pastorale, des examinateurs synodaux, et on rappela à ce dernier sujet le c. 18 de la 24e session du concile de Trente, *de Reformatione*.

Le 4e synode se fit le 3e dimanche d'octobre 1615, et eut quatre sessions. On s'y occupa de l'office divin et du chant ecclésiastique, et on donna les règles à suivre dans la sépulture des enfants.

Le 5e synode eut lieu le 9 avril 1617. Il y fut question de l'ornementation des autels, de la tenue du chœur, etc.

Le 6e synode se tint le dimanche *in albis* 1618. On y dressa une formule d'attrition à proposer aux fidèles pour recevoir le pardon de leurs péchés dans le sacrement de pénitence.

Le 7e fut célébré le 8 septembre 1619, et occupa cinq séances. On y fit défense de jeûner le dimanche, on y recommanda l'extirpation des diverses espèces de magie, et le fréquent usage du signe de la croix.

Le 8e eut lieu le 2 mai 1621. L'évêque y publia des statuts pour les clercs qui se préparent à recevoir les ordres, sur la liturgie, les biens ecclésiastiques, les maisons de religieuses.

Le 9e se tint le 10 avril 1622. La résidence y fut de nouveau recommandée aux clercs. Défense de porter des gants au chœur ou à la sainte table. *Constit. Synod.*

BRIONNE (Concile de), *Briotnense*, l'an 1050. Ce concile de Brionne, en Normandie, eut pour objet la personne et les erreurs de Bérenger. Il y fut confondu et obligé de se rétracter, en embrassant, au moins en apparence, la foi catholique. Cette assemblée passe plutôt pour une conférence que pour un concile. *L.* IX; *Hard.* VI.

BRIOUDE (Concile de), *Brivatense*, en Auvergne, près de Clermont, l'an 1094; tenu par Hugues, archevêque de Lyon, vicaire du saint-siège, les archevêques d'Auch et de Narbonne, et plusieurs évêques et abbés. Ce concile et celui de Dol reconnurent les exemptions du monastère de Marmoutiers.

BRISTOL (Concile de), *Bristoliense*, l'an 1216. Le légat Galon tint ce concile le 11 novembre; il y excommunia le prince Louis, fils du roi Philippe Auguste, appelé en Angleterre pour régner à la place du roi Jean. Le pape Innocent III avait déjà excommunié le prince Louis avec ses fauteurs, sur la fin de juin ou au commencement de juillet de cette année 1216. *Anglic.* I.

BRIVATENSE (Concilium); *V.* BRIOUDE.

BRIXEN (Conciliabule de), l'an 1080. L'empereur Henri IV, se voyant excommunié et déposé par saint Grégoire VII, avait d'abord rassemblé dix-neuf évêques de son parti à Mayence. Mais ensuite, ne trouvant pas cette assemblée assez nombreuse, il parvint à réunir à Brixen trente évêques et beaucoup de seigneurs de ses Etats; ce prétendu concile prononça contre le pape une sentence de déposition, et nomma pour le remplacer Guibert, archevêque de Ravenne. Fier de ce premier succès, Henri marcha sur Rome, en chassa Grégoire et fit monter à sa place, sur le trône pontifical, l'antipape de sa création, qui prit le nom de Clément III.

BRIXEN (Synode diocésain de), tenu l'an 1603, par l'évêque Christophe-André de Spaur. Ce vertueux prélat y publia des statuts fort nombreux et fort étendus sur les obligations des ecclésiastiques et l'administration du diocèse et des paroisses. Il fit défense aux aubergistes, dans ces mêmes statuts, de servir aux voyageurs des mets défendus par les lois de l'Eglise; aux femmes, de se tenir à l'église auprès des autels; aux religieux et religieuses, d'enrichir leurs amis et leurs proches des biens de leurs monastères. Il donna des règles pour la tenue des chapitres ruraux, que présidaient les doyens, et qui représentaient assez exactement les conférences ecclésiastiques de nos jours; il interdit sévèrement tous les contrats usuraires, défendit comme tel l'intérêt de six du cent, et la disposition même où serait quelqu'un de prêter à cinq du cent indifféremment à toute espèce de personnes et en vue du seul gain. *Conc. Germ. t.* VIII.

BRUGES (Synode diocésain de), l'an 1571. L'évêque Remi Driutius, entre autres statuts synodaux, enjoignit aux doyens de poursuivre par les peines ecclésiastiques, et les femmes de mauvaise vie qui demanderaient à être bénies après leurs couches, et les prêtres même qui leur donneraient cette bénédiction. La plupart des autres statuts regardent de même les obligations des doyens. *Conc. Germ. t.* VII.

BRUGES (Synode diocésain de), l'an 1693, sous Guillaume Bassery. Ce prélat y publia de nouveaux statuts, qu'il rangea sous huit titres. Le 1er a pour objet de régler l'instruction; le 2e, le culte divin; le 3e, l'administration des sacrements; le 4e, la bonne tenue des registres et le soin des sacristies; le 5e, la vie cléricale; les deux suivants, les intérêts temporels des paroisses, et le dernier détermine pour le diocèse le nombre des doyens de chrétienté. *Conc. Germ.* X.

BUDE (Concile de), *Budense*, l'an 1279. Philippe, évêque de Fermo, et légat du saint-siége en Hongrie, en Pologne, Croatie, Servie, etc., tint à Bude un grand concile des prélats de ces pays, qui finit le 14 de septembre 1279, et dans lequel on fit soixante-neuf règlements touchant la discipline de l'Eglise, qui en sont comme l'abrégé.

1. Puisque les prélats doivent surpasser leurs inférieurs par la pureté de leurs mœurs et la régularité de leur conduite, comme ils les surpassent par l'éminence de leur dignité et la grandeur de leur autorité, ils porteront une grande couronne circulaire qui laisse leurs oreilles entièrement à découvert, selon la coutume générale des religieux, n'y ayant point de plus grande religion que la religion pontificale.

2. Ils ne paraîtront jamais en public, ni à cheval, ni à pied, sans avoir une tunique blanche ou de couleur de rose, sous une chape ou un manteau.

3. Les prélats ou autres prêtres ne porteront ni manchettes, ni habits extérieurs ouverts, ni boutons, ni agrafes d'or ou d'argent, ni enfin aucun ornement sur leurs habits, où il y entre de l'or ou de l'argent. Les habits contraires à ce règlement seront confisqués par les supérieurs au profit des pauvres, et les contrevenants privés de leurs bénéfices jusqu'à ce qu'ils se soient corrigés.

4. Il n'y aura que les prélats qui pourront porter l'anneau; et, si quelque autre ecclésiastique en porte un, le supérieur le lui prendra, et l'obligera en même temps d'en donner la valeur aux pauvres, sous peine d'être privé de l'entrée de l'église.

5. Même peine contre les clercs qui oseraient tenir cabaret dans leurs maisons ou leurs cours.

6. Même peine contre les religieux qui, étant faits évêques, ne porteraient point l'habit de leur ordre en public et en secret.

7. Les clercs ne se mêleront d'aucun acte d'hostilité, si ce n'est peut-être pour la défense de leurs églises ou de leur patrie; et alors même ils ne combattront point en personnes.

8. Les clercs n'exerceront ni commerce ni office public. Ils n'iront ni aux spectacles ni aux cabarets. Ils ne joueront point aux jeux de hasard, et n'y assisteront même pas pour voir jouer les autres. Ils porteront la tonsure et la couronne régulière, et s'appliqueront aux bonnes études.

9. Aucun clerc ne prendra la moindre part que ce puisse être à une sentence de sang, et n'exercera cette partie de la chirurgie qui a pour objet l'adustion ou l'incision. Il ne bénira point non plus la cérémonie de la purgation par l'eau froide ou chaude, ou par le fer chaud.

10. Les archidiacres, non plus que les curés, ne commettront point de vicaireries à des laïques ou à des clercs mariés, sous peine de privation d'office et de bénéfice, pour les commettants, et d'excommunication pour les commis.

11. Les clercs ne porteront point d'armes sans la permission des évêques, fondée sur une crainte juste et évidente.

12. Les clercs ne tiendront point de femmes chez eux, et seront excommuniés *ipso facto*, s'ils ne chassent celles qu'ils ont, dans

trois mois, à compter du dernier jour du concile.

13. Les clercs fléchiront les genoux en s'inclinant avec respect, toutes les fois qu'ils entendront prononcer le nom de Marie pendant l'office divin. Ils ne seront point nu-pieds dans le chœur. Les prêtres y auront toujours des chapes rondes ou des surplis.

Le texte porte que les prêtres ne seront jamais à l'office *sine cappis rotundis vel superpelliciis*. Le surplis, *superpellicium*, était un habit de lin avec des manches, ainsi appelé, parce qu'il se mettait par-dessus des tuniques ou des habits de peau, dit Durand, *in Ration. l.* III, *c.* 1, *n.* 10, 11.

14. Les prélats qui visiteront les églises se comporteront avec tant de modération qu'ils ne leur seront à charge en aucune manière.

15. On ne recevra point de bénéfice de la main des laïques; et les évêques ou autres auxquels il appartient d'instituer, de confirmer ou de pourvoir, ne le feront qu'après qu'ils seront assurés de la canonicité de l'élection des sujets, sauf néanmoins les droits légitimes des patrons.

16. Tous les clercs qui ont des bénéfices à charge d'âmes, y résideront et les desserviront par eux-mêmes, sans qu'ils y puissent mettre des vicaires sans le consentement des ordinaires, sous peine d'être privés du revenu de leur bénéfice pendant un an.

17. Les clercs qui feront quelques ligues ou conspirations seront excommuniés *ipso facto*, privés de leurs bénéfices pour un temps ou pour toujours, et punis d'ailleurs de façon qu'ils puissent servir d'exemple aux autres.

18. Les curés visiteront les malades de leurs paroisses avant d'aller au synode.

19. Tous les clercs séculiers ou réguliers constitués en dignités, iront au synode de la province; et, s'ils sont légitimement empêchés, ils y enverront un clerc qui portera leurs excuses, et qui sera chargé de leur procuration pour accepter tout ce qui sera prescrit dans le synode. Les archevêques, évêques, abbés et tous ceux qui ont le privilège de la mitre, paraîtront au synode en mitres, en surplis, en étoles, en chapes ou pluviaux; les prélats inférieurs, en surplis et en étoles, et, s'ils le veulent, en chapes ou pluviaux; les simples prêtres, en *cottes* ou surplis et en étoles; et les clercs inférieurs, en *cottes* seulement.

Cotta, cottus, ou *cota*, était un habit de lin propre aux clercs, ou une espèce de surplis. *Clerici induti vestimentis sericis, aut superpelliciis, sive cotis, vadant processionaliter. Alexand. IV, pap. l.* VI, *epist.* 156. *Canonici teneantur ire bini et bini, cum superpelliciis sive cottis lineis,* etc. *Stat. Eccl. S. Laur. Rom. Mss.*

20. Tous ceux qui ont des bénéfices à charge d'âmes se feront ordonner prêtres dans l'année, sous peine de perdre leurs bénéfices.

21. On mettra sous la clef l'eucharistie et les saintes huiles.

22. Personne ne servira à l'autel ou ne lira l'épître sans surplis et sans soutane. Les prêtres réciteront distinctement et dévotement l'office divin du jour et de la nuit.

23. Les intrus dans les bénéfices seront excommuniés et obligés à la restitution des fruits.

24 et 25. Les clercs ne comparaîtront point devant les juges séculiers, si ce n'est pour des affaires séculières qui appartiennent au for laïque et non au for ecclésiastique.

26. Les clercs ne garderont point chez eux les enfants qu'ils ont eus étant dans les ordres sacrés, et ces enfants seront esclaves de la grande église. Les clercs n'auront point non plus chez eux de dés ou d'autres instruments pour jouer aux jeux de hasard.

27. On ne montrera point les reliques hors de leurs châsses, si ce n'est aux fêtes principales, ou lorsqu'il y a concours du peuple, selon la coutume de quelques églises. On ne les vendra point non plus, et on n'en honorera point de nouvelles sans la permission du pape.

28. Il n'y aura que ceux qui sont approuvés par le pape ou par l'évêque qui pourront prêcher; et l'on ne souffrira point d'autres quêteurs que ceux qui ont des lettres du pape, ou de ses légats, ou de l'évêque.

29. On n'engagera point les ornements de l'église, si ce n'est pour les besoins de l'église même, avec la permission de l'évêque et l'avis des paroissiens.

30. Les recteurs des églises ne pourront rien donner des biens, meubles, droits, livres, ornements de leurs églises, pendant leur vie, ni tester à leur mort que dans les cas permis par le droit.

31. Aucun clerc n'entreprendra de voyager hors du royaume ou de sa province, sans la permission de son évêque ou de ceux qui lui tiennent lieu d'ordinaires, sous peine d'être privé de ses bénéfices pendant un an.

32. On n'admettra à l'exercice des fonctions des saints ordres aucun inconnu, à moins qu'il ne montre les lettres de son ordinaire, qui fassent foi qu'il a reçu les ordres dont il veut faire les fonctions. Ceux qui les admettront autrement seront privés de la réception des choses saintes et de l'entrée de l'église.

33. Les fidèles assisteront aux offices divins dans leurs propres paroisses et non en d'autres, non plus que dans les maisons religieuses. Les curés n'administreront les sacrements qu'à leurs propres paroissiens, et cela sous peine de suspense, à l'exception néanmoins des clercs qui passent, ou des pèlerins, ou de ceux qui vont à quelque église par dévotion, avec la permission du pape.

34. Les administrateurs des biens de l'église rendront compte de leur administration deux fois l'année.

35. Les abbés, prieurs et curés ne pourront ni prêter ni emprunter plus de deux ou trois marcs d'argent, et les autres clercs plus d'un, sans le consentement du chapitre et de l'évêque diocésain.

Le marc, en latin *marca, marcus* et *marcha*, était un poids d'or ou d'argent qui pesait une demi-livre, et dont on faisait usage dans le commerce avant qu'on se servît d'argent monnayé.

36. Les prélats inférieurs ne pourront aliéner les biens immeubles ni les droits de leurs églises ou de leurs monastères sans la permission des évêques, ni les évêques sans la permission de leurs métropolitains, ni les métropolitains sans la permission du saint-siége, hors les cas permis par le droit.

37. On ne fera point de nouvelles impositions sur les églises.

38. On n'établira point d'archidiacres qu'ils n'aient étudié trois ans en droit canon; et pour ceux qui sont déjà établis, ils seront obligés de faire ces trois ans d'étude, en mettant des vicaires capables à leur place pendant tout ce temps d'étude.

39. On réservera la connaissance des causes matrimoniales à des personnes sages, discrètes et expérimentées dans ces sortes de matières.

40. On annule toutes les sentences d'excommunication, tous les serments et tous les autres moyens qu'emploient certains prélats, tant séculiers que réguliers, pour empêcher que leurs inférieurs ne fassent connaître l'état de leurs églises ou de leurs monastères aux supérieurs majeurs.

41. On ne mettra point de meubles profanes dans les églises, si ce n'est pour les garantir des incursions des ennemis ou de la fureur des flammes.

42. Les curés auront chacun un manuel et les autres livres d'église.

43. Défense, sous peine d'excommunication, de danser ou de plaider dans les cimetières ou les églises. On ne bâtira point non plus dans les cimetières, et l'on n'y mettra ni fumier ni autres immondices.

44. Les curés ne permettront point aux laïques de faire des veilles dans les églises, à moins qu'une ancienne coutume ne les autorise, et que tout ne s'y passe dévotement.

45. Les chanoines qui n'assisteront point aux heures canoniales seront privés des distributions; et les chapitres nommeront quelque chanoine pour pointer les absents.

46. Défense aux archidiacres d'exiger un marc d'argent pour enterrer ceux qui mouraient par quelque accident, comme par l'épée, le venin, le naufrage, etc.

47. Les curés défendront aux laïques d'avoir des concubines, sous peine d'être privés de l'entrée de l'église.

48. Personne ne souffrira des femmes de mauvaise vie dans ses maisons ou dans ses terres, sous peine d'être privé de l'entrée de l'église.

49. Les laïques qui s'empareront des biens des ecclésiastiques décédés, sous quelque prétexte que ce soit, seront excommuniés.

50. Même peine contre ceux qui aliéneront les biens ou les droits de l'église.

51. Ceux qui ont des droits de patronages ne pourront les donner ou les transférer à d'autres sans le consentement de l'évêque diocésain.

52 et 53. Tous ceux qui s'emparent des biens des églises ou des monastères seront excommuniés.

54. Les juges ecclésiastiques qui se laissent corrompre par la faveur ou par l'argent seront suspendus pour un an de leur office.

55. Les excommuniés seront privés du droit d'agir en justice, de plaider ou de porter témoignage.

Pour que l'excommunication produisît ces effets, il fallait qu'elle fût dénoncée; mais aujourd'hui, lors même qu'elle est dénoncée, on peut, dans la nécessité, communiquer avec l'excommunié, plaider contre lui ou contracter avec lui, la loi civile de nos jours n'ôtant aux excommuniés aucun de leurs droits purement légaux.

56. Les juges ecclésiastiques et civils admettront les exceptions alléguées par les parties pour ne pas répondre à leur tribunal.

57. Les juges séculiers feront exécuter les sentences des juges ecclésiastiques; et les juges ecclésiastiques, de leur côté, se serviront des censures de l'Eglise pour soumettre les réfractaires aux sentences des juges laïques.

58. On prive de l'entrée de l'église les rois et les reines qui empêchent d'appeler au saint-siége: et pour les puissances inférieures qui sont dans le même cas, on les excommunie *ipso facto*, si elles ne lèvent ces sortes d'empêchements après trois jours qu'on aura protesté contre.

C'est une question fameuse et très-importante de savoir 1° si l'Eglise peut excommunier les souverains ou leurs officiers pour le fait de l'exercice de leurs charges; 2° si elle doit les excommunier en certains cas. Quant à cette première question, Fleury lui-même, dans son Discours sur les libertés de l'Eglise gallicane, regarde comme un excès l'opinion de ceux qui prétendent que l'Eglise ne peut excommunier les souverains; et l'auteur du Mémoire sur les libertés de l'Eglise gallicane, imprimé à Amsterdam en 1755, n'est pas d'un avis différent de celui de Fleury sur ce point. « Etre excommunié, dit cet auteur, p. 169, c'est être séparé de la société des fidèles et n'avoir plus de droit à la participation des choses saintes. Tout fidèle, de quelque condition qu'il soit, peut mériter ce retranchement et ces privations; et dès qu'il les mérite, l'Eglise peut les lui faire souffrir: mais ce pouvoir de l'Eglise doit être réglé par la prudence. » Il paraît donc que les Français, même les plus jaloux de leurs prétendues libertés, pensent que l'Eglise peut, absolument parlant, excommunier les souverains et leurs ministres ou officiers; mais tous soutiennent en même temps qu'elle ne le doit que dans des cas extrêmes, parce qu'elle n'a reçu de Dieu le droit du glaive spirituel que pour l'édification, et non pour la destruction; et qu'en le tirant sans nécessité contre les puissances ou leurs ministres, elle ne travaillerait pas moins à sa propre destruction qu'à celle des Etats, par les troubles, les agitations, les schismes, les révoltes et tant d'autres maux que de pareilles excommunications ne manqueraient guère d'entraîner avec elles. « Je ne proposerai point une chose nouvelle ni extraordinaire, disait saint Augustin (*Lib.* III, *contr. Epist. Parmen.*), mais ce que toute l'Eglise pratique. Lorsque quelqu'un des frères, c'est-à-dire des chrétiens qui sont dans la communion de l'Eglise, tombe dans quelque faute qui mérite l'anathème, on ne le prononce contre lui que quand il n'y a point de schisme à craindre; car la correction ne peut être salutaire que lorsque le pécheur n'a point la multitude pour complice. Lorsque la maladie s'est emparée de plusieurs, il ne reste aux bons que la douleur et les gémissements. »

59 et 60. On prive de l'entrée de l'église et de la réception des sacrements ceux qui violent l'immunité des personnes ou des biens ecclésiastiques touchant les tribuls, les péages et autres impositions.

61. Les moines et les chanoines réguliers porteront tous des habits conformes à leurs règles et à l'usage de leurs monastères, de couleur blanche, noire ou grise, et non d'autre.

62. Les chanoines réguliers porteront toujours, soit dehors, soit dedans, des surplis et des soutanes; et les moines, des chapes ou cuculles, et des scapulaires.

63. Les chanoines réguliers feront maigre tous les lundis et tous les mercredis, à moins qu'on ne fasse d'une fête de trois leçons ces jours-là.

64. Les moines, non plus que les chanoines réguliers, ne sortiront point du monastère sans nécessité, sans permission, ni sans compagnon.

65. Ils ne prendront point d'églises à ferme.

66. Les religieux n'iront point à la chasse et ne desserviront point les paroisses séculières plus longtemps que huit jours; ils n'iront point non plus aux écoles séculières sans la permission de leurs supérieurs, et ils ne pourront y étudier que la grammaire, la théologie ou la logique.

67. On renouvelle les défenses de communiquer avec les excommuniés, et on recommande de garder les interdits.

68. On excommunie ceux qui ravagent les campagnes.

69. On condamne les excès de ceux qui s'emparent des biens ou des droits de l'Eglise, et qui la troublent ou l'oppriment en quelque manière que ce soit. *Lab.*, *t.* XI; *Hard.*, *t.* VIII.

BUDE (Concile de), l'an 1309. Le cardinal Gentil, légat du saint-siège en Hongrie, assembla ce concile le 6 mai; on y publia une constitution en faveur de Charles ou Carobert, roi de Hongrie. *Pétersy, Conc. Hungar.*

BUNDEN (Concile de). *Voy.* BINDEN.

BURDEGALENSIA (C.); *Voy.* BORDEAUX.

BURGENSIA (C.); *Voy.* BURGOS.

BURGOLIENSE (C.); *Voy.* BOURGUEIL.

BURGOS (Concile de), *Burgense*, dans la vieille Castille, l'an 1080. Le cardinal Richard, abbé de S. Victor de Marseille, et légat du saint-siège, tint ce concile. Le roi dom Alphonse IV y fit ordonner que l'office romain serait substitué à l'office gothique en Espagne. Ce décret ayant été suivi de beaucoup de troubles dans le pays, on convint de remettre cette affaire à la décision d'un duel entre deux chevaliers, dont l'un tiendrait pour l'office gothique, et l'autre pour l'office romain. L'avantage du combat fut pour le champion du gothique; mais le roi persista dans sa résolution, et l'office romain prévalut. Ferréras met ce concile en 1077; mais Pagi prouve qu'il appartient à l'an 1080. *L'Art de vérifier les dates*, p. 207

BURGOS (Concile de), l'an 1136. Gui, cardinal et légat, tint ce concile au mois d'octobre. Ce prélat était venu en Espagne pour l'introduction du rit romain dans les offices divins, et pour réconcilier ensemble les rois de Navarre et de Castille, qui étaient en guerre. *Pagi, ad hunc ann. H. Edit. Venet.*, *t.* XII.

BURGOS (Concile de), l'an 1379. Ce concile, ou plutôt cette assemblée d'évêques et de grands, convoquée par le roi Henri, se réunit au mois de mai, et l'on y décida qu'on reconnaîtrait Urbain VI pour légitime pape, sur l'avis d'un prince, nommé Pèdre, de la famille royale d'Aragon, qui s'était fait franciscain, et qui s'était acquis la réputation d'un saint par le don de prophétie qu'il possédait.

BUSCODUCENSES (S.); *V.* BOIS-LE-DUC.

BUXIENSIS (*Conventus*); *Voy.* BOISSE.

BYZACÈNE (Concile de la), en Afrique, l'an 507. Trasimond, roi de Byzacène, ayant fait défense de nommer des successeurs aux évêques catholiques qui viendraient à mourir, les évêques de cette province d'Afrique, réunis au concile, statuèrent qu'on n'en pourvoirait pas moins de nouveaux pasteurs les églises qui en seraient privées. Cette décision de généreux pontifes devint le prétexte d'une nouvelle persécution. *Labb.*

BYZACÈNE (Concile de la), l'an 541. Ce concile fut composé des évêques de la province. On y fit divers règlements de discipline, qui furent confirmés par un rescrit de l'empereur Justinien, daté de l'an 542; mais ces règlements ne sont pas venus jusqu'à nous. Il y a un autre rescrit du même empereur, et daté de l'année précédente, adressé à Dacien, métropolitain de la Byzacène, et à tout son concile. *Labb. t.* V; *D. Ceillier, t.* XVI.

BYZACÈNE (Concile provincial de la), convoqué l'an 602, par l'ordre du pape saint Grégoire le Grand, pour examiner l'affaire de Clementius, primat de cette province, qui était accusé de crimes considérables. *S. Greg. l.* X. *epist.* 36.

BYZACÈNE (Concile de la), l'an 646. Etienne, primat de la province, assembla le concile dont il s'agit, et en frappant d'anathème la fausse doctrine des patriarches monothélites de Constantinople, reconnut solennellement qu'il y a en Jésus-Christ deux volontés et deux opérations. *Labb.* V, *ex Synodico.*

C

CABARSUSSE (Conciliabule de), *Cabarsussitanum*, l'an 393, tenu par cent évêques maximianistes, contre Primien, évêque donatiste de Carthage. Les maximianistes étaient une branche de donatistes, sectateurs de Maximien, qui se portait aussi pour évêque de Carthage. Primien, étant mandé en ce concile, ne voulut point s'y trouver, de même qu'il avait fait pour celui de Carthage de la même année. Ces soi-disant évêques confirmèrent leur premier jugement par un second décret, dans lequel ils condamnèrent absolument Primien, particulièrement pour avoir admis les claudianistes à sa communion, et lui ôtèrent l'épiscopat. Ils écrivirent ensuite une lettre, dont il nous reste une grande partie dans un sermon de saint Augustin qui la fit lire devant le peuple, comme un monument avantageux à l'Eglise, et propre à faire ouvrir les yeux aux donatistes; et ils mirent en sa place Maximien. *Voy.* BAGAIA.

CABILONENSIA *(Concilia)*; *Voy.* CHALONS-SUR-SAÔNE.

CADOMENSIA *(Concilia)*; *Voy.* CAEN.

CADURCENSIS *(Synodus)*; *Voy.* CAHORS.

CAEN (Concile de), *Cadomense*, l'an 1042. Guillaume, duc de Normandie, et depuis roi d'Angleterre, surnommé le Conquérant, y fit un décret sur la trêve de Dieu, avec le consentement des évêques normands rassemblés.

CAEN (Concile de), l'an 1061. Ce concile, composé des évêques, des abbés et des principaux seigneurs de la Normandie, fut tenu par ordre de Guillaume, leur duc souverain, pour régler les intérêts réciproques de l'Eglise et de l'Etat. On y porta les décrets suivants : 1. Que les abbés et les autres prélats qui avaient établi leur résidence à la campagne, se fixeraient dans des villes voisines des monastères, pour ne plus scandaliser le peuple par leurs courses vagabondes; 2. que tous les soirs le son de la cloche se ferait entendre pour inviter le peuple à prier Dieu et à se renfermer dans les maisons le reste de la nuit; 3. qu'à l'avenir on exécuterait les lois dans leur rigueur contre les voleurs, les assassins et les autres criminels. *Bessin, Conc. Norm.*

CAEN (Concile de), l'an 1173. Ce concile fut tenu au sujet de Henri II, roi d'Angleterre, qui avait persécuté saint Thomas de Cantorbéry, et donné occasion à son massacre. *Bessin.*

CAEN (Concile de), l'an 1182, pour le maintien de la paix entre l'Angleterre et la Normandie. *Bessin, Conc. Norm.*

CAERLÉON (Concile de), l'an 519. Ce concile, composé de tous les évêques de la Grande-Bretagne, s'assembla à Caërléon, métropole de la Cambrie, ou du pays de Galles, sous l'épiscopat de saint David, évê-

que de cette ville, pour extirper les restes de l'hérésie pélagienne dans cette province.

CÆSARAUGUSTANA *(Concilia)*; *Voy.* SARAGOSSE.

CÆSAREENSIA *(Concilia)*. *V.* CÉSARÉE.

CÆSENATENSES *(Synodi)*. *V.* CÉSÈNE.

CAHORS (Concile de), *Cadurcense*, l'an 1063. Ce prétendu concile est cité par M. de Maslatrie, dans la table composée à la suite de son ouvrage; mais nous n'avons pu le trouver ni dans son ouvrage même, ni dans tout autre; d'où nous sommes porté à conclure que cet écrivain, peu initié dans la langue du moyen âge, a traduit *Cabilonense* par Cahors. *Voy.* CHALONS-SUR-SAÔNE, même année.

CAHORS (Synode diocésain de), l'an 1289 Mansi nous paraît le seul qui fasse mention de ce synode.

CAHORS (Synode de). *Voy.* SAINT-ÉTIENNE DE CAHORS.

CALAHORRA (Synodes diocésains de), années 1410, 1454, 1480, 1492, 1502, 1529, 1539, 1545, 1546, 1552, 1553. En cette dernière année, l'évêque D. Juan Bernard de Luco publia les constitutions synodales de son diocèse, qui sont un choix des statuts de ses prédécesseurs et de ceux qu'il avait dressés lui-même. La plupart de ces statuts ont pour objet les matières bénéficiales, les pénitences canoniques et les règles à suivre pour leur relaxation. *Constituc. synod. del Obispado de Calahorra.* Voy. LOGROÑO, l'an 1553.

CALCÉDOINE (Concile de) *Chalcedonense*, l'an 451. Saint Léon, regardant la tenue d'un concile général comme la suite nécessaire de l'appel interjeté par saint Flavien, et comme le véritable remède aux troubles qui agitaient l'Eglise, l'avait fait demander à l'empereur Théodose par Valentinien III et par les impératrices Placidie et Eudoxie. Les évêques déposés dans le conciliabule d'Ephèse le demandèrent avec instance à Marcien, successeur de Théodose, et ils employèrent pour l'obtenir les personnes les plus puissantes de la cour. Soit que Marcien eût égard à leurs remontrances, soit qu'il jugeât lui-même qu'un concile général était le seul moyen de faire cesser les maux de l'Eglise, il forma le dessein d'en assembler un presqu'aussitôt qu'il fut parvenu à l'empire. Il en écrivit à saint Léon en lui faisant part de son élection, et l'impératrice Pulchérie, sa femme, pria aussi ce saint pape de contribuer de son côté à la convocation de ce concile. Par une seconde lettre du 22 novembre de l'an 450, Marcien invita saint Léon à venir lui-même en Orient pour y tenir le concile. Que si ce n'est pas, ajoutait-il, votre commodité, faites-le nous savoir par vos lettres, afin que nous envoyions les nôtres par tout l'Orient, la Thrace et l'Illyrie, pour convoquer tous les évêques en un lieu certain, tel qu'il nous plaira, et régler ce qui regarde la paix de l'Eglise et la foi catholique, comme vous l'avez défini suivant les canons. Saint Léon répondit à l'empereur par une lettre du 7 juin 451, qu'il avait lui-même demandé ce concile; mais que l'état présent des affaires ne permettait point d'assembler les évêques de toutes les provinces, parce que celles dont on devait principalement les appeler, c'est-à-dire, celles d'Occident, étaient tellement troublées par les guerres, qu'ils ne pouvaient quitter leurs Eglises; il priait donc ce prince de remettre le concile à un temps plus propre, quand, par la miséricorde de Dieu, la sûreté publique serait rétablie. Dans une autre lettre du 19 juillet, il témoignait souhaiter que ce concile se tînt en Italie, afin que tous les évêques d'Occident pussent s'y trouver. Mais l'empereur, persistant dans la résolution de convoquer au plus tôt un concile, qu'il regardait comme également nécessaire au bien de l'Eglise et de l'Etat, et de le convoquer même en Orient, adressa à Anatolius et à tous les métropolitains, une lettre du 17 mai 451, où, après leur avoir témoigné sa douleur de voir l'Eglise agitée de divers troubles, il leur déclarait que son intention était qu'ils se rendissent à Nicée en Bithynie, avec autant d'évêques de leur dépendance qu'ils jugeraient à propos, pour le premier de septembre, afin d'y terminer tous ces troubles. Ce prince promettait, dans la même lettre, de se trouver en personne au concile, si les affaires de l'empire le lui permettaient. Saint Léon qui ne voyait rien que de louable dans le dessein de Marcien, crut qu'il devait le seconder : c'est pourquoi, outre Lucentius, évêque d'Ascoli, et Basile, prêtre, qu'il avait envoyés depuis peu pour travailler avec Anatolius à la réunion et à la paix, il choisit encore deux autres légats, Pascasin, évêque de Lilybée, et Boniface, prêtre de l'Eglise romaine. Il chargea ce dernier d'un mémoire instructif, qui réglait la manière dont ses légats se devaient conduire dans le concile, et envoya à Pascasin la lettre à Flavien, avec quelques passages choisis des Pères sur le mystère de l'Incarnation, dont ses premiers légats à Constantinople avaient déjà fait usage. Les lettres de la légation sont datées du vingt-six juin 451. Il y en a deux à l'empereur Marcien, une à Anatolius, et une quatrième au concile. Il recommanda à ses légats de se comporter avec tant de sagesse et de prudence, que la paix fût rétablie dans les Eglises d'Orient, toutes les disputes sur la foi assoupies, et les erreurs de Nestorius et d'Eutychès entièrement détruites; d'admettre à la réconciliation tous ceux qui la demanderaient sincèrement; de condamner et de déposer ceux qui s'obstineraient dans l'hérésie; de s'opposer à l'ambition de ceux qui, s'appuyant sur les priviléges de leurs villes, voudraient s'attribuer de nouveaux droits; de demander le rétablissement des évêques chassés de leurs siéges pour la foi catholique, et de ne point souffrir que Dioscore parût dans le concile comme juge, mais seulement comme accusé. Saint Léon voulut aussi que ses légats présidassent au concile en son nom, particulièrement Pascasin. Il écrivit sur ce sujet à l'empereur, le 26 juin, une lettre différente de celles dont il chargea le même jour le prêtre Boniface, apparemment par quelqu'un qui devait arriver avant lui à Constantinople. Comme Julien de Cos était depuis longtemps en Orient, qu'il avait assisté au concile d'Ephèse, et qu'il était très-instruit de l'affaire qu'on devait traiter dans celui de Calcédoine, saint Léon le joignit à ses autres légats, afin de les aider de ses conseils. Julien n'eut pas néanmoins le même rang que les légats; on se contenta de le placer entre les premiers métropolitains, et il n'est nommé qu'après le prêtre Boniface.

Pendant que les évêques s'assemblaient à Nicée suivant l'ordre de l'empereur, l'Illyrie se trouva agitée de divers troubles, qui obligèrent ce prince à donner les soins nécessaires pour les faire cesser; en sorte que, ne pouvant se rendre à Nicée au temps marqué pour le concile, c'est-à-dire au premier de septembre, il écrivit aux évêques qui y étaient déjà invités, pour les prier de l'attendre. Ce délai leur causa de l'ennui, et il y en eut plusieurs qui tombèrent malades: ils en écrivirent à Marcien, qui leur répondit que les légats du pape jugeaient sa présence si nécessaire au concile, qu'ils ne voulaient point s'y trouver en son absence; que, d'ailleurs, la situation des affaires de l'Etat ne lui permettait point de s'éloigner du lieu où il était; mais comme il souhaitait autant que les évêques que le concile se tînt au plus tôt, il les pria de passer à Calcédoine, disant qu'il lui serait plus facile d'y venir de Constantinople, qui n'en est séparé que par le Bosphore, large en cet endroit d'un mille, et qu'eux-mêmes seraient beaucoup mieux à Calcédoine qu'à Nicée, ville trop petite pour un si grand nombre d'évêques. Ils eurent peine à se rendre aux raisons de l'empereur; c'est pourquoi ils lui députèrent Atticus, archidiacre de Constantinople, pour lui représenter que Calcédoine étant si proche de Constantinople, ils craignaient que ce ne fût aux eutychiens ou à d'autres, une occasion d'exciter du trouble. Marcien, par une troisième lettre datée d'Héraclée le 22 de septembre, leur manda de ne rien craindre et de venir sans délai à Calcédoine, afin qu'après avoir terminé les affaires de l'Eglise, ils pussent s'en retourner dans leurs villes épiscopales, et qu'il pût aussi aller lui-même où les besoins de l'empire l'appelleraient. Ce prince, pour prévenir tous les troubles, avait donné une loi datée du 13 de juillet, portant défense d'exciter aucun trouble dans les Eglises par des acclamations ou par un concours affecté, et de faire aucune assemblée ou conventicule à Constantinople, sous peine du dernier supplice contre les séditieux. L'impératrice Pulchérie avait aussi ordonné au gouverneur de Bithynie de chasser de Nicée et des environs les moines, les laïques et même les ecclésiastiques, que rien n'obligeait d'être au concile.

Les évêques vinrent donc de Nicée à Calcédoine sur la fin de septembre, et ils s'y trouvèrent en plus grand nombre que dans aucun concile précédent. Selon la lettre du concile à saint Léon, ils étaient cinq cent vingt. Lucentius dit dans le concile même qu'il y en avait six cents, et saint Léon met le même nombre dans sa lettre aux évêques des Gaules. Tous les évêques du concile étaient de l'empire d'Orient, excepté les légats du saint-siége et deux évêques d'Afrique, Aurèle d'Adrumet et Resticien ou Rufin, dont le siége épiscopal n'est pas marqué. Ces deux évêques souscrivirent les derniers dans la première session; elle se tint dans l'église de Sainte-Euphémie, martyre, située hors de la ville de Calcédoine, à cent cinquante pas du Bosphore, le huitième jour d'octobre 451. Il y avait dix-neuf des premiers officiers de l'empire, savoir, Anatholius, maître de la milice; Pallade, préfet du prétoire; Tatien, préfet de Constantinople; Dincomale, maître des offices; Sporatius, comte des gardes; Généthélius, intendant du domaine du prince, et plusieurs autres qui, après avoir rempli les premières dignités de l'empire, composaient alors le sénat. Il n'est pas dit que l'empereur se soit trouvé au commencement de cette première session; mais on ne peut douter qu'il n'ait été présent aux délibérations qui la précédèrent, puisqu'il est marqué que Théodoret lui présenta une requête sur les injustices et les violences qu'il avait souffertes; et que ce prince ordonna qu'il assisterait au concile. Il paraît même qu'il était présent lorsqu'on lut la remontrance d'Eustathe de Béryte. Nous verrons dans la suite qu'il assista à la sixième session. Les évêques nommés dans les actes de la première sont au nombre de cent soixante, dont les premiers sont les légats du pape, Pascasin, Lucentius et le prêtre Boniface; ensuite Anatolius de Constantinople, Dioscore d'Alexandrie, Maxime d'Antioche, et Juvénal de Jérusalem. Eusèbe de Dorylée y est nommé parmi les évêques, sans qu'on voie qu'il ait été rétabli dans le concile; il y paraît même comme accusateur de Dioscore. Peut-être avait-il obtenu son rétablissement dans les conférences préliminaires entre les évêques et l'empereur. Il fut réglé qu'avant les séances les diacres Domnin et Cyriaque iraient avertir les évêques de se trouver au concile. Les officiers de l'empereur se placèrent au milieu de l'église, devant la balustrade de l'autel, ayant à leur gauche les légats du pape, puis Anatolius de Constantinople, Maxime d'Antioche, Thalassius de Césarée, Etienne d'Ephèse, et les autres évêques des diocèses de l'Orient, du Pont, de l'Asie et de la Thrace, à la réserve de ceux de la Palestine; à la droite étaient assis Dioscore d'Alexandrie, Juvénal de Jérusalem, Quintillus d'Héraclée en Macédoine, qui tenait la place d'Anastase de Thessalonique, et les autres évêques de l'Egypte, de la Palestine et de l'Illyrie; on eut égard dans cette disposition à la différence des sentiments; le parti de Dioscore, comme suspect d'erreur, eut le côté qui était le moins honorable. Le saint Evangile fut placé au milieu de l'assemblée; mais il semble qu'on ne l'y mettait pas toujours, puisque dans une séance il fut apporté à la demande des magistrats. Outre les évêques il y avait plusieurs autres ecclésiastiques, parmi lesquels l'archidiacre Aétius parut avec éclat; il y avait aussi des notaires.

Tous les évêques s'étant assis, Pascasin, légat du pape, se leva et, s'avançant vers le milieu, dit aux magistrats que lui et les autres légats avaient ordre du bienheureux évêque de Rome, chef de toutes les Eglises, de ne point rester dans le concile, si l'on n'en faisait sortir Dioscore. Pascasin parla en latin, et son discours fut expliqué par Béronicien, secrétaire du consistoire. Les magistrats demandèrent s'il y avait quelque plainte particulière contre Dioscore. Il doit, répondirent les légats, rendre raison du jugement qu'il a prononcé à Ephèse, où il a usurpé la qualité de juge, et osé tenir un concile (a) sans l'autorité du saint-siége, ce qui ne s'est jamais fait, et n'a jamais été permis. Pascasin ajouta: Nous ne pouvons contrevenir aux ordres du pape, ni aux canons de l'Eglise. Les magistrats, après quelques contestations, ordonnèrent à Dioscore de s'asseoir au milieu en qualité d'accusé. Alors Eusèbe de Dorylée, s'avançant, demanda qu'on lût la requête qu'il avait présentée à l'empereur contre Dioscore. Ce prince l'avait renvoyée au concile. Les magistrats en ordonnèrent la lecture, et firent asseoir Eusèbe au milieu de l'assemblée avec Dioscore. Cette requête chargeait Dioscore d'avoir violé la foi pour établir l'hérésie d'Eutychès, et d'avoir condamné Eusèbe injustement. Celui-ci demanda pour le prouver, qu'on lût les actes du faux concile d'Ephèse; ce que Dioscore demanda aussi. Mais quand les magistrats en eurent ordonné la lecture, Dioscore s'y opposa, demandant qu'on traitât d'abord la question de la foi. Les magistrats, sans avoir égard à sa demande, firent lire les actes. On en commença la lecture par la lettre de l'empereur Théodose, pour la convocation du concile. Comme il y était fait défense à Théodoret de s'y trouver, les magistrats le firent entrer suivant l'ordre de l'empereur Marcien. Aussitôt qu'il parut dans l'assemblée, les Egyptiens et tous ceux qui étaient du côté de Dioscore crièrent que c'était violer les canons, renverser la foi, chasser saint Cyrille, qu'il fallait mettre Théodoret dehors. Les évêques de l'autre côté, criaient au contraire qu'il fallait chasser Dioscore avec tous ses homi-

---

(a) Synodum ausus est facere sine auctoritate sedis apostolicæ, quod numquam licuit, numquam factum est. Labb. IV, pag. 95.

cides et ses manichéens, comme étant tous ennemis de la foi et de Flavien. Les magistrats, ne voulant point forcer la répugnance du parti de Dioscore, demandèrent que Théodoret demeurât en qualité d'accusateur, disant que sa présence ne porterait aucun préjudice aux droits des parties. Théodoret prit donc place au milieu des évêques avec Eusèbe de Dorylée ; il se fit des clameurs des deux côtés ; les Orientaux s'écriant que Théodoret était digne de s'asseoir parmi eux, qu'il était orthodoxe ; les Egyptiens ne voulant pas le reconnaître pour évêque, en criant qu'il fallait le chasser comme l'ennemi de Dieu. Les magistrats, ayant fait sentir aux évêques l'indécence de ces sortes de cris populaires, firent continuer la lecture des actes du faux concile d'Ephèse. Dioscore fit remarquer sur la lettre de convocation, que le jugement prononcé dans ce concile lui était commun avec Juvénal de Jérusalem et Thalassius de Césarée, à qui l'empereur avait écrit comme à lui. Les Orientaux, peu en peine de le réfuter sur cela, ne se plaignirent que des violences qu'ils avaient souffertes. On nous a, disaient-ils, forcés, on nous a frappés, nous avons souscrit sur un papier blanc. On nous a menacés d'exil ; des soldats nous ont pressés avec des bâtons et des épées ; les soldats ont déposé Flavien. Etienne d'Ephèse se plaignit que tout s'était passé par force et par violence à Ephèse, et qu'on ne l'avait pas laissé sortir de l'église, qu'il n'eût souscrit à la sentence rendue par Dioscore, Juvénal et Thalassius, et par les autres évêques à qui les lettres de l'empereur étaient adressées. Théodore de Claudiopolis ajouta que ces mêmes évêques avaient concerté entre eux pour l'engager, lui et les autres qui n'étaient point de leur parti, à signer sans connaissance de cause. Tous les Orientaux ayant dit la même chose qu'Etienne et Théodore, Dioscore leur dit comme en se raillant, qu'ils ne devaient pas souscrire, sans être bien informés de ce qu'avait fait le concile. Les Orientaux se plaignirent ensuite qu'on avait chassé du concile Jules de Pouzzoles, légat du pape ; qu'on n'y avait donné à Flavien que la cinquième place ; qu'on n'y avait pas lu la lettre de saint Léon au concile, et que Dioscore l'avait retenue sans la faire lire, quoiqu'il eût juré sept fois devant tout le monde qu'il en ferait faire lecture. Les magistrats, après avoir examiné pourquoi on n'avait pas lu les lettres de saint Léon, trouvèrent que Dioscore ne l'avait pas voulu, quoiqu'il l'eût promis plusieurs fois avec serment. Eusèbe de Dorylée se plaignit en particulier, de ce qu'étant accusateur d'Eutychès, on lui avait refusé l'entrée dans le concile, quoique Flavien l'eût demandé. Dioscore, interrogé sur ce fait par les magistrats, s'excusa sur le comte Elpide, qui avait empêché par ordre de l'empereur, de laisser entrer Eusèbe. Cette excuse leur parut insuffisante, parce qu'il s'agissait de la foi. Dioscore reprocha aux magistrats qu'ils avaient violé eux-mêmes les canons, en faisant entrer Théodoret.

Ils répondirent : L'évêque Eusèbe et l'évêque Théodoret sont assis au rang des accusateurs ; vous êtes assis au rang des accusés. Il y eut des contestations sur la manière dont la profession de foi qu'Eutychès présenta à Ephèse était conçue, et sur ce qu'il avait dit dans sa requête que le concile œcuménique d'Ephèse défendait de rien ajouter au symbole de Nicée. *Voy.* EPHÈSE, l'an 431 et 449.

Après la lecture des actes du faux concile d'Ephèse, on lut ceux du concile de Constantinople. Quand on eut lu la seconde lettre de saint Cyrille à Nestorius, et celle qu'il avait écrite aux Orientaux, tous les évêques en général s'écrièrent : Anathème à qui ne croit pas ainsi ! Théodoret dit en particulier : Anathème à qui reconnaît deux Fils : Nous n'en adorons qu'un, Notre-Seigneur Jésus-Christ le Fils unique. Les Orientaux ajoutèrent : Flavien croyait ainsi. C'est ce qu'il a défendu ; c'est pour cela qu'il a été déposé. Les Egyptiens se trouvant d'accord sur la foi contenue dans ces lettres avec les Orientaux, les magistrats dirent aux premiers : Comment donc avez-vous reçu Eutychès, qui disait le contraire, et déposé Flavien et Eusèbe qui soutenaient cette vérité ? Dioscore dit : Les actes le feront voir. On lut la remontrance d'Eustathe, évêque de Béryte, où il disait, qu'on ne doit point croire deux natures en Jésus-Christ, mais une seule nature incarnée. Tout le concile s'écria, que c'est ce que disaient Eutychès et Dioscore. Les magistrats demandèrent si cette doctrine était conforme aux lettres de saint Cyrille qu'on avait lues. Eustathe prévint la réponse du concile, en lisant dans un livre de saint Cyrille les paroles dont il s'était servi, puis il ajouta : Anathème à qui dit une nature, pour nier que la chair de Jésus-Christ nous soit consubstantielle ; et anathème à qui dit deux natures, pour diviser le Fils de Dieu. Il prétendit que Flavien avait parlé comme lui. Pourquoi donc, lui dirent les magistrats, avez-vous déposé Flavien ? Eustathe répondit : J'ai failli. On fit la lecture de la déclaration que Flavien avait faite de sa foi dans le concile de Constantinople. Les magistrats demandèrent aux évêques ce qu'ils en pensaient, si Flavien leur paraissait catholique ou non ? Le légat Pascasin dit : Il a exposé la foi purement et entièrement, et cette exposition est d'accord avec la lettre de l'évêque de Rome. Anatolius, Lucentius, Maxime d'Antioche, Thalassius de Césarée, Eustathe de Béryte et Eusèbe d'Ancyre, déclarèrent tous la doctrine de Flavien orthodoxe et parfaitement conforme aux règles de la foi et aux lettres de saint Cyrille. Les Orientaux en dirent autant, et Juvénal de Jérusalem ayant opiné de même, passa du côté droit, où était Dioscore, au côté gauche, où étaient les légats du pape et les Orientaux, qui le reçurent avec joie. Pierre, évêque de Corinthe, avec les évêques de l'Achaïe, de la Macédoine, de l'ancienne Epire, et un grand nombre d'autres passèrent aussi du côté des Orientaux ; de sorte que Dioscore se trouvant seul de son parti, se plaignit qu'on le chassait avec les Pères; il voulait dire saint Athanase, saint Grégoire et saint Cyrille, qui ont, disait-il, enseigné qu'il ne faut pas dire après l'union deux natures, mais une nature incarnée du Verbe. La suite des actes du faux concile d'Ephèse fit voir clairement de quelle violence Dioscore s'était servi pour établir le dogme d'Eutychès, et pour déposer saint Flavien. Les magistrats croyant donc avoir suffisamment vérifié l'innocence de ce saint martyr et celle d'Eusèbe, remirent au lendemain à examiner ce qui regardait la foi, en priant les évêques de mettre chacun leur croyance par écrit, et leur déclarant que l'empereur était résolu de ne se séparer jamais de celle qui est contenue dans les symboles de Nicée, de Constantinople et dans les écrits des saints Pères de l'Eglise, Grégoire, Basile, Athanase, Hilaire, Ambroise, Cyrille. Ils ajoutèrent que, puisque par la lecture des actes et l'aveu de quelques-uns des chefs du concile, il paraissait que Flavien de sainte mémoire et le très-pieux évêque Eusèbe avaient été injustement condamnés, il était juste que sous le bon plaisir de Dieu et de l'empereur, l'évêque d'Alexandrie, Juvénal de Jérusalem, Thalassius de Césarée, Eusèbe d'Ancyre, Eustathe de Bérythe, et Basile de Séleucie, qui présidaient à ce concile, subissent la même peine et fussent privés de la dignité épiscopale, selon les canons, à la charge néanmoins que tout ce qui s'était passé serait rapporté à l'empereur. Les Orientaux s'écrièrent: Ce jugement est juste: Jésus-Christ a déposé Dioscore, il a déposé l'homicide. Mais ils ne dirent rien des autres. Les Illyriens demandèrent, qu'ayant tous failli, le pardon fût aussi général pour tous. Tous les évêques souhaitèrent de longues années au sénat, et mêlèrent à leurs acclamations le trisagion. Ensuite l'archidiacre Aétius ayant déclaré que la séance était finie, chacun se retira, parce qu'il était tard.

La seconde session se tint le mercredi 10 octobre dans l'église de Sainte-Euphémie. On ne voit point que Dioscore, Juvénal, Thalassius, Eusèbe d'Ancyre et Basile de Séleucie y aient assisté. Les magistrats, après avoir répété en peu de mots ce qui s'était passé dans la première au sujet de la justification de saint Flavien et d'Eusèbe de Dorylée, proposèrent aux évêques d'établir la vérité de la foi. Les évêques répondirent qu'elle l'était suffisamment par les expositions de foi des Pères de Nicée, qu'il fallait s'en tenir à ce qu'eux et les autres Pères en avaient dit; que s'il y avait quelque chose à éclaircir au sujet de l'hérésie d'Eutychès, l'archevêque de Rome l'avait fait dans sa lettre à Flavien, à laquelle ils avaient tous souscrit, et qu'il ne leur était pas permis de faire de nouvelles expositions de foi. Cécropius, évêque de Sébastopolis, fut celui qui s'opposa le plus à une nouvelle formule de foi; mais il demanda qu'on lût le symbole de Nicée et les écrits des saints Pères Athanase, Cyrille, Célestin, Hilaire, Basile, Grégoire, et la lettre de saint Léon. Eunomius, évêque de Nicomédie, lut le symbole de Nicée; l'archidiacre Aétius, celui de Constantinople et les deux lettres de saint Cyrille, l'une à Nestorius, l'autre aux Orientaux; et le secrétaire Béronicien lut la lettre de saint Léon à Flavien, traduite en grec, avec les passages des Pères qui y étaient joints. Les évêques, après la lecture de chacune de ces pièces, témoignèrent à haute voix, qu'ils croyaient ainsi. Il n'y eut que ceux de Palestine et d'Illyrie qui trouvèrent quelque difficulté sur trois endroits de la lettre de saint Léon. Mais Aétius et Théodoret ayant justifié tous ces endroits par des passages tout semblables de saint Cyrille, ils en parurent satisfaits, de sorte que tous les évêques s'écrièrent : C'est là la foi des Pères et des apôtres; nous croyons ainsi. Anathème à qui ne le croit pas. Pierre a parlé ainsi par Léon; les apôtres ont ainsi enseigné. La doctrine de Léon est sainte et vraie; Cyrille a ainsi enseigné. Aétius de Nicopolis, qui trouvait apparemment de la difficulté dans la troisième lettre de saint Cyrille qui contient les douze anathématistes, demanda du temps pour l'examiner. Tous les évêques ayant appuyé sa demande, les magistrats différèrent de cinq jours la session suivante; en même temps ils ordonnèrent qu'Anatolius choisirait entre les évêques qui avaient souscrit, ceux qu'il croirait les plus propres pour instruire ceux à qui il restait quelque doute, et qu'il s'assemblerait avec eux. Les évêques d'Illyrie et de Palestine demandèrent avec instance qu'on pardonnât aux chefs du faux concile d'Ephèse, et qu'on leur permît de venir au concile. Les magistrats ne répondirent autre chose, sinon que ce qui avait été réglé pour les cinq jours de délai et les conférences chez Anatolius serait exécuté.

La troisième session fut tenue le samedi 13 octobre, trois jours avant le terme marqué par les magistrats; aussi n'y assistèrent-ils point, et on ne la tint que pour juger l'affaire de Dioscore, ce qui n'était pas de leur ressort, n'étant pas convenable que des laïques jugeassent des crimes canoniques. Aétius, qui y faisait les fonctions de promoteur, remontra qu'Eusèbe de Dorylée avait présenté une requête au concile contre Dioscore. Eusèbe y parlait aussi pour l'intérêt de la foi catholique, pour la défense de Flavien et pour la sienne propre. Pascasin de Lilybée, président du concile à la place de saint Léon, ordonna de la lire. Elle tendait à faire casser tout ce qui avait été fait contre lui et contre Flavien dans le faux concile d'Ephèse; à faire confirmer la véritable doctrine; à faire anathématiser l'hérésie d'Eutychès, et à faire souffrir à Dioscore la juste punition des crimes dont il avait été convaincu par la lecture des actes de ce conciliabule. Après qu'on eut lu sa requête, Eusèbe demanda que Dioscore fût appelé pour lui répondre en sa présence. Pascasin l'ordonna ainsi. Epiphane et Elpide, prêtres, chargés de le chercher dans les environs de l'église, déclarèrent qu'ils ne l'avaient pas trouvé. On députa trois évêques pour aller à son logis, Constantin de Bostres, Acace d'Ariarathie, et Acticus de Zèle, avec Himérius, lecteur et notaire. Ils avaient un ordre par écrit. Dioscore s'excusa de venir au concile, sur ce qu'il était gardé par les magistrats. Eleusinius qui était, ce semble, commandant de ces gardes, dit à Dioscore qu'il pouvait aller au concile. Mais il s'en défendit, disant que les officiers de l'empereur n'étant point à cette séance, il ne pouvait y assister, s'ils n'y venaient eux-mêmes; à quoi il ajouta qu'il demandait que la requête présentée contre lui par Eusèbe fût examinée devant les magistrats et le sénat. Le notaire Himérius dressa un acte de ce qui se passa dans cette première citation, dont il fit lecture dans le concile, au retour des députés. Amphiloque, évêque de Side en Pamphylie, aurait souhaité qu'on différât d'un jour ou deux la seconde citation. Un autre évêque s'y opposa, disant qu'on ne devait pas demeurer à Chalcédoine trois mois pour un seul homme qui avait troublé toute la terre: ainsi, l'on envoya pour faire la seconde citation, Pergamius, métropolitain d'Antioche de Pisidie, Cécropius de Sébastopolis et Rufin de Samosate, avec Hypatius, lecteur et notaire. Dioscore répondit qu'il avait déjà fait déclarer au concile, qu'il était retenu dans sa maison par maladie ; qu'au surplus il demandait que les magistrats fussent présents à l'audience. Il demanda aux députés si Juvénal et les autres évêques que l'on avait exclus avec lui étaient au concile. Pergamius lui dit qu'il n'était point chargé de la part du concile de lui répondre sur cette question; mais que la requête d'Eusèbe étant contre lui seul, il ne pouvait, sans trahir sa cause et contrevenir aux canons, manquer de comparaître. Le notaire Hypatius ayant lu dans le concile le procès-verbal qu'il avait fait de cette seconde citation, Eusèbe de Dorylée déclara qu'il ne se plaignait que de Dioscore, et non des autres qui ne lui avaient fait aucun tort, et conclut à ce qu'il fût cité pour une troisième fois. On en était là, lorsque plusieurs clercs et laïques d'Alexandrie donnèrent des requêtes au concile contre Dioscore. Dans l'une Théodore, diacre de cette église, se plaignait qu'après l'avoir servi louablement pendant quinze ans, Dioscore l'avait chassé du clergé, sans qu'il eût contre lui ni accusation ni plainte, et uniquement pour l'amour qu'il portait à saint Cyrille, et fait retomber ensuite sa haine sur ses parents et ses amis, jusqu'à vouloir attenter à leur vie, comme étant ennemis de la doctrine. Il disait encore dans sa requête, que Dioscore avait commis des homicides, coupé des arbres, brûlé et abattu des maisons, et mené habituellement une vie infâme. Il s'offrait de vérifier tous ces faits par cinq témoins, priant qu'on les mît en sûreté. Ischirion, diacre de la même église, accusait Dioscore de n'avoir pas permis aux évêques de recevoir le blé que les empereurs fournissaient aux églises de Lybie, tant pour le sacrifice non sanglant que pour les étrangers et les pauvres, et de l'avoir acheté pour le revendre bien cher en temps de disette, en sorte que depuis on n'avait plus offert le terrible sacrifice, ni soulagé les pauvres du pays, ni les étrangers; de s'être fait donner et d'avoir distribué à des danseuses et à d'autres gens de théâtre, une grande quantité d'or qu'une dame de piété avait laissée par son testament, pour être distribuée aux pauvres et aux hôpitaux ; d'admettre continuellement dans son évêché et dans son bain des femmes déshonnêtes, nommément Pansophie, surnommée la Montagnarde ; de l'avoir, lui Ischirion, réduit à la mendicité, en lui faisant brûler ses maisons et ravager ses héritages ; de l'avoir ensuite enfermé dans un hôpital d'estropiés, où par les ordres de Dioscore on avait attenté à sa vie. Il citait pour témoins de la plupart de ces faits, des domestiques de Dioscore même. La troisième requête était d'Athanase, prêtre d'Alexandrie, neveu de saint Cyrille. Il y disait : Dioscore, dès le commencement de son épiscopat, nous menaça de mort, mon frère et moi, et nous fit quitter Alexandrie pour venir à Constantinople, où nous espérions trouver de la protection ; mais il écrivit à Chrysaphe et à Nomus, qui gouvernaient alors toutes les affaires de l'empire, de nous faire périr. On nous mit en prison et on nous maltraita jusqu'à ce que nous eussions donné tous nos meubles : il nous fallut même emprunter de grosses sommes à usure. Mon frère est mort dans ces mauvais traitements, laissant une femme et des enfants chargés de ses dettes ; et afin qu'il ne nous restât aucun lieu de retraite, Dioscore a fait convertir nos maisons en églises ; il m'a de plus déposé de la prêtrise sans aucun sujet, sans me permettre de demeurer dans aucune église ou dans quelque monastère, en sorte que je suis réduit à mendier mon pain. Sophronius, laïque, en présenta une quatrième, où il accusait Dioscore de blasphèmes contre la Trinité, d'adultères et d'entreprises contre le service de l'empereur. Ces quatre requêtes ayant été lues et insérées aux actes, le concile fit citer Dioscore pour la troisième fois, non pas pour répondre à Eusèbe seul, mais aux quatre accusateurs qui venaient de se déclarer contre lui. Les députés pour cette dernière citation furent Francion, évêque de Philippopolis, Lucien de Dize, et Jean de Germanicie, avec Pallade, diacre et notaire. Par le billet dont ils étaient chargés, le concile déclarait à Dioscore qu'il ne recevait point ses excuses; que s'il eût demandé à l'empereur que Juvénal et les autres évêques de son parti fussent présents, ce prince le lui aurait refusé, puisqu'il laissait au concile une liberté entière de décider cette affaire; qu'ainsi, il ne pouvait refuser de venir se défendre, sans s'exposer après cette dernière citation, à être jugé par contumace. Toute la réponse que les députés purent tirer de lui, fut qu'il n'avait rien à ajouter à celles qu'il avait déjà faites. Sur le rapport que l'on en fit au concile, Pascasin demanda plusieurs fois aux évêques ce qu'il y avait à faire. Tous ayant répondu que Dioscore témoignant un si grand mépris pour les canons, il méritait d'en éprouver la rigueur, les trois légats, Pascasin, Lucentius et Boniface, prononcèrent la sentence en ces termes : Les excès commis contre les canons par Dioscore, ci-devant évêque d'Alexandrie, sont manifestes, tant par la séance précédente que par celle-ci. Il a reçu à sa communion Eutychès condamné par son évêque. Il persiste à soutenir ce qu'il a fait à Ephèse, dont il devrait demander pardon comme les autres. Il n'a pas permis de lire la lettre du pape Léon à Flavien; il a même excommunié le pape. On a présenté contre lui plusieurs plaintes au concile; il a été cité jusqu'à trois fois et n'a pas voulu obéir; c'est pourquoi le très-saint archevêque de Rome Léon, par nous et par le présent concile avec l'apôtre saint Pierre, qui est la pierre et la base de l'Eglise catholique et de la foi orthodoxe, l'a dépouillé de la dignité épiscopale et de tout ministère sacerdotal. Anatolius de Constantinople, Maxime d'Antioche, Etienne d'Ephèse et les autres évêques, consentirent au jugement rendu par les légats et y souscrivirent, les trois légats les premiers, puis Anatolius et les autres au nombre de trois cents. Il y eut un évêque de Perse qui souscrivit en Persan. Le concile fit ensuite un acte adressé à Dioscore pour lui signifier sa sentence. Il portait qu'on l'avait déposé pour ses crimes et pour sa désobéissance formelle aux trois citations que le concile lui avait fait faire. On la signifia aussi le dimanche 14 d'octobre à Charmosine, prêtre et économe, à Euthalius, archidiacre, et aux autres clercs d'Alexandrie, qui se trouvaient à Calcédoine, en leur recommandant de conserver avec soin les biens de l'Eglise, pour en rendre compte à celui qui en serait choisi évêque par l'ordre de Dieu et avec le consentement de l'empereur. Afin que le jugement du concile ne fût ignoré de personne, on le publia par une affiche adressée à tout le peuple de Constantinople et de Calcédoine, où il était dit qu'il ne restait à Dioscore aucune espérance d'être rétabli, comme il en faisait courir le bruit; il fut relégué à Gangres en Paphlagonie, où il mourut en 454. Le concile écrivit à l'empereur Marcien les raisons qu'on avait eues de déposer Dioscore, en priant ce prince d'agréer cette déposition, et en le remerciant du soin qu'il prenait des intérêts de l'Eglise. Il écrivit aussi à l'impératrice Pulchérie sur le même sujet. Nous avons encore ces deux lettres, mais seulement en latin; tous les évêques souscrivirent à la première.

Les magistrats assistèrent à la quatrième session, tenue le 17 octobre : on la commença par la lecture de la conclusion de la seconde session, où ils avaient donné aux évêques un délai de cinq jours pour l'examen de la question de la foi; ensuite ils prièrent les légats de dire ce que l'on avait résolu sur cette matière dans le concile. Pascasin dit que le concile suivait le symbole de Nicée et celui de Constantinople, avec l'exposition de foi donnée à Ephèse par saint Cyrille, et les écrits de saint Léon contre l'hérésie de Nestorius et d'Eutychès, c'est-à-dire sa lettre à Flavien, sans vouloir en retrancher ni ajouter quoi que ce fût. La déclaration de Pascasin ayant été expliquée en grec, les évêques dirent à haute voix qu'ils étaient dans les mêmes sentiments; en sorte que les magistrats voyant qu'ils persistaient à ne point vouloir de nouvelles expositions de foi, se contentèrent de leur demander s'ils reconnaissaient que la lettre de saint Léon à Flavien fût conforme aux symboles de Nicée et de Constantinople. Anatolius, et après lui tous les évêques du concile déclarèrent qu'ils recevaient cette lettre comme conforme aux décrets de ces deux conciles et à la foi des Pères. Cent cinquante évêques firent leur déclaration par écrit, les autres la firent de vive voix. Cette unanimité de sentiments leur donna lieu de croire qu'ils pouvaient obtenir le rétablissement de Juvénal de Jérusalem, de Thalassius de Césarée, d'Eusèbe d'Ancyre, de Basile de Séleucie, et d'Eustathe de Béryte, qui avaient été les chefs du concile d'Ephèse avec Dioscore, et jugés dignes de déposition dans la première session de celui de Calcédoine. Les magistrats leur répondirent qu'ils en avaient fait leur rapport à l'empereur, et qu'ils attendaient sa réponse. Au reste, ajoutèrent-ils, vous rendrez compte à Dieu d'avoir déposé Dioscore à l'insu de l'empereur et de nous, de ces cinq évêques dont vous demandez le rétablissement, et de tout ce qui s'est passé dans le concile. Les évêques s'écrièrent que Dioscore avait été justement déposé. L'empereur leur fit savoir qu'il laissait à leur jugement ce qui regardait ces cinq évêques, sur quoi ils prièrent les magistrats de leur accorder l'entrée dans le concile; ils l'accordèrent, et alors on les fit asseoir au rang des évêques et on les déclara orthodoxes. Ils firent aussi entrer treize évêques qui avaient présenté une requête à l'empereur, dans laquelle ils disaient au nom de tous les évêques d'Egypte, qu'ils suivaient la foi catholique, et qu'ils condamnaient tous les hérétiques, particulièrement ceux qui enseignent que la chair de Notre-Seigneur est venue du ciel, et non de la sainte Vierge. Les évêques du concile à qui Marcien avait renvoyé cette requête, remarquèrent qu'on n'y condamnait point Eutychès, ni l'erreur d'une seule nature, ce qui leur fit dire que ceux qui l'avaient présentée étaient des imposteurs. On voulut les obliger de condamner Eutychès et son erreur, et de souscrire à la lettre de saint Léon à Flavien; mais ils répondirent qu'ils ne le pouvaient jusqu'à ce qu'ils eussent un patriarche, sans lequel il ne leur était pas permis de faire quoi que ce fût. Ils prirent Anatolius à témoin, que tel était l'ordre de leur province, et que s'ils allaient au contraire, les autres évêques les chasseraient de leur pays. Ils alléguèrent encore l'autorité du concile de Nicée, qu'ils n'entendaient pas. Mais on n'eut aucun égard à leurs raisons, et on leur fit sentir le ridicule qu'il y avait que des évêques, dont plusieurs étaient avancés en âge, ne sussent pas encore la croyance catholique, et attendissent le sentiment d'un autre. On .es pressa donc de nouveau de dire anathème à Eutychès et à ses sectateurs, et de signer la lettre de saint Léon. Ils consentirent à prononcer cet anathème; mais ils ne purent se résoudre à souscrire à la lettre de saint Léon, ni à la déposition de Dioscore. Les magistrats obtinrent qu'on les laisserait en l'état où ils étaient à Constantinople, d'où toutefois ils ne sortiraient pas jusqu'à ce qu'on eût ordonné un évêque d'Alexandrie. En effet, ils ne retournèrent en Egypte qu'après que saint Protérius eut été ordonné à la place de Dioscore par les quatre évêques, dont celui-ci avait été abandonné dès le commencement du concile : ainsi, il y a toute apparence que ces treize évêques ne firent plus de difficulté de souscrire à la lettre de saint Léon à Flavien, et à la déposition de Dioscore; il paraît même par une lettre de saint Léon à Protérius, que ce dernier faisait lire publiquement dans les églises la lettre à Flavien.

On fit ensuite entrer dans le concile des moines d'Egypte, dont quelques-uns étaient abbés, d'autres de simples gardiens d'églises de martyrs, et d'autres que l'on ne connaissait pas ; ils étaient dix-huit en tout. Parmi eux étaient Barsumas le Syrien et l'évêque Calépodius. On leur fit reconnaître la requête qu'ils avaient d'abord présentée à l'empereur, puis on en fit la lecture ; on lut aussi une autre requête qu'ils adressaient au concile. Dans la première, ils demandaient à l'empereur sa protection contre la persécution des clercs qui voulaient exiger d'eux des souscriptions forcées, et les chasser de leurs monastères et des autres églises où ils demeuraient. Dans la seconde, ils priaient que Dioscore et les évêques venus avec lui d'Egypte fussent présents au concile. A ces paroles les évêques s'écrièrent : Anathème à Dioscore ; et demandèrent qu'on chassât ces moines. Comme leur requête tendait principalement au rétablissement de Dioscore, qu'ils appelaient le conservateur de la foi de Nicée, et qu'ils menaçaient de renoncer à la communion du concile, si on leur refusait leur demande ; l'archidiacre Aétius lut le cinquième canon d'Antioche, qui ordonne que le prêtre ou le diacre, qui se sépare de la communion de son évêque pour tenir à part des assemblées, doit être déposé et ensuite chassé comme séditieux par la puissance séculière, s'il persiste dans son schisme. Les évêques dirent : Le canon est juste. Les magistrats demandèrent à ces moines s'ils se soumettaient aux décisions du concile? Ils répondirent qu'ils connaissaient la foi de Nicée, dans laquelle ils avaient été baptisés. Aétius les pressa de la part du concile de condamner Eutychès ; ils le refusèrent, disant que l'Evangile leur défendait de juger. L'un d'eux nommé Dorothée voulut même soutenir qu'Eutychès était catholique et qu'il suffisait de dire que celui qui a souffert est de la Trinité. Les évêques voulurent les obliger de souscrire à la lettre de saint Léon à Flavien ; ils répondirent qu'ils n'en feraient rien. Les magistrats prièrent qu'on leur donnât un délai de deux ou trois jours. Dorothée et Carose répondirent qu'ils n'en avaient pas besoin, et que le concile pouvait dès lors ordonner ce qu'il voudrait; que pour eux, ils ne changeraient pas de sentiment. Mais leur affaire fut renvoyée à la session suivante : elle n'est point marquée dans les anciens exemplaires, et on ne la regarde aujourd'hui que comme une suite de la précédente, quoiqu'elle se soit tenue trois jours après, c'est-à-dire le 20 d'octobre. On y accorda à Dorothée et aux autres, un mois de délai pour se déterminer à obéir au concile, avec menace d'être privés, eux et leurs moines, de toutes les fonctions et de toutes les dignités ecclésiastiques, de la conduite de leurs monastères et de la communion de l'Eglise, si, dans ce temps, ils ne se soumettaient au concile. On ajouta, qu'en cas d'opiniâtreté de leur part, le concile demanderait le secours de l'autorité séculière, pour exécuter ce qui aurait été statué contre eux, et que cela regarderait aussi ceux qui, pour ne pas obéir, auraient pris le parti de la fuite. Le même jour le concile jugea le différend qui était entre Photius de Tyr, et Eustathe de Béryte. Photius, qui prétendait être seul métropolitain de la première Phénicie, se plaignait qu'Eustathe, par le crédit qu'il avait sous le pontificat de Dioscore, avait obtenu de Théodose II une loi pour ériger Béryte en métropole; et qu'en conséquence, il s'attribuait la juridiction et les ordinations sur les églises de Biblos, de Botrys, de Tripoli, d'Orthosiade, d'Arcas et d'Antarade, qui appartenaient auparavant à la métropole de Tyr. L'empereur Théodose, dans sa loi (Cod. 9, 11, tit. 21), n'avait point parlé de ce démembrement ; il avait été fait par les évêques du concile de Constantinople en 449. Eustathe, voulant éloigner le jugement de cette affaire, représenta qu'il fallait avant toutes choses signer la définition de foi dont nous parlerons dans la suite. Il ajouta néanmoins qu'il était prêt à répondre. Après qu'on eut lu la requête de Photius, Eustathe lui demanda comment il voulait que leur différend fût jugé, selon les canons, ou selon les lois impériales? Selon les canons, dit Photius. Les magistrats déclarèrent que l'empereur Marcien voulait qu'ils servissent de règle dans les affaires des évêques, sans avoir aucun égard aux rescrits de la cour. Eustathe ne pouvait alléguer en sa faveur que le décret du concile de Constantinople de 449; voyant qu'il n'avait pas assez d'autorité, il avoua que les plaintes de Photius étaient fondées. Seulement il pria les évêques de ne pas croire qu'il eût sollicité le démembrement qu'on avait fait de sa métropole de Tyr. On lut le quatrième canon de Nicée, qui donne au métropolitain les ordinations avec les évêques de la province : sur quoi les magistrats demandèrent s'il pouvait y avoir deux métropolitains dans une même province : le concile ayant répondu que non, ils déclarèrent que, suivant les canons de Nicée et le jugement du concile, Photius aurait tout le pouvoir d'ordonner dans toutes les villes de la province de la première Phénicie, et que l'évêque Eustathe n'aurait rien, en vertu de la loi de Théodose, au-dessus des autres évêques de la province. Ce jugement fut approuvé unanimement. Quant aux évêques ordonnés par Photius et déposés par Eustathe, il fut décidé qu'ils seraient rétablis dans leur dignité et même dans leurs siéges, comme ayant été ordonnés légitimement par le métropolitain. On ne parla point des évêques ordonnés par Eustathe. Cécropius de Sébastopolis demanda qu'on fit un règlement pour faire observer partout les canons sans égard aux lois impériales; et il fut ainsi ordonné de l'avis du concile. Evagre et Libérat ne disent rien de ces deux affaires, ni des sessions particulières, où elles furent réglées, parce qu'elles ne sont pas décrites dans plusieurs exemplaires du concile; mais il est parlé de celle de Photius dans la dixième session.

Celle que l'on compte pour la cinquième est du 22 octobre. On y lut, à la requête des magistrats, une définition de foi dressée par les principaux évêques du concile. Elle avait déjà été lue le 21, qui était un dimanche, devant les évêques, qui l'avaient approuvée. Mais dans le concile elle souffrit des difficultés, surtout de la part des légats, parce qu'elle disait seulement que Jésus-Christ *est de deux natures*, et non *en deux natures*, comme saint Léon l'avait dit dans sa lettre à Flavien. Ils demandèrent qu'on s'arrêtât uniquement à la lettre de ce saint pape, ou qu'on leur fit donner un rescrit pour s'en retourner et pour célébrer un concile en Occident. Il était connu que Dioscore n'avait condamné Flavien que parce que ce saint évêque disait qu'il y a deux natures en Jésus-Christ. Ainsi c'aurait été autoriser la condamnation de saint Flavien, que de ne pas se servir de ce terme, que Dioscore rejetait, tandis qu'il admettait lui-même celui *de deux natures*. Il s'éleva là-dessus de grands débats entre les évêques. Pour les terminer, les magistrats firent aux évêques cette question : « A qui voulez-vous adhérer? Est-ce à Léon, ou bien à Dioscore? » Nous croyons comme Léon, répondirent aussitôt les évêques; l'exposition que l'on a faite de la foi est la seule orthodoxe. « Ajoutez donc à votre définition, répliquèrent les magistrats, en vous soumettant au jugement de notre très-saint Père Léon, qu'il y a en Jésus-Christ deux natures, distinctes quoique non séparées, et inconvertibles l'une dans l'autre. » Les magistrats proposèrent ensuite, d'après l'avis de l'empereur, d'assembler six évêques d'Orient, trois d'Asie, trois du Pont, trois d'Illyrie et trois de Thrace, l'archevêque Anatolius et les Romains, dans l'oratoire de l'église, pour convenir d'une définition de foi qui plût à tout le monde. L'empereur ordonna que la proposition fût exécutée ou que le concile fût transféré en Occident. Après quelque résistance, les évêques convinrent que la chose se traiterait par commissaires. On les choisit au nombre de vingt-deux; mais on n'en prit point des évêques d'Egypte, peut-être parce qu'on craignait qu'ils ne fussent trop favorables à Dioscore. Les vingt-deux commissaires étant entrés avec les magistrats dans la chapelle de Sainte-Euphémie, examinèrent le décret de la foi qui avait d'abord été proposé, et le mirent dans la forme que nous l'avons aujourd'hui. C'est le seul qui fut inséré aux actes, après qu'Aétius en eut fait la lecture en présence du concile. C'est plutôt un discours qu'un symbole. Celui de Nicée et celui de Constantinople y sont rapportés tout au long ; puis on ajoute : Ce symbole suffisait pour la connaissance parfaite de la religion ; mais les ennemis de la vérité ont inventé de nouvelles expressions ; les uns voulant anéantir le mystère de l'Incarnation, et refusant à la Vierge le titre de Mère de Dieu ; les autres introduisant une confusion et un mélange, et forçant une opinion insensée et monstrueuse, qu'il n'y a qu'une nature de la chair et de la divinité, et que la nature divine du Fils de Dieu est passible. C'est pourquoi le saint concile œcuménique, voulant obvier à toutes leurs entreprises et montrer que la doctrine de l'Eglise est toujours inébranlable, a défini premièrement, que la foi des trois cent dix-huit Pères demeurera inviolable. De plus, il confirme la doctrine que les 150 Pères assemblés à Constantinople ont enseigné, touchant la personne du Saint-Esprit, à cause de ceux qui l'attaquaient, mais non qu'ils crussent que quelque chose manquât à l'exposition précédente ; et à cause de ceux qui veulent détruire le mystère de l'Incarnation, le concile reçoit les lettres synodales du bienheureux Cyrille, tant à Nestorius qu'aux Orientaux, comme propres à réfuter l'erreur de Nestorius, et à expliquer le sens du symbole. Le concile y joint avec raison la lettre du très-saint archevêque Léon à Flavien contre l'erreur d'Eutychès, comme conforme à la confession de saint Pierre, et également propre à détruire les erreurs et à affermir la vérité. Suivant donc les saints Pères, nous déclarons tout d'une voix que l'on doit confesser un seul et même Jésus-Christ notre Seigneur, le même parfait dans la Divinité, et parfait dans l'humanité ; vraiment Dieu et vraiment homme ; le même composé d'une âme raisonnable et d'un corps ; consubstantiel au Père, selon la Divinité, et consubstantiel à nous, selon l'humanité ; en tout semblable à nous hormis le péché ; engendré du Père avant les siècles selon la Divinité ; dans les derniers temps né de la Vierge Marie, Mère de Dieu, selon l'humanité, pour nous et pour notre salut ; un seul et même Jésus-Christ Fils unique, Seigneur en deux natures, sans confusion, sans changement, sans division, sans séparation ; sans que l'union ôte la différence des natures ; au contraire la propriété de chacune est conservée et concourt en une seule personne et une seule hypostase ; en sorte qu'il n'est pas divisé ou séparé en deux personnes ; mais que c'est un seul et même Fils unique, Dieu Verbe Notre-Seigneur Jésus-Christ. Le concile défend à qui que ce soit d'enseigner ou de penser autrement, sous peine, aux évêques et aux clercs, de déposition; aux moines et aux laïques d'anathème. Il défend encore de composer ni de suivre aucune autre foi, ni aucun autre symbole que celui de Nicée. Ce décret fut lu et ensuite approuvé de tous les évêques. Le texte grec, au lieu de dire que Jésus-Christ *est en deux natures*, dit *de deux natures*. Mais on ne peut douter que ce ne soit une faute, sans qu'on puisse dire de quelle manière elle s'est glissée dans le texte. Evagre, qui le rapporte entier, lit *en deux natures*. On convint, dans la dispute entre les catholiques et les sévériens, en 533, que le concile avait mis *en deux natures*. On lit de même dans Euthymius et dans Léon de Byzance. Ce dernier assure même que le concile de Calcédoine ne parla point du terme de deux natures, parce qu'il ne voulait ni le rejeter ni s'en contenter; aussi les anciennes versions latines disent sans variation, *en deux natures*.

Le 25 octobre, les évêques étant assemblés, l'empereur Marcien vint au concile accompagné des magistrats qui avaient coutume de s'y trouver, et de plusieurs autres officiers. Il harangua les évêques en latin, qui était la langue de l'empire, puis en grec, pour leur témoigner que son intention en les convoquant avait été de conserver la pureté de la foi, altérée depuis quelque temps par l'avarice et l'ambition de quelques personnes. Il ajouta que l'on ne devait tenir d'autre doctrine sur le mystère de l'incarnation, que celle que les Pères de Nicée ont enseignée dans leur symbole, et saint Léon dans sa lettre à Flavien; que s'il avait voulu, à l'exemple de Constantin, assister au concile, ce n'était que pour confirmer la foi, et non pour exercer sa puissance. Son discours fini, on fit les acclamations ordinaires, après quoi on lut, par ordre de ce prince, la définition de foi faite le jour précédent. Elle fut souscrite par trois cent cinquante évêques, les légats à la tête. Diogène de Cyzique et quatorze autres métropolitains souscrivirent pour ceux de leurs suffragants qui étaient absents. Marcien demanda si la confession de foi qu'on venait de signer avait été faite d'un consentement unanime. Tous les évêques répondirent qu'ils l'avaient signée, parce qu'ils y reconnaissaient la foi des apôtres; et ils accompagnèrent de grands éloges pour l'empereur et pour l'impératrice Pulchérie. Marcien dit ensuite : Pour ôter à l'avenir tout prétexte de division, quiconque fera du tumulte en public en parlant de la foi, sera banni de Constantinople, au cas qu'il soit simple particulier; mais s'il est officier, il sera cassé; et déposé si c'est un clerc. Tout le concile fut de cet avis. L'empereur déclara qu'il avait quelques articles à proposer, et qu'il souhaitait les voir réglés plutôt par l'autorité de l'Eglise que par la sienne: le premier, que personne ne bâtirait un monastère sans le consentement de l'évêque de la ville, et du propriétaire de la terre; que les moines tant des villes que de la campagne seraient soumis à l'évêque, qu'ils vivraient en repos, ne s'appliquant qu'au jeûne et à la prière, sans s'embarrasser d'affaires ecclésiastiques ou séculières, s'ils n'en étaient chargés par l'évêque pour quelque nécessité, et qu'ils ne pourraient recevoir dans leurs monastères des esclaves sans la volonté de leurs maîtres; le second, qu'il serait défendu aux clercs de prendre à ferme des terres, ou de se charger de quelque intendance et recette, si ce n'est des biens de l'église, et par commission de l'évêque, sous peine aux contrevenants d'être dépouillés de leur dignité, en cas d'opiniâtreté; le troisième, que les clercs qui servent une église ne pourront être envoyés à l'église d'une autre ville, mais qu'ils se contenteront de celle à laquelle ils ont été premièrement destinés, hormis ceux qui, étant chassés de leur pays, ont passé dans une autre église par nécessité. Il devait y avoir peine d'excommunication, tant pour le clerc qui passait d'une église à une autre, que pour celui qui l'y recevait. Ces trois articles ayant été lus par le secrétaire Béronicien, l'empereur les donna à Anatolius, et on en fit ensuite le troisième, le quatrième, le cinquième, et le vingtième canon, en y changeant quelque chose. Ce prince ordonna, avec l'approbation du concile, que la ville de Calcédoine, en considération, tant de Sainte-Euphémie que parce que le concile y avait été assemblé, aurait à l'avenir les privilèges de métropole, mais pour le nom seulement, sauf la dignité de la métropole de Nicomédie. Les évêques le supplièrent de leur permettre de retourner à leurs églises; mais Marcien les pria de patienter encore trois ou quatre jours pour terminer en présence des magistrats les affaires dont on leur demandait la décision. C'est ainsi que finit la sixième session, que quelques-uns ont regardée comme la dernière du concile, parce qu'on y acheva de régler ce qui regardait la foi et les affaires générales de l'Eglise. On remarque que beaucoup d'églises n'avaient dans leurs copies que six sessions avec les canons, que le pape Pélage considérait comme faisant partie de la sixième session. Evagre, qui s'étend beaucoup sur les six premières, passe légèrement sur les suivantes. Ce qui n'empêche pas qu'on ne doive regarder les choses qui y furent traitées, comme appartenant au concile.

La septième, la huitième et la neuvième session sont datées du 26 octobre, parce qu'elles furent tenues toutes les trois dans ce jour. Dans la septième, le concile confirma l'accord fait entre Maxime d'Antioche et Juvénal de Jérusalem, par lequel la Phénicie et l'Arabie demeurèrent sous la juridiction de l'Eglise d'Antioche, et les trois Palestines sous la juridiction de l'Eglise de Jérusalem. On traita dans la huitième l'affaire de Théodoret. Il avait déjà été rétabli dans son siège par le pape saint Léon. Il anathématisa, en présence du concile, Nestorius, et quiconque ne disait pas que la Vierge est Mère de Dieu, et quiconque divisait en deux le Fils unique. Il souscrivit à la définition de foi qui y fut dressée; il avait dès auparavant souscrit à la lettre de saint Léon à Flavien. Les magistrats ne trouvant donc aucune difficulté sur son rétablissement, demandèrent qu'il rentrât dans son siége, comme saint Léon l'avait jugé : ce que tous les évêques accordèrent. Ibas demanda dans la neuvième session que l'on cassât tout ce qui avait été fait à Ephèse en son absence, et qu'on le rendît à son église. On lut d'abord la sentence arbitrale de Photius de Tyr et d'Eustathe de Béryte, rendue à Tyr, le 25 février 448, par laquelle il paraissait qu'Ibas avait déclaré sa foi et pardonné à ses accusateurs; et comme il y avait beaucoup d'autres pièces à lire, on remit l'affaire à la session suivante, qui se tint le lendemain 27 octobre. On y lut les actes du synode tenu à Béryte, le 1 septembre 448, où Ibas avait été renvoyé absous. Les magistrats proposèrent ensuite la lecture de ce qui avait été fait contre lui dans le faux concile d'Ephèse. Mais les légats s'y opposèrent, disant que l'évêque de Rome avait rejeté et déclaré nul tout ce qui avait été fait dans ce concile, excepté l'ordination de Maxime d'Antioche, que ce pape avait reçu à sa communion, et qu'il fallait demander une loi à l'empereur qui défendit même de donner le nom de concile à cette assemblée. Sans faire donc lecture des actes d'Ephèse, Pascasin et les autres légats opinèrent que, suivant les pièces qui avaient été lues, Ibas devait être reconnu pour orthodoxe et recouvrer l'honneur de l'épiscopat et son église dont il avait été chassé injustement; qu'à l'égard de Nonnus, ordonné évêque d'Edesse à la place d'Ibas, c'était à l'évêque d'Antioche de statuer sur ce qu'il jugerait plus à propos. Son avis fut que Nonnus conserverait les honneurs de l'épiscopat jusqu'à ce qu'on eût examiné son ordination dans une assemblée des évêques de la province: ce qui fut approuvé du concile et des magistrats. On demanda seulement qu'Ibas anathématisât Nestorius et Eutychès; ce qu'il fit à l'instant. Dans la même session, Maxime, qui avait été élu évêque d'Antioche en la place de Domnus déposé dans le faux concile d'Ephèse, demanda que l'on accordât à son prédécesseur une pension sur les revenus de l'Eglise d'Antioche; les magistrats et les évêques du concile y consentirent, mais en laissant à la discrétion de Maxime la quantité de la pension.

La onzième et la douzième session, quoique tenues en différents jours, l'une le 29 octobre, l'autre le 30 du même mois, ne traitèrent que d'une seule affaire, qui était celle de Bassien et d'Etienne d'Ephèse. Bassien, ordonné par force évêque d'Evazes, ville de la province d'Asie, ne voulut pas aller à l'Eglise pour laquelle on l'avait ordonné; mais celle d'Ephèse étant devenue vacante par la mort de Basile, en 444, Bassien en prit le gouvernement, contraint, disait-il, de l'accepter par les évêques, le clergé et le peuple. Il fut maintenu dans ce siége par l'empereur Théodose II et par saint Procle, qui n'avait pas d'abord approuvé son intronisation. Après quatre ans d'épiscopat, c'est-à-dire en 448, comme il offrait le sacrifice avec tout son peuple et son clergé, ceux qui avaient accoutumé de recevoir de sa main les saints mystères, se saisirent de lui, lui arrachèrent son habit sacerdotal, et le traînèrent en prison, où ils le retinrent pendant trois mois. Durant ce temps-là, les mêmes évêques qui avaient ordonné Bassien, ordonnèrent à sa place Etienne, prêtre d'Ephèse, qui en fut évêque jusqu'en 451, que Bassien demanda à être rétabli dans son siége. A cet effet, il présenta sa requête dans la session du 29 octobre. Il l'avait présentée auparavant à l'empereur Marcien, et ce prince l'avait renvoyée au concile. Elle y fut lue. Comme il se plaignait qu'Etienne, alors évêque d'Ephèse, lui retenait son siége et son bien, les magistrats ordonnèrent à Etienne de répondre. Etienne dit que Bassien n'avait point été ordonné évêque d'Ephèse; mais que cette église étant devenue vacante, il y était entré de force et s'y était assis, à la faveur d'une troupe de gladiateurs et d'autres gens armés; qu'après qu'on l'en avait chassé, suivant les canons, quarante évêques d'Asie l'avaient ordonné à la place de Bassien, par le suffrage des nobles, du peuple, du clergé et de la ville, dont il était bien connu, puisqu'il y avait quarante ans qu'il était dans le clergé d'Ephèse. Bassien, de son côté, fit au concile le détail de ses bonnes œuvres depuis sa jeunesse, disant qu'il avait fait bâtir un hôpital, où il avait mis soixante et dix lits, qu'il y recevait tous les malades et les étrangers; que l'évêque Memnon, jaloux de sa vertu, l'avait ordonné malgré lui évêque d'Evazes, pour l'obliger par là à sortir d'Ephèse; que Basile, successeur de Memnon, étant mort, on lui fit violence pour le mettre lui-même sur le siége d'Ephèse; que son intronisation fut confirmée par l'empereur Théodose et par saint Procle de Constantinople; qu'il était demeuré paisible dans cette église, pendant quatre ans; en sorte qu'il avait ordonné dix évêques et plusieurs clercs. Il déclara ensuite de quelle manière on l'avait maltraité, en lui ôtant ses habits sacerdotaux, en l'enfermant en prison, et en lui prenant tout son bien; il rejeta toutes ces violences en partie sur Etienne. Après quelques autres contestations de part et d'autre, les magistrats, voyant qu'aucun des deux n'avait été ordonné par le concile de la province, qu'au contraire, ils avaient été l'un et l'autre faits évêques par violence, opinèrent qu'il fallait les déposer tous deux, et élire un autre évêque d'Ephèse. Ce jugement parut juste; mais, sur la remontrance des évêques d'Asie, on suspendit pour quelque temps cette nouvelle élection, dans la crainte que si l'on envoyait à Ephèse un évêque élu à Calcédoine, cela n'occasionnât quelque sédition. Cette affaire fut encore discutée dans la douzième session, qui se tint le lendemain. On convint qu'Etienne et Bassien seraient déposés et qu'on élirait un autre évêque à leur place; mais qu'ils garderaient l'un et l'autre la dignité d'évêque, avec une pension de deux cents pièces d'or par an, sur les revenus de l'Eglise d'Ephèse. On accorda encore à Bassien la permission de poursuivre, suivant les formes des lois, Etienne ou tout autre qu'il voudrait, pour se faire rendre ce qu'on lui avait enlevé de son bien..

La treizième session fut tenue le même jour que la précédente, le 30 octobre. Eunomius de Nicomédie y présenta une requête en plainte de ce qu'Anastase de Nicée, entreprenant sur les droits de métropolitain, avait excommunié des clercs de l'église de Basilinople, qui était de la dépendance de Nicomédie. Anastase soutenait au contraire que Basilinople ayant été autrefois tirée de l'Eglise de Nicée, par Julien qui en fit une ville à qui il donna le nom de sa mère, Basiline, elle devait dépendre de Nicée, et la reconnaître comme sa métropole. Les parties alléguèrent diverses raisons pour appuyer leurs prétentions; mais les magistrats voulant aller au fond de l'affaire, demandèrent ce que portaient les canons. On lut le quatrième de Nicée, où il est dit que les ordinations de chaque province se doivent faire par l'autorité du métropolitain. Anastase répondit que l'empereur Valens avait par une loi attribué à Nicée le droit de métropole. Eunomius cita une loi de Valentinien, postérieure à la précédente, qui portait que le titre de métropole, donné par honneur à Nicée, ne préjudicierait en rien aux priviléges de Nicomédie. Sur quoi les magistrats, de l'avis de tout le concile, déclarèrent que le canon de Nicée ne voulant qu'un métropolitain dans chaque province, l'évêque de Nicomédie, qui était de toute antiquité métropolitain dans la Bithynie, serait reconnu en cette qualité par l'évêque de Basilinople et même par celui de Nicée, qui conserverait toutefois le titre de métropolitain, par honneur seulement. Aétius, archidiacre de Constantinople, prétendit que l'évêque de cette ville était en possession d'ordonner celui de Basilinople, et demanda que ce droit lui fût conservé. Le concile répondit qu'il fallait s'en tenir aux canons. A quoi les magistrats ajoutèrent que l'évêque de Nicomédie devait être métropolitain de toute la province; et qu'à l'égard des priviléges de l'Eglise de Constantinople, on les examinerait en un autre temps.

Dans la quatorzième session, qui se tint le 31 octobre, on lut deux requêtes de Sabinien, évêque de Perrha en Syrie, l'une adressée à l'empereur, l'autre aux archevêques Léon, Anatolius et Maxime, portant qu'ayant été ordonné évêque de Perrha par les évêques de la province, à la place d'Athanase, chassé de son siége, parce qu'accusé de crimes atroces, il n'avait pas voulu comparaître, néanmoins le concile d'Ephèse, sous Dioscore, avait renvoyé Athanase à Perrha, et l'en avait chassé lui-même, contre le gré des habitants de cette ville. Athanase se défendit, en disant que sa cause avait été jugée par saint Cyrille et saint Procle; mais qu'après la mort de saint Cyrille, Domnus d'Antioche l'ayant fait citer en jugement, il lui avait répondu que si l'on voulait s'en tenir aux lettres de saint Cyrille et de saint Procle, il était prêt à comparaître et à répondre à la citation. Il demanda qu'on lût ces lettres. Elles portaient qu'Athanase s'était plaint à un concile de Constantinople de quelques-unes de ses ecclésiastiques qui avaient voulu mettre les économes de l'église à leur choix, et ôter son nom des diptyques. Sur quoi saint Cyrille et saint Procle avaient prié Domnus d'Antioche de nommer des commissaires pour juger Athanase sur les lieux, s'il ne pouvait y aller lui-même, à cause que cette ville était trop éloignée d'Antioche. Suivant les canons, c'était au métropolitain d'Athanase à le juger; mais il l'avait récusé comme suspect. Domnus nomma pour commissaire Panolbius, évêque d'Hiéraple, ami d'Athanase. Néanmoins celui-ci ne voulut pas comparaître; il offrit même de se défaire de son évêché. Jean, successeur de Panolbius, cita aussi Athanase, et enfin Domnus le cita à son concile. Athanase fit défaut partout. Au contraire, les clercs de Perrha ayant comparu pour l'accuser, les évêques du concile d'Antioche le condamnèrent, comme ayant exposé faux à saint Cyrille et à saint Procle. Sabinien demanda qu'on lût les actes de ce concile. Après qu'on en eut fait la lecture, les magistrats demandèrent si quelques-uns de ceux qui avaient déposé Athanase avec Domnus étaient présents au concile. Théodore de Damas et six autres évêques s'étant avancés, dirent que les clercs de Perrha avaient formé des plaintes contre Athanase; qu'étant appelé jusqu'à trois fois, et ne s'étant pas présenté, on avait prononcé contre lui la sentence de déposition. Les magistrats demandèrent à Athanase pourquoi il n'avait pas comparu au concile d'Antioche? Il répondit: Parce que l'évêque d'Antioche, qui y présidait, était mon ennemi. Les magistrats jugèrent qu'Athanase ayant été déposé pour sa contumace, Sabinien devait demeurer possesseur de l'église de Perrha, puisqu'il avait été ordonné par le concile de la province. Ils déclarèrent qu'Athanase avait été mal rétabli par Dioscore dans le faux concile d'Ephèse, et Sabinien mal déposé; que toutefois Maxime d'Antioche avec son concile prendrait connaissance de l'affaire, en sorte qu'elle fût terminée dans huit mois; que si Athanase se trouvait convaincu, ne fût-ce que d'un seul crime digne de déposition, il serait non-seulement déchu de l'épiscopat, mais encore soumis aux peines des lois; et que si, dans cet espace de temps, il n'était ni poursuivi, ni convaincu, on le remettrait dans son siége, dont Sabinien serait coadjuteur, avec une pension proportionnée aux revenus de l'église de Perrha. Le concile approuva ce jugement.

Le même jour, 31 octobre, après qu'on eut réglé toutes les affaires particulières portées au concile, l'archidiacre Aétius représenta qu'il y en avait aussi une à régler, par rapport à l'Eglise de Constantinople. Il avait proposé la même chose dès la veille, et les magistrats en avaient renvoyé l'examen à un autre moment. Il pria donc les légats et les magistrats d'être présents aux délibérations qui devaient être prises à ce sujet. Les légats s'y refusèrent, disant qu'ils n'en avaient point reçu d'ordre du pape ; les magistrats s'en excusèrent aussi et dirent que le concile pouvait examiner la chose sans leur concours. Les légats s'étant retirés avec les magistrats, les évêques d'Orient, qui composaient le reste du concile, firent un canon en faveur de l'Eglise de Constantinople, portant que l'évêque de cette ville appelée la nouvelle Rome aurait non-seulement la préséance d'honneur sur tous les autres évêques après celui de l'ancienne Rome, mais encore un droit étendu de juridiction sur les trois métropoles du Pont, de l'Asie et de la Thrace. Ce canon, contre lequel l'Eglise romaine a toujours réclamé, jusqu'à l'époque du quatrième concile de Latran, où le second rang parmi les patriarches a été enfin accordé par le pape Innocent III à celui de Constantinople, est compté pour le vingt-huitième des canons de Calcédoine, que nous allons rapporter ici, quoique les vingt-sept premiers appartiennent plutôt aux précédentes sessions du concile.

Le 1er confirme tous les canons faits dans les conciles précédents, et en ordonne l'observation.

Ce canon doit s'entendre de tous les conciles tant généraux que particuliers qui ont précédé celui de Calcédoine, et, par conséquent, du code de l'Eglise grecque donné par Justel, qui contient cent soixante-dix canons tirés des conciles de Nicée, d'Ancyre, de Néocésarée, de Gangres, d'Antioche, de Laodicée et de Constantinople ; car il y avait dès lors un recueil de canons, comme on le voit par divers endroits des actes du concile de Calcédoine. Il est attribué, dans un ancien manuscrit, à Etienne d'Ephèse ; mais peut-être celui-ci n'y ajouta-t-il que les canons des conciles d'Ephèse et de Calcédoine.

Le 2e porte que, si un évêque a mis en commerce la grâce, qui n'est point vénale, et ordonné pour de l'argent un évêque, un chorévêque, un prêtre, un diacre ou quelque autre clerc ; ou s'il a établi pour de l'argent un économe, un défenseur, un concierge, ou quelque autre de ceux qui sont désignés dans le canon, l'ordinateur sera en danger de perdre son rang ; et celui qui sera ordonné ou pourvu ne profitera point de la place qu'il aura voulu acheter : l'entremetteur même de cet infâme trafic, s'il est clerc, sera déposé ; s'il est laïque ou moine, il sera anathématisé.

Ce canon condamne et punit toute espèce de simonie commise, non-seulement dans l'ordination, mais aussi dans la nomination des officiers de l'Eglise, quels qu'ils puissent être, tels que les économes, ses défenseurs ou avocats, ses concierges, etc. Ce canon se trouve dans la lettre encyclique du concile de Constantinople, de l'an 459, et dans les actes du concile de Paris, de l'an 829. On le trouve aussi dans les actes de l'assemblée du clergé de France, de l'an 1635 ; et les prélats de cette assemblée en firent usage contre les secrétaires des évêques, qui exigent des salaires excessifs pour le sceau et les autres droits de l'évêque ; d'où vient que Michel Amelot, archevêque de Tours, défendit, par un mandement de l'an 1675, de rien donner et de rien recevoir pour les lettres d'ordres, ni pour toute expédition.

Le 3e canon défend aux évêques, aux clercs et aux moines, de prendre à ferme des terres, ou de se charger des affaires temporelles, si ce n'est que les lois les appellent à une tutelle dont ils ne puissent s'excuser, ou que l'évêque les charge du soin des affaires de l'Eglise ou de personnes misérables, comme les veuves et les orphelins.

Les tutelles et les curatelles étaient défendues aux clercs, dès le temps de saint Cyprien. Dans la suite, les clercs et les moines en ont été déchargés par les empereurs. *Justinian. in l. LI, Cod. de Episcopis et Clericis.*

Le 4e déclare que, quoiqu'on doive honorer ceux qui mènent une vie vraiment solitaire, néanmoins, parce qu'il y a des personnes qui, sous prétexte d'embrasser la profession monastique, troublent l'Eglise et l'Etat, en parcourant les villes pour se bâtir des monastères, il sera défendu de bâtir un monastère ou une oratoire, c'est-à-dire une chapelle, un petit monastère, sans le consentement de l'évêque de la ville et du propriétaire de la terre. Il veut aussi que les moines, tant des villes que de la campagne, soient soumis à l'évêque et vivent en repos, ne s'appliquant qu'au jeûne et à la prière, sans s'embarrasser d'affaires séculières, s'ils n'en sont chargés par l'évêque pour quelque nécessité. Il leur défend en même temps de recevoir des esclaves dans leurs monastères, sans la volonté des maîtres.

Le 5e ordonne l'observation des anciens canons, à l'égard des évêques et des clercs qui passent d'une église à une autre.

Le 6e défend d'ordonner aucun ecclésiastique, soit prêtre, soit diacre, sans l'attacher à une église de la ville ou de la campagne, ou à un monastère, et déclare nulles les ordinations absolues, en défendant à ceux qui les ont reçues d'en faire aucune fonction, à la honte de ceux qui les auront ordonnés.

Il y a deux choses surtout dignes de remarque dans ce canon : la première, qu'on ordonnait des prêtres qu'on attachait aux monastères, qui n'étaient pour l'ordinaire composés que de laïques, afin de dire la messe et d'y faire les autres fonctions sacerdotales ; et ces prêtres étaient différents des supérieurs de ces mêmes monastères, comme on le voit par la règle et par les lettres de saint Augustin ; la seconde, que les ordinations réprouvées par ce canon n'étaient pas seulement illicites, mais encore nulles et invalides, selon plusieurs anciens scolastiques cités par le P. Morin, *De SS. Ordinat. part. III, exercit. 5, cap. 40.*

Le septième défend, sous peine d'anathème, à ceux qui sont entrés une fois dans le clergé ou dans l'état monastique, de quitter l'un et l'autre de ces états qu'ils ont embrassés à cause de Dieu, pour s'engager dans la milice ou dans une dignité séculière.

Pour bien prendre le sens de ce canon, il est nécessaire d'observer que, quoique le mariage ne fût pas interdit aux clercs inférieurs, les anciens étaient néanmoins persuadés que ni les clercs, quels qu'ils fussent, ni les moines, ne pouvaient, sans une sorte d'apostasie, quitter la vie cléricale ou monastique, pour s'engager dans la milice ou dans une dignité séculière, parce qu'ils regardaient ces sortes d'états comme essentiellement contraires à la vie cléricale et monastique : tel est le sens de ce canon, qui était encore en vigueur dans le treizième siècle, comme l'assure le P. Thomassin, *De Disciplin. eccl. part.* IV, *lib.* II, *cap.* 4.

Le 8e ordonne que tous les clercs des hôpitaux, des monastères et des églises ou chapelles des martyrs, de même que tous ceux qui demeurent en ces lieux, seront sous la puissance de l'évêque de chaque ville, suivant la tradition des Pères, sous peine de correction canonique pour les clercs, et d'excommunication pour les moines et les laïques.

Il y avait autrefois des clercs et des moines destinés à desservir des hôpitaux et des églises des martyrs, qui se prétendaient exempts de la juridiction de l'évêque diocésain : le concile de Calcédoine les y soumet, selon la tradition des PP. et des canons.

Le 9e défend aux clercs, qui ont des affaires avec d'autres clercs, de quitter leur évêque pour s'adresser aux tribunaux séculiers, et leur ordonne de poursuivre leurs causes premièrement devant leur évêque ou, par son ordre, devant celui dont les parties seront convenues ; le tout sous les peines canoniques. Le canon ajoute que les différends que les clercs auront avec leurs évêques, seront jugés par le concile de la province ; mais que si un évêque ou un clerc a une affaire avec le métropolitain, elle sera jugée par l'exarque du département ou par le siége de la ville royale de Constantinople.

Ce canon, qui traite du juge qui doit terminer les causes des clercs, renferme trois cas. Ou bien un clerc a une affaire avec un autre clerc, ou avec son évêque, ou avec son métropolitain. Dans le premier cas, l'affaire, soit civile, soit ecclésiastique, doit être portée, en première instance, au tribunal de l'évêque ; ce qui est confirmé par le chapitre 21 de la 123e novelle de Justinien, non-seulement pour les causes que les clercs ont entre eux, mais encore pour celles que les laïques intentent aux clercs. Dans le deuxième cas, qui est celui d'un clerc qui a un différend avec son évêque, l'affaire sera portée au concile de la province. Dans le troisième cas, où un clerc, ou bien un évêque, aurait quelque différend avec son métropolitain, il faudra recourir à l'exarque du département ou au siége de Constantinople. Par l'exarque du département, on n'entend pas le simple métropolitain d'une province, comme l'observe Balsamon ; mais celui qui présidait à tout un diocèse, selon l'ancienne signification de ce terme, c'est-à-dire à un district ou département ecclésiastique qui renfermait plusieurs provinces : c'est là ce qu'on appelait anciennement *diocèse*, ainsi que l'observe encore Balsamon. Les exarques ou, comme traduit Denys le Petit, les primats d'un diocèse étaient donc ceux qui avaient sous eux plusieurs métropolitains de provinces. C'est ainsi que, dans les actes mêmes du concile de Calcédoine, Domnus, évêque d'Antioche, est nommé *exarque du diocèse oriental*. L'empereur Justinien, confirmant ce canon dans le chapitre 22 de sa 123e novelle, a substitué le mot de *patriarche* à celui d'*exarque;* mais le sens est le même. Enfin le canon veut qu'on puisse, dans le troisième cas, s'adresser directement à l'évêque de Constantinople, que la cause puisse indifféremment être jugée, soit par l'exarque du diocèse, soit par l'évêque de la ville impériale, à cause sans doute des facilités que présentait ce siége pour la discussion des affaires.

Le 10e canon : « Il n'est pas permis à un clerc d'être inscrit en même temps et compté dans le clergé de deux villes, savoir de celle où il a été ordonné d'abord et de celle où il a passé, comme plus grande, par ambition : ceux qui l'auront fait, seront rendus à la première église. Que si quelqu'un est déjà transféré à une autre église, il n'aura plus aucune part aux affaires de la première, ou des oratoires, ou des hôpitaux qui en dépendent; le tout, sous peine de déposition pour ceux qui, à l'avenir, retomberont dans cette faute. »

Le 11e veut que l'on ne donne que des lettres de paix et de communion aux pauvres qui voyagent, si l'on sait qu'ils sont effectivement catholiques, afin de leur procurer par ces lettres les secours dont ils ont besoin. Il réserve les lettres de recommandation pour les personnes d'une condition plus relevée, parce qu'on les accompagnait ordinairement de quelques éloges de la piété et de la vertu de ceux qui en étaient les porteurs.

Les lettres de paix, qu'on donnait anciennement aux pauvres qui voyageaient, sont fort bien décrites par Sozomène, au chapitre 16 du 6e livre de son Histoire ecclésiastique, où il rapporte que Julien l'Apostat admirait les lettres de paix que les évêques donnaient aux pauvres voyageurs, pour leur procurer des secours, en quelque lieu qu'ils pussent aller. Quant aux lettres de recommandation, dont il est parlé dans ce canon, Balsamon, Zonare, Aristhène et les autres Grecs, suivis par Gentien Hervet, disent qu'on ne les donnait qu'aux personnes suspectes, et lisent ainsi les dernières paroles du canon : *Quoniam litteras commendatitias iis solis personis quæ sunt suspectæ, præberi oportet.* Les personnes suspectes, disent ces commentateurs, parce qu'elles avaient été liées de quelque censure, avaient besoin de lettres de recommandation, qui prouvassent qu'elles avaient été relevées de ces censures, puisque sans cela les évêques, dans les diocèses desquels elles devaient voyager, n'auraient pas voulu les recevoir à la paix et à la communion. Mais M. de l'Aubespine réfute solidement cette explication des commentateurs grecs, et fait voir que les lettres *pacifiques* étaient différentes des lettres de *recommandation*, en ce que les premières se donnaient aux pauvres ordinaires, et les autres aux personnes d'une condition plus relevée, soit clercs, soit laïques.

Le 12e canon fut fait à l'occasion des différends entre les évêques de Tyr et de Béryte, de Nicomédie et de Nicée. Il porte que les évêques ne pourront, sous peine de déposition, s'adresser aux puissances, ni obtenir des lettres du prince pour diviser une province en deux, et y faire deux métropolitains, et que, quant aux villes qui ont déjà été honorées du nom de *métropoles*, elles n'en jouiront que par honneur, sans préjudice des droits de la véritable métropole.

Le 13e défend aux clercs étrangers et inconnus d'exercer aucune fonction dans une autre ville, sans lettres de recommandation de leur évêque, qui portent témoignage de leurs ordres et de leurs mœurs.

Le mot de *lecteurs*, qui se trouve chez Isidore, chez Denys le Petit, et même dans le code de l'Église romaine, rend ce canon obscur; mais la leçon grecque, qui porte *ignotos*, au lieu de *lectores*, et qui est la meilleure, lève la difficulté. La discipline contenue dans ce canon a été renouvelée par le concile de Trente, *sess*. 22.

Le 14e déclare que, puisqu'il est accordé en quelques provinces aux lecteurs et aux chantres de se marier, il ne leur sera point permis de prendre des femmes qui ne soient point catholiques, ou de faire baptiser leurs enfants chez les hérétiques. Il ne veut pas non plus qu'ils les marient à des hérétiques, à des Juifs, ou à des païens, s'ils ne promettent de se convertir; et, à l'égard de ceux qui avaient reçu le baptême chez les hérétiques, il ordonne à leurs parents de les faire entrer dans la communion de l'Église.

On voit par ce canon, que la discipline de l'Église n'était point partout la même, touchant la continence de ses ministres. En quelques provinces d'Orient, il était permis aux lecteurs et aux chantres de se marier; et cet usage est reçu partout aujourd'hui, tant en Orient qu'en Occident. On voit aussi l'horreur que l'Église a eue, dans tous les temps, des mariages des catholiques avec les hérétiques, à cause du danger de séduction, tant pour la partie catholique, que pour les enfants.

Le 15e défend d'ordonner, par l'imposition des mains, une diaconesse, qu'elle n'ait l'âge de quarante ans, et qu'on ne l'ait beaucoup éprouvée. Que si, après l'imposition des mains, et après avoir passé quelque temps dans le service, elle vient à se marier, au mépris de la grâce de Dieu, elle sera anathématisée avec son mari.

Le 16e défend aussi aux vierges consacrées à Dieu, et aux moines, de se marier, sous peine d'être privés de la communion, pendant autant de temps qu'il plaira à l'évêque.

Il paraît par ce canon, que, du temps du concile de Calcédoine, les vœux des vierges consacrées à Dieu, non plus que ceux des moines, n'étaient point encore regardés comme des empêchements dirimants du mariage, puisque le concile n'ordonne pas de séparer les vierges ou les moines qui s'étaient mariés après leurs vœux, mais seulement de les priver de la communion, c'est-à-dire de les excommunier, pour autant de temps qu'il plaira à l'évêque. Gratien, qui rapporte ce canon, *caus*. 27, *quæst*. 1, *can*. 22 de la version d'Isidore, et qui l'avait déjà rapporté, *ibid*. *can*. 12 de la version de Denys le Petit, l'attribue au concile de Tribur; et il paraît par là, comme par beaucoup d'autres endroits, combien Gratien est peu exact à indiquer les véritables sources des canons qu'il rapporte.

Le 17e adjuge les paroisses de la campagne aux évêques qui en sont en possession paisible depuis trente ans; mais on ajoute que si, dans les trente ans, il se forme quelque difficulté, elle pourra être poursuivie au concile de la province. Que, si le métropolitain est partie, on ira à l'exarque du département ou à l'évêque de Constantinople, et que, si quelque nouvelle ville est établie par la puissance de l'empereur, l'ordre des paroisses ecclésiastiques suivra la forme du gouvernement politique.

La disposition adoptée à la fin de ce canon ne doit être considérée que comme une mesure purement arbitraire, et ne saurait contredire le principe proclamé par l'évêque Cécropius, dans la 4e session, aux applaudissements de tout le concile.

Le 18e punit de déposition et d'excommunication les ecclésiastiques et les moines qui font des conjurations et des cabales contre leurs évêques ou leurs confrères, ce crime étant défendu même par les lois civiles.

Le 19e ordonne que, pour obvier au préjudice que causait aux affaires de l'Église le défaut des conciles, on en assemble deux chaque année, suivant les décrets de Nicée, au lieu choisi par le métropolitain, et que les évêques qui manqueront de s'y trouver sans empêchement légitime en soient repris par leurs confrères.

Le 20e déclare que, si un évêque reçoit un clerc d'un autre diocèse, lui et le clerc seront séparés de la communion jusqu'à ce que le clerc soit retourné à son évêque, si ce n'est que ce clerc soit contraint de changer d'église à cause de la ruine de son pays.

La séparation de la communion, dont il est parlé dans ce canon, ne doit pas s'entendre de l'anathème ou de l'excommunication, mais seulement de l'exclusion pour un temps de la communion avec les autres évêques, ou de la suspension des fonctions des ordres; et c'est dans ce dernier sens que le code de l'Église romaine et les conciles postérieurs, notamment celui de

Trente, l'ont entendue, lorsqu'ils ont prononcé la peine de suspense contre l'évêque qui ordonne un sujet étranger sans la permission de son propre évêque, et contre le sujet ordonné de cette sorte.

Le 21ᵉ défend d'admettre indifféremment les clercs ou les laïques à accuser des évêques ou des clercs, sans avoir auparavant examiné la réputation des accusateurs.

Le 22ᵉ défend aux clercs, sous peine de déposition, ainsi qu'il leur avait été déjà défendu par les anciens canons, de piller les biens de leur évêque après sa mort.

Le 23ᵉ ordonne au défenseur de l'Église de Constantinople de chasser de la ville les clercs et les moines étrangers qui y venaient sans y être envoyés par leur évêque, et qui y troublaient souvent le repos de l'Église et des maisons particulières.

Le 24ᵉ porte que les monastères, une fois consacrés par l'autorité de l'évêque, et les biens qui leur appartiennent, ne changeront point d'état : en sorte qu'il ne soit plus permis d'en faire des habitations séculières, ni d'usurper les biens qui leur appartiennent.

Le 25ᵉ dit que les ordinations des évêques se feront dans trois mois, s'il n'y a une nécessité absolue qui oblige le métropolitain à différer, et que le revenu de l'église vacante sera conservé par l'économe.

Le 26ᵉ veut que chaque église cathédrale ait un économe pris du corps de son clergé, pour administrer ses biens, suivant l'ordre de l'évêque, afin que l'on voie clair en cette administration, et que les biens de l'église ne soient pas dissipés ni le sacerdoce décrié. Ce canon, dont le but est d'empêcher qu'on n'accuse les évêques d'infidélité dans l'administration des biens de l'église, a été renouvelé par le deuxième concile de Séville, tenu l'an 619, can. 9.

Le 27ᵉ anathématise celui qui enlève une femme, même sous prétexte de mariage, ses complices et ses fauteurs : si c'est un clerc, il doit être déposé.

Le 28ᵉ accorde le second rang à l'Église de Constantinople, en ces termes : « Les Pères ont eu raison de donner au siége de l'ancienne Rome ses priviléges, parce qu'elle était la ville régnante ; et, par le même motif, les cent cinquante évêques du concile de Constantinople ont jugé que la nouvelle Rome, qui est honorée de l'empire et du sénat, doit avoir les mêmes avantages dans l'ordre ecclésiastique et être la seconde après : en sorte que les métropolitains des trois départements du Pont, de l'Asie et de la Thrace, et les évêques, leurs suffragants, qui sont chez les Barbares, soient ordonnés par l'évêque de Constantinople, après qu'ils auront été élus canoniquement dans leurs églises. Mais chacun de ces métropolitains ordonnera les évêques de sa province, assisté de ses suffragants, selon les canons. »

Ce canon ne se trouve point dans la collection de Denys le Petit, ni dans les autres collecteurs latins, ni même dans les anciennes collections grecques, comme l'a prouvé P. de Marca (*De veter. can. Collect.*, c. 3, § 17, 18), et après lui N. Alexandre (*Hist. eccl.*, sæc. V, c. I, art. 13). On le dressa furtivement, par les intrigues d'Anatole de Constantinople, à la suite de la quinzième session du concile ; il devint le sujet d'une grande contestation entre les évêques orientaux et les légats du pape, qui s'en plaignirent dans la seizième session, du 1ᵉʳ novembre, qui fut la dernière. Saint Léon ne voulut jamais l'approuver. Outre ces vingt-huit canons, on en trouve deux autres dans Balsamon, Zonare, Aristhène et les autres commentateurs grecs ; mais il paraît qu'ils sont d'une main plus récente.

Le 1ᵉʳ déclare qu'un évêque ne doit jamais être réduit au rang des prêtres.

Le 2ᵉ accorde un délai aux évêques d'Egypte pour souscrire à la lettre de saint Léon à Flavien, jusqu'à l'élection d'un évêque d'Alexandrie à la place de Dioscore.

Il y a une grande différence entre les divers exemplaires du concile de Calcédoine. Les collections ordinaires ont seize sessions ; mais plusieurs églises n'en avaient que six avec les canons. La session qui est marquée pour la dernière, et la seizième dans ces collections, Libérat la compte pour la douzième, d'autres pour la treizième. Le savant P. Mansi, depuis évêque de Lucques, dit qu'il a trouvé dans un manuscrit de neuf cents ans, de la même ville, une très-ancienne version des canons de Calcédoine, qui n'a point encore vu le jour, et qui ne cède à aucune ancienne version pour la fidélité. Elle ne contient que vingt-sept canons, et met le concile de Calcédoine à l'an 450, quoiqu'il se soit tenu l'an 451, et cela selon l'usage ancien, qui négligeait l'exactitude dans la supputation des années, en faveur du nombre rond. Cette variété des exemplaires vient de ce que, dans les conciles généraux, les évêques des grands siéges avaient chacun leurs notaires par lesquels ils faisaient rédiger ou copier les actes, suivant le besoin qu'ils en avaient. Tous étaient soigneux d'emporter avec eux et de publier dans leurs provinces les définitions de la foi et les canons. Mais, pour les actes relatifs aux affaires particulières, ceux qui n'y étaient pas intéressés n'en prenaient pas le même soin. Les uns les négligeaient tout à fait ; d'autres n'en recueillaient qu'une partie ; et ceux qui les recueillaient les plaçaient différemment, suivant l'ordre des dates ou le mérite des matières.

Les légats, informés que, dans la quinzième session, il s'était fait quelque chose contre les canons, s'en plaignirent dans la session suivante, qui fut tenue le 1ᵉʳ novembre, les magistrats présents. Nous vous prions, leur dit Pascasin, de faire lire ce qu'on a fait écrire, afin que tous nos frères voient s'il est juste ou non. On lut le canon vingt-huitième avec les signatures des évêques. Lucentius, l'un des légats, dit qu'on avait surpris les évêques, et qu'on les avait contraints de signer ce canon avant qu'on l'eût écrit. Sur ce reproche, les évêques s'écrièrent qu'on n'avait contraint personne. Comme les légats continuaient de s'opposer au vingt-huitième canon, Aétius, archidiacre de Constantinople, demanda s'ils en avaient reçu quelque ordre du pape Léon. Le prêtre Boniface, qui l'avait par écrit, le lut en ces termes : « Ne souffrez point que l'ordonnance des Pères soit enfreinte ou diminuée par aucune entreprise; gardez en tout la dignité de notre personne que vous représentez; et si quelques-uns, se confiant en la splendeur de leurs villes, veulent s'attribuer quelque chose, repoussez-les avec fermeté. » L'application de ces belles paroles ne pouvait être faite plus à propos.

Les magistrats dirent : Qu'on propose les canons de part et d'autre. Le légat Pascasin lut le sixième canon de Nicée, en ces termes: « L'Eglise romaine a toujours eu la primauté. Que les anciennes coutumes soient maintenues en vigueur dans l'Egypte, la Libye et la Pentapole, en sorte que tous y soient soumis à l'évêque d'Alexandrie, parce que telle est la coutume du pontife romain. Qu'il en soit de même pour ce qui concerne l'évêque d'Antioche, et que, dans les autres provinces les églises conservent également leurs anciens priviléges. » Le légat lut encore de suite le canon septième : « Puisque, suivant la coutume et la tradition ancienne, l'évêque de Jérusalem est en possession d'être honoré, il continuera à jouir de cet honneur, sans préjudice de la dignité du métropolitain. » Ce métropolitain était l'évêque de Césarée en Palestine, dont il n'avait pas été seulement question dans l'arrangement fait en faveur de Juvénal de Jérusalem. Le secrétaire Constantin ne fit lecture que du sixième canon de Nicée, et encore sans ce préambule : *L'Eglise romaine a toujours eu la primauté*. Mais il fit lire ensuite le décret du premier concile général de Constantinople, contre lequel les souverains pontifes avaient également protesté, et où il était dit que l'évêque de cette ville aurait la prérogative d'honneur après l'évêque de Rome, mais sans lui attribuer de juridiction, comme le canon de Calcédoine, sur aucune province.

Les magistrats, sans demander de plus grands éclaircissements, conclurent, après avoir su des évêques qu'ils avaient souscrit volontairement, que le vingt-huitième canon de Calcédoine aurait son exécution, avec cette réserve, que quand un des métropolitains des diocèses d'Asie, de Pont et de Thrace serait élu, et qu'on aurait apporté à Constantinople le décret de son élection, il serait au choix de l'évêque de Constantinople d'y faire venir l'élu, pour l'ordonner, ou de donner une permission pour le faire ordonner dans la province. Les évêques déclarèrent que tel était leur sentiment, et demandèrent qu'on leur permît de s'en retourner. Mais les légats ne pouvant souffrir que le siége apostolique fût abaissé en leur présence, demandèrent ou que l'on révoquât tout ce qui s'était fait la veille au préjudice des canons, ou que leur opposition fût insérée dans les actes, afin que le pape pût porter son jugement sur le mépris de son siége et le renversement des canons. Leur remontrance fut sans effet. Les magistrats finirent la session, qui fut la dernière, en disant que le concile avait approuvé tout ce qu'ils avaient proposé.

Les évêques, avant de se séparer, adressèrent un discours à l'empereur Marcien. Le titre l'attribue à tout le concile, qui y est qualifié de saint et d'universel; mais on croit qu'il fut composé par les légats; ce qui paraît, non-seulement en ce que le style du texte latin est plus élégant et plus naturel que le grec; mais surtout parce que ce discours est uniquement pour justifier la lettre de saint Léon à Flavien, ce qui regardait particulièrement les légats. Ils y font voir que saint Léon, dont ils relèvent le zèle, la foi et le savoir, n'avait point contrevenu, en écrivant cette lettre, au décret du concile d'Éphèse, qui semble défendre d'écrire sur la foi, et de proposer d'autre règle sur cette matière que le symbole de Nicée; puisque cette défense n'a été faite que pour ceux qui combattent la foi, et non pour ceux qui en prennent la défense; qu'il est bien vrai que nous devons reconnaître pour unique symbole de notre foi celui de Nicée; qu'on n'en doit pas proposer d'autre à ceux que l'on admet au baptême, et qu'il contient tout ce que doivent croire ceux qui reçoivent avec simplicité et avec soumission tout ce que l'Église leur enseigne; mais qu'à l'égard de ceux qui, abandonnant cette simplicité, ont inventé de nouvelles erreurs, et combattu les vérités de la foi par des raisonnements captieux, ç'a toujours été l'usage, même depuis le concile de Nicée, de les réfuter par des écrits plus étendus, et de se servir même contre eux de nouvelles expressions, qui, n'exprimant que les vérités contenues dans le symbole de ce concile, les mettaient néanmoins dans un plus grand jour, et ôtaient toutes les équivoques dont les hérétiques couvraient leurs mauvais sentiments. C'était assez pour détruire l'hérésie arienne dans l'esprit des vrais fidèles, de déclarer que le Fils est consubstantiel au Père; mais parce que Photin et Marcel d'Ancyre ont avancé que les trois personnes de la Trinité n'étaient distinguées que de nom, les Pères qui ont combattu les hérétiques ont été obligés d'établir la foi de trois subsistances, ou de personnes réellement distinctes l'une de l'autre. On s'était contenté de dire dans le symbole de Nicée : *Je crois au Saint-Esprit*: et c'était assez pour marquer aux fidèles qu'il est véritablement Dieu; puisqu'on ne peut croire au Saint-Esprit comme au Père et au Fils, qu'en les supposant d'une même nature. Mais la nécessité où l'on s'est vu dans la suite de combattre ceux qui ont nié la divinité du Saint-Esprit, a obligé les évêques du concile de Constantinople d'ajouter au symbole que le *Saint-Esprit procède du Père*. Le symbole de Nicée avait suffisamment établi la foi de l'incarnation en disant que le Fils de Dieu est descendu du ciel, et qu'il s'est fait chair. Mais les hérétiques qui ont attaqué la vérité de ce mystère, soit en refusant à la sainte Vierge le titre de Mère de Dieu, soit en niant que le Fils de Dieu ait pris une âme raisonnable, soit en confondant les deux natures en Jésus-Christ, soit en distinguant en lui le Fils de Dieu d'avec le Fils de l'homme, ont engagé les docteurs de l'Eglise à montrer qu'il est Dieu parfait et homme parfait; qu'en lui les deux natures, la divine et l'humaine, sont unies en une seule personne sans confusion, et qu'en conséquence on peut dire de lui qu'il est né dans le temps, et qu'il est de toute éternité; qu'il est consubstantiel au Père selon sa divinité, et consubstantiel à sa mère selon son humanité, et qu'à ces deux égards il est passible et impassible; impassible en tant que Dieu, passible en tant qu'homme. La fin de toute cette discussion est de montrer que ce que saint Basile, le pape Damase et plusieurs autres ont fait autrefois contre les ariens, les macédoniens et les apollinaristes, saint Léon a été contraint de le faire contre les nouvelles erreurs d'Eutychès. Sur la fin du discours le concile s'adresse aux deux empereurs Marcien et Valentinien, quoiqu'il n'y ait que le premier de nommé dans le titre; et pour prouver que l'on ne pouvait accuser de nouveauté la doctrine que saint Léon établit dans sa lettre à Flavien, le concile joint à son discours divers passages tirés des écrits de saint Basile, de saint Ambroise, de saint Grégoire de Nazianze, de saint Athanase, de saint Amphiloque, d'Antiochus de Ptolémaïde, de saint Flavien d'Antioche, de saint Chrysostome, d'Atticus, de saint Procle et de saint Cyrille, qui tous ont cru que Jésus-Christ a deux natures, et qu'étant consubstantiel au Père, selon sa divinité, il s'est fait consubstantiel à nous, selon son humanité.

Les évêques du concile, en envoyant au pape les actes de tout ce qui s'était passé, lui écrivirent une lettre synodale par laquelle ils le reconnaissent pour l'interprète de saint Pierre, pour leur chef et leur guide, et pour celui à qui le soin de la vigne du Seigneur, qui est son Eglise, a été confié par lui-même. Ils lui donnent avis qu'ils ont retranché de l'Eglise Dioscore, qui, outre la protection qu'il avait donnée à Eutychès, avait osé condamner et déposer saint Flavien et Eusèbe de Dorylée, contre les canons. Ensuite ils prient saint Léon d'approuver et de confirmer la sentence synodale par laquelle ils avaient maintenu l'Eglise de Constantinople dans l'ancien usage d'ordonner les métropolitains des départements d'Asie, de Pont et de Thrace, moins pour l'avantage du siége de Constantinople que pour le repos des métropoles, où il arrivait souvent du tumulte parmi le clergé et le peuple après la mort de l'évêque, parce qu'ils étaient sans chef. Ils conviennent que les légats s'étaient opposés fortement à ce décret; mais ils ont voulu sans doute, ajoutent les évêques, vous en laisser l'honneur, afin que l'on vous attribue la conservation de la paix comme de la foi. En honorant notre jugement par votre suffrage, vous ferez plaisir aux empereurs, et le siége de Constantinople vous en témoignera une reconnaissance éternelle en toute occasion, par son union et par son zèle. Cette lettre était souscrite par les évêques du concile, qui se disent au nombre de cinq cent vingt. On n'y lit point ce que dit saint Grégoire le Grand, que le concile offrit au pape le titre d'évêque œcuménique ou universel. Saint Léon, peu sensible à un titre que ses successeurs ont regardé comme profane et téméraire, approuva tout ce qui s'était fait dans le concile de Calcédoine pour la cause de la foi; mais il s'opposa avec vigueur au vingt-huitième canon qui regarde les prérogatives de l'Eglise de Constantinople, disant que ce canon était contraire à ceux de Nicée. Il chargea Julien de Cos de faire traduire en latin les actes du concile de Calcédoine, et d'en réunir toutes les sessions en un seul corps. On croit que c'est cette traduction que nous avons aujourd'hui. *Labb.* IV; *D. Ceill.* XIV.

CALCHUTE (Concile de), ou Calcut, ou Chelchyt, *Calichytense*, l'an 783, ou 787 selon le docteur Salmon. Ce concile fut tenu sous le pontificat du pape Adrien I, et sous le règne de Charlemagne, l'an 785, selon Wilkins dans son premier tome des Conciles de la Grande-Bretagne, ou l'an 787, suivant le P. Labbe, ou même dès l'an 782, si l'on en croit dom Ceillier. Aelfwalde, roi de Northumbre, y assista, avec Grégoire d'Ostie et Théophilacte de Todi, légats du pape Adrien, six évêques, un député d'un évêque absent, des abbés et des comtes. On y dressa les vingt canons suivants.

1. « On fera profession de la foi de Nicée et de la doctrine reçue et établie dans les six conciles généraux. »
2. « Le baptême sera administré, suivant la forme et dans les temps marqués par les canons. Tous les fidèles sauront par cœur le symbole et l'oraison dominicale; et les parrains et les marraines seront obligés de l'apprendre aux enfants qu'ils auront tenus sur les fonts de baptême. »
3. « L'évêque tiendra deux fois l'an son synode, et fera chaque année la visite de son diocèse, pour instruire ses diocésains, les détourner du mal, les porter au bien, et arracher du milieu d'eux tous les abus. »
4. « Les clercs ou chanoines observeront, dans leur manière de vivre et de s'habiller, les usages de l'Eglise romaine; et les moines, celle des moines orientaux, afin qu'il y ait entre eux et les chanoines une distinction. »
5. « On élira, de l'avis de l'évêque diocésain, des abbés et des abbesses d'une vertu éprouvée, pour gouverner les monastères, à la place des abbés et des abbesses qui viendraient à mourir. »
6. « Les évêques n'ordonneront prêtres et diacres que de dignes sujets, et les attacheront à l'église pour laquelle il les ordonneront, sans permettre qu'ils l'abandonnent. »
7. « Les heures canoniales seront récitées en leur temps et avec révérence dans toutes les églises. »
8. « On conservera aux églises les privilèges qui leur auront été accordés par le saint-siége; mais non pas ceux que de mé-

chants hommes auraient usurpés contre les canons. »

9. « Les ecclésiastiques ne mangeront point en cachette les jours de jeûne, à moins que la nécessité ne les y oblige. »

10. « Les fidèles offriront un pain à la messe, et non pas une croûte seulement. Les ministres de l'autel n'y serviront pas les jambes nues, et n'offriront pas le saint sacrifice dans des calices et des patènes de cornes de bœuf. Les évêques ne jugeront point les affaires séculières dans leurs conciles ou synodes. »

11. « On exhorte les rois à gouverner avec justice et à honorer l'Eglise. »

12. « On règle la manière d'élire les rois, on ordonne de les honorer et de leur obéir; on défend de conspirer contre eux ; on dépose les évêques conspirateurs, et l'on excommunie pour toujours leurs complices. »

13. « On recommande aux riches et aux puissants de juger selon la justice, sans égard pour qui que ce soit, et sans recevoir de présents. »

14. « On défend les fraudes, les rapines, les violences, les tributs injustement imposés à l'Eglise ; et l'on recommande la paix et la concorde à tous ses membres, rois, évêques, prêtres et laïques. »

15. « Anathème à tous ceux qui contractent des mariages incestueux et illégitimes. »

16. « Défense aux bâtards d'hériter des biens de ceux qui les ont mis au monde. »

17. « Les fidèles payeront la dîme, comme étant ordonnée de Dieu, et s'abstiendront de l'usure, des faux poids et des fausses mesures. »

18. « Les chrétiens accompliront fidèlement les vœux qu'ils auront faits. »

19. « On extirpera tous les restes d'observances et de superstitions païennes. »

20. « S'il arrive que quelqu'un meure sans pénitence ou sans confession, on ne priera point pour lui. »

Les évêques adressèrent ces canons au pape Adrien par une lettre où ils marquent que, les ayant proposés aux évêques, aux abbés, aux sénateurs, aux ducs et à tout le peuple du royaume, tous avaient promis de les observer. *Labb.* VI.

CALCHUTE (autres Conc. de). *V.* CELCHYTE.

CALENSE (Concilium) ; *Voy.* CHELLES.

CALISKE (Concile de), *Calischiense*, l'an 1420. Ce concile de Caliske, lieu du diocèse de Gnesne en Pologne, fut assemblé le 26 septembre, sous le pontificat du pape Martin V, dans le chœur de la collégiale, touchant l'élection de l'évêque de Strigonie en Hongrie. On y fit plusieurs canons, selon l'ordre et la forme des décrétales, sur la permutation des bénéfices, les clercs étrangers, les archidiacres, les vicaires, les jugements, les jours de fêtes, les évêchés vacants, les testaments, etc. *Labb.* XI.

CAGLIARI (Syn. diocésain de), le 18 janvier 1651, sous Bernard de la Cabra, archevêque de cette ville. Ce prélat y publia des constitutions divisées en six livres, dont le premier est des mystères de la foi et d'autres points de dogme ; le second, de l'adminis-

tration des sacrements ; le troisième, de l'entretien des églises, de la célébration des messes, des processions, des prières publiques et des fêtes ; le quatrième, des testaments, des sépultures, des dépouilles des défunts, des processions et des fêtes ; le cinquième, de la vie et de la résidence des clercs ; le sixième enfin, des formes à observer dans les jugements ecclésiastiques. *Constituc. synod. del arzobispado de Caller*, en *Caller*, 1652.

CALNE (Concile de), *Calnense*, l'an 977. Calne était un château royal en Angleterre. On y tint un concile nombreux en 977. Saint Dunstan y présida à la tête d'un grand nombre d'évêques, de clercs et de nobles du royaume. On proposa de chasser les moines des églises qu'ils possédaient, pour leur substituer des clercs séculiers, dont plusieurs étaient mariés. La chose fut vivement débattue ; mais l'autorité de saint Dunstan l'emporta en faveur des moines. On trouve ce concile placé en 978, dans l'édition des conciles faite à Venise. *Anglic.* I.

CALVI (Synode diocésain de), le 20 avril 1588, sous Fabio Maranta, évêque de cette ville. Après la profession de foi, dans la forme de Pie IV, exigée de tous les bénéficiers à charge d'âmes et de tous les prêtres tenus d'assister au synode, l'évêque y fit des décrets sur les divers points de la discipline ecclésiastique. Il y déclara usuraire le prêt qu'on ferait de certaines denrées, avec pacte d'en recevoir à titre de retour une égale quantité, dans un temps où il y aurait apparence qu'elles auraient augmenté de prix. *Constitutioni, ordin. et Decreti, in Roma*, 1589.

CAMBRAI (Concile provincial de), *Cameracense*, l'an 1064. *Gall. Christ.* t. III, col. 92. Il est bon d'observer que la ville de Cambrai, jusqu'à l'an 1559, était un simple évêché de la province de Reims. Par ce concile provincial, il faut donc entendre le concile de la province dont Reims était alors la métropole.

CAMBRAI (Synode de), l'an 1112, sous l'évêque Odon, qui y approuva la fondation et la dotation en même temps de l'abbaye de Bornheim. *Conc. Germ.* X.

CAMBRAI (Synodes de), en 1300, 1307, 1308, 1309, et 1310. D. Martène, dans sa *Collection très-ample des anciens monuments*, nous a donné les statuts synodaux du diocèse de Cambrai, publiés en divers synodes du quatorzième siècle : le P. Hartzeim croit qu'il y eut au moins 25 synodes tenus à Cambrai, dans ce siècle-là. Les statuts dont nous allons donner ici un faible extrait sont le résultat des premiers de ces synodes.

« Les prêtres entreront au synode en surplis et en étole ; les doyens, en aube et en étole ; et les abbés en aube et en chape, avec leur bâton pastoral. »

« Défense, sous peine d'excommunication, d'assister à un synode auquel on n'appartient pas, ou de troubler le synode par des questions qui lui sont étrangères. »

« Les doyens apporteront, chaque année, au synode les noms de tous les usuriers manifestes, comme de tous les excommuniés. »

« Chaque prêtre, au retour du synode, sera tenu de dire une messe de *Requiem* pour ses confrères morts pendant l'année. »

« Les prêtres, prélats ou patrons, qui manqueront, sans empêchement canonique ni excuse légitime, de se rendre au synode, payeront dans le mois une amende assez forte, sous peine d'être suspens de leurs fonctions ecclésiastiques. »

« Les paroles du baptême seront prononcées distinctement par celui qui le confère, et tandis qu'il le confère. Il y aura auprès des fonts une piscine, où se laveront les mains les personnes qui auront tenu l'enfant, et on lavera aussi le vase qui aura servi au baptême. »

« On admettra en qualité de parrains et de marraines quatre personnes laïques pour chaque enfant, à savoir deux hommes et deux femmes. On pourra leur joindre, si c'est le désir des personnes présentes, quatre autres personnes séculières quoique engagées dans les ordres sacrés, ou même religieuses et qui auront fait profession dans une religion approuvée. » Ce règlement a été abrogé par le concile de Trente.

« Les prêtres exhorteront les peuples qui leur sont soumis à présenter à l'évêque, pour qu'il les confirme, leurs enfants âgés de sept ans et au-dessus, avec leurs cheveux propres, leurs fronts lavés et des bandeaux d'une toile épaisse, et à les ramener à l'église trois jours après, pour que les prêtres nettoient leurs fronts avec de la cendre ou du sel, qu'ils brûlent leurs bandeaux, et qu'ils jettent dans la piscine cette cendre avec l'eau qui aura servi à les laver. Une seule personne, sans être ni le père ni la mère, tiendra et bandera le front de chaque enfant qui doit être confirmé ; on punira sévèrement celui qui se fera confirmer plusieurs fois. »

« Les prêtres avertiront les peuples qui leur sont soumis que tous, depuis l'âge de quatorze ans, sont tenus de se confesser au moins une fois l'année à leur propre prêtre, c'est-à-dire à leur curé, et de lui confesser non les péchés d'autrui, mais les leurs propres, et particulièrement tous les mortels, avec leurs circonstances et ce qui peut les aggraver. Le confesseur entendra avec patience la confession de son pénitent, les yeux modestement baissés, et se tenant assis, revêtu d'un surplis ou d'une chape ronde (1), et de l'étole, et il lui imposera des pénitences assorties à la nature de ses fautes, à savoir le jeûne et l'abstinence pour les péchés de luxure, des méditations et des prières pour des péchés spirituels, des restitutions pour des larcins ou des détentions injustes, et de plus une autre pénitence pour les mêmes péchés. Les péchés les plus considérables sont réservés à l'évêque : tels sont les péchés contre nature dans un homme âgé de plus de vingt ans, les meurtres, les incendies ; la simonie, les hérésies, les apostasies, les vols sacriléges d'une valeur au-dessus de 40 sous, l'inceste avec son père, sa mère, son fils, sa fille, sa sœur, son frère, et avec les religieuses professes, les voies de fait commises avec délibération sur des parents, les sortiléges auxquels on ferait servir l'eucharistie ou le chrême, le cas où un enfant aurait été étouffé, noyé ou serait péri dans le feu par une négligence coupable, les parjures commis avec solennité ou les faux serments prononcés devant les juges ; les violations de vœux solennels, les maléfices ayant pour but d'empêcher le mariage, et de procurer la stérilité ou l'avortement ; les empoisonnements, les blasphèmes les plus énormes, la falsification ou l'abus de lettres épiscopales ; la plupart des excommunications portées par l'évêque, et enfin tous les autres péchés qui seraient encore plus grands. S'il est besoin d'imposer à quelqu'un une pénitence solennelle pour un crime public et scandaleux, on le renverra à l'évêque, pour qu'il soit expulsé de l'église le jour des cendres, et reçu en grâce le jour de la cène. »

« Le prêtre qui voudra dire la messe sera vêtu d'habits sacerdotaux propres et bénits. Son manipule aura deux pieds de long au-dessous du bras ; son étole descendra au moins jusqu'au parement de l'aube. L'aube et la chasuble ne seront ni déchirées, ni décousues. L'amict ne sera point troué, et on le lavera souvent. La ceinture sera propre, entière, de bonne longueur et bénite. Les prêtres porteront sous leur aube un surplis ou une tunique de lin, appelé *sarcos* par les Français. Ils ne célébreront point sans souliers ou sans des brodequins dont les courroies atteignent les genoux. Aucun prêtre ne célébrera sans avoir avec lui un clerc, qui sera chaussé et revêtu d'une tunique de lin, ou d'un surplis, ou d'un chaperon (*cappam rotundam*). Les clercs et les prêtres ne feront point d'ouvertures sous les aisselles à leurs tuniques ou à leurs surplis, pour jeter leurs bras en dehors des manches de leurs surplis ou de leurs tuniques. On emploiera le vin rouge de préférence pour le saint sacrifice, et l'on ne versera dans le calice que deux ou trois gouttes d'eau. Le prêtre n'élèvera l'hostie qu'après avoir dit les mots : *Hoc est corpus meum*, et en ce moment on tintera la grosse cloche par trois fois, afin que les fidèles qui l'entendront se mettent en adoration, quelque part qu'ils se trouvent. Aucun prêtre ne dira la messe qu'il n'ait auparavant récité matines et prime. On gardera sur l'autel avec soin le corps de Jésus-Christ dans une petite armoire fermée à clef. On fera de même pour le chrême, l'huile sainte et l'huile des infirmes, mais on les placera dans un autre lieu. On ne donnera à personne de ces hosties consacrées, qu'on appelle pain bénit. On ne fera pas communier les enfants avant qu'ils aient le discernement convenable, c'est-à-dire avant l'âge d'à peu près dix ans. Défense à tous les prêtres de célébrer la messe deux fois dans un jour, sous peine d'excommunication, si ce n'est dans une nécessité grave et urgente, comme à Pâques, à la Pen-

---

(1) *Cappa rotunda*; c'est peut-être *chaperon* qu'il faudrait traduire.

tecôte et à la Toussaint, où il est ordinaire de communier une grande multitude de peuple ; ou pour tenir la place d'un confrère absent ou malade, ou pour satisfaire la piété d'un grand personnage tout à coup survenu, tel qu'un archidiacre ou le seigneur du lieu ; ou bien pour un enterrement qui presse, ou pour un mariage, ou pour pouvoir porter le viatique à un malade ; ou pour deux messes qui peuvent concourir dans un même jour ; ou pour deux églises annexes l'une de l'autre ; mais alors il faudra qu'on manque d'un autre prêtre, et que le prêtre qui célèbre n'ait pas pris les ablutions de la première messe. »

« Sont excommuniées toutes les personnes qui contractent des mariages clandestins, ainsi que les prêtres qui peuvent y coopérer. Sont réputés clandestins les mariages qui n'ont pas été précédés de la publication de trois bans, faite avec solennité dans l'église des époux, et à trois jours solennels distants les uns des autres. Les prêtres ne demanderont et ne recevront rien pour l'administration du mariage comme des autres sacrements, si ce n'est ce qu'on leur offrirait de soi-même, ou les offrandes autorisées par une coutume louable et qui n'aient rien d'onéreux. »

« Défense de conférer une église curiale à quelqu'un qui n'aurait pas atteint sa vingt-cinquième année : une pareille collation serait nulle de plein droit. »

« Le prêtre qui portera l'extrême-onction aux malades se fera précéder du bénitier et de la croix, et récitera, chemin faisant, les sept psaumes, les litanies et les oraisons propres. L'onction des mains se fera en dehors pour un prêtre, et en dedans pour un simple fidèle. Avant de recevoir ce sacrement, le malade aura soin de purifier sa conscience. »

D'autres statuts ont pour objet la régularité de la vie des clercs, la juridiction et la liberté ecclésiastiques, le respect dû aux cimetières et autres lieux saints, les enterrements et les services pour les morts, les jours de vigiles, de jeûnes et de fêtes, les indulgences, enfin l'exécution des ordonnances synodales. *Conc. Germ. t. IV.*

CAMBRAI (Concile provincial, tenu ou publié à), l'an 1301. On y fit sept statuts, pour défendre la juridiction ou la liberté ecclésiastique contre les usurpations et la violence des laïques. On y maintint aussi l'autorité des évêques sur les abbés des monastères de leurs diocèses. *Martene, Collect. ampliss. t. VII.*

CAMBRAI (Concile provincial, tenu ou promulgué à), l'an 1303.

Les évêques de la province de Reims tinrent ce concile le 27 décembre. On y publia les statuts qui suivent :

1. Les personnes séculières ou religieuses, exemptes ou non exemptes, qui admettront aux offices divins ou à la sépulture ecclésiastique les excommuniés ou interdits nommément, seront privées de l'entrée de l'église.

2. Ceux qui favoriseront les excommuniés ou interdits en ce point, seront eux-mêmes excommuniés *ipso facto*.

3. Même peine contre ceux qui contractent des mariages clandestins, ou qui les procurent, ou qui s'y trouvent présents.

4. Même peine contre ceux qui mettent les clercs à la taille, sous prétexte qu'ils sont marchands et négociants.

5. Les excommuniés qui laissent passer un an ou plus sans se faire absoudre de l'excommunication, seront privés de la terre sainte après leur mort.

6. Les ordinaires, chacun dans son diocèse, auront soin de punir les excommuniés depuis deux ans ou plus, qui ont été appelés à ce concile, et qui ne s'y sont point rendus.

7. Tous les ecclésiastiques de la province de Reims se contenteront d'un potage et de deux mets à chaque repas, sans aucune fraude ni supercherie, si ce n'est lorsqu'il leur surviendra quelque personne d'une haute considération, comme rois, ducs, comtes, barons, etc.

Dom Martène et le P. Mansi ont donné ce concile sous le nom de concile de Reims. Ce dernier observe néanmoins que D. Martène a joint à ces statuts quelques autres règlements sans titre, qu'il dit être un fragment de quelques constitutions publiées dans un synode de Cambrai ; ce qui donne quelque lieu de croire que le concile que ces deux savants nous ont donné sous le nom de concile de Reims, a été tenu à Cambrai par les évêques de la province de Reims, comme l'assure Hartzeim. *Concil. Germ. tom. IV; Martene, Vet. Mon. tom. VII, page 1324; Mansi, tom. III, colonne 259.* D'autres mettent ce concile à Compiègne, et les canons que nous rapporterons sous le nom du concile de Compiègne, de l'an 1304, sont les mêmes que ceux que l'on voit ici. Ne serait-ce pas que le concile, donné par les uns sous le nom de Reims, et par les autres sous celui de Cambrai, serait vraiment ce concile de Compiègne ? *Anal. des Conc. II.*

CAMBRAI (Synodes de), en 1311, 1312, 1313 et 1314. « Défense aux prêtres de porter des armes, d'user de vêtements bariolés de raies, d'enterrer des excommuniés notoires. Ordre aux curés séculiers de porter en tous lieux le bonnet (*pileum*), pour se distinguer des autres clercs. » *Conc. Germ. t. IV.*

CAMBRAI (Synode de), l'an 1315. « Défense aux personnes mariées, sous peine d'excommunication, de faire divorce ensemble avant d'avoir été séparées par un jugement de l'Église. » On déclare abusif, et contraire à la raison, de ne considérer comme valables les dernières volontés des mourants qu'autant qu'elles ont eu pour témoins deux échevins de l'endroit, c'est-à-dire, qu'elles ont été revêtues des formalités civiles en usage à cette époque. Défense aux juges laïques, sous peine d'excommunication, d'empêcher, sous de pareils prétextes, l'exécution de certains legs pieux. *Ibid.*

CAMBRAI (Synode de), l'an 1316. « Défense, sous peine d'excommunication, de faire des pactes intéressés pour des sépultures, avant même que l'enterrement ait été fait. » *Ibid.*

CAMBRAI (Synode de), l'an 1317. « Défense aux prêtres d'entendre les confessions ou d'administrer les sacrements sans la permission de l'évêque ou des curés; aux seigneurs laïques d'entraver les ecclésiastiques dans l'exercice de leurs droits civils. » *Ibid.*

CAMBRAI (Synodes de), en 1319, 1320, 1321, 1323 et 1324. On renouvelle certains statuts des précédents synodes contre les usuriers et pour l'exécution des testaments (*Ibid.*).

CAMBRAI (Synodes de), en 1325, 1330, 1333, 1334, 1335, 1336, 1343, 1348 et 1369. Il ne nous reste guère que les noms de ces synodes, hors quelques statuts publiés dans ce siècle dont on n'a pas la date précise. *Ibid.*

CAMBRAI (Concile ou Conciliabule de), l'an 1383. Le cardinal Gui de Poitiers tint ce faux concile le premier d'octobre, en faveur de Robert de Genève, dit Clément VII. *Mansi, t. III, Suppl. Concil. col. 666.*

CAMBRAI (Synode de), l'an 1398. *Martene, Coll. ampl. vet. Monum. ex abbat. Grimberg.*

CAMBRAI (Synode diocésain de), l'an 1550, sous Robert de Croy, évêque et duc de Cambrai. Ce prélat y renouvela les anciens statuts du diocèse, qu'il publia de nouveau, et il en fit d'autres, compris sous quinze titres. Le 1er a pour objet les ordinations des clercs; le 2e l'obligation de ne choisir pour les dignités et les bénéfices que ceux qui en sont dignes, et celle pour ceux-ci de se faire ordonner dans l'année; le 3e, qui regarde le devoir d'assister à l'office divin, rappelle une constitution du pape Boniface VIII et un décret de la 21e session du concile de Bâle; le 4e contient l'avertissement pour les moines apostats de rentrer dans leurs monastères; pour tous les religieux de garder la clôture; pour les hommes de ne point entrer dans les maisons de religieuses; pour les supérieurs de ne rien recevoir ou exiger simoniaquement des personnes qui font leurs vœux; pour les parents de ne point forcer leurs enfants à embrasser la vie religieuse : il marque en même temps les qualités qu'il faut avoir pour entrer dans cet état. Sous le 4e titre, le prélat recommande la restauration des anciennes écoles ou l'érection de nouvelles, le choix des maîtres, et l'examen de leur capacité; le 6e traite du mariage, de la préparation qu'y doivent apporter les époux, des moyens de réprimer les adultères et les concubinaires publics, et attribue aux seuls juges ecclésiastiques le jugement des causes matrimoniales; le 7e contient l'obligation d'assister à la messe de paroisse et au sermon les jours de dimanches et de fêtes, la défense de dire la messe pendant le sermon, de tenir les cabarets ouverts pendant l'office divin, d'élever des églises, des chapelles ou même de simples autels, sans la permission de l'évêque ou de ses vicaires. Le 8e réduit le nombre des fêtes, et veut que la dédicace de chaque église particulière soit célébrée le même jour que celle de l'église cathédrale.

Le 9e défend d'admettre d'autres prédicateurs que ceux qui sont agréés par l'évêque. Le 10e prescrit la même formalité à l'égard des confesseurs, et autorise les religieuses de tout le diocèse à se choisir, deux ou trois fois chaque année, d'autres confesseurs que le visiteur ou le Père spirituel de leur communauté. Le 11e est contre les clercs concubinaires ou ivrognes, et recommande à tous les clercs l'habit complet ecclésiastique. Le 12e est pour les notaires (on sait qu'il y avait à cette époque des notaires ecclésiastiques distingués des notaires royaux). Le 13e est contre la pluralité et les permutations de bénéfices. Le 14e recommande aux visiteurs de s'acquitter de leur charge. Le 15e oblige les excommuniés à demander eux-mêmes humblement d'être relevés de leur excommunication, et défend les cessations d'office divin qui n'auraient pas été précédées d'une information canonique. (*Conc. Germ. t. VI.*)

CAMBRAI (Concile de) l'an 1565. Maximilien de Bergues, archevêque de Cambrai, tint ce concile, au mois d'août de l'an 1565, avec les évêques de Tournai, d'Arras, de Saint-Omer, de Namur, et y fit divers règlements conformes à ceux du concile de Trente, après avoir fait sa profession de foi touchant la doctrine de ce même concile.

Des livres des hérétiques, suspects et défendus.

1. Il ne sera point permis aux libraires et aux imprimeurs de vendre et de faire venir des livres, sans qu'ils en aient fait approuver le catalogue par qui de droit; et l'on priera les magistrats de les obliger de faire tous les ans leur profession de foi selon la doctrine du concile de Trente, et de promettre obéissance au saint-siége.

2. Les évêques, les curés et les prédicateurs extermineront, autant qu'ils pourront, tous les livres de magie et de divination.

3. On purgera les livres de prières de tout ce qu'il pourra y avoir de faux et de superstitieux.

Des leçons théologiques dans les chapitres et les monastères.

1. On observera le décret de la cinquième session du concile de Trente, touchant les leçons de théologie dans les chapitres et les monastères.

2. On y établira donc des professeurs en théologie, qui enseigneront d'une manière propre à faire des sujets également sages et savants.

3 et 4. Les évêques, les chapitres et les monastères feront en sorte que ces professeurs soient suivis; et ils détermineront les jours et l'heure de leurs leçons.

Des écoles.

1. Les évêques auront soin de rétablir ou d'entretenir les écoles chrétiennes, pour instruire les enfants des éléments de la religion.

2. Les curés, les chapelains, les clercs ou les maîtres d'école, feront le catéchisme aux enfants tous les jours de dimanches et de fêtes, après vêpres; et l'on séparera, autant

qu'il sera possible, les garçons d'avec les filles, dans les écoles.

3. Les maîtres d'école ne liront à leurs écoliers que des livres approuvés par l'évêque.

4. Personne ne gardera des Heures infectées de quelque erreur que ce soit; et l'on ne pourra exposer en vente que celles qui auront été approuvées par l'évêque ou ses délégués.

5. Il y aura des maîtres d'école pour l'instruction de la jeunesse dans toutes les paroisses. Les curés s'informeront, tous les mois, des progrès des enfants; et ils apporteront tous leurs soins pour qu'on leur inspire la crainte et l'amour du Seigneur, dès leur plus tendre enfance.

6. Les doyens ruraux visiteront, tous les six mois ou au moins tous les ans, ces petites écoles, et rendront compte à l'ordinaire de la manière d'instruire la jeunesse que chaque maître d'école y pratique.

Des séminaires.

1, 2 et 3. L'établissement des séminaires étant le moyen le plus propre qu'on puisse trouver pour rendre à l'Eglise et au sacerdoce son ancienne splendeur, on fera le plus tôt possible une contribution sur tous les bénéfices pour cet établissement.

4. Les enfants que l'on prendra pour les mettre au séminaire, auront au moins douze ans : ils sauront les premiers éléments des lettres; et, après qu'ils y auront passé quatre ans, plus ou moins, selon le bon plaisir de l'évêque, on les enverra aux écoles supérieures.

5, 6 et 7. On établira deux sortes de fonds, l'un pour entretenir dans le séminaire les enfants des pauvres; l'autre pour en faciliter l'entrée à ceux qui ne sont ni riches ni pauvres. Les pères ou les tuteurs de ces enfants feront serment que leur intention est qu'ils embrassent l'état ecclésiastique, et qu'ils y persévèrent.

De la doctrine et de la prédication de la parole de Dieu.

1. Les curés prêcheront tous les dimanches et toutes les fêtes solennelles.

2. Ils instruiront leurs paroissiens sur les traditions apostoliques, de même que sur la vertu et l'institution des cérémonies saintes.

3. Ils témoigneront beaucoup de charité en traitant les questions de controverse, et se contenteront d'expliquer ce qu'il faut croire, sans injurier les hérétiques. S'ils ne sont point assez habiles pour traiter ces sortes de matières, ils se borneront à exhorter leurs auditeurs à la crainte du Seigneur, à la pratique de tous les devoirs de la religion et à la fuite de tous les vices.

4. Ils ne permettront à personne de prêcher dans leurs églises sans la permission de l'ordinaire, et s'abstiendront de tout dogme non-seulement hérétique, mais encore superstitieux ou fabuleux.

5. Les curés n'auront point de livres qui puissent corrompre la religion ou les mœurs : ils n'en auront que de bons et qui soient approuvés par des universités catholiques; le tout, sous les peines de droit contre les transgresseurs de ce décret.

6. Les curés qui ne peuvent prêcher, se feront suppléer par d'autres prédicateurs approuvés.

Du culte divin, des cérémonies et de l'office.

1. Le concile commande d'observer tout ce que celui de Trente a ordonné touchant la sainte eucharistie : et il exhorte tous les prêtres à célébrer le saint sacrifice de la messe avec attention et une conscience pure.

2. Les recteurs des églises dénonceront à l'évêque, ou à son grand vicaire, ou à son official, tous les prêtres qui se présenteront pour dire la messe, le lendemain du jour qu'ils auront commis quelque crime notoire que ce soit, tel que celui de l'ivresse, etc.

3. Comme il y a des parties de la messe qui sont destinées à l'instruction des fidèles, savoir : L'épître, l'évangile, le symbole; d'autres à la louange, et d'autres à la prière; on lira ou l'on chantera les premières de façon que les assistants puissent entendre tous les mots : d'où vient qu'il n'y aura ni orgue, ni musique au symbole, à moins que ce ne soit d'une manière si simple, qu'elle n'empêche pas d'entendre toutes les paroles du symbole, sans qu'on soit obligé de les répéter. Les parties de la messe, telles que le *Gloria in excelsis*, et les hymnes ou proses qui appartiennent à la louange, pourront être accompagnées d'une musique grave et propre à exciter des affections pieuses. Tout ce qui a rapport à la prière sera lu ou chanté d'une façon qui ressente plus la supplication que la joie.

4. On prendra bien garde qu'il n'y ait rien de lascif dans l'usage des orgues; et il sera permis de s'en servir à la prose, à l'offertoire, au *Sanctus* et à l'*Agnus* de la messe.

5. L'évêque examinera par lui-même ou par d'autres les proses qui devront servir à l'église.

6. Les cérémonies que nous avons reçues des apôtres ou de la tradition de l'Eglise catholique, étant saintes et pieuses, seront religieusement conservées. Les évêques examineront si celles qui sont particulières aux diverses églises, n'ont rien qui ne réponde à l'analogie de la foi et de la piété chrétienne. On n'en introduira point de nouvelles sans l'approbation des évêques, qui auront soin de retrancher toutes les superstitions qui auraient pu se glisser dans les églises, sous le nom de *cérémonies*, comme de prescrire un certain nombre de cierges, etc.

7. Les chanoines et les chapelains chanteront ou psalmodieront au chœur, et ils ne croiront pas s'être acquittés de leur devoir, s'ils ne remplissent cette fonction, à moins qu'ils n'en soient empêchés par un défaut de santé ou par quelque autre cause légitime. Ils feront aussi, chacun à son tour, l'office de semainier ou d'hebdomadaire.

8. Les évêques auront soin de purger les

légendes des saints qui se lisent dans l'église, de tout ce qu'elles peuvent contenir d'incertain et de faux : on les lira distinctement et sans aller ni trop vite ni trop lentement.

9. Les évêques, aidés de deux chanoines ou de deux moines, retrancheront de l'office divin toutes les prières qui lui sont étrangères et que l'on y a ajoutées, afin qu'on s'en acquitte avec plus de dévotion, et qu'on ait du temps pour étudier. Des distributions manuelles seront attachées à matines, à la grand'messe, à vêpres et aux anniversaires pour les morts. On ne souffrira point que l'on parle, ni qu'on se promène dans l'église pendant l'office divin; et ceux qui le feront, seront privés de la distribution du jour où ils s'y seront promenés, ou de l'heure de l'office pendant lequel ils auront parlé.

10. On pourra faire au sortir de l'église, mais jamais dans l'église, les proclamations ou criées qui regardent les choses temporelles et profanes.

11. Les évêques et autres supérieurs empêcheront les ecclésiastiques de faire, à certains jours de fêtes, certaines choses dans les églises, qui tiennent beaucoup plus du paganisme que de la modestie chrétienne. Ils apprendront aux peuples à honorer ces saints jours par une piété religieuse; et ils examineront s'il ne vaudrait pas mieux en retrancher quelques-uns, que de les laisser profaner par la débauche et la dissolution. Ils feront aussi en sorte que les églises particulières se bornent à suivre l'usage de la métropole, autant qu'il sera possible, pour les fêtes et les jeûnes, en retranchant les fêtes de patrons.

12. On annoncera au peuple les supplications ou processions publiques, et on lui en expliquera les raisons, afin qu'il en tire un plus grand fruit. On prêchera et on dira la messe au lieu de la station : on chantera les litanies d'un ton grave, qui marque la disposition humble et suppliante de l'Eglise, et non pas d'un ton mesuré et harmonieux.

13. L'archevêque ou l'évêque, célébrant pontificalement dans sa cathédrale, sera toujours assisté de deux archidiacres, ou de deux autres dignitaires, ou enfin de deux anciens chanoines.

14. On abolira l'abus de chasser avec bruit ceux qui viennent tard au chœur; et on se contentera de les priver de la distribution attachée à cette heure.

15. On chantera la messe à neuf heures pendant l'hiver, et à huit pendant l'été, dans les paroisses de la campagne.

16. Les carillonneurs ne toucheront sur les cloches que des cantiques ou des hymnes, et jamais des airs lascifs et déshonnêtes. Les chantres pour l'office divin seront ou prêtres ou constitués dans les ordres sacrés, ou au moins lecteurs et célibataires, autant qu'il sera possible, et de mœurs irréprochables. Les doyens des collégiales feront observer les statuts du chapitre, et ils ne l'assembleront pas durant l'office, autant que faire se pourra.

Des ministères ecclésiastiques.

1. Dans l'ordination, les évêques observeront l'ordre prescrit par le Pontifical romain.

2. Tous ceux qui doivent être ordonnés, se présenteront à l'évêque la veille de l'ordination ou même auparavant, afin que l'évêque ou celui qu'il en aura chargé leur explique brièvement les principaux points du catéchisme, relatifs au ministère sacerdotal. Cet exercice se fera à huit heures du matin.

3. A deux heures après midi, ils subiront un examen proportionné aux ordres qu'ils demandent, en apportant avec eux une attestation de vie et mœurs, signée par leur doyen rural et par leur curé.

4. On examinera soigneusement les titres de ceux qui demandent le sous-diaconat; et on leur fera prêter serment de ne point les aliéner, à moins qu'ils n'aient d'ailleurs un revenu suffisant pour vivre.

5. Le métropolitain ne conférera point, sans connaissance de cause, un bénéfice qui aura été refusé à un clerc par l'ordinaire; et, si la cause du refus est juste, il le refusera inexorablement lui-même.

6. Les chapitres et les abbés qui ont des bénéfices-cures unis à leurs églises, n'y nommeront point de curés qui n'aient été présentés à l'évêque, et qui n'aient reçu son approbation; et ils ne pourront les révoquer sans le consentement du même évêque.

7. Les curés ne pourront prendre pour vicaires que des prêtres approuvés en bonne forme par l'évêque.

8. Les religieux ne pourront confesser même les prêtres, sans approbation de l'évêque.

9. Ceux qui président aux fabriques des églises ne recevront pour dire la messe et pour acquitter les fondations, que des prêtres dûment approuvés par les évêques, et destinés pour cet office par le curé.

10. Ceux qui sont préposés à la garde des églises, ne prendront point d'emplois sordides, tels que ceux de gardes-bois et de fermiers. Ils conserveront avec soin et traiteront avec respect les ornements et les meubles confiés à leur garde.

De la vie et honnêteté des clercs.

1. Tous les clercs éviteront l'ivrognerie, et s'abstiendront de la méchante coutume de se provoquer à boire les uns les autres, sous peine d'être suspendus de leur office ou de leur bénéfice.

2. Ils éviteront aussi les excès de bouche, ainsi que la pompe et la délicatesse de la table, se contentant d'un repas simple et frugal.

3. La fréquentation des femmes ne convient nullement à un prêtre dont la chasteté doit faire le plus bel ornement : c'est pourquoi le saint concile défend à tout clerc constitué dans les ordres sacrés, d'avoir dans sa maison, ou de fréquenter aucune femme étrangère et suspecte, sous peine d'un châtiment grave à l'arbitrage de l'ordinaire.

4. Même peine contre les clercs qui, au lieu de porter des habits modestes et convenables à leur état, oseraient en porter qui siéraient mieux à un soldat ou à un laïque, qu'à un clerc.

5. Les évêques et tous les autres ecclésiastiques n'auront que des domestiques de bonnes mœurs et d'une vie édifiante et exemplaire.

6. Les clercs n'iront aux cabarets que quand ils seront en voyage.

7. Les prêtres qui diront leur première messe auront grand soin de bannir du repas qu'ils donneront à cette occasion, tout ce qui tiendrait de l'ivresse et des folles joies, comme la danse et autres choses semblables.

De l'examen des évêques.

Aussitôt qu'une église cathédrale sera vacante, on fera des prières publiques pour demander à Dieu un pasteur bien appelé; et, lorsque l'élection, la postulation ou la nomination en sera faite, on attachera aux portes de l'église vacante des billets pour annoncer que chacun a la liberté de dénoncer au métropolitain ou au plus ancien évêque de la province tous les empêchements qui pourraient être un obstacle à la confirmation du sujet élu, postulé ou nommé. Le métropolitain ou le plus ancien évêque fera de son côté les informations ordinaires touchant la naissance, l'âge, les mœurs, la science et enfin toutes les qualités du sujet, et enverra le tout au pape, signé et cacheté.

De l'examen des curés.

On observera sur cette matière le chapitre dix-huit de la session vingt-trois du concile de Trente.

De la résidence des évêques.

1, 2 et 3. On observera le décret du concile de Trente, qui défend aux évêques de s'absenter plus de trois mois de leurs diocèses sans raisons légitimes, qu'ils seront obligés de déclarer à leurs métropolitains. Les évêques prendront garde de ne point s'absenter pendant l'avent, le carême et les fêtes solennelles.

De la résidence et de l'office des curés.

1, 2 et 3. Les curés observeront aussi le décret du concile de Trente touchant la résidence des pasteurs; et ceux qui ne voudront pas l'observer, seront tenus de résigner leurs cures quinze jours après la fête de la Purification; faute de quoi, la collation en sera dévolue à ceux qui ont droit de conférer, en avertissant les patrons de faire usage de leur droit de présentation. Les curés prêcheront, célébreront et administreront eux-mêmes les sacrements, autant qu'ils le pourront. Ils porteront le saint viatique aux malades avec l'étole, le surplis, les cierges allumés et la clochette, pour avertir le peuple de son devoir envers le saint sacrement et le malade.

De la visite.

1. Les évêques et tous ceux qui ont droit de visite s'acquitteront par eux-mêmes de cet important devoir, et observeront en tout le décret du concile de Trente sur cette matière.

2 et 3. Ils commenceront leurs visites par s'informer de la foi, de la vie, des mœurs des chapitres ou des monastères qu'ils visiteront; et ensuite de l'observance de la règle et des statuts, sans oublier l'habit et la tonsure.

4. Ils s'informeront surtout de la manière dont les pasteurs s'acquittent de leur ministère, soit dans la prédication, soit dans l'administration des sacrements, soit dans la garde du vénérable sacrement, des saintes huiles et des baptistères, sans négliger les biens meubles et immeubles des églises, non plus que les fondations et les aumônes auxquelles elles sont obligées selon l'intention des fondateurs.

5. Ils corrigeront publiquement les fautes publiques, et secrètement les fautes secrètes.

Du pouvoir et de la juridiction ecclésiastique.

1. On ne peut douter qu'il n'y ait un double for ecclésiastique insinué par Jésus-Christ sous le nom de *clefs* : l'un du sacrement de pénitence, qui regarde proprement la conscience, et dans lequel le coupable n'est lié ou délié que sur sa propre confession; l'autre de juridiction et de police extérieure, dans lequel le coupable est convaincu par témoins, jugé, condamné et puni, pour l'empêcher de se perdre à jamais, et le remettre dans les voies du bonheur éternel.

2. Jésus-Christ ayant donc confié à son Église, dans ce dessein, le glaive de l'excommunication, comme le nerf de la discipline ecclésiastique, il ne répugne pas moins au droit divin qu'aux saints canons, que les juges laïques entreprennent de défendre aux juges ecclésiastiques de déclarer ceux qui ont encouru quelque excommunication portée par le droit, ou d'excommunier personne, ou de leur ordonner de lever l'excommunication.

3. Défense à tous les juges d'église d'employer légèrement le glaive de l'excommunication.

4, 5 et 6. Pour obvier aux frais des longues procédures, le juge d'église fera en sorte que l'accusé comparaisse en personne et réponde sur les propres faits, sans le secours d'aucun procureur. S'il avoue sa faute, ou s'il en est convaincu par témoins, on le condamnera sur-le-champ à la réparation. S'il récuse les témoins, on lui accordera un court délai, selon la nature de l'affaire. S'il refuse de comparaître après trois monitions, il sera condamné comme coupable.

7 et 8. Les clercs ne feront point l'office des notaires dans les causes même ecclésiastiques, à moins qu'ensuite d'un sérieux examen, ils n'aient été reçus et approuvés pour cette sorte d'office par les ordinaires des lieux. Il y aura dans toute la province une même forme d'exercer les jugements.

9. Les évêques désigneront des personnes capables, auxquelles on déléguera les causes ecclésiastiques *in partibus*.

10 et 11. On observera tous les décrets du concile de Trente sur la doctrine et sur les

mœurs; et les évêques, auront soin de les faire publier dans leurs synodes.

Du mariage.

1. On gardera les décrets du concile de Trente touchant le mariage, qui est une chose sainte, établie de Dieu, et qui doit être traitée saintement.

2. Les pasteurs répéteront souvent à leurs paroissiens qu'ils doivent considérer trois choses dans le mariage : la fidélité, les enfants et le sacrement; la fidélité, qui doit rendre inviolable le droit du mariage; les enfants, que l'on doit élever chrétiennement ; le sacrement, qui apprend aux époux à demeurer indissolublement unis à l'exemple de Jésus-Christ et de l'Eglise.

3 et 4. Ils avertiront les enfants propres pour le mariage, de consulter leurs pères et leurs mères, et de s'en tenir à leurs avis sur ce point important. Ils avertiront aussi les pères et les mères de ne pas forcer leurs enfants à contracter tel ou tel mariage.

5. Les curés ne manqueront pas de publier les bans de mariages; et ceux qui doivent se marier jureront qu'ils ne connaissent rien qui puisse les en empêcher.

6 et 7. Les fiançailles et les mariages se feront dans l'église.

8. Pour prévenir l'impudence des vagabonds qui épousent plusieurs femmes en divers lieux, on observera le décret du concile de Trente à ce sujet.

9. On excommuniera ceux qui auront allégué un faux empêchement de mariage, et ceux qui en auront tu un véritable avec connaissance de cause.

10. Le curé consultera l'ordinaire sur les empêchements douteux.

11, 12 et 13. On observera les décrets du concile de Trente sur les empêchements de consanguinité, d'affinité et de clandestinité.

Des dîmes, offrandes et portions congrues.

1. On observera les dispositions du concile de Trente touchant les dîmes.

2. Les curés recevront les offrandes qu'on a coutume de faire à l'église, et non pas les laïques au nom du patron. Cependant les curés donneront fidèlement aux patrons la part qui leur revient de ces sortes d'offrandes.

3, 4, 5 et 6. Les évêques feront en sorte que les curés aient un revenu suffisant pour vivre, soit en unissant des bénéfices, soit en obligeant leurs paroissiens à y contribuer chacun selon ses facultés. Dans le cas de l'union de deux églises, il n'y aura qu'un curé pour toutes les deux.

7. Les évêques et les magistrats régleront les droits des curés, soit pour les diminuer, soit pour les augmenter, ou les laisser tels qu'ils sont.

8 et 9. Ceux qui perçoivent les dîmes seront tenus aux réparations et à la reconstruction des chœurs des églises dans les lieux où tel est l'usage; et les paroissiens en seront tenus dans les lieux où ils en sont chargés aussi par l'usage.

10. On exhorte les monastères à ne pas faire valoir, au préjudice des curés, les priviléges qui les exemptent de la dîme.

Du purgatoire.

1 et 2. Le saint concile croit et ordonne qu'on enseigne ce que l'Eglise a toujours cru et ce que le concile de Trente a défini touchant le purgatoire; savoir, qu'il y a un lieu destiné à purifier les âmes qui sortent de ce monde en état de grâce, mais auxquelles il reste encore des péchés à expier quant à la peine ; et que ces âmes sont soulagées par les prières et les aumônes des fidèles, et particulièrement par le saint sacrifice de la messe. Les pasteurs enseigneront aux peuples à pratiquer saintement et sans mélange de superstition ces saints et pieux exercices.

Des monastères des hommes et des femmes.

Voici le sommaire des huit premiers chapitres de ce titre.

Tous ceux et toutes celles qui gouvernent les monastères observeront et feront observer la règle dont ils ont fait profession. Ils assisteront assidûment à l'office divin, et feront en sorte que tous leurs inférieurs mangent au réfectoire, où il y aura toujours une lecture sainte, et où l'on observera les jeûnes prescrits par la règle. Ils mangeront eux-mêmes au réfectoire avec leurs inférieurs, quand ils n'en seront point empêchés par le grand nombre de leurs occupations ou des hôtes qu'ils auront à recevoir, et apporteront toute l'attention possible pour bannir de la table tous les excès, et y faire régner la frugalité et la sobriété. Les supérieurs des religieux ne seront pas moins attentifs à leur faciliter l'observation de leur vœu de chasteté, en leur retranchant toute occasion de familiarité avec les femmes.

9, 10 et 11. Les religieux et religieuses observeront exactement leur vœu de pauvreté; n'ayant rien en propre et remettant entre les mains des supérieurs tout l'argent qui pourrait leur revenir de leur travail, de leur industrie, de la libéralité de leurs amis ou de quelque autre endroit que ce soit, et les supérieurs ayant soin de leur fournir gracieusement tout le nécessaire, non en argent, mais en nature. Ces mêmes supérieurs retrancheront l'abus qui règne dans certains monastères, d'accorder aux officiers certains droits ou émoluments.

12. Les religieux ou religieuses n'exigeront rien pour l'entrée en religion, puisqu'il leur est défendu par le concile de Trente de recevoir plus de sujets que les monastères ne sont en état d'en entretenir, ou sur leurs revenus, ou sur les aumônes accoutumées. Ils s'abstiendront aussi de donner de grands repas le jour de la prise d'habit et de la profession.

13 et 14. Les religieuses élèveront les pensionnaires dans la piété, la doctrine catholique et la modestie chrétienne. Quant aux novices des couvents d'hommes et de filles, on leur expliquera les règles et les constitutions qu'ils veulent embrasser, afin qu'ils ne s'engagent point témérairement et

sans connaître les obligations qu'ils veulent contracter

15. Les religieux ne coucheront point hors du monastère, si ce n'est lorsque le supérieur leur aura permis d'en sortir pour cause de maladie ou d'affaires, ou pour aller voir leurs parents ou leurs amis.

16 et 17. Le concile avertit les abbés et les abbesses, ainsi que tous les autres supérieurs réguliers, qu'ils ne sont point les maîtres, mais seulement les dispensateurs et les administrateurs des biens de leurs monastères, qu'ils n'en peuvent user que selon l'intention de l'Eglise et des fondateurs; et qu'ils sont très-répréhensibles, lorsqu'ils s'en servent pour enrichir leurs parents ou leurs amis, pour se donner un train superflu et faire bâtir somptueusement. Le concile les avertit aussi de retrancher tous les abus contraires à leur règle.

Des saints.

1. L'Eglise a toujours approuvé la vénération, le culte et l'invocation des saints qui règnent avec Jésus-Christ; et l'on ne peut douter que, puisqu'ils nous aiment, ils ne fassent des vœux et des prières pour notre salut.

2, 3, 4 et 5. On instruira néanmoins le peuple de la différence qu'il y a entre le culte qu'on rend à Dieu et celui qu'on rend aux saints. Nous honorons Dieu comme l'auteur et le conservateur de tous les biens, comme le seul juge suprême auquel nous devons rendre compte de notre vie, qui seul peut nous perdre ou nous sauver, et à qui seul on peut offrir le sacrifice du cœur, des lèvres, de la divine eucharistie. Nous n'honorons les saints que comme nos avocats et nos intercesseurs auprès de Dieu.

6. On apprendra au peuple que, quoique les prières des saints soient très-utiles pour obtenir les biens du corps et de l'âme, du temps et de l'éternité, c'est néanmoins une abominable superstition de croire qu'on ne mourra point sans pénitence ni sans sacrements, si l'on honore tel ou tel saint, et qu'on délivrera telles ou telles âmes du purgatoire, par un certain nombre de messes ou de prières.

Des images.

1, 2, 3, 4 et 5. Le septième concile général, confirmé par celui de Trente, a décidé qu'il y aurait des images de Jésus-Christ et des saints dans les églises. Le culte qu'on leur rend, se rapportant aux originaux qu'elles représentent, ne doit paraître ni absurde ni impie. On n'en mettra point dans les églises sans le consentement de l'évêque, et l'on en ôtera toutes celles qui présenteraient quelque chose d'indécent. L'intention de celui qui prie doit se porter vers la chose signifiée, au lieu de s'arrêter à la matière ou au signe extérieur, qui n'entend, ne voit et ne sent en aucune sorte. On expose les images à la vénération des peuples, pour les avertir d'implorer le secours des saints, et d'imiter leurs actions. On ne tiendra pour vrais miracles que ceux que l'Eglise aura déclarés tels par la bouche de l'évêque.

Des reliques.

On doit révérer les reliques des saints, qui ont été les membres vivants du corps de Jésus-Christ et les temples du Saint-Esprit. On n'en exposera point de nouvelles ou d'inconnues à la vénération des peuples, sans l'approbation de l'ordinaire : on n'emploiera, pour les honorer, que des cérémonies conformes à l'esprit de l'Eglise et de la religion; et on ne les portera processionnellement qu'avec décence et en un temps convenable.

Des indulgences.

Puisque les indulgences indiscrètes et superflues font mépriser les clefs de l'Eglise, en même temps qu'elles énervent la satisfaction pénitentielle, le saint concile défend d'en proposer aucune qui n'ait été visée et approuvée par l'ordinaire. Il ordonne aussi aux curés d'empêcher leurs paroissiens d'ajouter foi à tous ces livrets qui promettent des indulgences exorbitantes pour des causes légères, vaines et superstitieuses, tandis qu'on ne doit en accorder que pour des causes pieuses et raisonnables. *Labb.* XV; *Conc. Germ.* VII.

CAMBRAI (Synode diocésain de), tenu l'an 1567, au mois d'octobre, par Maximilien de Bergues, archevêque de cette ville. Ce prélat y publia des statuts synodaux, rangés sous 16 titres. Ces règlements méritent d'être consultés, particulièrement pour ce qui regarde la bonne administration des sacrements.

CAMBRAI (Syn. dioc. de), tenu à Valenciennes, l'an 1575. *V.* VALENCIENNES, même année.

CAMBRAI (Concile provincial de), l'an 1586. *Voy.* MONS.

CAMBRAI (Synode diocésain de), l'an 1604, tenu par Guillaume de Bergues, archevêque de cette ville. Ce prélat y renouvela la plupart des statuts des précédents synodes, par de nouveaux statuts, compris sous 24 titres. Il y fit défense aux libraires de vendre la Bible traduite en langue vulgaire, à d'autres qu'à ceux qui auraient obtenu la permission de la lire, de lui ou de ses vicaires généraux.

CAMBRAI (Synode diocésain de), l'an 1617. L'archevêque François Van der Burch y fit 27 statuts. Il défendit de faire servir les autels comme d'armoires, en y pratiquant des ouvertures; aux clercs, de porter des moustaches (*barbam alatam*) ou la barbe longue au-dessus de la lèvre supérieure; de recommander en chaire quelque étranger à la charité des fidèles, sans en avoir reçu de lui-même une permission par écrit.

CAMBRAI (Concile provincial de), l'an 1631. François Van der Burch, archevêque de Cambrai, tint ce concile; on y dressa un grand nombre de canons, qu'on rangea sous vingt-six titres, et dont voici les plus remarquables après ceux que nous avons déjà rapportés des conciles précédents.

Titre III. De la Messe. Un prêtre ne peut pas en conscience acquitter par une seule messe l'obligation de plusieurs honoraires à la fois. On ne nourrira point de pigeons dans les clochers, et l'on ne permettra point aux femmes de sonner les cloches. On abolit aussi certaines confréries de jeunes garçons et de jeunes filles.

Titre XI. Du Sacrement de l'Eucharistie. Il y aura dans chaque ville une personne chargée de faire le pain d'autel avec le meilleur et le plus pur froment, et dans la forme qu'on lui indiquera. On commencera par lui faire prêter serment de s'acquitter fidèlement de son emploi. Il ne sera pas permis d'acheter d'autres personnes le pain qui doit servir au saint sacrifice.

Titre XIII. Du Sacrement de Mariage. Si un curé s'aperçoit qu'un mariage va se contracter contre le gré des parents, il ne doit pas y prêter son ministère, sans avoir auparavant consulté l'évêque, qui écartera les scandales et les désordres qui pourraient en résulter.

Ce concile a été confirmé par le pape Urbain VIII. *Concil. Germ.* IX.

CAMBRAI (Synode diocésain de), l'an 1661. Gaspar de Nèmes, archevêque de Cambrai, tint ce synode, composé des doyens de son diocèse : il y renouvela les statuts de l'an 1617, et y en ajouta de nouveaux concernant spécialement les doyens. *Conc. Germ. t.* IX.

CAMBRAI (Synode diocésain de), l'an 1664. Le même prélat s'engagea dans ce synode, en présence de ses doyens réunis, à n'admettre à l'examen pour le sous-diaconat, que les sujets qui lui présenteraient un certificat cacheté de leur doyen rural, en témoignage de leur bonne conduite et de la confession générale dont ils se seraient acquittés. *Conc. Germ.* X.

CAMBRIE (Concile de), *Cambricum*, ou du pays de Galles, l'an 465. Matthieu de Westminster fait mention de ce concile, où Aurèle Ambroise, prince originaire de la Petite-Bretagne, et fervent catholique, aurait été déclaré roi. Malgré l'autorité du P. Labbe, nous appellerons cette convocation du clergé du royaume de Cambrie une assemblée plutôt qu'un concile. *Labb.* IV.

CAMERINO (Synode diocésain de), *Camerinensis*, le 24 septembre 1587. Jérôme de Bobus, évêque de Camérino, y défendit, entre autres statuts, sous peine d'excommunication, de représenter, en public ou en particulier, des pièces de théâtre qui n'auraient pas été approuvées par lui ou son vicaire général. *Constitutiones et decreta in syn. Camer.*

CAMERINO (Synode de), l'an 1630. Ce synode fut tenu par le pape Clément X, alors évêque de cette ville. *Constitut. synod.*

CAMERINO (Synode de), les 24, 25 et 26 septembre 1672. Ce synode fut tenu par le cardinal Fransoni, évêque du lieu, qui y renouvela et développa les statuts portés dans le synode précédent par le pape Clément X, son prédécesseur. *Ibid.*

CAMIN (Synode de), *Caminensis*, l'an 1204, sous l'épiscopat de Sigewin. Camin, ville située en Poméranie, était autrefois un évêché de la province de Hambourg. Dans ce synode, l'évêque défendit d'admettre à la sainte table, le jour de Pâques, les femmes de mauvaise vie, ne leur permettant de s'en approcher que le vendredi suivant. *Conc. Germ t.* III.

CAMIN (Synodes de), en 1358, 1454, 1492 et 1500. Il ne nous reste rien de certain du premier de ces synodes, que le nom de l'évêque qui l'assembla. Dans les deux suivants, il y eut des peines portées contre les clercs ivrognes et concubinaires. Dans le dernier, qui se tint à Stettin, l'évêque Martin Carith publia soixante et un statuts très-courts, ayant également pour objet la réforme de la discipline. *Conc. Germ. t.* V.

CAMPENACENSIA (*Concilia*), seu *Campiniacensia*. *Voy.* COGNAC.

CAMPOLORO (Synodes diocésains d'Aléria, tenus à), le 26 septembre 1632 et le 27 juin 1653, par l'abbé Michel Justiniani, patrice de Gènes et vicaire apostolique d'Aléria. A la suite de ces deux synodes, le prélat en publia les constitutions sous le titre de *Costituzioni Giustiniane*, qu'il divisa en trois livres. Dans le premier, où il traite particulièrement des commandements de Dieu et de l'Eglise, il dit que le concile provincial avait autrefois le droit d'instituer les fêtes à observer dans toute la province, mais que ce pouvoir a été supprimé par le pape Urbain VIII, et qu'il est présentement réservé au pape ou au concile général. Le second livre a pour objet les biens ecclésiastiques ; le troisième, les devoirs des curés et l'administration des sacrements. *Costituzioni Giustiniane, in Avellino*, 1657.

CANTORBERY (Concile de), *Cantuariense*, l'an 605. Le roi Ethelbert V, la reine Berthe, sa femme, et leur fils Edouard se trouvèrent à ce concile. Saint Augustin y présida ; et l'on y confirma la donation du monastère de Saint-Pierre et de Saint-Paul, qu'il avait fondé lui-même auprès de Cantorbéry, et qui est le premier qu'on ait bâti en Angleterre. *Reg.* XIV; *Labb.* V; *Mansi, I, col.* 463.

CANTORBERY (Concile de), l'an 617. Ce concile fut tenu par Laurent, archevêque de Cantorbéry, assisté de saint Mellit, évêque de Londres, de Just de Rochestre et de quelques autres. Ces prélats y prirent la résolution de sortir momentanément du pays, où leur ministère leur paraissait inutile, pour se soustraire à la persécution que leur suscitaient les rois Saxons, redevenus idolâtres. *Labb.* V, *ex Antiq. Britann.; Bed. l.* II, *c.* 5.

CANTORBERY (Concile de), l'an 685. *Voy.* TWIFORD, même année.

CANTORBERY (Concile de), l'an 820. Cénédrite, abbesse d'un monastère, fille et héritière de Cénulfe, roi de Mercie, y fit restitution à l'archevêque Wulfred des terres que son père avait usurpées sur l'Eglise de Cantorbéry. *Labb.* VII.

CANTORBERY (Concile de), l'an 969 ; *Voy.* ANGLETERRE, même année.

CANTORBERY (Concile de), l'an 991. Sirice, archevêque de Cantorbéry, tint ce concile. On y convint de payer un tribut aux Danois. *Angl.* I.

CANTORBÉRY (Concile de), l'an 1093. Ce concile fut composé de tous les évêques d'Angleterre, et se tint le 4 décembre. On y sacra saint Anselme archevêque de Cantorbéry, et, sur les remontrances de Thomas, archevêque d'York, on y corrigea le décret d'élection où l'Eglise de Cantorbéry était appelée métropole de toute l'Angleterre, en mettant le mot de primatiale à la place de celui de métropole. *Wilkins, Angl.* I, p. 370.

CANTORBÉRY (Concile de), l'an 1189. Hugues, évêque de Durham, et Hébert, évêque de Salisbury, appelèrent au pape de l'élection de Geoffroi à l'archevêché d'York, disant que son élection n'avait point été canonique, parce qu'ils n'y avaient point assisté. *Angl.* I.

CANTORBÉRY (Concile de), l'an 1193. Richard Ier, roi d'Angleterre, surnommé Cœur-de-Lion, ayant appris dans sa prison d'Allemagne, où il était retenu par l'empereur Henri VI, que le siége de Cantorbéry était vacant, écrivit aux suffragants et au doyen de cette Eglise, de procéder à une nouvelle élection. En conséquence, les évêques, sur la présentation des moines de Cantorbéry, élurent, le 30 mai, pour archevêque Hubert, évêque de Salisbury. *Angl.* I.

CANTORBÉRY (Concile de), l'an 1220. Etienne, archevêque de Cantorbéry, y fit la translation du corps de saint Thomas, archevêque de la même ville, en présence du roi, des grands et de presque tous les évêques, abbés et prieurs d'Angleterre. *Angl.* I.

CANTORBÉRY (Concile de), l'an 1222. Etienne Langton, archevêque de cette ville, tint ce concile, où l'on punit canoniquement un imposteur qui se vantait d'avoir les cinq plaies de Notre-Seigneur Jésus-Christ, et un Juif apostat de la religion chrétienne qu'il avait embrassée, et dans laquelle il avait été fait diacre. *Angl.* I.

CANTORBÉRY (Concile provincial de), l'an 1236. Saint Edmond, archevêque de Cantorbéry, y présida, et il y publia quarante et une constitutions.

La 1re déclare suspens de droit ceux qui, étant irréguliers, ont reçu les ordres. Sont atteints d'irrégularité les homicides, les avocats en matière criminelle, les huissiers et sergents, les simoniaques, les bigames, les corrupteurs de vierges consacrées à Dieu, les excommuniés et les incendiaires d'églises.

La 2e fait défense à tout clerc, qui s'est fait ordonner avec la conscience d'un péché mortel, ou par le motif de quelque gain temporel, d'exercer les fonctions de son ordre avant d'avoir fait sa confession à un prêtre.

La 3e porte la peine de déposition contre les clercs qui, suspens de leurs fonctions pour crime d'incontinence, auraient exercé dans cet état les fonctions de leurs ordres.

La 4e menace de l'excommunication et même du bras séculier, les concubines de prêtres.

La 5e recommande aux curés d'entretenir la paix entre leurs paroissiens.

La 6e recommande de la sobriété à tous les clercs.

La 7e condamne les laïques qui refusent d'acquitter envers l'Eglise les offrandes, dont une louable coutume a fait une loi.

La 8e interdit les conventions simoniaques à l'occasion de messes ou de testaments. Les suivantes, jusqu'à la 15e, concernent l'administration du baptême, les difficultés qui s'y rencontrent quelquefois et les dangers dont on doit préserver la vie des enfants.

La 16e déclare péché mortel tout commerce charnel pratiqué hors du mariage.

Suivent six constitutions relatives à l'administration et à la pratique du sacrement de pénitence. On y rappelle aux laïques le devoir de se confesser, et aux femmes en particulier l'obligation de ne le faire que voilées.

La 23e constitution et la suivante ordonnent de déclarer, trois fois l'année, excommuniés les sorciers, les ravisseurs publics, ceux qui empêchent l'exécution des testaments et quelques autres.

La 25e dit le respect avec lequel on doit porter aux malades la sainte eucharistie.

La 27e est un règlement concernant les dîmes.

La 28e tend à réprimer ou à prévenir les conventions simoniaques à l'occasion de bénéfices.

La 29e défend aux curés de changer leurs chapelains sans motifs raisonnables.

La 30e impose aux curés le devoir de dénoncer à l'ordinaire les prêtres de leur paroisse coupables d'incontinence.

Les deux suivantes sont pour défendre aux personnes mariées de faire des vœux et d'entrer en religion sans le consentement de leur moitié et l'agrément de l'évêque.

La 33e ordonne la présence d'un prêtre pour la confection des testaments.

La 34e défend aux médecins d'employer des remèdes pour leurs malades qui puissent causer la perte de leurs âmes.

La 35e soumet à l'approbation de l'évêque, qui en tracera les règlements, les hôpitaux et autres maisons religieuses qu'on voudra fonder par la suite.

La 36e indique aux prêtres les défauts à éviter lorsqu'ils s'administrent eux-mêmes le sacrement de l'eucharistie.

La 37e oblige les femmes à se confesser avant le terme de leur grossesse, et à prendre les précautions convenables pour assurer le baptême à leurs enfants.

La 38e déclare inhabiles à posséder aucune fonction ecclésiastique, ou à exercer aucune autorité dans l'Eglise, tant les meurtriers de clercs que leur postérité.

La 39e ordonne aux enfants, et surtout aux adultes qui en auraient besoin, de se faire confirmer de bonne heure, et de garder à leur front jusqu'au troisième jour leur bandelette après qu'ils auront été confirmés, après quoi ils retourneront à l'église se présenter au prêtre, qui les purifiera.

La 40ᵉ constitution étend l'impôt de la dîme sur tous les biens de la terre.

La 41ᵉ enfin défend aux laïques de s'immiscer dans les affaires des clercs. *Labb.*, XI; *Wilkins*, I.

CANTORBÉRY (Concile de), l'an 1272. Il fut question, dans ce concile, de payer des décimes au roi Édouard, qui avait succédé à Henri III, son père, mort le 15 ou le 16 novembre. *Wilkins*, t. II.

CANTORBÉRY (Concile de), l'an 1281. Il ne nous reste de ce concile que des lettres de Jean Peckam, archevêque de cette ville, par lesquelles il reprend les moines et d'autres exempts qui refusaient de se trouver aux conciles. *Angl.* III; *Mansi*, t. III.

CANTORBÉRY (Synode diocésain de), l'an 1296. Robert de Winchelsey, archevêque de Cantorbéry, y fit quelques règlements pour la réforme de son tribunal diocésain. *Conc. t.* XIV.

CANTORBÉRY (Concile provincial de), l'an 1300. Les évêques réunis de la province y statuèrent, conformément à un décret du saint-siége, que les Pères dominicains et franciscains ne seraient admis à entendre les confessions qu'autant qu'ils y seraient autorisés après examen par l'ordinaire des lieux. *Mansi, in Hist. eccl.; Nat. Alex. sæc.* XIII, *c.* 6, *art.* 63.

CANTORBÉRY (Concile de), l'an 1310. Robert de Winchelsey, archevêque de Cantorbéry, tint ce concile et y prononça l'excommunication contre tous ceux qui usurperaient ou violeraient les droits de l'Église. *Angl.* II; *Mansi*, III, col. 339.

CANTORBÉRY (Concile de), l'an 1311. Ce concile eut pour objet la cause des Templiers. *Angl.* II.

CANTORBÉRY (Concile de), l'an 1341. Jean de Stratford, archevêque de Cantorbéry, tint ce concile l'an 1341 ou environ. On y publia les huit statuts suivants :

Le premier règle la taxe pour l'insinuation des testaments, etc.

Le second regarde les visites et les procurations des archidiacres et des autres ordinaires.

Le troisième règle les honoraires de ceux qui mettent les titulaires en possession de leurs bénéfices.

Le quatrième défend de grever les bénéficiers, ni ceux qui sont promus aux ordres, par des exactions injustes.

Le cinquième veut qu'on excommunie ceux qui accusent faussement les clercs, ou qui, les tenant en prison, refusent de les rendre aux ordinaires qui les réclament.

Le sixième défend de célébrer la messe dans les chapelles ou oratoires, sans la permission de l'ordinaire.

Le septième suspend de leurs offices les archidiacres qui tiennent leurs chapitres dans des lieux où les vivres sont chers, et causent par là des dépenses considérables aux curés et aux vicaires qui sont obligés de s'y rendre.

Le huitième règle le nombre des appariteurs que les archidiacres peuvent envoyer pour aller recueillir, en argent ou autrement, ce qui leur est dû dans l'étendue de leurs archidiaconés. *Angl.* II.

CANTORBÉRY (Concile de), l'an 1344. Le clergé de la province de Cantorbéry accorda au roi Édouard les décimes pour trois ans ; et le roi, de son côté, accorda au clergé qu'aucun clerc ne serait obligé de répondre aux juges séculiers, mais seulement aux ecclésiastiques. *Angl.* II.

CANTORBÉRY (Concile de), l'an 1345. Ce concile eut pour objet la défense du clergé, de ses droits et de ses priviléges. *Angl.* II.

CANTORBÉRY (Concile de), l'an 1362, par Simon Islip, qui en était archevêque. On y dressa une constitution contre la profanation qu'on faisait des temples des saints, dans lesquels on tenait des marchés, des assemblées profanes; on faisait des commerces illicites ; les cabarets étaient plus fréquentés que les églises, et au lieu de prier, on s'enivrait et on s'abandonnait à la débauche et aux querelles. *T.* XI *Conc.*

CANTORBÉRY (Conciles de), l'an 1376. Il se tint deux conciles à Cantorbéry cette année, l'un au mois d'avril ou de mai, et l'autre au mois de juin. L'archevêque de Cantorbéry se relâcha dans celui-ci de l'intention d'un testament en faveur de l'évêque de Norwick, sauf les droits de l'Église de Cantorbéry en pareil cas. *Angl.* III.

CANTORBÉRY (Concile de la province de), l'an 1379. *Voy.* LONDRES, même année.

CANTORBÉRY (Concile provincial de), tenu à Londres, l'an 1380. Ce concile eut encore pour objet d'accorder un subside au roi Richard II, pour les besoins du royaume. *Angl.* III.

CANTORBÉRY (Concile provincial de), tenu à Londres, l'an 1399. En l'absence de l'archevêque, envoyé en exil, le prieur et le chapitre de Cantorbéry convoquèrent un concile où se rendirent, par ordre du roi Henri IV, les comtes de Northumberland et de Westmorland, et dans lequel on ordonna les prières que le roi avait demandées pour lui-même et pour son royaume. On y statua de plus que la fête de saint Georges, martyr, serait célébrée avec solennité dans toute l'Angleterre ; on prit des mesures pour que les biens des hospices pauvres ne fussent plus dissipés à l'avenir ; on fit un règlement pour l'examen des causes matrimoniales ; et l'on décida enfin que les criminels convaincus de crimes graves et notoires subiraient une peine corporelle, au lieu d'être condamnés à une simple amende. *Conc. t.* XV.

CANTORBÉRY (Concile de la province de), l'an 1417. *Voy.* LONDRES, même année.

CANTORBÉRY (Concile de la province de), l'an 1419. *Voy.* LONDRES, même année.

CANTORBÉRY (Concile de la province de), l'an 1428. *Voy.* LONDRES, même année.

CANTORBÉRY (Concile de), l'an 1439. L'archevêque de Cantorbéry, assisté des prélats et du clergé de sa province, décréta en faveur des vicaires, trop pauvres pour soutenir les frais d'un procès, que les réclamations qu'ils jugeraient à propos de faire pour obtenir des curés de leurs églises une augmentation de revenus, seraient admises gratuitement ou *in forma pauperum*. *Labb.* XIII, *ex cod. manuscr.*

CANTORBÉRY (Concile de la province de), l'an 1463. *Voy.* LONDRES, même année.

CANTORBÉRY (Concile de la province de), l'an 1529. *Voy.* LONDRES, même année.

CANTORBÉRY (Concile de), l'an 1530.

On publia dans ce concile provincial les statuts suivants :

1. Les évêques feront l'office divin dans leurs cathédrales au moins les jours de fêtes principales.

2. Les évêques n'ordonneront personne d'un autre diocèse, quand même ceux qui demandent l'ordination auraient un dimissoire de leur propre évêque, ou qu'ils seraient réguliers exempts, à moins qu'ils n'aient un bénéfice dans le diocèse où ils veulent être ordonnés, ou qu'ils n'y demeurent depuis trois ans accomplis.

3. On n'admettra personne à la possession d'une cure par procureur ; mais le nommé sera tenu de se présenter en personne à l'évêque, pour être examiné sur sa capacité et sur ses mœurs.

4. Les ordinaires ne dispenseront personne de la résidence dans les bénéfices qui l'exigent, sous prétexte d'étude, à moins que le sujet ne prouve sa capacité par de bons témoignages.

5. Tout bénéficier qui quittera son bénéfice pour en aller desservir un autre, perdra la moitié des fruits de son propre bénéfice.

6. On punira sévèrement tous ceux qui auront ou qui répandront des livres hérétiques.

7. Tout clerc bénéficier ou constitué dans les ordres sacrés, qui conduira des chiens ou des oiseaux de chasse par les villes ou villages, sera suspens de ses fonctions pendant un mois.

8. Les clercs ou les religieux coupables de fornication seront mis en prison pour trois mois, pendant lesquels ils jeûneront au pain et à l'eau tous les mercredis et tous les vendredis. On déposera les incorrigibles.

9. Les évêques puniront sévèrement les simoniaques.

10. Les curés, les vicaires et les autres clercs éviteront soigneusement l'oisiveté, la mère de tous les vices, et après les offices divins, ils s'appliqueront à la prière, à l'étude, à la lecture ; éviteront les cabarets, la conversation des femmes, etc.

11. Les successeurs d'un bénéficier défunt emploieront à la réparation de l'église tout ce qu'ils auront recueilli de la succession du défunt à ce titre.

12. Tous les maîtres d'école et tous autres précepteurs de la jeunesse auront non-seulement la science convenable à leur état, mais encore des mœurs pures et une foi saine.

13. Tous les couvents auront un nombre compétent de religieux, autant qu'il sera possible, eu égard aux dommages qu'ils pourront essuyer par les inondations, ravages, etc.

14. Il y aura toujours dans les couvents des religieux savants et capables d'instruire les autres.

15. On recevra avec charité les apostats et autres religieux pénitents qui voudront rentrer dans leur devoir.

16. On traitera comme apostat tout religieux qui refusera de prouver, devant l'ordinaire, la vérité des causes qui lui auront fait obtenir une dispense apostolique de ses vœux.

17. Défense, sous peine d'excommunication, aux chevaliers hospitaliers d'admettre personne à contracter mariage ou à recevoir les autres sacrements dans leurs églises sans la permission de l'évêque. *Angl.* III. *An. des Conc.* V.

CANTORBÉRY (Concile de), l'an 1556. Le cardinal Polus, archevêque de Cantorbéry et légat du saint-siége, convoqua ce concile pour le 16 octobre, et y fit publier la bulle de Paul IV, qui ordonnait des prières pour la paix entre les princes chrétiens.

CANTORBÉRY (Concile de), l'an 1557. Le cardinal Polus tint ce concile provincial qui dura depuis le 1er janvier jusqu'au 8 mars, et dans lequel on s'occupa de la réforme des mœurs du clergé. On y proposa plusieurs articles, tant de dogme que de discipline, que rapporte Mansi, *Supplem. t.* V.

CANTORBÉRY (autres Conciles ou synodes de). *Voy.* KENTERBURY.

CAPACCIO (Synode diocésain de), *Caputaquensis*, tenu les quatre premiers jours de novembre 1617, par Pierre de Matta, évêque de cette ville. L'évêque publia, dans ce synode, un corps de constitutions qu'on peut consulter. *Const. et decreta.*

CAPACCIO (Synode de), l'an 1629. L'évêque François-Marie Brancazio y publia plusieurs statuts, à peu près les mêmes que les précédents. *Synodus diœc.*

CAPOUE (Concile de), *Capuanum*, l'an 389, ou, comme le prétend Mansi, l'an 391. Ce concile que les canons de l'Eglise d'Afrique qualifient de plénier, fut tenu pour terminer le schisme d'Antioche. L'empereur Théodose l'accorda à l'instante prière des Occidentaux. Car quoique, par la mort de Paulin, Flavien, successeur de saint Mélèce, dût passer désormais pour le seul légitime évêque d'Antioche, Evagre, que Paulin avait élu en mourant, contre la disposition expresse des canons, avait été reçu pour tel par son parti à cause de l'aversion que ces longues disputes avaient fait naître contre Flavien. Il ne nous reste aucun acte de ce concile, qui paraît avoir été fort nombreux. Saint Ambroise, qui nous en révèle cette dernière circonstance, nous apprend en même temps que l'absence volontaire de Flavien empêcha la conclusion de l'affaire d'Antioche. Cependant, pour assurer la paix, on résolut d'accorder la communion à tous les évêques d'Orient, à quelque parti qu'ils appartinssent, pourvu qu'ils confessassent la foi catholique ; et l'on commit à Théophile d'Alexandrie et aux évêques d'Egypte, ses suffragants, comme à des arbitres désintéressés, l'examen de cette affaire, sous la clause expresse que leur jugement serait ensuite confirmé par l'évêque de Rome. On fit aussi quelques règlements, comme de défendre de baptiser ou d'ordonner deux fois une même personne, et de transférer un évêque d'un siége à un autre siége. On traita enfin de l'affaire de l'évêque Bonose, qui niait que la mère du Sauveur fût restée vierge après son enfantement. Le concile renvoya ce novateur devant l'archevêque de Thessalonique et ses comprovinciaux, comme à ses juges naturels, qui le condamnèrent réunis en concile. *Ambr. ep.* 9; *Conc. t.* II; *Sozom. l.* V, *c.* 15.

CAPOUE (Concile de), l'an 1087. Ce concile fut tenu le 21 mars. Didier, de la maison des ducs de Capoue, cardinal-prêtre et abbé du Mont-Cassin, y accepta enfin la papauté à laquelle il avait été élu malgré lui le 24 mai 1086, et qu'il avait refusée en s'enfuyant de Rome au Mont-Cassin. Pressé enfin et vaincu par les prières des prélats et des princes assemblés avec lui au concile de Capoue, il consentit à être sacré le 9 de mai 1087 sous le nom de Victor III, et mourut au Mont-Cassin le 16 septembre de la même année. *R.* XXVI; *L.* X; *H.* VII.

CAPOUE (Concile de), l'an 1118. Le pape Gélase II, élu le 25 janvier de la même année, tint ce concile et y excommunia l'empereur Henri V, avec Maurice Bourdin, archevêque de Brague, qu'il avait fait élire pape sous le nom de Grégoire VIII. Mansi, dans sa Collection, nous rapporte la lettre que le pape Gélase écrivit pour ce sujet à l'évêque de Préneste, son légat. Cette lettre est datée de Capoue et du 13 avril. *Labb.* X; *Mansi, t.* II, *col.* 321.

CAPOUE (Concile de), l'an 1569. Nicolas Cajétan, archevêque de Capoue et cardinal-prêtre du titre de saint Eustache, tint ce concile avec ses suffragants. On y fit les statuts suivants :

1. Les évêques apporteront tous leurs soins pour terminer toutes les discordes qui pourraient s'élever parmi leurs diocésains, et se réunir tous dans le lien de la paix et de la charité. Ils feront administrer les sacrements avec tout le respect qu'ils méritent, et ne donneront les ordres qu'aux sujets qui en seront dignes, et sans rien exiger ni même accepter pour les conférer. Ils puniront sévèrement tous ceux qui abuseront des paroles de l'Ecriture sainte pour faire rire, ou invectiver, ou flatter, ou les employer à tout autre usage profane.

2. Les curés ne donneront du sel bénit, ni de l'eau baptismale à aucun séculier; et quand on aura baptisé quelqu'un hors de l'église, il ne sera point permis de faire servir à des usages profanes le vase dans lequel on aura versé l'eau baptismale. On ne baptisera jamais hors de l'église paroissiale, si ce n'est en cas de nécessité.

3. On ne donnera jamais le sacrement de confirmation à qui que ce soit avant qu'il soit âgé de sept ans, et on ne le réitérera sous aucun prétexte. Un prêtre essuiera le front des enfants confirmés avec un linge blanc, dans l'église même où ils auront reçu la confirmation, et on ne leur lavera point le front.

4. On placera le sacrement de l'eucharistie sur le maître-autel ou dans un autre endroit décent où il puisse être adoré. Il sera renfermé dans un tabernacle d'or pur et dans une boîte d'or ou d'argent, ou dans une capse argentée et renfermée dans une boîte de bois doré, avec un corporal par dessous et un voile de soie par dessus. On le renouvellera au moins deux fois le mois, et il y aura jour et nuit au moins une lampe ardente en sa présence. On ne communiera personne qu'à l'église, hors quelque cas particulier approuvé par l'évêque. On bannira des premières messes, les jeux, les danses, les indécences, les repas somptueux. Personne ne recueillera aucune aumône pendant la messe. Les clercs ni les laïques ne causeront, ni ne se promèneront dans l'église, même hors du temps de l'office divin, et l'on ne souffrira point qu'on expose en vente quelque marchandise que ce puisse être dans les porches ou les parvis des églises, ni qu'on y joue à aucune espèce de jeu.

5. Les confesseurs administreront gratuitement le sacrement de pénitence comme tous les autres, et se donneront bien de garde d'imposer à leurs pénitents des peines pécuniaires dont ils puissent profiter.

6. Les curés porteront l'extrême-onction dans un vase d'étain couvert d'un voile, avec un cierge ou un flambeau et une croix, qui seront portés par un clerc.

7. Les ordinaires choisiront des personnes habiles et capables d'examiner avec soin les sujets qui se présenteront pour les ordres sacrés ou pour les offices à charge d'âmes. Ils ne donneront les ordres qu'à des personnes recommandables par leurs mœurs, leur piété, leur science, et ils les exhorteront à se confesser et à communier au moins une fois le mois. Tous porteront la tonsure et l'habit clérical. Les évêques feront boucher toutes les fenêtres qui donnent sur l'église, et en interdiront l'usage.

8. Les ordinaires feront publier et observer le décret du concile de Trente sur le mariage.

9. On substituera des curés inamovibles, dans toutes les paroisses, à ceux qui ont été amovibles jusqu'à présent, et cela dans l'espace de trois mois.

10. Tous les clercs bénéficiers ou constitués dans les ordres sacrés, s'abstiendront des jeux de hasard et de tous les autres jeux prohibés. Défense à tout clerc, n'eût-il que la simple tonsure, de porter des armes offensives et défensives, par lui-même ou par un domestique, ou par toute autre personne, soit en ville, soit en campagne. Les clercs ne se mêleront ni de négoce, ni de toute autre affaire séculière. Les ordinaires feront observer religieusement les jours de fêtes, tant par les clercs que par les laïques, et ils ne souffriront pas que l'on prêche pendant la nuit. Personne n'aura deux canonicats, ou une paroisse avec un canonicat, ou deux paroisses, ou deux autres bénéfices, de quelque espèce que ce soit, à moins que l'un d'eux ne fût pas suffisant pour l'entretien du bénéficier, qui pourra, en ce cas,

avoir deux bénéfices, pourvu qu'ils n'exigent pas tous les deux une résidence personnelle.

11° Chaque ordinaire nommera dans son diocèse des hommes d'une science et d'une probité reconnues, pour juger les causes ecclésiastiques et spirituelles qui appartiennent au for de l'Eglise.

12° Conformément au concile de Trente, on n'admettra aucune fille à la prise de l'habit religieux avant l'âge de douze ans, ni à la profession avant l'âge de seize ans, et après le jugement que l'évêque ou son vicaire aura porté sur la volonté totalement libre de la novice, relativement à l'état religieux. Il ne sera permis à personne d'entrer dans un monastère de filles sans la permission par écrit de l'évêque ou de son vicaire. Les supérieurs des monastères ne sont point exceptés de cette loi, et quiconque la transgressera encourra l'excommunication par le seul fait.

13° Le clerc qui aura blasphémé le saint nom de Dieu et de Jésus-Christ, ou de sa bienheureuse mère, sera privé, pour la première fois, de tous les fruits de ses bénéfices pendant un an; pour la seconde, il sera entièrement dépouillé des fruits de ces bénéfices mêmes; et enfin envoyé en exil et déposé, s'il tombe une troisième fois. S'il n'a point de bénéfices, l'évêque le punira jusqu'à l'envoyer aux galères, s'il récidive jusqu'à trois fois.

14° Les clercs convaincus de maléfices, d'enchantements et de sortilèges, seront dégradés et emprisonnés.

15° Les clercs usuriers seront punis par l'amende, la suspense ou la prison, au gré de l'ordinaire, et selon la mesure de leur délit.

16° Les sacrilèges seront punis selon les canons.

17° On ne fixera point de prix pour le viatique, ni pour la sépulture, ni pour le son des cloches, grandes ou petites, ni enfin pour tout ce qui appartient à la pompe funèbre; mais, après l'enterrement, on pourra prier l'ordinaire de faire observer les coutumes louables. On rasera tous les mausolées qui sont dans les églises ou dans les chapelles, et qui empêchent qu'on en puisse faire l'usage convenable. *Mansi, t. V.*

CAPOUE (Concile de), l'an 1577. César Costa, archevêque de Capoue, tint ce concile provincial, où l'on fit, pour la réformation des mœurs, plusieurs règlements renouvelés d'autres canons plus anciens. *Mansi, Supplem., t. V.*

CAPOUE (Concile de), l'an 1603. Le vénérable Robert Bellarmin, cardinal-prêtre de la sainte Eglise romaine et archevêque de Capoue, tint ce concile provincial le 6 avril, qu'il continua les trois mois suivants. Voici quels en furent les décrets:

1. La peine de la violation des fêtes ne sera plus l'excommunication, mais une amende modérée, payée en argent, et employée de suite en œuvres pies, sauf ce qu'auront à toucher les agents de la justice. Les cas de récidive seront traités avec plus de rigueur, et l'on saura dissimuler les fautes passagères.

2. On ne donnera point la confirmation au-dessous de l'âge de sept ans, ni à ceux qui ignoreraient les premiers principes de la foi, ou qui n'auraient pas appris le symbole des apôtres, l'oraison dominicale et la salutation angélique, ou enfin qui ne produiraient pas, sur ces divers points, un certificat signé de la main de leur curé.

3. Les évêques pourront, dans les pays où cette coutume existe, disposer des biens des personnes décédées sans testament, avec une telle modération, toutefois, que ce qu'ils voudront prélever ne dépasse pas le centième de la valeur des biens du défunt, et que le montant en soit appliqué, pour le repos de son âme, à quelque œuvre pie, qu'il ne tiendra qu'à l'évêque de désigner.

4. Les évêques, dans leurs visites, ne se feront pas accompagner de plus de six de leurs gens; ils se contenteront d'une table frugale, et ne recevront point d'argent à titre de subsistance.

5. Toute saisie, soit de personnes, soit de biens, pour des intérêts purement civils, est défendue les jours de fêtes, sous peine d'excommunication, à l'égard de tous les tribunaux, tant ecclésiastiques que laïques.

6. L'agent fiscal, ou le commissaire de l'évêque, n'exigera rien pour se rembourser de ses dépenses ou se payer de ses travaux tant que la cause n'aura pas été jugée; et ce ne sera qu'alors qu'on pourra exiger de la personne condamnée comme coupable un modique salaire, dans la limite tracée par le tarif de l'officialité: jusque-là, tous les déboursés seront à la charge de cette dernière.

7. Les paroisses ne seront pas divisées par familles, mais par territoire, afin que les pasteurs soient plus en état de connaître leurs ouailles et de leur administrer les secours spirituels.

8. Les confesseurs ne recevront rien de leurs pénitents dans l'exercice de leur ministère, ni sous prétexte d'aumône, ni pour dire des messes, ni pour des restitutions de biens dont on ne connaîtrait pas les maîtres; et cela sous peine d'être suspens de leur pouvoir d'entendre les confessions.

9. Quand il s'agira de marier des étrangers, on examinera avec soin leurs certificats et la confiance que pourraient mériter ceux qui déposeraient que les prétendants n'auraient jamais été mariés ou seraient actuellement dans le veuvage.

10. Les clercs qui porteront des armes, telles que des pistolets, des poignards ou des stylets, seront condamnés à une amende de cent écus d'or; et ceux qui ne pourront fournir cette somme seront renfermés durant une année entière dans une étroite prison.

11. Les diocèses privés de séminaires qui leur soient propres enverront chaque année au moins trois jeunes gens au séminaire de Capoue, où ils payeront leur pension comme les autres étudiants. *Mansi, Suppl., t. VI.*

CAPPADOCE (Concile de), l'an 372. La division de la Cappadoce en deux provinces, ordonnée par l'empereur Valens l'année précédente, occasionna des désagréments à saint Basile, évêque de la ville de Césarée, qui était l'ancienne capitale de toute la province. Anthime, évêque de Tyanes, ville capitale de la seconde Cappadoce, prétendit que le gouvernement ecclésiastique devait suivre la division faite par le gouvernement civil; qu'ainsi, la province de Césarée devant être divisée en deux, les évêques des villes qui composaient la seconde Cappadoce devaient le regarder comme leur métropolitain, et que l'archevêque de Césarée n'avait plus de droit sur eux. Saint Basile voulait suivre l'ancienne coutume, et conserver la division des provinces qu'il avait reçue de ses pères. Anthime faisait tous ses efforts pour soustraire à saint Basile les évêques qui composaient ses conciles et pour les soumettre à sa juridiction, en les attirant aux siens. Ceux-ci, se voyant dans une nouvelle province, agissaient comme s'ils n'eussent jamais connu saint Basile. Anthime, qui n'avait pas moins d'avarice que d'ambition, pillait aussi, autant qu'il pouvait, les revenus de l'Église de Césarée, surtout ceux qui venaient de l'église de Saint-Oreste, dans le mont Taurus, et qui passaient à Tyanes avant d'arriver à Césarée. Pour s'autoriser dans ces brigandages, Anthime accusait saint Basile d'errer dans la foi, et disait qu'il ne fallait pas payer le tribut aux hérétiques. Il se moquait encore de son exactitude à observer les canons; et il ordonna pour évêque d'une Église d'Arménie un nommé Fauste, que saint Basile avait refusé comme étant indigne de l'épiscopat. Mais ce saint prit occasion des entreprises d'Anthime pour ordonner à son tour de nouveaux évêques; et prétendant que la petite ville de Sasimes était de sa métropole et même de son diocèse, il proposa à saint Grégoire de Nazianze de l'en faire évêque. Ce dernier s'en défendit; mais son père agissant de concert avec saint Basile pour lui faire accepter cet évêché, il reçut l'ordination, soumettant, comme il le dit lui-même, plutôt sa tête que son cœur. Après beaucoup de délais, il se mit en devoir d'entrer en possession de son évêché; mais Anthime s'y opposa; et s'étant saisi des marais de Sasimes, il se moqua des menaces dont saint Grégoire voulut user contre lui. La dispute entre saint Basile et Anthime cessa au concile dont il s'agit dans cet article, par la multiplication des évêchés : on en mit dans chaque ville, apparemment pour conserver dans la métropole de Césarée autant d'évêchés que saint Basile en avait cédé à celle de Tyanes; et ce tempérament fut très-avantageux pour l'instruction des peuples. On voit néanmoins par les souscriptions du second concile œcuménique, tenu en 381, que la Cappadoce était encore comptée pour une seule province. *Nazian., orat.* 5 et 20; *et ep.* 32 *et* 33. *D. Ceillier.*

CAPUANA (*Concilia*); *Voy.* CAPOUE.

CAPUTAQUENSES (*Synodi*); *Voy.* CAPACCIO.

CARIE (Conciliabule de), *Caricum,* l'an 357. *Voy.* ANTIOCHE de Carie, même année.

CARILOCENSE (*Concilium*); *Voy.* CHARLIEU.

CARISIACUM (*Concilium*); *Voy.* QUIERCY.

CARNOTENSIA (*Concilia*); *Voy.* CHARTRES.

CAROLILOCENSE (*Concilium*); *Voy.* CHARLIEU.

CARPENTRAS (Concile de), *Carpentoractense,* l'an 527. Ce concile, composé de seize évêques, y compris saint Césaire d'Arles, qui y présida, fut tenu le 8 des ides, c'est-à-dire le 6 de novembre de l'an 527, sous le pontificat de Félix IV et le règne d'Athalaric, roi d'Italie. Il ne fit qu'un canon, portant que si l'église cathédrale a assez de biens pour ses dépenses, les revenus des paroisses seront exclusivement employés pour les clercs qui les servent, ou pour les réparations des églises; mais que, si les dépenses de l'évêque surpassent la recette des revenus de son église, il pourra tirer ses besoins des paroisses les plus riches, en leur laissant ce qui sera suffisant pour le clergé et les réparations, à la charge toutefois de ne pouvoir diminuer le service divin ni la portion des clercs. Le même canon indiqua pour l'année suivante, au même jour 6 novembre, un concile à Vaison; mais ce dernier ne s'assembla que deux ans après, à moins qu'on ne veuille dire, comme Mansi le conjecture, que le concile de Carpentras ne se tint qu'en 528, et non en 527. Les Pères du concile de Carpentras suspendirent pour un an, de la célébration des saints mystères, Agrœcius, évêque d'Antibes, pour n'être pas venu au concile et pour avoir fait deux ordinations irrégulières; et ils lui signifièrent cette sentence par une lettre synodale à laquelle ils souscrivirent tous. Ils souscrivirent de même au canon relatif à l'administration des biens des paroisses, mais avec cette différence, qu'ici tous, excepté saint Césaire d'Arles et Contuméliosus de Riez, prennent la qualité de *pécheurs;* au lieu qu'ils se nomment tous *évêques* en souscrivant à la sentence portée contre Agrœcius.

CARROFENSIA, ou *Carrosia* (*Concilia*); *Voy.* CHARROUX.

CARTHAGE (Concile de), *Carthaginense,* l'an 215, ou 200 selon Tillemont. Agrippin, évêque de Carthage en Afrique, assembla dans cette ville, l'an 215, un concile composé de tous les évêques de la Numidie et de l'Afrique, pour savoir s'il fallait rebaptiser les hérétiques qui revenaient à l'Église, et de quelle façon on les y devait recevoir. Le concile déclara d'une voix unanime que les hérétiques, n'ayant point le Saint-Esprit, ne pouvaient le conférer ni remettre les péchés par le baptême, et qu'il fallait les rebaptiser quand ils venaient à rentrer dans l'Église. Ce concile est rejeté, et les actes en sont perdus. *Reg., Lab. et Hard.,* t. I.

CARTHAGE (Concile de), *Carthaginense,* l'an 217. Le même Agrippin assembla à Carthage un autre concile en 217. On y fit défense aux clercs de se charger de tutelle ou d'autres soins pareils. Saint Cyprien parle du ce concile dans sa soixante-sixième lettre. Hard., t. I.

CARTHAGE (Concile de), l'an 253. Ce concile, composé de soixante-six évêques présidés par saint Cyprien, décida qu'il fallait baptiser les enfants aussitôt après leur naissance, et sans attendre le huitième jour. La lettre synodique de ce concile est la cinquante-neuvième de saint Cyprien, adressée à Fidus. Hard., t. I.

CARTHAGE (Concile de), l'an 253 ou 254. En Espagne, au commencement du pontificat du pape saint Etienne, deux évêques, nommés Basilide et Martial, l'un évêque de Léon et d'Astorga, et l'autre de Mérida, se rendirent coupables de plusieurs crimes. Martial était convaincu, par des actes publics, d'avoir renoncé Jésus-Christ et adoré les idoles. Il avait fréquenté longtemps les festins infâmes et les sociétés des païens, et même il avait fait enterrer ses enfants parmi les idolâtres, dans des tombeaux profanes. Et tout cela ne pouvait se faire sans participer à beaucoup de superstitions sacrilèges et impies : d'où vient que plus tard, dans le concile d'Ancyre, on condamna à deux ans de pénitence, dans le degré des prosternés, ceux qui s'étaient seulement trouvés dans les festins des païens, quoiqu'ils n'y eussent mangé que des viandes qu'ils y avaient apportées. Basilide était non-seulement libellatique, mais il avait blasphémé contre Dieu étant malade; et convaincu de cette faute par sa propre confession, il s'était démis volontairement de l'épiscopat afin de faire pénitence, s'estimant heureux si on lui accordait la communion laïque. Sabin fut ordonné évêque et mis à la place de Basilide par les suffrages de tout le peuple et par le jugement des évêques qui assistèrent à son élection; Félix fut de même substitué à Martial. Mais Basilide, ne pouvant souffrir l'état où il s'était réduit lui-même volontairement, alla à Rome solliciter le pape saint Etienne de le faire rétablir. Il le trompa en lui déguisant le fait; et prenant avantage de l'éloignement, qui l'empêchait d'être instruit des raisons pour lesquelles il avait mérité si justement d'être déposé, il obtint par surprise des lettres favorables. Il n'est pas sûr que Martial se soit servi d'un semblable moyen pour se conserver l'épiscopat; mais il y a à cela beaucoup d'apparence, puisque saint Cyprien dit que sa fourberie ne pouvait pas empêcher qu'il ne fût incapable de conserver la dignité d'évêque : et l'on voit que lui et Basilide s'efforcèrent toujours de rentrer dans leurs siéges. Il paraît même qu'il y avait des évêques qui, sans avoir égard aux règles de la discipline évangélique, ne faisaient aucune difficulté de communiquer avec eux. Pour prévenir les suites fâcheuses d'un procédé si extraordinaire, les Eglises de Léon et d'Astorga, et celle de Mérida, écrivirent aux évêques d'Afrique, les suppliant de leur procurer quelque remède dans leurs maux; elles leur députèrent en même temps Félix et Sabin, leurs légitimes évêques; et un autre Félix, évêque de Saragosse, connu en Afrique par son zèle pour la propagation de la foi et pour la défense de la vérité, appuya cette députation par ses lettres. On les lut, avec celles de des Eglises de Léon et de Mérida, dans un concile de trente-six évêques assemblés à Carthage en 253 ou 254. Saint Cyprien, qui était à leur tête, répondit au nom de tous par une lettre adressée au prêtre Félix et au peuple de Léon et d'Astorga, au diacre Lélie et au peuple de Mérida. Il y établit, par l'autorité des divines Ecritures, que l'on ne doit ordonner des évêques que d'une vie irréprochable, et que leur élection doit se faire en présence du peuple assemblé, afin que les mœurs de ceux qu'on ordonne soient connues. « Et il faut, dit-il, avoir grand soin d'observer cette règle, qui vient de la tradition divine et de la pratique des apôtres, et qui s'observe aussi parmi nous et presque par toutes les provinces, que, pour rendre les ordinations légitimes, les évêques qui sont les plus proches dans la même province s'assemblent au lieu pour lequel on ordonne un évêque, et qu'il soit choisi en présence du peuple, qui connaît parfaitement la vie et la conduite de ceux qu'il a toujours vus. » Saint Cyprien reconnaît ensuite que les ordinations de Félix et de Sabin avaient été faites conformément à cette règle; et déclare que, sans avoir égard aux lettres que Basilide avait obtenues par surprise du pape saint Etienne pour se faire rétablir dans son siège épiscopal, on doit observer, envers Basilide et Martial ce qui avait été ordonné par tous les évêques du concile. D. Ceillier, t. III.

CARTHAGE (Concile de), l'an 255. Saint Cyprien étant monté sur le trône épiscopal de cette Eglise l'an 248, crut devoir en maintenir les anciens usages, et soutint, comme avaient fait quelques-uns de ses prédécesseurs, que le baptême donné par les hérétiques n'était pas légitime. Voici ce qui lui donna occasion de se déclarer. Les évêques de Numidie étaient la plupart dans la même opinion. Mais soit qu'ils doutassent qu'elle fût bien fondée, soit qu'ils souhaitassent de l'appuyer du suffrage d'un évêque aussi respectable que l'était saint Cyprien et de celui des évêques de sa province, ils les consultèrent par une lettre écrite au nom de Janvier, de Saturnin, de Maxime et de quinze autres évêques, faisant en tout le nombre de dix-huit, pour savoir d'eux si l'on devait baptiser les hérétiques et les schismatiques, lorsqu'ils revenaient à l'Eglise catholique, qui est une. Leur lettre fut lue dans un concile de trente-deux évêques et de plusieurs prêtres, où saint Cyprien présidait, l'an 255; et voici en substance ce que ce saint y répondit au nom du concile : « Notre sentiment n'est pas un règlement nouveau, mais une chose ordonnée depuis longtemps par nos prédécesseurs, et que nous avons suivie nous-mêmes : car nous tenons pour certain que personne ne peut être baptisé hors de l'Eglise : il faut que l'eau soit purifiée et sanctifiée auparavant par l'évêque, afin qu'elle puisse effacer les péchés de celui qui est baptisé. Or, comment celui-là peut-il purifier et sanctifier l'eau, qui est lui-même impur, et en qui le Saint-Esprit n'habite point? L'interrogatoire même qui se fait au baptême est un témoignage de cette vérité : car lorsque nous disons : *Croyez-vous en la vie éternelle et en la rémission des péchés par la sainte Eglise?* nous entendons que la rémission des péchés ne se donne que dans l'Eglise, et qu'ils ne peuvent être remis parmi les hérétiques, où l'Eglise n'est pas. De plus il faut que celui qui est baptisé soit oint, afin qu'ayant reçu le chrême, c'est-à-dire, l'onction, il puisse être l'oint de Dieu, et avoir en soi la grâce de Jésus-Christ : or l'huile dont les baptisés sont ointsest consacrée sur l'autel par les actions de grâces. Mais celui-là n'a pu consacrer l'huile qui n'a ni autel ni église; et par conséquent il ne peut y avoir d'onction spirituelle parmi les hérétiques, puisqu'il est constant qu'ils ne peuvent faire les actions de grâces nécessaires pour cette consécration, selon ce qui est écrit : *Que l'huile du pécheur n'oigne point ma tête.* Enfin qui peut donner ce qu'il n'a pas? Et comment celui qui a perdu le Saint-Esprit le peut-il conférer à un autre? Il faut donc baptiser celui qui vient à l'Eglise, afin qu'il soit sanctifié par ceux qui sont saints. Car il n'y a point de milieu : si les hérétiques ou les schismatiques peuvent baptiser, ils peuvent aussi donner le Saint-Esprit. Mais s'ils ne peuvent donner le Saint-Esprit, parce qu'étant hors de l'Eglise ils ne l'ont point, ils ne peuvent non plus baptiser, puisque le baptême est un, aussi bien que le Saint-Esprit et que l'Eglise, qui a été fondée originairement par Jésus-Christ sur saint Pierre par la raison de l'unité. D'où il suit que, comme tout ce qui se fait parmi eux est faux et inutile, nous ne devons rien approuver de ce qu'ils font. En effet, qu'est-ce que Dieu peut approuver et ratifier de ce que font ceux que Notre-Seigneur Jésus-Christ déclare ses ennemis dans son Evangile, quand il dit : *Celui qui n'est point avec moi est contre moi, et celui qui ne recueille point avec moi, dissipe?* » Ce sont là les raisons que saint Cyprien et les autres évêques du concile de Carthage alléguèrent à ceux de Numidie pour les confirmer dans l'usage où ils étaient de rebaptiser les hérétiques et les schismatiques. Saint Augustin les a toutes réfutées dans son cinquième livre du Baptême contre les donatistes. *Ibid.*

CARTHAGE (Conciles de), l'an 256. Il y eut plusieurs évêques d'Afrique, du vivant même de saint Cyprien, qui ne furent point touchés de ce qu'il alléguait pour prouver la nullité du baptême des hérétiques, et qui crurent devoir s'en tenir à ce qui se pratiquait avant Agrippin à cet égard. Ils se fondaient sur deux raisons essentielles : la première, que n'y ayant qu'un seul baptême, il ne peut être réitéré; la seconde, qu'il fallait suivre l'ancienne coutume. Saint Cyprien s'efforça de répondre à ces deux raisons dans sa lettre à Quintus, évêque de Mauritanie, qui l'avait aussi consulté sur cette matière. Il répondit à la première, qu'il n'y avait à la vérité qu'un baptême, mais que ce baptême unique n'était que dans l'Eglise; que chez les hérétiques on ne reçoit rien, parce qu'il n'y a rien, et qu'il ne sert de rien, suivant l'Ecriture, d'être baptisé par un mort. « Or il est manifeste, ajoute-t-il, que ceux qui ne sont point dans l'Eglise de Jésus-Christ sont réputés pour morts, et qu'ils ne peuvent par conséquent donner aux autres la vie qu'ils n'ont pas eux-mêmes » Quand à la seconde, tirée de la coutume, il ne disconvient pas que les anciens n'aient reçu les hérétiques et les schismatiques sans les rebaptiser; mais il soutient qu'ils n'en usaient ainsi qu'à l'égard des hérétiques et des schismatiques qui, étant sortis de l'Eglise pour former un schisme et une hérésie, y retournaient ensuite et faisaient pénitence. « Nous sommes, dit-il, d'accord sur ce point avec eux : car nous ne baptisons point non plus ceux qui, ayant été baptisés parmi nous, passent avec les hérétiques, lorsque dans la suite, reconnaissant leur faute et quittant leur erreur, ils retournent à la vérité et à l'Eglise mère; et nous nous contentons de leur imposer les mains après qu'ils ont fait pénitence. Mais si celui qui vient à nous, en se séparant des hérétiques, n'a pas été auparavant baptisé dans l'Eglise, il le faut baptiser, et il ne faut pas se défendre par la coutume, mais vaincre par la raison. Saint Pierre, que le Seigneur a choisi le premier, sur qui il a fondé son Eglise, quand Paul disputa avec lui touchant la circoncision, ne s'attribua rien avec arrogance, pour dire qu'il avait la primauté, et que les nouveaux venus devaient plutôt lui obéir; et il ne méprisa point Paul, sous prétexte qu'il avait persécuté l'Eglise; mais il reçut son conseil, et céda à ses raisons, pour nous apprendre à n'être point opiniâtrément attachés à nos opinions, mais à embrasser comme nôtres les sentiments que nos frères nous inspirent, lorsqu'ils sont véritables et utiles. Car alors ce n'est pas être vaincu, mais instruit. Saint Cyprien fit aussi valoir à Quintus l'autorité du concile tenu par Agrippin, et lui envoya une copie de la lettre synodale de celui qu'il avait tenu lui-même l'année précédente. Mais voyant que toutes ces précautions ne suffisaient pas pour réunir les esprits à son sentiment, il en convoqua un second à Carthage au commencement de l'an 256, sur la fin de l'année précédente, beaucoup plus nombreux que le premier, et y appela les évêques de Numidie. Le nombre des évêques qui s'y trouvèrent fut de soixante-onze. Outre plusieurs affaires particulières qui y furent terminées, on y décida encore que ceux qui avaient été baptisés hors de l'Eglise parmi les hérétiques et les schismatiques devaient être baptisés quand ils revenaient à l'Eglise, et qu'il ne suffisait pas de leur imposer les mains afin qu'ils reçussent le Saint-Esprit. Ce concile décida de plus que les prêtres et les diacres qui, après avoir été ordonnés dans l'Eglise catholique, auraient passé dans le parti des hérétiques, ne seraient reçus dans l'Eglise qu'à la charge de se contenter de la communion laïque, sans pouvoir jamais exercer aucune fonction ecclésiastique, n'étant pas raisonnable, disent les Pères du concile, qu'ils retiennent parmi nous une dignité dont ils se sont servis contre nous. Ils ordonnèrent la même chose à l'égard de ceux qui auraient été ordonnés prêtres ou diacres chez les hérétiques. Saint Cyprien donna avis de tous ces règlements au pape saint Etienne, par une lettre qu'il lui écrivit au nom des Pères du concile. Il y joignit une copie de la lettre synodale de son concile précédent adressée aux évêques de Numidie, et une de celles qu'il avait écrites à Quintus, évêque de Mauritanie. Dans sa lettre à saint Etienne, il disait : « Nous avons cru qu'il était à propos de vous écrire sur ce sujet, qui regarde l'unité et la dignité de l'Eglise catholique, et en devoir conférer avec une personne aussi grave et aussi sage que vous, afin de conserver l'honneur et l'amitié que nous sommes tenus d'avoir les uns pour les autres, persuadés que votre piété et le zèle que vous avez pour la foi vous rendront agréable ce qui est conforme à la vérité. Au reste nous savons qu'il y en a qui ne veulent point quitter les opinions dont ils sont une fois prévenus, et qui retiennent leurs usages particuliers, sans préjudice de la concorde et de la paix entre les évêques leurs collègues : en quoi nous ne prétendons point non plus donner la loi ni faire violence à personne, sachant que chaque évêque est libre de se comporter comme il le trouve bon dans le gouvernement de son Eglise, sauf à rendre compte à Dieu de sa conduite. »

Cette lettre n'eut pas l'effet que saint Cyprien en attendait, et saint Etienne ne voulut ni voir ni écouter les deux évêques qui les avaient apportées. Il écrivit néanmoins à saint Cyprien, et lui marqua en ces termes ce qu'il pensait de la question du baptême des hérétiques : « Si quelqu'un vient à nous, de quelque hérésie que ce soit, que l'on garde sans rien innover la tradition, qui est de lui imposer les mains pour la pénitence. » Dans cette même lettre, qui n'est pas venue jusqu'à nous, il rejetait la décision du concile de Carthage, et déclarait qu'il ne communiquerait plus avec Cyprien et les autres évêques du même sentiment, s'ils n'en changeaient, ou, comme parle Facundus, il déclara aux évêques d'Afrique que tous ceux qui rebaptiseraient les hérétiques seraient eux-mêmes chassés de l'Eglise. Il écrivit à peu près dans les mêmes termes aux évêques d'Orient, et leur déclara qu'il ne voulait plus communiquer ni avec Hélène de Tarse, ni avec Firmilien de Césarée, ni avec les évêques de Cilicie, de Cappadoce, et des pays voisins, parce qu'ils rebaptisaient les hérétiques. Le Synodique dit qu'il assembla un concile à Rome à ce sujet, et qu'il y excommunia tous les évêques du concile d'Afrique : au moins paraît-il par Vincent de Lérins qu'il ne fut pas le seul à s'opposer à ce que les évêques d'Afrique avaient décidé. Mais saint Cyprien, ne se croyant pas obligé de céder aux menaces ni à la décision de saint Etienne, convoqua un concile des trois provinces,

d'Afrique, de Numidie et de Mauritanie. Il se tint le premier jour de septembre de l'an 256, et se trouva composé de quatre-vingt-cinq évêques, dont un avait procuration pour deux autres qui étaient absents, avec les prêtres, les diacres et une grande partie du peuple. Entre ces évêques il y avait quinze confesseurs, dont quelques-uns souffrirent ensuite le martyre dans la persécution de Valérien. On y lut d'abord les lettres de Jubaïen et de saint Cyprien, et ce semble, celle de ce dernier au pape saint Etienne : après quoi saint Cyprien, prenant la parole en qualité de président du concile, dit : « Vous avez entendu, mes chers collègues, ce que notre confrère Jubaïen m'a écrit touchant le baptême profane des hérétiques, et ce que je lui ai répondu conformément à ce que nous avons ordonné dans deux conciles, qu'il faut que les hérétiques qui viennent à l'Eglise soient baptisés et sanctifiés du baptême de l'Eglise. On voit aussi une autre lettre de Jubaïen, par laquelle répondant à la mienne, non-seulement il y a consenti, mais, suivant le mouvement de sa piété, il m'a remercié de l'avoir instruit. Il reste que chacun de nous dise son avis sur le même sujet, sans juger personne, ou séparer de la communion celui qui serait d'une opinion différente de la nôtre. Car aucun de nous ne se constitue évêque des évêques, et ne réduit ses collègues à lui obéir par une terreur tyrannique, puisque tout évêque a une pleine liberté de sa volonté et une entière puissance ; et comme il ne peut être jugé par un autre, il ne le peut aussi juger. Attendons tous le jugement de Notre-Seigneur Jésus-Christ, qui seul a le pouvoir de nous préposer au gouvernement de son Eglise et de juger de notre conduite. » Il est aisé de voir que par ces mots d'évêque des évêques, saint Cyprien marque le pape saint Etienne, comme Tertullien en avait usé en parlant de saint Zéphirin, et c'est au pape qu'il reproche d'user de terreur tyrannique : toutefois saint Etienne avait raison dans le fond, et soutenait le bon parti, que toute l'Eglise catholique a embrassé. Quant à ce que dit saint Cyprien, que chaque évêque est libre dans sa conduite et n'en doit rendre compte qu'à Dieu, cela est vrai dans les points sur lesquels il n'y a encore ni décision de l'Eglise, ni canons universellement reçus. C'est ainsi que saint Augustin l'explique : et c'est par ce principe qu'il excuse saint Cyprien de s'être trompé dans cette question si difficile.

Après que saint Cyprien se fut ainsi expliqué, Cécilius, évêque de Bilta, que l'on croit être le même à qui saint Cyprien a adressé son traité du Sacrement de l'autel, dit son avis en ces termes, comme le plus ancien : « Je ne connais qu'un baptême dans l'Eglise, et n'en connais point hors de l'Eglise. Cet unique baptême est là où est la véritable espérance et la véritable foi : car il est écrit : *Il n'y a qu'une foi, qu'une espérance et qu'un baptême* ; non parmi les hérétiques, où il n'y a point d'espérance, où la foi est fausse, où toutes choses sont supposées, où un démoniaque exorcise, où celui-là fait les demandes sur le baptême, dont la bouche profère des discours qui gagnent comme un cancer, où un infidèle donne la foi, où un scélérat remet les péchés, où un antechrist baptise au nom de Jésus-Christ, où celui qui est maudit de Dieu bénit, où un mort promet la vie, où un infracteur de la paix la donne, où un blasphémateur invoque Dieu, où un profane fait les fonctions du sacerdoce, où un sacrilége dresse un autel. Ajoutez à cela que des pontifes du diable osent faire l'Eucharistie; ou bien il faut que ceux qui les favorisent disent que tout ce que nous disons là des hérétiques est faux. A quelle extrémité l'Eglise se trouve-t-elle réduite, de se voir obligée de communiquer avec ceux qui n'ont point reçu le baptême, ni la rémission des péchés? C'est ce que nous devons éviter, mes frères, et ne point prendre part à un si grand crime, en ne tenant qu'un baptême, que Dieu n'a accordé qu'à l'Eglise seule. » Primus de Migirpa, Polycarpe d'Adrumet, Novat de Thamugade opinèrent en peu de mots que l'on devait baptiser dans la fontaine de vie toute personne qui revenait de l'hérésie à l'Eglise. Mais Némésien de Thubunes crut devoir montrer plus au long la nullité du baptême des hérétiques, et appuya son avis de plusieurs passages de l'Ecriture. Après avoir rapporté celui de saint Jean où Notre-Seigneur dit : *Si l'on ne renaît de l'eau et de l'esprit, l'on ne peut entrer dans le royaume de Dieu*, il ajoute : « C'est cet esprit qui au commencement était porté sur l'eau : car l'esprit ne peut opérer sans l'eau, non plus que l'eau sans l'esprit. C'est donc mal à propos que quelques-uns disent qu'ils reçoivent le Saint-Esprit par l'imposition des mains, et sont ainsi reçus dans l'Eglise; puisqu'il est manifeste qu'ils doivent renaître dans l'Eglise catholique par l'un et l'autre sacrement, c'est-à-dire par le baptême et par la confirmation. » Tous les autres évêques se trouvèrent du même avis. Pudentianus de Cuiculi et Victor d'Octava dirent, qu'étant nouvellement évêques, ils s'en remettaient au jugement des anciens; Geminius de Furnes et Junius de Naples s'en rapportèrent à ce qui avait été ordonné dans le concile précédent. Natalis d'Oée, qui avait procuration de deux de ses confrères, opina de cette sorte : « Pompée de Sabrate et Dioga de Leptimagne, qui m'ont donné charge de parler pour eux, et qui, quoique absents de corps, ne laissent pas d'être présents d'esprit, sont de l'avis de nos confrères, et croient aussi bien que moi que les hérétiques ne peuvent être admis à notre communion qu'ils n'aient été baptisés du baptême de l'Eglise. » Tous ayant dit leur avis selon l'ordre de leur ordination, saint Cyprien conclut en ces termes : « La lettre que j'ai écrite à notre collègue Jubaïen déclare pleinement que mon opinion est, que lorsque les hérétiques, que l'Evangile et les apôtres appellent ennemis de Jésus-Christ et antechrists, viennent à l'Eglise, il faut les baptiser du baptême unique de l'Eglise, afin qu'ils puissent devenir amis et chrétiens, d'antechrists et d'ennemis qu'ils étaient. » Il est remarquable que les Pères de ce concile donnent au baptême et à la confirmation le nom de sacrements, et qu'ils les croient nécessaires tous les deux ; que les exorcismes qui précédaient le Baptême se faisaient par l'imposition des mains ; que l'eau destinée à ce sacrement était auparavant sanctifiée par les prières de l'évêque ; que ces évêques se qualifiaient successeurs des apôtres, et qu'ils croyaient avoir la même puissance pour gouverner après eux l'Eglise de Dieu. Tel fut le troisième concile de Carthage sur le baptême, où l'on compte quelquefois quatre-vingt-sept évêques, parce que l'on y comprend les suffrages des deux évêques absents qui avaient donné leur procuration à Natalis, évêque d'Oée. Saint Augustin en a rapporté les actes dans ses livres sixième et septième du Baptême contre les donatistes. Zonare les a traduits en grec, et ils furent approuvés dans le concile dit *in Trullo*. On les trouve dans plusieurs éditions des œuvres de saint Cyprien, dans la collection du P. Labbe, et ailleurs. Saint Firmilien prit vivement le parti de saint Cyprien, et longtemps après la mort de l'un et de l'autre on retint en Afrique l'usage de rebaptiser ceux qui quittaient le schisme ou l'hérésie pour se réunir à l'Eglise catholique. Saint Cyprien transmit les actes de ces divers conciles de Carthage au pape saint Etienne, qui les réprouva. *Ibid.*

CARTHAGE (Concile de), l'an 311 ou 312. Dans le temps que Maxence, après sa victoire sur Alexandre, faisait faire en Afrique de cruelles recherches contre ceux qui avaient favorisé ce parti, c'est-à-dire en 311, il arriva qu'un des diacres de l'Eglise de Carthage, nommé Félix, fut accusé d'avoir composé un libelle diffamatoire qui avait été répandu contre ce prince, et qu'il fut appelé en justice pour ce sujet. La persécution contre les chrétiens durait encore; et la crainte du danger où cette nouvelle accusation mettait Félix, l'obligea à se cacher chez l'évêque Mensurius. On le lui redemanda, et il refusa publiquement de le livrer. L'empereur, en étant averti, ordonna que si Mensurius ne rendait pas le diacre Félix, on l'envoyât lui-même à la cour. Cet ordre embarrassait l'évêque, parce qu'il avait quantité de vases d'or et d'argent qui appartenaient à l'Eglise, et qu'il ne pouvait ni enfouir en terre, ni emporter avec lui. Il les mit entre les mains de quelques vieillards qu'il crut les plus fidèles, et en fit un inventaire, qu'il donna à une vieille femme avec ordre que s'il ne revenait pas de ce voyage, elle le rendît à celui qui, après que Dieu aurait rendu la paix à l'Eglise, serait assis dans la chaire épiscopale. Mensurius, étant arrivé à la cour, plaida si bien sa cause, qu'on le renvoya à Carthage; mais il mourut en chemin, et dans le même temps Dieu rendit la paix aux chrétiens. C'était l'an 311 ou 312.

Les évêques eurent donc la liberté de s'assembler à Carthage pour élire un évêque en la place de Mensurius. Botrus et Célcusius, qui étaient selon toutes les apparences des principaux du clergé de Carthage, et qui aspiraient à cette dignité, firent en sorte que l'on n'appelât que les évêques voisins, et non ceux de Numidie; ce qui, après tout, n'était point nécessaire : car c'était la coutume que l'évêque de Carthage fût ordonné par les évêques les plus proches, et non par le métropolitain d'une autre province. Ainsi l'évêque de Rome l'était par celui d'Ostie, et il en était de même des évêques des grands siéges. Les évêques de la province d'Afrique s'étant donc assemblés à Carthage, choisirent, par le suffrage de tout le peuple, Cécilien, archidiacre de la même Église. Félix, évêque d'Aptonge, ville proche de celle de Carthage, lui imposa les mains et l'ordonna évêque. Aussitôt qu'il fut établi dans sa dignité, la femme à qui Mensurius avait donné l'inventaire des vases d'or et d'argent de l'église, le lui remit en présence de témoins. Il appela les anciens à qui ce trésor avait été confié. Mais ceux-ci, qui se l'étaient approprié, refusèrent de le rendre, et firent un parti contre Cécilien. *Ibid.*

CARTHAGE (Conciliabule de), l'an 311 ou 312. Botrus et Célcusius, irrités de ce qu'on leur avait préféré Cécilien, se joignirent à ceux dont il vient d'être question dans l'article précédent, avec une dame très-riche et très-puissante, nommée Lucile, qui choquée de ce que Cécilien, étant encore archidiacre, l'avait reprise de l'habitude qu'elle s'étant faite, toutes les fois qu'elle était sur le point de recevoir le corps et le sang du Seigneur, de baiser l'os d'un homme qui n'était pas reconnu pour martyr, s'était déjà comme séparée de la communion de l'Église, dont elle ne voulait pas supporter la discipline. Ainsi le schisme fut enfanté par la colère d'une femme turbulente, nourri par l'ambition de ceux qui avaient aspiré à l'épiscopat, et fortifié par l'avarice de ceux qui s'étaient emparés des biens de l'Église. Le chef de ce parti fut un nommé Donat des Cases-Noires, qui, dès le temps que Cécilien était diacre, avait déjà formé un schisme contre Mensurius, évêque de Carthage. Ces schismatiques invitèrent Second, évêque de Tigise, et les autres évêques de Numidie, à venir à Carthage déposer Cécilien, et mettre un autre évêque en sa place. Second vint, et avec lui Donat de Mascula, Victor de Russicade, Marin de Tibilite, Donat de Calame, Purpurius de Limate, Ménale et plusieurs autres jusqu'au nombre de soixante-dix, entre autres tous ceux qui s'étaient avoués traditeurs dans le concile de Cirthe, et Silvain, évêque de cette ville, aussi traditeur. Ils furent reçus et logés par le parti contraire à Cécilien, c'est-à-dire par les avares, les ambitieux, les hommes emportés, comme parle saint Optat ; et pas un d'eux n'alla à la basilique, où presque toute la ville s'était assemblée avec Cécilien, où étaient la chaire épiscopale et l'autel sur lequel saint Cyprien, saint Lucien et les autres évêques avaient offert le sacrifice. Mais ils érigèrent autel contre autel, et s'assemblèrent séparément en concile.

Ils citèrent Cécilien à comparaître devant eux : mais le peuple catholique ne l'y laissa pas aller ; et lui-même ne crut pas devoir quitter l'église pour aller dans une maison particulière s'exposer à la passion de ses ennemis, réservant à se justifier devant toutes les Églises de la terre. Il fit dire à ceux qui le citaient : « S'il y a quelque chose à prouver contre moi, que l'accusateur paraisse et qu'il le prouve. » Il les invita même à le venir trouver, pour le juger d'une manière plus régulière et plus légitime. Les schismatiques, ne pouvant trouver aucun crime à reprocher à Cécilien, furent réduits à dire que celui qui l'avait ordonné, c'est-à-dire Félix d'Aptonge, était traditeur. Cécilien l'ayant su, leur fit dire : « Si ceux qui m'ont ordonné sont traditeurs, s'ils croient que Félix ne m'a rien donné par l'imposition de ses mains, qu'ils m'ordonnent eux-mêmes, comme si je n'étais encore que diacre. » Ce qu'il disait, non qu'il révoquât en doute son ordination, ni qu'il reconnût que Félix était traditeur ; mais pour se moquer d'eux et leur ôter tout prétexte, comme le remarque saint Augustin. Ces factieux, ayant entendu cette parole de Cécilien, dirent leur avis chacun en particulier, en commençant par Second de Tigise, président de l'assemblée. Un d'eux, nommé Marcien, donna son avis en ces termes : « Notre-Seigneur a dit dans l'Évangile : *Je suis la vraie vigne, et mon Père est le vigneron : il coupera et jettera au feu tous les ceps qui ne portent point de fruits.* Donc ni les traditeurs, ni les idolâtres, ni ceux qui sont ordonnés dans le schisme par les traditeurs, ne peuvent demeurer dans l'Église de Dieu, s'ils ne sont reconciliés par la pénitence après avoir reconnu et pleuré leur faute. C'est pourquoi Cécilien, ayant été ordonné dans le schisme par les traditeurs, doit être excommunié. » Purpurius de Limate, celui-là même qui, dans le concile d'Ancyre, avoua qu'il avait tué deux de ses neveux, dit avec sa fureur ordinaire, en parlant de Cécilien : « Qu'il vienne recevoir l'imposition des mains, et on lui cassera la tête pour pénitence. »

Après que tous eurent dit leur avis, ils condamnèrent Cécilien sans l'avoir entendu et sans lui donner lieu de se défendre, fondant leur jugement sur trois chefs, savoir : qu'il n'avait pas voulu se présenter à leur concile, qu'il avait été ordonné par les traditeurs, et qu'étant diacre, il avait empêché qu'on apportât à manger aux martyrs qui étaient en prison, en sorte qu'ils y étaient morts de faim. Ils condamnèrent aussi Félix d'Aptonge, qu'ils appelaient la source de tous les maux, Novelle de Tyzique, Faustin de Tuburbe, et quelques autres évêques qu'ils prétendaient être traditeurs, et tous ceux qui demeureraient dans la communion de Cécilien. A la suite de ce jugement, que saint Augustin qualifie d'arrêt d'une précipitation inexcusable et d'une horrible témérité, dicté par la passion qui aveuglait ces schismatiques, ils procédèrent à l'élection d'un autre évêque de Carthage en la place de Cécilien, et ordonnèrent un nommé Majorin, domestique de Lucille, qui avait été lecteur sous Cécilien, lorsqu'il n'était encore que diacre. Cette dame, à cause de cette ordination, donna 400 bourses, et on fit courir le bruit que c'était pour les pauvres ; mais aucun, ni des pauvres ni des ecclésiastiques, à qui on avait coutume de faire part des oblations des fidèles, en leur marquant de qui elles venaient, afin qu'on priât pour eux, n'en toucha rien. Les évêques schismatiques partagèrent tout entre eux. Purpure de Limate en prit le quart pour lui seul : et quelques années après, Nondinaire, diacre de Cirthe, protesta solennellement que Lucille avait donné cette somme pour ordonner Majorin évêque de Carthage en la place de Cécilien, et que telle avait été la source du schisme.

Avant que de se séparer, les évêques donnèrent avis par toute l'Afrique de ce qu'ils avaient fait, et écrivirent dans toutes les parties de cette province pour détourner les fidèles de la communion de Cécilien, publiant contre lui et ses ordinateurs le crime dont ils étaient eux-mêmes coupables. On ajouta foi à leurs lettres, et l'on crut innocemment, dit saint Augustin, ce qu'elles portaient, parce qu'il n'y avait rien dont on ne pût croire des hommes coupables, ni que l'Evangile défendît de croire; mais quand on vit que les accusateurs portaient leur fureur jusqu'à une séparation sacrilége plutôt que de céder à l'autorité de toutes les Eglises qui demeuraient unies de communion avec Cécilien, plusieurs, tant des évêques que des ecclésiastiques et du peuple d'Afrique, se réunirent à Cécilien et à l'Eglise catholique. Cécilien de son côté se trouva suffisamment justifié, étant uni par des lettres de communion qu'il avait avec toutes les Eglises, et principalement avec l'Eglise romaine, où a toujours été la primauté de l'Eglise catholique. Telle fut l'origine du schisme des donatistes, ainsi nommés à cause de Donat des Cases-Noires, et d'un autre Donat, qui succéda à Majorin dans le titre d'évêque de Carthage. *Ibid.*

CARTHAGE (Concile de), l'an 348 ou 349. *Voy.* AFRIQUE, l'an 349.

CARTHAGE (Concile de), l'an 386. Le pape saint Sirice ayant envoyé aux évêques d'Afrique une lettre synodale qui contenait les canons dressés dans le concile qu'il avait tenu à Rome au mois de janvier de l'année 386, ces prélats tinrent la même année un concile à Carthage, où ils reconnurent par les canons qu'ils firent eux-mêmes ceux qu'ils avaient reçus du pape saint Sirice. *Mansi, Suppl., t. I, c. 251.*

CARTHAGE (Concile de), *Carthaginense*, l'an 390. Ce concile fut tenu dans la basilique appelée *la Perpétue restituée*. Il s'y trouva un grand nombre d'évêques. On n'en connaît que peu, parce que les souscriptions manquent dans nos exemplaires. Généthélius, ou Génédius, évêque de Carthage, y présida, et l'on y fit treize canons.

Le 1er porte qu'il faut croire et prêcher la foi de la Trinité.

Le 2e renouvelle le règlement fait dans le concile précédent, touchant la continence imposée aux évêques, aux prêtres et aux diacres. Il établit la même chose pour tous ceux qui servent à l'autel.

Il faut savoir que quelque temps avant ce concile, il s'en était tenu un autre dans la même ville, et dans le palais, où l'on avait indiqué les matières que l'on traiterait dans celui-ci. On y avait aussi fait divers règlements, et renouvelé la loi de la continence des évêques, des prêtres et des diacres, de même que celle qui défendait aux prêtres de faire le chrême, de consacrer les vierges, et de réconcilier personne solennellement ; mais ces règlements, non plus que les actes de ce concile, ne sont pas venus jusqu'à nous. *Conc. t. II.*

Le 3e défend aux prêtres de faire le chrême, de consacrer les vierges, et de réconcilier les pénitents dans l'assemblée, ou la messe publique.

Le 4e dit qu'il a plu au concile de permettre aux prêtres de réconcilier un pénitent malade et en danger, dans l'absence de l'évêque, et avec sa permission après l'avoir consulté.

On voit par ce canon que l'évêque était le ministre ordinaire de la pénitence, et le prêtre, seulement en son absence, en cas de nécessité, et par son ordre. Mais, comme il pouvait arriver que le danger fût si pressant qu'on n'eût pas le temps de recourir à l'évêque absent, Balsamon dit qu'en ce cas il était permis au prêtre de réconcilier le pénitent moribond, sans consulter l'évêque.

Le 5e ne veut pas qu'on crée de nouveaux évêchés, sans la permission de l'évêque du lieu.

Le 6e décide que celui qui est prévenu de crime ne doit pas être admis à accuser les évêques ni les prêtres.

Le 7e défend à tous évêques, prêtres, ou clercs, de recevoir ceux qui auraient été excommuniés pour leurs crimes, et qui, au lieu de se soumettre, se seraient pourvus à la cour, ou devant des juges séculiers, ou d'autres juges ecclésiastiques.

Le 8e porte que, si un prêtre excommunié par son évêque, au lieu de se plaindre aux évêques voisins, tient des assemblées à part, et offre le saint sacrifice, il sera déposé, anathématisé, et chassé loin de la ville où il demeure, de peur qu'il n'y séduise les simples. Mais, s'il forme quelque plainte raisonnable contre son évêque, il faudra l'examiner.

Le 9e dit que tout prêtre qui offre, en quelque lieu que ce soit, à l'insu de son évêque, agit contre son honneur.

Le 10e renouvelle un règlement des anciens conciles, qui ordonne qu'un évêque accusé soit jugé par douze autres évêques ; un prêtre, par six évêques; et un diacre, par trois, compris l'évêque diocésain.

Le 11e recommande aux évêques de demeurer dans les bornes de leurs diocèses, sans rien entreprendre sur les diocèses voisins, parce que la loi de Dieu défend de désirer même ce qui est à autrui.

Le 12e veut qu'aucun évêque n'entreprenne d'en ordonner un autre, en quelque nombreux concile que ce soit, sans l'ordre par écrit du primat de la province, et ajoute qu'avec cet ordre, trois évêques suffiront pour l'ordination, en cas de nécessité.

Le 13e. Il y est dit que Généthélius, président du concile, le conclut, en le faisant approuver et signer par les évêques, avec cette clause : « Que quiconque n'exécuterait pas ce qu'il avait promis et signé, se séparerait lui-même de la compagnie de ses frères; » et tous souscrivirent.

On appelle ce concile *le deuxième de Carthage*, non qu'il n'y en ait eu plusieurs autres qui ont été tenus dans la même ville avant lui, mais parce que nous n'avons ni les actes ni les canons de ces conciles, si ce n'est de celui qui fut tenu sous l'évêque Gratus que l'on appelle, pour cette raison, *le premier concile de Carthage*, et de celui-ci qu'on appelle, pour la même raison, *le deuxième concile de Carthage*. On le trouve avec cette épigraphe dans la collection de Binius, rapportée par le P. Labbe : *Concilium Carthaginense, nomine secundum; ordine temporis, inter Carthaginensia exstantia vere postremum circa tempora Cœlestini papæ*. Binius a suivi en cela Baronius, qui a cru que ce concile n'avait été tenu qu'en 425, trompé par une édition corrompue de ce concile, qui porte qu'il fut tenu sous le consulat de Valentinien et de Théodose, qui ne furent consuls ensemble qu'en 425. Mais c'est une faute d'impression ; et, au lieu de *Théodose*, il faut lire *Néotéricus*, lequel en effet était consul avec Valentinien l'an 390, que ce concile s'est tenu, comme les savants en conviennent aujourd'hui, et comme le prouve Luc Holsténius, dans l'édition qu'il nous a donnée de ce concile, sur de très-bons manuscrits. Les savants remarquent aussi qu'on ne lit point dans ces manuscrits authentiques, non plus que dans l'édition d'Holsténius, les noms d'Aurèle, d'Alipe, d'Epigone, et des autres évêques interlocuteurs, qu'on lit dans l'édition de Binius; ce qui vient apparemment de ce que ceux qui ont donné l'édition vulgaire du second concile de Carthage en ont tiré les canons du Code africain, tels qu'ils avaient été adoptés et renouvelés par les PP. du quatrième concile de Carthage de l'an 419, qui avaient proposé ces canons sous leurs propres noms, et non pas sous les noms des PP. du concile de l'an 390; d'où il est arrivé que les canons du second concile de Carthage, tels qu'ils sont dans le Code africain, ont retenu les noms d'Aurèle et des autres évêques qui étaient avec lui au concile de Carthage de l'an 419; au lieu qu'on lit dans l'édition d'Holsténius le nom de Généthélius, et ceux des autres évêques qui composaient avec lui le second concile de Carthage de l'an 390. Lab., t. II; Hard., t. I; D. Ceillier, Hist. des aut. sacrés et eccl., t. V, p. 694 et suiv.; Van-Espen, Jur. Eccl. univ., t. III, p. 263.

CARTHAGE (Conciliabule de), l'an 393. La mort de Parménien, successeur de Donat, arrivée vers l'an 390, fut suivie d'un schisme entre les donatistes, dont voici l'origine. Primien, élu évêque de Carthage en la place de Parménien, condamna et excommunia le diacre Maximien, dont il se prétendait offensé. Celui-ci, mécontent d'une censure qu'il ne croyait pas mériter, se sépara à son tour de la communion de son évêque, et étant allé trouver les évêques voisins, fit un parti contre lui, l'accusant en particulier d'admettre à sa communion des personnes indignes. Il paraît que pour gagner ces évêques, il employa le crédit d'une femme, et que ce fut aussi par le moyen de cette femme qu'il gagna les anciens de la ville de Carthage. Car ils écrivirent à tous les évêques de leur parti, les priant avec larmes de venir promptement à Carthage purger l'honneur de l'Eglise, et examiner une affaire si importante. Ces évêques y vinrent au nombre de quarante-trois; ils voulaient prendre connaissance de cette affaire en présence de Primien; et pour l'engager à se trouver à leur assemblée, ils l'en firent prier par des députés qu'ils lui envoyèrent jusqu'à trois fois; mais il refusa constamment de paraître devant eux, et il ne voulut pas même leur permettre de l'aller trouver chez lui, comme ils le lui avaient demandé, et maltraita de paroles leurs députés. Quelque irrégulier que fût son procédé, les évêques du concile ne voulant rien précipiter, se contentèrent d'ordonner que Primien fût admis à se justifier dans un concile plus nombreux, qui devait se tenir peu de temps après. Pour la suite, voy. CABARSUSSI, l'an 393.

CARTHAGE (Conciles de), *Carthaginensia*, l'an 397. L'on tint, en l'année 397, deux conciles à Carthage : l'un le 26 juin, l'autre le 28 août. La proximité de ces deux conciles les a fait confondre : on doit cependant les distinguer. Les dates en sont absolument différentes dans le grec comme dans le latin; et ils sont distingués l'un de l'autre dans la collection de Denys le Petit. Le concile du 26 juin ne fut qu'un concile provincial, et ne fit qu'un canon, qui porte qu'il ne sera permis à aucun évêque de passer la mer sans avoir une lettre formée, ou l'agrément de son primat. Nous n'avons rien autre chose de ce concile.

L'autre concile, dit 3e de Carthage, fut tenu le 28 août, dans la salle du conseil, ou, selon d'autres, dans la sacristie de la basilique Restitute ou Restituée, sous le consulat de Cæsarius et d'Atticus. Aurélius y présida; et quarante-quatre évêques y souscrivirent : entre autres, Victor de Puppiane, Evangèle d'Assur, et saint Augustin d'Hippone, ordonné évêque de cette ville au mois de décembre de l'an 395. Les diacres, ceux apparemment de l'Eglise de Carthage, furent présents au concile, mais debout, tandis que les évêques étaient assis. On ne lit pas qu'il y ait eu des prêtres. Aurélius le commença par la lecture de l'abrégé des canons d'Hippone, que les évêques de la Byzacène lui avaient envoyés, et de la lettre que Musonius, primat de cette province, y avait jointe. Les PP. de Carthage confirmèrent tous ces canons, et en firent beaucoup d'autres, dont un grand nombre se trouvent en substance dans ceux du concile d'Hippone, et probablement encore dans quelques autres conciles; ce qui a fait croire aux savants que ceux que nous avons sous le nom du troisième concile de Carthage, ne sont qu'une compilation mal digérée de canons de divers conciles; et qu'on ne doit reconnaître, comme appartenant au troisième concile de Carthage, que ceux qui portent ce nom dans le code des canons d'Afrique de la collection de Denys le Petit. Quant à ceux que nous avons, sous le même nom, dans la collection d'Isidore, et les autres, ils sont au nombre de cinquante.

Le 1er porte que tous les évêques d'Afrique recevront de l'Eglise de Carthage l'instruction du jour auquel on doit célébrer la Pâque.

Le 2e, que, de peur que les affaires ecclésiastiques ne vieillissent au préjudice du peuple, le concile général d'Afrique s'assemblera tous les ans; que toutes les provinces qui ont des premiers siéges y enverront trois députés de leurs conciles particuliers, et pas plus de trois, de peur d'être à charge à leurs hôtes, c'est-à-dire aux évêques qui exerçaient l'hospitalité envers leurs confrères. Ce canon excepte la province de Tripoli, qui, à cause du petit nombre de ses évêques, ne devait envoyer qu'un député.

Le 3e porte qu'en ordonnant les évêques, ou les clercs, ceux qui les ordonneront, leur liront auparavant les décrets des conciles, afin qu'ils n'en prétendent cause d'ignorance. Possidius, au chapitre 8 de la Vie de saint Augustin, remarque que ce fut ce Père qui fit faire ce troisième canon, afin que les autres ne commissent point la faute dans laquelle il était tombé, ayant été, par ignorance, ordonné évêque du vivant de Valère, son prédécesseur, contre la défense du concile de Nicée. Cette remarque de Possidius prouve que saint Augustin assista à ce troisième concile de Carthage, quoique quelques-uns le révoquent en doute sur des raisons assez légères.

Le 4e défend d'ordonner un diacre, ni de consacrer une vierge, avant l'âge de vingt-cinq ans; et aux lecteurs, de saluer le peuple. Ce canon, dans quelques anciens exemplaires, ajoute qu'on n'ordonnera, même à l'âge de vingt-cinq ans, que ceux que l'on trouvera instruits dans les saintes Écritures, et qui auront été élevés, dès l'enfance, dans la science de l'Eglise, afin qu'ils puissent enseigner la foi, et la soutenir contre ceux qui la combattent.

Pour entendre la partie de ce canon qui défend aux lecteurs de saluer le peuple, il faut observer, avec M. de l'Aubespine, que, du temps du troisième concile de Carthage, la coutume était que les lecteurs lussent l'Evangile qui devait être expliqué par l'évêque. Avant de commencer la lecture de l'Evangile, le lecteur saluait le peuple, en disant à haute voix : *Pax vobis*, comme le diacre dit aujourd'hui *Dominus vobiscum*; mais parce que les PP. du concile regardaient cette cérémonie comme une salutation divine, et adoptée par l'Eglise pour donner la paix de Jésus-Christ, en sorte que celui qu'on saluait par cette formule paraissait admis à la communion et à la paix de l'Eglise; le concile l'interdit aux lecteurs, comme étant trop importante et trop élevée pour eux. Elle fut même dans la suite réservée aux évêques, à l'exclusion des diacres et des prêtres.

Le 5e défend de donner les sacrements aux catéchumènes, même durant les jours solennels de Pâques, si ce n'est celui du sel qu'on a coutume de leur donner, parce que, si les fidèles ne changent pas de sacrements pendant ces fêtes, les catéchumènes ne doivent pas non plus en changer.

Les interprètes sont embarrassés pour expliquer ce canon, et pour déterminer quel est ce sacrement que l'on défend de donner aux catéchumènes pendant les fêtes de Pâques. Ce ne peut être l'Eucharistie, puisqu'il ne leur était permis de la recevoir en aucun temps. Il faut donc que ce soient les eulogies publiques qu'on appelait *sacrements*, et, en général, tout signe mystique et sacré, hors celui du sel qu'on leur donnait à la messe, et les jours de fête, aussitôt qu'ils étaient catéchumènes, pour les préparer de loin à la réception de l'Eucharistie. Les oblations des fidèles, comme le pain, le vin, l'huile, le miel, le lait, et autres choses semblables, s'appelaient *sacrements* dans le langage des PP., parce qu'on en détachait quelques parties, surtout du pain et du vin, après qu'elles avaient été bénites, et qu'on les portait aux fidèles pour leur tenir lieu d'une sorte de communion, de sacrement et de mystère. On en donnait aussi aux catéchumènes. Mais parce que le sel était leur principal sacrement, et que les fidèles, pendant la solennité de Pâques, n'offraient que du pain et du vin, les PP. du concile ordonnent qu'on ne donnera pendant ce saint temps aux catéchumènes, que du sel, qui est leur sacrement ordinaire et principal, puisque les fidèles eux-mêmes ne changent point leurs sacrements, ou leurs oblations, pendant le même temps, et qu'ils se contentent d'offrir du pain et du vin; d'où il serait arrivé que, si l'on eût donné aux catéchumènes d'autres sacrements que le sel, comme le lait et le miel, il aurait fallu les bénir exprès pour eux ; ce qui n'était pas permis, puisqu'on ne leur donnait jamais que des particules tirées des oblations des fidèles, qui avaient reçu la bénédiction. Que si l'on dit que, les fidèles n'offrant point de sel pendant la solennité de Pâques, on ne pouvait en détacher aucunes particules pour les catéchumènes, non plus que des autres oblations inusitées dans ces saints jours, on répond que, le sel étant le sacrement ordinaire des catéchumènes, comme l'enseigne ce cinquième canon, on avait soin de leur en réserver de celui qui avait été bénit auparavant.

Dans le 6e il est dit que l'on ne donnera pas l'Eucharistie aux corps des morts ; car le Seigneur a dit : « Prenez, et mangez. » Les cadavres ne peuvent ni prendre ni manger ; et il était à craindre que, si on la leur eût accordée, les faibles d'entre les frères ne se fussent imaginé qu'on pouvait aussi baptiser les morts.

Le 7e déclare que l'accusation contre un évêque doit être portée au primat de la province, et que l'accusé ne doit être suspendu de la communion qu'en cas qu'étant appelé par le primat, il ne se présente pas dans le mois du jour qu'il aura reçu ses lettres. S'il a une excuse légitime, il aura un délai d'un second mois, après lequel il sera hors de la communion, jusqu'à ce qu'il se justifie. S'il ne vient pas même au concile annuel, il sera réputé s'être condamné lui-même. Pendant le temps qu'il sera excommunié, il ne communiquera pas même avec son peuple. Si l'accusateur manque à quelques journées de la cause, il sera excommunié, et l'évêque accusé rétabli. L'accusateur ne sera point admis, s'il n'est lui-même sans reproche.

Le 8e prescrit la même forme et le même délai pour le jugement d'un prêtre ou d'un diacre ; mais c'est leur évêque qui doit les juger avec les évêques voisins. Il doit en appeler cinq pour un prêtre, et deux pour un diacre. Il juge seul les autres personnes.

Le 9e et le 10e regardent encore les jugements ecclésiastiques. Un évêque, un prêtre ou un autre clerc qui, étant poursuivi dans l'église, a recours au juge séculier, si c'est en matière criminelle, sera déposé, quoiqu'il ait été absous ; si c'est en matière civile, il perdra ce qui lui a été adjugé, s'il veut garder sa place dans le clergé, pour l'affront qu'il a fait à l'Eglise, en témoignant se défier de son jugement. On n'imputera rien au juge ecclésiastique dont la sentence aura été cassée sur l'appel par son supérieur ecclésiastique, s'il n'est convaincu de s'être laissé corrompre par animosité ou par faveur. Il n'y a point d'appel des juges choisis du consentement des parties.

Le 11e défend aux enfants des évêques ou des clercs de donner des spectacles profanes, et même d'y assister, comme cela était défendu aux laïques eux-mêmes ; et le 12e, de contracter mariage avec les païens, les hérétiques ou les schismatiques.

Le 13e défend aux évêques et aux clercs de rien donner par donation, ou par testament, à ceux qui ne sont pas chrétiens catholiques, quoique leurs parents ; et le 14e leur défend aussi d'émanciper leurs enfants qu'ils ne soient sûrs de leurs mœurs.

Le 15e défend encore à tous les clercs d'être ou fermiers, ou gens d'affaires, ou de gagner leur vie à aucun trafic sordide ; car il est écrit : « Celui qui est enrôlé au service de Dieu ne s'embarrasse point dans les affaires séculières. »

Le 16e interdit l'usure aux clercs, et leur défend de rien prendre au delà de ce qu'ils auront prêté.

Le 17e. « Aucune femme étrangère ne doit demeurer avec aucun des clercs, mais seulement la mère, l'aïeule, les tantes, les sœurs, les nièces, celles de leurs familles qui y demeuraient avant leur ordination, les femmes de leurs enfants mariés depuis, ou de leurs esclaves. »

Le 18e. « On ne doit ordonner les clercs, ni évêques, ni prêtres, ni diacres, jusqu'à ce qu'ils aient rendu chrétiens catholiques tous ceux qui sont dans leur maison. »

Le 19e. « Les lecteurs étant venus en âge de puberté seront obligés de se marier, ou de faire profession de continence. » Ce canon est conçu différemment dans quelques anciens manuscrits, et porte que « les lecteurs liront jusqu'à l'âge de puberté ; qu'ensuite ils ne liront plus, à moins qu'ils n'épousent une femme d'une pudicité inviolable, ou s'ils ne font profession de continence. »

Le 20e. « Aucun évêque ne doit usurper le peuple d'autrui, ni rien entreprendre dans le diocèse de l'un de ses collègues. »

Le 21e. « L'évêque ne peut retenir ou promouvoir aux ordres dans son Eglise, un clerc étranger, sans la permission de son évêque. » On comprend sous le nom de *clerc* les lecteurs, les psalmistes, les portiers.

Le 22e. « On n'ordonnera aucun clerc qu'il ne soit éprouvé par l'examen de l'évêque, ou le témoignage du peuple. »

Le 23e. « Dans les prières, on ne mettra point le nom de Dieu le Père à la place de celui du Fils ; à l'autel, on adressera toujours ses prières au Père. Ceux qui copieront des prières ne s'en serviront point, qu'ils ne les aient communiquées aux personnes les mieux instruites. »

Le 24e. « On n'offrira à l'autel, pour le sacrement du corps et du sang de Notre-Seigneur Jésus-Christ, que ce qu'il a ordonné, c'est-à-dire du pain et du vin mêlé d'eau ; et pour les autres sacrifices, c'est-à-dire les prémices, que des raisins et des blés. » Quelques manuscrits ajoutent que, quoiqu'on offre aussi sur l'autel ces prémices, aussi bien que le miel et le lait, que l'on avait accoutumé d'offrir le jour le plus solennel de Pâques, pour les nouveaux baptisés, on les y bénissait d'une manière particulière, pour les distinguer du sacrement du corps et du sang du Seigneur.

Le 25° ordonne que les clercs et ceux qui ont fait vœu de continence, n'iront point voir les veuves ou les vierges sans en avoir eu auparavant la permission des évêques ou des prêtres; qu'ils ne seront pas seuls, mais qu'ils seront accompagnés par d'autres ecclésiastiques, ou par les personnes que l'évêque et les prêtres leur auront données; que même les évêques et les prêtres ne les visiteront point seuls, mais en présence d'ecclésiastiques ou d'autres chrétiens d'une probité connue.

Le 26°. « L'évêque du premier siège ne sera point nommé prince des prêtres, ou souverain prêtre, ou d'un autre titre semblable, mais seulement évêque du premier siège. » Gratien qui rapporte ce canon, *dist.* 9J, *can.* 3, y a ajouté de lui-même : *Universalis autem, nec etiam Rom. pontifex appelletur.* Mais ces paroles ne sont point du concile ; et, quand elles en seraient, ce concile n'étant qu'un concile national de l'Eglise d'Afrique, ne peut regarder que les métropolitains de cette Eglise, et nullement le pape, ni l'Eglise universelle; d'où vient que c'est sans aucun fondement que les centuriateurs de Magdebourg produisent ce canon avec emphase contre les papes, comme si une Eglise particulière, telle que celle d'Afrique, avait pu leur prescrire des lois. Au reste, l'esprit de ce canon n'est pas de confondre la hiérarchie, ni de retrancher le pouvoir des grands évêques, mais seulement la vaine enflure et les titres ambitieux ; et c'est peut-être de là qu'est venu le nom de *primat*, que prenaient en Afrique les premiers évêques de chaque province.

Le 27°. « Les clercs n'entreront point dans les cabarets pour boire ou manger, sinon par la nécessité des voyages. »

Le 28°. « Les évêques ne passeront point la mer sans la permission et la lettre formée de l'évêque du premier siège de chaque province, qui doit aussi adresser les lettres du concile aux évêques d'outre-mer. »

Le 29°. « On ne célébrera qu'à jeun le sacrement de l'autel, si ce n'est le jeudi saint, et quand on fera des funérailles après dîner.» On voit par là qu'on célébrait la messe à jeun en Afrique, excepté le jour du jeudi saint, qui était le jour anniversaire de la cène du Seigneur ; mais les PP. du concile *in Trullo* ne voulurent point admettre cette exception. On voit aussi qu'on se hâtait d'offrir le saint sacrifice quand une personne était morte, et qu'on l'offrait même le soir, quand les prêtres qui devaient faire les funérailles ou recommandations, étaient à jeun.

Le 30°. « Les évêques ni les clercs ne mangeront point dans les églises, si ce n'est en passant et par la nécessité des voyages ; et on doit empêcher, autant qu'il se pourra, les peuples d'y manger aussi. » On voit par ce canon que l'ancien usage de faire dans les églises les festins nommés *agapes*, n'est toléré qu'à l'égard des clercs qui sont en voyage, et qui ne trouvent point à manger ailleurs, comme l'explique Zonare. Quant aux laïques, le concile ne le tolère par rapport à eux, qu'autant qu'il serait trop difficile de l'empêcher, à cause de l'entêtement du peuple. Les savants bénédictins qui nous ont donné les ouvrages de saint Augustin, croient que ce fut lui qui fit dresser ce canon dans le concile d'Hippone, en 393, lorsqu'il n'était encore que prêtre.

Le 31°. « C'est à l'évêque à régler le temps de la pénitence, selon la grandeur et la différence des péchés. »

Le 32°. « Le prêtre ne doit point réconcilier un pénitent sans l'ordre de l'évêque, si ce n'est que, l'évêque étant absent, il y ait nécessité. On imposera les mains devant l'abside, c'est-à-dire devant le sanctuaire, à un pénitent quel qu'il soit, dont le crime aura été public et connu dans toute l'Eglise. »

Le 33°. « Les vierges qui auront perdu leurs parents, à la garde desquels elles étaient, seront mises, par le soin de l'évêque, ou du prêtre en son absence, dans un monastère de vierges, ou en compagnie de quelques femmes vertueuses, de peur qu'étant vagabondes elles ne blessent la réputation de l'Eglise. » On croit que le mot de *monastère* est une addition faite après la fondation des monastères, puisque, du temps de ce concile de Carthage, les vierges vivaient encore dans les maisons particulières, et n'étaient point renfermées dans des monastères.

Le 34°. « Les malades qui ne peuvent répondre seront baptisés sur le témoignage de ceux qui sont auprès d'eux. »

Le 35°. « On ne refusera ni le baptême ni la pénitence aux gens de théâtre, ni aux apostats convertis. »

Le 36°. « Le prêtre ne consacrera point de vierges sans l'ordre de l'évêque, et ne fera jamais le saint chrême. »

Le 37°. « Les clercs ne doivent point s'arrêter dans une autre ville que celle de leur résidence, sinon pour des causes approuvées par l'évêque ou par les prêtres du lieu. »

Le 38° dit que les rebaptisations, les réordinations et les translations des évêques étant défendues dans le concile plénier de Capoue, on s'adressera au gouverneur de la province de Stèfe pour faire chasser Cresconius, qui avait abandonné l'évêché de Villerège dans la Numidie, pour s'emparer de celui de Tubia ou Tubune, dans la province de Stèfe, « supposé qu'il persiste dans son usurpation. »

Le 39°. Honorat et Urbain, députés de la province de Stèfe, qui avaient formé les plaintes contre Cresconius, en formèrent aussi contre deux évêques de Numidie, qui avaient ordonné un évêque, et demandèrent que les ordinations ne pussent être faites par moins de douze évêques. Mais Aurélius, évêque de Carthage, répondit : « On gardera l'ancienne règle qui en prescrit au moins trois, à cause des provinces comme celles d'Arzuger et de Tripoli, où il y a peu d'évêques, et qui sont voisines des barbares. »

Le 40°. « S'il s'élève néanmoins quelque contradiction dans l'élection d'un évêque, trois ne doivent plus suffire pour le justifier; il y en faut ajouter un ou deux, et l'opposition doit être vidée dans le lieu même pour lequel il doit être ordonné, avant de procéder à l'ordination. »

Le 41° porte que l'évêque de Carthage marquera le jour où il faudra célébrer la Pâque, dans le concile qui doit se tenir tous les ans, afin que les députés qui y assisteront puissent le publier à leur retour du concile.

Le 42° et le 43° défendent d'ériger en évêché une église, sans le consentement de l'évêque du diocèse où cette église est située, si ce n'est par rapport aux évêques qui se mettent peu en peine de communiquer avec leurs confrères, et refusent même de venir aux conciles lorsqu'ils y sont appelés. De tels évêques doivent être déposés et chassés, s'il est besoin, par l'autorité séculière, dit Aurélius, avec l'approbation de tous les évêques du concile. On voit par ces deux canons et par les suivants qu'on s'adressait à l'évêque de Carthage pour l'érection des évêchés en Afrique, puisque Aurélius assure qu'il a toujours exigé et qu'il exigera toujours le consentement de l'évêque diocésain, quand il s'est agi ou qu'il s'agira d'ériger en évêché une église de son diocèse.

Le 44° défend de prendre un clerc d'un autre diocèse, sans le consentement de l'évêque diocésain.

Le 45° porte que l'évêque de Carthage avait toujours eu le droit d'ordonner des évêques partout où l'on en demandait, en les prenant partout où il voulait, même sans le consentement et malgré le refus des évêques diocésains, après une réquisition.

Le 46° ordonne que celui qui aura été fait évêque d'un lieu où il n'y en avait point auparavant se contentera du peuple pour lequel il aura été ordonné, sans rien entreprendre sur le diocèse qui reste à l'Église matrice, c'est-à-dire de celle dont la sienne a été tirée.

Le 47° contient une liste des livres canoniques, entièrement conforme à celle que nous suivons aujourd'hui.

Le 48° regarde les donatistes, et porte que « ceux qui dans leur enfance auront été baptisés chez les donatistes ne laisseront pas, après leur conversion, de pouvoir être admis au ministère du saint autel. »

Le 49° porte que « les évêques, les prêtres, les diacres et tous les autres clercs qui, n'ayant rien au temps de leur ordination, acquièrent ensuite des héritages en leur nom, seront réputés usurpateurs des biens sacrés, s'ils ne les donnent à l'Église; mais s'il leur est venu du bien par donation ou par succession, ils en peuvent disposer. »

Le 50° contient la conclusion du concile, le consentement et la souscription des évêques, au nombre de quarante-quatre.

Gratien et quelques écrivains postérieurs citent cinq autres canons, comme d'un concile de Carthage, sans marquer duquel ils sont tirés; si c'est du premier, du second ou du troisième. Le premier canon défend de rien exiger de ceux qui amènent leurs enfants pour être baptisés; mais il permet de recevoir d'eux ce qu'ils offriront volontairement. Le second permet de révoquer les aliénations des biens ecclésiastiques, à titre de précaire, quand elles ont été faites sans raison, c'est-à-dire sans nécessité et sans utilité. On n'appelle plus *précaires* ces sortes de contrats, mais *emphytéoses* ou *censives*, et mieux encore *baux à ferme*. Le troisième défend de donner la communion qu'à la fin de la vie à celui qui aura accusé un évêque, un prêtre ou un diacre d'un crime qu'il n'aura pu prouver. Le quatrième veut qu'on punisse sévèrement un clerc ou un moine qui tient des discours de bouffon et propres à faire rire. Le cinquième ordonne la peine d'excommunication contre un laïque qui méprise les saints canons, et la dégradation contre un clerc coupable de la même faute. *Reg.*, tom. III ; *Lab.*, t. II. *An. des Conc.* t. I.

CARTHAGE (Concile de), l'an 398. Ce concile, qu'on appelle le *quatrième de Carthage*, fut un concile général ou national de l'Afrique. Il se tint le 8 de novembre 398, sous le consulat d'Honorius et d'Eutychien. Aurélius y présida avec Donatien, évêque de Tabraca et primat de Numidie; et il y eut en tout deux cent quatorze évêques, du nombre desquels était saint Augustin. Il y souscrivit même le troisième, quoique l'un des derniers d'Afrique pour le temps de son ordination; ce qui ne surprendra pas ceux qui savent que la plupart des souscriptions des anciens conciles ne sont exactes ni pour le rang ni pour le nombre des évêques qui y avaient assisté. On fit dans celui-ci cent quatre canons que nous avons encore, intitulés différemment selon les différents manuscrits où on les trouve. Dans quelques-uns, ils sont appelés *Statuts anciens de l'Église*; en d'autres, *Statuts anciens d'Orient*; mais ces titres n'étant point originaux, on n'en peut rien inférer contre l'authenticité de ces canons; et l'on ne voit pas pourquoi on les aurait intitulés *Statuts d'Orient*, puisqu'ils conviennent beaucoup mieux à la discipline de l'Église d'Occident qu'à celle de l'Église d'Orient. Si l'on objecte qu'ils ne sont jamais cités ni dans la collection africaine, ni dans celle du diacre Ferrand, ni dans Denys le Petit, ni dans les autres anciens collecteurs latins, on répond que ces collecteurs n'avaient pas tout vu, et qu'il y a des conciles d'Afrique qu'on ne conteste pas, dont ils n'ont point inséré les décrets dans leurs collections. Il s'est pu faire aussi que ces canons n'aient été rendus publics qu'assez tard, à cause de ce qui y est prescrit touchant le sacrement de l'ordre, l'Eglise ayant pour maxime dans ces siècles de tenir fort secret ce qui regardait nos mystères, de peur que ceux qui n'y étaient pas admis n'en eussent connaissance. On en voit un exemple dans le pape Innocent I, qui écrivant à Décentius, évêque d'Eugube dans l'Ombrie, lui dit, en parlant du sacrement de confirmation : « Je ne puis dire les paroles (que l'évêque prononce en oignant le front), de peur que je ne semble trahir plutôt les mystères que répondre à une consultation. » Et encore : « Quand vous viendrez ici, je pourrai vous dire le reste , » qu'il n'était pas permis d'écrire. La préface du quatrième concile de Carthage le qualifie de *concile général*, c'est-à-dire de toute l'Afrique. Il fallait en effet l'autorité d'un pareil concile pour faire des décrets aussi importants que ceux du quatrième concile de Carthage.

Le 1er veut qu'on examine celui qui doit être élevé à la dignité d'évêque : sur ses mœurs, s'il est prudent, chaste, sobre, humble, affable, miséricordieux; sur son savoir, s'il est instruit dans la loi du Seigneur, intelligent dans les saintes Écritures et versé dans la connaissance des dogmes de l'Eglise; sur sa foi, s'il croit tous les articles du symbole. On doit aussi l'examiner par rapport aux hérésies. Il doit aussi avoir l'âge requis par les décrets des saints Pères. Celui en qui on trouve toutes ces qualités doit être ordonné du consentement du clergé, du peuple et du concile de la province, de l'autorité ou en présence du métropolitain.

Le 2e. « Lorsqu'on ordonne un évêque, deux évêques doivent tenir sur sa tête et sur ses épaules le livre des Évangiles; un prononce la bénédiction, et tous les autres évêques présents lui touchent la tête de leurs mains. »

Le 3e. « Quand on ordonne un prêtre, tandis que l'évêque le bénit et tient la main sur sa tête, tous les autres prêtres qui sont présents y mettent aussi leurs mains. »

Le 4e. « L'évêque fait seul l'ordination du diacre en lui mettant la main sur la tête, parce qu'il n'est pas consacré pour le sacerdoce, mais pour le ministère. »

Le 5e. « Le sous-diacre ne reçoit point l'imposition des mains; mais il reçoit de la main de l'évêque la patène et le calice vides, et de la main de l'archidiacre la burette avec l'eau, et l'essuie-main. »

Le 6e. « L'acolyte reçoit de l'évêque l'instruction de sa charge, et de l'archidiacre le chandelier avec le cierge, afin qu'il sache que, par son ministère, il est destiné à allumer les luminaires de l'église. Il en reçoit aussi la burette vide, pour servir le vin de l'eucharistie du sang de Jésus-Christ. »

Le 7e. « Quand on ordonne l'exorciste, il doit recevoir de la main de l'évêque un livre dans lequel sont écrits les exorcismes; et il faut que l'évêque lui adresse ces paroles : *Recevez et apprenez-les de mémoire; ayez le pouvoir d'imposer les mains sur un énergumène, soit baptisé, soit catéchumène.* »

Le 8e. « Avant d'ordonner le lecteur, l'évêque doit instruire le peuple de sa foi, de ses mœurs et de ses bonnes dispositions; après quoi, il lui donne, en présence du peuple, le livre dans lequel il doit lire, et lui dit : *Recevez et soyez lecteur de la parole de Dieu. Si vous remplissez fidèlement et utilement votre devoir, vous aurez part à la récompense de ceux qui sont les ministres de la parole de Dieu.* »

Le 9e. « L'archidiacre doit instruire le portier, avant de le présenter pour être ordonné; puis, à sa prière, l'évêque l'ordonne et lui donne les clefs de l'église de dessus l'autel, en lui disant : *Faites comme devant rendre compte à Dieu de toutes les choses qui sont enfermées sous ces clefs.* » Ces paroles, ainsi que celles que le concile fait dire à l'évêque dans l'ordination des acolytes, des exorcistes et des lecteurs, sont les mêmes que l'on dit encore aujourd'hui.

Le 10e. « Le psalmiste ou chantre peut, sans la participation de l'évêque, et à l'ordre du prêtre seul, remplir la charge de chantre. Le prêtre, en la lui donnant, lui dit : *Faites en sorte de croire de cœur ce que vous chantez de bouche, et de prouver par vos œuvres ce que vous croyez de cœur.* »

Le 11e. « Les vierges qui sont présentées à l'évêque pour être consacrées, doivent porter des habits conformes à la profession et à l'état qu'elles vont embrasser, et semblables à ceux dont elles se serviront à l'avenir. »

Le 12e. « Les veuves, ou les vierges choisies pour servir au baptême des femmes, doivent être capables d'instruire les plus grossières sur ce qu'elles doivent répondre à celui qui les baptisera, et comment elles doivent vivre après leur baptême. »

Le 13e. « L'époux et l'épouse doivent être présentés au prêtre par leurs parents, ou les paranymphes, lorsqu'ils vont recevoir de lui la bénédiction du mariage; et, lorsqu'ils l'auront reçue, ils doivent garder la continence, par respect pour elle, la nuit d'après cette bénédiction. »

Le 14e. « L'évêque doit avoir son petit logis près de l'église. »

Le 15e. « Ses meubles doivent être de vil prix, sa table pauvre, et il doit soutenir sa dignité par sa foi et par sa bonne vie. »

Le 16e. « Il ne lira point les livres des païens, et lira ceux des hérétiques, seulement par nécessité. »

Le 17e. « Il prendra soin des veuves, des pupilles et des étrangers, non par lui-même mais par l'archiprêtre ou l'archidiacre. »

Le 18e. « Il ne se chargera point d'exécutions de testaments. »

Le 19e. « Il ne plaidera point pour des intérêts temporels, lors même qu'on le provoquera. »

Le 20e. « Il ne s'occupera point de ses affaires domestiques, et se donnera tout entier à la lecture, à la prière et à la prédication. »

Le 21e. « Il ne se dispensera point d'aller au concile, sans cause grave; et, en ce cas, il y enverra un député qui recevra, en son nom, tout ce qui s'y fera, en conformité avec la vérité de la foi. »

Le 22ᵉ. « Il n'ordonnera point de clercs sans le conseil de son clergé et le consentement du peuple. »

Le 23ᵉ. « Il n'entendra et ne jugera la cause de personne, qu'en présence de son clergé, sous peine de nullité. »

Le 24ᵉ. « Celui qui sortira de l'église pendant la prédication sera excommunié. »

Le 25ᵉ. « Si la crainte de Dieu toute seule n'engage pas des évêques divisés à se réconcilier, le concile s'interposera pour les réconcilier. »

Le 26ᵉ. « Les évêques exhorteront eux-mêmes ceux qui sont en différend à s'accommoder, plutôt qu'à se faire juger. »

Le 27ᵉ défend la translation des évêques qui passent d'un petit évêché à un autre plus grand par un esprit d'ambition; et, à l'égard de celles qui se font pour l'utilité de l'Église, il ordonne qu'on les fera sur la réquisition du clergé et du peuple, en présence et par l'autorité d'un concile. Il ne veut pas non plus que les prêtres et les clercs inférieurs passent à une autre Église, sans la permission de leurs évêques.

Le 28ᵉ. « La condamnation injuste, prononcée par un évêque, sera revue dans un concile. »

Le 29ᵉ. « Le concile jugera aussi l'accusation intentée par l'évêque contre un clerc ou contre un laïque. »

Le 30ᵉ. « Les juges d'Église ne prononceront point en l'absence de la partie; autrement la sentence sera nulle, et ils en rendront compte au concile. »

Le 31ᵉ et le 32ᵉ. « L'évêque recevra les biens de l'Église, comme dépositaire, et non comme propriétaire, et l'aliénation qu'il en aura faite sans le consentement et la souscription des clercs, sera nulle. »

Le 33ᵉ. « Les évêques et les prêtres venant dans une autre église, garderont leur rang, et seront invités à prêcher et à consacrer l'oblation. »

Le 34ᵉ. « L'évêque ne souffrira point que le prêtre soit debout, lui étant assis, en quelque lieu que ce soit. »

Le 35ᵉ. « L'évêque aura néanmoins un siège plus élevé dans l'église; mais dans la maison, il reconnaîtra les prêtres pour ses collègues. » Les évêques d'Afrique avaient coutume d'appeler *collègues* les ministres inférieurs, mais sans préjudice de leur supériorité dans l'ordre hiérarchique.

Le 36ᵉ. « Les prêtres qui gouvernent les paroisses demanderont le chrême avant Pâques, non à toutes sortes d'évêques, mais au diocésain; non par un jeune clerc, mais par eux-mêmes, ou par le sacristain. »

Le 37ᵉ. « Le diacre est le ministre du prêtre, comme de l'évêque. »

Le 38ᵉ. « Le diacre ne distribuera point au peuple l'eucharistie du corps de Jésus-Christ en présence du prêtre, si ce n'est par son ordre, en cas de nécessité. »

Le 39ᵉ, le 40ᵉ et le 41ᵉ. « Le diacre ne s'assiéra, en quelque lieu que ce soit, que par l'ordre du prêtre. Il ne parlera point dans l'assemblée des prêtres, s'il n'est interrogé. Il portera l'aube pendant le temps de l'oblation, ou de la lecture seulement. »

Le 42ᵉ. « Les clercs qui, au milieu des tentations (c'est-à-dire apparemment, au milieu des persécutions des donatistes), sont assidus à leur devoir, doivent être promus à de plus hauts degrés. »

Le 43ᵉ. « On aura soin aussi des chrétiens qui souffrent pour la loi catholique, et les diacres leur fourniront la subsistance. »

Le 44ᵉ. « Les clercs ne doivent nourrir ni leurs cheveux, ni leur barbe. » Quelques exemplaires ajoutent : « Mais ils doivent les tondre ou les raser. » Ce canon et quelques autres qui suivent semblent avoir été faits à l'occasion des messaliens et de quelques autres hérétiques semblables, qui condamnaient les bonnes œuvres, le travail des mains, le mariage, et portaient de longs cheveux et des robes magnifiques, à la façon des femmes. On voit par ce canon, que ni saint Augustin, ni les ecclésiastiques, ni même les moines d'Afrique, ne portaient de longues barbes, puisque les moines de ce pays-là étaient alors agrégés au clergé, et portaient le même nom que lui.

Le 45ᵉ. « Les clercs doivent faire paraître leur profession dans leur extérieur; et ils ne doivent rechercher la pompe ni dans leurs habits, ni dans leur chaussure. »

Le 46ᵉ. « Ils ne doivent point demeurer avec des femmes étrangères. »

Le 47ᵉ et le 48ᵉ. « Ils ne doivent, ni se promener dans les rues et dans les places, si leur office ne les y oblige, ni se trouver aux foires ou au marché, que pour acheter; autrement ils seront dégradés. »

Le 49ᵉ et le 50ᵉ. « Le clerc qui manque aux veilles, sans en être dispensé par la maladie, sera privé de ses honoraires, et celui qui, au milieu des tentations, s'éloigne de son devoir, ou s'en acquitte négligemment, sera privé de son office. »

Le 51ᵉ, le 52ᵉ et le 53ᵉ ordonnent à tous les clercs qui ont la force de travailler, d'apprendre des métiers et de gagner leur vie, c'est-à-dire de quoi se nourrir et se vêtir, soit par un métier, soit par l'agriculture, quelque instruits qu'ils soient dans la parole de Dieu, sans préjudice de leurs fonctions.

Le 54ᵉ condamne les clercs envieux, et défend de les avancer, tandis qu'ils ont ce défaut.

Le 55ᵉ veut que l'évêque excommunie les délateurs de leurs frères; qu'ils les reçoive à la communion, s'ils se corrigent, mais non dans le clergé.

Le 56ᵉ ordonne la dégradation contre les clercs flatteurs ou traîtres.

Le 57ᵉ ordonne que les clercs, et principalement les prêtres médisants, soient obligés à faire satisfaction de leurs médisances, et que, s'ils le refusent, on les dégrade, sans espérance d'être jamais rétablis, à moins qu'ils n'aient satisfait.

Le 58ᵉ porte qu'il ne faut pas recevoir, sans un sévère examen, le témoignage d'un clerc qui plaide souvent, ou qui est grand causeur.

Le 59ᵉ dit que l'évêque doit, par ses paroles ou par son autorité, accorder les clercs qui sont en querelle, et que ceux qui ne voudront pas lui obéir seront punis par le concile.

Le 60e ordonne de priver de son ministère un clerc qui prononce des paroles bouffonnes et déshonnêtes.

Le 61e déclare qu'il faut reprendre sévèrement les clercs qui jurent par les créatures, et que, s'ils continuent, il faut les excommunier.

Le 62e veut qu'on use de la même rigueur envers un clerc qui chante dans les repas.

Le 63e veut qu'on punisse un clerc qui rompt le jeûne sans une grande nécessité.

Le 64e ne veut pas qu'on tienne pour catholique celui qui affecte de jeûner le dimanche; sans doute à cause des hérétiques qui niaient la résurrection de Jésus-Christ, et qui affectaient de passer dans le deuil et le jeûne le saint jour du dimanche, auquel il est ressuscité.

Le 65e. « La solennité de Pâques doit se célébrer partout en même temps et dans un même jour. »

Le 66e. « Le clerc, qui se croit puni trop sévèrement par son évêque, se pourvoira au concile. »

Le 67e. « On ne doit jamais ordonner clercs, ni les séditieux, ni les usuriers, ni ceux qui se vengent des injures qu'ils ont reçues. »

Le 68e défend d'ordonner ceux qui sont ou qui ont été au rang des pénitents, quelque bons qu'ils soient, et que si, par ignorance, un évêque en avait ordonné, ils seront déposés; mais que, si l'évêque l'a su, il sera privé du pouvoir d'ordonner.

Le 69e soumet à la même peine l'évêque qui aura ordonné un homme marié avec une veuve, ou avec une femme répudiée, ou en secondes noces.

Le 70e défend aux clercs de se trouver aux festins et aux assemblées des hérétiques et des schismatiques.

Le 71e. « On ne donnera point le nom d'*églises*, mais de *conciliabules*, aux conventicules des hérétiques. »

Le 72e. « On ne doit, ni prier, ni psalmodier avec eux. »

Le 73e. « Celui qui communique ou qui prie avec un excommunié, sera excommunié, qu'il soit clerc ou laïque. »

Le 74e. « Le prêtre donnera la pénitence à ceux qui la demanderont, sans acception de personnes. »

Le 75e. « On recevra plus tard que les autres les pénitents les plus négligents. »

Le 76e. « Si un malade demande la pénitence, et qu'avant que le prêtre soit venu, il perde la parole ou la raison, il recevra la pénitence, sur le témoignage de ceux qui l'ont ouï. Si on le croit près de mourir, qu'on le réconcilie par l'imposition des mains, et qu'on fasse couler dans sa bouche l'eucharistie. S'il survit, il sera soumis aux lois de la pénitence, tant que le prêtre le jugera à propos. »

Le 77e. « Les pénitents qui sont malades recevront le viatique. »

Le 78e. « Les pénitents malades, qui ont ainsi reçu le viatique de l'eucharistie, ne se croiront point absous, s'ils reviennent en santé, jusqu'à ce qu'ils aient reçu l'imposition des mains. »

Pour bien entendre ce canon, il faut savoir qu'il y avait autrefois quatre sortes d'imposition des mains usitées dans l'Eglise, à l'égard des pénitents. La première se faisait pour les admettre à la pénitence. La seconde se pratiquait tous les jours sur chacun d'eux, quand ils étaient parvenus au troisième degré de la pénitence. La troisième et la quatrième étaient en usage, quand on réconciliait les pénitents, soit en public, soit en particulier. Il faut encore savoir qu'il y avait deux sortes de viatique qu'on donnait aux mourants, savoir, le viatique de l'absolution, ou de la réconciliation, et celui de l'eucharistie. Il faut savoir enfin qu'il y avait aussi deux sortes d'absolution, l'une des péchés, l'autre de la pénitence ou des peines qu'il fallait subir pour l'expiation des péchés. Cela posé, il est évident que quand ce canon dit que les pénitents malades, qui ont reçu le viatique de l'eucharistie, ne se croiront point absous, s'ils reviennent en santé, jusqu'à ce qu'ils aient reçu l'imposition des mains, il ne peut s'entendre ni de l'absolution des péchés, puisque cette sorte d'absolution sacramentelle a toujours été nécessaire aux pécheurs pénitents pour recevoir l'eucharistie, ni de l'imposition des mains qui accompagnait toujours cette espèce d'absolution ou de réconciliation. Il doit donc s'entendre de l'absolution de la pénitence canonique, et de l'imposition des mains qui se faisait sur les pénitents durant le cours, et surtout dans le troisième degré de cette pénitence. Le sens de ce canon est donc que les pénitents qui auront reçu, étant malades, le viatique de l'eucharistie, s'ils reviennent en santé, ne seront point dispensés de la pénitence canonique qu'il leur restait à accomplir, mais qu'ils seront obligés de la reprendre, et de se remettre au troisième degré des pénitents, où l'on se prosternait en terre pour recevoir l'imposition des mains. La différence qu'il y a entre ce canon, et les autres qui avaient déjà statué sur le même cas des pénitents malades, est que ces canons avaient bien réglé que ces pénitents qui auraient reçu l'absolution, s'ils revenaient en santé, seraient obligés de reprendre la pénitence canonique à l'endroit où ils en étaient, lorsqu'ils étaient tombés malades, mais qu'ils n'avaient point parlé du cas où ils auraient reçu la divine eucharistie en forme de viatique; au lieu que le canon dont il s'agit ici, décidait que, dans ce cas même de la réception de l'eucharistie en forme de viatique, les malades dont il est question seraient toujours obligés de reprendre la pénitence canonique; et la raison pour laquelle les Pères de ce quatrième concile de Carthage ont dû faire le règlement dont nous parlons, c'est que les pénitents qui avaient reçu l'eucharistie pendant la maladie, se servaient de ce prétexte pour ne point reprendre la pénitence, lorsqu'ils revenaient en santé, et faisaient valoir la pratique de quelques Eglises de ces temps-là par rapport aux catéchumènes. « Il y a des Eglises, disaient-ils, où l'on donne le baptême aux catéchumènes, quoiqu'ils n'aient point achevé leur catéchuménat, lorsqu'il leur est arrivé d'entrer par hasard dans le temple durant la célébration des saints mystères, et cela, pour avoir eu le bonheur de voir seulement la divine eucharistie et l'action du saint sacrifice. Nous devons donc à plus forte raison, ajoutaient-ils, être dispensés du reste de la pénitence; nous qui n'avons pas seulement eu le bonheur de voir, mais encore de recevoir la divine eucharistie. » C'est contre ces sortes de pénitents et la raison qu'ils alléguaient, que fut dressé le canon que nous expliquons.

Le 79e. « Ceux qui, ayant exactement observé les lois de la pénitence, mourront en voyage ou autrement, sans secours, ne laisseront pas de recevoir la sépulture ecclésiastique, et de participer aux prières et aux oblations. »

Le 80e. « Les prêtres imposeront les mains aux pénitents tous les jours de jeûne. » Ce canon s'entend de la troisième classe des pénitents, c'est-à-dire des prosternés, qui étaient obligés de se trouver dans l'église, tous les jours de jeûne, pour y recevoir, près de la porte où ils se prosternaient en terre en présence de tout le peuple, l'imposition des mains de l'évêque et des prêtres. Le concile ordonne ici que les pénitents de cette classe recevront l'imposition des mains des prêtres, tous les jours de jeûne sans exception, parce qu'il pouvait y avoir lieu de douter s'ils devaient la recevoir les jours de grands jeûnes, c'est-à-dire des jeûnes pleins et entiers qui duraient jusqu'au soir, à cause qu'il n'y avait point de messes ces jours-là, et que l'imposition des mains dont on parle se faisait pendant l'espace de temps qui se trouvait entre la messe des catéchumènes et celle des fidèles. Le concile veut donc que les pénitents de la troisième classe se trouvent à l'église les jours de grands jeûnes, pour y recevoir l'imposition des mains des prêtres, quoiqu'on n'y dise point de messe ces jours-là.

Le 81e. « C'est aux pénitents de porter et d'ensevelir les morts. »

Le 82e. « Les pénitents doivent fléchir les genoux, même dans les jours de relâche ou de rémission, où les fidèles en sont exempts. » On appelait *jours de relâche* ou *de rémission*, les jours de fêtes, de dimanches et les cinquante jours qui se trouvaient entre Pâques et la Pentecôte. On donnait à ces saints jours le nom de *jours de relâche* ou *de rémission*, parce que les fidèles s'y livraient à une sainte joie, partie en mémoire de la résurrection de Jésus-Christ, partie à cause du bonheur qu'ils avaient de recevoir la divine eucharistie. Cette joie était si sensible et si éclatante que les païens, au rapport de Tertullien, en prirent occasion de dire que les chrétiens se réjouissaient, le dimanche, en l'honneur du soleil. Le concile veut donc que les pénitents prient à genoux, les jours même que le reste des fidèles prient debout en signe de joie, parce que les premiers doivent passer dans l'affliction tout le temps destiné à leur pénitence.

Le 83e veut qu'on porte plus d'honneur aux pauvres et aux vieillards, qu'aux autres personnes.

Le 84e ordonne à l'évêque de laisser entrer dans l'église toute sorte de personnes, soit païen, soit hérétique, soit juif, pour ouïr la parole de Dieu, jusqu'à la messe des catéchumènes inclusivement.

Le 85e. « Ceux qui doivent être baptisés donneront leurs noms et seront longtemps éprouvés par l'abstinence du vin et de la chair, et la fréquente imposition des mains. » C'était une imposition des mains purement cérémonielle qu'on employait, ainsi que la prière et les signes de croix, pour disposer les catéchumènes au baptême, et les sanctifier en quelque sorte, et en la manière qui pouvait leur convenir, comme le dit saint Augustin, L. II *de peccat. Merit. et Remis.*, c. 26.

Le 86e. « Les néophytes s'abstiendront quelque temps des festins, des spectacles et de leurs femmes. »

Le 87e et le 88e. « Le catholique qui porte sa cause, soit juste, soit injuste, au tribunal d'un juge infidèle, sera excommunié, de même que celui qui, en un jour solennel, va aux spectacles, au lieu d'aller aux offices de l'église. »

Le 89e. « La même peine sera imposée à celui qui s'adonne aux augures, aux enchantements ou aux superstitions judaïques. »

Le 90e. « Les exorcistes imposeront chaque jour les mains sur les énergumènes. »

Le 91e. « Les énergumènes balayeront le pavé des églises. »

Le 92e. « Les exorcistes auront soin de nourrir les énergumènes qui demeurent dans l'église. »

Le 93e. « On ne recevra ni dans la sacristie, ni dans les troncs, les offrandes des frères qui sont en dissension. »

Le 94e. « On rejettera de même les dons de ceux qui oppriment les pauvres. »

Le 95e. « On excommuniera, comme meurtriers des pauvres, ceux qui refusent aux églises les oblations pour les défunts, ou qui les remettent avec peine. »

Aurélius, évêque de Carthage, ayant aboli, par le conseil de saint Augustin, les repas qui se faisaient sur les tombeaux des martyrs et en mémoire des défunts, et ordonné que ce qui se consumait dans ces repas serait donné aux pauvres, le peuple cessa de rien offrir pour les défunts; et ce fut pour l'y obliger que ce canon fut dressé. On distribuait donc aux pauvres les offrandes que faisaient les fidèles pour le soulagement des défunts; et c'est injustement que les hérétiques ont avancé que la pratique d'offrir quelque chose à l'église pour le soulagement des défunts n'était qu'une invention qui tournait au profit des clercs. »

Le 96e. « Dans les jugements, on s'informera soigneusement des mœurs et de la foi de l'accusateur et de l'accusé. »

Le 97e. « L'évêque du lieu examinera celui qui doit gouverner des religieuses. »

Le 98°. « Les laïques n'enseigneront point en présence des clercs, à moins qu'ils ne le leur ordonnent. »

Le 99°. « Une femme, quelque savante et quelque sainte qu'elle soit, n'aura point la présomption d'enseigner les hommes dans l'assemblée. »

Le 100°. « Les femmes n'entreprendront point non plus de baptiser. »

Ce canon ne doit pas s'entendre du cas de nécessité, puisqu'il leur est permis de baptiser en ce cas : tout ce qui leur est interdit en cette matière, c'est de baptiser solennellement, ou hors le cas de nécessité, ou même dans le cas de nécessité, en présence d'un clerc ou d'un laïque, à moins qu'elle ne sût mieux baptiser qu'eux, et qu'en refusant de le faire, il dût y avoir du danger pour la validité du sacrement.

Le 101°. « Les jeunes veuves d'une faible santé doivent être nourries des fonds de l'église dont elles dépendent. »

Le 102°. « C'est la faute de l'évêque ou du curé de la paroisse, si les jeunes veuves ou les religieuses sont exposées par nécessité, et faute d'avoir de quoi se nourrir, à vivre familièrement avec les clercs. »

Le 103°. « Les veuves qui sont nourries aux dépens de l'Eglise doivent être si assidues au service de Dieu, qu'elles puissent aider l'Eglise de leurs prières et de leurs bonnes œuvres. »

Le 104°. « Celles qui, étant devenues veuves encore jeunes et dans un âge mûr, se sont consacrées à Dieu, en quittant l'habit séculier pour se revêtir de l'habit religieux, en présence de l'évêque et de l'Eglise, et ensuite passent à des noces séculières, seront privées de la communion des chrétiens, et ne pourront pas même communiquer avec eux dans les repas. La même peine sera imposée à celles qui se marient, même après avoir été enlevées, épousant le ravisseur. »

Dans quelques exemplaires, après ces cent quatre canons, on en trouve un cent cinquième qui défend l'entrée de l'église aux faux accusateurs, jusqu'à ce qu'ils aient fait pénitence. *Reg. t.* III; *Lab. t.* II. *An. des Conc., t.* I.

CARTHAGE (Concile de), l'an 399. Ce concile se tint à Carthage dans la basilique dite Restitute. Les Pères du concile y conférèrent la mission à deux d'entre eux d'implorer auprès des empereurs le droit d'asile pour tous les criminels, quels qu'ils fussent, qui se réfugieraient dans une église. *Labb. t.* II.

CARTHAGE (Concile de), l'an 400. Il y a bien des difficultés sur ce concile, que l'on nomme communément le *cinquième de Carthage*. Baronius, et après lui, M. Godefroy, que le P. Labbe a suivi, mettent ce concile en 398. M. Schelstrat, suivi par M. Fleury, le met en 400. Quelques-uns le placent à l'an 401. D'autres croient que ce nous appelons *cinquième concile de Carthage* n'est qu'un abrégé confus de deux conciles tenus en cette ville, l'an 401. Voici leurs raisons : 1° Les canons attribués au cinquième concile de Carthage, et qui sont au nombre de quinze, se trouvent faits par les deux conciles de Carthage de l'an 401, excepté le quatrième, qui paraît tiré du concile d'Hippone de l'an 393. 2° Saint Augustin, dans une lettre écrite en 402, cite ce qui fait le douzième canon du cinquième concile, comme une ordonnance assez récente pour n'être pas encore connue des prêtres mêmes pour qui elle avait été faite. Le saint docteur ne se serait pas exprimé de la sorte, si ce canon eût été fait dès l'an 400, ou dès l'an 398. 3° Il n'est fait aucune mention du cinquième concile de Carthage, ni dans le Code des canons d'Afrique, ni dans aucun monument ancien; et on le trouve, pour la première fois, dans la Collection du faux Isidore. 4° La préface qu'on a mise à ce concile est ridicule et tout à fait différente, pour le style, de celles qui sont à la tête des vrais conciles de Carthage. Quoi qu'il en soit, voici ce que contiennent les quinze canons attribués au cinquième concile de Carthage.

Le 1er défend d'appeler les clercs en justice pour être témoins.

Le 2°. « Un clerc, de quelque rang que ce soit, condamné par le jugement des évêques pour quelque crime, ne doit être protégé, ni par l'Église qu'il a gouvernée, ni par quelque autre personne que ce soit. »

Le 3° défend l'usage du mariage aux évêques, aux prêtres et aux diacres, sous peine d'être déposés. Les autres clercs doivent se conformer, pour la continence, à la coutume des Eglises qu'ils servent.

Le 4°. « Défense aux évêques d'aliéner le bien de l'Église, sans l'autorité du primat de la province et du concile. »

Le 5°. « Il n'est permis à aucun évêque de changer le lieu de son siège, ni de résider dans le diocèse ailleurs qu'en l'église cathédrale. »

Le 6°. « On doit baptiser sans scrupule les enfants dont le baptême n'est pas prouvé par des témoignages assurés. On en usera de même à l'égard des églises dont on doutera si elles sont consacrées ou non. » Ce canon fut dressé sur ce que les députés de Mauritanie représentèrent qu'on rachetait souvent des barbares divers enfants dont on n'avait point de preuve certaine qu'ils fussent baptisés ou non.

Le 7°. « Le jour de Pâques doit être déclaré à tous par des lettres formées. Le concile général d'Afrique se tiendra le onzième des calendes de novembre, c'est-à-dire le 22 d'octobre; et on avertira par écrit les primats de chaque province de ne pas tenir dans ce temps-là leur concile provincial. »

Le 8°. « L'intercesseur, c'est-à-dire celui qui prenait soin de l'Eglise vacante, doit y procurer un évêque dans l'année. Que s'il néglige de le faire au bout de l'an, on y mettra un autre intercesseur. » Ces sortes de commissaires étaient aussi nommés *interventeurs.* »

Le 9°. « On demandera en grâce à l'empereur, que les évêques puissent commettre des défenseurs qui prennent soin des affaires des pauvres, dont l'Eglise était accablée, et qui les défendent contre l'oppression des riches. » Possidius nous apprend, dans la Vie de saint Augustin, que les empereurs, ayant égard à la prière des évêques de ce concile, donnèrent un rescrit pour établir des défenseurs des pauvres dans les Eglises d'Afrique et dans les autres.

Le 10e. « Les évêques doivent se trouver au concile, à moins qu'ils n'aient un empêchement légitime. S'ils en ont un, ils le déclareront par écrit. Les primats diviseront en deux ou trois bandes les évêques de la province, afin qu'ils viennent tour à tour au concile. Ceux d'entre les évêques qui n'auront pu s'y rendre, feront insérer leurs excuses dans la lettre publique que le concile écrira à la province. Que, s'ils sont retenus par quelque empêchement, après le départ de cette lettre, ils en rendront compte au primat; sinon ils ne pourront communiquer avec personne, hors de leur Eglise. »

Le 11e. « On ne doit point imposer les mains aux prêtres ou aux diacres coupables de quelques crimes qui méritent la déposition, pour les mettre en pénitence comme les laïques, ni permettre que l'on élève à la cléricature ceux qui ont été rebaptisés. »

Le 12e. « Il est ordonné que des ecclésiastiques, privés de la communion pour quelques crimes, auront un an pour poursuivre leur justification, mais qu'après ce temps, ils ne seront plus reçus à se justifier. »

Le 13e. « L'évêque, qui aura ordonné clerc, ou supérieur de son monastère, un moine dépendant d'un autre évêque, sera réduit à la communion de son Eglise seule; et le moine ne sera ni clerc ni supérieur. »

Le 14e. « Pour éviter les superstitions, les évêques détruiront, autant qu'il se pourra, les autels qu'on aura élevés dans la campagne et sur les chemins, comme des mémoires des martyrs, s'il n'y a effectivement quelques corps ou quelques reliques d'un martyr. En général, on n'admettra aucune mémoire ou aucune chapelle sous le nom d'un martyr qu'il ne soit assuré que son corps y est, ou quelque relique de lui, ou qu'il y a demeuré, ou qu'il a possédé ce lieu, ou qu'il y a souffert; et on rejettera absolument les autels élevés sans preuve certaine, sur des songes ou sur de prétendues révélations. »

Le 15e. « Il est ordonné que l'on demandera aux empereurs la destruction de tous les restes d'idolâtrie qui pourraient encore subsister, des bois sacrés et simulacres des faux dieux. »

Saint Augustin nous apprend que les païens avaient fait courir le bruit que, selon les oracles, la religion chrétienne finirait l'an 365 de la passion de Notre-Seigneur Jésus-Christ, et la 398e de sa naissance. Ce fut à cette occasion que les PP. de Carthage demandèrent aux empereurs l'abolition de tous les restes d'idolâtrie, pour faire voir aux païens la vanité de leurs oracles. Arcade et Honorius, ayant jugé la demande raisonnable, firent publier par tout l'Orient et l'Occident, l'an 399, sous le consulat de Manlius Théodore, des édits qui abolissaient les sacrifices, les simulacres et enfin tous les restes de l'idolâtrie. *Reg. tom.* III; *Lab. tom.* II; *Hard. tom.* I. *Anal. des Conc.* t. I.

Ce concile de Carthage fut souscrit par soixante-douze évêques.

CARTHAGE (Conciles de), *Carthaginensia*, l'an 401. C'était l'usage ordinaire de l'Afrique d'y tenir chaque année un concile général de toutes les provinces; mais en 401 il y en eut deux: l'un le 16 de juin, et l'autre le 13 de septembre.

Le premier se tint dans la sacristie de l'église Restituée. Aurèle, qui y présidait, fit un discours dans lequel il représenta d'abord le besoin qu'on avait de ministres, soit supérieurs, soit inférieurs. Le seul remède qu'on trouvait à ce mal était d'admettre à l'état ecclésiastique les donatistes qui se réunissaient à l'Eglise; mais, comme cela avait été défendu par les évêques de Rome et de Milan, on ne voulut rien décider sur ce point, sans l'avis des Eglises d'outre-mer, nommément de celles de Rome et de Milan. Aurèle proposa ensuite de faire instance auprès de l'empereur, afin qu'il fit abattre toutes les idoles qui restaient en Afrique, et qui ne servaient point d'ornements dans les villes. Il voulut que l'on demandât encore une loi pour défendre les festins que faisaient les païens, à cause des danses et des autres insolences qu'ils y commettaient, au mépris de la religion. Le concile applaudit à ces demandes et à quelques autres.

Dans le concile du 13 de septembre de la même année 401, assemblé, comme le précédent, dans la sacristie de la basilique Restituée, on fit d'abord la lecture des lettres que le pape Anastase écrivait aux évêques d'Afrique, pour les exhorter à ne point dissimuler les mauvais traitements que l'Eglise catholique recevait, dans leur province, de la part des hérétiques et des schismatiques donatistes. On prit ensuite le parti de les traiter avec douceur; et, après ces dispositions générales, le concile fit quinze règlements touchant la discipline, dont il y en a onze rapportés dans le cinquième concile de Carthage. Quelques règlements du concile du 16 de juin se trouvent aussi dans ce cinquième concile; ce qui donne lieu de croire, comme on l'a dit, que ce cinquième concile n'est qu'une compilation des deux conciles de cette année 401, et de quelques autres en Afrique.

Le 5e ordonne que l'intercesseur, ou commissaire, à qui l'on a confié le soin d'une Eglise vacante, aura l'attention d'y procurer un évêque dans l'année, sans pouvoir lui-même être choisi pour évêque de cette Eglise. Que s'il n'a pu faire faire l'élection, on mettra un autre commissaire à sa place, au bout de l'année.

Par le 9e, le concile commet vingt évêques, du nombre desquels était saint Augustin, pour se transporter à Hippozaryte dans la Proconsulaire, et y ordonner un évêque, du consentement de tout le peuple, à la place d'Equicius, condamné pour ses crimes.

Le 12e porte que si un évêque préfère à

l'Eglise, ou des héritiers étrangers qui ne lui soient pas parents, ou même ses parents, s'ils sont hérétiques ou païens, il sera anathématisé, du moins après sa mort; et son nom ne sera point lu parmi ceux des prêtres du Seigneur, quand même il n'aurait point fait de testament, puisqu'un évêque doit donner ordre à ses affaires d'une manière qui convienne à sa profession.

Le 13e porte qu'on demandera à l'empereur qu'il soit permis d'affranchir les esclaves dans l'Eglise. *Reg. tom.* III; *Lab. tom.* II; *Hard. tom.* I.

CARTHAGE (Concile de), l'an 403. Ce fut un concile général d'Afrique, assemblé à Carthage dans la basilique de la seconde région, le huit des calendes de septembre, sous le consulat de Théodose le Jeune et de Rumoride, c'est-à-dire le 25 août de l'an 403; quatre députés de la Byzacène et deux de la Mauritanie de Stèfe y furent présents. Il n'en vint point de la Mauritanie Césarienne, parce qu'ils avaient reçu trop tard la lettre de convocation; ni de la Numidie, à cause de quelques troubles qu'y causaient les nouveaux soldats; mais saint Augustin, saint Alypius et saint Possidius s'y trouvèrent : les députés de la Mauritanie de Stèfe assurèrent que les évêques de la Mauritanie Césarienne consentiraient à tout ce qui se ferait dans le concile; et Aurèle de Carthage dit la même chose des évêques de Numidie, se reconnaissant chargé du soin de leur envoyer les actes. Il se chargea aussi, avec l'agrément du concile, de les envoyer aux évêques de Vénus Céleste à Carthage, à l'assemblée, il dit d'abord que les députés envoyés outremer le 16 juin ou le 13 septembre de l'an 401, pour faire voir au pape Anastase la nécessité de recevoir dans leur rang les donatistes qui voudraient se convertir, étant de retour, ils devaient rendre compte au concile de leur commission. Ils l'avaient déjà fait la veille, mais par forme d'entretien. On fit aussi dresser un acte de la session solennelle du concile. Après quoi l'on convint que chaque évêque dans sa ville, ou seul, ou avec quelqu'un de ses voisins, irait trouver l'évêque donatiste, et le sommerait par le moyen des magistrats ou des anciens du lieu, de s'assembler avec ses collègues pour choisir des députés, qui avec ceux des catholiques examineraient dans un lieu et en un temps convenus, toute l'affaire du schisme qui les divisait, et tâcheraient de la finir par une heureuse réunion. Et afin que tous les évêques catholiques pussent agir d'une manière uniforme, Aurèle présenta un modèle de la sommation qu'ils devraient faire. On le lut, il fut approuvé et signé de tous les évêques présents. Il portait en substance: «Nous vous invitons, de l'autorité de notre concile, de choisir ceux à qui vous voudrez confier la défense de votre cause, comme nous en choisirons de notre part, pour examiner avec eux dans le lieu et le temps marqués, la question qui nous sépare de communion. Si vous l'acceptez, la vérité paraîtra ; si vous refusez, on verra que vous vous défiez de votre cause.» Cette sommation était précédée d'une espèce de supplique au magistrat de chaque ville, afin qu'ils la signifiassent à l'évêque donatiste : et comme il était besoin pour cela de jussion de la part des gouverneurs, le concile leur écrivit des lettres, qui furent signées d'Aurèle de Carthage au nom de toute l'assemblée. Celle qui fut présentée le 13 septembre à Septiminus, proconsul d'Afrique, est en forme de requête. Les évêques y disent que, quoiqu'ils pussent employer contre les violences des donatistes les lois que les empereurs avaient faites pour les réprimer, ils aimaient mieux les avertir avec douceur d'abandonner leur schisme, ou d'en prendre la défense, s'ils croyaient pouvoir le faire, non par la fureur de leurs circoncellions, mais en rendant raison de leur doctrine avec paix et tranquillité, dans une conférence réglée. La même requête ou une semblable fut présentée au vicaire de la préfecture, qui sans doute l'accorda, comme avait fait le proconsul. *D. Ceillier, t.* XII.

CARTHAGE (Concile de), l'an 404. Les évêques catholiques ne manquèrent point de faire les sommations convenues à l'article précédent; mais les donatistes n'en firent aucun cas, disant qu'il était indigne d'eux de conférer et de s'assembler avec des pêcheurs. Comme ils continuaient donc à exercer contre les catholiques toutes sortes d'inhumanités, ceux-ci s'étant assemblés à Carthage dans la basilique de la seconde région, sous le sixième consulat d'Honorius, le six des calendes de juillet, c'est-à-dire le 26 juin 404, résolurent d'implorer le secours de l'empereur contre ces violences. Quelques évêques, surtout les plus anciens, qui avaient été témoins de l'utilité des lois contre les hérétiques du temps de Macaire et de l'empereur Constant, voulaient que l'on demandât des lois pour obliger tous les donatistes à rentrer dans la communion de l'Eglise catholique, en prescrivant une peine à ceux qui s'opiniâtreraient dans le schisme. Les autres évêques, du nombre desquels était saint Augustin, étaient d'avis que l'on se contentât de demander que leurs violences fussent réprimées, et que l'on mît à couvert de leurs insultes ceux qui prêcheraient la vérité catholique, ou qui écriraient pour sa défense. Ils souhaitaient même que les lois qui interviendraient ne fussent que contre ceux des donatistes qui seraient dénoncés par les catholiques à cause de leurs violences. Ce sentiment prévalut; et les évêques Théasius et Evodius furent députés vers l'empereur avec l'instruction suivante : « Ils représenteront que, suivant le concile de l'année dernière, les prélats des donatistes ont été interpellés par actes des officiers municipaux, de conférer pacifiquement avec nous; mais que se défiant de leur cause, ils n'ont presque point osé répondre et en sont venus à des violences excessives : en sorte qu'ils ont fait périr plusieurs évêques et plusieurs clercs, sans parler des laïques; ont attaqué des églises et en ont pris quelques-unes; que c'est donc maintenant à l'empereur de pourvoir à la sûreté de l'Eglise catholique, afin que ces hommes téméraires n'intimident pas le peuple faible qu'ils ne peuvent séduire; que l'on connaît la fureur des circoncellions, souvent condamnés par les lois, et que l'on croit pouvoir demander du secours contre eux, comme saint Paul employa même le secours militaire contre la conspiration des factieux. » L'instruction ajoute que Théasius et Evodius demanderont aussi que les magistrats des villes, et les propriétaires des terres voisines prêtent secours de bonne foi aux Eglises catholiques; que la loi de l'empereur Théodose touchant l'amende de dix livres d'or contre ces hérétiques ordinateurs ou ordonnés, et les propriétaires des lieux où ils s'assemblent, soit confirmée, et étendue à ceux que les catholiques attaqués par eux auront dénoncés; et que la loi qui défend aux hérétiques de donner ou de recevoir par donation ou par testament soit exécutée contre ceux qui demeureront donatistes, mais non contre ceux qui se convertiront de bonne foi avant d'être poursuivis en justice. Le concile laissa néanmoins la liberté à ces deux évêques de faire et de demander tout ce qu'ils jugeraient à propos pour le bien et l'utilité de l'Eglise. Il fut arrêté de plus qu'on leur donnerait des lettres de recommandation au nom du concile, pour le pape et les évêques des lieux où pourrait être l'empereur, et des lettres de créance pour l'empereur et les principaux officiers; mais qu'il suffirait que ces lettres fussent signées d'Aurèle de Carthage, au nom de tous les évêques, pour éviter les lenteurs; que l'on écrirait encore aux juges d'Afrique, afin qu'en attendant le retour des députés, ils prêtassent secours à l'Eglise catholique, par le moyen des officiers des villes et des propriétaires des terres. Possidius, dans le dénombrement des lettres de saint Augustin, met ces quatre de suite, à l'évêque Innocent, aux empereurs, à Stilicon, aux préfets d'Italie: ce qui marque que le concile l'avait chargé de les écrire; mais elles ne sont pas venues jusqu'à nous. La dernière chose que l'on recommanda aux députés fut le soin de l'affaire d'Equicius, évêque d'Hippozaryte dans la Proconsulaire, qui au lieu de se soumettre au jugement rendu contre lui, continuait d'entretenir la division parmi le peuple de cette ville. Il y a apparence que ce fut à son occasion, et sur la remontrance des députés du concile, qu'Honorius déclara (*Cod. Theod. t.* VI, *p.* 308 et 309), le 12 février de l'année suivante, c'est-à-dire de l'an 405, qu'un évêque déposé par un concile, et qui n'acquiescerait point à la sentence rendue contre lui, serait banni à cent milles de son évêché sans pouvoir venir à la cour. *Ibid.*

CARTHAGE (Concile de), l'an 405. Dès avant l'arrivée des députés à la cour de l'empereur Honorius, ce prince avait donné, le 12 février de l'an 405, un édit d'union qui portait qu'il n'y aurait qu'une religion, savoir la catholique. Le même jour il avait publié une loi contre les donatistes, portant défense de rebaptiser, sous peine de confiscation de tous les biens, du lieu où ce sacrilège aurait été commis, et de vingt livres d'or d'amende. Ces lois ne furent pas plutôt portées en Afrique, que plusieurs donatistes se réunirent, particulièrement ceux qui souhaitaient depuis longtemps de rentrer dans l'Eglise catholique, et ne cherchaient que l'occasion de se mettre à couvert des mauvais traitements des circoncellions, ou de l'indignation de leurs parents. La réunion commença à Carthage; et elle n'avait pas encore fait de plus grands progrès, lorsque les évêques s'y assemblèrent en concile le dix des calendes de septembre, dans la basilique de la seconde région, sous le consulat de Stilicon et d'Anthémius, c'est-à-dire le 23 août de l'an 408. Il y fut donc décidé que toutes les provinces enverraient des députations au concile; que les députés auraient un pouvoir absolu, et non limité; et qu'on enverrait même pour cela des lettres et des députés à Muzonius, le même, ce semble, qui était primat de la Byzacène en 397. On y arrêta encore que l'on écrirait aux juges ou gouverneurs de toutes les provinces d'Afrique, pour y faire exécuter l'édit d'union; et que l'on enverrait deux clercs de l'Eglise de Carthage à la cour, au nom de toute l'Afrique, avec des lettres des évêques, pour rendre grâces à l'empereur et aux ministres de l'extinction des donatistes. On lut aussi dans ce concile les lettres du pape Innocent, qui avertissait les évêques d'Afrique de ne pas passer la mer: à quoi les évêques présents trouvèrent qu'il était à propos de se conformer. *Ibid.*

CARTHAGE (Concile de) l'an 407. On lit dans le Code des canons de l'Eglise d'Afrique, après le canon quatre-vingt-quatorzième, qu'il se tint un concile à Carthage, le 13 juillet de l'an 407, sous le septième consulat de l'empereur Honorius, et le deuxième de Théodose. Aurélius de Carthage y présida; et l'on y fit douze canons.

Le 1er laisse à la prudence de l'évêque de Carthage d'indiquer le concile général d'Afrique, ne trouvant pas à propos de les assembler tous les ans, comme il avait été ordonné dans un concile d'Hippone, à cause de la fatigue et de l'embarras que cela causait aux évêques. « On ne l'assemblera donc que pour les causes communes qui regardent toute l'Afrique, telles que sont les questions dogmatiques; et pour les causes particulières, elles seront terminées dans les provinces qui les auront vues naître. »

Le 2e laisse à la liberté de celui qui appelle d'un jugement ecclésiastique, de se choisir des juges dont il conviendra avec son accusateur; mais il veut qu'après que ces juges auront prononcé, il n'y ait plus d'appel.

Le 3e ordonne que Vincent et Fortunatien, députés vers les empereurs, leur demanderont la permission de choisir des avocats, entre les mains desquels ils puissent mettre les intérêts de l'Eglise pour les soutenir, et qui aient droit d'entrer, comme les évêques, dans les bureaux des juges, pour leur faire les remontrances qu'ils jugeront à propos.

L'empereur Honorius répondit à cette première demande du concile par sa constitution datée du 17 des calendes de décembre de l'an 407, qui se trouve *lib.* XXXVIII *Cod. Theod. de Episcopis et Cler.* Honorius, dans cette constitution, dit que les intérêts de l'Eglise seront défendus désormais, non *per coronatos*, c'est-à-dire par les clercs, qu'il appelle *couronnés* à cause de la couronne qu'ils portaient, mais *per scholasticos*, c'est-à-dire par les avocats séculiers; telle est l'origine des avoués ou avocats, c'est-à-dire des patrons, des défenseurs des Eglises, aux quels succédèrent dans la suite des hommes puissants, qui retinrent le nom d'*avocats des Eglises*, quoiqu'ils les défendissent bien plus par la force des armes, que par celle de l'éloquence et de la science.

Le 4° défend de mettre des évêques où il n'y en a point eu, sans l'autorité du métropolitain et du concile de la province.

On voit par ce canon, que l'érection des nouveaux évêchés n'était point alors réservée au saint-siège, et qu'elle se faisait par l'autorité du concile provincial et du primat ou métropolitain.

Le 5° laisse à la liberté des peuples convertis par les donatistes qui rentrent dans le sein de l'Eglise, et qui avaient un évêque dans le temps qu'ils en étaient séparés, d'en avoir un après sa mort, ou de se soumettre à l'évêque catholique le plus proche. Pour ceux qui n'ont point eu d'évêques, on les soumet à la juridiction de l'évêque qui les a convertis, pourvu que cette conversion soit arrivée avant la loi de l'empereur touchant l'unité. Que si elle s'est faite depuis, il ordonne qu'ils seront du diocèse dont ils dépendent naturellement.

Ce canon a deux parties. Dans la première, il est dit que les peuples convertis au christianisme par les évêques donatistes pourront conserver les évêques qui les ont convertis, lorsque les uns et les autres viennent à rentrer dans le sein de l'Eglise catholique, sans attendre l'avis du concile de la province, ou bien qu'ils pourront se soumettre à l'évêque catholique le plus proche, après la mort de l'évêque qui les a convertis. Dans la seconde partie du canon, il est réglé que les peuples qui ont été convertis par un évêque donatiste seront soumis à cet évêque qui les ramène à l'Eglise catholique, quand même ils ne l'auraient point eu pour évêque avant leur retour à l'Eglise catholique, pourvu néanmoins que cette conversion soit arrivée avant la loi de l'empereur touchant l'unité ou l'union. C'était une loi ou constitution de l'empereur Honorius publiée vers le commencement de l'an 405 sous le nom d'*Edit* ou de *Rescrit*, pour ramener les donatistes à l'unité de l'Eglise, sous certaines peines contre les réfractaires. On voit par ce canon la sage condescendance de l'Eglise, qui ne craint pas de se relâcher de la rigueur de sa discipline pour faciliter le retour des hérétiques ou des schismatiques.

Dans le 6°, on nomme des juges pour examiner l'affaire d'un évêque qui avait été accusé, et dont les accusateurs n'avaient point comparu au concile, quoique l'évêque accusé eût demandé qu'ils y comparussent.

Le 7° porte qu'on écrira au pape Innocent touchant le différend que l'Eglise de Rome avait avec celle d'Alexandrie, afin de mettre en bonne intelligence ces deux Eglises.

Le différend dont parle le concile était celui que la faction de Théophile avait occasionné, en faisant exiler saint Jean Chrysostome, soutenu par le pape Innocent I, qui avait résolu d'excommunier Théophile, au rapport de Pallade dans la Vie de saint Chrysostome, *p.* 214.

Le 8° porte que, selon la discipline évangélique et apostolique, ni le mari renvoyé par sa femme, ni la femme renvoyée par le mari, ne pourront en épouser d'autres, mais qu'ils resteront sans se marier, ou qu'ils se réconcilieront, et que, s'ils le refusent, ils seront mis en pénitence. On ajoute qu'il faudra demander à l'empereur une loi à ce sujet.

Les lois romaines permettaient aux maris de faire divorce avec leurs femmes, et d'en épouser d'autres pour certaines causes. C'est pour cela que le concile dit qu'il faudra demander une loi impériale, qui confirme son règlement.

Le 9° défend de réciter en public d'autres prières, d'autres préfaces, d'autres recommandations, ni de faire d'autres impositions des mains que celles qui sont approuvées dans le concile.

Balsamon veut que par les prières on entende toute la liturgie; par les préfaces, les psalmodies et les leçons de l'Ecriture sainte, jusqu'aux Evangiles; par les recommandations, les prières que l'on faisait sur les catéchumènes pour les recommander à Dieu; par les impositions des mains, les bénédictions que les évêques donnaient aux pénitents, après les prières que l'on faisait pour eux. Ce canon est une preuve du soin que les évêques doivent apporter pour retrancher de l'office divin tout ce qui serait contraire à la vérité, à la décence, à la piété.

Le 10° ordonne la déposition contre les évêques et les clercs qui, étant accusés, s'adressent à l'empereur pour lui demander des juges séculiers; mais il ne défend pas qu'on lui demande des juges ecclésiastiques.

Le 11° veut que l'on chasse du clergé ceux qui étant excommuniés en Afrique vont se faire recevoir à la communion dans les pays d'outre-mer, et à Rome en particulier, comme l'observe Balsamon.

Le 12° ordonne que les clercs ou les évêques qui voudront aller en cour, prendront une lettre formée de leur évêque, ou de leur métropolitain, adressée au pape, qui contienne les raisons qu'ils ont d'aller en cour, afin que le pape leur en donne une autre pour aller en cour. Que si celui qui a pris une lettre formée, ou dimissoire, pour aller à Rome, va droit à la cour, il sera excommunié. Mais si, étant à Rome pour d'autres raisons, il vient à avoir besoin d'aller en cour, le pape tout seul pourra le lui permettre par une lettre qui contiendra ses raisons. Ce canon prouve combien c'est une chose contraire à l'esprit de l'Eglise, que les évêques et les prêtres abandonnent les églises auxquelles ils sont liés, pour aller dans les cours des princes, ou ailleurs. *Anal. des Conc.*, t. I.

CARTHAGE (Conciles de), l'an 408. Il se tint cette année deux conciles à Carthage, l'un le premier juillet, l'autre le treize octobre, tous deux dans la sacristie de l'église Restituée. Tout ce que nous en savons, c'est que, dans le premier, Vincent et Fortunatien furent envoyés avec pouvoir d'agir en cour contre les païens et les hérétiques; et que, dans le second, on donna une semblable commission aux évêques Florent et Restitut. Ce qui occasionna ce dernier concile, fut que Sévère et Macaire avaient été tués vers le mois de septembre par les païens ou les hérétiques, et qu'à cause d'eux les évêques Evodius, Théasius et Victor avaient été battus. *D. Ceill.*, t. XII.

CARTHAGE (Concile de), l'an 409. Nous n'avons pas plus de connaissance du concile que l'on tint dans la même ville cette année 409, le 15 juin, dans la basilique de la seconde région. L'auteur du Code des Canons de l'Eglise d'Afrique dit qu'il n'en a pas rapporté les actes, parce que le concile n'était que provincial. Il remarque seulement qu'il y fut décidé qu'un évêque n'entreprendrait point de juger seul. *Ibid.*

CARTHAGE (Concile de), l'an 410. On ne peut douter que celui que l'on assembla à Carthage le 14 juin de l'an 410, n'ait été général de toute l'Afrique, puisqu'on y voit Possidius, évêque de Calame (ou Cholme) en Numidie. Il fut un des quatre évêques députés vers l'empereur Honorius, pour demander la révocation de sa loi, qui laissait la liberté de conscience au sujet de la religion. Les autres députés étaient Florentius, Præsidius et Benenatus. Honorius leur accorda l'objet de leur demande, comme on le voit par une loi du 25 août de la même année 410 (*Cod. Theod.* XVI, t. V, l. LI, p. 170), adressée à Héraclien, comte d'Afrique, par laquelle il révoque absolument la liberté qu'il avait accordée aux hérétiques pour l'exercice de leur religion; leur défendant de tenir aucune assemblée publique sous peine de proscription et même du dernier supplice. On ne doute pas que ces mêmes députés n'aient demandé à ce prince la conférence de Carthage, dont l'ordre fut expédié le 14 octobre de cette année, et qui se tint en effet le premier jour de juin de l'an 411. *Ibid.*

CARTHAGE (Conférence de), l'an 411. Ce fut chez Marcellin, gouverneur d'Afrique, que les évêques catholiques et donatistes s'assemblèrent à Carthage par ordre de l'empereur Honorius, le premier juin de l'an 411. Les donatistes, qui savaient que leur cause n'était pas bonne, firent tout leur possible pour empêcher que cette conférence n'eût lieu et qu'on ne traitât la question qui était entre eux et les catholiques; mais voyant qu'ils n'en pouvaient venir à bout, ils en multiplièrent les actes autant qu'ils le purent, afin d'ôter du moins par leur longueur, l'envie de les lire. Les évêques des deux partis étant entrés, le tribun Marcellin fit lire le rescrit de l'empereur qui ordonnait cette conférence, et l'édit qu'il avait envoyé lui-même dans toutes les provinces, pour faire savoir à tous les évêques d'Afrique, tant catholiques que donatistes, de se trouver à Carthage le premier jour de juin, pour y tenir un concile. Il déclarait dans cet édit ou ordonnance, que quoiqu'il n'eût pas d'ordre de l'empereur, on rendrait aux évêques donatistes, qui promettraient de se trouver à ce concile, les églises qui leur avaient été ôtées, et leur permettait de choisir un autre juge, pour être avec lui l'arbitre de cette dispute. On lut ensuite une seconde ordonnance de Marcellin faite aux évêques présents, qui leur prescrivait le lieu et la forme de la conférence. Mais comme les évêques du parti de Donat demandaient que les catholiques proposassent avant toutes choses quel était le sujet de leur assemblée, le tribun différa à leur accorder ce qu'ils demandaient, voulant d'abord que l'on lût par ordre tout ce qui s'était passé avant le jour de la conférence. Il fit donc lire la lettre des donatistes, dans laquelle ils disaient qu'ils ne pouvaient approuver ce que Marcellin avait statué, de n'admettre à la conférence que ceux qui auraient été choisis pour plaider leur cause, et demandaient à y être tous admis, pour convaincre de fausseté les catholiques, qui leur reprochaient leur petit nombre. On lut après cela les lettres des évêques catholiques adressées au tribun Marcellin, à qui ils déclaraient qu'ils consentaient à tout ce qui était porté dans son ordonnance. Ils ajoutaient dans ces lettres, que si les donatistes pouvaient montrer que l'Eglise est demeurée dans le seul parti de Donat, ils leur céderaient l'honneur de l'épiscopat et se rangeraient sous leur conduite. « Mais si nous leur montrons, continuaient-ils, que la vérité est dans notre communion, nous ne leur refuserons pas même l'honneur de l'épiscopat, et nous consentons, pour le bien de la paix, qu'en se réunissant à nous ils conservent leur degré d'honneur, afin que l'on voie que nous ne détestons pas en eux les sacrements, mais leurs erreurs. Que si les peuples ne peuvent souffrir de voir ensemble deux évêques, ils se retireront l'un et l'autre, et l'on n'en mettra qu'un qui sera ordonné par les évêques qui seront sans compétiteurs dans leurs églises. » On lut aussi d'autres lettres des catholiques pour réponse à la déclaration des donatistes, dans lesquelles ils consentaient que si la multitude était nécessaire pour la réunion, les évêques des deux partis s'y trouvassent tous, consentant en même temps à ne s'y rendre de leur part qu'au nombre marqué par l'ordonnance du tribun; afin que s'il arrivait quelque tumulte, il ne fût pas imputé aux catholiques, qui n'étaient qu'en petit nombre, mais aux donatistes, qui avaient amené avec eux une multitude, c'est-à-dire, tous les évêques de leur parti, excepté ceux que la ma-

..adie ou l'extrême vieillesse avaient, ou retenus chez eux, ou arrêtés en chemin. Les catholiques plaidaient aussi dans ces lettres la cause entière de l'Eglise catholique, montrant qu'elle ne pouvait être dans le parti de Donat, mais que c'est celle qui est répandue par tout le monde et qui s'est accrue en commençant à Jérusalem, suivant qu'il est marqué dans l'Ecriture. Ils y montraient encore que les méchants ne rendent pas coupables les innocents en communiquant avec eux; que Cécilien avait été absous soit dans des tribunaux ecclésiastiques, soit devant l'empereur où il avait été traduit par les donatistes; enfin ils y parlaient des maximianistes, disant que, quoique persécutés et condamnés par les primianistes, ceux-ci n'avaient pas laissé de les recevoir, et de reconnaître pour bon le baptême qu'ils avaient donné ou reçu dans le schisme.

Après la lecture de ces lettres, Marcellin demanda si les donatistes avaient choisi leurs députés comme les catholiques. Les donatistes répondirent que les catholiques avaient déjà plaidé la cause, avant que l'on eût réglé les qualités des parties. Ce qu'ils disaient à cause des lettres dont nous venons de parler, qui contenaient sommairement toute la question. Ils demandèrent donc que l'on traitât du temps, de la procuration, de la personne, de la cause, avant d'en venir au fond. Le tribun répondit que la cause était en son entier, et demanda une seconde fois si l'on avait obéi à son ordonnance, en choisissant les députés qui devaient prendre part à la discussion. Mais les donatistes commencèrent à parler du temps, et à dire que la cause ne pouvait plus être agitée, parce que le jour en était passé. Car les quatre mois portés par la première ordonnance du commissaire Marcellin étaient accomplis dès le 19 mai, cette ordonnance étant datée du 14 des calendes de mars, c'est-à-dire, du 16 février 411: et l'empereur avait ordonné que l'affaire fût traitée dans quatre mois : d'où les donatistes concluaient que le terme était passé, et demandaient que les catholiques fussent condamnés comme par défaut, quoiqu'ils fussent présents et n'eussent jamais été interpellés de procéder plustôt. Marcellin répondit que les parties étaient convenues du premier jour de juin, et que si elles n'eussent pas été présentes, l'empereur lui avait donné pouvoir d'accorder encore deux mois. Mais parce qu'il dit en même temps que l'exception fondée sur le temps convenait mieux à un tribunal séculier qu'à un jugement épiscopal, les donatistes en prirent occasion de dire que l'on ne devait point agir contre eux par les lois séculières, mais seulement par les Ecritures divines. Sur quoi le commissaire demanda le sentiment des deux parties. Les catholiques le prièrent de faire lire leur procuration, assurant que l'on y verrait qu'ils traitaient cette affaire par les Ecritures divines, et non par les formalités judiciaires. Les donatistes s'opposèrent à cette lecture et chicanèrent quelque temps sur ce point; mais les catholiques l'emportèrent, et la procuration fut lue. Cette procuration ou mandement des catholiques contenait ce qu'ils avaient de plus considérable à dire en faveur de l'Eglise catholique; et ils l'avaient fait à dessein, parce que le bruit courait que les donatistes emploieraient des exceptions et des chicanes, pour avoir prétexte, si on les refusait, de rompre la conférence; et les catholiques voulaient qu'il parût dans les actes qui demeureraient, que la cause de l'Eglise avait été traitée au moins sommairement, et que les donatistes n'avaient pas voulu entrer en conférence, dans la crainte de succomber et de demeurer sans réplique. Il s'éleva une contestation entre les parties qui dura quelque temps. Les donatistes demandaient que tous ceux qui avaient souscrit la procuration se présentassent, soutenant que les catholiques avaient pu surprendre le commissaire, en faisant paraître devant lui des gens qui pouvaient n'être pas évêques, et qu'ils avaient ajouté de nouveaux évêques, outre ceux des anciens sièges, pour augmenter leur nombre. Les catholiques soutenaient que leurs confrères ne devaient point se présenter, craignant que les donatistes ne voulussent faire du tumulte à la faveur de la foule, et rompre la conférence. Car leurs chicanes faisaient assez voir qu'ils n'en voulaient point du tout; et on croyait qu'ils n'avaient point encore osé faire de désordre, parce que la multitude n'étant que de leur côté, on n'eût pu s'en prendre qu'à eux. Toutefois les catholiques cédèrent : ils consentirent que l'on fît entrer tous ceux qui avaient signé leur procuration, et il parut que les donatistes ne croyaient pas qu'il en fût venu à Carthage un si grand nombre, parce qu'ils y étaient entrés modestement et à petit bruit. On fit donc entrer les évêques catholiques, qui avaient souscrit la procuration : et à mesure qu'ils étaient nommés, ils s'avançaient et étaient reconnus par les donatistes du même lieu ou du voisinage; et par là on connut aussi les lieux où il n'y avait point de donatistes. Tous les catholiques qui avaient souscrit se trouvèrent présents, et chacun sortit aussitôt qu'il eut été reconnu, excepté les dix-huit députés. Quand on appela Victorin, évêque catholique de Mustite, il dit : « Me voici, j'ai contre moi Félicien de Mustite et Donat de Turc. » Alors Alypius dit : « Remarquez le nom de Félicien. Est-il dans la communion de Primien ? » C'est que Félicien avait été condamné comme maximianiste par le grand parti des donatistes, dont Primien était le chef; et c'est pour cela que les catholiques exigèrent qu'il fût constant par les actes que Félicien était dans la communion de Primien, et qu'il avait été reçu en sa qualité d'évêque, sans qu'on eût rebaptisé ceux qu'il avait baptisés dans le schisme de Maximien. Les donatistes ne voulurent point répondre à ce que les catholiques leur demandaient touchant Primien, disant que cela regardait le fond de l'affaire. Sur quoi Marcellin ordonna que l'on continuât de vérifier les souscriptions. Après qu'on eut lu les noms de tous les évêques catholiques qui avaient souscrit la procuration, Marcellin pria ceux qui étaient présents de s'asseoir. Les donatistes refusèrent cette civilité, en lui donnant beaucoup de louanges, l'appelant juste, plein de modération et de bonté : mais en même temps ils auraient bien souhaité qu'il ne fût pas le juge d'une affaire pour laquelle tant de personnes s'étaient assemblées.

On lut ensuite la procuration des donatistes avec les souscriptions; et à la réquisition des catholiques, on les vérifia toutes, en faisant approcher tous les évêques donatistes, à mesure qu'ils étaient nommés, afin qu'on vit clairement s'ils avaient souscrit étant à Carthage. En récitant leurs noms, il s'en trouva plusieurs qui n'étaient point du tout venus à Carthage, pour qui d'autres avaient souscrit afin de grossir le nombre. Toutes les souscriptions vérifiées, le tribun fit compter par ses officiers le nombre des évêques de part et d'autre. Il s'en trouva des donatistes deux cent soixante-neuf, en comptant les absents pour qui d'autres avaient signé, et même Quodvultdeus, évêque de Sessite en Mauritanie, que Pétilien disait être mort en chemin. Des catholiques il s'en trouva deux cent soixante-six qui avaient souscrit la procuration, et vingt autres qui l'approuvèrent de vive voix : ce qui faisait deux cent quatre-vingt-six. Ainsi dans la supputation que l'on fit de tous les évêques présents, le nombre des catholiques se trouva plus grand que celui des donatistes. Ensuite tous les évêques, excepté ceux qui étaient nécessaires pour la conférence, étant sortis, Marcellin, du consentement des parties, la remit au surlendemain, c'est-à-dire au troisième jour de juin.

Le jour marqué étant venu, on s'assembla au même lieu. Marcellin pria encore les évêques de s'asseoir, et les catholiques le firent aussitôt; mais les donatistes le refusèrent, disant que la loi divine leur défendait de s'asseoir avec de tels adversaires. Les catholiques laissèrent passer cette marque de vanité des donatistes, sans y répondre, pour ne pas s'arrêter inutilement. Et Marcellin, voyant qu'ils se levaient, fit ôter son siège, en disant qu'il demeurerait debout jusqu'au jugement de l'affaire. Il fit lire une requête que les donatistes avaient donnée le jour précédent, par laquelle ils demandaient communication de la procuration des catholiques, pour venir préparés à la conférence, parce que les écrivains ne pourraient avoir mis les actes au net. Au bas de cette requête était le décret du tribun, qui leur accordait leur demande. Ensuite il demanda s'ils étaient d'accord de souscrire à tout ce qu'ils avaient dit, comme il avait marqué dans la seconde ordonnance. Les catholiques dirent qu'ils avaient déclaré par leurs lettres qu'ils en étaient d'accord; mais les donatistes, émus par cette demande, répondirent que c'était une chose nouvelle et extraordinaire. Marcellin leur ayant demandé ensuite s'ils étaient contents des gardiens que l'on avait donnés pour la sûreté des actes, ils demandèrent qu'on leur donnât communication de ces actes mis au net, avant qu'ils fussent obligés de répondre. Sur quoi il y eut une longue contestation entre eux et les catholiques. Marcellin représenta aux donatistes, que dans leur requête du jour précédent, ils avaient demandé la procuration des catholiques, pour suppléer aux actes qui ne pourraient être transcrits; mais persistant toujours à les demander, ils revinrent à leur première chicane, en disant que le terme de la conférence était passé, puisqu'il finissait au dix-neuvième jour de mai. Mais les catholiques leur représentèrent que les donatistes avaient eux-mêmes agi depuis ce terme, en faisant leur procuration le vingt-cinquième du même mois. Toutefois l'opiniâtreté des donatistes l'emporta, et le délai qu'ils demandaient leur fut accordé. Le tribun demanda aux écrivains dans quel temps ils pourraient donner les actes mis au net : ils demandèrent six jours, qui leur furent accordés. Ainsi la conférence fut remise au sixième des ides de juin, c'est-à-dire au huitième du même mois ; et les parties promirent d'être prêtes ce jour-là.

La conférence se tint de grand matin; et les parties étant entrées, le tribun demanda en premier lieu si on avait donné les copies des actes des deux journées précédentes : et il se trouva qu'elles avaient été fournies un jour plus tôt qu'on ne l'avait promis, c'est-à-dire le sixième jour de juin, au lieu du septième. Les donatistes les avaient reçues ce jour-là à neuf heures du matin ; et les catholiques à onze heures. Marcellin demanda que l'on vînt au fond de la question : sur quoi les catholiques dirent qu'il fallait que les donatistes donnassent des preuves des accusations qu'ils avaient coutume de former contre l'Église répandue dans toute la terre. Mais les donatistes soutinrent qu'il fallait examiner auparavant qui étaient les demandeurs et les défendeurs, et voir à cet effet qui avait demandé la conférence, et ils insistèrent beaucoup sur cela, prétendant que les catholiques étaient demandeurs, pour avoir droit, selon les formes du barreau, de chicaner sur leurs personnes, ce qui eût produit des longueurs et des embarras infinis. Pour y obvier, Marcellin fit relire le rescrit de l'empereur, qui contenait sa commission, où il paraissait que les catholiques avaient demandé la conférence. Ils en convenaient; mais soutenant qu'ils ne l'avaient demandée que pour défendre l'Église, ils insistaient à ce que sans entrer dans les discussions que proposaient les donatistes, on en vînt promptement à la cause principale. Cependant il fut question du nom de catholiques : les donatistes prétendirent qu'il leur appartenait; mais le commissaire déclara que, sans porter préjudice aux parties, il nommait catholiques ceux que l'empereur nommait ainsi dans sa commission. On lut certains actes faits devant le préfet du prétoire en 406, afin de connaître quels étaient les demandeurs, et quelques actes des catholiques faits avant cette année, et quelques autres pièces, entre autres, une lettre que les donatistes avaient composée depuis la première conférence, pour répondre à la procuration des catholiques. Ceux-ci avaient prouvé dans leur procuration par des témoignages tirés de la loi, des prophètes, des psaumes, des Evangiles et des Epîtres apostoliques, que l'Eglise catholique doit être répandue dans tout le monde. Mais les donatistes ne firent aucune réponse à tous ces témoignages : ils se contentèrent d'en alléguer, pour montrer qu'il n'a pas été prédit que l'Eglise doive être composée de bons et de mauvais. Toutefois quand on leur objectait la parabole évangélique où il est dit que les bons et les mauvais poissons se trouvèrent ensemble dans les filets lorsqu'on les tira de la mer, de même que celle de la zizanie mêlée parmi le bon grain, ils ne purent disconvenir que les méchants, du moins ceux qui l'étaient en secret, ne fussent mêlés dans l'Eglise avec les bons. Aux passages qu'ils alléguaient pour montrer que ce mélange ne peut se rencontrer dans l'Eglise, les catholiques dirent qu'il fallait distinguer les deux états de l'Eglise : celui de la vie présente, où elle est mêlée de bons et de mauvais ; et celui de la vie future, où elle sera sans aucun mélange de mal, et où ses enfants ne seront plus sujets au péché ni à la mort. Ils montrèrent aussi comment on est obligé en ce monde à se séparer des méchants, c'est-à-dire par le cœur, en ne communiquant point à leurs péchés, mais non pas toujours en se séparant extérieurement. Ce fut à cette occasion que saint Augustin, qui parlait pour les catholiques, répondit à la chicane des donatistes, qui avaient refusé de s'asseoir dans la conférence, sous prétexte qu'il est écrit (*Psal.* XXV, 4) : *Je ne me suis point assis dans l'assemblée des impies* ; et n'avaient pas laissé d'entrer avec les catholiques, quoique l'Ecriture ajoute : *Et je n'entrerai point avec ceux qui commettent l'iniquité*. Comme ce Père avait distingué l'état présent de l'Eglise où elle est composée de bons et de méchants, et l'état futur où elle n'aura plus que des saints glorieux et immortels, les donatistes accusèrent les catholiques d'avoir dit qu'il y avait deux Eglises. Mais saint Augustin les réfuta aisément, en montrant que ce sont seulement deux différents états de la même Eglise.

La cause de l'Eglise ayant été ainsi terminée conformément à l'intention des catholiques, Marcellin voulut que l'on traitât la première cause du schisme, c'est-à-dire l'affaire de Cécilien. On lut donc les deux relations d'Anulin à l'empereur Constantin ; les lettres de ce prince aux évêques, qui leur ordonnait de prendre connaissance de l'accusation contre Cécilien, et le jugement du pape Melchiade et des autres évêques de Gaule et d'Italie assemblés à Rome. On n'avait encore lu que les actes de la première journée de ce concile, lorsque les donatistes demandèrent qu'on lût aussi les pièces qu'ils produisaient pour la défense de leur cause. C'étaient des lettres missives de Mensurius, évêque de Carthage, prédécesseur de Cécilien, et de Second de Tigisi, par lesquelles ils prétendaient prouver que Mensurius avait livré les saintes Ecritures pendant la persécution de Dioclétien ; mais ces lettres ne le prouvaient pas. Ils lurent aussi les actes du concile tenu à Carthage, où ils avaient condamné Cécilien, quoique absent, comme ayant été ordonné par les traditeurs. Les catholiques, de leur côté, rapportèrent les actes du concile de Cirthe, où présidait le même Second de Tigisi, par lesquels il était prouvé que cet évêque et plusieurs autres du concile de Carthage, où Cécilien avait été condamné, étaient eux-mêmes traditeurs. Les donatistes objectaient contre ce concile que la date en prouvait la fausseté, puisque les conciles n'en devaient point avoir, à quoi ils ajoutaient qu'il ne pouvait avoir été tenu, puisqu'on n'en tenait point pendant la persécution. On leur répondit que les conciles des catholiques avaient toujours été datés du jour et de l'année, et on leur prouva, par des actes de martyrs, que le peuple fidèle ne laissait pas de tenir les collectes ou assemblées ecclésiastiques pendant la persécution, et qu'ainsi douze évêques avaient bien pu s'assembler dans une maison particulière. A l'égard du concile de Carthage que les donatistes voulaient faire valoir, les catholiques répondirent qu'il ne devait pas faire plus de préjudice à Cécilien que le concile des maximianistes n'en avait fait à Primien, leur évêque, qui avait été condamné absent par le parti de Maximien, comme Cécilien avait été autrefois condamné absent par le parti de Majorin. Après quelques autres contestations, on acheva la lecture du concile de Rome qui avait absous Cécilien, et le commissaire pressa les donatistes de dire quelque chose, s'ils pouvaient, contre ce concile. Ils dirent que Melchiade, qui y avait présidé, était lui-même traditeur ; mais les actes qu'ils produisirent en preuve de ce fait ne prouvaient rien. On lut ensuite le jugement de l'empereur Constantin, c'est-à-dire sa lettre à Eumalius, vicaire d'Afrique, où il témoignait qu'il avait trouvé Cécilien innocent, et les donatistes calomniateurs. Les donatistes, pressés de répondre à cette lettre, lurent un passage d'Optat de Milève, qui ne prouvait rien, et dont la suite montrait au contraire que Cécilien avait été déclaré innocent. Ils firent lire encore d'autres pièces, dont une donna occasion à la lecture des actes de la justification de Félix d'Aptonge, ordinateur de Cécilien.

Le tribun Marcellin, voyant que les donatistes n'avaient rien de bon à opposer, pria tous les évêques présents de sortir, afin que l'on pût écrire une sentence qui prononçât sur tous les chefs. Lorsqu'il l'eut dressée, il fit rentrer les parties, et leur en donna la lecture. Il y déclarait que, comme personne ne doit être condamné pour la faute d'autrui, les crimes de Cécilien, quand même ils auraient été prouvés, n'auraient porté aucun préjudice à l'Eglise universelle ; qu'il était prouvé que Donat était l'auteur du schisme; que Cécilien et son ordinateur, Félix d'Aptonge, avaient été pleinement justifiés. Ensuite il ordonnait que les magistrats, les propriétaires et locataires des terres empêcheraient les assemblées des donatistes, dans les villes et en tous lieux, et que ceux-ci remettraient aux catholiques les églises qu'il leur avait accordées pendant sa commission; que tous les donatistes qui ne voudraient pas se réunir à l'Eglise, demeureraient sujets à toutes les peines des lois, et que pour cet effet tous leurs évêques se retireraient incessamment chacun chez eux; enfin que les terres où l'on retirerait des troupes de circoncellions seraient confisquées.

Quoique le tribun Marcellin n'eût fait que suivre, dans sa sentence, ce que les donatistes avaient jugé contre eux-mêmes, soit par les pièces qu'ils avaient données, soit par la défiance qu'ils avaient témoignée de leur cause, ils ne laissèrent pas d'en appeler, sans s'arrêter à ce qu'on leur représenta, que leurs propres paroles les condamnaient. Ils signèrent toutefois les actes de la troisième conférence, comme ils avaient fait ceux des deux premières, ajoutant que c'était sans préjudice de leur appel. On ne sait si leur acte d'appel est l'écrit qu'on disait que les évêques donatistes avaient signé après la conférence. Saint Augustin parle de cet écrit, et il y a apparence que c'est celui qu'il réfute dans le livre intitulé : *Aux Donatistes après la conférence*. Ils y répétaient les passages de l'Ecriture qu'ils avaient employés dans la lettre qui fut lue dans la conférence, et auxquels les catholiques avaient répondu. Ils tâchaient d'y expliquer ce qu'ils avaient avancé, dans la séance du troisième jour, qu'une affaire ou une personne ne fait point de préjugé contre une autre affaire ou une autre personne; maxime qui favorisait les catholiques, et dont ils avaient même coutume de se servir contre les donatistes, pour montrer que les crimes de Cécilien, quand ils auraient été prouvés, ne tireraient point à conséquence contre ses successeurs et les autres évêques d'Afrique, et beaucoup moins contre l'Eglise universelle. Les donatistes disaient encore que Donat, accusateur de Cécilien, n'était pas celui de Carthage, mais l'évêque des Cases-Noires; enfin ils s'y plaignaient de ce que la sentence avait été prononcée durant la nuit; qu'on les avait tenus enfermés comme dans une prison, et qu'on ne leur avait pas permis de dire tout ce qu'ils auraient voulu, parce que Marcellin, qui était catholique, favorisait ceux de sa communion. Ce sont là les calomnies que saint Augustin entreprit de réfuter dans le livre qu'il adressa aux donatistes laïques.

Il y relève tous les avantages que les évêques catholiques avaient eus dans la conférence, et le bien qui en était revenu à l'Eglise; les vains efforts des donatistes, pour empêcher qu'elle ne se tînt; les chicanes dont ils avaient usé pour ne point entrer en matière, et les plaintes qu'ils avaient faites, qu'on les y faisait entrer malgré eux. Comme ils y avaient été convaincus par leurs propres paroles et par les pièces mêmes qu'ils y avaient produites, saint Augustin en prend occasion d'avertir ces donatistes laïques, de ne plus se laisser séduire par leurs évêques, vaincus dans la conférence de Carthage par leurs propres armes. C'est ce qu'il justifie par le narré de ce qui se passa dans cette conférence. Après quoi, venant à la maxime qu'ils y avaient avancée, qu'une affaire ne fait point de préjugé contre une autre affaire, ni une personne contre une autre personne : « Combien, dit saint Augustin, aurions-nous donné de montagnes d'or, pour leur faire faire cette réponse qui décide entièrement notre différend! » En effet, il suivait de là que quand même Cécilien aurait été coupable, son crime n'aurait point taché ceux qui étaient demeurés dans sa communion. Il détruit après cela tout ce qu'ils disaient dans le public et dans divers écrits contre le jugement rendu par Marcellin; et s'arrêtant sur l'affectation qu'ils firent paraître à empêcher qu'on ne vînt au fond de l'affaire, et à allonger par leur discours superflus les actes de cette conférence : « Je ne sais, dit-il, s'ils ont fait cela par un tour d'adresse, ou parce qu'ils étaient abandonnés de la vérité; mais assurément c'est tout ce qu'ils ont pu faire en faveur d'une si méchante cause, qu'ils eussent encore mieux fait d'abandonner. Que si ceux de leur parti les accusaient de s'être laissé corrompre par nous, pour fortifier notre cause et infirmer la leur propre, par tant de choses qu'ils ont dites et produites contre eux-mêmes dans le procès, je ne sais pas comment ils pourraient mieux se justifier, qu'en représentant que, s'ils avaient été gagnés par nous, ils auraient bientôt terminé une si méchante cause, qu'eux et nous avons si bien montrée être insoutenable. Néanmoins c'est à Dieu que nous en rendons grâces, et non à eux, puisque ce n'est pas la charité qui les a portés à nous rendre ce service, mais la vérité qui les y a forcés. » *S. Aug. Brevic.Collat.D.Ceill., t. XI.*

CARTHAGE (Concile de), l'an 411. Célestius ayant publié les erreurs de Pélage à Carthage, en 411, touchant la grâce du Sauveur et le péché originel, Aurèle y assembla un concile où Célestius fut obligé de comparaître. Les actes n'en sont pas venus jusqu'à nous; mais saint Augustin et Mercator nous en ont transmis une partie. Le principal adversaire de Célestius, dans cette assemblée, fut Paulin, diacre de Milan, le même qui, à la prière de saint Augustin, écrivit la Vie de saint Ambroise. Il présenta à Aurèle un mémoire qui contenait les erreurs que Célestius enseignait et qu'il faisait répandre en diverses provinces par des personnes de son parti. Paulin les réduisait à sept articles, savoir : Qu'Adam avait été fait mortel, en sorte que soit qu'il péchât ou ne péchât point, il devait mourir; que son péché n'a nui qu'à lui seul, et non au genre humain; que les enfants qui naissent sont au même état où Adam était avant son péché; que ce péché n'est pas cause de la mort de tous les hommes, ni la résurrection de Jésus-Christ cause de leur résurrection; que la loi élevait au royaume des cieux, de même que l'Evangile; que, même avant la venue de Jésus-Christ, il y a eu des hommes qui n'ont point péché; que les enfants sans baptême ont la vie éternelle. Célestius n'osa pas avouer le second et le troisième articles qui regardent le péché originel, mais aussi il ne voulut pas les désavouer, disant que c'étaient des questions problématiques qui pouvaient se soutenir de part et d'autre; et qu'il connaissait plusieurs prêtres, entre autres Ruffin, hôte de saint Pammaque, qui niaient le péché originel. Il ajouta néanmoins qu'il avait toujours dit que les enfants avaient besoin du baptême et qu'ils devaient être baptisés. Il donna même un mémoire très-court, où il reconnaissait que les enfants avaient besoin de recevoir la rédemption par le baptême; mais il ne voulut pas confesser que le péché d'Adam passât dans eux, ni qu'ils reçussent la rémission d'aucun péché. Convaincu d'hérésie et d'opiniâtreté, il fut condamné par le concile, et privé de la communion ecclésiastique. Il appela de cette sentence au jugement du saint-siège: mais au lieu de poursuivre son appel, il s'enfuit d'Afrique et se retira à Ephèse, abandonnant ainsi son appel, et mettant ses accusateurs hors de nécessité de suivre cette affaire. Il est parlé de ce premier concile contre les pélagiens dans la lettre synodale de celui de Carthage en 416; et il y est dit qu'il avait été assemblé près de cinq années auparavant, c'est-à-dire, sur la fin de 411 ou en 412. *D. Ceill.*

CARTHAGE (Conciliabule de), l'an 414. L'empereur Honorius ayant fait publier une loi qui déclarait les donatistes infâmes, incapables d'hériter et dignes d'être séquestrés du reste des hommes, trente de leurs évêques tinrent une assemblée dont le résultat fut la résolution qu'ils prirent de se donner plutôt la mort, que de céder leurs églises aux catholiques. Saint Augustin, consulté à ce sujet par Dulcitius, que l'empereur avait chargé de l'exécution de sa loi, lui répondit que le désespoir des donatistes n'ôtait rien à la loi de son opportunité, et qu'il fallait en maintenir l'observation. *S. Aug. l. I cont. Gaud., c. 19, 37 et 38, et l. II, c. 59.*

CARTHAGE (Concile de), l'an 416. Orose étant de retour en Afrique du concile de Palestine (*Voy.* Diospolis), où il avait assisté, rendit aux évêques de la province de Carthage qu'il trouva assemblés, vers le mois de juin de l'an 416, les lettres d'Eros et de Lazare contre Pélage et Célestius. On y voyait que cet hérésiarque était à Jérusalem, où il s'efforçait de répandre ses erreurs, faisant beaucoup valoir l'absolution qu'il avait reçue dans le concile de Diospolis. Il n'osait toutefois en montrer les actes, parce qu'on y aurait vu qu'il avait été obligé de désavouer la doctrine qu'il continuait de prêcher. Ce concile de Carthage était composé de soixante-huit évêques, et Aurèle y présidait. Nous n'avons point de connaissance de ce qui y fut traité; mais on sait que les lettres d'Eros et de Lazare y furent lues, et qu'on y lut aussi les actes du concile de Carthage où Célestius avait été condamné environ cinq ans auparavant. Les évêques ayant vu les erreurs que soutenaient Pélage et Célestius, résolurent de les anathématiser l'un et l'autre, s'ils n'anathématisaient eux-mêmes clairement et distinctement la pernicieuse doctrine dont ils étaient auteurs. Ils crurent cette sévérité nécessaire, afin que la sentence prononcée contre eux guérît l'esprit de plusieurs personnes qu'ils avaient séduites, ou qu'ils pourraient séduire à l'avenir: car ils avaient partout des partisans qui répandaient leurs erreurs, et qui, à force de parler et de disputer, entraînaient dans leur sentiment ceux qui avaient moins de force et de lumières, et fatiguaient ceux mêmes qui étaient plus fermes dans la foi. Le concile résolut aussi de porter cette affaire au siége apostolique, afin de joindre son autorité au jugement qu'il venait de rendre, et d'être assuré par la réponse du pape que les sentiments des évêques d'Afrique étaient conformes aux siens. Ils lui écrivirent dans une lettre synodale, qu'ils accompagnèrent des lettres d'Eros et de Lazare, avec les actes du concile qu'ils venaient de tenir, et qui contenaient aussi ceux du concile de l'an 41. Leur synodale se terminait ainsi: « Quoique Pélage et Célestius désavouent qu'on puisse les convaincre de mensonge, néanmoins il faut anathématiser en général quiconque enseigne que la nature humaine peut se suffire à elle-même pour éviter le péché et faire les commandements de Dieu, se montrant ennemi de sa grâce déclarée si évidemment par les prières des saints, et quiconque nie que par le baptême de Jésus-Christ les enfants soient délivrés de la perdition et obtiennent le salut éternel. » Cinq évêques d'Afrique, savoir Aurèle, saint Alype, saint Augustin, Evodius et Possidius écrivirent une lettre particulière au pape saint Innocent, où ils traitaient l'affaire de Pélage avec plus d'étendue, lui représentant surtout la nécessité qu'il y avait de remédier à ce mal, à cause du grand nombre de pélagiens qu'il y avait dans Rome, qui n'oseront plus, disent-ils, ouvrir la bouche contre la grâce, quand ils verront les écrits et les erreurs de Pélage anathématisés par les évêques, et principalement par le saint-siège, dont l'autorité aura sans doute plus de force sur l'esprit de cet hérésiarque, que celle de tout autre. Ils prient le pape de faire venir Pélage à Rome pour savoir de lui s'il reconnaît la véritable grâce du Sauveur, ou du moins de lui demander par lettres son sentiment sur cette matière, afin qu'après cela on puisse le reconnaître pour membre de l'Eglise et se réjouir de son changement. Ils ajoutent qu'il est nécessaire aussi qu'il anathématise les livres qu'il a écrits contre la grâce, et que s'il désavoue ses livres, ou s'ils prétend que ses ennemis y ont ajouté, il anathématise ce qu'il soutiendra n'être pas de lui. C'est ce qu'ils disent en particulier du livre de Pélage que Jacques et Timasius avaient mis entre les mains de saint Augustin, et qu'ils envoyaient au pape avec la réfutation que ce Père en avait faite. Ils lui envoyèrent aussi la lettre que saint Augustin écrivait à Pélage, priant le pape de la lui faire tenir, afin que le respect qu'il aurait pour sa sainteté l'obligeât à la lire. Toutes ces lettres, avec celles du concile de Milève de cette même année, furent portées à Rome par l'évêque Jules, qui fut aussi le porteur des réponses qu'y fit le pape. Saint Augustin parle de toutes ces lettres en divers endroits de ses écrits, en sorte qu'on ne peut douter qu'elles ne soient authentiques; on y voit de la part des évêques d'Afrique un très-grand respect pour le saint-siége; mais rien ne fait mieux voir quel était celui de saint Augustin, que ce qu'il dit dans un discours qu'il prononça quelque temps après que l'on eut reçu en Afrique les rescrits du pape sur l'affaire de Pélage : *On a*, dit-il, *déjà envoyé sur cette matière le résultat de deux conciles au siège apostolique; la réponse en est venue, la cause est terminée : plaise à Dieu que l'erreur aussi touche à son terme !* Ce discours fut prononcé le 8 des calendes d'octobre de l'an 417; ce qui prouve que les réponses du pape sont antérieures. Et en effet on les trouve datées du sixième des calendes de février, après le septième consulat de Théodose et celui de Palladius, c'est-à-dire du 27 janvier 417. *D. Ceill.*, t. X.

CARTHAGE (Concile de), l'an 417. Le pape Innocent I, qui avait condamné Pélage et Célestius, étant mort au mois de février ou au mois de mars de l'an 417, ceux-ci n'omirent rien pour se faire rétablir. Célestius vint à Rome en diligence et se présenta au pape Zozime, successeur d'Innocent, prétendant poursuivre l'appel qu'il avait interjeté cinq ans auparavant. Il présenta, à cet effet, une requête qui renfermait l'exposition de sa foi. Le pape, sans l'absoudre de l'excommunication dont il était lié, lui donna un délai de deux mois, et en écrivit aux évêques d'Afrique, à qui sa cause était plus connue. Aurèle de Carthage, ayant reçu sa lettre, assembla dans cette ville, vers le mois de novembre, un concile de deux cent quatorze évêques. On fit divers décrets et des constitutions qui furent ensuite approuvées de Rome et de toute la terre. On croit qu'ils servirent de matière à ceux du concile suivant; mais ce n'étaient pas les mêmes, comme on le voit par le seul qui nous reste, et que saint Prosper nous a conservé dans un fragment de la lettre synodale de ces deux cent quatorze évêques, en ces termes : « Nous avons ordonné que la sentence rendue par le vénérable évêque Innocent, contre Pélage et Célestius, subsiste jusqu'à ce qu'ils confessent nettement que la grâce de Jésus-Christ nous aide, non-seulement pour connaître, mais encore pour faire la justice en chaque action; en sorte que sans elle nous ne pouvons rien avoir, penser, dire ou faire qui appartienne à la vraie piété » Le pape confirma les décrets du concile, et condamna Pélage et Célestius, conformément au jugement de son prédécesseur, saint Innocent I. Ensuite il écrivit une lettre assez longue à tous les évêques, où il leur rendait compte des erreurs de Pélage et de Célestius, et où il établissait la foi de l'Eglise sur la grâce, le péché originel et la nécessité du baptême pour les enfants. L'empereur ayant reçu les actes du concile, donna un rescrit contre les Pélagiens, daté de Ravenne, le 30 d'avril 418, et adressé à Pallade, préfet du prétoire d'Italie, portant la peine du bannissement contre Pélage, Célestius et leurs sectateurs, avec confiscation de biens. *D. Ceillier*, t. XII.

CARTHAGE (Concile de), l'an 418. L'affaire des pélagiens parut si importante aux évêques d'Afrique, qu'ils furent d'avis d'assembler un concile de toutes leurs provinces, et l'indiquèrent à Carthage pour le 1er mai 418, sous le 12e consulat de l'empereur Honorius et le 8e de Théodose. Ils s'y rendirent au nombre de plus de deux cents. Le lieu de l'assemblée fut la salle secrète de la basilique de Fauste. Aurèle de Carthage et Donatien de Télepte y présidèrent. Photius, à qui ce concile était connu, y compte deux cent vingt-cinq évêques; d'autres en mettent deux cent quatorze et plus, d'autres moins. Ce concile fit neuf canons contre les pélagiens, dont voici la teneur :

Le 1er. « Quiconque dira qu'Adam a été fait homme mortel, en sorte que, soit qu'il péchât, ou qu'il ne péchât point, il dût mourir, c'est-à-dire sortir du corps, non par le mérite de son péché, mais par la nécessité de sa nature ; qu'il soit anathème ! »

Le 2e. « Quiconque dit qu'il ne faut pas baptiser les enfants nouveau-nés, ou qu'encore qu'on les baptise pour la rémission des péchés, ils ne tirent d'Adam aucun péché originel, qui doive être expié par la régénération; d'où il suit que la forme du baptême : *Pour la rémission des péchés*, est fausse à leur égard; qu'il soit anathème ! »

Le 3e. « Si quelqu'un dit que, quand le Seigneur a dit : *Il y a plusieurs demeures dans la maison de mon Père*, il a voulu faire entendre que, dans le royaume des cieux, il y a un lieu mitoyen ou quelque autre lieu où vivent heureux les enfants qui sortent de cette vie sans le baptême, sans lequel ils ne peuvent entrer dans le royaume des cieux, qui est la vie éternelle; qu'il soit anathème ! Car, puisque le Seigneur a dit : *Quiconque ne renaîtra pas de l'eau et du Saint-Esprit, ne peut entrer dans le royaume des cieux*, quel catholique peut douter que celui qui ne méritera point d'être cohéritier de Jésus-Christ, n'ait sa part avec le diable ? Celui qui n'est pas à la droite, sera sans doute à la gauche. »

Ce canon ne se trouve pas aujourd'hui dans la collection africaine, ni dans Denys le Petit; mais il se trouve dans l'ancien Code des canons de l'Eglise romaine, et dans Photius, *Biblioth. cap.* 58. Il est aussi tout à fait du style des autres canons, et il est attesté par saint Augustin, dans un ouvrage composé sur la fin de l'an 419 (*lib.* II *de Anima et ejus origine*, cap. 12), où il dit que les conciles et le pape avaient condamné l'erreur des pélagiens, qui osaient accorder aux enfants non baptisés un lieu de salut et de repos hors du royaume des cieux. Si donc ce canon ne se trouve pas aujourd'hui dans la collection africaine, ni dans Denys le Petit, on ne peut guère douter qu'il n'y ait été autrefois, et que, dans les exemplaires qui ne comptent que huit canons de ce concile de Carthage, on n'en ait fait qu'un du second et du troisième.

Le 4e. « Quiconque dira que la grâce de Dieu, qui nous justifie par Jésus-Christ, ne sert que pour la rémission des péchés déjà commis, et non pour nous aider encore à n'en plus commettre ; qu'il soit anathème ! »

Le 5e. « Si quelqu'un dit que la même grâce de Dieu par Jésus-Christ nous aide à ne point pécher, seulement en ce qu'elle nous ouvre l'intelligence des commandements, afin que nous sachions ce que nous devons chercher et ce que nous devons éviter, mais qu'elle ne nous donne pas d'aimer encore et de pouvoir ce que nous connaissons devoir faire ; qu'il soit anathème ! Car, puisque l'Apôtre dit que *la science enfle*, et que *la charité édifie*, c'est une grande impiété de croire que nous avons la grâce de Jésus-Christ pour celle qui enfle, et non pour celle qui édifie, puisque l'un et l'autre est un don de Dieu, de savoir ce que nous devons faire, et d'aimer à le faire, afin que la science ne puisse enfler, tandis que la charité édifie ; et comme il est écrit que *Dieu enseigne à l'homme la science*, il est écrit aussi que *la charité vient de Dieu.* »

Le 6e. « Quiconque dira que la grâce de la justification nous est donnée, afin que nous puissions plus facilement accomplir par la grâce ce qu'il nous est ordonné de faire par le libre arbitre, comme si, sans recevoir la grâce, nous pouvions accomplir les commandements de Dieu, quoique difficilement ; qu'il soit anathème ! Car le Seigneur parlait des fruits des commandements, lorsqu'il disait : *Sans moi, vous ne pouvez rien faire* ; et non pas : *Vous le pouvez plus difficilement.* »

Le 7e. « Ce que dit l'apôtre saint Jean , *Si nous disons que nous n'avons point de péché, nous nous trompons nous-mêmes, et la vérité n'est point en nous*, quiconque croit le devoir entendre, comme si, par humilité, nous ne devions pas dire que nous n'avons point de péché, et non parce qu'il en est ainsi véritablement ; qu'il soit anathème ! »

Le 8e. « Quiconque dira que les saints, en disant dans l'Oraison dominicale, *Remettez-nous nos dettes*, ne le disent pas pour eux-mêmes, parce que cette demande ne leur est plus nécessaire, mais pour les autres qui sont pécheurs dans leur société, et que, par cette raison, chacun des saints ne dit pas, *Remettez-moi mes dettes*, mais, *Remettez-nous nos dettes*, en sorte que l'on entende que le juste le demande plutôt pour les autres que pour lui ; qu'il soit anathème ! Car l'apôtre saint Jacques était saint et juste, quand il disait : *Nous manquons tous en beaucoup de choses.* »

Le 9e. « Ceux qui veulent que ces paroles même de l'Oraison dominicale, *Remettez-nous nos dettes*, soient dites par les saints, seulement par humilité, et non pas avec vérité, qu'ils soient anathèmes ! Car qui peut souffrir celui qui, en priant, ment non aux hommes, mais à Dieu même ; qui dit des lèvres qu'il veut qu'on lui remette, et dit du cœur qu'il n'a point de dette qu'on puisse lui remettre ? »

Outre ces neuf canons qui regardent particulièrement les pélagiens, le concile en fit dix autres touchant la réunion des donatistes.

Le 1er ordonne qu'en quelque lieu que ce soit, les donatistes convertis se considèrent comme du diocèse de l'évêque reconnu par les catholiques de ce lieu.

Le 2e veut que, quand il y aura deux évêques dans un même diocèse, savoir, l'ancien catholique et le donatiste réuni, les paroisses, qui dépendaient de l'un et de l'autre, seront partagées également entre eux deux ; le plus ancien partageant, et l'autre choisissant.

Le 3e ordonne que l'on ne pourra plus redemander une église, après trois ans de possession, à ceux qui en auront converti le peuple, avant ou après la loi d'Honorius.

Le 4e est contre celui qui aura troublé, par voie de fait, la possession de son confrère, sans avoir fait auparavant juger la contestation par des évêques voisins, choisis à l'amiable, ou par ceux que le primat leur aura donnés pour juges.

Le 5e recommande aux évêques la vigilance et le zèle pour l'extinction du schisme des donatistes.

Le 6e défend d'appeler du jugement des juges que l'on aura choisis d'un commun consentement.

Le 7e, qui a beaucoup de rapport au cinquième, dit « qu'un évêque averti de travailler à la réunion des donatistes, et qui, six mois après, n'en aura rien fait, ne communiquera avec personne, jusqu'à ce qu'il les ait convertis. »

Le 8e ajoute que, « si cet évêque déclare qu'ils se sont réunis, et que cela se trouve faux, il perdra son évêché. »

Le 9e porte que « les prêtres, ou les autres clercs qui se plaindront du jugement de leur évêque, se pourvoiront devant les évêques voisins, du consentement de leur évêque ; que, s'ils croient en devoir appeler, ils porteront leur appel au concile d'Afrique ou aux primats de leurs provinces, mais que celui qui voudra appeler à des juges au delà de la mer, ne sera reçu à la communion de personne dans l'Afrique. »

Le 10e contient une exception à la défense que le concile de Carthage ou d'Hippone, en 397, avait faite de consacrer et de voiler une vierge, avant qu'elle eût vingt-cinq ans. Celui-ci le permet avant cet âge, lorsque la chasteté d'une vierge est en danger par la puissance de ceux qui la demanderaient en mariage, ou qu'elle demande cette grâce à la mort, pourvu que ceux dont elle dépend la demandent avec elle.

Le concile envoya ses actes et ses décrets contre les pélagiens, avec une lettre synodale au pape Zozime, dans laquelle il lui exposait tout ce qui s'était passé dans l'affaire de Célestius, soit en sa présence, soit en son absence. Le pape approuva les décrets, comme la doctrine de l'Eglise : tel fut le concile de Carthage de l'an 418, auquel les savants conviennent aujourd'hui qu'il faut attribuer les fameux canons contre l'hérésie pélagienne, qu'on attribuait, par erreur, au second concile de Milève; erreur qui se trouve encore dans Gratien, *dist. 4 de Consecr.*, comme l'a remarqué Baronius et, après lui, le P. Labbe. Ces canons ont été tirés des ouvrages mêmes de saint Augustin contre les pélagiens et les demi-pélagiens, et ne sont autre chose que l'expression de sa doctrine, que l'Eglise a adoptée sur cette matière, selon le témoignage du pape Jean II, *epist.* 3 : *S. Augustinus, cujus doctrinam secundum prædecessorum meorum statuta, Romana sequitur et servat Ecclesia. Reg. tom. IV*; *Lab. tom.* II ; *Hard. tom.* I.

CARTHAGE (Concile de), l'an 418. Apiarius, prêtre de Sicque dans la Proconsulaire, s'étant rendu coupable de plusieurs fautes considérables, fut déposé et excommunié par Urbain, son évêque, qui avait été autrefois disciple de saint Augustin. Il appela de la sentence au pape Zozime, qui reçut favorablement son appel; et, peu content de l'absoudre de l'excommunication et de le rétablir dans son rang, il envoya en Afrique trois légats, Faustin, évêque de Potentia, dans la Marche d'Ancône, Philippe et Asellus, prêtres de Rome, qui étaient chargés des lettres du pape pour les évêques d'Afrique. Aurèle, évêque de Carthage, assembla, pour les entendre, un concile dont il ne nous reste rien, mais dont il est parlé dans celui du 25 de mai de l'année suivante 419. La commission des légats de Zozime, qui fut lue dans ce concile, portait quatre choses : la première regardait les appellations des évêques au pape; la seconde, les voyages fréquents des évêques à la cour; la troisième, les causes des prêtres et des diacres devant les évêques voisins, en cas que leur évêque les eût excommuniés témérairement ; la quatrième, l'excommunication portée par Urbain. On proposait de l'excommunier ou même de le citer à Rome, s'il ne corrigeait ce qu'il semblait avoir fait mal à propos. Les évêques d'Afrique ne se rendirent point aux prétentions du pape sur le premier chef qui autorisait les appellations au saint-siège, ni sur le troisième qui voulait que les prêtres et les diacres pussent faire examiner leur cause devant les évêques voisins. Mais comme le pape se fondait sur des canons du concile de Sardique, qu'il citait sous le nom du *concile de Nicée*, les évêques d'Afrique dirent par la bouche de saint Augustin, qu'ils ne trouvaient pas ces canons dans leurs exemplaires, et que néanmoins, pour le respect qu'ils portaient au siège apostolique, ils consentaient d'observer ces canons, sans s'interdire pour cela une recherche plus exacte des véritables décrets de Nicée. Ils écrivirent sur cela une lettre au pape Zozime, qui n'est pas venue jusqu'à nous. *Voy.* Césarée en Mauritanie (Concile de), l'an 418.

CARTHAGE (Concile de), dit sixième de Carthage, l'an 419. Zozime mourut le 26 décembre de l'an 418; ce qui n'empêcha point ses légats de rester à Carthage. Ils y assistèrent au concile qui s'y tint le 25 mai 419, dans la salle de la basilique de Fauste. Aurèle y présidait avec Valentin, primat de Numidie ; ensuite étaient assis Faustin de Potentia, légat du pape, puis les députés des diverses provinces d'Afrique, au nombre de deux cent dix-sept évêques ; et après eux tous étaient assis les deux autres légats du pape, Philippe et Asellus, qui n'étaient que prêtres. Les diacres se tenaient debout. Aurèle fit lire l'instruction des légats, où était inséré le canon qui permet à un évêque déposé par le concile de la province d'appeler au pape et de demander la révision de son procès devant les évêques de la province voisine et un légat du pape. Ce canon était cité sous le nom du *concile de Nicée*, quoique ce fût le cinquième de Sardique. Saint Alype ayant représenté que ce canon ne se trouvait point dans les exemplaires grecs du concile de Nicée, on convint d'en écrire au pape Boniface. Ensuite on lut le second canon produit encore par le pape Zozime, comme étant de Nicée, mais qui est le quatorzième de Sardique, et qui permet à un prêtre ou à un diacre excommunié par son évêque, d'avoir recours aux évêques voisins. Saint Augustin promit qu'on l'observerait jusqu'à ce que l'on eût des exemplaires plus corrects du concile de Nicée. Enfin il fut résolu, suivant la proposition de Saint Alypius, qu'Aurèle écrirait aux évêques d'Antioche, d'Alexandrie et de Constantinople, pour avoir les véritables canons du concile de Nicée, afin que, si ceux que Faustin alléguait s'y trouvaient, on les observât absolument, et que, s'ils ne s'y trouvaient pas, on assemblât un concile pour délibérer sur ce qu'il y aurait à faire. Après qu'on eut lu les canons et le symbole de Nicée, on convint d'insérer dans les actes du concile de Carthage trente-trois canons faits dans les conciles précédents, sur la continence des clercs, l'usure, la consécration du saint chrême, la réconciliation publique des pénitents, etc. Il serait inutile de les répéter ici. On lut ensuite, dans la même session, cent cinq canons de dix-sept conciles précédents, dont le premier est celui d'Hippone, en 393; et le dernier, celui de Carthage, tenu le 1ᵉʳ mai 418.

Le trentième du même mois de mai 419, les évêques s'assemblèrent dans la sacristie de la basilique nommée *la Restituée*. On y termina diverses affaires, et on nomma, pour terminer les autres, vingt-deux commissaires, parmi lesquels se trouvaient saint Augustin, saint Alypius et Possidius. Le même jour, les évêques du concile trouvèrent à propos d'ajouter six canons à ceux qu'on avait lus, pour désigner les personnes qui ne pouvaient être admises à accuser un ecclésiastique.

Le 1er défend de recevoir pour accusateur celui qui, après avoir été excommunié, n'est pas encore délivré de cette censure, soit qu'il soit clerc, ou qu'il soit laïque.

Le 2e ne veut pas que l'on reçoive pour accusateurs les esclaves, les affranchis et les personnes infâmes, comme les farceurs, les comédiens, non plus que les hérétiques, les païens et les juifs. Il est dit néanmoins dans ce canon, que toutes ces sortes de gens-là pourront accuser dans leur propre cause et pour leur intérêt particulier.

Le 3e porte que, si l'accusation contient plusieurs chefs, et que l'accusateur ne puisse prouver le premier, il ne sera point admis à proposer les autres.

Le 4e déclare que ceux qui ne peuvent accuser ne peuvent non plus être témoins; que l'accusateur ne peut produire des témoins de sa maison, ni qui soient au-dessous de quatorze ans.

Le 5e ajoute que, si un évêque dit que quelqu'un lui a confessé un crime à lui seul, et que l'autre le nie, l'évêque ne doit pas trouver mauvais s'il n'en est pas cru tout seul, et que, s'il dit que sa conscience ne lui permet pas de communiquer avec l'accusé, les autres évêques ne communiqueront point avec cet évêque, afin qu'un évêque se donne de garde d'avancer contre des personnes quelques reproches dont il ne pourrait les convaincre. Ce dernier canon est partagé en deux dans la collection africaine; ce qui fait qu'on en compte six. Le P. Labbe n'en met que cinq.

Le concile envoya ses actes avec sa lettre synodale au pape Boniface, par ses légats. Il en écrivit aussi une à saint Cyrille, évêque d'Alexandrie, et une à Atticus de Constantinople, pour les prier d'envoyer des copies authentiques des canons du concile de Nicée, ce qu'ils firent.

CARTHAGE (Concile de), l'an 421. Possidius met une assemblée d'évêques à Carthage vers l'an 421. Saint Augustin en dit aussi quelque chose dans son livre des Hérésies. Voici ce que nous en savons : un tribun, nommé Ursus, qui avait été employé par l'empereur Honorius à la démolition du temple de la Tripolitaine. Président trouva le moyen d'arrêter en cette ville quelques-uns de ceux que les manichéens appelaient leurs *élus*, hommes et femmes, entre autres une fille, nommée Marguerite, qui n'avait pas encore 12 ans, et Eusébie, une de leurs prétendues vierges. Il amena à l'église ces *élus*, où ils furent interrogés par divers évêques, du nombre desquels était saint Augustin, qui, plus au fait que les autres des abominations de cette secte, obligea ces hérétiques à les avouer. Marguerite confessa la première; et Eusébie, qui, interrogée séparément, avait prétendu être vierge, fut convaincue par Marguerite de ne l'être pas. Il est marqué dans les actes qu'elle fut visitée par une sage-femme, comme elle l'avait demandé : cette pratique cependant avait été autrefois improuvée par S. Ambroise (*Ep.* 6). Possidius dit qu'on écrivit tout ce qui fut répondu dans cette procédure de la part des manichéens : à quoi il ajoute que le zèle et la vigilance des évêques en cette rencontre donna de nouveaux accroissements au troupeau du Seigneur, et de nouvelles armes pour le défendre contre les voleurs et les loups.

CARTHAGE (Conc. de), l'an 424. Ce sont, dit le P. Labbe, les deux conciles de l'an 401 réunis en un seul, et rapportés mal à propos à l'an 424.

CARTHAGE (Concile de), vers l'an 426. Apiarius, qui n'avait été rétabli dans le sacerdoce qu'à condition de quitter l'Eglise de Sicque, et de se retirer ailleurs, s'en alla, ce semble, à Tabraca, ville dans la Proconsulaire. Mais les nouveaux crimes dont il s'y souilla, obligèrent les habitants à le poursuivre. Il fut privé de la communion; et au lieu de travailler à sa justification, il partit pour Rome, sous prétexte d'appel au pape. Le pape Célestin l'entendit, et ajoutant foi à ses paroles, le rétablit dans la communion et le renvoya en Afrique avec l'évêque Faustin, qui y avait déjà été comme légat du pape Zozime. Il écrivit en même temps deux lettres aux évêques d'Afrique, dans lesquelles il leur témoignait sa joie d'avoir vu Apiarius et de l'avoir trouvé innocent. A son arrivée, les évêques d'Afrique s'assemblèrent à Carthage et y tinrent un concile général. Mais de tous ceux qui s'y rendirent, nous n'avons les noms que de quinze. Aurèle de Carthage et Valentin, primat de Numidie, présidèrent à cette assemblée. Apiarius s'y présenta avec Faustin; mais ce dernier, faisant plutôt le personnage d'avocat que celui de juge, s'opposa à tout le concile d'une manière injurieuse, sous prétexte d'établir les privilèges de l'Eglise romaine. Car il voulait que les évêques d'Afrique reçussent à leur communion Apiarius, parce que le pape l'avait rétabli, croyant qu'il avait appelé; ce que toutefois il ne put prouver. Les évêques demeurèrent fermes; et quand après trois jours de contestations, on vint à examiner les crimes infâmes dont Apiarius était accusé, et dont Faustin voulait le justifier, ce prêtre, pressé des remords continuels de sa conscience, avoua tout d'un coup les crimes dont on l'accusait, qui étaient si effroyables, que les assistants ne les purent entendre sans en gémir. Faustin, son avocat, fut obligé de céder à l'évidence de la vérité, et Apiarius privé du ministère ecclésiastique et retranché absolument du corps de l'Eglise. Cette affaire terminée de la sorte, les évêques du concile en envoyèrent les actes au pape Célestin, avec une lettre synodale, où ils le conjurent de ne plus admettre à sa communion ceux qu'ils auraient excommuniés, puisqu'il ne le pouvait faire sans contrevenir au concile de Nicée. « Si cela, ajoutent-ils, y est défendu à l'égard des moindres clercs ou des laïques, combien plus a-t-il entendu qu'on l'observât à l'égard des évêques? Ceux donc à qui la communion est interdite dans leurs provinces, ne doivent pas être rétablis par Votre Sainteté prématurément et contre les règles : vous devez rejeter les prêtres et les autres clercs qui ont la témérité de recourir à vous. Car aucune ordonnance de nos Pères n'a fait ce préjudice à l'Eglise d'Afrique ; et les décrets de Nicée ont soumis au métropolitain les évêques mêmes. Ils ont ordonné avec beaucoup de prudence et de justice, que toutes les affaires soient terminées sur les lieux où elles ont pris naissance ; et n'ont pas cru que la grâce du Saint-Esprit dût manquer à chaque province, pour donner aux évêques les lumières et la force nécessaires dans les jugements. Vu principalement, que quiconque se croit lésé pourra appeler au concile de sa province, ou même au concile universel (d'Afrique) ; si ce n'est que l'on croie que Dieu peut inspirer la justice à quelqu'un en particulier, et la refuser à un nombre infini d'évêques assemblés. Comment le jugement d'outre-mer pourra-t-il être sûr, puisque l'on ne pourra pas y envoyer les témoins nécessaires, soit à cause de la faiblesse du sexe ou de l'âge avancé, soit pour quelque autre empêchement? Car d'envoyer quelqu'un de la part de Votre Sainteté, nous ne trouvons aucun concile qui l'ait ordonné. Pour ce que vous nous avez envoyé par notre confrère Faustin, comme étant une décision du concile de Nicée, nous n'avons rien trouvé de semblable dans les exemplaires les plus authentiques de ce concile, que nous avons reçus de notre confrère l'évêque d'Alexandrie, et du vénérable Atticus de Constantinople, et que nous avons envoyés ci-devant à Boniface, votre prédécesseur d'heureuse mémoire. Au reste, qui que ce soit qui vous prie d'envoyer de vos clercs pour exécuter vos ordres, nous vous prions de n'en rien faire ; de peur qu'il ne semble que nous introduisions le faste de la domination séculière dans l'Eglise de Jésus-Christ, qui doit montrer à tous l'exemple de la simplicité et de l'humilité. Car pour notre frère Faustin, puisque le malheureux Apiarius est retranché de l'Eglise, nous nous assurons sur votre bonté que, sans altérer la charité fraternelle, l'Afrique ne sera plus obligée de le souffrir. »

Il est visible, par les termes de cette lettre, que les évêques ne songeaient pas à contester rigoureusement le droit d'appel au saint-siége ; leur but était seulement d'engager le pape à n'admettre qu'avec précaution les appels des évêques, et à rejeter absolument ceux des prêtres et des clercs inférieurs, comme étant contraires à la discipline de l'Eglise d'Afrique, et n'étant point nécessaires pour la sûreté des accusés, qui avaient déjà un double recours ; enfin comme pouvant donner lieu, par suite des distances, à de graves et nombreux inconvénients.

Nous n'avons pas la réponse que le pape Célestin fit aux évêques d'Afrique ; mais les appels au saint-siége ne furent ni abolis, ni même interrompus. Quant aux canons de Sardique, il est certain qu'ils ne tardèrent pas à être reconnus en Afrique, puisqu'on les trouve rapportés dans la célèbre collection de canons du diacre Ferrand, de Carthage, dans le courant du même siècle. Du reste, on voit par le témoignage de saint Augustin que l'appel des évêques au saint-siége n'avait jamais cessé d'être regardé comme légitime par les Eglises d'Afrique ; car le saint docteur dit, en parlant de Cécilien, condamné par les donatistes : « Il pouvait « mépriser le jugement de ses ennemis, « puisqu'il était en communion avec l'Eglise « romaine, où il était prêt à défendre sa « cause. En effet, il ne s'agissait point de « prêtres, de diacres, ou de clercs inférieurs, « mais il était question d'évêques, à qui il « appartient de porter leur cause au jugement des autres évêques et principalement « des siéges apostoliques. »

CARTHAGE (Conférence de), l'an 484. Hunéric, prince arien et roi des Vandales en Afrique, après avoir arraché à l'Eglise une partie de ses membres, pensa à exterminer de l'Afrique jusqu'au nom du catholicisme. A cet effet, le 19 mai 483, qui était le jour de l'Ascension cette année-là, il envoya son édit à Eugène, évêque catholique de Carthage, avec ordre de le faire lire dans l'église. Cet édit était adressé à tous les évêques catholiques, confondus sous le surnom d'*homooousiens*, et portait en substance que puisque, contre sa défense, ils s'étaient assemblés dans les terres dépendantes des Vandales, et qu'ils y avaient célébré des messes au scandale de ces provinces, ils eussent à se rendre à Carthage pour le 1ᵉʳ février de l'année suivante, pour disputer de la foi avec les évêques de sa communion, et à prouver leur foi par l'autorité des Ecritures. L'évêque Eugène répondit à Vitarit, porteur de cet édit, que puisque cette cause regardait généralement toutes les Eglises de la communion catholique, il était juste qu'on leur donnât avis de cette conférence. En attendant il résolut, de l'avis de son clergé, de présenter un mémoire au roi pour tâcher d'amollir ce cœur barbare.

A l'approche du jour destiné pour la conférence, les évêques vinrent non-seulement de toute l'Afrique, mais encore de plusieurs îles soumises aux Vandales, de sorte qu'on put en compter jusqu'à quatre cent soixante-trois. Plusieurs jours se passèrent depuis le premier de février sans qu'on parlât de rien ; et durant ce temps-là Hunéric séparait les plus habiles des évêques catholiques pour les faire mourir sur diverses calomnies. Il plut aux ariens de commencer la conférence vers le 5 du mois, et ils en indiquèrent le lieu. Les catholiques, tant pour éviter la confusion, que pour ôter aux ariens le prétexte de dire qu'ils les avaient accablés par leur multitude, nommèrent seulement dix d'entre eux pour parler au nom des autres. Cyrila, patriarche des ariens, s'assit dans l'assemblée sur un trône élevé et magnifique, au lieu que les catholiques étaient debout. Ils se plaignirent de ce faste, comme peu convenable à l'égalité qui devait être entre des personnes qui venaient pour conférer ensemble. Ensuite ils demandèrent qu'il y eût des commissaires pour examiner la vérité de ce qui se dirait de part et d'autre. Un notaire du roi dit que le patriarche Cyrila en ferait les fonctions. Les catholiques demandèrent par quelle autorité Cyrila prenait le titre de patriarche? Alors les ariens commencèrent à faire un grand bruit et à traiter injurieusement les catholiques ; et parce qu'ils avaient demandé qu'au cas qu'il n'y eût point de commissaire, il fût du moins permis aux plus sages du peuple d'assister à l'assemblée, il y eut ordre de donner cent coups de bâton à tous les laïques catholiques qui étaient présents. Sur cela l'évêque Eugène s'écria : Que Dieu voie de quelle manière on nous opprime, et qu'il soit le juge des violences qu'on nous fait souffrir. Les évêques catholiques dirent à Cyrila de proposer ce qu'il voudrait ; il répondit qu'il ne savait pas le latin. Les catholiques lui soutinrent qu'il avait toujours parlé latin ; qu'ainsi il ne devait pas, sous un faux prétexte, demeurer dans le silence, vu surtout que c'était lui qui était cause de l'incendie. Cyrila voyant bien que les évêques catholiques étaient mieux préparés à la dispute, qu'il ne se l'était imaginé, usa de diverses chicanes pour éviter la conférence. Les catholiques, qui l'avaient prévu, firent lire publiquement une profession de foi qu'ils avaient composée avant de se présenter à la conférence. Il est dit à la fin, qu'ils l'envoyèrent encore aux ariens le 24 avril 484, par Janvier de Zattare et Vidlatic de Cases-Moyennes, évêques de Numidie, Boniface de Foratiane et Boniface de Gratiane, évêques de la province de Byzacène. Quelques-uns l'ont attribuée à Victor de Vite, parce qu'il en a fait le troisième livre de son Histoire ; d'autres à saint Eugène de Carthage, sur ce que Gennade dit de lui (*de Script. eccl.*, c. 97), qu'étant obligé par Hunéric de rendre raison de la foi catholique et principalement du terme de consubstantiel, il fit un livre où il prouvait l'un et l'autre par des témoignages de l'Ecriture et des Pères ; et que son écrit ayant été approuvé de tous les saints évêques et confesseurs de l'Afrique, de la Mauritanie, de la Sardaigne et de la Corse, qui étaient demeurés constants dans la foi, il fut présenté au roi par quelques-uns des confesseurs. La profession de foi dont nous parlons ne renferme que des témoignages de l'Ecriture ; il n'y en a aucun des Pères de l'Eglise, à moins que sous ce nom l'on n'entende que cette profession de foi est appuyée sur l'autorité des traditions apostoliques. On ne peut guère néanmoins douter que ce ne soit celle de l'évêque de Carthage. Victor n'était point en cette ville lors de la conférence ; et il paraît que cette profession de foi fut faite quelques jours auparavant. Puisque Gennade en attribue une à saint Eugène, pourquoi ne lui pas donner celle-ci? Pourquoi en aurait-il fait une seconde? Il ne manquait rien dans celle que Victor rapporte ; elle est ample, bien détaillée et bien prouvée. Il est constant d'ailleurs par l'intitulation, qu'elle fut présentée au roi. Si l'on n'y trouve pas de passages des Pères, c'est qu'il était inutile d'en alléguer à des évêques ariens, qui demandaient qu'on leur prouvât par l'autorité seule de l'Ecriture, que l'on devait se servir du terme de *consubstantiel*, pour marquer l'unité de substance dans le Père et le Fils. Il est fort possible que les évêques ariens ayant objecté depuis, que mille évêques, tant à Rimini qu'à Séleucie avaient rejeté le *consubstantiel*, saint Eugène ait répondu à cette objection par les témoignages des Pères qui ont admis ce terme ; et que cette seconde partie de sa profession de foi se soit perdue depuis le siècle de Gennade.

Quoi qu'il en soit, la profession de foi présentée à Hunéric est au nom des évêques catholiques en général. Ils y reconnaissent que ce prince l'avait exigée d'eux ; qu'en la faisant ils se sont moins fondés sur leurs propres forces que sur le secours de Dieu, et que ce qu'ils ont à montrer, c'est que le Fils est de la même substance que le Père, ce que les Grecs expriment par le terme d'*homoousion*. Ils commencent donc par déclarer qu'ils confessent en Dieu une unité de substance dans le Père, le Fils et le Saint-Esprit ; mais de telle manière, que chacune de ces trois personnes conserve les propriétés qui lui sont personnelles ; c'est-à-dire, qu'elles ont chacune leur propre existence qui les distingue mutuellement : car le Père n'est pas le même que le Fils, ni le Fils le même que le Saint-Esprit. Le Père n'est pas engendré ; le Fils est engendré du Père ; le Saint-Esprit procède du Père et du Fils. Toutes ces trois personnes sont d'une même substance, parce qu'il n'y a qu'une divinité du Père non engendré, du Fils engendré, et du Saint-Esprit qui procède ; mais il y a trois propriétés des personnes, c'est-à-dire, trois existences ou trois personnes subsistantes. On voit ici que ces évêques reconnaissent que le Saint-Esprit procède du Père et du Fils ; mais ils ne disent pas la même chose dans la récapitulation qu'ils font à la fin ; et il y a des manuscrits où le terme de *Fils* ne se lit pas, quoiqu'il se trouve en beaucoup d'autres. Ils ajoutent : Que le Fils soit engendré et qu'il soit d'une même substance que le Père, c'est ce que l'Ecriture nous enseigne en beaucoup d'endroits. Elle enseigne aussi que le Fils est égal à son Père, et qu'il est une même chose avec lui, non-seulement en volonté, mais en substance. Mais comme nous confessons qu'il y a deux natures dans le Fils, c'est-à-dire, qu'il est vrai Dieu et vrai homme, qu'il a un corps et une âme, les choses admirables que l'Ecriture dit de lui, doivent se rapporter à sa divinité ; et ce qu'elle en dit d'humiliant, doit s'entendre de son humanité. Lorsque Jésus-Christ dit lui-même : *Mon Père et moi, nous sommes une même chose*, il parle en Dieu ; lorsqu'il dit : *Mon Dieu, pourquoi m'avez-vous abandonné?* il parle en homme. Le Père a engendré son Fils de ce qu'il est lui-même, et il l'a engendré de toute éternité, d'une manière ineffable, non en le produisant au dehors, ni en le formant de rien ou de quelques matières préexistantes. C'est de Dieu qu'il est né. Or celui qui est né de Dieu, ne peut être autre chose que ce qu'est le Père; il est donc d'une même substance, parce que la vérité de sa naissance n'admet point de diversité dans sa nature. Si le Fils était d'une autre substance que le Père, ou il ne serait pas vraiment Fils, ou il aurait dégénéré en naissant; ce qui ne se peut dire. Quelqu'un objectera peut-être qu'il est écrit dans Isaïe : *Qui pourra raconter sa génération?* Mais il faut remarquer que le prophète parle, en cet endroit, de la manière dont le Fils de Dieu est engendré; et nous convenons que l'homme ne peut la pénétrer. Mais si la génération du Fils est ineffable, elle n'en est pas moins vraie, et il ne nous est pas permis de l'ignorer, après que le Fils nous a si souvent assuré dans l'Ecriture qu'il est né du Père. Mais, dira-t-on, le Fils étant engendré et le Père ne l'étant pas, il n'est pas possible qu'ils soient d'une même substance. Il faut dire, au contraire, que celui qui engendre est de même nature que celui qui est engendré. Nous faisons profession de croire que le Fils est Dieu de Dieu, lumière de lumière, parce qu'en effet Dieu est lumière. Cela prouve nettement que le Père et le Fils sont d'une même substance, puisque la lumière et la clarté sont d'une même substance; et de même que la splendeur est inséparable de la lumière et qu'elle n'en peut être séparée, de même aussi le Fils, qui est la splendeur de la gloire du Père, lui est coéternel et ne peut en être séparé. Le Père a engendré son Fils sans division et sans diminution de sa substance; il l'a engendré non dans le temps, mais dans l'éternité, sans qu'il y eût aucun intervalle dans la génération du Fils, comme il n'y en a point entre la production du feu et celle de la clarté. A l'égard du Saint-Esprit, nous croyons qu'il est consubstantiel au Père et au Fils, égal et coéternel ; car, quoique la vénérable Trinité soit distinguée par personnes et par noms, ce n'est qu'une même nature, d'où vient que nous ne souffrons pas qu'on dise plusieurs dieux : sous le seul nom de Dieu nous comprenons les trois personnes. Ce nom marque l'unité de substance et non de personnes, comme il paraît dans ces paroles : *Faisons l'homme à notre image et ressemblance*, et par beaucoup d'autres de l'Ecriture. La création est l'ouvrage commun des trois personnes de la Trinité; le Saint-Esprit y a eu part comme le Père et le Fils. Il est dit dans l'Ecriture qu'il connaît les secrètes pensées, et le nom de Dieu lui est donné dans les Actes des apôtres et ailleurs. S'il est appelé notre avocat ou notre consolateur, il faut se souvenir que l'Ecriture donne le même titre au Fils et au Père. N'est-il pas dit dans saint Jean : *Si quelqu'un pèche, nous avons pour avocat auprès du Père, Jésus-Christ qui est juste*; et dans saint Paul : *Béni soit Dieu, Père de Notre-Seigneur Jésus-Christ, le Dieu de toute consolation.* La forme du baptême est encore une preuve que la gloire et la puissance des trois personnes de la Trinité est la même, comme elles n'ont qu'une opération. Après avoir établi par un très-grand nombre de passages la divinité des trois personnes, les évêques l'établissent encore par divers raisonnements tirés des passages de l'Ecriture qu'ils avaient allégués. Ils insistent particulièrement sur la divinité du Saint-Esprit, et disent : S'il procède du Père, s'il nous délivre de nos péchés, s'il est le Seigneur, s'il donne la vie et la sanctification, s'il connaît tout, s'il est partout, si c'est lui qui constitue les prophètes, qui envoie les apôtres, qui donne des évêques aux Eglises; si le péché contre lui est remis ni en ce monde ni en l'autre, on ne peut douter qu'il ne soit Dieu. Or l'Ecriture dit de lui toutes ces choses; n'y aurait-il donc pas de l'ingratitude à ne pas lui rendre la même gloire qu'au Père et au Fils? Car, si je ne lui dois pas le même honneur, on ne doit pas le nommer avec le Père et le Fils dans le baptême. Je dois prier celui en qui on m'ordonne de croire. Ainsi je dois adorer le Saint-Esprit par une et même vénération que le Père et le Fils. Telle est, disent les évêques à la fin de cette profession de foi, la doctrine dont nous faisons profession; elle est appuyée sur l'autorité des évangélistes et des apôtres, et fondée sur la société de toutes les Eglises du monde, dans laquelle, par la grâce de Dieu tout-puissant, nous espérons persévérer jusqu'à la fin de cette vie.

A la lecture de cette profession de foi, les ariens entrèrent en fureur de ce que leurs adversaires y prenaient le nom de catholiques. Pour s'en venger, ils rapportèrent au roi qu'ils avaient troublé la conférence par leur grand bruit, afin d'éviter d'entrer avec eux en dispute. Hunéric, qui ne cherchait que l'occasion de publier son édit de la persécution générale, profita de celle-ci. Il envoya secrètement par toutes les provinces cet édit, qui était daté du 6 des calendes de mars, c'est-à-dire du 24 ou 25 février; car, en 484, l'année était bissextile. En vertu de cet édit, toutes les églises d'Afrique furent fermées en un même jour, et tous leurs biens, de même que ceux des évêques catholiques, furent donnés aux ariens. Mais ceci appartient plutôt à l'histoire ecclésiastique qu'à un dictionnaire des conciles. *Victor Vit.; D. Ceillier, Hist. des aut. eccles., XV.*

CARTHAGE (Concile de), l'an 525. Ce concile fut assemblé le 5 de février de l'an 525, qui était le second du règne de Hildéric, dans la salle secrète de l'église de Saint-Agilée, martyr, par Boniface, évêque de Carthage, pour le maintien des priviléges de son Eglise, que l'on attaquait. Les évêques, au nombre de soixante, firent faire d'abord la lecture du symbole de Nicée, en déclarant que quiconque refuserait d'y souscrire ne serait pas tenu pour catholique. Ils firent lire ensuite un grand nombre de canons de plusieurs conciles d'Afrique sur divers points de discipline en général, et ceux en particulier qui regardaient les priviléges de l'Eglise de Carthage. Ayant examiné l'affaire de l'abbé Pierre, qui avait été excommunié avec tous ses moines par Libérat, primat de la Bysacène, à l'occasion d'un monastère que ce primat prétendait être de sa dépendance contre l'avis de Pierre et de ses moines, ils dressèrent un décret portant que tous les monastères seraient à l'avenir, comme ils l'avaient toujours été, libres en toute manière de la juridiction des clercs, afin que les moines ne fussent occupés que de leur salut et du soin de plaire à Dieu. Boniface, se fondant sur l'autorité des décrets qui avaient accordé à l'Eglise de Carthage la primauté sur toutes les autres d'Afrique, déclara ensuite qu'il lui appartenait, en qualité d'évêque de cette ville, de faire savoir le jour de la Pâque à toutes les Eglises de son ressort, et les avertit que, l'année suivante, cette fête devrait se célébrer le 7 d'avril.

CARTHAGE (Concile de), l'an 534 ou 535. Sur la fin de l'an 534, ou au commencement de l'an 535, Réparat, qui avait succédé à Boniface dans le siége épiscopal de Carthage, convoqua un concile général de l'Afrique, où l'on n'en avait point vu depuis cent ans, la plupart des évêques ayant été réduits en servitude par la violence des persécuteurs. Deux cent dix-sept évêques s'y rendirent et s'assemblèrent dans la basilique de Fauste, où reposaient les reliques de plusieurs martyrs. Ils firent lire les canons de Nicée; et après avoir examiné de quelle manière on devait recevoir les évêques ariens qui embrassaient la foi catholique, ils résolurent de consulter le siége apostolique sur cette difficulté, et sur une autre qui était de savoir si l'on pouvait élever à la cléricature ceux qui, dans leur enfance, avaient été baptisés par les ariens. Le pape Agapet, à qui la lettre synodale fut remise, parce qu'il avait succédé au pape Jean II, qui était mort pendant le voyage des députés, répondit sur le premier chef de la demande, qui regardait les ariens convertis, qu'il fallait leur faire part des revenus de l'Eglise établis pour la subsistance des clercs, mais qu'il ne fallait point permettre qu'ils demeurassent dans les dignités ecclésiastiques. Il répondit sur le second article, qu'on ne devait élever à aucune dignité du clergé ceux qui quittaient l'arianisme pour revenir à l'Eglise catholique, en quelque âge qu'ils eussent été infectés des erreurs de cette secte. Il trouve bon encore qu'on les aide à subsister des revenus de l'Eglise, et qu'on exerce une prompte miséricorde envers tous ceux qui quittent l'erreur pour embrasser la vraie foi. A l'égard des clercs qui avaient passé la mer pendant la domination des Vandales, dont le concile lui avait aussi parlé, il dit que, conformément à l'avis du concile, on ne doit pas recevoir à la communion ceux d'entre eux qui ne prouveraient point, par des lettres des évêques d'Afrique, qu'ils avaient été envoyés pour l'utilité des Eglises, afin de les empêcher d'être vagabonds.

CARTHAGE (Concile de), non approuvé, l'an 550. Les évêques de ce concile eurent l'audacieuse témérité d'excommunier le pape Vigile pour avoir condamné les trois chapitres, et ils écrivirent en même temps à l'empereur Justinien, qu'ils voulaient engager dans leur parti. Mais l'empereur fit publier lui-même un rescrit où, en réfutant les évêques africains, il vengeait le pape Vigile. *Vict. Tunun.; S. Isid. de Vir. illust. c.* 12; *Pagi, ad ann.* 550.

CARTHAGE (Concile de), l'an 594. On y ordonna que tous les évêques veilleraient à la recherche des donatistes, sous peine de perdre leurs biens et leur dignité. *All.*

CARTHAGE (Concile de), l'an 646. *Voy.* AFRIQUE, même année.

CASAL (Synode diocésain de), avril 1622, sous Scipion Pascali. On rappelle dans les statuts qui y furent publiés les décrets de plusieurs conciles provinciaux tenus à Casal, et principalement ceux du septième de ces conciles. *Promptuarium ecclesiast.*

CASHEL (Concile de), ou Cassel, *Cassiliense*, l'an 1172. Henri II, roi d'Angleterre, s'étant rendu maître de l'Irlande, fit tenir ce concile, auquel Christian, évêque de Lismor, présida en qualité de légat du saint-siège. On y fit les huit canons suivants :

1. Les mariages ne seront contractés que selon les lois de l'Eglise, au lieu que la plupart des Irlandais prenaient autant de femmes qu'ils voulaient, et souvent leurs proches parentes.

2. Les enfants seront portés à l'église pour être catéchisés à la porte, c'est-à-dire exorcisés, et ensuite baptisés aux fonts par les prêtres dans l'eau pure, avec les trois immersions, hors le péril de mort. Auparavant la coutume était, en divers lieux de l'Irlande, qu'aussitôt qu'un enfant était né, son père, ou le premier venu, le plongeait trois fois dans l'eau, ou dans du lait si c'était l'enfant d'un riche ; puis on jetait cette eau ou ce lait comme toute autre matière.

3. On payera à l'église paroissiale la dîme du bétail, des fruits et de tous les autres revenus.

4. Toutes les terres ecclésiastiques seront exemptes des exactions des séculiers, de quelque espèce qu'elles soient, particulièrement des repas et de l'hospitalité qu'ils feraient donner par contrainte.

5. Les clercs ne seront pas obligés de contribuer avec les autres parents pour la composition d'un meurtre commis par un laïque.

6. Tous les fidèles malades feront testament en présence de leur confesseur et des voisins, et diviseront leurs biens en trois parts : l'une pour leurs enfants, l'autre pour leur femme, la troisième pour leurs funérailles, c'est-à-dire pour faire prier Dieu pour eux.

7. Ceux qui mourront étant bien confessés seront enterrés suivant l'usage de l'Eglise avec messes et vigiles.

8. L'office divin sera célébré partout suivant l'usage de l'Eglise anglicane, parce qu'il convient que l'Irlande, qui a reçu son roi de l'Angleterre, en reçoive aussi une meilleure forme de vie. Et c'est en effet à l'Angleterre que l'Irlande est redevable de la paix dont elle jouit, et de l'accroissement de la religion parmi son peuple.

Il est bon toutefois d'observer, à propos du dernier canon de ce concile, que la religion ne doit pas varier avec les empires, et c'est ce que prouve avec tant de force et de constance l'héroïque Irlande depuis trois siècles. Il convient beaucoup mieux que l'Angleterre, qui a reçu du saint-siége ou de ses envoyés la première connaissance de la religion chrétienne, revienne elle même aux usages romains, qu'elle n'aurait jamais dû abandonner.

CASHEL (Concile de), *Cashelense*, l'an 1453. Jean Cantwel, archevêque de Cashel en Irlande, tint ce concile provincial le 6 août à Limerick. On y publia 121 statuts conformes à ceux de tant d'autres conciles, sur la manière de dire l'office divin, sur la nécessité d'avoir un missel, un calice d'argent ou au moins doré, et tous les ornements nécessaires pour dire la messe; sur la propreté des cimetières; sur la dénonciation des excommuniés à la messe solennelle du dimanche; sur les libertés de l'Eglise, sur les quêteurs, sur les religieux mendiants, sur les usures, sur les dîmes, sur l'habit des clercs, etc. *Voy.* LIMERICK.

CASPES (Assemblée ecclésiastique de), *apud Caspem in Aragonia*, l'an 1412, où se trouva S. Vincent Ferrier, pour l'élection d'un roi d'Aragon. La couronne y fut adjugée à Ferdinand, infant de Castille. *D'Aguir*., t. III.

CASSIN (Concile du Mont-), *Cassinense*, l'an 869. Le pape Adrien II tint ce concile au sujet du roi Lothaire et de Gonthier, archevêque de Cologne, et des autres prélats du parti de Lothaire. Le pape, vaincu par les prières de l'impératrice Engelberge, femme de l'empereur Louis II, consentit enfin à recevoir en grâce le roi Lothaire. Il lui administra même la communion, après lui avoir fait jurer qu'il n'avait eu aucun commerce avec Valdrade depuis qu'elle avait été excommuniée par Nicolas Ier. Les seigneurs qui accompagnaient ce prince firent le même serment. On sait quelles en furent les suites tragiques. Le pape Adrien reçut aussi, dans le même concile, à la communion laïque Gonthier de Cologne, sur la protestation qu'il fit de consentir à sa déposition. *Mansi*.

CASSIN (Synode du Mont-), l'an 1591. Ce synode fut tenu par l'abbé du Mont-Cassin, Jérôme de Pérouse, et eut deux sessions. Les constitutions qui y furent publiées reproduisent en partie les décrets du concile de Trente, ceux de Florence et de Bâle, et de divers autres conciles ou synodes. *Synodus Cassinensis, Romæ*, 1592.

CASSIN (Synode du Mont-), l'an 1626. Ce synode, présidé par Simplice Caffarelli, abbé du Mont-Cassin et ordinaire de ce diocèse (car la circonscription du Mont-Cassin formait un diocèse dont l'ordinaire était l'abbé), eut trois sessions, et commença le 21 mars pour se terminer le 24. On y traita les mêmes questions que dans les autres synodes, pour les curés, les clercs et les fidèles dépendant de l'abbé, dont les besoins comme les devoirs étaient les mêmes. *Constitut. Simpl. Caffarelli.*

CASSIN (Synode diocésain du Mont-), l'an 1652, sous Dominique de Naples, abbé du Mont-Cassin et ordinaire de ce même diocèse.

Ce synode eut trois sessions ou séances. Des statuts nombreux y furent publiés sur chaque partie de la discipline, particulièrement sur le soin et l'entretien des églises, la bonne administration des sacrements et la régularité de la vie cléricale. L'impression en fut autorisée à Rome par le maître du sacré palais. *Decreta Dominici a Neap., Romæ*, 1654.

CASTELLANETA (Synode diocésain de), *Castellanetana*, l'an 1595. Il y fut ordonné, entre autres statuts, de ne se servir à l'église que de l'orgue en fait d'instruments, à moins d'une permission de l'évêque; on déclara indignes d'avoir part aux distributions quotidiennes les clercs qui ne sauraient pas le chant. Il fut fait défense expresse de rien changer ou ajouter au chant de l'église, particulièrement aux offices des morts.

CASTELLANETO (Synode diocésain de), les 18, 19 et 20 janvier 1626. L'évêque Ange Gozadini, qui tint ce synode et en publia les statuts, y régla dans un grand détail tout ce qui peut concerner l'entretien et la décoration de l'intérieur des églises. *Constitutiones et decreta edita in 1 synodo Castell.*

CASTELLUM-PUELLARUM (*Concilium apud*). *Voy.* ÉCOSSE, l'an 1177.

CASTELLUM-THEODORICI (*Concilium apud*). *Voy.* CHATEAU-THIERRY.

CASTELNAUDARY (Concile de), *apud Castrum novum Arii*, l'an 1426. Ce concile est mentionné par les savants auteurs du *Gallia Christiana* (t. XIII, col. 340), à l'article de Jean Belin, évêque de Lavaur, qui s'y trouva.

CASTELNAUDARY (Concile de), l'an 1427. Ce concile, composé des évêques de la province de Toulouse, fut convoqué par Pierre Soybert, évêque de Saint-Papoul, professeur de droit à Rome, pour corriger quelques abus de l'officialité métropolitaine. *Gallia Chr.*, t. XIII, col. 306.

CASTELNAUDARY (Concile de), l'an 1435 ou environ, tenu par Pierre Soybert, évêque de Saint-Papoul, pour le même objet que celui qu'il avait assemblé dans la même ville en 1427. A celui-ci, qui dura six jours, assistèrent Guillaume, évêque de Mirepoix, Jean évêque de Lavaur, Hugues évêque de Rieux, et les vicaires généraux de Pamiers, de Lombez et de Montauban. *Gallia Chr.*, t. XIII.

CASTRES (Synode de). *Voy.* SAINT-BENOÎT DE CASTRES.

CASTRO (Synode diocésain de), *Castrensis*, le 7 mars 1656. L'évêque Annibal Sillani, qui tint ce synode, y publia des statuts dont plusieurs sont relatifs aux qualités que doivent avoir les ordinands des divers degrés. *Constitut. editæ in 1 diœc. synodo Castren.*

CASTRO-MOREL (Assemblée de). *Voyez* MOREL.

CASTRUM-GONTHERII (*Concilia apud*). *Voy.* CHATEAUGONTHIER.

CATALAUNENSIA (*Concilia*). *Voy.* CHALONS-SUR-MARNE.

CATALOGNE (Conciles de). *V.* TARRAGONE.

CATANE (Synode diocésain de), *Catanensis*, les 11, 12 et 13 mai 1668. L'évêque Michel-Ange Bonadies s'y proposa pour objet de venger l'honneur du culte divin, et de réformer la conduite du clergé et des fidèles. Le synode eut quatre sessions ou séances. Dans la 1re on s'occupa de la foi et de la doctrine chrétienne, des sacrements et du sacrifice de la messe; dans le 2e, du culte des saints et de l'entretien des églises; dans le 3e, des personnes, tant ecclésiastiques que laïques, attachées au service des églises; dans la 4e, de tout ce qui était du ressort de la juridiction épiscopale dans le for contentieux. Il y fut fait défense aux artisans dont le travail est bruyant d'établir leurs ateliers proche des églises. *Decreta in princip. diœces. synodo.*

CAVAILLON (Synode de). *Voy.* VÉNAISSIN.

CAVERNES (Conciliabule des) de Suse, près de Carthage, *Cavernense*, l'an 394. Cinquante-trois évêques donatistes, du parti de Maximien, confirmèrent dans ce nouveau conciliabule la condamnation de Primien, qui avait déjà été prononcée à Cabarsusse par plus de cent évêques du même parti. *Labb.* II. *Voy.* CABARSUSSE, l'an 393.

CELCHYTE (Concile de), l'an 783 ou 787. *Voy.* CALCHUTE.

CELCHYTE (Concile de), *Celychitense*, l'an 816. Ce concile fut tenu le 27 juillet de l'an 816, par l'ordre de Quenulfe, roi des Merciens, qui y assista en personne. Wulfrède, archevêque de Cantorbéry, y présida, assisté de douze évêques de diverses provinces d'Angleterre. Il s'y trouva aussi plusieurs seigneurs, outre les abbés, les prêtres et les diacres. On y fit les onze canons suivants.

1. « Les évêques y exposent la foi catholique, et la doctrine contenue dans les anciens canons; et s'engagent non-seulement à l'observer, mais aussi à l'enseigner aux autres.»

2. « Les églises nouvellement bâties seront consacrées par l'évêque diocésain, avec l'aspersion de l'eau bénite, et les autres cérémonies prescrites par le Rituel. On y conservera l'eucharistie avec les reliques dans une boîte ou petite châsse; et s'il n'y a point de reliques, l'eucharistie, consacrée par l'évêque, suffira, comme étant le corps et le sang de Jésus-Christ. Il y aura aussi quelque peinture, pour faire connaître à quel saint est dédiée l'église ou l'autel. »

3. « Pour conserver la paix et l'unanimité, on ne se contentera pas de croire de la même manière; mais l'on s'unira encore de paroles et d'actions dans la sincérité et dans la crainte de Dieu. »

4. « Les évêques choisiront, chacun dans leur diocèse, les abbés et les abbesses, du consentement de la communauté. »

5. « On ne permettra aux Ecossais aucune fonction ecclésiastique, ni de baptiser, ni de célébrer la messe, ni de distribuer l'eucharistie, parce que l'on ne sait par qui ils ont été ordonnés. »

6. « On ne cassera point les jugements rendus dans un synode par les évêques; et tout autre acte, confirmé par un signe de la croix, sera inviolablement observé. »

7. « Les évêques, les abbés et les abbesses ne pourront aliéner aucun fonds des églises et des monastères, que pour le temps de la vie d'un homme, et du consentement de la communauté; et les titres en demeureront au monastère. »

8. « Les monastères où l'on aura une fois établi la vie régulière, demeureront toujours en cet état; l'abbé et l'abbesse seront bénis par l'évêque. »

9. « Chaque évêque tirera une copie des jugements rendus dans le concile, avec le nom de l'archevêque qui y aura présidé, et la date de l'année où il aura été assemblé. »

10. « A la mort d'un évêque, on donnera la dixième partie de son bien aux pauvres, soit qu'il consiste en bétail ou en autres espèces. On affranchira tous ses serfs anglais, et l'on s'assemblera, en chaque église, au son de la cloche, pour y réciter trente psaumes. Chaque évêque et chaque abbé en fera dire six cents, et six vingts messes : et affranchira trois serfs, en leur donnant à chacun trois sous. Chaque moine ou clerc jeûnera un jour, afin de procurer au défunt une place dans le royaume éternel, par un suffrage commun. »

11. « Les évêques n'usurperont point les paroisses d'un autre diocèse, et n'y feront aucune fonction épiscopale, comme de consacrer des églises, d'ordonner des prêtres. On excepte l'archevêque, parce qu'il est le chef des évêques de sa dépendance. Les prêtres n'entreprendront point de grandes affaires, sans l'agrément de leur évêque. Dans l'administration du baptême, ils ne se contenteront pas de répandre de l'eau sur la tête des enfants; mais ils les plongeront dans le lavoir, à l'exemple du Fils de Dieu, qui fut plongé trois fois dans le Jourdain. »

Il paraît, par ce canon, que l'on commençait dès lors d'introduire dans quelques églises d'Angleterre le baptême par infusion. *Anglic. tom.* I.

CÉLÉNENSE (*Concilium*); *Voy.* GALICE, l'an 447.

CÉNEDA (Synode diocésain de), *Cenetensis*, les 11, 12 et 13 septembre 1642. Sébastien de Pise, évêque de Céneda, qui tint ce synode, y fit défense d'accorder la sépulture ecclésiastique aux juifs qui auraient demandé à se faire chrétiens, mais qui seraient morts avant le terme expiré de leur catéchuménat, qui devait être de huit mois pour le moins. Il défendit aussi d'user de contrainte à l'égard des juifs pour leur faire embrasser la foi, ou de les gêner dans l'exercice de leur culte, comme de les faire citer en justice les jours de sabbat. *Decreta synod. Cenetensia.*

CENOMANENSE (*Concilium*); *Voy.* MANS.

CÉPÉRANO (Concile de), *Cyperanum* ou *Ceperanum*, l'an 1114. Le pape Pascal II tint, le 12 octobre, ce concile, à Cépérano, bourg de l'Etat de l'Eglise dans la campagne de Rome, sur la rivière de Cariglian, aux confins de la terre de Labour : l'archevêque de Cosence, qui avait été contraint de quitter son siége, et de prendre l'habit de moine au Mont-Cassin, par les violences de Roger, comte de Sicile, y fut rétabli dans son archevêché. Guillaume, fils du comte de Sicile, y reçut du pape l'investiture du duché de Calabre et de celui de la Pouille, et Landulfe, archevêque de Bénévent, y fut déposé, les uns disent pour une affaire purement temporelle, et les autres pour des crimes dont on l'accusa, et dont il ne put se justifier. *Pierre Diacre, Chron. Cassin. l.* IV, *c.* 51; *Falcon., Chron. Benev.; Baron. ad ann.* 1114.

CERVIA (Synode diocésain de), le 11 mai 1634. Le cardinal de Bagno, évêque de Cervia, y publia quatorze chapitres de statuts, dont la plupart ont pour objet l'administration des sacrements. *Decreti della seconda sinodo dioc. di Cervia.*

CÉSARÉE (Concile de) en Cappadoce, *Cæsariense,* vers l'an 372. *Voy.* CAPPADOCE, même année.

CÉSARÉE (Concile de) en Mauritanie, l'an 418. Il est des auteurs qui croient que le concile dans lequel les légats du pape Zosime furent reçus, ne fut pas tenu à Carthage, mais dans la Mauritanie césarienne, et à Césarée même. Ils se fondent sur plusieurs textes de saint Augustin, qui les favorisent. Voici comment s'exprime le saint docteur dans sa lettre à Optat, qui est la 190ᵉ : *Quamvis tuæ sanctitatis nullas ad me ipsum datas acceperim litteras, tamen quia illæ quas ad Mauritaniam Cæsariensem misisti, me apud Cæsaream præsente venerunt, quo nos injuncta nobis a venera ili papa Zosimo, apostolicæ sedis episcopo, ecclesiastica necessitas traxerat.* Il parle de même, *ep.* 139, *ad Marium Mercatorem,* n. 1. Possidius, dans la Vie de saint Augustin, *c.* 14, assure qu'il se trouva avec plusieurs évêques à un concile tenu à Césarée dans la Mauritanie, pour terminer quelques affaires de l'Eglise, par ordre du saint-siège. *Voy.* CARTHAGE (Concile de), l'an 418.

CÉSARÉE (Conférence de) en Mauritanie, l'an 418. Au sortir de Carthage, saint Augustin fut obligé, en 418, d'aller en Mauritanie pour quelques affaires que le pape Zosime lui avait recommandées, aussi bien qu'à quelques autres évêques d'Afrique. Comme ils étaient à Césarée, on vint dire à saint Augustin qu'Emérite, l'un des évêques donatistes qui s'étaient signalés dans la conférence de Carthage (*Voy.* ce mot, l'an 411) pour la défense de son parti, y était aussi. Ce saint alla aussitôt au-devant de lui; et l'ayant trouvé dans la place publique, il le pria, après qu'ils se furent salués, de venir à l'église. Emérite n'en fit aucune difficulté, en sorte que saint Augustin croyait qu'il était tout disposé à embrasser la communion catholique. Dès qu'il y fut entré, saint Augustin commença à parler au peuple : il s'étendit particulièrement sur la charité, la paix et l'unité de l'Eglise catholique. Dans son discours, tantôt il adressait la parole au peuple, et tantôt à Emérite. Le peuple charmé de l'entendre, l'interrompit en témoignant à haute voix souhaiter qu'Emérite se réunît sur-le-champ sans attendre davantage. Saint Augustin dit qu'il le souhaitait aussi, et réitéra les offres faites par les catholiques dans la conférence, de recevoir les évêques donatistes en qualité d'évêques ; et il le promit de la part de Deutérius, évêque catholique de Césarée. Comme plusieurs des donatistes qui étaient présents, mais qui n'étaient pas bien instruits, trouvaient à redire que l'on reçût dans l'Eglise catholique ceux qui quittaient le schisme ou l'hérésie, sans les baptiser ou les ordonner de nouveau, saint Augustin en prit occasion de montrer que ni le baptême, ni l'ordination ne pouvait se réitérer, parce que le baptême qu'on recevait n'était point le baptême des hérétiques ou des schismatiques, mais le baptême de Jésus-Christ ; et que lorsqu'on ordonnait un évêque, on invoquait sur sa tête en lui imposant les mains, non le nom de Donat, mais le nom de Dieu. « Le soldat qui déserte, est coupable du crime de désertion; mais le caractère qu'il porte n'est pas le sien, c'est celui de l'empereur. Si lorsque Donat a fait schisme, il avait baptisé en son nom, je ne recevrais point ce baptême, je l'aurais en horreur : mais ce déserteur a imprimé à ceux qu'il a baptisés le sceau de son prince, c'est-à-dire, de Dieu. Nous ne pouvons donc haïr en eux ce qui est de Dieu, c'est-à-dire, le baptême, ni les haïr eux-mêmes, parce qu'en tant qu'hommes ils sont de Dieu, comme c'est aussi de Dieu qu'ils ont l'Evangile et la foi. Si vous me demandez ce qu'ils n'ont pas, ayant le baptême et la foi de Jésus-Christ, je vous répondrai qu'ils n'ont pas la charité, sans laquelle l'Apôtre dit que tous les dons de Dieu sont inutiles. La marque du salut est la charité : sans elle vous pouvez avoir le sceau du Seigneur, mais il ne vous servira pas. On peut donc hors de l'Eglise avoir l'honneur de l'épiscopat et le sacrement du baptême; on peut chanter *Alleluia* et répondre *Amen,* on peut savoir l'Evangile, avoir la foi et la prêcher au nom du Père, du Fils et du Saint-Esprit ; mais on ne pourra jamais trouver le salut que dans l'Eglise catholique. Il y a plus : c'est que celui qui répand son sang plutôt que d'adorer les idoles, ne peut recevoir la couronne, s'il est hors de l'Eglise; parce que Jésus-Christ a dit, que *ceux-là seuls sont bienheureux qui souffrent persécution pour la justice.* » Il finit son discours en témoignant qu'il espérait de la miséricorde de Dieu la conversion d'Emérite, et invite les assistants à la demander par leurs prières. Cet évêque ne se convertit pas néanmoins après ce discours ; mais comme saint Augustin n'en désespérait pas tout à fait, on lui donna du délai.

Deux jours après, c'est-à-dire le 20 septembre 418, Deutérius, évêque de Césarée, avec Alypius de Thagaste, Augustin d'Hippone, Possidius de Calame, Rustique de Cartenne, Pallade de Sigabite, et les autres évêques étant venus dans une salle en présence des prêtres, des diacres, de tout le clergé et d'un peuple nombreux, en présence aussi d'Emérite, évêque du parti de Donat, Augustin, évêque de l'Eglise catholique, dit: «Mes frères, vous qui avez toujours été catholiques, et vous qui êtes revenus de l'erreur des donatistes, ou qui doutez encore de la vérité, écoutez-nous, nous qui cherchons votre salut par une charité pure. » Il raconta ensuite ce qui s'était passé deux jours auparavant, comment il avait invité Émérite à venir à l'église, ce qu'il avait dit en sa présence sur la paix, la charité et l'unité de l'Eglise, et les marques d'obstination que cet évêque avait données, et ajouta : « Puisqu'il se trouve ici avec nous, il faut que sa présence soit utile à l'Eglise, ou par sa conversion, comme nous le souhaitons, ou du moins pour le salut des autres. Il remarqua que, depuis la conférence de Carthage, presque tous les donatistes de l'un et de l'autre sexe s'étaient convertis; et fit voir la fausseté de ce qu'on leur avait dit que dans la conférence les catholiques avaient acheté la sentence du commissaire, et qu'il n'avait pas permis aux donatistes de dire tout ce qu'ils voulaient. Puis s'adressant à Émérite : « Vous avez, lui dit-il, assisté à cette conférence; si vous y avez perdu votre cause, pourquoi êtes-vous venu ici? si vous ne croyez pas l'avoir perdue, dites-nous par où vous croyez la devoir gagner? Si vous croyez n'avoir été vaincu que par la puissance, il n'y en a point ici. Si vous sentez que vous avez été vaincu par la vérité, pourquoi rejetez-vous encore l'unité? » Émérite répondit : « Les actes montrent si j'ai perdu ou gagné, si j'ai été vaincu par la vérité ou opprimé par la puissance. » Saint Augustin le pressa beaucoup de dire pourquoi il était venu, et voyant qu'après une réponse fort équivoque, il s'obstinait à ne plus parler, il s'adressa au peuple, à qui il fit remarquer le silence de cet évêque donatiste. Il recommanda à Deutérius de faire lire tous les ans dans son Eglise les actes de la conférence tout au long pendant le carême à l'imitation des Eglises de Carthage, de Thagaste, de Constantine, et de toutes celles qui étaient le mieux réglées.

Après cela saint Alypius lut la lettre que les évêques catholiques avaient adressée au tribun Marcellin avant la conférence. Elle était signée au nom de tous par Aurèle de Carthage, et par Sylvain de Summe, doyen et primat de Numidie. Ces évêques y témoignaient que leur dessein dans la conférence était de montrer que l'Eglise répandue par toute la terre ne peut périr, quelque péché que commettent ceux dont elle est composée; que l'affaire de Cécilien était terminée, puisqu'il avait été déclaré innocent, et ses accusateurs reconnus pour calomniateurs ; que tous les autres aussi que les donatistes accusaient, étaient innocents, ou que leurs fautes ne pouvaient porter de préjudice à l'Eglise. Ils y déclaraient encore que si les donatistes pouvaient prouver que l'Eglise est réduite à leur communion, ils se soumettraient absolument à eux sans prétendre rien conserver de la dignité épiscopale; et que si les catholiques montraient au contraire, comme ils l'espéraient, que les donatistes avaient tort, ils leur conserveraient l'honneur de l'épiscopat : en sorte que dans les lieux mêmes où il se trouverait un évêque catholique et un donatiste, ils seraient alternativement assis dans la chaire épiscopale, l'autre demeurant un peu plus bas auprès de lui, qui était la place que l'on donnait aux évêques étrangers ; ou bien que l'un aurait une église, et l'autre une autre, et cela jusqu'à ce que l'un des deux étant mort, l'autre demeurât seul évêque selon l'ordre ancien ; ou que si les peuples avaient trop de peine à voir deux évêques dans une église, tous les deux se démettraient, et ceux qui seraient trouvés sans compétiteurs, en ordonneraient un autre. « Pouvons-nous en effet, ajoutaient ces évêques catholiques, faire aucune difficulté d'offrir ce sacrifice d'humilité au Sauveur qui nous a rachetés? Il est descendu du ciel, et a pris un corps semblable à nous, afin que nous fussions ses membres, et nous ne voudrions pas descendre de nos chaires pour ne pas voir ses membres se déchirer par un cruel schisme! Il nous suffit pour nous-mêmes d'être des chrétiens fidèles et soumis à Jésus-Christ. C'est ce que nous devons être aux dépens de toutes choses. Que si nous sommes évêques, c'est pour le service du peuple chrétien. Usons donc de notre épiscopat en la manière qui est la plus utile au peuple, pour y établir l'union et la paix de Jésus-Christ. Si nous cherchons le profit de notre maître, pouvons-nous avoir de la peine qu'il fasse un gain éternel, aux dépens de nos honneurs passagers? La dignité de l'épiscopat nous sera bien plus avantageuse, si en la quittant nous réunissons le troupeau de Jésus-Christ, que si nous le dissipons en la conservant. Eh ! serions-nous assez impudents pour prétendre à la gloire que Jésus-Christ nous promet dans l'autre vie, si notre attache à la gloire du siècle était un obstacle à la réunion des fidèles? » Saint Augustin interrompit la lecture de cette lettre pour faire part à ceux qui étaient présents, d'une chose bien agréable et bien consolante qui lui était arrivée. « Avant la conférence, dit-il, nous nous rencontrâmes un jour quelques évêques ensemble, et nous nous entretenions de cette vérité, Que c'est pour la paix de Jésus-Christ et le bien de l'Eglise qu'il faut être évêque, ou cesser de l'être. Je vous avoue, ajouta-t-il, qu'en jetant les yeux sur les uns et les autres de nos confrères, nous n'en trouvions pas beaucoup qui nous parussent être disposés à faire ce sacrifice d'humilité au Seigneur. Nous disions, comme cela se fait ordinairement en ces sortes de rencontres : Celui-ci le pourrait faire, celui-là n'en est pas capable; un tel le voudrait bien, un tel n'y consentirait jamais. En cela nous suivions nos conjectures, ne pouvant voir leurs dispositions intérieures. Mais quand on vint à le proposer dans notre concile général, qui était composé de près de trois cents évêques, tous l'agréèrent d'un consentement unanime, et s'y portèrent même avec ardeur, prêts à quitter l'épiscopat pour l'unité de Jésus-Christ, croyant non le perdre, mais le mettre plus sûrement en dépôt entre les mains de Dieu même. Il n'y en eut que deux à qui cela fit de la peine: l'un qui était fort âgé, et qui ne craignit pas de l'avouer; et l'autre qui marqua sur son visage ce qu'il pensait dans son cœur Mais tous nos confrères s'étant élevés contre ce vieillard, il changea aussitôt de sentiment; et l'autre changea aussi de visage. » Saint Augustin expliqua ensuite ce qui s'était passé entre les donatistes à l'occasion du schisme de Maximien qui avait duré environ trois ans, faisant remarquer comment après avoir persécuté avec cruauté Félicien et Prétextat, tous deux maximianistes, ils les avaient reçus pour collègues dans l'épiscopat, et admis de même tous ceux qu'ils avaient baptisés dans le schisme, sans les baptiser de nouveau. Comme Emérite était un des chefs des primianistes, et que c'était lui qui avait dicté la sentence du concile de Bagaïa contre Maximien et ses sectateurs, il l'interpella de le démentir, s'il avançait quelque chose contre la vérité. Mais Emérite s'opiniâtra dans son silence, quelques instances que lui fissent ses concitoyens de répondre, et il ne voulut jamais reconnaître pour frère l'évêque Deutérius, quoiqu'il fût d'ailleurs son parent. *D. Ceill.*

CÉSARÉE (Conciliabule de) en Palestine, l'an 334. Ce concile d'évêques ariens fut convoqué par l'ordre de l'empereur Constantin pour examiner les accusations portées contre saint Athanase. Le saint patriarche, qui ne reconnaissait à cette assemblée aucune autorité, refusa de s'y rendre. *Labb.* II.

CÉSARÉE (Concile de) dans le Pont, l'an 197. Ce concile n'est point reçu : il avait pour objet l'époque de la célébration de la Pâque.

CÉSÈNE (Concile de), *Cæsenatense*, l'an 1042. Jean, évêque de Césène, fit approuver, dans ce concile qui se tint le 2 juin, le dessein qu'il avait d'établir la vie commune dans sa cathédrale. *Ugh. t.* II.

CÉSÈNE (Synode diocésain de), *Cæsenatensis*, le 15 octobre 1590. Dans ce synode, l'évêque Camille Gualandi défendit de dissiper dans des festins, comme l'abus s'en était introduit, le produit des quêtes qu'une confrérie, dite des *Disciplinés*, avait coutume de faire d'une année à l'autre. *Synod. Cæsen.*

CÉSÈNE (Synode diocésain de), l'an 1638. Pierre Bonaventure, évêque de Césène, y publia ses statuts qui n'offrent rien de particulier. *Synod. diœc. P. Bonaventuræ.*

CÉSÈNE (Synode diocésain de), tenu le 30 juin et les deux premiers jours de juillet 1693. L'évêque, qui était le cardinal Denhoff, y publia des constitutions divisées en quatre livres : le premier sur la foi et l'enseignement de la parole de Dieu, les fêtes, les jeûnes et le culte des saints; le second sur les sacrements; le troisième sur les églises et leurs divers employés; le quatrième sur les hôpitaux et les monts-de-piété, sur les confréries de personnes laïques, les hérétiques, les juifs, les livres défendus, les funérailles et les sépultures. *Synod. Cæsen.*

CHALCÉDOINE (Concile œcuménique de); *Voy.* CALCÉDOINE.

CHALONS-SUR-MARNE (Concile de), *Catalaunense*, l'an 1115. Le légat Conon y réitéra l'excommunication déjà lancée contre l'empereur Henri V. Plusieurs évêques et quelques abbés de Normandie, ayant refusé de se trouver à ce concile, Conon les déposa; mais ils furent rétablis par le pape sur les plaintes de Henri Ier, roi d'Angleterre. On y prononça aussi, en faveur du monastère de Saint-Quentin-du-Mont, près de Péronne, contre celui de Saint-Vaast, touchant la terre de Boteneurt qu'ils se disputaient. *Mansi, t.* II, *col.* 307.

CHALONS-SUR-MARNE (Concile de), l'an 1129. Ce concile, qui se tint le 2 février en présence de saint Bernard, obligea Henri de Blois, évêque de Verdun, d'abdiquer cet évêché. Ce Henri était frère d'Etienne, roi d'Angleterre, et neveu de l'impératrice Mathilde. Il avait beaucoup de science, de douceur, de prudence et d'équité; mais comme l'empereur Henri V. l'avait élevé sur le siège de Verdun contre les règles canoniques, on l'obligea d'en descendre. Il fut fait évêque de Winchester en Angleterre la même année. *Pagi, ad hunc annum.*

CHALONS-SUR-MARNE (Synodes de), l'an 1557. Des statuts synodaux furent publiés en cette année par Jérôme du Bourg, évêque de Châlons; mais il n'y est pas marqué à l'occasion de quels synodes. *Statuta synodalia, Rhemis*, 1557.

CHALONS-SUR-MARNE (autres Synodes de). *Voy.* SAINTE-MARIE DE CHALONS.

CHALONS-SUR-SAONE (Concile de), *Cabilonense*, l'an 470. La mort de Paul, évêque de Châlons-sur-Saône, arrivée vers l'an 470, ayant occasionné beaucoup de désordre dans cette Eglise par les brigues de trois compétiteurs, saint Patient, archevêque de Lyon, à qui il appartenait, en qualité de métropolitain, de pourvoir à l'ordination d'un successeur, vint en cette ville avec saint Euphrone, évêque d'Autun, et les autres évêques de la province. Ils élurent pour évêque un saint prêtre nommé Jean, qui ne s'attendait à rien moins, quoiqu'il eût été déjà archidiacre, et qui justifia par la sagesse de sa conduite le choix qu'on fit de lui en cette circonstance. Il est honoré publiquement dans son Eglise le 30 d'avril. *Sidon. Apollin. l.* IV, *ep. ult. ad Domnulum.*

CHALONS-SUR-SAONE (Concile de), l'an 579. Salone, évêque d'Embrun, et Sagittaire, évêque de Gap, déposés dans le concile tenu à Lyon l'an 567 (*Voy.* ce mot), comme coupables de pillages, d'homicides et d'adultères, avaient obtenu du roi Gontran la permission d'aller à Rome ; et le pape Jean III, qu'ils avaient trompé par leurs mensonges, les avait rétablis dans leurs sièges. Mais, après leur rétablissement, s'étant livrés à de nouveaux désordres, le roi fit tenir un concile à Châlons, où ils furent déposés de l'épiscopat et ensuite enfermés dans un monastère de cette ville, fondé en l'honneur de saint Marcel, d'où ils se sauvèrent l'un et l'autre peu de temps après. Le concile mit à leur place Emérite à Embrun et Aridius ou Arigius à Gap. Il sacra de plus un évêque pour Maurienne et l'assujettit à l'évêque de Vienne. *Greg. Tur. l.* V, c. 21, 28.

CHALONS-SUR-SAONE (Concile de), l'an 581; *voy.* GAULES, même année.

CHALONS-SUR-SAONE (Concile de), l'an 589. Cette assemblée confirma l'excommunication lancée par le concile de Poitiers (*Voy.*

ce mot) de cette même année contre deux religieuses du monastère fondé à Poitiers par sainte Radegonde.

CHALONS-SUR-SAONE (Concile de), l'an 594. On y établit pour le monastère de Saint-Marcel la même manière de psalmodier que celle qui était suivie dans les abbayes de Saint-Martin de Tours, de Saint-Denis en France et de Saint-Germain-des-Prés. *Aimoin, Hist. Franc. l.* III; *De Lalande, Suppl. conc.,* art. *Gall.*

CHALONS-SUR-SAONE (Concile de), l'an 603. Ce fut par les intrigues de la reine Brunehaut que se tint ce faux concile. Arégius, évêque de Lyon, y présida et y fit déposer saint Didier, évêque de Vienne, pour avoir repris cette princesse de ses désordres. *Fredeg. Chron. c.* 34; *Jonas, Vit. S. Colomb.*

CHALONS-SUR-SAONE (Concile de), l'an 650. Ce concile fut assemblé sous le règne et par les ordres du roi Clovis II, le 24 ou le 25 d'octobre de l'an 650, dans la basilique de Saint-Vincent. Il s'y trouva trente-huit évêques présents, cinq abbés députés pour des évêques absents, et un archidiacre, tous des États de Clovis, c'est-à-dire, des royaumes de Neustrie et de Bourgogne. Les six premiers de ces évêques étaient métropolitains, savoir, Conderic de Lyon, Landolen de Vienne, qu'on croit être le même que saint Dadolan, évêque de cette Église, honoré le 1er d'avril, saint Ouen de Rouen, Armentaire de Sens, saint Vulfolade ou Florent de Bourges, et saint Donat de Besançon. On trouve dans les souscriptions de ce concile un évêque nommé *Licerius*, qui prend le titre d'évêque de Venasque, parce que les évêques de Carpentras demeuraient souvent dans la même ville qui a donné son nom au comtat Venaissin; et un autre appelé *Betton*, qui prend la qualité d'évêque de Juliobone, que l'on croit communément être Lillebonne dans le pays de Caux, qui, sans doute, avait été érigé en évêché pour un temps, en faveur de quelqu'un, comme quelques autres sièges semblables qui ne subsistèrent pas longtemps. Quoique les évêques donnent pour motif de la convocation de ce concile l'obligation que les anciens canons avaient imposée aux métropolitains de s'assembler annuellement avec leurs comprovinciaux, il semble qu'ils en avaient un autre, qui était d'examiner les prétentions d'Agapius et de Bobon, tous deux évêques de Digne, et les accusations formées contre Théodose, évêque d'Arles. Ces trois évêques se trouvèrent coupables; et le jugement qu'on rendit contre eux fait partie des vingt canons suivants, qui furent dressés dans ce concile.

Le premier ordonne qu'en matière de foi on s'en tiendra à la doctrine du concile de Nicée, confirmée dans celui de Calcédoine.

Le 2e veut que l'on observe les canons.

Le 3e renouvelle les défenses, tant de fois faites aux ecclésiastiques, d'avoir chez eux des femmes étrangères.

Le 4e défend qu'il y ait jamais deux évêques en même temps pour la même ville.

Le 5e défend aux laïques de se charger du gouvernement des biens des paroisses ou des paroisses mêmes. Cet abus allait si loin, qu'il y avait des laïques qui exerçaient la charge d'archiprêtre.

Le 6e déclare homicides des pauvres ceux qui s'emparent des biens ecclésiastiques avant un jugement légitime.

Le 7e défend aux évêques, aux archidiacres et à toute autre personne, de rien prendre des biens d'une paroisse, d'un hôpital ou d'un monastère, après la mort du prêtre ou de l'abbé qui en avait le gouvernement.

Le 8e est conçu en ces termes : « Pour la pénitence des péchés, nous la croyons utile aux hommes; et tous les évêques, d'un commun consentement, jugent que les prêtres, ayant reçu la confession des pénitents, doivent leur imposer la pénitence. »

Le 9e défend de vendre des esclaves chrétiens hors du royaume de Clovis, de peur qu'ils ne tombent sous la puissance des juifs.

Le 10e porte que l'évêque sera élu par les comprovinciaux, par le clergé et les citoyens de la ville, sans quoi son ordination sera nulle.

Le 11e défend aux juges laïques, sous peine d'excommunication, d'aller par les paroisses de la campagne que l'évêque a coutume de visiter, et de contraindre les clercs ou les abbés de leur préparer des repas ou des logements, à moins qu'ils n'y soient invités par l'archiprêtre du lieu ou par l'abbé.

Le 12e porte que, pour entretenir la paix et prévenir les divisions monastiques, il n'y aura jamais deux abbés dans un monastère; et que, s'il arrive que l'abbé élise, de son vivant, son successeur, celui qui aura été élu n'aura aucun maniement des biens du monastère, ni aucune part au gouvernement avant la mort de l'abbé.

Le 13e défend de retenir les clercs d'un autre diocèse et de les ordonner sans le consentement de leurs évêques.

Le 14e regarde les plaintes portées au concile contre les seigneurs laïques, lesquels, ayant des oratoires dans leurs maisons, trouvaient mauvais que l'évêque eût l'inspection sur la conduite des clercs et sur les revenus de ces oratoires, et qui ne souffraient pas que les clercs en fussent corrigés par les archidiacres. Le concile déclare que c'est à l'évêque à ordonner ces clercs, et à veiller à ce que les revenus soient employés à desservir ces oratoires et à y faire l'office.

Le 15e défend, sous peine d'excommunication, aux abbés, aux moines et aux procureurs des monastères, de se faire protéger par des laïques, et d'aller à la cour sans la permission de leur évêque.

Le 16e renouvelle les canons contre la simonie, et prononce la peine de déposition contre tous ceux qui se feront ordonner par argent.

Le 17e décerne la peine d'excommunication contre tous les séculiers qui exciteront du tumulte, ou qui tireront l'épée pour blesser quelqu'un dans les églises ou dans leur enceinte.

Le 18e renouvelle les anciens canons qui défendent de scier les blés, de les enlever, de labourer la terre, ou de faire toute autre culture les jours de dimanche.

Le 19e défend, sous peine d'excommunication, aux femmes qui se trouvent à la dédicace des églises ou aux fêtes des martyrs, de danser dans l'enceinte et dans le parvis de l'église, ou d'y chanter des chansons déshonnêtes, au lieu de prier et d'écouter le clergé psalmodier.

Le 20e regarde Agapius et Bobon qui se portaient l'un et l'autre pour évêques de Digne. Le concile les déclare tous les deux déchus de l'épiscopat, comme coupables de plusieurs fautes contre les canons. Il ordonna aussi à Théodose, évêque d'Arles, de s'abstenir des fonctions épiscopales jusqu'au prochain concile. Quelques-uns portent ce concile de Châlons à l'an 643 ou 644, d'autres à l'an 656 ou à l'an 663. *Anal. des Conc.*

CHALONS-SUR-SAONE (Concile de), *Cabilonense*, l'an 813. Les actes de ce concile sont, comme ceux du concile de Tours de cette même année, sans date de mois et de jour. Les évêques de la Gaule Lyonnaise y assistèrent avec les abbés, et firent soixante-six canons, parmi lesquels il y en a plusieurs fort remarquables.

1, 2, 3, 4 et 5. « Les évêques doivent s'appliquer, sans relâche, à la lecture de l'Ecriture, des canons et du Pastoral de saint Grégoire. Ils doivent donner l'exemple à leurs peuples, et les instruire par la prédication. Ils doivent aussi, suivant l'ordonnance de l'empereur, établir des écoles où l'on enseigne les lettres et les saintes Ecritures, afin d'y former de savants hommes, capables de défendre l'Eglise contre les hérésies, et de résister même à l'Antechrist. Ils doivent encore faire paraître dans leur extérieur leur humilité et leur religion; se rendre irrépréhensibles, et s'abstenir de tout gain honteux et sordide. »

6. « On impute à quelques-uns de nos frères, disent les évêques, de porter, par avarice, des personnes à renoncer au siècle, afin qu'elles donnent leurs biens à l'Eglise : il convient d'éloigner entièrement ces soupçons de tous les esprits... L'Eglise, loin de dépouiller les fidèles, doit, comme une bonne mère, nourrir les pauvres, les infirmes, les orphelins et les veuves; parce que les biens de l'Eglise sont la rançon des péchés, le patrimoine des pauvres, la solde des clercs qui vivent en communauté. Les évêques ne doivent pas s'en servir comme de biens propres, mais comme de biens dont l'administration leur est confiée. »

7. « On mettra en pénitence ceux qui, en faveur de l'Eglise, ont extorqué des donations des personnes qu'ils ont portées à se consacrer à Dieu; et les biens seront rendus aux héritiers. »

8. « Si les prêtres font des magasins de blé ou d'autres denrées, ce ne doit pas être pour les vendre plus cher, mais pour les distribuer aux pauvres, en temps de disette. »

9 et 10. « On défend aux ecclésiastiques tout ce qui pourrait être à leurs yeux ou à leurs oreilles un sujet d'appât; et on leur ordonne de pratiquer et de prêcher la sobriété. »

11. « On défend aux évêques de porter leurs causes aux tribunaux séculiers, si ce n'est pour secourir les pauvres, les veuves et les orphelins. La même défense est faite aux prêtres et aux diacres, et, plus expressément encore, aux moines. »

12. « Défense aux prêtres, aux diacres et aux moines d'être fermiers. »

13. « On nous a rapporté que quelques-uns de nos frères contraignent ceux qu'ils ordonnent de jurer qu'ils sont dignes des ordres sacrés; qu'ils ne feront rien contre les canons; qu'ils obéiront à l'évêque qui les ordonne, et à l'Eglise dans laquelle ils sont ordonnés. Nous défendons ce serment qui a des inconvénients. »

14. « Les évêques, en faisant la visite de leurs diocèses, tâcheront de n'être à charge à personne. »

15. « Les archidiacres n'exigeront pas de cens ou de rétributions des prêtres des paroisses; ce qui sent plus la tyrannie que l'ordre de la droiture : car, si, selon la sentence de l'apôtre saint Pierre, les évêques ne doivent point traiter leur clergé avec un esprit de domination, cela convient encore moins aux archidiacres. »

La coutume contraire avait cependant prévalu au siècle dernier dans la plupart des diocèses, où les curés payaient à l'archidiacre un droit de visite.

16 et 17. « C'était aussi un ancien usage, en quelques Eglises, que chaque prêtre donnât à l'évêque, tous les ans, trois ou quatre deniers, pour le baume qui servait à la confection du saint chrême, et pour le luminaire des églises. En d'autres endroits, chaque prêtre payait à l'évêque douze ou quatorze deniers en cens. Le concile défend toutes ces exactions. »

18. « Il défend aussi d'exiger des gages ou des amendes de ceux qui ne payaient pas la dîme, ou des incestueux, comme faisaient quelques évêques, de concert avec les comtes, avec lesquels ils partageaient ces amendes. Le concile déclare qu'il faut excommunier ceux qui refusent de payer la dîme, et mettre les incestueux en pénitence sans exiger d'amendes pécuniaires. »

Il y a dans le texte du concile *wadios accipient*. *Wadium*, ou *wadius*, ou *gadium*, signifie *gage*.

19. « Les terres et les vignes des évêques et des abbés ne seront pas exemptes de payer la dîme aux églises. Les familles doivent payer la dîme à l'église où leurs enfants sont baptisés, et où elles entendent la messe pendant le cours de l'année. »

20. « On recommande aux évêques et aux comtes d'avoir la paix entre eux. »

21. « Les comtes et les juges ne feront point acception des personnes, et ne recevront point de présents; mais ils jugeront selon la justice. Ils auront soin de n'avoir pour officiers subalternes que des hommes justes et intègres, afin

que le peuple ne souffre pas de leur avarice. »

22. « On ordonne aux moines de vivre selon la règle de saint Benoît. »

23. « On fera les ordinations dans les temps marqués. »

24. « Il faut savoir de l'empereur à qui doit être payée l'amende pour le meurtre d'un évêque, d'un prêtre, d'un diacre ou d'un moine. »

25. « En quelques lieux, l'usage de faire la pénitence canonique, aussi bien que d'excommunier et de réconcilier les pécheurs, selon l'ordre marqué par les canons, est aboli. Il faut implorer la protection de l'empereur pour le rétablir. »

26. « Les églises ne doivent pas être partagées entre les héritiers des terres sur lesquelles elles sont bâties ; ce qui arrive quelquefois d'une manière si scandaleuse, qu'un même autel est divisé en quatre parts, qui ont chacune leur prêtre. S'il y a procès, l'évêque doit interdire l'église, jusqu'à ce que les parties soient d'accord. »

27. « On ne doit pas plus réitérer la confirmation que le baptême. »

28. « Défense de contracter mariage dans les degrés prohibés par les canons. »

29. « Il faut avoir égard aux degrés de consanguinité et d'affinité, qui se contractent du côté de la femme aussi bien que de l'homme. »

30. « Défense de rompre les mariages des esclaves, lorsqu'ils se sont faits du consentement d'un de leurs maîtres, quoiqu'ils soient au service de différents maîtres. »

31. « On ne séparera point non plus les femmes qui ont tenu leurs enfants à la confirmation, par mégarde ou par malice, et à dessein d'être séparées de leurs maris; mais elles seront mises en pénitence pour toute leur vie. »

32. « Il faut remédier à un grand abus, dit le concile. Quelques-uns, en se confessant aux prêtres, ne déclarent pas tous leurs péchés ; mais puisque l'homme est composé d'un corps et d'une âme, il faut confesser les péchés dont le corps a été l'instrument, et ceux qui n'ont été commis que par la seule pensée. On doit en particulier avertir les pénitents de faire leur confession sur les huit vices principaux, *de octo principalibus vitiis*, dont il est difficile ici-bas de se conserver exempt. »

33. « Quelques-uns disent qu'il faut seulement confesser ses péchés à Dieu ; et d'autres, qu'il faut les confesser aux prêtres : l'un et l'autre se pratique avec grand fruit dans l'Eglise, de telle manière que nous confessons nos péchés à Dieu, qui est celui qui les remet ; et selon l'institution de l'Apôtre, nous les confessons les uns aux autres, et nous prions les uns pour les autres, afin d'être sauvés. Ainsi la confession qui se fait à Dieu purge les péchés ; et celle qui se fait au prêtre enseigne de quelle manière on doit les purger : car Dieu, auteur du salut et de la santé, la donne souvent par une opération invisible de sa puissance, et souvent par l'opération des médecins. »

Ce que le concile dit ici de l'utilité de la confession faite à Dieu, n'empêche pas la nécessité de la confession faite au prêtre, dont il parle dans le canon précédent, en disant qu'on était obligé de confesser aux prêtres tous ses péchés, tant de la chair que de l'esprit.

34. « On ne doit point faire acception des personnes en aucun jugement, mais surtout dans celui de la pénitence. Les médecins des âmes doivent imiter les médecins des corps, qui emploient, sans acception des personnes, le fer et le feu lorsqu'ils le jugent nécessaire pour guérir le malade. Les prêtres doivent donc imposer des pénitences salutaires et proportionnées, en se réglant sur l'Ecriture sainte, les canons, la coutume de l'Eglise, la ferveur de l'esprit des pénitents et leur ardeur à mortifier leurs corps. »

35. « On doit non-seulement s'abstenir, pendant le temps de la pénitence, de vin et de chair, comme l'usage en est alors défendu, mais encore de toute boisson et de toute nourriture propre à flatter la délicatesse. »

36. « On condamne ceux qui pèchent à dessein, et se promettent l'impunité de leurs aumônes, sous prétexte que l'Ecriture dit que *l'aumône éteint les péchés comme l'eau éteint le feu*. Cela est vrai, disent les Pères du concile, des péchés de fragilité, mais non pas de ceux que l'on commet exprès, pour les racheter ensuite par l'aumône, parce que ceux qui pèchent ainsi semblent prendre Dieu à gage, pour qu'il leur soit permis de pécher impunément. On ne donc point pécher pour faire l'aumône, mais on doit faire l'aumône parce qu'on a péché. »

37. « Les prêtres liront souvent les décrets des conciles, qui doivent être la règle de leur vie et de leurs prédications. »

38. « Pour l'administration de la pénitence, il faut suivre les anciens canons, l'Ecriture sainte, la pratique de l'Eglise, et rejeter les livres pénitentiaux dont les erreurs sont certaines et les auteurs incertains; qui sont cause de la mort de plusieurs, parce qu'ils n'imposent que des pénitences légères pour de grands péchés ; et qui par là, suivant l'expression du prophète, mettent des coussinets sous les coudes et des oreillers sous les têtes de toutes sortes de personnes, pour perdre les âmes. »

39. « Dans toutes les messes, même des fêtes solennelles, on priera pour les morts. »

40. « Les prêtres déposés seront enfermés dans des monastères pour y faire pénitence ; et s'ils vivent d'une manière séculière, ils seront excommuniés. »

41. « On ne recevra point un prêtre qui va dans un autre diocèse, à moins qu'il n'ait des lettres dimissoires de son évêque, qui attestent sa bonne vie et la raison pour laquelle il quitte son diocèse. »

42. « Défense de donner ou d'ôter des églises à des prêtres sans le consentement des évêques. »

43. « On déclare nulles et sans effet les

ordinations faites par des Ecossais ou Hibernois qui se disent évêques, parce qu'on croyait ces sortes d'ordinations infectées de diverses erreurs et de simonie. »

44. « On défend aux prêtres d'être fermiers, d'être chanceliers ou greffiers publics, de boire dans les cabarets, de fréquenter les foires, d'aller à Rome ou à Tours sans la permission de leur évêque. »

45. « Il se commet bien des abus dans les pèlerinages que l'on fait à Rome et à Saint-Martin de Tours. Il y a des ecclésiastiques qui croient que, dès qu'ils ont visité ces saints lieux, ils ont expié leurs péchés et doivent être rétablis dans leurs fonctions, qu'ils avaient perdues par leur faute. Des laïques s'autorisent de ces pèlerinages pour pécher impunément. Il y a des riches qui, sous prétexte d'amasser de l'argent pour ces voyages, oppriment les pauvres; et il y a des pauvres qui ne font ces pèlerinages que pour avoir plus de liberté de mendier. On prie l'empereur de réprimer ces abus, et on loue ceux qui font ces pèlerinages par le conseil de leurs confesseurs et en esprit de pénitence. »

46. « On doit se donner de garde d'être trop longtemps sans recevoir le corps et le sang du Seigneur; mais il faut craindre de le recevoir indignement, et s'éprouver pour le recevoir dignement. On doit se préparer à la communion par la pureté du corps et de l'âme, et en s'abstenant de l'usage du mariage quelques jours avant d'en approcher. »

47. « Tous, excepté ceux que de grands crimes en rendent indignes, doivent communier le jeudi saint. C'est l'esprit de l'Eglise, qui, ce jour-là, réconcilie les pénitents pour les admettre à la communion. »

On peut remarquer sur ce canon, que c'était l'usage anciennement de faire une communion générale le jeudi saint.

48. « Selon saint Jacques et la tradition des Pères, les prêtres doivent oindre les malades de l'huile bénite par l'évêque; et l'on ne doit pas négliger ce remède, qui guérit les maladies de l'âme et du corps. »

49. « Défense de célébrer la messe dans des maisons particulières. »

50. « On souhaite que l'empereur ordonne la sanctification du dimanche par une constitution solennelle et authentique. »

51. « On avertit les prélats et les seigneurs de traiter leurs sujets avec beaucoup de charité. »

52. « On ordonne aux abbesses de conduire leurs religieuses avec sainteté, avec piété, et de leur donner bon exemple en tout, sachant qu'elles en doivent rendre compte à Dieu. »

53. « On déclare que les canons suivants regardent les chanoinesses qui n'avaient professé aucune règle. »

54. « Les abbesses auront grand soin de leurs communautés, et donneront à leurs religieuses les choses nécessaires à la vie, de peur qu'en ne les donnant pas elles ne tombent dans le péché. »

55 et 56. « On défend aux abbesses et aux religieuses de parler à aucun homme, soit clerc, soit laïque, sinon de jour, en présence de témoins, et seulement depuis primes jusqu'à vêpres. »

57. « L'abbesse ne sortira point de son monastère sans la permission de l'évêque ou de son grand vicaire, à moins qu'elle ne soit mandée à la cour, ou que la distance des lieux ne lui permette pas d'obtenir cette permission. »

58. « L'abbesse aura soin de faire bâtir ou réparer les logements nécessaires aux religieuses. »

59. « Les religieuses réciteront ensemble toutes les heures canoniales, s'appliqueront à la lecture des livres saints, coucheront dans un même dortoir, et assisteront tous les jours à la conférence spirituelle. »

60. « Les prêtres n'entreront dans les monastères de filles que pour y faire leurs fonctions. »

61. « Les religieuses ne mangeront avec aucun homme dans leurs propres chambres; et s'il est quelquefois nécessaire qu'elles le fassent, ce sera dans le parloir et en présence de témoins; et s'il n'y a point de parloir, on en fera. »

62. « Les religieuses ne sortiront point du monastère, si ce n'est en cas de nécessité et avec la permission de l'abbesse. »

63. « Aucun homme, soit clerc, soit laïque, ne pourra entrer dans les monastères de filles, si ce n'est que la nécessité d'y travailler ne l'y oblige. »

64. « On choisira pour portière une religieuse avancée en âge et d'une conduite sans reproche. »

65. « L'abbesse demandera à l'évêque les choses qu'elle doit faire, et lui obéira selon les canons. »

66. « On fera des prières pour l'empereur, pour ses enfants et pour le bien de l'Etat. »

CHALONS-SUR-SAONE (Concile de), l'an 839. Ce concile fut tenu vers le mois d'octobre, sur quelques affaires politiques et ecclésiastiques, surtout pour apaiser les troubles causés par la révolte de Louis, l'un des fils de l'empereur Louis le Débonnaire. Ce prince ayant partagé ses Etats, à la fin de mai 839, entre Lothaire et Charles, n'ayant laissé que la Bavière à Louis, celui-ci prit occasion de ce partage pour se révolter contre son père: ce fut le principal sujet de la tenue de ce concile. L'empereur y exposa aux prélats et aux seigneurs les raisons du partage dont Louis, l'un de ses fils, se plaignait avec tant de violence. *Reg.* XXI; *Lab.* VII; *Hard.* IV.

CHALONS-SUR-SAONE (Concile de), l'an 873. Ce concile fut tenu le 21 mai, au sujet de l'église de Saint-Laurent, dont les chanoines de Saint-Marcel revendiquaient la propriété, disant qu'elle leur avait été donnée par les rois ses fondateurs, et que les évêques de Châlons n'avaient fait que l'usurper sur eux. Le concile s'assembla dans cette église même, et décida qu'elle serait rendue aux chanoines de Saint-Marcel. Ce concile était composé de cinq évêques, d'un chorévêque, et d'un certain nombre d'abbés, de moines, de prêtres, de diacres et d'archidiacres, ayant à leur tête Remi, archevêque de Lyon. *Reg.* XXXIV; *Labb.* IX; *Hard.* VI.

CHALONS-SUR-SAONE (Concile de), l'an 875. Ce concile de quarante-six évêques confirma les priviléges du monastère de Tournus.

CHALONS-SUR-SAONE. (Concile de), l'an 880. *Gall. Chr. t.* VI, *col.* 20.

CHALONS-SUR-SAONE (Concile de), l'an 886 ou 887. Ce concile fut assemblé le 18 mai, et composé de huit évêques, qui s'y occupèrent du soin d'établir la paix, et de régler quelques autres affaires de l'Eglise. *Reg.* XXIV; *Labb.* IX; *Hard.* VI.

CHALONS-SUR-SAONE (Concile de), l'an 894. On y examina l'affaire de Gerfroi, moine de Flavigny, accusé par la voix publique d'avoir empoisonné Adalgaire, évêque d'Autun; mais il ne se trouva ni preuve ni accusateur contre lui. Il fut néanmoins ordonné que, pour rendre sa justification plus authentique, Gerfroi recevrait publiquement la communion, en témoignage de son innocence, dans un synode diocésain qui se tiendrait incessamment à Flavigny même; ce qui fut exécuté. *Reg.* XXIV; *Labb.* IX; *Hard.* VI.

CHALONS-SUR-SAONE (Concile de), l'an 915. Ce concile fut tenu dans l'église de Saint-Marcel. On y fit rendre une métairie qui avait été usurpée sur l'église de Saint-Clément par un certain prêtre nommé Yves. Le concile reçut aussi la restitution que Rodolphe, comte de Mâcon, lui fit des biens de l'Eglise qu'il avait envahis, effrayé de la menace que lui firent les évêques de l'excommunier. *Reg.* XXIV; *Labb.* IX; *Hard.* VI.

CHALONS-SUR-SAONE (Concile de), l'an 1056, au sujet d'un différend de l'évêque de Valence avec les chanoines de Romans. Hildebrand, depuis saint Grégoire VII, qui présida à ce concile en qualité de légat, donna gain de cause aux chanoines contre leur évêque, en leur assurant la propriété d'une église du comté de Lyon, qui faisait l'objet de leurs débats réciproques. *Martene, Thes. anecd. t.* IV; *Schram.*

CHALONS-SUR-SAONE (Concile de), l'an 1063. Saint Pierre Damien présida à ce concile en qualité de légat. Il y corrigea plusieurs abus, de concert avec les évêques, et y confirma contre Drogon, évêque de Mâcon, le privilége de l'abbaye de Cluny de ne dépendre que du saint-siége. Le concile d'Anse de 1025 avait jugé le contraire, en soumettant cette abbaye à la juridiction de l'évêque diocésain.

CHALONS-SUR-SAONE (Concile de), l'an 1072. Ce concile eut pour objet un différend survenu entre l'évêque de Valence et les chanoines de Romans. Il est daté du 10 mars, le 18 de la lune, l'an 1072, indiction X : nouvelle preuve que l'année commençait alors à Noël ou au premier janvier dans ce pays. *Martene, Thes. t.* IV, *Rich.*

CHALONS-SUR-SAONE (Concile de), l'an 1073. Gérard, évêque d'Ostie et légat du saint-siége, tint ce concile le 19 octobre. Hugues, chambrier de l'Eglise de Lyon, y fut substitué à Lancelin, évêque de Die, déposé comme simoniaque. *Gall. Chr. t.* IV *col.* 885.

CHALONS-SUR-SAONE (Synode diocésain de), *Cabilonensis,* l'an 1554. Ce synode fut tenu par Louis Guillard, évêque de Châlons. Défense y fut faite aux curés et aux vicaires de desservir à la fois deux paroisses, d'affermer leurs bénéfices à des laïques, de réitérer le baptême, toutes les fois qu'ils sauraient certainement qu'il aurait été validement conféré, de baptiser les avortons morts-nés, à moins qu'ils ne donnassent quelque signe de vie, d'ordonner l'opération césarienne si ce n'est après la mort de la mère, et pour sauver l'enfant qui lui survivrait, de donner à des femmes des corporaux à laver, fussent-elles religieuses, etc. *Statut. synod. diœc. Cabilon.*

CHALONS-SUR-SAONE (Synode diocésain de), le 3 juin 1699. L'évêque Henri Félix y publia le recueil des ordonnances synodales de son diocèse, qu'il divisa en quatre livres. Le chapitre 10 du livre IV, qui a pour titre *du Synode,* contient les articles suivants : « 1. Tous les curés de notre diocèse assisteront au synode, étant revêtus de soutane et d'un surplis par-dessus, ayant les cheveux courts et la couronne convenable à leur ordre. Nous leur défendons de causer pendant toute la cérémonie; mais au contraire ils écouteront en silence et avec attention les avis et ordonnances qu'on leur donnera de vive voix ou par écrit... 4. Il n'y aura que les archiprêtres au synode qui porteront l'étole par-dessus le surplis; ils appelleront chaque curé de leur archiprêtré à la fin du synode, pour venir baiser notre anneau pastoral, et recevoir notre bénédiction, avant que de s'en aller..... 6. Tous les curés qui assisteront au synode communieront de notre main à la messe, que nous célébrerons pontificalement, pour témoigner l'union du pasteur avec toutes ses ouailles.... 8. Chaque archiprêtre aura soin de nommer les curés ou vicaires qui resteront dans les paroisses, pendant le synode, pour en avoir soin..... 12. Les archiprêtres viendront toujours un jour avant le synode avec leurs mémoires pour conférer avec nous ou avec notre grand vicaire touchant les affaires et les besoins des paroisses de leurs archiprêtrés. 13. Ils auront soin de marquer exactement sur chaque curé les articles suivants : 1° S'il dit la messe les jours de fête, le prône, le catéchisme et les vêpres, aux heures réglées par les ordonnances du diocèse. 2° S'il s'acquitte fidèlement des fondations faites en son église. 3° S'il n'exige point trop pour ses droits curiaux, ou s'il ne les fait point payer avec trop de rigueur. 4° S'il a soin de visiter les malades, et de leur administrer les sacrements. 5° S'il ne donne point lieu à des murmures et à des médisances, par quelque scandale, ou par quelque conduite suspecte. 6° S'il ne fréquente point quelque fille ou femme, ou s'il n'y en va point à la cure, à des heures indues, sous prétexte de lui rendre service, dont on murmure. 7° S'il n'a point de servante trop jeune, ou de parente avec lui, qui soit trop mondaine. 8° S'il ne s'absente point trop souvent de sa paroisse, et même plusieurs jours de su te sans permission. 9° S'il n'est point sujet au vin, s'il n'aime point le jeu, les compagnies ou les procès. 10° S'il ne fume point de tabac en compagnie, ou en particulier. 11° S'il ne porte point la perruque sans permission. 12° S'il n'est point haï ou méprisé dans sa paroisse par le plus grand nombre de ses paroissiens, à cause de sa mauvaise conduite. 13° S'il n'est point mort par sa faute d'enfants sans baptême, ni de grandes personnes sans confession. 14° S'il a soin d'écrire dans ses registres les baptêmes, les mariages et les enterrements qu'il fait, et s'il n'en a point omis quelques-uns. 15° S'il ne dit point la messe, et s'il ne fait point les autres cérémonies de l'Eglise avec précipitation. 16° S'il n'a point manqué trois dimanches de suite, sans faire le catéchisme. 17° S'il ne laisse point de grands enfants dans sa paroisse sans faire leur première communion, faute de les instruire.» *Rec. des ordonn. syn. du dioc. de Châlons.*

CHALONS-SUR-SAONE (autres Synodes de). *Voy.* SAINT-VINCENT DE CHALONS.

CHARLIEU (Conc. de), *Carilocense*, au diocèse de Besançon, l'an 926. Ce synode fit rendre au monastère de Charlieu dix églises qui en avaient été ôtées. *Reg.* XXV; *Labb.* IX; *Hard.* VI.

CHARNE (Concile de) ou *Theodosiopolis* en Arménie, *Charnense seu Theodosiopolitanum*, l'an 622. Les acéphales, qui n'admettaient que la nature divine en Jésus-Christ, ayant infecté de leurs erreurs une partie de l'Arménie, Jéser Nécaïnus, qui en était patriarche et très-attaché à la foi catholique, assembla, vers l'an 622, un concile à Charne, auparavant Theodosiopolis, dans la grande Arménie. Il s'y trouva plusieurs évêques, et avec eux beaucoup de grands seigneurs. Il y vint aussi quelques Grecs, et quelques Syriens, par ordre de l'empereur Héraclius. Le concile dura un mois entier. On y agita diverses questions qui avaient rapport aux erreurs du temps. Après plusieurs délibérations, on convint unanimement de casser tout ce qui avait été fait par les acéphales dans une assemblée qu'ils avaient tenue à Thévie; de recevoir tous les décrets du concile de Chalcédoine; d'ôter du Trisagion ces paroles que Pierre le Foulon y avait ajoutées : *Vous qui avez été crucifié pour nous*, et qui favorisaient son erreur, où l'hérésie des patripassiens; de ne plus célébrer en un même jour la fête de la naissance de Jésus-Christ et celle de l'Epiphanie, ou de son Baptême, mais à des jours distincts, comme dans les autres Eglises. Ce concile rétablit la paix entre les Grecs et les Arméniens. *Galanus. Conciliatio Arm. t.* I; *edit. Ven. t.* VI.

CHARNE (Concile de), l'an 1330. Ce concile, daté de l'an 779 de l'ère d'Arménie, dura un mois entier. Il fut assemblé par les soins du prince Georges, et de Barthélemi de Bologne, dominicain, évêque de Maraga. L'Eglise d'Arménie y promit obéissance au pontife romain, comme au chef de l'Eglise universelle. *Galanus, t.* I, p. 511.

CHARROUX (Concile de), *Carrofense*, l'an 989. Gombault, archevêque de Bordeaux, tint ce concile, avec six évêques d'Aquitaine, dans le monastère de Charroux, au diocèse de Poitiers. Ils y firent trois canons, pour remédier à quelques désordres du temps. Le premier prononce anathème contre ceux qui auraient rompu les portes d'une église, et en auraient enlevé quelque chose. Le second frappe de la même censure ceux qui auraient volé à un laboureur, ou à quelque pauvre, une brebis, un bœuf, ou quelques autres bestiaux. Le troisième défend l'entrée de l'église à quiconque aura frappé, ou fait captif un prêtre, un diacre, ou tout autre clerc trouvé sans armes. *Reg.* XXV; *Labb.* IX; *Hard.* VI.

CHARROUX (Concile de), l'an 1027 ou 1028, contre les erreurs des manichéens, qui se répandaient dans les Gaules, et pour la confirmation de la paix. *Ibid., et Pagi, ad annum* 1027.

CHARROUX (Concile de), l'an 1080 ou environ. L'abbé de Saint-Maixent y porta plainte devant le légat Amé, évêque d'Oléron, contre l'abbé de Moutier-Neuf, à qui le comte Gui Geoffroy avait donné des biens qu'il avait enlevés à Saint-Maixent. *Mas L.*

CHARROUX (Concile de), l'an 1082. La chronique de Maillezais mentionne ce concile, sans dire ce qui s'y est fait : on croit que Boson, évêque de Poitiers, y fut déposé par le légat Amé, évêque d'Oléron. *Lengl. du Fr.*

CHARROUX (Concile de), l'an 1186 Henri de Sully, archevêque de Bourges, cardinal et légat du saint-siège, tint ce concile, qui fit quelques règlements de discipline. *Lab.* X; *Hard.* VII.

CHARTRES (Concile de), *Carnotense*, l'an 849. On y donna la tonsure cléricale à Charles, frère cadet de Pépin, roi d'Aquitaine, et neveu de Charles le Chauve.

CHARTRES (Concile de), l'an 1124. Pierre de Léon, légat du saint-siège, qui fut depuis antipape sous le nom d'Anaclet, tint ce concile, dont on ignore les actes, de même que ceux des conciles de Clermont, de Beauvais, de Vienne en Dauphiné, de Toulouse et de Narbonne, qui furent tenus cette année et la suivante.

CHARTRES (Concile de), l'an 1146, pour l'expédition de la terre sainte que commanda Louis le Jeune. On y voulut élire saint Bernard pour chef de la croisade; mais il refusa constamment cet honneur.

CHARTRES (Synode de), l'an 1526, tenu par Louis Guillard. Cet évêque y publia des règlements concernant l'administration des sacrements, les testaments et les sépultures. On y fit défense de réitérer l'extrême-onction à un malade dans la même maladie. *Ben.* XIV, *de Synod. diœc. l.* VIII, c. 8.

CHARTRES (Synode diocésain de), l'an 1550. Ce synode eut le même objet que le précédent; ses statuts se terminent par des règles qui y sont données pour l'examen des cas de lèpre. *Constit. synod. diœc. Carnot.*

CHARTRES (Synode diocésain de), le mercredi après la Saint-Luc 1555. L'évêque Charles y fit défense aux curés et aux vicaires de faire chanter la messe paroissiale par des prêtres étrangers ou simplement habitués. *Constit. syn. diœc. Carnot.*

CHARTRES (Synode diocésain de), l'an 1558. On y défendit aux prêtres l'usage des feutres. *Ibid.*

CHARTRES (Synode diocésain de), l'an 1587, sous Nicolas de Thou. On y rappela les règles à observer dans la célébration des synodes. On y défendit l'abus de boire dans les clochers. On y recommanda l'usage du pain bénit. On y permit de faire publier aux portes des églises par les administrateurs des fabriques les ordonnances séculières, mais on défendit de les annoncer au prône. *In sacra synod. Carnoten. promulgata.*

CHARTRES (autres Synodes de). *V.* NOTRE-DAME DE CHARTRES.

CHASLONS. *Voy.* CHALONS.

CHATEAUGONTIER (Concile de), *apud Castrum Gontherii*, l'an 1231. François Cassardi (ou, selon les auteurs de l'*Hist. de l'Egl. Gall.*, Juhel de Mayenne, son successeur), archevêque de Tours, tint ce concile avec les évêques de sa province, et y fit trente-sept règlements pour le rétablissement de la discipline.

1. On ordonne aux évêques de procéder, sans délai et sans excuse, à la séparation de ceux qui ont contracté des mariages clandestins.

2. On défend aux archiprêtres et aux doyens ruraux de connaître des causes des mariages.

3. On règle l'institution d'un curé dans une église, de la manière suivante. Le patron ecclésiastique ou laïque présentera à l'archidiacre ou au doyen rural, et ensuite à l'évêque ou à celui qui a le droit épiscopal, la personne qu'il aura choisie dans le temps prescrit par la loi; on l'obligera de jurer qu'il n'a rien donné ni promis pour ce bénéfice, et qu'il ne sait pas que personne ait rien promis ou donné pour lui; enfin l'évêque, ou celui qui a le droit épiscopal, lui donnera le soin des âmes, et on lui fera prêter serment d'obéir à son évêque, de défendre les droits de son église, et de faire revenir les biens aliénés.

4. Les évêques obligeront tous les clercs qui ont des bénéfices à charge d'âmes, de les desservir personnellement, si ce n'est qu'ils jugent devoir en dispenser quelques-uns d'eux, pour des causes évidemment raisonnables.

5. Quand on donnera une église à ferme, on réservera une partie du revenu, suffisante pour l'entretien du chapelain.

6. On fixera le nombre des canonicats de chaque chapitre, afin que les prébendes ne soient point partagées, mais données tout entières à une même personne.

7. On ne donnera plus de provision pour la première prébende vacante dans les cathédrales.

8. On mettra par écrit les coutumes des églises cathédrales.

9. Ceux qui communiquent avec des excommuniés seront privés de l'entrée de l'Eglise, s'ils ne se corrigent après qu'ils auront été avertis.

10. Les ordinaires et les délégués s'abstiendront de porter des excommunications générales.

11. Les ecclésiastiques ne se rendront point tributaires des laïques, sous peine d'être suspens de leurs offices et de leurs bénéfices.

12. Les archidiacres, les archiprêtres et les autres qui peuvent avoir une juridiction ecclésiastique, n'auront point d'officiaux hors des villes, et s'acquitteront eux-mêmes personnellement de leurs fonctions.

13. Les prélats et autres qui ont juridiction, ne recevront pas le droit de procuration en argent, suivant qu'il a été réglé dans un concile général de Latran.

14. Défense aux prélats d'exiger de l'argent des fermiers, en donnant les églises à ferme.

15. Les patrons qui présentent des sujets illettrés seront privés de leur droit de présenter pour cette fois.

16. On ne donnera les bénéfices à charge d'âmes qu'à ceux qui savent la langue du pays.

17. Défense de vendre les tutelles.

18. Aucun prêtre ne sera admis à faire ses fonctions sans la permission de son évêque, à moins qu'il ne constate d'ailleurs qu'il a été canoniquement ordonné.

19. Défense aux laïques de vendre leurs actions aux ecclésiastiques pour frustrer le tribunal du juge séculier, si ce n'est dans les cas accordés par le droit.

20. Les ecclésiastiques surpris dans quelque crime énorme, seront remis entre les mains de l'évêque, qui les dégradera s'ils sont convaincus, ou s'ils s'accusent eux-mêmes d'un crime qui mérite cette peine. S'ils ne se corrigent pas ensuite, l'Eglise ne les défendra plus.

21. On rasera les clercs débauchés (le texte dit ribauds ou goulards), en sorte qu'il ne leur paraisse plus de tonsure cléricale.

22. Les croisés coupables de crimes énormes, seront déclarés par le juge ecclésiastique déchus de leurs privilèges et du droit de porter la croix; et, s'ils continuent à commettre des crimes, ils seront punis par le juge séculier.

23. On condamne la tyrannie des grands seigneurs qui font piller les biens des ecclésiastiques et saisir leurs personnes par des gens de vile condition.

24. Les moines garderont le silence, et ne parleront que par des signes, que l'abbé aura soin de leur faire apprendre. Ils seront tous habillés d'une manière uniforme et conforme à leur règle.

25. On ne mettra les jeunes moines, qui n'ont pas encore atteint l'âge de quinze ans, dans d'autres prieurés que dans les conventuels.

26. Les moines n'auront rien en propre, même avec la permission de l'abbé, qui est nulle en ce cas.

27. Les moines et les autres religieux observeront l'abstinence de la viande prescrite par la règle.

28. Un abbé n'ira point à la campagne sans avoir un moine avec lui, ni un moine sans avoir un valet.

29. On ne mettra point un moine tout

seul dans un prieuré; mais de deux prieurés on n'en fera qu'un, où il y aura deux moines qui feront l'office qui se faisait dans les deux pour les patrons.

30. Les usuriers seront excommuniés tous les dimanches; et l'on obligera ceux qui sont suspects de ce crime, de se justifier, et d'y renoncer publiquement.

31, 32 et 33. On défend de donner aux juifs aucune charge publique. On ordonne de les empêcher de rien dire ou de rien faire au mépris de la religion chrétienne; et on les prive du droit de porter témoignage contre les chrétiens.

34. Défense, sous peine d'excommunication, de contracter mariage qu'après que les bans auront été publiés en la manière accoutumée. Les futurs contractants pourront néanmoins s'accorder et se donner des gages de s'épouser en face de la sainte Eglise.

35. Les juges prêteront serment de ne point recevoir de présents, et de juger selon la justice.

36. Les avocats jureront de ne point défendre de mauvaises causes, de ne point employer la fraude, le mensonge, la médisance, la calomnie; d'expédier de bonne foi leurs parties le plus tôt possible, et de ne point souffrir qu'elles produisent de faux témoins.

37. On confirme les règlements faits à un concile tenu précédemment à Laval. *Anal. des Conc.*

CHATEAUGONTIER (Concile de), l'an 1253. Ce concile fut tenu par Pierre de Lamballe, archevêque de Tours : on n'en produit qu'un statut, contre ceux qui abusaient des lettres apostoliques. *Anal. des Conc.*, t. II.

CHATEAUGONTIER (Concile de), l'an 1268. Vincent de Pilènes, archevêque de Tours, tint ce concile avec ses suffragants le lundi d'après la fête de la Madeleine, et y renouvela huit canons; le premier contre ceux qui s'empareraient des biens de l'Eglise; le 2ᵉ contre ceux qui empêcheraient la juridiction ecclésiastique; le 3ᵉ contre ceux qui demeureraient excommuniés une année entière, sans demander à être relevés de l'excommunication; le 4ᵉ contre le pillage qu'on se permettait de faire du mobilier que les prieurs de monastères pouvaient laisser après eux, lorsqu'ils venaient à mourir ou à se démettre de leur charge; le 5ᵉ contre les moines qui se réservaient des dépôts hors de leurs monastères; le 6ᵉ touchant l'habit que devaient porter les archidiacres, les archiprêtres et les doyens; le 7ᵉ qui autorisait chaque évêque à absoudre ses diocésains des excommunications portées par ce concile; et le 8ᵉ enfin, qui renouvelait et confirmait les statuts des conciles précédents. *Ibid.*

CHATEAUGONTIER (Concile de), l'an 1336. Pierre Frérot ou Frétot, archevêque de Tours, tint ce concile au mois de novembre, et y publia douze règlements sous le nom de capitules.

1. On renouvelle le canon du concile de Saumur de l'an 1315, contre ceux qui empêchent l'exécution des jugements, ou qui troublent en quelque autre manière la juridiction de l'Eglise.

2. Ceux qui usurpent la juridiction spirituelle de l'Eglise sont excommuniés *ipso facto*.

3. Défense d'exiger aucun péage des clercs, et de les charger d'aucune imposition.

4. Défense d'employer les personnes privilégiées pour vexer les autres.

5. Un clerc qui portera la main sur son évêque sera privé pour toujours de tous ses bénéfices, et inhabile à en posséder d'autres.

6, 7 et 8. On renouvelle les peines d'excommunication et d'interdit, prononcées tant de fois par les conciles contre ceux qui prennent ou retiennent les biens ecclésiastiques, qui maltraitent les clercs, qui violent les immunités des églises, qui empêchent qu'on n'y fasse des offrandes, ou qui troublent le service divin.

9. Les curés publieront ces statuts tous les ans, le premier dimanche de l'Avent, le dimanche d'après l'Epiphanie, etc.

10. On ne pourra dire la messe dans les chapelles domestiques le premier dimanche de l'Avent, le dimanche dans l'octave de l'Epiphanie, le premier dimanche de Carême, le dimanche de la Passion, le dimanche dans l'octave de la Pentecôte, et le dimanche dans l'octave de l'Assomption.

11 et 12. Les évêques feront publier les statuts des autres conciles de la province de Tours qu'ils jugeront les plus nécessaires; et ils pourront absoudre de toutes les sentences d'excommunication, de suspense ou d'interdit, portées par ce concile. *Ibid.*

CHATEAU-THIERRY (Concile de), *apud Castellum Theodorici*, l'an 933. Artaud archevêque de Reims, y sacra Hildegaire, évêque de Beauvais.

CHELLES (Concile de), *Kalense*, l'an 1008. Ce concile fut tenu en présence et dans le palais du roi Robert; Lutheric de Sens, Fulbert de Chartres et d'autres prélats y confirmèrent les donations que ce religieux prince avait faites à l'abbaye de Saint-Denis. *Lab.* IX; *Hard.* VI.

CHÊNE (Conciliabule du), *apud Quercum*, l'an 403, au mois de juin.

Les grands frères et les autres moines d'Egypte maltraités par Théophile sous prétexte d'origénisme, s'étant pourvus par requête à l'empereur contre Théophile, ce prince ordonna que cet évêque serait tenu de se présenter à Constantinople pour être jugé par saint Chrysostome. Théophile fit beaucoup de difficulté d'obéir à cet ordre : mais enfin il se rendit à Constantinople un jeudi en plein midi, vers le 18 de juin de l'an 403, accompagné de beaucoup d'évêques de sa province, et d'une grande foule de mariniers égyptiens qu'il avait rassemblés exprès, apportant avec lui tout ce qu'il y avait de meilleur dans l'Egypte et dans les Indes même, pour se faire des partisans. Mais quelque instance que l'on fit à saint Chrysostome de prendre connaissance des chefs d'accusation formés contre Théophile, et de le juger, il n'en voulut rien faire, soit par considération pour Théophile, soit par respect pour les canons, qui ordonnent de juger les affaires des ecclésiastiques dans leur province. Théophile, qui pensait bien différemment, ne s'occupa à Constantinople que des moyens de chasser saint Chrysostome de son siége : et il gagna par son argent, par ses caresses et par ses promesses plusieurs grands de la cour, et la plus grande partie du clergé : en sorte que ce criminel il se vit en état, par ses intrigues, d'être le juge des autres. Deux diacres lui servirent d'accusateurs contre saint Chrysostome, dont l'un avait été déposé par ce saint évêque pour un homicide, et l'autre pour un adultère. Théophile dressa lui-même les requêtes qu'ils lui présentèrent contre saint Chrysostome. Elles ne contenaient que des faussetés, hors un seul article, dans lequel ils accusaient l'évêque Jean de conseiller à tout le monde de prendre après la communion un peu d'eau et de pain, ou quelque pastille, de peur de rejeter involontairement avec la salive quelque chose des espèces, ce qu'il pratiquait lui-même. Théophile ayant reçu ces requêtes, tint conseil chez Eugraphia avec Sévérien, Antiochus, Acace et les autres ennemis de saint Chrysostome. Le résultat de leur assemblée fut de présenter une requête à l'empereur, pour obliger le saint évêque à comparaître devant le concile.

Comme ils n'osaient produire au milieu de Constantinople les calomnies dont ils prétendaient l'accabler, ils assemblèrent ce concile en un lieu près de Calcédoine nommé le Chêne, où il y avait un palais bâti en 394 par le préfet Rufin, avec une grande église et un monastère. L'évêque de Calcédoine, qui se nommait Cyrin, était égyptien de naissance et ennemi de saint Chrysostome. Il se trouva dans ce conciliabule 36 évêques de la province de Théophile, et quelques autres, jusqu'au nombre de quarante-cinq. Les plus connus sont Théophile lui-même, Acace de Bérée, Cyrin de Calcédoine et Paul d'Héraclée. Saint Cyrille y accompagna Théophile, son oncle, dont il fut depuis le successeur.

Photius, qui avait lu les actes de cette assemblée, dit qu'ils étaient partagés en 13 mémoires ou actions, dont la treizième regardait Héraclide d'Éphèse, et les douze autres saint Chrysostome. Ce qui donne lieu de croire qu'il y eut treize séances, durant lesquelles on instruisit comme on voulut cette affaire. Pallade dit néanmoins que les évêques de cette assemblée consommèrent leur iniquité en un seul jour : et Sozomène assure qu'ayant cité saint Chrysostome, ils le jugèrent et le condamnèrent le même jour. Mais ne peut-on pas concilier ces deux auteurs avec Photius, en disant que ces évêques furent plusieurs jours à recevoir les requêtes, et à examiner les chefs d'accusation formés contre saint Chrysostome, non dans le dessein de les vérifier, mais pour savoir comment ils les feraient valoir pour en tirer tout l'avantage qu'ils s'en étaient promis? Nous avons encore les actes de l'assemblée du Chêne, partie dans Photius, partie dans le dialogue de Pallade. En voici la teneur.

Les évêques s'étant assemblés, Théophile manda avec autorité l'archidiacre de Constantinople, comme s'il n'y eût point eu d'évêque en cette ville. L'archidiacre obéit, mena avec lui la plupart des ecclésiastiques de cette Église, et se portant pour accusateur, proposa vingt-neuf chefs d'accusation, à savoir : que saint Chrysostome l'avait excommunié lui-même, parce qu'il avait frappé son valet, nommé Eulalius; qu'un moine, nommé Jean, avait été battu, traîné et enchaîné par ordre de ce saint évêque; qu'il avait vendu quantité de meubles précieux de l'église, et les marbres préparés par Nectaire pour orner l'Anastasie; qu'il avait injurié les clercs, les appelant gens corrompus, prêts à tout faire, qui ne valaient pas trois oboles; qu'il avait appelé saint Épiphane radoteur et petit démon; qu'il avait fait une conjuration contre Sévérien de Gabales, excité contre lui certains bas officiers de l'Église que l'on nommait *Doyens*; qu'il avait composé contre les ecclésiastiques un livre plein de calomnies; qu'il avait fait venir devant son clergé trois diacres, Acace, Edaphius et Jean, les accusant d'avoir dérobé son pallium (c'était un ornement de laine, qui était comme le symbole de la brebis rapportée au bercail sur les épaules du bon Pasteur); qu'il avait ordonné évêque Antoine, convaincu d'avoir fouillé dans des tombeaux; qu'il avait décelé le comte Jean dans une sédition militaire; qu'il ne priait point Dieu, ni en allant à l'église, ni en y entrant; qu'il avait ordonné sans autel des diacres et des prêtres; que, dans une seule ordination, il avait fait quatre évêques; qu'il recevait des femmes seul à seul, après avoir fait sortir tout le monde; qu'il avait vendu, par un nommé Théodule, la succession de Thècle, léguée apparemment à l'église; que personne n'avait connaissance de l'emploi que l'on faisait des revenus de l'église; qu'il avait ordonné prêtre Sérapion, prévenu de crimes; qu'il avait fait mettre en prison des hommes qui étaient en communion avec toute l'Église, et les avait méprisés après leur mort jusqu'à ne pas accompagner leurs corps à la sépulture; qu'il avait fait injure au très-saint Acace, évêque de Bérée, et n'avait pas voulu même lui parler; qu'il avait livré le prêtre Porphyre à Eutrope pour le faire bannir; qu'il avait aussi livré le prêtre Bérénius d'une manière outrageuse; que l'on chauffait le bain pour lui seul, et qu'après qu'il s'était baigné, Sérapion en fermait l'entrée, afin que personne ne s'y baignât; qu'il avait ordonné plusieurs personnes sans attestations; qu'il mangeait seul, vivant licencieusement comme un cyclope; qu'il était lui-même l'accusateur, le témoin et le juge, comme il avait paru dans l'affaire de l'archidiacre Martyrius, et dans celle de Proérésius, évêque de Lycie; qu'il avait donné un coup de poing à Memnon dans l'église des Apôtres, jusqu'à lui faire sortir le sang de la bouche, et que toutefois il n'avait pas laissé d'offrir les saints mystères;

qu'il se déshabillait et s'habillait dans son trône, et y mangeait des pastilles ; enfin, qu'il avait donné de l'argent aux évêques après les avoir ordonnés, afin de se servir d'eux pour persécuter le clergé.

Pendant que ces choses se passaient au Chêne, saint Chrysostome était à Constantinople, et avec lui 40 évêques assis dans la salle de l'évêché. Comme ils témoignaient leur étonnement de ce que Théophile, appelé pour répondre à des accusations atroces, avait trouvé le moyen de changer en un moment l'esprit des puissances et de gagner la plus grande partie du clergé, saint Chrysostome leur dit : Priez, mes frères, et, si vous aimez Jésus-Christ, que personne n'abandonne pour moi son Église. Si nous gardons nos Églises, répondirent ces évêques, on ne manquera pas de nous contraindre à communiquer et à souscrire. Communiquez, répliqua saint Chrysostome, pour ne point faire de schisme, mais ne souscrivez pas ; car ma conscience ne me reproche rien qui mérite la déposition. Comme il parlait ainsi, on l'avertit qu'il y avait là les députés de Théophile. C'étaient deux jeunes évêques de Libye, l'un nommé Dioscore, dont on ne marque pas le siège, et l'autre Paul, fait évêque d'Erythrée, en 401. Saint Chrysostome les fit entrer, les pria de s'asseoir et de dire pourquoi ils venaient. Ils répondirent qu'ils n'avaient qu'une lettre à présenter, et ils en firent lecture par un jeune domestique de Théophile. Elle portait : « Le saint concile assemblé au Chêne à Jean (sans y ajouter le titre d'évêque) : Nous avons reçu contre vous des libelles qui contiennent une infinité de maux. Venez donc, et amenez avec vous les prêtres Sérapion et Tigrius. » Socrate y ajoute un lecteur nommé Paul. Les évêques qui étaient avec saint Chrysostome députèrent trois d'entre eux, Lupicin, Démétrius et Eulysius, et deux prêtres, Germain et Sévère, avec charge de dire à Théophile : « Ne faites point de schisme dans l'Église. Si, au mépris des canons de Nicée, vous voulez juger hors de vos limites, passez vous-même vers nous en cette ville, afin que nous vous jugions le premier. Car nous avons des mémoires contre vous qui contiennent 70 articles de crimes manifestes, et notre concile est plus nombreux que le vôtre : vous n'êtes que 36 d'une seule province, et nous sommes 40 de diverses provinces, entre lesquels il y a sept métropolitains. Nous avons encore votre lettre par laquelle vous déclarez à notre frère Jean qu'il ne faut pas juger hors des limites. » Saint Chrysostome, sans vouloir se servir de tous ces avantages, répondit aux députés que jusqu'ici il n'avait point eu de connaissance que personne eût rien à lui reprocher ; que, quoiqu'il dût être jugé à Constantinople, il était prêt d'aller se justifier au Chêne et partout ailleurs, pourvu que ce ne fût pas devant ses ennemis déclarés.

« Or ceux, ajouta-t-il, que je récuse, sont Théophile, que je convaincrai d'avoir dit à Alexandrie et en Lycie : Je vais à la cour déposer Jean. Ce qui est si vrai que, depuis qu'il est arrivé, il n'a voulu ni me parler, ni communiquer avec moi. Je récuse aussi Acace, parce qu'il a dit : Je lui préparerai un plat de ma façon. Je n'ai pas besoin de parler de Sévérien ni d'Antiochus ; Dieu en fera justice, et les théâtres publics chantent leurs entreprises. » Après cela il congédia les députés en leur disant qu'inutilement on renverrait vers lui, parce qu'on n'en aurait pas d'autre réponse.

Un moment après vint un notaire avec un ordre de l'empereur de contraindre saint Chrysostome à se présenter devant ses juges. Le saint évêque lui fit la même réponse ; et aussitôt Eugène et Isaac, tous deux prêtres de Constantinople, lui vinrent commander de la part du synode qu'il eût à venir se justifier. Le saint répondit par un billet, dont quelques évêques furent porteurs : « Quelle est votre procédure, de ne point chasser mes ennemis et de me citer par mes propres clercs ? » Les partisans de Théophile, irrités de ce que saint Chrysostome avait éludé leur piège, prirent les évêques chargés du billet, battirent l'un, déchirèrent les habits de l'autre, et chargèrent un troisième des chaînes qu'ils avaient préparées pour saint Chrysostome ; et l'ayant jeté dans une barque, l'envoyèrent dans un lieu inconnu.

En même temps il vint un officier de la cour presser les évêques assemblés au Chêne de juger l'affaire. Ils examinèrent quelques-uns des vingt-neuf chefs d'accusation proposés par l'archidiacre ; après quoi ils passèrent à l'examen des plaintes formées contre Héraclide et Pallade d'Hélénople, accusés d'origénisme. Cette requête était de Jean, moine, qui y accusait aussi saint Chrysostome de favoriser les partisans d'Origène. L'évêque Isaac donna aussi une requête qui contenait 18 articles de plaintes contre saint Chrysostome, mais à peu près les mêmes qu'avait faites l'archidiacre Jean. Le principal est le septième. Isaac l'y accusait de donner trop de confiance aux pécheurs, en disant : Si tu pèches encore, fais encore pénitence ; viens à moi, et je te guérirai. Socrate, qui raconte quelque chose de semblable, dit que les amis de saint Chrysostome l'en reprirent. Mais il ne paraît point par cet historien, que saint Chrysostome parlât de la pénitence publique, qui, selon les canons, ne s'accordait qu'une fois. On examina ce chef d'accusation et quelques autres, après quoi Paul, évêque d'Héraclée, qui présidait au concile, peut-être comme ancien métropolitain de Thrace, prit les voix de tous les évêques, commençant par Gymnasius, et finissant par Théophile d'Alexandrie. Ils prononcèrent la sentence de déposition contre saint Chrysostome, comme coupable de contumace, et de ce qu'ayant été quatre fois cité par le concile, il n'avait pas voulu comparaître. Ensuite ils écrivirent une lettre synodale au clergé de Constantinople, et une seconde aux empereurs, pour leur donner avis de la déposition de Jean. Celle-ci commençait en ces termes : « Comme Jean, accusé de quelques crimes et se sentant coupable, n'a pas voulu se présenter, il a été déposé selon les lois. Mais parce que les libelles contiennent aussi une accusation de lèse-majesté, votre piété commandera qu'il soit chassé et puni pour ce crime; car il ne nous appartient pas d'en prendre connaissance. » Ce crime de lèse-majesté était d'avoir parlé contre l'impératrice Eudoxie, et de l'avoir nommée Jézabel. On voit ici que les évêques n'osaient en connaître, et que, sans en avoir connu, ces évêques ne laissaient pas de déclarer que saint Chrysostome en était coupable. L'empereur, conformément à la demande de ce conciliabule, donna ordre de chasser saint Chrysostome, et cet ordre fut promptement exécuté.

Théophile envoya au pape Innocent les actes du concile du Chêne, par un prêtre nommé Pierre. Mais ce pape les ayant lus, et voyant que les accusations étaient peu considérables, et que saint Chrysostome n'avait point été présent, cassa le jugement rendu contre lui, et répondit à Théophile en ces termes : « Nous vous tenons dans notre communion, vous et notre frère Jean. Que si l'on examine légitimement tout ce qui s'est passé par collusion, il est impossible que nous quittions sans raison la communion de Jean. Si donc vous vous confiez à votre jugement, présentez-vous au concile qui se tiendra, Dieu aidant, et expliquez les accusations suivant les canons de Nicée; car l'Eglise romaine n'en connaît point d'autres. »

Le bannissement du saint archevêque de Constantinople n'empêcha pas le conciliabule du Chêne de continuer ses séances, et en tint une treizième contre Héraclide, que le saint avait ordonné évêque d'Ephèse à la place d'Antonin. Le principal accusateur d'Héraclide était Macaire, évêque de Magnésie; mais le moine Jean et l'évêque Isaac avaient déjà proposé quelques plaintes contre lui. On l'accusait d'origénisme, de violences envers quelques personnes, et de larcins commis avant son épiscopat. Les amis d'Héraclide, comme il était absent, s'élevèrent contre l'injustice de cette procédure. Mais ceux du parti de Théophile voulant la soutenir, le peuple prit part à la querelle; on en vint aux mains; plusieurs furent blessés, et quelques-uns même tués : et les évêques opposés à saint Chrysostome se retirèrent chacun chez eux. Photius dit que ce fut aussi dans ce conciliabule que Géronce, Faustin et Eugnomone, qui étaient du nombre des évêques d'Asie déposés en 401, présentèrent leur requête, disant qu'ils avaient été injustement déposés de l'épiscopat par saint Chrysostome. Théophile les rétablit, et ne craignit pas de lever les liens dont saint Chrysostome les avait liés; mais ce ne fut qu'en 404, l'année d'après le conciliabule du Chêne. *D. Ceill.*

CHICHESTER (Concile de), *Cicestrense*, l'an 1157. On y obligea quelques abbayes à reconnaître la juridiction de l'évêque diocésain.

CHICHESTER (Synode diocésain de), l'an 1246. Richard, évêque de Chichester, y publia ses statuts, d'après lesquels il fallait avoir vingt ans accomplis pour faire des vœux de religion solennels. *Mansi, Suppl., t. II.*

CHICHESTER (Synode diocésain de), l'an 1289. Gilbert, évêque de Chichester, y publia de nouveaux statuts sur la discipline ecclésiastique et contre les clercs concubinaires. *Wilk. t. II.*

CHICHESTER (Synode de), l'an 1292. Le même évêque y fit défendre de faire paître les bestiaux dans les cimetières, et d'établir des troncs dans des églises sans son autorisation spéciale. *Ibid.*

CHINON (Concile de) en Touraine, *Chinunense*, l'an 1165 ou 1166. Ce concile, que Mansi met en 1165, et Wilkins en 1166, eut pour objet la réconciliation de saint Thomas avec le roi Henri II. On y lut les paroles touchantes que le prélat adressa au prince.

CHIOZA (Synode diocésain de), *Clodiensis*, les 21, 22 et 23 octobre 1603. L'évêque Laurent Prezati y publia trente-et-un chapitres de constitutions synodales. Le onzième contient la défense faite aux ecclésiastiques de mendier des rétributions et de donner des repas à l'occasion de leurs premières messes.

CHIOZA (Synode diocésain de), l'an 1616. L'évêque Paul Millotti, entre autres règlements, s'y réserva le pouvoir de dispenser en fait de restitutions de biens mal acquis.

CHIOZA (Synode diocésain de), les 4, 5 et 6 juin 1648. L'évêque François Grasso y renouvela les statuts de ses prédécesseurs auxquels il en ajouta quelques nouveaux.

CHYPRE (Concile de), *Cyprium*, l'an 399, ou 401, selon Mansi. Théophile d'Alexandrie ayant envoyé la lettre synodale de son concile à tous les évêques, et nommément à saint Epiphane, qu'il priait par une lettre particulière d'assembler tous les évêques de l'île de Chypre, ce saint assembla un concile des évêques de cette île, qui défendirent la lecture des écrits d'Origène. Saint Epiphane écrivit ensuite aux évêques, et en particulier à Saint Jean Chrysostome, pour leur faire part des décrets du concile tenu par lui, les exhortant à en assembler eux-mêmes d'autres pour condamner la même doctrine. C'est tout ce que nous savons de ce concile, dont les actes ne sont pas venus jusqu'à nous. Socrate et Sozomène nous apprennent qu'ils contenaient la condamnation des livres d'Origène, sans condamner sa personne.

CHYPRE (Concile de), l'an 1260. Germain, évêque de Limisso, ville autrefois épiscopale de Chypre, tint ce concile avec quelques autres prélats. On y traita de la manière d'administrer les sept sacrements, suivant l'usage marqué dans les anciens conciles et les écrits des saints Pères. *Leo Allatius, de synodo Photiana; Mansi, t. II.*

CICESTRENSE (*Concilium*). *Voy.* CHICHESTER.

CEFALU (Synode diocésain de), *Cephalœditana*, le 5 août 1618. Les statuts que l'évêque Martin Mira publia dans ce synode sont divisés en cinq parties, où il traita successivement de la foi, des sacrements, de l'entretien des églises, de la vie cléricale et des jugements épiscopaux. *Const. synod. diœc.*

CIFALU (Synode diocésain de), l'an 1635. Les statuts publiés dans ce synode par l'évêque Octave Branciforti, sont en quelque sorte le développement des statuts publiés en 1618 par son prédécesseur. *Constitut. synod.*

CIFALU (Synode diocésain de), *Cephœludensis*, le 20 novembre 1641. L'évêque Pierre Corsetti y publia un corps de statuts, dans lesquels se trouve recommandée la prière publique. Défense y est faite d'ouvrir aucune école sans l'agrément de l'évêque. Chaque samedi, les enfants seront instruits dans la doctrine chrétienne, et chanteront les litanies de la Vierge; et chaque dimanche, leur maître les conduira à l'église pour y assister au catéchisme. *Constitutiones synod.*

CILICIE (Concile de), l'an 423. Ce concile de la Cilicie, province de l'Asie Mineure, fut tenu contre les pélagiens, et particulièrement contre Julien, qui s'était retiré chez Théodore, évêque de Mopsueste, ville de la même province, où il composa ses huit livres contre saint Augustin. Mais cela n'empêcha pas que Théodore, qui l'avait reçu chez lui, ne le condamnât, comme tous les autres pélagiens, dans ce concile. *J. Garnerius, oper. Marii Mercatoris; Baluz. nov. coll.*

CIRTHE (Concile de), ou Zert, *Cirthense*, l'an 305. On y reçut en grâce les évêques qui dans la persécution avaient remis aux païens les livres saints, et avec lesquels un concile de l'Afrique proconsulaire, tenu l'année précédente 304, avait défendu de communiquer, sous peine d'excommunication. *Reg., Lab. et Hard. t. I. Voy.* ALUTA.

CIRTHE (Concile de), l'an 412. Sylvain, évêque de Sommes, et primat de Numidie, présida à ce concile de Cirthe ou de Zert, qui était apparemment dans le voisinage de Sommes. Nous en avons la lettre synodale, signée de Sylvain, de Valentin, d'Aurèle, de saint Augustin, qui en est l'auteur, et de quatre autres évêques. Ce qui engagea saint Augustin à l'écrire, c'est que les donatistes faisaient entendre à ceux de leur parti que le tribun Marcellin, commissaire de l'empereur dans la conférence de Carthage, n'avait prononcé contre eux que parce qu'on l'avait gagné à force d'argent. C'est donc aux donatistes mêmes que saint Augustin s'adresse dans cette lettre, au nom du concile. Il y marque en abrégé ce qui s'était passé dans cette conférence, et met au grand jour les mensonges des donatistes. *Reg. t. IV.*

CITTA NOVA (Synode diocésain de), le 17 mai 1644, par Jacques Philippe Tomasini, évêque de cette ville. Ce prélat y publia des règlements compris en vingt-trois chapitres, sur les sacrements, les devoirs des curés, des chanoines et des autres clercs, les églises, les confréries, les bénéfices, les hôpitaux, les sépultures et les legs pieux. *Sinodo diœc.*

CLARENDON (Concile de), *Clarondonense*, l'an 1164. Ce fut une assemblée de tout le royaume d'Angleterre, qui se tint le 25 janvier. On y établit des maximes conformes aux prétentions du roi d'Angleterre, et contraires aux libertés de l'Eglise, telles que celles qui donnaient au roi le droit de faire poursuivre devant les juges séculiers les clercs accusés de vol, d'homicide, ou d'autres crimes, afin qu'ayant été convaincus, ils fussent déposés et livrés à la cour laïque. Saint Thomas, archevêque de Cantorbéry, souscrivit à ces articles, qu'on appelait *coutumes royales*, vaincu par les importunités des autres évêques et des grands du royaume; mais il conçut ensuite une douleur si vive de sa complaisance, qu'il n'osa s'approcher de l'autel sans avoir reçu l'absolution du pape.

CLERMONT (Concile de) en Auvergne, *Arvernense* seu *Claromuntanum*, l'an 525. *Gall. Chr. t. IV, col.* 519.

CLERMONT (Concile de), l'an 535. Le 8 novembre de l'an 535, qui était le premier du pontificat d'Agapet, le vingt-quatrième du règne de Childebert, et le second de celui de Théodebert, Honorat, archevêque de Bourges, et plusieurs évêques des Gaules, au nombre de quinze en tout, s'assemblèrent dans la ville de Clermont en Auvergne, du consentement de Théodebert, à qui cette ville obéissait. Ils commencèrent le concile par prier à genoux pour la personne du roi et la prospérité de son règne. Ensuite, après s'être fait lire les anciens règlements, ils en renouvelèrent quelques-uns, et en ajoutèrent d'autres, le tout au nombre de seize.

Le 1er ordonne que, dans les conciles, on commencera toujours par ce qui regarde les mœurs et la discipline, avant de proposer aucune autre affaire.

Le 2e que pour prévenir l'abus, qui commençait à s'introduire, d'obtenir les évêchés par la faveur des rois, celui qui désirerait l'épiscopat, serait promu par l'élection des clercs et des citoyens et le consentement du métropolitain, sans employer la protection des personnes puissantes, sans user d'artifices, ni obliger personne, soit par crainte, soit par présents, à écrire un décret d'élection; qu'autrement, l'aspirant sera privé de la communion de l'Eglise dont il a voulu être évêque, quoiqu'il en fût digne.

Le 3e défend de couvrir les corps des morts de draperies ou de linges destinés à l'usage de l'autel.

Le 4e défend aux clercs de chercher de l'appui contre les évêques chez les puissances séculières.

Le 5e excommunie ceux qui, poussés par l'avarice, demanderaient au roi les biens d'une église au préjudice des pourvus, et déclare nul le don qui leur en serait fait.

Le 6e renouvelle la défense, déjà faite dans le second concile d'Orléans, de contracter des mariages avec les juifs, et cela, sous peine d'être privé de la société et de la table des fidèles, et de la communion de l'Eglise.

Le 7e défend de couvrir le corps d'un prêtre que l'on porte en terre du voile qui sert à couvrir le corps de Jésus-Christ; de peur qu'en voulant honorer les corps des défunts, on ne souille les autels.

Le 8e défend de prêter les ornements de l'église pour servir à la pompe des noces.

Le 9e défend de faire les juifs juges des chrétiens (a).

Le 10e défend aux évêques d'envahir les paroisses de leurs collègues.

Le 11e leur défend de recevoir et d'ordonner un clerc d'un autre diocèse, sans la permission de son évêque.

Le 12e défend de nouveau, sous peine d'excommunication, d'épouser la veuve de son frère, la sœur de sa femme, sa cousine germaine ou issue de germaine, et la veuve de son oncle (b).

Le 13e prive de leurs dignités les prêtres et les diacres qui ont eu commerce avec leurs femmes depuis leur ordination.

Le 14e veut qu'on excommunie celui qui prive l'église, en quelque manière que ce soit, de ce qui lui a été donné par écrit, et qui ne le rendra pas à la première sommation de l'évêque.

Le 15e défend de célébrer les saints mystères dans les oratoires particuliers, aux principales fêtes de l'année, c'est-à-dire à Noël, à Pâques et à la Pentecôte. Les prêtres et les diacres qui ne sont pas attachés au service de la ville (c), ou des paroisses, mais qui demeurent dans des maisons de campagne, se rendront auprès de l'évêque, pour célébrer avec lui ces solennités. Les principaux des citoyens reviendront, pour le même sujet, à la ville, sous peine d'excommunication. Ce canon est renouvelé des conciles précédents; et il y a dans le latin, *Natu majores*, terme qui, aussi bien que celui de *seniores*, signifie souvent *les plus distingués, les seigneurs*.

Le 16e renouvelle les anciens règlements sur la continence des prêtres et des diacres. On leur défend, aussi bien qu'aux évêques, non-seulement d'avoir chez eux des femmes étrangères, mais encore d'en laisser entrer aucune dans leur chambre ou dans leur cabinet, pas même des servantes ou des vierges consacrées à Dieu.

Ces règlements sont suivis d'une lettre synodale au roi Théodebert, par laquelle les évêques le supplient de laisser jouir paisiblement les sujets d'un autre prince des biens qu'ils ont dans son royaume, et même d'empêcher que personne ne soit privé des biens qui lui appartiennent dans les terres d'un autre roi, en lui payant les tributs ordinaires. Le partage du royaume de Clovis entre ses quatre fils Théodoric, Clodomir, Childebert et Clotaire, avait occasionné cette demande. Honorat de Bourges, qui avait présidé au concile, y souscrivit le premier, et, après lui, S. Gal de Clermont, comme évêque du lieu, de même que Léonce, évêque d'Orléans, avait souscrit le second au concile assemblé en cette ville. Dans les autres souscriptions, on garda le rang de l'ordination, sans avoir égard à la dignité des sièges; en sorte qu'il y eut des archevêques qui souscrivirent après des évêques. Voici les noms de quelques-uns des Pères qui composaient ce concile : Grégoire de Langres; Hilaire de Gaboules ou de Savouls; Nicet de Trèves; Dalmace de Rodez; Domitien d'Utrecht ou de Maestricht; Venant de Viviers; Hespérius de Metz. *D. Ceillier.*

CLERMONT (Concile de), l'an 549 ou 550. Ce concile, composé de dix prélats, présidés par Hésychius, archevêque de Vienne, s'assembla peu après le cinquième d'Orléans, dont il ne fit que reproduire seize canons. Comme nous découvrons, dit l'un, que beaucoup de gens remettent en servitude ceux qui, selon la coutume du pays, ont été affranchis dans les églises, nous ordonnons que chacun reste en possession de la liberté qu'il a reçue; et si cette liberté est attaquée, que la justice soit défendue par les Eglises. Les autres portent : Que les prisonniers soient visités, chaque dimanche, par l'archidiacre ou un préposé de l'église, afin qu'il soit pourvu à tous leurs besoins. Que le voile ne soit donné aux vierges qui entrent au monastère par la volonté de leurs parents ou par la leur propre, qu'après trois ans d'épreuves. Qu'un évêque qui apprend qu'il y a des lépreux, tant sur son territoire que dans la ville, leur fournisse tout ce qui leur est nécessaire dans leur malheur. Qu'un maître qui n'aurait pas tenu à son serf le serment qu'il lui aurait donné pour le faire sortir de l'église (les églises jouissaient alors du droit d'asile), soit excommunié. Que si le serf ne veut pas sortir sur la parole de son maître, celui-ci pourra employer la force, afin que l'église ne souffre pas de dommage ou de calomnie, comme si elle retenait les serfs contre la juste volonté des maîtres. Si le maître est païen ou hérétique, il devra présenter des chrétiens dignes de confiance, qui jurent pour lui. Qu'il ne soit permis à personne d'acquérir l'épiscopat par des présents; mais qu'avec la volonté du roi, le maître élu par le clergé et le peuple, ainsi que le prescrivent les anciens canons, soit sacré par le métropolitain, ou celui qu'il aura commis en sa place, et les évêques provinciaux. Qu'on n'excommunie pas pour de légères causes. Que les prêtres ne voient pas, à des heures suspectes, même leurs proches parentes. Que les évêques ne fassent pas des ordinations dans un diocèse vacant par la mort de son évêque. *Sirm. Conc. Gall.*

CLERMONT (Concile de), l'an 587, ou environ. Saint Sulpice, archevêque de Bour-

---

(a) « Ce canon est remarquable, dit le P. Thomassin (*manuscr. inédit.*), en ce que les Pères s'ingèrent de ce qui ne regarde que l'état et l'autorité du prince. » Sous ce rapport, en effet, ce canon est très-remarquable, ainsi que beaucoup d'autres, et mérite d'être médité par messieurs les gallicans.

(b) « Les degrés prohibés pour le mariage, marqués dans ce canon, ne passent pas le second, *consobrinam sobrinamve* : ces deux mots ne sont que la même chose, et ne marquent que le même degré. » *Thomass. ibid.* Nous préférons la version de D. Ceillier.

(c) *Qui neque in civitate, neque in parochiis canonicus esse dignoscitur, sed in villulis habitans.* Il est bon de remarquer ici, 1° le mot *canonicus*; 2° les grandes solennités marquées; 3° l'honneur qu'on doit aux évêques. » *Thom. ibid.*

ges, qui présidait à ce concile, termina, de concert avec les autres prélats, le différend survenu entre Innocent, évêque de Rodez, et Ursicin, évêque de Cahors, touchant la juridiction de quelques paroisses, qui furent adjugées au premier. *Reg.* XIII; *Pagi,* II.

CLERMONT (Concile de), tenu l'an 1077 par le légat Hugues de Die : des évêques simoniaques y furent déposés. *Mansi, tom.* II.

CLERMONT (Concile de). l'an 1095. Le pape Urbain II convoqua ce concile au mois de novembre, pour consommer l'affaire de la croisade, ou de l'expédition pour la délivrance de la terre sainte, qu'il avait proposée dans le concile de Plaisance. Il s'y trouva treize archevêques, deux cent vingt évêques, et un grand nombre d'abbés. On y publia la croisade contre les infidèles, et l'on y excommunia le roi Philippe, à cause de son mariage incestueux. On y fit ensuite les trente-deux canons suivants.

1. La paix ou la trève de Dieu sera gardée tous les jours envers les clercs, les moines et les femmes ; quant aux autres personnes, on sera tenu de la garder envers elles, au moins le jeudi, le vendredi, le samedi et le dimanche (*a*).
2. La croisade tiendra lieu de toutes sortes de pénitence aux croisés qui feront le voyage de Jérusalem, par un pur motif de dévotion, et non pour acquérir de la gloire ou des richesses.
3. On ne donnera les doyennés et les archiprêtrés des églises qu'à des prêtres, et les archidiaconés qu'à des diacres.
4. Les ecclésiastiques ne porteront point les armes.
5. On ne choisira point de laïques pour évêques, et ceux que l'on choisira seront au moins sous-diacres.
6. On n'achètera ni prébendes ni autres bénéfices ; et ceux qui les auront achetés seront tenus de les remettre entre les mains de l'évêque.
7. Les autels qui ont été donnés à des congrégations de moines ou de chanoines, retourneront, après la mort de ceux qui les auront donnés, à la disposition des évêques, s'ils ne leur ont été confirmés par leurs lettres.
8. Défense de rien exiger pour le droit de sépulture.
9 et 10. Les clercs garderont le célibat, et n'auront chez eux d'autres femmes que celles que les canons leur permettent.
11. Les enfants des concubines des clercs ne seront promus ni aux ordres ni aux bénéfices, s'ils n'ont embrassé la vie monastique ou canonique.
12, 13 et 14. On condamne la pluralité des bénéfices, soit dans une même église, soit dans des églises différentes.
15. Défense de recevoir l'investiture des bénéfices de la main des laïques.
16. Défense aux rois et aux princes de donner l'investiture des bénéfices.
17. Défense aux évêques et aux prêtres de prêter le serment de fidélité aux rois, ou à aucun laïque.
18. Défense aux laïques d'avoir des chapelains indépendants de l'évêque.
19 et 20. Défense aux mêmes laïques de retenir les dîmes et les autels, c'est-à-dire les églises.
21 et 22. Défense de donner l'absolution à ceux qui ont le bien d'autrui, s'ils ne le restituent, et à ceux qui sont dans l'habitude du péché mortel.
23. Défense aux chrétiens de manger de la chair, depuis le jour des Cendres jusqu'à Pâques.
24. Les ordinations doivent se faire aux quatre-temps et le samedi de la troisième semaine de carême ; et alors, on prolongera le jeûne jusqu'à vêpres, et même, s'il est possible, jusqu'au lendemain, afin qu'il paraisse davantage que l'on fait l'ordination le dimanche.
25. On n'admettra point aux ordres les enfants des prêtres, des diacres et des sous-diacres, s'ils ne sont moines ou chanoines réguliers.
26. On poussera le jeûne du samedi saint jusque vers la nuit.
27. Les quatre-temps du printemps seront toujours la première semaine de carême ; et ceux de l'été, la semaine de la Pentecôte.
28. Tous ceux qui communieront à l'autel recevront séparément le corps de Jésus-Christ, et son sang de même, s'il n'y a quelque nécessité ou quelque précaution qui oblige de faire autrement.

L'usage s'étant introduit de tremper dans le précieux sang l'hostie qu'on donnait à communier à chaque fidèle, le concile corrigea cet abus, en ordonnant qu'à l'avenir on recevrait séparément les deux espèces. Il autorisa en même temps la coutume de ne communier que sous l'espèce du pain, en prévoyant les cas où il y aurait nécessité ou prudence à le faire ; c'est le sens de ces mots, *nisi per necessitatem et per cautelam.*

29 et 30. Si quelqu'un, étant poursuivi par son ennemi, se sauve auprès d'une croix, il y sera aussi en sûreté que s'il s'était sauvé dans une église, et on ne le mettra entre les mains de la justice qu'après qu'elle aura promis qu'elle n'attentera ni à sa vie, ni à ses membres. De là sans doute est venu l'usage de planter beaucoup de croix sur les grandes routes.
31. On excommunie les laïques qui s'empareront des biens de l'Eglise.
32. Ceux qui arrêteront ou mettront en prison un évêque seront infâmes pour toujours, et il ne leur sera plus permis de porter des armes.

Le pape Urbain ordonna aussi, du consentement des Pères du concile, que les clercs récitassent à l'avenir le petit office de

---

(*a*) L'Eglise, ne pouvant extirper tout d'un coup le funeste usage des guerres particulières, introduit par la barbarie de nos ancêtres, le modérait autant qu'elle pou- vait, en exigeant de ces âmes farouches, avant l'exécution de leurs projets sanguinaires, au moins vingt-quatre heures de réflexion.

la sainte Vierge, qui était en usage parmi les ermites institués par saint Pierre Damien. Il régla encore que le samedi serait spécialement consacré à la sainte Vierge, et qu'on en ferait l'office ce jour-là.

La primatie fut confirmée au siège de Lyon dans ce même concile sur les quatre provinces de Lyon, de Rouen, de Sens et de Tours, et les droits de métropolitain furent assurés à l'archevêque de Tours sur toute la Bretagne, dont une partie s'y était soustraite depuis deux ou trois siècles, en reconnaissant pour sa métropole le siège de Dol.

CLERMONT (Concile de), l'an 1096, sur la discipline monastique. *Baluz. Misc.* VII.

CLERMONT (Concile de), l'an 1110, tenu par le légat Richard, évêque d'Albano. On y excommunia ceux qui se rendirent coupables de vexations envers l'église de Mauriac.

CLERMONT (Concile de), l'an 1130. Le pape Innocent II, assisté de quelques cardinaux, de huit archevêques avec leurs suffragants, et de plusieurs abbés, tint ce concile au mois de novembre. On traita d'abord de la foi catholique, ensuite de la réformation des mœurs, puis de l'obéissance que l'on devait au pape Innocent II. Tous la lui promirent ; après quoi on lut publiquement les treize canons suivants, qui ne se trouvent point dans les Collections ordinaires des conciles, mais seulement dans le septième tome des Mélanges de Baluze.

1. Quiconque aura été ordonné par simonie, sera privé de son office ; et tous ceux qui auront été promus par argent à quelque bénéfice ou à quelque dignité ecclésiastique, en seront dépossédés et notés d'infamie.

2. Les évêques, de même que tous les autres clercs, s'appliqueront à plaire à Dieu et aux hommes par la modestie de leurs habits.

3. Suivant le décret du concile de Chalcédoine, les biens de l'évêque défunt seront réservés à son successeur, et remis entre les mains de l'économe de l'église ; défense à tout autre de s'en emparer, sous peine d'excommunication. La même chose est ordonnée à l'égard des biens des prêtres et des autres clercs.

4. Celui qui, après avoir été ordonné sous-diacre, se mariera ou prendra une concubine, sera privé des fonctions de son ordre, et de son bénéfice, s'il en a.

5. Défense aux moines et aux chanoines réguliers de faire au barreau les fonctions d'avocat, et d'exercer la médecine.

6. On obligera les laïques qui tiennent des églises de les remettre aux évêques, sous peine d'excommunication contre les rebelles.

7. Aucun ne pourra être fait archidiacre qu'il ne soit diacre, ni doyen ou prévôt qu'il ne soit prêtre.

8. On renouvelle les règlements touchant l'observation de la trêve de Dieu en certains jours de la semaine ; savoir, depuis le coucher du soleil du mercredi, jusqu'au lever du soleil le lundi ; et en certains temps de l'année, comme en avent et en carême, dans les octaves de Noël et de l'Epiphanie, et depuis la Quinquagésime jusqu'à la Pentecôte.

9. On condamne avec exécration les tournois et les autres spectacles, où des chevaliers, pour faire preuve de leur valeur, se battaient à mains armées. On ordonne d'accorder la pénitence et le viatique à celui qui, étant blessé à mort, les demandera.

10 et 11. On prononce anathème contre ceux qui, à l'instigation du démon, frapperont des clercs ou des moines ; et l'on défend de s'emparer des bénéfices par droit de succession, sous peine de privation de ces bénéfices, dont on se sera ainsi emparé.

12. Le concile observe que les mariages incestueux ne sont pas seulement contre les lois de l'Eglise, mais encore contre les lois civiles, qui déclarent infâmes les enfants nés de tels mariages.

13. On excommunie les incendiaires, et on leur impose en outre pour pénitence, d'être pendant un an au service de guerre, à la terre-sainte ou en Espagne. *Anal. des Conc.*

CLERMONT (Concile de), l'an 1295, pour subvenir aux besoins de l'Etat. Dom Martène (*Thes. t.* IV) dit bien que ce concile fut convoqué, de même qu'un autre à Paris l'année suivante 1296, mais il n'ajoute pas qu'ils eurent lieu. *L'Art de vérifier les dates*, p. 225.

CLERMONT (Synode de), l'an 1538, sous Guillaume Duprat. Ce prélat y publia un corps de statuts relatifs à la tenue des synodes, à l'administration des sacrements, aux excommunications et aux absolutions, aux testaments et aux sépultures, aux églises et aux cimetières, aux instructions à donner au peuple, et à la célébration des fêtes.

CLERMONT (Synode de), le 21 octobre 1599. Des statuts y furent publiés par l'évêque François de la Rochefoucault.

CLERMONT (Synode diocésain de), l'an... sous Jacques d'Amboise. Ce prélat y publia divers statuts, dont voici les plus remarquables.

On baptisera sous condition, après leur avoir fait les onctions de l'huile sainte et du chrême, les enfants déjà baptisés par des laïques en cas de nécessité ; et on prononcera en français la formule conditionnelle, pour que les laïques ne croient pas que quelqu'un puisse être baptisé deux fois.

On n'obligera personne sous peine d'excommunication à se faire confirmer.

Nous défendons de célébrer la messe deux fois dans le même jour, si ce n'est le jour de Noël, ou à l'occasion d'un enterrement, ou enfin, avec notre agrément ou celui de notre vicaire général, pour satisfaire la dévotion de quelque personne de grande distinction qui arriverait après la messe dite. Mais, quel qu'en soit le motif, on ne pourra dire une seconde messe qu'autant qu'on sera à jeun, et qu'on se sera abstenu de prendre les ablutions à la première.

Défense, sous peine d'amende, de dire la messe dans un lieu profane, à moins d'y être autorisé par le saint-siége, par nous ou par notre vicaire général. Aucun prêtre, même en cas de nécessité, ne devra se permettre de dire la messe avant d'avoir récité matines et prime.

Pour éviter le danger de présenter l'eau à la place du vin dans le saint sacrifice, nous conseillons d'y employer le vin rouge de préférence.

Le prêtre ou le diacre, vêtu d'un surplis, lavera les corporaux dans un vaisseau propre et destiné à cet usage, et il jettera dans la piscine l'eau qui aura servi à les laver.

Nous défendons les danses dans les églises et les cimetières, même sous prétexte de confréries ou de noces ; et nous faisons défense aux juges séculiers d'instruire des procès dans ces mêmes lieux.

Nous ordonnons à tous les curés de renouveler de mois en mois les saintes espèces, et de garder sous clef les saintes huiles, sans les confier à d'autres qu'à des prêtres qui leur soient bien connus.

La bénédiction nuptiale ne doit jamais se réitérer dans les secondes noces, à moins que ce ne soit l'homme qui se remarie et non la femme.

Les curés et les prêtres de notre diocèse pourront se choisir eux-mêmes leurs confesseurs, qui les absoudront de leurs péchés, de ceux du moins qui ne nous sont pas réservés.

Les confesseurs n'imposeront des aumônes pour pénitence à ceux qui se confesseront de vols ou de rapines, qu'après que la restitution du capital aura d'abord été faite ; ils ne recevront rien de leurs pénitents, pas même sous prétexte que ceux-ci ne sauraient à qui adresser leur restitution, mais ils nous les renverront à nous-mêmes, pour que nous en décidions ce qui sera le plus à propos.

Les clercs engagés dans les ordres sacrés s'abstiendront de tout commerce, et surtout de tous contrats usuraires ou suspects d'usure ; ils ne se feront point marchands de chevaux ou d'autres animaux, ni de vin, ni de blé ou de toute autre mercerie. Ils n'accepteront aucun emploi séculier, tel que celui de receveur, de juge, de procureur ou de notaire.

Nous défendons aux curés et aux vicaires de notre diocèse de permettre des quêtes, ou d'autoriser des religieux mendiants à prêcher ou à confesser dans leurs églises, sans notre agrément ou celui de notre vicaire général.

On publiera au prône tous les dimanches la défense d'invoquer le nom du diable, sous peine d'excommunication.

Tous les ecclésiastiques qui ne se rendront pas au synode seront considérés par nous comme coutumaces, à moins que dans le mois ils ne nous présentent leurs motifs d'excuse.

CLERMONT (Synode diocésain de), tenu le 11 juin 1620. L'évêque Joachim D'Estaing y publia un corps de statuts, dont voici quelques dispositions : « Les ecclésiastiques se confesseront dans la sacristie.... Il n'y aura aucuns armoires dans les autels. ...»

« Chaque autel aye quelque image sainte en bosse ou en platte peinture s'il est possible, pour le moins que les images soient entières et ne soient point rompues ni indécentes, et qu'elles se rapportent à la dignité de celui qu'elles représentent.... »

« Aux plus pauvres églises parrochiales il y doit avoir pour le moins trois chazubles, une rouge, l'autre blanche et la troisième noire....»

« Il y aura aussi trois devant d'autels de même couleur que les chazubles, et trois aubes avec les manches étroites, et deux cordons ou ceintures ; outre ce, un pluvial (une chape), et pour les morts un drap noir avec une grande croix blanche au milieu. »

CLERMONT (autres Synodes de). *V.* SAINTE-MARIE DE CLERMONT.

CLICHY (Concile de), *Clippiacense*, l'an 628, 625 ou 653. Clichy est un petit village près de Paris, où les rois de France avaient autrefois une maison de plaisance. Il s'y est tenu plusieurs conciles, dont le premier est celui-ci. Ce fut une assemblée mixte, composée des grands du royaume et des évêques, pour régler tout ce qui pouvait contribuer à la tranquillité de l'Etat et à l'utilité de l'Eglise. Elle commença le 26 mai, sous le roi Dagobert Ier, la première année qu'il commença à régner seul. Le *Gallia Christiana*, tom. I, pag. 394, met ce concile en 625, *ex Flodoardo* ; mais le docte Mansi le rejette absolument comme supposé, et croit qu'il n'est autre que celui qui se tint vraiment à Clichy, l'an 653, dans lequel le roi Clovis II, Beroalde son référendaire, et vingt-quatre évêques signèrent le privilége de l'abbaye de Saint-Denis, le 22 juin. Voici les raisons qu'il en donne :

1° Le P. Sirmond remarque que dans les anciens *gestes* du roi Dagobert Ier, on attribue à ce prince le discours qu'Aimoin assure avoir été prononcé au concile de Clichy par le roi Clovis II. 2° Ce prétendu concile de Clichy de l'an 628, est daté de la cinquième année du roi Dagobert. Or, ce prince ne commença à régner seul qu'en 628, après la mort de son père Clotaire II ; et alors il ne commença pas une nouvelle époque de son règne, mais il retint l'ancienne, comme l'observe le P. Le Cointe, dans ses *Annales des Francs* ; d'où vient qu'il ne put convoquer aucune assemblée à Clichy la cinquième année de son règne, puisqu'il n'était alors que roi de Metz, et non pas de Paris, et par conséquent qu'il n'avait aucun pouvoir à Clichy. 3° Presque tous les évêques que l'on suppose avoir assisté au concile de Clichy de l'an 628, se trouvent souscrits au diplôme du roi Clovis II, donné dans le concile de l'an 653, tenu au même endroit. Or, est-il croyable que les mêmes évêques, en si grand nombre, se soient trouvés à deux conciles, séparés l'un de l'autre par l'espace de vingt ans ? 4° Landri, évêque de Paris, qui ne monta sur le siège épiscopal de cette ville qu'en 653, comme le remarque le père Pagi, se trouve souscrit au prétendu concile de Clichy de l'an 628 ; ce qui prouve que ce prétendu concile ne peut être que celui de l'an 653. *Mansi, tom.* I, *col.* 473.

CLICHY (Concile de), *Clippiacense*, l'an 627. Ce concile fut composé d'évêques et de grands convoqués par Clotaire.

Il s'occupa de la paix publique et de la discipline ecclésiastique. Les actes en sont perdus. *Mas. L.* Ce concile est sans doute le même que le précédent. La même observation paraît applicable à l'article suivant.

CLICHY (Concile de), l'an 633.«Ce concile fut composé d'évêques et de grands convoqués par Dagobert ; il traita des fugitifs, et de l'asile de l'église de Saint-Denis.»*Hist. de la civil. en France, t.* III, *p.* 395.

CLICHY (Concile de) l'an 636 Ce concile se tint le 1er mai. Saint Agile, ou Ægile, y fut établi premier abbé du monastère de Rebais, nouvellement fondé par saint Eloi dans le diocèse de Soissons. *D. Mabill. Sæc.* II ; *Annal. Bened.*

CLICHY (Concile de), l'an 653. *Voy.* plus haut, à l'an 625.

CLICHY (Concile de), vers l'an 659 : c'est le même, selon Mabillon, que celui de l'an 653. On y confirma le privilége d'exemption accordé par le roi au monastère de Saint-Denis. L'évêque Bobon de Digne s'y trouvait présent. *Not. Eccl. Din. p.* 133.

CLIFF. *Voy.* CLOVESHOU.

CLIPPIACENSIA (*Concilia*). *V.* CLICHY.

CLOVESHOU (Concile de) ou Cliffe, *Cloveshoviense*, l'an 742. Ce concile fut nombreux. Ethelbald, roi des Merciens, y assista, et Cuthbert, archevêque de Cantorbéry, y présida. On y fit un examen fort exact de toutes les choses nécessaires à la religion : on y traita du symbole reçu en Angleterre dès la naissance du christianisme, et l'on y confirma les priviléges et les immunités de l'Eglise. *Anglic. t.* I, *p.* 86.

CLOVESHOU (Concile de) en Angleterre, *Cloveshoviense*, l'an 747. Cuthbert, archevêque de Cantorbéry, tint ce concile vers le commencement de septembre de l'an 747 ; il s'y trouva un autre évêque de la nation anglaise. Ethelbald, roi des Merciens, y assista en personne avec les seigneurs du royaume. On y lut la lettre de saint Boniface à l'archevêque Cuthbert, et les deux lettres du pape Zacharie à tous les habitants de la Grande-Bretagne, pour les engager à réformer leurs mœurs ; et les évêques ayant conféré entre eux sur la nécessité de s'acquitter des devoirs de leur ministère, pour servir d'exemple aux autres, ils composèrent les trente canons suivants.

1. « Les évêques s'acquitteront de leurs devoirs et de toutes les fonctions de leur ministère avec zèle et vigilance. Ils seront plus occupés du service de Dieu que des affaires séculières, et s'appliqueront à former les mœurs des peuples confiés à leurs soins, par leurs instructions et par leurs exemples. »

2. « Quoique séparés les uns des autres par les limites de leurs diocèses, ils seront unis par les liens de la paix et de la charité. »

3. « Chaque année ils feront la visite de leurs diocèses, et travailleront à détruire les restes des superstitions païennes. »

4. « Ils avertiront les abbés et les abbesses de vivre conformément à leur règle, et de donner bon exemple aux moines et aux religieuses qui sont sous leur conduite. »

5. « Ils ne négligeront pas les monastères dont les séculiers se sont emparés par violence : ils en feront la visite, s'il est nécessaire, et auront soin qu'il y ait un prêtre, afin que ceux qui y demeurent ne manquent pas des choses dont il est besoin pour le salut.»

6. « Ils n'ordonneront ni prêtres, ni clercs, ni moines, qu'ils ne se soient assurés auparavant de la probité de leur vie, de leur doctrine et de leur capacité. »

7. « On aura soin, dans les monastères tant d'hommes que de filles, de faire des lectures, et d'y tenir des écoles pour l'instruction de la jeunesse ; afin que l'Eglise puisse, dans ses besoins, en tirer de l'utilité. »

8. « Les prêtres quitteront les affaires séculières, pour s'occuper entièrement du service de l'Eglise, de l'office de l'autel et du culte divin. Ils prendront soin de la maison d'oratoire et de ses ornements ; s'emploieront à la lecture, à la prière, à la célébration des messes, au chant des psaumes ; rendront service aux abbés et aux abbesses ; corrigeront et avertiront ceux qui sont sous leur conduite, et les porteront à la vertu autant par leurs exemples que par leurs discours. »

9. « Ils prêcheront la parole de Dieu, et administreront les sacrements dans tous les lieux de leur dépendance, prenant garde de scandaliser les séculiers ou les moines par des excès dans le vin, par trop d'attachement au luxe ou par quelque discours peu décent. »

10. « Non-seulement ils apprendront le Symbole, l'Oraison dominicale, les prières de la messe, celles du baptême et les cérémonies qui s'observent dans l'administration des sacrements ; mais ils les expliqueront encore en langue vulgaire à ceux dont ils sont chargés. »

11. « Les fonctions sacerdotales se feront partout de la même manière, et on conservera aussi l'uniformité dans l'administration du baptême. Ceux qui se présenteront pour le recevoir seront instruits de ce qu'il faut savoir ; et on apprendra à ceux qui servent de parrains aux enfants ce que c'est que de renoncer au diable et à ses pompes, et quelle est la foi dont ils doivent faire profession. »

12. « Les prêtres, en s'acquittant de l'office divin, ne déclameront point à la manière du théâtre ; mais ils chanteront modestement et simplement, suivant l'usage de l'Eglise. Ceux qui ne peuvent chanter se contenteront de prononcer en lisant. »

13. « On observera les fêtes de toute l'année le même jour qu'elles sont marquées dans le Martyrologe romain, et selon le rit de l'Eglise romaine. »

14. « Le dimanche sera célébré partout de façon qu'il soit employé uniquement au service divin. Tous les abbés et les prêtres demeureront ce jour-là dans leur église, pour y célébrer les saints mystères, à moins qu'ils ne soient obligés d'en sortir pour des raisons indispensables. Il en sera de même des au-

tres fêtes majeures, où le peuple s'assemble dans l'église pour entendre la parole de Dieu. »

15. « On chantera les sept heures canoniales du jour et de la nuit, en observant partout une manière uniforme dans la psalmodie ou le chant des psaumes ; et on ne mêlera, dans la récitation des offices, aucunes prières que celles qui sont tirées des Ecritures, ou à l'usage de l'Eglise romaine. Aux prières que les ecclésiastiques et les moines ou religieuses feront pour eux-mêmes, ils en ajouteront pour les rois et pour tout le peuple chrétien. »

16. « Les rogations ou litanies seront faites par le clergé et par le peuple, avec beaucoup de révérence, le 25 avril, c'est-à-dire le jour de Saint-Marc, et trois jours avant l'Ascension ; en ces jours-là on jeûnera jusqu'à none, on célébrera la messe, et on portera en procession la croix et les reliques des saints, sans pouvoir mêler à ces cérémonies des chants profanes. »

17. « La fête de saint Grégoire sera célébrée en son jour, et celle de saint Augustin, son disciple, le 26 mai. En ces deux jours, on s'abstiendra d'œuvres serviles ; et dans les litanies on récitera, après le nom de saint Grégoire, celui de saint Augustin, père et docteur des Anglais. »

18. « Les jeûnes des quatre-temps s'observeront au même jour et en la même manière qu'on les observe dans l'Eglise romaine ; et on aura soin d'en avertir le peuple. »

19. « Les moines seront soumis à leur supérieur ; ils vivront selon leur institut, et s'habilleront modestement, sans rechercher dans leurs habits de vains ornements à la façon des séculiers. »

20. « Les évêques veilleront sur les monastères situés dans leurs diocèses, prendront garde à ce qu'on y vive en paix, que les moines s'y appliquent au travail et à des lectures spirituelles ; que les séculiers n'y entrent pas facilement, et que ces maisons ne soient point des retraites de poëtes, de musiciens et de bouffons. L'entrée dans les maisons de filles est principalement défendue aux laïques ; et il est ordonné qu'elles s'appliqueront plutôt à lire de bons livres et à chanter des psaumes qu'à broder des étoffes de diverses couleurs, pour servir à la vanité des gens du monde. »

21. « Les repas des religieux et des religieuses, de même que ceux des ecclésiastiques, seront sobres ; ils ne les commenceront, s'il est possible, qu'après l'heure de tierce achevée, c'est-à-dire, à midi, si ce n'est en cas d'infirmité. »

22. « On avertira les moines, les religieuses et les clercs de se préparer sans cesse à recevoir le corps et le sang de Jésus-Christ : on reprendra ceux qui, pour ne pas s'en approcher, vivent mal, négligent de confesser leurs péchés et de s'en corriger. »

23. « On exhortera à la fréquente communion, non-seulement les enfants qui n'ont pas encore perdu leur innocence, mais aussi les personnes plus âgées, qui vivent dans le célibat ou dans le mariage, et qui cessent de pécher, de peur que, faute de cette nourriture salutaire, ils ne tombent en défaillance, selon ces paroles de Jésus-Christ : *Si vous ne mangez la chair du Fils de l'homme, et si vous ne buvez son sang, vous n'aurez pas la vie en vous.* »

24. « Les séculiers qui se présentent pour recevoir l'habit monastique, seront éprouvés avec d'autant plus de soin par les supérieurs des monastères, qu'il ne leur sera plus permis de les renvoyer après qu'ils auront été reçus, si ce n'est pour des causes graves, au jugement d'un synode. »

25. « Les évêques, au retour d'un concile, en feront publier les décrets dans une assemblée particulière des prêtres, des abbés et des prévôts ; et s'il arrive qu'ils ne puissent remédier à certains abus de leurs diocèses, ils en feront leur rapport dans le concile, en présence de l'archevêque et de tous les autres, afin qu'on y apporte remède. »

26. Quelques-uns prétendaient pouvoir, par des aumônes, diminuer ou commuer les peines canoniques imposées par le prêtre pour la satisfaction des péchés. Le concile condamne cet abus naissant, et établit plusieurs maximes sur l'aumône, puisées dans les écrits des Pères, dont on avait fait la lecture. Premièrement, il défend de la donner dans le dessein de pécher plus librement, ne fût-ce que dans des choses de peu de conséquence. En second lieu, il ne veut pas qu'on la fasse d'un bien mal acquis. Troisièmement, que ce ne soit pas non plus pour diminuer la satisfaction de la pénitence canonique, ou pour s'exempter du jeûne et des autres œuvres expiatoires imposées pour des crimes par le prêtre du Seigneur. Il veut donc que l'aumône soit un moyen au pénitent d'accélérer la correction de ses mœurs, et de fléchir plus tôt la colère divine, qu'il avait provoquée par ses mauvaises actions ; parce qu'il doit savoir que plus il s'est permis d'actions défendues, plus il doit s'abstenir de celles mêmes qui sont permises ; et que plus les maux qu'il a faits sont grands, plus aussi les fruits de ses bonnes œuvres doivent être abondants. Il est bon de chanter souvent des psaumes, de fléchir souvent les genoux avec une intention droite et sincère, et de faire tous les jours l'aumône ; mais il ne faut pas, à cause de ces bonnes œuvres, se dispenser du jeûne imposé suivant les règles de l'Eglise, et il est besoin que la chair qui, pour avoir eu trop ses aises, nous a engagés dans le péché, soit affligée et mortifiée par le jeûne, afin qu'elle nous fasse obtenir au plus tôt le pardon de nos fautes. »

27. Le concile condamne aussi ceux qui s'imaginaient s'acquitter de leur pénitence par d'autres personnes qui chantaient des psaumes, ou qui jeûnaient pour eux. « Que chacun sache, dit-il, que la même chair qui a porté au péché doit être punie selon la mesure du péché, si l'on ne veut qu'elle soit punie dans le siècle futur par le Juge éternel. S'il était permis de satisfaire pour ses péchés par autrui, les riches se sauveraient plus aisément que les pauvres, contre la parole expresse de la Vérité : *Il est plus difficile qu'un riche entre dans le royaume du ciel*

qu'il ne l'est qu'un chameau passe par le trou d'une aiguille. » Il est dit dans le canon que quoique l'on n'entende pas, en chantant, le latin des psaumes, on peut diriger son intention aux demandes générales que l'on doit faire à Dieu : ce qui prouve que l'office public se faisait alors en latin dans les églises d'Angleterre. Mais, comme les psaumes y étaient aussi traduits en langue saxonne, quelques-uns, dans leurs prières particulières, récitaient les psaumes en cette langue.

28. « Défense à qui que ce soit d'établir des communautés plus nombreuses que les revenus ne peuvent en entretenir, soit pour la nourriture, soit pour le vêtement ; et aux moines et aux religieuses de porter des habits séculiers et profanes, ou d'affecter dans les leurs des modes et des ornements contre l'usage de leur état. Cette défense s'étend également sur les clercs. »

29. « Ordre aux religieux et aux religieuses qui depuis un certain temps demeurent dans les maisons des laïques, de retourner dans les monastères où ils ont fait profession, soit qu'ils en soient sortis de leur plein gré, soit qu'ils y aient été contraints par violence, sans qu'on puisse refuser de les y recevoir.»

30. On veut que, dans toutes les églises séculières et régulières, on fasse tous les jours, et à toutes les heures canoniales, des prières non-seulement pour les personnes consacrées à Dieu, mais aussi pour les rois, pour les princes, pour tout le peuple, et que l'on offre des sacrifices pour le repos des âmes des défunts. *Anglic.* I.

CLOVESHOU (Concile de), l'an 798, sous Athelard, archevêque de Cantorbery ; cité par Spelman. *Angl.* I.

CLOVESHOU (Concile de), l'an 800. Ce concile fut convoqué par les ordres du roi Quenulfe. Athelard, archevêque de Cantorbéry, y présida, à la tête des évêques, des ducs et des abbés de sa province. On y confirma la foi, telle qu'on l'avait reçue du pape saint Grégoire le Grand. On y traita aussi de l'usurpation des biens de l'église. Les actes de ce concile sont datés ANNO ADVENTUS DCCC; C'est la même chose que l'année de l'incarnation. *Reg.* XX ; *Lab.* VII ; *Hard.* IV ; *Ang.* I.

CLOVESHOU (Concile de), l'an 803. Athelard, archevêque de Cantorbéry, tint ce concile accompagné de douze évêques, des abbés et des prêtres de sa dépendance. On y renouvela les anathèmes lancés contre les usurpateurs des biens de l'église. L'on y ordonna aussi de conserver tous les droits et toutes les prérogatives de la métropole de Cantorbéry, sans les partager entre elle et aucune autre Eglise. *Ibid. et Angl.* I.

CLOVESHOU (Concile de), l'an 822. Wulfrède, archevêque de Cantorbéry, présida à ce concile; Bernulfe, roi des Merciens, y assista; et l'abbesse Cénédrite, qui s'y trouva aussi, fit enfin une paix sincère et solide avec Wulfrède, en lui restituant de bonne foi tout ce que son père le roi Quenulfe avait enlevé à son église, et en y ajoutant même du sien. *Angl.* I.

CLOVESHOU (Concile de), l'an 824 ou 825. Wulfrède, archevêque de Cantorbéry, présida à ce concile, et le roi Bernulfe y assista. Le décret synodal, daté du 30 octobre, fut souscrit par ce prince, douze évêques, quatre abbés, l'abbesse Cénédrite, un député du pape, et plusieurs seigneurs. Ce décret termine un différend entre Hébert, évêque de Worchester, et les moines de Barclay, touchant le monastère de Westbury, qui fut rendu à l'évêque. *Reg.* XXI.

COBLENTZ (Concile de), *Confluentinum*, au diocèse de Trèves, l'an 860. Ce concile, convoqué le 5 de juin 860, eut pour but l'établissement d'une paix solide entre les rois Louis de Germanie et Charles le Chauve, son frère, et leurs trois neveux. Treize évêques et trente-trois seigneurs furent chargés de dresser le serment que ces princes devaient se faire mutuellement. Ils y firent entrer deux articles remarquables, et qui étaient intéressants pour le maintien de la discipline ecclésiastique et pour la tranquillité des Etats. Le premier porte que, s'il arrive que quelqu'un, étant excommunié, ou ayant commis un crime qui mérite l'excommunication, change de royaume pour éviter la pénitence, ou qu'il emmène avec lui celle qu'il aura enlevée, ou dont il aura abusé, le prince dans les Etats duquel le coupable se sera retiré le contraindra de retourner à son évêque, pour recevoir ou accomplir sa pénitence.

Dans le second règlement, qui avait déjà été publié à Epernai en 845, il est dit qu'aucun évêque ne retranchera de la communion de l'Eglise un pécheur, sans lui avoir fait auparavant les monitions prescrites par l'Evangile, de se corriger et de faire pénitence; que, dans le cas d'incorrigibilité, l'évêque s'adressera au roi ou à ses officiers, pour contraindre le pécheur à la pénitence, et que, si ce moyen devient inutile, alors il le séparera de la communion ecclésiastique.

COBLENTZ (Concile de), l'an 922. Ce concile fut assemblé par l'ordre de Charles le Simple, roi de France, et de Henri, roi de Germanie. Il s'y trouva huit évêques, quelques abbés et plusieurs prêtres. Hériman, archevêque de Cologne, et Hériger de Mayence, sont nommés les premiers. On y fit huit canons, dont le 2e, le 3e et le 4e sont perdus.

Le premier fait défense de contracter mariage entre les parents, jusqu'au sixième degré inclusivement.

Le cinquième dit qu'il est contre les règles que les laïques tirent les dîmes des chapelles qui sont à eux, ou dont ils sont patrons, pour en nourrir leurs chiens et leurs concubines; que ces dîmes doivent appartenir aux prêtres préposés à la desserte de ces églises, tant pour leur subsistance que pour les luminaires, les réparations et le soulagement des pauvres et des étrangers.

Le sixième porte que les moines obéiront en tout temps aux évêques, et leur seront soumis avec les églises qu'ils desservent.

Le septième déclare coupable d'homicide celui qui séduit un chrétien pour le vendre.

Le huitième défend à quiconque fait une

donation, de priver des dîmes l'ancienne église qui les avait tirées avant cette donation. *Reg. t.* XXV; *Lab. t.* IX; *Hard. t.* VI.

COBLENTZ (Concile de), l'an 1012. L'empereur Henri II convoqua ce concile après la Saint-Martin, dans l'intention d'y faire condamner Thierry, évêque de Metz, et les autres prélats rebelles, s'ils refusaient de rentrer dans leur devoir. Thierry y fut interdit de la célébration de la messe jusqu'à ce qu'il se fût justifié. *Mansi, t.* I, *col.* 1227.

COGNAC (Concile de), *apud Copriniacum seu Campinacum*, l'an 1238. Gérard, archevêque de Bordeaux, assembla ce concile de Cognac en Angoumois, le lundi d'après l'octave de Pâques, et y publia trente-neuf règlements.

1. On excommunie diverses sortes de personnes, telles que celles qui font usage de fausses lettres ou qui s'adonnent aux sciences vaines et superstitieuses.

2. On excommunie aussi ceux qui font des conspirations contre les ecclésiastiques, qui retiennent leurs biens ou leurs personnes, etc.

3. On excommunie les laïques qui retiennent des églises, des hôpitaux ou des maisons religieuses.

4 et 5. On défend aux archidiacres, aux archiprêtres et aux doyens d'avoir des vicaires, et aux curés, d'être vicaires dans d'autres églises.

6. Chaque paroisse aura son cachet particulier.

7. On ne citera personne devant des commissaires du saint-siège qu'on ne représente l'original des lettres de la commission, et qu'on n'en donne copie.

8. Les évêques et autres juges ecclésiastiques ne lèveront point les excommunications portées pour des offenses, qu'ils n'obligent à faire satisfaction.

9. Les évêques feront observer dans leurs diocèses les sentences d'excommunication portées par leurs collègues, lorsqu'ils en seront requis, afin qu'on refuse partout l'entrée de l'église aux excommuniés.

10. On ne commettra, pour juger des causes de mariage, que des personnes habiles et prudentes, qui examinent elles-mêmes les témoins, ou qui les fassent examiner par quelqu'un qui sache les constitutions canoniques.

11. Les juges laïques qui obligent les ecclésiastiques de plaider devant eux seront excommuniés.

12 et 13. Les moines et les chanoines réguliers ne seront point avocats ni procureurs, si ce n'est pour l'utilité de leur église, et du consentement de leurs supérieurs. Il en sera de même des prêtres séculiers, si ce n'est pour leur église ou pour soutenir les intérêts des pauvres et des misérables, sans en retirer aucun salaire.

14. La cour donnera des avocats aux pauvres.

15. Si deux seigneurs ont des vassaux qui leur soient soumis indistinctement, on interdira ces vassaux pour les fautes soit de l'un soit de l'autre de ces deux seigneurs.

16. On obligera par censures les seigneurs à restituer aux églises ce qu'ils leur auront fait perdre par leur faute durant le temps où elles auront été interdites à leur occasion.

17. On excommuniera les barons quand leurs crimes l'exigeront; et s'ils demeurent un an dans l'excommunication sans se faire absoudre, on les regardera comme des hérétiques.

18. Ceux qui demeurent quarante jours dans l'excommunication seront condamnés à dix livres d'amende ou à quelque autre peine équivalente.

19. Ceux qui prennent ou qui maltraitent des clercs seront privés du droit d'être admis aux ordres sacrés et de posséder des bénéfices, eux et leurs descendants, jusqu'à la troisième génération.

20. Les abbés ni les chapitres n'assigneront point d'argent aux moines, aux chanoines réguliers pour leur entretien; mais ils les entretiendront des biens de la communauté. Ils ne pactiseront point non plus pour l'entrée en religion.

21. Les dépositaires des maisons religieuses rendront compte de leur maniement tous les mois à l'abbé et à quelques autres frères; et les abbés tous les ans, au chapitre général. Les cloîtres seront fermés aux heures compétentes.

22. Les moines ne sortiront point de leur monastère sans la permission du supérieur, et ne mangeront point dehors.

23. Ils ne feront aucune demande en justice, sans lettres spéciales de leur supérieur qui les y autorise, si ce n'est pour les choses qui regardent l'administration dont ils sont chargés.

24. Les moines et les chanoines réguliers ne porteront point de manteaux soit dans l'intérieur soit au dehors de leurs maisons.

25. Les réguliers n'auront point de pécule, et ceux à qui on en trouvera après leur mort seront privés de la sépulture ecclésiastique.

26. Les réguliers ne se serviront point d'étamines ni de robes qui ne soient fermées et qui n'aient des manches.

27. Les abbés et les prieurs publieront une excommunication, par trois fois tous les ans, contre les moines qui auront quelque chose en propre ou qui porteront des robes ouvertes, des anneaux et toute autre chose peu conforme à leur état.

28. Les moines qui ont l'administration du temporel des monastères ne pourront être cautions ni emprunter plus de vingt sous sans la permission de l'abbé.

29. Les moines observeront la règle de S. Benoît touchant l'abstinence de la viande, et il leur est défendu d'en manger dans les maisons des laïques sous peine d'excommunication.

30. On leur défend aussi, sous la même peine, d'avoir des cures, si ce n'est en cas de nécessité et avec la permission de l'évêque diocésain.

31. Les moines et les chanoines réguliers ne demeureront pas seuls dans les prieurés et dans les granges.

32. On n'établira point de confrérie sans la permission de l'évêque diocésain.

33. Les patrons des églises paroissiales seront tenus de donner une portion congrue et suffisante pour l'entretien des prêtres qui les desservent.

34. On ne bâtira point de nouvelles maisons religieuses ni d'hôpitaux sans la permission de l'évêque.

35. On n'aliénera pas les biens de l'église sans une permission spéciale de l'évêque.

36. Les curés qui ont des paroissiens en commun seront obligés d'en faire le partage.

37. On ne permettra point aux ecclésiastiques d'un autre diocèse de célébrer l'office divin s'ils n'ont des lettres de leur évêque qui fassent foi de leurs ordres, de leurs mœurs et du sujet de leur voyage.

38. Celui qui ordonne et celui qui présente à un bénéfice n'exigeront pas de celui qui est ordonné ou présenté un serment par lequel il s'engage à ne rien exiger de personne à raison de son ordination ou de sa présentation à ce bénéfice, parce que cela est contraire aux canons et sent la simonie.

Ce règlement regarde les évêques et les patrons qui, craignant que ceux qu'ils ordonnaient ou qu'ils présentaient à un bénéfice ne leur fussent à charge dans la suite s'ils venaient par quelque événement à manquer du nécessaire, ne voulaient ordonner ou présenter personne à moins qu'on ne leur prêtât serment qu'on ne leur demanderait rien.

39. Défense à qui que ce soit de pourvoir aux églises vacantes dont la collation est dévolue. *Anal. des Conc.*

COGNAC (Concile de), *Copriniacense*, l'an 1258. Gérard de Malemort, archevêque de Bordeaux, tint ce concile, et y fit trente-neuf statuts.

1. Défense aux curés, sous peine d'excommunication, de recevoir dans leurs églises, les jours de dimanches et de fêtes, les paroissiens des autres curés.

2. Défense aux mêmes d'enterrer dans leurs paroisses ceux de paroisses étrangères.

3. On renouvelle le dix-neuvième canon du concile de Cognac de l'an 1238.

4. Les excommuniés, interdits ou suspens, resteront dans les liens de la censure jusqu'à ce qu'ils en aient reçu l'absolution, quoiqu'ils se soient accommodés avec leurs parties.

5. On renouvelle le vingtième canon du concile de Cognac de l'an 1238, contre le pécule des religieux; et les statuts suivants, jusqu'au 18e, sont aussi des répétitions de ceux du même concile.

18. Les prêtres qui, après avoir été avertis, gardent des femmes suspectes dans leurs maisons ou ailleurs, encourront l'excommunication portée par le légat contre ces sortes de prêtres.

19. On gardera tous les jeûnes commandés comme celui du carême, excepté les jeûnes de la semaine de la Pentecôte, où il sera permis de manger des œufs et du fromage, à cause de la dignité de la fête. On ne mangera point de chair dans toute la semaine de l'Ascension, si ce n'est le jour de l'Ascension même.

20. Les curés défendront, sous peine d'excommunication, de faire gras le premier dimanche de carême.

21. On fait le dénombrement des fêtes chômées, parmi lesquelles on met celles de saint Luc, de saint Marc, de saint Martial, de saint Eutrope, de saint George, de la conversion de saint Paul, de la Chaire de saint Pierre, de la Transfiguration, de saint Nicolas, de sainte Catherine, de sainte Marie-Madeleine, etc. On veut aussi que l'on chôme le dimanche depuis un soir à l'autre, c'est-à-dire depuis le soir du samedi jusqu'au soir du dimanche.

22. On fixe le nombre des préfaces de la messe à dix, telles qu'elles sont encore aujourd'hui dans les missels romains.

23. Défense aux laïques, sous peine d'excommunication, de prendre place avec le clergé dans le chœur pendant l'office divin.

24. Les femmes enceintes seront obligées de se confesser et de communier, lorsqu'elles seront près d'accoucher.

25. Les curés dénonceront excommuniés les fornicateurs publics.

26. Ils en useront de même envers ceux qui fréquentent les marchés et les foires les jours de dimanches et de fêtes, ou qui s'absentent de leurs paroisses trois dimanches consécutifs, ou qui charrient avec leurs bœufs les jours de dimanches, sans une vraie nécessité.

27. Les curés dénonceront aussi généralement excommuniés tous ceux qui feront tort à l'église, en quelque manière que ce soit.

28. On défend, sous peine d'excommunication, à tout baron, seigneur et autres, de saisir ou d'occuper, et de faire occuper les maisons ou les possessions de l'église.

29. On ne doit baptiser solennellement qu'à Pâques et à la Pentecôte, à moins que le grand nombre des enfants qu'il faut baptiser n'exige qu'on les baptise en d'autres temps.

30. On ordonne des prières pour les croisades.

31. Défense aux femmes, sous peine d'excommunication, de coucher leurs petits enfants avec elles. Si quelque enfant vient à périr dans cette circonstance, ceux ou celles qui auront occasionné sa mort par leur négligence seront renvoyés à l'évêque ou au confesseur de l'évêque, *vel ad suum confessorem*, c'est-à-dire au pénitencier, pour avoir l'absolution de leur faute.

32. Ceux qui ont ordre du délégué du siège apostolique de citer quelqu'un en jugement, ne le feront pas sans représenter l'authentique de leur commission.

33. On décerne la privation d'office et de bénéfice contre les clercs ivrognes.

34. On donne des règles touchant certaines questions que l'on pourrait avoir à faire sur le péché de luxure.

35. On répète que les moines garderont l'abstinence.

36. On répète aussi l'excommunication

contre ceux qui fréquentent les marchés et les foires les jours de dimanches et de fêtes.

37. On défend le négoce aux clercs.

38. Les clercs qui sont mariés ne pourront exercer la juridiction ecclésiastique.

39. On ne pourra, sans la permission de l'évêque, enterrer dans les églises d'autres personnes que les fondateurs, les patrons et les curés. Il est défendu à tout prêtre séculier ou régulier, sous peine d'excommunication, de célébrer des fiançailles ou des mariages sans la permission spéciale du curé de l'un des contractants. *Lab. t.* XI; *Hard. t.* VII.

COGNAC (Concile de), l'an 1260. Pierre de Roscidavalle ou Roncevaux, qui succéda l'an 1259 à Gérard de Malemort, dans l'archevêché de Bordeaux, tint ce concile, où les statuts suivants furent publiés.

1. Défense de tenir dans les églises ou dans les cimetières les assemblées qu'on appelle *vigiles*, à cause qu'il s'y passe des choses déshonnêtes et même des meurtres, qui obligent d'appeler les évêques pour la réconciliation des églises; on permet néanmoins les luminaires et les autres pratiques de dévotion qu'on a coutume d'observer.

2. On ordonne, sous peine d'excommunication, d'abolir les bals et les danses qui se faisaient dans quelques églises le jour de la fête des saints Innocents, et la coutume de choisir ce jour-là des gens à qui l'on donnait le nom d'*évêque*.

3. Les revenus des églises vacantes seront réservés aux successeurs des bénéficiers morts.

4. Les commendes et les collations des bénéfices vacants appartiendront à l'évêque ou à l'archevêque.

5. Les curés ne marieront pas les paroissiens de leurs confrères sans leur permission.

6. On n'admettra point à la célébration des saints mystères les prêtres d'un autre diocèse, et cela sous peine d'excommunication pour ceux qui les y admettraient, et pour ces prêtres étrangers qui y seraient admis.

7. On défend, sous peine d'anathème, la guerre des coqs, qui était une espèce de jeu qui se pratiquait dans les écoles et ailleurs.

8. Les prêtres et les autres ecclésiastiques qui ont quelque dignité ou quelque administration, porteront des chapes fermées.

9. Défense, sous peine d'anathème, de donner le saint chrême aux exempts qui ne veulent point rendre à l'évêque du diocèse ce qu'ils lui doivent, et d'administrer les sacrements à ceux qui sont de leur juridiction.

10. Les bénéficiers qui sont absents pour leurs études, ou pour quelque autre raison légitime, avec la permission de leur évêque, mettront des vicaires dans leurs bénéfices, en leur assignant une pension suffisante pour leur entretien.

11. Les patrons laisseront des portions congrues aux curés qui dépendent d'eux.

12. Ceux qui ont des prieurés entretiendront deux moines dans chacun.

13. Les curés ne tiendront pas d'autres églises à ferme, sans la permission spéciale de l'évêque.

14. On renouvelle les défenses d'imposer de nouvelles pensions sur les églises.

15 et 16. Défense d'enterrer hors des paroisses, sans la permission des curés.

17. Les curés auront des maisons particulières où ils feront leur demeure, pour être toujours prêts quand il s'agira des fonctions de leur ministère.

18 et 19. On renouvelle les constitutions des conciles précédents touchant les dîmes; et l'on enjoint aux curés, sous peine d'excommunication et de privation de leur bénéfice, de se mettre en possession des novales.

COGNAC (Concile de), *Copriniacense*, l'an 1262. Pierre de Roscidavalle ou Roncevaux, archevêque de Bordeaux, tint ce concile avec les évêques de sa province, et y publia les sept règlements qui suivent.

1. Les lieux où l'on retiendra de force les ecclésiastiques seront interdits.

2. On excommuniera les personnes qui troublent la juridiction ecclésiastique.

3. Les barons, seigneurs et juges seront obligés, par censures ecclésiastiques, de contraindre ceux qui méprisent les excommunications, de rentrer dans la communion de l'Eglise.

4. On ne donnera point l'absolution aux excommuniés qu'ils n'aient satisfait et restitué.

5. Il sera défendu aux paroissiens d'aller à l'office dans une église interdite pendant tout le temps de l'interdit.

6. Les archidiacres, les archiprêtres et les doyens ne pourront faire desservir leurs bénéfices par des vicaires.

7. On ordonne de publier ces constitutions tous les ans dans les synodes. *An. des Conc.*

COIMBRE (Synode de), le 28 novembre 1591. Alphonse de Castelbranco, évêque de Coïmbre, publia dans ce synode les statuts de son diocèse, rangés sous quarante-deux titres. *Constituiçoes synodaes de Coimbra*, 1591.

COIMBRE (Synode diocésain de), le 15 novembre 1592. L'évêque D. Alphonse de Castelbranco y fit approuver et accepter de son chapitre et de son clergé un corps de constitutions, rangées sous quarante-deux titres, et basées en grande partie sur les décisions du concile de Trente. *Constitui. synod. do Bispado de Coimbra.*

COIRE (Synode de), *Curiensis*, l'an 1605. Jean d'Apremont, évêque de Coire, tint ce synode, où il statua, entre autres règlements, que le bréviaire et le missel romains seraient à l'avenir les seuls autorisés dans le diocèse, et que ni les voyages, ni la fièvre même ou toute autre légère infirmité n'étaient pour les clercs un motif suffisant de se dispenser de la récitation de l'office divin.

Chaque prêtre sera tenu d'exhiber chaque année à son doyen ou au vicaire de l'évêque les certificats de ses confessions, qu'il aura dû renouveler au moins tous les mois.

Pour corriger un abus qui tendait à s'introduire, l'évêque défend à tous les clercs, sous des peines sévères, de se faire chirurgiens, médecins, bouchers, marchands, cabaretiers, chasseurs, sorciers ou devins.

Défense aux prêtres de demander ou même de recevoir un intérêt pour un capital prêté, sous peine de subir la perte tant du capital que de l'intérêt.

Les curés et les vicaires, aussi bien que les procureurs des églises, veilleront à ce que les biens ecclésiastiques des prêtres ne soient pas gaspillés après leur mort. *Conc. Germ. t.* VIII.

COLLÉ (Synode diocésain de), *Collensis*, les 16, 17 et 18 juin 1594. L'évêque Usimbardi y publia un corps de constitutions synodales pour son diocèse. *Constitutiones synod.*

COLOGNE (Concile de), *Agrippinense seu Coloniense*, l'an 346. Les actes de ce concile, dans lequel on prétend qu'Euphratas, évêque de la même ville, fut déposé par le suffrage de vingt-quatre évêques des Gaules, pour avoir enseigné avec Photin que Jésus-Christ n'est pas Dieu, mais un pur homme, ont été rejetés comme supposés par Noël-Alexandre, D. Ceillier et le P. Richard, après avoir été admis comme authentiques par Baronius, Blondel, Pagi, Sirmond, Pétau, P. de Marca et le grand nombre des savants du dix-septième siècle. Mansi, dans ses notes sur l'histoire ecclésiastique du P. Alexandre, a fait revivre cette dernière opinion, en renversant le principal fondement de l'autre, à savoir le peu de vraisemblance qu'il y aurait à ce qu'Euphratas, déposé en 346 comme niant la divinité de Jésus-Christ, eût été député l'année suivante par les Pères du concile de Sardique, pour aller demander à l'empereur Constance le rétablissement de saint Athanase et des autres évêques chassés de leurs sièges par la faction des ariens. Cette objection n'est plus même une difficulté, si, comme le soutient Mansi dans sa collection des conciles, on doit fixer l'époque du concile de Sardique à l'an 344, plutôt qu'à l'an 347; car alors on pourra dire avec beaucoup de vraisemblance qu'Euphratas tenu pour orthodoxe en 344, et comme tel député par les Pères de Sardique auprès de l'empereur Constance, se laissa pervertir par les hérétiques quelques années après, ou trahit lui-même ses sentiments erronés.

Une autre difficulté que fait valoir le P. Alexandre, ce sont les noms de Simplice évêque d'Autun, de Dyscole de Reims, et de Didier de Langres marqués au bas de ces actes, quoique ces évêques ne nous soient connus que comme ayant vécu au cinquième siècle. Mais les mêmes noms se trouvent aussi dans les actes du concile de Nicée; dira-t-on que les actes de ce concile sont de même supposés?

Le style barbare que reprochent nos critiques aux actes du concile de Cologne ne prouve pas davantage contre leur authenticité. Nos évêques gaulois n'étaient pas tenus de parler tous un latin aussi pur que Salvien ou Lactance; et d'ailleurs leurs actes qui ne nous sont parvenus qu'après avoir passé par les siècles du moyen âge comme par une filière, ont bien pu contracter au passage quelque peu de limon ou de rouille, sans être pour cela altérés dans leur essence.

Enfin quel intérêt avaient à nous imposer sur ce sujet les auteurs qui nous ont rapporté ce concile? N'est-il pas évident qu'ils n'en avaient aucun, et qu'ils avaient plutôt un motif d'amour-propre national pour garder là-dessus le silence? *Mansi, in Hist. Eccl. sæc.* IV. *c.* 3. *art.* 23.

COLOGNE (Concile de), l'an 782. Baronius rapporte à cette année un concile qu'il dit avoir été tenu à Cologne. *Labb.* VI.

COLOGNE (Synode de), l'an 869, pour l'élection de Willibert à l'archevêché de Cologne.

COLOGNE (Concile de), l'an 870. Ce concile, qui fut tenu le 26 septembre, régla plusieurs points de discipline; mais les actes en sont perdus. Dom Mabillon, qui a publié (pag. 143 de ses *Analectes*) une *Collection des anciens canons*, faite par. Abbon, abbé de Fleury, rapporte un canon, qui est le 56e, comme appartenant à ce concile de Cologne; mais il pourrait bien être d'un autre concile tenu dans la même ville en 873. Ce canon défend aux évêques de priver personne de la communion ecclésiastique sans une cause certaine et évidente. Il défend aussi de prononcer anathème, si ce n'est pour un péché mortel, ni sans le consentement de l'archevêque et de ses suffragants, ni sans avoir auparavant averti le coupable, ni enfin lorsqu'il y a quelque lueur d'espérance qu'il se corrigera; une si grande peine ne devant avoir lieu que contre les incorrigibles. *Mansi, tom.* I, *col.* 1012.

COLOGNE (Concile de), l'an 873. Willebert ou Guillebert, archevêque de Cologne, assisté des archevêques de Trèves et de Mayence, et des évêques de Saxe, présida à ce concile, qui se tint le 26 de septembre. On y fit la dédicace de l'église cathédrale et l'on y confirma les statuts de Gonthier, prédécesseur de Guillebert, portant que les chanoines auraient des biens suffisants pour leur subsistance; que ce serait à eux à élire leurs prévôts, sans que l'archevêque y intervînt, et qu'ils pourraient aussi, sans son avis, disposer de tout ce qui appartenait à leur collégiale.

COLOGNE (Concile de), l'an 887. Guillaume, archevêque de Cologne, Francon de Tongres et quelques autres évêques, tinrent ce concile, le 1er d'avril, du consentement de l'empereur Charles, pour régler diverses affaires. Ils renouvelèrent aussi les anciens canons contre ceux qui pillaient les églises, contre les mariages incestueux, contre les adultères, et contre les vierges qui, après s'être consacrées à Dieu, vivaient dans le libertinage. *Reg. t.* XXIV; *Lab. t.* IX; *Hard. t.* VI.

COLOGNE (Concile de), l'an 948. L'archevêque Wichfrid, qui y présida, assisté de plusieurs de ses collègues, y dota l'église de Saint-Séverin, et marqua les limites du territoire dépendant de cette église. *Conc. Germ.* X.

COLOGNE (Concile de), l'an 965. Ce concile fut tenu en présence de l'empereur Othon, du roi Othon, son fils, et de Lothaire, roi des Français. Brunon, archevêque de Cologne, y présida, et l'on y confirma la fondation de la collégiale de Saint-Martin de Liége.

COLOGNE (Concile de), l'an 1056. Baudoin, comte de Flandre, se réconcilia dans ce concile avec le jeune roi de Germanie Henri IV, par l'entremise du pape Victor II.

COLOGNE (Concile de), l'an 1077; au sujet d'un bien qu'Hidulfe, archevêque de Cologne, avait enlevé aux moines de Branvilliers

COLOGNE (Synode diocésain de), même année.

COLOGNE (Concile de), l'an 1110. Frédéric, archevêque de Cologne, tint ce concile, où Sigebert, moine et député de Gemblours, obtint la canonisation de Guibert, qui avait fondé ce monastère cent quarante-huit ans auparavant. Cette cérémonie se fit solennellement quelque temps après ce concile, en levant de terre le corps du saint. *Conc. Germ.* t. III.

COLOGNE (Concile de), l'an 1115. Le légat Dieteric tint ce concile aux fêtes de Noël, et y renouvela l'excommunication contre l'empereur Henri. Ce concile est daté dans Trithème *(Chron. Hirsaug.)* comme s'il eût été tenu l'an 1116, parce que l'année commençait alors à Noël en Allemagne. *Edit. Venet.* t. XII: *l'Art de vérifier les dates*, p. 211.

COLOGNE (Concile de), l'an 1119. Nouvelle excommunication lancée contre l'empereur par le légat Conon.

COLOGNE (Concile de), l'an 1132; en faveur du chapitre de Saint-Dié en Lorraine. *Mansi,* t. II, col. 415.

COLOGNE (Concile provincial de), l'an 1138. On y termine un différend élevé entre plusieurs prévôts au sujet du droit de préséance.

COLOGNE (Synode diocésain de), l'an 1146, contre certains hérétiques qui condamnaient l'usage de la viande comme de tout ce qui provient des animaux.

COLOGNE (Synode de), l'an 1163. On y juge neuf hommes et deux femmes de la secte des cathares, qui ensuite sont livrés au tribunal séculier et condamnés au feu.

COLOGNE (Concile de), l'an 1186. Philippe, archevêque de Cologne, tint ce concile. On y publia la canonisation de saint Hannon, l'un des prédécesseurs de ce prélat. *Conc. Germ.* t. III.

COLOGNE (Concile de), l'an 1187. Philippe, archevêque de Cologne, tint ce concile et y confirma certaines donations faites à l'abbaye de Steinfeld. Il délibéra aussi avec ses comprovinciaux sur les moyens de résister à l'empereur Frédéric Ier, qui menaçait de faire une irruption à Cologne, pour se venger du pape qui l'avait mécontenté. *Conc. Germ.* t. III.

COLOGNE (Concile de), l'an 1222. Hugues, évêque de Liége, y fut repris par l'archevêque de Cologne, son métropolitain, pour s'être laissé corrompre à prix d'argent par des parents juifs qui voulaient faire sortir d'un couvent de cisterciennes, où elle était entrée de son plein gré, leur fille convertie à la religion chrétienne par la miraculeuse intercession de la Mère de Dieu : *Per cultum Deiparæ mirabiliter ad fidem Christianam et ad virginitatis propositum conversa est,* dit la chronique. On enjoignit à l'évêque de Liége de ne plus molester à l'avenir le monastère en question au sujet de cette jeune vierge. *Conc. Germ.* t. III, p. 514.

COLOGNE (Concile de), l'an 1225, présidé par le cardinal Conrad, évêque de Porto et légat du saint-siége. Des peines y furent portées contre les clercs concubinaires et contre ceux qui célébraient les divins mystères en état de suspense ou d'excommunication, ou devant des personnes excommuniées. Les patrons laïques, qui présentaient les clercs sous des pactes simoniaques pour remplir les places vacantes, y furent aussi frappés d'anathème. Du reste, le pieux légat s'éleva avec la même sévérité contre les excommunications précipitées. *Statuta seu decreta prov. et diœc. synodorum S. Eccl. Colon.* 1554.

COLOGNE (Concile de), l'an 1247. *Voyez* Nuys, même année.

COLOGNE (Concile de), *Coloniense,* l'an 1260. Conrad, archevêque de Cologne, tint ce concile le 12 mars avec ses suffragants, et y publia quatorze canons pour la réforme des ecclésiastiques, et vingt-huit pour celle des moines bénédictins.

Canons touchant les ecclésiastiques.

1. On obligera, par la voie des censures et sous peine de la prison, les clercs concubinaires à chasser leurs concubines et à satisfaire à l'Eglise, s'ils ont dissipé le patrimoine de Jésus-Christ. On leur défend d'assister aux noces de leurs enfants et de leur rien léguer.

2. On interdit l'avarice et le négoce aux clercs.

3. On ordonne qu'ils sauront au moins lire et chanter les louanges de Dieu, et que ceux qui ne le sauront pas, feront faire leur office par d'autres personnes capables.

4. On leur recommande la modestie dans leurs habits, et de porter la tonsure.

5 et 6. On ordonne aux simoniaques, selon les anciens canons, de quitter les bénéfices qu'ils ont obtenus par simonie, et aux clercs irréguliers de s'abstenir de faire aucun office.

7. Les chanoines feront réparer leurs dortoirs, afin d'y coucher et d'être toujours prêts à assister à matines. Ils liront toutes les semaines la table pour régler le chœur. Ils chanteront l'office des morts, quand même il n'y aurait pas de rétribution affectée pour ce jour-là en particulier; liront le martyrologe; ne sortiront point du chœur avant la fin de la messe, et mangeront rarement hors de chez eux.

8. Ceux qui sont chargés du service de

l'autel, ne paraîtront jamais sans aube à l'église : *Absque veste camisiali*, porte le texte.

9. Les doyens porteront des habits conformes à la gravité de leurs mœurs, et se distingueront des simples chanoines par la décence de leur maintien plutôt que par la pompe de leur habillement.

10. Les chapelains royaux, épiscopaux et autres, résideront dans leurs Eglises, hors le temps où ils seront occupés aux affaires de leurs maîtres ou de leurs Eglises.

11. Chaque collégiale aura sa boulangerie, où l'on distribuera à chaque chanoine le pain du chapitre, plutôt que de faire cette distribution en blé, dont quelques-uns faisaient ensuite commerce, sans songer aux pauvres.

12. Les prévôts ou chefs des chapitres s'acquitteront avec zèle de leurs devoirs, pour tout ce qui regarde les droits, les statuts, les coutumes, le temporel et le spirituel de leurs chapitres; et les chapitres, de leur côté, auront soin de leur rendre tout l'honneur qui leur est dû.

13. On défend de recevoir plus de quatre chanoines pour les prébendes qui deviendraient vacantes.

14. L'enceinte de chaque collégiale sera fermée de bons murs.

Canons touchant les moines bénédictins.

1. Tous les monastères des moines noirs de l'ordre de Saint-Benoît s'acquitteront de l'office divin, suivant la règle du saint patriarche, et se distingueront surtout par leur propreté en tout ce qui regarde l'autel et les ornements de l'église.

2. Les moines qui servent à l'autel, communieront tous les dimanches et toutes les fêtes, selon l'usage du monastère.

3. Les moines n'auront rien en propre, et la communauté leur fournira leur nécessaire.

4. On punira sévèrement les incontinents.

5. Les moines seront vêtus et chaussés très-simplement.

6. Ceux qui en auront frappé grièvement un autre, ne pourront recevoir l'absolution que du saint-siège ou de son subdélégué.

7. Les simoniaques seront punis selon la règle.

8. Les moines n'useront que des aliments permis par la règle.

9. Ils ne sortiront que rarement et jamais sans la permission du supérieur.

10. Les abbés assisteront comme les autres à tous les actes de la communauté, s'ils n'en sont légitimement empêchés.

11. Ils excommunieront leurs moines propriétaires, dans le chapitre, une fois tous les ans, le samedi d'avant le dimanche *Lœtare*.

12. Ils rappelleront les moines fugitifs et apostats, à moins que la règle ne défende de les souffrir dans le monastère.

13. Il n'y aura que le receveur des hôtes qui pourra en recevoir, à moins que l'abbé n'en ait aussi chargé quelque autre moine.

14. On fera l'aumône avec beaucoup d'ardeur et de fidélité.

15. Les moines mangeront tous dans un même réfectoire, excepté les malades ou infirmes.

16. Il ne sera point permis aux moines de sortir avant prime ou après complies, hors le cas d'une grande nécessité.

17. Les moines qui sortiront avant vêpres reviendront assez tôt pour assister à cet office.

18. Chaque monastère aura sa prison pour punir les délinquants selon la règle.

19. Celui qui aura souffert qu'une femme couche dans le monastère, sera sévèrement puni.

20. Les moines du diocèse de Cologne tiendront leur chapitre tous les ans en cette ville.

21 et 22. Les moines seront rasés et tonsurés comme il convient, et n'auront pas de lits de plume.

23. Un moine qui a été absent ne demandera rien à son retour, par manière de dédommagement, de ce qu'il n'aura point perçu durant son absence.

24. Les moines observeront les jeûnes prescrits par la règle.

25. Les officiers des monastères rendront compte, au moins une fois l'année, de leur administration à l'abbé et aux anciens.

26. Les moines n'assisteront jamais aux noces; mais ils pourront assister aux funérailles de leurs proches parents, tels que les frères et les sœurs.

27. Ils ne feront point d'offrandes à l'autel.

28. Ils garderont leurs règles touchant la clôture, le silence, l'office divin, etc. *An. des Conc.*

COLOGNE (Concile de), l'an 1266. Engelbert, archevêque de Cologne, publia le 12 mai de l'an 1266, quarante-cinq capitules ou statuts, du consentement de tout le clergé de son diocèse, lesquels furent confirmés par Henri, archevêque de Cologne, dans le concile qu'il tint en cette ville l'an 1322, et devinrent ainsi statuts provinciaux.

Les huit premiers excommunient tous ceux qui osent mettre la main sur les ecclésiastiques, qui brûlent ou qui pillent les églises ou les monastères, qui violent les immunités ecclésiastiques, qui enlèvent les biens ou les personnes des clercs, qui ne paient pas les dîmes, qui causent du dommage aux ecclésiastiques dans les expéditions militaires, ou qui se mêlent de leurs biens, soit pendant leur vie, soit après leur mort, ou qui les chargent de quelque impôt que ce soit.

Le 9e défend aux laïques, sous peine d'excommunication, de traduire les clercs devant les tribunaux séculiers; et le 10e défend la même chose aux clercs, les uns à l'égard des autres.

Le 11e est encore contre les laïques qui citent les clercs aux tribunaux séculiers; et le 12e, contre ceux qui prennent ou qui arrêtent leurs biens.

Le 13e ordonne aux juges d'Eglise de rendre une prompte justice aux laïques qui ont quelque démêlé avec les clercs.

Le 14e prononce la sentence d'excommunication contre ceux qui empêchent l'assemblée des synodes, ou qui en troublent la paix.

Le 15e enjoint aux prélats qui ont juridiction, d'user de leurs droits pour corriger les abus et réformer les mœurs.

Le 16e excommunie les juges ecclésiastiques qui commettent des injustices dans leurs jugements.

Le 17e leur défend de se mêler des causes qui appartiennent au for séculier.

Le 18e prononce la sentence d'excommunication contre ceux qui troublent la juridiction de l'Eglise, et qui empêchent l'exécution de ses jugements.

Le 19e prononce la même peine contre ceux qui prennent ou qui détiennent des ecclésiastiques.

Les canons suivants, jusqu'au 34e, roulent aussi sur les violences que les laïques font aux ecclésiastiques, ou que les ecclésiastiques se font à eux-mêmes les uns aux autres; et décernent des peines, très-souvent répétées dans les conciles, contre ces divers attentats.

Le 34e attribue au doyen et au chapitre du lieu, la connaissance des litiges qui pourraient s'élever entre deux ou plusieurs prétendants à une même prébende.

Le 35e défend aux clercs d'aider en aucune sorte les sacriléges, les usuriers et les excommuniés.

Le 36e ordonne aux chapelains des seigneurs excommuniés de sortir de chez eux, s'ils ne peuvent les déterminer à satisfaire à l'Eglise dans l'espace d'un mois.

Le 37e ordonne de jeter l'interdit sur les terres de ceux qui méprisent l'excommunication, et qui sont un an entier sans se mettre en peine de s'en faire relever.

Le 38e ordonne qu'on accusera dans les synodes ceux qui méprisent ainsi l'excommunication.

Le 39e enjoint aux prélats et aux autres ecclésiastiques d'observer fidèlement ces statuts.

Le 40e déclare excommuniés les curés et autres ecclésiastiques qui ne dénonceront pas excommuniés, dans leurs églises, ceux qu'ils sont obligés de dénoncer comme tels.

Le 41e prononce l'excommunication contre tout prêtre qui célébrera dans un lieu interdit, si, dans quinze jours, il ne fait satisfaction à l'Eglise.

Le 42e porte qu'aussitôt que les recteurs des églises auront appris qu'on aura dépouillé ou arrêté un clerc, ou commis envers lui quelqu'une de ces violences qui méritent l'interdit, ils cesseront aussitôt les offices divins.

Le 43e déclare que toutes les personnes ecclésiastiques, séculières ou régulières, seront tenues à observer ces statuts.

Le 44e ordonne de publier, plusieurs fois l'année, ces statuts dans toutes les églises du diocèse de Cologne.

Le 45e ordonne de coucher sur des registres et de réciter souvent en public les noms de tous les délinquants dont il est parlé dans ces statuts, afin de savoir la manière de procéder contre eux, eu égard à la qualité et aux circonstances de leurs délits. *Lab. t.* XI; *Hard. t.* VIII.

COLOGNE (Concile de), *Coloniense*, l'an 1280. Siffroy, archevêque de Cologne, tint, dans sa métropole, ce concile provincial, et y publia les dix-huit canons qui suivent.

1. Les clercs mèneront une vie pure et chaste. Ils éviteront la crapule et l'ivrognerie, et ne s'exciteront point à boire les uns les autres. Ils n'auront chez eux que des parentes hors de tout soupçon. Ils n'exerceront point d'office ou de trafic séculier, ni par eux, ni par d'autres. Ils n'iront point aux cabarets, si ce n'est en voyage. Ils ne joueront point aux dés ni à aucun jeu de hasard, et n'assisteront pas même comme simples spectateurs à ces sortes de jeux. Ils auront la couronne, ou la tonsure convenable. Ils ne se serviront point d'étoffes rouges ou vertes, ni de manches ou de gants et de souliers qui ressentent la vanité. Ils seront toujours en surplis à l'église, à moins qu'ils ne soient obligés d'y faire quelque travail des mains. Ils ne porteront ni boucles ni armes, si ce n'est dans la nécessité et avec la permission spéciale des prélats. Outre l'office canonial, ils diront tous les jours celui de la sainte Vierge; et, dans l'un et l'autre, ils se comporteront d'une manière édifiante et exemplaire. Ils ne diront qu'une messe par jour, qui répondra à l'office du jour, hors les cas permis par le droit.

2. Les prêtres qui ne chasseront point leurs concubines dans dix jours seront excommuniés.

3. Les moines garderont le silence à l'oratoire, au dortoir et au réfectoire. Ils ne mangeront point gras, ni dehors ni dedans, à moins qu'ils ne soient malades et à l'infirmerie. Ils n'auront point de pécule.

4. Celui qui baptise plongera l'enfant dans l'eau, en disant : *Petre, vel Joannes, ego te baptizo in nomine Patris, et Filii, et Spiritus sancti, Amen.* On baptisera sous condition les enfants dont le baptême sera douteux. On ne refusera point la sépulture ni les autres droits du christianisme à une femme morte en couches. On renouvellera l'eau du baptistère au moins à Pâques et à la Pentecôte; et l'on tiendra fermés sous clef et dans des vaisseaux de métal le chrême, l'huile sainte et l'huile des malades.

5. Les prêtres avertiront les parents des enfants baptisés de les mener à l'évêque lorsqu'ils seront âgés de sept ans, pour recevoir la confirmation. Ces enfants auront des bandeaux de toile, blancs et propres, pour leur ceindre le front après qu'ils auront été confirmés. Ils garderont ces bandeaux pendant trois jours; et, le troisième jour, on les mènera à l'église, où le prêtre leur ôtera ces bandeaux et leur lavera le front. Le prêtre brûlera les bandeaux, et en jettera ensuite les cendres dans la piscine, avec l'eau dont il aura lavé le front des confirmés.

6. Le prêtre récitera les psaumes de la pénitence en allant porter l'extrême-onction;

et, si le chemin est long, il y ajoutera les litanies et les oraisons marquées pour cela. Il n'exigera rien pour l'administration de ce sacrement, mais il pourra recevoir ce qui lui sera gratuitement offert. Les prêtres avertiront le peuple de l'obligation de procurer l'extrême-onction aux malades, du moment qu'ils ont atteint l'âge de quatorze ans.

7. Tous les prêtres diront la messe en aubes bénites, et après s'être confessés, s'ils en ont la commodité. Ils ne pourront la dire qu'après avoir récité matines et prime du jour; et cela, sous peine d'excommunication. On tiendra les autels propres et tout ce qui les environne. On distinguera les vases qui contiennent le vin et l'eau pour la messe, et l'on ne versera dans le calice que deux ou trois gouttes d'eau. Quand un prêtre sera obligé de dire deux messes, il ne prendra point l'ablution du vin et de l'eau à la première, mais il la gardera pour la prendre à la seconde messe, ou bien il la donnera à prendre à une honnête personne qui soit à jeun et disposée pour cela. La boîte dans laquelle on gardera le corps de Notre-Seigneur, ou dans laquelle on le portera aux malades, sera d'or, d'argent, d'ivoire ou de cuivre bien poli, et il y aura en dedans un linge blanc sur lequel reposera le corps de Notre-Seigneur. Quand on portera le saint viatique aux malades, les fidèles qui le rencontreront, fléchiront les genoux, frapperont leurs poitrines, inclineront la tête, joindront et élèveront les mains pour l'adorer. On renouvellera tous les quinze jours les saintes hosties. Le prêtre présentera à boire du vin et de l'eau dans un calice aux fidèles qui auront communié.

8. Les curés recommanderont à leurs paroissiens de se confesser souvent, et ils les écouteront avec autant de modestie que d'attention et de soin, dans l'église seulement, hors le cas de nécessité ou de maladie, et dans un lieu de l'église où ils puissent être vus de tout le monde; et cela, sous peine d'excommunication. Les prêtres n'entendront point les confessions avant le soleil levé, ni après le soleil couché, si ce n'est dans une grande nécessité, dans un lieu éclairé et en présence de quelques personnes. Un confesseur qui entendra la confession d'une femme qui se trouvera seule dans l'église, sera excommunié et jeûnera trois jours au pain et à l'eau. Les confesseurs interrogeront les pénitents sur la qualité, le nombre, les circonstances de leurs péchés, et ne leur donneront l'absolution que quand ils les verront contrits, humiliés, résolus de ne plus pécher, de satisfaire pour leurs péchés et d'accomplir les pénitences qui y sont proportionnées. Les confesseurs qui imposeront pour pénitence aux personnes obligées à quelques restitutions, de bâtir des chapelles, des églises ou des monastères, encourront l'excommunication. Même peine contre ceux qui diront eux-mêmes les messes qu'ils auront ordonné de faire dire pour pénitence. Même peine contre ceux qui demandent à leurs pénitents ou pénitentes les noms de ceux ou de celles avec qui ils ont péché.

9. Tous ceux qui veulent se présenter pour recevoir les ordres sacrés, se confesseront et seront à jeun. Ils ne se retireront qu'après la fin de la messe, sous peine de suspense et d'excommunication.

10. Ceux qui contracteront des mariages clandestins et ceux qui y assisteront encourront l'excommunication. Même peine contre ceux qui donnent ou qui reçoivent quelque chose pour ne pas révéler les empêchements de mariage, ou qui les célent par quelque considération que ce soit. Le curé fera la proclamation des bans trois jours de fêtes, après l'évangile de la messe solennelle, avant de procéder à la célébration d'un mariage.

11. Si l'on enterre dans un cimetière un excommunié dénoncé, ce cimetière sera interdit jusqu'à l'exhumation de l'excommunié; et ceux qui auront assisté à son enterrement, encourront l'excommunication. Les cimetières seront fermés, en sorte que les animaux n'y puissent entrer. On mettra les ossements des morts dans un endroit particulier. Le corps de celui qui aura choisi sa sépulture dans une maison religieuse, sera d'abord porté à son église paroissiale, où l'on dira la messe, et ensuite transporté au lieu de sa sépulture; et cela, sous peine d'excommunication.

12. On excommunie ceux qui aliènent les biens de l'Eglise, qui s'en emparent ou les retiennent, qui en exigent des servitudes indues.

13. On renouvelle les anciens règlements touchant les libertés, les immunités et le droit d'asile des églises.

14. On renouvelle les anciens canons contre les usuriers.

15. Tout prêtre qui dira la messe dans une église paroissiale ou dans une chapelle sans la permission de l'évêque ou de l'archidiacre, ou de tout autre auquel il appartient de la donner, encourra l'excommunication, sans qu'il puisse se prévaloir en aucune sorte de la permission que les patrons de cette église et chapelle lui en ont donnée.

16. On ordonne, sous peine d'excommunication, l'exécution de ces décrets et de tous ceux des archevêques de Cologne et de leurs archidiacres. On ordonne aussi, sous la même peine, à tous les curés et à leurs vicaires d'avoir des sceaux particuliers qui leur soient propres.

17. Les exécuteurs testamentaires de chaque archidiaconé rendront compte de l'exécution des testaments dont ils sont chargés, devant deux personnes qui seront députées à cet effet par l'archevêque dans chaque archidiaconé.

18. Quand un lieu sera interdit, on y refusera à tout le monde la sépulture ecclésiastique, l'extrême-onction et les autres sacrements, excepté le baptême qu'on accordera aux enfants, et la pénitence aussi bien que le viatique aux mourants. On pourra néanmoins enterrer dans le cimetière, mais en silence et sans aucune cérémonie, les clercs

qui n'auront pas donné lieu à l'interdit, et qui l'auront fidèlement observé. Les recteurs des églises pourront aussi dire la messe une fois la semaine pendant l'interdit, mais à voix basse, les portes fermées, sans son de cloches ni aucune solennité, et sans qu'ils puissent y admettre aucun de ceux qui sont interdits. Les curés voisins des lieux interdits seront obligés de demander s'il n'y a personne des lieux interdits qui soit présent dans leur église, avant qu'ils puissent commencer la messe les jours de dimanches ou de fêtes ; et, s'il s'en trouve, ils les feront sortir aussitôt de l'église. *Labb.* XI. *Richard.*

COLOGNE (Synode de), l'an 1300. Wichbold, archevêque de Cologne, publia dans ce synode vingt-deux statuts relatifs au bon gouvernement des paroisses, à la surveillance des clercs vagabonds, à la confection des testaments, à la répression des usuriers, à la défense pour les prédicateurs de quêter dans les églises ou sur les voies publiques, etc. *Conc. Germ. t.* IV.

COLOGNE (Concile de), l'an 1306. Ce concile est daté de l'an 1306, en commençant l'année à Pâques, suivant le style de Cologne. Henri de Wirnenbourg, archevêque de Cologne, y présida le 20 février. On y dressa quinze articles contre les béguards, contre ceux qui donnent atteinte aux libertés ecclésiastiques, et sur la discipline. *Conc. Germ. t.* IV ; *l'Art de vér. les dates*, p. 227.

COLOGNE (Synode de), l'an 1307. Henri de Wirnenbourg y publia vingt-deux capitules ou statuts synodaux sur la liturgie et la discipline du clergé, et sur la bonne tenue des monastères. On remarque parmi ces statuts le sixième qui prescrit de célébrer la fête de l'Eucharistie le jeudi de la semaine de la Trinité, *prout hactenus ab antecessoribus est statutum*, et le onzième qui défend aux prêtres nouvellement ordonnés de dire plus d'une *première messe* avec concours de peuple.

COLOGNE (Concile de), l'an 1310. Henri, archevêque de Cologne, et les évêques, ses suffragants, assemblés dans cette ville, y tinrent un concile, dans lequel ils firent vingt-huit canons.

Le 1ᵉʳ ordonne, sous peine d'excommunication, de révoquer et de casser toutes les ordonnances et les coutumes qui sont contraires aux libertés de l'Eglise.

Le 2ᵉ traite des peines qu'encourent ceux qui font mourir, mutilent ou emprisonnent les clercs ; et prend des précautions pour empêcher qu'on ne leur fasse aucune violence.

Le 3ᵉ défend aux avoués des Eglises de rien exiger pour leurs fonctions.

Les 4ᵉ et 5ᵉ renouvellent les peines portées par Engilbert, autrefois archevêque de Cologne, contre ceux qui s'emparent des biens qui appartiennent ou qui sont légués aux Eglises.

Le 6ᵉ ordonne qu'on exécutera le statut de Siffroy, autrefois archevêque de Cologne, touchant la vie et les mœurs des clercs.

Le 7ᵉ permet aux vicaires des cathédrales de faire l'office en l'absence des chanoines.

Le 8ᵉ déclare qu'on ne donnera l'ordre de prêtrise qu'à ceux qui auront atteint l'âge de vingt-cinq ans.

Le 9ᵉ renouvelle les peines portées par les canons contre les prêtres concubinaires et les corrupteurs de religieuses.

Le 10ᵉ défend de faire faire aux clercs des pénitences publiques qui les rendent infâmes.

Le 11ᵉ ordonne qu'on ne laissera lire les épîtres et les évangiles qu'à ceux qui sont dans les ordres sacrés.

Le 12ᵉ défend, sous peine d'excommunication, à qui que ce soit d'accepter des bénéfices-cures, qu'il ne soit installé par l'évêque ou par son archidiacre.

Le 13ᵉ veut que ceux qui ont des provisions du pape pour des bénéfices, se présentent dans le temps aux ordinaires pour s'y faire pourvoir ; autrement leurs bénéfices seront vacants.

Le 14ᵉ porte que les fruits de l'année de grâce des chanoines morts suspens appartiendront à l'église, et non pas à leurs successeurs.

L'année de grâce était le revenu des chanoines après leur mort.

Le 15ᵉ déclare que les bénéficiers ne pourront léguer à leurs bâtards l'année de grâce, et que les vicaires des églises seront obligés de résider et de desservir.

Le 16ᵉ porte que les sonneurs sauront lire, afin de répondre aux prêtres ; et que, pendant l'office divin, ils seront revêtus d'aubes.

Le 17ᵉ ordonne que les doyens ruraux et les curés auront soin de faire pourvoir les églises d'ornements convenables.

Le 18ᵉ veut que les revenus des chanoines suspens appartiennent au chapitre.

Le 19ᵉ porte que l'on ne fondera point d'église ou de cimetière qui ne soit doté.

Le 20ᵉ ordonne que les paroissiens ne recevront la communion que de leur curé, et qu'ils s'abstiendront de communier jusqu'à ce qu'ils aient satisfait pour le mépris qu'ils ont témoigné pour lui.

Le 21ᵉ défend de faire dans les églises des imprécations ou des déclamations contre personne, si ce n'est avec la permission de l'évêque.

Le 22ᵉ défend à qui que ce soit d'assister aux mariages clandestins, sous peine d'excommunication, et ordonne, sous la même peine, de faire des bans à tous les mariages.

Le 23ᵉ ordonne qu'à l'avenir, on commencera l'année à la fête de Noël, suivant la coutume de l'Eglise de Rome.

Le 24ᵉ concerne des règlements touchant les notaires.

Le 25ᵉ ordonne qu'on observera exactement le statut de Siffroy touchant l'administration des sacrements.

Le 26ᵉ défend de refuser aux curés le saint chrême et les saintes huiles sous prétexte qu'ils n'ont pas payé les droits synodaux.

Le 27ᵉ renouvelle les règlements de Conrad, autrefois archevêque de Cologne, touchant les chapitres des moines.

Le 28ᵉ ordonne aux moines et aux religieuses, sous peine d'excommunication, *ipso facto*, de remettre leur pécule dans le mois, de garder la clôture suivant la constitution de Boniface VIII, qui commence: *Periculoso. Conc. Germ. t. IV.*

COLOGNE (Concile de), l'an 1321. Henri, archevêque de Cologne, y publia six capitules sur la discipline des clercs et des réguliers, pour expliquer ou confirmer les statuts des conciles précédents.

COLOGNE (concile de), l'an 1322. Henri de Wirnenbourg, archevêque de Cologne, tint ce concile avec deux évêques et quelques députés d'absents, le 31 octobre. On y renouvela et on autorisa, comme provinciaux, les statuts synodaux que l'archevêque Engelbert avait faits pour le diocèse particulier de Cologne, en 1266, afin de réprimer les violences contre les personnes et les biens ecclésiastiques.

COLOGNE (Synode de), l'an 1327. L'archevêque Henri y publia cinq nouveaux statuts sur la discipline religieuse.

COLOGNE (Concile de), l'an 1330. L'archevêque Henri y dressa quatorze nouveaux règlements, dont voici les plus remarquables :

Le cinquième déclare excommuniés ceux qui retiendraient des billets de créances déjà acquittés.

Le huitième prescrit trois proclamations de bans à faire pour chaque mariage.

Le onzième réserve à l'archevêque l'absolution de la pénitence publique; ce qui semble prouver que cette sorte de pénitence n'était pas encore passée d'usage.

Le douzième défend de dire deux messes, en vue d'une double rétribution, en ne consacrant qu'à l'une de ces deux messes. *Conc. Germ. t. IV.*

COLOGNE (Synodes de), de l'an 1333 à l'an 1348. Walram, archevêque de Cologne, tint onze synodes dans cet intervalle, ou pendant le temps que dura son épiscopat. Dans celui de 1333, le troisième statut défend aux clercs l'office de cabaretiers ; celui de 1335, canon 2ᵉ, défend le binage et, can. 3, prescrit la résidence aux pasteurs. Même prescription dans le synode du printemps de 1336. Les statuts du synode de 1337 concernent l'habit et le maintien des clercs. Le synode de 1338 défend, canon 1ᵉʳ, de promouvoir aux ordres ceux qui ne seraient pas pourvus d'un bénéfice, et s'élève, canon 2, contre l'abus d'extorquer l'argent des pauvres, sous le spécieux prétexte de délivrer des flammes du purgatoire les âmes de leurs parents défunts. Celui de 1346 défend aux clercs et aux religieux de vendre du vin ou de la bière, si ce n'est pour se débarrasser du superflu de leurs bénéfices, et non par esprit de négoce.

COLOGNE (Synodes de), de l'an 1351 à l'an 1362. Guillaume de Genep, archevêque de Cologne, tint douze synodes, que rapporte l'éditeur des Conciles Germaniques. Voici ce que ces synodes contiennent de plus remarquable. Le synode de l'an 1353 défend aux clercs et aux religieux de contrefaire la secte des flagellants. Le deuxième canon du synode de 1354 défend de se promener dans les églises pendant le chant du chœur ou la célébration des offices. Le synode de 1356, canon 2ᵉ, interdit, comme usuraire, le contrat dit *handgelt*, mot allemand qui veut dire étrennes ou denier à Dieu. Ces sortes de gages auraient-ils été considérés comme usuraires dans ces temps-là ? Les deux synodes de 1357, comme plusieurs précédents, condamnent les béguards, les suestrions et ceux qui leur donnaient asile ; de plus, ils défendent, canon 2ᵉ, aux seigneurs temporels et aux juges laïques, d'attenter aux avantages dont jouissait l'Église, en cherchant à abolir de pieuses et de louables coutumes ; canon 3ᵉ, aux curés, de s'associer des chapelains ou des vicaires, sans l'agrément de l'évêque ; canon 10ᵉ, aux prêtres, de dire la messe, sans la permission de l'évêque, sur des autels portatifs.

COLOGNE (Concile de), l'an 1370. Frédéric de Sarwerden, archevêque de Cologne, tint ce concile, dans lequel il révoqua les concessions qu'avaient faites ses prédécesseurs, par rapport à la faculté d'absoudre des cas réservés.

COLOGNE (Synode de), l'an 1371, tenu par le même, qui y publia vingt statuts sur l'habit des clercs et des religieux, contre les prêtres concubinaires et leurs concubines, contre les violateurs du privilége clérical, contre le contrat dit *handgelt* ou denier à Dieu, sur la confession annuelle et la communion pascale, etc. *Conc. Germ. t. IV.*

COLOGNE (Synode de), l'an 1372, tenu par le même archevêque, concernant les priviléges du clergé de Cologne, les testaments des clercs, les visites épiscopales, etc. *Conc. Germ. t. IV.*

COLOGNE (Concile de), l'an 1375, présidé par Frédéric, archevêque de Cologne, qui y publia trois chapitres de règlements. Le premier fait défense aux chanoines de se partager les revenus des bénéfices vacants, qui appartiennent aux fabriques ; de vendre les rentes annuelles ou les revenus usufruitiers, sans l'autorisation de l'évêque. Le second est contre ceux qui empêchent l'exercice de la juridiction ecclésiastique, ou qui restent une année entière sans se faire relever de l'excommunication. Le troisième est contre les usuriers, dits *lombards*, et contre le contrat dit *handgelt*. *Conc. Germ. t. IV.*

COLOGNE (Concile de), l'an 1390. L'archevêque Frédéric de Sarwerden présida à ce concile, le 16 septembre. On y renouvela les anciens statuts de la province. *L'Art de vérifier les dates*, p. 230.

COLOGNE (Concile de), l'an 1400. L'archevêque Frédéric de Sarwerden, qui tint ce concile, y publia trente-cinq règlements sur la régularité des clercs et des chanoines, l'exactitude au chœur, la résidence des bénéficiers, le rachat des années de grâce, etc. (*Voy.* les articles précédents.) Le septième et le vingt-septième canon défendent de payer les droits de présence aux chanoines ou aux autres clercs qui se dispenseraient d'assister aux offices auxquels ces droits sont affectés. Le quatorzième s'oppose à ce qu'un clerc, reçu dans une Eglise à titre de bénéficier, soit astreint à payer une seconde prise de possession, *propinam*, s'il vient à quitter ce bénéfice, pour en prendre un autre dans la même Eglise. Le douzième recommande, toutes les fois que le *bâton* de saint Pierre aura été porté processionnellement à quelque station, de le rapporter de même solennellement, par honneur pour la mémoire de saint Pierre, patron de l'Eglise de Cologne, etc. *Conc. Germ. t. IV.*

COLOGNE (Synode de), l'an 1417, tenu par Thierri de Mortz, archevêque de Cologne.

COLOGNE (Concile de), l'an 1418, tenu par le même archevêque. On y recommanda aux réguliers la vie commune.

COLOGNE (Concile de), l'an 1423. Thierri, archevêque de Cologne, tint ce concile dans sa province, et y fit onze règlements.

Le 1er, contre les clercs concubinaires.

Le 2e, contre les seigneurs qui défendent à leurs sujets de commercer avec les ecclésiastiques.

Le 3e, par lequel il enjoint aux officiers d'observer le droit commun en causes d'appels.

Le 4e, par lequel il est défendu, sous peine d'excommunication, d'abolir les coutumes introduites par la piété des fidèles.

Le 5e, qui défend de nommer d'autres personnes que des prêtres pour prédicateurs d'indulgences.

Le 6e, qui fait défense aux chanoines et aux autres clercs, sous peine d'être privés des distributions pendant huit jours, de causer pendant que l'on célèbre l'office.

Le 7e, qui défend aux curés de prendre des moines mendiants pour vicaires, quand ils peuvent en avoir d'autres.

Le 8e, qui regarde les concubinaires publics.

Le 9e, qui concerne l'extermination des hussites et des wicléfistes.

Le 10e ordonne que l'on sonnera trois coups de cloche tous les vendredis, sur le midi, et accorde quarante jours d'indulgence à ceux qui réciteront à genoux trois *Pater* et trois *Ave Maria*, en l'honneur de la mort et de la passion de Notre-Seigneur, tandis que la cloche sonnera. Même indulgence pour ceux qui réciteront tous les jours trois *Ave Maria*, le matin, au son de la cloche.

Le 11e, qui ordonne la célébration de la fête de la Compassion de la Vierge Marie. *Reg. t.* XXIX; *Lab.* XII; *Hard.* IX.

COLOGNE (Concile provincial de), l'an 1452, présidé par le cardinal Nicolas de Cusa, légat du saint-siège.

On y ordonna d'ajouter aux collectes de la messe des prières pour le pape et pour l'évêque du lieu, et l'on y confirma les statuts de Conrad et de Siffroy, archevêques de Cologne du siècle précédent. *Conc. Germ., t.* V. *Voy.* S. PIERRE de Cologne.

COLOGNE (Synode de), l'an 1483. Hermann, archevêque de Cologne, tint ce synode, et y renouvela divers statuts de ses prédécesseurs. *Conc. Germ. t.* V.

COLOGNE (Synode de), l'an 1513, tenu par Philippe, archevêque de Cologne, qui y publia de nouveau plusieurs statuts de ses prédécesseurs. *Conc. Germ. t* VI.

COLOGNE (Synodes de), l'an 1527. Herman de Wied, archevêque de Cologne, le même qui apostasia depuis, tint cette année deux synodes. Dans celui d'automne, il porta un décret contre les mariages clandestins. *Conc. Germ. t.* VI.

COLOGNE (Synode de), l'an 1528. On fit dans ce synode un grand nombre de règlements concernant les officiers de la cour archiépiscopale. *Conc. Germ. t.* VI.

COLOGNE (Concile de), l'an 1536. Ce concile provincial fut assemblé l'an 1536, du temps du pape Paul III et de l'empereur Charles-Quint, par Herman de Wied, archevêque de Cologne, qui, dans la suite, ayant embrassé la nouvelle doctrine de Luther, fit venir Bucer et Mélanchton, pour le prêcher dans son archevêché, et dont l'entêtement fut tel pour cette nouvelle doctrine, qu'il aima mieux renoncer à son archevêché que de la quitter, et qu'il mourut en 1552 dans l'hérésie qu'il avait embrassée.

Les matières qui ont été réglées et arrêtées dans ce concile ont été rédigées en quatorze classes ou parties : la première contient ce qui concerne les évêques ; la seconde, ce qui regarde les ecclésiastiques en général ; la troisième, les églises métropolitaines, cathédrales et collégiales, et les chanoines qui les desservent ; la quatrième, les curés et leurs vicaires, et les autres ministres de la parole de Dieu ; la cinquième, la vie et les mœurs des curés ; la sixième, les qualités d'un prédicateur ; la septième, l'administration des sacrements ; la huitième, la subsistance des curés ; la neuvième regarde les constitutions ecclésiastiques et les usages des Eglises ; la dixième, la vie et l'état monastique ; la onzième, les hôpitaux ; la douzième, les écoles, les imprimeurs et les libraires ; la treizième, la juridiction contentieuse ecclésiastique ; et la quatorzième, la visite des archevêques, des archidiacres, et leurs synodes.

La première partie, qui regarde particulièrement les fonctions épiscopales, est divisée en vingt-six articles. Le concile y fait consister toutes les fonctions des évêques en deux particulièrement, à savoir, l'ordination et l'institution des ministres, ensuite la visite de leur diocèse. Dans le premier article, il définit l'ordination, la porte pour entrer dans le gouvernement ecclésiastique, et en conséquence il ordonne aux évêques de n'en permettre pas l'entrée facilement à toutes sortes de personnes, de n'en point recevoir sans les avoir longtemps examinées, et avoir eu des preuves de leur sagesse et de leur capacité. Dans le second article, le concile ordonne aux évêques de ne point conférer les ordres à ceux qui se présenteront sans un titre patrimonial ou de bénéfice. Dans les articles suivants, le concile exhorte les patrons à n'avoir nul égard à la chair et au sang, et les chapitres et ceux qui ont droit d'élection, à faire choix de la personne qu'ils jugeront la plus digne. Les articles seizième, dix-septième et les suivants s'adressent aux évêques suffragants et aux grands vicaires, comme partageant avec les évêques les fonctions épiscopales, et les avertissent de veiller à ce que ceux qui se présentent aux ordres aient toutes les qualités nécessaires pour être de fidèles ministres de Dieu; d'avoir soin de s'informer de leur vie et de leurs mœurs, et des motifs qui peuvent les engager à entrer dans les ordres. Le mercredi, le jeudi et le vendredi des quatre-temps, dans lesquels se conféreront les ordres, ils les examineront, sans avoir égard à la qualité de docteurs qu'ils pourraient prendre, à moins qu'ils n'aient été reçus docteurs publiquement et d'une manière qui ne laisse point à douter de leur capacité. Les religieux qui se présenteront aux ordres seront aussi examinés.

Dans le vingt-huitième article, il est marqué que les lettres d'ordre s'accorderont gratuitement, même pour le sceau, et qu'on ne donnera qu'un blanc au secrétaire pour ses peines.

Le trente-deuxième article et le trente-troisième contiennent un avis à ceux qui possèdent plusieurs bénéfices, et surtout à charge d'âmes, de ne point se flatter d'avoir obtenu une dispense du pape pour cela, et les exhorte à sonder leur conscience, et voir s'ils l'ont obtenue de Dieu. Cependant, de crainte qu'ils ne s'abusent eux-mêmes, il est ordonné qu'ils rapporteront leurs dispenses aux évêques, afin qu'ils jugent sans prévention si l'exposé est véritable.

La conclusion de ces articles de la première partie est qu'il vaut mieux que les évêques aient un petit nombre d'ecclésiastiques qui s'acquittent dignement de leur ministère, qu'un grand nombre d'inutiles et qui deviennent un grand fardeau pour un évêque.

La seconde partie de ce concile, qui regarde les clercs, est divisée en trente-deux articles.

Le premier renvoie à saint Jérôme et aux autres Pères, pour y apprendre quels doivent être la vie et l'office des clercs.

Le second explique le mot de *clerc* dans le sentiment de saint Jérôme, c'est-à-dire celui qui appartient à Dieu d'une manière plus particulière que les autres fidèles qui lui appartiennent aussi; et le troisième les exhorte à bannir de leur cœur toute sorte de cupidité.

Dans le quatrième article, le ministère des prêtres est distingué en deux fonctions principales, celle de prier et celle d'enseigner. C'est pourquoi, dans les articles cinq et six, il est ordonné aux ecclésiastiques de dire leur bréviaire et en public et en particulier avec attention et avec dévotion; et on y exhorte les évêques à le réformer et à le purger de plusieurs histoires de saints fausses ou douteuses, mises à la place de l'Ecriture sainte qu'on lisait seule autrefois dans l'Eglise.

Dans le septième, on blâme le zèle de certains ecclésiastiques, qui, à l'occasion de quelque testament ou de quelque fondation, introduisent dans l'Eglise de nouveaux offices et de nouvelles solennités.

Dans le onzième, on condamne les sujets particuliers de quelques messes nouvellement inventées, parce qu'il ne faut pas appliquer ce mystère suivant la fantaisie de chacun. On y condamne aussi les proses mal faites, qui sont insérées dans les missels sans jugement, et on y ordonne la réforme des missels et des bréviaires.

Le douzième et le treizième prescrivent la manière dont on doit réciter les paroles de la messe.

Dans le quatorzième, il est défendu de chanter aucun motet à la messe après l'élévation, soit pour la paix, soit contre la peste, dans un moment où chacun devrait être dans un profond silence, prosterné en terre et l'esprit élevé vers le ciel pour rendre grâces à Jésus-Christ d'avoir bien voulu répandre son sang pour nous laver de nos péchés.

Dans le seizième, on condamne la coutume qui s'était introduite de dire une messe de la Trinité ou du Saint-Esprit les dimanches, au lieu de celles que l'Eglise a faites pour être dites ces jours-là.

Dans le dix-septième, on exhorte les fidèles à être attentifs à la confession qui se fait au commencement de la messe, d'autant plus que l'absolution que donne le prêtre les regarde, afin de les mettre dans une disposition d'entendre dignement la messe.

Dans le vingt-deuxième, il est dit que le faste, le luxe et l'avarice sont ordinairement la cause pour laquelle les ecclésiastiques ont une mauvaise réputation : c'est pourquoi, dans le vingt-troisième, on les avertit de se souvenir qu'ils ne sont pas appelés pour être servis, mais pour servir.

Dans le vingt-cinquième, il est marqué qu'il serait à souhaiter que les ecclésiastiques n'assistassent pas même aux noces.

Par le trentième article, il est permis aux ecclésiastiques de faire un petit métier honnête pour pouvoir subsister sans avilir le sacerdoce; et, par le trente et unième, il leur est défendu d'être marchands.

La troisième partie, qui regarde les églises cathédrales et collégiales, contient trente et un articles. Dans le premier, il est dit que l'église cathédrale étant le siège de l'évêque et tenant le premier rang, elle doit être aussi plus régulière et servir de lumière aux autres églises du diocèse.

Dans le second, que les églises collégiales ayant le second rang après les cathédrales et les mêmes dignités, les doyens des unes et des autres de ces églises doivent avoir soin que les clercs vivent d'une manière qui réponde à leur état.

Dans le troisième, qu'il suffit que les dignités

et les officiers des églises cathédrales et collégiales fassent attention à ce que signifient les noms de leur office, pour les obliger à leurs devoirs.

Dans le quatrième, on souhaite que la vie des chanoines réponde au nom qu'ils portent, c'est-à-dire qu'ils soient réguliers en toutes choses, et qu'ils se souviennent que, dans leur première origine, ils vivaient en commun, comme le désigne la situation de leurs maisons placées autour de l'église; et que, comme ils n'ont qu'une seule demeure, ils ne doivent avoir qu'un même esprit et un même cœur, à l'exemple des premiers chrétiens.

Dans le dixième, il est ordonné que les chanoines qui manqueront à quelqu'un des offices, soit à la messe après l'épître, ou aux autres heures après le premier psaume, ne recevront point la distribution qui y est attachée.

Le quatorzième porte qu'on tiendra les chapitres des mœurs avec plus de soin et d'exactitude qu'on n'a fait jusqu'à présent, et qu'on n'y traitera pas moins des choses sacrées que des profanes.

Dans le quinzième, il est enjoint aux diacres, à qui la coutume donne le droit de juger des affaires de discipline, de s'acquitter de leur devoir à la réquisition du doyen; que, faute de s'en acquitter, le doyen et le chapitre en deviendront les juges; mais que si le doyen et le chapitre négligeaient de faire justice, ou qu'ils fussent eux-mêmes coupables, l'ordinaire pour lors en serait juge.

Par le dix-septième article, le doyen, aussitôt qu'il apprend qu'il y a quelque différend entre quelques chanoines, doit les accommoder.

Il est défendu par le dix-huitième d'avancer ou de reculer l'office à l'occasion des assemblées capitulaires.

Il est dit dans le dix-neuvième qu'on examinera les statuts des églises cathédrales et collégiales, pour en ôter tout ce qui peut donner occasion de dispute, et qui serait contraire à la pureté de l'Évangile, quelques-uns de ces statuts ayant été faits dans des vues d'intérêts.

Par le vingt et unième, on accorde, en faveur des études, aux chanoines étudiants, le gros de leurs bénéfices, en rapportant des certificats d'étude; et, par le vingt-deuxième, il est ordonné que les nouveaux chanoines reçus, quoique leurs prédécesseurs n'eussent pas pris possession, toucheront les fruits de leurs bénéfices sans que les anciens chanoines reçus y puissent rien prétendre.

Par le vingt-quatrième, il est ordonné que l'officialité ne se tiendra plus dans l'église, mais dans quelque lieu voisin.

Dans le vingt-huitième, il est dit que les collégiales ne viendront plus en procession à la cathédrale que les jours où l'évêque officiera suivant l'ancien usage, pour y recevoir la communion ou la bénédiction de l'évêque.

Par le trentième, il est ordonné que dorénavant les églises collégiales ne viendront plus à l'église cathédrale lorsqu'on y chante les vigiles pour l'anniversaire des évêques, à cause de la confusion des voix, qui fait que le chant n'inspire aucune dévotion ni aucune piété, mais qu'elles les chanteront chacune dans leur église, et que le lendemain elles se rendront à la cathédrale pour assister à la messe.

Dans le trente et unième, on se plaint de ce qu'il ne reste plus des ordres, qu'on appelle les *quatre moindres*, que le nom; personne de ceux qui les reçoivent n'en faisant les fonctions, n'y ayant que des laïques qui les fassent présentement.

La quatrième partie de ce concile, qui regarde les curés et leurs vicaires et les autres ministres de la parole de Dieu, contient dix-huit articles.

Dans le cinquième, il est ordonné, pour empêcher que la mauvaise doctrine qui commençait à se répandre ne s'accrût, qu'aucun ne serait admis à prêcher qu'il n'eût permission de l'ordinaire.

Et, pour la même raison et en conséquence des saints canons, il est défendu par le sixième article aux curés de s'absenter de leurs paroisses et d'y mettre des vicaires, sans une permission particulière des évêques.

Par le septième, il est défendu aux religieux mendiants, conformément au concile de Vienne, de prêcher sans s'être présentés aux évêques ou à leurs grands vicaires; et, dans les articles suivants, huitième et neuvième, on les avertit de prendre garde, lorsqu'ils prêchent, à ne point parler mal des curés, des ecclésiastiques, des évêques et des magistrats, comme ils font ordinairement pour se rendre agréables aux peuples, parce que, si les curés et les ecclésiastiques tombent dans quelque faute, ils ont des supérieurs et des juges; que ce n'est point à eux à les censurer, et que leurs invectives contre ces personnes servent plutôt à scandaliser les peuples qu'à les édifier.

Dans le dixième, il est marqué que, par un abus exécrable qui s'est glissé à cause du crédit et de l'autorité que se donnent les moines sur l'esprit des peuples, les curés sont obligés de faire serment de laisser prêcher les moines chez eux.

La cinquième partie, qui regarde la vie et les mœurs des curés, contient huit articles. Dans le second, le concile recommande aux curés de joindre à la science la bonne vie, d'autant plus que la voix des bonnes œuvres se fait mieux entendre et persuade plus efficacement que celle des paroles; et, dans le troisième, le concile rappelle ces paroles de saint Paul à Timothée, que ce n'est pas assez qu'il sache ce qu'il doit croire, mais qu'il faut qu'il ait une conscience pure et nette.

La sixième partie, qui regarde les qualités d'un prédicateur, contient vingt-sept articles. Dans le huitième, le neuvième, le dixième, le onzième, etc., le concile exhorte les prédicateurs à parler, autant qu'ils pourront, d'une manière qui soit à la portée de leurs auditeurs; à ne point prêcher tantôt un sentiment, tantôt un autre; à ne point mêler dans leurs discours des inepties et des contes; à éviter tout ce qui est profane, et cette fausse éloquence qui ne consiste que dans des mots, comme aussi toutes ces méchantes plaisanteries et ces mots pour faire rire; à ne rien dire qui puisse choquer ou irriter les puissances ecclésiastiques et séculières; au contraire, à exhorter les peuples à les respecter et à prier Dieu pour elles; à ne point enseigner comme dogme de foi ce que l'Eglise n'a point décidé; à expliquer l'Evangile selon les Pères; à apprendre aux fidèles les commandements de Dieu, les principaux articles de la foi, l'usage qu'on doit faire des images, et ce que représentent les cérémonies de la messe.

Dans les vingt-deuxième et vingt-troisième articles, il est enjoint aux curés moins habiles, après avoir fait le signe de la croix et imploré la grâce de Dieu, de lire l'épître et l'évangile, d'en faire une simple explication aux peuples, choisissant quelques endroits particuliers pour les porter à vivre chrétiennement et à aimer Dieu et le prochain; de leur expliquer aussi la prière que l'Eglise fait ce jour-là à Dieu, et de les exhorter à le prier de la même manière de cœur et d'esprit, s'ils ne peuvent pas dire les mêmes paroles; il les exhorte encore à ne point s'arrêter à conter des histoires de saints et des miracles, mais à s'attacher davantage à expliquer l'épître et l'évangile, à faire, à la fin de leur discours, une petite récapitulation de tout ce qu'ils auront dit, qui puisse être utile à leurs auditeurs, et leur inculquer davantage les vérités qu'ils leur ont prêchées.

La septième partie, qui traite des sacrements, est divisée en cinquante-deux articles, dont les sept premiers regardent le baptême et la manière dont les curés en doivent instruire leurs paroissiens, leur enseignant quel est l'effet de ce sacrement, pourquoi les onctions, la salive et les autres cérémonies se pratiquent dans l'administration du baptême, et les raisons pour lesquelles on prend des parrains, leur remontrant que c'est un très-grand abus de prendre pour parrains des enfants qui n'entendent pas ce qu'ils promettent pour d'autres, et de paraître à cette cérémonie avec luxe, pendant qu'on n'y doit être que pour y renoncer.

Depuis le huitième article jusqu'au treizième, il est traité du sacrement de confirmation, comme d'un sacrement qui confère la grâce et donne au fidèle qui le reçoit la force nécessaire pour résister au démon; c'est pourquoi il se donnait autrefois aux enfants, pour les soutenir par la vertu de ce sacrement, dans un âge si faible et si porté au mal; néanmoins le concile d'Orléans avait jugé plus à propos de donner ce sacrement à des personnes qui eussent plus de connaissance et fussent un peu plus avancées en âge.

Dans le onzième, les repas qui se faisaient après le baptême et après la confirmation sont défendus.

Depuis le treizième article jusqu'au trentième, il est parlé de l'eucharistie. Premièrement, il est dit que l'on doit enseigner au peuple qu'il doit croire très-certainement que le corps et le sang de Jésus-Christ sont véritablement dans le sacrement de l'eucharistie, tant sous l'apparence du pain que sous celle du vin; que celui qui ne communie que sous une espèce participe au corps et au sang de Jésus-Christ, et n'a nulle raison de se plaindre qu'on le prive d'une des espèces, puisque, sous une seule, il reçoit tout entier le corps et le sang de Jésus-Christ; que le fidèle, persuadé de la présence réelle du corps de Jésus-Christ dans l'eucharistie, doit l'adorer à la messe et lorsqu'on le porte chez un malade.

Dans les articles dix-huit, dix-neuf, vingt-deux et vingt-trois, il est parlé des dispositions qu'on doit apporter pour s'approcher de ce sacrement, qui sont une conscience pure, un cœur éloigné de toute affection au péché, et une foi vive qui nous assure de la vérité du corps de Jésus-Christ immolé et de son sang répandu dans ce sacrement.

Dans le vingt-cinquième, le vingt-sixième, le vingt-septième et le vingt-huitième, on recommande aux curés d'instruire le peuple; de lui apprendre ce que c'est que la messe, et de lui enseigner qu'elle est un sacrifice qui nous représente et nous renouvelle le souvenir de la mort de Jésus-Christ; de lui en expliquer toutes les parties et les prières; de lui faire voir combien elle est utile aux morts, mais qu'elle ne doit point être accompagnée de toutes les pompes qui se font aux obsèques, et de grand nombre de religieux et de prêtres, qui ne sert qu'à faire plus de confusion, et que le convoi se fait avec moins de piété et de modestie; c'est pourquoi, ajoute le concile, ceux qui voudront multiplier les prières pour les défunts, feront mieux de laisser les moines dans leurs monastères et les ecclésiastiques dans leurs églises prier Dieu et dire des messes, que de les faire venir au convoi.

Depuis le trentième article jusqu'au quarantième, il est parlé du sacrement de pénitence et des qualités que doit avoir un confesseur. Dans le trentième, il est dit que les anciens orthodoxes ont admis trois parties dans le sacrement de pénitence; savoir, la contrition, la confession et la satisfaction ou le fruit digne de pénitence. Dans le trente et unième, on recommande de prêcher au peuple la pénitence, puisque c'est par la prédication de la pénitence qu'a commencé celle de l'Evangile. Dans le trente-deuxième, on répond à ces pécheurs qui disent qu'ils ne se convertissent point parce que Dieu est à tous les moments à la porte du cœur, à laquelle il frappe par une voix intérieure et extérieure.

Dans le trente-troisième et les suivants, touchant les qualités que doit avoir un confesseur, il est dit qu'il faut qu'il soit d'une vie irréprochable; qu'il soit savant et d'un secret inviolable; qu'il ait de la douceur pour attirer les pécheurs, et qu'il soit consolant; qu'il ait de la fermeté pour les reprendre, et de la prudence pour appliquer les remèdes suivant les maux, et rassurer ces consciences inquiètes, lesquelles pensent toujours ne s'être pas assez bien expliquées en confession, avoir omis quelque circonstance, et avoir besoin de recommencer perpétuellement leurs confessions à quelque autre confesseur, en les assurant que Dieu ne demande de nous, dans la confession, que la sincérité du cœur, et non point une trop scrupuleuse recherche. Dans le trente-sixième, on donne pouvoir aux curés d'absoudre des cas réservés qui sont secrets: premièrement, parce que ceux qui sont tombés dans quelque cas réservé, étant obligés d'aller chercher les grands-vicaires ou ceux qui ont pouvoir d'absoudre, deviennent plus négligents à se relever de leur chute, ou dédaignent d'y aller. En second lieu, parce que les jeunes personnes et les femmes sont retenues par la honte, et, ne pouvant aller trouver les pénitenciers sans qu'on le sache, afin de ne point se déshonorer, demeurent sur ces fautes dans le silence.

Depuis le quarantième jusqu'au quarante-septième, il est parlé du sacrement de mariage; et le concile témoigne qu'il serait à souhaiter que cette bonne coutume de jeûner et de communier, avant de se marier, pût se rétablir. Il enjoint aux curés de ne point marier les fils de famille sans le consentement des parents; de ne marier personne sans avoir publié trois bans, comme aussi de ne marier aucuns étrangers et inconnus sans certificats des lieux de leur demeure, qui rendent témoignage qu'ils ne sont point mariés, et sans une permission de leur curé, pour pouvoir être mariés par un autre; et si, entre les personnes qui contractent mariage, il y a quelque degré de parenté, et qu'elles aient obtenu dispense du pape, d'examiner cette dispense; et, en cas qu'ils trouvent que l'exposé ne soit pas selon la vérité, de leur déclarer que leur dispense est nulle; comme aussi de défendre ces jeux qui se font dans l'église après la célébration du mariage, comme de pousser le nouveau marié. A l'égard du sacrement de l'ordre, il renvoie à ce qui a été dit dans la première partie qui regarde les fonctions de l'évêque.

Dans les quarante-neuvième et cinquantième, il est parlé de l'extrême-onction. Il y est dit que le curé, en administrant ce sacrement, expliquera le passage de saint Jacques, exhortera le malade à la mort, et le préparera à sa dernière fin.

Dans les derniers articles, il est enjoint de donner la sépulture à tous ceux qui sont morts dans la communion de l'Eglise, quand même ils seraient morts subitement, étant bien juste que, puisqu'on a été en communion avec eux pendant leur vie, on y demeure après leur mort. Il est défendu de donner la sépulture aux hérétiques, aux excommuniés, aux voleurs publics, à ceux qui se sont tués eux-mêmes, et à ceux qui sont morts en péché mortel, sans donner aucune marque de pénitence.

La huitième partie qui traite de la subsistance des curés, est divisée en sept articles. Il y est défendu aux curés de prendre quelque chose pour l'administration des sacrements et pour la sépulture; et il y est ordonné que l'on assignera un petit fonds aux curés; qu'on les fera jouir des dîmes que les laïques ont usurpées; que l'on unira plusieurs églises, s'il est besoin; et qu'on paiera aux curés deux deniers aux fêtes de Noël, de Pâques, de la Pentecôte et de l'Assomption de la Vierge, lesquels seront mis entre les mains d'un économe, pour éviter les disputes que pourraient avoir les curés, et éloigner tout soupçon.

La neuvième partie qui regarde les constitutions ecclésiastiques et les usages des Eglises, contient vingt et un articles. Dans le premier, il est dit qu'on doit faire connaître au peuple que les divers usages qui se pratiquent dans différentes églises, n'ayant rien de contraire à la foi, doivent y être observés, ou comme ayant été reçus des apôtres, ou comme ayant été introduits par des conciles pléniers. Dans le second article, on conclut que, puisque l'Eglise a commandé les jeûnes, ils doivent être observés; qu'à la vérité, le grand et véritable jeûne est de s'abstenir de tout péché; mais qu'il est à considérer que les autres sont ordonnés pour parvenir à celui-là.

Dans le troisième, il est marqué que l'Eglise n'a rien ordonné de contraire à saint Paul, lorsqu'elle a défendu l'usage de certaines viandes en certains jours, puisqu'elle ne les a pas regardées comme immondes, mais seulement leur privation comme propre à mortifier la chair; c'est pourquoi il est dit dans le quatrième que l'Eglise, en ordonnant de s'abstenir de certaines viandes en certains jours, n'a pas pour cela tendu des pièges aux fidèles, puisqu'elle les en dispense quand la charité ou la nécessité le demande.

Dans le cinquième, le concile avertit que ce n'est point suivre l'esprit de l'Eglise, que de faire, dans les jours de jeûne, des repas en poisson aussi somptueux qu'on les ferait avec de la viande, puisque l'intempérance que l'Eglise a dessein d'arrêter n'est pas moins excitée par l'abondance des mets de poisson que par la viande. Dans le sixième article, on est averti qu'il est défendu d'user de viande dans le saint temps de carême, pour cause d'infirmité, sans en avoir obtenu permission du curé.

Dans le septième, on donne pour raison du jeûne et des prières appelées *Rogations*, qu'on fait dans l'Eglise avant l'Ascension, que cette fête arrivant dans le printemps, qui est la saison dans laquelle, pour l'ordinaire, on fait la guerre, et que les fruits de la terre, étant encore en fleurs, sont en très-grand danger, on tâche d'apaiser, par cette pénitence et ces prières, la colère de Dieu, et d'attirer sa bénédiction sur les biens de la terre; c'est encore la raison pour laquelle il est dit dans le huitième article, qu'on a établi des processions dans les campagnes; mais, parce que souvent ce qui a été très-saintement institué devient, par la malice des hommes, une occasion de péché, on a jugé plus à propos de faire ces processions autour de l'église.

Par le neuvième article, il est ordonné de sanctifier le dimanche, en s'assemblant dans l'église pour assister à la messe et y communier; pour entendre la parole de Dieu, et chanter des psaumes et des hymnes. Par le dixième, il est défendu de tenir ce jour-là des foires, de fréquenter les cabarets et de danser.

Dans le douzième et dans le treizième article, il est ordonné que l'on instruira les peuples, que les onctions qui se font dans les consécrations des autels, les dédicaces des églises et les bénédictions des calices ne sont point des cérémonies judaïques, comme quelques-uns le disent, mais des cérémonies saintes instituées par le pape saint Silvestre, pour faire entendre aux fidèles que lorsqu'ils offriront sur ces autels, qu'ils prieront Dieu dans ces temples, qu'ils recevront le sang de Jésus-Christ dans ces calices, ils recevront du ciel toutes sortes de consolations et l'onction de la grâce.

Il est dit dans le quatorzième, que l'on bénit les cloches parce qu'elles sont consacrées à un usage saint et qu'elles deviennent les trompettes de l'Église militante, pour animer les fidèles à s'unir ensemble par la prière, pour chasser le démon, leur ennemi, qui se mêle dans les tempêtes et les orages pour nuire aux chrétiens.

Dans le quinzième, que si l'on réconcilie les églises lorsqu'elles ont été polluées, ce n'est pas qu'elles puissent être véritablement polluées, puisque c'est le lieu où les chrétiens sont lavés de toutes leurs souillures, mais qu'elles sont réconciliées par des aspersions et des prières, pour donner de l'horreur à ceux qui y ont commis des crimes, et leur faire entendre que si un lieu inanimé, qui ne peut par lui-même être coupable d'aucun crime, est lavé et purifié, ils doivent, à plus forte raison, se laver et purifier de leurs crimes, étant les temples du Dieu vivant.

Dans le vingt et unième, le concile remet au soin des évêques de corriger les abus qui se trouvent dans les confréries, dont l'usage saint est devenu une occasion de débauche et de cabale contre les princes.

La dixième partie, qui regarde la discipline monastique, contient dix-neuf articles. Dans le premier, il est dit que, quoique la vie monastique, telle qu'elle est aujourd'hui, soit différente de celle qui a commencé peu de temps après les apôtres, néanmoins elle peut contribuer beaucoup à acquérir la perfection évangélique, si ceux qui l'embrassent, suivent exactement ses règles; mais comme il est difficile de suivre avec exactitude ses règles, à cause de la fragilité de la chair, il est ordonné aux supérieurs de bien examiner les sujets qui se présentent, et particulièrement les filles.

Dans le troisième, il est ordonné d'avertir les parents de ne point forcer leurs enfants à se faire religieux, de peur qu'ils ne tombent dans un malheur encore plus grand que les pharisiens qui se faisaient des prosélytes par toute sorte de voies.

Dans le septième, il est dit qu'on pourra faire choix de quelques religieux pour les envoyer étudier en théologie dans quelque université; mais qu'on aura soin qu'ils demeurent dans des monastères, et non point dans des maisons particulières.

Dans le huitième, il est statué que les religieuses auront, deux ou trois fois l'année, des confesseurs extraordinaires, auxquels elles puissent décharger leurs consciences, ne pouvant souvent le faire avec confiance au confesseur ordinaire; et qu'on aura soin de faire choix de gens réglés, sages et habiles pour confesser les religieuses, qui prendront garde de les interroger sur des péchés dont elles ne s'accusent point, de peur de leur apprendre ce qu'elles ne savent pas; et qui ne les entendront point en confession dans un lieu particulier, mais en présence des autres religieuses, afin d'éviter non-seulement le mal, mais le soupçon qu'on en pourrait avoir.

Dans le neuvième, l'entrée de toutes sortes de monastères est défendue aux personnes du monde, parce que par l'abus qui s'en fait, ceux des hommes, d'écoles de vertus qu'ils étaient et d'hospices pour les pauvres, sont devenus des cabarets, et ceux des religieuses sont regardés comme des lieux de débauche.

Dans le onzième, il est dit qu'on établira des économes dans les monastères où les abbesses, ayant toute l'autorité et l'administration des revenus, les emploient en des dépenses qui ne conviennent nullement à leur état, et font mourir les religieuses de faim ; que ces économes auront l'administration des biens temporels, et qu'ils en rendront compte tous les ans.

Dans le quatorzième, on recommande de visiter et de réformer les maisons des chevaliers hospitaliers de l'ordre Teutonique, de Saint-Jean-Baptiste et de Saint-Antoine, et d'y rétablir le service divin et l'hospitalité; d'empêcher que les biens des commandeurs décédés ne soient enlevés par les grands-maîtres de l'ordre, et transportés dans des pays étrangers, et de veiller à ce que ces biens soient employés aux nécessités de l'église, ou des successeurs, ou bien des pauvres du lieu de leurs commanderies.

Dans le seizième, on exhorte les religieux et les religieuses à s'instruire des saintes Écritures, à travailler des mains, et surtout à s'occuper à transcrire les livres sacrés pour trouver dans ce travail la nourriture de l'esprit et du corps.

Dans le dix-huitième, il est défendu aux religieux et aux religieuses d'écrire et de recevoir des lettres sans la permission de leurs supérieurs.

Dans le dix-neuvième, il est dit qu'il serait très-nécessaire de réformer les chanoinesses séculières, lesquelles ne font point de vœux, parce qu'elles mènent une vie un peu trop licencieuse et même scandaleuse aux yeux de plusieurs personnes.

La onzième partie regarde les hôpitaux, et contient sept articles, dans lesquels premièrement il est dit que les canons, les lois des empereurs et des rois avaient ordonné, dans les États, l'établissement des hôpitaux, pour y recevoir et entretenir les étrangers, les pauvres, les orphelins, les vieillards, les enfants, les fous, les lépreux et les incurables ; qu'il est du devoir des évêques de veiller à la conservation de ceux qui sont établis, de rétablir ceux qui sont tombés, et de donner leurs soins à ce que, dans ces maisons, on ne néglige rien pour ce qui regarde le salut des âmes de ceux qui y sont enfermés ; qu'on leur administre les sacrements ; que, lorsqu'ils sont malades, on leur donne des médecins spirituels et corporels, et que l'on n'y reçoive que des personnes qui ne peuvent travailler.

Dans le quatrième article, il est particulièrement ordonné de renfermer les lépreux et ceux qui ont quelque mal qui se peut communiquer, parce qu'étant dans le monde, ils pourraient infecter ceux qu'ils approcheraient ; que si les revenus des hôpitaux qui leur sont destinés ne sont pas suffisants pour les entretenir, on préposera des personnes pour faire des quêtes, et on mettra des troncs aux églises pour eux, plutôt que de souffrir que ces pauvres malheureux soient obligés de demander la vie et d'errer parmi le monde.

Par le cinquième article, il est défendu de recevoir, dans les hôpitaux, des mendiants qui sont en état de travailler, ni de les laisser mendier ; il est même ordonné de les arrêter et de les punir ; étant plus avantageux de refuser du pain à celui qui, ayant faim, néglige de faire ce qu'il doit, dans une certaine assurance de n'en pas manquer, que de lui en donner en se laissant surprendre à sa misère, et par là l'entretenir dans l'oisiveté.

Dans le sixième article, on condamne l'abus de certains administrateurs qui, négligeant les véritables pauvres, entretiennent, des revenus des hôpitaux, certaines personnes qu'ils affectionnent, et leur font passer leur vie dans l'abondance et dans une molle oisiveté.

Dans le septième, on donne avis aux administrateurs de ne pas imiter la conduite de Judas, en prenant pour eux ce qui est destiné pour les pauvres ; c'est pourquoi il est ordonné que tous les ans ces administrateurs rendront compte devant les magistrats en présence du curé.

La douzième partie de ce concile, qui regarde les écoles et les imprimeurs, contient neuf articles. Dans le premier, il est dit que puisqu'il est de la dernière conséquence pour le bien de l'Église de pourvoir à la réformation des petits comme des grands (et surtout dans ce temps où l'hérésie se répand dans toute l'Allemagne, à la faveur particulièrement des écoles) ; pour en empêcher le mal, il est ordonné que l'on chassera des villages et des villes ces petits maîtres qui, dans des assemblées particulières, se mêlent d'instruire ; et que l'on mettra en leur place, pour tenir les petites écoles, des maîtres qui soient sages, d'une saine doctrine et d'une vie irrépréhensible.

Dans le troisième article, on se plaint de l'inexécution du canon du concile de Latran, tenu sous Innocent III, qui ordonne que, dans les églises cathédrales et collégiales, il soit fait un fonds pour entretenir un maître habile qui enseigne et instruise les clercs de ces églises, en ce que les fonds qui ont été faits pour cela sont si modiques, qu'on ne peut pas trouver un homme pieux et habile qui veuille se charger à ce prix de l'instruction des clercs ; que cette affaire n'étant pas d'une petite importance, puisque tout le bien et le mal de la république en dépend, il serait à propos d'y pourvoir.

Dans le cinquième, on propose, attendu que les universités se trouvent infectées d'hérésies nouvelles, de prendre sur les biens ecclésiastiques de quoi entretenir les maîtres pour les clercs dont les parents n'ont pas le moyen de les payer.

Dans le sixième, le concile témoigne qu'il souhaiterait que, conformément au concile de Bâle, les collateurs fussent tenus de pourvoir aux bénéfices vacants des personnes graduées dans quelque université, afin de porter les clercs à étudier pour mériter ces bénéfices.

Dans le septième, le concile souhaiterait encore que l'on observât la constitution d'Honorius III, dans laquelle ce pape ordonne que les chanoines, pendant leurs cinq années d'études, jouiront des fruits de leurs canonicats.

Par le neuvième, il est défendu à tout imprimeur, libraire et colporteur, d'imprimer, vendre et débiter aucun livre qu'il n'ait été examiné et qu'il ne porte le nom et le surnom de l'imprimeur et du lieu de la ville où il a été imprimé, comme aussi aucune feuille volante imprimée ou peinte, qui n'ait été vue et examinée par des commissaires députés.

La treizième partie, qui regarde la juridiction contentieuse des ecclésiastiques, contient quatorze articles.

Dans le cinquième, on avertit les juges de ne prononcer jamais aucune censure ecclésiastique pour des causes injustes ou légères, ni par ressentiment, et sans garder les formes prescrites par le droit, et qu'il n'y ait même lieu de croire qu'il n'y a point d'autre voie pour faire rentrer le coupable en lui-même.

Par le septième article, il est enjoint aux promoteurs de n'informer que sur des plaintes redoublées, faites par des gens sages, et non point sur celles de quelques médisants ou de quelques malintentionnés ; et, avant même de faire des informations publiques, de s'enquérir secrètement des crimes dont on charge les accusés par la requête qui aura été présentée contre eux, et de condamner les délateurs aux dépens, s'ils ne peuvent prouver les faits qu'ils ont avancés.

Dans le huitième, il est dit que ce serait une chose de mauvais exemple, que de punir d'une peine pécuniaire seulement les concubinaires et les criminels publics, parce que cela donne lieu de croire que l'on peut acheter la liberté de les commettre; que, si néanmoins la qualité de la personne et de la faute mérite une peine pécuniaire, pour lors l'argent sera employé en de pieux usages, afin de ne point donner lieu de dire que c'est par avarice et non pas par voie de correction, que cette peine a été imposée.

Dans le neuvième, on renvoie au bras séculier ceux dont les crimes méritent la dégradation.

Dans le dixième, il est ordonné, conformément au concile de Mayence, que les exécuteurs testamentaires soient privés de leurs legs, s'ils n'accomplissent la volonté du testateur; et, par cet article, il est ordonné au promoteur de veiller à ce que les testaments des personnes ecclésiastiques soient exécutés dans l'année; que tous testaments faits par des ecclésiastiques soient insinués un mois après leur mort; et que les legs faits pour être employés à des choses défendues par le droit soient convertis en de pieux usages.

Dans le onzième, il est dit que, lorsqu'un ecclésiastique du diocèse de Cologne sera décédé *ab intestat*, ses biens, hors ceux qui viennent de la famille et qui appartiennent à ses héritiers, seront employés à des œuvres pies pour le salut de son âme, après en avoir déduit ses dettes et la dépense de ses funérailles.

Dans le douzième, l'archevêque de Cologne prétend qu'on n'a pas raison de lui contester la part qu'il prend dans les biens des ecclésiastiques qui sont décédés, après en avoir déduit les dettes, lesquels ne sont point des immeubles venant de la famille, d'autant qu'elle lui est due par la coutume et le traité qu'il a fait avec le clergé, ayant même droit d'en prendre une plus grosse, suivant la disposition des canons, dont il a bien voulu faire une remise.

Par le treizième article, il est défendu d'exiger, aussi fréquemment que l'on fait, le serment des parties, si l'affaire ne le mérite, parce qu'il ne peut se faire que, dans des serments si fréquents, il n'y ait beaucoup de parjures.

La quatorzième et dernière partie de ce concile, où il est parlé de la visite des évêques, des archidiacres et de leurs synodes, contient vingt-quatre articles. Dans le premier, il est dit que c'est bien inutilement que l'on fait des lois et des règlements, s'ils ne sont exécutés : c'est pourquoi, pour ne point rendre inutiles ceux qui se sont faits dans ce présent concile, il est enjoint à ceux qui sont commis de la part des évêques à la visite des églises, de les faire exécuter.

Dans le second, il est ordonné que les visites commenceront par les églises cathédrales et collégiales, et se continueront dans les monastères des religieux et des religieuses, dans les paroisses, dans les écoles et les bibliothèques, et enfin dans les hôpitaux.

Dans le quatrième, il est dit que, dans les cathédrales et les collégiales, on commencera par réformer les premières dignités, et surtout les doyens, parce que leur mauvais exemple peut beaucoup contribuer à la perte de ceux qu'ils conduisent.

Le cinquième porte qu'y ayant, en plusieurs endroits, un si grand déréglement dans le clergé, que l'autorité des prélats est méprisée, les visiteurs auront soin de reprendre et de corriger les esprits inquiets, et de punir les rebelles.

Le sixième ordonne que l'on réformera les abus qui sont dans les monastères, en faisant observer la règle.

Le septième, que le curé avertira le peuple, quelques jours auparavant, du temps de la visite de l'évêque, afin qu'il y assiste et se prépare à recevoir les sacrements que l'évêque seul peut administrer.

Le huitième, qu'il est à propos que le grand-vicaire ou un des visiteurs fasse un discours.

Le neuvième et les suivants sont sur ce qu'il y a à faire dans la visite : que l'on interrogera le recteur de la paroisse, s'il est curé en titre ou vicaire; qu'on l'examinera sur ses mœurs, sur sa doctrine, sur les fonctions de son ministère, sur ses études et ses livres; qu'on s'informera s'il n'y a point d'hérétiques ou de schismatiques dans sa paroisse, si l'on n'y exerce point de superstitions et de sortilèges; s'il ne s'y commet point de parjures, de blasphèmes, d'adultères et d'autres crimes; si l'on n'y méprise point les censures ecclésiastiques; si l'on obéit au pasteur; s'il n'y a point de personnes qui ne s'approchent point des sacrements ; si l'on y observe les jeûnes et les fêtes; si l'on y instruit bien les enfants; si l'on a soin des hôpitaux. Il faut encore s'informer si le curé fait bien l'office divin dans l'église ; s'il garde sûrement et décemment l'eucharistie et le saint chrême; si les ornements sont propres, l'église et la maison curiale bien entretenues; s'il ne s'est point fait d'aliénation des biens de l'église, etc.

Il est ordonné dans les articles dix-septième, dix-huitième, dix-neuvième et vingtième, de tenir tous les ans, suivant les anciens canons, deux synodes dans chaque diocèse, où l'on appellera les archidiacres et les doyens ruraux, dont on prendra l'avis pour faire des règlements, et qui publieront les règlements du concile provincial ou diocésain dans leurs synodes particuliers; et afin que cela se puisse exécuter, comme il faut, les archidiacres auront soin d'avoir des officiaux et des doyens ruraux capables de faire leur devoir.

Le vingt et unième renouvelle une formule d'inquisition, par laquelle on oblige par serment trois ou quatre personnes fidèles de chaque village, de découvrir les désordres et les erreurs qu'elles sauront; et, pour empêcher que l'on n'abuse de cet usage, comme il est arrivé en donnant cette commission à des personnes qui s'en servent pour calomnier d'honnêtes gens, ou en tirer de l'argent, on ordonne que l'on ne choisira que des gens de probité, dignes de foi et qui ne soient point soupçonnés de mauvaise volonté, et que l'on imposera des pénitences canoniques, et non pas des peines pécuniaires, aux pécheurs publics.

On reconnaît, dans le dernier article, qu'il y a plusieurs autres abus à corriger, qui ne sont pas compris dans ces décrets : et l'on se propose d'y apporter des remèdes convenables dans les visites et dans les futurs synodes. *Reg.* XXIV ; *Labb.* XIV.

COLOGNE (Synode de), l'an 1548, tenu par Adolphe de Schawenbourg, contre les clercs concubinaires et contre les religieux ou les religieuses qui abandonnaient leur profession. *Conc. Germ.* VI.

COLOGNE (Concile de), l'an 1549. Adolphe, archevêque de Cologne, tint ce concile de sa province, depuis le 11 mars jusqu'au 19 avril 1549, dans le dessein de chercher des moyens pour la réforme de la discipline et des mœurs. Il en marque six principaux : le rétablissement des études, et principalement des études saintes ; l'examen de ceux à qui l'on donne les ordres sacrés ou des bénéfices ; l'exactitude des ecclésiastiques à faire leurs fonctions ; les visites des archevêques, des évêques, des archidiacres et de tous ceux à qui ce droit appartient ; la tenue fréquente des conciles ou des synodes, et le rétablissement de la juridiction ecclésiastique presque anéantie et corrompue par plusieurs abus.

Le concile fait ensuite divers règlements sur ces différents points ; sur le premier, que l'on aura soin de ne conférer l'instruction de la jeunesse qu'à des personnes dont on connaisse certainement la pureté de la foi et la probité des mœurs ; que l'on n'enseignera communément dans les écoles que la grammaire, la poésie, la dialectique, la rhétorique, l'arithmétique et les autres arts libéraux ; que l'on y expliquera seulement les dimanches le texte des épîtres, des évangiles, des psaumes ou des Paraboles de Salomon ; mais que l'on n'enseignera la philosophie, la jurisprudence, la médecine et la théologie que dans les universités. On défend de lire dans les écoles aucun livre qui n'ait été approuvé par le doyen de la faculté des arts de l'université la plus proche, ou par quelqu'un nommé par l'évêque du lieu. On y interdit, sous peine d'excommunication, tous les livres propres à corrompre la foi ou les mœurs, comme les Colloques d'Érasme et les ouvrages de Luther, de Bucer, de Calvin, de Mélancthon, etc. On y règle enfin ce qui regarde les chanoines qui doivent étudier dans les universités, l'institution des théologaux et le rétablissement des leçons de théologie dans l'université de Cologne.

Sur le second moyen, on enjoint aux évêques d'examiner ou de faire examiner ceux qu'ils ordonnent ou à qui ils donnent des missions. On ordonne trois publications de bans pour les ordres comme pour le mariage. On veut que ceux qui sont pourvus de bénéfices par élection, par présentation, par résignation ou par permutation, soient munis de bons certificats de vie et mœurs, et soigneusement examinés avant d'être mis en possession de leurs bénéfices. On prend la résolution de demander au pape la révocation des collations de plein droit, faites par des prélats ecclésiastiques, à moins que le pourvu n'ait été examiné et approuvé par l'évêque ; et on déclare nulles ces collations, quand elles sont faites par des laïques.

Sur le troisième moyen, on ordonne aux prélats, aux archidiacres et à toutes les personnes en place qui ne peuvent exercer leurs fonctions par elles-mêmes, de ne les commettre qu'à des sujets capables de s'en bien acquitter. On défend, sous peine d'excommunication, de vendre et d'acheter ces sortes de commissions. On enjoint aux juges ecclésiastiques d'imposer des peines canoniques pour les péchés, et de ne pas les remettre pour de l'argent. On ordonne aux principaux des collèges de faire leur devoir ; aux doyens, aux abbés, aux abbesses de résider. La pluralité des bénéfices à charge d'âmes y est défendue. On règle les revenus que l'on doit donner aux curés, et l'on ne leur permet pas de tenir à loyer des terres ou d'autres héritages.

Sur le quatrième moyen, on ordonne aux évêques et aux archidiacres de faire souvent leurs visites, pour extirper les hérésies, les schismes, les scandales et enfin tous les vices qui croissent et se multiplient durant le sommeil et l'inaction des visiteurs. On veut que les évêques visitent les exempts et non exempts ; que tous les visiteurs aient le pouvoir d'employer les censures ecclésiastiques pour se faire obéir ; on règle le droit de procuration des visiteurs, et l'on veut qu'ils visitent gratuitement les pauvres paroisses qui sont hors d'état de leur payer ce droit.

Sur le cinquième moyen, on ordonne de tenir deux fois l'année le synode diocésain, et de trois ans en trois ans, le concile provincial, selon le décret du concile de Bâle, pour y renouveler et y mettre en vigueur les anciens canons, ou en faire de nouveaux, s'il en est besoin.

Sur le sixième moyen, on établit la juridiction ecclésiastique par l'Écriture et par la tradition ; on défend aux laïques, sous peine d'excommunication, d'en troubler ou d'en empêcher l'exercice ; et l'on ordonne, sous la même peine, aux magistrats de renvoyer aux juges d'Église les causes concernant le mariage, de même que toutes les autres causes spirituelles. Ceci est suivi des trente-huit constitutions suivantes :

1. Quiconque recevra des religieux ou des religieuses qui auront apostasié, encourra l'excommunication par le seul fait.

2. Même peine contre les religieux, religieuses ou prêtres qui auront contracté mariage, puisqu'il est certain que de pareils

mariages sont nuls, sacriléges et détestables.

3. Même peine contre les moines et les prêtres ou les clercs bénéficiers qui s'obstinent à garder chez eux des concubines ou d'autres femmes suspectes.

4. Même peine contre ceux qui permettent aux moines vagabonds de gouverner les églises et d'administrer les sacrements.

5. Même peine contre les religieuses qui changent l'habit de leur ordre.

6. Tous les moines apostats seront obligés de retourner à leurs monastères pour y faire une pénitence salutaire.

7. Tous ceux et celles qui ont abandonné leurs monastères, ou l'unité, ou la foi de l'Eglise catholique, doivent demander au saint-siège l'absolution et la réconciliation.

8. Les prêtres séculiers ou réguliers, qui quitteront le schisme ou l'hérésie pour rentrer dans le sein de l'Eglise catholique, ne s'immisceront point dans les fonctions du ministère ecclésiastique, avant d'avoir été absous, réconciliés et relevés de l'irrégularité qu'ils ont encourue.

9. On n'oubliera rien pour rappeler avec douceur tous les errants au sein de l'Eglise catholique, en leur faisant espérer le pardon.

10. Les princes et les magistrats sont requis d'employer leur autorité pour obliger les apostats à rentrer dans leurs cloîtres, et les hérétiques dans le sein de l'Eglise.

11. On obligera de même à rentrer dans leurs cloîtres les apostats qui prétendent en être sortis par dispense du saint-siège.

12. Ceux qui ont l'administration des biens ecclésiastiques prêteront serment de les conserver et de les gérer fidèlement, et seront obligés de rendre compte de leur gestion à qui de droit, toutes les fois qu'ils en seront requis.

13. Ceux qui sont chargés de la garde et du soin des églises paroissiales ou collégiales, seront revêtus de surplis quand ils s'acquitteront de leurs offices dans l'église.

14. Les pasteurs et les prédicateurs exhorteront les peuples à différer jusqu'à la veille de Pâques ou de la Pentecôte, le baptême des enfants qui naîtront aux environs de ces deux fêtes, pourvu néanmoins que ces enfants ne courent aucun risque de leur vie.

15. On ne baptisera les enfants que dans la matinée et à l'église seulement, excepté les enfants des souverains, que l'on pourra baptiser à la maison, comme l'a permis le concile de Vienne. On bannira de la cérémonie du baptême les festins et l'ivrognerie.

16. Les religieux ne pourront lever les enfants des fonts baptismaux, ni assister aux noces.

17. Les comédiens ne pourront entrer dans les monastères des religieuses pour y représenter leurs pièces, ni les religieuses assister à ces sortes de représentations.

18. Les pasteurs et les prédicateurs exhorteront le peuple à assister à la messe tout entière, au lieu de courir d'autel en autel, sans se fixer à aucune messe en particulier.

19. Quand on sera obligé de dire plusieurs messes à la fois dans une même église, on fera en sorte que les messes particulières soient finies avant l'évangile de la messe solennelle, ou au moins avant la consécration, et l'on n'en commencera point d'autres qu'après la communion. L'on ne dira point non plus de messe pendant le sermon.

20. Les prédicateurs exhorteront les peuples à faire leurs offrandes à la messe, en reconnaissance des bienfaits qu'ils ont reçus de Dieu.

21. Si l'on doit engager les peuples à faire dire des messes pour le repos de l'âme des défunts, on doit aussi les détourner de leur faire des funérailles pompeuses, suivies de débauches et d'ivrogneries.

22. Les processions seront graves et modestes. On en bannira les jeux, les ris, les danses, les entretiens frivoles et toutes les indécences. L'on n'y pourra porter qu'une seule image de la sainte Vierge, et une de chaque saint.

23. Le clergé aura soin d'édifier le peuple dans les processions et les stations, loin d'y rire, d'y causer, de se promener dans l'église, ou de quitter la procession pour aller boire et manger.

24. Les clercs qui n'assisteront pas à tout l'office, depuis le commencement jusqu'à la fin, seront privés des distributions attachées à cet office.

25. Les doyens ruraux exhorteront les curés à faire les processions ordinaires de la campagne, et surtout celles des Rogations, avec toute sorte de décence et de modestie.

26. Les curés obéiront à leurs doyens ruraux dans tout ce qui sera juste et raisonnable; et les visiteurs insisteront sur ce point dans leurs visites.

27. Les magistrats, ou les autres laïques, qui empêcheront les doyens et les curés de s'acquitter de leurs devoirs, seront excommuniés.

28. Même peine contre ceux qui exigeront des religieux ou des religieuses des services qui ne leur sont pas dus.

29. Même peine contre ceux qui chargent de servitudes indues les fermiers des églises.

30. Les juges séculiers n'exigeront pas un salaire plus considérable pour les affaires des clercs ou des religieux que pour celles des laïques.

31. Ceux qui ont contracté des mariages clandestins seront excommuniés jusqu'à ce qu'ils se soient mariés en face de l'Eglise.

32. On ne pourra se marier qu'en présence du curé de l'une des deux parties, avec le consentement par écrit du curé de l'autre, et qu'après trois publications des bans du mariage, qui se feront durant la messe, trois jours de fête éloignés les uns des autres.

33. On ne pourra se marier ailleurs que dans l'église, après la messe, et dans les temps permis.

34. Les fidèles qui ne se seront pas confessés et qui n'auront pas reçu la communion de la main de leur curé, au moins une fois l'an, seront privés de l'entrée de l'église

pendant leur vie, et de la sépulture ecclésiastique après leur mort.

35. Les religieux mendiants ne confesseront point sans approbation de l'ordinaire.

36. On établit plusieurs pénitenciers pour absoudre des cas réservés à l'évêque.

37. Les évêques donneront des confesseurs extraordinaires, deux ou trois fois l'année, aux religieuses.

38. Ceux qui mépriseront le sacrement de l'extrême-onction seront privés de la sépulture ecclésiastique.

COLOGNE (Concile de), l'an 1549. La même année, l'archevêque Adolphe tint son synode diocésain; il y régla le nombre des fêtes qui seraient chômées dans le diocèse de Cologne. *Conc. Germ. t.* VI.

COLOGNE (Synode de printemps de), l'an 1550. Le même archevêque prescrivit dans ce synode trois principaux règlements relatifs, savoir : le 1er aux bénéficiers à charge d'âmes suspects d'hérésie ; le 2e aux maîtres d'école qui seraient pareillement suspects; le 3e aux livres d'une doctrine suspecte, parmi lesquels il ne craignit pas de ranger les Colloques d'Érasme. Il traça ensuite fort au long à l'évêque de Cyrène, son coadjuteur, et aux autres visiteurs de son diocèse, la marche qu'ils auraient à suivre dans leurs visites, les informations à prendre par rapport aux curés, aux maîtres d'école, à toutes les personnes suspectes ; et il publia une longue liste des livres à proscrire, comme de ceux qu'il était bon de mettre entre les mains des étudiants et des autres fidèles. Le mandement que l'archevêque de Cologne donna à ce sujet respire tout le zèle d'un homme apostolique, et fait penser naturellement aux instructions semblables que donna quelques années après saint Charles Borromée à son clergé. *Conc. Germ. t.* VI.

COLOGNE (Synode d'automne de), l'an 1550. Dans ce nouveau synode, l'archevêque de Cologne lança un mandement contre les contempteurs de la juridiction ecclésiastique, et un autre contre les repas et les débauches qui se faisaient aux fêtes, et particulièrement aux anniversaires de la dédicace de chaque église; et pour obvier à ce dernier inconvénient, il régla que cette fête se célébrerait à l'avenir le même jour dans tout le diocèse. *Ibid.*

COLOGNE (Synode de printemps de), l'an 1551. L'archevêque de Cologne y publia plusieurs règlements de discipline de la 7e session du concile de Trente; il renouvela en même temps plusieurs décrets de ses prédécesseurs. *Ibid.*

COLOGNE (Concile provincial de), l'an 1585. L'*Auxiliaire catholique*, dans un article de D. Guéranger, *t.* I, *p.* 322, fait mention de ce concile; toutefois, il nous a été impossible d'en découvrir aucune trace dans toutes les collections de conciles que nous avons pu consulter.

COLOGNE (Synode diocésain de), l'an 1598, 2 octobre, sous Ernest de Bavière, qui y publia, entre autres règlements, le décret du concile de Trente sur la réformation du mariage. *Conc. Germ. t.* VIII.

COLOGNE (Synode diocésain de), l'an 1605. Ernest, archevêque de Cologne, publia en cette année un statut synodal sur les prises d'habit des moines et des religieuses. Il défendit les repas somptueux qu'on avait coutume de faire à cette occasion, ne permettant d'y inviter que les plus proches parents, et réduisant à un demi-florin l'offrande que la personne devait acquitter à cette cérémonie.

COLOGNE (Synode diocésain de), l'an 1612. Ferdinand de Bavière, qui venait de succéder à son frère Ernest, publia dans ce synode plusieurs statuts rangés sous huit titres principaux. Au titre III, chap. 4, on recommande aux pasteurs des âmes de ne point absoudre ceux qui refusent de confesser leurs péchés en détail; de ne point confesser plusieurs personnes à la fois; de ne confesser personne ailleurs que dans l'église, sauf le cas d'infirmité; de ne point souffrir que leurs pénitents se tiennent debout ou assis, et de ne point boire avec eux, soit avant, soit après la confession. Ils s'opposeront à l'abus, qui s'était introduit parmi les fidèles de ce diocèse, de frapper les personnes nouvellement mariées, et dans l'église même, à la suite de la réception du sacrement de mariage. Au titre V, on fait un devoir aux maîtres d'école de promettre l'obéissance aux doyens et aux curés, de conduire les enfants à la messe et au sermon tous les dimanches et les jours de fêtes et de les faire confesser au moins quatre fois par an.

COLOGNE (autres Synodes de). *V.* SAINT-PIERRE DE COLOGNE.

COLONIAM VILLAM (*Concilium apud*). *Voy.* COULAINES.

COMACCHIO (Synode diocésain de), l'an 1579, par l'évêque Hercule. Ce synode eut pour objet les devoirs des curés et des bénéficiers, la conservation des biens d'église, la bonne administration des sacrements. *Constitutioni sinodali della dioc. di Commachio.*

COMINGE (Synode de). *Voy.* SAINTE-MARIE DE COMINGE.

COMPIÈGNE (Concile de), *Compendiense*, l'an 757, ou 756 selon d'autres. Le roi Pépin fit tenir ce concile de Compiègne, à l'occasion du parlement ou de l'assemblée générale qu'il y convoqua; et il y fit présider l'évêque Georges et le sacellaire Jean, légats du saint-siège, pour donner plus de poids aux règlements qu'on y ferait. Nous connaissons par un privilége que saint Chrodegand, évêque de Metz, y accorda à son monastère de Gorze, et qui est signé de vingt évêques, le nombre des prélats qui y assistèrent. Les canons qu'ils y dressèrent sont au nombre de dix-huit dans les collections des conciles, et de vingt et un dans l'édition des capitulaires; mais les trois derniers appartiennent visiblement au concile de Metz, où ils sont les trois premiers.

1. On ne sépare point les époux qui sont parents au quatrième degré; mais on doit le faire quand l'un l'est au troisième, et l'autre au quatrième.

2. On établit la même chose pour ceux qui sont mariés dans les mêmes degrés d'affinité.

3. « Le mari peut redemander sa femme, qui a pris le voile sans son consentement. »

4. « Si un beau-père marie malgré elle sa belle-fille qui est de condition libre, ses autres parents pourront, si elle le veut, lui donner un autre mari. »

5. « Si un homme libre a épousé une femme esclave, la croyant libre, il peut en épouser une autre ; et la loi est la même pour la femme qui épouse un esclave qu'elle croit être libre. »

6. « Un vassal à qui l'on a fait épouser une femme d'un fief où il demeurait, et qui, l'ayant quittée ensuite pour se retirer vers les parents de son premier seigneur, prend en ce lieu une autre femme, pourra garder cette seconde femme. »

7. « Si quelqu'un, ayant trouvé que sa femme a eu commerce avec son frère, l'a répudiée et en a pris une autre qu'il n'a pas trouvée vierge, cette seconde femme est son épouse légitime ; et il n'a pas même de prétexte pour la répudier, puisque lui-même n'était pas vierge. S'il épouse une troisième femme, on l'obligera de retourner avec la seconde ; et la troisième aura la liberté de se marier à qui elle voudra. »

8. « Celui qui a commis un adultère avec la femme de son frère, ne pourra jamais se marier, non plus que la femme adultère ; mais le mari de cette femme pourra en prendre une autre. » Ce canon a été inséré au livre V des Capitulaires, c. 19.

9. « Le baptême, administré par un homme qui se disait prêtre, et qui n'avait pas été baptisé, est valide, comme le pape Sergius l'a défini. »

10. On défend le mariage à un père qui a corrompu sa belle-fille, aussi bien qu'à la belle-fille, parce qu'elle n'avait pas déclaré ce qui lui était arrivé de la part de son beau-père ; mais on permet au fils d'épouser une autre femme.

11. « Une fille qui a pris le voile étant libre demeurera dans la religion. »

12. « Celui qui a tenu son beau-fils ou sa belle-fille à la confirmation en qualité de parrain, doit être séparé de sa femme, sans que ni lui ni elle puissent se remarier. »

13. « Si un mari a permis à sa femme d'entrer en religion et de prendre le voile, il peut en épouser une autre ; et ainsi de la femme. »

14 et 15. « Celui qui, ayant eu commerce avec la mère et la fille, ou avec les deux sœurs, vient ensuite à se marier, sera obligé de se séparer de sa femme ; et il ne pourra se remarier. Si les femmes avec lesquelles il a péché ont été complices de l'inceste, elles seront sujettes à la même peine. »

16. « Un homme lépreux dont la femme est saine peut, s'il veut, lui permettre de se marier à un autre. »

17. « Quand une femme prétend que son mari n'a jamais consommé le mariage, et que le mari soutient le contraire, on doit en croire le mari. »

18. « Ceux que la loi *Faida* oblige de fuir dans un autre pays, ne pourront se remarier, ni les femmes non plus qu'ils ont quittées. »

On nommait *Faida* le droit que la loi donnait aux parents de celui qui avait été tué, de poursuivre le meurtrier, et de s'en faire justice.

On voit dans plusieurs canons de ce concile des décisions peu conformes à la doctrine de l'Eglise touchant l'indissolubilité du mariage. Ce fut pendant la tenue de cette assemblée, que Pépin reçut les ambassadeurs de l'empereur Constantin, qui, entre autres présents, lui envoya des orgues jusque-là inconnues en France.

COMPIEGNE (Concile de), l'an 758, ou 757 selon d'autres, où Tassillon, duc de Bavière, jura fidélité à Pépin.

COMPIEGNE (Concile de), l'an 816. Louis le Débonnaire se trouva à ce concile, avec un grand nombre d'évêques, d'abbés et de comtes. On y écouta les ambassadeurs des Sarrasins. *Martene, veter. Monum. tom.* IV ; *Mansi, t.* I, col. 787.

COMPIEGNE (Concile de), l'an 823. On y traita du mauvais usage des choses saintes, et l'on y mit de nouveau Louis le Débonnaire en pénitence pour quelques fautes dont il promit de se corriger. *Agobard* ; *Mansi, t.* I, col. 827.

COMPIEGNE (Concile de), l'an 833. Ce ne fut qu'une assemblée séditieuse, où Ebbon, archevêque de Reims, et les autres évêques qui s'étaient révoltés contre Louis le Débonnaire, pour prendre le parti de son fils Lothaire, n'eurent pas honte de le soumettre à la pénitence publique, pour des fautes dont il avait déjà fait pénitence ou dont il n'était même nullement coupable, et de le regarder comme ne pouvant plus porter les armes et comme déposé. Il faut cependant reconnaître que ce ne sont pas les évêques qui prononcèrent contre Louis la sentence de déposition ; c'est assez qu'ils aient eu la faiblesse d'approuver l'indigne conduite de son fils rebelle. *N. Alex. Hist. eccl. t.* VI ; *Reg.* XXI ; *Labb.* VII ; *Hard.* IV.

COMPIEGNE (Concile de), l'an 871. Hincmar, archevêque de Reims, tint ce concile avec ses suffragants, pour délibérer sur les moyens de faire rentrer dans son devoir le prince Carloman, qui s'était révolté contre son père Charles le Chauve. Hincmar de Reims excommunia les fauteurs de Carloman, et en particulier Hincmar de Laon. *Mansi*, *t.* I, col. 1013.

COMPIEGNE (Conciles de), l'an 877. Il y eut deux conciles tenus à Compiègne cette année : le premier de ces conciles se tint le premier mai, par ordre de l'empereur Charles le Chauve, qui y fit dédier en sa présence et celle des légats l'église de Saint-Corneille et de Saint-Cyprien. Le second fut assemblé le 8 décembre ; Hincmar, archevêque de Reims, y couronna Louis le Bègue roi de France. *Labb.* IX ; *Bouquet* IX.

COMPIEGNE (Concile de), l'an 1085. Rainaud, archevêque de Reims, indiqua ce concile pour y travailler avec ses suffragants au rétablissement de la discipline ecclésiastique. Les décrets n'en ont pas encore été rendus publics. On sait seulement que l'on y confirma les priviléges de l'église de Saint-Corneille de Compiègne, et qu'on en déclara les chanoines exempts de la juridiction du métropolitain de la province. Le roi Philippe autorisa ce décret du concile, par un diplôme daté de la vingt-quatrième année de son règne. *Labb.* X ; *Hard.* VI.

COMPIEGNE (Concile de), l'an 1092. Roscelin y fut convaincu d'erreur et obligé de se rétracter, mais par crainte d'être assommé par le peuple, comme il le déclara depuis. Il disait que les trois personnes divines sont trois choses séparées, comme trois anges ; en sorte toutefois qu'elles n'ont qu'une volonté et une puissance ; autrement, il aurait fallu dire, selon lui, que le Père et le Saint-Esprit se sont incarnés. Il ajoutait que l'on pourrait dire véritablement que ce sont trois dieux, si l'usage le permettait.

COMPIEGNE (Concile de), l'an 1095. Rainauld, archevêque de Reims, tint ce concile, comme l'atteste sa lettre à Lambert, évêque d'Arras. On y excommunia Hugues de Iuciaco, persécuteur de l'Eglise de Cambrai. *Mansi. t.* II, *col.* 143.

COMPIEGNE (Concile de), l'an 1193. Guillaume, archevêque de Reims et légat du saint-siége, tint ce concile ou plutôt ce parlement de Compiègne, le 4 novembre, dans lequel il prononça mal à propos, avec les évêques assistants, que le mariage du roi Philippe avec la princesse Ingeburge, fille de Waldemar Ier, roi de Danemark, était nul pour cause de parenté. Ingeburge en appela à Rome comme elle put, ne sachant ni le français ni le latin, en s'écriant : *Mala Francia, mala Francia, Roma, Roma.* L'auteur de *l'Art de vérifier les dates* observe avec raison que Mansi s'est mépris en rapportant ce conciliabule à l'an 1195, puisqu'il se tint quatre-vingt-deux jours après la cérémonie du mariage qu'il déclara nul, et que cette cérémonie se fit le 14 août 1193. *Mansi*, t. II.

COMPIEGNE (Concile de), assemblée de toute la province de Reims, l'an 1201. On y porta défense à la justice séculière, de mettre en détention les clercs, sous peine de cessation de l'office divin dans tous les lieux où cet attentat aurait été commis. *Const. Synod. episc. Atreb.*

COMPIEGNE (Concile de), l'an 1235. Henri de Braine, archevêque de Reims, tint ce concile avec six de ses suffragants, le 5 août, sept jours après celui qu'ils avaient déjà tenu à Saint-Quentin (*voy.* ce mot) et ils allèrent ensuite à Saint-Denis faire au roi saint Louis une seconde monition en faveur des libertés de l'Eglise : ce qui donna occasion aux seigneurs de se plaindre au pape Grégoire IX des prélats et des ecclésiastiques, par une lettre datée de Saint-Denis, au mois de septembre de la même année. On croit que ce fut aussi à l'assemblée de Saint-Denis que le roi fit deux ordonnances portant que ses vassaux et ceux des seigneurs ne seraient point tenus de répondre aux ecclésiastiques ni à d'autres, au tribunal ecclésiastique (en matière civile) ; que si le juge ecclésiastique les excommuniait pour ce sujet, il serait contraint, par la saisie de son temporel, à lever l'excommunication ; que les prélats, les autres ecclésiastiques et leurs vassaux seraient tenus, en toutes causes civiles, de subir le jugement du roi et des seigneurs. Le pape réclama avec quelque succès contre ces ordonnances, qui tendaient à dépouiller l'Eglise de ses anciens priviléges.

COMPIEGNE (Concile de), l'an 1256. On s'occupa dans ce concile de l'affaire des sœurs converses d'Arouaise. *Gall. Chr.* III.

COMPIEGNE (Concile de), l'an 1257. On y confirma l'exclusion des sœurs converses d'Arouaise, déjà prononcée l'année précédente au concile de Saint-Quentin. *Ibid.*

COMPIEGNE (Concile de), l'an 1270. Jean de Courtenay, archevêque de Reims, tint à Compiègne, le lundi avant la fête de l'Ascension, un concile composé de sept évêques de sa province, dans lequel il publia un statut très-rigoureux contre ceux qui s'emparent des biens des églises, contre leurs fauteurs et ceux qui les retirent, ou les biens qu'ils ont pris. Il les excommunie et veut que l'on cesse les divins offices partout où se trouveront les ravisseurs et les biens ravis ; sans préjudice de ce qui a pu être ordonné sur ces articles comme sur les autres par le siége apostolique ou par les vénérables Pères de l'Eglise gallicane, aussi bien que dans les autres conciles provinciaux de la métropole de Reims.

COMPIEGNE (Concile de), l'an 1278. Pierre Barbets, archevêque de Reims, tint ce concile avec ses suffragants, la veille du dimanche des Rameaux, 9 avril. On y fit un décret contre les chapitres des cathédrales, qui prétendaient avoir droit de cesser l'office divin et de mettre la ville en interdit, pour la conservation de leurs libertés. Le P. Labbe met ce concile en 1277, faute de n'avoir pas distingué l'ancienne et la nouvelle manière de compter les années en France. *L'Art de vérifier les dates,* pag. 223.

COMPIEGNE (Concile de), l'an 1301. Robert de Courtenay, archevêque de Reims, tint ce concile provincial le mercredi qui précéda immédiatement la fête de saint Clément. Il publia les sept règlements de discipline que nous allons rapporter.

1. Si un clerc vient à être saisi par la justice séculière, et qu'on refuse de le remettre au pouvoir de son évêque qui le réclame, on cessera de célébrer l'office divin dans le lieu où le clerc aura été saisi, jusqu'à ce que la réclamation de l'évêque ait eu son effet.

2. Si un clerc est appréhendé par la justice séculière dans un diocèse, pour être emmené dans un autre, on cessera l'office divin, tant dans le lieu de la saisie que dans celui de la retenue, jusqu'à ce que le captif ait été rendu au diocèse d'où il aurait été enlevé.

3. La justice séculière ne s'arrogera point le droit de punir les clercs, ou de les mettre à l'amende.

4. Si des laïques se coalisent pour prendre la défense de quelqu'un de leurs hommes

liges; qu'une cause de droit aura rendu justiciable d'un tribunal ecclésiastique, ils seront excommuniés par le seul fait.

5. Même peine portée contre les seigneurs temporels qui empêcheraient de traduire, lorsqu'il y a lieu, quelqu'un de leurs sujets devant les tribunaux ecclésiastiques.

6. Les abbés qui se coalisent pour se défendre à frais communs contre les évêques, sont excommuniés.

7. Ceux qui demeureront excommuniés deux années de suite seront punis comme suspects d'hérésie. *Conc. t.* XIV.

COMPIEGNE (Concile de), l'an 1304. Au commencement de l'année 1304, Robert de Courtenai archevêque de Reims, avec ses suffragants, tint un concile à Compiègne, dans lequel on dressa les cinq statuts qui suivent.

Le 1er déclare excommuniés *ipso facto* ceux qui admettent à l'office divin ou à la sépulture ecclésiastique, des personnes excommuniées ou interdites, ou qui ont contracté des mariages clandestins, ou qui auront procuré ces sortes de mariages, ou qui y auront assisté.

Le 2e porte la même peine contre les juges séculiers qui imposent des tailles ou d'autres charges aux clercs.

Le 3e prive de la sépulture ecclésiastique ceux qui sont demeurés pendant deux ans dans l'excommunication, à moins qu'ils n'aient satisfait et fait pénitence à la fin de leur vie.

Le 4e ordonne que ceux qui ont été cités au synode et qui n'y ont pas paru, seront déclarés contumaces et auront à se purger canoniquement devant les évêques diocésains.

Le 5e enjoint à tous les ecclésiastiques de se contenter d'un potage et de deux plats à leurs repas, si ce n'est qu'il survienne des personnes de qualité, pour lesquelles on ait à faire des dépenses extraordinaires.

COMPIEGNE (Concile de), l'an 1329. Guillaume de Brie, archevêque de Reims, tint ce concile où il publia sept capitules.

1. On fera observer toutes les censures publiées par les conciles, contre ceux qui violent les droits et les immunités des églises.

2. On en fera de même des censures contre les usuriers.

3. Défense aux clercs, sous peine de suspense, de soumettre leurs biens à la puissance séculière.

4. Aucun religieux ne pourra affermer à vie ou pour longtemps les droits ou les biens du couvent ou de l'église dont il est supérieur, sans la permission de l'ordinaire; et cela, sous peine de suspense de son office, de privation de son administration et de nullité de contrat.

5. Personne n'exécutera les citations et commandements qui le tireraient de la province de Reims ou du royaume de France, sans l'avis des ordinaires des lieux.

6. On n'exécutera point non plus, sans l'avis des ordinaires, les citations générales conçues en ces termes : *Citetis omnes illos et illas, quos vobis lator præsentium nominabit.*

7. Tous ceux qui troublent, qui empêchent ou qui usurpent la juridiction du métropolitain ou de ses suffragants, seront dénoncés excommuniés tous les dimanches et toutes les fêtes à la messe de paroisse.

COMPLUTENSE (*Concilium*). V. ALCALA.

COMPOSTELLE (Concile de), *Compostellanum*, l'an 900, le 6 mai, tenu pour la dédicace de la nouvelle église de Saint-Jacques, où dix-sept évêques se trouvèrent, avec le roi Alphonse, la reine, son épouse, ses fils, treize comtes et un peuple innombrable.

COMPOSTELLE (Concile de), l'an 938. *Voy.* SAINT-JACQUES.

COMPOSTELLE (Concile de), l'an 971. Ce concile fut tenu le 29 novembre. Césaire, abbé de Mont-Serrat, y fut élu et sacré archevêque de Tarragone, malgré l'opposition de l'archevêque de Narbonne et des évêques d'Espagne, qui reconnaissaient ce dernier pour leur métropolitain. *Mansi, t.* I, *col.* 1173.

COMPOSTELLE (Concile de), *Compostellanum*, l'an 1056. Le cardinal d'Aguirre est le premier qui ait donné au public les statuts de ce concile. Mais il se trompe, avec Baronius, en appelant Cresconius, président du concile, archevêque de Compostelle. Cresconius n'eut jamais d'autre siége que celui d'Iria, ou de Padron en Galice; et, au concile de Coyança, en 1050, il est qualifié évêque d'Iria. D'ailleurs, Compostelle ne ut érigée en archevêché que sous Calixte II, qui ne fut fait pape que l'an 1119 : Mérida était auparavant le siége archiépiscopal. Les prélats, assemblés à Compostelle, ordonnèrent que les évêques et les prêtres diraient chaque jour la messe, et que toutes les fois que l'on indiquerait des jeûnes et des processions publiques pour l'expiation des péchés, les clercs se revêtiraient de cilices.

Le même cardinal, qui met un autre concile à Compostelle, en 1031, lui attribue six canons ou règlements, qu'il répète, presque dans les mêmes termes, sous ce concile de Compostelle de l'an 1056.

1. Dans toutes les églises cathédrales il y aura, suivant les saints canons, des chanoines choisis par l'évêque, du consentement du clergé. Ils prieront et célébreront dans la même église, et n'auront qu'un même réfectoire et un même dortoir. Ils garderont le silence pendant le repas, et l'on y fera de saintes lectures. Leur habit descendra jusqu'aux talons, et ils auront tous chez eux un cilice qu'ils porteront tous les jours du mois de décembre, qui est un mois de litanies, tous les mercredis et les vendredis et tous les jours de pénitence. Ils réciteront au moins cinquante psaumes par jour, avec prime, tierce, sexte, vêpres, complies et les matines la nuit. Ils se donneront le baiser de paix à toutes les messes quand le diacre dira : *Inter vos pacem tradite*; et chacun d'eux offrira quelque présent, selon ses facultés, les jours des communions solennelles, telles que celles de Noël, de Pâques et de la Pentecôte.

2. On élira, dans chaque diocèse, des abbés qui sachent rendre raison du mystère de la sainte Trinité, et qui soient instruits dans

les divines Ecritures et dans les saints canons. Ces abbés établiront des écoles dans leurs églises canoniales, et y feront régner une telle discipline, qu'elles puissent fournir des sujets propres à être ordonnés par l'évêque. Le sous-diacre aura dix-huit ans, le diacre vingt-cinq, le prêtre trente, et tous sauront parfaitement le psautier et tout ce qui concerne leur ministère. Ils ne commettront point de simonie; ils ne porteront point d'armes ; ils se feront raser la barbe, et auront les cheveux coupés au haut de la tête en forme de couronne.

3. Les croix, les ciboires et les calices seront d'argent. Toutes les églises seront pourvues de livres qui contiendront l'office de toute l'année. Les femmes étrangères ne demeureront ni chez l'évêque, ni chez les moines, et n'auront aucun commerce avec eux. Tous les chrétiens doivent savoir le Symbole et l'Oraison dominicale. Aucun d'eux n'aura deux femmes, ni la femme de son frère, sous peine d'excommunication.

4. Toutes les personnes consacrées à la vie religieuse l'observeront exactement, et ne rentreront point dans le monde : si quelqu'une d'elles y rentre, elle demeurera excommuniée jusqu'à ce qu'elle ait repris son premier état.

5. Les juges n'opprimeront point les peuples ; mais ils les jugeront avec équité et bonté, et ne recevront point de présents. Tous les chrétiens s'abstiendront des augures, des enchantements et de toute sorte de superstitions.

6. Les parents qui se sont mariés ensemble seront séparés et excommuniés. *D'Aguirre, Concil. Hispan. t. IV.*

COMPOSTELLE (Concile de), *Compostellanum*, l'an 1114.

Ce concile se tint le 17 novembre. On y adopta les dix canons qui avaient été dressés dans le concile de Léon, et l'on y en ajouta quinze autres. C'est ce que dit l'auteur de l'*Art de vérifier les dates*, p. 211, en citant d'Aguirre. La vérité est que ce prétendu concile de Compostelle ne fut qu'un synode diocésain dans lequel Didace Gelmirez, évêque de Compostelle, renouvela et confirma les statuts de ses prédécesseurs : *Divina disponente clementia, ego Didacus, sedis ecclesiæ beati Jacobi apostoli episcopus, cum ejusdem sedis canonicorum, judicum* (in mss. Tolet. *judicium; forte judicio*), *cæterumque nobilium virorum consilio, prædecessorum statuta relegenda..... hujusmodi decreta constituo, et constituendo confirmo.* D'Aguirre, *t. V, p. 32.*

COMPOSTELLE (Concile provincial de), tenu à Salamanque, l'an 1565. *Voy.* SALAMANQUE.

CONCORDIA (Synode diocésain de), *Concordiensis*, les 8, 9 et 10 avril 1587. Matthieu Sanuti, évêque de Concordia, publia dans ce synode un livre de constitutions, qu'il divisa en trois parties. Il y explique dans un grand détail les devoirs attachés aux diverses fonctions des ecclésiastiques, ceux des laïques eux-mêmes et en particulier des médecins, la conduite à tenir à l'égard des Juifs, le soin qu'on doit avoir des églises et de leurs dépendances, telles que sacristies, cimetières, l'administration des hôpitaux, l'entretien du séminaire, et tout ce qui regarde les sacrements. *Synodi diœc. Concord. Constitut.*

CONDOM (Synode de). *Voy.* SAINTE-MARIE DE CONDOM.

CONFLUENTINUM (*Concilium*). *Voy.* COBLENTZ.

CONSENTINUM (*Concilium*). V. COSENCE.

CONSTANCE (Synode de), l'an 616. Gaudence, évêque de Constance, étant mort (selon Crusius en 650, et en 622 selon Eckart, mais selon Sigismond Callès en 616), Gonzon, duc d'Allemagne, invita les évêques voisins d'Autun, de Verdun et de Spire, à se réunir en synode avec le reste du clergé pour procéder à l'élection d'un autre évêque. Dans ce synode, le duc Gonzon prit la parole et exhorta pathétiquement les évêques et le clergé à faire choix de saint Gall. Tous furent de l'avis du duc, et commencèrent à faire l'éloge du saint abbé, comme d'un homme savant dans les saintes Ecritures, qui joignait la douceur à l'humilité, la patience à la chasteté, et qui était prodigue d'aumônes, père des orphelins et consolateur des veuves. Le saint abbé seul fut d'un avis différent de la multitude, et il opposa à tous les suffrages qui l'appelaient au siége de Constance sa qualité d'étranger, et les canons qui prescrivent d'élire pour évêque d'un lieu un homme pris, autant que possible, parmi les indigènes. Il proposa en même temps à leur élection le diacre Jean, comme ayant toutes les qualités désirables pour remplir cette place. Le duc fit donc paraître celui-ci à son tour, et lui demanda s'il pourrait porter la charge épiscopale. L'humble diacre gardant alors le silence, Gall dit tout haut qu'il répondait pour lui. Mais Jean ayant pris la fuite et cherché un asile hors de la ville, dans l'église du martyr saint Etienne, le clergé et le peuple se mirent à sa poursuite, le ramenèrent en la présence des évêques et du duc, et malgré ses larmes, le proclamèrent celui que le Seigneur avait choisi pour leur évêque. Tout le peuple répondit *Amen*; et les évêques, l'ayant conduit à l'autel, lui donnèrent sur-le-champ l'ordination épiscopale. La cérémonie se termina par un long sermon que saint Gall fit dans sa propre langue au peuple rassemblé, et que l'évêque nouvellement ordonné traduisait à mesure dans l'idiome du pays. *Walafr. Strab.; D. Mab.*

CONSTANCE (Synode de), l'an 759. Saint Othmar, abbé du monastère de Saint-Gall, ayant porté plainte auprès du roi Pépin contre Warin et Ruodhard, ses officiers, qui chargés de l'administration de toute l'Allemagne, s'emparaient des biens des églises et des couvents; ceux-ci, pour faire diversion à l'accusation qui leur était intentée par le saint, se saisirent de sa personne et le firent accuser lui-même par un de ses moines, dans un synode tenu par Sidoine, évêque de Constance, comme s'il se fût rendu coupable d'un crime d'impureté. Le saint ne répondit que par le silence à cette infâme calomnie, et fut envoyé en exil dans l'île de Stein, située sur le Rhin, où il mourut la même année. Lambert, son calomniateur, fut puni de son crime par une horrible maladie, qui le força à faire l'aveu de sa propre scélératesse, comme de l'innocence du saint qu'il avait calomnié. *Walafr. Strabon; Goldstat; Mabillon.*

CONSTANCE (Synode de), l'an 864. Salamon, évêque de Constance, assembla ce synode, tant pour traiter des affaires ecclésiastiques de son diocèse, que pour procéder à la canonisation de saint Othmar, abbé de Saint-Gall. Les preuves de sa sainteté et de ses miracles ayant paru suffisantes, on ordonna d'une voix unanime que les moines de Saint-Gall lèveraient de terre le corps de leur ancien abbé, et le placeraient avec honneur dans l'église même de leur abbaye. *Ison, moine de S.-Gall; Mabill. sæc. III Benedictini p. II, p. 164.*

CONSTANCE (Concile de), l'an 1005. On y condamna des lettres qui se débitaient comme venues du ciel, à l'occasion d'une famine qui désolait l'Allemagne. *Conc. Germ. t. III.*

CONSTANCE (Synode de), l'an 1033. Dans ce synode, Bern, abbé d'Augis-la-Riche, qui avait obtenu du pape Jean XIX le privilége de dire la messe avec des sandales, ce qui était alors réservé aux seuls évêques, fut forcé de jeter au feu, et son privilége, et ses sandales, pour céder à l'injonction que lui en fit Warmann, évêque de Constance, appuyé des ordres de l'empereur Conrad. *Herm. Contract. Struv. p. 277.*

CONSTANCE (Concile de), l'an 1043. L'empereur Henri III, surnommé le Noir, assista à ce concile, y pardonna à tous ses ennemis, et établit dans l'Allemagne une paix solide. Le P. Labbe met ce concile en l'an 1044, mais mal à propos. Mansi dit qu'on y condamna aussi les simoniaques; mais il se trompe en ce qu'il appelle Henri II l'empereur Henri III. *Mansi, tom. I, col. 1273.*

CONSTANCE (Synode de), l'an 1047. Dans ce synode, Norbert, abbé de Saint-Gall, canonisa sainte Wiborade, par l'ordre du pape Clément II, et en présence de Théodoric, évêque du lieu. *Conc. Germ. t. III.*

CONSTANCE (Synode de), l'an 1094. Hébehard, évêque de Constance, et légat du pape Urbain II en Allemagne, présida à ce concile en son nom. On y fit des règlements sévères contre les clercs incontinents et simoniaques. On y ordonna encore que l'on ferait les quatre-temps du mois de mars, la première semaine de carême, et ceux du mois de juin, la semaine de la Pentecôte; et qu'il n'y aurait que trois fêtes dans les semaines de Pâques et de la Pentecôte.

Le synode reçut aussi les plaintes de la princesse Praxide, qui avait quitté l'empereur Henri IV, son époux, pour se retirer auprès de Welphon, duc d'Italie, forcée, disait-elle, par l'incontinence de son indigne mari qui ne reconnaissait point de frein. Enfin, on décida dans le synode que Dudon, qui, après s'être voué, lui et ses biens, au monastère de Saint-Sauveur de Schaffouse, avait essayé de se soustraire à la juridiction de son abbé Sigefroi, rentrerait dans l'*obédience* de l'abbé, et ferait la pénitence que celui-ci jugerait à propos de lui imposer pour sa révolte. *Conc. Germ. t. III.*

CONSTANCE (Concile de), l'an 1152. Le pape Eugène III et l'empereur Frédéric I, représentés à ce concile, le premier par sept de ses cardinaux et par Brunon, abbé de Caravalle près de Milan, le second par trois évêques et deux comtes, passèrent ensemble un concordat (c'est le plus ancien qu'on connaisse), par lequel ils s'engagèrent à se prêter un mutuel secours contre leurs ennemis communs: l'empereur, à se faire l'avocat de l'Eglise romaine, et à protéger le domaine de saint Pierre contre l'empereur des Grecs, le roi de Sicile et les Romains eux-mêmes s'ils venaient à se révolter; le pape, à couronner l'empereur contre tous concurrents, et à le considérer toujours comme le trèscher fils du prince des apôtres. *Cod. ms. Bibl. Vatic.*

CONSTANCE (Concile de), l'an 1153. L'empereur Frédéric I, surnommé Barberousse, y fit divorce, pour cause de parenté, avec son épouse Adélaïde, fille de Thibaut, margrave de Vehbourg, en présence des légats, et par le conseil des évêques, suivant Otton de Frisingue. *Conc. Germ. t. III.*

CONSTANCE (Synode de), l'an 1327. L'évêque Rudolphe y fit part de ses vues à son clergé pour la visite qu'il se proposait de faire de son diocèse et pour les réformes qu'il songeait à établir, en rendant plus égale la répartition des dîmes et des contributions de chaque église. *Conc. Germ. t. III.*

CONSTANCE (Concile général de), en partie œcuménique, ouvert le 5 novembre de l'an 1414, et terminé le 22 avril 1418. Depuis le concile de Pise, la chrétienté était partagée en trois obédiences: celle de Jean XXIII, qui comprenait la France, l'Angleterre, la Pologne, la Hongrie, le Portugal, les royaumes du Nord, avec une partie de l'Allemagne et de l'Italie; celle de Benoît XIII ou Pierre de Lune, qui était composée des royaumes de Castille, d'Aragon, de Navarre, d'Ecosse, des îles de Corse et de Sardaigne, des comtés de Foix et d'Armagnac; celle de Grégoire XII ou Ange Corrario, qui conservait en Italie plusieurs villes du royaume de Naples et toute la Romagne, c'est-à-dire tout le canton soumis aux seigneurs Malatesta; en Allemagne, la Bavière, le palatinat du Rhin, les duchés de Brunswick et de Luneburg, le landgraviat de Hesse, l'électorat de Trèves, une partie des électorats de Mayence et de Cologne, les évêchés de Worms, de Spire et de Werden, sans compter un grand nombre de particuliers, gens éclairés et craignant Dieu, au rapport de saint Antonin, qui regardaient toujours Grégoire comme le vrai pape.

Alexandre V, prédécesseur de Jean XXIII,

était convenu au concile de Pise qu'il en serait tenu un autre, également général, trois ans après. Pressé d'accomplir cette promesse, Jean XXIII l'avait indiqué, pour la forme, dans la ville de Rome, et l'avait ensuite prorogé, sans désigner de lieu, ni d'époque précise; mais, se voyant poursuivi par Ladislas, roi de Naples, il se mit sous la protection de l'empereur Sigismond, et de concert avec ce prince, il convoqua un concile général à Constance pour le premier novembre 1414. Les motifs allégués de la convocation du concile étaient l'extirpation du schisme et la réunion des fidèles sous un seul et même pasteur, la réformation de l'Eglise dans son chef et dans ses membres, et la confirmation de la foi contre les erreurs de Wiclef, de Jean Hus et de Jérôme de Prague.

Jean XXIII fit son entrée à Constance le dimanche 28 octobre, et fut reçu par le clergé et le peuple avec tous les honneurs dus à la papauté. Le jour de la Toussaint, qui avait été désigné pour l'ouverture du concile, le pontife officia solennellement à la cathédrale; et le cardinal Zabarella, célèbre jurisconsulte, étant monté à la tribune, déclara que le très-saint pape Jean XXIII, voulant continuer le concile de Pise, l'avait transféré et convoqué de nouveau à Constance, et qu'il commencerait le samedi suivant, troisième jour du mois. Ce jour arrivé, on remit l'ouverture au cinq, où après une procession solennelle, et au milieu de la messe, que Jean XXIII célébra, Jean de Verceil, procureur général de Cluny, fit un sermon sur les grands objets qui allaient occuper le concile; après quoi, le cardinal de Florence déclara, de la part du pontife, que la première session aurait lieu le vendredi 16 novembre.

1re *Session.* A cette première session, le cardinal des Ursins dit la messe; Jean XXIII y prêcha et donna des indulgences. On lut la bulle de convocation, et on nomma les officiers du concile, c'est-à-dire dix notaires, un gardien du concile qui fut le comte Berthold des Ursins, les auditeurs de rote, quatre avocats, deux promoteurs ou procureurs, et quatre maîtres de cérémonies. On y lut un canon du onzième concile de Tolède, tenu sous le pape Adéodat l'an 675, qui marque la bienséance avec laquelle on doit se tenir dans ces sortes d'assemblées.

Dans l'intervalle de la première à la seconde session, qui fut d'abord désignée pour le 17 décembre, puis reculée jusqu'au 2 mars 1415, on mit en prison Jean Hus, qui n'avait obtenu de sauf-conduit de l'empereur à Spire que pour se rendre en sûreté jusqu'à Constance, et l'on commença son procès. Ses accusateurs dressèrent un mémoire de ses erreurs, et le présentèrent au concile. On l'accusait d'avoir enseigné publiquement qu'il fallait communier le peuple sous les deux espèces; que, dans le sacrement de l'autel, le pain demeure pain après la consécration; que les prêtres en péché mortel ne peuvent pas administrer les sacrements; qu'au contraire, toute autre personne peut le faire étant en état de grâce; que, par l'Eglise, il ne faut pas entendre le pape ni le clergé; que l'Eglise ne peut pas posséder des biens temporels, et que les seigneurs séculiers peuvent les lui ôter. On nomma des commissaires pour instruire son procès.

Dans ce même intervalle, beaucoup de seigneurs, tant ecclésiastiques que séculiers, arrivèrent à Constance, entre autres le célèbre Pierre d'Ailly, cardinal de Cambrai. L'empereur Sigismond y arriva le 24 décembre : il assista le lendemain, en habit de diacre, à la messe célébrée pontificalement par Jean XXIII; et il y chanta l'évangile de la première messe du jour de Noël.

Dans le mois de février, on vit arriver les nonces de Benoît et de Grégoire, déjà déposés au concile de Pise. On tint plusieurs congrégations : on prit des mesures pour engager Jean XXIII à abdiquer lui-même le pontificat; et on résolut d'opiner par nations. Pour cela, on partagea tout le concile en quatre nations, savoir, celle d'Italie, celle de France, celle d'Allemagne, celle d'Angleterre; et l'on y ajouta depuis celle d'Espagne, quand on eut fait le procès à Pierre de Lune. On nomma un certain nombre de députés de chaque nation, avec des procureurs et des notaires qui avaient à leur tête un président, que l'on changeait tous les mois. Cela faisait comme des tribunaux séparés, où les députés de chaque nation s'assemblaient en particulier pour délibérer des choses qui devaient être portées au concile. Quand on était convenu de quelque article, on l'apportait à une assemblée générale des cinq nations; et, si l'article était unanimement approuvé, on le signait et on le cachetait pour le porter dans la session suivante, afin qu'il fût confirmé par l'autorité de tout le concile, qui ne manquait jamais d'y acquiescer. Ainsi, quand on tenait une session, tout était déjà conclu, et il n'était plus question d'y prendre l'avis de chaque personne, mais seulement d'y ratifier ce qui avait été résolu par le plus grand nombre des nations. De cette manière, la nation d'Italie qui aurait été la plus forte, si l'on n'eût compté que les évêques, n'entrait que pour un quart ou un cinquième dans les décisions du concile : ce qui était un grand désavantage pour Jean XXIII, qui avait plus de partisans parmi les seuls Italiens que dans toutes les autres nations ensemble.

Dans une de ces congrégations, on présenta une liste de griefs très-considérables contre Jean XXIII, et on lui envoya des députés pour l'engager à renoncer de lui-même au pontificat. Il répondit qu'il le ferait, si les deux autres contendants prenaient le même parti; mais il remit de jour en jour à donner une formule claire et précise de sa cession. Pendant ce temps-là, les députés de l'université de Paris arrivèrent à Constance, ayant à leur tête le célèbre Gerson, chancelier de cette université, et, en même temps, ambassadeur du roi Charles VI.

Le premier de mars, il y eut une congrégation générale à l'évêché, où Jean XXIII faisait sa demeure. L'empereur s'y trouva, et le patriarche d'Antioche, prélat français, présenta au pontife la formule de cession conçue en ces termes : « Pour le repos de tout le peuple chrétien, je m'engage et promets, je jure et voue à Dieu, à l'Eglise et à ce saint concile, de donner librement et de mon plein gré la paix à l'Eglise, par la cession pure et simple de mon pontificat, et de l'exécuter réellement, selon la délibération du concile, du moment où Pierre de Lune, appelé dans son obédience Benoît XIII, et Ange Corrario, appelé dans la sienne Grégoire XII, renonceront par eux-mêmes, ou par leurs procureurs, à leur prétendu pontificat. Je promets la même chose pour tout autre cas de renonciation, de mort ou d'événement quelconque, lorsque les circonstances seront telles, que l'union de l'Eglise et l'extinction du schisme dépendront de mon abdication. »

Jean XXIII ne se montra pas difficile pour l'acceptation de cet écrit. Il le lut d'abord en particulier; puis il assura que son intention avait toujours été de donner la paix à l'Eglise; qu'il n'était venu que pour cela à Constance, et qu'il l'avait bien témoigné au concile, en proposant de son plein gré la voie de cession. Après quoi il lut à haute voix la formule, et il l'approuva; ce qui lui attira sur-le-champ mille actions de grâces de la part de l'empereur, des cardinaux, du patriarche d'Antioche et des agents de l'université de Paris qui venaient d'arriver à Constance. Les Pères du concile, transportés de joie, entonnèrent le *Te Deum*, et plusieurs ne purent retenir leurs larmes, en bénissant Dieu d'un événement si heureux. On en témoigna de même une satisfaction infinie dans toute la ville, et l'allégresse commune fut annoncée par le son de toutes les cloches. Le pape, de son côté, mit le comble à ses promesses, en déclarant qu'il voulait tenir dès le lendemain une session solennelle, afin d'y publier l'acte de renonciation, tel qu'il venait de l'approuver.

IIe *Session.* Ce fut donc le second jour de mars que la deuxième session du concile se tint dans la cathédrale de Constance. Jean XXIII y célébra la messe du Saint-Esprit, à la fin de laquelle il s'assit sur un trône appuyé contre l'autel, et commença la lecture de la formule de cession. Quand il en fut à ces mots : *Je promets, je jure et je fais vœu de céder le pontificat*, il quitta sa place, s'agenouilla au bas de l'autel, et mettant la main sur la poitrine, il prononça les paroles de cet engagement solennel. Dès qu'il eut achevé, l'empereur descendit de son trône, ôta sa couronne, se prosterna devant le pontife et lui baisa les pieds; ce que fit également le président de l'assemblée, ou le patriarche d'Antioche, au nom de tout le concile. Le même jour, mais après quelques difficultés, Jean XXIII adressa une bulle à tous les fidèles, où il exposait la résolution qu'il avait prise d'abdiquer la papauté, et demandait le secours de leurs prières pour la conclusion d'une si grande affaire.

Restait la manière de faire la cession. Le concile désirait que les trois prétendants, à commencer par Jean XXIII, la fissent par procureur. Pour Grégoire XII, il n'y avait aucune difficulté; ses nonces y étaient dûment autorisés, et ni lui ni eux n'inspiraient aucune défiance. Mais on savait que Pierre de Lune ou le soi-disant Benoît XIII voulait faire la cession en personne, et non par procureur. En conséquence, Jean XXIII voulut se réserver la même liberté. De là des soupçons, des défiances entre lui et le concile, entre lui et l'empereur. On craignit qu'il ne vînt à se retirer et à dissoudre le concile. L'empereur mit des gardes aux portes de la ville, et il faisait observer le pontife jusque dans ses appartements. Tout cela, joint à l'avis qu'il reçut que les quatre nations avaient résolu de le contraindre à céder, porta Jean XXIII à s'évader de Constance en habit déguisé, et à se retirer à Schaffouse. Il écrivit de là à l'empereur que, par la grâce de Dieu, il se trouvait en liberté et dans un lieu de bon air; qu'il ne s'y était pas retiré dans le dessein de manquer à la promesse qu'il avait faite de renoncer à la papauté pour donner la paix à l'Eglise, mais afin que, sa propre personne étant une fois libre et en lieu sûr, il pût mettre à exécution la volonté qu'il avait de faire cette renonciation.

Il y eut de part et d'autre des lettres circulaires envoyées en mille endroits, tant pour la justification du pontife, que pour celle de la conduite que le concile tenait à son égard. Pendant ce temps, Jean XXIII changea plusieurs fois de retraite, passant de Schaffouse à Lauffenbourg, de là à Fribourg, ensuite à Brisac et à Neubourg, enfin revenant à Fribourg, il fut livré au pouvoir de l'empereur et du concile, ainsi que nous le verrons ci-après.

L'empereur, voyant le trouble que la fuite du pape avait causé dans les esprits, déclara que la retraite de Jean XXIII n'empêchait pas le concile de travailler à la réunion de l'Eglise. Gerson, de concert avec les nations, fit un discours pour établir la prétendue supériorité du concile au-dessus du pape.

Ce discours fut l'origine de la question qui fut vivement agitée alors, si le concile est au-dessus du pape ou non. Gerson essaya de prouver que l'Eglise ou le concile a pu et peut en plusieurs cas s'assembler sans un exprès consentement ou commandement du pape, quand même ce dernier aurait été canoniquement élu, et qu'il vivrait régulièrement. Or ces cas sont, selon cet auteur, 1° si le pape, étant accusé et pris en cause pour écouter l'Eglise, refuse opiniâtrement de l'assembler: 2° s'il s'agit de matières importantes concernant le gouvernement de l'Eglise, et qui doivent être terminées dans un concile général que le pape ne veuille pas convoquer. Ce discours contient douze propositions, dont la dernière est que l'Eglise n'a point de moyen plus efficace pour se réformer elle-même dans toutes ses parties, que la continuation des conciles généraux et provinciaux.

IIIe *Session*, 25 ou 26 mars. Le cardinal

de Florence y lut une déclaration faite au nom du concile, par laquelle il fut dit, 1° que ce concile était légitimement assemblé; 2° qu'il n'était point dissous par la retraite du pape Jean ni d'autres prélats, quels qu'ils pussent être, mais qu'il subsistait toujours dans son autorité et intégrité; 3° qu'il ne devait point être dissous que le schisme ne fût éteint, et l'Eglise réformée dans la foi et les mœurs, le chef et les membres; 4° que le concile ne serait point transféré ailleurs sans cause raisonnable et approuvée du concile lui-même; 5° qu'aucun des prélats et des autres personnes qui devaient y assister ne s'absenterait avant qu'il fût terminé, à moins que ce ne fût pour quelque sujet légitime et approuvé par des députés du concile; et que, dans ce cas, ceux qui se retireraient laisseraient leurs pouvoirs à ceux qui resteraient, sous les peines de droit et autres, à l'arbitrage du concile.

IV° *Session*. La quatrième session fut célébrée le samedi saint, trentième jour de mars. L'assemblée des quatre nations dont le concile était composé, voulant se soutenir dans la qualité d'un concile œcuménique, contre la prétention de la plupart des cardinaux, qui, depuis la retraite du pape, la croyaient sans autorité, dressa un acte conçu en ces termes : « Ce saint synode de Constance, qui forme un concile général pour l'extirpation du présent schisme et pour l'union et la réformation de l'Eglise de Dieu dans son chef et dans ses membres, à la gloire du Dieu tout-puissant, étant légitimement assemblé au nom du Saint-Esprit, afin de réussir plus facilement, plus sûrement, plus librement et plus utilement à unir et réformer l'Eglise de Dieu, ordonne, règle, statue et déclare : premièrement, que ce synode étant légitimement assemblé dans le Saint-Esprit, faisant un concile général qui représente l'Eglise catholique militante, tient son pouvoir immédiatement de Jésus-Christ; et que toute personne, de quelque état qu'elle soit, et quelque dignité qu'elle possède, même papale, est obligée de lui obéir en ce qui appartient à la foi, à l'extirpation dudit schisme et à la réformation générale de l'Eglise de Dieu dans son chef et dans ses membres. »

Les cardinaux, qui se trouvaient à Constance, au nombre de vingt-deux, ayant eu communication de ce décret, trouvèrent très-mauvais que les quatre nations s'arrogeassent le droit de réformer le pape et l'Eglise romaine, leur mère. Ils refusèrent d'abord d'assister à la session où ce décret devait être publié.

Ils consentirent néanmoins à s'y trouver, à condition que la publication n'en serait point faite, à cause que les grandes difficultés que renfermait cette matière exigeaient qu'on en délibérât avec maturité. Et en effet, le cardinal de Florence, François Zabarelle, qui était chargé de faire publiquement dans les sessions la lecture des décrets, supprima dans celle-ci les termes de *la réformation de l'Eglise dans son chef et dans ses membres*.

Après la quatrième session, les quatre nations persistant dans le dessein de faire publier dans la suivante le décret avec l'article que le cardinal Zabarelle avait omis, les cardinaux s'y opposèrent de toutes leurs forces, et déclarèrent qu'ils n'assisteraient pas à l'assemblée. Louis, duc de Bavière, frère de la reine de France; Renaud, archevêque de Reims; Nicolas de Collaville et les autres ambassadeurs du roi très-chrétien, à la réserve de Gerson, chancelier de l'université de Paris, s'étaient joints aux cardinaux avant la quatrième session, et leur demeurèrent constamment unis dans leur opposition à l'entreprise des quatre nations. Malgré tout ce qu'ils purent faire les uns et les autres par l'entremise même de l'empereur, la cinquième session fut indiquée au 6 avril, sans qu'on parlât de faire aucun examen touchant une matière aussi importante et aussi épineuse que l'était celle dont il s'agissait. Seulement, dans la matinée avant l'assemblée, il y eut en présence de l'empereur une conférence entre les cardinaux, les ambassadeurs français et les députés des nations, où l'on contesta beaucoup sur le décret publié dans la session précédente, et que lesquatre nations voulaient qui fût renouvelé et amplifié dans celle qui allait suivre.

V° *Session*. Enfin les cardinaux et les ambassadeurs se déterminèrent à s'y trouver; mais, avant d'y assister, ils firent tous ensemble dans la chambre des parements une protestation secrète, dans laquelle ils déclarèrent qu'ils n'y assistaient que pour éviter le scandale, et non pas dans l'intention de consentir à ce qu'ils avaient appris qu'on y voulait statuer. C'est ce qui est rapporté dans le recueil des actes du concile fait par Herman von der Hardt, et les manuscrits du Vatican, cités par Schelstrate, y sont parfaitement conformes.

Le décret résolu par les quatre nations fut publié dans la cinquième session. On y inséra les expressions de *réformation générale de l'Eglise dans son chef et dans ses membres*, qui avaient été omises dans la publication faite en la session quatrième. Mais il faut remarquer que le cardinal de Florence, qui était chargé de faire la publication des décrets dans le concile, refusa de publier celui-ci, et qu'on fut obligé de le faire lire par un prévôt nommé à l'évêché de Posen. On y ajouta que quiconque, de quelque condition, état et dignité, même papale, qu'il pût être, refuserait avec opiniâtreté d'obéir aux commandements, statuts, règlements ou préceptes du saint synode et de tout autre concile général légitimement assemblé sur les matières susdites ou autres, soit déjà décidées, soit à décider à l'avenir, serait, sauf résipiscence, soumis à la pénitence et au châtiment qu'il mériterait, même avec recours aux autres moyens de droit, s'il était nécessaire.

Ensuite, par application à l'état actuel des choses, il fut défini que le pape Jean était obligé de renoncer, non-seulement dans les cas marqués en sa promesse, mais encore dans tout autre où cela pourrait servir à l'union de l'Eglise ; qu'il devait s'en tenir à cette décision du concile ; et que, s'il refusait ou différait de le faire, il devait être tenu pour déposé de la papauté, et qu'il fallait se soustraire absolument de son obédience : que sa retraite avait été clandestine; qu'il serait requis de revenir pour effectuer ce qu'il avait promis ; et que, s'il refusait ou différait de le faire dans le terme qui lui serait prescrit, on procéderait contre lui, comme contre un homme fauteur du schisme et suspect d'hérésie ; que, s'il voulait revenir, on lui donnerait un sauf-conduit très-ample, et qu'après sa renonciation au pontificat, il serait pourvu à son entretien et à celui des siens, par quatre commissaires à son choix, et quatre autres au choix du concile.

VI° *Session.* La sixième session se tint le 17 avril. On y publia un acte de renonciation au souverain pontificat, que Jean XXIII serait obligé de souscrire. Cet acte portait que ce pontife nommait de son plein gré certains procureurs, qui lui étaient désignés par le concile, pour faire la cession qu'il avait promise et jurée ; que deux de ces procureurs pourraient l'exécuter, nonobstant l'opposition des autres et la sienne propre ; qu'il jurait de ne jamais révoquer ces procureurs, pour quelque cause que ce pût être; qu'il ne changerait rien à cet acte, ni pour le fond ni pour la forme, déclarant nulles dès à présent toutes les exceptions qu'il pourrait y mettre dans la suite, aussi bien que toutes les censures qu'il pourrait infliger à cette occasion ; que, par cette procuration, il ne se tenait pas dégagé du serment qu'il avait fait de céder en tous les cas énoncés dans sa promesse, qui continuerait à le lier jusqu'à la consommation de l'union; que la cession faite en son nom par lesdits procureurs aurait la même force que s'il l'avait faite lui-même en personne, et que, de sa pleine puissance, il suppléait à tous les défauts qui pourraient se trouver dans cet acte ; que, quelque opposition qu'il fît dans la suite, même par le conseil des cardinaux, il renonçait actuellement au pontificat, et dégageait de leur serment les cardinaux, tous les prélats de l'Eglise, tous les officiers de la cour romaine, et généralement toute la chrétienté.

Le concile envoya cet acte à Jean XXIII par deux cardinaux et des députés de chaque nation, qui le trouvèrent la première fois à Brisac. Dans l'audience qu'ils y eurent, le pontife les remit au lendemain pour la réponse qu'il aurait à leur faire. Mais, pour les éviter, il se retira d'abord à Neubourg, et de là à Fribourg. Les envoyés du concile, qui s'en retournaient, le trouvèrent par hasard dans cette dernière ville, et lui déclarèrent que, s'il ne donnait sa procuration, le concile allait procéder contre lui. Il ne la leur donna pourtant point ; mais il l'envoya par le comte Berthold des Ursins, préposé à la garde du concile. Il y promettait et jurait qu'il était prêt à céder purement et simplement, dès qu'on aurait pourvu à sa liberté et à son état, en la manière et la forme qu'il avait proposées aux envoyés du concile. La réponse fut rejetée, et la procédure résolue. On lut les lettres de l'université de Paris à ses propres députés, au concile et à l'empereur, dans lesquelles elle exhortait les uns et les autres à poursuivre constamment l'affaire de l'union, malgré l'absence du pape.

Dans l'intervalle de la sixième à la septième, il y eut des contestations entre les théologiens, sur la manière dont devait être conçu le décret portant condamnation des erreurs de Wiclef. Plusieurs voulaient que ces articles fussent condamnés au nom du pape, par l'approbation du concile. Les autres prétendaient qu'il ne fallait faire mention que du concile, sans parler du pape. Pierre d'Ailly, cardinal de Cambrai, fut de ce dernier sentiment; et il composa dès-lors un mémoire pour appuyer son avis.

VII° *Session*, le 2 mai. On cita Jean XXIII à comparaître en personne, avec ses adhérents, dans l'espace de neuf jours, pour se justifier de l'accusation d'hérésie, de schisme, de simonie et de plusieurs autres crimes énormes ; sinon qu'on procéderait contre lui. On traita encore, dans cette session, de l'affaire de Jérôme de Prague.

VIII° *Session*, le 4 mai. On y procéda à la condamnation des erreurs de Wiclef, contenues en quarante-cinq articles ou propositions qui avaient déjà été censurées par les universités de Paris et de Prague. Une grande partie de ces propositions sont les mêmes que celles de Jean Hus, rapportées à la première session (*Voyez* de plus l'article LONDRES, l'an 1397). On condamna tous les articles, aussi bien que tous les livres de Wiclef, en général et en particulier ; mais le concile ne crut pas qu'il fût nécessaire de qualifier en particulier chacun des articles.

Ce fut dans l'intervalle de la huitième et la neuvième session que Jean XXIII fut arrêté prisonnier à Fribourg, par les mesures que prit le duc d'Autriche, de concert avec l'empereur, avec qui il avait fait sa paix. On changea tous ses domestiques, à la réserve de son cuisinier.

IX° *Session*, le 13 mai. On rejeta la proposition de Jean XXIII, par laquelle il nommait trois cardinaux pour comparaître au concile et répondre aux accusations proposées contre lui. On nomma deux cardinaux et cinq prélats pour appeler le pape par trois fois à la porte de l'église ; et, comme il ne comparut point, on dressa l'acte de cette citation. Après cette session, on s'assembla pour entendre les dépositions des témoins contre lui. Il y en eut dix qui comparurent, parmi lesquels il y eut des évêques, des abbés et des docteurs.

X° *Session*, le 14 mai. Les commissaires firent le rapport de la déposition des témoins. Après de nouvelles citations à Jean XXIII et les trois proclamations faites, et, faute d'avoir comparu, le concile le déclara atteint et convaincu d'avoir scandalisé toute l'Eglise par ses mauvaises mœurs; d'avoir exercé publiquement la simonie, en vendant les bénéfices ; et, comme tel, le suspendit de toutes les fonctions de pape et de toute administration tant spirituelle que temporelle, avec défense à tout chrétien, de quelque qualité et de quelque condition qu'il fût, de lui obéir désormais directement ou indirectement, sous peine d'être puni comme fauteur du schisme. Les accusations contenaient soixante-dix chefs, tous bien prouvés ; mais on n'en lut que cinquante en plein concile. On lut seulement les chefs qui regardaient la simonie du pape, sa vie mondaine, ses vexations, ses faux serments : on supprima ceux que la bienséance ne permettait pas de rapporter (a). Ce fut après cette session que Jean XXIII fut conduit à Radolfzell, ville de Souabe, à deux lieues de Constance.

XI° *Session*, le 25 mai. Jérôme de Prague comparut devant le concile, fut arrêté et mis en prison.

On envoya à Jean XXIII cinq cardinaux lui notifier ce qui avait été arrêté dans le concile : il répondit qu'il n'avait rien à opposer à ce qu'on lui reprochait, et qu'il se soumettrait en tout au concile œcuménique. En même temps il livra le sceau, l'anneau du pêcheur et le livre des Suppliques qu'on lui demanda, et il fit prier le concile de vouloir bien s'occuper de sa subsistance et de son honneur. Il écrivit à l'empereur Sigismond sur le même sujet. A tout cela, on ne daigna pas même répondre ; mais on en dressa un acte public.

XII° *Session*, le 29 mai. Dans cette session, en présence de l'empereur Sigismond, le concile prononça contre Jean XXIII la sentence de déposition, déclarant toute la chrétienté dégagée de son obéissance, avec défense de l'appeler pape ou de l'élire de nouveau en cette qualité, ainsi que ses deux compétiteurs, et recommanda à l'empereur de le faire garder en lieu sûr tout le temps que le concile le trouverait à propos pour le bien de l'Eglise, en se réservant la faculté de la condamner dans la suite à d'autres peines, pour les crimes dont il était coupable.

Restait à lui signifier cette sentence. Le 31 mai, l'évêque de Lavaur, accompagné de quelques officiers du concile, alla lui en faire la lecture. Dans un moment si critique, on ne vit en lui aucun signe d'impatience ou d'indignation. Il demanda seulement deux heures pour préparer sa réponse. Alors, ayant fait rappeler l'évêque, il acquiesça humblement à tout ce qui était contenu dans la sentence. Il fit serment de ne jamais y contrevenir; il déclara que dès ce moment il renonçait à tous les droits qu'il pouvait avoir au pontificat; et comme il avait déjà fait ôter de sa chambre la croix pontificale, il ajouta que, s'il avait d'autres habits que ceux qui le couvraient actuellement, il les prendrait, pour ôter aussi de sa personne tout ce qui pouvait marquer la dignité dont il avait été revêtu. Il dit ensuite que jamais il ne consentirait à être élu pape, quand même on voudrait lui faire cet honneur; que néanmoins, après la démarche qu'il faisait, si quelqu'un voulait encore procéder contre lui et le soumettre à de nouvelles peines, il était résolu de se défendre, implorant même pour cela la protection du concile, qu'il reconnaissait pour son juge. Enfin il se recommanda aux bontés de l'empereur et des Pères, et demanda acte de sa déclaration.

En exécution de la sentence du concile, à laquelle Jean XXIII venait d'adhérer, l'empereur Sigismond, qui lui devait l'empire, le fit mettre dans la forteresse de Gotlében, près de Constance, puis le transféra à Heidelberg et enfin à Manheim, où le pontife déposé passa trois années dans une dure captivité. Enfin il obtint sa grâce du pape Martin V, aux pieds duquel il vint se jeter, et mourut évêque de Frascati et doyen du sacré collège, le 20 décembre 1419.

XIII° *Session*, le 15 juin. On fit un décret sur la communion sous les deux espèces. Ce décret porte en substance : 1° qu'encore que Jésus-Christ ait institué le sacrement de l'eucharistie, après le souper, sous les deux espèces du pain et du vin, cependant la coutume approuvée de l'Eglise a tenu et tient que ce sacrement ne doit pas se célébrer après le souper, ni être reçu par les fidèles qui ne sont pas à jeun, excepté le cas de maladie et de quelqu'autre nécessité, admis et accordé selon le droit et par l'Eglise; 2° que, quoique dans la primitive Eglise ce sacrement ait été reçu par les fidèles sous les deux espèces, néanmoins, dans la suite, il n'a été reçu sous l'une et l'autre espèce que par les prêtres célébrants, et sous la seule espèce du pain pour les laïques, parce qu'on doit croire fermement et sans aucun doute, que tout le corps et le sang de Jésus-Christ est vraiment contenu sous l'espèce du pain. C'est pourquoi cette coutume introduite par l'Eglise doit être regardée comme une loi qu'il n'est pas permis de rejeter ou de changer à son gré, sans l'autorité de l'Eglise : et, dire que l'observation de cette coutume est sacrilège ou illicite, c'est tomber dans l'erreur; et ceux qui assurent opiniâtrement le contraire doivent être chassés comme hérétiques et grièvement punis ou même livrés au bras séculier s'il était nécessaire.

XIV° *Session*, le 4 juillet. Charles de Malatesta, seigneur de Rimini, envoyé de Grégoire. XII, était arrivé à Constance dès le 15 juin, avec plein pouvoir de renoncer à la papauté au nom de ce pontife. L'abdication ne devait néanmoins se faire qu'entre les mains de l'empereur, et non dans celles du concile, dont Grégoire ne reconnaissait pas l'autorité, et à condition que, dans cette assemblée, ni Balthasar Cossa, dit Jean XXIII, ni personne

---

(a) Le P. Noël-Alexandre porte jusqu'à quatre-vingt-quatorze le nombre des articles qui furent lus et approuvés en plein concile contre Jean XXIII, et il ajoute qu'il y en avait d'autres encore, mais qui n'étaient appuyés sur aucune preuve ; tels que la tentative d'empoisonnement sur Alexandre V, l'hérésie contraire au dogme de la résurrection des morts, etc. *Nat. Alex. Hist. Ecc.*

de sa part n'aurait la présidence, mais que, pour avoir le nom et la réalité de concile œcuménique, elle serait derechef convoquée et approuvée par l'autorité de Grégoire. Toutes ces conditions furent observées. L'empereur présida au commencement de la session, pendant qu'on fit lecture de deux bulles de Grégoire. Dans la première, il nommait le cardinal de Raguse et le patriarche de Constantinople ses légats, avec l'archevêque de Trèves, le comte palatin du Rhin, et Charles de Malatesta, pour faire sa renonciation aux conditions qu'on vient de dire. Dans l'autre, il donnait un pouvoir particulier et plus ample à Malatesta, pour mettre à ce sujet ses ordres à exécution, ou par lui-même, ou par d'autres. Celui-ci ayant transmis son autorité au cardinal de Raguse pour convoquer et approuver le concile, ce cardinal, qui était le B. Jean Dominique, des frères prêcheurs, le fit en ces termes :

« Notre très-saint père le pape Grégoire XII, étant bien informé sur le sujet de l'assemblée célèbre qui se trouve à Constance pour y former un concile général, dans l'ardent désir qu'il a de mettre l'union et la réformation dans l'Eglise et d'extirper les hérésies, a donné à cet effet ses ordres de la manière exprimée dans les lettres qui viennent d'être lues. C'est pourquoi, moi, Jean, cardinal-prêtre du titre de Saint-Sixte, appelé vulgairement cardinal de Raguse, assisté de mes collègues en cette partie ici présents, au nom du Père et du Fils et du Saint-Esprit, par l'autorité de mondit seigneur pape, pour ce qui le regarde, afin qu'on travaille plus efficacement à l'extirpation des hérésies, à la réformation des abus, et à réunir dans le sein de notre mère la sainte Eglise, les fidèles divisés sous différents pasteurs, je convoque ce sacré concile général, je l'autorise et le confirme, selon la forme et la manière exprimées plus au long dans les lettres de mondit seigneur. »

Après cette déclaration, l'empereur quitta la présidence, et le cardinal d'Ostie, ou de Viviers, doyen du sacré-collège, qui l'avait de droit, l'ayant reprise, Malatesta, au nom de Grégoire XII, lut la renonciation suivante :

« Moi, Charles de Malatesta, procureur général de l'Eglise romaine et du pape Grégoire XII, ayant un pouvoir spécial, plein et irrévocable, comme il conste par la bulle qui vient d'être lue, n'étant ni contraint ni prévenu, mais pour donner une preuve effective du désir sincère de notre dit seigneur pape de procurer la paix à l'Eglise, même par la voie de la renonciation, je cède et renonce en son nom, purement, librement, réellement et de fait, au droit, titre et possession de la papauté, dont je fais démission dans ce saint concile général, qui représente la sainte Eglise romaine et universelle. »

Grégoire XII, redevenu Ange Corrario, confirma cette démission aussitôt qu'il en eut la nouvelle. Le concile, en reconnaissance, le nomma doyen des cardinaux et légat perpétuel dans la marche d'Ancône. Il mourut à Recanati en 1417, âgé de quatre-vingt-douze ans.

Le concile décida dans cette même session, qu'on sommerait Pierre de Lune, dit Benoît XIII, d'imiter l'exemple de Grégoire XII, en abdiquant de même tous les droits qu'il prétendait avoir à la papauté : on lui fixa le terme de dix jours pour accomplir cet acte qu'il avait déjà promis tant de fois, et on le déclara schismatique incorrigible, hérétique opiniâtre, dépouillé de tout honneur et de toute dignité, s'il refusait de se rendre à cette dernière sommation qui lui était faite.

XV° *Session.* le 6 juillet. On termina l'affaire de Jean Hus, que l'on fit comparaître. Le promoteur du concile demanda que les articles prêchés et enseignés par Jean Hus, dans le royaume de Bohême et ailleurs, étant hérétiques, séditieux, captieux, offensant les oreilles pieuses, fussent condamnés par le concile, et que les livres dont ces articles étaient tirés fussent brûlés. On lut cinquante-huit articles tirés des écrits de Wiclef, et on les condamna. On lut quelques-uns de ceux de Jean Hus : il ne voulut jamais reconnaître qu'il était coupable; et le concile, après avoir condamné tous ces articles, le condamna lui-même à être dégradé et abandonné au jugement séculier : en conséquence, on procéda à sa dégradation, et on le livra au bras séculier, qui le fit brûler.

Une autre affaire occupa longuement le concile. Pendant la démence du roi de France Charles VI, le duc de Bourgogne, Jean sans Peur, mais non sans reproche, fit assassiner son neveu, le duc d'Orléans, frère du roi. Comme il était très-puissant, loin de désavouer son crime, il s'en fit gloire. Dans une audience publique qu'il obtint du roi, le 8 mars 1408, son avocat, le docteur Jean Petit, prononça une harangue pour prouver que son client n'avait fait que son devoir, et qu'au lieu d'un châtiment, il méritait une récompense. L'effet du plaidoyer fut que dès le lendemain le duc de Bourgogne rentra en grâce avec le roi, et en obtint des lettres de pardon ou d'amnistie.

Le plaidoyer ou l'argument du docteur Jean Petit consistait en trois parties, la majeure, la mineure et la conséquence. La majeure roulait sur huit ou neuf propositions principales; en voici le sens et la suite. Tout sujet ou vassal qui méchamment conspire contre son roi, pour lui ôter la vie ou la souveraineté, commet un crime de lèse-majesté au premier chef, et est digne d'une double mort. Il est d'autant plus coupable, qu'il est plus proche du roi. Non-seulement ce traître déloyal et ce tyran peut être tué sans crime, mais il est honorable et méritoire de lui faire cette justice, surtout s'il est si puissant, qu'il échappe au pouvoir de son souverain. Dans ce cas, il est plus permis, plus honorable et plus méritoire à un parent du roi qu'à tout autre, de tuer ce tyran. Si les serments ou les promesses qu'on aurait faits à ce dernier tournent au détriment du roi, on n'est pas tenu de les garder, non plus que quand ils tournent au préjudice de l'un des contractants. Dans tous ces cas, il est licite et méritoire à chaque sujet de tuer ce traître et ce tyran, par embuscade, surprise, tromperie ou dissimulation. Après ces huit ou neuf propositions qui étayaient sa majeure, le docteur Jean Petit ajoutait : Or, le duc d'Orléans a été ainsi tyran et traître au roi son frère ; donc il a été licite, honorable et méritoire à leur oncle, le duc de Bourgogne, de le tuer. »

Suivant que le duc de Bourgogne l'emportait ou non à Paris, son assassinat y était loué ou blâmé, ainsi que le plaidoyer de son avocat. Le 30 novembre 1413, les huit ou neuf propositions de Jean Petit furent condamnées par l'évêque de Paris et par l'inquisiteur de la foi. La question revint au concile de Constance ; elle fut agitée et débattue dans un grand nombre de sessions : les agents du roi Charles VI demandaient le plus souvent que l'on confirmât à Constance la condamnation prononcée à Paris ; les agents du duc de Bourgogne demandaient au contraire qu'elle fût annulée. Enfin, l'on convint de condamner la proposition générale qui autorise chaque particulier à faire mourir un tyran par quelque moyen, et nonobstant quelque serment que ce soit, pourvu qu'on ne parlât pas de l'auteur qui était mort, et qu'on ne nommât aucun de ceux qui pouvaient y être intéressés de quelque manière que ce pût être. C'est ce qui fut exécuté dans la session actuelle du 6 juillet 1415, par la sentence qui suit : « Le saint concile, assemblé pour l'extirpation des erreurs et des hérésies, vient d'apprendre qu'on a publié quelques propositions erronées dans la foi et dans les mœurs, scandaleuses à plusieurs égards, et capables de bouleverser l'état et l'ordre de toute la chose publique, entre autres cette assertion : *Il est permis, obligatoire et même méritoire à tout vassal et sujet de tuer un tyran, même par embûches ou par flatteries et adulations, nonobstant toute promesse et confédération jurée avec lui, et sans attendre la sentence d'aucun juge*. Le saint concile, pour extirper cette erreur, déclare et définit, après une mûre délibération, que cette doctrine est hérétique, scandaleuse, séditieuse, et qu'elle ne peut tendre qu'à autoriser les fourberies, les mensonges, les trahisons et les parjures. Outre cela, il déclare hérétiques tous ceux qui soutiendront opiniâtrément cette doctrine, et entend que, comme tels, ils soient poursuivis et punis selon les lois de l'Eglise. »

Gerson, chancelier de l'université de Paris, fit tous ses efforts pour faire condamner à Constance, comme il avait fait à Paris, les neuf propositions du docteur Jean Petit ; mais il ne put l'obtenir, ni du concile, ni plus tard du pape Martin V. La doctrine réprouvée une fois, on voulut ménager les personnes, afin de rendre plus facile la pacification de la France, par la réconciliation des maisons de Bourgogne et d'Orléans.

XVIe *Session*, le 11 juillet. On nomma des députés pour accompagner l'empereur, qui voulut aller en Provence conférer avec le roi d'Aragon, qui suivait le parti de Pierre de Lune, et engager celui-ci à renoncer au pontificat. Après cette session, on examina l'affaire de Jérôme de Prague.

XVIIe *Session*, le 15 juillet. L'empereur prit congé du concile, et on ordonna des prières pour le succès de son voyage.

Le concile, pour protéger plus efficacement sa route, prononça la sentence suivante : « Le très-saint concile de Constance, représentant l'Eglise catholique, légitimement assemblé dans le Saint-Esprit, décrète, définit et ordonne que quiconque, fût-il roi, duc, prince, comte, marquis, etc., molesterait dans sa route Sigismond, roi des Romains, ou les personnes de sa suite, encoure à l'instant même la sentence d'excommunication par l'autorité de ce sacré concile général ; et que, de plus, il soit privé, par le fait même, de tout honneur et dignité, office ou bénéfice ecclésiastique ou séculier. »

XVIIIe *Session*, le 17 août. On y fit plusieurs décrets, et entre autres on ordonna d'avoir pour les vraies bulles du concile la même foi et la même soumission qu'on a pour celles du siège apostolique.

XIXe *Session*. On fit faire à Jérôme de Prague une rétractation des articles de Wiclef et Jean Hus. On y fit aussi deux règlements : l'un touchant la discipline régulière des frères mineurs ; l'autre touchant les sauf-conduits accordés aux hérétiques par les puissances séculières. On déclara, par ce dernier, que les sauf-conduits accordés par les empereurs, les rois et les autres princes aux hérétiques ou aux gens suspects d'hérésie, n'ôtaient point aux juges ecclésiastiques le droit de faire la recherche de leurs erreurs et de les en punir comme ils le méritaient, s'ils refusaient obstinément de les rétracter. Cette déclaration explique et justifie tout à la fois la conduite tenue par le concile à l'égard de Jean Hus.

XXe *Session*, le 21 novembre. On y traita du différend entre l'évêque de Trente et le duc Frédéric d'Autriche, qui avait dépouillé ce prélat de son évêché et de ses biens. Le concile accorda à l'évêque une monition, portant la peine d'excommunication contre ceux qui retiendraient les biens de cet évêque. Après cette session, on tint une assemblée pour la réformation de l'Eglise, et réprimer la simonie.

Pendant ce temps-là, Pierre de Lune (dit Benoît XIII), qui ne voulait point reconnaître le concile de Constance, s'était retiré au château de Paniscole, sur le bord de la mer, et refusait opiniâtrément de donner sa démission du pontificat. On lui envoya dire pour la troisième fois, que, s'il ne cédait, on procéderait par toutes les voies qu'on jugerait les plus propres à faire finir le schisme. Tous ceux qui, jusqu'alors, lui avaient été attachés, tels que Ferdinand, roi d'Aragon, las de sa résistance, crurent devoir se détacher de son obéissance.

On tint plusieurs congrégations sur différentes affaires, et particulièrement sur celle de Jean Petit, touchant les neuf propositions dont le roi de France Charles VI sollicitait la condamnation.

On en tint une sur l'affaire de Jérôme de Prague, que l'on soupçonnait de n'avoir pas fait une rétractation sincère. On le fit comparaître dans une congrégation générale : il y désavoua hardiment sa rétractation, parla de Jean Hus comme d'un saint, et dit qu'il adhérait à sa doctrine, ainsi qu'à celle de Wiclef.

XXI° *Session*, le 30 mai 1416. Jérôme de Prague, après avoir parlé avec beaucoup de hardiesse, fut exhorté par les Pères à se rétracter ; et, ayant persévéré dans son opiniâtreté, il fut, par sentence du concile, déclaré hérétique, relaps, excommunié et anathématisé : ensuite on le livra au bras séculier, qui lui fit subir le sort de Jean Hus.

XXII° *Session*, le 15 octobre. Elle fut tenue pour unir les Aragonais au concile ; mais, comme ils ne voulaient pas reconnaître le concile avant d'y avoir été convoqués eux-mêmes, on ne fit les cérémonies ordinaires qu'après que les lettres de convocation eurent été lues. On ordonna l'exécution du traité de Narbonne, du mois de décembre 1415, fait entre les rois et les seigneurs de l'obédience de Benoît XIII d'une part, et l'empereur Sigismond de l'autre, qui agissait au nom du concile.

XXIII° *Session*, le 5 novembre. On nomma des commissaires pour informer contre Benoît XIII, accusé et convaincu d'entretenir le schisme. On dressa les articles des accusations formées contre lui.

XXIV° *Session*, le 28 novembre. On cita Benoît à comparaître au concile dans deux mois et dix jours.

XXV° *Session*, le 14 décembre. On reçut dans le concile les envoyés du comte de Foix.

XXVI° *Session*, le 24 décembre. On reçut les ambassadeurs du roi de Navarre avec les mêmes formalités que les autres.

XXVII° *Session*, le 20 février 1417. L'empereur qui était de retour, y assista. On y déclara contumace Frédéric, duc d'Autriche, qui s'était emparé des biens de l'évêque de Trente, et l'avait retenu en prison.

XXVIII° *Session*, le 3 mars. Sur ce que ce duc n'avait point comparu, on le déclara rebelle, parjure ; comme tel, privé de tout honneur et dignité, inhabile à en posséder aucune, ni lui ni ses descendants jusqu'à la seconde génération, et livré à la justice de l'empereur.

XXIX° *Session*, 8 mars. On fit appeler par trois fois, aux portes de l'église, Benoît XIII. On en prit acte, et on lut la procédure faite contre lui.

XXX° *Session*, le 10 mars. On entendit le rapport des députés qu'on avait envoyés à Benoît ; et la réponse qu'il leur avait faite, faisant connaître son obstination invincible.

XXXI° *Session*, 30 mars. On lut quatre décrets qui défendaient les libelles diffamatoires.

XXXII° *Session*, 1er avril. On cita encore une fois Benoît aux portes de l'église, et en suite on le déclara contumace, sous le nom de *Pierre de Lune*.

XXXIII° *Session*, 12 mai. On entendit le rapport des commissaires contre Benoît.

XXXIV° *Session*, 5 juin. On continua le procès de Benoît. On lut les accusations formées et déposées contre lui, et les preuves de ces accusations.

XXXV° *Session*, 18 juin. L'empereur y assista. Les ambassadeurs de Jean, roi de Castille et de Léon, y exposèrent les raisons qui les avaient engagés à venir à Constance. Valléoléti, dominicain, y fit, sur la réformation de l'Église, un discours dans lequel il exposa, avec une liberté surprenante, les désordres du clergé, et principalement la simonie.

XXXVI° *Session*, 22 juillet. On cita encore Pierre de Lune, pour qu'il pût entendre prononcer contre lui sa sentence définitive.

XXXVII° *Session*, 26 juillet. On y prononça la sentence de déposition contre Benoît. Elle déclare que Pierre de Lune, dit *Benoît XIII*, a été et est parjure ; qu'il a scandalisé l'Église universelle ; qu'il est fauteur du schisme et de la division qui règnent depuis si longtemps ; un homme indigne de tout titre, et exclu pour toujours de tout droit à la papauté ; et comme tel le concile le dégrade, le dépose et le prive de toutes ses dignités et offices ; lui défend de se regarder désormais comme pape ; défend à tous les chrétiens, de quelque ordre qu'ils soient, de lui obéir, sous peine d'être traités comme fauteurs de schisme et d'hérésie, etc. Cette sentence fut approuvée de tout le concile et affichée dans la ville de Constance.

XXXVIII° *Session*, 28 juillet. On lut le décret par lequel le concile cassait toutes les sentences et censures de Benoît XIII, contre les ambassadeurs, parents ou alliés du roi de Castille.

XXXIX° *Session*, 9 octobre. On entama l'ouvrage de la réformation, qu'on ne voulait entreprendre à fond qu'après l'élection d'un pape. On fit plusieurs décrets. Le premier fut sur la nécessité de tenir fréquemment des conciles pour prévenir le schisme et les hérésies. Le concile ordonna qu'il se tiendrait un autre concile général cinq ans après celui-ci ; un troisième, sept ans après ; et à l'avenir, un de dix ans en dix ans, dans les lieux que le pape indiquerait à la fin de chaque concile, du consentement et avec l'approbation du concile même ; qu'en cas de guerre ou de contagion, le pape, du consentement des cardinaux, pourrait substituer un autre lieu, et avancer le terme de la tenue du concile, mais non le prolonger. Le second décret regarde les temps de schisme, et ordonne que, dans le cas où il y aura deux contendants, le concile se tienne l'année suivante, et que les deux contendants seraient suspens de toute administration dès que le concile serait commencé. Le troisième concerne la profession de foi que devait faire le pape élu, en présence des électeurs : dans cette profession, sont compris les huit premiers conciles généraux ; savoir, la premier de Nicée; le deuxième, de Constantinople; le troisième, d'Ephèse; le quatrième, de Calcédoine; le cinquième et le sixième, de Constantinople; le septième, de Nicée; et le huitième, de Constantinople, outre les conciles généraux de Latran, de Lyon et de Vienne. Le quatrième décret défend la translation des évêques sans une grande nécessité, et ordonne que le pape n'en fasse jamais aucune que du conseil des cardinaux et à la pluralité des voix.

XL° *Session*, 30 octobre. On y propose un décret contenant dix-huit articles de réformation, qui avaient été mûrement examinés. Il y est dit que le pape futur, à l'élection duquel on doit procéder incessamment, réformera l'Eglise dans son chef et dans ses membres, aussi bien que la cour de Rome, de concert avec le concile ou avec les députés des nations.

Les principaux de ces articles sont les annates, les réserves du siége apostolique, la collation des bénéfices et les grâces expectatives, les causes qu'on doit porter ou qu'on ne doit pas porter en cour de Rome, les commendes, les cas auxquels on peut déposer un pape, l'extirpation de la simonie, les dispenses, les indulgences.

On régla de plus que le conclave, qui se tiendrait pour la prochaine élection d'un nouveau pape, serait composé de tous les cardinaux, au nombre de vingt-trois, et de trente députés, six de chaque nation : ce qui faisait en tout cinquante-trois personnes. On convint que, pour rendre l'élection valide, il faudrait les deux tiers de toutes ces voix; que les électeurs occuperaient l'hôtel de ville de Constance, qu'ils y entreraient au bout de dix jours, et observeraient du reste tous les règlements portés pour l'élection des papes.

XLI° *Session*, le 8 novembre. On lut la constitution de Clément VI, qui détermine la manière de vivre et la forme du logement des électeurs; on fit prêter les serments ordinaires, tant aux cardinaux et aux députés des nations, qu'aux prélats et aux seigneurs qui étaient chargés de veiller à la sûreté du conclave; l'empereur lui-même, comme premier protecteur du concile, fit le serment en touchant l'Evangile et la croix. On défendit, sous de très-rigoureuses peines, de piller la maison et les biens de celui qui serait élu. Enfin, dans l'attente d'un événement qui devait rendre la tranquillité à l'univers chrétien, on ordonna des prières publiques et une suspension totale des affaires pendantes aux tribunaux établis par le concile.

Les cinquante-trois personnes destinées à l'élection du pape étaient entrées au conclave dès le huit novembre, et le onze, fête de saint Martin, avant midi, toutes les voix se réunirent en faveur d'Otton Colonne, cardinal-diacre du titre de Saint-Georges, qui prit le nom de Martin, en mémoire du jour où il venait d'être élu. Dès qu'on l'eut annoncé au peuple, plus de quatre-vingt mille personnes accoururent aux portes du conclave, témoignant leur joie et rendant leurs actions de grâces à Dieu d'avoir donné à l'Eglise un si digne pasteur. L'empereur, pénétré des mêmes sentiments, alla au lieu de l'élection et se prosterna aux pieds du nouveau pape.

Sur le soir, il y eut une procession solennelle qui partit du conclave et se rendit à l'église cathédrale pour y introniser le pontife.

Quand cette belle cérémonie eut été terminée, le pape élu alla occuper au palais de l'évêque l'appartement de Jean XXIII. Le lendemain, il fut ordonné diacre, le jour suivant prêtre, et le troisième jour évêque. Tous ces ordres lui furent conférés par le cardinal Jean de Brogniez, évêque d'Ostie, dit le cardinal de Viviers, jusque-là président du concile; et le dimanche 21 novembre, il fut couronné avec beaucoup d'appareil et de magnificence.

XLII° *Session*, le 28 décembre. Le nouveau pape y présida, et l'empereur y fut présent. On y décida que l'empereur et le comte de Bavière cesseraient d'être chargés de la garde de Balthasar Cossa, autrefois Jean XXIII, et qu'il serait remis entre les mains du pape Martin V.

Le 22 février de l'année suivante, 1418, le pape publia deux bulles. La première, adressée aux évêques et aux seigneurs des divers pays où il y avait des hussites, contenait, outre la condamnation des quarante-cinq articles de Wiclef et des trente principales propositions de Jean Hus, le modèle de plusieurs interrogations qu'on ordonnait de faire à ceux qui voulaient abandonner cette hérésie. Parmi ces interrogations, il y en avait une conçue en ces termes : « Croyez-vous que tous les fidèles doivent tenir et approuver ce que le concile de Constance, représentant l'Eglise universelle, a approuvé et approuve en faveur de la foi et pour le salut des âmes; qu'ils sont obligés de même de tenir pour condamné ce que le concile a condamné et condamne comme contraire à la foi et aux bonnes mœurs ? »

L'autre bulle, du même jour, ne porte en titre que ces mots : *Pour servir de mémoire à perpétuité*. Elle rassemble tous les décrets publiés contre Wiclef, Jean Hus et Jérôme de Prague, soit par le pape Jean XXIII au concile de Rome, soit par le concile de Constance. Après quoi Martin V déclare que, par l'autorité apostolique et de sa science certaine, il approuve et ratifie tous ces statuts et décrets, et qu'il supplée tous les manquements qui pourraient s'y rencontrer.

D'un autre côté, voulant satisfaire le concile sur la réforme des abus, Martin V présenta, vers la fin de janvier 1418, un projet de réforme tel qu'il l'avait conçu par rapport aux demandes proposées par les Allemands et contenues la plupart dans les actes de la quarantième session. Ce projet énonce des règlements qui paraissent tenir le milieu entre le relâchement et la rigueur littérale des canons. Il conserve au saint-siége quelques-uns des usages touchant les réserves, les expectatives, les annates, les dispenses, les décimes; mais tout cela est fort modéré. Par exemple, jamais de réserve pour les évêchés, les abbayes et les premières dignités des chapitres, point de commendes dans les monastères nombreux, plus de droit de dépouille, plus de décimes générales sur le clergé, si ce n'est pour quelque cause qui regarde toute l'Eglise; les annates doivent être réduites à une taxe raisonnable, et le paiement s'en fera en deux termes; les dispenses seront plus rares, aussi bien que les indulgences et les exemptions. Du reste, le pape condamne absolument la simonie, l'aliénation des biens d'église, la non-résidence des prélats, etc. A l'occasion de ce dernier abus, il régla qu'un évêque ou un abbé absent durant six mois perdrait une année de son revenu, et que, s'il s'absentait pendant deux années, il serait privé de son bénéfice. La question qui pouvait passer pour la plus considérable dans le mémoire des Allemands et dans la liste du concile, était conçue en ces termes : « Quels sont les cas où le pape peut être corrigé ou déposé? » Et Martin V répond : « Qu'il ne paraît pas à propos, et que la plupart des nations n'ont pas été d'avis de rien statuer ou déterminer de nouveau sur cet article. »

Le pape n'avait dressé son projet de réforme qu'après avoir entendu les députés des nations; mais il fallait une approbation plus expresse pour faire de cet écrit une décision formelle. Chaque nation l'examina en particulier. Quelques endroits, peu favorables à la réformation, furent apostillés par les examinateurs, apparemment pour être corrigés. Cette manière toutefois de procéder n'eut pas un fort grand succès, parce que le pape, sur ces entrefaites, traita séparément avec la nation germanique, ensuite avec la nation anglaise, enfin avec les Français. On ne trouve pas qu'il ait fait la même chose avec les Italiens et les Espagnols.

Ces traités particuliers sont ce qu'on appelle les concordats de Martin V. Ils sont relatifs aux besoins et aux intérêts de chaque nation. Un article célèbre est celui qui permet aux fidèles de communiquer avec les excommuniés non dénoncés, excepté toutefois, dit le texte, ceux qui sont notoirement coupables de voie de fait à l'égard des clercs, en sorte que leur crime ne puisse être couvert par aucune interprétation ou aucune excuse. On nomme communément ce décret la bulle *Ad vitanda scandala*, parce que ces mots s'y lisent les premiers. Il fait partie du concordat germanique, et en cette qualité, il entre dans la collection des actes du concile de Constance, d'autant plus que tous les concordats de Martin V furent approuvés dans la quarante-troisième session du même concile.

Quant au concordat de Martin V avec la nation française, il comprenait des règlements sur le nombre des cardinaux, les réserves, les annates, les jugements en cour de Rome, les commendes, les indulgences et les dispenses, tout cela dans la même forme et le même style qu'on remarque en lisant les autres concordats. Il n'y avait que deux points particuliers à la France. Le premier réduisait pour cinq années les annates à la moitié, en considération des guerres qui désolaient le royaume, et l'autre était un privilége accordé à l'université de Paris pour précéder, une fois seulement, dans la distribution des bénéfices, tous les autres ecclésiastiques ayant des grâces expectatives.

La facilité avec laquelle le pape Martin V et les nations s'accordèrent pour des intérêts aussi puissants que ceux de la réformation, marque le grand éclat d'autorité que la présence de ce pontife répandait à Constance.

XLIII° *Session*, le 21 mars 1418. Dans cette session, qui fut présidée par le pape, comme la précédente, le cardinal Guillaume Filastre ayant dit la messe, monta à la tribune, et lut, de la part du pape et du concile, sept articles de réformation, conçus à peu près dans les mêmes termes, mais un peu moins étendus que ceux du projet dont on a parlé et ceux des concordats particuliers. Ces sept articles roulent sur les exemptions accordées depuis Grégoire XI, on les révoque en entier; sur les unions de bénéfices faites depuis le même temps, on les casse de même; sur les biens ecclésiastiques vacants, on défend de les appliquer à la chambre apostolique; sur les simoniaques et la simonie, on les condamne sous les peines les plus grièves; sur les dispenses qui pourraient avoir été accordées pour jouir de certains bénéfices sans prendre les ordres attachés à ces places, on les révoque totalement; sur les décimes et autres impositions pécuniaires, on défend de les lever dans toute l'Eglise en même temps, à moins d'une grande nécessité; on observe aussi qu'on n'y obligera aucune église particulière, si ce n'est du consentement des prélats du canton: enfin, sur la bonne conduite et la modestie des ecclésiastiques, on réprouve d'une manière fort distincte certaines manières de s'habiller qu'on regardait en ce temps-là comme trop mondaines : tels furent tous les points de réformation qu'on publia dans le concile de Constance.

Le cardinal de Viviers, doyen du sacré collége, déclara que ces articles, aussi bien que les concordats, avaient été approuvés des nations, et que par là on satisfaisait à tout le projet de réformation dressé le 30 octobre de l'année précédente. Comme cela se passait en présence de tout le concile, on ne peut nier qu'en effet cette grande assemblée ne s'en tînt finalement à ces articles pour tout ce qui regardait la réformation, tant célébrée depuis trois ans. Il s'en fallait toutefois que les sept articles énoncés ci-dessus exprimassent tout ce qui avait été requis dans le concile et dans les assemblées des nations avant l'élection de Martin V. Mais, comme l'observe judicieusement le P. Berthier, on jugea apparemment qu'en fait de réformes, il fallait commencer par embrasser moins pour exécuter mieux. On espéra d'ailleurs que les autres conciles généraux, surtout celui qu'on devait tenir dans cinq ans, achèveraient tranquillement ce qu'on n'avait pu qu'ébaucher après la tempête d'un schisme de quarante ans.

XLIV° *Session*, le 19 avril. Ce fut dans cette session que, pour satisfaire au décret de la trente-neuvième, le pape fit annoncer le prochain concile. La ville de Pavie fut désignée pour le lieu de l'assemblée; mais la nation française fut si peu contente de cette détermination, qu'elle s'absenta du concile. Il y avait alors un autre sujet de mécontentement dans la plupart des membres de cette nation, surtout dans ceux qui s'étaient déclarés contre la doctrine de Jean Petit sur le tyrannicide. Un docteur polonais, Jean de Falkenberg, avait fait un livre qui contenait à peu près les principes de cette doctrine; les ambassadeurs de Pologne, soutenus des docteurs français, en poursuivaient la condamnation avec vigueur, et depuis l'élection de Martin V, c'était au tribunal de ce pontife que l'affaire était pendante. Comme ces envoyés avaient sur cela des ordres précis de leur cour, ils joignirent le ton des menaces à celui des suppliques et des instances; ils déclarèrent au pape que, s'il ne faisait justice de ce mauvais ouvrage, ils en appelleraient au concile général. Le recours était facile, puisque les Pères de Constance tenaient encore leurs sessions. Le pape, au contraire, voulait arrêter le cours de cette procédure, non par estime pour la doctrine de Falkenberg, mais parce que l'affaire paraissait devoir entraîner bien des discussions. Il tint donc un grand consistoire le 10 mars de cette année, 1418, et il publia une bulle qui portait « qu'il n'était permis à personne d'appeler du souverain juge, c'est-à-dire, du siége apostolique ou du pontife romain, vicaire de Jésus-Christ sur la terre, ni de décliner son jugement dans les causes de la foi, qui, étant majeures, devaient lui être déférées. »

Les Polonais et Gerson, que cette bulle ne satisfaisait pas, espéraient toujours que les Pères de Constance se détermineraient à condamner le livre de Falkenberg avant la conclusion du concile; mais ce qui se passa dans les sessions qu'on vient de voir, et plus encore dans la suivante, dut servir à les détromper.

XLV*e* *et dernière Session.* Tout le concile s'assembla le 22 avril 1418. Le pape était à la tête, l'empereur et les princes s'y trouvèrent; et après les prières accoutumées, le cardinal Raynald Brancacio congédia les Pères en leur disant : « Messeigneurs, allez en paix. » Les assistants répondirent *Amen.* Il ne restait plus qu'à entendre le sermon et à recevoir les indulgences que le pape devait donner, lorsqu'un avocat consistorial supplia le pape et le concile, de la part du roi de Pologne, de condamner le livre pernicieux de Jean de Falkenberg. L'orateur prétendit que les commissaires de la foi, le collége des cardinaux, et même toutes les nations, l'avaient déjà condamné comme hérétique. Les patriarches de Constantinople et d'Antioche, tous deux de la nation française, soutinrent que cette condamnation n'avait pas été unanime. Quelques-uns de la nation italienne et de la nation espagnole les contredirent; cela forma une controverse qui fut suspendue par un discours que commença Paul Valadimir, un des ambassadeurs du roi de Pologne; mais ce ministre n'eut pas le temps d'avancer beaucoup son plaidoyer; car le pape, lui ayant imposé silence, fit une déclaration qui devait servir de réponse à tout. Telle était du moins la pensée de Martin V, qui s'en expliqua ainsi lui-même; et cette déclaration lui parut si importante, qu'il la fit répéter deux fois et transcrire ensuite par les notaires du concile pour servir de monument à la postérité. Or, il était dit dans cet acte extrêmement concis : « Que le pape voulait tenir et observer inviolablement tout ce qui avait été décerné, conclu et déterminé conciliairement (synodalement) dans les matières de foi par le concile de Constance; qu'il approuvait et ratifiait tout ce qui avait été fait ainsi conciliairement (synodalement) dans les matières de foi, mais non ce qui avait été fait autrement et d'une autre manière. » Et voilà en propres termes l'approbation que Martin V donna au concile de Constance.

Il s'est élevé bien des disputes sur le sens que renferme cette approbation. Nous croyons, avec le P. Berthier, que Martin V prétend simplement approuver ce qui avait été décidé *en matière de foi dans les sessions du concile,* et qu'il exclut de cette approbation tout ce qui ne regarde point la foi et qui avait été traité ou même conclu dans les congrégations particulières. Suivant cette explication, le terme *conciliairement* ou *synodalement* serait dit par opposition aux assemblées des nations, soit entre elles, soit en congrégations; et ces termes, *en matière de foi,* seraient dits par opposition aux décrets de pure discipline.

Or, le concile de Constance ayant condamné la doctrine de Jean Petit et de Jean de Falkenberg sur le tyrannicide, résumée dans une proposition générale, et le pape approuvant cette condamnation, les ambassadeurs polonais, qui avaient ainsi obtenu la réprobation du principe, pouvaient ne pas tant insister sur la critique longue et difficultueuse du livre. Paul Valadimir, le chef de cette ambassade, n'y voulut point entendre. Quand le pape eut donné sa déclaration, Paul se mit à reprendre les griefs que le roi de Pologne avait contre le livre de Falkenberg; il commença même à lire un écrit où tout cela était détaillé. Mais le pape lui fit imposer silence sous peine d'excommunication, sur quoi l'ambassadeur protesta, au nom du roi, son maître, et déclara que, si l'on ne terminait pas cette question avant la fin du concile, il en appelait dès ce moment au futur concile général. On lui donna acte de sa protestation; mais ni le pape ni les Pères du concile ne passèrent outre sur l'affaire de Falkenberg. Ils avaient tous trop d'empressement pour voir la fin de leur séjour à Constance; ils ne songèrent plus qu'à conclure cette session, et par elle toutes les opérations du concile. Le sermon se fit; on publia les indulgences qu'accordait le pape; l'empereur remercia l'assemblée de son zèle et de ses soins; il répéta les assurances de son attachement à l'Église, et tout le monde se retira.

Le concile de Constance, disent les protestants, a violé le droit naturel et les lois de la justice et de l'humanité, en livrant Jean Hus au bras séculier pour être brûlé, mal-

DICTIONNAIRE DES CONCILES. I. 21

gré le sauf-conduit qu'il lui avait donné. Une telle conduite n'est-elle pas un reproche pour l'Eglise entière, représentée par le concile de Constance?

La réponse à cette double difficulté est 1° que le sauf-conduit de Jean Hus n'était point du concile de Constance, mais de l'empereur Sigismond, et que le concile ne crut pas violer le droit naturel en livrant Jean Hus à la rigueur des lois, malgré le sauf-conduit qu'il avait de l'empereur, soit parce que Jean Hus était venu à Constance pour y être jugé, comme il le publia lui-même avant son départ de Prague, en déclarant que, s'il était trouvé coupable, il consentait de subir la peine portée contre les hérétiques, soit parce que l'empereur ne prétendit lui donner un sauf-conduit que sur le pied et sous la condition de cette déclaration, qui est du mois d'août de l'an 1414, soit parce que Jean Hus passa les bornes de son sauf-conduit, en dogmatisant dès les premiers jours de son arrivée à Constance, et en se disposant à prêcher dans la cathédrale même de Constance, comme on le voit dans son histoire écrite par un hussite, soit enfin parce qu'il viola lui-même le premier la promesse qu'il avait faite, en tâchant de se soustraire par la fuite à la vigilance du concile.

Supposons néanmoins que le concile manqua en cette occasion : que s'ensuivrait-il? Il s'ensuivra qu'il aura fait une faute dans sa conduite, mais nullement dans ses décisions dogmatiques; et, par conséquent, on ne pourra rien conclure contre son œcuménicité ni son infaillibilité. Jésus-Christ a promis aux conciles œcuméniques de les rendre infaillibles dans leurs décisions et non pas impeccables dans leur conduite, leurs démarches et leurs actions; et ce ne sont point les actions de ces conciles, mais seulement leurs décrets et leurs décisions que l'on propose aux chrétiens comme la règle de leur foi et de leur conduite; or, il est bien certain que le concile de Constance n'a fait aucun décret pour autoriser la mauvaise foi, l'injustice, la cruauté, aucune maxime fausse et contraire à la vérité ou au droit naturel.

Les protestants nous opposent, il est vrai, deux décrets tirés de la dix-neuvième session de ce concile, qui semblent autoriser de pareilles maximes; mais ces deux pièces ne sont pas sans réponses : les voici.

Le premier décret porte que « Les sauf-conduits, accordés à des hérétiques par des princes catholiques ne doivent porter aucun préjudice à la foi catholique ou à la juridiction ecclésiastique, ni empêcher que ceux qui les ont, ne soient examinés, jugés, punis selon que la justice le demandera, s'ils refusent de révoquer leurs erreurs, quand même ils seraient venus au lieu où ils doivent être jugés, uniquement sur la foi d'un sauf-conduit, sans quoi ils ne s'y seraient pas rendus; et celui qui leur aura promis la sûreté, ne sera point, dans ce cas, obligé à tenir sa promesse, par quelque lien qu'il puisse s'être engagé, parce qu'il a fait tout ce qui dépendait de lui. »

Par le second décret, le concile déclare que : « Selon le droit naturel, divin et humain, on n'a dû tenir (à Jean Hus) aucune parole au préjudice de la foi catholique; que l'empereur a fait, à l'égard de cet hérétique, tout ce qu'il pouvait et ce qu'il devait faire, nonobstant le sauf-conduit qu'il lui avait accordé. » En conséquence, le concile défend de mal parler à ce sujet, soit du concile même, soit de l'empereur, sous peine d'être puni sans rémission comme fauteur d'hérésie et criminel de lèse-majesté.

On répond que ce second décret ne se trouve point dans les actes du concile qu'on a connus, jusqu'à la Collection de Von der Hardt. Ce docteur protestant l'a tiré d'un manuscrit de la bibliothèque de Vienne; mais il faut que ce soit un simple projet, comme il s'en trouve d'autres dans les actes du concile de Constance; et ce qui peut servir à le prouver, c'est qu'on n'y trouve point le *placet* du concile, c'est-à-dire, l'approbation des évêques députés des nations, et celle du cardinal de Viviers, président : formalité qui ne manque dans aucune autre des définitions faites à Constance. D'ailleurs, on a toujours cru dans l'Eglise, soit avant, soit depuis le concile de Constance, qu'il fallait garder la foi aux hérétiques.

Quant au premier décret, il est fort différent du second, et ne doit s'entendre que des punitions que l'Eglise peut infliger, c'est-à-dire, des peines spirituelles, telles que l'excommunication. Ce décret dit donc simplement que le sauf-conduit d'un prince séculier n'empêche pas qu'un homme accusé d'hérésie ne puisse être examiné, jugé et puni canoniquement par le tribunal ecclésiastique.

Que si l'on presse l'objection, en disant que, selon le sentiment du concile, l'esprit et les termes du décret, les sauf-conduits, accordés par les princes aux hérétiques, ne doivent pas les mettre à couvert des peines, même corporelles, et que le prince qui aurait promis la sûreté à cet égard, ne serait pas tenu à sa promesse, parce qu'il aurait promis ce qui ne dépend pas de lui : on soutient que, dans ce cas-là même, le concile n'aurait pas formellement décidé qu'il fût permis de manquer de foi aux hérétiques; ce qui serait une décision très-fausse et très-pernicieuse à la société. Qu'ont-ils donc fait en ce cas-là même? Ils n'ont fait que supposer une opinion qui était communément reçue alors dans les tribunaux et dans les écoles, comme le soutient Fleury lui-même; savoir, qu'un excommunié qui méprise les censures de l'Eglise et lui résiste, et surtout un hérétique obstiné, perd tout droit à ce qu'il possède; qu'il ne doit pas jouir de la protection que les lois civiles accordent aux citoyens; que le prince ne peut et ne doit lui en accorder aucune; que, s'il la lui a promise, il n'est point tenu à lui garder sa parole, parce qu'il a promis une chose qui ne dépendait pas de lui, et qu'en s'obstinant à le protéger il se met dans le cas d'être traité lui-même comme fauteur d'hérétiques, et d'être dépouillé par l'excommunication de tout droit à ses domaines et à ses Etats. Or, autre chose est de supposer une maxime vraie ou fausse, autre chose de la décider. Le concile de Constance a donc supposé 1° que l'excommunication dépouille ceux qui la souffrent sans satisfaire à l'Eglise, du droit qu'ils ont à leur temporel; 2° que le prince n'a pas le pouvoir d'accorder un sauf-conduit qui exempte des peines portées par les lois contre les hérétiques obstinés; et c'est en le supposant qu'il déclare que ces sauf-conduits ne doivent pas empêcher qu'on exécute les lois contre les hérétiques obstinés; mais il ne décide pas ces deux points, et il ne fut jamais question dans le concile de les examiner, encore moins d'en faire des dogmes. Ainsi tombe la première difficulté élevée par les protestants.

La seconde, qui regarde l'œcuménicité du concile de Constance, n'est pas plus solide. Le concile de Constance ne représentait pas l'Eglise universelle, en un mot, n'était pas œcuménique, à l'époque de sa deuxième session où Jean Hus fut arrêté, et où les protestants prétendent qu'on viola son sauf-conduit. A cette époque en effet, le concile ne se composait que de la seule obédience de Jean XXIII, et les droits de celui-ci à la papauté étaient trop équivoques pour que les royaumes entiers qui ne reconnaissaient pas son autorité fussent par cela seul exclus de la vraie Eglise. Mais nous nous apercevons que nous avons ici à combattre non plus seulement les ennemis de l'Eglise, mais encore l'opinion de quelques catholiques.

Les gallicans donc, qui, à ce que prétendait à Trente le cardinal de Lorraine, tiennent à la supériorité du concile sur le pape plus qu'à leur vie, mais qui, selon le glorieux pontife dont l'Eglise pleure en ce moment (18 juin 1846) la perte récente, y tiennent tout au plus comme à leur fortune (*Triomphe du saint-siége, Disc. prélim.* § L), enseignent ou ont enseigné, 1° que le concile de Constance a été œcuménique dès ses premières sessions, et du moment où il a été convoqué par le pape douteux Jean XXIII; 2° qu'il a été confirmé dans tous ses points, et approuvé particulièrement dans les décrets que contiennent ses sessions IV et V, par le pape Martin V ou par le siége apostolique; 3° que les décrets de ces deux sessions établissent la supériorité du concile général, non-seulement à l'égard d'un pape douteux, tel que l'étaient les trois de cette époque, mais encore à l'égard de tout autre pape, quelque certainement légitime qu'il puisse être.

« Commençons, dit à ce sujet le cardinal Litta (*Lett.* XIII *sur les quatre articles*), par établir un fait qui est avoué de tous, malgré la contrariété des opinions. Il n'y a point de doute que ces décrets ont été publiés dans les sessions IV et V, lorsqu'il ne se trouvait à Constance que des prélats de l'obédience de Jean XXIII qui avait convoqué le concile, et que les deux autres papes, Grégoire XII et Benoît XIII, avec toutes leurs obédiences, non-seulement n'y étaient pas et n'y donnaient aucun consentement, mais protestaient de toutes leurs forces contre cette assemblée.

« En partant de ce fait, qui ne peut être contredit, ceux qui soutiennent que l'autorité de ces décrets est douteuse, trouvent la plus grande facilité et, pour ainsi dire, le chemin déjà fait. Ils n'ont pas besoin de s'engager dans de longues discussions, ni d'entasser une suite de preuves, ni de soutenir la légitimité d'aucun des trois papes qui partageaient la chrétienté. En laissant subsister la même incertitude qui a motivé la célébration du concile de Constance, ils n'ont qu'à tirer cette conclusion naturelle, que les sessions IV et V, n'ayant que l'autorité d'un seul pape et de son obédience, cette autorité est douteuse, et qu'attendu l'absence et l'opposition formelle des deux autres papes et de leurs obédiences, elle ne peut être regardée comme celle d'un concile œcuménique.

« Cette conséquence étant liée avec un fait qui n'est pas un sujet de dispute, c'est à ceux qui défendent l'autorité des décrets des sessions IV et V à prouver le contraire, et c'est ici qu'ils se trouvent engagés dans une progression de preuves et de discussions qui les mènent bien loin et par un chemin très-difficile. Pour prouver que l'absence et l'opposition des deux papes avec leurs obédiences ne nuit pas à l'autorité des sessions IV et V, il faut soutenir que la seule obédience de Jean XXIII formait un concile œcuménique, car autrement cette opposition aurait été plus que suffisante pour en détruire l'autorité, et d'ailleurs cette autorité ne serait jamais celle d'un concile œcuménique, et dans notre cas se réduirait à rien.

« Mais cette obédience ne pouvait former un concile œcuménique, si Jean XXIII, qui l'avait convoqué, n'était pas un pape légitime; ainsi les voilà obligés à soutenir et à prouver la légitimité de ce pape.

« Cependant Jean XXIII ne pouvait être légitime, si Alexandre V, son prédécesseur, ne l'avait été. Il faut donc prouver aussi la validité de son élection.

« Alexandre V a été élu par différents cardinaux des deux obédiences de Grégoire XII et de Benoît XIII dans le concile de Pise, qui a prétendu juger et déposer ces deux papes. Mais tout cela serait nul, si le concile de Pise n'était pas œcuménique; il faut donc aussi prouver qu'il l'était.

« Voilà une longue suite de discussions et de preuves qu'il faut parcourir. Si un seul chaînon ne résiste pas au raisonnement, il entraîne la chute de tous les autres et la ruine de ces décrets. Cette observation seule avec un peu de réflexion sur l'importance et la difficulté de chaque point qu'il faut démontrer, suffit pour convaincre combien l'autorité de ces décrets est douteuse.

« Mais ce qu'il y a de pis, c'est que cette progression de preuves rencontre enfin un écueil où il faut nécessairement faire naufrage; car nous avons vu qu'on doit démontrer que le concile de Pise est œcuménique. Et comment pourra-t-on le prouver d'un concile célébré contre la volonté des deux papes Grégoire XII et Benoît XIII, dont un devait être légitime ; d'un concile convoqué par des cardinaux, qui, en détruisant l'autorité de leurs papes, détruisaient leurs propres prérogatives ; enfin pour taire beaucoup d'autres obstacles, et pour tout dire en un mot, d'un concile que l'Eglise ne reconnaît pas comme œcuménique?

« Tout ceci prouve l'impossibilité de soutenir l'autorité de ces décrets. Mais je veux supposer qu'un habile théologien, par un effort de génie et par de nouvelles découvertes, parvienne à prouver tous ces points, qu'il nous fasse connaître ce nouveau concile œcuménique de Pise, qu'il démontre la validité de la déposition des deux papes Grégoire XII et Benoît XIII, la validité de l'élection d'Alexandre V, la légitimité de Jean XXIII, croyez-vous qu'on aurait beaucoup gagné? Je soutiens que tout cela serait inutile, et qu'il faudrait encore démontrer que cette légitimité de Jean XXIII était si bien connue et si claire à l'époque du concile de Constance, qu'il ne restait plus de doute sur le véritable pape, puisque dans un temps de schisme, et lorsqu'il existe plusieurs papes à la fois, il ne suffit pas qu'un d'eux soit légitime, si ses titres ne sont pas connus au point qu'il ne reste plus de doutes raisonnables parmi les chrétiens. En effet, nous voyons aujourd'hui qu'on peut examiner les mémoires du temps avec plus de calme, que plusieurs savants ont démontré que les meilleurs titres étaient ceux de Grégoire XII, qui était de la succession d'Urbain VI. On ne pourrait cependant en tirer la conséquence que dans ce temps-là tous les fidèles étaient obligés de reconnaître Grégoire XII, ni taxer de schismatiques ceux qui étaient dans l'obédience des autres, comme saint Vincent Ferrier, qui suivait celle de Benoît XIII. Pour voir ce qu'on pensait à l'époque de ce schisme, consultons les auteurs du temps. Je ne citerai ni le cardinal de Torquemada, ni l'apologie d'Eugène IV. Je prends pour témoins les partisans les plus zélés de Jean XXIII, ceux qui tenaient de lui la pourpre et les évêchés.

« Voici le cardinal P. d'Ailly, archevêque de Cambrai. Ecoutez comme il soutient son pontife : *Licet concilium Pisanum fuerit legitimum ac canonice celebratum, et duo olim contendentes de papatu juste et canonice condemnati, et electio Alexandri V fuerit rite et canonice facta.* Vous voyez qu'il ne pouvait dire davantage en faveur de son parti; observez cependant cette clause préservative : *Prout hæc omnia tenet obedientia D. N. papæ Joannis XXIII.* Ecoutons à présent la conclusion : *Tamen duæ obedientiæ duorum contendentium probabiliter tenent contrarium, in qua opinionum varietate non sunt minores difficultates juris et facti, quam ante concilium Pisanum erant de justitia duorum contendentium.* Ainsi, de l'aveu du cardinal d'Ailly, même après le concile de Pise, l'opinion des autres obédiences était probable, la question n'était pas plus éclaircie, et il n'y avait pas moins de difficultés sur le droit et sur le fait. (*De Eccl. et card. potest. apud Labbe, app. ad concil. Constant.*)

« Gerson, aussi partisan de Jean XXIII, soutient qu'en ce temps on ne pouvait regarder personne comme schismatique, et voici la raison qu'il en donne : *Tota ratio fundatur in hoc quod numquam fuit tam rationabilis ac vehemens causa dubitationis in aliquo schismate sicut in isto, cujus signum evidens est varietas opinionum doctorum, et inter doctissimos et probatissimos ex utraque parte.*

«Enfin, je prends pour témoin le concile de Constance, qui était certainement intéressé à soutenir sa propre autorité et la légitimité de Jean XXIII. Or, ce concile s'est soumis à recevoir un légat de Grégoire XII, et a admis la bulle par laquelle ce pape lui refusait ouvertement le nom et le titre de concile œcuménique, éloignait de la présidence Balthasar Cossa, nommé Jean XXIII, et faisait une nouvelle convocation. On usa de la même condescendance envers Benoît XIII. On a beau dire que le concile de Constance se soumit à tout cela par amour de la paix; je le crois bien, mais je dis qu'il ne l'aurait pas fait s'il n'eût été nécessaire, et si la légitimité de Jean XXIII eût été si claire qu'on le prétend. De semblables condescendances n'ont jamais été pratiquées par des conciles dont l'autorité était sûre, et l'amour de la paix ne doit pas conduire un concile à compromettre et à détruire sa propre autorité.

« Ainsi, de quelque manière qu'on s'y prenne, on ne peut soutenir l'autorité de ces décrets ; et tout ce qu'on peut accorder, c'est de dire que leur autorité est douteuse. Je ne connais là-dessus qu'une seule objection qui mérite quelque examen. On dit que si d'après ces raisons on doute de l'autorité de ces décrets, on risque de mettre aussi en doute la condamnation des erreurs de Wiclef, de Hus et de Jérôme de Prague, qui a été faite dans les sessions VIII, XIII, XIV et XV, pendant lesquelles il n'y avait non plus à Constance que la seule obédience de Jean XXIII, et que Martin V, en confirmant cette condamnation, dit qu'elle a été faite par le concile œcuménique de Constance.

« Mais il est aisé de répondre que cette condamnation ne court aucun risque, puisqu'elle ne tire pas sa force des décrets des sessions susmentionnées, mais de l'adhésion postérieure du concile, lorsqu'il était devenu œcuménique, et encore plus de la confirmation de Martin V. Ce pape a eu raison de nommer œcuménique le concile de Constance, puisqu'il était tel depuis l'union de toutes les obédiences. Il faut pourtant remarquer que Martin V, pour ôter les difficultés, s'est servi de cette clause : *Quod concilium Constantiense approbavit et approbat, condemnavit et condemnat*, laquelle comprend deux époques différentes du concile.

« Me voilà arrivé à la seconde question qui regarde cette confirmation de Martin V. Ici encore, ceux qui nient que le pape ait confirmé ces décrets n'ont qu'à produire la bulle qui confirme seulement la condamnation des erreurs de Wiclef, de Hus et de Jérôme de Prague. C'est donc aux autres à prouver que Martin V a confirmé les décrets dont on a parlé.

« Ils prétendent le prouver par un acte verbal, enregistré par un des notaires du concile. Mais ici encore, au lieu de la certitude, nous ne trouvons que des doutes ; car on voit par cet acte que le pape a déclaré verbalement : *Se omnia et singula determinata et conclusa decreta in materia fidei per præsens sacrum generale concilium Constantiense conciliariter tenere ac inviolabiliter observare, et numquam contravenire velle quoquomodo, ipsaque sic conciliariter facta approbare et ratificare, et non aliter, nec alio modo.*

« Comment prouver que cette formule comprend les décrets dont nous parlons? Il me paraît bien plus aisé de prouver le contraire. Je lis ici que le pape n'approuve et ne ratifie que ce qui a été décrété *conciliariter*, et ce mot est répété une seconde fois, *sic conciliariter facta, et non aliter, nec alio modo.* Ou cette clause n'a aucun sens, ou elle marque qu'il y a des choses qui ont été faites en forme conciliaire, et d'autres qui n'ont pas été faites en cette forme ; et alors je suis en droit de dire que les décrets des sessions IV et V n'ont pas été faits en forme conciliaire, et que par conséquent le pape n'a pas voulu les approuver, ce que signifie la clause : *Conciliariter facta, et non aliter nec alio modo.* Si l'on prétend le contraire, il faudra prouver que les sessions IV et V appartiennent au concile œcuménique, et l'on retombe dans le même embarras.

« En second lieu, le pape dit qu'il approuve ce qui a été décrété *in materia fidei*. Or, on sait que les matières de foi, dans ce concile, se rapportaient aux erreurs de Wiclef, de Hus et de Jérôme de Prague. Toutes les autres matières se rapportaient à l'affaire de l'union de l'Église ou à celle de la réforme. Comment prouver que les décrets dont nous parlons se rapportaient aux matières de foi ? J'ai bien plus de droit de dire qu'ils appartiennent à l'objet de l'union, ou, si vous voulez, à celui de la réforme. Je peux même prouver que ces décrets n'appartenaient pas du tout à la foi; car, dans la même session V, après ces décrets, je lis qu'on passe à la matière de la foi : *Quibus peractis, supradictus R. P. D. electus Posnaniensis, in materia fidei et super materia Joannis Hus legebat quædam avisamenta quæ sequuntur et sunt talia.* Ce passage prouve que les décrets précédents n'appartenaient pas à la matière de foi, et que cette matière regardait les hérétiques susmentionnés.

« Il est donc du moins fort douteux que ces décrets aient été confirmés par Martin V. Mais pour finir ce qui a rapport à l'autorité de ces décrets, je demanderai à ceux qui la soutiennent, s'ils peuvent nier que depuis la célébration du concile de Constance jusqu'à nos jours, c'est-à-dire, depuis plus de quatre siècles, on ait sans cesse disputé et douté parmi les catholiques sur cette autorité ? C'est un fait qu'ils ne pourront nier.

Et comment donc peut-on dire que cette autorité n'est pas douteuse? Une condition indispensable aux décrets des conciles œcuméniques, c'est que leur autorité ne soit pas longtemps révoquée en doute parmi les catholiques. Il peut arriver que les décrets et les définitions des conciles œcuméniques rencontrent des oppositions, même de la part des catholiques, tant que les faits ne sont pas assez connus, comme cela est arrivé par rapport au V° et au VII° concile ; et cela peut même être toléré pour quelque temps, par une prudente et charitable condescendance ; mais après ce temps, il est indispensable que tous les catholiques se soumettent à leur autorité. Prétendre que ces décrets de Constance sont des décrets d'un concile œcuménique, et avouer que, depuis quatre siècles, une grande quantité de catholiques ont douté et doutent encore de leur autorité, ce sont deux choses qui se détruisent réciproquement. Il faut que la première soit fausse, ou la seconde. Mais la seconde est un fait qu'on ne peut nier ; donc la première est fausse.

« D'après cela, la troisième question devient inutile. Je ne m'embarrasse pas d'examiner le sens de ces décrets, dès que l'autorité en est douteuse. »

« On peut observer, dirons-nous en finissant avec M. de Maistre, que les docteurs français (et aussi quelques italiens), qui se sont crus obligés de soutenir l'insoutenable session du concile de Constance, ne manquent jamais de se retrancher scrupuleusement dans l'assertion générale de la supériorité du concile universel sur le pape, sans jamais expliquer ce qu'ils entendent par le *concile universel ;* il n'en faudrait pas davantage pour montrer à quel point ils se sentent embarrassés. Fleury va parler pour tous :

« Le concile de Constance, dit-il, établit « la maxime, *de tout temps enseignée en « France* (1), que tout pape est soumis au « jugement de tout concile universel, en ce « qui concerne la foi. » *Nouv. Opusc.*, p. 44.

« Pitoyable réticence, et bien digne d'un homme tel que Fleury ! Il ne s'agit point de savoir *si le concile universel est au-dessus du pape*, mais de savoir *s'il peut y avoir un concile universel sans pape*, ou *indépendant du pape :* voilà la question. Allez dire à Rome que le souverain pontife n'a pas droit d'abroger les canons du concile de Trente, sûrement on ne vous fera pas brûler. La question dont il s'agit est complexe. On demande, 1° *quelle est l'essence d'un concile universel, et quels sont les caractères dont la moindre altération anéantit cette essence ?* On demande, 2° *si le concile ainsi constitué est au-dessus du pape?* Traiter la deuxième question, en laissant l'autre dans l'ombre; faire sonner haut la supériorité du concile sur le souverain pontife, sans savoir, sans vouloir, sans oser dire ce que c'est qu'un concile œcuménique, il faut le déclarer franchement, ce n'est pas seulement une erreur

(1) « Après tout ce qu'on a lu, et surtout après la déclaration de 1626, quel nom donner à cette assertion ? » *Note de M. de Maistre.*

de simple dialectique, c'est un péché contre la probité. » *Du Pape; Hist. de l'Egl. Gall.; Anal. des Conc.; Hist. univ. de l'Egl. cath.*

CONSTANCE (Synode de), l'an 1463. Burchard de Randeck, évêque de Constance, tint ce synode diocésain, dans lequel il renouvela les règlements de ses prédécesseurs, ainsi que plusieurs constitutions du concile de Bâle. *Conc. Germ., t. V.*

CONSTANCE (Synode de), l'an 1476. Ce synode diocésain fut tenu par Hermann de Landenbourg, évêque du lieu. Entre autres statuts, on accorde aux moines le privilége de recevoir la correction de leurs supérieurs réguliers plutôt que de l'évêque, à moins qu'il n'y ait négligence de la part des premiers à remplir leur charge. *Conc. Germ.*

CONSTANCE (Synode de), l'an 1483. Les statuts de ce synode diocésain, tenu par Othon de Sonnemberg, évêque de Constance, ne font guère que confirmer divers règlements des synodes antérieurs. *Conc. Germ., t. V.*

CONSTANCE (Synode de), l'an 1567. Le cardinal Marc Sitik d'Hohenembs, évêque de Constance, tint ce synode diocésain, dans lequel il mit à exécution les décrets du concile de Trente. *Conc. Germ., t. VII.*

CONSTANCE (Synode de), l'an 1609. Jacques de Fugger, évêque de Constance, publia dans ce synode diocésain des décrets recueillis des conciles précédents, et divisés en quatre parties, avec leurs titres particuliers. Il fut statué de plus que les empêchements de mariage seraient annoncés, chaque année, du haut de la chaire, en langue vulgaire, le premier dimanche après l'Épiphanie, et le premier après la Trinité.

CONSTANTINOPLE (Conciliabule de), l'an 336, commencé en février, fini en août.

Les évêques du concile de Jérusalem, de l'an 335, ayant reçu de Constantin l'ordre de revenir à Constantinople, pour rendre raison du jugement prononcé à Tyr contre saint Athanase, ils s'y rendirent, mais seulement au nombre de six, quoique l'empereur les eût mandés tous expressément; les autres s'en retournèrent dans leurs Eglises.

Ces six évêques étaient : les deux Eusèbe, Théognis, Patrophile, Ursace et Valens. Quand ils furent arrivés à Constantinople, ils ne parlèrent, ni du calice rompu, ni d'Arsène, prévoyant bien qu'ils auraient peine à faire valoir ces anciennes calomnies, si souvent détruites; mais ils en inventèrent une nouvelle, plus capable que les autres d'irriter l'empereur contre saint Athanase. Ils l'accusèrent d'avoir menacé d'empêcher à l'avenir que l'on ne transportât du blé d'Alexandrie à Constantinople. Constantin, qui avait fait mettre en pièces le philosophe Sosipâtre sur le soupçon d'un crime semblable, crut leur accusation véritable, et entra dans une colère étrange contre le saint. Cinq évêques d'Egypte, qui étaient dans la chambre avec Athanase, savoir : Adamance, Anubien, Agathamnon, Arbéthion et Pierre, qui tous avaient soutenu son innocence dans le concile de Tyr, et qui apparemment l'avaient suivi lorsqu'il se retira à Constantinople, furent témoins, tant de l'accusation des eusébiens, que des menaces que lui fit l'empereur en cette occasion. Le saint évêque gémit, et protesta que cette accusation était fausse : Car, disait-il, comment aurais-je un tel pouvoir, moi qui ne suis qu'un simple particulier et un homme pauvre? Mais Eusèbe de Nicomédie, ne craignant pas de soutenir publiquement la calomnie, jura qu'Athanase était riche, puissant et capable de tout. Constantin ajouta foi à ces discours; et croyant faire grâce à Athanase de ne le pas condamner à mort, il se contenta de l'exiler et le relégua à Trèves, qui était alors la capitale des Gaules. Les eusébiens, ayant obtenu ce qu'ils souhaitaient, poursuivirent l'accusation qu'ils avaient commencée à Jérusalem contre Marcel d'Ancyre, l'un des défenseurs de saint Athanase. Il y avait alors à Constantinople un grand nombre d'évêques assemblés de diverses provinces : de Pont, de Cappadoce, d'Asie, de Phrygie, de Bithynie, de Thrace et d'autres parties de l'Europe, par ordre de Constantin. Saint Alexandre, évêque de Constantinople, prévoyant que les suites de ce concile ne pouvaient qu'être funestes à l'Eglise, fit tous ses efforts pour empêcher qu'il ne se tînt, ou le dissiper; mais inutilement. Le livre de Marcel d'Ancyre contre le sophiste Astère y fut examiné; les évêques, qui la plupart tenaient le parti d'Arius, crurent y trouver qu'il y enseignait tellement l'unité de la nature divine, qu'il niait la distinction des personnes : ainsi, prétendant l'avoir convaincu de sabellianisme, ils lui dirent anathème, le déposèrent, et mirent à sa place Basile, qui passait pour éloquent et capable d'instruire. Ils dressèrent en même temps une exposition de leur foi, opposée aux erreurs qu'ils attribuaient à Marcel, et l'envoyèrent aux évêques d'Orient, pour leur faire connaître en quel sens ils avaient reçu celle de Nicée. Ils renouvelèrent de cette sorte des questions et des disputes qui étaient comme assoupies. Mais leur principal dessein dans ce concile était de rétablir entièrement Arius dans la communion de l'Eglise; car il paraît que les évêques qui n'étaient point de leur complot n'avaient eu aucun égard à ce qu'on avait fait pour cet hérésiarque dans le concile de Jérusalem. Ils tâchèrent d'abord d'obtenir de saint Alexandre, qu'il l'admit à la communion ecclésiastique; et voyant qu'ils ne pouvaient le gagner par leurs fausses raisons ni par leurs prières, ils le menacèrent de le déposer lui-même, si dans un certain temps il ne recevait Arius. Celui-ci s'était rendu à Constantinople, par ordre de Constantin. Ce prince, à qui les eusébiens avaient persuadé qu'il tenait la saine doctrine, le fit venir à son palais, voulant s'assurer par lui-même de la vérité. Il lui demanda s'il suivait la foi de Nicée et de l'Eglise catholique : Arius répondit que oui. Constantin lui demanda sa profession de foi par écrit : Arius la lui donna aussitôt. Mais ce fourbe avait eu soin de supprimer les termes impies qui l'avaient fait anathématiser dans le concile de Nicée, et de cacher le venin de son hérésie sous la simplicité des paroles de l'Ecriture sainte. Constantin lui demanda s'il n'avait point d'autre croyance, et ajouta : Si vous parlez sincèrement, vous ne devez pas craindre de prendre Dieu à témoin de la vérité : mais si vous faites un faux serment, vous devez craindre la vengeance divine. Arius jura qu'il n'avait jamais pensé ni dit, ni écrit autre chose que ce qui était dans son papier, et qu'il n'avait point tenu les erreurs pour lesquelles on l'avait condamné à Alexandrie. On dit que cet hérésiarque, ayant sous son bras une profession de foi où était sa véritable doctrine, et en main celle de Nicée qu'il présentait à Constantin, rapportait à la première le serment de ne croire autre chose que ce qui était contenu. L'empereur, trompé par ce serment, manda l'évêque Alexandre, et lui ordonna de recevoir Arius à la communion, disant qu'il fallait tendre la main à un homme qui cherchait à se sauver. Ce saint évêque allégua diverses raisons pour s'en excuser ; mais l'empereur les rejeta avec colère. Saint Alexandre se retira sans lui répondre et accablé de douleur. Comme il s'en retournait, il fut rencontré par les eusébiens accompagnés d'Arius, qu'ils avaient pris à la sortie du palais. Ils voulaient à l'heure même le faire entrer dans l'église, mais saint Alexandre s'y opposa. Eusèbe de Nicomédie, le voyant inflexible, lui dit : Si vous ne voulez pas le recevoir de gré, je le ferai entrer demain avec moi dès le point du jour ; et comment l'empêcherez-vous ? Le saint vieillard eut recours à Dieu, et Dieu l'exauça. C'était le samedi sur les trois heures après midi, et le lendemain dimanche était le jour pris pour faire entrer Arius dans l'église. Celui-ci, se comptant déjà pour rétabli, se répandit en mille discours vains et impertinents, lorsque le samedi même, vers le coucher du soleil, il se sentit tout d'un coup pressé de quelque nécessité naturelle. Il était alors près de la place de Constantin, où était la grande colonne de porphyre. Ayant demandé s'il n'y avait point là auprès quelque commodité publique, on lui en montra une, et il s'y en alla, laissant à la porte un valet qui le suivait. Là, tombant tout à coup en défaillance, il rendit en même temps les boyaux, les intestins, le sang, la rate et le foie, et mourut crevé par le milieu du corps, comme Judas. Le bruit s'en étant répandu dans toute la ville, les fidèles accoururent à l'église remercier Dieu d'une protection si visible en faveur de la vérité. Constantin reconnut avec étonnement la vengeance si prompte que Dieu avait tirée de ce parjure ; et il s'attacha plus que jamais à la foi de Nicée, à qui, selon qu'il le disait lui-même, Dieu avait rendu témoignage par cet accident : mais il n'ouvrit point les yeux sur l'innocence de saint Athanase, et ne le rappela point de son exil.

CONSTANTINOPLE (Conciliabule de), l'an 338, ou 339, ou 340, selon Pagi. Après la mort du grand Constantin, Constantin le Jeune, son fils, rappela les évêques exilés, et les renvoya à leurs églises vers le milieu de l'an 338. La même année mourut saint Alexandre de Constantinople, âgé de quatre-vingt-dix-huit ans. On lui donna pour successeur Paul, originaire de Thessalonique, qui, quoique encore jeune, avait la prudence des personnes les plus âgées, et joignait à beaucoup de capacité une vie fort exemplaire. Les ariens, qui avaient repris vigueur à la mort de saint Alexandre, firent tous leurs efforts pour faire élire en sa place Macédonius, plus âgé et plus habile pour les affaires du dehors que Paul, mais qui n'avait pas tant de vertu. Mais les catholiques l'emportèrent, et Paul fut ordonné évêque de Constantinople dans l'église de la Paix, qui était alors la cathédrale. Macédonius forma d'abord quelque accusation contre lui ; mais en ayant reconnu lui-même la fausseté, il l'abandonna et communiqua avec Paul, servant sous lui en qualité de prêtre. Il y a apparence que l'accusation de Macédonius regardait les mœurs de Paul, puisque les ariens, qui, au rapport de saint Athanase, ne la négligèrent pas, quelque fausse qu'elle fût, accusaient Paul de vivre dans les délices et même dans le déréglement. Ils l'accusaient encore d'avoir été élevé à l'épiscopat sans le consentement des évêques d'Héraclée et de Nicomédie, qui, comme voisins, prétendaient avoir droit d'élire et d'ordonner celui de Constantinople. Eusèbe de Nicomédie menait toute cette intrigue, l'ambition qui l'avait déjà porté du siége de Béryte sur celui de Nicomédie, lui inspirant le désir de passer de ce dernier au trône épiscopal de Constantinople. L'arrivée de Constance en cette ville lui fournit le moyen de se contenter. Ce prince, extrêmement irrité de ce qu'en son absence on avait choisi Paul, évêque de Constantinople, prétendit qu'il était indigne de la dignité épiscopale ; et par la faction des eusébiens, qui l'avaient su gagner, il assembla un concile d'évêques infectés de l'arianisme et ennemis de Paul, qui le déposèrent et mirent à sa place Eusèbe de Nicomédie, contre les règles de l'Ecriture et la défense expresse du concile de Nicée. Paul, qui, sous Constantin, avait été relégué dans le Pont, fut envoyé chargé de chaînes à Singare dans la Mésopotamie, d'où il fut transféré à Emèse dans la Phénicie, puis à Cucuse dans les déserts du mont Taurus, où les ariens l'étranglèrent, après lui avoir fait souffrir la faim et divers autres supplices. Par l'installation d'Eusèbe de Nicomédie sur le siége de Constantinople, ils se rendirent les maîtres de cette Eglise et la gouvernèrent jusque vers l'an 379, que saint Grégoire de Nazianze fut choisi évêque de cette ville. *D. Ceill.*

CONSTANTINOPLE (Conciliabule de), l'an 350. Aussitôt que le concile de Séleucie eut fini ses séances, les dix évêques qu'il avait députés à l'empereur, pour lui rendre compte de ce qui s'y était passé, se rendirent pour cet effet à Constantinople. Ils y trouvèrent les députés du concile de Rimini et les acaciens. Ces derniers, ayant fait grande diligence, étaient arrivés les premiers de Séleucie, et avaient déjà, tant par leurs intrigues que par leurs présents, gagné l'empereur et les principaux de la cour, et prévenu leur esprit contre le concile de Séleucie, qu'ils faisaient passer pour une assemblée de méchants, où l'on n'avait songé qu'à renverser toutes les Eglises. A la faveur de tous ces troubles, les acaciens firent un long séjour à Constantinople, et y tinrent un concile au commencement de l'an 360. Ils y firent venir des évêques de Bithynie, au nombre de cinquante. Il s'y en trouva apparemment encore d'ailleurs, puisque, selon saint Basile, Eustathe y fut déposé par cinq cents évêques : à moins qu'on ne comprenne dans ce nombre tous les évêques d'Orient, qui signèrent la condamnation d'Eustathe, avec le formulaire de Rimini. D'autres comptent soixante-douze évêques à l'intronisation d'Eudoxe, qui se fit le 27 janvier de l'an 360, pendant la tenue de ce concile. Les plus remarquables étaient : Acace de Césarée, Eudoxe d'Antioche, Uranius de Tyr, Démophile de Bérée, George de Laodicée, Maris de Calcédoine, et Ulphilas, évêque des Goths.

Saint Hilaire, évêque de Poitiers, se trouvait alors à Constantinople, y étant venu avec les députés du concile de Séleucie, pour savoir ce que l'empereur ordonnerait de lui, s'il le renverrait à son Eglise, ou en exil. Le pouvoir des acaciens sur l'esprit de Constance et dans le concile lui fit apercevoir aisément le danger extrême où la foi était réduite : et voyant que les Occidentaux étaient trompés, et les Orientaux vaincus par le crime, il présenta publiquement sa requête à l'empereur, demandant qu'il lui fût permis de disputer de la foi en présence de ses adversaires. Assuré de son innocence, il priait l'empereur, dans cette requête, de lui donner audience en présence de Saturnin d'Arles, auteur de son exil, se promettant de l'obliger à avouer les faussetés qu'il avait avancées contre lui. Il représentait à ce prince la confusion et le désordre de ce grand nombre de symboles et de formulaires faits depuis le concile de Nicée; disant que la foi était devenue la foi des temps plutôt que la foi de l'Evangile; que ces désordres n'arrivaient que parce que l'on voulait faire chaque année de nouveaux symboles, au lieu de s'en tenir à la foi que nous avons professée au baptême; que ce grand nombre de confessions de foi mettait le monde en état de n'en avoir plus aucune ; que pendant que l'on se battait sur la signification des mots, que l'on mettait en question des nouveautés, il n'y avait presque plus personne qui fût à Jésus-Christ, parce qu'on se laissait entraîner au vent et à l'agitation de tant de doctrines contraires. Il remontrait à l'empereur que le seul moyen de se sauver de ce naufrage était de s'arrêter à la foi de l'Evangile dont nous avons fait profession au baptême, et ajoutait : « Je demande audience moins pour moi que pour vous et pour les Eglises de Dieu : j'ai la foi dans le cœur, et n'ai pas besoin d'une profession extérieure ; je garde ce que j'ai reçu: mais souvenez-vous qu'il n'y a point d'hérétique qui ne prétende que sa doctrine est conforme à l'Ecriture. Il finissait sa requête par une profession de foi sur la consubstantialité du Verbe, tirée de l'Ecriture sainte.

Les ariens, craignant que s'ils entraient en dispute avec saint Hilaire devant des arbitres et des témoins, elle ne tournât à leur confusion, employèrent tout leur crédit pour empêcher que sa demande ne lui fût accordée. Ils le firent passer auprès de l'empereur pour un homme qui semait la discorde et qui troublait tout l'Orient : ce qui obligea ce prince à le renvoyer dans les Gaules, mais sans révoquer la sentence de son exil.

Les acaciens, n'ayant plus rien à craindre d'un adversaire si formidable, confirmèrent la formule de foi qui avait été reçue à Rimini, avec la clause que les ariens avaient ajoutée à Nicée de Thrace en 359, et qui est conçue en ces termes : Quant au mot de *substance* dont les Pères se sont servis avec trop de simplicité, et qui, n'étant pas entendu par le peuple, a été pour lui un sujet de chute, nous avons trouvé à propos de le rejeter, puisqu'il n'est point dans l'Ecriture, et de ne plus faire mention à l'avenir de la substance du Père, du Fils et du Saint-Esprit, puisque l'Ecriture n'en fait point. On ne doit pas même parler de l'hypostase du Père, du Fils et du Saint-Esprit; mais nous disons que le Fils est semblable au Père, comme l'Ecriture sainte le dit et l'enseigne; et nous disons anathème à toutes les hérésies qui s'opposent à cette exposition de foi, soit qu'elles aient été autrefois condamnées, ou qu'elles se soient élevées depuis peu de temps. Ils firent signer cette formule aux semi-ariens, en leur permettant de condamner le dogme des anoméens : ce que toutefois ils ne firent pas. Philostorge ajoute que tous les évêques la signèrent, ceux mêmes qui avaient soutenu autrefois que le Fils est dissemblable au Père; et il dit que ce fut Acace, homme déguisé et qui parlait autrement qu'il ne pensait, qui ménagea toutes ces signatures.

Le concile de Constantinople procéda ensuite à la condamnation d'Aétius, le déposa du diaconat et le chassa de l'Eglise. Nous avons encore la lettre que tout le concile écrivit à cette occasion à George, évêque d'Alexandrie. Elle est conçue en ces termes : « Les évêques ont agi conformément aux règles de l'Eglise, quand ils ont condamné Aétius, à cause de ses livres scandaleux et impies : on lui a défendu d'exercer les fonctions du diaconat, et on l'a chassé de l'Eglise. Après quoi nous avons averti les fidèles de s'abstenir de la lecture de ses lettres et de s'en défaire comme de choses inutiles et dangereuses : que s'il demeure opiniâtrement dans ses sentiments, nous le frapperons d'anathème avec tous ceux qui lui seront unis ; il aurait été convenable que tous les évêques qui ont assisté à ce concile, eussent détesté l'auteur des scandales, des disputes et des tumultes qui ont troublé la paix de l'Eglise, et qu'ils eussent approuvé tout d'une voix la sentence qu'on a prononcée contre lui ;

mais il est arrivé, contre notre espérance et nos désirs, que Séras, Etienne, Héliodore, Théophile et quelques autres n'ont pas voulu approuver notre avis, ni signer la condamnation d'Aétius : néanmoins Séras l'accusait de s'être porté à cet excès d'extravagance et de témérité, de se vanter que Dieu lui avait révélé des secrets qu'il avait cachés depuis les temps apostoliques. » Et ensuite : « Nous avons supporté ces évêques avec une patience tout extraordinaire, tantôt les exhortant avec douceur, tantôt les reprenant avec indignation, tantôt les priant avec instance de s'accorder avec nous : nous avons attendu longtemps pour voir s'ils se rendraient à la raison; mais croyant qu'ils étaient résolus de ne point condamner Aétius, nous avons préféré les règles de l'Eglise à leur amitié, et les avons déclarés retranchés de la communion si dans six mois ils ne changent de sentiment. Que si dans ce terme qui leur a été accordé, ils se repentent sérieusement de leur faute, qu'ils souscrivent à la condamnation d'Aétius, ils seront reçus à la communion de l'Eglise, et ils jouiront dans les assemblées de la même autorité qu'auparavant; mais s'ils préfèrent l'amitié des hommes à l'obéissance qu'ils doivent aux règles de l'Eglise, et à l'obligation qu'ils ont d'entretenir avec nous la paix et l'union, nous les tiendrons privés de la dignité épiscopale; et alors nous établirons d'autres évêques en leur place, afin que l'Eglise soit unie de sentiments, et que les évêques conservant entre eux le lien de la charité, ils disent tous la même chose, et pensent de même. Nous vous avons mandé ces choses pour vous faire connaître ce qui a été résolu dans le concile, priant Dieu qu'il vous fasse la grâce de l'observer, et de gouverner en paix et selon les canons les Eglises qui vous sont soumises. Le concile ne dit pas un mot de la doctrine d'Aétius touchant la dissemblance du Fils avec le Père; il ne le qualifie pas même d'hérétique, mais seulement de perturbateur de la paix de l'Eglise. Aussi ne le condamna-t-il que pour obéir aux ordres de Constance et pour effacer de l'esprit de ce prince le soupçon qu'il avait que les évêques du concile de Constantinople étaient dans les mêmes sentiments qu'Aétius. En quoi il ne se trompait pas ; et c'est ce que saint Athanase leur reproche avec justice.

La condamnation d'Aétius par le concile fut suivie de la peine de bannissement que porta contre lui l'empereur. Il fut relégué à Mopsueste en Cilicie, et de là bientôt après à Amblade, lieu situé sur les confins de la Pisidie, de la Phrygie et de la Carie, au pied du mont Taurus.

Les acaciens, après avoir satisfait la passion de l'empereur, en condamnant et en déposant Aétius, songèrent à contenter la leur en procédant à la déposition des évêques qui leur avaient été contraires dans le concile de Séleucie. Ils n'en cherchèrent pas de prétextes dans la différence de doctrine, parce qu'eux-mêmes n'étaient pas bien d'accord entre eux sur la foi; mais ils les accusèrent d'avoir troublé les Eglises et violé les canons. Macédonius, évêque de Constantinople, fut le premier qu'ils déposèrent, sous prétexte qu'il avait reçu à la communion un diacre convaincu d'adultère, et qu'il avait été cause de beaucoup de meurtres lors de la translation du corps du grand Constantin, du lieu où il avait été enterré d'abord, dans l'église de saint Acace, martyr. On lit en effet dans l'histoire de Socrate, que lorsque Macédonius fit transférer le corps de ce prince, il se forma deux partis au sujet de cette translation. Les défenseurs du consubstantiel s'opposèrent aux desseins de cet évêque, et la chose alla si loin, que les deux partis en vinrent aux mains, et il y eut tant de personnes tuées, que la cour de l'église et le puits qui y était furent remplis de sang, en sorte qu'il coulait jusque dans la galerie qui était contiguë, et jusque dans la rue. Cet accident irrita extrêmement l'empereur Constance, et il ne fut pas moins fâché de ce que Macédonius avait osé toucher au corps de Constantin, que de la perte de tant d'hommes.

Ils déposèrent ensuite Basile d'Ancyre, qu'ils regardaient comme le chef du parti qui leur était contraire; et voici quels étaient les chefs d'accusation qu'ils formèrent contre lui : d'avoir pris des papiers à un prêtre nommé Diogène qui allait à Ancyre, et de lui avoir donné plusieurs coups ; d'avoir commandé aux gouverneurs de provinces de bannir et de condamner à d'autres peines, sans aucune forme de procès, des clercs d'Antioche, et d'autres des bords de l'Euphrate, de Cilicie, de Galatie et d'Asie, en sorte que plusieurs de ces clercs avaient été chargés de chaînes, et obligés de donner leurs biens aux soldats qui les conduisaient, afin d'en être traités moins durement ; d'avoir empêché l'exécution des ordres de l'empereur, qui portaient qu'Aétius et quelques-uns de ses sectateurs seraient menés à Cécrope pour répondre aux accusations dont ils étaient chargés ; d'avoir écrit à Hermogènes, préfet du prétoire, et au gouverneur de Syrie, pour leur marquer ceux qu'il fallait bannir et en quel lieu on devait les reléguer ; de s'être opposé au retour de ceux que l'empereur avait rappelés de leur exil, et d'avoir en cette occasion résisté aux magistrats et aux évêques ; d'avoir soulevé le clergé de Sirmium contre Germinius qui en était évêque ; de l'avoir décrié, et avec lui Ursace et Valens, auprès des évêques d'Afrique, quoiqu'il eût écrit en même temps qu'il communiquait avec lui et avec ces deux autres évêques : d'avoir fait un faux serment, et d'avoir été convaincu de parjure ; d'avoir été cause de la division et du tumulte arrivés en Illyrie, en Italie et en Afrique, d'avoir fait emprisonner une servante, et de l'avoir contrainte de déposer contre sa maîtresse ; d'avoir baptisé et ensuite élevé au diaconat un homme d'une vie infâme et qui vivait avec une femme qu'il n'avait pas épousée ; de n'avoir point retranché de l'Eglise un certain charlatan coupable de plusieurs homicides; d'avoir fait des conjurations devant la sainte table, jurant avec des imprécations horribles, et faisant jurer ses clercs, qu'ils ne s'accuseraient point les uns les autres. C'était là, disait-on, l'artifice dont Basile d'Ancyre avait usé pour se mettre à couvert des accusations de son clergé.

On ne voit point ce que Basile d'Ancyre répondit à tous ces chefs d'accusations, et on ne sait pas même s'ils lui furent communiqués. Eustathe de Sébaste aurait bien voulu se justifier, mais on ne voulut pas le lui permettre, et il fut déposé sur les accusations suivantes : qu'étant simple prêtre, il avait été condamné et séparé de la communion et des prières de l'Eglise par Eulalius, son propre père, évêque de Césarée en Cappadoce, parce qu'il portait un habit peu convenable à un prêtre ; qu'il avait été excommunié par un concile de Néocésarée dans le Pont, et déposé par Eusèbe, évêque de Constantinople, pour avoir manqué de fidélité en certaines affaires qui lui avaient été confiées ; qu'il avait été privé de son évêché par le concile de Gangres, pour avoir tenu et enseigné une mauvaise doctrine, et gardé une conduite peu régulière ; qu'il avait été convaincu de parjure dans un concile d'Antioche ; qu'il avait tâché de détruire les décrets du concile de Mélitine : enfin qu'étant coupable de tant de crimes, il voulait néanmoins se rendre le juge des autres, et les traitait d'hérétiques

Les raisons que l'on allégua dans le concile de Constantinople pour déposer Eleusius de Cyzique furent qu'il avait ordonné diacre sans examen un nommé Héraclius, Tyrien d'origine, qui, étant accusé de magie et recherché pour ce sujet, s'était enfui à Cyzique et s'y était fait passer pour chrétien, quoiqu'il ne le fût pas ; que quoiqu'Eleusius eût eu connaissance de ce fait depuis qu'il avait ordonné Héraclius, il ne l'avait pas déposé ; qu'il avait ordonné aussi indiscrètement des personnes qui s'étaient retirées à Cyzique, après avoir été condamnées par Maris, évêque de Calcédoine, qui était présent au concile.

On y déposa aussi Héortase, pour avoir été fait évêque de Sardes sans le consentement des évêques de Lydie; Draconce de Pergame, pour avoir possédé auparavant un autre évêché en Galatie ; Sylvain de Tarse, comme auteur des brouilleries arrivées tant à Séleucie qu'à Constantinople, et pour avoir donné l'évêché de Castabales en Cilicie à Théophile, déjà ordonné évêque d'Eleuthéropole par les évêques de Palestine, et qui avait juré de n'accepter jamais d'autre Eglise sans leur consentement. Sophrone, évêque de Pompeiopolis, subit le même jugement, accusé d'avoir vendu par avarice les offrandes faites à l'Eglise, dans le dessein de les appliquer à son intérêt particulier ; on l'accusa aussi de n'avoir pas voulu se justifier devant le concile des crimes dont on le chargeait, d'avoir même fait difficulté d'y comparaître, quoiqu'on l'y eût cité deux fois, et d'avoir demandé des juges séculiers.

On allégua, pour déposer Néonas, évêque de Séleucie, qu'il avait laissé sacrer dans son église Annien, élu évêque d'Antioche par le concile de Séleucie, et qu'il avait ordonné inconsidérément évêques des décurions qui n'avaient aucune connaissance des saintes Ecritures ni des lois de l'Eglise, et qui, après leur ordination, avaient déclaré qu'ils aimaient mieux remplir les fonctions séculières dont leurs biens étaient chargés, que de les abandonner pour vivre en évêques, préférant la jouissance de leurs revenus aux devoirs de l'épiscopat. On accusa Elpidius, évêque de Satales, d'avoir eu part aux troubles excités par Basile d'Ancyre, et d'avoir même été l'un des principaux auteurs du tumulte. On ajouta qu'il avait rétabli Eusèbe dans l'ordre de prêtrise, contre les décrets du concile de Mélitine, qui l'avait déposé ; et qu'il avait fait diaconesse une nommée Nectarie, qui ayant été séparée de la communion de l'Eglise, pour avoir violé un serment, ne pouvait, selon les canons, être élevée à aucune charge.

Saint Cyrille de Jérusalem fut lui-même déposé pour avoir communiqué avec Eustathe de Sébaste et Elpidius, accusés d'avoir tâché de détruire les décrets du concile de Mélitine, où il s'était trouvé avec eux, et pour avoir admis à sa communion Basile d'Ancyre et George de Laodicée, depuis sa première déposition : car saint Cyrille avait déjà été déposé dans une assemblée d'évêques en Palestine, mais pour des sujets fort légers, comme le remarque Théodoret. Il ne les détaille point, non plus que Socrate, qui se contente de dire que saint Cyrille fut déposé pour avoir refusé pendant deux ans entiers de comparaître, quoique cité plusieurs fois. Il ajoute que saint Cyrille en agit ainsi, par la crainte d'être convaincu de ce dont il était accusé ; mais il est plus vraisemblable que ce fut parce qu'il ne voulait pas reconnaître Acace pour juge. Sozomène donne une autre raison de la déposition de saint Cyrille. Il dit que, le territoire de Jérusalem étant affligé d'une famine, beaucoup de pauvres qui manquaient de vivres jetaient les yeux sur leur évêque. Ce saint, n'ayant point d'argent pour subvenir à leurs besoins, vendit les meubles, les ornements et les tentures de l'église. Or il arriva qu'une personne qui avait fait présent de quelques-uns de ces ornements à l'église, les reconnut sur une comédienne ; et que, s'étant informée de qui cette femme les avait eus, il se trouva qu'elle les avait achetés d'un marchand, et le marchand de l'évêque Cyrille. Tel fut, selon cet historien, le prétexte que les ariens employèrent pour déposer ce saint prélat. D'autres en avaient pris sujet de faire son éloge, comme on a loué depuis saint Ambroise d'avoir fait briser et fondre les vaisseaux sacrés pour le soulagement des malheureux.

Ce sont là les chefs d'accusation que l'on produisit dans le concile de Constantinople contre les évêques qui y furent déposés. On n'observa dans cette procédure aucune formalité. Les accusateurs étaient juges et bourreaux en même temps. On avait acheté des calomniateurs, et les avis étaient vendus à prix fait, afin qu'il y eût moins de difficulté à chasser les évêques de leurs trônes et à en mettre d'autres en leur place. Quelques évêques refusèrent de souscrire à ces injustes sentences ; mais les acaciens les interdirent de leurs fonctions et de la communion des autres, jusqu'à ce qu'ils eussent souscrit, ajoutant que si dans six mois ils ne consentaient à tout ce qui avait été réglé dans le concile, ils seraient eux-mêmes déposés et d'autres mis à leur place par les évêques de la province, qui s'assembleraient à cet effet. Après avoir déposé les évêques dont nous avons parlé plus haut, ils les firent exiler. Basile d'Ancyre fut relégué en Illyrie, les autres en divers endroits. Il semble qu'Eustathe ait été banni en Dardanie. Macédonius ne fut pas exilé, mais seulement chassé de Constantinople ; il se retira en une terre près des portes de la ville, où il mourut.

Les évêques qu'on avait déposés voyant qu'on les menait en exil, révoquèrent en chemin la signature qu'ils avaient faite du formulaire de Rimini ; et les uns se déclarèrent pour le consubstantiel (ὁμοούσιον), les autres pour le semblable en substance (ὁμοιούσιον). Ils écrivirent aussi des lettres circulaires à toutes les Eglises contre Eudoxe et ses adhérents, les conjurant de ne point communiquer avec eux, mais de les fuir comme la peste des âmes, et protestant qu'ils n'abandonneraient point le soin de leurs Eglises et n'acquiesceraient point à la sentence de déposition prononcée contre eux par des hérétiques, par les défenseurs d'une doctrine abominable, par une assemblée de prévaricateurs destitués de l'Esprit-Saint, que Dieu n'a point appelés au saint ministère, mais qui s'en sont emparés par l'appui et la puissance des hommes, et par le désir d'une vaine gloire. Toutes leurs protestations furent sans fruit. Ils ressentirent les effets de l'indignation de l'empereur Constance jusqu'à sa mort, et demeurèrent accablés par leurs ennemis, qui partagèrent entre eux les évêchés dont ils les avaient dépouillés. Eudoxe, qui avait été chassé de Syrie, s'empara de celui de Constantinople, dont il prit possession le 27 janvier, en présence de soixante-douze évêques. On eut tout lieu d'être surpris que le même concile, qui venait de déposer Dracùnce pour avoir passé d'un évêché de Galatie à celui de Pergame, approuvât la translation d'Eudoxe qui, après avoir été évêque de Germanicie, l'était devenu d'Antioche et ensuite de Constantinople. Son intronisation fut suivie de la dédicace de la grande église de Constantinople, appelée Sainte-Sophie, qu'on célébra le 15 de février. Cette église avait été commencée vers l'an 342 par l'empereur Constance. C'était la coutume, pendant que durait la cérémonie de la dédicace, de prononcer plusieurs panégyriques ou discours en actions de grâces, pour entretenir l'assemblée dans une sainte joie. Eudoxe, profitant de cette occasion pour répandre le venin de ses erreurs, monta sur le trône épiscopal pour prêcher, et commença son discours par cet horrible blasphème : *Le Père est impie et le Fils est pieux*. A ces paroles, il s'éleva un grand tumulte parmi le peuple, non accoutumé à entendre de semblables impiétés. Eudoxe, pour l'apaiser, s'expliqua en disant que le Père est impie parce qu'il n'honore personne, et que le Fils est pieux parce qu'il honore son Père. L'indignation du peuple cessa et se tourna en éclats de rire. C'est ainsi, dit Socrate, que ces hérésiarques déchiraient l'Eglise par ces captieuses subtilités. Constance fit, à l'occasion de cette dédicace, de riches présents pour l'ornement de l'église de Sainte-Sophie, et de grandes largesses au clergé, aux vierges, aux veuves et aux hôpitaux. Il augmenta encore la quantité de blé que son père Constantin avait ordonnée pour leur nourriture, pour celle des pauvres et des orphelins.

Les acaciens, après avoir placé Eudoxe sur le siège de Constantinople, songèrent à mettre des évêques de leur parti dans les Eglises qu'ils avaient privées de leurs pasteurs légitimes. Acace mit Onésime en la place de Cécrops, mort dès le 24 août de l'an 358 ; Athanase, en celle de Basile d'Ancyre ; un autre Acace à Tarse, en la place de Sylvain, et Pélage à Laodicée. Mais de tous les évêques qu'il établit, il n'y en eut aucun qui ne fît profession de croire que le Fils de Dieu est de même substance que son Père. Eunomius fut pourvu de l'évêché de Cyzique en récompense de son impiété, et ordonné du consentement de l'empereur par Maris et Eudoxe, dans l'espérance qu'étant fort éloquent, il s'attirerait tous les peuples par ses discours. Mais il n'accepta l'épiscopat qu'à condition que, dans trois mois, Aétius, son maître, serait rappelé de son exil, et que la sentence de déposition prononcée contre lui serait révoquée. Etant donc venu à Cyzique, il fut mis en possession des églises par ordre de l'empereur, qui en fit chasser Eleusius. Ceux qui étaient sous la conduite d'Eleusius, bâtirent une autre église hors des murs de la ville, où ils tinrent leurs assemblées avec lui. Irénée ou Erennius prit la place de saint Cyrille, évêque de Jérusalem, que l'on avait déposé ; Théosèbe, celle d'Héortase à Sardes : ce Théosèbe avait été convaincu de blasphèmes abominables. Ce sont là les noms des évêques que nous savons avoir été mis à la place de ceux qu'on avait déposés ou chassés de leurs sièges.

Le concile, avant de se séparer, envoya dans toutes les provinces de l'empire la formule de Rimini, et y joignit un ordre de l'empereur d'envoyer en exil tous ceux qui refuseraient de la signer. Eudoxe et Acace ne négligèrent rien pour y engager tout le monde, se flattant que, par cette signature, ils viendraient à bout d'abolir entièrement la foi de Nicée. Enfin le concile donna avis de tout ce qu'il avait fait aux Orientaux qui lui étaient unis de sentiments, et à Patrophile de Scythopolis. Les suites en furent très-fâcheuses. La signature du formulaire de Rimini qu'on exigea de tous côtés mit le trouble dans l'empire, et y causa une infinité de maux. Les Eglises se trouvèrent exposées par là à une persécution égale à celles qu'elles avaient souffertes sous les empereurs païens ; et si elle fut moins violente par rapport aux supplices, elle fut plus difficile à supporter par la honte que l'Eglise en recevait, comme étant également la mère des persécuteurs et des persécutés, et voyant ses enfants exercer contre leurs frères ce que les lois défendent de faire même contre des ennemis. On ne pouvait entrer dans l'épiscopat ni s'y maintenir, qu'en signant la formule de Rimini. L'encre était toujours prête, et l'accusateur aussi. Plusieurs qui, jusqu'alors, avaient paru invincibles, se laissèrent séduire par cet artifice ; et s'ils ne tombèrent pas de cœur et d'esprit dans l'hérésie, leur main y consentit. Ils se joignirent à ceux qui étaient coupables de l'une et de l'autre manière ; s'ils ne furent pas brûlés par le feu de l'impiété, ils se noircirent à sa fumée. Peu d'évêques évitèrent ce malheur : ceux-là seulement, ou que leur propre obscurité faisait négliger, ou qui eurent assez de vertu pour résister, Dieu les ayant conservés, pour qu'il restât quelque semence et quelque racine qui fît refleurir Israël, et lui donnât une vie nouvelle par les influences de l'Esprit-Saint. L'histoire ne marque aucuns des évêques d'Orient qui, étant en possession de leurs évêchés, aient refusé de signer la formule de Rimini. Il y en eut néanmoins quelques-uns, au rapport de saint Grégoire ; mais il ne les nomme pas. Sozomène dit aussi que, dans toutes les provinces, il y eut des évêques chassés de leurs sièges pour avoir refusé de signer. Le plus grand nombre céda au temps, les uns abattus par la crainte, les autres asservis par l'intérêt, ou surpris par l'ignorance ; en sorte que presque toutes les Eglises du monde furent souillées par l'union de leurs évêques avec les ariens, sous prétexte de procurer la paix et d'obéir aux ordres de l'empereur. Dianée, évêque de Césarée en Cappadoce, fut un de ceux qui souscrivirent : ce qui affligea si sensiblement saint Basile et quelques autres personnes de piété, qu'ils se séparèrent de sa communion ; mais Dianée répara sa faute avant de mourir ; car se trouvant dangereusement malade, il les fit venir tous, leur dit, en prenant Dieu à témoin, qu'il avait effectivement souscrit à la formule de Constantinople, qu'il l'avait fait avec beaucoup de simplicité, ne prétendant préjudicier en aucune manière à la foi de Nicée ; qu'il n'ajoutait foi qu'aux anciennes traditions, et qu'il demandait de n'être pas retranché de la communion des trois cent dix-huit évêques qui avaient enseigné la foi orthodoxe à tout l'univers. Saint Basile et les autres qui étaient venus avec lui, touchés de cette déclaration, communiquèrent sans hésiter avec Dianée. Grégoire, évêque de Nazianze, père de saint Grégoire surnommé le Théologien, souscrivit aussi, s'étant laissé surprendre aux paroles artificieuses des hérétiques ; mais Dieu se servit du fils pour réconcilier le père avec les moines et le peuple de Nazianze qui, à cause de cela, s'étaient séparés de leur évêque. Nous avons encore trois discours que saint Grégoire de Nazianze prononça au sujet de cette réconciliation.

Le formulaire de Rimini ne causa pas moins de troubles en Occident, et la persécution qu'il y occasionna ne fut ni moins violente, ni moins générale qu'en Orient. Le venin de l'arianisme l'infecta tellement, que presque tous les évêques de l'Eglise latine furent renversés et surpris par le mensonge. Il y eut comme un voile répandu sur les esprits, qui ne savaient quel parti prendre dans une si grande confusion ; mais les âmes vraiment attachées à Jésus-Christ évitèrent la contagion, en préférant l'ancienne doctrine à la nouvelle hérésie. On vit dans cette persécution violer les mariages, profaner les vierges, piller les veuves, démolir les monastères, chasser les ecclésiastiques, fouetter les diacres, bannir les évêques, remplir de saints les prisons et les mines. La face de l'Eglise se trouva toute défigurée. Elle n'était plus, comme autrefois, ravagée par des étrangers, mais par ses propres enfants. Quoiqu'il n'y eût nulle part ni autels d'idoles, ni sacrifices, on ne voyait de tous côtés que prévarications, que chutes : c'était une suite du pouvoir que l'empereur Constance avait donné à Ursace et à Valens, de faire tout ce qu'ils voudraient contre les églises, c'est-à-dire, contre tous ceux qui n'étaient pas de leurs sentiments, et des ordres qu'il avait donnés de chasser de leurs sièges tous les évêques qui refuseraient de souscrire à la formule de Rimini, et d'en mettre d'autres en leur place. Entre ceux qui refusèrent constamment de signer, on compte le pape Libère, Vincent de Capoue et Grégoire d'Elvire. *D. Ceill.*

CONSTANTINOPLE (Concile de), deuxième œcuménique, l'an 381. Il y avait plus de quarante ans que l'Église de Constantinople était sous la domination des ariens, lorsque l'empereur Théodose, pour l'en tirer et remédier aux maux de quelques autres Eglises d'Orient, résolut d'y assembler un concile. Elle était tombée entre les mains d'Eusèbe, chef de toute la faction arienne, dès l'an 339. Elle tomba depuis en celles de Macédonius, qui y exerça à diverses reprises les cruautés les plus tragiques, et qui, après avoir combattu longtemps la divinité du Fils de Dieu, se fit chef de l'hérésie qui attaque la divinité du Saint-Esprit. Macédonius ayant été déposé par les acaciens en 360, ils lui substituèrent Eudoxe, qui commença les fonctions de son ministère dans cette église par un discours rempli de blasphèmes si horribles, qu'il n'est pas permis de les rapporter. Sa mort, arrivée en 370, fit naître aux catholiques l'espérance de quelque relâche dans leurs maux. Ils élurent pour leur évêque un nommé Evagre ; mais son ordination excita contre les catholiques une nouvelle persécution de la part des ariens. Valens, qui régnait alors, envoya des troupes à Constantinople avec un ordre de bannir Evagre et Eustathe, qui avait procuré son élection. Ce prince fit mettre à la place d'Evagre Démophile, évêque de Bérée en Thrace, qui s'était signalé plus d'une fois dans le parti des ariens. C'est lui que le concile d'Aquilée appelle le cruel chef de la perfidie. En effet, dès son entrée à Constantinople, les ariens exercèrent des cruautés inouïes sur les catholiques. Mais l'empereur Théodose, étant venu à Constantinople au mois de novembre de l'an 380, ordonna à Démophile de quitter les églises, ou d'embrasser la foi de Nicée. Cet évêque, ne se trouvant pas en état de résister, quitta les églises et la ville avec Luce, qui s'y était réfugié après son expulsion d'Alexandrie en 378. Ce Luce était arien et avait usurpé le siège d'Alexandrie en 373; mais après qu'il y eut excité une horrible persécution, le peuple de cette ville l'en chassa.

On ne trouva personne plus propre à relever l'Eglise de Constantinople que saint Grégoire de Nazianze, célèbre partout déjà depuis longtemps, pour sa vertu, son savoir et son éloquence. Mais il fallut lui faire violence pour le tirer de sa solitude. Les catholiques de cette ville et un grand nombre d'évêques l'appelèrent pour prendre soin de cette Eglise abandonnée; ses meilleurs amis l'en conjurèrent, nommément Bosphore, évêque de Colonie, et un autre évêque de Cappadoce, appelé Théodore. Cédant aux instances de tant de personnes, il se rendit à Constantinople dans le cours de l'an 379. Comme les ariens occupaient encore alors toutes les églises de la ville, et qu'ils ne permettaient pas que les catholiques s'assemblassent en aucun lieu, saint Grégoire tint ses assemblées dans la maison de l'un de ses parents, qui l'avait reçu à son arrivée. Les catholiques accommodèrent cette maison en église, et on lui donna depuis le nom d'Anastasie ou de Résurrection, à cause que la vraie foi, qui était comme morte dans Constantinople, avait commencé à revivre dans cette maison, et y était comme ressuscitée.

Saint Grégoire ne s'appliqua pas moins à réfuter les hérétiques et à les gagner par sa douceur, qu'à instruire les catholiques des vérités de la foi et de la morale. Mais il eut la douleur de voir ses travaux troublés par l'ordination irrégulière de Maxime le Cynique. C'était un Egyptien, né à Alexandrie, d'une famille qu'il disait avoir été honorée du martyre; dès sa jeunesse il avait embrassé avec la religion chrétienne la philosophie des cyniques, dont il portait l'habit, qui était blanc, le bâton et les longs cheveux. Cet homme, après avoir couru divers pays, où par sa mauvaise conduite il fut souvent repris en justice, et puni du fouet et de l'exil, vint à Constantinople dans le dessein d'en chasser saint Grégoire et de s'en faire lui-même évêque. Il sut si bien feindre, que saint Grégoire, trompé par les dehors de piété qu'il affectait, le reçut au nombre de ses amis, le logea dans sa maison, et le fit compagnon de sa table, de ses études et de ses desseins avec une entière confiance, lui donnant partout de grands éloges, même dans un discours public qu'il prononça à sa louange, sous le titre d'éloge du philosophe Héron. Maxime, se croyant à temps de faire réussir le dessein qu'il avait formé de supplanter saint Grégoire, s'associa un prêtre de l'Eglise de Constantinople, qui avait conçu de l'aversion contre le saint évêque, par le mouvement seul de sa jalousie; et, de concert avec lui, il fit venir d'Egypte sept hommes capables de l'aider dans son dessein et de tout faire pour de l'argent. Ces hommes furent suivis de quelques évêques qui les avaient envoyés, et ils étaient eux-mêmes envoyés par Pierre, évêque d'Alexandrie, qui, après avoir donné ses lettres pour établir saint Grégoire sur le siège de l'Eglise de Constantinople, s'était déclaré contre lui, on ne sait par quel motif. Maxime gagna aussi par argent quantité de mariniers, pour représenter le peuple et lui prêter main-forte en cas de besoin. On prit pour l'ordination de Maxime le temps de la nuit, et celui que saint Grégoire était malade. Mais le jour les surprit avant que la cérémonie fût achevée : en sorte que leur entreprise ayant été découverte et publiée dans toute la ville, ils furent contraints de quitter l'église et de se retirer dans une maison particulière, qui appartenait à un joueur de flûte. Ce fut là qu'en présence de quelques personnes de la lie du peuple et de quelques excommuniés, ils achevèrent l'ordination de Maxime. Le clergé et le peuple, indignés de cet attentat, contraignirent ce cynique à sortir de la ville. Saint Grégoire voulut lui-même se retirer; mais un des orthodoxes lui ayant dit que s'il en sortait, il bannissait avec lui la foi de la sainte Trinité, cette parole le toucha si vivement, qu'il consentit à demeurer.

Cependant Maxime était allé trouver l'empereur, avec les évêques d'Egypte qui l'avaient ordonné. C'était vers le mois d'août de l'an 380. Son but était de s'établir par l'autorité de ce prince sur le trône qu'il avait usurpé; mais Théodose le rejeta avec exécration, suivant apparemment en cela les avis de saint Ascole et de cinq autres évêques de Macédoine, qui étaient bien informés de ce qui s'était passé dans l'ordination de Maxime. Celui-ci, chassé par l'empereur, se retira à Alexandrie, où, secondé de quelques vagabonds qu'il avait gagnés par argent, il pressa l'évêque Pierre de le faire jouir du siège de Constantinople, le menaçant de s'emparer du sien propre. Mais le préfet d'Egypte, craignant les suites de cette entreprise, fit sortir Maxime de la ville.

Tout cela n'empêcha point que l'ordination de Maxime, tout illégitime qu'elle était, ne causât de l'embarras dans Constantinople, et qu'elle ne fournît aux ennemis de saint Grégoire un prétexte de chicane. Car, quoiqu'il fût chargé du gouvernement de l'Eglise de cette ville, il n'en avait pas encore été reconnu évêque dans une assemblée solennelle ; et il ne fut établi sur le siège de Constantinople que pendant la tenue du concile que l'empereur y assembla au mois de mai de l'an 381, aussitôt après qu'il eut mis les catholiques en possession des églises de cette ville. Les motifs de la convocation du concile furent de confirmer la foi de Nicée, d'établir un évêque à Constantinople, et de faire des règlements dont l'Eglise avait besoin pour affermir la paix qu'elle commençait à goûter sous la protection de Théodose. Ce prince, pour rendre l'assemblée nombreuse, ordonna par ses lettres à tous les évêques de son obéissance, c'est-à-dire de l'Orient, de s'y trouver.

Tous y accoururent, excepté ceux d'Egypte et de Macédoine, qui n'y vinrent que quelque temps après l'ouverture du concile. En tout il s'y trouva cent cinquante évêques, selon l'opinion la mieux appuyée, dont les principaux étaient : saint Mélèce d'Antioche, accompagné de deux de ses prêtres, Flavien et Elpidius ; Hellade de Césarée en Cappadoce, qui venait de succéder à saint Basile ; saint Grégoire de Nysse ; saint Pierre de Sébaste, son frère ; saint Amphiloque d'Icone, Optime d'Antioche en Pisidie, Diodore de Tarse, saint Pélage de Laodicée, saint Euloge d'Edesse, Acace de Bérée en Syrie, Isidore de Cyr, saint Cyrille de Jérusalem, et Gélase de Césarée en Palestine, son neveu ; Denys de Diospolis en Palestine, confesseur ; Vitus de Carrhes en Mésopotamie, célèbre par sa piété ; Abraham de Batre en Mésopotamie, confesseur ; Antiochus de Samosate, neveu et successeur de saint Eusèbe ; Bosphore de Colonie en Cappadoce ; Otrée de Mélitine en Arménie, et divers autres cités avec honneur dans les écrits des anciens, et principalement dans les lettres de saint Basile. Mais les autres évêques qui assistèrent à ce concile n'étaient pas d'une réputation égale à ceux que nous venons de nommer. Il paraît même que le plus grand nombre n'était pas celui des saints, puisque saint Grégoire parle souvent de ce concile avec mépris, l'appelant tantôt une assemblée d'oisons et de grues qui se battaient et se déchiraient sans discrétion ; tantôt une troupe de géants et un essaim de guêpes qui sautaient au visage dès qu'on s'opposait à eux.

L'empereur, qui ne désespérait pas de réunir les macédoniens à l'Eglise, les appela aussi au concile ; et ils y vinrent au nombre de trente-six, la plupart de l'Hellespont, dont les plus connus étaient : Eleusius de Cyzique, célèbre sous le règne de Constance, et Marcien de Lampsaque. On ne voit point que le pape Damase y ait envoyé personne de sa part, ni qu'il y en soit venu de la part des autres Occidentaux : aussi Théodose ne l'avait-il assemblé que de l'Orient. Il fut toutefois reconnu pour le second concile œcuménique, par le consentement que l'Occident donna depuis à ce qu'on y avait décidé touchant la foi.

Saint Mélèce, évêque d'Antioche, présida d'abord au concile ; mais comme il vint à mourir, saint Grégoire de Nazianze, qui avait été établi évêque de Constantinople, tint le premier rang dans l'assemblée ; et ensuite Nectaire, lorsqu'il eut été mis en la place de saint Grégoire : en sorte qu'il y eut successivement dans le concile trois présidents. Quelques-uns y en mettent un quatrième, savoir Timothée d'Alexandrie ; et rien n'empêche de dire qu'il présida entre la démission de saint Grégoire et l'ordination de Nectaire. L'empereur, qui se trouvait alors à Constantinople, fit des honneurs extraordinaires à saint Mélèce. Ce prince se ressouvenait qu'après avoir remporté une grande victoire sur les barbares, il avait vu en songe saint Mélèce qui le revêtait du manteau impérial et lui mettait la couronne sur la tête. Le matin, il raconta ce songe à un de ses amis, qui lui dit qu'il était clair et sans énigme. En effet, peu de jours après, c'est-à-dire, le 19 janvier 379, Gratien lui donna l'empire d'Orient. Lors donc que les évêques, se trouvant en assez grand nombre pour commencer le concile, allèrent au palais saluer l'empereur, il défendit que personne ne lui montrât Mélèce ; mais il le reconnut sans peine, et laissant tous les autres, il courut à lui, l'embrassa, lui baisa les yeux, la bouche, la poitrine, la main qui l'avait couronné, et raconta la vision qu'il avait eue. Il reçut aussi les autres évêques avec toutes sortes de marques d'amitié, et les pria, comme ses pères, de travailler avec soin aux affaires de l'Eglise.

Celle qui pressait le plus était de donner un évêque à l'Eglise de Constantinople. On la commença par l'examen de l'ordination de Maxime le Cynique, dont il fut aisé de montrer l'irrégularité. Les Pères du concile déclarèrent qu'il n'avait été et n'était point évêque ; que ceux qu'il avait ordonnés, en quelque rang du clergé que ce fût, n'y devaient pas être reçus, et que tout ce qu'il avait fait comme évêque était sans effet et illégitime. On fit sur cela un canon, qui est le quatrième. Il ne paraît pas que l'on ait rien ordonné contre les évêques d'Egypte ni contre Pierre d'Alexandrie, qui avait eu part à l'ordination de Maxime. On ne pensa, après avoir chassé l'usurpateur du siège de Constantinople, qu'à chercher quelqu'un qui fût digne de le remplir. L'empereur, qui admirait la vertu et l'éloquence de saint Grégoire de Nazianze, n'en trouvait point de plus capable que lui pour occuper une place si importante, et il fit tomber saint Mélèce et les autres évêques du concile dans son sentiment. Mais saint Grégoire résista jusqu'aux larmes ; et il ne céda à la violence qu'on lui fit que par l'espérance, dont il se flattait, qu'étant évêque de Constantinople il pourrait plus aisément, dans cette ville, qui était située au milieu de l'Orient et de l'Occident, concilier ces deux parties du monde, divisées depuis longtemps à l'occasion du schisme d'Antioche. Il fut donc établi solennellement évêque de Constantinople par saint Mélèce et par les autres évêques du concile, dont plusieurs prononcèrent divers discours pour honorer cette fête, nommément saint Grégoire de Nysse.

La joie de l'intronisation de saint Grégoire fut bientôt troublée par la mort de saint Mélèce. Tout le monde y fut sensible. Les peuples accoururent en foule à ses funérailles. On appliqua sur son visage des linges que l'on partagea ensuite aux fidèles, qui les gardèrent comme des préservatifs. Les évêques s'empressèrent de raconter dans les discours publics ses vertus et ses combats pour la foi; et l'on était si persuadé de sa sainteté, que saint Grégoire de Nysse ne craignit point de dire, dans l'oraison funèbre qu'il fit de ce saint : « Il parle à Dieu face à face, et il prie pour nous et pour les ignorances du peuple. » Mais la mort de saint Mélèce, qui aurait dû finir le schisme de l'Église d'Antioche, ne servit qu'à l'augmenter. On était convenu que le survivant de lui ou de Paulin gouvernerait seul cette Église; et pour rendre cet accord plus stable, on l'avait fait jurer à six des prêtres du parti de saint Mélèce, qui paraissaient devoir prendre le plus de part à l'élection, et nommément à Flavien. Tous avaient promis avec serment, non-seulement de ne se point procurer cette place, mais encore de la refuser si elle leur était offerte : en sorte que Paulin devait, selon toutes les apparences, être reconnu sans difficulté pour seul évêque d'Antioche. Il n'y avait plus même d'évêque arien en cette ville; et le peu qu'il y restait d'ariens n'étaient conduits que par deux prêtres, Astérius et Crispin. Toutefois, ceux d'entre les évêques assemblés qui étaient ennemis de la paix proposèrent dans le concile d'examiner qui l'on donnerait pour successeur à saint Mélèce; et cette question souffrit de grands débats de part et d'autre. L'avis de saint Grégoire, qui se trouvait à la tête du concile depuis la mort de saint Mélèce, était de laisser à Paulin seul le gouvernement de l'Église d'Antioche. « Vous ne considérez, disait-il à ceux qui voulaient qu'on donnât un successeur à saint Mélèce, qu'une seule ville, au lieu de regarder l'Église universelle : quand ce seraient deux anges qui contesteraient, il ne serait pas juste que le monde entier fût troublé par leur division. Tant que Mélèce a vécu, on pouvait excuser l'éloignement des Occidentaux et espérer qu'il les gagnerait par sa douceur. Maintenant que Dieu nous a donné la paix, conservons-la; laissons Paulin dans le siége qu'il occupe : il est vieux, la mort terminera bientôt cette affaire. Il est bon quelquefois de se laisser vaincre; et afin qu'on ne croie pas que je parle par intérêt, je ne vous demande point d'autre grâce que la liberté de quitter mon siége et de passer le reste de mes jours sans gloire et sans péril. »

Quelque sage que fût cet avis, il ne fut point suivi : les jeunes évêques s'élevèrent avec fureur contre saint Grégoire, et ils entraînèrent les anciens. Ils ne pouvaient souffrir que le sentiment des Occidentaux prévalût, quoiqu'ils n'eussent d'autre raison à leur opposer, sinon que, puisque Jésus-Christ avait voulu paraître en Orient, l'Orient devait l'emporter sur l'Occident. Flavien, prêtre de l'Église d'Antioche, en fut donc élu évêque par les évêques d'Orient, avec le consentement de l'Église d'Antioche, c'est-à-dire, de ceux qui n'étaient point du parti de Paulin. Les amis de saint Grégoire le pressèrent d'approuver ce choix; mais quelque instance qu'ils lui en fissent, il demeura ferme dans son sentiment, ne voulant point d'amis qui se servissent du pouvoir de l'amitié pour l'engager dans le mal. Voyant donc qu'on ne voulait pas laisser Paulin paisible à Antioche, il songea à quitter Constantinople pour aller se renfermer en Dieu et en lui-même dans la solitude; et dès lors il commença à ne plus fréquenter les assemblées, où il ne voyait que confusion, prenant pour prétexte ses fréquentes infirmités. Il changea même de maison et quitta celle qui tenait à l'église, c'est-à-dire, la maison épiscopale, où l'on tenait le concile. On ne douta plus, après cette démarche, qu'il ne fût dans le dessein de quitter le siège de Constantinople, comme il l'avait dit dans l'assemblée. Les personnes les plus considérables de la ville, et qui lui étaient les plus affectionnées, le conjurèrent, les larmes aux yeux, de ne point les abandonner. Leurs larmes l'attendrirent, mais ne le fléchirent point, et un nouvel incident le détermina tout à fait à se retirer.

Les évêques d'Égypte et de Macédoine, qu'on n'avait pas encore appelés au concile, furent invités d'y venir, dans l'espérance qu'ils pourraient contribuer à la paix. Ils y vinrent en diligence, les évêques d'Égypte ayant à leur tête Timothée, évêque d'Alexandrie, et ceux de Macédoine, saint Ascole, évêque de Thessalonique. Ils parurent d'abord fort échauffés contre les Orientaux, qui de leur côté n'étaient pas moins animés contre eux. Cette disposition donnait lieu d'espérer que les évêques d'Égypte et de Macédoine s'uniraient avec saint Grégoire, qui avait pris hautement le parti des Occidentaux en prenant celui de Paulin d'Antioche; mais le contraire arriva. Comme c'étaient les Orientaux qui avaient établi saint Grégoire sur le siège de Constantinople, et que la passion que ces évêques nouvellement venus avaient contre eux leur faisait rechercher tous les moyens de leur faire de la peine, ils se plaignaient que l'on eût violé les canons dans l'intronisation de saint Grégoire, en le faisant passer de l'Église de Nazianze à celle de Constantinople. Ce différend alla loin; et si l'on en croit Théodoret, les Orientaux en prirent occasion de se séparer de la communion des Égyptiens. Ce qu'il y a de vrai, c'est que saint Grégoire, voyant les Égyptiens murmurer de son élection, saisit avec joie ce moment pour rompre les liens qui l'attachaient à Constantinople. Il entra dans l'assemblée, et dit qu'il n'avait pas de plus grand désir que de contribuer à la paix et à l'union de l'Église. « Si mon élection cause du trouble, ajouta-t-il, je serai Jonas : jetez-moi dans la mer pour apaiser la tempête, quoique je ne l'aie point excitée. Si les autres suivaient mon exemple, tous les troubles de l'Eglise seraient bientôt apaisés. Je suis assez chargé d'années et de maladies pour me reposer; je souhaite que mon successeur ait assez de zèle pour bien défendre la foi. » Ensuite il dit adieu aux évêques, les priant de se souvenir de ses travaux, et sortit de l'assemblée. Les évêques parurent un peu surpris de sa proposition, mais ils y consentirent aisément par divers motifs : les uns, parce qu'ils étaient envieux de son éloquence ; les autres, parce qu'ils voyaient leur luxe et leur faste condamnés par la sévérité de ses mœurs; quelques-uns, et même de ses amis, parce qu'il prêchait la vérité avec plus de liberté qu'eux. Tous néanmoins ne consentirent pas à sa démission ; et il y en eut qui, voyant que l'on prenait la résolution de le laisser aller, se bouchèrent les oreilles et quittèrent le concile et la ville pour ne pas voir un autre évêque mis en sa place. Saint Grégoire obtint aussi son congé de l'empereur, qui ne le lui accorda toutefois qu'avec peine, et à cause de ses infirmités continuelles.

Avant que de quitter la ville de Constantinople, il voulut rendre compte publiquement de la manière dont il s'y était conduit, et fit à ce sujet un long discours en présence des évêques du concile ; mais il eut beaucoup de peine à le prononcer, étant extrêmement faible de corps. Léonce de Bysance, qui en cite un endroit, le qualifie d'*adieu*. Saint Grégoire y représente d'abord quelle était la situation de l'Eglise de Constantinople lorsqu'il en prit soin : les fidèles, contraints de s'enfuir et de tout abandonner pendant les persécutions de Julien l'*Apostat* et de Valens, se trouvaient sans pasteurs, sans pâturages, sans bergerie, errants à l'aventure sur les montagnes, réduits à paître où le hasard les conduisait, trop heureux de pouvoir échapper et d'avoir quelque endroit où se retirer. Ce pauvre troupeau ressemblait à celui que les lions, la tempête, les ténèbres ont dissipé, et qui faisait gémir les prophètes, lorsqu'ils déploraient sous cette figure les malheurs du peuple d'Israël abandonné à la fureur des gentils. « Mais, ajoute-t-il en parlant de l'état où il était près de laisser ce troupeau, Dieu a visité son peuple et l'a sauvé, et s'il n'est pas encore dans sa dernière perfection, j'espère qu'il y parviendra, puisqu'il croît à vue d'œil : il est plus surprenant que de si petits commencements aient eu un succès si prodigieux, que de le voir passer de l'état où il est maintenant, au plus haut point de la gloire. » Il en rend à Dieu l'honneur. « Il me semblait, dit-il, l'entendre parler en ces termes aux anges tutélaires de cette ville, car je ne doute nullement que les églises n'aient leurs gardiens et leurs patrons, comme l'Apocalypse nous l'apprend : *Préparez la voie à mon peuple, ôtez les pierres qui sont dans son chemin, afin qu'aucun obstacle ne l'arrête.* » Il se fait honneur d'avoir maintenu la saine doctrine dans cette grande ville, qu'il représente comme l'œil du monde et comme le lien de l'Orient et de l'Occident, et donne pour preuve vivante de ses travaux la vertu que l'on voyait éclater tant dans son clergé que dans son peuple. « Leur foi, continue-t-il, est une marque infaillible de la vérité de ma croyance ; ils adorent la Trinité avec un zèle si pur, qu'ils aimeraient mieux mourir que de rien changer à ce dogme. Tous ont les mêmes sentiments et la même ardeur ; ils sont unis entre eux, avec nous et avec la Trinité. » Il donne l'abrégé de leur croyance, et accorde en passant la difficulté du mot d'*hypostase*, laissant à chacun la liberté des termes, pourvu que ceux qui admettaient trois hypostases ou trois personnes, n'entendissent par là que trois différentes notions fondées sur la même nature, et qu'ils ne prétendissent point que ce fussent trois essences ou natures différentes : « Car, dit-il, la sainteté de notre foi consiste plus dans les choses que dans les noms. » Il fait ensuite, à l'exemple de Samuel, une protestation publique de son désintéressement, et prend Dieu à témoin qu'il a conservé son sacerdoce pur et sans tache, protestant que, si on lui procurait d'autres honneurs, il y renoncerait sur-le-champ. Il demande, pour récompense de ses travaux, qu'on lui donne un successeur dont les mains soient pures et la voix éloquente, qui puisse vaquer aux ministères ecclésiastiques ; et prend pour prétexte de se retirer son grand âge, ses maladies, l'épuisement de ses forces, les reproches qu'on lui faisait de sa douceur, les dissensions des Eglises, la fureur que l'on faisait paraître à Constantinople pour les spectacles, le luxe et la magnificence des équipages. Entre les reproches qu'il dit qu'on lui faisait, il n'oublie pas celui d'être trop modeste, de ne tenir pas une table propre et magnifique, de ne se servir point d'habits pompeux, de ne paraître pas en public avec un nombreux cortége, de ne pas recevoir d'un air majestueux et plein d'arrogance ceux qui venaient le trouver. « Je n'avais pas compris, dit-il, que je dusse disputer en magnificence avec les consuls, les gouverneurs, les généraux d'armées qui possèdent d'immenses richesses, et qui ne savent à quel usage les employer ; et qu'abusant du bien des pauvres pour contenter mon luxe et me procurer toute sorte de plaisirs, je puisse dissiper en superfluités des choses si nécessaires, et me présenter à l'autel la tête et l'estomac remplis des fumées que cause la bonne chère. Je n'avais pas compris qu'un évêque dût monter un cheval fier et superbe, ou se faire traîner dans un char pompeux avec un faste et une magnificence éclatante, et se faire suivre d'une si grande foule, que sa marche fût aperçue de fort loin ; si je n'ai point suivi cette méthode, et si vous en avez été fâchés (il parlait aux évêques du concile), la faute est faite, et je vous prie de me la pardonner. » Il les prie encore une fois de choisir un autre évêque, et de lui permettre de se retirer dans la solitude. Enfin il prend congé de sa chère Anastasie et des autres églises de la ville, des apôtres qui lui avaient servi de guides dans ses combats, de sa chaire épiscopale, de son clergé, des moines, des vierges, des veuves, des pauvres, des orphelins, de l'empereur et de toute la cour, de la ville, de l'Orient et de l'Occident, des anges tutélaires de son église, et de la sainte Trinité. Il promet que si sa langue se tait, ses mains et sa plume combattront pour la vérité.

Après que saint Grégoire se fut retiré, il fut question dans le concile de lui donner un successeur. L'empereur Théodose recommanda aux évêques de choisir pour un siége si important un homme qui eût la vertu et les autres qualités nécessaires pour le remplir dignement. Il y avait alors à Constantinople un vieillard nommé Nectaire, homme de beaucoup de douceur et d'une mine majestueuse; il était de Tarse en Cilicie, d'une famille patricienne, et exerçait la charge de préteur à Constantinople. Ses belles qualités, surtout sa douceur, le faisaient aimer de tout le monde; mais il n'avait pas encore reçu le baptême. Il fut donc enlevé par le peuple, et porté sur le trône de Constantinople par le commun consentement des Pères du concile, en la présence de Théodose et avec le suffrage du clergé et de tout le peuple. Il y eut néanmoins plusieurs évêques du concile qui s'opposèrent d'abord à son élection, et qui n'y consentirent que parce qu'ils n'étaient pas les plus forts. Nectaire se fit instruire des fonctions épiscopales par Cyriaque, évêque d'Adane en Cilicie, qu'il retint auprès de lui quelque temps avec l'agrément de Diodore de Tarse, son métropolitain. Saint Grégoire de Nysse lui laissa aussi Evagre de Pont, parce qu'il était très-habile à disputer contre toutes sortes d'hérétiques. L'empereur Théodose, ne croyant pas l'élection de Nectaire bien assurée, parce qu'elle n'avait pas été reconnue de l'Eglise romaine, envoya des députés de sa cour avec des évêques pour prier le pape d'envoyer, selon la coutume, sa lettre formée, en confirmation de l'élection de Nectaire.

Les Pères du concile de Constantinople travaillèrent ensuite à établir la foi contre diverses hérésies, dont quelques-unes avaient pris naissance depuis peu. Ils ne se contentèrent pas d'approuver ce qui avait été fait à Nicée, ils firent encore un tome qui était une profession de foi assez étendue, dont le symbole que nous disons à la messe faisait partie. Ce symbole commence de même que celui de Nicée, et le comprend tout entier; mais il est plus étendu en ce qui regarde le mystère de l'incarnation et la divinité du Saint-Esprit; car, au lieu que le symbole de Nicée disait seulement sur l'incarnation du Verbe : *Il est descendu des cieux, s'est incarné et fait homme, a souffert, est ressuscité le troisième jour, est monté aux cieux, et viendra juger les vivants et les morts; nous croyons aussi au Saint-Esprit* : celui de Constantinople dit : « Il est descendu des cieux et s'est incarné par le Saint-Esprit et de la Vierge Marie, s'est fait homme; il a été crucifié pour nous sous Ponce Pilate; il a souffert et a été enseveli; et il est ressuscité le troisième jour, suivant les Ecritures; il est monté aux cieux; il est assis à la droite du Père, et il viendra encore avec gloire juger les vivants et les morts; son royaume n'aura point de fin. » Et ensuite : « Nous croyons aussi au Saint-Esprit, Seigneur et vivifiant, qui procède du Père, qui est adoré et glorifié avec le Père et le Fils; qui a parlé par les prophètes. » Le symbole de Nicée n'avait rien dit de l'Eglise; celui de Constantinople en parle ainsi : « Nous croyons en une seule Eglise sainte, catholique et apostolique; nous confessons un baptême pour la rémission des péchés; nous attendons la résurrection des morts et la vie du siècle futur. Ainsi soit-il. » Les Pères du concile ajoutèrent tous ces articles au symbole de Nicée, non qu'ils le regardassent comme défectueux, mais pour expliquer davantage le mystère de l'incarnation, à cause des erreurs des apollinaristes, et pour établir la puissance et la divinité du Saint-Esprit contre la nouvelle hérésie de Macédonius. Quelques-uns ont fait honneur de ce symbole à saint Grégoire de Nazianze, ou à saint Grégoire de Nysse; mais il ne paraît être ni de l'un ni de l'autre. On le trouve tout entier dans saint Epiphane, mort plusieurs années avant la tenue du concile de Constantinople(a), et il y a apparence qu'on aima mieux y employer ce qui était déjà en usage dans l'Eglise, que de rien faire de nouveau. Seulement le concile retrancha quelques termes qui sont dans saint Epiphane par forme d'explication. Ce Père décrit ce symbole à la suite de celui de Nicée, et remarque qu'il avait été dressé en ces termes à cause des hérésies nées depuis le concile de Nicée jusqu'au règne de Valentinien et de Valens : à quoi il ajoute que l'usage de l'Eglise était qu'on l'apprît mot à mot aux catéchumènes. Toutefois ce symbole fut rarement cité dans les écrits des Pères, ou dans les actes des conciles. Saint Grégoire de Nazianze, dans la déclaration de foi qu'il fit aussitôt après ce concile, dit qu'il s'attachera toujours à la foi de Nicée, et ne parle pas de celle de Constantinople. Il n'en fut rien dit au concile d'Ephèse, et on y défendit de faire signer d'autre formule que celle de Nicée. On ne voit pas que celle de Constantinople ait été citée avant le concile de Chalcédoine, où il en fut beaucoup parlé.

Les macédoniens, que l'empereur Théodose avait fait venir à Constantinople, dans l'espérance de les faire rentrer dans la foi et dans l'unité de l'Eglise, n'eurent aucun égard aux raisons qu'on leur donna pour les engager à signer la foi de Nicée. Ils déclarèrent qu'ils aimaient mieux confesser la doctrine des ariens que d'embrasser la consubstantialité, et se retirèrent de Constantinople. Ensuite ils écrivirent par toutes les villes à ceux de leur parti de ne point recevoir la foi de Nicée. Cette séparation leur mérita les anathèmes du concile, et les fit traiter comme hérétiques déclarés, ainsi qu'on le voit par divers canons du concile.

Ces canons sont au nombre de sept. Le

(a) D. Ceillier est tombé ici dans une erreur évidente, et même grossière. Saint Epiphane n'est mort qu'en 403.

DICTIONNAIRE DES CONCILES. I.

premier déclare que personne ne pourra rejeter la foi de Nicée, mais qu'elle demeurera dans son autorité, et que l'on anathématisera toutes les hérésies, et nommément celles des eunoméens ou anoméens, des ariens ou des eudoxiens, des macédoniens ou ennemis du Saint-Esprit, des sabelliens, des marcelliens, des photiniens, des apollinaristes.

Le second défend aux évêques d'aller aux églises qui sont hors de leur diocèse, de confondre ensemble les églises; mais que, suivant les canons, l'évêque d'Alexandrie ne gouverne que l'Egypte, les évêques d'Orient ne règlent que l'Orient, gardant à l'Eglise d'Antioche les priviléges marqués dans les canons de Nicée. Les évêques du diocèse d'Asie ne gouverneront que l'Asie : ceux du Pont, le Pont seulement; ceux de Thrace, la Thrace seule. Les évêques ne sortiront point de leur diocèse, sans être appelés pour des élections ou d'autres affaires ecclésiastiques; mais les affaires de chaque province seront réglées par le concile de la province, suivant les canons de Nicée. Les Eglises qui sont chez les nations barbares seront gouvernées suivant la coutume reçue du temps des Pères.

Les canons de Nicée cités dans celui-ci sont le quatrième, le cinquième et particulièrement le sixième, dans lesquels il est ordonné que les élections des évêques de chaque province se fassent par ceux de la province même, et par les évêques voisins que ceux-ci y auront appelés. Dans les temps de persécution, les évêques avaient souvent passé dans les provinces étrangères pour y régler les affaires de l'Eglise; mais ce temps n'était plus, et il y avait lieu de craindre que si les évêques eussent continué à se mêler des affaires dans les lieux qui n'étaient pas de leur département, la paix de l'Eglise n'en eût été troublée : ce fut le motif du second canon de Constantinople. Mais en le faisant, le concile ne prétendit point déroger à celui de Sardique, qui reconnaît les appels à Rome. Il ne régla que la manière dont on devait agir de diocèse à diocèse, sans toucher aux droits des tribunaux supérieurs. On croit que ce qui l'obligea à resserrer dans l'Egypte l'autorité de l'évêque d'Alexandrie, fut l'entreprise de Pierre, évêque de cette ville, qui s'était donné la liberté de faire établir Maxime sur le siége de Constantinople. Par le terme de diocèse, dont il est fait mention dans ce canon, on entendait un grand gouvernement qui comprenait plusieurs provinces, dont chacune avait sa métropole : car ce que nous appelons aujourd'hui un diocèse, c'est-à-dire le territoire d'une cité soumis à un seul évêque, se nommait alors paroisse. Les peuples barbares qu'il confirme dans leurs usages étaient tous ceux qui ne dépendaient point des Romains, comme les Scythes et les Goths, chez qui il n'y avait qu'un évêque.

Le 3ᵉ canon donne à l'Eglise de Constantinople le premier rang d'honneur après celle de Rome, parce que Constantinople était la nouvelle Rome. Il ne s'agit point, dans ce canon, de juridiction, ainsi que quelques écrivains l'ont prétendu, mais seulement de rang et d'honneur. Cependant, à l'occasion de cette prérogative d'honneur, l'évêque de Constantinople fit ensuite ses efforts pour étendre son autorité sur les diocèses du Pont, de la Thrace et de l'Asie, et même sur l'Illyrie orientale, qui dépendait du patriarcat d'Occident. Ces diocèses lui furent enfin soumis par une décision du concile de Calcédoine. Le 3ᵉ canon du concile de Constantinople est le plus célèbre de tous ceux de ce concile. Les souverains pontifes protestèrent longtemps contre l'innovation qu'il introduisait; mais il reçut l'approbation du saint-siége lui-même, l'an 1215, au IVᵉ concile général de Latran. Ce fut ce canon qui détermina le pape saint Damase à donner le titre de son vicaire ou de son légat dans l'Illyrie à saint Ascole de Thessalonique, dont les successeurs furent longtemps honorés du même titre.

Le 4ᵉ canon porte que Maxime le Cynique n'a jamais été et n'est point évêque; que ceux qu'il a ordonnés, en quelque rang du clergé que ce soit, n'y doivent point être comptés; et que tout ce qui a été fait ou pour lui ou par lui n'a aucun effet.

Le 5ᵉ approuve en ces termes la foi de ceux d'Antioche touchant le tome des Occidentaux : « Nous recevons aussi ceux d'Antioche, qui confessent une seule divinité du Père et du Fils et du Saint-Esprit. »

On croit que ce tome des Occidentaux était quelque écrit où ils témoignaient recevoir dans leur communion tous ceux d'Antioche qui reconnaissaient la divinité des trois personnes, soit qu'ils fussent du parti de Paulin, ou du parti de Mélèce.

Le 6ᵉ canon a pour but d'empêcher que toutes sortes de personnes ne soient admises indistinctement à accuser les évêques et les autres ecclésiastiques. « S'il s'agit, dit-il, d'un intérêt particulier et d'une plainte personnelle contre l'évêque, on ne regardera ni la personne de l'accusateur, ni sa religion, parce qu'il faut faire justice à tout le monde. Si c'est une affaire ecclésiastique, un évêque ne pourra être accusé ni par un hérétique ou un schismatique, ni par un laïque excommunié, ou par un clerc déposé. Celui qui est accusé ne pourra accuser un évêque ou un clerc qu'après s'être purgé lui-même. Ceux qui sont sans reproche intenteront leur accusation devant tous les évêques de la province. Si le concile de la province ne suffit pas, ils s'adresseront à un plus grand concile, c'est-à-dire à celui du diocèse ou du département (comme nous l'avons expliqué). L'accusation ne sera reçue qu'après que l'accusateur se sera soumis par écrit à la même peine en cas de calomnie. Celui qui, au mépris de ce décret, osera importuner l'empereur ou les tribunaux séculiers, ou troubler un concile œcuménique, ne sera point recevable en son accusation, mais sera rejeté comme violateur des canons et de l'ordre de l'Eglise. »

Le septième canon règle la manière dont on doit recevoir les hérétiques qui reviennent à l'Eglise catholique. « Les ariens, dit-il, les macédoniens, les sabbatiens, les novatiens, qui se nomment eux-mêmes cathares ou aristhères, les quartodécimans et les apollinaristes, sont reçus en donnant un acte d'abjuration, et en renonçant à toute hérésie. On leur donne premièrement le sceau ou l'onction du saint chrême au front, aux yeux, aux narines, à la bouche et aux oreilles; et en faisant cette onction, on dit : *Le sceau du don du Saint-Esprit.* Mais pour les eunoméens, qui sont baptisés par une seule immersion, les montanistes ou phrygiens, les sabelliens et les autres hérétiques, principalement ceux qui viennent de Galatie, nous les recevons comme des païens. Le premier jour nous les faisons chrétiens, le second catéchumènes ; le troisième nous les exorcisons, après leur avoir soufflé trois fois sur le visage et sur les oreilles. Ainsi nous les instruisons, nous les tenons longtemps dans l'Eglise à écouter les Ecritures ; et enfin nous les baptisons. »

Les sabbatiens, dont il est parlé dans ce canon, étaient une secte des novatiens qu'un prêtre nommé Sabbace avait divisés des autres pour célébrer la Pâque selon les Juifs. Quant aux hérétiques que le concile ordonne de baptiser, ce sont ceux qui n'avaient point du tout reçu le baptême, ou qui ne l'avaient pas reçu selon la forme de l'Eglise. Les onctions du saint chrême qu'il prescrit sont les mêmes, et avec les mêmes paroles qu'elles sont ordonnées pour le sacrement de confirmation chez les Grecs.

Les évêques du concile adressèrent ces canons à l'empereur Théodose, par une lettre dans laquelle, après avoir rapporté ce qu'ils y avaient fait par la foi et la discipline, ils ajoutent : « Nous vous prions donc d'autoriser l'ordonnance du concile, afin que, comme vous avez honoré l'Eglise par les lettres de convocation, vous mettiez aussi la conclusion et le sceau à nos résolutions. » Les sept canons du concile étaient à la suite de cette lettre, puis le symbole. Cent cinquante évêques qui étaient présents y souscrivirent. Nectaire de Constantinople souscrivit le premier ; ensuite Timothée d'Alexandrie et Dorothée d'Oxyrinque, tous deux de la province d'Egypte ; puis saint Cyrille de Jérusalem, avec huit évêques de Palestine. Les autres souscrivirent selon l'ordre des provinces. Parmi les souscriptions des évêques de la province de Syrie, on trouve celle de Mélèce d'Antioche, mort avant que Timothée d'Alexandrie arrivât au concile, ce qui donne lieu de croire que l'on souscrivait les décrets à mesure qu'on les faisait, et que ceux qui vinrent les derniers au concile souscrivirent tout ce qui avait été fait auparavant. Flavien souscrivit en qualité de prêtre de l'Eglise d'Antioche. On lit à la tête des actes du concile qu'il fut assemblé sous le consulat de Flavius Euchérius et de Flavius Evagrius, le septième des ides de juillet, c'est-à-dire le neuvième du même mois de l'an 381. Quelques jours après, l'empereur Théodose, pour satisfaire au désir du concile, donna une loi, datée du troisième des calendes d'août, c'est-à-dire du trentième de juillet de la même année, à Héraclée, par laquelle il ordonne de livrer incessamment toutes les églises dont les hérétiques étaient encore en possession à ceux qui faisaient profession de la foi de Nicée, reconnaissant une seule Divinité en trois personnes égales, et qui étaient unis de communion dans chaque province avec certains évêques qu'il nommait comme ceux dont la vertu lui était mieux connue, et qui passaient pour gouverner avec plus de sagesse leurs Eglises. Ces évêques étaient Nectaire de Constantinople ; Timothée d'Alexandrie, pour l'Egypte ; saint Pélage de Laodicée et Diodore de Tarse, pour l'Orient ; saint Amphiloque d'Icone et Optime d'Antioche en Pisidie, pour le diocèse d'Asie ; Hellade de Césarée, Otrée de Mélitine et saint Grégoire de Nysse, pour celui du Pont ; Térence de Tomes en Scythie, et Martyrius de Marcianople, pour la Thrace. « Ceux, ajoute cette loi, qui communiqueront avec les évêques que nous venons de nommer doivent être mis en possession des Eglises ; et ceux qui ne conviennent pas avec eux sur la foi en doivent être chassés comme hérétiques manifestes, sans qu'elles puissent leur être rendues à l'avenir, afin que la foi de Nicée demeure inviolable. » Elle était adressée à Auxonius, proconsul d'Asie, à cause que cette province était la plus infectée par les hérétiques que le concile venait de condamner, particulièrement les macédoniens. Sozomène rapporte cette loi, mais avec quelque différence, notamment en ce qui regarde l'ordre des évêques. Car il met Diodore de Tarse avant saint Pélage de Laodicée, et saint Grégoire de Nysse avant Otrée de Mélitine. Il ne nomme pas, entre les évêques dénommés dans la loi de Théodose, Optime, évêque d'Antioche en Pisidie. Il est remarquable que, quoique Constantinople fût de la Thrace le dernier des cinq grands diocèses soumis au préfet du prétoire d'Orient, son évêque est néanmoins nommé le premier, à cause du rang d'honneur qu'on venait de lui accorder dans le concile. Il est encore à remarquer que tous les noms des évêques que nous lisons dans la loi de Théodose, se trouvent dans les souscriptions du concile. Socrate leur donne à tous le titre de patriarches : ce qui ne s'entend pas seulement de l'autorité nécessaire pour la décision des affaires de leurs diocèses, mais aussi de quelque prééminence, puisque, dans le concile de Constantinople, en 394, saint Grégoire de Nysse est nommé avant plusieurs métropolitains. Ce saint dit lui-même que lui et Hellade de Césarée avaient reçu une même prééminence.

La loi de Théodose que nous venons de rapporter ne nous permet guère de douter que le concile de Constantinople n'ait duré au moins jusqu'au jour où elle fut expédiée, c'est-à-dire jusqu'au trentième de juillet. Mais nous n'avons aucune preuve qu'il ait duré plus longtemps. On voit par la vie de saint Paul que lorsque l'on rapporta son corps d'Ancyre à Constantinople, dont il avait autrefois été évêque, tous les évêques qui se trouvaient en cette ville avec Nectaire allèrent au-devant de lui beaucoup au delà de Calcédoine, en chantant des psaumes. Socrate met cette translation peu après le concile de Constantinople; et il n'est pas hors d'apparence que Théodose, qui voulait faire honneur aux reliques de ce saint confesseur, n'ait engagé plusieurs des évêques du concile à demeurer jusqu'à ce qu'il les eût fait enterrer avec grand honneur dans une des plus belles églises de cette ville.

Quoique le concile de Constantinople n'eût été assemblé que de l'Orient, et qu'il n'y eût assisté personne de la part de Damase, ni des autres Occidentaux, cela n'empêcha pas les Orientaux de lui donner le titre de concile œcuménique dès l'année suivante, comme on le voit par la lettre qu'ils écrivirent en commun au pape Damase et aux autres évêques assemblés à Rome, où ils disent que Nectaire avait été établi sur le siége de Constantinople du commun consentement des évêques, assemblés en concile général, en présence du très-religieux empereur, à la satisfaction de tout le clergé et de tout le peuple. Mais peut-être ne l'appelaient-ils général que parce qu'il avait été assemblé de tout l'Orient, comme saint Augustin appelle concile plénier celui où tous les évêques d'Afrique se trouvèrent. Quoi qu'il en soit, les évêques d'Occident ne le reçurent pas d'abord comme un concile œcuménique. Assemblés en concile à Aquilée, peu après celui de Constantinople, ils écrivirent à l'empereur Théodose pour lui témoigner leur mécontentement sur ce que l'on inquiétait Paulin dans la possession tranquille où il devait être de son siége depuis la mort de Mélèce, et demandaient à ce prince que l'on tînt à Alexandrie un concile de tous les évêques catholiques pour finir cette affaire. Dans une autre lettre écrite vers le même temps, les Occidentaux disent à Théodose : « Nous avions écrit que les deux évêques d'Antioche, Paulin et Mélèce, que nous estimions catholiques, s'accordassent entre eux, ou du moins que si l'un mourait avant l'autre, on ne mît personne à la place du défunt; maintenant on nous assure que, Mélèce étant mort, et Paulin encore vivant, qui a toujours été en notre communion, on a substitué, ou plutôt ajouté un évêque en la place de Mélèce, contre tout droit et tout ordre ecclésiastique : et l'on dit que cela s'est fait du consentement et par le conseil de Nectaire, dont nous ne voyons pas que l'ordination soit dans l'ordre. » Ils se plaignent ensuite de ce que les évêques d'Orient, informés que Maxime était venu en Occident pour plaider sa cause dans un concile universel, avaient évité de s'y trouver. Ils demandent à l'empereur que Maxime soit rétabli sur le siége de Constantinople, comme ayant été ordonné le premier; ou que sa cause soit jugée dans un concile général de l'Orient et de l'Occident. Les Occidentaux n'auraient pas parlé ainsi, s'ils eussent reconnu pour concile œcuménique celui qui venait de se tenir à Constantinople où l'on avait déposé Maxime, ordonné Nectaire, et mis Flavien évêque à Antioche. Mais, dans la suite des temps, tous les évêques d'Occident ayant donné leur consentement à ce qu'y avait été décidé touchant la foi, ce concile fut reconnu à cet égard pour le second concile œcuménique ou universel. Photius dit en termes assez clairs, que le pape saint Damase confirma ce qui y avait été fait, et saint Grégoire le Grand dit plus d'une fois qu'il reçoit, comme les quatre Evangiles, les conciles de Nicée, de Constantinople, d'Ephèse et de Calcédoine. Il les regarde comme une pierre à quatre angles, sur laquelle s'élève l'édifice de la foi; condamnant ce qu'ils ont condamné, recevant ce qu'ils ont reçu, souhaitant à tous ceux qui reçoivent la foi enseignée dans ces conciles, la paix de Dieu le Père par Jésus-Christ son Fils. Il est vrai qu'en un autre endroit ce saint pape dit que l'Eglise romaine n'a point les canons ni les actes du concile de Constantinople, et que saint Léon soutient que le troisième canon n'a jamais été notifié à Rome. Mais on peut dire qu'en cela saint Grégoire ne se contredit point. Les Orientaux n'avaient envoyé à Rome que la profession de foi qu'ils avaient approuvée dans le concile de Constantinople, et non les canons qu'ils y avaient faits, craignant, peut-être, qu'ils n'y fussent mal reçus, ou ne jugeant pas à propos de les leur envoyer, parce qu'ils regardaient particulièrement la discipline des Eglises d'Orient. « Voilà, disent-ils au pape saint Damase, un abrégé de la foi que nous enseignons constamment, dont vous recevrez encore plus de joie, si vous prenez la peine de lire deux écrits, dont l'un a été composé à Antioche, et l'autre le fut l'année dernière à Constantinople, où nous avons expliqué plus au long notre croyance, et souscrit à la condamnation des hérésies qui se sont élevées depuis peu. »Ils ajoutent qu'ils observent fidèlement ce qui est prescrit par les canons de Nicée touchant les ordinations des évêques; mais ils ne disent pas un mot de ceux qu'ils avaient faits eux-mêmes à Constantinople, tant sur ce point que sur plusieurs autres. Saint Grégoire pouvait donc dire que l'Eglise romaine ne les avait point, et saint Léon, que le troisième n'avait jamais été notifié à cette Eglise.

Il est plus difficile d'expliquer comment saint Léon a pu dire que le troisième canon de Constantinople, qui donne à l'évêque de cette ville la préséance sur tous ceux d'Orient, était demeuré sans exécution et sans effet. Car on sait qu'en 394, Nectaire présida à un concile où se trouvaient Théophile d'Alexandrie, Flavien d'Antioche, Hellade de Césarée en Cappadoce, et Paul d'Héraclée; qu'en 426, Sisinnius, nouvellement élu évêque de Constantinople, présida à un concile où assistait Théodote d'Antioche; que dans un autre Maximien de Constantinople est nommé avant Juvénal de Jérusalem et avant Arcade et Philippe, légats du pape; que dans celui de Calcédoine Anatole de Constantinople tint toujours le premier rang après les légats, avant les évêques d'Alexandrie et d'Antioche; mais le but de saint Léon en cet endroit n'est que de faire voir que l'exécution du troisième canon de Constantinople ne peut avoir lieu, puisque ce canon est contraire à ceux de Nicée, et il conteste moins à l'évêque de Constantinople l'autorité qu'il exerçait sur les autres évêques d'Orient que le droit de l'exercer; soutenant que la prescription de soixante années ne pouvait les autoriser dans une entreprise de cette nature qui violait le privilège des Eglises que le concile de Nicée avait confirmé. Denys le Petit n'a mis dans son Code que les quatre premiers canons du concile de Constantinople, réduits en trois; et ils se trouvent en la même manière dans l'ancien Code de l'Eglise romaine donné dans la nouvelle édition des œuvres de saint Léon. Mais on croit avec beaucoup de vraisemblance qu'ils ont été ajoutés à ce Code depuis le pontificat de saint Grégoire, qui, comme nous venons de le remarquer, témoigne que de son temps l'Eglise romaine n'avait point les canons de ce concile. Les trois autres canons ne se lisent que dans le texte grec et dans les collecteurs grecs des canons, entre autres dans Balsamon, dans Zonare et dans l'ancien Code de l'Eglise grecque. Le sixième est cité dans la lettre huitième du pape Nicolas à l'empereur Michel. On ne trouve pas le septième dans la Paraphrase arabique, ni dans la Collection des canons par Jean d'Antioche, ni dans quelques autres Grecs. *Hist. des aut. sacr. et ecclés.*

CONSTANTINOPLE (Concile de), l'an 382. L'empereur Théodose, ayant égard à la demande des Pères du concile d'Aquilée (*Voyez ce mot*), en assembla un en Orient; mais au lieu de le convoquer à Alexandrie, comme ils l'en avaient prié, il l'indiqua à Constantinople. Ceux du concile d'Italie, à la tête desquels était saint Ambroise, auraient souhaité que l'on en tînt un à Rome où les évêques d'Orient se trouvassent avec ceux d'Occident. Mais Théodose, à qui ils en avaient écrit, leur représenta que les affaires qu'on aurait à traiter dans le concile, entre autres celles de Flavien, devaient être jugées en Orient, où toutes les parties étaient présentes, et qu'il n'y avait aucune nécessité de faire venir les Orientaux à Rome. Ce concile de Constantinople se tint un an après le général, sous le consulat d'Antoine et de Syagrius, c'est-à-dire en 382, au commencement de l'été. La plupart des évêques qui avaient assisté au premier se trouvèrent au second, et ils y vinrent autorisés de la part des autres évêques d'Orient qui, n'ayant pu s'y rendre, étaient demeurés dans les provinces. L'empereur y invita saint Grégoire de Nazianze jusqu'à deux fois, la première par un officier de distinction nommé Procope, et la seconde par un autre grand officier nommé Icare, et par Olympius, gouverneur de Cappadoce. Mais ce saint s'en excusa sur ses infirmités qui le mettaient hors d'état d'agir, et comme aux portes du tombeau, et sur le peu de fruit qu'il y avait à espérer de ces sortes d'assemblées; car il était toujours vivement frappé du mauvais succès que ses bonnes intentions avaient eu dans le grand concile de Constantinople, en 381.

Les évêques étaient déjà arrivés en cette ville, lorsqu'ils reçurent une lettre synodale des Occidentaux, qui les invitait à venir à Rome, au concile qui s'y tenait. Mais ils s'en excusèrent, comme d'un voyage qui serait à charge à la plupart d'entre eux, et qui d'ailleurs ne serait d'aucune utilité. Nous avons encore leur réponse dans Théodoret; elle est adressée à Damase, Ambroise, Britton, Valérien, Aschole, Anémius, Basile, et aux autres évêques assemblés à Rome. Ils la commencent par la description des persécutions qu'ils avaient souffertes de la part des ariens, dont ils n'étaient délivrés que depuis peu de temps, et dont les désordres étaient si considérables, qu'on ne pouvait les réparer qu'avec beaucoup de travail et de loisir. « Car encore, disent-ils, que les hérétiques soient chassés des églises, leurs faux pasteurs ne laissent pas de les assembler dehors, d'exciter des séditions, et de nuire à l'Eglise de tout leur pouvoir. » Ils ajoutent : « Ainsi, quelque désir que nous ayons de correspondre à la charité avec laquelle vous nous avez invités, nous ne pouvons dénuer entièrement nos églises qui commencent à se renouveler, et ce voyage serait même absolument impossible à la plupart de nous : nous sommes venus à Constantinople suivant les lettres que vous nous écrivîtes l'année passée après le concile d'Aquilée au très-pieux empereur Théodose : nous ne sommes préparés que pour ce voyage ; nous n'avons apporté le consentement des évêques qui sont demeurés dans les provinces que pour ce concile; nous ne nous attendions point à aller plus loin, et nous n'en avions pas même ouï parler avant de nous assembler à Constantinople ; de plus, le terme est trop court pour faire nos préparatifs ou avertir tous les évêques de notre communion et recevoir leurs consentements : ce que nous avons pu faire est de vous envoyer nos vénérables frères les évêques Cyriaque, Eusèbe et Priscien, qui vous feront connaître notre amour pour la paix et notre zèle pour la foi : en effet, si nous avons souffert des persécutions, des tourments, les menaces des empereurs, les rigueurs des gouverneurs des provinces et les violences des hérétiques, ç'a été pour la défense de la doctrine évangélique, qui a été publiée par les trois cent dix-huit évêques du concile de Nicée en Bythinie : vous devez aussi bien que nous approuver cette doctrine, et il faut que tous ceux qui ne veulent pas renverser la foi l'approuvent de même, puisque c'est l'ancienne doctrine et qu'elle est conforme au baptême, nous enseignant à croire au nom du Père, du Fils et du Saint-Esprit, c'est-à-dire, d'une seule divinité, puissance et substance, d'une égale dignité et d'un règne coéternel, en trois parfaites hypostases, ou trois parfaites personnes : en sorte qu'il n'y ait point de lieu à l'erreur de Sabellius, qui confond les hypostases, ou détruit les propriétés, ni à celles des eunoméens, des ariens et des ennemis du Saint-Esprit, qui divisent la substance, la nature ou la divinité, et qui introduisent une nature postérieure créée, ou d'une autre substance, dans la Trinité incréée, consubstantielle et coéternelle : nous conservons aussi dans sa pureté la doctrine de l'incarnation, et nous ne recevons point dans ce mystère une chair imparfaite, sans âme et sans entendement ; mais nous reconnaissons que le Verbe de Dieu est entièrement parfait avant les siècles, et que dans les derniers jours il est devenu homme parfait pour notre salut : voilà en abrégé la foi que nous prêchons, et dont vous pourrez vous instruire plus amplement par l'écrit du concile d'Antioche, et par celui du concile œcuménique qui fut tenu l'année dernière à Constantinople, où nous avons exposé plus au long notre croyance, et condamné par notre signature les hérésies qui se sont élevées depuis peu. » Ensuite ils rendent compte de ce qu'ils avaient réglé pour l'administration de leurs Eglises. « Vous savez, disent-ils, l'ancienne règle confirmée par le décret de Nicée, que les ordinations se feraient dans chaque province par ceux de la province, en y appelant, s'ils voulaient, leurs voisins : nous vous prions de croire qu'elle est religieusement observée parmi nous, et que les évêques des plus grandes villes ont été ordonnés de la sorte : c'est ainsi que pour l'Eglise de Constantinople nouvellement rétablie, puisque, par la miséricorde de Dieu, nous l'avons arrachée de la gueule du lion, c'est-à-dire d'entre les mains des hérétiques, nous avons ordonné évêque le vénérable Nectaire dans le concile œcuménique, d'un commun consentement, à la vue du très-pieux empereur Théodose, avec l'agrément de tout le clergé et de toute la ville ; pour l'Eglise d'Antioche, où le nom de chrétien fut premièrement connu, les évêques de la province et du diocèse d'Orient ont élu canoniquement le révérendissime et très-religieux Flavien, d'un commun accord de toute l'Eglise, et tout le concile a approuvé cette ordination comme légitime : nous vous donnons aussi avis que le très-religieux et très-vénérable Cyrille, évêque de Jérusalem, cette ville mère de toutes les Eglises, a été autrefois ordonné canoniquement par ceux de toute la province, et a beaucoup souffert en divers lieux de la part des ariens. Nous vous prions de leur témoigner la joie que vous avez de l'ordination canonique qu'ils ont reçue parmi nous, et de leur être unis par la charité et par la crainte de Dieu, qui réprime les mouvements humains, et préfère l'édification de l'Eglise à l'amour des créatures. La vérité de la foi et la sincérité de la charité une fois établies parmi nous d'un commun consentement, nous cesserons de dire cette parole que saint Paul a condamnée : *Je suis à Paul, et moi je suis à Apollon, et moi à Céphas.*

Nous serons tous à Jésus-Christ, qui ne sera point divisé entre nous : nous conserverons l'unité du corps de l'Eglise, et paraîtrons avec confiance devant le tribunal du Seigneur. »

Outre les hérésies de Sabellius, d'Arius et de Macédonius, les Pères du concile de Constantinople condamnèrent encore celle d'Apollinaire, en déclarant qu'ils tenaient à la saine doctrine touchant l'incarnation du Sauveur, et en rejetant celle qui enseignait que le Verbe s'était uni à un corps sans âme ou sans esprit. Cette fausse doctrine que quelques-uns introduisaient dans l'Eglise, avait encore été un motif pour les évêques du concile d'Italie de prier l'empereur Théodose d'en convoquer un où elle fût condamnée. L'erreur d'Apollinaire avait déjà été condamnée plusieurs fois, mais non en présence de son auteur : ce qui faisait demander à ces évêques qu'elle fût examinée en présence des parties, afin qu'étant convaincu de nouveauté dans la doctrine, il ne se cachât plus sous un faux semblant de catholicisme, et fût privé du sacerdoce. Cet hérésiarque occupait donc encore le siége de Hiéraple en 382, époque où les évêques s'exprimaient ainsi à son sujet.

CONSTANTINOPLE (Concile de), l'an 383. Comme les ariens continuaient à troubler les catholiques autant qu'il était en eux, à vouloir se maintenir dans les églises d'où on les chassait, et à défendre leurs erreurs au milieu des places et des assemblées publiques, l'empereur Théodose, qui n'avait rien de plus à cœur que de voir la paix dans son empire, et la tranquillité dans les églises, crut qu'en faisant conférer ensemble les évêques de toutes les sectes particulières, ils pourraient convenir d'un même sentiment, et que ce serait un moyen de terminer toutes leurs disputes. Il les assembla donc à Constantinople au mois de juin, sous le consulat de Mérobaude et de Saturnin, c'est-à-dire l'an 383. La division de l'Eglise d'Antioche, qui durait toujours, pouvait aussi avoir fourni occasion à cette assemblée. Il s'y trouva des évêques de toutes les religions et de tous les pays. On y vit de la part des catholiques des évêques d'Egypte, d'Arabie, de Chypre, de Palestine, de Phénicie, de Syrie. Saint Grégoire de Nazianze n'y vint pas, mais il écrivit à Postumien, élevé à la charge de préfet du prétoire, dès les premiers mois de cette année 383, pour l'exhorter à rétablir la paix des églises dans le concile qui s'assemblait, et à employer même la force pour réprimer ceux qui continueraient à entretenir la division. Nectaire, évêque de Constantinople, est le seul des évêques catholiques dont les historiens fassent mention : ils ne nomment pas les autres, mais on croit avec assez de fondement que saint Grégoire de Nysse assista aussi à ce concile, puisque nous avons de lui un discours sur la divinité du Fils et du Saint-Esprit et sur le sacrifice d'Abraham, prononcé à Constantinople dans une assemblée d'évêques, vers le milieu de l'an 383. Agélius s'y trouva de la part des novatiens, Démophile pour les ariens, Eunome pour les eunoméens, et Eleusius de Cyzique pour les macédoniens. Les évêques avaient amené avec eux grand nombre de dialecticiens pour soutenir les disputes.

Avant de tenir l'assemblée, l'empereur envoya querir Nectaire pour conférer avec lui sur les moyens de réunir l'Eglise, et lui dit qu'il ne croyait pas que l'on pût jamais terminer les contestations qui la divisaient, que l'on n'eût auparavant expliqué clairement les questions qui leur servaient de matière. Nectaire, inquiet et embarrassé sur la proposition de l'empereur, la communiqua à Agélius, évêque des novatiens, qui pensait comme lui touchant la Trinité. Celui-ci, qui, quoique d'une grande piété, ne se sentait pas assez d'éloquence pour entreprendre de défendre de vive voix la vérité de la foi, fit venir un lecteur de son Eglise, nommé Sisinnius, homme savant et intelligent dans les affaires, instruit de l'explication des saintes Ecritures et des dogmes des philosophes. Sisinnius, qui savait que les disputes, au lieu de terminer les divisions, étaient plus propres à les augmenter, en augmentant l'opiniâtreté de ceux qui sont dans l'erreur, conseilla à Nectaire d'éviter toutes les disputes de paroles, et de produire les témoignages des anciens écrivains qui ne donnaient point de commencement à l'existence du Fils de Dieu et le croyaient coéternel au Père. Il lui conseilla encore de persuader à l'empereur de demander aux chefs de chaque parti s'ils faisaient quelque état des docteurs qui avaient été célèbres dans l'Eglise avant la division, ou s'ils les rejetaient comme étrangers au christianisme. « S'ils les rejettent, dit-il, il faut aussi qu'ils les anathématisent; et s'ils osent le faire, le peuple les chassera, et la victoire de la vérité sera manifeste. S'ils ne rejettent pas les anciens docteurs, c'est à nous à montrer leurs livres qui rendent témoignage à notre doctrine. » Nectaire, applaudissant à cet avis, courut au palais le communiquer à l'empereur, qui l'approuva et l'exécuta avec adresse. Car, sans découvrir son dessein aux chefs de chaque secte, il se contenta de leur demander s'ils estimaient ceux qui avaient enseigné dans l'Eglise avant la division. Comme ils n'osèrent le nier, et qu'au contraire ils dirent qu'ils les honoraient comme leurs maîtres, ce prince leur demanda encore s'ils les suivaient comme de légitimes témoins de la doctrine chrétienne. Cette seconde question les embarrassa, eux et les dialecticiens qu'ils avaient amenés. Ils se divisèrent entre eux; les uns disant que la proposition de l'empereur était raisonnable, les autres qu'elle était contraire à leurs intentions et à leurs intérêts : en sorte que les hommes d'une même secte n'étaient pas même d'accord sur l'autorité que devaient avoir les écrits des Pères. L'empereur, qui reconnut à leur division qu'ils ne s'appuyaient que sur leur habileté dans la dispute, et non sur la doctrine des anciens, voulut tenter une autre voie pour les réunir et leur ordonna de donner chacun leur profession de foi par écrit. Les plus habiles la rédigèrent le plus exactement qu'il leur fut possible, faisant grand choix des termes dont ils la composaient; et les chefs de chaque parti se rendirent au palais, le jour que l'empereur leur avait marqué, Nectaire à la tête de ceux qui soutenaient la consubstantialité, Démophile pour les ariens, et ainsi des autres. Théodose les accueillit très-civilement; et ayant reçu leur profession de foi, il se retira seul dans son cabinet et il implora le secours de Dieu pour choisir la vraie doctrine. Ensuite il lut chacune de ces professions de foi, rejeta toutes celles qui divisaient la Trinité et les déchira, n'approuvant que celle qui contenait la foi du consubstantiel. C'est ce que disent Socrate et Sozomène, dont le récit paraît mêlé de quelques circonstances peu vraisemblables. On ne croira pas aisément que Théodose se soit rendu seul juge de toutes ces différentes professions de foi, sans consulter aucun des évêques du concile, ni qu'il ait eu besoin de tant de formules pour choisir la plus orthodoxe, lui qui était très-instruit dans la foi et qui faisait profession de la consubstantialité. Ce qui paraît incontestable, c'est que les catholiques eurent le dessus dans le concile et que les hérétiques demeurèrent confus, s'accusant les uns les autres et se voyant condamnés et accusés d'ignorance par leurs propres disciples. Ils se retirèrent pleins de honte et de douleur, mais ils ne laissèrent pas d'écrire à leurs sectateurs de prendre courage et de ne s'abattre pas en voyant que plusieurs les abandonnaient pour embrasser la foi de la consubstantialité, parce que, disaient-ils, il y a beaucoup d'appelés, mais peu d'élus. Socrate remarque qu'ils ne parlaient pas de la sorte, lorsque, par la crainte et par la force, ils attiraient à leur parti la plus grande partie du peuple. Il remarque encore que la victoire des catholiques, quoique entière sur les hérétiques, ne fut pas exempte de tristesse, parce qu'ils se divisèrent les uns des autres sur le sujet de Paulin et de Flavien d'Antioche. Les évêques d'Egypte, d'Arabie et de Chypre voulaient que l'on chassât Flavien de son siége; ceux de Palestine, de Phénicie et de Syrie s'efforçaient au contraire de l'y maintenir. C'est tout ce que nous savons de ce concile de Constantinople. Il y a encore une formule de foi composée par Eunomius, que l'on croit être celle qu'il présenta à l'empereur à l'occasion que nous venons de dire. *D. Ceill.*

CONSTANTINOPLE (Concile de), l'an 394. Ruffin, préfet du prétoire et alors gouverneur de tout l'Orient, ayant fait bâtir, dans un bourg proche de Calcédoine, nommé le Chêne, une église en l'honneur des apôtres saint Pierre et saint Paul, assembla, pour en faire la dédicace, plusieurs évêques de diverses provinces et grand nombre de moines. Il y appela entre autres Evagre de Pont, dont il estimait tellement la vertu, qu'à son baptême, qu'il reçut en cette dédicace, il voulut l'avoir pour parrain, et c'est la première fois que nous trouvons que l'on ait donné des parrains aux adultes. La cérémonie finie, les évêques s'assemblèrent à Constantinople pour juger un différend survenu entre deux évêques, Agapius et Bagadius, qui se diputaient le siége épiscopal de Bostres, métropole de l'Arabie. Leur assemblée se fit dans le baptistère de l'église de Constantinople, en présence de tout le clergé de cette église. Nectaire, qui en était évêque, est nommé le premier dans les lettres du concile, et après lui Théophile d'Alexandrie, Flavien d'Antioche, Pallade de Césarée en Cappadoce, Gélase de Césarée en Palestine, Grégoire de Nysse, Amphiloque d'Icone, Paul d'Héraclée, Arabien d'Ancyre, Ammon d'Andrinople, Phalérius de Tarse, Lucius d'Hiéraple, Elpidius de Laodicée, Paul d'Alexandrie (peut-être en Cilicie), Dioscore d'Hermopolis, Probation de Bérénice, Théodore de Mopsueste, Biron de Séleucie, Epagathon de Marcianople, Gérontius de Claudiopolis. La plupart de ces évêques étaient métropolitains de diverses provinces d'Orient; et outre ceux que nous venons de nommer, il s'en trouva beaucoup d'autres à ce concile, dont les noms ne sont pas connus, et plusieurs prêtres.

Le motif de sa tenue fut, comme on vient de le dire, de juger le différend de deux évêques, Agapius et Bagadius, qui prétendaient également au siége de Bostres. Ils étaient présents et debout comme parties. Nectaire, en qualité de président du concile, porta le premier la parole et dit que, sous l'agrément des évêques, Bagadius et Agapius eussent chacun à faire valoir leurs prétentions. Ils le firent en peu de mots; et après qu'ils eurent allégué leurs raisons, comme il fut prouvé que la déposition de Bagadius avait été faite par deux évêques seulement, et en son absence, et que ces deux évêques étaient morts, Arabien, évêque d'Ancyre, pria le concile de décider en général si une déposition pouvait être faite par deux évêques, et si l'on pouvait déposer un absent. « Cela, ajouta-t-il, ne pourra préjudicier à la cause présente; mais je crains que quelqu'un ne se prévale dans la suite de ce qui a été fait et n'entreprenne quelque chose de semblable. » Nectaire approuva la proposition d'Arabien, ajoutant que, sans condamner le passé, il fallait pourvoir à l'avenir. Arabien dit que sa proposition ne regardait aussi que l'avenir, et insista pour qu'on déclarât nettement que, conformément à ce qui avait été décidé à Nicée, il n'était pas permis à deux hommes d'ordonner ni de déposer un évêque. Sur quoi Théophile d'Alexandrie dit que l'on ne pouvait rendre une sentence contre ceux qui avaient excédé dans la déposition de Bagadius, puisqu'ils n'étaient pas présents; qu'il était d'avis que, pour l'avenir, trois évêques ne suffiraient pas pour la déposition d'un évêque, mais que tous les comprovinciaux y devraient assister. Son avis fut approuvé de Nectaire, comme conforme aux canons apostoliques, et suivi par Flavien et par tous les autres. Ainsi fut décidé que le nombre de trois évêques, qui est suffisant pour l'ordination, ne serait pas pour la déposition d'un évêque; mais qu'il en faudrait un plus grand nombre, et, faire même intervenir le synode de la province. Balsamon, qui rapporte le décret, remarque qu'on ne l'observait pas de son temps, et que l'on suivait le douzième canon de la collection africaine, qui prescrit que les causes des évêques seront examinées par douze évêques. Mais ces deux canons n'ont rien de contraire l'un à l'autre, car celui de la collection ne prescrit le nombre de douze évêques qu'au cas où l'on ne pourrait assembler tous les autres prélats de la province. Au reste, il paraît que ce décret du concile de Constantinople n'était qu'un préliminaire du jugement qu'il devait rendre dans la cause d'Agapius et de Bagadius. La suite des actes de ce concile nous manque, et l'on ignore auquel de ces deux évêques le siége de Bostres fut adjugé.

Nous avons vu plus haut que le concile de Constantinople de l'an 381 fit un canon qui donnait à l'Église de cette ville le premier rang d'honneur après celle de Rome. On voit dans le concile que nous venons de rapporter l'exécution de ce canon. Nectaire y tient le premier rang, sans que Théophile d'Alexandrie ni aucun autre évêque d'Orient le lui contestent. Une autre circonstance remarquable, c'est que Théophile, qui ne reconnaissait pas Flavien pour évêque d'Antioche, et qui jusque-là ne l'avait pas admis à sa communion, ne laissa pas de se trouver avec lui dans ce concile.

CONSTANTINOPLE (Concile de), l'an 399. Saint Epiphane, excité par Théophile d'Alexandrie, vint à Constantinople peu de temps après son concile de Chypre, et en apporta les actes. Saint Chrysostome lui fit tous les honneurs qui dépendaient de lui, et l'invita à prendre un logement dans les maisons ecclésiastiques. Saint Epiphane, que l'on avait prévenu contre ce saint évêque, ne l'accepta point, et refusa même de se trouver avec lui. Il y avait alors plusieurs évêques étrangers à Constantinople. Saint Epiphane les assembla de son autorité, et leur montra ce qui avait été décidé dans son concile contre les écrits d'Origène. Quelques-uns souscrivirent à cette condamnation; mais la plupart le refusèrent, entre autres Théotime, évêque de Tomes (en Scythie), qui soutint en face à saint Epiphane, qu'il n'était pas permis de faire injure à un homme mort depuis si longtemps, ni de condamner les jugements des anciens, ni de renverser leurs ordonnances. En même temps il produisit un livre d'Origène, en lut quelques passages, et fit voir que la lecture en était utile à l'Eglise, ajoutant que ceux qui blâmaient ses écrits se mettaient en danger de rejeter, sans y penser, les vérités mêmes qui y étaient contenues.

CONSTANTINOPLE (Concile de), l'an 400. Plusieurs évêques d'Asie qui se trouvaient à Constantinople, s'étant assemblés en concile avec saint Jean Chrysostome, Eusèbe, évêque de Valentinianople, leur présenta une requête contre Antonin, évêque d'Ephèse, son métropolitain. Cette requête ou ce libelle contenait sept chefs d'accusation : le premier, d'avoir fondu des vases sacrés, et d'en avoir employé l'argent au profit de son fils; le second, d'avoir ôté des marbres de l'entrée du baptistère, pour les mettre dans son bain particulier; le troisième, d'avoir fait dresser dans sa salle à manger des colonnes de l'église, couchées depuis longtemps; le quatrième, de garder parmi ses domestiques un homme coupable de meurtre, sans lui en avoir fait de correction; le cinquième, d'avoir vendu à son profit des terres données à l'Eglise par Basiline, mère de l'empereur Julien l'Apostat; le sixième, d'avoir repris sa femme après l'avoir quittée, et d'en avoir eu des enfants ; le septième, d'avoir pour maxime de vendre les ordinations des évêques, à proportion du revenu de leurs évêchés. Eusèbe ajoutait, dans son libelle adressé nommément à saint Chrysostome, que ceux qu'Antonin avait ainsi ordonnés étaient présents, et qu'il avait des preuves de tout ce qu'il avançait.

Saint Chrysostome, ayant lu la requête en son particulier, représenta à Eusèbe avec beaucoup de douceur que souvent les accusations qui se font par passion ne sont pas faciles à prouver. Croyez-moi donc, ajouta-t-il, n'accusez point par écrit mon frère Antonin : nous accommoderons cette affaire. Eusèbe, au lieu de s'adoucir, s'échauffa et s'emporta contre Antonin, protestant avec des paroles fort aigres qu'il persistait dans son accusation. Saint Chrysostome ne laissa pas de prier Paul d'Héraclée, qui paraissait ami d'Antonin, de travailler à les réconcilier. Ensuite il entra dans l'église avec les évêques, pour y offrir le sacrifice. Ils étaient au nombre de vingt deux.

Après qu'il eut donné la paix au peuple, et se fut assis avec les évêques, Eusèbe vint lui présenter une seconde requête contre Antonin, le conjurant avec de grands serments de lui faire justice. Il l'en pria même par le salut de l'empereur : ce qui fit croire au peuple qui était présent, qu'Eusèbe priait saint Chrysostome d'intercéder pour lui auprès d'Arcade et de lui obtenir la vie. Le saint évêque, voyant son emportement et voulant éviter un plus grand trouble, reçut sa requête; mais après la lecture ordinaire de l'Ecriture sainte, il pria Pansophius, évêque de Pisidie, d'offrir en sa place le saint sacrifice, et se retira avec les autres évêques, ne voulant point, selon le commandement de l'Evangile, célébrer les saints mystères avec un esprit ému.

Quand le peuple fut sorti de l'église, saint Chrysostome s'assit avec les évêques dans le baptistère, où ayant fait appeler Eusèbe, il le pria encore une fois de prendre son parti avant qu'on eût fait publiquement la lecture de son libelle. « Car, ajouta-t-il, lorsqu'il aura été lu et entendu de tout le monde, et qu'on en aura dressé des actes, il ne vous sera plus permis, étant évêque, de vous désister. » Eusèbe ayant déclaré qu'il persistait dans sa dénonciation, on fit lecture de sa requête, et tous les évêques convinrent qu'il ne reprochait rien à Antonin qui ne fût criminel et contraire aux saints canons. Mais les plus anciens représentèrent à saint Chrysostome qu'il était à propos, pour ne point perdre de temps, de s'attacher au dernier chef d'accusation, qui regardait la simonie : car celui, disaient-ils, qui aura vendu à prix d'argent la communication du Saint-Esprit, n'aura pas épargné les vases, les marbres ou les terres de l'Eglise.

Alors saint Chrysostome commença l'instruction du procès, et dit à Antonin qui était présent : « Mon frère Antonin, que dites-vous à cela? » Il nia le fait. On interrogea ensuite les évêques accusés d'avoir acheté de lui l'ordination; et ils le nièrent tous. La séance dura jusqu'à deux heures après midi, pendant laquelle on examina les divers indices qu'on pouvait avoir de la vérité des accusations formées contre ces évêques : mais cet examen fut inutile, et il fallut en venir aux témoins devant lesquels l'argent avait été donné et reçu. Ces témoins étaient en Asie, et il n'était pas aisé de les faire venir à Constantinople : cela obligea saint Chrysostome de prendre le parti d'aller lui-même en Asie achever cette instruction.

Antonin, qui se sentait coupable, s'adressa à un des principaux de la cour, dont il faisait valoir les terres en Asie, pour empêcher le voyage de saint Chrysostome, promettant de faire venir lui-même les témoins. Ce seigneur fit donc dire au saint évêque de la part de l'empereur, qu'il n'était pas à propos que dans le trouble et la crainte où l'on était alors à Constantinople, à cause de la révolte de Gaïnas, il s'éloignât de la ville, pour aller chercher en Asie des personnes que l'on pouvait facilement faire venir à Constantinople. Saint Chrysostome, ne doutant point que le dessein d'Antonin ne fût d'écarter les témoins par argent ou par autorité, résolut avec le concile d'envoyer en Asie quelques-uns des évêques présents, pour interroger les témoins. Il y en envoya trois, Synclétius, métropolitain de Trajanople dans la Thrace, Hésychius, évêque de Parion dans l'Hellespont, et Pallade d'Hélénople dans la Bithynie. Il était marqué dans l'instruction donnée à ces trois évêques par le concile, que celui des deux, de l'accusateur ou de l'accusé, qui dans deux mois ne se rendrait pas à Hypèpes pour la poursuite de ses droits, serait privé de la communion ecclésiastique. Hypèpes était une ville d'Asie, voisine des deux parties intéressées et des deux évêques commis avec Synclétius.

Hésychius, qui préférait les intérêts d'Antonin à ceux de l'Eglise, abandonna sa commission, sous prétexte de maladie. Synclétius et Pallade se rendirent à Smyrne, d'où ils sommèrent les parties de se rendre au lieu indiqué. Mais elles étaient déjà d'accord. Eusèbe, gagné par argent, avait promis par serment à Antonin de ne plus le poursuivre. Ils se rendirent néanmoins l'un et l'autre à Hypèpes pour la forme, et dirent que les témoins étaient allés, l'un d'un côté, l'autre de l'autre, pour différentes affaires. Sur cela les juges dirent à Eusèbe : « Dans combien de temps les présenterez-vous? Nous les attendrons. » Il s'obligea par écrit à les leur présenter dans quarante jours, ou à subir les censures des canons. C'était une défaite de sa part, et il ne demandait ce délai que pour fatiguer les commissaires qui souffraient déjà de l'incommodité de la saison ; car on était alors au mois de juillet de l'an 400, dans les plus grandes chaleurs de l'été. Synclétius et Pallade déclarèrent qu'ils attendraient, et envoyèrent Eusèbe chercher ses témoins. Celui-ci, abandonnant l'affaire, retourna à Constantinople, et y demeura caché. Au bout des quarante jours, comme il ne comparaissait point, les commissaires écrivirent à tous les évêques d'Asie pour le déclarer excommunié comme calomniateur, ou comme ayant abandonné la cause qu'il avait entreprise. Ils attendirent encore un mois en Asie ; après quoi ils retournèrent à Constantinople, où ayant rencontré Eusèbe, ils lui reprochèrent sa conduite. Il s'excusa sur une maladie, et promit de nouveau de représenter les témoins. Dans cet intervalle Antonin mourut, et après sa mort le clergé d'Éphèse et les évêques d'Asie écrivirent à saint Chrysostome pour le conjurer de venir réformer cette Église, affligée depuis longtemps par les ariens et par les mauvais catholiques, et empêcher les brigues de ceux qui s'efforçaient par argent de s'emparer du siége vacant. Pour la suite, V. ÉPHÈSE, l'an 401.

CONSTANTINOPLE (Concile de), l'an 403. Ce concile, composé de quarante évêques, présidés par saint Jean Chrysostome, se tint en faveur de ce saint archevêque de Constantinople, en même temps que Théophile d'Alexandrie, à la tête de quarante-cinq autres évêques, réunis au Chêne, prononçait contre lui une sentence de déposition. V. CHÊNE, l'an 403.

CONSTANTINOPLE (Conciliabule de), l'an 404. A peine saint Chrysostome se trouvait-il rétabli dans son siége, qu'une nouvelle tempête s'éleva contre lui. Ce saint ayant réclamé contre les jeux qui se célébraient aux portes de l'église de Constantinople, et devant la statue d'argent de l'impératrice, par cette sortie vigoureuse qui commence en ces termes : *Hérodiade exerce encore une fois sa rage*, Eudoxie, enflammée de colère, fit assembler un nouveau synode à Constantinople, auquel Timothée d'Alexandrie, ne croyant pas sa vie en sûreté, ne voulut assister que par ses légats. Dans ce nouveau conciliabule, on confirma la sentence que celui du Chêne avait déjà portée contre saint Chrysostome ; on déposa le saint évêque, sous prétexte qu'il s'était remis en possession de son siége contre les canons, sans s'y être fait autoriser par un synode, et on l'envoya en exil, en faisant choix d'Arsace pour lui succéder. *Pagi, ad ann.* 404.

CONSTANTINOPLE (Concile de), l'an 426. Après la mort d'Atticus, archevêque de Constantinople, arrivée le 10 octobre 425, il y eut de grandes disputes touchant l'élection de son successeur. Sisinnius, quoique moins éloquent que Philippe et Proclus, sur qui beaucoup de personnes jetaient les yeux, leur fut néanmoins préféré, parce qu'il s'était rendu célèbre par sa piété, sa chasteté et sa charité envers les pauvres. Il fut ordonné le 28 février de l'année suivante 426, par un grand nombre d'évêques que l'empereur Théodose le Jeune avait assemblés pour ce sujet, entre lesquels était Théodote d'Antioche. Sisinnius donna dès ce moment des preuves de son zèle pour la conservation de la foi catholique. Car il écrivit, conjointement avec tous ces évêques, une lettre à Bérinien, métropolitain de Perge en la seconde Pamphylie ; à Amphiloque de Side, métropolitain de la première Pamphylie, et aux autres évêques de la même province, contre l'hérésie des massaliens, qui s'y était répandue dès la fin du quatrième siècle. On rapportait et on confirmait, ce semble, dans cette lettre, le sentiment de l'évêque Néon, qui, au rapport de Photius, voulait que, si quelqu'un à l'avenir était convaincu par paroles ou par effet d'être suspect de cette hérésie, il fût déposé, quelque promesse qu'il fit d'accomplir sa pénitence ; et que celui qui le recevrait, soit évêque ou autre, se mettrait lui-même en danger de perdre sa dignité. C'est tout ce que nous savons de ce concile, dont les actes furent lus, approuvés et confirmés dans celui d'Éphèse.

CONSTANTINOPLE (Concile de), l'an 428 ou 429. Sisinnius n'occupa pas longtemps le siége épiscopal de Constantinople, puisqu'il mourut dès l'année suivante, le 24 décembre de l'an 427. Alors les brigues recommencèrent, et plusieurs demandèrent pour évêque Philippe, d'autres Proclus, les deux qui avaient été en concurrence avec Sisinnius. Proclus avait depuis été fait évêque de Cyzique ; mais le peuple de Cyzique n'avait pas voulu le recevoir. L'empereur Théodose, résolu de ne conférer l'évêché de Constantinople à aucun sujet de l'Église même, fit venir un étranger natif de Germanicie, nommé Nestorius. Ce saint avait été baptisé et élevé à Antioche, et fait les fonctions de catéchiste, expliquant la foi aux compétents et la défendant contre les hérétiques. La manière dont il s'acquitta de cet emploi lui attira une grande réputation de doctrine et d'éloquence. Il passait même pour avoir beaucoup de vertu ; mais la conduite qu'il tint depuis qu'il eut été fait évêque effaça bientôt la bonne opinion qu'on avait conçue de lui. Le prêtre Philippe, et beaucoup d'autres du clergé et du peuple, renoncèrent à sa communion, après l'avoir repris hautement des erreurs qu'il enseignait. Nestorius, pour s'en venger, fit accuser Philippe par Célestius, disciple de Pélage, qui était alors à Constantinople. Célestius présenta donc une requête où il accusait Philippe de manichéisme. Il était défendu par les canons à un excommunié tel qu'était Célestius d'accuser un prêtre ; mais Nestorius, passant par dessus les règles, cita Philippe devant l'assemblée de son clergé. Philippe ne fit aucune difficulté de comparaître, prêt à rendre raison de sa foi et à répondre aux chefs d'accusation formés contre lui.

Mais Célestius, qui n'avait aucune preuve de ce qu'il avait avancé, n'ayant osé se présenter devant le concile, Nestorius demanda à Philippe pourquoi il avait tenu des assemblées particulières et offert le sacrifice dans sa maison. Tous les ecclésiastiques qui étaient présents se déclarèrent pour Philippe, protestant qu'il n'y avait aucun d'eux qui ne célébrât ainsi dans les maisons particulières, lorsque l'occasion et la nécessité le demandaient. Nestorius, sans avoir égard à cet usage, prononça une sentence de déposition contre Philippe. Ce concile fut rejeté.

CONSTANTINOPLE (Concile de), l'an 431. Après que Nestorius eut été déposé au concile d'Éphèse, les évêques qui se trouvaient à Constantinople procédèrent, avec les députés de ce concile, à l'élection d'un nouvel archevêque. Philippe et Proclus, qui avaient été proposés lorsque Nestorius avait été élu, furent encore proposés une nouvelle fois, et Proclus aurait été choisi, si l'on ne s'y fût opposé sous prétexte qu'il avait été nommé évêque de Cyzique, quoiqu'il n'y eût pas été reçu. Les suffrages tombèrent donc sur Maximien, prêtre de l'Église de Constantinople et disciple de saint Jean Chrysostome. Il avait vieilli dans les travaux de la piété et dans les exercices laborieux des solitaires, menant exactement la vie d'un moine. Son élection se fit le 25 octobre, avec le consentement unanime de l'empereur, du clergé et du peuple, quatre mois et trois jours après la déposition de Nestorius. Aussitôt après, les évêques qui étaient assemblés en concile pour cette ordination en donnèrent avis au pape Célestin et à saint Cyrille. L'empereur en écrivit lui-même au pape, et l'on ne peut guère douter que le clergé et le peuple de Constantinople ne lui aient aussi écrit. De toutes ces lettres il ne nous reste que celle de Maximien à saint Cyrille, celle qu'il avait écrite au pape étant perdue. Les lettres du concile au pape Célestin furent portées par le prêtre Jean et le diacre Épictète, qui arrivèrent à Rome vers la fête de Noël.

Le pape, ayant reçu ces lettres, les fit lire devant tout le peuple assemblé dans l'église de Saint-Pierre. Cette lecture causa aux assistants une extrême joie, qui fut suivie d'acclamations et de prières pour l'empereur. Le pape, qui avait à cœur de renvoyer Jean et Épictète assez tôt pour qu'ils fussent de retour avant la fête de Pâques, se hâta d'expédier les réponses dont il devait les charger. Elles sont au nombre de quatre, toutes datées du 15 de mars 432. La première est adressée au concile d'Éphèse, c'est-à-dire aux évêques qui y avaient assisté, car il y avait six mois que le concile était séparé.

Le pape y félicite les Pères de leur victoire sur l'hérésie, de la déposition de Nestorius et de l'ordination de Maximien, dont il fait l'éloge. Il ajoute qu'un homme d'une heureuse simplicité, tel que Maximien, était digne de succéder à Sisinnius, de sainte mémoire, voulant que l'on regardât le siège de Constantinople comme ayant été vacant tant qu'il avait été occupé par le sacrilège Nestorius. « Nous avons été présent en esprit, dit-il, lorsque les évêques catholiques, en ordonnant Maximien, ont récité sur sa tête les paroles mystiques, » c'est-à-dire les oraisons que les évêques récitent pendant qu'on tient le livre des Évangiles sur la tête de celui qui est ordonné. Le pape témoigne aussi sa joie de ce que cette élection s'était faite du consentement unanime de l'empereur et des évêques, et dit qu'il n'ignorait pas par quel chemin Maximien était parvenu au faîte du sacerdoce, c'est-à-dire par le suffrage des pauvres, auxquels il avait donné tous ses biens.

La seconde est à l'empereur Théodose; elle loue son zèle pour la foi et approuve l'ordination de Maximien, que le pape reconnaît pour membre de l'Église romaine; mais il insiste principalement sur la nécessité d'éloigner Nestorius pour couper la racine de l'hérésie. La troisième lettre est adressée à Maximien lui-même, qu'il exhorte à réparer les désordres de l'Église de Constantinople, en imitant la prédication de Jean, la vigilance d'Atticus et la sainte simplicité de Sisinnius. La quatrième est adressée au clergé et au peuple de Constantinople. Le pape y marque toute la suite de l'affaire, le péril où ils ont été, l'inquiétude qu'il en a ressentie, le zèle de saint Cyrille et ses efforts pour ramener Nestorius, les démarches qu'il a faites lui-même, le concile demandé par Nestorius, et auquel toutefois il n'a osé se présenter; le secours qu'il a cherché dans les pélagiens. Ensuite le pape exhorte l'Église de Constantinople à écouter Maximien, qui ne leur prêchera que l'ancienne doctrine qu'il a prise de l'Église romaine, et à demeurer fermes dans la foi, comme ils avaient fait jusqu'alors. *Cœlest,* epist. 22, 23, 24 et 25; *Labb. t.* III.

CONSTANTINOPLE (Concile de), l'an 431 ou 432. Maximien, évêque de Constantinople, déposa dans ce concile quatre métropolitains du parti de Jean d'Antioche : Helladius de Tarse, Luthérius de Tyanes, Himérius de Nicomédie, et Dorothée de Marcianople.

CONSTANTINOPLE (Concile de), l'an 434. Maximien, évêque de Constantinople, étant mort le 12 avril de l'an 434, les évêques de la province s'assemblèrent pour l'élection et l'ordination de son successeur, qui fut Proclus, que son éloquence, son zèle pour la foi et son caractère affable et conciliant rendaient cher à tous les catholiques.

L'élection de Proclus fut notifiée par une lettre synodale du concile à tous les évêques d'Orient, avec ordre de reconnaître le nouveau patriarche et d'embrasser sa communion, sous peine d'être déposés comme schismatiques.

Proclus avait été déjà élu évêque de Cyzique, mais l'opposition du peuple de cette ville ne lui avait pas permis de prendre possession du siège pour lequel il avait été ordonné depuis longtemps. Il continuait donc à remplir les fonctions de prêtre à Constantinople. Toutefois, son élection pour le siège de cette dernière ville fut regardée comme une translation; mais on jugea avec raison que les canons qui le défendaient pouvaient comporter quelquefois une dispense légitime; et pour lever toute difficulté, on produisit des lettres du pape Célestin qui venaient à l'appui de cette décision. L'historien Socrate cite à cette occasion l'exemple de quatorze évêques transférés d'un siège à un autre pour l'utilité de l'Eglise.

CONSTANTINOPLE (Concile de), l'an 439. Dioscore, diacre et depuis patriarche trop fameux de l'Eglise d'Alexandrie, étant alors à Constantinople en qualité d'apocrisiaire de son Eglise, soutenait avec vivacité les droits de son patriarche sur toutes les Eglises d'Orient. Comme l'évêque d'Antioche s'opposait à cette prétention, on décida, dans le concile qu'on tint sur ce sujet à Constantinople, que les canons du concile de Nicée étaient la règle qu'on devait suivre. Théodoret prit en cette occasion le parti de l'évêque d'Antioche, ce qui lui attira pour toujours l'inimitié de Dioscore. *Théodor. epist.* 86.

CONSTANTINOPLE (Concile de), l'an 444. Après la mort de Basile, patriarche d'Ephèse, le clergé de cette ville écrivit à Olympius de Théodosiople en Asie, pour le prier de venir leur ordonner un évêque. Olympius étant arrivé, les évêques, le peuple et le clergé d'Ephèse le firent asseoir de force avec Bassien dans le siège épiscopal qu'ils intronisèrent ainsi pour la seconde fois malgré lui. Saint Proclus de Constantinople, qui prétendait avoir droit d'ordonner les évêques d'Ephèse, refusa d'abord de confirmer l'intronisation de Bassien. Mais Théodose ayant assemblé les évêques à Constantinople, le patriarche de cette ville reçut Bassien à sa communion, mit son nom dans les diptyques, et l'empereur écrivit en sa faveur au peuple et au clergé d'Ephèse, et aux évêques de l'Asie, des lettres appelées synodales, parce qu'elles furent faites avec le consentement et au nom de ce concile.

CONSTANTINOPLE (Concile de), l'an 448. Déposés et excommuniés à Antioche, les quatre accusateurs d'Ibbas portèrent leurs plaintes devant le concile de saint Flavien, évêque de Constantinople. Et ce patriarche, violant les décrets du second concile général qui défend aux évêques d'une province de juger les affaires d'une autre, leva la sentence de déposition prononcée contre Samuel et Cyrus; ce qui causa un grand scandale en Orient.

CONSTANTINOPLE (Concile de), l'an 448. Un différend survenu entre Florent, évêque de Sardes et métropolitain de Lydie, et deux évêques de la même province, donna occasion à saint Flavien, à qui ils avaient chacun envoyé leurs raisons, d'assembler un concile pour les examiner. Il n'y appela, selon toutes les apparences, que les évêques qui étaient à Constantinople pour diverses affaires; encore n'y assistèrent-ils pas tous d'abord; les uns pour raison de maladie, les autres parce qu'ils n'avaient pas été invités de s'y rendre. Les plus connus sont Saturnin de Marcianople, Basile de Séleucie, Séleucus d'Amasée et Julien de Cos.

Le concile s'assembla le lundi 8 novembre, dans la salle du conseil de l'église cathédrale de Constantinople. Après qu'on eut lu les pièces de Florent et des deux évêques ses suffragants, et terminé leur différend, Eusèbe de Dorylée, l'un des évêques du concile, se leva, présenta une requête contre Eutychès, et pressa tant, qu'elle fut lue, et ensuite insérée dans les actes par ordre de saint Flavien, qui présidait à cette assemblée. La requête portait qu'Eutychès ne cessait de proférer des blasphèmes contre Jésus-Christ; qu'il parlait des clercs avec mépris, et accusait Eusèbe lui-même d'être hérétique; c'est pourquoi il priait le concile de faire venir Eutychès pour répondre aux chefs d'accusation qu'il formait contre lui, protestant de son côté, de suivre tous les sentiments du concile d'Ephèse, de saint Cyrille, de saint Athanase, d'Atticus, de saint Procle, et des trois Grégoire de Néocésarée, de Nazianze et de Nysse. Flavien pria par deux fois Eusèbe de voir et d'entretenir Eutychès, pour s'assurer s'il était dans les sentiments qu'il lui imputait, en lui représentant le danger où le jetait une accusation de cette importance, qui pouvait exciter de nouveaux troubles dans l'Eglise. Eusèbe répondit qu'étant auparavant l'ami d'Eutychès, il l'avait souvent averti de se corriger des erreurs dans lesquelles il était tombé depuis, et que ne lui étant pas possible d'entendre davantage ses blasphèmes, il persistait à demander qu'on le fît venir. Le concile ordonna donc qu'Eutychès fût appelé par Jean, prêtre et défenseur de l'Eglise de Constantinople, et par André, diacre, qui lui feraient lecture de la requête présentée contre lui, et l'avertiraient de venir se justifier à la prochaine session.

Elle se tint le vendredi 12 novembre, six jours après la première, et il s'y trouva dix-huit évêques, y compris Eusèbe. On la commença, sur la demande d'Eusèbe, par la lecture de la seconde lettre de saint Cyrille à Nestorius, approuvée par le concile d'Ephèse, et par celle que le même Père écrivit en 433 à Jean d'Antioche sur la réunion; après quoi Eusèbe déclara qu'elles contenaient l'une et l'autre sa croyance sur le mystère de l'Incarnation; que c'était aussi la foi de toutes les Eglises, et que c'était par ces deux lettres qu'il prétendait convaincre ses adversaires. Flavien témoigna qu'il recevait ces lettres comme des paroles du Saint-Esprit et comme une explication fidèle de la foi de Nicée; mais voulant expliquer lui-même sa doctrine, il dit que Jésus-Christ est Dieu parfait et homme parfait, composé d'une âme raisonnable et d'un corps, consubstantiel à son Père selon la divinité, et à sa Mère selon l'humanité, et que des deux natures unies en une hypostase, ou une personne, il résulte après l'Incarnation un seul Jésus-Christ. Que si quelqu'un, ajouta-t-il, est dans une doctrine contraire, nous le séparons de l'assemblée des ministres de l'autel et du corps de l'Eglise. Tous les évêques, excepté Eusèbe, opinèrent ensuite, et confirmèrent ce qu'avait dit Flavien, et la foi expliquée dans les lettres de saint Cyrille. Eusuite Eusèbe demanda que l'on avertît les évêques qui pour cause de maladie, ou pour n'avoir pas su la convocation, ne s'étaient pas trouvés à cette session. Flavien l'ordonna ainsi.

Jean, prêtre, et André, diacre, chargés dès la première session, tenue le 8 novembre, d'aller citer Eutychès, s'étaient acquittés de leur commission, en lui parlant à lui-même dans son monastère. Ils lui avaient lu la requête ou le libelle d'Eusèbe, et lui en avaient donné copie; ils lui avaient aussi déclaré l'accusateur, et dénoncé la citation pardevant le concile, pour qu'il eût à se défendre; mais Eutychès l'avait refusé, disant que dès le commencement il s'était fait une loi de ne point sortir de son monastère, et d'y demeurer comme dans une espèce de sépulcre; que l'on ne devait point avoir d'égard aux accusations d'Eusèbe, qui était son ennemi depuis longtemps; qu'il était prêt à souscrire aux expositions de foi des Pères de Nicée et d'Éphèse; mais que si ces Pères s'étaient trompés en quelque expression, il ne prétendait point la reprendre, ni la recevoir non plus; qu'il n'étudiait que les Écritures comme plus sûres que l'exposition des Pères; qu'après l'incarnation il adorait une seule nature de Dieu incarné. Eutychès s'autorisait beaucoup d'un livre ou d'un mémoire qu'il leur lisait : on ne sait point ce que c'était. Puis il ajoutait : « On m'a calomnié, en me faisant dire que le Verbe a apporté sa chair du ciel. J'en suis innocent. Mais que Notre-Seigneur soit fait de deux natures unies selon l'hypostase, je ne l'ai point appris dans les expositions des Pères, et je ne le reçois point, quand même on me lirait quelque chose de semblable, parce que les saintes Écritures valent mieux que la doctrine des Pères : cependant je confesse que celui qui est né de la Vierge Marie est Dieu parfait et homme parfait, mais non pas qu'il ait une chair consubstantielle à la nôtre. » Le prêtre Jean et le diacre André, qui étaient présents à cette troisième session, déclarèrent qu'ils avaient entendu tout cela de la bouche d'Eutychès, en quoi ils furent appuyés par l'attestation d'un nommé Athanase, diacre de Basile de Séleucie, qui avait aussi été témoin de la conversation qu'ils avaient eue avec cet hérésiarque. Jean écrivit même un mémoire de ce qui s'y passa. Nous l'avons encore; mais ayant oublié d'y mettre qu'Eutychès lui avait dit que la chair de Jésus-Christ n'est pas consubstantielle à la nôtre, il protesta depuis qu'il était prêt à affirmer qu'il lui avait dit en particulier, sans être entendu des autres, que Jésus-Christ a une chair consubstantielle à sa mère, mais non à nous. A quoi il ajoute qu'ayant demandé à Eutychès s'il croyait Jésus-Christ consubstantiel à son Père selon sa divinité, et à nous selon son humanité, Eutychès lui demanda à lui-même ce que portait le symbole. Jean lui répondit qu'il est consubstantiel au Père. « C'est à quoi je me tiens, lui répliqua Eutychès, et vous ferez bien aussi de n'aller pas plus loin. » Jean, André et Athanase ayant certifié tous ces faits dans la troisième session qui se tint le lundi 15 novembre, les évêques comprirent qu'Eutychès était non-seulement dans l'erreur, mais qu'il y persistait. Eusèbe demanda qu'il fût cité une seconde fois. Flavien nomma pour cela les prêtres Mamas et Théophile, à qui l'on donna une lettre de citation où il était marqué que c'était la seconde. La lettre fut lue dans le concile et enregistrée aux actes. En attendant le retour des deux prêtres le concile fit lire les expositions de foi faites par les saints Pères. On parla aussi d'un tome qu'Eutychès avait envoyé dans les monastères pour soulever les moines en sa faveur, et on vérifia qu'il l'avait envoyé au monastère de l'abbé Manuel, pour y être signé. Flavien, à la prière d'Eusèbe, envoya dans les autres monastères de Constantinople et dans ceux de Calcédoine, pour savoir si Eutychès y avait fait passer ce tome, et s'il avait demandé qu'on y souscrivît. Tandis que Flavien donnait ses ordres pour cette perquisition, les prêtres Mamas et Théophile revinrent. Flavien leur ayant ordonné de faire leur rapport, Mamas dit : « Étant arrivé au monastère d'Eutychès, nous avons trouvé des moines devant la porte, à qui nous avons dit d'avertir Eutychès, parce que nous avions à lui parler de la part de l'archevêque et de tout le concile. Ils nous ont répondu qu'il était malade et qu'on ne pouvait le voir. Nous leur avons dit que nous étions envoyés à lui-même avec une citation par écrit, que nous avions en main. S'il ne veut pas nous recevoir, dites-le-nous. Entendant parler d'une citation par écrit, ils nous ont fait entrer, et nous l'avons donnée à Eutychès. Il l'a fait lire devant nous, puis il a dit : Je me suis fait une loi de ne point sortir du monastère, si la mort ne m'y contraint. L'archevêque, et le concile voyant que je suis vieux et cassé, peuvent faire ce qu'il leur plaira. Je les prie seulement que personne ne se donne la peine de venir pour une troisième citation ; je la tiens pour faite. Il nous a pressé de nous charger d'un papier ; mais nous l'avons refusé, en disant : Si vous avez quelque chose à dire, venez le dire vous-même. Nous n'avons pas même voulu en entendre la lecture. Il l'a souscrit, et comme nous sortions, il a dit qu'il l'enverrait au concile. » Le prêtre Théophile ayant confirmé le rapport de Mamas, le concile, sur les remontrances d'Eusèbe, que le prétexte d'Eutychès était tout à fait déraisonnable, ordonna qu'il fût cité pour la troisième fois par Memnon, prêtre et trésorier, par Épiphane et Germain, diacres. Le billet de citation dont on les chargea portait que si Eutychès ne se rendait au concile dans quatre jours, c'est-à-dire, le mercredi 17 novembre, il serait traité selon la rigueur des canons.

Eutychès, sans attendre qu'on lui fît la dernière citation, pria l'abbé Abraham, qui était prêtre, d'aller déclarer de sa part au concile qu'il acceptait tout ce qui avait été décidé par les Pères des conciles de Nicée et d'Éphèse, et tout ce que saint Cyrille avait écrit. Abraham se présenta au concile le 16 novembre, jour auquel se tenait la quatrième session. Ayant eu la permission d'entrer, il dit qu'Eutychès, étant malade, l'avait envoyé pour faire ses excuses. « Il m'a chargé, ajouta-t-il, de quelque autre chose, si vous m'interrogez. » « Comment se peut-il faire, lui répondit Flavien, qu'un homme étant accusé, un autre parle pour lui ? Nous ne le pressons pas. S'il vient ici, il trouvera des pères et des frères. Il ne nous est pas inconnu. Nous conservons encore de l'amitié pour lui. S'il est venu autrefois soutenir la vérité contre Nestorius, combien ne doit-il pas, à plus forte raison, venir la défendre pour lui-même ? Nous sommes hommes. Plusieurs grands personnages se sont trompés. Il n'y a point de honte à se repentir, mais à demeurer dans son péché. Qu'il vienne ici, et qu'il confesse sa faute, nous lui pardonnerons le passé, et qu'il nous assure, pour l'avenir, qu'il se conformera aux expositions des Pères, et qu'il cessera de dogmatiser. » Flavien ajouta, après qu'on se fut levé : « Vous connaissez le zèle de l'accusateur ; le feu même lui paraît froid. Dieu sait combien je l'ai prié de se modérer. Je ne l'ai pas persuadé. Que puis-je faire ? Veux-je votre perte ? Dieu m'en garde. »

Les députés pour la troisième citation, qui en avaient porté l'acte à Eutychès, pendant qu'Abraham venait de sa part au concile, firent leur rapport le lendemain, qui était le dix-septième jour de novembre. Il contenait qu'Eutychès avait envoyé Abraham pour consentir en son nom à tout ce qui avait été déclaré par les Pères de Nicée, d'Éphèse, et par saint Cyrille, et qu'il viendrait lui-même le lundi suivant, 22 novembre, se justifier en personne. Eusèbe de Dorylée, qui craignait de passer pour calomniateur si le concile se contentait d'une semblable déclaration, dit qu'il n'avait pas accusé Eutychès de l'avenir, mais du passé ; que si l'on se contentait de céder aux voleurs qui sont en prison : Ne volez plus, ils le promettraient tous ; qu'il ne prétendait donc pas avoir perdu sa cause, si Eutychès, pour céder au temps ou par quelque autre motif, recevait une profession de foi catholique. « Personne, lui répondit Flavien, ne vous permet de vous désister de votre accusation, ni à Eutychès de ne pas se défendre du passé. Quand Eutychès aurait promis mille fois de souscrire aux expositions des Pères, cela ne vous fait point de préjudice, parce qu'il faut, comme nous l'avons dit souvent, qu'il soit d'abord convaincu du passé, et qu'à l'avenir il satisfasse. » Eusèbe, continuant donc son instance, fit voir, par le témoignage du prêtre Pierre et de Patrice diacre, envoyés pour s'informer du tome d'Eutychès, que ce tome avait été porté de sa part dans les monastères de l'abbé Martin et dans celui de Fauste, pour y être souscrit ; qu'Eutychès étant donc convaincu, d'un côté de troubler l'Église, et de l'autre d'enseigner des hérésies, on devait le traiter suivant la sévérité des canons, sans aucun égard au délai qu'il avait demandé. Flavien en convint ; néanmoins il voulut pour plus grande sûreté qu'on attendît jusqu'au lundi, vingt-deuxième jour de novembre, afin de convaincre le coupable en sa présence.

Dans la sixième session, que l'on tint le vingtième du même mois, on accorda à Eusèbe que l'on appellerait diverses personnes qu'il croyait nécessaires pour poursuivre son accusation ; savoir, Narsès, prêtre et syncelle d'Eutychès, Maxime archimandrite, son ami, Constantin diacre, son apocrisiaire, et Eleusinius, autre diacre de son monastère. Ce fut encore à la réquisition d'Eusèbe que Théophile, qui avait été envoyé avec Mamas pour faire la première citation à Eutychès, fut obligé de rapporter certaines choses qu'il avait tues dans son premier rapport, parce qu'il les regardait comme étrangères à sa commission. Interrogé là-dessus, il dit : « Eutychès nous demanda, au prêtre Mamas et à moi, en présence du prêtre Narsès, de l'abbé Maxime, et de quelques autres moines, en quelle Écriture on trouvait deux natures ; et ensuite qui des Pères a dit que le Verbe ait deux natures ? Nous lui répondîmes : Montrez-nous aussi en quelle Écriture on trouvé le consubstantiel ? Eutychès répondit : Il n'est pas dans l'Écriture, mais dans l'exposition des Pères. Mamas répondit : Il en est de même des deux natures. » — « J'ajoutai, dit Théophile : Le Verbe est-il Dieu parfait ou non ? Eutychès dit : Il est parfait. J'ajoutai : Étant incarné, est-il homme parfait ou non ? Il dit : Il est parfait. Je repris : Donc si ces deux parfaits, le Dieu parfait et l'homme parfait composent un seul Fils, qui nous empêche de dire qu'il est de deux natures ? Eutychès dit : Dieu me garde de dire que Jésus-Christ est de deux natures, ou de raisonner de la nature de mon Dieu. Qu'ils fassent contre moi ce qu'ils voudront. Je veux mourir dans la foi que j'ai reçue. » Flavien demanda à Théophile pourquoi il n'avait rien dit de cela la première fois ? « C'est, répondit Théophile, que, n'ayant été envoyés que pour citer Eutychès, nous avons cru inutile de parler d'autre chose. » Mamas, qui était absent lorsque Théophile racontait ces choses, vint ; on lui lut la déposition de Théophile, après quoi il dit : « Lorsque nous fûmes envoyés à Eutychès, nous ne voulions parler de rien ; mais il entra en dispute, parlant de son dogme. Nous le reprenions doucement. Il disait que le Verbe incarné est venu relever la nature qui était tombée. Je repris aussitôt : Quelle nature ? Il répéta : La nature humaine. Je lui dis : Par quelle nature a-t-elle été relevée ? Il dit : Je n'ai point appris dans l'Écriture qu'il y ait deux natures. Je repris : Nous n'avons point non plus appris dans l'Écriture le consubstantiel, mais des Pères, qui l'ont bien entendu et fidèlement expliqué. Il dit : Je ne raisonne point sur la nature de la divinité, et je ne dis point deux natures, Dieu m'en garde. Me voici. Si je suis déposé, le monastère sera mon tombeau. »

Le lundi 22 novembre, les évêques s'étant assemblés au nombre de vingt-neuf, ou de trente-deux, et même plus, selon Théophane, Eutychès, que l'on avait envoyé chercher en plusieurs endroits inutilement, arriva, escorte d'une troupe de soldats, de moines et d'officiers du prétoire. Suivit de près le silentiaire Magnus, qui demanda à entrer, comme envoyé de l'empereur. Flavien le lui permit, ainsi qu'à Eutychès. Magnus lut un ordre de ce prince, qui portait que le patrice Florent entrerait aussi, pour la conservation de la paix et de la foi. Quand il fut entré, Flavien fit lire les actes des sessions précédentes, afin que l'on vit ce qu'il y avait à faire dans celle-ci. Comme on lisait la lettre de saint Cyrille aux Orientaux, qui avait déjà été lue dans la seconde session, Eusèbe de Dorylée en interrompit la lecture à l'endroit où ce Père marque la distinction des deux natures, et dit, en parlant d'Eutychès : Celui-ci n'en convient pas ; il enseigne le contraire. Florent, au lieu de laisser achever la lecture des actes, comme Eusèbe le demandait, voulut qu'on interrogeât Eutychès sur cet article. Flavien lui dit donc : « Vous avez ouï parler votre accusateur. Dites si vous confessez l'union des deux natures. » Eutychès répondit : « Oui, des deux natures. » Eusèbe dit : Confessez-vous, ou non, qu'il y ait deux natures après l'incarnation, et que Jésus-Christ nous soit consubstantiel selon la chair? Eutychès, au lieu de répondre à Eusèbe, adressa la parole à Flavien, et dit : « Je ne suis pas venu pour disputer, mais pour déclarer à votre sainteté ce que je pense. Je l'ai écrit sur ce papier, faites-le lire. » Flavien lui dit de le lire lui-même; ce qu'il refusa. Après quelques contestations sur ce sujet, Eutychès expliqua sa foi en ces termes : « J'adore le Père avec le Fils, et le Fils avec le Père, et le Saint-Esprit avec le Père et le Fils. Je confesse que le Fils est venu dans la chair, prise de la chair de la sainte Vierge, et qu'il s'est fait homme parfait pour notre salut. Je le confesse ainsi en présence du Père, et du Fils, et du Saint-Esprit, et de votre sainteté. » Flavien, voulant quelque chose de plus précis, lui demanda s'il croyait que Jésus-Christ fût consubstantiel à sa mère et à nous selon son humanité, et qu'il fût de deux natures. Basile de Séleucie le pressa sur la même matière; le patrice Florent en fit autant. Eutychès répondit que jusque-là il n'avait point dit que Jésus-Christ fût consubstantiel aux hommes selon sa chair, mais qu'il était prêt à le dire, puisqu'on le jugeait à propos. Flavien reprit : « C'est donc par nécessité, et non pas selon votre pensée, que vous confessez la foi? » Eutychès dit : « C'est ma disposition présente. Jusqu'à cette heure je craignais de le dire ; connaissant que le Seigneur est notre Dieu, je ne me permettais pas de raisonner sur sa nature; mais puisque votre sainteté me le permet et me l'enseigne, je le dis. » « Nous n'innovons rien, lui dit Flavien ; nous suivons seulement la foi de nos Pères. » Le patrice Florent demanda à Eutychès s'il confessait que Jésus-Christ notre Sauveur est de deux natures après l'incarnation ? Il répondit : « Je confesse qu'il a été de deux natures avant l'union, mais après l'union je ne confesse qu'une nature. » Pressé ensuite par le concile d'anathématiser clairement toute doctrine contraire à celle des lettres de saint Cyrille, il le refusa, disant : « Si je prononce cet anathème, malheur à moi ; car j'anathématise mes pères. » Sur cela les évêques se levèrent et s'écrièrent en disant : « Qu'il soit anathème. » On l'interrogea encore une fois sur les deux natures, à quoi il répondit : « J'ai lu dans saint Cyrille et dans saint Athanase, que Jésus-Christ est de deux natures avant l'union, mais après l'union ils ne disent plus deux natures, mais une. » « En ne disant pas deux natures après l'union, vous admettez, lui dit Basile de Séleucie, un mélange et une confusion. » Le patrice Florent ajouta : « Qui ne dit pas de deux natures et deux natures ne croit pas bien. » Eutychès ne répondit rien. Le concile se leva, en s'écriant que la foi ne pouvant être forcée, c'était en vain qu'on exhortait cet obstiné.

Flavien prononça donc contre lui la sentence en ces termes : « Eutychès, jadis prêtre et archimandrite, est pleinement convaincu, et par ses actions passées, et par ses déclarations présentes, d'être dans l'erreur de Valentin et d'Apollinaire, et de suivre opiniâtrément leurs blasphèmes, d'autant plus qu'il n'a pas même eu égard à nos avis et à nos instructions pour recevoir la saine doctrine. C'est pourquoi, pleurant et gémissant sur sa perte totale, nous déclarons de la part de Jésus-Christ qu'il a blasphémé; qu'il est privé de tout rang sacerdotal, de notre communion, et du gouvernement de son monastère, faisant savoir à tous ceux qui lui parleront ou le fréquenteront à l'avenir qu'ils seront eux-mêmes soumis à l'excommunication. » Après la lecture de cette sentence, qui fut souscrite par trente-deux évêques, le concile se sépara. Eutychès dit tout bas au patrice Florent qu'il appelait au concile de Rome, d'Égypte et de Jérusalem, de tout ce qu'on venait de faire contre lui. Florent, croyant qu'il devait en avertir Flavien, le joignit comme il montait à son appartement, et lui dit qu'Eutychès avait appelé de la sentence. Cela n'empêcha pas Flavien de la mettre à exécution. Il envoya le prêtre Théodose et quelques autres ecclésiastiques ordonner aux moines d'Eutychès de se séparer de leur abbé, menaçant de séparer de la communion des saints mystères ceux qui n'obéiraient point à cet ordre. Ils demeurèrent unis à Eutychès. Flavien, en conséquence, les priva des sacrements pendant près de neuf mois, en sorte qu'on n'offrit point le sacrifice sur l'autel de leur monastère, ni à Noël, ni à l'Epiphanie, ni à Pâques. Quelques-uns d'entre eux moururent pendant cet intervalle, dans les liens de l'excommunication. Flavien fit aussi publier la sentence contre Eutychès dans les églises de Constantinople, et la fit signer dans les monastères. Trente-deux abbés y souscrivirent. on a mis leurs souscriptions à la suite de celles des évêques dans les actes du concile de Constantinople. *D. Ceill.*

CONSTANTINOPLE (Concile de), l'an 449. Eutychès se voyant condamné, s'en plaignit au pape saint Léon, disant qu'on n'avait voulu ni recevoir la requête qui contenait sa profession de foi, ni la lire, quoiqu'il y suivît en tout la foi de Nicée confirmée à Ephèse. Il fit aussi des protestations publiques contre le refus qu'on avait fait de recevoir son appel, et prenant prétexte de cet appel, il demanda à l'empereur Théodose la convocation d'un concile général où il pût être jugé par des personnes de vertu et éloignées de toute injustice. Il écrivit en même temps aux principaux évêques, pour les prévenir contre les évêques du concile de Constantinople, nommément contre Flavien. Dans sa lettre à Dioscore, il lui témoignait combien il serait ravi de l'avoir pour juge, et le priait de se joindre à lui pour obtenir de Théodose la tenue d'un concile universel. L'eunuque Chrysaphe, ennemi de Flavien, se mit du côté d'Eutychès, et on croit que ce fut lui qui obtint de ce prince la convocation du concile de Chalcédoine. La lettre de convocation à Dioscore, évêque d'Alexandrie, est du 30 mars 449.

Aussitôt qu'elle eut été envoyée, tant à Dioscore qu'aux autres évêques des six diocèses soumis à l'empire d'Orient, savoir : l'Egypte, l'Orient, l'Asie, le Pont, la Thrace et l'Illyrie ; Eutychès, dans le dessein de faciliter son rétablissement, soutint que depuis la sentence prononcée contre lui on avait falsifié les actes du concile de Constantinople, en y changeant plusieurs choses, tant de lui que des autres, en en ôtant ce qui servait de preuve à la pureté de sa foi. C'était Flavien qu'il accusait de cette falsification. Il présenta donc une requête à l'empereur Théodose, où il demandait que les évêques et les témoins qui avaient eu part à sa condamnation, de même que les notaires qui en avaient rédigé les actes par écrit, fussent appelés devant Thalassius, évêque de Césarée, pour reconnaître la vérité. Sa requête fut décrétée suivant ses désirs, et le mercredi 13 du mois d'avril de l'an 449, les évêques, au nombre de 30, dont 15 avaient assisté au concile précédent, s'assemblèrent dans le baptistère de l'église de Constantinople. Thalassius présidait à cette assemblée ; le patrice Florent réglait tout, et Macédonius, tribun et notaire, instruisait la procédure. Eutychès n'y vint pas en personne, étant déposé et excommunié ; mais il y envoya Eleusinius et Constantius, tous deux diacres et moines de son monastère. Eusèbe de Dorylée dit que si l'on permettait à Eutychès de se défendre par procureurs, il se retirerait et l'accuserait de même. Meliphtongue, évêque de Juliopolis, s'opposa aussi à l'entrée des députés d'Eutychès ; mais le patrice Florent ayant fait déclarer par le tribun Macédonius que la volonté de l'empereur était qu'ils entrassent, cela leur fut accordé. Macédonius voulut obliger les évêques à jurer qu'ils diraient la vérité sur les actes en question, disant qu'il y avait ordre de ce prince d'exiger d'eux ce serment ; sur quoi Basile de Séleucie dit : « Jusqu'ici nous ne savons point que le serment ait été ordonné aux évêques ; » et là-dessus, on ne persista plus à l'exiger. Flavien représenta les notaires qui avaient rédigé les actes du concile. Ils en produisirent les originaux, et Constantius, l'un des envoyés d'Eutychès, en apporta une copie. Il ne se trouva aucune différence pour les deux premières sessions, mais on chicana beaucoup sur la manière dont les députés du concile avaient rapporté les réponses d'Eutychès, et sur l'anathème prononcé contre lui par les évêques. Constantius prétendit que, lorsqu'on lisait la sentence de déposition, Eutychès en avait appelé aux conciles des évêques de Rome, d'Alexandrie et de Jérusalem, et qu'il avait même donné un acte par écrit de cet appel, qu'on n'avait pas voulu recevoir ; mais Flavien, le patrice Florent, Basile de Séleucie et tous les autres évêques déclarèrent qu'ils n'avaient pas entendu dire un seul mot de cet appel pendant les séances du concile. Le patrice convint qu'Eutychès lui avait dit tout bas à l'oreille, mais après le concile fini, qu'il appelait de la sentence. Il conclut l'assemblée en déclarant qu'il porterait à l'empereur les actes de ce qui s'était passé. On n'y avait point examiné s'il était vrai, comme le prétendait Eutychès, que sa sentence avait été dressée avant même qu'il comparût ; c'est pourquoi il donna sa requête à Théodose, demandant que le silentiaire Magnus fût entendu sur ce fait ; ce qui lui fut accordé : et ce prince commit pour l'entendre Ariobende, maître des offices. Magnus comparut le 27 avril de la même année 449, et déclara qu'on lui avait montré la sentence de la condamnation d'Eutychès toute écrite avant le concile. Le notaire Macédonius déclara aussi que le prêtre Astérius l'avait averti que les autres notaires avaient falsifié les actes. Cette dernière procédure fut faite comme la première, sur les instances de Constantius, l'un des agents d'Eutychès. Flavien obligé, par ordre de l'empereur, de donner sa confession de foi, déclara qu'il suivait la doctrine des conciles de Nicée, de Constantinople et d'Ephèse ; qu'il reconnaissait en Jésus-Christ deux natures, après comme avant l'incarnation, en une hypostase ou une personne ; qu'il ne refusait pas même de dire une nature du Verbe divin, pourvu que l'on ajoutât, incarnée et humanisée. Enfin, il anathématisa tous ceux qui divisaient Jésus-Christ en deux, et nommément Nestorius. *D. Ceill.*

CONSTANTINOPLE (Concile de), l'an 450. L'empereur Théodose, en répondant à la lettre synodale de saint Léon (*Voyez* ROME, l'an 449), le priait d'approuver l'ordination d'Anatolius, évêque de Constantinople à la place de Flavien.

Anatolius lui écrivit lui-même pour demander la communion du saint-siège ; mais saint Léon, à qui l'ordination de cet évêque était suspecte, à cause que ceux qui l'avaient faite étaient du parti de Dioscore, ne voulut ni lui accorder ni lui refuser sa communion, jusqu'à ce qu'il fût mieux informé de sa foi,

Il envoya des légats à Théodose, avec une lettre pour ce prince, où il lui disait qu'il confirmerait l'ordination d'Anatolius, s'il faisait une profession publique, devant le clergé et le peuple de Constantinople, de la doctrine contenue dans sa lettre à Flavien, dans la seconde de saint Cyrille à Nestorius et dans les passages des Pères insérés aux actes du concile d'Ephèse, et s'il en donnait une déclaration signée de sa main, qui pût être publiée dans toutes les Eglises. Les légats, qui n'étaient partis de Rome que sur la fin de juillet de l'an 450, n'arrivèrent à Constantinople qu'après la mort de Théodose, qu'on met au 28 du même mois. Marcien, son successeur, reçut favorablement les légats; c'étaient les évêques Abundius et Astérius, et les prêtres Basile et Sénateur. Aussitôt après leur arrivée, Anatolius assembla un concile des évêques qui se trouvaient en cette ville, avec les abbés, les prêtres et les diacres. Abundius présenta la lettre de saint Léon à Flavien, avec les passages des Pères grecs et latins qui en appuyaient la doctrine; on la lut publiquement, et elle fut trouvée conforme aux sentiments des Pères, dont on lut aussi les témoignages; après quoi Anatolius y souscrivit, disant anathème à Nestorius et à Eutychès, à leurs dogmes et à leurs sectateurs. Tous les évêques présents, les prêtres, les abbés, les diacres y souscrivirent de même, excepté les abbés Carose, Dorothée, Maxime et quelques autres eutychiens qu'on ne put fléchir. On dressa un acte de ces signatures en présence des légats, qui l'envoyèrent au pape avec la relation de tout ce qu'ils avaient fait. *D. Ceill.*

CONSTANTINOPLE (Concile de), vers l'an 457. Après avoir usurpé le siége d'Alexandrie, le même Timothée persécuta les catholiques dans toute l'Egypte; il en fit chasser les évêques orthodoxes, mit partout dans les églises et les monastères des évêques et des prêtres de son parti, défendit à tous les autres d'exercer aucune fonction, et aux fidèles de communiquer avec eux; de sorte que les ecclésiastiques se trouvèrent contraints, pour échapper aux violences des factieux, de prendre la fuite, ou de se tenir soigneusement cachés. Plusieurs évêques catholiques se rendirent à Constantinople et présentèrent au nom de tous une requête à l'empereur, pour demander la déposition de Timothée, l'élection canonique d'un patriarche et le maintien de la doctrine définie à Chalcédoine. De leur côté les eutychiens envoyèrent une députation, avec des lettres portant que les magistrats et le peuple d'Alexandrie ne voulaient point d'autre évêque que Timothée, et un mémoire fort artificieux dans lequel ce moine s'efforçait de montrer que le saint concile de Chalcédoine avait embrassé le nestorianisme. L'empereur Léon renvoya toutes ces pièces au patriarche de Constantinople, et lui proposa d'assembler son clergé avec tous les évêques qui se trouvaient dans cette ville, pour donner leur avis sur l'élection de Timothée et sur les décisions du concile de Chalcédoine. Il écrivit en outre au pape saint Léon, à Basile d'Antioche, à Juvénal de Jérusalem et aux métropolitains des Eglises d'Orient, les priant de réunir pour le même objet les évêques de leur province.

Anatolius tint un concile nombreux dont le résultat fut une lettre synodale adressée à l'empereur pour lui déclarer qu'on devait regarder comme nulle l'ordination de Timothée, et qu'il n'était pas permis de remettre en question la doctrine d'un concile reçu de toute l'Eglise.

CONSTANTINOPLE (Concile de), vers l'an 459. On n'a rien de bien assuré sur l'année du concile que Gennade, patriarche de Constantinople, tint en cette ville avec quatre-vingt-un évêques de diverses provinces, mais qui paraissent s'être rencontrés à la cour, sans qu'on les eût convoqués exprès. Comme la plupart étaient d'Egypte, et avaient signé la requête présentée à l'empereur Léon en 457 contre Timothée Elure, qui les avait chassés de leur pays, il est vraisemblable que ce concile se tint vers l'an 459, où les évêques d'Egypte se trouvaient à Constantinople. Il ne nous reste de ce concile que la lettre circulaire du patriarche Gennade contre la simonie. Tous les évêques y souscrivirent; après quoi il l'envoya au pape, afin qu'il l'approuvât, et à tous les métropolitains de l'Orient, afin qu'ils en envoyassent des copies à leurs suffragants, et que tous les fidèles s'unissent en un même esprit pour combattre un vice si dangereux et si déshonorant pour l'Eglise. Le concile de Chalcédoine avait déjà condamné la simonie par un canon exprès; Gennade et son concile renouvelèrent cette défense, ajoutant l'anathème à la déposition, pour empêcher que personne n'osât corrompre par des interprétations et des sophismes, la pureté et la simplicité de l'Evangile et de l'Eglise. Ils déclarèrent donc déposés et excommuniés, sans aucune exception, tous clercs ou laïques qui auraient voulu acheter ou vendre le ministère ecclésiastique, disant qu'il fallait que la grâce fût toujours grâce, et qu'elle ne s'achetât point par argent. Balsamon a placé cette lettre dans le corps des lois ecclésiastiques. *D. Ceill.*

CONSTANTINOPLE (Concile de), l'an 478. Acace, patriarche de Constantinople, fit condamner et déposer dans ce concile Pierre le Foulon, Jean d'Apamée et Paul d'Ephèse. Il en écrivit ensuite au pape Simplicius, en priant ce pontife de ne pas recevoir à pénitence et de ne pas même daigner voir les trois évêques déposés, s'ils avaient recours à lui.

Ce concile est rapporté par le P. Labbe à l'an 483, et au commencement du pontificat de Félix II, apparemment parce qu'il ignorait la lettre d'Acace au pape Simplice au sujet de Pierre le Foulon.

CONSTANTINOPLE (Concile de), l'an 492. Euphémius étant monté sur le siége patriarcal de Constantinople, assembla ce concile, où il confirma les décrets de celui de Chalcédoine; après quoi, il en envoya les actes au pape Félix II; mais ce pape étant mort, et Gélase lui ayant succédé, celui-ci, tout en louant l'orthodoxie d'Euphémius, refusa de le reconnaître pour évêque, parce qu'il avait conservé dans les diptyques le nom de son prédécesseur Acace, déposé par le saint-siége. (*Schram. in hunc annum.*) Labbe rapporte ce concile à l'an 484; c'est peut-être une suite de l'erreur commise par rapport au concile précédent.

CONSTANTINOPLE (Conciliabule de), vers l'an 496. Le patriarche Euphémius ayant encouru la disgrâce de l'empereur Anastase, qui l'accusa d'avoir favorisé la révolte des Isaures, ce prince le fit déposer et excommunier par quelques évêques réunis à Constantinople, qui, par une basse complaisance, mirent à sa place le prêtre Macédonius. Anastase fit en outre confirmer par les mêmes prélats l'hénotique de l'empereur Zénon.

CONSTANTINOPLE (Concile de), vers l'an 496. Le patriarche Macédonius confirma dans ce concile les décrets de Chalcédoine, et s'y sépara de la communion des patriarches d'Antioche et d'Alexandrie qui les rejetaient. Victor de Tunone dit, au contraire, que Macédonius condamna dans ce concile ceux qui recevaient les décrets de Chalcédoine et ceux qui soutenaient les erreurs de Nestorius et d'Eutychès. Mais il est évident qu'il y a une faute en cet endroit, et qu'au lieu de *suspiciunt*, il faut lire *despiciunt*; puisque Victor de Tunone reconnaît, quelques lignes plus loin, que l'empereur Anastase fit déposer et envoyer en exil Macédonius avec plusieurs ecclésiastiques, parce qu'ils ne voulaient pas condamner le concile de Chalcédoine.

CONSTANTINOPLE (Synode de), l'an 498. Macédonius, se voyant rétabli sur le siége de Constantinople, y tint ce synode, dans lequel il souscrivit au concile de Chalcédoine, mais sans faire mention de l'hénotique de Zénon, pour ne pas déplaire à l'empereur Anastase. *Lib. Synod.*

CONSTANTINOPLE (Conciliabule de), l'an 512. L'hérétique Timothée rejeta le concile de Chalcédoine dans ce synode, assemblé tumultuairement, dont les actes furent réprouvés de toutes les Eglises. *Lib. Synod.*

CONSTANTINOPLE (Conciliabule de), l'an 516. L'eutychien Timothée, patriarche intrus de Constantinople, mis à la place de Macédonius, exilé par Anastase, condamna dans cette assemblée le concile de Chalcédoine.

CONSTANTINOPLE (Concile de), l'an 518. Ce concile fut assemblé le 20 juillet, par l'ordre de Jean de Cappadoce, nouvellement élu patriarche de cette ville; mais celui-ci n'y assista pas lui-même, et le concile fut présidé par Théophile d'Héraclée. Quarante évêques y furent présents, et tous ordonnèrent, de concert et conformément aux vœux des moines, le rétablissement d'Euphémius et de Macédonius dans les diptyques; le rappel de ceux qui avaient été exilés à leur occasion; le rétablissement, dans les diptyques, des noms des quatre conciles généraux et du pape saint Léon, et enfin la condamnation de Sévère, faux patriarche d'Antioche, dont le concile rappela les principaux blasphèmes. Après avoir ainsi statué sur la requête des abbés des monastères, les Pères du concile écrivirent une lettre synodale au patriarche de la ville, afin qu'il en fît son rapport à l'empereur, à l'impératrice et au sénat.

Le concile écrivit aussi au pape Hormisdas pour lui demander sa communion, et l'envoi de légats qui fussent chargés de réconcilier à l'Eglise ceux qui étaient tombés dans le schisme ou l'hérésie, et de rendre la paix à toutes les Eglises. *Labb.* IV. *Voy.* l'art. suiv.

CONSTANTINOPLE (Concile de), le jeudi saint de l'an 519. Ce concile, ou plutôt cette assemblée générale du clergé et du peuple de Constantinople, fut présidée par les légats venus dans cette ville de la part du pape Hormisdas. Le patriarche de Constantinople y souscrivit, en présence de l'empereur, du sénat et de tous les assistants, le célèbre formulaire prescrit par Hormisdas, et conçu en ces termes :

« La première condition du salut, c'est de garder la règle de la vraie foi, et de ne s'écarter en rien de la tradition des Pères. Et parce qu'il est impossible que la parole de Notre-Seigneur ne s'accomplisse point, quand il a dit : *Tu es Pierre, et sur cette pierre je bâtirai mon Eglise*, l'événement a justifié ces paroles; car la religion catholique est toujours demeurée inviolable dans le siége apostolique. Ne voulant donc pas déchoir de cette foi, et suivant au contraire en toutes choses les ordonnances des Pères, nous anathématisons toutes les hérésies, principalement l'hérétique Nestorius, jadis évêque de Constantinople, condamné au concile d'Ephèse par le bienheureux Célestin, pape de Rome, et par le vénérable Cyrille, évêque d'Alexandrie; et avec lui nous anathématisons Eutychès et Dioscore, évêque d'Alexandrie, condamnés au saint concile de Chalcédoine, lequel nous suivons et embrassons, et qui, se conformant lui-même au saint concile de Nicée, a prêché la foi des apôtres. Nous leur joignons dans le même anathème et dans la même condamnation le parricide Timothée, surnommé Elure, et son disciple en tout, Pierre Monge d'Alexandrie. Nous anathématisons pareillement Acace, autrefois évêque de Constantinople, devenu leur complice et leur partisan, ainsi que ceux qui ont persévéré dans leur communion; car, en embrassant la communion de ces hommes, Acace a mérité un sort semblable au leur. Nous condamnons de même Pierre le Foulon d'Antioche avec tous ses partisans. Nous recevons au contraire et approuvons toutes les lettres que le bienheureux pape Léon a écrites sur les points de la religion chrétienne, suivant en tout le siége apostolique, ainsi que nous l'avons déjà déclaré, et soutenant hautement tous ses décrets. Et j'espère être avec vous dans une même communion, ou dans la communion de la chaire apostolique, dans laquelle réside la vraie, entière et parfaite solidité de la religion chrétienne, promettant aussi de ne point réciter dans les saints mystères les noms de ceux qui sont séparés de la communion de l'Eglise catholique, c'est-à-dire de ceux qui ne sont pas d'accord avec le siége apostolique ; que si je me permets de m'écarter en quelque chose de la profession que je viens de faire, je me déclare, par ma propre sentence, au nombre de ceux que je viens de condamner. J'ai souscrit de ma main à cette profession, et je l'ai envoyée par écrit à vous, Hormisdas, saint et vénérable pape de la ville de Rome. »

Tel est le formulaire de réunion que souscrivit, avec quelques mots d'explication, le patriarche de Constantinople, et qui continua de servir de profession de foi pour toute l'Eglise d'Orient. Quand il l'eut signé, l'empereur, le sénat et tous les assistants en ressentirent une si grande joie, qu'ils en versaient des larmes ; tout retentissait d'acclamations à la louange du pape comme de l'empereur. Les légats envoyèrent à Rome deux exemplaires du formulaire souscrit par le patriarche, l'un en grec et l'autre en latin. On effaça des diptyques les noms d'Acace et de ses successeurs, sans excepter ceux de Macédonius et Euphémius, qui, quoique orthodoxes, n'avaient jamais été reconnus en qualité d'évêques par le saint-siége. On effaça de même les noms des empereurs Zénon et Anastase, pour la faveur qu'ils avaient accordée aux hérétiques. Tous les évêques qui se trouvaient à Constantinople signèrent aussi le formulaire, et les légats eurent grand soin de ne communiquer avec aucun d'entre eux, qu'il n'eût auparavant rempli cette formalité. Tous les archimandrites en firent autant, après quelques difficultés, et ainsi fut terminé le schisme de Constantinople, après avoir duré trente-cinq ans, depuis la condamnation d'Acace. *Labb.* IV.

CONSTANTINOPLE (Concile de), le 25 février 520. Dans ce concile, où se trouvèrent vingt évêques, et auquel présida Théophile d'Héraclée, Epiphane fut élu patriarche de Constantinople à la place de Jean, qui était mort au commencement de cette année. Les Pères du concile demandèrent ensuite la confirmation de cette élection au pape Hormisdas, par une lettre synodale qu'ils lui écrivirent. Toutefois le patriarche eut déplut au souverain pontife, pour s'être contenté de lui écrire, et encore tardivement, une simple lettre, au lieu de lui avoir envoyé des députés, selon la coutume, pour lui notifier son élection. *Ibid.*

CONSTANTINOPLE (Concile de), l'an 530 ou 531. Epiphane, patriarche de Constantinople, convoqua ce concile pour soutenir ses prétentions par rapport aux évêques d'Orient, qu'il disait ne pouvoir être ordonnés que par lui : et comme Etienne, métropolitain de Larisse en Thessalie, avait été ordonné dans un concile, tenu la même année en cette métropole, sans la participation d'Epiphane, le concile de Constantinople suspendit Etienne de ses fonctions. Mais celui-ci appela de cette sentence, en protestant avec énergie que, suivant l'ancienne coutume, c'était au saint-siége à le juger. « L'autorité du saint-siége, dit-il, lui vient de Dieu

(1) Peut-être y a-t-il dans l'ouvrage une faute d'impression.

et de notre Sauveur. Le souverain des Apôtres surpasse tous les priviléges des autres Eglises, qui toutes ne reposent véritablement en paix que dans la confession de foi de l'Eglise de Rome. » *Baluz.*

CONSTANTINOPLE (Conférence de), l'an 532, selon les auteurs de l'*Art de vérifier les dates*, ou 533, selon le P. Labbe et quelques autres. Cette conférence, qui dura ou qui reprit pendant trois jours consécutifs, se tint, par l'ordre de l'empereur, entre six évêques catholiques et six autres du parti de Sévère, patriarche eutychien d'Antioche. La victoire demeura aux catholiques, qui ramenèrent à la vraie doctrine un des six évêques eutychiens, et avec lui bon nombre de clercs et de moines. *Labb.* IV.

CONSTANTINOPLE (Synode de), l'an 536. Le P. Richard prétend qu'il y eut cette année deux conciles tenus à Constantinople, l'un par le pape saint Agapit, où *on* condamna, dit-il avec l'auteur de *l'Art de vérifier les dates*, le patriarche Anthime, et *on* élut à sa place Mennas ; l'autre, présidé par le patriarche Mennas lui-même après la mort du pape. Cette prétention, qui tendrait à ravir au saint-siége un des plus célèbres monuments de sa primauté, n'est appuyée sur aucune preuve solide, et se trouve de plus démentie par l'histoire. Il est faux que le pape saint Agapit ait assemblé un concile pour juger Mennas ; mais il le jugea et le condamna lui-même de sa propre autorité. « Le pontife romain, dit formellement à ce sujet le P. Noël-Alexandre, ne pouvait exercer plus glorieusement sa primauté qu'en déposant un patriarche hérétique et en donnant un autre à sa place, sans convoquer aucun concile : *Idque nulla synodo convocata.* » Après qu'Anthime eut été ainsi déposé, le pape réunit en synode, mais seulement alors, le clergé et le peuple de Constantinople, pour procéder selon les canons à l'élection d'un nouvel archevêque, et tous les suffrages s'étant accordés en faveur de Mennas, le pape ratifia cet heureux choix, et consacra de sa main le nouveau pontife.

Le pape ne survécut pas longtemps à cet acte de sa suprême autorité. Sur de nouvelles plaintes qu'il reçut des évêques d'Orient et de Palestine, ainsi que des archimandrites d'Orient, de Palestine et de Constantinople, il venait de convoquer un concile contre Anthime, déjà déposé, et quelques autres sectateurs d'Eutychès, quand il mourut à Constantinople le 17 avril, selon M. Rohrbacher, le 22 selon l'auteur de l'*Art de vérifier les dates*, ou le 20 septembre (1), selon le P. Alexandre. Le concile convoqué par le pape se tint effectivement peu de semaines après sa mort : cinquante évêques s'y trouvèrent ; Mennas y présida comme vicaire du siége apostolique, et avec lui les anciens légats du pape défunt qui n'avaient pas encore repris le chemin de l'Italie. Ce concile de Constantinople eut cinq sessions. Les trois premières furent employées à faire des recherches sur la personne d'Anthime, et à le citer à comparaître pour répondre à ses accusateurs. Dans la quatrième, et à la suite de ces trois citations canoniques auxquelles il ne répondit pas, Anthime, qui était évêque de Trébisonde avant d'usurper le siége de Constantinople, fut définitivement dépouillé, même de son premier évêché, et frappé d'anathème. Ce fut Mennas qui prononça la sentence. Les évêques, dans leurs acclamations, demandaient qu'avec Anthime on anathématisât en même temps Sévère d'Antioche, Pierre d'Apamée et le moine Zoaras. Mennas les pria de prendre patience jusqu'à ce qu'il eût informé l'empereur : « Car pour nous, comme votre charité le sait, ajouta-t-il, nous suivons le siége apostolique et nous lui obéissons; ceux qu'il reçoit à sa communion, nous les recevons à la nôtre; ceux qu'il condamne, nous les condamnons. »

Dans la session cinquième, le concile prononça solennellement anathème contre Sévère, Pierre et Zoaras, comme déjà condamnés par le pape S. Hormisdas, dont on avait lu deux lettres à ce sujet. Enfin, pour l'exécution civile des jugements du concile, l'empereur Justinien rendit, le 6 août de la même année 536, une constitution où il dit : « Par cette loi, nous ne faisons rien d'insolite; car chaque fois que le jugement des pontifes a déposé quelqu'un du trône sacerdotal, l'empire a joint son suffrage à la sentence des pontifes. De cette manière la puissance divine et la puissance humaine étant d'accord prononcent une même sentence. Ainsi est-il arrivé récemment au sujet d'Anthime, qui a été chassé du trône de cette ville impériale par le pontife de la très-sainte Eglise de l'ancienne Rome, Agapit, de sainte et glorieuse mémoire. » En conséquence, il confirme la sentence du concile, et défend à Anthime, à Sévère, à Pierre et à Zoaras, d'entrer dans Constantinople ou dans toute autre ville considérable. Il veut que les écrits de Sévère soient brûlés, et défend, sous de fortes peines, de les transcrire. *Labb.* V.

CONSTANTINOPLE (Concile de), l'an 543. Mennas, patriarche de Constantinople, y approuva l'édit de l'empereur Justinien qui anathématisait Origène et les erreurs qui lui sont attribuées. La condamnation d'Origène fut une occasion pour Théodore de Cappadoce, origéniste et acéphale caché, de demander la condamnation des trois fameux chapitres tirés de Théodore de Mopsueste, d'Ibas et de Théodoret. Théodore faisait entendre à l'empereur que les acéphales se réuniraient à l'Eglise, et recevraient le concile de Chalcédoine, du moment où ces trois chapitres seraient condamnés. *L'Art de vérifier les dates.*

Il faut, dit le P. Richard, distinguer deux sortes d'origénistes, savoir, les disciples d'Origène, surnommé l'*Impur*, et ceux d'Origène *Adamance*, ce célèbre écrivain dont nous avons tant d'ouvrages, et qui vivait dans le troisième siècle. Les premiers, surnommés *Vilains*, soutenaient toutes les abominations de leur chef, qui enseignait que le démon avait inventé le mariage, et qu'il était permis d'empêcher la génération par les voies les plus infâmes et les plus exécrables. Les derniers suivaient les erreurs attribuées à Origène Adamance, comme d'avoir enseigné que le Verbe n'était pas Dieu, et qu'il ne connaissait pas le Père; que l'âme de Jésus-Christ était unie au Verbe avant d'être unie au corps que le Verbe a pris; que le Verbe s'est uni successivement à toutes les créatures raisonnables; que les corps, après la résurrection, seront corruptibles et mortels; que les bienheureux pourront déchoir de leur état de félicité, et que les peines des réprouvés ne seront point éternelles; que l'âme est mortelle; que les astres sont animés; que Jésus-Christ est mort pour les astres et les démons, et qu'il sera crucifié de nouveau pour racheter tous les réprouvés; que la puissance de Dieu n'est point infinie, et qu'elle a été épuisée par la création du monde; que Marie n'a point été exempte de tout péché actuel; que pour être sauvé, il faut nécessairement se faire eunuque par le fer ou par des remèdes extérieurs, etc. Les origénistes furent condamnés par le concile de Constantinople, de l'an 553, qui est le cinquième général. Cette condamnation est renfermée en quinze canons, sous ce titre : *Canones concilii Constantinopolitani II, adversus Origenem.*

CONSTANTINOPLE (Concile de), l'an 547 ou 548. Ce fut le pape Vigile, qui était alors à Constantinople, qui présida à ce concile, composé de trente évêques, suivant Facundus d'Hermiane, ou plutôt de soixante-dix selon le P. Alexandre, et assemblé à la prière de l'empereur Justinien pour l'examen des trois chapitres, c'est-à-dire, de trois écrits qui furent déférés à l'Eglise comme contenant les blasphèmes et l'hérésie de Nestorius. Ces écrits étaient : 1° l'ouvrage de Théodore, évêque de Mopsueste; 2° la lettre d'Ibas, évêque d'Edesse, à un Persan nommé Maris; 3° les ouvrages de Théodoret, évêque de Cyr, contre les douze anathématismes de saint Cyrille. Le pape, ayant reçu par écrit l'avis de chacun des évêques assemblés, donna lui-même son avis sous le nom de jugement ou *judicatum*, le onze avril de l'an 548. Il y condamne les trois chapitres sans préjudice du concile de Chalcédoine, qui s'était abstenu de les condamner, et à la charge que personne ne parlera plus de cette question, ni de vive voix ni par écrit. Il crut devoir user de cette condescendance et de cette prudence tout à la fois, pour conserver la paix avec les deux partis opposés, c'est-à-dire, avec les Orientaux qui voulaient la condamnation des trois chapitres, et les Occidentaux qui tenaient à la pure observation des canons de Chalcédoine. Mais cette demi-mesure, employée par le pape Vigile pour contenter tous les partis, ne satisfit ni les uns ni les autres.

CONSTANTINOPLE (Concile de), l'an 551. Ce concile fut composé de treize évêques latins, et présidé par le pape Vigile. Le pape, de concert avec les évêques, y déposa Théodore, évêque de Césarée en Cappadoce, et suspendit de la communion Mennas, patriarche de Constantinople, et les autres complices de Théodore, qui voulaient lui faire condamner avec publicité les trois chapitres, plutôt par esprit de parti, que par amour pour la vérité. La sentence du pape est datée du 14 août.

CONSTANTINOPLE (Concile de), cinquième œcuménique, l'an 553. Le motif de la tenue de ce concile fut l'examen des trois chapitres, c'est-à-dire, des écrits de Théodore de Mopsueste, des anathématismes de Théodoret opposés à ceux de saint Cyrille, et de la lettre d'Ibas à Maris. Le pape avait demandé à l'empereur que le concile fût tenu en Italie ou du moins en Sicile, et que les évêques d'Afrique et des autres provinces latines y fussent appelés; mais, au mépris de toutes les conventions, Justinien convoqua subitement le concile, par un édit adressé aux patriarches et aux évêques qui se trouvaient alors réunis dans la capitale de l'empire.

Ce concile, tout irrégulier qu'il était dans sa convocation, ne laissa pas de s'assembler le 4 mai 553. On put y compter cent cinquante et un évêques, et dans ce nombre cinq africains, dont l'un, Sextilius, évêque de Tunis, représentait Primase de Carthage, ordonné l'année précédente malgré le clergé et le peuple, et intronisé avec grande effusion de sang à la place de l'évêque Réparat, envoyé en exil sur une accusation calomnieuse. D'après les ordres de l'empereur, le gouverneur d'Afrique envoya, pour soutenir le parti de la cour, les évêques les plus intéressés et les plus ignorants qu'il put réunir; l'un d'eux avait été convaincu d'adultère six ans auparavant à Constantinople. C'est ce que dit le clergé d'Italie dans son mémoire aux ambassadeurs de Théodebald d'Austrasie. Tels étaient les évêques d'Afrique qui, seuls de tout l'Occident, assistèrent au concile de Constantinople.

Le concile étant donc assemblé, on lut d'abord l'édit impérial de convocation ; ensuite la confession de foi que le patriarche Eutychius avait présentée au pape Vigile, et la réponse approbative que le pape y avait faite. Après quoi, lui envoyant une députation solennelle, composée des trois patriarches de Constantinople, d'Alexandrie et d'Antioche, et de seize métropolitains, le concile pria le très-saint pape Vigile de vouloir bien discuter l'affaire des trois chapitres avec les autres évêques, comme il l'avait promis dans ses lettres à Eutychius. Le pape répondit qu'il ne pouvait répondre pour le moment, à cause d'une indisposition, mais que le lendemain il ferait connaître sa résolution touchant l'assemblée. Ainsi finit la première conférence ou séance de ce concile.

Dans la seconde, les patriarches et les métropolitains qui étaient allés retrouver le pape pour le prier de se rendre au concile, firent le rapport du mauvais succès de leur députation. Le pape leur avait répondu nettement qu'il ne pouvait se rendre à leur assemblée, parce qu'il s'y trouvait beaucoup d'évêques orientaux contre très-peu d'occidentaux ; mais qu'il mettrait son avis par écrit, et l'enverrait à l'empereur. Les députés avaient insisté sur la promesse qu'il avait faite d'entrer en délibération avec les évêques réunis, et sur l'exemple des quatre premiers conciles œcuméniques, où très-peu d'occidentaux avaient assisté : le pape s'était constamment refusé à leur demande, qui n'était fondée que sur de vaines allégations, puisque la promesse qu'ils lui rappelaient n'avait été que conditionnelle, et que, quant aux conciles précédents dont ils lui opposaient l'exemple, tous les occidentaux y avaient été du moins convoqués. Les patrices qui avaient accompagné les évêques dans leur députation au nom de l'empereur rapportèrent de même pour réponse que le pape leur avait promis simplement de faire savoir à l'empereur dans quelques jours ce qu'il pensait sur cette affaire. Alors les juges que l'empereur avait nommés pour maintenir l'ordre dans l'assemblée ordonnèrent aux évêques de tenir leur concile, malgré le refus que faisait le pape d'y prendre part. En conséquence, les évêques assemblés envoyèrent prier quatre évêques du patriarcat d'Occident, qui se trouvaient aussi à Constantinople, de venir partager leurs délibérations. Le premier de ces évêques, Primase d'Adrumet en Afrique, répondit à la députation qui lui fut envoyée, qu'il ne pouvait se rendre dans un concile où le pape ne se trouvait pas. Les trois autres, qui étaient de la province d'Illyrie, déclarèrent à leur tour qu'ils consulteraient à ce sujet leur métropolitain. La réponse de ces derniers ne déplut pas au concile, parce qu'on savait que Bénénatus, le métropolitain, qu'ils invoquaient, était dans les sentiments des Orientaux. C'est à quoi se termina l'objet de la deuxième conférence.

Le neuf mai, les évêques de l'assemblée tinrent la troisième, où ils ne firent que déclarer qu'ils tenaient la foi des quatre conciles généraux, et condamnaient tout ce qui pourrait leur être contraire ou injurieux; et qu'ils suivaient aussi tous les Pères orthodoxes, nommément saint Athanase, saint Hilaire, saint Basile, saint Grégoire de Nazianze, saint Grégoire de Nysse, saint Ambroise, saint Augustin, Théophile, saint Jean Chrysostome, saint Cyrille, saint Léon et Proclus. Quant aux trois chapitres, ils en remirent l'examen à un autre jour.

Ce fut le douzième de mai, à la quatrième conférence, qu'ils commencèrent l'examen de la doctrine de Théodore de Mopsueste. Un diacre notaire en lut divers extraits, au nombre de soixante-onze articles, par lesquels il fut clairement démontré que cet auteur avait enseigné la doctrine de Nestorius et plusieurs autres impiétés déjà condamnées par l'Eglise. Il soutient en effet dans ses livres contre Apollinaire, que ce n'est pas Dieu le Verbe consubstantiel au Père, qui est né de la Vierge, mais son temple; il doute même si le Verbe y a habité dès le moment de sa formation, et il croit que le Verbe perfectionna ce temple peu à peu, et qu'on l'adore à cause de son union avec le Verbe. Dans ses commentaires sur saint Jean, il prétend qu'il y a de la folie à croire que le Sauveur, en soufflant sur ses apôtres après sa résurrection, leur a donné le Saint-Esprit, et que quand saint Thomas s'est écrié : « Mon Seigneur et mon Dieu, » ce n'était pas à Jésus-Christ qu'il parlait, mais à Dieu, qu'il louait de l'avoir ressuscité; il enseigne que nous sommes baptisés en Jésus-Christ, comme les Israélites le furent en Moïse, et que nous sommes appelés chrétiens, comme on appelle les platoniciens, les épicuriens, les marcionites et les manichéens du nom des auteurs de leur secte. Dans ses livres sur l'Incarnation, il dit que Jésus-Christ est l'image de Dieu et qu'on l'honore de même qu'on honore l'image de l'empereur. Dans ses commentaires sur saint Luc, il soutient que Jésus-Christ est fils adoptif comme les autres. Dans ses commentaires sur saint Matthieu, il prétend que les anges qui s'approchèrent de Jésus-Christ dans le désert pour le servir, l'ont servi comme serviteur et ami de Dieu. Il enseigne aussi que Jésus-Christ a combattu contre les passions de l'âme, contre les souffrances de son corps, et qu'il s'exerçait à les vaincre par la vertu de la divinité qui habitait en lui. A ces paroles, tous les évêques du concile s'écrièrent : « Nous avons déjà condamné ces blasphèmes. « Anathème à Théodore de Mopsueste et à ses « écrits. Cela est contraire à la doctrine de « l'Eglise et des Pères, plein d'impiété; Théo« dore et Judas, c'est tout un. » Il dit autre part que Dieu le Verbe n'habitait en Jésus-Christ ni quant à la substance, ni quant à l'opération, mais seulement comme dans un homme juste en qui il mettait ses complaisances; que Jésus-Christ a reçu l'onction du St-Esprit comme une récompense de son mérite et de son innocence, selon cette parole du Psalmiste : « Parce que vous avez aimé la justice « et haï l'iniquité, c'est pour cela que (1) « vous avez mérité l'onction la plus pré« cieuse (2); » que l'on doit dire de Marie qu'elle est mère de Dieu et mère de l'homme; mère de l'homme par nature, mère de Dieu par relation, parce que Dieu était en l'homme qui est né d'elle. En d'autres endroits de ses écrits il parle avec mépris du livre de Job et du Cantique des Cantiques. On lut aussi la profession de foi nestorienne attribuée à Théodore de Mopsueste et condamnée par le concile général d'Ephèse dans sa sixième session. Les évêques s'écrièrent alors : « C'est Satan qui a composé ce symbole. Nous « ne connaissons que le symbole de Nicée.

« Anathème à qui n anathématise pas Théo« dore de Mopsueste. Nous l'anathématisons « lui et ses écrits. » On renvoya à une autre conférence l'examen de ce que les Pères, les lois impériales et les historiens ecclésiastiques avaient dit contre cet auteur.

Le 17 mai, à la 5ᵉ conférence, (3) on lut cinq lettres de saint Cyrille contre Théodore de Mopsueste; un livre du même patriarche où le nom et la doctrine de ce dernier sont également flétris; la requête présentée contre lui à Proclus de Constantinople par les clercs et les moines d'Arménie; une partie de la réponse de Proclus; un extrait de l'histoire d'Hésychius (4), où ce prêtre de Jérusalem assurait que Théodore de Mopsueste était celui à qui saint Jean Chrysostome écrivit deux livres pour le retirer de ses déréglements et de ses erreurs sur l'Incarnation du Verbe; deux lois des empereurs Théodose et Valentinien contre Nestorius, Diodore de Tarse et Théodore de Mopsueste: une lettre de Théophile d'Alexandrie à Porphyre, évêque d'Antioche; une autre de saint Grégoire de Nysse à Théophile. Tous ces témoignages furent cités, afin de montrer que Théodore de Mopsueste s'était efforcé dans ses écrits d'anéantir le mystère de l'Incarnation; que suivant les principes des juifs il détournait le sens des prophéties relatives à Jésus-Christ; en un mot, qu'il avait enseigné les mêmes erreurs que Nestorius, son disciple, enseigna depuis. On cita même en témoignage divers endroits des écrits de Théodoret contre saint Cyrille, qui prouvèrent que le saint patriarche d'Alexandrie avait accusé Théodore de toutes ces impiétés. On lut aussi des extraits du second livre de saint Cyrille contre Théodore, où il loue son travail et condamne sa doctrine comme impie. Le concile ordonna ensuite la lecture des lettres de saint Grégoire de Nazianze, que quelques-uns disaient avoir été écrites à Théodore de Mopsueste; mais Euphratas de Tyane et Théodose de Justinianople prouvèrent que ces lettres n'avaient point été adressées à Théodore de Mopsueste, mais à Théodore de Tyane, dont ils assurèrent qu'on lisait encore le nom dans les diptyques de cette Eglise. Après quoi on examina la question s'il est permis de condamner les morts, et on cita pour le prouver quelques passages de saint Cyrille et de saint Augustin, plusieurs exemples anciens ou récents, et spécialement la condamnation de l'impie Dioscore par Boniface II, et celle d'Origène par Théophile d'Alexandrie. On s'autorisa surtout de l'exemple du pape Vigile lui-même, qui avait souscrit comme les autres évêques à l'édit de Justinien contre Origène. Et cette conférence se termina par la

---

(1) *Propterea*, c'est pourquoi. C'est le sens de la Vulgate, en supposant que le prophète parle ici, non de la première onction qui précéda tout mérite dans son humanité, mais de celle dont il fut oint dans sa résurrection, par la gloire ineffable dont le Père combla son humanité. D'autres traduisent le mot hébreu par *propterea quod*, et lui donnent le même sens qu'il a au troisième verset de ce psaume : « Vous avez aimé la justice et vous haïssez l'ini« quité, parce que Dieu vous a oint, etc.; » et ceux qui l'entendent de la première onction que reçut l'humanité de Jésus-Christ, mais on doit s'en tenir au sens de la Vulgate, que saint Jérôme a conservé dans la traduction qu'il a faite sur l'hébreu.
(2) *Psaume* XLIV, v. 8.
(3) Baluze (*Concil.*, p. 1510) soutient sur l'autorité des anciens manuscrits que cette conférence fut tenue le 17 mai et non le 13, comme semble le dire l'archidiacre Diodore au commencement de cette conférence, et comme le prétendent la plupart des collecteurs. Le P. Alexandre dit : *octavo idus maias*; c'est une erreur qu'il n'a fait que copier.
(4) Cette histoire n'est point venue jusqu'à nous.

lecture de divers extraits des écrits de Théodoret, pour montrer qu'il avait favorisé les erreurs de Nestorius.

6e *Conférence*, 19 mai. On lut la lettre d'Ibas à Maris, dont on releva aussi les erreurs ; et après l'examen de toutes les pièces relatives à cette affaire, on reconnut que cette lettre n'avait point été approuvée par le concile de Chalcédoine, et qu'Ibas lui-même avait été obligé de la rétracter au moins indirectement, en prononçant l'anathème contre Nestorius. Les Pères de Constantinople, jugeant donc que cette lettre était contraire aux définitions du concile de Chalcédoine, la déclarèrent unanimement hérétique, et déclarèrent aussi hérétiques tous ceux qui ne l'anathématiseraient pas.

Sur ces entrefaites, le pape Vigile prononça son jugement par une constitution raisonnée et fort longue, appelée *Constitutum*, et adressée à l'empereur. Il y rapporte d'abord les deux professions de foi qui lui avaient été remises par les patriarches Mennas et Eutychius, et le motif qui l'avait empêché d'assister au concile; puis il examine successivement soixante articles extraits des écrits de Théodore de Mopsueste, à peu près les mêmes qui avaient été cités dans la quatrième conférence du concile, en fait ressortir l'impiété et les frappe d'anathème. Mais quant à la personne de Théodore, il déclare qu'on doit imiter la sage discrétion du concile d'Éphèse, qui s'abstint de prononcer contre cet évêque, tout en condamnant le symbole qui lui était attribué. A l'égard d'Ibas et de Théodoret, il décide que ces deux évêques ayant été reconnus orthodoxes par le concile de Chalcédoine, il n'est pas permis d'imprimer une flétrissure à leur mémoire, et qu'il suffit de condamner en général les écrits et les propositions favorables aux nestoriens ou aux eutychiens, sans toutefois condamner nommément des évêques morts dans la communion de l'Eglise. Enfin il établit l'autorité inviolable du concile de Chalcédoine et défend à toute personne de porter un jugement contraire à cette constitution. Le pape envoya ce *Constitutum* à l'empereur le 25 mai (1) par Servusdei, sous-diacre de l'Eglise romaine; mais Justinien, craignant que ce décret ne fût pas conforme à ses désirs, refusa de le recevoir.

7e *Conférence*, 26 mai. Le concile tint le lendemain sa septième conférence. Le questeur Constantin y remit de la part de l'empereur différentes pièces aux évêques assemblés, pour montrer que le pape Vigile ayant déjà condamné lui-même les trois chapitres, le concile ne devait pas hésiter à prononcer le même jugement. Ces pièces, dont les Pères de Constantinople ordonnèrent la lecture, étaient la sentence prononcée par le pape Vigile contre les diacres Rustique et Sébastien; sa lettre à saint Aurélien, évêque d'Arles; une autre à Valentinien, ou Valérien, évêque de Tomes en Scythie, et une promesse que ce pape avait faite, en retirant sa première décision, de concourir de tout son pouvoir à faire prononcer dans un concile la condamnation des trois chapitres (2). Le concile, après avoir loué le zèle de l'empereur pour la défense de l'Eglise, remit le jugement des trois chapitres à la conférence suivante.

8e *et dernière Conférence*, 2 Juin. Callonymus, diacre et notaire, lut la décision du concile, qui était toute dressée; et comme elle ne faisait que résumer ce qui avait été jugé précédemment, on ne crut pas nécessaire de prendre les voix des évêques en particulier. Cette décision contient d'abord un résumé de ce qui avait été fait pour l'examen des trois chapitres, avec une courte réfutation de ce qu'on alléguait pour leur défense; puis les évêques ajoutent : « Nous recevons les quatre conciles de Nicée, de Constantinople, d'Éphèse et de Chalcédoine; nous avons enseigné ce qu'ils ont défini sur la foi, et nous jugeons séparés de l'Eglise catholique ceux qui ne les reçoivent pas. Mais nous condamnons Théodore de Mopsueste avec ses écrits impies; les impiétés écrites par Théodoret contre la vraie foi, contre les douze anathématismes de saint Cyrille, contre le concile d'Éphèse et pour la défense de Théodore et de Nestorius; enfin la lettre impie d'Ibas, qui nie que le Verbe se soit incarné et fait homme dans le sein de la vierge Marie, qui accuse saint Cyrille d'hérésie, qui blâme le concile d'Éphèse et défend Théodore et Nestorius avec leurs écrits; nous anathématisons donc les trois chapitres avec leurs défenseurs, qui prétendent les soutenir par l'autorité des Pères ou du concile de Chalcédoine. » Cette décision se termine par les quatorze anathématismes suivants, qui renferment toute la doctrine catholique contre les nestoriens et les eutychiens. Les évêques ont soin de rappeler, dans le préambule de leur jugement, que le pape Vigile avait

---

(1) Il est daté du 14 mai. Dix-sept évêques, un archidiacre et deux diacres de l'Eglise romaine le souscrivirent après le pape.

(2) Baluze (*Coll. conc.*), Fleury (*Liv.* xxxm, ch. 49), Dupin (T. IV, p. 482), disent qu'on lut dans cette conférence un ordre de l'empereur pour faire ôter des diptyques le nom du pape Vigile, tout en conservant l'unité avec le siège apostolique. On retrouve en effet dans quelques exemplaires des actes de cette conférence une lettre de l'empereur qui contient cet ordre. Mais comme cette lettre du 14 juillet est d'une date postérieure à la dernière conférence du concile, qui eut lieu le 2 juin, il est visible qu'elle y a été ajoutée dans un mauvais dessein; elle ne peut donc servir à prouver autre chose que la témérité audacieuse de l'empereur Justinien.

On lit aussi, disent quelques auteurs, deux lettres adressées, l'une à l'empereur Justinien, écrite de la main de Vigile, et l'autre à l'impératrice Théodora, souscrite seulement par ce pape. Baluze (*Coll. conc.*, p. 1545) rapporte ces deux lettres d'après un manuscrit de la bibliothèque de Joly. Lorsqu'elles furent citées dans les sessions 13 et 14 du sixième concile œcuménique tenu à Constantinople l'an 681, les légats du pape les accusèrent de fausseté; et dès qu'on eut reconnu, soit par la différence d'écriture et l'absence de numéros, soit enfin par les témoins de l'inspection de plusieurs exemplaires anciens et authentiques où ces pièces ne se trouvaient point, soit enfin par les témoins qui firent connaître et les auteurs et les circonstances de cette falsification, qu'elles avaient été fabriquées par les monothélites, le sixième concile général frappa d'anathème ceux qui les avaient fabriquées ou insérées dans les actes du cinquième concile général.

condamné plusieurs fois les trois chapitres de vive voix et par écrit.

1er *Anathématisme*. Si quelqu'un ne confesse pas que la nature ou substance divine est une et consubstantielle en trois personnes, le Père, le Fils et le Saint-Esprit; qu'il soit anathème.

2e *Anathématisme*. Si quelqu'un ne confesse pas dans le Verbe de Dieu deux naissances, l'une incorporelle par laquelle il est né du Père avant tous les siècles, l'autre selon laquelle il est né dans les derniers temps de la vierge Marie, Mère de Dieu; qu'il soit anathème.

3e *Anathématisme*. Si quelqu'un dit que ce n'est pas le même Christ-Dieu-Verbe, né de la femme, qui a fait des miracles et qui a souffert; qu'il soit anathème.

4e *Anathématisme*. Si quelqu'un ne confesse pas que la chair a été substantiellement unie à Dieu le Verbe et qu'elle était animée par une âme raisonnable et intellectuelle; qu'il soit anathème.

5e *Anathématisme*. Si quelqu'un dit qu'il y a deux substances ou deux personnes en Notre-Seigneur Jésus-Christ, et qu'il ne faut en adorer qu'une seule, comme l'ont écrit follement Théodore et Nestorius; qu'il soit anathème.

6e *Anathématisme*. Si quelqu'un ne confesse pas que la sainte Vierge est véritablement et réellement Mère de Dieu, qu'il soit anathème.

7e *Anathématisme*. Si quelqu'un ne veut pas reconnaître que les deux natures ont été unies en Jésus-Christ, sans diminution, sans confusion, mais que par ces deux natures il entende deux personnes; qu'il soit anathème.

8e *Anathématisme*. Si quelqu'un ne confesse pas que les deux natures ont été unies en Jésus-Christ en une seule personne; qu'il soit anathème.

9e *Anathématisme*. Si quelqu'un dit que nous devons adorer Jésus-Christ en deux natures, ce qui serait introduire deux adorations que l'on rendrait séparément à Dieu le Verbe et séparément aussi à l'homme; et qu'il n'adore pas par une seule adoration le Verbe de Dieu incarné avec sa propre chair, ainsi que l'Eglise l'a appris dès le commencement par tradition; qu'il soit anathème.

10e *Anathématisme*. Si quelqu'un nie que Notre-Seigneur Jésus-Christ, qui a été crucifié dans sa chair, soit vrai Dieu, Seigneur de gloire, l'un de la Trinité; qu'il soit anathème.

11e *Anathématisme*. Si quelqu'un n'anathématise pas Arius, Eunomius, Macédonius, Apollinaire, Nestorius, Eutychès, Origène, avec tous leurs écrits impies; qu'il soit anathème (1).

12e *Anathématisme*. Si quelqu'un défend l'impie Théodore de Mopsueste; qu'il soit anathème.

13e *Anathématisme*. Si quelqu'un défend les écrits impies de Théodoret, qu'il soit anathème.

14e *Anathématisme*. Si quelqu'un défend la lettre que l'on dit avoir été écrite par Ibas à Maris; qu'il soit anathème (2).

Tous les évêques souscrivirent ensuite à la sentence et aux quatorze anathématismes de ce concile, et généralement à tout ce qui s'était fait dans cette assemblée.

Telle fut la conclusion de ce concile, que l'on compte pour le cinquième général, quoiqu'il n'ait pas eu d'abord ce caractère; car non-seulement le pape n'y présida pas, mais encore on n'y avait pas convoqué tous les évêques de l'Eglise catholique. Toutefois, s'il a eu quelque chose d'irrégulier dans sa célébration, il est certain que ses décisions furent très-orthodoxes, et qu'on n'y fit rien qui pût préjudicier aux définitions du concile de Chalcédoine. Au contraire, on le confirma solennellement avec ceux de Nicée, de Constantinople et d'Ephèse, et l'on condamna en termes exprès l'hérésie d'Eutychès et la confusion des natures en Jésus-Christ. Si le concile de Chalcédoine s'était abstenu par une sage discrétion de condamner les trois chapitres, parce qu'il était assemblé pour un objet différent, on a pu remarquer aussi qu'il ne les avait nullement approuvés et qu'il en avait même exigé une rétractation directe, en obligeant Ibas et Théodoret à prononcer anathème contre Nestorius et sa doctrine, avant de les recevoir à la communion catholique. Le cinquième concile général suivit donc l'esprit du concile de Chalcédoine, au lieu de le contredire, en condamnant ces écrits quand les circonstances ne furent plus les mêmes. Ce qui manqua d'abord à ce concile pour être œcuménique, fut suppléé bientôt après par l'approbation du pape et par l'adhésion de l'Eglise universelle. Toutefois, une partie des évêques occidentaux refusèrent pendant plusieurs années de le reconnaître; mais le zèle et les lumières de saint Grégoire le Grand dissipèrent les préventions et firent cesser une opposition qui avait uniquement pour cause l'obscurité répandue sur les faits par la distance des lieux et la diversité des idiomes. Ce concile prit insensiblement le rang de cinquième concile général; et les Eglises des Gaules, d'Espagne et d'Afrique le reçurent, lorsque les trois chapitres furent tombés dans l'oubli.

Six mois après la célébration de ce concile, le pape Vigile en approuva les décisions par une lettre adressée au patriarche Eutychius, dans laquelle il condamne les trois chapitres et défend, sous peine d'anathème, d'entreprendre de les soutenir. «Nous reconnaissons, ajoute-t-il, pour nos frères et nos collègues tous ceux qui les ont condamnés, et nous annulons tout ce qui a été fait par moi ou par d'autres pour justifier ces écrits.» Après cette lettre, datée du 8 décembre de l'an 553, le

---

(1) M. Rohrbacher ne s'est pas rappelé ce 11e anathématisme, lorsqu'il a prétendu (*Hist. univ. de l'Egl.*, t. IX, p. 234) que dans les actes du concile il n'est pas dit un mot de la condamnation d'Origène.

(2) Par le 12e anathématisme, les Pères du concile frappent la personne de Théodore de Mopsueste avec ses écrits; par le 13e et le 14e, ils frappent, il est vrai, certains écrits de Théodoret et d'Ibas, mais ils épargnent leurs personnes, parce que ces deux derniers étaient morts dans la paix de l'Eglise.

pape publia le 23 février suivant une constitution pour le même objet. Il y rapporte d'abord la définition de foi du concile de Chalcédoine et la lettre de saint Léon à Flavien ; mais, après avoir soigneusement exposé les erreurs des trois chapitres, il prononce anathème contre Théodore de Mopsueste et ses écrits, et condamne les écrits de Théodoret contre saint Cyrille et la lettre à Maris. Il soutient du reste que cette lettre attribuée à Ibas a été fabriquée sous le nom de cet évêque par les nestoriens; qu'elle a été condamnée au concile de Chalcédoine, et constamment désavouée par Ibas lui-même, et que ce fut la lettre écrite en sa faveur par le clergé d'Edesse, dont la lecture le fit déclarer catholique par ce concile (1). Ce sont sans doute ces deux pièces qui ont déterminé le sixième concile général à faire honneur de l'heureuse issue du cinquième concile autant au pape Vigile qu'à l'empereur Justinien.

Nous n'avons plus l'original grec des actes de ce concile général, mais seulement une ancienne version latine, probablement la même qui fut faite pour être communiquée au pape Vigile; et c'est peut-être pour cette raison qu'on n'y trouve rien, si ce n'est un seul mot au 11e anathématisme touchant la condamnation d'Origène ; car on se borna sans doute à traduire ce qui était relatif à l'affaire des trois chapitres, sur laquelle seule on n'était pas d'accord avec le souverain pontife. Mais il est certain que l'origénisme fut condamné avec éclat par ce concile, à qui l'empereur envoya son édit publié contre cet amas d'erreurs, avec une requête présentée au nom du patriarche de Jérusalem par quelques abbés catholiques de la Palestine. Le concile, ayant lu cette requête, condamna unanimement Origène, avec Didyme et Évagre du Pont, ses sectateurs. Il nous reste quinze canons en langue grecque qui prononcent anathème contre les principales erreurs de l'origénisme, et qui sont attribués par leur titre au cinquième concile général tenu à Constantinople. Les voici, tels que Baluze les rapporte d'après Lambecius, qui les a tirés d'un manuscrit grec de la bibliothèque impériale de Vienne.

1er *Anathématisme.* Si quelqu'un croit à la fabuleuse préexistence des âmes, qui a pour conséquence l'idée monstrueuse qu'elles retournent (dans la suite des temps à leur état primitif); qu'il soit anathème.

2e *Anathématisme.* Si quelqu'un dit que la création de tous les êtres doués de raison a eu pour résultat la production d'êtres incorporels et immatériels, sans aucun mode arrêté d'existence (*absque ullo numero ac nomine*), de telle sorte que tous ces êtres soient un par l'identité de substance, de puissance et de vertu, par leur union avec le Verbe-Dieu et aussi par la connaissance qu'ils ont de lui ; mais que, rassasiés de la contemplation divine, ils sont descendus dans une condition inférieure; qu'ils y ont pris, chacun suivant sa tendance, les uns un corps subtil,

(1) *Hardouin*, II; *Baluze.*

les autres un corps grossier et tous un nom; que la différence des corps résulte de celle qui existe entre les Vertus (*Virtutes*) supérieures, les uns étant devenus et appelés chérubins, les autres séraphins, ceux-ci principautés et puissances, ceux-là dominations, trônes et anges, sans parler des autres ordres de la céleste armée; qu'il soit anathème.

3e *Anathématisme.* Si quelqu'un dit que le soleil, la lune et les astres sont dans cette même union avec les êtres doués de raison, et que depuis leur chute ils sont devenus ce qu'ils sont; qu'il soit anathème.

4e *Anathématisme.* Si quelqu'un dit que les êtres doués de raison, depuis qu'ils n'ont plus un ardent amour de Dieu, ont été enchaînés à des corps grossiers semblables aux nôtres et ont été appelés hommes, tandis que d'autres, parvenus au dernier degré de la malice, ont été enchaînés à des corps froids et ténébreux et qu'ils ont été appelés et sont devenus démons ou esprits d'iniquité ; qu'il soit anathème.

5e *Anathématisme.* Si quelqu'un dit que de l'état angélique et archangélique on peut descendre à la condition animale, ou passer dans celle des démons et de l'homme; que de la condition humaine on peut devenir ange ou démon, et faire ensuite partie de chaque ordre des célestes Vertus, et que tous ceux des ordres inférieurs peuvent être formés des ordres supérieurs, et ceux des ordres supérieurs être aussi formés des ordres inférieurs; qu'il soit anathème.

6e *Anathématisme.* Si quelqu'un dit qu'il y a deux espèces de démons, l'une composée des âmes des hommes et l'autre d'esprits supérieurs déchus; qu'un seul de tous les êtres doués de raison est demeuré immuable dans l'amour et la contemplation de Dieu ; que cet être, c'est le Christ, le roi de tous les êtres doués de raison; que cet être a créé toute la nature corporelle, le ciel et la terre avec tout ce qui existe entre l'un et l'autre, que ce monde ayant en soi les éléments de son existence antérieurs à lui-même, savoir la sécheresse, l'humidité, la chaleur, le froid et l'idée pour laquelle il a été fait, de sorte que la très-sainte et consubstantielle Trinité ne l'aurait pas créé, mais qu'ayant par lui-même sa propre puissance créatrice avant la création du monde, il se serait lui-même engendré; qu'il soit anathème.

7e *Anathématisme.* Si quelqu'un prétend que, dans ces derniers temps, le Christ, que l'on dit exister dans la forme de Dieu et être uni à Dieu le Verbe avant tous les siècles, s'est anéanti lui-même jusqu'à la nature humaine, touché de compassion pour celle qui avait, dit-on, imité les diverses chutes des êtres qui étaient dans le même tout ; et que voulant les rétablir tous dans leur état primitif, il a existé pour tous, a revêtu différents corps, a pris différents noms, s'est fait tout à tous ; ange avec les anges, Vertu avec les Vertus ; qu'il s'est transformé dans les autres ordres ou espèces d'êtres doués de raison et s'est mis en conformité avec chacun d'eux; qu'ensuite il a participé de la même manière que nous à la chair et au sang, et qu'il a aussi existé comme homme pour les hommes ; si quelqu'un ne confesse pas que le Verbe-Dieu s'est anéanti et s'est fait homme ; qu'il soit anathème.

8e *Anathématisme.* Si quelqu'un ne dit pas que Dieu le Verbe, qui est consubstantiel et à Dieu le Père et à Dieu le Saint-Esprit, qui s'est incarné et s'est fait homme, qui est l'un de la sainte Trinité, (est) proprement (et réellement) le Christ, mais (qu'il n'est au contraire appelé ainsi que) par un abus de mots (καταχρηστικῶς (1), parce que, comme disent ces hérétiques, il a dépouillé sa propre intelligence (κενώσαντα ἑαυτοῦ νοῦν), (qui était) unie à Dieu le Verbe lui-même et (qui n'est) proprement appelée Christ (qu'à cause de cette union) : mais lui, (Dieu le Verbe, appelé) Christ à cause de (son union avec) elle, (intelligence), et elle (appelée) Dieu à cause de (son union avec) lui, (Christ) ; qu'il soit anathème.

9e *Anathématisme.* Si quelqu'un dit que ce n'est pas Dieu le Verbe incarné dans une chair animée, qui par son âme intelligente et raisonnable, est descendu aux enfers et qui est de nouveau monté aux cieux ; mais que c'est cette intelligence qu'ils prétendent être proprement devenue le Christ par la connaissance de l'unité (μονάδος) ; qu'il soit anathème.

10e *Anathématisme.* Si quelqu'un dit que le corps du Seigneur après sa résurrection est devenu éthéré et de figure sphérique, et qu'à la résurrection des morts tous les corps prendront une existence et une forme semblable ; et comme, lorsque le Seigneur lui-même aurait le premier quitté son propre corps et que tous les autres corps en eussent fait autant, la nature des corps retomberait dans le néant ; qu'il soit anathème.

11e *Anathématisme.* Si quelqu'un dit que par le jugement dernier on doit entendre la destruction entière des corps ; que la fin de cette fable (du monde) est le commencement de la nature immatérielle, et que rien de matériel ne subsistera dans l'avenir, mais l'âme universelle seule ; qu'il soit anathème.

12e *Anathématisme.* Si quelqu'un dit que les Vertus célestes et tous les hommes avec le diable et les esprits de malice seront unis au Verbe-Dieu sans aucune divinité, de sorte que l'âme elle-même, à laquelle ces impies ont donné le nom de Christ et qu'ils font exister dans la forme de Dieu et qui, disent-ils, s'est anéantie elle-même, mettra fin au règne du Christ ; qu'il soit anathème.

13e *Anathématisme.* Si quelqu'un dit qu'il n'y aura aucune différence entre le Christ et les autres créatures raisonnables, soit dans leur essence, soit dans leur connaissance, soit dans leur puissance, soit dans leur pouvoir, mais que tous seront à la droite de Dieu comme leur propre Christ, et comme ils étaient, suivant eux, dans leur fabuleuse préexistence ; qu'il soit anathème.

14e *Anathématisme.* Si quelqu'un dit que l'unique unité future de tous les êtres doués de raison, les hypostases et les nombres ayant été détruits avec les corps aussi bien que la connaissance de ces êtres, doit être la conséquence de l'anéantissement du monde, de l'abandon des corps et de la radiation des noms et amener l'identité des connaissances aussi bien que des personnes ; et que dans leur fabuleux rétablissement (des êtres à leur état primitif) ils seront nus (c'est-à-dire, dépouillés de la matière), et de la même manière qu'ils existaient dans leur (prétendue) préexistence ; qu'il soit anathème.

15e *Anathématisme.* Si quelqu'un dit que la vie des esprits sera la même que celle dont ils jouissaient avant leur chute, de sorte que le commencement s'accordera avec la fin et que la fin sera la mesure du commencement ; qu'il soit anathème.

CONSTANTINOPLE (Conciliabule de), l'an 565. Toujours possédé de la manie de dogmatiser, l'empereur Justinien se laissa entraîner, quelque temps avant sa mort, dans l'hérésie des incorruptibles. Ces sectaires étaient une branche des eutychiens ; ils enseignaient que le corps de Jésus-Christ, du moment où il fut formé dans le sein de sa mère, ne pouvait éprouver aucune altération ni aucun changement, et n'était point sujet aux affections et aux besoins naturels de l'humanité, en sorte que, durant sa vie mortelle, comme après sa résurrection, il mangeait et buvait sans éprouver ni faim ni soif. Justinien publia un édit pour approuver cette doctrine, et employa, selon sa coutume, les menaces et la violence pour contraindre les évêques à y souscrire. Saint Eutychius de Constantinople chercha vainement à lui faire comprendre qu'une pareille doctrine renfermait ce qu'il y avait de plus outré dans l'eutychianisme, qu'elle anéantissait la réalité des souffrances de la passion, et qu'on ne pouvait nommer le corps de Jésus-Christ incorruptible qu'en ce sens qu'il n'avait point été souillé du péché ni corrompu dans le tombeau. L'empereur avait trop d'entêtement et trop de présomption pour se laisser désabuser. Irrité du refus que faisait ce patriarche de souscrire à son édit, il le fit arrêter au commencement de 565, et peu de jours après il réunit quelques évêques qui lui firent son procès et le déposèrent de l'épiscopat. Eutychius réclama contre la violation des règles canoniques, refusa même de comparaître ; mais il fut condamné par défaut. On le conduisit ensuite à Amasée, métropole du Pont, dans le monastère qu'il avait gouverné avant d'être évêque, et l'on mit à sa place Jean, surnommé le Scholastique, apocrisiaire d'Antioche.

CONSTANTINOPLE (Concile de), l'an 588. Grégoire, patriarche d'Antioche, ayant eu une querelle avec Astérius, comte de l'Orient, celui-ci, pour se venger, l'accusa de plusieurs crimes. Grégoire en appela au jugement de l'empereur et du concile. Le concile

---

(1) Le texte latin porte *abusive*, mais ce mot n'a ici ni le sens, ni la force du mot grec καταχρηστικῶς.

se tint à Constantinople au mois de juin 589 selon M. Rohrbacher, ou plutôt 588 selon les auteurs de *l'Art de vérifier les dates*. Grégoire fut reconnu innocent, et son accusateur fouetté par la ville et banni. Quatre mois après, le 31 octobre, il arriva un tremblement de terre à Antioche, où il périt environ soixante mille personnes, et entre autres le comte Astérius; quant au patriarche, il n'y reçut aucun mal.

Ce concile de Constantinople servit de prétexte à l'archevêque de cette capitale, Jean le Jeûneur, pour s'arroger le titre de patriarche universel. Mais sitôt que le pape Pélage II en fut informé, il envoya des lettres par lesquelles, de l'autorité de saint Pierre, il cassa les actes de ce concile, excepté en ce qui concernait le patriarche d'Antioche, et défendit à son nonce près de l'empereur d'assister avec Jean à la célébration des saints mystères. Voilà ce qu'atteste saint Grégoire le Grand, alors son diacre. Mais il paraît que la lettre que le pape écrivit en cette occasion s'est perdue; car celle qu'on trouve dans la collection des conciles passe pour apocryphe aux yeux de la plupart des savants. Cette lettre, que D. Ceillier, d'accord avec Baronius, ne laisse pas de donner pour authentique, ne fait au reste que résumer, presque toujours dans leurs propres termes, ce que les saints papes, Jules, Célestin, Innocent, Léon, et même les historiens grecs, Socrate et Sozomène, ont dit de plus important sur l'autorité du pontife romain, sur la nécessité de lui réserver les causes majeures, et de ne tenir aucun concile ni décider rien de grave sans son aveu. C'est ce que reconnaît expressément le P. Alexandre, quelque peu favorable qu'il soit lui-même à l'authenticité de cette lettre. *Hist. eccl. sæc.* vi, *c.* 1, *art.* 12.

CONSTANTINOPLE (Concile de), l'an 599. On ne connaît ce concile que par une lettre du pape saint Grégoire le Grand, adressée à l'évêque Eusèbe de Thessalonique, qu'il exhortait à résister fortement, lui et ses collègues, à Cyriaque, évêque de Constantinople, si celui-ci voulait s'arroger le titre de patriarche œcuménique. *Labb.* V.

CONSTANTINOPLE (Conciliabule de), l'an 626, tenu par Sergius, archevêque de Constantinople, en faveur du monothélisme. *Lib. Synod.*

CONSTANTINOPLE (Conciliabule de), l'an 633. Le P. Labbe fait mention, d'après le *Synodicon*, de deux conciles ou conciliabules tenus vers cette année par Sergius, patriarche de Constantinople, en faveur du monothélisme. *Labb.* V.

CONSTANTINOPLE (Conciliabule de), l'an 639. Ce fut un faux concile, comme les précédents, qui eut pour but la confirmation de l'*Ecthèse*, c'est-à-dire, d'une profession de foi composée par Sergius, patriarche de Constantinople, et prescrite par l'empereur Héraclius. Elle reconnaissait deux natures en Jésus-Christ; mais elle défendait de dire qu'il y eût deux volontés ou deux opérations. Pyrrhus, successeur de Sergius, approuva l'ecthèse dans un autre conciliabule de la même année, ou de la suivante, et ordonna qu'elle fût souscrite par les évêques tant présents qu'absents, sous peine d'excommunication.

CONSTANTINOPLE (Concile de), sixième œcuménique, l'an 680. L'empereur Constantin Pogonat, ayant procuré la tranquillité à ses États par une paix de trente années conclue en 677 avec le calife Moavia, et par un autre traité passé avec les Avares et d'autres peuples d'Occident, s'appliqua aussitôt à mettre fin aux divisions qui n'avaient cessé de troubler l'Église depuis le règne d'Héraclius, son bisaïeul, mort le 11 mai 641. Il écrivit à cet effet au pape Donus, pour le prier d'envoyer à Constantinople des personnes sages et bien instruites, qui apportassent les livres nécessaires pour discuter et décider toutes les matières avec les patriarches de Constantinople et d'Antioche : car ce prince ne croyait pas qu'on pût faire venir au concile les patriarches d'Alexandrie et de Jérusalem, à cause que la Palestine et l'Égypte étaient sous la domination des Musulmans. Outre les députés du saint-siège, l'empereur demandait encore des évêques d'Occident, au nombre de douze, y compris les métropolitains. Avant que sa lettre arrivât à Rome, le pape Donus était mort; on la rendit à Agathon, son successeur, qui se mit aussitôt en devoir de satisfaire à toutes les demandes de l'empereur. Il assembla à Rome un concile de cent vingt-cinq évêques, où l'on choisit pour députés au concile de Constantinople, les évêques Abundantius, Jean et un autre Jean, Théodore et George, prêtres, Jean, diacre, et Constantin, sous-diacre de l'Église de Rome, Théodore, prêtre, légat de l'Église de Ravenne, avec quelques moines. Ils arrivèrent à Constantinople le dixième jour de septembre de l'an 680. Constantin les reçut avec honneur. Quand ils lui présentèrent les lettres du pape Agathon, ce prince les exhorta à traiter les matières de la foi sans contention et sans aigreur, avec un esprit de paix, en ne se servant point d'arguments philosophiques, mais de l'autorité de l'Écriture et des Pères, et des décrets des conciles. Il leur donna le loisir de repasser leurs instructions; et dès le jour même de leur arrivée, il écrivit à George, patriarche de Constantinople, d'assembler en cette ville tous les métropolitains et les évêques dépendants de son siège, et d'avertir Macaire, patriarche d'Antioche, d'en faire de même, pour examiner la question de la foi avec les députés du pape Agathon et du concile de Rome.

La première session de celui de Constantinople fut tenue le sept novembre de l'an 680, treizième du règne de Constantin depuis la mort de son père, dans un salon du palais appelé en latin *Trullus*, c'est-à-dire, Dôme. Il ne se trouva à cette session qu'environ quarante évêques, dont les légats du pape, savoir, les prêtres Théodore et George, et le diacre Jean sont nommés les premiers. Les légats du concile de Rome, savoir, Jean, évêque de Porto, Abundantius, évêque de Palestrine, Jean de Reggio, sont nommés après les patriarches de Constantinople, d'Alexandrie, d'Antioche et de Jérusalem, ou de leurs députés : car le patriarche d'Alexandrie et celui de Jérusalem, ou son vicaire, n'avaient pu venir au concile, pour la raison que nous avons dite plus haut, non plus que les évêques d'Afrique. Après les quarante évêques ou leurs députés, qui tiennent le rang des sièges dont ils étaient députés, quoique simples prêtres, sont nommés six prêtres tant abbés que moines. L'empereur était placé au milieu, ayant ses officiers à ses côtés : les légats du pape et de son concile, avec celui de Jérusalem, étaient à sa gauche, comme dans la place la plus honorable. Les deux patriarches de Constantinople et d'Antioche avec le député d'Alexandrie étaient à sa droite. On plaça les livres des Evangiles au milieu de l'assemblée. Tout étant ainsi disposé, les légats du pape, adressant la parole à Constantin, dirent qu'il y avait environ quarante-six ans que Sergius, évêque de Constantinople, et d'autres avaient introduit de nouvelles expressions contre la foi orthodoxe, enseignant qu'il n'y a en Jésus-Christ qu'une seule volonté et une seule opération; que cette erreur avait jeté le trouble dans les Eglises; qu'elle avait été rejetée par le saint-siège, qui avait inutilement exhorté ceux qui en étaient les auteurs à l'abandonner. « C'est pourquoi, ajoutèrent-ils, nous demandons à Votre Majesté, que ceux qui sont ici de la part de l'Eglise de Constantinople, disent d'où est venue cette nouveauté. » Ce prince ordonna à George, patriarche de Constantinople, et à Macaire, patriarche d'Antioche, de s'expliquer là-dessus. Ils répondirent qu'ils n'avaient proposé que ce qu'ils avaient appris des conciles œcuméniques et des Pères approuvés, et en particulier de Sergius, Paul, Pyrrhus et Pierre, qui avoient successivement rempli le siége de Constantinople; d'Honorius, pape de l'ancienne Rome, et de Cyrus, évêque d'Alexandrie; qu'ils croyaient et enseignaient, comme eux, touchant la volonté et l'opération, et qu'ils étaient prêts à établir leur doctrine sur ce sujet. L'empereur le leur permit, à condition qu'ils n'apporteraient d'autres preuves que des conciles généraux et des Pères approuvés. Sur cela, Macaire, archevêque d'Antioche, et ceux qui étaient avec lui, prièrent ce prince d'ordonner que le garde des chartes de l'église de Constantinople apportât les livres des conciles de la maison patriarcale. Constantin l'ordonna ainsi; et Macaire, patriarche d'Antioche, ayant pris le premier volume du concile d'Éphèse, lut le discours de saint Cyrille à l'empereur Théodose, et s'arrêtant sur ces paroles : *L'appui de votre empire est le même Jésus-Christ par qui les rois règnent, et les princes rendent justice: car sa volonté est toute-puissante,* dit : « Le voilà, seigneur, j'ai prouvé une volonté en Jésus-Christ. Mais les légats et quelques autres évêques s'écrièrent que Macaire abusait de ce passage; que saint Cyrille ne parlait que de la volonté divine de Jésus-Christ; ce qui était clair, en ce qu'il la nommait toute-puissante; que d'ailleurs ce Père ne disait point une volonté pour marquer le nombre. Après qu'on eut achevé la lecture du premier volume du concile d'Ephèse, l'empereur fit lire aussi le second par Salomon, diacre et notaire de Constantinople; puis il fit lever la séance, disant qu'à la suivante on lirait les actes du concile de Chalcédoine.

Elle se tint le 10° novembre. Antiochus, lecteur et notaire du patriarche de Constantinople, la commença en lisant, par ordre de l'empereur, les actes du concile de Chalcédoine. Quand il en fut à l'endroit de la lettre de saint Léon à Flavien, où il est dit que chaque nature fait ce qui lui est propre avec la participation de l'autre; que le Verbe opère ce qui convient au Verbe, et la chair ce qui convient à la chair; que l'un brille par ses miracles, l'autre succombe aux mauvais traitements; les légats de Rome se levèrent en disant : « Vous voyez, seigneur, que ce Père enseigne clairement deux opérations naturelles en Jésus-Christ, sans confusion et sans division, et qu'il enseigne cette doctrine dans un discours que le concile de Chalcédoine a dit être l'appui de la foi orthodoxe, et la condamnation de toutes les hérésies. » Macaire, patriarche d'Antioche, prenant la parole, dit qu'il ne croyait point que le pape Léon eût marqué en ce passage deux opérations, mais seulement l'opération théandrique, suivant saint Denis. L'empereur lui demanda comment il entendait ces opérations théandriques. Macaire n'ayant pas voulu s'expliquer, on acheva de lire les actes du concile de Chalcédoine, et l'on remit à la session suivante la lecture de ceux du 5° concile, c'est-à-dire, du second de Constantinople.

La première pièce qu'on lut était intitulée : *Discours de Mennas, archevêque de Constantinople, à Vigile, pape de Rome, sur ce qu'il n'y a qu'une volonté en Jésus-Christ*. A ces mots les légats de Rome s'écrièrent que ce livre était falsifié, et prièrent l'empereur d'empêcher la lecture de ce discours, comme d'une pièce supposée. Ils en donnèrent pour preuve, que Mennas était mort la 21° année de Justinien, et que le 5° concile n'avait été assemblé que la 27°, lorsqu'Eutychius était évêque de Constantinople. L'empereur et les magistrats avec quelques évêques, ayant en effet examiné le volume des actes du 5° concile, remarquèrent qu'on avait ajouté au commencement trois cahiers qui n'avaient ni le chiffre, ni la signature ordinaire, et que l'écriture en était différente de celle du reste du volume. Ainsi rejetant ce discours, ce prince fit lire la préface du 5° concile, et de suite tous les actes jusqu'à la 7° session. On y avait inséré deux livres sous le nom du pape Vigile; l'un adressé à l'empereur Justinien; l'autre à l'impératrice Théodora, où se lisaient ces paroles : *Anathème à Théodore de Mopsueste, qui ne confesse pas que Jésus-Christ soit une hypostase, une personne, une opération.* Les légats, se levant de nouveau, soutinrent que ces deux écrits portaient à faux le nom de Vigile, et qu'on les avait ajoutés aux actes du concile de Chalcédoine. Ils en donnèrent pour preuve, que si Vigile avait enseigné une opération, et que le concile eût approuvé cette doctrine, on aurait employé le terme d'une opération dans la définition de foi. On la lut tout entière, et il ne s'y trouva rien de semblable. Les légats demandèrent que les livres produits sous le nom du pape Vigile fussent examinés pour qu'on pût s'assurer de la supposition ; mais l'empereur remit cet examen après la lecture de tous les actes de Chalcédoine. Quand on l'eut finie, ce prince demanda au concile et aux magistrats, s'ils voyaient que Macaire, patriarche d'Antioche, eût prouvé, comme il s'y était engagé, qu'il n'y a en Jésus-Christ qu'une volonté et une opération. Sur leur réponse négative, Constantin ordonna que Macaire et ceux de son parti prouvassent, selon leur promesse, leur sentiment par les témoignages des Pères approuvés. Macaire et les siens demandèrent du temps. Cependant George de Constantinople et les évêques dépendants de son siége prièrent qu'on lût les lettres du pape Agathon et de son concile à l'empereur. Ce qui fut renvoyé à la session suivante.

On la tint le 15 de novembre. Diogène, secrétaire de l'empereur, avait traduit en grec ces deux lettres. Elles furent lues l'une et l'autre : et comme elles sont très-longues et chargées de passages des Pères et de l'Ecriture, on employa la session entière à en entendre la lecture. Agathon et son concile y établissaient clairement la doctrine de l'Eglise, touchant les deux volontés et les deux opérations ; ils y condamnaient les monothélites, et approuvaient ce qui s'était fait contre cette nouvelle hérésie dans le premier concile de Latran (1).

Dans la cinquième session, qui ne fut tenue que le 7 décembre, Macaire d'Antioche produisit deux volumes de passages tirés des écrits des Pères, et un troisième dans la session suivante qui se tint deux mois après, c'est-à-dire, le 12 février 681. Après qu'on en eut fait la lecture, et que Macaire eut déclaré qu'il n'avait point d'autres passages à produire pour la défense de sa cause, l'empereur ordonna que l'on mît à ces trois volumes le sceau des juges, des légats de Rome et de l'Eglise de Constantinople. Alors les députés du pape dirent que tous les passages allégués par Macaire ne faisaient rien à la question présente, et qu'aucun ne prouvait qu'il n'y eût en Jésus-Christ qu'une volonté et une opération ; qu'il en avait tronqué la plupart, afin de pouvoir appliquer à l'incarnation ce qui devait naturellement s'entendre de la volonté unique des personnes de la Trinité. Ils demandèrent que l'on produisît les livres originaux d'où ces passages avaient été tirés, afin qu'en les collationnant, on en fît voir la falsification. Nous avons en mains, ajoutèrent-ils, un volume de passages des Pères, qui prouvent nettement les deux volontés et les deux opérations, et plusieurs passages des hérétiques qui ont enseigné, comme Macaire, une seule volonté : nous demandons que la lecture en soit faite. Cela se fera dans la prochaine session, répondit Constantin.

Elle fut tenue le lendemain 13 de février. On y produisit le volume que les légats avaient présenté la veille ; et après qu'on en eut lu les passages, l'empereur demanda aux légats s'ils en avaient encore d'autres à produire. Ils répondirent qu'ils se contentaient de ceux-ci, pour ne point l'ennuyer ; mais ils supplièrent ce prince de demander aux patriarches de Constantinople et d'Antioche s'ils convenaient de ce qui était porté dans les deux lettres du pape Agathon et de son concile. George et Macaire demandèrent qu'on leur délivrât copie de ces lettres, pour qu'ils pussent en vérifier les passages avant de faire réponse. Cela leur fut accordé ; et, par ordre de l'empereur, on scella le recueil des passages produits par les légats, de même qu'on l'avait fait pour ceux qu'avait allégués Macaire.

Dans la huitième session, qui est datée du 7e jour de mars, Constantin demanda aux deux patriarches s'ils convenaient du sens des lettres du pape Agathon et de son concile. George, patriarche de Constantinople, avoua qu'en ayant confronté tous les passages, il les avait trouvés conformes aux originaux ; qu'il pensait comme le pape et croyait de même. Théodore, évêque d'Ephèse, confessa aussi les deux volontés et les deux opérations, conformément aux lettres d'Agathon. Sisinnius d'Héraclée et plusieurs autres évêques n'opinèrent pas différemment. Mais Théodore, évêque de Mélitine en Arménie, présenta un mémoire, tant en son nom qu'en celui de trois autres évêques et de quelques officiers de l'Eglise de Constantinople, par lequel il demandait que l'on ne condamnât ni ceux qui avaient enseigné une opération et une volonté, ni ceux qui avaient reconnu deux opérations et deux volontés, attendu que les conciles généraux n'avaient rien prononcé là-dessus. Son mémoire fut désavoué par les trois évêques au nom desquels il l'avait présenté ; et il n'y eut que l'abbé Etienne, disciple du patriarche d'Antioche, qui ne désavoua point ce mémoire. On continua à recevoir les suffrages des évêques dépendants de Constantinople ; et George de Camuliane dit qu'il se conformait aux lettres du pape Agathon, et qu'il croyait, comme lui, deux volontés naturelles et deux opérations. Les autres évêques s'écrièrent qu'ils étaient de même sentiment, et prononcèrent anathème contre ceux qui n'admettaient en

---

(1) On y lit de plus ces paroles remarquables, que l'Eglise Apostolique Romaine ne s'est jamais écartée du chemin de la vérité pour prendre celui de l'erreur, et que l'autorité du chef des apôtres, qui y préside, a toujours été suivie en tout avec fidélité par l'Eglise catholique de Jésus-Christ et par les conciles généraux. Aussi le pape affirmait-il, dans la même lettre adressée à l'empereur, qu'il avait donné commission à ses légats de rapporter simplement la tradition du siége apostolique, telle qu'elle avait été établie par les pontifes, ses prédécesseurs, sans rien y ajouter ni changer. Ici nulle mention de la faute d'Honorius.

Jésus-Christ qu'une volonté et une opération. Après cette déclaration des évêques de la dépendance de Constantinople, on exigea que ceux que Théodore de Mélitine avait nommés, comme étant de même opinion que lui, donneraient en une autre session leur confession de foi par écrit, en présence des saints Evangiles, pour effacer le soupçon qu'ils avaient occasionné par le mémoire présenté en leur nom, quoiqu'ils l'eussent désavoué depuis. Alors George, patriarche de Constantinople, s'approchant de l'empereur, le pria d'ordonner que l'on mît dans les diptyques le nom du pape Vitalien, qui n'en avait été ôté par ses prédécesseurs qu'à cause du retardement des légats envoyés de Rome. Constantin l'ordonna ainsi; puis, à la prière du concile, il obligea Macaire, patriarche d'Antioche, à déclarer sa foi sur les deux volontés. Macaire répondit qu'il ne disait point deux volontés ni deux opérations, mais une volonté et une opération théandrique. Sur cette déclaration, on lui ordonna de se lever de sa place pour répondre; et en même temps cinq évêques de la dépendance d'Antioche l'abandonnèrent, déclarant qu'ils recevaient les lettres d'Agathon et sa doctrine. Ensuite l'empereur, ayant fait venir les trois volumes produits par Macaire, lui demanda à quel dessein il avait extrait les passages contenus dans ces volumes. Macaire avoua que c'était pour prouver la volonté unique du Père, de Notre-Seigneur Jésus-Christ et du Saint-Esprit. Ce prince l'ayant pressé de s'expliquer sur l'incarnation, Macaire, en expliquant sa créance, fit mention d'une profession de foi qu'il avait donnée à l'empereur. On en fit la lecture, et on y remarqua qu'il soutenait en termes formels qu'il n'y a eu Jésus-Christ qu'une opération; qu'il y condamnait saint Maxime comme hérétique; qu'il y comptait, entre les docteurs dont il s'appuyait, le pape Honorius, avec Sergius et Cyrus. On le pressa de s'expliquer de vive voix sur les deux volontés. Il répondit qu'il ne dirait point deux volontés ni deux opérations, quand on devrait lui couper tous les membres. On conféra ensuite un volume de saint Athanase avec le premier des extraits de Macaire, et il se trouva qu'il avait retranché la suite du passage de ce Père, qui faisait en effet contre Macaire. On en conféra un second, qui se trouva aussi tronqué : sur quoi le concile, le voyant opiniâtre, lui dit anathème, et demanda qu'il fût privé de l'épiscopat et dépouillé de son pallium. On le lui ôta en effet. Après quoi, comme il était debout au milieu de l'assemblée, avec Etienne, son disciple, l'abbé Théophane leur demanda si Jésus-Christ avait une volonté humaine. Ils répondirent qu'ils ne lui en connaissaient point, et s'autorisèrent d'un passage de saint Athanase, qui toutefois ne faisait point pour eux, parce que ce Père n'exclut de Jésus-Christ que les volontés charnelles et les pensées humaines et voluptueuses, qui viennent de la suggestion du démon. Théophane les pressa de dire si Adam avait une volonté naturelle. Ils ne voulurent ni en convenir ni le nier, prévoyant bien la conséquence que l'on tirerait de leur réponse. C'est pourquoi cet abbé, à la demande du concile, apporta deux passages, l'un de saint Athanase, l'autre de saint Augustin, qui disaient nettement qu'Adam avait eu une volonté naturelle : d'où les évêques de l'assemblée inférèrent que le premier Adam ayant eu une volonté naturelle, le second Adam devait aussi en avoir eu une dans sa nature humaine. Le reste du temps de la huitième session fut employé à vérifier quelques autres passages du premier volume de Macaire, un de saint Ambroise, un des livres attribués à saint Denis l'Aréopagite, et un de saint Jean Chrysostome; mais on trouva qu'il les avait tous tronqués.

Macaire n'assista point à la neuvième session, qui fut tenue le 8 mars; on ne voit même personne de sa part dans les suivantes, jusqu'à la quatorzième. On admit dans la neuvième les trois évêques qui dans la précédente avaient présenté un mémoire par Théodore de Mélitine. Ils étaient accompagnés de Théodore même et de sept clercs, du nombre desquels était Etienne, disciple de Macaire d'Antioche. On continua l'examen des passages allégués par ce dernier dans son premier volume, et on trouva, ou qu'il les avait tronqués, ou que ceux qu'il n'avait point altérés prouvaient clairement deux volontés en Jésus-Christ. Basile, évêque de Gortyne, le fit remarquer à l'empereur quand on vint à la lecture d'un passage de saint Athanase sur ces paroles de Jésus-Christ. *Mon Père, s'il est possible, que ce calice s'éloigne de moi*, où ce Père dit : Jésus-Christ montre ici deux volontés : l'une humaine, qui est de la chair, et l'autre divine. Macaire, convaincu d'avoir corrompu la doctrine des Pères, fut déclaré déchu de toute dignité et fonction sacerdotale. Il fut au contraire décidé que Théodore de Mélitine et les trois autres évêques qui s'étaient repentis et avaient confessé la foi orthodoxe reprendraient leurs places, à la charge de donner leur confession de foi par écrit à la session suivante. Mais Etienne, disciple de Macaire, persévérant dans l'erreur de son maître, fut chassé de l'assemblée. On ne jugea pas à propos de vérifier les passages des deux autres volumes de Macaire, parce qu'ils ne faisaient rien à la question présente.

Douze évêques, qui n'avaient pu arriver à Constantinople pour les sessions précédentes, s'y rendirent pour la dixième, qui fut tenue le 18ᵉ jour de mars. On la commença par la lecture des passages contenus dans le recueil produit par les députés du pape Agathon et de son concile. Le premier passage était de la seconde lettre de saint Léon à l'empereur de même nom; on le confronta avec l'original, tiré du trésor de l'Eglise de Constantinople, écrit en parchemin et couvert d'argent. Le second était de saint Ambroise, dans son deuxième livre à Gratien; il fut collationné avec un livre en papier, fort ancien, tiré de la bibliothèque patriarcale. Tous les autres passages, au nombre de trente-neuf, furent collationnés de suite et trouvés conformes aux livres de la même bibliothèque; ils contenaient tous la doctrine de deux volontés et de deux opérations en Jésus-Christ. Ensuite on vérifia quinze passages rapportés dans le même recueil et tirés des écrits de six hérétiques qui ne reconnaissaient qu'une seule volonté et qu'une seule opération en Jésus-Christ, savoir : de Thémistius, d'Anthime, de Sévère, de Paul, de Théodose et de Théodore. Il n'y en avait point d'Apollinaire, quoiqu'il eût aussi enseigné une volonté et une opération. Les légats demandèrent donc que l'on en insérât aussi un passage dans leur recueil : ce qui leur fut accordé, après la vérification de ce passage sur un livre en papier de la bibliothèque patriarcale. Ensuite Théodore de Mélitine et les trois autres évêques, avec les six clercs, qui avaient été regardés comme suspects dans la foi, présentèrent leurs confessions de foi, ainsi qu'il avait été ordonné dans la neuvième session, et firent serment, sur les saints Évangiles, de croire ce qu'elles contenaient. On en fit la lecture, de même que de celle de Pierre, évêque de Nicomédie, qui fut insérée dans les actes. On n'y inséra point celles des quatre évêques et des six clercs, parce qu'elles étaient conformes à celle de Pierre de Nicomédie.

La onzième session, tenue le 20e jour de mars, fut encore plus nombreuse que la précédente, par l'arrivée d'environ trente évêques. On lut, à la requête des députés de l'Église de Jérusalem, la lettre de saint Sophrone, évêque de cette ville, à Sergius de Constantinople, et de suite le libelle présenté à l'empereur par Macaire d'Antioche, avec un de ses discours au même prince. L'abbé Théophane se plaignit de ce que Macaire avait, contre les lois de l'Église, envoyé ce discours en Sardaigne, à Rome et en d'autres lieux, avant qu'il eût été présenté et lu dans le sénat. Sur quoi l'empereur assura qu'il n'en avait eu aucune connaissance. On vit, par la lecture de ce discours, qu'il était plein d'erreurs, et que Macaire y soutenait manifestement l'unité de volonté et d'opération en Jésus-Christ. On lut encore d'autres écrits de Macaire, auxquels Étienne, son disciple, avait eu part; mais le concile, voyant qu'ils ne contenaient qu'une doctrine contraire à celle des Pères, en interrompit la lecture, en statuant que l'on en extrairait quelques passages conformes à ceux des hérétiques produits par les légats, et qu'ils seraient insérés aux actes, pour faire la comparaison des uns et des autres. Sur la fin de cette session, l'empereur déclara que, les affaires de l'État l'appelant ailleurs, il avait ordonné aux patrices Constantin et Anastase, et aux ex-consuls Polyeucte et Pierre, de se trouver au concile de sa part. Ainsi il n'assista point en personne aux sessions suivantes, si ce n'est à la dernière, c'est-à-dire, à la dix-huitième.

La douzième est du 22 mars. Quoique l'empereur n'y fût point présent, son siége y était, et aux deux côtés, les quatre magistrats nommés ci-dessus. Il s'y trouva environ quatre-vingts évêques, mais personne de la part de l'Église d'Antioche, parce que Macaire était regardé comme privé de sa dignité. On lut le recueil de pièces qu'il avait donné à l'empereur, et que ce prince avait fait remettre au concile. Ce recueil contenait la lettre de Sergius à Cyrus; les prétendus discours de Mennas à Vigile, et de Vigile à Justinien et à Théodora, et la lettre de Sergius à Honorius, avec la réponse de ce pape. Toutes ces pièces furent vérifiées sur les registres et les autres originaux, gardés dans le trésor des chartes de l'Église de Constantinople : après quoi le concile députa les notaires, avec trois évêques, à Macaire, pour lui faire reconnaître ses écrits. Les ayant pris, ouverts et vérifiés, il les reconnut pour ses ouvrages. Ceux qu'on avait députés en ayant fait leur rapport, les magistrats demandèrent, de la part de l'empereur, si l'on pourrait rétablir Macaire dans son siége, en cas qu'il se repentît. Les évêques, ayant délibéré sur cela, et repris en peu de mots les crimes dont Macaire était convaincu, répondirent qu'il n'était point possible de le reconnaître jamais pour évêque : ils prièrent au contraire les magistrats d'obtenir de l'empereur que Macaire fût banni de Constantinople, avec tous ceux qui pensaient comme lui. Alors les évêques et les clercs qui dépendaient du siége d'Antioche, s'approchant des magistrats, leur demandèrent de s'intéresser auprès de l'empereur pour leur faire donner un autre archevêque à la place de Macaire, afin que l'Église d'Antioche ne demeurât pas veuve. Les magistrats promirent tout ce qu'on leur avait demandé.

Dans la treizième session, qui est du 28e jour de mars, on fit de nouveau la lecture des lettres de Sergius et d'Honorius ; et le concile, les ayant trouvées contraires à la doctrine des apôtres, des conciles et des Pères, et conformes aux sentiments des hérétiques, les rejeta et les détesta, comme propres à corrompre les âmes. Il dit anathème, non-seulement à Sergius, à Cyrus, à Pyrrhus, à Paul et à Pierre, tous infectés des erreurs des monothélites, mais encore à Honorius, disant avoir trouvé dans sa lettre à Sergius, qu'il suivait en tout son erreur et qu'il autorisait sa doctrine impie. A l'égard de la lettre de Sophrone, évêque de Jérusalem, le concile, après l'avoir examinée, trouva qu'elle était conforme à la doctrine orthodoxe et utile à l'Église : en conséquence de quoi il ordonna que son nom fût mis dans les diptyques. Les magistrats demandèrent que l'on produisît tous les écrits des personnes qui venaient d'être condamnées. Pendant que le garde des chartes se mettait en devoir de les présenter, les magistrats dirent qu'ayant demandé, de la part des évêques et des clercs de la dépendance d'Antioche, un évêque à la place de Macaire, l'empereur avait ordonné qu'ils fissent à l'ordinaire un decret d'élection, qui lui serait communiqué. C'est ce qui s'exécuta avant la fin du concile, et l'abbé Théophane, qui avait témoigné tant de zèle pour la défense de la foi dans la 8ᵉ session, fut ordonné patriarche d'Antioche. Cependant le garde des chartes représenta les écrits des évêques qui venaient d'être condamnés : et on lut premièrement la lettre de Cyrus à Sergius; puis celle qu'il écrivit au même Sergius avec les neuf articles de réunion, dont nous avons parlé plus haut; ensuite plusieurs passages du discours de Théodore de Pharan à Sergius ; un passage d'un discours de Pyrrhus ; un de la lettre de Paul de Constantinople au pape Théodore ; et un de la lettre de Pierre, évêque de la même ville, au pape Vitalien. Par la lecture de toutes ces pièces, il parut clairement que leurs auteurs avaient soutenu une opération et une volonté en Jésus-Christ. C'est pourquoi le concile décréta qu'ils seraient ôtés des sacrés diptyques, frappés d'anathème, et leurs écrits supprimés. On examina après cela les lettres synodiques de Thomas, de Jean et de Constantin, successeur de Pierre dans le siège de Constantinople : le concile n'y ayant rien trouvé de contraire à la foi, déclara que ces trois patriarches seraient mis dans les diptyques, après avoir toutefois exigé le serment du garde des chartes, qu'il ne connaissait personne qui leur eût donné des libelles où l'on soutînt une seule volonté et une seule opération en Jésus-Christ. Il n'est rien dit dans cette session de Théodore, successeur de Constantin, peut-être parce qu'il vivait encore, et qu'on l'avait fait expliquer lui-même. Le garde des chartes ayant encore apporté diverses pièces, entre autres une seconde lettre du pape Honorius à Sergius, et une de Pyrrhus au pape Jean, le concile jugea qu'elles devaient être brûlées sur-le-champ, comme tendant à établir l'impiété du monothélisme.

La quatorzième session, tenue le 5 avril, fut presque entièrement employée à examiner les trois écrits dont on a déjà parlé plus d'une fois; savoir le prétendu discours de Mennas au pape Vigile, et ceux de Vigile à Justinien et à Théodora, insérés dans les actes du 5ᵉ concile général. On apporta deux exemplaires des actes de ce concile, l'un en parchemin, et l'autre en papier qui était l'original. Ils se trouvèrent conformes entre eux; mais les évêques en ayant examiné soigneusement la 7ᵉ session, remarquèrent qu'on y avait ajouté les prétendus discours de Mennas et de Vigile ; qu'ils n'avaient été faits ni écrits dans le temps du 5ᵉ concile, mais fabriqués malicieusement depuis par les monothélites. Ayant ensuite conféré les mêmes exemplaires avec plusieurs autres anciens, et un de la bibliothèque patriarcale, on trouva que celui-ci ne rapportait ni l'écrit de Mennas à Vigile, ni les discours de Vigile à Justinien et à Théodora. C'est pourquoi il fut arrêté que les exemplaires où ils se trouvaient seraient rayés et effacés aux endroits falsifiés, et qu'on dirait anathème aux faussaires. Comme on reconnut par diverses informations que c'était le moine George qui avait écrit ces trois pièces de sa main, on le fit venir au milieu de l'assemblée, et il avoua qu'il les avait écrites à la demande d'Etienne, disciple de Macaire, patriarche d'Antioche. Paul de Constantinople avait fait faire la même addition à un exemplaire latin du 5ᵉ concile, par Constantin, prêtre de son Eglise. Constantin, interrogé sur ce fait, avoua qu'il avait transcrit ces discours par ordre de Paul, avec le diacre Sergius, sur l'exemplaire en papier qui passait pour l'original. On interrogea le diacre Sergius, qui confirma le même fait. Alors le concile dit anathème au discours de Mennas à Vigile, à ceux de Vigile à Justinien et à Théodora, à quiconque les avait fabriqués ou écrits, à tous ceux qui avaient falsifié les actes du 5ᵉ concile, enfin à ceux qui ont enseigné, qui enseignent ou enseigneront une seule volonté et une seule opération en Jésus-Christ. Quelques évêques de Chypre ayant ensuite demandé la lecture d'un discours de saint Anathase sur ces paroles du Sauveur : *Mon âme est troublée maintenant*, on en fit la lecture, et l'on y trouva le dogme des deux volontés clairement établi.

Les fêtes de Pâques ayant interrompu pour quelque temps les sessions du concile, on ne tint la 15ᵉ que le 26 avril, trois semaines après la précédente. Polychrone, prêtre et moine, qui était accusé de soutenir les erreurs de Macaire, fut cité, et on lui ordonna de déclarer sa foi. Il s'offrit de la prouver par les œuvres, en ressuscitant un mort. Les magistrats et le concile réglèrent de concert que l'épreuve du mort se ferait en public. Polychrone mit sur le mort sa confession de foi, où il ne reconnaissait qu'une volonté et une opération théandrique ; mais quoiqu'il eût parlé pendant plusieurs heures au mort, celui-ci ne ressuscita point. C'est pourquoi le concile, voyant ce prêtre obstiné dans son erreur, décida qu'il serait dépouillé de tout rang et de toute fonction sacerdotale ; et après qu'il eut été déposé de cette manière, tous les évêques lui dirent anathème.

Il y eut trois mois d'intervalle entre cette session et la 16ᵉ, qui ne fut tenue que le 9ᵉ jour d'août. Cet intervalle donna lieu à plusieurs évêques éloignés de Constantinople de se rendre au concile. Constantin, prêtre de l'église d'Apamée, métropole de la seconde Syrie, fut admis à rendre compte de sa foi. Il dit qu'il reconnaissait deux natures, suivant la décision du concile de Chalcédoine, et deux propriétés; mais que pour les opérations, il n'en disputerait point, et qu'il ne reconnaissait qu'une volonté de la personne du Verbe. On lui demanda si cette unique volonté appartenait à la nature divine ou bien à la nature humaine. « A la nature divine », répondit-il. Les évêques lui demandèrent si la nature humaine de Jésus-Christ n'avait pas aussi une volonté. Il avoua que Jésus-Christ avait eu une volonté humaine naturelle depuis sa naissance jusqu'à la croix; mais il soutint que depuis sa résurrection il n'en avait plus, et que s'étant alors dépouillé de sa chair mortelle et de toutes les faiblesses, il avait quitté sa volonté humaine avec la chair et le sang. Il ajouta qu'il avait appris cette doctrine de Macaire d'Antioche. Le concile, ne pouvant lui persuader de changer de sentiment, lui dit anathème et à ses dogmes, et le fit chasser de l'assemblée. George, patriarche de Constantinople, et avec lui quelques évêques de sa dépendance, demandèrent qu'on épargnât, s'il était possible, les noms de Sergius, de Pyrrhus, de Paul et de Pierre, ses prédécesseurs, et qu'ils ne fussent pas compris dans les anathèmes. Mais le concile déclara que puisqu'ils avaient été déclarés coupables, et rayés des diptyques par sentence, ils devaient aussi être nommément anathématisés. George ayant déclaré qu'il cédait à l'avis du plus grand nombre, on renouvela les anathèmes déjà prononcés contre Théodore de Pharan, Cyrus, Sergius, Honorius, Pyrrhus, Paul, Pierre, Macaire, et tous les hérétiques.

On ne fit autre chose dans la 17e session, qui est datée du 11e jour de septembre, que de convenir de la définition de foi. Elle y fut lue par Agathon, lecteur et notaire de George, patriarche de Constantinople. On la publia de nouveau dans la session 18e, tenue le 16 du même mois. L'empereur y assista en personne avec plus de 160 évêques. Dans cette définition, le concile déclare qu'il reçoit les cinq conciles précédents; qu'il condamne les auteurs de la nouvelle erreur, savoir Théodore de Pharan, Sergius, Pyrrhus, Paul et Pierre de Constantinople, le pape Honorius, Cyrus d'Alexandrie, Macaire d'Antioche, Etienne son disciple; qu'il approuve les deux lettres du pape Agathon et de son concile, comme contenant une doctrine conforme à celle du concile de Chalcédoine, de saint Léon et de saint Cyrille. Il fit lire les symboles de Nicée et de Constantinople : et dans une explication du mystère de l'incarnation, il prouve et décide qu'il y a en Jésus-Christ deux volontés naturelles et deux opérations, que ces deux volontés ne sont point contraires, que la volonté humaine suit la volonté divine, et qu'elle lui est entièrement soumise. Il défend d'enseigner une autre doctrine, soit à ceux des juifs ou des gentils qui se convertissent à la foi, soit à ceux qui quittent l'hérésie pour embrasser la vérité, sous peine de déposition pour les clercs, et d'anathème pour les laïques. Les trois légats du pape souscrivirent les premiers ; après eux George de Constantinople; Pierre, prêtre, tenant la place du patriarche d'Alexandrie; Théophane, patriarche d'Antioche; George, prêtre, représentant l'évêque de Jérusalem ; puis tous les autres évêques. L'empereur leur demanda si la définition de foi avait été faite et publiée de leur consentement; ils répondirent par des acclamations unanimes, et prononcèrent de nouveau des anathèmes contre tous les monothélites. Après quoi on lut un discours adressé à ce prince, où l'on relevait son zèle pour la foi et sa piété; on y louait aussi le pape Agathon, ses lettres et celles de son concile. Ce discours fut encore souscrit des légats et de tous les évêques. Ils prièrent

l'empereur de souscrire lui-même la définition de foi. Il le promit, mais il demanda auparavant que le concile reçût Citonat, archevêque de Cagliari en Sardaigne, qui s'était justifié d'un crime d'Etat dont il avait été accusé, et qu'il lui fît souscrire cette définition. Après donc que Citonat et Théodore, évêque d'Auréliopolis, eurent souscrit, l'empereur souscrivit le dernier.

Il ordonna, à la requête des évêques, que l'on dressât cinq exemplaires de la définition de foi, un pour les légats du pape, deux pour les patriarches de Constantinople et d'Antioche, et deux pour ceux d'Alexandrie et de Jérusalem. Les évêques, avant de se séparer, écrivirent une lettre synodale au pape Agathon, pour lui témoigner que puisqu'il occupait le premier siége de l'Eglise universelle, ils se reposaient sur lui de ce qui était à faire, comme sur la pierre ferme de la foi, en acquiesçant de grand cœur aux lettres que sa paternelle béatitude avait écrites au très-pieux empereur touchant la vraie foi, et dans lesquelles ils avaient reconnu le langage plein d'autorité du chef suprême des apôtres ; qu'ils s'en étaient servis eux-mêmes pour ruiner les fondements de la nouvelle hérésie; et qu'ils avaient, conformément à ces lettres, anathématisé Théodore, Sergius et les autres chefs des monothélites, et même Honorius, dont toutefois le pape Agathon n'avait rien dit. Ils priaient sa paternelle sainteté de mettre le sceau, par ses vénérables rescrits, à leur définition de foi. Les patriarches de Constantinople et d'Antioche, et les députés des siéges d'Alexandrie et de Jérusalem, souscrivirent cette lettre avec cinquante-deux autres évêques, au nombre desquels se trouve Citonat de Cagliari.

L'empereur donna un édit pour l'exécution des décrets du concile. Il y condamne les auteurs du monothélisme, Théodore, Cyrus, Sergius et Honorius, comme fauteurs de cette hérésie; il y explique clairement la doctrine de l'Eglise sur les deux volontés et les deux opérations, et défend d'enseigner une doctrine contraire, sous peine de déposition pour les clercs, de privation de dignité et de confiscation de biens pour les laïques, et de bannissement pour les simples particuliers. Macaire, qui avait été déposé du patriarcat d'Antioche, Etienne son disciple, Anastase, Polychrone et quelques autres présentèrent ensemble une requête à l'empereur, par laquelle ils demandaient d'être envoyés au pape. Le prince leur accorda leur demande, laissant au pape le jugement de leur cause.

Cependant Agathon mourut dans le mois de janvier de l'an 682, et il eut pour successeur Léon II, qui fut ordonné le 15 du mois d'août, ou selon d'autres le 19 d'octobre de la même année, le saint-siége ayant vaqué plusieurs mois. Les légats n'étaient point encore partis de Constantinople, lorsqu'on y apprit la mort du pape Agathon. A leur départ pour Rome, où ils arrivèrent au mois de juillet 682, l'empereur les chargea de deux lettres, l'une au pape, l'autre à tous les conciles évêques du saint-siége, c'est-à-dire, aux évêques d'Occident qui avaient assisté au concile de Rome, et qui avaient écrit à ce prince par leurs députés. La lettre au pape Léon est datée du mois de décembre, indiction dixième, et celle aux évêques d'Occident fut écrite en même temps. Si cette date n'est pas fausse, il faudra dire que les légats ne furent point porteurs de ces lettres, ce qui serait contraire aux lettres mêmes, ou qu'ils n'arrivèrent point à Rome au mois de juillet précédent, ce qui est détruit par la lettre du pape Léon II à l'empereur. Le P. Labbe croit qu'au lieu du mois de *décembre* dont ces lettres sont datées, il faut lire *avril*, et qu'encore que le pape Léon II ait été choisi aussitôt après la mort d'Agathon, il ne fut toutefois ordonné que plusieurs mois après, soit parce qu'il n'avait pas reçu la confirmation de son élection, soit parce qu'il fut longtemps à délibérer s'il accepterait ou non le pontificat. Baronius rejette absolument ces deux lettres comme supposées, de même que la réponse du pape Léon à l'empereur; mais elles ont trop de rapport avec les lettres de ce pape aux évêques d'Espagne, que Baronius ne conteste pas. Ce prince dit au pape qu'il avait fait lire publiquement la lettre d'Agathon, qu'elle avait été acceptée de tous les évêques, comme si saint Pierre eût parlé, et que Macaire d'Antioche seul avait refusé de s'y conformer. Il dit à peu près la même chose aux évêques d'Occident. La réponse du pape Léon à l'empereur porte, qu'ayant examiné soigneusement les actes du concile de Constantinople, il les avait trouvés conformes à ce que les légats lui en avaient rapporté, et aux décrets des cinq conciles précédents; qu'ainsi il confirmait la définition de ce 6° concile et anathématisait tous ceux que ce concile avait anathématisés, nommément Honorius, qui, au lieu de purifier l'Eglise apostolique par la doctrine des apôtres, avait pensé renverser la foi par une trahison profane. A l'égard de ceux que l'empereur lui avait envoyés, Anastase dit que le pape Léon en admit deux à la communion le jour de l'Epiphanie 683, après qu'ils eurent donné par écrit leur profession de foi, et anathématisé les hérétiques. Ces deux étaient Anastase, prêtre, et Léonce, diacre de l'Eglise de Constantinople. Il dit de Macaire, d'Etienne, de Polychrone et d'Epiphane, qui avaient aussi été renvoyés au jugement du pape, qu'ils furent enfermés dans divers monastères, parce qu'ils n'avaient point voulu abjurer leurs erreurs. *D. Ceill.*

Une des objections les plus rebattues contre l'infaillibilité pontificale est assurément celle qu'on prétend tirer de la faute d'Honorius et de sa condamnation par le sixième concile œcuménique. Cependant de quoi s'agit-il? D'une faute personnelle, qui était plutôt une erreur dans la conduite, qu'une erreur dans la foi. Les lettres qui nous restent de ce pape démontrent en effet qu'il n'admettait pas une seule volonté en Jésus-Christ à la manière des monothélites, mais uniquement en ce sens qu'il ne saurait y avoir dans le Fils de Dieu deux volontés contraires. Comment d'ailleurs le pape Agathon aurait-il pu prescrire à ses légats, comme il l'écrivit à l'empereur, de s'en tenir simplement à la tradition reçue de ses prédécesseurs, si cette tradition avait été rompue par Honorius quelques années seulement avant lui? Aussi Noël-Alexandre, quoique partisan des opinions gallicanes, ne fait-il pas difficulté de reconnaître ingénument que le pape Honorius n'a point enseigné l'hérésie. Baronius, Pighi et quelques autres savants ont prétendu que les actes du sixième concile général avaient été altérés, et qu'un faussaire avait substitué le nom d'un pape de Rome à celui d'un évêque de Constantinople; mais cette opinion est sujette à de grandes difficultés, et a été abandonnée par Mansi lui-même.

CONSTANTINOPLE (Concile de), appelé *Quini-Sexte*, ou *in Trullo*, *Quini-Sextum, seu Trullanum*, l'an 692. — Ce concile fut convoqué par ordre de l'empereur Justinien II, qui avait succédé à Constantin Pogonat, son père, mort en 684. Deux cent onze évêques y assistèrent, et s'assemblèrent dans le dôme du palais, nommé en latin *Trullus*, le même où s'était tenu le 6° concile général, environ onze ans auparavant. Mais le nom de *Trullus* ou *in Trullo* est demeuré au concile assemblé sous Justinien II; il est aussi nommé *Quini-Sexte*, ou *Cinquième et Sixième*, pour marquer qu'il n'est qu'un supplément aux deux conciles précédents. Les Grecs l'ont regardé comme un concile général; mais les Latins l'ont rejeté, et le pape Sergius ne voulut jamais y souscrire, quelque instance que lui en fît l'empereur Justinien. En effet le pape n'avait eu aucune part à sa convocation, et il n'y avait assisté ni en personne ni par ses légats, quoique l'évêque de Gortyne en Crète et celui de Ravenne s'y soient trouvés, au rapport de Balsamon, pour y représenter l'Eglise romaine. On y fit cent deux canons qui ont depuis formé un corps de discipline pour les Eglises d'Orient. Les évêques y protestent d'abord qu'ils reçoivent tous les décrets des six premiers conciles généraux; qu'ils condamnent les erreurs et les personnes qui ont été condamnées, et qu'ils veulent conserver en entier la foi des apôtres. Ensuite ils font le dénombrement des canons auxquels ils veulent s'en tenir, savoir les quatre-vingt-cinq attribués aux apôtres (qui ont toujours été regardés comme apocryphes par l'Eglise romaine), ceux de Nicée, d'Ancyre, de Néocésarée, de Gangres, d'Antioche, de Laodicée, de Constantinople, d'Ephèse, de Chalcédoine, de Sardique, de Carthage, de Constantinople sous Nectaire, d'Alexandrie sous Théophile : mais ils rejettent les constitutions apostoliques, publiées sous le nom de saint Clément, comme étant altérées par les hérétiques: au contraire, ils approuvent les Epîtres canoniques de saint Denys et de saint Pierre d'Alexandrie, de saint Grégoire Thaumaturge, de saint Athanase, de saint Basile, de saint Grégoire de Nysse, de saint Grégoire de Nazianze, de saint Amphiloque, de Timothée, de Théophile et de saint Cyrille ; de Gennade, patriarche de Constantinople, et le règlement fait par saint Cyprien et son concile pour la seule Eglise d'Afrique. On croit que c'est la préface du concile de Carthage, où ce Père dit qu'aucun ne doit prétendre être évêque des évêques, ni obliger ses collègues à obéir par crainte tyrannique.

Le 3e canon porte que ceux qui ont été mariés jusqu'au 15 de janvier de l'an 691, sans avoir voulu rompre leurs mariages, seront déposés ; mais que ceux dont les mariages auront été rompus avant ce temps conserveront leur rang, sans toutefois pouvoir faire aucunes fonctions de leur dignité ; qu'à l'avenir il sera défendu d'ordonner évêques, prêtres ou diacres, ou en quelques autres degrés du clergé que ce soit, celui qui aura été marié deux fois, ou qui aura eu une concubine après son baptême, ou épousé une veuve, une femme répudiée, une courtisane, une esclave, une comédienne.

Le 4e prononce la peine de déposition contre ceux du clergé qui auront eu commerce avec une vierge consacrée à Dieu ; et la peine d'excommunication contre les laïques tombés dans le même crime.

Le 5e renouvelle les anciens canons qui défendent aux clercs d'avoir avec eux des femmes étrangères, sous peine de déposition ; ce que l'on étend aux eunuques mêmes.

Le 6e défend, sous peine de déposition, aux sous-diacres, aux diacres et aux prêtres de se marier : si quelqu'un veut s'engager dans le mariage, qu'il le fasse avant de recevoir aucun de ces ordres.

Le 7e défend aux diacres de s'asseoir en présence du prêtre, si ce n'est qu'ils représentent la personne du patriarche ou du métropolitain dans une autre ville.

Le 8e ordonne de tenir le concile provincial une fois tous les ans.

Le 9e défend aux clercs de tenir cabaret ; et le 10e menace de déposition les contrevenants.

Le 11e défend, sous la même peine, de prêter à usure, de manger des azymes avec les juifs, et d'avoir avec eux ni commerce ni familiarité, de les envoyer chercher dans la maladie, de prendre de leurs remèdes, et de se baigner avec eux.

Le 12e défend aux évêques, sous peine de déposition, d'habiter avec leurs femmes.

Le 13e déclare que, lorsque quelqu'un sera trouvé digne d'être ordonné sous-diacre, diacre ou prêtre, on ne lui fera point promettre, dans le temps de son ordination, de s'abstenir de la compagnie de sa femme, afin de ne pas déshonorer le mariage institué de Dieu, et béni par sa présence. Les évêques autorisent ce règlement par un canon du 5e concile de Carthage, où ils n'entendaient pas, puisqu'il y est dit en termes exprès que « les sous-diacres, les diacres, les prêtres et les évêques s'abstiendront de leurs femmes, *suivant les anciens statuts*, et seront comme s'ils n'en avaient point. » Au lieu de lire dans ce canon, *suivant les anciens statuts*, ils lisaient, *suivant les termes prescrits;* ce qui leur donna lieu de croire que le concile de Carthage ne défendait l'usage du mariage aux sous-diacres, aux diacres et aux prêtres, qu'en certains temps, c'est-à-dire lorsqu'ils s'approchaient des autels, et aux jours de jeûne destinés à la prière.

Le 14e fixe l'âge de la prêtrise à trente ans, du diaconat à vingt-cinq, selon les anciens canons.

Le 15e fixe l'âge du sous-diaconat à vingt ans.

Le 16e rejette le statut du concile de Néocésarée, portant qu'il n'y aurait que sept diacres dans quelque Eglise que ce fût, même des plus grandes villes, parce qu'il n'est pas fait mention d'un plus grand nombre de diacres dans les Actes des apôtres. Les Pères de Constantinople condamnent cette explication, et prétendent que les sept diacres dont il est parlé dans le livre des Actes n'étaient ministres que des tables communes, et non des autels.

Le 17e porte que les clercs qui quitteront leurs Eglises pour passer dans d'autres diocèses, sans la permission de leurs évêques, ne pourront être enregistrés dans le catalogue d'une autre Eglise, sans lettres dimissoriales de leur propre évêque.

Le 18e ordonne aux clercs, qui avaient été obligés de quitter leurs Eglises, d'y retourner aussitôt qu'ils en auront la liberté.

Le 19e veut que ceux qui ont le gouvernement des églises, expliquent les saintes Ecritures au clergé et aux peuples, pour les instruire dans la piété et la vraie foi, tous les jours d'assemblée, mais principalement les dimanches.

Le 20e dit que s'il arrive quelque dispute sur cette matière, on la résoudra suivant les lumières des anciens docteurs de l'Eglise.

21e. « Il n'est pas permis à un évêque de prêcher publiquement dans une ville qui n'est pas de son diocèse. »

22e. « Permis aux clercs déposés, en cas qu'ils fassent pénitence de leurs fautes, de porter les cheveux courts comme les autres clercs ; mais s'ils n'embrassent l'état de pénitence que malgré eux, ils porteront les cheveux longs comme les laïques. »

23e. « Ceux qui ont donné de l'argent pour les ordres, et ceux qui l'ont reçu, seront déposés. »

24e. « Défense à tous les ecclésiastiques, sous peine d'être traités comme simoniaques, d'exiger de l'argent ou quelque autre chose, pour donner la sainte communion. On leur défend aussi d'assister ou de prendre part aux courses des chevaux, et aux spectacles des farceurs. »

25e. On adjuge les paroisses des campagnes à l'évêque qui les gouverne depuis 30 ans, en permettant toutefois, avant l'échéance de ce terme, à celui qui veut les revendiquer, de faire preuve dans le concile de la province, qu'elles n'appartiennent pas à l'évêque qui en est le détenteur.

26°. « Le prêtre qui, par ignorance, se trouve engagé dans un mariage illicite, ne sera point déposé; mais il ne lui sera point permis de faire aucune fonction de son ordre, en sorte qu'il ne pourra bénir ni en public ni en particulier, ni donner la communion. »

27°. « Défense aux clercs, sous peine d'être séparés pour une semaine, de porter, soit dans la ville, soit en voyage, d'autres habits que ceux de leur état. » Les clercs, en Orient, étaient donc alors distingués des laïques par leur tonsure et par leurs habits.

28°. « La grappe de raisin qu'il est d'usage de distribuer avec l'Eucharistie, sera bénite séparément, comme des prémices, et l'on en donnera aussi séparément à ceux qui en demanderont. »

29°. « Les prêtres célébreront toujours la messe à jeun, même le jeudi saint, quoique le troisième concile de Carthage ait excepté ce jour pour des raisons qui étaient bonnes alors, mais qui ne subsistent plus. »

30°. « Si les prêtres qui sont chez les barbares veulent se séparer de leurs femmes, d'un commun consentement, comme voulant s'élever au-dessus du canon des apôtres, qui défend de quitter sa femme, sous prétexte de religion, il ne leur sera plus permis de demeurer avec elles, en quelque manière que ce soit, afin de montrer par là qu'ils veulent effectivement accomplir leur promesse. »

31°. « Les clercs ne pourront ni baptiser ni célébrer les mystères dans les oratoires des maisons particulières, sans la permission de l'évêque : ceux qui feront le contraire seront déposés. »

32° et 33°. Les Arméniens étaient dans l'usage de consacrer l'Eucharistie sans eau, et de n'admettre dans le clergé que ceux qui étaient de la race sacerdotale : le concile condamne ces usages, et déclare que dans le choix des clercs on ne doit considérer que le mérite. Il fait encore défense aux lecteurs de lire publiquement dans l'église, s'ils n'ont les cheveux coupés, et n'ont reçu la bénédiction de leur pasteur.

34°. « Les clercs ou les moines qui auront conspiré contre leurs évêques, ou contre leurs confrères, seront privés de leur grade. »

35°. « A la mort d'un évêque, le métropolitain ne pourra s'emparer ni de ses biens, ni de ceux de son Eglise; mais ils demeureront à la garde des clercs, jusqu'à l'élection d'un autre évêque. Au défaut de clercs, le métropolitain conservera ces biens au successeur. »

36°. On renouvelle les règlements des conciles de Constantinople et de Chalcédoine, qui accordent au siège de Constantinople les mêmes privilèges qu'au siège de Rome, et la même autorité dans les affaires ecclésiastiques, avec le second rang; le 3 à Alexandrie, le 4° à Antioche, et le 5° à Jérusalem.

37°. « Les évêques qui n'ont pu prendre possession de leurs Eglises, à cause des incursions des barbares, conserveront la dignité et le rang d'évêques, avec pouvoir d'ordonner des clercs. » Voilà l'origine des évêques *in partibus infidelium*.

38°. On confirme le 12° canon du concile de Chalcédoine, qui ordonne que les églises des villes bâties ou renouvelées par la puissance impériale, suivront la disposition des villes de l'empire.

39°. Jean, métropolitain de l'île de Chypre, ayant été obligé d'en sortir avec son peuple, parce qu'elle avait été prise par les barbares, et d'aller s'établir à la nouvelle Justinianople, on lui conserve le gouvernement des Eglises de l'Hellespont, avec le droit d'être élu par les évêques de la province : on lui soumet aussi l'évêque de Cyzique, qui dépendait de l'Eglise de Justinianople.

40°. « On peut recevoir un moine dès l'âge de 10 ans, quoique saint Basile n'ait permis de les recevoir qu'à l'âge de 17 ans. »

41° et 42°. On ne permet d'être reclus qu'à ceux qui ont passé 3 ans dans un monastère, et on défend de souffrir dans les villes des vagabonds qui prennent le nom d'*ermites*, et portent de longs cheveux avec des habits noirs.

43°. « On peut recevoir toutes sortes de personnes, même les plus grands pécheurs, dans les monastères, parce que la vie monastique est un état de pénitence. »

44°. « Un moine, convaincu de fornication, ou de s'être marié, subira la peine prescrite par les canons contre les fornicateurs. »

45°. « Il ne sera pas permis de parer d'habits précieux et de pierreries les filles qui prennent l'habit de religieuses. »

46°. « Défense aux religieux et aux religieuses de sortir du monastère sans la permission de celui ou de celle qui en a le gouvernement; et, en cas de permission, d'en sortir sans être accompagnés. »

47°. « Défense aux moines de coucher dans des monastères de filles, et aux filles de coucher dans des monastères d'hommes. »

48°. « Défense de convertir en des usages profanes les monastères consacrés par l'autorité de l'évêque, ou de les donner à des séculiers. »

49°. « La femme de celui qui aura été choisi évêque, et qui se sera séparée de lui d'un commun consentement, avant son élection, sera obligée de se retirer, après l'ordination de son mari, dans un monastère éloigné de lui. »

50°. « Les jeux de hasard sont défendus aux clercs, sous peine de déposition, et aux laïques, sous peine d'excommunication. »

51°. On leur défend, sous les mêmes peines, d'assister aux spectacles et aux combats contre les bêtes, ou de faire sur le théâtre les personnages de farceurs et de danseurs.

52°. « Ordre de célébrer tous les jours en

carême, la messe des présanctifiés, à l'exception des samedis, des dimanches et du jour de l'Annonciation. »

53°. « Défense à ceux qui ont tenu des enfants sur les fonts de baptême d'en épouser la mère, lorsqu'elle est devenue veuve. »

54°. « Défense d'épouser la fille de son oncle ; aux pères et aux fils d'épouser la mère et la fille, ou bien les deux sœurs ; ou à deux frères d'épouser les deux sœurs. » Ce canon n'a jamais été adopté dans l'Eglise latine.

55° et 89°. Le concile défend de jeûner les samedis de carême, excepté le samedi saint où l'on doit jeûner jusqu'à minuit ; et ordonne que l'Eglise romaine changera son usage à cet égard. Ce fut une des raisons pour lesquelles l'Eglise romaine rejeta ce concile.

56°. « Défense de manger des œufs et du fromage les dimanches et les samedis de carême. »

57°. « Défense d'offrir du lait et du miel à l'autel. »

58°. « Défense aux laïques de s'administrer à eux-mêmes l'Eucharistie en présence d'un évêque, d'un prêtre et d'un diacre. »

59°. « Défense de baptiser dans des chapelles domestiques. »

60° et 61°. Ordre de charger de travaux rudes ceux qui feignent d'être possédés, et de les traiter comme s'ils l'étaient effectivement ; d'excommunier, pendant six ans, les devins et ceux qui les consultent ; les meneurs d'ours ou d'animaux semblables, pour amuser ou tromper les simples ; les diseurs de bonnes aventures, et toutes sortes de charlatans.

62°, 63°, 64° et 65°. Ordre de supprimer divers jeux indécents, qui se faisaient aux jours des calendes ; les danses publiques des femmes, les déguisements d'hommes en femmes, ou des femmes en hommes ; l'usage des masques et l'invocation de Bacchus pendant les vendanges ; de brûler les fausses histoires des martyrs, composées par les ennemis de l'Eglise, au déshonneur de Dieu et de la religion ; d'interdire aux laïques tous discours ou disputes publiques sur la religion, et d'empêcher qu'on allume aux nouvelles lunes des feux devant les boutiques ou les maisons.

66° et 67°. « Les fidèles passeront toute la semaine de Pâques en fête et en dévotion ; s'occupant dans les églises à chanter des psaumes, des hymnes et des cantiques spirituels, et à la lecture des divines Ecritures, sans qu'il leur soit permis, dans tout ce temps, d'assister aux courses des chevaux, ou à quelques autres spectacles publics. »

68°. « Les fidèles ne mangeront le sang d'aucun animal, sous peine aux clercs de déposition, et aux laïques d'excommunication. » Une semblable défense n'existe plus depuis longtemps dans l'Eglise latine, et avait cessé d'être en vigueur dans l'Eglise d'Afrique dès le temps de saint Augustin.

69°. « Il ne sera permis à personne de brûler, de déchirer ou de vendre aux parfumeurs et gens semblables, les livres des Evangiles, s'ils ne sont devenus entièrement inutiles par la pourriture, ou pour avoir été mangés des vers. »

70°. « L'entrée du sanctuaire, c'est-à-dire de l'enceinte de l'autel, sera interdite à tous les laïques, à l'exception de l'empereur, qui pourra y entrer pour faire son offrande, suivant l'usage ancien. »

71° et 72°. « Défense aux femmes de parler pendant la célébration du saint sacrifice ; à ceux qui étudient les lois civiles d'imiter les mœurs des gentils, de paraître sur le théâtre, et de s'habiller autrement qu'il n'est d'usage à ceux de cette profession ; et aux catholiques d'épouser des hérétiques, sous peine de nullité de leurs mariages. » Ce canon, qui déclare nuls les mariages des catholiques avec les hérétiques, est contraire à la discipline de l'Eglise latine, qui se contente de les défendre, mais sans les rompre une fois contractés ; à moins qu'on ne l'entende, comme l'a fait Van-Espen, des hérétiques dont le baptême serait nul, ou qui n'auraient pas reçu le baptême.

73°. On recommande la vénération pour le signe salutaire de la croix ; et, afin de lui conserver l'honneur qui lui est dû, on défend de la marquer sur le pavé, de peur que l'on ne foule aux pieds le trophée de notre victoire. Ce canon a été imité par quelques Eglises latines. *Voy.* FERMO, 1590.

74°. « Défense de faire les agapes, ou les festins de charité, dans les églises. »

75°. « On n'y chantera rien que de convenable, sans confusion, sans effort, avec modestie et attention. »

76°. « On ne souffrira dans l'enceinte des églises ni cabaret, ni boutique de marchands ; Jésus-Christ ayant défendu de faire de la maison de son Père une maison de commerce et de trafic. »

77°. « Tout chrétien doit éviter de se baigner avec les femmes. Les laïques coupables de cette faute seront excommuniés, et les clercs déposés. »

78°. « Ceux qui désirent d'être baptisés, seront instruits des principes de la foi, et présentés à l'évêque ou aux prêtres le cinquième jour de la semaine. »

79°. « Défense de donner des gâteaux à Noël, sous prétexte des couches de la sainte Vierge, qui en effet n'a point été en couches, ayant enfanté d'une manière non commune et ineffable (a). »

80°. « Les clercs qui se seront absentés de l'église trois dimanches de suite sans nécessité seront déposés, et les laïques excommuniés. »

81°. « Défense, sous peine d'anathème, d'ajouter au trisagion ces paroles : *Qui avez été crucifié pour nous.* » Cette addition, qui avait été imaginée par Pierre le Foulon, favorisait l'erreur des patripassiens.

82°. On veut qu'à l'avenir on peigne Jé-

(a) Cette opinion du concile *in Trullo* paraît à Noël-Alexandre, qui était dominicain, comme on sait, avoir été contredite par Tertullien, *l. de Carne Chr. c.* 4 ; par saint Jérôme, *l. contra Helv. c.* 9, et *ep.* 22 *ad Eust.*, et par saint Augustin, *l. Quæst. octog. trium, q.* 56.

sus-Christ sous la forme humaine, comme plus convenable que celle d'un agneau que saint Jean montrait au doigt, sous laquelle il était représenté en plusieurs images. Ceci est de pure discipline, et l'usage en peut varier selon les temps et les lieux.

83e. « Défense de donner l'Eucharistie aux morts. »

84e. « Ordre de baptiser les enfants dont on n'aura pas de preuves certaines qu'ils l'aient été. »

85e. On accorde la liberté aux esclaves qui auront été affranchis par leurs maîtres, eu présence de deux ou trois témoins.

86e. On condamne à la peine de déposition, les clercs qui feront commerce de nourrir et d'assembler des femmes de mauvaise vie. Quant aux laïques coupables du même crime, ils seront excommuniés.

87e. « Si une femme quitte son mari pour en prendre un autre, elle est coupable d'adultère, et mérite d'être punie selon les lois de l'Eglise ; mais son mari ne sera pas pour cela privé de la communion. La même chose est dite du mari qui quitte sa femme pour en prendre une autre. Ils ne seront reçus à la communion qu'après sept années de pénitence, suivant les degrés marqués dans le 57e canon de saint Basile. »

88e. « Défense de faire entrer quelque bête que ce soit dans une église, si ce n'est en voyage, par une nécessité absolue de mettre à couvert l'animal qui sert au voyageur. »

90e. On renouvelle la défense de prier à genoux le dimanche, ce qui s'entend depuis le soir du samedi jusqu'à la fin des offices du dimanche.

91e. « Ceux ou celles qui procurent des avortements seront soumis à la peine des homicides. »

92e. « Ceux qui, sous le nom de *mariage*, enlèvent des femmes, ou qui prêtent leurs secours aux ravisseurs, seront déposés, s'ils sont clercs ; et excommuniés, s'ils sont laïques. »

93e. « On condamne les mariages de ceux ou de celles qui n'ont pas une certitude de la mort de leurs maris ou de leurs femmes, et on ordonne que, si, après de semblables mariages, le premier mari revient, sa femme le reprendra.

94e. « Défense, sous peine d'excommunication, de faire les mêmes serments que font les païens. »

95e. « Les hérétiques dont le baptême est jugé bon seront reçus dans l'Eglise, en faisant par écrit l'abjuration de leurs erreurs ; et on leur donnera le sceau du Saint-Esprit, avec l'onction du saint chrême au front, aux yeux, au nez, à la bouche et aux oreilles ; mais ceux dont le baptême n'est pas jugé valide, comme les eunomiens, les montanistes, les sabelliens, les paulianistes, seront traités comme les païens, c'est-à-dire qu'on les fera catéchumènes, puis on les baptisera. »

96e. « Toute vanité étant défendue à ceux qui ont promis dans le baptême d'imiter la pureté de vie de Jésus-Christ, on leur défend, sous peine d'excommunication, de friser leurs cheveux avec artifice, de peur de scandaliser les faibles. »

97e. « Défense aux maris d'habiter avec leurs femmes dans l'enceinte des églises, ou de les profaner en quelque autre manière que ce soit. »

98e. « Défense d'épouser la fiancée d'un autre, tandis qu'il est en vie. »

99e. « Défense, sous peine d'excommunication, de se conformer à l'usage des Arméniens qui présentaient aux prêtres des viandes cuites dans l'enceinte des églises, à la manière des juifs. »

100e. « Défense, sous la même peine, de faire des peintures déshonnêtes, qui ne sont propres qu'à corrompre les cœurs et à exciter aux voluptés honteuses. »

101e. « Ceux qui voudront recevoir l'Eucharistie, la recevront dans leurs mains mises en forme de croix l'une sur l'autre, et non pas dans un vase d'or, ou de quelque autre matière ; n'y ayant point de matière si précieuse que le corps de l'homme, qui est le temple de Jésus-Christ. »

102e. On recommande à ceux qui sont établis pour lier et délier les péchés, de remplir leur ministère avec prudence et sagesse, de bien considérer la maladie, d'y appliquer les remèdes convenables, d'examiner si le repentir est sincère, de proportionner la pénitence à la qualité du péché et aux forces du pénitent, et de se conformer aux règles données là-dessus par saint Basile dans sa lettre à Amphiloque. Tels sont les canons du concile *in Trullo*. L'empereur y souscrivit le premier avec du cinabre, par un privilége attaché à sa dignité. On laissa vide la place où le pape devait souscrire ; puis les quatre patriarches souscrivirent, et après eux tous les évêques du concile. *Reg. tom.* XVII; *Lab. tom.* VI ; *Hard. tom.* III.

CONSTANTINOPLE (Conciliabule de), l'an 712. Ce faux concile, convoqué par l'empereur Philippique en faveur du monothélisme, eut pour résultat la déposition de l'archevêque Cyrus, qu'on renferma dans un monastère, en mettant à sa place un intrus du nom de Jean sur le siége de Constantinople. *Lib. Synod.*

CONSTANTINOPLE (Conciles de), l'an 715. Il y eut deux conciles à Constantinople en 715. Dans le premier, qui se tint au mois d'août, en présence du prêtre Michel, apocrisiaire du saint-siége, on transféra Germain, métropolitain de Cyzique, sur le siége de Constantinople, du consentement du clergé, du sénat et du peuple. *Mansi, tom.* I, *col.* 541.

Le deuxième concile se tint la même année, présidé par le patriarche Germain, contre les monothélites, et en faveur du sixième concile général. Par où l'on voit que ce concile se trouve mal placé à l'an 714 dans les collections ordinaires, puisque le patriarche saint Germain, n'étant monté sur le siége de Constantinople qu'en 715, n'a pu y tenir un concile en 714.

CONSTANTINOPLE (Concile de), non reconnu, l'an 730. Ce fut l'empereur Léon qui assembla ce faux concile, dans lequel il fit un décret contre les images. Il voulut engager saint Germain, patriarche de Constantinople, à le souscrire; et sur son refus il le chassa de la ville.

CONSTANTINOPLE (Conciliabule de), l'an 754. Constantin Copronyme, héritier de l'impiété paternelle, assembla ce faux concile, qu'il composa de deux cent trente-huit évêques de son parti, pour faire condamner le culte des images. Ce fut le signal d'une violente persécution contre les catholiques, et particulièrement contre les moines, à qui il reprochait d'honorer les images, comme le feraient des idolâtres. Il remplit les monastères de soldats iconoclastes, confia à des iconoclastes le gouvernement des provinces, et fit tout ce qu'il put pour l'abolition du culte des images.

CONSTANTINOPLE (Concile de), l'an 786. Ce fut le patriarche Taraise qui assembla ce concile le 7 d'août, en faveur des saintes images; mais il fut dissous par la violence des iconoclastes, malgré la protection de l'empereur Constantin et de l'impératrice Irène. *Théophane.*

CONSTANTINOPLE (Concile de), l'an 806. Le patriarche Nicéphore tint ce concile avec environ quinze évêques. On y admit à la communion de l'Eglise, et on y rétablit le prêtre Joseph, économe de l'Eglise de Constantinople, que le patriarche Taraise avait dégradé pour avoir couronné Théodore, concubine de l'empereur Constantin VII, qui avait répudié sa femme légitime. Saint Théodore Studite, qui condamnait cette condescendance du concile de Constantinople, l'appela *adulterantium synodus;* ce qui l'a fait mettre, sans assez de raison, par le P. Labbe, au nombre des conciliabules, puisque l'indulgence dont le concile usa envers le prêtre Joseph était nécessaire dans les circonstances où il se trouvait. Ce fut aussi dans ce concile qu'on régla les cérémonies pour la consécration d'un archimandrite. *Mansi, t. I, col.* 749.

CONSTANTINOPLE (Concile de), l'an 809. Ce fut un conciliabule, tenu au mois de janvier par le patriarche Nicéphore, assisté d'un grand nombre d'évêques. On y décida que le mariage de l'empereur Constantin VII avec Théodate, femme de chambre de l'impératrice Marie, qu'il avait répudiée, était valide par dispense; et l'on y excommunia saint Platon, saint Théodore Studite et son frère Joseph, archevêque de Thessalonique, qui regardaient ce mariage comme un adultère, et qui refusaient de communiquer avec le prêtre Joseph, pour l'avoir fait. *An. des Conc.* V.

CONSTANTINOPLE (Concile de), l'an 810. Le patriarche Nicéphore y rendit la communion au prêtre Joseph, dont il a été parlé à l'article précédent, en reconnaissance de ce qu'il avait prévenu l'effusion du sang, en s'interposant comme médiateur entre l'empereur Nicéphore et le patrice Turcus, son compétiteur. *Lib. Synod.*

CONSTANTINOPLE (Concile de), l'an 812. Ce fut l'empereur Michel Curopalate qui assembla ce concile le 1er novembre, pour délibérer sur les offres que faisaient les Bulgares de lui accorder la paix, à condition de rendre les transfuges de leur nation. L'empereur et le patriarche Nicéphore furent d'avis d'accorder aux Bulgares ce qu'ils demandaient; mais saint Théodore Studite, avec plusieurs autres, fut d'un avis contraire, et ce dernier prévalut. *Théophane, ad an.* 805.

CONSTANTINOPLE (Concile de), l'an 814. Saint Nicéphore, patriarche de Constantinople, présida à ce concile vers les fêtes de Noël, à la tête de cent soixante et dix ou deux cent soixante et dix évêques. On y condamna Antoine, métropolitain de Silée en Pamphylie, convaincu de l'hérésie des iconoclastes, et l'on y confirma la foi de l'Eglise sur le culte des saintes images. Mansi dit que le P. Labbe s'est trompé en donnant le titre de métropolitain de Silée à Antoine, dont il s'agit ici, prétendant qu'on l'appelait métropolitain de Silée, parce qu'on l'avait tiré d'un monastère appelé le monastère des *Métropolitains,* pour le faire évêque de Silée. Mais c'est Mansi qui se trompe lui-même, puisqu'il est certain que la ville de Silée fut érigée en métropole dans le VIIIe siècle. *Voyez l'Oriens Christian., t.* I, p. 1017.

Mansi met encore trois autres conciles de Constantinople en cette même année 814. Il dit aussi que saint Nicéphore y en assembla un, dont on ne sait pas le temps, dans lequel on fit plusieurs canons sur la discipline. *Rich.*

CONSTANTINOPLE (Conciliabule de), l'an 815. Les iconoclastes, irrités du zèle que le saint patriarche Nicéphore faisait paraître contre leurs erreurs, le déposèrent dans un conciliabule qu'ils tinrent à Constantinople au mois de février 815, par l'ordre de l'empereur Léon, dit l'Arménien, qui s'était déclaré contre les saintes images, la 2e année de son règne. Ils en tinrent un autre au mois d'avril de la même année, pour confirmer leurs erreurs et pour ordonner qu'on effacerait toutes les peintures des églises, qu'on briserait les vases sacrés, qu'on déchirerait les ornements, etc. *Mansi, t.* 1, *col.* 775.

CONSTANTINOPLE (Concile de), l'an 821. L'empereur Michel le Bègue s'étant montré assez favorable aux catholiques dans les commencements de son règne, voulut qu'ils s'assemblassent avec les hérétiques pour délibérer de la paix entre eux. Les catholiques s'étant assemblés en particulier, écrivirent une lettre synodale à l'empereur pour lui représenter qu'il ne leur était plus permis de s'assembler conciliairement avec les hérétiques. *Epist. S. Theod. Stud., lib.* II, *epist.* 86; *Mansi, tom.* I, *col.* 821.

CONSTANTINOPLE (Conciliabule de), vers l'an 829. L'empereur Théophile, ayant succédé à son père Michel le Bègue, fit monter sur le trône patriarcal de Constantinople un certain Jean, qui se mêlait de divination, et ayant assemblé un faux concile, il y fit condamner comme idolâtrique le culte des saintes images. *Lib. Synod.*

CONSTANTINOPLE (Concile de), l'an 842. Methodius I*r*, patriarche de Constantinople, tint ce concile à la tête des évêques orthodoxes, sous la protection de l'empereur Michel III, qui n'avait alors que six ans, et de sa mère Théodora, régente de l'empire. Ce concile confirma le deuxième de Nicée, anathématisa les iconoclastes, ratifia la déposition de Jean Léconomonte, et approuva l'ordination de Méthodius, son successeur, sur le siége de Constantinople. Les Grecs célèbrent la mémoire de ce concile sous le nom de la *fête de l'Orthodoxie :* c'est ainsi qu'ils appellent le premier dimanche de carême, qui fut le jour de la tenue du concile. *R.* XXI; *L.* VII; *H.* IV

CONSTANTINOPLE (Concile de), l'an 846. Le patriarche Méthodius I*er* étant mort le 14 juin de l'an 846, l'impératrice Théodora fit assembler un concile le 4 juillet de la même année, dans lequel saint Ignace fut élu, malgré lui, successeur de Méthodius. *Methodius syncell, in Elog. S. Ignat. patriarch. Constantinop.; Mansi.*

CONSTANTINOPLE (Concile de), l'an 847. Saint Ignace y déposa Grégoire, évêque de Syracuse, pour divers crimes bien avérés. Mansi prouve que c'est la véritable époque de ce concile, et non pas l'an 854, comme le disent tous les modernes.

La Sicile, dont Syracuse est la capitale, était censée appartenir au patriarcat de Constantinople, depuis qu'elle avait été détachée des provinces d'Occident par Léon l'Isaurien. Saint Ignace ayant demandé au saint-siége de ratifier sa sentence, le pape d'alors, qui était Léon IV, voulut auparavant entendre la partie accusée; mais comme il mourut sur ces entrefaites, Grégoire profita de cette conjoncture pour faire déposer Ignace, et mettre à sa place le trop fameux Photius, qui était simple laïque, et de plus eunuque. *Mansi, t. I, col.* 929. Le pape Benoît III, successeur de Léon IV, approuva cependant la déposition de Grégoire de Syracuse; c'est ce qu'attestent, et le pape Nicolas I*er*, dans ses lettres 6*e* à Photius, et 10*e* au clergé de Constantinople, et Stylien, évêque de Néocésarée, dans sa lettre au pape Etienne. *Ibid.*.

CONSTANTINOPLE (Concile de), l'an 858 ou 859. Ce concile, composé des évêques de la province de Constantinople, s'assembla dans l'église de Sainte-Irène et dura quarante jours. On y déposa Photius, qui s'était mis en possession du siége de Constantinople le 25 décembre de l'an 857, après que le César Bardas en eut chassé saint Ignace le 23 novembre de la même année. Mais Photius, ayant assemblé ses partisans dans l'église des Apôtres, pendant la tenue du concile qui le déposait, entreprit à son tour de déposer saint Ignace, le déclarant déchu de la dignité patriarcale, le privant de la communion et l'anathématisant. Le P. Pagi met ces deux assemblées en 859. *Nicetas, in Vita S. Ignatii.*

CONSTANTINOPLE (Concile de), l'an 861. Ce concile, ou plutôt conciliabule, s'assembla le 25 mai, et était composé de trois cent dix-huit évêques, y compris les deux légats du pape. Saint Ignace y était présent. Le concile le déposa, malgré son appel énergique au pontife romain, et confirma l'élection de Photius pour le siége de Constantinople. Il fit aussi, pour la forme, un décret en faveur des images, et dix-sept canons de discipline, dont la plupart regardent les moines et les monastères.

CONSTANTINOPLE (Concile de), l'an 867. Ce fut un faux concile, forgé par Photius, qui en fit souscrire les prétendus actes par vingt et un évêques, et ajouta ensuite environ mille fausses souscriptions aux premières. Il porta la témérité jusqu'à excommunier et déposer le pape Nicolas, écrivit contre les Latins, et attaqua particulièrement le *Filioque* ajouté au symbole. *R.* XXII; *L.* VIII.

CONSTANTINOPLE (Concile de), l'an 867. L'empereur Basile, dit le Macédonien, parce qu'il était né dans un village de Macédoine, quoiqu'il fût originaire d'Arménie, chassa Photius du siége de Constantinople dès le lendemain du jour de son élévation à l'empire, qui était le 24 septembre 867. Il rappela ensuite saint Ignace, le dimanche 23 novembre; et Photius fut déposé dans un concile tenu peu de jours après. *Pagi, ad hunc ann.*

CONSTANTINOPLE (Concile de), huitième œcuménique, l'an 869. L'empereur Basile ayant envoyé des députés au pape Adrien II, pour rendre grâces à l'Église romaine d'avoir éteint le schisme de Constantinople, Adrien envoya de son côté trois légats à Constantinople, avec ordre d'y assembler un concile pour régler diverses affaires importantes, mais surtout pour mettre la dernière main à la réunion. Ces légats étaient Donat, évêque d'Ostie, Etienne, évêque de Népi, et Marin, un des sept diacres de l'Eglise romaine. Le pape les chargea de deux lettres, en réponse à celles qu'il avait reçues de l'empereur Basile et du patriarche Ignace. Les légats, étant arrivés à Constantinople le 24 septembre, indiquèrent le concile au 5 octobre, dans l'église de Sainte-Sophie. On y avait exposé la vraie croix et le livre des Evangiles. Les légats tinrent la première place; puis Ignace, patriarche de Constantinople; ensuite les députés des autres patriarches d'Orient : celui d'Alexandrie n'y envoya personne. Douze évêques qui avaient été maltraités pour avoir pris la défense d'Ignace y prirent séance selon leur rang; et onze des principaux officiers de la cour y furent présents par l'ordre de l'empereur. Il y eut dix sessions.

*I*re *session.* Dans cette session, qui se tint le 5 octobre, le patrice Bahanes fit lire par un secrétaire le discours de l'empereur adressé au concile. On lut ensuite les lettres du pape à l'empereur et au patriarche Ignace; la lettre de Théodose, patriarche de Jérusalem, adressée à Ignace; la formule de réunion apportée par les légats, qui était la même que le pape Hormisdas envoya, en 519, pour la réunion de l'Eglise de Constantinople, si ce n'est qu'on y avait changé les noms des hérésies et des personnes, etc.

IIe session. Elle fut tenue le 27 octobre. On y reçut d'abord dix évêques qui avaient prévariqué sous Photius. Ils entrèrent, tenant en leurs mains un libelle de confession de la faute qu'ils avaient faite contre le patriarche Ignace, et dont la lecture fit connaître qu'ils n'avaient pris le parti de Photius que par la crainte des supplices qu'il faisait souffrir à ceux qui lui étaient contraires. Le concile les reçut après qu'ils eurent souscrit la formule de satisfaction que les légats avaient apportée de Rome, et ils prirent séance selon leur rang. Le concile reçut à la même condition onze prêtres, neuf diacres et sept sous-diacres, qui avaient été ordonnés par Méthodius ou par Ignace, mais qui s'étaient depuis rangés du côté de Photius. On leur rendit les marques de leur ordre, puis le patriarche Ignace fit lire à haute voix les pénitences qu'il leur imposait.

IIIe session. Dans cette session, qui se tint le onzième jour d'octobre, quelques évêques ordonnés par Méthodius et par Ignace n'ayant point voulu souscrire à la formule apportée de Rome, on ordonna la lecture des lettres de l'empereur Basile, et du patriarche Ignace au pape Nicolas, et la réponse du pape Adrien à ce patriarche.

IVe session. Il y eut au commencement de cette session, tenue le 13 octobre, quelque contestation au sujet de deux évêques ordonnés par Méthodius, mais qui communiquaient encore avec Photius. Ces évêques, dont l'un se nommait *Théophile* et l'autre *Zacharie*, n'ayant point voulu signer une formule qui contenait l'engagement de tenir et de défendre la foi catholique, et de suivre en tout le jugement de l'Eglise romaine, furent chassés du concile où on les avait admis.

V^e session. Photius fut amené malgré lui à cette session, qui se tint le 19 octobre. Les légats lui firent diverses questions auxquelles il ne voulut point répondre, non plus qu'à celles que lui firent les députés d'Orient : ce qui fit qu'on lut à haute voix les lettres envoyées à son sujet par l'Eglise romaine, tant à l'empereur Michel qu'à Photius lui-même. La lecture de ces lettres achevée, Elie, député de Théodose, patriarche de Jérusalem, dit, au nom des autres députés d'Orient, que, depuis sept années qu'il faisait les fonctions de syncelle dans l'Eglise de Jérusalem, il pouvait rendre ce témoignage, que l'Eglise à laquelle il était attaché n'avait point accepté de lettres de Photius; qu'elle ne lui en avait point envoyé non plus, et qu'il en était de même de l'Eglise d'Antioche; que Photius était condamné, dès là qu'il n'avait été reçu par aucune Eglise patriarcale, et qu'il ne l'était pas moins pour s'être emparé avec violence du siége de Constantinople. La conclusion du discours d'Elie fut que Photius devait reconnaître son péché et s'en repentir sincèrement, sous l'espérance d'être reçu dans l'Eglise comme un simple fidèle. L'avis du concile, conforme à celui des légats, fut que, sans prononcer un nouveau jugement contre Photius, on pouvait s'en tenir à celui qui avait été rendu par le pape Nicolas et confirmé par Adrien. Photius, pressé par le patrice Bahanes de se justifier, répondit : « Mes justifications ne sont point en ce monde; si elles étaient en ce monde, vous les verriez. » Cette réponse fit croire qu'il avait l'esprit troublé, et on le renvoya en lui donnant du temps pour penser à son salut.

VIe session. L'empereur Basile assista à cette session, qui se tint le 25 octobre, et ordonna la lecture d'un mémoire des légats du pape, où ils faisaient en abrégé le récit de toute l'affaire qui avait occasionné le concile, et concluaient que toute l'Eglise étant d'avis de rejeter Photius, il était inutile d'écouter ses partisans. On ne laissa pas de les faire entrer. On lut en leur présence les lettres du pape Nicolas Ier à l'empereur Michel et à Photius; ensuite Elie, syncelle de Jérusalem, raconta ce qui s'était passé dans la déposition d'Ignace et dans l'ordination de Photius; et, s'autorisant de l'exemple du second concile de Constantinople, sous l'empereur Théodose, où Maxime le Cynique fut rejeté avec tous ceux qui avaient reçu de lui leur ordination, sans qu'on rejetât ceux qui l'avaient ordonné lui-même, il dit qu'il ne condamnait point les évêques qui avaient assisté à l'ordination de Photius, parce qu'ils y avaient été contraints par l'empereur; et qu'il ne condamnait que le seul Grégoire de Syracuse, son ordinateur, déposé il y avait déjà longtemps. Son discours fut suivi de la soumission des évêques du parti de Photius, et le concile leur accorda le pardon.

Il n'en fut pas de même des évêques ordonnés par Photius. Ils contestèrent l'autorité du pape; et, pour montrer qu'on n'y avait pas toujours égard, ils citèrent les exemples de Marcel d'Ancyre, qui, quoique reçu par le pape Jules et par le concile de Sardique, était à présent anathématisé comme hérétique; d'Apiarius, qui, justifié par les évêques de Rome, fut rejeté par le concile d'Afrique. Ils soutinrent qu'encore que Photius eût été tiré d'entre les laïques, ce n'était pas un sujet de le condamner; que Taraise, Nicéphore, Nectaire et Ambroise avaient été tirés de même de l'état laïque, pour être promus à l'épiscopat; que la déposition de Grégoire de Syracuse ne rendait pas nulle l'ordination de Photius; que, quoique Pierre Monge eût été déposé par Protorius, on ne laissa pas de l'élire patriarche d'Alexandrie après Timothée, et qu'on ne condamna aucun de ceux qu'il avait ordonnés. Ils ajoutèrent : « Si donc quelque canon nous dépose, nous acquiesçons, et non autrement. »

Métrophane de Smyrne répondit qu'ayant demandé pour juge le pape Nicolas, ils n'étaient plus recevables à se plaindre de son jugement, parce qu'autrement il n'y aurait jamais de jugement certain, personne n'approuvant le jugement qui le condamne; qu'à l'égard des laïques qu'ils disaient avoir été choisis évêques, leur élection était bien différente de celle de Photius; que Nectaire avait été élu et ordonné patriarche de Constantinople par un concile général et par des patriarches, sans que l'empereur fît aucune violence aux électeurs ni aux ordinateurs, ni que l'on chassât de ce siége quelqu'un qui l'occupât; qu'il y avait eu la même liberté dans l'ordination de saint Ambroise; que Taraise fut choisi sur le témoignage de Paul, son prédécesseur, et du consentement des évêques catholiques, sans aucune violence; que Nicéphore fût ordonné librement par les évêques assemblés; qu'au contraire Photius avait chassé le patriarche Ignace pour usurper sa place; que les évêques qui l'avaient ordonné y avaient été forcés par l'autorité impériale, et qu'il n'avait été reconnu par aucune des chaires patriarcales; que si Marcel d'Ancyre, après avoir été reçu de l'Eglise romaine, avait été anathématisé depuis, c'est qu'il était retourné à l'hérésie qu'il avait anathématisée sous le pape Jules; que le concile d'Afrique, loin de résister au décret du pape Zosime touchant Apiarius, y avait déféré, se contentant de borner l'interdiction de ce prêtre à l'Eglise de Sicque, où il avait causé du scandale; que si l'on n'avait point déposé les évêques ordonnés par Pierre Monge, cela ne faisait rien à l'affaire présente, les canons distinguent les hérétiques convertis d'avec ceux qui ont été ordonnés par des usurpateurs. Zacharie, l'un des évêques ordonnés par Photius, et qui avait fait les objections, voulut répliquer aux réponses de Métrophane, mais les légats lui en ôtèrent le droit; et l'empereur termina lui-même cette session par un discours pathétique qu'il adressa aux évêques schismatiques pour les exhorter à se soumettre, en donnant sept jours, tant à Métrophane qu'aux autres d'entre eux ordonnés par Photius, pour prendre sur ce sujet leur dernière résolution.

VII⁰ session. L'empereur assista encore à cette session, qui fut tenue le 29 octobre. Photius y parut aussi, et refusa de donner son libelle d'abjuration. Les évêques de son parti en firent autant. Ils ne voulurent pas non plus rejeter Photius et les actes de ses conciles, anathématiser Grégoire de Syracuse, se soumettre au patriarche Ignace, ni exécuter les décrets de l'Eglise romaine. On fit la lecture de la dernière monition à Photius et à ceux de son parti pour les engager, sous peine d'anathème, à se soumettre au jugement du concile; et l'on prononça contre eux les anathèmes dont on les avait menacés.

VIII⁰ session. On brûla dans cette session, tenue le 5 novembre, un plein sac de promesses que Photius avait exigées du clergé et des laïques de toutes conditions; les livres qu'il avait fabriqués contre le pape Nicolas, et les actes des conciles contre le patriarche Ignace, puis on fit entrer ceux qui avaient assisté au concile de Photius contre le pape Nicolas, ou qui avaient donné des libelles contre l'Eglise romaine, ou qui avaient paru dans ce concile en qualité de légats; et il se trouva qu'après les avoir interrogés, aucun d'eux n'avait été présent à ce concile, ni n'en connaissait les actes, qui, par cet examen, furent convaincus de supposition. La découverte de cette imposture engagea les légats du pape à demander qu'on fît la lecture du dernier canon du concile de Latran de l'an 649, dressé contre les faussaires. On lut aussi le décret du pape Nicolas touchant les images, rendu au concile de Rome en 863. Quelques iconoclastes, qu'on fit entrer dans le concile, abjurèrent leur erreur, et dirent anathème à ses chefs, nommément à Théodore, surnommé *Crithin*. Ensuite on fit la lecture, au nom du concile, d'un anathème solennel contre les iconoclastes, contre leur faux concile et contre leurs chefs; et on répéta les anathèmes contre Photius.

IX⁰ session. Le député de Michel, patriarche d'Alexandrie, se trouva à cette session, qui ne se tint que le 12 février 870. On examina ceux qui avaient porté un faux témoignage contre le patriarche Ignace; et on leur imposa une pénitence. Le concile en imposa aussi une à Marin, à Basile et à George, écuyers de l'empereur Michel, qui, par dérision des cérémonies de l'Eglise, avaient représenté les saints mystères étant revêtus d'habits sacerdotaux. On fit encore comparaître les faux légats de Photius, afin que ses impostures fussent connues de Joseph, député du patriarche d'Alexandrie, qui n'était pas présent lorsqu'ils comparurent dans la huitième session. Ils avouèrent une seconde fois qu'ils avaient été forcés de faire le personnage de légats; et on leur fit grâce, à cause de la violence qu'ils avaient soufferte.

X⁰ session. L'empereur Basile, accompagné de son fils Constantin et de vingt patrices, fut présent à cette session, qui se tint le 28 février. Les ambassadeurs de Louis, empereur d'Italie et de France, et ceux de Michel, roi de Bulgarie, s'y trouvèrent aussi. Les évêques étaient au nombre de plus de cent. On y lut les vingt-sept canons suivants:

1 et 2. « On observera les canons, tant des conciles généraux que particuliers, et la doctrine transmise par les saints Pères, de même que les décrets des conciles tenus par les papes Nicolas et Adrien, touchant le rétablissement d'Ignace et l'expulsion de Photius. »

3. « On honorera et on adorera l'image de Notre-Seigneur, les livres des saints Evangiles, l'image de la croix, celles de la Mère de Dieu et de tous les saints; mais en rapportant le culte qu'on leur rend aux prototypes, c'est-à-dire à Jésus-Christ et à ses saints. »

Il faut se souvenir que le terme d'*adoration*, usité chez les Grecs, ne signifie point ici un culte de latrie, qui n'est dû qu'à Dieu seul, mais seulement un culte de respect et de vénération.

4. « Photius n'ayant jamais été évêque, toutes les ordinations qu'il a faites seront censées nulles; et l'on consacrera de nouveau les églises qu'il a consacrées. »

5. « On renouvelle les anciens canons qui défendent d'élever à l'épiscopat quiconque

aura pris l'habit clérical ou monastique dans ce dessein, quand même on l'aurait fait passer par tous les degrés du ministère. Mais, si quelqu'un s'est fait clerc ou moine par de bons motifs, et sans aucune vue d'ambition ni d'intérêt, il sera un an lecteur, deux ans sous-diacre, trois ans diacre, et quatre ans prêtre. »

Quoique ce temps d'épreuves fût de dix ans, le concile permettait néanmoins d'abréger le temps prescrit par les anciens canons, selon le mérite du sujet qu'on voudrait promouvoir.

6. « Anathème à Photius, pour avoir supposé de faux légats d'Orient et de faux actes contre le pape Nicolas, et à tous ceux qui à l'avenir useront de pareilles supercheries. »

7. « Quoiqu'il soit bon de peindre de saintes images, et d'enseigner les sciences divines et humaines, il est bon aussi que cela ne se fasse que par des personnes sages : c'est pourquoi le concile défend à tous ceux qu'il a excommuniés de peindre des images et d'enseigner, jusqu'à ce qu'ils se convertissent. »

La première partie de ce canon est contre Grégoire de Syracuse, qui était peintre ; la seconde, contre Photius, qui avait enseigné les lettres.

8. « Défense à tout patriarche d'exiger autre chose des évêques, à leur ordination, que la profession de foi ordinaire. »

9. « On déclare nulles toutes les promesses exigées par Photius de ceux à qui il enseignait les lettres, et des autres qu'il voulait s'attacher. »

10. « Personne ne se séparera de son évêque que celui-ci n'ait été juridiquement condamné ; et il en sera de même de l'évêque à l'égard du métropolitain ou du patriarche ; et cela sous peine de déposition pour les clercs et les évêques, et d'excommunication pour les moines et les laïques. »

11. « Anathème à quiconque soutient qu'il y a deux âmes dans l'homme. »

Cette erreur est attribuée à Photius, dans les vers qui se lisent à la fin de la neuvième session.

12. « Il est défendu d'ordonner des évêques par l'autorité et le commandement du prince, sous peine de déposition pour ceux qui seront parvenus à l'épiscopat par cette voie tyrannique, étant évident que leur ordination ne vient point de la volonté de Dieu, mais des désirs de la chair. »

13. « On fera monter les clercs de la grande église d'un degré inférieur au supérieur, pour récompense de leur service, s'ils se sont bien comportés ; et on n'admettra pas dans le clergé ceux qui auront gouverné les maisons ou les métairies des grands. »

14. « Ceux qui sont élevés à l'épiscopat, ne l'aviliront point en s'éloignant de leurs églises pour aller au-devant des gouverneurs ; bien moins s'humilieront-ils en descendant de cheval et en se prosternant devant eux ; mais, en rendant aux grands les honneurs qui leur sont dus, ils conserveront l'autorité nécessaire pour les reprendre dans le besoin. »

15. « Ils ne pourront vendre les meubles ni les ornements des églises, si ce n'est pour les causes spécifiées dans les canons, ni en vendre les terres, ni en laisser les revenus à baux emphytéotiques : au contraire, ils seront obligés d'améliorer les possessions de l'église, dont les revenus servent à l'entretien des ministres et au soulagement des pauvres. »

16. « Défense aux laïques, de quelque condition qu'ils soient, de relever leurs cheveux pour imiter les clercs, de porter des habits sacerdotaux, et de contrefaire les cérémonies de l'Eglise, sous peine d'être privés des sacrements. Ordre aux patriarches et à leurs suffragants d'empêcher ces sortes d'impiétés, sous peine de déposition, en cas de tolérance ou de négligence de leur part. »

Ce canon regarde ceux qui avaient contrefait les cérémonies de l'Eglise, par ordre de l'empereur Michel. La pénitence qu'on leur impose ici est d'être trois ans séparés de la communion ; un an pleurant hors de l'église, un an debout avec les catéchumènes, la troisième année avec les fidèles.

17. « Il sera au pouvoir des patriarches de convoquer dans le besoin des conciles, et d'y appeler tous les métropolitains de leur ressort, sans que ceux-ci puissent s'en dispenser, sous prétexte qu'ils seraient retenus par quelque prince. En effet, puisque les princes de la terre tiennent des assemblées quand il leur plaît, ils ne peuvent sans impiété empêcher les patriarches d'en tenir, ni les évêques d'y assister, pour traiter des affaires de l'Eglise. »

18. « Les églises et ceux qui y président jouiront des biens et des privilèges dont ils sont en possession depuis trente ans ; défense à tout laïque de les en priver, sous peine d'anathème, jusqu'à restitution desdits biens et privilèges. »

19. « Il est aussi défendu aux archevêques d'aller, sous prétexte de visite, séjourner sans nécessité chez leurs suffragants, et consumer les revenus des églises qui sont de leur juridiction. »

20. « Si un censitaire emphytéotique néglige, pendant trois ans, de payer à l'église le cens convenu, l'évêque se pourvoira devant les juges de la ville ou du pays, pour faire rendre la terre ou la possession laissée en emphytéose. »

21. « Les cinq patriarches seront honorés de tout le monde, même des plus puissants seigneurs : on n'entreprendra pas de les déposséder de leurs sièges ; on ne fera rien contre l'honneur qui leur est dû, mais on les traitera avec toute sorte de respect, mettant avant tous les autres le très-saint pape de l'ancienne Rome, puis le patriarche de Constantinople, ensuite les patriarches d'Alexandrie, d'Antioche et de Jérusalem. Personne ne se donnera non plus la licence d'écrire ou de parler contre le très-saint pape de l'ancienne Rome, sous prétexte de quelque prévarication dont il se serait rendu coupable ; comme

l'a fait dernièrement Photius, et longtemps avant lui Dioscore. En cas toutefois qu'il s'élève dans un concile général quelque difficulté au sujet de l'Eglise romaine, on proposera la question avec respect, et on recevra la décision ou l'on donnera son avis, sans toutefois s'élever avec insolence contre les pontifes souverains de l'ancienne Rome. »

22. « Défense aux laïques puissants d'intervenir à l'élection ou à la promotion d'un patriarche, d'un métropolitain ou d'un évêque quelconque, de peur qu'il n'en résulte des désordres ou des débats fâcheux ; puisque d'ailleurs les puissances temporelles n'ont aucun droit en ces sortes de matières, et qu'elles n'ont rien de mieux à faire que d'attendre en silence les élections qui se font dans l'Eglise conformément aux règles. Que si un prince séculier ou un laïque, de quelque dignité qu'il soit, ose traverser une élection canonique et appuyée par le consentement de l'Eglise, qu'il soit anathème. »

23. « Il n'est point permis à un évêque de prendre à titre de location les terres d'une autre église, ni d'y établir des clercs, sans le consentement de l'évêque diocésain. »

24. « Les métropolitains ne pourront faire venir chez eux leurs suffragants, pour se décharger sur eux de leurs fonctions épiscopales, en se livrant eux-mêmes aux affaires temporelles ; mais ils feront ce qui est de leur charge, sous peine d'être punis par le patriarche, ou déposés en cas de récidive. »

25. « Le concile dépose, sans espérance de restitution, les évêques, les prêtres, les diacres et les autres clercs ordonnés par Méthodius ou par Ignace, qui demeuraient obstinés dans le parti de Photius. »

26. On autorise un clerc déposé ou maltraité par son évêque à se pourvoir par appel devant le métropolitain, et l'évêque lui-même qui aurait à se plaindre de son métropolitain à en appeler au patriarche, sans que jamais le chef d'une simple métropole puisse juger un métropolitain comme lui, ou un simple évêque juger son confrère.

27. « Défense aux évêques de se servir du *pallium* ailleurs que dans les lieux et dans les temps marqués, et aux moines promus à l'épiscopat de quitter l'habit de leur profession. »

Après la lecture de ces canons, deux métropolitains lurent, en même temps, une définition de foi, semblable à celle de Nicée, mais beaucoup plus détaillée. On y dit anathème à Arius, à Macédonius, à Sabellius, à Nestorius, à Eutychès, à Dioscore, à Origène, à Théodore de Mopsueste, à Didyme, à Evagre, à Sergius, à Honorius, à Cyrus d'Alexandrie et aux iconoclastes. On reçoit ensuite les sept conciles généraux, et on y joint celui-ci, comme faisant le huitième ; puis on confirme la sentence portée contre Photius par les papes Nicolas et Adrien. Les légats de Rome souscrivirent les premiers comme présidents ; le patriarche Ignace souscrivit immédiatement après eux, puis les légats d'Orient ; ensuite l'empereur Basile et les deux princes ses fils, Constantin et Léon ; enfin l'archevêque d'Éphèse et les autres évêques de suite, au nombre de cent deux. Anastase le Bibliothécaire remarque qu'on ne doit pas être surpris d'un si petit nombre, parce que Photius avait déposé la plupart des évêques ordonnés par ses prédécesseurs, et en avait mis d'autres à leur place, qui ne furent point reconnus pour évêques dans ce concile. Ceux qui y furent admis avaient été sacrés par les patriarches précédents. Il est dit dans la vie du patriarche Ignace, par Nicétas, que les évêques souscrivirent, non avec de l'encre simple, mais après avoir trempé le roseau dans le sang du Sauveur. Le pape Théodore en usa de même, lorsqu'il écrivit la déposition de Pyrrhus.

Nous avons deux lettres synodales au nom du concile : l'une circulaire, qui contient la relation de ce qui s'y est passé, avec ordre à tous les enfants de l'Eglise de se soumettre au jugement rendu en cette assemblée ; l'autre, au pape Adrien, où les évêques font l'éloge de ses légats, dont ils disent qu'ils ont suivi le jugement. Nous n'avons les actes entiers de ce huitième concile que dans une traduction latine que le bibliothécaire Anastase, l'un des ambassadeurs de l'empereur Louis, en fit, par ordre du pape Adrien, sur une copie de l'original grec, qu'il avait emportée à Rome par précaution, cet original grec des actes du concile ayant été pris par les Slaves, entre les mains desquels les légats tombèrent en retournant à Rome. Les actes grecs imprimés à la suite de la version d'Anastase, n'en sont qu'un abrégé, où l'on a retranché plusieurs choses de l'original. Anastase mit à la tête de sa traduction une longue préface, où il fait l'histoire du schisme de Photius et du concile tenu à cette occasion, de la conversion des Bulgares, et de la conférence que l'on tint à leur sujet, trois jours après la fin du concile, pour savoir à quelle Eglise ils seraient soumis, si ce serait à celle de Rome ou à celle de Constantinople : ce qui fut décidé par les députés d'Orient en faveur de l'Eglise de Constantinople, contre l'avis des légats de Rome. *Reg. tom.* XXII; *Lab. tom.* VIII ; *An. des Conc. I.*

CONSTANTINOPLE (concile de), l'an 879. Le patriarche Ignace étant mort le 23 d'octobre 878, Photius usurpa de nouveau le siège de Constantinople, et envoya aussitôt à Rome Théodore, métropolitain de Patras, avec une lettre au pape Jean VIII, où il disait qu'on lui avait fait violence pour rentrer dans ce siège. Il supposa aussi des lettres, tant sous le nom du patriarche Ignace que d'autres évêques, où le pape était prié de le recevoir ; et, par une longue trame d'impostures et de fourberies, il vint à bout de faire tenir un concile de trois cent quatre-vingts évêques, dont il régla toutes les opérations selon ses vues.

*I*re *session*. Photius présida à cette session qui se tint au mois de novembre, et qui se passa en compliments de la part des légats du pape et de Photius.

*II*e *session*. On tint cette session le 17 de novembre, non dans la grande salle secrète, comme la première, mais dans la grande église de Constantinople. Photius y présida, ayant auprès de lui les trois légats du pape, Pierre, prêtre-cardinal, Paul et Eugène, évêques. Pierre ouvrit la session par un discours latin, qui fut rendu en grec par Léon, secrétaire de l'empereur : ensuite on lut la lettre du pape à l'empereur, traduite en grec, mais différente de l'original latin en beaucoup de choses. On y avait supprimé la plainte que faisait le pape de ce que Photius avait repris ses fonctions, sans consulter le saint-siège, et l'ordre qu'il lui donnait de demander pardon en plein concile. On lut, après cela, la lettre du pape à Photius, dont on avait altéré le sens, et supprimé plusieurs circonstances. Le reste de la session fut employé à lire les lettres des patriarches et des évêques à Photius : elles étaient toutes à sa louange.

IIIe session. Dans cette session, qui fut tenue le 19 de novembre, on lut d'abord la lettre du pape aux évêques dépendants de Constantinople, et à ceux des premières Eglises, c'est-à-dire de Jérusalem, d'Antioche et d'Alexandrie. On lut ensuite la lettre synodique de Théodose, patriarche de Jérusalem, adressée à l'empereur, où il disait anathème à qui ne recevait pas Photius. Le concile répéta l'anathème. On lut l'instruction des légats ; et, sur le dixième article concernant l'abrogation des conciles tenus contre Photius, le concile faisant allusion au concile de Constantinople, en 869, et que l'on compte pour le huitième général, dit : « Nous disons anathème à quiconque ne le rejette pas. »

IVe session. 24 décembre. On y admit le métropolitain de Martyropolis, chargé des lettres des patriarches d'Antioche et de Jérusalem, par lesquelles ils déclaraient qu'ils n'avaient eu aucune part à ce qui s'était fait contre Photius, et qui furent unanimement approuvées du concile. On proposa ensuite les articles qui devaient servir de fondement à la réunion des deux Eglises, et qui étaient contenus dans la lettre du pape à l'empereur. Le premier portait que le patriarche de Constantinople ne ferait plus, à l'avenir, d'ordination dans la Bulgarie, et n'y enverrait point le *pallium*. Le concile se borna à dire qu'on demanderait là-dessus à l'empereur un règlement conforme aux canons. Il était dit dans le second article, qu'on ne prendrait plus personne d'entre les laïques pour l'élever sur le siège de Constantinople. Les évêques répondirent que, quoiqu'il fût à souhaiter que l'on prît les évêques dans le clergé, toutefois, s'il ne s'en trouvait point qui fussent dignes de l'épiscopat, il valait mieux en choisir parmi les laïques. Le troisième article ordonnait de tirer le patriarche de Constantinople d'entre les prêtres et les diocèses de la même Eglise. Le concile répondit qu'on le ferait, s'il s'en trouvait de capables ; sinon qu'on le choisirait dans toute l'Eglise. Le quatrième contenait la condamnation des conciles tenus à Rome et à Constantinople contre Photius. Cet article fut reçu avec l'applaudissement de tout le concile, de même que le cinquième, qui portait excommunication contre tous ceux qui ne voulaient pas reconnaître Photius. Le légat Pierre dit que la paix et la concorde étant rendues à l'Église, il fallait célébrer avec le patriarche Photius : c'était l'heure de l'office, et tous y assistèrent.

V^e session. 26 janvier 880. On y dit anathème à quiconque n'admettrait point le second concile de Nicée comme le septième concile général. Métrophane, métropolitain de Smyrne, fut séparé de la communion ecclésiastique, parce qu'il continuait à s'opposer à Photius. On fit divers règlements qui tendaient à affermir l'autorité de Photius ; savoir, que tous ceux que le pape Jean VIII avait excommuniés seraient censés soumis à la même censure par Photius ; et que tous ceux que Photius aurait excommuniés ou déposés, le pape Jean les regarderait comme tels ; que les évêques qui avaient quitté l'épiscopat pour se faire moines, ne pourraient plus revenir à l'épiscopat, parce que, se réduire au rang des moines, c'est se mettre au rang des pénitents. Tel était l'usage des Eglises d'Orient, où l'on élevait quelquefois des moines à l'épiscopat ; mais où l'on ne permettait jamais que des évêques, devenus moines, reprissent leurs premières fonctions. Trois cent quatre-vingts évêques souscrivirent, après les légats du pape, à tout ce qui venait d'être décidé dans le concile ; et ils exprimèrent, dans leurs souscriptions, l'acceptation du second concile de Nicée, septième général, et son décret touchant les saintes images.

VIe session. L'empereur Basile, qui présida à cette session, proposa de publier, non une nouvelle profession de foi, mais celle de Nicée, déjà approuvée dans les autres conciles. Le but de cette proposition était de condamner tacitement l'addition *Filioque*, en publiant une profession de foi où cette addition ne se trouvait pas. Néanmoins les légats de Rome donnèrent, comme tous les autres, leur consentement. On lut donc le symbole de Nicée, avec la préface de Photius, où il disait que le concile embrassait cette définition, avec anathème à tous ceux qui seraient assez hardis pour composer une autre profession de foi, ou altérer celle-ci par des paroles étrangères, des additions ou des soustractions : tous s'écrièrent qu'ils croyaient ainsi. L'empereur souscrivit aux actes avec ses trois fils. Au lieu du symbole de Nicée, Beveridge lisait, dans son exemplaire, celui de Constantinople, de l'an 381.

VIIe session. Cette définition de foi fut lue une seconde fois dans la septième session, qui fut tenue dans la grande église le 13 de mars, et on répéta l'anathème contre quiconque en ôterait ou y ajouterait. Les légats du pape renouvelèrent l'anathème contre qui ne reconnaissait pas Photius pour patriarche. Le concile l'approuva et finit par les acclamations ordinaires. On a mis à la suite des actes du concile une lettre du pape Jean à Photius, dans laquelle il traite de transgresseurs de la parole de Dieu, et de corrupteurs de la doctrine de Jésus-Christ, des apôtres et des Pères, ceux qui avaient ajouté au symbole la particule *Filioque* ; mais le cardinal

Baronius a rejeté avec raison cette lettre, comme supposée par quelque Grec, et peut-être par Photius lui-même, très-habile en cet art. Il en fabriqua une sous le nom de Nicolas Ier, à qui il faisait dire qu'il établissait avec lui, pour l'avenir, une communion et une amitié inviolable. Il composa un livre plein de faussetés contre l'Eglise romaine et contre le même pape. Il trompa l'empereur Basile par une fausse généalogie, où il le faisait descendre de Tiridate, roi d'Arménie; et on ne peut douter qu'il n'ait eu part à la falsification des lettres du pape Jean, produites dans le concile. Ce concile fut condamné et rejeté par les successeurs de Jean VIII, par Marin II, par Adrien III, par Etienne V, par Formose; et il a été regardé depuis, dans l'Eglise catholique, comme un conciliabule sans autorité; et il n'y a que les Grecs schismatiques qui le tiennent pour le huitième concile général, en le mettant à la place de celui qui fut tenu l'an 869. *Reg. tom.* XXIV; *Lab. tom.* IX; *Hard. tom.* VI.

CONSTANTINOPLE (Conciles de), l'an 893. Il y eut, cette année, deux conciles à Constantinople. Dans le premier on élut un moine nommé Antoine Cauléas, recommandable par la sainteté de ses mœurs, pour occuper le siége de Constantinople, vacant par la mort d'Etienne, frère de l'empereur Léon VI, surnommé le Sage. Le second de ces conciles eut pour but l'extinction du schisme de Photius. *Mansi, t.* I, *col.* 1079.

CONSTANTINOPLE (Concile de), non reconnu, l'an 901. Léon, surnommé le Sage, empereur d'Orient, avait épousé en quatrièmes noces Zoé, fille de Carbonopsias, après la mort d'Eudocie, sa troisième femme. Mais comme Basile, père de Léon, avait déclaré nulles les quatrièmes noces, et que Léon lui-même avait défendu les troisièmes sous des peines sévères, outre les peines canoniques auxquelles ces sortes de mariages sont assujetties chez les Grecs, Nicolas le Mystique tint le premier concile dont il s'agit pour réprouver ce mariage, et il déposa de plus le prêtre Thomas, qui l'avait célébré avec les cérémonies ecclésiastiques. Quant à l'empereur lui-même, il lui interdit l'entrée de l'église; mais celui-ci, bien loin de se soumettre à la sentence du patriarche, le fit déposer à son tour dans une autre assemblée d'évêques, et le condamna à l'exil, en lui donnant Euthymius pour successeur. L'empereur cependant, étant au lit de mort l'an 911, rappela de son exil l'ancien patriarche, qui continua de siéger à Constantinople jusqu'au 15 mai 925.

Le seul auteur ancien, qui ait fait mention du conciliabule assemblé pour la déposition du patriarche Nicolas, est Eutychius, patriarche d'Alexandrie, qui raconte à peu près ainsi le fait dans ses *Annales :* « L'épouse de l'empereur Léon étant morte sans lui laisser d'enfants, il voulut en épouser une autre; mais le patriarche Nicolas le lui défendit, en lui disant : Il ne t'est pas permis de te marier, car tu es lecteur et consacré par les prières des prêtres ; si tu te maries, tu ne pourras plus t'approcher de l'autel. L'empereur écrivit alors aux patriarches de Rome, d'Alexandrie, de Jérusalem et d'Antioche, les priant de se rendre auprès de lui pour examiner s'il pouvait ou non prendre une épouse ; mais ils s'excusèrent de venir, et envoyèrent seulement des députés à leur place. Quelques évêques, s'étant joints aux députés, examinèrent l'affaire de l'empereur et la jugèrent à son avantage. *Labb. t.* IX.

CONSTANTINOPLE (Concile de), non reconnu, l'an 911. C'est le concile où le patriarche Nicolas fut rétabli sur son siége. *Pagi.*

CONSTANTINOPLE (Concile de), l'an 920. Ce concile fut tenu sous le pape Jean X et l'empereur Constantin Porphyrogénète, au mois de juillet, par les légats du pape et le patriarche Nicolas. On y fit défense de contracter de quatrièmes noces, et l'on accorda à l'empereur Léon, mort l'an 911, la rémission de la faute qu'il avait commise à cet égard. Ainsi la paix fut rendue à l'Eglise de Constantinople, qui s'était divisée à l'occasion des quatrièmes noces de l'empereur Léon. *Mansi, t.* I, *col.* 1108.

CONSTANTINOPLE (Conciliabule de), l'an 944, où Tryphon, patriarche de cette ville fut traîtreusement déposé, et Théophylacte, fils de l'empereur, intronisé à sa place. *Labb. t.* IX.

CONSTANTINOPLE (Concile de), l'an 963. Le patriarche Polyeucte fut le président de ce concile, qui se tint vers la fin de septembre, et qui eut pour objet d'examiner la validité du mariage de l'empereur Nicéphore Phocas avec Théophanon, veuve de l'empereur Romain II, dit le Jeune. Ce mariage fut déclaré valide par le concile, contre l'avis du patriarche. *Edit. Venet.* XI.

CONSTANTINOPLE (Concile de), l'an 969. L'empereur Nicéphore convoqua cette assemblée, qui fut proprement une conférence ou un débat entre les catholiques, d'une part, présidés par le patriarche Polyeucte, et les jacobites, de l'autre, qui avaient à leur tête Jean, patriarche jacobite d'Antioche. Cette conférence commença dans la semaine sainte, et finit le mardi après l'octave de Pâques. Nous n'en avons d'autres actes que la lettre synodique du patriarche Jean à Mennas, patriarche copte d'Alexandrie. *Assemani, Bibl. Orient. t.* II, *p.* 133; *Mansi, t.* I, *col.* 1159.

CONSTANTINOPLE (Concile de), l'an 975, ou 974 selon le P. Pagi. Le patriarche Basile, ayant été calomnié auprès de l'empereur, fut déposé dans ce concile, et Antoine le Studite mis à sa place.

CONSTANTINOPLE (Conciles de), l'an 1027. Le patriarche Alexis tint deux conciles cette année : le premier, au mois de janvier, dans lequel on fit plusieurs règlements sur la discipline ; le second, au mois de novembre, dans lequel on condamna l'abus des charisticaires ou donataires des monastères, qui consistait à en vendre ou à en transférer le domaine. *D. Ceillier, t.* XXIII.

CONSTANTINOPLE (Concile de), l'an 1029. L'empereur Romain III, dit Argyre, ayant reçu une accusation contre Jean Abdon, patriarche jacobite d'Antioche, le fit amener avec quatre évêques et trois moines à Constantinople, où ils furent condamnés par un concile de prélats grecs. Jean Abdon mourut deux ans après en exil. *Assemani, Biblioth. Orient. t.* II, *pag.* 150; *Mansi, t.* I, *col.* 1251.

CONSTANTINOPLE (Concile de), l'an 1054. Michel Cérulaire, patriarche de Constantinople, tint ce faux concile au mois de juin, et y anathématisa les légats du pape saint Léon IX, avec l'écrit qu'ils avaient déposé sur l'autel de la grande église de Constantinople avant leur départ. *Edit. Venet. t.* XI.

CONSTANTINOPLE (Concile de), l'an 1066. Le patriarche Jean Xiphilin assembla ce concile, contre les mariages incestueux. *Mansi, t.* II, *Append.* p. 99.

CONSTANTINOPLE (Concile de), l'an 1067. Le même patriarche tint aussi ce concile, contre ceux qui, après s'être fiancés à une personne, se mariaient à une autre. *Ibid.* p. 106.

CONSTANTINOPLE (Concile de), l'an 1099. Ce concile eut pour objet de recommander le culte des images. *Conc. t.* XII.

CONSTANTINOPLE (Concile de), l'an 1110. L'empereur Alexis Comnène fit tenir deux conciles cette année à Constantinople, dans lesquels il publia une constitution sur les élections et sur les devoirs des prélats, et dans lesquels aussi furent condamnés les *bogomiles*, hérétiques ainsi nommés de *Bog*, qui, en langue esclavone, signifie Dieu, et *Milani*, que l'on rend par *ayez pitié de nous*. Ils étaient donc nommés *bogomiles*, parce qu'ils imploraient la miséricorde de Dieu, comme qui dirait, *solliciteurs de la miséricorde divine*. Ce n'est pas en cela qu'ils étaient hérétiques, mais en ce qu'ils renouvelaient les erreurs des messaliens, disant qu'il faut toujours prier; que la seule prière suffit pour le salut; que le travail des mains est non-seulement inutile, mais encore mauvais ; méprisant les croix, les autels, les églises, les reliques, les images des saints, la sainte Vierge; condamnant le mariage, l'usage de la chair et des œufs; ne reconnaissant la Trinité que de nom, etc. Ils eurent pour chef un médecin nommé Basilique, que l'empereur Alexis Comnène fit brûler à Constantinople pour son opiniâtreté dans ses erreurs. *Edit, Venet. t.* XII; *Mansi, t.* II, *col.* 243.

CONSTANTINOPLE (Concile de), l'an 1140. Léon Stypiote, patriarche de Constantinople, assisté de onze métropolitains et de deux évêques, avec les officiers de l'empereur, tint ce concile, où l'on condamna les écrits de Constantin Chrysomale, comme remplis des erreurs des enthousiastes et des bogomiles. Il y était dit, entre autres choses, que c'est adorer Satan que de rendre honneur à un prince ou à un magistrat; que le baptême conféré aux enfants est de nul effet, parce qu'ils ne peuvent être instruits avant de le recevoir; que la pénitence est inutile à ceux qui n'ont pas été régénérés; que ceux qui ont reçu le baptême, et sont les vrais chrétiens, ne sont plus soumis à la loi, parce qu'ils sont arrivés à la mesure de l'âge de Jésus-Christ ; que tout chrétien a deux âmes, l'une impeccable, l'autre pécheresse ; au lieu que celui qui n'est pas encore chrétien n'en a qu'une. *Allatius, de Consensu Eccl. Occid. et Orient. l.* II, *c.* 11 ; *Pagi, ad ann.* 1140, *n.* 25.

CONSTANTINOPLE (Conciles de), l'an 1143. Il se tint deux conciles cette année à Constantinople. Le premier, le 20 août, contre deux prétendus évêques, dont les ordinations faites par le seul métropolitain, furent déclarées nulles : on les condamna encore comme étant de la secte des bogomiles. Le second concile fut tenu le premier octobre. Il ordonna que le moine Niphon serait renfermé dans un monastère, en attendant une plus ample information de ce qui le regardait. *Edit. Venet. t.* XII.

CONSTANTINOPLE (Concile de) l'an 1144. Ce concile se tint le 22 février. Le moine Niphon y fut condamné pour avoir dit, entre autres choses, anathème au Dieu des Hébreux. On l'enferma ensuite, et il demeura dans cette retraite forcée pendant tout le patriarcat de Michel Oxite.

CONSTANTINOPLE (Concile de), l'an 1147. Ce concile se tint le 26 février. On y déposa le patriarche Côme, à cause de ses liaisons avec l'hérétique Niphon. *Edit. Venet. t.* XII.

CONSTANTINOPLE (Conférence de), l'an 1153 ou 1154, tenue entre Anselme, évêque d'Avelberg et plusieurs évêques orientaux, sur les points qui séparent l'Eglise grecque de l'Eglise romaine. *Conc. Germ. t.* III, p. 376. *Spicil. D'Ach.*

CONSTANTINOPLE (Concile de), l'an 1155. Luc, patriarche de Constantinople, présida à ce concile, assisté de plusieurs métropolitains. Voici quel en fut le sujet : Un diacre nommé Basile, chargé du ministère de la parole, ayant dit, en expliquant l'Evangile, que c'est le même Fils de Dieu qui offre à l'autel et qui est la victime, et qu'il reçoit avec le Père l'oblation qui se fait sur l'autel ; quelques-uns des auditeurs le blâmèrent, disant que le sacrifice ne s'offrait qu'au Père et au Saint-Esprit, et non pas au Fils, qui, disaient-ils, est le sacrificateur. Ils raisonnaient ainsi, dans la crainte d'admettre deux personnes en Jésus-Christ comme faisaient les nestoriens, c'est-à-dire une personne qui ferait l'oblation, et l'autre qui la recevrait. Le concile décida que l'oblation se faisait au Fils, comme au Père et au Saint-Esprit. Allatius a rapporté le décret synodal dans l'apologie du concile d'Ephèse.

CONSTANTINOPLE (Concile de), l'an 1156. Ce concile décida que celui qui tue un voleur pour le bien de la société ne doit être puni ni par la loi ecclésiastique, ni par la loi civile. *Mansi, t.* II, *suppl.*

CONSTANTINOPLE (Concile de), l'an 1166. L'empereur Manuel convoqua ce concile au sujet d'un nommé Démétrius, natif de Lampé, bourgade en Asie, qui soutenait que Jésus-Christ, et comme homme et comme Dieu, est en tout égal à son Père. Luc Chrysoberge, patriarche de Constantinople, assisté de cinquante-six ou soixante évêques, présida à ce concile, qui fit neuf canons. Ils contiennent en substance que ces paroles de Jésus-Christ : « Mon Père est plus grand que moi, » doivent, suivant les interprétations des saints Pères, s'entendre de lui selon son humanité par laquelle il a souffert ; que le Verbe, en prenant la nature humaine, ne l'a pas changée en divinité, mais que par l'union de la nature humaine avec la nature divine cette nature participe à la dignité divine; en sorte qu'elle est l'objet d'une seule adoration avec le Verbe qui l'a prise, qu'elle demeure avec toutes ses propriétés naturelles, mais enrichie des avantages de la divinité, et qu'en conséquence la chair du Seigneur, élevée par l'union hypostatique à la souveraine dignité, sans altération ni confusion, est assise dans sa personne sur le trône à la droite du Père. Le concile dit anathème à tous ceux qui ne recevaient pas les paroles de Jésus-Christ : « Mon Père est plus grand que moi, » comme les saints les ont expliquées, et dans le même sens que les actes du quatrième et du sixième concile œcuménique les ont fait valoir. Les canons du concile furent souscrits par l'empereur, et gravés sur des pierres que l'on mit dans l'église de Sainte-Sophie, à gauche en entrant ; ils furent encore insérés dans le synodique que les Grecs lisent à la fête de l'Orthodoxie ou du rétablissement des images, qu'ils célèbrent le premier dimanche de carême. *L. Allatius, lib. de Consensu utriusque Ecclesiæ, lib. II, cap. 14, num. 4. Richard, Anal. des Conc. t. II.*

CONSTANTINOPLE (Concile de), l'an 1166. Le patriarche Luc Chrysoberge et trente métropolitains tinrent ce concile le 11 avril. On y condamna l'abus qui tolérait le mariage du sixième au septième degré, pourvu qu'on n'eût point demandé la permission de le contracter ; c'est-à-dire, qu'en ce cas il n'était pas déclaré nul, mais les parties étaient mises en pénitence, parce qu'on supposait qu'elles l'avaient contracté par ignorance. Sous ce prétexte, ceux qui voulaient contracter ces mariages, se gardaient bien d'en demander la permission, qui leur aurait été refusée; ils les contractaient librement comme permis. Le concile déclara ces mariages nuls. *Jus Græco-Rom. lib. III; Nomocanon, tit. 23; D. Ceillier, Hist. des aut. eccles. tom. XXI, pag. 702; Richard, Anal. des conc., t. V.*

CONSTANTINOPLE (Concile de), l'an 1168. Les Grecs y consommèrent le schisme, en se séparant entièrement de l'Eglise romaine. *Hard. VII.* Ce concile, ou plutôt conciliabule, n'est peut-être pas différend de celui que le P. Pagi rapporte à l'an 1170.

CONSTANTINOPLE (Conciliabule de), l'an 1170. Le patriarche Michel Anchiale tint ce faux concile, et y fit rejeter les propositions que faisait l'empereur Comnène pour la réunion des deux Eglises. *Pagi, ad hunc ann.*

CONSTANTINOPLE (Concile de), l'an 1171. On y fit cinq canons de discipline. *Mansi, t. II, col. 661.*

CONSTANTINOPLE (Concile de). l'an 1186. Les patriarches de Constantinople, de Jérusalem et d'Antioche tinrent ce concile avec vingt-trois métropolitains, en présence de l'empereur Isaac l'Ange. Jean, métropolitain de Cyzique, s'y plaignit de ce qu'on avait violé à son égard les canons touchant les élections, en ce que le patriarche de Constantinople et son concile avaient élu, sans l'appeler, quoiqu'il fût dans cette ville, cinq évêques de sa province. L'empereur, à cette occasion, donna une novelle par laquelle il déclara nulles ces élections, et ordonna d'inviter à celles qui se feraient dorénavant à Constantinople, tous les évêques qui s'y rencontreraient. Il n'est donc pas vrai que dès le IXe siècle l'Eglise eût abandonné aux empereurs les élections, comme l'avance M. de Marca. *Mansi, tom. II, col. 721; l'Art de vérifier les dates, pag. 216.*

CONSTANTINOPLE (Concile de). l'an 1222. Germain II, patriarche grec de Constantinople, assembla ce concile, pour terminer les différends des évêques grecs et des évêques latins de Chypre. *Mansi, tom. II.*

CONSTANTINOPLE (Concile de), l'an 1232. Germain II, patriarche grec, convoqua ce concile au sujet des stauropèges ou croix, qu'il faisait planter dans les endroits où l'on élevait un oratoire, un monastère, une église paroissiale. On y décida que tous ces lieux, en quelques diocèses qu'ils pussent se trouver, relèveraient, suivant l'ancien usage, immédiatement du patriarche, dont la juridiction y serait exercée par son exarque. *Mansi, t. II, col. 979.*

CONSTANTINOPLE (Concile de), l'an 1275. Ce concile se tint le 26 mai. Jean Veccus y fut élu patriarche de Constantinople, et ordonné le dimanche suivant 2 juin, jour de la Pentecôte. Ce Jean Veccus avait beaucoup travaillé avec l'empereur Michel Paléologue pour réunir les Grecs et les Latins.

CONSTANTINOPLE (Conciles de), l'an 1277. Le patriarche Veccus tint ces deux conciles, l'un vers le mois d'avril et l'autre le 16 juillet. Il fit dans le premier une profession de foi très-catholique, en reconnaissant les sept sacrements, et tout ce que croit l'Eglise romaine. Il excommunia dans le second les schismatiques qui s'opposaient à la réunion des deux Eglises. Il y eut aussi la même année un conciliabule de ces schismatiques à Constantinople. *Pachimer, lib. III.*

CONSTANTINOPLE (Concile de), l'an 1280. Le patriarche Veccus, assisté de huit autres prélats, tant métropolitains qu'évêques, tint ce concile le 3 mai. On y parla d'un passage de saint Grégoire de Nysse où il est dit que *le Saint-Esprit est du Père et du Fils,* et d'où l'on avait malicieusement retranché une syllabe, qui, étant ôtée, changeait le sens de ce passage si favorable à la réunion de l'Eglise. Ce qui fit dire au patriarche : *La moindre altération dans les écrits des Pères porte un préjudice notable à l'Eglise; et c'est à nous, qui leur avons succédé dans la conduite du troupeau, à conserver inviolablement la tradition qu'ils nous ont laissée.* La syllabe que le référendaire de l'Eglise de Constantinople avait ôtée du passage de saint Grégoire de Nysse était là, particule *ex*, qui se lit dans l'homélie de ce Père sur le *Pater*, qui commence par ces mots : *Cum adduceret magnus Moyses*, etc. *Spiritus vero sanctus et ex Patre dicitur, et ex Filio esse affirmatur.* (*Leo Allatius, lib.* III. *de Consensu Eccles. Græc. et Lat.; Lab.* XI; *Hard.* VIII.)

CONSTANTINOPLE (Conciliabule de), l'an 1283. Les grecs schismatiques tinrent ce concile au mois de janvier, sous le patriarche Joseph, et y condamnèrent Jean Veccus, quoiqu'il eût abdiqué volontairement le patriarcat pour se retirer dans un monastère. Peu de temps après ils le firent exiler par l'empereur Andronic, très-attaché au schisme. *Pachimer; Mansi, ibid. col.* 111.

CONSTANTINOPLE (Conciliabule de), l'an 1283 ou 1284. Les grecs schismatiques tinrent ce conciliabule le lendemain de Pâques, et y condamnèrent tous les évêques, latins et grecs, qui avaient eu part à la réunion des deux Eglises dans le second concile général de Lyon. *Mansi, et le P. Poussines*, qui met ce concile en 1284.

CONSTANTINOPLE (Conciliabule de), l'an 1285. Le patriarche Jean Veccus fut amené dans ce concile, et persista à soutenir que, selon la doctrine des Pères, on pouvait dire que le Saint-Esprit procède du Père et du Fils. *Hard. t.* VIII.

CONSTANTINOPLE (Concile de), non reconnu, l'an 1297. Le patriarche Athanase, qui, de moine du mont Gana, avait succédé à Grégoire de Chypre sur le siége patriarcal de Constantinople, s'y comporta si mal, qu'il se rendit odieux à tout le monde, et fut obligé de s'en retourner à son monastère. Transporté de fureur, il lança des anathèmes contre l'empereur Andronic le Vieux, dans un écrit qu'il cacha dans une muraille de la grande église. Un enfant ayant trouvé, par hasard cet écrit quatre ans après, on le porta au patriarche Cosme, qui le communiqua à l'empereur. Ce prince troublé fit assembler un concile pour décider de la valeur de ces anathèmes. Les avis étant partagés, on consulta Athanase lui-même, qui répondit qu'il les avait écrits dans un moment de colère, et qu'il consentait à ce qu'on les regardât comme nuls. *Pachimer. lib.* III, *cap.* 24; *Mansi, ibid. col.* 236.

Les conciles ou conciliabules de Contantinople qui suivent jusqu'à celui de l'an 1638 présentent fort peu d'intérêt, et nous pourrions même les supprimer, comme étant l'ouvrage d'une Eglise obstinée dans le schisme.

CONSTANTINOPLE (Concile de), l'an 1299. L'empereur Andronic le Vieux fit assembler ce concile, pour faire casser le mariage d'Alexis, son neveu, prince des Lays, avec la fille d'un seigneur ibérien, et lui faire épouser la fille de Thumnus, gouverneur de Caniclée, et favori de l'empereur. Ce prince se fondait sur sa dignité impériale et sur son office de tuteur à l'égard d'Alexis, qui avait contracté mariage à son insu et sans son consentement. La chose ayant été discutée, quelques évêques étaient d'avis d'accorder à l'empereur ce qu'il demandait; mais le patriarche Jean et la plupart des évêques furent d'un avis contraire; et ce dernier prévalut. *Pachimer. lib.* IV, *cap.* 8; *Mansi, tom.* III, *col.* 255.

CONSTANTINOPLE (Concile de), l'an 1341. Le patriarche Jean d'Apri tint ce concile le 11 juin, en présence de l'empereur Andronic. Le moine Barlaam y dénonça la doctrine de Grégoire Palamas, qui avait passé de son monastère sur le siége épiscopal de Thessalonique. Il soutenait que la nature divine était distinguée de son opération ou de ses propriétés et de ses attributs, et que la lumière qui avait environné Jésus-Christ sur la montagne du Thabor n'était pas une lumière créée, mais une lumière divine, éternelle, et celle-là dont la Divinité est revêtue. Le concile ou plutôt conciliabule condamna Barlaam, qui soutenait les dogmes opposés aux erreurs de Palamas, sans néanmoins approuver formellement les erreurs de Palamas, en faveur duquel l'empereur Andronic harangua si fortement, que la maladie qu'il avait alors ayant augmenté par cet effort, il en mourut quatre jours après. *Raynaldi, ad hunc ann.*

CONSTANTINOPLE (Concile de), l'an 1345. Le patriarche Jean d'Apri convoqua ce concile contre les erreurs des palamites. *Le P. Lequien et Boivin, in notis ad Nicephorum Gregoram.*

CONSTANTINOPLE (Conciles de), l'an 1347. Il y eut cette année deux conciles à Constantinople. On déposa dans le premier le patriarche Jean d'Apri, pour avoir embrassé la doctrine de Barlaam, et renoncé à celle de Palamas. Dans le second on approuva aussi les erreurs de Palamas. *Lambecius, t.* VI.

CONSTANTINOPLE (Concile de), non reconnu, l'an 1351. Dans ce faux concile, tenu en faveur de Grégoire Palamas et contre Barlaam et Acyndinus, Nicéphore Grégoras défendit avec force la saine doctrine contre Palamas. *Nic. Greg. l.* XVIII, *c.* 5.

CONSTANTINOPLE (Conciliabule de), l'an 1450. Ce faux concile fut assemblé par les trois patriarches d'Alexandrie, d'Antioche et de Jérusalem contre la réunion des Grecs et des Latins faite à Florence. C'est ainsi qu'en parlent tous les collecteurs des conciles, qui tous mettent les actes de ce concile, vrai ou faux, dans leurs éditions; mais il est supposé, comme on peut le voir en consultant Allatius, *de Consensione, col.* 1381; et le P. Lequien, *Oriens Christ. t.* I, *col.* 311.

CONSTANTINOPLE (Concile de), non reconnu, l'an 1565. Dans cette assemblée d'évêques orientaux, Joseph, le métropolitain d'Andrinople, qui avait été élu patriarche de Constantinople, fut déposé de son siège pour crime de simonie, et l'on porta en même temps un décret synodal contre cette plaie du clergé. *Conc. t.* XXI.

CONSTANTINOPLE (Concile de), non reconnu, l'an 1638. Cyrille de Bérée, patriarche de Constantinople, tint ce concile contre Cyrille Lucar, son prédécesseur dans ce siége. Ce Cyrille Lucar, homme intrigant s'il en fut un, avait voyagé en Allemagne pendant sa jeunesse, et s'y était lié avec les protestants, dont il porta en Grèce l'esprit et la doctrine. Étant devenu patriarche de Constantinople, il commença aussitôt à enseigner les erreurs des calvinistes, et publia une confession de foi conforme à leurs dogmes, qui fut imprimée à Genève, par les soins de l'ambassadeur de Hollande. C'est cette confession qui fait l'objet du concile dont nous parlons. Elle y fut condamnée et anathématisée avec son auteur. Parthénius, successeur de Cyrille de Bérée dans le patriarcat de Constantinople, assembla en cette ville un autre concile au mois de mai de l'an 1643, qui confirma le jugement du concile précédent, et condamna de nouveau les articles de la confession de Cyrille Lucar. Le décret de ce concile, intitulé *Confession orthodoxe*, fut porté en Moldavie par les légats du patriarche Parthénius, et y fut confirmé dans un concile célébré cette même année à Gias ou Jassi, où on l'imprima. Tous les Grecs qui ont écrit depuis ont cité cette confession avec éloge; elle est importante en ce qu'elle fait connaître les sentiments de l'Église grecque sur les erreurs des protestants, qu'elle condamne.

CONSTANTINOPLE (Concile de), non reconnu, l'an 1644. Parthénius, métropolitain d'Andrinople, ayant obtenu à force d'argent que Cyrille de Bérée fût déposé de son siège de Constantinople, assembla à son tour le concile dont il s'agit, où il condamna lui-même, comme contraire à la foi de l'Église orientale, la prétendue confession de foi publiée par Cyrille Lucar en faveur des calvinistes. Le décret de ce concile fut ensuite porté en Moldavie par les légats de Parthénius, et y fut approuvé dans un concile qui s'y tint de même. *Conc. t. XXI. V.* l'art. préc. et JASSI.

CONSTANTINOPLE (Concile de), non reconnu, l'an 1672. Denys, patriarche de Constantinople, tint ce concile au mois de janvier, dans son palais patriarcal, sur le même sujet que le concile de Jérusalem de la même année. Le résultat en fut aussi le même. On y condamna les erreurs des luthériens et des calvinistes, comme contraires à la croyance uniforme de l'Église orientale; et la décision solennelle du concile fut mise entre les mains de l'ambassadeur par le patriarche Denys, pour qu'elle fût envoyée en France et placée dans la bibliothèque du roi, comme un monument authentique de la foi de l'Église orientale. *Hard. XII.*

CONVERSANO (Synode diocésain de), *Conversana*, le 27 décembre 1660. L'évêque Joseph Palermi y déclara fêtes d'obligation, d'après la constitution d'Urbain VIII, tous les dimanches de l'année, le lundi et le mardi de Pâques, la Fête-Dieu, la Circoncision, l'Épiphanie, la Purification, Saint-Matthias, Saint-Joseph, l'Annonciation, Saint-Philippe et Saint-Jacques, l'Invention de la sainte croix, la Nativité de saint Jean-Baptiste, Saint-Pierre et Saint-Paul, Saint-Jacques le Majeur, Sainte-Anne, Saint-Dominique, patron du royaume de Naples, Saint-Laurent, l'Assomption, Saint-Barthélemy, la Nativité de la Vierge, Saint-Janvier, patron du royaume, Saint-Matthieu, Saint-Côme et Saint-Damien patrons du diocèse, la Dédicace, Saint-Michel, Saint-Simon et Saint-Jude, la Toussaint, Saint-André, Saint-Thomas, Noël, Saint-Étienne, Saint-Jean l'Évangéliste, les Saints-Innocents, Saint-Sylvestre, en tout 33 fêtes, outre tous les dimanches de l'année. Le catalogue des fêtes publié au synode de Saint-Pol de Léon, l'an 1629 ou 1630, présente des diversités, et est d'un quart environ plus considérable; il fait mention de 43 fêtes d'obligation outre les 52 dimanches de l'année. *Voy.* SAINT-POL DE LÉON, 1629 et 1630. Les autres statuts, qui traitent la plupart de l'administration des sacrements, n'offrent rien que ce qu'on trouve partout ailleurs. *Prima synod. diœc., Romæ*, 1661.

CONVICINUM (*Concilium*), au diocèse de Senlis, l'an 863. Le P. Pagi prouve que ce concile est le même que celui dit de Soissons, qui se tint au sujet de l'évêque Rothade, déjà condamné en 861 au concile de Pitres. *Voy.* ces mots.

CONZA (Synode diocésain de), *Compsana*, le 19 octobre 1597. L'archevêque Scipion Gesualdi y publia un corps de statuts pour son diocèse. *Constitut. et decreta diœc. synod.*

CONZA (Synode diocésain de), le 8 septembre 1647. L'archevêque Hercule de Rangoni y publia de nouvelles constitutions synodales. *Const. et decr.*

COPENHAGUE (Concile de), *Hafniense*, l'an 1425 Lucke, archevêque de Lunden en Suède, tint ce concile avec ses suffragants et quelques autres prélats, abbés, doyens, prévôts, etc., le 21 janvier, qui était le jeudi après la fête de Saint-Canut, martyr. On y fit une épître synodale pour le rétablissement de la discipline et la réformation des mœurs, tant des ecclésiastiques que des séculiers, très-corrompus par les guerres presque continuelles qu'ils éprouvaient dans ces contrées. On y défendit le luxe, l'ivrognerie, les cabarets, les armes, les concubines, l'entrée des couvents de religieuses aux ecclésiastiques; on y excommunia tous ceux qui troublaient l'Église ou l'État; on y ordonna que les religieux ne sortiraient point sans permission, et que les évêques n'ordonneraient personne d'un autre diocèse sans l'agrément de ceux auxquels il appartiendrait de le donner. *Lab. XII; Hard. IX.*

COPRINIACENSIA (*Concilia*). *Voyez* COGNAC.

CORDOUE (Concile de), *Cordubense*, l'an 349. Le cardinal d'Aguirre croit que ce concile, assemblé et présidé par le grand Osius, a été général pour toute l'Espagne. On y renouvela les anathèmes prononcés par le concile de Sardique contre les sectateurs d'Arius. *Lib. Synod.*

CORDOUE (Concile de), *Cordubense*, l'an 852. Ce fut un faux concile, assemblé par les ordres d'Abdérame, roi musulman. Les évêques qui le composèrent y firent un décret portant défense de s'offrir au martyre, et condamnation du culte rendu à ceux qui s'y offraient d'eux-mêmes. Saint Euloge, prêtre de Cordoue, et qui fut martyrisé l'an 859, parle de ce faux concile et le combat dans un ouvrage intitulé *Memoriale sanctorum. Ibid.*; et Baron., *ad ann.* 851 *et* 852.

CORDOUE (Synode de), juin 1642. D. Francisco de Alarcon, évêque de Cordoue, y publia un volume de constitutions diocésaines, divisées en trois livres et rangées sous divers titres. *Constituciones synodales del obispado de Cordoba, Madrid,* 1667.

CORINTHE (Concile de), *Corinthium seu Achaicum,* l'an 196. Ce concile décida que la Pâque devait être célébrée le dimanche après le quatorzième jour de la lune de mars. *Eus. Hist. eccl., l.* V, *c.* 23.

CORINTHE (Concile de), l'an 421, convoqué par Atticus, archevêque de Constantinople, qui prétendait avoir des droits sur l'Illyrie, au préjudice du saint-siège. Il paraît que ce concile n'eut pas lieu, d'après les réclamations que fit à temps le pape Boniface.

CORMERY (Concile de Saint-Paul de), en Touraine. *Cormaricense,* l'an 997, sur la discipline. *Mab. Ann. Bened., t.* IV, *p.* 103.

CORNEILLE (Concile de SAINT-), l'an 1085. *Voy.* COMPIÈGNE, même année.

CORTONA (Synode diocésain de), *Cortonensis,* les 30 et 31 mai 1624. L'évêque Côme Minerbetti publia dans ce synode trente-quatre chapitres de décrets synodaux sur les sacrements, les jugements ecclésiastiques, la résidence, etc. *Synodus diœc. Corton., Florentiæ,* 1624.

CORTONA (Synode diocésain de), le 17 août 1634. Laurent Robbia, évêque de cette ville, publia dans ce synode quarante-deux chapitres de décrets, dont plusieurs ne font que renouveler ceux de son prédécesseur. *Constitut. synod., Arretii,* 1634.

COSENCE (Concile de), *Consentinum,* l'an 1579. Foutin de Petrignano, archevêque de Cosence, tint ce concile le 10 mai et y publia un grand nombre de statuts analogues à ceux des conciles antérieurs. *Mansi, t.* V.

COULAINE (Concile de), *in Villa Colonia,* l'an 843. Le roi Charles II, dit le Chauve, étant dans la quatrième année de son règne, l'an 843, se trouva à ce concile, qui fut tenu, selon quelques-uns, à Coulaine en Touraine, sur la Vienne, ou, selon le P. Sirmond, à *Villa Colonia,* près de la ville du Mans. Ce prince y publia un capitulaire, qui fut souscrit de lui, de tous les évêques et de tous les seigneurs présents. Il contient six articles, précédés d'une préface, où, comparant l'Eglise à un vaisseau, tantôt agité de la tempête, tantôt dans le calme, on fait voir qu'elle a besoin du secours de celui qui la gouverne, c'est-à-dire de Jésus-Christ. Les six articles du capitulaire même s'étendent sur le culte et le respect que l'on doit à Dieu, sur le soin qu'il faut prendre des églises, sur la vénération due aux ministres des autels et la nécessité de les maintenir dans

leurs priviléges ou de leur en accorder, sur les devoirs des peuples envers leurs rois et des rois envers leurs peuples. Le roi défend à qui que ce soit, et sous quelque prétexte que ce puisse être, de lui rien proposer contre l'équité et la justice, et ordonne à ceux qui pourraient en être informés de l'en avertir, pour n'être point surpris ou pour remédier à ce qu'il aurait pu faire de contraire.

COUTANCES (Synode de), vers l'an 1240. On y assigna quinze livres tournois pour traitement fixe à chaque vicaire. On défendit aux abbés ou aux autres d'exiger un serment des clercs qu'ils présentaient pour les bénéfices. L'évêque intima aux abbés et aux prieurs l'obligation de se confesser à lui-même, ou de recevoir de lui un confesseur, ainsi que le pape, dit-il, l'avait déjà établi. Le même devoir fut imposé à tous les prêtres. *Bessin, Conc. Norm.*

COUTANCES (Autre Synode de), tenu au XIII° siècle. On peut voir dans Bessin les 64 statuts qui furent publiés dans ce synode, et qui du reste ne contiennent guère que ce qu'on trouve dans les autres. *Ibid.*

COUTANCES (Synode de), l'an 1294, mardi après la Saint-Marc, sous Robert de Harcour. Défense y fut faite de vendre et d'acheter dans une église, d'y manger, danser ou chanter, même sous prétexte de confrérie. Un autre synode fut tenu la même année, le mardi après l'Exaltation de la Croix.

COUTANCES (Synode de), l'an 1300, le mardi après la *Quasimodo,* sous le même. L'évêque y porta des peines sévères contre les prêtres qui célébreraient des mariages clandestins, et contre les faussaires et les fornicateurs. *Ibid.*

COUTANCES (Synode de), l'an 1372, sous Sylvestre de la Cervelle. Divers statuts y furent publiés, en particulier pour défendre aux gens d'Eglise de se charger des intérêts temporels des laïques. *Ibid.*

COUTANCES (Synode de), en automne 1375, sous le même. Ce prélat y fit l'abrégé des statuts publiés au synode précédent, auxquels il en ajouta quelques nouveaux, et en particulier celui de renouveler au commencement de chaque mois les linges qui servent à l'autel. *Ibid.*

COUTANCES (Synode de), l'an 1434, sous Philibert de Montjoie. Les statuts n'en contiennent rien de remarquable. *Ibid.*

COUTANCES (Synode de), l'an 1454, sous Richard Olivier de Longueil. Ce prélat y prononça la peine d'excommunication contre ceux qui attenteraient à la juridiction ou à la liberté des ecclésiastiques. *Ibid.*

COUTANCES (Synode de), l'an 1479, sous Geoffroi Hébert. Défense y fut faite aux prêtres de dire la messe avant matines et primes, de recevoir la confession des personnes avec qui ils auraient péché, et de cohabiter avec leurs pénitentes; ou avec les mères d'enfants qu'ils auraient baptisés, ou dont ils seraient parrains. *Ibid.*

COUTANCES (Synode de), l'an 1481, sous le même. Des statuts y furent publiés contre les blasphémateurs, contre les prêtres qui se seraient fait ordonner sans lettres dimissoires, ou qui exerceraient quelque commerce, ou qui seraient concubinaires. *Ibid.*

COUTANCES (Synode de), l'an 1487, sous le même. L'évêque y fit adopter quelques règlements liturgiques, avec le calendrier des fêtes qui devaient être célébrées dans son diocèse. *Ibid.*

COUTANCES (Synode de), l'an 1506, sous le même. Il y fut fait défense de recevoir aucune fondation d'obit pour les jours de dimanche et de fête double. *Ibid.*

COUTANCES (Synode diocésain de), *Constantiensis*, le 21 avril 1637, sous Léonor de Matignon. Des statuts y furent publiés sur les sacrements et sur les écoles.

COUTANCES (Synode diocésain de), le 19 mai 1676, sous Charles-François de Loménie de Brienne. Ce prélat y renouvela les statuts portés par son prédécesseur. *Stat. et Règlem., à Coutances.* 1676.

COVENTRI (Synode de), l'an 1237. Alexandre de Stavenby, évêque de Coventry, y publia ses constitutions diocésaines. *Wilkins*, t. I.

COYANÇA (Concile de), *Coyacense*, l'an 1050. Ferdinand I*er*, surnommé le Grand, roi de Léon et de Castille, fit assembler en 1050 ce concile à Coyac ou Coyança, dans le diocèse d'Oviédo. Il y assista lui-même avec neuf évêques, la reine Sancha, son épouse, plusieurs abbés et les grands du royaume. On y fit treize canons.

1 et 2. On ordonne aux évêques de résider en leurs Eglises, pour y faire exactement leurs fonctions avec leurs clercs; aux abbés et aux abbesses de faire observer dans leurs monastères la règle de saint Benoît, d'être soumis aux évêques, et de ne recevoir ni religieux ni religieuses d'un autre monastère sans la permission de l'abbé ou de l'abbesse.

3. Dans toutes les Eglises où les clercs qui les desservent seront sous la juridiction de l'évêque, les laïques n'auront aucun pouvoir sur ces Eglises ni sur ces clercs. On n'offrira point le sacrifice dans un calice de bois ni d'argile. Dans la célébration des saints mystères, les prêtres porteront l'amict, l'aube, la ceinture, l'étole, la chasuble, le manipule; les diacres, l'amict, l'aube, la ceinture, l'étole, la dalmatique, le manipule. L'autel sera entièrement de pierre et consacré par l'évêque; l'hostie, de pur froment; le vin et l'eau, nets; et l'autel, couvert d'un linge propre, sur lequel on mettra un corporal, pour y poser le calice. Défense aux prêtres et aux diacres de porter des armes, des habits indécents ou de différentes couleurs; de loger avec des femmes autres que celles qui sont tolérées par les canons. Ils se feront raser la barbe et les cheveux en forme de couronne. Les clercs seront chargés de l'instruction de la jeunesse.

4. On avertit les archidiacres et les prêtres d'inviter à la pénitence les adultères, les homicides et les autres pécheurs, avec menace de séparer de l'Eglise et de la communion les impénitents.

5. Aux Quatre-Temps, les archidiacres présenteront, pour l'ordination, des clercs qui sachent parfaitement tout le Psautier, les hymnes, les cantiques, les Epîtres, les Evangiles et les oraisons. Les prêtres n'iront point aux festins des noces, sinon pour les bénir. Les clercs et les laïques invités au repas qui se donne après les obsèques mangeront tellement le pain du défunt, qu'ils fassent quelques bonnes œuvres pour le repos de son âme, comme d'inviter à ce repas les pauvres et les infirmes.

6. L'observation du dimanche commencera aux vêpres du samedi; les fidèles assisteront le lendemain à la messe et à toutes les heures, s'abstiendront de toute œuvre servile et de toute espèce de voyages, si ce n'est pour cause de prières, de visites des malades, de sépultures des morts, pour le service du roi, ou pour combattre les Sarrasins. Un chrétien qui demeurera ou mangera avec un juif fera pénitence pendant sept jours : s'il ne veut pas s'y soumettre, on le privera de la communion pendant un an si c'est une personne de condition, ou il sera puni de cent coups de verges s'il est du commun.

7. Les comtes et les grands gouverneront le peuple avec justice, et ne recevront en jugement que le témoignage de ceux qui ont vu ou entendu; ils puniront sévèrement les faux témoins.

8. Dans les royaumes de Léon, de Galice, des Asturies et de Portugal, la justice sera rendue selon les lois d'Alphonse; et en Castille, selon celles de Sanche.

9. La prescription triennale n'aura point lieu à l'égard des églises, suivant les canons et les lois des Goths.

10. Celui qui a semé des terres ou cultivé une vigne en recueillera les fruits par provision, en attendant le jugement définitif du procès touchant la propriété du fonds; alors, s'il est évincé, il rendra les fruits au propriétaire.

11. Tous les chrétiens jeûneront tous les vendredis.

12. Défense d'enlever de force ceux qui sont réfugiés dans les églises, et même à trente pas de l'église, si l'on ne promet de ne les point maltraiter.

13. Les sujets seront fidèles et soumis au roi Ferdinand, comme ils l'étaient à Alphonse et à Sanche. *D'Aguirre, Concil. Hispan., tom.* IV.

CRACOVIE (Concile de), *Cracoviense*, l'an 1189. Le cardinal Jean Malabranca, légat du pape Clément III, assembla ce concile pour la réforme du clergé, auquel il imposa les décimes pour le recouvrement de la terre sainte. *Lab.* X.

CRÉCI ou CRESCI (Concile de), *Christiacum*, dans le Ponthieu, l'an 676. Saint Léger, évêque d'Autun, assista à ce concile : et c'est ce qui a donné occasion à quelques copistes de le placer à Autun. Les éditeurs de conciles qui les ont suivis ont fait une autre faute en rapportant ce concile à l'an 670, au lieu de l'an 676, que D. Mabillon prouve être sa vraie époque. Le même savant conjecture qu'il se tint à Cresci, et non pas à Autun. *D. Mah. Annal.*, t. XVI; *et Oper. posth.*, t. 1, p. 530. *Richard. Voy. Hist. de S. Léger*, par D. Pitra.

CREIXAN (Concile de), *Creissanum*, l'an 1132. Arnauld, archevêque de Narbonne, tint ce concile le 5 décembre. On y établit une sauvegarde à Creixan, dont les évêques marquèrent les limites par des croix qu'ils y firent planter, avec anathème contre ceux qui donneraient atteinte à cette sauvegarde. *D. Vaissette.*

CRÉMA (Synode diocésain de), le 15 février 1590. L'évêque Jacques Diédi y publia quelques statuts, dont l'un regarde le droit cathédratique, qu'il déclare obligatoire, d'après le décret du concile de Brague et la constitution du pape Honoré III. *Constitutiones, Bergomi,* 1590; *eædem, Brixiæ,* 1605 et 1609.

CRÉMA (Synode diocésain de), les 3, 4 et 5 janvier 1650. L'évêque Albert Badoero y publia quarante-cinq chapitres de statuts. *Synodus diœc. S. Cremensis Eccl., Mediolani,* 1670.

CRÉMIEU (Concile de), près de Lyon, *Straminiacense,* l'an 835. Ce concile se tint au mois de juin. L'empereur Louis le Débonnaire s'y trouva avec ses deux fils Louis et Pépin. L'empereur y demanda que l'on pourvût aux siéges de Lyon et de Vienne, vacants par la déposition d'Agobard et de Bernard, déposés au concile de Thionville : mais ces deux prélats étant absents, l'assemblée ne voulut rien prononcer. *Pagi, ad ann.* 836.

CRÉMONE (Concile de), *Cremonense,* l'an 1160. Ce fut un conciliabule, dans lequel l'empereur Frédéric fit confirmer, le dimanche avant l'Ascension, ce qu'il avait fait pour l'antipape Victor dans le conciliabule de Pavie. *Mansi.*

CRÉMONE (Concile de), l'an 1226. Ce concile fut tenu par l'ordre et en présence de Frédéric II, dans le temps de la Pentecôte. On y traita de l'extirpation des hérétiques d'Italie, de l'affaire de la terre sainte et de la réunion des villes de Lombardie, la plupart liguées contre ce prince. *Labb. t.* XI.

CRÉMONE (Synode diocésain de), tenu par l'évêque Raynier, XIIIe ou XIVe siècle. En voici les principaux statuts :

Tous les archiprêtres, prévôts et prélats de notre diocèse devront se rendre à jeun au synode qui se tiendra tous les ans le deuxième jour de carême. Ceux qui y manqueront sans donner leurs excuses dans l'espace de huit jours seront taxés à une amende de cinq sols impériaux.

Nous prescrivons à tous les prêtres de s'abstenir de viande tous les samedis de l'année, excepté à la fête de Noël, quand elle tombe à pareil jour.

Dans les lieux où il est défendu aux laïques de sortir de nuit sans lumière après le signal donné par le son de la cloche, nous enjoignons aux clercs de se conformer aussi à cette défense, à moins d'être excusés par la nécessité de porter les sacrements, ou par quelque autre semblable.

Nous défendons aux clercs de porter des armes offensives ou défensives, soit de jour, soit de nuit, sauf le cas de nécessité, sous les peines imposées aux laïques eux-mêmes par la commune de Crémone.

Aucune personne ne sera reçue dans un couvent en qualité de religieuse, ou de sœur sans notre permission spéciale. Nous statuons et ordonnons que tous les prêtres soient confessés par nous, ou que, par une permission spéciale, ils demandent et obtiennent de nous des confesseurs.

Les corporaux ne seront ni de soie ni de broderies, mais de simple lin : ils seront proprement pliés, et auront quatre plis en longueur, et trois en largeur.

Nous interdisons à tous les prêtres de notre ville et de notre diocèse de célébrer avec un calice de bois, de verre, de plomb, ou de quelque autre matière semblablement vile.

Nous ordonnons que dans toutes les églises il y ait devant chaque autel, ou au-dessus, une image ou une statue, ou du moins un écrit, qui fasse connaître au nom et à l'honneur de quel saint l'autel a été construit.

Nous défendons aux archiprêtres et à tous recteurs d'églises, de refuser à quique ce soit, pour cause de dettes personnelles, l'entrée de l'église ou l'usage des sacrements.

Dans chaque église de notre diocèse on fera mémoire, à vêpres et à l'office nocturne, de saint Himère et de saint Hommebon (patrons diocésains), et du patron du lieu.

Aucun prêtre ne pourra permettre à son propre fils de lui servir la messe à l'autel.

Tous les religieux et les séculiers chargés du soin des âmes se conformeront exactement, quant aux livres d'église et à la manière d'administrer les sacrements et de célébrer les offices divins, aux usages suivis dans notre église cathédrale.

On ne se servira d'aucun enfant pour préparer le calice et l'hostie, avec le vin du sacrifice.

Les curés, aussitôt qu'ils apprendront la mort de quelque personne de leur paroisse, absoudront son âme avec le psaume *De profundis,* le *Kyrie Eleison,* le *Pater Noster,* le verset *A porta inferi,* et l'oraison convenable.

Suit une longue liste de cas réservés à l'évêque.

CRÉMONE (Synodes diocésains de). Antonio Maria Cavalli, protonotaire apostolique et vicaire général du diocèse, publia le 1er juillet 1584, par l'ordre du cardinal évêque de Crémone, un recueil de décrets provinciaux et d'autres règlements, déjà promulgués dans divers synodes diocésains. Voici ce que nous y lisons de plus remarquable.

On ne renfermera le saint sacrement dans aucun tabernacle, même de bois, qui ne soit auparavant bénit. La porte de ce tabernacle ne sera pas à une telle hauteur, qu'on ne puisse y atteindre à moins de monter sur l'autel, ou de se servir d'une banquette ; et il devra rester sur l'autel devant le tabernacle assez d'espace, pour y poser la pierre sacrée, et y étendre commodément le corporal.

On ne fera aucun acte judiciaire le matin pendant le carême ; mais on emploiera ce temps à entendre la messe, la prédication et les autres offices divins.

On ne fera point de pèlerinages en état de mendiant, à moins d'en avoir fait vœu.

Il y aura auprès de chaque autel un clou fixé dans le mur, où l'on pourra suspendre la barrette du célébrant, pour que celui-ci ne la dépose jamais sur l'autel même.

On ne fera dans les églises ou ailleurs aucune représentation de la vie, de la passion ou des autres actions de Notre-Seigneur Jésus-Christ, ou des saints.

On ne jouera à aucun jeu bruyant devant les portes ou les galeries des églises dans le temps des offices divins, sous peine d'interdit, que les curés auront soin de faire exécuter contre les désobéissants.

Les curés introduiront l'usage de la prière du soir, pour laquelle ils feront sonner la cloche, en apprenant au peuple la manière de faire cette prière, et les indulgences qui y sont attachées pour toute la province de Milan par le pape Grégoire XIII, en date du 23 octobre 1572.

Défense aux ecclésiastiques, sous peine d'amende, de tailler les arbres placés sur le terrain de leurs bénéfices.

CRÉMONE (Synode diocésain de), l'an 1599, sous César Speciano. Ce prélat y publia nombre de décrets, puisés la plupart dans les conciles de Milan, dans les bulles des derniers papes, dans ses propres ordonnances ou dans celles de ses prédécesseurs.

CRESSY-SUR-SERRE (Conciles de). *Voy.* QUERCY.

CREMSTER (Synodes de), *in Cremsis.* V. OLMUTZ, l'an 1318 et 1380.

CRÈTE (Concile de), *Cretense*, l'an 667. Crète, qu'on nomme aujourd'hui Candie, que les Turcs enlevèrent aux Vénitiens en 1669, est une île de l'Europe dans la mer Méditerranée. S. Paul y passa en allant à Rome, et y laissa Tite pour évêque des chrétiens qu'il y avait formés. On comptait autrefois cent villes dans cette île, dont la principale fut appelée Gortyne ou Gortyn, et qui faisait une province ecclésiastique. Paul, qui en était métropolitain en 667, convoqua un concile provincial cette même année, y cita Jean, évêque de Lappa, pour un sujet qu'on ignore, et le fit condamner. Jean appela au saint-siège; mais Paul, regardant son appel comme une révolte, le fit emprisonner. Jean s'étant échappé de sa prison, alla à Rome trouver le pape Vitalien, qui assembla un concile le 19 décembre de la même année, pour connaître de cette affaire. Le concile cassa la sentence prononcée contre l'évêque Jean, comme contraire aux canons; et le pape Vitalien en écrivit à l'archevêque de Crète. *Reg.* XV; *Mansi, t.* I, *col.* 501. *Richard.*

CTÉSIPHON (Concile de) en Perse, l'an 420. Jaballana, métropolitain de Séleucie, tint ce concile avec ses suffragants.

On y adopta les canons faits en divers conciles de l'Eglise romaine. *Assem. Bibl. orient* t. III, p. 374; *Mansi, suppl. t.* I, *col.* 307.

CUCA (Concile de), ou COXA, l'an 1035; V. TREMEAIGUES.

CUENÇA (Synodes de), années 1531, 1571, 1574, 1592, 1602 et 1626. Dans le dernier de ces synodes, D. Henri Pimentel, évêque de Cuença, publia des constitutions divisées en cinq livres, où il renouvela la plupart de celles des synodes précédents. *Constituciones synod. hechas en la synodo de Cuença*, 1626.

CULM (Synode de), *Culmense*, l'an 1583. Pierre Costka de Starenberg, qui tint ce synode diocésain, y renouvela les statuts de ses prédécesseurs, en s'appliquant à les conformer aux décrets du concile de Trente, qu'il promulgua en même temps pour son diocèse. Nous allons extraire de ces statuts ce qu'ils contiennent de plus remarquable.

Défense aux clercs engagés dans les ordres sacrés d'exercer la chirurgie ; de recevoir des bénéfices de la main des laïques ; de se mêler d'affaires temporelles ; de s'absenter plus d'un mois de leurs églises sans la permission de l'évêque ; de se servir, pour leur office même particulier, d'autres bréviaires ou d'autres missels que du bréviaire et du missel romain; d'exercer aucune action dans les jugements ou dans les procès criminels.

Les curés qui ne sauraient pas la langue d'une partie de leurs paroissiens seraient tenus de leur procurer un chapelain qui sût leur langue, et qui fût en même temps approuvé par l'évêque.

Le baptême doit s'administrer aux enfants, à quelque heure qu'on les présente pour le recevoir. Il ne doit se conférer qu'en face de l'église, et dans un lieu consacré, à moins d'une pressante nécessité qui oblige à le donner au foyer domestique.

Les saintes huiles seront distribuées tous les ans le jeudi saint par chacun des archiprêtres aux prêtres de leur juridiction, qui les recevront de leurs mains, ou par eux-mêmes, ou par des clercs fidèles. Le saint chrême sera déposé dans un lieu propre et décent, et de là porté à l'église avec cierges et bannières au chant de tout le clergé.

On recommande aux curés de dire la messe au moins deux fois chaque semaine, outre les dimanches et les jours de fêtes ; de renouveler tous les quinze jours les hosties consacrées.

On déclare excommuniés ceux qui oseraient prétendre que la simple fornication peut être exempte de péché mortel.

Les prêtres ne prendront point d'autres confesseurs que ceux qui auront été désignés à leur choix par leur archiprêtre, ou par l'évêque ou son official. Ils devront se confesser toutes les semaines, et ne point monter à l'autel avec la conscience d'un péché mortel, sans s'être confessés préalablement.

Les curés avertiront leurs paroissiens de ne point contracter mariage, sans se confesser avec soin et sans s'approcher du sacrement de l'Eucharistie trois jours au moins avant la consommation de leur mariage.

Défense aux fidèles de chevaucher dans la campagne avec le crucifix dans leurs mains le jour de Pâques et les deux jours suivants : on ne leur permet de le faire que le dimanche de Quasimodo, et seulement après diner, en évitant d'entrer dans les cabarets, à cause des excès qu'ils pourraient y commettre, ce qui serait une profanation de l'adorable sacrement qu'ils auraient reçu dans ces jours.

Les ecclésiastiques n'administreront aucun sacrement, pas même celui de la pénitence, sans être revêtus de l'étole comme du surplis. *Conc. Germ.*, t. VII.

CULM (Synode de), l'an 1605. Laurent Gembicki, évêque de Culm, tint ce synode, où il renouvela en grande partie les règlements de ses prédécesseurs par rapport aux chanoines, aux archiprêtres, aux curés, aux clercs en général, aux provisions des bénéfices, aux écoles des paroisses, etc. Il statua que les chanoines s'assembleraient en chapitre au moins deux fois par mois; que les maîtres d'école garderaient au curé la soumission qu'ils lui doivent, lors même qu'ils recevraient leur rétribution du magistrat temporel; que l'on poursuivrait avec activité l'œuvre commencée par ses deux prédécesseurs immédiats, pour l'établissement d'un séminaire. *Conc. Germ.*, t. VIII.

CULM (Synode de), l'an 1641. Dans ce synode, Gaspar Dzialynski, évêque du diocèse, confirma plusieurs paroisses dans l'usage d'avoir deux messes dites en un jour par le même prêtre, les jours de la Circoncision, de l'Epiphanie, de Pâques, de l'Ascension, de la Pentecôte, de la Purification, de l'Assomption, de la Nativité de saint Jean-Baptiste, de la fête de Saint-Pierre et de Saint-Paul, de la Toussaint et de la Commémoration de tous les fidèles trépassés. Les prêtres éviteront tout soupçon d'avarice dans la pratique de cet usage, et ne prendront les ablutions qu'à la seconde messe.

Mettant à profit les pieuses libéralités de Jean Rocsborski, son prédécesseur, et de Morleska, abbesse d'un couvent de Culm, l'évêque promet à son clergé d'assurer une maison de retraite pour les clercs âgés et pauvres. *Conc. Germ.* t. IX.

CULM (Synode de), l'an 1745. *Conc. Germ.* t. X. *Voy.* POSEN, même année.

CULM et de POMESEN (Synode diocésain de), les 16, 17 et 18 septembre, 1743, sous André Stanislas Kotzka. Ce prélat publia dans ce synode 43 chapitres de constitutions. *Conc. Germ.* X.

CURIÆ (*Synodus*); *Voy.* COIRE.
CYPERANUM (*Concilium*); *V.* CÉPÉRANO.
CYPRIUM *seu Cyprense* (*Concilium*); *Voy.* CHYPRE.

CYR (Synode de), *Cyrensis*, l'an 478. Jean, évêque de Cyr, tint ce synode, où il anathématisa Pierre le Foulon, évêque intrus d'Antioche. *Lib. Synod.*

CYZIQUE (Conciliabule de), *Cyzicenum*, l'an 372, tenu par les ariens. Ils y déclarèrent le Fils semblable en substance au Père, au lieu de confesser qu'il lui est consubstantiel, et ils vomirent en même temps, avec Eunomius, les blasphèmes de cet autre hérésiarque contre le Saint-Esprit. *S. Bas. ep.* 82, *ad Patrophilum.*

DALMATIE (Concile de), *Dalmaticum*, l'an 1199. Etienne, grand jupan de Servie, ayant fait des démarches auprès d'Innocent III pour réduire ses Etats à l'obéissance de l'Eglise romaine, ce pape lui envoya pour cet effet deux religieux, nommés *Jean* et *Simon*, en qualité de légats. Ils tinrent un concile chez Etienne, avec l'archevêque de Dioclée et d'Antivari, qui ne faisaient qu'une Eglise depuis la réunion qui en avait été faite par Alexandre II en 1063, l'archiprêtre d'Albane et six évêques, qui firent les douze canons suivants.

1. On déposera pour toujours les évêques qui prennent de l'argent pour l'ordination ou pour la collation des bénéfices; et on mettra au rang des laïques ceux qui ont été ainsi ordonnés.

2. On n'ordonnera ni prêtres, ni diacres mariés, qu'auparavant leurs femmes n'aient fait vœu de continence entre les mains de l'évêque; et si quelqu'un des prêtres ou des diacres se marie après l'ordination, s'il ne renvoie sa femme et ne fait pénitence, il sera privé de son office et de son bénéfice ecclésiastique. L'ordination, pour les ordres sacrés, ne se fera qu'aux quatre-temps; le sous-diacre fera les fonctions de son ordre pendant un an, avant d'être promu au diaconat, et ainsi du diacre avant d'être élevé à la prêtrise.

3. Les dîmes et les oblations des fidèles, tant pour les vivants que pour les morts, seront divisées en quatre parties : l'une pour l'évêque, l'autre pour le besoin des églises, la troisième pour les pauvres, et la quatrième pour les clercs.

4. Il est défendu, sous peine de privation d'office et de bénéfice, à tout prêtre, de révéler ce qu'il aura ouï dans une confession particulière.

5. Quiconque aura frappé avec violence un évêque, un prêtre, un clerc, un religieux, encourra l'excommunication, et il ne pourra être absous que par le pape ou par son légat, après une satisfaction convenable pour cette faute. On décerne la même peine contre celui qui traduira un clerc devant les tribunaux séculiers, pour y être condamné à l'épreuve du fer chaud, de l'eau, ou pour y subir tout autre jugement.

6. On défend les mariages entre parents jusqu'au quatrième degré inclusivement; et l'on ordonne d'excommunier ceux qui, en ayant ainsi contracté, ne veulent pas se séparer.

7. On ordonne aux clercs de se raser et de porter la tonsure cléricale.

8 et 9. Défense, sous peine d'excommunication, aux laïques, de juger les clercs et de leur conférer les Eglises. Ceux qui en recevront de leurs mains subiront la même

peine. On excommunie aussi ceux qui se sont emparés des biens de l'Eglise, jusqu'à ce qu'ils aient restitué, et ceux qui retiennent des Latins en esclavage.

10. La même peine est imposée à ceux qui répudient leurs femmes avant le jugement de l'Eglise.

11. Défense d'élever aux ordres les enfants des prêtres et les bâtards.

12. Défense d'ordonner quelqu'un prêtre qu'il n'ait atteint l'âge de trente ans. *Labb. t.* XI.

Pour les autres conciles tenus en Dalmatie, *voy.* SPALATRO.

DALONE (Concile de) en Limousin, *Dalonense*, l'an 1114. *Mab. Ann. Bened. l.* LXII. c. 78. *t.* V.

DANEMARK (Concile de), *Danicum*, l'an 1257. On y fit quatre canons contre les violences que les seigneurs faisaient aux évêques. Ces canons furent confirmés par le pape Alexandre IV, le 3 octobre de cette année. *Labb.* XI.

DANEMARK (Concile de), l'an 1267. Gui, cardinal et légat du saint-siège, tint ce concile pour rétablir la paix qui avait été troublée dans ce royaume, à l'occasion de l'emprisonnement de l'archevêque de Lunden, ce qui avait fait jeter l'interdit sur tout le Danemark. *Mansi, t.* II, *col.* 1247.

DANUBE (Concile tenu près du), *ad ripam Danubii*, l'an 741, par saint Boniface et un légat du saint-siège.

Le concile ordonna que l'affaire du clerc ou du laïque qui s'écarterait incorrigiblement de la loi de Dieu, fût portée au pape.

DENIS (Assemblée de SAINT-), l'an 768. En présence de cette assemblée, composée des évêques et des grands de son royaume, le roi Pépin partagea ses Etats entre ses deux fils, Charles (ou Charlemagne) et Carloman. Il donna l'Austrasie au premier, la Bourgogne, la Provence, l'Alsace et l'Allemagne au second; et il leur partagea également l'Aquitaine. Les évêques, qui ont fondé le royaume de France, selon un mot célèbre, ne devaient-ils pas aussi assister et comme présider à son partage? *Labb.* VI.

DENIS (Concile de SAINT-), *San-Dionysianum*, l'an 832. Ce concile s'assembla le 1er février, par l'ordre de l'empereur Louis le Débonnaire, sur les instances de l'abbé Hilduin, qui voulait réformer son monastère. D. Mabillon a donné les actes de ce concile sur l'original en parchemin, mais si mutilés, que la meilleure partie en est inintelligible. On les trouve aussi dans le tome I du Supplément aux Conciles du P. Labbe, par Mansi.

DENIS (Concile de SAINT-), l'an 834. Ce concile se tint le 1er mars, qui était le second dimanche de carême. L'empereur Louis le Débonnaire y fut réconcilié à l'Eglise par le ministère des évêques, et y reçut de leurs mains l'épée qu'ils lui avaient ôtée.

DENIS (Concile de SAINT-), l'an 996. Ce concile fut tenu au mois de mai, touchant les dîmes qu'on voulait ôter aux moines et aux laïques qui les possédaient.

DENIS (Assemblée mixte de SAINT-), l'an 1052 selon Schram, ou 1053 selon M. de Mas Latrie. Les moines de Saint-Emmeran de Ratisbonne prétendaient posséder le corps de saint Denis l'Aréopagite, qui, enlevé de France, si l'on en eût cru un diplôme qu'ils avaient, aurait été retrouvé à Ratisbonne au bout de plusieurs années. Les moines ayant porté en pompe, devant l'empereur Henri et le pape saint Léon IX, ce qu'ils croyaient être les reliques de saint Denis, les députés du roi de France demandèrent et obtinrent que la reconnaissance des véritables reliques du saint fût faite en présence des parties intéressées. C'est ce qui donna lieu à la présente réunion d'évêques et de seigneurs, dans laquelle, contrairement à ce que disaient les moines de Ratisbonne, furent retrouvées et reconnues dans l'abbaye de Saint-Denis les reliques du saint, au lieu où elles avaient toujours été. *M. de Mas L.*

DERTUSANUM (*Concilium*). V. TORTOSE.

DÉVILLE (Concile de), *apud Devillam prope Rotomagum*, l'an 1305, mardi après l'Ascension. On y traita des affaires de tout le clergé de la province. C'est tout ce qui nous reste de ce concile. *Ex autographo protestat. abbatis Fiscan. de indemnit.*

DIE (Synode de). V. SAINTE-MARIE DE DIE.

DIAMPER (Concile de), *Diampéricnse*, aux Indes orientales, sur la côte de Coromandel, près de la ville de Saint-Thomas ou Méliapour, l'an 1599. L'archevêque de Goa tint ce concile contre les nestoriens et les autres hérétiques. On y excommunia en particulier le patriarche de Babylone, et on y reconnut le pape pour vicaire de Jésus-Christ et chef de l'Eglise universelle.

DIGNE (Synode de), *Diniense*, l'an 1414, sous l'évêque Bertrand. On en ignore le résultat. *Gall. Chr., t.* III, *col.* 1127.

DIJON (Concile de), *Divionense*, l'an 1020. L'histoire des évêques d'Auxerre dit qu'il se tint cette année des conciles à Dijon, à Beaune et à Lyon. *Lenglet du Fresnoy.*

DIJON (Concile de), l'an 1077. Hugues, évêque de Die et légat du saint-siège, y déposa des clercs simoniaques, et en mit d'autres à leur place. *Edit. Venet., t.* XII.

DIJON (Concile de), l'an 1116, présidé par Gui, archevêque de Vienne et légat du saint-siège. On y ordonna aux chanoines réguliers de Saint-Etienne, de retourner à cette église qu'ils avaient abandonnée pour aller vivre dans la solitude. Ce concile est vraisemblablement le même que celui dont parle la chronique de Bonneval, sous l'an 1117, sans en marquer aucun détail. *Ibid.*

DIJON (Synode de). *Voy.* SAINT-ETIENNE DE DIJON.

DIJON (Concile de), l'an 1199, présidé par le légat Pierre de Capoue. On y traita du mariage du roi avec Ingelburge. Philippe Auguste, craignant les censures, en appela au pape, et le légat ne décida rien.

DINGELFIND (Concile de), *Dingolvingense*, l'an 772. Tassilon, duc de Bavière, fit assembler ce concile, le 2 octobre, et s'y trouva en personne avec six évêques et plusieurs seigneurs laïques. On y fit quatorze décrets concernant les affaires ecclésiastiques et civiles, et l'on y accorda divers droits à l'Eglise. *Reg.* XVII; *Labb.* VI; *Hard.* III.

DINGELFIND (Concile de), l'an 932. On traita dans ce concile de la réforme du clergé. *Conc. Germ.*, t. II.

DIOCLIÆ (*Concilium*), l'an 1199. *Voy.* DALMATIE, même année.

DIOSPOLIS (Concile de), *Diospolitanum*, l'an 415. Le 20 décembre de cette année 14 évêques s'assemblèrent dans cette ville, située en Palestine, et connue dans l'Ecriture sous le nom de Lydda. Euloge, que l'on croit avoir été archevêque de Césarée, est nommé le premier, et avant Jean de Jérusalem, apparemment parce qu'il était métropolitain de la Palestine. Ce fut à lui qu'Eros d'Arles et Lazare d'Aix présentèrent le mémoire des erreurs qu'ils avaient trouvées en partie dans les écrits de Pélage, et en partie dans ceux de Célestius; mais ils ne purent se rendre au concile le jour marqué, parce que l'un d'eux était tombé dangereusement malade; Pélage au contraire comparut pour se justifier : et il n'eut pas beaucoup de peine à le faire, attendu qu'il n'y avait personne sur les lieux pour agir contre lui, ni pour découvrir le mauvais sens de ses écrits, ou pour l'obliger à s'expliquer, et pour distinguer ce qu'il y avait d'obscur dans sa doctrine; car le prêtre Orose n'y était pas non plus. On croit que cela se fit par quelque intrigue secrète de Jean de Jérusalem, qui aida Pélage à prendre si bien son temps, qu'il n'eût point d'accusateurs en tête. Celui-ci, voulant se donner un nom dans le concile, se vanta d'être uni d'amitié avec beaucoup de saints évêques, et produisit plusieurs lettres, dont quelques-unes furent lues, entre autres une de saint Augustin, qui lui témoignait en effet beaucoup d'amitié, mais l'exhortait doucement à changer de doctrine sur la nécessité de la grâce.

On ne laissa pas de lire le mémoire où les évêques Eros et Lazare avaient noté les erreurs dont ils l'accusaient; mais comme les évêques du concile n'entendaient pas le latin, ils se firent expliquer ce mémoire par un interprète. Pélage au contraire, qui savait le grec, répondit en cette langue à toutes les demandes qui lui furent faites. On lui objecta d'abord qu'il avait écrit dans un de ses livres qu'on ne peut être sans péché, à moins d'avoir la science de la loi. A quoi il répondit qu'il n'avait pas dit que celui qui a la science de la loi ne puisse pécher; mais qu'il est aidé par la science de la loi à ne point pécher. Le concile dit que cette doctrine n'était point éloignée de celle de l'Eglise. On dit ensuite que Pélage avait mis dans le même livre que tous étaient conduits par leur propre volonté. « Je l'ai dit, répondit-il, à cause du libre arbitre; Dieu aide à choisir le bien, et l'homme qui pèche est en faute, parce qu'il a le libre arbitre. » Cela ne parut pas non plus aux évêques éloigné de la doctrine de l'Eglise. Les autres chefs d'accusation portaient que Pélage avait écrit qu'au jour du jugement, on ne pardonnerait point aux injustes et aux pécheurs, sans distinguer ceux qui seront sauvés par les mérites de Jésus-Christ de ceux qui seront condamnés; que le mal ne venait pas même en pensée aux justes; que le royaume des cieux était promis même dans l'Ancien Testament; que l'homme pouvait, s'il voulait, être sans péché, et qu'écrivant à une veuve, il lui avait dit, pour montrer comment les saints doivent prier : « Celui-là prie en bonne conscience qui peut dire : Vous savez, Seigneur, combien sont pures les mains que j'étends vers vous, et les lèvres avec lesquelles je vous demande miséricorde. » Pélage répondit que ce qu'il avait dit des pécheurs était conforme à l'Evangile, où nous lisons que les pécheurs iront aux supplices éternels, et les justes à la vie éternelle; qu'il n'avait pas dit que le mal ne venait point même en pensée aux justes, mais que le chrétien doit s'appliquer à ne point penser de mal; que l'on pouvait prouver par les Ecritures que le royaume des cieux est promis même dans l'Ancien Testament, puisqu'on lit dans Daniel (VII, 18) : *Les saints recevront le royaume du Très-Haut*; qu'il avait dit que l'homme pouvait être sans péché, et garder les commandements, s'il voulait, puisque Dieu lui a donné ce pouvoir; qu'au reste il peut être sans péché par son propre travail et par la grâce de Dieu, sans qu'après s'être converti, il ne puisse plus pécher à l'avenir; que les autres chefs d'accusation étaient supposés, et qu'il n'y avait rien de semblable dans ses livres. Le concile approuva ses réponses, et lui ordonna de répondre aussi aux articles suivants. Il s'y agissait de la doctrine de Célestius, son disciple, accusé d'avoir enseigné qu'Adam a été fait mortel; que son péché n'a nui qu'à lui seul; que la loi procurait le royaume du ciel comme l'Evangile; qu'avant la venue de Jésus-Christ il y a eu des hommes sans péché; que les enfants nouvellement nés sont au même état où Adam était avant son péché; que tout le genre humain ne meurt point par le péché d'Adam, et ne ressuscite point par la résurrection de Jésus-Christ; que l'homme peut être sans péché, s'il veut; que les enfants, sans être baptisés, ont la vie éternelle; que si les riches baptisés ne renoncent à tout, le bien qu'ils semblent faire ne leur sert de rien, et qu'ils ne peuvent avoir le royaume de Dieu. Pélage répondit que la doctrine de Célestius ne le regardait pas; qu'à l'égard de ce qu'on lui objectait d'avoir dit qu'avant la venue du Seigneur il y a eu des hommes sans péché, il ne faisait point difficulté de dire qu'en ce temps-là quelques-uns ont vécu saintement et justement, selon que les saintes Ecritures l'enseignent. Il anathématisa toutes les autres erreurs qu'on lui avait dit être de Célestius, et ceux qui les tenaient, ou qui les avaient jamais tenues. Sur quoi le concile dit : « Pélage, ici présent, a répondu bien et suffisamment à ces articles, anathématisant ce qui n'était point de lui.

Comme on l'accusa d'avoir enseigné que l'Eglise est ici-bas sans tache et sans ride, il répondit : « Je l'ai dit, parce que l'Eglise est purifiée par le baptême, et que le Seigneur veut qu'elle demeure ainsi. » Cette réponse fut approuvée du concile. Ensuite on lui objecta quelques propositions de Célestius, dont le sens était que nous faisons plus qu'il n'est ordonné par la loi et par l'Evangile ; que la grâce de Dieu et son secours ne sont pas donnés pour chaque action particulière, mais qu'ils consistent dans le libre arbitre ou dans la loi et la doctrine ; que la grâce de Dieu est donnée selon nos mérites, parce que, s'il la donnait aux pécheurs, il semblerait être injuste : d'où il suit que la grâce même dépend de notre volonté, pour en être digne ou indigne. Sur la première proposition, il dit : « Nous l'avons avancée, suivant ce que dit saint Paul de la virginité : *Je n'ai point de précepte du Seigneur* » Quant aux autres, il ajouta : « Si ce sont là les sentiments de Célestius, c'est à ceux qui le disent à l'examiner. Pour moi, je n'ai jamais tenu cette doctrine, et j'anathématise celui qui la tient. » Le concile fut satisfait de cette réponse. Mais sur cette autre proposition de Célestius : Que chaque homme peut avoir toutes les vertus et les grâces, Pélage répondit : « Nous n'ôtons pas la diversité des grâces ; mais nous disons que Dieu donne toutes les grâces à celui qui est digne de les recevoir, comme il les donna à saint Paul. » Ensuite il désavoua ces autres propositions de Célestius : Que l'on ne peut appeler enfants de Dieu, sinon ceux qui sont absolument sans péché ; que l'oubli et l'ignorance ne sont point susceptibles de péché, parce qu'ils ne sont pas volontaires, mais nécessaires ; qu'il n'y a point de libre arbitre, s'il a besoin du secours de Dieu, parce qu'il dépend de la volonté de chacun de faire ou de ne pas faire ; que notre victoire ne vient pas du secours de Dieu, mais du libre arbitre ; que le pardon n'est pas accordé aux pénitents suivant la grâce et la misericorde de Dieu, mais selon les mérites et le travail de ceux qui par la pénitence se rendent dignes de miséricorde. Il ajouta qu'il croyait en la trinité d'une seule substance, et tout le reste, selon la doctrine de l'Eglise, disant : « Anathème à quiconque croit autre chose. » Le concile, content de ses déclarations et de ses réponses, le reconnut pour être dans la communion de l'Eglise catholique. Mais si Pélage y fut absous, parce qu'il sut tromper les évêques, en confessant de bouche ce qu'il condamnait dans le cœur, sa doctrine y fut anathématisée, au point qu'il fut contraint de l'anathématiser lui-même, pour éviter sa condamnation. Ce qui fait dire à saint Augustin, qui a toujours jugé favorablement de ce concile, qu'*on y avait absous un homme qui niait l'hérésie, mais qu'on n'y avait point absous l'hérésie ;* ou plutôt que Pélage n'y avait point été absous, puisqu'il tenait la doctrine qu'on y avait condamnée ; mais que la foi seulement qu'il y avait confessée de bouche y avait été embrassée comme catholique. *Aug. de Gestis Pelag. et serm. cont. Pel. D. Ceill.*

DOL (Concile de), en Bretagne, *Dolense*, l'an 1094. On y reconnut les exemptions du monastère de Marmoutier.

DOL (Concile de), l'an 1128. *Baluz. Miscell. t. I.*

DONDÉE (Concile de), général pour l'Ecosse, le 24 février 1308 (ou 1309 selon notre manière actuelle de compter). Les évêques firent un décret pour assurer au prince Robert, petit-fils de Robert de Brus, les droits qu'il prétendait avoir sur la couronne d'Ecosse. *Wilkins, t. II.*

DOROBERNENSIA (*Concilia*). *Voyez* CANTORBÉRY.

DORTMONT (Concile de), *Tremoniense*, l'an 1005. Dortmont ou Trotmont est dans la Westphalie. Quatorze évêques s'y assemblèrent en concile, le 7 juillet, en présence du roi Henri II et de la reine Cunégonde. Le roi y fit de grands reproches aux prélats de ce qu'ils toléraient les mariages illicites et d'autres abus. Les canons de ce concile sont perdus : il n'en reste qu'un acte, par lequel ces évêques s'engagent à certains jeûnes et autres secours spirituels les uns pour les autres après leur mort. *Concil. German. tom. III; Mansi, tom. I, col. 1217. Rich.*

DOUZI (Concile de), *Duziacense*, l'an 871. Ce concile, qui fut tenu le 5 d'août de l'an 871, était composé de 21 prélats, 13 évêques et 8 archevêques. Hincmar de Reims y présida, et le roi Charles y assista en personne. Ce prince présenta un mémoire contenant ses plaintes contre Hincmar de Laon. L'archevêque de Reims en présenta un second. Le roi insistait sur ce qu'Hincmar de Laon lui avait manqué de fidélité, avait excité des révoltes, s'était emparé par voie de fait des biens de ses vassaux, l'avait calomnié auprès du pape, et lui avait résisté à main armée. Les plaintes de l'archevêque roulaient, pour la plupart, sur le mépris de ses ordres et de son autorité. Hincmar de Laon comparut au concile, et y fut déposé, malgré son appel au saint-siége ; et Hincmar de Reims, comme président du concile, prononça la sentence en ces termes : « Je le juge privé de l'honneur et de la dignité épiscopale, et dépouillé de toutes fonctions sacerdotales, sauf en tout le droit de notre père Adrien, pape de la première chaire apostolique, ainsi que l'ont ordonné les canons de Sardique. » Le concile envoya les actes de la procédure contre Hincmar de Laon au pape Adrien, avec une lettre synodale dans laquelle il lui demande la confirmation de ce qui s'était fait, protestant qu'il n'avait eu recours à la déposition de cet évêque, que faute de moyens de le ramener à son devoir. Le concile prie aussi le pape, pour le cas où il lui plairait de faire juger de nouveau cette cause, d'en renvoyer le jugement sur les lieux, et qu'en attendant Hincmar de Laon demeure privé de la communion sacerdotale. La lettre synodale est du 6 septembre 871. Actard de Nantes, élu archevêque de Tours, fut chargé de la porter au pape avec les actes du concile. Ils sont divisés en cinq parties. Les trois premières contiennent les chefs d'accusation contre l'évêque de Laon; la 4°, la procédure faite contre lui; la 5°, la lettre synodale du concile, et celle qu'Hincmar de Reims écrivit en particulier au pape. *An. des Conc. I.*

DOUZI (Concile de), *Duziacense*, l'an 874. Le roi Charles convoqua ce concile, où se trouvèrent des évêques de plusieurs provinces. On y travailla à arrêter le cours des mariages incestueux et des usurpations des biens de l'Église. Le concile fait voir, dans sa lettre synodale adressée aux évêques d'Aquitaine, qu'en vain ceux qui contractaient des mariages dans les degrés de parenté défendus, s'autorisaient de l'indulgence accordée par saint Grégoire aux Anglais dans les commencements de leur conversion, puisque ce saint pape avait restreint cette indulgence, en ajoutant que quand ils seraient affermis dans la foi, ils observeraient la parenté jusqu'à la 7° génération; au lieu que, dans ces commencements, il leur avait permis le mariage à la 3° et à la 4°. Le concile rapporte divers décrets contre ces conjonctions illicites, entre autres ceux du concile de Rome sous le pape Grégoire II, ceux du concile d'Agde, et la lettre du pape Sirice à Himérius, évêque de Tarragone. À l'égard des usurpateurs des biens d'Église, il copia ce qu'avaient dit contre eux les évêques du concile de Tousi, en 860. *Ibid.*

DUBLIN (Concile de) en Irlande, *Dublinense*, l'an 1176. Vivien, légat du pape Alexandre III dans l'Écosse, l'Irlande et les îles adjacentes, tint ce concile, qui confirma les droits du pape et du roi d'Angleterre sur l'Irlande. *Angl.* I.

DUBLIN (Concile de), l'an 1183. L'objet de ce concile fut de demander des secours d'argent pour le pape.

DUBLIN (Concile de) ou d'Irlande, l'an 1186. Jean, archevêque de Dublin, et ses suffragants tinrent ce concile le 23 mars touchant la réformation du clergé, et surtout contre les clercs concubinaires. *L. X; II.* VII.

DUBLIN (Synode de), l'an 1217. L'archevêque, on ne sait lequel, y publia plusieurs statuts. Il défend aux prêtres le trafic et l'entrée dans les cabarets; aux religieux, de s'immiscer dans l'exécution des testaments; il traça des règles pour la tenue des synodes diocésains; il donne aux curés toute liberté de disposer par testament des fruits des terres de leurs églises pour l'année de leur mort.

DUBLIN (Concile de), l'an 1348. Alexandre Bickner ou Bricknor, archevêque de Dublin, tint ce concile avec ses suffragants. On y publia les statuts suivants:

1. On excommuniera ceux qui refusent de payer les dîmes, ou qui emprisonnent ceux qui les recueillent; et les lieux où l'on commet ces attentats seront soumis à l'interdit.

2. Même peine d'excommunication majeure, encourue *ipso facto*, contre tous ceux qui violeront les asiles des églises et des cimetières, soit en coupant les vivres à ceux qui s'y retirent, soit en les en arrachant pour les mettre à mort.

3. Même peine contre les violateurs des immunités ecclésiastiques, qui s'emparent des biens d'Église en quelque manière que ce puisse être, ou qui contribuent à leur déprédation.

4. Même peine contre les religieux qui engagent les personnes à se faire enterrer chez eux, ou à ne point changer leur sépulture, quand ils l'ont choisie dans leurs églises ou leurs monastères.

5 et 6. La conspiration, le parjure et l'homicide, soit public, soit occulte, sont des cas réservés à l'évêque.

7. On privera pour 3 ans de son bénéfice le doyen, l'archidiacre ou l'official, qui aura été admis, comme procureur, pour gérer les affaires d'un ecclésiastique, à moins que celui-ci, étant présent en personne, ne lui ait vraiment donné une procuration *ad hoc*, devant des témoins dignes de foi qui puissent l'attester.

8. On ne conférera les bénéfices qu'en plein chapitre, après y avoir appelé les parties intéressées, et fait faire les proclamations nécessaires pour constater la vacance du bénéfice.

9. Les clercs bénéficiers ou constitués dans les ordres sacrés ne seront ni baillis, ni sénéchaux des laïques, sous peine d'être punis par leur évêque.

10. Les doyens ruraux ne traiteront point les causes matrimoniales.

11. On restituera à l'église matrice ou paroissiale les oblations faites aux chapelles, lorsque cela sera spécifié dans l'acte qui assigne la portion du curé ou du vicaire.

12. Ceux qui empêchent la liberté des testaments sont excommuniés par le seul fait.

13. Même peine contre les perturbateurs de la paix, les violateurs des immunités ecclésiastiques, les intrus dans les bénéfices.

14. Les clercs porteront la tonsure et la couronne cléricale.

15. Excommunication contre ceux qui empêchent l'exercice de la juridiction ecclésiastique.

16. Même peine, encourue *ipso facto*, contre tous ceux qui forceront un ecclésiastique d'exercer un emploi public contraire à la décence de son état, ou qui le rendrait irrégulier.

17. On n'affermera aucun office spirituel, et on ne refusera jamais la sépulture, ni les sacrements de l'Église, sous prétexte que celui qui en a besoin est débiteur du ministre qui doit les donner.

18. Excommunication contre les laïques qui tiendront les plaids dans l'église ou le cimetière, ou même qui y mettront des affiches profanes.

19. On n'admettra aucun chapelain, étranger ou non, à la célébration des divins offices, sans ses lettres d'ordination.

20. Excommunication majeure, encourue *ipso facto*, contre ceux qui accusent faussement de quelques crimes qui méritent la

mort, ou l'exil, ou la mutilation des membres, ou l'exhérédation, ou la privation de la plus grande partie des biens.

21. Ceux qui choisissent les doyens ruraux répondront de leurs malversations.

22. On n'admettra aucun quêteur à prêcher sans les lettres d'attache de l'ordinaire du lieu.

23. On fera la fête de Saint-Patrice, apôtre et patron de l'Irlande, sous le rite d'une fête double, et l'on en fera aussi mémoire solennelle une fois chaque semaine dans une férie vacante, hors le carême. *Anglic.* II ; *Mansi, t.* III, *col.* 529.

DUBLIN (Concile de), l'an 1351. Jean de Saint-Paul, archevêque de Dublin, tint ce concile avec ses suffragants, le premier mercredi d'après la fête de Saint-Patrice, qui se célèbre le 19 mars, et y publia les statuts suivants :

1. On fera la fête de la Conception comme celle de la Nativité de la sainte Vierge.

2. On chômera aussi les fêtes de Sainte-Anne, de la Translation de saint Thomas de Cantorbéry, et de Sainte-Catherine vierge et martyre.

3. Les violateurs du séquestre ecclésiastique encourront l'excommunication majeure par le seul fait.

4. Même peine contre ceux qui contractent ou qui bénissent des mariages clandestins, et contre ceux qui portent de faux témoignages dans les causes matrimoniales.

5. On renouvelle le décret du concile précédent, tenu par l'archevêque Alexandre, en faveur de l'immunité de l'Église, et on y ajoute la sentence d'excommunication majeure contre les laïques qui se battraient dans les lieux jouissant de l'immunité, ou qui enlèveraient ou feraient enlever les choses déposées dans ces mêmes lieux.

6. On s'abstiendra des œuvres serviles le jour du vendredi saint.

7. On accorde dix jours d'indulgences à tous les fidèles contrits et confessés, qui inclineront la tête et le corps autant de fois qu'ils entendront prononcer le saint nom de Jésus dans les offices publics des dimanches et des fêtes doubles.

8. Les ministres de l'Église feront l'inclination au *Gloria Patri* de l'office divin, quand ils le réciteront publiquement dans l'église.

9. On publiera trois fois l'année, pendant la grand'messe, toutes les excommunications majeures renfermées dans nos constitutions et celles de notre prédécesseur. Cette publication se fera le premier dimanche de l'Avent, le dimanche de la Septuagésime, et le premier dimanche avant la fête de Saint-Pierre-aux-Liens. Elle se fera aussi au son des cloches, et les cierges allumés. *Ibid.*

Si Alexandre Bickner, prédécesseur immédiat de Jean de Saint-Paul, dans l'archevêché de Dublin, est mort l'an 1349, comme le disent quelques auteurs, le concile qu'on dit qu'il tint en 1351, doit être avancé de 2 ans. *An. des Conc. V.*

DUBLIN (Concile de), l'an 1518. Guillaume de Rokeby, archevêque de Dublin, tint ce concile avec ses suffragants, et y fit quelques règlements de discipline, dont le troisième porte que les calices d'étain seront interdits dans le délai d'un an, et qu'on n'en consacrera aucun à l'avenir, si ce n'est que la coupe au moins soit d'argent. *Angl.* III ; *Hard.* X.

DUISBOURG (Concile de), *Duisburgense*, l'an 927. Duisbourg est une ville d'Allemagne dans le duché de Clèves, sur la rivière de Roët. Le concile qui s'y tint l'an 927, ou 928, eut pour objet saint Bennon, évêque de Metz. Quelques scélérats lui ayant crevé les yeux, et l'ayant mis hors d'état d'exercer ses fonctions, le concile les punit comme ils le méritaient, en les frappant d'excommunication ; et pour saint Bennon, il renonça à son évêché, moyennant une abbaye qu'on lui donna pour subsister. *Histoire ecclésiastique d'Allemagne.*

DUISBOURG (Assemblée générale de), l'an 944. Ruotberg, archevêque de Trèves, et Richard, évêque de Tongres, étant accusés par Conrad, duc de Lorraine, d'avoir manqué à la fidélité qu'ils devaient à l'empereur Othon, se justifièrent devant ce prince, dans une assemblée composée des prélats et des seigneurs des deux nations. *Conc. Germ. t.* II.

DUNELMENSIA (*Concilia*). V. DURHAM.

DUNSTAPLE (Concile de), *Dunstaplense*, l'an 1214. Étienne Langton, archevêque de Cantorbéry, tint ce concile, qui appela au pape Innocent III de la conduite du son légat, lequel, pour favoriser le roi Jean, remplissait les Églises vacantes de sujets peu propres à les gouverner. *Angl.* I.

DUREN (Concile de), *Duricense seu in Villa Duria*, l'an 748. Duren est une ville située sur la Roër, autrefois dans le duché de Juliers, aujourd'hui dans le grand-duché du Bas-Rhin. Le concile dont il s'agit fut convoqué par Pépin pour s'occuper de la réparation des églises et des affaires des pauvres, des veuves et des orphelins, à qui il était urgent de rendre justice.

DUREN (Assemblée de), l'an 761. Pépin traita dans ce plaid ou synode d'affaires d'utilité publique dont on ignore le détail.

DUREN (Synode de), l'an 774. Charlemagne y fit donation de plusieurs terres à Fulrade, abbé de Saint-Denis. *Conc. Germ. t.* I.

DUREN (Synode de), l'an 775. Charlemagne y adjugea le monastère de Plaisir à l'abbé de Saint-Denis, contre l'évêque de Paris qui lui en disputait la propriété. *Conc. Germ. t. I.*

DUREN (Synode de), l'an 779. Dans ce synode, composé d'évêques, d'abbés et de comtes, on dressa 24 canons dont voici les principaux :

1. Les suffragants obéiront à leurs métropolitains.

2. On ordonnera des évêques où il en manque.

3. Les monastères garderont leurs règles. Les abbesses ne quitteront jamais leurs monastères, et n'en auront pas deux à gouverner.

4. Les évêques jouiront de l'autorité que

les canons leur accordent sur le clergé de leurs diocèses.

5. Ils auront droit aussi de corriger les incestueux et les veuves par des lois salutaires.

6. Personne ne recevra et n'ordonnera un clerc d'un autre diocèse, sans l'agrément de son propre évêque.

7. Chacun payera la dîme, et on la distribuera selon l'ordre de l'évêque. C'est la première fois, suivant M. Eckart (*Hist. Fr. lib.* XXIV), qu'il est fait mention en Allemagne de la dîme proprement dite comme d'une dette envers le clergé.

8. L'église ne servira point d'asile aux homicides, ni à tous ceux que la loi condamne à mourir.

9. Les juges seront tenus de représenter les voleurs aux plaids ou assemblées des comtes, sous peine de perdre leur place.

10. Tout parjure aura la main coupée.

11. Les juges n'élargiront point pour de l'argent les voleurs emprisonnés.

12. Les juges ne répondront pas des voleurs qu'ils auront justement condamnés à mort ; mais s'ils y condamnent quelqu'un injustement, ils en seront punis selon les lois.

13. On gardera les ordonnances du roi Pépin.

14. On payera exactement la dîme et tous les droits qui sont dus aux églises.

Les autres canons ne sont que des règlements de police. *Reg.* XVII ; *Labb.* VI ; *Hard.* III.

DURHAM (Concile de), *Dunelmense*, l'an 1220. On y publia un grand nombre de règlements sur la discipline, les mêmes que ceux de Richard, évêque de Sarum ou Salisbury. *Mansi, tom.* II, *col.* 871.

DURHAM (Synode de), l'an 1255, sous Gauthier de Kirkham, évêque de cette ville. Ce prélat y renouvela les constitutions de Richard, son prédécesseur, et en publia lui-même de nouvelles. *Labb.* XI.

DURHAM (Synode de), l'an 1276. Robert de l'Isle, évêque de Durham, y publia quelques règlements touchant les dîmes. *Labb.* XI.

DURHAM (Synode de), l'an 1312. Richard de Kellow, évêque de Durham, y publia douze constitutions : la première, pour ordonner aux ecclésiastiques d'instruire le peuple ; la seconde, pour défendre aux prêtres de célébrer seuls les offices, soit de la nuit, soit du jour ; la troisième, pour recommander aux ecclésiastiques de se rendre à chacun des deux synodes qui devaient se tenir tous les ans ; la quatrième, pour rappeler au peuple l'obligation de la dîme ; la cinquième et les suivantes, pour recommander le désintéressement aux archidiacres, aux officiaux, aux doyens ruraux et aux autres ecclésiastiques en dignité. *Wilkins, t.* II.

E

EBORACENSIA (*Concilia*). *Voy.* YORK.

EBREDUNENSIA (*Concilia*). *V.* EMBRUN.

ÉCOSSE (Conciles d'), *Scotica concilia*, l'an 1076. Mansi rapporte à cette année quelques conciles tenus en Ecosse par les soins de la reine Marguerite, princesse célèbre par sa sainteté, arrière-petite-fille d'Edmond Côte de fer, roi d'Angleterre, et femme de Malcolm III, roi d'Ecosse. Ces conciles ordonnèrent que l'on commencerait le jeûne du carême le mercredi des Cendres ; que l'on s'abstiendrait des œuvres serviles les jours de dimanches, etc. *Mansi, tom.* II, *col.* 23.

ECOSSE (Concile tenu en), *apud Castellum Puellarum*, l'an 1177, par le cardinal Vivien, légat du saint-siége. Un évêque, nommé Christian, y fut suspendu de ses fonctions pour avoir refusé de s'y rendre ; mais la chronique ajoute que cette sentence ne lui fit pas peur, parce qu'il avait pour appui Roger, archevêque d'York, dont il était le suffragant. *Labb.* X, *ex Collection. Anglic. t.* II.

ECOSSE (Concile d'), *Scoticum*, l'an 1225. Le pape Honorius III indiqua ce concile provincial de toute l'Ecosse par une bulle datée du 14 des calendes de juin, c'est-à-dire du 19 mai. On y fit quatre-vingt-quatre canons, qui forment les statuts généraux de l'Eglise d'Ecosse.

1. Les évêques, les abbés et les prieurs viendront tous les ans au concile de la province, sous peine, pour ceux qui y manqueront, d'être punis par ce concile même, qui se tiendra chaque année, au jour marqué par le conservateur du concile.

2. On ordonne que les évêques choisiront un d'entre eux pour conservateur du concile, dont l'office sera de faire observer les statuts du dernier concile, et de punir les réfractaires par les censures de l'Eglise.

3. Tous les prélats, grands et petits, seront attachés à la foi catholique, et l'enseigneront à leurs inférieurs.

4. On administrera les sacrements selon la forme et avec les paroles prescrites par l'Ecriture et les Pères.

5. On consacrera les églises, et on aura soin de les pourvoir des ornements, des livres et des vases convenables.

6. On ne bâtira ni église ni oratoire sans la permission de l'évêque diocésain, laquelle sera aussi nécessaire pour faire l'office divin dans les églises déjà construites.

7. Les évêques s'informeront, chacun dans son diocèse, par quelle autorité les églises ou les chapelles qui y sont auront été bâties, et interdiront celles qu'ils ne trouveront pas en règle.

8. On ne dira point de messes hors de l'église et dans des endroits particuliers, sans la permission de l'évêque.

9. Chaque paroisse aura son curé ou son vicaire, homme de bonnes mœurs et d'une

conduite irréprochable, pour s'acquitter des fonctions du saint ministère.

10. On donnera aux vicaires de quoi se procurer une honnête subsistance.

11. Tous les ecclésiastiques seront habillés décemment et modestement. Leurs habits ne seront point trop courts, ni rouges, ni verts, ni de diverses couleurs, ni ouverts, mais fermés. Ils porteront aussi une couronne convenable.

12. Tout intrus dans un bénéfice en sera privé, et puni au gré de l'ordinaire.

13. Il y aura dans chaque paroisse une maison près de l'église qui soit propre à recevoir l'évêque et l'archidiacre.

14. On n'imposera point de nouveaux cens sur les églises ni sur les vicaires.

15. Aucun évêque n'ordonnera les sujets d'un autre diocèse, sans la permission de l'évêque de ce diocèse. Les clercs inconnus ou étrangers, qui se mêleront de faire quelques fonctions ecclésiastiques dans les paroisses ou les chapelles, sans lettres de l'évêque, de l'official ou de l'archidiacre, seront suspens par le seul fait.

16. L'évêque établira des confesseurs sages et prudents dans les doyennés, pour les vicaires et les clercs inférieurs qui ne voudront pas se confesser aux doyens.

17. On ne donnera jamais les églises à ferme aux laïques; et quant aux ecclésiastiques, on ne les leur donnera pas pour plus de cinq ans.

18. Tous les clercs, et principalement ceux qui sont dans les ordres sacrés, qui gardent publiquement des concubines dans leurs maisons ou dans celles des autres, seront suspens de leur office et de leur bénéfice, s'ils ne les congédient dans le mois.

19. Les curés, non plus que les vicaires, ne pourront aliéner les biens de leurs églises.

20. Ils ne pourront non plus accorder à leurs parents, ou à tous autres, l'usage perpétuel des dîmes ou des autres revenus de leurs églises.

21. Ils ne pourront encore avancer la vente, l'obligation ou l'aliénation quelconque des dîmes ou des autres revenus de leurs églises, une année avant qu'ils soient échus.

22. Les religieux et les clercs qui, contre la défense du droit divin et humain, se mêleront de l'administration des affaires séculières des laïques, seront privés des fonctions ecclésiastiques.

23. Les bénéficiers n'achèteront ni maisons ni autres biens pour leurs concubines, ni pour leurs enfants, et ne leur laisseront rien par testament.

24. Les religieux qui ont le privilége de faire ouvrir une fois les églises interdites, pour y célébrer l'office divin, n'y admettront pas les excommuniés dénoncés. Ils ne leur accorderont pas non plus la sépulture ecclésiastique.

25. Les religieux ne pourront point être exécuteurs testamentaires.

26. Les églises défendront leurs immunités par rapport au droit d'asile.

27 et 28. Les clercs ne feront aucune poursuite pour retirer des mains de la justice ceux d'entre eux qui lui auraient été livrés comme voleurs, homicides, etc., sans l'ordre de l'évêque, de l'archidiacre ou du doyen. L'Eglise prendra néanmoins la défense de ses clercs coupables, jusqu'à ce qu'elle les ait dégradés, selon l'exigence des cas.

29. Les plaids ne se tiendront ni les dimanches, ni les fêtes solennelles, ni dans les églises, ni dans les cimetières, ni dans tout autre endroit consacré à Dieu.

30. On conservera les libertés ou immunités des églises dans toute leur vigueur.

31. L'Eglise protégera les croisés, tant qu'ils ne s'en rendront pas indignes par leurs crimes.

32 et 33. On ne fera point de capture sur les terres de l'Eglise; et les clercs qui auront des procès entre eux, soit réels, soit personnels, les videront devant les juges ecclésiastiques, et non pas devant les laïques.

34-42. On payera les dîmes et les prémices de tout ce qui y est sujet, selon l'usage, comme blé, foin, lin, laine, lait, fromage, œufs, petits des animaux, fruits des arbres, etc.

43. On excommunie les avoués des églises et tous autres laïques qui troublent les ecclésiastiques et les empêchent de disposer librement de leurs dîmes.

44, 45 et 46. On excommunie les voleurs de dîmes et les conspirateurs contre la personne des évêques.

47. Les clercs désobéissants à leurs archidiacres ou à leurs doyens seront suspens de leurs offices, et même punis plus sévèrement, selon leur contumace.

48. Les quêteurs ne seront admis à quêter qu'une fois l'année dans la même église.

49. On excommunie ceux qui renversent les libertés de l'Eglise et leurs fauteurs.

50 et 51. On ordonne d'excommunier quatre fois l'année dans toutes les églises, dans les quatre dimanches qui suivent immédiatement les Quatre-Temps, les sorciers, les empoisonneurs, les incendiaires, les faussaires, les usuriers, ceux qui brisent les portes des églises, ceux qui empêchent l'exécution des testaments légitimes, ceux qui troublent la paix du roi ou du royaume, etc.

52. Celui qui aura été excommunié par un évêque sera dénoncé excommunié par les autres, et on publiera l'interdit dans les terres de l'excommunié.

53. Si un évêque pèche avec sa fille spirituelle, il fera pénitence pendant quinze ans; si c'est un prêtre, sa pénitence durera douze ans, et la fille sera enfermée toute sa vie dans un monastère.

54. Défense aux supérieurs ecclésiastiques de lever les sentences d'excommunication, de suspense ou d'interdit, à la sollicitation des laïques.

55. On prononcera distinctement et avec beaucoup d'attention les paroles de la forme du baptême, et les prêtres diront souvent aux peuples qu'ils peuvent et qu'ils doivent

baptiser dans le cas de nécessité, soit en latin, soit en anglais. Au défaut des autres personnes, les pères et les mères baptiseront leurs propres enfants dans le cas de nécessité, sans préjudice des droits du mariage. Les fonts baptismaux, le saint chrême, les saintes huiles et l'Eucharistie seront gardés sous la clef. Le baptistère sera de pierre ou de bois, et ne servira point à d'autres usages. L'eau qui aura servi à baptiser un enfant dans la maison sera jetée au feu ou portée au baptistère de l'église; et le vaisseau dans lequel il aura été baptisé sera brûlé ou servira à l'église. Les enfants dont le baptême est douteux seront baptisés sous cette forme : *Non te rebaptizo ; sed si non es baptizatus, baptizo te in nomine Patris, et Filii, et Spiritus sancti. Amen.* Les enfants qui auront été baptisés à la maison seront portés à l'église, pour que le prêtre supplée les cérémonies du baptême. Les bandeaux des enfants baptisés seront employés aux usages de l'église, et les ornements d'église ne serviront jamais à des usages profanes.

56. Les adultes se confesseront avant de recevoir la confirmation, et l'on avertira souvent les laïques que le sacrement de confirmation produit la même affinité spirituelle que celui du baptême, c'est-à-dire l'affinité que contractent les parrains et les marraines avec la personne confirmée, et avec le père et la mère de cette personne. Cette espèce d'affinité spirituelle ne subsiste plus, depuis qu'on a cessé de donner des parrains et des marraines aux enfants que l'on confirme.

57. Le confesseur fera une grande attention à l'état des personnes, au nombre, à la qualité et à toutes les circonstances des péchés, pour imposer une pénitence convenable. Il aura les yeux modestement baissés en confessant les pénitents, et les écoutera avec autant de patience que de douceur et de charité, les interrogeant à propos et les engageant à s'accuser eux-mêmes de tous leurs péchés. Ils ne demanderont point les noms des complices de ceux qui s'accusent, et auront un soin extrême de ne révéler en aucune sorte leurs confessions.

58. Les hosties consacrées seront gardées dans une boîte très-propre, et le prêtre les renouvellera tous les dimanches, en les consumant lui-même aussitôt après qu'il aura pris le corps de Notre-Seigneur, et avant qu'il ait pris le précieux sang, ou bien il les donnera à consumer à quelque personne qui soit en état de grâce. L'hostie destinée à la consécration sera de pur froment, entière et ronde. On mêlera un peu d'eau au vin dans le calice, et l'on dira les offices distinctement et sans précipitation.

59. Le prêtre n'approchera point de sa bouche l'hostie consacrée en donnant la paix, et ne l'élèvera point avant la consécration.

60. Le prêtre portera le saint viatique aux malades dans une boîte très-propre, et sera revêtu de l'étole et du surplis, étant précédé de quelque lumière et d'une clochette, pour exciter la dévotion du peuple. Il portera aussi un vase d'argent ou d'étain, dans lequel il fera l'ablution de ses doigts, qu'il fera prendre au malade après l'avoir communié.

61. Les curés avertiront leurs paroissiens qu'on peut donner l'extrême-onction aux malades qui sont âgés de quatorze ans; que l'on peut aussi réitérer ce sacrement dans toutes les maladies dangereuses; et qu'après l'avoir reçu, les gens mariés qui recouvrent la santé peuvent licitement se rendre le devoir conjugal et faire toutes les choses permises comme auparavant.

Tout adulte baptisé, qui a l'usage de la raison est capable du sacrement de l'extrême-onction, parce qu'il est capable de pécher, et, par conséquent, de recevoir le principal effet de l'extrême-onction, qui consiste dans la rémission des péchés, ou des restes des péchés. Il n'est donc pas étonnant que le concile décide qu'on peut administrer le sacrement de l'extrême-onction aux malades âgés de quatorze ans. Quant aux autres avis qu'il donne, ils étaient nécessaires pour prévenir ou guérir les superstitions du peuple, qui s'imaginait qu'après avoir reçu l'extrême-onction il n'était plus permis ni de rendre le devoir conjugal, ni de manger de la chair, ni de marcher pieds nus, etc.

62. Les clercs vivront dans la continence et la sobriété, s'abstiendront du trafic et de l'entrée des cabarets, porteront la couronne et la tonsure conformes à leur état, et se comporteront en toutes choses avec édification. Les prêtres qui feront l'office d'avocats ne pourront plaider que leurs propres causes ou celles des pauvres, devant les tribunaux séculiers. Chaque église aura un calice d'argent et tous les autres vases, linges, ornements, livres nécessaires. On fera tous les ans un nouveau cierge pascal, et la cire qui restera de l'ancien ne servira qu'aux usages de l'église.

63. Le curé mourant laissera à son successeur les ustensiles de sa maison, de même que les livres et les habits d'églises.

64. On ne mettra point de nouveaux cens sur les églises, et on n'augmentera pas les anciens.

65. On ne pourra se marier qu'en présence du curé et de trois ou quatre témoins dignes de foi, appelés pour cela; et aucun prêtre ne célébrera de mariages qu'après trois publications de bans, faites solennellement dans l'église.

66. On conservera aux églises leurs droits d'asile.

67. On ne souffrira ni les danses, ni les jeux indécents, ni les plaids dans les églises ou les cimetières. On ne souffrira pas non plus que les animaux entrent dans les cimetières; et, pour cela, on aura soin de les bien fermer tout autour.

68. On excommuniera quatre fois l'année, dans tous les diocèses, les sorciers, les incendiaires, etc.

69. On payera la dîme de tout ce qui se

renouvelle chaque année, comme grains, fruits, etc.

70. On dira cinq collectes à toutes les messes, si ce n'est aux fêtes doubles *et supra*.

71 et 72. Le curé engagera les malades qui font des testaments à se souvenir de la fabrique de l'église cathédrale, qui donne aux autres les enseignements du salut. Les lépreux seront aussi engagés, mais sans aucune violence, à faire du bien à leurs paroisses.

73. Les parjures, dans une cause matrimoniale, seront envoyés à l'évêque pour recevoir la pénitence qu'ils méritent.

74. On ne dansera point aux obsèques des morts.

75. Il n'y aura ni jeux ni luttes dans les églises ni dans les cimetières.

76. Défense aux prêtres de refuser la communion le jour de Pâques à ceux qui ne font pas auparavant d'offrandes à l'autel.

77. On excommuniera les seigneurs qui empêcheront leurs vassaux d'acheter les dîmes des curés.

78. On n'affermera les biens des églises qu'avec le consentement de l'évêque ou de l'archidiacre; et il y aura plusieurs minutes du bail qu'on aura passé, dont l'une restera chez l'évêque ou l'archidiacre.

79. Ceux qui sont nommés à des cures prendront le plus tôt possible tous les ordres majeurs; et celui qui a une cure la desservira par lui-même, à moins qu'il n'y ait un vicaire canoniquement institué. Quant à ceux qui par dispense ont plusieurs paroisses, ils en desserviront une en personne, et mettront des vicaires perpétuels dans les autres.

80. On défend aux laïques, sous peine d'excommunication, de tenir leurs plaids dans les églises ou dans les cimetières. On leur défend aussi, sous la même peine, de prendre place dans l'église avec le clergé proche de l'autel, excepté le roi et les grands du royaume, auxquels on le permet.

81. Défense, sous peine d'excommunication, d'admettre les concubines des clercs à l'eau bénite, ou au baiser de paix, ou à quelque communion que ce puisse être, dans l'église avec les fidèles.

82. Personne ne contractera mariage sans qu'il y ait des témoins dignes de foi, et sans qu'on ait publié les bans de mariage trois fois solennellement dans l'une et l'autre paroisse des contractants, s'ils sont de différentes paroisses.

83. On défend de faire des sortiléges et de donner des remèdes aux malades quand on ignore l'art de la médecine.

84. On ne recevra, pour régir une paroisse, aucun prêtre qui ne soit résolu d'y demeurer au moins un an; et ceux qui y auront été reçus ne pourront la quitter sans de bonnes raisons approuvées de l'archidiacre. *Anglic. tom. I*; *Mansi, Supplem. Concil. tom. II*.

ECOSSE (Concile d'), tenu à Perth, l'an 1259. Ce concile se tint en présence du roi Alexandre: on y dressa des statuts provinciaux, qui obtinrent l'approbation du roi et des grands du royaume, et qui continuèrent d'avoir force de loi dans les siècles suivants. *Labb. XI, ex Hist. Scot. Hectoris Boethi, lib. XIII.*

EDIMBOURG (Concile d'), *Edimburgense*, l'an 1177. Vivien, légat du saint-siège, tint ce concile le 1er août. On y renouvela les anciens décrets, et l'on en fit quelques nouveaux. *Anglic.* I.

EDIMBOURG (Concile d'), l'an 1239. Le cardinal Otton, légat du saint-siège, assembla ce concile, après quelques oppositions de la part d'Alexandre II, roi d'Ecosse, et y traita des affaires de l'Eglise. *Angl. i*; *Mansi, tom. II, col. 1051.*

EDIMBOURG (Concile d'), l'an 1549. Jean, archevêque de Saint-André et primat de toute l'Ecosse, assembla ce concile, qui fut provincial: il y renouvela les anciens canons relatifs à la discipline cléricale, et prescrivit l'observation des décrets déjà portés par le concile de Trente concernant la prédication et l'enseignement de l'Ecriture sainte. *Mansi, t. V, Suppl.*

EDIMBOURG (Concile provincial d'), l'an 1551. On y enjoignit à tous les curés de faire à tous les dimanches et à toutes les fêtes la lecture du catéchisme récemment imprimé, sans se permettre d'y rien ajouter,

EDIMBOURG (Concile d'), l'an 1559. Jean, archevêque de Saint-André, primat d'Ecosse et légat-né du saint-siège, convoqua ce concile de toute l'Ecosse. Il se tint à Edimbourg. On y reçut le décret du concile de Bâle contre les concubinaires, et l'on y fit plusieurs règlements de discipline, conformes à ceux des conciles précédents, touchant l'habit et la conduite des clercs, la célébration de l'office et du sacrifice de la messe, les réparations des églises, etc. On y établit aussi, par divers canons dogmatiques, la doctrine de l'Eglise catholique sur les points contestés par les hérétiques modernes, comme sur la tradition, la vénération et l'invocation des saints, le purgatoire, etc. *Wilkins, tom. IV*; *Mansi, tom. V.*

EDUENSIA (*Concilia*). *Voyez* AUTUN.

EGARA (Concile d'), *Egarense*, l'an 615. Egara était autrefois une ville d'Espagne, dans la province de Catalogne, qui avait un siège épiscopal dont il ne reste plus de vestiges, si ce n'est une ancienne église, qui forme une paroisse nommée Saint-Pierre d'Egara. Cette ville était située à quatre lieues de Barcelone, au lieu où est à présent Tarraza ou Tétrassa. Ce concile d'Egara se tint le 13 janvier. C'était un concile national, qui confirma les décisions de celui d'Huesca, tenu en 598, touchant le célibat des prêtres, des diacres et des sous-diacres. On voit les signatures de plusieurs évêques d'Egara au concile de Tolède de l'an 589, à un autre de Barcelone de 599, et à six autres de Tolède, qui sont de 610, 633, 655, 681, 688 et 693. *Corbera, Catalaun. illustr. t. I, c. 1*; *Labb. V.*

EGENESHAM (Concile d'), l'an 1186. Ce concile se tint au mois de mai, en présence du roi Henri II, pour l'élection de plusieurs évêques et abbés. *Mansi, tom. II.*

EGYPTE (Concile d'), l'an 235 ou environ.

Héraclas, patriarche d'Alexandrie, assembla un concile au sujet d'un certain évêque, nommé Ammonius, qui avait abandonné la foi. Le patriarche, l'étant allé trouver, eut le bonheur de le ramener à la vérité. *Labb. t.* I. Rich. La ville de cet évêque, où le concile se tint (plutôt qu'à Alexandrie) n'est point nommée. All.

EGYPTE (Concile d'), l'an 363, ou plutôt 364 selon Mansi. L'un des premiers soins de Jovien, après qu'il fut parvenu à l'empire, fut de faire rendre les églises à ceux qui faisaient profession de la foi de Nicée, et de rappeler les évêques bannis sous Julien, et principalement saint Athanase. Il écrivit même à celui-ci sur son rappel une lettre pleine d'estime et de respect; et par une seconde lettre, qui n'était pas moins respectueuse que la première, il le pria de lui envoyer par écrit une instruction exacte sur la doctrine de la foi, alors embarrassée par beaucoup d'opinions et de sectes différentes, dans le désir qu'il avait de réunir toute la terre dans la confession d'une même foi par l'assistance du Saint-Esprit, ou du moins de s'attacher au bon parti pour l'appuyer de son autorité, et en recevoir de l'appui à son tour.

Saint Athanase, pour satisfaire à la demande de l'empereur, assembla en 364, non pas à Alexandrie, comme on le croit communément, mais quelque part ailleurs en Egypte, comme l'a prouvé Mansi, ou peut-être même à Antioche, suivant le sentiment de Valois, les évêques les plus recommandables par leur piété et leur doctrine, tant de l'Egypte que de la Thébaïde et de la Libye; et écrivit au nom d'eux tous une lettre à ce prince, où, après avoir loué ses pieuses dispositions pour la foi catholique, et remercié Dieu de lui avoir inspiré de si saints désirs, il dit qu'ils n'ont rien trouvé de mieux à lui proposer que la foi de Nicée. Il parle des persécutions qu'il a souffertes de la part des ariens, et de la division qu'ils ont causée dans l'Eglise; puis il ajoute: «La véritable foi en Notre-Seigneur Jésus-Christ peut être aisément reconnue de tout le monde, puisqu'elle est clairement exprimée dans les divines Ecritures, où chacun peut la lire: c'est dans cette foi que les saints ont été consommés par le martyre, et qu'ayant été délivrés de leurs corps, ils se reposent maintenant dans le Seigneur; et elle serait demeurée toujours inviolable, si la malice de quelques hérétiques n'eût été assez téméraire pour l'altérer.» Il met de ce nombre Arius, dont il rapporte les erreurs et la condamnation qui en fut faite à Nicée; il dit que l'on y dressa par écrit la confession le foi de l'Eglise catholique, afin qu'étant rendue publique par tout le monde, elle servît à éteindre l'hérésie qu'Arius venait d'allumer; que cette formule fut reçue dans toute l'Eglise avec une parfaite sincérité. « Mais, ajoute-t-il, parce que quelques personnes, voulant renouveler l'hérésie d'Arius, ont osé rejeter cette confession de foi, et que d'autres qui feignent de la recevoir la rejettent en effet, par de mauvaises explications qu'ils donnent au terme de *consubstantiel*, et qu'ils prononcent des blasphèmes contre le Saint-Esprit, en disant qu'il est créature et qu'il a été fait par le Fils, nous avons cru devoir vous la présenter, afin que votre piété connaisse avec quelle exactitude elle a été composée, et combien se trompent ceux qui enseignent une doctrine contraire. Sachez donc, empereur très-chéri de Dieu, que la foi établie à Nicée est la même qui a été prêchée de tous temps, et dont toutes les Eglises du monde conviennent: celles de Bretagne, des Gaules, de toute l'Italie, de la Campanie, de Dalmatie, de Dacie, de Mysie, de Macédoine et de toute la Grèce; toutes celles d'Afrique, de Sardaigne, de Chypre, de Crète, de Pamphylie, de Lycie, d'Isaurie; celles de toute l'Egypte et de la Libye, du Pont, de la Cappadoce et des pays voisins; de même les Eglises d'Orient, excepté quelques-unes en très petit nombre qui suivent les erreurs d'Arius. Nous connaissons par les effets la foi de toutes ces Eglises, et nous en avons des lettres: le petit nombre de ceux qui s'opposent à cette foi ne peut former un préjugé contre le monde entier qui l'approuve. » Il rapporte tout au long la formule de Nicée, et ajoute: « Il faut, empereur très-chéri de Dieu, que tout le monde demeure ferme dans cette foi comme divine et apostolique, sans y rien changer par des raisonnements artificieux et des disputes inutiles, comme ont fait les ariens qui disent que le Fils est tiré du néant, qu'il a été un temps où il n'était pas, qu'il a été créé, qu'il a été fait et qu'il est sujet au changement. C'est pour cela que le concile a anathématisé cette hérésie, et qu'il a expliqué la foi: car il ne s'est pas contenté de dire simplement que le Fils est semblable à Dieu, mais il a écrit qu'il est consubstantiel: ce qui appartient proprement à un fils véritable et naturel, né d'un père véritable et naturel. Les Pères n'ont pas non plus séparé le Saint-Esprit; mais ils l'ont glorifié avec le Père et le Fils dans une même foi de la sainte Trinité, parce qu'il n'y a qu'une même divinité dans les trois personnes. »

Saint Grégoire de Nazianze relève beaucoup cette lettre, et dit que saint Athanase donna en cette occasion une marque éclatante de la pureté et de la fermeté de sa foi, en confessant par écrit la trinité des personnes dans l'unité de l'essence divine. Il ajoute que ce saint évêque fit par inspiration divine, pour établir la divinité du Saint-Esprit, ce qu'on avait fait à Nicée pour celle du Fils. La lettre de saint Athanase ou du concile qu'il avait convoqué fut bien reçue de Jovien, et elle confirma cet empereur dans la foi catholique. *Athanas.*, tom. II; *Gregor. Nazian.*, orat. 21.

EGYPTE (Conciliabule d'), *Ægyptiacum*, tenu l'an 578 par Zanzale, évêque eutychien. On y déposa Paul Beth-Ucham, patriarche jacobite d'Antioche, parce qu'il avait abjuré l'hérésie eutychienne à Constantinople, quoiqu'il eût depuis révoqué son abjuration. *Assem. Bibliot. Orient.*, tom. III.

EICHSTETTENSIS (*Synodus*), ou synode d'Aichstædt, l'an 1700, le 10 novembre. On y publia de sages règlements sur la discipline, et en particulier sur les écoles, qui avaient été composés par les ordres de l'évêque Jean Martin, décédé dans les premiers mois de cette même année. *Conc. Germ.* X.

EICHSTETTENSIS(*Synodus*), ou synode diocésain d'Aichstædt, l'an 1713, le 13 avril, sous l'évêque Jean-Antoine de Knebel, qui y publia quelques nouveaux règlements sur les mœurs et la discipline du clergé. *Conc. Germ.* X.

Pour les autres synodes de ce nom, *voyez* AICHSTÆDT.

EINGTHAMENSE (*Concilium*); Voyez ENGAM.

ELIENSE (*Concilium*); *Voy.* ELY.

ELIBERITANUM (*Concilium*); *V.* ELVIRE.

ELNE (Concile d') en Roussillon, *Eliberitanum seu Illiberitanum*, l'an 300 ou environ. C'est le concile si connu dans l'histoire ecclésiastique sous le nom de *concile d'Elvire*. L'auteur de l'*Art de vérifier les dates* a essayé de démontrer que ce concile s'est réellement tenu à Elne en Roussillon, et non à Elvire en Espagne. Quoi qu'il en soit de ce point de critique, nous renvoyons au mot ELVIRE tout ce que nous aurons à dire sur ce concile. La ville d'Elne, dont il va être également question dans les articles suivants, a été le siège d'un évêché jusqu'à l'an 1604, que ce siège a été transféré à Perpignan, sans toutefois que le titre d'évêque d'Elne eût été aboli.

ELNE (Concile d'), l'an 944 ou 947. *Voyez* FONTAINES.

ELNE (Concile d') en Roussillon, l'an 1027. On y traita de la paix et de quelques points de discipline. On y ordonna que personne n'attaquerait son ennemi depuis neuf heures du samedi jusqu'à une heure du lundi; et qu'on ferait l'office divin pendant trois mois pour les excommuniés, afin d'obtenir de Dieu leur conversion. *Hard.* VI.

ELNE (Synodes d'); *Voy.* TULUJES, l'an 1041 et 1047.

ELNE (Concile d'), *Helenense*, l'an 1058, par Guifred, archevêque de Narbonne, pour la dédicace de l'église d'Elne. On y lut une lettre des chanoines d'Elne, dans laquelle ils se plaignaient du vicomte de Castelnau. *Mas L.*

ELNE (Concile d'), l'an 1065. *Voy.* TULUJES, même année.

ELNE (Synode d'), l'an 1114, sur le différend qui existait entre les abbayes de Saint-Michel de Cuxac et d'Arlas en Roussillon. *Martene, Thess. Anecd. tom.* IV.

ELNE (Synode d'), l'an 1335, sous l'évêque Guy. Ce prélat y publia quatre constitutions : la première, contre ceux qui porteraient de faux témoignages en les appuyant de serments; la seconde, pour modérer la peine d'excommunication statuée depuis longtemps contre tous les clercs qui joueraient aux dés, et la restreindre aux seuls clercs engagés dans les ordres ou pourvus de bénéfices; la troisième, pour restreindre aux curés qui n'auraient pas chez eux du moins le livre des Constitutions synodales, l'excommunication prononcée auparavant contre tous ceux qui viendraient au synode sans l'apporter avec eux; la quatrième enfin contre l'abus des quêtes. *D'Aguirre, t.* III.

ELNE (Synode d'), l'an 1337. Le même prélat y publia six constitutions : par la première il défend aux ecclésiastiques de se servir d'ornements qui n'aient pas été bénis et consacrés par l'évêque; par la seconde il ordonne la restitution des offrandes qui auraient été faites à l'église, et qu'on aurait détournées à son profit particulier; par la troisième il interdit la chasse aux clercs et aux moines; par la quatrième il défend aux laïques de toucher à des ornements d'église, et d'avoir entre leurs mains les clefs des armoires qui en contiennent ou dans lesquelles des reliques seraient en dépôt; par la cinquième il recommande la réparation des léproseries; par la sixième enfin il refuse aux curés et autres prêtres bénéficiers la faculté de s'absenter de leurs bénéfices plus d'un mois sans la permission de l'évêque. *Ibid.*

ELNE (Synode d'), l'an 1338, sous le même. Il y publia un nouveau règlement contre les clercs et les moines qui se permettraient la chasse, et un autre pour rappeler l'obligation de se rendre au synode. *Ibid.*

ELNE (Synode d'), l'an 1339, sous le même, pour étendre aux évêques et aux abbés certaines interdictions portées en général contre les clercs. *Ibid.*

ELNE (Synode d'), l'an 1340, sous le même, pour ordonner de célébrer la translation de sainte Eulalie et de sainte Julie, martyres, et la fête de la Conception ou de la Sanctification de la sainte Vierge.

ELNE (Synode d'), l'an 1380, sous l'évêque Raymond. Il y publia vingt-cinq constitutions. Par la seconde il fait une obligation aux clercs bénéficiers de communier trois fois par an; par la cinquième il défend les jeux et les spectacles publics aux clercs engagés dans les ordres; par la sixième il décerne une peine contre les curés qui n'enverraient pas, pour recevoir le saint chrême, un clerc engagé dans les ordres sacrés; la quatorzième est contre les clercs banqueroutiers; la quinzième contre les bénéficiers non résidents; les deux suivantes contre les clercs usuriers; la dix-neuvième recommande des prières pour la fin du grand schisme; la vingt-troisième défend de faire des œuvres serviles le vendredi saint; et la vingt-quatrième de manger de la viande le premier jour des Rogations. *Ibid.*

ELNE (Synodes d'), en 1383 et 1385. Pierre, évêque d'Elne, y publia une constitution du pape Grégoire XI contre la pluralité des bénéfices. *Ibid.*

ELNE (autres Synodes de). *V.* PERPIGNAN.

ELVAS (Synode diocésain d'), le 2ᵉ dimanche de mai 1633. D. Sébastien de Mattos de Noronha, 5ᵉ évêque d'Elvas, publia dans ce synode un corps de statuts, qu'il rangea sous quarante et un titres. *Primeiras constit. synod. de Bispado d'Elvas.*

ELVIRE (Concile d'), *Eliberitanum seu Illiberitanum*, vers l'an 303, ou 309 selon Mansi. En plaçant, dit le P. Richard, ce concile à l'an 303, nous suivons le savant cardinal d'Aguirre, à qui cette époque a paru la plus vraisemblable, sans que nous prétendions condamner les sentiments des autres auteurs catholiques; car nous n'ignorons pas qu'il y a une grande diversité d'opinions sur le temps, sur le lieu et sur le sens de quelques canons de cet important concile. Comme il renferme beaucoup de choses contraires aux protestants, ceux-ci, pour en éluder la force, l'ont reculé, les uns jusque vers l'an 700, tels sont les Centuriateurs de Magdebourg, et les autres jusqu'à l'an 1200 : ce sont des erreurs si grossières, qu'elles ne méritent pas d'être réfutées. Baronius, Binius, les PP. Labbe et Cossart, le mettent à l'an 305, d'autres à l'an 300, ou 301, ou 304, ou 309. Le P. Hardouin, après Onuphre (*In Fastis*), le met à l'an 313. Le P. Morin (*Lib.* IX *de Pœnitent. cap.* 19) prétend que le concile d'Elvire a été tenu après le pontificat de Zéphyrin, et avant celui de Corneille, c'est-à-dire, depuis l'an 219 jusqu'à l'an 250. Sa raison est que les Pères d'Elvire auraient été novatiens, si ce concile n'eût pas été tenu avant le milieu du IIIe siècle, parce qu'ils refusèrent la communion aux homicides et aux idolâtres, même à la mort, de même que les novatiens, dont l'hérésie prit naissance vers le milieu du IIIe siècle. Mais cette raison n'est point solide, parce qu'il y a une très-grande différence entre les novatiens et les Pères d'Elvire. Les novatiens prétendaient que l'Eglise n'avait le pouvoir de remettre aucun péché mortel commis après le baptême. Les Pères d'Elvire étaient persuadés du contraire, et, s'ils refusaient la communion, à la mort, aux pécheurs coupables de certains crimes atroces, ce n'était que par attachement à la sainte rigueur d'une discipline salutaire, et pour inspirer de la terreur aux autres; ce que le pape saint Innocent Ier excusa en eux.

Nous voyons aussi que les Pères du concile de Sardique, qui fut tenu l'an 347, ordonnèrent, par leur premier canon, qu'on refuserait la communion, même à la mort, aux évêques ambitieux qui passeraient d'une Eglise à une autre. Dira-t-on pour cela qu'ils étaient novatiens? Duguet, dans sa Dissertation sur le temps et le lieu où s'est tenu le concile d'Elvire, dit qu'il faut que ce concile ait été tenu avant l'an 302, temps auquel commença la cruelle persécution de Dioclétien, pendant laquelle il n'était pas possible de tenir des conciles. Mais on lui répond que la persécution de Dioclétien ne fut ouverte en Espagne que sur la fin de l'an 303, et que ce fut pour prémunir les fidèles contre cette sanglante persécution qu'on assembla un concile à Elvire au commencement de cette année, et qu'on y fit plusieurs canons relatifs à la circonstance du temps.

Quant au lieu de la tenue de ce concile, tout le monde convient aujourd'hui que ce n'est pas l'Elvire de la Gaule narbonnaise, qu'on appelait plus souvent *Caucoliberis* qu'*Eliberis*, et qu'on appelle encore aujourd'hui *Colioure;* mais l'Elvire d'Espagne, située dans la Bétique, c'est-à-dire l'Andalousie, à deux ou trois lieues de Grenade, où le siége épiscopal d'Elvire, qui ne subsiste plus, a été transféré. Il se trouva au concile d'Elvire des évêques de diverses provinces, savoir, de la Tarragonnaise, de la Carthaginoise, de la Lusitanie, de la Bétique, au nombre de dix-huit, de dix-neuf ou même de quarante, si l'on ajoute foi au manuscrit de M. Pithou. Les principaux et les plus connus sont Félix d'Acci dans la Carthaginoise, aujourd'hui Cadix en Andalousie, qui est nommé le premier; Osius de Cordoue, Sabin de Séville, Flavius d'Elvire, Libérius de Mérida, Valère de Saragosse, Décentius de Léon, Mélanthe de Tolède, Vincent d'Ausone, Quintien d'Evora, et Patrice de Malaga. Vingt-six prêtres y assistèrent, assis comme les évêques; mais les diacres s'y tenaient debout, et tout le peuple y fut présent. Il est dit dans l'Histoire du concile de Soissons de l'an 853 que les légats du saint siége se trouvèrent au concile d'Elvire; mais il n'était pas encore d'usage qu'ils assistassent à des conciles provinciaux ou nationaux. C'est le premier concile que l'on sache qui se soit tenu en Espagne. On y dressa quatre-vingt-un canons touchant la discipline, dont quelques-uns sont obscurs et difficiles à entendre. Nous allons les rapporter suivant l'édition du P. Labbe, tome I, p. 969.

Le 1er prive de la communion, même à l'article de la mort, celui qui, après avoir reçu le baptême, vient, étant en âge de raison, au temple des idoles pour y sacrifier, et y sacrifie effectivement ; ce qui est un crime capital, ou principal, par son énormité.

Pour bien entendre ce canon et plusieurs autres du même concile où le mot de *communion* est employé, il faut savoir ce que signifie ce mot.

Le mot *communion* avait autrefois diverses significations ; il se prenait tantôt pour la participation aux prières des fidèles, tantôt pour l'union que les Eglises entretenaient ensemble, tantôt pour la réception de la divine eucharistie, tantôt pour la réconciliation à l'Eglise, et tantôt pour la réconciliation avec Dieu, où l'absolution sacramentelle, qu'on exprimait par les termes de *communio, societas, consortium*, parce que l'effet et la fin de l'absolution sacramentelle sont le retour à l'Eglise et la société avec les fidèles, dont les pénitents étaient privés. C'est dans ce dernier sens que ce terme est pris par saint Cyprien (*Epist.* 9, *pag.* 19; *epist.* 10, *pag.* 20; *epist.* 11, *pag.* 21); par saint Ambroise (*Lib.* I *de Pœnitent., cap.* 16, *n.* 90); par le pape saint Innocent Ier, dans sa lettre à Décentius, et dans celle à Exupère, évêque de Toulouse; et enfin par les auteurs les plus anciens et les plus habiles critiques : or c'est dans ce même sens qu'on doit entendre ce premier canon du concile d'Elvire.

et non dans le sens de la communion prise pour la réception de la divine eucharistie, parce qu'on ne trouve nulle part qu'en ce temps-là on ait refusé l'eucharistie à ceux à qui l'on accordait l'absolution de leurs péchés. L'eucharistie est regardée comme le sceau de l'absolution, et l'on ne séparait point l'une de l'autre. On voit au contraire par saint Cyprien, par le pape saint Innocent Ier, et par beaucoup d'autres, qu'on refusait quelquefois l'absolution aux pécheurs, même à l'article de la mort, et que, quoiqu'on les reçût à pénitence, on les abandonnait néanmoins à la miséricorde divine, sans leur donner l'absolution. C'était un frein pour empêcher les chrétiens de céder aux persuasions, aux menaces ou aux tourments des persécuteurs. Dans la suite, pour éviter l'excès des novatiens, on accorda aux moribonds pénitents l'absolution et la communion tout ensemble, excepté en France, où l'usage de refuser l'absolution aux criminels condamnés à mort dura jusqu'en 1396. Le sens du premier canon du concile d'Elvire est donc qu'il faut refuser, même à la mort, l'absolution à celui qui, après son baptême, sera tombé volontairement dans le crime d'idolâtrie. Cela se prouve évidemment par le concile même d'Elvire : car, 1° il y a un grand nombre de canons de ce concile où il n'est point parlé de réconciliation, ni de paix, ni d'absolution, mais seulement de communion ; ce qui est une marque que les évêques entendaient par ce mot la même chose que par les autres. 2° Souvent un même canon explique l'équivoque : *Quinquennium a communione placuit abstineri*, dit le 61e canon, *nisi forte dari pacem velocius necessitas coegerit infirmitatis*. 3° Souvent aussi les Pères du concile opposent la communion à la pénitence, comme dans le 64e canon, où il est dit que « le pécheur, après avoir accompli sa pénitence, recevra la communion, » c'est-à-dire l'absolution, sans laquelle on n'accordait l'eucharistie à aucun pénitent.

Le 2e canon décerne la même peine contre les flamines qui, après s'être convertis à la foi et avoir reçu le baptême, ont derechef exercé l'office de sacrificateurs, en offrant ou en faisant offrir des sacrifices aux idoles, d'autant plus, disent les Pères, qu'ils ont augmenté ce crime par des homicides ou par des adultères.

Le mot de *flamines*, selon Vossius, vient de *flameum*, habillement de tête ainsi nommé parce qu'il était d'une couleur de feu. On appelait donc *flamines* une sorte de sacrificateurs qui portaient sur la tête ce *flameum*, et qui différaient des autres sacrificateurs, appelés *sacerdotes*, en ce que les premiers étaient les sacrificateurs des villes de province, que l'on appelait *municipia*; et les seconds, *sacerdotes*, étaient les grands sacrificateurs de toute une province, tels que cet Arsacius à qui Julien l'Apostat donne ce titre dans une lettre rapportée par Sozomène (*Lib.* V, *cap.* 6) : *Arsacio sacerdoti Græciæ*, et qu'il était comme l'intendant ou le supérieur des sacrificateurs particuliers de chaque ville. Cette sacrificature, tant celle qui s'appelait *flaminium* que celle que l'on appelait *sacerdotium*, était une charge fort honorable chez les Romains : *Flaminii honorem et sacerdotii*, dit Constantin. Ces sacrificateurs étaient chargés des dépenses publiques, et surtout des spectacles et des jeux qui étaient appelés *munera*; d'où vient qu'on appelait ces sacrificateurs *munerarii*; et comme ces spectacles étaient cruels et sanglants, l'Église tenait ceux qui les donnaient pour coupables de tous les homicides qui s'y commettaient. Les autres jeux, quoique moins cruels, n'étaient pas moins dangereux. Les comédiens y faisaient des leçons publiques d'incontinence et de débauche, en représentant et en louant les crimes de leurs dieux. Ainsi, comme on apprenait le mal en le voyant représenter, celui qui procurait au peuple ces sortes de représentations était regardé par l'Église comme souillé lui-même et coupable d'adultère et d'impureté. C'est à quoi ont rapport ces paroles de ce 2e canon : *Eo quod vel triplicaverint facinus cohæserint mœchia*, quoiqu'on puisse les entendre aussi du crime véritablement commis. Au reste, ceux qui n'entendent ce canon que de ceux qui avaient été flamines avant d'être chrétiens se trompent lourdement : il doit s'entendre des chrétiens mêmes qui, après leur baptême, étaient retournés à l'office de flamines, soit librement, soit par force; car, quoiqu'il fût défendu aux chrétiens d'exercer cet office, il s'en trouvait néanmoins qui le recherchaient par ambition, ou qui étaient forcés de l'accepter comme une charge municipale.

Le 3e veut qu'on modère cette peine à l'égard de ceux qui se sont contentés de donner des spectacles sans avoir sacrifié, et leur accorde la communion à l'article de la mort, pourvu qu'ils aient fait une pénitence légitime, et qu'ils ne soient pas tombés depuis en adultère.

Le texte de ce canon porte : *Item flamines qui non immolaverint, sed munus tantum dederint*. Ce terme *munus* signifie *spectacle*, comme on vient de le dire, et comme on pourrait le prouver encore par divers auteurs, soit profanes, soit ecclésiastiques, qui s'en sont servis dans le même sens. *Qui epulis.... gladiatorum muneribus..... pecunias profundunt*, dit Cicéron, *lib.* II *de Officiis*; et saint Ambroise : *Muneribus gladiatoriis patrimonium dilapidant*. Ce canon doit donc s'entendre des flamines qui donnaient des spectacles chez les païens, et il est surprenant que Mendoza l'ait entendu des libellatiques, c'est-à-dire de ceux qui avaient donné de l'argent pour avoir des billets portant qu'ils avaient sacrifié aux idoles, quoiqu'ils ne l'eussent point fait en effet.

Il est des auteurs qui entendent ce canon de la seule pénitence publique, qui ne s'accordait qu'une fois, et non pas de la pénitence secrète, qui s'accordait, selon eux, autant de fois que l'on retombait dans le péché. Mais ce sentiment est insoutenable : car, 1° les anciens ne parlent que d'une pénitence, et cette unité de pénitence s'accorde avec cette distinction de pénitence publique et secrète. 2° Il est contre la justice et le bon sens de punir très-sévèrement une première faute après le baptême, et de recevoir avec une indulgence sans bornes des pécheurs coupables de mille rechutes. 3° Cette conduite aurait dû hâter les rechutes, multiplier les crimes, ruiner la discipline et la pénitence publique. 4° Saint Augustin ayant demandé à Macédonius l'élargissement de quelques prisonniers dont les crimes méritaient la mort, cet officier lui demanda comment un homme de bien comme lui, et de saints évêques pouvaient s'intéresser si fort à la vie et à l'impunité des criminels, souvent endurcis et impénitents, eux qui savaient que, dans l'Eglise dont ils étaient les ministres, on n'accordait qu'une fois la pénitence. Saint Augustin répond qu'à la vérité l'Eglise n'accordait qu'une seule fois la pénitence aux pécheurs, mais que Dieu peut leur faire grâce; qu'il les attend encore à la pénitence, puisqu'il leur conserve la vie et qu'il ne les fait pas mourir : or ce raisonnement de Macédonius et cette réponse de saint Augustin prouvent invinciblement qu'ils ne connaissaient point deux sortes de pénitence et d'absolution : l'une publique, qu'on ne recevait qu'une fois; et l'autre secrète, à laquelle on était admis autant de fois que l'on tombait dans le péché. *Voyez* la lettre 152 de saint Augustin, n. 2.

Le 4° veut qu'on admette les flamines au baptême après trois ans de catéchuménat, pourvu que, pendant tout ce temps-là, ils se soient abstenus de sacrifier.

Il s'agit, dans ce canon, des flamines catéchumènes qui n'avaient fait qu'accorder au peuple des spectacles dont ils n'avaient pu se dispenser sans quitter leur charge. Le concile prolonge le temps de leur catéchuménat, car il n'était que de deux ans pour les autres, comme il est visible par le 42° canon du même concile.

Le 5° impose sept ans de pénitence à une femme qui aura frappé sa servante de telle sorte qu'elle en meure dans trois jours, si ç'a été son dessein de la tuer; et cinq ans, si elle n'a pas eu ce dessein. Mais on la décharge, si la servante meurt plus de trois jours après qu'elle aura reçu les coups. Si, pendant le temps de sa pénitence, cette femme tombait malade, on la recevrait à la communion.

Le 6° prive de l'absolution, même à l'article de la mort, celui qui en fera mourir un autre par maléfice; et la raison qu'en rend le concile, c'est qu'on ne peut commettre ce crime sans idolâtrie, le maléfice étant une espèce de magie où l'on invoque la puissance du démon.

Le 7° décerne la même peine contre un fidèle qui, après avoir été mis en pénitence pour adultère, retombe dans la fornication.

Le 8° contient la même disposition contre les femmes qui quittent sans raison leurs maris, et en épousent d'autres.

Le 9° déclare qu'il n'est pas permis à une femme qui a quitté son mari pour cause d'adultère, d'en épouser un autre, et que, si elle le fait, elle ne doit point être admise à la communion que celui qu'elle a quitté ne soit mort, à moins que le péril de la maladie n'oblige de la lui accorder.

Le 10° permet de baptiser les maris qui ont quitté leurs femmes, et les femmes qui ont quitté leur maris, pendant le temps de leur catéchuménat, quoiqu'après avoir quitté leurs femmes, ou leurs maris, ils se soient mariés à d'autres. Mais si une femme fidèle épouse un homme qui a quitté sa femme sans raison, le concile ordonne qu'on lui refusera la communion, même à la mort.

Le 11° porte que si une catéchumène a épousé un mari qui a quitté sa femme sans sujet, on différera son baptême de cinq ans, à moins qu'il ne lui survint quelque maladie dangereuse.

On voit par ce canon et par quelques autres du même concile, que le catéchuménat était prolongé, suivant la grièveté des crimes dont étaient coupables ceux qui demandaient à y entrer. On doit faire une grande attention à cette ancienne discipline, dont on trouve ailleurs des vestiges.

Le 12° prive de la communion, même à la mort, les mères, ou tout autre fidèle, qui prostituent leurs filles.

Le 13° ordonne la même peine contre les vierges qui, après s'être consacrées à Dieu, auront violé leur vœu et vécu dans le libertinage, ne comprenant pas le bien qu'elles ont perdu. Mais, si elles n'étaient tombées qu'une seule fois par séduction, ou par fragilité, et avaient fait pénitence pendant toute leur vie, le concile veut qu'on leur donne la communion à la fin.

Il paraît par ce canon que la coutume de consacrer à Dieu des vierges qui faisaient vœu de virginité, et auxquelles il n'était point permis après cela de se marier, était déjà établie dans l'Eglise; et en effet l'état des vierges est de la première antiquité dans l'Eglise, qui a toujours regardé le violement de leur engagement comme un grand crime.

Le 14° ordonne que les filles qui n'auront pas gardé leur virginité, sans l'avoir vouée, seront réconciliées après un an de pénitence, si elles épousent ceux qui les ont corrompues; mais qu'elles feront pénitence pendant cinq ans, si elles ont connu d'autres hommes. La raison que donne le concile pour ne mettre qu'un an en pénitence les filles qui ont perdu leur virginité sans l'avoir vouée, c'est qu'elles n'ont violé que les noces; c'est-à-dire qu'elles ont seulement violé l'intégrité du mariage chrétien, hors duquel il ne leur a pas été permis d'avoir commerce avec un homme.

Ce canon est conçu en d'autres termes dans les éditions du Louvre, du P. Labbe et du P. Hardouin. Il y a : *Post annum sine pœnitentia reconciliari debebunt*; ce qui fait un sens bien différent. Mais la première leçon est préférable, parce qu'elle est fondée sur l'autorité d'un anonyme que l'on croit avoir vécu avant le IX° siècle, et sur celle de Raban Maur, de Burchard, et d'Ives de Chartres, qui rapportent tous ce canon avec ces paroles : *Post pœnitentiam unius anni ; can.* 14 *apud anonym. auctorem antiq. canonum pœnitential. lib.* 1, *cap.* 79, *p.* 65; *t.* II *Spicileg.*

Le 15ᵉ défend aux fidèles de donner leurs filles en mariage à des païens, quelque grand nombre de filles qu'il y ait parmi les chrétiens, de peur de les exposer dans la fleur de leur âge à l'adultère spirituel, c'est-à-dire à l'idolâtrie.

Le 16ᵉ fait la même défense à l'égard des hérétiques qui ne veulent pas se réunir à l'Eglise catholique, des juifs et des schismatiques ; et les parents qui violent cette défense sont retranchés de la communion pendant cinq ans.

Ce canon est ainsi conçu dans les collections : *Sed neque judæis, neque hæreticis ;* mais il faut lire *schismaticis,* selon Ferdinand de Mendoza, ou *neque ethnicis,* selon d'autres.

Le 17ᵉ défend de donner la communion, même à la mort, à ceux qui donnent leurs filles en mariage aux prêtres des idoles.

On voit par ces canons combien les mariages des filles chrétiennes avec les gentils, les hérétiques, les juifs, sont contraires à l'esprit de l'Eglise.

Le 18ᵉ porte que les évêques, les prêtres et les diacres ne quitteront point leurs places, c'est-à-dire leurs églises, pour trafiquer, et qu'ils ne voyageront point par les provinces pour fréquenter les foires et les marchés ; qu'il leur sera néanmoins permis d'envoyer leurs fils, leurs affranchis, ou quelque autre personne, pour se procurer la subsistance, et même de trafiquer dans la province.

Le 19ᵉ ordonne que, si l'on découvre qu'un évêque, un prêtre, ou un diacre ait commis un adultère depuis son ordination, on lui refuse la communion, même à la mort.

Le 20ᵉ veut qu'on dégrade et qu'on excommunie les clercs convaincus d'avoir pris des usures ; qu'on chasse de l'église un laïque coupable du même péché, s'il refuse de se corriger ; mais qu'on lui pardonne, s'il se corrige.

Le 21ᵉ ordonne que celui qui, étant dans la ville, manquera de venir à l'église par trois dimanches, soit privé autant de temps de la communion, afin qu'il paraisse qu'on l'a puni pour cette négligence.

Le 22ᵉ porte que, si quelqu'un passe de l'Eglise catholique à une hérésie, et qu'il revienne, il fasse dix ans de pénitence, et ensuite reçoive la communion ; que les petits enfants qui auront été pervertis seront reçus sans délai, parce qu'il n'y a point de leur faute.

Le 23ᵉ porte qu'on célébrera, chaque mois, excepté dans les mois de juillet et d'août à cause des chaleurs, les jeûnes appelés *superpositions,* outre les deux jours de jeûne qu'on observait toutes les semaines. Ces jeûnes se nommaient *superpositions,* c'est-à-dire des jeûnes ajoutés, ou renforcés, ou doublés, parce qu'on les passait tout entiers sans manger. Ils étaient d'obligation une fois le mois ; et ce jour, en Espagne, était fixé au samedi, comme on le voit par le 26ᵉ canon.

Le 24ᵉ défend d'ordonner ceux qui ont été baptisés hors de leurs provinces, parce que leur vie n'est point assez connue.

Le 25ᵉ est conçu en ces termes : *Omnis qui attulerit litteras confessionis, sublato nomine confessoris, eo quod omnes sub hac nominis gloria passim concutiant simplices, communicatoriæ ei dandæ sunt litteræ.* Mendoza, Garcias, Baronius et le P. Sirmond expliquent ce canon, des lettres ou des billets que les fidèles qui avaient confessé le nom de Jésus-Christ dans les persécutions, et que pour cette raison on nommait *confesseurs,* donnaient aux pénitents, afin d'en obtenir plus facilement l'absolution de leurs péchés, à la recommandation de ces confesseurs. Quelques pénitents, par simplicité, et faute d'instruction, se reposaient de la rémission de leurs péchés sur ces sortes de billets, sans même les présenter aux évêques. C'est cet abus que corrigent les Pères d'Elvire par ce canon, disent ces auteurs.

M. de l'Aubespine croit qu'il n'est ici question ni des pénitents, ni de leur réconciliation, ni des billets et de l'intercession ou de la recommandation des confesseurs, mais des lettres de communion qu'on donnait aux fidèles qui voyageaient, et que quelques personnes commençaient en Espagne à demander aux confesseurs, pour être plus considérées et mieux reçues dans les lieux où elles devaient aller, quoique, selon l'ancienne coutume, on ne dût demander ces lettres qu'aux évêques, dont le 25ᵉ canon rétablit l'autorité à cet égard.

D'autres enfin soutiennent qu'il s'agit, dans ce canon, des voyageurs qui, pour extorquer des aumônes plus abondantes, faisaient mettre dans les lettres de communion que leurs évêques leur donnaient selon la coutume, qu'ils avaient confessé le nom de Jésus-Christ dans les persécutions. Ainsi, afin d'obvier à l'abus que quelques-uns faisaient du nom de confesseur pour exercer des concussions sur les simples, le concile ordonne que tous ceux qui iront en voyage prendront à cet effet des lettres de communion de leurs évêques, et qu'on n'y marquera pas qu'ils ont confessé Jésus-Christ.

Le 26ᵉ ordonne d'observer le jeûne double, tous les samedis.

Le 27ᵉ dit que l'évêque, ou tout autre clerc, pourra avoir chez lui sa sœur ou sa fille, pourvu qu'elle soit vierge et consacrée à Dieu, mais non une femme étrangère.

Ce canon n'a pas seulement servi de modèle aux conciles suivants, touchant la défense qu'ils ont faite si souvent aux ecclésiastiques de retenir chez eux des personnes du sexe ; il les a encore surpassés en deux circonstances importantes, ne permettant aux ecclésiastiques d'avoir chez eux que leurs filles ou leurs sœurs, et au cas seulement qu'elles eussent consacré à Dieu leur virginité.

Le 28ᵉ défend aux évêques de recevoir des présents de ceux qui ne sont point admis à la participation de l'eucharistie.

Il y a de la contestation parmi les savants

sur le sens de ce canon. Les uns prétendent qu'il doit s'entendre des oblations que les fidèles avaient accoutumé de faire après que les pénitents et les catéchumènes étaient sortis, et immédiatement avant la célébration des saints mystères : en sorte que le canon défend à l'évêque de recevoir l'oblation de celui qui ne communie pas. M. de l'Aubespine au contraire, dans le premier livre de ses Observations, soutient que ceux qui entendent ce canon dans ce sens se trompent fort, parce que, dit-il, ce qui restait des oblations qui n'avaient point été consacrées était distribué aux ecclésiastiques et aux pauvres, et qu'il n'y a nulle apparence qu'on nourrît les uns et les autres avec des pains azymes, tels que devaient être ceux qui servaient à la consécration de l'eucharistie. Mais l'abbé Duguet ne craint point d'assurer que ce savant homme se trompe lui-même, puisqu'il est certain que l'on consacrait anciennement le corps de Jésus-Christ du pain même que les fidèles offraient immédiatement avant la célébration des saints mystères : c'est ce qu'attestent, de la manière la plus claire et la plus précise, saint Justin, *Apol.* II, *pag.* 97; saint Irénée, *lib.* IV, c. 18, n. 1, 2, 4; Tertullien, *de Exhort. castit.* c. 11; saint Grégoire de Nazianze, *Orat.* XX, *tom.* I, p. 351; Théodoret, *lib.* IV *Histor. eccl.*, c. 19, etc. Les restes de ces oblations étaient si précieux et si saints, seulement par la destination que les fidèles en avaient faite à l'autel pour devenir le corps de Jésus-Christ, qu'ils ne pouvaient être mangés que par les ecclésiastiques et les fidèles qui pouvaient communier.

Le 29e défend de réciter à l'autel, dans le temps de l'oblation, le nom d'un énergumène, et de lui permettre de servir de sa main dans l'église pendant les saints mystères.

Le concile d'Elvire n'établit point un nouvel usage en défendant de réciter le nom des énergumènes dans le sacrifice et en leur interdisant tout service dans l'Eglise, puisque le 70e canon apostolique les traite encore plus rigoureusement et les exclut de la prière commune des fidèles et de la vue des saints mystères. Ils étaient au rang des catéchumènes et des pénitents; ils assistaient, comme eux, à la lecture des saintes Ecritures et au chant des psaumes, et on les faisait sortir avec eux. Quelques Eglises néanmoins étaient dans une pratique différente, puisqu'elles accordaient la communion même aux énergumènes, comme il paraît par la réponse de Timothée d'Alexandrie, qui fut interrogé sur cette matière (*Concil. tom.* II, *pag.* 1791) par le premier concile d'Orange, de l'an 441, etc.

Le 30e ne veut pas qu'on ordonne sous-diacres ceux qui auront commis un adultère dans leur jeunesse, de peur que, dans la suite, ils ne parviennent subrepticement à un plus haut degré; et il recommande que l'on dépose ceux qui auront été ainsi ordonnés.

Le 31e porte que les jeunes gens qui, après leur baptême, sont tombés dans le péché d'impureté, seront reçus à la communion après qu'ils auront fait pénitence et qu'ils se seront mariés.

Le 32e ordonne que celui qui est tombé dans une faute mortelle ne recevra pas la pénitence du prêtre, mais de l'évêque; néanmoins qu'en cas de maladie un prêtre ou un diacre lui donnera la communion, si l'évêque l'a ainsi ordonné.

Le 33e canon ordonne généralement aux évêques, aux prêtres, aux diacres et à tous les clercs qui sont dans le ministère, de s'abstenir de leurs femmes, sous peine d'être privés de l'honneur de la cléricature. Jusque-là on n'avait point vu de loi générale qui obligeât indistinctement tous les clercs à la continence.

Le 34e défend d'allumer des cierges en plein jour dans les cimetières, parce que, dit ce canon, il ne faut pas inquiéter les esprits des saints; et retranche de la communion de l'Eglise ceux qui ne voudront pas s'abstenir de cette pratique.

On donne trois explications de ce canon. La première, qui est de Garcias Loaisa, consiste à dire que le concile défend d'allumer des cierges en plein jour dans les cimetières, pour ne pas inquiéter les esprits des saints, c'est-à-dire pour ne pas troubler le repos d'esprit des fidèles qui priaient dans les cimetières, et qui y étaient troublés par la grande quantité de luminaires qu'on y allumait pendant le jour. La seconde explication est celle de Baronius, qui par les esprits des saints entend les âmes des morts; non que l'on puisse les inquiéter, les troubler d'une manière proprement dite, mais d'une manière métaphorique seulement, en ce qu'elles n'ont point pour agréables certaines cérémonies superstitieuses que des néophytes faisaient sur leurs tombeaux, selon la coutume et à l'imitation des païens, qui, pour honorer leurs morts, allumaient en plein jour un grand nombre de cierges sur leurs tombeaux, comme nous l'apprend Suétone, *in Tiber. cap.* 98, ou même pour les évoquer, les inquiéter, les solliciter, ainsi que Pline s'exprime, *lib.* XXVIII, *cap.* 2. C'est donc l'usage superstitieux d'honorer ou même d'évoquer les âmes des fidèles défunts, à la manière des païens, qui est proscrit par ce canon. La troisième explication est celle de M. de l'Aubespine, qui croit que le concile défend d'allumer des cierges sur les tombeaux des martyrs bâtis dans les cimetières, de peur d'inquiéter leurs âmes, que l'on croyait autrefois demeurer sous leurs autels, en attendant que Dieu vengeât leur mort. Que si l'on dit qu'il n'est pas croyable que les Pères d'Elvire aient pensé que les esprits puissent être inquiétés par le feu et les fumigations, on répond que cette opinion était fort commune autrefois, et que le concile d'Elvire a bien pu l'adopter, puisqu'un concile de toute l'Afrique, de la Numidie et de la Mauritanie, a bien décidé qu'il fallait rebaptiser les hérétiques.

Le 35e canon défend aux femmes de passer les nuits dans les cimetières, parce que souvent, sous prétexte de prier, elles commettaient des crimes en secret.

Le 36ᵉ est conçu en ces termes : « Nous ne voulons point que l'on mette des peintures dans les églises, de peur que l'objet de notre culte et de nos adorations ne soit dépeint sur les murs. »

Cette défense ne doit pas s'entendre des images des saints, mais seulement de celles de Dieu, que le concile défend, ne voulant pas qu'on limite par des figures la forme de Dieu, qui est un Être invisible et immatériel, et que l'on donne par là sujet de croire aux gentils et aux catéchumènes qu'on les trompe lorsqu'on leur annonce un Dieu qui est un pur esprit.

Le 37ᵉ permet de donner le baptême, à l'article de la mort, aux énergumènes qui sont catéchumènes, et ne veut pas qu'on les prive de la communion s'ils sont fidèles, pourvu qu'ils n'allument pas publiquement les lampes (dans l'église); et s'ils s'opiniâtrent à le faire, on les retranchera de la communion.

Le 38ᵉ déclare qu'un fidèle qui n'est ni pénitent ni bigame peut baptiser, en cas de nécessité, un catéchumène, dans un voyage sur mer ou lorsque l'église n'est pas proche, à condition, s'il survit, de le présenter à l'évêque, pour être perfectionné par l'imposition des mains, c'est-à-dire pour recevoir de lui la confirmation.

Le 39ᵉ veut que, si les gentils, étant tombés malades, demandent qu'on leur impose les mains, on le leur accorde et on les fasse chrétiens, c'est-à-dire catéchumènes, pourvu néanmoins que leur vie ait quelque chose d'honnête.

L'imposition des mains dont il est parlé dans ce canon est donc celle par laquelle on avait coutume de mettre les païens au rang des catéchumènes. Le canon ne dit pas qu'on leur donnera le baptême, parce qu'il ne les suppose pas en danger de mort, et que, selon la règle ordinaire, on n'accordait pas le baptême à ceux qui n'avaient point passé par tous les exercices du catéchuménat, qui était de deux ans pour ceux-là mêmes dont la vie était bonne et innocente.

M. de l'Aubespine et le P. Morin prétendent qu'il faut entendre ce canon du sacrement de confirmation, en supposant que les gentils dont il y est parlé avaient déjà reçu le baptême, et qu'il faut suppléer le mot de *perfectos* avant *fieri Christianos*. Mais il est inouï qu'on ait appelé *gentiles* ou *infideles* des personnes qui avaient reçu le baptême, et plus inouï encore, s'il est possible, qu'on ait douté s'il fallait donner la confirmation à ceux qui avaient reçu le baptême, puisque ces deux sacrements se donnaient en même temps.

Le 40ᵉ défend aux propriétaires des terres de passer en compte à leurs fermiers ou receveurs ce qu'ils auront donné pour les idoles, sous peine de cinq ans d'excommunication.

Le 41ᵉ exhorte les fidèles à ne point souffrir d'idoles dans leurs maisons, autant qu'il sera possible, et que s'ils craignent la violence de leurs esclaves, en leur ôtant leurs idoles, ils se conservent au moins purs eux-mêmes de l'idolâtrie.

Pour entendre ce canon, il est bon de remarquer que les esclaves étaient alors en grand nombre, la plupart idolâtres, et soutenus par les magistrats.

Le 42ᵉ ordonne que ceux qui se présentent pour embrasser la foi, s'ils sont de bonnes mœurs, soient admis dans deux ans à la grâce du baptême, si la maladie ou la ferveur de leurs prières n'obligent de les secourir plus tôt.

Le 43ᵉ veut que l'on corrige la mauvaise coutume que l'on avait, en quelques endroits de l'Espagne, de célébrer la fête de la Pentecôte le quarantième jour après Pâques, et ordonne que, selon l'autorité des Écritures, on fasse cette fête le cinquantième jour, sous peine d'être noté comme introduisant une nouvelle hérésie.

C'était assez l'usage anciennement de traiter d'hérésie l'erreur sur ces cérémonies principales, comme on le voit par saint Épiphane, *Hæres.* 50, p. 419, tom. 1; par Philastre, *lib. de Hæres.* p. 708; tom. V *Biblioth. Patr.*, et plusieurs autres qui traitent d'hérétiques les quartodécimans, c'est-à-dire ceux qui faisaient la pâque le quatorzième de la lune avec les Juifs, quoiqu'ils n'errassent que sur un point de discipline.

Le 44ᵉ veut que l'on reçoive sans difficulté une femme qui a été prostituée publiquement et ensuite mariée, si elle veut se faire chrétienne.

Le 45ᵉ veut que l'on donne le baptême à un catéchumène quoiqu'il ait été un temps très-considérable et, comme porte le canon, un temps infini sans venir à l'église, c'est-à-dire quoiqu'il soit retourné à l'idolâtrie, pourvu que quelque ecclésiastique rende témoignage qu'il a été chrétien, c'est-à-dire catéchumène, ou que quelques autres personnes l'assurent, parce qu'il paraît avoir péché dans le vieil homme.

Ce canon est inintelligible, à moins qu'on ne l'entende d'un catéchumène qui aurait totalement abandonné les exercices du catéchuménat pour retourner à l'idolâtrie, et qui, surpris par une maladie dangereuse, aurait demandé le baptême et ensuite perdu l'usage de la parole avant l'arrivée du prêtre. Le concile veut qu'on lui donne le baptême, en ce cas de nécessité, sur le témoignage d'un ecclésiastique ou de quelques simples fidèles qui attestent qu'il a été catéchumène autrefois. Le concile use d'indulgence à son égard en tempérant la rigueur de l'ancienne discipline, qui défendait d'absoudre, même à l'article de la mort, les chrétiens apostats, par la raison, ajoute-t-il, que ce catéchumène apostat paraît avoir péché dans le vieil homme, c'est-à-dire en Adam, d'un péché d'ignorance, et comme les païens qui n'ont point été baptisés : péché, par conséquent, beaucoup plus léger que celui des fidèles qui retournaient à l'idolâtrie après leur baptême. Le nom de *chrétien* se donnaît aux catéchumènes, et celui de *fidèle* aux baptisés. On trouve cette distinction dans saint Augustin, *Tract.* 44 *in Joan. cap.* 9. C'est ainsi que M. de l'Aubespine explique ce canon dans ses Notes sur le concile d'Elvire.

Le 46° porte que si un fidèle devenu apostat n'est point venu à l'église pendant un long temps, et qu'il revienne sans être tombé dans l'idolâtrie, il recevra la communion après dix ans.

Le 47° porte que si un fidèle qui, ayant une femme légitime, a commis plusieurs adultères tombe malade, on ira le trouver à l'heure de la mort; et s'il promet de se corriger, on lui donnera la communion; mais que si, après s'être guéri, il retombe dans son péché, on ne la lui accordera plus jamais.

Le 48° réforme la coutume de mettre de l'argent dans les fonts en recevant le baptême, de crainte que l'évêque ne semble vendre ce qu'il a reçu gratuitement; et veut que les clercs et l'évêque s'abstiennent dorénavant de laver les pieds à ceux qui reçoivent le baptême; car on les leur lavait en plusieurs endroits de l'Occident, comme à Milan, et dans les Gaules, mais non pas à Rome. Il est vrai qu'on lit dans quelques manuscrits, *Neque pedes eorum lavandi sunt a sacerdotibus, sed clericis;* mais on ne doit point changer facilement la leçon des imprimés; et il y a tout lieu de croire que l'Eglise d'Espagne, très-attachée aux rites de celle de Rome, a voulu, par ce canon, réformer l'usage de laver les pieds aux baptisés, sur la coutume de l'Eglise de Rome, où on ne les leur lavait pas. En Afrique, ceux qui devaient être baptisés la veille de Pâques se baignaient le jour du jeudi saint, pour éviter l'indécence qu'il y aurait eu à se présenter aux fonts sacrés le corps couvert de la crasse qu'ils avaient contractée par l'observation du carême. Quant à la coutume de donner quelques présents à celui de qui l'on recevait le baptême, elle subsistait encore du temps de S. Grégoire de Nazianze, qui remarque qu'on donnait même à manger à l'évêque, et à ceux qui l'avaient assisté dans l'administration du baptême. *Gregor. Nazianz. orat.* 40, *pag.* 655, *tom.* I; *Ambros. lib.* III *de Sacram. cap.* 1, *p.* 362, *tom.* II; *Mabill. in Missalib. Goth. et Gall. vet. Aug. epist.* 54 *ad Januar., cap.* 7, *p.* 127, *t.* II.

Le 49° défend, sous peine d'être retranché de la communion de l'Eglise, aux fidèles qui possèdent des terres d'en laisser bénir les fruits par les juifs, comme s'ils voulaient rendre inutile la bénédiction des prêtres. Ce canon fait voir que c'était déjà la coutume dans l'Eglise de bénir les fruits de la campagne.

Le 50° défend aussi, sous peine d'excommunication, aux clercs et aux fidèles de manger avec les juifs.

Le 51° défend d'admettre dans le clergé les fidèles, de quelque hérésie qu'ils reviennent; et, si quelques-uns ont été ordonnés, il veut qu'on les dépose.

Le 52° prononce anathème contre ceux qui seront trouvés mettre des libelles diffamatoires dans l'église.

Le 53° veut qu'une personne excommuniée ne puisse être reçue que par l'évêque qui l'a excommuniée, et défend à tous les autres de la recevoir à la communion, sans le consentement de son évêque, sous peine d'en rendre compte à leurs collègues, au péril d'être déposés.

Le 54° retranche, pour trois ans, de la communion les parents qui faussent la foi des fiançailles, si ce n'est que le fiancé ou la fiancée se trouvent en faute grieve.

Ce canon prouve que c'était dès lors l'usage de fiancer avant le mariage, et que l'Eglise avait droit de punir ceux qui, sans cause légitime, révoquaient les promesses de mariage.

Le 55° veut qu'on reçoive à la communion, au bout de deux ans, les prêtres des faux dieux qui auront seulement porté la couronne, sans avoir sacrifié ni contribué aux frais du service des idoles.

On voit, par Tertullien, *lib. de Corona militis cap.* 10, que non seulement les ministres des faux dieux portaient des couronnes, mais qu'on en mettait encore sur les autels et sur les victimes.

Le 56° défend l'entrée de l'église aux duumvirs pendant l'année de leur magistrature.

Le nom de *duumvir* était commun à deux magistrats qui exerçaient conjointement la même charge, et qui étaient à peu près dans les villes de province ce qu'étaient les consuls à Rome. Les Pères du concile leur interdisent l'entrée de l'église durant tout le temps de leur magistrature, parce qu'ils n'y parvenaient ordinairement que par de lâches bassesses; qu'il était difficile qu'ils n'y commissent bien des injustices, en suivant des lois ou des usages contraires à l'Evangile; et que c'était pour eux une nécessité presque inévitable de donner au peuple des spectacles, et de prendre part aux cérémonies païennes.

Le 57° défend aux femmes, sous peine d'être privées de la communion pendant trois ans, de prêter leurs habits pour l'ornement d'une pompe séculière, c'est-à-dire païenne.

Le 58° ordonne que partout, et principalement dans le lieu où la première chaire de l'épiscopat est établie, on interrogera ceux qui apportent des lettres de communion, pour savoir d'eux si tout va bien.

Les lettres de communion, qu'on appelait aussi lettres de recommandation, *commendatitiæ litteræ,* étaient déjà établies dans l'Eglise au temps de S. Paul, comme il paraît par ces paroles du chapitre III de sa seconde Epître aux Corinthiens : *Numquid egemus, sicut quidam, commendatitiis epistolis ?* Elles servaient à empêcher de recevoir des imposteurs, des infidèles, ou des chrétiens errants et frappés de quelque juste anathème, à la participation des saints mystères, à la table commune, et aux doucours de la conversation. Elles servaient aussi à unir entre eux les pasteurs les plus éloignés, et à les instruire de l'état des Églises de chaque province.

Le 59e est composé de deux parties. La première est générale pour tous les chrétiens, soit fidèles, soit catéchumènes, et ordonne que, si quelqu'un d'entre eux est monté au Capitole des païens, pour y voir sacrifier, il sera réputé aussi coupable d'idolâtrie que le païen qui a sacrifié, quoique lui-même n'ait pas sacrifié. La seconde impose dix ans de pénitence pour cette faute, si c'est un fidèle qui y soit tombé; après quoi, l'on veut qu'il soit rétabli dans la communion.

Le 60e défend de mettre au nombre des martyrs ceux qui auront été tués en brisant des idoles.

Ce canon doit s'entendre de ceux qui brisent des idoles dans les lieux dont ils ne sont pas les maîtres, ou sans être autorisés par la puissance publique. La raison qu'il en donne est que cette espèce de violence n'est point autorisée par l'Évangile, et qu'on ne lit point que les apôtres aient rien fait de semblable. Ce fut en suivant l'esprit de ce canon que Mensurius, évêque de Carthage, ne voulut pas qu'on honorât comme martyrs ceux qui, dans la persécution de Dioclétien, s'étaient présentés d'eux-mêmes pour déclarer qu'ils avaient des livres saints, et avaient mieux aimé mourir que de les livrer. Mais ce canon ne regarde pas ceux qui, ayant déjà été pris et amenés devant le juge, renversaient et brisaient les idoles qu'on leur voulait faire adorer; et c'est sans fondement que l'on dit que sainte Eulalie, vierge martyrisée en Espagne en 303 ou 304, donna occasion à ce règlement, parce qu'étant conduite à l'idole, elle lui donna un coup de pied, et cracha sur le visage du juge, au rapport de Prudence, *in Hymno de martyrio. sanctæ Eulaliæ apud Ruinard. Acta martyr. sinc. p. 453.*

Le 61e veut que celui qui épouse la sœur de sa femme défunte soit retranché de la communion pour cinq ans, à moins que la nécessité de la maladie n'oblige de la lui accorder plus tôt. On voit par S. Basile que ces sortes de mariages avaient toujours été défendus dans l'Église de Césarée. (*Epist.* 160 *ad Diodor.* p. 243, *tom* III.)

Le 62e veut que, si un comédien du cirque, un pantomime, ou un comédien, veulent se convertir, ils renoncent premièrement à leur métier, sans espérance d'y retourner; qu'ensuite on les reçoive; et que si, après avoir été reçus, ils contreviennent à cette défense, on les chasse de l'Église.

Le 63e porte que, si une femme devenue grosse d'adultère fait périr son fruit, on lui refusera la communion, même à la fin, à cause du double crime.

Le 64e traite avec la même rigueur les femmes qui ont vécu dans l'adultère jusqu'à la mort; mais, à l'égard de celles qui quittent leurs péchés avant de tomber malades, il leur accorde la communion après dix ans de pénitence.

Le 65e prive de la communion, même à l'article de la mort, un clerc qui, sachant que sa femme est tombée en adultère, ne la chasse pas aussitôt de chez lui, de crainte qu'il ne semble l'autoriser en la tolérant.

Le 66e porte que celui qui aura épousé la fille de sa femme, ou, selon d'autres, sa belle-fille, ce qui est un inceste, ne recevra pas la communion, même à la fin.

Le 67e défend aux femmes, soit fidèles, soit catéchumènes, d'avoir à leurs gages des comédiens ou joueurs de théâtre, sous peine d'être retranchées de la communion.

Le 68e porte qu'une catéchumène qui aura étouffé son fruit conçu d'adultère recevra le baptême à la fin.

Le 69e ordonne que ceux ou celles qui ne sont tombés qu'une seule fois dans le péché d'adultère soient imposés à cinq ans de pénitence, à moins que l'extrémité de la maladie n'oblige de les réconcilier plus tôt.

Le 70e déclare que, si une femme commet un adultère du consentement de son mari, celui-ci doit être privé de la communion, même à la mort; mais s'il la répudie, il sera reçu après dix ans de pénitence.

Le 71e prive de la communion, même à la mort, ceux qui abusent des garçons.

Le 72e porte que, si une veuve épouse celui avec qui elle aura péché, elle sera admise à la communion après cinq ans de pénitence; mais si elle le quitte pour en épouser un autre, elle n'aura pas la réconciliation, même à la mort; et, si celui qu'elle épouse est fidèle, il sera mis en pénitence pendant dix ans.

Le 73e porte que, si un fidèle, s'étant rendu dénonciateur, a fait proscrire ou mettre à mort quelqu'un, il ne recevra pas la communion, même à la mort; mais que, si la cause est plus légère, il la recevra après cinq ans.

Le 74e veut que l'on punisse le faux témoin à proportion de la grandeur du crime sur lequel il a été rendu un faux témoignage; que, si le crime n'est pas digne de mort, et s'il prouve que ç'a été avec répugnance qu'il a rendu témoignage, et qu'il est demeuré longtemps sans vouloir rien dire, on ne lui imposera que deux ans de pénitence. Mais s'il ne prouve pas, en présence du clergé, qu'il ait été contraint de rendre ce faux témoignage, il fera pénitence pendant cinq ans.

Le 75e prive de la communion, même à la mort, celui qui aura accusé de faux crimes un évêque, un prêtre ou un diacre.

Le 76e porte que si un diacre, coupable d'un crime de mort, s'est laissé ordonner, il sera mis en pénitence pour trois ans, si c'est par sa propre confession que le crime est découvert, et cinq ans, si c'est par le témoignage d'un autre; après quoi, il ne sera reçu qu'à la communion laïque.

Le 77e dit que si un diacre qui gouvernera un peuple baptise quelques catéchumènes sans évêque et sans prêtre, l'évêque doit les perfectionner par sa bénédiction, c'est-à-dire les confirmer. S'ils meurent auparavant, chacun sera sauvé selon sa foi.

On voit, dans ce canon, des diacres qui avaient des cures ou paroisses à gouverner; ce qui se prouve encore par la lettre du concile de Carthage, adressée au prêtre Félix et au peuple de Léon et d'Astorga., au diacre Lélie et au peuple de Mérida ; par le premier canon du concile d'Antioche, par le 27ᵉ du IVᵉ concile de Tolède, et par le 7ᵉ du concile de Tarragone, en 522. Les titres ou les églises des cardinaux-diacres n'étaient autre chose, dans leur origine, que des paroisses dont le gouvernement leur était ainsi confié ; et l'on voit des marques de cette ancienne coutume dans le 29ᵉ des canons apostoliques. Ce canon nous apprend aussi qu'on croyait que le baptême suffisait pour le salut, sans qu'il fût absolument nécessaire ni d'être « perfectionnés par la bénédiction de l'évêque, » c'est-à-dire par la confirmation, que les saints Pères appellent *perfection*, parce qu'elle nous fait parfaits chrétiens, en mettant comme la dernière main à la grâce du baptême; ni de recevoir l'eucharistie, qui ne s'accordait qu'à ceux qui étaient confirmés.

Le 78ᵉ impose une pénitence de trois ans à un homme marié qui commet un adultère avec une juive ou une païenne, s'il confesse lui-même son crime ; et une de cinq ans, s'il en est convaincu par le rapport d'autrui.

Le 79ᵉ porte que, si un fidèle joue de l'argent aux dés, il sera excommunié. S'il se corrige il pourra être réconcilié après un an.

Outre les dangers ordinaires aux jeux de hasard, on croit qu'il y avait quelque espèce d'idolâtrie mêlée dans celui des dés. Les images des dieux des gentils leur tenaient lieu de nombre, et on invoquait ces faux dieux pour le succès du coup de dés.

Le 80ᵉ défend d'ordonner les affranchis dont les maîtres ou patrons sont dans le siècle, c'est-à-dire païens, parce que ces sortes d'affranchis, demeurant toujours dans une espèce de servitude à l'égard de ceux qui les avaient mis en liberté, ils étaient censés irréguliers, leurs maîtres étant en droit d'exiger d'eux des services indignes de la grandeur et de la sainteté du sacerdoce.

Le 81ᵉ défend aux femmes fidèles d'écrire à des laïques en leur nom, ni d'en recevoir des lettres inscrites en leur nom seul.

M. de l'Aubespine entend ce canon des lettres de recommandation ou de communion, que quelques-uns extorquaient des femmes des clercs, pour avoir l'hospitalité dans leurs voyages. C'est cet abus que le concile a intention de proscrire, en défendant aux femmes des clercs d'écrire ou de recevoir ces sortes de lettres.

Tels sont les canons du concile d'Elvire, les plus anciens qui soient venus jusqu'à nous. Osius, qui avait contribué à les dresser, cita le vingt et unième dans le concile de Sardique, en 347, et en fit le fondement de l'obligation qu'on y imposa aux évêques de résider dans leurs diocèses ; en sorte qu'ils ne pussent s'absenter de leurs églises trois dimanches de suite, hors le cas d'une nécessité extraordinaire. Comme plusieurs canons du concile d'Elvire sont difficiles à entendre, beaucoup de savants se sont appliqués à les éclaircir, entre autres Binius, Cabassut, M. de l'Aubespine et le cardinal d'Aguirre ; Duguet, dans le premier tome de ses Conférences ecclésias.; Garcias Loaisa et dom Fernand de Mendoza, seigneur espagnol. Ce dernier entreprit aussi la défense de ce concile contre ceux qui lui imputaient des erreurs ; et il adressa son ouvrage au pape Clément VIII. Il fut imprimé en 1594, *in-folio*, à Madrid, et réimprimé à Lyon en 1665, *in-folio*, avec les notes de Garcias, de l'Aubespine, de Coriolanus et d'Emmanuel Gonzalez, professeur de Salamanque, qui prit soin de cette dernière édition. Celles de Mendoza, de Binius et de l'Aubespine se trouvent dans le premier tome des conciles du P. Labbe, à la suite du concile d'Elvire. On y trouve encore onze autres canons attribués à ce concile, mais dont quelques-uns sont du concile d'Arles, comme le onzième : d'autres sont de conciles plus récents, comme le sixième, lequel ordonne qu'une femme qui aura tué son mari pour cause de fornication se retirera dans un monastère pour y faire pénitence.

ELY (Concile d'), l'an 1290. Les évêques de toute la province de Cantorbéry s'y trouvèrent pour le sacre de Guillaume, évêque de cette ville. On s'y occupa aussi du maintien de la paix de l'Eglise. *Wilkins*, t. II.

EMBRUN (Concile d'), *Ebredunense*, l'an 588. On ne sait pas quel fut l'objet de ce concile. *Gall. Chr.* t. III, col. 1063.

EMBRUN (Concile d'), l'an 1159. Guillaume de Bénévent, archevêque d'Embrun, approuva dans ce synode le partage de biens fait entre l'évêque de Nice et son chapitre. *Gall. Chr. T.* III, col. 1073.

EMBRUN (Synode d'), l'an 1248, par l'évêque Humbert. *Gall. Chr.* t. III, col. 1079.

EMBRUN (Concile d'), l'an 1200. On y défendit de donner la tonsure cléricale à quiconque ne serait pas né d'un mariage légitime ; on y ordonna des prières particulières à dire pendant la messe paroissiale ou conventuelle, immédiatement après le *Pater*, pour demander la conversion des ravisseurs des biens de l'Eglise. Aussitôt qu'on avait dit, *Sed libera nos a malo*, le prêtre célébrant commençait : *Deus, in adjutorium meum intende,* etc. *Kyrie eleison*, et puis trois oraisons. On y accorda aussi 40 jours d'indulgence à tous ceux qui feraient tous les jours quelque prière à cette intention. *D. Martene, Thes. nov. anecd.* IV, 209.

EMBRUN (Synode de). *Voy.* SAINTE-MARIE d'EMBRUN.

EMBRUN (Concile d'), l'an 1583. *Gall. Chr* t. III, col. 1095.

EMBRUN (Concile provincial d'), ouvert le 16 août 1727, terminé le 28 septembre de la même année, sous Pierre de Guérin de Tencin, archevêque de cette ville.

Le concile d'Embrun est un événement qui intéresse si essentiellement la religion par le jugement qu'il a porté contre les écrits et contre la personne d'un évêque, qu'on ne peut refuser une relation exacte et fidèle de ce qui s'est passé dans ce concile.

L'évêque de Senez était parvenu à un âge fort avancé, sans que sa doctrine eût été soupçonnée. Dès sa jeunesse il entra dans la congrégation de l'Oratoire, où ses talents distingués pour la chaire lui acquirent une grande réputation; il prêcha à la cour avec applaudissement, et l'on ne peut pas douter qu'il ne donnât pour lors de fortes preuves de son opposition aux nouvelles erreurs, puisqu'il sut gagner l'estime et la protection de M. de Harlay, archevêque de Paris, et l'affection du P. de la Chaize, confesseur du roi. Le roi, quoique peu favorablement prévenu sur les sentiments de plusieurs prêtres de la congrégation de l'Oratoire, nomma le P. Soanen à l'évêché de Senez en 1695. Soanen ne fit aucune difficulté de signer purement et simplement le formulaire du pape Alexandre VII. Il accepta en 1705, avec tous les prélats de l'assemblée du clergé, la bulle *Vineam Domini Sabaoth*, qui avait été donnée pour condamner le système du silence respectueux, auquel les auteurs du fameux cas de conscience voulaient réduire toute l'obéissance due aux jugements de l'Eglise à l'égard des faits dogmatiques.

Ce fut seulement dans l'assemblée de 1713 et 1714 que l'évêque de Senez se sépara du grand nombre des évêques, et qu'il commença à se prêter aux nouveautés, auxquelles depuis il s'est livré tout entier, comme il a paru par son instruction du 28 (1) août 1726. Elle renferme tous les excès où les appelants se sont portés, et elle a formé le sujet du jugement prononcé contre lui.

Ce prélat dans cet écrit caractérise de la manière la plus outrée la bulle *Unigenitus*, et l'acceptation qui en a été faite : il se déclare ouvertement contre la signature du formulaire établie et prescrite par l'autorité ecclésiastique, et dont l'exécution était de plus appuyée par la puissance royale. Il traite cette signature de vexation : il donne une interprétation évidemment fausse et illusoire à la bulle *Vineam Domini Sabaoth*, aux déclarations du roi et aux avis de son conseil : il soutient que la bulle *Unigenitus* renverse le dogme, la morale, la discipline et la hiérarchie de l'Eglise : il veut que cette bulle soit absolument anéantie : il canonise le livre des *Réflexions morales*; il en conseille la lecture à ses diocésains, qu'il semble préparer à la désobéissance, en leur déclarant qu'en cas que le successeur que la Providence lui destine n'embrassât pas ses sentiments, il ne leur serait pas permis de lui obéir.

Cette instruction pastorale étant devenue publique, l'archevêque d'Embrun, métropolitain de l'évêque de Senez, crut qu'il ne lui était plus permis de se taire. Il porta ses remontrances au pied du trône; elles furent favorablement écoutées, et dans le temps que de son côté le métropolitain, *sur la permission*

de *Sa Majesté*, convoqua le concile, le roi fit expédier aux évêques de la province des lettres pour se trouver au concile indiqué; il le fut pour le 16 du mois d'août 1727. Sitôt que la nouvelle en fut répandue, elle mit tout en mouvement dans le parti attaché à l'évêque. Boursier, qui en était l'âme, fit sur-le-champ, en faveur du prélat menacé, un mémoire que vingt avocats de Paris eurent la complaisance de signer, comme si cette affaire eût pu les regarder. On délibéra si M. Soanen devait aller au concile. Les uns voulaient qu'il s'en abstînt; mais d'autres jugèrent que ce serait donner un air défavorable à sa cause, et lui-même fut d'avis de s'y rendre.

L'ouverture du concile se fit au jour indiqué. Il était composé de l'archevêque d'Embrun, des évêques de Senez, de Vence, de Glandèves et de Grasse, celui de Digne n'ayant pu y aller à cause de la maladie dont il mourut peu après, du député de ce prélat, de l'abbé de Boscodon, et de trente-trois prêtres, tant séculiers que réguliers. Dans cette séance préparatoire on nomma les officiers et les théologiens, après toutefois que chacun eut produit ses qualités devant un commissaire, qui fut chargé de les examiner. On fit un décret sur la manière de vivre pendant la durée du concile : on régla que tous les jours, avant la congrégation du matin, un des prélats dirait la messe; que l'on jeûnerait tous les vendredis; que la table du métropolitain, qui était commune à tous les membres du concile, serait servie avec la plus grande frugalité : ce qui fut exactement observé jusqu'à la fin du concile.

Le lendemain, 17 août, on tint la première session publique, dans laquelle il n'y eut point de communion générale. On ne voulait pas refuser la communion à l'évêque de Senez; mais aussi, comme on avait de la peine à se résoudre à communier avec lui, on laissa chacun libre de dire la messe en particulier.

Le 18 l'évêque de Senez se fit suivre à la congrégation générale par trois hommes de son parti : l'un était son aumônier, qui se disait député du chapitre de Senez, en produisant une procuration qu'on a dite depuis n'être pas fidèle; il présenta les deux autres en qualité de théologiens. On agita l'article du serment, dont on n'était pas convenu dans la première congrégation, à cause des difficultés que l'évêque de Senez y avait opposées; quoique le serment fût d'usage, et qu'il ne consistât qu'à promettre de ne rien révéler de tout ce qui pourrait préjudicier au concile, ou à ceux qui le composaient. L'évêque de Senez s'obstinant à ne vouloir pas prêter ce serment, les autres prélats le prêtèrent sans l'exiger de lui.

Les évêques n'ayant rien pu gagner sur l'esprit de l'évêque réfractaire dans les conférences qu'ils eurent avec lui avant l'ouverture du concile, et pendant les deux premiers jours qu'il se tint, on laissa au promoteur, qui était l'abbé d'Hugues, grand

---

(1) M. Picot, dans ses *Mémoires pour servir à l'histoire ecclésiastique*, donne le 21 août pour date de cette *Instruction pastorale;* c'est une faute d'impression démentie par tous les mémoires du temps

vicaire et chanoine d'Embrun, la liberté de dénoncer l'instruction du 28 août 1726, qui avait paru sous le nom de ce prélat. Le discours du promoteur fut rempli d'égards et de ménagements pour la personne de l'évêque, qu'il n'indiqu'a jamais comme l'auteur de cette pièce, se contentant de dire que, plus l'estime qu'on avait de M. de Senez était grande, plus les erreurs qui s'autorisaient de son nom étaient dangereuses. Il releva principalement dans sa dénonciation la hardiesse et la témérité avec laquelle on traite de vexation la signature pure et simple du formulaire, on déclame sans pudeur contre la bulle *Unigenitus*, et on donne les plus grands éloges au livre des *Réflexions morales*. Et le promoteur concluait ensuite à ce que le concile eût à condamner un pareil écrit, et l'évêque de Senez à le désavouer.

Alors un des théologiens présentés par ce prélat, s'apercevant qu'il était interdit et embarrassé, voulut prendre la parole; mais l'archevêque, président du concile, l'interrompit en lui disant que ni lui ni son confrère ne pouvaient être admis, jusqu'à ce qu'ils eussent justifié de leur état et de leurs qualités; qu'ils étaient tous deux infiniment suspects, attendu que personne ne les connaissait dans la province; que l'on ne pouvait même douter de la supposition de leurs noms, puisque M. de Senez, qui les avait d'abord produits sous un nom, avait déclaré depuis ignorer comment ils se nommaient, et qu'en dernier lieu, il venait de les présenter sous des noms différents de ceux qu'il leur avait donnés d'abord. C'étaient en effet deux diacres que Boursier avait fait partir en poste de Paris, pour soutenir l'accusé contre la crainte des censures. On a su depuis leurs noms; ils s'appelaient Bourrey et Boullenois.

L'évêque de Senez interpella ensuite le concile de faire droit sur l'acte qu'il avait fait signifier le 11 du même mois, et se retira. Cet acte lui avait été envoyé de Paris par Boursier, et il l'avait fait recevoir par un notaire. Il y protestait contre tout ce que le concile ferait contre lui, prétendant que cette assemblée était incompétente pour le juger. Il fondait principalement sa prétention sur son appel, comme si un acte déclaré nul et schismatique par le pape et les évêques pouvait mettre à l'abri ceux qui l'avaient souscrit. Le concile jugea qu'avant de prononcer sur l'incompétence du tribunal, proposée par l'évêque de Senez, il fallait préalablement savoir s'il avouait et reconnaissait pour son ouvrage l'instruction pastorale qui seule avait donné lieu à la dénonciation; parce que, s'il la désavouait, l'acte par lequel il récusait le concile comme incompétent pour juger de ses écrits, tombait de lui-même et que le jugement en devenait inutile.

On pria l'évêque de Senez de rentrer; et le président, au nom du concile, l'interrogea juridiquement sur ce qui venait d'être délibéré. Il répondit affirmativement, ajoutant qu'il reconnaissait l'instruction pour son ouvrage, et qu'il était résolu à la soutenir; il signa la réponse à son interrogatoire, après l'avoir dictée lui-même, et parapha par première et dernière page l'exemplaire de l'instruction pastorale qui lui fut présenté.

Cet aveu et les réponses que l'évêque de Senez n'hésita point de donner à l'interrogatoire, et qu'il signa sans protestation, étaient une reconnaissance bien expresse de la compétence du tribunal; cependant ce prélat ne laissa pas, en se retirant, de demander une seconde fois que le concile prononçât sur l'incompétence.

L'affaire fut donc mise en délibération, et agitée avec toute l'attention qu'elle pouvait mériter. Une foule de raisons se présentèrent à l'esprit des prélats et des théologiens pour débouter notre réfractaire de sa prétention : son appel au futur concile de la constitution *Unigenitus*, renouvelé par l'acte dont il s'agissait, était nul et schismatique; l'appel comme d'abus ne pouvait suspendre la juridiction du concile, ni produire d'autre effet que celui d'exciter l'indignation contre un évêque qui avait eu la faiblesse de porter à un tribunal séculier la connaissance des matières dogmatiques; la prétendue indivisibilité d'une cause dans laquelle plusieurs personnes avaient le même intérêt que lui, ne pouvait empêcher le concile d'en connaître. Il serait superflu de rapporter en détail tout ce qui fut dit en cette occasion : on ajoutera seulement qu'il fut remarqué que Dioscore, évêque d'Alexandrie, avait proposé une indivisibilité de même espèce, pour se soustraire à la juridiction du concile de Chalcédoine.

Cet acte d'incompétence rejeté, l'évêque de Senez produisit un nouvel acte, par lequel il récusait en général tous les juges qui composaient le concile, et chacun d'eux en particulier. Ce prélat s'y donne pour un autre Chrysostome, et il compare ses confrères aux persécuteurs de ce saint. Son cœur, dit-il, souffre infiniment d'en venir à une si dure extrémité : cependant, quoiqu'il eût pu se décharger sur un huissier de la signification d'un acte si odieux, comme il avait fait par rapport à l'acte précédent, il parut se faire un plaisir d'en faire lui-même la lecture.

On fut indigné de le voir adresser la parole à son métropolitain, et le déclarer incapable d'être son juge, comme étant coupable de confidence et de simonie, sans apporter d'autre preuve de ce qu'il avançait, que le dire et l'allégation d'un avocat qui, à l'occasion d'un bénéfice uni par une bulle à l'abbaye de Vezelay, s'était avancé jusqu'à vouloir jeter sur la personne du prélat, pourvu alors de cette abbaye, quelque soupçon de simonie et de confidence. Soanen alléguait encore un arrêt du parlement de Paris, qui, en déboutant cet abbé de l'union du bénéfice, le condamnait à l'amende, peine ordinaire de ceux qui succombent en cause d'appel.

L'évêque de Senez n'épargna pas ses autres confrères. Il les récusa tous jusqu'à l'évêque de Digne, quoique celui-ci fût absent, et son procureur même, quoiqu'il n'eût point de voix. Il leur reprochait à tous des préventions contre sa personne, et des indiscrétions sur la manière de s'expliquer sur sa doctrine.

Rien de si frivole que ces allégations contre les suffragants; mais rien de si calomnieux que ce qu'il osa avancer contre son métropolitain; aussi, interpellé de se soumettre à la preuve, n'eut-il garde de s'y engager.

M. de Tencin mit alors sous les yeux du concile les pièces mêmes du procès qu'il avait eu pour ce bénéfice; mais l'évêque qui le récusait ne voulut point en entendre la lecture. On lui dit en vain que, s'il ne cherchait que la vérité, il devait être bien aise de la trouver : il se retira.

L'irrégularité et la nullité de ces récusations sautaient aux yeux; elles n'avaient aucun exemple dans les siècles passés. On a vu quelquefois récuser un évêque en particulier; mais il était réservé à l'évêque de Senez de fournir aux hérétiques un moyen aussi nouveau d'éluder le jugement de l'Eglise, en récusant tous les Pères d'un concile. Non-seulement les canons, mais encore les lois civiles ne permettent pas de récuser un tribunal entier, et les récusations particulières ne peuvent être admises, à moins qu'elles ne soient accompagnées de preuves.

L'évêque de Senez n'avait apporté aucune preuve, et ne voulut pas même s'engager à en donner dans la suite. Les évêques récusés désavouèrent une partie des faits qu'on leur reprochait; et les faits qu'ils ne nièrent pas ne pouvaient fonder une récusation légitime. Un évêque ne perd point sa qualité de juge pour s'être déclaré contre l'erreur : autrement on ferait un crime au pasteur de sa vigilance; et le devoir de veiller à la conservation de la saine doctrine, tout indispensable qu'il est, rendrait alors le pasteur inutile au troupeau (1).

L'évêque de Senez ne venait plus au concile; mais le zèle du métropolitain et des évêques ne se ralentissait pas. Ils redoublaient leurs exhortations et leurs prières, à mesure qu'ils le reconnaissaient plus coupable par l'examen de la pièce dénoncée.

On aurait pu juger dès lors : l'affaire était simple et la décision facile. Le concile crut cependant que, dans une affaire qui intéressait la religion et l'épiscopat, on ne pouvait user de trop de précaution ni de trop de sagesse. On se détermina à faire appel aux évêques des provinces voisines, c'est-à-dire à ceux du Dauphiné et de Provence, et des deux métropoles de Lyon et de Besançon, qui étaient les plus voisines d'Embrun.

Dès le 8 septembre, jour auquel il y eut communion générale à la messe de tous les membres du concile, on put compter au concile dix évêques de plus, savoir : les évêques de Gap, de Marseille, de Belley, de Fréjus, de Sisteron, d'Autun, de Viviers, d'Apt, de Valence et de Grenoble. L'évêque de Nice, que le pape avait renvoyé de Rome à son métropolitain pour être sacré en plein concile, s'y rendit quelques jours après. A mesure que les prélats arrivaient, ils se faisaient un devoir de visiter l'évêque de Senez, et de lui représenter ce que la religion exigeait de lui, et les suites fâcheuses où allait l'exposer une plus longue résistance; mais à l'occasion du *Te Deum*, chanté le 7 septembre pour l'heureux accouchement de la reine, il était arrivé un incident que l'évêque de Senez fit naître, et dont il prit prétexte pour former de nouvelles plaintes.

Le jour indiqué pour cette cérémonie, l'évêque de Senez se rendit à l'archevêché, où il s'entretint familièrement avec tous les prélats qui y étaient rassemblés. Comme il vit qu'ils se disposaient pour aller à l'église, il sortit en disant à son métropolitain qu'il allait prendre son rochet et son camail, afin de l'y accompagner. Quelques-uns des évêques témoignèrent de la répugnance à se trouver avec lui à cette cérémonie; et, avant qu'ils eussent pris leur dernière résolution, l'évêque de Senez rentra. L'archevêque lui communiqua ce qui venait de se passer, et ajouta que, s'il lui permettait de le dire, il n'était pas prudent, après s'être absenté depuis quinze jours du concile, de se présenter à la cérémonie du *Te Deum* sans l'en avoir averti, comme il aurait pu le faire dans la visite qu'il avait été lui rendre le matin. « Vous me dites donc de me retirer? » reprit l'évêque de Senez. « Non, repartit l'archevêque, je ne vous dis point de vous retirer, ni de rester; je ne fais que vous exposer la répugnance que m'ont témoignée quelques-uns de messieurs les évêques. » Alors l'évêque de Senez se retira brusquement; et par sa retraite il décida lui-même la question qu'il avait fait naître.

On notifia, le 8 septembre, à l'évêque de Senez que les évêques nouvellement arrivés étaient joints au concile pour examiner ses écrits. Après que ces prélats eurent pris connaissance, tant de l'instruction pastorale que de la dénonciation qui en était faite, et des procédures qui avaient suivi, il fut arrêté qu'on ferait trois citations à l'évêque incriminé.

La première citation fut faite le 10 septembre par les évêques de Vence et de Sisteron; la seconde, le 11 du même mois au matin, par les évêques de Belley et de Grenoble, et la troisième, le même jour après midi, par les évêques d'Autun et de Viviers. Toutes les trois furent faites par les évêques qu'on vient de nommer, accompagnés du secrétaire et des deux notaires du concile.

Il ne répondit aux deux premières citations, non plus qu'à la notification de l'arrivée des évêques, qu'en réitérant ses premières protestations; mais après la troisième citation il reparut au concile, et demanda qu'on laissât entrer avec lui deux huissiers, qu'il avait pris pour témoins. Une demande si irrégulière et si contraire au respect dû au concile ne pouvait qu'être rejetée; aussi le prélat qui l'avait faite insista peu sur cela, et le concile se portant à croire qu'il était

---

(1) M. Picot ajoute que cette séance finit par l'admission des théologiens qui furent présentés. Les théologiens avaient été nommés dès la séance du 16.

venu pour obéir aux citations, le président l'interrogea sur les trois points dénoncés de son instruction pastorale. Il répondit qu'on allait l'entendre; et l'on vit une seconde fois ce prélat lire lui-même un acte (ouvrage de Boursier) encore plus outré que son instruction pastorale, et dans lequel, après plusieurs autres excès, il répète ce qu'il avait dit de plus violent contre la signature du formulaire; il forme un appel nouveau et odieux du prétendu violément de la paix de Clément IX au pape et au futur concile, qu'il prie Sa Sainteté de convoquer; et ce qui n'est pas moins singulier, cet acte était signé de l'évêque de Montpellier, et fut signifié tant en son nom qu'en celui de l'évêque de Senez.

L'archevêque président lui demanda si ce qu'il venait de lire était la réponse qu'il donnait à l'interrogatoire qu'il lui avait adressé au nom du concile. L'évêque répondit qu'il n'avait point d'autre réponse à faire, et qu'il renouvelait ses protestations d'incompétence; et sur ce qu'il avait dit dans cet écrit qu'aucune des cinq propositions n'était dans le livre de Jansénius, et qu'il y avait avancé que plusieurs évêques étaient unis avec lui dans ce nouvel appel, l'archevêque reprit : « Mais au moins vous convenez bien, Monseigneur, que la première proposition est dans Jansénius? » Il en convint. « Ayez la bonté, ajouta l'archevêque, de nous apprendre quels sont les autres évêques que vous dites unis avec vous dans cette occasion. » Il avoua que celui de Montpellier était le seul. « Vous deviez donc, conclut l'archevêque, changer ces deux articles dans votre acte. »

L'évêque de Senez ne s'en tint pas là. Avant que la journée finît, il fit signifier un autre acte, dans lequel, réitérant toujours ses premiers moyens de prétendue incompétence, il allégua une récusation générale contre tous les évêques nouvellement arrivés : il y ajouta des récusations particulières contre la plus grande partie d'entre eux, et renouvela contre l'archevêque cette même récusation, qu'il avait dit plusieurs fois à lui-même et à d'autres vouloir effacer de son sang.

Ces dernières récusations n'étaient pas plus solides que les premières ; on résolut donc de passer outre, et les trois citations qui avaient été faites n'ayant pas eu l'effet qu'on devait en attendre, le concile se vit obligé de procéder aux monitions canoniques. La première fut intimée le 15 septembre, par les évêques d'Autun et de Valence, assistés du secrétaire et des deux notaires du concile. La seconde se fit le 17 septembre, par les évêques de Sisteron et de Glandèves, assistés comme les premiers. Enfin la troisième monition fut faite le 18 du même mois par les évêques de Belley et de Grasse, assistés de la même manière. Ces prélats redoublèrent, au nom du concile, leurs prières et leurs instances pour engager l'évêque de Senez à se réunir à ses confrères ; mais toute sa réponse fut qu'il persistait dans ses mêmes actes. Il fallut donc procéder au jugement. Ce ne fut pas sans douleur de la part du concile ; le sacrifice lui coûta cher, mais la religion l'exigeait : et toutes les ressources de la charité étant épuisées, on ne pouvait plus s'abstenir de prononcer. Encore le concile ne le fit-il pas selon la rigueur des canons : il se contenta de faire ce qui était nécessaire pour mettre le troupeau à l'abri de la séduction, et il laissa le pasteur en état de reprendre sa place, dès qu'il voudrait réparer sa faute par une soumission sincère à l'Eglise et à ses décisions.

De quinze évêques qui composaient le concile, il n'y en eut que treize qui concoururent au jugement. L'évêque de Nice n'était pas encore sacré, et celui de Marseille, quoiqu'il se crût avec raison en droit de juger comme les autres évêques, qui en cela pensaient de même que lui, s'en abstint par une extrême délicatesse, et pour ôter à l'évêque de Senez, qui l'avait récusé comme son ennemi personnel, jusqu'au moindre prétexte de se plaindre. L'évêque de Nice ayant été sacré, lui et l'évêque de Marseille acquiescèrent au jugement, et signèrent les actes du concile (1).

Le concile, après un long préambule où il exposait tout ce qu'il avait fait pour ramener l'évêque de Senez à de meilleurs sentiments, porta, en date du 20 septembre, la sentence suivante :

« Tout mûrement considéré, et après avoir invoqué le saint nom de Dieu, le concile a condamné et condamne l'instruction pastorale qui a pour titre : *Instruction pastorale*, etc., comme téméraire, scandaleuse, séditieuse, injurieuse à l'Eglise, aux évêques et à l'autorité royale, schismatique, pleine d'un esprit hérétique, remplie d'erreurs et fomentant des hérésies; principalement en ce qui y est contenu contre la signature pure et simple du formulaire du souverain pontife Alexandre VII, laquelle signature y est qualifiée de vexation; en ce qui y est faussement et injurieusement avancé contre la constitution *Unigenitus*, et l'acceptation qui en a été faite; qu'elle renverse le dogme, la morale, la discipline et la hiérarchie de l'Eglise ; en ce que ladite instruction permet et recommande la lecture du livre condamné des *Réflexions morales* de Quesnel, comme très-propre à nourrir la piété des fidèles ; et encore en ce que le révérendissime seigneur évêque de Senez y anime ceux qui après sa mort pourraient être inquiétés au sujet de ce que dessus, à se conduire par les principes de ladite instruction pastorale.... Fait le concile très-expresses inhibitions et défenses à tous les fidèles de l'un et de l'autre sexe, exempts et non exempts, du diocèse de Senez et de cette province ecclésiastique, d'enseigner ou suivre la perverse doctrine de ladite instruction pastorale, et de tous autres

---

(1) M. Picot dit dans ses *Mémoires* que les actes du concile furent approuvés des seize évêques qui le composaient ; mais l'évêque de Senez, qui faisait le seizième, n'a jamais donné son approbation au concile qui le condamnait.

écrits favorisant ladite instruction, de les imprimer, vendre ou débiter, et de les lire. Et enjoint à tous ceux qui en ont des exemplaires imprimés ou manuscrits, de les remettre au greffe de l'officialité de leurs diocèses, le tout à peine d'excommunication, encourue par le seul fait, réservée à l'ordinaire. Ordonne le concile que le révérendissime seigneur Jean de Soanen, évêque de Senez, qui a avoué, adopté et signé ladite instruction pastorale, et qui nonobstant les monitions canoniques à lui faites de rétracter lesdits excès, y a opiniâtrément persisté, soit et demeure suspens de tout pouvoir et juridiction épiscopale, et de tout exercice de l'ordre tant épiscopal que sacerdotal, jusqu'à ce qu'il ait satisfait par due rétractation et condamnation, tant de ladite instruction pastorale, que de tous autres écrits qu'il pourrait avoir faits pour soutenir ladite instruction. Auquel cas de rétractation, le concile donne pouvoir au révérendissime seigneur archevêque d'Embrun, son métropolitain, et, en cas de vacance du siège métropolitain, au plus ancien suffragant de la province, d'octroyer au révérendissime seigneur Jean de Soanen, évêque de Senez, l'absolution à ce requise, etc. »

Le concile publia ensuite un grand nombre de décrets, divisés en dix-sept chapitres.

CHAP. Ier. — On rapporte la profession de foi prescrite par Pie IV, et on enjoint de la faire publiquement.

CHAP. II. *Des Constitutions apostoliques.* — « Comme la foi est le commencement et le fondement du salut des hommes, et que sans elle il est impossible de plaire à Dieu, le premier et le principal devoir de la vigilance pastorale est de la conserver pure et sans tache.

« C'est pourquoi, attendu que quelques-uns, s'éloignant de la simplicité de la foi, rejettent hautement et ouvertement, ou tâchent au moins d'éluder par interprétations artificieuses les constitutions apostoliques qui ont condamné les erreurs renouvelées dans ces derniers temps, le saint concile a jugé devoir publier les articles suivants, touchant l'obéissance qui est due à ces mêmes constitutions du saint-siège. »

1. « La constitution *Unigenitus*, portant condamnation de cent une propositions de Quesnel, qui a été reçue par le suffrage de l'Eglise universelle, est un jugement dogmatique, définitif et irréformable de cette Eglise dont Jésus-Christ a dit que les portes de l'enfer ne prévaudront point contre elle. Si quelqu'un donc n'acquiesce pas de cœur et d'esprit à cette constitution, ou ne lui rend pas une vraie et sincère obéissance, il doit être mis au nombre de ceux qui ont fait naufrage dans la foi. Que si quelques-uns, poussant plus loin l'opiniâtreté, à l'exemple des hérétiques, osent appeler au futur concile général du susdit jugement dogmatique, qui a condamné de nouveau, non les respectables sentiments des Pères, ou les opinions permises des écoles catholiques, comme le publient faussement les novateurs, mais principalement les erreurs de Baius et de Jansénius déjà condamnées depuis longtemps, qu'ils sachent qu'un semblable appel est nul de droit, scandaleux, schismatique, favorisant des erreurs déjà proscrites, injurieux au siège apostolique et à l'Eglise. »

2. « Mais, parce que quelques-uns de ceux qui ont causé les scandales dont nous venons de parler, rejetant le formulaire prescrit par Alexandre VII, emploient divers artifices pour en éluder la force, et prétendent que l'Eglise n'exige pas qu'en souscrivant ledit formulaire, on atteste avec serment que le sens hérétique des propositions condamnées par Innocent X est contenu dans le livre de Cornelius Jansénius; nous attachant à la constitution d'Alexandre VII, déclarons la susdite explication de la signature du formulaire, pernicieuse, téméraire, injurieuse à l'Eglise et à sa pratique, schismatique, favorisant même les hérétiques et les hérésies, et comme telle nous la rejetons et la condamnons. »

3. « Quant à ce qui regarde ces hommes inquiets qui, perdant tout respect pour le saint-siège, osent, au très-grand scandale de toute l'Eglise, enseigner que pour rendre aux susdites constitutions apostoliques l'obéissance qui leur est due, il n'est pas nécessaire de condamner intérieurement comme hérétique le sens du livre de Jansénius condamné dans les cinq propositions, mais qu'il suffit de garder sur ce point un silence respectueux, comme ils l'appellent ; le saint concile déclare que cette doctrine doit être en horreur à tout catholique, qu'elle est pleine d'artifices et pernicieuse, et qu'elle favorise les parjures. En effet cette doctrine est une espèce de manteau dont on se sert pour couvrir l'erreur, et non pour la répudier. Par là, au lieu d'obéir à l'Eglise, on se joue de son autorité. Enfin par là on fournit aux enfants de désobéissance un moyen assuré de fomenter et d'entretenir l'hérésie par le silence. Le même saint concile, conformément à la constitution de Clément XI *Vineam Domini Sabaoth*, déclare que par ce silence respectueux on ne satisfait point à l'obéissance qui est due aux susdites constitutions apostoliques, mais que tous les fidèles doivent rejeter non-seulement de bouche, mais encore d'esprit et de cœur, et condamner comme hérétique le sens naturel du susdit livre de Jansénius condamné dans les cinq susdites propositions, et que si quelqu'un ose enseigner ou dire le contraire, de quelque manière que ce soit, il encourt dès lors les censures et les peines portées par les susdites constitutions. »

4. « Que les évêques n'admettent aux ordres sacrés, et n'approuvent personne pour confesser et pour prêcher, ou pour posséder des bénéfices, sans avoir auparavant exigé leur souscription aux constitutions d'Innocent X et d'Alexandre VII, et sans s'être bien assurés qu'ils rendent aux constitutions de Clément XI *Vineam Domini Sabaoth* et *Unigenitus Dei Filius* une humble et sincère obéissance. »

5. « Enfin, comme les novateurs ne cessent de répandre partout des livres empoisonnés et séduisants, pour tâcher de surprendre la foi des simples, et pour engager, s'il était possible, les élus même dans leurs erreurs, et que telle est aujourd'hui l'iniquité du siècle, que la condamnation des mauvais livres ne sert qu'à exciter davantage la curiosité et l'envie qu'on a de les lire; pour arrêter le cours d'un mal qui ne s'est déjà que trop répandu et pour éloigner le troupeau de Jésus-Christ des pâturages nuisibles, le saint concile, conformément aux exemples que lui ont donné les conciles qui l'ont précédé, déclare excommuniés tous ceux qui auront osé lire, copier ou retenir chez eux des livres ou libelles défendus, et surtout ceux qui dans ces derniers temps ont été publiés contre les susdites constitutions apostoliques, soit manuscrits, soit imprimés; duquel lien d'excommunication ils ne pourront être absous et déliés que par une permission spéciale et particulière, excepté le cas de l'article de la mort. »

CHAP. III. *Des Évêques.* — 1. « Les archevêques et les évêques auront soin de se souvenir qu'ils ont été établis pour servir de modèles à leur troupeau, et tâcheront en conséquence de se distinguer entre tous les autres par la sainteté de leur vie et la pureté de leur doctrine. »

2. « Ils se montreront faciles dans leur abord, indulgents dans les réponses qu'on attendra de leur bouche, patients dans les contrariétés, miséricordieux dans leur sévérité même, empressés à donner des encouragements. »

3. « Ils veilleront sur les mœurs de leurs domestiques, de crainte que les désordres d'autrui ne tournent à leur propre honte. »

4. « Ils assisteront aux saints offices tous les jours de fêtes et surtout les dimanches.

5. « Ils se mettront bien dans l'esprit que leur vocation est de travailler et de s'occuper pour leur Eglise. Quoique le lieu de leur résidence soit la ville épiscopale, ils ne perdront pas de vue les autres parties de leur diocèse; mais présents en esprit à tout leur troupeau, ils ne négligeront le soin d'aucun individu, et ils étendront également à tous leur sollicitude pastorale. »

6. « Ils visiteront et parcourront chacun leur diocèse le plus fréquemment qu'il leur sera possible; ils conféreront le sacrement de confirmation, auquel ils n'admettront personne avant l'âge de sept ans. »

7. « Ils n'admettront aux saints ordres que ceux qui auront étudié la théologie pendant un temps suffisant, et ne laisseront personne prendre la soutane sans y être autorisé, avant de s'être enrôlé par la tonsure dans la milice sainte. »

8. « Aucun n'accordera de visa ni de bénéfice à des sujets refusés par leur propre évêque ou son vicaire général, qu'autant que le lui permettront les prescriptions ecclésiastiques, et qu'il y sera autorisé par la place qu'il occupe dans la hiérarchie. »

9. « Personne ne relèvera d'une sentence ou d'une censure portée par un archevêque ou un évêque, que cet évêque lui-même, ou un autre qui lui soit supérieur, et à qui les canons en confèrent le droit. »

10. « Si un évêque vient à tomber dangereusement malade, il sera visité par son confrère le plus voisin, qui le consolera et lui prêtera son assistance; s'il vient à mourir, le même collègue fera faire ses funérailles avec solennité. »

CHAP. V. *Des Chanoines.* — 1. « Tous les chanoines et les bénéficiers seront exacts à se rendre au chœur aux heures prescrites; ils y réciteront l'office divin avec décence et piété. »

2. « Ils s'habitueront à se lever matin pour prier et dire les psaumes, et la modicité de la rétribution ne sera pas un motif pour eux d'abandonner aucune partie de l'office; mais persévérant unanimement dans le chant des cantiques, ils réciteront distinctement, attentivement et à deux chœurs, les heures canoniales. »

3. « Qu'ils sachent bien qu'ils ne remplissent pas leur devoir, et perdent tout droit à une rétribution, s'ils ne mêlent pas leur voix à celles des autres, et si, au lieu de chanter avec le chœur, ils se contentent de réciter l'office à voix basse. »

4. « On pointera les absents sans leur faire de grâce, et on leur retiendra leurs honoraires à proportion des absences qu'ils auront faites. »

5. « Ils ne se permettront point de s'absenter de leur église sans congé, et sans un motif grave que les canons admettent, et ils se considéreront comme tenus à la résidence personnelle sous les peines portées par le saint concile de Trente. »

6. « On ne dira, autant que possible, aucune messe privée pendant la messe solennelle, le chant des matines ou des autres heures, et le sermon. »

7. « Les chanoines et les autres prêtres diront la messe le plus souvent possible, et garderont pour la dire l'ordre qui leur sera assigné. Le saint concile exhorte les simples clercs, et surtout les sous-diacres, à s'approcher souvent de la sainte table à la messe solennelle: il leur en fait même une obligation aux principales solennités, sous peine de privation de leur part d'honoraires. »

8. « Lorsque quelqu'un entrera dans un canonicat ou un bénéfice vacant, le saint concile défend de rien recevoir de lui qui ne soit employé à de pieux usages. »

9. « Le chapitre général sera convoqué au moins deux fois chaque année, et là, on s'enquerra avec prudence de la vie de chacun, et l'on fera avec beaucoup de douceur la correction fraternelle. Les chapitres ordinaires se tiendront une fois la semaine, au jour et aux heures d'usage, et on s'y occupera avec soin des rentes à recueillir, des biens à administrer et des autres affaires occurrentes. »

CHAP. V *Des Curés.* — 1. « Le saint concile enjoint à tous ceux qui ont charge d'âmes de nourrir leurs ouailles du pain de la parôle, de leur administrer les sacrements et de leur donner le bon exemple. »

2. « Ils enseigneront au peuple, au moins tous les dimanches, les mystères de la foi, les préceptes de l'Évangile, et les règles des mœurs; et ils n'ometteront jamais en ces jours la formule d'instruction et les prières marquées pour être dites au milieu de la messe. Ils feront tous les dimanches, et pendant le carême, autant que possible, deux fois la semaine, le catéchisme aux enfants, en se servant de celui que reconnaît le concile provincial, ou qui est approuvé par l'ordinaire. »

3. « Ils ne s'abstiendront que rarement de dire la messe, et selon leur devoir, ils en feront tous les dimanches l'application à leurs paroissiens. »

3. « Ils ne montreront point à leurs paroissiens une familiarité trop grande; ils ne se mêleront point sans nécessité d'affaires séculières; ils chercheront à apaiser les discordes et les procès, ils ne prendront aucune part aux festins, aux jeux de hasard, aux danses, aux spectacles et aux divertissements publics; ils garderont la modestie dans leur chevelure, et porteront la tonsure; ils seront toujours vêtus de la soutane dans le lieu de leur résidence, et n'entreront point dans les cabarets pour boire et manger, sous peine de suspense encourue par le seul fait. »

5. « Ils éviteront la conversation et la société des femmes comme fort dangereuse et souvent suspecte, et n'auront d'autres femmes chez eux, sous peine de suspense, que celles que permettent les canons. Leurs servantes seront âgées au moins de cinquante ans, et ils choisiront, autant que possible, leurs domestiques parmi les hommes. »

6. « Qu'ils prennent garde surtout qu'aucun enfant ne meure par leur faute sans baptême, ni aucun adulte sans recevoir les sacrements. »

7. « Ils garderont avec soin trois registres, l'un de baptêmes, un autre de mariages et le troisième de sépultures, et s'ils viennent à les perdre, ils en feront la recherche au plus tôt. Si quelqu'un les retenait frauduleusement, il encourrait la peine d'excommunication. »

8. « Ils ne s'absenteront que très-rarement de leur paroisse; ne seront jamais absents plus de six jours, si ce n'est pour de bonnes raisons qui soient approuvées de l'évêque, et après s'être substitué un autre prêtre avec sa permission. »

9. « Ils auront pour bibliothèque, et étudieront avec assiduité l'ancien et le nouveau Testament, le Concile de Trente, le Catéchisme de ce même concile, la Somme de saint Thomas et les Instructions de saint Charles aux confesseurs. »

10. « Tous les mois, excepté en hiver, ils auront des conférences avec leurs confrères voisins sur l'Écriture sainte et la théologie morale. Ils se conduiront avec sagesse dans ces réunions, comme il convient à des ministres de Jésus-Christ, et feront le rapport à l'évêque des matières qu'ils auront traitées, pour que celui-ci leur envoie en réponse sa décision. »

11. « Ce saint concile impose l'obligation aux curés et à leurs coadjuteurs de faire au moins une fois en deux ans une retraite spirituelle dans la maison qui leur sera assignée par l'évêque, et où n'étant occupés que de Dieu, ils puissent recevoir de lui la loi divine comme Moïse, et l'esprit de zèle comme Élie. »

Chap. VI. *De la Célébration de la messe.* — 1. « On ne s'approchera jamais de l'autel sans soutane pour y célébrer la messe. Si quelqu'un en use autrement, et qu'il enfreigne trois fois cette ordonnance, nous le déclarons suspens par le seul fait à la troisième fois. »

2. « Personne ne montera à l'autel sans s'y être préparé; et dans la célébration même on se comportera de telle manière que l'air tout seul du visage, le maintien du corps, la prononciation grave et distincte des paroles respirent la modestie et la sainteté; et tant pour la piété du prêtre que pour l'édification des fidèles, on ne se permettra point de s'en aller avant d'avoir achevé son action de grâces. Le saint concile recommande dans ce but qu'il y ait dans toutes les sacristies deux tableaux exposés, l'un desquels contienne la préparation à la messe, et l'autre l'action de grâces. »

3. « On observera avec une exacte ponctualité toutes les rubriques du Missel. On ne prononcera point à haute voix ce qui doit se dire à basse voix et en secret; on n'emploiera point d'autres rites que ceux qui sont reçus par le constant usage de l'Église, ou approuvés par l'autorité de l'évêque. Si quelqu'un omettait ces rites de propos délibéré, ou en introduisait de nouveaux ou d'inusités, le saint concile le déclare suspens par ce seul fait. »

4. « On n'admettra aucunes fondations (de messes) qu'elles n'aient été reconnues et approuvées de l'ordinaire; admises une fois, on les remplira religieusement, ou s'il est impossible de le faire, à cause de l'extrême modicité des revenus, on ne se permettra de les réduire qu'avec l'autorisation de l'évêque. »

Chap. VII. *De l'Administration des sacrements.* — « 1. Les curés auront soin d'expliquer souvent la vertu des sacrements qu'ils auront à administrer, et exhorteront les fidèles à les recevoir avec piété et respect. »

2. « Les prêtres prendront bien garde de se souiller du crime de sacrilége en administrant des sacrements avec quelque péché mortel sur la conscience, ou d'encourir, en les conférant, quelque soupçon d'avarice. »

3. « Le curé, pendant qu'on les recevra, avertira les assistants de ne pas y mêler des entretiens inutiles, mais de se conduire avec toute la modestie et le respect qui conviennent. »

4. « On ne se servira, pour administrer les sacrements, que du rituel romain dans toute la province. »

Les autres chapitres, jusqu'au quinzième,

traitent de chacun des sacrements en particulier, et entrent là-dessus dans des détails qu'il pourrait être superflu de reproduire. Les trois derniers tracent des règlements sur les indulgences, les reliques et les sépultures.

Le concile d'Embrun tint sa dernière session le 28 septembre. Deux jours auparavant il avait censuré les deux ouvrages du P. le Courrayer, chanoine et bibliothécaire de Sainte-Geneviève, qui non-seulement s'était fait appelant, mais encore avait émis des opinions voisines du socinianisme (*Voy.* PARIS, l'an 1727).

Les actes du concile d'Embrun ayant été soumis à l'approbation du saint-siége, ainsi que les canons le prescrivaient, le pape Benoît XIII répondit à l'archevêque d'Embrun par un bref sous la date du 25 octobre 1727, dont voici les passages les plus importants : « Que le Seigneur qui vous a assisté, et qui a conduit vos comprovinciaux, pour penser et décider unanimement, assiste de même les autres métropolitains de ce florissant royaume pour vous imiter et pour faire revivre l'ancien usage : faisant voir par là à toute l'Eglise, non-seulement l'avantage qu'on retire de ces assemblées si nécessaires pour la discipline, mais encore la facilité qu'il y a de les tenir et de les terminer : faisant voir encore que les synodes provinciaux ne portent point de trouble aux princes, quand ils ne se laissent pas surprendre par les mauvais conseils des ennemis des règles ecclésiastiques. » *Relation de ce qui s'est passé dans le concile d'Embrun*, par M. de Michel ; *Mém. pour serv. à l'Hist. eccl.* ; *Conc.* t. XXI.

EMERITANUM (*seu Emeritense concilium*) ; *Voy.* MÉRIDA.

ENGILHEIM (Concile d') ; *Voy.* INGILHEIM.

ENGOLISMENSIA (*Concilia*) ; *Voy.* ANGOULÊME.

ENHAM (Concile d'), *Eingthamense*, l'an 1009.

Le roi Æthelrède assembla ce concile à la prière d'Ælfeage de Cantorbéry, et de Wulstan d'Yorck. On y appela les évêques et les grands seigneurs du royaume, et l'on en fit l'ouverture le jour de la Pentecôte. Nous en avons trente-deux canons touchant les mœurs et la discipline de l'Eglise.

1. On exhorte les clercs, les abbés, les abbesses, aussi bien que les personnes qu'ils ont sous leur conduite, à vivre suivant leur profession ; et l'on enjoint à tous les chrétiens de faire pénitence.

2. Défense aux ministres de Dieu, surtout aux prêtres, de se marier, sous peine d'être soumis aux charges publiques et aux tributs.

3. On recommande l'amour de Dieu et l'éloignement des superstitions païennes.

4. Les sorciers, les enchanteurs, les femmes débauchées, les parjures, seront bannis du pays.

5. On ordonne de réformer les lois injustes.

6. Aucun chrétien ne sera vendu hors de son pays, principalement pour le service d'un païen.

7. On ne punira point de mort un chrétien pour une faute légère.

8. Les chrétiens ne pourront contracter mariage jusqu'au sixième degré de consanguinité.

9. On pourvoit à la paix et à la liberté de l'Eglise.

10 et 11. Chacun payera exactement la dîme de ses fruits, et le denier de saint Pierre, aux jours marqués.

12, 13 et 14. On payera aussi trois fois l'année les cens pour l'entretien des luminaires et le droit de sépulture à l'ouverture de la fosse, et s'il arrive que le corps soit inhumé hors de la paroisse, on ne laissera pas de payer ce qui est dû à l'Eglise d'où dépendait le défunt pendant sa vie.

15, 16 et 17. On jeûnera la veille de l'Assomption de la Vierge et des fêtes des Apôtres, à l'exception de celle de saint Jacques et de saint Philippe, à cause qu'elle se rencontre dans le temps pascal ; les jours des Quatre-Temps, et tous les vendredis de l'année, si ce n'est qu'il y ait une fête en l'un de ces jours.

18. On ne plaidera point, on ne prêtera point de serment en justice, et l'on ne célébrera point les noces dans les fêtes solennelles, dans les Quatre-Temps, depuis l'Avent jusqu'à l'octave de l'Epiphanie, et depuis la Septuagésime jusqu'à la fin de la quinzaine après Pâques.

19. Les veuves ne pourront se remarier qu'après un an de viduité.

20. On exhorte les chrétiens à s'approcher, au moins trois fois l'année, des sacrements de pénitence et d'eucharistie.

21. On défend les faux poids, les fausses mesures, les faux témoignages, les querelles, les dissensions, et enfin tous les péchés, et l'on veut que les chrétiens fassent voir la régularité de leurs mœurs dans leurs paroles et leurs actions.

22, 23, 24, 25 et 26. Ce sont divers règlements touchant la police du royaume.

27 et 28. Ces deux canons sont contre les homicides d'eux-mêmes, les criminels de lèse-majesté, et ceux qui corrompent des vierges ou des veuves.

29. On exhorte à travailler à l'augmentation de la religion.

30. On recommande aux ecclésiastiques la chasteté et l'assiduité à la prière ; et l'on exhorte les laïques à la foi en Dieu, à l'observation des jeûnes, à la sanctification des fêtes et des dimanches, pendant lesquels on ne tiendra ni foire, ni marché, ni assemblée du peuple, on n'ira point à la chasse, et l'on ne fera aucune œuvre mondaine. On exhorte aussi les laïques à honorer les ministres du Seigneur, à nourrir les pauvres, à consoler les veuves et les orphelins, à assister les voyageurs et les étrangers, et enfin à ne point faire aux autres ce qu'ils ne voudraient pas qu'on leur fît à eux-mêmes.

31. On ordonne de convertir en usages pieux les amendes portées contre ceux qui ont commis quelques crimes contre Dieu ou contre l'Eglise

32. On ordonne que l'on imposera des peines selon la nature des péchés et la condition des personnes, mais que les grands seront punis plus sévèrement que les autres.

Il y a des exemplaires de ce concile où il ne se trouve que vingt-huit canons. *Anglic.* I.

ÉPAONE (Concile d'), *Epaonense*, l'an 517. On a beaucoup disputé sur la situation du lieu d'Épaone, où s'est tenu ce concile, et il n'est guère de points de l'histoire ecclésiastique qui aient été plus controversés. Chorier a placé le lieu de ce concile à Ponas, dont on connaît à peine l'existence. Une ancienne inscription trouvée à Yène, diocèse de Belley, et qui faisait mention de la déesse Epaone, a persuadé à plusieurs savants, et entre autres à Fleury, que Yène était le lieu du concile. M. Guizot (*Hist. de la civilis. en France*, t. III, p. 346), le place à Iéna en Savoie. On trouve dans le *Journal ecclésiastique*, février 1763, un mémoire de l'évêque de Gap sur le même sujet. L'illustre auteur prouve que l'ancien Epaone, où s'est tenu le concile qui en porte le nom, est le lieu qu'on nomme aujourd'hui Albon, paroisse de l'ancien diocèse de Vienne, entre cette dernière ville et celle de Romans, distant de l'une et de l'autre d'environ cinq lieues, et peu éloigné du Rhône. La terre d'Épaone dépendait anciennement de l'Église de Vienne, ce qui n'empêcha pas l'empereur Louis le Débonnaire de la donner en fief au comte Abbo, par un diplôme daté d'Aix-la-Chapelle, la dix-huitième année de son règne, qui peut être l'année 831, en comptant son règne depuis son association à l'Empire par Charlemagne. Une autre charte, qui fixe plus précisément la situation d'Épaone, se trouve au *folio* 43 du *Cartulaire de l'Église de Vienne* : c'est une donation faite à cette église par *Arlulfe*, et sa femme *Adoara*, des biens qu'ils avaient dans le Viennois, au lieu appelé *Ancyron*, au territoire d'Épaone. La date de cette charte est du 17 décembre, l'an 2e de la destruction de Vienne, sous le règne de Charles le Chauve, empereur. Ancyron était encore au dernier siècle une paroisse du Viennois, dépendante du comté d'Albon, et qui, étant alors dans le territoire d'Épaone, démontre qu'Epaone est le même lieu que l'on nomme aujourd'hui Albon. On voit que le mot *Epaonensis*, qu'on lit dans le diplôme de Louis le Débonnaire, était déjà corrompu, comme tant d'autres, sous le règne de Charles le Chauve, puisqu'on lit dans la dernière charte, *Ebbaonensi*. Soit donc que, par une continuité de changements, on en soit venu à faire Albon, du mot *Ebbaonensi*, soit que le comte Abbo, ou Albo, ait donné son nom à la terre qu'il avait reçue en fief de l'Église de Vienne, il paraît constant que l'ancien Epaone est le lieu connu à présent sous le nom d'*Albon*, et duquel dépendait la paroisse d'Ancyron, qui est le signe caractéristique de l'identité.

Ce fut sous le consulat d'Agapite, et le 10 des calendes d'octobre, c'est-à-dire le 15 septembre 517, que se tint le concile d'Épaone, la première année du règne de Sigismond, que saint Avite, évêque de Vienne, avait converti à la foi catholique. Il se trouva en ce concile vingt-cinq évêques, tous du royaume de Bourgogne, dont le premier est saint Avite, qui y présida, après l'avoir convoqué, comme on le voit par la lettre circulaire qu'il écrivit à tous les évêques de sa province, pour les inviter au concile. L'on y fit quarante canons.

Le 1er ordonne que les évêques mandés par leur métropolitain, pour venir ou au concile, ou à l'ordination d'un évêque, ne pourront s'en dispenser qu'en cas de maladie.

Le 2e et le 3e défendent d'élever des bigames à la prêtrise ou au diaconat, et d'admettre dans le clergé ceux qui ont fait pénitence publique.

Le 4e défend aux évêques, aux prêtres et aux diacres, de nourrir des chiens ou des oiseaux pour la chasse, sous peine de trois mois d'excommunication pour l'évêque, de deux mois pour le prêtre, et d'un mois pour le diacre.

Le 5e défend aux prêtres d'un diocèse de desservir une paroisse ou une chapelle d'un autre diocèse, sans la permission de son évêque, à moins que l'évêque de qui ces prêtres dépendent ne les ait cédés à celui dans le diocèse duquel est cette église. (Ce canon est une preuve de l'ancienneté de la discipline qui oblige les prêtres qui veulent travailler dans un autre diocèse de prendre un *exeat* de leur évêque.)

Le 6e défend de recevoir à la communion un prêtre ou un diacre qui voyage sans avoir des lettres de son évêque.

Le 7e déclare nulles les ventes des biens de l'église faites par les prêtres qui desservent les paroisses.

Le 8e veut qu'ils dressent des actes par écrit des choses qu'ils achètent, ou pour eux-mêmes, ou au nom de l'Église. La même chose est ordonnée aux abbés : ils ne peuvent rien vendre sans la permission de l'évêque, ni même affranchir des esclaves qui ont été donnés aux moines.

Le 9e et le 10e défendent aux abbés de gouverner deux monastères et d'en établir de nouveaux à l'insu de l'évêque.

Le 11e porte que les clercs peuvent plaider devant les juges séculiers pour se défendre, mais non pour s'accuser, si ce n'est par l'ordre de l'évêque.

Le 12e défend à l'évêque de vendre quelque chose des biens de l'église, sans l'agrément du métropolitain ; mais il lui permet de faire des échanges utiles.

Le 13e dit qu'un clerc convaincu de faux témoignage est tenu pour coupable de crime capital.

Le 14e, qu'un clerc, qui est ordonné évêque dans une autre église, doit rendre à l'église qu'il quitte, les biens ecclésiastiques dont elle l'avait gratifié. (Cela prouve que les bénéfices d'une église n'étaient encore possédés que par ceux qui pouvaient y résider et la servir.)

Le 15e défend aux clercs catholiques de manger avec des clercs hérétiques, sous peine d'un an d'excommunication pour les clercs des ordres supérieurs, et pour ceux des ordres inférieurs, sous peine d'être châtiés corporellement. Il défend aussi aux laïques de manger avec les juifs, et aux clercs de manger même avec ceux qui auraient mangé avec les juifs.

Le 16e permet aux prêtres de réconcilier par le saint chrême les hérétiques mourants : ceux qui sont en santé doivent s'adresser à l'évêque.

Le 17e déclare nuls les legs qu'un évêque fait, par testament, des biens de l'église, à moins qu'il ne la dédommage de ses biens propres.

Le 18e déclare que les biens de l'église que les clercs possèdent, même par l'autorité du prince, ne passeront jamais en propriété, quelque prescription qu'il puisse y avoir.

Le 19e porte que si un abbé trouvé en faute ou en fraude, quoiqu'il se prétende innocent, ne veut pas recevoir un successeur de la part de son évêque, l'affaire sera portée par-devant le métropolitain.

Le 20e défend aux évêques, aux prêtres, aux diacres, et à tous autres clercs, d'aller voir des femmes à des heures indues, ce qu'il entend de midi et du soir ; ajoutant que s'il y a nécessité de les aller voir, ils le pourront, accompagnés d'autres clercs.

Le 21e défend de consacrer des veuves en qualité de diaconesses. On leur donnera seulement la bénédiction de la pénitence, si elles veulent se convertir, c'est-à-dire, mener une vie religieuse. [La coutume de consacrer des veuves diaconesses, en Occident, commença à s'abolir après ce règlement du concile d'Epaone. Quant à la bénédiction de la pénitence, dont il est parlé à la fin de ce canon, il ne faut pas l'entendre de celle qu'on donnait aux pénitents publics, lorsqu'on les réconciliait à l'Église, mais des prières que l'Église faisait lorsqu'elle recevait des veuves qui se consacraient à Dieu, en promettant la continence : c'est ainsi que l'explique le second concile de Tours.]

Le 22e ordonne qu'un prêtre, ou un diacre, coupable d'un crime capital, sera déposé et renfermé, le reste de ses jours, dans un monastère où on lui donnera la communion.

Le 23e excommunie ceux qui abandonnent la pénitence pour mener une vie séculière, à moins qu'ils ne reprennent leur pénitence.

Le 24e permet aux laïques d'accuser les clercs, quelque élevés qu'ils soient en dignité, pourvu que ce qu'ils avancent contre eux soit vrai.

Le 25e défend de mettre des reliques dans les oratoires de la campagne, s'il n'y a des clercs dans le voisinage pour y venir faire l'office, et rendre honneur à ces cendres précieuses par le chant des psaumes. Que s'il n'y en a pas d'assez proche, l'on n'en ordonnera aucun pour ces oratoires, sans une fondation suffisante pour leur vêtement et leur nourriture.

Le 26e défend de consacrer avec l'onction du chrême d'autres autels que ceux de pierre.

Le 27e. « Les évêques de la province suivront le rit de la métropole, dans la célébration de l'office divin.»

Le 28e. « S'il arrive qu'un évêque meure avant d'avoir absous une personne condamnée, le successeur pourra l'absoudre, en cas qu'elle se soit corrigée de sa faute et qu'elle en ait fait pénitence. »

Le 29e abrège la pénitence prescrite par les anciens canons à ceux qui sont tombés dans l'hérésie après le baptême. On la réduit à deux ans, pendant lesquels ils doivent jeûner tous les trois jours, fréquenter l'église, s'y tenir à la place des pénitents, et sortir avec les catéchumènes.

Le 30e défend de recevoir à pénitence ceux qui auront contracté des mariages incestueux, s'ils ne se séparent. On appelle ainsi les mariages avec la belle-sœur, la belle-mère, la belle-fille, la veuve de l'oncle, la cousine germaine, ou issue de germaine.

Le 31e renouvelle la pénitence marquée dans les vingt-deuxième et vingt-troisième canons du concile d'Ancyre, contre les homicides qui auront évité la peine portée par les lois.

Le 32e. « La veuve d'un prêtre, ou d'un diacre, ne pourra se remarier. Si elle le fait, elle sera chassée de l'église, de même que son mari, jusqu'à ce qu'ils se séparent. »

Le 33e. « Les églises des hérétiques seront regardées comme impures et exécrables, et on ne pourra les appliquer à de saints usages, n'étant pas possible de les purifier; mais on pourra reprendre celles qu'ils auront ôtées par violence aux catholiques. »

Ce canon est contraire au dixième du premier concile d'Orléans, qui porte qu'il faut consacrer les églises des hérétiques ; et c'est l'usage général de l'Église.»

Le 34e. « Le maître qui aura fait mourir son esclave de sa propre autorité sera privé, pendant deux ans, de la communion de l'Église. »

Le 35e. « Les citoyens distingués par leur naissance célébreront la nuit de Pâques et celle de Noël avec leur évêque, en quelque lieu qu'il se trouve, pour recevoir sa bénédiction. »

Le 36e. « On ne doit ôter à aucun pécheur l'espérance du pardon, s'il fait pénitence et se corrige. Que s'il se trouve à l'article de la mort, on doit lui remettre le temps de la pénitence prescrit par les canons, à condition qu'il la fera, s'il revient en santé après avoir reçu l'absolution de ses péchés.»

Le 37e. « Il n'est pas permis d'ordonner un laïque, qu'il n'ait auparavant donné des marques de piété.»

Le 38e. « Il ne l'est pas non plus d'accorder l'entrée des monastères de filles, sinon aux personnes âgées et d'une vertu éprouvée, lorsque les besoins du monastère le demandent. Ceux mêmes qui y entrent, pour dire la messe doivent sortir aussitôt que le service est fini. Les clercs, et les jeunes moines spécialement, n'y entreront pas, si ce n'est qu'ils y aient des parentes. » [Ce canon fait voir que les religieuses n'avaient alors que des chapelles dans l'intérieur de leurs maisons.]

Le 39°. « Si un esclave, coupable de quelque crime atroce, se réfugie dans l'église, il ne sera exempt que des peines corporelles ; et l'on n'obligera pas son maître de prêter serment de ne lui point imposer de travail extraordinaire, ou de ne lui point couper les cheveux pour le faire connaître. »

Le 40° déclare que les évêques qui négligeront de veiller à l'observation de ces canons, seront coupables, et devant Dieu et devant leurs confrères.

Après les souscriptions des deux métropolitains, saint Avite de Vienne, et saint Viventiole de Lyon, on voit celles de saint Sylvestre de Châlons-sur-Saône, de saint Apollinaire de Valence, frère de saint Avite, de saint Grégoire de Langres, de saint Pragmace d'Autun, de saint Maxime de Genève, de saint Florent d'Orange. *Hist. des aut. sacr.*, etc.

EPERNAY (Concile d'), *Sparnacense*, autrefois dans le diocèse de Reims, l'an 847 ou 848. On y présenta au roi Charles le Chauve les capitulaires extraits des conciles précédents, et en particulier du concile de Meaux de l'an 845 ; il n'en voulut agréer, d'après les remontrances des seigneurs, que les canons 1, 3, 15, 20, 21, 22, 23, 24, 28, 37, 40, 43, 47, 53, 56, 57, 62, 67, 68 et 72. *Voy.* MEAUX, à l'an 845.

EPHÈSE (Concile d'), *Ephesinum*, l'an 196 ou 197. *Voy.* ASIE.

EPHÈSE (Concile d'), l'an 245. Vers l'an 245, il y eut un concile à Ephèse, ou en quelque autre endroit de l'Asie proconsulaire, contre l'hérétique Noël. *S. Epiphan. hæres.* LVII, *pag.* 479, edit. *Petav.; Baluzius, in nova Collect. Hard.*, tom. I.

EPHÈSE (Concile d'), l'an 401. Après la mort d'Antonin (*Voy.* CONSTANTINOPLE, l'an 400), le clergé d'Ephèse, avec les évêques d'Asie, écrivit à saint Chrysostome, pour le conjurer de venir réformer cette Eglise, affligée depuis longtemps par les ariens et par les mauvais catholiques, et empêcher les brigues de ceux qui s'efforçaient par argent de s'emparer du siége vacant.

L'on était encore en hiver lorsque ce saint évêque reçut cette lettre, Antonin étant mort sur la fin de l'an 400, avant d'avoir été condamné. Il paraît même que saint Chrysostome se trouvait alors incommodé. Mais rien ne put l'arrêter, et le désir de remédier aux maux de l'Eglise d'Ephèse le fit passer pardessus tous ces obstacles. Il partit donc de Constantinople sur la fin du mois de janvier de l'an 401, accompagné de trois évêques, Paul, Cyrin et Pallade, que l'on croit être celui d'Hélénople. Saint Chrysostome fut reçu à Ephèse comme un second saint Jean l'Évangéliste. Il y assembla un concile des évêques d'Asie, de Lydie et de Carie, dont la plupart vinrent d'eux-mêmes, attirés par la réputation de saint Chrysostome, qu'ils souhaitaient extrêmement de voir et d'entendre, surtout ceux de Phrygie.

Comme le peuple d'Ephèse était divisé en deux partis sur deux sujets, saint Chrysostome leur en proposa un troisième, qui était Héraclide, son diacre. Il fut accepté, et ordonné par le saint et par les évêques du concile, qui étaient au nombre de soixante-dix.

Après que la paix eut été rendue à l'Eglise d'Ephèse par cette ordination, Eusèbe de Valentinianople, séparé de la communion de l'Eglise pour avoir abandonné l'action qu'il avait commencée contre Antonin, vint se présenter au concile, demandant à être rétabli. Quelques évêques s'y opposèrent, disant que c'était un calomniateur. Il offrit de fournir à l'instant les témoins nécessaires contre les évêques simoniaques, et le concile trouva bon d'examiner la chose. On fit lire d'abord les actes de ce qui s'était passé sur cela l'année précédente, puis on entendit les témoins. Six de ceux qui avaient été ordonnés pour de l'argent se trouvèrent chargés par les témoins. Ils voulurent nier leur crime, mais les témoins persistèrent, et le leur soutinrent si fortement, et circonstancièrent tellement toutes choses, qu'ils avouèrent enfin ce qu'ils avaient nié d'abord, s'excusant sur ce qu'ils avaient cru qu'il était ordinaire d'en agir ainsi, et qu'ils ne s'étaient engagés dans l'épiscopat que pour s'affranchir des grandes dépenses auxquelles les décurions ou conseillers des villes étaient obligés. Ils demandèrent d'être maintenus, s'il était possible, dans le ministère de l'Eglise ; sinon qu'on leur rendît l'or qu'ils avaient donné ; car quelques-uns d'entre eux avaient vendu, pour être ordonnés évêques, jusqu'aux ameublements de leurs femmes. Saint Chrysostome dit au concile : « J'espère que l'empereur, à ma prière, les déchargera des fonctions curiales ; ordonnez que les héritiers d'Antonin leur rendent ce qu'ils ont donné. » Cet avis fut suivi, et le concile déposa ces six évêques simoniaques, leur permettant seulement de communier avec les ecclésiastiques dans le sanctuaire. Tous acquiescèrent à leur déposition, et on mit à leur place d'autres évêques recommandables par leur vie et leur science, et qui avaient toujours gardé la continence. Les actes de leur déposition furent signés des soixante-dix évêques du concile, et ce jugement fut applaudi par un consentement général des peuples de toute l'Asie. *Pallad. Dial. de Vita S. Chrys.*, p. 53; *Photius*, cod. 273.

EPHÈSE (Concile d'), troisième œcuménique, l'an 431. Les quatre évêques égyptiens chargés de porter à Nestorius la lettre synodale du concile d'Alexandrie (*Voyez* ce mot, l'an 430), n'étaient point encore arrivés à Constantinople, que l'empereur Théodose avait déjà ordonné la convocation d'un concile général, d'après les sollicitations qui lui en étaient faites, tant de la part des catholiques que de Nestorius et de ses partisans. La lettre de convocation, que nous avons encore, est datée du 19° jour de novembre. Elle ne porte en tête que le nom de saint Cyrille, comme si elle avait été écrite pour lui en particulier; mais on voit que c'était une lettre circulaire adressée au métropolitain de chaque province. Elle est au nom des deux empereurs, savoir de Théodose et de Valentinien, suivant la forme ordinaire ; et on n'y voit rien qui marque que le pape ait pris une part directe à cette convocation. Il reconnaît au contraire, dans sa lettre à Théodose, que le concile avait été assemblé par les ordres de ce prince ; tout le concile le dit en termes formels, et les légats le reconnaissent aussi. Du reste, à la tête des catholiques qui avaient demandé à l'empereur la convocation de ce concile, on doit compter saint Cyrille, comme l'atteste Evagre, *l.* I, c. 3; et le saint patriarche d'Alexandrie avait été chargé par le pape saint Célestin de toute l'affaire relative à Nestorius. Enfin la présence des légats du pape au concile prouve assurément que si la convocation qui en fut faite ne fut pas l'ouvrage du souverain pontife, du moins elle fut loin de lui déplaire, et qu'il s'empressa de la ratifier.

Aussitôt après la fête de Pâques, qui, en 431 était le 19 avril, les évêques se préparèrent à partir pour le concile qui devait se tenir à Éphèse le 7 juin, jour de la Pentecôte. Le pape Célestin, ne jugeant point à propos d'y venir lui-même, y envoya trois légats, Arcadius et Projectus, évêques, et Philippe, prêtre de l'Église romaine, du titre des Apôtres, pour exécuter ses ordres. Il leur donna un mémoire daté du 8 mai de la même année, avec des instructions particulières qui tendaient surtout à maintenir l'autorité du siége apostolique, en ne prenant point de parti dans les disputes, mais se réservant d'être les juges des différents sentiments des autres. Dans le mémoire il leur recommandait de s'unir entièrement à saint Cyrille, pour se conduire en tout par ses avis, soit dans le concile, soit pour savoir ce qu'ils auraient à faire en cas qu'ils trouvassent le concile fini sans avoir pu pacifier les troubles. Il les chargea aussi de trois lettres, l'une du 7 mai pour saint Cyrille ; une autre du 8 du même mois, pour le concile ; et la troisième du 15, pour l'empereur. Sa lettre au concile n'est qu'une exhortation générale à soutenir avec fermeté la défense de la vérité. Le pape la finit en disant qu'il envoyait ses trois légats pour être présents au concile, et faire exécuter ce qu'il avait déjà ordonné l'année précédente pour le bien de l'Église universelle, ne doutant pas que le concile n'y donnât son consentement.

Théodose avait appelé à Éphèse les évêques d'Afrique, souhaitant surtout que saint Augustin fût du nombre. Mais ce saint était mort quelques mois avant que la lettre de convocation arrivât en Afrique. Capréolus, alors évêque de Carthage, aurait bien voulu assembler les évêques de cette province, pour envoyer au concile une députation solennelle ; le temps se trouva trop court depuis la réception de la lettre de convocation jusqu'au terme indiqué pour le concile, ce qui fit qu'il ne put à envoyer que Vésulas, son diacre, avec une lettre où, après s'être excusé de ce qu'il ne pouvait pas faire davantage, il reconnaissait la nécessité de rejeter toutes les nouvelles doctrines par l'autorité des anciennes, et priait le concile de ne faire aucune attention à la demande des pélagiens pour un nouvel examen de leur doctrine. Capréolus écrivit à l'empereur sur le même sujet et sur la mort de saint Augustin. Cette députation ne fut point inutile : le concile s'en servit pour montrer à Théodose que toute l'Église d'Afrique consentait à tout ce qui s'était passé dans l'affaire de Nestorius.

Comme il était un des plus proches d'Éphèse, il y arriva l'un des premiers, accompagné du comte Irénée, qui l'avait suivi, et du comte Candidien, capitaine des gardes de l'empereur, qui menait des troupes avec lui pour prêter main forte au concile. Saint Cyrille y vint, au contraire, accompagné de cinquante évêques. Juvénal de Jérusalem n'arriva que cinq jours après la Pentecôte, avec les évêques de la Palestine. Memnon, évêque d'Éphèse, y avait appelé environ quarante évêques d'Asie. Il y en vint aussi du Pont et de la Cappadoce, et de l'île de Chypre. Rufus de Thessalonique, n'ayant pu y venir, parce qu'il était malade, y envoya Flavien de Philippes, pour tenir sa place et son rang. Périgène, métropolitain de Corinthe, s'y rendit encore avec plusieurs évêques de sa juridiction. On compte dans ce concile près de deux cents évêques, dont la moitié étaient des métropolitains si habiles et si savants, qu'ils pouvaient presque tous parler et écrire sur les matières de la foi. Théodose voulut qu'un de ses officiers assistât de sa part au concile, afin que tout s'y passât dans le bon ordre et la tranquillité, et nomma à cet effet le comte Candidien, le même qui avait accompagné Nestorius. Ce prince ne prétendait pas néanmoins que cet officier entrât dans l'examen qui devait se faire sur les dogmes, sachant que cela était du ressort des évêques seuls, en quoi il suivit l'avis de saint Isidore de Péluse, qui lui écrivit sur ce sujet. Candidien était chargé d'une lettre pour le concile, qui renfermait les causes de sa députation : l'empereur y avertissait les évêques que si l'on formait quelque action ou pour de l'argent ou pour une autre affaire civile, contre quelqu'un d'entre eux, il ne voulait pas qu'elle fût jugée à Éphèse, soit par les magistrats, soit par le concile, mais qu'elle fût renvoyée à Constantinople. Il y défendait encore au concile de s'arrêter à l'examen des affaires particulières qui n'auraient point de rapport à celle du dogme, jusqu'à ce que celle-ci eût été entièrement terminée. Enfin il avait donné ordre à Candidien d'empêcher qu'aucun évêque ne sortît d'Éphèse, et d'en faire sortir, au contraire, les séculiers et les moines qui seraient venus d'autre part.

Jean d'Antioche et les autres évêques de l'Orient se firent attendre longtemps, prétendant qu'il leur était impossible de se rendre à Éphèse pour le jour marqué, qui était le 7 juin. On attendit aussi les évêques d'Italie et de Sicile. Pendant ce délai les évêques assemblés à Ephèse examinaient la question de l'Incarnation, et si l'on devait appeler la sainte Vierge Mère de Dieu. Saint Cyrille s'occupait aussi à extraire des livres de Nestorius les endroits où il débitait ses erreurs. Il prononça même un sermon où, relevant toutes les grandeurs de la sainte vierge Marie, il répète à chaque article le titre de Mère de Dieu. Acace de Mélitine travaillait d'un autre côté à faire quitter à Nestorius ses mauvais sentiments. Celui-ci parut touché des raisons d'Acace, qui était son ami particulier, et témoigna vouloir suivre son conseil. Mais dix ou douze jours après, s'étant trouvé dans un entretien où Acace soutenait la doctrine de l'Eglise, il entreprit de la combattre; et par une question captieuse, il tâcha de l'obliger à dire, ou que le Fils unique du Père ne s'était point fait homme, ou que le Père et le Saint-Esprit s'étaient incarnés aussi bien que lui. Un des évêques du parti de Nestorius s'efforça même d'excuser les juifs, soutenant que le crime qu'ils avaient commis n'était pas contre Dieu, mais contre un homme. Un autre prit la parole pour dire que le Fils qui avait souffert la mort était différent du Verbe de Dieu. Acace, ne pouvant souffrir ce blasphème, quitta la compagnie en témoignant la douleur qu'il ressentait de l'injure faite à son Créateur. Le même jour, qui paraît avoir été le 19e de juin, Nestorius, en présence de Théodote d'Ancyre et de plusieurs autres évêques qui montraient par l'autorité de l'Ecriture que c'est Dieu même qui est né de la sainte Vierge selon la chair, proféra cette parole impie : « Pour moi, je ne saurais dire qu'un enfant de deux ou trois mois soit Dieu, ni me résoudre à adorer un enfant nourri de lait, ni à donner le nom de Dieu à celui qui s'est enfui en Egypte. » Il sortit de cette assemblée en déclarant qu'il ne voulait plus se trouver avec ceux qui soutenaient les sentiments de l'Eglise, et qu'il se lavait les mains de l'impiété où il prétendait qu'ils étaient; de sorte que depuis ce temps les évêques qui étaient venus au concile se séparèrent en deux, Nestorius et saint Cyrille s'assemblant chacun à part, avec ceux qui étaient de leur sentiment, ou qui paraissaient en être.

Cependant Jean d'Antioche, n'étant qu'à cinq ou six journées d'Ephèse, le fit savoir au concile par des officiers du maître des offices, et il écrivit à saint Cyrille pour lui témoigner l'empressement qu'il avait de se rendre auprès de lui. Arrivèrent peu après deux évêques de sa suite, tous deux métropolitains, Alexandre d'Apamée et Alexandre de Hiéraple. Comme les évêques du concile se plaignaient du retardement de Jean d'Antioche, ils dirent plusieurs fois : Il nous a chargés de vous dire que s'il retarde déjà passé plusieurs jours au delà du terme fixé par l'empereur; que divers évêques et ecclésiastiques tombaient malades; qu'il y en avait qui, affaiblis par l'âge ou manquant d'argent, se plaignaient de ce qu'on les retenait si longtemps dans un pays étranger; que tous s'accordaient à dire que Jean d'Antioche ne voulait pas se trouver au concile, et qu'il ne fallait pas l'attendre. Ils en fixèrent donc l'ouverture au lundi 22 juin, seize jours depuis la Pentecôte, qui était le jour marqué pour commencer le concile. Nestorius s'opposa à cette résolution, et soutint avec le comte Candidien qu'il fallait attendre les Orientaux qui étaient proches, et les évêques d'Italie et de Sicile, qu'on disait être en chemin. Le comte défendit même aux évêques d'ouvrir le concile avant l'arrivée de ces prélats, disant que l'ordre de l'empereur portait que les règlements du concile se feraient par un consentement commun. Saint Cyrille et ceux de son parti étaient déjà assemblés dans la grande église dédiée à la sainte Vierge, lorsque Candidien leur signifia de vive voix l'ordre de l'empereur. Ils demandèrent à voir la lettre de ce prince. Le comte, après l'avoir refusée, sous prétexte que tous ceux qui devaient assister au concile n'y étaient pas, leur montra la lettre qu'il avait tenue secrète jusqu'alors. On la lut à haute voix, et comme Théodose y recommandait beaucoup aux évêques l'esprit de paix et l'union dans les mêmes sentiments, Candidien en prit occasion de les prier de ne point s'opposer à un ordre si juste et si raisonnable. Il demanda que l'on attendît seulement encore quatre jours que les autres évêques fussent arrivés, pour agir tous de concert. Cette prière, quoique réitérée plusieurs fois, ayant été sans effet, le comte se retira en colère, et dressa sur-le-champ une protestation qu'il fit afficher à Ephèse le même jour, et en envoya copie à l'empereur. Cette protestation était adressée à saint Cyrille et aux autres évêques assemblés avec lui dans l'église de la Sainte-Vierge. Après que Candidien se fut retiré, ils commencèrent le concile, et reconnaissant Jésus-Christ comme le témoin et le véritable chef de leur assemblée, ils posèrent le saint Evangile au milieu d'eux tous, sur un trône sacré d'où il semblait leur dire : Vous êtes les juges entre les vérités de l'Evangile et les paroles impies de Nestorius; mais soyez des juges éclairés. Il y avait des notaires pour écrire ce que disaient les évêques, assis des deux côtés.

Cent quatre-vingt-dix-huit évêques se trouvèrent à cette première session, avec Vésulas, diacre de Carthage, député pour l'Afrique. Memnon, évêque d'Ephèse, ouvrit volontiers la grande église, appelée *Marie*, pour y tenir le concile; mais Nestorius lui ayant demandé l'église de Saint-Jean pour tenir son assemblée à part, il la lui refusa, et le peuple, extrêmement zélé pour la doctrine catholique, s'opposa à ce qu'on la lui ouvrît. Saint Cyrille tenait le premier rang, comme occupant la place du pape saint Célestin ; ensuite était Juvénal de Jérusalem, Memnon d'Ephèse, Flavien de Philippes, qui tenait la place de Rufus de Thessalonique, Théodote d'Ancyre, Firmus de Césarée en Cappadoce, Acace de Mélytine en Arménie, Iconius de Gortine en Crète, Périgène de Corinthe, tous métropolitains, et les autres évêques, au nombre de cent quatre-vingt-dix-huit, selon les souscriptions que nous en avons dans les actes de la première session du concile. Tous étant assis, Pierre, prêtre d'Alexandrie et primicier des notaires, dit que Nestorius ayant été ordonné évêque de Constantinople, l'on avait quelques jours après répandu quelques-uns de ses sermons, qui avaient excité un grand tumulte dans l'Eglise ; que le très-pieux évêque d'Alexandrie, Cyrille, l'ayant su, lui avait écrit une première et une seconde lettre, pleines de conseils et d'avertissements, qui n'avaient produit aucun effet; que le même Cyrille, ayant appris que Nestorius avait envoyé à Rome des lettres et des recueils de ses sermons, avait écrit de son côté au très-pieux évêque de Rome, Célestin, qui, sur la lecture et l'examen de toutes ces pièces, avait donné une décision précise. Pierre présenta au concile tous les papiers qui regardaient cette affaire, et en particulier la lettre circulaire de l'empereur, adressée à tous les métropolitains. Juvénal de Jérusalem demanda que cette lettre fût lue et mise à la tête des actes du concile, ce qui fut fait. Firmus de Césarée dit ensuite : « Que le très-saint Memnon, évêque d'Ephèse, nous rende témoignage combien il s'est passé de jours depuis notre arrivée. » Memnon répondit que depuis le terme marqué dans la lettre de ce prince, il s'était passé seize jours. Après quoi saint Cyrille détailla les raisons que nous avons rapportées, d'accélérer l'ouverture du concile, et il s'autorisa surtout d'un second ordre de l'empereur, lu par le comte Candidien, qui portait que l'on examinerait et que l'on réglerait la matière de la foi, sans aucun délai. Théodote d'Ancyre parla ensuite, et dit : La lecture des pièces se fera en son temps; mais il est maintenant à propos que le très-pieux évêque Nestorius soit présent, afin que ce qui regarde la religion soit réglé d'un commun consentement. Quatre évêques, qu'on avait envoyés la veille prier Nestorius de se trouver au concile, rapportèrent qu'il leur avait dit qu'il viendrait s'il le jugeait nécessaire; sur quoi Flavien, évêque de Philippes, ayant dit que pour suivre l'ordre des canons, il fallait encore l'avertir, on députa trois autres évêques, auxquels on joignit Epaphrodite, lecteur et notaire d'Hellanique, évêque de Rhodes ; on les chargea d'une monition par écrit, où il était fait mention de celle du jour précédent. Nestorius était dans sa maison lorsque les députés y vinrent, mais ils ne purent lui parler, en étant empêchés par une troupe de soldats armés de massues, que Candidien lui avait donnés. Toutefois, sur leurs instances réitérées, Nestorius leur fit dire par le tribun Florentius que, quand tous les évêques seraient assemblés, il se trouverait avec eux. Le concile, informé de tout ce qui était arrivé, jugea à propos, pour ne rien omettre de la procédure ecclésiastique, de le faire citer une troisième fois par quatre autres évêques, avec Anisius, notaire et lecteur de Firmus de Césarée. La monition qu'on leur donna par écrit était conçue en ces termes : « Par cette troisième citation, le très-saint concile, obéissant aux canons, appelle votre piété, vous accordant ce délai avec patience. Daignez donc venir au moins à présent pour vous défendre des dogmes hérétiques que l'on vous accuse d'avoir proposés publiquement dans l'Eglise, et sachez que si vous ne vous présentez, le saint concile sera obligé de prononcer contre vous, suivant les canons. » Ces députés furent encore plus maltraités que n'avaient été les premiers. Les soldats les repoussèrent rudement, sans leur permettre de se mettre à l'ombre, et leur déclarèrent, après les avoir fait attendre longtemps, qu'ils avaient ordre de Nestorius de ne laisser entrer personne du concile. Sur ce rapport, qui fut certifié par tous les députés, Juvénal, évêque de Jérusalem, dit que quoique trois monitions fussent suffisantes, suivant les lois de l'Eglise, le concile était prêt à en faire une quatrième à Nestorius ; mais que, puisqu'il avait mis autour de sa maison une troupe de soldats qui en défendaient l'entrée, il était clair que le reproche de sa conscience l'empêchait de venir ; qu'ainsi il ne fallait plus songer qu'à conserver la foi et à suivre les canons. On lut donc le symbole de Nicée, et ensuite la seconde lettre que saint Cyrille lui avait écrite, sur laquelle ce Père pria tous les évêques présents de dire leur sentiment. Juvénal et les autres évêques la trouvèrent conforme à la doctrine de Nicée. Pallade d'Amasée demanda qu'on lût la réponse que Nestorius y avait faite. Juvénal de Jérusalem, en ayant entendu la lecture, dit que cette lettre ne s'accordait point du tout avec la foi de Nicée, et anathématisa ceux qui croyaient ainsi. Flavien de Philippes et quelques autres opinèrent aussi en particulier, ils se réunirent à condamner la lettre de Nestorius avec son auteur, s'écriant d'une voix unanime: « Que celui qui n'anathématise pas Nestorius soit anathème. » Ils demandèrent après cela, qu'on fit lecture de la lettre du pape saint Célestin. Le prêtre Pierre en lut la traduction grecque, et ajouta : « Notre très-pieux évêque Cyrille a écrit en conformité cette lettre; nous vous la lirons si vous l'ordonnez. » Flavien de Philippes demanda qu'on la lût, et qu'elle fût insérée aux actes, comme on avait fait de celle du pape. Cette lettre de saint Cyrille était celle qu'il avait écrite au nom du concile d'Egypte à Nestorius. Théopempte et Daniel firent ensuite rapport au concile de la manière dont les lettres de saint Célestin et de saint Cyrille avaient été signifiées à Nestorius, et pour montrer qu'il persistait opiniâtrement dans ses erreurs, on obligea Théodote d'Ancyre et Acace de Mélytine à raconter l'entretien qu'ils avaient eu trois jours auparavant avec lui. Ils ne le firent qu'en répandant des larmes, parce qu'ils aimaient Nestorius ; mais comme ils aimaient encore davantage Jésus-Christ et sa vérité, ils dirent qu'ils étaient prêts à convaincre leur ami des erreurs et des blasphèmes qu'ils avaient entendu sortir de sa bouche. Le concile, avant de procéder à une condamnation plus formelle de Nestorius, crut, suivant l'avis de Flavien de Philippes, qu'il était à propos de lire et d'insérer dans les actes quelques passages des Pères, pour faire voir quelle avait été leur doctrine. On lut donc un passage du livre de saint Pierre, évêque d'Alexandrie et martyr, touchant la Divinité ; un de saint Athanase contre les ariens, et un de sa lettre à Epictète ; un de la lettre du pape saint Jules à Docimus ; un de la lettre du pape saint Félix à Maxime et au clergé d'Alexandrie ; deux des lettres pascales de Théophile d'Alexandrie ; un du traité de l'Aumône de saint Cyprien ; deux de saint Ambroise tirés de son traité de la Foi ; un de saint Grégoire de Nazianze à Clédonius, où sont les anathèmes ; un de saint Basile ; un de saint Grégoire de Nysse ; deux d'Atticus de Constantinople, et deux de saint Amphiloque. A la demande de Flavien, on lut vingt articles tirés des homélies et des écrits de Nestorius, et le prêtre Pierre avait en main plusieurs autres extraits semblables ; mais les évêques, voyant les blasphèmes horribles que contenaient les vingt premiers articles, ne purent souffrir que leurs oreilles fussent souillées par le récit d'un plus grand nombre de blasphèmes, et ordonnèrent que ces articles fussent insérés aux actes pour la condamnation de Nestorius. Ensuite Pierre d'Alexandrie ayant présenté la lettre de Capréolus, évêque de Carthage, elle fut lue en latin et en grec. Comme il priait les évêques du concile de résister courageusement à ceux qui voudraient introduire dans l'Eglise de nouvelles doctrines, et de ne point permettre que l'on remît en question ce qui avait déjà été jugé, ni que l'on donnât atteinte aux décisions du siège apostolique et des Pères, tous les évêques s'écrièrent après saint Cyrille : « Ces paroles sont les nôtres, voilà ce que nous disons tous, voilà ce que nous souhaitons tous. » Saint Cyrille demanda que la lettre de Capréolus fût insérée aux actes. Le concile prononça après cela la sentence de condamnation contre Nestorius en ces termes : « Nestorius ayant « entre autres choses refusé d'obéir à notre « citation, et de recevoir les évêques envoyés « de notre part, nous avons été obligés d'en- « trer dans l'examen de ses impiétés ; et « l'ayant convaincu, tant par ses lettres que « par ses autres écrits, et par les discours « qu'il a tenus depuis peu dans cette ville, « prouvés par témoins, de penser et d'ensei- « gner des impiétés ; réduits à cette néces- « sité par les canons et par la lettre de notre « très-saint père et collègue Célestin, évêque « de l'Eglise romaine, après avoir, souvent « répandu des larmes, nous en sommes venus « à cette triste sentence. Notre-Seigneur « Jésus-Christ qu'il a blasphémé, a déclaré « par ce saint concile, qu'il est privé de toute « dignité épiscopale, et retranché de toute « assemblée ecclésiastique. » Tous les évêques présents au nombre de cent quatre-vingt-dix-huit, souscrivirent à cette sentence, les uns, comme Acace de Mélitine et Paralius d'Andrapène, se qualifiant évêques par la miséricorde de Dieu ; d'autres, comme Eutychius de Théodosiople, prenant le titre d'évêques de la sainte, catholique et apostolique Eglise de Dieu. Il y en eut qui, étant incommodés, souscrivirent par la main d'un prêtre. Ceux qui arrivèrent au concile après le 22 juin souscrivirent aussi à cette sentence ; de sorte que Nestorius fut déposé par plus de deux cents évêques. Le peuple d'Ephèse, qui s'était assemblé dès le grand matin pour attendre la décision du concile, ayant appris sur le soir que Nestorius était déposé, jeta de grands cris de joie, remerciant le concile et louant Dieu d'avoir fait tomber l'ennemi de la foi. Au sortir de l'église il alluma quantité de flambeaux pour conduire les évêques jusqu'à leurs logis ; les femmes marchaient devant eux avec des parfums qu'elles faisaient brûler. On alluma beaucoup de lampes dans la ville, et on vit partout des marques de joie. Ainsi finit la première session du concile.

Le lendemain, qui était le 23e de juin, le concile fit signifier à Nestorius la sentence de sa déposition, qui fut ensuite affichée publiquement et publiée sur toutes les places par les crieurs de la ville. Voici comment elle était conçue : « Le saint concile « assemblé par la grâce de Dieu et l'ordon- « nance de nos très-pieux empereurs, à Nesto- « rius, nouveau Judas : Sache que pour tes « dogmes impies et la désobéissance aux ca- « nons, tu as été déposé par le saint concile, « suivant les lois de l'Eglise, et déclaré ex- « clu de tous degrés ecclésiastiques, le vingt- « deuxième jour du présent mois de juin. » Le concile en donna aussitôt avis à Eucharius, défenseur de l'Eglise de Constantinople, aux prêtres, aux économes et au reste du clergé, leur recommandant de conserver avec soin tout ce qui appartenait à cette Eglise, pour en rendre compte à celui qui serait élu évêque de Constantinople par la volonté de Dieu et la permission des très-pieux empereurs. Dans une seconde lettre au clergé et au peuple de Constantinople, le concile les exhortait à se réjouir de ce que le scandale était ôté, et à chasser les ministres de l'erreur. Cependant le comte Candidien, ayant trouvé l'affiche de la déposition de Nestorius, envoya défendre au concile de rien entreprendre au préjudice des ordres de l'empereur. En même temps il fit publier un édit où, après s'être plaint de ce qui s'était fait contre ses premières défenses et contre les ordres de ce prince, il déclarait qu'on n'aurait aucun égard à la sentence contre Nestorius. Il ordonnait aussi qu'on ne fît rien de nouveau, jusqu'à l'arrivée des évêques qui accompagnaient Jean d'Antioche. Il envoya à l'empereur l'affiche de la condamnation de Nestorius, avec une relation de ce qui était arrivé en cette occasion, représentant le concile comme une assemblée tumultueuse, où tout s'était passé contre les règles. Nestorius ne déguisa pas moins les choses dans la relation qu'il adressa de son côté à l'empereur, se plaignant des menaces et des mauvais traitements de saint Cyrille et de Memnon, qu'il taxait de séditieux. Ensuite il conjurait Théodose d'ordonner que le concile se tînt dans les règles, et qu'il n'y entrât que deux évêques de chaque province, avec le métropolitain, du nombre de ceux qui étaient instruits des questions dont il s'agissait, ou de les renvoyer tous en sûreté dans leur ville episcopale. « Car, ajoutait-il, on nous menace même de nous faire perdre la vie. » La lettre de Nestorius était souscrite de douze évêques, lui compris. Mais la plupart de ceux qui le favorisèrent d'abord, parce qu'ils le croyaient catholique, l'abandonnèrent quelques jours après, convaincus de l'impiété de ses dogmes. C'est ce que l'on voit dans la lettre du concile à l'empereur en date du 1er juillet. On y voit encore que des évêques se plaignaient de ce que Candidien les empêchait de faire savoir à ce prince le véritable état des choses : car ils avaient eu soin de faire mettre en état les actes du concile, qu'ils avaient adressés à Théodose avec une lettre synodale signée de tous les évêques du concile, avant l'arrivée de Jean d'Antioche, c'est-à-dire avant le 27 de juin. Dans la lettre synodale ils rendaient raison de la manière dont ils avaient procédé contre Nestorius, et pourquoi ils n'avaient pas attendu, pour le condamner, que le Orientaux fussent arrivés. Ils y parlaient du pape saint Célestin en ces termes : « Nous avons loué le très-saint évêque « de Rome Célestin, qui avait déjà condamné « les dogmes hérétiques de Nestorius, et porté « contre lui sa sentence avant la nôtre. » Ils finissaient leur lettre en priant Théodose d'ordonner que la doctrine de Nestorius fût bannie des Eglises; que ses livres, quelque part qu'on le trouvât, fussent jetés au feu, et que si quelqu'un méprisait ce qui avait été ordonné, il encourût l'indignation de l'empereur. Cependant divers évêques firent des discours sur le mystère de l'incarnation, où ils ne manquèrent pas de s'élever contre l'hérésie de Nestorius. Nous avons ceux de saint Cyrille, de Rhéginus, évêque de Constantia, et de Théodote d'Ancyre. Ce dernier compara la nécessité où l'Eglise s'était trouvée de déposer le nouvel hérésiarque, à celle d'un chirurgien qui coupe en pleurant un membre pourri pour conserver le reste du corps. *Pour la suite, voy. col. suiv.*

ÉPHÈSE (Conciliabule d'), l'an 431. Le samedi 27 juin, Jean d'Antioche arriva à Ephèse avec les évêques d'Orient qui l'accompagnaient. Ils étaient en tout quatorze, les autres étant apparemment demeurés en chemin, puisque Théophane en compte vingt-sept. Il est du moins certain qu'André de Samosate, qui était parti d'Antioche avec Jean, ne vint pas à Ephèse pour cause de maladie. Jean, averti sans doute de la sentence prononcée contre Nestorius, tint son concile à l'heure même qu'il entra dans la ville, étant encore tout couvert de la poussière du voyage, et avant d'avoir ôté son manteau. Il le tint dans l'hôtellerie où il était descendu de voiture, et commença par procéder contre saint Cyrille et Memnon d'Ephèse, et contre tout le concile. Le comte Candidien, qui était allé à sa rencontre, fut de l'assemblée. Il protesta qu'il avait fait tout son possible pour empêcher les évêques de s'assembler avant la venue de Jean et des Orientaux, suivant les ordres de l'empereur, dont il fit la lecture, et que les évêques écoutèrent debout. Il ajouta que la procédure contre Nestorius s'était faite contre toute sorte de règles, et qu'il avait fait connaître tout cela à ses maîtres. Jean, ayant entendu son rapport, dit que le concile délibérerait sur ce qu'il y aurait à faire contre de telles entreprises, après quoi Candidien se retira. Les évêques qui étaient à Ephèse avant l'arrivée de Jean, et qui se trouvaient dans cette assemblée, composée en tout de quarante-trois évêques, se plaignirent de Memnon, comme de l'auteur de beaucoup de violences qu'ils avaient souffertes, particulièrement de ce qu'il leur avait fermé les églises des martyrs et du saint apôtre Jean, sans leur permettre d'y célébrer même la Pentecôte. Ils se plaignirent encore de saint Cyrille, à cause de ses anathématismes, qu'ils disaient remplis d'erreurs, ajoutant que ces deux évêques étaient l'un et l'autre les chefs du trouble et du désordre qui régnaient dans les affaires de l'Eglise. Sur ces accusations et quelques autres aussi peu fondées, ils conclurent qu'il fallait prononcer contre Cyrille et Memnon la juste condamnation qu'ils méritaient. Cet avis fut suivi, et sans autre forme de procès le concile déclara saint Cyrille et Memnon déposés de leur dignité, comme auteurs du trouble et à cause du sens hérétique des anathématismes, et tous les autres évêques du même parti séparés de la communion, jusqu'à ce qu'ils eussent anathématisé les douze anathèmes, et qu'ils se fussent joints aux Orientaux pour examiner ensemble les questions qui troublaient l'Eglise. Les quarante-trois évêques souscrivirent cette sentence, mais elle fut tenue secrète pendant un certain temps. Cette procédure finie, Jean d'Antioche se ressouvint que des évêques députés de la part de saint Cyrille et des autres Pères de son parti attendaient depuis plusieurs heures pour lui parler. Lorsqu'ils lui eurent déclaré ce qu'ils avaient à lui dire, il les abandonna, sans leur faire aucune réponse, au comte Irénée, aux évêques et aux clercs de sa suite qui les chargèrent de coups, jusqu'à mettre leur vie en danger.

ÉPHÈSE (Concile d'), suite. Les députés vinrent aussitôt en faire leur rapport, montrant les marques des coups qu'ils avaient reçus, et on dressa des actes authentiques, et en présence des saints Evangiles, de ces mauvais traitements. Nous n'avons plus ces actes. Les Pères, pour ne pas laisser impunis des outrages si indignes en eux-mêmes et si injurieux au concile, séparèrent Jean de leur communion, et lui notifièrent cette sentence, qui fut aussi affichée dans une rue. Ils apprirent presque en même temps le jugement que Jean avait rendu contre saint

Cyrille et Memnon : mais bien loin d'y déférer, ils résolurent de célébrer le lendemain le saint sacrifice, ce qu'ils n'avaient point encore fait jusqu'alors. Jean, informé de leur dessein, pria, l'après-midi du samedi, le comte Candidien d'aller leur en faire défense. Il y alla en effet le soir du même jour, et fit ce qu'il put pour engager les deux évêques déposés par Jean à ne point célébrer, mais à attendre les ordres que l'empereur devait envoyer dans peu. Memnon répondit qu'il n'ignorait pas que Jean et son synode l'avaient déposé, mais qu'il savait aussi que Jean, loin de pouvoir quelque chose contre le concile œcuménique, n'avait pas même de pouvoir sur l'évêque d'Éphèse, quand il ne se serait agi que de lui seul. Le comte revint encore le dimanche de grand matin faire la même prière à saint Cyrille : elle fut inutile. Les évêques s'en allèrent à l'église, y célébrèrent le saint sacrifice, et continuèrent dans la suite à faire la même chose, les uns offrant les mystères, et les autres y participant, sans avoir égard aux plaintes qu'en firent depuis les Orientaux, ni au canon d'Antioche dont on s'était autrefois servi contre saint Chrysostome. Le lendemain Candidien vint rendre compte de sa commission à Jean d'Antioche et aux évêques qu'il avait avec lui. Ils en dressèrent un acte, pour avoir une preuve authentique que les évêques du concile avaient connaissance du jugement rendu contre eux, sans se mettre en peine d'y déférer. Le comte déclare dans cet acte que, pour obvier au schisme, il défend aux deux partis de célébrer le sacrifice. Ces évêques, voyant bien que leur sentence serait sans aucun effet à Éphèse, écrivirent plusieurs lettres à l'empereur, aux impératrices, au clergé, au sénat et au peuple de Constantinople, pour la justifier ; ils y répétaient en diverses manières les calomnies qu'ils avaient répandues contre saint Cyrille et Memnon, les accusant de s'être servis pour exercer leurs violences, de mariniers égyptiens et de paysans asiatiques, et d'avoir mis des écriteaux aux maisons de ceux qu'ils voulaient attaquer. Jean d'Antioche se justifiait en particulier de ce qu'il était arrivé si tard, prétendant qu'il lui avait été impossible de venir plus tôt. Il disait encore que saint Cyrille lui avait écrit deux jours avant la tenue de la session, que tout le concile attendait son arrivée. Les Orientaux avaient envoyé avec ces lettres la sentence qu'ils avaient prononcée contre saint Cyrille et Memnon. D'un autre côté le comte Candidien avait prévenu l'empereur, ar une relation infidèle, de ce qui s'était passé dans le concile, et empêché en même temps que ce prince ne vît celle que les évêques de ce concile lui avaient envoyée. Théodose, étant donc mal informé, se persuada que les inimitiés particulières avaient eu plus de part à la déposition de Nestorius que l'amour de la foi et de la justice. C'est pourquoi il écrivit au concile pour témoigner son mécontentement, et déclarant qu'il ne voulait pas qu'on eût aucun égard à ce qui s'était fait jusqu'alors, il ordonna qu'aucun évêque ne sortît d'Éphèse jusqu'à ce que les dogmes de la religion fussent examinés par tout le concile. Il ajoutait qu'il enverrait un second officier en cette ville pour connaître avec Candidien de ce qui s'était passé, et pour empêcher qu'à l'avenir il ne s'y fît rien contre le bon ordre. Cette lettre, qui est datée du 29 juin, fut apportée par Pallade, magistrien, c'est-à-dire officier du maître des offices, et courrier de l'empereur. Le concile se servit de la même voie pour répondre à cette lettre. Leur réponse est du 1er juillet, Pallade ayant extrêmement pressé les évêques de la donner. Ils s'y plaignent de ce que Candidien avait prévenu l'empereur avant qu'il pût savoir la vérité par la lecture des actes et des lettres que le concile lui envoyait ; qu'il empêchait encore de la faire connaître ; que Jean d'Antioche n'était arrivé que vingt jours après le terme fixé par le concile ; que Nestorius et Jean n'avaient avec eux qu'environ trente-sept évêques, la plupart déposés ou qui craignaient de l'être, au lieu que ceux qui avaient condamné l'hérétique Nestorius étaient plus de deux cents, et qu'ils l'avaient condamné avec le consentement de tout l'Occident. Ils prient Théodose de rappeler le comte Candidien, et de permettre que cinq évêques l'aillent informer de la vérité des choses et des violences du comte Irénée. Cette lettre ne fut signée que de peu d'évêques, quoiqu'en présence de tous, parce que Pallade ne pouvait attendre la longueur de ces souscriptions. On trouve, après la signature des évêques du concile, une liste de trente-cinq évêques qualifiés schismatiques, les seuls qui partageassent les opinions impies de Nestorius. On leur fit part de la lettre de l'empereur, qu'ils écoutèrent avec mille bénédictions, voyant que ce prince cassait tout ce que le concile avait fait. Ils lui en témoignèrent leur reconnaissance par une lettre dont ils chargèrent Pallade. Elle était pleine de flatteries pour Théodose et de calomnies contre saint Cyrille et contre le concile. Ils y vantaient aussi leur zèle pour la pureté de la foi, disant qu'ils n'avaient pu souffrir qu'on renouvelât l'hérésie d'Apollinaire en autorisant les anathématismes de Cyrille, et ne vantaient pas moins leur attachement pour l'empereur, n'ayant pas permis, disaient-ils, qu'on violât ouvertement ses ordres en entreprenant sur le siége de Constantinople, avant même que l'on eût examiné ce qui regardait la foi. Pour affaiblir l'argument que l'on tirait contre eux de leur petit nombre, en comparaison de celui de leurs adversaires, ils faisaient à Théodose la même demande que Nestorius, en le priant d'ordonner que chaque métropolitain ne fût accompagné que de deux évêques de sa province. Ils ajoutaient que la plupart des évêques qui étaient venus avec Cyrille, ou qui dépendaient de Memnon, étaient ou hérétiques messaliens ou déposés et excommuniés ; enfin que c'était une troupe d'ignorants, propres seulement à mettre le trouble et la confusion. Ils se plaignaient en particulier de Memnon, qui leur avait fait fermer la porte de l'église de l'apôtre saint Jean, et qui les avait fait maltraiter par une troupe de valets. « C'est pourquoi nous vous prions, disaient-ils en finissant leur lettre, de faire chasser de cette ville principalement ce tyran, que nous avons déposé et qui trouble tout. »

Cette lettre fut suivie de leur part d'une entreprise qui eût pu avoir de fâcheuses conséquences, si on les eût laissés les maîtres de l'exécuter. Depuis leur sentence de déposition contre Memnon, ils ne cessaient de solliciter le sénat et les personnes les plus considérables de la ville, pour les engager à demander un nouvel évêque. L'arrivée de Pallade leur parut une circonstance favorable, et persuadés que la lettre de l'empereur, qu'il avait apportée, aurait intimidé tous les esprits, ils s'en allèrent à l'église de saint Jean l'Évangéliste, accompagnés de quelques soldats, comme pour rendre grâces à Dieu de cette lettre, et prier pour la prospérité de ce prince. Mais leur véritable dessein était d'y ordonner un évêque à la place de Memnon. La nouvelle s'en répandit et mit tout le quartier en alarme : le peuple, qui était zélé pour la foi, se hâta de fermer l'église. Ils en approchèrent avec leurs soldats, puis voyant qu'ils ne pouvaient se la faire ouvrir, ils s'en retournèrent sans dire un mot à personne. Leurs partisans à Constantinople n'inquiétaient pas moins les catholiques, empêchant qu'on n'y apportât aucune nouvelle de la part de saint Cyrille et du concile. Mais un mendiant, s'étant chargé d'une lettre, trouva moyen de la dérober à la connaissance de leurs espions, en la mettant dans une canne creuse qui lui servait de bâton. Elle était écrite d'Éphèse, et adressée aux évêques et aux moines qui étaient à Constantinople. Quand ils l'eurent reçue, les moines, ayant à leur tête leurs abbés, et même saint Dalmace, qui depuis quarante-huit ans n'était point sorti de son monastère, allèrent au palais, accompagnés d'un peuple nombreux qui se joignit à eux; on fit entrer les abbés par ordre de l'empereur; les moines et le peuple restèrent à la porte, continuant de chanter à plusieurs chœurs, comme ils avaient fait le long du chemin. Les abbés montrèrent à ce prince la lettre qu'ils avaient reçue; il la lut, et saint Dalmace lui ayant raconté comment les choses s'étaient passées dans la procédure contre Nestorius, il demeura persuadé des raisons du concile et approuva tout ce qui y avait été fait. Il remercia Dieu de lui avoir fait connaître la vérité, et permit aux évêques que le concile lui envoyait de le venir trouver. L'abbé Dalmace lui ayant représenté que ses ministres ne leur laissaient point la liberté de sortir d'Éphèse, il fit sur-le-champ expédier un ordre, après quoi il congédia les abbés. Sortis du palais avec une réponse si favorable, ils allèrent, avec ceux qui les attendaient à la porte, dans l'église de Saint-Moce, où Dalmace ra-

conta ce qui s'était passé dans l'audience de l'empereur, et lut à haute voix la lettre qu'on avait reçue d'Éphèse. Tous les assistants prononcèrent anathème contre Nestorius. Les députés du concile apportèrent avec eux les actes de sa déposition, et comme ils arrivèrent trois jours avant le comte Irénée, que les Orientaux avaient envoyé pour agir en leur faveur, ils eurent assez de temps pour persuader tout le monde, et même les plus grands de la cour, que la déposition de Nestorius s'était faite avec justice et en observant toutes les formes canoniques. Mais l'arrivée de Jean, syncelle de saint Cyrille, fit changer la face des affaires. Il apportait, comme l'on croit, la nouvelle de la sentence du concile contre les Orientaux, et la lettre que le concile écrivait sur ce sujet à l'empereur. Alors presque personne ne voulut plus s'arrêter à ce qui venait d'être résolu touchant la condamnation de Nestorius. Les uns voulaient qu'il demeurât condamné, de même que saint Cyrille et Memnon; d'autres, qu'on annulât tout ce qui avait été fait par les deux partis ; qu'on fît venir à Constantinople les principaux évêques, et qu'on y examinât tout ce qui regardait la foi et la manière dont les choses s'étaient passées à Éphèse; d'autres enfin tâchaient d'obtenir un ordre de l'empereur pour être envoyés eux-mêmes à Éphèse, afin d'y terminer toutes choses selon qu'ils le jugeraient à propos. L'empereur, dans cette diversité de sentiments, prit le parti de confirmer la déposition de Nestorius, de saint Cyrille et de Memnon, cassa tout le reste de ce qui avait été fait des deux côtés, et envoya à Éphèse le comte Jean, intendant de ses largesses, pour régler toutes choses après avoir demandé le sentiment des évêques sur la foi. Ensuite il écrivit ce qu'il avait fait à cet égard à tous les métropolitains. Les évêques du concile, voyant que ce prince avait mêlé leurs noms dans cette lettre, non-seulement avec ceux des schismatiques du parti de Jean d'Antioche, mais encore avec les célestiens ou pélagiens déposés depuis longtemps, s'en plaignirent à lui-même. Les Orientaux, au contraire, se vantèrent que Théodose avait confirmé ce qu'ils avaient fait, et comme il avait protesté dans sa lettre qu'il voulait demeurer dans la foi de Nicée, ils en inférèrent que ce prince voulait que tous les évêques signassent le symbole de ce concile, ou même que l'on se contentât de cette signature, et qu'on rejetât les anathématismes de saint Cyrille. L'empereur envoya avec sa lettre celle qu'Acace de Bérée écrivait pour exhorter les évêques à la paix et à l'union dans les principes de la foi véritable et catholique.

Pendant que les choses se passaient ainsi à Constantinople, les légats du pape, Arcadius, Projectus et Philippe, que les tempêtes et divers autres accidents avaient empêchés de se rendre à Éphèse au jour marqué, y arrivèrent le 10 juillet de l'an 431. On tint, ce même jour, la seconde session du concile dans la maison épiscopale

de Memnon. Saint Cyrille continua d'y présider comme tenant la place du pape. Les légats ayant pris séance avec les autres évêques, et les trois députés d'Occident, Philippe parla le premier, et dit : « Nous rendons grâces à l'adorable Trinité de nous avoir fait venir à votre sainte assemblée. Il y a longtemps que notre père Célestin a porté son jugement sur cette affaire, par ses lettres au saint évêque Cyrille, qui vous ont été montrées : maintenant il vous en envoie d'autres, que nous vous représentons; faites les lire et insérer aux actes ecclésiastiques. » Les deux autres députés, Arcadius et Projectus, demandèrent la même chose. Tous les trois parlaient en latin, et on expliquait ensuite en grec ce qu'ils avaient dit : par ordre de saint Cyrille, Sirice, notaire de l'Eglise Romaine, lut la lettre de saint Célestin. Comme elle était en latin, les évêques demandèrent d'abord qu'elle fût insérée dans les actes, puis traduite et lue en grec. Le prêtre Philippe dit : On a satisfait à la coutume, qui est de lire premièrement en latin les lettres du siége apostolique : mais nous avons eu soin de faire traduire celle-ci en grec. Les légats Arcadius et Projectus en donnèrent pour raison que plusieurs évêques n'entendaient pas le latin. Pierre, prêtre d'Alexandrie, lut donc la traduction grecque de la lettre du pape, qui commençait ainsi: « L'assemblée des évêques témoigne la pré-
« sence du Saint-Esprit, car le concile est
« saint par la vénération qui lui est due,
« comme représentant la nombreuse assem-
« blée des apôtres. Jamais leur Maître, qu'ils
« avaient ordre d'annoncer, ne les a aban-
« donnés. C'était lui-même qui enseignait,
« lui qui leur avait dit ce qu'ils devaient en-
« seigner, et qui leur avait assuré qu'on l'écou-
« tait en ses apôtres. Cette charge d'ensei-
« gner a été de même transmise à tous les
« évêques : nous y sommes tous engagés
« par un droit héréditaire, nous qui annon-
« çons à leur place le nom du Seigneur en
« divers pays du monde, suivant ce qui leur a
« été dit : *Allez, instruisez toutes les nations.*
« Vous devez remarquer, mes frères, que
« nous avons reçu un ordre général, et qu'il
« a voulu que nous l'exécutions tous, en
« nous chargeant tous également de ce de-
« voir. Nous devons tous entrer dans les
« travaux de ceux à qui nous avons tous
« succédé en dignité. » Le pape ne pouvait marquer plus clairement que c'est Jésus-Christ même qui a établi les évêques pour docteurs de son Eglise en la personne des apôtres, et qu'ils doivent concourir tous ensemble à conserver le dépôt de la doctrine apostolique. Il les y engage par la considération du lieu où ils étaient assemblés, où saint Paul et saint Jean avaient annoncé l'Evangile, et où Timothée avait, par ordre de son maître, exercé les fonctions de l'épiscopat. Il les assure, sur la bonté de la cause qu'ils défendaient, que les troubles dont l'Eglise était agitée seraient suivis de la paix, et les exhorte à considérer en tout la charité seule, si fort recommandée par le saint apôtre dont ils honoraient les reliques présentes. Il fait connaître à la fin de sa lettre les noms des trois légats, qu'il envoyait, dit-il, pour faire exécuter ce qu'il avait ordonné l'année précédente dans le concile de Rome. Cette lettre est du 8 mai de l'an 431. Aussitôt qu'on en eut fait la lecture, tous les évêques s'écrièrent que ce jugement était juste, et donnèrent à Célestin de grandes louanges, de même qu'à Cyrille, disant tous d'une voix : « Un Célestin, un Cyrille, une foi du concile, une foi de toute la terre. » Les acclamations finies, l'évêque Projectus, l'un des trois légats, dit : « Considérez la forme de la lettre du pape : il ne prétend pas vous instruire comme des ignorants, mais vous rappeler ce que vous savez, afin que vous exécutiez ce qu'il a jugé il y a longtemps. » Firmus de Cappadoce, prenant la parole, ajouta : « Le saint tribunal de Célestin a déjà réglé l'affaire et donné sa sentence par les lettres adressées à Cyrille d'Alexandrie, à Juvénal de Jérusalem, à Rufus de Thessalonique et aux Eglises de Constantinople et d'Antioche. En conséquence et en exécution de cette sentence, nous avons prononcé contre Nestorius un jugement canonique, après que le terme qui lui avait été donné pour se corriger a été passé, et même longtemps après le jour prescrit par l'empereur pour l'assemb'ée du concile. L'évêque Arcadius et le prêtre Philippe demandèrent qu'on leur apprît comment les choses s'étaient passées pendant leur absence, afin d'y donner leur consentement. Sur quoi Théodote d'Ancyre dit : « Dieu a montré combien la sentence du concile est juste par l'arrivée des lettres du très-pieux évêque Célestin et par votre présence. Mais puisque vous souhaitez de savoir ce qui s'est passé, vous vous en instruirez pleinement par les actes mêmes de la déposition de Nestorius. Vous y verrez le zèle du concile, et la conformité de sa foi avec celle que Célestin publie à haute voix.

Le lendemain, c'est-à-dire le 11 juillet de la même année 431, le concile s'assembla encore dans la maison épiscopale de Memnon. Les légats, qui, avant de s'y rendre, avaient pris communication des actes de la déposition de Nestorius, déclarèrent que l'on avait en tout procédé suivant l'ordre des canons. Ils demandèrent toutefois que ces actes fussent encore lus en plein concile. Memnon d'Ephèse l'ordonna, et Pierre d'Alexandrie lut les actes de la première session. Après quoi le prêtre Philippe dit : « Personne ne doute que saint Pierre, chef des apôtres, colonne de la foi et fondement de l'Eglise catholique, n'ait reçu de Notre-Seigneur Jésus-Christ les clefs du royaume et la puissance de lier et de délier les péchés, et que jusqu'à présent il ne vive et n'exerce ce jugement dans ses successeurs. Notre saint pape l'évêque Célestin, qui tient aujourd'hui sa place, nous a envoyés au saint concile pour suppléer à son absence. Nos très-chrétiens empereurs ont ordonné la tenue de ce concile, pour conserver la foi catholique qu'ils ont reçue de leurs ancêtres. » Philippe, ayant ensuite repris sommairement la procédure faite contre Nestorius, ajouta : « Donc la sentence prononcée contre lui demeure ferme, suivant le jugement de toutes les Eglises, puisque les évêques d'Orient et d'Occident ont assisté au concile, par eux ou par leurs députés; c'est pourquoi Nestorius doit savoir qu'il est retranché de la communion du sacerdoce de l'Eglise catholique. » Arcadius et Projectus le déclarèrent aussi ennemi de la vérité, corrupteur de la foi, et privé de la dignité épiscopale, comme de la communion de tous les évêques orthodoxes. Saint Cyrille, voyant que les légats avaient approuvé la sentence du concile contre Nestorius, demanda que ce qui s'était fait ce jour-là et le précédent fût ajouté au reste des actes du concile, et pria ces légats de le confirmer par leurs souscriptions, ce qu'ils firent dans le moment. Les évêques du concile écrivirent aussitôt à l'empereur pour lui donner avis de l'arrivée des légats et du consentement qu'ils avaient donné même par écrit à la déposition de Nestorius, qui par là devenait le jugement commun de toute la terre. Ils suppliaient ce prince de leur permettre de se retirer, puisque leur assemblée était heureusement terminée; ajoutant qu'il était juste de songer à donner un nouvel évêque à l'Eglise de Constantinople et de les laisser à l'avenir jouir en repos de la confirmation de la foi. Cette lettre était souscrite de saint Cyrille et de tous les autres évêques du concile. Ils étaient plus de deux cents qui avaient déposé Nestorius; mais le concile ne jugea pas à propos de les faire souscrire tous à la lettre qu'il écrivit au clergé et au peuple de Constantinople pour leur déclarer la déposition de Nestorius, et les exhorter à obtenir de Dieu, par de ferventes prières, un pasteur capable de gouverner cette Eglise, du bien de laquelle dépendait celui des autres. Ceux qui souscrivirent sont : Cyrille d'Alexandrie, Philippe légat du pape, qui se qualifie prêtre de l'Eglise des Apôtres, Juvénal de Jérusalem, les deux légats Arcadius et Projectus, Firmus de Césarée, Flavien de Philippes, Memnon d'Ephèse, Théodote d'Ancyre, Bérinien de Perge.

Le concile ne fait aucune plainte dans ces lettres, de la sentence que Jean d'Antioche et son conciliabule avaient portée contre saint Cyrille et Memnon; ayant cru jusque-là devoir mépriser une procédure si déraisonnable, si destituée de formalités, et qui ne leur avait pas même été notifiée juridiquement. Mais ayant appris que cette affaire avait été portée à l'empereur, saint Cyrille et Memnon présentèrent leur requête en plainte contre Jean d'Antioche. Ce fut dans la quatrième session qui se tint cinq jours après la précédente dans l'église de Sainte-Marie, c'est-à-dire, le 16 juillet. Saint Cyrille, qui tenait toujours la place du pape, y est nommé le premier, puis les trois légats, ensuite Juvénal, Memnon et les autres évêques, au nombre de plus de deux cents.

Comme il s'agissait des intérêts de saint Cyrille, ce ne fut point Pierre, prêtre d'Alexandrie, qui fit les fonctions de promoteur, mais Hésychius, diacre de Jérusalem. Ayant dit qu'il avait en main la requête dont nous avons parlé, Juvénal de Jérusalem ordonna d'en faire la lecture et de l'insérer aux actes. Elle portait que Jean d'Antioche, en haine de la déposition de Nestorius, avait déposé Cyrille et Memnon, sans qu'il eût aucun pouvoir de les juger, ni par les lois de l'Eglise, ni par l'ordre de l'empereur, ni de rien entreprendre de semblable, principalement contre un plus grand siége. Elle ajoutait qu'en cas même qu'il eût eu ce pouvoir, il eût fallu observer les canons, avertir les accusés, et les appeler avec le reste du concile pour se défendre. La conclusion était que puisque Jean se trouvait à Ephèse avec ses complices, ils fussent appelés pour rendre compte de leur entreprise. Acace de Mélitine ne croyait point qu'il fût nécessaire de citer Jean d'Antioche, disant que les Orientaux, en se séparant du concile et en se joignant à Nestorius, s'étaient rendus incapables de rien entreprendre contre les présidents du concile œcuménique; il opina toutefois avec les autres évêques à citer Jean d'Antioche; on lui députa donc trois évêques pour lui demander raison de son entreprise. Ils trouvèrent la maison de Jean environnée de soldats et d'autres personnes portant des armes pour en défendre l'entrée, de manière qu'ils ne purent voir Jean ni lui parler. Les députés en ayant fait leur rapport au concile, Juvénal de Jérusalem fut d'avis qu'afin d'observer les canons il fallait y envoyer encore des évêques pour le citer une seconde fois. Ils trouvèrent aussi la maison de Jean entourée de soldats avec les épées nues, et quelques ecclésiastiques, qu'ils prièrent de les annoncer. La réponse que Jean leur fit était qu'il n'en avait point à faire à des gens déposés et excommuniés. Saint Cyrille et Memnon demandèrent que la procédure de Jean fût déclarée nulle et qu'il fût cité une troisième fois. Le concile la déclara nulle, attendu que Jean n'avait osé venir pour le soutenir, et arrêta que l'on ferait un rapport à l'empereur de ce qui s'était passé ce jour-là, et que Jean serait cité une troisième fois.

Jean fit cependant afficher à la muraille du théâtre un écrit par lequel il déclarait publiquement la sentence qu'il avait rendue avec les siens contre saint Cyrille et Memnon, et où il les accusait d'être les chefs de l'hérésie d'Apollinaire, et de soutenir celles d'Arius et d'Eunomius. Il y déclarait aussi qu'il avait informé l'empereur des crimes dont les évêques et les autres membres du concile étaient coupables. Les Orientaux, par un autre acte adressé aux évêques qu'ils avaient excommuniés, leur blâmaient d'attendre si longtemps à se séparer de saint Cyille et de Memnon, et à venir se faire absoudre de leur excommunication; ajoutant que s'ils tardaient davantage ils auraient lieu de s'en repentir lorsqu'il ne serait plus temps. Les évêques s'étant donc assemblés le 17 juillet dans l'église de Sainte-Marie, saint Cyrille leur représenta que le refus que faisaient les Orientaux de venir au concile était une preuve qu'ils ne pouvaient le convaincre de l'hérésie dont ils l'accusaient. Il protesta qu'il ne tenait et n'avait jamais tenu les erreurs d'Apollinaire, ni d'Arius, ni d'Eunomius ; mais qu'il avait appris dès l'enfance les saintes lettres, et qu'il avait été nourri dans la société des Pères orthodoxes. Il anathématisa Apollinaire, Arius, Eunomius, Macédonius, Sabellius, Photin, Paul de Samosate, les manichéens, Nestorius et tous les autres hérétiques, nommément ceux qui enseignaient les opinions de Célestius et de Pélage, et se plaignit fortement de l'affiche injurieuse que Jean d'Antioche avait faite contre lui et contre tout le concile. Il conclut qu'il fût cité pour la troisième fois, afin qu'en cas de refus de sa part on ne fît plus de difficulté de le condamner comme calomniateur. Le concile députa pour cette citation trois évêques avec un notaire nommé Musonius, et leur donna un écrit contre Jean d'Antioche, portant dès lors interdiction des fonctions épiscopales, et que si, après cette troisième citation, il refusait de venir au concile, on prononcerait contre lui selon les canons. Les députés trouvèrent au devant de la maison de Jean plusieurs ecclésiastiques qui voulurent les maltraiter ; mais ils en furent empêchés par les soldats mêmes, et par Asphale, prêtre de l'Eglise d'Antioche, qui faisait à Constantinople les affaires de son clergé. Jean, averti que les députés du concile le demandaient, envoya son archidiacre leur présenter un papier de la part des Orientaux. Les députés refusèrent de s'en charger, sur quoi l'archidiacre refusa aussi de les écouter. Ils se retirèrent donc, en signifiant à Asphale et à un autre prêtre ce qui était porté par l'écrit, dont le concile les avait chargés. Leur conduite fut approuvée, et le concile, rempli d'une juste indignation contre Jean d'Antioche, voulait prononcer contre lui et contre les Orientaux la même sentence de déposition qu'ils avaient rendue contre saint Cyrille et Memnon ; mais ils crurent qu'il valait mieux réserver cela au jugement du pape, et se contenter pour le présent d'une punition moins sévère. Ainsi il déclara qu'afin qu'ils ne pussent plus abuser du pouvoir de la dignité épiscopale, ils demeureraient retranchés de la communion ecclésiastique jusqu'à ce qu'ils reconnussent et confessassent leur faute, et qu'ils vinssent rendre raison de leur conduite au concile ; ajoutant que s'ils tardaient à le faire ils attireraient sur eux toute la sévérité des canons. Le concile désigna par leurs noms tous les évêques compris dans cette sentence. Il y en a trente-cinq, du nombre desquels est Théodoret. Il déclara en même temps que la procédure irrégulière des Orientaux contre Cyrille et Memnon était absolument nulle et insoutenable, et tous les Pères du concile communiquèrent avec eux comme auparavant. Cette sentence fut signée par Juvénal de Jérusalem, par les trois légats du pape et par tous les autres évêques. Ensuite le concile écrivit à l'empereur pour l'informer de cette affaire, lui faire voir les défauts de la procédure des Orientaux, et pour se plaindre de ce que trente évêques avaient osé se soulever contre plus de deux cents, et former un second concile contre sa volonté. « Nous avons donc, ajoute-t-il, cassé tout ce qui avait été fait contre Cyrille et Memnon, et excommunié ces rebelles, jusqu'à ce qu'ils viennent défendre leur procédure devant le concile. » Il prie ce prince d'ordonner que ce qui a été décidé par le concile universel contre Nestorius pour l'établissement de la foi, demeure dans sa force. Cette lettre fut signée de Juvénal, des légats et de tous les évêques. Le concile rendit aussi compte au pape Célestin de ce qui s'était fait tant contre Nestorius que contre Jean d'Antioche, disant qu'ils ont réservé à son jugement s'il ne fallait point déposer ce dernier. Il ajoutait : « Quant à nos frères Cyrille et Memnon, nous communiquons tous avec eux, même depuis l'entreprise de Jean d'Antioche, et nous célébrons avec eux la liturgie et les synaxes. Car si nous souffrons que tous indifféremment insultent aux plus grands siéges et prononcent des sentences contre ceux sur qui ils n'ont aucun pouvoir, les affaires de l'Eglise tomberont dans la dernière confusion. » Et ensuite : « Après qu'on a eu lu dans le concile les actes de la déposition des impies pélagiens et célestiens, Célestius, Pélage, Julien, Perside, Florus, Marcellin, Oronce et leurs complices, nous avons établi que le jugement porté contre eux par Votre Sainteté demeurerait ferme : nous sommes tous du même avis, et les tenons pour déposés. » Le concile joignit à cette lettre les actes de tout ce qui s'était passé, avec les signatures des évêques. On croit qu'il écrivit aussi en Syrie et dans toutes les provinces, pour y rendre publique la sentence prononcée contre les Orientaux ; du moins avons-nous un décret du concile adressé à tous les évêques et fidèles de l'Eglise pour leur notifier cette sentence. Ce décret est joint aux actes de la session tenue le 31 juillet, qui est la septième ; mais il a plus de rapport à la cinquième, qui est du 17 juillet. Il produisit son effet, et convainquit plusieurs personnes de l'injustice du procédé des Orientaux. La lettre du concile au pape saint Célestin est suivie d'un discours que saint Cyrille prononça en présence des évêques. Quoique Jean d'Antioche n'y soit pas nommé, il est aisé de voir que c'est lui que l'on attaque partout, et saint Cyrille ne le fait pas sans aigreur. Il lui reproche entre autres choses d'avoir pris les armes contre la vérité et contre ceux qui en prenaient la défense, et de s'être rendu le fauteur de l'hérésie. Les schismatiques écrivirent de leur côté à l'empereur pour se plaindre de ce que Cyrille et Memnon, déposés par eux pour cause d'hérésie, s'étaient fait rétablir dans le sacerdoce par ceux de leur parti, excommuniés et interdits comme eux. Ils demandaient à ce prince permission d'aller ou à Constantinople ou à Nicomédie, pour convaincre leurs adversaires d'impiété et d'injustice en sa présence; d'ordonner aussi que tout le monde souscrivît à la foi de Nicée, dont ils joignaient la formule à leur lettre. Ils écrivirent en même temps à Antiochus, préfet du prétoire et consul, à Valère, maître des offices, et à Scholastique, préfet de la chambre, tous trois amis de Nestorius. Ils s'y plaignaient des excès de Cyrille et de Memnon, qui sont, disaient-ils, au-dessus de la fureur la plus barbare. Ils les conjuraient, en conséquence, de les tirer au plus vite d'Éphèse, et de faire en sorte que leurs lettres fussent lues à l'empereur. Elles étaient toutes adressées au comte Irénée, alors à Constantinople : et ce fut de lui qu'ils apprirent ce qui s'y était passé depuis son arrivée; en particulier, que l'empereur envoyait à Éphèse Jean, comte des largesses, avec ordre de régler les affaires suivant les connaissances qu'il en prendrait sur les lieux.

Il était encore en chemin, lorsque le concile tint une sixième session le 22 juillet de l'an 431. Saint Cyrille y présidait comme vicaire du pape, et les légats du saint-siège n'y sont nommés qu'à la fin, après tous les évêques. Pierre, prêtre d'Alexandrie et primicier des notaires, dit que le saint concile, voulant pourvoir à la foi et à la paix des Églises, proposait une définition qu'il avait en main. On ordonna de la lire et de l'insérer aux actes. On y voyait d'abord le symbole de Nicée, avec anathème de la part de l'Église apostolique contre tous ceux qui diraient qu'il y a eu un temps où le Fils de Dieu n'était point, et qu'il est fait de rien ou de quelque substance créée. Le concile ajoutait : « C'est la sainte foi dont tout le monde doit convenir ; car elle suffit pour l'utilité de toute l'Église qui est sous le ciel. Mais parce que quelques-uns font semblant de la confesser, et en expliquent le sens à leur fantaisie, il a été nécessaire de proposer les sentiments des Pères orthodoxes, pour montrer comment ils ont entendu et prêché cette foi, et comment tous ceux dont la foi est pure doivent l'entendre, l'expliquer et la prêcher. » Le prêtre Pierre dit qu'il avait en main le livre des saints Pères, évêques et martyrs, dont il avait extrait quelques articles ; savoir de saint Pierre d'Alexandrie, de saint Athanase, de saint Jules, évêque de Rome, et des autres anciens qu'on avait cités à la première session pour la condamnation de Nestorius. Le concile en ordonna la lecture, et voulut qu'ils fussent insérés aux actes. Ensuite Charysius, prêtre et économe de l'Église de Philadelphie en Lydie, représenta au concile que quelques hérétiques de cette province, voulant s'instruire dans la doctrine de l'Église catholique, étaient tombés dans de plus grandes erreurs. Car deux prêtres nommés Antoine et Jacques, qui étaient venus de Constantinople en Lydie avec des lettres de recommandation d'Athanase et de Photius aussi prêtre, et du parti de Nestorius, faisaient signer aux quartodécimans, ou novatiens de ce pays-là, qui voulaient se convertir, une profession de foi nestorienne. On la disait de Théodore de Mopsueste. Charysius s'opposa à la signature de cette formule ; ce qui obligea les évêques de Lydie, qui regardaient Antoine et Jacques comme catholiques, de le déposer. La requête de Charysius avait donc deux motifs : le premier, d'être rétabli dans ses fonctions, comme ayant été déposé injustement ; le second, la condamnation de cette fausse exposition de foi qu'on faisait signer aux nouveaux convertis de Lydie. Le concile ne voulut point statuer sur le premier chef de la demande de ce prêtre, n'ayant pas apparemment de preuves qu'il eût été déposé injustement et pour la défense de la vraie foi. Sur le second, après avoir ordonné la lecture de cette profession de foi, il la condamna, mais sans en nommer l'auteur, soit qu'il ne fût pas bien connu, soit à cause de la grande réputation de Théodore de Mopsueste, et défendit, sous peine de déposition aux évêques et aux clercs, et sous peine d'anathème aux laïques, de proposer ou d'écrire aucune autre profession de foi que celle de Nicée. Il n'en excepta ni le symbole des apôtres, ni celui de Constantinople, peut-être pour fermer la bouche aux Orientaux, qui semblaient, par leur attachement affecté à la formule de Nicée, reprocher aux Pères du concile de n'y en avoir pas assez. Nous avons la profession de foi déférée au concile : elle est en grec et en latin dans les collections ordinaires, mais seulement en latin dans celle de Baluze, de la traduction de Marius Mercator. Il est remarqué dans les souscriptions, qui sont au nombre de vingt, que les quartodécimans dont elles sont, s'adressèrent à l'évêque Théophane pour le prier de les recevoir à la sainte Église catholique ; qu'ils anathématisèrent tous ceux qui ne faisaient pas la Pâque comme la sainte Église catholique et apostolique ; et qu'ils jurèrent par la sainte Trinité et par la piété et la victoire des empereurs Théodose et Valentinien, de demeurer fermes dans cette pratique, comme aussi dans la croyance des dogmes mentionnés dans la profession de foi qui leur avait été présentée. Il y en eut quelques-uns qui souscrivirent pour eux et pour toute leur maison; d'autres déclarèrent qu'ils ne savaient pas écrire, entre autres un prêtre nommé Patrice. Le concile, après la condamnation de cette fausse profession de foi, ordonna qu'on relût les extraits des livres de Nestorius déjà insérés dans les actes de la première session; après quoi tous les évêques souscrivirent, saint Cyrille le premier, ensuite Arcadius légat, puis Juvénal de Jérusalem, et les autres de suite, sans garder le même rang que dans les souscriptions précédentes, qui ne sont pas même uniformes.

La septième session, qui fut aussi la dernière, est marquée le lundi 31 août dans les actes; mais on prétend qu'il faut lire le 31 juillet, parce que le concile ne s'assembla plus depuis l'arrivée du comte

Jean, qui était à Ephèse, dans les commencements du mois d'août. Cette session se tint dans la grande église de la Sainte-Vierge. Rhéginus, évêque de Constantia dans l'île de Chypre, y présenta une requête, tant en son nom qu'en celui de deux autres évêques, Zénon et Evagre, se plaignant de ce que le clergé d'Antioche entreprenait contre la liberté dont ils étaient en possession, l'évêque d'Antioche ni quelque autre que ce fût n'ayant jamais eu part à l'ordination des évêques de cette île. Il paraissait en effet que les trois derniers métropolitains de Constantia avaient été établis par les évêques de Chypre. Mais après la mort du dernier, qui se nommait Troïle, Jean d'Antioche, prétendant que l'île de Chypre dépendait de son patriarcat, avait obtenu deux lettres de Denys, duc d'Orient : l'une au clergé de Constantia, l'autre à Théodore, gouverneur de Chypre. Dans la première, le duc disait que, puisqu'on allait tenir un concile à Ephèse, où l'on réglerait ce qui regardait l'élection de leur évêque, ils ne permissent point qu'on en élût ni qu'on en consacrât aucun jusqu'à la décision du concile sur ce point; ou que, s'il y en avait un d'établi avant la réception de sa lettre, il eût à se trouver au concile indiqué à Ephèse. Dans la seconde, il ordonnait à Théodore d'employer son autorité et les milices qu'il commandait pour arrêter ceux qui exciteraient quelque tumulte. Cette lettre est datée d'Antioche, le 21 mai 431. Les évêques de Chypre ne laissèrent pas d'établir un évêque à Constantia, et ce fut Rhéginus sur qui tomba leur choix. Il vint à Ephèse avec trois autres évêques de son île, sans attendre les Orientaux, et s'étant joints à saint Cyrille, ils condamnèrent avec lui Nestorius, le 22 juin. Saprice, évêque de Paphos, l'un des trois qui avaient accompagné Rhéginus, étant mort à Ephèse, celui-ci et les deux autres s'adressèrent au concile pour lui demander sa protection contre les violences du clergé d'Antioche. Le concile, après avoir lu leur requête et les lettres du duc Denys, demanda qu'ils expliquassent nettement le sujet de ces deux lettres. L'évêque Zénon dit qu'elles avaient été obtenues par l'évêque et le clergé d'Antioche. « Que voulait l'évêque d'Antioche? » dit le concile. « Il prétend, répondit Evagre, soumettre notre île et s'attribuer le droit des ordinations contre les canons et la coutume établie? » Le concile dit : « N'a-t-on jamais vu l'évêque d'Antioche ordonner un évêque à Constantia? » Zénon répondit : « Depuis le temps des apôtres on ne peut pas montrer que l'évêque d'Antioche, ni aucun autre, y soit jamais venu ordonner : ç'a toujours été le concile de la province qui a établi un métropolitain. Troïle, qui vient de mourir, Sabin, son prédécesseur, et le vénérable Epiphane, qui était avant eux, ont été ordonnés par un concile, sans que l'évêque d'Antioche ou aucun autre ait eu droit d'ordonner dans l'île de Chypre. » Ce concile, assuré par les déclarations que ces évêques avaient faites de vive voix et par écrit, rendit une sentence qui portait que, si l'évêque d'Antioche n'était point fondé en coutume pour faire des ordinations en Chypre, les évêques de cette île seraient maintenus dans la possession où ils étaient d'élire leurs évêques suivant les canons; que toutes les autres provinces jouiraient pareillement des libertés qu'elles auraient acquises par l'usage; qu'aucun évêque n'entreprendrait sur une province qui de toute antiquité n'aurait point été soumise à son église, et que s'il y en avait qui s'en fussent assujetti quelqu'une par violence, il serait obligé de la restituer. Le concile ne jugea pas à propos de demander que Jean d'Antioche fût entendu, parce que, appelé dans les formes, il avait refusé de comparaître. Peut-être que s'il eût été présent les évêques de Chypre n'eussent pas eu une sentence si favorable. Car Alexandre d'Antioche ayant prétendu, en 415, que les évêques de cette île ne s'étaient mis en possession de faire leurs ordinations que pour éviter la tyrannie des ariens qui avaient occupé le siège épiscopal d'Antioche pendant trente années, le pape Innocent Ier, faisant droit à sa requête, avait ordonné que ces évêques revinssent à l'observation des canons de Nicée, c'est-à-dire qu'ils rentrassent dans la dépendance de l'église d'Antioche. Toutefois, Balsamon, depuis patriarche d'Antioche, reconnaît que les faits allégués par Rhéginus et les autres évêques de Chypre étaient véritables. Pierre le Foulon, ayant usurpé le siège d'Antioche, voulut, sans s'arrêter au décret du concile d'Ephèse, se soumettre l'Eglise de Chypre. Mais comme l'on trouva dans le temps même de cette contestation, c'est-à-dire, vers l'an 488, le corps de saint Barnabé auprès de Constantia, un concile, tenu à Constantinople, et l'empereur Zénon déclarèrent que l'Eglise de Chypre, étant une Eglise apostolique, ne dépendait de la juridiction d'aucun patriarche.

Quelques-uns rapportent à cette dernière session du concile, et d'autres à celle du 17 juillet, la décision de l'affaire d'Eustathe, évêque d'Attalie en Pamphylie. Quoique ordonné canoniquement, on ne laissa pas de former quelques accusations contre lui, dont il lui eût été facile de se justifier. Mais la crainte des affaires et le peu de capacité qu'il se connaissait pour les fonctions de l'épiscopat l'engagèrent à le quitter et à donner une renonciation par écrit. Sur cela le concile de la province mit à sa place Théodore Eustathe, souhaitant toutefois de conserver le nom et les honneurs d'évêque, se présenta au concile d'Ephèse pour les demander, témoignant au surplus n'avoir aucun désir de rentrer dans le siége qu'il avait quitté. Le concile, après s'être informé de la manière dont les choses s'étaient passées, et si les accusateurs d'Eustathe n'avaient rien prouvé contre lui, rendit à ce vieillard la communion dont il avait été privé à cause de sa renonciation, les canons ne permettant point à un évêque d'abandonner son église. Il lui accorda aussi le nom et le rang d'évêque, à la charge néanmoins qu'il ne ferait ni ordination ni aucune autre fonction épiscopale de sa propre autorité. Le concile fit savoir même à celui de la province de Pamphylie, à qui il écrivit sur cette affaire, que s'il voulait traiter Eustathe encore plus charitablement, il pourrait le faire. Le concile chargea aussi les évêques de Pamphylie et de Lycaonie de tenir la main à l'ordonnance du concile de Constantinople, sous Sisinnius, contre les messaliens, hérétiques qui étaient dans leur pays. Cette ordonnance, qui fut présentée par les évêques Valérien et Amphiloque, portait que tous ceux qui seraient infectés ou suspects de cette hérésie seraient sommés de l'anathématiser par écrit; que les réfractaires seraient déposés et excommuniés, s'ils étaient clercs; les laïques anathématisés; et qu'on ne permettrait pas à ceux qui en seraient convaincus, d'avoir des monastères. L'évêque Valérien présenta le livre de ces hérétiques, qu'ils nommaient ascétiques : il fut anathématisé, comme ayant été composé par des hérétiques, et le concile établit qu'on en userait de même à l'égard des autres livres qui seraient infectés de leurs erreurs. Deux autres évêques de Thrace, Euprébius de Byze et Cyrille de Celle, représentèrent au concile que, suivant une ancienne coutume de leur province, chaque évêque avait deux ou trois évêchés; que l'évêque d'Héraclée avait Héraclée et Epania; l'évêque de Byze avait Byze et Arcadiopolis; l'évêque de Celle avait Celle et Gallipoli; que jamais ces villes n'avaient eu d'évêque particulier, en sorte que c'étaient des évêchés perpétuellement unis. Ils ajoutèrent que Fritilas, évêque d'Héraclée, ayant quitté le concile pour s'attacher à Nestorius, ils craignaient que, pour se venger d'eux, il ne prétendît ordonner des évêques dans ces villes où il n'y en avait pas eu encore. Le concile, ayant égard à leur requête, autorisa la coutume particulière de leur province, et défendit, tant à Fritilas qu'à ses successeurs, de rien innover au préjudice des canons, des lois civiles et de l'ancienne coutume qui a force de loi. Cela n'empêcha pas que quelque temps après l'on ne mît des évêques à Gallipoli et dans les autres villes qui n'en avaient point lors du concile d'Ephèse. Il n'y est fait aucune mention de la tentative de Juvénal de Jérusalem, pour s'attribuer la primauté de la Palestine; mais saint Léon en parle, ce qui fait voir que nous n'avons pas tous les actes de ce concile. Celui de Nicée avait maintenu l'évêque de Jérusalem dans les prérogatives d'honneur dont il avait joui jusqu'alors, qui consistaient, ce semble, dans la préséance sur les autres évêques de la province, mais sans préjudice de la dignité de métropolitain qui appartenait à l'évêque de Césarée en Palestine. L'an 395 le clergé et le peuple de Gaza s'adressèrent à Jean de Césarée, comme à leur archevêque, pour lui demander de remplir le siége de leur ville, qui était vacant : Jean leur nomma et consacra Porphyre, alors prêtre de Jérusalem, sans en demander même la permission à l'évêque de cette ville. Quoique Jean de Jérusalem fût présent au concile de Diospolis, en 415, ce fut néanmoins Euloge de Césarée qui y présida. Mais Juvénal de Jérusalem, voulant s'établir chef de la Palestine, commença par ordonner des évêques dans quelques villes de cette province, comme à Paremboles et à Phéno. Il en ordonna même dans la seconde Phénicie et dans l'Arabie. Ce n'était pas assez, il fallait s'autoriser d'un décret du concile. Il essaya donc d'y prouver ses prétentions, et allégua, pour les appuyer, diverses pièces, mais toutes fausses et supposées. Comme l'évêque de Césarée, sur les droits duquel il entreprenait, n'était point présent au concile, saint Cyrille s'opposa au dessein de Juvénal et écrivit même à Rome, priant le saint-siége avec instance de ne pas consentir à une entreprise si illégitime. On eut soin à Rome de conserver cette lettre dans les archives. Juvénal ne se rebuta point de l'opposition qu'il trouvait à ses desseins; mais saint Cyrille ne cessa pas non plus d'y former des obstacles, et, sans se séparer de la communion de Juvénal, il ne voulut jamais donner dans ses sentiments. Il reste à marquer les canons que l'on fit au concile œcuménique d'Ephèse.

Ils sont au nombre de six, et précédés d'une lettre synodale adressée à toutes les Eglises. Le concile y marque les noms et les siéges de tous les évêques schismatiques du parti de Jean d'Antioche, qu'il réduit au nombre de trente-cinq, ajoutant qu'il les avait retranchés, d'un commun consentement, de toute communion ecclésiastique, et leur avai interdit toute fonction sacerdotale. Il déclare ensuite, et c'est le premier canon, ceux qui n'avaient pu assister au concile, ce qui avait été réglé touchant ces schismatiques, savoir, que tous les métropolitains qui auront quitté le concile œcuménique, pour s'attacher au conciliabule schismatique, ou qui seront entrés dans les sentiments de Célestius, ne pourront rien faire contre les évêques de la province, étant excommuniés et interdits; qu'au contraire ils seront soumis à ces mêmes évêques et aux métropolitains voisins, qui pourront les déposer tout à fait de l'épiscopat; que les simples évêques (Can. 2) qui ont embrassé le schisme, soit d'abord, soit après avoir signé contre Nestorius, seront absolument retranchés du sacerdoce et déposés de l'épiscopat; (Can. 3) que les clercs qui auront été interdits ou déposés par Nestorius, ou par ses partisans, à cause qu'ils tenaient les bons sentiments, seront rétablis, et en général (Can. 4), que les clercs qui sont unis au concile œcuménique ne seront soumis en aucune manière aux évêques schismatiques, mais (Can. 5) que les clercs qui embrasseront le schisme ou les erreurs de Nestorius ou celles de Célestius, seront déposés; (Can. 6) que tous ceux qui, condamnés pour leurs fautes par le concile ou par leurs évêques, auraient été rétablis par Nestorius ou ses adhérents, peu soigneux d'observer les règles canoniques, demeureront soumis à la sentence prononcée contre eux; que quiconque voudra s'opposer en quelque manière que ce soit à ce qui a été ordonné par le saint concile d'Ephèse sera déposé, s'il est évêque ou clerc, ou privé de la communion, si c'est un laïque. Ces six canons furent signés par tous les évêques. Dans quelques éditions on en trouve un septième et un huitième, qui ne sont autre chose que la défense faite par le concile de rien ajouter à la formule de Nicée, et le décret touchant la conservation des droits de l'Eglise de Chypre. Zonare et Balsamon ont commenté ces huit canons; ils se trouvent en même nombre dans la collection de Justel. Mais Denys le Petit n'en rapporte aucun dans le Code ancien de l'Eglise latine; apparemment parce qu'ils ne contiennent rien touchant la discipline publique de l'Eglise, mais seulement ce qui regarde l'affaire particulière de Nestorius et de ses fauteurs.

Le comte Jean, arrivé à Ephèse vers le commencement du mois d'août, rendit aussitôt sa visite aux évêques des deux partis; leur division l'empêchant de les voir ensemble, il les vit séparément. Il leur dit aux uns et aux autres de se rendre tous le lendemain à son logis, et fit dire la même chose aux absents. Nestorius et Jean d'Antioche s'y rendirent de grand matin; saint Cyrille y vint ensuite : des deux partis il n'y eut que Memnon qui n'y vint point, retenu par quelque incommodité. La présence de Nestorius excita un grand tumulte : le comte Jean ayant voulu faire lire la lettre de l'empereur, les catholiques déclarèrent que cela ne se pouvait en présence de cet hérésiarque qui était déposé, ni d'aucun des Orientaux séparés de la communion. Les Orientaux, de leur côté, voulaient qu'on fît retirer saint Cyrille. Ainsi il s'éleva entre les deux partis une contestation qui dura une partie de la journée. Le comte proposa un moyen d'apaiser la dispute, qui était de faire retirer saint Cyrille et Nestorius, disant que la lettre de Théodose n'était adressée ni à l'un ni à l'autre. Ce moyen réussit, et vers le soir du même jour on lut la lettre de l'empereur en présence de tous les autres évêques. Elle était adressée au pape Célestin, à Rufus de Thessalonique et aux autres évêques, dont il y en avait cinquante et un nommés, sans distinction de catholiques ou de schismatiques; mais elle ne nommait ni Nestorius, ni Cyrille, ni Memnon, l'empereur les regardant tous trois comme déposés : il disait en effet dans cette lettre qu'il avait approuvé leur déposition. Les catholiques n'en écoutèrent la lecture qu'avec chagrin, à cause qu'elle approuvait la prétendue déposition de ces deux évêques; mais elle fut écoutée avec joie par les Orientaux. Dans la crainte d'un plus grand tumulte, le comte Jean fit arrêter les trois évêques déposés, donna Nestorius à la garde du comte Candidien, saint Cyrille à celle du comte Jacques, qui fit aussi garder Memnon par des soldats. Cela fait il en rendit compte à l'empereur, l'assurant qu'il y avait peu d'espérance de réunir les évêques, tant il voyait les esprits aliénés et aigris de part et d'autre. Mais il se garda bien de marquer à ce prince que le parti des catholiques était de plus de deux cents évêques, et que l'autre n'était tout au plus que de cinquante. Ceux-là, mécontents du procédé du comte Jean, s'en plaignirent à l'empereur, à qui ils demandèrent que ce qui avait été fait contre Nestorius et ses partisans demeurât en sa force, et que ce que ceux-ci avaient fait contre saint Cyrille et Memnon fût déclaré nul. Ils apprirent peu après que, sur une relation infidèle du comte Jean, on délibérait à la cour d'envoyer en exil saint Cyrille et Memnon, comme si leur déposition avait été approuvée de tout le concile. Cela les obligea d'écrire une seconde lettre à l'empereur, pour lui marquer que ces deux évêques n'avaient point été déposés par le concile, qui estimait au contraire leur zèle pour la foi, et les jugeait dignes de recevoir de grandes louanges des hommes, et de Jésus-Christ la couronne de gloire. « Nous n'avons, ajoutaient-ils, déposé que l'hérétique Nestorius. » Ils marquaient ensuite leur douleur de ce que, par surprise, on avait mêlé leurs noms avec ceux des partisans de Jean d'Antioche et des célestiens, et suppliaient Théodose de leur rendre les saints évêques Cyrille et Memnon. Le concile écrivit encore aux évêques qui se trouvaient alors à Constantinople, aux prêtres et aux diacres de la même ville, pour leur représenter les mauvais traitements qu'on leur faisait par suite des faux rapports que recevait l'empereur. Ils disent : « Les uns ont dit que nous faisons des séditions, les autres que le concile œcuménique a déposé Cyrille et Memnon; d'autres, que nous sommes entrés en conférence amiable avec les schismatiques, dont Jean d'Antioche est le chef. Et de peur que la vérité ne soit connue, on nous enferme et on nous maltraite. Dans cette extrémité, nous nous pressons de vous écrire, comme aux vrais enfants du concile œcuménique, de ne pas abandonner la foi, et de vous prosterner avec larmes devant l'empereur, pour l'instruire de tout; car nous n'avons jamais condamné Cyrille et Memnon; nous ne pouvons nous séparer de leur communion, et nous nous estimons très-heureux d'être bannis avec eux. Nous sommes aussi résolus de ne point recevoir à notre communion les schismatiques jusqu'à ce qu'ils aient réparé tous leurs excès, et d'abandonner plutôt nos églises, ce qu'à Dieu ne plaise. » Ils joignirent à cette lettre un petit mémoire qui était, ce semble, pour saint Dalmace, où ils se plaignaient des grandes chaleurs et du mauvais air qui les rendaient malades pour la plupart, et qui en faisaient mourir quelqu'un presque chaque jour. Ce que le concile dit dans sa lettre aux évêques qui étaient à Constantinople, qu'ils n'avaient pas eu apparemment connaissance de ce qui avait été envoyé quelque temps auparavant, peut s'entendre d'une première lettre adressée aux mêmes évêques, mais qui est perdue. Saint Cyrille écrivit en particulier au clergé et au peuple de Constantinople, pour leur expliquer l'état des affaires du concile, les tentatives du comte Jean pour obliger le concile à communiquer avec les schismatiques, la division qui s'était mise entre ceux-ci au sujet d'une profession de foi, où les uns voulaient qu'on appelât la sainte Vierge *Mère de Dieu et de l'Homme*, et les autres qu'on n'y mît point ces termes. Il écrivit aussi à Théopempte, à Daniel et à Potamon, trois évêques d'Égypte alors à Constantinople, où ils avaient, ce semble, porté les premières lettres du concile. Il leur racontait ce qui s'était passé depuis l'arrivée du comte Jean. Ces lettres furent portées avec celles du concile, par un mendiant qui les avait cachées dans le creux de son bâton, et on fut obligé d'avoir recours à cette industrie, parce que les partisans de Nestorius à Constantinople avaient des gardes sur toutes les avenues de cette ville pour empêcher que personne n'y entrât ou n'en sortît de la part du concile. Les Orientaux en écrivirent de leur côté à l'empereur, à l'Église d'Antioche et à Acace de Bérée. Dans la lettre à l'empereur ils demandaient que l'on s'en tînt à la foi de Nicée, et que l'on rejetât les douze anathématismes de saint Cyrille, comme pleins d'erreur. Ils marquaient dans leur lettre à l'Église d'Antioche ce que le comte Jean avait fait à Éphèse, l'approbation que l'empereur avait donnée à la condamnation de Cyrille et de Memnon, et comment ils étaient l'un et l'autre gardés étroitement. Ils n'y disaient rien de Nestorius, non plus que dans la lettre qu'ils écrivirent à Acace de Bérée. Mais ils s'y plaignaient de ce que leurs adversaires répandaient partout des lettres pour exciter des séditions dans les villes et les provinces.

Cependant saint Isidore de Péluse, prévenu contre saint Cyrille par diverses lettres, lui en écrivit une où il le priait de ne porter pas des condamnations violentes, mais d'examiner les causes avec justice, disant que plusieurs de ceux qui s'étaient assemblés à Éphèse l'accusaient de venger son inimitié particulière, plutôt que de chercher sincèrement les intérêts de Jésus-Christ. Cette prévention ne l'empêcha pas d'écrire à l'empereur, pour lui représenter que sa présence à Éphèse serait d'une grande utilité, parce que les jugements qui s'y rendraient seraient sans reproche. « Mais si vous abandonnez, lui disait-il, les suffrages à une passion tumultueuse, qui garantira la conduite des railleries? Vous y apporterez le remède si vous empêchez vos officiers de dogmatiser: car ils sont bien éloignés de servir leur prince et de prendre en même temps les intérêts de Dieu. Craignez qu'ils ne fassent périr l'empire par leur infidélité, en le faisant heurter contre l'Église, qui est la pierre solide et inébranlable suivant la promesse de Dieu. » Le clergé de Constantinople adressa aussi à ce prince une requête extrêmement forte et généreuse, où ils lui disaient: « Si Votre Majesté approuve la déposition de Cyrille et de Memnon, faite par les schismatiques, nous sommes prêts à nous exposer tous, avec le courage qui convient à des chrétiens, aux mêmes périls que ces saints personnages, persuadés que c'est leur rendre la juste récompense de ce qu'ils ont souffert pour la foi. Nous vous supplions donc d'appuyer le jugement de ceux qui sont le plus grand nombre, qui ont de leur côté l'autorité des siéges, et qui, après avoir examiné soigneusement la foi orthodoxe, ont été du même avis que le saint homme Cyrille. N'exposez pas toute la terre à une confusion générale, sous prétexte de procurer la paix et d'empêcher la séparation d'une petite partie de l'Orient, qui ne se séparerait pas si elle voulait obéir aux canons. Car si le chef du concile œcuménique souffre cette injure, elle s'étend à tous ceux qui sont de son avis; il faudra que tous les évêques du monde soient déposés avec ces saints personnages, et que le nom d'orthodoxe demeure à Arius et à Eunomius. Ne souffrez donc pas que l'Église qui vous a nourri soit ainsi déchirée, ni que l'on voie des martyrs de votre temps; mais imitez la piété de vos ancêtres, en obéissant au concile et soutenant ses décrets par vos ordonnances. » On ne doute point que saint Dalmace n'ait eu part à cette requête, et on y rapporte une lettre que le concile lui écrivit pour le remercier. Alypius, curé de l'église des Apôtres, eut part aussi à une action si généreuse. L'empereur, touché de la constance des évêques du concile, et ému par la générosité que le clergé de Constantinople venait de faire paraître pour la défense de la vérité, permit aux évêques des deux partis d'envoyer des députés pour venir à la cour l'instruire de vive voix de la vérité des choses. Les sept évêques qui étaient à Constantinople écrivirent en même temps à ceux du concile pour les féliciter des souffrances qu'ils enduraient pour la bonne cause. Le clergé de la même ville lui écrivit encore pour le prier d'ordonner un évêque à la place de Nestorius, et, quoique cette lettre fût signée de saint Dalmace, il crut devoir en écrire une particulière, où il félicitait le concile sur sa victoire contre l'hérésie. La lettre d'Alypius, prêtre de l'église des Apôtres, était pour saint Cyrille seul. Il y disait: « Le diacre Candidien, qui vous rendra cette lettre vous dira tout ce qui se passe ici, avec quelle liberté et quelle hardiesse nous avons parlé, et tout ce que nous avons fait. » Le concile, ayant reçu les ordres de l'empereur par le comte Jean, nomma huit députés, savoir, le prêtre Philippe, légat du pape, et sept évêques; Arcadius, aussi légat, Juvénal de Jérusalem, Flavien de Philippes, Firmus de Césarée en Cappadoce, Théodote d'Ancyre, Acace de Mélitine, et Evoptius de Ptolémaïde. Dans l'instruction que le concile leur donna, il leur était défendu de communiquer avec Jean d'Antioche et ceux de son parti; mais le concile ajoutait que, si l'empereur les y obligeait ils ne promettraient de le faire qu'à condition que les Orientaux souscriraient à la déposition de Nestorius; qu'ils anathématiseraient sa doctrine; qu'ils demanderaient pardon au concile par écrit de l'injure qu'ils avaient faite à ceux qui en étaient présidents, et qu'ils travailleraient conjointement avec eux députés pour faire mettre en liberté les saints archevêques Cyrille et Memnon. Le concile leur déclara encore que s'ils faisaient plus ou moins que ce qui était porté dans cette instruction, non-seulement il les désavouerait, mais qu'il les priverait encore de sa communion. Cet acte fut signé par Bérinien, évêque de Perge, et par tous les autres évêques. Il est adressé aux députés mêmes, à la tête desquels on met le prêtre Philippe, comme tenant la place du pape saint Célestin. Le concile leur donna aussi des mémoires à opposer aux prétentions des Orientaux, et une lettre de créance pour l'empereur, où, après un abrégé de tout ce qui s'était passé à Éphèse, ils le conjuraient de mettre en liberté Cyrille et Memnon, et de leur permettre à tous de retourner à leurs églises. Les députés furent encore chargés sans doute de la réponse du concile aux sept évêques et à saint Dalmace. Elles avaient pour objet des actions de grâces de ce qu'ils avaient fait en faveur du concile. On lisait dans celle qui était pour saint Dalmace : « Nous savons qu'avant que Nestorius vint à Constantinople, Dieu vous révéla ce qu'il avait dans le cœur, et que vous disiez à tous ceux qui venaient à votre cellule : Prenez garde à vous, mes frères, il est arrivé en cette ville une méchante bête, qui nuira à beaucoup de gens par sa doctrine. » Les Orientaux députèrent aussi huit des leurs, Jean d'Antioche, Jean de Damas, Himérius de Nicomédie, Paul d'Émèse, Macaire de Laodicée, Apringius de Chalcide, Théodoret de Cyr, Helladius de Ptolémaïde. Ils portèrent avec eux un pouvoir absolu d'agir et de parler comme ils le jugeraient à propos, soit devant l'empereur, soit dans le consistoire, dans le sénat ou dans un concile, les évêques de leur parti ayant promis par écrit d'avouer tout ce qu'ils auraient fait, et de souscrire sans difficulté à tout ce qu'ils leur enverraient à signer. Ils n'exceptèrent que les anathématismes de saint Cyrille, qu'ils leur défendirent de recevoir. A cet acte qu'Alexandre d'Hiéraple signa le premier comme demeurant chef du parti, les Orientaux joignirent une requête à l'empereur, où, sans parler de Nestorius ni des autres déposés, ils conjuraient ce prince de veiller à la conservation de la foi, dont ils le faisaient juge, et d'obliger leurs adversaires à en traiter par écrit en sa présence. Après le départ de tous ces députés, l'empereur fit donner ordre à Nestorius de sortir d'Éphèse, lui permettant d'aller où il lui plairait, hormis à Constantinople. Nestorius, comprenant que cet ordre l'obligeait de se retirer en son monastère, qui était celui de Saint-Euprépius près d'Antioche, où il avait été élevé dans sa jeunesse, prit le parti de s'y retirer. Mais avant de partir, il pria Antiochus, qui lui avait signifié l'ordre, de lui obtenir de ce prince des lettres publiques qui condamnassent les douze anathématismes de Cyrille, et qui pussent être lues dans toutes les églises, de peur que les simples ne fussent surpris par la lecture de ces anathématismes.

Les députés des deux partis, arrivés à Chalcédoine sur la fin du mois d'août, reçurent ordre de s'y arrêter, avec défense d'entrer à Constantinople, de peur d'y exciter quelque sédition. L'évêque de Chalcédoine, qui était uni aux catholiques, les reçut avec joie, et leur accorda d'exercer toutes les fonctions sacerdotales dans les églises de la ville. Il n'en usa pas de même envers les Orientaux, qui, à Chalcédoine comme à Éphèse, furent privés de la célébration et de la participation des saints mystères. Ils ne laissaient pas de s'assembler pour prier. Quelques-uns même faisaient des discours à ceux de Constantinople qui venaient pour les entendre : car Nestorius avait encore des partisans dans cette ville. Le bruit de son exil affligea beaucoup Jean d'Antioche et les autres évêques députés avec lui. Ils en témoignèrent leur chagrin à ceux de leur parti qui étaient restés à Éphèse, par une lettre datée du 4 septembre, où ils leur marquaient en même temps que ce jour-là ils attendaient l'empereur. Il vint en effet, et donna audience aux deux partis dans le palais de Rufin. Les uns et les autres présentèrent leurs pièces : on les lut, et les Orientaux se flattèrent d'abord d'avoir vaincu leurs adversaires. Ils accusèrent Acace de Mélitine, l'un des députés, d'avoir dit en une occasion que la divinité était passible. Mais cet évêque n'eut pas de peine à se justifier, moins encore de répondre à ce qu'objectaient les Orientaux, que les évêques du concile, ayant célébré après avoir été excommuniés par eux, et ayant communiqué avec Cyrille depuis qu'il avait été déposé, s'étaient par là déposés eux-mêmes et privés de l'épiscopat. Ils protestèrent que si l'on mettait un nouvel évêque à Constantinople, et qu'il fût ordonné par ceux du concile, ils ne pourraient regarder cette ordination que comme nulle et illégitime. Les catholiques supplièrent l'empereur de faire venir saint Cyrille, afin qu'il se justifiât lui-même; mais les Orientaux ayant demandé que l'on commençât par régler la foi, ce prince ordonna que chacun des deux partis fît une déclaration de sa croyance et la lui mît en main. Les Orientaux dirent qu'ils n'en avaient point d'autre à donner que celle de Nicée : l'empereur paraissant satisfait de cette réponse, ils renvoyèrent à Éphèse la copie de l'exposition de foi qu'ils en avaient apportée, priant leurs partisans de leur en envoyer deux nouvelles copies souscrites. Ceux-ci le firent sans difficulté, et écrivirent en même temps à l'empereur pour le remercier de l'accueil favorable qu'il avait fait à leurs députés, et le conjurer d'avoir égard au tort qu'il leur faisait en confirmant la déposition de Nestorius, puisque c'était, disaient-ils, autoriser les douze anathématismes de Cyrille. Ils envoyèrent à leurs députés l'exposition de ces anathématismes.

que saint Cyrille venait de faire à Éphèse, à la prière du concile. On ne sait point ce qui se passa à Chalcédoine après la première audience que Théodose donna aux deux partis : on sait seulement qu'il leur en donna jusqu'à cinq, et que les Orientaux y parlèrent toujours contre les anathématismes ; qu'ils protestèrent plusieurs fois, même avec serment, qu'ils ne communiqueraient jamais avec les évêques unis à saint Cyrille, jusqu'à ce qu'ils les eussent rejetés ; qu'à l'égard de saint Cyrille et de Memnon, ils ne voulaient avoir avec eux aucune réconciliation, les regardant comme chefs d'une hérésie tout-à-fait impie. Dans une des audiences, l'empereur ayant trouvé mauvais que les Orientaux tinssent des assemblées, Théodoret répondit qu'il eût été bon de traiter également les deux partis, et d'ordonner à l'évêque de Chalcédoine d'empêcher que ni les uns ni les autres n'en tinssent, jusqu'à ce qu'ils fussent d'accord. Mais ce prince lui répliqua qu'il ne pouvait pas donner un tel ordre à un évêque. Sur quoi Théodoret le pria de les laisser donc aussi faire, et qu'ils auraient bientôt une église et des assemblées plus nombreuses que leurs adversaires ; et comme il assurait qu'on n'offrait point le saint sacrifice, et qu'on ne lisait point l'Écriture dans leurs assemblées, Théodose leur permit de les continuer.

Les Orientaux attendaient une sixième audience lorsque ce prince retourna à Constantinople, les laissant à Chalcédoine, avec ordre aux députés catholiques de venir à Constantinople pour y ordonner un évêque. Les Orientaux s'en plaignirent dans une requête où ils représentèrent à l'empereur que, si les partisans de l'hérésie (c'est ainsi qu'ils nommaient les députés catholiques) ordonnaient un évêque à Constantinople avant que les contestations sur la foi fussent terminées, il y aurait nécessairement un schisme dans l'Église qui obligerait ce prince à des violences contraires à sa modération. « Car, disaient-ils, nous et toutes les provinces d'Orient, de Pont, d'Asie, de Thrace, d'Illyrie, d'Italie, ne souffriront jamais que l'on reçoive les dogmes de Cyrille. Ils vous ont même, ajoutaient-ils, envoyé un livre de saint Ambroise contraire à cette doctrine. » Ils écrivirent en même temps une grande lettre à Rufus de Thessalonique, pour tâcher de l'attirer à leur parti, en le prévenant contre le concile, afin qu'il n'ajoutât pas foi à la relation de Flavien de Philippes, son député à Éphèse. Ils prirent occasion, pour écrire cette lettre, de celle que Rufus avait écrite à Julien, évêque de Sardique, pour l'exhorter à défendre le symbole de Nicée, comme suffisant pour faire connaître la vérité et pour convaincre le mensonge. Mais Théodose, sans avoir égard à la requête des Orientaux, termina toutes les affaires par une lettre qu'il écrivit au concile en ces termes : « Comme nous préférons la paix des Églises à toute autre affaire, nous avons essayé de vous mettre d'accord, non-seulement par nos officiers, mais par nous-même. Puis donc qu'il n'a pas été possible de vous réunir, et que vous n'avez pas même voulu entrer en discours sur les matières contestées, nous avons ordonné que les évêques d'Orient s'en retournent chacun chez eux à leurs Églises, et que le concile d'Éphèse soit dissous ; que Cyrille aille à Alexandrie, et que Memnon demeure à Éphèse. Au reste nous vous déclarons que, tant que nous vivrons, nous ne pouvons condamner les Orientaux, puisqu'on ne les a convaincus de rien devant nous, et qu'on n'a pas même voulu entrer en dispute avec eux. Si vous cherchez donc la paix de bonne foi, faites-le-nous savoir ; sinon, songez à vous retirer incessamment. » Le commencement de cette lettre manque. Cotelier l'a le premier donnée en grec et en latin (*Monum. t. I, p.* 41). On la trouve en cette dernière langue dans l'appendice des Conciles de Baluze. Il en rapporte une autre de Théodose, adressée aussi au concile pour le faire finir ; mais ce prince, en y permettant aux évêques de s'en retourner à leurs églises, exceptait de ce congé Cyrille seul et Memnon, qui ont, disait-il, été autrefois évêques d'Alexandrie et d'Éphèse, et qui sont déposés de l'épiscopat. Mais il y a apparence que cette lettre ne fut pas rendue publique ; du moins les Orientaux n'en dirent-ils rien dans leurs relations écrites de Chalcédoine, au lieu qu'ils y reconnaissent que la lettre de l'empereur, qui rendait saint Cyrille et Memnon à leurs Églises, fut celle qui fut publiée et mise à exécution. On rapporte au même temps une petite lettre de Théodose à Acace de Bérée, où il prie cet évêque de demander à Dieu la réunion de l'Église catholique, à qui il donne le nom de Romaine, suivant l'usage qui commençait à s'établir, parce que c'était la foi catholique que professaient les empereurs et qui dominait dans l'empire romain, au lieu que la plupart des barbares étaient infectés de l'arianisme. Les Orientaux, qui ne s'attendaient à rien moins qu'à cet ordre de l'empereur, perdirent toute espérance de voir réussir leur députation. Néanmoins, comme ce prince paraissait dans sa lettre être encore plus satisfait de leur conduite que de celle des évêques du concile, ils crurent lui pouvoir présenter une troisième et dernière requête, mais plus libre que les précédentes. Ils s'y plaignent du peu d'égards que l'on avait eu pour eux après l'obéissance exacte qu'ils avaient rendue à tout ce qui leur avait été ordonné de la part de ce prince, et de ce que l'on ruinait la foi pour introduire dans l'Église l'hérésie d'Apollinaire en rétablissant Cyrille. Ils y demandent ce qu'ils avaient déjà demandé plusieurs fois, que l'empereur ne permît point que l'on ajoutât quoi que ce fût à la foi des saints Pères assemblés à Nicée, et ajoutent : « Si vous ne vous rendez pas à cette prière, nous secouerons la poussière de nos pieds, et nous crierons avec saint Paul : Nous sommes innocents de votre sang. » Ensuite ils écrivirent à ceux de leur parti à Éphèse que, quoique l'empereur leur eût accordé jusqu'à cinq audiences, ils n'avaient pu réussir dans leurs desseins ; que leurs adversaires n'avaient voulu entrer en aucune façon dans la discussion des anathématismes de Cyrille, ni leurs juges les y obliger, ni entendre parler de Nestorius ; que pour eux ils étaient résolus à ne recevoir jamais ni Cyrille ni ses anathématismes, et à ne point communiquer avec les autres, qu'auparavant ils ne rejetassent tout ce qui avait été ajouté au symbole de Nicée. Ils se plaignent de la tyrannie des Cyrilliens, qui ont, disent-ils, gagné tout le monde par séduction, par flatterie et par présents ; en sorte que l'Egyptien (c'est saint Cyrille) et Memnon demeurent à leurs Eglises, tandis que cet homme innocent (c'est Nestorius) est renvoyé à son monastère. Il est remarqué au bas de la lettre dans laquelle Théodose accordait à saint Cyrille la liberté de retourner à Alexandrie, que cet évêque y était déjà retourné : ce qui revient au reproche que lui fit Acace de Bérée, de s'être enfui d'Ephèse. Mais si cela eût été vrai, le peuple d'Alexandrie aurait-il reçu son évêque avec tant de joie et de magnificence ? On lit dans les actes du concile de Chalcédoine que l'on rédigea par écrit ce qui avait été décidé à Ephèse touchant la Mère de Dieu, et que les évêques confirmèrent par leurs souscriptions les témoignages rendus à la divinité et à l'humanité de Jésus-Christ, voulant que leur main confessât de même que leur langue l'union des deux natures en une seule personne. Nous ne lisons rien de semblable dans les actes du concile d'Ephèse. D'où l'on doit inférer, ou que nous ne les avons pas entiers, ou que ce qu'en dit le concile de Chalcédoine doit s'entendre de l'approbation que celui d'Ephèse donna à la doctrine de saint Cyrille, et de l'anathème qu'il dit à celle de Nestorius. C'était en effet reconnaître que la sainte Vierge est mère de Dieu, et que les deux natures sont unies en une seule personne dans Jésus-Christ. *D. Ceill.*

ÉPHÈSE (Concile d'). vers l'an 444.

Dans la requête de Bassien à l'empereur Marcien, il est fait mention d'un concile tenu à Ephèse, dont Bassien nous apprend lui-même l'occasion et le résultat. Consacré dès sa jeunesse au service des pauvres, il leur avait bâti à Ephèse un hôpital de soixante-dix lits, où il recevait les malades et les blessés. Il s'acquit par ces œuvres de charité une si grande amitié de la part du peuple, que Memnon en conçut de la jalousie. Cet évêque, pour se défaire de lui, résolut de le faire évêque d'Evazes à la place d'Eutrope, qui avait assisté au concile d'Ephèse. Mais quoiqu'il tînt Bassien à l'autel depuis neuf heures jusqu'à midi, il ne put le faire consentir à son ordination, ni l'obliger à aller à Evazes prendre soin de l'Eglise pour laquelle il l'avait ordonné. Memnon étant mort, Basile, son successeur, assembla le concile de sa province pour délibérer sur cette affaire, et sachant comment s'était faite l'ordination de Bassien, il le déchargea de l'Eglise d'Evazes, y mit un autre évêque, et laissa à Bassien les honneurs de l'épiscopat.

ÉPHÈSE (Concile ou Brigandage d'), l'an 449. L'empereur Théodose le Jeune convoqua ce concile à la prière de Dioscore, patriarche d'Alexandrie, qui s'était fait appuyer dans sa demande par les sollicitations d'Eudoxie et de l'eunuque Chrysaphe. La lettre de convocation, qui est du 30 mars 449, porte que l'exarque ou le patriarche prendra avec lui dix métropolitains de sa dépendance, et dix autres évêques pour se trouver à Ephèse le premier jour d'août prochain ; qu'à l'égard de Théodoret, il ne lui sera pas permis d'y venir, jusqu'à ce que le concile assemblé le juge à propos. L'empereur ordonna aussi à l'abbé Barsumas de se rendre à Ephèse au nom de tous les abbés ou archimandrites de l'Orient, pour y prendre séance avec les évêques. On n'avait point encore vu d'abbé prendre le rang de juge dans un concile général ; mais Barsumas étant ami d'Eutychès et de Dioscore, ils lui avaient procuré cet honneur, pour exclure du concile les autres abbés dont ils n'avaient rien à espérer. Saint Léon fut aussi invité au concile par l'empereur, qui, selon la remarque de ce saint pape, respectait trop les ordres de Dieu pour entreprendre une chose de cette importance, sans y faire intervenir l'autorité du siége apostolique ; mais la lettre de convocation n'étant arrivée à Rome que le 13 mai, à peine saint Léon eut-il assez de temps pour envoyer des légats au concile. Il choisit pour cette fonction Jules, évêque de Pouzzoles dans la Campanie ; René, prêtre du titre de saint Clément, qui mourut en chemin, et Hilaire, diacre, avec Dulcitius, notaire, qui portaient tous en eux-mêmes un esprit de justice pour faire condamner l'erreur, et de douceur pour faire accorder le pardon au coupable, s'il s'en rendait digne. Théodose voulut que les évêques qui avaient condamné Eutychès au concile de Constantinople (*Voy.* ce mot) assistassent encore à celui-ci, mais non en qualité de juges, parce qu'il s'agissait d'examiner leur sentence. Afin d'empêcher qu'il arrivât du tumulte, il envoya à Ephèse Elpide, comte du consistoire, c'est-à-dire conseiller d'état, et Euloge, tribun et notaire, avec pouvoir de prendre les archers du proconsul d'Asie, et d'y ajouter des milices de l'empire, afin que ces deux commissaires fussent en état d'exécuter les ordres qu'il leur donnerait. Ce prince écrivit au concile pour marquer que son intention était qu'on n'y traitât d'aucune accusation personnelle, jusqu'à ce que l'on eût décidé ce qui appartenait à la foi, et qu'on chassât des Eglises tous ceux qui tenaient ou favorisaient l'erreur de Nestorius. Il écrivit encore à Dioscore, évêque d'Alexandrie, à qui il disait que, pour suivre l'ordre des canons, il lui donnait l'intendance et la primauté dans toutes les affaires qui devaient se traiter dans le concile, ne doutant pas que les saints archevêques Juvénal de Jérusalem, Thalassius de Césarée et tous les zélés catholiques ne fussent d'accord avec lui. Sa lettre à Juvénal était dans les mêmes termes ; d'où vient que Dioscore prétendit dans la suite que Juvénal et Thalassius avaient été établis avec lui les chefs du concile, et qu'ils devaient répondre, comme lui, de tout ce qui s'y était passé.

Il se tint le premier jour d'août, dans le même lieu où s'était tenu le premier concile d'Ephèse, c'est-à-dire dans l'église que l'on nommait *Marie*. Il y eut environ cent trente ou cent trente-cinq évêques des provinces d'Egypte, d'Orient, d'Asie, de Pont et de Thrace. Le commencement des actes n'en met que cent vingt-six; mais dans la dernière signature il s'y en trouve treize de plus. Suivant l'ordre de l'empereur Théodose, Dioscore d'Alexandrie tint la première place; elle lui était due d'ailleurs par la dignité de son siége, l'évêque de Rome étant absent. Il paraît par Libérat que les légats du pape voulurent lui disputer la présidence du concile; mais ou le fait n'est pas vrai, ou les légats ne réussirent point dans leur prétention, quelque juste qu'elle fût d'ailleurs, puisque Jules de Pouzzoles, le premier des légats de saint Léon, n'est nommé qu'après Dioscore; on lit ensuite les noms de Juvénal de Jérusalem, de Domnus d'Antioche et de Flavien. Après ces cinq patriarches, dont celui de Constantinople ne tient que la cinquième place, comme étant le plus nouveau, sont nommés les exarques et les métropolitains, ou leurs vicaires, savoir, Etienne d'Ephèse, Thalassius de Césarée en Cappadoce, Eusèbe d'Ancyre en Galatie, Jean de Sébaste en Arménie, Cyrus d'Aphrodisiade en Carie, Erasistrate de Corinthe, Quintillus d'Héraclée à la place d'Anastase de Thessalonique, Mélèce de Larysse en Syrie, qui tenait aussi la place de Domnus d'Apamée, et les autres qui sont marqués chacun en leur rang dans les actes. Suivent les prêtres, députés des évêques absents, et à leur tête l'abbé Barsumas, puis le diacre Hilaire, légat du pape, avec le notaire Dulcitius. Quoique Eusèbe de Dorylée fût venu à Ephèse, il ne fut point nommé entre les évêques du concile; on ne voulut pas même lui permettre d'y assister, sous prétexte que l'empereur l'avait défendu. La plupart des évêques avaient des notaires pour écrire ce qui se disait. Dioscore chassa non-seulement ceux d'Etienne d'Ephèse, mais tous les autres, à la réserve des siens, de ceux de Juvénal et d'Erasistrate, dont il était apparemment assuré. Jean, prêtre et primicier des notaires d'Alexandrie, fit les fonctions de promoteur. Il proposa en peu de mots les raisons que les empereurs avaient eues d'assembler le concile, après quoi, il lut la lettre de convocation. Les légats du pape dirent que saint Léon en avait reçu une en même forme, et qu'il n'aurait pas manqué de se trouver au concile s'il y en avait quelque exemple; mais vous savez, dit le diacre Hilaire, que le pape n'a assisté ni au concile de Nicée, ni à celui d'Ephèse, ni à aucun autre semblable; c'est pourquoi il nous a envoyés ici pour le représenter, et nous a chargés de lettres pour vous, que nous vous prions de faire lire. Les légats parlèrent en latin, et Florent, évêque de Lydes, leur servait d'interprète. Le prêtre Jean, au lieu de faire lire la lettre de saint Léon au concile, proposa de lire celle de l'empereur à Dioscore; on la lut par ordre de Juvénal de Jérusalem; elle portait que Barsumas assisterait au concile. Juvénal dit qu'il en avait reçu une pareille, et opina pour que la volonté de l'empereur fût exécutée. Le comte Elpide lut ensuite la commission de l'empereur pour lui et pour le tribun Euloge, puis la lettre de ce prince au concile, dans laquelle il accusait Flavien d'avoir excité des disputes sur la foi contre Eutychès. Alors Thalassius de Césarée proposa de commencer par la question de la foi : c'était l'intention de l'empereur, et Jules de Pouzzoles fut aussi de cet avis; mais Dioscore fut d'un sentiment contraire. Il dit que la foi établie par les Pères n'étant pas une chose que l'on dût mettre en question, le concile n'était assemblé que pour examiner si les nouvelles opinions étaient conformes aux décisions anciennes. « Voudriez-vous, ajouta-t-il, changer la foi des Pères ? » Le concile dit : « Si quelqu'un la change, qu'il soit anathème. Si quelqu'un y ajoute, qu'il soit anathème. Gardons la foi de nos pères. » Le but de Dioscore était de faire examiner l'affaire d'Eutychès avant que l'on traitât de la foi. Le comte Elpide, donnant dans ces vues, demanda que l'on fit entrer l'archimandrite Eutychès. A quoi Juvénal de Jérusalem et tout le concile consentit.

Eutychès prit les évêques à témoin de la foi pour laquelle il avait combattu avec eux dans le premier concile d'Ephèse; puis il leur présenta un libelle de sa foi, demandant qu'on le fît lire. Il y disait qu'il se tenait heureux de voir le jour auquel la vraie foi recouvrait sa liberté, ce qui lui faisait naître l'espérance de quelque soulagement dans les persécutions qu'on lui faisait souffrir pour n'avoir point d'autre croyance que celle de Nicée. Il en rapportait ensuite le symbole, avec une protestation de vivre et de mourir suivant cette foi, sans en ôter et sans y ajouter quoi que ce fût, conformément à ce qui avait été ordonné dans le précédent concile d'Ephèse, et d'anathématiser Manès, Valentin, Apollinaire, Nestorius et tous les autres hérétiques jusqu'à Simon le Magicien, nommément ceux qui disaient que la chair de Jésus-Christ est descendue du ciel. Diogène de Cyzique et Basile de Séleucie lui demandèrent comment donc il croyait que Jésus-Christ s'était incarné et d'où venait sa chair. Eutychès ne jugeant pas à propos de leur répondre, on continua la lecture de sa requête, où il rapportait à sa façon le jugement rendu contre lui à Constantinople. « Vivant, dit-il, suivant cette foi, j'ai été accusé par Eusèbe de Dorylée, qui a donné contre moi des libelles où il me nommait hérétique, sans spécifier aucune hérésie, afin qu'étant surpris et troublé dans l'examen de ma cause, il m'échappât de dire quelque nouveauté. L'évêque Flavien m'ordonna de comparaître, lui qui était presque toujours avec mon accusateur, croyant, parce que j'avais coutume de ne pas sortir du monastère, que je ne me présenterais point et qu'il me déposerait comme par défaut. En effet, lorsque je venais du monastère à Constantinople, le silentiaire Magnus, que l'empereur m'avait donné pour ma sûreté, me dit que ma présence était à l'avenir inutile, et que j'étais déjà condamné avant d'être entendu. Sa déposition le fait voir. Quand je me présentai à l'assemblée, on refusa de recevoir et de faire lire ma profession de foi, et quand j'eus déclaré de vive voix que ma croyance était conforme à la décision de Nicée confirmée à Éphèse, on voulut m'y faire ajouter quelques paroles. Craignant de contrevenir à l'ordonnance du premier concile d'Éphèse et de celui de Nicée, je demandai que votre saint concile en fût informé, étant prêt à me soumettre à ce que vous approuveriez. Comme je parlais ainsi, on fit lire la sentence de déposition que Flavien avait dressée contre moi longtemps auparavant, selon qu'il l'avait voulu; et l'on changea plusieurs choses aux actes, comme il a été vérifié depuis, à ma requête, par ordre de l'empereur. Car l'évêque Flavien n'a eu aucun égard à mon appel interjeté vers vous, ni aucun respect pour mes cheveux blancs et les combats que j'ai soutenus contre les hérétiques; mais il m'a condamné d'autorité absolue. Il m'a livré pour être mis en pièces, comme hérétique, par la multitude amassée exprès dans la cathédrale et sur la place, si la Providence ne m'avait conservé. Il a fait lire en diverses églises la sentence prononcée contre moi, et a fait souscrire les monastères : ce qui ne s'est jamais fait, comme vous savez, pas même contre les hérétiques. Il l'a envoyée en Orient, et l'a fait souscrire en plusieurs endroits par les évêques et les moines qui n'avaient point été juges, quoiqu'il eût dû commencer par l'envoyer aux évêques à qui j'avais appelé. C'est ce qui m'a obligé d'avoir recours à vous et à l'empereur, afin que vous soyez juges de la sentence rendue contre moi. » Flavien, qui jusque-là était demeuré dans le silence, demanda qu'on fît entrer Eusèbe de Dorylée, accusateur d'Eutychès. Le comte Elpide s'y opposa, disant que l'accusateur avait rempli sa fonction, et gagné tout ce qu'il pouvait prétendre, en faisant condamner Eutychès; c'était maintenant au juge à répondre de son jugement, comme cela se pratiquait dans les tribunaux séculiers. Il proposa donc de continuer la lecture des actes de la cause d'Eutychès à quoi Dioscore et les autres évêques consentirent. Les légats du pape voulaient qu'on lût auparavant les lettres de saint Léon, qu'il n'avait écrites, disaient-ils, qu'après s'être fait lire des actes dont on demandait la lecture. Mais Eutychès dit : « Les envoyés du très-saint archevêque de Rome Léon me sont devenus suspects, car ils logent chez l'évêque Flavien, ils ont dîné chez lui, et il leur a rendu toutes sortes de services. Je vous prie donc que ce qu'ils pourraient faire contre moi ne me porte aucun préjudice. » Dioscore dit qu'il était dans l'ordre de lire d'abord les actes du concile de Constantinople, qu'ensuite on lirait les lettres du très-pieux évêque de Rome : ce qu'il disait pour éluder la lecture de ces lettres, qui en effet ne furent point lues dans ce concile. On lut donc les actes de celui de Constantinople. Quand on eut lu les deux lettres de saint Cyrille où il insiste sur la distinction des deux natures, Eustathe de Béryte, pour empêcher qu'on n'en tirât avantage pour saint Flavien, dit que saint Cyrille, en d'autres lettres, comme dans celle qui est à Successus, évêque de Diocésarée, enseigne qu'il n'y a qu'une nature du Verbe incarné. On ne trouva rien à redire à ce que Flavien avait dit pour l'exposition de sa foi, mais lorsqu'on vint à l'endroit de la dernière session où Eusèbe de Dorylée exigeait d'Eutychès qu'il confessât deux natures et que Jésus-Christ nous est consubstantiel selon la chair, le concile s'écria : « Otez, brûlez Eusèbe; qu'il soit brûlé vif; qu'il soit mis en deux; comme il a divisé, qu'on le divise. » Dioscore, ne se contentant pas de ces cris, demanda qu'on dît anathème à quiconque dit deux natures après l'incarnation, et que ceux qui ne pourraient pas faire entendre leurs voix levassent les mains pour montrer qu'ils consentaient à l'anathème des deux natures; et aussitôt chacun, levant la main, dit anathème à qui admet deux natures; qu'on chasse, qu'on massacre, qu'on déchire ceux qui veulent deux natures. On lut ensuite la déclaration qu'Eutychès avait faite de sa foi en présence de saint Flavien. Elle était conçue de telle manière qu'elle n'exprimait ni la vérité ni l'hérésie. Néanmoins Dioscore, et tous les autres après lui, déclarèrent que c'était là leur croyance, et qu'ils rejetaient la foi de l'impie Eusèbe. Ils ajoutèrent qu'ils ne croyaient qu'une nature avec Eutychès. Après qu'on eut lu les actes du concile de Constantinople, on lut aussi ceux de l'assemblée du 8 avril 444, où l'on avait fait la révision de ces actes et l'information faite le 27 du même mois par-devant Ariobinde, maître des offices.

Dioscore, ayant trouvé le moyen d'abattre par ces cris tumultueux le courage des évêques qui, dans la crainte d'être condamnés comme Nestorius, favorisèrent l'hérésie d'Eutychès, ne songea plus qu'au rétablissement de cet hérésiarque. Il demanda aux évêques de quelle façon il le fallait traiter. Juvénal de Jérusalem, prenant le premier la parole, dit qu'Eutychès ayant toujours déclaré qu'il suivait l'exposition de foi de Nicée et ce qui avait été fait au premier concile d'Éphèse, il le trouvait orthodoxe, digne de gouverner son monastère et de tenir le rang de prêtre dans l'Église. Le concile dit : « Ce jugement est juste. » Domnus d'Antioche reconnut que, sur la lettre qui lui avait été écrite par le concile de Constantinople au sujet d'Eutychès, il avait souscrit à sa condamnation, mais qu'ayant déclaré dans sa requête qu'il suivait la foi de Nicée et d'Éphèse, il consentait à son rétablissement, tant dans sa dignité de prêtre que dans la conduite de son monastère. Étienne d'Éphèse, Thalassius de Césarée et tous les autres évêques du concile, à l'exception des légats du pape, opinèrent comme avaient fait Juvénal et Domnus. L'abbé Barsumas, voulant, comme un fils, suivre la foi de ses pères les évêques, témoigna sa joie de ce qu'ils reconnaissaient tous la pureté de la foi d'Eutychès, et ce consentement unanime fut confirmé par le suffrage de Dioscore, qui conclut, comme les autres, à ce qu'Eutychès fût conservé dans les degrés d'honneur dont il jouissait avant la sentence prononcée contre lui par Flavien. Après quoi Jean, primicier des notaires, lut une requête présentée par les moines d'Eutychès, où ils exposaient au concile qu'ils étaient persécutés injustement par leur propre évêque à cause de l'amour qu'ils avaient pour la vérité, et privés depuis neuf mois de la participation des divins mystères, en observant toutefois le reste de la vie monastique; ils suppliaient qu'on leur rendît l'usage des sacrements, et concluaient en demandant que Flavien reçût la peine que méritaient ses injustices. Cette requête, signée de plus de trente moines, fut lue dans le concile, sans que Dioscore demandât à Flavien raison de sa conduite à l'égard de ces moines, et sur l'aveu qu'ils firent de suivre la même foi que les conciles de Nicée et d'Éphèse, Juvénal et les autres évêques les rétablirent dans la communion de l'Église et dans les fonctions de leurs ordres : car il y avait parmi eux un prêtre, dix diacres et trois sous-diacres.

Eutychès et ses moines étant absous, Dioscore proposa de faire lire ce qui avait été fait sur la foi dans le premier concile d'Éphèse. Domnus d'Antioche parut n'en être pas d'avis, mais les autres évêques ayant approuvé la proposition, on lut la sixième session de ce concile, où se trouvent le symbole de Nicée, les passages des Pères sur l'Incarnation, la requête de Charisius, la confession de foi attribuée à Théodore de Mopsueste, et les extraits des livres de Nestorius. La lecture de toutes ces pièces étant achevée, comme on lisait le décret du premier concile d'Éphèse, qui défend, sous peine de déposition et d'anathème, de composer ou d'employer aucune autre formule de foi que celle de Nicée, Onésiphore d'Icone dit aux évêques qui étaient assis près de lui : « On ne nous lit ceci que pour déposer Flavien. » Épiphane de Perge qui l'entendit, répondit : « La chose pourrait bien arriver à l'égard d'Eusèbe de Dorylée, mais personne ne sera assez fou pour aller jusqu'à Flavien. » Ce qu'avait prévu Onésiphore arriva dans le moment. Dioscore, ayant repris en peu de paroles la défense que le concile d'Éphèse avait faite de se servir d'autre symbole que de celui de Nicée, fit entendre que le sens de ce décret était qu'on ne devait rien dire, ni penser, ni rien discuter que dans les termes mêmes de ce symbole; sur quoi il pria tous les évêques de donner chacun leur avis par écrit. Thalassius de Césarée dit qu'il détestait tous ceux qui pensaient contrairement à ce décret, en quoi il fut suivi de tous les autres évêques. Jules, légat du pape, déclara que c'était le sentiment du siège apostolique, et le diacre Hilaire ajouta que ce décret était conforme aux lettres de saint Léon adressées au concile, et demanda qu'on en fît la lecture. Dioscore, sans avoir égard à sa demande, conclut que, puisque Flavien et Eusèbe de Dorylée avaient contrevenu à la défense de rien dire et de rien rechercher sur la foi hors des termes du symbole de Nicée, et qu'en violant cette défense ils avaient tout renversé, causé du scandale dans toutes les Églises, ils s'étaient eux-mêmes soumis aux peines ordonnées par les Pères du premier concile. « C'est pourquoi, ajoute-t-il, en confirmant leurs décisions, nous avons jugé que les susdits Flavien et Eusèbe seront privés de toute dignité sacerdotale et épiscopale. » Il demanda l'avis des évêques, mais en les avertissant que l'empereur serait informé de tout. Flavien dit : « Je vous récuse, » ou, selon le texte latin, « J'appelle de votre jugement. » Hilaire, diacre, l'un des légats, dit : « On s'y oppose. » Quelques évêques se levèrent et allèrent se jeter aux genoux de Dioscore pour l'empêcher de déposer Flavien. Basile de Séleucie lui représenta que c'était condamner le sentiment de toute la terre. Rien ne put le fléchir, et voyant que le nombre des opposants à la condamnation de Flavien se multipliait, il appela à son secours les comtes Elpige et Euloge. Aussitôt ils firent entrer dans le lieu de l'assemblée le proconsul avec des chaînes, et un grand nombre de personnes armées de bâtons et d'épées. On ne parlait que de déposer ou d'exiler ceux qui refuseraient d'obéir à Dioscore. Il se leva lui-même sur son trône, et faisant signe de la main, il dit : « Si quelqu'un ne veut pas signer, c'est à moi qu'il a affaire, prenez-y garde. » La vue des soldats, les menaces des moines qui environnaient Barsumas, et des *parabolans* de Dioscore, la crainte de la déposition ou de l'exil intimidèrent tellement les évêques qu'on avait retenus jusqu'au soir enfermés dans l'église sans leur donner de repos, qu'ils souscrivirent à la déposition de Flavien et d'Eusèbe, sur un papier blanc. Juvénal de Jérusalem souscrivit le premier, ensuite Domnus d'Antioche, puis Thalassius de Césarée, Eusèbe d'Ancyre, Étienne d'Éphèse et tous les autres. Barsumas prononça aussi comme juge, immédiatement après les évêques, et avant Longin, Anthémius, Ariston et Olympius, prêtres, qui signèrent pour Dorothée, évêque de Néocésarée, pour Patrice, évêque de Thyanes, pour Eunomius, évêque de Nicomédie, et pour Caloger, évêque de Claudiopolis dans le Pont. Presque toutes les souscriptions sont conçues en ces termes : *J'ai jugé et souscrit.* Il n'y a que les légats du pape qui refusèrent de céder à la violence et à l'injustice. Dioscore fit tout son possible pour engager le diacre Hilaire à se trouver à une seconde séance, dans le dessein ou de l'obliger à souscrire comme les autres à la condamnation de Flavien, ou de le retenir par force en cas qu'il ne voulût point se rendre. Mais Hilaire, voyant qu'il avait tout à craindre, s'échappa d'Éphèse, et s'en retourna à Rome par des chemins détournés. On ne marque pas ce que devint Jules, évêque de Pouzzoles. Pour ce qui est de René, le troisième légat, il était mort, comme nous l'avons dit, en venant au concile. Outre Flavien et Eusèbe de Dorylée, il y eut encore d'autres évêques déposés dans ce concile, dont les actes qui nous restent ne font point mention, savoir, Théodoret, Ibas d'Edesse, Sabinien de Perrha, et Domnus d'Antioche pour avoir rétracté sa souscription forcée à la déposition de Flavien. Evagre ajoute Daniel de Carrhes, Irénée de Tyr et Aquilin de Biblos en Phénicie. La déposition de Domnus ne se fit point dans la même séance que celle de Flavien, mais trois jours après. Il avait écrit à Dioscore quelques lettres où il blâmait les anathématismes de saint Cyrille. Celui-ci en prit occasion de l'accuser de nestorianisme, et le fit condamner, quoique absent et malade. Tous les évêques déposés dans ce concile furent rétablis dans celui de Chalcédoine, à l'exception de Domnus, soit qu'il n'ait pas demandé son rétablissement, soit pour le punir de la lâcheté qu'il avait fait paraître en souscrivant à la condamnation de Flavien. Il fut mené en exil avec les autres que l'on avait déposés. Maxime, qui fut mis en sa place, pria le concile de Chalcédoine de lui assigner une pension sur les revenus de l'Eglise d'Antioche, ce que le concile laissa à la discrétion de Maxime. A l'égard de saint Flavien, il mourut quelques jours après le concile, à Hypèpe en Lydie, des coups de pieds et des autres mauvais traitements qu'il avait reçus, soit de Dioscore lui-même, soit de Barsumas et de ses moines. Sa mémoire est en vénération dans l'Eglise.

Nous n'avons de ce concile que ce qui s'y passa le premier jour, c'est-à-dire, le lundi 8 août. Ce fut sans doute Dioscore qui en fit dresser les actes, du moins fut-il accusé dans la suite d'y avoir mis des choses qui n'avaient point été dites dans ce concile. On peut encore lui attribuer la loi de Théodose, où ce prince en loue les décrets, en particulier, ce que l'on avait fait contre Flavien, Eusèbe de Dorylée, Domnus et Théodoret; mais Marcien cassa cette loi par une autre datée du 6 juillet 452. On n'appela même dans la suite cette assemblée qu'un brigandage et un détestable conciliabule, parce que Dioscore et ceux de son parti s'y comportèrent plus en brigands qu'en évêques; qu'ils osèrent attenter aux fondements de la foi, en condamnant des expressions catholiques et nécessaires alors contre l'hérésie d'Eutychès, et qu'ils condamnèrent de saints évêques sans les avoir entendus, contre l'usage de tous les tribunaux, même civils, dans les affaires de la moindre importance. *D. Ceill.*

ÉPHÈSE (Conciliabule d'), l'an 476 ou 477, tenu par les Eutychiens: ils déposèrent Acace de Constantinople et d'autres évêques catholiques; ils rétablirent au contraire Paul, évêque de leur parti, sur le siége d'Ephèse, qu'ils déclarèrent indépendant de celui de Constantinople. Cette dernière circonstance est bonne à remarquer, comme une preuve que les prétentions des évêques de Constantinople rencontraient de l'opposition en Orient aussi bien qu'à Rome. *Evagr. Hist. l. III, c. 5 et 6.*

EPIRE (Concile d'), l'an 516. Jean, ayant succédé à Alcyson, sur le siége de Nicopolis, assembla ce concile en qualité de métropolitain de l'ancienne province d'Epire, et il envoya sa profession de foi par le diacre Rufin, au pape Hormisdas, témoignant recevoir les quatre conciles généraux et condamner toutes les hérésies. *Conc. t. V, col. 577.*

ERFORDIENSIA (*Concilia*) *Voy.* HERFORD. et les articles suivants.

ERFURTH (Concile d'), *Erfordiense seu Erphesphurdense,* l'an 932. Le roi Henri assembla ce concile, dans la Thuringe, le premier jour de juin 932. Hildebert, archevêque de Mayence, et Roger, archevêque de Trèves, s'y trouvèrent avec onze autres prélats, du nombre desquels était saint Uldaric, évêque d'Augsbourg. On y fit les cinq canons qui suivent:

1. « On solennisera les fêtes des douze apôtres, et l'on jeûnera aux vigiles anciennement établies. »
2. « On ne tiendra point les audiences, ou assemblées séculières, les dimanches, les fêtes ni les jours de jeûnes: les juges ne pourront citer personne à leurs audiences sept jours avant Noël, depuis la Quinquagésime jusqu'à l'octave de Pâques, et sept jours avant la Saint-Jean. »

Le roi Henri autorisa cette défense en faveur de la religion chrétienne, afin que les fidèles eussent plus de loisir pour fréquenter les églises, et y vaquer à la prière dans ces temps consacrés.

3. « Défense d'appeler en jugement ou de citer en aucune manière les fidèles qui vont à l'église, qui y sont ou qui en reviennent. »
4. « Un prêtre ou un diacre qui aura donné lieu à quelque mauvais soupçon dont l'évêque aura eu connaissance, s'accusera devant lui de son péché, pour en recevoir la correction, ou prouvera son innocence par serment et par le témoignage de quelques-uns de ses collègues. »
5. On défend aux particuliers de s'imposer des jeûnes sans la permission de l'évêque diocésain ou de son grand vicaire, parce que plusieurs le faisaient plutôt par superstition que par piété.

La superstition dans les jeûnes volontaires, que l'on s'imposait à soi-même, consistait en ce que plusieurs chrétiens étaient persuadés qu'en s'imposant des jeûnes, ils devinaient plus aisément l'avenir.

ERFURTH (Concile d'), l'an 1073. L'empereur Henri IV y fit décider et régler par sa propre autorité la répartition des dîmes de la Thuringe entre l'archevêque de Mayence et les abbés d'Herfeld et de Fulde; il défendit en même temps d'interjeter appel au siége de Rome. Binius appelle à bon droit cette assemblée un conciliabule plutôt qu'un concile. *Conc. Germ. t. III.*

ERFURTH (Concile d'), l'an 1074. Sigefroi, archevêque de Mayence, tint ce concile au mois d'octobre. Il y eut beaucoup de trouble dans ce concile, parce que Sigefroi y voulut (ou feignit de vouloir) soumettre les ecclésiastiques aux décrets de Rome sur la continence, et qu'on y traita aussi du partage des dîmes de Thuringe entre le roi Henri et Sigefroi. *Hartzeim. Concil. Germ.*

ERFURTH (Concile d'), l'an 1121, présidé par Adelbert, archevêque de Mayence et légat du saint-siège. On y régla, d'accord avec le prévôt de Saint-Sévère, la prébende qu'il aurait à distribuer chaque jour aux chanoines de cette collégiale. *Conc. Germ. t. IV.*

ERFURTH (Concile d'), l'an 1149. Henri, archevêque de Mayence, tint ce concile pour quelques affaires ecclésiastiques. *Mansi, t. II, col. 451.*

ERFURTH (Concile d'), l'an 1161. Ce concile, composé de sept, tant archevêques qu'évêques, et auquel assistèrent deux ducs, trois comtes, un marquis et plusieurs autres seigneurs, décida qu'on aiderait l'empereur dans l'expédition qu'il avait entreprise contre les Milanais, en même temps qu'on y excommunia le peuple de Mayence pour avoir tué son archevêque. *Conc. Germ. t. III.*

ERFURTH (Concile d'), l'an 1223. Sigefroi, archevêque de Mayence, tint ce concile dans l'église de la sainte Vierge. Il y fut décidé que toutes les fêtes qui auraient des Laudes propres, auraient aussi neuf leçons. *Mansi, t. II. col. 919.*

ERFURTH (Concile d'), l'an 1287. Il se trouva à ce concile un légat du saint-siège, avec les archevêques de Mayence, de Cologne et de Salzbourg, et vingt-huit évêques. Ces prélats y accordèrent diverses indulgences pour leurs diocèses respectifs. *Conc. Germ. t. X.*

ESPAGNE (Concile d'), vers l'an 362. Les évêques réunis y décidèrent que l'on recevrait tous ceux qui reviendraient de l'arianisme, pourvu qu'ils fissent profession de la foi de Nicée, et qu'ils anathématisassent nommément la doctrine impie d'Euzoius et d'Eudoxe, qui mettait le Fils de Dieu au rang des créatures. *Athanas. ep. ad. Ruffin.*

ESPAGNE (Concile d'), l'an 447. *Voy.* GALICE et TOLÈDE, même année. Autre concile d'Espagne, l'an 464 ou 465. *Voy.* TARRAGONE, même année.

ESPAGNE (Concile d'), vers l'an 793. Ce concile fut tenu par les évêques d'Espagne, on ne sait en quel lieu, peut-être à Tolède, l'an 793 ou environ. Les évêques espagnols qui composaient ce concile adoptèrent l'erreur d'Élipand et de Félix d'Urgel, en tâchant de l'appuyer de quelques textes corrompus des saints Pères. Ils écrivirent à ce sujet une lettre synodale aux évêques des Gaules, et une autre à l'empereur Charlemagne, ainsi que nous l'apprenons du concile de Francfort de l'an 794, et de la réponse de Charlemagne aux évêques espagnols, qu'on trouve parmi les actes de ce concile. *Mansi, t. I, col. 729.*

ESPAGNE (Conciles d'), l'an 1068. *Voy.* LEIRE et BARCELONE, même année.

ETAMPES ou Estampes (Concile d'), *Stampense*, l'an 1091. Richer, archevêque de Sens, y voulut déposer Ives de Chartres, et réta-blir Geoffroi dans ce siége; mais son attentat resta sans succès, vu l'appel que l'évêque légitime de Chartres interjeta au souverain pontife. *Labb.* X ; *Hard.* VII.

ETAMPES (Concile d'), l'an 1099. L'unique monument qui nous reste de ce concile, est-il dit dans la Collection de Labbe et de Cossart, est une lettre où les évêques de la province de Sens reprochent à l'évêque de Troyes de n'y être pas venu, et le menacent des peines canoniques si sous trois mois il ne se présente à son métropolitain, pour lui rendre raison de sa conduite. *Lab.* X.

ETAMPES (Concile d'), *Stampense*, l'an 1130. Le roi Louis le Gros convoqua ce concile vers le mois d'avril, pour se décider entre Innocent et Anaclet, tous deux élus papes. Saint Bernard y fut invité, et après le jeûne et les prières on convint de s'en rapporter à lui pour cette importante décision. Le saint abbé, ayant mûrement examiné la forme de l'élection des deux compétiteurs, le mérite des électeurs et la réputation des élus, se décida pour Innocent, qui fut aussitôt reconnu par toute l'assemblée. *Lab. tome* X ; *Hard. tome* VI.

ETAMPES (Concile d'), l'an 1147. On y détermina la croisade que commanda Louis le Jeune, pour Jérusalem. *Labb.* X; *Hard.* VII.

ETAMPES (Concile d'), l'an 1247. Gilo Cornu, archevêque de Sens, tint ce concile le 23 août. On y traita des affaires ecclésiastiques de la province de Sens, suivant la lettre de convocation, qui est le seul monument qui nous reste de ce concile. *Mansi in Raynald. ; l'Art de vérif. les dates.*

ÉVORA (Concile provincial d'), en Portugal, *Evorense*, l'an 1565, présidé par l'archevêque Jean Milo. On en ignore les actes. *D'Aguirre, t. IV.*

EVREUX (Synode diocésain d'), l'an 1576, sous Claude de Saintes. Ce prélat y défendit à tous ses prêtres, sous peine de suspense encourue par le seul fait, et de suspicion de schisme et d'hérésie, de baptiser, même sous condition, ceux qui auraient été déjà baptisés par des calvinistes, quoique ceux-ci n'attachent aux baptêmes qu'ils confèrent aucune vertu d'effacer les péchés. Il appuie cette décision sur la réponse qui lui avait été donnée, quelques années auparavant, par le saint pape Pie V, lorsqu'il ne faisait encore qu'exercer le ministère à Paris. *Statuta synodi æstivalis diœc. Ebroic.*

EVREUX (Synode d'), l'an 1644, sous François de Péricard. Dans ce synode le prélat publia de nouveau les statuts et règlements de son diocèse, revus et disposés dans un nouvel ordre. Ces statuts, distribués en dix-huit chapitres, concernent particulièrement la résidence, la doctrine chrétienne, le service divin, les processions, les églises, les cimetières, les fabriques, les confréries, les jours de fêtes et les sacrements. *Bessin, Conc. Norm.*

EVREUX (Synode diocésain d'), le 29 mai 1664. Henri de Maupas Dutour, évêque d'Evreux, y publia un corps de statuts, dont voici les plus remarquables : « Nous tolérons pour quelque temps que les ecclésiastiques puissent avoir des servantes âgées au moins de cinquante ans, exceptant néanmoins les prêtres qui demeurent seuls avec une servante et qui n'ont point d'autres personnes avec eux. Nous leur défendons les ménages d'hommes et de femmes dans leurs presbytères »

« Les bénéficiers se souviendront de l'obligation indispensable qu'ils ont de donner l'aumône. »

« Le peu de soin que plusieurs curés ont de leurs maisons presbytérales nous oblige de leur enjoindre de les tenir en bon état, d'y tenir tout dans une honnête propreté. »

« Aucun ne s'ingérera de porter la calotte même dès le commencement de la sainte messe, s'il n'en a permission par écrit et pour quelque nécessité pressante. »

« Nous défendons à tous curés et prêtres de rien faire ou dire qui puisse marquer qu'ils sont attachés à l'argent lorsqu'ils se feront payer de leurs droits. »

« Il ne sera jamais permis à aucune personne d'avoir quelques sièges proche des autels. » *Stat. d'Evreux.*

EVREUX (autres Synodes d). *Voy.* NORMANDIE.

EXCESTER (Synode d'), l'an 1287. Pierre Quivil, évêque de cette ville, tint ce concile, ou plutôt ce synode le 16 avril; car quoiqu'on le trouve au nombre des conciles dans les collections ordinaires, et même dans l'*Art de vérifier les dates*, ce ne fut qu'un simple synode diocésain, dans lequel Pierre Quivil, évêque d'Excester, publia des statuts synodaux en cinquante-cinq articles. L'abbé Lenglet-Dufresnoy a fait une autre faute dans ses *Tablettes chronologiques*, en mettant ce synode à Oxfort, trompé apparemment par la ressemblance du mot latin *Exonia*, qu'il a pris pour *Oxonia. An. des Conc.*

EXOLIDUNENSE (Concilium). *Voy.* ISSOUDUN.

EXONIENSE (Concilium). V. EXCESTER.

EYSTETTENSIA(Concil.).V. AICHSTADT.

F

FAENZA (Concile de), *Faventinum*, l'an 1002. On y défendit aux abbés de monastères d'établir des prêtres dans des paroisses sans l'avis de l'évêque. *Gratien*, XVI, q. 2, c. 6.

FAENZA (Synode diocésain de), *Faventina*, le 5 octobre 1569, sous Jean-Baptiste Sighicelli. Ce prélat y publia un fort grand nombre de statuts, qu'il rangea sous dix-neuf titres. Il défendit aux clercs le jeu de la grande paume, et ne leur permit la petite paume que dans les appartements privés, et simplement pour l'entretien de la santé. Il défendit aussi de rien exiger pour cause de sépulture, d'enterrer les enfants sans faire accompagner leurs corps de la croix et des cierges, et ordonna que la sépulture des personnes pauvres se fît aux frais des fabriques, ou au moyen d'aumônes recueillies dans chaque paroisse. *Constitut. synod. Eccl. Faventinæ, Bononiæ*, 1570.

FAENZA (Synode diocésain de), le 15 octobre 1615, sous le cardinal de Valence, évêque de cette ville. Ce prélat y publia des statuts encore plus étendus que ceux du synode précédent, sur divers points de la discipline ecclésiastique. Il donna pour règle du chant d'église que les paroles y fussent clairement articulées, au lieu d'être étouffées sous le rhythme; il voulut que les sons tirés de l'orgue édifiassent le peuple par une modulation grave et religieuse, au lieu de faire entendre des airs profanes; enfin il défendit en général de faire usage dans les églises de la musique profane. *Constitut. diœc. synod. Faventinæ, Faventiæ*, 1615.

FAENZA(Synode diocésain de), le 11 juin 1620, sous Jules Monterenti, évêque de cette ville. Ce prélat, en renouvelant les statuts de ses prédécesseurs, et en particulier ceux du cardinal de Valence, en publia aussi de nouveaux. Celui qui a pour titre : *De doctrina christiana*, est remarquable. Il veut que dans chaque paroisse le curé fasse une liste exacte des enfants parvenus à l'âge de six ans, et que tous les dimanches, avant le chant des litanies, le sous-maître de l'école en fasse régulièrement l'appel. *Constit. diœc. syn. Faventinæ, Faventiæ*,1620.

FAENZA (Synode diocésain de), juillet 1647, sous le cardinal Charles Rossetti, évêque de cette ville. Le cardinal y publia de nouvelles constitutions, qu'il rangea sous douze titres. Plusieurs ne font que rappeler ou étendre les statuts précédents. Le titre sixième est tout entier relatif à la discipline qu'exige la bonne tenue du séminaire. *Const. primæ syn. diœc., Faventiæ,* 1676.

FAENZA (Synode diocésain de), octobre 1649, sous le même. Le principal objet des statuts publiés dans ce nouveau synode fut l'instruction chrétienne de l'enfance. *Ibid.*

FAENZA (Synode diocésain de), le premier juin 1651, sous le même prélat. Entre autres statuts, il faut y remarquer celui qui prescrit la ponctuelle exécution des dernières volontés des mourants. *Ibid.*

FAENZA (Synode diocésain de), 15 et 16 octobre 1654, sous le même. Le zélé cardinal y renouvela la défense qu'il avait faite, par un statut du premier de ses synodes, à tous les bénéficiaires à charge d'âmes, de s'absenter plus de trois jours par mois de leur bénéfice. *Ibid.*

FAENZA (Synode diocésain de), 18 et 19 octobre 1657, sous le même. La coutume s'était établie en Italie que, dans les mariages et au moment de leur célébration à l'église, le parrain choisi d'avance pour l'enfant qui naîtrait, frappât derrière le dos l'époux dont il deviendrait le compère. Cet acte, souvent exécuté avec un grand déploiement de forces par le futur parrain, provoquait la risée de toutes les personnes présentes. Le cardinal-évêque, désespérant de pouvoir abolir entièrement cet abus, se borne à recommander à ces parrains présomptifs, sous des peines sévères, de se conduire avec modestie et respect dans l'accomplissement de cet acte. *Ibid.*

FAENZA (Synode diocésain de), le 13 et le 14 mai 1660, sous le même. Le prélat y fait un strict devoir aux curés de suppléer les cérémonies du baptême aux enfants ondoyés au foyer paternel, et de garder avec soin et sous clef, les registres de baptêmes, de confirmations, de sépultures et de mariages. *Ibid.*

FAENZA (Synode diocésain de), 18 et 19 octobre 1663, sous le même. Le prélat y défendit d'avoir commerce avec les juifs, et d'exposer dans les églises des images qui n'auraient pas été non-seulement approuvées, mais encore bénites par lui-même. Il fit une loi à tout son clergé admis aux ordres sacrés, d'assister tous les mois aux conférences dites des cas de conscience. *Ibid.*

FAENZA (Synode diocésain de), 17 et 18 mai 1668, sous le même. Ordre y fut donné à tous les diocésains de dénoncer les hérétiques qu'ils connaîtraient, quand même ils ne pourraient prouver leur dénonciation. Le port des armes y fut interdit aux clercs. *Ibid.*

FAENZA (Synode diocésain de), 18, 19 et 20 octobre 1674, sous le même. Dans un discours plein d'énergie, le zélé cardinal exhorta son clergé à réunir ses efforts pour défendre l'Eglise contre toutes les attaques de l'hérésie et de l'impiété. Puis il publia un corps de statuts divisé en six parties.

Dans la première il impose l'obligation à tous ses prêtres constitués en quelque dignité ou occupés à quelque ministère, de faire la profession de foi prescrite par Pie IV. Il défend sous peine d'excommunication à toutes les personnes peu instruites, fussent-elles du clergé, et à tous les laïques, fussent-ils très-instruits, d'entreprendre des controverses avec les hérétiques. Il recommande de ne pas choisir pour faire les sermons le temps de la nuit, et de faire en sorte que les femmes y soient séparées des hommes.

La seconde partie a rapport au culte de Dieu et à celui des saints. Défense y est faite aux pauvres de mendier dans les églises; à tous les fidèles, de pratiquer des danses, des spectacles ou des jeux auprès des édifices consacrés à Dieu. Il y aura, y est-il dit aussi, une lampe allumée devant les reliques, là où l'on en conserve d'insignes, pour le moins aux jours de fêtes solennelles.

La troisième partie traite au long des sacrements; la quatrième, du personnel du clergé; la cinquième, des biens et des droits ecclésiastiques, et la sixième, de diverses questions concernant, soit les laïques, soit les clercs. Mais ce détail nous entraînerait trop loin. *Ibid.*

FARFENSIS (*Synodus*), *S. Mariæ Farfensis et S. Salvatoris Majoris*, *nullius diœcesis*, le 9 octobre 1628, sous le cardinal Barberini, abbé commendataire. Les statuts publiés dans ce synode ont pour objet, comme presque tous les autres, la profession de foi prescrite par Pie IV, l'instruction chrétienne, la lecture de l'Ecriture sainte, les conférences des cas de conscience (*V.* FLORENCE, 1636), les sacrements, le respect qu'on doit porter aux saintes huiles, le sacrifice de la messe, l'observation des fêtes, l'entretien des églises, les devoirs des clercs et en particulier des curés, ceux des moines et des religieuses, les confréries, les hôpitaux, les legs pieux, les sépultures, les obligations des officiaux, des examinateurs, des juges et des témoins synodaux. *Constit. synod.*

FASELENSE (*Concilium*); *V.* HUZELLOS.

FÉCAMP (Réunion épiscopale de), *Fiscanensis*, l'an 990, pour la consécration de l'église. Quatorze évêques s'y trouvèrent. *Ex chartul. Fiscan.*

FÉCAMP (Autre réunion épiscopale de), l'an 1005, pour établir l'exemption et la juridiction de l'abbaye de Fécamp. *Ibid.*

FÉCAMP (Autre réunion d'évêques à), l'an 1106, pour la dédicace de l'église nouvellement rebâtie. *Ex Orderico, l. II.*

FÉLIX (Conciliabule de St-), au château de Saint-Félix de (Caraman *in Castro Sancti Felicii*), près de Castelnaudary, en Lauraguais, l'an 1167. Ce fut un conventicul d'hérétiques albigeois, convoqué par Niquinta, leur chef, qui prenait le titre de pape. Un grand nombre d'hommes et de femmes de toutes conditions s'y trouvèrent. Les députés des églises albigeoises de Toulouse, d'Alby, de la Vallée d'Aure et de Carcassonne s'y rendirent. On y nomma des évêques pour leurs églises de Toulouse, de Carcassonne et d'Alby, qui n'en avaient pas. Les nouveaux élus reçurent l'acte de confirmation de Niquinta, et une espèce d'investiture qu'ils appelaient *Consolamentum*. Dans la même assemblée on arrêta les limites de leurs évêchés respectifs. Le P. Bouges a donné la charte que Niquinta fit dresser à cette occasion, dans les preuves de son *Histoire de Carcassonne* (p. 541), dont ces détails sont extraits.

FERENTINO (Synode diocésain de), le 17 avril 1605. L'évêque Fabrice Capano y publia des statuts, divisés en 21 chapitres, sur l'office divin, l'observance des fêtes, l'administration des sacrements et l'honnêteté de la vie cléricale. Dans le 1er chapitre, il enjoint à tous les bénéficiers à charge d'âmes, à tous les chanoines et dignitaires, de faire entre ses mains ou celles de son grand vicaire, deux mois au plus tard après leur prise de possession, profession de la foi catholique, selon la forme du concile de Trente et de la bulle de Pie IV.

Chap. 2. Il défend de recevoir plusieurs rétributions pour la même messe, et d'accepter les fonctions de chapelain dans plusieurs églises, pour n'être pas obligé de dire plusieurs messes en un même jour. Il veut qu'avant de dire la messe on prenne soin de la lire dans la sacristie. On ne fera dans l'église aucune recommandation de pauvres.

C. 5. On ne partira de l'église où l'on aura entendu la messe qu'après la bénédiction sacerdotale. Les veuves ne sont point excusées par la perte de leurs maris de l'obligation d'entendre la messe.

C. 6. Pendant le carême on ne pourra vendre qu'en secret de la viande, des œufs ou du laitage.

C. 7. On observera ponctuellement tous les rites et les cérémonies marqués dans le rituel pour l'administration des sacrements.

C. 8. On ne réitérera point, pas même sous condition, le baptême des enfants qui auront été baptisés à la maison, du moment où l'on se sera convaincu qu'ils l'auront été avec la matière et dans la forme voulues.

C. 12. On ne refusera point l'extrême-onction aux frénétiques auxquels on peut l'administrer sans danger d'irrévérence, pourvu qu'ils ne fussent pas en péché mortel au moment où ils sont entrés en frénésie, ni aux enfants après l'âge de sept ans.

C. 13. Le chapitre épiscopal ne sortira point de l'église pour accompagner un corps au cimetière, à moins qu'il n'y ait au moins huit chanoines présents. *Il sinodo di Ferentino*, 1605.

FÉRÉTRI (Synode diocésain de), *Feretrana*, l'an 1592. Jean François Sormani, évêque de Férétri, publia cette année les décrets synodaux de son diocèse. On y trouve, entre autres statuts, la défense faite aux prêtres de dire la messe à moins qu'il n'y ait au moins deux personnes à y assister, et celle d'envoyer d'autres personnes que des clercs engagés dans les ordres sacrés recevoir les saintes huiles chez l'évêque. *Decreta synodalia diœc. Feretranæ, Arimini*, 1592.

FERMO (Concile provincial de), *Firmanum*, l'an 1590. Sigismond Zanettini, premier archevêque de Fermo, tint ce concile provincial avec les évêques de Macerata, de Montalte et de San-Severino, ses suffragants, et y publia plusieurs statuts assez semblables par leur contenu et même par leur forme, à des statuts diocésains.

1. Tous ceux qui seront pourvus de bénéfices à charge d'âmes, feront dans deux mois la profession de foi prescrite par Pie IV; et il en sera de même des chanoines, des docteurs en droit canonique ou civil, des professeurs de théologie ou de philosophie, des médecins et de quiconque donnera des leçons de belles-lettres même dans les maisons particulières.

2. Les prédicateurs, si ce sont des réguliers, ne prêcheront dans les églises de leurs ordres qu'après avoir été examinés et approuvés par leurs supérieurs, et avoir obtenu d'eux une permission de prêcher, donnée par écrit, qu'ils montreront aux ordinaires, en leur demandant leur bénédiction; dans les églises qui ne sont pas de leurs ordres, ils ne pourront prêcher de même qu'avec la permission et la bénédiction de l'ordinaire. Ils rempliront cet office avec dévotion, annonceront la parole de Dieu, et se serviront de l'interprétation des Pères et des docteurs dans l'explication de l'Ecriture sainte; ils s'abstiendront des questions inutiles, des récits fabuleux et de la citation faite sans sujet des auteurs profanes; ils réfuteront au besoin les hérésies diverses à l'aide de la doctrine catholique, se garderont de rapporter les objections des hérétiques devant le peuple, ne parleront en mal ni des évêques et des autres prélats, ni des magistrats civils, ce qu'ils ne pourraient faire sans scandale, ne nommeront ni ne désigneront personne dans la censure qu'ils feront des vices, et ne songeront qu'à inspirer au peuple des sentiments de paix autant que de religion.

Les évêques s'acquitteront de la prédication, dans leur cathédrale, par eux-mêmes ou par quelques autres s'ils en sont légitimement empêchés; dans les autres églises, par le moyen des curés, ou si ceux-ci ne le pouvaient, par d'autres à leurs frais.

3. On ne pourra, sans encourir les censures contenues dans la bulle de Pie IV, garder des livres écrits en quelque langue que ce soit, qui contiendraient des erreurs condamnées par le saint-siège.

Les ordinaires visiteront souvent les bibliothèques, et obligeront les libraires à leur présenter le catalogue de leurs livres signé de leur main. Aucun livre nouveau ne sera introduit dans une ville sans avoir été présenté à l'officier public, qui ne le rendra qu'avec la permission de l'ordinaire.

4. Il y aura dans chaque cathédrale, et même dans toutes les grandes églises de chaque diocèse, un lecteur de l'Ecriture sainte, qui sera au moins licencié en théologie. La même chose s'observera dans les monastères et les couvents de réguliers.

5. On ne gravera ni ne peindra sur le sol ou sur le carreau, ni même sur les tombeaux, des images de la croix, de la sainte Vierge ou des saints, mais seulement à des places convenables où elles puissent exciter la piété des fidèles. On avertira souvent le peuple qu'il n'y a dans ces images elles-mêmes aucune vertu, et que l'honneur qu'on leur rend se rapporte qu'à ce qu'elles représentent. On n'en exposera point d'extraordinaires dans les églises sans la permission de l'évêque. On n'admettra de nouveaux miracles que sur l'examen que l'évêque en aura fait, en s'aidant du conseil de quelques théologiens pieux et instruits. On ne fera nulle part la représentation de la Passion ou des autres actions de Notre-Seigneur, non plus que de celle des saints sans la permission de l'ordinaire. On gardera avec honneur dans les églises les reliques des saints, qu'on tiendra renfermées dans des châsses garnies au moins de soie, et dans des lieux décents et fermés à clef : les prêtres ne les montreront au peuple qu'en surplis et en étole, avec des cierges allumés.

6. Dans chaque église paroissiale on aura soin d'enseigner aux enfants, au moins tous les dimanches, les articles de la foi et les préceptes de l'Eglise. On y établira des associations et des confréries conformément aux bulles de Pie V et de Grégoire XIII. Les maîtres d'école expliqueront de même aux enfants, au moins une fois chaque semaine, les éléments de la foi.

7. On ne vendra ni n'achètera rien sans né-

cessité dans les jours spécialement destinés au culte divin, si ce n'est les choses nécessaires à la vie ou au rétablissement de la santé, et cela sous les peines portées dans la bulle de Pie V Les curés avertiront souvent les paroissiens d'employer ces jours à l'office divin, à de saintes lectures, à l'audition de la parole de Dieu, de fréquenter leur paroisse, et de se rappeler avec dévotion les bienfaits de Dieu. On célébrera les fêtes patronales avec premières et secondes vêpres, et on aura soin d'y inviter les magistrats séculiers ainsi que les autres fidèles.

8. On observera religieusement le jeûne pendant tout le carême, les dimanches exceptés, aux quatre-temps et aux vigiles indiqués par l'Église. On ne fera pas consister ce jeûne dans la simple abstinence de la nourriture, mais aussi dans l'éloignement des vices et des plaisirs défendus, dans la prière et dans l'aumône. Les évêques défendront de vendre ostensiblement de la viande pendant le carême, même pour des malades ; et ceux-là seuls pourront en vendre, qui y seront autorisés, dans la ville par les vicaires généraux, et ailleurs par les vicaires forains Chacun aura soin de confesser ses péchés dès les premiers jours du carême.

9. Chaque église cathédrale fondera, selon ses facultés, un collège où un certain nombre d'enfants puissent recevoir l'instruction convenable. Les évêques s'aideront du conseil de deux de leurs chanoines, recommandables par leur expérience, pour établir dans ces maisons d'utiles règlements, et y feront de fréquentes visites pour en assurer l'observation.

10. Les clercs porteront la tonsure et l'habit de leur ordre, se tiendront éloignés des spectacles et des jeux défendus ; ne porteront d'autres instruments tranchants que les couteaux dont on se sert pour prendre la nourriture ; ne se couvriront la tête ni au chœur, ni ailleurs, de coiffures qui ressentent la vanité du siècle ; ne se permettront ni masque, ni déguisement dans leurs habits, et ne s'adonneront qu'à la prière et au jeûne, en même temps qu'à l'édification des peuples.

11. Ils n'exerceront point l'office de greffier dans les cours séculières, ni même dans les tribunaux ecclésiastiques pour des intérêts purement temporels ; ne feront les fonctions d'avocat ou de procureur que dans les cas permis par le droit, et ne paraîtront comme témoins qu'avec la permission de l'ordinaire, mais dans les causes criminelles, où pourrait s'ensuivre la mort ou la mutilation. Les commerces d'animaux, exercés par eux-mêmes ou par contrat de société, leur sont interdits. Ils n'auront ni chez eux, ni ailleurs, des concubines ou des femmes suspectes ; autrement ils encourront les peines portées par les canons et ordonnées par le concile de Trente. Ils ne se mêleront point d'affaires séculières, et ne se mettront point au service de personnes laïques.

12. On ne permettra à personne de se promener, de rire ou de causer dans les églises ; de s'appuyer contre les autels ou les fonts baptismaux, de tourner le dos au saint-sacrement, ou d'être debout pendant l'élévation. Il y aura dans chaque église un nombre de confessionnaux proportionné à celui des confesseurs ; ils seront placés en des lieux apparents, et on y affichera la bulle *In cœnâ Domini*, avec les cas réservés à l'évêque.

Il n'y aura point aux maisons voisines des fenêtres par où les laïques puissent observer ce qui se passe dans l'église.

Les tombeaux et les cercueils seront tellement fermés, qu'il ne s'en échappe aucune infection. Les cimetières seront interdits aux animaux, et pour cela seront fermés de murs ; une croix s'élèvera au milieu.

Il y aura à l'entrée de l'église un bénitier de marbre, ou du moins de pierre, avec un aspersoir convenable.

Les églises de campagne seront fermées en tout temps, excepté pendant l'office divin ; on ne se permettra d'y faire aucun dépôt.

13. L'évêque assignera aux maisons qui n'en auraient pas de certain, le curé qu'elles devront reconnaître. Chaque curé gardera la résidence, ou ne s'absentera qu'avec la permission de l'ordinaire, mais jamais pour plus de deux mois, à moins de graves motifs.

Les curés n'administreront pas les sacrements sans en expliquer la vertu, et instruiront leurs peuples en célébrant le saint sacrifice.

Ils garderont les registres des baptêmes et des mariages, et transmettront à l'ordinaire le nom de ceux qui n'auront pas fait leurs pâques.

Ils n'attendront pas à être demandés pour visiter les malades, et leur adresser de pieuses exhortations. Ils ne souffriront point qu'on érige de nouvelles églises ou chapelles sans l'autorisation de l'ordinaire. Ils ne se feront remplacer par personne dans leur charge sans y être de même autorisés, et s'ils viennent à quitter leur place, ils remettront à leur successeur tous les livres, avec l'inventaire de tous les biens de leur église.

Suivent les règlements qu'on trouve dans la plupart des rituels pour l'administration des sacrements, et d'autres relatifs au gouvernement des communautés religieuses.

Le pape Sixte-Quint, sous lequel ce concile fut tenu, étant mort peu de temps après, l'archevêque en soumit les décrets à l'approbation de Grégoire XIV, son successeur. *Decreta primi conc. provinc. in civit. Fermana, Firmi,* 1592.

FERMO (Synode diocésain de), l'an 1650, 15 et 16 novembre, sous Jean-Baptiste Rinucci, qui y renouvela les statuts précédents, et en fit quelques nouveaux. Il proscrivit en particulier l'abus d'entendre des confessions, même aussi courtes que possible, sur les degrés de l'autel.

FERNES (Synode de), *Fernensis, in eccl. S. Petri de Solsker Wexfordensis,* l'an 1240.

L'évêque y fit un statut en faveur des dîmes, disant qu'il fallait les considérer, non comme de simples offrandes, mais comme un tribut imposé de droit divin. Il en fit aussi quelques autres en faveur de la liberté ecclésiastique. *Wilkins, tom. I.*

FERRARE (Concile œcuménique de), l'an 1438. Ce fut le pape Eugène IV qui convoqua ce concile, en le transférant de Bâle par sa bulle du 1er janvier 1438. Le bienheureux Nicolas Albergati, cardinal de Sainte-Croix, en fit l'ouverture le 8 du même mois, et deux jours après il tint une session préliminaire, dans laquelle la translation du concile à Ferrare fut proclamée, et le concile de Bâle, avec tout ce qu'il avait fait depuis la translation, ou qu'il ferait à l'avenir, fut déclaré nul, à l'exception de ce qui pourrait y être traité avec les Bohémiens, pendant un mois encore, touchant la communion sous les deux espèces. Dans le même temps le cardinal Julien Césarini, qui avait présidé au concile de Bâle, quitta cette ville pour se rendre à Ferrare avec quatre prélats seulement du concile, qui se rendirent à l'appel d'Eugène IV.

Ce pontife, étant de son côté parti de Bologne, où il était en ce moment, fit son entrée solennelle à Ferrare le 27 janvier, et le 8 du mois suivant il tint une congrégation à laquelle se trouvèrent tous les cardinaux, les évêques et les docteurs présents à Ferrare. Il s'y plaignit des prélats de Bâle, et déclara que, quoiqu'il se crût fort innocent, si néanmoins il se trouvait, ainsi que les siens, coupable de quelque faute, il se soumettait volontiers à la correction des Pères; après quoi il les exhorta à se conduire eux-mêmes avec tant de régularité qu'ils servissent à tous de modèle. Le plus ancien des cardinaux, Jourdain des Ursins, le remercia au nom de ses collègues, et lui promit leur active coopération. Le plus ancien des archevêques, qui était celui de Ravenne, parla de même au nom de tous les autres prélats.

Le 10 février, dans une autre congrégation générale, en présence du cardinal Jourdain des Ursins, que le pape avait nommé président du concile, on arrêta dans quel rang et dans quel ordre chacun serait assis. Il se tint encore deux autres congrégations générales, pour préparer le décret de la seconde session qui eut lieu le 15 février. Le pape y présida, ayant avec lui soixante-douze évêques. On y lut le décret par lequel le pape, après avoir déduit fort au long tout ce qu'il avait fait pour porter à la paix les prélats de Bâle, prononçait, avec l'approbation du concile, la nullité de tous leurs actes, et déclarait tous ceux qui continueraient cette assemblée, de quelque dignité qu'ils fussent, frappés d'excommunication et sujets aux autres peines marquées dans la bulle de translation; ordonnant à tous ceux qui étaient à Bâle pour le concile, d'en sortir dans trente jours, sous les mêmes peines, et aux magistrats, officiers et habitants de cette ville de les en chasser après ce terme expiré, sous peine d'excommunication, et d'interdit pour le peuple, défendant enfin, avec de semblables menaces, d'introduire aucune marchandise ou autre chose nécessaire à la vie dans cette ville de Bâle, si ceux qui y tenaient concile persistaient dans leur opiniâtreté.

Le cardinal de Sainte-Croix, après avoir fait, comme nous l'avons dit, l'ouverture du concile, s'était rendu à Venise pour saluer de la part du pape l'empereur de Constantinople, Jean Paléologue, à son débarquement. Ce prince débarqua en effet avec sa suite le 8 février, fit son entrée à Venise le lendemain, et le 4 mars il arriva à Ferrare. Le patriarche de Constantinople n'entra lui-même à Ferrare que trois jours après, avec une partie des métropolitains et des évêques députés au concile. Marc, archevêque d'Éphèse, devait y porter la parole en leur nom. Ils étaient au nombre de vingt et un; mais ils s'étaient associé un nombre considérable d'archimandrites et d'autres personnages distingués de leur clergé, de sorte que leur nombre total s'élevait environ à sept cents. On convint de part et d'autre de tenir la première séance publique le 9 avril, qui, cette année 1438, tombait le mercredi saint. On s'assembla dans la cathédrale de Saint-Georges, suivant l'ordre qui avait été réglé. Devant le grand autel, sur un trône magnifique, était le livre des Évangiles, avec les clefs de saint Pierre et de saint Paul, qu'on avait apportées de Rome. Au côté droit de l'autel s'assit le pape, sur un trône plus élevé que les autres et surmonté d'un dais. Plus bas était le trône de l'empereur d'Occident, mais vide. Vis-à-vis, du côté gauche de l'autel, qui était le côté droit pour qui entrait dans l'église, était placé le trône de l'empereur de Constantinople; plus bas, on établit le siége du patriarche, mais sans dais, et sans autre ornement qu'un tapis de pourpre qui le couvrait. Ensuite étaient disposés le long de l'église, de part et d'autre, des siéges pour tous ceux qui devaient avoir rang au concile. Du côté des Latins, outre les cardinaux, les archevêques et les évêques, qui étaient au nombre d'environ cent soixante, il y avait des abbés, des généraux d'ordres, des docteurs et une foule d'ecclésiastiques. On y voyait aussi des ducs, des marquis, des comtes et des ambassadeurs de quelques princes.

Après que les Latins eurent chanté la messe du Saint-Esprit, l'empereur et les prélats grecs, qui avaient de leur côté célébré l'office suivant leur rit, arrivèrent dans l'église, et s'y rangèrent à la gauche de l'autel. Toute l'assemblée se leva, par honneur, lorsque les Orientaux parurent. Le jeune Démétrius, despote de la Morée, s'assit sur un petit siége auprès de l'empereur, son frère. On avait préparé, au-dessous du patriarche de Constantinople, des places destinées aux vicaires des trois autres patriarches d'Orient qui n'avaient pu se rendre. Isidore, métropolitain de Kiow, en Russie, vicaire du patriarche d'Antioche avec Marc, évêque d'Éphèse, ne put occuper pour le moment le siége qui lui était destiné, puisqu'il n'arriva qu'au mois d'août de cette année, amenant avec lui quelques évêques de sa nation. A la suite de ces prélats furent placés les autres métropolitains grecs, et après ceux-ci leurs suffragants. Venaient aussi les dignitaires de l'Eglise de Constantinople, les abbés, les prêtres et les moines du mont Athos. Au pied du trône de Jean Paléologue, furent assis les ambassadeurs de l'empereur de Trébisonde; ceux du grand-duc de Moscovie, du prince des Ibériens, des hospodars de Servie et de Valachie, et les principaux officiers de l'empereur lui-même. On fit asseoir aux deux côtés du patriarche ses cinq assistants ou diacres, qu'on appelait staurophores ou porte-croix, parce qu'ils avaient sur leurs bonnets des croix qui les distinguaient des autres. L'historien grec dit qu'à cette première séance il se trouvait environ deux cents évêques, ce qui, avec les cent soixante du côté des Latins, en suppose trente ou quarante de celui des Grecs.

Les membres du concile ne se réunirent ce jour-là que pour proclamer la bulle du pape, qui annonçait, comme on en était convenu, que, du consentement exprès de l'empereur et du patriarche de Constantinople, et de tous les Pères qui se trouvaient à Ferrare, le concile convoqué pour la réunion des deux Eglises était ouvert dans cette ville, et qu'on accordait à tous ceux qui devaient y assister quatre mois pour s'y rendre ou y envoyer leurs représentants. Cette bulle déclarait en même temps excommuniés tous ceux qui, après s'être dispensés de déférer à cette invitation, refuseraient de se soumettre aux décrets de cette sainte assemblée. Le patriarche Joseph de Constantinople, qui avait plus de quatre-vingts ans, étant malade, ne put assister à la séance, mais il envoya ses lettres d'adhésion.

Comme les princes d'Occident, tous attachés au pape Eugène IV, cherchaient néanmoins à lui réconcilier les prélats de Bâle, il vint de ce côté beaucoup moins d'évêques qu'on n'aurait pu en attendre. Parmi les prélats français, on en trouve trois des Etats du duc de Bourgogne, quatre de ceux du duc d'Anjou, comte de Provence et roi de Sicile, et un seul de la province de Normandie, soumise à l'Angleterre. Il est vrai que ce dernier, qui était l'évêque de Bayeux, signa au nom de l'archevêque de Rouen comme au sien, et en ceux de l'évêque de Lisieux, son collègue, et de l'abbé de Saint-Michel.

Depuis cette séance, qui ne compte pas encore parmi les sessions proprement dites du concile œcuménique de Florence commencé à Ferrare, jusqu'au mois d'octobre, on se tint dans une espèce d'inaction, parce que les Grecs voulaient attendre la fin des démêlés du pape avec le concile de Bâle. On agita néanmoins dans quelques conférences particulières, qui furent tenues dans cet intervalle, la question du purgatoire; et les Grecs ne furent pas éloignés de s'accorder sur ce point avec les Latins. Seulement ils ne convenaient pas que ces âmes souffrent d'un feu proprement dit comme celui de l'enfer, quoiqu'ils admissent qu'elles expient leurs péchés par la tristesse et d'autres peines, surtout par la privation de la vue de Dieu, et qu'elles peuvent être soulagées par le saint sacrifice qu'on offre pour elles, par les aumônes et par les prières de l'Eglise. On discuta encore sur l'état où se trouvent les âmes des saints en attendant la résurrection générale, et sur ce que cette dernière ajouterait à leur gloire comme au supplice des réprouvés.

Cependant les Grecs s'ennuyèrent d'attendre les autres prélats latins, particulièrement ceux de Bâle, dont aucun ne vint au temps marqué. De plus, la peste survint à Ferrare, et Denys, évêque de Sardes, vicaire du patriarche de Jérusalem, en mourut. Enfin les quatre mois de sursis étant écoulés, on résolut de commencer les sessions du concile, et la première se tint le 8 octobre de la même année 1438.

Ire *Session.* Elle eut lieu non dans l'église cathédrale, mais dans la chapelle du palais où logeait le pape, parce que celui-ci était malade. Pour porter la parole, on avait choisi parmi les Grecs trois prélats, savoir: Marc d'Ephèse, Isidore de Kiow et Bessarion de Nicée, à qui furent adjoints trois prêtres de marque; et parmi les Latins, le cardinal Julien, celui de Sainte-Croix, l'archevêque de Rhodes, l'évêque de Forli, et deux moines, docteurs en théologie. Bessarion fit en grec une harangue qui nous a été conservée tout entière. Après avoir dépeint la joie que ressentaient tous les fidèles dans l'espérance de voir bientôt réunis les membres divisés de l'Eglise, il louait beaucoup le pape, l'empereur et le patriarche du zèle qu'ils faisaient voir pour la conclusion de la paix, et les exhortait à persévérer dans les mêmes dispositions. Il parla jusqu'au soir, et la session fut remise au samedi suivant.

IIe *Session.* Dans cette session, qui fut tenue le 11 octobre, André, archevêque de Rhodes, traita le même sujet que Bessarion, et avec une égale abondance de paroles, de sorte que son discours dura aussi jusqu'au soir. Cependant avant de se séparer on examina l'ordre qu'on observerait dans les discussions, les matières qu'on y traiterait, la forme qu'on leur donnerait; et l'on convint de faire usage de la forme dialectique, pour plus de brièveté et de précision, en accordant aux Grecs l'initiative pour la session prochaine.

IIIe *Session.* Elle se tint le mardi 14 octobre (1); et Marc d'Ephèse, après avoir recommandé la charité que l'on devait garder dans les discussions, fit entendre qu'il s'attacherait avant le reste à traiter de l'addition *Filioque* faite au symbole. André de Rhodes répondit, de la part des Latins, qu'il réclamait en sa faveur la même indulgence, et que, s'il lui échappait quelque expression dure, on devrait l'imputer plutôt à l'objet de la discussion qu'aux personnes mêmes. Il voulut ensuite traiter de l'addition faite au symbole, mais l'évêque d'Ephèse l'arrêta, en lui

(1) M. Rohrbacher dit *septembre*; c'est une erreur.

disant qu'il n'était pas encore temps de répondre sur cet article ; et, après avoir insinué que l'Eglise romaine avait négligé par le passé les moyens de la paix qu'elle souhaitait à présent, il dit que cette paix ne pouvait se faire si l'on n'ôtait entièrement les principes de discorde. Il finit par demander qu'avant de rien faire on lût les définitions des conciles précédents. André de Rhodes répondit à son discours, qu'il réduisit à cinq chefs. « J'admire, dit-il, sur le second chef, comment vous avez oublié la sollicitude que l'Eglise romaine a toujours eue pour l'Eglise orientale. Quant à ce que vous dites (en troisième lieu), que l'Eglise romaine rappelle aujourd'hui la paix entre elle et vous, cela est véritable et ne saurait être contesté. » En répondant au cinquième chef, André de Rhodes répliqua que l'Evangile devait encore avoir la préférence sur les définitions des Pères.

L'évêque d'Ephèse convint de nouveau de la charité actuelle de l'Eglise romaine; mais il ajouta que pour cela même elle devait ôter la cause de la division, qui était, disait-il, l'addition faite au symbole. L'évêque de Rhodes lui fit observer à son tour que cette addition n'était pas une cause de division, puisque la paix avait subsisté longtemps et s'était rétablie plusieurs fois, sans que cette addition eût été supprimée. Il s'offrit enfin de prouver deux choses : l'une, que ce n'était pas une addition; l'autre, que si c'en était une, elle était juste et nécessaire.

IV° *Session*. La quatrième session, 15 octobre, se passa tout entière à disputer sur la manière de procéder : on remit la décision à une commission de six membres.

V° *Session*, 16 octobre. On lut les définitions des conciles de Nicée, d'Ephèse, de Chalcédoine et d'autres, et les Grecs cherchèrent à en conclure que ces conciles avaient défendu de rien ajouter au symbole. Le cardinal Julien répondit à l'orateur des Grecs, en produisant un exemplaire fort ancien des actes du second concile de Nicée, où se trouvait exprimée la procession du Saint-Esprit, telle que la croit l'Eglise latine.

VI° *Session*, 20 octobre. André de Rhodes fit voir, par un long discours, que ce que les Grecs prétendaient être une addition, n'était ni une addition ni un changement, mais une simple explication de ce qui est contenu dans le principe, duquel on le tire par une conséquence nécessaire ; et qu'il prouva par le témoignage des Pères grecs, et entre autres de saint Chrysostome, qui dit que le Fils possède tout ce qu'a le Père, excepté la paternité, conformément à ces paroles du Fils de Dieu : « Tout ce que mon Père a est à moi. »

VII° *Session*, 25 octobre. Le même évêque continua à parler sur la même matière, et répondit aux autorités alléguées par Marc d'Ephèse. Il fit voir que, lorsque les conciles défendent de présenter à ceux qui viennent au christianisme une foi différente de celle qui est exprimée dans le symbole, ils ne défendent pas d'enseigner plus clairement la même foi qui y est renfermée ; et que le deuxième concile général, appelé *de Constantinople*, avait ajouté au symbole de Nicée beaucoup de paroles, et cela pour exprimer contre de nouveaux hérétiques des vérités de foi qui n'étaient pas marquées si distinctement.

VIII° *et* IX° *Sessions*, 1ᵉʳ et 4 novembre. Bessarion de Nicée parla pour les Grecs, et insista toujours sur ce raisonnement, qu'il n'était point défendu d'expliquer la foi, mais qu'il était défendu d'insérer des explications dans le symbole, et que le troisième concile général d'Ephèse l'avait défendu.

X° *Session*, 8 novembre. Le cardinal Julien fit des observations très-solides sur la défense portée par le concile d'Ephèse, et dit qu'il en fallait venir à un point plus essentiel, c'est-à-dire, au sentiment des Latins sur la procession du Saint-Esprit ; car si ce dogme est vrai, dit-il, on a donc pu le mettre dans le symbole pour expliquer un mystère que l'on a voulu combattre. L'évêque de Forli vint à l'appui de ce raisonnement, et soutint que non-seulement il n'y avait aucune loi qui défendît d'ajouter quelque explication au symbole, mais même qu'il ne pouvait y en avoir qui fît cette défense à l'Eglise ; que cette défense ne regardait que des particuliers qui voudraient faire ces additions sans autorité.

XI° *Session*, 11 novembre. Le même évêque observa que ce qui avait donné lieu aux Pères du concile d'Ephèse de faire cette défense, était le faux symbole des nestoriens, que le concile avait condamné ; que ce concile ne défendait pas seulement de faire des additions au symbole, mais encore de proposer de nouvelles expositions de foi, et qu'ainsi, si l'on étendait cette défense à l'Eglise ou au concile, ce dernier droit devrait donc être refusé à l'Eglise comme le premier.

XII° *Session*, 15 novembre. Cette nouvelle session se passa tout entière, de la part de Marc d'Ephèse, à incidenter sur l'affaire de Charisius (au concile général d'Ephèse), et d'autres accessoires, essayant par une foule de questions captieuses de surprendre le cardinal Julien, sans pouvoir y réussir. Au contraire, le cardinal releva une contradiction flagrante dans la réponse des Grecs. Ceux-ci soutenaient que, d'après le concile d'Ephèse, il était permis à tous les particuliers d'exposer leur foi en tels termes qu'ils voudraient, et en même temps, suivant l'interprétation qu'ils donnaient aux paroles de ce concile, ce même concile refusait ce droit aux évêques, aux clercs et aux laïques, c'est-à-dire à tout le monde.

XIII° *Session*, 27 novembre. Les ambassadeurs du duc de Bourgogne, à la tête desquels étaient quatre évêques, se présentèrent au concile, rendirent leurs hommages au pape, firent la lecture de leurs pouvoirs, et prirent place parmi les Latins, sans témoigner aucune attention pour l'empereur des Grecs. Ce prince, irrité d'une conduite dont on ne peut en effet deviner les raisons, menaça de quitter le concile, si ces envoyés ne rendaient à sa dignité les honneurs qui lui étaient dus. Le patriarche de Constantinople, prélat extrêmement doux et modéré, tempéra ces premiers transports d'indignation. On parla aux Bourguignons, on prit des mesures avec eux, et il fut réglé que, dans la session suivante, ils salueraient l'empereur ; ce qu'ils exécutèrent d'assez mauvaise grâce. Paléologue dissimula, et ce procédé n'eut point de suites fâcheuses.

XIV° *Session*, 4 décembre. Marc d'Éphèse, reprenant ses arguties, dit d'un ton dogmatique qu'on avait perdu déjà beaucoup trop de temps à faire de longs discours, qu'il fallait désormais tendre à la brièveté, et donner les plus simples réponses aux questions précises qu'il lui restait à faire. Le cardinal Julien lui repartit aussitôt qu'à chacune de ses paroles il en opposerait mille, et l'effet suivant de près la menace, il parla avec une telle abondance d'expressions, qu'il occupa tout le reste de la séance, sans laisser à son adversaire le temps de rien lui répliquer.

XV° *Session*, 8 décembre. Marc d'Éphèse crut avoir sa revanche en faisant un long discours, pour prouver qu'il n'était permis de faire au symbole aucune addition ; et comme on lui avait objecté le concile de Constantinople, qui avait ajouté au symbole de Nicée, il soutint en désespoir de cause que cette défense n'existait que depuis le concile d'Éphèse. Le cardinal Julien lui produisit alors un ancien exemplaire d'une lettre du pape Libère à saint Athanase, qu'il venait de recevoir de Vérone, et dans laquelle on lisait que le concile de Nicée lui-même avait défendu de rien ajouter, retrancher ou changer au symbole, sous peine de déposition contre les évêques et les clercs, et d'anathème contre les moines et les laïques. Ainsi la prétention de Marc d'Éphèse, que cette défense ne datait que du troisième concile général, se trouvait ruinée une fois de plus. Cette lettre fit une grande impression sur Bessarion de Nicée.

XVI° *Session*, 10 janvier 1439. La peste s'étant déclarée à Ferrare, le pape proposa aux Grecs de transférer le concile à Florence. L'empereur et le patriarche y ayant consenti, Eugène IV fit lire dans le concile la bulle de translation, et six jours après il partit pour Florence. Le patriarche et l'empereur s'y rendirent aussi de leur côté, et de ce moment le concile fut repris à Florence.

Comme aucun décret ne fut publié à Ferrare, soit sur la discipline, soit sur la foi, on ne peut considérer les actes de ce concile que comme les préliminaires de celui de Florence. Au fond, ces deux conciles n'en font qu'un, et ne sont pas même distingués l'un de l'autre dans la plupart des collections. *Hist. de l'Égl. gallic.*, t. XLVIII ; *Hist. univ. de l'Église cathol.*, t. LXXXII. *Voy.* FLORENCE, l'an 1439.

FERRARE (Synode diocésain de), l'an 1592, 16 avril. L'évêque Jean Fontana y recommanda, entre autres statuts, la fête instituée en mémoire du précieux sang de Notre-Seigneur, qui avait ruisselé miraculeusement à la fraction d'une hostie, le 28 mars 1171, dans l'église de Sainte-Marie du Gué, et y avait toujours été conservé depuis. *Decreta in synodo Ferrar., Ferrariæ*, 1592.

FERRARE (Synode diocésain de), l'an 1599. Le même prélat y confirma les anciens statuts, et en publia de nouveaux. *Decreta edita in syn. Ferrar.*,

FERRARE (Synode diocésain de), l'an 1612. Le cardinal Jean-Baptiste Léni, évêque de Ferrare, y publia quelques instructions sur les devoirs des prêtres. *Synod. Ferr. Constit.*

FERRARE (Synode diocésain de), l'an 1637. Le cardinal Laurent Magalotti, évêque de Ferrare, y publia des statuts fort détaillés, et divisés en quatre parties, sur l'instruction à donner au peuple, les sacrements et les diverses cérémonies de l'Église, l'entretien des églises et de leurs biens, et les devoirs des chanoines, des curés et des autres ecclésiastiques ; enfin sur l'éducation des enfants, la modestie des personnes du sexe, le soin des hôpitaux et des monts de piété ; les règles à observer par rapport aux Juifs, l'extirpation de l'usure et la répression des usuriers. *Synod. Ferrar. constitut. Ferrariæ*, 1634.

FIESOLI (Synode diocésain de), *Fæsulana*, le 9 juin 1648. L'évêque Robert Strozza y publia de nombreux décrets rangés sous trente-quatre titres principaux. Ce sont à peu près les mêmes règlements que ceux des autres synodes de la même époque qui furent tenus dans cette partie de l'Italie. Voir à la table chronologique, à la fin de cet ouvrage. *Decreta edita in Synodo Fæsulana, Florentiæ*, 1648.

FIESOLI (Synode diocésain de), tenu à Florence dans l'église de Sainte-Marie par le même prélat, le 14 mai 1664. Il y intima de nouveau l'obligation de tenir des conférences, imposée aux prêtres dans un synode précédent, tenu en 1636. *Decreta synodi diæc. habitæ Florentiæ in paroch. eccl. S. Mariæ in campo Fæsul. diæc.* 1664.

FIMES (Concile de), *apud sanctam Macram*, l'an 881. Ce concile fut tenu au commencement du mois d'avril 881, dans l'église de sainte Macre, martyre, au diocèse de Reims. On ne sait point les noms des évêques des diverses provinces de France qui y assistèrent, parce que les souscriptions ne sont pas venues jusqu'à nous ; mais on ne peut douter qu'Hincmar n'y ait présidé, parce qu'il se tenait dans son diocèse, et que les huit articles ou canons fort diffus, que l'on y fit, présentent son style et la longueur de ses discours.

1. On rapporte le beau passage du pape Gelase sur la distinction des deux puissances. « L'autorité sacrée des pontifes, disent

les évêques, et la puissance royale, sont entièrement distinguées; et l'une ne doit rien entreprendre sur l'autre. La dignité des évêques est d'autant plus grande, que ce sont eux qui sacrent les rois, et que les rois ne peuvent sacrer les évêques. Mais la charge des évêques est aussi plus grande, puisqu'ils rendront compte de la conduite des rois, qui, de leur côté, sont chargés de veiller à la défense de l'Eglise et à celle des évêques, soit par l'autorité des lois, soit par la force des armes. Nous lisons dans l'histoire sainte que les prêtres, en donnant l'onction aux rois, et en leur mettant la couronne sur la tête, devaient, en même temps, leur mettre en main la loi du Seigneur, afin qu'ils y apprissent à se gouverner, eux et leurs sujets, et à honorer le sacerdoce. »

2. Les évêques, ayant relevé la dignité de l'épiscopat dans le premier canon, en exposent les devoirs dans celui-ci, et se reprochent à eux-mêmes leur négligence à les remplir.

3 et 4. Ils avertissent ensuite le roi de conserver les priviléges des églises, d'envoyer des commissaires pour visiter les monastères, tant ceux des chanoines que ceux des moines et des religieuses, de leur fournir le nécessaire, et d'y réformer les abus.

5. On déclare frappés d'anathème les brigands et les usurpateurs des biens de l'Eglise; et l'on recommande aux évêques d'expliquer aux peuples que l'anathème est une séparation de Jésus-Christ et de son corps mystique, qui est l'Eglise.

6. On avertit le roi et ses ministres de la manière dont ils doivent gouverner; et, pour cela, les évêques rappellent plusieurs articles des Capitulaires de nos rois, dont l'exécution leur paraît la plus nécessaire.

7. On traite fort au long de la nécessité de la pénitence et de la correction des mœurs, qui en doit être le fruit.

8. Les évêques adressent la parole au roi dans ce dernier article. Ils lui proposent l'exemple de Charlemagne, qui, quoique très-instruit des saintes Écritures et des lois ecclésiastiques et civiles, tenait toujours auprès de lui trois de ces plus sages conseillers, et mettait au chevet de son lit des tablettes où il écrivait, même la nuit, toutes les pensées qui lui venaient touchant le bien de l'Etat et de la religion, pour les communiquer à son conseil; ils recommandent à ce jeune prince de ne rien faire sans avoir consulté des personnes de vertu et d'expérience, et de se choisir de bons conseillers dans le clergé et parmi les seigneurs laïques, qui lui apprennent à craindre Dieu, à honorer l'Eglise et les prélats, et à gouverner ses sujets, selon la volonté de Dieu.

Le roi Louis, après la mort d'Odon, évêque de Beauvais, avait fait élire un clerc de son palais, nommé *Odacre* ou *Odoacre*. On présenta le décret d'élection au concile de Fimes, qui n'y eut aucun égard, jugeant Odoacre indigne de l'épiscopat. Les évêques en écrivirent au roi, qui prit le parti d'O-doacre. Hincmar publia contre l'intrus une sentence d'excommunication avec les évêques de sa province, et empêcha par là qu'il ne fût reconnu pour évêque de Beauvais. On aurait dû mettre cette lettre à la suite des Actes du concile de Fimes; mais elle ne se trouve que dans le *Recueil des œuvres d'Hincmar*, parce qu'en effet ce fut lui qui l'écrivit. Il y combat une maxime que quelques-uns voulaient établir; savoir que les rois sont les maîtres des biens de l'Eglise, et qu'ils peuvent en disposer en faveur de qui il leur plaît. Il fait envisager au roi Louis de pareils discours comme suggérés par le malin esprit, et montre que, suivant la doctrine des saints, les biens de l'Eglise sont offerts et consacrés à Dieu; que ce sont les vœux des fidèles, le prix des péchés et le patrimoine des pauvres; que celui qui en retient une partie, est digne du même châtiment qu'Ananie et Saphire; que les empereurs Charles et Louis, convaincus de cette vérité, ont défendu, dans leurs Capitulaires, aux rois leurs successeurs, de faire aucune division, ni aliénation des biens de l'Eglise, et ont souvent témoigné être plus disposés à les augmenter qu'à les diminuer. Il exhorte ce jeune prince à ne point se dispenser d'une obligation que ses prédécesseurs avaient reconnue et qu'ils lui avaient transmise, et l'assure que de là dépend le bonheur de son règne. *Labb. t.* IX. *An. des Conc. I.*

FIMES (Concile de), l'an 934 ou 935. Ce concile eut pour but de réprimer les ravisseurs des biens de l'Eglise et ceux qui ruinaient les lieux saints. *Labb.* IX; *Hard.* VI.

FINKELEY (Concile de), *Finchenhalense*, dans le diocèse de Durham, l'an 788. Il ne nous reste de ce concile que le nom. Wilkins conjecture qu'on s'y occupa de réprimer les incursions des Danois, quoique, dit-il, la chose eût été déjà implicitement défendue par le 10e canon du concile de Celchyte. *Angl.* I.

FINKLEY (Concile de), *Finchalense*, vers l'an 799. Echinbal, archevêque d'York, présida à ce concile, qui eut pour objet de rétablir l'ancienne discipline, principalement sur l'observation de la pâque. *Labb.* VII; *Hard.* IV.

FLAVIGNY (Synode de), *Flaviniense*, l'an 894. Gerfroi, moine de Flavigny, s'y purgea de l'accusation qui lui était intentée d'avoir empoisonné Adalgaire, évêque d'Autun, en y recevant publiquement la communion en témoignage de son innocence.

FLEURY. *Voy.* SAINT-BENOÎT-SUR-LOIRE.

FLORENCE (Concile de), *Florentinum*, l'an 1055. Le pape Victor II tint ce concile, en présence de l'empereur Henri III, vers la Pentecôte. On y corrigea plusieurs abus, et on y renouvela les défenses d'aliéner les biens de l'Eglise. *Labb.* IX; *Hard.* VI.

FLORENCE (Concile de), l'an 1106. Le pape Pascal II tint ce concile dans le dessein de faire revenir Fluentius, évêque de Florence, de la fausse opinion qu'il avait que l'Antechrist était né, à cause des calamités publiques et des prodiges arrivés de son temps. On disputa beaucoup avec lui dans le concile, et on se contenta de le réprimander comme un arrogant amateur de la nouveauté.

FLORENCE (Concile de), l'an 1409. Les évêques de Toscane tinrent ce concile au mois de février. On y confirma le décret rendu par la république de Florence, pour se soustraire à l'obédience de Grégoire XII. *L'Art. de vér. les dates*, p. 231.

FLORENCE (Concile œcuménique de), l'an 1439. Ce concile, à proprement parler, ne fut que la continuation de celui de Ferrare. On fera donc bien de consulter, pour le commencement, l'article FERRARE.

La première session se tint le 26 février. Le patriarche de Constantinople n'ayant pu s'y trouver, parce qu'il était malade, le cardinal Julien et l'empereur des Grecs furent les seuls qui y parlèrent, et qui convinrent qu'il fallait chercher quelque expédient pour se réunir.

II° et III° *Sessions*, 2 et 5 mars. On y agita la matière touchant la procession du Saint-Esprit. Jean de Montenegro, provincial des dominicains, et théologien des Latins, prouva par l'Ecriture, par la tradition et par de solides raisonnements, que le Saint-Esprit procède du Père et du Fils: il expliqua ce qu'on devait entendre par le terme de *procession*, et dit que procéder était recevoir son existence d'un autre. Marc d'Ephèse étant convenu de cette proposition, Jean, argumentant de là, dit: Celui de qui le Saint-Esprit reçoit l'être dans les personnes divines, en reçoit aussi la procession. Or, l'Esprit-Saint reçoit l'être du Fils; donc il en reçoit aussi la procession, suivant la propre signification de ce terme. Mais Marc ayant nié que le Saint-Esprit reçût l'être du Fils, Jean le prouva par plusieurs arguments, et, en particulier, par quelques textes de saint Epiphane; aux passages de saint Basile que son adversaire lui opposait, il opposa à son tour les mêmes passages, tels qu'ils se lisaient dans plusieurs exemplaires; et il réfuta si pleinement toutes les objections de Marc, qu'il le réduisit au silence.

IV° *Session*, 7 mars. Le même théologien montra dans plusieurs exemplaires de saint Basile, qu'on avait apportés exprès de Constantinople, que ce saint docteur dit en termes formels, dans le livre troisième contre Eunomius, que le Saint-Esprit ne procède pas seulement du Père, mais aussi du Fils.

V°, VI° et VII° *Sessions*, 10, 14 et 17 mars. On agita ce qui regardait l'autorité et les témoignages de saint Basile.

VIII° et IX° *Sessions*, 21 et 24 mars. Jean y parla longtemps avec beaucoup d'érudition et de netteté. Il fit voir que, de tous les Pères grecs qui ont parlé de la procession du Saint-Esprit, plusieurs ont dit en termes formels ou équivalents, qu'il procède du Père et du Fils; et que tous ceux qui ont dit qu'il procède du Père, n'ont jamais exclu le Fils. Comme Marc d'Ephèse et plusieurs autres Grecs avec lui inféraient de la croyance des Latins que ceux-ci admettaient deux principes au lieu d'un seul, le provincial démontra par nombre d'autorités, empruntées des Latins eux-mêmes, que telle n'était pas leur croyance, mais qu'ils avaient, au contraire, toujours enseigné que le Père et le Fils sont un seul et même principe du Saint-Esprit. En outre, il expliqua comment on peut entendre ces deux prépositions *per* et *ex*, dont on se sert pour marquer la procession du Saint-Esprit; et il donna par écrit le précis de son discours.

Les Grecs furent partagés: les uns étaient pour l'union; de ce nombre étaient l'empereur et Bessarion de Nicée: les autres y étaient opposés; Marc d'Ephèse était de ces derniers. On entama des négociations: on examina l'écrit de Jean. Marc le taxait d'hérésie; Bessarion, au contraire, dit hautement qu'il fallait rendre gloire à Dieu, et avouer de bonne foi que la doctrine des Latins était la même que celle des anciens Pères de l'Eglise grecque, et qu'on devait expliquer ceux qui avaient parlé plus obscurément, par les autres qui s'étaient expliqués avec clarté. Il justifia ensuite, dans un long discours que nous avons dans les actes du concile, le sentiment des Latins sur la procession du Saint-Esprit, réfuta les objections des Grecs, et finit en exhortant ses confrères à l'union: son sentiment fut appuyé par celui de George Scholarius, un des théologiens grecs.

L'empereur étant convenu avec le pape que l'on nommerait de part et d'autre des personnes pour donner leur avis sur les moyens de parvenir à l'union, on proposa divers avis, dont aucun ne fut accepté par les deux partis. Après plusieurs négociations, on dressa, sur la procession du Saint-Esprit, une profession de foi, dans laquelle il est dit: « Nous, Latins et Grecs, confessons, etc., que le Saint-Esprit est éternellement du Père et du Fils; et que de toute éternité il procède de l'un et de l'autre, comme d'un seul principe (1), et par une seule production qu'on appelle *spiration*. Nous déclarons aussi que ce que disent les saints docteurs et les Pères, que le Saint-Esprit procède du Père par le Fils, doit être pris en ce sens que le Fils est, comme le Père et conjointement avec lui, le principe du Saint-Esprit. Et parce que tout ce qu'a le Père, il le communique à son Fils, excepté la paternité, qui le distingue du Fils et du Saint-Esprit, aussi est-ce de son Père que le Fils a reçu de toute éternité cette vertu productive par laquelle le Saint-Esprit procède du Fils comme du Père. »

Cette définition fut lue, approuvée et signée, le 8 juin, des uns et des autres, à l'exception de Marc d'Ephèse qui persévéra dans

---

(1) On trouve ici condamnée d'avance l'erreur de M. F. Lamennais (*Esquisse d'une phil.*), reproduite par l'abbé Maret dans sa *Théodicée*, qui consiste à admettre en Dieu trois principes, au lieu d'un seul qu'a toujours reconnu l'Eglise catholique. Cette inexactitude de doctrine ou de langage, pour ne rien dire de pire, a été victorieusement combattue dans les *Annales de Philosophie chrétienne*, année 1846, après avoir été signalée pour la première fois dans l'opuscule intitulé: *M. Lamennais réfuté par lui-même*, par M. l'abbé Ad. Ch. Peltier.

son obstination. Ensuite ils se donnèrent tous le baiser de paix, en signe de leur réunion. Cette affaire étant terminée, on traita la question du pain azyme, et les Grecs convinrent qu'on pouvait consacrer avec cette sorte de pain, comme avec le pain levé. Il en fut de même sur la croyance par rapport au purgatoire : on convint que les âmes des véritables pénitents, morts dans la charité de Dieu, avant d'avoir fait de dignes fruits de pénitence, sont purifiées après leur mort par les peines du purgatoire, et qu'elles sont soulagées de ces peines par les suffrages des fidèles vivants, comme sont le sacrifice de la messe, les aumônes et les autres œuvres de piété.

On contesta longtemps sur la primauté du pape ; enfin les évêques grecs dressèrent un projet que le pape et les cardinaux agréèrent ; il est conçu ainsi : « Touchant la primauté du pape, nous avouons qu'il est le souverain pontife et le vicaire de Jésus-Christ, le pasteur et le docteur de tous les chrétiens, qui gouverne l'Eglise de Dieu, sauf les priviléges et les droits des patriarches d'Orient. »

Après plusieurs conférences, le décret d'union fut dressé le 6 juillet, et on le mit au net, en grec et en latin. Le pape le signa, et, après lui, les cardinaux au nombre de dix-huit ; deux patriarches latins, celui de Jérusalem et celui de Grade ; deux évêques ambassadeurs du duc de Bourgogne ; huit archevêques, quarante-sept évêques, à la vérité presque tous italiens ; quatre généraux d'ordre ; quarante et un abbés. Du côté des Grecs, l'empereur Jean Paléologue signa le premier, et, après lui, les vicaires des patriarches d'Alexandrie, d'Antioche et de Jérusalem. Celui de Constantinople était mort peu auparavant. Plusieurs métropolitains signèrent en leurs noms et au nom d'un autre absent.

Ce décret porte en substance : 1° que le Saint-Esprit reçoit de toute éternité son être du Père et du Fils en même temps, et qu'il procède de l'un et de l'autre comme d'un seul principe ; 2° que l'addition faite au symbole de ce mot, *Filioque*, est légitime, comme étant devenue une explication nécessaire du dogme ; 3° que la consécration de l'Eucharistie peut également se faire sur le pain fermenté et sur le pain azyme, et que chaque Eglise doit suivre là-dessus son usage particulier ; 4° que les âmes de ceux qui meurent avant d'avoir satisfait par de dignes fruits de pénitence, quoiqu'en état de grâce, sont soumises aux peines du purgatoire, et peuvent être soulagées par le saint sacrifice, par les prières et les autres bonnes œuvres des vivants ; que celles qui n'ont rien à expier, sont aussitôt admises dans le ciel au bonheur de voir Dieu ; et que celles qui sortent de ce monde avec un péché mortel, ou même avec le seul péché originel, descendent en enfer, pour y souffrir des peines diverses ; 5° que le saint-siège apostolique et le pontife romain a la primauté sur tout l'univers, qu'il est le successeur de saint Pierre, prince des apôtres, et le vrai vicaire de Jésus-Christ, qu'il est le chef de l'Eglise entière, le père et le docteur de tous les chrétiens, et que Notre-Seigneur lui a remis dans la personne de saint Pierre le plein pouvoir de paître, de régir et de gouverner l'Eglise universelle, comme le prouvent les actes des conciles œcuméniques et les sacrés canons. Enfin le concile assigne au patriarche de Constantinople le second rang après le pontife romain ; le troisième au patriarche d'Alexandrie ; le quatrième à celui d'Antioche, et le cinquième à celui de Jérusalem, en conservant à chacun ses droits et ses priviléges. Ce décret fut publié au nom du pape, et daté de la neuvième année de son pontificat. Les Grecs, au nombre de trente, partirent de Florence le 26 août, et ils arrivèrent à Constantinople le 1er février 1440.

Cependant, après leur départ, le pape continua son concile. Ce fut dans cette première session, qui se tint le 4 septembre, que les Pères de Bâle, qui avaient déposé le pape Eugène, furent traités par ce pape d'hérétiques et de schismatiques. Dans la deuxième, le 22 novembre, il fit un décret très-étendu pour réunir les Arméniens à l'Eglise romaine. Outre la foi de la Trinité et de l'Incarnation, expliquées par les conciles généraux qui y sont indiqués, il contient encore la forme et la matière de chaque sacrement, exposées un peu autrement que les Grecs et plusieurs théologiens ne les expliquaient. Dans la troisième, le 23 mars 1441, il déclare Amédée antipape, hérétique, schismatique, et tous ses fauteurs criminels de lèse-majesté, promettant toutefois le pardon à ceux qui se reconnaîtraient avant cinquante jours. Dans la quatrième, le 5 février 1442, on fit un décret de réunion avec les jacobites ; il fut signé par le pape et huit cardinaux. L'abbé André, député du patriarche Jean, reçut et accepta ce décret au nom de tous les jacobites éthiopiens, et promit de le faire exactement observer. Dans la cinquième et dernière, le 26 avril 1442, le pape proposa la translation du concile à Rome ; mais on n'y tint que deux séances. On y fit des décrets touchant la réunion des Syriens, des Chaldéens et des Maronites à l'Eglise romaine.

« On dispute, dit le savant P. Berthier, si cette assemblée représentait véritablement l'Eglise universelle, quand les Grecs furent partis, et en particulier quand on publia le décret célèbre pour l'union des Arméniens. C'est en France plus qu'ailleurs qu'on a traité cette question, qui entre dans la controverse des sacrements. Or, *il semble* que le départ des Grecs n'empêchait pas l'œcuménicité du concile, au temps de la réunion des Arméniens, puisque, durant son séjour à Florence, l'empereur Jean Paléologue avec son conseil y avait donné un plein consentement ; puisqu'il y avait encore alors en cette ville deux des plus célèbres prélats de l'Eglise grecque, savoir, Isidore de Russie et Bessarion de Nicée, qui pouvaient bien être censés représenter les suffrages des autres évêques d'Orient ; puisqu'au concile de Trente le cardinal du Mont, qui en était un des présidents, assura que le concile de Florence avait duré près de trois ans encore après le départ des Grecs. Et ce cardinal apportant cette raison, afin d'autoriser les définitions contenues dans les décrets donnés pour les jacobites et les Arméniens, montrait suffisamment par là qu'il regardait le concile de Florence, dans sa continuation depuis le départ des Grecs, comme un concile œcuménique. Enfin le pape Eugène et tous les Pères qui étaient à Florence se donnèrent aux Arméniens comme formant encore l'assemblée de l'Eglise universelle; le décret même en fait foi : apparemment qu'ils ne prétendirent pas tromper les députés de cette nation, et apparemment aussi que leur autorité peut bien l'emporter sur celle de quelques théologiens français fort modernes, qui ont voulu douter de ce point.....

« Mais il y a un autre point beaucoup plus considérable, sur lequel on a aussi disputé en France, et qui regarde le fond même, l'état et l'essence du concile de Ferrare et de Florence, pris dans son tout, c'est-à-dire, durant l'assemblée des Latins et des Grecs. Quelques-uns ont cru que ce concile n'avait jamais été véritablement et proprement œcuménique. Tel fut autrefois le sentiment du cardinal de Lorraine, qui s'en expliqua d'une manière assez vive, au temps même du concile de Trente. « Mais, reprend sur cela le P. « Alexandre, l'opinion de ce grand prélat « n'oblige pas les théologiens français de re-« trancher le concile de Florence de la liste « des conciles généraux; car jamais l'Eglise « gallicane ne s'est récriée contre ce concile, « jamais elle n'a mis d'opposition à l'union « des Grecs ni à la définition de foi publiée à « Florence, au contraire, elle a toujours fait « profession de la respecter. A la vérité les « évêques de la domination du roi n'eurent « pas permission d'aller à Ferrare et à Flo-« rence, mais ils y furent présents d'esprit et « de volonté; ils entrèrent dans les intérêts « de cette union tant désirée entre les deux « Eglises.... sans compter que plusieurs pré-« lats de l'Eglise gallicane, mais établis dans « les provinces qui n'étaient pas encore réu-« nies à la Couronne, assistèrent en personne « à ce concile. » Le même auteur prouve ensuite très au long que l'assemblée de Florence fut générale *par la convocation, la célébration, la représentation de l'Eglise universelle, en un mot*, dit-il, *par l'autorité*: et il répond ensuite à toutes les objections.

« Ce sentiment du docteur dominicain est aussi celui de M. de Marca, de M. Bossuet, de la faculté de théologie de Paris, et de tout le clergé de France. » *Hist. de l'Eglise gallic.*, *t.* XLVIII.

Si l'on fait dépendre l'œcuménicité du concile de Florence de la présence de quelques prélats grecs, nous ne voyons pas pourquoi on admettrait comme œcuménique le concile de Trente, où l'Eglise d'Orient n'a pas du tout été représentée. Que l'on consente enfin à reconnaître que l'œcuménicité des conciles dépend surtout de la déclaration du saint-siège, et l'on pourra dire que que chose de mieux que de dire *il semble*, sur un fait qui paraîtra alors si simple et si à l'abri de toute contestation.

FLORENCE (Synode de), l'an 1517 et 1518. Le cardinal Jules de Médicis, archevêque de Florence, et depuis pape sous le nom de Clément VII, tint cette assemblée avec un grand nombre de docteurs et d'autres ecclésiastiques sages et prudents. On y fit beaucoup de règlements sur la discipline, qui furent confirmés par le pape Léon X. Mais comme cette assemblée ne fut proprement ni un concile, ni un synode diocésain, et que d'ailleurs ces règlements se trouvent conformes à une multitude d'autres conciles et synodes, antérieurs et postérieurs à celui-ci, nous nous dispenserons de les rapporter. *Mansi, t.* V, *col.* 407.

FLORENCE (Concile de), l'an 1573. Antoine Altovita, archevêque de Florence, tint ce concile provincial avec ses suffragants. Il y eut quatre sessions et soixante-trois articles, sous le nom de rubriques, dont la plupart sont partagés en plusieurs chapitres. Dans le 1er article, on récite le symbole de Nicée, et l'on fait profession de n'embrasser d'autres interprétations des Ecritures, que celles que la tradition de l'Eglise confirme; de reconnaître les sept sacrements et les cérémonies prescrites pour leur administration; et enfin de recevoir tous les canons et tous les décrets du concile de Trente.

Le 2e article regarde la permission requise pour lire les livres défendus, et la punition de ceux qui les lisent sans cette permission. Cette permission ne peut être accordée que par l'évêque ou par l'inquisiteur.

Le 3e traite de la décence avec laquelle on doit traiter les reliques des saints. Il y est défendu de les tirer hors des châsses ou des vaisseaux qui les renferment, sans la permission de l'évêque, et toujours pour exciter la dévotion des peuples, jamais par un motif de cupidité.

Le 4e, qui regarde les images, défend toutes celles qui seraient obscènes ou indécentes. Il veut qu'il n'y ait aucune sur le pavé, ni en des lieux vils et méprisables. Il ordonne qu'on ait grand soin d'enseigner au peuple qu'il ne doit pas mettre sa confiance dans les images, comme si elles renfermaient quelque chose de divin, mais en Dieu seul, comme auteur de toute grâce, et dans les saints, comme les amis de Dieu et les intercesseurs des hommes auprès de lui.

Le 5e défend à tout clerc séculier ou régulier de représenter la passion de Notre-Seigneur, ou les histoires et les actions des saints, sans une permission par écrit de l'évêque.

Le 6e ordonne aux évêques de ne point approuver les nouveaux miracles, sans le conseil des théologiens et d'autres personnes pieuses et savantes.

Le 7e condamne à l'infamie, aux galères, à la prison et à l'exil les magiciens, devins, enchanteurs

Le 8e ordonne que les juifs ne trafiqueront point les jours de fêtes, et qu'ils se tiendront renfermés chez eux les trois jours qui précèdent celui de Pâques.

Le 9e défend les disputes publiques ou secrètes sur les matières de foi, et veut qu'on recherche les hérétiques.

Le 10e ordonne l'exécution de la bulle de Pie V contre les blasphémateurs; et le 11e, l'exacte observation des jours de fêtes, dont il faut bannir les comédies, les jeux de bateleurs, et tout ce qui leur ressemble.

Le 12e défend de se promener, de rire, de badiner et de trafiquer dans les églises. Il défend aussi d'y faire la quête pendant la messe, excepté néanmoins les quêteurs pour les pauvres monastères, ou autres lieux pies, qui pourront quêter après la communion du prêtre, et avec la permission de l'évêque.

Le 13e roule sur les libertés et la juridiction de l'Église. On y défend aux femmes publiques d'avoir leur domicile plus près des monastères de filles, que de deux cents coudées, et que de cent plus près des portes ou de l'entrée des églises.

Le 14e règle les réparations et les unions des églises; et le 15e, ce qu'il faut faire pendant la vacance du siége épiscopal.

Le 16e prescrit les règles des informations que l'on doit faire, quand il s'agit de choisir un évêque. Il faut s'informer s'il est né d'un légitime mariage et de parents catholiques; quelle a été son éducation, et quelles sont ses mœurs, son âge, sa conduite, sa modestie, sa prudence, sa sobriété, sa continence, sa science, toutes ses vertus, etc.

Le 17e, qui concerne les chanoines, veut qu'ils soient savants, vertueux, assidus, et modestes aux offices divins, en y chantant de bouche, d'esprit et de cœur, etc.

Le 18e renouvelle les canons du concile de Trente, et de plusieurs autres, touchant la célébration du sacrifice de la messe, et les clercs étrangers.

Le 19e, qui regarde la prédication, exhorte les évêques, par les entrailles de Notre-Seigneur, à prêcher eux-mêmes de tout leur cœur; et quand ils ne le pourront pas, à se choisir des hommes capables pour le faire à leur place. Les prédicateurs expliqueront l'Écriture selon la tradition de l'Église et des Pères, évitant les applications et les histoires frivoles et apocryphes, ainsi que la vaine éloquence et un vain fracas de paroles, qui n'ont point pour objet la science du salut et Jésus-Christ crucifié.

Le 20e règle ce qui regarde la prébende théologale, comme tant d'autres conciles.

Le 21e règle le catéchisme des enfants; et le 22e les séminaires, où les évêques ne doivent admettre que des sujets recommandables par leur mœurs, leur religion, leur modestie et leur bonne volonté.

Les articles suivants, jusqu'au 27e exclusivement, regardent les bénéfices et les bénéficiers, envers lesquels on renouvelle les lois des conciles précédents.

Le 27e ordonne aux évêques de faire la visite de leurs diocèses au moins tous les deux ans, et d'y remédier aux abus.

Le 28e, qui concerne les sacrements et leur administration, ordonne aux curés d'instruire leurs paroissiens en langue vulgaire, sur les effets et la vertu de ces signes salutaires.

Les articles suivants, jusqu'au 36e exclusivement, roulent sur les sacrements en particulier : le baptême, la confirmation, etc., et répètent les statuts des conciles antérieurs sur cette matière.

Le 37e, qui est intitulé : *De la vie et de l'honnêteté des clercs*, répète aussi les statuts des conciles précédents sur la vie et la conduite des clercs.

Le 38e est contre les adultères; et le 39e contre les usuriers.

Le 40e permet les contrats à cens, suivant la bulle du pape Pie V.

Le 41e est contre la simonie.

Le 42e, sur le jeûne; le 43e, sur les dîmes.

Le 44e, sur le recouvrement des biens de l'Église.

Le 45e, sur les indulgences.

Le 46e, sur les processions.

Le 47e, sur les funérailles.

Le 48e, sur les tombeaux, dont on veut écarter tous les ornements militaires.

Le 49e, sur les soins que les femmes qui allaitent doivent apporter pour ne pas suffoquer leurs petits enfants.

Le 50e, sur les administrateurs des lieux pies.

Le 51e, sur les confréries des laïques.

Le 52e, sur la clôture des religieuses, dont on exige que les confesseurs et les chapelains soient avancés en âge et en vertus.

Le 53e, sur les médecins, auxquels on défend de visiter pour la 3e fois un malade qui ne s'est point confessé.

Le 54e, sur les testaments.

Le 55e, sur la compétence des tribunaux pour juger les causes.

Le 56e, sur les juges délégués.

Le 57e, sur l'excommunication, dont on ne doit faire usage qu'avec beaucoup de sagesse et de modération.

Le 59e, sur les peines que l'évêque doit imposer, avec prudence et circonspection, à ceux qui transgressent les canons.

Les 60e et 61e, sur les canons des conciles, qu'il faut entendre à la lettre, et selon la propriété des termes.

Le 62e, sur la publication des bulles des papes.

Le 63e et dernier article a pour objet la conclusion du concile. *Mansi*, tom. V.

FLORENCE (Synode diocésain de), le 11 juillet 1589, sous le cardinal Alexandre de Médicis, archevêque de cette ville, dit cardinal de Florence, depuis pape sous le nom de Léon XI. L'ouverture de ce synode se fit par un discours que prononça un frère franciscain; puis on lut les décrets que le cardinal publia avec l'approbation du synode, sur la devoir de la résidence, les sacrements et les autres matières qui faisaient l'objet ordinaire de ces sortes d'assemblées. *Decreta diœc. Flor. synodi, Florentiæ,* 1589.

FLORENCE (Synode diocésain de), 14 et 15 mai 1619. L'archevêque Alexandre de Médicis y publia de nouveaux règlements rangés sous seize titres. *Decreta synodi diœc. Florent.* 1619.

FLORENCE (Synode diocésain de), le 18 mai 1627. Le même archevêque y fit lecture de plusieurs réponses de la congrégation du Concile ayant pour objet d'expliquer les constitutions des papes Grégoire XV et Urbain VIII, au sujet de la réduction des messes et des priviléges des réguliers. *Decreta syn. diœc. Flor.* 1627.

FLORENCE (Synode diocésain de), le 16 juin 1637, sous Pierre Nicolini. Ce prélat, entre autres statuts, y rappela, par un édit particulier, la défense de faire des œuvres serviles les jours de fête; il défendit, sous peine d'interdit, d'introduire dans une église la pratique des quarante heures, sans son autorisation ou celle de son grand vicaire, déclarant au surplus qu'il serait facile à l'accorder. *Decreta syn. diœc. Florent.* 1637.

FLORENCE (Synode diocésain de), le 17 mai 1645. Le même prélat y publia des statuts forts étendus, qu'il rangea sous ces quatre titres : 1. *de rebus;* 2. *de locis;* 3. *de temporibus;* 4. *de personis.* C'est dire assez que tous les points de la discipline ecclésiastique s'y trouvent successivement traités. *Decreta et acta syn. diœc. Florent.*

FLORENCE (Synode diocésain de), le 4 avril 1656. L'archevêque François Nerli y publia de nouveaux règlements rangés sous dix-huit titres. Au titre X, il ordonne aux curés de tenir des conférences au moins une fois le mois, où, *avant de se lever de table,* les prêtres rassemblés discuteraient deux cas de conscience qu'auraît proposés, huit jours à l'avance, le curé chez qui devrait se faire la réunion. A ces conférences, appelées pour cette raison les conférences des cas de conscience, seraient tenus d'assister tous les prêtres et tous les clercs de l'endroit. On y traiterait en même temps quelque matière de l'Ecriture sainte et diverses difficultés concernant les rubriques du bréviaire et du missel, et d'autres cérémonies de l'Eglise. Au titre XIV, défense est faite de convertir au profit des fabriques les legs faits aux pauvres. *Constitut. syn. diœc. Florent.* 1656.

FLORENCE (Synode tenu à), l'an 1664. *Voy.* FIÉSOLI, même année.

FLORIACENSE (Concilium); Voy. SAINT-BENOIT-SUR-LOIRE.

FLOUR (Synode de SAINT-), avant l'an 1552, sous Antoine de Levis, qui y publia des statuts sur les devoirs de la vie cléricale, sur les sacrements, sur les excommunications et autres peines ecclésiastiques, et sur l'observation des fêtes. *Stat. Synod. Lugduni,* 1552.

FLUVIANENSE (Concilium), anno 1045. *Conventus episcoporum apud S. Michaelem Fluvianensem in comitatu Emporitano, pro conservatione dictæ ecclesiæ. Carranza,* ed. *Schram, t,* II. *p.* 674.

FOIX (Concile de), *Fuxiense,* l'an 1226. Le cardinal de Saint-Ange, légat du pape Honorius III, dans le Languedoc, y donna l'absolution de l'hérésie à Bernard, comte de Foix, qui avait suivi le parti des albigeois, et qui feignit pour lors de se convertir.

FONTCOUVERT (Concile de), *apud Fontem opertum,* l'an 911. *Voy.* NARBONNE, même année.

FONTANETO (Conc. de), *apud Fontanetum,* non reconnu, l'an 1056. Gui de Velare, archevêque de Milan, tint ce concile de Fontaneto dans le diocèse de Novare, à la tête d'un grand nombre de prélats et de clercs. On y excommunia le diacre saint Arialde, et Landalfson compagnon, qui étaient en ce temps-là les deux grands ennemis de l'incontinence et de la simonie du clergé. Le pape Etienne IX déclara cette excommunication nulle ; et cette assemblée ne peut être considérée que comme un vrai conciliabule. *Edit. Venet. tom.* XII; *Mansi, tom.* I, col. 1315.

FONTENAI (Concile de), l'an 841. *Voy.* ALLEMAGNE, même année.

FORCHEIM (Concile d), *Forcheimense,* l'an 870. Sunderholde, archevêque de Mayence, tint ce concile au mois de mai. On y confirma la fondation du monastère d'Heresiem, à la demande de Bison, évêque de Paderborn. Wichert, évêque de Werden, y obtint aussi du roi, que plusieurs de ses biens patrimoniaux fussent donnés à sa mort à l'église de Notre-Dame de Werden. Après quoi le roi Arnoul, les évêques et les seigneurs laïques reconnurent pour successeurs de ce prince ses deux bâtards Zwentibolde et Ratolde, au défaut d'héritiers légitimes. *Conc. Germ. t.* II.

FORCHEIM (Concile de), l'an 903. L'empereur Louis IV convoqua ce concile pour venger l'église de Würtzbourg des dévastations commises par Adelbert, comte de Bamberg; en haine de Rodolphe, évêque de Wurzbourg. L'empereur, de l'avis de tous les princes, tant ecclésiastiques que laïques, présents au concile, déclara Adelbert déchu de tous ses domaines, et indemnisa l'église de Würtzbourg par des concessions de terres et d'autres largesses. Il fit de même de riches donations à d'autres églises, et accorda de magnifiques priviléges aux évêques et aux abbés. *Hoffman. Ann. Bamberg. l.* I.

FORCHEIM (Concile de), l'an 1077, le 13 mars. Rodolphe, duc de Souabe, y fut établi roi à la place de Henri, le 15 du même mois. Mais le pape n'approuva point son élection.

FORLI (Concile de), *Foroliviense,* tenu vers le commencement du onzième siècle par Boniface, archevêque de Ravenne. On y régla qu'il y aurait des distributions quotidiennes et une table commune pour les chanoines dans toutes les églises cathédrales et collégiales. *Anal. des conc., t.* II, *p.* 335.

FORLI (Synode diocésain de), *Foroliviensis,* l'an 1564. Antoine Gianotti de Montaguana, évêque de Forli, publia, le 28 décembre de cette année, un livre de constitutions synodales sur les devoirs des prêtres et des autres clercs, des religieux des deux sexes, et des simples fidèles, avec une instruction pour les curés sur les sacrements. *Constitutioni sinodali di Forli*, in *Bologna*, 1565.

FORLI (Synode diocésain de), *Foroliviensis*, l'an 1639. Jacques Théodoli, archevêque d'Aquilée, publia dans ce synode soixante-deux chapitres de règlements. Nous ne rapporterons ici de ces règlements que ceux qui concernent les cérémonies de l'Eglise, les orgues et les clochers.

Il y aura attachés à l'église cathédrale deux maîtres de cérémonie, dont l'un dépendra de l'autre, et auxquels tous les clercs et les prêtres présents au chœur, quelle que soit leur dignité, seront tenus d'obéir en ce qui concerne la célébration de l'office divin, l'administration des sacrements, les cérémonies du saint sacrifice.

Les laïques qui aideront au chœur ou dans les processions en qualité de chantres, y porteront l'habit clérical et le surplis.

Il y aura un maître de musique attaché à la cathédrale, qui donnera tous les jours, excepté les jours de fête, deux leçons de chant à tous les clercs de la ville rassemblés.

On ne jouera sur l'orgue aucun air profane. L'orgue ne cessera pas de se faire entendre depuis le moment où l'archevêque entrera dans l'église pour la messe ou les vêpres, jusqu'à ce qu'il soit parvenu sur son trône.

Chaque église paroissiale aura deux cloches, dont les cordes ne pendront point en dehors, mais seront suspendues dans l'intérieur du clocher ; la porte de ce clocher fermera à clef.

Pendant la grand'messe, au moment de l'élévation, on sonnera une cloche à la cathédrale et à toutes les églises paroissiales, pour que les absents eux-mêmes se rappellent la passion du Sauveur, et fassent un acte d'adoration.

On sonnera tous les jours trois fois pour l'*Ave Maria*, savoir : le matin vers l'aurore, puis à midi, et le soir au coucher du soleil ; on sonnera de plus à la première heure de la nuit, pour recommander les défunts aux prières des vivants.

On ne permettra point aux laïques de se servir des cloches des églises pour des choses toutes profanes, comme pour convoquer le peuple, pour annoncer des spectacles ou des danses ; les curés qui toléreront ces abus seront sévèrement punis.

On n'annoncera pas plus de trois jours à l'avance, par le son des cloches, les jours de fête, excepté les plus solennelles de toutes, pour lesquelles on pourra sonner huit jours devant, mais jamais après la deuxième heure de la nuit. *Constitut. et decreta synodalia, Forolivii*, 1639.

FOROJULIENSIA (*Concilia*) ; *Voy.* FRÉJUS et FRIOUL.

FOROJULIENSIS (*Synodus*), entre l'an 439 et 549. On ne sait s'il s'agit d'un synode tenu à Fréjus, ou d'un synode du Frioul, et il ne nous en reste qu'un canon, rapporté par D. Martène, et qui prescrit d'éloigner du clergé quiconque s'accuse lui-même d'un crime, soit réel, soit imaginaire. *Thes. nov. anecd. t. IV.*

FOSSOMBRONE (Synode diocésain de), *Forosemproniensis*, le 25 septembre 1629. L'évêque Benoît Landi y publia trente-deux chapitres de règlements sur les sacrements et les cérémonies de l'Eglise, la police des clochers, l'usage de l'orgue, les monts de piété, les femmes de mauvaise vie, etc. *Decreta synod., Urbini*, 1629.

FRANCE (Conciles tenus en), *Gallicana concilia*, l'an 1002. Il se tint cette année en France, mais on ne sait dans quelles villes, plusieurs conciles dans lesquels on traita des jeûnes d'avant la Pentecôte, du chant du *Te Deum* et de la fête de l'Annonciation. *Voy.* ITALIE, vers l'an 1090.

FRANCE (Conciles tenus en), *Gallicana varia*, l'an 1034. Il s'est tenu cette année (Labbe dit en 1031) différents conciles en Aquitaine, dans la province d'Arles et dans celle de Lyon, pour le rétablissement de la paix, pour la foi, pour porter les peuples à reconnaître la bonté de Dieu, et les détourner des crimes par le souvenir des maux passés. Il y fut aussi réglé qu'on jeûnerait le vendredi et qu'on s'abstiendrait de viande le samedi, à moins de grave maladie, ou à moins qu'une grande solennité ne tombât un de ces jours.

FRANCE (Conciles tenus en), l'an 1041. Il se tint cette année plusieurs conciles, premièrement en Aquitaine, et successivement dans le reste de la France, où l'on établit la *Trêve de Dieu*, qui ordonnait que, depuis le mercredi au soir jusqu'au lundi matin, personne ne prendrait rien par force, ne tirerait vengeance d'aucune injure, ni n'exigerait de gages d'une caution. On avait arrêté que quiconque y contreviendrait payerait la composition des lois comme ayant mérité la mort, ou serait excommunié et banni du pays. On avait déjà fait des tentatives pour établir cette convention; mais elle ne fut bien accueillie qu'en 1041.

FRANCE (Concile tenu en), l'an 1199, sur les frontières de la France et de la Normandie, entre Vernon et les Andelys. Ce fut au fond une assemblée d'évêques et de grands convoqués par le cardinal légat Pierre de Capoue, pour arrêter la paix entre le roi de France et le comte de Flandre. On n'y put convenir que d'une suspension d'armes.

FRANCE (Conciles tenus en), l'an 1365. Il dut se tenir cette année en France, selon la recommandation qu'en avait faite Urbain V, plusieurs conciles pour la réforme des mœurs et la suppression de la pluralité des bénéfices.

Pour les autres conciles et assemblées tenus en France, sans qu'on en puisse assigner le lieu précis. *Voy.* GAULES, BOURGES, PARIS, etc.

FRANCFORT-SUR-LE-MEIN (Concile de), *Francofordiense*, l'an 794. Ce concile fut assemblé au commencement de l'été de l'an 794, par ordre du roi Charlemagne, qui y manda les évêques de toutes les provinces de son obéissance, c'est-à-dire de France, d'Italie, d'Allemagne et d'Angleterre. Ils s'y trouvèrent au nombre d'environ trois cents. L'empereur y assista en personne, avec Théophylacte et Etienne, légats du pape Adrien, et de là vient que ce concile a été longtemps regardé en France comme un concile général. Il s'y trouva aussi plusieurs savants personnages des ordres inférieurs, du nombre desquels était Alcuin. On y condamna l'hérésie d'Elipand de Tolède, et de Félix d'Urgel, touchant l'adoption qu'ils attribuaient au fils de Dieu; et l'on y fit cinquante-six canons.

Le 1er condamne l'erreur d'Elipand, archevêque de Tolède, et de Félix, évêque d'Urgel, qui prétendaient que Jésus-Christ n'est pas Fils naturel, mais seulement Fils adoptif de Dieu.

Le 2e rejette la doctrine du second concile de Nicée, qu'il appelle *Concile de Constantinople*, touchant le culte des images, et qu'il suppose attribuer aux images le même culte d'adoration et de servitude, qui n'est dû qu'à la très-sainte Trinité. Voici les termes de ce canon : « On a demandé ce qu'il fallait penser d'un nouveau concile tenu par les Grecs à Constantinople, dans lequel on dit anathème à celui qui ne rendrait pas aux images des saints le service et l'adoration qu'on rend à la divine Trinité : c'est ce qu'ont condamné unanimement les Pères du concile, méprisant et rejetant en toutes manières cette adoration et cette servitude. » Il est évident que les Pères de Francfort ne condamnent ceux de Nicée, touchant le culte des images, que sur une fausse supposition, et en leur attribuant une erreur dont ils étaient fort éloignés. La plupart des évêques français n'entendaient point le grec, et ils ne jugèrent des actes du concile de Nicée, qu'ils nomment de *Constantinople*, que par une version infidèle. Ils y lurent l'avis de Constantin, évêque de Chypre, exprimé en ces termes : « Je reçois et j'embrasse avec honneur les saintes et vénérables images, selon le culte et l'adoration que je rends à la consubstantielle et vivifiante Trinité. » Or le texte dit précisément le contraire : « J'embrasse avec honneur les saintes et vénérables images, et je défère l'adoration de latrie à la seule Trinité. J'excommunie ceux qui pensent et qui parlent autrement. » On voit par les livres Carolins que ce fut cet avis de Constantin de Chypre, lu de la première manière, qui indisposa les évêques de France contre le second concile de Nicée, dans la fausse croyance que, ne s'étant pas récrié contre, il l'avait approuvé.

Le 3e porte que Tassillon, duc de Bavière, que l'on avait enfermé dans un monastère, parut au milieu du concile, demanda pardon des fautes qu'il avait commises, tant contre l'État des Français que contre les rois Pepin et Charles, et donna sa démission pure et simple du duché de Bavière. En conséquence, Charlemagne lui pardonna, et fit expédier trois copies de l'acte qui en fut dressé.

Le 4e a pour but d'obvier aux monopoles, et de procurer le soulagement du peuple. L'empereur, de l'avis du concile, y taxa le prix des vivres : savoir, le boisseau d'avoine, à un denier; le boisseau d'orge, à deux deniers; le boisseau de seigle, à trois deniers; celui de froment, à quatre, et le pain à proportion : défendant à tout le monde de vendre jamais ces denrées plus cher, même dans les temps de disette.

Le 5e ordonne de recevoir dans le commerce les nouveaux deniers fabriqués par l'ordre du prince, pourvu qu'ils soient de poids et d'argent pur.

Le 6e enjoint à l'évêque de rendre justice aux abbés et aux clercs de son diocèse, avec ses officiers qui jugeront avec lui. Que si l'on ne veut pas s'en tenir à son jugement, on en pourra appeler au métropolitain, et enfin au prince.

Le 7e défend aux évêques de demeurer hors de leurs diocèses, et aux prêtres de quitter leurs églises.

Le 8e termine le différend qui s'était élevé entre Ursion de Vienne, et Elifant d'Arles, touchant les limites de leurs métropoles; et on se régla sur ce qui avait déjà été décidé là-dessus par les papes Grégoire, Zosime, Léon et Symmaque, dont on lut les lettres, à savoir, que Vienne aurait quatre suffragants, et Arles neuf. Les évêques de Tarentaise, d'Embrun et d'Aix avaient aussi des prétentions qui furent aussi renvoyées au jugement du pape.

Le 9e concerne Pierre, évêque de Verdun, accusé d'être entré dans une conspiration contre Charlemagne. Il fut ordonné qu'il se purgerait par serment avec deux ou trois évêques, ou du moins avec son archevêque qui était celui de Trèves. Mais, ne trouvant personne qui voulût jurer avec lui, il envoya un homme pour éprouver pour lui *le jugement de Dieu*, ainsi qu'on parlait alors, en protestant de son innocence devant Dieu, sans néanmoins jurer ni sur les reliques, ni sur les saints Evangiles; et il pria le Seigneur de secourir son homme, en témoignage de son innocence. L'homme de l'évêque sortit, sans ordre du roi ni du concile, pour *éprouver le jugement de Dieu*, et revint sain et sauf; ce qui porta le prince à rendre ses bonnes grâces à l'évêque. On ne sait quel était ce *jugement de Dieu*, si ce fut le duel, la croix ou le fer chaud; mais il est remarquable que ni le roi, ni le concile ne voulurent l'autoriser, et que cependant ils y eurent égard.

Le 10e ordonne à Magonard ou à Mainard, archevêque de Rouen, de déposer Gerbold, qui se disait évêque, mais qui ne pouvait produire aucun témoin de son ordination, et qui avait même confessé n'avoir jamais été ordonné canoniquement diacre et prêtre. Il y a lieu de croire que ce Gerbold est le même que Gerbold qui, ayant renoncé vers ce temps au siége d'Evreux, obtint de Charlemagne l'abbaye de Fontenelle, et la charge de receveur des impôts dans les ports de mer.

Le 11e défend aux moines de se mêler d'affaires séculières, et de sortir de leurs monastères pour plaider, si ce n'est aux termes de leur règle.

Le 12e défend de se faire reclus sans le consentement de l'évêque et de l'abbé, qui régleront eux-mêmes la manière d'entrer dans le lieu de la réclusion. On sait que l'évêque venait lui-même faire la cérémonie de la réclusion, et apposait son sceau sur la porte du reclus : quelquefois même on le murait.

Le 13e. « L'abbé couchera dans le dortoir avec les moines, selon la règle de saint Benoît. »

Le 14e. « On aura soin de choisir dans les monastères des celleriers ou des procureurs qui ne soient point avares, mais tels que la règle le demande. »

Le 15e. « Dans les monastères où l'on a des corps saints, on doit avoir un oratoire dans le cloître, pour y faire, tous les jours, un office particulier. »

Le 16e. « Défense aux abbés d'exiger de l'argent pour l'entrée en religion. »

Le 17e. « Quand il y aura ordre du roi d'élire un abbé, on ne le fera que du consentement de l'évêque diocésain. »

Le 18e. « Quelques fautes que les moines aient commises, défense aux abbés de les mutiler, ou de leur faire crever les yeux. »

Le 19e. « Défense aux clercs et aux moines d'aller boire dans les cabarets. »

Le 20e. « L'évêque saura les canons, et ce qui concerne son office. »

Le 21e. « On observera le dimanche, depuis le soir du samedi, jusqu'au soir du lendemain. » L'usage était en ces temps-là, de cesser le travail le samedi et les veilles de fêtes, à l'heure de none.

Le 22e. « Défense d'établir des évêques dans les villages et dans les bourgs. »

Le 23e. « Défense de recevoir les esclaves des autres, ou de les ordonner sans le consentement de leur maître. »

Le 24e. « Les clercs et les moines demeureront dans leur profession. »

Le 25e recommande à tous de payer la dîme, et attribue à la négligence de la payer la famine dont le royaume avait été récemment affligé.

Le 26e. « Les églises doivent être réparées par ceux qui en possèdent les bénéfices. »

Le 27e. « Défense aux clercs de passer d'une Eglise à une autre, sans l'aveu de leur évêque. »

Le 28e. « On n'ordonnera personne que pour une Eglise particulière. »

Le 29e. « Chaque évêque aura soin d'instruire son peuple, et particulièrement ses clercs, de façon qu'il s'y en trouve toujours qui méritent d'être élus pour les charges canoniques. »

Le 30e. « Si un clerc plaide contre un laïque, l'évêque et le comte jugeront le procès. »

Le 31e. « On ne fera ni conjurations ni cabales, et, s'il s'en forme quelqu'une, on aura soin de la dissiper. »

Le 32e. « On réglera les monastères suivant les canons. »

Le 33e. « On enseignera la foi de l'Eglise catholique touchant la sainte Trinité à tous les fidèles, de même que l'oraison dominicale et le symbole. »

Le 34e. « On foulera aux pieds l'avarice et la convoitise. »

Le 35e. « On exercera l'hospitalité. »

Le 36e. « Les personnes notées d'infamie ne pourront être accusateurs. »

Le 37e. « On aura soin d'accorder la réconciliation aux pénitents dans les cas de nécessité. »

Le 38e. « Les prêtres rebelles à leurs évêques ne communiqueront point avec les clercs de la chapelle du roi. »

Le 39e. « L'évêque jugera les prêtres trouvés en délit ; que, si l'affaire ne peut pas être terminée à son tribunal, on la portera au concile, pour la juger définitivement. »

Le 40e. « Les évêques et les prêtres auront soin de faire élever les filles orphelines par des femmes pieuses. »

Le 41e. « Défense aux évêques d'être absents de leurs églises plus de trois semaines ; et, après la mort d'un évêque, il ne pourra appartenir à ses héritiers, que ce qu'il possédait avant son épiscopat, supposé même qu'il n'en ait pas disposé en faveur de l'Eglise. »

On voit par ce règlement, comme par plusieurs autres, combien la résidence a toujours été jugée nécessaire aux évêques, et quel soin on apportait pour que les épargnes faites des biens de l'Eglise, ne passassent point aux laïques ; c'est au profit de l'Eglise et des pauvres qu'elles doivent tourner.

Le 42e. « Défense d'honorer de nouveaux saints, ou d'ériger en leur honneur des chapelles, excepté ceux que l'authenticité des Actes de leur martyre, ou la sainteté de leur vie, ont fait juger dignes d'être révérés dans l'Eglise. »

Le 43e. « On détruira les arbres et les bois consacrés aux divinités païennes, comme l'ordonnent les canons. »

Le 44e. « Quand on aura choisi des arbitres, on s'en tiendra à leur jugement. »

Le 45e. « On ne fera point prêter serment aux enfants, comme font les gontbadingiens, c'est-à-dire, les Bourguignons qui suivent la loi de Gondebaud, selon laquelle le serment des enfants était admis en preuve. »

Le 46e. « Pour ce qui concerne les vierges, savoir à quel âge on peut leur donner le voile, et à quoi on doit les occuper jusqu'à vingt-cinq ans, on observera ce qui est marqué par les canons. »

Le 47e. « Les évêques s'informeront de la conduite des abbesses qui vivent peu régulièrement, et ils en feront leur rapport au roi, afin qu'on les dépose. »

Le 48e. « Les oblations qui se font dans l'église, seront distribuées par ceux auxquels l'évêque en aura donné la commission, et non par d'autres. »

Le 49e. « On n'élèvera personne au sacerdoce avant l'âge de trente ans. »

Le 50e. « Tous doivent se donner la paix à la fin de la messe solennelle. »

La paix se donnait encore alors par le baiser; mais les hommes ne la donnaient point aux femmes, qui se la donnaient entre elles.

Le 51e. « On ne récitera pas les noms avant l'oblation ou l'offertoire. »

Cette version paraît plus littérale et plus conforme au texte, qui porte : *De non recitandis nominibus antequam oblatio offeratur.* Cependant il est des auteurs qui prétendent qu'il faut traduire ainsi : « On ne récitera pas les noms de ceux qui ont fait l'offrande, avant que le prêtre ait récité les prières de l'offertoire. » Ils se fondent sur quelques monuments qui paraissent déterminer ce sens, tels qu'un décret du pape Innocent Ier, qui défend de réciter les noms de ceux qui ont fait l'offrande, avant que le prêtre ait offert à Dieu ces offrandes par ses prières. »

Le 52e. « On ne doit pas croire qu'on ne puisse prier Dieu qu'en trois langues, parce que Dieu peut être adoré en toutes sortes de langues, et l'homme exaucé, s'il demande des choses justes. »

Ce canon est contre certains esprits qui prétendaient qu'on ne pouvait prier Dieu qu'en trois langues. Le concile ne nomme point ces trois langues; mais on croit que c'était l'hébreu, le grec et le latin, qu'on regardait comme des langues plus saintes que les autres, tant à cause du texte sacré que du titre qui fut mis sur la croix de Jésus-Christ, et qui était écrit, comme chacun sait, dans ces trois langues.

Le 53e. « Il n'est permis, ni à un évêque, ni à un prêtre, d'ignorer les saints canons. »

Le 54e. « Les églises bâties par des personnes libres peuvent être données ou vendues, mais à condition seulement que l'église ne sera pas détruite, et qu'on y fera l'office tous les jours. »

Le concile permet seulement de vendre l'édifice matériel de l'église, mais à condition qu'il ne sera ni détruit, ni employé à des usages profanes.

Le 55e. « Le roi expose au concile qu'il a permission du pape Adrien d'avoir toujours à sa cour l'archevêque Engelram; et il prie les Pères de lui permettre d'avoir de même auprès de lui l'évêque Hildebolde, vu qu'il avait obtenu pour lui la même permission du saint-siége. Tout le concile y consentit pour le bien des Eglises. »

On voit par ce canon combien on jugeait d'étroite obligation la résidence des évêques, puisque Charlemagne se crut obligé d'en obtenir, pour son archichapelain, la dispense du pape, et de la faire ratifier dans un concile. Cet archichapelain était Engelram, évêque de Metz, qui est ici nommé archevêque, à cause d'un privilége du saint-siége qui lui accordait ce titre avec le *pallium*, de même qu'à Chrodegang et à Drogon, ses prédécesseurs. Quant à Hildebolde, il était évêque de Cologne.

Le 56e. « Le concile, à la prière du roi, reçoit Alcuin dans sa compagnie, et en communion de prières, à cause de son érudition dans les matières ecclésiastiques. » *Labb.* VIII.

FRANCFORT (Assemblée d'évêques et de grands à), l'an 873, sous la présidence de Louis, roi de Germanie. On y célébra la sainte messe pour obtenir la délivrance de Charles le Gros, fils du roi, qui était entré en fureur, et que l'on croyait possédé du malin esprit, en punition, comme il en fit l'aveu, de ce qu'il s'était révolté contre son père. *Annal. Fuld.; Annal. Francorum.*

FRANCFORT (Concile de), l'an 892. On lut dans ce concile une lettre du pape Formose adressée à l'archevêque de Hambourg, qu'il autorisait à réclamer l'assistance de l'évêque de Brême, malgré les droits que prétendait avoir sur celui-ci l'archevêque de Cologne comme sur son suffragant, jusqu'à ce qu'il pût se former de nouveaux évêchés qui reconnussent la ville de Hambourg pour leur métropole. *Conc. Germ.*, t. II.

FRANCFORT (Concile de), l'an 952. L'empereur Othon, de l'avis des évêques, et des autres fidèles présents au concile, défendit le rapt ou l'oppression des vierges et des veuves, sous peine de déposition pour les clercs, et d'excommunication pour les laïques, en ôtant toute espérance de mariage à ceux qui s'en seraient rendus coupables. *Conc. Germ.*, t. II.

FRANCFORT (Concile de), l'an 1001. Ce concile fut tenu après l'Assomption, au sujet de l'abbaye de Gandersheim. On y convint que ni Villigise de Mayence, ni Bernouard d'Hildesheim, n'exerceraient aucun droit sur l'abbaye de Gandersheim, jusqu'à l'octave de la Pentecôte de l'année suivante, où les prélats s'assembleraient à Frislar. *L'Art de vérifier les dates, p.* 201.

FRANCFORT (Concile de), l'an 1007. Villigise, archevêque de Mayence, tint ce concile à la tête de trente-six évêques, qui reçurent et confirmèrent la bulle de l'érection de l'évêché de Bamberg. Mansi prouve bien, par l'autorité de Ditmar, de Baronius, des Bollandistes et de l'auteur anonyme de la *Vie de S. Henri*, qu'il faut reconnaître deux conciles tenus à Francfort pour l'érection de l'évêché de Bamberg, l'un en 1006, et l'autre en 1007. L'occasion de l'érection de Bamberg en ville épiscopale fut le désir que témoigna le saint empereur Henri II d'honorer le lieu de sa naissance et de ses premières années. L'évêque de Wirtzbourg, ayant demandé vainement d'être nommé à ce nouveau siége en gardant l'ancien avec le titre d'archevêque, s'opposa, mais sans réussir davantage, à la démarche de l'empereur.

FRANCFORT (Concile de), l'an 1027. On y donna la tonsure cléricale à Godoard, frère de l'empereur Conrad II, surnommé le Salique; et l'on y obligea Sophie, abbesse de Gandersheim, de recevoir ses nonnes. *Labb.* IX; *H.* VI; *Mansi*, t. I, col. 1247.

FRANCFORT (Concile de), l'an 1147. L'empereur y renouvela les anciens priviléges des abbayes de Corbie et d'Erfurth. *Conc. Germ.*, *t.* III.

FRANCFORT (Concile de), l'an 1161. Conrad, prince palatin, et le landgrave Louis, avec le consentement des évêques de la province, et de l'archevêque de Trèves, légat du saint-siège, présent à ce concile, élurent archevêque de Mayence Chrétien, prévôt de Merzbourg, pour l'opposer à Rudolphe, qu'avait placé sur le même siège le peuple de Mayence, coupable du meurtre de son dernier archevêque. *Conc. Germ.*, *t.* III. *Voy.* ERFURTH, même année.

FRANCFORT (Concile de), an 1193. L'empereur Henri VI y fit justice des tribunaux séculiers qui s'ingéraient de porter contre des clercs des sentences de mort, avant que leurs évêques les eussent dégradés. *Conc. Germ.*, *t.* III.

FRANCFORT (Concile de), non reconnu, l'an 1234. Ce concile ou assemblée mixte se tint le 2 février par l'ordre et en présence de l'empereur Frédéric II. Elle fut composée de princes, d'évêques, de cisterciens, de dominicains et de frères mineurs. On y rejeta la forme de procéder contre les hérétiques employée par Conrad de Marpourg. *Conc. Germ.*, *t.* III.

FRANCFORT (Concile de), l'an 1293. On y prononça diverses peines contre les blasphémateurs, les adultères, les fornicateurs et autres coupables de crimes. *Conc. Germ.*, *t.* IV.

FRANCFORT (Concile de), l'an 1409. Landulfe, cardinal-archevêque de Bari, tint ce concile vers l'Epiphanie. Il était député par les cardinaux de l'une et l'autre obédience, résidants à Pise, pour inviter les prélats et les princes d'Allemagne au concile indiqué dans cette dernière ville. La conclusion du concile de Francfort fut qu'on enverrait des ambassadeurs en Italie pour solliciter l'union. *Lab.* XI; *Hard.* VII.

FRÉJUS (Synode de), *Forojuliensis*, que l'on croit avoir été tenu entre l'an 374 et l'an 439. On n'en a pas les actes. *Marten. Thes. Anecdot.*, *t.* IV; *Conc. Gall.*

FRÉJUS (Synode diocésain de), le 29 décembre 1778, sous Emmanuel-François de Bausset-Roquefort. Des statuts y furent publiés pour la bonne administration des sacrements, pour le règlement des écoles, et pour le soin des églises. *Ord. synod. du dioc. de Fréjus*, Paris, 1779.

FRÉJUS (autres Synodes de). *Voy.* SAINTE-MARIE DE FRÉJUS.

FREYSINGEN (Synode de), *Frisingensis*, l'an 765. Aribon, évêque de Freysingen, accepta dans ce synode, qui fut diocésain, la cession qui lui fut faite de l'héritage d'un seigneur, nommé Poapon, pour son église cathédrale. *Conc. Germ.*, *t.* II.

FREYSINGEN (Synode de), l'an 773. Autre donation faite par Onolfe, qui venait de perdre l'un de ses deux fils, et qui voulut consacrer l'autre au service des autels. *Conc. Germ.*, *t.* II.

FREYSINGEN (Synode de), l'an 809. Donation faite par Engilperht de sa terre de Moffurt. *Conc. Germ.*, *t.* II.

FREYSINGEN (Synode de), l'an 815. Donation du comte de Cundhart, ratifiée par sa veuve en plein synode. *Conc. Germ.*, *t.* II

FREYSINGEN (Synode de), l'an 817. Acceptation par l'évêque Hitton du legs que le diacre Eginhart fait à sa cathédrale de sa terre d'Almanshausen. *Conc. Germ.*, *t.* II.

FREYSINGEN (Synodes de), les années 818 et 819. Autres donations acceptées par le même évêque. *Conc. Germ.*, *t.* II.

FREYSINGEN (Synode de), l'an 820. Le prêtre Altwart y restitua à la cathédrale de Freysingen une église dont il lui avait retiré la propriété après lui en avoir déjà fait donation. *Conc. Germ.*, *t.* II.

FREYSINGEN (Synode de), l'an 821. Acceptation d'une autre donation faite à la cathédrale par le prêtre Hartpald et son neveu. *Conc. Germ.*, *t.* II.

FREYSINGEN (Synode de), l'an 822. Donations d'églises faites à la cathédrale de Freysingen par les prêtres Oadalpald et Minigon.

FREYSINGEN (Synode de), l'an 827. Acceptation d'une rente faite à l'église de Freysingen par le prêtre Fritilon. *Conc. Germ.*, *t.* II.

FREYSINGEN (Synode de), l'an 828. Donations faites à l'église cathédrale par deux religieuses. *Conc. Germ.*, *t.* II.

FREYSINGEN (Synode de), l'an 830. Autre donation faite par le prêtre Imichon. *Conc. Germ.*, *t.* II.

FREYSINGEN (Synode de), l'an 843. Autres donations faites par Baudri à la cathédrale de Freysingen. *Conc. Germ.*, *t.* II.

FREYSINGEN (Synode de), l'an 860. Donation faite par le prêtre Marchon à l'église du mont Saint-Etienne, en vue d'honorer les reliques de saint Alexandre, pape et martyr, et de saint Justin, prêtre, qu'on y conservait. *Conc. Germ.*, *t.* II.

FREYSINGEN (Synode de), l'an 908. Donation faite de plusieurs biens à la cathédrale de Freysingen par le chorévêque Cuonon, à condition de se voir assurer pour le reste de ses jours par l'évêque Dracholfe la jouissance des droits dont celui-ci lui faisait part actuellement. *Conc. Germ.*, *t.* II.

FREYSINGEN (Synode de), l'an 1140. L'évêque Otton accorde aux Prémontrés la prévôté de Schefflarn. *Conc. Germ.*, *t.* III.

FREYSINGEN (Synode de), l'an 1143. Fondation du monastère de Neucelle de l'ordre de Prémontré. *Conc. Germ.*, *t.* III.

FREYSINGEN (Synode de), l'an 1170. L'évêque Albert assure au couvent de Scheftelcren le droit de lever des dîmes. *Conc. Germ.*, *t.* III.

FREYSINGEN (Synode de), l'an 1190. L'évêque Otton II donne l'église d'Allershausen à l'abbaye de Neucelle. *Conc. Germ.*, *t.* III.

FREYSINGEN (Synode de), l'an 1248. Perchtold, abbé de Tegernsée, est déposé pour les fautes dont il est trouvé coupable. *Conc. Germ.*, *t.* III.

FREYSINGEN (Synode de), l'an 1438. On y fit trente-six règlements pour la réforme des mœurs. *Conc. Germ.*, *t.* V.

FREYSINGEN (Concile de), l'an 1440. Nicodème de Scala, évêque de Freysingen, tint ce concile avec quelques autres prélats ; on y fit les vingt-six règlements qui suivent :

1. Défense, sous peine d'excommunication, à tous supérieurs, d'admettre à l'administration des sacrements, ou à toute autre fonction ecclésiastique, les clercs étrangers qui n'auraient point de lettres testimoniales de leur évêque, ou de son grand vicaire, en bonne et due forme.

2. Pour ne point vexer les laïques par de vaines citations, nous défendons à tout juge d'église de citer personne à son tribunal, si ce n'est qu'il en ait le droit par la loi ou par la coutume, à moins qu'il n'exprime clairement la cause de la citation. Quant aux jugements légaux et à tous les commandements légitimes des supérieurs ecclésiastiques, on les observera, sous peine d'excommunication.

3. Défense, sous peine d'excommunication, de traduire les clercs aux tribunaux séculiers. Même peine contre les clercs et les laïques, qui prennent connaissance des causes de mariages. Le même statut réserve à l'évêque ou à son grand vicaire le droit de séparer quelqu'un des autres fidèles, pour cause de lèpre, après un examen fait par les médecins.

4. Puisque les clercs doivent accomplir la volonté de Dieu, et briller par l'éclat de leur conduite, nous leur ordonnons à tous de se comporter en tout d'une façon honnête et pieuse, d'éviter la crapule et l'ivrognerie, les ceintures d'or et d'argent, ou de toute autre matière trop brillante, les habits rouges ou verts, l'entrée des cabarets, les jeux profanes, surtout ceux de dés, etc.

5. Les clercs n'auront point de concubines, sous les peines portées par le concile de Bâle.

6. Les prêtres qui ont des bénéfices à charge d'âmes résideront personnellement, et les chanoines qui manqueront, huit jours de suite, d'assister à l'office, payeront dix livres d'amende à la fabrique de leur église.

7. Tous les bénéficiers qui ont des bénéfices incompatibles seront obligés de faire voir les dispenses sur lesquelles ils se fondent pour les posséder.

8. Si l'on reçoit un chanoine pour un canonicat vacant, la réception sera nulle *ipso facto*, à moins qu'elle ne soit autorisée par une permission spéciale de l'évêque.

9. On n'aliénera pas les biens de l'Eglise sans les permissions requises, et ceux qui le feront seront privés de l'administration de ces sortes de biens.

10. Défense à tous les ecclésiastiques de donner la sépulture avec les prières de l'Eglise, sans une permission spéciale de l'évêque ou de son grand vicaire, aux criminels qui sont morts à la potence, à ceux qui sont morts dans les tournois ou autres spectacles semblables, à ceux qui ne se sont pas confessés dans l'année.

11. Les prédicateurs et les confesseurs recommanderont aux peuples de payer exactement la dîme de tous les fruits de la terre.

12. Les religieux étant obligés par leur état de mener une vie plus irréprochable et plus pure que les autres, les abbés et autres supérieurs monastiques veilleront avec grand soin à ce que leurs inférieurs observent leurs règles et leurs constitutions.

13. Les patrons et abbés des Eglises se contenteront, eux et leurs descendants, des droits qui leur sont attribués par leur institution primitive.

14. Les ecclésiastiques ne se soumettront point aux exactions des laïques, sans la permission de l'évêque : ils feront de même à l'égard des doyens ou des archidiacres qui voudraient lever sur eux quelque redevance.

15. Tous ceux qui gouvernent les paroisses béniront l'eau et le sel, et feront la procession tous les dimanches avant la messe solennelle.

16. Personne ne dira la messe sans luminaire, et on n'élèvera point l'hostie avant la consécration, de peur que le peuple n'adore une hostie non consacrée : ce qui serait une idolâtrie.

17. Les prêtres apprendront aux peuples que, dans le cas de nécessité, tous les fidèles de l'un et l'autre sexe doivent baptiser les enfants en langue vulgaire. Les prêtres examineront ensuite si ceux ou celles qui auront baptisé dans ce cas ont observé tout ce qu'il fallait pour la validité du baptême, et alors ils ne le réitéreront pas, ils ne feront que suppléer les onctions de la poitrine, des épaules et de la tête; mais si l'on a omis quelque chose d'essentiel et de nécessaire à la validité du baptême, soit dans la matière, soit dans la forme, les prêtres le recommenceront.

18. L'eucharistie, le chrême et les saintes huiles seront gardés sous clef, et tout ce qui sert à l'autel, comme nappes, palles, corporaux, etc., sera tenu dans la plus grande propreté. On renouvellera tous les mois les saintes espèces.

19. Personne n'assistera aux mariages clandestins, et les curés ne manqueront pas d'obliger ceux qui les ont contractés à les faire publier en face de l'église.

20. Aucun prêtre ne refusera quelque sacrement que ce soit, sous prétexte qu'on lui refuse l'honoraire accoutumé, sauf à lui à poursuivre ses droits par-devant le juge d'église, après qu'il aura administré les sacrements qu'on lui aura demandés.

21. On ne souffrira pas que les juifs prêtent à usure, et qu'ils aient des chrétiens à leur service. Nul chrétien ne leur louera sa maison pour y exercer l'usure.

22. Les chrétiens ne seront pas usuriers, et ceux qui mourront dans ce péché notoire seront privés de la terre sainte.

23. On observera le statut du légat Guy, portant que celui qui blessera énormément, empoisonnera ou tuera un clerc, perdra pour toujours tout ce qu'il tenait de l'église à titre de fief, de cens, ou d'emphytéose.

24. Défense, sous peine d'excommunication, à tous prêtres, séculiers ou réguliers, d'absoudre des cas réservés au pape ou à l'évêque, sans la permission de l'un ou de l'autre.

25. Défense à quiconque a juridiction, d'excommunier personne, si ce n'est par écrit et après les monitions canoniques.

26. Tous les supérieurs de communautés, séculières ou régulières, auront ces statuts, et les feront lire deux fois l'année devant leurs communautés, sous peine d'excommunication. *Anal. des Conc.*, t. V.

FREYSINGEN (Synode de), l'an 1444. Gaspar, abbé de Tegernsee, est mandé au synode diocésain en vertu de la sainte obéissance. *Conc. Germ.*, t. V.

FREYSINGEN (Synode de), l'an 1475. L'évêque Sixte de Tannberg trace aux visiteurs des monastères et aux doyens ruraux des règles pour les visites à faire dans le diocèse. *Conc. Germ.*, t. V.

FREYSINGEN (Synode de), l'an 1480. Le même évêque y renouvelle les statuts de ses prédécesseurs. *Conc. Germ.*, t. V.

FRIDESLARIENSE (Concilium); Voy. FRITZLAR.

FRIOUL (Concile de), *Forojuliense*, l'an 791 ou 796. Paulin, patriarche d'Aquilée, tint ce concile avec ses suffragants, à Frioul, dans l'église de la sainte Vierge. Il en fit l'ouverture par un long discours où il représenta que, les désordres des guerres ne lui ayant pas permis depuis longtemps de tenir des conciles, il avait saisi le moment de la paix pour en assembler un où l'on pût établir la foi et la défendre contre deux nouvelles erreurs, dont l'une soutenait que le Saint-Esprit ne procède que du Père, et non pas du Fils; l'autre, que Jésus-Christ n'est Fils de Dieu que par adoption. Il établit lui-même les dogmes de la foi, en expliquant ce que le concile de Nicée en a dit dans son symbole. Il s'arrête principalement à l'article du Saint-Esprit. Le concile de Nicée ne s'était pas expliqué clairement sur sa divinité. Celui de Constantinople le fit d'une manière plus expresse, en disant qu'on devait l'adorer avec le Père et le Fils. Et, parce que ce dernier concile avait dit seulement que le Saint-Esprit procède du Père, et que quelques-uns en prenaient occasion d'avancer qu'il ne procédait pas du Fils, on a depuis ajouté au symbole que le Saint-Esprit procède du Père et du Fils. Paulin enseigne que ces sortes d'explications ou d'additions ne sont pas contraires aux défenses faites si souvent dans les conciles, de composer de nouvelles professions de foi, parce que ceux qui ont fait ces additions n'avaient pas une doctrine différente, et qu'ils n'ont eu en vue que de rendre en termes plus clairs le sens du symbole même de Nicée. Après cette remarque Paulin montre par plusieurs passages de l'Ecriture, que le Saint-Esprit procède du Père et du Fils, parce qu'autrement il ne serait pas consubstantiel à ces deux personnes; ce qui ne se peut dire, puisque le Père, le Fils et le Saint-Esprit sont un en nature, et que les opérations de la sainte Trinité sont indivisibles et inséparables. Ensuite, sans nommer Félix et Elipand, qui divisaient Jésus-Christ en deux, l'un naturel, l'autre adoptif, il les réfute par ces paroles du psaume, qui dit du Fils de Dieu fait homme : *Vous êtes toujours le même, et vos années ne passeront point.* Le concile fit quatorze canons.

Le 1er condamne la simonie et défend de rien prendre pour les ordinations.

Le 2e dit que les pasteurs seront par l'excellence de leur vie le modèle de leur troupeau, comme ils en doivent être la lumière par leurs instructions.

Le 3e porte qu'ils s'abstiendront surtout de l'excès du vin, sous peine de privation de leur degré d'honneur, en cas d'incorrigibilité.

Le 4e, qu'ils n'auront avec eux d'autres femmes que celles qui sont permises par le cinquième canon de Nicée.

Le 5e, qu'aucun clerc ne se mêlera des affaires du siècle.

Le 6e, que les clercs ne se mêleront point non plus des emplois qui sont ordinairement exercés par les gens du monde ou par les princes de la terre, et qu'au lieu de s'occuper de la chasse, de chansons profanes, d'instruments de musique et d'autres jeux semblables, ils mettront leur plaisir à lire les saintes Ecritures et à chanter des hymnes et des cantiques spirituels.

Le 7e, qu'aucun évêque ne déposera un prêtre, un diacre ou un abbé, sans avoir auparavant consulté le patriarche d'Aquilée.

Le 8e, que les mariages ne se feront pas clandestinement, ni entre parents; qu'il y aura, entre les fiançailles et la célébration du mariage, un temps suffisant pour avoir le loisir d'examiner si les fiancés ne sont point parents; que ceux qui se trouveront mariés dans les degrés défendus seront séparés et mis en pénitence; que, si cela se peut, ils demeureront sans se remarier; mais que s'ils veulent avoir des enfants ou ne peuvent vivre dans le célibat, il leur sera permis de se marier à d'autres. Il ne se fera aucun mariage, que le curé du lieu n'en ait connaissance.

Le 9e, qu'on ne contractera pas de mariage avant l'âge de puberté, et qu'il n'y aura pas entre les contractants une trop grande disproportion d'âge, pour éviter les occasions d'adultère.

Le 10e, que celui qui se sépare de sa femme pour cause de fornication ne peut se remarier tant qu'elle est vivante, parce que Jésus-Christ, en permettant à un homme de renvoyer sa femme, ne lui a pas permis d'en épouser une autre, ainsi que le remarque saint Jérôme. A l'égard de la femme coupable, elle ne peut se remarier, même après la mort de son mari.

Le 11e, que les filles ou les veuves de quelque condition que ce soit, qui ont une fois pris l'habit noir, en signe de continence, doivent en garder le vœu, quoiqu'elles n'aient point été consacrées par l'évêque. Que si elles se marient en secret, ou vivent dans le désordre, elles seront punies selon la rigueur des lois, séparées de ceux qu'elles auront épousés, et mises en pénitence pour le reste de leur vie. Permis toutefois à l'évêque d'user d'indulgence envers elles, eu égard à la ferveur de leur pénitence. Mais à l'article de la mort on leur accordera le viatique. Le concile ajoute qu'aucune ne pourra prendre l'habit de religieuse à l'insu de l'évêque. Il paraît par ce canon que la coutume ancienne d'Aquilée et des provinces voisines était que les personnes consacrées à Dieu s'habillassent de noir.

Le 12e. Défense à qui que ce soit d'entrer dans les monastères de filles, sans la permission de l'évêque diocésain, qui n'y entrera lui-même qu'accompagné de prêtres ou de ses clercs. Les abbesses ni les religieuses ne sortiront point, sous prétexte d'aller à Rome ou en d'autres lieux vénérables, pour raison de pèlerinage. Celles qui feront le contraire subiront la peine portée par les lois canoniques, seront soumises ou à l'anathème ou à l'excommunication, ou privées de leur degré d'honneur, suivant la grandeur de la faute. Ces peines regardent également ceux qui entrent dans les monastères de religieuses sans l'agrément de l'évêque.

Le 13e. On commencera l'observation du dimanche au soir du samedi, c'est-à-dire à l'heure où l'on sonne les vêpres; mais on ne chômera pas pour cela le samedi, comme faisaient encore quelques paysans. Les autres fêtes, annoncées par les évêques ou les pasteurs, seront aussi observées. On les passera dans la prière et dans l'exercice des bonnes œuvres, et les gens mariés garderont la continence en ces jours.

Le 14e recommande le payement des dîmes et des prémices, qu'il autorise par quelques passages de l'Ancien Testament. *Rich.*

FRISAC (Concile de), *Frisacense*, l'an 1160. Saint Evrard, archevêque de Saltzbourg, tint ce concile, qui décida que refuser à Jésus-Christ l'Homme-Dieu, uni hypostatiquement au Verbe, la toute-puissance et tous les attributs de la divinité, c'était renouveler les erreurs de Paul de Samosate, de Nestorius et de Photin. Il est bon d'observer avec Hansigius, *Germaniæ sacr. t.* II, *p.* 263, que quoique cette assemblée soit nommée *Capitulum*, selon le style de ce temps-là, elle n'en est pas moins un vrai concile, puisqu'elle fut composée de plusieurs évêques, abbés, doyens, chanoines, etc. *Mansi, t.* II, *col.* 529.

FRISINGENSIA (*Concilia*); *Voy.* FREYSINGEN.

FRITZLAR (Concile de), *Friteslariense*, l'an 1020. Un clerc, coupable de fornication, n'échappe que par une sorte de miracle à la peine d'être dégradé par son évêque. *Conc. Germ., t.* III.

FRITZLAR (Concile de), *Friteslariense*, l'an 1118. Conon, évêque de Préneste et légat du saint-siége, tint ce concile à Fritzlar, ville d'Allemagne, dans le bas landgraviat de Hesse, sur la rivière de Wiper. Le légat, assisté d'un grand nombre d'évêques, d'abbés, de clercs et de moines, y confirma la sentence d'excommunication portée contre l'empereur Henri V. *Reg.* XXVII; *Lab.* X; *Hard.* VII; *Mansi, t.* II, *col.* 327.

FRITZLAR (Concile de), l'an 1246. Sigefroi, archevêque de Mayence, tint ce concile le 30 mai. On y fit quatorze canons concernant le clergé. *Conc. Germ., t.* III.

FUSSEL (Concile de), *Fusselense*, l'an 1104. Ce concile de Fussel, en Espagne, fut assemblé pour régler les limites des diocèses de Burgos et d'Osma. On y traita aussi quelques autres points. *Hard.* VII.

FUXIENSE (*Concilium*); *Voy.* FOIX.

G

GABALITANUM (*Concilium*); *Voy.* GÉVAUDAN.

GALATIE (Concile de), l'an 458. *Hard., t.* II, *p.* 763.

GALL (Concile de SAINT-), *In Sancti-Galli cœnobio*, l'an 968. Il s'y trouva cinq évêques, savoir : les évêques de Würtzbourg, de Spire, de Worms, de Metz et de Constance, sous la présidence de Henri, archevêque de Trèves, prélat visiteur, avec trois abbés de monastères, nommés aussi visiteurs par les deux princes Othon, père et fils. Cette assemblée s'occupa de la réforme du monastère; elle eut pour résultat d'y rétablir la vie de communauté qui avait disparu, chacun à l'exemple de l'abbé y ayant la liberté de se traiter à sa façon, et de rappeler les moines à l'exacte observation de la règle de saint Benoît. *Conc. Germ., t.* II.

GALICE (Concile de), en Espagne, l'an 447 ou 448. Saint Toribius, évêque d'Astorga, tint ce concile par ordre du pape saint Léon. Les actes en sont perdus, et l'on ignore en quel lieu de la Galice il fut assemblé : tout ce que l'on en sait, c'est qu'il condamna les erreurs et les livres des priscillianistes, comme nous l'apprend Dom Jean de Ferreras, dans le IIe volume de son *Histoire générale d'Espagne*.

GALLICANA (*Concilia*); *Voy.* GAULES

GALLIPOLI (Synode diocésain de), l'an 1661, sous Jean Montoya de Cardona. Ce prélat y publia un corps de statuts sous vingt-cinq titres principaux. Le vingtième surtout, qui est *des sépultures et des funérailles*, est remarquable.

« C'est au clergé, y est-il dit en avant-propos, qu'appartient le soin de procurer la sépulture ecclésiastique aux corps des fidèles, qui, pendant qu'ils vivaient, étaient les temples du Saint-Esprit. Nous ordonnons en conséquence que tous observent avec exactitude tout ce qu'on trouvera contenu dans les décrets suivants :

« On ne forcera ni n'engagera personne à choisir sa propre église pour lieu de sépulture, ou à revenir sur un choix qui aurait été déjà fait à ce sujet : car ce choix-là doit être volontaire, comme l'a déclaré la sainte congrégation des Rites. On se contentera en conséquence de demander aux mourants en quelle église ils désirent être enterrés, sans désigner aucune église. On ne refusera à personne la sépulture pour défaut de payement quelconque. On ne demandera ou n'exigera rien à titre de dette pour des sépultures ou des anniversaires; mais on se contentera d'observer les coutumes louables et pieuses. Cependant, si l'on a quelque motif probable de craindre des difficultés pour le remboursement, on pourra, pour les prévenir, demander ce que de raison avant de commencer la cérémonie. Ceux-là seuls auront droit aux rétributions qui assisteront aux funérailles ; si quelqu'un manque de s'y trouver, sans en être empêché par la maladie ou par quelque autre cause légitime, sa portion sera partagée entre ceux qui y auront assisté. On s'y présentera en surplis et bonnet carré; on reviendra de même processionnellement, et précédé de la croix. On évitera les longs circuits pour porter les corps au cimetière. Les corps des prêtres et des autres clercs décédés seront portés par des prêtres ou des clercs de leurs ordres respectifs. Si c'étaient des clercs engagés dans les ordres sacrés, on les ensevelira, non-seulement avec leurs habits ordinaires, mais de plus avec l'aube et les autres ornements avec lesquels ils avaient droit de monter à l'autel. C'est un abus d'enterrer les femmes avec des vêtements de prix, qu'il serait beaucoup mieux d'employer à de pieux usages. C'est un sacrilége d'enlever aux morts leurs dernières dépouilles, soit avant leur inhumation, soit après que leurs corps ont été confiés à la terre. On ne fera l'éloge d'aucun défunt, à la cérémonie de ses funérailles, sans la permission de l'évêque. *Synod. diœc. Gallipol., Neapoli*, 1662.

GAND (Synode de), *Gandavensis*, l'an 1571. Corneille Jansen, premier évêque de Gand, tint ce synode diocésain, dans lequel il renouvela les décrets du concile de Malines ainsi que ceux du concile de Trente, sur tous les sacrements en général, et sur chacun en particulier. Il fit défense aux confesseurs qui auraient péché avec leurs pénitentes de les écouter jamais en confession; il déclara nul aussi le vœu que ferait un pénitent ou une pénitente à son confesseur de ne point aller à d'autres confesseurs qu'à lui. *Conc. Germ., t.* VII.

GAND (Synode de), l'an 1613. Henri François Van der Burch, évêque de Gand, promulgua dans ce synode les décrets du concile provincial de Malines de l'an 1607, et renouvela les statuts du premier synode tenu par son prédécesseur. Il défendit aux réguliers qui auraient par privilége le droit de censure sur les livres composés par des religieux de leur ordre, d'étendre leur pouvoir au delà de ses justes limites, et à tous, tant séculiers que réguliers, de s'attribuer ce même droit de censure sans autre titre qu'un degré obtenu dans une université. Il ôta la défense de célébrer la messe avant d'avoir dit matines et prime. Il permit l'usage de la viande pour tous les samedis depuis Noël jusqu'à la Chandeleur, et pour tous les autres samedis de l'année qui ne seraient pas des jours de jeûne, l'usage de la graisse et du jus des viandes, mais non celui des entrailles ou des extrémités des animaux. Il prescrivit l'abstinence de tout laitage pour le mercredi des Cendres, le vendredi des Quatre-Temps en carême et le vendredi saint, et il en toléra l'usage pendant tout le reste du carême, à condition toutefois de faire à l'église paroissiale l'offrande d'un stuffer, ou de réciter tous les jours trois *Pater* et trois *Ave. Conc. Germ., t.* IX.

GAND (Synode de), l'an 1650. Antoine Triest, évêque de Gand, tint ce synode, dans lequel il ordonna, entre autres statuts, que dans les monastères les clefs du tabernacle où est le saint sacrement fussent gardées par le supérieur, sans pouvoir être confiées à quelqu'un qui ne serait pas dans les ordres sacrés, ni être laissées en dépôt, soit sur le haut de l'autel, soit dans la sacristie ; que, dans les temps de récoltes ou dans les cas de nécessité, les doyens et les curés eussent le droit de permettre de travailler le dimanche et les jours de fête, en ne commençant toutefois qu'après midi. *Conc. Germ., t.* IX.

GANDERSHEIM (Concile de), *Gandersheimense*, l'an 995. Il y fut décidé que le monastère de Gandersheim dépendait de la juridiction immédiate de l'évêque d'Hildesheim, et non de l'archevêque de Mayence. L'empereur Othon III y confirma aussi les priviléges de la nouvelle Corbie. *Conc. Germ., t.* II.

GANDERSHEIM (Synode de), l'an 1000, convoqué par Willigise, archevêque de Mayence, mais auquel s'opposa le représentant de Bernward, évêque d'Hildesheim.

GANDISAPOR (Concile de); *Voy.* LAPET.

GANGRES (Concile de), *Gangrense*, vers l'an 364. L'époque du concile de Gangres n'est pas moins incertaine que celle du concile de Laodicée. Dans l'ancien code universel de l'Eglise romaine, et dans plusieurs autres collections, il est placé après le concile de Nicée et avant celui d'Antioche de l'an 341. Socrate, le plus ancien auteur qui ait parlé du concile de Gangres, le met après celui de Constantinople, en 360. D'autres le reculent jusqu'après la mort de saint Basile, arrivée en 379; d'autres le mettent après l'an 362, fondés sur ce qu'Eusèbe, que l'on croit être celui de Césarée en Cappadoce, se trouve avoir souscrit le premier à ce concile, dans toutes les éditions grecques et latines : or Eusèbe gouverna l'Eglise de Césarée depuis l'an 362 jusqu'à l'an 371. Quoi qu'il en soit, ce concile fut tenu contre un certain Eustathe, et contre ses disciples nommés *Eustathiens*, qui enseignaient diverses erreurs. Mais quel était cet Eustathe? Etait-ce Eustathe, évêque de Sébaste en Arménie, ou quelque autre? Socrate et Sozomène disent que c'était Eustathe de Sébaste. Baronius soutient le contraire, parce que ni saint Basile ni les autres auteurs qui ont souvent parlé d'Eustathe de Sébaste, ne lui ont reproché les erreurs de celui qui fut condamné dans le concile de Gangres, métropole de la

Paphlagonie. Quinze évêques y assistèrent, et y firent vingt canons qui ont toujours été en grande vénération chez les Grecs et les Latins. Il est vrai qu'il n'y en a que dix-neuf dans le code de l'Eglise romaine, et qu'il s'en trouve vingt et un dans Balsamon, Zonare, et les autres nouvelles collections; mais cela vient de ce que le quatrième canon est omis dans le code de l'Eglise romaine, et que les nouveaux collecteurs, qui ont compté vingt et un canons, ont pris pour un canon particulier l'appendice de tous les canons. Baronius a cru qu'Osius de Cordoue avait présidé, comme légat du pape Sylvestre, à ce concile; mais le nom d'Osius manque dans tous les exemplaires grecs et dans la plupart des exemplaires latins.

Le 1ᵉʳ canon prononce anathème contre quiconque blâme le mariage, en disant qu'une femme vivant avec son mari ne peut être sauvée.

Gratien (*Dist.* 30, *can.* 12) a restreint ce canon au mariage des prêtres, en ajoutant qu'il a été porté contre les manichéens; mais les collecteurs romains l'étendent à toutes sortes de mariages, et disent qu'il n'a point été fait contre les manichéens, mais contre un certain Eustathe qui avait répandu cette erreur avec plusieurs autres dans l'Arménie.

Le 2ᵉ frappe aussi d'anathème ceux qui disent qu'il n'est pas permis de manger de la chair, quand même on s'abstiendrait du sang, des viandes étouffées et immolées.

On voit par ce canon que le précepte de s'abstenir du sang et des viandes étouffées et immolées était encore en vigueur du temps du concile de Gangres.

Le 3ᵉ prononce encore anathème contre ceux qui enseignent aux esclaves à quitter leurs maîtres et à se retirer du service, sous prétexte de piété.

Le 4ᵉ anathématise ceux qui se séparent d'un prêtre qui a été marié, et ne veulent pas participer à l'oblation qu'il a célébrée.

Isidore, Hervet, Balsamon, Zonare, Aristène, et la plupart des collecteurs latins, entendent ce canon d'un prêtre qui, s'étant marié lorsqu'il était laïque, et ayant été ensuite promu au sacerdoce, a retenu sa femme, même pour en user; ce qui était permis chez les Grecs. C'est pour cela que ce canon a été omis dans le code de l'Eglise romaine, parce qu'étant contraire à la discipline des Latins, on a craint qu'elle n'en reçût quelque atteinte.

Le 5ᵉ et le 6ᵉ anathématisent ceux qui méprisent la maison de Dieu et les assemblées qui s'y font, et en tiennent de particulières, pour y faire les fonctions ecclésiastiques sans la présence d'un prêtre et le consentement de l'évêque.

Le 7ᵉ et le 8ᵉ contiennent les mêmes anathèmes contre ceux qui prennent à leur profit les oblations faites à l'Eglise, ou en disposent sans le consentement de l'évêque et de ceux qu'il en a chargés.

Le 9ᵉ et le 10ᵉ. « Anathème à ceux qui embrassent la virginité ou la continence, non pour la beauté de la vertu, mais par horreur pour le mariage, ou qui insultent aux gens mariés, en se préférant à eux. »

Le concile ne condamne pas les vierges qui se préfèrent aux gens mariés, comme s'il voulait égaler l'état du mariage à celui de la virginité; mais, en reconnaissant l'excellence de la virginité par-dessus le mariage, il condamne les vierges, telles que les Eustathiennes, les Marcionites et les Encratites, qui blâmaient le mariage comme un mal horrible, et regardaient les gens mariés comme exclus des récompenses de l'autre vie.

Le 11ᵉ. « Anathème à ceux qui méprisent les agapes, ou repas de charité qui se font en l'honneur de Dieu, et ne veulent point y participer. »

Le Fils de Dieu ayant recommandé (en saint Luc, c. XIV) à ceux qui feraient un festin d'y convier les pauvres, cette parole fut cause que les premiers fidèles établirent les agapes, ou repas de charité. Ces repas se faisaient dans l'église, après le sacrifice eucharistique, dont ils étaient comme la conclusion. On y admettait les pauvres comme les riches; mais l'intempérance s'y étant glissée dans la suite, on fut obligé de les abolir.

Le 12ᵉ. « Anathème à ceux qui, sous prétexte de vie ascétique, portent un habit singulier et condamnent ceux qui portent des habits ordinaires. »

L'esprit de ce canon est de condamner ceux qui affectent de se distinguer en portant des habits singuliers, comme si la sainteté consistait dans ces sortes d'habits, et qui méprisent ceux qui portent des habits ordinaires. Il ne condamne donc point l'habit monastique, quoique singulier et différent de celui des laïques, puisque les moines ne font pas consister la sainteté dans leur habit, et qu'ils ne condamnent point les laïques qui s'habillent différemment. Ajoutons que si l'habit des moines est aujourd'hui si différent de celui des laïques, c'est parce que les laïques ont changé à cet égard, et que les moines n'ont point changé. Leurs fondateurs prenaient ordinairement l'habit que les pauvres portaient de leur temps. Les laïques ayant changé, dans la suite, tant pour la forme que pour la qualité de leurs habits, et les moines n'ayant point voulu adopter ces changements, il a fallu qu'ils fussent habillés différemment des laïques.

Le 13ᵉ. « Anathème aux femmes qui s'habillent en hommes, même sous prétexte de garder plus facilement la continence. »

Le 14ᵉ. « Anathème aux femmes qui abandonnent leurs maris, par aversion pour le mariage. »

Le 15ᵉ. « Anathème aux parents qui abandonnent leurs enfants, sous prétexte de vie ascétique, sans prendre soin de leur nourriture ou de leur conversion. »

Le 16ᵉ. « Anathème aux enfants qui, sous le même prétexte de piété, quittent leurs parents, sans leur rendre l'honneur qu'ils leur doivent. »

Le 17ᵉ. « Anathème aux femmes qui, par un semblable motif, se coupent les cheveux que Dieu leur a donnés comme un mémorial de l'obéissance qu'elles doivent à leurs maris, et abolissant par là le précepte de cette obéissance. »

Le 18e. « Anathème à ceux qui jeûnent le dimanche, par un esprit de singularité, de contumace, ou de mépris pour ce saint jour. »

Le 19e. « Anathème à ceux qui méprisent les jeûnes ordinaires de l'Eglise. »

Le 20e. « Anathème à ceux qui blâment les mémoires des martyrs, les assemblées qui s'y font, les offices qu'on y célèbre. »

Le 21e. « Nous ordonnons ceci, non pour retrancher de l'Eglise ceux qui veulent s'exercer à la piété, selon les Ecritures, mais ceux à qui ces exercices sont une occasion de s'élever avec arrogance au-dessus de la vie plus simple, et d'introduire des nouveautés contre l'Ecriture et les canons. Nous admirons donc la virginité, nous approuvons la continence et la séparation du monde, pourvu que l'humilité et la modestie les accompagnent; mais nous honorons le mariage, et nous ne méprisons pas les richesses accompagnées de justice et de libéralité. Nous louons la simplicité des habits qui sont pour le seul besoin du corps; et nous n'y approuvons ni la mollesse ni la curiosité. Nous honorons les maisons de Dieu et les assemblées qui s'y font, sans toutefois renfermer la piété dans les murailles. Nous louons aussi les grandes libéralités que les frères font aux pauvres, par le ministère de l'Eglise. En un mot, nous souhaitons que l'on y pratique tout ce que nous avons appris par les divines Ecritures et par les traditions apostoliques. »

Les savants remarquent que les Pères du concile disent ceci, non par manière de canon, mais en forme d'appendice ou d'épilogue, pour l'intelligence des canons qui précèdent, de peur qu'on ne leur donnât quelque mauvais sens, contre leur intention. On peut remarquer aussi, dans cet appendice, que les Pères de Gangres reconnaissent pour la règle des mœurs, non-seulement les divines Écritures, mais encore les traditions apostoliques. *Reg. tom.* III; *Lab. tom.* II; *Hard. tom.* I; *D. Ceillier, Hist. des Aut. sacrés et eccl., tom.* IV, *pag.* 734 *et suiv.*

GAP (Synodes de), années 1533 et 1534. Il nous reste pour monuments de ces synodes deux discours latins qu'y prononça Olivier Tessier, chanoine de cette église. *Oliverii Textoris synodales orationes, Lugduni,* 1534.

GAP (Synode diocésain de), tenu à la Baulme-lez-Sisteron, l'an 1588, par messire Pierre Paparin de Chaumont, évêque et seigneur de Gap. Ce prélat publia dans ce synode un recueil d'ordonnances sous le titre d'*Instruction des curés*, où il s'attache particulièrement à prémunir son clergé, ainsi que le peuple de son diocèse, contre les erreurs des calvinistes. Cette instruction est précédée de distiques latins et d'un son-

net d'un poète lyonnais, que nous allons rapporter pour amuser le lecteur :

Vous qui avez été choisis pour gouverner
Le troupeau du grand Dieu en son Eglise sainte,
Qui le devez nourrir et garantir de crainte,
Et par le bon chemin sûrement le mener,
Qui aussi le devez si bien endoctriner,
Qu'il ait en son esprit la loi de Dieu empreinte,
Et, rejetant bien loin toute doctrine feinte,
En la sincère foi purement l'enseigner,
Venez voir ce discours, où la charge parfaite
D'un bon pasteur se lit naïvement portraite,
Et suivez-la toujours en vos faits et vos dits.
Si vous faites ainsi, vous verrez vos églises
En leur premier honneur incontinent remises,
Et enfin parviendrez au port de paradis.

GAP (autres Synodes de). *Voy.* VAPINCENSES.

GAULES (Conc. des), an 197. *V.* LYON, même année. Autre concile tenu dans les Gaules vers le même temps, où Montan fut condamné, etc.

GAULES (Concile tenu dans les), *Gallicanum*, l'an 355. Saint Hilaire, évêque de Poitiers, fit assembler plusieurs conciles dans les Gaules pour défendre la foi contre les ariens. Dans celui qui fut tenu peu de temps après celui de Milan, sans qu'on sache en quelle ville des Gaules, saint Hilaire et les autres évêques catholiques qui y assistèrent, se séparèrent de la communion de Saturnin, de Valens et d'Ursace. C'est de ce concile que saint Hilaire veut parler dans son *Livre contre Constance*, que l'on croit être le même ouvrage que sa lettre écrite, l'an 360, aux évêques d'Orient, comme le tient le P. Jérôme Duprat, prêtre de l'oratoire de Vérone, dans le Ier tome de son édition des *OEuvres de Sulpice Sévère*, publiée à Vérone en 1741, in-4°. *Mansi, Suppl. tom.* I, *col.* 219.

GAULES (Concile des), vers l'an 362. Les évêques réunis y décidèrent qu'on recevrait tous ceux qui revendiqueraient de l'arianisme, pourvu qu'ils fissent profession de la foi de Nicée, et qu'ils anathématisassent nommément la doctrine impie d'Euzoius et d'Eudoxe, qui mettaient le Fils de Dieu au rang des créatures. *Athanas., ep. ad Ruffin.*

GAULES (Concile tenu dans les), l'an 371. La foi de la sainte Trinité fut confirmée dans ce concile, et les Pères se plaignirent au pontife romain contre ceux qui refusaient d'y croire.

GAULES (Concile des), l'an 376, à ce que l'on conjecture. On y reçut une loi de l'empereur Gratien, qui autorisait l'appel du jugement de l'ordinaire au concile de la province, et dans certains cas, de ce concile même à celui de tout le diocèse (ou district) du préfet ou du vicaire. Fabricius place ce concile à l'an 368.

GAULES (Concile tenu dans les), vers l'an 429. Ce qu'on dit sur le temps et le lieu où ce concile fut assemblé n'est fondé que sur de faibles conjectures. Le motif de la convocation de ce concile fut la députation que les catholiques d'Angleterre firent aux évêques des Gaules pour leur demander du secours contre l'hérésie de Pélage, qui infectait la Bretagne, aujourd'hui l'Angleterre. On croit donc qu'il se tint là-dessus un concile dans les Gaules, où saint Germain d'Auxerre et saint Loup de Troyes furent priés d'aller prendre la défense de la foi orthodoxe sur la grâce de Jésus-Christ. Le pape saint Célestin appuya cette mission, et les deux apôtres gaulois partirent pour la Bretagne. *Voyez* VERLAM-CASTER.

GAULES (Concile tenu dans les), l'an 444. *Voy.* BESANÇON, même année.

GAULES (Concile des), l'an 451. Quarante-quatre évêques assistèrent à ce concile, et approuvèrent la lettre du pape saint Léon à S. Flavien, patriarche de Constantinople, contre Eutychès : lettre qui est un des plus beaux monuments de l'antiquité. Mansi place ce concile à la fin de l'année 451, et M. de Tillemont suppose, avec assez de fondement, qu'il se tint à Arles, quoiqu'on ne le sache point au juste. La raison qu'il en donne est que ce fut Ravenne d'Arles qui présida à ce concile, et auquel saint Léon écrivit pour le prier de faire en sorte que les évêques des Gaules approuvassent sa lettre à Flavien ; d'où il est assez naturel de conclure que Ravenne assembla les évêques des Gaules dans sa ville même archiépiscopale. Ingenuus d'Embrun porta la lettre du concile à saint Léon. *Tillemont, tom.* XV, *pag.* 627 *et* 628.

GAULES (Concile tenu dans les), l'an 516. Un arien, n'ayant pu répondre aux objections de saint Rémi, se convertit dans ce concile à la foi catholique. *Sirm. Conc. ant. Gall. t.* I, *p.* 193.

GAULES (Concile tenu dans les), l'an 538, peu après celui d'Orléans. Les évêques y obligèrent saint Aubin, évêque d'Angers, à lever l'excommunication dont il avait frappé des personnes coupables d'inceste ; mais au moment de recevoir les eulogies en signe de communion, l'une de ces personnes expira subitement, par un jugement secret de Dieu. *Breviar. Andeg.*

GAULES (Concile tenu dans les), l'an 581. Ce concile fut ouvert à Lyon, et terminé dans le palais de Gontran, à Lyon ou à Châlons-sur-Saône. On ignore pour quelles causes il fut convoqué ; on sait seulement qu'il s'éleva contre les négligents.

GAULES (Concile tenu dans les), en un lieu incertain, mais en Normandie, l'an 587 ou 588. Ce concile s'occupa de plusieurs crimes, entre autres du meurtre de Prétextat, archevêque de Rouen.

GAULES (Concile tenu dans les), l'an 590. *Voy.* GÉVAUDAN, même année.

GAULES (Concile tenu dans les), l'an 615 ou 618. *Voy.* BONNEUIL OU PARIS, même année.

GAULES (Concile tenu dans les), l'an 678. Ce concile, ou plutôt conciliabule, fut assemblé en 678, dans un palais, qu'on ne désigne pas, du roi Thierri, au sujet de saint Léger, évêque d'Autun. Le saint prélat y fut amené par les ordres du roi Thierri et d'Ebroïn, maire du palais. On l'y pressa d'avouer qu'il était coupable de la mort du roi Childéric II, et malgré les protestations qu'il fit de son innocence, on lui déchira sa tunique du haut jusqu'en bas, ce qui était une cérémonie de déposition, puis on le livra à Chrodobert ou Robert, comte du palais, avec ordre de le faire mourir : ce qui fut exécuté dans le pays d'Artois, le 2 ou 3 octobre. Dans la même assemblée on condamna aussi à mort Diddon, évêque de Châlons-sur-Saône, et avant l'exécution on lui rasa la tête, ce qui était un signe de dégradation. *D. Rivet, Hist. littér. de la France,* *t.* III.

GAULES (Concile tenu dans les), l'an 679. Ce concile, qui fut assemblé vers le commencement de l'année, eut pour objet la condamnation du monothélisme. On ignore le lieu où il fut tenu, et tout ce que l'on en connaît nous vient des souscriptions du concile tenu à Rome la même année. On voit par ces souscriptions que Félix, archevêque d'Arles, Dieudonné, évêque de Toul, et Taurin, diacre de Toulon, furent députés à Rome par le concile des Gaules dont il s'agit ici. *Reg.* XVI; *Labb.* VI; *Hard.* III.

GAULES (Concile tenu dans les), l'an 688, dans le palais du roi Thierri. Les reliques de saint Léger, évêque d'Autun, furent adjugées par ce concile à Ansoald, évêque de Poitiers, son parent. *Labb.* VI; *Hard.* II.

GAULES (Concile tenu dans les), l'an 796. Il y a toute apparence que ce concile fut tenu à Tours, par les ordres de Charlemagne, pour la discussion de la cause de Joseph, évêque du Mans, accusé d'avoir traité son clergé d'une façon cruelle et barbare. Joseph, se voyant sur le point d'être condamné, s'enfuit secrètement, déguisé en habit de soldat. Le concile le déposa, et le fit mettre entre les mains de l'archevêque de Tours, son parent, qui l'enferma dans une cellule à Candes, où il fit pénitence. *Mabill. Anal. in-fol.* p. 292; *Mansi, t.* I, *col.* 739.

GAULES (Concile tenu dans les), après l'an 800. On s'y occupa de la manière dont pourraient se purger les prêtres accusés.

GAULES (Concile tenu dans les), l'an 860. On s'y occupa de l'affaire d'Ingeltrude, femme du comte Boson, qui l'avait quittée. Ce concile paraît avoir été présidé par Hincmar, archevêque de Reims, et par conséquent avoir été tenu dans sa province. *Labb.* VIII, *ex ep. Hincmari.*

GAULES (Concile tenu dans les), lieu incertain, l'an 868. L'empereur Charles le Chauve ayant nommé à quelques évêchés de ses États, le clergé réclama la liberté des élections. La chose ayant été portée au saint-siège, le pape Adrien II se déclara pour l'empereur, et écrivit deux lettres à ce sujet. Les Pères de ce concile y répondirent. *Labb.* VIII.

Pour les autres conciles tenus dans les Gaules, sans qu'on en puisse assigner le lieu précis, *Voy.* FRANCE et PARIS.

GAZA (Concile de), l'an 541 ou 542. Ce concile fut tenu, d'après l'ordre de l'empereur Justinien I", par Pélage, diacre et. apocrisiaire de l'Eglise romaine ; Euphrem, patriarche d'Antioche ; Pierre, patriarche de Jérusalem, et Hypas, évêque d'Ephèse. On y déposa Paul, patriarche d'Alexandrie, accusé d'homicide. L'empereur Justinien lui ayant donné commission d'apaiser les disputes qui s'étaient élevées dans l'Eglise d'Alexandrie, il arriva qu'un diacre, qu'il avait mis sous la garde de l'augustal Rhodon, fut tué secrètement. On se persuada que c'était d'après l'ordre qu'en aurait donné le patriarche, et il eut beau nier le fait, on le déposa dans ce concile de Gaza. *Bibl. Orient. t. 1; Mansi, suppl. t. 1, col. 428.*

GEISLAR (Concile de), *Geitzletense*, l'an 1027 ou 1028. *Voy.* MAYENCE, même année.

GENAVENSE (Concilium); Voy. GENÈVE.

GÊNES (Concile de), *Genuense*, l'an 1216. Otton, archevêque de Gênes, tint ce concile, le 8 avril et les deux jours suivants. On y publia les décrets du concile de Latran. *Mansi, tom. II, col. 865.*

GÊNES (Concile de), l'an 1292. Jacques de Voragine, archevêque de Gênes, tint ce concile avec quelques-uns de ses suffragants, plusieurs abbés, prévôts, archiprêtres et autres ecclésiastiques en grand nombre. On y fit quelques statuts utiles, et on leva le doute que quelques-uns avaient sur la vérité des reliques de saint Syre, premier archevêque de Gênes, qui étaient placées sous l'autel de l'église de saint Laurent. On en fit donc la reconnaissance avec toutes les solennités requises, et elles furent ainsi de nouveau constatées. *Jacobus de Voragine, in chronic. Januensi, rerum Italic. tom. IX, pag. 53; Mansi, tom. III, col. 235.*

GÊNES (Concile provincial de), l'an 1574, présidé par l'archevêque Cyprien Pallavicini, assisté de sept évêques ses suffragants. Ce concile eut principalement pour objet l'exécution des décrets du concile de Trente. On y fit avec solennité la profession de foi prescrite par le pape Pie IV ; puis on fit un décret pour que tous, prêtres et fidèles, eussent à faire, dans les trois mois, la même profession de foi. On y indiqua les précautions à prendre à l'égard des hérétiques et des livres défendus ; on recommanda d'abolir en tous lieux les pratiques superstitieuses, les enchantements et les sortilèges ; on porta son attention sur les maîtres d'école ; on donna des règles fort détaillées pour l'administration des sacrements ; on fit un devoir d'observer spécialement les décrets du concile de Trente, concernant les reliques et les images des saints ; on ordonna le silence dans les églises ; on défendit, par respect pour l'église cathédrale, de sonner les cloches le jeudi saint dans les églises et les chapelles de la ville et du diocèse, après l'église cathédrale elle-même ; on traça les devoirs des évêques, des clercs et des religieux des deux sexes ; on rappela les décrets du concile de Trente relatifs à la présidence ; on régla les processions, et l'on y défendit sévèrement les représentations de sujets, même religieux, à cause des distractions, ou même des tentations qu'elles pouvaient occasionner ; on exhorta les confréries où c'était un usage de se donner la discipline en marchant processionnellement, à ne le faire ni par montre ni par esprit d'intérêt, et on leur défendit les offices de la Vierge en langue vulgaire ; on proscrivit le concubinage parmi les laïques, le crime de l'usure ; enfin on donna à chaque évêque le droit d'interpréter ces divers décrets, sauf le droit souverain et la suprême autorité de l'Eglise romaine. Ces statuts provinciaux furent confirmés par le saint-siège, sous la date du 9 octobre 1574.

GÊNES (Synode diocésain de), le 1" septembre 1588, sous le cardinal Saoli, administrateur du diocèse à perpétuité. Le cardinal y fit quelques statuts contre les superstitions et le concubinage. *Sinodo diocesano di Genova, in Roma*, 1605.

GÊNES (Synode diocésain de), l'an 1604, sous Horace Spinola, archevêque de cette ville. Ce prélat y traça les devoirs qu'avaient à remplir les curés, particulièrement dans l'administration des sacrements. *Prima diœc. synod. Genuensis, Romæ*, 1605.

GÊNES (Synode diocésain de), le 21 avril 1642, sous le cardinal Etienne Doria, archevêque de Gênes. Le cardinal y prescrivit aux curés, entre autres statuts, de ne point publier de nouveaux miracles, quelque avérés qu'ils leur parussent, et de ne point recevoir d'offrandes à cette occasion, sans y être préalablement autorisés par lui ou ses grands vicaires. *Synod. diœc. Januensis, Romæ.*

GÊNES (Concile de SAINT-), *ad S. Genesium*, l'an 1079. Ce concile fut tenu à Saint-Gênès, dans le territoire de la ville de Lucques en Italie, au sujet des chanoines de la cathédrale de cette ville, qui refusaient de mener la vie commune que le pape saint Léon IX leur avait ordonnée. Ces chanoines s'étant donc révoltés contre saint Anselme, leur évêque, et contre les décrets d'un concile tenu à Rome quelque temps auparavant, ils furent excommuniés dans ce concile. *Mansi, t. II, col. 33.*

GENÈVE (Synode de), l'an 773. Il est fait mention de ce synode dans la collection de Labbe : tout ce qu'on y rapporte de ce synode ou de cette assemblée, c'est que Charlemagne y partagea son armée en deux troupes pour pénétrer en Italie, et marcher au secours du souverain pontife. *Libb.* . 1.

GENÈVE (autres Synodes de). *Voy.* SAINTE-MARIE DE GENÈVE.

GENTILLY (Concile de), *Gentiliacense*, l'an 766. Gentilly, *Gentiliacum*, village à une lieue de Paris, sur la rivière de Bièvre, était le séjour de nos rois de la première et de la seconde race. On y célébra un concile sous le règne de Pepin, non l'an 767, comme le portent les collections ordinaires, mais l'an 766, le jour même de Noël, comme il paraît par Eginhart, dans ses *Annales des Français*, à l'an 767. Il s'y trouva six légats du saint-siège, six patrices, ambassadeurs de Constantin Copronyme, avec plusieurs évêques de Grèce, le roi Pepin accompagné des grands de son royaume et de la plupart des évêques des Gaules et de l'Allemagne. Les deux points principaux que l'on agita dans ce concile furent la procession du Saint-Esprit et le culte des images ; mais on ne sait point ce qui y fut décidé.

GERMANICIENSE (*Concilium*) ; *Voy.* GERMIGNY.

GERMANIE (Concile de), *Germanicum*, l'an 358. L'existence de ce concile peut s'inférer de ce qu'a dit saint Hilaire, évêque de Poitiers, dans son livre *des Synodes*, écrit de la Phrygie où il était exilé pour la foi ; répondant aux évêques de Germanie, de Belgique et des Gaules, il leur enseigne que le mot de *Consubstantiel* doit être conservé, et il montre sur ce point l'accord des évêques orientaux.

GERMANIE (Concile de), l'an 742. *Voy.* ALLEMAGNE.

GERMANIE (Concile de), l'an 744. Dans ce concile, présidé par saint Boniface, légat du saint-siège, on dressa un capitulaire composé de vingt-huit articles, dont plusieurs, il est vrai, sont plutôt relatifs à la société civile, telle que nous la comprenons aujourd'hui, mais qui, dans l'esprit de l'époque, n'en réglaient pas moins des intérêts religieux.

Le 1er autorise à garder comme un des siens l'enfant exposé qu'on aura recueilli, si, après dix jours de recherche, on ne peut parvenir à découvrir son père ou sa mère.

Le 2e recommande de pratiquer des jeûnes et des oblations pendant trente jours pour les morts, et défend d'enterrer ceux-ci les uns sur les autres, ou de laisser leurs ossements à découvert.

Le 3e défend d'interdire aux femmes nouvellement accouchées l'entrée de l'église.

Le 4e autorise les archidiacres à raser la tête à des clercs qui nourrissent leur chevelure.

Le 5e exclut de la communion les prêtres qui quittent leurs églises, ou leurs titres, comme on disait alors, sans la permission de leur évêque.

Le 6e interdit aux laïques le sanctuaire des églises pendant la messe et les *vigiles*.

Le 7e défend aux juges et aux officiers publics, sous peine d'excommunication, d'imposer des corvées ou des charges aux serfs des églises, des évêques et des clercs.

Le 8e excommunie de même ceux qui, en demandant aux rois les biens appartenant à l'Eglise, ravissent le bien des pauvres.

Le 9e ordonne de n'adresser ses prières qu'au Père, suivant ces paroles : *Si vous faites une demande à mon Père en mon nom.*

Le 10e prescrit aux prêtres et aux diacres établis dans les paroisses, de faire à leur évêque la profession de leur foi.

Le 11e fait aux prêtres un devoir de justice de léguer aux églises les biens qu'ils auraient acquis depuis leur ordination.

Le 12e recommande aux évêques de veiller à ce que leurs archidiacres n'entretiennent pas les abus par esprit de cupidité.

Le 13e condamne au bannissement les personnes coupables d'avoir composé ou chanté des chansons diffamatoires.

Le 14e indique la forme des serments qu'on devait faire à l'église et sur les reliques des saints.

Le 21e défend de présenter de la nourriture aux meurtriers et aux autres coupables de crimes qui méritent la mort, qui se seraient réfugiés dans une église.

Le 23e impose de fortes amendes à ceux qui travailleraient le dimanche.

Le 24e ordonne de punir comme voleur lui-même celui qui aurait recelé un voleur, et qui se serait parjuré à son occasion.

Les autres articles présentent peu d'intérêt, ou ne contiennent que des dispositions judiciaires. *Conc. Germ.*, *t.* I.

GERMANIE (Concile de), l'an 759, lieu incertain. Guarin et Ruithard, employés du fisc, parvinrent à faire condamner à la prison, comme coupable de désordre de mœurs, Othmar, abbé de Saint-Gall, dont tout le crime était de s'être plaint, et de vouloir encore se plaindre de leurs exactions. La ville de Constance est marquée pour le lieu de ce concile dans la collection des Conciles d'Allemagne. *Voy.* CONSTANCE, même année.

GERMANIE (Concile de), lieu incertain, l'an 850. Il fut question dans ce concile de réunir le diocèse de Brême avec celui de Hambourg. *Rembert. in Vita S. Anscharii.*

GERMANIE (Concile de), lieu incertain, l'an 880. Adalgaire, moine de la nouvelle Corbie, fut donné pour coadjuteur dans ce concile à saint Rimbert, archevêque de Hambourg, sur la demande que celui-ci en avait faite à Louis II, roi de Germanie, à cause de sa vieillesse et de ses infirmités. L'abbé et les moines de la nouvelle Corbie donnèrent leur consentement à la promotion de leur confrère. Adalgaire fut en même temps nommé homme du roi et membre de son conseil.

GERMANIE (Concile de), à Augsbourg ou Osbor, l'an 1062. Ce concile fut tenu par saint Annon, archevêque de Cologne, à la prière de saint Pierre Damien, pour juger entre le pape Alexandre II et l'antipape Cadaloüs, que favorisait la cour d'Allemagne. Ce concile prononça en faveur du premier, et son élection fut définitivement reconnue au concile de Mantoue qui se tint l'an 1064. *V.* OSBOR.

GERMANIE (Concile de), l'an 1225. Ce concile, que Bzovius, dans ses *Annales*, prétend avoir été tenu à Cologne, mais sans prouver son assertion, fut présidé par Conrad, cardinal-évêque de Porto, et légat du saint-siège : on y fit quatorze canons.

1, 2 et 3. On recommande la continence aux clercs, et on leur défend le concubinage sous peine de privation de leurs offices et bénéfices, et d'excommunication même, s'ils s'obstinent, après ce premier châtiment, à garder encore leurs concubines.

4. Défense aux juges ecclésiastiques d'excommunier qui que ce soit, sans avoir fait précéder leur sentence de monitions canoniques qu'ils puissent prouver par témoins,

et s'ils manquent à ce devoir, on leur interdit pendant un mois l'entrée de l'église.

5. Défense aux clercs, sous peine d'excommunication, de léguer les revenus de leurs bénéfices à leurs concubines, ou aux enfants nés de leur concubinage.

6. On déclare inhabiles à jamais posséder des bénéfices ecclésiastiques les clercs coupables de mépris des censures de l'Eglise.

7. Les clercs qui auront célébré en présence de quelque excommunié, seront excommuniés eux-mêmes.

8. Défense aux chanoines d'une cathédrale de communiquer avec leur propre évêque, si celui-ci communique lui-même sciemment avec des excommuniés.

Les canons 9, 10 et 11 sont contre les simoniaques, les patrons qui les présentent, les évêques ou les archidiacres qui les instituent.

12. Ordre de confier le gouvernement des paroisses non à des prêtres mercenaires, mais à des curés, ou du moins à des vicaires perpétuels.

Le 13e canon est contre les clercs ou les laïques qui auraient des commerces sacriléges avec des religieuses, et contre les religieuses elles-mêmes capables de tels crimes.

Le 14e ordonne la publication de ces divers statuts. *Conc. Germ.*, t. III.

Pour les autres conciles tenus en Germanie dont on ignore les lieux précis, *Voy.* ALLEMAGNE.

GERMIGNY (Concile de), dans le territoire d'Orléans, *Germiniacense*, l'an 842, sur les besoins de l'Eglise et de l'Etat. *Gall. Christ.*, t. IV, col. 531.

GERMIGNY (Concile de), dans l'Orléanais, *Germiniciense*, l'an 843. On traita dans ce concile de plusieurs affaires importantes de l'Eglise, et particulièrement de la réformation de l'ordre monastique. *D. Mab. sæc. IV Bened.*, t. II.

GERUNDENSIA (Concilia); *Voy.* GIRONE.

GEVAUDAN (Concile du), *Gabalitanum*, l'an 590. Ce concile fut tenu dans un lieu du Gévaudan, à peu près où est aujourd'hui la ville de Marvejols, au sujet de Tétradie, épouse d'Eulalius, comte du pays d'Auvergne. Cette femme ayant quitté son mari pour s'attacher au comte Didier, le concile la condamna à rendre, sur ses propres biens, au comte Eulalius quatre fois autant qu'elle avait emporté de sa maison. Il attacha aussi la note de bâtardise aux enfants que Tétradie avait eus du comte Didier. *D. Vaissette*, t. I; *l'Art de vér. les dates.*

GIAS (Concile de), ou Jassi, l'an 1642. Le métropolitain de Kiovie, assisté de trois évêques de ce palatinat, et des prêtres de la communion grecque, tint ce concile de Gias, ou Jassi, ou Yaci, ville de Moldavie sur la rivière de Pruth, à vingt-cinq ou trente lieues de la frontière de Pologne. On y souscrivit aux décrets de Parthenius, patriarche de Constantinople, contre les erreurs des calvinistes sur l'Eucharistie, enseignées par Cyrille Lucar. *Perpétuité de la foi*, t. I et IV.

GILLES (Concile de SAINT-), en Languedoc, l'an 1042. Vingt-deux évêques tinrent ce concile le 1er septembre, et y firent trois canons : ils y confirmèrent aussi la Trêve de Dieu. *Gall. Chr.*, t. VI, col. 84; *D. Vaissette*.

GILLES (Concile de SAINT-), l'an 1050, ou 1056 selon Labbe et Schram. Ce concile, qui fut tenu l'an 1050, et non pas l'an 1056, comme le prouvent les auteurs du nouveau *Gallia Christiana* contre le P. Labbe, eut pour objet l'établissement de la Trêve de Dieu. *Gall. Chr.*, t. I, col. 554.

GILLES (Concile de SAINT-), l'an 1209. Le légat Milon tint ce concile le 18 juin, et y donna enfin l'absolution au comte de Toulouse, après avoir exigé de lui un nouveau serment de réparer tous les maux qu'il avait causés. *D. Vaissette*, t. III.

GILLES (Concile de SAINT-), l'an 1210. Le comte de Toulouse, poursuivi de nouveau pour n'avoir pas rempli ses engagements, demanda à se justifier du crime d'hérésie, et du meurtre du légat Pierre de Castelnau; ce qui lui fut refusé. *Ibid.*

GIRGENTI (Synode diocésain de), *Agrigentina*, le 3 octobre 1630. Ce synode, tenu par l'évêque diocésain François Tzabina, eut quatre sessions ou séances. Défense y fut faite d'exposer de nouvelles images de saints dans les églises sans la permission de l'évêque, et de charger les autels d'un trop grand nombre de ces images; de parler en chaire de miracles nouveaux qui n'auraient pas été vérifiés au préalable par l'autorité ecclésiastique. Ordre de porter à l'église le bonnet clérical pendant les offices et dans les processions, sous peine d'amende. On ne gardera d'hosties consacrées que dans les églises paroissiales, et on aura soin de les renouveler tous les huit jours. Défense d'user d'autres cérémonies ou d'autres prières, dans la célébration des messes, que de celles qui se trouvent indiquées dans le nouveau Missel publié par Clément VIII. On s'abstiendra dans les visites diocésaines des festins des laïques; on ne se rendra point à charge aux paroisses par une suite trop nombreuse. Défense aux femmes, sous peine du fouet, ou, si elles sont nobles, sous peine d'excommunication, de faire l'office de pleureuses aux enterrements. Autres peines contre les concubinaires et les sodomites, les usuriers et les blasphémateurs. *Constitut. diœc. synod., Panormi*, 1632.

GIRGENTI (Synode diocésain de), l'an 1655. L'évêque Ferdinand Sanchez de Cuella y publia des constitutions synodales, qu'il divisa en cinq parties, sur la foi, les sacrements, les fonctions de maître d'école, les emplois ecclésiastiques, les couvents de religieuses, les hôpitaux et les séminaires, etc. *Constit. diœc. synod., Panormi*, 1655.

GIRONE (Concile de), *Gerundense*, l'an 517. Ce concile se tint le 18 de juin 517, et fut composé du métropolitain de Tarragone, qui y présida, et de six évêques de la même province. On y fit dix canons

Le 1er ordonne que, dans la célébration de la messe et de l'office divin, toute la province suive le rit de la métropole;

Le 2e, que l'on fasse, chaque année, deux litanies ou rogations, de trois jours chacune, avec abstinence de chair et de vin : la première, dans la semaine d'après la Pentecôte, depuis le jeudi jusqu'au samedi inclusivement;

Le 3e, que la seconde litanie se fasse le premier jour de novembre, à condition que, si c'est un jour de dimanche, on renverra cette litanie au jeudi suivant, pour finir le samedi;

Le 4e que le baptême solennel ne s'administre qu'à Pâques et à la Pentecôte, et que dans les autres fêtes de l'année on baptise seulement les malades auxquels il n'est pas permis de refuser le baptême, en quelque temps que ce soit;

Le 5e, que les enfants étant ordinairement malades lorsqu'ils viennent au monde, on les baptise aussitôt, particulièrement s'ils sont réellement malades et que l'on remarque qu'ils ne demandent pas à téter;

Le 6e, que les clercs qui ont été ordonnés étant mariés, à commencer par les évêques jusqu'aux sous-diacres, habitent séparés de leurs femmes, ou qu'ils aient avec eux, s'ils ne logent pas à part, un de leurs confrères pour être témoin de leur vie;

Le 7e, que les clercs qui ont été ordonnés dans le célibat n'aient point de femmes pour conduire leur ménage, si ce n'est leur mère ou leur sœur;

Le 8e, que l'on n'admette point dans le clergé les laïques qui, après la mort de leur femme, auront eu un commerce charnel avec une autre;

Le 9e, que l'on puisse admettre dans le clergé une personne qui, étant tombée malade, a demandé et reçu la bénédiction de la pénitence, appelée *viatique*, et qui se donne par la communion, pourvu qu'étant revenue en santé elle n'ait pas été soumise à la pénitence publique, ni convaincue de crimes qui y sont soumis;

Le 10e, que l'évêque ou le prêtre prononce tous les jours l'oraison dominicale après matines et vêpres. *Rich.*

GIRONE (Concile de), l'an 1019. Pierre, évêque de Girone, appuyé du suffrage de plusieurs évêques présents dans sa ville, établit dans sa cathédrale la vie canoniale.

GIRONE (Concile de), l'an 1038, pour la dédicace de l'église de Girone, en présence de l'archevêque de Narbonne, métropolitain de la province, des évêques de Carcassonne, de Vich, d'Ausone, d'Urgel, de Couserans, de Barcelone, d'Elne, de Maguelone.

GIRONE (Concile de), l'an 1041. Ce concile, tenu de l'autorité du pape et présidé par le cardinal Hugues le Blanc, approuva la Trève de Dieu, et la confirma en frappant d'excommunication ceux qui la violeraient. Beaucoup d'évêques, d'abbés et de seigneurs furent présents à ce concile. *Script. rer. Franc.* XI.

GIRONE (Concile de), l'an 1068. Le cardinal Hugues le Blanc, légat du saint-siège, tint ce concile, et y confirma, par l'autorité du pape Alexandre II, la Trève de Dieu, sous peine d'excommunication contre les contrevenants. *D'Aguirre, t.* IV.

GIRONE (Concile de), l'an 1078. On y fit treize canons, dont le cinquième fait défense de donner à des enfants d'ecclésiastiques des bénéfices possédés autrefois par leurs pères; et le sixième enjoint de consacrer de nouveau, comme n'étant point véritablement consacrées, les églises qui auraient été à prix d'argent ou par un prélat simoniaque : on y déclare pareillement nulles les ordinations simoniaques ou faites par un prélat coupable de simonie.

GIRONE (Concile de), l'an 1097. L'archevêque de Tarragone, assisté de trois évêques, tint ce concile le 13 décembre. On y prit des mesures pour maintenir les libertés ecclésiastiques. *Labb.* X; *Hard.* VI.

GIRONE (Concile de), l'an 1143. Ce concile, présidé par Gui, cardinal-diacre et légat du saint-siège, eut pour objet l'institution d'une nouvelle milice contre les Sarrasins, pour la défense de l'Eglise d'Occident. *D'Aguirre, t.* V, *p.* 57.

GIRONE (Assemblée d'évêques à), l'an 1197. Pierre, roi d'Aragon, y publia une constitution contre les hérétiques. *D'Aguirre, t.* III.

GIRONE (Synodes de), années 1257, 1260, 1261, 1267 et 1274. Nous avons les statuts synodaux de Girone, publiés dans ces années par l'évêque Pierre. « Les prêtres et les clercs qui ont charge d'âmes, y est-il dit, doivent être attentifs à trois choses : à l'église dont ils ont le soin, à eux-mêmes, et au peuple qui leur est confié. Pour l'église, ils doivent considérer sept articles : que le corps du Seigneur soit gardé sous clef honorablement et honnêtement sur l'autel, dans un lieu éminent; que le saint chrême soit également placé sous clef; que, près de l'autel, il y ait une piscine de la hauteur du genou et plus, qui soit toujours couverte; que les corporaux, les palles et autres linges d'autel, ainsi que les vêtements sacerdotaux, soient tenus propres; que de même les fonts soient propres et couverts, et qu'on n'y mette rien que l'eau et le saint chrême, quand on baptise les enfants. Il faut pareillement tenir propres les murs et le pavé de l'église, et ne garder dans l'église que des choses qui servent à l'église, excepté dans les temps de guerre, où l'on peut y placer certaines choses pour lesquelles on aurait à craindre des incursions de l'ennemi. Enfin, on doit placer les livres en ordre dans un endroit particulier, et veiller à ce qu'ils ne se détériorent pas ou ne se perdent par négligence. » Les autres points sont développés avec le même détail. *Mansi, t.* XXIII, *col.* 927 *et seq.*

GIRONE (Synodes diocésains de), années 905, 1260, 1334, 1336, 1337, 1339, 1343, 1344, 1346, 1348, 1354, 1355, 1368, 1381, 1382, 1489, 1500, 1502, 1503, 1512, 1515, 1517, 1518, 1535, 1543, 1558, 1569, 1578, 1582, 1593, 1600, 1601, 1603, 1604, 1605. Des statuts de chacun de ces synodes se trouvent rapportés dans les cinq livres de *Constitutions synodales* de Girone, publiés par Areval de Cuaço, évêque de cette ville. On y voit que l'époque des synodes avait primitivement été fixée, pour ce diocèse, au mercredi d'après la Saint-Luc, mais qu'elle le fut plus tard au mercredi d'après le dimanche *in Albis*, en 1337, par l'évêque Arnaud de Montroud. *Constit. synod. Gerund., Barcinonæ*, 1606.

GISORS (Concile de), *Gisortianum*, an 1188, assemblée d'évêques et de grands de France et d'Angleterre, où les deux rois Philippe Auguste et Richard Cœur de Lion prirent la croix.

GISSONE (Assemblée d'évêques à), l'an 1099, pour la dédicace de cette église, située au diocèse d'Urgel. *D'Aguirre, t.* III.

GIUVENAZZO (Synode diocésain de), *Juvenacensis*, l'an 1639, sous Charles Maranta. Les statuts qui y furent faits sont à peu près les mêmes que ceux des autres synodes tenus dans le même pays et à la même époque. C'est pourquoi nous nous dispensons de les rapporter. *Diœc. Synod. Juvenacensis Const.*

GLANDÈVE (Synode de). *Voy.* SAINTE-MARIE DE GLANDÈVE.

GLATZ (Synode de), en Silésie, aujourd'hui au roi de Prusse, l'an 1559. Christophe Nœtius, archidiacre du comté de Glatz, assisté de Jérôme Hanoski, doyen dans le même comté, tint ce synode, où l'on déclara prohibés les ouvrages de Luther, de Zwingle, d'Illyrique, de Calvin, etc. On y défendit aux confesseurs d'absoudre plusieurs personnes à la fois. On y recommanda d'invoquer les saints, non comme les auteurs de notre rédemption, mais comme nos intercesseurs auprès de Dieu. On y prescrivit aux doyens de visiter au moins une fois chaque année les paroisses de leurs doyennés. On y exhorta les clercs à ne point contracter de dettes, ou à se libérer de celles qu'ils auraient contractées. On y fit une obligation aux clercs d'avoir chacun un exemplaire catholique de la Bible, et de s'appliquer à l'étude des livres saints et des Pères de l'Eglise. On y enjoignit aux curés de visiter souvent la visite des écoles et de prendre connaissance de l'instruction donnée aux écoliers. On y défendit aux simples chapelains d'exercer dans leurs chapelles des fonctions curiales, telles que de célébrer des fiançailles ou de bénir des femmes après leurs couches. *Conc. Germ., t.* VI.

GLOCESTER (Concile de), *Glocestrense*, l'an 1085, ou 1087 selon Richard. Lanfranc, archevêque de Cantorbéry, tint ce concile, qui dura treize jours, dans l'octave de Noël. On y promut Maurice à l'évêché de Londres, Guillaume à celui de Nordfolck, et Rotbear à celui de Chester. Les trois élus étaient, à cette époque, chapelains du roi. *Wilkins, t.* I.

GLOCESTER (Concile de), l'an 1122. Ce concile eut pour objet l'élection d'un archevêque de Cantorbéry. On y dérogea, pour la première fois, à la coutume de le choisir parmi les moines; coutume qui s'était toujours observée jusque-là, depuis saint Augustin, l'apôtre de l'Angleterre. *Wilkins, t.* I, *p.* 404; *Mansi, t.* II, *col.* 349.

GLOCESTER (Concile de), l'an 1190. Guillaume, légat du pape, tint ce concile, dont on ignore les actes. *Angl.* I.

GLOCESTRE (Concile de), l'an 1378. Simon de Sudbury, archevêque de Cantorbéry, qui tint ce concile, y régla pour toute sa province le tarif des annuels pour les défunts. C'est peut-être le premier exemple que l'on puisse citer de ces sortes de règlements dans toute l'histoire ecclésiastique. *Labb.* XI.

GNESNE (Concile de), en Pologne, *Gnesnense*, l'an 999. L'empereur Othon IV y confirma l'élection, faite en 965, de sept évêques dans le pays des Slaves, c'est-à-dire, la Bohême et une partie de la Pologne. Mansi, qui met ce concile en l'an 1000, ajoute que Gnesne y fut érigée en archevêché.

GNESNE (Concile de), l'an 1210. On y excommunia l'évêque et le doyen de l'église de Posen. *Mansi, t.* II, *col.* 813.

GNESNE (Conciles de la province de), vers l'an 1510, et autres conciles de cette province, tenus dans le courant de ce siècle et des suivants. *Voy.* PETERKAU OU PÉTRIKOVIC, LOVICTZ, VARSOVIE.

GOAR (Concile de SAINT-), l'an 768, pour la dédicace de la nouvelle basilique du monastère de Saint-Goar, et la translation des reliques de ce saint dans cette église. Saint-Goar est aujourd'hui une ville du grand-duché du Bas-Rhin; elle est située sur le Rhin, et appartenait, avant les derniers événements, au prince de Hesse-Rothenbourg. *Conc. Germ., t.* I.

GONTHERII CASTRENSIA (Concilia); Voy. CHATEAUGONTIER.

GOSEKENSE (Concilium); Voy. GOZEK.

GOSLAR (Concile de), *Goslariense*, l'an 1009. Goslar est une grande et belle ville, qui appartient aujourd'hui au royaume de Hanovre et à l'évêché d'Hildesheim. Dans le concile qui s'y tint l'an 1009, et où était présent l'empereur saint Henri II, on nomma un successeur à l'évêque de Paderborn qui venait de mourir. *Conc. Germ., t.* III.

GOSLAR (Concile de), l'an 1018. Ce concile fut tenu pendant le carême. On y sépara deux époux, pour cause de parenté; et l'on y décida que les enfants d'un serf qui aurait épousé une femme libre, seraient sujets à la servitude ainsi que leur mère. *Ed. Ven., t.* XI; *Conc. Germ., t.* III.

GOSLAR (Synode de), l'an 1031. On y condamna plusieurs hérétiques manichéens, qui faisaient un crime aux catholiques de manger de la chair des animaux. L'empereur Henri III les fit attacher au gibet. *Conc. Germ., t.* III.

GOSLAR (Assemblée de), l'an 1115. Théodéric, cardinal-prêtre de la sainte Eglise romaine, présida à cette assemblée, composée en grande partie des principaux seigneurs de la Saxe. On y arrêta qu'on mettrait de nouveaux évêques à la place de ceux qui avaient été établis par l'empereur Henri V. *Conc. Germ., t.* V.

GOSLAR (Assemblée de), l'an 1209. A cette

assemblée, convoquée par l'empereur Othon, étaient présents deux cardinaux, trois archevêques et neuf évêques. L'empereur Henri y fut associé aux prières des moines de l'ordre de Cîteaux. *Conc. Germ.*, *t.* III.

GOZEK (Assemblée d'évêques à), l'an 1053. Dans cette assemblée, Albert, archevêque de Brême, fonda le monastère de Gozek, qu'il dota de son patrimoine et de celui de ses frères. Gozek est situé entre Naumbourg et Weissenfels. *Conc. Germ.*, *t.* III.

GRADO (Concile de), l'an 579. La ville d'Aquilée ayant été ruinée par les Lombards, Paulin, qui en était alors évêque, sous le pontificat du pape Benoît Ier, élu l'an 574, s'enfuit à Grado, et emporta avec lui les trésors de son église. Probin, qui lui succéda, étant mort dans l'année, Élie, qui prit sa place, voyant qu'il ne pouvait retourner à Aquilée, obtint du pape Pélage II que son siége fût transféré à perpétuité à Grado, ville du Frioul, dans une île de la mer Adriatique du même nom. Le pape assembla pour ce sujet un concile à Grado, le 3 novembre 579, et nomma pour y présider à sa place, le prêtre Laurent. On y lut les lettres de Pélage, portant qu'il consentait à ce que le siége d'Aquilée fût transféré à Grado, et que cette ville devînt, par cette translation, la métropole de tout le pays de Venise et de l'Istrie, espérant par là que les évêques d'Istrie, séparés depuis longtemps de l'Église romaine pour l'affaire des trois chapitres, se réuniraient au saint-siége. Mais tout le contraire arriva, tous les évêques de l'assemblée ayant protesté contre le cinquième concile général, pour conserver, disaient-ils, au concile de Chalcédoine toute son autorité. C'est le précis de l'histoire du patriarcat de Grado, que l'on trouve au Ve tom. de l'*Italia sacra*, pag. 1079. Mais Mansi, d'après la *Dissertation* du P. de Rubeis (de Rossi), *sur le schisme d'Aquilée*, prouve que ce concile de Grado est supposé, 1° parce que les actes varient considérablement dans les divers manuscrits où on les trouve ; 2° parce qu'il n'était guère possible que dix-huit évêques se fussent assemblés à Grado dans des temps aussi orageux ; 3° parce que le pape Pélage II, élu en 578, dans la lettre qu'on suppose qu'il donna au prêtre Laurent pour les Pères du prétendu concile, assure que la difficulté des temps l'avait empêché d'écrire jusqu'alors ; ce qui démontre la fausseté des actes du concile, qui portent qu'il avait déjà écrit à Élie, pour l'établissement de la métropole de Grado ; 4° parce qu'aucun des anciens ne fait mention de ce concile, ni de l'érection de Grado en métropole, pas même le pape Pélage II dans ses lettres à Élie ; 5° parce que l'affaire de la translation du siége d'Aquilée à Grado ayant été mise en délibération dans le concile de Mantoue de l'an 827, les habitants de Grado ne purent produire en leur faveur que des titres sans aucune signature, parmi lesquels on trouva les actes du prétendu concile de Grado, dont on n'avait point ouï parler jusqu'alors. *Le P. de Rubeis, Dissert. de schismate Aquileiensi*, Venet. 1732; *Mansi, Suppl., tom.* I. *Anal. des Conc., t.* V.

GRADO (Concile provincial de), l'an 1296. On y fit plusieurs décrets concernant la discipline, l'office divin, et la réforme du clergé. *Conc. t.* XIV.

GRADO (Concile de), l'an 1330. On y accorda des indulgences pour les fidèles qui contribueraient à la bâtisse de l'église de Saint-Jean dans le diocèse de Concordia. *Mansi, t.* III, col. 431.

GRAN (Concile de), *Strigoniense*, l'an 1114. Ce concile fut tenu vers le mois de janvier, par Laurent, archevêque de Gran ou Strigonie, ville archiépiscopale de la basse Hongrie. On y fit les soixante-cinq canons suivants.

Le premier veut qu'on supplie le roi de faire terminer canoniquement les affaires des clercs et des églises.

Le second, qu'on explique chaque dimanche l'épître et l'évangile dans les grandes églises ; et dans les petites, le symbole et l'oraison dominicale.

Le troisième, que dans les grandes églises il y ait des clercs de tous les ordres, et qu'ils y exercent leur office.

Le quatrième, que tout le peuple s'approche des sacrements de pénitence et d'eucharistie à Pâques et à Noël, et les clercs dans toutes les grandes fêtes.

Le cinquième, que les chanoines dans leurs cloîtres, et les chapelains dans leurs assemblées, ne parlent que la langue des personnes lettrées.

Le sixième, qu'on n'ordonne aucun prêtre ignorant, et que ceux qui le sont s'instruisent, ou soient déposés.

Le septième défend toute pratique païenne, sous peine de quarante jours de pénitence pour les personnes âgées, et sept jours pour les jeunes gens.

Le huitième prescrit la même peine contre ceux qui ne sanctifient pas les fêtes.

Le neuvième interdit la sépulture ecclésiastique à ceux qui persévèrent dans le crime après avoir été excommuniés, en conséquence de leur négligence à accomplir la pénitence enjointe.

Le dixième veut qu'on punisse de même celui qui, pendant une maladie dangereuse, n'aura point fait appeler le prêtre, et que les parents ou l'épouse du défunt soient mis en pénitence pour quarante jours, et que, s'il n'a point de parents, on impose cette pénitence à son fermier et à deux anciens du village.

Le onzième défend d'élever à l'épiscopat un homme marié, sans le consentement de son épouse.

Le douzième permet à un évêque d'user à sa volonté de la quatrième partie de ses acquisitions, pourvu qu'il ait employé les trois autres pour l'utilité de son église.

Le treizième applique à l'église des évêques morts sans avoir pris d'elle le soin convenable, la moitié de leurs biens, et veut que leurs monastères passent sous la juridiction de leurs successeurs.

Le quatorzième condamne ceux qui ont dissipé le bien des églises auxquelles ils présidaient, à restituer le double; et s'ils ne le peuvent, à être déposés jusqu'à un juste amendement.

Le quinzième défend aux évêques et aux prêtres d'avoir des esclaves chez eux.

Le seizième ordonne que chaque église soit proche du lieu de sa juridiction.

Le dix-septième défend de consacrer une église qui n'est point dotée.

Le dix-huitième, d'ordonner un clerc sans titre.

Le dix-neuvième, de recevoir un clerc étranger sans lettre de recommandation.

Le vingtième veut qu'un évêque n'envoie pas un député sans lettres munies de son sceau.

Le vingt et unième, que les clercs étrangers produisent de légitimes témoignages.

Le vingt-deuxième, que même un évêque ne puisse célébrer contre la volonté du supérieur local.

Le vingt-troisième, qu'un clerc ordonné avec titre ne puisse être privé de cet honneur que pour cause de crime, et ne puisse lui-même se retirer que pour un degré supérieur, et du consentement de son évêque.

Le vingt-quatrième, qu'il soit libre à un clerc opprimé d'appeler au synode épiscopal.

Le vingt-cinquième, qu'un clerc, de quelque rang qu'il soit, perde sa cause, ou fasse pénitence, si, au mépris du jugement ecclésiastique, il s'est pourvu en cour séculière.

Le vingt-sixième, qu'on garde l'uniformité des offices et des jeûnes.

Le vingt-septième, que l'évêque juge de la nourriture et de la conduite des chanoines selon leurs règles.

Le vingt-huitième, que les enfants de ceux qui ont embrassé volontairement la vie canoniale, ne puissent prétendre à leurs biens que de leur consentement.

Le vingt-neuvième, que les enfants de ceux qui se sont attachés au service de quelque église soient mis au nombre des libres.

Le trentième, qu'on n'ordonne aucun esclave qui n'ait obtenu sa liberté.

Le trente et unième permet aux prêtres mariés avant leur ordination de demeurer avec leurs femmes, pour prévenir les suites de leur fragilité, pourvu cependant qu'ils en usent avec une grande modération.

Le trente-deuxième défend aux diacres et aux prêtres de se marier après leur ordination.

Le trente-troisième, aux femmes des évêques d'habiter même une maison appartenant à ceux-ci.

Le trente-quatrième veut que l'évêque qui aura frappé quelqu'un d'excommunication signifie cette sentence au roi et aux autres évêques.

Le trente-cinquième défend de dire ou d'entendre la messe ailleurs que dans l'église, excepté au roi, aux évêques, comtes et abbés, qui peuvent avoir une tente ou autre chose semblable, destinée uniquement au culte divin, et cela seulement dans leurs voyages.

Le trente-sixième veut que les abbés, de concert avec l'évêque, ne laissent dans chaque monastère qu'autant de moines que les facultés de celui-ci en peuvent nourrir, et que tous ces moines soient très-instruits de la règle de saint Benoît.

Le trente-septième, que les abbés sortent rarement et pour peu de temps de leurs monastères, et toujours l'évêque averti.

Le trente-huitième interdit aux abbés les ornements épiscopaux, le pouvoir de prêcher, de confesser, de baptiser, ainsi que de faire plus d'aumônes à leurs parents qu'à d'autres pauvres; enfin les condamne à être déposés s'ils dissipent les biens du monastère, ainsi qu'à la restitution de ces biens.

Le trente-neuvième défend d'élever les moines aux ordres.

Le quarantième veut que celui qui se revêt d'un habit de moine entre dans un monastère, ou quitte cet habit, ou se soumette à la pénitence.

Le quarante et unième défend toute convention au sujet de la messe, et le suivant, toute vente de choses appartenant à l'Église.

Le quarante-troisième ne veut pas qu'on reçoive d'honoraires pour le baptême ou la sépulture. Il en est de même dans le suivant, au sujet des fêtes.

Le quarante-cinquième veut qu'on puisse exercer le jugement appelé du fer pendant le carême, comme en d'autres temps, excepté s'il devait y avoir effusion de sang.

Le quarante-sixième défend de rien lire ni chanter dans l'église que ce qui a été réglé dans le synode.

Le quarante-septième veut qu'un prêtre qui aperçoit dans les repas canoniques quelque ecclésiastique buvant excessivement, le reprenne de cette faute, et qu'il se retire, s'il n'en est pas écouté, pour le déférer à l'archidiacre, qui doit lui imposer sept jours de pénitence, et que si ce prêtre ne se retire point en pareils cas, il soit déclaré suspens et soumis à une pénitence de quarante jours. Le suivant prononce déposition contre les prêtres qui s'enivrent.

Le quarante-neuvième soumet à la pénitence de quarante jours les nobles qui excitent à s'enivrer ou s'enivrent eux-mêmes, y étant excités, et à l'excommunication pour la récidive.

Le cinquantième veut que les évêques aient dans chaque ville deux maisons, dans lesquelles ils enferment les pénitents.

Le cinquante et unième, que ceux qui usent de maléfice soient punis selon les canons.

Le cinquante-deuxième, que l'accusateur manquant en preuve subisse la peine de l'accusé.

Le cinquante-troisième veut qu'une femme qui quitte son mari lui soit rendue la première et la seconde fois, et qu'à la troisième elle soit mise en pénitence, sans espoir de retour avec son mari, si elle est noble; que si elle est du peuple, elle soit faite esclave, sans espérance de liberté. Ce canon veut encore qu'un époux qui, sans y être obligé, traduit comme adultère son épouse, soit soumis à la pénitence, s'il est noble; et que celui qui ne voudra ou ne pourra payer l'amende soit en ce cas fait esclave. On ordonne les mêmes peines contre celui qui enlève la femme d'un autre malgré elle, ainsi que contre celui qui abandonne son épouse par haine. On permet même à cette dernière d'épouser qui elle voudra.

Le cinquante-quatrième veut qu'on dépose un clerc qui épouse une seconde femme, ou une veuve, ou une femme répudiée.

Le cinquante-cinquième semble permettre aux prêtres bigames d'exercer leurs fonctions, si leurs femmes consentent à s'en séparer.

Le cinquante-sixième veut qu'on dépose un prêtre concubinaire.

Le cinquante-septième, que les chanoines soient parfaitement instruits de leurs règles. Le suivant, qu'un clerc convaincu de vol soit déposé et privé de ses biens, et que, s'il n'a rien, il soit vendu.

Le cinquante-neuvième défend aux clercs de tenir taverne et d'exercer l'usure, et veut que ceux qui boivent dans ces tavernes, sans une vraie nécessité, soient déposés, s'ils sont clercs, et récusables en témoignage, s'ils sont laïques.

Le soixantième ne veut pas que les clercs servent de témoins, si ce n'est dans les testaments, ou en ce qui regarde les sacrements, ou en jugement.

Le soixante et unième défend aux juifs d'avoir des serviteurs chrétiens, de quelque espèce que ce soit.

Le soixante-deuxième ne veut pas qu'on exige la dîme des biens ecclésiastiques, excepté de la quatrième partie de ceux d'une paroisse.

Le soixante-troisième veut que les archidiacres aient chez eux un abrégé des canons. Le suivant ordonne que les prêtres aient leur maison près de l'église, et règle ce que les maîtres des églises doivent retirer des biens de ceux qui les servent. Le dernier enfin veut que les clercs qui refuseront de venir au synode de l'évêque soient réduits à la condition laïque. *Rich.*

GRAN (Concile de), l'an 1294. Lodomère, archevêque de Strigonie, tint ce concile provincial avec ses suffragants, sous le règne d'André III, roi de Hongrie. Étienne, provincial des ermites de Saint-Paul, y obtint que le monastère de Saint-Ladislas de Kebet, qu'il avait fait bâtir, ne serait soumis qu'à la juridiction de l'archevêque de Strigonie. *Mansi, tom. III, ex Annal. eremitarum sancti Pauli.*

GRAN (Concile de), l'an 1382. Démétrius, archevêque de Gran ou de Strigonie, établit dans ce concile le droit d'appeler à son concile provincial le clergé des autres diocèses de Hongrie. *Mansi, t. III.*

GRASSE (Concile de) en Provence, *apud Grassam*, l'an 1610, par Honoré du Laurent, archevêque d'Embrun, pour la réformation des mœurs et de la discipline. *Gall. Chr. t. III.*

GRASSE (autres Synodes de). *Voy.* VENCE.

GRATELEAN (Concile de) ou Gratelei,

Grateleanum, l'an 928. Le roi Ethelstan, successeur d'Édouard, assembla ce concile d'Angleterre, où, de l'avis de l'archevêque Ulfhelme, des autres évêques de son royaume et de ses ministres, il fit diverses lois, tant pour la police civile que pour le gouvernement ecclésiastique.

1. Le prince ordonne que toutes les terres, même de son domaine, payeront la dîme; que ceux qui tiennent des fermes donneront de quoi nourrir et vêtir certain nombre de pauvres, et que l'on mettra en liberté un esclave chaque mois.

3. Il veut qu'on punisse de mort les sorcières ou magiciennes convaincues d'avoir attenté à la vie de quelqu'un, ou de grosses amendes si la preuve n'est pas complète; mais il leur permet de se justifier, si elles le demandent, par les épreuves usitées alors, qui étaient celles du feu et de l'eau.

4 et 5. Celui qui se soumettait à l'une ou à l'autre de ces épreuves venait, trois jours avant de l'entreprendre, trouver le prêtre, de qui il recevait la bénédiction ordinaire. Pendant les trois jours suivants il ne mangeait que du pain, du sel ou des légumes, et ne buvait que de l'eau. Chaque jour il assistait à la messe et faisait son offrande. Au moment de l'épreuve il recevait l'eucharistie et jurait qu'il était innocent du crime dont on l'accusait. Si c'était l'épreuve de l'eau glacée, on l'enfonçait, avec une corde d'une aune et demie de longueur, au-dessous de la superficie de l'eau; si c'était celle du fer chaud, on l'enveloppait dans sa main et on l'y laissait trois jours; si c'était l'épreuve de l'eau chaude, on attendait qu'elle fût bouillante; et alors on lui enfonçait la main ou même le bras dans cette eau, en attachant à sa main une pierre. Dans ces trois épreuves, l'accusateur, de même que l'accusé, était obligé de jeûner trois jours, et d'attester par serment la vérité de son accusation. Ils faisaient venir chacun douze témoins, qui prêtaient serment avec eux. *Wilkins, Anglic. I. Anal. des Conc., t. V.*

GRÈCE (Concile tenu en), l'an 192. *Mansi, t. I. p. 706.*

GRÈCE (Conciliabule tenu en), l'an 754, contre le culte des images. *Anal. des conc., t. V, p. 71.*

GRÈCE (Concile de), l'an 1220. Ce concile, qui se tint dans un lieu que nous ne connaissons pas, fut présidé par le patriarche Manuel, et l'on y fit quelques règlements de discipline. *Mansi, t. II, col. 877.*

GRENOBLE (Synodes de), *Gratianopolitanæ*. Le célèbre cardinal le Camus, évêque et prince de Grenoble, publia en 1681 et 1690 un livre d'*Ordonnances synodales*, qui sont un recueil, fait avec choix, des statuts portés dans tous les synodes précédents, ou, comme il s'exprime lui-même, « l'exécution, ou, pour mieux dire, des adoucissements des règles que l'esprit de Dieu a formées dans les anciens et nouveaux conciles. » Nous ne pouvons, sans sortir des bornes qui nous sont prescrites, entrer dans l'analyse, même la plus succincte, de ce savant ouvrage;

nous nous bornons à le recommander à la méditation de tous les ecclésiastiques. Il est divisé en six *titres* principaux, dont le premier est de la foi catholique; le second, des ecclésiastiques et bénéficiers; le troisième, des curés et de leurs offices; le quatrième, des lieux saints et des choses sacrées; le cinquième, du service et culte divins; et le sixième et dernier, des sacrements. *Ordonn. synod. du dioc. de Grenoble, Paris*, 1690.

GRONINGUE (Concile de), *Gruonense*, l'an 1022. Godard y fut nommé, par l'empereur, évêque d'Hildesheim, et consacré par l'archevêque de Mayence, qui mit pour condition qu'il n'exercerait aucune juridiction sur Gandersheim; mais cette condition fut repoussée par l'empereur. *Conc. Germ.*, t. III.

GUASTALLA (Concile de), *Guastallense*, l'an 1106. Le pape Pascal II tint ce concile le 22 octobre, avec plusieurs évêques, tant de deçà que de delà les monts; beaucoup de clercs et de laïques; les ambassadeurs de Henri, roi d'Allemagne, et la princesse Mathilde en personne. Il y fut décidé que la province d'Emilie ne serait plus soumise à l'Eglise de Ravenne. On lut divers passages des écrits de saint Augustin, de saint Léon, et le troisième canon du concile de Carthage, touchant la réconciliation de ceux qui avaient été ordonnés hors de l'Eglise catholique, et l'on en forma un décret qui porte que ceux du royaume teutonique qui ont été ordonnés dans le schisme seront admis à rentrer dans leurs fonctions, pourvu qu'ils ne soient ni usurpateurs, ni simoniaques, ni coupables d'autres crimes, et qu'ils aient au contraire de la probité et du savoir. Par un second décret, on défendit aux laïques de donner les investitures. Le troisième fait défense aux abbés, aux archiprêtres, et généralement à tous les prévôts d'une Eglise, d'en vendre, d'en aliéner les biens, de les échanger, de les louer ou de les laisser en fiefs, sans le consentement de la communauté ou de l'évêque diocésain, sous peine de privation de leurs ordres.

GUATERFORDIENSE (*Concilium*); Voy. WATERFORD.

GUDSTADT (Synode diocésain de). *Gudstadiense*, tenu l'an 1624 par Jean Albert, prince de Pologne et de Suède, et évêque de Warmie. Les statuts de ce synode ne sont point parvenus jusqu'à nous. *Conc. Germ.*, t. IX.

GUIDONIS (*Concilium in Valle*); Voy. LAVAL.

GUNTINGTON (Concile de), dans le Northampton, en Angleterre, l'an 1188, pour la croisade.

H

HALBERSTADT (Synode d'), *Halberstadiense*, l'an 912. Henri, surnommé l'Oiseleur, ayant pris en mariage Hatheburge, fille du comte Ervin, qui s'était faite religieuse après avoir perdu un premier mari, Sigismond, évêque d'Halberstadt, cita le prince sacrilége à comparaître à son synode, et puis l'excommunia : il différa néanmoins l'exécution de sa sentence, par déférence pour l'empereur Conrad. Quoique Henri eût déjà un fils d'Hatheburge, il fut obligé de la congédier, en confessant le crime qu'il avait commis de l'épouser malgré ses vœux; et, poussé par le désir de mettre sur le trône après lui des enfants légitimes, il se remaria en toutes règles avec Mathilde, princesse qui comptait Witikind au nombre de ses ancêtres. *Conc. Germ.*, t. II.

HALBERSTADT (Synode d'), l'an 991, tenu pour la dédicace de la cathédrale consacrée sous l'invocation de saint Etienne, premier martyr. L'évêque du lieu fut le prélat consécrateur, quoique son métropolitain s'y trouvât aussi; et douze évêques l'assistèrent, pour figurer les douze apôtres. On fit l'autel de douze pierres, dans le même dessein, et l'on y mit des reliques de saint Etienne et de plusieurs autres saints, mais principalement des parcelles de la vraie croix et d'autres recueillies à la crèche et au tombeau de Notre-Seigneur. Outre le maître autel, qui fut dédié à la sainte Trinité et au principal patron, les divers évêques présents à la cérémonie s'employèrent à consacrer huit autels latéraux. Au reste, ce ne fut là qu'une réédification de la cathédrale d'Halberstadt, ou de nouvelles proportions données à une église déjà ancienne. *Chron. Halberst. edente Leibnitio*, t. II *Scriptor. Brunsvic.*

HALBERSTADT (Synode d'), l'an 1120. L'évêque Reinhard publia dans ce synode le diplôme de fondation du monastère de Saint-Laurent de Schœning, et confirma au monastère de Chaldenbrunen la propriété des biens dont il avait été doté par le comte Wichmann. *Conc. Germ.*, t. III.

HALBERSTADT (Synode d'), l'an 1121, pour le même objet que le précédent. *Ibid.*

HALBERSTADT (Synode d'), l'an 1137. L'évêque Rodolphe y confirma les donations faites au monastère de Schœning par son prédécesseur. *Ibid.*

HALBERSTADT (Synode d'), l'an 1141 Le même évêque confirma dans ce synode un échange de biens fait entre le monastère de Schœning et celui de Thrubic. *Conc. Germ.*, t. IV.

HALBERSTADT (Synode d'), l'an 1147. L'évêque y confirma la fondation de l'abbaye de Ludesbourg, de l'ordre de Saint-Benoît. *Conc. Germ.*, t. III.

HALBERSTADT (Synode d'), l'an 1150. Confirmation d'autres donations semblables.

HALBERSTADT (Synode d'), l'an 1154. Adjudication d'une terre faite à l'église de Goslar.

HALBERSTADT (Synode d'), l'an 1157,

sous Odelric, pour confirmer diverses donations faites au couvent de Schœning. *Conc. Germ.*, t. X.

HALBERSTADT (Synode d'), l'an 1178. Donation en faveur des chanoines d'Hamersleve.

HALBERSTADT (Synode d'), le 11 juin 1179. L'évêque Odelric y confirma les biens et les privilèges de l'église de Kaldenborn. *Conc. Germ.*, t. X.

HALBERSTADT (Synode d'), l'an 1183. Autre concession faite à un monastère.

HALBERSTADT (Synode d'), l'an 1184, sous l'évêque Théodoric de Crosick, en faveur de l'église de Kaldenborn. *Conc. Germ.*, t. X.

HALBERSTADT (Synode d'), l'an 1186. Fondation du chanoiné de Saint-Thomas de l'ordre de Prémontré.

HALBERSTADT (Synode d'), 1189. L'évêque Théodoric confirme des donations faites à l'église de Kaldenborn.

HALBERSTADT (Synode d'), l'an 1200. Pacification d'un différend au sujet d'un archidiaconé.

HALBERSTADT (Synode d'), l'an 1205. L'évêque Conrad approuve une exemption en faveur d'un monastère.

HALBERSTADT (Synode d'), l'an 1206, sous le même et pour de semblables sujets.

HALBERSTADT (Synode d'), l'an 1208. Approbation d'un arrangement pris entre les chanoines de Notre-Dame d'Halberstadt et les chevaliers du Temple.

HALBERSTADT (Synode d'), l'an 1219. Frédéric, évêque d'Halberstadt, accepte l'advocatie de l'église de Kaldenborn, qu'il s'était fait céder pour la remettre avec désintéressement au prévôt et aux religieux de cette église.

HALBERSRADT (Synode d'), l'an 1224. Le même évêque accepte la donation d'une église faite par Louis, comte de Thuringe. *Conc. Germ.*, t. III.

HALBERSTADT (Synode d'), l'an 1246. L'évêque y promulgua un décret du concile de Mayence portant la peine d'excommunication contre quiconque empêcherait quelqu'un de ses diocésains de choisir un monastère pour le lieu de sa sépulture. *Conc. Germ.*, t. X.

HALBERSTADT (Synode d'), l'an 1282. L'évêque Volrad y accorda quarante jours d'indulgence à tous ceux qui voudraient aider à la construction de l'église de Saint-Etienne d'Hemestadt. *Conc. Germ.*, t. X.

HALBERSTADT (Synode d'), l'an 1296. Il y fut décidé par l'évêque Wulrade qu'un homme ne pouvait doter son épouse de ses biens héréditaires sans le consentement des héritiers naturels.

HALBERSTADT (Synode d'), l'an 1328. L'évêque Albert y décida, de l'avis de tout son clergé, que la consécration d'un autel devait être faite aux frais de celui qui l'avait construit et doté. *Conc. Germ.*, t. IV.

HALBERSTADT (Synode d'), l'an 1408. Henri de Warberg, évêque d'Halberstadt, renouvela dans ce synode plusieurs statuts anciens pour la réforme de son clergé. *Conc. Germ.*, t. IV.

HALBERSTADT (Synode d'), l'an 1419, en faveur d'un monastère. *Conc. Germ.*, t. V.

HALL (Concile de), *Hallense*, l'an 1145. Dans ce concile provincial de toute la Bavière, Conrad, archevêque de Saltzbourg, termina le différent élevé entre deux abbés au sujet d'une religieuse, que chacun d'eux prétendait appartenir à son monastère. *Conc. Germ.*, t. III.

HALL (Concile de), *Hallense*, l'an 1146 Conrad, archevêque de Saltzbourg, approuva dans ce concile la fondation de Seccovie. *Conc. Germ.* t. III.

HALL (Concile de) de Magdebourg, *Hallæ Magdeburgicæ*, l'an 1175. On ne doit pas confondre la ville de Hall de la province de Magdebourg avec Hall de Souabe, dont il s'agissait dans les conciles précédents. Dans celui-ci, Wicman, archevêque de Magdebourg, défendit les tournois, à cause des meurtres qui s'y commettaient fréquemment, sous peine d'excommunication et de refus de la sépulture ecclésiastique. *Mansi*, t. II, *Suppl.*

HALL (Concile de), *Hallæ Magdeburgicæ*. l'an 1320. *Voy.* MAGDEBOURG, même année.

HAMBOURG (Concile de), *Hamburgense*, l'an 831. C'est à ce concile même que la ville de Hambourg fut érigée en archevêché, et que saint Anschaire en fut établi premier archevêque.

HAPHNIENSE (*Concilium*), en Danemark, l'an 1425. *Voy.* COPENHAGUE.

HAPFELD (Concile de); *Voy.* HERFELD.

HARISTALLENSIS (*Conventus*), l'an 779. *Voy.* HÉRISTAL.

HARLEM (Synode de), *Harlemense*, l'an 1564. Nicolas de Nieulant, évêque de Harlem, tint ce synode diocésain, où il fit plusieurs sages règlements pour la conduite de son diocèse et la réforme de son clergé. Il ordonna en particulier que le synode diocésain se rassemblât deux fois chaque année, et que tous les curés se fissent un devoir de s'y rendre ; que personne ne se présentât pour le sous-diaconat avant l'âge de dix-huit ans ; que les prêtres ne dissent point la messe avant d'avoir récité matines, laudes et prime ; qu'il y eût jour et nuit dans chaque église une lampe ou un cierge allumé devant le saint sacrement, et qu'on refusât la sépulture ecclésiastique à ceux qui sans raison auraient omis de recevoir l'extrême-onction dans leur dernière maladie. *Conc. Germ.*, t. VII.

HARLEM (Synode de), l'an 1571, tenu par l'évêque Godefroi de Merle, pour la publication et l'exécution des décrets du concile de Trente. Tous les prêtres invités à ce synode reçurent l'ordre de se procurer chacun un exemplaire de ces décrets, sous peine d'avoir à payer deux florins pour amende. *Conc. Germ.*, t. VII.

HAVELBERG (Synode de), *Havelbergense*, l'an 1511. Dans ce synode diocésain, Jean de Schlaberndorff, évêque du lieu, prescrivit à ses clercs l'usage du bréviaire qu'il venait de faire corriger. *Conc. Germ. t.* VI.

HEDFELDENSE (Concilium); Voy. HERFELD.

HEDUENSIA (Concilia); Voy. AUTUN.

HEDUENSIS (Synodus), ou Synode d'Autun, l'an 1468, sous Jean Rollin, qui y publia soixante-deux statuts. *Voy. Thes. nov. anecd., t.* IV, *p.* 503.

HEILIGENSTADT (Assemblée de), *Heiligenstadense,* l'an 1093. Dans cette assemblée, Ruothard, archevêque de Mayence, confirma la fondation d'un monastère situé sur la campagne de Bursfeld. *Conc. Germ., t.* III.

HELENENSIA (Concilia); Voy. ELNE.

HERBIPOLENSIA (Concilia); Voy. WIRTZBOURG.

HERFELD (Concile d'), *Hedfeldense,* l'an 680. Ce concile fut tenu le 17 septembre, dans la campagne de Hapfeld, ou Herfeld, ou Hetfeld, par Théodore, archevêque de Cantorbéry, contre les monothélites. Il y en a qui mettent ce concile en 679; mais le P. Pagi a prouvé qu'il se tint en 680. *Anglic.* I. *Voy.* HETFELD.

HERFORD (Concile d') en Angleterre, *Erfordiense,* l'an 673. Ce concile fut tenu, le 24 septembre 673, par Théodore de Cantorbéry, qui y présida, et par quatre autres évêques. Après les avoir exhortés à maintenir entre eux la charité et l'union, Théodore leur demanda, l'un après l'autre, selon leur rang, s'ils consentaient d'observer ce qui avait été ordonné canoniquement par les anciens; tous ayant répondu qu'ils le voulaient ainsi, Théodore produisit le livre des canons, et leur fit voir des articles qu'il avait marqués, sachant que c'était les plus nécessaires pour eux, et les pria de vouloir bien les recevoir et s'y conformer. Voici ce qu'ils contiennent en substance.

1. « Nous observerons tous la pâque le dimanche après le quatorzième de la lune du premier du mois. »

2. « Chaque évêque, content de la portion de peuple confiée à ses soins, n'entreprendra point sur le diocèse d'un autre. »

3. « Les évêques n'inquiéteront en rien les monastères consacrés à Dieu, et ne leur ôteront rien de leurs biens par violence. »

4. « Les moines ne passeront point d'un monastère à un autre, sans congé de leur abbé, à qui ils seront tenus de rendre l'obéissance qu'ils lui ont promise dans le temps de leur conversion. »

5. « Les clercs ne quitteront pas non plus leur propre évêque, et ils ne seront reçus nulle part, sans lettre de recommandation de sa part. Si, s'étant établis ailleurs, ils refusent de retourner, ils seront excommuniés avec celui qui les aura reçus. »

6. « Les évêques et les clercs étrangers se contenteront de ce qui leur sera offert par ceux qui exerceront envers eux le devoir de l'hospitalité; et ils n'entreprendront de faire aucune fonction sacerdotale, sans la permission de l'évêque diocésain. »

7. « N'étant pas possible, pour diverses raisons, de tenir chaque année deux conciles, on en tiendra un le premier jour d'août, au lieu nommé *Cloveshoe.*

8. « Les évêques n'entreprendront point les uns sur les autres par un mouvement d'ambition, mais ils garderont entre eux le rang de leur ordination. »

9. « Le nombre des évêques sera augmenté à mesure que celui des fidèles grossira. »

10. « Personne ne contractera que des mariages légitimes, et ne pourra quitter sa propre femme que pour cause de fornication : en ce cas, celui qui aura renvoyé sa femme légitime ne doit pas en épouser une autre, s'il veut être véritablement chrétien ; mais il doit garder le célibat, ou se réconcilier avec sa femme. » Ce fut Théodore de Cantorbéry qui dressa lui-même les actes de ce concile, et qui les dicta au moine Titillus. *Anglic.* I. *Anal. des Conc.*

HERFORD (Synode d'), l'an 1137. L'abbé de Castaillons y prit l'engagement de payer une redevance annuelle à l'église de Leomenstri. *Anglic.* I.

HERFORD (Synode diocésain d'), l'an 1519. *Wilkins, t.* III.

HERISTAL (Assemblée d'), l'an 779. L'empereur Charlemagne y publia des capitules dont une partie se rapporte au bon gouvernement de l'Eglise. C'est le premier des capitulaires de Charlemagne. *N. Alexand. Hist eccl. sæc. octav., c.* 7, *art.* 8.

HERUDFORDENSE (Concilium); Voy. HERFORD.

HETFELD (Concile d'), l'an 680. Benoît Biscop retournant de Rome en Angleterre, le pape lui donna pour l'accompagner Jean, chantre de l'église de Saint-Pierre et abbé de Saint-Martin de Rome, avec ordre de s'informer exactement de la foi des Eglises de ce pays-là, et d'en faire son rapport à son retour à Rome. L'abbé Jean emporta avec lui les actes du premier concile de Latran, et assista à un concile que Théodore de Cantorbéry tint le dix-septième de septembre de l'an 680 à Hetfeld. Les évêques y déclarèrent qu'ils recevaient les cinq conciles généraux, et celui du pape Martin, c'est-à-dire de Latran, contre les monothélites; qu'i s anathématisaient ceux qui avaient été anathématisés dans ces conciles, et recevaient ceux qui y avaient été reçus. Théodore fit donner à l'abbé Jean un exemplaire des actes du concile d'Hetfeld pour le porter à Rome. Lui de son côté permit de tirer copie des actes du concile de Latran. La profession de foi du concile d'Hetfeld dit, en parlant du Saint-Esprit, qu'il procède du Père et du Fils. Dans tous les autres articles, elle s'accorde de même avec la doctrine de l'Eglise romaine. *Voy.* plus haut HERFELD.

HIBERNENSES (Canones). D. Martène a publié sous ce titre des canons de plusieurs synodes d'Irlande, dont il laisse ignorer les dates et presque les noms. Nous nous bornons ici à y renvoyer le lecteur. *Thes. nov. anecdot., t.* IV.

HIBERNIENSIA (Concilia); *V.* IRLANDE.

HIERACENSIS (Synode diocésain de).

Ecclesiæ, l'an 1593, le 11 mai, tenu par Vincent Bonardi, évêque de cette ville, d'après le conseil et l'assentiment de son chapitre et de tout son clergé. Ce prélat publia dans ce synode des règlements assez étendus sur les sacrements, l'ordre à garder dans les églises et les sacristies, le devoir de ne sonner les cloches que pour des usages pieux, l'entretien du séminaire, les oblations des divers ordres du clergé, les confréries, les hôpitaux, et pour la répression du blasphème et du concubinage. *Synod. prima Hieracensis, Romæ,* 1598.

HIÉRAPLES (Concile d'), *Hierapolitense,* l'an 173, contre Montan, les montanistes et Théodote le Corroyeur. *Baluz. ex Euseb.; Fabric. ex Synod. vet.*

HIEROSOLYMITANA (Concilia); Voy. JÉRUSALEM.

HILDESHEIM (Synode d'), *Hildesheimense,* l'an 1036. Godard, évêque d'Hildesheim, y jugea l'affaire d'un prêtre qui excitait le murmure de tout le reste du clergé. Ce mauvais prêtre, qui croyait avoir réussi à tromper son saint évêque par un nouveau mensonge, fut frappé de mort subite le lendemain du jour où il venait d'être acquitté. *Conc. Germ. t.* III.

HILDESHEIM (Synode d'), l'an 1131. L'évêque Bernard confirma dans ce synode la fondation d'un couvent à Richenberg de chanoines de l'ordre de Saint-Augustin.

HILDESHEIM (Synode d'), l'an 1132. Ce synode fut tenu à l'occasion de la canonisation de saint Godard, évêque d'Hildesheim, publiée l'année précédente dans le concile de Reims par le pape en personne. On éleva de terre, pour ce sujet, le corps du saint avec les cérémonies accoutumées.

HILDESHEIM (Synode d'), l'an 1146. Dans ce synode, l'évêque Bernard dota de beaucoup de revenus le monastère de Saint-Godard. *Conc. Germ. t.* III.

HILDESHEIM (Synode d'), l'an 1147. Le même évêque enrichit de nouveaux revenus le couvent de Saint-Barthélemy, composé de chanoines réguliers, qu'avaient commencé à fonder ses prédécesseurs. *Conc. Germ. t.* III.

HILDESHEIM (Synode d'), l'an 1149. L'évêque Bernard y lança l'excommunication contre les usurpateurs des biens du monastère de Lamspring. *Conc. Germ. t.* III.

HILDESHEIM (Synode d'), l'an 1178. Ce synode eut encore pour objet d'assurer au monastère de Lamspring la possession de ses revenus. *Conc. Germ. t.* III.

HILDESHEIM (Synode d'), l'an 1191. Bernon, évêque d'Hildesheim, confirme au monastère de Stederbourg la possession de ses biens. *Conc. Germ. t.* III.

HILDESHEIM (Synode d'), l'an 1193. On élève solennellement de terre le corps de saint Bernard, évêque d'Hildesheim, qui venait d'être canonisé à Rome. *Conc. Germ., t.* III.

HILDESHEIM (Synode d'), l'an 1224. Henri Minnek, moine de l'ordre des Cîteaux et prévôt d'un couvent de cisterciennes à Goslar, fut dégradé solennellement comme coupable d'hérésie, par Conrad, évêque de Porto et légat du saint-siège, qui présida à ce synode. Les erreurs de cet hérétique consistaient à soutenir que le Saint-Esprit était le père de Notre-Seigneur; que la sainte Vierge reconnaissait dans le ciel une autre créature plus grande qu'elle, et que le diable voulait rentrer en grâce avec Dieu. Il condamnait en outre le mariage. *Conc. Germ., t.* III.

HILDESHEIM (Synode d'), l'an 1230. L'évêque Conrad donne au couvent de Saint-Godard des dîmes qui lui avaient été résignées. *Conc. Germ., t.* III.

HILDESHEIM (Synode d'), l'an 1259. La fondation et la dotation du monastère de Bakenrode, de l'ordre de Cîteaux, déjà faites par l'évêque Jean, furent confirmées dans ce synode. *Conc. Germ., t.* III.

HILDESHEIM (Synode d'), l'an 1539. Valentin de Teutleben, évêque d'Hildesheim, qui tint ce synode diocésain, y renouvela, sous quarante-quatre titres principaux, les statuts des conciles provinciaux de Mayence. *Conc. Germ., t.* VI. Voy. MAYENCE.

HILDESHEIM (Synode d'), l'an 1652. Maximilien-Henri, duc de Bavière, archevêque de Cologne et évêque d'Hildesheim, tint ce synode diocésain, dans lequel il fit un recueil des décrets des conciles précédents sur la discipline qu'il confirma. *Conc. Germ., t.* IX.

HIPPOLYTE (Synode de SAINT-), l'an 1284. *Voy.* PASSAU.

HIPPONE (Concile général d'Afrique à), l'an 393. Aurèle, l'un des évêques qui avaient assisté au concile de Carthage sous Généthælius en 390, lui ayant succédé quelque temps après dans le gouvernement de cette Église, s'appliqua entièrement à faire refleurir dans toutes celles d'Afrique l'ancienne discipline, et à réformer les abus qui s'y étaient glissés. Il y en avait un considérable dans les festins que l'on faisait en l'honneur des martyrs, non-seulement au jour de leurs fêtes, mais encore tous les jours, et même dans les églises. Cet abus était particulier à l'Afrique, et il y avait jeté de si profondes racines, que saint Augustin, écrivant à Aurèle pour l'engager à le détruire, lui disait qu'il ne pourrait en venir à bout que par l'autorité d'un concile. Aurèle suivit ce conseil, et assembla à Hippone un concile général de toute l'Afrique, auquel il présida; et c'est le premier de ceux que l'on connaît avoir été tenus pendant qu'il fut évêque de Carthage. Il se tint dans la salle du conseil de l'église de la Paix, appelée par saint Augustin la grande Basilique, sous le consulat de l'empereur Théodose et d'Abundantius, c'est-à-dire l'an 393, le 8 octobre. Il y vint des évêques de toutes les provinces d'Afrique : ce qui lui a fait donner le nom de concile plénier. Ceux que l'on connaît sont Aurèle de Carthage, Mégale de Calame (ou Chelme), Cécilien, Théodore et Honorat, évêques dans la Mauritanie de Stèfe, et Epigone de Bulle royale dans la proconsulaire; sans doute que Valère, évêque d'Hippone, y était aussi.

Saint Augustin, alors prêtre de cette Eglise, fut obligé par les évêques mêmes du concile de faire un discours en présence de l'assemblée sur la foi et le symbole : et c'est de ce discours qu'il composa depuis, à la prière de ses amis, le livre que nous avons parmi ses œuvres, intitulé *de la Foi et du Symbole*. Il avait été jusque-là inouï en Afrique qu'un prêtre parlât en public devant des évêques; et saint Augustin fut le premier à qui ce privilége fut accordé. Deux ans auparavant l'évêque Valère lui avait déjà donné le pouvoir d'expliquer l'Evangile en sa présence; mais il ne l'avait fait que par nécessité, et parce qu'étant Grec de naissance, il n'avait pas assez d'usage de la langue latine pour donner à son peuple les instructions convenables.

Le concile d'Hippone fit plusieurs canons de discipline, dont quelques-uns sont rappelés dans les conciles postérieurs; les autres ne sont pas venus jusqu'à nous. On voit dans un concile de Carthage tenu dans le vi[e] siècle sous Boniface, évêque de cette ville, que l'Eglise de Stèfe ayant fait la Pâque hors de son jour la même année que le concile d'Hippone fut assemblé, Cécilien et Honorat, pour remédier à cet inconvénient qui arrivait assez souvent, demandèrent qu'afin que tout le monde fît la Pâque en un même jour on réglât que l'évêque de Carthage manderait tous les ans aux primats de chaque province, en quel jour il faudrait faire cette fête l'année suivante; qu'Aurèle ayant voulu savoir si c'était le sentiment de tous les évêques, ils l'en assurèrent, et que l'on en dressa un canon par lequel il est statué que toutes les provinces d'Afrique auront soin d'apprendre de l'Eglise de Carthage en quel jour il fallait faire la Pâque. Ce canon fut renouvelé dans le troisième concile de Carthage en 397. Epigone, évêque de Bulle royale, qui y était présent, demanda qu'on ne touchât point à ce canon, mais qu'on y ajoutât seulement que le jour de la Pâque serait déclaré dans le concile général d'Afrique qui devait se tenir tous les ans; Aurèle promit de le faire même par écrit.

Cet usage de tenir chaque année un concile général d'Afrique fut établi dans le concile d'Hippone; et il y fut réglé qu'on s'assemblerait tantôt à Carthage, tantôt dans une autre province. Le troisième concile de Carthage, en 397, rapporte ce canon, et y ajoute que chaque province qui avait un primat enverrait à ce concile trois députés, hormis la Tripolitaine, qui ayant peu d'évêques, n'en enverrait qu'un. Aurèle, qui avait promis de faire observer ce canon, l'observa en effet, indiquant des conciles tantôt en Numidie, tantôt dans la Byzacène, mais pour l'ordinaire à Carthage. On compte qu'il assembla au moins vingt conciles; mais les actes n'en sont pas tous venus jusqu'à nous. Le jour de ces conciles fut fixé dans celui d'Hippone au 23e d'août, comme on le lit dans la collection africaine. Il semble aussi par cette collection qu'Aurèle s'était engagé dans le concile d'Hippone à visiter tous les ans quelqu'une des provinces d'Afrique, excepté la Mauritanie, la Tripolitaine et les Arzuges, qui, outre qu'elles étaient éloignées de Carthage, se trouvaient mêlées parmi les barbares.

C'est au concile d'Hippone que la province de Stèfe doit son origine. Jusque-là elle avait reconnu le primat de Numidie, et elle se trouvait à son concile. Mais Cécilien et Honorat, évêques de cette province, demandèrent au concile d'Hippone, au nom de tous leurs confrères, qu'elle pût avoir un primat particulier, promettant que quand leur primat serait mort, celui qui lui succéderait enverrait ses mémoires à l'Eglise de Carthage afin d'être fait primat par elle. Aurèle ne trouva point de difficulté à leur accorder ce qu'ils demandaient, mais il voulut auparavant avoir le sentiment du concile. Epigonius dit qu'il fallait consulter les évêques de Numidie, et avoir leur consentement. Mégale de Calame, loin de s'y opposer, approuva la proposition : et elle fut déclarée juste par tous les évêques, qui opinèrent qu'il était bon que chaque province eût son primat, à condition que tous ces primats répondraient à l'Eglise de Carthage en tout ce qui serait de l'utilité publique. Le concile en dressa un canon où il prit soin de remarquer que l'on avait accordé le droit de primatie à la province de Stèfe, du consentement du primat de Numidie, dont on démembrait le pays, et avec l'agrément de tous les autres primats. Ce canon eut son effet aussitôt après, et nous avons vu Honorat et Urbain assister au concile de Carthage en 397, en qualité de députés de la province de Stèfe; et Nicétius assistera de même à celui de Milève en 402, comme primat de la même province. Les autres règlements faits dans le concile d'Hippone ne furent pas observés si exactement, comme on le voit par la lettre de Musonius du 13 août 397, où il dit que les saintes ordonnances faites autrefois dans le concile d'Hippone pour la réformation de la discipline étant violées par la témérité et l'insolence de quelques-uns, sous prétexte qu'elles n'étaient pas connues, il avait été obligé, avec les évêques assemblés avec lui au concile, de donner un abrégé de ces ordonnances, afin qu'elles fussent publiées par toute la Byzacène, dont il était primat. Elles furent aussi lues et approuvées dans le troisième concile de Carthage en 397, et c'est apparemment ce qui les a fait quelquefois citer sous le nom de ce concile, dont elles font même partie.

Elles sont au nombre de quarante et une, plus abrégées dans quelques éditions, et plus étendues dans d'autres. Mais on doute que nous les ayons telles que Musonius les présenta au concile de Carthage. Les raisons que l'on a d'en douter sont que dans ces 41 ordonnances on n'en trouve aucune de celles que le diacre Ferrand cite du concile d'Hippone, ni aucune de celles que les autres conciles d'Afrique en rapportent, excepté la première, qui regarde la célébration de la fête de Pâques, et la sixième et la huitième touchant la tenue des conciles fixée à chaque année. On trouve aussi à la tête de ces règlements le symbole de Nicée, au lieu de celui des Apôtres, que saint Augustin expliqua en présence des évêques du concile d'Hippone. Elles sont suivies d'un décret touchant la réunion des donatistes, qui était une affaire de trop grande importance pour être réglée dans un concile particulier de la Byzacène; à quoi il faut ajouter que Musonius et les évêques de son concile, qu'on suppose avoir ajouté ce décret à ceux du concile d'Hippone, ne demandent pas qu'il soit confirmé par un concile général d'Afrique, comme ils auraient dû le faire, mais par les églises d'outre-mer. Enfin il y a plusieurs fautes dans la lettre qu'il écrivit pour la publication de l'abrégé de ces 41 canons du concile d'Hippone. L'adresse est d'Aurèle, de Musonius et des autres évêques à tous leurs confrères des diverses provinces de Numidie, des deux Mauritanies, de la Tripolitaine, et de la Proconsulaire. Il n'y est rien dit de la Byzacène dont Musonius était primat, et qu'il n'aurait pas sans doute oubliée, puisque la lettre était de sa main. Il y est dit que cette lettre fut écrite dans un concile de Carthage, au lieu qu'on devrait lire de la Byzacène. Car il n'est pas à présumer qu'en l'année 397, où l'on tint deux conciles à Carthage, l'un le 26 juin, l'autre le 28 août, il s'en soit tenu un troisième entre les deux. Enfin cette lettre, comme les actes du concile, est datée du pontificat du pape Sirice, ce qui n'était pas d'usage alors. Toutes ces difficultés, auxquelles on ne peut rien répondre de bien raisonnable, rendent l'abrégé de ces 41 canons, tel que nous l'avons, fort suspect, et elles donnent tout lieu de croire qu'il est différent de l'abrégé des canons du concile d'Hippone, fait par celui de la Byzacène.

Voici ce qu'ils contiennent : (Can. 1) Que pour empêcher qu'on ne se trompe dans le jour de la célébration de la Pâque, toutes les provinces d'Afrique auront soin de l'apprendre de l'Eglise de Carthage ; (Can. 2) que les lecteurs, en commençant à lire, ne salueront point le peuple, ce droit étant réservé aux évêques, qui en Afrique avaient coutume de saluer le peuple au nom du Seigneur en commençant leurs discours ; (Can. 3) que l'on n'élèvera de la cléricature à un degré supérieur que ceux qui seront instruits dans les sciences ; (Can. 4) que l'on ne donnera point les sacrements aux catéchumènes ; (Can. 5) que l'on ne donnera point l'eucharistie aux morts, soit parce qu'ils ne peuvent la recevoir ni la manger, soit, comme le dit un autre concile, de crainte qu'on ne s'imaginât qu'on les pouvait aussi baptiser ; (Can. 6) que l'on tiendra chaque année un concile ; (Can. 7) que si un évêque est accusé, le jugement de son affaire sera dévolu à son primat ; (Can. 8) qu'un évêque accusé qui ne se présentera pas au concile qui se doit tenir tous les ans, se déclarera lui-même coupable ; (Can. 9 et 10) que le jugement d'un prêtre accusé se rendra par cinq évêques, celui d'un diacre par deux évêques.

Le 11e et le 12e canon ne font aucun sens. Il est dit dans les suivants : (Can. 13) que les enfants des ecclésiastiques ne feront point représenter des spectacles ; (Can. 14) que les enfants des évêques ne se marieront point avec des hérétiques ; (Can. 15) que les évêques et les clercs n'émanciperont point trop tôt leurs enfants, et ne donneront rien de leurs biens à ceux qui sont hors de l'Eglise ; (Can. 16, 17, 18) qu'il ne sera pas permis à un évêque, à un prêtre ni à un diacre de prendre des recettes, ni aux clercs en général d'avoir chez eux des femmes étrangères ; le 19e canon porte simplement de gradibus sacris; le 20e de lectoribus, sans s'expliquer davantage ; le 21e défend de retenir un clerc d'une autre Eglise; le 22e ne veut pas que l'on ordonne un clerc avant que l'on ne se soit assuré de lui, par l'examen qu'on en aura fait ; le 23e défend de mettre dans les prières les noms du Père et du Fils l'un pour l'autre ; dans le 24e il est défendu aux clercs de rien recevoir au delà de ce qu'ils ont prêté, et dans le 25e de n'offrir à l'autel pour le sacrifice que le pain et le vin mêlé d'eau; le 26e défend indistinctement à tous les clercs, même aux évêques, d'aller seuls chez les veuves et les vierges ; le 27e défend de donner à l'évêque du premier siège la qualité de prince des prêtres. (Can. 28) Il n'est pas permis aux clercs de boire ni de manger dans les cabarets; (Can. 29) aux évêques de passer la mer, apparemment sans la permission du primat ; (Can. 30) aux ministres des autels de célébrer les saints mystères autrement qu'à jeun ; (Can. 31) à l'évêque et à tout ecclésiastique de manger dans les églises ; (Can. 32) aux prêtres de réconcilier des pénitents sans consulter l'évêque. (Can. 33) Il est statué que les vierges, apparemment orphelines, seront mises sous la conduite de quelque femme sage et vertueuse ; (Can. 34) que l'on donnera le baptême aux malades ; (Can. 35) que l'on accordera la réconciliation à ceux qui se convertiront ; le 36e déclare que la consécration du chrême n'appartient pas aux prêtres ; le 37e, que les clercs ne doivent point demeurer dans une ville étrangère. On voit par l'abrégé du 38e canon qu'il contenait une déclaration des Ecritures que l'on devait recevoir comme canoniques et lire seules dans l'église, et de celles qu'on ne devait pas y lire, parce qu'elles n'avaient pas la même autorité. Le 39e porte qu'un évêque doit être ordonné au moins par trois évêques. Le 40e ordonne de conférer le baptême à ceux qui n'ont aucun témoignage qu'ils l'aient reçu ; et le 41e, qu'on reçoive les donatistes comme laïques. A la suite de ce dernier canon on en voit un autre qui y est contraire, et ne peut par conséquent être attribué au même concile. Il est conçu en ces termes : « Dans les conciles précédents il a été ordonné que nous ne recevrions aucun donatiste en son rang du clergé, mais au nombre des laïques, en vue du salut qu'il ne faut refuser à personne : toutefois, à cause du besoin des clercs, qui est tel dans l'Eglise d'Afrique, que quelques lieux sont entièrement abandonnés, il a été résolu que l'on exceptera de cette règle ceux dont on sera assuré qu'ils n'auront point rebaptisé, ou qui voudront passer avec leurs peuples à la communion de l'Eglise catholique. Car il ne faut pas douter que le bien de la paix et le sacrifice de la charité n'efface le mal qu'ils ont fait en rebaptisant, entraînés par l'autorité de leurs ancêtres. Mais cette résolution ne sera confirmée qu'après qu'on aura consulté l'Eglise d'outre-mer (c'est-à-dire le saint-siége).

Outre les 1er, 6e, et 8e canons de cet abrégé, qui sont cités dans les conciles postérieurs sous le nom de celui d'Hippone, on peut lui attribuer encore le 31e, qui défend aux ecclésiastiques de manger dans les églises. Car ce règlement a rapport à la lettre que saint Augustin écrivit à Aurèle pour l'engager à réformer, par l'autorité d'un concile, les abus qui se commettaient en Afrique dans les festins que l'on faisait en l'honneur des martyrs dans les églises mêmes. Ferrand, diacre de l'Eglise de Carthage, le plus ancien des collecteurs de canons parmi les Latins, puisqu'il écrivait sous le règne de l'empereur Justinien, rapporte encore d'autres canons du concile d'Hippone, dont on ne peut douter qu'ils n'appartiennent, soit à ce concile tenu en 393, soit à un autre d'Hippone tenu quelques années après. Le 1er, qu'il cite comme le 3e d'Hippone, porte : Que si un évêque a été excommunié par un synode, il doit s'abstenir de la communion ; qu'autrement il n'aura aucune espérance d'y être rétabli. Le 2e, qu'il dit être le 5e d'Hippone, défend aux évêques et aux prêtres de transporter autre part les choses du lieu dont ils ont le soin qu'après en avoir rendu raison. Ferrand ajoute comme une suite de ce 5e canon, que si l'accusateur craint quelque violence du peuple dans le lieu d'où est l'accusé, il en pourra choisir quelque autre peu éloigné, où il pourra faire venir les témoins et poursuivre son action. Le 3e, qui, selon Ferrand, est le 8e d'Hippone, déclare que les évêques pourront laisser à qui ils voudront ce qu'on leur aura donné, mais qu'ils seront contraints de rendre à l'Eglise tout ce qu'ils auront acquis en leur nom, comme l'ayant acquis du bien de l'Eglise. Le 4e, que le même Ferrand rapporte comme le 9e d'Hippone, porte que l'évêque de l'Eglise matrice, c'est-à-dire le métropolitain, ne doit point usurper ce qui a été donné aux autres églises de son diocèse, c'est-à-dire de sa province; que les évêques ne vendront rien des biens de leur Eglise sans l'avis du primat ; que les prêtres ne vendront rien non plus à l'insu de leur évêque. Voilà tout ce que Ferrand nous a conservé des statuts faits dans le concile d'Hippone, le premier que l'on connaisse avoir été assemblé de toute l'Afrique, sous le pontificat d'Aurèle. *D. Ceillier.*

HIPPONE (Concile d'), l'an 395. Les pères bénédictins ont prouvé, dans la *Vie* qu'ils ont donnée de saint Augustin, à la suite de ses œuvres, que c'est à la fin de cette année 395 que saint Augustin fut ordonné évêque, dans le concile dont il s'agit, du vivant de Valère, son prédécesseur; ce qui était contre la règle établie par le concile de Nicée; mais saint Augustin ignorait cette règle à cette époque, et d'ailleurs ce ne fut que malgré lui qu'il consentit à son ordination.

HIPPONE (Concile d'), vers l'an 418. M. Roisselet de Sauclières rapporte à au concile d'Hippone tenu à cette époque les quatre canons cités par le diacre Ferrand, et que nous avons rapportés nous-même un peu plus haut au concile d'Hippone tenu l'an 393. Ici, comme souvent ailleurs, M. Roisselet n'a fait que suivre le P. Richard (*Anal. des conc.*, t. I, p. 392), et il l'a suivi, pouvons-nous ajouter, jusque dans ses égarements; car, ainsi que son guide, il ne s'est pas rappelé qu'il avait rapporté lui-même (*pag.* 97) ces canons au concile d'Hippone de l'an 393. Au reste le P. Richard lui-même n'avait encore fait que copier D. Ceillier, premier auteur, à ce qu'il paraît, de tout ce mal entendu; à moins qu'on ne veuille que ces canons, publiés pour la première fois en 393, aient été renouvelés dans un concile postérieur, ce qu'il eût été bon d'expliquer.

HIPPONE (Concile d'), l'an 422. Saint Augustin, après avoir fait ériger en évêché la ville de Fussale, située à l'extrémité de son diocèse, et presque entièrement peuplée de donatistes convertis, fit venir le primat de Numidie pour y ordonner un évêque; mais le prêtre qu'il avait choisi refusant tout à coup d'accepter l'épiscopat, le saint évêque d'Hippone présenta le lecteur Antoine, élevé dès l'enfance parmi les clercs. A peine établi dans ce siége, Antoine s'attira la haine du peuple par ses violences et ses exactions. Des plaintes furent portées contre lui, et le concile d'Hippone le condamna à restituer les sommes qu'il avait extorquées, et le priva du gouvernement de son Eglise, sans toutefois le déposer de l'épiscopat.

Antoine se soumit d'abord à ce jugement; mais ayant ensuite surpris une lettre de recommandation au primat de Numidie, il se pourvut devant le saint-siége, déguisa les faits et prétendit que les évêques du concile d'Hippone, ne l'ayant pas déposé de l'épiscopat, n'avaient pas pu légitimement lui interdire l'administration de son diocèse. Le pape saint Boniface le renvoya en Afrique avec des lettres portant qu'il devait être rétabli, s'il avait fidèlement exposé la vérité. Comme Antoine, se prévalant de cette décision, menaçait de recourir à l'autorité séculière, saint Augustin écrivit au pape pour le prier d'empêcher un tel scandale.

On voit par cette lettre que non-seulement le droit d'appel au saint-siége était respecté par le saint docteur, mais encore qu'il était consacré en Afrique par une pratique constante. Saint Augustin y déclare en effet qu'il pourrait citer un grand nombre de jugements analogues confirmés par le siége apostolique; et sans parler, dit-il, de ceux qui remontent à des temps éloignés, pour s'en tenir aux plus récents, il nomme trois évêques dont un se trouvait précisément dans le cas d'Antoine de Fussale, et dont le souverain pontife avait confirmé la condamnation.

Saint Augustin ne dit pas un mot dans cette lettre qui tende à blâmer le droit d'appel en lui-même; il se borne à faire voir quo la sentence a été légitimement rendue, et supplie le pape de la maintenir et d'empêcher la réintégration d'Antoine, se fondant sur l'indignité de cet évêque, sur l'aversion du peuple, et sur la profonde douleur qu'il éprouverait de voir périr à la fois les brebis et le pasteur qu'il leur avait donné.

La réponse du pape à cette lettre n'est pas venue jusqu'à nous; mais il est certain qu'Antoine ne fut pas rétabli, et que saint Augustin gouvernait encore l'Eglise de Fussale vers la fin de sa vie.

HIPPONE (Synode d'), le 26 septembre de l'an 426. — Saint Augustin, se voyant accablé par les années et par ses travaux, voulut se donner un successeur. A cet effet il avertit le peuple d'Hippone de s'assembler dans l'église de la Paix, où se rendirent aussi deux évêques et sept prêtres. Là, au milieu d'un grand concours de fidèles, il proposa pour son successeur le prêtre Héraclius; mais pour ne point contrevenir aux canons de Nicée, ainsi qu'il l'avait fait lui-même par ignorance, en recevant l'ordination épiscopale du vivant de Valère, son prédécesseur, il ne voulut pas, tandis qu'il vivrait, qu'Héraclius fût consacré; mais il se déchargea sur lui des soins ordinaires de l'administration. Et tout le peuple approuva ce choix avec de grandes acclamations.

HISPALENSIA (Concilia); Voy. SÉVILLE.
HISPANICA (Concilia); Voy. ESPAGNE.
HOCHENAU (Concile d'), in Hochenawe, l'an 1178. Conrad, archevêque de Saltzbourg, tint ce concile le premier février avec ses cinq suffragants. Tout le concile renonça à l'obédience de l'antipape Calliste, pour embrasser celle d'Alexandre III. Conc. Germ., t. III; edit. Venet. t. XIII.

HOLTHUSANA (Concilia); Voy. HILDESHEIM.

HOLTZEKIRICH (Assemblée d'évêques à), en Bavière, Holtzekirichanum, l'an 906. L'empereur Louis III y renouvela le privilége qu'avait l'Eglise de Frisingue d'élire elle-même son évêque. Conc. Germ. t. II.

HONGRIE (Concile national de), l'an 1821. Voy. PRESBOURG.

HUESCA (Concile de), Oscense, l'an 598. Huesca, appelée anciennement Saturnia, Osca, Ellergetum, est une ville épiscopale d'Espagne, dans la province Tarragonaise, sous la métropole de Saragosse. On y tint un concile l'an 598, qui fit deux canons, dont l'un ordonne le célibat aux prêtres, aux diacres, aux sous-diacres; et l'autre, de tenir des synodes tous les ans.

HUESCA (Concile de), l'an 1303. On y lut un privilége accordé autrefois dans le concile de Jacca de l'an 1063, et un autre privilége du fils du même prince, pour la réparation de l'église d'Huesca, qui avait été détruite par les barbares. D'Aguirre, t. V.

HUZILLOS (Concile de), Faselense, l'an 1083. Ce concile de Huzillos, près de Palentia en Espagne, fut tenu par Richard, abbé de Saint-Victor de Marseille, et légat d'Urbain II. On y marqua les limites des diocèses de Burgos et d'Osma. Pagi.

I

IBÉRIE (Concile d'), ou pour mieux dire, des Aghovans (1), vers l'an 380. M. Eugène Boré nous a révélé le fait de ce concile, en même temps qu'il nous a appris à connaître le peuple chez lequel il a été célébré, dans un curieux article sur l'histoire des Aghovans, publié dernièrement dans le recueil intitulé: L'Université catholique, 2e série, t. II, p. 137 et suiv. Nous n'allons faire que copier le récit de notre illustre compatriote.

« Le roi Vatchagan, après avoir consolidé dans ses Etats l'établissement de la religion chrétienne, songea à régler les rapports des classes de cette nouvelle société. On le voit assembler un concile qu'il préside, et ratifier les règlements qui jettent une certaine lumière sur les mœurs du pays au IVe siècle. Les hommes libres ou nobles de l'Artsalth y assistaient mêlés au clergé.

« 1° Les prêtres de chaque commune y viendront trois fois l'année rendre leurs hommages à l'évêque, pour apprendre de lui la discipline, et selon l'usage, ils lui offriront une fois un présent.

« 2° Au moment de l'ordination, le prêtre donnera à l'évêque 4 écus, et le diacre 2, à moins qu'il ne soit de la classe des hommes libres; dans ce cas, ce sera 3 écus. Est-il de la famille royale, son tribut spirituel sera un cheval sellé et harnaché. S'il ne fait pas ce présent pendant sa vie, ceux de sa famille devront le faire après sa mort.

« 3° Voici comment la commune contribuera à l'entretien du prêtre: Les riches fourniront quatre mesures de blé, six d'orge et seize de millet ou de cumin; les pauvres, la moitié d'un pain et autant de vin qu'ils le pourront. Mais qu'il ne soit rien pris de

---

(1) Cet article est venu trop tard à notre connaissance, pour pouvoir être rangé à sa vraie place, qui serait à la lettre A. Le pays des Aghovans est situé, selon M. Eugène Boré, entre le Kour (l'ancien Cyrus), la mer Caspienne, et la partie du Caucase qui forme la frontière de la Géorgie.

celui qui n'a pas de vigne. Quiconque donne davantage aura plus de mérites, selon la parole de saint Paul : « Celui qui sème abon-« damment récoltera avec abondance. » Le propriétaire de troupeaux donnera une brebis, trois toisons et un fromage.

« 4° Que le noble, le paysan ou tout autre, ne refuse pas chaque année la célébration d'une messe pour les morts, afin qu'ils participent en quelque sorte au bénéfice de leurs travaux. On donnera pour le père de famille défunt un cheval à l'Église, s'il en avait, ou bien un bœuf.

« 5° Si dans un couvent il y a beaucoup de religieux prêtres et peu de fidèles aux alentours, et qu'ailleurs les fidèles dépendants d'un monastère soient nombreux, et le nombre des prêtres restreint, le couvent bien pourvu lui en fournira.

« 6° Celui qui sera convaincu d'avoir usé de violence contre un prêtre, un religieux, ou toute autre personne habitant un monastère, sera flétri publiquement et exclu de l'Église.

« 7° Le chrétien coupable de meurtre sera conduit devant l'évêque et jugé d'après les lois.

« 8° Le prêtre placé à la tête d'une grande communauté ne doit pas prendre la charge d'un autre, ni étendre au delà de ses forces sa juridiction spirituelle.

« 9° Qu'un homme ne prenne point une seconde femme, et jamais l'épouse de son frère.

« 10° Celui qui quitte sa femme sans raison, et qui en prend une sans se marier; celui qui tue injustement un homme ou qui commet un viol, seront amenés liés et garrottés devant le palais du roi, et punis du dernier supplice.

« 11° Ceux qui vont à la porte d'un maître de maison pleurer sans sujet, comme s'il était mort, ou lui donner un charivari, seront conduits liés au palais, et leurs enfants ne pourront le pleurer à sa mort.

« 12° Celui qui mange un animal mort, qui rompt le jeûne du grand carême, qui se livre à des œuvres serviles le dimanche, et ne va pas à l'église, sera condamné devant toute la communauté.

« 13° Celui qui mange de la viande le mercredi ou le vendredi jeûnera une semaine; mais, si un prêtre vient certifier qu'il est faussement accusé de ce fait, le chef de la communauté lui (1) prendra un bœuf et le donnera au prêtre.

« 14° Si un laïque accuse un prêtre ou un diacre, et que ceux-ci confessent la faute, l'évêque les reprendra, et ils feront pénitence dans la solitude. Mais, s'ils le nient, et que la vérité ait été néanmoins connue par une autre voie, on leur appliquera la peine voulue par la loi, et ils seront chassés de la commune. Que si la faute n'était pas réelle, l'accusateur fera dire une messe par le prêtre.

« 15° Si dans un monastère les membres accusent avec raison un prêtre, il sera amené devant l'autel, puis on l'en fera descendre publiquement, et il sera chassé. Si les écoliers par vengeance le dénoncent, et que la communauté connût leur dissentiment, sans le déclarer, le prêtre célébrera la messe et anathématisera la communauté. Dans le cas où les écoliers conviendraient de leur calomnie, ils ne seraient pas expulsés, mais à la première faute qu'ils commettraient, on les jugerait d'après les lois.

« 16° Les évêques et les prêtres peuvent porter plainte devant le roi contre les hommes libres qui bâtiraient dans la commune deux ou trois églises paroissiales. Les nobles comparaîtront alors devant le roi et l'évêque; et, s'ils consentent à laisser ces églises aux hommes libres, ceux-ci donneront du moins à l'église paroissiale les rentes et les fruits.

« 17° Les hommes libres qui prélèvent la dîme en donneront une moitié à l'ancienne église, et l'autre à leurs propres fondations.

« 18° Le dimanche, le maître et le serviteur (esclave ou serf) assisteront aux prières et à la messe de l'église paroissiale. Les étrangers donneront à l'église leur offrande spirituelle.

« 19° Les hommes libres, quelles que soient leurs richesses, ne pourront, sans l'évêque, ni changer, ni renvoyer un prêtre. Les prêtres expulsés par l'homme libre ou par la commune, ne doivent pas quitter leur poste sans l'ordre de l'évêque.

« 20° L'homme libre qui élève un autel dans l'église, qui y dépose des reliques ou y fonde une messe, devra avoir la permission de l'évêque, quelle que soit son autorité. S'il a agi de la sorte, avec permission, il sera béni, sinon il est mis hors de l'église et condamné à une amende payable à l'évêque. Mais, l'amende canonique payée, il aura part aux bénédictions.

« Au concile, siégeaient Choupaghig, archevêque de Bardaat ou Bardar; Manassé, évêque de Gabagz (2); Hounan, évêque de Hachou; les chorévêques Ananie, Saag, Thomas, aumônier du palais. Parmi les noms des hommes libres présents aussi à cette assemblée, nous remarquons Mihrareg, chiliarque, et Askahed, prévôt de la nation, etc. *Extrait de l'ouvrage de Moyse Galkantouni.* »

ICONE (Concile d'), *Iconiense*, vers l'an 235 (255 selon Mansi, ou 256 selon N. Alexandre.) Ce concile eut pour objet le baptême des hérétiques, et particulièrement celui des montanistes ou cataphryges. Les évêques rassemblés à Icône, de la Galatie, de la Cilicie et des provinces voisines, décidèrent unanimement que le baptême conféré par ces hérétiques était nul, et qu'il fallait le réitérer,

---

1) *Lui*, c'est-à-dire sans doute à l'accusateur, demandons-nous à M. Boré.
(2) «Peut-être faut-il lire *Gaban*, ville du canton de Tzork,
dans la province de Siounic. Voy. *Géographie anc. de l'Arménie*, p. 295. Venise, 1822. » *Note de M. Boré.*

aussi bien que leurs ordinations et les autres sacrements qu'ils pouvaient avoir la prétention de conférer. Cette décision ayant été portée à la connaissance du saint-siège, le pape refusa de recevoir les députés du concile, en réprouva les actes, et menaça de l'excommunication les évêques qui y avaient pris part. *N. Alex. Hist. eccl. t.* IV.

ICONE (Concile d'), l'an 377 ou 378. Saint Amphiloque, évêque d'Icône, reçut une lettre de plusieurs évêques de la secte des macédoniens, qui lui demandaient d'une voix unanime à être reçus dans sa communion, dans celle de saint Basile et des autres catholiques. Mais, avant d'arriver à cette réunion, ils désiraient savoir pour quel motif le concile de Nicée n'ayant rien décidé touchant la divinité et la consusbtantialité du Saint-Esprit, on voulait les obliger à le confesser. Ces évêques avaient la réputation d'être très-zélés pour le bien de l'Église et très-fermes dans la foi ; la plupart même avaient été persécutés pour le nom de Jésus-Christ ; ils s'étaient laissé entraîner dans le parti des macédoniens, sans avoir toutefois communiqué avec les ariens proprement dits. Soit que saint Amphiloque tînt alors un concile, soit qu'il eût assemblé les évêques de sa province pour répondre à la lettre des macédoniens, celle qu'il leur écrivit fut rédigée dans ce concile d'Icône. Elle contenait en substance que, si les Pères du concile de Nicée avaient peu parlé du Saint-Esprit, c'est qu'ils n'avaient eu en vue que d'étouffer l'hérésie d'Arius à sa naissance, et qu'alors il ne s'agissait que de la divinité du Verbe, et non de celle du Saint-Esprit ; que toutefois leur symbole exprimait assez clairement leur croyance touchant la divinité du Saint-Esprit, puisqu'il y est dit que l'on doit croire au Saint-Esprit, comme au Père et au Fils, et qu'on n'y établit pas deux natures différentes dans la Trinité. Saint Amphiloque ajoute que Jésus-Christ, en ordonnant de baptiser au nom du Saint-Esprit, aussi bien qu'au nom du Père et du Fils, nous a obligés par là à le reconnaître comme Dieu, de même que les deux autres personnes ; que ce précepte, fait aux apôtres, condamne en même temps l'hérésie de Sabellius et celles d'Arius et de Macédonius, puisqu'il établit un seul Dieu et une seule nature en trois personnes ou hypostases ; qu'il n'y a point de milieu entre Dieu et la créature, et qu'il ne nous est point permis de mettre le Saint-Esprit au rang des créatures, puisque dans l'Eglise de Jésus-Christ on baptise en son nom. Il conclut sa lettre en exhortant ces évêques, qu'il traite du reste avec beaucoup de respect et d'amitié, à joindre le Saint-Esprit au Père et au Fils dans la glorification par laquelle on terminait dès lors les psaumes, les prières et les sermons, et il proteste que ceux qui blasphèment contre le Saint-Esprit tombent dans un péché irrémissible, et méritent la même condamnation que les ariens.

Cette lettre nous apprend que saint Basile fut invité à se trouver à ce Concile, mais qu'il ne put y venir, parce qu'il était malade ; elle nous apprend aussi qu'on y lut son livre du Saint-Esprit qu'il avait envoyé à saint Amphiloque, voulant obtenir son approbation avant de le rendre public.

ILERDENSIA (Concilia); *Voy.* LÉRIDA.

ILLERAS (Concile d'), *Illescanum*, l'an 1379. Ce concile fut présidé par Pierre Tenorio, archevêque de Tolède, et tenu en présence du roi dom Henri. Il paraît que le concile, qui avait à se prononcer entre le pape Urbain et son compétiteur Robert de Genève, donna la préférence au premier.

ILLIBERITANUM (Concilium); *Voyez* ELVIRE.

ILLYRIE (Concile d'), *Illyricum*, l'an 365 ou 368 selon le P. Labbe, 367 selon N. Alexandre, ou 372 selon Mansi, ou 375 selon D. Ceillier. Théodoret nous apprend que ce concile fut assemblé par ordre de l'empereur Valentinien, et qu'il en autorisa les décrets. C'est ce qui a fait croire à D. Cellier, que ce concile fut tenu l'an 375, dont Valentinien passa tout l'été et l'automne dans l'Illyrie. Mais d'un autre côté, le nom de l'empereur Valens se lisant à côté de celui de son frère en tête de l'édit qui en appuya les décisions, on est plutôt porté à fixer ce concile à une époque antérieure, et dans un temps où cet empereur n'était pas aussi hostile à la foi de Nicée. Les motifs de la convocation du concile furent de terminer les contestations qui duraient encore en Asie et en Phrygie touchant la doctrine, et de remédier à certains abus qui se commettaient en ces provinces, dans le choix des évêques et des ministres inférieurs. Les disputes roulaient principalement sur la nature du Saint-Esprit, que l'on séparait de celle du Père et du Fils ; ce qui marque que ces provinces étaient infectées de l'hérésie de Macédonius. Les évêques, assemblés en grand nombre, déclarèrent, après un examen fort long et fort exact, qu'ils professaient, touchant la consubstantialité des trois personnes divines et l'incarnation du Verbe, ce que l'on avait enseigné dans les conciles précédents, tenus à Nicée, à Rome et dans les Gaules, c'est-à-dire qu'ils croyaient une seule et même substance du Père, du Fils et du Saint-Esprit, en trois personnes ou en trois hypostases parfaites, et que Jésus-Christ est un Dieu portant la chair, et non un homme portant la divinité. Ils anathématisèrent ceux qui soutenaient que le Fils était en puissance dans le Père, avant d'être actuellement engendré, ce qui convenait à toutes les créatures, et quiconque participerait à la communion de ceux qui ne confesserait pas la consubstantialité des trois personnes. Ils envoyèrent ce décret aux Églises, aux évêques de l'Asie et de la Phrygie, avec une lettre écrite au nom de tout le concile, et un autre décret touchant les ordinations des évêques, des prêtres et des diacres, statuant qu'ils seraient tirés d'entre les magistrats de probité reconnue, ou du corps du clergé, et non de celui des officiers de ville ou d'épée. L'empereur Valentinien accompagna le décret et la lettre du concile d'un rescrit, publié tant en son nom qu'en celui de Valens, et adressé aux mêmes évêques d'Asie et de Phrygie, portant ordre de publier partout la foi de la Trinité consubstantielle. Il est à remarquer que le nom d'*hypostase* est employé comme synonyme de celui de *personne*, dans la lettre synodale du concile ; ce dont on trouve peu d'exemples dans les écrits des Occidentaux.

ILLYRIE (Concile d'), l'an 415. Ce concile fut tenu au sujet de Périgène, prêtre de Corinthe, qui avait été ordonné évêque de Patras, ville épiscopale de la province de Thessalie, au diocèse de l'Illyrie orientale, par l'évêque de Corinthe, qui était Alexandre, à qui saint Jean Chrysostome écrivit de son exil une lettre qui est la 164ᵉ entre celles de ce Père. Les habitants de Patras n'ayant pas voulu recevoir Périgène pour évêque, on assembla un concile en Illyrie, qui écrivit à Rome pour rendre témoignage de la piété et de la bonne conduite de Périgène. Rome ne put vaincre l'obstination des opposants, et cette affaire traîna en longueur. Mais Alexandre, évêque de Corinthe, qui avait ordonné Périgène, étant mort dans ces entrefaites, les Corinthiens demandèrent Périgène pour leur évêque, et l'obtinrent du pape Boniface Iᵉʳ, qui approuva la translation de Périgène à l'Église de Corinthe. *Tillemont, t.* XII, *pag.* 399 *et* 400.

ILLYRIE (Concile d'), l'an 516. Jean, évêque de Nicopolis, ville capitale et métropole de l'ancienne Épire, assisté de sept autres évêques, tint ce concile, qui eut pour but de se déclarer contre les eutychiens et pour la communion du pape Hormisdas. *Baluze.*

ILLYRIE (Concile d'), l'an 550. Les évêques d'Illyrie, défenseurs des trois chapitres, se prononcèrent hautement dans ce concile contre le *Judicatum* du pape Vigile, et condamnèrent Bénénatus, évêque de la première Justinienne, qui s'était déclaré contre les trois chapitres.

IMOLA (Synode diocésain d'), le 22 août 1584, sous Alexandre Musotti. Les statuts publiés dans ce synode ont surtout pour objet la légitime administration des sacrements. *Decreta primæ synod. diœc. Imolæ.* 1659.

IMOLA (Synode diocésain d', *Imolensis*, les 12 et 13 avril 1622, sous Ferdinand Millini. Ce prélat, après y avoir confirmé et renouvelé les décrets du dernier concile provincial de Ravenne et les constitutions synodales de ses prédécesseurs, y publia quelques nouveaux règlements, dont voici les plus remarquables.

« Les curés enverront chaque année à l'évêque les noms de ceux qui, ayant atteint leur seizième année, ignoreraient encore l'Oraison dominicale, le Symbole de la foi, les préceptes du Décalogue et les sacrements.

« Le chanoine théologal expliquera l'Écriture sainte au moins une fois par mois, et les cas de conscience toutes les semaines, et tous les prêtres, les diacres et les sous-diacres de la ville épiscopale se rendront exactement à ces conférences.

« Nous défendons, sous les peines portées contre les simoniaques par les saints canons,

de rien recevoir, soit directement, soit indirectement, pour des sacrements qu'on aurait administrés. On n'y emploiera pas d'autres formes que les formes prescrites par le Rituel romain, publié par l'ordre de Paul V. On ne présentera ni plat ni bourse pour recevoir des aumônes dans l'administration de l'eucharistie.

« Personne ne portera l'habit clérical, qu'il n'en ait auparavant obtenu la permission de l'évêque.

« On se fera un devoir de porter le bonnet clérical au chœur, aux processions, aux enterrements et aux réunions ecclésiastiques.

« On ensevelira les curés décédés avec l'amict, l'aube et la ceinture, aux frais de leurs héritiers, à moins qu'ils n'y aient pourvu eux-mêmes de leur vivant en déclarant leurs dernières volontés. Tous les curés du même district auront à dire sous quinze jours trois messes pour le repos de l'âme de leur confrère défunt.

« Les laïques n'entreront sous aucun prétexte dans la sacristie de l'église cathédrale, depuis l'heure de prime jusqu'à la dernière messe. Ils ne se mêleront point dans le chœur avec les clercs, à moins qu'ils ne soient chantres. »

A la fin de ces règlements se trouve un catalogue des évêques d'Imola. En tête de ces évêques figure saint Project, ordonné évêque d'Imola par saint Léon le Grand, l'an 450. Le dernier, qui n'a pu être inscrit sur ce catalogue, non plus que son prédécesseur Barnabé Chiaramonti, est le pape actuel Pie IX, dont l'histoire dira ce que saint Pierre Chrysologue a dit du premier de tous, que du sein de sa mère charnelle il est entré dans le sein de sa mère spirituelle pour y demeurer jusqu'à la fin. *Decreta synod. diœc. Imolensis, Faventiæ,* 1622.

IMOLA (Synode diocésain d'), l'an 1628, sous le même. Il y fut ordonné aux curés de placer dans les endroits trop éloignés de leurs paroisses des personnes capables d'instruire les enfants qui ne pourraient se rendre à l'église. *Decreta prim. synod. diœces., Imolæ,* 1659.

IMOLA (Synode diocésain d'), l'an 1638, sous le même. Ce prélat y prescrivit entre autres règlements l'exacte sanctification des jours de fête. *Ibid.*

IMOLA (Synode diocésain d'), les 29 et 30 avril 1659, sous Jean-Étienne Donghi, cardinal-évêque d'Imola. Ce prélat y renouvela les décrets de ses prédécesseurs, et en fit quelques nouveaux. *Decreta primæ syn. diœc., Imolæ,* 1659.

INGELHEIM (Concile d'), *Ingelheimense,* l'an 788. Ingelheim est un bourg d'Allemagne situé sur le Rhin, entre Mayence et Bingen. Il s'y est tenu plusieurs conciles, à commencer par celui-ci, qui fut une assemblée mixte. Tassilon, duc de Bavière, ayant été convaincu de perfidie envers Charlemagne, on le condamna à entrer dans un monastère. *Labb.* VII ; *Hartz.* I.

INGELHEIM (Concile d'), l'an 817, contre

les usurpateurs des biens de l'Eglise. *Reg.* XXI ; *Labb.* VII ; *Hard.* IV.

INGELHEIM (Concile d'), l'an 826. Dans ce concile, qui était plutôt, à proprement parler, une assemblée d'évêques et de grands, Hériold, roi de Danemark, fut baptisé avec sa famille. On reçut aussi les députés du pape Eugène envoyés auprès de l'empereur, et l'on dressa sept capitules en faveur de l'Eglise, et contre les brigandages qui s'exerçaient dans le royaume. *Conc. Germ. t.* II.

INGELHEIM (Concile d'), l'an 840. Ebbon, archevêque de Reims, avait été déposé, l'an 835, au concile de Thionville, et s'était réfugié en Italie, où il était resté jusqu'à la mort de Louis le Débonnaire. A cette époque il quitta son asile, et Boson, abbé de Saint-Benoît-sur-Loire, l'introduisit auprès de l'empereur Lothaire, qui résidait pour lors à Ingelheim. Ce fut là, et dans le palais même de l'empereur, que vingt évêques rassemblés en concile rétablirent Ebbon dans sa dignité. L'archevêque réintégré alla ensuite reprendre possession de son siége, qu'il occupa encore l'espace d'une année, et dans cet intervalle il fit quelques ordinations, qui devinrent plus tard le sujet d'une vive controverse. Le roi Charles le Chauve ayant repris le dessus et menaçant la ville de Reims, Ebbon fut réduit à s'enfuir de nouveau et à chercher un asile auprès de l'empereur. *Conc. t.* IX.

INGELHEIM (Concile d'), l'an 948. Ce concile se tint sous le pontificat de Marin II, le 7 de juin. Les deux rois, Louis et Othon, y assistèrent avec cinq archevêques, vingt-six évêques, tant de Gaule que de Germanie, et grand nombre d'abbés, de chanoines et de moines. Les archevêques étaient ceux de Trèves, de Mayence, de Cologne, de Reims et de Hambourg. Marin, légat du saint-siége, y présida, et l'on y fit dix canons.

Il est dit dans le 1er que Hugues, comte de Paris, sera excommunié pour avoir attaqué les états du roi Louis, s'il ne se soumet à la décision d'un concile.

Dans le 2e on déclare Artaud canoniquement rétabli dans l'archevêché de Reims, Hugues excommunié pour l'avoir usurpé, ses ordinateurs et ceux qu'il a ordonnés privés de la communion, s'ils ne viennent faire satisfaction au concile indiqué à Trèves pour le 6 de septembre.

Le 3e menace encore d'excommunication le comte de Paris, pour avoir chassé de son siége Raoul, évêque de Laon, dont tout le crime consistait dans sa fidélité au roi Louis.

Dans le 4e et le 5e on défend aux patrons des églises d'y mettre des prêtres ou d'en ôter sans la permission de l'évêque, et en général aux laïques de vexer les prêtres.

Par le 6e et le 7e il est ordonné de fêter la semaine de Pâques tout entière, et le lundi, le mardi et le mercredi de la Pentecôte, comme le dimanche, de jeûner la grande litanie ou le jour de Saint-Marc, aussi bien que les Rogations avant l'Ascension.

8e et 9e. Défense aux laïques de se rien attribuer des oblations des fidèles, ni des dîmes qui sont destinées à nourrir ceux qui servent à l'autel ; et, au cas que les laïques s'en soient emparés, le jugement de la cause n'appartiendra pas aux juges séculiers, mais au concile.

10e. On défend les mariages incestueux.

INGELHEIM (Concile d'), l'an 938. Ce concile fut tenu aux fêtes de Pâques, sous la présidence de Guillaume, archevêque de Mayence. On y substitua Frédéric de Chiemgan à Hérold, archevêque de Saltzbourg, que Henri, frère de l'empereur Othon, avait privé de la vue pour avoir appuyé la révolte du prince Lintolf contre son père. Ce concile est rapporté à l'an 968, par Alzreiter, *Annal. Boicæ gentis*, p. 1, *l.* XIV, n°. 28, cité aussi dans les conciles de Germanie. *Concil. Germ. tom.* II.

INGELHEIM (Concile d'), l'an 972. Saint Udalric, évêque d'Augsbourg, y demanda la permission de remettre son évêché à son neveu, et de se retirer dans un monastère ; le concile la lui refusa.

INGELHEIM (Concile d'), l'an 979 ou 980. Ce concile fut tenu en présence de l'empereur Othon II. On y fit plusieurs règlements de discipline qui ne sont pas venus jusqu'à nous. On y confirma la réunion des abbayes de Malmédi et de Stavelo sous un même abbé. Après que toutes les affaires du concile eurent été terminées, Egbert, archevêque de Trèves, fit part de la découverte qu'il avait faite du corps de saint Celse, l'un de ses prédécesseurs, mort, à ce que l'on croit, l'an 143. Harthzeim, *Conc. Germ. t.* II ; *Mansi, Suppl. t.* I, col. 1185.

INSULANUM (Concilium) ; *Voy.* LILLE.

IRLANDE (Conciles tenus en), *Hibernica seu Hiberniensia concilia*, vers l'an 450 ou 466.

On nous a donné sous le nom de saint Patrice deux conciles, dont on conserve un exemplaire manuscrit très-ancien dans la bibliothèque des bénédictins de Cambridge, et dont le premier paraît en effet avoir été tenu en Irlande, dans le temps que ce saint en était évêque ; car on voit qu'il fut assemblé hors de l'empire romain, dans le voisinage des Bretons, en un temps et dans un pays où le paganisme n'était pas encore entièrement détruit. Tout cela convient à saint Patrice, qui trouva l'Irlande remplie de païens lorsqu'il y alla prêcher l'Evangile. La défense qui y est faite de recevoir les aumônes des excommuniés, est encore conforme à ce que saint Patrice fit à l'égard de Corotic et de ses gens, dont il défendit de recevoir les aumônes, jusqu'à ce qu'ils eussent satisfait à Dieu par une sincère pénitence, et rendu la liberté à ceux qu'ils avaient emmenés captifs. Il faut ajouter que la plupart des canons de ce concile sont cités sous le nom de saint Patrice par Arbedoc, écrivain du VIIIe siècle. Il est vrai que le 25e canon traite de coutume ancienne un usage qu'on ne voit pas avoir été bien établi dans les autres églises, même au Ve siècle : c'était de réserver à l'évêque, ou pour ses besoins ou pour ceux des pauvres, ce que les fidèles offraient pendant le temps qu'il séjournait dans les différentes églises de son diocèse. On ne voit pas bien non plus comment dans une Eglise naissante on se serait relâché jusqu'à n'ordonner qu'un an de pénitence pour un homicide, pour un fornicateur et pour ceux qui consultaient les aruspices ; et six mois pour un voleur, ainsi qu'on le lit dans les 14° et 15° canons. Cela fait naître un doute s'ils sont tous de saint Patrice, ou s'il n'y en a pas quelques-uns des conciles postérieurs. Peut-être aussi donne-t-il le nom d'ancien à l'usage qu'il avait d'abord établi en Irlande, et qu'il n'avait pas jugé à propos d'observer la rigueur des anciens canons dans ceux qu'il fit dans ce concile.

Ils sont au nombre de trente-quatre, dont la plupart règlent la conduite des clercs. Il semble par le 4° qu'on leur permettait de quêter pour leurs propres besoins, mais qu'ils ne devaient demander qu'à proportion de leur indigence. Aussi le 5° ordonne que, s'il leur reste quelque chose, ils le mettront sur l'autel de l'évêque, qui le donnera à un autre pauvre. Il est ordonné dans le 6° que les clercs qui ne seront pas vêtus d'une manière modeste, et qui n'auront pas les cheveux courts comme les Romains, soient séparés de l'église. La même peine est ordonnée contre les femmes des portiers et des autres clercs inférieurs qui paraîtront sans être voilées. Le 7° veut que tous les clercs, à la réserve de ceux qui seront esclaves, assistent à l'office du soir et du matin. Il est dit dans le 8° que si un clerc s'est rendu caution de quelque somme que ce soit pour un païen, et que ce païen, ayant de quoi payer, cache son bien pour ne pas acquitter lui-même sa dette, le clerc donnera la somme dont il a répondu ; et que si pour s'en dispenser il s'engage à un duel avec ce païen, il sera exclu de l'Eglise.

Le 9° défend toute fréquentation suspecte entre les moines et les vierges, ne voulant pas qu'ils séjournent ensemble dans une même hôtellerie, ni qu'ils courent les campagnes dans un même chariot.

Le 10° est contre les clercs négligents à s'acquitter de l'office divin, et contre ceux qui portaient les cheveux longs. On les exclut de l'Eglise, s'ils ne se corrigent.

Le 11° punit d'excommunication celui qui reçoit un clerc excommunié.

Le 12° défend de recevoir l'aumône d'un chrétien excommunié. La même chose est ordonnée dans le 13°, à l'égard des païens qui voudraient offrir quelque chose à l'église.

Le 14° ordonne une année de pénitence pour les crimes d'homicide, de fornication, et autant pour ceux qui consultent les aruspices.

Le 15° ordonne six mois de pénitence pour un voleur, dont il devait jeûner vingt jours, et ne mangeant que du pain.

Le 16° veut qu'on anathématise un chrétien qui croit être sorcier ou qui affecte de l'être, et défend de le recevoir dans l'église, jusqu'à ce qu'il ait fait pénitence.

Le 17° excommunie les vierges qui se sont mariées après avoir fait à Dieu vœu de virginité ; mais il leur accorde la pénitence, à condition qu'elles se sépareront de leur adultère, et qu'à l'avenir elles ne demeureront plus avec lui dans une même maison, ou une même métairie.

Le 18° refuse l'entrée de l'église, même la nuit de Pâques, à un excommunié, jusqu'à ce qu'il soit admis à la pénitence.

Le 19° et le 22° déclarent excommuniée une femme qui quitte son mari pour en épouser un autre ; et un père même, s'il a consenti à cet adultère.

Le 20° prive de la communion le chrétien qui refuse de payer ce qu'il doit, jusqu'à ce qu'il ait satisfait.

Le 21° porte que, si un chrétien, ayant un procès contre un autre chrétien, l'appelle devant les juges civils, au lieu de remettre l'examen de sa cause à l'Eglise, il sera séparé de la communion.

Le 23° porte que, si un prêtre bâtit une église, il ne pourra y offrir le sacrifice qu'après avoir appelé l'évêque pour la consacrer.

Le 24° défend à un étranger, qui vient s'établir en un lieu, de baptiser, d'offrir, de consacrer et même de bâtir une église, avec la permission d'un prince païen, sans avoir auparavant reçu celle de l'évêque.

Le 25° nous apprend que l'évêque allait passer quelque temps en chaque église : c'est pourquoi il ordonne que ce que les fidèles auront donné durant ce temps-là appartiendra, suivant l'usage ancien, à l'évêque, ou pour ses propres besoins, ou pour ceux des pauvres, selon qu'il le jugera à propos.

Le 26° ajoute que, si un clerc se les approprie, il sera séparé de l'Eglise, comme amateur d'un gain sordide.

Le 27° défend à un clerc, sous peine d'être privé de la communion, de faire aucune fonction dans le lieu où il vient s'établir, s'il n'en a auparavant obtenu la permission de l'évêque.

Le 28° déclare que les clercs qui seront séparés de la communion prieront chez eux en particulier, et non avec d'autres, et qu'ils ne pourront ni offrir ni consacrer, jusqu'à ce qu'ils aient satisfait par la pénitence.

Le 29° ordonne un jeûne de quarante jours pour tous ceux qui demanderont le baptême, et ne veut pas qu'on le leur administre avant ce temps.

Le 30° permet à un évêque d'offrir le sacrifice le jour du dimanche, lorsqu'en ce jour il se trouvera hors de son diocèse ; mais il lui défend de faire aucune ordination sans la permission du diocésain.

Le 31° veut qu'on regarde comme homicide et comme excommunié un clerc qui en emploie un autre pour tuer son ennemi.

Le 32° ordonne que si un ecclésiastique veut racheter des captifs, il le fera avec son propre argent, et ne les enlevera pas pour les faire échapper; ce qui faisait passer les clercs pour des voleurs, et déshonorait l'Eglise.

Le 33° défend à ceux qui viendront de la Grande-Bretagne de s'habituer dans le pays, et d'exercer leurs fonctions, sans une lettre de leur évêque.

Le 34° porte que, si un diacre quitte son abbé pour s'en aller dans une autre paroisse, il n'y pourra servir à l'autel; mais que son curé ou son abbé (car il paraît que c'était la même chose) l'obligera de revenir à son église. On ordonne le même traitement pour un moine sorti de son monastère sans la permission de son abbé. Les canons de ce concile sont adressés aux prêtres, aux diacres et à tout le clergé. Ils ne portent en tête que les noms de saint Patrice et de deux autres évêques, l'un nommé *Auxilius*, et l'autre *Jeserninus*.

Le second concile que l'on attribue à saint Patrice ne porte en tête ni son nom ni celui d'aucun évêque. Il y a même un canon dont le prescrit est contraire à la conduite que ce saint gardait envers les filles qui voulaient consacrer à Dieu leur virginité. Il les recevait malgré leurs parents; au lieu que le canon qui est le 27° demande le consentement du père pour recevoir une vierge. Jacques Warrée rapporte aussi neuf canons tirés des Opuscules de saint Patrice, dont le 5° porte que le mari d'une femme adultère n'en pourra épouser une autre du vivant de la première. Ce qui contredit formellement le 26° et le 28° canons du deuxième concile attribué à saint Patrice. On ne peut donc rien décider sur le lieu, ni sur le temps de ce concile; mais on ne peut douter qu'il ne soit très-ancien, puisque les païens étaient encore très-communs dans le pays, comme il paraît dans le 2° canon. Il y en a trente et un en tout. La plupart paraissent être des réponses sur diverses difficultés que l'on avait proposées aux évêques assemblés en concile.

Le 1er défend toute communication avec les pécheurs, c'est-à-dire apparemment avec ceux qui étaient excommuniés pour leurs crimes.

Le 2° dit que l'on doit se contenter, dans la nécessité, de recevoir des païens la nourriture et le vêtement; comme la mèche de la lampe ne prend de l'huile qu'autant qu'il en est besoin pour l'entretenir.

Le 3° dit que l'abbé doit examiner soigneusement à qui il donne le pouvoir de lier et de délier. Il préfère une pénitence moins longue, mais accompagnée des marques d'un sincère repentir, à une plus longue, mais plus tiède et plus languissante.

Le 4° porte que l'on ne doit point donner de malédiction à un excommunié, mais l'éloigner de la communion, de la table, de la messe et du baiser de paix, et l'éviter, après une correction, si c'est un hérétique.

Le 5° propose l'exemple de Judas, qui fut condamné après avoir été admis à la table du Sauveur, et celui du bon larron, reçu dans le paradis après le supplice de la croix, pour montrer que l'on ne doit juger de personne, avant le jour du jugement.

Le 7° défend de rebaptiser ceux qui ont reçu le symbole, de qui que ce soit qu'ils l'aient reçu, de même que la semence n'est point souillée par l'impureté de celui qui sème. Mais il déclare que ce n'est point les rétablir que de leur donner ce sacrement, quand ils n'ont point reçu ce symbole; qu'à l'égard des apostats, il faut les recevoir par l'imposition des mains. Ce canon rappelle les anciennes ordonnances de l'Eglise sur ce sujet.

Le 8° observe que l'Eglise n'est point établie pour défendre les coupables, mais qu'il est bon de persuader aux magistrats de se contenter de faire mourir par l'épée de la pénitence ceux qui se réfugient dans le sein de l'Eglise.

Le 9°, en laissant espérer le pardon aux ministres de l'Eglise qui sont tombés dans quelque péché canonique, leur ôte toute espérance de faire à l'avenir les fonctions de leur ministère; mais il consent à ce qu'ils en conservent le titre. Le texte des autres canons est si corrompu par la négligence des copistes, qu'on a peine à en prendre le sens.

Le 11° regarde comme essentiel à la pénitence, de cesser d'aimer le péché.

Le 12° déclare que ceux qui, pendant leur vie, ne se sont pas rendus dignes de participer au sacrifice n'y pourront trouver du secours après leur mort.

Le 14° dit que les novatiens s'abstenaient pendant toute l'année, mais que les chrétiens ne jeûnaient qu'en certains temps.

Le 15° dit qu'on doit, à l'exemple du Sauveur, instruire le peuple auquel on est envoyé; mais le quitter, si on lui devient inutile, étant permis, en ce cas, de se taire et de se cacher. Au contraire, si l'on peut faire du fruit, il faut se montrer et instruire le peuple, quelque danger qu'il y ait.

Le 16° déclare nulles les ordinations des évêques qui ne sont pas faites conformément à ce que l'Apôtre prescrit sur ce sujet.

Le 17° ordonne que les moines vivront dans la solitude, sans richesses temporelles, sous la puissance de l'évêque ou de l'abbé, et qu'ils éviteront en toutes choses ce qui est au delà du nécessaire, étant appelés à souffrir le froid, la nudité, la faim, la soif, les veilles, les jeûnes. Il semble fixer l'âge de la profession à vingt ans, afin qu'on s'engage à une vie parfaite en un âge parfait. Il y a dans le texte: *A viginti annis debet unusquisque constringi*; mais Wilkins croit qu'il faut lire *a virginis annis*.

Le 18° établit la différence des degrés de mérite dans les clercs, dans les moines, dans les vierges, dans les veuves, dans les laïques fidèles.

Le 19° prescrit huit jours pour le catéchuménat, au bout desquels les catéchumènes doivent recevoir le baptême, aux solennités de Pâques, de la Pentecôte et de l'Epiphanie.

Le 22° dit que celui-là ne peut être regardé comme fidèle qui ne communie pas la nuit de Pâques.

Le 23e paraît défendre le serment par tout autre nom que celui de Dieu.

Le 25e défend d'épouser la femme de son frère; la raison qu'il en donne, c'est que cette femme n'ayant été qu'une seule chair avec son mari, elle est la sœur du frère de ce mari.

Le 26e et le 28e semblent permettre un second mariage aux personnes séparées pour cause d'adultère, et regarder le premier mariage dissous par ce crime, comme il l'est par la mort. *Lab. tom.* III; *Wilkins, Concil. Angl. tom.* I. *Hist. des aut. sacr.*

IRLANDE (Concile tenu en), l'an 795. Nous ne connaissons ce concile que par une citation qu'en fait l'abbé Duguet, dans sa trente-septième Dissertation, qui a pour objet le 1er et le 2e canon du concile d'Ancyre. Après avoir démontré que l'usage n'était pas d'admettre les ecclésiastiques à la pénitence publique, il ajoute : « Un concile d'Hibernie, tenu l'an 795, au commencement du pontificat de Léon III, en tire une raison du scandale que causerait parmi le peuple la vue d'un prêtre en pénitence : *Sacco indutus*, dit-il, *humo adhæreat, die ac nocte jugiter omnipotentis Dei misericordiam imploret; tamen in publicum non procedat, ne grex fidelis in eo scandalum patiatur : nec enim debet sacerdos publice pœnitere, sicut laicus.* » *Confér. eccl., t.* II, p. 79.

IRLANDE (Concile d'), l'an 1097. Il nous reste de ce concile une lettre écrite au nom du roi Murcherrach, du clergé et du peuple de cette île, à saint Anselme, archevêque de Cantorbéry, pour l'engager à ériger l'Eglise de Waterford en évêché. *Labb.* X; *Angl.* I.

IRLANDE (Concile d'), l'an 1152. *Voy.* MELLIFONT.

IRLANDE (Concile d'), l'an 1186. *Voy.* DUBLIN.

ISCHIA (Synode diocésain d'). *Isclanensis*, les 13, 14 et 15 avril 1599, sous Inigo de Avalos. Les règlements qui y furent faits avaient pour objet les sacrements et quelques autres parties de la discipline ecclésiastique. *Decreta et constit. synod. diœces. Ischian.*, *Romæ*, 1599.

ISLE (Concile d'). *Voy.* LILLE.

ISSOUDUN (Concile d'), près de Bourges, *Exolidunense*, l'an 1081. Ce concile se tint le 18 mai, sous la présidence des légats Hugues de Die et Amé d'Oléron. On y excommunia les clercs d'Issoudun, pour n'avoir pas reçu processionnellement le second de ces deux légats. *Labb.* X.

ISTRIE (Conciliabule d'), l'an 591. Ce furent les évêques schismatiques et amis des trois chapitres qui tinrent ce faux concile, et qui écrivirent à l'empereur Maurice pour le prier de faire cesser les poursuites du pape saint Grégoire contre le patriarche Sévère, assurant qu'il irait lui-même plaider sa cause à Constantinople, dès que l'état des affaires d'Italie le permettrait. Mansi fait voir que le P. Pagi se trompe en confondant ce concile avec celui de Marano, tenu l'année précédente; puisque celui de Marano précède le concile de Rome, tenu au mois de décembre de l'an 590, et que celui d'Istrie, dont il s'agit ici, se tint après celui de Rome, et en conséquence de la citation de Sévère par le pape saint Grégoire. *Mansi, Suppl. t.* I, col. 457.

ITALIE (Concile d'), l'an 255, ou 251 selon Mansi. On place à peu près à cette époque un concile tenu en Italie, sous le pape Corneille, dans la cause de Novatien. *Reg. t.* I.

ITALIE (Concile d'). ITALICUM, l'an 381. Saint Ambroise fut le président de ce concile, qui pourrait bien avoir été tenu dans la ville de Milan même, dont il était évêque. Les Pères de ce concile se laissèrent surprendre par les artifices de Maxime le Cynique, chassé du siége de Constantinople, qu'il avait usurpé du temps de saint Grégoire de Nazianze. Ce saint docteur ayant quitté le siége patriarcal de cette ville, et Nectaire lui ayant succédé, Maxime vint se présenter à ce concile, qui le reconnut pour légitime patriarche de Constantinople, et regarda Nectaire comme intrus. Les Pères du concile condamnèrent aussi les apollinaristes, et écrivirent deux lettres à l'empereur Théodose le Grand. *Edit. Venet. tom.* II.

ITALIE (Concile d'), l'an 405. Ce fut le pape Innocent Ier qui convoqua ce concile, peut-être à Rome, et qui y présida. Les évêques d'Italie qui s'y trouvèrent écrivirent à Honorius, empereur d'Occident, pour le prier de demander à son frère Arcade, empereur d'Orient, d'assembler un concile à Thessalonique, dans la cause de saint Jean Chrysostome, exilé pour la seconde fois. Honorius écrivit en effet à son frère, selon les vœux du concile; et sa lettre lui fut portée par cinq évêques, deux prêtres et un diacre de l'Eglise romaine. C'est ce que nous apprend Pallade, dans son *Dialogue de la vie de saint Jean Chrysostome. Mansi, Suppl.* c. 285.

ITALIE (Concile d'), l'an 885. Le pape Adrien III tint ce concile, et y confirma par une bulle la fondation du monastère de Saint-Sixte de Plaisance, nouvellement construit par Engilberge, épouse de l'empereur Louis II. *Mansi, t.* I, col. 1041.

ITALIE (Concile d'), l'an 886. Au sujet des biens de l'église de Saint-Martin de Tours. *Martene, in Thes. t.* IV.

ITALIE (Concile d'), vers l'an 1000. On assembla dans ces temps divers conciles, dont nous ne savons que ce qui en est rapporté par Glaber Rodulfe, moine de Saint-Germain d'Auxerre, qui écrivait dans le XIe siècle. Il y fut défendu aux évêques d'ordonner des jeûnes entre l'Ascension et la Pentecôte, excepté la veille de cette dernière fête ; mais on permit les jeûnes de dévotion. On y fit quelques plaintes contre les moines de ce qu'ils chantaient le *Te Deum* les dimanches d'Avent et de Carême, contre l'usage de l'Eglise romaine; et sur ce qu'ils répondirent, qu'ils suivaient en cela la règle de saint Benoît, approuvée par le pape saint

Grégoire, on les laissa dans leur usage. *Glaber, l.* III, *c.* 3, *p.* 27.

ITALIE (Concile d'), l'an 1038. Ce concile, qui fut peut-être tenu à Rome, eut pour objet le démêlé d'Aribert, archevêque de Milan, avec l'empereur Conrad le Salique. Ce prélat ayant été accusé de révolte dans l'assemblée de Salone, répondit insolemment, loin de tâcher de satisfaire l'empereur, qui pour cette raison le fit mettre sous la garde du patriarche d'Aquilée. Le pape Benoît IX assembla donc un concile à ce sujet l'an 1038, et y déposa Aribert, après l'avoir excommunié. *L'Annaliste saxon, ad hunc ann. Mansi, tom.* I, *col.* 1265.

J

JACCA (Concile de), *Jaccetanum,* l'an 1060 ou 1063. Ramire, roi d'Aragon, assista à ce concile, tenu dans ses Etats. On y fit plusieurs règlements de discipline; et l'on y abolit le rit gothique, pour suivre le romain. On y transféra aussi dans cette ville le siége épiscopal, pour tout le temps que la ville d'Huesca, où jusqu'alors avait résidé l'évêque du diocèse, serait occupée par les Maures. *Labb. t.* IX.

JASSI (Concile de), l'an 1642. *Voy.* GIAS.

JACQUES (Concile de SAINT-) de Compostelle, l'an 938. Dans ce concile, composé de huit évêques, l'abbé Césaire fut élu archevêque de Tarragone; mais sur l'opposition que formèrent l'archevêque de Narbonne et les évêques d'Espagne, ses suffragants, le prélat élu fit appel au saint-siége. *D'Aguirre, t.* III.

JAUMES (Concile des SAINTS-), l'an 859. Ce concile fut tenu dans l'abbaye des Saints-Jumeaux, vulgairement Saint-Jeame ou Saints-Jaumes, près de Langres, en présence du roi Charles le Jeune, fils de l'empereur Lothaire. Remy, archevêque de Lyon, et Agilmar de Vienne, y présidèrent, assistés d'Ebbon de Grenoble et de plusieurs autres évêques. On y fit seize canons, dont les six premiers sont les mêmes que les six de Valence sur la prédestination, si ce n'est que dans le quatrième il n'est rien dit des quatre articles du Quercy. Les canons de ce concile furent renouvelés dans celui de Toul ou de Savonières, dont ils font partie dans la Collection générale des conciles.

SAINT JEAN DE LA PEGNA (Concile de). *Voyez* PEGNA.

JÉRUSALEM (1er Concile de), *Hierosolymitanum,* l'an 33 de Jésus-Christ. « Pendant ces jours-là, Pierre se leva au milieu des frères, qui étaient tous ensemble environ cent vingt, et il leur dit : « Mes frères, il faut que ce que le Saint-Esprit a prédit dans l'Ecriture, par la bouche de David, touchant Judas, qui a été le conducteur de ceux qui ont pris Jésus, soit accompli. Il nous était associé, et il avait été appelé aux fonctions du même ministère. Mais il a acquis un champ du prix de son péché; et s'étant pendu, il a crevé par le milieu du ventre; et toutes ses entrailles se sont répandues. Ce qui a été si connu des habitants de Jérusalem, que ce champ a été nommé en leur langue Haceldama, c'est-à-dire le champ du sang. Car il est écrit dans le livre des Psaumes : *Que leur demeure devienne déserte; qu'il n'y ait personne qui l'habite, et qu'un autre prenne sa place dans l'épiscopat.* Il faut donc qu'entre ceux qui ont été en notre compagnie pendant que le Seigneur Jésus a vécu parmi nous, à commencer depuis le baptême de Jean, jusqu'au jour où il a été enlevé du milieu de nous, on en choisisse un qui soit avec nous témoin de sa résurrection. » Alors ils en présentèrent deux : Joseph appelé Barsabas, surnommé le Juste, et Matthias. Et se mettant en prières, ils dirent : « Seigneur, vous qui connaissez les cœurs de tous les hommes, montrez-nous lequel de ces deux vous avez choisi pour remplir ce ministère et l'apostolat dont Judas est déchu par son crime, pour s'en aller en son lieu. » Alors ils les tirèrent au sort, et le sort tomba sur Matthias; et il fut associé aux onze apôtres. »

Tel est le récit que fait saint Luc (*Act. Apost. c.* 1) de ce premier concile tenu par les apôtres. Saint Pierre y préside : il parle le premier, comme celui que l'affaire regardait principalement, et qui avait reçu de Jésus-Christ la garde de tout le troupeau. Cependant, comme le remarque saint Chrysostome, il permet à la multitude de faire le choix elle-même, afin de lui rendre plus vénérables ceux qu'elle choisirait, et de se mettre lui-même à l'abri de la critique. Les suffrages de l'assemblée se trouvant partagés entre deux sujets, également dignes de cet honneur, il n'y a plus que le sort, dirigé par la main de Dieu, qui décide de la préférence à donner à l'un sur l'autre. C'est donc à tort, comme le croit Cabassut, que le Vén. Bède a taxé d'irrégularité la marche suivie en cette circonstance par les premiers chrétiens : aucune loi naturelle ni positive ne s'oppose à ce que le sort décide, même pour les plus saintes fonctions, entre deux sujets également dignes de les remplir.

L'histoire de ce premier concile de Jérusalem fait voir en même temps qu'il faut remonter jusqu'à cette époque pour trouver l'origine de l'usage de procéder aux élections, en fait de dignités ecclésiastiques, par les suffrages réunis du clergé et du peuple. Le terme grec, συγκατεψηφίσθη, rendu dans la Vulgate par *annumeratus est* (v. 26), indique clairement que c'est par la communauté des suffrages de l'assemblée que saint Matthias prit rang parmi les apôtres. *Act. Apost.* I ; *Labb.* I; *Cabass. Notit. Conc.; S. Chrys. in Act. Apost.*

JÉRUSALEM (2e Concile de), l'an 33. « En ce temps-là, le nombre des disciples se multipliant, il s'éleva un murmure des Juifs grecs contre les Juifs hébreux, de ce que leurs veuves étaient méprisées dans la dispensation de ce qui se donnait chaque jour. C'est pourquoi les douze ayant assemblé tous les disciples, leur dirent : « Il n'est pas juste que nous quittions la parole de Dieu, pour avoir soin des tables. Choisissez donc, ô nos frères, sept hommes d'entre vous, d'une probité reconnue, pleins de l'Esprit-Saint et de sagesse, à qui nous puissions confier cet emploi. Et pour nous, nous nous appliquerons entièrement à la prière et à la dispensation de la parole. » Ce discours plut à toute l'assemblée, et ils élurent Etienne, homme plein de foi et du Saint-Esprit, Philippe, Procore, Nicanor, Timon, Parménas et Nicolas, prosélyte d'Antioche. Ils les présentèrent aux apôtres, qui, après avoir fait des prières, leur imposèrent les mains. »

Ainsi furent ordonnés les premiers diacres, au nombre de sept, conformément à la divine hiérarchie, où sept anges nous sont représentés comme continuellement présents devant le trône de Dieu. Les diacres élus en cette circonstance paraissent par leurs noms avoir été tous grecs, sans doute pour faire droit aux murmures qui pouvaient être fondés en justice. Mais, outre le choix que l'assemblée avait fait d'eux, il leur fallait l'institution et l'imposition des mains des apôtres, et cette circonstance essentielle n'est pas omise non plus par l'historien sacré. Quoique le besoin de pourvoir au service des tables ait servi d'occasion à l'établissement, il ce pendant ne se bornait pas l'objet de leur ministère. La solennité même de leur institution, avec l'imposition des mains, démontre que le but en était plus relevé. Ils étaient surtout chargés de servir les apôtres dans les mystères qu'ils célébraient, et de distribuer la communion aux fidèles. Les prédications d'Etienne, le premier d'entre eux, le baptême de l'eunuque éthiopien par le diacre Philippe, et d'autres faits de ce genre, démontrent que dès lors les fonctions de diacre étaient autant des offices de religion que des emplois de charité. *Ibid.*

JÉRUSALEM (III° Conc. de), *Hierosolymitanum*, l'an 49, 50 ou 51 de Jésus-Christ. Pendant le séjour que saint Paul et saint Barnabé firent à Antioche, après avoir visité les Eglises où ils avaient annoncé l'Evangile, quelques-uns des frères venus de Judée y excitèrent un trouble considérable, disant que l'on ne pouvait être sauvé sans la circoncision et l'observation de la loi de Moïse. L'hérétique Cérinthe était le chef de cette sédition. Saint Paul et saint Barnabé s'élevèrent fortement contre eux, soutenant que Jésus-Christ était venu affranchir les siens de cette servitude, et que sa grâce ne servirait de rien à ceux qui regarderaient la circoncision comme nécessaire. Dans cette difficulté on résolut qu'ils iraient à Jérusalem avec quelques-uns des frères consulter les apôtres et les prêtres sur cette question. Ils prirent Tite avec eux, et traversèrent la Phénicie et la Samarie, où ils donnèrent beaucoup de joie à tous les frères, en leur racontant la conversion des gentils. Etant arrivés à Jérusalem, ils furent bien reçus par les apôtres, les prêtres et toute l'Eglise; mais ils y trouvèrent les mêmes troubles qui agitaient l'Eglise d'Antioche; car quelques chrétiens qui avaient été de la secte des pharisiens soutenaient qu'il fallait circoncire les gentils, et leur ordonner de garder la loi de Moïse. Nous mettons ce second voyage de saint Paul à Jérusalem en l'an 50 ou 51, fondé sur ce qu'il dit lui-même dans l'Epître aux Galates, que trois ans après sa conversion, arrivée l'an 34 de Jésus-Christ, il vint à Jérusalem pour visiter saint Pierre, et que quatorze ans après il revint en cette ville par révélation divine.

Ce fut donc l'an 50 ou 51, dit D. Ceillier, que les apôtres s'assemblèrent pour examiner la matière qui causait du trouble entre les fidèles des Eglises de Jérusalem et d'Antioche. Dans ce premier concile de l'Eglise il y avait cinq apôtres, saint Pierre, leur chef, saint Jean, saint Jacques, saint Paul et saint Barnabé. Il y avait aussi d'autres frères, et il semble même que toute l'Eglise de Jérusalem y fut appelée. Après qu'ils eurent beaucoup conféré ensemble sur la difficulté proposée, saint Pierre se leva et leur dit : *Mes frères, vous savez que depuis longtemps Dieu m'a choisi d'entre nous pour faire entendre par ma bouche l'Evangile aux gentils et le leur faire embrasser : et Dieu, qui connaît les cœurs, a rendu témoignage à leur foi, leur donnant le Saint-Esprit comme à nous, sans distinction. Pourquoi donc tentez-vous Dieu, imposant aux disciples un joug que ni nos pères ni nous n'avons pu porter? Mais nous espérons être sauvés par la grâce de Notre-Seigneur Jésus-Christ, aussi bien qu'eux.* Toute la multitude étant demeurée en silence après le discours de saint Pierre, saint Paul et saint Barnabé racontèrent les miracles et les prodiges que Dieu avait faits par eux chez les gentils. Saint Jacques prit ensuite la parole, et confirma par le témoignage des prophètes tout ce que saint Pierre avait dit de la vocation des gentils; et jugea que l'on ne devait point inquiéter ceux d'entre eux qui se convertissaient à Jésus, mais leur écrire seulement qu'ils s'abstinssent de ce qui avait été offert aux idoles, de la fornication, des chairs étouffées et du sang ; afin de leur apprendre à honorer la loi, et que ces observations communes à la Synagogue et à l'Eglise servissent comme de lien pour unir ensemble les deux peuples, les Juifs et les gentils. Saint Jacques ne dit rien des Juifs, n'étant pas nécessaire de leur faire la même défense qu'aux gentils, parce qu'il les supposait assez instruits par la loi de Moïse, qu'on lisait chaque jour de sabbat dans les synagogues.

L'avis de saint Pierre et de saint Jacques fut suivi, et il fut résolu par les apôtres et les prêtres avec toute l'Eglise, d'envoyer à Antioche, avec Paul et Barnabé, deux hommes choisis et des principaux d'entre les frères, Judas, surnommé Barsabas, et Silas, qu'ils chargèrent de la lettre du concile adressée aux gentils convertis de la ville d'Antioche et des provinces de Syrie et de Cilicie.

Elle était conçue en ces termes : *Les apôtres, les prêtres et les frères, aux frères d'entre les gentils qui sont à Antioche, en Syrie et en Cilicie ; salut. Sur ce que nous avons appris que quelques-uns sortis d'entre nous vous ont dit, sans que nous leur en eussions donné la charge, des choses qui vous ont troublés, et qui tendaient à la ruine de vos âmes, nous avons résolu, étant assemblés, de choisir quelques personnes et vous les envoyer avec nos très-chers Barnabé et Paul, qui ont exposé leur vie pour le nom de Notre-Seigneur Jésus-Christ. Nous vous avons donc envoyé Judas et Silas, qui vous diront aussi de bouche la même chose. C'est qu'il a semblé bon au Saint-Esprit et à nous de ne vous imposer d'autres charges que celles-ci, qui sont nécessaires, de vous abstenir des viandes immolées aux idoles, du sang, des bêtes suffoquées, et de la fornication. Vous ferez bien de vous en garder. Adieu.*

La défense que le concile fait aux gentils de manger des viandes immolées aux idoles peut s'entendre en deux manières : la première, de n'en point manger dans le lieu même où on les offrait, parce que c'était être participant des sacrifices des démons que de manger à leur table; la seconde, de n'en point manger dans les repas ordinaires, lorsqu'il y a danger que l'on ne soit aux faibles une occasion de chute et de scandale. Mais il est permis, selon saint Paul, d'en manger chez un ami infidèle qui en fait servir sans avertir de quelle nature elles sont, ou lorsqu'on en achète au marché sans savoir qu'elles aient été immolées; et on ne doit pas même s'en enquérir : ce qui fait voir que les apôtres, en défendant aux gentils convertis de manger des viandes offertes aux idoles, ne prétendaient pas qu'elles fussent mauvaises par elles-mêmes, ou qu'elles eussent reçu quelque mauvaise impression par l'oblation qu'on en avait été faite aux démons. Mais la fornication fut défendue sans réserve par le concile, et il était nécessaire d'en avertir les gentils, parce que la plupart d'entre eux la comptaient pour rien. La religion des païens ne les éloignait d'aucune espèce de débauche : les lois civiles ne défendaient que l'adultère; mais elles permettaient d'entretenir des concubines et toléraient les femmes abandonnées au public : de plus, chacun pouvait user comme il lui plaisait de ses esclaves. Quant à la défense de manger du sang, et par conséquent de la chair des animaux étouffés, elle venait de plus haut que de la loi de Moïse, puisqu'elle avait été faite à Noé au sortir de l'arche : ainsi elle semblait regarder toutes les nations. Il est donc à croire que les apôtres voulurent laisser d'abord cette seule observance légale, assez facile, pour réunir les gentils avec les Israélites, et les faire souvenir de l'arche de Noé, figure de l'Eglise qui rassemble toutes les nations. A quoi il faut ajouter que l'on croyait que les faux dieux, c'est-à-dire les démons, se repaissaient du sang des victimes : c'est la raison que rend Origène de la défense de manger du sang et des viandes étouffées, observée scrupuleusement jusqu'à son temps; elle le fut encore longtemps depuis dans l'Eglise, comme on le voit par le concile de Gangres, les Novelles de l'empereur Léon, le concile d'Orléans, celui de Constantinople appelé *in Trullo*, la lettre du pape Zacharie à saint Boniface, archevêque de Mayence, le concile de Wormes sous Louis le Débonnaire, et par le témoignage du cardinal Humbert, qui, répondant aux calomnies des Grecs, dit que de son temps, c'est-à-dire dans le XIe siècle, on imposait une rude pénitence à ceux qui mangeaient des viandes étouffées ou du sang sans nécessité. Pierre, patriarche d'Alexandrie, justifie aussi l'Eglise latine sur le reproche que lui faisaient les Grecs d'avoir contrevenu en ce point à la défense des apôtres. Et une des choses que saint Othon, évêque de Bamberg, dans le XIIe siècle, prescrivit aux Poméraniens, qu'il venait de convertir, fut qu'ils s'abstiendraient de manger du sang et des animaux suffoqués. On ne s'en abstint pas si longtemps en Afrique, et saint Augustin remarque qu'on y tournait même en ridicule certaines personnes timorées qui faisaient difficulté d'en manger.

Tel fut le IIIe concile de Jérusalem, qui servit depuis de modèle à tous les autres assemblés pour des faits de dogme ou de discipline.

Une grande contestation, dit M. Rohrbacher, s'élève sur la doctrine à Antioche. Aussitôt elle est portée au lieu où était Pierre, le prince des apôtres, avec quelques-uns de ses collègues. Ils s'assemblent avec les prêtres ou anciens. Quels étaient ces anciens ou prêtres? Saint Luc nous l'a fait connaître précédemment, lorsqu'il a dit que saint Paul en ordonnait dans chaque église par l'imposition des mains, accompagnée de prières et de jeûnes. On voit que c'étaient des premiers pasteurs légitimement ordonnés. Suivant le sentiment le plus commun et le plus ancien, chacun des apôtres, et par conséquent leur chef aussi et surtout, avait le don d'infaillibilité. Mais il convenait de donner l'exemple aux conciles futurs. L'on commença donc par l'examen, et par la discussion, qui fut très-grande. Pierre parle, et tout le monde se tait. Pierre pose pour fondement la révélation qui lui a été faite sur la vocation des gentils. Paul et Barnabé racontent les suites merveilleuses de cette vocation. Jacques, évêque de Jérusalem, partant de la sentence de Pierre, la montre appuyée sur les prophètes, et en propose une application pratique, qui devait faciliter la réunion des deux peuples en un. Le décret du concile est le décret du Saint-Esprit et de l'Eglise; il est envoyé aux autres Eglises particulières, non plus pour y être examiné, mais pour y être exécuté. (*Voy.* aussi *le Mémorial catholique*, janvier 1846.)

JÉRUSALEM (IVe Concile ou synode de), l'an 56. Dans ce nouveau synode, saint Jacques, évêque de Jérusalem, qui y présida, et les anciens avec lui, engagèrent saint Paul, pour apaiser les chrétiens judaïsants, à pratiquer lui-même les purifications judaïques, et à ensevelir ainsi la Synagogue avec honneur ce que l'apôtre des gentils voulut bien faire par condescendance. *Act. apost.* XXI; *Labb.* I.

JÉRUSALEM (Concile provincial de), l'an 197. *Voy.* PALESTINE, même année.

JÉRUSALEM (Conciliabule de), commencé le 13 septembre de l'an 335. — Les évêques du concile de Tyr se rendirent à Jérusalem, sur l'ordre de l'empereur, pour la dédicace de l'église du Saint-Sépulcre. Ils y trouvèrent, à leur arrivée, un grand nombre d'autres prélats que Constantin avait fait venir de toutes les provinces de l'Orient, pour rendre la cérémonie plus auguste. Comme la plupart de ces évêques tenaient au parti des ariens, ceux-ci jugèrent l'occasion favorable pour assembler un nouveau concile, et compléter leur ouvrage par le rétablissement d'Arius. Cet hérésiarque, bien qu'il eût été rappelé de son exil, était toujours sous le poids de l'excommunication prononcée contre lui par l'évêque d'Alexandrie et par le concile de Nicée. Mais lorsqu'il vit ses partisans en crédit et leur influence devenue toute-puissante, il vint à Constantinople avec le diacre Euzoius, et présenta à l'empereur une confession de foi équivoque, conçue en ces termes : « A Constantin, notre maître très-pieux et très-chéri de Dieu, Arius et Euzoius. Suivant vos ordres, seigneur, nous exposons notre foi, et nous déclarons par écrit devant Dieu que nous et ceux qui sont avec nous croyons en un seul Dieu, Père tout-puissant, et en Notre-Seigneur Jésus-Christ, son Fils, produit de lui avant tous les siècles, d'un Verbe par qui tout a été fait au ciel et sur la terre, qui est descendu, s'est incarné, a souffert, est ressuscité et monté aux cieux, et doit encore venir juger les vivants et les morts; et au Saint-Esprit. Nous croyons la résurrection de la chair, la vie éternelle, le royaume des cieux, et en une seule Eglise catholique de Dieu, étendue d'une extrémité à l'autre. C'est la foi que nous avons prise dans les saints Evangiles, où le Seigneur dit à ses disciples : *Allez, instruisez les nations, et baptisez-les au nom du Père, et du Fils, et du Saint-Esprit.* Si nous ne croyons pas ainsi et ne recevons pas véritablement le Père, et le Fils, et le Saint-Esprit, comme toute l'Eglise catholique, et comme l'enseignent les Ecritures, que nous suivons en toutes choses, Dieu est notre juge maintenant et au jugement dernier. C'est pourquoi nous vous supplions, très-pieux empereur, puisque nous sommes enfants de l'Eglise, et que nous tenons la foi de l'Eglise et des saintes Ecritures, de nous faire réunir à l'Eglise, notre mère, en tranchant toutes les questions et les paroles superflues, afin qu'étant en paix avec l'Eglise nous puissions tous ensemble faire les prières accoutumées pour la prospérité de votre empire et de votre famille. » Constantin se montra satisfait de cette profession de foi, quoiqu'elle ne renfermât pas le terme de consubstantiel ni aucun autre équivalent qui fût propre à exclure les interprétations impies, dont cet hérésiarque s'était servi pour cacher ses erreurs sous les expressions mêmes de l'Ecriture; et croyant qu'Arius était revenu sincèrement à la foi catholique, il le renvoya devant les évêques réunis à Jérusalem pour la dédicace, avec une lettre où il priait ces prélats de l'examiner, et de juger en sa faveur s'il leur paraissait orthodoxe.

Les évêques ariens, ravis de trouver cette occasion qu'ils cherchaient depuis longtemps, s'empressèrent de recevoir Arius à la communion de l'Eglise avec le diacre Euzoius et tous ceux de son parti, et ils écrivirent à l'Eglise d'Alexandrie et à toutes les Eglises du monde pour leur donner connaissance de ce jugement. Leur lettre synodale était conçue en ces termes : « Nous avons été comblés de joie par les lettres que l'empereur nous a écrites pour nous exhorter à bannir de l'Eglise de Dieu l'envie qui avait divisé depuis si longtemps les membres de Jésus-Christ, et de recevoir avec charité ceux du parti d'Arius. L'empereur rend témoignage à la pureté de leur foi, dont il est informé, non-seulement par divers rapports, mais encore par leur propre confession qu'il nous a envoyée avec ses lettres, et que nous avons tous reconnue pour orthodoxe et ecclésiastique. Nous croyons que cette réconciliation vous remplira de joie, lorsque vous recevrez vos frères, vos pères, vos propres entrailles; car il ne s'agit pas seulement des prêtres du parti d'Arius, mais de toute la multitude qui s'était séparée de vous à leur occasion. Et puisque vous ne pouvez douter qu'ils n'aient été reçus par ce saint concile, recevez-les avec un esprit de paix; d'autant plus que leur confession de foi montre clairement qu'ils conservent la tradition et la doctrine apostoliques universellement reçues par toutes les Eglises du monde. »

Outre la lettre synodale, les évêques assemblés en écrivirent une particulière à l'Eglise d'Alexandrie, pour lui apprendre la déposition d'Athanase, son patriarche.

Les évêques du prétendu concile de Jérusalem songèrent ensuite à déposer Marcel d'Ancyre, métropolitain de Galatie, qui avait refusé de souscrire à la condamnation de saint Athanase, prononcée par les évêques réunis à Tyr, et d'assister à leur conciliabule de Jérusalem, pour ne point prendre part à la réception d'Arius. Mais, après l'avoir cité à comparaître devant eux, ils furent obligés de se séparer sur les ordres de Constantin, pour aller lui rendre compte à Constantinople du jugement qu'ils avaient prononcé contre saint Athanase.

JÉRUSALEM (Concile de), l'an 349, ou 35o selon Noël Alexandre, ou 346 selon Mansi Saint Athanase, ayant eu permission de revenir à Alexandrie par suite des démarches que l'empereur Constant fit en sa faveur auprès de son frère Constance, passa par Jérusalem, et persuada à Maxime, qui en était évêque, d'assembler le concile de sa province. Les évêques, réunis au nombre de seize, tant de la Palestine que de la Syrie, reconnurent l'innocence de saint Athanase, et lui rendirent la communion ecclésiastique et sa première dignité. Le concile écrivit au peuple d'Alexandrie et aux évêques de Syrie et d'Egypte, pour les informer de ce qui avait été résolu au sujet d'Athanase. Nous n'avons plus que la lettre au peuple d'Alexandrie, qui est en même temps pour les fidèles d'Egypte et de Libye. Elle est pleine de témoignages de joie et de reconnaissance envers Dieu, pour le retour inespéré de saint Athanase, avec qui les évêques déclarent qu'ils sont en communion : ils invitent les fidèles à prier pour la prospérité des très-pieux empereurs qui lui ont rendu justice, et l'ont rappelé à son siège d'une manière fort honorable. Cette lettre se termine par les souscriptions des seize évêques. *Sozom.* III, c. 22.

JÉRUSALEM (Conciliabule et concile de), l'an 350. Ce conciliabule, dont fait mention le P. Labbe, d'après le *synodicon* qu'il rapporte, aurait eu pour objet de déposer saint Maxime, et de mettre à sa place saint Cyrille, que les ariens auraient cru de leur parti. M. Rohrbacher dit au contraire : « Saint Maxime étant mort, le prêtre Cyrille lui succéda vers la fin de l'année 350. » D. Ceillier avait dit encore mieux : « Saint Maxime étant mort, ou ayant été déposé par les eusébiens l'an 350, saint Cyrille fut élu canoniquement pour lui succéder par les évêques de la province. C'est le témoignage que rendent à son élection les Pères du second concile de Constantinople, dans leur lettre au pape Damase et aux autres évêques d'Occident ; et ce témoignage suffit pour faire tomber toutes les calomnies que les ennemis de saint Cyrille inventèrent depuis pour rendre son élection suspecte. » Il est d'ailleurs absolument invraisemblable que saint Cyrille, déjà connu pour ses *Catéchèses*, ait pu passer dans l'esprit des ariens pour favoriser leur secte.

JÉRUSALEM (Concile de), l'an 399. Ce concile fut tenu par l'évêque Jean II, le même qui prit la défense d'Origène, et qui eut à son sujet de grandes contestations avec saint Épiphane et saint Jérôme. On trouve la lettre synodique de l'évêque Jean dans saint Jérôme, tom. I, col. 769, edit. Migne. On y voit aussi que ce concile de Jérusalem approuva la lettre synodique que Théophile, évêque d'Alexandrie, dressa dans le concile tenu la même année en cette ville.

JÉRUSALEM (Synode de), *Hierosolymitanum*, l'an 415. Jean, évêque de Jérusalem, présida à ce concile, ou pour mieux dire à ce synode, et il paraît même qu'il ne s'y trouva point d'autre évêque que lui. Entre les prêtres dont cette assemblée fut composée, on connaît Orose, Avite, Vital et Passérius. Le prêtre Orose, que saint Augustin avait envoyé à saint Jérôme, ayant raconté ce qui s'était passé en Afrique, touchant les hérésies de Pélage et de Célestius, on fit entrer Pélage, qu'Orose accusa en ces termes : « Pélage m'a dit qu'il enseignait que l'homme peut être sans péché et garder facilement les commandements de Dieu, s'il veut. » Pélage dit : « Je ne puis nier que je ne l'aie dit et que je ne le dise. » Orose ajouta : « C'est ce que le concile d'Afrique a détesté dans Célestius ; ce que l'évêque Augustin a rejeté avec horreur, comme vous venez de l'entendre ; ce qu'il condamne encore présentement dans la réponse qu'il fait aux écrits de Pélage ; ce que le bienheureux Jérôme, si célèbre par ses victoires sur les hérétiques, a aussi condamné depuis peu dans sa lettre à Ctésiphon, et ce qu'il réfute encore maintenant dans les dialogues qu'il compose. » L'évêque Jean, sans rien entendre de tout cela, voulait obliger Orose et ceux qui étaient contre Pélage à se déclarer ses accusateurs et à le poursuivre devant lui, comme évêque de Jérusalem ; mais tous répondirent plusieurs fois : « Nous ne sommes point les parties de Pélage ; nous vous déclarons seulement ce que ceux qui sont nos frères et nos pères ont jugé et ordonné sur cette hérésie qu'un laïque répand partout, de peur que sans que vous le sachiez il ne trouble les églises, et particulièrement la vôtre, sous la protection de laquelle nous sommes présentement. Comme Jean insistait toujours pour qu'ils se déclarassent les accusateurs de Pélage, ils continuèrent de répondre qu'ils étaient enfants de l'Eglise, et non pas docteurs des docteurs, ni juges des juges ; qu'ils ne pouvaient que suivre ceux qui étaient en vénération dans toute l'Église, et condamner ce qu'ils avaient condamné comme mauvais.

On disputa longtemps, et Jean voulut taxer Orose de dire que Dieu avait fait la nature des hommes mauvaise. Ensuite, comme on accusait Pélage d'enseigner que l'homme peut, s'il le veut, être sans péché, l'évêque Jean l'ayant interrogé sur ce point, il répondit : « Je n'ai pas dit que l'homme est impeccable par sa nature ; mais j'ai dit que celui qui voudra travailler pour ne point pécher a reçu ce pouvoir de Dieu. » Alors quelques-uns murmurèrent de cette réponse, et dirent que Pélage prétendait que l'on pouvait être parfait sans la grâce de Dieu. L'évêque Jean les reprit, et dit : « l'Apôtre même témoigne qu'il travaille beaucoup, non selon sa force, mais selon la grâce de Dieu. » Comme les assistants continuaient à murmurer, Pélage dit lui-même : « C'est ce que je crois aussi : anathème à quiconque dit que, sans le secours de Dieu, l'homme peut avancer dans toutes sortes de vertus. » Jean, ne pénétrant pas les déguisements de Pélage, dit alors : « S'il disait que l'homme eût ce pouvoir sans le secours de Dieu, il serait condamnable. Vous autres, que dites-vous ? Niez-vous le secours de Dieu ? » Orose répondit : « Anathème à celui qui nie le secours de Dieu. Pour moi je ne le nie pas, et c'est au contraire pour cela que je condamne les hérétiques. » Comme Orose parlait en latin, et l'évêque Jean en grec, ils ne s'entendaient que par un interprète qui souvent rendait les choses en des sens tout différents, comme il en fut plus d'une fois convaincu. Orose, voyant donc que cet interprète brouillait tout, et que l'évêque Jean était si peu favorable, s'écria : « L'hérétique est Latin, nous sommes Latins : il faut renvoyer à des juges latins cette hérésie, qui est plus connue chez les Latins. L'évêque Jean veut s'ingérer à juger sans accusateurs, étant lui-même suspect. » Orose fut soutenu par quelques-uns de l'assemblée, qui protestèrent qu'on ne pouvait pas être tout à la fois avocat et juge. Ainsi, après diverses contestations, Jean conclut, suivant la demande d'Orose, que l'on enverrait des députés et des lettres au pape Innocent, et que tous suivraient ce qu'il aurait décidé. Cependant il imposa silence à Pélage, défendant en même temps à ses adversaires de lui insulter, comme s'il eût été convaincu d'hérésie. Tous consentirent à cet accord, rendirent solennellement grâces à Dieu, se donnèrent mutuellement la paix, et pour la confirmer firent ensemble l'oraison avant de se séparer. *D. Ceill.*

JÉRUSALEM (Concile de), l'an 453. Ce concile fut tenu par les évêques des trois Palestines, et présidé par Juvénal, évêque de Jérusalem. Ce prélat assista au concile de Chalcédoine en 451, dont il obtint les droits patriarcaux pour son Eglise. Mais pendant son absence un moine, nommé Théodose, zélé partisan de l'hérésiarque Eutychès, s'empara du siége de Jérusalem, et le garda en brigand pendant vingt mois. L'empereur Marcien rétablit Juvénal, qui assembla ce concile pour la conservation de la foi. Irénée de Césarée, Paul de Parale et plusieurs autres s'y trouvèrent : ils écrivirent une lettre synodique aux prêtres, aux abbés et à tous les moines de la Palestine, pour détruire les calomnies que Théodose avait répandues contre le concile de Chalcédoine. *Oriens Christ., tom.* II, *pag.* 1444; *Tillemont. tom.* XV, *pag.* 755.

JÉRUSALEM (Concile de), l'an 518. Ce concile fut composé de trente-trois évêques des trois Palestines, et tenu le 6 août. On y condamna les sévériens et les eutychéens; on y reçut le concile de Chalcédoine; et tout ce qui avait été fait par le concile de Constantinople, du 15 juillet de la même année, y fut confirmé. *Labb.* IV.

JÉRUSALEM (Concile de), l'an 536. Mennas de Constantinople ayant envoyé les actes de son concile à Pierre, évêque de Jérusalem, celui-ci assembla un concile le 19 septembre de la même année, et l'on y confirma tout ce qui avait été fait dans le concile de Constantinople. *Voy.* CONSTANTINOPLE, l'an 536.

JÉRUSALEM (Concile de), l'an 553. On y reçut le cinquième concile général, tenu à Constantinople cette même année contre les erreurs d'Origène et les trois chapitres. Il n'y eut qu'Alexandre, évêque d'Abyle, qui refusa de le recevoir, et qui, pour ce sujet, fut déposé de l'épiscopat. *Labb.* V.

JÉRUSALEM (Concile de), l'an 634. Il était composé des évêques de Palestine, présidés par le patriarche saint Sophrone. Ce fut de ce concile que ce saint prélat, zélé défenseur de la foi catholique contre le monothélisme, écrivit sa belle lettre synodale, pour donner avis de son élection au patriarcat. Il prouve dans cette lettre les deux volontés et les deux opérations en Jésus-Christ. *Oriens Christ., t.* XI.

JÉRUSALEM (Concile de), l'an 726. Dans ce concile, Théodore, évêque de Jérusalem, ordonna l'inscription dans les diptyques des six conciles généraux, qu'il reconnut, en même temps qu'il condamna l'hérésie naissante des iconoclastes. *Labb.* VI, *ex lib. synod.*

JÉRUSALEM (Concile de), l'an 879. Ce concile fut tenu pour approuver le rétablissement de Photius sur le siége de Constantinople. *Voy.* ANTIOCHE, même année.

JÉRUSALEM (Concile de), l'an 1099. On y établit patriarche de cette ville Théodebert, archevêque de Pise et légat du saint-siége, à la place de l'usurpateur Arnoul.

JÉRUSALEM (Concile de), l'an 1107. Gibelin, archevêque d'Arles, ayant été envoyé par le pape Pascal II, pour juger Ebremare, qu'on avait élu patriarche de Jérusalem du vivant de Daibert ou Daimbert, à qui il devait succéder, ce légat assembla pour ce sujet le concile dont il s'agit; Ebremare y fut, il est vrai, déposé, mais il fut aussitôt après transféré au siége de Césarée, par égard pour sa bonne foi et sa simplicité. Daimbert étant mort sur ces entrefaites, en revenant de Rome où il avait été porter ses plaintes, le concile réélut Gibelin pour le remplacer sur le siége de Jérusalem. *Labb.* X.

JÉRUSALEM (Concile de), l'an 1111, contre les investitures et l'empereur Henri. *Labb.* X; *Hard.* VIII.

JÉRUSALEM (Concile de), l'an 1112. On y accommoda un différend qui s'était élevé entre l'évêque de Nazareth et l'abbé du Mont-Thabor, touchant les droits de leurs Eglises. *Mansi, t.* XI, *col.* 275.

JÉRUSALEM (Concile de), l'an 1136. Sur les Arméniens. *Labb.* X; *Hard.* VII.

JÉRUSALEM (Concile de), l'an 1143. Le légat Albéric tint ce concile aux fêtes de Pâques. Le patriarche des Arméniens y assista, et promit de corriger les articles de croyance dans lesquels il différait de l'Eglise romaine. *Hard.* VII.

JÉRUSALEM (Concile de), l'an 1672. Dosithée, patriarche de Jérusalem, convoqua ce concile par une lettre circulaire qu'il adressa à tous les évêques et à tous les chrétiens catholiques. Il explique dans cette lettre le motif de la convocation du concile, savoir, la nécessité de confondre les calomnies des calvinistes de France, qui ne rougissent point d'attribuer leurs erreurs à l'Eglise d'Orient. Il rejette ensuite la confession de Cyrille Lucar, et déclare que ce n'est nullement celle de l'Eglise orientale. Il atteste au contraire qu'elle a toujours condamné les articles contenus dans cette confession hérétique; que Cyrille Lucar les a condamnés lui-même de vive voix avec exécration, et qu'il a été excommunié par deux conciles très-nombreux, pour avoir refusé de les condamner aussi par écrit. Il rapporte divers lambeaux des sermons et des homélies que Cyrille Lucar prêchait au peuple de Constantinople, lorsqu'il en était patriarche, pour prouver qu'il ne favorisait en aucune sorte les erreurs des luthériens et des calvinistes, comme ceux-ci voudraient le persuader. D'où il conclut que ces extraits étant diamétralement opposés aux erreurs de Luther et de Calvin, ce ne peut être que par l'effet d'une noire calomnie qu'on les attribue à Cyrille Lucar. Mais, en supposant que la confession qui porte son nom est vraiment son ouvrage, Dosithée soutient et prouve que les Orientaux n'en ont aucune connaissance, soit parce qu'aucun évêque ni clerc inférieur n'y a souscrit, soit parce qu'on ne trouve rien de cela dans les registres et archives de la grande Eglise de Constantinople, où l'on transcrit tout ce qui a passé par les assemblées synodales du patriarche et de son clergé, touchant la foi, les mœurs, ou la discipline et le gouvernement de l'Eglise ; comme l'on y a transcrit de fait ce que le patriarche Jérémie publia contre les luthériens, et qui fut signé par Théodose Zugomolas, ecclésiastique très-connu et grand rhéteur, quoique Jérémie n'eût point assemblé de concile à ce sujet, et qu'il eût seulement écrit de son propre mouvement. Puis donc que Cyrille Lucar n'a point pris la même précaution, ni observé les mêmes formalités, il est plus clair que le soleil que la confession de foi qu'on lui attribue est absolument supposée, ou que si elle est vraiment de lui, elle ne présente que ses sentiments particuliers, et nullement ceux de l'Eglise orientale.

Le patriarche Dosithée parcourt ensuite tous les articles hétérodoxes de la confession de Cyrille Lucar, attribués à l'Eglise orientale, et fait voir qu'elle pense tout le contraire.

Premièrement, dit-il, cette Eglise n'a jamais confondu l'épiscopat avec le sacerdoce, et elle a toujours reconnu une différence réelle entre les divers degrés du sacerdoce.

2° Elle admet les sept sacrements, les saintes images, le vénérable signe de la croix, le culte des reliques des saints, les prières pour les morts, etc. Le patriarche Dosithée finit par exposer la foi de l'Eglise orientale, en 18 chapitres entièrement conformes à la foi de l'Eglise romaine. *Hard.* XII.

JONQUIÈRES (Concile de), *de Juncheriis*, l'an 894. Jonquières, ou Juncaire, ou Janicaire, ou Junières, *Juncaria, Junicaria, Juniaria*, est une place du diocèse de Montpellier. D. Mabillon nous apprend qu'il s'y est tenu un concile en 894. *D. Mab. Ann. S. Bened. t.* IV, *p.* 531. *Rich.*

JONQUIÈRES (Concile de), l'an 909. Ce concile se tint le 3 mai, et le comte Suniarius y fut absous des censures qu'ils avait encourues. *Edit. Venet.*, *t.* XI.

JOUARRE (Concile de), *Jotrense*, l'an 1133 Jouarre, qui était autrefois une maison royale, devint une abbaye de filles de l'ordre de Saint-Benoît, depuis le milieu du VII° siècle jusqu'à l'époque de la Révolution ; aujourd'hui c'est un hospice de femmes incurables, gouverné par des sœurs de saint Vincent de Paul. Godefroi, évêque de Chartres et légat du saint-siège, y tint le concile dont il s'agit ici, au sujet du meurtre commis en la personne de Thomas, prieur de l'abbaye de Saint-Victor, qui avait été tué par le neveu de Théobald, archidiacre de Paris, en haine du zèle avec lequel ce saint chanoine s'opposait aux exactions que l'archidiacre exerçait envers les prêtres. *Labb.* X.

JUDICIENSE (*Concilium*), l'an 844. *Voy.* THIONVILLE, même année.

JULIOBONENSE (*Concilium*). *Voy.* LILLEBONNE.

JUMIÈGES (Synode de). *Voy.* NORMANDIE.

JUNCHERIIS (*Concilium celebratum*) ; *Voy.* JONQUIÈRES.

JUNQUE (Concile de), en Afrique, l'an 523. C'est la véritable époque de ce concile, qu'il faut substituer à celle de l'an 524, comme le prouve l'illustre Mansi par la lettre de Boniface, évêque de Carthage, à Libérat, diacre de la même Eglise, et aux autres qui se trouvaient au concile de Junque. Le jour de Pâques de l'année 524 est annoncé dans cette lettre pour le 7 avril. Cette lettre, qui annonçait le jour de Pâques au concile de Junque pour l'année 524, était donc de l'année précédente 523. *Mansi.*, Suppl., t. I, col. 405.

Saint Fulgence se trouva à ce concile en sa qualité d'évêque de Ruspe. Un évêque, nommé Quod-Vult-Deus, lui disputa la préséance ; mais tout le concile jugea en faveur du saint évêque de Ruspe, à cause de l'ancienneté de son ordination. Nous n'avons de ce concile que la lettre synodale, qui porte le nom de Libérat, primat de la Byzacène. Il y exhorte Boniface de Carthage, à qui elle est adressée, à maintenir en vigueur les saints canons et à ne pas permettre qu'on y déroge. Le diacre Ferrand cite un canon de ce concile, qui défend à un évêque d'étendre sa juridiction sur le peuple d'un autre diocèse.

JUSTENSIS (*Conventus*), l'an 862. Il est fait mention de cette assemblée dans Baluze et dans la collection des Conciles de Germanie. *Voy.* AIX-LA-CHAPELLE, l'an 837.

KALENSE (*Concilium*) ; *Voy.* CHELLES.

KARLEL (Concile de), en Ecosse, *Karleolense*, l'an 1138.

Albéric, évêque d'Ostie et légat du saint-siège en Angleterre et en Ecosse, tint ce concile pour réformer les abus qui s'étaient glissés dans les Eglises d'Ecosse. *Anglic.* I, *p.* 418 ; *Mansi*, *t.* II, col. 429

KARROFENSIA (Conc.) ; *Voy.* CHARROUX.

KELMELEK (Concile de), *Kelmoellocense*, l'an 1211. Kelmelek est aujourd'hui un lieu obscur, qui était autrefois dans l'archevêché de Cashel en Irlande. Nous savons, par la lettre 195 du pape Innocent III, qu'il y eut un concile dans ce lieu en 1211, ou peut-être 1210, touchant l'élection et l'ordination de l'évêque de Kmœley (*Ymalicensem*), ville aujourd'hui ruinée.

KENTERBURY (Synode général de), ou Cantorbéry, l'an 756. Cuthbert, archevêque de Cantorbéry, y décida, de l'avis de tous ses prêtres et abbés, qu'on ferait dorénavant la fête de saint Boniface et de ses compagnons, martyrs. *Ex Magdeburg. Cent.* VIII.

KENTERBURY (Concile de), l'an 796, tenu par l'archevêque Athélard, assisté de douze évêques et de vingt-trois abbés. On y défendit de confier à des laïques l'intendance des biens d'église. *Ex. Chron. Saxon.*

KENTERBURY (Synode de), l'an 1209. Etienne Langton, archevêque de Cantorbéry, y défendit certains pots de vin donnés sous ombre d'intentions pieuses : il régla qu'à la mort de chaque père de famille ses héritiers donneraient à l'Eglise, à titre de droit mortuaire, le meilleur de ses animaux après le premier, comme indemnité des dîmes dont cette Eglise aurait été frustrée. Il permit aux prêtres de dire deux messes en un jour à Noël et à Pâques, et pour les défunts dont les corps seraient présents et devraient être enterrés dans leur propre église. *Wilkins, t.* II.

KENTERBURY (Concile provincial de), le 3 février 1318. Il y fut question de subsides que le roi demandait au clergé pour soutenir la guerre contre les Ecossais. *Wilkins, t.* II.

KENTERBURY (Conciles provinciaux de), tenus à Londres en 1321, 1322, 1326 et 1332. *Voy.* LONDRES, mêmes années.

KENTERBURY (Concile provincial de), l'an 1347, cité par Wilkins, *t.* II.

KENTERBURY (Assemblée du clergé de la province de), le lundi après la Saint-Martin 1355. *Wilkins, t.* III.

KENTERBURY (Concile provincial de), tenu à Londres, l'an 1362. *Voy.* LONDRES, même année.

KENTERBURY (Synode diocésain de), l'an 1368, pour certains subsides à accorder au roi. *Wilk. t.* III.

KENTERBURY (Conciles provinciaux de), tenus à Londres, en 1369, 1371, 1373, 1374, 1376, 1377, 1379 et 1380. *Voy.* LONDRES, mêmes années. *Ibid.*

KENTERBURY (Conciles provinciaux de). *Voy.* NORTHAMPTON, l'an 1380 ; OXFORD, l'an 1382 ; LONDRES, l'an 1383 ; SALISBURY, l'an 1384 ; LONDRES, années 1385, 1386, 1387, 1388, 1391, 1392, 1394, 1399, 1403, 1405, 1406, 1409, 1411, 1412, 1413, 1414, 1415, 1416, 1421, 1428, 1429, 1430, 1432, 1433, 1434, 1435, 1436, 1437, 1439, 1442, 1444, 1446, 1447, 1449, 1452, 1460, etc.

KENTERBURY (Synode diocésain de), l'an 1464. Ce synode eut aussi pour sujet de sa tenue un subside que demandait le roi ; il lui fut accordé six deniers pour livre, et le même ordre fut transmis à l'évêque de Londres. *Vilkins, t.* III.

KENTERBURY (Assemblée provinciale de), l'an 1471. On y accorda une décime au roi. *Ibid.*

KENTERBURY (Assemblées provinciales de), années 1472, 1473, 1474, 1478, 1483, 1484, 1485, 1491, 1495, 1496 et 1511. Ce sont encore des décimes que demanda le roi, et qui lui furent accordées à chaque fois par le clergé. *Ibid.*

KENTERBURY (Assemblée provinciale de), l'an 1512, au sujet des testaments : on y posa pour principe que l'approbation des testaments appartenait au for ecclésiastique. *Ibid.*

KIERCY (Concile de). *Voy.* QUIERCY.

KINGSBURY (Concile de), *Kingsburiense*, l'an 851. Ce concile fut tenu, la sixième férie de la semaine de Pâques, par Céolnat, archevêque de Cantorbéry, en présence de Bertulfe, roi des Merciens, et des grands de son royaume. Le prince y confirma à Siward, abbé de Croyland, et à ses religieux, tant présents que futurs, les biens et les priviléges qu'il leur avait accordés dans le concile précédent, tenu à Benington.

KINGSTOWN (Concile de), en Angleterre, *Kingstoniense*, l'an 858. Celnoth, archevêque de Cantorbéry, présida à ce concile ; le roi Ecgberth, et son fils Ethelvulf, y assistèrent avec les grands et les autres évêques d'Angleterre. On y recommanda aux moines l'observance de leurs règles, et l'on y confirma la donation d'une terre qui avait été faite à l'Eglise de Cantorbéry par le roi Baldrède. *R.* XXI ; *L.* VII ; *H.* IV ; *Anglic.* I.

KYRTLINGTON (Concile de), *Kyrtlingtoniense*, l'an 977. Saint Dunstan, archevêque de Cantorbéry, y présida, et le roi Edouard y fut présent. On en ignore le sujet. *Anglic.* I.

L

LAGNY (Concile de), *Latiniacense*, l'an 1142. Ce concile fut tenu par le légat Yves, sur les différends d'Alvise, évêque d'Arras, avec les moines de Marchienne, auxquels Alvise prétendait donner un abbé. Les moines gagnèrent leur cause, contre l'avis de saint Bernard, qui avait pris la défense de l'évêque, tandis que le pape Innocent II s'était déclaré pour les moines. *Labb.* X.

LAMBÈSE (Concile de), *Lambesitanum*, vers l'an 240. *Voy.* AFRIQUE, même époque.

LAMBETH (Concile de), *Lambethense*, l'an 1100. Saint Anselme, archevêque de Cantorbéry, tint ce concile, au sujet du mariage que le roi Henri Ier voulait contracter avec Mathilde, fille de Malcolm, roi d'Ecosse. On détournait le prince de cette alliance, sous prétexte que Mathilde, élevée dès son enfance dans un monastère, y avait été offerte, disait-on, à Dieu par ses parents. Ce fut pour éclaircir ce fait qu'on assembla le concile de Lambeth. Mathilde, y ayant comparu, protesta et s'offrit à prouver par témoins qu'elle n'avait jamais été engagée à la vie religieuse, ni par son choix, ni par le vœu de ses parents, bien qu'elle eût porté le voile des religieuses avec lesquelles elle vivait. En conséquence de cette protestation, après un mûr examen de la chose, tout le concile décida pour le mariage, qui fut célébré par saint Anselme lui-même. *Wilkins, tom.* I, *p.* 373.

LAMBETH (Concile de), l'an 1206. Etienne

Langton, archevêque de Cantorbéry, tint ce concile, qui fut provincial, et y publia trois constitutions.

La 1re règle certains droits de dîme attribués à l'Église d'après la coutume d'alors.

La 2e défend, sous des peines arbitraires, de se rassembler plus de dix dans une maison pour y boire, même sous certains prétextes pieux.

La 3e fait défense de dire plus d'une messe dans un jour, si ce n'est à Noël et à Pâques, et en cas d'enterrement. On reconnaît en même temps d'autres causes canoniques de le faire, telles que des fiançailles à célébrer, le concours du peuple à des fêtes de neuf leçons, ou en carême, ou aux Quatre-Temps, et la nécessité de remplacer un confrère absent pour de légitimes motifs. *Labb.* XI.

LAMBETH (Concile de), *Lambethense*, l'an 1261. Boniface, archevêque de Cantorbéry, tint ce concile de sa province, au commencement du mois de mai, et y fit plusieurs statuts sur les immunités, les priviléges et les libertés de l'Église anglicane. Il y en a aussi quelques-uns sur les intrus, les excommuniés, les jugements et les officiers ecclésiastiques, sur les clercs que les laïques font empoisonner, sur les faux délateurs, sur les serments de répondre aux évêques, lorsqu'ils interrogent sur les crimes de leurs diocésains, sur les asiles des églises, sur les testaments, la confession, la pénitence, la tonsure et la couronne des clercs. *Angl.*, t. I.

LAMBETH (Concile de), l'an 1280. Dans ce concile, qui fut provincial, l'archevêque de Cantorbéry renouvela les constitutions publiées successivement dans des conciles précédents par Othon et Ottobon, légats du saint-siége en Angleterre.

LAMBETH (Concile de), l'an 1281. Jean Peckam, archevêque de Cantorbéry, tint ce concile le 10 octobre. On y ordonna d'abord l'exécution des règlements faits dans le dernier concile de Lyon, celles des constitutions d'Ottobon et des canons du concile de Lambeth, tenu sous l'archevêque Boniface; après quoi l'on publia les 27 capitules ou statuts suivants:

1. Les prêtres se confesseront au moins une fois la semaine, avant de célébrer. On gardera le corps de Notre-Seigneur dans une très-belle boîte couverte en dedans d'un linge propre, et on le renouvellera tous les dimanches. On sonnera les cloches à l'élévation, afin que ceux qui ne peuvent assister tous les jours à la messe se mettent à genoux, quelque part qu'ils soient, à la maison ou aux champs, et gagnent ainsi les indulgences accordées par les évêques.

2. Les prêtres acquitteront fidèlement ou feront acquitter les messes qu'ils auront reçues, sans croire qu'ils puissent satisfaire par une messe à plusieurs auxquels ils auraient promis de dire la messe entière pour chacun d'eux.

3. On défend de rebaptiser ceux qui ont été baptisés avec la forme prescrite, quoique par des laïques, et on ordonne de rebaptiser sous condition ceux dont le baptême est douteux.

4. On n'admettra personne à la communion, s'il n'est confirmé, excepté le danger de mort.

5. On ne donnera point un ordre sacré en même temps avec les quatre mineurs.

6. On ne donnera point l'absolution aux pécheurs obstinés, ni aux clercs qui ont plusieurs bénéfices qu'ils ne veulent point quitter.

7. Les prêtres qui confessent sans l'approbation positive, ou au moins présumée de l'ordinaire, sous prétexte qu'ils ont des priviléges du siége apostolique qui les y autorise, encourront l'excommunication, à moins que leur privilége ne porte expressément qu'ils sont exempts de la juridiction de l'évêque et du métropolitain, quant au pouvoir de confesser.

8. On imposera une pénitence publique pour les crimes publics et scandaleux, suivant que les canons le prescrivent.

9. Il y aura dans chaque doyenné un confesseur général pour les clercs.

10. Tous les curés expliqueront, quatre fois l'année, à leurs paroissiens, par eux-mêmes ou par d'autres, les quatorze articles de la foi, les dix commandements du décalogue, les préceptes évangéliques, les sept œuvres de miséricorde, les sept péchés capitaux, les sept vertus principales et les sept sacrements.

11. On exercera l'hospitalité envers les pauvres et les prédicateurs en particulier.

12. On ne citera personne en jugement, sans lui donner connaissance de la citation et le temps de comparaître au jour et au lieu marqués.

13. Défense aux doyens, aux archidiacres et aux officiaux de sceller de leur sceau aucun acte de quiconque se dirait constitué procureur d'un absent.

14. On condamne les manœuvres odieuses des clercs qui, pour supplanter les possesseurs légitimes des bénéfices, s'y faisaient présenter par les patrons, et en dépouillaient ainsi ces légitimes possesseurs.

15. On renouvelle le canon du concile d'Oxford, qui défend de donner les églises à ferme, si ce n'est pour des causes nécessaires, au jugement de l'évêque, et cela non à des laïques, mais à des clercs d'une sainte vie, en assignant aux pauvres, sur le bail d'affermage, la portion qui leur appartient, et qui leur sera distribuée par quatre habitants de la paroisse, choisis à cet effet.

16. Toutes les maisons des chanoines réguliers seront appelées au chapitre général.

17. Ceux qui corrompent des religieuses encourent l'excommunication réservée à l'évêque, si ce n'est à l'article de la mort.

18. Les religieuses ne sortiront jamais seules, et, quoique accompagnées, elles ne pourront rester plus de trois jours chez leurs parents ou autres pour se récréer, ni plus de six pour affaires, à moins que l'évêque ne juge qu'un plus long séjour est nécessaire.

19. Les religieux et les religieuses qui auront passé leur année de noviciat dans un monastère en seront censés profès, et trai-

tés comme des apostats, s'ils retournent dans le monde.

20. On obligera les moines apostats de rentrer dans leur ordre ou d'en embrasser un plus doux.

21. Les religieux ne pourront être exécuteurs de testaments.

22. Les clercs qui s'habilleront à la manière des séculiers seront d'abord privés de l'église, et ensuite de leurs bénéfices, s'ils sont incorrigibles.

23. Les évêques ne donneront point aux enfants des clercs les bénéfices qui ont été possédés par leurs pères, à moins qu'ils n'y soient autorisés par dispense du siége apostolique.

24. Quand un évêque reçoit un clerc pour une église, il doit exprimer dans ses lettres l'ordre dont ce clerc est revêtu, et à quel titre on l'admet à ce bénéfice.

25. Ceux qui ont plusieurs bénéfices à charges d'âmes seront obligés de les remettre dans six mois entre les mains de l'évêque, sous les peines canoniques.

26. On ne recevra personne avocat, à moins qu'il n'ait étudié pendant trois ans le droit canon et civil.

27. Tous les prêtres séculiers et réguliers diront une messe pour leur évêque décédé. *Lab.* XI; *Hard.* VIII; *Anglic.* I.

LAMBETH (Concile de), *Lambethense*, l'an 1330. Simon Mépham, archevêque de Cantorbéry, tint ce concile, et y publia les dix capitules suivants.

1. Les linges et les ornements de l'autel seront propres et entiers. Les personnes députées par les canons auront soin de les laver souvent. Les prêtres prononceront les paroles du canon avec une très-grande dévotion, en évitant néanmoins d'ennuyer les assistants par une lenteur excessive. Les curés ne diront point la messe avant d'avoir récité l'office du matin, c'est-à-dire prime et tierce du jour. Aucun clerc ne servira à l'autel pendant la grand'messe, qu'il ne soit revêtu d'un surplis, et on ne dira point de messe sans qu'il y ait au moins un cierge allumé.

2. Le confesseur imposera aux pénitents une pénitence plus ou moins grande, eu égard aux circonstances de l'état des personnes, de la nature des péchés, du temps et du lieu où ils auront été commis, de l'habitude plus ou moins longue, de la dévotion et de la ferveur des pénitents : circonstances qu'il pèsera avec toute l'attention possible, avant d'imposer la pénitence. Il n'entendra les confessions, surtout celles des femmes, que dans un lieu de l'église où il soit vu de tout le monde, hors le cas de nécessité. Un curé ne confessera pas le paroissien d'une autre paroisse, sans la permission de son curé ou celle de l'évêque. Il n'imposera point de pénitences qui puissent rendre suspect le mari à la femme, ou la femme au mari. Il obligera à restituer quand il le faut, et aura soin de consulter son évêque, ou d'autres personnes éclairées, dans les cas douteux. Il ne s'informera pas du nom des complices de ses pénitents.

3. Les prêtres qui seront tombés dans quelque péché mortel ne célèbreront point sans s'être confessés ; car c'est une erreur de croire avec quelques-uns que les péchés mortels sont effacés par la confession générale qu'on en fait. Le prêtre qui révélera les confessions par colère, par haine ou autrement, et même par la crainte de la mort, sera dégradé pour toujours et sans espérance de retour. Les archidiacres établiront deux prêtres dans chaque doyenné pour entendre les confessions des autres prêtres de ce doyenné.

4. On portera l'extrême-onction avec bien de la dévotion aux malades, et on avertira les fidèles qu'ils sont capables de la recevoir dès l'âge de quatorze ans. On gardera sous clef les saintes huiles et le chrême.

5. On célèbrera les mariages avec un grand respect, en face de l'Eglise, durant le jour, et l'on publiera les bans trois dimanches auparavant, ou trois fêtes éloignées les unes des autres. Les prêtres publieront souvent dans l'église que les laïques sont obligés, sous peine d'excommunication, de ne se marier que dans un lieu patent, en présence des prêtres et des peuples convoqués pour cela.

6. Personne ne se présentera ni ne sera admis aux ordres sans avoir subi l'examen canonique, et sans être exempt de tout empêchement qui l'en exclue. Aucun abbé ou prieur ne fera ordonner ses moines ou ses chanoines par d'autres évêques, sans lettres dimissoires de l'évêque diocésain.

7. Les laïques ne pourront vendre ni engager les livres, ou les vases, ou les ornements sacrés, ni aliéner ou inféoder les biens de l'église, sans une évidente utilité jointe à la permission de l'ordinaire.

8. Défense aux ecclésiastiques de bâtir des maisons à leurs parents sur un fief laïque, et d'affermer leurs bénéfices aux laïques.

9. On ne renfermera ni reclus ni recluses sans la permission de l'ordinaire.

10. On excommuniera, trois ou quatre fois l'année, les parjures, les sorciers, les incendiaires, les usuriers, etc. *Anal. des Conc.*

LAMBETH (Concile de), l'an 1351. Dans ce concile, qui fut provincial, Simon, archevêque de Cantorbéry, ordonna que les clercs qui seraient incarcérés pour leurs désordres par leur supérieur ecclésiastique, fussent obligés à jeûner dans la prison et à y subir un traitement sévère. *Conc.* t. XV.

LAMBETH (Concile de), l'an 1362. Dans ce concile de la province de Cantorbéry, l'archevêque Simon fixa six marcs d'argent pour traitement annuel d'un prêtre bénéficier à charge d'âmes, et cinq marcs seulement pour celui qui n'aurait qu'un bénéfice simple. *Ibid.*

LAMBETH (Assemblée d'évêques à), l'an 1446. L'objet de cette convocation fut un subside que le pape Eugène IV demandait à l'Angleterre, et l'envoi que le même pape avait fait au roi d'une rose d'or. Le roi remercia le pape de son envoi, et laissa aux prélats à délibérer sur la demande. *Conc. t.* XV.

LAMBETH (Concile de), l'an 1457. On y déposa l'évêque de Chester, comme coupable d'erreur dans la foi. *Herpfeld, Hist. Wiclef.* c. 6.

LAMPSAQUE (Concile de), *Lampsacenum*, l'an 364. Dans ce concile, qui dura deux mois, on annula tout ce qu'Eudoxe et Acace avaient fait à Constantinople, et l'on confirma au contraire les décrets du concile de Séleucie. L'empereur Valens, ayant eu connaissance du résultat de ce concile, cassa tout ce qui y avait été fait, condamna au bannissement tous les évêques qui y avaient pris part, et mit les partisans d'Eudoxe en possession de toutes les églises. *Lib. synod.*

LANCISKI (Concile ou assemblée de), *Lanciense*, l'an 1188, pour la croisade.

LANCISKI (Concile provincial tenu à), l'an 1197, par le cardinal Pierre de Capoue, légat du saint-siége. Il y fut ordonné aux prêtres de congédier en Pologne leurs concubines, et aux laïques de contracter leurs mariages en face de l'Eglise. *Labb.* X.

LANCISKI (Concile de), l'an 1246. Foulques, archevêque de Gnesne, confirma dans ce concile, qui paraît avoir été rassemblé de toute sa province, la sentence d'excommunication portée par l'évêque de Cracovie contre Conrad, duc de Mazovie, pour avoir pillé et incendié trois maisons épiscopales avec leurs dépendances. *Labb.* XI.

LANCISKI (Concile de), l'an 1257, contre Boleslas, duc de Silésie, qui tenait prisonnier Thomas, évêque de Breslau.

LANCISKI (Concile de), l'an 1285. L'archevêque de Gnesne tint ce concile avec quatre évêques le 6 janvier, et y excommunia Henri IV, duc de Silésie, pour s'être saisi de tous les biens de l'évêque de Breslau, et de toutes les dîmes du clergé. *Labb.* XI.

LANCISKI (Concile de), présidé par Matthias Drzeviki, archevêque de Gnesne, l'an 1522. Ce concile releva un singulier abus, qui était de voir des évêques obliger des clercs à comparaître devant des magistrats séculiers pour des causes spirituelles, au lieu de leur permettre de s'adresser aux officiaux.

LANCISKI (Concile de), présidé par Jean Laski, archevêque de Gnesne, l'an 1523. Ce concile décréta qu'à l'avenir les ordinaires des lieux défendraient aux juges séculiers, sous peine d'excommunication et d'interdit, de procéder comme par voie de représailles, contre des clercs qui auraient les premiers cité leurs parties devant des juges ecclésiastiques.

LANCISKI (Concile de), assemblé de la province de Gnesne, sous le même, l'an 1527. Le concile décida qu'on nommerait des inquisiteurs dans chaque diocèse pour s'opposer au progrès de l'hérésie de Luther; que les archidiacres ne pourraient s'attribuer le droit de décerner des peines, mais seulement celui d'inspecter et de rendre compte à l'évêque de leur inspection.

LANCISKI (Concile de), sous Matthias Drzeviki, l'an 1537. On y fit une obligation à tous les prêtres d'avoir chacun un exemplaire des statuts de la province.

LANCISKI (Concile de), sous Nicolas Dierzgow, l'an 1542. Ce concile fit défense, tant aux clercs qu'aux séculiers, de disputer à table des choses de religion.

LANCISKI (Concile de), sous le même, l'an 1547. On y prit des mesures sévères pour l'examen des ordinands.

LANCISKI (Concile provincial de), l'an 1556, sous le même. On y ordonna de n'élire que des réguliers aux abbayes et aux prélôtés régulières, et on recommanda l'étude dans les monastères ou les maisons religieuses. *Ibid.*

LANDAFF (Synode de), l'an 512. Theliaus y fut élu évêque de cette ville. Wilkins, qui fait mention de ce synode, dit seulement qu'il fut tenu dans la Grande-Bretagne.

LANDAFF (Synodes de), l'an 597. Oudocée, troisième évêque de Landaff, tint cette année trois synodes. Dans le premier, il excommunia Mouric, roi de Glamorgan, pour avoir traîtreusement tué son rival. Dans le second, qui fut assemblé au Puy de Carbanval, il donna l'absolution au roi Morcant, qui avait tué son oncle, au mépris de ses serments, et commua en œuvres satisfactoires, et particulièrement en pieuses libéralités, la peine encourue par ce prince, qui autrement eût été obligé de renoncer à l'administration de son Etat et de passer en pèlerinages le reste de ses jours. Dans le troisième, l'évêque excommunia le prince Guidnert, qui avait tué son frère pour s'assurer la royauté. Le P. Richard, nous ne savons pourquoi, a rapporté ces trois synodes, qu'il appelle conciles, à l'an 560. *Anglic.* I.

LANDAFF (Concile de), en Angleterre, l'an 887. On connaît sept conciles tenus à Landaff, mais il n'est point aisé d'en fixer les années, à cause de l'obscurité qui règne dans la chronologie des évêques et des rois qui les ont assemblés. Il ne s'y passa d'ailleurs rien de bien important. Les actes ne parlent que d'excommunications portées contre des parjures, des homicides, des incestueux, et des usurpateurs des biens de l'Eglise. On y remarque l'usage de jurer sur l'autel par le Saint des saints, lorsqu'on voulait assurer une vérité qui n'était pas connue, et ne pouvait être prouvée que par serment. *Anglic., t. I.*

LANDAFF (Concile de), l'an 943. Le roi Nougui y restitua à l'évêque Patre tout ce qu'il avait enlevé à son église de Landaff, et lui donna de plus une de ses terres. *Pagi.*

LANDAFF (Synode de), l'an 955. Un diacre, nommé Ili, ayant tué un paysan qui l'avait blessé au doigt, s'était enfui dans une église. Six personnes de la maison du roi Nougui l'y poursuivirent et le massacrèrent au pied de l'autel. L'évêque de Landaff, nommé Patre, ayant assemblé son clergé, le roi Nougui se trouva à cette assemblée, et consentit au jugement qui fut porté contre les coupables, et qui les condamnait à être enfermés pendant six mois dans des prisons, et à donner tous leurs biens à l'église qu'ils avaient souillée par le meurtre du diacre. Patre fut le seul évêque qui souscrivit à ce jugement, avec un prêtre et un diacre; d'où il paraît que cette assemblée n'est pas un concile, quoiqu'elle en porte le nom, d'après les collections ordinaires. *Angl.* I.

LANDAFF (Concile de), l'an 988. Artmail, roi de Kent, avait tué son frère Elised; c'est pourquoi il fut excommunié dans le concile dont il s'agit; mais il obtint bientôt sa grâce en se soumettant à la pénitence qu'on lui imposa, et il fit quelques largesses à l'église en expiation de son crime. *Conc. t.* XI.

LANDAFF (Concile de), l'an 1034. Mouric, roi de Gualatmoricant, fut excommunié dans ce concile pour avoir violé l'asile de Saint-Dubrice. *Conc. t.* XI.

LANDAFF (Concile de), l'an 1039. On trouve ce concile placé à l'an 1036 dans les collections ordinaires et dans l'*Art de vérifier les dates*. On cite Wilkins dans ce dernier ouvrage, et l'on y dit que la famille royale fut excommuniée, pour une insulte faite à l'évêque de Landaff. Il y a trois fautes dans tout cela. 1° Le concile dont il s'agit, fut tenu l'an 1059, et non l'an 1036; 2° la famille royale y fut excommuniée pour avoir insulté le médecin Berthut, neveu de l'évêque, et non pas l'évêque lui-même; 3° Wilkins met ce concile en 1059, et blâme Spelman de l'avoir mis en 1056. *Wilkins, t.* I, *pag.* 314.

LANGEIS (Concile de), Touraine, aujourd'hui dans le diocèse de Tours, *Langesiense*, l'an 1271. On y fit quatre canons, dont le premier défend de recevoir en argent les droits de visite.

LANGEIS (Concile de), l'an 1278. Jean de Montsoreau, archevêque de Tours, tint ce concile avec ses suffragants, et y fit les seize statuts suivants.

1. Les prélats ne pourront exiger le droit de procuration, lorsqu'ils ne visiteront point les églises ; et, lors même qu'ils les visiteront, ils n'exigeront point ces droits en argent, mais en victuailles modérées, à moins que l'usage ancien ne soit de le donner en argent, ou que le prélat ne puisse coucher honnêtement dans le lieu qu'il visite.

2. On renouvelle les canons du concile de Château-Gonthier de l'an 1231, et de celui de Tours de l'an 1239, qui défendent aux archidiacres, archiprêtres et doyens d'avoir des officiaux hors des villes.

3. On ordonne aux évêques d'empêcher les mariages clandestins.

4. On défend aux prêtres d'avoir avec eux les enfants nés de leurs concubines, et de leur rien léguer.

5. Défense aux exécuteurs testamentaires et à leurs procureurs d'acheter aucun des biens contenus dans le testament, sous peine de nullité du contrat, et de la restitution du double du prix de la chose achetée aux héritiers du testateur.

6. Ceux qui sont demeurés un an dans les liens de l'excommunication, au mépris des clefs de l'Eglise, seront incapables de recevoir aucun legs, et ne pourront être absous qu'en subissant une pénitence grave et publique.

7. Ceux qui abusent des lettres apostoliques seront soumis aux censures de l'Eglise.

8. On ne pourra donner les cures à ferme sans l'exprès consentement de l'évêque diocésain.

9. On n'excommuniera point généralement tous ceux qui communiquent avec des excommuniés, à moins que l'évêque ne le juge à propos pour de grandes raisons.

10. Ceux qui ont des droits cédés d'un autre affirmeront, avant d'intenter action, que cette cession n'est point frauduleuse.

11. On n'enverra dans les prieurés aucun moine qui ne soit âgé de dix-huit ans au moins.

12. On ne recevra pas plus de religieux ou de religieuses que les monastères n'en peuvent nourrir.

13. Les supérieurs ne laisseront jamais un moine seul dans un prieuré.

14. On ne dépouillera pas les prieurés vacants.

15. Lorsqu'on recevra des avocats, on leur fera prêter serment qu'ils ne se chargeront point de méchantes causes, et qu'ils défendront leurs clients de tout leur pouvoir. On n'en admettra point dans les tribunaux ecclésiastiques, qu'ils n'aient au moins étudié trois ans en droit canon et civil, ou qu'ils ne soient exercés à plaider.

16. On fera jurer aux officiaux et autres dignitaires ecclésiastiques, qu'ils ne recevront point de présents, et qu'ils rendront bonne justice. *Labb.* XI.

LANGEIS (autre Synode de). *Voy.* SAINTE-MARIE DE LANGEIS.

LANGRES (Concile de), *Lingonense*, l'an 830. Albéric, évêque de Langres, fit confirmer dans ce concile les donations qu'il avait faites au monastère de Saint-Pierre de Bèze.

LANGRES (Concile de), l'an 859. *Voy.* SAINTS-JAUMES.

LANGRES (Synode de), l'an 1017. Dans ce synode, le monastère de Saint-Bénigne de *Fructuariense* fut affranchi de la juridiction de l'ordinaire. *Mansi, t.* I, *Suppl. Schram.*

LANGRES (Concile de), l'an 1080, contre les investitures des biens ecclésiastiques par les séculiers. *Labb.* X; *Hard.* VI.

LANGRES (Concile de), l'an 1116. Gui, archevêque de Vienne, tint ce concile le 8 juin, en pleine campagne entre Luz et Til-Châtel, au diocèse de Langres, aujourd'hui de Dijon, à une lieue de Bèze. On y traita plusieurs affaires particulières, dont le détail n'est pas venu jusqu'à nous. *L'Art de vérifier les dates.* p. 212.

LANGRES (Synode diocésain de), l'an 1404, sous le cardinal Louis de Bar, administrateur à perpétuité de l'église de Langres. Ce prince de l'Eglise est le premier qui ait recueilli les statuts du diocèse dont il avait l'administration. Il les publia en les rangeant sous divers titres, dont le premier concerne la manière de se rendre au synode.

1. « Les prêtres qui doivent assister au synode visiteront les infirmes de leur pa-

roisse avant de se mettre en route, et feront à leur égard ce que demandera l'intérêt de leurs âmes. »

2. « Dans leur voyage ils feront choix d'hôtelleries qui n'aient rien de suspect, et se conduiront en tout d'une façon exemplaire. »

3. « Celui qui, appelé au synode, se trouvera empêché de s'y rendre, devra présenter ses excuses, soit à l'archidiacre, soit au synode lui-même, par un chapelain ou par un clerc. S'il néglige de le faire, il sera excommunié par ce seul fait. »

4. « La 3ᵉ férie après le dimanche *Misericordia Domini* (ou du Bon-Pasteur), après l'heure de midi, les doyens et les curés devront se présenter à leurs archidiacres. »

5. La 4ᵉ férie après le même dimanche (ou le mercredi du Bon-Pasteur), dès le matin, aussitôt que la cloche aura donné le signal, les abbés, revêtus de leurs aubes, de l'étole, du manipule et de chapes de soie avec le bâton pastoral, et même avec la mitre blanche sans filets d'or, s'ils ont droit de la porter; les archidiacres, avec leurs chapes de soie; les doyens, avec leurs aubes, leurs étoles et leurs manipules; les curés et les autres avec leurs surplis, tous étant à jeun, se rendront à la messe synodale, et de là au synode. »

6. « Pendant la messe, tous ceux qui seront pour faire partie du synode l'entendront avec dévotion : ils ne se promèneront point ni ne causeront dans l'église, mais ils entreront au chœur, autant qu'ils pourront y trouver place, ou même se tiendront debout autour de l'autel. Ceux qui ne pourront entrer se tiendront en face des chapelles de saint Jean-Baptiste, de saint Ives et de tous les Saints. »

7. « Aucun des membres du synode ne s'en ira avant la fin, à moins qu'il ne se trouve obligé d'en demander la permission à l'évêque, et qu'il ne l'obtienne de lui. »

Suivent les statuts particuliers, qui concernent principalement l'administration des sacrements, l'observation des fêtes, dont on spécifie le nombre, la discipline cléricale et monastique, les églises et les cimetières, les excommunications et les interdits, les bénéfices et autres revenus ecclésiastiques, les testaments et les sépultures, l'exécution des lettres épiscopales et le maintien de la juridiction spirituelle.

LANGRES (Synode diocésain de), l'an 1421, sous Charles de Poitiers, évêque de cette église. Ce prélat y renouvela les statuts précédents, et défendit en particulier d'admettre plus d'un parrain et d'une marraine au baptême d'un enfant; il enjoignit à tous les doyens de recevoir ou d'envoyer prendre les saintes huiles chaque année, le premier samedi après Pâques, et aux curés, de les recevoir de leurs mains la semaine d'après; de lui adresser, le mercredi des Cendres, à lui-même ou à son pénitencier, les parents dont les enfants auraient été étouffés, ou bien auraient péri par l'effet de leur négligence, pour qu'ils reçussent la pénitence solennelle, sans pouvoir être admis à la communion ni être absous de cette faute par les curés, à moins de péril de mort. Suivent beaucoup d'autres statuts, que nous sommes obligé de supprimer.

LANGRES (Synodes diocésains de), sous Philippe de Vienne, l'an 1441 et 1452. Dans l'un de ces synodes il fut réglé qu'aucune fête ne serait célébrée pendant toute la durée de l'octave du Saint-Sacrement, à moins que ce ne fût la fête de saint Jean-Baptiste dans une paroisse qui aurait ce saint pour patron; car alors elle se célébrera le dimanche dans l'octave. Quant à la fête de saint Pierre et de saint Paul, si elle est patronale de quelque église, elle se célébrera le jour même où elle pourra tomber, sans qu'on attende pour la célébrer au dimanche suivant.

LANGRES (Synodes diocésains de), en 1455, 1456, 1459, 1460, 1464 et 1479, sous l'évêque Gui Bernard. Il y fit des statuts particulièrement contre le concubinage, et contre certaines pratiques au moyen desquelles on prétendait ressusciter instantanément des enfants morts-nés, à qui, sous ce prétexte, on donnait le baptême et ensuite la sépulture ecclésiastique. Dans celui de l'an 1459 il établit l'obligation pour tout son diocèse, et spécialement pour tous les curés, de se conformer pour les offices au calendrier qu'il fit en même temps distribuer à tous les doyens par son secrétaire ou par son promoteur général.

LANGRES (Synode diocésain de), l'an 1491, sous Jean d'Amboise. Des statuts y furent faits contre les maléfices, les horoscopes et d'autres vaines observances.

LANGRES (Synode diocésain de), l'an 1537, sous le cardinal Claude de Givry, évêque de cette ville. L'éminentissime prélat confirma les statuts de ses prédécesseurs, et en fit quelques nouveaux qu'il fit imprimer avec les premiers. Ces nouveaux statuts regardent spécialement la vie des clercs.

LANGRES (Synode de), l'an 1616, sous Sébastien Zamet. Enjoint la résidence à tous les prêtres ayant charge d'âmes. Défense de prêcher dans le diocèse durant l'Avent, le carême et l'octave du Saint-Sacrement sans commandement spécial de l'évêque, sous peine d'excommunication tant contre le prédicateur que contre le curé qui permettrait de prêcher dans son église.

Obligation à tous les curés d'assembler le peuple les jours de dimanche au son de la cloche pour lui expliquer la doctrine chrétienne, lui enseigner le catéchisme et le lui faire apprendre par cœur.

Aucune confrérie ne sera instituée sans la permission de l'évêque; celles qui sont établies ne pourront continuer sans une nouvelle autorisation de l'évêque, sans qu'il en ait approuvé et corrigé au besoin les règlements.

Défense à tous prêtres et ecclésiastiques de tenir en leurs maisons ou fréquenter ailleurs aucune femme ou fille scandaleuse ou suspecte, ou qui ait eu autrefois mauvaise réputation.

On recommande aux curés un soin particulier de faire pieusement et saintement garder et observer les fêtes, en éloignant l'ivrognerie, les danses désordonnées et autres débauches et abus.

On réduit le nombre des fêtes *commandées*. On fait un nouveau calendrier de celles qui sont laissées à la dévotion des fidèles.

On proclame et développe le décret du saint concile de Trente contre les mariages clandestins.

Enfin, on réduit à dix-sept articles les *cas réservés* à l'évêque.

LANGRES (Synode de), l'an 1621, sous le même. Les statuts publiés dans ce synode regardent particulièrement le culte divin, l'entretien des églises et celui des cimetières. Ordre y fut donné à tous les curés de renouveler de quinze jours en quinze jours les hosties consacrées, d'entretenir au devant de chaque tabernacle où reposait le saint sacrement une lampe bien nette continuellement allumée, *mesme durant la nuict;* d'avoir soin que les cimetières fussent constamment fermés, etc.

LANGRES (Synode de), l'an 1622, sous le même.

1. On confirme les statuts de 1616.
2. On recommande à tous les curés un soin particulier du très-saint sacrement.
3. On recommande aux prêtres une grande préparation avant le saint sacrifice, ainsi que l'action de grâces après.
4. On ordonne aux ecclésiastiques la modestie extérieure, la soutane, la tonsure, la fuite des cabarets. On leur défend le trafic.
5. On exhorte les prêtres, et notamment les curés, à *vaquer diligemment* à l'étude et à la lecture des bons livres, à consulter et *conférer avec les plus doctes* pour acquérir une plus parfaite connaissance des cas de conscience et des autres points qui concernent l'office de pasteurs.
6. L'art. 6 concerne la propreté des autels et des ornements; et l'art. 7, la décence des vases et des linges sacrés. L'art. 8, concernant les saintes images, ordonne d'ôter des églises celles qui seraient difformes, tronquées, rompues, vermoulues. L'art. 9 ordonne que les cimetières soient fermés et tenus avec le respect dû aux corps des fidèles qui doivent ressusciter un jour.
10. On ordonne aux procureurs, fabriciens et marguilliers des paroisses de tenir leurs comptes en bon état, de les présenter aux archidiacres dans leurs visites, et d'employer dignement et dûment les deniers de l'église.

Le 11e donne des règles sur le chant et la psalmodie, et ordonne d'observer soigneusement les rubriques et les cérémonies.

Le 12e fixe l'heure de la messe de paroisse et des vêpres.

Le 13e ordonne de sonner partout l'*Angelus* trois fois chaque jour, et recommande aux fidèles la pieuse pratique de réciter cette prière.

Le 14e enjoint à tous les curés de faire souvent le catéchisme, et de bien veiller sur les maîtres d'école. On défend à ceux-ci d'enseigner; si, deux mois après la publication des présents statuts, ils n'ont reçu par écrit l'approbation de l'évêque.

15. On commande aux curés et vicaires de bien tenir les registres de baptême, et de n'admettre qu'un seul parrain avec une seule marraine, l'un et l'autre âgés de dix ans pour le moins.

16. On rappelle ce qui a été statué en 1616 touchant la matière du mariage, et on ordonne de publier au prône le décret du saint concile de Trente touchant les mariages clandestins.

Le 17e regarde ceux qui se préparent aux ordres sacrés. Pour les ordres mineurs on se contente que les ordinands entendent la langue latine, et qu'ils apportent une attestation authentique de bonne vie et mœurs signée de leur curé. Pour le sous-diaconat, le diaconat et la prêtrise, on exige la publication des bans un mois auparavant; on veut en outre que le curé prenne toutes informations, et que son certificat soit envoyé clos et cacheté.

18. On déclare qu'en 1616 on n'a voulu abolir l'observation d'aucune fête, mais seulement ôter pour quelques-unes le précepte, et les laisser à dévotion.

LANGRES (Synode de), l'an 1628, sous le même prélat.

1er La fornication d'un prêtre est mise au nombre des cas réservés.

Le 2e art. défend aux ecclésiastiques de boire dans les cabarets du lieu de leur résidence.

Le 3e ordonne de faire le catéchisme tous les dimanches, soit à la suite du prône, soit à midi, soit immédiatement avant ou après les vêpres, lorsque les paroissiens sont réunis à l'église, lesquels sont invités à s'y trouver, ou du moins à y envoyer leurs enfants.

Le 4e ordonne aux prêtres de prendre un soin tout particulier en ce qui concerne l'administration des sacrements, les paroles formelles, les cérémonies; aux archidiacres d'y tenir la main. Au synode, les prêtres seront examinés sur ce point.

Le 5e ordonne que les curés et vicaires assistent en chaque doyenné à la messe qui se dit avant la distribution des saintes huiles.

Le 6e ordonne de faire clore tous les cimetières. Défense d'y enterrer s'ils ne sont clos.

7e Ordre aux archiacres et doyens ruraux de faire leurs visites et d'en dresser procès-verbal.

8e On enjoint aux archidiacres et doyens ruraux, et autres à qui il appartiendra, de remettre, la veille de l'assemblée synodale, un mémoire contenant les plaintes motivées qui pourraient être portées contre les ecclésiastiques.

Le 9e regarde les mariages clandestins, desquels toute personne qui en a connaissance est tenue de donner avis à l'évêque.

10e Obligation aux curés, vicaires et autres ecclésiastiques de lire les statuts synodaux.

LANGRES (Synode de), l'an 1656, sous Louis Barbier de la Rivière.

1. On enjoint de faire baptiser les enfants avec les solennités de l'Eglise, aussitôt après leur naissance. Défense d'ondoyer, sous peine d'excommunication *ipso facto*, si ce n'est avec la permission de l'évêque, ou dans le cas de nécessité.

2. Défense d'exposer le saint sacrement sans permission. Les saintes hosties seront renouvelées tous les huit jours.

3. On exhorte à porter le saint viatique sous un dais, et également à placer un dais dans les églises, au-dessus du tabernacle.

4. Pour la tonsure on exige l'âge de douze ans, qu'on sache lire et écrire, et le catéchisme. On fera publier les bans même pour les ordres mineurs Avant de recevoir les ordres sacrés, on sera tenu de faire les exercices spirituels pendant quinze jours; on ne dispensera des interstices les ordinands que pour des causes très-considérables.

L'art. 5e est relatif aux mariages. On demande les plus grandes précautions pour les mariages des étrangers. On déclare qu'on ne donnera dispense de bans que pour des causes graves et importantes. On publiera au prône, deux fois l'année, le décret du concile de Trente, contre les mariages clandestins.

6. Les curés et vicaires tiendront un registre exact des baptêmes, mariages, sépultures et confirmations.

7. Défense de sonner pour les morts, et de creuser la sépulture en terre sainte, sans la permission des curés ou de leurs vicaires.

8. On respectera les fêtes de commandement. Excommunication *ipso facto* contre les seigneurs ou officiers qui forceraient les habitants de travailler pour des corvées ou autrement. Pour les cas d'urgente nécessité, les curés ou les vicaires le permettront eux-mêmes. Les cabarets seront fermés pendant la messe paroissiale, les vêpres et le catéchisme.

9. On recommande la décence des habits et la propreté des églises. Les curés prendront les saintes huiles des doyens, et n'enverront point de personnes séculières pour les recevoir.

10. Défense d'enseigner la doctrine condamnée par le saint-siége et par les archevêques et évêques de ce royaume. Obligation aux curés et vicaires de faire le catéchisme chaque dimanche, sous peine d'amende.

Le 11e enjoint de publier au prône l'ordonnance du roi contre le blasphème.

12. On publiera également au prône, pendant trois dimanches consécutifs, la déclaration du roi et l'ordonnance épiscopale de Mgr Zamet contre le duel.

LANGRES (Synode de), l'an 1657. Un des statuts de ce synode défend de dire des *messes sèches*. Un autre, qui est le dernier, recommande le respect pour les cimetières.

LANGRES (Synode de). L'an 1679, sous Louis Marie Armand de Simianes de Gordes. D'abord le prélat publia un excellent rituel, presque tout romain, et qui fut en usage dans le diocèse jusqu'en 1842, époque où il fut remplacé par un autre rituel entièrement romain, publié par Mgr Parisis.

En outre, le prélat donne bon nombre d'ordonnances synodales, toutes de la même date :

1° sur la résidence des curés ; 2° sur le binage ; 3° sur la sanctification des fêtes de dévotion ; 4° sur la rénovation des pouvoirs des prêtres ; 5° sur les ermites ; 6° sur la messe de paroisse ; 7° contre le jeu et les cabarets, relativement aux ecclésiastiques ; 8° sur l'administration des sacrements pendant la nuit ; 9° sur les expositions du très-saint sacrement ; 10° sur l'âge des servantes des prêtres : on exige qu'elles aient cinquante ans au moins ; 11° relativement aux vicaires, qui ne peuvent ni quitter leur poste ni être renvoyés sans l'évêque ; 12° défense expresse aux curés et aux vicaires de marchander leur rétribution, sous peine d'être punis comme simoniaques ; 13° défense aux prêtres étrangers de célébrer dans le diocèse, sans la permission de l'évêque ; 14° chaque prêtre dira une messe pour le repos des confrères défunts ; 15° sur les secours à rendre aux vieux curés et à ceux qui tomberaient dans quelque désordre ; 16° les ecclésiastiques doivent assister aux offices de leurs paroisses ; 17° c'est au curé à administrer le saint viatique ; 18° respect pour les reliques des saints ; 19° obligation de faire sa confession annuelle : on fera connaître à l'évêque ceux qui manqueraient à cette obligation, afin qu'il soit procédé contre eux suivant la rigueur des saints canons ; 20° aucun prêtre n'administrera la sainte eucharistie pendant la quinzaine de Pâques, sans le consentement des curés ; 21° pour prêcher, il faut être diacre, et avoir une permission de l'évêque par écrit ; 22°, 23°, 24° et 25°, touchant le lieu où il faut publier les bans de mariages, le consentement des tuteurs, quand il s'agit de mineurs, les lettres de *Recedo* et les dispenses de bans ; 27° défense d'annoncer au prône des choses profanes ; 28° sur les processions de confréries ; 30°. Article relatif aux fabriciens et marguilliers. 31°. Défense aux curés de laisser faire des quêtes dans la paroisse sans la permission de l'évêque. 33°. La cérémonie des relevailles doit être faite dans la paroisse. 34°. On recommande aux curés le soin des malades. 35°. Recommandations relatives à ceux qui aspirent aux ordres sacrés. 36°. Chaque curé doit conserver les présentes ordonnances, pour les représenter au besoin aux archidiacres, et les publier au prône deux fois par an.

LANGRES (Synode de), l'an 1694, sous le même prélat, qui y renouvela la défense faite aux ecclésiastiques de chasser avec des fusils.

LANGRES (Synode de), l'an 1725, sous Pierre de Pardaillon de Gondrin d'Antin. Ce prélat y fit « très-expresse défense à tous curés et autres prêtres de loger avec eux aucune fille ou femme qui ne soient dans le degré permis par les saints canons, d'avoir des servantes dont la régularité et la bonne conduite ne soient connues, et qui n'aient l'âge de cinquante ans. »

On peut dire peut-être que les synodes diocésains proprement dits avaient cessé avec la fin du siècle précédent. Mgr d'Antin et Mgr de Montmorin, le premier en 1725 et 1733, et le second en 1741, ont publié des règlements dans l'assemblée générale de leurs doyens, lesquels proclamaient ces mêmes ordonnances dans les diverses réunions à l'occasion de la distribution des saintes huiles. C'est, au reste, à peu près ce qui se fait actuellement dans le diocèse de Langres. Ces règlements étaient publiés sous la forme de statuts synodaux, à la différence des autres mesures disciplinaires, prescrites par quelques mandements ou ordonnances particulières.

LANGRES (Synode de), l'an 1733, sous le même prélat. 1, 2, 3. Obligation de porter le costume ecclésiastique. 4. Défense aux ecclésiastiques de manger ou boire dans les cabarets de leur résidence. 5. Sur l'administration des fabriques. 6. Recevoir les saintes huiles des doyens. 7. Obligation de tenir les conférences ecclésiastiques, d'en observer les règlements et d'y assister. 9 et 10. Touchant les billets de confession et le lieu de la communion pascale. 11. Obligation de suivre le calendrier du nouveau bréviaire. 12, 13 et 14. Obligation de sanctifier le dimanche, et dispenses relatives au travail. 15. Respect pour les églises. 16. Défense d'exposer le saint sacrement sans permission. 17. Défense d'admettre des prêtres inconnus à célébrer, à moins qu'ils n'aient la permission de l'évêque par écrit. 18. Règles pour la sonnerie du jour de la Toussaint. 19. Défense d'enterrer dans les cimetières non clos; 20. de s'y promener, d'y vendre, d'y étendre de la toile. 21. Les curés ne laisseront faire de quêtes dans leurs paroisses qu'à ceux qui seront autorisés de l'évêque. 22, 23 et 24. Concernant les quêtes pour les religieux mendiants, les ermites, les incendiés. 25. Défense aux maîtres d'école de recevoir des petites filles, si ce n'est en temps différent ou lieu séparé des garçons. 26. Défense aux pères et mères, maîtres et maîtresses, sous peine de refus de sacrements, d'envoyer à la garde des troupeaux, pendant la nuit, des filles ensemble avec les garçons. 27. Défense, sous la même peine, aux hommes de se trouver dans les lieux où s'assemblent les femmes pendant la nuit, et sous la même peine aux femmes de les recevoir. 28. Règlement des honoraires et rétributions pour les fonctions du saint ministère.

LANGRES (Synode de), l'an 1741, sous Gilbert de Montmorin de Saint-Hérem. Ce synode est partagé en différents chapitres ou titres.

Le premier est sur la discipline et le gouvernement du diocèse en général.

On y établit la distinction des deux puissances. On enjoint à tous les ecclésiastiques de rendre à leurs supérieurs dans l'ordre hiérarchique l'obéissance canonique, leur défendant, sous les peines de droit, de se soustraire à leur autorité légitime. S'il survient quelque différend concernant le gouvernement ecclésiastique, surtout entre les gens d'Eglise, ils éviteront les procès, et s'en rapporteront au jugement du bureau établi par l'évêque pour le gouvernement du diocèse. Défense expresse, conformément aux anciens canons, de rien faire changer ou retrancher dans la police intérieure des églises, d'établir aucune fête nouvelle, d'ériger aucune confrérie, d'introduire aucuns nouveaux rites ou cérémonies, de publier aucunes nouvelles indulgences ou aucuns nouveaux miracles, d'exposer aucune nouvelle relique, sans l'autorité de l'évêque.

Le deuxième titre a pour objet la foi.

Obligation d'enseigner les vérités de la foi, et de les défendre contre les efforts des hérétiques. Les ecclésiastiques doivent conserver la pureté de la foi, éviter les lectures curieuses et dangereuses, et celle en particulier des livres défendus; rendre à tous les jugements de l'Eglise et aux constitutions apostoliques l'obéissance extérieure et intérieure d'esprit et de cœur qui leur est due; veiller avec tout le soin possible à ce qu'il ne se glisse parmi les fidèles aucune nouveauté dans la foi, et qu'ils ne gardent ou ne lisent aucun livre défendu; donner à l'évêque une liste exacte des livres répandus dans les écoles; instruire les fidèles du respect et de l'obéissance qu'ils doivent à notre saint père le pape et au corps des évêques, et de la nécessité de se tenir inviolablement attachés au siège de Rome; faire exactement le catéchisme, et défense, sous les peines de droit, de se servir d'autres catéchismes, soit manuscrits, soit imprimés, que de ceux dont l'évêque a autorisé l'usage.

Le troisième titre a pour objet la vie et les mœurs des ecclésiastiques.

On renouvelle les règles canoniques sur la résidence et sur l'âge des domestiques, fixé à quarante-cinq ans, et sur l'habit ecclésiastique.

Le quatrième titre a pour objet les sacrements.

On trace des règles sur l'administration de chacun en particulier, tant en ce qui concerne les curés et vicaires, qu'en ce qui regarde les fidèles eux-mêmes.

LANGRES (Synode de), l'an 1783, sous César Guillaume de la Luzerne.

On établit chaque année, dans le séminaire, une retraite ecclésiastique, à laquelle on invite tous les ecclésiastiques du diocèse. Les vicaires subiront un examen chaque année. Les curés, vicaires et autres desservants instruiront leurs peuples chaque dimanche, et autant qu'ils le pourront, chaque jour de fête, par un prône et par un catéchisme. On dressera en chaque paroisse un état des fondations. On révoque toutes les permissions antérieures, relatives aux bénédictions du saint sacrement et aux prières publiques et extraordinaires : pour tout cela, il faudra désormais une nouvelle permission de l'évêque. On règle ce qui concerne le binage. Les sages-femmes n'exerceront pas leurs fonctions avant de s'être présentées au curé, et d'en avoir reçu l'approbation nécessaire.

Ce synode ne se passa pas sans tumulte. Les idées presbytériennes, qui firent explosion quelques années plus tard, fermentaient déjà dans bien des têtes, et le prélat gallican leur imprima lui-même une nouvelle activité, en accordant voix délibérative à ses prêtres contre tous les principes catholiques comme contre tous les anciens usages. Les plus brouillons du synode furent enfin obligés de faire réparation à leur évêque. La plupart des ordonnances publiées par Mgr de la Luzerne, dans son synode de 1783, et dont nous venons de donner un court aperçu, se trouvent dans son Rituel, au moins quant à leurs dispositions.

LANGRES (Synodes de), années 1841 et 1842, sous Mgr Pierre-Louis Parisis. En prenant possession d'un diocèse composé de parties détachées d'autres anciens, et comme de pièces en quelque sorte disparates, Mgr Parisis a compris qu'il importait avant tout de rétablir l'unité, depuis longtemps altérée plus ou moins par l'infinie diversité des rites et des usages. C'est dans ce but que, sans intérêt de parti, sans motif humain qui pût influer sur sa conduite, le prélat, animé de l'esprit de Dieu, a d'abord apporté remède au désordre anti-liturgique, en imposant avec sa douce autorité à tous ses prêtres, comme aux autres clercs de son diocèse, engagés dans les ordres sacrés, la récitation du bréviaire romain. Convaincu en même temps que de telles réformes devaient s'opérer par la persuasion beaucoup plus que par la contrainte, Mgr Parisis n'a pas trouvé de moyen plus efficace de se concilier les suffrages de son clergé, que de l'appeler lui-même à prendre part, autant que le permettraient les formes canoniques, et surtout les circonstances, aux règlements que lui seul avait le droit d'établir et de sanctionner. Mgr l'évêque de Langres a donc, sans faste et sans bruit, rétabli les synodes tels à peu près qu'ils se tenaient dans le dernier siècle, c'est-à-dire qu'il n'y a convoqué jusqu'ici, avec les chanoines et les dignitaires, que les curés de canton; et ceux-ci, en qualité de doyens ou comme en tenant la place, communiquent à tous les prêtres de leurs cantons respectifs, réunis en conférence, les résolutions prises au synode, ou les statuts qui y ont été portés.

C'est une chose bien remarquable, et où il est bien difficile de ne pas voir le doigt de la Providence, que Mgr Parisis, avant même d'avoir consulté le dispositif des anciens synodes de son diocèse, ait choisi, pour l'époque de ceux qu'il tiendrait, précisément le jour où depuis plus de quatre siècles du moins, c'est-à-dire depuis l'an 1404 qu'a été célébré le premier synode de Langres dont il nous reste quelques traces, les évêques de Langres ont constamment tenu les synodes annuels de leur diocèse. N'est-il pas permis de reconnaître la volonté de Dieu dans une détermination si heureusement inspirée ?

Le mercredi donc après le dimanche *Misericordia Domini* ou du Bon-Pasteur, le clergé du diocèse de Langres s'est trouvé réuni, *sans le savoir*, à la cathédrale en 1841, comme l'avait fait de temps immémorial ce même clergé, ou le clergé dépendant de la même cathédrale. Tous les prêtres convoqués sont entrés avec ordre, comme dans les processions solennelles; et, après la messe dite, Mgr l'évêque a fait donner lecture des statuts anciens qu'il avait à rappeler, des modifications qu'il voulait y faire, et des nouveaux statuts qu'il allait publier; puis, après avoir accordé à chacun la faculté de proposer ses difficultés ou de faire part de ses réflexions, il a définitivement publié ses statuts, en leur donnant force de loi, par sa propre autorité. Mgr de Langres n'a fait au reste que se conformer de point en point aux instructions du pontifical, expliquées par Benoît XIV dans son savant ouvrage *De Synodo diœcesana*.

Dans les synodes de 1841 et de 1842, Mgr de Langres a renouvelé, sauf de légères modifications, les statuts de 1404 et de 1435, sur la manière de se rendre et d'assister au synode, et quelques autres de ces mêmes années, comme aussi de l'année 1537, sur l'administration des sacrements, et il a déclaré, par un statut particulier, le rituel romain, aussi bien que le bréviaire romain, obligatoire pour tous les prêtres de son diocèse. *Statuta synodalia*, Langres, imprimerie de Laurent fils.

LANGRES (Synode de), l'an 1843. Dans ce synode, Mgr Parisis a publié le calendrier ecclésiastique de son diocèse combiné avec le romain, après avoir renouvelé des statuts analogues des années 1404, 1421, 1452 et 1459. Le prélat a rappelé de la même manière d'autres statuts de 1404, de 1421, de 1616 et de 1741, sur l'observation des dimanches et des fêtes et l'uniformité à garder dans la discipline, et il a publié à son tour le statut suivant : « Quoique, depuis la fin du dernier siècle, le malheur des temps nous ait ôté le moyen de faire respecter aux peuples l'exécution des lois de l'Église et en ce qui concerne la sanctification des jours du Seigneur, et notamment la cessation de travaux serviles pendant ces saints jours, que le souverain maître s'est spécialement réservés; persuadé cependant qu'il n'appartient pas aux puissances humaines de nous ôter l'autorité qui nous a été donnée par le divin Législateur, nous maintenons et confirmons tout ce qui a été prescrit et réglé par nos vénérables prédécesseurs, touchant cette condition fondamentale de la société chrétienne.... Et si notre présent statut reste inefficace pour plusieurs, sans que nous puissions lever le scandale, nous protestons devant Dieu et devant les hommes contre l'état d'impuissance où nous sommes réduits, et, tout en nous soumettant à un ordre de choses qu'on ne saurait assez déplorer, nous renvoyons aux dépositaires du pouvoir public la responsabilité de la profanation des jours de dimanches et fêtes, nous contentant de rappeler les peuples à leurs devoirs par l'autorité de la parole sainte, et de gémir continuellement en la présence de Dieu du mal auquel il ne nous est pas donné de porter un remède assez efficace; attendant toujours de l'infinie miséricorde du Seigneur que la France redevienne, dans ses lois comme dans ses mœurs, le royaume très-chrétien.»

L'illustre prélat a porté aussi dans ce même synode de nouveaux statuts sur l'entretien des cimetières, et sur le respect dû aux églises et à la sainte eucharistie, en s'appuyant toujours sur la tradition, et après avoir rappelé, en les confirmant, autant que le lui permettaient les circonstances actuelles, les ordonnances rendues sur les mêmes matières par ses vénérables prédécesseurs. *Ibid.*

LANGRES (Synode de), l'an 1844. Dans le synode de cette année, Mgr l'évêque de Langres a renouvelé, en les adoucissant quelque peu, les statuts portés en 1404, 1537, 1616, 1622, 1679, 1694, 1725, 1733 et 1741, sur la vie cléricale et le costume ecclésiastique, défendant à tous ses clercs l'usage des pantalons et des chapeaux ronds, à moins d'une permission toute spéciale, et ne leur permettant d'avoir des servantes, qu'autant que celles-ci auraient atteint la quarantième année de leur âge. *Ibid.*

LANGRES (Synode de), l'an 1845. Dans ce synode, après quelques corrections apportées au calendrier publié en 1843, Mgr de Langres a rappelé les statuts de l'an 1404 concernant les excommunications, en les accompagnant de remarques fort utiles; puis il a publié les siens propres sur la même matière, déclarant avec précision quelles sont les causes d'excommunication et de suspense encore en vigueur dans son diocèse. Le savant prélat fait observer avec beaucoup de justesse que la bulle de Martin V, *Ad evitanda scandala*, n'autorise nullement les excommuniés, même non dénoncés, à se mêler à la société des fidèles, et qu'ils n'en sont pas moins coupables et criminels, lorsqu'ils se le permettent. *Ibid.*

LANGRES (Synode de), l'an 1846. Dans ce dernier synode, Mgr Parisis, brûlant d'un saint amour pour la majesté de l'office divin, a premièrement rappelé un statut de l'an 1622, sur la manière dont doit s'exécuter le chant d'église; après quoi, comme par manière de développement, il a publié ses propres statuts, qu'il a rangés sous deux titres.

Le 1er, *du Chant*, consiste en huit articles, que voici:

Art. 1er. « Nous recommandons instamment à tous nos chers coopérateurs, chargés du gouvernement immédiat des paroisses de notre diocèse, de veiller à la pieuse et convenable exécution du chant de l'Eglise pendant les saints offices.»

Art. 2. « Désirant que tous les fidèles présents à nos saintes cérémonies mêlent leurs voix, autant qu'il leur est possible, aux chants de l'Eglise, nous voulons que, surtout pour les parties de l'office auxquelles tous peuvent le plus facilement prendre part, le plain-chant soit seul exécuté (1).»

Art. 3. « Pour faciliter l'ensemble et la beauté du chant de l'assemblée chrétienne, nous recommandons, d'une part, aux chantres, de le soutenir sur un ton convenable au plus grand nombre de voix; de l'autre, aux fidèles, de suivre avec modestie et docilité ceux qui ont charge de les diriger.»

Art. 4. On aura soin de conserver toujours au plain-chant sa religieuse et douce gravité, de sorte qu'il ne présente rien de dissipant ni de mondain, et qu'il soit toujours l'expression de l'adoration et de la prière.»

Art. 5. « L'orgue et le serpent sont les deux seuls instruments dont nous autorisons l'usage dans les saints offices. Nous défendons que l'on s'y serve habituellement d'aucun autre, à moins d'une autorisation spéciale de notre part.»

Art. 6. « Nous recommandons instamment aux organistes de notre diocèse, par l'autorité des saints canons de l'Eglise, de ne jouer aucune musique profane, et surtout de ne rappeler dans leur jeu aucun souvenir indigne du lieu. Nous conjurons messieurs les curés de veiller à cette recommandation expresse, qui touche à l'honneur du culte divin.»

Art. 7. « Nous voulons que les serpents se bornent à l'exécution pure et simple, note par note, du plain-chant, attendu qu'ils ne sont admis dans l'église que pour suppléer à la faiblesse et à l'incertitude des voix.»

Art. 8. « Dans le cas où des musiciens, soit militaires, soit civils, s'offriraient à jouer pendant quelque office de l'Eglise, M. le curé pourra, s'il le juge convenable, accueillir leur bonne volonté; mais il y mettra toujours ces trois conditions: 1° Que cette musique ne s'exécutera qu'après le chant ou au moins la psalmodie des paroles liturgiques; 2° que, pendant la sainte messe, la musique ne retardera jamais l'action du prêtre à l'autel; 3° que les morceaux à jouer seront d'avance approuvés par M. le curé, soit qu'il les voie lui-même, soit qu'il en rende juge une personne méritant sur cela sa confiance.»

Le titre 2e, *des Chantres*, contient huit autres articles, dont nous ne rapporterons que le premier, comme le plus important.

Art. 9. « Voulant donner aux chantres titulaires des paroisses de notre diocèse une marque de la haute estime dont nous sommes pénétré pour les fonctions qu'ils remplissent dans le lieu saint, nous nous réservons le droit de confirmer leur nomination.» *Ibid.*

---

(1) Si donc, dans quelques paroisses, on avait le désir de mettre en musique quelques paroles de l'office divin, ce ne pourrait être, pour la sainte messe, que celles de l'*Introït*, du *Graduel*, de l'*Offertoire* et de la *Communion*; pour les vêpres, quelques antiennes; et pour le salut, quelques passages liturgiques analogues à la circonstance.» *Ibid.*

LANGUEDOC (Synode diocésain de) ou d'Albi (1), 29 avril 1762, sous Léopold Charles de Choiseul. De nombreux statuts y furent publiés sur les différents devoirs de la vie ecclésiastique et religieuse, et il y fut ordonné, sous peine de suspense, à tous les ecclésiastiques d'assister régulièrement aux conférences.

LAODICÉE (Concile de), *Laodicense*, vers l'an 364. Ce concile est célèbre dans l'antiquité, et ses canons ont toujours eu beaucoup d'autorité. Il se tint à Laodicée, métropole de la Phrygie, province de l'Asie Mineure. On ne sait ni quel en fut le président, ni combien d'évêques y assistèrent, ni en quel temps il fut tenu. Baronius et Labigne (Binius) croient que ce fut en 314, avant le premier concile de Nicée; d'autres, sous le pape Libère, qui ne commença de gouverner l'Église qu'en 352; d'autres, en 360; d'autres, en 370. On croit communément que ce concile se tint l'an 364. C'est l'année que Justel a mise à la marge de ce concile dans le Code de l'Église universelle. Nous avons soixante canons de ce concile. Si Denys le Petit n'en compte que cinquante-neuf, c'est parce qu'il omet le dernier, qui contient le catalogue des livres canoniques.

Le premier canon admet à la communion, mais par indulgence, et après quelque peu de temps de pénitence, employé en jeûnes et en prières, ceux qui ont contracté de secondes noces librement et légitimement, sans faire de mariage clandestin, c'est-à-dire, comme l'expliquent Balsamon, Zonare et Aristène, sans avoir eu aucun mauvais commerce secret ensemble avant de se marier, puisque, dans ce cas, il aurait fallu les punir de plus comme concubinaires.

Justel, d'après Jacques Leschassier, dans un petit ouvrage imprimé à Paris, en 1601, sous le titre d'*Observation de la bigamie*, a prétendu que ce canon, de même que le huitième de Nicée, le dix-neuvième d'Ancyre et le huitième de Néocésarée, devaient s'entendre d'une espèce particulière de bigamie peu connue, selon laquelle un mari répudiait sa femme, et en épousait une autre du vivant de la première. Cette espèce de bigamie, disent ces auteurs, quoique réprouvée par les lois de l'Église, était permise par celles des empereurs; et c'est de cette sorte de bigamie, selon eux, que l'on doit entendre les canons susdits. Mais cette opinion n'est point fondée, puisqu'il s'agit, dans ces canons, de secondes noces légitimes, approuvées de l'Église, faites selon les règles ecclésiastiques, et que l'Église punissait comme adultère, par une longue et sévère pénitence, celui qui répudiait sa femme, et en épousait une autre du vivant de la première. (*Voyez* Guillaume Bévérégius, dans ses notes sur ce canon.)

Le deuxième canon admet pareillement à la communion, en vue de la miséricorde de Dieu, les pécheurs qui ont persévéré dans la prière et dans les exercices de la pénitence, et montré une parfaite conversion; mais il veut qu'auparavant on leur prescrive un temps pour faire pénitence, proportionné à leur faute.

M. de l'Aubespine, dans ses notes sur ce canon, remarque que l'on doutait si l'on devait accorder la pénitence à ceux qui étaient coupables de divers crimes, puisqu'on imposait alors trente ans de pénitence à celui qui n'en avait commis qu'un seul. Les Pères opinèrent cependant qu'il fallait admettre à la pénitence, en vue de la miséricorde de Dieu, les pécheurs qui la demanderaient avec un humble aveu de leurs crimes. Le même auteur observe que, par les mots *In oratione confessionis*, employés dans ce canon, il faut entendre, non la *confession sacramentelle*, mais l'aveu général que les pécheurs faisaient de leurs crimes, en se prosternant aux pieds des fidèles, pour être admis à la pénitence, et que, par le mot de *communio* il ne faut pas entendre non plus la communion eucharistique, mais la communion des fidèles, c'est-à-dire la communion avec eux, qui était censée accordée aux excommuniés, dès qu'ils étaient admis à la pénitence.

Le troisième défend de promouvoir au sacerdoce les néophytes, ou nouveaux baptisés.

Le quatrième (2) défend de faire les ordinations en présence des auditeurs ou écoutants, c'est-à-dire de ceux qui n'étaient admis dans l'Église qu'aux instructions, et non aux prières.

Le cinquième défend aux clercs de prêter à usure, notamment de prendre la moitié du principal, outre le sort principal.

Le sixième ne veut point qu'on permette aux hérétiques obstinés d'entrer dans l'église.

Le septième regarde en particulier les novatiens ou les quartodécimans qui se convertissent. Il est ordonné qu'ils ne seront point reçus, à moins d'anathématiser toutes les hérésies, spécialement la leur, et qu'alors ceux qu'ils nomment *fidèles*, ayant appris le symbole de la foi, et reçu l'onction du saint chrême, participeront aux saints mystères. Le nom des photiniens se trouve ajouté dans ce canon à celui des novatiens dans quelques exemplaires grecs, dans la version de Denys le Petit, dans Balsamon, Zonare et Aristène, et dans l'ancien Code de l'Église romaine de Vendelstin, imprimé à Paris en 1609; mais il n'en est rien dit dans celui que l'on a imprimé en la même ville en 1675, avec les œuvres de saint Léon, ni dans la version d'Isidore, ni dans la collection abrégée de Ferrand, diacre, ni dans une ancienne collection manuscrite de la bibliothèque de Saint-Germain-des-Prés, que l'on dit avoir plus de mille ans. Il paraît en effet peu croyable que les Pères de Laodicée aient ordonné que les photiniens, qui enseignaient les mêmes erreurs que les paulianistes sur la Trinité, et qui par conséquent devaient comme eux être baptisés avant d'être reçus

---

(1) Cet article, dont la place naturelle serait plutôt à la lettre A, avait été omis dans la rapidité de la rédaction.

(2) Ce canon, qui est le quatrième chez les Latins, est le cinquième chez les Grecs.

dans l'Eglise, y seraient admis par la seule onction du saint chrême.

Le 8e rejette le baptême des cataphryges, ou montanistes, et ordonne que, quoiqu'ils soient au rang des clercs, ou qu'ils aient parmi eux le titre de *très-grands*, ils seront néanmoins instruits soigneusement et baptisés par les prêtres et les évêques de l'Eglise.

Les montanistes ne reconnaissaient point la divinité du Saint-Esprit, et ne baptisaient pas par conséquent au nom de la sainte Trinité. C'est pour cela que le concile ordonne de les rebaptiser. Ceux auxquels ces hérétiques donnaient le titre de *très-grands* étaient, selon Zonare, ceux qui jouissaient parmi eux d'une grande réputation de savoir, et qui y tenaient comme le premier rang de docteurs. D'autres croient que les *très-grands* chez les montanistes étaient les patriarches; car ils avaient des patriarches, qu'il regardaient comme les premiers de leur hiérarchie, et des cénons, qui étaient les seconds. Les évêques chez eux n'occupaient que la troisième place.

Le 9e défend aux fidèles d'aller aux cimetières ou aux églises des hérétiques pour y prier avec eux et y demander la guérison à leurs prétendus martyrs, et veut que ceux qui le font soient excommuniés et ne soient reçus qu'après avoir fait pénitence.

Ce canon prouve, 1° que dès les premiers siècles il y avait des lieux particuliers destinés pour la sépulture des chrétiens qu'on appelait *cimetières*; 2° qu'on bâtissait des églises ou des chapelles en mémoire des martyrs dans les lieux de leur sépulture; 3° que l'on honorait et que l'on invoquait ces martyrs, puisque les fidèles allaient à leurs églises pour les invoquer et obtenir la guérison par leur intercession.

Le 10e défend aux fidèles de marier indifféremment leurs enfants à des hérétiques. Il était donc permis de contracter ces sortes de mariages en certains cas; et le canon trente et unième le permet expressément, lorsque ceux avec qui on les contractait promettaient de se faire catholiques.

Le 11e défend d'établir dans l'église les femmes que l'on nommait *anciennes*, ou *présidentes*: c'est le sens de ce canon suivant le texte grec, interprété par Zonare et Balsamon. On y défend de donner aux femmes aucune présidence ou autorité dans les assemblées des fidèles à l'église. Ainsi Gratien et Isidore se sont éloignés du sens de ce canon et du texte grec, en l'expliquant de la défense d'ordonner des prêtresses dans l'église. *Quod non oporteat eas quæ dicuntur presbyteræ vel præsidentes in ecclesiis ordinari*. Saint Epiphane (*Hæres.* 79, n. 4) témoigne que le rang des diaconesses est le plus haut où les femmes aient été élevées dans l'église; qu'il n'y a jamais eu de prêtresses et qu'elles ne peuvent avoir part au sacerdoce.

Le 12e ordonne que ce sera par le jugement du métropolitain et de ses comprovinciaux que les évêques seront établis, après de longues épreuves de leur foi et de leurs mœurs.

Le 13e ne veut pas que le peuple élise tumultueusement ceux que l'on doit promouvoir au sacerdoce.

Isidore et Gratien, suivis par D. Ceillier, etc., prétendent que ce canon exclut totalement le peuple des élections de ceux qui doivent être promus au sacerdoce; mais le mot grec qu'on a traduit par *turbis* signifie proprement *tumulte*, et donne à entendre que les Pères du concile défendent seulement d'avoir égard aux élections tumultueuses du peuple, qui ont l'air de sédition, sans lui ôter le droit de suffrage, dont il a encore joui depuis, comme on le voit par saint Grégoire de Nazianze (*Ep. ad Cæsariens.*), par le concile de Chalcédoine, *Act.* XI, et les novelles de Justinien, 123e, c. 1, et 137, c. 2.

Le 14e abolit l'usage d'envoyer, à la fête de Pâques, la sainte eucharistie à d'autres paroisses comme eulogie, c'est-à-dire, comme le pain bénit que l'on envoyait en signe de communion.

Le 15e veut qu'il n'y ait que les chantres inscrits dans le canon ou le catalogue de l'église, à qui il appartienne de monter sur l'ambon ou jubé, et d'y chanter sur le livre. C'est le sens de ce canon, lequel par conséquent ne défend pas au peuple de chanter dans l'église, puisqu'il est certain que c'était la coutume chez les Grecs qu'il y chantât, comme le prouvent saint Basile, *Epist. ad Neocæsarienses*, et saint Jean Chrysostome, dans sa première homélie sur ces paroles d'Isaïe, *Vidi Dominum*.

Le 16e ordonne de lire l'Evangile, avec les autres Ecritures, le jour du samedi.

Les Grecs célèbrent le samedi de même que le dimanche quant à l'office divin, mais non quant à la cessation des œuvres serviles: c'est pour cela que le concile ordonne de lire l'Evangile le samedi comme le dimanche. C'est là l'origine de la discipline d'aujourd'hui, selon laquelle on lit l'Evangile à l'office divin les jours de dimanches et de certaines fêtes plus considérables, mais non les jours de férie ou de fêtes moins considérables.

Le 17e défend de réciter plusieurs psaumes de suite, et veut qu'on récite une leçon entre chaque psaume.

Le 18e défend d'anticiper le temps marqué pour l'office que l'on a coutume de réciter les jours de jeûne, en sorte qu'on le finisse seulement à none ou à vêpres, selon la différence des jeûnes, dont les uns se terminaient à none, et les autres à vêpres.

Le 19e ordonne qu'après le sermon de l'évêque on fera séparément les prières des catéchumènes; que, quand ceux-ci seront sortis, on fera celles des pénitents, et qu'enfin, après que ces derniers auront reçu l'imposition des mains et qu'ils se seront retirés, on fera la prière des fidèles à trois reprises; que premièrement on priera en silence, et que les secondes et troisièmes prières se prononceront à haute voix, et qu'ensuite on donnera la paix; que, quand les prêtres l'auront donnée à l'évêque, les laïques se la donneront; qu'après cela on consommera l'oblation et qu'on ne laissera approcher de l'autel, pour communier, que ceux qui sont du clergé.

Le 20ᵉ défend aux diacres de s'asseoir en présence d'un prêtre sans son ordre; et il ordonne pareillement que les sous-diacres et tous les clercs porteront le même honneur aux diacres.

On peut remarquer dans ce canon une hiérarchie composée des prêtres, des diacres et des clercs inférieurs, avec une certaine subordination entre eux.

Le 21ᵉ défend aux sous-diacres de prendre place parmi les diacres, et de toucher les vases sacrés. C'était la coutume chez les Grecs que le diacre portât avec pompe dans les vases sacrés à l'autel les oblations du peuple, qui devaient être consacrées par le prêtre à la messe; et c'est de cette fonction des diacres que doit s'entendre ce canon. Il ne renferme donc pas une défense générale et absolue de toucher les vases sacrés, par rapport aux sous-diacres, puisqu'il leur fut toujours permis de les toucher, comme le prouve le P. Morin (*Part*. III, *exercit*. 12, c. 3): on leur défend seulement d'usurper les fonctions des diacres, en portant solennellement les oblations du peuple dans les vases sacrés à l'autel; ce qui était du ministère des diacres selon le rit grec, et ce qui s'appelait chez eux le *grand Introït de la messe*.

Le 22ᵉ défend aussi aux sous-diacres de porter l'*orarium*, ou l'étole, et de quitter un moment les portes de l'église.

Le 23ᵉ fait la même défense aux lecteurs et aux chantres.

Le 24ᵉ interdit l'entrée du cabaret à tous ceux qui sont dans le clergé, et aux personnes mêmes qui se proposent de vivre dans la continence.

Le 25ᵉ défend aux sous-diacres de donner le pain et de bénir le calice, c'est-à-dire de faire les fonctions des diacres, qui présentaient à l'évêque ou au prêtre célébrant le pain et le vin pour la consécration, et qui, après la consécration, distribuaient l'un et l'autre au peuple.

Le 26ᵉ dit qu'il ne faut pas que ceux qui n'ont point été ordonnés par l'évêque se mêlent d'exorciser dans l'église ni dans les maisons.

Le mot *ordinatus*, qu'on lit dans Denys le Petit, ne se trouve ni dans le texte grec, ni dans la traduction d'Isidore. On y lit seulement le terme de *promotus* ou *provectus*; ce qui est plus conforme à la discipline des Grecs, qui ne mettent point l'exorcisme au rang des ordres, mais des simples ministères que l'évêque commettait à ceux qu'il jugeait à propos, comme le prouve le P. Morin, *de SS. Ordinat. part*. III, *exercit*. 14, *cap*. 2.

Le 27ᵉ défend aux clercs et aux laïques, invités aux festins qu'on nomme *agapes*, d'emporter leurs parts chez eux.

Le 28ᵉ défend de faire les agapes dans l'église, d'y manger et d'y dresser des tables.

Le 29ᵉ défend aux chrétiens de judaïser en chômant le samedi; mais ils doivent travailler ce jour-là, et chômer le dimanche en chrétiens.

Le 30ᵉ défend à tous les chrétiens de se baigner avec les femmes, d'autant que cela est même condamné parmi les païens.

Le 31ᵉ défend aux parents de donner leurs enfants en mariage à des hérétiques, à moins qu'ils ne promettent de se faire catholiques.

Le 32ᵉ défend de recevoir les eulogies de la main des hérétiques, parce que ce sont plutôt des malédictions que des bénédictions.

Le 33ᵉ défend de prier avec les hérétiques ou les schismatiques.

Le 34ᵉ prononce anathème contre ceux qui quittent les martyrs de Jésus-Christ, pour aller honorer les faux martyrs des hérétiques.

Le 35ᵉ est conçu en ces termes : « Il ne faut pas que les chrétiens quittent l'Eglise de Dieu, pour aller invoquer des anges et faire des assemblées défendues. Si donc on trouve quelqu'un attaché à cette idolâtrie cachée, qu'il soit anathème, parce qu'il a laissé Notre-Seigneur Jésus-Christ, Fils de Dieu, pour s'abandonner à l'idolâtrie.

Ce canon donne jusqu'à deux fois le nom d'*idolâtrie* au culte des anges qu'il condamne, et suppose visiblement une espèce d'apostasie dans ceux chez qui il était en usage. Il n'y est donc point question du culte religieux que l'on rend aux anges dans l'Eglise catholique, où on les invoque sans abandonner Jésus-Christ, et où ils sont honorés, non comme des divinités, mais comme nos intercesseurs auprès de Dieu. Théodoret (*In cap*. 2 *et* 3 *ad Coloss*.), qui écrivait environ soixante ans après le concile de Laodicée, dit que ceux qui sont condamnés dans ce canon étaient certains hérétiques judaïsants, répandus en Phrygie et en Pisidie, qui voulaient que l'on adorât les anges, comme ceux par qui la loi avait été donnée. Le culte superstitieux et idolâtrique qu'ils rendaient à ces esprits célestes leur fit donner le nom d'*angéliques;* et c'est ce culte tout seul qui est condamné dans ce canon. Au reste, nous ne devons pas passer sous silence qu'Isidore, Merlin, Crabbe, et même le Code des canons de l'Eglise romaine, lisent *angulos* au lieu d'*angelos*; en sorte que, suivant cette leçon, la défense portée par le canon tombe sur les as emblées secrètes qui se font pour cause d'idolâtrie.

Le 36ᵉ défend aux prêtres et aux clercs d'être magiciens, enchanteurs, mathématiciens ou astrologues, de faire des ligatures ou phylactères, et commande de chasser de l'Eglise ceux qui en font usage.

Les phylactères dont il est parlé dans ce canon sont les amulettes, c'est-à-dire de prétendus remèdes accompagnés d'enchantements pour guérir ou prévenir les maladies

Le 37ᵉ défend de recevoir des juifs ou des hérétiques les présents qu'ils envoyaient à leurs fêtes, ni de les célébrer avec eux.

Le 38ᵉ défend de recevoir les pains sans

levain que les juifs donnent pendant leur Pâque.

Le 39e défend de célébrer les fêtes des gentils avec eux.

Le 40e porte que les évêques appelés au concile s'y rendront, à moins qu'ils ne soient malades, ou pour instruire les autres, ou pour s'instruire eux-mêmes de ce qui est nécessaire pour la réformation de leur Eglise.

Le 41e et le 42e défendent aux clercs de voyager sans lettres canoniques et sans ordre de l'évêque.

Le 43e défend aux sous-diacres de quitter un moment les portes de l'église, sous prétexte de prier.

Les interprètes grecs avertissent que le canon ne défend pas aux sous-diacres de réciter des prières secrètes et particulières, mais uniquement les prières publiques, que les prêtres récitaient sur le peuple pendant la messe, parce qu'ils ne pouvaient le faire sans usurper le ministère des prêtres.

Le 44e défend aux femmes d'entrer dans le sanctuaire.

Cette défense a été souvent renouvelée dans l'Eglise latine aussi bien que dans l'Eglise grecque; et c'est à tort que Balsamon reproche aux Latins que les femmes chez eux s'approchent de l'autel sans pudeur et à leur gré. C'est un abus criant que l'Eglise condamne et que les pasteurs sont tenus d'empêcher. Il faut porter le même jugement de la mauvaise coutume où sont quelques béguines et religieuses de servir la messe aux prêtres.

Le 45e défend d'admettre, pour être baptisés à Pâques, ceux qui ne se présenteront qu'après la seconde semaine de carême.

Le 46e ordonne que les catéchumènes qui doivent être baptisés apprendront la croyance des fidèles et en rendront compte le jeudi à l'évêque ou aux prêtres.

Les collecteurs des canons, tels qu'Isidore, Denys le Petit et Gratien, entendent ce canon de la récitation du symbole que les catéchumènes faisaient devant l'évêque ou les prêtres, le jeudi de la semaine sainte; mais Zonare et Balsamon remarquent qu'il s'agit dans ce canon de l'examen que les catéchumènes subissaient le jeudi de chaque semaine, devant l'évêque ou les prêtres, afin qu'ils pussent juger de leurs progrès; ce qui est plus conforme au texte grec, où on lit seulement : *Quinta hebdomadæ feria*; au lieu que les auteurs cités ajoutent : *Hebdomadæ majoris* ou *novissimæ*.

Le 47e veut que ceux qui ont été baptisés étant malades soient instruits quand ils sont revenus en santé, afin qu'ils connaissent la grandeur du don qu'ils ont reçu.

Le 48e dit qu'il faut que les baptisés, après le baptême, soient oints du chrême céleste, c'est-à-dire confirmés, suivant la discipline de ce temps-là, où l'on donnait le sacrement de la confirmation immédiatement après celui du baptême.

Le 49e dit qu'il ne faut offrir pendant le carême le pain, c'est-à-dire l'eucharistie, que le samedi et le dimanche.

Le 50e défend de rompre le jeûne dès le jeudi de la dernière semaine de carême, et ordonne qu'on jeûnera le carême entier en *xérophagies*, c'est-à-dire en ne mangeant que des légumes secs.

Le 51e dit qu'il ne faut pas célébrer les fêtes des martyrs en carême, à l'exception des samedis et des dimanches.

Le 52e défend de faire en carême, ni noces, ni fêtes de naissances.

Le 53e défend aux chrétiens de danser quand ils assistent aux noces, et leur permet seulement d'y prendre modestement leur repas, comme il convient à des chrétiens.

Le 54e défend aux ecclésiastiques d'assister aux spectacles qui se font pendant les noces et les festins, et veut qu'ils sortent avant l'entrée des danseurs.

Le 55e défend aux clercs et même aux laïques de faire des festins au cabaret, en payant chacun leur écot.

Le 56e défend aux prêtres d'entrer dans le sanctuaire avant l'évêque, à moins que celui-ci ne soit malade ou absent.

C'était la coutume autrefois que tous les prêtres assistassent l'évêque lorsqu'il disait la messe; et c'est à cette occasion que le concile ordonne à ces prêtres assistants de ne point précéder l'évêque, mais de l'accompagner par honneur lorsqu'il va au sanctuaire. Nos églises cathédrales conservent des traces de cette ancienne discipline, en ce que les chanoines vont au-devant de l'évêque et le conduisent à l'église, les jours qu'il doit officier.

Le 57e contient la défense d'établir des évêques dans les bourgs et les villages, mais y permet seulement des visiteurs, et veut que ceux qui y sont déjà établis ne fassent rien sans l'ordre de l'évêque de la ville, non plus que les prêtres.

Le 58e fait défense aux évêques et aux prêtres d'offrir le sacrifice dans leurs maisons.

Le 59e porte qu'on ne doit point lire dans l'église de cantiques ou de psaumes particuliers, ni lire d'autres livres que les Ecritures canoniques de l'Ancien et du Nouveau Testament; et afin que l'on sache quelles sont ces Ecritures canoniques, le concile en fait le dénombrement dans le soixantième canon. C'est le premier canon des livres de l'Ancien et du Nouveau Testament, que l'on sache avoir été fait dans un concile. Il est le même que celui du concile de Trente, excepté que, dans le catalogue des livres de l'Ancien Testament, il omet Judith, Tobie, la Sagesse, l'Ecclésiastique et les Machabées, et dans le Nouveau, seulement l'Apocalypse. On ne lit à la suite de ces canons aucune souscription d'évêques; ce qui fait que nous ne connaissons point ceux qui assistèrent à ce concile : nous savons seulement que l'Epître des canons du pape Adrien, au sixième tome des Conciles, marque que vingt-deux évêques souscrivirent à ceux de Laodicée. *Anal. des Conc.*

LAON (Concile de l'abbaye de Saint-Vincent de), *Laudunense*, l'an 948. Hugues, comte de Paris, y fut cité pour venir rendre compte des maux qu'il avait fait souffrir au roi Louis d'Outremer et aux évêques.

LAON (Synode de), l'an 963, cité par D. Bouquet. *Rerum Gall. script. t. VIII*.

LAON (Concile de), l'an 1146. Ce fut plutôt une assemblée d'évêques et de seigneurs, convoqués par Louis le Jeune pour délibérer sur les préparatifs de la croisade. On renvoya l'affaire à l'assemblée suivante, qui se tint à Chartres. *M. de Mas Latrie*.

LAON (Concile de), l'an 1233. Ce concile n'est que la suite de celui de Noyon, tenu en cette même année (*Voy.* ce mot). Les évêques, ayant vérifié à Beauvais les faits dont l'évêque de cette ville avait à se plaindre, chargèrent trois d'entre eux de remontrer humblement au roi qu'ils le suppliaient, le requéraient et l'avertissaient, par l'autorité du concile, de ne pas refuser à l'évêque plaignant la satisfaction qu'il demandait touchant les différents griefs qui le mettaient dans la nécessité de réclamer sa justice. Ces griefs étaient détaillés et spécifiés, et l'acte qu'ils en présentaient autorisé de leur sceau, devait passer pour une première monition. Elle est datée de Poissy, le dimanche de la Passion 1232, c'est-à-dire le 20 mars 1233, puisqu'à cette époque on commençait l'année à Pâques. Le roi, sans paraître offensé de la démarche des évêques, soutint la sienne et laissa les choses sur le pied où il les avait réglées. Cette conduite produisit, comme il y a lieu de le conjecturer, d'autres conférences entre les évêques de la province, qui furent suivies de deux nouvelles députations au roi, qu'on regarda comme une seconde et une troisième monition juridique. Pour la suite, *voy.* SAINT-QUENTIN, l'an 1233.

LAON (Synode de). *Voy.* SAINTE-MARIE DE LAON.

LAPET (Conciliabule de), ou Beth-Lapet, ou Gandisapor, *Lapethense*, l'an 495. L'évêque nestorien Barsumas confirma dans ce concile l'hérésie et les décrets rendus précédemment en faveur du mariage des prêtres et des moines.

LARISSE (Concile de), *Larissæum*, l'an 550 ou 531. Proclus de Larisse étant mort, les évêques de Thessalie s'assemblèrent dans cette ville pour l'élection d'un métropolitain. Le peuple et le clergé désignèrent Etienne, qui fut ordonné métropolitain de Larisse, à la grande satisfaction des clercs et des fidèles.

LASCURIENSIS (Synod.). *Voy.* SAINTE-MARIE DE L.

LATERANENSIA (Concilia). V. LATRAN.
LATINIACENSE (Concilium). V. LAGNY.

LATOPLE (Conc. de) en Egypte, *Latopolitanum*, l'an 347 ou environ. Ce concile fut composé d'évêques et de moines, devant lesquels saint Pacôme rendit compte des choses extraordinaires qu'il avait reçues de Dieu. *Edit. Venet. t. II*.

LATRAN (Concile de), *Lateranense*, l'an 313. *Voy.* ROME, même année.

LATRAN (Concile de), *Lateranense*, an 649. Le pape Théodore étant mort le quatorzième de mai 649, on élut, pour lui succéder, Martin qui avait été légat à Constantinople. Sa première attention après son intronisation fut d'assembler un concile pour remédier aux troubles de l'Eglise. Il se tint dans l'église du Sauveur nommée Constantinienne, au palais de Latran. Cent cinq évêques y assistèrent, le pape compris, et parmi eux Etienne, évêque de Dore, le premier des suffragants de Jérusalem, que saint Sophrone, évêque de cette ville, avait envoyé à Rome quelques années auparavant. Les autres évêques du concile étaient d'Italie. L'archevêque de Ravenne n'assista point au concile, mais il députa Maur, évêque de Césène, ville de la Romagne, et un prêtre nommé Deusdedit. Il fut achevé en cinq actions, ou sessions, nommées *secretariæ* dans le style du temps, soit à cause du lieu, ou parce qu'il n'y assistait que les personnes nécessaires.

La première session fut tenue le cinquième jour d'octobre 649. Théophylacte, premier des notaires de l'Eglise romaine, ayant prié le pape d'expliquer le motif de la convocation du concile, le pape Martin dit que c'était pour s'opposer aux nouvelles erreurs publiées par Cyrus, évêque d'Alexandrie, Sergius de Constantinople, et par ses successeurs Pyrrhus et Paul; qu'il y avait environ dix-huit ans que Cyrus avait fait publier neuf articles, où, conformément à l'hérésie des acéphales, il enseignait qu'en Jésus-Christ il n'y a qu'une opération de la divinité et de l'humanité, avec anathème à qui ne penserait pas ainsi; que Sergius avait approuvé cette doctrine dans une lettre adressée à Cyrus, et que depuis il l'avait confirmée en publiant sous le nom de l'empereur Héraclius une exposition de foi, dans laquelle il soutenait, à l'imitation de l'impie Apollinaire, qu'il n'y a en Jésus-Christ qu'une seule opération, et conséquemment qu'une seule volonté; que cette doctrine était directement opposée à celles des Pères, nommément de saint Basile, de saint Cyrille et de saint Léon, qui enseignent que les deux natures en Jésus-Christ ont chacune leur opération différente. Le pape ajouta que Sergius non content d'avoir fait afficher l'ecthèse aux portes de l'église de Constantinople, l'avait fait encore approuver par écrit par quelques évêques qu'il avait surpris; que Pyrrhus, son successeur, en séduisit plusieurs autres par menaces ou par caresses, et les fit souscrire à cette impiété; que confus de cette démarche il était venu à Rome se rétracter; mais qu'étant ensuite retourné comme un chien à son vomissement, il avait subi la peine due à son crime par une déposition canonique; que Paul son successeur ayant combattu de même que Pyrrhus la saine doctrine, avait reçu la même peine; qu'à l'exemple de Sergius il avait par surprise engagé l'empereur Constant à publier un type qui détruisait la foi catholique, en défendant de dire soit une, soit deux volontés, comme si Jésus-Christ était sans volonté. Il reprocha à Paul d'avoir fait enlever l'autel consacré dans l'église de sainte Placidie, et empêché les apocrisiaires de l'Eglise romaine d'y offrir les saints mystères et d'y recevoir les sacrements, et d'avoir persécuté plusieurs évêques, défenseurs de la foi orthodoxe, qui en avaient porté leurs plaintes au saint-siége, qui, de son côté, n'avait omis aucun des moyens nécessaires pour réprimer ces nouveautés et rétablir la saine doctrine, en écrivant aux évêques de Constantinople, en leur faisant parler par des légats envoyés exprès. Tout cela ayant été inutile, continue le pape, j'ai cru devoir vous assembler, afin que tous ensemble nous examinions en la présence de Dieu ce qui concerne ces personnes et leurs erreurs.

Après que le pape Martin eut parlé ainsi, les députés de l'évêque de Ravenne présentèrent une lettre de sa part : elle était adressée au pape Martin, *pontife universel*. Il s'y excusait de n'être point venu au concile tant sur les incursions des barbares, c'est-à-dire des Slaves, que sur l'absence de l'exarque; déclarant au surplus qu'il avait une même foi avec le saint-siége, qu'il condamnait l'ecthèse, et reconnaissait en Jésus-Christ deux opérations et deux volontés. Maxime d'Aquilée dit qu'il pensait de même, et demanda que, pour éviter la confusion, on se contentât qu'une ou deux personnes accusassent les coupables, savoir Cyrus, Sergius, Pyrrhus et Paul, dont les écrits suffisaient pour les convaincre. Deusdedit, évêque de Cagliari, fut de même avis : et tous les évêques ayant témoigné que c'était aussi leur sentiment, on finit la première session.

La seconde se tint trois jours après, c'est-à-dire le huitième d'octobre. Le pape ayant arrêté que la dénonciation contre les accusés serait proposée par les parties intéressées, ou par le primicier et les notaires de l'Eglise romaine, Etienne, évêque de Dore, présenta une requête adressée au concile, dans laquelle il exposait que Sophrone, patriarche de Jérusalem, s'était opposé aux erreurs publiées par Cyrus, Sergius, Pyrrhus et Paul ; qu'il avait fait un écrit pour les réfuter, et qu'avant de mourir il lui avait fait promettre sur le Calvaire, d'aller à Rome pour solliciter la condamnation de la nouvelle hérésie; qu'il avait exécuté l'ordre de Sophrone ; que déjà il avait demandé au pape Théodore de la condamner, et qu'il réitérait sa demande au concile. Sa requête, qui était datée du sixième d'octobre, fut insérée aux actes. On fit ensuite entrer plusieurs abbés, prêtres et moines grecs, qui demandèrent la condamnation non-seulement des dogmes, mais des personnes, disant que telle était la loi de l'Eglise, quand il y avait une accusation par écrit et personnelle. Ils demandèrent aussi que l'on anathématisât le Type, et que l'on confirmât la doctrine catholique, et que pour leur consolation l'on fît traduire en grec avec toute l'exactitude possible les décisions du concile. Leur requête était souscrite de cinq abbés et de trente-deux moines, parmi lesquels il y en avait qui étaient prêtres, d'autres diacres. Elle contenait une accusation formelle contre Cyrus, Sergius, Pyrrhus et Paul, et une profession de foi orthodoxe sur les deux opérations et les deux volontés. Il fut décidé qu'elle serait insérée aux actes. Après quoi le primicier Théophylacte ayant représenté qu'il y avait dans les archives de l'Eglise romaine plusieurs requêtes données au saint-siége contre Cyrus, Sergius, Pyrrhus et Paul, le pape en ordonna la lecture, et en premier lieu de celle de Sergius, archevêque de Chypre, présentée au pape Théodore en 643; puis des plaintes portées au même pape en 646 par les évêques d'Afrique. On inséra toutes ces pièces aux actes. Ensuite le pape Martin, trouvant qu'il y en avait assez de produites contre les personnes des accusés, arrêta que l'on examinerait canoniquement les écrits de chacun.

Cela se fit dans la troisième session, que l'on tint le dix-septième d'octobre. On commença par ceux de Théodore, évêque de Pharan, comme ayant été le premier auteur de cette nouvelle hérésie. Par la lecture que l'on fit de plusieurs passages tirés de ses divers écrits, il fut prouvé clairement qu'il ne reconnaissait qu'une seule opération en Jésus-Christ, dont le Verbe divin était la source, et l'humanité seulement l'organe et l'instrument. Le pape réfuta cette erreur en lui opposant l'autorité des Pères dont il rapporte les passages, savoir de saint Cyrille, de saint Grégoire de Nazianze, de saint Denys, de saint Basile et du concile de Chalcédoine. Ensuite on lut les neuf articles de Cyrus d'Alexandrie, et on s'arrêta au septième qui porte anathème à quiconque ne reconnaît pas en Jésus-Christ une seule opération théandrique, selon saint Denys. Sergius de Constantinople, dont on lut aussi la lettre, alléguait de même l'autorité de saint Denys, pour établir l'unité d'opération en Jésus-Christ. Cela donna occasion à Sergius, évêque de Tempse, de demander qu'on fît lecture du passage de saint Denys, évêque d'Athènes, cité par Cyrus comme étant tiré de la lettre à Gaius ; on le lut en ces termes : Il n'a fait ni les actions divines en Dieu, ni les humaines en homme, mais il nous a fait voir une nouvelle espèce d'opération d'un Dieu incarné, que l'on peut nommer théandrique. Aucun des évêques qui étaient présents ne doutant que la lettre à Gaius ne fût de saint Denys l'Aréopagite, le pape Martin en expliqua les paroles. Il commença par montrer que Cyrus avait, à l'exemple des anciens hérétiques, abusé des passages des Pères en les falsifiant, que Cyrus au lieu de dire, comme saint Denys, *une nouvelle opération*, avait mis dans son septième article, *une opération théandrique*; et que Sergius avait supprimé le terme *théandrique*, en disant seulement *une opération*. Ensuite il fit lire cinq passages de Thémistius, hérétique sévérien, où il disait qu'il n'y avait en Jésus-Christ qu'une opération, et que c'était pour cela que saint Denys l'avait nommée théandrique. Le pape en inféra que Cyrus et Sergius étaient disciples de Thémistius, puisqu'ils pensaient et parlaient de même que cet hérétique. Puis venant à l'explication des paroles de saint Denys, il prouva par divers raisonnements que le terme de théandrique renferme nécessairement deux opérations, et que ce Père ne s'en est servi que pour marquer l'union des deux opérations, comme des deux natures en une seule personne; qu'ainsi il a dit sagement que Jésus-Christ ne faisait ni les actions divines en Dieu, ni les humaines en homme; parce que le propre de l'union personnelle des deux natures était de faire humainement les actions divines, et divinement les actions humaines. Jésus-Christ faisait des miracles par sa chair animée d'une âme raisonnable et unie à lui personnellement; et par sa vertu toute puissante, il se soumettait volontairement aux souffrances qui nous ont procuré la vie.

Cette explication fut approuvée de Deusdedit, évêque de Cagliari, qui ajouta que Pyrrhus avait reconnu lui-même la falsification du texte de saint Denys par Cyrus. Il est vrai, dit Pyrrhus, dans sa réponse à Sophrone, que Cyrus a mis *une* au lieu de *nouvelle*; mais il l'a fait sans malice, croyant qu'on ne pouvait donner un autre sens au mot de *nouvelle*. Le même évêque demanda la lecture de l'ecthèse d'Héraclius. On la lut, et de suite les extraits des deux conciles tenus à Constantinople par Sergius et par Pyrrhus, et la lettre de Cyrus à Sergius. Il était dit dans cette lettre que l'ecthèse avait été envoyée au pape Séverin. Sur quoi le pape Martin dit : Ils ont été trompés dans leur espérance : leur ecthèse n'a jamais été approuvée ni reçue par le saint-siége. Il l'a condamnée et anathématisée.

Dans la quatrième session, qui fut tenue le dix-neuvième d'octobre, le pape, après avoir fait une récapitulation des écrits que Cyrus, Sergius et Pyrrhus avaient composés contre la foi orthodoxe, releva les contradictions dans lesquelles ils étaient tombés, en soutenant d'un côté qu'il n'y avait dans Jésus-Christ qu'une seule opération, en acceptant de l'autre l'ecthèse d'Héraclius, qui défend de dire soit une, soit deux opérations; montra la nullité de leurs procédures contre les défenseurs de la vérité, qu'ils avaient condamnés sans faire comparaître ni accusateur ni accusé, et proposa la lecture des décrets des cinq conciles œcuméniques. Mais Benoît, évêque d'Aïace, et tous les évêques représentèrent qu'il fallait encore discuter ce qui regardait Paul de Constantinople, qui ne s'était pas moins déclaré pour l'hérésie que ses prédécesseurs, par les persécutions qu'il avait faites aux catholiques. On lut donc sa lettre au pape Théodore, et le Type, dont on savait qu'il était auteur. Paul disait, dans sa lettre à Théodore, qu'il ne reconnaissait qu'une volonté en Jésus-Christ, de peur d'attribuer à sa personne une contrariété de volontés; qu'au reste il ne prétendait ni effacer ni confondre les deux natures, ni en établir une au préjudice de l'autre; qu'il confessait que sa chair, animée d'une âme raisonnable et enrichie des dons divins par l'étroite union, avait une volonté divine et inséparable de celle du Verbe, qui la conduisait et la mouvait absolument ; en sorte que la chair ne faisait aucun mouvement naturel que par l'ordre du Verbe. Il ajoutait que saint Cyrille, Sergius et Honorius ayant expliqué cette doctrine, il s'en tenait à ce qu'ils avaient enseigné. Deusdedit, évêque de Cagliari, dit que cette lettre confirmait les accusations formées contre Paul; et qu'au lieu de profiter des avertissements que le saint-siége lui avait donnés, il avait approuvé l'ecthèse jusqu'à en insérer les paroles dans ses propres écrits. A l'égard du Type, le concile prit en bonne part le motif qui l'avait fait dicter, qui était de faire cesser les disputes sur la foi; mais parce qu'on y menaçait également d'anathème et de peines corporelles ceux qui confessaient la vérité, comme ceux qui soutenaient l'erreur, on trouva que cette manière de procéder était contraire aux règles de l'Eglise, qui ne condamne au silence que ce qui est opposé à sa doctrine. Ensuite on fit lire les symboles de Nicée et de Constantinople et la définition de foi des conciles d'Ephèse, ou les douze anathèmes de saint Cyrille, celle de Chalcédoine, et les quatorze anathèmes du second de Constantinople, cinquième général. Sur quoi, Maxime, évêque d'Aquilée, dit que la calomnie des hérétiques contre ces cinq conciles était évidente; puisque, au lieu d'avoir enseigné les mêmes erreurs qu'eux, ces conciles les avaient au contraire condamnées par avance.

Pour achever de convaincre les nouveaux hérétiques, il restait de produire les écrits des Pères grecs et latins, qui ont enseigné qu'il y a en Jésus-Christ deux volontés et deux opérations, et les livres des hérétiques qui, avant la naissance du monothélisme, ont soutenu qu'il n'y a en Jésus-Christ qu'une seule volonté et une seule opération. C'est à quoi le concile s'occupa dans la cinquième et dernière session, qui se tint le trente et unième d'octobre. Mais, avant de procéder à la lecture des passages des Pères, Léonce, évêque de Naples, demanda qu'on relût l'endroit du cinquième concile, qui établissait leur autorité. Il est conçu en ces termes : Outre les quatre conciles, nous suivons en tout les saints Pères et docteurs de l'Eglise, Athanase, Hilaire, Basile, Grégoire de Nysse, Ambroise, Augustin, Théophile, Jean de Constantinople, Cyrille, Léon et Proclus, qui ont enseigné dans l'Eglise sans reproche jusqu'à la fin. Le premier des Pères dont on rapporta des passages, fut saint Ambroise, puis saint Augustin, saint Grégoire de Nysse, saint Cyrille, saint Basile, saint Grégoire de Nazianze et saint Amphiloque. Il fut démontré par toutes ces autorités que la volonté du Fils de Dieu est la même que celle du Père; et de l'unité de volonté et d'opération on conclut l'unité de nature. Puis on allégua d'autres passages, pour montrer qu'outre la volonté divine Jésus-Christ avait une volonté humaine : ils étaient tirés des écrits de saint Hippolyte, de saint Léon, de saint Athanase, de saint Chrysostome, de Théophile d'Alexandrie, de Sévérien de Gabale, de saint Denys l'Aréopagite, de saint Ephrem d'Antioche et de plusieurs autres anciens Pères. Le concile ayant déclaré qu'il s'en tenait à la doctrine de ces Pères, qui avaient non-seulement reconnu, mais encore prouvé par divers raisonnements qu'il y avait en Jésus-Christ deux volontés et deux opérations, ordonna la lecture des passages des écrivains hérétiques qui avaient enseigné une opération avant Cyrus, Sergius et leurs adhérents. On lut d'abord un endroit d'un discours sur la pâque par Lucius, évêque d'Alexandrie pour les ariens, puis d'autres passages d'Apollinaire, de Polémon, son disciple, de Sévère, de Thémistius, de Colluchus, de Théodore de Mopsueste, de Nestorius, de Julien d'Halicarnasse et de quelques autres qui ont enseigné qu'il n'y avait en Jésus-Christ qu'une opération et qu'une volonté.

Le pape Martin fit observer au concile que les monothélites étaient plus coupables que tous ces anciens hérétiques, en ce qu'ils voulaient persuader aux simples qu'ils suivaient la doctrine des Pères, au lieu que les autres hérétiques avaient fait profession de les combattre. Les monothélites objectaient qu'en admettant deux volontés, on les supposait contraires. Maxime d'Aquilée, pour répondre à cette objection, fit voir que Jésus-Christ étant Dieu parfait et homme parfait, il devait vouloir et agir comme Dieu et comme homme; et qu'étant sans péché, il n'y avait pas en lui, comme en nous, deux volontés contraires. Deusdedit ajouta que Jésus-Christ ayant agi comme Dieu et comme homme, c'était à tort que les monothélites rapportaient toutes ses actions et ses volontés à la nature divine. Enfin le pape Martin montra par deux passages, l'un de saint Cyrille, l'autre de saint Grégoire de Nazianze, que Jésus-Christ ayant pris la nature humaine tout entière, il avait pris conséquemment la volonté, qui est essentielle à l'âme raisonnable.

L'erreur des monothélites examinée à fond, le concile rendit son jugement en vingt canons, qui établissent la foi de l'Eglise sur les mystères de la Trinité et de l'Incarnation. On y condamne tous ceux qui ne confessent pas que les trois personnes de la Trinité sont d'une même nature (*Can.* 1); que le Verbe s'est fait homme (*Can* 2); que Marie, toujours vierge, est véritablement Mère de Dieu (*Can.* 3); que Jésus-Christ est consubstantiel à Dieu selon la divinité, et consubstantiel à l'homme et à sa mère selon l'humanité (*Can.* 4); que c'est proprement et véritablement une nature du Verbe de Dieu, Verbe incarné (*Can.* 5); que les deux natures subsistent en Jésus-Christ, distinctes, mais unies substantiellement sans confusion et indivisiblement (*Can.* 6): en sorte qu'il n'y a qu'un et même Seigneur et Dieu, Jésus-Christ (*Can.* 7); qu'en lui les deux natures conservent leur différence et leurs propriétés sans aucune diminution (*Can.* 8, 9); qu'il y a en Jésus-Christ deux volontés et deux opérations, la divine et l'humaine unies indivisiblement (*Can.* 10, 11), Jésus-Christ ayant par chacune des deux natures opéré notre salut (*Can.* 12, 13, 14, 15). En conséquence le concile dit anathème aux hérétiques qui ne reconnaissent en Jésus-Christ qu'une volonté et qu'une opération: ceux qui rejettent les deux volontés, qui ne veulent dire ni une ni deux volontés: qui expliquent l'opération théandrique, d'une seule opération, contrairement au sentiment des Pères, qui en reconnaissent deux, la divine et l'humaine: qui soutiennent (*Can.* 16) que les deux volontés induisent de la contrariété et de la division en Jésus-Christ, et qui en conséquence n'attribuent pas à la même personne de Notre-Seigneur tout ce qui en est dit dans les écrits des évangélistes et des apôtres. Le concile condamne encore ceux qui ne reçoivent pas tout ce qui a été enseigné et transmis à l'Eglise catholique par les saints Pères et par les cinq conciles œcuméniques, jusqu'à la moindre syllabe; ceux qui n'anathématisent pas tous les hérétiques qui ont combattu les mystères de la Trinité et de l'Incarnation, savoir, Sabellius, Arius, Macédonius, Apollinaire, Eutychès, Nestorius, Paul de Samosate, Origène, Didyme, Evagre, et autres rejetés et condamnés par l'Eglise; de même que Théodore de Pharan, Cyrus d'Alexandrie, Sergius de Constantinople, Pyrrhus et Paul ses successeurs, avec tous leurs écrits; ceux qui reçoivent l'ecthèse d'Héraclius et le type de Constantin; quiconque tient pour légitimes les procédures faites par eux contre les catholiques; ceux qui enseignent que la doctrine des hérétiques est celle des Pères et des conciles, ou qui font de nouvelles professions de foi, ou forment de nouvelles questions, pour séduire les simples. Le pape Martin souscrivit le premier à cette définition, exprimant dans sa souscription la condamnation de Théodore et de Cyrus, de Sergius, de Pyrrhus, de Paul et de tous leurs écrits. Les autres évêques souscrivirent sans nommer les personnes que le concile avait condamnées; mais Jean, évêque de Milan, Justin de Cagliari et Malliodore de Tortone, qui n'avaient point assisté au concile, exprimèrent dans leurs souscriptions la condamnation de ces cinq évêques, de l'ecthèse, du type et de tous leurs écrits.

Les actes du concile ayant été aussitôt traduits de latin en grec, le pape les envoya de tous côtés en Occident et en Orient, avec une lettre circulaire adressée à tous les fidèles, évêques, prêtres, diacres, abbés, moines et à toute l'Eglise, pour les mettre au fait de l'erreur des monothélites, de la nécessité qu'il y avait eu d'assembler le concile, et de ce qui s'y était passé; et pour les exhorter à ne point écouter les novateurs. Cette lettre est tant en son nom qu'en celui du concile.
D. Ceill., *Hist. des auteurs ecclésiastiques.*

LATRAN (Concile de), l'an 823. *Voyez* ROME, même année.

LATRAN (Concile de), l'an 864. *Voyez* ROME, même année.

LATRAN (Concile de), de l'an 900 à l'an

993. Le pape Benoît IV tint ce concile au mois d'août. Agrime, évêque de Langres, s'y présenta pour demander d'être rétabli dans son siège, d'où il avait été chassé par une faction : sa demande lui fut accordée. *Edit. Venet. t.* XI.

LATRAN (Concile de), l'an 1102. *Voyez* ROME, même année.

LATRAN (Concile de), l'an 1105. *Voyez* ROME, même année.

LATRAN (Concile de), l'an 1110. Le pape Pascal II tint ce concile le 7 mars. Il y rendit les décrets contre les investitures et les canons qui défendent aux laïques de disposer des biens de l'Eglise.

LATRAN (Concile de), l'an 1111. Le pape Pascal II tint ce concile le 12 février, en présence du roi Henri V, qui avait consenti à céder les investitures au clergé, à condition que le clergé lui rendrait les régales, c'est-à-dire, les fiefs qu'il tenait du royaume. Ce concile fut donc assemblé pour la ratification solennelle de ce traité; mais lorsqu'on était sur le point de le conclure, il arriva du trouble, l'assemblée fut rompue, on courut aux armes; et le pape fut emmené prisonnier par Henri, qui lui fit signer le 12 avril un autre traité, par lequel ce prince laissa au clergé les régales et reprit les investitures. *Mansi, Suppl. tom.* II, *col.* 261 ; *Anal. des Conc.*

LATRAN (Concile de), l'an 1112. Le même pontife tint ce concile le 18 mars et les cinq jours suivants, à la tête d'environ cent évêques, et y révoqua le privilége des investitures. Gérard II, dit de Blaye, évêque d'Angoulême, très-célèbre dans son temps, fut chargé par le concile de dresser l'acte de ce jugement, et de le signifier au roi Henri; commission très-délicate, mais dont Gérard s'acquitta à la satisfaction du prince, qui lui fit même de grands présents. Les actes de ce concile sont datés du lundi 28 mars, dans l'édition du P. Labbe; mais il faut y substituer le 18, comme porte l'édition de Mansi, puisque le 28 mars ne tombait pas un lundi. *R.* XXVI; *L.* X ; *H.* VII; *Mansi,* II, *col.* 271 ; *Anal. des conc.*

LATRAN (Concile de), l'an 1116. Le pape Pascal II assembla ce concile le 6 mars. Il y avait convoqué les évêques, les abbés et les seigneurs de divers royaumes et de diverses provinces; ce qui a fait donner à ce concile le titre de général. Le pape y raconta de quelle manière il avait été violenté dans la concession des investitures faite au roi Henri. Il convint de sa faute, condamna sous un anathème perpétuel l'écrit qu'il en avait fait, et pria tous les assistants de le condamner aussi. Tout le concile, qui était très-nombreux, s'écria : Ainsi soit-il. Brunon, évêque de Ségni, dit ensuite : « Rendons grâces à Dieu de ce que le pape, notre chef et notre maître, témoigne tant de regret d'avoir accordé un privilége qui contient une hérésie. » « Qu'appelez-vous hérésie?» reprit avec chaleur Jean, évêque de Vulturne. «Oui, hérésie, » répliqua Brunon. « Apprenez, lui repartit Jean, que l'hérésie suppose une volonté libre de la part de celui qui en est l'auteur, et que le privilége accordé par le pape n'est dû qu'à la force et à la contrainte.» L'empereur ne fut point excommunié dans ce concile ; mais le pape approuva ce que ses légats avaient fait dans leurs conciles, où ce prince l'avait été plusieurs fois. Il renouvela la défense, faite par saint Grégoire VII sous peine d'anathème, de donner ou de recevoir les investitures, et termina quelques contestations particulières. L'une de ces contestations était relative au siége de Milan, d'où avait été chassé Grossolan, que le peuple de cette ville ne pouvait supporter. On jugea à propos d'abandonner cet évêque à sa destinée, et de confirmer à sa place dans l'archevêché de Milan, Jordan, son compétiteur. Une autre difficulté regardait l'église, ou plutôt deux églises rivales, de Besançon, qui prétendaient l'une et l'autre être l'église cathédrale. Le concile prononça en faveur de l'église de Saint-Etienne, par préférence à celle de Saint-Jean. Dans ce même concile, Ponce, abbé de Cluny, qui s'arrogeait le titre d'abbé des abbés, fut réfuté par Jean, chancelier de l'Eglise romaine, qui lui prouva que ce titre n'appartenait qu'à l'abbé du Mont-Cassin.

LATRAN (Concile œcuménique de), l'an 1123. Ce concile, qui est le neuvième général, fut assemblé par le pape Callixte II, qui y invita tous les archevêques et tous les évêques des provinces d'Occident. Ils s'y rendirent au nombre de plus de trois cents; et il y eut aussi plus de six cents abbés. On y fit vingt-deux canons, dont la plupart ne font que renouveler les anciens contre la simonie, le concubinage des clercs et l'infraction de la trêve de Dieu. Voici ce que les autres renferment de particulier.

6. On déclare nulles toutes les ordinations faites par l'hérésiarque Bourdin, depuis sa condamnation par l'Eglise romaine, et celles qui ont été faites par les évêques qu'il a ordonnés en suite de son schisme.

8. On prononce anathème contre les usurpateurs des biens de l'Eglise romaine, nommément contre ceux qui s'empareront de la ville de Bénévent, ou la retiendront par violence.

11. L'Eglise romaine prend sous sa protection les familles et les biens de ceux qui vont à Jérusalem secourir les chrétiens contre les infidèles, leur accorde la rémission de leurs péchés, et ordonne sous peine d'excommunication à ceux qui après s'être croisés avaient quitté la croix, de la reprendre dans l'année.

14. Défense aux laïques, sous peine d'anathème, d'enlever les offrandes des autels de Saint-Pierre, du Sauveur, de Sainte-Marie de la Rotonde et des autres églises ou des croix, et de fortifier les églises comme des châteaux, pour les réduire en servitude.

15. On séparera de la communion ou société des fidèles les fabricateurs de fausse monnaie, et ceux qui en débiteront.

16. Si quelqu'un ose prendre, dépouiller ou vexer par de nouveaux péages ceux qui vont à Rome ou à d'autres lieux de dévotion, il sera privé de la communion chrétienne,

jusqu'à ce qu'il ait satisfait pour sa faute.

17. Défense aux abbés et aux moines de donner des pénitences publiques, de visiter les malades, de faire les onctions et de chanter des messes publiques. Ils recevront des évêques diocésains les saintes huiles, la consécration des autels et l'ordination des clercs.

18. Les curés seront établis par les évêques, auxquels ils rendront compte de leur conduite.

22. On déc'are nulles les aliénations des biens de l'Eglise, de même que les ordinations faites par des évêques intrus, ou simoniaques, ou qui n'ont pas été élus canoniquement.

Il ne nous reste des autres actes du concile général de Latran, que ce qu'on en lit dans le quatrième livre de la Chronique du Mont-Cassin; savoir, que quelques évêques s'étant plaints des exemptions des moines, et en particulier de celles du monastère du Mont-Cassin, ceux-ci furent maintenus dans leurs priviléges. *Reg. tome* XXVII; *Lab. tome* X; *Hard. tome* VI; *Anal. des Conc.*

LATRAN (Concile de), x* général, l'an 1139. Le pape Innocent II, devenu paisible possesseur du saint-siège, assembla ce concile le 8 avril pour l'entière réunion de l'Eglise, après le schisme qui l'avait divisée. Il s'y trouva environ mille prélats, tant patriarches qu'archevêques et évêques, qui y étaient venus de toutes les parties du monde chrétien. On peut réduire à quatre articles tout ce qui se passa dans ce concile. En premier lieu, on cassa tout ce que Pierre de Léon, ou l'antipape Anaclet, avait fait; et l'on déclara nulles toutes ses ordinations, de même que celles de Girard, évêque d'Angoulême, fauteur du schisme : c'est le sujet du trentième canon. Secondement, on excommunia Roger II, comte de Sicile, pour avoir reçu le titre de roi de l'antipape Anaclet, et avoir pris son parti. En troisième lieu, l'on condamna les erreurs de Pierre de Bruis et d'Arnaud de Brescc. C'est contre eux que fut fait le vingt-troisième canon, qui est le même, mot pour mot, que le troisième du concile de Toulouse, en 1119, contre les nouveaux manichéens. Le quatrième article regarde les relâchements introduits dans les mœurs et dans la discipline ecclésiastique à l'occasion du schisme. Pour y remédier, le concile fit vingt-huit canons, outre les deux dont on vient de parler, qui sont contre les hérétiques et les schismatiques. Les autres sont à peu près les mêmes que ceux du concile de Reims en 1131, et du concile de Clermont en 1130; mais on les cite ordinairement sous le nom de concile de Latran, pour leur donner plus d'autorité.

Le 1er et le 2e privent de leurs dignités et de leurs bénéfices ceux qui ont été ordonnés par simonie, et ceux qui ont acheté ou vendu quelque bénéfice.

Le 4e ordonne aux évêques, et généralement à tous les ecclésiastiques, de ne scandaliser personne par la couleur, la forme, ou la superfluité de leurs habits, mais de se vêtir d'une manière modeste et régulière. Il ajoute que ceux qui n'observeront pas cette règle, seront privés de leurs bénéfices, s'ils ne se corrigent pas, après que leur évêque les en aura avertis.

Le 7e défend d'entendre les messes des prêtres mariés ou concubinaires. Il déclare nuls les mariages des prêtres, des chanoines réguliers, des moines, et ordonne qu'on mette en pénitence ceux qui les auront contractés.

Le 9e fait défense aux chanoines réguliers et aux moines d'apprendre le droit civil et la médecine pour gagner du bien dans cet exercice, suivant même la défense des lois civiles; et il veut qu'on excommunie les évêques, les abbés et les prieurs qui donnent permission à leurs inférieurs d'exercer ces fonctions.

Le 10e ordonne aux laïques qui ont des dîmes ou des églises, de les rendre aux évêques, sous peine d'excommunication, soit qu'ils les aient reçues des évêques, soit que les princes les leur aient accordées, ou qu'ils les tiennent de quelques autres personnes. Le même canon défend de donner des archidiaconés ou des doyennés à d'autres qu'à des prêtres ou à des diacres; déclare que ceux qui en sont pourvus, sans être dans les ordres, en seront privés, s'ils refusent de se faire ordonner; fait défense de les donner à des jeunes gens qui ne sont point dans les ordres, ou de donner des églises à loyer à des prêtres.

Le 14e défend les combats militaires qui se faisaient dans les foires, et ordonne que les gladiateurs qui seront blessés dans ces combats seront privés de la sépulture ecclésiastique, quoiqu'on ne doive pas leur refuser la pénitence et le viatique.

Le 22e ordonne aux prêtres de ne pas souffrir que les laïques se trompent en faisant de fausses pénitences, et fait remarquer qu'une pénitence est fausse, quand on ne se corrige pas ou que l'on demeure dans l'occasion prochaine du péché, en retenant une charge ou un office qu'on ne peut exercer sans péché, ou qu'on ne fait pas de satisfaction à celui que l'on a offensé, ou qu'on ne pardonne pas à celui qui nous a offensé, ou enfin quand on fait une guerre injuste.

Le 26e défend, sous peine d'anathème, à certaines prétendues religieuses de continuer leur genre de vie. C'étaient des femmes qui, sans observer ni la règle de Saint-Basile, ni celles de Saint-Benoît ou de Saint-Augustin, voulaient passer pour religieuses et demeuraient dans des maisons particulières, où, sous prétexte d'hospitalité, elles recevaient des personnes de mauvaise réputation.

Le 27e défend aux religieuses d'aller chanter dans un même chœur avec des chanoines ou avec des moines.

Le 28e porte qu'on ne laissera point une Eglise vacante plus de trois mois après la mort de l'évêque, et défend aux chanoines, sous peine d'anathème, d'exclure les personnes de piété de l'élection des évêques, en déclarant nulle l'élection qu'ils pourraient faire sans les y avoir appelées.

Le concile entend, par ces personnes de piété, les chanoines réguliers et les moines qu'on invitait ordinairement aux élections des évêques. *Anal. des Conc.*, t. 11.

LATRAN (Concile de), l'an 1167. Le pape Alexandre III tint ce concile avant le mois d'avril, et y excommunia de nouveau l'empereur Frédéric, en déliant ses sujets du serment de fidélité. *Reg.* XXVII; *Lab.* X; *Hard.* VII.

LATRAN (Concile général de), xi° œcuménique, l'an 1179. Le pape Alexandre III, s'étant réconcilié avec l'empereur Frédéric, convoqua ce xi° concile général pour trois raisons importantes : la première, de détruire les restes du schisme; la seconde, de condamner l'hérésie des Vaudois; la troisième, de rétablir la discipline ecclésiastique, qui avait beaucoup souffert pendant un si long schisme. Il s'y trouva en tout, tant de l'Orient que de l'Occident, trois cent deux évêques avec un nombre proportionné d'abbés et d'autres prélats. Il y avait dans ce nombre dix-neuf évêques d'Espagne, six d'Irlande, un d'Écosse, sept d'Angleterre, cinquante-neuf de France, dix-sept d'Allemagne, dont trois de la province de Magdebourg et un de celle de Brême, un évêque de Danemark, un de Hongrie, et huit des diocèses latins d'Orient, parmi lesquels le plus illustre était Guillaume, archevêque de Tyr. Les évêques d'Irlande avaient à leur tête saint Laurent, archevêque de Dublin. Dans le concile même le pape sacra deux évêques anglais et deux écossais, dont l'un était venu à Rome avec un seul cheval, l'autre à pied avec un seul compagnon. Il s'y trouva aussi un évêque irlandais, qui n'avait d'autre revenu que le lait de trois vaches, et quand elles manquaient de lait, ses diocésains lui en fournissaient trois autres. Parmi les prélats de France on distinguait Guillaume, archevêque de Reims, beau-frère du roi, et Henri, abbé; le pape les fit tous deux cardinaux: Guillaume, de Sainte-Sabine, et Henri, cardinal-évêque d'Albane.

Le concile eut trois sessions : la première, le 5 mars; la seconde, le 14, et la troisième, le 19 du même mois. On s'occupa, dans ces trois sessions, à régler les choses qui en avaient occasionné la convocation; et ce fut la matière de vingt-sept canons. La chronique de Gervais n'en compte que vingt-six; mais c'est que de deux elle n'en fait qu'un.

1. Si, dans l'élection d'un pape, les cardinaux ne se trouvent pas d'un sentiment unanime, on reconnaîtra pour pape celui qui aura les deux tiers des voix; et si celui qui n'en a obtenu que le tiers ou au-dessous prend le nom de *pape*, il sera privé de tout ordre et excommunié, de même que ceux qui le reconnaîtront pour pape.

C'est ici le premier canon qui déroge à la forme ordinaire des élections, selon laquelle celui qui avait été choisi par la plus grande et la plus saine partie des électeurs était véritablement élu.

2. Le concile déclare nulles les ordinations faites par les antipapes Octavien, Gui de Crême et Jean de Strum, et veut que ceux qui ont reçu d'eux des dignités ecclésiastiques ou des bénéfices, en soient privés.

3. Aucun ne sera élu évêque, qu'il n'ait trente ans accomplis, qu'il ne soit né en légitime mariage, et recommandable par ses mœurs et sa doctrine. Aussitôt que son élection aura été confirmée et qu'il aura l'administration des biens de l'Eglise, les bénéfices qu'il possédait pourront être librement conférés par celui à qui la collation en appartient. A l'égard des dignités inférieures, comme doyenné, archidiaconé et autres bénéfices à charge d'âmes, personne ne pourra en être pourvu, qu'il n'ait atteint l'âge de vingt-cinq ans; et il en sera privé si, dans le temps marqué par les canons, il n'est promu aux ordres convenables : savoir, le diaconat pour les archidiacres, et la prêtrise pour les autres. Les clercs qui auront fait une élection contre cette règle seront privés du droit d'élire, et suspens de leurs bénéfices pour trois ans : l'évêque qui y aura consenti perdra le droit de conférer ces dignités.

4. Le concile ordonne que les archevêques, dans leurs visites, auront tout au plus quarante ou cinquante chevaux; les cardinaux, vingt-cinq; les évêques, vingt ou trente; les archidiacres, sept ; les doyens et leurs inférieurs, deux; qu'ils ne mèneront point de chiens ni d'oiseaux pour la chasse, et se contenteront pour leur table d'être servis suffisamment et modestement. Il leur défend aussi d'imposer ni tailles ni exactions sur leur clergé; mais il leur permet de lui demander en cas de besoin un secours charitable.

Ce règlement fut fait à l'occasion des dépenses énormes que plusieurs évêques faisaient dans leurs visites, ce qui obligeait souvent leurs inférieurs de vendre jusqu'aux ornements de l'Eglise pour y subvenir. Au reste, ce grand train de chevaux n'est qu'une simple tolérance de la part du concile; et, s'il en tolère un plus grand nombre dans les archevêques et les évêques que dans les cardinaux, c'est que la dignité de cardinal n'était pas encore ce qu'elle a été depuis.

5. Si un évêque ordonne un prêtre ou un diacre, sans lui assigner un titre certain dont il puisse subsister, il lui donnera de quoi vivre jusqu'à ce qu'il lui assigne un revenu ecclésiastique, à moins que le clerc ne puisse vivre de son patrimoine. C'est le premier canon qui parle de patrimoine ou de titre patrimonial, comme on a dit depuis, au lieu de titre ecclésiastique.

6. Les évêques et les archidiacres ne prononceront point de sentences de suspense ou d'excommunication sans trois monitions canoniques préalables, si ce n'est pour les fautes qui de leur nature emportent excommunication ; et les inférieurs n'appelleront pas sans griefs ni avant l'entrée en la cause. Si l'appelant ne vient poursuivre son appel, il sera condamné aux dépens envers l'intimé qui se sera présenté. Il est défendu en par-

ticulier aux moines et aux autres religieux d'appeler des corrections de discipline imposées par leurs supérieurs ou leurs chapitres.

7. Défense de rien exiger pour l'intronisation des évêques ou des abbés, pour l'installation des autres ecclésiastiques ou la prise de possession des curés, pour les sépultures, les mariages et les autres sacrements, en sorte qu'on les refuse à ceux qui n'ont pas de quoi donner. On défend aussi aux évêques et aux abbés d'imposer aux églises de nouveaux cens, ou de s'approprier une partie de leurs revenus, sous peine de cassation des actes qu'ils auront faits à cet égard.

8. Défense de conférer ou de promettre les bénéfices avant qu'ils vaquent, pour ne pas donner lieu de souhaiter la mort du titulaire. Les bénéfices vacants seront conférés dans six mois; autrement, le chapitre suppléera à la négligence de l'évêque, l'évêque à celle du chapitre, et le métropolitain à celle de l'un et de l'autre.

9. Sur les plaintes formées par les évêques que les nouveaux ordres militaires des templiers et des hospitaliers recevaient des églises de la main des laïques; que dans les leurs ils instituaient et destituaient des prêtres à l'insu des évêques; qu'ils admettaient aux sacrements les excommuniés et les interdits, et leur donnaient la sépulture; qu'ils abusaient de la permission donnée à leurs frères envoyés pour quêter, de faire ouvrir, une fois l'an, les églises interdites, et d'y faire célébrer l'office divin, d'où plusieurs de ces quêteurs prenaient occasion d'aller eux-mêmes aux lieux interdits, et de s'associer des confrères en plusieurs de ces lieux, à qui ils communiquaient leurs priviléges; le concile condamne tous ces abus, non-seulement à l'égard des ordres militaires, mais de tous les autres religieux.

10. Les moines, ou tous autres religieux, ne seront point reçus pour de l'argent, sous peine au supérieur de privation de sa charge, et au particulier, de n'être jamais promu aux ordres sacrés. On ne permettra pas à un religieux d'avoir du pécule, si ce n'est pour l'exercice de son obédience. Celui qui sera trouvé avoir un pécule sera excommunié et privé de la sépulture commune, et on ne fera point d'oblation pour lui. L'abbé trouvé négligent sur ce point sera déposé. On ne donnera point pour de l'argent les prieurés ou les obédiences; et on ne changera point les prieurs conventuels, sinon pour des causes graves, ou pour les élever à un plus haut rang.

11. Les clercs constitués dans les ordres sacrés, qui ont chez eux des femmes notées d'incontinence, les chasseront et vivront chastement, sous peine de privation de leur bénéfice ecclésiastique et de leur office. Même peine pour le clerc qui, sans une cause manifeste et nécessaire, fréquentera les monastères des filles, après la défense de l'évêque. Un laïque coupable d'un crime contre nature sera excommunié et chassé de l'assemblée des fidèles. Si c'est un clerc, il sera ou chassé du clergé, ou enfermé dans un monastère pour y faire pénitence.

12. Défense à tous les clercs sans exception de se charger d'affaires temporelles, comme d'intendance de terres, de juridiction séculière, ou de la fonction d'avocat devant les juges laïques.

13 et 14. Défense aux ecclésiastiques de posséder plusieurs bénéfices, et aux laïques d'instituer ou de destituer des clercs dans les églises, sans l'autorité de l'évêque, ou d'obliger les ecclésiastiques à comparaître en jugement devant eux. Le concile défend ces choses aux laïques sous peine d'être privés de la communion des fidèles. Il prive aussi de la sépulture ecclésiastique ceux des laïques qui transfèrent à d'autres laïques les dîmes qu'ils possèdent au péril de leurs âmes. C'est sur ce fondement que l'on conservait aux laïques jusqu'à l'époque de la révolution les dîmes dont on jugeait qu'ils étaient en possession dès le temps de ce concile, et que l'on nommait *dîmes inféodées*.

15. Les biens que les clercs ont acquis par le service de l'Eglise lui demeureront après leur mort, soit qu'ils en aient disposé par testament ou non. Défense d'établir à certain prix des doyens pour exercer leur juridiction, sous peine de privation d'offices aux doyens, et, à l'évêque, sous peine de privation du pouvoir de conférer l'office de doyen.

16. Dans la disposition des affaires communes, on suivra toujours la conclusion de la plus grande et de la plus saine partie du chapitre, nonobstant tout serment et coutume contraire; si ce n'est que l'autre partie propose quelque chose qu'elle fasse voir être raisonnable.

17. Lorsqu'il y a plusieurs patrons pour présenter à un bénéfice, et qu'ils s'accordent tous dans leur présentation, celui-là aura le bénéfice, qui sera présenté par tous; sinon celui-là sera préféré, qui aura la pluralité des suffrages; autrement, l'évêque y pourvoira; comme aussi, en cas de question pour le droit de patronage, qui ne soit pas terminée dans trois mois.

18. L'Eglise étant obligée, comme une bonne mère, de pourvoir aux besoins corporels et spirituels des pauvres, le concile ordonne qu'il y aura, pour l'instruction des pauvres clercs, en chaque église cathédrale, un maître à qui l'on assignera un bénéfice suffisant, et qui enseignera gratuitement; que l'on rétablira les écoles dans les autres églises et dans les monastères, où il y a eu autrefois quelque fonds destiné à cet effet; qu'on n'exigera rien pour la permission d'enseigner, et qu'on ne la refusera pas à celui qui en sera capable, parce que ce serait empêcher l'utilité de l'Eglise.

19. Défense, sous peine d'anathème, aux recteurs, consuls ou autres magistrats des villes, d'obliger les églises à aucune charge publique, soit pour fournir aux fortifications ou expéditions de guerre, soit autrement; et de diminuer la juridiction (temporelle) des

évêques et des autres prélats sur leurs sujets. On permet néanmoins au clergé d'accorder quelque subside volontaire, pour subvenir aux nécessités publiques, quand les facultés des laïques n'y suffisent pas.

20. On défend, sous peine de privation de la sépulture ecclésiastique, les tournois ou foires, auxquels se trouvaient des soldats qui, pour montre de leur force et de leur bravoure, se battaient avec d'autres, au péril de leur âme et de leur corps.

21. On ordonne d'observer la trêve de Dieu, qui consistait à n'attaquer personne depuis le coucher du soleil le mercredi jusqu'au lever du soleil le lundi, depuis l'Avent jusqu'à l'octave de l'Epiphanie, et depuis la Septuagésime jusqu'à l'octave de Pâques : le tout sous peine d'excommunication.

22. Défense d'inquiéter, de maltraiter les moines, les clercs, les pèlerins, les marchands, les paysans allant en voyage, ou occupés à l'agriculture, les animaux employés au labourage. On défend aussi d'établir de nouveaux péages ou d'autres exactions sans l'autorité des souverains. C'est que chaque petit seigneur s'en donnait l'autorité.

23. Partout où les lépreux seront en assez grand nombre, vivant en commun, pour avoir une église, un cimetière et un prêtre particulier, on ne fera aucune difficulté de le leur permettre; et ils seront exempts de donner la dîme des fruits de leurs jardins et des bestiaux qu'ils nourrissent.

24. Défense aux chrétiens, sous peine d'excommunication, de porter aux Sarrasins des armes, du fer ou du bois pour la construction des galères; comme aussi d'être patrons ou pilotes sur leurs bâtiments. On excommuniera aussi ceux qui prendront ou dépouilleront les chrétiens allant sur mer pour le commerce ou pour d'autres causes légitimes, ou qui pilleront ceux qui ont fait naufrage, s'ils ne restituent.

25. On renouvelle l'excommunication si souvent prononcée contre les usuriers, avec défense de recevoir les offrandes des usuriers manifestes, de les admettre à la communion et de leur donner la sépulture; renvoyant au jugement de l'évêque le prêtre qui aura contrevenu à ce décret.

26. On défend aux juifs et aux sarrasins d'avoir chez eux des esclaves chrétiens sous quelque prétexte que ce soit. On permet néanmoins de recevoir en témoignage les chrétiens contre les juifs, et les juifs contre les chrétiens. On ordonne de conserver les biens aux juifs convertis, avec défense, sous peine d'excommunication, aux seigneurs et aux magistrats de leur en rien ôter.

27. Quoique l'Eglise, suivant que le dit saint Léon, rejette les exécutions sanglantes, elle ne laisse pas d'être aidée par les lois des princes chrétiens, en ce que la crainte du supplice corporel fait quelquefois recourir au remède spirituel; c'est pourquoi nous anathématisons les hérétiques nommés *cathares*, *patarins* ou *publicains*, *les albigeois* et autres qui enseignent publiquement leurs erreurs, et ceux qui leur donnent protection ou retraite, défendant, en cas qu'ils viennent à mourir dans leur péché, de faire des oblations pour eux, et de leur donner la sépulture entre les chrétiens. Le concile ordonne de dénoncer excommuniés, dans les églises, les jours de dimanches et de fêtes, les brabançons, les cotteraux, etc., qui portaient la désolation partout. Il permet même de prendre les armes contre eux, et reçoit ceux qui les attaqueront sous la protection de l'Eglise, comme ceux qui visitent le saint sépulcre. Ces cotteraux ou roturiers étaient des troupes ramassées dont les seigneurs se servaient pour leurs guerres particulières, et qui vivaient sans discipline et sans religion. *Labb.* X; *Anal. des conc.*

LATRAN (IV° Concile de), etc. XII° général, l'an 1215. Le pape Innocent III convoqua ce concile, qui est le quatrième de Latran, et le douzième général, par une bulle datée du 19 avril 1213, qu'il envoya par toute la chrétienté. Les motifs de la convocation du concile furent le recouvrement de la terre sainte, la réformation des mœurs de l'Eglise universelle, l'extinction des guerres et des hérésies, l'affermissement de la foi et le rétablissement de la paix. Il s'y trouva quatre cent douze évêques, en y comprenant le patriarche de Constantinople et celui de Jérusalem, soixante et onze primats ou métropolitains; plus de huit cents, tant abbés que prieurs, et un grand nombre de députés pour les absents. La foule était si grande, que l'archevêque d'Amalfi fut étouffé par le peuple sous le vestibule de l'église. Frédéric, roi de Sicile, élu empereur, Henri, empereur de Constantinople, les rois de France, d'Angleterre, de Hongrie, de Jérusalem, de Chypre, d'Aragon, et plusieurs autres princes, y avaient leurs ambassadeurs. Le concile s'assembla dans l'église patriarcale de Latran, le jour de Saint-Martin, 11 novembre 1215. Le pape en fit l'ouverture par un discours qui avait pour sujet ces paroles de Jésus-Christ : « J'ai désiré avec ardeur de manger cette Pâque avec vous. » Après ce discours et un autre qui n'est qu'une exhortation morale, il présenta au concile, tout dressés, et y fit lire soixante-dix décrets ou canons qui commencent par l'exposition de la foi catholique.

1. Cette exposition ou formule de foi est, qu'il n'y a qu'un seul Dieu en trois personnes, le Père, le Fils et le Saint-Esprit; mais une seule essence, une substance et une nature très-simple; que le Père ne reçoit l'être de personne; que le Fils reçoit son entité du Père seul, et que le Saint-Esprit reçoit la sienne à la fois des deux premiers, sans commencement, toujours, et sans fin; que le Père engendre; que le Fils est engendré; que le Saint-Esprit procède; qu'ils sont consubstantiels et égaux en tout; également puissants, également éternels; tous les trois un seul principe de toutes choses, créateur des choses invisibles et visibles, des spirituelles et des corporelles; qui, par sa vertu

toute-puissante, a, dès le commencement du temps, fait de rien l'une et l'autre créature spirituelle et corporelle, et les démons mêmes, qu'il avait créés bons et qui se sont faits mauvais; que c'est par la suggestion du diable que l'homme a péché.

Cette sainte Trinité, indivisible selon son essence commune, et distinguée selon ses propriétés personnelles, a donné au genre humain la doctrine salutaire, par le ministère de Moïse, des prophètes et de ses autres serviteurs, suivant la disposition des temps; et enfin le Fils unique de Dieu, Jésus-Christ, incarné par la vertu commune de toute la Trinité, et conçu de Marie, toujours vierge, et par la coopération du Saint-Esprit, qui s'est fait homme véritable, composé d'une âme raisonnable et d'un corps humain, une personne en deux natures, nous a montré plus clairement le chemin de la vie. Immortel et impassible selon la divinité, il s'est fait passible et mortel selon l'humanité. Il a même souffert sur le bois de la croix pour le salut du genre humain. Il est mort, descendu aux enfers, ressuscité d'entre les morts, et monté au ciel; mais il est descendu en âme, et ressuscité en corps, et est monté au ciel en l'un et en l'autre. Il viendra à la fin des siècles juger les vivants et les morts, tant les réprouvés que les élus, qui ressusciteront tous avec leurs propres corps, afin de recevoir, selon leurs mérites bons ou mauvais: les réprouvés, la peine éternelle avec le diable; les élus, la gloire éternelle avec Jésus-Christ.

Il n'y a qu'une seule Eglise universelle des fidèles, hors de laquelle nul n'est absolument sauvé, et dans laquelle Jésus-Christ est le prêtre et la victime, dont le corps et le sang sont véritablement dans le sacrement de l'autel sous les espèces du pain et du vin; le pain étant *transsubstantié* au corps de Jésus-Christ, et le vin en son sang, par la puissance divine; afin que, pour rendre le mystère de l'unité parfait, nous recevions du sien ce qu'il a reçu du nôtre. Personne ne peut consacrer ce mystère que le prêtre ordonné légitimement, selon la puissance des clefs de l'Eglise, que Jésus-Christ a donnée aux apôtres et à leurs successeurs. Quant au sacrement de baptême, qui est consacré par l'invocation sur l'eau de la Trinité individuelle, savoir, du Père, du Fils et du Saint-Esprit, il procure le salut tant aux enfants qu'aux adultes, quand il leur est administré suivant la forme de l'Eglise, quel qu'en soit le ministre. Si, après l'avoir reçu, quelqu'un tombe dans le péché, il peut recouvrer son innocence par une vraie pénitence. Non-seulement les vierges qui vivent dans la continence, mais aussi les personnes mariées qui plaisent à Dieu par une foi pure et par leurs bonnes œuvres, méritent de parvenir à la vie éternelle.

Le terme de *transsubstantiation* employé dans ce canon est remarquable. Le quatrième concile de Latran le consacra pour signifier le changement du pain et du vin au corps et au sang de Jésus-Christ, comme le premier concile de Nicée avait consacré le terme de *consubstantiel*, pour exprimer la parfaite égalité du Fils avec le Père; et l'Eglise s'est toujours servie depuis de ces deux termes dans le même sens et pour les mêmes fins.

2. Le concile condamne le traité de l'abbé Joachim contre Pierre Lombard, sur la Trinité, où il l'appelle *hérétique et insensé*, pour avoir dit, dans son premier livre des Sentences, qu'une chose souveraine est Père, Fils et Saint-Esprit, et qu'elle n'engendre, ni n'est engendrée, ni ne procède. L'abbé Joachim prétendait qu'il suivait de cette doctrine, qu'il y avait une quaternité en Dieu, savoir les trois personnes de la Trinité et leur espèce commune; et soutenait que l'union des personnes n'est pas propre et réelle, mais seulement similitudinaire, comme celle des croyants, dont il est dit aux Actes des apôtres, qu'ils n'avaient qu'un cœur et qu'une âme; et comme dit Jésus-Christ dans saint Jean, en parlant des fidèles à son Père: « Je veux qu'ils soient un comme nous. » Pour nous, dit le pape, nous croyons, avec l'approbation du saint concile, et nous confessons qu'il y a une chose souveraine, qui est le Père, le Fils et le Saint-Esprit, sans qu'il y ait de quaternité en Dieu, parce que chacune de ces personnes est cette chose, c'est-à-dire la substance, l'essence ou la nature divine, qui seule est le principe de tout. Le concile déclare donc hérétiques tous ceux qui défendraient ou approuveraient la doctrine de l'abbé Joachim sur cet article. Il condamne aussi la doctrine d'Amauri, qui soutenait que chaque chrétien est obligé, sous peine de privation du salut, de croire qu'il est membre vivant de Jésus-Christ.

3. Le concile prononce anathème contre toutes les hérésies contraires à l'exposition de foi précédente; et ordonne que les hérétiques, après avoir été condamnés, seront livrés aux puissances séculières. Il ajoute que l'on avertira ces puissances, et qu'on les contraindra, même par censures, de prêter serment en public, qu'elles chasseront de leurs terres tous les hérétiques notés par l'Eglise; que, si les seigneurs temporels négligent de le faire, ils seront excommuniés par le métropolitain et les évêques de la province; que, s'ils ne satisfont pas dans l'an, l'on en donnera avis au pape, qui déclarera leurs vassaux absous du serment de fidélité, et exposera leurs terres à la conquête des catholiques, pour les posséder paisiblement, après en avoir chassé les hérétiques et y conserver la pureté de la foi, sauf le droit du seigneur principal; pourvu que lui-même ne mette aucun obstacle à l'exécution de cette ordonnance.

Ceux qui, en lisant ce canon, seraient tentés de croire que l'Eglise entreprend ici sur la puissance séculière, pourront se désabuser, en observant (dit le P. Richard) que les ambassadeurs des principaux souverains de la chrétienté étaient présents au concile de Latran, et consentaient à ses décrets au nom de leurs maîtres.

Mais la question est de savoir si ce consentement était nécessaire à l'Église de la part des princes, ou s'ils n'étaient pas consciencieusement obligés de le lui donner. « Cette concession (des princes faite à l'Église) peu vraisemblable a besoin de preuves, dit le cardinal Litta (*Lettre* 8), et il n'y en a pas la moindre trace dans les actes du concile. »

« L'idée d'un royaume de Dieu réalisé ou devant être réalisé sur la terre était dans ces siècles, dit le savant M. Hurter, encore alors protestant (*Hist. du pape Innocent III*, *t.* XX), l'inspiration vivace et vivifiante de la papauté; inspiration plus ou moins activement exécutée, mais jamais complétement assoupie. C'est par cette idée que le chef de l'Église se considère comme le représentant visible du Dieu invisible. La doctrine de la foi, telle qu'elle a été établie par l'Église, en sa qualité d'organe du Saint-Esprit, était à ses yeux une révélation de la volonté divine obligatoire pour tous, un précepte de vie donné sans distinction à tous les hommes par le souverain suprême du ciel et de la terre. Toute déviation de ce précepte était regardée comme une opposition à cette volonté; et vouloir la maîtriser, c'était un crime impardonnable : c'est pourquoi toute erreur reconnue et maintenue apparaissait comme une résistance impie de l'homme contre Dieu, de l'être mortel contre l'éternel, du serviteur contre le maître, de la créature contre le créateur. Si la punition frappe celui qui désobéit à l'ordre temporel, elle doit frapper plus sérieusement encore celui qui, par une déviation connue ou obstinée de la foi, s'oppose à la volonté de Dieu : car la révolte contre le souverain éternel est plus coupable que celle contre le souverain temporel. »

4. On exhorte les Grecs à se réunir et à se conformer à l'Église romaine, afin qu'il n'y ait qu'un pasteur et qu'un troupeau; et l'on défend aux Grecs, sous peine d'excommunication et de déposition, de laver les autels où les prêtres latins avaient célébré, et de rebaptiser ceux qu'ils avaient baptisés : c'est que plusieurs Grecs poussaient l'aversion contre les Latins jusqu'à laver les autels où les prêtres latins avaient célébré, et rebaptiser ceux qu'ils avaient baptisés.

5. Le concile règle l'ordre et les prérogatives des quatre patriarches d'Orient, mettant après l'Église romaine, qui a la principauté sur toutes les autres, comme mère de tous les fidèles, celui de Constantinople, puis ceux d'Alexandrie, d'Antioche et de Jérusalem.

6. On renouvelle les anciens décrets touchant la tenue des conciles provinciaux chaque année, pour la réforme des mœurs, principalement du clergé; et afin qu'on y puisse réussir, il est ordonné qu'on établira en chaque diocèse des personnes capables qui, pendant toute l'année, s'informeront exactement des choses dignes de réforme, pour en faire leur rapport au concile suivant.

7. Les évêques veilleront à la réforme des mœurs de leurs diocésains et corrigeront les abus qu'ils trouveront parmi eux, et surtout parmi les clercs.

8. On règle la manière de procéder pour la punition des crimes : le prélat, sur la diffamation publique de celui contre lequel il veut informer, lui exposera les articles qui doivent faire l'objet de ses informations, afin qu'il ait la faculté de se défendre, et lui déclarera non-seulement les dépositions, mais les noms des témoins, et recevra ses exceptions et ses défenses légitimes.

9. Les évêques des diocèses d'Orient où il y a un mélange de chrétiens dont la langue et les rites sont différents établiront des hommes capables pour célébrer à chaque nation l'office divin, lui administrer les sacrements, et l'instruire chacune selon son rit et en sa langue, sans néanmoins qu'il puisse y avoir deux évêques dans un diocèse, mais seulement un vicaire catholique, soumis entièrement à l'évêque, pour ceux qui sont d'un autre rit.

10. Les évêques choisiront des personnes éclairées pour prêcher, confesser, imposer des pénitences et faire tout ce qui convient au salut des âmes.

11. On renouvelle l'ordonnance du concile de Latran de l'an 1179, sous Alexandre III, portant que dans les églises cathédrales et collégiales il y aura un maître pour enseigner *gratis* la grammaire et les autres sciences aux clercs de ces églises et aux autres écoliers pauvres. A l'égard des églises métropolitaines, elles auront, outre ce maître de grammaire, un théologal ou théologien, pour enseigner aux prêtres et aux autres ecclésiastiques l'Ecriture sainte et ce qui regarde le salut des âmes. Ce théologal ne sera pas néanmoins chanoine, non plus que le maître de grammaire; mais on leur donnera à l'un et à l'autre le revenu d'un bénéfice.

12. Les abbés et les prieurs tiendront leurs chapitres généraux tous les trois ans, pour y traiter de la réforme et de l'observance régulière, sans préjudice du droit des évêques.

13. Défense à qui que ce soit d'inventer de nouveaux ordres religieux. Ceux qui voudront entrer en religion embrasseront un des ordres approuvés. Une même personne n'aura pas des places de moine en plusieurs monastères, ni plusieurs abbayes en même temps.

14, 15 et 16. Un clerc convaincu d'incontinence sera puni suivant la rigueur des canons, et plus grièvement encore celui qui demeure dans un pays où il est de coutume que les clercs se marient. Ils vivront aussi selon les règles de la tempérance; et celui qui sera sujet à l'ivrognerie, s'il ne se corrige étant averti par son évêque, sera suspens de son bénéfice ou de son office. Ils n'iront point à la chasse et n'auront point d'oiseaux pour ce sujet. Ils s'abstiendront des trafics séculiers, des spectacles, des jeux de hasard, et n'entreront pas dans les cabarets, si ce n'est en voyage. Ils porteront une tonsure ou une couronne convenables à leur état; auront des habits fermés, qui ne soient ni trop longs ni trop courts, et sans parures; porteront à l'église des chapes sans manches, sans agrafes, et sans rubans d'or ni d'argent. Ils ne porteront point de bagues, à l'exception de ceux à qui leur dignité donne droit d'en porter. Les évêques porteront, dans l'église et au dehors, des surplis de toile; leurs manteaux seront attachés, ou sur la poitrine avec des agrafes, ou derrière le cou.

17. On menace de suspense les clercs qui passeraient une partie de la nuit dans des festins ou des entretiens profanes, dormiraient jusqu'au jour et réciteraient les matines avec précipitation, entendraient rarement la messe et la célébreraient plus rarement encore. On les exhorte à célébrer assidûment et avec dévotion l'office du jour et de la nuit.

18. Défense aux clercs de dicter ou de prononcer une sentence de mort, ni de rien faire qui ait rapport au dernier supplice; d'exercer aucune partie de la chirurgie où il faille employer le fer ou le feu; de donner la bénédiction pour l'épreuve de l'eau chaude ou froide, ou du fer chaud.

19. On défend de porter des meubles dans les églises hors le cas de nécessité, comme dans les incursions des ennemis; et l'on ordonne de tenir propres les vases sacrés, les ornements et les linges destinés au saint ministère.

20. Le saint chrême et l'eucharistie seront enfermés sous la clef dans toutes les églises; et ceux qui auront manqué de diligence à cet égard seront suspens pendant trois mois de leur office.

21. Tous les fidèles parvenus à l'âge de discrétion confesseront tous leurs péchés au moins une fois l'an à leur propre prêtre; ils accompliront la pénitence qui leur sera imposée et recevront le sacrement de l'eucharistie avec respect au moins à Pâques, si ce n'est qu'ils croient s'en devoir abstenir pour une cause raisonnable, et de l'avis de leur propre prêtre, pendant quelque temps. Ceux qui ne s'acquitteront pas de ce devoir seront condamnés à être privés, de leur vivant, de l'entrée de l'église, et de la sépulture ecclésiastique après leur mort; et ce statut sera publié souvent dans l'église, afin que personne n'en prétende cause d'ignorance. Le canon ajoute que si quelqu'un veut, pour une juste cause, confesser ses péchés à un prêtre étranger, c'est-à-dire ou à un curé voisin, ou à tout autre prêtre approuvé, il en demandera et en obtiendra la permission de son propre prêtre, parce qu'autrement cet étranger ne pourrait le lier ni le délier; qu'au reste le prêtre à qui ils confessent leurs péchés doit être discret et prudent; panser, comme un bon médecin, les blessures des malades, y mettre de l'huile et du vin, en s'informant exactement du pécheur et des circonstances du péché, pour savoir quel conseil il doit lui donner et de quels remèdes il doit se servir pour le guérir. Le confesseur doit aussi prendre garde de ne pas découvrir, par quelque parole ou par quelque signe, les péchés de ceux qui se confessent; et celui qui se trouvera coupable en ce point sera déposé et enfermé dans un monastère, pour y faire pénitence le reste de ses jours.

On peut remarquer quatre choses sur ce canon : la première, qu'il fut fait à l'occasion des albigeois et des vaudois, qui méprisaient la pénitence et prétendaient recevoir la rémission de leurs péchés sans confession ni satisfaction, par la seule imposition des mains de l'un de ceux qu'ils appelaient *prévôts*, *évêques* ou *diacres*; la seconde, que le concile ne détermine que le temps de la communion, qu'il fixe à Pâques, et non celui de la confession, parce qu'alors on devait la faire au commencement du carême; la troisième, que par le propre prêtre auquel on doit faire sa confession annuelle il faut entendre le curé de la paroisse où l'on demeure, sauf les droits de l'évêque et du souverain pontife; la quatrième enfin, que quoique par le propre prêtre on doive entendre le curé, on peut néanmoins satisfaire à ce canon en se confessant à tout autre prêtre approuvé par l'évêque diocésain, lorsque telle est son intention. Voici donc quel est l'usage de la France touchant le ministre de la confession annuelle. Il y a des Eglises où les évêques entendent que tous les confesseurs approuvés indéfiniment pourront confesser, même pour la confession qui est de précepte, sans la permission des curés; et dans ces Eglises, la confession annuelle faite à tout prêtre approuvé est bonne. Il y en a d'autres où, le dimanche des Rameaux, le curé, publiant au prône le canon *Omnis utriusque sexus*, donne la permission générale à tous ses paroissiens de se confesser à tout prêtre approuvé; et cette permission générale suffit pour que chacun puisse se confesser licitement à tout prêtre approuvé. Enfin il y a des Eglises où la pratique constante est de demander et d'obtenir la permission des curés; et dans ces Eglises les confessions faites à d'autres prêtres qu'aux propres curés, sans cette formalité, peuvent être illicites; mais elles sont toujours valides si les prêtres étrangers à qui l'on s'adresse sont approuvés par l'évêque diocésain : ainsi l'a décidé, en 1655, l'assemblée du clergé de France, avec l'assentiment de tous les évêques du royaume.

22. Lorsqu'un malade fera venir les médecins, ils l'avertiront, avant de lui rien ordonner pour le rétablissement de sa santé, de pourvoir au salut de son âme; et les médecins qui auront manqué seront privés de l'entrée de l'église jusqu'à une satisfaction convenable. S'ils lui conseillent, pour la santé de son corps, des choses qui puissent nuire au salut de son âme, ils seront excommuniés.

23. On ne laissera point vaquer plus de trois mois un évêché ou une abbaye; autrement ceux qui avaient droit d'élire en se-

ront privés pour cette fois, et il sera dévolu au supérieur auquel il appartient de pourvoir à la vacance, lequel sera tenu de la remplir dans les trois mois, en prenant, pour cet effet, le conseil de son chapitre et des personnes prudentes.

24. L'élection doit se faire en présence de tous ceux qui doivent et peuvent commodément y assister. Elle peut se faire en trois manières : par scrutin, par compromis, ou par inspiration. En la première, les votants choisissent trois d'entre eux pour recueillir secrètement les suffrages de chacun en particulier, les rédiger par écrit, et les comparer ensemble, afin que celui qui a pour lui les suffrages du plus grand nombre des votants, soit élu. La seconde manière consiste à donner le pouvoir d'élire, au nom de tous, à quelques personnes capables ; la troisième, à s'accorder tous ensemble, comme par inspiration divine, pour nommer un même sujet. Toute autre forme d'élection est déclarée nulle. Personne ne peut donner son suffrage par procureur, à moins qu'il ne soit absent pour empêchement légitime, et aussitôt que l'élection est faite, on la doit publier solennellement.

25. Si l'élection se fait par l'autorité de la puissance séculière, elle sera nulle de plein droit : l'élu qui y aura consenti n'en tirera aucun avantage et deviendra incapable d'être élu : les élus seront suspendus pendant trois ans de tout office et bénéfice, et privés pour cette fois du pouvoir d'élire.

26. Celui à qui il appartient de confirmer l'élection doit auparavant en examiner soigneusement la forme, ainsi que les qualités de l'élu, ses mœurs, sa science et son âge. S'il confirme l'élection d'un sujet qui n'a pas les qualités requises ou dont l'élection n'est pas dans les règles, il perd le droit de confirmer le premier successeur, et l'élu sera privé de la jouissance de son bénéfice. Les prélats soumis immédiatement au saint-siége se présenteront au pape en personne pour faire confirmer leur élection.

27. Les évêques ne conféreront les dignités ecclésiastiques ou les ordres sacrés qu'à des personnes capables, et auront soin d'instruire, soit par eux-mêmes, soit par d'autres, ceux qu'ils voudront ordonner prêtres, tant sur les divins offices, que sur l'administration des sacrements, puisqu'il vaut mieux que l'Église ait peu de bons ministres, surtout des prêtres, que plusieurs mauvais.

28. Celui qui aura demandé et obtenu la permission de quitter son bénéfice sera tenu et même contraint de le quitter, attendu qu'il n'a pris cette résolution que pour l'utilité de son église ou pour ses intérêts propres.

29. Une même personne ne pourra posséder deux bénéfices à charge d'âmes, et celui qui en recevra un second de même nature sera privé du premier, que s'il veut le retenir, il sera aussi dépouillé du second. Le collateur du premier bénéfice le conférera aussitôt qu'un clerc en aura un second. Si le collateur diffère trois mois de donner le pre-

mier, il sera dévolu au supérieur. La même chose s'observera à l'égard des personnats et des dignités en une même église, quoiqu'elles n'aient pas charge d'âmes. Le saint-siége pourra néanmoins dispenser de cette règle les personnes distinguées par leur grande naissance ou par leur science.

30. Ceux qui conféreront des bénéfices à des personnes incapables de les posséder, après une première et seconde monition, seront suspens du droit de conférer, et ne pourront être relevés de cette suspense que par le pape ou le patriarche. On s'informera soigneusement dans le concile provincial annuel des fautes commises à cet égard, et l'on y aura soin de substituer des personnes sages et discrètes, pour suppléer au défaut de celui que le concile aura suspendu de son droit de collation.

31. Les enfants des chanoines, surtout les bâtards, ne pourront posséder des canonicats dans les mêmes églises où ces chanoines sont établis.

32. On assignera au curé une portion congrue. Il desservira sa paroisse par lui-même, et non par un vicaire, à moins que sa cure ne soit annexée à une prébende ou à une dignité qui l'oblige à servir dans une plus grande église ; en ce cas, il aura un vicaire perpétuel qui recevra une portion congrue sur les revenus de la cure.

Ce canon fut fait contre les collateurs qui s'attribuaient presque tout le revenu des cures, et en laissaient si peu aux titulaires, qu'elles n'étaient desservies que par des ignorants.

33 et 34. Il est défendu aux évêques, à leurs archidiacres et à leurs légats, de rien prendre pour frais de visite que quand ils la font en personne, et de chercher dans leur visite plutôt leur profit que ce qui regarde Jésus-Christ et la réformation des mœurs, qui en doit être le principal objet.

35. Défense d'appeler avant la sentence. La cause d'appel doit être proposée au juge, et être telle, qu'étant prouvée, elle soit réputée légitime. Si le juge supérieur ne trouve pas l'appel raisonnable, il doit renvoyer l'appelant au juge inférieur, et le condamner aux dépens ; le tout, sans préjudice des constitutions qui ordonnent que les causes majeures seront portées au saint-siége.

36. Si le juge révoque une sentence comminatoire ou interlocutoire prononcée par lui, cette révocation ne lui ôte pas le pouvoir de continuer l'instruction du procès, quand même on aurait appelé de cette sentence, pourvu qu'il n'y ait point de causes légitimes de la suspecter.

37. On défend de se pourvoir en cour de Rome pour obtenir des lettres, afin d'appeler une partie en jugement à deux journées au-delà de son diocèse, de peur que le défendeur fatigué n'abandonne son droit.

38. Les juges auront un officier public qui écrira tous les actes du procès, dont on donnera copie aux parties, et dont le juge retiendra les minutes ou originaux ; afin que, s'il arrive quelque difficulté sur la pro-

DICTIONNAIRE DES CONCILES. I.

cédure du juge, elle puisse être levée par le vu des pièces.

39. Le possesseur d'un bien qu'il a acquis de celui qu'il sait l'avoir usurpé doit le restituer au possesseur légitime.

40. La possession d'un an sera comptée du jour qu'elle est adjugée par sentence, quoique celui au profit duquel elle est rendue, n'ait pu, par la malice de son adversaire, se mettre en possession de la chose, ou qu'il en ait été dépossédé par lui.

41. La prescription doit être de bonne foi, autrement elle ne doit pas avoir lieu; et il est nécessaire que celui qui se sert de prescription n'ait su en aucun temps que ce qu'il retient ne lui appartient pas.

42. Les ecclésiastiques ne pouvant souffrir que les laïques étendent leur juridiction sur eux, ils ne doivent pas non plus étendre la leur sur les laïques.

43. Défense aux laïques d'exiger des serments de fidélité des ecclésiastiques qui ne possèdent aucun bien temporel qui relève des laïques.

44. Défense d'observer les constitutions des puissances laïques faites au préjudice des droits de l'Eglise, soit pour l'aliénation des fiefs, soit pour l'usurpation de la juridiction ecclésiastique, soit pour tout autre bien annexé au spirituel, si ce n'est que ces constitutions aient été portées du consentement de l'autorité ecclésiastique.

45. Si les patrons ou vidames avoués des églises négligent d'y pourvoir quand elles sont vacantes, ou disposent du revenu des bénéfices, ou attentent à la vie des prélats, ils seront privés de leur droit de patronage et d'advocation, même leurs héritiers jusqu'à la quatrième génération, et ne pourront être admis dans aucun collège de clercs, ni dans des maisons religieuses.

46. Les officiers des villes ne pourront exiger des tailles ni d'autres taxes des ecclésiastiques, sous peine d'excommunication; mais les évêques sont autorisés à engager les ecclésiastiques à donner des secours dans le besoin, après en avoir pris conseil du pape.

47. On ne prononcera la sentence d'excommunication contre personne, qu'après la monition convenable faite en présence de témoins: quiconque fera le contraire sera privé de l'entrée de l'église pendant un mois. L'excommunication doit être fondée sur une cause publique et raisonnable. Celui qui se prétendra excommunié injustement portera sa plainte au juge supérieur, qui le renverra au premier juge pour être absous, ou lui donnera lui-même l'absolution, après avoir pris ses sûretés. Mais si l'excommunié ne se trouve pas bien fondé dans sa plainte, il sera condamné aux dommages et intérêts envers le premier juge, et à telle autre peine que le juge supérieur estimera.

48. On peut récuser un juge suspect, en alléguant les raisons de suspicion par devant des arbitres convenus. S'il les trouve raisonnables, le juge récusé enverra le procès à un autre juge, ou au juge supérieur.

49. On défend d'excommunier ou d'absoudre par intérêt. Si l'injustice de l'excommunication est prouvée, le juge sera condamné à restituer au double l'amende pécuniaire qu'il aura perçue.

50. Le concile révoque la défense de contracter mariage dans le second et le troisième genre d'affinité, et restreint les degrés dans lesquels il est défendu de contracter mariage au quatrième degré de consanguinité et d'affinité inclusivement.

Pour bien entendre ce canon, il faut faire les observations suivantes:

1° La consanguinité ou parenté naturelle est la liaison que la nature a mise entre deux personnes qui descendent l'une de l'autre, comme entre le père et ses enfants, qui descendent de lui; ou d'une souche commune, comme entre les frères et les sœurs, qui descendent d'une souche qui leur est commune, savoir de leur commun père.

2° L'affinité proprement dite est le rapport qu'il y a entre l'un des conjoints par mariage, et les parents de l'autre conjoint. Ainsi tous les parents du mari sont les affins de la femme, et tous les parents de la femme sont les affins du mari.

3° Avant le quatrième concile de Latran, on distinguait trois genres d'affinité: le premier était l'affinité qui est entre l'un des conjoints par mariage, et les parents de l'autre conjoint, laquelle affinité est l'affinité proprement dite, la seule qui fût connue par les lois romaines et dans les premiers siècles de l'Eglise.

Le second genre d'affinité était l'affinité que les canonistes avaient imaginée entre l'un des conjoints par mariage, et les affins de l'autre conjoint.

Le troisième genre d'affinité était celui que ces mêmes canonistes avaient imaginé entre l'un des conjoints par mariage, et les affins du second genre de l'autre conjoint. Par exemple, la femme de mon frère tient, par affinité, lieu de sœur aux autres frères et sœurs de mon frère et à moi: cette affinité est l'affinité du premier genre, l'affinité proprement dite. Si cette belle-sœur, après la mort de mon frère, vient à se remarier, il se contracte une affinité entre son second mari et moi et mes frères et sœurs, par laquelle il nous tient lieu de beau-frère: cette affinité n'est pas celle du premier genre, parce que nous ne sommes pas les parents de la femme de notre frère qui est mort; nous sommes seulement ses affins, ses beaux-frères et ses belles-sœurs. Si ensuite, après la mort de notre belle-sœur, son second mari vient à se remarier, il se contractera un troisième genre d'affinité, par laquelle sa seconde femme nous tiendra lieu de belle-sœur, parce que nous sommes affins du second genre d'affinité avec son mari.

Ces affinités du second et du troisième genre formaient, avant le concile de Latran, un empêchement dirimant de mariage, de même et dans les mêmes degrés que l'affinité du premier genre.

4° Avant ce même concile de Latran, la

défense de contracter mariage s'étendait jusqu'au septième degré de parenté et d'affinité. Il y eut même des conciles, tels que celui d'Agde en 506, et celui de Tolède en 531, qui défendirent les mariages d'une manière absolue et illimitée entre parents et affins.

Ces divers genres d'affinité, et ces degrés de parenté et d'affinité, si multipliés et si étendus, qui formaient un empêchement dirimant au mariage, mettant souvent en péril le salut des contractants, le quatrième concile de Latran, pour obvier à ces inconvénients, retrancha le second et le troisième genre d'affinité, et restreignit au quatrième degré de parenté et d'affinité proprement dite la défense de contracter mariage entre parents et affins.

51. Le concile condamne les mariages clandestins, et ordonne, à cet effet, que les mariages, avant d'être contractés, seront annoncés publiquement par les prêtres dans les églises, avec un terme suffisant, dans lequel on puisse proposer les empêchements légitimes; que ceux qui auront contracté un mariage clandestin, même en un degré permis, seront mis en pénitence, et que le prêtre qui y aura assisté sera suspens pour trois ans.

52. Le concile abolit l'ancien usage de prouver la parenté, relativement à l'empêchement de mariage, par des témoins qui ne déposent que ce qu'ils ont ouï dire, et veut qu'on ne reçoive plus en cette matière que des témoins oculaires.

53. Défense d'affermer ses terres aux cultivateurs qui ne payent point de dîmes.

Il y avait en certaines provinces un mélange de peuples, dont les uns, suivant leurs coutumes, ne payaient point de dîmes, tandis que les autres en payaient. Il arrivait de là que ceux qui payaient les dîmes affermaient leur terres à ceux qui ne les payaient pas, afin de tirer davantage de leurs fermiers, à raison du non-payement de la dîme. C'est cet abus que le concile défend sous peine des censures ecclésiastiques.

54 et 55. On déclare que la dîme est due de droit divin à l'Eglise (1); qu'elle doit se prendre sur toute la récolte, avant qu'on en ait rien levé pour les cens et les tributs; que les terres acquises aux moines de Cîteaux, ou d'autres, depuis la tenue de ce concile, doivent payer la dîme, soit qu'ils cultivent ces terres par eux-mêmes ou par des étrangers.

56. Défense aux clercs séculiers et réguliers de louer leurs héritages, ou de les donner à titre de *fief*, à condition que la dîme leur en sera payée, et que ceux à qui ils les donnent se feront enterrer chez eux.

57. Le privilége accordé aux confrères de quelques ordres d'être toujours inhumés en terre sainte, pourvu qu'ils ne fussent pas nommément excommuniés ou interdits, est restreint aux confrères oblats et qui avaient pris l'habit de l'ordre, ou à ceux qui avaient donné tous leurs biens aux monastères, en se réservant l'usufruit.

58. On restreint aussi à une seule église du lieu le privilége que les réguliers avaient obtenu pour ceux de leurs confrères qu'ils envoyaient quêter, de faire ouvrir les portes de l'église, et d'y célébrer les offices divins, mais en refusant l'entrée de cette église aux excommuniés. Les évêques auront de même le pouvoir de célébrer les offices divins à voix basse, les portes fermées et sans son de cloches, dans les églises même interdites par un interdit général, à moins que ceux de ces églises n'aient donné occasion à l'interdit, et à condition que les interdits et les excommuniés n'y assisteront pas.

59 et 60. Il est défendu à un religieux de se rendre caution pour quelqu'un, et d'emprunter une somme d'argent sans la permission de son abbé et de la plus grande partie du chapitre, et aux abbés d'entreprendre sur les droits des évêques, en prenant connaissance des causes de mariages, en imposant des pénitences publiques, en accordant des indulgences ou en faisant d'autres fonctions épiscopales, à moins qu'ils n'en aient obtenu un privilége, ou qu'ils ne soient fondés sur quelque autre raison légitime.

61. Défense aux réguliers de recevoir des églises ou des dîmes des mains des laïques, sans le consentement de l'évêque. Ils présenteront aux évêques des prêtres pour desservir les églises qui ne dépendent pas d'eux de plein droit, et ils ne pourront retirer de ces églises les prêtres institués par l'évêque, sans sa permission.

62. Défense de montrer hors de leurs châsses les anciennes reliques, et de rendre à celles que l'on trouve de nouveau aucune vénération publique, sans l'approbation du pape. On ne recevra point les quêteurs, à moins qu'ils ne soient munis des lettres du pape, ou de l'évêque diocésain. Les évêques ne pourront accorder qu'un an d'indulgence dans la dédicace d'une église, et seulement quarante jours pour l'anniversaire.

Ce canon condamne deux abus fort communs autrefois. Le premier était de tirer les reliques des saints hors de leurs châsses pour les montrer à tout le monde et les exposer en vente. Le second abus consistait dans l'indiscrétion de plusieurs prélats qui accordaient trop facilement des indulgences; ce qui tournait au mépris des clefs de l'Eglise, et à l'affaiblissement de la discipline dans l'administration du sacrement de pénitence.

63. Défense de rien prendre pour le sacre des évêques, la bénédiction des abbés et l'ordination des clercs.

64. On ordonne de chasser dorénavant des monastères les religieux et religieuses qui donneront ou qui exigeront quelque chose pour l'entrée en religion, et de les renfermer

---

(1) Sur la question du droit divin de la dîme ecclés., voy. Suarez, *de Legibus*, l. IX, c. 11, n. 1. *De hac re satis dictum est Tr. II de Relig, l. I, c. 10, ubi ostendimus, illud præceptum legis veteris, qua parte positivum erat, scilicet, quoad quotam decimarum, cessasse quoad obligationem suam, relictum vero esse quasi exemplar, ad cujus instar Ecclesia potuit similem legem statuere; hoc enim prohibitum non est, ubi nullum periculum scandali aut falsæ significationis imminet.*

dans d'autres monastères plus réguliers, pour y faire pénitence toute leur vie. A l'égard de ceux ou de celles qui auront été reçus pour de l'argent avant ce décret, on les transférera dans un autre couvent du même ordre, ou bien on les recevra de nouveau dans le même couvent, où ils n'auront d'autre rang que celui de leur seconde réception.

65. Défense aux prélats d'interdire une église après la mort du curé pour se faire payer une somme d'argent, et d'exiger des présents d'un militaire ou d'un clerc, pour leur permettre l'entrée en religion, et de choisir leur sépulture dans une maison religieuse.

Il y avait des évêques qui, à la mort des curés, mettaient leurs églises en interdit, et ne permettaient pas qu'on leur donnât des successeurs, jusqu'à ce qu'on leur eût payé une certaine somme. Ce sont ces exactions et les autres qu'on vient de rapporter, que le concile condamne sous peine de restitution du double.

66. On défend aux curés d'exiger de l'argent pour les sépultures, les mariages et les autres fonctions de leur ministère; mais on maintient les louables coutumes de donner aux églises, et l'on ordonne aux évêques de s'opposer aux maximes répandues par les vaudois et les albigeois, qui détournaient les fidèles de donner aux églises et au clergé.

67. On défend aux juifs les usures excessives envers les chrétiens, et on leur ordonne de payer la dîme et les autres oblations pour les maisons ou les héritages qu'ils ont achetés des chrétiens.

68. Les juifs des deux sexes porteront quelque marque sur leurs habits qui les distinguera des chrétiens.

69. Défense de donner des charges publiques aux juifs et aux païens.

70. Les juifs convertis à la foi chrétienne, et baptisés volontairement, renonceront absolument aux rites anciens des juifs, afin de ne pas faire un mélange du christianisme avec le judaïsme, qui ne serait propre qu'à ternir la beauté de la religion chrétienne.

« Mais le but essentiel de la convocation du concile, dit M. Hurter, était les dispositions à prendre pour une croisade générale. Innocent, brûlant du désir d'arracher la terre sainte des mains des impies, ordonna, avec l'assentiment du concile, et d'après le conseil d'hommes pleins d'expérience et sachant apprécier les circonstances, le temps et le lieu, que les croisés qui voulaient s'embarquer, se trouvassent le 1er juin de l'année suivante à Brindes et à Messine, lieux de rassemblement. Il voulait se rendre dans l'une de ces villes, et avec l'aide de Dieu, avancer par ses conseils et ses actes l'organisation de l'armée, et accorder aux pèlerins la bénédiction apostolique. Ceux qui préféraient faire la route par terre partiraient à la même époque; un légat devait les accompagner. Il prescrivit à tous les prélats, aux prêtres et aux autres clercs qui suivraient l'armée, de persévérer dans la prière et dans l'instruction par la prédication et par l'exemple, afin que tous marchent dans la crainte et pour l'honneur de Dieu, et qu'aucun n'offense ni par actions ni par paroles la majesté de l'Éternel. Quiconque péchera devra se relever en faisant une pénitence sincère. C'est avec l'humilité des cœurs, la modestie dans les vêtements, la modération dans le boire et dans le manger; c'est en évitant toute querelle et toute rancune, qu'ils doivent employer les armes spirituelles et corporelles contre les ennemis de la foi, et avec d'autant plus de hardiesse qu'ils ont moins de confiance dans leurs propres forces et espèrent davantage dans la grâce du Seigneur.

« Afin de ne rien négliger dans cette œuvre de Jésus-Christ, nous ordonnons à tous les patriarches, archevêques, évêques, abbés et pasteurs des âmes, de prêcher sérieusement la parole de la croix à ceux qui sont confiés à leurs soins, et de conjurer au nom du Père, du Fils et du Saint-Esprit, seul et unique Dieu vrai et éternel, les rois, les ducs, les princes, les margraves, les comtes, les barons et autres nobles, les bourgeoisies des villes, bourgs et villages, afin que ceux qui ne peuvent pas partir eux-mêmes équipent un nombre convenable de guerriers et leur fournissent tout ce qui leur est nécessaire pendant trois ans; le tout pour le pardon de leurs péchés. Tous ceux qui donneront des vaisseaux, ou qui en feront construire dans ce but, participeront à ce pardon. S'il y en avait quelques-uns qui, par ingratitude envers le Seigneur notre Dieu, voulussent se refuser à toute contribution, on doit leur annoncer, au nom du siége apostolique, qu'ils auront à en rendre compte un jour devant le tribunal du Juge sévère; cet avertissement leur servira à réfléchir d'avance avec quelle conscience, avec quelle confiance ils pourront se soutenir devant Jésus-Christ, le Fils unique de Dieu, entre les mains duquel le Père a remis tout pouvoir, s'ils se refusent au service du Crucifié, par la grâce duquel ils vivent, par les bienfaits duquel ils sont conservés, par le sang duquel ils sont rachetés. Dans toutes les églises, les fidèles doivent du moins s'élever, en unissant leurs prières, vers le Seigneur des armées, pour la prospérité des combattants, pour le succès de la grande œuvre. »

« Afin qu'on ne dise pas : Il parle bien mais il ne fait rien, Innocent promit d'exécuter autant d'économies qu'il lui serait possible, en restreignant ses besoins; de donner pour le commencement trente mille livres, un vaisseau pour les croisés de la ville de Rome et de sa banlieue, trois mille marcs d'argent comme reliquat des contributions antérieures perçues dans ce but. Tout le clergé devait mettre à la disposition des percepteurs nommés *ad hoc* le vingtième de leurs revenus pendant trois années, et les cardinaux le dixième; le tout sous peine d'excommunication contre ceux qui ne procéderaient pas fidèlement.

« On assura à ceux qui partaient l'affranchissement des taxes, des charges et des impôts, et la protection de saint Pierre, de tous les prélats et de l'Eglise, pour leurs personnes et leurs biens; on nomma des tuteurs pour prendre soin de leurs biens jusqu'à leur retour ou jusqu'à la nouvelle certaine de leur mort. Les créanciers devaient leur faire remise des intérêts de leurs créances, et en même temps les décharger du serment qu'ils auraient prêté à ce sujet; si les créanciers étaient parvenus à se faire payer les intérêts par des moyens de coaction, ils auraient à les restituer; les Juifs devaient être forcés par le pouvoir temporel. Les tuteurs avaient à veiller aussi à ce que les absents ne fussent pas accablés par l'usure, à cause des dettes non payées, et que les Juifs rendissent compte du montant des gages qu'ils avaient reçus. On menaça de peines sévères les prélats qui négligeraient d'aider de leurs conseils et par leurs actions les croisés ou leurs familles.

« L'excommunication fut prononcée contre ceux qui prêtaient assistance aux pirates, qui empêchaient les arrivages à la terre sainte ou qui pillaient les allants et venants; on défendit d'acheter ou de vendre à de pareilles gens, et on imposa comme devoir aux autorités des villes de leur enjoindre de cesser un trafic aussi honteux. La malédiction et la damnation furent renouvelées contre tous ceux qui amèneraient des provisions d'un genre quelconque aux Sarrasins, qui entreraient à leur solde comme pilotes, prendraient du service militaire chez eux, ou leur donneraient assistance d'une manière quelconque, au détriment de la terre sainte; tous devaient perdre leurs biens et devenir les esclaves de quiconque parviendrait à s'en emparer. Cette ordonnance devait être lue les dimanches et jours de fêtes dans toutes les villes maritimes, et l'entrée de l'église refusée à tous ceux qui y contreviendraient, à moins qu'ils n'employassent tout le gain acquis de cette manière pour le bien de la terre sainte. On interdit à tous les chrétiens, pendant quatre ans, tout commerce avec les Sarrasins d'Orient. Et quoique déjà quelques conciles antérieurs eussent défendu les tournois, on renouvela l'ordre que tous les tournois, eussent à cesser complètement pendant trois années, sous peine d'excommunication, comme étant principalement nuisibles à cette grande affaire. Enfin, on ordonna la paix entre tous les princes et les peuples chrétiens pour la durée de quatre années, et les prélats furent chargés de réconcilier ceux qui étaient en guerre; l'excommunication et l'interdit, et au besoin l'emploi des forces du pouvoir temporel seraient mis en usage contre ceux qui ne voudraient pas s'y prêter.

« En terminant, Innocent promet encore une fois, par la miséricorde de Dieu tout-puissant, et en vertu de la plénitude des pouvoirs des bienheureux apôtres Pierre et Paul, et du pouvoir de lier et de délier, à lui confié par Dieu, à tous ceux qui participeront ou qui enverront des soldats, ou qui contribueront par les préparatifs, le pardon de leurs péchés après les avoir confessés et, avoir fait pénitence; et en outre la joie et la félicité éternelle. Le 14 décembre, la bulle concernant la croisade fut publiée au palais de Latran.

« Le concile traita encore plusieurs affaires tant ecclésiastiques que temporelles. Ce qui avait déjà été demandé par le concile de Chalcédoine, savoir, que le patriarche de Constantinople prît rang après le pape et avant les autres patriarches, fut érigé ici en loi de l'Eglise. Mais l'évêque d'Héraclée et le curé de Saint-Paul de Constantinople se disputaient toujours la dignité de patriarche de cette dernière ville; chacun d'eux avait obtenu une élection. Le pape déclara les deux élections non valables, et d'après le conseil des cardinaux présents au concile, il éleva au siège patriarcal de Constantinople un prêtre toscan, nommé Gervasius; ceci fut regardé comme une preuve pleine et entière de la soumission de l'Eglise d'Orient. Mais il faut observer que tous les élus étaient des occidentaux, et que l'Eglise grecque ne voulut pas reconnaître ce patriarche comme légitime. Ce fut probablement pour tâcher de se concilier plus facilement cette Eglise, que le concile ordonna aux prélats dans les diocèses desquels se trouvaient quelques fidèles de diverses langues, que la doctrine fût prêchée dans ces langues, mais le service divin célébré en latin.

« L'archevêque de Tolède porta plainte avec une grande liberté contre les archevêques d'Espagne qui ne voulaient pas reconnaître sa primatie; et quoiqu'il n'ait rien été décidé à cet égard, il acquit néanmoins beaucoup de droits pour son Eglise.

« Les chanoines de Cologne furent chargés d'élire un autre chef à la place de l'archevêque qui n'avait jamais pu obtenir la confirmation pontificale.

« Comme les villes de plusieurs sièges épiscopaux de l'île de Chypre étaient en ruine, ces sièges furent réduits à quatre de quatorze qu'ils étaient; mais on recommanda en même temps l'institution d'évêques latins au lieu des évêques grecs.

« L'évêché de Chiemsée, fondé par le zélé archevêque de Saltzbourg, fut confirmé. L'appel interjeté par quelques chanoines de Bâle contre la validité de l'élection de leur évêque Walderich, fut décidé par la déposition de celui-ci (1).

« L'ordre de porte-croix fut établi et doté de plusieurs concessions de grâces. En outre, des différends furent arrangés, des réclamations de propriétés entre des ordres religieux examinées et accommodées, des questions soumises au concile résolues. Une proposition tendant à ce que toutes les églises de la terre payassent un impôt à la cour romaine ne fut pas même appuyée par le siège apostolique.

« Le clergé français accusa énergiquement le cardinal légat Robert Courçon. Cet

(1) M. Hurter, *Hist. du pape Innocent III.*

Anglais, lié avec Innocent depuis leur séjour à l'université de Paris, se distingua par sa science, par sa foi solide et orthodoxe, par sa grande activité et par son aptitude pour toutes les affaires; personne ne pouvait rien blâmer dans sa conduite, mais une fierté impérieuse et sa cupidité lui aliénèrent ceux qui, en leur qualité de subordonnés, avaient des rapports avec lui. Robert avait été élevé au cardinalat une année avant qu'Innocent l'eût nommé son légat en France, principalement pour agir en faveur des croisades, rétablir la paix dans le midi de ce pays, ordonner et corriger dans l'Eglise ce qui avait besoin de l'être. Il dirigea avant tout son attention sur ce dernier objet, en déterminant un concile tenu à Paris (*Voy.* PARIS, l'an 1212) à porter des lois sévères contre les usuriers; ce qui se liait en même temps au but le plus essentiel de sa mission, parce que le fardeau des grands intérêts qui pesait sur plusieurs barons, rendait inexécutable la résolution qu'ils avaient prise de consacrer leurs armes à la terre sainte. Il paraît qu'il fut moins exempt de reproches dans la querelle intérieure qui divisait depuis plusieurs années les grandmontains, querelle qu'il compliqua loin de l'accommoder, et il reçut à cet égard de doux reproches de la part d'Innocent. Sa conduite au couvent de Saint-Martial peut encore moins se justifier; d'abord il confirma dans ses fonctions, pour 60 livres tournois, l'abbé devenu incapable; et peu de temps après il se servit des pouvoirs étendus qu'il possédait sur l'Eglise de France pour élever à la dignité d'abbé, malgré une vive opposition, un moine intrus de ce même couvent. L'autorité et l'activité avec lesquelles il parcourut la France en tous sens, la vivacité avec laquelle il sut faire comprendre à l'affluence de ses auditeurs leur devoir d'assister la terre sainte, obtenaient le succès le plus surprenant; des hommes et de l'argent furent fournis en quantité; mais le légat, dit-on, s'appropria une partie de l'argent. Ce ne fut pas seulement par cette cupidité, mais bien plus encore par ses manières impérieuses, par sa fierté, par ses ordres sévères, qu'il révolta tout le monde contre lui, au point même que lors de son voyage avec l'armée catholique dans le midi de la France, Cahors lui ferma ses portes. Il n'ignorait pas cette disposition des esprits, et craignait peut-être qu'on ne portât plainte non-seulement auprès du pape, mais auprès du concile qui allait s'assembler. Afin de détourner ces accusations, il convoqua le clergé à Bourges, au mois de septembre. Malgré l'autorité dont Robert était revêtu, malgré le respect que les prélats français avaient pour le siége apostolique, cette assemblée, si réellement elle a eu lieu, n'eut d'autre résultat que de décider les évêques à interjeter appel contre lui à Rome. Au concile de Latran, ils produisirent une série de griefs contre Robert; et l'amitié seule d'Innocent, qui engagea toute l'autorité du chef de l'Eglise auprès des prélats, afin de les déterminer à retirer leur plainte, arracha Robert à une aussi fausse position.

« Le mariage de Burkard d'Avesnes fut ensuite déclaré non valable. La bienveillance de Philippe l'aîné de Flandre avait envoyé Burkard à Paris, dans ses années d'adolescence, pour l'y faire instruire, et l'avait doté de quelques bénéfices, quoiqu'il n'eût aucune inclination pour la carrière de l'Eglise. Burkard, de retour en Flandre, cacha son état ecclésiastique, et se distingua dans tous les jeux et dans les fêtes chevaleresques, ce qui lui concilia la bienveillance particulière de Richard d'Angleterre qui l'arma chevalier. Il joignait à une belle taille un grand courage, un coup d'œil pénétrant pour les affaires, et des manières polies, de sorte que Baudoin, avant de partir pour la croisade, l'associa à son frère Philippe pour l'administration du pays et la surveillance sur ses filles.

« A peine Jeanne était elle mariée avec Ferdinand de Portugal, que beaucoup de prétendants se présentèrent aussi pour Marguerite; et Mathilde, sa grand'mère, encouragea Burkard à se mettre sur les rangs. Cette union parut convenable à la noblesse du pays et à Philippe, oncle de Marguerite. Le mariage fut donc conclu, et consolidé par la naissance de deux fils. Bientôt on répandit le bruit que le mariage n'était pas valable, parce que Burkard était dans les ordres. La chose fut éclaircie, et le pape en fut instruit. Celui-ci qualifia ce mariage d'infâme abomination, et écrivit à l'évêque d'Arras : « Ce prétendu mariage est en soi nul et non valable ; établissez une enquête minutieuse, et réfléchissez que vous aurez un jour à rendre compte de la manière dont vous aurez veillé sur le troupeau qui vous a été confié. » Burkard prit la résolution d'aller à Rome pour voir s'il ne pourrait obtenir des dispenses en témoignant du repentir et en faisant pénitence. Innocent s'y refusa ; on lui promit seulement son pardon, s'il allait en pèlerinage à Jérusalem et au mont Sinaï, s'il y demeurait une année et rendait Marguerite à ses parents. Burkard remplit ces conditions et revint ensuite chez lui avec la ferme volonté de satisfaire à la dernière condition. Mais, à la vue de Marguerite et de ses enfants, le cœur lui manqua : « Et dût-on m'écorcher tout vif, et me couper les membres les uns après les autres, je ne pourrais pas me séparer de vous, » s'écria-t-il. Marguerite ne comprit pas ces paroles, car le motif de l'éloignement de Burkard lui était resté inconnu.

« La vieille Mathilde et Jeanne réclamèrent avec persévérance Marguerite, menacèrent, et comme elles ne purent obtenir aucun résultat, elles s'adressèrent au concile. Le concile déclara qu'il n'avait pu y avoir aucun mariage entre Burkard et Marguerite ; que Burkard devait être déclaré excommunié pour son crime, tous les dimanches et jours de fêtes, les cierges allumés, jusqu'à ce qu'il eût remis Marguerite à ses parents, et qu'il fût rentré avec humilité dans l'état qu'il avait abandonné avec un téméraire mépris de Dieu. Innocent chargea peu de temps après, l'archevêque de Reims de l'exécution de la sentence. Quatre ans plus tard, Burkard et ses frères soulevèrent contre Jeanne une lutte dans laquelle Burkard tomba au pouvoir de celle-ci, fut jeté en prison, et mourut sans doute en captivité.

En tête des affaires qui concernaient les relations temporelles, se trouvait celle de l'empire. Othon, à cette époque, n'était pas éloigné de se réconcilier avec l'Eglise ; le malheur l'avait rendu plus souple et plus accommodant. Un député de Milan parla au nom des Milanais en sa faveur, et le comte de Monferrat en faveur de Frédéric. Celui-ci déclara qu'on ne devait pas écouter les Milanais, parce qu'Othon avait violé son serment envers l'Eglise romaine, et n'avait pas rendu le pays pour l'occupation duquel il avait été excommunié ; dans ce moment même il soutenait un évêque excommunié et tenait un autre évêque en prison ; il avait donné au roi Frédéric le sobriquet de *roi des prêtres*, détruit un couvent de femmes et l'avait changé en forteresse ; d'ailleurs les Milanais, en qualité de ses partisans, et parce que leur ville était pleine de patarins, étaient sous le coup de l'excommunication. Les partis commençant à s'échauffer, à éclater en insultes, Innocent se leva de son trône et quitta lui-même l'église avec les autres ecclésiastiques. L'élection de Frédéric à la dignité de roi des Romains fut ensuite approuvée par le concile.

Les événements d'Angleterre occupèrent également le concile. Quelques mandataires prirent le parti des barons. Mais on leur répondit que ceux-ci étant excommuniés ne pouvaient être entendus. Innocent, prévenu par les rapports du roi et des légats qui inclinaient pour Jean, ne vit pas que les efforts des barons tendaient à rétablir les anciens droits et à limiter l'autorité royale ; il ne vit que le fait de la révolte, sans considérer que les barons avaient été insensiblement entraînés par les violences et les perfidies du roi. Innocent, en sa qualité de suzerain, se crut obligé de répondre du vassal opprimé ; et c'est ainsi que l'excommunication prononcée contre les barons fut confirmée, avec extension contre tous ceux qui leur porteraient secours, quoique plusieurs pères présents fussent d'un avis contraire. Louis de France fut aussi déclaré excommunié, à haute voix et nominativement, à cause des armements qu'il faisait contre Jean. L'archevêque de Cantorbéry vit bien qu'il ne jouissait plus auprès du pape de son ancienne faveur, et parla peu dans le concile. Il ne put échapper à la destitution qu'avec peine et uniquement en promettant de ne pas retourner en Angleterre avant la fin des troubles.

« Les comtes de Toulouse, père et fils, accompagnés des comtes de Foix et de Comminges, comparurent devant le concile. Lorsqu'ils entrèrent dans l'assemblée, ils se jetèrent aux genoux du pape. Innocent leur ayant dit avec bonté de se lever, ils formulèrent des plaintes graves contre Simon de Montfort qui, malgré leur soumission sans condition aux légats, les avait dépouillés de leurs principautés. Les comtes de Foix et de Comminges ajoutèrent les mêmes accusations. Elles durent faire une profonde impression sur le pape et le convaincre que les traités conclus avaient été violés. Un des cardinaux et l'abbé de Saint-Tiberi parlèrent avec chaleur en faveur des comtes ; l'évêque Foulques de Toulouse se prononça avec encore plus de violence, mais moins contre les deux Raymond que contre le comte de Foix. Le pape écouta toutes ces récriminations avec attention, ainsi que les plaintes de plusieurs barons contre Simon, principalement pour avoir abrégé la vie du vicomte de Béziers qui, disaient-ils, n'avait jamais été un protecteur des hérétiques, et avoir ravagé son pays ; ils ajoutaient que le légat et Simon n'avaient pas agi conformément à leur position, mais comme des brigands et des assassins.

Les prélats français cherchèrent à prouver qu'en réintégrant les comtes, l'Eglise courait les plus grands dangers. Innocent se fit présenter les pièces qui étaient dans les archives, et déclara : « Puisque les comtes et leurs compagnons avaient promis en tout temps soumission à l'Eglise, on ne peut pas les dépouiller sans injustice de leurs principautés. » Plusieurs prélats murmurèrent hautement en entendant cette déclaration ; la bonté et la droiture du pape ne plaisait nullement à leur haine. Alors se leva le chantre de la cathédrale de Lyon, ecclésiastique plein de mérite, et il dit : « Oui, Saint-Père, le comte Raymond a livré sans hésiter ses forteresses à votre légat ; il a été un des premiers à prendre la croix ; il a combattu lors du siége de Carcassonne pour l'Eglise contre son propre neveu le vicomte de Béziers. Avec tout cela, il a prouvé son obéissance envers vous. Si vous ne lui rendez pas ses principautés, la honte en retombera sur vous et sur toute l'Eglise. Personne ne croira plus à votre parole. Et vous, monsieur l'évêque de Toulouse, vous n'aimez ni le prince, ni votre peuple. Vous avez allumé dans Toulouse un incendie que personne ne peut éteindre. Déjà dix mille hommes ont été tués par votre faute ; doit-il encore en périr davantage ? Vous déconsidérez le siége apostolique ! Est-il juste, Saint Père, que tant d'hommes soient sacrifiés à la haine d'un seul ? »

De telles paroles fortifièrent le pape dans son opinion. Il protesta que le comte et ses alliés avaient toujours été obéissants, qu'il était innocent de tout ce qui s'était passé, qu'il n'avait commandé rien de semblable et qu'il n'en avait eu aucune connaissance. L'archevêque de Narbonne se prononça aussi, dit-on, en faveur des comtes, mais moins par bienveillance pour eux que par acharnement contre Simon de Montfort, à cause de ses différends avec lui au sujet du duché. C'est pourquoi il accusa les légats et l'évêque Foulques de cruelles violences. L'évêque d'Agde au contraire prit la parole en faveur de Simon : « Il a consacré tous ses services à l'Eglise, il s'est soumis à toutes les peines et fatigues, jour et nuit, pour elle. » Innocent déclara de nouveau : « Qu'il était obligé d'avouer qu'il avait souvent reçu diverses plaintes contre le comte et contre les légats. En supposant même que le comte de Toulouse fût coupable, son fils ne doit pas être puni pour cela. » La plupart des prélats du midi de la France cherchèrent à sauver l'œuvre de leurs passions, et déclarèrent : « Que si on voulait reprendre à Simon de Montfort le pays qu'il avait conquis, ils se ligueraient tous pour le lui conserver. » L'évêque espagnol d'Osma exposa le droit du jeune comte qui trouverait certainement un appui près des rois de France et d'Angleterre, et auprès de plusieurs barons. Le pape lui répondit : « N'ayez aucune inquiétude du jeune comte; si le comte de Montfort garde la possession de son pays, je lui en donnerai un autre; pourvu qu'il reste fidèle à Dieu et à l'Eglise, cela ne lui manquera pas. » Il paraît que l'opiniâtreté des évêques français entraîna la plus grande partie de l'assemblée. Elle déclara à peu-près unanimement le vieux comte de Toulouse déchu de tout droit de souveraineté, et ne lui assigna que quatre cents marcs pour son entretien, tant qu'il ne montrerait aucune résistance. Sa femme pouvait librement jouir de son douaire ; mais elle devait gouverner ses principautés selon l'ordre de l'Eglise, pour le maintien de la paix et de la foi.

« Tout le pays conquis jusqu'alors devait échoir au comte de Montfort, à la réserve de ce que possédaient les églises, les hommes et les femmes reconnus catholiques. Ce qui n'était pas encore conquis devait être placé sous l'administration de personnages capables, afin de doter le jeune comte, lorsqu'il aurait atteint sa majorité, soit de la totalité de ces biens, soit d'une partie, selon son mérite. Le comte de Foix, au contraire, resta sous la protection des lois apostoliques, et le successeur d'Innocent lui rendit l'année suivante son château. On prit vraisemblablement les mêmes dispositions à l'égard du comte de Comminges.

Le concile se sépara le jour de la Saint-André, après avoir duré dix-neuf jours seulement. Le pape avait dressé lui-même les soixante-dix décrets qui y furent lus ; mais ils n'en sont pas moins des décrets de l'Eglise universelle. Aussi ont-ils servi de fondement à la discipline qui s'est observée depuis, c'est-à-dire depuis le commencement du treizième siècle, et sont fort célèbres chez les canonistes. Les deux premiers en particulier forment à eux seuls le titre 1er des Décrétales. *Labb.* XI; *Anal. des conc.; Hist. univ. de l'Egl. cath.*

LATRAN (Ve Concile général de), ouvert le 3 mai 1512, et terminé le 16 mars 1517. Dès que la publication du concile de Pise eut été faite par les cardinaux rebelles (*voy.* PISE, l'an 1511), le pape Jules II se hâta de s'y opposer un concile plus nombreux. Il l'indiqua par une bulle du 18 juillet 1511, pour le 19 avril de l'année suivante, dans l'église de Saint-Jean de Latran. La bulle était en même temps une pièce contradictoire et polémique. Il y réfutait en détail les prétextes qui avaient fait naître l'entreprise des cardinaux séparés de sa cour. Jules prétendait que la conduite qu'il avait tenue avant son pontificat, était un gage de ses désirs sincères pour la célébration du concile ; que depuis son exaltation il avait toujours cherché les occasions de l'assembler; que dans cette vue il s'était appliqué à pacifier les princes chrétiens ; que les guerres survenues contre son gré n'avaient pour but que le rétablissement de l'autorité du saint-siège dans les terres de l'Eglise. Il reprochait ensuite aux cardinaux rebelles l'irrégularité de leur conduite, l'indécence qu'il y avait de convoquer l'Eglise universelle indépendamment de celui qui en était le chef. Il leur remontrait que l'espace de trois mois, qu'ils avaient marqué à tous les évêques pour se rendre à Pise, était un temps trop court, et que cette ville n'avait aucun des avantages qui sont nécessaires pour une assemblée de cette importance. Enfin il défendait à toutes personnes de compter pour quelque chose l'acte des cardinaux. Il déclarait interdits tous les lieux où ils oseraient s'assembler. La bulle était terminée par la signature de vingt et un cardinaux.

Quelques jours après, Jules II porta un autre décret, pour inviter les cardinaux fugitifs à rentrer dans le devoir. Le pardon leur était offert, s'ils obéissaient à cette monition dans le terme de cinquante jours, et ils étaient menacés de toutes les peines spirituelles et temporelles, s'ils persistaient dans leur révolte.

Les cardinaux, au lieu de se soumettre, ayant opposé un manifeste à cette bulle, le pape, dans un grand consistoire du 24 octobre, les déclara tous déchus de leurs dignités ; et la bataille de Ravenne, gagnée par les Français le 11 avril 1512, ne lui ayant pas permis d'ouvrir le concile au jour indiqué, il en fit l'ouverture le 3 mai, dans l'église de Latran, avec seize cardinaux et quatre-vingt-trois prélats portant la mitre.

Ire *Session.* On tint ensuite la première session le 10 mai, ou le même jour de la semaine suivante. Le pape y était en personne, avec quinze cardinaux, et soixante-dix-neuf tant archevêques qu'évêques. On y voyait aussi deux abbés et quatre chefs d'ordres, l'ambassadeur du roi et de la reine d'Espagne, et ceux des républiques de Venise et de Florence. La messe du Saint-Esprit fut célébrée par le cardinal-évêque de Porto, et le sermon prêché par Bernard, archevêque de Spalatro.

Cette première session fut employée à lire la bulle de convocation, et à déclarer les motifs qui avaient fait assembler ce concile : c'était l'extinction du schisme, la réforme à établir dans l'Eglise, la paix entre les princes chrétiens, et la guerre contre les Turcs. On lut aussi le canon du onzième concile de Tolède (1) sur la modestie et l'union qui doivent

---

(1) Le P. Richard dit le *onzième canon du concile de Tolède* ; c'est un non-sens et une erreur tout à la fois. Le

régner dans ces sortes d'assemblées, et l'on nomma les officiers du concile.

II° *Session*, 17 mai. Le pape présida à la deuxième session, comme à la première. Il s'y trouva de plus huit archevêques ou évêques. Il n'y fut question, en quelque sorte, que du concile de Pise. Le général des dominicains, Thomas Cajétan, harangua vivement contre cette assemblée, et le pape, de l'avis des Pères, la déclara nulle et illégitime. Après ce discours, Balthasar Tuard, secrétaire du pape, monta sur l'ambon, et lut un acte de confédération entre le roi d'Angleterre et le souverain Pontife.

III° *Session*, 3 décembre. La troisième session se fit avec beaucoup d'appareil ; on y reçut l'évêque de Gurck, Matthieu Lang, qui était venu reconnaître le concile au nom de l'empereur. Alexis, évêque de Melfi, prêcha sur l'unité de l'Eglise, dont il montra la source en Dieu même. Le pape renouvela la bulle qui annulait tout ce qui s'était passé à Pise et ensuite à Milan de la part des cardinaux et des autres prélats rebelles, et qui mettait le royaume de France en interdit. Les députés des évêques absents de Pologne, de Hongrie, de Danemark, d'Espagne, d'Italie et d'autres nations, jurèrent sur l'âme de ceux qui les envoyaient, que ceux-ci étaient légitimement empêchés de se rendre au concile. Le pape entendit leurs raisons et admit leurs excuses.

IV° *Session*, 10 décembre. La quatrième session eut lieu huit jours après, le 10 décembre de la même année 1512. Avec le pape, qui présidait, il s'y trouva cinq cardinaux-évêques, dix cardinaux-prêtres, dont deux français, quatre cardinaux-diacres, quatre-vingt-dix-sept archevêques ou évêques, quatre abbés et quatre généraux d'ordres : parmi les ambassadeurs, étaient ceux de la Suisse.

Après le discours, prononcé par Christophe Marcel, noble Vénitien et notaire apostolique, on lut la procuration de l'ambassadeur de Venise : puis, on attaqua vivement la pragmatique sanction de Charles VII. Ce décret, toujours si mal vu à Rome, avait été confirmé par le roi Louis XII, aussitôt après son avénement à la couronne ; et jusqu'en 1512, plusieurs arrêts du parlement en avaient maintenu l'autorité ; ce qui n'empêchait pas qu'on n'y dérogeât de temps en temps, surtout quand la cour de France était en bonne intelligence avec celle de Rome ; mais enfin la pragmatique passait toujours en loi dans le royaume. Jules II, devenu le conquérant ou le vengeur de presque toute l'Italie, crut qu'il était temps de rétablir pleinement son autorité par rapport aux bénéfices et au gouvernement ecclésiastique. Il fit lire, dans cette quatrième session du concile, les lettres données autrefois par Louis XI pour supprimer la pragmatique. Après quoi un avocat consistorial fit un long discours contre elle, et en requit la destruction totale. Un promoteur du concile demanda que les fauteurs de la pragmatique, quels qu'ils fussent, rois ou autres, fussent cités à comparaître devant le concile, dans le délai de soixante jours, pour faire entendre les raisons qu'ils auraient de soutenir ce décret, si contraire à l'autorité du saint-siége. La requête fut admise par le pape et par tous les Pères du concile, et l'on décerna que l'acte de monition serait affiché à Milan, à Asti et à Pavie, parce qu'il n'était pas sûr de le publier en France.

Les désastres de la guerre avaient cependant inspiré bien de la modestie à tous les ordres de cet Etat, sans en excepter le roi et toute la famille royale. Le cardinal Philippe de Luxembourg, qui s'était réconcilié avec le pape, lui écrivit d'un style très-soumis, le priant de donner la paix à Louis XII, qui rejetait tous les malheurs passés sur les gens de son conseil. Le duc de Valois, héritier présomptif de la couronne, joignait ses sollicitations à celles du monarque, et la reine Anne de Bretagne demandait avec larmes la même grâce. Il est vrai qu'elle n'avait jamais pris part elle-même au schisme, non plus que la Bretagne, son Etat héréditaire.

Ces soumissions portaient la gloire de Jules II à son plus haut période, lorsqu'il fut attaqué d'une fièvre lente, qui le conduisit au tombeau. Il sentit bien que sa fin était proche, ce qui ne l'empêcha pas de pourvoir à la continuation du concile. Il nomma le cardinal d'Ostie pour présider à la cinquième session, et il recommanda d'y publier la seconde monition touchant la pragmatique, afin que cette affaire ne traînât point en longueur. Tout cela se fit à point nommé.

V° *Session*. Cette session fut tenue le 16 février 1513, et l'on y décerna de la part du pape et du concile, des peines très-sévères à l'effet d'empêcher la simonie dans le futur conclave. Cent trente-cinq prélats, ou cent trente-cinq mitres, comme parlent les uns, assistèrent à cette session, et ce fut la dernière du vivant de Jules II. Elle se termina par la lecture d'une lettre du pape malade, où il rappelait les deux affaires remises à des commissions spéciales, la réforme détaillée de la cour romaine, puis la discussion et le jugement à intervenir sur la pragmatique sanction de France. Et pour que cette dernière affaire se traitât avec toute la maturité convenable, il voulut qu'on cité de nouveau les fauteurs de la pragmatique à comparaître devant le pape et le concile, afin d'y produire les raisons qu'ils prétendaient avoir de la soutenir. Tous les Pères, sans exception, approuvèrent la proposition du pape.

On lut encore dans cette session les lettres d'un grand nombre d'évêques absents, qui exposaient les motifs de leur absence, et nommaient des procureurs pour tenir leurs places. La sixième session fut indiquée pour le 11 avril.

VI° *Session*, 27 avril. Le pape Jules II étant

---

canon dont il s'agit est le premier du onzième concile ; et il n'y a point de concile de Tolède qui s'appelle simplement ou par excellence, le concile de Tolède.

mort le 21 février, ou cinq jours (1) après la cinquième session, Léon X, qui lui succéda, n'eut rien de plus pressé que de citer les Français à comparaître à la session suivante, renvoyée au 27 avril. Elle se tint en effet ce jour-là : on y compta vingt-deux cardinaux et quatre-vingt-dix prélats mitrés, avec une foule de princes, de nobles et d'ambassadeurs. Le discours fut prononcé par Simon, évêque de Modrusse en Croatie, et son discours eut pour sujet les ravages des Turcs, et la nécessité pour les chrétiens de se réunir contre ces infidèles. Puis l'ambassadeur de Florence présenta ses lettres au nom de sa république, et on les lut à haute voix. Le procureur du concile, faisant ses fonctions à la rigueur, requit ensuite que les procédures commencées contre les Français fussent terminées par l'abolition totale de la pragmatique. Mais on ne lui répondit point ; on se contenta, dans l'intervalle de la sixième et de la septième session, d'établir trois commissions, dont une était chargée d'examiner la pragmatique, une autre de rappeler la paix entre les princes chrétiens, et l'autre enfin de proposer les moyens d'une réforme générale, et jusque dans la cour romaine (2).

VII° *Session*, 17 juin. Le pape Léon X y présida ; il s'y trouva vingt-deux cardinaux, avec quatre-vingt-six archevêques et évêques, les ambassadeurs de l'empereur Maximilien, des rois d'Espagne, d'Angleterre, de Pologne, des ducs de Savoie, de Milan, de Ferrare, de Mantoue, des républiques de Venise et de Florence. Le discours fut prononcé par Balthasar del Rio, et eut pour objet, comme celui de la session précédente, la défense de la chrétienté contre les Turcs. Le secrétaire du concile lut ensuite les lettres par lesquelles Sigismond, roi de Pologne, Maximilien Sforce, duc de Milan, François, marquis de Mantoue, Stanislas et Jean, ducs de Mazovie et de Russie, accréditaient leurs ambassadeurs auprès du concile général. Puis, ce qui dut causer surtout une grande joie à tous les Pères, le même secrétaire lut les lettres de deux cardinaux du conciliabule de Pise, Bernardin de Carvajal et Frédéric de Saint-Séverin, qui renonçaient au schisme, condamnaient tous les actes de leur prétendu concile, approuvaient au contraire ceux du concile général de Latran, promettaient obéissance au pape Léon, et reconnaissaient que le pape Jules et le concile général les avaient justement retranchés du nombre des cardinaux.

Enfin, Pompée Colonne, évêque de Riéti, lut une bulle du pape, qui citait les Français à comparaître à la première session après le 1er novembre prochain, pour produire leurs défense en faveur de la pragmatique-sanction : il fixait également l'époque où la commission nommée pour la réformation de la cour romaine devait présenter son travail, et proposait les moyens à prendre pour ramener la paix entre les princes chrétiens. La bulle fut approuvée de tous les Pères, si ce n'est que l'évêque de Trani trouva trop long le terme donné pour l'abolition de la pragmatique, et pour la réformation de la cour romaine. La session suivante fut indiquée au 22 novembre.

VIII° *Session*, 19 décembre (3). La session, ayant été prorogée, ne se tint que près d'un mois plus tard. Il s'y trouva, sous la présidence du pape, cent vingt-cinq Pères, dont vingt-trois cardinaux, quatre-vingt-treize archevêques et évêques, cinq abbés et cinq généraux d'ordres, avec les ambassadeurs de l'empereur Maximilien, des rois de France, d'Espagne et de Pologne, du marquis de Brandebourg et d'autres princes.

Le discours fut prononcé par Jean-Baptiste de Garges, chevalier de Saint-Jean de Jérusalem, ou de Rhodes, qui parla sur la milice chrétienne. Ensuite les ambassadeurs de Louis XII présentèrent 1° l'acte par lequel le roi leur maître adhérait au présent concile de Latran, et renonçait au concile de Pise, qu'il traitait avec raison de conciliabule. On lut cet acte, qui portait entre autres choses que, quoique le roi eût cru avoir de bonnes raisons de convoquer et de soutenir le conciliabule de Pise, comme il avait eu néanmoins que le pape Léon X ne l'approuvait pas, et comme ce pape lui avait écrit d'y renoncer lui-même, et de se soumettre à l'autre assemblée à Rome ; attendu que, le pape Jules étant mort, tout sujet de haine avait cessé, et que l'empereur et les cardinaux avaient renoncé audit conciliabule, il y renonçait lui-même, et promettait de faire cesser dans un mois cette assemblée, qui avait été transférée à Lyon.

2° Il y eut dans cette même session des plaintes contre le parlement de Provence, sur ce qu'il empêchait dans son district l'exécution des mandats apostoliques, apparemment ceux qui regardaient la provision des bénéfices. Le promoteur du concile fit des instances pour qu'on procédât contre les magistrats de cette cour par la voie des censures. Le concile ne publia encore à cet égard qu'une monition, portant ordre à ce parlement de se sister à Rome dans l'espace de trois mois ; ce qui n'arriva pourtant point au temps marqué : il se passa même près d'une année avant qu'on répondit à la citation. Le roi ne vit point non plus la fin du procès concernant la pragmatique, et ce fut François Ier qui mit la dernière main à cette importante affaire.

---

(1) Le P. Richard dit *six jours après cette session*, et Dupin dit le 26 *février*. Ils se trompent l'un et l'autre.
(2) C'est ce que nous lisons dans l'*Hist. ecclés.* du P. Alexandre. M. Rohrbacher a commis ici une inexactitude, en attribuant à la troisième commission, ce qui appartenait à la réformation des mœurs, et tout à la fois, aux moyens d'abolir la pragmatique sanction.
(3) M. Rohrbacher dit le 18 *décembre*, et le P. Richard le 17 : mais le 14 des calendes de janvier, marqué dans les actes du concile, signifie le 19, et non le 18 ou le 17 du mois, d'après notre manière de compter. Le P. Labbe, et après lui Noël Alexandre, disent que ce jour fut un lundi ; mais Pâques tombant le 24 mars cette année-là, d'après les auteurs de l'*Art de vérifier les dates*, ce ne pourrait être qu'un jeudi, si c'était réellement le 14 des calendes de janvier.

3° On lut un décret contre quelques philosophes qui prétendaient que l'âme raisonnable est mortelle, et qu'il n'y en a qu'une seule dans tous les hommes, contre ce que dit Jésus-Christ dans l'Evangile, qu'on ne peut tuer l'âme, et que celui qui hait son âme en ce monde, la conserve pour la vie éternelle; et contre ce qui a été décidé par le pape Clément V, dans le concile de Vienne, que l'âme est vraiment par elle-même et essentiellement la forme du corps humain; qu'elle est immortelle, et multipliée suivant le nombre des corps dans lesquels elle est infuse.

4° On ordonna que tous ceux qui seraient dans les ordres sacrés, après le temps qu'ils ont employé à la grammaire et à la dialectique, passassent encore cinq ans d'étude en philosophie, sans s'appliquer à la théologie et au droit canon.

5° On publia trois bulles. La première adressée aux princes chrétiens, pour les exhorter à la paix et à l'union, et à tourner leurs armes contre les infidèles. La deuxième aux Bohémiens, contenant un sauf-conduit pour les engager à venir au concile. La troisième pour la réformation des officiers de la cour de Rome, touchant les exactions qu'ils commettaient pour les provisions des bénéfices et autres expéditions, au delà de ce qui leur était dû.

IX° *Session*, 5 mai 1514. Outre le pape Léon X, qui présidait, on y compta cent quarante-trois prélats, dont vingt cinq cardinaux, cent douze archevêques ou évêques, avec les ambassadeurs de l'empereur, des rois de France, d'Angleterre, de Pologne et de Portugal, du marquis de Brandebourg, des républiques de Venise et de Florence, ainsi que d'autres princes. Parmi les prélats français, nous remarquons l'évêque d'Agen, Léonard, cardinal-prêtre du titre de Sainte-Suzanne; Claude, évêque de Marseille, ambassadeur du roi de France; Orland, archevêque d'Avignon; Denys, évêque de Toulon; François, évêque de Nantes. Le discours fut prononcé par Antoine Pucci, clerc de la chambre apostolique, et roula sur la réformation. Après ce discours et les prières accoutumées, les ambassadeurs du roi de Portugal vinrent baiser les pieds du pape, et lui présentèrent la procuration de leur maître pour assister au concile en son nom.

Cela fait, le promoteur du concile, Marius de Peruschi, représenta que tous les délais accordés à la nation française et à tous les partisans de la pragmatique sanction étaient expirés, sans que personne de leur part se fût mis en devoir de comparaître pour défendre cette pragmatique; qu'ainsi il était temps de déclarer la contumace et de porter le décret d'abolition. Sur quoi l'ambassadeur de France, Claude de Seyssel, évêque de Marseille, montra par un acte en bonne forme que les évêques de Châlons-sur-Saône, de Lisieux, d'Angoulême, d'Amiens et de Laon, accompagnés de quatre docteurs et munis de pleins pouvoirs au nom des prélats qui avaient formé l'assemblée de Pise, s'étaient mis en chemin pour venir à Rome; mais que, arrivés au passage des Alpes, ils n'avaient pu obtenir de saufs-conduits de Maximilien Sforce, qui se disait duc de Milan, ni d'Octavien Frégose, qui prenait la qualité de doge de Gênes. Ne pouvant donc continuer leur voyage, ils avaient pris acte de refus, et l'avaient envoyé à Rome, en informant en même temps le pape qu'ils renonçaient à l'assemblée de Pise, et se soumettaient au concile de Latran; qu'ils priaient Sa Sainteté de leur pardonner tout le passé, et de recevoir comme une partie de leur pénitence le séjour forcé qu'ils faisaient dans l'abbaye d'Outches, près du Pas de Suze, jusqu'à ce qu'ils pussent obtenir leurs passeports.

L'ambassadeur de Maximilien Sforce, présent au concile, protesta que son maître n'avait point voulu empêcher les évêques français de se rendre à Rome, mais seulement prendre le temps de délibérer à leur sujet. Cependant, comme il était indubitable que la liberté leur avait été ôtée, le pape leva les censures qu'ils pouvaient avoir encourues, avec la clause toutefois qu'ils y retomberaient, s'ils ne se rendaient pas pour la prochaine session. Il y fit publier en même temps une bulle contenant des ordres très-précis pour laisser passer tous ceux qui voudraient prendre part au concile.

En attendant que les cinq évêques dont on vient de parler pussent arriver à Rome, d'autres prélats de l'Eglise gallicane se réconcilièrent en particulier avec le pape Léon X, et demandèrent aussi l'absolution des censures. Tels furent Jean Ferrier, archevêque d'Arles, et François de Rohan, évêque d'Angers et archevêque de Lyon. Le cardinal Briçonnet fit de même sa paix, et mourut peu de temps après à Narbonne, après avoir été rétabli par le pape dans toutes ses dignités. Enfin, pour consommer toutes les réconciliations de la France avec le saint-siège, Louis de Forbin, ambassadeur du roi, chargé de la procuration du parlement d'Aix, mit aux pieds du pape la rétractation de cette cour, pour tout ce qu'elle avait pu faire d'opposé aux décrets du saint-siège.

A la fin de cette neuvième session, l'archevêque de Naples lut un ample décret touchant la réformation de la cour romaine, qui contient beaucoup de règlements de discipline.

1° On ne choisira, conformément au décret d'Alexandre III, porté au 3° concile de Latran, que des personnes d'un âge mûr, de mœurs graves et d'une science éprouvée pour occuper les prélatures dans les églises et les monastères. On n'en admettra à titre de commendataires et d'administrateurs, que dans des cas très-rares, pour satisfaire au besoin d'une église ou pour récompenser un mérite éminent. Aucun ne sera nommé évêque avant l'âge de vint-sept ans, ni abbé avant l'âge de vingt-deux : il serait même à désirer que les uns et les autres n'en eussent pas moins de trente. Le cardinal chargé de faire le rapport de l'élection, de la demande ou de la provision de l'église ou du monastère, commencera par en donner connaissance au plus ancien cardinal de chacun des trois ordres; ceux-ci à leur tour notifieront le même avis aux autres cardinaux de leurs ordres respectifs, et s'il y a des opposants, on entendra leurs raisons avec le rapport des témoins, ou d'autres personnes nommées d'office, en plein consistoire, sans qu'il soit nécessaire au sujet qu'il s'agira de promouvoir, qu'il ait auparavant fait visite à la plus grande partie des cardinaux. Celui-ci cependant, s'il vient à être promu, sera obligé de s'acquitter au plus tôt de cette visite, pour se conformer à un usage ancien et à une coutume louable, qui doit-être conservée inviolablement.

2° Aucun évêque ou abbé ne pourra être privé de sa dignité, quelque notoire que puisse être le crime dont il est accusé, et quelque considérable que puisse être aussi la personne qui l'accuse, sans qu'il ait eu auparavant la liberté et les moyens de se défendre, et sans que les parties aient été soigneusement entendues, et la cause pleinement informée. Aucun prélat ne pourra non plus être transféré malgré soi, si ce n'est pour des causes justes et nécessaires, suivant la forme et le décret du concile de Constance.

3° Les commendes étant très-préjudiciables aux monastères, tant pour le temporel que pour le spirituel, les abbayes ne pourront, après la mort de leurs abbés, être données en commende que pour la conservation de l'autorité du siége apostolique; et celles qui sont présentement en commende cesseront d'y être après la mort des commendataires, ou n'y seront mises de nouveau que pour des cardinaux ou d'autres personnes de qualité et de mérite. Les commendataires qui ont une mense séparée de celle des moines céderont le quart de leur mense pour le soutien de la fabrique, l'achat des ornements et le soulagement des pauvres, selon les besoins occurrents; et ceux dont la mense est commune, abandonneront au monastère le tiers de tous les fruits, déduction faite de toutes autres charges, pour faire face aux mêmes besoins, ou pour aider à la subsistance des moines.

4° Les cures et les dignités dont le revenu ne s'élève pas à deux cents ducats d'or de la chambre apostolique, les hôpitaux, les léproseries et autres maisons de refuge destinées aux pauvres, quelle qu'en soit la valeur, ne seront point données en commende à des cardinaux, à moins qu'elles ne soient pas autrement vacantes que par la mort de leurs familiers : dans ce dernier cas, elles pourront leur être données en commende, mais à condition que, dans un délai de six mois, ils devront les céder à de semblables personnes de leur choix.

5° Il ne sera fait aucun démembrement, ni aucune union, d'églises ou de monastères, ou d'ordres militaires quelconques, que pour des causes raisonnables ou dans des cas permis par le droit. Aucune dispense ne sera accordée pour posséder à la fois plus de deux bénéfices incompatibles, si ce n'est à des personnes qualifiées, d'après le droit commun, ou par des motifs pressants. Ceux qui possèdent en plus de quatre cures, ou vicaireries perpétuelles, ou principales dignités, même en commende ou à titre d'union, seront tenus de se réduire avant deux ans au nombre de quatre, et de remettre le reste entre les mains de l'ordinaire, afin qu'il y pourvoie par des nominations de son propre choix, malgré toutes réserves quelconques. Ceux qui laisseront passer ce terme de deux ans sans faire les résignations auxquelles ils sont obligés, seront censés renoncer à tous leurs bénéfices, et de plus, passibles des peines portées par le pape Jean XXII dans l'extrav. *Exsecrabilis*.

Le pape trace ensuite le règlement des cardinaux, dont voici l'abrégé, donné par M. Audin : « Il veut que la demeure du cardinal soit comme un port, un hospice ouvert à tous les gens de bien, à tous les hommes doctes, à tous les nobles indigents, à toute personne de bonne vie.

« La table du prélat doit être simple, frugale, modeste; dans sa maison ne régneront ni le luxe ni l'avarice; ses domestiques seront peu nombreux; il aura toujours l'œil levé sur eux; il punira leurs déréglements, il récompensera leur bonne conduite.

« S'il a des prêtres à son service, ces prêtres seront traités comme des hôtes honorables.

« Vient-on frapper à sa porte, il regardera le client, et refusera, s'il vient solliciter des places et des honneurs, d'être son avocat à la cour; s'il demande justice, au contraire, il intercédera pour lui. Il faut qu'il soit toujours prêt à plaider la cause du pauvre et de l'orphelin.

« S'il a des parents dans le besoin, la justice exige qu'il vienne à leur secours, mais jamais aux dépens de l'Eglise.

« L'évêque doit résider dans son diocèse, et, s'il en a commis l'administration temporaire à des hommes d'une conduite éprouvée, le visiter au moins une fois chaque année, afin d'étudier les besoins de son Eglise et les mœurs de son clergé.

« En mourant il n'oubliera jamais que sa fille bien-aimée, l'Eglise qu'il administrait, a droit aux témoignages de sa reconnaissance.

« Pas de vaine pompe à son enterrement. le bien qu'il laisse appartient aux pauvres; ses héritiers (1) ne pourront dépenser au delà de quinze cents florins pour la cérémonie funèbre. »

Il faut lire chaque ligne de ce décret pontifical sur le cardinalat, pour voir avec quel soin Léon X descend jusqu'aux moindres détails qui touchent à la vie intime des prélats dans leurs palais, avec leurs domestiques, avec leurs parents, avec leurs clients, à l'église, dans leur diocèse, à table même.

« Ainsi donc ce n'était pas une réforme qui n'atteignît que le pauvre prêtre dans son

---

(1) Le texte du décret porte expressément, *Les héritiers du cardinal*.

église que demandait le concile, mais une réforme qui s'étendît jusqu'au prêtre en robe rouge ou violette : « Le champ du Seigneur, disait-il en 1514, a besoin d'être remué de fond en comble, pour porter de nouveaux fruits. »

« Il faut l'entendre joignant sa voix à celle de l'Allemagne et de la France, et confessant que chaque jour des plaintes arrivent de toutes les parties du monde chrétien sur les extorsions de la chancellerie romaine : Hutten est plus amer, mais non pas plus explicite. Ce que le pape demande en ce jour, ce qu'il demande bien haut, afin qu'on l'entende au delà des Alpes, des Pyrénées, par delà les mers, c'est que désormais le fisc s'amende, qu'il cesse de pressurer ceux qui ont recours à lui, qu'il redevienne ce qu'il était dans les premiers temps de l'Eglise.

« Mais, pour arriver à cette pureté des temps anciens, il faut que le néophyte qu'on destine aux autels reçoive une éducation chrétienne, chaste et religieuse.

« A Florence, à Rome et dans toute l'Italie, on croyait, à la renaissance, avoir assez fait pour la culture de l'intelligence, quand on avait appris à un écolier à lire Virgile ou Théocrite, à connaître les dieux d'Ovide, à traduire les songes de Platon. Léon X ne veut pas que l'âme se contente désormais de cette nourriture toute sensuelle. Il faut qu'elle sache qu'elle a été créée de Dieu pour l'aimer et le servir ; qu'elle pratique la loi du Christ, qu'elle chante à l'église nos saints hymnes, qu'elle psalmodie à vêpres nos psaumes du prophète-roi, que chaque soir elle lise les faits et gestes de nos héros chrétiens que l'Eglise inscrivit parmi ses docteurs, ses martyrs et ses anachorètes. Il veut que l'enfant sache par cœur le décalogue, les articles du symbole, son catéchisme enfin ; et que, sous la conduite de leurs maîtres, les élèves, laïques ou clercs, entendent la messe, les vêpres, le sermon, et emploient le dimanche et les jours de fête à célébrer le Seigneur (1). »

Dans le décret qui vient à la suite, et qui a pour titre, *Reformationes curiæ et aliorum*, les blasphémateurs, les concubinaires et les simoniaques sont condamnés à différentes peines. Un clerc ou un prêtre qui blasphème contre J.-C. ou contre la sainte Vierge, sera privé du revenu de son bénéfice pendant un an, si c'est la première fois ; pour la seconde, il perdra son bénéfice même, ou, s'il en possède plusieurs, celui que l'ordinaire aimera le mieux lui ôter ; pour la troisième, il sera dépouillé de toutes ses dignités comme de tous ses bénéfices, et rendu inhabile à y rentrer jamais. Un laïque blasphémateur, s'il est noble, est condamné à vingt-cinq ducats d'amende pour une première fois, au double en cas qu'il retombe, et à la perte de sa noblesse s'il récidive encore. Mais s'il est roturier, il sera jeté en prison, attaché au pilori à la deuxième récidive, et envoyé aux galères ou retenu en prison à perpétuité s'il commet plus de trois fois le même crime. Le blasphème contre les autres saints sera traité avec un peu plus d'indulgence, à la discrétion du juge qui aura égard à l'état des personnes.

Les juges séculiers qui négligeront de punir les gens convaincus de blasphème, seront soumis aux mêmes peines, comme complices des mêmes crimes.

Tout bénéficier qui, six mois depuis qu'il a obtenu son bénéfice, et sans empêchement légitime, n'a pas récité l'office divin, sera privé des fruits de son bénéfice à proportion du temps qu'il aura été sans le dire, et ces fruits seront employés à l'entretien de la fabrique du bénéfice ou au soulagement des pauvres.

Le même décret défend aux princes séculiers, fussent-ils empereurs, rois ou reines, républiques ou potentats, de séquestrer ou de saisir, ou de détenir, sous quelque prétexte que ce soit, les biens ecclésiastiques sans la permission du pape. Il renouvelle les lois touchant l'exemption des personnes et des biens ecclésiastiques, et la défense d'imposer les clercs. Enfin il ordonne de procéder (2) contre les hérétiques, les Juifs et les relaps, refusant tout espoir de pardon à ces derniers.

L'archevêque de Naples lut ensuite la bulle d'indiction pour la prochaine session, qui fut fixée au premier décembre. Puis il demanda à Sa Sainteté et aux Pères assemblés si les choses contenues dans la cédule, ou dans les bulles qu'il venait de lire, plaisaient à leurs Paternités. Sept seulement firent de légères observations sur certains détails ; et le pape, pour les satisfaire, leur dit qu'on y changerait quelques mots, mais qu'on en laisserait subsister le sens.

X° *Session*. La dixième session, marquée d'abord pour le 1er décembre, et puis renvoyée au 23 mars, ne se tint effectivement que le 4 mai 1515. Il s'y trouva, avec le pape, vingt-trois cardinaux et un grand nombre d'archevêques, d'évêques, d'abbés et de docteurs. L'archevêque de Patras en Achaïe, excellent latiniste, fit un discours sur l'importance d'une expédition contre les Turcs, et la négligence impardonnable des princes chrétiens à cet égard. Son invocation à la sainte Vierge était en vers. Après les prières et le chant de l'Evangile, les ambassadeurs du duc de Savoie présentèrent leurs lettres de créance pour assister au concile à la place de leur maître, et baisèrent les pieds du pape. On lut ensuite quatre décrets, dont le premier concerne les monts-de-piété.

« Au moyen âge, dit encore ici M. Audin, l'Italie *était* en proie à la rapacité des Juifs, qui *prêtaient* à d'énormes intérêts, et en plein soleil *faisaient* le métier que certains

(1) *Hist. de Léon X*, par M. Audin, 2e édition.
(2) *Contra eos diligenti inquisitione ubique et in dicta curia (Romana) maxime procedatur per judices per nos deputandos*. M. Rohrbacher a traduit : Il (le décret) ordonne qu'il sera procédé par les inquisitions contre les hérétiques, etc. » Il n'est pas du tout fait mention dans le décret, comme on peut le voir ici, de ce qui s'appelle proprement l'inquisition.

hommes d'armes en Allemagne pratiquaient à l'entrée d'une forêt, lorsque la nuit était venue.

« Un pauvre moine récollet, nommé Barnabé, sentit son cœur ému à la vue de ces populations pressurées par les Israélites, et il résolut de venir au secours de ses frères. Il monte donc en chaire, à Pérouse, vers le milieu du quinzième siècle, et... propose de faire dans la ville une quête générale dont le produit serait employé à fonder une banque qui viendrait en aide aux indigents. Sans doute que Dieu mit ce jour-là dans la voix du moine quelque chose d'entraînant; car il était à peine descendu de chaire, que la ville répondait à l'appel de l'orateur... On donna à cette banque le nom de mont-de-piété, c'est-à-dire de masse, parce que les fonds de la banque ne consistaient pas toujours en argent, mais souvent en grains, en épices, en denrées de diverses sortes.

« La chaire chrétienne ne cessait d'exciter le zèle des populations en faveur des monts... Un récollet, du nom de Bernardin Thomitano, né à Feltre, en 1433, se distingua surtout par ses succès. Le peuple le suivait en foule, et écoutait dans le ravissement ses imprécations contre des hommes qu'il appelait des vendeurs de larmes... Il est vrai que ces usuriers étaient sans pitié pour les chrétiens. A Parme, ils tenaient vingt-deux bureaux où ils prêtaient à 20 pour cent; le succès de la parole du moine s'explique donc facilement. En passant à Padoue, Bernardin de Feltre renversa toutes ces maisons de prêt, entretenues à l'aide des larmes du peuple, et la ville vit bientôt s'élever, grâce à la pitié de quelques hommes riches, une banque où le pauvre put venir emprunter, sur nantissement, au taux de 2 pour cent.

« Un moine se présenta pour renverser l'œuvre de Bernardin...; il appartenait à cet ordre des dominicains qui, suivant l'expression de Mélanchthon, s'était volontairement emprisonné dans la discipline de la primitive Eglise. Cajetan... ne cherchait pas, comme on le pense bien, à venir en aide aux usuriers; c'est l'usure au contraire qu'il poursuivait dans l'institution des monts-de-piété. Rigide thomiste, il désapprouvait le prêt à intérêt, quelque forme qu'il revêtît, et accusait formellement les fondateurs de ces banques de désobéissance aux commandements de Dieu et de l'Eglise. Au fond, les deux moines plaidaient la même cause, celle du pauvre : l'un en attaquant comme usuraire, l'autre en défendant comme charitable la banque populaire. La querelle dura longtemps. Les ordres s'en mêlèrent : celui de Saint-Dominique se distingua par sa polémique toute théologique; celui des capucins ou des frères-mineurs, par une notion plus profonde des besoins de la société...

« La papauté résolut de terminer des disputes qui troublaient la paix des consciences... Léon X voulait la paix; le concile de Latran s'occupa donc, à la demande du pape,

(1) M. Audin, Hist. de Léon X.

des monts-de-piété. Les Pères, auxquels la question avait été déférée, étaient connus par leur savoir et leur charité. L'examen fut lent, patient et profond : les livres nombreux des adversaires et des apologistes de ces maisons de prêt furent étudiés et comparés, et quand il ne resta plus aucune objection sérieuse à résoudre, l'autorité parla.

« Léon X, après une brève exposition de la dispute, reconnaît qu'un vif amour de la justice, un zèle éclairé pour la vérité, une charité ardente envers le prochain, ont animé ceux qui soutenaient ou combattaient les monts-de-piété; mais il déclare qu'il est temps, dans l'intérêt de la religion, de mettre fin à des débats qui compromettent la paix du monde chrétien (1). » Il définit en conséquence, avec l'approbation du saint concile, que les monts-de-piété, établis en diverses villes, et confirmés par l'autorité du saint-siège, et où l'on reçoit à titre d'indemnité une somme modérée avec le capital, sans que les monts eux-mêmes en profitent, ne présentent point d'apparence de mal, ni d'amorce au péché, ni rien qui les fasse improuver, mais qu'un tel prêt est au contraire méritoire et digne de louange, qu'il n'est nullement usuraire, et qu'il est permis de les faire valoir devant le peuple comme charitables et enrichis d'indulgences concédées par le saint-siège; qu'on pourra dans la suite en ériger d'autres semblables avec l'approbation du siège apostolique; que ce serait cependant, ajoute le décret, une œuvre beaucoup plus parfaite et beaucoup plus sainte, si l'on établissait des monts-de-piété purement gratuits, c'est-à-dire si leurs fondateurs y attachaient en même temps des revenus, pour payer en tout ou en partie les gages des gens de service qu'on y emploie. Il finit en déclarant excommuniés par le fait même, tous ceux qui oseraient à l'avenir disputer de vive voix ou par écrit contre les termes de cette définition.

Dans le second décret, qui concerne les exemptions ecclésiastiques et l'affermissement de l'autorité épiscopale, le pape déclare que les chapitres exempts ne pourront se prévaloir de leur exemption pour vivre d'une manière peu régulière et éviter la correction des supérieurs. Ceux à qui le saint-siège en a commis le soin puniront les coupables; s'ils négligent de le faire, ils seront avertis de leur devoir par les ordinaires; et si, après avoir été avertis, ils refusent de punir ceux qui sont en faute, les ordinaires pourront, dans ce cas, instruire le procès et l'envoyer au saint-siège. On permet aux évêques diocésains de visiter une fois l'année les monastères de filles soumis immédiatement au saint-siège, suivant la constitution publiée au concile de Vienne. On déclare nulles à l'avenir les exemptions qui seront données sans juste cause et sans l'appel préalable des personnes intéressées; on accorde cependant le droit d'exemption aux protonotaires et aux commensaux des cardinaux.

On ordonne que les causes concernant les bénéfices qui ne seront pas réservés et dont le revenu n'excède pas vingt-quatre ducats, soient jugées par les ordinaires en première instance, et qu'on ne puisse appeler de leur jugement avant qu'il y ait une sentence définitive, si ce n'est que l'interlocutoire contienne un grief que cette sentence ne puisse réparer. Que si l'un des plaideurs redoute le crédit de son adversaire, ou s'il a quelque raison particulière dont il puisse faire une demi-preuve autre que le serment, les causes seront portées, même en première instance, à la cour de Rome. On fait défense aux princes de molester les ecclésiastiques, de s'emparer des biens d'église, d'obliger les bénéficiers à les leur vendre ou à les leur céder à bail emphytéotique. Enfin on enjoint aux métropolitains de tenir tous les trois ans des conciles provinciaux, et aux évêques d'assembler leurs synodes, sous les peines portées par les canons.

Le troisième décret a pour objet l'impression des livres; nous allons le rapporter en entier, en empruntant encore ici la plume de M. Audin.

« Parmi les sollicitudes qui nous pressent, une des plus vives et des plus constantes est de pouvoir ramener dans la voie de la vérité ceux qui en sont éloignés, et de les gagner à Dieu, avec le secours de sa grâce. C'est là, sans contredit, l'objet de nos plus sincères désirs, de nos affections les plus tendres, de notre vigilance la plus empressée.

« Or nous avons appris, par des plaintes élevées de toutes parts, que l'art de l'imprimerie, dont l'invention s'est perfectionnée de nos jours, grâce à la faveur divine, quoique très-propre, par le grand nombre de livres qu'il met, sans beaucoup de frais, à la disposition de tout le monde, à exercer les esprits dans les lettres et les sciences, et à former des érudits dans toutes sortes de langues, dont nous aimons à voir la sainte Église romaine abonder, parce qu'ils sont capables de convertir les infidèles, de les instruire et de les réunir par la doctrine chrétienne à l'assemblée des fidèles, devenait pourtant une source d'abus par la téméraire entreprise des maîtres de cet art; que, dans toutes les parties du monde, ces maîtres ne craignent pas d'imprimer traduits en latin, du grec, de l'hébreu, de l'arabe, du chaldéen, ou nouvellement composés en latin et en langue vulgaire, des livres contenant des erreurs même dans la foi, des dogmes pernicieux et contraires à la religion chrétienne, des attaques contre la réputation des personnes même les plus élevées en dignité, et que la lecture de tels livres, loin d'édifier, enfantait les plus grands égarements dans la foi et les mœurs, faisait naître une foule de scandales et menaçait le monde de plus grands encore.

« C'est pourquoi, afin qu'un art si heureusement inventé pour la gloire de Dieu, l'accroissement de la foi et la propagation des sciences utiles, ne soit pas perverti en un usage contraire et ne devienne pas un obstacle au salut pour les fidèles du Christ, nous avons jugé qu'il fallait tourner notre sollicitude du côté de l'impression des livres, pour qu'à l'avenir les épines ne croissent pas avec le bon grain, et que le poison ne vienne pas se mêler au remède. Voulant donc pourvoir aux moyens les plus propres, avec l'approbation de ce saint concile, pour que l'art de l'imprimerie prospère avec d'autant plus de bonheur qu'on apportera dans la suite plus de vigilance et qu'on prendra plus de précautions; nous statuons et ordonnons que, dans la suite et dans les temps futurs, personne n'ose imprimer ou faire imprimer un livre quelconque dans notre ville, dans quelque cité ou diocèse que ce soit, qu'il n'ait été examiné avec soin, approuvé et signé à Rome, par notre vicaire *et le maître du sacré palais*, et dans les diocèses par l'évêque ou tout autre délégué par lui, et ayant la science compétente des matières traitées dans l'ouvrage, sous peine d'excommunication. »

Enfin il y eut un quatrième décret, touchant le dernier terme donné aux Français pour qu'ils produisissent les raisons qu'ils avaient de s'opposer à l'abolition de la pragmatique sanction. On décerna contre eux une citation péremptoire et finale, pour que tous les évêques, abbés et ecclésiastiques que cela regardait eussent, à comparaître avant le 1er octobre : passé ce terme, il serait procédé à un jugement définitif, et les personnes en défaut condamnées par contumace dans la session la plus prochaine. Ce décret ayant été lu, le seigneur de Forbin, un des ambassadeurs de France, représenta humblement au pape que les prélats du royaume avaient été empêchés de se rendre au concile par les ennemis de leur patrie, à qui les censures portées dans la bulle *In cœna Domini* n'avaient pas fait peur. Le pape répondit à l'ambassadeur qu'ils pouvaient venir par Gênes, qu'il leur avait ménagé pour ce trajet des sauf-conduits, et qu'il leur en procurerait d'autres, s'il le fallait, plus sûrs encore, et qu'ainsi sa décision demeurerait invariable.

XIe *Session.* La onzième session ne se tint que le 19 décembre 1516. Le pape Léon X y présida. Comme il y avait beaucoup d'affaires à traiter, on ne dit qu'une messe basse, sans discours. Les députés de Pierre, patriarche des Maronites du mont-Liban, furent ensuite admis à prêter en son nom obéissance au souverain pontife. La lettre du patriarche fut lue à haute voix, en arabe par l'un des députés, et en latin par André, secrétaire du concile. Elle contenait une profession de foi, où il reconnaissait avec sa nation que le Saint-Esprit procède du Père et du Fils comme d'un unique principe et par une spiration aussi unique; qu'il y a un purgatoire; qu'il faut se confesser de ses péchés au moins une fois l'an à son propre pasteur, et recevoir l'eucharistie au temps de Pâques. Le patriarche remercie le Saint-Père de ce qu'il a bien voulu lui envoyer Jean François de Potenza, frère-mineur, pour lui enseigner certains points de la foi catholique et l'instruire des cérémonies que les Maronites omettaient d'observer. Il témoigne que ce religieux s'est dignement acquitté de sa commission, et qu'il le renvoie avec ses propres députés pour jurer obéissance et fidélité au saint-siége, tant en son nom, qu'en celui de son clergé et du peuple maronite, et pour témoigner de l'oppression dans laquelle ils gémissent sous le pouvoir des infidèles. Cette lettre était datée du 14 février 1515, et du monastère de Sainte-Marie de Canobin au mont Liban.

Ensuite Jean, évêque de Reval, ambassadeur du marquis de Brandebourg, lut un décret du pape concernant les règles que doivent suivre les prédicateurs en annonçant la parole de Dieu. « Chargé par le Seigneur lui-même d'avoir les yeux ouverts sur tout le troupeau, nous devons veiller à ce que l'office important de la prédication soit exercé selon le modèle que notre Rédempteur nous a présenté le premier, et que les douze apôtres, dont nous sommes les successeurs, ont suivi après lui. Quelques prédicateurs cependant, ne faisant pas attention qu'ils remplissent la fonction de Jésus-Christ même, celle des apôtres et des saints docteurs, et qu'ils ne doivent rien dire aux peuples que d'utile pour l'extirpation des vices, l'acquisition des vertus et le salut des âmes, flattent les oreilles par des paroles vaines, corrompent le sens des saintes Ecritures, en donnent des interprétations téméraires, représentent de grands malheurs comme prochains, sans avoir pour l'assurer aucune raison solide, et ce qui est plus intolérable encore, donnent leurs pronostics pour des inspirations de l'Esprit-Saint, leurs visions pour des clartés célestes. En conséquence avec l'approbation du saint concile, nous statuons et ordonnons qu'à l'avenir aucun clerc séculier ou régulier ne soit admis aux fonctions de prédicateur, quelque privilége qu'il prétende avoir, qu'il n'ait été auparavant examiné sur ses mœurs, son âge, sa doctrine, sa prudence et sa probité; qu'on ne prouve qu'il mène une vie exemplaire, et qu'il n'ait l'approbation de ses supérieurs en bonne forme et par écrit.

« Cependant, comme l'Apôtre nous recommande de ne pas éteindre l'esprit, on observera désormais la règle suivante. Les révélations et les inspirations particulières, avant d'être rendues publiques ou prêchées au peuple, sont réservées à l'examen du siége apostolique. Si la chose ne peut souffrir si longtemps, on les déférera à l'ordinaire du lieu, qui, après les avoir examinées avec le conseil de trois ou quatre personnages graves, pourra sous sa responsabilité en permettre la publication. Les contrevenants, outre les autres peines, encourront l'excommunication, dont ils ne pourront être relevés que par le pontife romain. » Ce décret, ayant été lu dans le concile, fut approuvé de tous les Pères.

Cela fait, Maxime, évêque d'Iserni, monta sur l'ambon, et lut le concordat de Léon X avec François Ier. Dans une cédule préliminaire, le pape rappelle que ce concordat ayant été passé et réglé par lui, avec le conseil de ses cardinaux, avait par cela seul une pleine et entière validité; et que s'il y revient encore pour l'approuver de nouveau et y joindre l'approbation du saint concile, c'est afin de lui donner plus de stabilité, et pour que les rois et leurs sujets puissent jouir avec plus de sécurité des priviléges qui y sont contenus. Le but de cet acte, substitué à la pragmatique sanction, est de resserrer l'unité catholique, et de faire que l'Eglise ne se serve que des canons publiés par le pontife romain et les conciles généraux. Pour le concordat lui-même, en voici le préambule.

« La primitive Eglise fondée par Jésus-Christ sur la pierre angulaire, élevée par la force de la parole apostolique, consacrée et cimentée par le sang des martyrs, n'a pas plutôt commencé avec l'aide du Seigneur à s'étendre dans l'univers, que considérant avec attention quel fardeau elle avait à soutenir, quel immense troupeau elle avait à sa charge, elle a par une inspiration divine institué les paroisses, divisé les diocèses, créé des évêques, préposé des métropolitains, afin que tous obéissent dans le Seigneur à la même volonté, comme des membres à leur chef, et que, comme des ruisseaux découlant d'une source intarissable, qui est l'Eglise romaine, ils portassent la fertilité dans tous les coins du champ du Seigneur. De même donc que les autres pontifes romains, nos prédécesseurs, ont apporté de leur temps tous leurs soins pour que cette Eglise fût unie et conservée sans ride et sans tache dans cette sainte union; nous aussi, au temps où nous sommes et durant ce concile, nous devons faire et procurer ce qui pourra servir à l'union et à la conservation de cette même Eglise. C'est pourquoi nous cherchons à ôter et à faire disparaître toutes les épines qui empêchent cette union, ou qui nuisent à la multiplication de la divine semence. »

Ici la bulle rappelle tout ce qui a été fait par les papes Pie II, Sixte IV, Innocent VIII, Alexandre VI et Jules II enfin, pour l'abrogation de la pragmatique sanction; puis elle donne le détail des dispositions du concordat qui doit en prendre la place.

Le 1er article est entièrement contraire à la pragmatique : celle-ci avait rétabli le droit des élections; au lieu que le concordat porte que les chapitres des églises cathédrales de France ne feront plus à l'avenir l'élection de leurs prélats, lorsque le siége sera vacant; mais que le roi nommera au pape, dans l'espace de six mois, à compter du jour de la vacance du siége, un docteur ou licencié en théologie âgé au moins de vingt-sept ans, et que le pape le pourvoira de l'église vacante. Que si le roi ne nomme pas une personne capable, il en nommera une autre trois mois après avoir été averti, à compter du jour de son refus; à défaut de quoi le pape y pourvoira.

2° Par ce traité, le pape se réserve la nomination des évêchés vacants *in curia* (c'est-à-dire des bénéficiers qui meurent en cour de Rome) sans attendre la nomination du roi.

Le 2ᵉ article porte l'abrogation de toutes les grâces expectatives, et les réserve pour les bénéfices qui vaqueront.

Le 3ᵉ établit le droit des gradués, et porte que les collateurs seront tenus de donner la troisième partie de leurs bénéfices aux gradués, ou plutôt, qu'ils nommeront des gradués aux bénéfices qui viendront à vaquer dans quatre mois de l'année : c'est-à-dire, en janvier et juillet, à ceux qui auront insinué leurs lettres de grade et le temps de leurs études, ce qu'on appelle *les mois de rigueur*; en avril et octobre, aux gradués seulement nommés, c'est-à-dire, qui n'auront pas fait insinuer leurs grades, ce qu'on appelle *mois de faveur*. Le temps d'études nécessaire est fixé à dix ans pour les docteurs, licenciés ou bacheliers en théologie ; à sept ans pour les docteurs et licenciés en droit canonique ou civil, et en médecine, et à cinq ans pour les maîtres et licenciés ès-arts ; à six ans pour les bacheliers simples en théologie, à cinq ans pour les bacheliers en droit canonique ou civil, et, s'ils sont nobles, à trois ans seulement.

Il est dit qu'ils seront tenus de notifier leurs lettres de grade et de nomination une fois avant la vacance du bénéfice, par des lettres de l'université où ils auront étudié, et les nobles tenus de justifier de leur noblesse, et tous les gradués de donner, tous les ans en carême, copie de leurs lettres de grade, de nomination, d'attestation d'études, aux collateurs ou patrons ecclésiastiques, et d'insinuer leurs noms et leurs surnoms, et en cas qu'ils aient omis de le faire une année, ils ne pourront requérir dans cette année-là, en vertu de leurs grades, le bénéfice vacant. Que si aucun gradué n'a insinué, la collation sera libre au collateur, pourvu que le bénéfice ne vaque pas entre la première insinuation et le carême.

Les collateurs, dans les mois de faveur, pourront choisir ceux qu'ils voudront entre les gradués nommés, mais dans les deux mois de rigueur ils seront obligés de le donner au plus ancien nommé, et en cas de concurrence les docteurs seront préférés aux licenciés, les licenciés aux bacheliers, à l'exception des bacheliers formés en théologie, qui seront préférés aux licenciés en droit ou en médecine, et les bacheliers en droit aux maîtres ès-arts.

On appelait *bacheliers formés* ceux qui n'avaient point pris leurs degrés avant le temps, mais selon la forme des statuts, et après dix ans d'étude.

Dans la concurrence de plusieurs docteurs ou licenciés, la théologie passera la première ; ensuite le droit canonique, le droit civil et la médecine, et en cas de concurrence égale l'ordinaire pourra gratifier celui qu'il voudra. Il faut encore que les gradués expriment, dans leurs lettres de nomination, les bénéfices qu'ils possèdent déjà et leur valeur ; que, s'ils en ont de la valeur de deux cents florins de revenu, ou qui demandent résidence, ils ne pourront obtenir d'autres bénéfices en vertu de leurs grades. Au reste, les bénéfices réguliers seront toujours donnés aux réguliers, et les séculiers aux séculiers, sans que le pape en puisse dispenser. Les résignations et permutations seront libres dans les mois des gradués. Les cures des villes seront données à des gradués. Enfin, on défend aux universités de donner des lettres de nomination à d'autres qu'à ceux qui auront fait le temps prescrit des études.

La différence du concordat et de la pragmatique sanction, dit le P. Richard, est que celle-ci obligeait tous les collateurs et patrons ecclésiastiques à tenir des rôles exacts de tous les bénéfices qui étaient à leur disposition, afin d'en conférer de trois l'un aux gradués, à tour de rôle ; au lieu que le concordat, en conservant ce droit, a seulement ôté ce tour de rôle, et a affecté aux gradués les bénéfices qui vaqueraient pendant les quatre mois de l'année marqués ci-dessus, et ce droit a subsisté jusqu'à l'époque de la révolution.

Le 4ᵉ article déclare que le pape pourra pourvoir à un bénéfice, quand le collateur en aura dix à conférer, et à deux quand il en aura cinquante, pourvu que ce ne soit pas deux prébendes de la même église, et que dans cette collation le pape aura le droit de prévenir les collateurs ordinaires. La juste valeur du bénéfice doit être exprimée dans les provisions ; autrement la grâce serait nulle.

Le 5ᵉ concerne les causes et les appellations : il est conforme à la pragmatique. Il y est dit que les causes doivent être terminées sur les lieux par les juges à qui il appartient de droit, par coutume ou par privilége, de connaître, à l'exception des causes majeures qui sont exprimées dans le droit, avec défense d'appeler au dernier juge, *omisso medio*, ni d'interjeter appel avant la sentence définitive, si ce n'est que le grief de la sentence interlocutoire ne se pût réparer au définitif.

Les cinq articles suivants sont en tout semblables à ceux de la pragmatique ; savoir, le 6ᵉ, des possesseurs paisibles ; le 7ᵉ, des concubinaires ; le 8ᵉ, du commerce avec les excommuniés, qu'on n'est pas obligé d'éviter en certains cas ; le 9ᵉ, des interdits ; le 10ᵉ regarde le décret *de sublatione Clementinæ Litteris*. Quant aux deux articles de la pragmatique concernant les annates et le nombre des cardinaux, le concordat n'en fait aucune mention.

Léon X crut devoir ensuite détruire la pragmatique par une bulle expresse ; cette bulle est ainsi conçue :

« Léon, évêque, serviteur des serviteurs de Dieu, pour la perpétuelle mémoire, avec l'approbation du saint concile.

« Le pasteur éternel, qui jamais n'abandonnera son troupeau, a tellement aimé l'obéissance, suivant le témoignage de l'Apôtre, que, pour expier la désobéissance de notre premier père, il s'est humilié, en se rendant obéissant jusqu'à la mort. Et près de quitter le monde pour retourner au Père, il a institué pour ses lieutenants Pierre et ses successeurs, auxquels, d'après le livre des Rois, il est tellement nécessaire d'obéir, que qui ne leur obéit pas doit mourir de mort. Et, comme il est dit ailleurs : Celui-là ne peut être dans l'Eglise, qui abandonne la chaire du pontife romain ; car, selon saint Augustin et saint Grégoire, l'obéissance seule est la mère et la gardienne de toutes les vertus : seule elle possède le mérite de la foi ; sans elle, on est convaincu d'être infidèle, parût-on fidèle au dehors.

« C'est pourquoi ce que les pontifes romains, nos prédécesseurs, ont entrepris, principalement dans les saints conciles, pour le maintien de cette obéissance, ainsi que pour la défense de l'autorité et de la liberté ecclésiastique et du saint-siége, nous devons employer tous nos soins à le continuer et à le mener à bonne fin, et à délivrer les âmes simples, dont nous aurons aussi à rendre compte à Dieu, des piéges qui leur sont tendus par le prince des ténèbres. Or, notre prédécesseur, d'heureuse mémoire, le pape Jules II, ayant assemblé pour des causes très-légitimes le saint concile de Latran, du consentement de ses frères les cardinaux, au nombre desquels nous étions, et considérant avec le concile que la corruption accomplie à Bourges, au royaume de France, qu'ils appellent *Pragmatique Sanction*, était encore maintenue, au grand péril et scandale des âmes, au détriment et au mépris de la dignité du siége apostolique, il choisit, avec l'approbation du même concile, un certain nombre de cardinaux et de prélats pour l'examiner. Et quoiqu'elle parût notoirement nulle par beaucoup d'endroits, qu'elle entretînt un schisme manifeste dans l'Eglise, et qu'on pût, sans aucune citation préalable, la déclarer nulle et invalide de soi ; néanmoins, pour plus grande précaution, notre prédécesseur voulut citer auparavant les prélats français, les chapitres des églises et des monastères, les parlements et autres laïques qui en prenaient la défense ou en faisaient usage : les monitoires furent affichés le plus près qu'il fut possible de leur contrée, aux portes des églises de Milan, d'Asti et de Pavie ; mais cette affaire n'ayant pu être terminée du vivant de notre prédécesseur, qui mourut sur ces entrefaites, nous avons cru devoir la reprendre, et citer par différentes monitions les parties intéressées, et prolonger le terme en différentes sessions, aussi loin qu'il nous a été possible, sans qu'aucun ait comparu pour alléguer les raisons qui leur sont favorables.

« C'est pourquoi, considérant que cette pragmatique sanction ou plutôt cette corruption sortie de Bourges a été dressée dans un temps de schisme par des gens sans pouvoir ; qu'elle n'est nullement conforme aux autres parties de la république chrétienne et de la sainte Eglise de Dieu ; que déjà elle a été révoquée, cassée et abolie par le roi très-chrétien Louis XI ; qu'elle viole et diminue l'autorité, la liberté et la dignité du siége apostolique et du pontife romain, etc., nous jugeons ne pouvoir en différer davantage l'annulation totale, sans exposer notre salut éternel et celui des Pères de ce concile. Et comme notre prédécesseur Léon Ier, de qui nous suivons les traces autant que nous pouvons, fit révoquer dans le concile de Chalcédoine ce qui avait été fait témérairement à Ephèse contre la justice et la foi catholique, de même nous ne croyons pouvoir nous abstenir de révoquer une *sanction* aussi coupable sans blesser notre conscience et notre honneur, ainsi que celui de l'Eglise.

« Et nous ne devons pas nous arrêter à ce que ladite sanction a été dressée dans le concile de Bâle et acceptée dans l'assemblée de Bourges ; car c'est après la translation du concile de Bâle par Eugène IV que ces choses ont été faites par le conciliabule ou plutôt le conventicule de Bâle, qui ne méritait plus le nom de concile, et ainsi elles n'ont pu avoir aucune force.

« D'ailleurs, que le pontife romain, comme ayant autorité sur tous les conciles, ait plein droit et puissance de les indiquer, transférer et dissoudre, cela se prouve manifestement, non-seulement par le témoignage de l'Ecriture sainte, les paroles des saints Pères et des autres pontifes romains, nos prédécesseurs, ainsi que les décrets des saints canons, mais encore par la confession des conciles mêmes. »

A cet endroit de son histoire, dit M. Rohrbacher, le continuateur janséniste de Fleury fait cette observation bénévole : « Le pape eût été bien embarrassé de produire ces autorités : aussi n'était-ce pas ce qu'il cherchait ; il ne voulait qu'éblouir et l'emporter. » Mais le continuateur de Fleury a pu lire dans Fleury même plusieurs de ces autorités. Ainsi, livre XII, numéro 10, à l'occasion d'un concile particulier tenu à Antioche l'an 341, Socrate, historien grec, qui écrivait au Ve siècle, le taxe d'irrégularité en ce que personne n'intervint à ce concile au nom du pape Jules ; il en donne pour raison *qu'il y avait un canon qui défendait aux Eglises de rien ordonner sans le consentement de l'évêque de Rome*. L'historien grec Sozomène, saint Théodore Studite et d'autres Grecs disent la même chose. Ce n'est pas tout. Quand le continuateur nous dit avec tant d'assurance : « Le pape eût été bien embarrassé de produire ces autorités, » c'est une escobarderie janséniste dont un honnête homme ne se douterait guère. Car ces autorités qu'il défie le pape de produire, le pape les produit dans un long alinéa, mais que le continuateur janséniste a la prudence de supprimer, pour mettre en place un perfide mensonge. Voici en quels termes le pape produit ces autorités :

« Il nous a semblé bon d'en rapporter quelques-unes, et de passer sous silence les autres, comme étant connues de tout le monde. Le concile d'Alexandrie, sous saint Athanase, d'après ce que nous lisons, écrivit au pape Félix : Que le concile de Nicée avait statué qu'on ne devait point célébrer de concile sans l'autorité du pontife romain. Nous n'ignorons pas non plus que le même saint Léon transféra le second concile d'Ephèse à Chalcédoine; que le pape Martin V donna à ceux qui présidaient en son nom au concile de Sienne le pouvoir de le transférer, sans mentionner aucunement le consentement du concile; que le premier concile d'Ephèse a témoigné le plus grand respect à notre prédécesseur le pape Célestin, celui de Chalcédoine à Léon, le sixième à Agathon, le septième à Adrien, le huitième à Nicolas et à Adrien II, et qu'ils ont respectueusement et humblement obéi aux institutions de ces mêmes pontifes, publiées dans leurs assemblées. C'est pourquoi le pape Damase et les autres évêques assemblés à Rome, écrivant aux évêques illyriens touchant le concile de Rimini, attestent que le nombre des évêques qui s'étaient trouvés à Rimini ne pouvait faire aucun préjudice, par la raison que le pontife romain, dont il faut avant tout considérer le décret, n'y a point donné de consentement : on voit que saint Léon, écrivant aux évêques de Sicile, était du même sentiment. Ensuite les Pères de ces anciens conciles, pour la corroboration de leurs actes, avaient coutume d'en demander humblement la souscription et l'approbation au pontife romain, comme on le voit par les actes de ceux de Nicée, d'Ephèse, de Chalcédoine, du sixième à Constantinople, du septième à Nicée, et du concile romain sous Symmaque, ainsi que dans le livre d'Aimar sur les conciles. Enfin, tout dernièrement, les Pères de Constance ont fait la même chose. Si ceux qui composaient l'assemblée de Bâle et celle de Bourges avaient voulu suivre cette louable coutume, nous serions certainement quittes de cet embarras. »

On voit maintenant si le pape était embarrassé de produire des autorités, et des autorités décisives et qui tombent d'aplomb sur les assemblées téméraires de Bâle et de Bourges.

« Désirant donc finir cette affaire, conclut le pape, de notre science certaine et par la plénitude de notre puissance et autorité apostolique, avec l'approbation du saint concile, nous déclarons que la pragmatique sanction, ou plutôt corruption, n'a eu ni n'a aucune force. En outre, pour plus grande sûreté et précaution, nous la révoquons, la cassons, l'abrogeons, l'annulons, la condamnons, avec tout ce qui s'est fait en sa faveur. Et comme il est nécessaire au salut que tout fidèle soit soumis au pontife romain, suivant la doctrine de l'Ecriture et des saints Pères, et la constitution du pape Boniface VIII, qui commence par ces mots : *Unam sanctam*, nous renouvelons cette constitution avec l'approbation du présent concile, sans préjudice toutefois de celle de Clément V qui commence par *Meruit*; défendant, en vertu de la sainte obéissance et sous les peines et censures marquées plus bas, à tous les fidèles, laïques et clercs, etc., d'user à l'avenir de cette pragmatique, ni même de la conserver, sous peine d'excommunication majeure et de privation de tous bénéfices et fiefs ecclésiastiques. »

Cette bulle ayant été lue, tous les Pères du concile y donnèrent leur approbation, à l'exception d'un seul, l'évêque de Tortone, qui n'agréait pas la révocation de ce qui s'était fait à Bâle et à Bourges.

On lut ensuite une autre bulle touchant les priviléges des religieux. Le pape y ordonne que les ordinaires aient droit de visiter les églises paroissiales qui appartiennent à des réguliers, et de célébrer la messe dans les églises des monastères. Les réguliers seront obligés de venir aux processions solennelles quand ils y seront mandés, pourvu que leurs maisons ne soient pas éloignées de plus d'un mille des faubourgs de la ville. Les supérieurs des religieux sont tenus de présenter aux évêques ou à leurs grands vicaires les frères qu'ils veulent employer à entendre les confessions et à la prédication; les ordinaires ont droit de les examiner sur leur doctrine et sur la pratique des sacrements; ceux qui se seront confessés à ces religieux approuvés de l'ordinaire, ou refusés sans raison, seront censés avoir satisfait au canon *Utriusque sexus*, quant à la confession seulement; ces religieux pourront entendre les confessions des étrangers, mais ils ne pourront absoudre les laïques ou les clercs séculiers des sentences *ab homine*, ni administrer les sacrements de l'eucharistie et de l'extrême-onction aux malades, à moins qu'on ne les leur ait refusés sans juste cause, et que ce refus soit prouvé par témoins ou par une réquisition faite devant un notaire; ils pourront les administrer à leurs domestiques, pourvu qu'ils soient actuellement à leur service.

Le pape entre ensuite dans un plus grand détail de ce qui regarde les mêmes religieux. Il veut, par exemple, que les traités qu'ils auront faits pour un temps avec les prélats et les curés, subsistent, s'ils n'ont été révoqués par le chapitre général ou provincial; qu'ils ne puissent entrer avec la croix dans les églises des curés, pour y prendre le corps de ceux qui ont choisi chez eux leur sépulture, si ce n'est du consentement du curé, ou s'ils ne sont en possession actuelle de ce droit. Il ordonne que ceux qui doivent être promus aux ordres soient examinés par les évêques ou leurs grands vicaires; qu'ils ne puissent faire consacrer leurs églises que par l'évêque diocésain, à moins que celui-ci ne l'ait refusé, après avoir été prié et requis par trois fois; qu'ils ne puissent sonner leurs cloches le samedi saint qu'après celles des églises cathédrales; qu'ils refusent l'absolution à ceux qui ne veulent pas payer les dîmes, et qu'ils ne puissent absoudre les excommuniés qui veulent entrer dans leur ordre, quand il s'agira de l'intérêt d'un tiers; que les frères ou sœurs du tiers-ordre aient le droit de choisir leur sépulture dans les églises des religieux mendiants, mais qu'ils ne puissent y recevoir l'eucharistie à Pâques.

ni recevoir d'eux l'extrême-onction et les autres sacrements, à l'exception de celui de la pénitence. La bulle finit par recommander aux religieux une respectueuse déférence pour les évêques, et aux évêques une paternelle bienveillance pour les religieux.

La lecture en ayant été faite, les Pères du concile y donnèrent leur approbation pure et simple, à l'exception de huit ou neuf qui y mirent quelques réserves, ou qui firent quelques observations de détail. On lut ensuite les procurations de plusieurs prélats absents, entre autres, des évêques de Grasse, de Lubeck, d'Utrecht, de la Conception dans l'île de la Petite-Espagne, de Havelberg, et des archevêques de Magdebourg, de Mayence et de Compostelle. Enfin, la session suivante et dernière, indiquée d'abord au 2 mars 1517, fut prorogée au 16 du même mois.

Dès le 13 se tint une congrégation, où assistèrent les cardinaux, archevêques, évêques et autres. Et parce que, dans une congrégation particulière, il y avait eu quelque différend entre l'évêque de Syracuse, ambassadeur du roi d'Espagne, et le patriarche d'Aquilée, au sujet de la préséance, il fut résolu que ces deux prélats n'auraient point de places marquées, et se mettraient où bon leur semblerait en entrant dans la chapelle. Ensuite on parla des matières qui devaient être agitées dans la dernière session. Sur la proposition qu'on fit de confirmer et même d'étendre la bulle Pauline contre ceux qui s'empareraient des biens de l'Eglise, les cardinaux furent d'avis de laisser ladite bulle dans l'état où elle était, et de n'en point parler. Sur l'imposition des décimes destinés à la guerre contre les Turcs, un évêque opina pour qu'on n'exigeât point les décimes avant que la guerre fût déclarée; mais cet avis ne fut point goûté.

XII° *Session*. Le 16 mars 1517 on tint la douzième et dernière session. Avec le pape Léon X, il s'y trouva cent-dix prélats, parmi lesquels nous remarquons les archevêques de Durazzo, d'Antibari, de Spalatro, de Monembasie en Illyrie; l'archevêque de Colocz et l'évêque de Bude en Hongrie; l'évêque de Réval, ambassadeur du margrave de Brandebourg; l'archevêque de Vienne, les évêques de Digne et de Grasse en France; l'évêque de Lausanne en Suisse, les évêques de Salamanque et de Saragosse en Espagne. La messe fut chantée solennellement par le cardinal de Sainte-Croix, qui avait été un des principaux auteurs du conciliabule de Pise. L'évêque d'Iserni prêcha sur l'origine, l'autorité et la dignité des conciles, et parla aussi du zèle qui devait animer les princes pour délivrer la Grèce de l'oppression des Turcs. Le cardinal-diacre de Sainte-Marie chanta l'évangile, et après les prières accoutumées un secrétaire du concile monta dans la tribune et lut à haute voix une lettre de l'empereur Maximilien, datée de Malines en Brabant, le dernier jour de février. Ce prince y témoignait sa douleur de voir l'Eglise affligée par les Turcs et les progrès de leurs armes, et promettait d'entrer dans les vues du pape et des Pères du concile pour leur faire la guerre. Il y parlait aussi de la victoire de Sélim sur les Perses, et conjurait le pape d'employer ses soins pour ne pas laisser triompher davantage cet ennemi de la religion chrétienne.

On proposa ensuite la bulle qui renouvelait les défenses de piller les maisons des cardinaux quand ils sont élus papes; et sur quelques endroits qui ne furent pas approuvés de tous, on la rectifia et on en fit lecture. Cette bulle renouvelle les constitutions d'Honorius III et de Boniface VIII sur le même sujet.

Enfin on publia une dernière bulle où le pape rappelle l'historique du cinquième concile général de Latran. Les affaires pour lesquelles il avait été assemblé se trouvaient heureusement terminées. La paix était rétablie entre les princes chrétiens, la réformation des mœurs et de la cour romaine était réglée, le schisme et le conciliabule de Pise étaient abolis, aussi bien que la pragmatique sanction de France. Pour consommer le tout, Léon X, avec l'approbation du concile général, confirme par la présente bulle tout ce qui avait été fait et arrêté dans les onze sessions précédentes, et déclare que rien n'empêchait plus de terminer le présent concile général. La même bulle ordonnait aussi une imposition des décimes, et exhortait tous les bénéficiers à permettre qu'on les levât sur leurs bénéfices, afin de les employer à la guerre contre les Turcs. Plusieurs Pères dirent qu'il y avait encore plusieurs choses à régler, et qu'il ne fallait pas finir sitôt le concile; mais la pluralité des voix l'emporta. Le cardinal de Saint-Eustache dit à voix haute et intelligible : *Messeigneurs, allez en paix!* Les chantres de la chapelle du pape répondirent sur le même ton : *Rendons grâces à Dieu!* On chanta aussitôt le *Te Deum*, après quoi le pape monta sur sa mule et retourna au palais apostolique, accompagné des cardinaux, patriarches, archevêques, évêques, ambassadeurs et autres grands seigneurs. Ainsi finit le cinquième concile œcuménique de Latran, qui avait duré près de cinq ans.

Malgré l'opposition de quelques théologiens français, on ne peut pas, d'après les principes que nous avons exposés à l'article du concile de Florence, contester davantage au cinquième concile de Latran sa qualité d'œcuménique. Rien ne lui manque à cet égard, ni du côté de sa convocation, ni du côté de sa tenue, ni du côté de la confirmation qui en a été faite. La France elle-même, qui l'avait d'abord récusé, a fini par s'y soumettre, et le concordat de François Ier, en la réconciliant au saint-siège, a subsisté, presque jusqu'à nos jours, comme un monument authentique de sa soumission. *Labb*. XIV; Berthier, *Hist. de l'Egl. gall.*; M. Rohrbacher, *Hist. univ. de l'Egl. cath.*; *Anal. des conc.*

LAUDENSES (*Synodi*); *Voy.* Lodi.
LAUDUNENSIA (*Concilia*); *Voy.* Laon.
LAUFFEN (Concile de), l'an 1129. Ce

concile fut tenu le 1ᵉʳ août par Conrad, archevêque de Saltzbourg et deux autres prélats, qui réhabilitèrent la mémoire d'Ellenbard ou Ellengard, évêque de Freysingen, mort cinquante-deux ans auparavant, soupçonné mal à propos d'hérésie. *Mansi, t.* II, *col.* 389.

LAUFFEN (Concile de), l'an 1195. Adalbert II, archevêque de Saltzbourg, y confirma les droits et les priviléges des couvents d'Admont et de Hall, et obligea Pilgrim, abbé de Saint-Pierre, à résigner son abbaye.

LAUREACENSES (*Synodi*), au diocèse de Passau, en 976 et 985. On reconnut à l'évêque de Passau, dans ces deux synodes, le droit de lever la dîme sur tout le pays situé entre la rivière *Anesus* et le mont *Comagène*. Nous ignorons quels noms allemands répondent aujourd'hui à ces noms anciens. *Conc. Germ., t.* II. Laureacum, dit l'auteur du tome Iᵉʳ des Conciles de Germanie, était une ville située non loin du confluent du Danube et de l'Anasus; ce fut, depuis le vᵉ siècle jusqu'au ixᵉ, la métropole du Norique et de la Pannonie. On faisait remonter l'origine de cette Eglise jusqu'à saint Marc, disciple des apôtres, et l'on honorait, comme en ayant été archevêque, saint Maximilien, martyr au iiiᵉ siècle. Cette ville ayant été détruite, le siége épiscopal fut transféré à Passau.

LAURIACENSE (*Concilium*), l'an 843. *Voy.* LORÉ.

LAUSANNE (Concile de), l'an 1449. Amédée de Savoie, connu dans son obédience sous le nom de Félix V, ayant renoncé au pontificat le 9 avril, les évêques du conciliabule de Bâle s'assemblèrent pour la dernière fois à Lausanne, comme tenant encore le concile général, et ils ratifièrent par deux décrets sa renonciation, avec toutes les clauses et conditions dont on était convenu avec le pape Nicolas V, qui avait succédé à Eugène IV. Le pape de son côté déclara, par une bulle datée de Spolète le 18 juin, que Dieu ayant rendu la paix à son Eglise par les ambassadeurs des rois de France, d'Angleterre et de Sicile, et du dauphin, son vénérable et très-cher frère Amédée, premier cardinal de l'Eglise romaine, évêque de Sabine, et légat du saint-siége en quelques provinces, qu'on appelait *Félix* dans son obédience, renonce au droit qu'il prétendait avoir au souverain pontificat; que ceux qui avaient été assemblés à Bâle, et ensuite à Lausanne, sous le nom de *concile général*, avaient ordonné et publié qu'il fallait obéir à Nicolas, comme à l'unique et indubitable pontife, et qu'ils avaient enfin dissous ladite assemblée de Bâle. Désirant donc, continue le pape, autant que Dieu nous en donne le pouvoir, procurer la paix à tous les fidèles, nous approuvons, ratifions et confirmons, pour le bien et l'union de l'Eglise, de notre pleine puissance apostolique et du conseil et consentement de nos frères les cardinaux, les élections, confirmations et provisions de bénéfices, quelles qu'elles soient, faites aux personnes et aux lieux qui obéissaient à Félix, et à ceux qui étaient assemblés à Bâle et à Lausanne, comme aussi tout ce que les ordinaires ont fait par leur autorité.

Par une seconde bulle, le pape Nicolas rétablit toutes les personnes, de quelque état qu'elles fussent, qui avaient été privées de leurs bénéfices et juridictions par le pape Eugène, pour avoir suivi Félix et le concile de Bâle. Enfin, dans une troisième, il déclare nul tout ce qui avait été dit ou écrit contre le même Félix, les Pères de Bâle et leurs adhérents, voulant que le tout soit effacé des registres d'Eugène, et qu'il n'en soit plus fait aucune mention. Ainsi finit entièrement le schisme, et Nicolas y fut reconnu de tous pour le seul pape légitime. *Anal. des conc.*

LAVAL (Concile de), *apud Vallem Guidonis*, l'an 1207 ou 1208. Ce concile fut tenu par les évêques de la province de Tours, à la tête desquels était leur archevêque Geoffroi du Lude. On y fit quelques canons de discipline, dont l'un portait que l'on garderait dans les archives un catalogue des biens de l'Eglise. *Mansi, tom.* II, *col.* 791; *Anal. des conc.*

LAVAL (Concile de), l'an 1242. Juhel de Mayenne, archevêque de Tours, et ses suffragants, tinrent ce concile, et y firent ou y renouvelèrent les neuf statuts suivants.

1. Les religieux garderont les constitutions et les observances régulières de leurs ordres respectifs.

2. Les abbés auront soin de tenir les prieurés en bon état.

3. Ils ne changeront les prieurs que quand ces changements seront nécessaires ou utiles, et jamais par haine ou par cupidité.

4. Les archidiacres ne pourront connaître des causes de mariage ou de simonie, ou d'autres crimes qui vont à la dégradation, à la privation du bénéfice et à la déposition, sans un pouvoir spécial de l'évêque. Ils ne pourront non plus avoir d'officiaux, excepté l'archidiacre de la ville, qui a coutume d'en avoir, mais dans la ville seulement, et non ailleurs.

5. On renouvelle les canons des conciles de Milève et de Chalcédoine, qui défendent aux clercs séculiers et réguliers de plaider devant les tribunaux laïques.

6. On dira l'office à voix basse et les portes fermées dans les églises interdites, après qu'on en aura fait sortir les excommuniés et les interdits.

7. On ne donnera point d'argent aux religieux pour leur vestiaire, à cause de leur vœu de pauvreté, mais seulement au procureur de la maison, qui achètera à chacun les habits convenables.

8. Si un laïque reste excommunié l'espace d'une année, tous les lieux où il demeurera seront interdits.

9. Ceux qui sont fortement soupçonnés d'avoir fait tort aux églises ou aux ecclésiastiques, se purgeront canoniquement, et seront punis comme coupables s'ils succombent dans cette épreuve. *Labb.* XI; *Anal. des conc.*

LAVAUR (Concile de), *Vaurense*, en Languedoc, l'an 1168. Ce concile se trouva composé des évêques et des métropolitains de trois provinces. On n'en connaît pas l'objet. *Gall. Christ.*, t. I, col. 1229.

LAVAUR (Concile de), l'an 1213, par l'archevêque de Narbonne, légat de pape, sur les demandes du roi d'Aragon, tendant à faire rendre aux comtes de Toulouse, de Foix et de Comminges, les terres qu'on leur avait ôtées. La réponse du concile ne fut favorable ni aux uns ni aux autres, parce que le comte de Toulouse avait souvent violé ses serments. *Hurter, Hist. du pape Innocent III*, l. XVIII.

LAVAUR (Concile de) l'an 1368. Pierre de la Jugie, archevêque de Narbonne, ayant demandé permission au pape Urbain V de se joindre aux prélats des provinces de Toulouse et d'Auch, pour former tous ensemble une espèce de concile national de tout le Languedoc, l'indiqua dans la cathédrale de Lavaur, pour le 17 mai 1368. L'ouverture s'en fit donc ce jour-là, et il dura jusqu'au 13 juin. Fleury s'est mépris, en disant qu'il fut terminé le 3 juin, et Dupin, en avançant qu'il fut tenu le 3 juin. Pierre de la Jugie, archevêque de Narbonne, Gauffrid de Vayroles, archevêque de Toulouse, et Arnaud Aubert, archevêque d'Auch, en furent les présidents : les deux premiers en personne, et le troisième représenté par Philippe, abbé de Sorrége, son vicaire général, qui, en cette qualité, précéda tous les évêques. On y fit cent trente-trois canons ou statuts de discipline.

Le premier renferme une instruction divisée en trois parties, dont la première traite des articles de la foi et des sept sacrements; la seconde, des vertus et des vices; la troisième, des commandements de Dieu. Sur les points de la foi, le concile déclare qu'ils sont contenus dans le symbole des apôtres; il en fait une explication nette et succincte; il avertit que, depuis Jésus-Christ, tous sont obligés d'avoir une foi explicite de la Trinité et de l'incarnation.

Sur les sept sacrements il s'explique avec tant de précision qu'on prendrait le peu qu'il en dit pour un abrégé du concile de Trente. Il enseigne que Jésus-Christ les a tous institués immédiatement ; que deux néanmoins, savoir la confirmation et l'extrême-onction, ont été promulgués par les apôtres; que la matière, la forme et le ministre sont de la substance de chaque sacrement; qu'il y a des sacrements nécessaires, ou en réalité, ou du moins en désir ; qu'il y en a trois, le baptême, la confirmation et l'ordre, qui ne se réitèrent point; qu'on ne doit jamais recevoir ni administrer un sacrement en péché mortel; qu'il est nécessaire de confesser de bouche les péchés qu'on déteste de cœur; que les confesseurs ne doivent taxer de péché mortel que ce qui est exprimé comme tel par l'Ecriture ou par les saints. Sur les vertus et les vices, le concile est plus étendu. On trouve là tout ce qui concerne les vertus théologales et morales, les dons et les fruits du Saint-Esprit, les sept demandes du *Pater*, les sept béatitudes, les œuvres de miséricorde, les sept péchés capitaux, et les vertus qui leur sont opposées.

Enfin, sur les commandements de Dieu, il distingue les trois premiers qui regardent Dieu, et les sept autres qui touchent le prochain; il fait voir en abrégé l'objet et l'étendue de chacun, et il remarque que les deux derniers, qui défendent jusqu'aux désirs illicites, sont très-distingués de ceux qui condamnent les actions.

Les huit articles suivants sont des ordonnances pour la tenue et le bon ordre des conciles provinciaux et des synodes diocésains. On enjoint aux évêques et aux abbés d'y assister, ou d'y envoyer quelqu'un en leur place.

Le 14e défend, sous peine d'excommunication, aux gentilshommes de faire des ligues ou associations sous le nom de *confréries* : c'était l'occasion de bien des désordres. Ces prétendus confrères, unis par serment, habillés d'une manière uniforme et soumis à un chef, troublaient l'ordre public, opprimaient les innocents, et pillaient les ecclésiastiques.

Les quatre suivants renouvellent les canons du concile d'Auch, de l'an 1300, touchant ceux qui empêchent d'élire aux bénéfices, ou qui troublent les possesseurs paisibles, ou qui s'en emparent, ou qui possèdent des bénéfices incompatibles.

Le 19e porte que les ordinaires suppléeront à la négligence de leurs inférieurs dans l'acquisition et la conservation des droits de leurs bénéfices.

Le 20e défend d'admettre aux ordres ceux qui ne savent pas parler latin.

Le 22e défend d'admettre aux offices divins des prêtres étrangers qui n'ont point de lettres de leurs évêques.

Le 23e défend d'ériger des autels sans la permission de l'ordinaire.

Le 24e ordonne d'arrêter les vagabonds qui se disent apôtres et religieux.

Le 25e défend aux archidiacres de connaître des causes de mariage sans la permission de l'ordinaire.

Le 26e et le 27e recommandent aux évêques d'examiner les causes *gratis*, de ne commettre les causes matrimoniales qu'à des gens instruits des canons, et de ne les faire traiter que dans les lieux les plus considérables de leurs diocèses, afin qu'on puisse prendre conseil de ce qu'il y a de plus éclairé dans ces matières.

Les canons suivants sont tirés des conciles de Marsiac et d'Avignon de l'an 1326.

Le 35e veut que les juges séculiers s'abstiennent des causes personnelles des clercs; qu'ils ne décident point si une censure est juste ou si elle ne l'est pas; en un mot, qu'ils ne se mêlent point des affaires spirituelles ou ecclésiastiques, ni de celles que le droit ou une ancienne coutume adjuge au tribunal de l'Eglise.

Le 46e ordonne aux chanoines des églises cathédrales et collégiales de porter des chapes noires au chœur et dans les processions depuis la Toussaint jusqu'à Pâques.

Le 53e et le 56e règlent qu'après la mort d'un évêque ou d'un autre prélat ou nommera deux administrateurs pour les biens ecclésiastiques du défunt; qu'ils en feront, dans l'espace de dix jours, un inventaire exact, et qu'ils rendront compte de tout au successeur.

Le 61° dit que chaque archevêque et évêque de ces trois provinces doit donner, pendant sa vie, à son église cathédrale une chapelle complète d'une étoffe précieuse, ou bien cent florins d'or. « On dit que cette ordonnance subsiste encore dans tout le Languedoc. » (*Le P. Rich.*)

Le 65° et le 66° traitent du droit qu'ont les paroisses à l'honoraire des obsèques faites dans d'autres églises ou cimetières. Il est dit que l'on observera la décrétale de Boniface VIII qui règle que les religieux chez qui les étrangers se font enterrer, donneront aux curés la quatrième partie de l'honoraire.

Le 78° défend aux curés nommés de faire aucune fonction sans avoir pris auparavant leur institution de l'évêque diocésain; et cela, ajoute le concile, nonobstant toute coutume contraire, qui est plutôt un abus.

Le 82° défend à un prêtre de célébrer la messe avec son fils bâtard. (C'est apparemment de le prendre pour répondre à la messe.) Il défend aussi de vendre, engager, ou donner à faire aux juifs les ornements d'église.

Le 83° enjoint aux curés, quand ils célèbrent dans leurs églises, de se faire servir la messe au moins par un clerc en surplis.

Le 84° recommande aux paroissiens d'entendre la messe dans leurs paroisses, les jours de dimanche et de fête. S'ils y manquent deux dimanches de suite, et sans une cause légitime, le curé les menacera de l'excommunication.

Le 89° défend, sous peine d'excommunication et de malédiction éternelle, de manger de la viande les jours de jeûne, et surtout pendant le carême, à moins que la nécessité n'y oblige. Même peine pour les confesseurs réguliers non exempts, et pour les séculiers qui permettront, hors de la nécessité, l'usage de la viande aux jours défendus.

Le 110° excommunie ceux qui sortent du diocèse pour se marier sans la permission de leurs curés.

Le 111° règle que tous les chapitres où il y a dix chanoines en enverront deux de leurs corps aux universités, pour y étudier en théologie et en droit canon, et que ces absents ne perdront du revenu de leurs bénéfices que les distributions manuelles.

Les 113°, 114° et 115° défendent aux femmes chrétiennes de nourrir les enfants des juifs; aux chrétiens en général de prendre des juifs pour médecins ou pour chirurgiens, hors le cas d'une grande nécessité; enfin d'assister aux mariages et aux funérailles des juifs.

Le 126° avertit les évêques de commettre sous eux des confesseurs qui aient le pouvoir d'absoudre des cas réservés.

Le 127° donne indulgence de trente jours à ceux qui réciteront le matin, à genoux et au son de la cloche, cinq fois le *Pater noster* et sept fois l'*Ave, Maria*.

Le 128° confirme tous les statuts faits dans les conciles de ces trois provinces.

Tous les autres articles que nous omettons, sont ou moins considérables, ou répétés des conciles d'Avignon, de Marsiac, de Nougarot et de Béziers. La plupart ont pour objet la juridiction ecclésiastique, l'immunité des clercs, l'administration des biens des églises vacantes, les dîmes, les vexations que l'Eglise souffrait de la part des laïques, sujets ordinaires de l'attention des évêques et de leurs censures. La cathédrale de Lavaur, où l'on venait de célébrer le concile, était en fort mauvais état; elle menaçait ruine; elle manquait des ornements et des choses les plus nécessaires. Les Pères, avant de se séparer, animèrent sur cela le zèle et la piété des fidèles, et, pour presser la bonne œuvre, ils accordèrent quarante jours d'indulgence à ceux qui, étant contrits et confessés, contribueraient à la réparation ou à la décoration de cette église. Enfin toutes les ordonnances portées dans le concile furent ratifiées par les évêques, et publiées avec cette clause: « Sauf les corrections, retranchements ou additions que le pape jugerait à propos d'y faire. » *Reg. t.* XXIX; *Lab. t.* XI; *Hard. t.* VIII; *Anal. des conc.*

LAVING (Synode de), l'an 1414; *Voy.* Augsbourg; même année.

LECHLEN (Concile de) en Irlande, l'an 630. On y convint de célébrer dorénavant la fête de Pâques le même jour que le faisait l'Eglise universelle. *Anglic.* I.

LEGIONENSIA (*Concilia*); *Voy.* Léon.

LEIRIA (Synode diocésain de), le 23 octobre 1601. D. Pedro de Castilho, évêque de Leiria, publia dans ce synode un corps de constitutions, qu'il rangea sous trente-neuf titres. *Constituciones synodaes do bispado de Leiria*, Coïmbra, 1601.

LEMOVICENSIA (*Concilia*); *Voy.* Limoges.

LÉNIA (Concile de) en Irlande, *Leniense*, l'an 630. Les évêques qui composaient ce concile ou conciliabule décidèrent que l'on continuerait à célébrer la Pâque comme par le passé, c'est-à-dire le quatorzième jour de la lune de mars, quelque jour de la semaine qu'elle tombât, et soit que ce fût un dimanche ou non. C'est pour cela que les Irlandais passèrent tous en général pour *quartodécimains*, nom affecté à tous ceux qui prétendaient qu'on devait célébrer la Pâque le quatorzième jour de la lune de mars, en quelque jour de la semaine qu'elle arrivât. *Ed. Venet. t.* VI; *Anal. des conc.*

LEODIENSES (*Synodi*); *Voy.* Liège.

LÉON (Concile de), *Legionense*, l'an 1012. Alphonse V, roi de Léon, fit tenir ce concile en sa présence, et en présence aussi de la reine Géloïre, son épouse, dans l'église de la Sainte-Vierge, le 23 juillet. Les évêques qui s'y trouvèrent firent les sept canons suivants.

1. Dans les conciles qui se tiendront dans

la suite on commencera toujours par les affaires ecclésiastiques.

2. L'Eglise jouira en paix de ce qui lui aura été donné par testament, et s'il y a quelque difficulté, elle sera jugée par le concile.

3. Les abbés, les abbesses, les moines et les religieuses, seront soumis à la juridiction de l'évêque diocésain.

4. Défense à qui que ce soit de s'emparer des biens de l'Eglise.

5. Les officiers du roi poursuivront en justice ceux qui auront tué un homme appartenant à l'Eglise.

6. Après qu'on aura examiné les affaires ecclésiastiques, on procédera à l'examen des affaires du royaume.

7. Si quelqu'un achète la succession d'un serf appartenant à l'Eglise, il la perdra, aussi bien que l'argent qu'il aura donné.

Il y a plusieurs autres décrets de ce concile, mais qui appartiennent plutôt au gouvernement civil qu'à l'ecclésiastique. *Reg.* t. XXV; *Lab.* t. IX; *Hard.* t. VI, et *d'Aguirre, Concil. Hisp.* t. IV.

LÉON (Concile de), l'an 1091. On y ordonna que les offices ecclésiastiques de l'Eglise seraient célébrés en Espagne suivant la règle de saint Isidore, et qu'à l'avenir les écrivains se serviraient de l'écriture gauloise au lieu de la gothique, dans tous les actes ecclésiastiques. *Lab.* Σ; *Hard.* VII.

LÉON (Concile de), l'an 1114. Bernard, archevêque de Tolède, tint ce concile le 18 octobre, avec tous les prélats des Asturies, de Léon et de Galice. C'est ce que dit Ferréra, qui ajoute qu'on y fit dix canons sur la discipline. Mais le cardinal d'Aguirre n'en rapporte aucun, et se contente de dire que Bernard, archevêque de Tolède, indiqua un concile à Léon, vers l'an 1114, et qu'il écrivit une lettre d'invitation à Didace, évêque de Compostelle. *D'Aguirre, t.* V *Concil. Hispan., pag.* 29.

LÉON (Concile de), l'an 1135. Ce concile s'assembla le jour de la Pentecôte; le roi Alphonse VII y fut couronné empereur par les Espagnols, et y fit plusieurs lois utiles à la religion autant qu'à son royaume. *Conc. t.* XII.

LÉON (Synodes diocésains de), années 1580, 1582, 1583 et autres. Des constitutions furent publiées à la suite de ces divers synodes par Francisco Trugillo, évêque de Léon. *Constituciones del obispado de Leon, en Alcala de Henares,* 1591.

LÉON (Synodes diocésains de SAINT-POL DE), années 1629 et 1630, sous l'évêque René de Rieux. Ce prélat y déclara fêtes d'obligation pour son diocèse, parmi les fêtes mobiles, le dimanche de Pâques et les deux jours suivants, l'Ascension, la Pentecôte et les deux jours suivants, la Fête-Dieu; parmi les autres de l'année, la Circoncision, l'Epiphanie, S. Fabien et S. Sébastien, la Chandeleur, S. Matthias, S. Pol de Léon au 12 mars, l'Annonciation, S. Marc, S. Philippe et S. Jacques, S. Barnabé, la Nativité de S. Jean-Baptiste, S. Pierre et S. Paul, la Visitation, Ste Madeleine, S. Jacques le Majeur, Ste Anne, S. Laurent, l'Assomption, S. Barthélemy, la Nativité de la Vierge, l'Exaltation de la Ste Croix, S. Matthieu, S. Michel, S. Pol de Léon au 10 octobre, S. Luc, S. Simon et S. Jude, la Toussaint, la Commémoration des fidèles trépassés, S. Martin, la Présentation, Ste Catherine, S. André, la Conception, S. Thomas, Noël, S. Etienne, S. Jean l'Evangéliste et les saints Innocents; fêtes simplement de dévotion, vingt-trois autres. *Constituciones Synod. Ren. de Rieux, Paris,* 1630, *Bibl. roy.,* B. 1511.

LÉON (Synode DE SAINT-POL DE), l'an 1706. L'évêque Jean-Louis de Bourdonnaye publia en 1706 un corps de statuts synodaux. *Bibl. de la Fr.,* t. I.

LÉON (autres synodes de SAINT-POL DE). *Voy.* SAINT-POL.

LÉONARD-LE-NOBLAT (Concile de SAINT-), *Nobiliacum,* l'an 1290. Simon de Beaulieu, archevêque de Bourges, tint ce concile. On y arrêta que tous les clercs, séculiers ou réguliers, donneraient pendant cinq ans la centième partie de leurs revenus ecclésiastiques au profit de la paroisse, et cela sous peine d'excommunication. *Marten. Thes. nov. anecd.,* t. IV, *p.* 211.

LÉOPOLD (Conc. de), *Loviciense,* l'an 1556. Louis Lippoman, évêque de Vérone et légat apostolique en Pologne, convoqua ce concile, qui eut pour objet principal la conservation de la foi parmi les Polonais. *Mansi,* t. V, *col.* 697.

LEOWARDIENSIS (*Synodus*); *Voy.* LEUWARDE.

LEPTES (Concile de), *Leptense,* l'an 386. Il y avait en Afrique deux villes épiscopales qui portaient le nom de *Leptes;* c'est dans l'une ou l'autre de ces deux villes que s'est tenu le concile de Leptes dont il s'agit ici, dans lequel on publia les canons envoyés aux évêques d'Afrique par le pape saint Sirice. C'est donc mal à propos que la publication de ces canons est attribuée au concile de Zelle, dans l'*Abrégé des canons* donné par le diacre Ferrand, puisque Strabon nous apprend, dans le XIIIe livre de sa Géographie, que la ville de Zelle était ruinée longtemps avant l'an 386.

LÉRIDA (Concile de), *Ilerdense,* l'an 524. Ce concile fut tenu le 8 août 524 ou 546, selon le cardinal d'Aguirre, la quinzième année du règne de Théodoric en Espagne. Les évêques, au nombre de huit suivant le P. Richard, ou plutôt de neuf, comme le prouvent les actes, firent les seize canons suivants.

Le 1er ordonne que ceux qui servent à l'autel, qui distribuent le sang de Jésus-Christ, ou qui touchent les vases sacrés, s'abstiennent de répandre le sang humain, sous quelque prétexte que ce soit, quand même ce serait sous celui de défendre une ville assiégée, et veut que ceux qui feront le contraire soient privés pendant deux ans de la communion et des fonctions de leur ministère; qu'ils expient leur faute par des veilles, des jeûnes, des prières, et qu'après même qu'ils auront satisfait et qu'on les aura rétablis, on ne leur accorde pas d'être promus à des ordres supérieurs. Que s'ils s'acquittent négligemment de leur pénitence, il sera au pouvoir de l'évêque de la leur prolonger.

Le 2ᵉ prescrit sept ans de pénitence à ceux ou à celles qui font périr, en quelque manière que ce soit, les enfants conçus ou nés d'un adultère; défendant de leur donner la communion avant ce terme. Il ajoute que les coupables, après le terme de sept ans expirés, continueront de faire pénitence le reste de leur vie, et que, s'ils sont clercs, après être rentrés dans la communion, ils ne serviront plus, mais qu'ils pourront seulement assister au chœur, avec les chantres; qu'à l'égard des empoisonneurs, ils ne recevront la communion qu'à la fin de leur vie, s'ils ont pleuré continuellement leur faute depuis qu'ils l'ont commise.

Le 3ᵉ renouvelle les canons des conciles d'Agde et d'Orléans touchant les moines, en y ajoutant que l'évêque aura le pouvoir, du consentement de l'abbé et pour l'utilité de l'Église, d'ordonner clercs ceux qu'il en trouvera capables; mais ce canon lui défend de toucher aux donations faites aux monastères, en voulant toutefois que, si quelque laïque désire faire consacrer une église qu'il aurait bâtie, il ne le puisse, sous le titre de monastère, dans le dessein d'empêcher qu'elle ne soit en la disposition de l'évêque, à moins que cette église ne soit pour une communauté de moines.

Le 4ᵉ dit que les incestueux seront excommuniés jusqu'à ce qu'ils se séparent, en sorte qu'aucun chrétien ne pourra manger avec eux, mais qu'ils seront admis à la messe des catéchumènes.

Le 5ᵉ porte que, si un des ministres de l'autel tombe par fragilité dans un péché de la chair, et qu'il donne, avec la grâce de Dieu, des marques d'une sincère pénitence, il sera au pouvoir de l'évêque de le rétablir bientôt, ou de le laisser plus longtemps séparé de l'Église, suivant qu'il le trouvera exact ou paresseux à faire pénitence de son crime, à condition néanmoins qu'en le rétablissant il lui ôte toute espérance d'être promu à des grades supérieurs; que si ce clerc retombe, il sera privé de son office et ne recevra la communion qu'à la mort.

Le 6ᵉ ordonne que celui qui a violé une veuve ou une religieuse soit excommunié, et que la religieuse le soit aussi, si elle ne se sépare d'avec lui. Si elle retourne à son devoir, elle sera mise en pénitence publique, et la sentence d'excommunication tiendra jusqu'à ce qu'elle ait satisfait.

Le 7ᵉ sépare, pour un an, de la communion du corps et du sang de Notre-Seigneur, celui qui a fait serment de ne jamais se réconcilier avec celui avec qui il plaide, et lui conseille d'effacer plutôt son péché par des aumônes, des pleurs et des jeûnes.

Le 8ᵉ défend à tout clerc de tirer son esclave ou son disciple de l'église où il s'est réfugié, pour le fouetter, et cela sous peine d'être exclu de l'église, jusqu'à une satisfaction convenable.

Le 9ᵉ veut que ceux qui ont été rebaptisés dans l'hérésie, sans y avoir été contraints par les tourments, subissent la pénitence marquée dans les canons de Nicée, c'est-à-dire qu'ils soient sept ans en prières parmi les catéchumènes, et deux ans parmi les catholiques; qu'ensuite, par la clémence et la bonté de l'évêque, ils participent à l'oblation et à l'eucharistie avec les fidèles.

Ce canon veut parler du onzième canon du concile de Nicée, qui enjoint douze ans de pénitence à ceux qui ont été rebaptisés dans l'hérésie. Il faut donc que les Pères du concile de Lérida se soient trompés, en ne leur imposant que sept ans de pénitence conformément aux canons de Nicée, ou qu'il y ait une faute dans les exemplaires dont on s'est servi pour les collections où se trouve le nombre sept. Et en effet le docte Mansi, dans le 1ᵉʳ tome de son Supplément aux Conciles du P. Labbe, page 406, observe que, selon une très-ancienne collection de Lucques, qui renferme l'abrégé des canons du concile de Lérida, le neuvième enjoint douze ans de pénitence à ceux qui ont été rebaptisés dans l'hérésie.

Le 10ᵉ ordonne qu'on fasse faire une plus longue pénitence à ceux qui, ayant commis quelque faute, ne se sont pas retirés de l'église quand leur évêque le leur a commandé.

Le 11ᵉ charge l'évêque de punir, selon la qualité des personnes, les clercs qui en seront venus aux mains.

Le 12ᵉ ne veut point qu'on touche aux ordinations qui avaient été faites contre les anciens canons, et se contente de défendre qu'on élève à des ordres supérieurs ceux qui auraient été ainsi ordonnés; mais il déclare que ceux qui à l'avenir auront été ordonnés contre les canons, seront déposés, avec défense à ceux qui auront fait de semblables ordinations d'en faire aucune dans la suite.

Le 13ᵉ veut qu'on rejette les oblations des catholiques convaincus d'avoir donné leurs enfants à rebaptiser à des hérétiques.

Le 14ᵉ défend aux fidèles de manger avec ceux qui se sont fait rebaptiser.

Le 15ᵉ ordonne l'exécution des anciens canons touchant la familiarité des clercs avec les femmes étrangères, en ajoutant que ceux qui y contreviendront seront privés de leurs bénéfices, après la première et la seconde monition.

Le 16ᵉ prononce anathème contre les clercs qui enlèvent les biens et les effets de l'évêque après sa mort, comme coupables de sacrilége, et veut qu'on ne leur accorde qu'avec peine la communion étrangère.

Il paraît qu'il y a de la contradiction dans ce canon, en ce qu'il accorde la communion étrangère à des clercs soumis à l'anathème, et par conséquent à l'excommunication, comme coupables d'un vol sacrilége. S'ils sont excommuniés, comment peut-on leur accorder la communion étrangère? Pour lever cette apparente contradiction, il faut observer que le mot *anathème*, employé dans ce canon, ne doit pas être pris dans une signification étroite, pour l'excommunication majeure proprement dite, mais pour toute sorte de peine canonique en général ; car les clercs qui étaient réduits à la communion étrangère, ou des étrangers, n'étaient pas proprement excommuniés : ils étaient seulement mis au rang des clercs étrangers, qui voyageaient sans avoir des lettres formées de leurs évêques, et que l'on admettait à la participation de l'eucharistie quand ils faisaient voir qu'ils étaient catholiques, quoiqu'on ne leur permît pas de faire les fonctions de leur ordre. Le canon accorde donc la communion, mais non pas les fonctions de leur ordre, aux clercs dont il s'agit, après qu'ils auront fait pénitence et satisfait pour leur péché ; et parce qu'on distingue trois sortes de communion, savoir, la communion sacerdotale que le prêtre se donnait à lui-même, la communion ecclésiastique, que les prêtres et les clercs recevaient dans le sanctuaire de la main d'un évêque ou d'un prêtre, et enfin la communion laïque, que les simples fidèles recevaient de la main de l'archidiacre hors du sanctuaire, on peut entendre ce canon de la communion laïque, avec d'autant plus de fondement, que la communion étrangère se prend quelquefois, dans les conciles et dans les auteurs ecclésiastiques, pour la communion laïque : *Peregrina, quæ alias dicitur laica*, dit la Glose, *in cap. Cleric.* 13, *quæst.* 2, *et distinct.* 50, *cap. Contumaces.* Burchard, Ives de Chartres et Surius citent quelques autres canons du concile de Lérida, de même que le cardinal d'Aguirre, qui en a fait les sept ou huit canons supplémentaires que voici :

17. Les noces sont défendues depuis la Septuagésime jusqu'après l'octave de Pâques, pendant les trois semaines qui précèdent la fête de saint Jean-Baptiste, et depuis l'Avent jusqu'après l'Epiphanie. Ceux qui se seront mariés dans ces temps-là seront séparés.

18. Celui qui aura osé frapper son propre frère sera dûment puni.

19. Si un prêtre vient à perdre sa réputation auprès du peuple commis à ses soins, sans que son évêque puisse la lui rendre au moyen de témoignages favorables, il sera suspendu de son office, jusqu'à ce qu'il ait satisfait convenablement, de crainte que la société des fidèles ne soit scandalisée à son occasion. Or la satisfaction ne sera convenable, de sa part, que lorsqu'il aura convaincu de son innocence et pleinement rassuré à son sujet ceux qui le croyaient coupable. C'est ainsi, comme on nous l'a enseigné, que l'ont réglé nos pères. Mais que, suivant les canons ou la volonté de l'évêque, le prêtre accusé s'adjoigne sept de ses collègues, et qu'il jure sur l'Evangile posé devant lui, que la sainte Trinité et le Christ Fils de Dieu, qui l'a créé et lui a enseigné ce que contient l'Evangile, et les quatre saints évangélistes qui l'ont composé l'aient en aide, comme il n'a point fait l'action qui lui est imputée. Ainsi purgé de l'accusation, il pourra dans la suite exercer son ministère en toute assurance. C'est de cette manière que, selon le rapport de quelques Pères anciens, le pape saint Léon fit satisfaction, dans la basilique de Saint-Pierre, en présence de l'empereur Charles, du clergé et du peuple ; et cet auguste prince, bientôt après, vengea dignement le saint pape de ses calomniateurs.

20. Voici donc ce qu'il nous a semblé devoir régler touchant ceux qui, au mépris des saints canons, se sont souillés de quelque crime capital et en font l'aveu. Il faut, croyons-nous, faire la distinction de ceux qui auraient été surpris publiquement dans le parjure, le vol, la fornication ou d'autres crimes semblables, et qui doivent être dégradés de leur rang, selon que le prescrivent les saints canons. Car de tels scandales détournent les hommes du service de Dieu, comme nous le lisons du péché des deux fils d'Héli ; et ils confirment dans le mal ceux dont les dispositions sont déjà perverses. Mais quant à ceux qui font l'aveu de péchés secrets, qui ont eu Dieu seul pour témoin, au prêtre qui sera chargé de leur enjoindre une pénitence, s'ils sont vraiment repentants et qu'ils s'appliquent à se purifier par des jeûnes, des aumônes, des veilles et des prières accompagnées de larmes, ils pourront être maintenus dans le poste qu'ils occupent, et on les invitera à espérer leur pardon de la miséricorde de Dieu, qui veut que tous les hommes soient sauvés ou parviennent à la connaissance de la vérité, et qui ne veut pas la mort du pécheur, mais sa conversion et sa vie.

21. Tout différend pour affaire d'église sera terminé, d'après la loi divine, par la déposition de deux ou trois témoins.

22. Si un clerc, tombé malade, est rendu boiteux par une opération qui aurait eu pour fin de le guérir, il n'en pourra pas moins être promu aux saints ordres.

23. Tout prêtre qui n'aura pas à sa disposition une fontaine en pierre, devra se procurer un vaisseau convenable, qui ne serve que pour les baptêmes, et qui ne soit point porté hors de l'église. On aura de même, pour laver les corporaux et les pales de l'autel, des vaisseaux particuliers et employés à ce seul usage.

24. Si la veuve d'un évêque, d'un prêtre ou d'un diacre vient à se remarier, on lui refusera la communion à la mort.

25. Les chrétiens ne doivent point danser aux noces, ni s'y livrer à des jeux bruyants, mais se contenter, comme il convient, d'un modeste repas.

Il est évident que plusieurs de ces canons sont d'une époque bien postérieure au concile dont il s'agit. Le 19e fait allusion à un fait de l'an 800 ou environ.

LÉRIDA (Concile de), l'an 1229. Jean, cardinal-légat et évêque de Sabine, tint ce concile le 29 mars. On y fit plusieurs règlements de discipline ecclésiastique, spécialement touchant la conduite des clercs, et un règlement particulier pour la bonne administration de l'Eglise de Barcelone. *Baluz. t. IV, Marca Hisp. d'Aguirre, edit. Venet. t. XIII; Anal. des conc.*

LÉRIDA (Concile de), l'an 1237. On y donna commission aux religieux de Saint-François et de Saint-Dominique de rechercher les hérétiques. *D. Vaissette, Hist. du Languedoc, t.* III, *p.* 412.

LÉRIDA (Concile de), l'an 1246. Pierre Albalatius célébra ce concile en présence des grands du royaume. On y réconcilia Jacques Ier, roi d'Aragon, qui avait été excommunié par le pape Innocent IV, pour avoir fait couper la langue à Bérenger, évêque de Girone, qu'il soupçonnait d'avoir révélé sa confession.

LÉRIDA (Concile de), l'an 1257. Jacques, roi d'Aragon, convoqua ce concile pour le 4 avril, et y confirma solennellement les droits et les priviléges de tous les évêques et des autres prélats de son royaume. *D'Aguirre, t.* V.

LÉRIDA (Synodes diocésains de). Les statuts publiés dans les synodes de Lérida des années antérieures à l'an 1691 ont été recueillis par Michel Jérôme de Molina, évêque de cette ville, mais sans que les dates en soient marquées. *Constit. synodal. Ilerdenses,* 1691.

LESCAR (Synode de), *Lascuriensis,* l'an 1552. L'évêque Jacques de Foix y publia ses constitutions. *Bibl. de la Tr., t.* I.

LESCURE (Synode de). *Voy.* SAINTE-MARIE DE LESCURE.

LESTINE (Concile de), *Liptinense,* l'an 743. En exécution du premier canon du concile tenu en Allemagne l'année précédente, le roi Carloman en assembla un autre, le 1er mars 743, à Liptines, maison royale, aujourd'hui Lestine en Cambrésis, auquel saint Boniface de Mayence présida. Hincmar, archevêque de Reims, fait mention de ce concile dans sa lettre XXXVII à Rodulphe de Bourges. On y fit quatre canons.

Le 1er n'est qu'une confirmation du concile précédent, avec promesse, de la part de tous les évêques et du clergé, de vivre conformément aux anciens décrets ecclésiastiques. Les abbés et les moines s'engagèrent aussi, de même que les religieuses, à observer la règle de saint Benoît.

Le 2e porte que le prince, à cause des guerres présentes, prendra pour un temps une partie des biens de l'Eglise, à titre de précaire et de cens, pour aider à l'entretien de ses troupes, à la charge de payer tous les ans à l'Eglise ou aux monastères un sou valant douze deniers, ou trois francs soixante-dix centimes de notre monnaie actuelle (1) pour chaque famille *(Mém. de l'acad. des inscr. et belles-lettr., Dissert. sur le denier de Charlemagne)*; et que, lorsque celui à qui la terre de l'Eglise aura été donnée viendra à mourir, elle retournera à l'Eglise; que toutefois elle pourra être donnée de nouveau, au même titre de précaire, si cela est nécessaire pour le bien de l'Eglise et que le prince l'ordonne. Mais le canon suppose que les églises et les monastères dont le prince prendra les biens à titre de précaire ne souffriront point de la permission que le concile lui accorde, et il veut que si l'église est pauvre on lui rende son revenu tout entier. Ce précaire était donc une espèce de fief accordé à un homme de guerre pour faire le service, et seulement à vie, comme ils étaient tous alors.

Le 3e ordonne aux évêques d'empêcher et de punir les adultères, les incestes et les mariages illicites. Il défend encore de vendre aux païens des esclaves chrétiens.

Le 4e renouvelle la défense des superstitions païennes, sous peine de quinze sous d'amende.

On lit à la suite de ces canons une formule d'abjuration en langue tudesque, et un mémoire des superstitions les plus répandues alors, avec une instruction sur les mariages illicites et sur la défense de célébrer le sabbat. La plus remarquable de ces superstitions est que les peuples se faisaient des saints de tous les morts : d'où vient apparemment l'origine de la facilité que l'on avait eue en ces temps-là à honorer d'un culte public plusieurs saints douteux.

Il y en a qui mettent un deuxième concile à Liptines en 756; mais le P. Pagi, dans sa *Critique, ad ann.* 745, 12, 13, fait voir qu'il ne s'est tenu en effet qu'un seul concile à Liptines, qu'il place à l'an 745. Il se fonde sur la neuvième lettre du pape saint Zacharie à saint Boniface. *Anal. des conc.*

LEUTEVENSE (Concilium); *Voy.* LODÈVE.

LEUWARDE (Synode de), *Leowardiensis,* l'an 1570. Ce synode fut présidé par *Cunerus Petri* de Brouwershaven, le premier qui prit possession du siége épiscopal de Leuwarde, récemment fondé par le pape Paul IV. Le nouvel évêque publia dans ce synode, assemblé de tout son diocèse, vingt-quatre statuts de discipline conformes aux décrets du concile de Trente, mais qui du reste ne renferment rien de bien remarquable que le zèle du prélat qui les intima à son clergé. *Conc. Germ., t.* VIII.

LEXOVIENSE (Concilium). Voy. LISIEUX.

LEYRA (Concile de) en Navarre, l'an 1022. Le roi D. Sanche y confirma les priviléges du monastère de Leyra. *Conc. t.* V.

LIBAN (Concile du mont), l'an 1596. Georges Pierre, patriarche d'Antioche, tint ce concile au mois de septembre, avec plusieurs abbés et autres prêtres, en présence du père Jérôme Dandini, jésuite, nonce du pape Clément VIII. On y condamna les erreurs que quelques-uns attribuaient aux Maronites du mont Liban, comme de n'admettre qu'une nature, une volonté, une opération en Jésus-Christ; de dire que le Saint-Esprit ne procède que du Père, etc.; et l'on y fit vingt et un canons de discipline sur le baptême, la confirmation, les cas réservés, le Missel romain qu'on adopta, les vases sacrés, et on ordonna qu'ils fussent d'argent, ou du moins d'airain ou d'étain, et jamais de bois. *Mansi, An. des Conc.*

LIBAN (Synode du). *Voy.* SAINTE-MARIE DES MARONITES.

LIBNITZ (Synode de), l'an 1187. Adelbert, archevêque de Salzbourg, tint ce synode dio-

---

(1) Selon M. Dupuy, dans sa Dissertation sur le denier de Charlemagne *(Mém. de l'acad. des inscr. t.* XXVIII, Supplément); mais cela doit faire davantage aujourd'hui

césain, dans lequel il fit ou confirma plusieurs donations au monastère d'Admont, et termina à l'avantage de ces moines le différend qui s'était élevé entre eux et le curé de Libnitz. *Conc. Germ.*, *t.* III.

LICHTFIELD (Synode capitulaire de), l'an 1428, sous William Heywarth, évêque de Coventri et de Lichtfield. L'évêque, entre autres statuts, réduisit aux fêtes de la Trinité, du Saint-Sacrement, de saint Jean-Baptiste, des apôtres saint Pierre et saint Paul, de saint Thomas de Cantorbéry et de l'Assomption, les jours d'été où l'on chanterait matines solennellement après complies, à cause des abus qui résultaient de cette coutume. *Wilkins*, *t.* III.

LICHTFIELD (Synode capitulaire de), l'an 1454, sous Reginald Butler, pour prévenir et réprimer les contestations entre chanoines. *Ibid.*

LIÉGE (Synode de), *Leodiensis*, l'an 710. Saint Hubert tint ce synode l'année qui suivit immédiatement la translation du siége épiscopal à Liége de Maëstricht, où il avait été d'abord établi, et il y porta les statuts suivants :

1. Les paroles qui constituent la forme du sacrement de baptême sont celles-ci : Je te baptise au nom du Père, et du Fils, et du Saint-Esprit. Ainsi soit-il.

2. Nous voulons que les enfants âgés de sept ans et au-dessus soient présentés à l'évêque, qui les confirmera, et que les adultes fassent auparavant la confession de leurs péchés.

3. Comme c'est au propre prêtre à administrer les autres sacrements de l'Eglise, c'est à lui aussi qu'on doit, au moins une fois chaque année, faire la confession de ses péchés.

4. Le devoir du propre prêtre est d'expliquer, tous les dimanches, les commandements de Dieu et les autres vérités nécessaires aux âmes qui lui sont confiées, et qu'il a à nourrir tous les ans du corps de Notre-Seigneur.

5. S'il ne s'acquitte que négligemment de ce devoir, qu'il sache qu'il en recevra le châtiment de son Dieu, qui s'est offert lui-même en sacrifice pour les siens avec un ardent amour.

6. Que le prêtre donne l'exemple de toute sorte de bonnes œuvres et qu'il exerce sa vigilance sur son troupeau, de peur que l'homme ennemi ne sème l'ivraie dans le champ du Seigneur.

7. Que les églises soient tenues propres et que les autels en soient décemment ornés, puisque Dieu y habite non-seulement en esprit, mais encore dans l'humanité qu'il a prise.

8. Qu'il ne se rencontre rien dans les églises qui puisse détourner de la prière ou amuser la curiosité; mais que tout y contribue à enflammer le cœur du fidèle qui s'y rend pour adorer et pour prier.

9. Que la miséricorde de Dieu soit offerte aux infirmes, mais sans préjudice des droits de sa justice : le Christ est venu pour nous racheter et nous faire entrer dans son royaume, à condition que nous le voudrons nous-mêmes.

10. Que personne ne doute que Dieu ne soit rendu propice aux défunts par le sacrifice journalier de la messe, par les prières, les oblations et les jeûnes, que nous recommandons de mettre en pratique, afin que leurs âmes jouissent plus tôt du salut éternel, que le Christ nous fasse la grâce de nous accorder. Ainsi soit-il. *P. Roberti, in notis ad vitam S. Huberti*, p. 166; *Conc. Germ.*, *tom.* I, *Schram*. Malgré cette triple autorité, qui au fond se réduit à la première, nous trouvons le style de cette pièce trop moderne, pour ne pas douter de son authenticité.

LIÉGE (Synode de), l'an 920. L'abbé Gérard, après avoir restauré le monastère de Brunn, y avait placé solennellement les reliques de saint Eugène, évêque et martyr; mais Etienne, évêque de Liége, cédant aux suggestions de quelques mauvais clercs, improuva l'action de l'abbé, et, quoiqu'il eût précédemment recommandé le culte de ces reliques, il forma le dessein de les abolir. Un mal cruel d'entrailles força bientôt le prélat persécuteur à recourir à l'intercession du saint martyr, et se trouvant miraculeusement guéri, il convoqua ce synode, dans lequel il ordonna qu'on célébrerait toujours à l'avenir la fête anniversaire du martyre de saint Eugène. *Conc. Germ.*, *t.* II.

LIÉGE (Synode de), l'an 968. Ce synode eut pour objet de donner au couvent de Lauresheim l'église d'Empéle, nouvellement rebâtie par Othon le Grand. *Ibid.*

LIÉGE (Synode de), vers l'an 980. Sur la demande de Womer, abbé du monastère de Gand, on résolut dans ce synode d'envoyer à cet abbé la relation des miracles de saint Landoald, écrite par Hariger, avec l'autorisation de l'évêque Notger. *Ibid.*

LIÉGE (Synode de), l'an 1055. Dans ce synode, on élut un certain Théodoric abbé du couvent de Saint-Hubert.

LIÉGE (Synode de), l'an 1074. Théodoric, abbé de Saint-Hubert, ayant été accusé d'avoir brigué à Rome de nouvelles exemptions, se purgea dans ce synode de l'accusation qui lui était intentée, en représentant avec modestie qu'il n'était allé à Rome que par dévotion et avec l'agrément de l'évêque, et qu'il n'avait demandé et obtenu du pape que la confirmation des donations faites par le duc Godefroi, ou par les évêques de Rheims et de Laon, à l'église de Saint-Hubert. *Conc. Germ.*, *t.* III.

LIÉGE (Synode de), l'an 1124, en faveur de l'église des Saints-Apôtres au Mont-Cornillon.

LIÉGE (Concile de), l'an 1131. Ce concile se tint le 22 mars. L'empereur Lothaire II y assista avec la reine Richilde, son épouse, et un grand nombre d'évêques. Le pape Innocent II, qui avait été obligé de quitter l'Italie, et de se réfugier en France, à cause que le parti de l'antipape Anaclet était plus fort que le sien à Rome, se rendit au concile de Liége, où l'empereur et tous les membres de l'assemblée le reçurent avec beaucoup d'honneur. Othon, évêque d'Halberstat, déposé trois ans auparavant dans le concile de Mayence, fut rétabli dans celui-ci. *Lab.* X; *Hard.* VII; *Hartzheim*, III.

LIÉGE (Synode de), l'an 1144. Adelberon, évêque de Liége, ratifia dans ce synode l'adoption faite par le clergé de l'église d'Alne de la règle canoniale de saint Augustin. *Conc. Germ., t.* III.

LIÉGE (Concile de), l'an 1151. Hermann, prévôt de l'église de Saint-Géréon à Cologne, fut élu évêque d'Utrecht dans ce concile, auquel fut présent l'empereur Conrad. *Ibid.*

LIÉGE (Synode de), l'an 1188. Henri, évêque d'Albane et légat du saint-siége, présida à ce synode, et s'expliqua avec tant de véhémence contre la simonie et les autres désordres des clercs, que tous à la fois ils se démirent de leurs bénéfices, en laissant le légat maître de les distribuer à qui il lui plairait. L'évêque Raoul, en particulier, quitta son évêché, prit la croix, et partit en expédition pour la terre sainte, à la suite de Frédéric Barberousse. *Ibid.*

LIÉGE (Synode de), l'an 1196, sous l'évêque Albert, pour confirmer à l'abbé de Bonne-Espérance, de l'ordre des Prémontrés, le droit de patronage sur l'église de Chaumont. *Conc. Germ., t.* X, p. 719.

LIÉGE (Concile de), l'an 1226. Le légat Conrad assembla ce concile au mois de février. On y déposa Thierry, évêque de Munster, et Brunon, évêque d'Osnabruk, frères de Frédéric, comte d'Isembourg, comme complices du meurtre de saint Engelbert, archevêque de Cologne, que ce comte avait fait assassiner le 7 novembre de l'année précédente, à cause que le saint prélat l'avait menacé de le destituer de sa charge d'avoué de l'abbaye d'Essende, s'il ne cessait de la piller. *Conc. Germ., t.* III.

LIÉGE (Synode de), l'an 1231. Le légat Othon, qui tint ce synode avec l'évêque, y voulut rétablir l'égalité des bénéfices, quel que fût le rang de chaque bénéficier. Les clercs se révoltèrent, et l'évêque et le légat furent réduits à prendre la fuite. Le légat, en se retirant, mit la ville de Liége en interdit, ne permettant que le baptême à administrer aux enfants. *Fisen, Hist. Leod.; Foulon, Hist. Leod.; Conc. Germ., t.* III.

LIÉGE (Synode de), l'an 1273. Ce synode fut assemblé par le cardinal Hugues, légat du saint-siége, qui y publia divers règlements faits dès l'an 1250 par le cardinal Pierre, aussi légat. Henri Gelder, évêque de Liége, ayant été mandé au concile de Lyon, y fut déposé, l'année suivante, 3 juillet, par le pape Grégoire X, après vingt-sept années d'épiscopat. *Conc. Germ., t.* III.

LIÉGE (Synode de), l'an 1287. Jean de Flandre, évêque de Liége, publia dans ce synode, sous trente-quatre titres principaux, les statuts synodaux de son diocèse. Voici ce que ces statuts contiennent de plus remarquable :

I. Les prêtres tenus d'assister au synode s'y présenteront à jeûn et avec dévotion, les doyens en aube et en étole, et les autres en surplis.

II. Il y aura près des fonts baptismaux une piscine, où se laveront les mains les personnes qui auront tenu l'enfant baptisé.

Si un enfant a été ondoyé à la maison avant d'avoir été apporté à l'église, le prêtre qui se sera assuré de la validité de l'ondoiement se contentera de faire sur l'enfant ondoyé les cérémonies prescrites après le baptême. Mais s'il doute seulement que tout s'y soit fait selon les règles, il baptisera l'enfant sous cette forme : *N. si tu es baptizatus, ego te non baptizo; sed si tu non es baptizatus, ego te baptizo in nomine Patris, et Filii, et Spiritus Sancti.*

Si la tête de l'enfant, ou quelque autre membre principal, paraît hors du sein de sa mère, et qu'on craigne la mort prochaine de cet enfant, la première personne qui se trouvera présente versera l'eau du baptême et prononcera les paroles sur la tête ou sur le membre qui paraîtra à l'extérieur. Mais si l'enfant survit, on le rebaptisera sous condition. (D'après la théologie moderne, le baptême est certainement valide, dès là que l'eau a été versée sur la tête ou sur la poitrine de l'enfant sorti à moitié du sein de sa mère). *Si certum sit quod parturiens mortua fuerit, teneatur os ejus apertum, et cum magna cautela uterus ejus aperiatur, ut infans vivus, si possit, educatur et baptizetur.*

III. On n'admettra à recevoir la confirmation les enfants âgés de sept ans et au-dessus. Chacun d'eux se présentera avec une bandelette de toile large de trois doigts et longue de deux pieds et demi, qu'il gardera sur son front l'espace de trois jours; après quoi il reviendra à l'église, où un prêtre lui lavera le front et brûlera la bandelette, dont la cendre sera jetée dans la piscine, ainsi que l'eau qui aura servi à laver.

On n'admettra à la tonsure et aux ordres que ceux qui auront été confirmés.

IV. On ne confessera, ni avant le lever du soleil, ni après son coucher, et l'on n'entendra les confessions qu'en surplis et avec l'étole. Les femmes qui voudront se confesser ne se présenteront pas seules, mais toujours honnêtement accompagnées.

L'absolution des péchés les plus énormes est réservée à l'évêque, qui pourra se nommer des délégués, mais sans que ceux-ci puissent en subdéléguer d'autres.

Ceux qui auront des restitutions à faire, mais à qui il sera impossible de les faire, soit aux personnes mêmes, soit à leurs héritiers, en appliqueront le montant à l'église cathédrale, sans pouvoir le faire à une autre église, ou le verser en aumônes, à moins d'une permission toute spéciale.

Les prêtres s'interdiront de célébrer eux-mêmes les messes qu'ils auront enjoint de faire célébrer à leurs pénitents, et ils ne coniveront point avec leurs collègues pour le même objet.

Ils avertiront leurs paroissiens, parvenus à l'âge de quatorze ans, de se confesser, chaque année, avant le dimanche des Rameaux ; et ceux d'entre ces derniers qui auront négligé ce devoir seront obligés de jeûner et de s'abstenir de viande pendant toute l'octave de Pâques.

On aura soin d'avertir le peuple que chacun est obligé d'observer les jeûnes prescrits par l'Eglise, lors même qu'on ne se sentirait coupable d'aucun péché mortel.

S'il est besoin d'imposer à quelqu'un la pénitence publique pour un crime énorme et scandaleux, on le renverra à l'évêque, qui le mettra hors de l'église le jour des Cendres, et le réconciliera le jour de la Cène.

Les prêtres se confesseront à leurs doyens de leurs péchés mortels, au moins une fois chaque année, et le doyen déférera à l'évêque ou à son official les noms de ceux qui n'auront pas rempli ce devoir.

Aucun prêtre ne dira la messe avant matines et prime, ni sans avoir pris auparavant quelque sommeil. (Aujourd'hui tout prêtre peut dire la messe avant d'avoir récité prime, et sans avoir dormi auparavant, comme dans la nuit de Noël.)

V. Le manipule du prêtre qui dit la messe doit avoir deux pieds de long au-dessous du bras, et l'étole descendre au moins jusqu'à la bordure de l'aube. L'autel où se dit la messe doit être orné, pour le moins, de deux nappes bénites.

Il y aura attaché au missel un manuterge ou un linge, dont les prêtres pourront se servir pour s'essuyer le nez, la bouche et le visage. Il y aura deux rideaux constamment suspendus aux deux côtés de l'autel, et un troisième suspendu également au milieu et au-dessus de l'autel, pour le garantir de ce qui pourrait tomber.

Les prêtres et les clercs ne porteront point de surplis sans manches et ouverts sous les aisselles.

Le vin du sacrifice sera du vin rouge, autant qu'on pourra commodément s'en procurer.

Si le prêtre célébrant s'aperçoit, à la communion, que l'on n'a pas mis autre chose que de l'eau pure dans le calice, il ne réitérera point la consécration du précieux sang. (Cette prescription du synode est rejetée aujourd'hui de tous les théologiens.)

VI. On ne conférera le titre de vicaire qu'autant que le vicariat sera perpétuel, et la place inamovible.

VIII. On présentera d'abord à l'église paroissiale les corps des personnes décédées qui de leur vivant auront désigné ailleurs leur sépulture.

Tous les prêtres feront, chaque année, un service particulier pour leurs confrères décédés dans le courant de la même année, et les fidèles qui voudront y assister gagneront dix jours d'indulgence.

Vingt jours d'indulgence pour ceux qui porteront à l'église et au cimetière les corps des décédés ou qui assisteront à leur sépulture.

Sont frappés de nullité tous actes de l'autorité séculière célébrés dans une église, ou sous sa galerie, ou sur le cimetière qui lui appartient.

IX. On publiera à la messe, après l'évangile, pendant trois jours de fête qui ne se suivront pas immédiatement, les bans des personnes qui voudront contracter mariage.

X. Les prêtres ne pourront avoir avec eux dans leurs maisons d'autres femmes que leurs sœurs, leurs tantes, leurs cousines germaines, ou d'autres personnes âgées d'au moins soixante ans.

Il est défendu aux femmes de servir à l'autel.

Les marguilliers seront des ecclésiastiques, autant qu'on pourra s'en procurer de tels

XI. Les fêtes de neuf leçons, qui tomberont un jour de dimanche en Carême ou en Avent, seront remises au lendemain. Si l'Annonciation vient à tomber le jour des Rameaux, ou dans la semaine sainte, ou dans l'un des trois premiers jours de l'octave de Pâques, on en fera la fête par anticipation, le samedi d'avant le dimanche des Rameaux.

Il est commandé à tous les prêtres, sous peine de suspense et d'excommunication, de s'abstenir de viande les deux jours qui précèdent les Cendres.

On jeûnera les jours de vigiles, et on s'abstiendra de laitage ces jours-là.

XXVI. Les plus simples prêtres peuvent absoudre toute espèce d'excommuniés à l'article de la mort.

Les autres statuts sont la plupart relatifs aux dîmes, aux excommunications, aux testaments, etc. Quelques-uns de ces derniers furent modifiés trois ans après, c'est-à-dire en 1290, par le même évêque qui les avait portés. *Conc. Germ.*, t. III.

LIÉGE (Synodes capitulaires de), années 1336, 1337 et 1352. On y fit des statuts que D. Martène a recueillis dans le tome VIII de son ouvrage *Veterum scriptorum et monumentorum ampliss. collect.*

LIÉGE (Synode de), l'an 1424. Jean de Heinsberg, évêque de Liége, publia des statuts concernant les notaires et les procureurs, en même temps qu'il renouvela les statuts précédents. *Conc. Germ.*, t. V.

LIÉGE (Synode de), l'an 1446. Le même évêque publia dans ce nouveau synode divers statuts pour la réforme de sa cour et de son clergé.

LIÉGE (Synode de), l'an 1546. George d'Autriche, évêque de Liége, qui tint ce synode, y fit des statuts, qu'il divisa en dix-huit chapitres, pour la réforme de son clergé et de son diocèse. Dans le seizième il est fait défense aux cabaretiers de vendre, si ce n'est aux voyageurs et aux infirmes, les jours de dimanche et de fête, avant la fin de la dernière messe. *Conc. Germ.*, t. VI.

LIÉGE (Synode de), l'an 1585. Ce synode fut présidé par Jean-François Bonhomme, évêque de Verceil, nonce apostolique et légat *a latere*, Ernest de Bavière étant évêque de cette ville, en même temps que de Frisingue et d'Hildesheim, et archevêque de Cologne. Divers statuts y furent publiés. *Conc. Germ.*, t. VIII.

LIÉGE (Synode de), l'an 1618. Ferdinand de Bavière, archevêque de Cologne et évêque de Liége, tint ce synode. Il ordonna, entre autres statuts, de ne représenter aucune comédie ou pièce de théâtre, à moins qu'elle ne fût approuvée du vicaire de l'évêque; qu'on réduisît à de justes bornes la pompe des cérémonies funèbres, et que l'office ne s'en fît jamais, pour qui que ce fût, par un évêque ou par un abbé. Il permit de compenser par cinq *Pater* et cinq *Ave*, dits en l'honneur des cinq plaies de Notre-Seigneur, l'abstinence de viande prescrite aux prêtres pour les deux jours avant les Cendres, et celle de laitage imposée même aux simples fidèles pour tout le carême et les vigiles de fêtes. *Conc. Germ.*, t. IX.

LIETZGO (Assemblée de) au delà de l'Elbe, *LiescadusConventus*, l'an 1017. Dans cette assemblée, à laquelle furent présents quatre archevêques et dix évêques, l'empereur Henri II fit donation d'une terre à un nouveau couvent de Bénédictins du diocèse de Paderborn. *Conc. Germ.*, t. III.

LILLE (Concile de) en Provence, près de Vaucluse, *Insulanum*, l'an 1251. Jean de Baux ou Baussan, archevêque d'Arles, tint ce concile, dans lequel il renouvela les canons du concile d'Arles (*Voy.* ce mot) de l'an 1234, et les expliqua avec plus d'étendue en treize chapitres, dont le dernier regarde les mariages clandestins.

LILLE (Concile de), l'an 1288. Rostaing, archevêque d'Arles, et les évêques de sa province assemblés à Lille ou l'Isle, dressèrent dix-huit canons.

Les treize premiers sont tirés des conciles précédents de la province, touchant l'absolution des excommuniés, les legs pieux, les vicaires perpétuels, les ravisseurs des biens de l'Eglise ou les oppresseurs de ses libertés, etc.

Le 14e excommunie ceux qui vendent du poison ou des drogues pour faire mourir quelqu'un ou pour faire avorter, de même que ceux qui donnent aide ou conseil à ces empoisonneurs, ou qui ne les font pas connaître aux ordinaires.

Le 15e défend de transporter le blé avant que la dîme soit levée.

Le 16e défend aux seigneurs temporels d'obliger les églises à payer le ban pour leur clergé, leurs serviteurs ou leurs animaux.

Le ban était une amende pécuniaire que l'on faisait payer pour avoir été trouvé dans quelque contravention à la loi civile du prince ou du seigneur : *Bannum, pœna et mulcta pecuniaria, qua quis banni seu legis infractor punitur.*

Le 17e établit qu'on ne donnera rien aux enfants baptisés qu'un habit blanc.

Il s'était glissé un abus par rapport au baptême des enfants. Les parrains qui les tenaient sur les fonts étaient obligés, suivant cet abus, de leur faire des présents considérables, à eux et à leur mère; d'où il arrivait que la difficulté de trouver des parrains était cause que bien des enfants mouraient sans baptême. C'est cet abus que le concile condamne ici, en statuant que les parrains ne donneront qu'un habit blanc aux enfants qu'ils tiendront sur les fonts de baptême.

Le 18e ordonne l'observation des statuts des conciles précédents. *Lab.*, tom. XI; *Hard.*, tom. VIII.

LILLEBONNE (Concile de) en Normandie, *Juliobonense*, l'an 1066. Ce concile fut tenu avant l'expédition de Guillaume le Bâtard en Angleterre. *Bessin.*

LILLEBONNE (Concile de), l'an 1080. Guillaume, roi d'Angleterre et duc de Normandie, fit assembler ce concile, auquel il assista avec les comtes et les autres seigneurs du pays. Guillaume, archevêque de Rouen, y présida. Il s'y trouva plusieurs évêques et plusieurs abbés, et on fit quarante-six canons, rapportés dans les Conciles de Normandie, de Bessin : les collections ordinaires n'en mettent que treize.

1. Les évêques et les seigneurs maintiendront la trêve de Dieu, en employant les censures et les autres peines contre les prévaricateurs.

2. Ils feront exécuter les canons à l'égard de ceux qui ont épousé leurs parentes.

3. Tous ceux qui sont engagés dans les ordres, les chanoines et les doyens, n'auront aucune femme avec eux.

4. Il est défendu aux laïques de rien prendre des églises, des dîmes et des sépultures, ni d'exiger d'un prêtre des services qui le détournent de son ministère.

5. On défend pareillement aux évêques et à leurs ministres d'obliger les prêtres à d'autres redevances qu'à celles qui leur sont dues justement, et de les condamner à des amendes pécuniaires à cause des femmes étrangères qu'ils ont chez eux.

Le concile condamne ici un abus énorme, mais trop ordinaire dans les prélats de ce temps-là, qui souffraient que les curés eussent des concubines, pourvu qu'ils leur payassent une certaine somme d'argent, par forme d'amende.

6. Les archidiacres visiteront, une fois l'année, les vêtements, les calices et les livres des curés de leur dépendance : l'évêque désignera trois endroits seulement dans chaque archidiaconné, où les curés voisins seront appelés pour montrer ces objets aux archidiacres.

7. Lorsque l'archidiacre fera ces sortes de visites, les prêtres qu'il visitera seront tenus de le nourrir, lui cinquième, pendant trois jours.

8. Si un prêtre a commis quelque dégât dans les bois du roi ou de ses barons, ce ne sera point à l'évêque à connaître de ce délit.

Il y a dans le texte *forisfacturam fecerit,* terme familier aux auteurs de ce siècle, et qui, dans leurs écrits, signifie *crime, délit, transgression, injure,* et dont les Français ont fait *forfaicture. Forisfactura* ou *forfactura* se prend aussi pour *taxe* et pour la *peine* ou l'*amende* imposée pour quelque délit

C'est en ce sens que ce terme est pris dans les lois de saint Edouard, roi d'Angleterre : *Justitia (hoc est justitiarius) faciat denarium sancti Petri reddere, et forisfacturam episcopi et regis.*

9. Une fois chaque année, vers la Pentecôte, les curés viendront en procession à l'église cathédrale, où ils offriront de quoi entretenir le luminaire.

Il y a dans le texte *ceræ denerata*, ou *denariata*, ou *denariatio*, ou *denarata*. Ce terme signifie le prix d'une chose estimée un denier, comme le dit le P. Sirmond dans ses notes sur l'édit des Pistes ; ainsi *ceræ denerata* signifie ici une offrande de cire de la valeur d'un denier, et de là l'origine de l'espèce de tribut, dit cathédratique, qu'on payait aux églises cathédrales.

10. Les laïques n'institueront et ne destitueront aucun curé, sans l'agrément de l'évêque.

11. Les évêques auront sur les cimetières des villes, bourgs, villages ou châteaux, les mêmes droits qu'ils avaient du temps du comte Robert et du roi Guillaume.

Les cimetières ont toujours été respectés dans la religion chrétienne, et on leur accordait autrefois les mêmes priviléges qu'aux églises, parce qu'on y faisait les mêmes exercices. Les fidèles s'assemblaient pour prier et pour célébrer les saints mystères. Les évêques y tenaient des conciles, et l'on y enterrait les corps des fidèles et des martyrs. On n'y devait donc rien faire de profane, et la juridiction devait en appartenir aux évêques.

12. Quant aux cimetières qui sont sur les frontières du pays, si quelqu'un y demeure pendant la guerre et qu'il se retire ensuite dans le parvis de l'église, l'évêque n'aura sur lui d'autres droits que ceux qu'il y avait avant qu'il se fût réfugié dans le parvis.

Il y a dans le texte, *in cimeteriis quæ in marchis sunt. Marcha*, en français, est la même chose que *frontière*; d'où vient que nous disons la Marche de Limoges, la Marche d'Ancône, la Marche de Brandebourg, etc., pour marquer la province qui termine certains Etats. C'est pour cela que *marcha* ou *marche* dérive du mot allemand *mark*, qui signifie *borne*, *terme*; ou du mot *merken*, dit Vossius, qui signifie *marquer*, parce que les pierres qui servaient de bornes étaient destinées à marquer.

13. Les églises des bourgs ou villages auront autant de cimetières qu'elles en avaient du temps du comte Robert, et les évêques y auront les même droits.

14. Si l'on bâtit de nouvelles églises, elles auront des cimetières proportionnés au nombre des habitants du lieu.

15. Si l'on donne une église à des moines, le prêtre qui la desservait n'en souffrira aucun préjudice : il en tirera, pendant sa vie, ce qu'il en tirait avant cette donation ; mais, après sa mort, l'abbé aura droit de présenter à l'évêque un prêtre capable, à qui il fournira, des biens de l'église, de quoi s'entretenir décemment, et faire son service. Si l'abbé lui refuse sa subsistance, il y sera contraint par l'évêque.

Le seizième canon et les suivants, jusqu'au trente-sixième inclusivement, règlent les amendes que l'on payera aux évêques, quand on aura commis quelques délits soumis à leur juridiction.

Les dix autres canons traitent de divers points de la juridiction ecclésiastique, et soumettent au tribunal des évêques tout ce qui lui était soumis sous le roi Guillaume et le comte Robert. *Bessin*, in Concil. Normann.

LIMA (Concile de), *Limense*, l'an 1552. Les canons de ce concile ont été abrogés par le concile subséquent de l'an 1583, comme dépourvus d'une autorité légitime, et défectueux en eux-mêmes. *Conc. Lim. celebr. an. 1583, Act. 2.*

LIMA (Concile provincial de), l'an 1567. *Voy.* l'art. suivant.

LIMA (Concile provincial de), ouvert le jour de l'Assomption de l'an 1582, et terminé le jour de la Saint-Luc de l'an 1583.

Ce concile eut cinq sessions, et fut présidé par saint Toribe, archevêque de Lima, assisté des évêques d'Impériale ou de la Conception, de Cusco, de San-Iago de la Plata, auxquels se joignit l'évêque du Tucuman à la deuxième session. L'évêque de Cusco mourut dans l'intervalle de la troisième session à la quatrième, et les évêques de San-Iago et de la Conception, obligés de s'en retourner de bonne heure au Chili, à cause de l'approche de l'hiver, ne purent assister à la clôture du concile.

Dans la 1re session, les évêques présents firent leur profession de foi dans la forme prescrite par Pie IV.

Dans la 2e, on dressa quarante-quatre chapitres de décrets, dont voici les plus remarquables.

1 et 2. On déclara de nulle valeur les décrets du concile tenu en 1552; on confirma en même temps ceux du concile de l'an 1567, en tout ce qui n'était pas contraire aux dispositions qu'on arrêterait dans celui-ci.

3. On ordonna la composition d'un catéchisme en langue du pays.

4. On définit d'une manière succincte les points de foi que les Indiens convertis étaient tenus de savoir.

5 et 6. On recommanda aux curés l'instruction des plus grossiers, en leur défendant d'exiger d'eux qu'ils apprissent le symbole et l'oraison dominicale autrement que dans leur langue maternelle.

7. On fit défense aux clercs d'accompagner les armées dans leurs expéditions contre les Indiens, même en qualité d'aumôniers, à moins d'une permission toute spéciale de leur évêque.

8. On déclara nuls les mariages entre frère et sœur, contractés par les Indiens même avant leur conversion, et on ordonna de les séparer.

9. Pour prévenir les difficultés qui pourraient s'élever à l'occasion de l'empêchement d'affinité spirituelle, on fit une règle de choi-

sir dans chaque paroisse d'Indiens un unique parrain qui répondrait pour tous les baptisés.

10. On autorisa les Indiens convertis à éprouver pendant six mois les dispositions de leurs épouses ou de leurs époux restés infidèles, et après cette épreuve à rompre leurs mariages et à passer à d'autres, s'il y avait danger pour eux dans la cohabitation.

13 et 38. On fit défense expresse de rien recevoir des Indiens dans l'administration des sacrements.

15. On recommanda de leur donner de temps à autre des confesseurs extraordinaires.

16. On condamna la légèreté avec laquelle certains confesseurs donnaient l'absolution sur une confession superficielle.

18. On défendit aux prêtres de faire eux-mêmes leur confession étant revêtus des habits sacrés.

22. On recommanda d'accorder la communion aux malheureux condamnés à mort, la veille de leur supplice.

23. On régla l'ordre des processions, et on établit que les hommes y iraient les premiers, et les femmes par derrière.

24. On fit défense de dire la messe dans les maisons particulières.

28 et 29. On recommanda la visite des malades et l'assistance des mourants.

30, 31 et 32. On dispensa de l'obligation de présenter un titre patrimonial les aspirants aux saints ordres, et l'on défendit aux évêques et à leurs officiers de rien recevoir, aussi bien que de rien exiger à l'occasion des ordinations.

36. On défendit aux maîtres d'empêcher leurs esclaves de contracter mariage, ou de les séparer de leur moitié pour toujours ou pour quelque espace de temps : « Car, ajoute excellemment le concile, la loi humaine de la servitude ne doit pas prévaloir sur la loi naturelle du mariage. »

39. On fit défense aux curés d'usurper, sous quelque prétexte que ce fût, les biens des défunts.

41. Un curé démissionnaire attendra, pour quitter sa paroisse, l'arrivée de son successeur.

42. On prescrivit l'exécution de ce qui avait déjà été ordonné dans le concile précédent, de renfermer dans un même local tous les prêtres d'idoles et les autres imposteurs, et de mettre ainsi le peuple indien à l'abri de leur charlatanisme.

43. On recommanda aux curés d'ériger des écoles pour les jeunes Indiens, mais de se garder d'employer ces enfants, sous un tel prétexte, aux travaux propres aux esclaves.

44. On prit des mesures pour l'établissement d'un séminaire.

Dans la troisième session, on publia encore un égal nombre de décrets. Les trente et un premiers rappellent quelques devoirs des évêques, des curés et des autres clercs ; les cinq suivants, ceux des religieuses, et le reste les personnes laïques.

3. « Les évêques et les curés doivent se considérer comme les protecteurs naturels des Indiens, et se souvenir qu'ils sont leurs pasteurs, *pastores non percussores.* »

4, 5 et 21. Défense à eux de trafiquer ou de prendre des dîmes à ferme.

11. On établira un curé pour toute population qui s'élèvera au moins à deux cents âmes, et qui n'ira pas au-delà de quatre cents.

12. On donnera de même des curés particuliers aux ouvriers des mines et des fabriques.

24. « Défense sous peine de péché mortel aux prêtres qui doivent célébrer, de fumer du tabac, ou même de le priser. »

33. « Si les revenus d'un couvent, ou les aumônes qui le font subsister, suffisent pour les besoins des religieuses et l'entretien de leur église, on ne devra rien stipuler pour leur dot, à moins que l'on ait à augmenter leur nombre. »

36. « Les personnes nées du mélange des deux races (l'indienne et l'espagnole) ne seront point astreintes sous ce prétexte à fournir une dot plus forte que les autres. »

42. « Défense aux curés, sous peine d'excommunication, de recevoir les gouverneurs et autres chefs séculiers des populations indiennes, en allant au-devant avec un cérémonial ecclésiastique, et en particulier avec la croix. »

La 4e session contient 25 chapitres. Les premiers tracent les règles à suivre dans la visite des paroisses ou des *doctrines* indiennes.

7 et 8. Le concile observe que les peines purement spirituelles étaient insuffisantes pour ce peuple grossier et barbare, et que c'était une nécessité d'avoir aussi recours, avec réserve toutefois, aux peines corporelles.

18. « Les curés ne laisseront point leurs paroisses pour prendre part aux solennités des villes, quand même il s'agirait du vendredi saint ou de la fête du saint sacrement. »

Enfin, dans la cinquième session, on fit six chapitres de décrets qui présentent le sommaire des décisions prises au concile précédent. On y indique, c. 4, quelques moyens de civiliser le peuple indien, et on recommande, c. 4, l'usage des instruments de musique dans la célébration des divins offices. *Conc. Lim. celebr., an.* 1583, *Madriti,* 1591.

LIMA (1er Syn. diocésain de), le 10 mars 1582, sous saint Alphonse Turibio. Le saint prélat y publia 29 chapitres de statuts, tous recommandables par la sévérité de discipline qui y respire. Ces statuts ont pour objet le devoir de la résidence pour les prêtres chargés du soin des âmes, l'habit clérical, l'éloignement des jeux et le désintéressement recommandé à tous les clercs, la défense pour eux de fréquenter les femmes ou de paraître en public et de voyager avec elles, la régularité de l'office divin, le soin des pauvres, le respect dû aux églises et même aux sacristies, l'instruction des cufants de chœur, les besoins spirituels des esclaves, le commerce des nègres défendu aux clercs, les derniers sacrements à conférer aux Indiens, etc. *Lima limata conciliis, Romæ*, 1673.

LIMA (II° Synode diocésain de), sous saint Toribe, le 8 février 1584. Il y fut publié 11 chapitres de nouveaux statuts sur l'attention des curés à tenir note des confessions des Indiens, sur leur devoir de célébrer la sainte messe pour leurs paroissiens tous les jours de dimanche et de fête, sans recevoir ces jours-là de *pitance* ou de rétribution, sur l'obligation imposée aux sacristains de sonner la cloche à midi, sur le devoir prescrit aux curés de dénoncer les pécheurs publics, sur le tableau ou le calendrier des fêtes à garder dans chaque église, etc. *Ibid.*

LIMA (III° Synode diocésain de), sous saint Toribe, le 17 juillet 1585. Le zélé prélat y publia 77 chapitres de statuts, par lesquels il défendit aux prêtres chargés des Indiens d'avoir des femmes pour servantes, de jouer aux cartes, et leur recommanda les processions au temps des grandes et des petites litanies, le renouvellement des saintes espèces, la propreté des fonts baptismaux, la défense d'user de chandelles de suif à l'office divin, et celle d'entreprendre des voyages les jours de dimanche et de fête, le respect des limites des paroisses dans les enterrements, les baptêmes et les mariages, l'érection d'hôpitaux pour les Indiens, l'instruction chrétienne de la jeunesse, le retranchement du superflu des équipages pour les curés, les devoirs des visiteurs et des examinateurs pour les bénéfices, l'inhibition faite aux juges séculiers de connaître des causes d'idolatrie, la sobriété ordonnée aux Indiens, l'union recommandée aux ecclésiastiques, les tournois interdits aux jours de fête et la défense faite aux clercs d'y assister en quelque temps que ce fût, l'obligation de refuser la sépulture ecclésiastique aux suicidés, la répression du concubinage et des autres désordres parmi le peuple indigène, etc. *Ibid.*

LIMA (IV° Synode diocésain de), sous saint Toribe, le 7 septembre 1586. Il y fut dressé 30 chapitres de statuts. On y recommande le soin des registres de mariages, de baptêmes et de confirmations, le renouvellement annuel des saintes huiles, la vigilance aux curés pour que tous les Indiens assistent à la messe, observent les jeûnes et soient instruits dans leur langue maternelle, et quelques autres sujets traités déjà la plupart dans les synodes précédents. *Ibid.*

LIMA (V° Synode diocésain de), sous saint Toribe, le 20 septembre 1588. Trente statuts nouveaux, qui y furent publiés, ont pour objet l'impérieux devoir de la résidence, l'indépendance des ecclésiastiques à l'égard des tribunaux séculiers, la nécessité d'instruire les peuples des sacrements qu'on leur confère, la réserve que doivent garder les visiteurs à l'égard des maisons de religieuses, le désintéressement dont ils doivent faire preuve dans leurs visites, les prières qu'on faisait crier tous les soirs par des enfants au son de la cloche pour les âmes du purgatoire, etc. *Ibid.*

LIMA (VI° Synode diocésain de), sous saint Toribe, le 11 octobre 1590. Quatorze nouveaux statuts y furent publiés sur la modestie des équipages des clercs, sur le parfait désintéressement à garder dans la distribution des saintes huiles, sur la défense faite aux Indiens des deux sexes de se livrer à des travaux ou de partager leurs corvées dans le lieu saint, etc. *Ibid.*

LIMA (II° Concile provincial de), sous saint Toribe, l'an 1591. Il n'y eut pas d'autres prélats présents à ce concile que l'évêque de Cusco avec saint Toribe qui y présida. Il nous reste vingt chapitres de décrets, parmi lesquels le quatrième est assurément le plus remarquable; on y défend à la puissance laïque, conformément aux prescriptions du concile de Trente (*Sess.* 21, *de Reform.*), de s'arroger le droit d'assigner le salaire que doivent recevoir les recteurs de paroisses. *Lima lim.*, p. 132.

LIMA (VII° Synode diocésain de), sous saint Toribe, le 31 octobre 1592. Dans ce synode, l'infatigable prélat publia trente nouveaux statuts, par lesquels il permit aux curés chargés à la fois de deux paroisses éloignées l'une de l'autre, de dire une messe dans chacune le même jour, et imposa quelques autres règlements de discipline. *Ibid.*

LIMA (VIII° Synode diocésain de), sous saint Toribe, le 24 novembre 1594. Quarante-huit nouveaux statuts furent publiés dans ce synode. Le saint archevêque y recommande aux curés de visiter fréquemment leurs paroissiens, de les instruire, surtout les enfants, de se faire aider au besoin par d'autres prêtres, de payer exactement aux Indiens les choses qu'ils leur achètent, de se rendre familière la langue du peuple indigène, de donner eux-mêmes le pain bénit tous les dimanches, de n'obliger en aucune manière, pas même indirectement, les Indiens à leur faire des offrandes, de ne nourrir de bétail que pour leur propre subsistance, de renvoyer à l'archevêque les paroissiens tombés dans quelque cas réservés, de tenir registre de ceux à qui ils auront administré les derniers sacrements; il ordonne aux prêtres et aux clercs d'apprendre et d'observer les règles du chant ecclésiastique, etc. *Ibid.*

LIMA (Synodes diocésains de), sous saint Toribe, années 1596, 1598 et 1600. Ces synodes, quoique réellement célébrés, n'ont pas laissé de traces que nous puissions recueillir. *Ibid.*

LIMA (III° Concile provincial de), sous saint Toribe, ouvert le 11 avril de l'an 1601, et terminé le 18 de ce même mois. Le saint archevêque, assisté de l'évêque de Quito et de celui de Panama, y publia en deux sessions plusieurs décrets qui ont pour objet la confirmation de ceux du premier concile provincial, tenu l'an 1583, et l'exécution des décrets du concile de Trente. *Ibid.*

LIMA (IX° Synode diocésain de), sous saint

Toribe, le 16 juillet 1602. Dans quarante-neuf chapitres de nouveaux statuts, le saint archevêque fit défense d'user de fiction dans les offrandes usitées aux services funèbres, d'obliger les Indiens à rapporter leurs confessions ou de gêner leur conscience en quoi que ce fût, de suspendre dans les églises des tableaux profanes, de lever des impôts sur la mendicité, d'user, la veille et le jour de la Saint-Jean, de certaines pratiques dangereuses pour les mœurs, de fumer ou même de priser du tabac les jours où l'on communie, avant qu'on ait communié; de présenter, sous aucun prétexte, le calice aux laïques; il défendit aux curés d'infliger aux Indiens des châtiments corporels, de cacheter leurs lettres avec des formules d'hosties, de céder leurs dîmes à ferme, etc. *Ibid.*

LIMA (x° Synode diocésain de), sous saint Toribe, le 31 juillet 1604. Dans ce synode, le dernier dont nous ayons des actes, le vénérable et saint archevêque publia quarante-trois statuts nouveaux, qui ont particulièrement pour objet la décence du culte divin. *Ibid.*

LIMERICK (Concile de la province de Cashel, tenu à), le 1er lundi du mois d'août 1453. Ce concile publia cent vingt et un statuts.

1. Les ordinaires des lieux veilleront à ce que les dimanches et les fêtes soient exactement observés.

2. Les ministres des églises réciteront avec ordre les heures canoniales dans leurs églises tous les jours de dimanche et de fête, sous peine d'amende; et les peuples s'abstiendront ces jours-là de toute œuvre servile, sous peine d'excommunication.

3. Chaque paroisse se fournira d'un Missel, d'un calice d'argent ou d'or, et des ornements nécessaires pour le service divin. Défense à des personnes de sexe différent, fussent-elles mariées, de coucher ensemble dans une église, sous peine de péché mortel.

4. Il y aura dans chaque église trois images au moins, savoir : celles de la Vierge, de la Croix et du patron du lieu.

5. Le cimetière sera proprement entretenu et muré aux frais des paroissiens.

6. On dénoncera publiquement excommuniés, tous les dimanches et les jours de fête, les incestueux, les personnes mariées clandestinement, ceux qui dépouillent les héritiers de leur légitime ou qui empiètent sur le terrain d'autrui, les usuriers, les faux monnayeurs les usurpateurs des biens ecclésiastiques, et tous ceux que le siège apostolique ordonne d'excommunier, ainsi que leurs fauteurs.

7. Les seigneurs temporels et les autres séculiers ne pourront pas demander l'hospitalité pour plus d'un jour dans les manoirs des évêques ou des clercs.

8. Tous les émoluments provenant de chapelles bâties dans les limites d'une paroisse devront retourner à l'église paroissiale.

9. Les ecclésiastiques et tous ceux qui dépendent d'eux et qui vivent sur leurs terres sont exempts de tous droits séculiers.

10. Aucun laïque ne pourra prendre de gages de la main d'un clerc avant jugement, sous peine d'excommunication.

11. Aucun clerc ne pourra être cité à comparaître devant un juge séculier pour une cause même criminelle ou civile.

12. On ne permettra point à des quêteurs de circuler dans la province sans lettres de recommandation des évêques.

13. On n'admettra aucun mendiant à quêter aux jours de fête, que les ecclésiastiques à qui il est dû des oblations ne soient auparavant satisfaits.

14. Les frères mendiants céderont à l'église du lieu le quart de tout ce qui leur aura été donné par testament, ou à l'occasion de funérailles.

15. On rappelle aux bénéficiers le devoir de la résidence, et celui de dire la messe par eux-mêmes trois fois la semaine, sous peine de privation de leurs bénéfices.

16. Les ordinaires pourront exiger que les revenus des églises laissées en ruines par les bénéficiers soient appliqués à leur réparation.

17. Défense aux gens d'église d'affermer leurs terres sans l'aveu de l'ordinaire.

Les statuts 18 et 19 déclarent usuraire le prêt qu'on ferait d'une certaine quantité de froment, à condition d'en être remboursé par une quantité égale à une époque où il serait devenu plus cher.

20. Les clercs sont obligés de porter la tonsure sous peine d'excommunication.

21. Tous les curés et vicaires auront dans leurs églises une copie des présentes constitutions et des autres qu'on publiera tous les ans, et ils les expliqueront quatre fois l'année à leurs paroissiens.

22. Aucun chapelain ne sera admis sans certificat de sa promotion.

23. Personne ne célébrera ou ne servira à l'autel au nom de prélats ou de curés notoirement fornicateurs.

24. Tous les prêtres nouvellement ordonnés prendront à l'évêché un certificat de leur ordination.

25. Une portion canonique des biens laissés par quelqu'un en mourant, soit à sa femme, soit à tous autres, est due à l'église de la paroisse.

26. Les vicaires et les chapelains qui admettent à leurs offices des violateurs des exemptions ecclésiastiques, sont privés de leurs bénéfices par le fait même. Les statuts suivants sont peu remarquables, excepté peut-être ceux que nous allons rapporter.

53. Le concile défend aux maîtres d'école de recevoir des nobles ou d'autres dont il n'y a point à espérer qu'ils fassent des progrès dans l'Eglise de Dieu.

60. Les ordinaires pourront obliger les laïques à observer la paix et la trève.

63. Les dîmes du lait et du fromage ne

devront pas se payer à la fois, et l'église aura l'option de l'une ou de l'autre.

71. Les clercs ne prendront point en pension des enfants de nobles, sans y être autorisés par l'ordinaire.

86. Dans les villes et les autres lieux où l'office est chanté, on n'admettra aux prélatures que des chantres, à moins de dispense du saint-siége. *Wilkins, t.* III.

LIMERICK (Concile provincial tenu à), l'an 1511. On y publia soixante-dix-sept statuts, dont il ne nous reste que les titres. Le concile fit de nouvelles réclamations en faveur des priviléges des églises, et au sujet de certaines exactions dont on avait à se plaindre. *Ibid.*

LIMOGES (Concile de), *Lemovicense,* l'an 848. Charles le Chauve se trouva présent à ce concile. Les chanoines de Saint-Martial demandèrent instamment qu'on établît la règle parmi eux; ce qui leur fut accordé. *Labb.* VII.

LIMOGES (Conciles de), l'an 1028 et 1031. Odolric, abbé de Saint-Martial de Limoges, ayant fait faire la dédicace de l'église de Saint-Sauveur en 1028, les évêques qui y assistèrent tinrent à la suite de la cérémonie un concile où ils agitèrent la question de l'apostolat de saint Martial. Mais cette question, qui avait déjà été traitée à Paris, dans une conférence qui se tint au palais du roi Robert, fut discutée une troisième fois dans un autre concile qui se tint à Limoges, en 1031. L'abbé Odolric y assista avec dix évêques, y compris Aimon, archevêque de Bourges, président de l'assemblée. On produisit les preuves de l'apostolat de saint Martial. La première était tirée d'une histoire de sa vie, composée sous le nom d'Aurélien, son disciple, qui est reconnue aujourd'hui pour apocryphe. Les autres se réduisaient à montrer que son nom, tant chez les Latins que chez les Grecs, se trouvait dans les litanies entre les apôtres; qu'il était aussi qualifié apôtre dans tous les livres; enfin, que telle était l'ancienne tradition du pays. Toutes ces preuves firent tant d'impression sur le roi Robert, qui était présent, comme sur tous les évêques du concile, que l'apostolat de saint Martial y fut reconnu unanimement. On lut ensuite les canons du concile de Bourges, tenu quinze jours auparavant; ils furent acceptés, à la réserve du second, par lequel il était ordonné de renouveler l'eucharistie tous les dimanches. On dit qu'il suffisait de le faire douze fois l'année, et aux principales fêtes; mais on laissa aux monastères la faculté de la renouveler plus souvent. Sur la plainte des moines de Beaulieu, qu'ils avaient pour abbé un clerc séculier, qui avait succédé à son oncle par l'autorité des seigneurs du pays, Jourdain, évêque de Limoges, fut chargé de leur donner un abbé selon la règle; et l'abbé séculier se démit volontairement, priant les évêques de corriger cet abus. Ils décidèrent qu'un moine pouvait quitter un monastère relâché, pour passer à un plus régulier; que l'on ne toucherait point à un privilége dont jouissait le monastère de saint Martial, d'y administrer le baptême à Pâques et à la Pentecôte, et d'affranchir des serfs, à la charge que ceux qui y auraient été baptisés, se présenteraient le jour même devant l'évêque à la cathédrale, pour recevoir la confirmation; qu'un clerc ou un moine ayant l'ordre de lecteur pourrait prêcher dans toutes les églises; qu'un homicide volontaire, se fût-il fait moine, ne pourrait être promu aux ordres, puisque, selon la réponse du pape à l'abbé Odilon, un tel homme ne devait pas même offrir entre les mains des prêtres, ni recevoir la communion, si ce n'était à la mort; enfin, que personne ne devait recevoir du pape la pénitence et l'absolution sans l'agrément de son évêque, parce qu'il arrivait souvent que l'on surprenait la religion des papes. Les chevaliers du diocèse ayant refusé de promettre la paix par serment, ils furent excommuniés; et, pendant que l'on prononçait contre eux la sentence d'excommunication, les évêques jetèrent à terre les cierges qu'ils tenaient allumés, et les éteignirent. On convint que, si les seigneurs du Limousin continuaient à s'opposer à la paix, l'évêque jetterait une excommunication générale sur tout le diocèse, dont la suite serait qu'on n'accorderait la sépulture qu'aux clercs, aux pauvres mendiants, aux passants, aux enfants de deux ans et au-dessous; que l'office divin se ferait en secret dans toutes les églises; que les messes se diraient les portes fermées; que les autels ne seraient revêtus que lors de la célébration des saints mystères; que l'on ne contracterait point de mariage; qu'on n'userait d'autre nourriture que de celle qui était permise en carême; que, vers l'heure de tierce, on sonnerait toutes les cloches dans toutes les églises, et qu'alors tout le monde prierait pour la paix, le visage prosterné. On déclara toutefois que l'on donnerait, pendant le temps que durerait cette excommunication, le baptême à ceux qui le demanderaient, et la pénitence et le viatique à la mort. Il manque quelque chose à la fin des actes du concile de Limoges de l'an 1031 : le reste, qui fait la plus grande partie, se trouve dans la collection des Conciles, de l'an 1644, au Louvre, dans celles du P. Labbe et du P. Hardouin. *Anal. des conc.* II.

LIMOGES (Concile de), l'an 1052. Ycterius y fut élu évêque de Limoges par le clergé et par le peuple, et ordonné par le métropolitain et ses suffragants. *M. de Mas L.*

LIMOGES (Concile de), l'an 1095. Le pape Urbain II tint ce concile le 23 décembre. On y traita de la croisade contre les Sarrasins; et Humbaud de Sainte-Sévère, évêque de Limoges, y fut déposé, parce que son élection n'avait pas été canonique, attendu qu'Ademar, abbé de Saint-Martial, qui jouissait du droit d'y assister, n'y avait point été appelé. *Anal. des conc.* V.

LIMOGES (Concile de), l'an 1182. Le cardinal légat Henri assembla ce concile le troisième dimanche de carême. Il fut composé des deux provinces de Bourges et de Bordeaux, et eut pour objet la discipline de l'Eglise. *D. Vaissette, t.* III.

LIMOGES (Synode de), le 5 mai 1519, sous Philippe de Montmorenci. Ce prélat y publia des statuts sur les divers points de la discipline ecclésiastique. *Bibl. roy.*, B. 1505, *sans titre d'ouvrage*.

LIMOGES (Statuts synodaux de), publiés par l'évêque Regnauld de la Porte, et cités par Baluze. *Lelong, Bibl. de la Fr. t.* I.

LIMOGES (Synodes de): *Statuta synodalia denuo revisa et adaucta per Joannem de* Langeac, 1533. *Bibl. de la Fr., t.* I.

LIMOGES (Synode de), l'an 1619: Des statuts y furent publiés par l'évêque Raymond de la Martonie (*Bibl. de la Fr., t.* I). Les mêmes statuts ont paru de nouveau en 1629, revus par François de Lafayette, aussi évêque de Limoges. *Stat. et règl. du dioc. de Limoges*, 1629.

LIMOGES (Synode de), l'an 1683. Des ordonnances synodales furent publiées en cette année par l'évêque Louis de Lascaris d'Urfé.

LIMOGES (Synode de), l'an 1703. François de Carbonel de Canisy y publia ses *Ordonnances synodales. Ibid.*

LIMOGES (autres Synodes de). *V.* SAINTE-MARIE DE LIMOGES.

LINCOLN (Synode de), l'an 1212. Wilkins a rapporté sous cette date, dans sa grande collection, les constitutions de l'Eglise de Lincoln. *Angl.* I

LINCOPING (Concile de), l'an 1148. Lincoping ou Londkooping. *Lingacopia*, ou *Lincopia*, est une ville de Suède, avec évêché suffragant d'Upsal. Nicolas Anglicus, légat du pape Eugène III, y célébra ce concile pour l'érection de l'évêché de Lunden en archevêché. *Labb.* X.

LINGONENSIA (*Concilia*); *V.* LANGRES.

LIPPE (Assemblée d'évêques et de seigneurs près de la), de Lipstadt ou de Paderborn, *Lippiense vel Paderbornense*, l'an 780. *Voy.* PADERBORN, même année.

LIPPE (Assemblée mixte près de la), ou à Cologne, *Lippiense vel Coloniense*, l'an 782. *Voy.* PADERBORN, même année.

LISBONNE (Synode de), *Ulyssiponensis*. Il y fut défendu de rien vendre les jours de fête pendant la célébration des messes. *Ben.* XIV, *de Syn. diœc. l.* XI, *c.* III, *n.* 2.

LISBONNE (Synode diocésain de), 30 mai 1640, sous D. Rodrigue da Cunha. Ce prélat y publia cinq livres de Constitutions synodales. *Constituiçones synodales do arcebispado de Lisboa*, 1656.

LISIEUX (Concile de), l'an 1055. Hermenfroi, évêque de Sion en Valais, légat du pape, présida à ce concile. On y accusa Mauger, archevêque de Rouen, d'avoir dépouillé son église, et d'en avoir dissipé les biens par sa prodigalité; de vivre dans l'incontinence, et de manquer de respect pour le saint-siége. En conséquence de ces accusations bien prouvées, Mauger fut déposé, de l'avis unanime de tous les évêques, et Maurille mis à sa place.

LISIEUX (Assemblée de), l'an 1106. Ce concile fut convoqué pour la mi-octobre, par les ordres de Henri Ier, roi d'Angleterre. Ce fut une assemblée mixte, où il y avait plus de seigneurs laïques que de prélats; d'où vient que les règlements qui y furent dressés regardent plus le civil que l'ecclésiastique. *Bessin*.

LISIEUX (Concile de), l'an 1107, mentionné par Ordéric, *l.* II. *Voy.* aussi *Access. ad Sigebertum.*

LISIEUX (Assemblée de), l'an 1119. *Voy.* Ordéric, *l.* II, *p.* 851.

LISIEUX (Synode diocésain de), l'an 1321. En cette année, Gui (1) de Harcourt, évêque de Lisieux, publia cent quarante-sept statuts, sous le titre de *Præcepta synodalia*, dont les quatre-vingt-neuf premiers ne font guère que répéter plusieurs de ceux qu'avait publiés à Rouen, en 1245, le cardinal-archevêque Pierre de Colmie; les suivants, jusqu'au cent-trentième, sont extraits des instructions données aux doyens du diocèse de Rouen, tant en 1245 qu'en 1275, et le reste n'est encore qu'une compilation de statuts qui appartient proprement au cardinal Pierre de Colmie. Nous allons rapporter ici le peu qui soit propre au diocèse de Lisieux, et que l'évêque Gui de Harcourt ne fit guère que renouveler d'anciens statuts publiés, vers la fin du treizième siècle, par son prédécesseur Guillaume d'Asnières.

Præc. 2. Ordre à tous les prêtres ayant charge d'âmes de se rendre au synode, sous peine de mise en séquestre de toutes leurs dîmes et de tous les fruits de leurs bénéfices.

Pr. 4. On n'admettra que deux parrains et une marraine pour un garçon à baptiser, et un parrain seulement avec deux marraines pour une fille.

Pr. 15. On ne dira point la messe, même sous prétexte de nécessité, avant d'avoir récité matines et prime, et après la messe ou ne sortira point de l'église qu'on n'ait récité aussi l'office des défunts, à moins d'une nécessité réelle qui serve d'excuse. Le prêtre qui dira la messe sans clerc sera puni sévèrement.

Post 38[um] *P.* On n'admettra personne à prêter serment sur les saints Evangiles, c'est-à-dire, à plaider, depuis la Septuagésime jusqu'aux octaves de Pâques, ni dans les jours de quatre-temps ou de litanies majeures, ni les dimanches, ni pendant les rogations, à moins que ce ne soit pour cause d'accommodement.

Post 50[um]. On excommuniera le détenteur d'un bien appartenant à une église, et l'on interdira le lieu où sera détenue la chose, si ce lieu est du domaine du détenteur.

Post 54[um]. Si quelqu'un vient à mourir sans avoir fait de testament, le prêtre qui en aura connaissance, en avertira sur-le-champ,

---

(1) Lenglet du Fresnoy veut que ce soit un concile tenu en 1321 sous Hugues d'Harcourt; mais l'évêque d'alors ne s'appelait pas Hugues, il s'appelait Gui de Harcourt, et de plus, seul avec ses prêtres, il n'a pas pu tenir un concile. La même erreur a été répétée par M. de Mas Latrie.

sous peine de suspense, l'évêque ou l'official.

Post 63um. Les prêtres défendront, sous peine d'excommunication, de manger de la viande les jours même de dimanche en carême. *Bessin, Conc. Rotom. prov.*

LISIEUX (Synode de), l'an 1448, sous Thomas Basin. Quarante-sept nouveaux statuts y furent publiés, en particulier sur le devoir de la résidence, sur les règles à observer par rapport au mariage, sur l'office des prédicateurs, et pour la répression de quelques abus, tant dans le peuple que parmi le clergé. Bessin rapporte mal à propos ce synode à l'an 1452, dans la table qu'il a donnée des synodes de Lisieux, puisque, dans les statuts mêmes, la date en est portée à l'an 1448. *Conc. Norm., P. II, p.* 481.

LISIEUX (Synode diocésain de), l'an 1510, tenu par Jean le Veneur, cardinal évêque et comte de Lisieux, et grand aumônier de France. Ce prélat y publia des statuts relatifs à la tenue des synodes, à l'administration des sacrements, à la célébration des fêtes, à la vie cléricale, au gouvernement des paroisses, aux confréries et aux quêtes, aux oratoires particuliers, à la conservation des biens ecclésiastiques, aux sépultures et aux testaments, aux excommunications, aux processions, etc. Les devoirs des prêtres y sont tracés avec précision dans le tableau suivant qu'il convient de mettre sous les yeux du lecteur :

Bonus sacerdos debet esse : Alienus a peccatis ; Segregatus a populis ; Rector, non raptor ; Speculator, non spiculator ; Dispensator, non dissipator ; Pius judicio ; Justus consilio ; Devotus in choro ; stabilis in ecclesia ; Sobrius in convivio ; Prudens in lætitia ; Purus in conscientia ; Pudicus in verbis ; Verax in sermone ; Assiduus in oratione ; Humilis in congregatione ; Dives in virtutibus ; Miles in bonis actibus ; Sapiens in loquela ; Securus in prædicatione.

LISIEUX (Synode de), l'an 1650, sous Léonor de Matignon. Ce prélat y publia une ordonnance sur les articles suivants : Du baptême ; de la confession annuelle ; de l'eucharistie ; de l'exposition et procession du saint sacrement ; de la communion pascale ; du saint viatique ; du mariage et de ses formalités ; des bans ; des fiançailles ; des ordinands ; des ecclésiastiques ; des prêtres ; des prédicateurs ; des confesseurs et des cas réservés ; des vicaires ; des curés ; des doyens ruraux ; de la distribution des saintes huiles ; des églises et cimetières ; du service divin et des processions ; de la profanation des dimanches et des fêtes ; du synode ; des calendes ; des conférences ; des charités et confréries ; des petites écoles. Nous n'allons rapporter que quelques-uns de ces derniers.

Du synode. I. Le synode général de nôtre diocese se tiendra tous les ans (si nous n'en disposons autrement) en nôtre ville episcopale le mardi de devant la fête de la Pentecôte, où tous nos doyens, curez, et autres personnes ecclesiastiques à ce obligez de droit, se trouveront, sans exception d'aucun, sous peine d'amende arbitraire.... IV. Le premier mardi d'octobre se tiendra un autre synode particulier dans nôtre palais episcopal, où tous les doyens de nôtre diocese se rendront.....

« *Des Calendes.* II. Tous les curez, vicaires et autres ecclesiastiques, seront obligez de se trouver aux calendes de leur doyenné en soûtane, surplis et bonnet quarré ; et d'assister à la procession, et à la grande messe qui sera chantée et celebrée avec diacre, soûdiacre, et autres officiers ordinaires... IV. Après la messe, et le diner qui sera fort frugal, et où l'on fera la lecture ; les curez nous rendront compte, ou à nos deputés, de l'etat de leurs paroisses, des contraventions à nos ordonnances, des affaires considerables et importantes qui seront arrivées pendant le cours de l'année, et de la conduite de ceux qui aspirent à la tonsure et aux ordres sacrez.

« *Des Conferences.* III. Les directeurs de chaque conference nous envoyeront tous les mois, ou à nos grands-vicaires, le resultat de ce qui y aura été traité, avec les noms de ceux qui s'y seront trouvez, et de ceux qui y auront manqué.

« *Des petites Ecoles.* I. Comme il est important de ne pas commettre toute sorte de personnes pour l'instruction des enfans, nous défendons à tous laïques de s'ingerer à tenir les petites écoles, sans nôtre permission, et après avoir reçû nôtre approbation par écrit, ou celle de nos vicaires generaux. III. Nous voulons que dans les petites écoles, on enseigne aux enfans, non-seulement à lire et à écrire, mais aussi les principaux mysteres de nôtre foi : l'Oraison dominicale, la Salutation angelique, le Symbole des apôtres, les Commandemens de Dieu et de l'Eglise, la maniere de se bien confesser et communier, d'assister à la sainte messe, et de la bien servir, le respect dans les églises, l'obeissance à leurs parens, et tout ce qui est du devoir d'un bon chretien. *Bessin.*

LISIEUX (autres Synodes de). *Voy.* NORMANDIE.

LIVONIE (Concile de), *Livoniense*, l'an 1611. *Voy.* RIGA, même année.

LODÈVE (Concile de), *Leutevense*, l'an 1325, par l'archevêque Bernard de la Guionie. *Gallia Christ., t.* VI, *p.* 534.

LODI (Conciliabule de), *Laudense*, l'an 1161. Ce faux concile commença le 19 juin, et finit le 25 juillet. L'élection de l'antipape Victor y fut confirmée en présence de l'empereur Frédéric. *Labb.* X.

LODI (Synode diocésain de), *Laudensis*, les 28, 29 et 30 mars 1689, sous Barthélemi Menatti. Les statuts publiés dans ce synode sont suivis d'un grand nombre de pièces contenant des décisions des congrégations romaines ou du saint-siége sur les questions agitées à cette époque. *Synod. diœc. Laud. sexta, Laudæ,* 1690.

LOGRONO (Synode de), l'an 1553. Bernard de Juco, évêque de Calahorra et de la Calçada, y publia ses constitutions, divisées en cinq livres. *Constituçiones synod. del obispado de Çalahorra, Léon,* 1555.

LOIRÉ (Concile de) en Anjou, *Lauriacense,* l'an 843. Ce concile, dont on ignore à vrai dire le lieu précis, que ce soit Loiré près de Candé, comme le prétend M. de Mas Latrie, ou Lorris ou Lauriac, comme le soutiennent Salmon et Richard, ou dans le diocèse d'Orléans, comme le dit le P. Le Long, ou Liré près de Champtoceaux, ou Louerre, enfin, près de Gennes, *ad Ligerim*, comme le donnent à conjecturer les statuts synodaux d'Angers, se tint au mois d'octobre 843, et l'on y fit quatre canons, avec anathème contre ceux qui ne les observeraient pas.

Le 1er est contre les transgresseurs publics de la loi de Dieu, et contre ceux qui, convaincus de crimes devant les tribunaux ecclésiastiques, refuseraient d'en subir le jugement.

Le 2e, contre ceux qui attenteront à la dignité royale, et n'en feront point une satisfaction convenable.

Le 3e, contre ceux qui refuseront d'obéir à la puissance royale qui, selon l'Apôtre, est établie de Dieu.

Le 4e, contre ceux qui oseront violer ce que le concile a établi pour le maintien de la tranquillité de l'Eglise, de la vigueur sacerdotale et de la dignité royale.

Comme on le voit, ces canons, qui furent reproduits deux ans après au concile de Meaux, aussi bien que ceux du concile de Coulaines, sont assez semblables, pour le fond, à ces derniers. L'opinion du P. Sirmond est que l'occasion du concile de Loiré fut la révolte de Lambert, comte de Nantes. Travers (*Hist. de Nantes*) prétend avoir trouvé deux autres canons appartenant à ce concile, qui condamnent très-fortement ceux qui prétendaient connaître la durée d'un règne, et qui devait être le successeur du prince régnant.

LOMBERS (Concile de), l'an 1176, qu'il ne faut pas confondre avec Lombez, ancienne ville épiscopale, est une petite ville située à deux lieues d'Albi. On met ordinairement ce concile, qui s'y tint, à l'an 1176, quoiqu'on lise dans quelques manuscrits qu'il fut tenu l'an 1165. L'hérésie des Vaudois, qui se faisaient appeler *bons hommes*, y donna occasion, et les plus savants de ces hérétiques y assistèrent avec cinq juges de la dispute, choisis des deux partis : savoir Gaucelin, évêque de Lodève; Roger, abbé de Castres; Pierre, abbé d'Ardurelle; Ernaud, prêtre de Narbonne, et l'abbé de Candille. Pons d'Arsac, archevêque de Narbonne, les évêques de Nîmes, de Toulouse, d'Agde, et plusieurs abbés et autres personnes de distinction, assistèrent au concile, entre autres, Trincavel, vicomte de Béziers; Constance, comtesse de Toulouse; Sicard, vicomte de Lautreck.

Gaucelin, évêque de Lodève, chargé de la part de Giraw, évêque d'Albi, d'interroger ces hérétiques, leur demanda s'ils recevaient tout l'ancien Testament; ils répondirent qu'ils ne recevaient que le nouveau. Ils dirent, sur l'eucharistie, que tout homme de bien, tant clerc que laïque, la consacrait; sur le mariage, qu'il est accordé à cause de la luxure et de la fornication; sur la pénitence, qu'il suffisait aux malades de se confesser à qui ils voudraient; sur la satisfaction par les jeûnes, les macérations et les aumônes, que saint Jacques ne parlait que de la confession; qu'ils ne voulaient pas être meilleurs que cet apôtre, ni rien ajouter du leur comme faisaient les évêques. Ils dirent ensuite qu'on ne doit faire aucun serment; que ceux qui n'ont pas les qualités que saint Paul exige dans les évêques et les prêtres, ne sont ni évêques ni prêtres, quoiqu'ils aient été ordonnés, mais des loups ravissants, des hypocrites et des séducteurs, à qui l'on ne doit pas obéir. On les réfuta par l'autorité de l'Écriture-sainte, et on les condamna comme hérétiques. Se voyant condamnés, ils présentèrent une profession de foi qui était catholique; mais, quelque instance qu'on leur fit de jurer que telle était leur croyance, ils ne le voulurent point, disant que l'Evangile et les Epîtres leur défendaient de jurer. L'évêque de Lodève prononça de nouveau qu'ils étaient hérétiques, en cela même qu'ils niaient que le serment fût permis, et leur prouva le contraire par saint Paul, qui prend souvent Dieu à témoin dans ses Epîtres. Ces hérétiques furent depuis nommés *Albigeois*, à cause qu'ils s'étaient beaucoup répandus dans le diocèse d'Albi. Leur hérésie tenait de celle des manichéens, puisqu'ils rejetaient l'ancien Testament et condamnaient le mariage; ce que faisaient aussi les manichéens. *Reg. t.* XXVII; *Lab. t.* X; *Hard. t.* VI.

LOMBEZ (Synode de), *Lumbariensis*, l'an 1534. Henri, suivant le P. Lelong, ou plutôt Bernard d'Ornezan, évêque de Lombez, publia dans ce synode des statuts, où il entre dans un détail fort minutieux sur les sacrements, la vie des clercs, les testaments et les sépultures, les fêtes d'obligation et autres, les excommunications et les moyens de répression à employer contre les concubinaires publics. *Bibl. de la Fr., t.* I.

LOMBEZ (Synode de), en 1627, ou Ordonnances synodales de Bernard d'Affis. *Ibid.*

LONDRES (Concile de), *Londinense*, l'an 605 ou environ. Saint Augustin, premier archevêque de Cantorbéry, présida à ce concile. On y déclara nuls les mariages contractés dans le troisième degré de parenté, ou avec des filles consacrées à Dieu par le vœu de virginité. *Angl.* I.

LONDRES (Conciles de), l'an 712 ou 714. L'un de ces deux conciles eut pour objet le culte des images; et l'autre, le rétablissement de la paix.

LONDRES (Concile de), l'an 833. Withglaph, roi des Merciens, fit assembler ce concile, où il assista en personne, pour y donner des marques de libéralité à l'abbaye de Croyland, et lui accorder divers privilèges. *Angl.* I.

LONDRES (Concile de), l'an 944. Le roi Edmond convoqua ce concile pour le temps de Pâques. Ce fut une assemblée mixte des évêques et des grands de son royaume. On y fit les règlements qui suivent :

1° Les personnes consacrées à Dieu garderont la chasteté convenable à leur état, sous peine de perdre leurs biens temporels.

2° On payera les dîmes, sous peine d'excommunication.

3° Si un serviteur du roi a commis un homicide, il ne se présentera devant lui qu'après avoir fait pénitence de son crime, au jugement de l'évêque et de son confesseur.

4° Celui qui aura eu un méchant commerce avec une vierge consacrée à Dieu fera pénitence comme pour un homicide, et un adultère de même.

5° L'évêque fera les réparations des églises à ses dépens.

6° Les parjures et les enchanteurs seront éternellement rejetés de Dieu, s'ils ne font pénitence. *R.* XXV; *L.* IX; *H.* VI; *Angl.* I.

LONDRES (Concile de), l'an 948. Ce concile fut convoqué par le roi Edred pour le 8 septembre, et composé des prélats et des grands de toute l'Angleterre qui eurent à y traiter des affaires du royaume. Tout étant terminé, le roi donna l'abbaye de Croyland à Turquetel, son chancelier, qui avait refusé deux évêchés. *Angl.* I.

LONDRES (Concile de), l'an 971, présidé par saint Dunstan, archevêque de Cantorbéry. Edgar, roi d'Angleterre, y confirma les priviléges dont jouissait dès cette époque le monastère de Glaston, en se réservant toutefois, à lui et à ses successeurs, le droit de remettre la crosse entre les mains de l'abbé que les moines auraient élu. *Conc.* t. XI.

LONDRES (Concile de), l'an 1036. *Voy.* WESTMINSTER, même année.

LONDRES (Concile de), l'an 1070. Agéleric, évêque de Sussex, et plusieurs abbés, furent déposés dans ce concile.

LONDRES (Concile de), l'an 1075. Ce concile, qui passe pour national, fut assemblé par les soins de Lanfranc, archevêque de Cantorbéry. Thomas, archevêque d'York, y assista, et il y eut de plus onze évêques d'Angleterre, avec l'évêque de Coutances, qui y fut admis lui-même à cause des grandes terres qu'il possédait en Angleterre ; il s'y trouva aussi plusieurs abbés. On travailla, dans ce concile, au rétablissement de la discipline, et l'on fit à ce sujet quelques règlements.

1. Comme on ne se souvenait pas du rang que devaient tenir les évêques, à cause de l'interruption des conciles, il fut réglé que chacun serait assis suivant le temps de son ordination ; mais on en usa autrement envers ceux qui firent preuve de leurs priviléges.

2. On statua que tous les moines vivraient selon la règle de saint Benoît ; qu'ils auraient soin d'enseigner la jeunesse, et qu'ils ne posséderaient rien en propre.

3. On décida que trois évêchés, qui étaient dans des bourgs ou des villages, seraient transférés dans des villes.

4. On renouvela les anciens canons qui défendaient de recevoir un clerc d'un autre évêque sans lettre de recommandation de sa part, et les mariages entre parents dans les degrés prohibés. On y ordonna aussi le célibat pour les prêtres, et l'on y défendit la simonie, les sortiléges, les superstitions, telles, entre autres, que celle de suspendre en certains lieux des os d'animaux sous prétexte de préserver les autres de contagion. On défendit encore aux clercs de prendre part à un jugement tendant à la mort ou à la mutilation des membres. *Angl.* I.

LONDRES (Concile de), l'an 1078. Lanfranc, archevêque de Cantorbéry, présida à ce concile. On y décida que quelques siéges épiscopaux, qui étaient dans des bourgs et des bourgades, seraient transférés dans des villes : ce qui procura aux villes de Bath, de Lincoln, d'Excester, de Chester et de Chichester, la dignité de villes épiscopales. On y déposa aussi saint Wulstan, évêque de Worcester, sous prétexte qu'il était ignorant, mais en effet, à ce que l'on disait, parce que le roi Guillaume voulait qu'on mît un Normand à sa place : ce qui n'eut pas lieu, si l'on en croit Polydore Virgile, qui rapporte, pag. 158 du IX° livre de son *Histoire*, que saint Wulstan, contraint de dépouiller les habits pontificaux, se tourna vers le roi et lui parla en ces termes : « Un roi meilleur que vous me les a donnés, et je les lui rendrai. » Le saint évêque courut en même temps au tombeau du roi saint Edouard, qui l'avait élevé à l'épiscopat, y déposa ses habits pontificaux, et enfonça si avant sa crosse dans la pierre du sépulcre, qu'il fut impossible de l'en retirer : ce qui fit que le roi Guillaume et l'archevêque Lanfranc obligèrent saint Wulstan, par les plus vives instances, à reprendre son siége et ses ornements pontificaux. *Wilkins*, t. I, p. 367.

LONDRES (Conciles de), l'an 1085. Deux conciles furent tenus cette année à Londres par l'archevêque Lanfranc, dans le but de réformer ou de régler la discipline. *Wilkins*, t. I, p. 369.

LONDRES (Concile de), l'an 1102. Ce concile fut tenu, par la permission de Henri Ier, roi d'Angleterre, sous le pontificat du pape Pascal II : saint Anselme, archevêque de Cantorbéry, et primat du royaume, y présida. L'archevêque d'York y assista, de même qu'un grand nombre d'évêques, d'abbés et de grands seigneurs d'Angleterre. Nous en avons les trente canons qui suivent :

1. On condamne la simonie, et l'on dépose quelques abbés qui s'en trouvent coupables.

2. On défend aux évêques d'exercer les fonctions de magistrats civils. On leur ordonne de porter des habits conformes à leur état, et d'avoir toujours avec eux des personnes d'une vie irréprochable, pour être témoins de leurs actions.

3. Défense de donner des archidiaconats à ferme.

4. Défense de faire des archidiacres qui ne soient point diacres.

5. Défense aux archidiacres, prêtres, diacres, chanoines, d'épouser des femmes, ou de retenir celles qu'ils ont déjà. Quant aux sous-diacres, ils seront obligés de renvoyer les femmes qu'ils auront prises, après avoir fait profession de chasteté.

6. Défense aux prêtres de célébrer la messe tant qu'ils garderont leurs femmes, et aux laïques d'entendre la messe de ces prêtres incontinents.

7. On n'admettra personne au sous-diaconat, s'il ne promet solennellement de garder la continence.

8. Les fils des prêtres n'hériteront pas des églises de leurs pères.

9. Les clercs ne seront pas procureurs dans des affaires civiles, ni juges dans des causes criminelles.

10. Les prêtres n'iront pas boire aux cabarets.

11. Les habits des clercs seront tout d'une même couleur; et leurs souliers, simples et modestes.

12. Les moines et les clercs apostats seront obligés de reprendre leur état, sous peine d'excommunication.

13. Les clercs porteront des couronnes.

14. Les dîmes ne seront payées qu'aux églises.

15. On n'achètera ni églises ni bénéfices.

16. On ne fera point bâtir de nouvelles chapelles sans le consentement de l'évêque.

17. On ne consacrera point une église avant qu'on ait pourvu au nécessaire, tant de l'église que du prêtre qui doit la desservir.

18. Les abbés ne porteront point d'armes. Ils mangeront et coucheront dans le réfectoire et le dortoir communs, avec leurs moines, hors le cas de nécessité.

Les premiers mots latins de ce canon, qui est le dix-septième dans les collections de France, et le dix-huitième dans celles d'Angleterre, sont : *Ne abbates faciant milites*, que quelques-uns rendent ainsi : « Les abbés ne feront point de chevaliers, » c'est-à-dire qu'ils ne leur donneront point la bénédiction solennelle comme les évêques.

19. Les moines n'imposeront la pénitence qu'à ceux qui sont sous la juridiction de l'abbé, avec sa permission seulement.

20. Les moines ne seront pas parrains, ni les religieuses marraines.

21. Les moines ne tiendront point de métairies à ferme.

22. Les moines ne recevront point d'églises, à moins que l'évêque ne les leur donne; et quant à celles qu'ils auront reçues de lui, ils ne les dépouilleront pas de leurs revenus au point qu'elles manquent du nécessaire, elles et les prêtres qui les desservent.

23. Les promesses de mariage que deux personnes se seront faites en cachette et sans témoins deviendront nulles si l'une ou l'autre de ces personnes vient à les nier.

24. On fera couper les cheveux à tous les hommes de façon qu'une partie des oreilles paraisse, et que les yeux soient découverts.

Ce canon fut fait à l'occasion des jeunes gens du monde, qui laissaient croître leurs cheveux comme les femmes, qui avaient sans cesse le peigne à la main pour les peigner, et qui marchaient dans les rues avec des postures efféminées. En général, on regardait alors comme un luxe efféminé dans les laïques, de porter les cheveux longs. Saint Anselme marque dans une lettre, qu'il était défendu à ceux qui portaient leurs cheveux longs d'entrer dans les églises. Serlon, évêque de Séez, étant allé trouver à Carantan Henri, roi d'Angleterre, fut scandalisé de voir la plupart des seigneurs anglais porter de longs cheveux comme des femmes. Il fit un sermon pathétique contre ce luxe, et, tirant, en finissant, une paire de ciseaux de sa manche, il alla couper les cheveux au roi et ensuite aux courtisans. Godefroi, évêque d'Amiens, se trouvant l'an 1109 à Saint-Omer avec Robert, comte de Flandre, y chanta la messe de minuit, et ne voulut pas recevoir les offrandes de ceux qui portaient des cheveux longs. Mais les courtisans, ne voulant pas se priver de la bénédiction d'un si saint évêque, se mirent sur-le-champ à couper leurs cheveux.

25. Les parents ne se marieront point ensemble jusqu'à la septième génération. Ceux qui seront ainsi mariés se sépareront, et ceux qui en auront connaissance sans en avertir seront censés coupables du même crime.

26. Les corps des défunts ne seront point enterrés hors de leurs paroisses, afin que leurs curés ne perdent point leurs justes honoraires.

27. Défense de rendre aucun honneur ou culte religieux aux corps des morts, aux fontaines et aux autres choses semblables, sans la permission de l'évêque.

28. On défend la mauvaise coutume de ce temps-là, de faire trafic des hommes, en les vendant comme des bêtes.

29. On défend, sous peine d'anathème et sous d'autres peines rigoureuses, le crime de Sodome, et l'on en réserve l'absolution à l'évêque.

30. On publiera cette sentence tous les dimanches par toute l'Angleterre. *Reg. t. XX; Lab. t. X; Hard. t. VI; Anglic. t. I. Anal. des conc.*

LONDRES (Concile de), l'an 1103. Il y eut un grand débat dans ce concile entre le roi Henri et saint Anselme, au sujet des investitures des églises données par ce prince. Le prélat n'ayant pas voulu les reconnaître, le roi commanda arbitrairement à l'archevêque d'York de consacrer les évêques qu'il avait investis. *Anglic. I, p. 384.*

LONDRES (Concile de), l'an 1107. Ce Concile, qui est appelé *général*, se tint en présence et dans le palais même du roi Henri Ier. Ce prince y renonça au prétendu droit d'investiture par l'anneau et la crosse, et y fit remplir les églises vacantes. Saint Anselme, qui se trouvait à ce concile, se hâta de mander ces bonnes nouvelles au pape Pascal II. *R.* XXVI; *L.* X; *H.* VII; *Anglic.* I.

LONDRES (Concile de), l'an 1108. Saint Anselme, archevêque de Cantorbéry, tint ce concile le 24 mai, aux fêtes de la Pentecôte, et y fit dix règlements contre l'incontinence des clercs. *Lab* X.

LONDRES (Concile de), l'an 1109. Ce Concile fut tenu en présence du roi Henri, pour la consécration de Thomas, archevêque d'York, qui toutefois ne fut sacré qu'après avoir reconnu la primatie de l'Eglise de Cantorbéry, et promis l'obéissance à tous les archevêques présents et à venir de cette métropole. *Ibid.*

LONDRES (Concile de), l'an 1125. Jean de Crême, prêtre-cardinal du titre de saint Chrysogone, envoyé en Angleterre, avec la qualité de légat, par les papes Calliste II et Honorius II, convoqua ce concile sous le règne de Henri Ier, roi d'Angleterre, et le pontificat d'Honorius II, qui avait été élu pape vers le milieu de décembre de l'an 1124. Le légat fit l'ouverture du concile le 9 septembre à Westminster, assisté des archevêques de Cantorbéry et d'York, de vingt évêques, d'environ quarante abbés et d'une multitude de clercs. Selon la chronique de Saxe, le concile dura trente jours entiers, pendant lesquels on travailla à la réformation des mœurs et de la discipline : on fit à ce sujet dix-sept canons, qui sont à peu près les mêmes que l'on avait publiés dans les conciles tenus sous saint Anselme. Ils combattent particulièrement la simonie, l'incontinence des clercs, les ordinations sans titre, la pluralité des bénéfices, les mariages entre parents jusqu'à la septième génération ; mais le concile déclara que les maris qui voudraient se séparer de leurs femmes sous prétexte de consanguinité ne seraient pas admis à en donner la preuve par témoins. Il y est défendu de s'approprier un bénéfice par voie d'hérédité, et de se donner un successeur. Le concile décerna aussi la peine de privation de bénéfices contre les bénéficiers qui refuseraient de se faire promouvoir aux ordres, afin de vivre en plus grande liberté.

LONDRES (concile de), l'an 1127. Guillaume de Corbeil, archevêque de Cantorbéry et légat du saint-siége, présida à ce concile, qui se tint à Westminster, le 13 mai et les deux jours suivants. Les évêques d'Angleterre et d'Ecosse s'y trouvèrent avec un grand nombre d'abbés et de personnes pieuses; ce qui fait qu'on le regarde comme un concile national. On y fit douze canons.

Les trois premiers condamnent la simonie, et défendent de rien exiger pour la collation des bénéfices, pour les ordres, pour la réception des moines, des chanoines et des religieuses.

4. On ne donnera les doyennés qu'à des prêtres, et les archidiaconés qu'à des diacres.

5. On défend aux ecclésiastiques qui sont dans les ordres sacrés, et aux chanoines, d'avoir des femmes chez eux, et l'on prive de leurs bénéfices et des fonctions de leurs ordres ceux qui ont des concubines.

6. On charge les archidiacres de veiller sur ces désordres et de tâcher d'en délivrer l'Eglise.

7. On ordonne que les concubines des prêtres et des chanoines soient expulsées des paroisses, et que celles qui sont retombées dans le crime soient mises en pénitence et vendues.

8. Défense de posséder deux prieurés à la fois.

9. Défense aux clercs d'être procureurs ou receveurs de fermes ou de maisons de campagne.

10. Ordre de payer exactement la dîme.

11. Défense de donner ou de recevoir des dîmes ou des bénéfices ecclésiastiques sans le consentement de l'évêque.

12. Les abbesses et les religieuses doivent porter des habits simples. *Anglic.* I.

LONDRES (Concile de), l'an 1129. Ce concile fut convoqué par les ordres du roi Henri Ier, et dura depuis le premier lundi du mois d'août jusqu'au vendredi. Il y fut ordonné que tous les prêtres concubinaires quitteraient leurs concubines. Mais le roi s'étant approprié le droit de faire exécuter cette ordonnance et de punir les coupables, il en tira des sommes considérables, et ne remédia à rien. *Wilkins, tom.* I, *p.* 411.

LONDRES (Assemblée tenue à), l'an 1132. On y jugea un différend qui s'était élevé entre l'évêque de Saint-David et celui de Landaff au sujet des limites de leurs diocèses. *Ex. Annal. Waverl.*

LONDRES (Concile de), l'an 1136. *Voyez* WESTMINSTER, même année.

LONDRES (Concile légatin de), l'an 1138. Albéric, évêque d'Ostie et légat du saint-siége, tint ce concile dans l'église de Saint-Paul. Sur son ordre, Henri, évêque de Winchester, conféra le diaconat à Richard de Beaumeis, et le même jour, Thibauld, abbé du Bec, fut élu par les prélats archevêque de Cantorbéry, en présence de Jérémie, prieur de cette église. Bientôt, après avoir reçu la consécration épiscopale, il partit pour Rome avec le légat, et le pape lui donna le pallium. *Matth. Paris.* Selon Wilkins, ce concile n'est pas autre que le suivant, et à l'exception des ordinations, qui se firent effectivement à Saint-Paul de Londres, tout se passa à Westminster.

LONDRES (autre concile de), l'an 1138. *Voy.* WESTMINSTER.

LONDRES (Concile légatin de), l'an 1141, tenu par l'évêque de Winchester, légat du saint-siége. Sur la plainte que présenta le roi Etienne, sorti tout récemment de captivité, le concile excommunia, conformément aux instructions du pape Innocent, ceux qui avaient pris ce prince en trahison. *Ex Annal. Waverl.*

LONDRES (Concile de), l'an 1142 ou 1143. Matthieu Paris met ce concile à l'an 1142, et Roger de Hoveden à l'an 1143. Il fut tenu à la mi-carême par Henri, évêque de Winchester et légat du saint-siége, en présence du roi Étienne, contre ceux qui maltraitaient les clercs. *Wilkins, t. I, p.* 420.

LONDRES (Concile de), l'an 1151. Thibaud, archevêque de Cantorbéry, tint ce concile à la mi-carême, en présence du roi Etienne, de son fils Eustache et des grands du royaume. Il fut principalement question dans ce concile des appellations à Rome, et on y appela trois fois pour diverses affaires. Henri de Hungsington, historien anglais, dit, à ce que rapporte ici le P. Richard, qu'auparavant ces sortes d'appels n'étaient pas en usage, et que Henri, qui fut évêque de Winchestre, depuis l'an 1129 jusqu'à l'an 1171, fut le premier qui les fit valoir dans le temps qu'il était légat du saint-siége. Cet historien ignorait apparemment l'histoire de saint Anselme, et la réponse qu'il fit au roi qui lui alléguait l'usage de l'Angleterre : « Vous dites qu'il est contre votre coutume que j'aille consulter le vicaire de saint Pierre pour le salut de mon âme et le gouvernement de mon Eglise; et moi, je déclare que cette coutume répugne à Dieu et à la justice, et que tout serviteur de Dieu doit la mépriser. » *S. Anselme, par M. de Montalembert*, VI, *p.* 82. L'éditeur de Venise a publié, d'après Baluze, huit canons de ce concile de Londres sur la discipline. *Anglic.* I.

LONDRES (Concile de), l'an 1154. Ce concile fut tenu pendant le carême, en présence du roi Henri II. On y fit revivre les anciennes coutumes énoncées dans la charte de saint Edouard, et les priviléges du clergé. *Labb.* X

LONDRES (Concile de) ou de Westminster, l'an 1162. Ce concile se tint le 26 mai, veille de la Pentecôte. Le roi Henri II y assista, et Thomas Becquet, chancelier du royaume, y fut élu d'une voix unanime archevêque de Cantorbéry, non par tous les évêques d'Angleterre, comme le dit Baronius, mais par tous les suffragants de l'Eglise de Cantorbéry, selon l'usage. Ce concile ne fut donc pas un concile national ou général de tout le royaume d'Angleterre, mais un concile provincial seulement. *Anglic.* I, *p.* 434. *Richard, t.* V.

LONDRES (Assemblée générale d'évêques, d'abbés, de comtes et de barons, etc., tenue à), l'an 1170, d'après l'ordre du roi Henri II. Ce prince y fit sacrer roi son fils Henri par Roger, archevêque d'York, au mépris du droit attaché au siége de Cantorbéry. Les évêques présents eurent la faiblesse de se faire les complices de cette iniquité. *Ex Chron. Gervas.*

LONDRES (Concile de), l'an 1173. Ce concile se tint le 6 juillet. Richard, prieur du monastère de Saint-Augustin, y fut élu archevêque de Cantorbéry. On y lut ensuite la bulle du pape Alexandre III, qui canonisait saint Thomas, archevêque de Cantorbéry. Wilkins croit qu'il faut attribuer à ce concile vingt-sept règlements ou canons de discipline qu'il rapporte, et qui sont pris des anciens conciles, de même que ceux du concile de Londres de l'an 1175.

LONDRES (Concile de). *Londinense,* l'an 1175. Richard, archevêque de Cantorbéry, tint ce concile au mois de mai, le dimanche avant l'Ascension, dans l'église de Saint-Pierre de Westminster. Les évêques suffragants de Cantorbéry et les abbés de ce diocèse s'y trouvèrent avec le roi Henri II et son fils. On y publia, du consentement du roi et des seigneurs, les dix-neuf canons suivants :

1. Les clercs, engagés dans les ordres sacrés, qui ont une concubine qu'ils ne veulent pas chasser, après en avoir été avertis trois fois par leurs évêques, seront privés de tout office et de tout bénéfice ecclésiastique.

2. Défense aux clercs, sous peine de déposition, d'entrer dans les cabarets pour y boire et y manger, à moins qu'ils ne soient en voyage.

3. Défense à ceux qui sont dans les ordres sacrés, sous peine de privation de leur ordre, de leur office et de leur place, de rendre des jugements en des causes où il s'agit de mutilation de membres, ou d'en couper eux-mêmes, et aux prêtres, sous peine d'anathème, d'exercer la charge de vicomte ou de prévôt séculier.

L'Eglise était obligée de faire ces défenses, parce que l'ignorance des laïques était cause que l'on donnait à des clercs les charges de judicature.

4. L'archidiacre obligera les clercs qui ont des cheveux longs à se les couper, et les clercs seront chaussés modestement, sous peine d'excommunication.

5. On déclare nulles les ordinations de clercs faites par un évêque étranger sans le consentement de l'évêque diocésain, et l'on suspend les évêques qui ont fait ces ordinations.

6. Défense, sous peine d'anathème, de juger des procès criminels dans les églises ou dans les cimetières.

7. Défense de rien exiger pour l'administration des sacrements et pour le droit de sépulture.

8. Les évêques qui prennent de l'argent pour l'entrée en religion ou en canonicat sont excommuniés.

9. Défense de donner des églises à quelqu'un sous prétexte de le doter, et de rien exiger pour la présentation à un bénéfice.

10. Défense aux ecclésiastiques et aux moines d'exercer le métier de marchands ou de tenir des métairies à ferme, et aux laïques d'affermer des bénéfices.

11. Défense aux clercs, sous peine de déposition, de porter des armes.

12. Les vicaires qui veulent avoir des bénéfices des titulaires, contre la promesse qu'ils leur ont faite, ne seront plus admis à faire leurs fonctions dans le même diocèse.

13. On payera exactement la dîme de toutes choses, et cela sous peine d'excommunication.

14. Le clerc qui perdra son procès sera condamné aux dépens envers sa partie, et

s'il ne peut les payer, il sera puni selon que l'évêque le jugera à propos.

15. Le nombre des préfaces, qui doivent être dites à la messe selon les jours, sera fixé à dix, et il ne sera point permis d'y en ajouter de nouvelles.

16. Défense de donner l'eucharistie trempée dans le vin, sous prétexte de rendre la communion plus complète.

17. Défense de consacrer l'eucharistie autrement que dans un calice d'or ou d'argent, et aux évêques d'en bénir qui soient d'étain.

18. Aucun fidèle, de quelque condition qu'il soit, ne se mariera clandestinement; mais on le fera publiquement, avec la bénédiction du prêtre; et le prêtre qui aura célébré un mariage en secret sera suspens de son office pour trois ans.

19. Défense de marier les enfants qui n'ont pas l'âge nubile selon les lois et les canons, si ce n'est qu'on soit obligé de tolérer ces sortes de mariages pour quelque grande nécessité, comme pour le bien de la paix. *Angl.* I, *Anal. des conc.* II.

LONDRES (Concile de), l'an 1185. Ce concile eut le même objet que celui de Paris de la même année (*Voy.* ce mot). Les deux rois de France et d'Angleterre, qui s'étaient consultés là-dessus, convinrent d'aider et de secourir les lieux saints en hommes et en argent. *Baronius et Pagi in hunc ann.*

LONDRES (Concile de), l'an 1191, convoqué par l'évêque de Londres, en sa qualité de doyen des évêques de toute la province, pour l'élection d'un nouvel archevêque de Cantorbéry. Rien n'y fut terminé, et le concile fut transféré à Cantorbéry, où, dans cet intervalle, les moines avaient fait violence à l'évêque de Bath pour le placer sur le siége archiépiscopal. *Ex Radulpho de Liceto.*

LONDRES (Concile de), l'an 1200. Hubert, archevêque de Cantorbéry, assembla ce concile général de la nation dans l'église de Westminster, et y publia quatorze canons, les mêmes pour la plupart que ceux du concile de Latran, tenu sous le pape Alexandre III, en 1179. Voici ceux qui en diffèrent :

1. On ordonne aux prêtres de réciter les paroles du canon de la messe distinctement, ni trop vite, ni trop lentement, et d'observer la même règle dans la récitation des offices divins.

2. Défense aux prêtres de célébrer deux fois la messe en un même jour, sinon en cas de nécessité ; alors le prêtre ne fera point l'ablution du calice et réservera celle des doigts pour la prendre après la seconde messe, si ce n'est qu'il y ait un diacre ou quelque autre ministre qui soit en état de prendre cette ablution à la première messe. Le même canon ordonne de porter l'eucharistie aux malades dans une boîte propre et couverte d'un linge, en faisant précéder la croix et la lumière, à moins que le malade ne soit trop éloigné. Il veut aussi que l'on renouvelle l'hostie chaque dimanche ; que l'on observe avec soin de ne pas donner une hostie non consacrée, au lieu d'une consacrée ; que l'on ne porte pas en secret l'eucharistie à celui qui ne la demande pas, mais qu'on la donne publiquement à celui qui la demande avec instance, si ce n'est que son crime soit public.

3. On administrera le baptême et la confirmation à ceux dont on doute qu'ils aient été baptisés ou confirmés, parce qu'on n'est pas censé réitérer un sacrement quand on n'a point de preuve qu'il ait été conféré ; c'est pourquoi on doit baptiser les enfants exposés, quand on doute s'ils l'ont été, soit qu'on trouve avec eux du sel ou non. Quand un enfant a été baptisé par un laïque dans le cas de nécessité, le prêtre doit suppléer les cérémonies et les prières qui suivent l'immersion, et non celles qui la précèdent.

4. Les prêtres, dans l'administration de la pénitence, auront égard à toutes les circonstances du péché et à la douleur du pénitent, et n'imposeront point de pénitence à une femme qui puisse la rendre suspecte à son mari de quelque crime caché. Ils useront de la même précaution à l'égard du mari, et ils prendront garde eux-mêmes de ne point s'approcher de l'autel qu'ils ne se soient confessés des fautes dans lesquelles ils seront tombés, et de ne point imposer des messes pour pénitence à ceux qui ne sont pas prêtres.

9. Défense de diminuer la dîme, sous prétexte des frais de la moisson. Les prêtres auront pouvoir d'excommunier avant l'automne ceux qui fraudent la dîme, et de les absoudre suivant la forme de l'Église ; mais ceux qui retiendront les dîmes, après avoir été avertis trois fois seront soumis à l'anathème : quant aux dîmes des terres royales, elles ne seront payées qu'aux églises paroissiales.

11. Il est défendu à un homme de contracter mariage avec les parentes de sa première femme, et à une femme avec les parents de son premier mari, et au baptisé de se marier avec la fille de celui qui l'aura baptisé, ou tenu sur les fonts de baptême. Avant qu'un mariage puisse être contracté, on l'annoncera trois fois publiquement dans l'église, et on le célébrera de même dans l'église, le prêtre présent ; autrement le mariage ne sera pas admis, à moins d'un ordre spécial de l'évêque. Aucun des conjoints ne pourra entreprendre un long pèlerinage, à moins que les deux parties n'aient déclaré publiquement leur consentement mutuel.

13. Lorsqu'il y aura en un endroit des lépreux, on leur permettra de se bâtir une église ou une chapelle, avec un cimetière, et d'avoir un prêtre à leur service. *Anglic.* t. I, *Anal. des conc.* t. II.

LONDRES (Conciles de) et d'Oxford, l'an 1207. Le roi Jean, de retour de son voyage d'outre-mer, convoqua ces deux conciles pour obliger tous les bénéficiers du royaume d'Angleterre à lui donner une certaine somme sur les revenus de leurs bénéfices ; mais ceux-ci ayant représenté que c'était une chose inouïe dans l'Église anglicane, le roi se rendit à leurs remontrances. *Angl.* I.

LONDRES (Concile de), l'an 1210. Le roi Jean convoqua ce concile ou parlement, et y extorqua des sommes très-considérables des prélats et des moines de son royaume. *Anglic.* I.

LONDRES (Concile de), l'an 1213. Etienne de Langton, archevêque de Cantorbéry, tint ce concile le 25 août. On y permit au clergé de réciter publiquement l'office divin à voix basse, en attendant que le pape eût confirmé l'absolution du roi Jean. Il y eut deux autres conciles en Angleterre la même année et sur le même sujet, l'un à Westminster, et l'autre a Reading ou Reding.

LONDRES (Concile de), l'an 1214. Nicolas, évêque de Tusculum, et légat du pape, tint le 29 juin ce concile, où le roi Jean fut absous et rétabli. On y leva aussi l'interdit dont l'Angleterre était frappée depuis six ans, trois mois et quatorze jours.

LONDRES (Conciles de) et de Westminster, l'an 1226. Il est douteux s'il faut distinguer ces deux conciles, ou s'ils n'en font qu'un. Quoi qu'il en soit, le roi Henri III y accorda les libertés de l'Eglise et du royaume. *Angl.* I.

LONDRES (Concile de), l'an 1232. L'évêque de Londres, assisté de dix autres prélats, tint ce concile, où, sur les plaintes du pape Grégoire IX, on excommunia les auteurs des mauvais traitements faits aux clercs romains qui possédaient des bénéfices en Angleterre. *Édit. Venet.*, t. XIII.

LONDRES (Concile de), l'an 1237. Henri III, roi d'Angleterre, ayant appelé dans son royaume le cardinal Othon, légat du saint-siège, ce cardinal indiqua un concile à Londres, pour le lendemain du jour de l'octave de Saint-Martin. Les archevêques de Cantorbéry et d'York y assistèrent et y firent des protestations pour la conservation de leurs droits. Le légat ouvrit le concile par un discours adressé aux prélats sur la prudence et la sagesse que doivent avoir les ecclésiastiques, et y fit lire trente et un règlements de discipline, dont voici la substance :

1. La dédicace des églises tirant son origine de l'ancien Testament, et ayant été observée dans le nouveau par les saints Pères, on doit la pratiquer avec d'autant plus de dignité et de soin, qu'on n'offrait alors que des sacrifices d'animaux morts, au lieu que l'on offre ici sur l'autel, par la main du prêtre, une hostie vivante et véritable, savoir le Fils unique de Dieu. C'est pourquoi les Pères ont ordonné avec raison que l'on ne célèbre un office si relevé que dans des lieux consacrés, à moins qu'il n'y ait quelque nécessité d'en user autrement. Toutes les églises cathédrales, conventuelles et paroissiales, qui sont entièrement bâties, seront donc consacrées dans deux ans, par les évêques diocésains ou par leur autorité; et celles qu'on bâtira à l'avenir seront consacrées dans le même laps de temps. La célébration de la messe sera interdite dans les églises qui n'auront point été consacrées deux ans après qu'elles auront été bâties. Les abbés et les curés n'abattront point les anciennes églises consacrées, sous prétexte d'en faire de plus belles, sans le consentement de l'évêque du diocèse, qui ne le donnera qu'à propos, et qui, quand il l'aura donné, fera en sorte que les églises neuves soient bâties promptement.

2. Il y a sept sacrements, le baptême, la confirmation, la pénitence, l'eucharistie, l'extrême-onction, le mariage et l'ordre. On les administrera avec une grande pureté d'âme, et gratuitement. Les sujets qu'on doit ordonner prêtres seront examinés spécialement sur cette matière, et les archidiacres auront soin d'en instruire les prêtres dans leurs visites et leurs assemblées.

3. Le baptême solennel ne se doit administrer que le samedi saint et la veille de la Pentecôte.

4. Les prêtres qui exigeront de l'argent pour donner l'absolution ou les autres sacrements seront suspens de leur office et privés de leur bénéfice.

5. Les évêques auront soin de nommer, dans chaque doyenné, des confesseurs pour les clercs qui ont honte de se confesser aux doyens, et d'établir dans les cathédrales un pénitencier général.

6. On examinera ceux qui doivent être ordonnés, avec beaucoup de soin; et l'on tiendra un registre de ceux qui seront approuvés, afin que les autres ne puissent se mêler avec eux.

7, 8 et 9. On n'affermera point les bénéfices, ni principalement les dignités. Si l'on donne quelques églises à ferme, ce ne sera jamais aux laïques, ni pour plus de cinq ans aux ecclésiastiques eux-mêmes.

10. Les vicaires seront prêtres, et obligés de résider en personne dans les églises qu'on leur a données à desservir.

11. On ne donnera point légèrement les bénéfices des absents, sur des bruits que quelques-uns feraient courir de leur mort; mais on attendra qu'on en soit bien assuré: autrement, l'évêque sera obligé de réparer le dommage qu'il aura causé à la personne dépouillée par lui de son bénéfice; et l'intrus, outre la restitution des fruits qu'il aura perçus, sera privé *ipso facto* de son office et de son bénéfice.

12. On ne partagera point un bénéfice en plusieurs; et l'on réunira en un ceux qui auront été partagés, à moins que le partage ne soit ancien.

13. On exécutera les canons des conciles touchant la résidence, et contre ceux qui possèdent plusieurs bénéfices sans une dispense spéciale du siège apostolique.

14. On observera les canons du quatrième concile de Latran, touchant la manière dont les clercs doivent être habillés; et les évêques, ainsi que leurs clercs commensaux, seront les premiers à donner l'exemple aux autres.

15. Les clercs qui ont contracté des mariages clandestins seront privés *ipso facto* de leurs bénéfices, et leurs enfants seront inhabiles à en posséder et à être promus aux

ordres, sans une dispense canonique fondée sur leur mérite personnel.

16. Les clercs concubinaires seront suspens de leur office, et s'ils ne quittent leurs concubines dans un mois, ils seront privés de leurs bénéfices.

17. Les enfants des clercs ne pourront posséder les bénéfices de leurs pères, et l'on déposera ceux d'entre eux qui en possèdent.

18. Ceux qui protégent ou retirent les voleurs seront excommuniés, s'ils continuent leur pratique, après un triple avertissement.

19. Les moines bénédictins s'abstiendront de l'usage de la viande, selon la règle de saint Benoît, excepté ceux qui sont faibles ou infirmes, qui en useront à l'infirmerie. Les novices seront tenus de faire profession au bout de l'année de leur noviciat, et il en sera de même des chanoines réguliers, suivant la constitution du pape Honorius III.

20. Les archidiacres feront exactement la visite des églises de leur district, examinant si tout est décent dans les vases et les ornements de l'église ; s'informant de la manière dont on fait l'office du jour et de la nuit ; corrigeant tout ce qui mérite d'être corrigé, soit pour le temporel, soit pour le spirituel. Ils ne se rendront point à charge aux églises par des dépenses superflues, et ne prendront que des droits modiques pour leurs visites. Ils se garderont bien de recevoir quoi que ce soit pour ne point visiter et ne point punir, ou de condamner injustement pour extorquer de l'argent.

21. Les juges d'église n'empêcheront pas les parties de s'accorder à l'amiable, et n'exigeront rien d'elles.

22. Les archevêques et les évêques trouvent leurs devoirs exprimés dans le nom même de leur dignité, qui signifie *surveillant et surintendant*. Il faut donc qu'ils veillent sur leur troupeau, dont ils doivent être le modèle et l'exemple ; résider dans leurs églises cathédrales, y célébrer la messe, au moins aux fêtes principales, aux jours de dimanche, de carême et d'avent ; visiter leurs diocèses pour corriger les abus ; réformer les mœurs, consacrer les églises, répandre la semence de la parole de vie, et se faire lire, du moins deux fois l'an, la profession qu'ils ont faite à leur sacre.

Le terme employé dans ce canon et dans beaucoup d'autres, pour exprimer la résidence des évêques, est remarquable. Ces canons disent que les évêques doivent *résider* ou *demeurer* dans leurs églises cathédrales, c'est-à-dire, dans une petite maison ou petit hospice attenant à l'église cathédrale ; en sorte que, selon l'esprit de ces canons, un évêque n'est pas censé résider dans son diocèse, qui demeure un temps notable dans quelque maison de campagne de son diocèse même, tel que serait l'espace de deux ou trois mois, et beaucoup moins encore. Le cinquième concile de Carthage, qui est de l'an 401, défend aux évêques de faire leur résidence dans toute autre église que leur cathédrale, qui est leur propre épouse. Le concile du Trulle, en 692, prononce une sentence de déposition contre les évêques qui s'absenteront trois dimanches consécutifs de leur cathédrale. Celui de Francfort, en 794, ordonne la même chose, et limite l'absence de l'évêque à trois semaines tout au plus. Le troisième concile de Lyon en 583, déclare que demeurer dans son diocèse n'est pas proprement résider, à moins qu'on ne soit dans la ville où le siége épiscopal est établi. Le concile de Francfort, sous Charlemagne, défendit aux évêques de demeurer plus de trois semaines, chaque année, dans leur maison de campagne. Enfin, la congrégation établie par les papes pour résoudre les difficultés qu'on pourrait former sur les décrets du concile de Trente ayant été consultée sur ce sujet, répondit que les évêques ne satisfont pas à leur devoir, en résidant dans leur diocèse, s'ils ne résident aussi dans leur église, excepté lorsque le devoir même de leur charge les appelle dans les autres lieux de leur diocèse ; que cependant, ils n'encourent point les peines des non-résidants, c'est-à-dire qu'ils ne sont point obligés à la restitution des revenus de leur bénéfice. *Apud Fagnan. in lib. III Decret.* § 1, pag. 66.

23. On ne nommera des juges habiles, particulièrement pour les causes de mariage ; et les abbés, archidiacres et doyens qui sont en possession d'en connaître ne donneront de sentence définitive qu'après avoir consulté l'évêque du diocèse.

Les huit autres règlements concernent diverses formalités de justice et les conditions dont les actes doivent être revêtus pour qu'ils soient authentiques. *Anglic. tom.* I.

LONDRES (Concile de), l'an 1238. Othon, légat du saint-siége, convoqua ce concile de toute l'Angleterre, pour y recevoir satisfaction de l'insulte que lui avaient faite les écoliers de l'université d'Oxford. Ceux-ci lui ayant demandé leur pardon avec beaucoup d'humilité, le légat leva l'interdit qu'il avait jeté sur cette université, et la rétablit dans les exercices qu'il avait suspendus. *Labb.* XI.

LONDRES (Concile de), l'an 1239. Le même légat tint ce concile, et sur le même objet que le concile d'Edimbourg (*Voy.* ce mot) de la même année.

LONDRES (Concile de), l'an 1244. Ce concile fut tenu le 22 février. On y accorda un subside au roi, et on éluda celui que le pape demandait. *Anglic.* I.

LONDRES (Concile de), l'an 1246. On s'y opposa à la demande que le pape faisait du tiers des revenus du clergé d'Angleterre. *Ibid.*

LONDRES (Concile de), l'an 1252. Le roi y demanda un secours d'argent, qui lui fut refusé alors, et qu'on lui accorda l'année suivante. *Ibid.*

LONDRES (Concile de), l'an 1255. Rustand, nonce du pape Alexandre IV en Angleterre, convoqua ce concile, qui se tint le 13 janvier, jour de la fête de saint Hilaire de Poitiers. On y voulut exiger des prélats des sommes exorbitantes pour le pape et pour le roi Henri III. Mais le concile s'opposa vigoureusement à ces injustes exactions, dit le P. Richard, d'après Wilkins. Il ordonna donc, sous peine d'anathème, l'observation de la grande charte de saint Edouard, et répondit aux mauvaises raisons de Rustand, que le pape avait droit sur les biens de l'Eglise comme protecteur pour les défendre, et nullement comme propriétaire, pour s'en attribuer le domaine et la jouissance.

LONDRES (Concile de), l'an 1237. Boniface, archevêque de Cantorbéry, convoqua ce concile pour y délibérer sur les moyens de rendre la liberté à l'Eglise d'Angleterre, opprimée, dit Richard, par les exactions du pape et du roi. Ce concile se tint le 22 août, et l'on y dressa cinquante articles, conformes à ceux pour lesquels saint Thomas de Cantorbery avait combattu.

LONDRES (Concile de), l'an 1261. Ce concile fut tenu le 16 mai, et composé de tous les évêques, abbés, prieurs, archidiacres et autres ordinaires des églises. On y fit quelques nouveaux règlements sur l'état de l'Eglise d'Angleterre, et on envoya des députés à Rome, pour assister au concile indiqué par le pape Alexandre IV au commencement de juillet, afin d'y prendre les mesures convenables contre les Tartares.

LONDRES (Concile de), l'an 1265. *Voyez* WESTMINSTER, même année.

LONDRES (Concile de), *Londinense*, l'an 1268. Ottobon, cardinal, légat du saint-siége en Angleterre, tint ce concile le 23 avril 1268, et publia cinquante-quatre canons pour le rétablissement de la discipline de l'Eglise.

1. On ne conférera le baptême solennel qu'à Pâques et à la Pentecôte, et les curés et les vicaires apprendront la forme du baptême à leurs paroissiens, dans la langue du pays.

2. Défense de rien exiger pour l'administration des sacrements.

3. Il y aura obligation, sous peine de suspense, de faire consacrer les églises dans l'année, et l'évêque les consacrera gratuitement.

4. Les clercs qui porteront des armes seront excommuniés et privés de leur bénéfice, s'ils ne se corrigent, et ne font satisfaction dans le temps que l'évêque leur prescrira.

5. Les clercs porteront des habits qui leur descendront au moins jusqu'au-dessous de la mi-jambe. Ils auront la couronne large et les cheveux coupés de façon que les oreilles soient à découvert. Ils ne porteront point de coiffures qui leur couvrent toute la tête, si ce n'est en voyage (*infulas, quas vulgo coifas vocant*, dit le texte).

6. Les clercs ne feront point l'office d'avocats auprès des tribunaux séculiers, si ce n'est dans les cas permis par le droit. Ils ne seront point non plus juges ni assesseurs *in causa sanguinis*.

7. Les clercs n'exerceront point la justice séculière.

8. On renouvelle la constitution faite dans le concile de Londres de l'an 1237 par Othon, légat du saint-siége, qui suspend de leur office et bénéfice les clercs concubinaires qui dans un mois n'auront pas chassé leurs concubines.

9. On ne recevra personne pour être vicaire, à moins qu'il ne soit prêtre, ou au moins qu'il ne doive être ordonné diacre aux premiers quatre-temps, et qu'il ne fasse sa résidence dans le lieu de sa vicairerie, après avoir quitté tous les autres bénéfices à charge d'âmes qu'il pourrait avoir. Quant aux vicaires déjà établis sans être prêtres, ils prendront la prêtrise dans l'année.

10. Les intrus seront suspens de tout office et bénéfice, et obligés de satisfaire pour les dommages qu'ils auront causés aux titulaires des bénéfices dont ils se seront emparés.

11. L'institution dans un bénéfice sera nulle et invalide, à moins qu'il ne conste par des preuves authentiques que le titulaire est mort, ou qu'il a résigné son bénéfice, ou enfin qu'il y a renoncé en quelque autre manière.

12. On ne partagera point un bénéfice en plusieurs, et l'on ne chargera pas les bénéfices de nouvelles pensions.

13. On excommunie ceux qui violent les asiles des églises.

14. On enjoint aux évêques de punir ceux qui empêchent la célébration des mariages.

15. On défend à l'ordinaire à qui l'on présente un testament, de l'approuver, qu'auparavant il n'ait obligé l'exécuteur testamentaire à renoncer au droit qu'il pourrait avoir de plaider dans sa juridiction.

16. Les collateurs ne pourront retenir les fruits des bénéfices vacants, s'ils n'en ont le droit acquis par un titre ou par une ancienne coutume.

17. Les chapelains des chapelles accordées sans préjudice des droits des églises paroissiales seront tenus de donner aux curés les offrandes qui se font dans ces chapelles.

18. Les bénéficiers auront soin d'entretenir et de réparer les bâtiments de leurs bénéfices, et s'ils ne le font, les évêques le feront faire aux dépens de ces bénéficiers négligents.

19. Les archidiacres et les autres prélats qui ont droit de visite n'exigeront le droit de procuration qu'en cas de visite actuelle, suivant le quatrième concile général de Latran sur ce sujet.

20. Les archidiacres et autres prélats qui commueront la peine canonique, imposée pour les péchés, en une amende pécuniaire, ou qui prendront de l'argent pour remettre les peines qui sont dues aux péchés, seront contraints par l'évêque d'employer en œuvres pies le double de ce qu'ils auront reçu.

21. Défense de donner à ferme les dignités, bénéfices ou offices ecclésiastiques.

22. On déclare les évêques obligés à la résidence par les lois divines et ecclésiastiques.

23. Défense aux évêques de donner une église de leur diocèse à un autre évêque ou à un monastère, si ce n'est par charité, ou pour soulager une église très-pauvre.

24. Les biens de ceux qui meurent sans avoir fait de testaments seront employés à de pieux usages.

Les quatre canons suivants règlent les formalités judiciaires.

29. Quand on donnera l'absolution des censures, on la fera publier.

30. On défend d'avoir sans dispense plusieurs bénéfices à charge d'âmes.

31 et 32. On défend l'usage des commendes, à moins d'une grande nécessité; et l'on déclare nulles les collations des bénéfices faites à des personnes qui en ont déjà qui obligent à résidence.

33. Pour empêcher la collusion dans les résignations des bénéfices, on ne rendra point un bénéfice à celui qui l'a résigné.

34. On déclare nulles toutes les conventions faites pour les collations des bénéfices et les pensions nouvellement imposées.

35. Défense de tenir des marchés ou de faire d'autres trafics dans les églises.

36. On ordonne des processions et des prières solennelles pour la paix du royaume et de la terre sainte.

37. On ordonne de faire lire ces statuts tous les ans dans les conciles provinciaux.

38 et 39. Les religieux et les religieuses feront profession aussitôt après que l'année de leur probation sera écoulée.

40. On lira deux fois l'an, dans chaque monastère, les constitutions des papes touchant les religieux; et les maîtres des novices auront soin de les instruire de la règle qu'ils veulent embrasser.

41. Les supérieurs des monastères feront deux fois l'année d'exactes recherches parmi leurs religieux, pour découvrir et punir les propriétaires.

42. Ceux qui sont préposés pour fournir aux religieux les habits et les autres choses nécessaires, ne les leur donneront point en argent, sous peine d'être privés de leur office, et d'être punis en outre à la volonté du supérieur.

43. Les moines, non plus que les chanoines réguliers, ne demeureront point seuls dans leurs églises ou manoirs, et si les églises sont si pauvres qu'elles ne suffisent pas à l'entretien de deux moines ou chanoines, on les fera desservir par des prêtres séculiers.

44. On ne donnera à ferme à un moine, ni manoir, ni maison de campagne, ni église, ni possession quelconque.

45. L'usage de la viande étant défendu aux moines noirs par la règle de saint Benoît et par le chapitre général, si ce n'est en certains cas et en certains lieux, les supérieurs et les évêques puniront les délinquants en ce point.

46. Il n'y aura aucune distinction parmi les moines et les chanoines réguliers, ni pour les meubles du dortoir, ni pour les ustensiles du réfectoire.

47. Quand l'abbé voudra donner à manger dans sa chambre à quelques moines, il faudra qu'il reste toujours au moins les deux tiers de la communauté au réfectoire.

48. Le supérieur visitera souvent les malades, et fera en sorte que les infirmiers en aient un grand soin.

49. Défense à tout abbé, prieur, recteur d'églises ou d'hôpitaux, de vendre à qui que ce soit le droit d'exiger chaque jour, ou à certains temps marqués, une certaine somme pour subvenir à ses besoins, ce qui obère les monastères, églises et hôpitaux. Il y a dans le texte : *Inhibemus ne umquam personis aliquibus liberationes vendantur.* Le mot de *liberatio* se prend aussi pour *merces, salarium, voluntas, sententia, consilium, securitas, cautio.* Voyez le Glossaire de du Cange.

50. On gardera les anciens usages par rapport au nombre des moines qui doivent être dans chaque monastère.

51. Les supérieurs des monastères rendront leurs comptes généraux en tout ou en partie, au moins une fois l'année, en présence de la communauté.

52. Aucun religieux ne trafiquera, sous peine de privation de son office.

53. Les religieuses ne parleront jamais seules aux personnes séculières, et ces personnes n'entreront point dans les lieux réguliers des monastères, hors les cas de nécessité.

54. Les moines se confesseront et célébreront souvent.

LONDRES (Concile de), l'an 1272. On ignore ce qui se passa dans ce concile. *Wilkins, t.* II.

LONDRES (Concile de), l'an 1278, pour envoyer un député à Rome, touchant les affaires de l'Église d'Angleterre. *Mansi, t.* II, col. 47.

LONDRES (Concile de), l'an 1279, pour donner un subside au roi Edouard. *Anglic.* I.

LONDRES (Concile de), l'an 1280. Ce concile se trouve mentionné dans Wilkins. *Anglic.* II.

LONDRES (Concile de), l'an 1282. Jean Peckam, archevêque de Cantorbéry, tint ce concile le 1er mars, pour la délivrance d'Amaury de Montfort, chapelain du pape Martin IV, arrêté par les Anglais comme il menait sa sœur, femme du prince de Galles, à son époux. *Anglic.* II.

LONDRES (Concile provincial de Cantorbéry, tenu à), l'an 1283. Les évêques s'y plaignirent de ce que le roi avait fait enlever des trésors des églises les secours destinés pour la délivrance de la terre sainte. *Wilkins, t.* II.

LONDRES (Concile de), l'an 1286. Jean Peckam, archevêque de Cantorbéry, tint ce concile avec trois évêques et plusieurs docteurs, le 30 avril. On y condamna comme hérétiques les propositions suivantes :

1. Le corps mort de Jésus-Christ n'a eu aucune forme substantielle, ni la même qu'il avait pendant sa vie.

2. La mort de Jésus-Christ a introduit dans sa personne une nouvelle forme substantielle, une nouvelle espèce ou nature, en sorte que le Fils de Dieu n'a point seulement eu l'espèce ou la nature humaine, mais encore une autre qu'on ne nomme pas.

3. Si l'on eût consacré pendant les trois jours que le corps de Jésus-Christ resta dans le tombeau, la transsubstantiation du pain

se serait faite dans cette forme ou nature introduite de nouveau par sa mort.

4. Après la résurrection de Jésus-Christ, tout le pain se change dans tout le corps vivant de Jésus-Christ, en sorte que la matière du pain se change dans la matière du corps de Jésus-Christ, et la forme du pain dans la forme du corps, c'est-à-dire, dans l'âme intellectuelle, en tant qu'elle est la forme du corps.

5. L'identité numérique du corps mort de Jésus-Christ avec son corps vivant, n'était fondée que sur l'identité de la matière et des dimensions interminées, et leurs rapports avec l'âme intellectuelle.

6. Le corps mort d'un saint ou de tout autre homme n'est pas, numériquement parlant, le même que son corps vivant, si ce n'est *secundum quid*, savoir, à raison de la matière qui leur est commune.

7. Quand on veut enseigner cette doctrine, on n'est point obligé de croire à l'autorité du pape, pas plus qu'à celle de Grégoire, d'Augustin et d'autres semblables; mais seulement à l'autorité de la Bible ou de la raison.

8. Il n'y a qu'une forme dans l'homme, savoir, l'âme raisonnable. *Anglic.* I; *Anal. des conc.*, V.

LONDRES (Concile de), l'an 1287. Ce concile fut tenu par les prélats et le clergé de l'Eglise de Cantorbéry. On n'en a point les actes. *Anglic.* I.

LONDRES (Concile de), l'an 1291. Ce concile obligea tous les juifs à sortir de l'Angleterre avec leurs biens. On y résolut aussi de donner un subside au roi Edouard, déterminé à aller en personne à la terre sainte. *Ibid.*

LONDRES (Conciles de), l'an 1297. Robert, archevêque de Cantorbéry, et ses suffragants, commencèrent le premier de ces deux conciles le 14 janvier. Il dura huit jours, pendant lesquels on traita de la demande que le roi Edouard faisait d'un subside, sans qu'on pût s'accorder. Le même archevêque tint ensuite un second concile, le 26 mars de la même année, avec quelques-uns de ses suffragants, à Saint-Paul de Londres. Deux avocats et deux religieux de l'ordre des frères prêcheurs s'efforcèrent de prouver par bien des raisons que le clergé pouvait donner des subsides au roi en temps de guerre, malgré la défense du saint-siège. *Anglic.* I; *Mansi*, III.

LONDRES (Concile de), l'an 1305. Ce concile fut convoqué par Edouard, roi d'Angleterre, et composé de plusieurs évêques, abbés et barons d'Angleterre et d'Ecosse. Il dura vingt jours, à commencer du 15 septembre, et eut pour objet le rétablissement de la paix entre ces deux royaumes. *Anglic.* I.

LONDRES (Concile de), l'an 1309. Robert de Winchelsey, archevêque de Cantorbéry, tint ce concile avec ses suffragants, dans l'église de Saint-Paul, le lundi d'après la fête de saint Edmond, roi et martyr. On y lut deux bulles du pape Clément V pour la convocation d'un concile général à Vienne en Dauphiné, au sujet de l'affaire des templiers. *Anglic.* II.

LONDRES (Concile de), l'an 1311. Ce concile eut pour objet la cause des templiers. *Anglic.* II.

LONDRES (Conciles de), l'an 1312. Il y eut deux conciles tenus à Londres en 1312; le premier par Robert de Winchelsey, archevêque de Cantorbéry, et le second par les deux Arnauld, légats du saint-siège, le premier cardinal et l'autre évêque de Poitiers. Ces deux conciles eurent pour objet les affaires de l'Eglise et du royaume d'Angleterre. *Anglic.* II; *Mansi*, III.

LONDRES (Concile de), l'an 1321. Gautier Raynaud, archevêque de Cantorbéry, tint ce concile au mois de décembre avec ses suffragants. On n'en a point les actes, non plus que ceux du concile de Perth, qui se tint la même année. *Ibid.*

LONDRES (Conciles de la province de Cantorbéry tenus à), en 1322, 1326 et 1332. Il est fait mention de ces conciles dans la collection de Wilkins, *t.* II. C'est à peu près tout ce qu'on en peut dire.

LONDRES (Concile de), l'an 1329. Simon Maphata, archevêque de Cantorbéry, tint ce concile avec ses suffragants, au mois de février de l'an 1328, selon le style anglais, qui était alors de commencer l'année au 25 mars. On y fit les neuf statuts suivants :

1. On s'abstiendra des œuvres serviles le jour du vendredi saint; mais les riches pourront néanmoins faire cultiver ce jour-là les terres des pauvres, par esprit de charité.

2. On fêtera la Conception de la sainte Vierge dans toute la province de Cantorbéry.

3. Les violateurs des immunités ecclésiastiques seront excommuniés.

4. Même peine contre ceux qui mettent obstacle aux testaments des personnes de condition servile.

5. On n'exigera rien pour l'insinuation des testaments des pauvres, dont les biens n'excéderont pas cent sous sterlings.

6. On pourra appeler avant une sentence définitive, nonobstant le statut d'un concile d'Oxford, qui défend ces sortes d'appels.

7. Ceux qui empêchent les oblations ordinaires des fidèles, ou les dîmes, ou qui s'en approprient une partie, seront excommuniés.

8. On ne fera point de mariages sans publication de bans.

9. L'ordinaire aura soin de régler ce qui regarde les réparations des bénéfices. *Angl.* II; *Anal. des conc.* V; *Hard.* VIII.

LONDRES (Conciles de), l'an 1342. Jean Stretford, archevêque de Cantorbéry, tint deux conciles consécutifs à Londres, l'un le 10 octobre 1342, et l'autre le premier mercredi d'après la fête de saint Edouard. Il publia douze capitules dans le premier de ces conciles, et dix-sept dans le second.

Capitules du 1er concile.

1. Défense, sous peine de suspense, de

dire la messe dans les oratoires ou chapelles domestiques sans la permission de l'ordinaire.

2. Les évêques auront soin de stipendier leurs officiers et leurs domestiques, pour les empêcher de faire des exactions sur ceux qui ont besoin de lettres scellées, tant pour les bénéfices que pour les ordres. Les clercs bénéficiers qui auront pris plus de douze deniers pour l'expédition des lettres qui concernent la provision des bénéfices, ou plus de six deniers pour les lettres d'ordination, restitueront le double de ce qu'ils auront reçu, sous peine d'être privés de leur office et de leur bénéfice. Si ce sont des clercs bénéficiers ou de simples laïques qui aient fait ces exactions, ils seront privés de l'entrée de l'église jusqu'à ce qu'ils aient restitué au double.

3. Les archidiacres seront tenus d'installer, par l'ordre de l'évêque, ceux qui seront promus aux bénéfices, en ne prenant qu'une somme modérée ; savoir, quarante deniers si c'est l'archidiacre qui installe, et onze seulement si c'est un de ses officiaux.

4. Les religieux qui ont des bénéfices, feront, chaque année, des aumônes réglées par l'ordinaire aux pauvres des paroisses de ces bénéfices.

5. Les religieux et autres qui ont des biens dans une paroisse, contribueront aux réparations de l'église et à la clôture du cimetière, soit qu'ils demeurent dans la paroisse ou non.

6, 7, 8 et 9. On règle les frais pour l'insinuation des testaments et des comptes, la visite des archidiacres, les assemblées des évêques et des autres ordinaires, l'envoi des huissiers ou appariteurs.

10. Les archidiacres et leurs officiaux qui recevront deux fois de l'argent, par forme de commutation de peines, pour des péchés publics de rechute, seront obligés de restituer à la cathédrale le double de la somme qu'ils auront reçue, sous peine d'être suspens de leur office.

11. Ceux qui seront accusés de quelque crime se purgeront dans le doyenné où ils demeurent, et non dans les autres. Les archidiacres qui exigeront plus d'un denier des prêtres qu'ils admettront à célébrer la messe pour la première fois dans les lieux de leur juridiction, seront suspens et privés de l'entrée de l'église.

12. Ceux qui se font donner directement ou indirectement des bénéfices qui ne sont pas vacants, encourent l'excommunication majeure *ipso facto*, et sont inhabiles pour toujours à les posséder.

Capitules du II° concile.

1. On dénoncera excommuniés, le premier dimanche de carême, le jour de la fête du Saint-Sacrement, et les autres jours de fêtes solennelles, les conspirateurs et les rebelles, les perturbateurs de l'Eglise et tous les malfaiteurs.

2. Les clercs bénéficiers ou constitués dans les ordres sacrés, qui porteront des cheveux longs, des habits courts, des ceintures précieuses et des anneaux aux doigts, seront suspens de leur office, s'ils ne se corrigent six mois après qu'ils auront été avertis.

3. Défense de donner les bénéfices à ferme aux laïques.

4. Ceux qui empêchent de payer les dîmes, ou de faire des offrandes aux églises, encourront l'excommunication majeure réservée à l'évêque, si ce n'est dans le cas de mort.

5, 6, 7 et 8. Même peine contre ceux qui ne payent point la dîme des bois taillis, qui volent les offrandes faites à l'Eglise, qui empêchent de faire des testaments ou de les exécuter.

9. Même peine contre les malades qui donnent ou qui aliènent frauduleusement leurs biens, et contre leurs complices.

10. Même peine contre ceux qui veilleront les morts, à cause des abus qui accompagnent ces veilles nocturnes, excepté néanmoins les parents et les amis des défunts qui voudront réciter dévotement des psaumes pour eux.

11 et 12. Même peine contre ceux qui contractent des mariages clandestins ou qui y assistent ; et contre ceux qui empêchent les juges d'église de faire leurs fonctions.

13. On ne pourra mettre en liberté les excommuniés qui ont été emprisonnés, sans l'agrément de l'ordinaire ; et, si on le fait, on les excommuniera de nouveau.

14. Ceux qui couperont les herbes ou les arbres qui croissent dans les cimetières, sans la permission des curés, encourront l'excommunication majeure.

15. Même peine contre ceux qui violeront les séquestres qui auront été mis sur certains biens d'église par les évêques ou leurs grands vicaires.

16. Même peine contre ceux qui obtiennent malicieusement des brevets du roi pour transporter ceux avec lesquels ils ont des affaires litigieuses dans d'autres comtés que ceux où ils demeurent.

17. Les évêques feront publier et observer ces constitutions. *Ibid.*

LONDRES (Concile de), l'an 1356. Simon Islip, archevêque de Cantorbéry, tint ce concile, qui dura depuis le 16 mai jusqu'au 24 du même mois. On y accorda pour un an les décimes du clergé au roi Edouard, qui les demandait pour six ans. *Wilkins, t. III.*

LONDRES (Concile de la province de Cantorbéry convoqué à), l'an 1357, le mercredi après le dimanche *Misericordia Domini* ou du Bon-Pasteur, touchant les affaires de l'Eglise et de l'Etat. *Wilkins, t. III.*

LONDRES (Concile de la province de Cantorbéry tenu à), l'an 1359. Le clergé y promit son appui au roi, dans les guerres que celui-ci aurait à soutenir. Le roi, qui se trouvait présent, se plaignit au concile de l'évêque d'Ely, à qui il refusa de pardonner, malgré les excuses du prélat et les supplications de tous ses confrères. *Wilkins, t. III.*

LONDRES (Concile de la province de Cantorbéry tenu à), le 2 décembre 1363. C'est tout ce que nous savons de ce concile. *Wilkins, t. III.*

LONDRES (Concile de la province de Cantorbéry tenu à), l'an 1369. Il y fut question de décimes que le roi demandait au clergé pour les besoins de son royaume. *Ibid.*

LONDRES (Concile de la province de Cantorbéry tenu à), l'an 1371. Le prince de Galles y contraignit le clergé à lui fournir un subside de cinquante mille livres. *Ibid.*

LONDRES (Concile de la province de Cantorbéry tenu à), l'an 1373, pour satisfaire le roi, qui réclamait des arrérages qu'il restait au clergé à lui acquitter. *Ibid.*

LONDRES (Concile de la province de Cantorbéry tenu à), l'an 1374. Il y fut encore question de nouveaux subsides que demandait le roi. Le clergé courtisan répondit qu'il y consentirait, pourvu qu'il ne fût plus obligé de satisfaire aux demandes que le pape pourrait aussi lui faire dans ce genre. On négocia pour ce sujet auprès du souverain pontife. *Ibid.*

LONDRES (Concile de la province de Cantorbéry tenu à), l'an 1376. On y écouta une réclamation de l'évêque de Norwich au sujet d'un testament. *Ibid.* *Voy.* CANTORBÉRY, même année.

LONDRES (Deux conciles de la province de Cantorbéry tenus à), l'an 1377, pour un subside de trois *gros*, et un autre de deux décimes qu'on accorda au roi. *Ibid.*

LONDRES (Concile de la province de Cantorbéry tenu à), l'an 1379. Ce synode fut convoqué pour deux motifs : le premier, de remédier aux atteintes portées à la juridiction et à la liberté de l'Eglise d'Angleterre ; le second, de subvenir aux besoins du roi et du royaume. De ces deux sujets, il n'y eut que le second de traité, et il le fut libéralement. *Ibid.*

LONDRES (Concile de la province de Cantorbéri tenu à), l'an 1380. Même objet et même résultat que pour le précédent. *Ibid.*

LONDRES (Concile de), l'an 1382. Guillaume de Courtenai, archevêque de Cantorbéry, tint ce concile qui fut composé de huit évêques et de plusieurs docteurs et bacheliers en théologie et en droit. On y condamna vingt-quatre propositions de Wiclef et de ses disciples ; savoir, dix comme hérétiques, et quatorze comme erronées et contraires à la définition de l'Eglise.

Les propositions hérétiques sont : la première, que la substance du pain matériel et du vin demeure dans le sacrement de l'autel après la consécration ; la seconde, que les accidents ne demeurent point sans sujet dans ce sacrement ; la troisième, que Jésus-Christ n'y est point identiquement, vraiment et réellement selon sa propre présence corporelle ; la quatrième, qu'un évêque ou un prêtre qui est en péché mortel, n'ordonne point, ne consacre point, ne baptise point ; la cinquième, que, quand un homme est contrit comme il faut, la confession extérieure est inutile ; la sixième, qu'il n'y a point de fondement dans l'Evangile que Jésus-Christ ait établi la messe ; la septième, que Dieu est obligé d'obéir au diable ; la huitième, que si le pape est un réprouvé et un méchant homme, et par conséquent membre du diable, il n'a point de pouvoir sur les fidèles, si ce n'est peut-être de la part de l'empereur ; la neuvième, que l'on ne doit point reconnaître de pape depuis Urbain VI, et qu'il faut vivre comme les Grecs, suivant ses propres lois ; la dixième, qu'il est contre l'Ecriture sainte que les ecclésiastiques aient des biens temporels.

Les propositions erronées sont : la première, qu'un prélat ne doit excommunier personne, qu'il ne sache que Dieu l'a excommunié ; la seconde, que celui qui excommunie autrement, est un hérétique et un excommunié ; la troisième, qu'un prélat qui excommunie un clerc qui a appelé au roi ou à son conseil, trahit le roi et le royaume ; la quatrième, que ceux qui s'abstiennent de prêcher ou d'entendre la parole de Dieu, à cause de l'excommunication des hommes, sont des excommuniés et seront traités comme des traîtres au jugement de Dieu ; la cinquième, qu'un prêtre ou un diacre a droit de prêcher la parole de Dieu sans l'autorité du saint-siége ou de l'évêque ; la sixième, que ceux qui sont en péché mortel ne sont plus évêques ni prélats, ni même seigneurs temporels ; la septième, que les seigneurs temporels peuvent ôter des biens temporels aux ecclésiastiques qui sont dans l'habitude du péché, et que les particuliers peuvent corriger leurs supérieurs quand ils pèchent ; la huitième, que les dîmes sont de pures aumônes, que les paroissiens peuvent les retenir à cause des péchés de leurs pasteurs, et ne les donner que quand il leur plaît ; la neuvième, que les prières particulières appliquées à une personne par des ecclésiastiques ou des religieux, ne servent pas plus à cette personne que les prières générales ; la dixième, que ceux qui entrent dans une religion particulière, se rendent plus incapables d'observer les commandements de Dieu ; la onzième, que les saints qui ont institué des religieux, soit rentés, soit mendiants, ont péché en faisant cette institution ; la douzième, que les religieux qui vivent dans des maisons particulières, ne sont point de la religion chrétienne ; la treizième, que les religieux sont obligés de chercher leur vie par le travail de leurs mains, et non pas en mendiant ; la quatorzième, que ceux qui donnent l'aumône aux religieux qui prêchent, et ceux qui les reçoivent, sont excommuniés. *Ibid.*

LONDRES (Concile de la province de Cantorbéry tenu à), l'an 1383, sur la demande que faisait le pape d'un subside. On y répondit par un subside accordé au roi. *Ibid.*

LONDRES (Conciles de la province de Cantorbéry tenus à), en 1385, 1386, 1387, 1388, 1392 et 1394. Nouveaux subsides accordés au roi. *Ibid.*

LONDRES (Concile de), l'an 1391. Guillaume de Courtenai, archevêque de Cantorbéry, assisté de ses suffragants, tint ce concile le 28 avril, au château de Croydon. On y renouvela une constitution de Robert de Winchelsey, prédécesseur de Guillaume, pour réprimer les entreprises des chapelains et autres prêtres stipendiés sur les droits des curés. *Labb.* XI.

LONDRES (Concile de), l'an 1397. Thomas Arundel, archevêque de Cantorbéry, tint ce concile le 19 février, avec ses suffragants, et y condamna les dix-huit articles suivants des erreurs de Wiclef, tirés de son Trialogue.

Ier ARTICLE. *Manet panis substantia post ejus consecrationem in altari, et non desinit esse panis.*

II. *Sicut Joannes fuit figurative Elias, et non personaliter, sic panis figurative est Corpus Christi, et absque omni ambiguitate hæc est figurativa locutio,* Hoc est Corpus meum : *sicut illa in verbis Christi :* Joannes ipse est Elias.

III. *In capite, ego Berengarius, curia Romana determinavit quod sacramentum eucharistiæ est naturaliter verus panis, loquendo conformiter ut prius de pane materiali albo et rotundo.*

IV. *Definientes parvulos fidelium sine baptismo sacramentali decedentes non fore salvandos, in hoc sunt præsumptuosi et stolidi.*

V. *Collatio sacramenti confirmationis non est episcopis reservata.*

VI. *Tempore Pauli sufficiebant Ecclesiæ duo ordines clericorum, sacerdos et diaconus, nec fuit tempore apostolorum distinctio papæ, patriarcharum, episcoporum : sed sufficit quod sint presbyteri et diaconi secundum fidem Scripturæ, quia superbia cæsarea alios gradus adinvenit.*

VII. *Antiqui qui ex cupiditate rerum temporalium, vel spe mutuorum juvaminum, aut ex causa excusandæ libidinis, licet de prole desperent, copulantur ad invicem, non vere matrimonialiter copulantur.*

VIII. *Causæ divortii ratione consanguinitatis vel affinitatis sunt infundabiliter humanitus ordinatæ.*

IX. *Hæc verba :* Accipiam te in uxorem, *eligibiliora sunt pro contractu matrimonii, quam hæc verba :* Accipio te in uxorem *; et quod contrahendo cum una per hæc verba de futuro, accipiam te in uxorem, et post cum alia per hæc verba de præsenti, accipio te in uxorem, non debent frustrari verba prima propter verba secundaria de præsenti.*

X. *Isti duodecim sunt procuratores Antichristi ac discipuli Antichristi, papa, cardinales, patriarchæ, archipræsules, episcopi, archidiaconi, officiales et decani, monachi et canonici bifurcati, pseudofratres introducti jam ultimo, et quæstores.*

XI. *Numerorum XVIII et Ezechielis XLIV præcipitur simpliciter negative, quod nec sacerdotes Aaronitæ nec levitæ habeant partem hæreditatis cum aliis tribubus, sed quod pure vivant de decimis et oblationibus.*

XII. *Non est major hæreticus vel Antichristus, quam clericus qui docet quod licitum est sacerdotibus et levitis legis gratiæ dotari cum possessionibus temporalibus ; et si aliqui ex prævaricatione in lege Dei sunt hæretici, apostatæ vel blasphemi, sunt illi clerici qui hæc docent.*

XIII. *Non solum domini temporales possunt auferre bona fortunæ ab ecclesia habitualiter delinquente ; non solum eis hoc licet, sed debent hoc facere sub pœna damnationis æternæ.*

XIV. *Si corporalis unctio foret sacramentum, ut modò fingitur, Christus et ejus apostoli ipsius promulgationem non tacuissent.*

XV. *Quicumque est humilior Ecclesiæ servitor et in amore Christi quoad suam Ecclesiam amabilior, ille tam in Ecclesia militante major, et proximus Christi vicarius est.*

XVI. *Ad verum dominium sæculare requiritur justitia dominantis sic, quod nullus in peccato mortali est dominus alicujus rei.*

XVII. *Omnia quæ eveniunt absolute, necessario eveniunt.*

XVIII. *Quidquid papa vel cardinales sui sciunt ex sacra Scriptura deducere clare, illud dumtaxat est credendum, vel ad sua monita faciendum : et quidquid ultra præsumpserint, sic tanquam hæreticum contemnendum. Angl.* III; *Anal. des conc.* II.

LONDRES (Concile de), l'an 1398. On ordonna dans ce concile la célébration de plusieurs fêtes, savoir : des saints David, Céadde, Wénéfride et Thomas, martyr. *Mansi. Suppl.*, t. III.

LONDRES (Concile de la province de Cantorbéry, tenu à), l'an 1399. Ici le roi ne demanda au concile sur-le-champ que des prières pour lui et son royaume, que le concile vota avec gratitude ; puis il adressa au roi une supplique en soixante-trois articles, pour la réforme de divers abus. *Ibid.* Voy. CANTORBÉRY, même année.

LONDRES (Concile de), l'an 1401. Thomas d'Arundel, archevêque de Cantorbéry, tint ce concile de Londres, depuis le 26 janvier jusqu'au 8 mars de l'année 1401, suivant le style d'Angleterre. Il eut pour objet principal de faire des informations sur plusieurs erreurs et hérésies, soutenues par plusieurs, tant prêtres que clercs inférieurs et laïques : il s'agissait des erreurs des wicléfites, que le concile condamna, ainsi que ceux qui les soutenaient. *Wilkins, Conc. Angl.*, tom. III ; *Mansi, Suppl.*, tom. III.

LONDRES (Concile de), l'an 1402. Dans ce concile, le clergé consentit, sur la demande du comte de Sommerset et du lord trésorier, députés par le roi, à s'imposer pour ce prince, que ses guerres contre les séditions avaient épuisé. Mais en même temps le clergé obtint du roi la reconnaissance de l'ancien privilége dont il jouissait, d'être exempt de comparaître devant les tribunaux du roi, et de n'être point obligé de subvenir de ses deniers aux dépenses particulières du prince. *Harpsfeld, Hist. Eccl. Anglic. Conc.*, t. XV.

LONDRES (Conciles de la province de Cantorbéry, tenus à), l'an 1403, 1405 et 1406. Nouveaux subsides accordés au roi. *Ibid.*

LONDRES (Concile de), l'an 1404. On statua dans ce concile, qu'à la mort d'un évêque anglais, on célébrerait un service pour le repos de son âme dans chacune des églises cathédrales de l'Angleterre. *Ibid.*

LONDRES (Concile de), l'an 1408. François Hugution, archevêque de Bordeaux et cardinal, convoqua ce concile pour le 23 juillet. Il y engagea le clergé d'Angleterre, d'Ecosse et d'Irlande à quitter l'obédience de Grégoire XII, pour se joindre aux cardinaux qui avaient convoqué le concile de Pise. *Anglic.* III.

LONDRES (Conciles de la province de Cantorbéry, tenus à), l'an 1409. Dans le premier de ces deux conciles, Thomas Arundel, archevêque de Cantorbéry, publia douze constitutions.

Par les quatre premières, il défend de prêcher, sans y être autorisé par l'ordinaire, et il enjoint aux prédicateurs de conformer leurs instructions aux besoins de ceux qui les écoutent; défense à eux de disputer téméraierement sur le sacrement de l'autel comme sur le reste. Par la 5e, il défend aux maîtres de belles-lettres ou de grammaire d'entreprendre d'instruire leurs écoliers sur les sacrements, ne leur permettant que de leur expliquer la lettre de la sainte Ecriture. Il défend, par la 6e, de lire les ouvrages de Wiclef, et par la 7e, de traduire l'Ecriture en langue vulgaire; par la 8e, de soutenir des propositions contraires aux bonnes mœurs; par la 9e, de disputer sur les articles définis par l'Eglise, à moins que ce ne soit pour en avoir une plus exacte intelligence; par la 10e, il ne veut pas qu'aucun chapelain dise la messe dans la province de Cantorbéry sans lettres testimoniales; par la 11e, il prescrit aux principaux de l'université d'Oxford de faire tous les mois l'examen des principes soutenus par les étudiants. Par les deux dernières, il décerne des peines contre les infracteurs des constitutions qu'on vient de lire.

Dans le second de ces conciles, on exigea la rétractation de plusieurs personnes accusées d'hérésie. *Ibid.*

LONDRES (Concile de la province de Cantorbéry, tenu à), l'an 1411. Le concile s'excusa d'accorder au roi de nouveaux subsides, et lui adressa une supplique en treize articles, pour obtenir quelques exemptions avec la répression de divers abus. Le concile s'éleva en particulier contre les opinions nouvelles qui commençaient à s'accréditer dans l'université d'Oxford. *Ibid.*

LONDRES (Concile de la province de Cantorbéry, tenu à), l'an 1412, contre les lollards. *Ibid.*

LONDRES (Concile de), l'an 1413. Thomas Walsingan, archevêque de Cantorbéry, assembla ce concile dans l'église de Saint-Paul de Londres, pour procéder à la condamnation d'un certain Jean Oldcastell, protecteur des hérétiques appelés *lollards*, qui s'étaient réunis aux wicléfites, et qui préparèrent le schisme de Henri VIII. *Angl.* III.

LONDRES (Concile de la province de Cantorbéry, tenu à), l'an 1414. On y accorda deux décimes au roi, et l'on s'imposa un autre subside pour les représentants du clergé d'Angleterre, députés au concile de Constance. *Ibid.*

LONDRES (Concile de la province de Cantorbéry, tenu à), l'an 1415. Nouveau subside accordé au roi. *Ibid.*

LONDRES (Deux conciles de la province de Cantorbéry, tenus à), l'an 1416. Nouveaux subsides accordés au roi. Dans le second de ces deux conciles, on renvoya au tribunal de l'inquisition un prêtre accusé de plusieurs crimes. *Ibid.*

LONDRES (Concile de), l'an 1417. Ce concile fut tenu le 26 novembre, dans l'église de Saint-Paul de Londres. On y accorda deux décimes au roi. *Ibid.*

LONDRES (Concile de), l'an 1419. Ce concile fut tenu le 30 octobre, dans l'église de Saint-Paul de Londres. Il eut pour objet de donner un subside au roi, de payer ce qu'on devait aux ecclésiastiques envoyés au concile de Constance, de réformer les mœurs du clergé, et de condamner un sorcier et deux hérétiques. Ces derniers abjurèrent leurs erreurs.

LONDRES (Concile provincial, tenu à), l'an 1421. Entre autres statuts, on y défendit aux évêques et à leurs officiers de rien recevoir à l'occasion des ordinations. *Ibid.*

LONDRES (Concile provincial, tenu à), l'an 1422. Un certain Guillaume Webb, coupable d'avoir célébré sans être prêtre, fut condamné sous cette accusation à la peine du fouet. On exigea aussi la rétractation d'un chapelain, nommé Guillaume White, convaincu de donner dans les erreurs des lollards. *Ibid.*

LONDRES (Concile provincial, tenu à), l'an 1428. Ce concile, présidé par l'archevêque de Cantorbéry, assisté des évêques de Londres, d'Ely, de Lincoln, d'Excester, de Rochester, de Bath et de Norwich, sans compter les prêtres et un nombreux clergé, se tint à deux reprises différentes : la première, depuis le 9 juillet jusqu'au 21, et la seconde, depuis le 12 novembre jusqu'au 7 décembre. On y fit comparaître deux laïques, une femme et trois prêtres, accusés de soutenir les erreurs des lollards. Tous firent abjuration, à l'exception de Raoul Mungyn chapelain, dont on ne put vaincre l'obstination, et qui fut condamné à la prison perpétuelle, comme coupable d'avoir dit qu'il n'était pas permis de faire la guerre aux hérétiques de Bohême; que tous les biens étaient communs, et qu'il n'était permis à personne de s'attribuer quelque chose en propre. Le concile délibéra aussi sur les subsides demandés par le roi, pour les besoins de l'Etat, et par le pape, pour la guerre de Bohême. On accorda au roi premièrement la moitié d'une décime, au pape, on n'accorda rien; mais on remit à délibérer sur cette affaire au 19 octobre suivant. *Ibid.*

LONDRES (Concile provincial, tenu à), l'an 1429. On accorda au roi une décime et demie; au pape, il paraît bien qu'on refusa tout. *Ibid.*

LONDRES (Concile provincial, tenu à), l'an 1430, 19 février. Un certain Thomas Bagley, vicaire au pays d'Essex, fut dégradé dans ce concile et livré au bras séculier, pour son attachement opiniâtre aux erreurs de Wiclef. L'archevêque de Cantorbéry y publia en outre une constitution portant défense de faire usage dans les marchés d'un certain poids nommé le *auncell weight*, en s'appuyant de ces paroles de l'Ecriture : *Statera dolosa abominatio est apud Deum*. Le concile finit, comme d'ordinaire, par le vote d'une décime au roi. *Ibid.*

LONDRES (Concile prov. tenu à), l'an 1432. Les prélats courtisans votèrent une demi-décime pour le roi, et deux deniers par livre pour le voyage des ambassadeurs de la province de Cantorbéry au concile de Bâle, continué en dépit du souverain pontife. *Ibid.*

LONDRES (Concile prov. tenu à), l'an 1433. On revint dans ce synode sur l'affaire du concile de Bâle, et, sur la proposition de Pierre Beverley, professeur de théologie, on finit par convenir qu'il fallait obéir au pape par rapport à la dissolution qu'il avait prononcée de ce concile ; que du reste, s'il plaisait au pape de révoquer sa sentence à ce sujet, il serait à propos de demander au concile de recueillir les suffrages par nations, et non par individus. Il fut encore question de quelques hérétiques. La conclusion dernière fut qu'on payerait au roi les trois quarts d'une décime, malgré les charges sans nombre dont on se plaignait d'être obéré. *Ibid.*

LONDRES (Concile prov. tenu à), l'an 1434. Les prélats décidèrent qu'on publierait dans toutes les églises, trois fois chaque année, une série détaillée d'excommunications contre les erreurs et les abus qui avaient cours à cette époque. *Ibid.*

LONDRES (Concile prov. tenu à), l'an 1435. On y accorda au roi une décime et demie. *Ibid.*

LONDRES (Concile prov. tenu à), l'an 1436, mentionné par Wilkins, *t*. III.

LONDRES (Concile prov. tenu à), l'an 1437. On y accorda une décime au roi.

LONDRES (Concile prov. tenu à), le 28 avril 1438 et les jours suivants. *Voy.* CANTORBÉRY, même année.

LONDRES (Concile prov. tenu à), le 21 novembre 1439. On y régla que les réclamations des vicaires qui se plaindraient de leurs curés au sujet de leur traitement seraient admises *in forma pauperum*. *Ibid.*

LONDRES (Concile prov. tenu à), l'an 1442. On y accorda une décime au roi. *Ibid.*

LONDRES (Concile prov. tenu à), le 19 octobre 1444. L'archevêque de Cantorbéry y publia une constitution pour que la fête de la Translation de saint Édouard se célébrât à l'avenir sous le rit double dans toute la province. *Ibid.*

LONDRES (Conciles prov. tenus à), le 22 juin 1446, le 1er juillet 1447 et le 14 novembre 1449. On y accorda de nouvelles décimes au roi. *Ibid.*

LONDRES (Concile prov. tenu à), le 7 février 1452. On s'y occupa d'un démêlé élevé entre les curés et leurs paroissiens, au sujet de certaines oblations que ceux-ci refusaient. *Ibid.*

LONDRES (Concile prov. tenu à), le 6 mai 1460. Les prélats y convinrent de demander au roi son agrément pour neuf statuts, dont les premiers prescrivaient aux visiteurs de se contenter pour leurs droits de visite de la taxe fixée par le droit ou par la coutume ; le 5e restreignait les pouvoirs de l'archidiacre de Westminster aux limites mêmes de son archidiaconé ; le 8e interdisait aux évêques d'accorder des dispenses pour plus d'un ban de mariage, et le 9e recommandait aux prêtres l'habit et la modestie de leur état. Le concile finit par voter une décime au roi. *Ibid.*

LONDRES (Concile prov. tenu à), l'an 1462. On y recommanda de faire mémoire, dans les offices, de saint Thomas, de saint Frideswide et de saint Ethelrède.

LONDRES (Concile prov. tenu à), l'an 1463. Ce concile, qui se tint le 6 juillet dans l'Eglise de Saint-Paul de Londres, comme tous les précédents, défendit, sous peine d'excommunication, aux officiers de la justice séculière d'arrêter personne dans l'église, et condamna les investitures. *Wilkins*, III, *Anal. des conc.* V.

LONDRES (Concile prov. tenu à), l'an 1468. Le clergé y accorda une décime au roi. *Wilkins, t.* III.

LONDRES (Synode prov. tenu à), l'an 1475. On s'y occupa de quelques réclamations que le clergé du second ordre adressait aux prélats contre la rigueur de certaines lois et quelques empiétements, ou d'autres abus dont il croyait avoir à se plaindre. *Ibid.*

LONDRES (Assemblée prov. tenue à), l'an 1481. On y accorda une décime au roi, et l'on profita de cette occasion pour demander la répression des abus et des divers empiétements de la justice séculière contre la liberté et la juridiction de l'Eglise. On renvoya à l'année suivante, et puis encore à une autre année, la demande que faisait le pape d'un subside pour la défense de l'île de Rhodes contre les infidèles. *Ibid.*

LONDRES (Concile prov. tenu à), l'an 1486. Jean Marton, archevêque de Cantorbéry et légat du saint-siége, tint ce concile, où il fit une loi à chaque évêque de faire le service et de dire six messes, par lui-même ou par un autre, pour le repos de l'âme de chacun de ses confrères dont il viendrait à apprendre la mort. *Labb.* XIII.

LONDRES (Assemblée prov. tenue à), l'an 1488. Le prieur des chevaliers de Saint-Jean de Jérusalem s'y défendit de l'accusation qu'on intentait à ses religieux d'absoudre des gens excommuniés et de célébrer des mariages sans y être autorisés par les ordinaires des lieux. On conclut en accordant des décimes au roi et quelques subsides à l'archevêque de Cantorbéry. *Ibid.*

LONDRES (Assemblée prov. tenue à), l'an 1501. Le pape Alexandre VI ayant imposé au clergé d'Angleterre un subside d'une décime pour la défense de la foi contre les Turcs, le roi s'opposa à ce que cette levée se fît au nom du souverain pontife ; mais il fit, en son propre nom, assembler le clergé de cette province, qui lui vota pour la même fin une somme de douze mille livres à percevoir par forme de décime sur tous les biens ecclésiastiques. *Ibid.*

LONDRES (assemblée prov. tenue à), l'an 1503. *Ibid.*

LONDRES (Assemblée prov. tenue à), l'an 1514. On y accorda deux décimes au roi, pour la défense du royaume et de l'Eglise d'Angleterre. *Ibid.*

LONDRES (Assemblée prov. tenue à), l'an 1515. L'archevêque William s'y plaignit du peu d'exactitude apporté par quelques-uns de ses suffragants et des membres du clergé à obéir à l'appel qu'il leur avait fait de se rendre au synode. *Ibid.*

LONDRES (Assemblée prov. tenue à), l'an 1523. On y accorda un subside au roi. *Ibid.*

LONDRES (Assemblée prov. tenue à), l'an 1534. Nous terminons ce fastidieux détail des complaisances politiques du clergé d'Angleterre, en passant plusieurs de ses ignobles assemblées, par le récit de sa séparation définitive d'avec l'Eglise romaine ; nous empruntons ce récit à John Lingard.

« 1° La soumission (1) que, durant l'année dernière, on avait obtenue des craintes du clergé fut établie en forme de statut, dans le préambule duquel on omit adroitement une clause qui semblait borner sa durée au règne actuel. En cet état on le présenta aux deux chambres : il reçut la sanction royale, et fit partie des lois fondamentales du royaume ; mais on y avait ajouté la clause bien plus importante « que tous les canons et ordonnances déjà existants, et qui ne seraient pas contraires aux statuts et aux coutumes du royaume, ou aux prérogatives de la couronne, seraient exécutés et auraient force de loi jusqu'à ce qu'il parût convenable de les reviser et adapter à la teneur et à l'effet dudit acte. » Il suffisait à Henri VIII de posséder le droit de modifier à son gré les lois ecclésiastiques : il ne jugea jamais convenable d'exercer ce pouvoir ; et la conséquence en est ; qu'en vertu de cette clause additionnelle, les cours spirituelles ont existé jusqu'à l'époque présente. 2° Les articles du dernier statut, qui prohibait les appels à Rome dans certains cas, furent étendus à tous les cas possibles : et, au lieu de cette faculté que l'on abolissait, les plaideurs durent porter leur appel de la cour de l'archevêque à la chancellerie du roi, qui nommait des commissaires, dont l'autorité terminait définitivement la procédure. Ce tribunal accidentel porta le nom de cour des délégués. 3° On ajouta au statut qui défendait le payement des annates, et qui avait été ratifié par lettres patentes du roi, que l'on ne présenterait plus la nomination des évêques à la confirmation du pape, et que les bulles n'en seraient plus impétrées en sa cour ; mais que, lors de la vacance d'un siége, le roi accorderait au doyen et au chapitre, ou au prieur et aux moines, la permission d'élire la personne dont le nom serait mentionné dans ses lettres missives : qu'ils devraient procéder à l'élection dans le cours de douze jours, sous peine de perdre leur droit, qui, dans ce cas serait dévolu à la couronne ; que le prélat nommé ou élu jurerait d'abord fidélité au roi ; après quoi le monarque signifierait l'élection à l'archevêque ; ou s'il n'y avait pas d'archevêque, à quatre évêques, les requérant de confirmer l'élection, de consacrer l'élu et de lui donner l'investiture, afin qu'il pût solliciter son temporel des mains du roi, faire personnellement serment à son altesse royale, et non à aucun autre, et recevoir des mains du roi toutes les possessions et avantages spirituels et temporels de son évêché. 4° On arrêta aussi que, puisque le clergé avait reconnu le roi comme chef suprême de l'Eglise d'Angleterre, toute espèce de payement fait à la chambre apostolique, et toute licence, dispense et donation obtenues, selon l'usage, de la cour de Rome, cesseraient à l'instant ; que désormais toutes les grâces et indulgences dépendraient de l'archevêque de Cantorbéry ; et que si quelque personne se trouvait lésée par le refus de l'archevêque, elle pouvait, en s'adressant par écrit à la chancellerie, forcer le prélat à déduire les motifs de son refus. Ainsi, par ces règlements, et durant une très-courte session, le pape perdit toute sa puissance en Angleterre ; et cela, à l'époque où la sentence portée à Rome, non-seulement n'était pas connue de Henri, mais probablement n'en était pas même soupçonnée. » *Hist. d'Angleterre, t. VI.*

Et voilà comme se font les schismes et se fabriquent les Eglises nationales !

LORE (Concile de), Lore est, suivant Salmon (*Traité de l'étude des conc.*), le nom de la ville appelée anciennement *Laureacum*, et qui était la métropole de la province Norique. *Voy.* LAUREACUM.

LORETO (Synode diocésain de), *Lauretana*, le 8 janvier 1626, sous le cardinal Roma, évêque de ce lieu. Les statuts de ce synode sont divisés en trois parties : la première traite des choses, c'est-à-dire, de la foi et des sacrements ; la seconde, des personnes ou des ecclésiastiques ; la troisième, des usages particuliers à l'église cathédrale. *Diœces. synod. Lauretana, Maceratæ*, 1626.

LORRIS (Concile de). C'est ainsi que Salmon (*Traité de l'étude des conc.*) traduit le mot *Lauriacum*, qui est le lieu où se tint un concile en 843. *Voy.* LORÉ.

LOUDUN (Concile de), du diocèse de Poitiers, *Laudunense*, l'an 1109. Il ne reste de ce concile que deux décrets de peu d'importance pour les moines de Tournus et ceux de *Majoris Monasterii* ; ces derniers mots désignent peut-être Marmoutier. *Mansi, t. II, col. 241.*

LOVICTZ (Concile de) ; *Voy.* LÉOPOLD.

LUBECK (Synode de), *Lubecense*, l'an 1342. Jean de Muhl, évêque de Lubeck, tint

---

(1) L'acte par lequel le clergé avait reconnu le roi pour chef suprême de l'Eglise d'Angleterre, *autant que le permet la loi du Christ.* » Avec des clauses équivoques on satisfait toujours les consciences faibles, dont le grand point est de concilier l'intérêt avec le devoir.

ce synode diocésain, où il fit un statut contre les usurpateurs des droits et des biens du clergé. *Conc. Germ.*, t. IV.

LUBECK (Synode de), l'an 1420. Jean Schèle, évêque de Lubeck, tint ce synode et y renouvela divers statuts empruntés des conciles. *Conc. Germ.*, t. V.

LUBRENSES (Synodi); *Voy.* Massa.

LUCCENSE (Concilium); *Voy.* Lucques.

LUCENSIA (Concilia); *Voy.* Lugo.

LUÇON (Synode de), l'an 1565. L'évêque Jean-Baptiste Tiercelin publia en cette année ses *Sanctiones et canones synodales*. *Bibl. de la Fr.* t. I.

LUÇON (Synode de), l'an 1629, ou ordonnances synodales publiées en cette année par Emery de Bragelongne. *Ibid.*

LUÇON (Synode de), l'an 1671, ou ordonnances de Nicolas Colbert. *Ibid.*

Le même donna de nouvelles ordonnances en 1674. *Ibid.*

Le même évêque publia des *Statuts synodaux* en 1681. *Ibid.*

LUÇON (Syn. diocésain de), le 14 juin 1684, sous Henri de Barillon, évêque de ce diocèse. Ce prélat y renouvela les ordonnances précédemment publiées dans plusieurs synodes. *Ordonn. synod. du dioc. de Luçon; Paris*, 1685.

LUÇON (Synodes de), en 1685 et 1693. L'évêque Henri de Barillon y publia des *Ordonnances synodales*. *Ibid.*

LUÇON (Synode de), en 1721. Des ordonnances synodales furent publiées cette année par l'évêque Jean-François de Lescure. *Ibid.*

LUÇON (autres Synodes de). *Voy.* Sainte-Marie de Luçon.

LUCQUES (Concile de), *Luccense*, l'an 1062. Le pape Alexandre II tint ce concile, le 12 décembre. On y anathématisa l'antipape Cadaloüs, et l'on y reconnut l'innocence d'Eritte, abbesse de Sainte-Justine de Lucques, faussement accusée de crimes par trois de ses religieuses. Le docte Mansi s'étonne que les éditeurs des conciles ne fassent aucune mention de celui-ci, depuis que Florentinius en a publié les actes, dans les *Gestes de la comtesse Mathilde, in Appendic.*, pag. 127. *Mansi*, t. I, col. 1367.

LUGDUNENSIA (Concilia); *Voy.* Lyon.

LUGO (Concile de), l'an 562 selon Fleury, d'après la conjecture de Loaysa, ou 569 selon d'Aguirre. Ce concile fut assemblé par les soins de Théodomir, roi suève, zélé protecteur de la religion catholique, et eut pour objet et pour effet tout à la fois l'érection de la ville de Lugo en seconde métropole de la Galice, après Brague, et la délimitation de tous les diocèses de la province, qui portaient à cette époque le nom de *paroisses*. Saint Martin de Dume, depuis archevêque de Brague, se trouva à ce concile, et présenta aux Pères assemblés l'abrégé qu'il avait composé lui-même des canons des anciens conciles d'Orient. C'est tout ce que nous savons de ce concile, dont les actes du reste sont perdus. La ville de Lugo conserva le rang de métropole, jusqu'à l'occupation du pays par les Goths.

Le P. Labbe (t. V, p. 902) conjecture, d'après ce qu'on peut lire dans Ambroise Morales (l. II, c. 26), qu'il y eut un second concile de Lugo tenu en 572. Le cardinal d'Aguirre n'admet que le premier, et prétend que le roi Ariamir, sous lequel le second concile aurait été tenu, est le même prince que Théodomir, mort en 570. *Conc. Hisp.*, t. II.

LUGO (Concile de), l'an 572. Nitigius, évêque de Lugo, présida ce concile où se trouvèrent des envoyés du saint-siége.

Le roi Ariamir y fit confirmer la division des diocèses faite par le premier concile tenu dans cette ville. Les actes en sont perdus. On présenta dans ce concile une collection des anciens canons faite par saint Martin de Brague en 84 canons. *Ibid.*

LUGO (Synode diocésain de), *Lucensis*, l'an 1571, sous Alexandre Guidiccioni. Entre autres statuts qui y furent publiés, l'obligation y fut imposée aux prédicateurs de se présenter à l'évêque après leur mission remplie, pour lui rendre compte de leurs succès et des réformes qu'ils jugeraient utiles. *Lucensis Eccl. constit. synod.*, 1571.

LUGO (Synodes diocésains de). Alexandre Guidiccioni, évêque de Lugo, publia en 1571 les constitutions synodales de son diocèse, qu'il rangea sous douze titres, et qui présentent le résumé de tous les statuts portés dans les synodes antérieurs. *Eccl. Lucensis constitut.*, 1580.

LUGO (Synode diocésain de), l'an 1625, 25, 26 et 27 novembre, sous Alexandre Guidiccioni. L'évêque publia de nouveaux règlements sur les matières qui faisaient l'objet le plus ordinaire de ces sortes d'assemblées. *Ibid.*

LUMBARIENSES (Synodi); *Voy.* Lombers.

LUNE (Synode de), *Lunensis*. *Voy.* Sarzana, l'an 1568.

LUNE (Synode diocésain de), le 12 septembre 1582, sous Jean-Baptiste Bracelli, évêque de Lune et de Sarzana. Entre autres statuts, l'évêque y défendit aux clercs de se faire cautions pour des laïques, et de recevoir chez eux, en qualité de domestiques, des gens mariés, à moins d'une permission expresse de l'autorité diocésaine. *Constit. editæ et prom.*

LUNE (Synodes diocésains de), années 1591, 1595 et 1616, sous Jean-Baptiste Salvagi, évêque de Lune et de Sarzana. Nous ne nous arrêtons pas à en rapporter les décrets qui nous entraîneraient dans de trop longs détails, sans grand profit pour les lecteurs. *Constit. Lun. Sarzanensis diœcesis; Lucæ*, 1619.

LUNE (Synode diocésain de), 4 et 6 mai 1642, sous l'évêque Prosper Spinola. Ce prélat y publia un volume de constitutions; nous y remarquons en particulier un chapitre sur les maîtres d'école. *Synodus diœc. Lun. Sarzan.; Massæ*, 1642.

LUNE (Synode diocésain de), 8, 9 et 10 avril 1674, sous Jean-Baptiste Spinola. L'évêque y publia des constitutions sur le plan des précédentes, qu'elles ne font guère que renouveler. *Synodus diœc. Lun. Sarzan.; Massœ*, 1674.

LUPPIENSIA (Concilia), seu apud Luppiœ fontés. Voy. LIPPE OU LIPSTADT.

LUSITANUM (Concilium) ; *Voy.* PORTUGAL.

LUX (Concile près de), l'an 1116. *Voy.* LANGRES, même année.

LYON (Concile de) ou des Gaules, *Lugdunense*, vers l'an 177. La paix dont l'Eglise jouit après la victoire obtenue par Marc-Aurèle sur les Quades par les prières des chrétiens, fut bientôt troublée par les soulèvements des peuples, qui rallumèrent la persécution en plusieurs provinces, et la rendirent plus violente qu'elle n'avait été auparavant. Mais elle ne fut nulle part plus sanglante que dans les Gaules, et surtout dans les Eglises de Lyon et de Vienne. Eusèbe nous en a transmis l'histoire, qu'il avait tirée des monuments publics, c'est-à-dire, des actes des martyrs, écrits par ceux-là mêmes qui avaient été les témoins, et, ce semble, les compagnons de leurs souffrances. Ils sont en forme de lettre circulaire, adressée aux chrétiens d'Asie et de Phrygie. L'esprit, l'éloquence et la piété qui règnent dans cette lettre ont fait croire aux plus habiles que saint Irénée en était l'auteur. Mais qui que ce soit qui l'ait écrite, on ne peut trop en admirer la beauté, ni en faire trop d'estime. « Le bienheureux esprit des martyrs, dit Du Bosquet (*Hist. Eccl.*, *l. II*, *c.* 18), est encore vivant dans les paroles dont elle est composée, toutes mortes qu'elles sont. Le sang répandu pour Jésus-Christ y est encore tout brillant. » Outre le détail des souffrances des martyrs de Lyon, cette lettre contenait encore des instructions importantes et le jugement des fidèles des Gaules touchant l'affaire des montanistes; ce qui peut la faire considérer comme une lettre synodale. Tout ce que nous savons, par le témoignage d'Eusèbe, de ce jugement des fidèles des Gaules au sujet des montanistes, c'est qu'il ne contenait rien que de pieux et d'orthodoxe. *Hist. gén. des aut. sacr. et eccl., t.* II.

LYON (Concile de), vers l'an 197, au sujet de la Pâque. Saint Irénée, évêque de Lyon, y présida, et c'est apparemment lui qui fut l'auteur de la lettre synodale qui y fut dressée. On s'accorda à soutenir, conformément à la décision du pape Victor, qu'on devait célébrer la Pâque le dimanche. *Hist. gén. des aut. sacr., t.* III.

LYON (Concile de), l'an 198 ou 199. M. De la Lande fait mention d'un concile tenu à Lyon, en 198 ou 199, contre les erreurs de Valentin, et donne un fragment latin de la lettre de ce synode, que Baluze a trouvé digne d'entrer dans sa collection, où il est en grec et en latin, selon deux interprétations, savoir : celle de Rufin et celle de Valois. *De la Lande, Supplem. Concil. antiq. Galliœ a Jacobo Sirmondo edit. p.* 12.

LYON (Concile de), l'an 461. Ce concile fit un décret sur la chasteté des prêtres; c'est tout ce que les écrivains en rapportent. *De la Lande, Suppl. Conc. ant. Gall.*

LYON (Concile de), l'an 475. On condamna dans ce concile les erreurs du prédestinianisme : c'est tout ce qu'on en sait par la préface du traité de Fauste sur la grâce et le libre arbitre. *Labb.* IV. *Voy.* ARLES, même année.

LYON (Concile de), l'an 490. La rétractation du prêtre Lucide, qui y renonçait à ses erreurs, dénoncées au concile d'Arles, y fut lue et approuvée.

LYON (Conférence de), avec les ariens, vers l'an 500. Dieu, par une providence particulière sur son Eglise, ayant inspiré, pour le salut de toute la nation des Français, à l'évêque saint Remi, de détruire partout les autels des idoles, il lui accorda en même temps le don des miracles pour étendre la foi avec plus de facilité. Les fréquentes conversions que Dieu opéra par son ministère excitèrent plusieurs évêques à s'assembler pour travailler à la réunion des ariens. Le roi Gondebaud ne s'opposa point à leur dessein. Néanmoins, afin qu'il n'y parût point d'affectation, et que l'on crût au contraire que cela était arrivé par occasion, Etienne, évêque de Lyon, écrivit à plusieurs pour les inviter à la fête de Saint-Just, qui était proche, et où il se faisait ordinairement un grand concours de peuple à cause des miracles qui s'opéraient au tombeau du martyr. Entre autres évêques qui se rendirent à cette cérémonie, les actes marquent Avite de Vienne, son frère Apollinaire, évêque de Valence, et Conius d'Arles. Tous ceux qui s'y trouvèrent étaient catholiques et d'une vie exemplaire. Ils allèrent ensemble saluer le roi Gondebaud qui faisait sa résidence à Savigny. Les évêques ariens qui s'y rencontrèrent, auraient bien souhaité de les empêcher d'avoir audience ; mais leurs efforts furent inutiles, et avec le secours de Dieu, le roi la leur accorda. Après avoir salué ce prince, saint Avite, quoiqu'il ne fût ni le plus ancien ni le premier en dignité, mais, par un effet de la déférence des autres évêques, porta la parole, et demanda au roi la conférence pour la paix, disant que lui et les autres évêques catholiques qui l'accompagnaient étaient prêts à montrer clairement qu'ils n'avaient d'autre foi que celle de l'Evangile et des apôtres ; qu'au contraire celle des ariens n'était pas selon Dieu ni l'Eglise. Il ajouta qu'il y avait sur les lieux des évêques de cette secte instruits dans toutes les sciences, et demanda qu'il lui plût de leur ordonner d'accepter la conférence. Le roi répondit : « Si votre foi est véritable, pourquoi vos évêques n'empêchent-ils pas le roi des Français de me faire la guerre et de se joindre à mes ennemis pour me détruire? La vraie foi n'est point où on est avide du bien d'autrui, et où on est altéré du sang des peuples : qu'il montre sa foi par ses œuvres. Seigneur, répondit saint Avite, dont le visage et le langage avaient quelque chose d'angélique, nous ne savons pas quels sont les motifs du roi des Français pour faire ce que vous dites qu'il fait ; mais l'Ecriture nous apprend que souvent les royaumes sont renversés pour le mépris de la religion, et que c'est la vraie cause pour laquelle Dieu suscite de toute part des ennemis à ceux qui se déclarent contre Dieu. Revenez avec votre peuple à la loi de Dieu, et il établira la paix dans vos états : si vous l'avez avec lui, vous l'aurez avec tout le monde, et vos ennemis ne pourront prévaloir sur vous. Est-ce donc, répliqua le roi, que je ne professe pas la loi de Dieu ? Parce que je ne veux pas reconnaître trois dieux, vous dites que je m'éloigne de la loi du Seigneur. Je n'ai pas lu dans l'Ecriture qu'il y ait plusieurs dieux, mais un seul. A Dieu ne plaise, dit saint Avite, que nous adorions plusieurs dieux : il n'y en a qu'un; mais ce Dieu, un en essence, subsiste en trois personnes : le Fils et le Saint-Esprit ne sont pas d'autres dieux que le Père, mais un seul Dieu, dont la première personne est le Père, la seconde le Fils, et la troisième le Saint-Esprit : la substance du Père n'est pas autre que celle du Fils, et celle du Saint-Esprit n'est pas autre que celle du Père et du Fils. Le même Dieu qui a parlé autrefois par les prophètes nous a parlé nouvellement dans son Fils, et il nous parle tous les jours dans le Saint-Esprit. Quoiqu'il nous ait parlé autrefois par les prophètes, dans les derniers temps par son Fils, et maintenant par le Saint-Esprit, c'est un seul et même Dieu qui parle, mais il est appelé ainsi pour la distinction des personnes, qui sont en effet coéternelles et consubstantielles. Voilà ce que nous professons et ce que nous sommes prêts à prouver. » Saint Avite, voyant que le roi l'écoutait paisiblement, continua son discours, et dit : « Si vous vouliez, seigneur, connaître par vos lumières le solide de notre foi, il vous en reviendrait un grand bien, à vous et à votre peuple : la gloire céleste ne vous manquerait point, la paix et l'abondance se répandraient dans vos Etats. Mais les vôtres, s'étant déclarés ennemis de Jésus-Christ, attirent sur vous la colère de Dieu : ce qui, ainsi que nous l'espérons, cessera d'arriver, si vous voulez nous écouter, et commander à vos évêques de conférer publiquement avec nous sur les matières de la foi qui nous séparent. » Ayant ainsi parlé, il se jeta aux pieds du roi, et, les embrassant, il pleurait amèrement. Tous les évêques se prosternèrent avec lui. Le roi, sensiblement ému, se baissa pour les relever, et leur dit amicalement qu'il leur ferait réponse; ce qu'il fit en effet.

Dès le lendemain, étant retourné à Lyon par la Saône, il envoya chercher Etienne et Avite, et leur dit : Vous avez ce que vous demandez; mes évêques sont prêts à vous montrer que personne ne peut être coéternel et consubstantiel à Dieu. Mais je ne veux pas que ce soit devant tout le peuple, de peur qu'il n'y ait du tumulte : ce sera devant mes sénateurs et les autres que je choisirai, comme de votre côté vous choisirez qui il vous plaira des vôtres, pourvu que ce ne soit pas en grand nombre : et la conférence se fera demain en ce lieu. Les évêques, après avoir salué le roi, se retirèrent pour faire savoir ses intentions aux autres évêques. C'était la veille de la solennité de Saint-Just. Quoiqu'ils eussent fort souhaité remettre la conférence au lendemain de la fête, ils ne voulurent pas différer pour un si grand bien. Seulement ils résolurent, d'un consentement unanime, de passer la nuit auprès du tombeau du saint, pour obtenir de Dieu, par ses prières, ce qu'ils souhaitaient. Il arriva que pendant cette nuit on lut à l'office quatre leçons, suivant l'usage du temps : deux de l'Ancien Testament, dont l'une était tirée de l'Exode, et l'autre du prophète Isaïe (*Exod.* VII, *Isa.* VI); deux du Nouveau, savoir de l'Evangile selon saint Matthieu (*Matth.* XI), et de l'Epître aux Romains (*Rom.* II), et que dans les quatre leçons il se trouva des passages qui parlaient de l'endurcissement des cœurs. Les évêques, qui le remarquèrent, crurent que Dieu leur montrait l'endurcissement du cœur du roi. C'est pourquoi ils passèrent la nuit dans la tristesse et dans les larmes; mais ils n'abandonnèrent pas pour cela la résolution où ils étaient de défendre la vérité de notre religion contre les ariens. Au temps que le roi avait marqué, tous les évêques assemblés se rendirent au palais, accompagnés de plusieurs prêtres, de plusieurs diacres et de quelques laïques catholiques, entre autres de Placide et de Lucain, deux des principaux officiers des troupes du roi. Les ariens vinrent aussi avec ceux de leur secte, et après qu'ils se furent assis, le roi présent, saint Avite parla pour les catholiques, et Boniface pour les ariens. Saint Avite proposa notre foi en l'appuyant des témoignages de la sainte Ecriture avec autant d'éloquence que Cicéron; et le Seigneur donnait de la grâce à tout ce qu'il disait. Les ariens l'entendant parler, en étaient consternés, et Boniface, qui l'avait écouté assez paisiblement, ne put jamais rien répondre aux raisons que ce saint évêque avait apportées : quand son tour vint de parler, il proposa des questions difficiles, par lesquelles il paraissait n'avoir d'autre intention que de fatiguer le roi. Saint Avite pressa beaucoup Boniface de répondre; mais celui-ci n'en fit rien, et ne trouvant pas moyen de défendre sa cause, il se répandit en injures, traitant les catholiques d'enchanteurs et d'adorateurs de plusieurs dieux. Le roi, voyant Boniface réduit à ne pouvoir dire autre chose, et sa secte couverte de confusion, se leva de son siége, et dit que Boniface répondrait le lendemain. Tous les évêques se retirèrent; et comme il faisait encore jour, ils allèrent avec les autres évêques catholiques à l'église de Saint-Just, louer le Seigneur et lui rendre grâces de la victoire qu'il leur avait donnée sur ses ennemis.

Le lendemain les évêques retournèrent à la cour avec tous ceux qui les avaient accompagnés le jour précédent. Ils trouvèrent en entrant Arédius, homme illustre et habile, qui, quoique catholique de profession, favorisait les ariens, pour faire sa cour au roi, qui lui témoignait beaucoup de confiance. Il voulut leur persuader de s'en retourner, disant que ces disputes n'aboutissaient qu'à aigrir les esprits de la multitude, et qu'il n'en pouvait résulter aucun avantage. Etienne, évêque de Lyon, qui connaissait le caractère d'Arédius, lui répondit que rien n'était plus propre à réunir les esprits dans une sainte amitié, que de connaître de quel côté se rencontre la vérité, parce qu'étant aimable partout où elle se trouve, elle rend aimables ceux qui la suivent. Il ajouta qu'ils étaient tous venus par ordre du roi ; après quoi, Arédius n'osa plus résister. Ils entrèrent donc, et aussitôt que le roi les aperçut, il se leva pour aller au-devant d'eux ; et se tenant entre Etienne et Avite, il leur parla encore contre le roi des Français, disant que ce prince sollicitait contre lui son frère Godégisile, qui régnait alors sur une partie de la Bourgogne, et faisait sa résidence à Genève. C'était au contraire Godégisile qui avait sollicité Clovis de faire la guerre à Gondebaud ; ce que celui-ci ne savait pas. Les évêques lui répondirent qu'il n'y avait pas de meilleur moyen de faire la paix que de s'accorder sur la foi, et lui offrirent leur médiation pour traiter de la paix, s'il l'avait pour agréable. Après quoi, chacun prit sa place dans le même ordre que le jour précédent. Saint Avite, pour répondre aux reproches de Boniface, fit voir si clairement que les catholiques n'adoraient point plusieurs dieux, qu'il se fit admirer même des ariens. Boniface ne lui répondit que par des injures, comme il l'avait fait la veille, et s'enroua tellement à force de crier, qu'il ne pouvait plus parler. Le roi, le voyant en cet état, attendit assez longtemps, et se leva ensuite, montrant sur son visage son indignation contre Boniface. Alors saint Avite pria ce prince d'ordonner aux ariens de répondre à ses propositions, afin qu'il pût connaître la foi qu'il devait suivre ; mais le roi et les ariens qui étaient avec lui n'ayant rien répondu, le saint évêque ajouta, en s'adressant toujours au roi : « Si les vôtres ne peuvent nous répondre, qui empêche que nous ne convenions tous d'une même foi?» Comme ils en murmuraient, saint Avite dit, plein de confiance dans le Seigneur : « Si nos raisons ne peuvent les convaincre, je ne doute point que Dieu ne confirme notre foi par un miracle. Ordonnez que nous allions tous au tombeau de saint Juste, que nous l'interrogions sur notre foi, et Boniface sur la sienne : Dieu prononcera ce qu'il approuve par la bouche de son serviteur.» Le roi étonné semblait y consentir ; mais les ariens se récrièrent et dirent que pour faire connaître leur foi ils ne voulaient pas faire comme Saül, qui s'était attiré la malédiction en ayant recours à des enchantements et à des voies illicites ; qu'ils se contentaient d'avoir l'Ecriture, plus forte que tous les prestiges. Ils répétèrent la même chose plusieurs fois avec de grands cris. Le roi, qui s'était déjà levé, prenant par la main Etienne et Avite, les mena jusqu'à sa chambre, les embrassa et leur dit de prier pour lui. Les deux évêques connurent aisément la perplexité et les embarras du roi ; mais parce que Dieu le Père ne l'avait point attiré, il ne put encore alors venir au Fils, afin que cette vérité fût accomplie : *Qu'il ne dépend point de celui qui veut, ni de celui qui court, mais de Dieu qui fait miséricorde*. (*Rom.* IX, 16). Depuis ce jour plusieurs ariens se convertirent et furent baptisés quelques jours après. Ce fut de cette manière que Dieu fit éclater la vérité de notre foi en présence de tout le monde, par l'intercession de saint Just. Quant au roi Gondebaud, après qu'il eut terminé la guerre contre Clovis, il demanda à saint Avite de lui donner en secret l'onction du saint chrême, confessant que le Fils de Dieu et le Saint-Esprit sont égaux au Père ; mais le saint évêque lui ayant représenté qu'il devait, suivant le précepte du Seigneur, le confesser devant les hommes, il n'eut jamais le courage de faire publiquement profession de la foi catholique. *D. Ceill.*

LYON (Concile de), l'an 516. On ne connaît ce concile que par une lettre de saint Avit de Vienne. Il dit seulement qu'il y assista.

LYON (Concile dit Ier de), l'an 517. Dix évêques de ceux qui avaient assisté au concile d'Epaone en tinrent un autre à Lyon, la même année 517, ou l'année suivante, avec Viventiolus, archevêque de cette ville, au sujet d'Etienne, préfet du fisc du roi Sigismond. Ce seigneur avait épousé Palladie, sa parente, ou, comme le marque la Vie de saint Apollinaire, la sœur de sa première femme. Ils en furent convaincus l'un et l'autre ; et il fut convenu, dans le premier canon du concile, que tous les évêques qui avaient prononcé leur condamnation la maintiendraient, et qu'ils en useraient de même contre tous ceux qui seraient coupables du même crime. Les évêques ajoutèrent, dans le second canon, que si quelqu'un d'entre eux venait à être persécuté pour ce sujet, tous les autres prendraient part à ses souffrances, et le soulageraient des pertes qu'il aurait souffertes. Ils ajoutèrent encore, dans le troisième canon, que si le roi, irrité de la sentence rendue contre Etienne et Palladie, continuait à s'abstenir de la communion des évêques qui l'avaient portée, et à ne plus se trouver avec eux à l'église, ils se retireraient dans des monastères, d'où aucun ne sortirait, que la paix ne fût rendue à tous les autres. Ils déclarèrent, dans le quatrième canon, que personne n'aurait la témérité d'usurper l'église d'un autre, ou d'y faire l'office en son absence, ou quelque autre acte de juridiction que ce fût, sous peine d'être privé de la communion de ses frères. Ils renouvelèrent dans le cinquième canon la défense d'aspirer au siège d'un évêque vivant, et déclarèrent excommuniés pour toujours ceux qui se seraient fait ordonner à leur place, de même que ceux qui auraient pris part à ces sortes d'ordinations. Il semble, par le sixième et dernier canon de ce concile, que le roi avait enfin reconnu l'équité du jugement rendu contre les deux coupables, puisque les évêques y disent qu'en suivant l'avis de ce prince ils avaient accordé à Etienne et à Palladie la permission d'assister aux prières de l'Eglise, jusqu'à l'oraison du peuple après l'Evangile, c'est-à-dire, jusqu'à l'*Orate, fratres*. Lab. t. IV; Hard. t. II; Anal. des Conc. t. I.

LYON (Concile dit 2e de), l'an 566 ou 567. Ce concile fut tenu par l'ordre de Gontran, pour juger des accusations intentées contre Salonius d'Embrun et Sagittaire de Gap, frères l'un de l'autre, qui furent tous deux déposés de l'épiscopat dans ce concile. Il était composé de huit évêques présents, et des députés de six autres absents. Saint Philippe de Vienne, qui y souscrivit le premier, saint Nicet ou Nizier de Lyon, saint Agricole de Châlons-sur-Saône et saint Syagrius d'Autun, sont les plus remarquables. On y fit les six canons suivants :

1er. « Les différends des évêques d'une même province seront terminés par le métropolitain de cette province, ou par les deux métropolitains, si les contendants sont de deux différentes provinces. »

2e. « Pour remédier aux mauvaises chicanes par lesquelles on privait l'Eglise des legs pieux qui lui étaient faits par testament, le concile ordonne, sous peine d'excommunication, que quand même il manquerait à la donation ou au testament de qui que ce soit quelqu'une des formalités requises par les lois, on ne laisse pas d'exécuter la volonté du testateur qui les aurait omises par nécessité ou par simplicité. »

3e. « Ceux qui retiennent injustement dans l'esclavage des personnes libres sont excommuniés. »

4e. « Conformément aux décrets des anciens Pères, celui qui aura été excommunié pour crime par son évêque ne pourra être reçu à la communion de qui que ce soit, à moins qu'il n'ait été rétabli par celui-là même qui l'avait retranché de la communion de l'Eglise. »

5e. « Un évêque ne pourra ôter aux clercs ce que les évêques ses prédécesseurs leur auront donné de leurs biens de patrimoine en propriété, ou des biens de l'Eglise à usufruit; et, si ces clercs font des fautes, il faudra les punir autrement qu'en leur ôtant ces biens. »

Il paraît par ce canon que les bénéfices ne sont plus amovibles à la volonté de l'évêque, excepté ceux qu'il aurait donnés lui-même, comme il avait déjà été réglé par le dix-septième canon du troisième concile d'Orléans.

6e. « Les jours qui précèdent le premier dimanche de novembre, on fera dans toutes les églises et dans toutes les paroisses des prières et des processions, comme avant l'Ascension; » c'est-à-dire que le concile établit ici de secondes rogations à la fin d'octobre ou aux premiers jours de novembre. Labb. V; Anal. des conc., t. I.

LYON (Concile de), l'an 570. On s'occupa dans ce concile de la paix et de la conservation de l'Eglise.

LYON (Concile de), l'an 575. Plusieurs grands du royaume assistèrent à ce concile, où le frère de saint Grégoire de Tours, accusé d'homicide par ses ennemis, se justifia par son propre serment.

LYON (Concile de), l'an 581 ou 583 selon les uns, ou 586 selon d'autres. Ce concile, qui est compté ordinairement pour le troisième de Lyon, fut tenu au mois de mai de la vingt-deuxième année du roi Gontran, c'est-à-dire, l'an 583. L'évêque de cette ville y présida, assisté de sept autres évêques et de douze députés des évêques absents. Ce concile fit six canons.

Le 1er défend aux clercs d'avoir chez eux des femmes étrangères, et à ceux qui ont été ordonnés étant mariés, de demeurer dans une même maison avec leurs femmes.

Le 2e marque les précautions dont les évêques doivent se servir dans les lettres de recommandation qu'ils donnent aux captifs, savoir, d'y mettre la date et le prix de la rançon.

Le 3e prive de la communion les religieuses qui sortent de leurs monastères, jusqu'à ce qu'elles y soient retournées.

Le 4e renouvelle les anciens décrets contre les mariages incestueux.

Le 5e défend aux évêques de célébrer hors de leurs églises les fêtes de Noël ou de Pâques, si ce n'est en cas de maladie, ou à moins qu'ils ne soient absents par un ordre du roi.

Le 6e dit que les lépreux d'une cité et du territoire qui en dépend seront nourris et entretenus aux dépens de l'Eglise de cette cité, par les soins de l'évêque, afin de ne pas être réduits à exercer le vagabondage dans les autres villes.

LYON (Concile de), l'an 814. Ce concile nomma Agobard archevêque de Lyon, à la place de Leidrade, qui s'était retiré dans un monastère à Soissons.

LYON (Concile de), l'an 829. C'est un des quatre conciles qui furent tenus par l'ordre de l'empereur Louis le Débonnaire. Il ne nous en reste qu'une lettre synodique d'Agobard, archevêque de Lyon, de Bernard, archevêque de Vienne, et d'Enof ou Fove, évêque de Châlons-sur-Saône, à l'empereur, pour se plaindre de la protection que ses officiers accordaient aux juifs, et des inconvénients qui en résultaient pour les chrétiens. Mansi, Suppl., t. I.

LYON (Concile de), l'an 848. L'archevêque Amolon convoqua ce concile au sujet d'un certain prêtre, nommé Godelcaire, qu'Usuard, abbé et archidiacre, avait fait arrêter. L'usage conservé à Clermont presque jusqu'à nos jours, d'appeler l'archidiacre du nom d'abbé, était un exemple remarquable et comme un souvenir historique de ces anciens abbés et archidiacres. Au reste, il n'est pas certain que ce concile se soit tenu à Lyon; il ne nous en reste qu'une légère notice dans les lettres de Loup de Ferrières; et ce n'est que par conjecture qu'on le trouve placé à Lyon dans les recueils ordinaires des conciles. *Labb.* VII.

LYON (Concile de), l'an 912, où fut ratifiée une donation faite à l'abbaye de Saint-Etienne de Dijon.

LYON (Concile de), l'an 1020. « L'histoire des évêques d'Auxerre dit qu'il se tint cette année des conciles à Dijon, à Beaune et à Lyon. *Lenglet du Fresnoy.*

LYON (Conciles de la province de), l'an 1034. *Voy.* FRANCE, même année.

LYON (Concile de), l'an 1055. Hildebrand, légat du saint-siége et depuis pape sous le nom de Grégoire VII, tint ce concile contre les simoniaques. Le bienheureux Pierre de Damien rapporte que le saint cardinal força par un miracle un évêque simoniaque, présent au concile, à faire la confession de son crime, en lui ordonnant de dire à haute voix le *Gloria Patri*: l'évêque, arrivé à ces mots, *et Spiritui Sancto*, ne put achever. *Conc.* t. XII ; *Anal. des conc.*, t. V.

LYON (Concile de), l'an 1077. *Voy.* ANSE.

LYON (Concile de), l'an 1080, contre Manassès, intrus dans l'église de Reims. Ce fut Hugues, évêque de Die et légat du saint-siége, qui confirma la sentence portée dans ce concile, et qui déposa Manassès.

LYON (Concile de), l'an 1093. Le *Gallia Christiana*, t. IV, p. 107 et 888, fait mention de deux conciles tenus à Lyon, l'un en cette année, et l'autre l'année suivante 1099. Soit que l'on doive distinguer ces deux conciles, soit qu'il faille les confondre en un seul, il paraît fort probable qu'il faut entendre de l'un d'eux, ou du seul véritable ; ce texte du savant Mansi, tom. II, col. 175 : *Concilium incerti loci in Gallia. In causa Rabodi Noviomensis episcopi, de simonia accusati. Ab Hugone Lugdunensi A. S. L. circa annum 1099 celebratum.*

LYON (Concile de), l'an 1126. Pierre, diacre et légat du pape Honorius II, assembla ce concile, où, de concert avec un grand nombre d'évêques de France, il excommunia Ponce, ancien abbé de Cluny, qui avait été déposé par le pape Calliste II, et qui était rentré depuis à main armée dans son abbaye. *Mansi, tom. II, col.* 377.

LYON (Ier Concile général de), l'an 1245. En se rendant en France, ce n'était pas seulement un abri contre l'empereur que le pape Innocent IV avait désiré trouver dans le royaume de saint Louis ; c'était aussi un lieu commode pour la célébration d'un concile, selon les vues qu'avait eues Grégoire IX quand il l'avait convoqué à Rome et indiqué à la fête de Pâques de l'année 1240. Innocent IV suivit son projet, résolu de l'exécuter à Lyon le plus promptement et le plus solennellement qu'il pourrait.

Nous avons quelques-unes de ses lettres écrites à ce sujet au mois de janvier 1245, et adressées, l'une à l'archevêque de Sens pour lui et ses suffragants, l'autre au chapitre de la même église, une troisième au roi saint Louis, et quelques autres à des cardinaux. Dans toutes ces lettres, le pape représentait l'Eglise animée de la sagesse et de la puissance de son divin fondateur, comme singulièrement destinée à faire régner la justice dans le monde, et, par la justice, à étouffer parmi les hommes les divisions et les guerres qui les empêchent de jouir d'une sainte tranquillité. Sur ces principes, pénétré des obligations attachées au ministère dont la Providence l'avait chargé, il cherchait, disait-il, dans le conseil et le secours des fidèles, les moyens de dissiper cette horrible tempête qui mettait l'Eglise et la religion en péril. Mais sans toucher bien particulièrement le détail des maux qui demandaient du remède, il proposait en général ce qu'il fallait tenter pour repousser les infidèles et pour concilier les différents intérêts qui le tenaient lui, vicaire de Jésus-Christ, et l'empereur Frédéric, dans une division si funeste. C'était là principalement le double motif qui l'engageait à convoquer en une assemblée ce que l'Eglise et le monde chrétien avaient de plus éminent. « Sachez, poursuivait-il, que nous y avons cité l'empereur, afin qu'il y comparaisse et que par lui-même ou par ceux qu'il enverra en sa place, il nous réponde, et nous satisfasse à nous et aux autres qui ont par rapport à lui quelques sujets de mécontentement à alléguer. » Le temps indiqué pour l'ouverture était la fête de saint Jean-Baptiste.

L'empereur fit si peu de cas de l'indication du concile, qu'étant le maître en Italie, il continua d'envahir à son ordinaire tout ce qui excitait sa convoitise. Comme en cela quelques parents du pape ne furent pas plus épargnés que les autres ecclésiastiques, on ne manqua pas d'appeler vengeance le procédé d'Innocent.

Le temps du concile étant arrivé, il se trouva, en fait de prélats, avec le pape et les cardinaux, les deux patriarches latins de Constantinople et d'Antioche, le patriarche d'Aquilée, et environ cent quarante archevêques ou évêques d'Italie, de France, d'Espagne et des îles Britanniques. On en aurait inutilement attendu d'autres des Eglises de Grèce et de Syrie, ou de celles de Hongrie et du Nord, dans l'état de désolation où elles étaient. Il n'y parut de toutes ces contrées que l'évêque de Béryte en Palestine, échappé aux ravages des Corasmins. Après les évêques, on y compta beaucoup d'abbés, de supérieurs conventuels, et les généraux des deux ordres de saint Dominique et de saint François. On y vit aussi des princes séculiers, ou de leurs députés : Baudouin, empereur de Constantinople ; Bérenger, comte de Provence ; Raimond, comte de Toulouse ; les ambassadeurs de l'empereur Frédéric, ceux du roi de France et ceux du roi d'Angleterre.

Frédéric, depuis la convocation, avait marqué plus d'indifférence pour le concile que d'inquiétude et de soin à empêcher qu'il ne s'y passât rien contre lui. Toutefois, ne pouvant se dissimuler combien il avait à se reprocher de faits qui le mettaient dans une nécessité évidente de s'y ménager des suffrages, il envoya quelques seigneurs ou ministres de sa cour, chargés de procurations de sa part, et entre autres Thadée de Suessa, chef du conseil impérial, homme intelligent et éloquent, à qui l'on donne la qualité de *chevalier docteur dans l'étude des lois.*

Thadée de Suessa sentit d'abord combien il serait dangereux de laisser les Pères du concile s'affermir dans les impressions désavantageuses qu'ils avaient conçues de son maître. A peine le pape eut-il assemblé pour la première fois les prélats dans une conférence préliminaire, le lundi 26 juin, que l'adroit ministre éblouit tout le monde par la magnificence de ses offres. Il ne tint pas à lui que, sur l'assurance qu'il donna de la bonne volonté de Frédéric, il ne fît déjà goûter la douceur de voir par son moyen la Grèce schismatique réunie ou soumise aux Latins, les Corasmins chassés de la Palestine, les Sarrasins domptés, les Tartares dissipés; et ce qui était le plus difficile à persuader, lui-même, revenu de ses prétentions contre l'Eglise romaine, réparer tous les dommages et satisfaire à toutes les injures dont elle se plaignait. Le pape admira la hardiesse de l'orateur, et ne lui répondit que par une exclamation : « Oh! les belles et grandes promesses! s'écria-t-il. Mais ce ne sont malheureusement que celles qu'on m'a déjà faites, et dont je n'attends pas plus d'effets à l'avenir. Il est manifeste que l'empereur n'y revient aujourd'hui que pour détourner la cognée qui est déjà à la racine de l'arbre, et pour se jouer du concile quand il ne le craindra plus. Je ne lui demande que d'observer la paix aux mêmes conditions qu'il vient de la jurer sur le salut de son âme; qu'il les remplisse, et je suis content. Dois-je me livrer à son inconstance et courir encore le risque d'une nouvelle infidélité? Que j'accepte à l'heure qu'il est la parole qu'il me donne, qui en aurai-je pour caution, et en état de la contraindre, s'il la viole? » « Les rois de France et d'Angleterre, » répondit Thadée sans hésiter. « Nous n'en voulons point, répliqua le pape, de peur qu'en cas que l'empereur vînt à manquer de parole, comme il l'a fait jusqu'à présent, nous ne soyons obligés de nous rejeter sur ses garants; ce qui serait susciter à l'Eglise trois ennemis pour un, et les plus redoutables parmi les princes. »

De quelques pouvoirs que Thadée fût revêtu pour le concile, il n'en avait point pour le traité juré à Rome l'année dernière, qui était celui auquel le pape rappelait l'empereur; et il prit le parti du silence.

Ire *Session.* Le concile ne fut solennellement ouvert que le mercredi 28 juin, et ce fut dans l'église cathédrale de Saint-Jean. Le pape, qui présidait, prit pour texte de son sermon ces paroles de David : *Vous avez proportionné la grandeur de vos consolations à la multitude de mes douleurs;* ou, selon Matthieu Paris, celles-ci de Jérémie : *O vous tous, qui passez par le chemin, considérez et voyez s'il y a une douleur comme la mienne.* Il faisait l'application des douleurs de Jésus-Christ et des cinq plaies qu'il reçut sur la croix, aux différentes plaies qui affligeaient l'Eglise, savoir : le progrès des hérésies, l'arrogance des Sarrasins, le schisme des Grecs, la cruauté des Tartares et la persécution de Frédéric.

Si le dernier mal n'était pas le plus grand qu'il eût à déplorer, il croyait du moins le concile plus en état d'y remédier qu'à tous les autres. Il en fit donc son objet capital; touché, en parlant de cette malheureuse affaire, jusqu'à verser des torrents de larmes, et à entrecouper son discours de sanglots.

L'empereur avait dans Thadée de Suessa un ministre actif et intrépide, qui ne put écouter longtemps les chefs d'accusation qu'alléguait le pape sans se récrier et entrer en justification. On reconnut là combien le pape s'était assuré de tous les faits qu'il avait produits. Car il souffrait patiemment Thadée, non-seulement le contredire et tâcher de le réfuter, mais l'entreprendre personnellement, lui opposer ses propres lettres, subtiliser même et chicaner avec lui, ce que le respect et la bonne foi toute seule ne permettaient pas. Thadée avait beau appuyer sur les récriminations : il en sentait la faiblesse, dit encore Matthieu Paris; les lettres du pape, rapprochées de celles de l'empereur, n'en mettaient ce prince que plus évidemment dans son tort. Car la comparaison ne présentait de sa part que des promesses absolues, et de conditionnelles de la part du pape. Ainsi, les conditions n'étant point remplies par l'empereur, le pape demeurait toujours libre, et l'empereur toujours obligé de satisfaire à sa parole. Il parut notoirement convaincu de l'avoir enfreinte autant de fois qu'il l'avait donnée sans la dégager, c'est-à-dire, autant de fois que, par ses lettres ou par ses agents, il en était venu à quelque traité d'accommodement.

Thadée, homme d'esprit et de ressources, tout battu qu'il était, n'en répondit pas moins par des détours, et s'épuisait en subterfuges pour la justification de son maître. Il n'alléguait que des lueurs sans apparence, continue l'annaliste anglais. Il ne le tira pas plus heureusement de l'accusation d'hérésie, ou plutôt il coula légèrement sur cet article, content de faire observer que ni lui ni personne n'en pouvait parler avec une connaissance suffisante, excepté l'empereur même, puisque les griefs dont le pape le chargeait à ce sujet étaient purement intérieurs. « Du moins, ajouta-t-il, l'empereur ne tolère point d'usuriers. » Ce qui fut pris pour un mot malignement lancé contre les officiers du pape, mais qui n'était bon qu'à détourner les esprits de ce côté-là, et n'aboutissait à rien pour le fond de l'affaire en question.

Les reproches qui concernaient les liaisons de Frédéric avec le soudan de Babylone, les grâces qu'il accordait aux Sarrasins établis en Sicile, et les mauvais bruits auxquels les femmes de cette nation qui étaient à la cour donnaient lieu, ne furent pas moins repoussés de son apologiste que celui des promesses faussées.

Lorsque Thadée crut en avoir assez dit

pour amortir la première indignation du pape, et l'empêcher d'entraîner tout à coup l'assemblée, il changea de ton. La hauteur ne lui convenait plus dans la situation où il apercevait les évêques, et même les laïques. Il prit un air humble et radouci; il demanda quelques jours de délai, afin d'informer l'empereur de ce qu'il avait sous les yeux, et de l'engager par les représentations les plus fortes, ou à venir en personne au concile qui l'attendait, ou à lui envoyer une procuration plus étendue, qui pût lui servir au besoin. « Dieu me préserve d'accepter votre proposition, répliqua le pape; je sais de quoi l'empereur est capable, et ce qu'il m'en a coûté pour échapper à ses embûches. On ne peut trouver mauvais que je le redoute encore : s'il se rendait ici, j'en sortirais. Mon courage ne va point jusqu'à désirer de mourir martyr, ou à braver les rigueurs d'une prison. »

Le pape, en pressant le plus qu'il pouvait la condamnation de l'empereur, croyait découvrir dans l'assemblée des intentions si conformes aux siennes, qu'il ne temporisait qu'avec peine. Il se prêta néanmoins aux instances des ambassadeurs de France et d'Angleterre, qui secondèrent la prière du ministre impérial, et il consentit à lui accorder environ deux semaines de délai, à leur sollicitation.

Cependant l'empereur vint à Vérone avec son fils Conrad et quelques seigneurs allemands, et y tint une diète où se trouvèrent les seigneurs de son parti; puis, feignant de vouloir se rendre au concile, il s'avança jusqu'à Turin. Mais quand il eut appris ce qui s'était passé à Lyon, il dit avec beaucoup de chagrin : « Le pape me montre clairement qu'il ne cherche qu'à me couvrir de confusion. Outré de ce que j'ai fait emprisonner les Génois, ses parents, il excite aujourd'hui tout ce fracas contre moi. Mais je suis empereur, et la majesté de l'empire souffrirait trop de ma soumission, si je me rabaissais jusqu'à subir les jugements d'un concile, surtout lorsque ce concile m'est contraire. »

Il s'en tint à ce raisonnement, pour s'autoriser à ne pas venir plus avant; et ce fut toute sa réponse à l'invitation de Thadée de Suessa. Il dédaigna même de lui envoyer de nouveaux pouvoirs. On ne put l'y résoudre, quoique en même temps il fît partir trois nouveaux agents : l'évêque de Frisingue, le grand-maître de l'ordre Teutonique, et le célèbre Pierre des Vignes, le plus employé et le plus accrédité de ceux qui avaient la qualité de ses secrétaires. De quelque commission qu'il les eût chargés, ils ne firent rien de particulier pour lui dans le concile. Selon les apparences, ils ne prétendirent arriver qu'après la troisième session, qui devait être la session décisive, et qui, par égard pour Frédéric, était différée jusqu'au 17 juillet.

(1) Quelles que soient ici les intentions de Mathieu Paris, ce nom de ligue n'est pas le mot propre. Il n'y avait pas ligue, mais simplement accord entre les Pères de ce

IIe *Session.* La seconde session, qui se tint le 5 du même mois, et les conférences particulières dans les intervalles, furent exposées à de rudes altercations, surtout quand les Pères eurent appris la détermination de l'empereur, et le mépris qu'il témoignait du concile. Tous le traitèrent de contumace et de rebelle à l'autorité de l'Église; et il fallait, suivant l'expression de l'historien, que les quatre parties de la terre fussent liguées (1) contre lui pour multiplier les accusateurs. L'accusation qu'on y poursuivait unanimement avec le plus de chaleur regardait les cruautés exercées par son ordre contre les prélats qui allaient à Rome sous le pontificat de Grégoire IX. Thadée de Suessa reprit quelque temps sa première intrépidité à le défendre, par la facilité qu'il eut de se jeter à l'écart sur plusieurs prélats dont Frédéric avait réellement à se plaindre; mais pour embarrasser l'ambassadeur à son tour, on n'eut pas besoin d'examiner bien profondément la manière dont Frédéric avait sévi généralement contre tous les évêques appelés à Rome par le feu pape. Thadée passa condamnation sur cet article, et le pape, profitant de son avantage, dit nettement pour la première fois qu'il y avait là bien des titres qui demandaient la déposition. Ce mot frappa les ambassadeurs anglais, que l'affinité contractée entre Frédéric et le roi d'Angleterre rendait plus attentifs. Ils se récrièrent; mais désespérant d'arrêter le coup, et contraints d'abandonner Frédéric à son malheur, ils se bornèrent à intercéder pour le prince Conrad, son fils, afin qu'il ne fût point enveloppé dans la même sentence.

IIIe *Session*, 17 juillet. Thadée de Suessa, plus alarmé que personne de ces dispositions, n'en fut cependant point encore déconcerté. Il parut dans la troisième session prêt à faire face à toutes les attaques, et à vendre au moins chèrement sa défaite. Il regardait l'appel comme un dernier retranchement juridique. Mais à qui appeler d'un concile général qu'on ne distinguait point du corps même de l'Église? Comme il s'en fallait bien que celui-ci fût aussi rempli qu'il pouvait être, Thadée formula son appel, à un concile plus général. A cette fin de non-recevoir, le pape répondit que le concile tel qu'il était n'exigeait rien de plus pour avoir la prérogative d'une généralité complète, et qu'il l'avait suffisamment par l'assistance des patriarches, des archevêques, des évêques, des princes, des seigneurs et des agents de plusieurs grands princes, tous réunis de divers pays du monde chrétien. « Ce n'a pas été sans qu'il leur en coûte, ajoute-t-il, qu'ils ont attendu de votre maître un acte de soumission; et ils l'ont attendu vainement. Ceux qui sont absents ont manqué de s'y joindre par des obstacles qu'on ne saurait imputer qu'à ses artifices. Serait-il juste d'en faire un motif de différer la sen-

concile œcuménique, assemblé des quatre parties de la terre.

tence de déposition qu'il mérite, et de permettre qu'il recueille de sa fraude même le fruit qu'il veut en retirer? »

Le pape, faisant trêve à cette discussion, voulut d'abord satisfaire la dévotion particulière que lui et les autres cardinaux avaient eue pour la sainte Vierge au temps du conclave qui l'avait élevé sur le siége pontifical après Célestin IV. Les cardinaux, vexés par Frédéric et embarrassés dans les chicanes qu'il leur suscitait, avaient eu recours à la Mère de Dieu, dont on célébrait déjà la nativité dans l'Eglise depuis plusieurs siècles. Ils avaient fait vœu de s'employer tous à augmenter la solennité de cette fête, aussitôt qu'ils auraient un pape. L'objet du vœu était l'établissement d'une octave, qu'Innocent même, selon quelques-uns, accorda l'année même de son élection, en 1243, mais que nous ne trouvons cependant publiquement décrené par un acte de son autorité que deux ans après, à ce premier concile général de Lyon, et avec l'approbation du concile.

Il ajouta quelques autres règlements touchant les contestations et les formalités judiciaires. Désespérant de retrancher les principes de cupidité qui entretenaient le désordre dans l'administration de la justice, le concile ne crut pas au-dessous de lui d'en corriger les procédures, et de les ramener par ses statuts à la régularité. C'est l'objet des douze premiers articles, nommés *institutions* ou *capitules*. Les cinq derniers offrent des sujets plus intéressants.

Le 13e, intitulé *Des usures*, traite beaucoup moins des usures mêmes que des dettes imprudemment contractées par les églises, et du danger où elles les jetaient pour le temporel. « Il se fait, y est-il dit, entre les bénéficiers une succession de gens qui s'obèrent par leur facilité à charger leurs bénéfices. Evêque, abbé ou autre titulaire, chacun se pique par vaine gloire de laisser un monument qu'il puisse regarder comme propre et personnel dans les lieux de sa dépendance. » On donne là-dessus des remèdes pour le passé, et des préservatifs pour l'avenir; ce qui forme un statut fort étendu.

La présence au concile de Baudouin, empereur de Constantinople, rendait encore plus sensible la peinture qu'on y avait faite du dernier malheur qui le menaçait. On imagina un moyen de le secourir abondamment, sans que l'Eglise employât des levées qui la grevassent dans le service nécessaire ou dans les rétributions légitimement dues à ceux qui la servaient. C'est le 14e règlement. On destina pour cet objet la moitié, pendant trois années, du revenu des bénéfices où les titulaires ne résidaient point; mais on fit mention en même temps des exceptions fondées en raison sur plusieurs sortes d'excuses, telles que les emplois qui allaient notoirement à l'utilité des diocèses, les études et les places qui dispensaient de droit de la résidence. Si pourtant les bénéficiers dispensés de droit jouissaient d'un revenu qui excédât cent marcs, ils étaient obligés d'en donner le tiers; et l'on dénonçait excommunié quiconque userait de fraude pour se décharger. Le pape montrait d'autant plus de zèle en imposant cette obligation, qu'il s'imposait à lui-même et aux cardinaux de payer, lui et eux, la dixième partie de leurs revenus.

Il tint la même conduite à l'égard de la terre sainte : c'est l'objet du 15e et du 17e article. Le concile de Lyon décerna de la secourir par une croisade; mais le pape ne se contenta pas de renouveler les principaux règlements qui avaient été dressés pour les croisades précédentes; lui et sa cour se condamnèrent à un second dixième, pendant que le concile se bornait au vingtième pour tous les ecclésiastiques.

Quelque terreur qu'inspirassent les Tartares, leur manière de faire la guerre ne permettait pas de prendre contre eux aucune mesure fixe, pour s'opposer régulièrement à leurs incursions. Le concile, dans le 16e règlement, ne décerna donc, par rapport à eux, que d'observer leurs mouvements autant qu'il serait possible, et de n'épargner, pour les arrêter, ni les travaux de mains, ni tout ce qu'on prévoirait de plus propre à conjurer en partie cet épouvantable fléau, si l'on ne pouvait se proposer l'universalité des moyens nécessaires pour s'en délivrer tout à fait.

Après ces délibérations et ces conclusions, le pape avait conçu un projet bien avantageux à l'Eglise de Rome, s'il avait pu le consommer : c'était de répandre dans l'assemblée des copies de tous les priviléges que les empereurs et les autres souverains lui avaient jamais accordés. Il les avait fait mettre sous la forme la plus exacte, afin, disait-il, qu'elles tinssent lieu des originaux mêmes. Mais, quoi qu'il en fût de leur autorité comme de leur authenticité, les ambassadeurs anglais en prirent occasion de revenir, au nom de la nation, contre les libéralités de leurs rois, et tombèrent en particulier, avec beaucoup de chaleur, sur ce qu'ils appelaient les contributions immenses qui étaient fournies par le royaume à titre de gratifications et de subsides. Ils ne visaient, selon quelques-uns, qu'à occuper la session, pour écarter le jugement de Frédéric. Mais on connaissait peu le pape, si l'on prétendait l'amuser. Il prêta patiemment l'oreille aux plaintes et aux invectives des Anglais; puis, sans se montrer ni aigri, ni touché de leurs réclamations, il leur laissa même le loisir de lire un mémoire très-diffus, qui traitait de la collation des bénéfices d'Angleterre en faveur des Italiens, et répondit simplement que cela méritait d'être examiné.

Tout le monde demeura dans le silence. Le pape, ou de lui-même, ou excité par une parole que dit Thadée de Suessa, toujours alerte à remplir les vides, recommença, avec un air de tranquillité qu'il ne quittait point, à porter le discours sur Frédéric. Il exposa combien il l'avait toujours aimé, quels ménagements il avait eus pour lui, quel respect il lui avait toujours témoigné dans le cours de leurs divisions, jusque-là que, depuis le commencement du concile, plusieurs avaient douté s'il pourrait enfin se résoudre à prononcer contre lui; qu'il s'y était cependant déterminé à l'extrémité par les considérations les plus puissantes, et à la suite des réflexions les plus attentivement balancées. Ces considérations et ces réflexions, avec le détail des engagements jurés par l'empereur et notoirement violés, servent en effet de dispositif au corps de la sentence. Il résultait, selon l'énoncé, que ce prince avait particulièrement mérité les peines de l'Eglise les plus rigoureuses par quatre sortes de crimes, le parjure, le sacrilége, l'hérésie, et le défaut de fidélité au saint-siége, en qualité de feudataire. Mais on doit remarquer que, pour l'hérésie, le pape insistait moins sur des allégués qui en fussent une démonstration formelle, que sur des indices, des probabilités et des présomptions. Conséquemment à ces griefs, Innocent concluait qu'après en avoir soigneusement délibéré avec les cardinaux et le sacré concile, en qualité de vicaire de Jésus-Christ sur la terre, et en vertu du pouvoir de lier et de délier qu'il avait reçu dans la personne de saint Pierre, il déclarait le dit prince rendu par ses péchés indigne du royaume et de l'empire, rejeté de Dieu, et déchu de tout honneur et de toute dignité. Il déchargeait pour toujours ses sujets du serment de fidélité, et il soumettait au lien de l'excommunication, encourue par le seul fait, quiconque à l'avenir lui obéirait, et lui donnerait conseil ou secours, sous quelque sorte de titre, ou sous quelque couleur de dépendance que ce fût. Pour ce qui était du fait d'élire un autre empereur, il le laissait avec une pleine liberté à ceux qui en avaient le droit, et se réservait à lui-même et aux cardinaux celui de pourvoir au royaume de Sicile. L'acte est signé du jour de la troisième session, XVI kal. Augusti, ou 17 juillet.

Thadée de Suessa avait tout tenté, en zélé ministre de Frédéric, pour parer ce coup. Gautier d'Ocra, son collègue, et tous les gens de leur suite tombèrent dans le plus grand accablement, comme s'ils eussent vu la foudre éclater sur leur maître. Malgré leur dévouement aux intérêts de l'empereur, un sentiment de religion ne leur permit pas de le voir chargé d'anathèmes, avec l'appareil qui accompagnait cette solennité, sans se frapper la poitrine et jeter des cris lamentables, dans l'horreur qu'ils concurent à ce spectacle. Ce fut pour eux, disent les historiens, une image du jugement même de Dieu à la fin des siècles; et Thadée l'avait si présent, qu'il s'écria tout consterné, suivant le mot que l'on récite à l'office des morts: *Dies iræ, dies illa*; Le voici ce jour de courroux, de calamité et de misère. Ensuite, ne pouvant plus soutenir la vue du pontife et de tous les prélats du concile qui répétaient l'anathème le cierge en main, et d'une voix terrible (a), Thadée et ses collègues d'ambassade se retirèrent, avec la douleur de n'avoir pu conjurer l'orage qui menaçait leur maître depuis si longtemps.

Ainsi finit le premier concile général de Lyon, dont les actes ne nous présentent rien de plus frappant que la sentence de déposition portée contre l'empereur Frédéric II.

« On voit, dit fort à propos M. Rohrbacher, que les ambassadeurs mêmes de Frédéric reconnaissaient à l'Eglise le pouvoir de le déposer, puisqu'ils n'appelèrent qu'à un concile plus général; que ce fut contre le gré d'un grand nombre de prélats qu'ils obtinrent un délai de douze jours; que tous les Pères fulminèrent la déposition avec le pape. » Nous supprimons les développements donnés par l'historien à cette proposition, et qu'on peut voir dans son ouvrage même : la vérité du fait que soutient notre nouveau controversiste contre Bossuet, y est démontrée de la manière la plus évidente. *Hist. univ. de l'Egl. cath.*, liv. LXXIII; *Hist. de l'Egl. Gall.*, liv. XXXII; *Labb*. XI.

LYON (IIe Concile général de), 14e œcuménique, l'an 1274. Le second concile général de Lyon est la plus nombreuse assemblée qui ait été vue dans l'Eglise. Il s'y trouva, dit un auteur, quinze cent soixante-dix personnes titrées, dont il y avait cinq cents ou même plus qui étaient évêques, et les autres abbés ou prélats inférieurs, sans compter les cardinaux, deux patriarches latins, un roi (c'était Jacques d'Aragon), et les députés de quantité de têtes couronnées, entre autres ceux de Michel Paléologue, qui vinrent après le commencement du concile, et ceux de Philippe, roi de France. Deux docteurs de l'Eglise y étaient invités, Thomas d'Aquin et Bonaventure. Celui-ci accompagna le pape dans le voyage, après sa promotion au cardinalat; pour saint Thomas, il mourut en route, à Fossa-Nuova, monastère de cisterciens, dans la terre de Labour, où la maladie l'avait forcé de s'arrêter.

Ire *Session*. Après trois jours de jeûne, le lundi des Rogations, 7 du mois de mai, le concile s'ouvrit à Lyon, dans l'église de Saint-Jean. Dès la première session, l'assemblée, toute nombreuse qu'elle était, s'étant formée sans tumulte et sans distinction de rang pour les évêques, les prélats inférieurs et les députés, le pape Grégoire X, ayant à côté de lui le roi d'Aragon, fit les prières et les cérémonies accoutumées; après quoi, il exposa trois motifs qui l'avaient porté à convoquer ce grand concile. Le premier était d'envoyer des secours aux chrétiens de la terre sainte; le second, de réunir l'Eglise grecque à l'Eglise romaine; et le troisième, de réformer les mœurs et la discipline, et de fixer un terme pour les élections de papes, dont le délai était toujours funeste : c'est qu'il venait d'en être le témoin et l'exemple. Il finit en indiquant la seconde

---

(a) *In dictum Fridericum, qui jam imperator non est nominandus, terribiliter fulgurarunt*, dit Matthieu Paris.

session au lundi suivant, ou 14 (a) du même mois. Dans cet intervalle qui s'écoula entre les deux, il manda à part les archevêques de toutes les provinces, chacun avec un évêque et un abbé, et il leur demanda et obtint d'eux une décime, à prendre pendant six années consécutives sur tous les revenus ecclésiastiques, pour la défense de la terre sainte. Il reçut en même temps (b) des lettres qui lui annonçaient comme prochaine l'arrivée des Grecs. Il les fit lire aux prélats assemblés, après un discours de saint Bonaventure sur ce sujet.

II° *Session.* La seconde session, qui se tint le 18, ou quatre jours après le jour marqué, fut bien moins nombreuse que la première. On n'introduisit dans l'assemblée ni les députés des chapitres, ni les abbés non mitrés, ni les prieurs; il y fut question de publier quelques constitutions touchant la foi.

III° *Session.* Cette nouvelle session se tint le 7 juin; elle s'ouvrit par un sermon de Pierre de Tarantaise, alors cardinal-évêque d'Ostie, et depuis pape sous le nom d'Innocent V. Après le discours, le pape fit promulguer douze constitutions, sur les élections et les provisions aux bénéfices, l'âge et la résidence des pourvus, l'immunité des églises, les vacances en régale, et d'autres articles qui concernent la discipline et les mœurs. On régla enfin qu'on attendrait l'arrivée des Grecs pour la session suivante.

Ils arrivèrent le 24 juin en assez bon nombre. La députation était composée de personnes d'autorité: savoir de deux prélats, Germain qui avait été patriarche de Constantinople, et Théophane, métropolitain de Nicée; de plusieurs sénateurs, entre autres de Georges Acropolite, grand logothète et historiographe de l'empire, de Panarète, grand officier de l'empereur, et de l'interprète de Bérée, et d'une suite considérable, malgré le naufrage de l'une des deux galères, dont tout l'équipage, hors un seul homme, avait péri. Tout ce qu'il y avait de plus distingué dans le concile alla ou envoya au devant des ambassadeurs grecs. Ils furent conduits avec honneur jusqu'au palais du pape, qui les reçut debout, environné de tous les cardinaux et de plusieurs évêques. Après le baiser de paix, ils présentèrent les lettres de l'empereur, scellées du sceau d'or, et celles des prélats, au nombre de trente-huit, qui avaient consenti à la réunion. Ils dirent au pape qu'ils venaient rendre à l'Eglise romaine l'obéissance qui lui est due, professer la foi qu'elle professe, et reconnaître les trois points qui faisaient le plus de difficulté parmi les évêques grecs; savoir, la primauté du pape, l'énoncé de son nom dans les prières, et les appels au saint-siége. Tous ces points étaient détaillés dans la lettre de l'empereur Michel, qui, en reconnaissant que le Saint-Esprit procède du Père et du Fils,

priait pourtant le pape de condescendre à l'infirmité de plusieurs Grecs, en permettant qu'on récitât le Symbole dans leurs églises comme avant le schisme dont on faisait l'abjuration, et qu'on y conservât les rites non contraires à la foi romaine et aux décrets des conciles généraux. La lettre était inscrite en cette forme: « Au très-saint et heureux, premier et souverain pontife du siége apostolique, pape universel, Père commun de tous les chrétiens, Père vénérable de notre empire, le seigneur Grégoire; Michel, fidèle empereur en Jésus-Christ, et modérateur de ses peuples, Ange Comnène Paléologue, fils spirituel de votre Sainteté. »

Le jour de la fête des apôtres saint Pierre et saint Paul, 29 juin, le pape célébra solennellement la messe dans la grande église, en présence des Grecs et de tout le concile. On lut l'Epître en latin et en grec, ainsi que l'Evangile; après quoi saint Bonaventure ayant prêché, on entonna et chanta le Symbole, d'abord en latin, avec l'addition *Filioque*. Le patriarche Germain le chanta ensuite en grec, avec les archevêques grecs de Calabre et deux religieux, l'un dominicain et l'autre franciscain, qui savaient la langue. Tous répétèrent trois fois l'article relatif au Saint-Esprit, en exprimant sa procession des deux autres personnes. Le Symbole fini, les ambassadeurs et les autres Grecs chantèrent dans leur langue en l'honneur du pape, et se tinrent debout près de l'autel jusqu'à la fin de la messe. Cette fête fut pour l'Eglise un triomphe qui méritait d'être de plus longue durée.

Le pape, en indiquant le concile, avait donné ordre aux évêques de préparer et d'envoyer des mémoires sur les abus qu'ils trouveraient à réformer dans les diocèses. Il en vint de différents pays, qui marquaient trop le déplorable état de l'Eglise, surtout en Allemagne et à Liége. On avait fait des plaintes terribles, et malheureusement trop bien fondées, sur les scandales que causait Henri de Gueldre, évêque de Liége, accusé de simonie et d'incontinence publique avec des personnes consacrées à Dieu, dont il avait des enfants qu'il mariait aux dépens de son évêché. Ce sont les reproches de Grégoire, qui l'exhorta à la pénitence, et le fit comparaître au concile. Il y avait plus de preuves qu'il n'en fallait pour le déposer juridiquement. Le pape lui donna le choix de renoncer lui-même à l'évêché, ou d'attendre la sentence de déposition. Henri crut que sa soumission gagnerait le pape en sa faveur. Il lui rendit son anneau que Grégoire garda, en le contraignant ainsi de se déposer lui-même, pour faire place à un plus digne pasteur.

IV° *Session.* La quatrième session, qui se tint le 6 de juillet, roule principalement sur la réunion des Grecs au saint-siége. On y lut trois lettres grecques traduites en latin; savoir une lettre de l'empereur Michel, une

---

(a) Les historiens de *l'Eglise gallicane* disent ici que la seconde session fut indiquée au 18 mai; c'est qu'ils ont confondu le jour auquel elle fut indiquée avec celui où elle se tint effectivement. Voy. *Coleti, t.* XIV, p. 502

(b) M. Rohrbacher s'est mépris à son tour, en plaçant l'arrivée de ces lettres après la seconde session: c'est après la première et avant la seconde qu'il devait dire. *Coleti, ubi supra.*

autre de son fils aîné Andronic, et celle des prélats grecs. La première contenait la profession de foi envoyée à Michel par le pape Clément IV, sept ans auparavant. Puis l'empereur disait : « Nous reconnaissons cette foi pour vraie, catholique et orthodoxe; nous la confessons de cœur et de bouche, et nous promettons de la garder inviolablement. » La lecture des trois lettres étant finie, George Acropolite, grand logothète, c'est-à-dire grand chancelier, représentant l'empereur, prononça en son nom le serment en ces termes : « J'abjure le schisme pour mon maître et pour moi; je crois de cœur, et je professe de bouche la foi catholique, orthodoxe et romaine qu'on vient de lire : je promets de la suivre toujours, sans m'en écarter jamais. Je reconnais la primauté de l'Eglise de Rome et l'obéissance qui lui est due; je confirme le tout par mon serment, sur l'âme de mon seigneur et la mienne. » On chanta aussitôt le *Te Deum* et le Symbole en latin. Germain, ancien patriarche de Constantinople, et Théophane, métropolitain de Nicée, le chantèrent ensuite en grec, et répétèrent deux fois l'article du Saint-Esprit *procédant du Père et du Fils.* Le pape fit lire la lettre du kan des Tartares, qui avait envoyé seize ambassadeurs au concile, pour faire un traité d'alliance avec les chrétiens contre les musulmans, et indiqua la session suivante au lundi 9 juillet.

Ve *Session.* La cinquième session, qu'on avait différée au 16 de juillet, fut précédée du baptême solennel de l'un des ambassadeurs du kan des Tartares, qui s'était converti avec deux autres. On y lut quatorze constitutions, dont nous donnerons bientôt le précis, ainsi que des autres qui furent faites dans le concile. Après la lecture, le pape ordonna à tous les prêtres du monde chrétien de célébrer une messe pour le repos de l'âme du frère Bonaventure, qui était mort la veille de cette session, 15 juillet, et qui avait été enterré le même jour dans l'église des cordeliers de Lyon. Le pape indiqua ensuite la sixième et dernière session au 17 juillet.

VIe *Session.* Le pape commença par faire lire deux constitutions, l'une qui restreint le nombre excessif des religions non approuvées, l'autre qui commence par *cum sacrosancta*, et qui n'est point dans le recueil. Ensuite, rappelant les trois motifs qui l'avaient porté à tenir le concile, il raconta comment l'affaire de la terre sainte et celle du schisme des Grecs étaient finies avec succès, et il entama la troisième, savoir la réforme des mœurs. Il finit en promettant de suppléer, à ce qu'on n'avait pu traiter dans le concile, et en faisant les prières accoutumées. Telle fut la conclusion du concile : en voici les décrets au nombre de trente et un, qui furent publiés le 1er novembre 1274, et qui ont été insérés dans le texte des *Décrétales.*

Le 1er est sous le titre : *De la Trinité et de la foi catholique*; on y déclare que le Saint-Esprit procède du Père et du Fils, comme d'un seul principe et par une seule spiration; et l'on y condamne ceux qui nient que le Saint-Esprit procède du Père et du Fils, et ceux qui osent avancer qu'il procède du Père et du Fils comme de deux principes.

Les décrets suivants, jusqu'au quinzième, sont sous le titre : *De l'élection et du pouvoir de l'élu.*

Le second est la constitution même du pape Grégoire X, touchant l'élection des papes, conçue en ces termes : « Les cardinaux qui se trouveront dans la ville où le pape mourra, attendront durant huit jours seulement les absents. Eux arrivés ou non, les présents s'assembleront dans le palais du pontife, n'ayant chacun pour les servir qu'un clerc ou un laïque, et tout au plus deux, dans le cas d'une évidente nécessité. Ils habiteront tous en commun dans la même salle, sans séparation de murs ni d'autre espèce, excepté pour la garderobe. L'appartement sera tellement fermé qu'on ne puisse ni entrer ni sortir. Nul ne pourra voir les cardinaux, ni leur parler en secret. Les personnes qu'on appellerait, ne seront admises que pour l'affaire de l'élection et du consentement de tous. Défense d'envoyer des courriers ou des lettres à tous ou à quelqu'un d'eux, sous peine d'excommunication aux contrevenants. On ne laissera au conclave qu'une simple ouverture, pour y faire passer sans y entrer soi-même les aliments nécessaires. Si, au bout de trois jours après l'entrée au conclave, l'Eglise n'est pas pourvue d'un pasteur, on ne servira qu'un mets les cinq jours suivants tant le matin que le soir, aux cardinaux, au delà de ce terme, rien autre chose que du pain, du vin et de l'eau, jusqu'à l'élection faite. Durant le conclave, les cardinaux ne recevront rien de la chambre apostolique; ils ne traiteront d'aucune autre affaire sans un besoin très-pressant. Si un cardinal, présent dans la ville, n'entre pas aussitôt, ou sort sans raison ou maladie réelle, on procédera sans lui à l'élection, et il ne pourra plus prendre place au conclave. On ne sera pas obligé d'attendre son suffrage, quand même la cause de sa sortie aurait été bien fondée. Cependant le malade guéri, et les absents qui arriveront tard, pourront être reçus avant l'élection, et prendre part à l'affaire au point où ils la trouveront. » Du reste, le pape conjure les cardinaux par tout ce qu'il y a de plus saint, et sous peine de la vengeance divine, de procéder à cette grande action sans intérêt, dans l'unique vue de l'avantage de l'Eglise. Il casse d'avance les conventions et les serments qui auraient précédé entre eux. Enfin, il ordonne à tous les prélats supérieurs et inférieurs d'indiquer des prières publiques dans tout le monde chrétien, pour l'heureux succès de l'élection, dès que l'on saura le trépas du souverain pontife.

Le 3e décret corrige les abus des opposants à la collation des bénéfices. Ils doivent exprimer dans un acte public, ou par serment, devant les personnes d'autorité, tous leurs motifs d'opposition ou d'appel, sans qu'ils puissent en proposer d'autres dans la suite;

à moins de faire serment qu'il s'agit de nouvelles connaissances qu'ils sont en état de prouver, et qu'ils jugent suffisantes.

Le 4ᵉ défend aux élus de s'ingérer dans l'administration de la dignité ecclésiastique, sous quelque couleur que ce puisse être, soit à titre d'économat ou autre, avant l'élection confirmée.

Le 5ᵉ oblige les électeurs à faire part de leur choix à l'élu sans délai, et celui-ci à donner son consentement dans un mois, et à demander sa confirmation dans trois, sous peine de nullité.

Le 6ᵉ déclare que ceux qui donnent leur suffrage à une personne indigne ne doivent pas être privés du pouvoir d'élire, suivi d'une élection, quoique leur action soit très-criminelle.

Le 7ᵉ porte que celui qui a donné son suffrage à une personne ou consenti à son élection n'est pas recevable à s'y opposer dans la suite, s'il ne découvre en cette personne quelque vice ou quelque défaut qui était auparavant caché.

8ᵉ. Quand il y a les deux tiers des suffrages pour une personne, l'autre tiers n'est pas recevable à rien opposer contre les électeurs et contre l'élu.

9ᵉ. Quoique le pape Alexandre IV ait avec raison mis les causes des élections des évêques au nombre des causes majeures, s'il arrive néanmoins que l'on appelle hors du jugement pour cause manifestement frivole, ces sortes d'appellations ne seront point portées au saint-siége; mais il faut, pour que la cause y soit portée immédiatement, que l'appellation soit fondée sur un motif probable et qui se trouverait légitime s'il était appelé en preuve. Au reste, il est permis aux parties de se désister de cet appel, pourvu qu'il n'y ait point de fourberie dans ce désistement; car si les juges à qui il appartiendrait d'en connaître trouvent qu'il y en ait, ils doivent enjoindre aux parties de se présenter au saint-siége dans un temps compétent.

10ᵉ. Si l'on oppose à une personne qu'elle est incapable à cause de son ignorance, on la soumettra à un examen; et si, par l'événement, elle se trouve capable, on n'écoutera plus aucune des raisons de son adversaire.

11ᵉ. « Quiconque maltraitera les électeurs parce qu'ils n'auront pas voulu donner leur suffrage à ceux qui leur étaient recommandés sera excommunié *ipso facto*. »

12ᵉ. Même anathème contre ceux qui veulent usurper de nouveau les régales, la garde et le titre d'avoué ou de défenseur des églises et des monastères, ou qui favorisent ceux qui le font. A l'égard de ceux qui ont ces droits, ou par le titre de la fondation ou par une ancienne coutume, ils n'en abuseront, ni par eux-mêmes, ni par leurs officiers, soit en exigeant pendant la vacance des biens de l'église qui ne feraient pas partie des fruits ou des revenus, soit en souffrant que les biens des églises soient dissipés. Ils doivent donc les conserver en bon état.

Ce décret est remarquable en ce qu'il favorise le droit de régale. Grégoire X s'était déjà déclaré pour l'usage des rois de France en ce point, par deux brefs de l'an 1271. Le premier, daté du 11 juillet, confirme les provisions que saint Louis avait données à Girard de Rampillon pour l'archidiaconé de Sens, quoique Clément IV en eût pourvu un autre. Le second bref, daté du 23 de décembre, regarde l'élection de Gui des Prés, qui de chanoine de Noyon en devint évêque, la première année du pontificat de Grégoire.

13ᵉ et 14ᵉ. On observera le canon du pape Alexandre III sur la science, les mœurs et l'âge que doivent avoir ceux à qui l'on confie le soin des églises paroissiales. Ils auront vingt-cinq ans et se feront prêtres dans l'année depuis la nomination, sans quoi la collation sera nulle. Quant à la résidence, elle est d'obligation : l'évêque peut en dispenser quelque temps, pour cause juste et raisonnable. Les commendes des cures, pour des sujets qui n'ont ni l'âge requis, ni la prêtrise, ne pourront être que semestrielles : autrement elles seront nulles de droit.

Le 15ᵉ décret est sous le titre de : *Temps des ordinations et de la qualité de ceux qui sont à ordonner*. On y suspend de la collation des ordres, pour un an, les évêques qui ordonneront un clerc d'un autre diocèse.

Le 16ᵉ est sous le titre : *Des bigames*. On y déclare les bigames déchus des priviléges de la cléricature et sujets au for séculier, nonobstant tout usage contraire. Défense à eux, sous anathème, de porter la tonsure et les habits de clercs.

Les 17ᵉ et 18ᵉ sont sous le titre : *De l'office des Juges ordinaires*.

17ᵉ. Si les chapitres veulent interrompre l'office divin, comme quelques églises prétendent avoir ce droit, ils doivent en spécifier les motifs dans un acte public qu'on signifiera aux parties contre qui on se croira autorisé à entreprendre cette interruption. Mais aussi, au défaut de cette condition, ou en cas que les raisons ne soient pas trouvées canoniques, ils restitueront les revenus perçus durant l'interruption; leurs honoraires retourneront à l'Église, et ils seront tenus des dommages et satisfactions à l'égard de la partie. Ce sera le contraire, si les motifs de la cessation d'office sont jugés canoniques. Du reste, nous réprouvons et défendons désormais, sous peine d'une sentence si dure qu'elle soit capable d'inspirer de la terreur aux coupables, l'abus énorme et l'horrible impiété qui, pour aggraver la cessation d'office, font que l'on jette à terre les croix et les images de la bienheureuse Vierge et des saints, sous les épines et les orties.

18ᵉ. Ceux qui auront plusieurs bénéfices, soit dignités, soit autres à charges d'âmes, seront obligés de produire, dans un temps marqué, leurs dispenses aux ordinaires, afin qu'ils examinent si elles sont canoniques; faute de quoi, la possession étant illicite, les collateurs pourront disposer des bénéfices en faveur des sujets capables. Si la dispense paraît douteuse, on aura recours au saint-siège. Il faut que la dispense soit évidemment fondée et suffisante.

19°. Pour abréger les lenteurs affectées des procédures, on renouvelle, avec quelque changement, les règlements anciens au sujet des avocats et procureurs ecclésiastiques. Tous jureront sur l'Evangile de ne défendre que des causes qu'ils croiront de bonne foi justes et raisonnables. Ce serment se renouvellera tous les ans. On prive de sa charge quiconque refusera de le faire. Eux et les conseillers qui seraient favorables à une injustice, n'auront point d'absolution qu'ils n'aient rendu au double les honoraires. On les fixe, pour les plus grandes causes, à vingt livres tournois, au plus, pour les avocats, et à douze pour les procureurs. Ce décret est sous le titre : *De la postulation.*

20°. Toute absolution de censures extorquée par la force ou la crainte sera nulle ; et celui qui l'aura reçue par ces moyens sera soumis à une nouvelle excommunication. Ce décret est sous le titre : *De ce qui se fait par force ou par crainte.*

21°. On modère la Clémentine des bénéfices vacants *in curia*, dont la collation appartient au pape, en laissant la liberté aux ordinaires de les conférer dans le mois.

22°. Sous le titre qu'*il ne faut pas aliéner ce qui appartient à l'Eglise*, on défend aux prélats de traiter avec les laïques, pour leur soumettre les biens et les droits des églises, sans le consentement du chapitre et la permission du saint-siège ; autrement, les contrats seront nuls, les prélats suspens, et les laïques excommuniés.

23°. Sous le titre, qu'*il faut que les maisons religieuses soient soumises à l'évêque*, on défend d'inventer aucun ordre nouveau, ou d'en prendre l'habit. On supprime tous les ordres mendiants, institués depuis le concile général de Latran, sous Innocent III, en 1215, et non confirmés par le saint-siège. Quant à ceux qui ont été confirmés, on leur défend de recevoir de nouveaux profès, d'acquérir des maisons, ou d'en aliéner aucune, sans la permission spéciale du saint-siège, à qui l'on réserve ces maisons pour le secours de la terre sainte, ou des pauvres, ou pour d'autres bonnes œuvres ; le tout, sous peine d'excommunication. Défense aux mêmes ordres de prêcher, de confesser, d'enterrer les étrangers. A l'égard des frères prêcheurs et des frères mineurs, dont l'approbation est constatée par l'avantage évident qu'en retire l'Eglise, nous n'entendons pas que cette constitution s'étende jusqu'à eux, disent les Pères du concile. Permission générale aux religieux sur qui s'étend la constitution de passer dans les autres religions approuvées ; mais non de transférer tout un ordre dans un autre, ou tout un couvent dans un autre couvent. Les frères de la Pénitence de Jésus-Christ, ou sachets, furent les premiers compris entre les ordres mendiants supprimés.

24°. Sous le titre : *Des cens et procurations,* on confirme la constitution d'Innocent IV, qui défend à tout prélat d'exiger et de recevoir de l'argent pour procuration ou droit de gîte dans les visites, ou des présents à ce titre. Elle ajoute la peine de restitution au double, avec privation d'entrée dans l'église pour les prélats supérieurs ; et pour les inférieurs, suspense d'office et de bénéfice jusqu'à la satisfaction au double, entière et complète, quand même les personnes lésées en dispenseraient.

25°. Sous le titre : *De l'immunité des églises,* on défend tout ce qui peut blesser le respect dans les églises et troubler le service divin, assemblées, foires aux environs, plaidoiries, clameurs, etc.

27°. Sous le titre : *Des usures,* on renouvelle la constitution du concile de Latran contre l'usure. On défend de louer des maisons ou d'en permettre l'usage aux usuriers publics ; de leur donner l'absolution et la sépulture, à moins qu'ils n'aient restitué autant qu'il est possible.

28°. Sous le titre : *Des injures et des dommages,* on condamne plus que jamais le prétendu droit de représailles et la permission d'en user en général, surtout à l'égard des ecclésiastiques, sur lesquels on aimait à étendre ces usages proscrits.

29°, 30° et 31°. Sous le titre : *De la sentence d'excommunication,* pour lever toute ambiguïté sur les statuts d'Innocent IV touchant les complices des excommuniés, on veut que, dans les trois monitions que l'on fera de suite, en gardant les intervalles de quelques jours, le nom des personnes que l'on prétend excommunier soit exprimé. On déclare que le bénéfice de l'absolution *ad cautelam* n'a point lieu dans les interdits généraux, comme dans les interdits portés sur des villes entières. Enfin l'on excommunie de plein droit quiconque permettrait de tuer, de prendre ou de molester un juge ecclésiastique pour avoir porté des censures contre les rois, les princes et les grands. *Reg. tom. XXVIII ; Lab. tom. XI ; Hard. tom. VIII ; Martene, Collect. tom. VII.*

LYON (Prétendu concile de), l'an 1297. Le P. Cossart prouve (*Sacror. Concil. t. XI, col. 1425*) que c'est à tort que quelques auteurs ont avancé qu'il se tint cette année un concile à Lyon, puisque Boniface VIII qui l'aurait présidé ne vint jamais en France.

LYON (Concile de), l'an 1449. Ce concile fut composé de plusieurs archevêques, et le préambule annonce des vues générales pour le gouvernement de l'Eglise gallicane ; ce qui dénote une espèce de concile national. On y fit dix-huit statuts dont voici la substance :

Les blasphémateurs seront punis très-sévèrement, et on implorera même contre eux, au besoin, le secours du bras séculier. On n'ordonnera que le nombre de clercs nécessaire pour le service de l'Eglise. Ceux des ordres inférieurs ne laisseront pas d'être examinés sur les matières qui leur conviennent. On s'informera de la conduite de tous ceux qui se présentent pour être ordonnés.

On exigera un titre pour les ordres sacrés. On examinera avec soin ceux qui se trouveront nommés pour posséder des cures. On recommande aux ecclésiastiques la modestie dans leur extérieur; ils porteront la soutane, la tonsure, et jamais ils n'administreront les sacrements sans surplis : les universités veilleront aussi à la modestie des étudiants. On gardera exactement les canons par rapport aux élections, aux clercs concubinaires, et à la clôture des religieuses. On n'exigera rien pour la bénédiction des vases sacrés et des ornements d'église. On ne prendra, pour la consécration et la réconciliation des églises et des cimetières, que ce qui est marqué dans le droit. On défend les mariages clandestins, l'abus des indulgences, les prédications et les confessions faites sans l'approbation des ordinaires. Enfin on ordonne de publier et d'observer ponctuellement les décrets des conciles de Constance et de Bâle. *Hist. de l'Egl. Gallic.*

LYON (Synode de), l'an 1466. Nous faisons mention de ce synode à l'occasion du *Synodicon* de l'Eglise de Lyon, qui fut publié en cette année. *Bibl. hist. de la France, t.* I.

LYON (Conciliabule de), l'an 1511. C'est le même que celui de Pise, transféré premièrement à Milan, et puis enfin à Lyon. *Gall. Chr., t* III, *col.* 368.

LYON (Concile de), l'an 1528. François de Rohan, archevêque de Lyon, convoqua ce concile pour le 21 mars. Il fut présidé par l'évêque de Mâcon, vicaire général de l'archevêque, et eut le même objet que le concile de Bourges de la même année. *Voy.* BOURGES, l'an 1528.

LYON (Synode de), l'an 1560. Il y fut publié des statuts synodaux. *Bibl. de la Fr. t.* I.

LYON (Synode de), le 18 octobre 1577. Pierre d'Epinac, archevêque de Lyon, y publia les statuts et ordonnances de son Eglise. Par ces statuts il est ordonné de célébrer tous les ans deux synodes : le premier, le mercredi de la seconde semaine après Pâques, et le second le jour de la fête de saint Luc. Suivent des statuts particuliers sur le respect dû aux églises, sur les sacrements, les excommunications, etc. Le prélat publia en même temps un *Formulaire pour faire le prône*, et un *Catéchisme abrégé de la discipline ecclésiastique. Stat. et Ordonn. synod.*, 1578.

LYON (Synodes de), en 1581, 1594, 1614 et 1705. Les statuts publiés en chacun de ces synodes ont été imprimés. *Bibl. hist. de la Fr. t.* I.

LYON (autres Synodes de). *Voy.* SAINT-JEAN DE LYON.

M

MACÉDOINE (Concile de), vers l'an 362. Les évêques de la province réunis y décidèrent que l'on recevrait tous ceux qui reviendraient à l'arianisme, pourvu qu'ils fissent profession de la foi de Nicée, et qu'ils anathématisassent nommément la doctrine impie d'Euzoïus et d'Eudoxe, qui mettaient le Fils de Dieu au rang des créatures. *Ruffin. l. I, c.* 29.

MACERATA (Synode diocésain de), l'an 1651. L'évêque Papirius de Silvestris y publia des constitutions qu'il divisa en quatre livres : le premier, du culte de Dieu et des saints ; le second, des personnes d'église ; le troisième, des lieux pieux, et le quatrième, du soin des âmes. *Synod. diœc. Macerat.*, 1651.

MACERATA (Synode diocésain de), l'an 1663, sous François Cini, évêque de Macerata et de Tolentino. L'évêque y recueillit les statuts de ses prédécesseurs, qu'il rédigea dans un nouvel ordre : ces statuts ont pour objet le clergé en général, les chanoines, les curés, les religieuses et les lieux pieux. *Constitut. editœ Maceratœ*, 1663.

MACON (Ier Concile de), l'an 581 ou 582 selon le P. Richard, ou 579. Le roi Gontran fit assembler ce concile la vingt et unième année de son règne, et la cinquième du pontificat de Pélage. Il s'y trouva vingt et un évêques, parmi lesquels on compte saint Prisque de Lyon, qui est honoré comme saint au mois de juin, comme le prouvent d'anciens manuscrits cités par le P. Lecointe ; saint Evance de Vienne, saint Artème de Sens, saint Remadius ou Remi de Bourges, saint Siagrius d'Autun, saint Aunaire d'Auxerre, saint Agricole ou saint Arigle de Nevers, saint Flavius de Châlons-sur-Saône, et Hiconius de Maurienne, qui paraît avoir été le premier de ce siège érigé sous le règne de Gontran. On ignore quelle fut l'occasion de ce concile. Les évêques disent dans la préface, qu'étant assemblés pour des affaires publiques, et pour les nécessités des pauvres, ils ont plutôt songé à renouveler les anciens canons, qu'à en faire de nouveaux. Voici ceux qu'ils publièrent.

1er. « Les évêques, les prêtres et les diacres pourront demeurer, en cas de nécessité, avec leur aïeule, leur mère, leurs sœurs, leurs nièces, mais jamais avec des femmes étrangères. »

2e. « Aucun évêque, ni aucun prêtre, diacre, clerc ou laïque, ne demeurera dans les monastères de filles, et ne leur parlera en particulier, s'il n'est d'une vertu ou d'un âge qui le mette à l'abri des mauvais soupçons. Il ne sera permis à personne d'entrer ailleurs que dans le parloir ou l'oratoire, excepté aux ouvriers nécessaires pour les réparations. Mais, sous quelque prétexte que ce soit, on ne permettra jamais aux Juifs de parler en particulier à une religieuse. »

La plupart des religieuses gardaient dès lors la clôture, mais leurs parloirs n'étaient pas encore grillés. C'est la raison pour laquelle on prenait tant de précautions pour empêcher les visites suspectes.

3e. « Défense aux évêques de laisser entrer dans leurs chambres aucune femme, si ce n'est en présence de deux prêtres ou de deux diacres. »

4e. « Défense de retenir les offrandes que

les fidèles défunts ont faites à l'Eglise, sous peine d'excommunication. »

5°. « Défense aux clercs de porter des saies, des habits, des chaussures, ou des armes, comme les laïques, sous peine d'être enfermés trente jours, pendant lesquels ils jeûneront au pain et à l'eau. »

6°. « Défense à l'archevêque de célébrer l'office divin sans le *pallium*. »

Le P. Lecointe croit que ce canon est de quelque concile postérieur à celui-ci, parce que le terme d'*archevêque* n'était pas encore en usage en France, pour signifier un métropolitain. Cela se prouve par ce concile même de Mâcon, puisque les six métropolitains qui y ont souscrit, ne l'ont fait que sous le nom d'*évêques*. De plus, on ne voit dans aucun concile du VIᵉ siècle que des métropolitains aient pris le titre d'*archevêques*, ni qu'aucun écrivain les ait nommés ainsi. Enfin, dans ce même temps, l'usage du *pallium* était accordé aux seuls évêques d'Arles, comme il paraît par les lettres des papes Vigile et Pélage. Il est vrai qu'on trouve le terme d'*archevêque* dans le testament de saint Césaire d'Arles, mort en 542; mais, outre que c'est un acte particulier, il pouvait y avoir des raisons spéciales de donner cette qualité aux évêques d'Arles, comme vicaires du saint-siège. Au reste, on restreignit dans la suite l'usage du *pallium* aux jours les plus solennels.

7°. « Défense, sous peine d'excommunication, aux juges laïques de faire emprisonner des clercs, si ce n'est pour causes criminelles, comme l'homicide, le larcin et le maléfice. » (On voit ici l'exception de ce qu'on nomme *les cas privilégiés*.)

8°. « Défense aux clercs d'accuser un autre clerc à un tribunal laïque, sous peine de trente-neuf coups de fouet pour les clercs des ordres inférieurs, et d'un mois de prison pour ceux qui sont dans les ordres supérieurs. »

9°. « Depuis la Saint-Martin jusqu'à Noël, on jeûnera le lundi, le mercredi et le vendredi : on célébrera ces jours-là les messes selon l'ordre qui s'observe en carême ; et l'on fera lire alors les canons, afin que personne n'en prétexte cause d'ignorance. »

Ce canon ne regarde que les clercs, qui étaient obligés à garder plus de jours de jeûne que les laïques, comme on le voit par la discipline observée alors en France.

10°. « Ordre aux clercs d'obéir à leur évêque, et de célébrer les fêtes avec lui. »

11°. « On dégradera pour toujours ceux qui, étant dans les ordres sacrés, seront convaincus d'avoir eu commerce avec leurs femmes. »

12°. « Les filles qui se marient après s'être consacrées à Dieu, et ceux qui les épousent, sont excommuniés. Que s'ils se séparent pour faire pénitence, l'évêque du lieu les privera de la communion autant de temps qu'il le jugera à propos ; en sorte cependant, qu'en cas de maladie ou de danger, on ne leur refuse pas le viatique. »

13° et 14°. « Défense aux juifs d'exercer aucune charge de juges parmi les chrétiens ; d'être receveurs des impôts, ou de sortir de leurs maisons, depuis le jour de la cène, jusqu'à la première pâque, suivant l'ordonnance du roi Childebert, d'heureuse mémoire. » (Le 3ᵉ concile d'Orléans avait fait la même défense, et Childebert Iᵉʳ avait appuyé de son autorité ce règlement.) On ordonna aussi aux juifs de porter respect au clergé, avec défense de s'asseoir en présence des évêques, sans en avoir reçu l'ordre.

Le mot *telonarii*, qui se trouve dans le texte du concile, et qu'on a traduits par *receveurs des impôts*, signifie tous ceux qui sont chargés de lever les droits sur les denrées, surtout dans les ports de mer; mais il se prend aussi quelquefois pour ceux à qui ces droits appartiennent. Il est employé en ce sens dans un ancien cartulaire français de l'abbaye de Corbie, cité par M. du Cange. En voici les termes : « Tous les toulins des denrées c'on vent et acate à Corbie, est siens [à l'abbé]; car il est toulouyers de ladite ville. »

15° et 16°. On défend aux chrétiens de manger avec les juifs, et aux juifs d'avoir des esclaves chrétiens. On permet de racheter d'un juif l'esclave chrétien pour douze sous.

17° et 18°. On excommunie ceux qui se parjurent, ou qui subornent de faux témoins, et ceux qui intentent des accusations calomnieuses contre des personnes innocentes.

19°. Ce canon regarde une religieuse nommée *Agnès*, qui, s'étant échappée de son monastère, et y ayant été ramenée, voulait donner à des personnes puissantes une partie de son bien, pour l'en faire sortir. On la déclare excommuniée, elle et toutes celles qui feront de semblables donations, et ceux qui les recevront à cette condition. *Anal. des Conc.*, t. I.

MACON (IIᵉ concile de), l'an 585. Ce concile fut assemblé le 23 d'octobre 585, par les ordres du roi Gontran. Saint Prisque de Lyon y présida. Il ne se qualifie qu'évêque de Lyon dans les souscriptions ; mais dans la Préface, à la tête des canons, il est appelé *patriarche*, titre qui fut longtemps réservé dans l'Occident à l'évêque de Rome, mais qui fut donné dans la suite aux métropolitains des grands sièges, comme à celui de Lyon et à celui de Bourges. Grégoire de Tours nomme *patriarche* saint Nizier, prédécesseur de Prisque ; et saint Géri de Cahors donne la même qualité à saint Sulpice de Bourges. Quarante-six évêques assistèrent à ce concile, et vingt députés d'autres évêques. Parmi les évêques présents, il y en avait trois qui étaient sans siège. Fleuri, t. VII, pag. 629 *et* 630, s'est donc trompé, en disant qu'il ne s'y trouva que quarante-trois évêques, et quinze députés. Le concile commença, selon les intentions du roi, par instruire le procès des évêques qui avaient suivi le parti de Gondebaud, son ennemi. On déposa Faustien, qui avait été ordonné évêque d'Acqs, à la nomination de cet usurpateur; et l'on condamna Bertram de Bordeaux, Oreste de Bazas, et Pallade de Saintes, qui l'avaient ordonné, à le nourrir le reste de sa vie. Le concile fit ensuite vingt canons, qui entrent dans un détail fort instructif sur divers points de discipline.

1er. On recommande particulièrement l'observance du dimanche, qu'on doit passer, dit le concile, à célébrer les louanges de Dieu et à prier dans l'église. On défend de plaider ce jour-là, et d'atteler des bœufs. On marque même des punitions pour ceux qui violeront la sainteté de ce jour. Si c'est un avocat, il sera chassé pour toujours du barreau; si c'est un paysan ou un esclave, il sera condamné à la bastonnade; si c'est un clerc ou un moine, il sera excommunié six mois. Le concile ajoute : « Passons aussi en saintes veilles la nuit qui précède le dimanche, et ne dormons pas cette nuit, comme ceux qui ne sont chrétiens que de nom. »

On voit par là que les fidèles célébraient encore dans l'église, la nuit du samedi au dimanche, et qu'il n'y avait que les mauvais chrétiens qui s'en dispensassent.

2e. « La fête de Pâques sera célébrée avec beaucoup de solennité, six jours entiers, pendant lesquels on ne fera aucune œuvre servile; mais on s'occupera à louer le Seigneur le soir, le matin et à midi. »

Il y avait donc, en ce temps-là, six jours de fête à Pâques. Plusieurs conciles du neuvième siècle, comme celui de Mayence et celui de Meaux, marquent huit jours de fête à Pâques; et tel était l'usage de l'Église grecque, comme on le voit par le concile de Constantinople dit du *Trulle* ou *in Trullo*.

3e. « On ne baptisera les enfants qu'à Pâques, hors le cas de nécessité; et les parents les présenteront à l'église au commencement du carême, afin qu'ayant reçu l'imposition des mains et les onctions saintes, à certains jours, ils puissent être baptisés le jour de la fête, et parvenir, s'ils vivent, à l'honneur du sacerdoce. »

Il y a deux choses dignes de remarque dans ce canon : la première, c'est qu'on y abolit la coutume qui s'était introduite en France de baptiser à la Pentecôte, à Noël, à la Saint-Jean, et même aux fêtes des martyrs; la seconde est que c'était une espèce d'irrégularité qui empêchait d'être admis aux ordres, que d'avoir été baptisé dans un autre temps que celui de Pâques. Le concile, par ce règlement, fait donc allusion aux anciens canons qui excluaient du sacerdoce ceux qui avaient reçu le baptême hors des jours solennels destinés à l'administration de ce sacrement, de même que ceux qui l'avaient reçu étant malades, dans leur lit: on appelait ceux-ci *clinici*, cliniques, du mot grec qui signifie *lit*.

4e. « Que tous hommes et femmes fassent, les jours de dimanche, une offrande de pain et de vin à l'autel, sous peine d'excommunication pour ceux qui mépriseront ces ordonnances du concile. »

5e. Ordre de payer les dîmes, sous peine d'excommunication, selon l'ancienne coutume, afin que les prêtres, employant les dîmes au soulagement des pauvres et au rachat des captifs, rendent efficaces les prières qu'ils font pour la paix et pour le salut du peuple.

6e. On renouvelle le décret suivant d'un concile d'Afrique : « Qu'on ne célèbre la messe qu'à jeun, excepté le jour de la cène du Seigneur. » On veut même que les enfants à qui l'on donne, trempées dans du vin, les particules qui restent du sacrifice, soient à jeun; et, pour les leur donner, on doit les amener à l'église les mercredis et les vendredis.

L'exception du jour de la Cène, par rapport à la célébration de la messe à jeun, est remarquable, et montre que, ce jour-là, on célébrait la messe après le repas du soir, pour mieux se conformer à la première institution du sacrement. L'ancien usage de donner à consommer aux enfants les particules de l'eucharistie qui restaient après la communion des fidèles mérite aussi attention.

7e. On ordonne que les causes de ceux qui ont été affranchis dans l'église ne seront plus jugées que par l'évêque, qui pourra cependant appeler à son audience le juge ordinaire ou quelque autre laïque.

8e. « Défense à qui que ce soit d'enlever de force ceux qui se sont réfugiés dans les églises. On veut néanmoins que, s'ils sont convaincus de faute en présence de l'évêque, il permette leur enlèvement, sans violer la sainteté de l'église. »

9e. Si un laïque a quelque plainte contre un évêque, il s'adressera au métropolitain qui, parties ouïes, jugera seul, ou avec un ou deux évêques, ou en plein concile, suivant l'importance de l'affaire. Ceux qui violeront ce décret demeureront excommuniés jusqu'au concile général, c'est-à-dire national, ou assemblé de tout le royaume.

10e. « Les prêtres, les diacres et les sous-diacres ne pourront non plus être jugés que par l'évêque. »

11e. « On recommande l'hospitalité à tous, et particulièrement aux évêques, qui doivent la prêcher aux autres, et par conséquent leur en donner l'exemple. »

12e. « Défense aux juges laïques, sous peine d'excommunication, de juger les causes des veuves et des orphelins, sinon en présence de l'évêque ou de son archidiacre, ou de quelque prêtre de son clergé. »

Le motif de ce règlement est, que l'Église prenait sous sa protection tous ceux qui étaient sans appui, et les regardait comme ses pupilles.

13e. « Comme la maison de l'évêque est particulièrement destinée pour exercer l'hospitalité, sans distinction de personnes, on n'y nourrira pas de chiens, de peur que ceux qui y viennent chercher le secours de leurs misères n'en soient mordus. On défend aussi, pour la même raison d'y nourrir des oiseaux de proie; et l'on ajoute que la maison épiscopale doit être gardée, non par des animaux qui aboient et qui mordent, mais par les bonnes œuvres et le chant des hymnes sacrés. »

Ce règlement singulier montre à quel point les évêques avaient à cœur que l'entrée de leurs maisons fût toujours libre aux pauvres et aux étrangers, qui venaient y chercher l'aumône ou l'hospitalité.

14°. On excommunie les seigneurs et les courtisans qui s'emparent par force des biens des particuliers, ou qui les obtiennent du prince par flatterie.

15°. On règle de la manière suivante les honneurs que les laïques devaient rendre aux ecclésiastiques : « Quand un laïque rencontre en chemin un clerc qui est dans les ordres sacrés, il doit s'incliner devant lui par une profonde révérence. Si le clerc et le laïque sont à cheval, le laïque le saluera humblement, en se découvrant la tête. Mais si le clerc est à pied, et le laïque à cheval, celui-ci mettra pied à terre, pour rendre les honneurs dus au clerc qu'il rencontre. »

16°. « La femme d'un sous-diacre, d'un acolyte ou d'un exorciste, ne pourra se remarier. »

Le concile étend ici aux femmes des clercs de quelques ordres inférieurs la défense qui avait déjà été faite plusieurs fois aux femmes des clercs des ordres supérieurs.

17°. « Défense d'enterrer les morts sur des corps qui ne sont pas encore consommés, ou de les enterrer dans les sépulcres d'autrui, sans la permission de ceux à qui ces sépulcres appartiennent. »

18°. On déclare que l'Eglise catholique a en horreur les alliances incestueuses, et qu'elle punira des plus grièves peines ceux à qui la passion fait mépriser les degrés de leur parenté, pour se vautrer dans l'ordure, comme des animaux immondes.

19°. « Défense aux clercs d'assister au jugement et à l'exécution des criminels. »

20°. « Ordre de tenir le concile national tous les trois ans, sur l'indication de l'évêque de Lyon et avec l'agrément du roi, en un lieu commode, auquel les évêques seront tenus d'assister. »

Le roi Gontran confirma ces vingt canons par une ordonnance datée du 10 novembre de l'an 585, où il exhorta les évêques à distribuer eux-mêmes à leurs peuples, et non par d'autres, le pain de la parole de Dieu. *Labb*. V.

MACON (Concile de), l'an 624. Quoique les collections des conciles mettent celui-ci en 627, on ne peut le placer plus loin qu'en 624. Mansi apporte même d'assez bonnes conjectures pour penser qu'il s'est tenu entre l'an 616 et l'an 624, et vraisemblablement l'an 618 ou 620. Quoi qu'il en soit, ce concile confirma la règle de saint Colomban, et la défendit contre les calomnies d'Agrestin, moine de Luxeuil, qui donnèrent lieu à sa tenue. *Mansi, t. I, col.* 473.

MACON (Concile de), l'an 906, ou réunion d'évêques qui rendirent un jugement dans une cause des chanoines de Saint-Vincent de Macon, et des moines de Saint-Oyant. *Lab*. IX.

MACON (IV° Concile de), l'an 1153. Il fut présidé par Odon, légat du saint-siége. On y confirma plusieurs droits de l'abbaye de Cluny. *Rituel du dioc. d'Autun*, 1833.

MACON (Concile de), l'an 1286. On y fit des règlements de discipline. L'archevêque de Lyon et l'évêque d'Autun y signèrent un acte portant que, selon la coutume, à la mort de l'un d'eux, l'autre prélat administrerait son diocèse pendant la vacance, tant au temporel qu'au spirituel. *Mas L.*

MACRAM (*Concilium apud Sanctam*). *Voy*. Fimes.

MADRID (Concile de), *Matritense*, l'an 1473. Le cardinal Borgia, légat du pape Sixte IV, tint ce concile, avec plusieurs prélats, au commencement de l'année. Il eut pour objet principal de trouver un remède à l'ignorance des ecclésiastiques, parvenue au point qu'il y en avait peu qui sussent le latin. Le concile décida qu'on obtiendrait du pape qu'il y aurait dans chaque cathédrale deux canonicats affectés, l'un à un chanoine qui enseignerait la théologie, et l'autre à un chanoine qui enseignerait le droit. *D'Aguirre*, *t.* IV.

MAESTRICHT (Concile de), *Trajectense*, dans le royaume d'Austrasie ou de la France orientale, l'an 719. Saint Willibrod et saint Swithbert présidèrent ce synode, qui envoya Winfried (saint Boniface), et plusieurs autres missionnaires, prêcher l'Evangile aux Germains. *Mas L.*

MAGALONENSIA (*Concilia*). *Voy*. Maguelone.

MAGDEBOURG (Concile de), *Magdeburgense*, l'an 970. L'Eglise de Magdebourg ayant été érigée en archevêché l'an 967, par un accord passé entre le pape et l'empereur, celui-ci nomma pour premier archevêque saint Adelbert, et le pape confirma son élection. Le concile dont il s'agit eut donc pour objet l'intronisation du nouvel archevêque. Deux légats du saint-siége, dont l'un est qualifié d'*évêque bibliothécaire*, et l'autre de *cardinal*, y présidèrent, et furent assistés de l'évêque d'Halberstadt. Les évêques et les seigneurs présents applaudirent, en élevant leurs mains en même temps que leurs voix, à l'élection d'Adelbert, qui, faisant aussitôt acte de sa nouvelle dignité, ordonna trois sujets premiers évêques de Mersebourg, de Meissen et de Cize (peut-être Zeit). Les évêchés d'Havelberg et de Brandebourg furent détachés en même temps de la province de Mayence, pour faire partie à l'avenir de la nouvelle province. *Conc. Germ. t.* II.

MAGDEBOURG (Concile de), l'an 999. Ekkard, seigneur de Thuringe, étant obligé d'accompagner l'empereur Othon III en Italie, avait confié aux soins de Mathilde, abbesse de Quedlimbourg, sa fille Luitgarde, qu'il avait cependant promise en mariage au comte Wérinhaire. Celui-ci, emporté par l'impatience de ses désirs, envahit à main armée le monastère, et enleva sa fiancée, avec laquelle il alla ensuite se renfermer à Walbeck. L'abbesse leva une petite troupe, et voulut à son tour s'emparer du château ; mais ce fut en vain. Elle fut donc réduite à porter sa plainte au concile de la province, et le comte Wérinhaire de son côté fut forcé d'y comparaître, nu-pieds et en état de suppliant : il demanda son pardon, qu'il obtint. Luitgarde, qui était aussi présente, manifesta la volonté de ne point se séparer de son époux. L'abbesse cependant fit rentrer malgré elle la princesse au monastère, non dans l'intention de l'y garder, mais pour mettre à l'épreuve les sentiments du comte.

Dans le même concile, l'archevêque Gisler força, de concert avec l'abbé, un moine défroqué de la nouvelle Corbie à reprendre l'habit monastique ; mais ce dernier parvint peu de temps après à se faire relever de ses vœux, en suivant l'exemple d'un de ses confrères, qui s'était fait absoudre à Rome devant l'empereur.

Une religieuse de haute naissance, coupable d'avoir violé son vœu de chasteté, obtint aussi le pardon de son crime, et devint abbesse d'un monastère à Magdebourg. *Mabill. Ann. Bened.; Mansi, Suppl. Conc. t.* I.

MAGDEBOURG (Synode de), l'an 1007, tenu pendant le carême dans la ville de Halle par l'archevêque Henri, qui mourut le lundi de Pâques de la même année. C'est tout ce que nous savons de ce synode. *Chron. Magd. t.* II *Script. Germ.*

MAGDEBOURG (Concile de), l'an 1110. L'archevêque de Magdebourg et ses suffragants présents à ce concile, invitèrent les évêques et les seigneurs de la Saxe, de la France orientale, de la Lorraine et de la Flandre, à les secourir contre les païens *Daces* ou Danois, qui portaient le ravage dans tout le pays, immolant les habitants à leur idole. *Martene et Durand, Collect. ampl. Monum. t.* I.

MAGDEBOURG (Concile de), l'an 1126. Dans ce concile, Dédon, fils du comte Thiémon, fut condamné à reprendre son épouse Berthe qu'il avait répudiée. *T.* II *Script. Germ.*

MAGDEBOURG (Concile de), l'an 1136. On y confirma la fondation du monastère *Gratia Dei*, de l'ordre de Prémontré, avec ses biens et ses priviléges. *Conc. Germ. t.* II.

MAGDEBOURG (Concile de), l'an 1139. L'archevêque Conrad y confirma l'érection d'un autre monastère dit *Ammenslovense*. *Leukfeldt Antiq. Bursfeld*.

MAGDEBOURG (Concile de la province de), l'an 1157. Ce concile, qui se tint dans quelque lieu de la province de Magdebourg que nous ne connaissons plus aujourd'hui, eut pour objet le différend qui régnait entre l'évêque d'Osnabruck et l'abbé de Corbie, touchant quelques dîmes que l'abbé prétendait lui avoir été enlevées par l'évêque. L'abbé en appela au pape Urbain IV, comme l'atteste la lettre synodique de Wicman, archevêque de Magdebourg, à ce pape. *Mansi, Suppl. t.* II*, col.* 503.

MAGDEBOURG (Concile de), l'an 1162. On y confirma des donations faites au monastère de Nienbourg. *Conc. Germ. t.* III.

MAGDEBOURG (Concile de la province de), l'an 1175. *Voy.* HALLE, même année.

MAGDEBOURG (Concile de), l'an 1225, tenu par Conrad, évêque de Porto et légat du saint-siége, assisté de l'archevêque de Magdebourg et de deux autres évêques, pour terminer le différend élevé entre l'abbesse de Quedlimbourg et ses vassaux, parmi lesquels l'auteur de la chronique compte des prélats *Ketnerus Antiquit. Quedlimburg.*

MAGDEBOURG (Concile de), l'an 1266. Dans ce concile, présidé par le cardinal Gui, légat du saint-siége, il y eut vingt-trois statuts portés contre ceux qui envahissaient les biens ou qui attentaient à la personne des ecclésiastiques. *Conc. Germ. t.* III.

MAGDEBOURG (Concile de), l'an 1313. Burchard Lappe de Serapelaw, archevêque de Magdebourg, tint ce concile le 7 mars. On y fit neuf statuts sur la discipline, et principalement pour la liberté ecclésiastique. Par le troisième de ces statuts, on déclare inhabiles à posséder des bénéfices ecclésiastiques, jusqu'à la quatrième génération, les descendants de ceux qui auraient pris ou détenu captif un archevêque ou un évêque. Le septième interdit les cabarets aux clercs et aux moines, et leur prescrit la tonsure. Le huitième recommande aux aldermanns (c'est ainsi qu'en Allemagne on appelait alors les marguilliers) de rendre compte de leur gestion deux fois par an à leurs curés. *Schannat, ex cod. ms. Eccl. Mogunt.*

MAGDEBOURG (Concile de), l'an 1320. L'archevêque Burchard tint ce nouveau concile toujours en faveur de la liberté ecclésiastique. Il prononça la peine d'excommunication contre ceux qui oseraient rendre dépendante d'un autre que de l'archevêque la ville de Magdebourg. Il assura aux curés ou aux recteurs des églises, le droit exclusif de faire sonner leurs cloches. *Ibid.*

MAGDEBOURG (Concile de), l'an 1322. Ce concile, tenu par le même archevêque, n'eut pas d'autre objet que les deux précédents. Burchard occupa le siége de Magdebourg depuis l'an 1308 jusqu'en 1325 ; il fut en guerre l'espace de neuf ans avec sa ville métropolitaine ; et, deux fois fait prisonnier par ses diocésains, il finit par être assommé dans sa seconde prison. En punition de ce crime, la ville fut mise au ban par le pape Jean XXII, et les meurtriers n'obtinrent leur absolution que plus de dix-huit ans après. *Ibid.*

MAGDEBOURG (Concile de), l'an 1344. Othon de Hesse, archevêque de Magdebourg, tint ce concile le 13 juin, pour la défense des immunités ecclésiastiques. *Conc. Germ.* IV.

MAGDEBOURG (Concile de), l'an 1362. Dans ce concile, Théodoric, archevêque de Magdebourg, ordonna des messes et des prières pour la paix et contre la peste. *Meibonius, t.* II. *Script. Germ.*

MAGDEBOURG (Concile de), l'an 1370. Albert de Luxembourg, archevêque de Magdebourg, tint ce concile, qui renouvela les anciens statuts de la province, et surtout ceux de l'archevêque Burchard. *Conc. Germ. t.* IV.

MAGDEBOURG (Concile de), l'an 1403. Albert, archevêque de Magdebourg, renouvela dans ce concile les statuts des conciles précédents ; il fit un même corps de tous ces divers statuts, et permit de considérer comme abolis ceux qu'il s'abstint de rappeler dans son décret. *Conc. Germ. t.* V.

MAGDEBOURG (Concile de), l'an 1452. Le cardinal Cusa, et Frédéric de Briclinghen, archevêque de Magdebourg, avec deux suffragants, tinrent ce concile le jour de la Pentecôte. Le légat y publia quelques statuts, et nomma deux commissaires pour la réforme des chanoines réguliers. *Conc. Germ. t.* V.

MAGDEBOURG (Synode diocésain de), l'an 1466. Les actes en sont perdus. *Conc. Germ. t.* V.

MAGDEBOURG (Concile provincial de), l'an 1489. Albert, archevêque de Magdebourg, tint ce concile dans lequel il renouvela ou réforma les statuts de ses prédécesseurs. Il ordonna qu'il y eût dans chaque évêché une prison pour les clercs coupables de fautes graves. *Conc. t.* XIX.

MAGDEBOURG (Synode de), l'an 1505. Ernest, duc de Saxe et archevêque de Magdebourg, tint ce synode diocésain. Il confirma de nouveau les statuts renouvelés par Jean, l'un de ses prédécesseurs. *Ibid. t.* VI.

MAGDUNENSE Concilium. Voy. MEHUN.

MAGHFELD (Concile de), *Maghfeldense*, l'an 1332. On y publia une constitution de Simon, archevêque de Cantorbery, sur la célébration des fêtes des saints. *Angl.* II; *Labb.* XI.

MAGHFELD (Conc. de), an 1362. Même objet que le précédent. Peut-être aussi est-ce le même concile rattaché à deux époques différentes.

MAGLIANO (Synode de). Voy. SAINTE-MARIE DE MAGLIANO.

MAGUELONE (Concile de), l'an 894. *Sirmond, t.* III.

MAGUELONE (Concile de), *Magalonense*, l'an 909. *Voy.* JONQUIÈRES, même année.

MAGUELONE (Concile de), vers l'an 1220, par l'évêque Bernard de Mèse. Maguelone était le siège épiscopal transféré à Montpellier, l'an 1536, par le pape Paul III. *Gall. Christ.* VI, 763.

MAINE (Concile tenu dans le), *apud Cenomanos,* l'an 527: assemblée d'évêques, où est confirmée la charte par laquelle un certain Haregarius, sa femme Truda et sa fille Tenestina donnent tous leurs biens, pour le temps où ils ne seront plus, afin qu'avec leur produit on construise un monastère. *M. de Mas Latrie, Chronol. hist.*

MAILLEZAIS (Synode diocésain de), le 12 septembre 1628, sous Henry Descoubleau. Ce prélat y publia des *Ordonnances et décrets synodaux* pour son diocèse. A la suite de ces ordonnances se trouve un formulaire de prône, où nous remarquons que Dieu et la sainte Vierge sont tutoyés, dans la traduction française de l'oraison dominicale et de la salutation angélique. *Ordonn. et décr. synod. du dioc. de Maillezais, Fontenay-le-Comte,* 1623.

MAIXENT (Concile de SAINT-) en Poitou, l'an 1075. Ce concile, qui fut tenu dans le monastère de Saint-Maixent, *apud cœnobium sancti Maxentii*, eut pour objet la dissolution d'un mariage incestueux. *Mansi, t.* II, *col.* XIII.

MALAGA (Synode diocésain de), 21 novembre 1671, sous D. Alonso de Santo Thomas. Cinq livres de constitutions y furent publiés sur le modèle des synodes tenus à cette époque dans toute l'Eglise latine. *Constituç. synodales del obispada de Malaga, en Sevilla,* 1674.

MALAY-LE-ROI (Concile de), *Mansolacense*, l'an 657. Emmon, archevêque de Sens, tint ce concile de Malay-le-Roi, sur la rivière de Vanne, à une lieue de Sens. On y fit quelques règlements sur la discipline. La date de ce concile porte: *Actum Mansolaco, in curte dominica, anno tertio domini nostri Chlotarii. Mabillon, Act. SS. Bened. sæc.* III, *part.* II, *p.* 614; *L'art de vérifier les dates, p.* 187.

MALINES (Concile de), l'an 1570. Ce concile commença le 11 juin 1570, et finit le 14 juillet de la même année. Michel Rithovius, évêque d'Ypres, comme le plus ancien évêque de la province, y présida au nom d'Antoine Perrenot, archevêque de Malines, appelé ordinairement le cardinal de Granvelles. On commença par recevoir le concile de Trente, promettre obéissance au pape, et condamner toutes les hérésies, notamment celles que le concile de Trente avait anathématisées; et l'on fit ensuite divers règlements, compris sous différents titres. Le premier, qui regarde les sacrements, contient neuf chapitres.

1. On ne recevra point de sages-femmes, ou accoucheuses, sans un certificat du curé du lieu de leur domicile, qui atteste leur catholicité. Elles feront serment de déclarer tous les samedis de chaque semaine à leur curé les noms et surnoms des femmes qu'elles auront accouchées, et le nombre de leurs enfants; et les curés seront obligés de le faire savoir à l'évêque dans la quinzaine, avec les noms et surnoms des mères qui n'auront pas fait baptiser leurs enfants, sous peine de suspense.

2. On fera baptiser, dans dix jours, tous les enfants qui ne le seront pas, et instruire ceux qui seront capables de l'être.

3. Il n'y aura qu'un parrain et une marraine tout au plus, pour tenir un enfant sur les fonts baptismaux.

4. Les femmes viendront à l'église après leurs couches, pour remercier Dieu et y entendre la messe.

5. Les curés tiendront registre de toutes les personnes dont ils auront entendu les confessions pendant le carême. Les religieux feront écrire dans ce même registre les noms de celles qu'ils auront confessées; et les curés n'admettront aux sacrements, même à celui du mariage, ainsi qu'à la sépulture, que ceux dont les noms seront inscrits dans ce registre.

6. Aucun confesseur n'absoudra, hors le cas de nécessité, des cas réservés à l'évêque; et les évêques feront revivre l'usage de la pénitence publique, pour les péchés publics.

7. On ne portera le saint sacrement en procession que très-rarement et dans les nécessités publiques, de peur que l'usage trop fréquent de ces sortes de processions ne diminue le respect qui est dû à cet auguste sacrement.

8 et 9. Les curés seront en étole et en surplis toutes les fois qu'ils porteront le saint viatique ou l'extrême-onction.

Le second titre, qui concerne les ordinations contient cinq chapitres fort courts, qui ne renferment que les conditions ordinaires pour l'admission aux ordres; savoir, le témoignage d'étude, de vie et mœurs, l'examen préalable, le bénéfice ou le patrimoine de celui qui aspire aux ordres sacrés.

Le troisième titre renferme, en sept chapitres, ce qui a rapport aux fiançailles et au mariage.

1. Les curés avertiront souvent leurs paroissiens que le concile de Trente a déclaré nuls les mariages clandestins.

2. Ils refuseront de marier ceux ou celles qu'ils sauront être forcés à embrasser cet état, sous peine de suspense de leurs offices et bénéfices.

3, 4 et 5. Si ceux qui veulent contracter les fiançailles et le mariage sont de différentes paroisses, le curé où les fiançailles auront été contractées en donnera le certificat à celui de l'autre paroisse où le mariage doit se faire; et tous les deux publieront les bans comme de coutume; et le tout se fera avec la participation des deux doyens des contractants, s'ils sont de différents doyennés, et des deux évêques, s'ils sont de différents évêchés.

6. Les curés ne marieront point les étrangers, ni les inconnus, ni les vagabonds, sans la permission, par écrit, de leur évêque.

7. Quand on contractera mariage, avec permission de l'évêque, dans les temps prohibés, il n'y aura point de festin de noces.

Le quatrième titre traite de l'office et du culte divin, en dix-sept chapitres.

1. Ceux qui sont obligés au chœur, diront l'office divin aux heures marquées, posément, entièrement, distinctement, dévotement et avec un grand respect, en faisant néanmoins la différence des jours solennels d'avec les autres.

2. L'évêque réglera les distributions manuelles, de façon que celles qui seront attachées aux matines, à la grand'messe et aux vêpres, excèdent notablement celle des petites-heures, sans néanmoins que ces dernières soient si minces qu'on les néglige.

3 et 4. On ne gagnera les distributions que quand on sera à matines et à toutes les autres heures avant la fin du premier psaume, et à la messe avant la première collecte, et qu'on y restera jusqu'à la fin; nonobstant tout statut contraire, qui n'aura lieu que dans les cas permis par le droit, comme lorsqu'on s'absente pour les affaires de l'église ou à raison d'infirmité, etc.

5. Les archidiacres, les pénitenciers, et tous ceux en général qui remplissent les devoirs attachés à leurs dignités ou à leurs prébendes, ou que l'évêque emploie utilement, sont censés occupés pour les affaires de l'église ou du chapitre, et doivent jouir des distributions comme s'ils étaient présents au chœur en personne.

6. Il en sera de même de ceux qui diront la messe pendant l'office, pourvu qu'ils se rendent au chœur peu de temps après avoir fini le sacrifice.

7. Les évêques retrancheront des légendes, et généralement de toutes les parties des offices, tout ce qui pourrait offenser les oreilles pieuses, et qui méritera d'être corrigé.

8. On privera des distributions, et, en cas de récidive, on punira plus sévèrement ceux qui liront des choses profanes, ou qui dormiront, ou qui causeront pendant la messe ou l'office.

9. On s'abstiendra de toute insulte envers ceux qui viendront tard au chœur.

10. Les chantres, organistes et sonneurs qui chanteront ou toucheront des airs lascifs, payeront une amende de dix stuyvers, *decem stuferorum*, c'est-à-dire, de dix sols d'or; et, en cas de récidive, ils seront mis en prison et encore autrement punis, à la volonté de l'évêque.

11. On ne souffrira dans l'église ni festin, ni trafic, ni proclamations de choses civiles et profanes.

12. Les cabarets ne seront ouverts que pour les voyageurs, pendant l'office divin et le sermon; et il n'y aura ni jeu ni danse pendant le même temps.

13. Aucun prêtre séculier ou régulier ne dira la messe dans les maisons particulières, mais seulement dans les églises ou les oratoires designés par l'évêque.

14 et 15. Les évêques interdiront l'usage des autels portatifs, de même que l'usage de biner.

16. On se conformera à la bulle de Pie V, dans la récitation des heures canoniales.

17. L'évêque, aidé de deux chanoines, l'un à son choix et l'autre au choix du chapitre, réformera et établira en fait de statuts et de cérémonies, tout ce qu'il jugera convenir à la piété, à la beauté de l'église et à l'édification du peuple.

Le cinquième titre emploie cinq chapitres à faire le dénombrement des fêtes qui s'observent dans la province de Malines, et à interdire ces jours-là toute œuvre servile, ainsi que les foires et les marchés.

Le sixième titre n'a que deux chapitres. On fait dans le premier l'énumération des jeûnes qui obligent dans la province de Malines; et l'on dit dans le second, que l'on fera abstinence, pendant tout le jour, à la fête de saint Marc et aux Rogations, et que l'on y jeûnera au moins jusqu'à dîner.

Le septième titre offre les trois chapitres suivants sur les images.

1. On ôtera des temples et des autres saints lieux les images, les sculptures et les

tapisseries qui représentent les fables des païens, comme satyres, faunes, sirènes, thermes et nymphes : on en fera de même des figures lascives, obscènes ou superstitieuses.

2. On n'emploiera rien de semblable pour orner le saint sacrement ni les reliques.

3. On ôtera aussi des maisons et des jardins des ecclésiastiques toutes les images et statues semblables.

Dans le huitième titre, qui est des indulgences, le concile avertit les fidèles de ne point ajouter foi à certains petits livres qui se vendent dans les places et les marchés, même avec privilège, qui promettent des indulgences exorbitantes pour des causes légères ou superstitieuses, surtout lorsqu'elles promettent un effet certain, comme de ne pouvoir être blessé de coups d'épée ou de fusil, de ne pouvoir périr dans l'eau ni par la peste, d'être délivré certainement du purgatoire. Il faut porter le même jugement des indulgences qu'on dit être attachées à un certain nombre de messes et de prières.

Dans le neuvième titre sur les superstitions, il est dit qu'une pratique est superstitieuse, lorsqu'on lui attribue quelque effet qui n'est fondé ni sur les causes naturelles, ni sur la parole de Dieu ou la doctrine de l'Eglise.

Le dixième titre, qui a pour objet les évêques et leurs devoirs, renouvelle, en quatre chapitres les décrets du concile de Trente sur ces objets.

Le onzième titre, qui concerne les sceaux des évêques, renouvelle aussi les statuts du concile de Trente et de plusieurs autres, sur la nécessité d'expédier gratuitement toutes les grâces qu'ils accordent, sauf les louables coutumes qui permettent à leurs officiers de recevoir un modique salaire pour leurs peines.

Le douzième titre, touchant les ministres de l'Eglise et leur résidence, renouvelle aussi les statuts du concile de Trente sur cette matière, en neuf chapitres.

Le treizième titre, touchant les doyens de chrétienté, les curés et leurs devoirs, fait quelques additions aux règlements du concile de Trente sur le même objet, et contient douze chapitres.

Le quatorzième titre en fait autant en cinq chapitres, touchant la vie et l'honnêteté des clercs; et le quinzième, en trois chapitres, touchant la correction des clercs.

Le seizième, qui contient trois chapitres sur les écoles quotidiennes, et le dix-septième qui en contient neuf sur les écoles dominicales, ne font que répéter les règlements des conciles précédents, sur les instructions qu'on doit donner aux enfants tous les jours dans les écoles ordinaires, et tous les dimanches dans les écoles établies ces jours-là. Même répétition, en deux chapitres, dans le dix-huitième titre, touchant les séminaires; et en quatre chapitres, dans le dix-neuvième, touchant les unions; et en sept chapitres, dans le vingtième, touchant le louage et la conservation des biens ecclésiastiques.

Le vingt-unième titre, composé de onze chapitres, renouvelle les décrets du concile de Trente, touchant les réguliers et les religieuses, et en ordonne l'exécution.

Les deux chapitres du vingt-deuxième titre, sur les lettres apostoliques et les juges délégués, sont employés à nommer ces juges délégués auxquels on doit présenter les dispenses obtenues du saint-siège pour posséder des bénéfices incompatibles.

Le vingt-troisième titre interdit l'usure aux tuteurs et aux curateurs des pupilles, aussi bien qu'aux autres.

Le vingt-quatrième titre, touchant les visites, ne fait que renouveler en deux chapitres les règlements du concile de Trente sur cet objet. *Anal. des Conc.*

MALINES (Concile de), l'an 1607. Mathias, archevêque de Malines, tint ce concile avec six de ses suffragants. Il contient plusieurs règlements de discipline renfermés en vingt-six titres, et semblables à ceux des conciles précédents. Le chapitre sept du titre cinq du sacrement de pénitence déclare nulle, comme étant déraisonnable et indiscrète, quoique confirmée par serment, la promesse de ne se confesser qu'à tel confesseur. Le second chapitre du quatorzième titre défend de tolérer, soit dans les églises, soit dans les processions, des images de saints arrangées et parées d'une manière mondaine. Le second chapitre du vingtième titre veut qu'on oblige les parents des pauvres à envoyer leurs enfants au catéchisme par la soustraction des aumônes, et les autres par d'autres peines.

MALO (Synode de SAINT-), *Maclovicnsis*, l'an 1350. Des statuts furent publiés cette année, par Pierre Benoît, évêque de Saint-Malo. Plusieurs en sont rapportés dans les *Statuts synodaux pour le diocèse de Saint-Malo*, publiés l'an 1620.

MALO (Synode de SAINT-), l'an 1565. L'évêque Pierre de Montfort y publia des statuts pour son diocèse. *Bibl. hist. de la France*, t. I.

MALO (Synode de SAINT-), l'an 1619, sous Guillaume le Gouverneur, qui y publia de nouveaux statuts. *Biblioth. hist. de la France*, t. I.

MALO (Synode de SAINT-), l'an 1620, sous Guillaume le Gouverneur. Ce prélat y publia les statuts dont nous rapportons ici le titre. *Stat. Synod.*, à *Saint-Malo*, 1620.

MALTE (Synode diocésain de), les 22, 23 et 24 avril 1703, sous David Cocco Palmerius. Ce prélat y publia de nombreux et sages règlements : il recommanda les conférences de cas de conscience, l'œuvre du séminaire qu'il avait érigé, et l'instruction chrétienne de l'enfance. *Synodus Melitensis*, *Romæ*, 1709.

MANS (Concile du) l'an 1188. Ce fut une assemblée mixte qui eut pour objet la troisième croisade. Henri II, roi d'Angleterre, y régla que chacun donnerait, pendant cette année, la dîme de ses revenus et de ses meubles pour le secours de la terre sainte.

MANS (Concile du) l'an 1511. *Gall. Christ.* t. VI, col. 249.

MANS (Synode du), octobre 1539. Ce

synode fut tenu par René du Bellay, évêque du Mans.

MANS (autres Synodes du). *Voy.* SAINT-JULIEN DU MANS.

MANSOLACENSE (*Concilium*). *Voy.* MALAY-LE-ROI.

MANTE (Concile de), près de Vienne en Dauphiné, *Mantalense*, an 879. Boson, duc de Lombardie, assembla ce concile pour se faire déclarer roi en Provence. Il s'y trouva dix-sept évêques et six archevêques, avec les grands seigneurs du royaume d'Arles, qui tous élurent Boson roi de Provence, le 15 octobre 879. Ottram de Vienne souscrivit le premier au décret d'élection, ensuite Aurélien de Lyon. Les évêques et les seigneurs disent dans ce concile que, manquant de protecteur depuis la mort de Louis le Bègue, ils ont choisi Boson pour leur roi, comme le plus capable de les défendre, par l'autorité qu'il a eue sous les rois précédents, et par l'affection du pape Jean VIII, qui l'avait adopté pour son fils. Le décret est suivi d'une lettre au nouveau roi, pour lui demander son consentement à l'élection, à laquelle on suppose qu'il s'était opposé, et pour lui marquer les conditions de son élection; savoir, de prendre la défense de l'Eglise catholique, de rendre la justice à tous ses sujets, et de remplir les autres devoirs de la royauté. Les actes de ce concile avaient été publiés par Guillaume Paradin, dans les *Annales de Bourgogne*, imprimées à Lyon en 1516, avant que les Pères Sirmond et Labbe les insérassent dans leurs collections.

MANTES (Concile de), au diocèse de Chartres, *apud Meduntam*, l'an 800. On s'y occupa de discipline. *Collectio Regia*.

MANTOUE (Conciles de), *Mantuana*, l'an 827. Le premier de ces conciles, composé de soixante-douze évêques, eut pour but de terminer le différend des patriarches d'Aquilée et de Grado, par rapport à la juridiction sur les évêchés d'Istrie. Ce droit fut adjugé au patriarche d'Aquilée, qui reprit son ancienne juridiction sur l'Istrie; mais l'évêque de Grado, avec son clergé, ayant refusé de s'en tenir à cette première décision, l'affaire fut discutée de nouveau dans un second concile tenu à Mantoue la même année, et le droit du patriarche d'Aquilée n'en fut que mieux établi. *R*. XXI; *l*. VII; *H*. IV; *Mansi, tom*. I, col. 833.

MANTOUE (Concile de), l'an 1053. Le saint pape Léon IX tint ce concile dans la Quinquagésime, pour la réforme des abus et la manutention de la discipline. Mais les évêques dyscoles rendirent inutiles les intentions du zélé pontife, en excitant un trouble qui fit rompre le concile. *Labb*. IX.

MANTOUE (Concile de), l'an 1064, contre l'anti-pape Cadaloüs. *Reg*. XXV.; *Labb*. IX; *Hard*. VI.

MANTOUE (Concile de), l'an 1067. Ce concile fut convoqué par le pape Alexandre II, qui s'y purgea par serment du crime de simonie dont il était accusé, et prouva si bien la validité de son élection, qu'il se réconcilia les évêques de Lombardie, qui lui avaient été opposés, et que son compétiteur, l'anti-pape Cadaloüs, fut abandonné et condamné tout d'une voix, comme simoniaque. *Pagi*, à *l'an* 1064, n° 1. Le docte Mansi met ce concile en 1072.

MANTOUE (Congrès de), l'an 1459. Le pape Pie II convoqua lui-même cette assemblée en y invitant tous les princes chrétiens, dans la vue de les réunir contre les infidèles. Quoique l'ouverture en eût été fixée au 1er juin, on n'y traita publiquement les affaires qu'au mois de septembre, parce qu'on attendait les ambassadeurs des princes. Ils arrivèrent enfin de toutes les parties de la chrétienté; et on y vit en particulier de la part du roi Charles VII, l'archevêque de Tours, l'évêque de Paris, un docteur de l'université et le bailli de Rouen; de la part du duc de Bourgogne, le duc de Clèves son neveu, l'évêque d'Arras et le seigneur Jean de Croy; de la part de René, roi de Sicile et comte de Provence, l'évêque de Marseille, et le commandant des troupes du prince; de la part du duc de Bretagne, l'évêque de Saint-Malo et plusieurs gentilshommes du pays. Il s'y trouvait aussi des ambassadeurs de l'empereur d'Allemagne et de celui de Constantinople; des rois d'Espagne et de Hongrie, du duc de Savoie, des républiques de Gênes et de Venise; des députés de Chypre, de Rhodes, de Lesbos, d'Albanie, d'Epire, de Bosnie, d'Illyrie et de quelques provinces d'Asie; un grand nombre d'évêques et de seigneurs d'Italie, outre les cardinaux; en sorte que cette assemblée, déjà toute chrétienne par son objet, était encore plus ecclésiastique que laïque par sa composition. Aussi une partie des sujets qui s'y traitèrent furent-ils des matières ecclésiastiques. Le pape s'y éleva surtout avec une grande force contre la Pragmatique-Sanction. « C'était, selon lui, une tache qui défigurait l'Eglise de France; un décret, qu'aucun concile général n'avait porté, qu'aucun pape n'avait reçu; un principe de confusion dans la hiérarchie ecclésiastique, puisqu'on voyait que depuis ce temps-là les laïques étaient devenus maîtres et juges du clergé; que la puissance du glaive spirituel ne s'exerçait plus que sous le bon plaisir de l'autorité séculière; et que le pontife romain, malgré la plénitude de juridiction attachée à sa dignité, n'avait plus de pouvoir en France qu'autant qu'il plaisait au parlement de lui en laisser. »

Les négociations se soutinrent quelque temps avec les ambassadeurs des princes par rapport à l'expédition proposée contre les infidèles. On dressa une liste de toutes les troupes qu'ils promettaient de faire marcher contre eux. Le pape déclara l'empereur Frédéric III chef de l'entreprise. Il imposa le trentième sur tous les biens séculiers d'Italie. Il protégea de tout son pouvoir un ordre militaire, institué sous le titre de *Compagnie de Jésus*, dont la destination était de combattre les Turcs. En un mot, il ne lui échappa aucun des moyens qu'il crut favorable à cette entreprise; et toutefois, rien ne réussit, parce que les animosités des princes chrétiens les uns contre les autres l'emportèrent toujours sur le zèle vrai ou faux dont ils se piquaient dès qu'on leur parlait de repousser les ennemis de la religion.

Le pape, avant son départ de Mantoue, publia, de l'avis de ses cardinaux, des évêques et des autres prélats de l'assemblée, une bulle en date du 18 janvier.1460. *Hist. de l'Egl. Gall.*

MANTOUE (Synode diocésain de), fin de novembre 1648, sous Fr. Massaï Vilos. Il y fut publié de nombreux statuts rangés sous douze titres. On y traite successivement de la foi, de l'office divin, des différents ordres, des sacrements, des églises et autres lieux pieux, des bénéficiers, des prédicateurs, des confréries, des conférences, des enterrements, des religieuses, et des précautions à prendre par rapport aux juifs. *Constit. et Décr., Veronœ.*

MARANO (Concile de), *Maranense*, l'an 590. Marano ou Mariano était autrefois une ville épiscopale, sous la métropole d'Aquilée, dans l'Istrie ou le Frioul vénitien. On y tint cette année un concile composé de dix évêques, auquel Sévère, patriarche de Grado, présenta un acte par lequel il désavouait la signature qu'il avait donnée. *An. des Conc.*

MARAZÈNE (Concile de), *Marazanense*, en Afrique, vers l'an 418. Baluze nous a conservé trois canons de ce concile.

MARCIAC (Concile de), *Marciacense*, l'an 1326. Guillaume de Flavacourt, archevêque d'Auch, tint un concile des évêques de sa province dans un lieu de son diocèse appelé Marciac (a), le 8 décembre de l'an 1326, dans lequel il publia cinquante-six constitutions.

La 1re porte que les évêques ne pourvoiront de bénéfices que les personnes de la vie et des mœurs desquelles ils seront assurés.

La 2e et la 3e, que les clercs étrangers à un diocèse n'y seront reçus que sur des lettres qu'ils présenteront de leurs propres évêques, et que ceux qui les souffriront administrer les sacrements sans cette assurance, seront excommuniés.

La 4e interdit aux archidiacres la connaissance des affaires matrimoniales.

La 5e renouvelle les constitutions du pape Benoît X et du cardinal Simon, touchant les juges délégués.

Ces constitutions sont les mêmes que le deuxième et le troisième canon du concile de Bourges de l'an 1276. Le P. Richard a mal traduit cet endroit, qu'il paraît ne pas avoir compris.

La 6e défend aux religieux et aux autres clercs de troubler les ordinaires dans l'exercice de leur juridiction.

MARCIAC (Concile de), l'an 1329. Ce concile fut célébré par l'archevêque d'Auch, Guillaume de Flavacourt et ses suffragants, le jour de Saint-Nicolas d'hiver. On y procéda contre les assassins de l'évêque d'Aire, nommé Ancsance, qui avait été tué deux ans auparavant. Le titre de ce concile, qui dura six jours, porte la date de l'an 1329; mais les actes portent celle de 1330.

MARIANA (Synode diocésain de), le 15 mai 1657, sous Charles Fabrice Justiniani. Ce prélat y publia cinquante-cinq chapitres de décrets. *Constituzioni et decreti sinodali, Livorno,* 1665.

MARIE (Concile de Sainte-). *Voy.* ANDREA et MONT-SAINTE-MARIE.

MARLEBERG (Concile de), *apud Marlebergum*, l'an 1182. Gaufrid, évêque de Lincoln, et fils du roi d'Angleterre, Henri II, y renonça librement à son évêché, en présence du roi son père et des évêques.

MARLY (Concile de) *Marlacense*, l'an 677. Les auteurs ne s'accordent pas sur le lieu de la tenue de ce concile. D. Mabillon croit que c'est Marlay, au diocèse de Toul. Suivant l'opinion du P. Pagi, ce serait plutôt Marly, près de Paris. Les évêques de Neustrie et de Bourgogne, assemblés par ordre et en présence du roi Thierry, y déposèrent Chramlin, qui s'était emparé de l'évêché d'Embrun, et lui déchirèrent ses habits pour marque de sa dégradation. *Ed. Venet., t. VII; Mansi.*

MARNE (Concile tenu près de la), dans le diocèse de Meaux, *ad Matronam fluvium,* l'an 962. Ce concile fut convoqué à l'occasion d'Artaud, archevêque de Reims, qui avait été déposé, l'an 941, aux faux concile de Soissons. Plusieurs évêques pensaient qu'il fallait donner le siège de Reims à Hugues, fils du comte de Vermandois: d'autres avaient une opinion contraire : ils consultèrent le pape, et, sur son avis, tous élurent et consacrèrent Odalric.

MARONITES (Synodes des). *Voy.* SAINTE-MARIE DE MARONITES.

MARPOURG (Concile de), *Marpurgense,* l'an 1236, pour la translation du corps de sainte Élisabeth de Hongrie, canonisée cette même année à Pérouse par le pape Grégoire IX, cinq ans seulement après son décès. *Jac. Montan. apud Serarium, Mogunt. Rerum t. V.*

MARSEILLE (Concile de), *Massiliense,* l'an 1103, sur les priviléges de l'abbaye de Cluny. *Marten. Thes., t.* IV.

MARSEILLE (Concile de), l'an 1040. Les évêques de la province y souscrivirent au privilége accordé par le pape Benoît IX à l'abbaye de Saint-Victor de Marseille *Not. Eccl. Din.,* p. 134.

MARSEILLE (Synode de), l'an 1363, par l'évêque Guillaume Sudre. *Gall. Christ., t.* VI, *col.* 92.

MARSEILLE (Synode de), le 8 mai 1347, sous Etienne de Puget, qui y publia des statuts ; *Bibl. histor. de la France, t.* I.

MARSEILLE (Synode de), l'an 1673, sous Toussaint de Forbin de Janson, qui y publia des *Ordonnances. Ibid.*

MARSEILLE (Synode de), le 18 avril 1712, sous François Xavier de Belsunce, qui y publia des *Statuts synodaux. Ibid.*

MARSI (Concile de), *Marsicum*, l'an 1148. Marsi est une ville d'Italie, sous la métropo-

---

(a) Selon le P. Le Long, (*Biblioth. hist. de la France,* t. I), Marciac n'était pas un autre lieu que la ville que nous appelons aujourd'hui Mont-de-Marsan pole de Chiéti, et capitale des Marses, ancien peuple d'Italie, qui habitait aux environs du lac Fucinus, aujourd'hui Celano. Le concile qui se tint en cette ville l'an 1148, termina le différend agité entre l'évêque de Marsi et les chanoines de Saint-Jean, qui prétendaient que l'évêque devait bénir pour eux en particulier une fiole d'huile, ce qui leur fut refusé. *Mansi, t.* II, *col.* 467.

MARSI (Synode diocésain de), les 27 et 28 septembre 1643, sous Joseph Ciantes. Il y fut publié trente-trois chapitres de décrets. Le vingt-neuvième, *de exsequiis*, a fixé particulièrement notre attention.

« Aux enterrements, les clercs s'avanceront deux à deux, et ne seront occupés qu'à chanter des psaumes pour l'âme du défunt.

« Par rapport aux pauvres, les curés se conduiront de manière à éviter tout soupçon d'avarice.

« On n'enterrera pas les prêtres avec des habits sacrés, à moins que leurs proches ou leurs héritiers n'en rendent de pareils à l'église, autrement on ne les ensevelira que dans des vêtements de vil prix.

« On enterrera les enfants morts dans un terrain séparé; on sonnera à leur sépulture au moins de petites cloches, en signe de joie; on répandra des fleurs et on récitera les psaumes joyeux, car nous croyons que leurs âmes sont admises au séjour des bienheureux. » *Constitut. et decreta edita in diœc. synodo civitatis Marsici, Romœ*, 1644.

MARSI (Synode diocésain de), les 5, 6 et 7 juin 1673, sous Diégo Petra. Ce prélat y publia de nouveaux décrets, plus développés que les précédents, et qu'il rangea sous vingt-huit titres. *Constitut. synod. Marsicanœ, Romœ,* 1673.

MARSIAC (Concile de). *Voy.* MARCIAC.

MARVEJOLS (Concile de), l'an 590; *Voy.* GÉVAUDAN.

MARZAILLE (Concile de), *Marzoliense,* l'an 973. Ce concile de Marzaille, au diocèse de Parme, aujourd'hui du duché de Modène, fut convoqué par Honestus, archevêque de Ravenne. La date et l'objet de ce concile varient dans les différentes éditions qui en ont été données. Celle de Rubeus ou Rossi, qui en a rapporté les actes dans son *Histoire de l'Eglise de Ravenne,* les date de la première année du pape Benoît VI, de la sixième de l'empereur Othon II, du 9 septembre et de l'indiction II. L'édition de Sillingardi, qui les a reproduits dans son *Catalogue des évêques de Modène,* leur donne pour notes chronologiques l'an de l'Incarnation 973, et premier du pontificat de Benoît VI, huitième de l'empire d'Othon, troisième de l'épiscopat d'Honestus, métropolitain de Ravenne. A l'égard de l'objet de cette assemblée, c'est, suivant l'édition de Sillingardi, une contestation d'Adelbert, évêque de Bologne, avec Ubert, évêque de Parme, touchant certains domaines que ce dernier possédait, et que l'autre revendiquait, comme appartenants à son église. Dans l'édition de Rossi, ce sont des nobles qui redemandent à l'évêque de Parme des terres de leurs maisons, dont Othon le Grand l'avait investi. Sur cette différence de leçons, le P. Labbe d'un concile en fait deux, l'un de Marzaille, et l'autre de Modène. *L'art de vérifier les dates, pag.* 200.

MASSA (Synode diocésain de), sous Vincent Casali, les 10 et 11 avril 1586. Des constitutions y furent publiées sur les matières de discipline les plus ordinaires, et en particulier sur les sacrements. *Constit. ac decreta synodalia, Bononiœ,* 1586.

MASSA (Syn. dioc. de), *Lubrensis,* l'an 1627, sous Maurice Centini, évêque de cette ville : il y fut fait défense aux médecins de visiter les malades trois jours après leur première visite, sans y être autorisés par les curés. *Constitut. et decreta prim. diœc. synodi in Lubr., Neapoli,* 1627.

MASSILIENSIA (Concilia). V. MARSEILLE.
MATISCONENSIA (Concilia). V. MACON.
MATRITENSE (Concilium). V. MADRID.

MAZARA (Syn. dioc. de), an 1641, sous Jean Dominique Spinola. Ce prélat divisa en cinq livres les constitutions qu'il y donna à son clergé. *Mazariensis Eccl. synodus, Panormis,* 1641.

MAURICE (Synode de SAINT-) d'Angers, l'an 1423, sous l'évêque Hardouin, qui y publia dix-neuf statuts.

Il défend par les trois premiers, sous peine d'excommunication et d'amende, de jurer témérairement par le nom de Dieu, ou par sa tête, ou par son sang, ou par ses plaies, ses pieds, ses mains et ses yeux, et de dire des blasphèmes de ses saints, ou de prononcer à toute occasion le nom du diable.

Par le 4e il défend les sortiléges et les enchantements sous des peines semblables, et même sous celle de la prison.

Dans les six qui viennent après, il recommande l'observation des fêtes, interdit les marchés, les danses et les jeux dissolus, et les défend pour ces jours-là sous peine d'excommunication; prescrit le silence, la modestie et le respect dans les églises; défend aux laïques, et surtout aux femmes, de s'approcher de l'autel, et lance l'excommunication, avec peine d'amende, contre ceux qui refuseraient la paix qu'on leur offrirait.

Le 11e statut prescrit la résidence aux ecclésiastiques.

Le 12e a pour objet de leur recommander la modestie des habillements, aussi bien qu'aux religieux.

Le 13e, d'interdire les chants profanes dans les églises et les cimetières.

Le 14e et le suivant, de garder chez soi des femmes suspectes, ou de louer des maisons à des filles publiques.

Le 16e défend à toute espèce de personnes, sous peine d'excommunication, l'immodestie et le luxe, ou les superfluités dans les habits.

Le 17e proscrit les jeux de hasard.

Le 18e a pour objet de réprimer l'usure et les désordres des cabarets; et le 19e ou le dernier, de recommander aux curés et aux procureurs de fabrique l'observation de ces diverses ordonnances. *Martene, Thes. nov. anecd., t.* IV.

MAURITANIE (Concile de), l'an 646, contre les monothélites. V. AFRIQUE, même année.

MAXENTIUM (Concilium ad Sanctum); l'an 1075. *Voy.* SAINT-MAIXENT.

MAYENCE (Conseil d'évêques et de grands tenu à), *Moguntiœ,* l'an 636. L'objet de cette assemblée, convoquée par le roi Dagobert, fut de faire donation de la ville et du territoire de Laudembourg à la basilique de Saint-Pierre de Worms. *Schannat*, *Hist. eccl. Wormatiensis.*

MAYENCE (Concile de), l'an 752 ou 753. Saint Boniface, voulant s'adonner tout entier à la conversion des infidèles, assembla ce concile, où il se démit de son siége.

MAYENCE (Concile de), l'an 813. Ce concile fut assemblé le 8 ou le 9 juin de l'an 813, dans le cloître de l'église de Saint-Alban, martyr. Il s'y trouva trente évêques, vingt-cinq abbés et plusieurs laïques, comtes et juges. Les présidents de l'assemblée furent Hildebold de Cologne, qui prend le titre d'archevêque du sacré palais, parce qu'il était archichapelain; Riculfe, archevêque de Mayence; Arnon, archevêque de Saltzbourg, et Bernaire, évêque de Worms. Pour régler plus aisément toutes les affaires, on divisa l'assemblée en trois bandes. Dans la première étaient les évêques avec quelques secrétaires; et ils lurent ensemble le saint Évangile, les Épîtres et les Actes des Apôtres, les canons, plusieurs ouvrages des Pères, et entre autres le Pastoral de saint Grégoire, cherchant par là les moyens de rétablir dans le clergé et parmi le peuple la pureté de la foi et celle des mœurs. Dans la seconde bande étaient les abbés avec les moines d'une vertu éprouvée, lisant la règle de saint Benoît, et traitant entre eux de la manière de remettre en vigueur la discipline monastique. Enfin dans la troisième étaient les comtes et les juges, qui discutaient ensemble les lois civiles, examinant et terminant les causes de tous ceux qui venaient s'adresser à eux.

Le concile fit cinquante-six canons, qui sont la plupart des réponses aux questions proposées par l'empereur.

Les trois premiers traitent de la foi, de l'espérance et de la charité.

4°. «On observera l'ordre romain dans l'administration du baptême, et selon le décret du pape Léon : on ne le conférera qu'à Pâques et à la Pentecôte, quoiqu'on puisse baptiser en tout temps ceux qui sont en danger.»

5°. «Les chrétiens conserveront entre eux la paix et l'union.»

6°. «Si les évêques trouvent des enfants qui aient été frustrés de la succession de leurs parents, à raison des legs pieux que ceux-ci auraient faits par suggestion ou autrement, ils y remédieront autant qu'il sera en eux, et ils auront recours au prince, pour ce qu'ils ne pourront corriger.»

7°. «On ne pourra acheter les biens des pauvres ou des personnes moins puissantes, que dans une assemblée publique, afin d'éviter toute vexation.»

8°. «Les laïques doivent obéir aux évêques en ce qui regarde le gouvernement des Églises, la défense des veuves et des orphelins ; et les évêques doivent soutenir les comtes dans l'administration de la justice.»

9°. «Les clercs chanoines vivront selon les canons, et obéiront à leurs supérieurs, mangeront ensemble et coucheront dans le même dortoir. Ceux qui reçoivent des rétributions des biens de l'Église, c'est-à-dire ceux qui ont des bénéfices, ne seront pas dispensés de la règle. Tous demeureront dans leur cloître ; ils s'assembleront tous les jours, dès le matin, pour écouter la lecture et ce qui leur sera commandé : on lira pendant leur repas ; et ils rendront l'obéissance à leurs maîtres, selon les canons.»

« 10°. «Les clercs s'abstiendront des plaisirs du siècle, et n'assisteront ni aux spectacles, ni aux festins indécents. Ils éviteront l'usure et tout gain sordide, ainsi que l'amour de l'argent, les affaires séculières, les honneurs, l'envie, la haine et la médisance. Ils ne recevront point de présents pour les sacrements, et seront modestes dans leurs habits, dans leur démarche, dans leurs discours. Ils garderont une inviolable chasteté, éviteront les visites des femmes, et s'appliqueront infatigablement à l'étude, à la psalmodie, au chant et à l'instruction.»

11°. «Les abbés vivront avec leurs moines selon la règle de S. Benoît, ainsi qu'ils l'ont promis dans le concile, et autant que la fragilité humaine le permettra. Les monastères seront gouvernés par des doyens, parce que les prévôts s'arrogent trop d'autorité.»

12°. «Défense aux moines de se trouver aux plaids, c'est-à-dire à l'audience des juges laïques ; l'abbé même ne pourra s'y rendre qu'avec la permission de l'évêque. Il est pareillement défendu aux moines de sortir de leurs cloîtres, de boire et de manger hors du monastère, sans la permission de l'abbé.»

13°. «Les abbesses et les religieuses qui ont fait profession selon la règle de S. Benoît, observeront cette règle. Les autres garderont celle des chanoines, et ne sortiront pas de leurs monastères sans la permission de l'évêque. Il y avait donc dès lors des religieuses chanoinesses, particulièrement dans la Germanie et la Belgique, où, en effet, plusieurs collégiales de chanoinesses subsistaient encore à l'époque de la révolution française.»

14°. «Défense aux clercs et aux moines d'être fermiers ou procureurs des affaires séculières ; d'aimer les jeux ; de chasser avec des chiens ou des oiseaux ; de porter des habits peu convenables à leur état ; d'avoir de faux poids et de fausses mesures, et d'entreprendre des procès injustes.»

15°, 16°, 17° et 18°. «On recommande le zèle de la perfection et la fuite des voluptés, des affaires séculières et des faux prophètes.»

19°. «On ne recevra dans les monastères de chanoines, de moines et de religieuses, qu'autant de sujets qu'ils en pourront nourrir.»

20°. «Les envoyés du prince auront soin d'examiner, de concert avec les évêques diocésains, si les monastères de chanoines, de moines et de filles, sont bien situés et ont dans leur enceinte tout ce qui peut être nécessaire à ceux et à celles qui y demeurent, en sorte qu'ils n'aient pas besoin de sortir pour le chercher ailleurs.»

21°. « L'évêque doit savoir combien chaque abbé a de chanoines dans son monastère :

s'ils veulent se faire moines, l'évêque et l'abbé leur feront observer la règle monastique; sinon, qu'ils vivent entièrement comme il convient à des chanoines. »

22°. « Les clercs acéphales ou vagabonds, c'est-à-dire, qui ne sont ni attachés au service du roi, ni soumis aux évêques ou aux abbés, seront mis en prison par l'évêque; et s'ils refusent d'obéir, ils seront excommuniés jusqu'au jugement de l'archevêque. Que si l'archevêque ne veut pas les corriger, ils seront resserrés plus étroitement, jusqu'à ce que le concile ou l'empereur en ordonnent. »

23°. « Ceux qui ont été tonsurés comme chanoines, ou comme moines, sans leur consentement, demeureront dans le clergé ou parmi les moines. Mais on défend de tonsurer dans la suite quelqu'un qui n'ait pas l'âge légitime, et sans son consentement ou celui de son maître. » On obligeait alors de demeurer dans le clergé et dans les monastères ceux mêmes qu'on y avait engagés sans leur consentement.

24°. « On observera ce qui est marqué dans les saints canons touchant les clercs qui vont trouver l'empereur. »

25°. « Quoique l'évêque soit absent ou malade, ou qu'il ne puisse prêcher pour quelque autre raison, on ne doit point manquer de faire la prédication aux peuples, les dimanches et les fêtes. »

Ce règlement prouve qu'il était encore rare alors que d'autres que des évêques prêchassent.

26°. « Les prêtres pourront dire la messe dans les monastères de filles en temps convenable, et retourneront ensuite à leurs églises. »

27°. « Les prêtres tiendront le saint chrême enfermé et n'en donneront à personne, sous prétexte de remède ou de maléfice, sur peine de déposition. »

28°. « Les prêtres doivent toujours porter l'*orarium* (l'étole), comme la marque distinctive de leur dignité. »

29°. « Les laïques ne chasseront point les prêtres de leurs églises, et ne les y mettront pas non plus, sans le consentement de l'évêque. »

30°. « Les laïques n'exigeront point de présents des prêtres qu'ils présenteront pour desservir une église. »

31°. « Chaque évêque dans son diocèse s'informera exactement des clercs qui y demeureront; et s'il en trouve de fugitifs, il les renverra à leurs évêques. »

32°. « Les litanies chez les Grecs signifient la même chose que les Rogations chez les Latins. Mais il y a cette différence entre les exomologèses et les litanies, que les exomologèses se font pour la seule confession des péchés, et les litanies pour demander à Dieu quelque grâce que ce soit. On désigne néanmoins les unes et les autres par le même terme. »

33°. « On fera pendant trois jours les processions de la grande litanie; et on n'y marchera pas à cheval, ni avec des habits précieux, mais pieds nus et sous la cendre et le cilice. Ce sont les Rogations qu'on nomme ici la *grande litanie.* »

34° et 35°. « On observera le jeûne des Quatre-Temps, la première semaine de mars, la seconde de juin, la troisième de septembre, et la semaine de décembre qui est avant la vigile de Noël. Celui qui méprisera les autres jeûnes qui seront indiqués, sera excommunié, ainsi qu'il est ordonné dans le concile de Gangres. »

36°. « Voici les fêtes qu'on doit chômer : Pâques et toute la semaine, l'Ascension, la Pentecôte comme Pâques, Saint-Pierre et Saint-Paul, la Nativité de saint Jean-Baptiste, l'Assomption de sainte Marie, la dédicace de Saint-Michel, Saint-Remi, Saint-Martin, Saint-André, à Noël quatre jours, l'octave du Seigneur, c'est-à-dire la Circoncision, l'Epiphanie, la Purification, les fêtes des saints dont on a des reliques dans la paroisse, aussi bien que la dédicace de l'église. »

Il est remarquable de ne trouver encore dans cette liste que deux fêtes de la Vierge, que deux d'apôtres, et d'y voir celle de saint Remi marquée entre la Saint-Michel et la Saint-Martin. Ce qui prouve que dès lors la translation de ce saint évêque au mois d'octobre était plus célèbre que le jour de sa mort qui est en janvier.

37°. « Défense de tenir des marchés et des plaids les jours de dimanche, ou d'y condamner quelqu'un à la mort ou à quelque peine. »

38°. « Dieu ayant ordonné le payement de la dîme, on ne négligera pas de la lui payer. »

39°. « Que personne n'ait l'audace d'arracher de l'église un criminel qui s'y réfugie, ni de le condamner à la mort ou à quelque autre peine. Il réparera néanmoins le mal qu'il aura fait. »

40°. « Défense de tenir les plaids à l'église ni dans les maisons qui y sont jointes, ni dans les parvis. »

41°. « Défense de donner des biens des anciennes églises aux oratoires nouvellement construits. »

42°. « Tous ceux qui ont des bénéfices ecclésiastiques doivent contribuer aux réparations de l'église, et lui payer la dîme et les autres redevances. »

43°. « Un prêtre ne peut chanter seul la messe; car comment pourrait-il dire, *le Seigneur est avec vous; élevez vos cœurs en haut,* et d'autres choses semblables, s'il n'y a personne que lui à la messe ? »

44°. « On avertira souvent le peuple de faire l'offrande et de recevoir la paix, parce que l'offrande est un remède pour les âmes, et la paix que l'on reçoit marque l'unanimité et la concorde. »

45°. « Les prêtres avertiront les fidèles d'apprendre le symbole et l'oraison dominicale : ils imposeront des jeûnes ou d'autres pénitences à ceux qui les négligeront ; à cet effet, les parents enverront leurs enfants aux écoles, soit des monastères, soit des prêtres, pour apprendre leur croyance et l'enseigner aux autres dans la maison : ceux qui ne pourront l'apprendre autrement, l'apprendront en langue vulgaire. »

46°. « Pour détruire le vice d'ivrognerie, qui est la source de tous les autres, on excommuniera les ivrognes. »

47°. « Ordre aux parrains d'instruire leurs filleuls des vérités de la religion catholique. »

48°. « Défense de chanter des chansons déshonnêtes, surtout dans les églises. »

49°. « Défense aux clercs d'avoir chez eux d'autres femmes que celles qui sont permises dans les canons. »

50°. « Les évêques, les abbés et les autres ecclésiastiques, choisiront pour vidames, prévôts, avoués ou défenseurs, des hommes vertueux, fidèles, justes, doux, désintéressés, non sujets au mensonge et au parjure, et ils les destitueront au cas qu'ils s'acquittent mal de leurs fonctions. »

51°. « Défense de transférer les corps des saints d'un lieu à un autre, sans l'avis du prince et des évêques, et sans la permission du concile. »

52°. « Défense d'enterrer les morts dans les églises, si ce n'est un évêque, un abbé, un prêtre ou les laïques fidèles. »

53°. « Ordre aux évêques de rechercher avec soin les incestueux, et de les chasser de l'église, jusqu'à ce qu'ils soient venus à résipiscence. »

54°. « Défense de se marier au quatrième degré de parenté : on séparera ceux qui l'auront fait après ce décret. »

55°. « Personne ne lèvera des fonts du baptême son fils ou sa fille, et ne pourra épouser sa filleule ni sa commère, non plus que celle dont il aurait présenté le fils ou la fille à la confirmation. »

56°. « Celui qui aura commis le péché de la chair avec sa filleule, ou qui aura épousé les deux sœurs, ne pourra à l'avenir se marier : la même peine est ordonnée contre une femme qui aura épousé les deux frères ou qui aura épousé le père et le fils. » *An. des Conc.*

MAYENCE (Concile de), l'an 829. Dans l'assemblée tenue à Aix-la-Chapelle sur la fin de 828, l'empereur Louis le Débonnaire avait ordonné qu'il se tiendrait quatre conciles l'année suivante, l'un à Mayence, et les trois autres à Paris, à Lyon et à Toulouse. Ces quatre conciles se tinrent en effet dans l'année indiquée ; mais nous n'avons les actes que de celui de Paris : nous savons seulement qu'Otgaire, archevêque de Mayence, assisté de vingt-trois autres évêques, présida à celui-ci ; et que Gothescalc, moine de Fulde, y comparut avec Raban, son abbé, pour demander d'être renvoyé libre des engagements de la vie monastique, attendu qu'il avait été offert à la religion par ses parents dans son enfance, sans le savoir ni le vouloir. Les prélats, après avoir entendu les moyens d'opposition de Raban, déclarèrent les engagements de Gothescalc indissolubles, et lui permirent seulement de passer du monastère de Fulde à celui d'Orbais ou Rebais, au diocèse de Soissons. *Hartz. Concil. Germ. tom. II*; *L'Art de vérifier les dates, pag.* 192.

MAYENCE (Concile de), l'an 847 Vers le commencement d'octobre de l'an 847, Rhaban, archevêque de Mayence, assembla un concile par l'ordre de Louis, roi de Bavière pour travailler à la réformation de la discipline de l'Eglise, et trouver quelques moyens d'empêcher l'usurpation des biens ecclésiastiques. Il s'y trouva douze évêques suffragants de Mayence, des chorévêques, des abbés, des prêtres et d'autres clercs. Pour attirer la grâce de Dieu sur eux-mêmes, ils jeûnèrent trois jours, faisant des processions; et, après être convenus qu'en chaque diocèse on dirait pour le roi, la reine et leurs enfants, trois mille cinq cents messes et dix-sept cents psautiers, ils s'assemblèrent dans le monastère de Saint-Alban, lieu ordinaire des conciles. La diversité des matières qu'ils avaient à traiter les engagea à se diviser en deux bandes ; l'une des évêques, appliqués avec leurs secrétaires à lire l'Ecriture sainte, les canons et les écrits des Pères ; l'autre des abbés, avec des moines choisis, qui lisaient la règle de saint Benoît, et examinaient de quelle manière on pourrait en rétablir l'observance. Ces conférences produisirent les trente et un canons suivants.

1. « La foi est le fondement de tous les biens. Mais, quoiqu'on ne puisse plaire à Dieu sans la foi, comme dit saint Paul, la foi a besoin des œuvres, sans lesquelles elle est morte. C'est surtout aux évêques de travailler à conserver la pureté de la foi. »

2. « Les évêques doivent lire et entendre les canons qui sont reçus, et prêcher souvent au peuple les vérités propres à maintenir la pureté de la foi et des mœurs. Ainsi, chaque évêque doit avoir des homélies sur le Paradis, sur l'Enfer, sur la résurrection future, et sur les œuvres par lesquelles on peut se rendre digne et indigne de la vie éternelle : il doit les traduire en langue romaine rustique, ou en tudesque, afin qu'elles soient entendues de tous leurs auditeurs. » Comme plusieurs évêques et plusieurs prêtres de ce siècle n'étaient pas assez habiles pour composer des sermons, on voulait que du moins ils eussent des homélies des saints Pères, traduites en langue vulgaire, pour les lire au peuple et lui donner par-là l'instruction nécessaire.

3. « On doit administrer, dans toutes les paroisses, le baptême selon l'ordre romain, c'est-à-dire, faire les scrutins prescrits avant le baptême; ne baptiser sans nécessité qu'à Pâques et à la Pentecôte ; faire faire les renonciations au démon, à ses œuvres et à ses pompes. » Les pompes du démon, dit le concile, sont le faste, la superbe, la vaine gloire ; et ses œuvres sont l'adultère, la fornication, l'ivrognerie, etc.

4. « Il est bien nécessaire que la paix règne parmi le peuple chrétien ; puisque nous n'avons tous qu'un Père qui est dans le ciel, et qu'une mère qui est l'Eglise. On recommande en particulier aux évêques et aux comtes, c'est-à-dire aux juges, de s'accorder entre eux et de se soutenir réciproquement dans l'exercice de leurs charges, en ce qui concerne le service de Dieu. »

5. On excommunie ceux qui formeraient des conjurations contre le roi, contre les ministres d'État, et contre les puissances ecclésiastiques.

6. « Puisque le roi a été établi de Dieu le défenseur et le gardien des biens de l'Église, il doit les défendre, comme il défend son propre domaine. »

7. « Les évêques auront le pouvoir de gouverner et de dispenser ces biens, selon les canons; et lorsqu'ils auront besoin, pour les fonctions de leur ministère, de celui des laïques, ceux-ci leur obéiront. »

8. « Les clercs qui lors de leur ordination ne possédaient rien, et qui pendant leur épiscopat, ou depuis qu'ils sont dans le clergé, ont acheté des terres ou d'autres fonds en leur nom, les laisseront à l'Église; mais ils pourront disposer des biens qui leur auront été donnés ou qu'ils auront eus par succession de leurs parents. »

9. On renouvelle le canon du concile d'Afrique touchant l'affranchissement des esclaves.

10. « La dîme ayant été ordonnée de Dieu, se payera exactement; l'évêque en fera, comme des oblations des fidèles et des revenus de l'église, quatre parts : une pour lui, une pour les clercs, la troisième pour les pauvres, la quatrième pour la fabrique de l'église. »

11. « On ne dépouillera pas les anciennes églises de leurs terres et de leurs dîmes, pour les donner à de nouveaux oratoires, sans le consentement de l'évêque et de son concile. »

12. « Défense, sous peine de déposition, à un prêtre d'acheter une église, ou de donner de l'argent pour en chasser le prêtre qui la possède légitimement, et se l'approprier; et aux clercs et aux laïques, de donner une église à un prêtre sans la permission et l'agrément de l'évêque. »

13. « Chaque évêque aura grand soin que les chanoines et les moines vivent régulièrement; qu'ils aient horreur des péchés de la chair, et ne se mêlent pas des affaires séculières; qu'ils ne se trouvent point aux audiences du barreau, si ce n'est pour y défendre la veuve et l'orphelin; qu'ils n'aiment pas les jeux de hasard, les parures peu convenables à leur état, la bonne chère, le vin, la chasse avec des chiens ou des oiseaux : etc. Nous leur interdisons toutes ces choses. Ils doivent avoir des pauvres à leur table, et y faire une lecture sainte. »

14. « Les moines n'auront rien en propre; et ils ne pourront posséder d'églises paroissiales, qu'avec le consentement de l'évêque. Ils rendront compte à l'évêque des titres ou des églises, dans lesquelles il les aura établis; et ils viendront au synode qu'il indiquera. » On voit ici que les moines pouvaient être curés en titre, avec l'agrément de l'évêque.

15. « Il est marqué dans les décrets du pape Grégoire : *Si un clerc laisse croître ses cheveux, qu'il soit anathème.* C'est pourquoi nous ordonnons qu'on punisse ces clercs et qu'on les oblige de reprendre leur premier état, qu'ils paraissaient avoir abandonné. »

16. « Une abbesse qui a son monastère dans la ville ne sortira pas de son cloître sans la permission de l'évêque ou de son vicaire, à moins qu'elle n'ait un ordre de la cour; et quand elle sortira, elle veillera sur la conduite des religieuses qui l'accompagneront. Elle aura soin que la règle s'observe dans son monastère; que les religieuses y chantent toutes les heures de l'office divin, et couchent toutes dans le même dortoir, excepté les malades. »

17 et 18. « Les évêques, les abbés, les comtes et leurs officiers, ne pourront désormais acheter les biens des pauvres, si ce n'est dans une assemblée publique, et en présence de témoins; afin que les pauvres ne soient pas opprimés, et qu'on ne les oblige pas de vendre malgré eux leurs biens; de peur qu'étant réduits à l'indigence, ils ne s'adonnent au brigandage. »

19. « On doit reprendre les juges qui se laissent corrompre par des présents. »

20. « Les parricides demeureront en un lieu particulier, pour y faire une sévère pénitence; ils ne pourront plus porter les armes, ni se remarier. »

Il était passé en usage de condamner les parricides à vivre errants et chargés de cercles de fer, parmi le monde; d'où il arrivait qu'ils se livraient à plusieurs désordres. C'est cet usage que révoque le concile.

21, 22 et 23. On renouvelle les canons des conciles d'Ancyre, d'Elvire, d'Agde, de Lérida, touchant les fornicateurs, les homicides et autres pécheurs.

24. « Celui qui aura tué un prêtre fera douze ans de pénitence. S'il nie le fait et qu'il soit de condition libre, il se purgera par serment, en jurant avec douze personnes. S'il est esclave, il se purgera en marchant sur douze socs de charrue rougis au feu. »

On sait qu'il y avait deux manières de se justifier par le fer chaud; la première était de porter dans ses mains nues un fer rougi au feu; et la seconde, de marcher pieds nus sur des socs de charrue, aussi rougis au feu.

25. « On soumet à la même peine ceux qui tueraient des prêtres, quoique dégradés, qui iraient par pénitence en divers pèlerinages. »

26. « Les prêtres doivent entendre la confession des malades qui sont en danger de mort. Il faut ensuite leur faire connaître la pénitence qu'ils auraient méritée, mais ne la leur pas imposer et se contenter de les exhorter à la faire, s'ils reviennent en santé. Après quoi, pour ne leur point fermer la porte de la miséricorde, il faut leur donner l'extrême-onction et le viatique, selon les décrets des saints Pères. »

27. « Ceux qui seront condamnés à mort pour leurs crimes pourront recevoir la communion, s'ils sont vraiment pénitents, et qu'ils aient confessé leurs péchés à Dieu; ils ne seront privés ni de la sépulture, ni des prières de l'Église après leur mort, ni

de l'oblation du saint sacrifice. » On ne permettait pas toujours aux criminels condamnés à mort de se confesser aux prêtres : c'est peut-être la raison pour quoi on ne parle ici que de ceux qui s'étaient confessés à Dieu, dit le père Longueval, au tome V de son *Histoire de l'Eglise Gallicane*, pag. 549. Mais, si cela est, il faudra dire qu'on accordait la communion aux criminels mêmes qui ne s'étaient point confessés aux prêtres ; ce qui nous semble faire une difficulté que l'historien n'a point touchée.

28. « Les incestueux incorrigibles seront chassés de l'Eglise, jusqu'à ce qu'ils reviennent à pénitence ; s'ils persévèrent dans leurs désordres, après les monitions des prêtres, on emploiera la force de la puissance séculière pour les réprimer. »

29. « Si un homme qui a épousé une veuve, pèche avec sa belle-fille, ou se marie avec les deux sœurs, ou avec la femme de son frère, avec sa cousine, sa tante ou sa bru, il doit être séparé ; et, pour pénitence, il ne pourra jamais se marier. »

30. On défend de se marier, dans la suite, au quatrième degré de parenté.

31. « Il faut proportionner les pénitences aux péchés, et ne pas en imposer de légères pour des péchés griefs. Il faut aussi faire le discernement des pécheurs qui doivent faire la pénitence publique ou secrète, selon que leurs péchés ont été publics ou cachés. »

Les évêques envoyèrent tous ces règlements à Louis de Bavière, en le priant d'employer son autorité pour les faire observer. Ils y joignirent une lettre synodale, où ils se plaignent, entre autres choses, du peu de respect que l'on avait pour les lieux saints. *An. des Conc.*

MAYENCE (Concile de), l'an 848. Les Annales de Fulde mettent au mois d'octobre de cette année un autre concile tenu à Mayence, à l'occasion de la doctrine de Gothescalc, qui fut condamnée dans ce concile. On y résolut de renvoyer ce moine à Hincmar, archevêque de Reims, dans le diocèse duquel il avait reçu l'ordre de la prêtrise. Rhaban envoya en même temps une lettre synodale à Hincmar, où il expose ce que dit Gothescalc que la prédestination de Dieu est pour le mal comme pour le bien, et qu'il y a des hommes en ce monde qui, à cause de cette prédestination qui les contraint d'aller à la mort, ne peuvent se corriger de leurs erreurs et de leurs péchés, comme si Dieu les avait faits incorrigibles dès le commencement. *Ibid.*

MAYENCE (Concile de), l'an 852. Raban Maur, archevêque de Mayence, présida à ce concile, où l'on fit quelques règlements de discipline. Le savant Mansi croit qu'on y présenta aussi deux édits de Louis Ier (1), roi de Germanie, dont l'un regarde les règles de la dépense de l'évêque dans la visite des monastères de la nouvelle Corbie et d'Erfurth; et l'autre concerne l'élection d'un abbé et d'un protecteur temporel pour un autre monastère d'Allemagne. *Mansi, Suppl.* t. I, col. 923.

MAYENCE (Concile de), l'an 857. Ce concile fut présidé par Charles, fils de Pépin, roi d'Aquitaine, qui se fit moine bénédictin, et que l'empereur Louis le Germanique plaça sur le siége de Mayence. On traita dans ce concile de plusieurs matières de droit ecclésiastique, dont le détail n'est pas venu jusqu'à nous. *Labb.* VIII.

MAYENCE (Concile de), vers l'an 860. Charles, archevêque de Mayence, et huit autres évêques, tinrent ce concile au sujet du mariage d'Abbon, contracté avec une parente au quatrième degré. Ce mariage fut déclaré nul, malgré les instances de Grimold, abbé séculier de Saint-Gal, qui produisit, pour l'étayer, une bulle du saint-siége, mais fausse et supposée, comme l'attesta le pape Nicolas dans sa réponse au concile. *Conc. Germ.* t. II.

MAYENCE (Concile de), l'an 888. Arnoul, roi de Germanie, convoqua ce concile la première année de son règne. Les archevêques de Mayence, de Cologne et de Trèves s'y trouvèrent avec leurs suffragants. On y fit vingt-six canons, précédés d'une préface, où se trouve une triste peinture des calamités de l'Eglise : les temples détruits, les autels renversés et foulés aux pieds, les ornements sacrés dissipés ou consumés par les flammes ; les évêques et les autres ministres des autels mis à mort par le fer ou par le feu; les moines et les religieuses dispersés, sans secours et sans pasteurs; les pauvres opprimés; les pillages, les rapines, les meurtres, le pays réduit en solitude : c'est tout ce que l'on voyait dans ces temps malheureux. Les évêques, dans ces tristes circonstances, s'efforcèrent de remettre en vigueur les anciens canons.

1. On ordonne de faire dans toutes les églises des prières continuelles pour le roi Arnoul, pour la reine et pour toute la famille royale.

2 et 3. On représente au roi les devoirs de la royauté, et on lui fait connaître qu'il est obligé de rendre la justice aux grands et aux petits.

4. On déclare que ceux qui fonderont des églises laisseront à l'évêque la disposition du bien dont ils les doteront, suivant le canon 29 du troisième concile de Tolède.

5. On ordonne de déposer un prêtre qui a obtenu une église par simonie, et l'on défend de mettre des prêtres dans les églises sans la permission de l'évêque.

6. « On punira, comme homicides des pauvres, ceux qui retiendront les biens des églises, des monastères ou des hôpitaux. »

7. « On chassera de l'église ceux qui font quelque injure aux clercs, jusqu'à ce qu'ils aient fait une satisfaction proportionnée. »

8. On déclare excommuniés des scélérats qui, s'étant saisis d'un prêtre vénérable, lui avaient coupé le nez, rasé les cheveux et

---

(1) Ou plutôt Louis II ; car c'est de Louis le Germanique qu'il est question.

donné tant de coups qu'il était resté à demi-mort sur la place.

9. « On ne célébrera point la messe en tout lieu, mais seulement dans ceux qui sont consacrés par l'évêque, et dans les autres où il le permettra. Quant aux endroits où les églises ont été brûlées par les Normands, on pourra célébrer dans des chapelles, jusqu'à ce que ces églises soient rétablies. Pour ce qui est des voyages, si l'on ne trouve point d'église, on pourra célébrer dans un champ ou sous une tente, pourvu que l'on ait une table d'autel consacrée et les autres choses nécessaires pour la célébration. »

10. « Les clercs n'auront absolument aucune femme logée chez eux, pas même leurs propres sœurs. »

Les anciens canons avaient permis aux clercs de loger chez eux leurs plus proches parentes : on leur défend ici d'en loger aucune, à cause des scandales qui en avaient résulté.

11. On décerne l'excommunication, la prison ou l'exil contre ceux qui s'emparent des biens de l'Eglise.

12. « Un évêque ne sera condamné que sur la déposition de soixante-douze témoins sans reproche ; un prêtre, sur la déposition de quarante-deux ; un diacre, sur la déposition de vingt-six ; et ainsi des ministres inférieurs, à proportion. »

13. « On ne privera pas les anciennes églises de leurs dîmes ou de leurs autres revenus, pour en fonder de nouveaux oratoires. »

14 et 15. « Les évêques n'entreprendront rien sur les paroisses d'un autre diocèse, sans le consentement de l'ordinaire. »

16. La pénitence de celui qui aura tué un prêtre est prescrite en cette manière : « Il ne mangera point de chair et ne boira point de vin toute sa vie. Il jeûnera tous les jours jusqu'au soir, excepté les dimanches et les fêtes. Il ne portera point les armes, et fera tous ses voyages à pied. L'entrée de l'église lui sera interdite pendant cinq ans ; et, durant la messe et les autres offices, il demeurera à la porte, priant Dieu de l'absoudre d'un si grand crime. Les sept années suivantes, il entrera dans l'église, sans y recevoir la communion, et prendra place parmi les auditeurs. Après douze ans de pénitence, on lui accordera la communion ; et alors il ne fera plus sa pénitence que trois fois la semaine. »

17. Ordre, sous peine d'excommunication, de payer la dîme.

18. On soumet à l'anathème un nommé *Altmannus* qui, après avoir été séparé, par autorité de l'Eglise, de sa commère spirituelle, qu'il avait épousée contre les règles, l'avait reprise pour sa femme.

19. On renouvelle les anciens canons contre les prêtres impudiques.

20. On condamne ceux qui, par leur adresse, se font donner des biens de l'Eglise à titre de précaire.

21. « Défense de tenir des assemblées séculières dans les églises ou dans les parvis, qui sont aussi du nombre des lieux saints.»

22. On blâme ceux qui fraudent une partie de la dîme, ou qui empêchent leurs serviteurs de la payer.

23. On déclare que toutes les causes ecclésiastiques doivent être jugées par l'évêque, ou selon la déposition des témoins, ou par le serment de l'accusé ; et qu'on ne recevra point de témoins, qu'ils ne soient âgés de quatorze ans, selon qu'il est ordonné par les conciles d'Afrique.

24. On recommande la paix entre les évêques et les commissaires du roi, et on les exhorte à s'aider mutuellement les uns les autres.

25. On ordonne à ceux qui ont des monastères en bénéfices, de quelque nature qu'ils soient, d'y mettre des supérieurs qui puissent faire leur devoir et gouverner comme il faut ceux qui sont soumis à leur conduite. On ordonne aussi qu'ils soient fidèles à se rendre au synode quand l'évêque les y appellera.

26. On défend de voiler sitôt les veuves, et l'on veut qu'on leur laisse la pleine liberté de se remarier ou d'embrasser le célibat. On renouvelle aussi le canon du concile d'Elvire à l'égard des vierges consacrées à Dieu, qui violent leur virginité. *An. des Conc.*

MAYENCE (Conciles de), l'an 969 ou environ. Il y eut vers ce temps deux conciles, ou du moins deux assemblées épiscopales qui paraissent avoir eu lieu à Mayence, puisque l'archevêque de Mayence, Hatton, souscrivit le premier dans les actes qui nous en restent. L'objet de ces deux assemblées, tenues à dix-huit mois d'intervalle l'une de l'autre, fut la reconnaissance de l'érection du siége de Magdebourg en archevêché, conformément aux ordres du pape Jean VIII et de l'empereur Othon I, et le consentement que donna l'archevêque de Mayence à ce que les deux siéges d'Havelberg et de Brandebourg fussent ôtés de sa province pour être donnés comme suffragants à la nouvelle. *Voy.* MAGDEBOURG, à l'an 970. *Leuckfeld in Antiquit. Halverstad.; Brower in Annal. Trevir.*

MAYENCE (Concile de), l'an 1011. Le saint roi Henri II, et Thierri de Luxembourg, évêque de Metz et frère de l'impératrice sainte Cunégonde, assistèrent à ce concile avec le duc Henri, autre frère de la même impératrice. Les deux frères de la princesse ne furent pas contents de ce qui se passa dans le concile, qui les condamna comme rebelles, pour avoir refusé d'acquiescer à la fondation de l'église de Bamberg faite par l'empereur, des biens que l'impératrice leur sœur lui avait apportés en dot ; et ils s'en retournèrent en colère, après avoir néanmoins fait la paix pour un temps. C'est tout ce que l'annaliste saxon nous apprend de ce concile. *Mansi*, tom. I, col 1225. *Calmet, Hist. Lotharing*, t. I.

MAYENCE (Concile de), l'an 1023. Aribon de Mayence tint ce concile national aux fêtes de la Pentecôte, et y corrigea plusieurs désordres. Il tâcha aussi, mais inutilement, de séparer Othon comte de Hamerstein, d'avec Irmengarde, avec laquelle il n'était pas légitimement uni. Mansi prétend que ce concile fut tenu l'an 1020, et que l'archevêque qui y présida était Erkambauld, prédécesseur d'Aribon. *Mansi, t. I, col. 1241.*

MAYENCE (Concile de), ou tenu près de Mayence, en un lieu nommé en latin *Geitzletense,* l'an 1028.

MAYENCE (Concile de), l'an 1029. *Voy.* POELDE.

MAYENCE (Concile de), l'an 1033. *Voy.* TRIBUR.

MAYENCE (Concile de), l'an 1049. Le pape saint Léon IX, arrivé à Mayence, assembla ce concile qu'il avait indiqué dans celui de Reims.

Adam de Brême donne à ce concile de Mayence le nom de concile général, parce qu'il fut rassemblé de toute l'Allemagne. Il y vint près de quarante tant archevêques qu'évêques. L'empereur Henri l'honora de sa présence, accompagné des grands seigneurs de l'empire. Ce prince s'y réconcilia, par la médiation du pape, avec Godefroi, duc de Lorraine. La simonie et l'incontinence des clercs furent condamnées, et l'on y fit quelques autres règlements pour l'utilité de l'Eglise, qu'on ne lit ni dans les écrivains du temps ni dans les collections des conciles.

Les abbés de Fulde se sont toujours prévalus de quelques paroles des actes de ce concile pour prétendre avoir une juridiction quasi-épiscopale sur le clergé et le peuple dépendants de leur monastère; mais le pape Benoît XIV a démontré par de savantes recherches que leurs prétentions étaient sans fondement. *Bullar. t. I et II.*

MAYENCE (Concile de), l'an 1051. Il s'y trouva quarante-deux évêques, et le pape et l'*empereur* y présidèrent, dit l'analyste saxon. Sibicon, évêque de Spire, accusé d'adultère, fut obligé de se justifier par l'épreuve de l'Eucharistie : dans l'épreuve sa bouche fut frappée de paralysie et resta torse. Le concile défendit pour toujours les mariages illicites des prêtres. *Script. rer. Franc. XI.*

MAYENCE (Concile de), l'an 1055. Gebehard, évêque d'Aichstædt, fut élu pape dans ce concile tenu au mois de mars, et prit le nom de Victor II. Ce fut le sous-diacre Hildebrand (depuis saint Grégoire VII), qui ayant été député vers l'empereur Henri III, après la mort de Léon IX pour avoir un pape, demanda l'évêque d'Aichstædt, au nom du peuple romain.

MAYENCE (Concile de), l'an 1069. Le bienheureux Pierre Damien, cardinal, évêque d'Ostie et légat du saint-siége, tint ce concile au mois d'octobre. Il y fit défense, de la part du pape Alexandre II, au roi Henri IV de répudier Berthe sa femme, comme il avait envie de le faire. *Hard. tom. IV.*

MAYENCE (Concile de), l'an 1071. Ce concile commença le 15 août et dura trois ou quatre jours, au sujet de Charles, évêque de Constance, accusé de simonie et de sacrilége. Comme le clergé de Constance ne voulait point de lui pour évêque, il remit, après bien des contestations, l'anneau et le bâton pastoral entre les mains du roi, en disant que, selon les décrets du pape Célestin, il ne voulait point être évêque de ceux qui ne voulaient point de lui. *R. XXV; L. IX; H. VI.*

MAYENCE (Concile de), l'an 1075. Ce concile fut tenu au mois d'octobre. On y publia le décret de saint Grégoire VII contre les clercs concubinaires. *Labb. X.*

MAYENCE (Conciliabule de), l'an 1080. Les partisans du roi de Germanie y condamnèrent le pape saint Grégoire VII avec tous ses adhérents, et confirmèrent l'élection de l'antipape Guibert, qui avait été faite le jeudi 25 juin, dans un autre conciliabule tenu à Brixen dans le Tyrol. Guibert était évêque de Ravenne, quand il fut élu pape par ces schismatiques : il prit le faux nom de Clément III. *Conc. Germ., t. III.*

MAYENCE (Conciliabule de), l'an 1085. Ce faux concile fut tenu le 29 d'avril par les schismatiques, en présence de l'empereur Henri et des légats de l'antipape Guibert. On reconnut cet intrus pour le vrai pape, et l'on y confirma la déposition de Grégoire, en l'excommuniant, lui et tous ses adhérents. *L. X; H. VI; Hartzeim, II.*

MAYENCE (Conciliabule de), l'an 1086, sous la présidence des légats de l'antipape Guibert. On y confirma plusieurs décrets touchant l'état de l'Eglise. L'empereur Henri y établit Wratislas roi de Bohême et de Pologne, et ordonna à Egilbert, archevêque de Trèves, de le sacrer et de le couronner roi dans la ville de Prague. *Mansi, t. II, col. 69.*

MAYENCE (Assemblée ecclésiastique de), l'an 1090, composée de l'archevêque qui la présida, d'abbés de monastères, et de dignitaires du clergé de Mayence, avec plusieurs laïques, pour confirmer la fondation du monastère de Kamberg. *Conc. Germ., t. IV.*

MAYENCE (Concile de), l'an 1094 ou 1095. Ce concile fut composé de tous les évêques d'Allemagne, avec les princes de l'empire. On n'en sait pas l'objet. *L'Art de vérifier les dates.*

MAYENCE (Concile, ou plutôt diète de), l'an 1105. Cette assemblée fut tenue le jour de Noël, par le roi Henri V, les légats du pape, un grand nombre d'évêques et cinquante-deux seigneurs laïques. On y renouvela les anathèmes prononcés contre l'empereur Henri IV, l'antipape Guibert et leurs adhérents. L'empereur Henri, renfermé prisonnier dans le château de Benghem, selon l'annaliste saxon, ou à Ingelheim, selon d'autres, envoie demander à la diète la permission de s'y rendre. On ne lui fait point de réponse, et l'on transfère la diète le 29 décembre à Ingelheim, où l'empereur fut amené, et ne put recevoir l'absolution des légats. On le reconduisit donc à Binghem, d'où on le força à envoyer les ornements royaux à son fils, qui en fut revêtu solennellement à Mayence le jour de l'Epiphanie 1106, à compter le commencement de l'année du jour de Noël, par Rothard, archevêque de Mayence.

MAYENCE (Synode de), l'an 1122, auquel prirent part, outre l'archevêque de Mayence celui de Trèves, l'évêque de Bamberg et un grand nombre de notables tant ecclésiastiques que laïques. L'archevêque de Mayence y confirma la cession de l'église paroissiale de Gensheim, faite par l'abbé Burchard, qui en avait le gouvernement, en faveur d'un moine de son abbaye. *Conc. Germ., t.* II.

MAYENCE (Concile de), l'an 1124. Il est fait mention de ce concile dans le code épistolaire d'Udalric de Bamberg. *Conc. Germ.* X.

MAYENCE (Conciles de), l'an 1127 et 1128. On examina dans ces deux conciles l'accusation de simonie intentée contre Otton, évêque d'Halberstadt, que l'on déposa. *Conc. Germ.* III.

MAYENCE (Synode de), l'an 1130. Adelbert, archevêque de Mayence, y excommunia Gebehard, qui, ayant été déposé du siége épiscopal de Witzbourg pour ses désordres, et en particulier pour le crime de simonie, avait usurpé de nouveau ce siége. L'archevêque justifia sa conduite, au nom du synode entier, dans une lettre qu'il écrivit au pape Innocent II, trop prévenu en faveur de Gebehard. *Conc. Germ., t.* III.

MAYENCE (Concile de), l'an 1131. Brunon, évêque de Strasbourg, accusé d'être intrus dans ce siége, remit sa dignité entre les mains de Matthieu, légat du pape. *Labb.* X.

MAYENCE (Concile de), l'an 1143. Ce concile, présidé par Henri, archevêque de Mayence, accorda à l'amiable les moines de Saint-Pierre d'Erfurt et ceux de Disenberg qui se disputaient quelques terres. *Mansi, t.* II, *col.* 443.

MAYENCE (Concile provincial de), l'an 1149. *Voy.* ERFURTH, même année.

MAYENCE (Synode de), l'an 1150. L'archevêque Henri y confirma la donation de la prévôté de Neubourg, faite par Gunther, évêque de Spire, au monastère de Limbourg.

MAYENCE (Concile provincial de), l'an 1153 ou 1154. L'archevêque Arnould, assisté d'évêques, d'abbés et de prévôts dépendants de sa juridiction, prononça dans ce concile la peine de déposition contre plusieurs clercs convaincus d'être entrés dans leurs bénéfices par des voies simoniaques, et mit à leurs places d'autres prêtres que leur piété et leur science toutes seules rendaient recommandables. *Conc. Germ., t.* X.

MAYENCE (Concile de), l'an 1159. Arnould, archevêque de Mayence, tint ce concile après le 1er octobre. Il fut interrompu par la révolte des citoyens, qui tuèrent leur archevêque dans le monastère de Saint-Jacques, le 24 juin de l'année suivante. *Conc. Germ., t.* III.

MAYENCE (Concile de), l'an 1171. On y excommunia un certain moine, nommé Arnold, qui ayant passé d'un monastère dans un autre, prétendait disposer, comme de sa propriété, d'un bien qu'il avait donné à son entrée en religion. *Conc. Germ., t.* III.

MAYENCE (Concile de), l'an 1177, sous Christian de Buche. Albert, fils du roi de Boliême, y résigna l'archevêché de Saltzbourg en faveur de Conrad, qui lui succéda, et tint ce siége pendant sept ans. *Conc. Germ., t.* X.

MAYENCE (Assemblée mixte tenue à), l'an 1188. C'est Mansi qui nous a révélé l'existence de cette assemblée, où l'empereur Frédéric prit la croix de la main de Henri, évêque d'Albano et légat du saint-siége, comme les rois de France et d'Angleterre l'avaient reçue à l'assemblée de Gisors, de la main du même prélat. *Mansi, t.* II, *col.* 739.

MAYENCE (Synode de), l'an 1191. Conrad, archevêque de Mayence, tint ce synode, dans lequel il confirma la fondation de la prévôté de Conradsdorff, de l'ordre de Prémontré, faite par Hartmann de Budingen. *Conc. Germ., t.* III.

MAYENCE (Synode de), l'an 1196. Conrad, archevêque de Mayence, y autorisa ses diocésains à faire donation de leurs terres de franc-alleu au monastère d'Owelsbourg de l'ordre de Cîteaux. *Conc. Germ., t.* III.

MAYENCE (Concile de), l'an 1225. Le pape Honorius III envoya, l'an 1224, légat en Allemagne le cardinal Conrad, évêque de Porto, qui avait été autrefois moine et abbé de Cîteaux, pour travailler à la réforme des mœurs. Ce légat tint un concile à Mayence le 9 décembre de l'an 1225, où il fit des constitutions générales pour toute l'Allemagne; d'où vient qu'on l'a appelé concile d'Allemagne, *Concilium Germanicum,* ou *Concilium in Allemannia,* sans marquer le lieu où il a été tenu. On sait néanmoins, par la vie de saint Engelbert, archevêque de Cologne et martyr, que ce concile a été tenu à Mayence, puisqu'on y lit expressément que le corps de ce saint martyr récemment mis à mort fut porté à Mayence, *ubi dominus Conradus, Portuensis episcopus et legatus, in adventu Domini concilium celebravit. Lib.* II, *cap.* 13, *apud Surium, tom.* VI. Pourquoi donc plusieurs auteurs croient-ils que ce concile a été tenu à Cologne? Pourquoi l'édition royale des conciles le nomme-t-elle *Concile de Cologne?* C'est peut-être parce qu'il tient le premier rang dans le Recueil des statuts de l'Eglise de Cologne. Quoi qu'il en soit, ce concile fit les quatorze constitutions qui suivent.

Les trois premières condamnent aux peines canoniques les clercs qui ont des concubines.

La 4e défend aux juges ecclésiastiques de lancer aucune sentence d'excommunication, qu'elle ne soit précédée de monitions canoniques.

La 5e déclare nuls les legs des biens d'église faits par des clercs à leurs enfants naturels ou à leurs concubines.

La 6e ordonne que les clercs, qui, étant excommuniés ou suspens par leurs prélats, continuent à faire leurs fonctions, seront déposés de leurs offices et bénéfices, sans espérance de restitution.

La 7e déclare excommuniés ceux qui célébreront les saints mystères devant des excommuniés dénoncés.

La 8e porte que les évêques dénonceront aux évêques voisins ceux qu'ils auront excommuniés, afin qu'ils les évitent et les fassent éviter; et déclare que si quelqu'un d'eux communique sciemment avec ceux que ses confrères auront excommuniés, les chanoines de sa cathédrale se sépareront de sa communion, tant qu'il différera d'obéir à ce règlement.

La 9ᵉ anathématise les patrons qui, en donnant les bénéfices qui sont à leur présentation, retiendront une partie des dîmes ou des revenus ecclésiastiques.

La 10ᵉ ordonne que ceux qui seront pourvus des bénéfices en patronage à cette condition, perdront leurs offices et bénéfices, sans pouvoir y revenir, à moins qu'ils n'aient une dispense du siège apostolique.

La 11ᵉ défend, sous peine de privation du droit d'institution et de collation, aux évêques et aux archidiacres d'admettre aucun de ceux qui leur sont présentés par des patrons, pour des bénéfices à charge d'âmes, sans leur faire prêter serment qu'ils n'ont point commis de simonie.

La 12ᵉ défend de mettre dans les églises, pour les desservir, des prêtres à loyer; et, dans celles où il doit y avoir des vicaires, il est ordonné qu'ils seront perpétuels et qu'on leur assignera sur les biens de l'église un revenu suffisant pour payer les droits de l'évêque et de l'archidiacre, et pour leur honnête entretien.

La 13ᵉ suspend de son office, si c'est un clerc, ou de la communion, si c'est un laïque, quiconque sollicitera au crime des vierges consacrées à Dieu; et pour ceux qui auront commis le crime avec elles, on les déclare excommuniés *ipso facto*. Quant aux religieuses ou chanoinesses coupables, elles seront inhabiles à tout office, et tiendront le dernier rang dans le monastère.

La 14ᵉ en vertu de la sainte obéissance, et sous peine d'excommunication, aux archevêques, évêques, archidiacres et doyens, de publier tous les ans ces constitutions dans leurs conciles, et de les faire observer, en punissant les transgresseurs. On ordonne la même chose aux abbés et aux autres supérieurs de monastères. *Reg. t.* XXVIII; *Lab. t.* XI; *Hard. t.* VII.

MAYENCE (Synode de), l'an 1227. Il y fut décidé qu'un laïque ne pourrait posséder, par droit héréditaire, des biens d'église, quand même il en aurait l'advocatie. *Conc. Germ., t.* IV.

MAYENCE (Concile de), l'an 1233. Ce concile fut assemblé par l'ordre du pape Grégoire IX et par les soins de Conrad, évêque de Marbourg, contre une secte de manichéens ou albigeois, nommés stadings, de la ville de Stade en Allemagne. Plusieurs de ces hérétiques abjurèrent leurs erreurs; mais ceux qui y persistèrent s'étant mis en embuscade pour attendre Conrad à son retour du concile, le massacrèrent cruellement avec un religieux de l'ordre de Saint-François, nommé Gérard, qui l'accompagnait. *Anal. des Conc., t.* II.

MAYENCE (Concile de), l'an 1239. Sigefroi d'Epstein, archevêque de Mayence, tint ce concile en présence du roi Conrad, fils de l'empereur Frédéric II. On y prit des mesures pour réprimer les hérétiques. *Conc. Germ., t.* III.

MAYENCE (Concile de), l'an 1243. La préséance y fut assurée à l'évêque d'Aichstædt sur les autres évêques de la province. On profita en même temps de l'occasion de ce concile provincial, ou de la présence des évêques réunis, pour faire la dédicace de l'église *Majoris Monasterii* de Mayence. *Conc. Germ., t.* III *et* IV.

MAYENCE (Concile de), l'an 1256. Gérard, archevêque de Mayence, publia, à la suite de ce concile, une lettre synodique portant la peine d'interdit local dans toute l'étendue des archidiaconés où un laïque tiendrait en captivité, ou aurait fait captif un prélat, un religieux ou un clerc engagé dans les ordres sacrés, en même temps que ce laïque serait soumis à l'excommunication. *Conc. Germ., t.* III.

MAYENCE (Concile de), l'an 1259. On confirma dans ce concile, qui fut provincial, les dispositions de la lettre synodique de l'an 1256; on prescrivit la publication des bans de mariage par trois dimanches ou jours de fêtes distants les uns des autres; on défendit, sous peine d'excommunication, de s'emparer des biens d'un évêque décédé ou de ceux de son Église, pendant la vacance du siège; on prit des mesures énergiques pour arrêter le vagabondage des clercs; on prononça la peine de la prison canonique contre ceux d'entre eux qui iraient à la guerre, ou qui négligeraient leur tonsure et prendraient l'habit séculier; on fit une loi aux religieux qui auraient des églises sous leur dépendance, de les faire desservir par des prêtres séculiers; on recommanda aux religieux de porter l'habit distinctif de leur ordre, aux religieuses de ne pas se choisir de confesseurs particuliers sans la permission de leurs propres supérieurs, aux abbés et aux abbesses de recevoir avec indulgence les moines défroqués et les religieuses fugitives qui demanderaient à rentrer dans leurs monastères; on défendit aux juifs de prendre des chrétiens à leurs gages, ou d'exercer aucune dignité, et l'on prononça la peine d'interdit local contre les princes ou les seigneurs qui le souffriraient dans l'étendue de leur territoire; on prescrivit aux gens de cette nation de porter une marque qui servît à les distinguer des chrétiens, et l'on condamna à payer un marc d'argent, par forme d'amende, ceux d'entre eux qui se montreraient sur les places, aux portes ou aux fenêtres de leurs maisons le jour du vendredi saint. *Conc. Germ., t.* IV.

MAYENCE (Concile de), l'an 1261. Ce concile fut assemblé par l'ordre du pape Alexandre IV, pour prendre les moyens de s'opposer aux Tartares. On y fit aussi cinquante-quatre règlements de discipline, touchant le service divin et la réformation du clergé, conformes la plupart à tant d'autres règlements qui ont été faits dans divers conciles sur le même sujet. On défendit en particulier, par le statut XV, d'ériger plus de trois autels dans chaque église; par le

XXXI°, on fit une obligation à toute la province de solenniser la fête de la Conversion de saint Paul ; par le XXXIV°, on enjoignit aux évêques d'avoir une prison auprès de leur cathédrale pour les clercs et les moines incorrigibles ; par le XLII°, on défendit d'instituer d'autres vicaires que des vicaires perpétuels, et pourvus d'honoraires suffisants pour les sustenter ; par le LIII°, on régla qu'il y aurait un hôpital dans chaque monastère, où seraient admis les prêtres décrépits et les vieillards infirmes. *Conc. Germ.* t. III.

MAYENCE (Synode diocésain de), l'an 1301. Gérard d'Epstein, archevêque de Mayence, y publia sept statuts. Par le premier, il ordonna que les prébendes fussent distribuées aux chanoines par portions égales ; il défendit par le second d'élire des chanoines pour des places non encore vacantes ; par le troisième, il proscrivit les associations il'égales que certains clercs, moines ou chanoines formaient entre eux, déclarant de nulle valeur les engagements qu'ils prenaient ainsi, même sous la foi du serment ; par le quatrième, il fit défense d'engager à des juifs des calices, des croix, des livres ou des habits sacerdotaux ; il leva par le cinquième statut la sentence d'excommunication qu'il avait portée l'année précédente contre Albert, roi des Romains, aussi bien que contre les complices et les fauteurs de ce prince. *Conc. Germ.*, t. IV.

MAYENCE (Concile de), l'an 1310. Pierre Aichspalter, archevêque de Mayence, tint ce concile le 12 et le 13 mai. On y fit un abrégé des conciles précédents, et on y traita, par ordre du pape Clément V, de l'affaire des templiers. Vingt et un de ces chevaliers se présentèrent d'eux-mêmes au concile pour y protester de leur innocence, et se déclarer appelants au pape futur des procédures qu'on leur faisait contre eux. On les renvoya sans leur faire aucun mal. *Reg.* XXVIII ; *Labb.* XI ; *Hard.* VIII.

MAYENCE (Synode de), l'an 1316. Pierre, archevêque de Mayence, tint, le 5 de mars, ce synode diocésain, dans lequel il publia 24 constitutions pour les maisons monastiques. *Conc. Germ.*, t. IV.

MAYENCE (Concile provincial de), l'an 1317. Matthias, archevêque de Mayence, assisté de ses suffragants et d'un grand nombre d'abbés, de prélats et d'autres prêtres, porta dans ce concile divers règlements pour la réforme du clergé ; mais sa mort étant survenue, ces règlements n'eurent presque aucun effet. *Trithem. Chron. Hirsaug.*

MAYENCE (Synode diocésain de), l'an 1318. Pierre d'Aichspalt, archevêque de Mayence, publia dans ce synode dix statuts, à la suite desquels il recommanda aux curés de faire bon accueil aux religieux mendiants, et surtout de ne pas les traverser dans les entreprises qu'ils formaient pour le salut des âmes. *Conc. Germ.*; t. IV.

MAYENCE (Synode diocésain de), l'an 1322. Matthias, archevêque de Mayence, publia d'Erfurt une lettre synodale portant promulgation des lettres patentes du pape Jean XXII contre les erreurs de Jean de Pouilly, docteur de Paris. Ces erreurs, mentionnées dans le manifeste, consistaient à soutenir 1° que ceux qui se confessaient à des prêtres munis de pouvoirs généraux pour entendre les confessions, étaient obligés de se confesser de nouveau à leurs propres prêtres ; 2° que, depuis la publication du décret *Omnis utriusque sexus*, ni le pape, ni Dieu lui-même ne pouvait dispenser un paroissien de l'obligation de se confesser à son curé ; 3° que ni le pape, ni Dieu lui-même ne pouvait donner un pouvoir général d'entendre les confessions, qui dispensât les personnes confessées de se confesser en outre à leur curé. *Conc. Germ.*, t. IV.

MAYENCE (Concile de), l'an 1387. Conrad de Winspourg, archevêque de Mayence, tint ce concile, qui condamna trente-six Vaudois, que la justice séculière fit brûler vifs. *Conc. Germ.* t. IV.

MAYENCE (Concile de), l'an 1423. Conrad III, comte du Rhin, archevêque de Mayence, publia dans ce concile 17 statuts, qui ne contiennent de particulier que l'ordre de sonner tous les soirs la cloche par trois coups, en mémoire de la compassion de la sainte Vierge, avec quarante jours d'indulgence pour ceux qui diraient alors trois *Ave Maria*. *Conc. Germ.*, t. V.

MAYENCE (Concile de), l'an 1439. Ce concile fut composé d'un cardinal, des archevêques de Trèves, de Cologne et de Mayence, des ambassadeurs de l'empereur Albert, etc. On y reçut les décrets du concile de Bâle, à l'exception de ceux qui étaient contre le pape Eugène. L'assemblée de Bourges de l'an 1440 garda la même conduite.

MAYENCE (Concile de), l'an 1451. Thierry d'Erbach, archevêque de Mayence, assembla ce concile et y présida. On y reçut 1° les décrets du concile de Bâle sur la tenue des synodes provinciaux et diocésains ; 2° les statuts du même concile contre les clercs concubinaires ; 3° le décret du même concile sur les interdits locaux ; 4° la bulle de Nicolas V contre ceux qui maltraitaient les ecclésiastiques. Puis on y adopta quatre décrets du même concile de Bâle, dont le second défend l'exposition du saint sacrement dans les églises des monastères, sous quelque prétexte que ce soit, hors le temps de l'octave de la Fête-Dieu. *Conc. Germ.*, t. V.

MAYENCE (Concile provincial de), tenu à Aschaffembourg, l'an 1455. *Voy.* ASCHAFFEMBOURG, même année.

MAYENCE (Synode diocésain de), l'an 1499. L'archevêque Berthold d'Henneberg y présida. *Serarius, Rer. Mogunt. l.* V.

MAYENCE (Synode diocésain de), tenu l'an 1527 par l'archevêque Frédéric de Blanc-Champ. *Conc. Germ.*, t. VI.

MAYENCE (Concile provincial de), l'an 1549. Ce concile fut convoqué par Sébastien, archevêque de Mayence, pour le 6 de mai de l'an 1549. L'évêque d'Aichstædt y assista en personne, et les autres évêques de la province de Mayence, par députés. On y dressa quarante-sept articles de règlements sur la doctrine, et cinquante-six sur la discipline et sur les mœurs des ecclésiastiques et des fidèles, divisés en deux parties.

Le premier article de la première partie explique la foi de l'Eglise touchant la Trinité, qui consiste à croire un seul Dieu en trois personnes, selon l'Ecriture et la tradition du symbole des apôtres, de celui de Nicée et de celui de saint Athanase. On dépeint, dans les articles suivants, les attributs de Dieu ; sa puissance, par laquelle il a créé, il conserve et gouverne toutes choses ; sa justice, sa miséricorde, sa libéralité ; le libre arbitre, la malice, la chute de l'homme et sa rédemption par Jésus-Christ. On y décide que les hommes sont devenus coupables et sujets à la damnation par le péché du premier homme, et tellement enclins au mal, qu'ils ne peuvent rien faire, rien désirer, ni rien connaître pour leur salut par les forces du libre arbitre, qui sont faibles et languissantes, s'ils ne sont aidés de la grâce de Dieu ; qu'ils sont délivrés de cette maladie du péché originel par la rédemption de Jésus-Christ, et justifiés par ses mérites et par sa grâce : que le commencement de cette justification doit être attribué à la grâce excitante, qui prévient leurs mérites ; et qu'en consentant et coopérant à cette grâce, ils se disposent à la justification, qui se fait quand ils reçoivent du Saint-Esprit la foi, la charité et l'espérance ; dons qui, étant permanents en eux, non-seulement les font réputer ou appeler *justes*, mais les rendent effectivement tels : que cette charité qui justifie n'est pas oisive et inutile, mais qu'elle doit être accompagnée de bonnes œuvres, dont la grâce est la source et le principe, et que par la même grâce les commandements leur deviennent possibles ; en sorte qu'ils ne les accomplissent pas seulement par la crainte des peines, mais de bon cœur et de bonne volonté.

La doctrine des sacrements commence au onzième article et finit au trente-neuvième. On y décide que les sacrements ne sont pas de simples cérémonies, mais des signes efficaces de la grâce, qu'ils confèrent par l'opération divine à ceux qui les reçoivent dans une bonne disposition : que le baptême remet tous les péchés, en sorte qu'il ne reste rien dans le baptisé qui puisse l'empêcher d'entrer dans le ciel ; et que la concupiscence, qui nous est laissée pour le combat, n'est pas un péché, mais qu'elle est appelée ainsi parce que le péché en est la cause, et qu'elle porte au péché ; que le baptême est nécessaire et efficace pour la rémission du péché et pour le salut, et ne peut se réitérer ; qu'il doit être administré avec les exorcismes et les cérémonies ordinaires ; qu'on doit se servir d'eau bénite et faire les onctions des saintes huiles; que, dans le sacrement de la confirmation, nous recevons le Saint-Esprit qui nous a purifiés dans le baptême, avec de nouveaux dons de grâce, afin d'être fortifiés contre les attaques du démon, plus éclairés pour comprendre les mystères, et plus fermes à confesser Jésus-Christ : que ce sacrement, qui se conférait dans le principe par l'imposition des mains, a été donné, presque du temps des apôtres, par l'onction, figure de l'onction intérieure. On y explique ce qu'on doit croire sur les trois parties de la Pénitence, et on y prescrit la forme de l'absolution telle qu'elle est en usage. On défend aux religieux mendiants de confesser, s'ils ne sont approuvés par l'autorité de l'ordinaire. On retranche les cas réservés, à l'exception de l'homicide, de l'hérésie et de l'excommunication. On défend aux religieux de donner la communion aux laïques, sans le consentement du curé, et aux curés de l'administrer à ceux qui ne sont pas du nombre de leurs paroissiens. On condamne à une prison perpétuelle dans un monastère les prêtres qui révéleraient les confessions. On avertit les confesseurs d'imposer des peines proportionnées et qui aient rapport aux péchés; comme des aumônes aux avares et des jeûnes aux incontinents, afin que leurs vices soient guéris par la pratique des vertus contraires. On décide, sur l'Eucharistie, que la substance du corps et du sang de Jésus-Christ est sous les espèces du pain et du vin; que Jésus-Christ ne pouvant être divisé, ni son sang séparé de son corps, il est tout entier sous chaque espèce : qu'ainsi, il est aussi utile de le prendre sous une espèce que sous les deux, et qu'il faut suivre là-dessus l'usage de l'Eglise. Le concile défend aux ministres de donner l'Eucharistie à ceux qui ne sont point à jeun, si ce n'est en cas de maladie. Il explique les effets de l'onction des malades en ces termes : « Cette onction, appliquée avec la prière de la foi, donne à ceux qui la reçoivent du soulagement et de la gaieté : elle efface les péchés légers, et elle purifie des restes des grands péchés. » Sur l'Ordination, il est dit qu'elle est donnée par l'imposition des mains, qui est le signe visible par lequel la grâce et le pouvoir de faire les fonctions sont conférés, et que les bons et les méchants ministres reçoivent également ce qui regarde le pouvoir. Sur le Mariage, le concile décide que les mariages des enfants de familles, contractés sans le consentement de leurs parents, ne doivent pas être déclarés nuls. Il ordonne que les mariages se feront dans l'église avec les cérémonies ordinaires et après la publication de trois bans.

Les articles trente-neuvième et quarantième approuvent l'usage des anciennes cérémonies de l'Eglise.

Le quarante et unième et le quarante-deuxième sont sur les images : le concile en approuve l'usage; mais il veut qu'on avertisse le peuple qu'on ne les expose point pour être adorées ou honorées, mais pour faire souvenir de ce qu'on doit adorer ou honorer. *Imagines non ad id proponi, ut adoremus et colamus eas, sed ut quid adorare aut colere, aut quarum rerum utiliter meminisse debeamus, per imagines recordemur.* Il défend les images qui ne seraient point modestes, et ne veut pas qu'on souffre qu'il se fasse des concours à certaines images.

Il approuve, dans les articles suivants, la

vénération des reliques, les pèlerinages et le culte des saints, la prière pour les morts, les lois des jeûnes et des abstinences, mais en blâmant ce qu'il y aurait de superstitieux ou d'excessif dans ces pratiques.

Plusieurs des cinquante-six articles sur la discipline et les mœurs, renfermés dans la seconde partie, sont tirés d'un synode de Mayence de l'an 1548. On y recommande particulièrement l'attention et le respect au saint sacrifice de la messe. On y règle que les fêtes de saints qui arrivent le dimanche seront transférées au jour suivant ou précédent, à l'exception des fêtes de la Vierge, des apôtres et des autres grandes solennités. On veut que l'on traite doucement les moines apostats qui reviendront à leur monastère. On défend aux religieuses de sortir de leurs couvents. On fait divers règlements pour pourvoir à la subsistance des curés, et pour empêcher la simonie. On interdit la prédication et l'administration des sacrements dans les chapelles des châteaux. On donne ordre de prendre garde à ce que les maîtres d'école soient bons catholiques, et que les livres suspects d'hérésie et sans nom soient supprimés et confisqués. On ordonne que l'on ne prononcera d'excommunication, qu'après des monitions canoniques; et l'on renouvelle les règlements du concile de Bâle touchant le commerce avec les excommuniés qui ne sont pas dénoncés. *Anal. des Conc.*

MAYORQUE (Synode diocésain de), *Majoricensis*, l'an 1636. Jean de Santander, évêque de Mayorque, y publia les statuts de son diocèse, divisés en cinq livres. *Synodus diœc. Maioricensis celebr. ann. 1636.*

MEAUX (Concile de), *Meldense*, l'an 845. Le roi Charles fit tenir ce concile dans l'église de Meaux, le 17 juin 845. Les métropolitains, Vénilon de Sens, Hincmar de Reims, et Rodolphe de Bourges, y assistèrent avec leurs suffragants, et y firent quatre-vingts canons, y compris ceux des conciles tenus quelque temps auparavant à Thionville, à Loiré, à Coulaine et à Beauvais. Ceux de Verneuil n'entrent point dans cette collection, parce qu'ils n'étaient pas encore parvenus à la connaissance du roi et du peuple : ce qui paraît surprenant, puisque ce concile avait été assemblé par le roi Charles. Voici les canons qui sont propres au concile de Meaux.

25. « Il faut que la maison de l'évêque soit si bien réglée, que les clercs et les hôtes, qu'on y recevra, n'y puissent rien remarquer dont ils ne soient édifiés.»

26 et 27. « Il faut déclarer au roi que, quand il passe par une ville, il doit loger à l'évêché, mais n'y pas faire loger de femmes avec lui, n'y pas séjourner longtemps, et empêcher le pillage.»

Il arrivait souvent que les rois, obligés de voyager, ou pour leurs propres intérêts, ou pour ceux de l'Etat, logeaient dans les maisons épiscopales, y faisaient loger des femmes et des personnes mariées, et y séjournaient longtemps : leurs passages dans les villes étaient aussi des occasions de pillage à ceux de leur suite. Les évêques du concile font sur cela des remontrances au roi, en lui représentant que les canons défendent aux femmes d'entrer dans les maisons des clercs et, à plus forte raison, dans celles des évêques.

28. Le roi est supplié de laisser aux évêques plus de liberté de vaquer à leurs fonctions, qu'ils n'en ont eu par le passé, surtout durant le Carême et l'Avent.

29. « Il faut corriger la négligence de quelques évêques qui ont la mauvaise coutume de visiter rarement leurs diocèses, ou de ne les visiter jamais par eux-mêmes.»

30. On renouvelle les anciennes lois touchant la translation des évêques.

31. « Les évêques doivent rendre à leurs métropolitains le respect qui leur est dû, selon les canons.»

32. « Il faut que les princes permettent aux évêques de tenir des conciles dans chaque province, du moins une fois ou deux chaque année.»

33. « L'évêque, qui, sans une cause raisonnable, manquera de se trouver au concile, sera suspendu de ses fonctions.»

34. « Dans l'interprétation des saintes Ecritures, soit par écrit ou de vive voix, il n'est pas permis de s'écarter du sentiment commun des saints Pères; et il faut réprimer la présomption de quelques moines qui, pour se faire connaître, débitent des nouveautés.»

35. « Chaque évêque tâchera d'avoir auprès de lui un homme habile et de bonnes mœurs, pour instruire les prêtres chargés du soin des peuples, dans toute la pureté de la foi et l'observation des commandements de Dieu.»

36. On recommande à ces prêtres, c'est-à-dire aux curés, de ne sortir que rarement de leurs églises, afin d'être toujours en état d'offrir les saints mystères et de les dispenser aux peuples.

37 et 38. « Défense aux clercs, sous peine de déposition, de porter les armes ; et aux évêques de prêter serment sur les choses saintes.»

Les évêques et les prêtres ne juraient pas sur les choses saintes, c'est-à-dire sur la croix et les reliques, ce qu'on appelait *jurare super sacra*; mais ils juraient seulement en présence des choses saintes, *inspectis sacris*. C'est pourquoi ils n'étaient pas obligés de lever la main en jurant, comme faisaient les laïques, pour toucher la croix et les reliques qui étaient sur l'autel.

39. On condamne les parjures.

Comme l'usage de jurer sur les choses saintes était commun alors, il arrivait souvent que l'on se parjurait, et que, dans les lieux où les malades recouvraient la santé, et les possédés leur délivrance, les parjures se trouvaient tout à coup saisis du malin esprit.

40, 41 et 42. Il est ordonné de faire trois remontrances au roi : la première, au sujet des hôpitaux qui étaient réduits à rien, principalement de ceux que quelques Hibernois avaient fondés en France pour les personnes de leur nation ; la seconde, pour l'engager à rétablir les monastères qui, depuis qu'ils avaient été donnés en propriété à des particuliers, étaient déchus de l'observance; la troisième, pour obtenir de lui qu'il envoyât des commissaires dans les provinces, pour faire rendre à l'Eglise les biens qu'on lui avait enlevés.

43. « Il faut défendre, par la vertu du sang de Jésus-Christ, aux seigneurs laïques et à tous ceux qui ont droit de suffrage dans les élections, de consentir jamais à l'ordination d'un simoniaque. Car, dit saint Grégoire, ceux qui vendent et ceux qui achètent les dignités de l'Eglise méritent la même peine. »

44. « On doit empêcher les chorévêques de faire le saint chrême, de donner le Saint-Esprit, de consacrer des églises, de conférer les ordres, si ce n'est jusqu'au sous-diaconat : encore ne doivent-ils le faire que par l'ordre de l'évêque et dans les lieux marqués par les canons. Mais ils pourront vaquer, dans l'étendue du diocèse, à l'imposition de la pénitence et à la réconciliation des pécheurs »

45 et 46. « Les évêques n'exigeront rien pour le saint chrême, pas même un denier. Il est cependant convenable que les prêtres fassent quelque présent à leur évêque, en certains temps de l'année. Défense de faire le saint chrême un autre jour que le jeudi saint. »

47. « Tandis qu'un évêque vit encore, personne, sous prétexte de l'agrément du clergé et du peuple, ou d'un ordre de quelque puissance laïque, ne pourra établir un économe pour administrer les biens de cette église. Si l'évêque est si infirme qu'il ne puisse vaquer à ses fonctions, ce sera au métropolitain d'y pourvoir, avec le consentement de cet évêque. »

48. « Hors le cas de maladie, les prêtres ne baptiseront personne que dans les églises où il y a des fonts baptismaux, et que dans les temps marqués. »

49. « Défense aux laïques, sous peine d'excommunication, d'occuper les prêtres de leurs églises à la régie des fermes de la campagne, ou à des négoces séculiers et indécents. »

50, 51. « Les clercs qui passent dans un autre diocèse n'y seront pas reçus sans *lettres formées*. On ne leur permettra pas même de servir à l'autel; et ils ne seront pas promus à d'autres ordres, s'ils ne montrent des lettres canoniques de leur évêque. »

52. « Si quelques seigneurs présentent des clercs pour l'ordination sans lettres canoniques, l'évêque les renverra dans leurs diocèses, pour y être ordonnés. Les sujets des diverses paroisses d'un diocèse qui demandent d'être ordonnés absolument, c'est-à-dire sans être attachés à une église, seront rejetés ; et ceux qui demanderont d'être ordonnés pour un titre, c'est-à-dire pour une église, ne le seront qu'après qu'ils auront passé un an au moins dans un clergé réglé ou dans la ville épiscopale, afin que l'on puisse s'assurer de leur doctrine et de leurs mœurs. »

53. « Les chanoines, soit dans la ville, soit dans le monastère, observeront la vie commune, suivant la constitution de l'empereur Louis, faite à Aix-la-Chapelle. »

54. « Les titres cardinaux, qui sont dans les villes et les faubourgs, c'est-à-dire les paroisses, seront entièrement à la disposition de l'évêque. »

55. « L'usure est défendue à tous les chrétiens. »

56. « Les évêques ne priveront personne de la communion ecclésiastique, que pour un crime certain et manifeste; et ne prononceront l'anathème que du consentement du métropolitain et de ses comprovinciaux. Car c'est une peine qu'on ne doit imposer que pour de grands crimes, qu'on n'espère point pouvoir corriger autrement. »

57. « Les moines n'iront pas à la cour sans la permission de l'évêque diocésain, qui doit aussi avoir soin qu'ils ne demeurent pas longtemps dans des maisons de campagne, sous prétexte qu'ils ont pour cela des obédiences. »

58. « Le roi ne recevra pas à son service des clercs chanoines sans le consentement de leur évêque. »

59. « On ne pourra chasser un moine de son monastère sans la participation de l'évêque ou de son vicaire, qui réglera la manière de vie du moine expulsé, afin qu'il ne se perde pas entièrement. »

Il s'agit, dans ce règlement, des moines incorrigibles. C'était encore l'usage, en ce temps-là, de les dépouiller de l'habit religieux et de les chasser du monastère.

60. « On soumet à la pénitence canonique ceux qui brisent les portes des monastères, des églises et des autres lieux saints; et qui en emportent ou les dépôts, ou toute autre chose, ou qui déshonorent les prêtres et autres clercs, ou les maltraitent. »

62. « La peine d'excommunication est ordonnée contre ceux qui s'emparent des biens de l'église, jusqu'à ce qu'ils les restituent; et contre ceux qui refusent de payer à l'église, à cause des héritages qu'ils tiennent d'elle, les tributs et les dîmes pour fournir aux réparations des bâtiments et à l'entretien des clercs. »

La dîme était due selon le droit commun; et la rente, ou neuvième partie des fruits, comme rente seigneuriale ou redevance pour les terres que l'église avait cédées à quelqu'un.

63. Selon les canons et la constitution de l'empereur Louis, personne ne pourra contraindre les prêtres de payer quelque cens pour les dîmes et les oblations des fidèles, ni pour ce qui aura été donné à l'église pour le lieu de la sépulture.

64, 65, 66, 67, 68, 69 et 70. « Les ravisseurs, les adultères et les corrupteurs de religieuses seront punis suivant la rigueur des canons. A l'égard de celles qui, sous le voile de la religion, affectent de paraître vivre en religieuses, quoiqu'elles vivent dans les délices et dans la débauche, l'évêque, aidé, s'il est besoin, de la puissance royale, les obligera de vivre en certains lieux où elles aient des personnes de piété témoins de leur conduite. Que, s'il n'a point de preuves évidentes de leurs mauvaises mœurs, mais seulement des soupçons, il les contraindra de se justifier selon les lois et les avertira de vivre plus religieusement à l'avenir. Un homme qui a commis un adultère avec une femme, et qui l'épouse ensuite après la mort de son mari, doit être mis en pénitence; s'ils ont procuré la mort du mari, ou s'ils sont parents, ils demeureront toute leur vie en pénitence, sans espérance de se marier à d'autres. »

71. « Le roi donnera des lettres munies de son sceau à chaque évêque, en vertu desquelles les officiers publics seront obligés de lui prêter secours pour l'exercice de son ministère, lorsqu'il en sera besoin. »

72. « On n'enterrera personne dans les églises comme par droit héréditaire, mais ceux-là seulement que l'évêque ou le curé en jugeront dignes par la sainteté de leur vie. On ne fouillera point dans les tombeaux pour en tirer les ossements des morts, et l'on n'exigera rien pour la sépulture; mais si les parents ou les héritiers offrent quelque chose en aumône, on pourra le recevoir, sans toutefois le demander. »

73. « Les lois des conciles et des princes chrétiens contre les juifs seront observées, nommément celles de Constantin, de Théodose, de Childebert. » Ces lois sont rapportées à la suite de ce canon, avec plusieurs décrets des Pères et des conciles sur le même sujet. Les évêques, à ce sujet, en citant le troisième concile d'Orléans, disent que saint Loup de Troyes y présida : c'était saint Loup de Lyon.

74. On exhorte les personnes puissantes à empêcher le concubinage dans leurs maisons, et à autoriser leurs chapelains pour instruire et corriger leurs domestiques.

75. « Il serait à souhaiter, dit le concile, que le roi ne donnât pas à des laïques les chapelles de ses maisons royales; mais si, pour certaines raisons, on ne peut pas retrancher cet abus, il faut du moins empêcher que ces laïques ne perçoivent les dîmes et ne les emploient à nourrir leurs chiens et leurs concubines. »

76. On prie le roi de défendre aux comtes et aux autres juges de tenir leurs audiences depuis le mercredi des cendres, commencement du Carême, auquel on impose les mains à tous les pénitents, pour vaquer, le reste de ce saint temps, aux exercices de la pénitence et aux offices divins.

77. « On chômera pendant huit jours la solennité de Pâques, et l'on s'abstiendra pendant ce temps-là non-seulement des œuvres serviles, mais encore de la chasse et du commerce : le tout sous peine d'excommunication. »

78 et 79. « Il est ordonné d'observer tous les capitulaires ecclésiastiques de Charlemagne et de Louis le Débonnaire, et tous les règlements du présent concile, sous peine de déposition pour les clercs et de bannissement pour les laïques. »

80. Les évêques, qui ne parlaient ainsi que dans la supposition que le roi confirmerait leurs règlements, le prièrent en effet de le faire; mais les principaux seigneurs, voyant qu'en les recevant ils seraient obligés de quitter les abbayes et les autres biens d'église dont ils jouissaient, firent tant auprès de ce prince, qu'il refusa de confirmer les canons qui les regardaient, et qu'il n'approuva que ceux qui ne les intéressaient point. Le P. Longueval s'est donc trompé (*Hist. de l'Egl. Gall.*, t. V, p. 519), en disant absolument et sans aucune distinction que le roi Charles signa ces règlements et promit de les faire observer. Ils furent confirmés dans un concile qui se tint à Paris le 14 février de l'an 846; mais ils n'en furent pas mieux observés. Le roi Charles ayant convoqué un parlement ou une assemblée générale à Epernai, diocèse de Reims, l'an 846 ou 847, les seigneurs laïques y firent un choix des canons qui ne les regardaient pas ou qui les intéressaient peu, envoyèrent cette liste aux évêques, et leur déclarèrent que le roi et eux ne voulaient observer que ces canons, qui sont au nombre de dix-neuf. *Anal. des Conc.*, t. II.

MEAUX (Concile de), où assistèrent treize évêques, l'an 962. *Voy.* MARNE.

MEAUX (Concile de), l'an 1082. On lit dans les recueils ordinaires des conciles qu'il y en eut un à Meaux l'an 1080, où Arnoul fut ordonné évêque de Soissons, et un autre l'an 1082, où Robert fut ordonné évêque de Meaux; mais le savant Mansi prouve que de ces deux conciles il n'en faut faire qu'un, qui se tint l'an 1082, puisque les anciens écrivains ne font mention que d'un concile qui ait été tenu à Meaux dans ces temps-là. On doit ajouter aux actes de ce concile de Meaux la charte par laquelle le comte Guarin donne l'église de Sainte-Marguerite à l'abbaye de Cluny. Mansi, *t.* II, col. 53..

MEAUX (Concile de), l'an 1204. Ce concile fut convoqué par l'abbé Cosemaire, légat du saint-siége, dans l'intention de réconcilier les rois de France et d'Angleterre, qui étaient divisés au sujet du comté de Poitiers, que Jean, roi d'Angleterre, disait lui avoir été usurpé par Philippe-Auguste, roi de France. *Labb.* XI.

MEAUX (Concile de), l'an 1229. Ce fut une assemblée d'évêques et de grands ouverte à Bassége, transférée à Meaux et terminée à Paris. Raymond, comte de Toulouse, y fit sa paix avec l'Eglise et avec saint Louis, par un traité signé à Paris au mois d'avril, avant Pâques, qui cette année était le 15 avril. Les auteurs du *Gallia Christiana* mettent ce concile en 1228, suivant l'ancien style.

MEAUX (Concile de), l'an 1240. Jacques de Palestrine, cardinal légat, tint ce concile, où l'on traita de la contumace de l'empereur Frédéric.

MEAUX (Synode de), l'an 1246... Nous trouvons dans le *Nouveau Trésor d'anecdotes* du P. Martène des statuts publiés par Odon, évêque de Frascati et légat du saint-siège, pour l'Eglise de Meaux, sous la date du 14 des calendes de mars 1245, l'année commençant à Pâques dans ces temps-là. Ces statuts, au nombre de six, sont suivis des *Statuts synodaux* de l'Eglise de Meaux, au nombre de cent dix-sept, mais sans date, et qui doivent avoir été portés par un évêque de ce siège dont le nom avait pour initiale la lettre J. Il est marqué dans le premier de ces derniers statuts que le synode avait coutume de se tenir tous les ans, le jeudi de la troisième semaine de septembre.

Le 5ᵉ défend de rien exiger pour le baptême, et permet seulement de recevoir ce que chacun voudra bien offrir.

Le 6ᵉ recommande de ne jamais omettre de demander à la personne laïque qui aurait conféré le baptême dans un cas de nécessité, ce qu'elle a fait et ce qu'elle a dit, et de déclarer ce baptême valide, si l'on trouve que les règles prescrites dans le Rituel romain ont été observées, sinon, de baptiser l'enfant sous cette condition : *Si tu non es baptizatus.*

Le 9ᵉ rappelle aux laïques l'obligation de fléchir les genoux devant le saint sacrement, toutes les fois qu'il passe devant eux, et de l'accompagner, s'ils le peuvent, jusqu'à la maison de la personne infirme.

Le 13ᵉ fait mention des cas réservés au souverain pontife.

Le 14ᵉ défend d'absoudre le pénitent qui n'est pas résolu à s'abstenir de tout péché mortel.

Le 16ᵉ intime l'obligation de restituer avant toute autre espèce de bonnes œuvres.

Le 18ᵉ défend de demander en confession les noms des complices.

Le 20ᵉ prescrit le secret de la confession, sous peine de dégradation pour celui qui l'aurait révélé directement ou indirectement.

Le 22ᵉ menace d'excommunication ceux qui, dans le mariage, auraient recours au sortilége.

Le 23ᵉ ordonne de consulter l'évêque ou son official, dans tous les doutes relatifs aux mariages.

Le 24ᵉ prescrit le même désintéressement pour l'extrême-onction que pour le baptême.

Le 27ᵉ défend de différer une sépulture par motif d'intérêt, et permet seulement de recevoir après l'enterrement ce qui aura été donné en aumône.

Le 29ᵉ n'autorise l'opération césarienne que pour le cas où la mort de la femme aurait été constatée d'avance.

Le 32ᵉ. Les peuples seront exhortés à dire l'Oraison dominicale, la Salutation angélique, et le *Credo in Deum.*

Le 33ᵉ. Les femmes ne feront point de vœux sans l'agrément de leurs maris et le conseil des prêtres.

Le 34ᵉ. Aucun prêtre ou chapelain n'aura de femme chez soi, si elle n'est sa mère ou sa sœur, ou qu'elle n'ait au moins soixante ans, et qu'elle ne soit pas suspecte.

Le 35ᵉ. On défend aux clercs les jeux, les spectacles et les danses, ainsi que l'entrée des cabarets.

Le 36ᵉ. Les clercs et les réguliers ne recevront aucune dîme que par la main de l'évêque ou des évêques.

Le 37ᵉ. Aucun clerc ne se fera caution auprès d'un juif ou d'un usurier, ni ne donnera en gage des ornements ou des livres d'église.

Le 38ᵉ. On ne recevra pour prédicateurs que ceux que l'évêque aura envoyés ou bien autorisés.

Le 43ᵉ. Les prêtres renouvelleront l'eucharistie toutes les semaines.

Le 48ᵉ recommande de sonner la grosse cloche au moment de l'Elévation.

Le 49ᵉ conseille de se servir de vin rouge de préférence au blanc, pour le saint sacrifice.

Le 50ᵉ défend aux prêtres de garder dans leurs maisons leurs enfants illégitimes, et d'y avoir des échecs, des cartes ou des dés.

Le 52ᵉ déclare nul de droit le legs qu'un prêtre ferait à d'autres qu'à l'Eglise elle-même d'un immeuble qu'il aurait acquis avec des biens d'Eglise.

Le 54ᵉ défend, sous peine d'excommunication, les mariages secrets.

Le 56ᵉ défend les danses dans les églises, dans les cimetières et dans les processions.

Le 57ᵉ interdit aux bouchers de se servir de juifs pour laver leurs viandes.

Le 58ᵉ défend de donner aux enfants des hosties non consacrées, aux prêtres de célébrer sans chaussure et de porter des armes.

Le 61ᵉ ordonne, sous peine d'excommunication, à ceux qui auraient pris la croix d'acquitter leur vœu.

Le 64ᵉ prescrit la confession avant le mariage.

Le 67ᵉ fait un devoir à tous les diocésains de visiter chaque année l'église de Meaux.

Le 69ᵉ recommande de prier principalement pour le roi.

Le 70ᵉ défend aux prêtres de rien exiger pour les certificats que leur demandent les personnes qui doivent se marier.

Le 71ᵉ déclare excommuniés les clercs concubinaires ou qui refusent de congédier des femmes suspectes.

Le 73ᵉ défend, sous peine d'excommunication de faire des marchés les jours de dimanche.

Le 74ᵉ. Les prêtres n'imposeront plus de pénitences publiques, à moins d'ordres supérieurs.

Le 75ᵉ. Même règle à observer par rapport aux excommunications générales.

Le 76ᵉ défend aux clercs, sous peine d'excommunication, l'usure et le négoce.

Le 77ᵉ. Les diacres n'entendront point les confessions, si ce n'est dans une extrême nécessité. Car ils n'ont pas les clefs, et ils ne peuvent pas absoudre.

Le 78ᵉ. Chaque doyen recommandera les prêtres morts de son doyenné aux autres prêtres, et chacun fera un service pour l'âme de son confrère.

Le 83ᵉ. Les fruits de la récolte d'août de

chaque année appartiendront au curé vivant dans la paroisse au temps de Pâques. S'il meurt avant Pâques, sans avoir de successeur à l'époque du mercredi saint, les fruits seront dévolus à l'évêque ou à l'archidiacre.

99°. Les prêtres et les laïques qui se prosterneront à terre au récit de la passion du Sauveur, et à ces mots *Emisit spiritum*, gagneront dix jours d'indulgences.

Le 104° marque les limites de la juridiction des archidiacres.

Le 115° et le suivant prescrivent les fêtes à observer.

Le 117° ou le dernier, contient l'énumération des cas réservés à l'évêque. *Thes. nov. anecd.*, t. IV, *ex ms. cod. mon. Meld. S. Faronis*.

MEAUX (Synode de), l'an 1493. Il est fait mention dans la *Bibliothèque historique de la France* du P. Lelong, t. I, de statuts synodaux publiés en cette année pour ce diocèse.

MEAUX (Synode de) l'an 1501, sous Louis Pinelle qui y publia de nouveaux statuts. *Bibliothèque hist. de la France*, t. I.

MEAUX (Concile de), l'an 1523; contre Luther. *Spond.*

MEAUX (Synode de), l'an 1554, sous Dominique Séguier, qui y publia de nouveaux statuts. *Bibl. hist. de la France*, t. I.

MEAUX (Synode de), l'an 1654, sous Dominique Séguier. Des statuts y furent publiés avec un règlement proposé aux ecclésiastiques. *Stat. synod. pour le diocèse de Meaux*, Paris, 1654.

MEAUX (Synode de), l'an 1675, sous Dominique de Ligny. Les statuts synodaux que publia ce prélat, sont cités par le P. Lelong. *Bibl. hist. de la France*, t. I.

MEAUX (Synode de), l'an 1691, au mois de septembre, sous Jacques-Bénigne Bossuet. L'illustre prélat publia dans ce synode de nouveaux statuts. *Bibl. hist. de la France*, t. I.

Le même ouvrage fait mention du *Synodicon* de l'Eglise de Meaux, qui se trouve, y est-il dit, dans l'*Histoire de l'Eglise de Meaux*, par Toussaint du Plessis. Il nous a été impossible de nous procurer cet ouvrage.

MEAUX (Synode de), l'an 1724. Le cardinal de Bissy, évêque de Meaux, publia dans ce synode une *Compilation d'Ordonnances de ses prédécesseurs*. *Bibl. hist. de la France*, t. I.

MECHLINIENSIA (Concilia). *Voy.* MALINES.

MEDIOLANENSIA (Concilia). *Voy.* MILAN.

MEDUNTENSE (Concilium). *Voy.* MANTES.

MEHUN-SUR-LOIRE (Concile de), *Magdunense*, l'an 891. Ce concile fut assemblé au sujet de l'élection de l'abbé de Saint-Pierre-le-Vif de Sens. On y fit défense, sur la demande de Waultier, alors archevêque de Sens, d'ordonner un autre abbé de Saint-Pierre-le-Vif, que celui qui serait nommé par les moines. *Bouquet*, t. IX.

MEISSEN (Synode de), *Misnensis*, l'an 1231. Henri, évêque de Meissen, y confirma l'abbé et le couvent de Buch dans la possession de certaines terres, sur lesquelles les deux frères Volcmar et Henri de Buch prétendaient avoir des droits. *Conc. Germ.*, t. X

MEISSEN (Synode diocésain de), tenu par l'évêque Rodolphe de Plauvenitz, l'an 1413. L'évêque y publia quinze articles de règlements, avec quelques autres supplémentaires, relatifs à la conduite des clercs et au bon ordre des maisons religieuses. *Conc. Germ.*, t. V.

MEISSEN (Synode diocésain de), tenu par l'évêque Jean de Salhausen, l'an 1504. Dans ce synode, qui contient en général la confirmation ou une promulgation nouvelle des statuts précédents, ainsi que des constitutions des empereurs Frédéric II, Charles IV et Sigismond en faveur des immunités ecclésiastiques, l'évêque ordonna plus particulièrement à tous les curés qui auraient dans l'étendue de leur paroisse des personnes de race sclavonne dont ils ignoreraient l'idiome, de leur procurer, sous peine de privation de leur bénéfice, des vicaires ou des chapelains capables de les instruire dans leur propre langue; d'ajouter à la dernière collecte de chaque messe l'oraison *Et famulos tuos*, pour le pape, l'empereur et l'évêque du diocèse; de rappeler, au moins une fois chaque année à leurs paroissiens, les indulgences accordées par les papes Urbain IV et Martin V pour le jour et l'octave de la Fête-Dieu; de ne pas souffrir qu'on fit paître dans les cimetières des chevaux ou d'autre bétail; de ne point interdire d'eux-mêmes les sacrements aux femmes qui auraient fait de fausses couches, mais les renvoyer au jugement de l'évêque quand ils seraient certains qu'elles seraient coupables, à l'examen de l'archiprêtre dans tous les cas douteux; de laisser chacun libre de choisir le lieu de sa sépulture, même dans un terrain profane; de ne point admettre de paroissiens étrangers aux offices de leurs églises les jours de dimanches et de fêtes, à moins de quelques raisons légitimes.

L'évêque statua de plus que les offrandes faites dans les églises et les chapelles dépendantes d'une paroisse, aux jours de fêtes patronales, ainsi que celles déposées sur les divers autels en quelque jour de l'année que ce fût, appartiendraient de droit au curé de la paroisse; que celles qui pourraient être déposées au pied des crucifix le vendredi saint, le samedi saint et dans la nuit de Pâques, seraient partagées par égale moitié entre le curé et la fabrique; que les marguilliers, ou altermanns, ne seraient choisis qu'avec l'agrément du curé, et qu'ils seraient obligés de lui rendre compte de leurs recettes au moins une fois chaque année, et même autant de fois qu'il jugerait à propos de le leur demander. *Conc. Germ.* t. VI.

MELDENSIA (*Concilia*). *Voy.* MEAUX.

MELFI (Concile de), *Melphitanum*, l'an 1059. Ce concile fut tenu à Melfi, ville épiscopale de la Pouille, et non pas à Amalfi, dans le royaume de Naples, comme l'a cru

Noël-Alexandre, et après lui le P. Richard. Le pape Nicolas y présida et prononça la déposition de l'évêque de Trani, canoniquement convaincu de crimes. Il est vraisemblable, dit le P. Alexandre, que ce fut dans ce concile que le pape donna aux Normands l'absolution de toutes les censures qu'ils avaient encourues, moyennant la restitution qu'ils lui firent des terres du saint-siége dont ils s'étaient emparés.

MELFI (Concile de), ou de Melphe dans la Pouille, *Melphitanum*, l'an 1089. Le pape Urbain II fit célébrer ce concile où le duc Roger se trouva avec tous les évêques et les comtes de la Pouille, de la Calabre, de toutes les autres provinces. L'on y fit les seize canons suivants :

1. On ordonne de déposer les évêques, les prêtres et généralement tous ceux qui ont conféré ou reçu des dignités ecclésiastiques par simonie, en donnant ou en acceptant de l'argent. On distingue aussi et l'on condamne toutes les espèces de simonie qui peuvent se commettre non-seulement en donnant ou en recevant de l'argent, mais encore en promettant, en priant, en rendant quelque service, dans l'intention d'obtenir une dignité ecclésiastique.

2. On ne recevra personne aux ordres sacrés, s'il ne garde le célibat, suivant les règlements des saints canons.

3. Défense de recevoir aux ordres sacrés ceux qui n'auront pas mené une vie chaste, ou qui seront bigames.

4. Défense d'ordonner un sous-diacre avant l'âge de quatorze ou quinze ans, un diacre avant vingt-cinq, et un prêtre avant trente.

5. Défense aux laïques de donner des dîmes ou une église, ou toute autre chose de celles qui dépendent de la juridiction de l'Église aux monastères ou aux chanoines, sans le consentement de l'évêque ou du pape.

6. Même défense aux abbés.

7. Défense aux abbés d'exiger de l'argent de ceux qui se font moines.

8. Défense, sous peine de déposition, aux clercs et aux moines de recevoir les institutions des mains des laïques, pour quelque dignité ecclésiastique que ce puisse être.

9. On abolit l'usage des prêtres et des ecclésiastiques acéphales, qui étaient au service des grands seigneurs et des dames de qualité, au déshonneur de leur caractère.

10. Défense aux évêques et aux primats de retenir dans leurs diocèses des moines vagabonds qui n'ont point de lettres de leurs abbés.

11. Défense aux évêques d'admettre à la cléricature des esclaves ou des personnes attachées à la cour par leurs offices, et qui ont des comptes à rendre.

12. Les sous-diacres qui sont mariés seront privés des fonctions de leur ordre et de leurs bénéfices.

13. Les clercs éviteront le luxe et ne s'habilleront point à la façon des gens du monde.

14. Les fils des prêtres seront exclus du ministère des saints autels, à moins qu'ils n'aient été élevés parmi les moines ou les chanoines.

15. Défense de recevoir ceux qui ont été excommuniés par leur évêque.

16. On avertit les évêques et les prêtres de veiller sur les pénitents, afin qu'ils ne fassent pas de fausses pénitences, comme il arrive lorsqu'on ne se repent pas de tous les péchés sans aucune exception, ou que l'on demeure dans les occasions prochaines de les commettre, ou que l'on conserve de la haine dans le cœur contre quelqu'un, ou que l'on refuse de pardonner. *Labb.* X.

MELFI (Concile de), dans la Pouille, l'an 1100. Le pape Pascal II tint ce concile au mois d'octobre, et y excommunia la ville de Bénévent, pour s'être soustraite à l'obéissance du saint-siége, sans que les historiens nous en disent le sujet. Le même pape donna deux autres bulles dans le même concile : l'une en faveur de l'Église de Mazara, ville épiscopale de Sicile, adressée à Etienne, évêque de cette ville; l'autre adressée à Oderic, abbé du Mont-Cassin. *Mansi*, *t.* II, *col.* 179.

MELFI (Concile de), l'an 1137. Ce concile fut tenu en un lieu nommé Lago-Pésole, près de Melfi. L'empereur Lothaire assisté de plusieurs évêques y réconcilia l'abbé et les moines du Mont-Cassin avec le pape Innocent II, qui se rendit aux instances de l'empereur. Les moines firent un serment par lequel ils renonçaient au schisme et à l'antipape Pierre de Léon, et promettaient obéissance au pape Innocent et à ses successeurs. Il y eut cinq sessions à ce concile, qui commença le 18 juillet.

MELFI (Concile de), l'an 1284. Gérard, évêque de Sabine et légat du pape Martin IV dans le royaume de Sicile, présida ce concile qui se tint le 28 mars, et qui fit les neuf canons suivants :

1. Tous les Grecs qui demeurent dans la Sicile ajouteront au symbole le mot *Filioque*.

2. Les oppresseurs des églises et des ecclésiastiques sont excommuniés *ipso facto*.

3. On condamne les latins de naissance qui se marient étant dans les ordres mineurs, et se font ensuite élever aux ordres supérieurs sans renoncer au mariage et sans obliger leur femmes à faire vœu perpétuel de chasteté, disant qu'ils veulent observer le rite des Grecs. Ceux qui se feront ainsi ordonner seront privés pour toujours de leur office et bénéfice, et les évêques qui les auront ordonnés seront suspens pour un an de la collation des ordres qu'ils leur auront conférés.

4. Défense, sous peine de suspense, aux évêques et aux autres prélats de gager des prêtres grecs, pour faire l'office divin et administrer les sacrements dans les églises des Latins.

5. Les clercs concubinaires et leurs concubines seront excommuniés.

6. On nommera des procureurs chargés

de rendre compte des biens de quelque prélat que ce soit, lorsqu'il viendra à mourir.

7. Aucun bénéficier séculier ou régulier ne pourra louer les biens de son bénéfice pour plus de cinq ans.

8. Ceux qui dépouillent les églises de leurs biens, ou qui les engagent à des laïques à vie ou pour longtemps, à condition que ces laïques-fermiers leur paieront un cens annuel, seront excommuniés.

9. On observera ces constitutions, et les évêques les feront lire tous les ans dans leurs synodes. *Martene, vet. monum. t.VII, pag. 283; Mansi, t. III, col. 123.*

MELFI (Synode de), novembre 1624, sous Lazare Carafini de Crémone. Des statuts y furent publiés sur les divers points de la discipline ecclésiastique. *Constit. editæ, Romæ, 624.*

MELFI (Synode de), l'an 1635, sous Dieudonné Scalea. Ce prélat, entre autres règlements qu'il publia dans ce synode, de l'avis de son chapitre et de son clergé, prescrivit aux prêtres du rit grec de son diocèse de se conformer aux constitutions des papes Clément VIII et Innocent VIII sur la discipline à observer dans leurs églises. *Melphiensis ac Rapollensis eccl. synod. constitutiones, Venetiis, 1638.*

MÉLITINE (Concile de), dans la petite Arménie, vers l'an 358. Il paraît que ce concile se tint quelque temps avant le conciliabule de Constantinople où tant d'évêques furent déposés, puisqu'au rapport de Sozomène, Elpidius et Satales furent déposés par les évêques ariens de Constantinople, pour avoir violé les décrets du concile de Mélitine en rétablissant un prêtre nommé Eusèbe. Le même historien nous apprend qu'Eustathe de Sébaste fut aussi déposé pour avoir contrevenu aux décrets de ce concile. Saint Cyrille de Jérusalem y assista. On ne sait rien des autres évêques qui s'y trouvèrent, ni des décrets qui y furent portés. Il y a seulement apparence qu'on n'y traita que des matières de discipline.

MELLIFONT (Concile de), l'an 1152. Mellifont, *Mellifons*, est un monastère de l'ordre de Cîteaux en Irlande. Le cardinal Paperon, et Chrétien, évêque de Lismore et légat pour toute l'Irlande, tinrent ce concile après le mois de septembre, en présence des rois, ducs, évêques, abbés et grands d'Irlande. On y établit quatre archevêchés, savoir : les archevêchés d'Armach, de Dublin, de Cashel et de Tuam. L'abbé Lenglet se trompe en appelant ce concile *de Milfort*, et en le distinguant de celui où furent érigés ces quatre archevêchés, qu'il suppose avoir été tenu en 1151. *Anglic.* I, pag. 452; *Lenglet, Tablettes chronolog.*, pag. 430.

MELODUNENSIA (*Concilia*). *Voy.* MELUN.

MELPHE (Conciles de). *Voy.* MELFI.

MELPHITANA (*Concilia alterutra*). *Voy.* AMALFI et MELFI. Amalfi est aujourd'hui encore un archevêché de la principauté citérieure; Melfi un évêché de la Basilicate, dans le royaume de Naples.

MELUN (Concile de), *Melodunense*, l'an 1216.

MELUN (Concile de), l'an 1225. Le roi Louis VIII et les évêques assemblés dans ce concile, le 8 novembre, y traitèrent de la juridiction ecclésiastique, mais sans y rien terminer. *Mansi, t. II.*

MELUN (Concile de), l'an 1232, contre Raymond, comte de Toulouse. *Mas. L.*

MELUN (Concile de la province de Sens, tenu à), l'an 1300. Etienne Bécard, archevêque de Sens, et ses suffragants s'assemblèrent à Melun au mois de janvier de l'an 1300, et y publièrent, quoique sous un titre unique, six statuts ou règlements de discipline conformes aux décrétales des papes et aux constitutions de leurs légats.

Le 1er ordonne que, selon la décrétale de Boniface VIII, *de Rescriptis* (*in Sext. Decret.*), on ne commette l'exécution des lettres apostoliques qu'à des personnes constituées en dignité, ou qui auront des personnats, ou qui seront chanoines de cathédrales; et que ces personnes mêmes ne s'acquittent de leur commission que dans des villes ou autres lieux insignes où l'on puisse commodément trouver d'habiles gens.

Le 2e, qui est tiré des Décrétales, *C. Cum in jure, tit. de Officio et Potest. deleg.*, porte qu'on n'est point tenu d'exécuter les lettres apostoliques qui ordonnent de citer ou d'excommunier, à moins qu'on ne soit assuré qu'elles sont véritables.

Le 3e, pris du concile de Bourges de l'an 1276, excommunie ceux qui empêchent ou qui troublent l'exercice de la juridiction ecclésiastique.

Le 4e, emprunté de la constitution de Boniface VIII, *Cum contumacia* (*in Sexto, tit. de Hæret.*), condamne comme hérétique celui qui n'a point comparu lorsqu'on l'a cité comme suspect d'hérésie, et qui est demeuré un an entier dans l'excommunication sans se faire absoudre.

Le 5e, qui n'est encore que la constitution du même pape, *Episcoporum et aliorum* (*tit. de Privil.*), prive de l'entrée de l'église, jusqu'à ce qu'ils aient satisfait, tant les réguliers que les séculiers qui accordent les sacrements ou la sépulture à ceux qui sont notoirement excommuniés ou interdits.

Le 6e renouvelle la constitution de Simon, légat du saint-siège, portée dans le concile de Bourges contre ceux qui empêchent l'exécution des jugements ecclésiastiques.

MELUN (Assemblée de), l'an 1548. *Baluze, Miscell. t. VII.*

MELUN (Assemblée de), l'an 1579. *Constit. Convent. Melodun.*

MEMPHIS (Concile de), l'an 1582. Ce concile de Memphis en Egypte fut assemblé au mois de décembre, par l'ordre du pape Grégoire XIII. Il y eut trois sessions. Le patriarche d'Alexandrie se trouva à la seconde. Le concile eut pour objet l'extinction des hérésies de Nestorius et de Dioscore, et la réunion des Cophtes à l'Eglise romaine. *Reg.* XXXVI; *Labb.* XV; *Hard.* XI.

MENDE (Synode diocésain de), l'an 1634.

Il y fut publié des statuts dont fait mention le P. Le Long, dans sa *Bibliothèque historique de la France*, t. I.

MENDE (Synode diocésain de), l'an 1738. Des statuts y furent publiés par Gabriel Florent de Choiseul-Beaupré, évêque de cette ville. *Bibl. hist. de la France*, t. I.

MERCATUM (*Concilium apud*). Voyez NEUF-MARCHÉ.

MERCIE (Concile de), l'an 705. Ce concile fut tenu sous le roi Ina, pour diviser le royaume de Mercie, ou des Anglais occidentaux, en deux diocèses. Il est parlé de ce concile dans la Vie de saint Adelme par Fabricius Tuscus et Guillaume de Malmesbury. Il se tint, en 708, un autre concile sous le même roi, dans un lieu de son royaume que nous ne connaissons plus, à l'occasion d'un besoin imprévu de ses Etats.

MERCIE (Assemblée de), l'an 811. *Voy.* WINCHELCOMBE.

MÉRIDA (Concile de), *Emeritense*, l'an 666. Ce concile, composé de douze évêques de la province de Lusitanie ou de Portugal, se tint par les ordres du roi Recceswinthe, le 6 novembre de cette année, et fit vingt-trois canons.

Le 1er n'est autre chose que le symbole de Constantinople, avec l'addition *Filioque*, qui marque que le Saint-Esprit procède du Fils aussi bien que du Père. Les évêques déclarent qu'ils professent de cœur et de bouche la doctrine renfermée dans ce symbole.

Le 2e ordonne, sous peine d'excommunication, de dire vêpres tous les jours de fête dans les églises de Lusitanie, comme on le pratique ailleurs, après qu'on aura apporté la lumière, c'est-à-dire après le coucher du soleil, et avant de chanter le son ou le psaume *Venite, exultemus*, ainsi nommé, parce qu'on le chantait d'une manière éclatante.

On voit par ce canon, de même que par le neuvième chapitre du premier concile de Tolède, que c'était la coutume anciennement de dire vêpres à la lumière des flambeaux ou des cierges, le soir et après le soleil couché. Saint Basile nous apprend, au chapitre XXIX de son livre du Saint-Esprit, qu'on présentait la lumière en disant : *Laudemus Patrem, et Filium, et Sanctum Spiritum*.

Le 3e porte que, quand le roi ira à l'armée, on offrira tous les jours le saint sacrifice pour lui et les siens, jusqu'à son retour.

La coutume de prier pour les rois a toujours été en vigueur dans l'Eglise chrétienne, comme il paraît par le chapitre II de la première Epître de saint Paul à Timothée, par le chapitre 12 du livre VIII des Constitutions apostoliques, par le livre IV d'Arnobe contre les gentils, etc.

Le 4e ordonne que les évêques, après leur sacre, promettent par écrit à leur métropolitain de vivre chastement, sobrement et avec équité.

Le 5e porte que l'évêque qui, pour cause d'infirmité, ou pour être employé par le roi, ne pourra venir en personne au concile indiqué par le métropolitain ou par le prince,

y enverra, non un diacre, mais son archiprêtre, ou du moins un prêtre qui puisse être assis derrière les évêques, et répondre pour celui de qui il est député.

On voit par ce canon que les députés des évêques absents étaient assis, dans les conciles, derrière les évêques. C'est pour cela qu'on leur défend d'y envoyer des diacres à leur place, parce que le chapitre 20 du concile de Nicée défend aux diacres de s'asseoir dans l'assemblée des prêtres. Cependant cette défense ne fut point généralement observée, puisqu'on voit des diacres députés par leurs évêques à différents conciles, tels que Pierre au cinquième concile de Tolède; Wamba au sixième; Clément, Ambroise et Aquila au septième, etc.; on vit même des archidiacres présider à des assemblées d'archiprêtres.

Le 6e déclare que les évêques suffragants mandés par le métropolitain pour venir célébrer avec lui les fêtes de Noël et de Pâques, seront obligés de s'y rendre, sous peine d'excommunication, hors le cas de maladie ou du mauvais temps; et cela, pour le respect qui est dû à la métropole.

Le treizième concile de Tolède assigne d'autres causes de ce règlement, savoir : des affaires particulières à terminer, des plaintes contre les suffragants à vider, des évêques à consacrer.

Le 7e porte que l'évêque qui ne se trouvera point au concile qu'on doit tenir tous les ans, selon les anciens canons, sera enfermé pendant un temps, pour faire pénitence, dans un lieu que le concile aura choisi; et que, pendant ce temps, le métropolitain prendra soin de sa maison, de ses meubles et de tout ce qui lui appartient (ce qu'il exprime par le mot *cella*), afin qu'à son retour il rentre en possession de tout.

Le 8e veut que l'évêque veille avec soin à la conservation des droits de son diocèse; que la possession de trente ans serve de titre. Et parce qu'il était survenu un différend entre Selva, évêque d'Ingidan, et Juste, évêque de Salamanque, il fut ordonné que l'on enverrait des commissaires pour régler ce différend, attendu qu'il n'y avait pas encore trente ans que Juste possédait le terrain que Selva répétait comme étant de son diocèse.

Le 9e défend à celui qui est commis de la part de l'évêque pour la distribution du saint chrême, de rien exiger de ceux à qui il le distribue, et aux prêtres de rien exiger non plus pour le baptême; néanmoins il leur permet de recevoir ce qui leur sera offert gratuitement.

Le 10e porte que chaque évêque aura dans la cathédrale un archiprêtre, un archidiacre et un primicier, en latin *primicerius* ou *primiclerus*, comme porte le texte, qui sont les trois chefs du clergé; qu'ils seront soumis à leur évêque et qu'ils n'entreprendront rien au-dessus de leur pouvoir, le tout sous peine d'excommunication.

Le 11e ordonne que les abbés, les curés et les diacres soient soumis à leur évêque comme ils le doivent; qu'ils le reçoivent quand il fera la visite dans leur église, et qu'ils n'entreprennent aucune affaire séculière sans son consentement.

Le 12ᵉ permet à l'évêque de tirer des paroisses des prêtres et des diacres, pour les mettre dans son église cathédrale, sans qu'ils cessent pour cela d'avoir inspection sur les églises d'où ils seront tirés, ni d'en recevoir le revenu, à la charge par eux d'y mettre, avec le choix de l'évêque, des prêtres pour y servir à leur place, à qui ils donneront des pensions. On aperçoit aisément dans ce canon l'origine des chanoines curés primitifs. Les évêques qui ne trouvaient point assez de curés dans leurs ville episcopale pour faire l'office de leur cathédrale, y appelaient des curés de campagne et même des moines; cela se pratiquait jusque dans la basilique de Saint-Pierre de Rome, où l'on faisait venir des moines de quatre monastères de cette ville, pour y chanter l'office divin. Mais, parce que ces curés de campagne ne quittaient qu'à regret leurs paroisses pour les cathédrales, dont les bénéfices, nommés *canonicats*, étaient alors très-modiques, on voulut que ces curés de campagne eussent les mêmes honneurs que ceux des villes déjà attachés aux églises cathédrales, et on leur permit de plus de retenir une pension sur les cures qu'ils abandonnaient, ou d'y établir des vicaires auxquels ils donneraient une portion congrue. Il serait difficile d'accorder ce canon avec le dixième du concile de Chalcédoine, qui défend la pluralité des titres ou des bénéfices; mais, comme il fallait établir des chapitres de chanoines pour desservir les cathédrales, et que l'Eglise n'avait d'autres biens que ceux qui avaient été donnés aux paroisses, il n'y avait pas d'autre voie pour faire ces établissements : et de là vraisemblablement sont venus les droits qu'ont eus depuis la plupart des cathédrales sur les paroisses tant des villes que des campagnes, soit par rapport aux revenus qu'elles en tiraient, soit par rapport à la qualité et aux prérogatives des curés primitifs.

Le 13ᵉ permet à l'évêque de donner des biens de l'église aux clercs exacts à leur devoir, avec la faculté de les en priver, s'ils en abusent ou deviennent négligents.

Le 14ᵉ est un règlement de partage des oblations faites à l'église, les jours de fêtes, pendant la messe. Tout le clergé ayant part au travail commun du service divin, chacun doit en recevoir une rétribution proportionnée au rang qu'il tient dans l'église. Il se fera donc trois parts de ces oblations : la première, pour l'évêque; la seconde, pour les prêtres et les diacres; la troisième, pour les sous-diacres et les clercs inférieurs.

L'usage des oblations faites à l'église par les fidèles les jours de dimanches et de fêtes est de la première antiquité. Il en est fait mention dans les canons apostoliques. Tertullien en parle dans le chapitre XXXIX de son Apologétique, et saint Cyprien dans son livre *de Opere et Eleemosyn*. Ces oblations consistaient en pain, vin, argent, et se faisaient après l'offertoire; d'où vient qu'elles s'appelaient *offrandes*. Celles dont il est parlé dans ce canon, étaient des offrandes en argent. C'était une espèce de monnaie sur laquelle on gravait ordinairement ou le nom, ou l'image de Notre Seigneur. Il y en avait néanmoins qui ne portaient ni nom, ni figure. Les petites hosties qu'on donnait aux fidèles pour la communion portaient la forme de ces pièces de monnaie, qui étaient pour l'ordinaire d'un denier. Les fidèles, en recevant la sainte hostie, avaient donc coutume de donner un de ces deniers, et de là est venu l'usage superstitieux, en quelques endroits, de mettre le corps de Jésus-Christ dans la bouche des morts, comme le prix que l'on payait pour le passage de l'âme d'ici-bas au ciel.

Le 15ᵉ défend aux évêques et aux prêtres de maltraiter les serviteurs de l'église par la mutilation, et ordonne que, s'ils sont coupables de quelque crime, on les livre aux juges séculiers; de façon néanmoins que les évêques modèrent la peine à laquelle ils seront condamnés, et qu'ils ne souffrent pas qu'on les tonde avec ignominie.

Les ecclésiastiques de même que les laïques avaient droit de punir leurs serviteurs, même par la mutilation. C'est ce droit que le concile ôte ici aux clercs. Il leur permet néanmoins d'appeler les juges séculiers pour punir leurs esclaves, mais à condition qu'ils ne les condamneront pas à être tondus; parce que, être obligé de se faire raser la tête par sentence du juge, était une peine si honteuse et si infâme chez les Goths d'Espagne, qu'on regardait la mort comme un moindre supplice, au rapport de Luc de Thuy.

Le 16ᵉ défend aux évêques de prendre au delà du tiers du revenu des paroisses; encore veut-il qu'il soit employé aux réparations; et si les prêtres auxquels ils auront confié ce revenu pour faire les réparations de leurs églises le détournent ailleurs, ils en soient fortement repris par l'évêque, et contraints d'employer à leur destination les sommes d'argent qu'ils ont reçues.

Le 17ᵉ ordonne des peines corporelles contre ceux qui parlent mal de leur évêque après sa mort, disant qu'ayant été en honneur pendant sa vie, on doit après sa mort ménager sa réputation. La peine, pour un prêtre coupable de détraction, est d'être mis en pénitence pendant trois mois; si c'est un diacre, cinq mois; un sous-diacre, neuf mois. Les autres personnes de moindre condition seront frappées de cinquante coups de verges, par ordre de l'évêque; et les laïques nourris aux dépens de l'église, excommuniés pendant six mois.

Le 18ᵉ permet aux curés de se choisir des clercs parmi les serfs de leur église, à la charge de les entretenir selon leurs revenus.

Le 19ᵉ déclare que le prêtre qui aura plusieurs églises à desservir, offrira le sacrifice tous les dimanches en chacune de ces églises, et récitera les noms de ceux qui les ont bâties, ou qui y ont fait des donations, soit qu'ils soient vivants ou morts.

Il y a trois choses dignes de remarque dans ce canon. La première est que l'on commettait autrefois à un seul prêtre la desserte de plusieurs églises, soit parce que chacune de ces églises n'avait pas le moyen d'entretenir le sien, soit à cause de la disette de prêtres. La seconde est qu'un prêtre pouvait, en cas de nécessité, célébrer plusieurs messes en un même jour. La troisième enfin est la coutume de réciter les noms des fondateurs ou des bienfaiteurs des églises, durant le sacrifice de la messe ; coutume très-ancienne, comme le prouvent la première lettre du pape saint Innocent Ier à l'évêque Décentius, ainsi que la cent-trente-septième de saint Augustin, et celle du pape Gélase à l'empereur Anastase ; coutume, qui, par d'insensibles progrès, est parvenue au point où nous la voyons aujourd'hui, que l'on reçoit un honoraire en argent, pour appliquer plus spécialement la messe à ceux qui le donnent. On commença donc d'abord à dire la messe, sans y faire d'autre mention que de tous les fidèles en général ; ensuite on y fit mention particulière de ceux qui donnaient quelque chose de plus que les offrandes ordinaires ; enfin ceux qui donnèrent une aumône suffisante pour la nourriture du prêtre en un jour prétendirent que sa messe devait leur appartenir en entier et en propre, quoiqu'ils n'eussent droit qu'à la partie du fruit de la messe qui répond à leur aumône.

Le 20e contient divers règlements sur la manière d'affranchir les esclaves de l'Église.

Le 21e défend à un évêque de casser les donations de son prédécesseur, quand il se trouve que l'église à laquelle il présidait a plus profité de son bien, qu'il n'en a donné par testament à ses amis, à ses serviteurs ou à d'autres personnes.

Le 22e confirme tous ces décrets, et en ordonne l'exécution, sous peine d'excommunication.

Le 23e contient des actions de grâces de la part du concile au roi Recceswinthe, et des vœux pour sa prospérité. *Reg. Tom. XV; Lab. Tom. VI; Hard. tom. III; et d'Aguirre, Concil. Hispan. tom. IV.*

MERSEBOURG (Concile de), *Merseburgense*, l'an 1028. Dans ce concile, où se trouvèrent réunis un certain nombre d'évêques, Aribon, archevêque de Magdebourg, mit fin au différend qu'il s'était élevé entre lui et saint Godard, évêque d'Hildesheim, en avouant humblement qu'il s'était trompé lui-même dans ce qui en avait fait le sujet. *Annal. Sax. Eckharti, t.* I; *Leibnitz in Vita S. Godehardi, t.* I; *Serar. in Mogunt. ad ann.*1029.

MERSEBOURG (Synode de), l'an 1182. L'évêque Everhard y ratifia la vente faite par les chanoines de son église de certains fonds de terre au prévôt de l'église de Kaldenborn. *Conc. Germ. t. X.*

MERTON (Concile de), *Mertonense*, l'an 1238. Boniface, archevêque de Cantorbéry, tint ce concile le 6 juin, pour la défense des libertés de l'Église anglicane contre la concession que le roi Henri III avait faite d'une décime au pape Alexandre IV, et contre les lettres du même prince, qui obligeaient tous les prélats du royaume à se présenter devant les juges séculiers, pour y répondre sur des choses qui n'appartenaient visiblement qu'au for ecclésiastique. *Anglic.* I. RICHARD.

MERTON (Concile de), l'an 1300. Robert Winchelsey, archevêque de Cantorbéry, tint ce concile, dans lequel il publia des constitutions sur les dîmes, les legs que les mourants devaient faire à leur paroisse, les ornements d'église et les ustensiles dont les sacristies devaient être pourvues. Wilkins met ce concile en 1305. *Labb.* XI; *Hard.* VIII; *Anglic.* I.

MÉSOPOTAMIE (Concile de), vers l'an 197, sur la pâque. *Fabricius, in synod. veteri, t.* XI.

MÉSOPOTAMIE (Concile de), vers l'an 275. Archélaüs, évêque de Charres, et Diodore, prêtre, y disputèrent contre Manès et le prêtre Diodoriade : ces deux hérésiarques furent pleinement réfutés, et leurs personnes retranchées de l'Église. *Mansi, t.* I.

MÉSOPOTAMIE (Concile de), l'an 1612. Élie, patriarche de Babylone, assembla ce concile, pour recevoir la profession de foi du pape Paul V.

MESSINE (Synode de), *Messanensis*, le 20 avril 1681, sous Joseph Cigala, archevêque de cette ville. Ce synode eut trois séances, où l'on traita successivement de la foi, des sacrements, du droit d'asile assuré aux églises, de l'immunité cléricale, des communautés et du séminaire, des offices ecclésiastiques et de l'extirpation de l'usure et du concubinage. *Synodus Messanæ.*

METZ (Concile de), *Metense*, l'an 550. On y procéda à l'élection d'un successeur de saint Gal sur le siége de Clermont. *Greg. Turon.*

METZ (Concile ou Assemblée épiscopale de), l'an 590. Gilles, archevêque de Reims, y fut déposé et exilé à Strasbourg, comme coupable du crime de lèse-majesté. Chrodielde et Basine, filles, l'une du roi Charibert, et l'autre du roi Chilpéric, toutes deux religieuses du monastère de Sainte-Radegonde de Poitiers, et excommuniées l'année précédente pour s'être révoltées contre leur abbesse, furent réconciliées à l'Église dans cette même assemblée. Basine rentra dans son couvent, et Chrodielde fut envoyée dans une terre que le roi lui donna. *Conc. Germ., t. X.*

METZ (Concile de), l'an 756. Il est dit dans le titre de ce concile, qu'il fut assemblé après celui de Verneuil, sous le règne de Pépin : l'année n'en est pas marquée. Baluze croit que ce fut la cinquième de ce prince, qui revient à l'an 756 de l'ère commune. Le P. Labbe met ce concile trois ans plus tôt, c'est-à-dire en 753. Il y a aussi de la variété dans le nombre des canons. Il y en a dix dans l'édition des capitulaires, et seulement huit dans la collection des conciles. Ils sont partie civils, et partie ecclésiastiques, comme ceux de quelques autres conciles, parce que les assemblées où on les dressait étaient composées des évêques et des seigneurs laïques.

1. On condamne à de grosses amendes pécuniaires ou à la prison les hommes libres qui commettent des incestes, même avec leurs commères et avec leurs marraines du baptême ou de la confirmation; ce qui marque qu'il y avait des parrains et des marraines pour la confirmation. Les esclaves et les affranchis coupables de ce crime sont condamnés au fouet ou à la prison; et si leur maître souffre qu'ils retombent, il paiera au roi soixante sous d'amende. Si l'homme libre ne se corrige de ce désordre, on défend sous la même peine de le recevoir chez soi ou de lui donner à manger.

2. « Les ecclésiastiques des ordres supérieurs, coupables du même crime d'inceste, seront déposés; les autres seront fustigés ou emprisonnés. »

3. « L'archidiacre de l'évêque avertira avec le comte les prêtres et les clercs de se trouver au concile. Si quelque prêtre refuse d'y venir, le comte lui fera payer, ou à son défenseur, soixante sous d'amende, au profit de la chapelle du roi; et l'évêque fera juger, selon les canons, le prêtre ou le clerc réfractaire. Si quelqu'un accuse un prêtre ou un clerc, ou quelque incestueux, le comte fera comparaître la personne accusée devant le roi, avec un envoyé de l'évêque; et le roi punira le coupable pour la correction des autres. »

4. « Défense d'exiger aucun tribut pour les vivres, non plus que pour le passage des chariots vides, des chevaux de charge ou des pèlerins qui vont à Rome ou ailleurs. Défense d'arrêter ces derniers au passage des ponts, des écluses, des bacs, ou de les inquiéter sur leur petit bagage; et, si quelqu'un leur fait quelque insulte à ce sujet, il paiera soixante sous d'amende, dont la moitié sera adjugée au pèlerin, et l'autre moitié à la chapelle du roi. »

5. « Touchant la monnaie, qu'il n'y ait pas plus de vingt-deux sous dans une livre; et que, de ces vingt-deux sous, le monétaire en ait un pour lui, et rende le reste à son seigneur. »

On peut juger par ce règlement ce qu'un sou devait valoir, puisque d'une livre pesant d'argent, c'est-à-dire de deux marcs, on ne faisait que vingt-deux sous : on n'en faisait même que vingt sous autrefois; et c'est la raison pourquoi on a nommé une livre la somme de *vingt sous*. Le marc a toujours été estimé une demi-livre; mais il a varié selon le différent poids de la livre. Il y avait en France quatre différents marcs qui étaient particulièrement en usage : celui de Troyes, dont on se servait dans les foires de Champagne; celui de Limoges, celui de La Rochelle, et celui de Tours qui devint le plus commun : c'est d'où nous est venue la *livre tournois*. On voit aussi par ce règlement que certains seigneurs avaient droit dès lors de faire battre monnaie.

6. « On ordonne de conserver les privilèges à ceux qui en ont. »

7. « On recommande à tous les juges, tant laïques qu'ecclésiastiques, de rendre exactement la justice, avec défense aux parties, sous peine de punition corporelle, de venir la demander au roi en première instance, et avant d'avoir été jugées par le comte et ses assesseurs. »

Les assesseurs du comte sont ici nommés *Rachemburgii*. On appelait ainsi d'un nom tudesque les magistrats subalternes qui jugeaient avec le comte. Dans les capitulaires de Charlemagne, ils sont nommés *Scabini*, d'où le nom d'échevins nous a été conservé.

8. On défend pareillement aux ecclésiastiques et sous la même peine, de venir à la cour se plaindre du jugement de leur seigneur ou supérieur, à moins que le seigneur n'envoie un député de sa part. *An. des Conc.*

METZ (Concile de), l'an 835. Louis se plaignit dans ce concile d'Ebbon, archevêque de Reims, qui l'avait excommunié.

Ebbon se choisit, parmi les évêques, des juges selon les canons africains. *Voy.* BOURGES, l'an 840 et 842; PARIS, l'an 846; SOISSONS, l'an 853; THIONVILLE, l'an 835; TROYES, l'an 867.

METZ (Concile de), l'an 857. Ce concile se tint le 28 mai, et eut pour but de procurer la paix de Charles le Chauve et de Lothaire, son neveu, avec Louis le Germanique. *Labb.* VIII.

METZ (Concile de), l'an 863. Ce fut un conciliabule, dans lequel on approuva le mariage de Lothaire avec Valdrade, sa concubine, en présence des légats, qui n'exécutèrent point les ordres du pape. *Reg.* XXIII; *Labb.* VIII; *Hard.* V.

METZ (Concile de), l'an 869. Ce concile se tint le 9 septembre. Charles le Chauve y fut couronné roi de Lorraine, après la mort de Lothaire, son neveu. Comme Theutgaud, archevêque de Trèves, avait été déposé et que son siége avait été vacant, Hincmar de Reims présida à ce concile, composé des suffragants de Trèves, et y lut, à la prière des prélats, quatre capitules touchant le droit qu'avaient les archevêques de Reims de gouverner la province de Trèves pendant la vacance du siége métropolitain. Au sacre de Charles le Chauve, en sa nouvelle qualité de roi de Lorraine, l'archevêque de Reims lui fit l'onction du saint chrême sur le front; les autres évêques lui mirent la couronne et lui donnèrent la palme et le sceptre. *D. Bouquet*, t. VII.

METZ (Concile de), l'an 888. Ce concile fut tenu dans l'église de Saint-Arnoul, située alors dans un des faubourgs de Metz. Ratbod, archevêque de Trèves, y présida, accompagné de Robert, évêque de Metz, des évêques de Toul et de Verdun, ses suffragants, de l'abbé Etienne et de plusieurs prêtres. Il s'y trouva aussi des comtes et d'autres personnes nobles, recommandables par leur piété. On y fit les treize canons suivants :

1. « On implorera le secours de Dieu contre le pillage des Normands; on travaillera à rétablir la piété et la discipline, et l'on se servira de la rigueur des canons, contre

ceux qui ne voudront pas obéir aux lois de l'Eglise. »

2. « Défense à tout seigneur laïque de prendre aucune portion des dîmes de son église, c'est-à-dire de celle dont il est patron. C'est au prêtre qui la dessert à les tirer, tant pour sa subsistance que pour le luminaire, l'entretien de l'église et des bâtiments, la fourniture des ornements et toutes les choses nécessaires au sacré ministère. »

3. « Un prêtre ne pourra avoir deux églises, si ce n'est une chapelle qui dépende anciennement de sa paroisse, ou quelque église adjacente et unie à cette paroisse; car c'est beaucoup, s'il peut en gouverner une avec fruit; et il ne doit point se charger des âmes dans la vue de son intérêt temporel. »

4. « On n'exigera point de cens de terres données à l'Eglise pour la sépulture des fidèles, ni d'argent pour la sépulture même. »

5. « Les prêtres ne logeront aucune femme, pas même leur mère ni leurs sœurs. »

6. « Ils montreront à leur évêque, dans le prochain synode, leurs livres et leurs habits sacerdotaux ; conserveront le saint chrême sous la clef; ne porteront point d'armes ni d'habits laïques : les laïques ne porteront point non plus d'habits sacerdotaux. On n'admettra point deux parrains dans le baptême, mais un seul qui sache les renonciations que l'on y fait, et la profession de la foi catholique. »

7. Sur la requête en plainte contre les Juifs, présentée par Gontbert, primicier de l'église de Metz, il fut défendu aux chrétiens de manger avec eux et de recevoir d'eux ce qui peut être bu ou mangé.

8. Il fut aussi défendu aux prêtres de dire la messe dans des lieux non consacrés, et ordonné de consacrer de nouveau les églises qui n'avaient été consacrées que par des chorévêques.

9. Deux religieuses, convaincues de crimes, avaient été chassées du monastère de Saint-Pierre, sans qu'on leur eût laissé le voile : le concile ordonna qu'on leur rendrait le voile et qu'on les mettrait en prison dans le monastère, où elles auraient pour nourriture un peu de pain et d'eau, et beaucoup d'instructions, jusqu'à ce qu'elles eussent satisfait. On ordonne encore la prison à un diacre convaincu de sacrilège; et on lui interdit le saint ministère.

10. On excommunie des gens qui avaient mutilé un curé, qui voulait obliger leur parente de retourner avec son mari qu'elle avait quitté.

11. On excommunie aussi les pillards qui ravageaient la province, et deux particuliers qui avaient contracté des mariages illégitimes.

12. On renouvelle les défenses de communiquer avec les excommuniés, en exceptant néanmoins leurs serfs, leurs affranchis et leurs vassaux.

13. On prescrit un jeûne de trois jours, avec des prières pour le roi Arnoul, pour la paix et pour la conversion des pécheurs. *Rich.*

METZ (Synode de), l'an 970. L'évêque Thierry y porta un statut pour que les dîmes fussent retirées des mains des laïques, et rendues aux ecclésiastiques. *Sigebert. apud Leibnitz, t. 1 script. rer. Brunswic.*

METZ (Synode de), l'an 1131. L'évêque Etienne cita à comparaître devant ce synode Thierry, *Hasteriensemabbatem*, accusé de dilapider les biens de son monastère. *Martene, Vet. Script. t. XXII.*

METZ (Synodes de), années 1588 et 1604. *Voy.* plus bas, à l'an 1699.

METZ (Synode de), l'an 1610. Le cardinal de Givry, évêque de Metz, tint ce synode, à la suite duquel il publia un corps de statuts divisés en trente-trois titres, et dont voici les plus remarquables.

« Les curés défendront à leurs paroissiens de s'abstenir des œuvres serviles le samedi soir, par un esprit de superstition, en certains temps de l'année. »

« On n'admettra sous aucun prétexte des personnes hérétiques à visiter un catholique dans sa maladie. »

« On fera les onctions du baptême, non avec le pouce trempé dans l'huile sainte, mais avec un stylet ou une spatule d'étain ou d'argent, dont chaque vase aux saintes huiles sera pourvu. » L'usage recommandé ici par le cardinal évêque a été improuvé depuis par le pape Benoît XIV (*De synod. diœc. l.* XIII, c. XIX); et est d'ailleurs contraire au Rituel romain. »

« On renouvellera au moins tous les mois les saintes espèces; et les nouvelles une fois consacrées, le prêtre consommera respectueusement les anciennes. »

« Tous les prêtres se confesseront au moins une fois le mois, et seront obligés d'en fournir la preuve testimoniale à l'archiprêtre, si celui-ci vient à la leur demander. »

« Nous exhortons tous les chanoines, les curés et les clercs, et les réguliers de tous les divers ordres, à adopter l'office romain dans leurs églises, à l'exemple de notre église cathédrale. »

« Les prêtres ne feront point asseoir leurs servantes à la même table avec eux-mêmes. Ils ne recevront point à leur logis des religieuses, de quelque ordre qu'elles puissent être. Ils ne garderont point en service chez eux des personnes du sexe que leur âge ou leur beauté rende suspectes ; mais celles qu'ils voudront prendre à leurs gages devront avoir au moins cinquante ans et être au-dessus de tout soupçon. »

« Les clercs n'exerceront ni la médecine, ni la chirurgie, ni l'office de notaires. »

« On n'érigera aucune confrérie sans l'autorisation du saint-siège ou la nôtre. »

« Les meuniers ne feront aller leurs moulins les jours de dimanches et de fêtes que dans un cas de nécessité, et jamais pendant la messe paroissiale. »

« On annoncera tous les dimanches dans chaque église les anniversaires et les autres services qui se célébreront dans le courant de la semaine. »

« Il se tiendra tous les ans un chapitre rural, auquel personne ne manquera de se rendre, à moins d'une excuse légitime et admise par l'archiprêtre. Chacun y présentera ses difficultés par écrit ; et l'archiprêtre nous transmettra celles qui auront le plus d'importance. On s'assiéra à l'église chacun à sa place, revêtu du surplis avec le bonnet carré et la tonsure cléricale. On en sortira comme on y sera entré, c'est-à-dire deux à deux, l'archiprêtre marchant le dernier et portant seul l'étole. »

« On se mettra à table avec l'archiprêtre, et on se lèvera avec lui : on ne boira point à l'envi l'un de l'autre, et l'on ne troublera point le lecteur ou ses confrères par des paroles hors de saison. »

« A la messe, tous chanteront posément, à la suite des chantres ; personne ne se pressera plus qu'il ne convient ; on gardera pour la célébration des messes l'ordre que l'archiprêtre aura marqué sur un écrit, qui sera affiché dans un lieu apparent de l'église. » *Conc. Germ. t.* VIII.

METZ (Synodes de), années 1588, 1604, 1629, 1633, 1666, 1671, 1679 et 1699. Les statuts de ces divers synodes furent recueillis dans le livre que publia Henri-Charles du Cambout de Coislin, évêque de Metz, à l'occasion du dernier de tous, qu'il tint lui-même le 1er juillet 1699. Ce recueil est intitulé : *Codex selectorum canonum ecclesiæ Metensis, Metis*, 1699.

MEUN (Concile de). *Voy.* MEHUN.

MEXIQUE (Concile de), l'an 1585. Pierre Moya de Contreras, archevêque de Mexique ou Mexico, ville capitale de la Nouvelle-Espagne, tint ce concile avec ses suffragants, et y fit un très-grand nombre de règlements pour l'usage des Indiens convertis à la foi. Ces règlements sont renfermés en cinq livres, divisés par différents titres, et tirés presque tous, tant du concile de Trente, que de plusieurs autres conciles et de plusieurs synodes, surtout de l'Espagne, de l'Italie et de la France : tels sont entre autres les conciles de Tolède, de Grenade, de Valladolid, de Séville, de Burgos, de Latran, de Bologne, de Milan, d'Orange, de Reims, d'Orléans, d'Auxerre, etc. *Voy.* ces mots.

MILAN (Concile de), *Mediolanense*, l'an 344. Les Eusébiens, comme s'ils se fussent repentis de ce qu'ils avaient fait jusqu'alors, s'assemblèrent à Antioche et y dressèrent une nouvelle formule de foi, qui, à cause de sa longueur, fut nommée *Macrostiche*, ou *à longues lignes*. On y fait profession de croire que Jésus-Christ est Dieu de Dieu, et qu'il est semblable en toutes choses à son Père ; mais on n'y parle jamais de substance ni de consubstantialité. Les Eusébiens envoyèrent cette formule en Italie, par des députés qui trouvèrent les évêques d'Occident assemblés en concile à Milan. L'empereur Constant et saint Athanase y étaient. Les Occidentaux refusèrent de souscrire à cette nouvelle formule. C'est tout ce que l'on sait de ce concile de Milan, qui fut tenu en 346 selon les auteurs de l'*Art de vérifier les dates*, en 345 ou 346 selon Richard, et en 344 selon Mansi.

MILAN (Concile de), l'an 347. Ce concile fut tenu contre Photin, évêque de Sirmium, qui renouvelait les erreurs de Sabellius et de Paul de Samosate. Il niait la trinité des personnes en Dieu, n'en admettant qu'une seule, savoir le Père qui aurait bien son Verbe, ou sa raison éternelle, mais comme nous avons la nôtre, sans subsistance distincte et personnelle : d'où vient que, selon lui, Dieu n'aurait point de fils, et que Jésus-Christ serait un pur homme, qui n'aurait pas pris ailleurs son commencement que dans le sein de Marie. Il niait de même que le Saint-Esprit subsistât personnellement. Le concile de Milan déclara Photin hérétique, et le retrancha de la communion de l'Eglise. *Reg. t.* III ; *Labb. t.* II ; *Hard. t.* I.

MILAN (Concile de), l'an 349. Ce concile fut tenu contre Photin, qui avait été déjà condamné à Milan, mais qui ne s'était point soumis. Le concile fut nombreux, composé des évêques de beaucoup de provinces d'Occident, et des députés de l'Eglise romaine. Ursace et Valens, grands ennemis de saint Athanase, s'y rétractèrent et y présentèrent un écrit où ils disaient anathème à Arius et à ses sectateurs. Quant à l'affaire principale, qui était de déposer Photin, elle fut rompue par la mort de l'empereur Constant. Saint Hilaire ne dit point que ce concile se soit tenu à Milan ; mais on n'en peut douter, puisqu'on le lit expressément dans une lettre adressée à Constantius, de la part des orthodoxes qui étaient au concile de Rimini. Il est des auteurs qui mettent ce concile en 347, et d'autres en 346. *T.* II. *Concil. Lab. pag.* 797.

MILAN (Concile de), l'an 355. Ce concile fut assemblé à la prière du pape Libère et par l'ordre de l'empereur Constantius. Il s'y trouva très-peu d'évêques d'Orient ; mais il y en eut plus de trois cents d'Occident. Lucifer, Pancrace et Hilaire y assistèrent en qualité de légats du pape. Les Ariens, quoiqu'en plus petit nombre que les catholiques, dominèrent dans ce concile, par l'autorité de l'empereur Constance qui s'y trouva en personne, et qui voulut obliger les évêques à signer un édit, en forme de lettre, rempli du venin de l'hérésie arienne, et en même temps la condamnation de saint Athanase. La plupart des évêques, ne pénétrant point dans les mauvais desseins des Ariens, se laissèrent tromper par leurs artifices ; et ceux qui ne voulurent point souscrire à la condamnation de saint Athanase furent exilés par l'ordre de Constance. Telle fut la fin du concile de Milan, qui ne mérite pas moins le nom de brigandage que celui d'Ephèse. *Reg. t.* III ; *Lab. t.* II ; *Hard. t.* I ; *Baluze.*

MILAN (Concile de), l'an 380. Saint Ambroise tint ce concile avec les évêques de sa province. On y reconnut l'innocence de la vierge Indicia, qu'on avait accusée de s'être laissé corrompre. *Edit. Venet. t.* II.

MILAN (Concile de), l'an 390. Jovinien, se voyant condamné à Rome, s'en alla à Milan trouver l'empereur Théodose, qui le reçut très-mal, lui et ses disciples. On les chassa de la ville ; et les évêques qui s'y trouvèrent, s'étant assemblés en concile avec saint Ambroise, les condamnèrent conformément au jugement rendu contre eux par le pape, à qui ils en écrivirent. On croit que ce fut dans ce concile de Milan, ou dans quelque autre qui s'y tint vers le mois d'avril de la même année 390, que les évêques des Gaules firent confirmer la sentence qu'ils avaient rendue, l'année précédente, contre les Ithaciens. *Reg.*, t. III; *Labb.*, t. II; *Hard.*, t. I.

MILAN (Concile de), l'an 451. Après qu'Abundius, évêque de Côme, et Senator, prêtre de Milan, l'un et l'autre légats du pape, lui eurent rendu compte du succès de leur légation (*Voy.* CONSTANTINOPLE, l'an 450), il les chargea, lorsqu'ils s'en retournèrent dans leurs églises, d'une lettre pour Eusèbe, évêque de Milan, par laquelle il le priait d'assembler les évêques dépendants de sa métropole, et de faire lire en leur présence sa lettre à Flavien, afin qu'ils y donnassent leur approbation et qu'ils anathématisassent les hérésies qui attaquaient le mystère de l'Incarnation. Eusèbe fit ce que saint Léon lui demandait; et, ayant assemblé les évêques, au nombre de vingt, dans sa ville épiscopale, comme on le conjecture, il fit lire dans l'assemblée la lettre de saint Léon qui lui était adressée à lui-même, et ensuite celle de ce même pape à Flavien : elles furent unanimement approuvées, comme conformes à la doctrine de l'Evangile et des Pères. Les évêques anathématisèrent ensuite tous ceux qui suivaient une doctrine impie sur l'Incarnation. La lettre synodale qu'ils écrivirent à saint Léon se trouve parmi celles de ce Père. Elle ne porte en tête que le nom d'Eusèbe; mais tous les évêques y souscrivirent. *Labb.* III; *Hard.* I.

MILAN (Concile de), l'an 679. Ce concile fut assemblé contre les monothélites, vers le commencement de l'année, par l'archevêque Mansuetus, sous le pontificat du pape Agathon et le règne de l'empereur Constantin Pogonat. Le prêtre Damien, qui s'y trouva, et qui fut dans la suite évêque de Pavie, composa la lettre synodale que le concile adressa à l'empereur, où les deux volontés et les deux opérations en Jésus-Christ sont bien expliquées et bien défendues. *Muratori, Annal. d'It.*, t. IV; *Reg.*, XVI; *Labb.* VI; *Hard.* III.

MILAN (Concile de), l'an 860. Ce concile fut tenu par l'ordre du pape Nicolas I, au sujet d'Ingeltrude, femme du comte Boson, qui avait quitté son mari pour s'attacher à un adultère. Le concile l'excommunia, et le pape confirma cette sentence. *Nicol. ep.* 58, *ad episc. regni. Lud.*; *Mansi*, t. I, *col.* 983.

MILAN (Concile de), l'an 969. On y opéra l'union de l'Eglise d'Alba en un seul siège épiscopal avec celle d'Asti. *Conc.*, t. XI.

MILAN (Concile de), l'an 1009. Mansi prétend qu'il y eut cette année un concile à Milan, où il dit qu'Arnoul, archevêque de Milan, déposa et excommunia Olderic, placé sur le siège épiscopal d'Asti par le roi Henri II, qui en avait chassé le légitime évêque, fauteur d'Ardouin, marquis d'Ivrée, qui s'était fait couronner roi d'Italie le 15 février 1002. Mais cela ne peut s'accorder, dit le père Richard, ni avec l'histoire du roi Henri II, qui ne passa en Italie, *pour la seconde fois*, qu'en 1013; ni avec Ughelli, qui ne place Olderic ou Alderic, Alric, Aleric, sur le siège d'Asti qu'en 1024. D'ailleurs, il est plus que probable, ajoute le père Richard, que cet Olderic, que Mansi suppose avoir été placé sur le siège d'Asti par le roi Henri II, était lui-même zélé partisan d'Ardouin, puisqu'il était son neveu, comme l'assure Ughelli, *Ital. sacra*, t. IV. Puisque c'est pour la seconde fois que l'empereur saint Henri passa en Italie l'an 1013, il y avait donc déjà fait une première expédition; et quant à celle-ci, les auteurs de l'*Art de vérifier les dates* en marquent l'époque à l'an 1004 ou 1005. Rien n'empêche que ce ne soit alors que l'empereur ait nommé Olderic pour le siège d'Asti. Quant à l'autre difficulté soulevée par le père Richard, on peut y répondre que l'Olderic, partisan de saint Henri II, n'était pas le même que l'Alric, neveu d'Ardouin. *Voy.* l'article suivant, qui présente une autre version du même concile.

MILAN (Concile de), l'an 1015. Arnoul, archevêque de Milan, tint ce concile contre Alric, oncle d'Ardouin, roi d'Italie, que ce prince avait nommé évêque d'Asti, et que le pape Benoît VIII avait ensuite sacré. Arnoul, zélé partisan de l'empereur Henri II, et par conséquent ennemi d'Ardouin, son compétiteur, fit anathématiser Alric, comme un intrus, malgré l'approbation du pape, pour être monté sur le siège d'Asti sans le consentement de son métropolitain. *Richard*.

MILAN (Concile de), l'an 1103. Le prêtre Liprand y accusa de simonie Pierre Grossolan, archevêque de Milan, et offrit de prouver son accusation par le feu; ce que les évêques du concile refusèrent; mais, pressé quelque temps après par Grossolan de sortir du pays ou de faire l'épreuve, il passa entre deux bûchers allumés, sans en être endommagé dans ses habits. Il reçut cependant une blessure à la main, et une autre au pied, qui rendirent l'épreuve suspecte, et qui n'empêchèrent pas que Grossolan ne prît le parti de se retirer. On trouve ce concile placé à l'an 1101 dans les collections ordinaires, mais mal; puisque, selon Ughelli, Grossolan ne passa du siège de Savonne à celui de Milan que vers la fin de l'année 1102. *Ed. Venet.* XII.

MILAN (Concile de), l'an 1117. Jourdain, archevêque de Milan, tint ce concile vers la fin de février, dans une prairie nommée le Broglio. On y éleva deux théâtres, dont l'un desquels étaient les évêques, les abbés et les autres prélats inférieurs; sur l'autre étaient les consuls avec les jurisconsultes, et autour des uns et des autres une grande multitude de clercs, de vierges et de laïques. On ne sait rien de l'objet de ce concile, sinon qu'il fut assemblé pour la réforme des mœurs. *Pagi*.

MILAN (Concile de), l'an 1135. Robaud, évêque d'Alba, y fut placé sur le siège de Milan. *Mansi*, t. II, *col.* 429.

MILAN (Concile de), l'an 1287. Otton, archevêque de Milan, présida à ce concile provincial, qui se tint le 12 septembre, dans l'église de Sainte-Thècle, et qui fut composé d'un grand nombre d'évêques, d'abbés et d'autres ecclésiastiques de la province. On y ordonna l'observation des constitutions des papes et des lois de l'empereur Frédéric II, contre les hérétiques. On y défendit aux moines et aux religieuses de jouer aux jeux de hasard et d'assister aux enterrements; à tous les clercs d'aller à la chasse, et de soutenir des procès devant des juges laïques. On y déclara excommuniées par le seul fait les puissances temporelles qui feraient ou favoriseraient quelque entreprise contre la religion ou contre la liberté ecclésiastique. On y soumit à la peine de l'excommunication les ecclésiastiques qui exigeraient un intérêt pour un dépôt confié. On y régla que le tiers des legs faits à l'église du lieu de la sépulture, ainsi que le tiers des offrandes faites à l'occasion de la sépulture même, appartiendrait de droit à l'église paroissiale. *Reg.* XXVIII; *Labb.* XI; *Hard.* VIII.

MILAN (Concile de), l'an 1291. Otton Visconti, archevêque de Milan, tint ce concile avec ses suffragants, le 27 novembre, pour le recouvrement de la terre sainte, qui avait été entièrement perdue par la prise d'Acre, le 18 mai de la même année. *Labb.* XI.

MILAN (Concile provincial de), l'an 1311. Les décrets de ce concile, tenu à Bergame, et auquel présida Gaston, archevêque de Milan, sont au nombre de trente-quatre; ils furent publiés sous le nom de *rubriques*, et commencent par ces mots: *In nomine Domini, amen. Radio sacræ scripturæ militantis Ecclesiæ illustrissimus illustrator ad Timotheum discipulum suum scribit, Prædica verbum.* Suivent les statuts, autrement dit, les rubriques.

La 1re concerne la citation des hérétiques au tribunal de chaque évêque ou de son official.

La 2e prescrit aux clercs un habit décent et l'éloignement des emplois séculiers.

La 3e leur interdit le port des armes, la fréquentation des jeux et l'abus de leur caractère, dont ils prétendraient se servir pour envahir les biens des particuliers.

La 4e leur défend d'accepter la tutelle ou la curatelle de quelque laïque, ou de se laisser traduire devant des tribunaux séculiers.

La 5e regarde la célébration de l'office divin.

La 6e défend aux clercs de garder avec eux des femmes autres que des parentes, ou que des femmes suspectes, qui ne soient pas des concubines et des enfants illégitimes.

La 7e décrit les qualités que doivent avoir ceux qui sont pour être promus aux dignités et aux fonctions ecclésiastiques.

La 8e fait défense d'élire un chanoine pour un canonicat non encore vacant.

La 9e prescrit l'institution canonique pour les bénéfices, quels qu'ils soient.

La 10e est relative aux interdits locaux prononcés pour refus de paiement de taxes ou de dîmes.

La 11e contient des peines contre les usurpateurs des biens ecclésiastiques.

La 12e ordonne la déposition de ceux qui conspireraient contre leur évêque.

La 13e prescrit le serment à ceux qui nient receler, soit un clerc, soit quelque bien d'église.

La 14e impose l'obligation à tous les évêques de la province de dénoncer dans leurs diocèses respectifs les personnes excommuniées par quelqu'un de leurs collègues, et prononcent des peines contre ceux qui feraient des menaces au prélat excommunicateur ou au dénonciateur de l'excommunié.

La 15e est contre ceux qui demeurent dans l'excommunication sans chercher à s'en faire relever.

La 16e interdit aux ecclésiastiques l'emploi ou le port des armes, et prévient les insultes dont l'archevêque ou son vicaire général serait l'objet.

La 17e contient la sage défense de procéder aux élections en présence des laïques.

La 18e défend de citer des clercs devant des juges séculiers.

La 19e fait le détail des excommunications encourues par le seul fait.

La 20e est pour le maintien des droits et des juridictions de l'archevêque et des évêques.

La 21e proscrit les appels illégaux et les citations clandestines.

La 22e concerne les réguliers, invités à s'assembler plus régulièrement en chapitre.

La 23e renvoie à la disposition du prélat diocésain les biens injustement acquis dont on ignorait le légitime maître.

La 24e fait une loi d'exiger une caution des usuriers pour la restitution de leurs usures.

La 25e oblige à donner aux pauvres le produit des usures, quand on ne sait à qui pouvoir les restituer.

La 26e recommande aux prêtres de veiller à l'exécution des legs pieux.

La 27e revendique aux évêques le droit d'examiner les ordonnances des séculiers qui pourraient léser les droits des clercs.

La 28e invite les fidèles, et particulièrement les prêtres, à aider de leurs moyens les évêques réduits à l'exil.

La 29e fait l'énumération des cas réservés aux évêques.

Nous supprimons les autres, pour arriver à la dernière, qui déclare détestable la prétention qu'ont certains séculiers, d'empêcher la puissance ecclésiastique de notifier ou de faire exécuter ses décrets. *Synod. Cremon. secunda sub Cæsare Speciano.* Voy. BERGAME.

MILAN (Concile de Pise et de), l'an 1511. *Voy.* PISE, même année.

MILAN (Premier concile de), sous saint Charles Borromée, l'an 1565. Saint Charles Borromée, cardinal de Sainte-Praxède, et archevêque de Milan, tint ce concile au mois de septembre. Onze évêques y assistèrent, et cinq envoyèrent leurs procureurs. Le saint cardinal en fit l'ouverture par un discours, dans lequel il montra la nécessité des conciles provinciaux. On y accepta d'abord les décrets du concile de Trente, et l'on en fit d'autres qui sont divisés en trois parties; la première contient ceux qui concernent la foi et les moyens de la conserver; la seconde, ceux qui regardent l'administration des sacrements, et la troisième, ceux qui touchent les hôpitaux et les monastères.

PREMIÈRE PARTIE.
De la foi catholique.

Les évêques feront publier la constitution de Pie IV, qui ordonne que l'on fera faire une profession de foi à tous ceux qui aspirent aux cures, aux canonicats, aux grades des universités, à l'office d'enseigner les lettres, même la grammaire et les arts libéraux, quand ce serait gratuitement. On les examinera aussi sur leurs mœurs.

De ceux qui abusent de l'Ecriture sainte.

Les évêques puniront sévèrement ceux qui emploient les paroles de l'Ecriture sainte pour rire, pour flatter, pour insulter, ou qui les font servir à l'impiété, à la superstition, à quelque usage profane que ce puisse être.

Des maîtres d'école.

Ils seront recommandables par leur capacité, de même que par la pureté de leurs mœurs, et ne liront à leurs écoliers que des livres permis et propres à leur former l'esprit et le cœur, selon les maximes de la religion.

Du catéchisme que le curé doit faire.

Les curés appelleront les enfants à l'église au son de la cloche, tous les jours de dimanches et de fêtes, pour leur apprendre le catéchisme : ils leur apprendront aussi à obéir à Dieu et à leurs parents.

De la prébende théologale.

Les évêques feront exécuter le chapitre premier du décret de la cinquième session du concile de Trente, touchant la prébende théologale.

De la prédication de la parole de Dieu.

La prédication de la parole de Dieu étant le devoir principal des évêques qui ont succédé aux apôtres, ils doivent s'y appliquer de tout leur pouvoir, et faire prêcher des hommes capables à leur place, quand ils ont des empêchements légitimes qui les en dispensent. Dans toutes les églises qui ont charge d'âmes, il y aura sermon les dimanches, les fêtes solennelles, l'avent et le carême. Les prédicateurs ne s'appliqueront pas à faire parade de doctrine et d'éloquence; ils s'attacheront plutôt à expliquer d'une manière claire l'Evangile, le Symbole, l'Oraison dominicale, la Salutation angélique, les Commandements de Dieu, les sacrements et les cérémonies de l'Eglise. Ils s'élèveront, avec autant de zèle que de charité, contre les vices auxquels les peuples sont le plus enclins, et contre les mauvaises coutumes, mais sans nommer ni désigner personne. Ils ne s'élèveront contre aucun genre de vie reçu dans l'Eglise, ni contre les évêques, ni contre les magistrats. Ils engageront les peuples à obéir sans murmurer à leurs supérieurs, lors même qu'ils sont difficiles et fâcheux, et à prier pour tous les hommes, spécialement pour les souverains.

Ils exciteront les peuples à la douleur de leurs péchés, à la vertu, à la piété, leur enseignant quels sont les devoirs propres de chaque état, ceux des pères, des enfants, des époux, des épouses, des maîtres, des serviteurs, des laïques, des clercs, des magistrats, des personnes privées, etc. Ils leur apprendront à garder les commandements de Dieu et de l'Eglise, et la manière de les garder; à observer les préceptes et à embrasser les conseils, en s'efforçant de faire des progrès continuels dans la perfection.

Ils leur enseigneront de quelle manière il faut se servir des biens de l'âme et du corps, de la prospérité et de l'adversité, comme de moyens pour acquérir le ciel. Mais ils prendront surtout bien garde de ne pas détruire par leur conduite ce qu'ils établissent par leurs discours.

Ils ne publieront point d'indulgences, et ils ne recommanderont aucun pauvre au peuple, sans la permission par écrit de l'évêque. On ne recueillera point les aumônes à l'église pendant le sermon, qui ne se fera jamais la nuit. Il n'y aura ni messe, ni office dans l'église, tandis qu'on y prêchera; et les évêques qui ne pourront prêcher eux-mêmes assisteront au moins à la prédication, autant qu'il leur sera possible. Les chanoines de la cathédrale et les autres ecclésiastiques de la ville se rendront aussi assidus aux sermons, les fêtes solennelles, l'avent et le carême, afin d'y attirer le peuple par leur exemple. Les évêques feront en sorte que les hommes et les femmes aient des places séparées les unes des autres, pour entendre le sermon.

De ce qu'il faut observer dans la gravure des saintes images.

Le saint concile de Trente ayant défendu de placer de nouvelles images dans quelque lieu que ce soit, même exempt, sans la permission des évêques, et leur ayant recommandé de n'en permettre aucune de fausse, de profane, d'indécente, ils auront soin de prohiber toutes celles qui présenteraient quelque chose de contraire à la vérité des Ecritures saintes, de la tradition et de l'Histoire de l'Eglise. Ils feront venir tous les peintres et les sculpteurs de leurs diocèses, pour leur intimer leurs ordres sur ce point; et ils puniront les transgresseurs avec ceux qui les auront employés. Les curés avertiront les évêques de ce qui pourra souffrir quelque difficulté dans les images de leurs paroisses.

Des représentations saintes.

La méchanceté des hommes étant cause que l'on ne peut représenter la passion de Notre-Seigneur, ni les combats des martyrs et les actions des autres saints, sans les exposer aux moqueries et aux mépris de plusieurs, on s'abstiendra dorénavant de ces sortes de représentations.

De la vénération des saintes reliques.

On gardera religieusement les reliques des saints dans des lieux honnêtes et des vases propres. On les fera voir au peuple avec des cierges allumés, sans les tirer de ces vases et sans rien exiger pour cela.

Des arts magiques, sortiléges et divinations.

Les évêques puniront sévèrement et banniront de la société des fidèles tous les magiciens, sorciers, devins. Ils puniront aussi tous ceux qui les consultent, qui les aident, qui les protégent, qui les croient ou qui observent les temps, les jours et les moments, la voix des quadrupèdes, le chant ou le vol des oiseaux, pour entreprendre un voyage ou une affaire.

Du blasphème.

Un clerc qui blasphème publiquement sera privé, pour la première fois, d'une année des fruits de tous ses bénéfices ; s'il tombe une seconde fois, il sera privé de son bénéfice, s'il n'en a qu'un ; et, s'il en a plusieurs, il sera privé de celui que l'ordinaire jugera à propos : s'il blasphème une troisième fois, il perdra toutes ses dignités et tous ses bénéfices, et sera inhabile à en posséder dans la suite. Le laïque blasphémateur sera condamné à une amende pécuniaire, la première et la seconde fois ; et à une pénitence publique, s'il tombe une troisième fois.

De l'observation des jours de fête.

Les jours de fêtes ayant été institués pour célébrer les louanges de Dieu et des saints, les évêques sont obligés d'apporter tous leurs soins pour les faire observer saintement. Ils empêcheront donc de travailler servilement ces jours-là, de vendre ou d'acheter des choses non nécessaires pour vivre ce jour-là, ou pour soulager les malades. On n'ouvrira les boutiques, ni en tout, ni en partie. Il n'y aura ni foires, ni masques, ni combats à cheval, ni spectacles, ni danses dans les villes, les faubourgs ou les villages. On apprendra au peuple qu'il doit passer ces saints jours à assister aux offices divins, à écouter la parole de Dieu, à prier et à se rappeler les bienfaits de Dieu.

DEUXIÈME PARTIE.

De l'administration des sacrements en général.

Puisque les sacrements doivent se donner non-seulement sans simonie, mais encore sans le moindre soupçon d'avarice, tous ceux qui sont chargés de leur administration prendront bien garde de rien exiger pour cette fonction, ni même de rien demander par paroles ou par signes, directement ou indirectement. Les évêques seront attentifs à faire observer les rites et les cérémonies de l'Église romaine dans l'administration des sacrements qui se fera dans leur cathédrale. Les recteurs des églises inférieures en feront de même ; et les prêtres seront toujours revêtus du surplis et de l'étole, quand ils administreront quelque sacrement. Ils en expliqueront aussi la vertu et l'usage, d'une manière qui soit à la portée des assistants.

Les curés exhorteront souvent leurs paroissiens à fréquenter les sacrements de la pénitence et de l'eucharistie, surtout à Noël, à la Pentecôte et aux autres solennités. Ils visiteront les malades sans être appelés, pour les engager à recevoir les sacrements.

De l'administration du baptême.

On ne baptisera personne à la maison ; mais ceux qui seront chargés des enfants nouveau-nés, les feront porter à l'église avant le neuvième jour, pour y recevoir le baptême, et cela sous peine d'excommunication. Il sera pourtant permis de les baptiser à la maison lorsqu'ils seront en danger, à condition que, le danger étant expiré, on les portera à l'église, afin qu'on fasse sur eux les cérémonies du baptême qui auront été omises. On leur choisira des parrains capables de leur faire de salutaires leçons touchant la foi et les mœurs, au défaut de leurs parents. Les évêques aboliront, par leurs châtiments, la détestable coutume de mettre les enfants baptisés sur l'autel, pour les faire racheter par les compères. Les compères et les commères ne donneront rien aux enfants, ni à leurs parents, au moment du baptême. Tout le clergé de la cathédrale assistera à la consécration du chrême. Les curés empêcheront les laïques de le toucher dans la cérémonie du baptême. Ils ne souffriront pas non plus que l'on conserve les petits linges avec lesquels on a essuyé l'onction du saint chrême, pour les donner à toucher. Chaque paroisse aura ses fonts baptismaux, où l'on conservera soigneusement, pendant toute l'année, l'eau bénite destinée au baptême. Tous les curés auront un registre où ils écriront les noms et les surnoms des baptisés, de leurs pères et de leurs mères, de leurs parrains et de leurs marraines, avec le jour de la naissance du baptême des enfants. Ils y feront aussi mention de la légitimité de leur naissance, et ils donneront tous les ans une copie de ce registre à l'évêque. Ils avertiront les femmes accouchées de se rendre à l'église aussitôt après leurs couches, pour remercier Dieu et recevoir la bénédiction du curé.

De l'administration du sacrement de confirmation.

On ne donnera la confirmation qu'aux enfants âgés de sept ans ; et les curés annonceront dans l'église le jour où on l'administrera. Ils expliqueront la vertu de ce sacrement à ceux qui doivent le recevoir, et tiendront registre des enfants confirmés, de même que des baptisés.

Du sacrement de l'eucharistie.

Les curés porteront par écrit à l'évêque, six jours après l'octave de Pâques, les noms de ceux qui n'auront point satisfait à leur devoir pascal. L'évêque punira par des censures et par d'autres peines ces négligents, excepté ceux qui auront différé leur pâque pour de justes causes et de l'avis du curé. On ne recevra point à la communion, sans des preuves certaines de conversion, les concubinaires, les usuriers et les autres pécheurs publics, qui seront retombés après y avoir été admis une première fois. On donnera la communion aux hommes et aux femmes séparément, dans les grandes églises où on pourra le faire commodément. Les curés examineront et instruiront quelques jours auparavant les enfants qui doivent faire leur première communion. La réserve de la sainte eucharistie sera au maître-autel, autant que faire se pourra ; et il y aura toujours une lampe ardente en sa présence. On portera la sainte eucharistie aux malades avec une extrême révérence. On en avertira le peuple par le son des cloches ; et on portera, s'il est possible, la sainte eucharistie sous un dais, avec des cierges allumés et une sonnette. Il y aura toujours deux hosties dans le ciboire destiné à ce saint usage, de peur que le peuple n'adore, au retour du prêtre, un vase vide.

De la célébration de la messe.

L'évêque s'appliquera à connaître tous les prêtres qui doivent dire la messe dans son diocèse, et les obligera de satisfaire à leur devoir. On n'admettra aucun prêtre, séculier ou régulier, à dire la messe dans les oratoires ou chapelles domestiques, à moins qu'il n'ait reçu de l'évêque une permission par écrit, qui sera renouvelée tous les six mois. L'évêque ne permettra de dire la messe aux prêtres d'un autre diocèse, que quand ils auront des lettres d'attestation ou des dimissoires de leur propre évêque. On ne dira point de messe avant l'aurore, ni après midi, si ce n'est dans les cas permis par le droit. Les évêques ne permettront pas, sans de fortes raisons, que l'on bâtisse des chapelles domestiques, ou que l'on en fasse usage pour la célébration de la messe. On ne placera point les chapelles domestiques dans les endroits de la maison où la famille se trouve le plus souvent, mais dans un lieu décent et séparé des chambres, des salles à manger et du vestibule. On ne les fera point si petites, que ceux qui entendent la messe soient obligés de se tenir à la porte, ou à la fenêtre, ou dans une chambre ordinaire. Les ornements et les vases d'autel, surtout les corporaux et les purificatoires, seront nets et propres. On dira la messe *de Beata* tous les samedis non empêchés. On ne pourra dire que cinq collectes tout au plus à la messe, si ce n'est dans les églises qui auraient un usage contraire. Les évêques retrancheront les festins, les jeux, les danses et généralement tous les abus qui se sont glissés lorsqu'un prêtre dit sa première messe. On observera à la messe les cérémonies de l'Eglise romaine. Les prêtres célébrants éviteront tout mouvement messéant de la tête, de la bouche et du reste du corps. Ils ne prononceront les paroles de la messe ni trop vite, ni trop lentement. Ils les liront dans le Missel, et ne les réciteront ou ne les chanteront point par cœur. Ils ne diront point la messe la tête couverte. Ils se confesseront au moins toutes les semaines, vaqueront à la prière à des prie-dieu dressés dans la sacristie, et prépareront la messe dans le Missel, avant de la dire. Ils ne parleront à personne, et n'écouteront personne, quand ils seront revêtus des ornements sacrés, et ne mettront sur l'autel ni chapeau, ni bonnet, ni calotte, ni gants, ni mouchoir, ni rien de semblable. Ils ne s'arrêteront point, étant à l'autel, pour attendre qui que ce soit ; et ils ne répéteront point non plus le commencement de la messe. Les curés n'avanceront et ne reculeront en faveur de personne la messe paroissiale ; mais ils la diront à l'heure la plus commode pour le peuple. Les prêtres célébrants ne manqueront pas de faire leur action de grâces après la messe. Ils ne laisseront éteindre les cierges qu'après le dernier évangile, et ils auront, pour les servir à l'autel, un clerc en surplis et en habit long, autant qu'il sera possible. Le prêtre ne commencera point la messe que les cierges ne soient allumés, et que tout ne soit prêt à l'autel. Les veuves qui font le deuil de leurs maris nouvellement morts ne seront pas plus d'un mois sans entendre la messe (*Voyez* plus loin, 3e concile de Milan, § 1). Les curés exhorteront souvent leurs paroissiens à entendre la messe et le sermon dans leurs paroisses, avec un habit décent, la tête découverte et quelque peu loin de l'autel, et à n'en sortir qu'après le dernier évangile.

De l'administration du sacrement de pénitence.

On observera les constitutions du pape Innocent III qui ordonnent aux fidèles de se confesser, au moins une fois l'an, à leur propre curé ; et aux médecins, d'avertir leurs malades de se confesser aussi, sous peine de les abandonner, s'ils n'ont satisfait à ce devoir dans quatre jours au plus tard. Aucun prêtre non curé ne pourra confesser sans être approuvé, par écrit, de l'évêque. Tous les confesseurs auront aussi par écrit les cas réservés au pape et aux évêques. Ils ne confesseront point de femmes avant le lever ni après le coucher du soleil, hors le cas de nécessité. Ils n'en confesseront point non plus qu'en public et dans un confessionnal. Les confesseurs aideront les pénitents à se confesser, quand il sera nécessaire ; et ne leur donneront point l'absolution, qu'ils n'aient fait les restitutions ou réparations qu'ils doivent faire, lorsqu'ils auront manqué une seule fois de parole, après l'avoir promis. Les confesseurs sauront les canons pénitentiaux, et auront soin d'avertir les pénitents de la pénitence qu'ils prescrivent pour chaque péché, afin que l'indulgence dont l'Eglise use envers eux les porte à s'éloigner davantage du péché.

Du jeûne.

On s'abstiendra de chair, d'œufs, de lait, de fromage et de beurre durant tout le carême. On jeûnera les trois jours des Rogations, suivant l'ancien usage de l'Eglise de Milan. On commencera le jeûne quadragésimal dès le mercredi après la Quinquagésime dans toute la province, excepté à Milan et dans les endroits du diocèse où l'on suit le rite ambrosien. Ceux qui jeûnent prendront bien garde de se livrer aux autres délices, tandis qu'ils s'abstiennent des aliments défendus ; ils s'adonneront, au contraire, à toutes sortes de bonnes œuvres, telles que la prière, l'aumône, etc.

De l'administration de l'extrême-onction.

Le curé administrera le sacrement de l'extrême-onction au malade, tandis qu'il aura encore les sens libres ; et le consolera, en l'exhortant à tourner toutes ses pensées vers le bonheur qui l'attend dans le ciel, sans se laisser abattre par la crainte de la mort.

De l'administration du sacrement de l'ordre.

On observera inviolablement le décret du concile de Trente qui défend à l'évêque et à ses officiers de rien recevoir pour l'ordination, quand même il s'agirait d'une chose offerte par pure libéralité. L'archidiacre de la cathédrale aura un livre où il écrira les noms de tous ceux qui ont quelque ordre dans le diocèse.

Des séminaires des clercs.

Les évêques établiront des séminaires, en leur incorporant des bénéfices simples et des prestimonies, c'est-à-dire de ces espèces de bénéfices qui n'ont aucune charge à acquitter, selon leur première institution, et qui sont seulement fondés pour fournir de quoi vivre à de pauvres étudiants ou à ceux qui combattent contre les infidèles ou les hérétiques.

De la collation des bénéfices.

Défense à ceux qui ont droit de pourvoir aux bénéfices, en quelque manière que ce soit, de rien recevoir des pourvus, quelque gratuit que pût être le présent qu'ils voudraient leur faire. On ne donnera point non plus de bénéfice à condition que celui à qui on le donne, le cédera dans la suite à un autre, ni en se réservant une partie des fruits du bénéfice, sous quelque pieux prétexte que ce puisse être. Celui qui aura donné un bénéfice de cette manière sera privé du droit d'élire, de nommer ou de présenter dans la suite ; et celui qui l'aura reçu, n'y aura aucun droit : il sera obligé à la restitution des fruits, s'il en a perçu. Les évêques feront publier, deux fois par an, la bulle de Pie IV contre les simoniaques, dans les principales villes de leur diocèse ; et on ne pourra, sans leur consentement, pactiser, ni transiger en matière bénéficiale, sous prétexte même de se rédimer de quelque vexation. Tous ceux qui auront coopéré en quelque manière que ce soit à la simonie, subiront les mêmes peines que les simoniaques. Les évêques et les autres collateurs des bénéfices assigneront un salaire à leurs officiers, de peur que ceux qui n'en auraient point, ne se proposassent principalement les bénéfices ecclésiastiques comme le prix de leurs peines. Ceux qui emploieront des prières ambitieuses, par eux-mêmes ou par d'autres, pour obtenir un bénéfice vacant, n'en pourront avoir aucun pendant deux ans, non plus que ceux qui demanderont un bénéfice qui ne vaque point encore.

De la déclaration à publier pour l'examen des curés.

Quand une cure sera vacante, l'évêque fera afficher aux portes de la cathédrale et de l'église vacante une déclaration pour inviter ceux qui voudront se faire examiner ou en nommer d'autres propres à subir l'examen, à l'effet d'obtenir la cure vacante.

De l'examen et de l'enquête qu'on doit faire de ceux qui sont destinés à l'épiscopat.

L'évêque du lieu où celui qu'on veut élever à l'épiscopat aura fait son séjour le plus ordinaire, s'informera de cinq témoins doctes, éprouvés et au-dessus de toute exception, s'il a bonne réputation ; s'il n'est point soupçonné d'hérésie ou de schisme ; s'il lit, ou s'il a des livres hérétiques ; s'il a demeuré avec des hérétiques, ou s'il les a favorisés ; s'il se confesse, s'il communie et s'il entend la messe aux temps ordonnés par l'Église ; s'il a les ordres sacrés, et depuis quand ; s'il est criminel ou noté de vice ou d'infamie ; s'il n'a pas des inimitiés capitales contre quelqu'un ; s'il n'a point d'enfants illégitimes, combien et de quel âge ; s'il gouverne chrétiennement sa maison ; s'il n'est point bigame, excommunié, suspens, apostat ; s'il n'a point été pénitent public, insensé, obsédé ou possédé par le passé. On s'informera aussi de deux ou trois témoins, s'il est né d'un légitime mariage ; s'il est fils ou neveu d'un hérétique ; s'il est âgé de trente ans accomplis ; s'il est docteur ou licencié en théologie ou en droit canonique ; s'il a quelque vice ou quelque difformité notable de corps ; s'il tombe du mal caduc. Quant à la doctrine, on prendra trois hommes savants dans la théologie et trois dans le droit canonique, et on lui demandera en quoi diffèrent les sacrements de l'ancienne loi de ceux de la nouvelle ; le nombre et les noms de ces derniers ; leur matière, leur forme, leur ministre, l'office du prêtre et celui de tous les autres clercs inférieurs ; les commandements de Dieu et les conseils évangéliques : on lui donnera aussi à interpréter un endroit de l'Ancien Testament, et un autre du nouveau ; enfin on l'interrogera sur le droit canon.

De la vie et des devoirs des évêques et des clercs.

Les évêques et les clercs n'offriront rien dans leur conduite qui ne respire la simplicité, la chasteté, l'intégrité des mœurs, la modestie, la frugalité, la douceur, l'humilité, et enfin toutes les vertus si nécessaires à ceux qui sont la lumière des autres, et qui doivent les guider dans le chemin du salut, beaucoup plus encore par l'exemple de leur piété que par l'éclat de leur science.

De la fréquente oblation du divin sacrifice.

Les évêques et tous les prêtres sans exception diront la messe tous les jours de dimanches et de fêtes, s'ils n'en sont légitimement empêchés. Pour les curés, ils la diront au moins trois fois par semaine. Les diacres et les sous-diacres communieront deux fois le mois, et les clercs inférieurs une fois.

Du soin des évêques pour le soutien de leur dignité.

Les évêques ne se tiendront point debout en présence des princes qui seront assis : ils ne leur donneront point la paix ni le Missel à baiser pendant la messe. Ils puniront, selon les canons, les clercs qui oseront les insulter, eux ou les autres supérieurs.

De l'habillement de l'évêque.

L'évêque ne cherchera point à se concilier du crédit et de l'autorité par le fastueux appareil des ornements profanes, mais par l'éclat de sa foi et de sa bonne vie : d'où vient qu'il ne portera ni soie, ni fourrures précieuses. Il n'usera point de parfums et se contentera de son anneau épiscopal. La housse de sa mule ou de son cheval sera de cuir ou de laine seulement, et non de soie ou de velours. Il ne se servira ni de selle, ni d'éperons, ni de mors dorés. Il portera le rochet dans l'église et en public. Il ne sortira point de sa chambre, et n'y laissera entrer aucun étranger avant qu'il soit revêtu d'un habit long attaché au cou, et d'une mosette ; et il ne quittera point cet habit avant la nuit, ou s'il le quitte plus tôt, ce ne sera qu'après avoir congédié tout le monde. Il n'aura même en son particulier que des habits convenables à la modestie et à la gravité d'un évêque.

Des meubles de l'évêque.

Il n'aura aucun meuble d'or et d'argent, excepté les petites cuillers à bouche, qui pourront être d'argent. Il n'aura rien non plus qui soit doré ou argenté, rien qui soit de soie, ou brodé, ou peint de diverses couleurs, ou enfin travaillé avec art. Il n'aura ni tapisseries, ni tapis, si ce n'est de cuir ou de quelque étoffe fort simple ; il ne pourra faire tapisser de cette manière que deux chambres seulement, l'une pour sa santé, et l'autre pour les étrangers qui viennent à l'évêché. Il ne nourrira que les chevaux qui lui seront nécessaires, et retranchera tous les ornements superflus de ses édifices, en même temps qu'il les prodiguera dans les temples du Seigneur.

De la table de l'évêque.

L'évêque bénira la table avant de s'y asseoir, et y observera la tempérance et la frugalité convenables : il n'y aura qu'un bouilli, outre la soupe, un plat de laitage et deux de fruits. Il pourra y ajouter deux ou trois mets tout au plus, en faveur des étrangers. On n'y verra ni confitures, ni gâteaux, ni vins exquis et recherchés, rien de ce qui se fait avec le sucre, et qui ne sert qu'à flatter le goût. On y lira l'Ecriture sainte, et l'on en bannira les parasites, les railleurs, les bouffons et les médisants. On finira la table par l'action de grâces, comme on l'a commencée par la bénédiction.

De la famille de l'évêque.

L'évêque n'aura que les domestiques qui lui seront nécessaires et utiles à l'église. Ces domestiques seront clercs, autant que faire se pourra, et porteront l'habit ecclésiastique. Il y en aura parmi eux au moins deux, s'il est possible, qui seront dans les ordres sacrés, pour être témoins et imitateurs de la bonne conduite de l'évêque. Il y aura aussi un ecclésiastique préposé pour veiller à l'instruction et au salut de toute la famille. Aucun des familiers de l'évêque ne portera d'armes, si ce n'est en voyage ou pour quelque raison nécessaire, au jugement de l'évêque. Ils ne porteront ni soie, ni or, ni argent sur leurs habits, qui seront de couleur noire ou brune seulement.

Des heures canoniales.

Les bénéficiers qui manqueront de dire l'office divin, six mois après qu'ils auront joui de leur bénéfice, seront obligés de donner à la fabrique ou aux pauvres les fruits qu'ils auront perçus.

Des principaux livres que les clercs doivent lire.

Ces livres sont la Bible, le Catéchisme romain, le Concile de Trente, les Statuts des conciles provinciaux et des synodes, le Calendrier des jours de fêtes que les évêques doivent faire imprimer tous les ans dans leurs diocèses. Les curés auront de plus un Homiliaire du choix de l'évêque, la Somme Antonine ou quelque autre choisie aussi par l'évêque, le Pastoral de saint Grégoire et le traité du Sacerdoce de saint Jean Chrysostome.

De l'habit et de la vie des clercs.

Tous les clercs porteront la tonsure convenable à leur ordre, et l'habit noir qui sera de laine seulement. Ils ne porteront ni manchettes, ni bracelets, ni colliers, ni anneau, si leur dignité ne l'exige, ni manteau, si ce n'est en temps de pluie. Ils pourront porter en voyage un habit plus court que leur habit ordinaire, qui doit descendre jusqu'aux talons. Ils observeront, proportion gardée et encore avec plus de modération, tout ce qui a été dit de la table, de l'ameublement et de la maison de l'évêque.

Des maisons cléricales.

Les chanoines, non plus que les autres ecclésiastiques, ne demeureront point avec des femmes, même parentes ou alliées, soit dans les propres maisons de chanoines ou ecclésiastiques, soit dans des maisons étrangères, à moins que l'évêque n'en dispose autrement dans une urgente nécessité. Ils ne loueront point non plus aux laïques, ni en tout, ni en partie les maisons qu'ils habitent ou qu'ils doivent habiter. Les chanoines des cathédrales et des collégiales demeureront dans les maisons canoniales. Aucun clerc ne sortira de sa maison après la première heure de la nuit, sans lumière et sans un juste sujet.

Des armes, des jeux, des spectacles et autres choses semblables.

Les armes des clercs sont les prières et

les larmes : c'est pourquoi nous leur défendons toutes sortes d'armes offensives et défensives, si ce n'est quand ils voyagent dans des lieux dangereux. Ils ne marcheront point masqués ni déguisés, n'iront ni aux danses, ni à la chasse, et ils ne regarderont même pas danser les autres; ils n'assisteront ni à la comédie, ni aux tournois, ni à aucun spectacle profane. Ils ne joueront point aux dés, ni aux osselets, ni à la paume, ni enfin à aucun jeu de hasard, et ne regarderont même pas ceux qui jouent à ces sortes de jeux. Ils ne se trouveront point aux festins tant soit peu indécents, et n'exciteront personne à boire. Ils n'iront point aux cabarets, si ce n'est en voyage; et alors même ils ne mangeront point avec les personnes du sexe.

Des affaires séculières.

Les clercs constitués dans les ordres sacrés, non plus que les bénéficiers, ne seront ni avocats, ni procureurs, ni tabellions, si ce n'est pour défendre leur propre cause ou celle de leur église, de leurs proches, des personnes misérables; et cela, avec la permission par écrit de l'évêque. Ils ne seront ni médecins, ni marchands, ni fermiers, ni tuteurs ou curateurs, ni cautions, ni hommes d'affaires ou domestiques des grands, même des princes; ils pourront néanmoins posséder quelque charge ou quelque office chez eux, avec la permission de l'évêque, pourvu qu'il n'y ait rien en cela qui ne sympathise avec la dignité du sacerdoce; ils pourront aussi se procurer le nécessaire en s'exerçant à quelque art honnête.

De la résidence.

Les évêques garderont la résidence, selon qu'il est ordonné par le concile de Trente, sous peine de la privation des fruits de leur bénéfice durant tout le temps de leur absence, lesquels seront appliqués à la fabrique de l'église ou aux pauvres. Les curés non résidants subiront la même peine, de même que tous les autres bénéficiers qui sont tenus à la résidence, quoiqu'ils ne soient pas curés.

De la diligence que l'évêque doit apporter pour connaître l'état de chaque paroisse.

Les évêques, ne pouvant pas tout voir de leurs yeux, désigneront, dans chaque paroisse, des hommes éprouvés pour leur faire rapport de tout ce qu'ils remarqueront qui a besoin de parvenir à leur connaissance. Chaque curé aura de plus un livre où il écrira les noms et surnoms de tous ses paroissiens et de toutes ses paroissiennes, leur âge, leur état, leurs besoins, et dont il fera rapport à l'évêque : celui-ci assemblera quatre fois l'année, aux Quatre-Temps, tous les curés de sa ville épiscopale, pour savoir d'eux l'état de leurs paroisses.

Des vicaires forains.

L'évêque choisira quelques prêtres d'un mérite reconnu, auxquels il donnera le titre de vicaires forains et un certain canton de son diocèse à visiter. Ces vicaires assembleront tous les mois les curés de leur canton, tantôt dans une paroisse et tantôt dans une autre, pour conférer avec eux sur les devoirs d'un bon pasteur, la conduite des âmes et les difficultés qui se rencontrent dans leurs paroisses. Ils s'informeront surtout de la vie et des mœurs des prêtres; de la manière dont ils s'acquittent de leur devoir; s'ils ne négligent pas le service divin; s'ils ont les livres qu'ils doivent avoir; s'ils observent les statuts synodaux, etc.

De la visite.

Les évêques s'acquitteront de la visite de leur diocèse, comme de leur principal devoir, en se souvenant qu'elle a été établie pour le salut de leurs troupeaux, et qu'ils doivent la faire dans le dessein de maintenir où de rétablir la foi, les mœurs et la discipline. Ils exhorteront tout le monde à la vertu et à la paix, donneront la confirmation, s'informeront de la conduite de chacun, régleront tout ce qui sera nécessaire pour les réparations, la propreté et les ornements des églises, consacreront les autels qu'il y aura à consacrer, réconcilieront les cimetières qui en auront besoin, et feront en sorte qu'il ne manque rien de tout ce qu'il faut pour le service divin, comme livres, calices, patènes, corporaux, habillements du prêtre et de ses ministres, etc. Ils examineront aussi avec beaucoup de soin si les curés remplissent fidèlement toutes les fonctions de leur ministère; s'ils administrent les sacrements comme ils le doivent; s'ils conservent la divine eucharistie, le chrême et toutes les choses saintes avec toute la décence et toute la propreté qu'elles méritent; s'ils prêchent et s'ils font le catéchisme; s'il n'y a point d'hérétiques ou de pécheurs publics dans leurs paroisses; si l'on exécute les legs pieux; si les hôpitaux sont bien administrés et bien réglés; si les maîtres d'école s'acquittent comme il faut de leurs devoirs, et s'ils ne lisent que de bons livres à leurs écoliers, etc.

Du for judiciaire de l'évêque.

Les évêques fixeront une taxe pour le travail de leurs notaires, scribes ou secrétaires, dans tous les genres de causes du for judiciaire, eu égard aux circonstances des lieux, des choses et des personnes.

Les avocats ne seront point admis à plaider dans le for épiscopal, à moins qu'ils n'aient prêté serment qu'ils ne se chargeront d'aucune cause injuste.

Les évêques régleront aussi la taxe des geôliers et de tous ceux qui gardent les prisons. Ils choisiront des personnes de probité pour visiter les prisons toutes les semaines et leur rapporter fidèlement ce qui s'y passe, et la manière dont on y traite les prisonniers. Ils nommeront aussi des personnes pour plaider gratuitement les causes des pauvres.

Des ministres de l'Eglise et des offices divins.

Tous les ministres de l'Eglise s'acquitteront de leurs offices par eux-mêmes, et ceux qui y manqueront, seront privés des distributions quotidiennes : on excepte les cas d'infirmité, de nécessité ou d'utilité manifeste de l'Eglise.

De l'office de celui qui préside au chœur, etc.

Celui qui préside au chœur dans les cathédrales et dans les collégiales, apportera tous ses soins pour que l'office divin s'y fasse selon les lois générales, la religion et les usages particuliers de ces églises. Ceux qui y possèdent des dignités ou des personnats, se distingueront spécialement par leur piété et leur assiduité aux offices divins. Les chanoines ne tiendront pas chapitre pendant ces offices, non plus que les jours de fêtes, hors les cas de nécessité. Le maître des cérémonies annoncera l'office qu'il faudra dire tous les jours de la semaine, et avertira tous les ministres de l'église des fonctions qu'ils y doivent faire, dans une table qu'il affichera à la sacristie.

De l'office du sacristain.

Le sacristain aura la garde des vases sacrés, des ornements et du trésor de l'église, qu'il conservera très-proprement. Il préparera le vin, les hosties, les cierges, et généralement tout ce qui est nécessaire à la célébration des offices divins. Il renouvellera ou fera renouveler l'eau bénite toutes les semaines, ou plus souvent s'il en est besoin. Il sonnera ou fera sonner exactement la messe et les heures de l'office. Il aura trois tables dans la sacristie : l'une qui contiendra toutes les charges de la sacristie ; l'autre, toutes les obligations des chanoines, des chapelains et des autres, relativement à la desserte de son église ; et la troisième, qui sera celle du maître du chœur ou des cérémonies. Il ne souffrira point que les laïques s'arrêtent dans la sacristie, ni qu'on y tienne des discours vains et profanes.

De l'office du mansionaire.

Les mansionaires, qui sont comme les colonnes du chœur, s'approcheront du lutrin quand il faudra chanter les antiennes, les répons, etc. ; ils indiqueront aux chanoines et autres clercs ce qu'ils doivent chanter ou réciter. Ils prépareront les livres, et chercheront les messes, les psaumes, les antiennes, etc.

De l'office du piqueur.

Le piqueur, préposé par le chapitre, fera serment de s'acquitter fidèlement de son office, et marquera exactement ceux qui manqueront au chœur, ou qui ne s'y comporteront pas comme il convient. S'il fait tort à quelqu'un, en le marquant mal à propos, ou s'il omet de marquer ceux qui doivent l'être, il restituera également du sien. Il ne manquera à aucun office pendant tout le temps qu'il sera en fonction, et présentera son livre au chapitre tous les mois, et toutes les fois qu'il le demandera.

De l'office du trésorier.

Le trésorier du chapitre partagera équitablement les distributions quotidiennes, sous peine de restitution ; s'il les accorde aux absents marqués dans le livre du piqueur, il donnera autant du sien à l'église, et perdra en outre les distributions d'un mois.

De l'office des gardes des églises.

Les gardes des églises avertiront tous ceux qui pèchent contre le respect qui leur est dû, clercs et laïques ; et, s'ils ne se corrigent pas, ils les dénonceront à celui qui préside au chœur, ou à l'évêque. Ils seront attentifs à bannir de l'église toutes sortes d'indécences, et surtout à empêcher qu'elles ne soient volées.

Des fonctions des ordres mineurs.

Les évêques rétabliront les fonctions des ordres mineurs, selon l'ordonnance du concile de Trente : il y aura donc des portiers pour ouvrir et fermer les portes de l'église, en chasser les excommuniés, les vendeurs, les acheteurs, les mendiants, les chiens, et généralement tous ceux et toutes celles qui les profanent. Il y aura aussi des lecteurs, pour lire les prophéties à la messe et les leçons à matines ; des exorcistes, pour imposer les mains aux énergumènes ; et des acolytes, pour servir le sous-diacre et le diacre à l'autel.

De ce qui concerne les offices divins en général.

Les évêques prendront garde à ce qu'on ne lise rien d'apocryphe dans les offices divins. Les églises subalternes se régleront toutes sur la cathédrale, pour ce qui regarde la manière de dire l'office : elles ne sonneront pas pour y appeler le peuple avant la cathédrale ou toute autre église matrice. On récitera toutes les heures canoniales, et celles de la sainte Vierge, dans le chœur. Les laïques n'y entreront point durant l'office, ou du moins ils y seront séparés des clercs. Personne ne servira au chœur ou à l'église sans être revêtu d'un surplis. Les évêques ne souffriront pas qu'il y ait des charlatans ou des marchands forains dans les marchés, ou sur les places des églises, pendant l'office divin.

De la musique et des chantres.

On bannira de l'église tous les chants efféminés, profanes, lascifs, et l'on n'y en souffrira que de graves, qui soient propres à exciter la dévotion. Les chantres seront des clercs, autant qu'il sera possible, et ils porteront l'habit clérical et le surplis au chœur. De tous les instruments de musique, on n'admettra que les orgues toutes seules dans les églises.

Du temps et de la manière dont il faut s'assembler pour les offices divins.

On annoncera, par le son de la cloche, les offices du jour et de la nuit ; et aussitôt, on se disposera à s'y rendre dans l'intervalle des deux coups, qui sera assez long pour que tous ceux qui doivent y assister, puissent y arriver avant le commencement des offices. Quand on fait l'office de la sainte Vierge, ceux qui ne seront point à matines avant la fin du capitule, seront tenus pour absents,

DICTIONNAIRE DES CONCILES. I. 41

et, comme tels, privés de la distribution des matines. Il en sera de même de ceux qui n'arriveront point avant la fin du psaume *Venite exsultemus*, lorsqu'on fera quelque autre office, ainsi que de ceux qui n'arriveront point avant la fin du premier psaume des petites heures; et enfin de ceux qui n'arriveront pas avant la fin du dernier *Kyrie eleïson*. Les chanoines commenceront par s'incliner devant l'autel, en entrant dans le chœur : arrivés à leur place, ils se mettront à genoux, et réciteront tout bas l'Oraison dominicale.

De la manière de se comporter dans le chœur.

Tous chanteront et réciteront l'office divin d'une manière distincte et affective, sans précipitation, et en observant de s'asseoir, ou de se lever, de se découvrir, de fléchir les genoux, d'incliner la tête aux temps marqués. Ils éviteront avec soin de dormir dans le chœur, ou d'y rire, d'y causer, de s'y promener, d'y lire des lettres ou des livres, d'y réciter leur office en particulier, et d'en sortir avant la fin de l'office : alors, ils en sortiront comme ils y sont entrés, en se mettant à genoux, et en récitant tout bas l'Oraison dominicale.

Des matines et de prime.

On dira les matines à minuit, ou au moins à une telle heure qu'elles puissent être achevées vers le lever du soleil. On ne les dira point le soir, si ce n'est pendant l'octave du saint sacrement, et quelques autres jours permis par l'Eglise romaine. On les dira toujours dans le chœur, à moins que le grand froid ou quelque autre raison n'oblige de les dire dans la sacristie, ou dans quelque autre place décente de l'église, avec la permission de l'évêque. On dira prime au lever, ou un peu après le lever du soleil.

De la messe solennelle.

L'évêque chantera la messe solennelle à Pâques et aux autres fêtes principales de l'année. Le chanoine hebdomadaire la chantera les dimanches et les fêtes doubles, et même tous les jours de la semaine, si c'est l'usage; sinon, ce sera un autre prêtre désigné pour cela. Les évêques assisteront le plus qu'ils pourront à la grand'messe et aux offices; et ils n'y manqueront pas les dimanches, tout l'avent et tout le carême, sans de bonnes raisons.

Des églises, et du respect qu'on doit leur porter.

Les évêques feront réparer ou transférer ailleurs les églises, chapelles ou oratoires qui tomberont en ruines; et ils ne souffriront pas, sans une cause légitime, qu'on en emploie les matériaux à des édifices profanes, parce qu'on ne doit pas transporter à des usages humains ce qui a été consacré à Dieu. Personne n'aura la témérité de se promener dans l'église, d'y causer, d'y badiner, d'y parler d'affaires, de s'y tenir sur le seuil ou devant la porte, d'y tourner le dos au saint sacrement, d'y être debout à l'élévation de la sainte hostie, ou de troubler les offices divins en quelque manière que ce puisse être. On n'exposera rien en vente dans les cimetières ni aux portes des églises. On n'y mènera ni chiens, ni oiseaux de chasse ; on n'y portera ni hache, ni fusil, ni pistolet; les pauvres n'y demanderont pas l'aumône. On en fermera les portes à l'entrée de la nuit; et l'on n'y souffrira depuis ce temps-là aucun laïque, excepté la veille de Noël. On ne prêtera les meubles de l'église pour quelque usage que ce puisse être. On ne sonnera point les cloches pour convoquer le peuple aux supplices des criminels.

Des processions et des supplications.

Les processions générales partiront de l'église principale, et y reviendront à la fin. Les ecclésiastiques y seront en habit d'église. L'évêque pourra y appeler les réguliers, même exempts. Des clercs, en habit long et en surplis, y porteront la croix. Les hommes y marcheront séparés des femmes. On n'y représentera aucun spectacle, et l'on n'y vendra ni boisson, ni aliment.

Des funérailles de l'évêque.

Lorsqu'un évêque sera mort ou près de mourir, les trois premiers chanoines de son chapitre avertiront l'évêque le plus voisin, qui viendra pour l'enterrer avec le clergé séculier et régulier du défunt. Il n'y aura pas plus de vingt cierges à son enterrement; et l'on fera tous les ans son anniversaire, pendant la vie de son successeur immédiat, aux frais communs de cet évêque successeur et du chapitre.

Des funérailles et des obsèques.

On n'enterrera ni avant le lever, ni après le coucher du soleil, et l'on n'apportera point les corps morts à l'église pendant la grand'messe. Le luminaire de l'enterrement appartient à la sacristie de l'église où le mort est enterré. Les pauvres seront enterrés aux dépens de l'église. On évitera tout ce qui peut avoir quelque apparence d'avarice ou de simonie dans les obsèques et anniversaires; mais l'évêque aura soin de faire observer les pieuses coutumes.

Des sépultures.

Les évêques feront ôter des églises tous ces superbes mausolées que l'on y voit fastueusement chargés d'armes, d'étendards, de trophées, qui font qu'elles ressemblent plutôt à des champs de batailles qu'à des temples du Seigneur. S'ils permettent d'enterrer quelquefois dans les églises, ce ne sera que dans des tombeaux qui ne seront pas plus élevés que le reste du pavé de l'église.

De la conservation, de l'administration et de la dispensation des biens et des droits de l'Eglise.

Les évêques, les chapitres, et généralement tous les supérieurs des églises, des hôpitaux et d'autres lieux pieux, auront un inventaire de tous leurs biens-meubles et immeubles, droits, cens annuels, revenus quelconques, et des noms de leurs débiteurs. Les évêques auront un exemplaire de tous ces inventaires, et les porteront avec eux dans leurs visites, pour le confronter avec ceux des supérieurs locaux, et empêcher qu'il ne soit fait aucun tort aux églises.

Les bénéficiers, et surtout les évêques, se feront un plaisir d'exercer l'hospitalité, et d'employer leurs biens selon l'esprit des canons, ou à orner et à réparer les églises, ou à nourrir les pauvres et les ministres des autels ; nullement à enrichir leurs parents, ni à satisfaire leurs propres passions.

Du sacrement de mariage.

On observera les décrets du concile de Trente touchant le mariage, et les curés écriront dans un registre les noms des personnes qu'ils auront mariées, et des témoins qui auront assisté à leurs mariages. Les proclamations des bans se feront au milieu de la grand'messe des jours de fêtes qui précéderont le mariage. Les curés ne donneront jamais la bénédiction nuptiale sans dire la messe, à laquelle les deux époux assisteront. On abolira la méchante coutume de boire et de rompre le verre à la messe des mariages.

Des femmes de mauvaise vie, et de ceux qui corrompent les jeunes gens en leur en fournissant.

On exhorte les princes et les magistrats à chasser tous ces infâmes corrupteurs, à défendre à ces sortes de femmes l'usage des pierres précieuses, de l'or, de l'argent, de la soie ; à les confiner dans des endroits écartés où elles demeurent toutes ensemble, et d'où elles ne puissent sortir pour plus d'un jour, et de les distinguer des honnêtes femmes par quelque marque extérieure qui les fasse connaître. On prie aussi les princes et les magistrats de chasser de leurs terres les charlatans, les bateleurs, les bouffons, les comédiens, et de punir sévèrement ceux qui jouent publiquement aux jeux de hasard, et les spectateurs de ces sortes de jeux. On prie encore les princes et les magistrats de renfermer dans de certaines bornes les dépenses en fait d'habits, de repas, de chevaux, de domestiques, et d'empêcher l'usure.

TROISIÈME PARTIE.

De l'administration des lieux pieux.

Ceux qui possèdent en commende, ou à quelque autre titre que ce soit, des hôpitaux ou d'autres lieux pies fondés à l'usage des pèlerins, des infirmes, des vieillards ou des pauvres, auront soin d'en entretenir et d'en réparer les maisons et les édifices ; de recouvrer ce qui a été injustement aliéné ou perdu, et d'en acquitter toutes les charges.

Les fruits affectés aux pauvres ne seront distribués qu'aux vrais pauvres ; et l'on avertira ceux qui feignent des maladies de travailler pour gagner leur vie. On ne quêtera pour les hôpitaux ou les autres lieux pies, que quand on y exercera effectivement l'hospitalité et les œuvres de piété. Il faudra de plus la permission de l'évêque pour ces sortes de quêtes, et que l'hôpital, pour lequel on les fera, soit situé dans le diocèse où les permettra l'évêque.

Des religieuses.

Le nombre des religieuses sera proportionné aux revenus du monastère ; et ceux qui ne pourront pas entretenir douze religieuses professes seront unis à d'autres, ou supprimés après la mort des religieuses. Nulle religieuse ne briguera les charges, directement ni indirectement, sous peine d'être privée de la charge ou de l'office qu'elle aura obtenu par ses brigues, ainsi que des autres qu'elle pourrait avoir, et de s'accuser de son ambition dans le chapitre, trois vendredis de suite, en baisant la terre et en se prosternant aux pieds des autres religieuses : celles qui auront favorisé l'ambitieuse subiront la même peine. Les religieuses ne choisiront pour les charges, que celles qu'elles en jugeront les plus dignes et les plus capables devant Dieu, et sans aucune affection humaine. S'il y a plusieurs sœurs dans un même monastère, et que l'une d'elles ait été élue supérieure, les autres ne pourront être ni vicaires, ni discrètes, ni portières, ni secrétaires, ni cellerières. La supérieure apportera tous ses soins, comme la mère commune de toutes ses religieuses, pour leur procurer tout ce qui pourra contribuer au salut de leur âme et à la santé de leur corps. Elle s'appliquera spécialement à les exciter à la perfection de la vie qu'elles ont embrassée, à la paix, à la concorde, à la charité, au silence, à l'exactitude dans l'accomplissement des devoirs de leurs charges ou de leurs emplois.

Des filles qui se présentent pour être religieuses.

Aussitôt qu'une fille demandera l'habit de religion, la supérieure du monastère où elle se présentera avertira ses parents ou ceux qui en sont chargés, de l'excommunication prononcée par le concile de Trente, contre ceux qui forcent leurs propres filles ou des filles étrangères à se faire religieuses. La postulante ne sera reçue par la communauté qu'avec la permission par écrit de l'évêque, à la suite de l'examen qu'il aura fait de sa vocation, par lui-même ou par un délégué. La réception des filles à la prise d'habit, ou à la profession, se fera par scrutins, à la pluralité des deux tiers des suffrages. Celle qui aura été reçue prendra aussitôt un habit noir ou brun ; mais on ne lui donnera celui de la religion qu'après six mois d'épreuve.

Des novices qu'on doit recevoir à la profession.

La supérieure du monastère avertira l'évêque, trente jours avant la profession de ses novices, afin qu'il les examine, ou qu'il les fasse examiner de nouveau sur leur vocation, et qu'il leur représente l'importance et les obligations des engagements qu'elles veulent contracter. On n'en recevra point à la profession qui ne sachent lire et dire l'office divin comme il faut. On ne fera point de festin dans le monastère le jour de la profession des novices.

Des offices divins, des prières et des lectures des religieuses.

Les religieuses, étant obligées par leur état de louer Dieu, et de le prier assidûment pour tous les hommes, se trouveront exactement au chœur le jour et la nuit, pour y chanter et réciter l'office divin dans un esprit de recueillement, de ferveur et d'amour : elles n'en sortiront qu'à la fin de l'office, lorsque la supérieure fera le signe pour se retirer. Les jours de fêtes, elles passeront le temps qui leur restera après l'office divin, à faire en commun ou en particulier des lectures saintes et pieuses, qui puissent les animer à la vertu et à la plus haute perfection.

De la vie commune et de la propriété.

Toutes les religieuses mèneront la vie commune, quant au boire, au manger, au dormir, et n'auront rien en propre ni de superflu, comme l'exige le vœu de pauvreté. La supérieure distribuera à chacune d'elles le nécessaire, avec autant de prudence que de bonté, sur les biens communs du monastère, sans acception de personne, et en ayant égard aux seuls besoins. Les présents qu'on fera aux religieuses seront portés à la supérieure, qui en disposera selon sa volonté, et qui fera, trois fois l'an, avec les discrètes, la visite des cellules, pour en ôter tout ce qu'elle y trouvera de contraire au vœu de pauvreté.

De la clôture.

Les religieuses ne sauraient apporter trop de soin à la garde du trésor pour lequel elles ont quitté leurs parents et leurs biens : c'est pourquoi les évêques feront en sorte qu'il y ait à chaque petite fenêtre des parloirs deux grilles de fer, distantes l'une de l'autre au moins d'un palme, c'est-à-dire de huit pouces ou environ. Les barreaux des grilles ne seront éloignés que d'un pouce entre eux ; ils seront si forts, qu'on ne pourra ni les plier, ni les rompre. Il y aura une lame de fer attachée à la dernière grille, du côté des religieuses, et percée par de petits trous, afin qu'on puisse entendre parler. Cette lame sera couverte d'un nouveau drap noir attaché à une petite table de bois en forme de fenêtre qui puisse s'ouvrir, quand il faudra parler. On pourra faire dans cette lame une petite fenêtre carrée, de neuf pouces seulement, dont la supérieure tiendra la clef, et qu'on n'ouvrira que quand il faudra parler à l'évêque ou aux supérieurs de l'ordre, ou aux proches parents des religieuses, ou quand il faudra passer quelque acte, ou entendre le sermon. Les portes des parloirs seront toujours fermées en dehors et en dedans ; et elles seront ouvertes, quand il y aura quelqu'un aux parloirs, de façon que l'on puisse voir ceux qui y sont. On bouchera toutes les fenêtres et toutes les grilles qui donnent sur l'église, excepté la fenêtre du tour, et la petite fenêtre de la communion, et celle par laquelle on voit la sainte hostie à l'élévation de la messe. Cette fenêtre sera toujours couverte d'un linge, hors le temps de l'élévation, et construite de façon que le prêtre ne puisse voir les religieuses. Elles ne pourront sortir du monastère, sans la permission de l'évêque, qui ne l'accordera que pour des raisons très-importantes, et dans l'extrême nécessité.

Tous ceux et toutes celles qui entreront dans les monastères de filles sans la permission de l'évêque, outre qu'ils encourront l'excommunication portée par le concile de Trente, seront encore sévèrement punis. Les ouvriers et les ouvrières qui ont permission d'entrer dans les monastères, pour y faire des travaux dont les religieuses sont incapables, n'y coucheront pas néanmoins. Les religieuses ne parleront à aucun externe, qu'il n'ait la permission, par écrit, du supérieur du monastère, laquelle sera présentée à la supérieure par les tourières. Les religieuses n'iront point au parloir les jours de communion, ni les jours de dimanches ou de fêtes de précepte, ni la veille de ces sortes de fêtes, ni pendant l'avent et le carême, ni enfin durant l'office divin, en aucun temps, hors le cas de nécessité. Elles auront soin de retrancher tous les longs discours non nécessaires. Elles ne s'habilleront jamais en hommes ou en femmes, et même par pure récréation. Elles n'écriront et ne recevront point de lettres à l'insu de la supérieure. L'évêque et la supérieure du monastère ne sont point compris dans ce règlement.

Des pensionnaires.

On ne recevra point de pensionnaires pour être élevées dans les monastères, sans la permission de l'évêque et du supérieur régulier, si le monastère lui est soumis. On ne pourra point en recevoir au-dessous de dix ans, ni au-dessus de quinze. Elles porteront toutes des habits noirs, ou bruns, ou blancs. Elles n'auront ni soie, ni pendants d'oreilles, ni colliers, ni aucun ornement mondain. Elles demeureront dans un quartier séparé des religieuses, et n'auront point de communication avec elles. Elles ne parleront aux externes qu'avec les mêmes précautions que les religieuses. Les pensionnaires qui voudront se faire religieuses seront renvoyées chez leurs parents, où elles resteront pendant un mois, pour le moins, avant qu'elles soient examinées par l'évêque, afin qu'elles aient une entière liberté de penser à ce qu'elles veulent faire.

Des prédicateurs, des confesseurs, des visiteurs et des chapelains des religieuses.

Les supérieurs des monastères nommeront des prédicateurs sages et savants pour prêcher les religieuses au parloir ou à l'église, et les instruire de tout ce qu'il leur importe de savoir pour leur salut. On leur donnera aussi des confesseurs capables et pieux, qui les écouteront, au moins une fois le mois, dans le tribunal de la pénitence. On les changera tous les deux ou trois ans. Ils n'entreront dans le monastère que pour administrer les sacrements aux malades ; et alors ils seront toujours accompagnés de deux ou trois anciennes religieuses, qui sonneront une clochette pour avertir les autres de s'éloigner. Les confesseurs et les visiteurs réguliers des religieuses ne pourront demeurer ou manger dans leurs monastères en dehors, que quand ils n'auront point de couvents de leur ordre dans les lieux où sont situés les monastères des religieuses. Les religieux qui auront des s urs religieuses ne pourront leur parler qu'une fois l'an, et cela avec la permission des supérieurs, et en présence des religieuses préposées pour accompagner les sœurs au parloir. Les compagnons de ces religieux ne pourront parler eux-mêmes aux religieuses. Toutes les sœurs seront tenues de se confesser au confesseur extraordinaire qu'on leur donnera pendant l'année.

Les chapelains des religieuses seront des prêtres de bonnes œuvres approuvés par qui de droit. Ils ne parleront qu'à la sacristaine par le tour de l'église, pour lui demander en peu de mots les choses nécessaires au saint sacrifice. Les religieuses n'auront ni musique, ni chant figuré dans leurs églises, les jours des grandes fêtes, non plus que les autres. On ne prendra pour le service des monastères que des gens âgés et de bonnes mœurs. Une religieuse lira tous les jours, à toutes les autres religieuses du monastère, un chapitre de la règle ou des constitutions.

Des juifs.

Les juifs porteront toujours un chapeau ou un bonnet jaune, et les juives un morceau de drap de la même couleur, afin qu'on les connaisse, et qu'on les empêche, autant qu'il sera possible, de corrompre les mœurs des chrétiens et de friponner leurs biens. Les chrétiens ne mangeront ni chez eux, ni avec eux, et ne se trouveront point à leurs synagogues, non plus qu'à leurs jeux ou à leurs danses. Ils ne les prendront pas pour médecins ; ils ne leur loueront pas les terres de l'Eglise, et ils ne leur en vendront ou engageront ni les ornements, ni les vases, ni rien de ce qui est à son usage.

Des peines.

Les peines pécuniaires, imposées aux clercs délinquants, ne tourneront point au profit de l'évêque : il en donnera le tiers au délateur, et le reste sera employé en œuvres pies. *Rich.*

MILAN (IIe Concile de), l'an 1569. Saint Charles tint ce concile le 24 d'avril, et y fit divers règlements ou décrets, compris sous trois titres. Le premier titre, qui a pour objet la défense de la foi, l'administration des sacrements, et les autres devoirs des pasteurs, contient vingt-neuf décrets. Le second titre, qui regarde la messe, l'office divin, l'église et les ecclésiastiques, en contient trente-six ; et le troisième titre, qui roule sur les biens et les droits des églises et des lieux pieux, en renferme vingt-deux, qui sont suivis de trois chapitres touchant les religieuses. Ces décrets renouvellent tous ceux du premier concile de Milan, et y font quelques additions : voici les plus remarquables. Il est dit dans le sixième décret du second titre, qu'on sonnera la grosse cloche à l'élévation de l'hostie de la messe conventuelle et de la paroissiale, afin que ceux qui ne peuvent assister à la messe, étant avertis, s'unissent au saint sacrifice. Il est dit dans le dixième, qu'on sonnera de même la grosse cloche dans toutes les églises, tous les vendredis de chaque semaine, un peu avant l'heure de none, pour avertir les fidèles de penser à la passion de Notre-Seigneur, et de réciter trois fois l'Oraison dominicale et la Salutation angélique, afin de gagner l'indulgence de quarante jours, attachée à cette pratique. Le onzième porte que les ecclésiastiques réciteront les heures, soit en public, soit en particulier, aux temps marqués dans le Bréviaire romain, à moins que la coutume de l'église qu'ils desservent n'y soit contraire. Le vingt-deuxième ordonne aux évêques d'empêcher les laïques de bâtir des maisons contiguës à l'église, et de faire boucher les fenêtres par lesquelles on peut voir ce qui s'y fait. Le vingt-quatrième défend aux filles de quêter dans l'église ; et le vingt-cinquième ordonne à l'évêque de visiter son séminaire tous les trois mois, accompagné, s'il le veut, de quelques hommes pieux et savants, pour s'informer de la capacité des maîtres, et du progrès des jeunes ecclésiastiques. *Ibid.*

MILAN (IIIe Concile de), l'an 1573. Saint Charles tint ce concile à la fin d'avril, et y dressa divers règlements contenus sous les vingt et un titres suivants.

I. *Du culte des jours de fêtes.*

On ne lèvera point la taille ou les contributions les saints jours de fêtes. On n'y vendra ni livres, ni images. Tous les fidèles assisteront à la messe, sans en excepter les filles nubiles ni les veuves, quoiqu'on eût permis à ces dernières, dans le premier concile de Milan, de s'en absenter pendant un mois immédiatement après la mort de leurs maris. On sanctifiera les fêtes en assistant au sermon, aux vêpres, en faisant de bonnes lectures, en visitant les malades, en consolant les affligés, et en s'exerçant à toutes sortes d'œuvres de piété.

II. *Des écoles de la doctrine chrétienne.*

L'évêque fera très-souvent visiter les écoles par des personnes éprouvées, qui puissent lui faire un rapport fidèle de ce qui s'y passe, et de la manière dont on y enseigne la doctrine chrétienne.

III. *Des prédicateurs.*

Les prédicateurs, de même que les évêques et les curés, expliqueront aux fidèles les raisons des mystères qui se célèbrent durant le cours de l'année, et celles des cérémonies, des processions, des jubilés, afin de les aider à tirer le fruit qu'ils n'en pourraient tirer sans le secours de ces instructions. Ils en feront autant par rapport aux jeûnes de l'Eglise à l'Avent et à la Septuagésime.

IV. *Du zèle pour la défense de la foi.*

On n'admettra pour enseigner les lettres et les arts libéraux, que des personnes qui apporteront de bons témoignages de leurs mœurs et de leur catholicité, et qui feront leur profession de foi. Ceux qui sont préposés à l'instruction de la jeunesse ne se serviront point d'autres livres que de ceux que l'évêque leur aura prescrits; et il ne souffrira point qu'on débite de ces petits livres de prières qu'il n'aurait point approuvés.

V. *Des sacramentaux et des sacrements en général.*

Les évêques feront ériger beaucoup de croix dans leurs diocèses, et en particulier dans les carrefours, pour exciter le peuple à remercier Dieu du bienfait de la rédemption opérée par le mystère de la croix, et à marcher à la gloire sur les traces d'un Dieu crucifié pour nous. Le prêtre fera tous les dimanches la bénédiction et l'aspersion de l'eau bénite avant de commencer la messe paroissiale. Le prêtre n'ira point relever dans leurs maisons les femmes nouvellement accouchées; et, lorsqu'elles viendront à l'église pour se faire relever, il ne leur donnera point de pain bénit en forme d'hostie. On gardera le saint chrême et l'huile des catéchumènes dans l'église, et non ailleurs. On en fera de même à l'égard de l'huile des infirmes, si ce n'est que l'évêque permette à quelques curés de la garder dans leurs maisons, à cause de leur éloignement de l'église. Le curé avertira souvent ses paroissiens de quitter leurs armes pour recevoir les sacrements, et quand ils font l'office de parrains.

VI. *Du baptême des enfants exposés.*

On baptisera sous condition les enfants exposés, quand même ils porteraient attaché au cou un billet qui attesterait qu'ils seraient déjà baptisés.

VII. *De la sainte eucharistie.*

Les curés et les prédicateurs exhorteront très-souvent le peuple à communier fréquemment comme il faut. Ils ne porteront point la sainte eucharistie pour apaiser les orages ou les tempêtes; ils pourront seulement ouvrir le tabernacle, et réciter en sa présence les litanies et les autres prières destinées pour les calamités.

VIII. *Du sacrement de pénitence.*

Les confesseurs qui ont la permission d'absoudre des péchés réservés, ainsi que des censures, ne peuvent pas pour cela dispenser de l'irrégularité, à moins qu'ils n'en aient reçu le pouvoir spécial. Les confesseurs qui ordonneront des aumônes pour pénitence, ne se chargeront pas même de les distribuer aux pauvres ou aux lieux pies, loin de se les appliquer à eux-mêmes. Les curés parleront souvent contre les péchés les plus ordinaires de leurs paroissiens, et les exhorteront à les fuir et à les détester.

IX. *Du sacrement de l'extrême-onction.*

Le curé expliquera la vertu et les avantages de ce sacrement toutes les fois qu'il l'administrera, et ne fera point difficulté de l'administrer aux malades qui ont perdu l'usage des sens, pourvu qu'ils soient encore vivants, et qu'ils aient donné, pendant leur état de santé, des marques de religion qui donnent lieu de présumer qu'ils demanderaient ce sacrement s'ils en avaient la faculté.

X. *Du sacrement de l'ordre et des clercs.*

Les clercs qui prennent quelque ordre sacré hors les temps marqués pour l'ordination, ou avant l'âge requis, ou sans dimissoire de leur évêque, sont suspens *ipso facto* de l'exercice de ces ordres; et s'ils les exercent durant la suspense, ils encourent l'irrégularité. Quiconque n'est point tonsuré ne pourra porter l'habit clérical sans la permission par écrit de l'évêque. Les prêtres feront respecter le sacerdoce par la sainteté de leurs mœurs.

XI. *Du sacrifice de la messe.*

Quand une église cathédrale ou collégiale aura une messe des morts à dire, elle n'omettra pas pour cela la messe du jour; ainsi, elle en dira deux. Les curés avertiront souvent leurs paroissiens de s'exciter à la douleur de leurs péchés quand ils entendent sonner la messe, afin qu'ils retirent un plus grand fruit de ce sacrifice propitiatoire. Les fidèles entendront la messe à genoux, et se lèveront à l'Evangile. On ne souffrira point que les femmes se tiennent près de l'autel où l'on dit la messe.

XII. *Des offices divins.*

On fera l'office divin comme le maître du chœur l'aura réglé. Tous les clercs d'une église y communieront le jeudi-saint. On chantera dans toutes les paroisses, vers le soir, l'antienne *Salve Regina*, ou une autre selon le temps, tous les samedis et toutes les fêtes de la sainte Vierge. Les prêtres feront tous les ans l'anniversaire de leur ordination, et l'on célébrera aussi par le sacrifice de la messe, par l'office divin, par quelques décorations, l'anniversaire de la dédicace de chaque église.

XIII. *Des curés.*

Le curé nouvellement nommé fera serment entre les mains de l'évêque de lui obéir, ainsi qu'à ses successeurs et au saint-siège, de résider dans sa cure selon l'esprit du concile de Trente, d'en défendre les droits, et de n'en point aliéner les biens sans une autorité légitime. Il instruira souvent ses paroissiens de la manière de sanctifier les fêtes et de gagner les indulgences. Il récitera au moins, d'une voix claire et distincte, l'office de vêpres les dimanches et fêtes, lorsqu'il ne pourra les chanter faute de secours. Aussitôt qu'il apprendra la mort de quelqu'un de ses paroissiens, il dira un *De profundis* pour le repos de son âme, et fera sonner la cloche de même qu'à l'*Angelus*, pour en avertir le peuple, et l'engager à prier pour le défunt.

XIV. *Du chapitre canonial.*

L'évêque assistera tous les mois, ou au moins souvent dans l'année, au chapitre de ses chanoines, pour fomenter le culte divin, entretenir la paix entre les chanoines, corriger les abus et faire observer les lois. Les chanoines assisteront à tous les chapitres ordinaires et extraordinaires, sous peine d'une amende que déterminera le chef du chapitre. Il y aura deux chanoines nommés par le chapitre pour garder ses archives.

XV. *De la décoration des églises, et du respect qui leur est dû.*

On ne bâtira et l'on ne meublera aucune église que selon la forme prescrite par les canons. Les évêques feront tout ce qui dépendra d'eux pour obliger les femmes à ne paraître en public, et surtout aux processions et à l'église, qu'avec un voile sur la tête.

XVI. *De ce qui appartient à la défense des biens de l'Eglise.*

L'évêque constituera un procureur et un avocat pour recouvrer les biens et les droits des églises, dont les recteurs et les administrateurs sont ou inhabiles et impuissants, ou lâches et négligents en ce point. Il aura soin aussi de faire en sorte que les héritiers d'un curé défunt laissent gratuitement à son successeur tous les biens qui appartiennent à ce bénéfice, et de procurer l'exécution des legs pieux.

XVII. *Du sacrement de mariage.*

La sainteté de ce sacrement exige de grandes dispositions d'âme de la part de ceux qui sont destinés à le recevoir; et les curés doivent souvent instruire leurs peuples sur cette matière. On célébrera les mariages dans la matinée seulement, et jamais l'après-midi, à moins que l'évêque ne le permette. Les gens mariés formeront leurs enfants et leurs domestiques à la crainte de Dieu et à la pratique fidèle de tous les devoirs de la piété chrétienne, soit en les instruisant et en les exhortant eux-mêmes, soit en les envoyant aux écoles, mais surtout en leur donnant dans leur conduite des exemples continuels de toutes les vertus.

XVIII. *Du for épiscopal.*

L'évêque prescrira des lois conformes à l'usage de son diocèse, pour les divers genres de causes, à tous les ministres ou officiers, comme avocats, procureurs, notaires, etc. Il réglera aussi le salaire qui leur sera dû pour leur travail, dans tous les genres de causes, et ils ne recevront rien de plus de leurs clients, ne fût-ce que des présents de choses potables ou de comestibles. L'évêque étant le père commun des veuves, des pupilles et des pauvres, constituera un avocat clerc ou laïque, pour les défendre et plaider leurs causes.

XIX. *Des confréries.*

L'évêque établira dans son diocèse quelques confréries d'hommes recommandables par la gravité de leurs mœurs, pour faire la correction fraternelle envers les autres, et il leur prescrira des règles, de l'avis de quelques théologiens approuvés, pour s'acquitter de ce devoir.

XX. *Des religieuses.*

L'évêque fera observer la bulle de Grégoire XIII touchant les religieuses, même dans les monastères soumis aux religieux. Les confesseurs des religieuses, soit séculiers, soit réguliers, ne pourront recevoir d'elles ni en général, ni en particulier, ni même de la supérieure, au nom du monastère, le moindre présent, au-dessus de ce qu'il faut pour leur entretien.

XXI. *De ce qui concerne ces décrets et les autres en général.*

Les évêques feront en sorte que les chanoines, les curés, et généralement tous les clercs, lisent souvent les décrets des conciles provinciaux et diocésains. Quant aux laïques, on mettra en abrégé et en langue vulgaire les parties des décrets qui les concernent : les curés les leur expliqueront. *Ibid.*

MILAN (IV.⁰ Concile de), l'an 1576. Saint Charles tint ce concile le 10 mai, avec les évêques de sa province et celui de Famagouste, ville de l'île de Chypre, visiteur apostolique. On y fit plusieurs décrets divisés en trois parties. La première en contient vingt-six sur la foi et sur plusieurs autres points de doctrine. La seconde, qui traite des sacrements et de ce qui y a du rapport, renferme quinze décrets. La troisième regarde les évêques et les autres ministres de l'Eglise : elle contient quatorze décrets.

PREMIÈRE PARTIE.

I. *De la profession de foi.*

Les évêques feront exécuter la bulle de Pie IV touchant la profession de foi qu'il faut exiger de certaines personnes, parmi lesquelles on doit compter tous ceux qui enseignent l'arithmétique, la musique ou quelque autre art libéral que ce soit.

II. *Des reliques, des miracles et des images.*

Les évêques feront reconnaître et vérifier les reliques des saints par des prêtres pieux et savants. On n'en conservera point dans des maisons particulières, mais on les placera toutes dans un lieu de l'église exposé à la vue, et bien fermé. Les laïques ne les toucheront point, de quelque condition qu'ils soient. Les évêques observeront la forme prescrite par le concile de Trente pour recevoir et approuver et de nouveaux miracles, et de nouvelles reliques. On ne peindra point d'images des saints sur le pavé ni dans aucun lieu sale et mal propre ; et l'on n'y fera non plus aucune figure représentant nos sacrés mystères. Les peintres et les sculpteurs qui oseront faire des images ou des statues déshonnêtes, seront punis sévèrement et privés de l'entrée de l'église.

On bénira les croix et les images de saints. On ne fera point servir à des usages profanes celles qu'on ne pourra renouveler, mais on les brûlera, et on placera les cendres sous le pavé de l'église. Les évêques auront soin d'instruire le peuple par eux-mêmes, et par les autres prêtres, de la doctrine de l'Eglise touchant l'invocation des saints et le culte de leurs images et de leurs reliques.

III. *Des indulgences.*

L'évêque fera en sorte que les curés et les prédicateurs instruisent les peuples de la vertu, des avantages et des conditions des indulgences. Il aura dans ses archives un livre où seront écrites toutes celles qui sont en usage dans son diocèse, soit chez les réguliers et les autres exempts, soit ailleurs. Les églises auront aussi un livre ou registre de toutes les indulgences qui leur seront propres, qui sera gardé dans leurs archives ou à la sacristie.

IV. *Des superstitions.*

Les curés apporteront au synode, par écrit, toutes les superstitions qu'ils auront remarquées dans leurs paroisses, et les confesseurs s'appliqueront à en détourner les fidèles.

V. *Des Quatre-Temps.*

Les curés feront un discours à leurs paroissiens sur les Quatre-Temps, le dimanche précédent, afin de les engager à redoubler leurs prières, leurs jeûnes, leurs aumônes, leur assiduité aux offices divins en ces saints jours, selon l'esprit de l'Eglise qui les a institués pour demander à Dieu de saints ministres des autels par l'ordination, et pour le remercier des bienfaits reçus à chaque saison de l'année.

VI. *De la formule pour annoncer le jeûne des Quatre-Temps.*

Elle consiste à annoncer au peuple qu'on jeûnera le mercredi, le vendredi et le samedi, en l'exhortant à s'appliquer aux bonnes œuvres avec un renouvellement de ferveur.

VII. *Des féries destinées au jeûne.*

Pendant le carême et les autres jours de jeûne, on ne fera rien de ce qui a rapport au for contentieux, dans le temps de la messe et du sermon.

VIII. *De saint Ambroise.*

On fera la fête de saint Ambroise comme les autres de précepte dans tout le diocèse de Milan, dont il est le père et le patron.

IX. *De la convocation des ecclésiastiques pour la célébration des fêtes.*

Les curés ne pourront appeler plus de quatre ou de six prêtres pour les aider à célébrer leurs fêtes qui sont de précepte dans tout le diocèse, à moins que la fondation n'en exige un plus grand nombre; et, quand les prêtres qu'ils inviteront, seront curés eux-mêmes, ceux-ci ne pourront quitter leurs paroisses, sans y laisser un prêtre pour les suppléer.

X. *Des pèlerinages.*

Les clercs n'entreprendront aucun pèlerinage sans la permission, les lettres d'attestation et la bénédiction de l'évêque. Les laïques prendront la bénédiction de leurs curés et des lettres canoniques de l'évêque. Les uns et les autres éviteront dans le chemin tout ce qui peut nuire à la dévotion, comme les mauvaises compagnies, les chansons profanes, les discours frivoles, et s'appliqueront, au contraire, à tout ce qui peut la favoriser, comme les prières, le chant des psaumes et des hymmes, les entretiens de piété, etc.

XI. *De l'honneur qu'on doit rendre aux églises.*

On ne bâtira point de nouvelles églises sans la permission de l'évêque, et l'on n'en bâtira que dans des lieux honnêtes et décents. Il y aura toujours un crucifix sous la principale arcade; les fenêtres en seront treillissées. Le bénitier sera en dedans, et non en dehors de l'église. Les lampes seront vis-à-vis, et non pas à côté de l'autel. On aura soin de les nettoyer souvent pour qu'elles soient toujours propres et très-luisantes.

XII. *Des chapelles et des autels.*

On ne construira ni chapelle, ni autel dans une église, sans l'agrément de l'évêque. Les autels ne seront point trop près de la chaire, de l'orgue ou de la porte, ni inhérents aux piliers de l'église, ni vis-à-vis du grand autel. Tous les autels seront fermés tout autour par une balustrade de bois, de pierre ou de fer, au-dedans de laquelle il ne sera point permis aux laïques d'entrer. On fournira les chapelles et les autels de toutes les choses nécessaires au service de Dieu.

XIII. *Des sépulcres.*

Il ne sera point permis à personne d'avoir un sépulcre dans l'église, sans une permission par écrit de l'évêque. Les sépulcres ou tombeaux ne seront point placés dans le chœur, ni dans la principale chapelle, ni proche des autels.

XIV. *Des cimetières.*

Les cimetières seront fermés de murs ou de haies, en sorte que les animaux n'y puissent entrer. Il y aura toujours au milieu une croix fixe.

XV. *Des cloches.*

Les paroisses auront au moins deux cloches, s'il est possible, et les églises non paroissiales ou les oratoires n'en auront qu'une petite. On n'y gravera rien de profane, mais la croix seulement et quelque autre sainte image. On ne les placera point dans le clocher qu'elles n'aient été bénites par l'évêque.

XVI. *De l'ornement et de la propreté des lieux saints.*

On couvrira les autels de trois nappes blanches et d'une toile cirée. Il y aura à chaque autel une tablette des secrètes. Pour orner le tombeau du Seigneur le jeudi-saint, on n'emploiera rien de ce qui aura servi aux usages profanes et ordinaires de la vie, comme couvertures et rideaux de lit, pavillons, tapisseries, etc. ; il en sera de même des habillements des images. On tiendra très-proprement les autels et les images, les murailles, et enfin toutes les parties des églises. On arrachera de leurs murs les vignes, les lierres, les ronces, et généralement toutes les plantes qui s'y attachent en dehors. On ne souffrira dans les cimetières, ni vignes, ni arbres fruitiers ou autres, ni arbustes, ni ronces, ni foin ou herbe qu'on donne aux animaux, ni amas de bois, de pierres, de ciment ; rien qui soit contraire à la sainteté et la propreté de ces lieux respectables.

XVII. *Qu'il ne faut pas faire servir les lieux saints à des usages profanes.*

On n'affichera point aux portes ni aux murailles des églises, des oratoires ou des cimetières, les billets qui annoncent des maisons, des terres ou d'autres choses semblables, à louer ou à vendre. On ne chargera point de bois ni de paille les toits des églises, des chapelles et des oratoires où l'on dit quelquefois la messe. Il n'y aura pas de chambre au-dessus pour y demeurer, y coucher ou y faire quelque chose de profane. On ne mettra dans les églises, ni dans les oratoires, ni même dans les cimetières, aucune espèce de grains, de fruits, de légumes, non plus qu'aucun instrument propre aux ouvrages de la campagne. On ne foulera et on ne vannera point non plus le blé dans les cimetières ; on n'y étendra ni fruits, ni grains, ni toiles ou linges pour les faire sécher. Il ne sera point permis d'y filer, d'y coudre, d'y faire aucun ouvrage profane, ni d'y passer avec des fardeaux comme dans un chemin public.

XVIII. *De la manière de se comporter dans les lieux saints.*

Il y aura toujours un clerc dans les églises pour empêcher qu'on n'y fasse rien qui soit indigne de ces lieux sacrés. Les hommes y seront séparés des femmes, et ils y entreront et en sortiront, quand cela pourra se faire, par des portes différentes. On en bannira, ainsi que des environs, tout ce qui pourrait faire du bruit, ou causer du scandale.

XIX. *De la consécration des églises et des autels, et de la bénédiction des autres choses.*

On consacrera toutes les églises paroissiales, et tous les maîtres-autels de ces églises. Les paroissiens jeûneront la veille, et fêteront le jour de la consécration de leur église paroissiale. On rétablira l'ancien usage de bénir les maisons nouvellement bâties, et celles qui sont vexées par les démons.

XX. *De la manière de profaner les églises et les autels.*

Quand une église sera condamnée par qui de droit à être profanée, on en transportera, quelques jours avant la profanation, les reliques et les corps des saints qui s'y trouveront, de même que les saintes images ; ensuite le prêtre à qui l'évêque aura commis la profanation de cette église, s'approchant de l'autel, y récitera l'Oraison dominicale, la Salutation angélique, avec l'oraison du patron de l'autel, et en ôtera la pierre sacrée, ou la lavera, et en jettera l'eau dans le sacraire. Les ouvriers démoliront ensuite l'autel ; et le lendemain, on fera l'exhumation des corps morts.

XXI. *De la sacristie.*

Il y aura dans les sacristies autant d'armoires qu'il en faudra pour tenir proprement tout ce qui est du service de l'église. Il y aura aussi, autant qu'il sera possible, de petits oratoires séparés, pour que les prêtres y puissent prier avec plus de recueillement, avant et après la messe. On y gardera le silence, et on n'y laissera point entrer les laïques sans nécessité. Les recteurs des églises ne se serviront point, et ne souffriront pas que les autres se servent, pour les usages domestiques, des meubles de leurs sacristies, tels que des rideaux, des tapis, des tapisseries, etc.

XXII.

Les églises qui ont des livres et des manuscrits, feront construire des bibliothèques dans la maison de l'évêque, ou dans les maisons canoniales, ou enfin dans quelques autres qui appartiennent à ces églises. On y arrangera les livres avec ordre, et on les conservera avec soin. L'évêque visitera de temps en temps ces bibliothèques, et fera en sorte de les augmenter pour l'utilité du clergé.

XXIII. *Des oratoires situés dans les chemins.*

Il n'y aura point d'autel dans les oratoires où l'on ne dit point la messe. On les placera sur les chemins publics, et non dans les champs, afin que les passants s'y arrêtent pour prier. On ne peindra point d'images sur les murailles extérieures des oratoires, pour ne pas les exposer à la profanation.

XXIV. *De la prière.*

On sonnera la cloche de l'église pour avertir le peuple de faire la prière du soir, et cette prière se fera dans l'église même, surtout les jours de fête, autant qu'il sera possible ; sinon elle se fera à la maison, de même que la prière du matin, lorsqu'elle ne pourra se faire dans l'église, non plus que celle du soir. On sonnera les cloches dans les orages et les tempêtes, tant pour les apaiser par la vertu de la bénédiction divine attachée aux cloches, que pour implorer le secours de la miséricorde de Dieu, par des prières que les fidèles feront dans l'église, s'ils le peuvent commodément, ou partout ailleurs.

XXV. *De la prédication de la parole de Dieu.*

Les pasteurs du premier et du second ordre s'appliqueront spécialement à instruire les peuples des devoirs propres à chaque état, tels que ceux des pères, des enfants, des maris, des épouses, des maîtres, des serviteurs, etc. Le sermon se fera surtout pendant la messe et après l'évangile.

XXVI. *Des écoles de la doctrine chrétienne.*

Lorsqu'on ne pourra se rendre aux instructions de la doctrine chrétienne, établies dans les églises paroissiales, soit à cause de la distance des lieux, soit pour quelque autre raison, on en établira dans les chapelles, dans les oratoires, ou dans quelque autre lieu honnête et commode pour ceux qui doivent y assister.

SECONDE PARTIE.

Des sacrements et de ce qui y a rapport.

I. *Des sacrements en général.*

Aussitôt que le curé aura reçu les saintes huiles nouvelles, il brûlera les anciennes dans la lampe qui est allumée devant le saint sacrement; et il brûlera ensuite la mèche de cette lampe, tout entière, dans le sacraire. Lorsque les saintes huiles commenceront à manquer, on en fera couler d'autres non consacrées, goutte à goutte, dans le vase qui les renferme, mais en moindre quantité que les premières. Aucun prêtre ne pourra exorciser les énergumènes sans une permission par écrit de l'évêque.

II. *Des choses qui ont rapport au baptême.*

Les baptistères seront placés à la gauche de l'entrée de l'église, et fermés par des grilles ou des balustrades. Si un curé reconnaît que l'enfant qu'on lui présente pour être baptisé, n'est pas de sa paroisse, il le renverra à son propre curé, si ce n'est qu'il y ait du danger. Tous les prêtres qui baptisent, observeront exactement tous les rites prescrits pour le baptême. Ils empêcheront de donner des noms déshonnêtes, ou ridicules, ou païens, aux enfants.

III. *Des choses qui ont rapport au sacrement de confirmation.*

Tous ceux qui sont chargés du soin des âmes, feront en sorte que ceux qui sont à leur charge reçoivent le sacrement de confirmation après s'être confessés et avoir jeûné, supposé que ce sacrement se donne dans la matinée.

IV. *Des choses qui appartiennent au très-saint sacrement de l'eucharistie.*

Le tabernacle où l'on conserve la sainte eucharistie sera revêtu d'une étoffe de soie en dedans, et couvert d'un pavillon en dehors. Les curés et les prédicateurs exhorteront les fidèles à s'approcher souvent de la sainte eucharistie, en leur faisant sentir néanmoins le crime et le danger des communions indignes. Afin qu'on puisse garder les canons qui ordonnent aux curés de rendre compte de ceux qui auront communié à Pâques, on ne donnera point la communion pendant la quinzaine, dans les cathédrales même, si ce n'est à ceux qui en auront obtenu la permission par écrit de leur évêque ou de leur curé. Les curés porteront volontiers la sainte eucharistie aux malades qui ne peuvent venir à l'église et qui souhaitent de communier, quoiqu'ils soient sans danger. On ne portera point de reliques à la procession solennelle du saint sacrement. Les curés exhorteront les peuples à se préparer à la fête du saint sacrement par la confession, le jeûne, les aumônes, les prières, et à communier un jour de l'octave.

V. *De ce qui a rapport au sacrement de pénitence.*

L'évêque, dans ses visites et dans sa ville épiscopale, fera venir de temps en temps tous les confesseurs ensemble ou séparément, pour leur faire sentir l'importance et les dangers de leur ministère, et leur montrer avec quelles précautions ils doivent se comporter dans le tribunal de la pénitence, spécialement envers les pécheurs qui ont des cas réservés, ou qui sont dans l'habitude du péché, ou qui sont tenus à la restitution. Il leur fera voir aussi l'obligation où ils sont d'imposer des pénitences salutaires, et de travailler non-seulement à empêcher que les pénitents ne retombent dans leurs péchés, mais encore à leur faire pratiquer les vertus et les devoirs de leurs différents états.

VI. *De ce qui a rapport à l'extrême-onction et aux devoirs envers les mourants.*

Le curé donnera l'extrême-onction aux adultes dangereusement malades, et aux vieillards décrépits, qui peuvent mourir tous les jours, quoiqu'ils ne soient pas malades, mais non aux enfants qui n'ont pas l'usage de raison, ni aux femmes qui sont en travail d'enfant, ni à ceux qui partent pour la guerre, ou pour s'embarquer, ou pour voyager, ni enfin aux criminels condamnés à mort. Le prêtre portera le vase des saintes huiles, attaché à son cou par un cordon de soie, et enfermé dans un petit sac de même matière. Si le malade qu'il doit administrer n'a point perdu l'usage des sens, il l'exhortera par un petit discours plein de force et de douceur, à ne soupirer qu'après le ciel, et à mettre sa confiance dans la divine miséricorde : il lui fera dire aussi les prières marquées pour la recommandation de l'âme, s'il le peut, ou les fera dire par quelque autre personne.

VII. *De ce qui a rapport au sacrement de l'ordre.*

Les évêques et les curés n'oublieront rien pour instruire les jeunes clercs de leurs devoirs, et veilleront, avec tout le soin possible, sur leurs mœurs et sur leurs études. Les évêques n'ordonneront que ceux qui seront munis de bons témoignages touchant la doctrine et les mœurs, et qui n'auront aucun empêchement qui les exclue de l'ordination.

VIII. *Des empêchements qui excluent de l'ordination.*

Ces empêchements sont le défaut d'âge ou de confirmation, l'ignorance, le crime, la pénitence publique, l'état de néophyte, l'habitude de l'ivrognerie et de la gourmandise, l'impureté, le parjure, l'usure publique, l'infamie, l'obligation où l'on est de rendre des comptes, la servitude, les vices du corps, une difformité notable, la naissance illégitime, la bigamie, l'irrégularité, la suspense, l'interdit, l'excommunication, la folie, le mal caduc, la possession du démon, le défaut d'examen et d'approbation.

IX. *De la collation et de la provision des bénéfices.*

On observera les canons du concile de Trente sur cette matière, et les évêques rejetteront irrémissiblement tous les sujets qu'ils ne jugeront pas propres aux bénéfices auxquels ils seront nommés ou présentés, après les avoir sérieusement examinés sur la doctrine, les mœurs, le chant, et enfin toutes les qualités que demandent d'eux les bénéfices pour lesquels ils sont présentés, quelles que soient la dignité ou la condition des patrons qui les présentent.

X. *De ce qui appartient au très-saint sacrifice de la messe et aux offices divins.*

L'évêque avertira souvent ses diocésains, de vive voix et par écrit, de l'obligation où ils sont de fréquenter leurs paroisses, surtout les jours de dimanches et de fêtes. Les prêtres qui sont chargés, par quelque legs ou quelques fondations, de dire un certain nombre de messes à un certain autel, diront des messes par eux-mêmes, et à l'autel marqué par le legs ou la fondation, à moins que l'évêque ne leur permette, pour de bonnes raisons, de faire acquitter ces messes par d'autres prêtres, ou à d'autres autels. C'est à l'évêque à régler l'heure de la messe, selon les circonstances des lieux, des temps et des personnes. On dira la messe suivant les rubriques du Missel, sans addition, sans retranchement, sans aucun changement. Les évêques qui chantent la grand'messe dans leurs cathédrales à certains jours de fêtes solennelles, doivent aussi officier à matines et à vêpres ces jours-là. On observera exactement tout ce qui est prescrit dans le pontifical et dans le livre des cérémonies, touchant la manière de faire les offices divins. Les clercs qui manquent à l'office de la sainte Vierge, dans les églises où l'usage est de le dire au chœur, seront privés des distributions, de même que s'ils manquaient au grand office.

XI. *Des processions.*

L'évêque préposera des personnes convenables pour conduire et diriger les processions. Ceux qui ne chanteront point avec les autres réciteront tout bas des hymnes et d'autres prières analogues à la cérémonie. Les clercs séculiers et réguliers et marcheront deux à deux, et ne souffriront point de laïques mêlés avec eux. Il n'y aura aucun instrument de musique dans les processions; et les évêques feront ce qui dépendra d'eux pour empêcher les fidèles de les regarder passer de leurs fenêtres ou de quelque endroit élevé, au lieu de les suivre dévotement, comme il convient de le faire.

XII. *Des funérailles et des obsèques.*

Tous ceux qui seront invités à un enterrement s'y trouveront à l'heure indiquée; et les ecclésiastiques, qui ne s'y trouveront point en personne, n'auront aucune part aux émoluments, sous prétexte qu'ils y auraient envoyé quelque autre ecclésiastique à leur place. On conduira le cadavre à l'église par le chemin le plus court et le plus droit. On n'emploiera point pour les représentations des tombeaux ce qui sert à l'autel. Les clercs, ni aucun de ceux qui travaillent aux enterrements, ne prendront point de gages pour s'assurer de leur salaire ou honoraire.

XIII. *Des distributions.*

Celui qui dira la messe pendant qu'il doit être au chœur, ne gagnera pas la distribution attachée à la partie de l'office à laquelle il aura manqué en disant la messe. Ceux qui sont chargés de partager les distributions n'en feront part à qui que ce soit, qu'au temps marqué pour ce partage.

XIV. *De ce qui a rapport aux chapitres des cathédrales et des collégiales.*

Quand il y aura quelque affaire d'importance à traiter dans les chapitres des cathédrales ou des collégiales, on se contentera de la proposer dans une première assemblée, et l'on en remettra la décision à une seconde assemblée. Si la chose presse et qu'on ne puisse pas la différer jusqu'à une seconde assemblée, on la communiquera aux chanoines trois jours avant l'assemblée du chapitre, s'il est possible, afin qu'ils aient le temps d'y penser.

XV. *Des curés, de leurs droits et de leurs devoirs.*

Les curés s'acquitteront par eux-mêmes des devoirs et des fonctions de leur ministère, à moins qu'ils n'en soient empêchés par de justes raisons. L'évêque punira sévèrement les curés qui ne résideront point exactement dans leurs paroisses, sous quelque prétexte que ce soit, pour instruire leurs paroissiens, leur dire la messe, leur administrer les sacrements, apaiser leurs querelles, et les réconcilier les uns avec les autres. Les curés n'ouvriront point d'écoles, ni n'en tiendront chez eux ni ailleurs, à moins que l'évêque ne le leur permette par écrit, à raison de leur indigence; ils ne prendront point de pensionnaires, sous prétexte de s'occuper de leur instruction, moyennant un prix convenu. (Ce décret, applicable à la province de Milan du temps de saint Charles, où toutes les écoles, en général, étaient catholiques et sous la dépendance des curés, ne l'est plus de nos jours et dans notre pays, où l'autorité civile s'est attribué le droit à peu près exclusif de diriger l'enseignement.)

TROISIÈME PARTIE.

I. *Des évêques.*

Les évêques donneront à leurs peuples des exemples continuels de toutes les vertus. Ils seront assidus à l'oraison, et ne manqueront point à la prière commune, qui se doit faire le soir pour toute leur maison. Ils diront souvent la messe à l'église, particulièrement les dimanches et les fêtes : ils y assisteront au moins, quand ils ne pourront la dire, et ne feront point attendre leur aumônier à l'autel. Ils réciteront dévotement leur office aux heures convenables, et même à l'église, au moins les dimanches et les fêtes, s'ils le peuvent, et s'appliqueront à l'étude qui convient à leur état. Ils écouteront avec bonté tous ceux qui s'adresseront à eux, et tâcheront de les contenter. Ils aimeront la compagnie des hommes pieux et savants, et fuiront les festins des gens du monde : leur habit sera simple, et leur table toujours assaisonnée de quelque bonne lecture. On ne verra rien de profane, rien de recherché, rien de superflu dans leur maison ; toute leur famille sera bien réglée, exemplaire, édifiante ; et, peu contents des aumônes ordinaires qu'ils feront par les mains de leurs aumôniers, ils mettront leur plaisir à en faire de leurs propres mains le plus qu'ils pourront.

II. *De la vie et de l'honnêteté des clercs.*

Ils seront modestes dans leurs habits et dans toutes leurs démarches. Ils fuiront les festins et les compagnies du monde, employant à l'étude le temps qui leur restera, après avoir satisfait aux fonctions de leur ministère. Ils rechercheront l'entretien des ecclésiastiques capables de les instruire et de les édifier. Ils n'auront aucun livre qui puisse tant soit peu corrompre leurs mœurs ou refroidir leur charité, tels que les romans, les comédies, etc. Ils ne se croiront pas dispensés du bréviaire pour une fièvre ou quelque autre maladie légère.

III *De la visite.*

Les évêques éviteront de loger chez les laïques dans le cours de leurs visites ; et, lorsqu'ils ne pourront l'éviter, ils feront en sorte qu'on les traite de la manière la plus simple et la plus frugale. Ils s'appliqueront à réformer les mœurs du clergé et du peuple, à rétablir la discipline, à réprimer tous les abus, et le luxe en particulier, tant des hommes que des femmes, en faisant voir que rien n'est plus contraire à l'esprit du christianisme, et que c'est une source toujours subsistante de mille sortes de maux. Ils laisseront des instructions pastorales qui contiendront des règles de conduite et des avis propres à tous les états, et qui seront lues en tout temps au peuple assemblé dans les églises, par le curé.

IV. *Du concile provincial.*

On tiendra le concile provincial tous les trois ans, selon l'ordonnance du concile de Trente ; et les évêques qui le composeront, emploieront tout ce qu'ils ont de lumières et de zèle pour procurer la gloire de Dieu, et le salut des peuples confiés à leurs soins.

V. *Du synode diocésain.*

L'évêque tiendra tous les ans le synode de son diocèse, dans lequel on publiera les décrets du dernier concile provincial.

VI. *Des témoins synodaux.*

Le concile provincial choisira deux témoins synodaux de chaque diocèse de la province ; et l'évêque en choisira sept, ou même davantage dans son synode. Ces témoins synodaux seront des ecclésiastiques respectables par leur âge, leurs mœurs, leur prudence, leur zèle pour la pratique de toutes les vertus. Ces témoins prêteront serment de rapporter au métropolitain ou à l'évêque, sans qu'aucune considération humaine soit capable de les arrêter, tout ce qu'ils sauront être contre les intérêts de Dieu et de la religion.

VII. *Des monitions.*

Les évêques observeront l'usage établi par les saints Pères, de donner, dans leurs synodes, des avis propres à exciter le zèle de ceux qui les composent, et en général de tous les ecclésiastiques, pour l'accomplissement de leurs devoirs : ils les avertiront donc d'avoir toujours dans l'esprit l'excellence de leur vocation ; de mener sur la terre une vie tout angélique et toute sainte, qui puisse donner aux autres l'exemple de toutes les vertus : de la charité, de l'humilité, de la douceur, de la patience, de la justice, de la tempérance, de tous les devoirs de la piété chrétienne.

VIII. *Du for épiscopal et ecclésiastique.*

On n'accordera des monitoires qu'à ceux qui auront présenté requête à l'évêque pour les obtenir, à la demande de la partie civile ; et l'on n'en accordera point pour des choses criminelles ou infamantes, ni pour celles qui ne sont pas entièrement cachées, ni pour celles qui seraient perdues depuis si longtemps, qu'il n'y ait pas d'apparence qu'on s'en souvienne. Les chanceliers et les notaires du for épiscopal auront des livres où ils écriront tous les procès, et le salaire qu'ils auront reçu pour toutes les causes civiles ou criminelles qu'ils auront traitées.

IX. *Des choses qui appartiennent au mariage.*

Les curés sauront les constitutions que les papes ont données pour l'explication des empêchements de mariages, établis par le concile de Trente. Les évêques aboliront toutes les indécences que les mauvaises coutumes ont introduites dans la célébration des mariages, et en particulier les charivaris qui se font dans les secondes noces.

X. *De ce qui concerne les réguliers.*

On observera le décret du concile de Trente, qui porte qu'il y aura dans les couvents de religieux un interprète de l'Ecriture sainte. On observera aussi les constitutions de Pie V et de Grégoire XIII, qui défendent aux femmes d'entrer dans les cloîtres et les autres lieux réguliers des couvents d'hommes.

XI. *Des religieuses.*

Les monastères des religieuses n'auront

que deux portes en dehors : l'une pour les voitures, et l'autre pour les personnes et les usages ordinaires. Il y aura toujours deux religieuses portières à celle-ci. Il n'y aura que quatre tours dans les monastères : le premier, à la porte ordinaire; le second, au parloir; le troisième, à l'église pour passer les ornements de l'autel ; et le quatrième dans le lieu destiné au confessional. Les religieuses seront toujours voilées quand elles pourront être aperçues du dehors, ne fût-ce que par le prédicateur ou le supérieur. Celles qui accompagnent le médecin ou le supérieur, lorsqu'ils entrent dans le monastère, le seront aussi. Les religieuses ne vendront ni fruits, ni fleurs, ni pâtes Elles ne feront aucun présent : elles ne feront pas même l'aumône, ni à la porte, ni autour du monastère; mais elles donneront de l'argent, du blé ou d'autres choses semblables, à quelques personnes de piété, pour qu'elles les distribuent elles-mêmes aux pauvres, ailleurs qu'aux portes du monastère. Les religieuses ne se mêleront point des affaires séculières.

XII. *Des choses qui regardent les lieux pies.*

Les administrateurs des hôpitaux et des autres lieux pies se souviendront qu'ils sont chargés du soin des pauvres, des veuves, des orphelins et des autres personnes misérables, et qu'ils doivent se livrer tout entiers à leurs besoins, comme devant en rendre compte à Jésus-Christ, qui est caché dans la personne du pauvre. Les administrateurs des hôpitaux des enfants trouvés ne donneront point aux nourrices plus d'enfants qu'elles n'en pourront allaiter, pour ne point faire mourir ces enfants de faim par leur faute. L'évêque veillera à ce qu'on observe exactement les lois de la fondation des diverses maisons pies, en sorte qu'on y reçoive tous ceux qu'on y doit recevoir selon ces lois, et qu'on n'y admette aucun de ceux qui en sont exclus.

XIII. *De la formule pour annoncer la collecte des aumônes.*

Cette formule consiste à annoncer aux fidèles d'une paroisse qu'un tel jour on recueillera leurs aumônes, et à les exhorter à se rendre à l'église ce jour-là, et à y donner de bon cœur tout ce qu'ils pourront selon leurs facultés, pour nourrir Jésus-Christ dans la personne des pauvres. On veut que les curés tiennent registre des mendiants vagabonds qui se trouveront dans leurs paroisses, et qu'ils y écrivent les noms et le lieu de la naissance de ces mendiants; quelle vie ils mènent relativement aux exercices de religion, s'ils savent leur catéchisme, s'ils entendent la messe les jours de dimanches et de fêtes, et s'ils se confessent et communient pendant l'année. Ils les obligeront d'assister au catéchisme de la paroisse les jours de dimanches et de fêtes.

XIV. *De ce qui concerne ces décrets.*

Ceux qui transgresseront ces décrets subiront les peines qui y sont portées contre les transgresseurs ; et chaque évêque les fera publier dans son prochain synode. *Ibid.*

MILAN (V^e concile de), l'an 1579. Saint Charles tint ce concile, le 7 mai, avec les évêques de sa province. Il est aussi divisé en trois parties. La première traite des choses qui regardent la foi, et contient onze chapitres; la seconde décrit fort au long en trente chapitres le soin, la diligence, la charité, les remèdes, les précautions et les autres choses qu'il faut pratiquer en temps de peste ; la troisième renferme en vingt chapitres ce qui a rapport au sacrement de l'ordre. Voici ce qui nous a paru le plus remarquable dans ces chapitres. Il est dit dans le troisième de la première partie, qu'il faudra une permission, par écrit, de l'évêque, soit pour vendre, soit pour acheter de la viande ou toute autre espèce de nourriture non permise, pendant le carême. Il est dit, dans le sixième chapitre de la même partie, que le prêtre qui sera chargé de bénir une maison, en fera ôter tout ce qui est indigne d'une famille chrétienne, et brûler tous les mauvais livres. Le neuvième chapitre de la même partie porte que le prêtre donnera la communion aux fidèles à la messe, aussitôt après qu'il aura pris le précieux sang; qu'il pourra la donner aussi hors du temps de la messe; que, quand il la donnera immédiatement après la messe, il ôtera sa chasuble et son manipule; et que, quand il la donnera dans un autre temps, il sera revêtu d'un surplis et d'une étole; et que, pour l'évêque, il sera revêtu d'un pluvial ; que, selon une très-ancienne coutume, au rapport de saint Ambroise, ceux qui doivent communier répondront *Amen*, après que le prêtre aura dit : *Corpus Domini nostri Jesu Christi*, etc.; que c'est une pieuse coutume établie en divers lieux, de ne pas faire mourir les criminels le jour même qu'ils ont communié en forme de viatique. Il est dit dans la seconde partie, que les évêques, loin de fuir en temps de peste, mettront tout en œuvre pour procurer à leurs ouailles tous les secours spirituels et temporels qui pourront dépendre d'eux ; ils indiqueront des jeûnes, des prières, des processions publiques où l'on marchera sous le sac et le cilice, la tête et les pieds nus ; ils exhorteront les peuples à se confesser, et à communier, après avoir renoncé sincèrement à tous les péchés qui les rendraient indignes d'un si grand bienfait; ils donneront le sacrement de confirmation; ils appelleront, pour aider les curés, tous les confesseurs et les prédicateurs de bonne volonté qu'ils pourront trouver, et se concerteront avec les magistrats pour faire en sorte qu'il ne manque rien aux malades, ni du côté des aliments, ni du côté des remèdes et de tous les secours possibles dans leurs divers besoins. Mais, quoique les évêques et les curés doivent être toujours prêts à donner leur vie pour leurs ouailles, ils ne laisseront pas de prendre toutes les précautions convenables, en exerçant leur ministère envers les pestiférés. Ils pourront les confesser d'un lieu un peu éloigné de leur lit, ou même les faire venir, s'il est possible, à la fenêtre, ou à la porte, ou dans le vestibule, ou dans la cour; et ils useront de la même précaution pour les communier. Ils pourront aussi porter des habits qui ne leur viendront que jusqu'aux genoux, et se servir des remèdes approuvés par les médecins contre la peste. Le prêtre qui donnera l'extrême-onction ou les autres sacrements aux pestiférés s'abstiendra, pendant quelques jours, du commerce de ceux qui se portent bien, pour ne pas les effrayer. L'évêque fera dresser des croix et des autels dans les carrefours, où les prêtres qui y diront la messe seront censés satisfaire à leur devoir, de même que s'ils la disaient à l'église. On ne mettra point sur une même voiture les morts et les vivants, ni ceux qui sont vraiment attaqués de la peste avec ceux qui n'en sont que soupçonnés. Aussitôt que le prêtre qui a soin des pestiférés apprendra qu'une personne est attaquée de la peste, il ira la visiter, et lui administrera sans délai le sacrement de pénitence, le viatique et l'extrême-onction, parce que les pestiférés meurent souvent tout à coup, lorsqu'on y pense le moins, et qu'il y a du danger dans le moindre délai. On voit, dans la troisième partie, le zèle que les évêques doivent faire paraître dans l'établissement des séminaires, l'examen de ceux qui doivent y entrer, l'application à faire en sorte que les clercs mènent une vie conforme à la sainteté de leur état, et qu'ils s'acquittent des offices divins, et de toutes les fonctions de leur ministère, avec une édifiante piété. *Ibid.*

MILAN (VIe Concile de), l'an 1582. Saint Charles tint ce sixième concile le 10 mai. Les statuts en sont renfermés en trente et un chapitres, semblables à ceux des conciles précédents, et se rapportent de même au rétablissement de la discipline ecclésiastique. Saint Charles avait encore indiqué un septième concile pour l'an 1585; mais sa mort, arrivée au mois de novembre de l'an 1584, l'empêcha de le tenir. Les six qu'il a tenus duraient chacun trois semaines pour l'ordinaire, à cause du grand nombre de règlements qu'il y faisait, conjointement avec les autres évêques ses suffragants. *Ibid.*

MILAN (7e Synode provincial de), l'an 1609, sous le cardinal Frédéric Borromée. Les longs développements donnés aux synodes ou aux conciles précédents nous dispensent de nous arrêter beaucoup à celui-ci, où d'ailleurs les statuts portés par saint Charles Borromée furent en grande partie renouvelés par son neveu. Le concile provincial obtint, ainsi que les autres, la confirmation du saint-siège. *Constitut. et decreta condita in prov. synodo Med.*, 1623.

MILAN (22e Synode diocésain de), sous le cardinal Frédéric Borromée. Quelques règlements y furent publiés concernant les funérailles. *Decreta in synodo diœc. Med.* 22, 1629.

MILAN (30e Synode diocésain de), le 15 mai 1622, sous le même. On y régla les devoirs réciproques des doyens à l'égard des curés, et de ceux-ci à l'égard des doyens. *Institutio decanorum*, 1636.

MILAN (31e Synode diocésain de), l'an 1627, sous le même. Ce prélat, héritier du zèle de son oncle, s'appliqua particulièrement dans ce synode à donner des règles pour combattre avec succès les vices dominants, et pour empêcher les progrès des hérésies. *Synodus diœc. Med.* 31, 1629.

MILAN (32e Synode diocésain de), l'an 1636, sous le cardinal César Monti. Ce prélat n'y fit guère que renouveler les statuts du synode précédent. *Synodus diœc. Med.* 32, 1636.

MILAN (33e Synode diocésain de), l'an 1640, sous le même qui y publia vingt-six décrets. *Decreta condita in syn. diœc. Med.* 33. 1641.

MILAN (34e Synode diocésain de) l'an 1650, sous le même, qui y publia dix chapitres de nouveaux règlements. *Synodus diœc. Med.* 34. 1650.

MILAN (35e Synode diocésain de), l'an 1658, sous Alphonse Litta. Ce prélat y publia soixante nouveaux décrets, et renouvela les règlements tracés dans le onzième synode diocésain pour l'exécution des décrets, tant des synodes du diocèse, que de ceux de la province. *Synod. diœc. Med.* 35.

MILAN (36e Synode diocésain de), l'an 1670, sous le même, qui y publia soixante-cinq nouveaux décrets. Le 16e contient la défense de représenter dans les églises les armoiries de familles nobles. *Synodus diœc. Med.* 36.

MILDORF (Concile de), *Mildorfianum*, l'an 1249. Philippe, archevêque de Saltzbourg, et trois autres évêques, tinrent ce concile dans le commencement de l'année. On y voulut contraindre Otton, duc de Bavière, à se déclarer contre l'empereur Frédéric II, et pour Guillaume de Hollande son compétiteur. *Edit. Venet. t.* XIV; *Concil. Germ.* tom. III.

MILÈVE (Ier Concile de), *Milevitanum*, l'an 402. Sous le cinquième consulat des empereurs Arcade et Honorius, c'est-à-dire l'an 402, le 27 août, il se tint à Milève, en Numidie, un concile général de toute l'Afrique. Aurèle de Carthage y présida, et l'on y fit quelques canons.

Le 1er est une confirmation de ce qui s'était toujours observé en Afrique, que le rang des évêques fût réglé par l'antiquité de la promotion; en sorte que les plus jeunes déférassent l'honneur à leurs anciens. On excepta toutefois de cette règle les primats de Numidie et de Mauritanie, qui pourraient, quoique plus jeunes, avoir la préséance au-dessus des autres.

Le 2e porte que tous ceux qui seront ordonnés prendront une lettre écrite ou signée de la main de leur ordinateur, où le jour et l'année de leur ordination seront marqués.

Le 3e ordonne que l'on gardera la matricule, ou la liste, des évêques de la Numidie, tant dans la ville du premier siège, c'est-à-dire du primat, que dans celle de Constantine, métropole civile de cette province.

Le 4° regarde Quodvuldeus, évêque de Centurie en Numidie, accusé par une personne présente au concile. Il y est ordonné que cet évêque demeurera séparé de la communion de ses confrères, jusqu'à ce que son procès soit terminé.

Le 5° déclare que quiconque aura fait une seule fois l'office de lecteur dans une église ne pourra être retenu pour clerc dans une autre.

6. Maximin, évêque de Bagaïa ou de Vagine, ayant quitté le schisme des donatistes pour se réunir à l'Eglise catholique, offrit volontairement de se démettre de l'épiscopat, afin de ne point troubler la paix de l'Eglise. Le concile accepta sa démission, et décréta que l'on écrirait à Maximin pour l'engager à se retirer, et à son peuple, pour qu'il procédât à l'élection d'un autre évêque. Le choix tomba sur Castorius, frère de Maximin, qui avait aussi quitté le schisme des donatistes.

Les canons de ce concile ne sont pas rapportés uniformément dans toutes les collections. *Reg.* IV; *Labb.* II; *Hard.* I.

MILÈVE (II° Concile de), l'an 416. Ce concile, le second qui fut assemblé dans cette ville, était composé de soixante et un évêques de la province de Numidie. Ils écrivirent au pape Innocent, pour lui demander la condamnation des erreurs de Pélage, et joignirent à leur lettre le livre de cet hérésiarque envoyé à saint Augustin par Timasius et Jacques, avec la réponse que ce saint docteur y avait faite. Saint Augustin envoya aussi au pape une lettre qu'il écrivait à Pélage, pour répondre à ce qu'il lui avait adressé touchant le concile de Diospolis. Nous ne l'avons plus. Quelques-uns rapportent à ce concile de Milève les vingt-sept canons qui se trouvent sous son nom dans les collections ordinaires. Mais, si l'on excepte le 23°, qui ne se lit point ailleurs, les autres sont, ou du premier de Milève, ou du concile de Carthage de l'an 418, ou de quelques autres : encore ce vingt-troisième canon s'observait-il en Afrique longtemps avant l'an 416. Il porte que si quelqu'un, quittant les hérétiques, c'est-à-dire les donatistes, confesse qu'il a été mis par eux en pénitence, l'évêque catholique s'informera avec soin du sujet pour lequel il y aura été mis, afin qu'après s'en être bien assuré, il règle combien il doit demeurer en cet état, et quand il faudra le réconcilier. Le vingt-sixième est cité, sous le nom du concile de Milève, par le second concile de Tours ; mais, dans la collection africaine, il est attribué au concile de Carthage du 1er mai 418.

MINDEN (Synode de), *Mindensis*, l'an 1279. Volquin, évêque de Minden, qui tint ce synode, y porta la défense de nommer un ecclésiastique en place d'un autre pour successeur du vivant du premier. *Lunig. Spicil. Eccl.*

MINDEN (Synode de), l'an 1299. Il ne nous reste de ce synode que la confirmation qui en fut faite par Wichbold, archevêque de Cologne, métropolitain de la province. Dans ce synode, Ludolf, évêque de Minden, avait porté un statut contre les usurpateurs des biens ecclésiastiques. *Ibid.*

MINDEN (Synode de), l'an 1302. Dans ce nouveau synode, l'évêque Ludolf déclara excommuniés *ipso facto* ceux qui, quinze jours après en avoir été avertis, négligeraient encore de payer des rentes dues à l'Eglise. *Ibid.*

MINDEN (Syn. de), l'an 1308. Godefroi, évêque de Minden, publia dans ce synode divers statuts contre la pluralité des bénéfices, le concubinage des clercs et l'usurpation des biens et des privilèges ecclésiastiques. *Ibid.*

MINDEN (Synode de), l'an 1686 ; *Voy.* SAINTE-MARIE DE MINDEN.

MINIATO (Synode de San-), *Sancti miniatis*, le 1er septembre 1638 sous Alexandre de Strozzi. Ce prélat y publia cinquante-cinq chapitres de règlements, dont quelques-uns sont dirigés contre les sorciers et les devins, et contre les blasphémateurs. Le reste regarde l'administration des sacrements, la discipline du clergé et les règles du for ecclésiastique. *Constit. synodales, Florentiæ*, 1638.

MISNENSES (Synodi) ; *Voy.* MEISSEN.

MODENE (Concile de), l'an 973. Ce concile eut pour objet la pacification d'un différend survenu pour quelque affaire d'intérêt entre deux hommes de marque, frères l'un de l'autre, nommés Pierre et Lambert. *Labb.*

MODENE (Synode de), *Mutinensis*, 4 septembre 1565, sous Jean, évêque de Porto, dit cardinal Moron, administrateur perpétuel du diocèse du Modène. Ce synode eut quatre sessions ou séances, et le cardinal y publia de nombreux règlements sur les divers offices des chanoines, sur les sacrements, sur la résidence des curés, et sur les principales obligations des seigneurs et en général de tous les laïques. *Constit. in synod. Mutin.*, 1565.

MODENE (Synode de), l'an 1647, sous Robert Fontana, évêque de cette ville. Ce prélat y publia de nombreux décrets, qu'il divisa en quatre parties : la première traite de la foi et des vices qui y sont opposés ; la seconde, des sacrements ; la troisième, du culte divin ; et la quatrième, de l'état clérical. *Synodus diœc. Mutinensis.*

MOGUNTINA (Concilia) ; *Voy.* MAYENCE.

MOISSAC (Concile de), *Moyssiacense*, au diocèse de Cahors, l'an 1063, pour la dédicace de l'église de l'abbaye de Moissac. *Mas L.*

MOLDAVIE (Concile de), *Moldaviense*, l'an 1642. *Voy.* GIAS.

MONASTERIENSES (Synodi). Voy. MUNSTER.

MONDONEDO (Synode diocésain de), l'an 1617, sous Isidore Caxa de la Xara. Ce prélat y publia un grand nombre de constitutions, rangées sous cinquante titres différents. *Constituciones synodales del obispado de Mondonedo, en Madrid*, 1618.

MONS (Concile de la province de Cambrai, tenu à), *Montibus Hannoniæ*, l'an 1586. Jean François Bonhomme, évêque de Verceil et légat *a latere*, tint ce concile, de concert avec Louis de Berlaymont, archevêque de Cambrai. On y fit des décrets rangés sous vingt-quatre titres, dont voici les plus remarquables.

Titre Ier. *De la profession de foi.* 1. Tout professeur, tout distributeur de livres, et quiconque passe d'un pays dans un autre, doivent faire leur profession de foi dans la forme prescrite par le souverain pontife Pie IV, avant d'être admis à la communion, s'ils ne produisent en leur faveur un certificat du curé du lieu qu'ils viennent de quitter. 2 et 3. Les personnes élues, tant dans les villes que dans les campagnes, pour remplir des charges ou des fonctions publiques, doivent émettre la même profession de foi, et ne doivent être admises que sur un témoignage de leur pasteur qui dépose en faveur de leur catholicisme. 4. On ne permettra point indistinctement à tout le monde d'avoir l'Ecriture sainte traduite dans la langue maternelle. 5 et 6. On aura soin des reliques, et les prédicateurs en recommanderont le culte. 7. Le concile défend, sous peine d'excommunication, les pratiques superstitieuses, le commerce avec le démon et l'astrologie judiciaire. 8. Il renouvelle la constitution de Léon X portée dans le concile de Latran contre les blasphémateurs.

Titre II. *De l'instruction et de l'annonce de la parole de Dieu.* 1. Les prédicateurs ne rapporteront point indiscrètement devant le peuple les opinions des hérétiques. 2. Ils ne déclameront point contre d'autres prédicateurs du même ordre, ou d'un autre. 3. Ils n'annonceront point de nouvelles indulgences sans un ordre de l'évêque; ils ne recommanderont personne du haut de la chaire, sans la même condition, à la charité des fidèles. 4. Ils ne détruiront pas par leur conduite l'effet de leurs discours. 5. Ceux qui manqueront en ce point, fussent-ils exempts, seront punis par les évêques selon ce que prescrit le concile de Trente, sess. 5e, c. 2. 6. Les doyens dénonceront à l'évêque les curés qui négligeront l'instruction de leurs paroissiens, ou qui ne donneront pas bon exemple. 7. Défense de dire des messes pendant le sermon, ou de demander l'aumône, ou de commencer l'office du chœur tandis que le prédicateur est en chaire. 8. Les clercs et les chanoines ne se dispenseront point facilement d'assister au sermon. 9. Lorsque l'évêque doit prêcher dans une église, toute autre prédication est interdite dans son enceinte. 10. Les prédicateurs d'une même ville doivent se réunir de fois à autre, et se concerter ensemble sur les matières à traiter et les abus à réformer.

Titre III. *De l'office divin.* 1. Les églises paroissiales, comme toutes celles auxquelles est attaché un bénéfice, suivront dans l'office divin le rite de l'église cathédrale. 2. Les histoires des saints seront attempérées à l'usage de Rome. 3. Les prédicateurs observeront le même usage dans l'explication de l'évangile et de l'épître. 4. Tout ce qui sert à la messe doit être tenu propre. 5. On ne dira la messe que dans des églises. 6. On ne pourra en dire qu'une par jour. 7. La messe est interdite à tout prêtre qui, la veille, aura scandalisé le peuple en donnant dans l'ivresse ou dans quelque autre excès.

Titre IV. *Des fêtes et des jeûnes.* 1. Défense de sortir des villes, pour faire l'exercice militaire, pendant le temps de la messe, du sermon et des vêpres. 2. On ne permettra point, à moins d'un besoin urgent, aux voituriers, aux bateliers, aux meuniers, aux brasseurs de bière, aux bouchers et aux boulangers, de travailler les jours de fêtes.

Titre V. *De l'administration des sacrements.* Dans les paroisses où il y a beaucoup de campagne, les curés placeront des chapelains pour pouvoir administrer pendant la nuit. 1. En temps de peste, comme les paroissiens pourraient avoir peur d'approcher de leur curé, si celui-ci communiquait avec les pestiférés, on établira aux frais de l'Etat, ou au moyen d'offrandes volontaires, des chapelains dont la fonction sera d'administrer les sacrements aux seules personnes atteintes de la peste.

Titre VIII. *Du sacrement de la pénitence.* Les curés, aussi bien que les autres confesseurs, n'obligeront personne à se confesser toujours à eux-mêmes, sans aller à d'autres; ils n'exigeront point de leurs filles spirituelles, ni ne leur permettront de faire des vœux de chasteté sans l'avis de l'évêque, et ils s'abstiendront de toute familiarité avec elles.

Titre XI. *Du sacrement de mariage.* « En vertu du décret du concile de Trente, les mariages contractés dans un pays hérétique par des personnes sorties d'un autre pays où ce concile a été publié, sont absolument nuls, à moins qu'ils n'aient été célébrés en présence d'un prêtre muni de pouvoirs particuliers; et dans ce cas-là même, si l'on ne peut engager, après leur retour à l'Eglise, les personnes mariées ainsi à ratifier leurs mariages, et à les célébrer de nouveau *in facie Ecclesiæ*, on leur permettra de passer à d'autres noces, du vivant même de la partie qu'ils auraient épousée contre les canons. »

Cette décision donne dans l'excès, et ne saurait être suivie. Si le prêtre pris pour témoin du mariage contracté en pays hérétique avait des pouvoirs particuliers pour remplir cet office, le mariage a été dès lors contracté validement, et on ne peut plus qu'exhorter les époux à recevoir la bénédiction nuptiale dont la cérémonie aurait été omise, et non les y forcer sous peine de nullité.

Titre XII. *De l'extrême-onction.* Ce sacrement ne doit pas être donné deux fois dans une même maladie, quelque longue qu'en soit la durée; mais il peut être réitéré en cas d'une maladie différente. S'il manque des membres où doit se faire l'onction, on la fera sur une partie voisine. Les prêtres la recevront sur le dessus de leurs mains.

Les autres canons de ce concile ne contiennent rien de bien particulier. Le roi d'Espagne, Philippe II, appuya le concile de son autorité, et en prescrivit l'exécution.

MONSPELIENSIA (*Concilia*). *Voy.* MONTPELLIER.

MONTALTO (Synode diocésain de), les 6, 7 et 8 septembre 1676, sous Ascagne Paganelli. Ce synode eut cinq séances, et de nombreux statuts y furent publiés pour la répression des vices et la réforme de la discipline ecclésiastique et religieuse. *Constit. synod., Maceratæ*, 1676.

MONT-CASSIN (Conciles du), *Cassinensia*. *Voy.* CASSIN.

MONTEFIASCONE (Synode diocésain de), *Montisfalisci et Corneti*, l'an 1591, sous Jérôme Bentivoglio. Ce prélat y publia des règlements sur les devoirs des curés, des maîtres d'école, des médecins, des chanoines, sur les sacrements et sur les autres points de la discipline ecclésiastique. *Constit. editæ in syn. diœc. Montisfalisci. Romæ*, 1591.

MONTEFIASCONE (Synode diocésain de), *Montisflasconis et Corneti*, les 20, 21 et 22 octobre 1622, sous la présidence du vicaire général de l'évêque. Celui-ci, qui était Louis Zacchia, en publia les décrets, au nombre de soixante-deux. *Constitutiones editæ in synod. diœc. Montisfalisci. Viterbii*, 1623.

MONTEFIASCONE (Synode diocésain de), les 16, 17 et 18 juin 1710, sous Sébastien-Pompilius Bonaventure. Ce prélat y publia trois livres de décrets : le premier, sur la foi et le service divin ; le second, sur les sacrements ; et le troisième, sur les autres points de la discipline ecclésiastique et religieuse. *Synodus diœc. Montefalisco*, 1714.

MONTÉLIMAR (Synode de), *Montis Limarii seu Montiliense*, tenu l'an 1205 par Arnaud, abbé de Cîteaux et légat du saint-siége, et douze autres abbés du même ordre. Dom Diègue, évêque d'Osma, s'y trouva aussi présent avec saint Dominique.

MONTÉLIMAR (Concile de), l'an 1209. Le légat Milon tint ce concile dans les premiers jours de juin, et y cita Raymond, comte de Toulouse, avec ses fauteurs, au concile de Valence. *D. Vaissette, t.* III.

MONTÉLIMAR (Concile de), l'an 1248, plus connu sous le nom de concile de Valence. *Voy.* ce mot.

MONTEM REGALEM (*Concilia apud*); *Voy.* MONTRÉAL.

MONTEM VIRGINIS (*Concilium apud*); *Voy.* MONT-VIERGE.

MONTISPESSULANA (*Concilia*); *Voy.* MONTPELLIER.

MONT-LIBAN (Concile du); *Voy.* LIBAN.

MONT-LUÇON (Synode de), *Monluciconensis seu apud Montem Lucium*, en Bourbonnais, l'an 1226, par l'évêque Jean de Sully. *Gall. Christ. t.* II, col. 71.

MONT-LUÇON (Concile de), *apud Montem Lucium*, l'an 1266, par Jean de Sully, archevêque de Bourges. *Gall. Chr., ibid.*

MONTPELLIER (Concile de), *Monspeliense*, l'an 1134. On y adjugea l'église de Bessan, dans le diocèse d'Agde, au monastère de Saint-Tibéri. *Mansi, t.* II. *Voy.* Uzès, l'an 1139.

MONTPELLIER (Concile de), l'an 1162. Le pape Alexandre III, à la tête de dix évêques, tint ce concile le 17 mai, jour de l'Ascension. On y réitéra l'excommunication contre l'antipape Victor et ses complices. Le pape y donna aussi une bulle adressée à Guillaume, abbé du monastère de Vézelai, et à ses religieux, par laquelle il exempte leur monastère de la juridiction de celui de Cluny. *Labb.* X ; *Hard.* VII; *Mansi, t.* II, col. 537.

MONTPELLIER (Concile de), l'an 1195. Michel, légat du saint-siége, y présida. On y rétablit la paix dans la province de Narbonne ; on y excommunia les hérétiques, les pirates, tous ceux qui prêtaient le secours aux Sarrasins. On y fit aussi plusieurs règlements, dont l'un était en faveur de ceux qui marcheraient en Espagne contre les infidèles. *Labb.* X.

MONTPELLIER (Concile de), l'an 1207. Le P. Lelong (*Bibl. hist. de la France, t.* I) ne fait mention de ce prétendu concile que pour dire que c'est un concile imaginaire.

MONTPELLIER (Assemblée de), l'an 1211. *Hist. générale du Languedoc, t.* III, n. 16.

MONTPELLIER (Concile de), l'an 1214, sur la discipline. *Baluze, Conc. Gall. Narb.*

MONTPELLIER (Concile de), l'an 1215. Le cardinal Robert de Courçon, étant à Reims le 7 décembre 1214, convoqua ce concile, auquel il appela les archevêques de Bourges, de Narbonne, d'Auch et de Bordeaux, avec les évêques, les abbés et les archidiacres de ces provinces. Il n'y présida pas néanmoins : ce fut le cardinal Pierre de Bénévent, comme légat dans la province. Il en fit l'ouverture le 8 de janvier 1215, et l'on y dressa quarante-six canons pour la réformation de la discipline ecclésiastique et la dénonciation des hérétiques et de leurs fauteurs, etc.

Les sept premiers concernent les évêques et les autres clercs, à qui le concile prescrit une forme d'habit comme de conduite irrépréhensible. On y recommande aux évêques la soutane longue et le rochet, soit lorsqu'ils sortiront à pied de chez eux, soit lorsqu'ils donneront audience dans leurs maisons. On y interdit aux chanoines et aux autres bénéficiers les mors de cheval et les éperons dorés, les étoffes d'une couleur trop vive, comme le rouge et le vert, les robes ouvertes ou à manches pendantes, l'anneau, et quelques autres ornements qui ressentaient apparemment la mollesse et le faste du siècle. On y ordonne la tonsure en manière de couronne. On y veut généralement, dans tous ceux qui servent à l'église, beaucoup de discrétion, surtout à l'égard du sexe ; un renoncement absolu à toute sorte d'usure et de négoce, un extérieur composé ; et, s'ils vont quelquefois à la chasse, ce qui doit être rare, on leur défend d'avoir avec eux des oiseaux de proie, ou on porter à la main.

8. Défense de recevoir des laïques pour chanoines ou confrères, et de leur donner la prébende ou distribution canoniale du pain et du vin ; ces sortes de confraternités étant préjudiciables aux églises.

9. On suspend d'office et de bénéfice quiconque, après l'intimation des canons précédents, aurait différé plus de quinze jours à s'y conformer.

10. On prive du droit d'entrer dans l'église les prélats mêmes qui auraient passé huit jours sans exécuter cette sentence.

Les canons 11 et 12 sont pour ne placer que des sujets dignes et compétents dans les bénéfices et dans les paroisses ; et pour ne les y placer que par une nomination tout à fait gratuite.

Les dix-neuf canons qui suivent tendent au rétablissement de la discipline chez les réguliers. Le concile leur applique en partie ce qu'il avait exigé des ecclésiastiques séculiers pour la décence de l'état. Il ne souffre point qu'on ait rien en propre dans les monastères, même avec la permission de l'abbé ou du prieur, *puisqu'ils ne peuvent pas*, dit-il, *la donner*. Il enjoint que, tous les dimanches on y excommunie les propriétaires en plein chapitre. On n'y autorisera ni pacte ni convention pour la réception d'un chanoine régulier ou d'un moine. Les moines et les chanoines réguliers ne feront point la fonction d'avocat en d'autres causes qu'en celles qui les touchent, si ce n'est dans des cas très-urgents, lorsqu'ils en recevront ordre de l'évêque qui serait leur supérieur, ou de leur abbé, ou du prieur de la maison : hors de là, ils seront réputés excommuniés et infâmes par le juge et par leur partie, et traités comme absolument inhabiles à un pareil ministère. Ce qui restera des tables, après le repas, dans les couvents, sera recueilli et distribué aux pauvres, à la volonté du supérieur. Les chanoines réguliers porteront de grandes couronnes, et les moines de très-grandes ; en sorte que, pour ceux-ci, le cercle des cheveux ait la largeur de deux ou de trois doigts. Leur chaussure sera haute et fermée. Ils ne passeront pas légèrement d'une église à une autre, et chacun d'eux n'aura qu'une église et une demeure fixe. Les chanoines réguliers ne paraîtront jamais sans surplis. Ils ne pourront rien tenir d'une église à titre de prébende, non plus que les moines. Les uns et les autres ne peuvent admettre à la profession religieuse, ni à l'administration des sacrements, ni inhumer chez eux, sous peine d'anathème, des gens reconnus pour usuriers, pour excommuniés, ou nommément interdits ; et s'ils osent le faire, ils seront condamnés aux dommages que les autres églises en pourraient souffrir, sauf cependant les priviléges du saint-siége. Quand les prieurés fourniront suffisamment à la subsistance de trois religieux, on en formera une communauté : quand ils n'y fourniront pas, on fera une union de plusieurs prieurés.

Le 32e canon et les onze suivants renouvellent et confirment tout ce qui avait été réglé en différents temps pour la sûreté publique, et plus récemment pour le maintien de la paix entre seigneur et seigneur, et les communes du pays. On y décerne les plus sévères peines contre ceux qui la violent ; on exhorte à les poursuivre avec toute la puissance des deux glaives.

Le 43e réprime la liberté des nouvelles impositions ou nouveaux péages.

Le 44e charge les barons et autres qui ont droit de péage, du soin des chemins, pour en bannir les pillages et les vols.

Le 45e proscrit les associations et les confréries qui s'établissent sans la permission du seigneur du lieu ou de l'évêque.

Le 46e veut que dans chaque paroisse on établisse un prêtre et deux ou trois laïques, gens de bien, pour déférer les hérétiques qu'ils découvriront. *Labb.* XI.

MONTPELLIER (Conciles de), l'an 1224. Il se tint cette année deux conciles ou conférences à Montpellier, au sujet de Raymond, comte de Toulouse : le premier, le 2 juin ; le second, le 21 août. Le comte y promit de garder la foi catholique, de purger ses terres d'hérétiques, de restituer à l'Eglise ses droits, à condition qu'Amauri de Montfort se désisterait de ses prétentions sur ses terres ; mais Amauri, qui se prétendait comte de Toulouse, en vertu de la donation du pape Innocent III et de celle du roi faite à son père, ayant écrit aux Pères du concile que comme il espérait soumettre les Albigeois, ils ne devaient point composer avec Raymond, le concile en conséquence rejeta les offres de ce dernier. *Voy.* BOURGES, l'an 1225.

MONTPELLIER (Concile de), l'an 1258. Jacques, archevêque de Narbonne, et ses suffragants tinrent ce concile, et y publièrent huit canons.

1. On excommunie ceux qui violent les droits et les libertés des églises et des personnes ecclésiastiques.

2. On défend aux évêques de donner la tonsure à ceux qui ne sont pas de leur diocèse, et on leur ordonne de ne la conférer qu'à des sujets âgés de vingt ans, qui la demandent dans un esprit de dévotion, qui aient dessein de servir l'Eglise, et quelque teinture de la science cléricale.

3. Les clercs qui ne vivent pas cléricalement et qui font quelque négoce perdent leurs immunités et priviléges.

4. Ceux qui se disent délégués ou subdélégués du saint-siége justifieront de leur commission avant que d'en faire usage.

5. Les juifs ne pourront exiger d'usures.

6. Les évêques ne pourront donner de lettres aux quêteurs pour les autoriser dans leurs quêtes, à moins que ces quêteurs n'en aient obtenu du métropolitain.

7. On enjoint aux évêques de faire observer ces règlements, et de les publier dans leurs synodes.

8. On ordonne que le décret fait contre ceux qui s'emparent des biens des églises, soit publié tous les dimanches au prône.

Ce que ce concile a de plus singulier, c'est qu'il autorise les ordinaires des lieux à implorer le secours du sénéchal de Beaucaire, pour se saisir des clercs coupables de rapt, de meurtre, d'incendie, d'infraction nocturne, de ravage des campagnes, s'ils sont surpris en flagrant délit ; à condition toutefois de les remettre aux supérieurs ecclésiastiques, pour que ceux-ci les punissent. *Anal. des conc.*, t. II ; *Hist. de l'Egl. Gall.* ; l. XXXIII

MONTPELLIER (Assemblée de toute l'Eglise de France à), l'an 1303. *Gall. Chr.*, t. VI, col. 596-604.

MONTPELLIER (Synode de), l'an 1725, sous Charles-Joachim Colbert, qui y publia des statuts pour son diocèse. *Bibl. hist. de la France*, t. I.

MONTPELLIER (Concile de), l'an 1339 sur la discipline. *Gall. Chr.*, t. VI, col. 784.

MONTRÉAL (Conférence de), au diocèse de Carcassonne, l'an 1207, entre dom Diègue, évêque d'Osma, saint Dominique, le légat Pierre de Castelnau, et les divers chefs des hérétiques albigeois. On ne put rien y décider. Cette conférence de Montréal est peut-être la même assemblée que le synode dont parle Labbe, et qui fut tenu dans un lieu incertain de la province de Narbonne. *Chronique de Guillaume de Puy-Laurens*, ch. 9.

MONTRÉAL (Syn. diocésain de), en Sicile, *Montisregalis*, le 15 septembre 1592, sous Antoine Castruci. Ce prélat y publia des constitutions divisées en quatre parties, sur l'office divin, les sacrements et les devoirs réciproques des laïques et du clergé. *Decreta varia synodalia*.

MONTRÉAL (Synode diocésain de), le 12 septembre 1622, sous Jérôme de Veniero, archevêque de cette ville. Ce prélat y publia des règlements divisés en cinq parties, sur la foi, sur les sacrements, sur le culte divin, sur la discipline ecclésiastique et sur le for contentieux de la cour archiépiscopale. *Synodus diœc.*, 1623.

MONTRÉAL (Synode diocésain de), l'an 1638, sous le cardinal Côme de Torres, archevêque de cette ville. De nouveaux décrets y furent publiés sur la foi et la doctrine chrétienne, sur les sacrements, sur les exorcismes, sur les indulgences, les processions, les funérailles, les legs pieux, les exemptions des églises, la récitation des heures canoniales, la vie des clercs, les devoirs des curés et des vicaires forains et les règles à observer à l'égard des Albanais du rit grec établis dans ce diocèse. *Decreta synod.*, 1638.

MONTRÉAL (Synode diocésain de), l'an 1652, sous François Peretti, dit cardinal Montalte, archevêque de cette ville. Ce synode eut cinq séances, dont la troisième eut pour objet les règles concernant les religieux et les religieuses. Les autres eurent à peu près les mêmes objets que les synodes précédents. *Synodus emin. card. Montalto*, 1653.

MONT-SAINTE-MARIE (Concile du), *apud Montem Sanctæ Mariæ*, l'an 972. Adalbéron archevêque de Reims, tint ce concile au mois de mai, au Mont-Sainte-Marie de Tardenois, diocèse de Soissons. On y fit la lecture de la bulle de Jean XIII, pour l'introduction des moines dans l'abbaye de Mouzon. *Mabillon, Annal.*, t. III, p. 622.

MONT-SAINTE-MARIE (Concile du), l'an 973. « Labbe, dit M. de Mas Latrie, ne porte pas ce concile, que l'*Art de vérifier les dates* dit s'être tenu au mois de décembre 973. » Peut-être ce concile est-il au fond le même que celui de 972, mentionné par Labbe. Au reste le savant auteur de l'*Art de vérifier*

les dates n'a parlé ni de l'un ni de l'autre, au moins dans sa première édition, la seule que nous ayons sous les yeux. *Voyez l'Art de vérifier les dates*, édition de 1750.

MONT-VIERGE (Synode diocésain du), *monasterii Montis Virginis*, juin 1593, sous Décius Rogeri, abbé de ce monastère *nullius diœcesis*. On y traita des mêmes objets que dans les synodes épiscopaux. *Constitutiones, Neapoli*, 1593.

MONT-VIERGE (Synode diocésain de), l'an 1647, sous Urbain de Martin de Paterne, abbé général de la congrégation du Mont-Vierge. De nouveaux règlements y furent publiés, plus étendus que les précédents. *Constit. synod. diœc. Montis Virginis, Neapoli*.

MOPSUESTE (Concile de), l'an 550. Ce concile fut assemblé par l'ordre de l'empereur Justinien, à l'occasion des troubles excités par l'affaire des trois Chapitres, et contre la mémoire de Théodore, évêque de cette ville, qui avait été le maître de Nestorius. On y fit voir que le nom de Théodore de Mopsueste n'était pas dans les diptyques, et l'on en rendit témoignage au pape Vigile et à l'empereur. *Labb.* V; *Hard.* II.

MORET (Concile de), *apud Murittum*, l'an 850. Ce concile fut tenu dans un lieu du diocèse de Sens, appelé Moret. On ignore ce qui s'y passa, et on ne le connaît que par le fragment d'une lettre que les prélats en écrivirent à Enchenrad, évêque de Paris. L'*Art de vérifier les dates*, p. 194. *Voyez* pour la statistique de ce lieu l'article suivant.

MORET (Concile de), ou MURET, vers l'an 1154. Moret ou Muret, en latin *Moretum, Muretum* ou *Murittum*, était un bourg du Gâtinais sur le Loing, avec titre de comté, dans le diocèse de Sens. Le savant Mansi fait mention d'un concile célébré, partie en un lieu incertain, et partie à Moret, en faveur des moines de Vézelai contre le comte de Nevers, environ l'an 1154. Il s'agissait dans ce concile de mettre les moines de Vézelai à l'abri des violences des habitants de ce lieu favorisés par le comte. On y écouta les plaintes des moines et les répliques de leurs adversaires; ceux-ci furent condamnés, et le comte obligé, selon l'ordre du roi Louis VII, présent à ce concile, à faire arrêter les coupables. *Mansi*, t. II, col. 491.

MORINENSIS (Synodus), l'an 839. *Voy.* TÉROUANNE.

MOUZON (Concile de), *Mosomense*, l'an 948. Mouzon est une ville de France et de l'ancienne Champagne, au diocèse de Reims. Il s'y est tenu trois conciles, dont le premier fut célébré le 13 janvier 948, dans l'église de Saint-Pierre, au faubourg. Robert, archevêque de Trèves, y présida, comme il avait aussi présidé l'année précédente à celui de Verdun. On y décida qu'Artaud conserverait la communion ecclésiastique et la possession du siége de Reims, et que Hugues serait privé de l'une et de l'autre jusqu'à ce qu'il vint se justifier devant le concile général, qui était indiqué au premier jour d'août.

MOUZON (Concile de), l'an 995. Léon, légat du pape Jean XVI, tint ce concile le 2 juin avec quatre évêques. On ordonna à Gerbert, archevêque de Reims, et depuis pape sous le nom de Sylvestre II, de s'abstenir de l'office divin jusqu'au concile indiqué pour le mois de juillet dans cette ville. Mais ce concile de Reims ne s'étant pas tenu sitôt, Gerbert demeura archevêque de Reims, et Arnoul prisonnier à Orléans pendant toute la vie de Hugues Capet. Gerbert néanmoins se soumit à la décision du concile de Mouzon en s'abstenant de dire la messe, d'après la représentation que lui fit l'archevêque de Trèves; et le concile de Reims tenu en cette même année 995, rendit à Arnoul ses droits au siège dont il avait été dépossédé en 991. Ce qu'on reprochait principalement à Gerbert, c'était d'avoir été substitué à son rival sur le siège de Reims sans l'autorisation du souverain pontife. *Voyez* Reims, l'an 991 et 995.

MOUZON (Concile de), l'an 1186 ou 1187. Folmar archevêque de Trèves, cardinal et légat du saint-siège, tint ce concile le premier dimanche de carême avec les évêques de sa province, excepté ceux de Toul et de Metz, dont il excommunia le premier et déposa l'autre. Il prononça aussi contre plusieurs clercs des sentences de suspense d'office et de bénéfice, ce qui lui attira l'indignation de l'empereur. Le pape Grégoire VIII, ayant su tout ce qui s'était passé dans ce concile, lui en témoigna son mécontentement, lui défendit de faire usage des censures à l'avenir sans l'avis exprès du saint-siége, et l'exhorta par un bref à réparer sa façon d'agir, peu digne de la modération d'un bon évêque. *Mansi*, t. II, col. 719.

MOYSSIACENSIS (*Conventus*); *Voyez* Moissac.

MUNSTER (Synode de), *Monasteriensis*, dans la province de Cologne, l'an 1279. Everhard de Diest, évêque de Munster, tint ce synode, dans lequel il publia vingt-trois statuts pour la réforme de son clergé.

Dans le 3e, il fait une loi à tous les clercs obligés à l'office divin de réciter tous les jours l'office de la sainte Vierge, outre celui du jour même.

Dans le 4e, il permet à ses prêtres de dire deux messes, l'une du jour, et l'autre pour un défunt, si le corps est présent; et il leur défend de dire la messe sans avoir auparavant récité l'office de prime.

Dans le 12e, il accorde cinq jours d'indulgence aux fidèles qui accompagnent le saint sacrement, quand on le porte aux malades.

Dans le 13e, il recommande de renouveler les saintes espèces tous les quinze jours.

Dans le 18e, il défend de porter un corps à enterrer dans le cimetière d'une paroisse étrangère, sans la permission du propre curé; et si celui-ci la refuse, on présentera le corps à l'église paroissiale, où la messe sera dite pour le défunt; et, le curé enfin satisfait, on portera le corps au lieu où le défunt aura choisi sa sépulture.

Les autres statuts n'offrent rien de particulier.

MUNSTER (Synode de), l'an 1306. L'évêque Othon y fit, entre autres, défense de posséder plusieurs bénéfices à la fois.

MUNSTER (Synode de), l'an 1310. Dans ce synode, l'évêque Louis déclara exempte de la juridiction séculière toute personne qui se trouverait avoir sa demeure sur un terrain appartenant à l'Eglise. *Schatenus*, t. II *Annal. Paderb.*

MUNSTER (Synode de), l'an 1317, sous Louis de Hesse, pour recommander la régularité à son clergé. *Conc. Germ.*, t. IV.

MUNSTER (Synode de), l'an 1318. L'évêque Louis y fit un statut en particulier pour recommander aux titulaires d'accorder aux vicaires à qui ils laissaient l'administration de leurs églises, une portion de revenus suffisante pour leur subsistance. *Ibid.*

MUNSTER (Synode de), l'an 1370. L'évêque Florent y fit un statut pour recommander la confession annuelle, soutenant en même temps que les frères mendiants n'avaient pas des pouvoirs plus étendus pour entendre les confessions que les curés; un autre pour défendre aux personnes d'un lieu interdit d'aller entendre la messe dans d'autres lieux non interdits; un troisième enfin pour déclarer que l'interdit porté contre l'église principale d'un lieu frappait à la fois les autres églises ou chapelles qui en dépendaient.

MUNSTER (Synode de), l'an 1393. L'évêque Otton de Hoya dressa six statuts dans ce synode, tant pour confirmer les ordonnances de ses prédécesseurs, que pour soutenir l'indépendance de sa juridiction. Il défendit en particulier d'avoir égard aux rescrits de l'archevêque de Cologne, son métropolitain, prétendant que cela serait contraire au droit établi par le pape Innocent IV. *Conc. Germ.*, t. IV.

MUNSTER (Synode de), l'an 1652. L'évêque Christophe-Bernard de Galen y permit, entre autres statuts, les processions faites avec le saint sacrement autour des cimetières aux quatre principales fêtes de chaque année, le jour de la Fête-Dieu et à son octave, et aux processions plus solennelles des villes et des paroisses. Il défendit les cantiques en langue vulgaire, si ce n'est au moment des catéchismes et dans les écoles, et à l'élévation aussi bien qu'à la communion de la messe dans les petits endroits. *Conc. Germ.*, t. IX.

MUNSTER (Synode de), l'an 1655. Le même évêque publia dans ce synode un corps entier de statuts compris sous dix-huit titres. Sous le 1er, il prescrit de n'admettre à la fonction de maîtres ou de maîtresses d'écoles que des personnes catholiques, qui ne mettent aussi entre les mains de leurs élèves que des livres catholiques, et de leur donner une rétribution assez forte pour les mettre en état d'instruire gratuitement les enfants pauvres. Sous le 2e, il recommande de ne laisser entre les mains d'aucun laïque, et surtout d'aucune femme, les clefs des tabernacles, des fonts baptismaux et des saintes huiles. Sous le 3°, il réprouve les difficultés qu'opposaient certains curés à baptiser les enfants illégitimes, sous prétexte que leurs droits, appelés droits d'étole, s'en trouvaient lésés. Sous le titre 6°, il recommande de tenir une lampe allumée jour et nuit devant le saint sacrement, et d'introduire cet usage là où il n'est pas observé. Le reste des statuts n'offre rien de particulier. *Conc. Germ.*, t. IX.

MUNSTER (Synode diocésain de), l'an 1659. L'évêque Christophe de Galen y publia un statut relatif à la résidence des curés. *Ibid.*

MUNSTER (Synode de printemps de), l'an 1665, sous le même. Ce prélat y recommanda la résidence, l'exactitude à acquitter les fondations de messes, l'entretien de son séminaire, les catéchismes et les écoles. *Conc. Germ.*, t. X.

MUNSTER (Synode de printemps de), l'an 1666, sous le même. Le zélé prélat y interdit à ses prêtres la fréquentation des femmes, la crapule et l'ivrognerie, l'entrée des cabarets, les jeux de dés, les cabales, soit entre eux, soit contre leurs supérieurs; il leur prescrivit la tonsure et l'habit clérical, l'exacte observation des cérémonies de la messe, le soin de leur propre testament et de ceux de leurs paroissiens; il leur imposa l'obligation d'ajouter à la postcommunion de toutes les messes, tant publiques que privées, excepté celles pour les défunts, l'oraison pour le pape, pour l'empereur et pour lui-même. *Ibid.*

MUNSTER (Synode de carême de), l'an 1667, sous le même. Le prélat y enjoignit à tous ses curés de faire et de lui présenter la liste de tous leurs paroissiens, et de lui marquer le nombre de ceux qui auraient communié à Pâques, ou qui, appartenant à quelque secte, se seraient convertis. *Ibid.*

MUNSTER (Synode d'automne de), l'an 1667, sous la présidence du prévôt, du doyen et du trésorier de cette Église, des chanoines et du vicaire général, et au nom du même prélat, qui, dans une lettre pastorale, y renouvela les statuts précédents. *Ibid.*

MUNSTER (Synode de carême de), l'an 1668, sous les mêmes délégués. Dans une lettre pastorale, le prélat, encore absent, recommanda à son clergé l'office du chœur, et défendit d'admettre à la célébration du mariage les personnes qui ne seraient pas instruites des vérités de foi dont la connaissance est nécessaire, soit de moyen, soit de précepte. *Ibid.*

MUNSTER (Synode d'automne de), l'an 1668, sous la présidence des mêmes délégués. Le même prélat, dans sa nouvelle lettre pastorale, recommanda à ses prêtres la propreté des vases et des linges sacrés, et fit défense aux femmes d'approcher des autels; il fit une obligation à tous ses prêtres d'avoir chacun un missel, un bréviaire et un martyrologe, et un clerc pour lui répondre à l'autel et chanter les psaumes avec lui; il défendit aux femmes de chanter ou de danser dans les églises. *Ibid.*

MUNSTER (Synode de printemps de), l'an 1669, sous les mêmes délégués. On y renouvela en partie, par ordre du même prélat, les statuts du synode de printemps de l'an 1666. *Ibid.*

MUNSTER (Synode d'automne de), l'an 1669, sous les mêmes délégués. On y prescrivit l'observation de la bulle *Inscrutabili Dei providentia* du pape Grégoire XV, concernant les réguliers et les confesseurs. *Ibid.*

MUNSTER (Synode de carême de), l'an 1671, sous les délégués et par l'ordre du même prélat, qui, dans une courte lettre pastorale, recommanda de nouveau à ses prêtres la tonsure et l'habit ecclésiastique. *Ibid.*

MUNSTER (Synode d'automne de), même année et sous à peu près les mêmes présidents. Dans sa lettre pastorale, le prélat, toujours absent, rappela l'obligation pour les parents de tenir leurs enfants éloignés des sociétés suspectes, et recommanda aux curés d'écarter les charlatans de leurs paroisses. *Ibid.*

MUNSTER (Synode de carême de), l'an 1672, par l'ordre du même prélat absent et sous les mêmes délégués. La lettre pastorale du prélat y eut pour objet de recommander aux prêtres d'éviter le luxe et de porter les cheveux courts. *Ibid.*

MUNSTER (Synode d'automne de), même année, mêmes présidents, et exhortation semblable. *Ibid.*

MUNSTER (Synode d'automne de), l'an 1674, sous le même prélat, qui y recommanda particulièrement à ses prêtres d'instruire les peuples des vérités de la foi. *Ibid.*

MUNSTER (Synode de printemps de), l'an 1675, sous le même, qui y publia 29 statuts, dont l'objet est de recommander aux prêtres la décence dans la célébration de l'office divin, la visite assidue des écoles, et l'enseignement du catéchisme dans les villages de leurs paroisses trop éloignés de leurs églises. *Ibid.*

MUNSTER (Synode d'automne de), même année, sous le même. Il n'y fut publié aucun nouveau règlement, si ce n'est que le clergé y fut exhorté à s'acquitter du devoir de la prière pour éloigner de la patrie les maux qui la menaçaient. *Ibid.*

MUNSTER (Synode de printemps de), l'an 1676. Le même prélat ordonna à ses délégués d'inculquer aux prêtres l'obligation d'instruire la jeunesse avec soin. *Ibid.*

MUNSTER (Synodes d'automne de), même année, et de printemps 1677. On n'y statua rien de nouveau. *Ibid.*

MUNSTER (Synode d'automne de), l'an 1677. On y répéta à peu près les mêmes exhortations que dans les synodes précédents. *Ibid.*

MUNSTER (Synode de printemps de), l'an 1678. La lettre pastorale du prélat eut cette année pour objet d'engager son clergé à préparer, par des instructions assidues, les enfants qui devaient faire leur première communion, et de défendre l'exposition fréquente du saint sacrement. *Ibid.*

MUNSTER (Synode d'automne de), même année, sous Ferdinand de Furstemberg, évêque de cette ville, qui y présida par ses délégués. *Ibid.*

MUNSTER (Synode d'automne de), l'an 1680, par l'ordre du même et sous ses délégués. On y publia un édit épiscopal, aux termes duquel chaque clerc devait prêter serment avant d'entrer dans un bénéfice ou de recevoir quelque ordre sacré, de porter constamment l'habit ecclésiastique. *Ibid.*

MUNSTER (Synode d'automne de), l'an 1682. Le même prélat y fit publier la défense pour tous les clercs de se couvrir au chœur de manteaux de couleur, même noire, par-dessus leurs surplis de lin. Nous omettons ici les synodes de l'an 1681, et celui de printemps de 1682, qui n'offrent rien de particulier. *Ibid.*

MUNSTER (Synode d'automne de), l'an 1688, sous Frédéric Christian de Plettenberg, évêque de cette ville. Ce prélat y enjoignit à tous ses prêtres d'observer la défense portée par l'archevêque de Damas, nonce du saint-siége, et de la part du souverain pontife, de porter des perruques à l'autel, dans la célébration du saint sacrifice. *Ib.*

MUNSTER (Synode de printemps de), l'an 1689, sous le même, sur la décence à observer dans la célébration de l'office divin. *Ibid.*

MUNSTER (Synode d'automne de), l'an 1691, sous le même, qui y publia un règlement concernant la manière de sonner les cloches. *Ibid.*

MUNSTER (Synode de printemps de), l'an 1693, sous le même, qui y fit un règlement pour se réserver à lui-même le droit d'instituer et de changer les chapelains dans toutes les paroisses de son diocèse. *Ibid.*

MUNSTER (Synode de printemps de), l'an 1694, sous le même prélat, qui y rappela à ses prêtres l'obligation de garder le costume clérical. *Ibid.*

MUNSTER (Synode d'automne de), même année. Le même prélat s'y éleva avec force contre l'excès du luxe et des dépenses déployés aux enterrements. *Ibid.*

MUNSTER (Synode d'automne de), l'an 1702, sous le même, qui y renouvela la défense faite aux ecclésiastiques de se promener ou de causer dans les églises pendant les offices. *Ibid.*

MUNSTER (Synode de printemps de), l'an 1703. Le même prélat y défendit de marier des militaires, sans que leurs bans eussent été publiés, tant dans la paroisse où se trouvait actuellement leur domicile, que dans les autres de droit. *Ibid.*

MUNSTER (Synode d'automne de), l'an 1707, sous François-Arnould de Metternich, évêque de cette ville, qui y renouvela la défense pour les clercs de boire ou de jouer dans les cabarets. *Ibid.*

MUNSTER (Synode de printemps de), l'an 1708. Le même prélat y publia les défenses de baptiser après le milieu du jour, et d'assister à des mariages ailleurs qu'à l'église ; d'admettre à dire la messe des prêtres étrangers qui ne seraient pas munis de lettres testimoniales ; de célébrer le saint sacrifice dans des maisons particulières, à moins d'une autorisation spéciale ; de faire dans un même jour deux ou plusieurs publications de bans, et de laisser ignorer à l'évêque les testaments contenant des legs pieux. *Ibid.*

MUNSTER (Synode d'automne de), même année et sous le même prélat, contre les mariages clandestins. *Ibid.*

MUNSTER (Synode de printemps de), l'an 1711, sous le même. Les curés et les chapelains y furent autorisés indistinctement à entendre les confessions de tout prêtre séculier, même hors de leurs districts. L'obligation fut imposée aussi à tous les prêtres chargés du soin des âmes, et particulièrement à tous les directeurs de religieuses, de signer le formulaire d'Alexandre VII contre les cinq propositions de Jansénius, et dans le sens de la bulle *Vineam Domini Sabaoth*, de Clément XI. *Ibid.*

MUNSTER (Synode de printemps de), l'an 1712, sous le même. Défenses de différer plus de huit jours le baptême des enfants nouveau-nés ; de dire la messe avec des cheveux postiches ; d'admettre à la prise d'habit ou à la profession religieuse, sans l'avis de l'évêque ou de son vicaire général ; et ordre à tous les prêtres de garder l'uniformité dans les cérémonies de l'Eglise. *Ibid.*

MUNSTER (Synode d'automne de), l'an 1712, sous le même. Ce prélat y renouvela plusieurs statuts des synodes précédents, et notamment le statut relatif au formulaire d'Alexandre VII. Il autorisa tout son clergé à adopter le missel, le bréviaire et les autres livres du rit romain, tant dans les offices publics et solennels que dans l'office privé. *Ibid.*

MUNSTER (Synode d'automne de), l'an 1714, sous le même. Ce prélat y publia un bref de Clément XI sur la nécessité de porter l'habit clérical. *Ibid.*

MUNSTER (Synode de printemps de), l'an 1616. Le même prélat y retira les pouvoirs accordés précédemment aux prêtres d'absoudre des cas réservés. *Ibid.*

MUNSTER (Synode d'automne de), l'an 1718. Défense y fut faite par le même prélat de choisir pour les enterrements, à moins de nécessité, les jours de dimanches et de fêtes. *Ibid.*

MUNSTER (Synode de printemps de), l'an 1721, sous Clément-Auguste de Bavière. Ce prélat y rappela aux archidiacres l'obligation de lui rendre compte de leurs visites annuelles, et fit un statut contre les abus de la mendicité. *Ibid.*

MUNSTER (Synode d'automne de), même année. Le même prélat y renouvela plusieurs statuts des synodes précédents. *Ibid.*

MUNSTER (Synode de printemps de), l'an 1722. Le même prélat y fit un statut contre les interprètes de songes, les charlatans et autres imposteurs. *Ibid.*

MUNSTER (Synode d'automne de), l'an 1725. Le même prélat y prescrivit à ses curés d'appeler à leur aide des prêtres séculiers, de préférence aux réguliers. *Ibid.*

MUNSTER (Synode d'automne de), l'an 1726, sous le même, contre les dépenses excessives qui se faisaient aux enterrements, et contre les festins donnés à l'occasion de professions religieuses. *Ibid.*

MUNSTER (Synode d'automne de), l'an 1727. Le même prélat y intima à son clergé l'obligation d'insérer dans les litanies et dans les prières de la recommandation de l'âme, le nom de saint Joseph à la suite de celui de saint Jean-Baptiste, conformément à ce qu'avait ordonné à ce sujet le pape Benoît XIII. *Ibid.*

MUNSTER (Synode d'automne de), l'an 1730, sous le même : obligation à tous les curés de tenir exactement les registres de baptêmes, de mariages et de sépultures. *Ibid.*

MUNSTER (Synode de printemps de), l'an 1733. Le même évêque y défendit aux curés d'exiger un double droit pour les enterrements qui se faisaient le soir après le coucher du soleil, avec autorisation de sa part et pour de justes motifs. *Ibid.*

MUNSTER (Synode d'automne de), même année. Clément-Auguste y renouvela plusieurs statuts précédents, entre autres le dernier dont il vient d'être fait mention, et la défense aussi pour les curés de réclamer un double droit dans le cas où de futurs époux auraient obtenu dispense de leurs bans. *Ibid.*

MUNSTER (Synode d'automne de), l'an 1735. Le même évêque y promulgua, pour les diocèses qui lui étaient soumis, la faculté de réciter l'office du saint sacrement sous le rit semi-double tous les jeudis de l'année où il ne tomberait ni fête de même degré, ni vigile, ni office des temps de l'Avent ou du Carême. Il proscrivit en même temps la lecture de plusieurs mauvais livres qui avaient cours dans le pays à cette époque. *Ibid.*

MUNSTER (Synode de printemps de), l'an 1740. Clément-Auguste y mit défense aux médecins de visiter les malades plus d'une fois, si ceux-ci refusaient de demander les sacrements. *Ibid.*

MUNSTER (Synode de printemps de), l'an 1741. Le même prélat y renouvela les règlements de ses prédécesseurs par rapport à l'instruction chrétienne de la jeunesse. *Ibid.*

MUNSTER (Synode d'automne de), même année. Clément-Auguste y recommanda à ses prêtres l'usage de la retraite annuelle, rappela le devoir imposé à toutes les supérieures de religieuses de procurer à celles-ci des confesseurs extraordinaires. *Ibid.*

MUNSTER (Synode d'automne de), l'an 1744. Le même évêque y défendit à ses diocésains de mettre leurs enfants au service de gens qui ne seraient pas catholiques. *Ibid.*

MUNSTER (Synode d'automne de), l'an 1745. Clément-Auguste y recommanda à ses diocésains la préparation nécessaire au sacrement de l'Eucharistie. *Ibid.*

MUNSTER (Synode d'automne de), l'an 1747. Le même prélat y recommanda l'attention aux règles qui intéressent la légitimité des mariages ; il y renouvela aussi les défenses d'accorder aux indignes la sépulture ecclésiastique. *Ibid.*

MUNSTER (Synode d'automne de), l'an 1748, sous le même. Défense de passer au cabaret le temps de la messe et de l'office divin ; défense aux curés de placer de l'argent qui leur aurait été confié dans de pieuses intentions. *Ibid.*

MUNSTER (Synode de printemps de), l'an 1749, sous le même. Le prélat y interdit la lecture de plusieurs mauvais livres. *Ibid.*

MUNSTER (Synode d'automne de), même année. Règlement relatif à la sainteté du mariage. *Ibid.*

MUNSTER (Synode d'automne de), l'an 1750. L'instruction chrétienne des enfants y fut recommandée aux prêtres par le même prélat. *Ibid.*

MUNSTER (Synode d'automne de), l'an 1752. Clément-Auguste y recommanda à ses prêtres la visite des malades. *Ibid.*

MUNSTER (Synode d'automne de), l'an 1753, sous le même prélat. Ordonnance qui défend les mariages mixtes. *Ibid.*

MUNSTER (Synode d'automne de), l'an 1754, sous le même, contre les sorciers et les devins. *Ibid.*

MUNSTER (Synode de printemps de), l'an 1757, sous le même, contre ceux qui passaient dans la débauche les dimanches et les fêtes. *Ibid.*

MURET (Conciles de) en Gâtinais, *Muritanum*. *Voyez* MORET.

MURET (Concile de) en Languedoc, *Murellanum*, l'an 1213, touchant les moyens d'apaiser don Pèdre, roi d'Aragon. Labb. XI ; Hard. VII.

FIN DU PREMIER VOLUME.

Imprimerie MIGNE, au Petit-Montrouge.

www.ingramcontent.com/pod-product-compliance
Lightning Source LLC
Chambersburg PA
CBHW050321240426
43673CB00042B/1485